南昌大学"中西部高校综合实力提升计划"支持出版

国家社会科学基金项目优秀结项成果
(项目批准号：10BYY021/结项证书号：20160080)

赣东北徽语调查研究

胡松柏 等 著

中国社会科学出版社

图书在版编目（CIP）数据

赣东北徽语调查研究 / 胡松柏等著. —北京：中国社会科学出版社，2020.10
 ISBN 978-7-5203-0049-0

Ⅰ.①赣…　Ⅱ.①胡…　Ⅲ.①赣语-方言研究-江西　Ⅳ.①H175

中国版本图书馆 CIP 数据核字（2017）第 054342 号

出 版 人	赵剑英
责任编辑	任　明
责任校对	韩天炜
责任印制	李寡寡

出　　版	中国社会科学出版社
社　　址	北京鼓楼西大街甲 158 号
邮　　编	100720
网　　址	http://www.csspw.cn
发 行 部	010-84083685
门 市 部	010-84029450
经　　销	新华书店及其他书店

印刷装订	北京君升印刷有限公司
版　　次	2020 年 10 月第 1 版
印　　次	2020 年 10 月第 1 次印刷

开　　本	787×1092　1/16
印　　张	64.5
插　　页	2
字　　数	1198 千字
定　　价	398.00 元

凡购买中国社会科学出版社图书，如有质量问题请与本社营销中心联系调换
电话：010-84083683
版权所有　侵权必究

国家社会科学基金项目优秀结项成果
(项目批准号：10BYY021/结项证书号：20160080)

《赣东北徽语调查研究》
作者名单

胡松柏　汪高文　程熙荣　付欣晴

洪玄发　吴艳芬　秦智文　李吴芬

序

  今年 10 月中旬在南昌开会，胡松柏教授说有一部书稿让我看看。没过几天就给我发送了《赣东北徽语调查研究》书稿的全部稿样扫描版。我先是仔细看过目录，发现这将是一部很重要的方言研究论著，虽然篇幅很大，但值得仔细拜读。为了真正把这部书稿读明白一些，在逐章阅读书稿的时候，我也把有关的一些论著，尤其把《中国语言地图集》的有关图幅和文字说明找来，重新读一读。难得有这么一段清净读书的机会，让我的脑海里再次回忆起关于徽语和徽语研究的一些往事。

  说起徽语自然首先想到章炳麟的《检论》卷五《方言》（作于 1900—1901 之间），该文分汉语方言为九种，其中之八说："东南之地独徽州、宁国处高原为一种。厥附属者浙江衢州、金华、严州，江西广信、饶州也。"这个大概是徽语成立的最早依据之一，虽然这里所说的范围比我们后来所说的徽语范围大得多。1939 年中央研究院历史语言研究所在《中国分省新图》第四版第 14 页"语言区域图"里，分汉语方言为九个单位，其中有"皖方言"，范围大致包括徽州一带。1948 年中央研究院历史语言研究所在新的"语言区域图"里，分汉语方言为十一单位，直接改"皖方言"为"徽州方言"。但是在此之后的汉语方言分区，一般没有把徽州方言单立的意见。因此 20 世纪 80 年代中国社会科学院语言研究所绘制《中国语言地图集》的时候，采取了非常慎重的态度。当时先让郑张尚芳先生到安徽南部进行详细的田野调查，以获取实地的语言资料。记得他前后去了两次，调查时间长达两个多月。根据调查结果，于《方言》1986 年第 1 期发表了《皖南方言的分区（稿）》一文，初步提出了徽语单立的意见。大约这之后没过太久，还是春寒料峭之际，李荣先生带着我们大家到怀柔宽沟的北京市委招待所，集中讨论地图集的最后定稿问题，其实就是最后讨论是否"徽语"单立的问题。因为这个时候，地图集的所有其他问题在李荣先生那里其实都已经定决了。记得一天下午，我们讨论安徽南部地区的方言该如何划分，各种意见利弊都摆了出来，非常热烈。快吃晚饭的时候，李荣先生才说，"徽语"应该单立，不能跟吴语放在一起，但安徽东南部的宣州一带还是吴语，就叫吴语宣州片。一锤定音，1987 年版的《中国语言地图集》正式确定"徽语"为一个单独的方言区。可是这一版的地图集没有单画"徽语"图,有关图面和论述见于 A2"汉语方言的分区"图、B10"安徽南部汉语方言"图、B11"江西省与湖南省的汉语方言"图。2012 年《中国语言地图集》(第 2 版)继承了原版《中国语言地图集》"徽语"单立的主张,但单独绘制了 B1-21"徽语"图,并由赵日新先生写作了很详细的文字说明。其他有关图面和文字说明还见于 A2"中国汉语方言"图、B2-12"安徽省的汉语方言"图、B-9"江西省的汉语方言"图、B2-10"浙江省的汉语方言"图。

《中国语言地图集》"徽语"单立的主张,最大的功绩就是由于"徽语"单立,极大地推动了对安徽南部汉语方言,对徽语的调查研究,迅速改变了原来这个地方汉语方言研究相对冷清和落后的局面。这个跟分立"晋语"、推出"土话和平话"所取得的巨大学术效应是一样的。1987 年《中国语言地图集》"徽语"单立以来,徽语的调查研究取得了重大进展,出现了一批重要的调查研究成果。例如平田昌司主编的《徽州方言研究》([日] 好文出版社,1998 年),一次性地发表了旧徽州地区绩溪、歙县、休宁、黟县、祁门、婺源,以及今黄山市屯溪区等六县一区的比较详细的徽语方言资料;侯精一先生主编的《现代汉语方言概论》(上海教育出版社,2002 年)由郑张尚芳撰写的"徽语"专章;赵日新先生出版了《绩溪方言词典》(江苏教育出版社,2003 年),对徽语绩溪话作出了非常深入的调查研究;谢留文、沈明先生出版了《黟县宏村方言》(中国社会科学出版社,2008 年);2012 年,方志出版社推出了中国社会科学院国情调研丛书,包括谢留文的《江西浮梁(旧城村)方言》、沈明的《安徽歙县郑村镇向杲村方言》、陈丽的《安徽歙县溪头镇大谷运村方言》、刘祥柏的《安徽黄山市汤口镇汤口村方言》等等。这里我们可以列出一份很长的徽语论著书单。可是,我们还是感到有点儿遗憾,因为所有的这些调查研究,都还不足以回答一个根本性的问题:什么是徽语,徽语的最主要特征是什么?显然这是一个难题。记得也是在上文提到的那次宽沟讨论会上,郑张尚芳先生跟我同住一个房间,已经深夜了,我请教他,也问了这个问题。他回答了十几条徽语的特点,可是仔细一分析,这些特点都见于吴语、赣语,有的甚至还见于闽语、粤语。真正属于徽语的特点还是说不出来。我有时闲静下来还会想着这个问题,徽语给我们留下了巨大的研究空间,大概现在还不是回答这个问题的时候。真正回答这个问题,需要两个条件:一是像《绩溪方言词典》一样,给徽语多编纂几部方言词典。深入研究一个方言最好的办法就是给这个方言编纂一部详细的方言词典;二是根据语言事实和历史地理条件把徽语分成若干片区,或者就按照《中国语言地图集》的徽语分片,逐片对所属方言进行全面深入的调查研究。果能如此,徽语的调查研究将会取得重大进展。

现在可以再回到胡松柏教授《赣东北徽语调查研究》的书稿上来。本书是胡松柏教授承担的国家社会科学基金项目"语言地理学视角下江西徽语现状及历史调查研究"的最终研究成果。一看书名就知道书稿的研究内容跟我上面说到的第二条想法不谋而合。关于赣东北徽语的地域范围，1987年版《中国语言地图集》B10"安徽南部的方言分布"图说江西省景德镇市（限于旧浮梁县）、德兴（陇头说吴语除外）、婺源（南部太白乡及赋春以西）属于徽语"祁德片"。2012年版《中国语言地图集》（第2版）B2-21"徽语"图基本沿袭原版，只是改"祁德片"为"祁婺片"。从历史地理上看，赣东北三县市可以说是徽语区的边缘，但也可以说是徽语区的中心，因为其中的婺源历史上很长时间属于旧徽州府，一直到20世纪30年代中期才划归江西管辖。婺源名气很大，它是朱子的祖籍地，又是清代古音学家江永的故乡。江永《音学辨微·榕村等韵辨疑正误》说："即如吾婺源人呼'群、定、澄、並'诸母字，离县治六十里以东，达於休宁，皆轻呼之；六十里以西，达於饶，皆重呼之。""前言吾婺源人於最浊位，离县六十里以东皆轻呼，以西皆重呼。不但仄声，即平声亦然。"就这段简要的文字，我们就知道至少在三百年前，徽语祁门、黟县、屯溪、休宁等地的古全浊塞音塞擦音声母清化后还是不送气的，而婺源以西的赣语则是送气的。婺源方言还有《乡音字义》《乡音字汇》一类的字书韵书，反映了19世纪中叶徽语婺源的大致方音面貌。所以要说婺源是徽语区的边缘，于史实有点不符。不过，除此之外，赣东北三县市的方言事实，很长时间里确实了解的很少。1987年版《中国语言地图集》出版以后，赣东北三县市的徽语也引起了学术界的重视，有了一批出版或尚未公开出版的调查研究论著。例如：

01.《反映十九世纪中叶徽语婺源方音的韵书〈乡音字义〉〈乡音字汇〉》. 胡松柏、钱文俊，《音韵论丛》，齐鲁书社，2004年

02.《〈婺城乡音字汇〉音系与现代婺源县城方言的比较》. 胡松柏，《庆祝〈中国语文〉创刊六十周年学术论文集》，商务印书馆，2004年

03.《江西省方言志》. 陈昌仪，方志出版社，2005年

04.《婺源方言韵书《乡音字义》、《乡音字汇》》. 胡松柏、林芝雅，《辞书研究》2006年第1期

05.《浮梁（鹅湖）方言研究》. 方清明，南京师范大学硕士学位论文，2006年

06.《乐平话与婺源话的人称代词比较》. 胡松柏、程熙荣，《上饶师范学院学报》2007年4期

07.《景德镇地区方言归属与分布考察研究》. 程熙荣，南昌大学硕

士学位论文，2007 年

08.《婺源音系》. 马希宁，[台湾]清华大学硕士学位论文，2008 年

09.《婺源（坑头）方言语音研究》. 黄燕，北京语言大学硕士学位论文，2008 年

10.《赣东北方言调查研究》. 胡松柏等，江西人民出版社，2009 年

11.《皖赣交界地带徽语语音研究》. 贾坤，北京语言大学博士学位论文，2011 年

12.《江西浮梁（旧城村）方言》. 谢留文，方志出版社，2012 年

13.《赣语、徽语交接地带跨境移民源流地方言考察》. 胡松柏、郑路，《中国社会语言学》2014 年 2 期

14.《赣文化通典·方言卷》. 胡松柏，江西人民出版社，2014 年

15.《赣东北徽语区居民历史与方言形成》. 胡松柏、李吴芬，第三届中国地理语言学国际学术研讨会，广州，2014 年

16.《果假蟹效流五摄在婺源方言五点的分合与音读》. 胡松柏，《中国音韵学暨黄典诚学术思想国际学术研讨会论文集》，厦门大学出版社，2014 年

以上文献大多直接描写或研究赣东北三县市方言。有的跟三县市方言有密切关联。《江西省方言志》涉及浮梁、婺源、德兴三地方言；《赣东北方言调查研究》涉及婺源、江湾、德兴、占才、浮梁五处方言；《赣文化通典·方言志》考察了婺源、浮梁方言。以上文献大多和胡松柏教授有关，由此我们也可以看到，胡松柏教授早就有心于赣东北三县市徽语的调查研究，现在看到的《赣东北徽语调查研究》只是多年调查研究之集大成者。这次的调查研究把赣东北徽语研究进一步细化，选择三县市 13 处方言点作为调查研究的重点：

浮梁 4 处：经公桥　鹅湖　旧城　湘湖

婺源 5 处：溪头　沱川　紫阳　许村　中云

德兴 4 处：新建　新营　黄柏　暖水

不但调查点多了，而且分布也均匀合理。处理这么繁多复杂的片区方言研究，把它完整地呈现给读者，胡松柏教授是下了很大的规划的功夫的。《赣东北徽语调查研究》第一章第四节说到本书研究的一些设想，原文如下：

> 通过赣东北徽语三县市方言密集选点的调查，全面、精细地反映赣东北徽语的面貌，充分展现其在地理空间上的分布状况和演变特点。

这个设想就决定了本书的丰富内容和复杂程度。这是一部以材料为主，

详解立论的的宏篇论著。因此，读这部篇幅很大的论著，需要一些讲究。我读这部著作分三步走：第一步，用一些时间把本书稿从头到尾浏览一遍，对本书有一个总体的，大致的了解。第二步，分别仔细翻看以下四章：

  第二章 赣东北徽语代表方言点的音系（13处方言点音系）
  第三章 赣东北徽语代表方言点单字音对照（1840个单字读音）
  第五章 赣东北徽语代表方言点词语对照（1535条词语条目）
  第七章 赣东北徽语代表方言点语法例句对照（130个语法例句）

这四章是本书的基础，其他章节的所有分析立论，都是在这个基础上进行的。因为这里说的都是没有掺水的"干货"，都是调查研究人员用汗水得来的方言材料，无私地奉献给广大的读者。至于音系的记音准确与否，选择来对照的单字、词语和例句是否完全妥当，读者细读之后有很多办法可以用来鉴别。但凭我对胡松柏教授多年专业的了解，我相信这里的记音是没有问题的，所选择用来对照的字词句对于研究徽语来说是合适的。然后是第三步，分别仔细阅读以下三章：

  第四章 赣东北徽语的语音特点
  第六章 赣东北徽语的词汇特点
  第八章 赣东北徽语的语法特点

很显然，这三章分别是上面二、三、五、七章等四章的分析和立论。我相信胡松柏教授于此三章所花费的时间和精力一定不比上面的四章少。看过这三章以后，就大致知道赣东北徽语方言的总体特点，以及这些特点形成和演变的过程，还有跟周边其他方言之间的分合关系。就我个人而言，我对第六章所涉及到的129个方言本字，152个方言特色词尤其专注，因为我这些年来更多地专注这方面研究的进展。

我对本书三步走的读书法，是因为我希望比较全面地、详细地了解赣东北徽语的面貌，甚至细节，由此加深对整个徽语的了解。对本书的这种读书法，可以供读者参考。有的读者也许只是想了解其中的某些内容，或想引用本书的某些资料，作其他方面的研究，那么就不必这么仔细了。

《赣东北徽语调查研究》可以成为片区方言研究论著的一种样本。本书具备了语言学重要论著，尤其是方言学重要论著的最主要特点：详细的描写和全面的比较。三县市13处方言音系的整理，13处方言1840个单字音、1535条词语和130个语法例句的记录，这些都靠的是描写的功夫。在这个基础上进行13处方言，还有周边其他方言的广泛比较，这个靠的是比较的功夫。我曾在很多场合说过，方言研究的基础是田野调查，获取第一手的语言事实；方言研究的根本在于对语言事实的描写和比较。没有描写语言学和比较语言学，也就没有我们的汉语方言学。所以方言学工作者要更多地在描写和比较上下功夫。本书第一章第四节说到关于本书的设想的时候，还有一段很重要的文字，不妨也迻录如下：

> 通过多角度、全方位的比较，展示赣东北徽语内部区片之间、赣东北徽语和皖南徽语之间、赣东北徽语与边邻赣语之间、赣东北徽语与边邻吴语之间包括现状与历史演变上的一致性和差异性。

《赣东北徽语调查研究》的这个设想，说到了本书所要追求目标的根本。一经比较之下，我们看到了徽语共性的东西，赣东北徽语共性的东西，更重要的是看到特别的、例外的东西。例如本书经过比较以后，指出古全浊声母，赣东北13处方言今读全部清化，清化后都读送气音。但婺源的溪头话却有送气不送气两读：排 ₌pa，败 p'a²，齐 ₌ts'ei，集 tɕ'i²，桥 ₌tʃa，轿 tʃa²；13处方言都发生了古泥来母相混的演变，有的都读[l-]声母，有的或读[l-]，或读[n-]，但婺源的许村话古泥来母字，逢今元音韵母时读[l-]声母，逢今鼻音尾韵母时读[n-]声母，这就跟今音的语音结构有关。本书还说到古效摄字一二等对立，这是赣东北徽语的重要特点之一，例如：

	一等	二等
溪头	ɐ	au
沱川	a	au
紫阳	o	ɒ
中云、许村	a	ɔ
新建	ɯ、ə	ɔ

古蟹摄字一二等也普遍对立，也是赣东北徽语的重要特点，例如：

	一等	二等
经公桥	ɣ	a
黄柏	ɛ	a
沱川	a	ɒ
紫阳	e	o

但是不论古效摄一二等也好，还是古蟹摄一二等也好，除了对立的以外，还有不对立的。即使对立的也有不同的情况。词汇和语法的情况跟语音的情况是一样的。看本书的13处方言词汇对照表，说法相同或大致相同的词语很多，例如玩都说"嬉"，干活儿都说"做事"，稻子都说"禾"，割稻子就说"割禾"，放牛或说"放牛"，或说"看牛"，打柴几乎都说"讨柴"，等等。可是不一致的说法也非常常见。例如河滩，旧城叫"河洲"，湘湖叫

"港洲",沱川叫"溪滩",新营叫"河洲壳",暖水叫"沙洲壳"等等。表示雄性动物的语素一般用"牯",常见于家畜,如"牛牯、猪牯、狗牯",也用"公",常见于家禽,如"鸡公、鸭公"。但经公桥话、湘湖话指小的雄性家畜也可以说"郎",叫"郎猫、郎狗";有的地方还可以说"斗",使用范围很窄,只用于称叫"种公猪",溪头话、沱川话、紫阳话叫"猪斗",新建话、新营话叫"斗猪"。表示雌性动物的语素广泛用"嬷、母",但经公桥话却管母猫叫"女猫",在赣东北方言中显得特别。人称代词单数三个人称分别都说"我、尔、渠",但婺源的溪头话、沱川话、紫阳话还有一类具有某种突出强调意味的第一人称代词说"□ ᶜso/ ᶜse",可能是"是我"的合音。赣东北徽语表示处置,一般都说"帮",但浮梁的旧城话却说"担 tuo⁵⁵",口语里说"渠大家担教室都安上空调｜担勒条牛牵去家"。

上面说的这些例子,在本书里是很容易找到的。我们在这里不厌其烦地给予引用,就是为了说明方言特点的普遍性规律和特殊性例外之间的矛盾。如何有效地解释这种矛盾现象,是方言学家都可能面临的一个重要难题。一般说来,普遍性的规律容易解释,说某种语言现象具有普遍性规律本身已经是一种解释。可是特殊性例外不容易解释,要解释得让人信服尤其不容易。本书碰到这种特殊性的例外,有的解释了,有的没有解释。我希望读者于此不要太苛求,这需要更广泛的比较研究。

最后要说说本书第十章"赣东北徽语的地理语言学考察"。对于讨论赣东北的徽语,本书专立这一章并非多余,因为要试图说清楚赣东北徽语的普遍性规律和特殊性的例外,还真的需要对赣东北徽语及其周边地区的其他方言做一番地理语言学的考察。从地理范围来说,本章的地理考察范围扩大到 21 处的方言点,就是赣东北的 13 处徽语方言加上周边的 8 处其他方言。这 8 处方言是:祁门、休宁两处皖南徽语;开化、玉山两处吴语;弋阳、乐平、鄱阳、东至四处赣语。从考察的语言条目来说,有语音考察 22 个项目、词汇考察 18 个项目、语法考察 14 个项目,一共是 54 个项目。本书从考察结果出发,把赣东北徽语语言项目的地理分布类型分为四类:a 型是"一致或基本一致";b 型是"错杂散布";c 型是"区域两分";d 型是"区域三分"。就我的认识来说,这种类型的划分有利于讨论赣东北徽语与皖南徽语、吴语、赣语三者之间的关系。本书稿的最后结论说的一段话颇为深刻:

> 赣东北徽语与皖南徽语、吴语、赣语相交接。在方言源流演变过程中,赣东北徽语与皖南徽语以及吴语有着较近的同源关系。但在方

言接触演变过程中，赣东北徽语与赣语发生了更为密切的接触关系。因此在共时层面上，赣东北徽语呈现出与赣语更为接近的面貌。

恰好《中国语言地图集》（第 2 版）谢留文在《江西省的汉语方言》图文字说明也说到江西境内的徽语与皖南徽语，以及吴语、赣语的关系：

> 江西的徽语主要分布在与安徽南部、浙江西南部交界的地区，包括婺源县、景德镇市的浮梁县、德兴市（部分）等。婺源县历史上长期属旧徽州府管辖，1934 年才由安徽徽州划归江西。浮梁县、德兴市隋朝以前至东晋时期与安徽旧徽州府全部、浙江旧严州府大部主要属于同一个新安郡地，东吴时期称新都郡（相当于新安江流域），因此，江西的徽语与安徽旧徽州府、浙江西部的淳安县、建德市的徽语原出一源。徽语地区北面、东面与吴语区相连，西面、南面与赣语区邻接，因此在边界地区徽语常带有吴语、赣语色彩成为过渡性方言。

《中国语言地图集》（第 2 版）赵日新在《安徽省的汉语方言》图文字说明里，说到徽语和赣语，尤其是跟吴语的关系：

> 从全浊声母的今读来看，徽语近似于赣方言，从韵母系统来看，徽语近似于吴语和江淮官话。徽语可以看成是江淮官话与吴语的过渡地带。
>
> ……
>
> 徽语跟吴语关系密切。"宋吕和叔云：'歙地杂瓯骆，号称难治'。"（弘治《徽州府志》卷一）徽语脱胎于吴语，此后二者又长久保持着密切的联系。所以徽语和吴语的关系非常密切，在语音、词汇、语法上都有不少相同之处。
>
> 另外，徽语和吴语的儿化与小称音丰富多样，儿化形式也大致相同，并且有大致相同的发展轨迹。
>
> ……
>
> 徽语与吴语在语法上也有不少共同点，比如都有动词的后置性成分"添"和"起（先）"；"头"尾词丰富，"头"尾在吴语和徽语中的功能和用法大致相同；动词重叠带补语表示完成（如"洗洗干净"）；动词重叠带宾语含有轻松短暂的意味（如"看看报纸，烧烧水，买买菜"）；动词四叠式相当于"V着V着"；动词重叠后加"看"（或相当于"看"的成分）表示尝试，"看"的附着面较广（如"叫声渠看"，"叫

渠声看",“看下看"、"看看看"、"看一下看"、"尔叫渠声看看"等)。

……

徽语跟吴语的共同点大多要么是"原生"、"发生学上"的（较早较深层次的）共同点，要么都是受了普通话的影响（较晚层次的共同点）。徽语跟江淮官话的相同点要么是二者与吴语的共同点，要么同是受普通话影响所致；徽语跟江淮官话的底子都是古吴语，但相对而言，江淮官话受普通话的影响更大以致于"官话化"了，而徽语受普通话话影响相对较小，保留了更多的吴语成分。

以上几段原文，一并放在这里，读者可以同时参考，对于理解徽语的特点，理解赣东北徽语的特点也许是有帮助的。《赣东北徽语调查研究》在讨论这些问题的时候，最后曾说到徽语"似吴似赣""非吴非赣"的特征。我知道能配上这类说法的其他汉语方言最典型的还有台湾的闽南话，研究台湾闽南话的人经常拿它跟福建闽南话里的漳州话和泉州话比较，喜欢说台湾闽南话的特征是"似漳似泉""非漳非泉"。

胡松柏教授早年攻读硕士研究生的时候，导师是厦门大学的周长楫教授；攻读博士研究生的时候，导师是暨南大学的詹伯慧教授。周、詹二位恰好都是我的兄长和学长，我们相互之间的往来是很密切的。可能就是因为这个缘故，我跟胡松柏教授也早就来往不断，互相切磋学问。我比他痴长数年，有时就直接称名道姓叫他"松柏"。他总是非常客气谦恭，每次电话、书信、邮件总是以"老师"称我，如我们到南昌或在外地相见，他也经常相伴左右，嘘寒问暖，让我倍感温馨，却也惭愧。松柏出生成长于赣东北的多方言地区，自幼习得并熟谙分别属于吴语、闽语、赣语的三种地点方言，担任高校教职之后长期做江西省特别是赣东北地区的吴、闽、赣、客、徽以及官话诸方言的调查研究，经年奔波于阡陌之间，对江西境内的方言可以说是如数家珍。他经常参加各种学术会议，对其他汉语方言也非常熟悉。他的经验和学识，足以具备纵横俯瞰方言大观的能力。所以当我看到《赣东北徽语调查研究》洋洋宏论的时候，我一点儿也不觉得奇怪，这是水到渠成的事情。松柏平时待人很低调，说话轻声细语，颇有"学究"风度，可是上次在南昌开会的时候闲聊起来，才知道他给学生开设"中华文化"的课程，还应邀到作为国家艺术基金项目的弋阳腔和赣剧的戏曲人才培训班上讲授"戏曲音韵"课程，课堂上唱起江西的地方戏以及京剧来，声情并茂，不让专工！也才知道他于音标符号之外，业余的时候还参加合唱团演唱，还可以走走"T"台，这就让我略感意外了！有道是高人形不外露，藏于秀，松柏是也。从做学问的角度来说，这就是综合素质好，松柏可以成就更多业绩，我期待他在学业的道路上做出更多的成绩。

是为序。

张振兴

2017 年 11 月 12 日于北京康城花园

前 言

一

本书是国家社会科学基金项目[①]的结项成果。课题于 2010 年 6 月立项，2016 年 1 月结项。书名定为《赣东北徽语调查研究》，是因为我们进行此项研究的目的旨在对赣东北徽语作一个比较全面的调查。应该说，直至进入 21 世纪的今天，学术界所提供的有关赣东北徽语的信息还依然是很不够的。对赣东北徽语较为系统一些的研究始自本人于 2000 年立项的一项国家社会科学基金项目[②]，不过那项研究是对赣东北的赣语、吴语、徽语、闽语、客家话的综合考察，徽语的考察仅仅是其中的一个小部分，而且限于课题研究的容量，所调查的方言点，所记录的字音、词语和句子数量以及考察的广度和深度，都相对有限。

一般情况下，同一调研者对某一处已经做过立项调研的方言再次申报同类科研项目，其获准立项的可能性自然相对要低一些。只是我在完成 2000 年的项目之后，经历了变换 2 个选题连续 4 次申报均未获立项的挫败，考虑再三，还是决定从赣东北方言中刨出徽语一块设计课题再次申报。后来获准立项的结果，除了表明国家社会科学基金项目评审的专家们肯定了我对该课题的立意和论证以外，我想更主要的是他们对于赣东北徽语的全面考察和深入研究在整个汉语方言调查研究中的价值和意义给予了充分认同。

就这样，从课题立项到 2015 年暑期，经历了整整 5 年的可以说是四处奔波、夙兴夜寐的调查与研究，终于有了一份可以交卷给国家也聊以告慰自己的调研答卷，完成的书稿字数逾 110 万。课题成果申报结项时，鉴定专家给出了"优秀"的等级评价，这应该视为对我们课题团队全体成员辛勤劳动的认可和勉励。

[①] 2010 年度国家社会科学基金项目一般项目。项目名称：语言地理学视角下江西徽语现状及历史调查研究；项目批准号：10BYY021；结项证书号：20160080；鉴定等级：优秀。

[②] 2000 年度国家社会科学基金项目一般项目。项目名称：赣语、吴语、徽语、闽语、客家话在赣东北的交接与相互影响；项目批准号：00BYY004；结项证书号：20030744。

课题结项后，我们根据鉴定专家提出的修改建议对书稿作了系统全面的校核，也作了部分内容的改动调整。当然我们也知道，这离专家所希望达到的臻于完善的要求自然还有不少距离。在紧接着又领受了不能算是轻松的新的科研任务的情况下[①]，限于时间和力量，我们也只能以目前的改定稿本交付出版。希望本书所论能在更大范围内得到学科同行和社会人士的指正。至于本书研究的欠缺以及需要继续考察的问题，只能在今后的研究计划中再予考虑了。

二

本书是集体协作的成果。以下是课题组成员在课题工作过程中所承担并完成的调研和撰稿任务情况。

一、承担田野调查工作情况

围绕课题研究所调查的赣东北徽语代表方言点一共16处（包括未列入单字音对照表、词汇对照表和语法例句对照表而与课题直接有关的3处），与赣东北徽语有关的其他方言点10处。课题组成员分工各自完成调查的方言点如下：

胡松柏：经公桥话、鹅湖话、旧城话、湘湖话、溪头话、沱川话、紫阳话、许村话、中云话、新建话、新营话、黄柏话、暖水话、游山话、太白话、曹村话，洺口话、屯溪话、祁门话、鄱阳话、弋阳话、玉山话

程熙荣：经公桥话、鹅湖话、旧城话、湘湖话、紫阳话

吴艳芬：开化话、休宁话

秦智文：新建话

李吴芬：东至话

洪玄发负责婺源方言中溪头话、沱川话、紫阳话、许村话、中云话、游山话、曹村话、太白话调查的组织协调。

上述各方言点田野调查所使用的单字表、词语表和语法例句表由胡松柏制定。上述课题组成员调查所获得的方言点字音、词语和句子材料主要分别汇编成本书第二章、第三章、第五章、第七章的内容，本书第四章、第六章、第八章、第十章所使用的方言字音、词语和句子语料均来自这些调查材料。

二、承担本书撰稿工作情况

本书正文共10章，前起"绪论"，后缀"结语"。课题组成员承担撰稿

[①] 胡松柏2015年起受聘负责中国语言资源保护工程江西汉语方言调查项目的业务指导工作，2016年获批立项国家社会科学基金项目重点项目"区域通语视角下江西地方戏曲音韵研究"（16AYY009）。

情况如下：

胡松柏：撰写"绪论"，撰写第一章"概说"，记录归纳第二章"赣东北徽语代表方言点的音系"中各方言点的音系，记录编制第三章"赣东北徽语代表方言点单字音对照"、第五章"赣东北徽语代表方言点词语对照"、第七章"赣东北徽语代表方言点语法例句对照"，归纳编排第九章"婺源方言韵书音系考察"中5种方言韵书的音系和表格并撰写其中第四节"婺源方言韵书与现代婺源方言的音系比较"，撰写"结语"；作全书统稿。

汪高文：撰写第二章"赣东北徽语代表方言点的音系"中各方言点"音系特点"部分，撰写第四章"赣东北徽语的语音特点"。

程熙荣：记录并整理浮梁方言经公桥话、鹅湖话、旧城话、湘湖话的字音、词语、句子材料。

付欣晴：撰写第八章"赣东北徽语的语法特点"。

洪玄发：撰写第一章"概说"中赣东北徽语区文史资料部分内容。

吴艳芬：撰写第六章"赣东北徽语的词汇特点"。

秦智文：撰写第九章"婺源方言韵书音系考察"。

李吴芬：撰写第十章"赣东北徽语的地理语言学考察"。

三

从事高校语言专业教学逾36年，本人能够切实体会到科研与教学相辅相成、相互促进的道理。

导师主持方言研究课题而开展的田野调查，是语言学专业研究生学习的一个极好的实践课堂。本项课题研究进行的5年间以及结项后的成果修改阶段，本人所指导的汉语言文字学、语言学及应用语言学专业的硕士生大部分参与了课题田野调查。除上述秦智文、吴艳芬、李吴芬以外先后前往赣东北徽语三县市参与田野调查活动的研究生同学还有：

吴然、刘珂、江文娟、钟永超、颜晶、谭钰婷、王娟、郑路、闫鑫、宋婕妤、汪冰妤、杨天晶（印尼）、钟兰兰、姜迎春

此外南昌大学的玛利亚（印尼）和江西师大的董佳两位硕士生同学也参与了上述田野调查活动。

结合导师的科研项目确定研究生学位论文选题，则是研究生完成学业的一个便捷有效的途径。自2010级开始，本人所指导的汉语言文字学、语言学及应用语言学专业的硕士生有部分以赣东北徽语为题分别从不同角度选定研究方向，完成学位论文。他们的论文对本书的完成都有所贡献。这些研究生同学是：

吴然、刘珂、颜晶、王娟、王俊芳、郑路、秦智文、吴艳芬、李吴芬

这些同学参与课题研究活动，切实有助于自身学业的完成，同时对课题研究来说，也是一种辅助，一种促进。

四

人文社科方面的学术研究往往带有较多的个人色彩。不过方言调研与语言学其他一些学科方向相比较，则需要得到更多的社会力量的支持。就方言田野调查来说，本书调研所涉及的发音人以及相关人员就已经逾百人。这些对母语和母语保持以及乡土文史有着深挚感情的本土人士，为本书的完成提供了最为可靠的材料来源。本书第一章"概说"中收录姓名的13处方言点26名主要发音人对本书的贡献最多。

赣东北各地多有我的学生。几年间我奔走于婺源、浮梁、德兴三县市及其周边一些地方，这些从前不同时期的学生就成了我开展田野调查最好的协作者。他们或联系发音人，或安排行程，或提供资料，给我们完成调研以切实的帮助。他们分别供职于不同的单位，主要有：（以下按音序排列）

程复旺、程明生、戴伟华、郭维国、胡建新、江会文、江丽红、李冬莲、林广、童晓明、汪福明、汪桂芳、王锦绣、王雪琴、王嫄、吴新华、吴兆昆、许国栋、叶招娣、余鸣森、查振声

对于课题研究最为有力的支持，就是作为国家社会科学基金管理机构的国家哲学社会科学工作办公室及其所组织的学科评审专家。国家层面上的立项，为本项课题研究的完成提供了最根本的保证。可以说，持续的国家社会科学基金的立项支持，让我在科研的道路上获得了不断跃上新台阶的契机和动力而有实实在在的收获。

科学研究是在前人基础上进行的，诸多前辈与时贤所著为我学习和参考。包括我的博士阶段导师詹伯慧先生和硕士阶段导师周长辑先生在内的诸多专家学者、同行师友对课题研究始终给予关注和帮助，让我在完成本书的过程中每每有请教和求助的方便。特别值得一提的是，著名方言学家张振兴先生应邀为本书作序。几年来张老师为做"语保"项目工作一直奔波于我国南北东西各地，在旅途辗转间隙他挥笔写下了洋洋近万言的序言。我在感动于前辈学者对后学的鼓励和期望之外，更认识到这篇文字实在是值得我慢慢细嚼的包含方言学大家精辟之论的学术论文。

对于上述的本书各位作者、课题组成员和参与课题活动以及给予课题

研究以种种支持的诸位（包括为本书绘制地图的同事徐勇以及其他社会人士，自然还有我的家人），我谨致以由衷的感谢！

最后，再一次致谢多年来一直支持我们研究成果出版的中国社会科学出版社和任明先生。

胡松柏

二〇一七年十二月十二日

目 录

绪论 ··· 1
 一 本书研究范围 ··· 1
 二 赣东北徽语的既往研究概况 ·· 7
 三 赣东北徽语研究的意义和价值 ··· 10
第一章 概说 ·· 12
 第一节 赣东北徽语区地理概况 ·· 12
  一 赣东北徽语区自然地理和经济交通 ······································ 12
  二 赣东北徽语区建置沿革和行政区划 ······································ 15
 第二节 赣东北徽语区居民历史 ·· 19
  一 移民源出地与方言的形成 ·· 19
  二 赣东北徽语区的移民源出地总体考察 ·································· 20
  三 赣东北徽语区的移民源出地分县市考察 ······························ 22
 第三节 赣东北徽语区方言概况 ·· 28
  一 赣东北徽语区的范围 ·· 28
  二 赣东北徽语区内的方言岛 ·· 31
  三 赣东北徽语区的内部分片 ·· 34
 第四节 本书研究的有关说明 ·· 37
  一 本书研究的设想和安排 ·· 37
  二 关于赣东北徽语的方言称述 ·· 37
  三 关于本书的内容框架和体例 ·· 38
  四 本书考察的方言点 ·· 40
第二章 赣东北徽语代表方言点的音系 ··· 45
 一 经公桥话音系 ··· 45
 二 鹅湖话音系 ··· 50
 三 旧城话音系 ··· 56
 四 湘湖话音系 ··· 60
 五 溪头话音系 ··· 65
 六 沱川话音系 ··· 70

七　紫阳话音系 ··· 74
　　八　许村话音系 ··· 79
　　九　中云话音系 ··· 83
　　十　新建话音系 ··· 88
　　十一　新营话音系 ·· 93
　　十二　黄柏话音系 ·· 97
　　十三　暖水话音系 ··· 102
第三章　赣东北徽语代表方言点单字音对照 ······························ 108
第四章　赣东北徽语的语音特点 ·· 233
　第一节　赣东北徽语语音专项考察 ··· 233
　　一　赣东北徽语声母专项考察 ··· 233
　　二　赣东北徽语韵母专项考察 ··· 244
　　三　赣东北徽语声调专项考察 ··· 260
　第二节　赣东北徽语语音特点归纳 ··· 262
　　一　赣东北徽语分片语音特点 ··· 263
　　二　赣东北徽语总体语音特点 ··· 272
　第三节　赣东北徽语与边邻方言的语音比较 ··························· 275
　　一　赣东北徽语与边邻徽语的语音比较 ······························ 275
　　二　赣东北徽语与边邻吴语的语音比较 ······························ 281
　　三　赣东北徽语与边邻赣语的语音比较 ······························ 289
　　四　赣东北徽语语音的性质 ·· 294
第五章　赣东北徽语代表方言点词语对照 ································· 304
第六章　赣东北徽语的词汇特点 ·· 621
　第一节　赣东北徽语方言本字考 ·· 621
　第二节　赣东北徽语的方言特色词 ··· 643
　第三节　赣东北徽语核心词考察 ·· 660
　　一　两阶核心词及核心词共有率 ··· 660
　　二　赣东北徽语区域核心词共有考察 ·································· 664
　　三　赣东北徽语对应点核心词共有考察 ······························ 682
第七章　赣东北徽语代表方言点语法例句对照 ··························· 690
第八章　赣东北徽语的语法特点 ·· 778
　第一节　赣东北徽语词法专项考察 ··· 778
　　一　名词 ·· 778
　　二　代词 ·· 786

三　否定副词 ··· 800
　第二节　赣东北徽语句法专项考察 ································ 804
　　　一　动词的体 ·· 804
　　　二　句式 ··· 819
　　　三　语序与结构 ·· 830
　第三节　赣东北徽语语法特点归纳 ································ 835
　　　一　赣东北徽语分片语法特点 ································ 835
　　　二　赣东北徽语总体语法特点 ································ 837

第九章　婺源方言韵书音系考察 ································ 840
　第一节　婺源方言韵书概述 ·· 840
　　　一　婺源方言韵书的书目 ···································· 840
　　　二　婺源方言韵书韵目一览 ·································· 841
　第二节　婺源方言韵书的韵部 ······································ 856
　　　一　五种韵书的韵部和韵类 ·································· 856
　　　二　五种韵书韵母系统的特点 ································ 869
　　　三　五种韵书韵母系统的比较 ································ 891
　第三节　婺源方言韵书的调类和声类 ······························ 898
　　　一　婺源方言韵书的调类 ···································· 898
　　　二　婺源方言韵书的声类 ···································· 903
　第四节　婺源方言韵书与现代婺源方言的音系比较 ················ 913
　　　一　《婺城乡音字彙》音系构拟 ······························ 914
　　　二　《婺城乡音字彙》音系与现代紫阳话的差异 ·············· 917
　　　三　婺源县城方言 200 年来的主要语音演变 ················· 921

第十章　赣东北徽语的地理语言学考察 ·························· 922
　第一节　赣东北徽语语音项目的地理分布 ·························· 924
　　　一　赣东北徽语语音考察项目 ································ 924
　　　二　赣东北徽语语音项目地理分布图 ·························· 924
　第二节　赣东北徽语词汇项目的地理分布 ·························· 947
　　　一　赣东北徽语词汇考察项目 ································ 947
　　　二　赣东北徽语词汇项目地理分布图 ·························· 947
　第三节　赣东北徽语语法项目的地理分布 ·························· 964
　　　一　赣东北徽语语法考察项目 ································ 964
　　　二　赣东北徽语语法项目地理分布图 ·························· 965
　第四节　赣东北徽语语言项目地理分布类型 ······················· 979

一　赣东北徽语区语言项目地理分布类型…………………………979
　　二　赣东北方言交接地带语言项目地理分布类型………………985
结语……………………………………………………………………993
　　一　本书研究内容的概括……………………………………………993
　　二　本书研究的几点认识……………………………………………994
主要参考文献…………………………………………………………1001
后记……………………………………………………………………1005

绪 论

一 本书研究范围

本书研究赣东北徽语。

方言以空间和时间的方式而存在，其中按地域空间分布是其突出特点。本书研究赣东北徽语，涉及考察其历史状况（第九章做专门讨论），更主要的是考察其在现代共时层面上呈现的地域分布面貌。

本书研究赣东北徽语，有两组概念要予以明确。一是"徽语与赣东北徽语"，二是与赣东北徽语有关的"赣东北方言区域与赣东北方言交界地带"。

（一）徽语与赣东北徽语

方言是语言的地域变体，是语言呈地域分布的表现形式。方言命名以地理方位或地理域名为主要理据。[①]例如汉语中的关于方言的名称有"北方话""东南方言"和"北京话""吴语""粤方言"等。[②]"闽南话""湘东赣语"一类方言名称的理据则包含了地理方位和地理域名两方面的因素。

本书所考察的徽语，得名于行政区划域名——徽州。[③]徽语，即徽州之语，也称徽州方言。

徽语列为汉语方言的十个大方言区之一，首见于《中国语言地图集》。该地图集"把汉语方言分为下列十区"[④]：

  官话区 晋语区 吴语区 徽语区 赣语区

[①] 方言名称还有以使用人群、通行空间为命名理据的，例如"客家方言""新民话""官话""铁路话"等。还有以其他包括语言在内的历史文化背景为命名理据的，例如赣西北地区的粤东北、闽西客家移民的"怀远话"。

[②] 方言名称中的类名部分有"方言""话""语"的不同说法。

[③] 宋徽宗宣和三年（公元 1121 年）改歙州为徽州，历宋元明清四代，先后称徽州路、徽州府，民国年间和新中国成立后称徽州专区、徽州地区。1987 年，徽州地区改称黄山市，徽州作为黄山市下辖的区（县级）的名称。

[④]《中国语言地图集》（中国社会科学院和澳大利亚人文科学院合编，香港朗文出版（远东）有限公司，1987）007 页 "A2-1 汉语方言的分布文字说明"（李荣）。

湘语区　　闽语区　　粤语区　　平话区　　客家话区
　　关于徽语区的范围，《中国语言地图集》有如下表述①：
　　徽语分布于新安江流域的旧徽州府_{包括今属江西省的婺源}，浙江的旧严州府，以及江西的德兴、旧浮梁县_{今属景德镇市}②等地，位于整个皖南地区的南部。徽语区包括安徽、浙江、江西等三个省十六县市，分五片，约两万五千平方公里，三百二十万人。
　　① 绩歙片五个县，八十五万人。
　　安徽：绩溪*③　歙县_{桂林乡多江北、浙南移民除外}　旌德_{西南洪川一带}　宁国_{南部洪门乡}
　　浙江：淳安_{西部唐村等地}
　　② 休黟片六个县市，七十五万人。
　　安徽：屯溪　休宁　黟县*　祁门_{东南鬼峰一带}　黄山市_{西南郭村等乡}
　　江西：婺源*_{原属徽州，1934年划归江西}
　　③ 祁德片五个县市，七十万人。
　　安徽：祁门*　东至_{东南木塔一带}
　　江西：景德镇市_{限于旧浮梁县}　德兴_{陇头说吴语除外}　婺源_{南部太白乡及赋春以西}
　　④ 严州片两个县，七十万人。
　　浙江：淳安*_{含旧遂安县}　建德_{含旧寿昌县，下包、乾潭、钦塘及唐村、里叶属吴语除外}
　　⑤ 旌占片五个县，二十万人。
　　安徽：旌德*　祁门_{安凌区}　石台_{占大区}　黟县_{美溪柯村二乡}　宁国_{胡乐乡一部分}
　　以下是"徽语分布示意图"（见下页图0-1）。
　　方言的分布与政区地理有密切的关系，同时也有与政区划分不相契合的情况。徽语主要分布于旧徽州地区，也分布于旧徽州以外地区。从以上表述中可以看出，不考虑只有小片区域分布徽语的安徽宁国市、黄山市④、石台县、东至县四县市，徽语在分布于旧徽州所辖绩溪、歙县、黟县、祁门、休宁、婺源六县⑤以外，还分布于安徽省旌德县、浙江省淳安、建德两县和江西省浮梁、德兴两县市。
　　上述分布徽语的11个县市分别属于安徽、浙江、江西三省。江西省东北部的婺源县、浮梁县、德兴市三县市所分布的徽语是徽语的一个部分，

---

　　① 《中国语言地图集》038页"B10 安徽南部的方言分布文字说明"（郑张尚芳）。
　　② 浮梁县建制于1960年撤销，行政区域由景德镇市直辖。1988年，浮梁县恢复县建制。
　　③ 《中国语言地图集》038页"B10 安徽南部的方言分布文字说明"："一县市范围内有几种方言的，县市名重见。县市名后加'*'号的，表示包括县市的方言在内。"以下同。
　　④ 县级市，今为黄山区，隶属于黄山市（设区市，原名屯溪市）。
　　⑤ 旧徽州六县区域今县级行政区划分八个县区，即六县之外有屯溪区、徽州区。两区系主要由休宁县、歙县分别划出设立。

三县市共同属于徽语区的一个局部区域。把这一徽语局部区域作为一个整体来称说首见于胡松柏所著《赣东北方言调查研究》和《赣文化通典·方言卷》。《赣东北方言调查研究》一书中考察赣东北地区的赣语、吴语、徽语，"称赣东北的赣语、吴语、徽语区域为赣东北赣语区、赣东北吴语区、赣东北徽语区"。[①]《赣文化通典·方言卷》一书中立足于江西省方言分布的角度，"称江西境内的徽州方言为江西徽州方言"。"江西境内的徽州方言分布在与安徽省相毗邻的赣东北地区的东北部，包括景德镇市下辖的浮梁县和上饶市下辖的婺源县和德兴市3个县市。"[②]

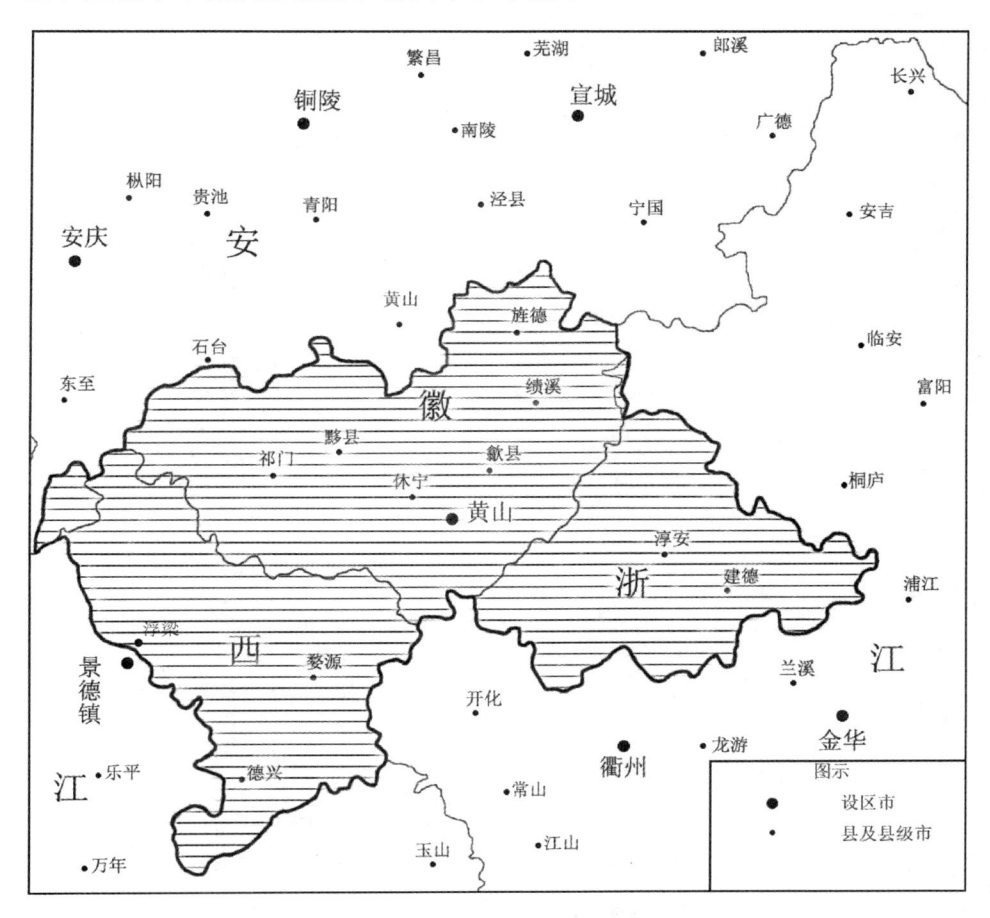

图 0-1 徽语分布示意图

本书称江西省东北部的婺源、浮梁、德兴三县市所分布的徽语为赣东北徽语。与之相联系的是，称浙江省西部的淳安、建德两县所分布的徽语

---

① 胡松柏：《赣东北方言调查研究》，江西人民出版社2009年版，第13页。
② 胡松柏：《赣文化通典·方言卷》，江西人民出版社2014年版，第2页。

为浙西徽语,称安徽省南部旌德、绩溪、歙县、黟县、祁门、休宁六县以及屯溪区、徽州区所分布的徽语为皖南徽语。这种徽语的内部分片主要考虑与本书所考察的赣东北三县市徽语的对应。

本书作者曾称赣东北徽语为江西徽州方言(见于《赣文化通典·方言卷》)和江西徽语(见于本书研究项目申报书)。本书考虑到与皖南徽语、浙西徽语的对应,采用赣东北徽语的称名。

以下是"徽语内部分片示意图":

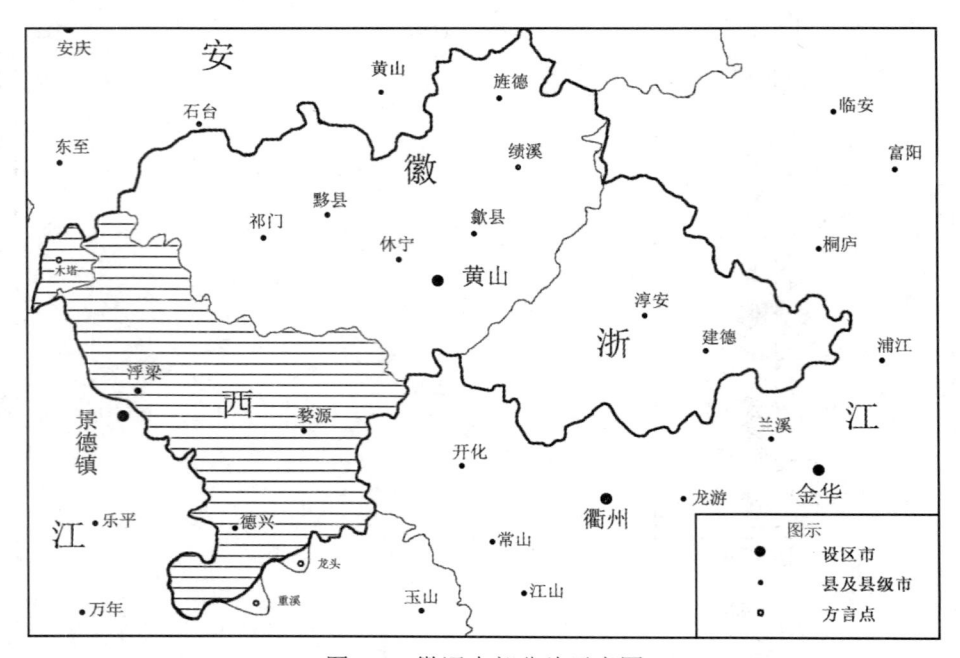

图 0-2 徽语内部分片示意图

在图 0-2 中,标有横线的区域即赣东北徽语区。赣东北徽语区的东北面是皖南徽语区,皖南徽语区的东南面是浙西徽语区。整个大徽语区所分成的这三块局部区域,彼此面积大致相当。皖南徽语区位置在中间上方,赣东北徽语区和浙西徽语区在其东西两边位置偏下。整个徽语区的图形有些像稍向左侧的小儿虎头帽的形状,皖南徽语区为覆盖头顶的部分,赣东北徽语区和浙西徽语区像虎头帽两边的耳翼部分。皖南徽语区是整个徽语区的中心部分,赣东北徽语区和浙西徽语区则为其两翼。

(二)赣东北方言区域和赣东北方言交接地带

赣东北徽语分布于赣东北三县市。赣东北徽语区是赣东北方言区域的一个部分。

赣东北地区方言非常复杂,赣东北方言只是一个纯从地理上称呼赣东北地区所分布的各种方言的总名。正因为此，本书从方言分布角度来称说赣东北时称作"赣东北方言区域"而不使用"赣东北方言区"这样的称名，以免与闽北方言区、闽南方言区一类与方言分类一致的方言区片名称混淆。

赣东北在江西省东北部，地处长江中游南岸，东邻浙江，南连福建，西接鄱阳湖，北毗安徽。赣东北在行政区域上包括江西省的上饶、鹰潭、景德镇3市（设区市）所辖14个县、市（县级市）和5个区：

上饶市辖：信州区、广丰区[①]、上饶县、玉山县、德兴市、婺源县、铅山县、横峰县、弋阳县、万年县、余干县、鄱阳县；

鹰潭市辖：月湖区、贵溪市、余江县；

景德镇市辖：珠山区、昌江区、乐平市、浮梁县。

赣东北徽语区位于赣东北方言区域的东北部。除了婺源、浮梁、德兴三县市以外，铅山县、横峰县、弋阳县、万年县、余干县、鄱阳县和鹰潭市月湖区、贵溪市、余江县以及景德镇市珠山区、昌江区、乐平市属于赣东北赣语区，上饶市信州区、广丰区、上饶县、玉山县属于赣东北吴语区。

汉语的赣语、吴语和徽语三大方言在赣东北方言区域相交接。在赣东北地图上可以划纵、横方向两条线作为三大方言之间的边界线。南北方向一条纵线是赣语与吴语、徽语的分界，西面属于赣语区；东面再以一条东西方向的横线为吴语与徽语的分界，南面属于吴语区，北面属于徽语区。

赣东北方言区域中赣语、吴语和徽语之间的分界线大体上与县市边界线叠合。南北线西侧是鄱阳县、乐平市、弋阳县、横峰县、铅山县辖境，东侧是浮梁县、婺源县、德兴市、上饶县辖境；东西线北侧是德兴市辖境，南侧是上饶县、玉山县辖境。东西线与南北线的交点即是德兴市、横峰县、上饶县三县市交界处。这种赣语、吴语和徽语相交接的方言分布态势可以参见《赣东北方言调查研究》一书中"赣东北方言分布图"（见下页图0-3）。[②]

赣东北徽语区的婺源、浮梁、德兴三县市和相毗邻的属于赣东北赣语区的鄱阳县、景德镇市珠山区、昌江区、乐平市、弋阳县、横峰县以及属于赣东北吴语区的上饶县、玉山县，属于汉语方言赣语、吴语、徽语三大方言的相交接处。这11个县市区，可以称为赣东北方言区域中的赣语、吴

[①] 2015年2月，国务院批准广丰撤县设区。2015年6月6日，广丰撤县设区授牌授印仪式举行，广丰区作为上饶市下辖的建制区正式运转。

[②] 图0-3引自《赣东北方言调查研究》（胡松柏等著，江西人民出版社，2009年出版）中目录前页。

语、徽语交接地带，简称为赣东北方言交接地带。

　　本书把赣东北徽语区从整个徽语区中分出而与皖南徽语、浙西徽语相对应，这种方言交接地带还可以有更宽泛一些的范围，即赣东北徽语区北边、东边与安徽东至县、祁门县、休宁县和浙江开化县四个县相交接，方言交接地带可以包括这四个县，称为赣东北、皖南、浙西方言交接地带。由于本书的主要关注点在赣东北徽语区，这种更为宽泛的方言交接地带仍然简称为赣东北方言交接地带。

图 0-3　赣东北方言分布图

二 赣东北徽语的既往研究概况

与汉语其他大方言相比，徽语通行区域较小，使用人口也不多，特别是其地处偏远，区域内无影响辐射力大的重要城市，外界对徽语了解不多，学术界所给予的关注度也不高。因此有关徽语的研究成果也相对较少。作为徽语中心区域以外一个局部区域的赣东北徽语，其研究成果就更为有限。以下本书作者根据所见资料和所了解的信息对与赣东北徽语相关的既有研究成果作一简略概述。

20世纪80年代，汉语方言学开始蓬勃发展。《中国语言地图集》首次为徽语定名并作出分区分片，无疑是研究徽语包括赣东北徽语的重要文献。其他一些全面研究汉语方言的著作，对徽语作出的整体论述中包括了赣东北徽语的内容。例如侯精一主编的《现代汉语方言概论》（上海教育出版社，2002）中"徽语"一章（郑张尚芳撰）对赣东北徽语的婺源、浮梁、德兴三县市方言都有论及。一些专论徽语的著作，其中都有赣东北徽语（主要是婺源方言）的内容。例如平田昌司主编的《徽州方言研究》（[日]好文出版，1998）中婺源是书中所论7处地点方言之一，江声皖所著《徽州方言探秘》（安徽人民出版社，2006）讨论涉及了婺源方言的词汇，高永安所著《明清皖南方音研究》（商务印书馆，2007）考察了婺源方言的语音的历史情况。一些对江西省和赣东北地区作区域方言总体考察的著作，对婺源、浮梁、德兴三县市方言也都有记录描写。例如陈昌仪主编的《江西省方言志》（方志出版社，2005）中婺源、浮梁、德兴列入全部考察的70处方言点之中，胡松柏主编的《赣文化通典·方言卷》（江西人民出版社，2014）中婺源、浮梁列入全部考察的32处方言点之中，胡松柏等所著《赣东北方言调查研究》（江西人民出版社，2009）书中考察的31处方言点中有婺源、江湾、德兴、占才、浮梁5处属于赣东北徽语的方言点。

谢留文所著《江西浮梁（旧城村）方言》（方志出版社，2012）是对赣东北徽语地点方言作专论的著作。赣东北徽语区三县市的地方志中有专门记述方言的部分：《婺源县志》（婺源县志编纂委员会编，档案出版社，1993）"第二十三编·方言"，《德兴县志》（德兴市地方志编纂委员会编，何逑东主编，光明日报出版社，1993）"卷二十八·方言"，《浮梁县志》（浮梁县地方志编纂委员会编，方志出版社，1999）"第二十七篇·第四章·方言"。

叶祥苓的《赣东北方言的特点》（《方言》1986年第2期）调研了景德镇、乐平和浮梁三处方言，是较早报道赣东北徽语的论文。郑张尚芳的《皖南方言的分区（稿）》（《方言》1986年第1期）、王福堂的《徽州方言的性质和归属》(《中国语文研究》2004 年第 1 期)、赵日新的《徽语的特点和分区》(《方言》2005 年第 3 期)、曹志耘的《吴徽语入声的演变方式》(《古汉语研究》2002 年第 4 期)、赵日新的《徽语的小称音变和儿化音变》(《方言》1999 年第 2 期)、赵日新的《中古阳声韵徽语今读分析》(《中国语文》2003 年第 5 期)、马希宁的《徽州方言的知照系字》(《方言》2000 年第 2 期)、伍巍的《论徽州方音》(《南方语言学》2010 年第 1 辑)、丁治民的《清末民初徽语韵书六种叙录》(《方言》2006 年第 2 期)等都是论及赣东北徽语的重要论文。

以赣东北徽语为专门调研对象的论文，主要有方清明关于浮梁方言的论文：《浮梁（鹅湖）方言研究》（南京师范大学，硕士学位论文，2006），《浮梁县鹅湖话的卷舌儿化和鼻音儿化》（《上饶师范学院学报》2005 年第 4 期），《浮梁话与普通话量词比较研究》（《景德镇高专学报》2005 年第 1 期），《浮梁方言的"来"字句》（《景德镇高专学报》2006 年第 1 期），谢留文有《江西浮梁（旧城村）方言同音字汇》（《方言》2011 年第 2 期）。关于婺源方言的论文有：钱文俊的《婺源方言中的闭口韵尾》（《上饶师专学报》1985 年第 4 期），冯爱珍的《江西婺源方言的语音特点》（《庆祝中国社会科学院语言研究所建所 45 周年学术论文集》，商务印书馆，1997），马希宁的《婺源音系》（[台湾] 清华大学，硕士学位论文，2002），黄燕的《婺源（坑头）方言语音研究》（北京语言大学，硕士学位论文，2008），吴然的《徽语婺源方言语音内部比较研究》（南昌大学，硕士学位论文，2012）[①]，刘珂的《徽语方言韵书〈婺城乡音字汇〉语音研究》（南昌大学，硕士学位论文，2012），王娟的《婺源方言韵书〈新安乡音字义考正〉音系考察》（南昌大学，硕士学位论文，2013），王俊芳的《婺源方言韵书〈下北乡音字汇〉与〈正下北乡音字汇〉语音比较研究》（南昌大学，硕士学位论文，2014）。关于德兴方言的论文有：汪应乐、马宾的《德兴市普通话高频使用与方言文化多样性的萎缩》（《江西社会科学》2005 年第 9 期），李凯的《〈唐书释音〉声类反映出的宋代德兴方言特征》（《赣方言研究（第二辑）——2009 南昌赣方言国际学术研讨会论文集》，中国社会科学出版社，2012），颜晶的《徽语德兴方言语音内部比较研究》（南昌大学，硕士学位论文，2013）。讨论赣东北徽语与边邻赣语关系的论文有：郑路的《徽赣语交界地带移民源流地方言语音考察》（南昌大学，硕士学位论文，2014）。

本书作者关于赣东北徽语的论文有：

---

① 吴然及以下刘珂、王娟、王俊芳、秦智文、颜晶、郑路、程熙荣所著 8 篇南昌大学硕士学位论文均为本书主要作者胡松柏所指导。

专论赣东北徽语的论文：胡松柏、钱文俊的《反映19世纪中叶徽语婺源方音的韵书〈乡音字义〉〈乡音字汇〉》(《音韵论丛》，齐鲁书社，2004)，胡松柏的《〈婺城乡音字汇〉音系与现代婺源县城方言的比较》(《庆祝〈中国语文〉创刊六十周年学术论文集》，商务印书馆，2004)，胡松柏、林芝雅的《婺源方言韵书〈乡音字义〉〈乡音字汇〉》(《辞书研究》2006年第1期)，胡松柏、秦智文的《果假蟹效流五摄在婺源方言五点的分合与音读》(《中国音韵学暨黄典诚学术思想国际学术研讨会论文集》，厦门大学出版社，2014)，秦智文的《五种婺源方言韵书韵部比较研究》(南昌大学，硕士学位论文，2014)，胡松柏、李吴芬的《赣东北徽语区居民历史与方言形成》(第三届中国地理语言学国际学术研讨会，广州，2014)，付欣晴、胡松柏的《赣东北徽语浮梁三地话的"儿尾"和"儿化"》(《华中学术》2016年第1期)，胡松柏、吴艳芬的《赣东北徽语核心词共有率考察》(《中国方言学报》总第7期，商务印书馆，2016)，胡松柏、姜迎春、秦智文的《新发现婺源方言韵书廿八种述略》(《中国音韵学——中国音韵学研究会第十九届学术研讨会暨汉语音韵学第十四届国际学术研讨会论文集》，广西民族出版社，2016)。

讨论赣东北方言区域的方言状况包括有赣东北徽语内容的论文：胡松柏、葛新的《赣东北赣、吴、徽语接缘地带方言的处置介词与被动介词》(《汉语方言语法研究和探索——首届国际汉语方言语法学术研讨会论文集》，黑龙江人民出版社，2003)，胡松柏、刘存雨的《赣、吴、徽语交接地带横峰葛源话的特点和性质》(《上饶师范学院学报》2008年第4期)，胡松柏的《赣东北方言亲属称谓的长幼分称与合称》(《上饶师专学报》2000年第1期)，胡松柏的《赣东北方言亲属称谓的称谓共用》(《上饶师范学院学报》2000年第4期)，胡松柏的《赣东北方言词汇接触的表现》(《中国方言学报》2006年总第1期)，胡松柏的《中古阳声韵尾在赣东北方言中的今读考察》)(《音韵论集》，中华书局，2006)，胡松柏、程熙荣的《赣东北方言动词完成体标记的形式、功能及其类型》(《21世纪汉语方言语法新探索——第三届汉语方言语法国际研讨会论文集》，暨南大学出版社，2008)。

讨论赣东北徽语与边邻赣语、吴语关系的论文：胡松柏、程熙荣的《乐平话与婺源话的人称代词比较》(《上饶师范学院学报》2007年第4期)，程熙荣的《景德镇地区方言归属与分布考察》(南昌大学，硕士学位论文，2007)，胡松柏、郑路的《赣语、徽语交接地带跨境移民源流地方言考察》(《中国社会语言学》2014年第2期)。

以上关于赣东北徽语的研究成果，为本书的研究提供了重要的参考。其中与本书作者有关的2010年以前的成果，是本书研究的前期基础；本书作者2010年以后完成的6篇论文和胡松柏指导的7篇南昌大学硕士学位论文，是本书研究的阶段性成果。

三 赣东北徽语研究的意义和价值

以上研究成果反映了赣东北徽语的部分面貌和特点。不过就整体而言，与汉语其他大方言的研究相比较，徽语研究还显得相对不够，广度和深度有待进一步拓展开掘。主要薄弱环节是：一是选点粗疏。既往的研究基本上是一个县市就考察县城、城区一个点，这对于"有'十里不同音'、'隔山隔水就隔音'之称"[①]的徽语而言是非常欠缺的，难以全面反映方言错综复杂的面貌和特点。二是不够均衡。从共时层面看，对江西徽语的研究最是薄弱，除了在一些总体论述徽语的论著中涉及浮梁、婺源、德兴县城、城区方言以外，少有研究者对三县市方言作专项全面考察；从历时发展上看，"在各大汉语方言中徽语的形成时代和历史成因最为模糊，研究成果也最少"，[②]方言形成过程探究涉及较少而致方言面貌揭示不够深入。

本书主要作者长期致力于赣东北的赣、吴、徽、闽、客及官话诸方言的调查研究，徽语是其主要研究方向之一，已完成有赣东北徽语若干研究成果，积累了大量相关资料（包括方言田野调查资料、谱牒等居民史资料和地名资料，尤具价值的是搜集到30余种婺源方言的历史韵书）。2010年，综合既往研究成果和近期研究所得，设计并申报以赣东北徽语为题的研究项目，获得国家社会科学基金的立项资助[③]，对赣东北徽语进行专项全面研究，本书系项目研究的最终研究成果。

本书的研究意义和价值在于：

1. 加强对徽语研究薄弱部分的研究，使汉语方言研究中有关徽语研究的成果更加全面。

2. 使研究者对赣东北徽语的现状有更加系统细致的了解，对其历史也有轮廓大体清晰的认识，为徽语研究提供最新的有价值的资料，为徽语形成、演变和发展的研究提供一个重要的次区域的全面信息。

3. 以语言地理学的方法展示赣东北徽语与赣语、吴语的联系和分野，赣东北徽语与皖南徽语的源流关系以及赣东北徽语的内部差异，从而反映出赣东北徽语的演变发展，拓展对徽语历史层次的深入研究。

---

① 侯精一主编：《现代汉语方言概论》，上海教育出版社2002年版，第91页。
② 游汝杰：《汉语方言学导论》，上海教育出版社2000年版，第109页。
③ 2010年度国家社会科学基金项目一般项目，项目名称："语言地理学视角下江西徽语现状及历史调查研究"，项目批准号：10BYY021。

4. 从方言接触角度探讨赣东北徽语的形成，为汉语方言接触演变的研究提供具有类型学意义的个案实例，有助于了解汉语方言的演进历史和方言之间的融合过程，认识方言语音、词汇、语法发生接触演变的方式和规律，从而丰富语言（方言）接触理论，使本书研究能在具有为徽语研究提供通过语言田野调查获得的大量第一手语言资料的语料价值的同时也具有理论创新方面的价值。

第一章　概说

第一节　赣东北徽语区地理概况

一　赣东北徽语区自然地理和经济交通

（一）赣东北徽语区的自然地理

赣东北徽语区婺源、浮梁、德兴三县市位于江西省东北边陲，景德镇、上饶两个设区市辖域的北部。区域北边，自西而东，浮梁、婺源两县县域北缘分别与安徽省东至、祁门、休宁三县辖域相邻接；区域东边，自北而南，婺源、德兴两县市辖域东缘依次与安徽省休宁、浙江省开化两县辖域相邻接；区域南边，自东而西，德兴市域南缘依次与省内玉山、上饶、横峰、弋阳四县辖域相邻接；区域西边，自北而南，浮梁、婺源、德兴三县市辖域西缘依次与省内鄱阳县、景德镇市昌江区、乐平市、弋阳县四县市区辖域相邻接。以下是赣东北徽语区地理位置示意图（图1-1-1见下页）。

赣东北徽语区地处北纬29度56分（浮梁县域北端）——28度38分（德兴市域南端），东经116度13分（婺源县域东端）——117度42分（浮梁县域西端）。南北长136公里，东西宽118公里，总面积7880平方公里（其中浮梁县2850平方公里、婺源县2947平方公里、德兴市2082平方公里），约占江西全省面积的4.72%。

赣东北徽语区位于黄山、怀玉山余脉与鄱阳湖平原过渡地带。浮梁县地势四周高中间低，形似盆状，以低山、丘陵为主，夹有面积不大的平原。海拔一般为250米至400米，最高峰五股尖（位于县域最东端）海拔1618米。境内河流以源于安徽省祁门县大洪山的昌江为主，自北向南，纵贯县境。婺源县地势由东北向西南徐徐倾斜，东北群峰屹立，巍峨挺拔，鄣公山主峰擂鼓峰为最高，海拔1630米，西南丘陵绵亘，最低处海拔约34米，平均海拔在100米至150米。县境内溪河纵横，多数发源于县域东北和西北山地，汇流于县域西南入乐安河，为乐安河上游，属饶河水系。德兴市地势自东南向西北倾斜，东北部和南部为中低山区，西北部为丘陵和低丘岗地，大茅山横亘县境中部，主峰海拔1392米。西部最低处海拔32米。

市域内主要河流是乐安河，乐安河由婺源流入，折向西流，经乐平市入鄱阳县与昌江汇合成饶河。

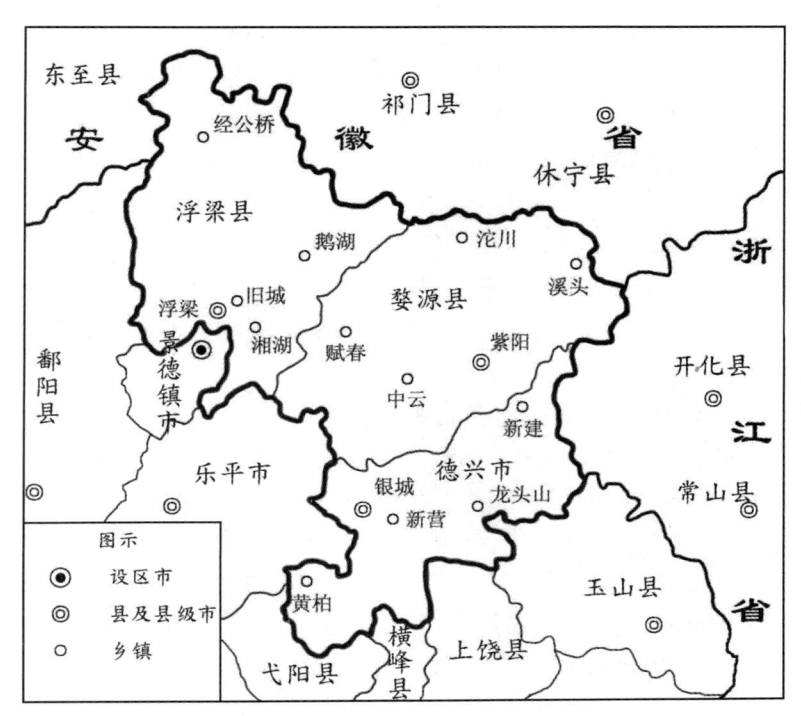

图 1-1-1　赣东北徽语区地理位置示意图

（二）赣东北徽语区的经济交通

1. 区域内的特色经济

赣东北徽语区三县市都属于山区县市。传统的农业经济除粮食生产外以茶叶生产为主业。浮梁县种植茶叶历史悠久，享誉中外。唐诗中即有"商人重利轻别离，前月浮梁买茶去"的诗句，更创造过"浮梁歙州，万国来求""浮梁之茗，闻于天下"的盛况和美誉。浮梁县盛产红茶，其功夫红茶 1915 年荣获"美国巴拿马万国博览会"金奖。1997 年浮梁县被农业部命名为"中国红茶之乡"。婺源早在唐代就已成为著名茶区。唐陆羽所著《茶经》就有"歙州茶生婺源山谷"的记载。《宋史·食货》载："婺源之谢源茶为全国六大绝品之一。"婺源盛产绿茶，所产茗眉茶多次评为全国、江西省优质名茶。婺源县茶叶产量大，为全国茶叶出口基地县。德兴市种茶的历史也很久，目前市域内茶叶产量也很大。其中新岗山所产的晶品香茶，其品质可追婺源的绿茶。新岗山镇已建成万亩绿茶基地。

旅游业是赣东北徽语区正在蓬勃发展的新兴产业。婺源、浮梁、德兴三县市辖域内森林覆盖率超过 80%，气候宜人，山川秀丽，自然风光美不胜收。更兼民风淳朴、文风鼎盛，名胜古迹与非物质文化遗产交相辉映，吸引国内外游客纷至沓来。婺源县以"中国最美的乡村"享誉中外，目前全县拥有5A级旅游景区1处（江湾景区）、4A级旅游景区12处，是全国4A级旅游景区最多的县份，也是全国唯一一个以整个县命名的国家3A级旅游景区。浮梁县拥有国家4A级景区2处，形成了以高岭—瑶里景区和古县衙景区为龙头，金竹山景区和严台、沧溪乡村游、农家乐为补充的旅游发展格局。德兴市域以南与玉山县交界处的三清山风景名胜区，兼具"泰山之雄伟、黄山之奇秀、华山之险峻、衡山之烟云、青城之清幽"，被誉为"世界精品、人类瑰宝、精神玉境"。1988年列为国家重点风景名胜区，2008年列为世界自然遗产地。现为国家5A级风景旅游区、国家自然遗产、国家地质公园。

赣东北徽语区工业以景德镇的陶瓷业著称于世。景德镇于北宋景德元年（公元1004年）定名，辖于浮梁县（景德镇至新中国成立后才由浮梁县析出设市）。景德镇陶瓷生产始于汉世，五代时以南方最早烧造白瓷之地和其白瓷的较高成就而奠定了在中国陶瓷业界的地位，打破了青瓷垄断南方的"南青北白"的格局，对宋代青白瓷的制作，对元、明、清瓷业的发展起到了极为重要的推动作用。浮梁县域建县前称"昌南镇"，昌南——China——中国，陶瓷与国齐名。景德镇因而成为中华文明的重要象征。在漫长的岁月中，景德镇博采众长，广泛吸纳全国各地名窑精华，生产的瓷器逐渐形成了"白如玉、明如镜、薄如纸、声如磬"的独特风格。"中华向号瓷之国，瓷业高峰是此都"，景德镇是中国的"瓷都"，也是世界的"瓷都"。近年来，景德镇市加快陶瓷创新步伐，大力实施陶瓷品牌发展战略，注重陶瓷贸易交流，已形成以陈设艺术瓷、日用瓷为主，建筑卫生陶瓷、工业陶瓷、电子陶瓷及特种陶瓷并举，国家、省、市三级陶瓷教育、科研机构和生产门类齐全的陶瓷产业一体化格局，是我国的陶瓷生产、流通、教育、科研基地。

赣东北徽语区的工业闻名于世的还有德兴铜矿。德兴铜矿位于德兴市域北部，总面积约37平方公里。早在唐宋年间，德兴矿区就有采铜的历史。1956年开始普查勘探，发现有两个大型斑岩铜矿区，并伴生有钼、硫、金、银等元素。1958年成立德兴铜矿。1965年建成北山矿，地下开采；1971年建成南山矿，露天开采。现有铜厂和富家坞两大矿体，已探明铜矿石储量16.3亿吨，保有矿石储量为13.2亿吨，铜金属量500万吨。矿藏特点是储量大而集中，埋藏浅，剥采比小，矿石可选性好，综合利用元素多。德兴铜矿是江西铜业集团公司的主干矿山，是中国第一大露天铜矿，也是一个世界级的大型铜矿。

2. 公路、铁路和航空交通

赣东北徽语区位于赣、浙、皖三省交界，自古以来即为省际人流物流重要通道。唯因区域内多山地，旧时限于经济社会条件，山岭阻隔而致使交通闭塞不畅。新中国成立后，随着经济建设的发展，交通状况已大为改观。

公路交通方面：20世纪80年代以来，婺源、浮梁、德兴三县市都实现了"村村通"，建成了完善的县乡公路网。近年来，我国高速公路建设突飞猛进，区域内已有数条高速公路纵横交错、相互连接。目前，东西横向的高速公路有三条：中部，杭瑞高速公路（G56，杭州—瑞丽）由安徽休宁县域入婺源县域东端溪头乡，西行至县域西端赋春镇入乐平市境；南部，德昌高速公路（S36，德兴—南昌）由德兴市区始发，西行至市域西部绕二镇入乐平市境再往省城南昌；北部，祁浮高速公路（S42，祁门—浮梁）由祁门县城始发，西行至浮梁县北部西湖乡入境。南北纵向的高速公路有三条：济广高速公路（G35，济南—广州）与201国道靠近平行，由安徽东至县域入浮梁县域北端西湖乡，南行至景德镇市郊区再入乐平市境，在浮梁县域内分别与祁浮高速公路和杭瑞高速公路相连接；德婺高速公路（S26，德兴—婺源）由德兴新岗山镇始发北行至婺源紫阳镇与济广高速公路相连接；德上高速公路（S19，德兴—上饶）由德昌高速公路德兴龙头山分支南行至上饶市区与我国南方另一条东西横向的公路交通动脉沪昆高速公路（G60，上海—昆明）相连接。

铁路交通方面：皖赣铁路（安徽芜湖——江西贵溪）于1982年建成，由安徽祁门县域入浮梁县域东北部峙滩乡，南行至景德镇市区再入乐平市境；景德镇站往南分支线经浮梁县寿安镇辖域延伸至乐平市涌山镇，乐平站往东分支线延伸至德兴市香屯街道辖域。京福高速铁路（北京—福州）2015年7月建成通车，由安徽祁门县域入婺源县域东北部溪头乡，南行经德兴市域由龙头山乡辖域入玉山县域再至上饶市区。九景衢高速铁路（九江—景德镇—衢州）2017年12月建成通车，由鄱阳县域入浮梁县域南部洪源镇，东行经婺源县域、德兴市域由新岗山镇辖域入浙江省域，经开化、常山两县域再至衢州市区。

航空交通方面：浮梁、婺源两县通过景德镇机场的航空线路连接全国各地。景德镇机场有航班直飞北京、上海、深圳、广州、成都等城市。浮梁县城距景德镇机场仅3公里。婺源县城距景德镇70公里，有杭瑞高速公路和304省道连接。

二 赣东北徽语区建置沿革和行政区划

（一）赣东北徽语区的建置沿革

赣东北徽语区婺源、浮梁、德兴三县市，在现行政区体制下，分别隶属于江西省上饶和景德镇两个设区市。上饶市辖2个区、9个县[①]，婺源为其下辖县，德兴则为江西省辖而由上饶市代管的县级市。景德镇市辖2个区、1个县并代管1个县级市[②]，浮梁为其下辖县。

婺源、浮梁、德兴三县市辖域商周时期相传属"扬州之地"。春秋属吴、越，战国属楚。

婺源县域秦属鄣郡，汉属丹阳郡歙县地。三国吴属新都郡休阳县地。晋属新安郡海阳（海宁）县地。隋属歙州休宁县地。

浮梁县域秦属九江郡番县地，汉属豫章郡鄱阳县地。东晋时设镇，始称"昌南"，后称"新平"。

德兴市域秦属九江郡。汉属余汗县地。东汉建安年间（公元196—220年）属乐安县地。隋并入鄱阳县。唐武德四年（公元621年）属乐平县地，九年（公元626年）复并入鄱阳县。上元二年（公元675年）置邓公场，隶江西盐铁都院。开元四年（公元716年）建乐平新县于长乐水口，为乐平县东境。

婺源建县于唐开元二十八年（公元740年），析休宁县域和乐平县域各一部分合并设置，以地当婺水之源而名，治设清华（今清华镇），隶属于歙州。

浮梁建县于唐武德四年（公元621年），析鄱阳县东境置新平县。武德八年（公元625年）并新平县入鄱阳县。开元四年（公元716年）复置县，易名新昌，隶属于饶州。以"溪水时泛，民多伐木为梁"，天宝元年（公元742年）更县名为浮梁。

德兴建县于南唐昇元二年（公元938年），取"惟德乃兴"之义，改邓公场为德兴县，隶属于饶州。

婺源、浮梁、德兴三地设县之后，千余年来，域名相沿承袭，作为县一级行政建制基本不变[③]，辖域也基本保持不变[④]。惟所属上级行政区域迭有演变。

婺源县宋元明清四代均隶属于徽州（府、路）。民国先后隶属于安徽省皖南道、第五行政区。1934年划入江西省，隶属于第五行政区。1947年划

[①] 上饶市辖信州区、广丰区和玉山县、横峰县、铅山县、弋阳县、万年县、余干县、鄱阳县、婺源县、上饶县，代管省辖德兴市。

[②] 景德镇市辖珠山区、昌江区和浮梁县，代管省辖乐平市。

[③] 婺源县于元贞元年（公元1295年）升为州，明洪武二年（公元1369年）复降为县。浮梁县1960年撤销县建制，辖域并入景德镇市，分设两个区（称景东区、景西区，后改称鹅湖区、蛟潭区）。1988年，重置浮梁县。

[④] 浮梁县建国后析出景德镇置市。德兴1990年撤县设市，仍为县级行政区域。

回安徽省，隶属于第十行政区。1949年划入江西省，先后隶属于乐平专区、浮梁专区、上饶专区（地区）、上饶市设区市。

浮梁县、德兴县宋元明清四代均隶属饶州（府、路）。民国先后隶属于江西省浔阳道、第四行政区、第五行政区。浮梁县新中国成立后先后隶属于江西省乐平专区、浮梁专区、上饶专区、景德镇市；德兴县新中国成立后先后隶属于江西省乐平专区、浮梁专区、上饶专区（地区）、上饶市设区市。

（二）赣东北徽语区的行政区划

本书选择录列赣东北徽语区三县市新中国成立后两个时期的行政区划信息。一是2010年之后的最新县域政区划分。一是20世纪80年代所编的地名志中的县域政区划分。地名志编写时期的县以下乡镇辖域相对较小，在考察方言分布情况时便于作更精细一些的地域区分。

1. 婺源县

《江西省婺源县地名志》①中录列，时婺源县辖1个镇、20个公社、5个场（垦殖场、林场、茶场）：

城关镇　　段莘公社　　浙源公社　　古坦公社　　鄣山公社　　溪头公社
大畈公社　　江湾公社　　甲路公社　　思口公社　　秋口公社　　晓鳙公社
赋春公社　　龙山公社　　西坑公社　　镇头公社　　高砂公社　　中云公社
梅林公社　　许村公社　　太白公社
鄣公山垦殖场　　武口茶场　　珍珠山垦殖场　　晓林垦殖场　　中洲林场

至2010年，婺源县辖1个街道、10个镇、6个乡：

蚺城街道　　紫阳镇　　清华镇　　秋口镇　　江湾镇　　思口镇
中云镇　　赋春镇　　镇头镇　　许村镇　　太白镇
溪头乡　　段莘乡　　浙源乡　　沱川乡　　大鄣山乡　　珍珠山乡。

前后两个时期县域政区设置主要的变化有：公社改为乡、镇。城关镇改为紫阳镇，并析出部分辖域设蚺城街道，高砂公社、梅林公社、西坑公社、武口茶场辖域并入紫阳镇。晓鳙公社、大畈公社辖域并入江湾镇。晓林垦殖场、龙山公社辖域并入中云镇。甲路公社辖域并入赋春镇。古坦公社辖域并入大鄣山乡。中洲林场辖域并入许村镇。

2. 浮梁县

地名志编写时期，浮梁县尚未恢复县制，县域地名列入《江西省景德镇市地名志》②。县域时为景德镇市下辖的蛟潭区和鹅湖区。其中蛟潭区辖12个乡：

---

① 《江西省婺源县地名志》，婺源县地名委员会办公室编，内部刊行，1985年。
② 《江西省景德镇市地名志》，景德镇市地名委员会办公室编，内部刊行，1988年。

蛟潭乡　　西湖乡　　勒功乡　　江村乡　　经公桥乡　　储田乡　　峙滩乡
黄坛乡　　福港乡　　三龙乡　　洪源乡　　罗家桥乡

鹅湖区辖9个乡和1个垦殖场：

鹅湖滩乡　　金竹乡　　瑶里乡　　臧湾乡　　天保乡　　王港乡　　新平乡
湘湖乡　　寿安乡　　创业垦殖场

1988年11月浮梁县制恢复。至2010年，浮梁县辖8个镇、9个乡：

浮梁镇　　鹅湖镇　　经公桥镇　　蛟潭镇　　湘湖镇　　瑶里镇　　洪源镇
寿安镇　　王港乡　　臧湾乡　　三龙乡　　黄坛乡　　兴田乡　　江村乡
峙滩乡　　勒功乡　　西湖乡

前后两个时期县域政区设置主要变化有：部分乡改为镇。新平乡改为浮梁镇。天保乡、金竹乡和创业垦殖场辖域并入鹅湖镇；储田乡辖域并入经公桥镇；福港乡辖域并入蛟潭镇；罗家桥乡辖域并入洪源镇。

3. 德兴市

《江西省德兴县地名志》[①]中录列，时德兴县辖2个镇、15个公社、4个垦殖场：

银城镇　　泗洲镇　　占才公社　　新建公社　　海口公社　　畈大公社
李宅公社　　潭埠公社　　香屯公社　　龙头山公社　　花桥公社　　新营公社
界田公社　　绕二公社　　黄柏公社　　张村公社　　万村公社
新岗山垦殖场　　银山垦殖场　　福泉山垦殖场　　大茅山垦殖场[②]

1990年，德兴撤县设市。至2010年，德兴市辖3个街道、5个镇、6个乡：

银城街道　　新营街道　　香屯街道
绕二镇　　海口镇　　新岗山镇　　泗洲镇　　花桥镇
黄柏乡　　万村乡　　张村乡　　畈大乡　　李宅乡　　龙头山乡

前后两个时期辖域政区设置主要的变化有：公社改为乡、镇。银城镇改为街道。新营公社、香屯公社辖域分别设街道。新岗山垦殖场改为镇，占才公社、新建公社辖域并入。潭埠公社辖域并入泗洲镇。界田公社辖域并入张村乡。银山垦殖场辖域分别并入银城街道和泗洲镇。福泉山垦殖场辖域分别并入黄柏乡和万村乡。大茅山垦殖场辖域并入花桥镇。

---

① 《江西省德兴县地名志》，德兴县地名委员会办公室编，内部刊行，1984年。
② 大茅山垦殖场时为省属国营农垦企业。

第二节　赣东北徽语区居民历史

一　移民源出地与方言的形成

赣东北徽语区中的婺源县旧属徽州府六县之一，系徽语中心区域之一部分。浮梁县和德兴市虽与徽州地区未有行政区划上的联系，但地理上一北一南与婺源县相邻接，并且浮梁县还与徽州府六县之中的休宁、祁门两县相邻接。地理上的相邻为区域间的移民活动提供了便利，而移民活动是方言流播的根本原因。这为浮梁、德兴两地的方言趋同于徽州地区的方言提供了重要的地理条件。

本节通过对浮梁、婺源、德兴三县市地名志中关于建村情况的统计分析，从居民历史角度对赣东北徽语的形成作简略考察。

居民历史是一个时间过程。对一个特定区域来说，以某一时间为观察点，之前即已居住的居民为原住民，后来迁入的居民则为移民。原住民的语言（方言）和移民的语言（方言）都是影响该区域的语言（方言）发展演变的因素。本节主要考察移民与赣东北徽语形成的关联。地名志中与语言（方言）有关的移民信息有两项：一是居民建村（或迁入）的时间，二是建村（或迁入）居民的原居地。

移民活动发生时，居民离开原居地迁入新居地，原居地成为移民的源出地，新居地即为移民的流入地。移民流入地的方言与移民源出地的方言具有源流关系，可以称为源流方言。

移民活动具有连续性、阶段性特点。对一个县域方言的形成而言，入境之前的移民最近源出地（即最近时间发生的一次移民活动的源出地，以下简称移民源出地）至关重要。移民入境之后还可能发生县域内的再次迁移，因而移民流入地可以分别称首迁流入地和再迁流入地，或依次称一次流入地和二次流入地、三次流入地……移民的再次迁移影响县域内方言的分布。下面以婺源县詹姓[①]宗族的一支为例作移民迁徙过程的分析。

婺源县浙源乡庙上詹姓居民，其先祖于隋代由最近源出地歙县迁来，庙上为詹姓在婺源的首迁流入地。1500 余年来，庙上詹姓在婺源县域内又发生了多次迁移，人口繁衍播迁至 46 个自然村：

[①] 詹姓是婺源县历史久、人口多、影响大的居民宗族之一。我国近代铁路之父詹天佑即为婺源詹姓后裔。

歙县（最近源出地）──→ 庙上（一次流入地）──→ 宋村（二次流入地）
　　　　　　　　　　隋代（581-618）①　　　　北宋（960-1127）
──→ 虹关（三次流入地）──→ 察关（四次流入地）
　　南宋建炎间（1127-1130）南宋绍兴间（1131-1162）
──→ 外言坑（五次流入地）──→ 里言坑（六次流入地）
　　32代（约1185）　　　　　30代（约1235）

二　赣东北徽语区的移民源出地总体考察

以下依据《江西省婺源县地名志》（1985）、《江西省景德镇市地名志》（1988）、《江西省德兴县地名志》（1984）考察赣东北徽语区三县市的自然村移民源出地和建村时间情况。

地名志中有部分自然村无移民源出地记录。这部分自然村应该属于建村时间早于一般宗谱等资料有确切移民源出地记载的时间以至未能考知，可以视为原住民村。由这部分自然村居民发生县域内再次迁移所建的自然村也同样无法考知其移民源出地。

这样，在三县市4238个自然村中，有确切移民源出地记录的自然村（包括一级流入地及以下各级流入地）共有2370个，其中婺源589个，浮梁1111个，德兴670个。

统计结果表明，三县市移民源出地主要包括分别属于徽语区、赣语区和吴语区的20多个县市。三县市有确切移民源出地记录的自然村即移民村因此可以分成徽语区籍移民村、赣语区籍移民村、吴语区籍移民村等几大类，其下再按县级行政区域分为"某县籍"移民村等。以下是三县市按移民源出地分类统计的移民村数字，括号外的为三县市总数，括号内的为三县市分别统计的数字（顺序依次为婺源、浮梁、德兴，无数字的以横线表示）：

1. 徽语区籍移民村

歙县籍移民村：592（338∥144∥110）
休宁籍移民村：101（ 67∥ 32∥ 2）
祁门籍移民村：194（ 11∥183∥ --）
黟县籍移民村： 17（ 4∥ 13∥ --）
婺源籍移民村：152（ --∥111∥ 41）

---

① 地名志中移民村建村时间依据历史资料（如宗谱）记载，有中国历史纪年（朝代年号纪年）的都换算成了公元纪年。有的只有建村（或入迁）若干代的记载，本书按25年为一代从1985年（地名志编成时间）起回溯计算。

浮梁籍移民村：37（35∥--∥2）
德兴籍移民村：46（44∥2∥--）
淳安籍移民村：106（13∥80∥13）
其中一些移民村还明确记载了县以下区域的源出地地名：
歙县籍移民村中有322个（270∥49∥3）源出地为篁墩，14个为向杲（14∥--∥--）；
休宁籍移民村中有12个（12∥--∥--）源出地为五城；
祁门籍移民村中有10个（10∥--∥--）源出地为孚溪新田；
婺源籍移民村中有11个（--∥9∥2）源出地为考水；
德兴籍移民村中有16个（16∥--∥--）源出地为海口。

2. 赣语区籍移民村

乐平籍移民村：92（14∥30∥48）　　鄱阳籍移民村：33（1∥30∥2）
余干籍移民村：29（--∥27∥2）　　都昌籍移民村：27（--∥26∥1）
万年籍移民村：15（--∥14∥1）
抚州籍移民村：45（--∥19∥26）　　南丰籍移民村：30（--∥14∥16）
太湖籍移民村：82（2∥80∥--）　　东至籍移民村：64（--∥64∥--）
怀宁籍移民村：40（--∥40∥--）　　潜山籍移民村：26（--∥26∥--）

3. 吴语区籍移民村

玉山籍移民村：78（1∥--∥77）　　上饶籍移民村：10（1∥1∥8）
开化籍移民村：53（24∥--∥29）　　衢县籍移民村：17（--∥--∥17）
龙游籍移民村：17（--∥--∥17）

以上同一个县籍的移民村在三县市中的总数都在10个以上。还有不少县籍的移民村在三县市中总数不足10个，对流入地方言难有大的影响，本书在此略过。

有些移民村的移民源出地只记录省份地名，如"福建""安徽""湖北""广东"等，不能据以确认源出地的方言系属，本书也略去不计。

赣东北徽语三县市移民村建村时间跨度很大，从唐宋直至新中国成立后达1400余年。本文分为四个时期：早期（唐宋及之前）、中期（元明至清中期）、晚期（清末、民国）、现代（新中国成立后）。

以下从移民时期角度对赣东北徽语区的移民村作三县市总体的分类统计。赣东北徽语区自然村移民源出地和移民时期的统计情况见下页表1-2-1。

通过表1-2-1中的数据从移民源出地方面可以看出：（1）赣东北徽语三县市的源出地可考的移民村中以徽语区籍移民村为最多，有1355个，占移民村总数的57.17%。其中旧徽州歙县、祁门、休宁、婺源四县籍的移民村为主（旧徽州所辖六县另外两县，黟县移民较少，无绩溪移民）。（2）婺源有部分浮梁籍和德兴籍移民村。(3) 浮梁有部分浙江淳安县籍移民村[①]。

表 1-2-1　赣东北徽语区自然村移民源出地和移民时期统计表

自然村 \ 移民时期	早期（唐宋及之前）	中期（元明至清中）	晚期（清末民国）	现代（新中国成立后）	时间不明	合计
徽语区籍移民村	495（20.89%）	526（22.19%）	117（4.93%）	180（7.59%）	37（1.56%）	1355（57.17%）
赣语区籍移民村	101（4.26%）	254（10.71%）	144（6.08%）	29（1.22%）	3（0.13%）	531（22.41%）
吴语区籍移民村	20（0.84%）	29（1.22%）	61（2.57%）	99（4.18%）	1（0.04%）	210（8.86%）
其他	87（3.67%）	130（5.49%）	36（1.52%）	17（0.72%）	4（0.17%）	274（11.56%）
合计	703（29.66%）	939（39.62%）	358（15.11%）	325（13.71%）	45（1.90%）	2370（100%）

从移民时期方面可以看出：(1) 赣东北徽语区三县市的移民村中期建村的最多，早期建村的次之，晚期和现代建村的较少。作为移民村主体的徽语区籍移民村的建村时期分类同三县市总体情况。(2) 赣语区籍移民村的建村时期分类也是中期最多，但晚期建村的数字多于早期建村的数字，反映出三县市中源自赣语区的移民总体上要晚于源自徽语区的移民。(3) 吴语区籍移民村则大部分在现代建村。

三　赣东北徽语区的移民源出地分县市考察

（一）婺源

从全县总体情况看，婺源县移民村的移民源出地主要为旧徽州休宁、歙县、祁门三县。全县源出地可考的 589 个移民村中，徽语区籍移民村达 511 个，占移民村总数的 86.9%。其中来自休宁、歙县、祁门三县的移民所建村最多，有 419 个，占徽语区籍移民村的大多数，比例达到 82%。另外，赣语区籍移民村有 22 个，主要为乐平籍移民村；吴语区籍移民村有 33 个，主要为开化籍移民村。

以下再看县内各个乡、镇、场（垦殖场、林场、茶场）的移民村分布情况（参见以下表 1-2-2 婺源县各乡镇场移民村源出地统计表）。

[①] 淳安移民主要集中在 20 世纪五六十年代，因兴建新安江水电站而迁入。因为迁入时间较晚，淳安移民方言对当地语言影响不大。

表 1-2-2　　　　　　　婺源县各乡镇场移民村源出地统计表

乡/镇/场		总自然村	徽语区籍			赣语区籍	吴语区籍	其他	总计
			徽州三县	浮梁德兴	淳安				
东乡	溪头	53	19						19
	大畈	24	7	1					8
	江湾	79	22	4		1	7		34
	晓鳙	22	12					1	13
	秋口	100	41	2			4		47
	西坑	54	8	4			2		14
	合计	332	109	11		1	13	1	135
南乡	高砂	74	24	6			2	1	33
	中云	46	10	1		1	1	1	14
	梅林	81	19	5		1			25
	太白	56	13	5	3	5	5		31
	武口	24	5	2	5		2		14
	晓林	16	4		2				6
	中洲	25	1	5		3	5		14
	合计	322	76	24	10	10	13	4	137
西乡	甲路	37	15	4					19
	龙山	35	20	1					21
	赋春	74	18	2		4		2	26
	镇头	35	10	13		1			24
	许村	57	25	4	2	4	2	1	38
	珍珠山	75	18	8	1	1	3	11	42
	合计	313	106	32	3	10	5	14	170
北乡	沱川	26	6				1	2	9
	段莘	79	34						34
	浙源	62	32	5					37
	古坦	44	5	1		1			7
	鄣山	30	11	1					12
	思口	102	28	1					29
	鄣公山	75	12	4			1	2	19
	合计	418	128	12		1	2	4	147
总　计		1385	419	79	13	22	33	23	589

婺源县域地形从东北向西南方向，由山地逐渐变为平地。休宁、歙县、祁门三县位于婺源东北方向，赣语区乐平市位于婺源县域西边，吴语区浙江开化市位于婺源县域东边。表 1-2-2 的数字显示，县内东乡和北乡的乡镇场中分布的徽语区籍移民村要明显多于西乡和南乡的乡镇场。相反，赣语区籍移民村则主要集中分布在西乡和南乡的乡镇场。吴语区籍移民村主要分布在东乡和南乡的乡镇场。

婺源县域内东乡、北乡方言与南乡、西乡方言有较大差异，这种状况与徽语区籍移民村和赣语区籍移民村的分布状况是相契合的。吴语区籍移民村的分布状况与方言分布状况没有什么关联，因为吴语区籍移民村有 24 个是开化籍移民村，它们的建村时间大多数在新中国成立后，对婺源县域的主流方言没有什么影响。

（二）浮梁

从全县总体情况看，浮梁县的移民村主要是徽语区籍移民村和赣语区籍移民村。全县源出地可考的 1111 个移民村中，徽语区籍移民村达 568 个，占移民村总数的 51.13%；赣语区籍移民村有 392 个，占移民村总数的 35.28%。徽语区籍移民村的移民源出地主要为旧徽州歙县、祁门和婺源三县，源自这三个县的移民所建自然村最多，有 439 个，占徽语区籍移民村总数的 77.29%。赣语区籍移民村的移民源出地主要为安徽省太湖、东至、怀宁和江西省鄱阳、乐平，源自这五个县的移民所建自然村最多，有 244 个，占赣语区籍移民村总数的 62.28%。另外，吴语区籍移民村有 13 个。

以下再看县内各个乡、镇、场（垦殖场、林场）的移民村分布情况（参见下页表 1-2-3 浮梁县各乡镇场移民村源出地统计表）。

浮梁县域北缘与安徽省的祁门、休宁两县辖域邻接。祁门、歙县以及休宁三个县籍的徽语区籍移民村在北乡西湖、峙滩、江村、兴田 4 个乡镇场分布最多。县域南缘与婺源县域邻接，徽语区籍移民村中的婺源籍移民村则大多数分布在东乡和南乡的瑶里、鹅湖滩、天保、湘湖、寿安 5 个乡镇场。

表 1-2-3　　　　　　浮梁县各乡镇场移民村源出地统计表

乡/镇/场		总自然村	徽语区籍			赣语区籍	吴语区籍	其他	总计
			徽州三县	婺源德兴	淳安				
东乡	兴田	80	31	2	4	14		2	53
	金竹山	50	8	1		6	1	6	22
	瑶里	100	15	16		24		12	67

续表

乡/镇/场		总自然村	徽语区籍			赣语区籍	吴语区籍	其他	总计
			徽州三县	婺源德兴	淳安				
东乡	鹅湖滩	120	8	9	16	12		12	57
	臧湾	117	7	3	18	29	1	13	71
	天保	40	9	8	2		1	5	25
	创业	18	5		3				8
	合计	525	83	39	43	85	3	50	303
南乡	王港	54	3	7	12	22		4	48
	湘湖	113	7	27	1	35	1	13	84
	寿安	73		11		16		25	52
	新平	59	4	1	2	24		2	33
	旧城	25			1	9		2	12
	洪源	91	3	1	5	25		9	43
	合计	415	17	47	21	131	1	55	272
西乡	蛟潭	132	21	7	4	10		4	46
	福港	52	23	5	3	20		4	55
	三龙	57	13	5		13		7	38
	黄坛	118	15	4		36	2	12	69
	罗家桥	38	2			15			17
	合计	397	74	21	7	94	2	27	225
北乡	西湖	108	53	5		19	1		78
	勒功	55	14	1	2	2	2	2	23
	江村	90	41		3	13		1	58
	经公桥	73	16			31	1		48
	储田	61	28			5			33
	峙滩	118	48	1	7	12	3	3	74
	合计	505	200	7	12	82	7	6	314
总计		1842	374	114	83	392	13	138	1114

浮梁县域边界线有一半与赣语区相共，县域北邻安徽东至县，西邻鄱阳县，南邻乐平市和景德镇市区。所以与婺源县相比较，赣语区籍移民村数量要多得多，几乎逼近徽语区籍移民村与其平分秋色。赣语区籍移民村四乡都有较多分布而以南乡为最多。

浮梁县域北乡移民村分布以祁门、歙县、休宁三县籍的徽语区籍移民村为主，杂以较多数量的赣语区籍移民村；东乡移民村分布以婺源籍移民村为主，也杂以较多数量的赣语区籍移民村。东乡话与北乡话的差别较明显，应与祁门、歙县、休宁三县方言及婺源县方言的差别有关，也与因地理距离远近，北乡分布多为安徽太湖、东至等县籍的赣语区籍移民村而南乡分布多为江西鄱阳、乐平等县籍的赣语区籍移民村有关。

零星散布的少数吴语区籍移民村，以及虽说数量不少但建村于新中国成立后的淳安籍移民村，对于浮梁县域主流方言没有多少影响。

（三）德兴

从全县总体情况看，德兴市的移民村主要是徽语区籍移民村，吴语区籍移民村和赣语区籍移民村也有较多分布。全县源出地可考的 670 个移民村中，徽语区籍移民村有 276 个，占移民村总数的 41.19%；吴语区籍移民村有 164 个，占移民村总数的 24.48%，赣语区籍移民村有 117 个，占移民村总数的 17.46%。

徽语区籍移民村的移民源出地主要是歙县和婺源，来自这两县的移民所建村有 143 个，占徽语区籍移民村总数的 51.81%。吴语区籍移民村的移民源出地主要是玉山和浙江省开化，来自这两个县的移民所建村有 106 个，占吴语区籍移民村总数的 64.63%。赣语区籍移民村的移民源出地主要为乐平，乐平籍移民村有 48 个，占赣语区籍移民村总数的 41.03%。

以下再看市内各个乡、镇、场（垦殖场、林场）的移民村分布情况（参见下页表 1-2-4 德兴市各乡镇场移民村源出地统计表）。

德兴市域北邻婺源，自西而东，婺源的中洲、太白、梅林、西坑、秋口、江湾 6 个乡镇场与德兴的香屯、潭埠、泗洲、海口、新建、占才 6 个乡镇场依次相接。因此与浮梁、婺源不同，德兴市的徽语区籍移民主要来自婺源，其次是徽州三县中的歙县。市域东接浙江开化县，东南接玉山县、上饶县，吴语区籍移民村也有相当数量，主要分布在东南乡。市域南接横峰县、弋阳县，西接乐平市，赣语区籍移民村也有相当数量，主要分布在南乡和西乡。德兴市内方言四片差异的形成，应与上述移民村分布状况密切相关。

表 1-2-4　　　　　　　　德兴市各乡镇场移民村源出地统计表

乡/镇/场		总自然村	徽语区籍			赣语区籍	吴语区籍	其他	总计
			徽州三县	婺源浮梁	淳安				
东北乡	海口	78	10	8	2	8	19	1	48
	新建	31	9	6		3	2	1	21
	占才	62	36	10	1		3		50
	新岗山	5	1		1		1		3
	合计	176	56	24	4	11	25	2	122
东南乡	龙头山	93	3	9		2	36	7	57
	李宅	77	8	9	1		18	10	46
	畈大	58	11	2			30	5	48
	合计	228	22	20		3	84	22	151
西南乡	黄柏	64	3	9	1	11		21	45
	张村	54	6	10		18		9	43
	万村	50	2	13		11	1	9	37
	福泉山	2							
	合计	170	11	32	2	40	1	39	125
西北乡	香屯	52	1	9	4	16	3	11	44
	银城	10			3	1			4
	新营	39	14	5		3			22
	界田	34	4	4		7		3	18
	银山	9							
	绕二	112	6	19		22	7	26	80
	花桥	41	1	5		1	14	3	24
	大茅山	82	3	2		4	28	4	41
	泗洲	16	1	10		2			13
	潭埠	42	1	13		7	2	3	26
	合计	437	31	67	7	63	54	50	272
总计		1011	120	143	13	117	164	113	670

第三节　赣东北徽语区方言概况

一　赣东北徽语区的范围

汉语方言的分布与行政区域往往有密切的联系，同时也不完全一致。赣东北徽语从汉语方言总的分布态势来看，其分布超越了旧徽州府辖域而流播到旧饶州府辖域。然而从具体分布的县市来看，则与浮梁、婺源、德兴三县市辖域是基本一致的。赣东北徽语区的范围与方言分布见下图 1-3-1。

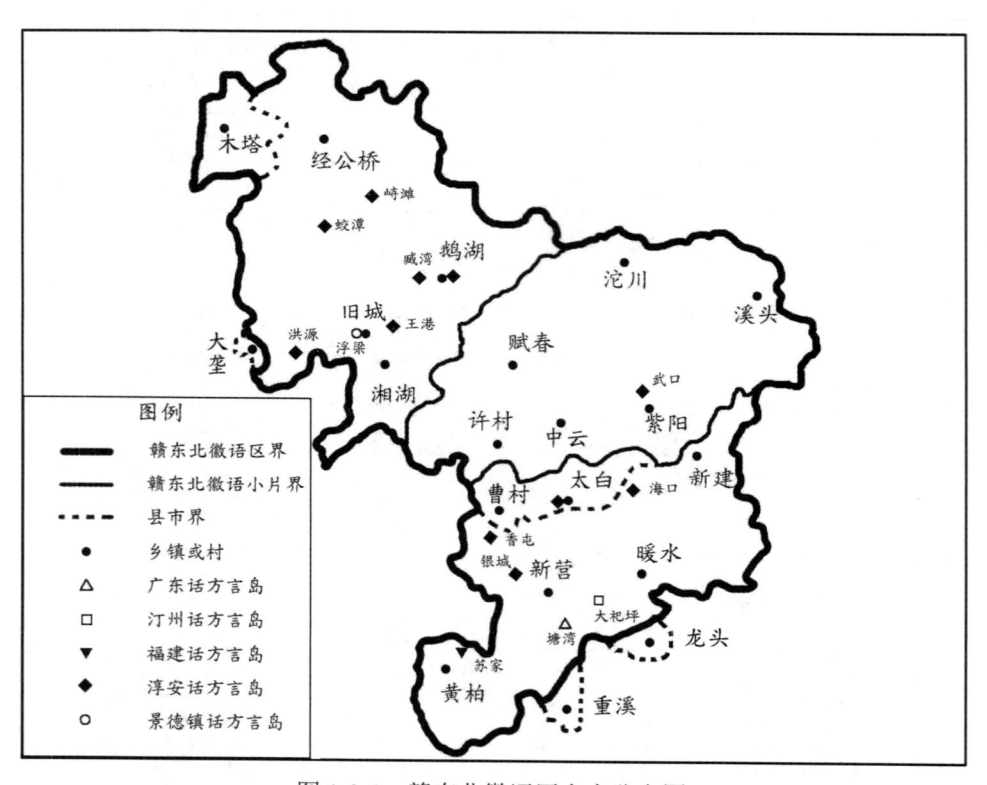

图 1-3-1　赣东北徽语区方言分布图

说基本一致，即赣东北徽语的分布也还有超越婺源、浮梁、德兴三县市辖域的情况。情况有两种：一是赣东北徽语跨越三县市边界分布到主要通行其他非徽语方言的相邻县市，二是相邻县市主要通行的其他非徽语方言分布到赣东北徽语区三县市的局部辖域。这些跨越县市行政区域分布的方言小区片有以下三类情况：

（一）德兴市域的吴语小片

德兴市域依东北—西南走向呈狭长状，市域南缘主要与吴语区上饶县、玉山县辖域相邻接。沿县市边界线自西而东，德兴市域南部有两处吴语小片。

1. 绕二镇的"重溪话"小片

德兴市南部绕二镇，辖 11 个行政村共 112 个自然村。辖域南部有重溪、焦坑、徐家坊、水口、花林、横港 6 个行政村。这一小片区域东与上饶县县域邻接，新中国成立后曾长期为一个独立的乡级政区，设"重溪乡（公社）"，至 1968 年才并入绕二公社。这一旧重溪乡辖域，通行与绕二镇北部的"绕二话"有较大不同的"重溪话"。重溪话与相邻上饶县华坛山镇主要通行的上饶县"北乡话"接近，属于吴语。6 个行政村通行重溪话的自然村共有 57 个：

〈重溪〉[①]重溪、江家湾、茅屋棚、严家棚、河西、张家会、徐源坞、童家坞、庙前；〈焦坑〉树窝、杨塘坞、杨梅墩、竹林窝、牛屎塘、阳西窝；〈徐家坊〉中湾、锅巴厂、黄金坞、小高山、小花桥、杨家山、文坞；〈水口〉南山畈、樟树老底、河北、鼓港、宁家、燕窝里、水口、下洋畈、沙洲、大坞口、柏树底、水口罗家、南冲、造家源；〈花林〉花林、汪岭、西畈、东边、蛤蟆塘、上吴村、上油榨、苏家畈、广财山；〈横港〉横港、榨树垄、东山源、剪岭、小岭背、中间庙、小岭、流东坑、黄土岭、施家、小源、前山。

2. 龙头山乡、畈大乡的"玉山话"小片

德兴市龙头山、畈大两个乡的辖域南与通行吴语的玉山县域相邻接，形成了两处"玉山话"小片区域。

龙头山乡位于绕二镇东面。《吴语在江西境内的分布》一文提到龙头山乡的陇头[②]，"德兴县的陇头和玉山县的陇首，地名相似，语言相近，同属吴语系统"，[③]不过语焉不详。根据本书作者调查，龙头山乡 7 个行政村和 1 个林场全部 93 个自然村中，通行"玉山话"的有 41 个：

〈龙头〉龙头上呈、老虎口、龙头下屋、山坑、高林丘、桥头、犬地、仓坞山、南坞、德兴边、松树根底、葡萄岭；〈石坞林场〉杨树湾、蛇皮畈、桃花垄、河村、陈家畈大庄、陈家大坞；〈暖水〉大湾、李爷庙、麻石坞、张家坞；〈东坞〉董塘坞、程家坞、大坞、黄家坞、赤毛垄、下石坞；〈桂

[①] 括号"〈 〉"中的是行政村名称，括号"〈 〉"外的是自然村名称。以下同。
[②] 根据《江西省德兴县地名志》，规范的写法应是"龙头"。
[③] 颜逸明、严振洲、钱文俊：《吴语在江西境内的分布》，《方言》1984 年第 4 期。

湖）上坞、路田祝家屋、内湾、外湾；〈陈坊〉下源头、上源头；〈南溪〉南溪坑口、西杨畈、白茅山、汪坞、茅草坞、龙王殿、塘湾山。

龙头行政村全部 12 个自然村和南溪行政村全部 23 个自然村中的 7 个自然村构成了龙头山乡南部与玉山县域相连接的"玉山话"小片。其他通行"玉山话"的自然村与通行"暖水话"（当地对以乡人民政府驻地暖水为代表的德兴本地方言的称说）的自然村错杂散布。

畈大乡在绕二镇东面，辖 6 个行政村、1 个林场，共 58 个自然村。在畈大乡南部，位于三清山北麓①的引浆和港首两个行政村有部分自然村通行"玉山话"，其他行政村也有个别自然村通行"玉山话"，共有以下 15 个自然村：

〈引浆〉引浆、芭蕉坞、大源坞；〈港首〉港首、齐家畈、虎形、塘坞、西坞、新村、大坞、岭背、高山；〈畈大〉小坞、凉坑；〈定坑〉下庄坞。

畈大乡通行"玉山话"的自然村与通行本地"畈大话"的自然村错杂分布，未形成严格意义上的方言小片。

关于德兴市辖域内的非徽语区域，谢留文《江西省的汉语方言》一文中在把德兴市划归徽语祁德片时，表述为"德兴市龙头乡、绕二镇除外"，尚不够确切和完全。准确的表述应为"德兴市龙头乡南部、绕二镇南部以及畈大乡少数村落除外"。

（二）浮梁县域的赣语小片

历史上景德镇长期隶属于浮梁县，新中国成立后才由浮梁县析出置市。今作为设区市的景德镇市下辖两个区，珠山区为城区，昌江区为郊区。昌江区下辖 2 镇 3 乡：竟成镇、鲇鱼山镇和吕蒙乡、丽阳乡、荷塘乡。其中鲇鱼山镇和丽阳乡、荷塘乡三个乡镇辖域系 1983 年由鄱阳县划归昌江区。今景德镇市区的城区和郊区的竟成镇和吕蒙乡两个乡镇都属于旧浮梁县域。从现代方言的情况看，景德镇市区珠山区通行的景德镇话已经属于赣方言。郊区昌江区鲇鱼山镇和丽阳乡、荷塘乡三个乡镇本属于鄱阳县，辖域方言自属于鄱阳话系统。竟成镇、吕蒙乡两个乡镇，辖域方言因与鲇鱼山、丽阳、荷塘三个乡镇邻接也与之趋同。从这一角度出发，可以认为景德镇市区和郊区竟成、吕蒙两个乡镇都是旧浮梁县域中的赣语小片。

由于景德镇与浮梁县在行政区域上发生脱离已经有较长时间，景德镇方言形成今天的属于赣方言的景德镇话也已经有了较长的历史，本书现在考察浮梁县域的赣语小片，意在现行政区划分背景下，来了解浮梁县局部县域因受赣语影响而发生的与赣语趋同的演变情况。

---

① 三清山位于德兴与玉山两县市交界处，山南麓为玉山县辖域。

浮梁县域中的赣语小片有两个小片：

1. 浮梁县城的景德镇话小片

浮梁县于民国四年（公元 1915 年）县治移往景德镇。新中国成立后景德镇析出设市，浮梁县治仍在景德镇市区，直至 1960 年浮梁县撤销。1988 年浮梁县恢复，在距离景德镇市区东北 7 公里处新平乡辖域内新建县城，设浮梁镇。目前浮梁镇城区辖城南、城北、万平 3 个居委会。

作为一个新建的县级行政区域的中心，浮梁镇城区通行的方言是景德镇话而非浮梁方言。其根本原因是作为景德镇市区权威方言的景德镇话的影响。行政文教单位工作人员和商贸服务行业从业人员中相当部分本来居住于景德镇城区，建新县城后才迁入，则是一个直接原因。

2. 洪源镇的"大垄话"小片

浮梁县南部洪源镇大垄行政村下辖茶亭下、汪家、吴家、界首、其家岭、高山下、世久坞、桃家坞等 8 个自然村，行政村辖域西边与鄱阳县金盘岭乡交界，其中位于最西边的界首自然村即因建村于浮梁与鄱阳两县交界处而得名。程熙荣《景德镇地区方言归属与分布考察研究》[①]一文通过对景德镇地区浮梁县与景德镇珠山区、昌江区交界处十余处方言点的调查研究，得出结论认为："浮梁县的大垄村在涉及浮梁徽语特点的四个项目中只有一半的项目符合其特点，而在涉及赣语特点的五个项目中却有四个项目符合或基本符合赣语的特点了，据此我们可以认为这个方言点的方言是赣语。"

（三）安徽东至县域的徽语小片

浮梁县西北部经公桥镇，辖域与安徽省东至县木塔乡相邻接。木塔乡位于东至县东南部，其辖域通行的方言与经公桥镇方言接近，属于徽语系统。《皖南方言的分区（稿）》一文称"东至县木塔话处于赣语、徽语交会处，韵母多与徽语相同，声调却与赣语相似"，并把木塔划归徽语祁德片。[②]

二　赣东北徽语区内的方言岛

被另一种方言包围的方言称方言岛。汉语方言在一个地理区域中除了呈大片连续状态分布以外，有的还有以方言岛状态分布。赣东北地区方言分布情况非常复杂。"无论在方言的种类上，还是在方言的分布上，赣东北的方言都很具特色。汉语各大方言中，赣语、吴语、徽语、闽语、客家话以及官话，在赣东北地区都有分布。这些方言，有的呈大范围区域的连续

[①] 程熙荣：《景德镇地区方言归属与分布考察研究》，南昌大学，硕士学位论文，2007。

[②] 郑张尚芳：《皖南方言的分区（稿）》，《方言》1986 年第 1 期。

分布，有的则散布各处形成地理上断续的方言岛。"[1]作为赣东北方言区域的一个部分，赣东北徽语区也分布有不少的方言岛。赣东北徽语区的方言岛有以下三类：

(一) 婺源、浮梁、德兴三县市的淳安话方言岛

20世纪50年代，浙江省拦截新安江修建新安江水力发电站，蓄水形成人工湖——新安江水库（又称"千岛湖"）。水库库区淳安县[2]有数十万移民迁离。作为毗邻省份，江西省接受了相当数量的新安江水库移民。这一大规模移民活动形成了四散分布的淳安话方言岛。赣东北徽语区不计零散迁入的移民，仅三县市单独建村的淳安籍移民村就有106个：

婺源县（13）：

〔太白〕[3]立新、新建、横坑；〔武口〕故园里、水果园、金家蓬、株树岗、七里亭；〔晓林〕新安、立新；〔许村〕庄坞、汪村；〔珍珠山〕石家坞口。

浮梁县（83）：

〔鹅湖〕丰裕村（曾名新村）、果儿垄、晨光、赵家、钱家、归头、坑村、陈家坞、鲤鱼靠塝、虎形、胡家、汪树下、竹新、界新、良新、勺新；〔臧湾〕新安、汪家坞、新建、徐村、新家坞、马家坞、良种场、西山下、茶山、柏树下、牌楼下、杨家庄、水坑坞、渡口、苗竹林、方家、狮子园、汪家山；〔兴田〕百阳坦、罗布冲、坑下、营新；〔天保〕打鼓坦、小坞里；〔创业〕：光明、石山坞、樟新；〔王港〕金盘里（曾名新村）、建新、金坦、九龙岗、铜锣形、龚村坞、李家村、水家车、岭上、大坞、牌楼下、马源坞；〔湘湖〕瓜棚里；〔新平〕马虎岭、陈家墩；〔旧城〕杨梅山；〔洪源〕金鸡湾（又名新安）、铁鼓岭、排家垄、狮子山、郑家山；〔蛟潭〕葛田畈、石桥上、陈家屋里、土墙屋里；〔福港〕葛茎坑、鱼塘坞、东涧坑；〔勒功〕新杞亭、五里坳；〔江村〕六里亭、杨家庄、新村；〔峙滩〕新联、岭脚下、景前、洪家、樟坑、新江、良滩。

德兴市（13）：

〔海口〕三里亭、荒田坞；〔占才〕上小盅；〔新岗山〕石田岗；〔黄柏〕董家门；〔万村〕新村；〔香屯〕茅岭、新农村、红桥、苏家边；〔银城〕新村一队、新村二队、新村三队。

上述移民村的村名，有2个叫"新安"（婺源太白乡、浮梁臧湾乡），

---

[1] 胡松柏等著：《赣东北方言调查研究》，江西人民出版社2009年版，第3页。
[2] 淳安县包括遂安县。1958年，遂安县撤销，并入淳安县。
[3] 括号"〔〕"中的是乡镇场名称，括号"〔〕"外的是自然村名称。以下同。

也有不少叫"新×"和"×新"的，如"新江""新建""新村""新联""新农村""新家坞""新杞亭"和"建新""立新""营新""界新""良新""勾新""樟新"等。叫"新安""新江"的体现了对原籍地的纪念，其他以"新"字构成的称呼则意在表明与原住民身份有别的移民意识。这种移民意识是在移民流入地保持移民源出地方言从而形成方言岛的一种重要的情感因素。

《中国语言地图集》把淳安县归为徽语区严州片。[①]学术界有一种看法，认为方言岛上的方言与包围它的方言必须分属系属不同的两大方言。淳安话是否属于徽语还有不同的看法。更主要的，徽语是汉语中内部复杂、通话程度最低的方言，淳安话与赣东北徽语三县市方言基本不能相通，从社区语用状况和使用人群的语言认同来看，本书还是采用广义的标准把淳安话归类为赣东北徽语区中的方言岛。

（二）德兴市的客家方言岛

赣东北客家方言是明清以来从闽粤赣三省交界地迁来的移民定居而形成的。"目前还在赣东北客家居民中使用的客家方言的只有闽西移民所说的'汀州话'和粤东北移民所说的'广东话'2支。"[②]赣东北客家方言主要分布在上饶、广丰、玉山三县区，横峰、铅山、德兴三县市也有分布。

赣东北徽语区三县市只有德兴市分布少数客家方言村落。具体分布情况如下：

1."广东话"方言岛

德兴市绕二镇3个行政村有15个自然村通行"广东话"：

〈绕二〉叶源坞、樟源岭、〈塘湾〉塘湾、徐家坞、塘湾罗家、下塘、下水坑、风暴坞、高岭、闵家坞、马坞；〈焦坑〉漆树坞、港边、乌泥窟、李家坎。

这些说"广东话"的村民的先祖都来自旧嘉应州。例如叶源坞的李姓《李氏宗谱》（1997年修）载："我姓……迨国朝（清朝）迁豫章信（广信）之兴安（横峰县旧称）、饶（饶州）之德兴"，"鼎、德二公生于嘉应州之龙牙村……康熙间（1662—1722）由粤全来信饶交连境地"。

2."汀州话"方言岛

"赣东北的'汀州话'主要在上饶县南部铁山、四十八和五府山几个有闽西客家村较集中分布的乡镇通行。"[③]在德兴市，虽然地名志资料上记载

---

① 《中国语言地图集》图B10"安徽南部的方言分布"说明文字。
② 胡松柏：《客家移民和客家方言在赣东北的流播》，《江西社会科学》2006年第11期。
③ 同上。

有不少移民源出地为旧汀州府地区的自然村，但市域内本书作者发现目前还通行汀州话的只有 5 个自然村：龙头山乡南溪行政村的大祀坪、榔口、三吴坑，龙头行政村的杨家坪，绕二镇的黄歇田。这 5 个自然村的居民都姓廖，其先祖系于太平天国时（公元 1851—1863 年）由福建汀州府上杭县古田里迁来建村。

（三）德兴市的闽语方言岛

闽语方言岛是赣东北分布最广、使用人口最多的方言岛。赣东北闽语当地称"福建话"，属于闽语闽南片，"主要分布在上饶、广丰、玉山、铅山、横峰五县，上饶市[①]、德兴市与弋阳县的少数地方也有说闽南方言的"。[②]德兴市域西南部黄柏乡的苏家行政村全部 6 个自然村有"福建话"通行。这 6 个自然村是：

〈苏家〉苏家、瓦口、曹村、蔡家湾、北畈源、枧沅。

地名志记载，苏家村民先祖系于明朝中期由福建邵武、光泽迁来定居。但本书作者经实地调查，发现村民自称的"福建话"基本上属于闽语的闽南片，而非今邵武、光泽一带的方言[③]。之所以发生这样的资料记载与实际语言不相一致的情况，可能的原因有两个：一是资料信息有误。地名志的记录源于旧县志资料，系从《民国八年德兴县志》摘引。询诸当地村民，都只称先祖来自福建，已经无法说清楚更具体一些的祖居地了。另一个原因则是，苏家的先祖本系闽南籍，由闽南迁往闽西北再迁赣东北，一直保持着闽南方言的使用。但这仅是推测而已，难有移民史和方言本身的证据。

考虑到赣东北的闽语方言岛基本上属于闽语闽南片，德兴市黄柏的苏家的"福建话"，其方言系属性质与赣东北闽语整体一致，应该不会有太多问题。

三 赣东北徽语区的内部分片

（一）赣东北徽语区三县市方言的内部分片

先把婺源、浮梁、德兴三县市辖域各自作为一个整体作其内部分片。

《婺源县志》关于县域内方言状况称："本县习惯上把全县分为东南西北四乡，北乡以清华为代表，东乡以江湾为代表，西乡以许村为代表，南乡以太白为代表，加上县城共 5 个地区，有 5 种话。……北乡和东乡（建

[①] 时（1998 年）上饶市为县级市，即今上饶市市区信州区。
[②] 胡松柏：《赣东北闽南方言略说》，《方言》1998 年第 2 期。
[③] 《中国语言地图集》将闽西北邵武、光泽和将乐、顺昌四县市归为闽语邵将区，认为方言"兼具客赣方言和闽语的某些重要特点"。（图 B12"闽语"说明文字）

县时从安徽休宁县划出的回玉乡地）比较接近，西乡和南乡（建县时从乐平县划出的怀金乡以及后来再划属的丹阳乡地）比较接近。县城话……有四乡乡音的成分，是一个综合系统。"①

《浮梁县志》关于县域内方言状况称："浮梁话以旧城话为代表，还可大致分为东乡话、北乡话、西乡话和南乡话。四乡语音略有差别，其中又以东乡话和北乡话之间的差别较为明显。"②

《德兴县志》关于县域内方言状况称："德兴县地域狭长，且又山多，旧时交通极为不便。复杂的地形条件加之邻近方言的影响，致使县境内各地方言差异较大，东西存异，南北有别。县内方言，大致可分为4片，即'东北乡片'（主要分布于海口、新建、占才等乡）、'东南乡片'（主要分布在龙头山、李宅、畈大等乡）、'西南乡片'（主要分布在黄柏、张村、万村等乡）、'西北乡片'（主要分布在银城及香屯、新营、詹村、绕二、界田、泗洲镇等乡镇）。"③

以上地方志中关于辖域内方言分片的描述，作为主要由本土文化人士所作考察的认识，应该是可信和合适的。本书在选择确定作调查的代表方言点时也以之为参考。

（二）赣东北徽语区整体的内部分片

把赣东北徽语区三县市的方言作为一个整体，作其内部分片，既有研究成果，也有以下一些做法：

《中国语言地图集》中，婺源归入休黟（休宁、黟县）片，浮梁、德兴归入祁德（祁门、德兴）片。其中婺源南部太白乡及赋春以西归入祁德片。④

《赣东北方言调查研究》一书中，赣东北徽语区分为2片：婺源片；浮德（浮梁、德兴）片。⑤

《赣文化通典·方言卷》一书中，把江西徽州方言分为3片：西北片，浮梁县；中片，婺源县（南部太白乡除外）；南片，德兴市、婺源县太白乡。⑥

《徽语的特点和分区》一文，在讨论徽语的内部分片时，将婺源由休黟

---

① 婺源县地方志编纂委员会编：《婺源县志》，档案出版社1993年版，第539页。
② 浮梁县地方志编纂委员会编：《浮梁县志》，方志出版社1999年版，第771—772页。
③ 德兴市地方志编纂委员会编：《德兴县志》，光明日报出版社1993年版，第897页。
④ 《中国语言地图集》图B10"安徽南部的方言分布"说明文字。
⑤ 胡松柏等：《赣东北方言调查研究》，江西人民出版社2009年版，第14页。
⑥ 胡松柏：《赣文化通典·方言卷》，江西人民出版社2014年版，第20页。

片划出，归入祁德片，改祁德片为祁婺片。[①]这种分片法是从具有相同特点的角度把赣东北徽语区归为一个整体，从整个徽语大区域的背景下来考虑，特别对于本书作赣东北徽语的专题考察，应该具有很积极的意义。不过这对于此处从内部差异的角度来做赣东北徽语的下位分片，没有太大的关联性。

本书采用《赣文化通典·方言卷》一书的分片做法，把赣东北徽语分为3片：

西北片：浮梁县

中　片：婺源县（太白乡以及许村镇南部除外）

南　片：德兴市（龙头乡南部、绕二镇南部以及畈大乡少数村落通行吴语除外），婺源县太白乡以及许村镇南部

这种分片基本依据三县市的行政区划稍作调整。德兴市南部龙头乡南部、绕二镇南部以及畈大乡少数村落因通行吴语划出赣东北徽语区，不属于赣东北徽语区的调整。属于赣东北徽语区内分片跨县市界的调整，只有婺源县太白乡以及许村镇南部从中片划出归入南片。《中国语言地图集》中把"婺源南部太白乡及赋春以西"划归祁德片，与德兴相同。其中"南部太白乡"的表述不够完全。根据本书作者的调查[②]，太白乡以西相邻的许村镇南部水埠头、汪村、曹村、小港4个行政村共25个自然村，属于旧中洲林场辖域，后来才并入许村镇，方言与许村镇北部有较明显差异而与太白乡接近，应与太白乡7个行政村共56个自然村一同划入赣东北徽语南片。又《中国语言地图集》中"赋春以西"的表述不够确切。根据本书作者的调查[③]，赋春镇的方言及以西镇头镇和珍珠山乡两个乡镇的方言都应属于中片婺源方言。因此《中国语言地图集》中关于婺源部分区域划归祁德片的表述当修正为"婺源县太白乡以及许村镇南部"。

《中国语言地图集》中把赣东北徽语区分为两部分：婺源归入休黟片，浮梁、德兴归入祁德片。在整个徽语大区域的背景下，这样划分是与方言分区层次相适应的。本书现在对赣东北徽语作专项考察，考虑到浮梁、德兴两县市方言也有不少差异且地理上分别隔开，故对赣东北徽语区作西北片—中片—南片的三分，以便能有更细致的观察。

[①] 赵日新：《徽语的特点和分区》，《方言》2005年第3期。

[②] 本书作者曾以曹村行政村的曹村自然村为调查点作与其他代表方言点相同的详细调查。

[③] 本书作者曾以镇头镇游山行政村的游山自然村（3000以上人口，婺源县最大的自然村）和珍珠山乡政府驻地珍珠山自然村为调查点作与其他代表方言点相同的详细调查。

第四节　本书研究的有关说明

一　本书研究的设想和安排

本书研究的设想是：

通过赣东北徽语三县市方言密集选点的调查，全面、精细地反映赣东北徽语的面貌，充分展现其在地理空间上的分布状况和演变特点。

通过多角度、全方位的比较，展示赣东北徽语内部区片之间、赣东北徽语与皖南徽语之间、赣东北徽语与边邻赣语之间、赣东北徽语与边邻吴语之间包括现状和历史演变上的一致性和差异性。

人口的迁徙也就是方言的迁徙。通过考察居民史，理清赣东北徽语区居民播迁的线索，更为深刻地揭示赣东北徽语形成和演变的历史过程。

方言韵书记录描写了其编辑时期的方言面貌。通过对赣东北徽语（目前所拥有的资料主要是婺源县方言）的此类资料的整理研究，推溯其一定历史时期（主要是近代）的面貌。

本书研究的安排是：

本书研究在对赣东北徽语进行比较全面深入的调查的基础上进行，所依据的材料均来自本书作者直接完成的田野调查，同时参考上述的既往研究成果。对赣东北徽语所做的调查，按照本书作者编订的《赣东北徽语单字音调查字表（3600 字）》、《赣东北徽语词汇调查表（2600 词）》、《赣东北徽语语法调查表（180 例句）》进行。最后收录进第三章单字音对照表的单字 1840 个，收录进第五章词语对照表的词语 1535 条，收录进第七章语法例句对照表的语法例句 130 句。

本书研究主要采用调查、比较、归纳、构拟、绘图等方法。对田野调查取得的方言语料做多方面的比较，进行系统的归纳。对方言韵书以构拟方法描写其历史语音面貌。以编绘语言项目地图的方法展示方言地理分布特点。

本书研究的前期准备开展较早，赣东北徽语的调查工作在本书研究正式着手之前有相当一部分已经完成或正在进行。本书研究正式开始后，在进行新的方言点调查的同时对此前完成的材料进行补充和考订。部分以前曾作调查的方言点还重新做了全面调查。

二　关于赣东北徽语的方言称述

方言的称名通常有"××方言"、"×语"、"××话"等。为了叙述问题的方便，考虑到方言的分区和分区的不同层面，不同的地域和地域的不同层次，本书对与赣东北徽语有关的方言的称名作如下技术处理。

从方言的分区着眼，汉语各大方言一律称"语"（官话方言称"官话"除外），例如：徽语、赣语、吴语，赣东北徽语、赣东北闽语。从方言分布的地域着眼，县市内方言总体上以地域名称"××方言"，例如：浮梁方言、婺源方言、德兴方言、乐平方言。具体地点方言的名称一律称"××话"，例如：旧城话、紫阳话、新营话。一些方言岛则使用在其分布地区人们使用的专门称呼，例如：广东话、福建话、麻山话、淳安话。

本书中"方言"一词除上述用于对具体方言的称述外，还用于在普通方言学意义上称述方言的类型，例如：源出地方言、权威方言、边邻方言等。

三 关于本书的内容框架和体例

（一）本书的内容框架

本书正文分 10 章。第一章"概说"，简介赣东北徽语区地理概况、居民历史、方言概况。第二章"赣东北徽语代表方言点的音系"，记录赣东北徽语 13 处代表方言点的音系并描写其特点。第三章"赣东北徽语代表方言点单字音对照"、第五章"赣东北徽语代表方言点词语对照"、第七章"赣东北徽语代表方言点语法例句对照"，分别记录赣东北徽语 13 处代表方言点的单字音、词语和语法例句并作对照，以表格的形式录列。第四章"赣东北徽语的语音特点"、第六章"赣东北徽语的词汇特点"、第八章"赣东北徽语的语法特点"，分别对赣东北徽语的语音特点、词汇特点和语法特点作描写和分析归纳。第九章"婺源方言韵书音系考察"，录列所收集的婺源方言韵书的书目与韵目，对其中部分韵书作音系考察。第十章"赣东北徽语的地理语言学考察"，选择赣东北徽语的语音、词语、语法项目以绘制方言地图的方式作项目地理分布的考察，配以文字分析说明。

本书正文前列"绪论"，正文后列"结语"。

主要参考文献目录附于本书末尾。

（二）本书的图表

本书中编制了较多的表格和地图。

表格和地图都分别题名和编号。表格题名和编号例如：

表 1-2-1　赣东北徽语区自然村移民源出地和移民时期统计表

表 4-1-1　赣东北徽语声母系统构成对照表（1）

"表 1-2-1"即第一章第二节第一个表格。表格内容较多时分为几个表格，在表格名称后加"（1）""（2）""（3）"表示。

地图题名和编号例如：

图 1-1-1　赣东北徽语区地理位置示意图

图 10-1-4　"爱""暗"声母读音的分布

"图 10-1-4"即第十章第一节第四幅地图。

书中第三章单字音对照、第五章词语对照、第七章语法例句对照整章内容以表格形式排列，不按页题名和编号。

（三）本书使用的语音符号

本书使用国际音标记录方言语音。以下是本书中使用的国际音标辅音表和元音表以及关于声调记录方法的说明。

表 1-4-1　　　　　　　　　　　辅音表

发音方法		发音部位	双唇	唇齿	舌尖前	舌尖中	舌尖后	舌叶	舌面	舌根	喉
塞音	清	不送气	p			t				k	ʔ
		送气	pʻ			tʻ				kʻ	
	浊	不送气	b			d				g	
塞擦音	清	不送气			ts		tʂ	tʃ	tɕ		
		送气			tsʻ		tʂʻ	tʃʻ	tɕʻ		
	浊	不送气			dz		dʐ	dʒ	dʑ		
鼻音			m			n				ŋ	
边音						l					
擦音	清			f	s		ʂ	ʃ	ɕ	x	h
	浊			v	z		ʐ	ʒ	ʑ	ɣ	ɦ

说明：零声母用 ∅ 表示。m、n、ŋ 还可以自成音节，写作 m̩、n̩、ŋ̍。

表 1-4-2　　　　　　　　　　　元音表

	舌尖元音		舌面元音					
	前	后	前		央		后	
			不圆唇	圆唇	不圆唇	圆唇	不圆唇	圆唇
高	ɿ	ʅ	i	y			ɯ	u
半高			e	ø	ə	ɵ	ɤ	o
中					ə（ɚ）			

续表

	舌尖元音		舌面元音				
	前	后	前		央		后	
			不圆唇	圆唇	不圆唇	圆唇	不圆唇	圆唇
半低			ɛ				ʌ	ɔ
次低			æ	œ	ɐ			
低			a		A		ɑ	ɒ

说明：ɚ 为卷舌元音。

本书使用两种方法记录方言的声调。

一是使用以五度数字标示调值的方法记录，数字以上标的格式记在音节国际音标的右上方。例如浮梁鹅湖话有 6 个声调：

阴平：租 tsəu⁵⁵　　阳平：图 t'əu³⁵　　上声：赌 təu⁵³

阴去：醋 ts'əu²¹³　阳去：怒 ləu²¹¹　入声：秃 t'əuʔ⁴

二是采用传统的"发圈法"标示调类：以"囗"、"囗"、"囗"、"囗"分别表示平声、上声、去声、入声；声调作阴阳两分的，"囗"、"囗"、"囗"、"囗"分别表示阴平、阴上、阴去、阴入，而以"囗"、"囗"、"囗"、"囗"分别表示阳平、阳上、阳去、阳入。例如浮梁鹅湖话的 6 个声调记为：

阴平：租 ꜀tsəu　　阳平：图 ꜁t'əu　　上声：赌 ꜂təu

阴去：醋 ts'əu꜄　阳去：怒 ləu꜅　　入声：秃 t'əuʔ꜆

四　本书考察的方言点

本书选择考察赣东北徽语区 13 处地点方言。以下对各方言点作简介（其中自然村居民户数和人口数依据地名志材料），并列出各方言点主要发音合作人基本信息。

（一）浮梁方言 4 处方言点

1. 经公桥话

浮梁县经公桥镇位于县域西北部，西与安徽省东至县域邻接，被称为"江西北大门"。镇人民政府驻地经公桥，南距县城浮梁镇 40 公里，96 户，442 人。宋朝冯氏由本地冯家坞分迁此地，后又有方、余、王姓迁入。以经公桥的桥名作村名，又名鸡公桥。

本书所称"经公桥话"指在经公桥自然村通行的方言。

经公桥话主要发音合作人方卫国（1948 年生）、计延增（1978 年生），经公桥村民，世居经公桥。

2. 鹅湖话

浮梁县鹅湖镇位于县域东部。镇人民政府驻地鹅湖，又名鹅湖滩。西南距县城浮梁镇30公里，302户，1360人。唐末方姓建村，清初胡姓、吴姓由安徽黟县迁入。

本书所称"鹅湖话"指在鹅湖自然村通行的方言。

鹅湖话主要发音合作人王春华（1958年生）、邬爱娇（1968年生），鹅湖村民，世居鹅湖。

3. 旧城话

旧城指浮梁县旧县城，位于县域南部。唐初已有居民居住，后李、黄、徐、戴等姓先后迁来聚居。唐元和十一年（公元816年）浮梁建县设治于此，逾千年，至民国四年（公元1915年）县治移往景德镇，乃称"旧城"，渐趋衰落。尚存清代旧县衙和宋代红塔等古迹。旧城今为县城浮梁镇下辖旧城行政村村民委员会驻地，东北距县城浮梁镇3公里，87户，703人。

本书所称"旧城话"指在旧城自然村通行的方言。

旧城话主要发音合作人周东强（1946年生）、金德宇（1947年生），旧城村民，世居旧城。

4. 湘湖话

浮梁县湘湖镇位于县域东南部，南与婺源县域邻接。镇人民政府驻地湘湖，又称湘湖街，东南距县城浮梁镇15公里，236户，1070人。湘湖街为历史上浮梁县四大名街之一。唐中期，宁氏从安徽青阳迁来建居。北宋以陶瓷业生产发展，逐渐繁衍成为商业集市。其后冯、计、宁、闵等姓分别由安徽青阳、休宁和浮梁北乡、浮梁县城、婺源等地迁入。湘湖历史上为陶瓷生产基地之一，现存有古瓷窑。近年，景德镇陶瓷大学新校区设于此。

本书所称"湘湖话"指在湘湖自然村通行的方言。

湘湖话主要发音合作人王德山（1946年生）、徐一中（1933年生），湘湖村民，世居湘湖。

（二）婺源方言5处方言点

1. 溪头话

婺源县溪头乡位于县域东北部，北与安徽省休宁县域邻接。乡人民政府驻地溪头，又称下溪头，距县城紫阳镇52公里，216户，922人。宋建炎、绍兴间（公元1127—1162年）邑内长径程姓建村于婺东北溪水源头，初名溪头。后有村人迁溪上游居住名上溪头而别称下溪头。

本书所称"溪头话"指在下溪头、上溪头两个自然村通行的方言。

溪头话主要发音合作人程国柱（1934年生），下溪头程姓村民，世居下溪头；毕松源（1955年生），上溪头村民，世居上溪头。

2. 沱川话

婺源县沱川乡位于县域北部，北与安徽省休宁县域邻接。乡人民政府驻地鄣村，东南距县城55公里，154户，703人。宋宣和二年（公元1120年）当地篁村余姓建村，继有金姓迁入。

篁村在鄣村西南1.5公里处，88户，420人。北宋初，余姓从安徽桐城迁此。

理坑在鄣村东北1.5公里处，240户，915人。南宋初鄣村余闰五建村。

本书所称"沱川话"指在鄣村、篁村、理坑通行的方言。"沱川"为片村名。

沱川话主要发音合作人余松茂（1946年生），篁村余姓村民，世居篁村；余玉林（1948年生），沱川理坑余姓村民，世居理坑。

3. 紫阳话

婺源县紫阳镇位于县域东南部，为婺源县人民政府驻地。古称蚺城，唐咸通六年（公元865年）置弦高镇。天复元年（公元901年）县治由清华迁此。民国二十七年（公元1938年）改称蚺城镇，三十六年（公元1947年）改称紫阳镇。新中国成立后先后称婺源镇、城关镇（人民公社），1984年复称紫阳镇。2008年，划出部分辖域设蚺城街道。

本书所称"紫阳话"指在县城（包括紫阳镇和蚺城街道）城区通行的方言。

紫阳话主要发音合作人丁观海（1950年生）、汪洪贤（1938年生），紫阳镇居民，世居紫阳镇。

4. 许村话

婺源县许村镇位于县域西南部，西南与乐平市域邻接。镇人民政府驻地许村，东北距县城43公里，190户，899人。南唐昇元间（公元937—942年）乐平县洺口（今乐平市洺口镇）许姓建村。

本书所称"许村话"指在许村自然村通行的方言。

许村话主要发音合作人许冬法（1950年生），许村许姓村民，世居许村；汪土根（1947年生），许村村民，世居许村。

5. 中云话

婺源县中云镇位于县域西南部。镇人民政府驻地中云，东北距县城20公里，427户，2298人。唐广明元年（公元880年），王姓由歙县篁墩迁来建村。

本书所称"中云话"指在中云自然村通行的方言。

中云话主要发音合作人王其根（1949年生），中云王姓村民，世居中云；张文法（1954年生），中云村民，世居中云。

（三）德兴方言4处方言点

1. 新建话

德兴市新岗山镇位于市域东北部，东与浙江省开化市域邻接，北与婺源县域、安徽省休宁县域邻接。镇人民政府驻地新建，西南距市城区银城街道50公里。404户，1830人。唐中和四年（公元884年）安徽篁墩程姓迁来井坞（今德兴市花桥镇辖域内）建村，历五代，其后裔分支再迁建村，因名新建。

本书所称"新建话"指在新建自然村通行的方言。

新建话主要发音合作人程荣林（1953年生）、程任祥（1949年生），新建程姓村民，世居新建。

2. 新营话

德兴市新营街道位于市域东南部。街道办事处驻地新营，西北距市城区银城街道7公里。688户，2936人。唐大中间（公元847—859年），驻军嵩埠（今村南岸），后移营于此，因称新营。宋咸平、乾兴间（公元998—1022年）吴园张姓迁入。

吴园在新营以北4公里处，又名小吴园，汉长沙王吴芮隐居地。北宋初河南开封张潜[①]由安徽篁墩迁入。

本书所称"新营话"指在新营自然村通行的方言。

新营话主要发音合作人张忠根（1966年生）、张高和（1953年生）系新营张姓村民，世居新营。

3. 黄柏话

德兴市黄柏乡位于市域西南部，东与弋阳县域邻接，北与乐平市域邻接。乡人民政府驻地黄柏，东北距市城区银城街道36公里，712户，3453人。唐初，陆、郭、郑姓建村，唐元和间（公元806—820年）浙江徐姓迁入。

本书所称"黄柏话"指在黄柏自然村通行的方言。

黄柏话主要发音合作人徐俊心（1938年生）、徐炳炎（1949年生），黄柏徐姓村民，世居黄柏。

4. 暖水话

德兴市龙头山乡位于市域东部，东南与玉山县域邻接。乡人民政府驻

---

① 张潜（1025—1105），字明叔，北宋著名湿法炼铜家。张潜是西汉张良的后裔，唐宋时家族逐渐南移，至德兴新营定居后，三世同居，隐而不仕。张潜兄弟五人，其排行第二，为布衣，余皆登科致仕。

地暖水，西距市城区银城街道44公里，266户，1252人。唐末，安徽、河北、福建等地杨、叶、江等姓建村；南唐保大二年（公元944年）浙江江山祝姓迁入。

本书所称"暖水话"指在暖水自然村通行的方言。

暖水话主要发音合作人祝金泉（1945年生），暖水祝姓村民，世居暖水；付根林（1948年生），暖水村民，世居暖水。

第二章　赣东北徽语代表方言点的音系

本章记录赣东北徽语 13 处方言点的语音系统并对其特点作简要归纳。13 处方言点排列按以下顺序：

浮梁方言：经公桥话、鹅湖话、旧城话、湘湖话；

婺源方言：溪头话、沱川话、紫阳话、许村话、中云话；

德兴方言：新建话、新营话、黄柏话、暖水话。

以下记录方言语音系统，声母、韵母使用国际音标标记，声调使用汉语传统调类名称并用数字表示调值。为了便于方言点音系之间和古今音系之间的比较，调类名称后用加圈数字"①｜②、③｜④、⑤｜⑥、⑦｜⑧"，分别表示古声调的平（清｜浊）、上（清｜浊）、去（清｜浊）、入（清｜浊）四声依据古声母的清浊而区分的八个声调来源类别，其中古浊声母字因古声母全浊、次浊不同发生声调分化的，在加圈数字下画"＿"线和"⋯"线分别表示声调来源于古声母全浊、次浊两类，例如"④"、"④"分别表示古上声全浊声母和次浊声母两类字，"⑧"、"⑧"分别表示古入声全浊声母和次浊声母两类字。方言调类用两个或两个以上数字标示的，表示该调类包括具有几类古声调来源的字，例如"去声：⑥④"表示方言去声调包括古去声浊声母字和古上声全浊声母字，"阴平：①⑧"表示方言阴平调包括古平声清声母字和古入声全浊声母字。举例字时，古入声字以黑体字表示，以与古平、上、去声字相区别。

一　经公桥话音系

（一）经公桥话的声韵调

经公桥话有 25 个声母（包括零声母）、49 个韵母（包括鼻辅音独立充当的韵母）和 5 个单字声调。

1. 声母

p	八兵爸补布	p'	派片爬排部	m	麦明问麻买	f	飞凤副蜂夫
t	多东大赌带	t'	讨天甜**毒**图	n	糯缆脸两年	l	路老拿泥邻
ts	姐借资租酒	ts'	刺字全瓷亲			s	丝骚四心星

tʃ	朝叫张姜**脚**	tʃʻ	超桥昌强长			ʃ	少晓乡上香
tʂ	榨找装争**竹**	tʂʻ	茶抄产闯虫			ʂ	衫山勺赎床
tɕ	居狗九祭**织**	tɕʻ	车吹丑渠骑			ɕ	蛇税手许后
k	挂拐刚间国	kʻ	块怪亏跪柜	ŋ	牙亚涯眼岸	x	下画坏辉号
ø	暗耳夜女瓦						

2. 韵母

ɿ	紫次司	i	厉泥被起衣**十笔乞律逆疫**	u	步阻无**窟勿缚获**	y	书雨催追出**域玉**
a	傻台赖拜买儿事**虱白摘**	ia	洒戒矮小条**彪削客革**	ua	外怪帅爪		
ʌ	家下			uʌ	多坐茶花做话**答夹法辣瞎脱滑发勃扩戳握陌**		
				uo	屋		
ɛ	仍 词缀	iɛ	茄写械**接跌蛰热铁劣**			yɛ	靴刷阅月决掘略
o	我亩**不木祝**						
ɣ	可妈袋贝挨佳对脆累泪**割抹拨绝核刻**			uɣ	灰回或		
ai	悉没北力碧积敌	iai	色益吃	uai	国		
ei	去须西岁嘴飞鸽习七骨			uei	魁卫废桂随归**物**		
au	宝交**磕落着郭桌**	iau	巧椒料勾				
				uʌu	少叫**昨脚**	yʌu	要弱药腰
əu	猴绉柔	iəu	梳数头流幼六				
ã	奶撑睁	iã	猫枪硬耕	uã	横		
				uã̃	贪胆站衫犯坦眼班半弯		

第二章 赣东北徽语代表方言点的音系

		iẽ	减岩尖点拣颜仙天恋县		yẽ	闩船远犬
ɤ̃	暗敢看团					
ãi	邻灯冰冷病名丁	iãi	绳京程经	uãi	兄荣永	
ən	心跟信门轮肯征杏	in	品民近兴鹦映盈倾萤	uən	滚昏稳问	yn	寻均云
aŋ	糖床放窗			uaŋ	张香光狂	yaŋ	娘秧阳
oŋ	朋弘猛棚宏东中	ioŋ	营用	uoŋ	翁		
m̩	姆~妈：母亲面称						
n̩	尔你						

3. 声调

阴平①⑧	22	东该通开**六毒**	阳平②	355	门龙牛油铜皮
上声③④	42	懂九统讨买有	去声⑤⑥④	214	冻快卖洞动后
入声⑦	44	**谷百哭搭刻塔**			

（二）经公桥话的音系特点

1. 声母特点

（1）古全浊声母字今读塞音、塞擦音声母的，不论声调平仄，基本上读送气清音。例如：

[並平]平 p'ãi³⁵⁵ ｜ [並去]病 p'ãi²¹⁴ ｜ [定平]驮 t'uʌ³⁵⁵ ｜ [定去]地 t'i²¹⁴

[澄平]厨 tɕ'y³⁵⁵ ｜ [澄上]柱 tɕ'y²¹⁴ ｜ [从平]曹 ts'au³⁵⁵ ｜ [从上]坐 ts'uʌ²¹⁴

（2）微母字部分（口语音）读双唇鼻音 m-声母。例如：

[微]尾 mi⁴² 、蚊 mən³⁵⁵ 、网 maŋ⁴² 、望 maŋ²¹⁴

（3）泥母字今读阴声韵（含古入声韵字）和鼻尾韵的，大部分声母与来母字同，读 l-声母；来母字今读鼻化韵的，声母与泥母字同，读 n-声母。有个别泥母字读零声母。例如：

怒泥 lu²¹⁴＝路来 lu²¹⁴　　　脑泥 lau⁴²＝老来 lau⁴²　　　农泥 loŋ³⁵⁵＝龙来 loŋ³⁵⁵

莲来 niẽ³⁵⁵＝年泥 niẽ³⁵⁵　　篮来 nuʌ̃³⁵⁵＝男泥 nuʌ̃³⁵⁵

女泥 y⁴²　娘泥 yaŋ³⁵⁵

（4）塞擦音声母有舌尖音 ts-、ts'-、s-及 tʂ-、tʂ'-、ʂ-，舌面音 tɕ-、tɕ'-、ɕ-和舌叶音 tʃ-、tʃ'-、ʃ-四组。古精组声母字读 ts-组声母，古庄组声母字读 tʂ-组声母（古生母字逢今洪音读 ʂ-声母，逢今细音读 ɕ-声母）；古知、章组声母字逢今细音读 tɕ-组声母，逢今洪音读 tʃ-或 tʂ-组声母，其中，开口三等字读 tʃ-组，开口二等、合口三等字读 tʂ-组。古见组声母字逢今细音读 tɕ-

组声母，逢今洪音大部分读 k-组声母，少数读 tʃ-组声母，其均来源于开口三、四等字。例如：

ts-：借精tsiɛ²¹⁴；蛆清ts'ei²²；洗心sei⁴²

tʂ-：争庄tʂã²²；炒初tʂ'au⁴²；山生ʂuã²²｜桌知tʂau⁴⁴；竹知tʂo⁴⁴；拆彻tʂ'a⁴⁴；畜彻tʂ'o⁴⁴；茶澄tʂ'uʌ³⁵⁵；虫澄tʂ'oŋ³⁵⁵｜钟章tʂoŋ²²；冲昌tʂ'oŋ²²

tʃ-：张知tʃuʌu²²；超彻tʃ'uʌu²²；丈澄tʃ'uaŋ²¹⁴；照章tʃuʌu²¹⁴；唱昌tʃ'uaŋ²¹⁴；少书ʃuʌu²¹⁴｜姜见tʃuaŋ²²；浇见tʃuʌu²²；窍溪tʃ'uʌu²²；桥群tʃ'uʌu³⁵⁵

tɕ-：刷生ɕyɛ⁴⁴；镇知tɕin²¹⁴；抽彻tɕ'iəu²²；池澄tɕ'i³⁵⁵｜纸章tɕi⁴²；车昌tɕ'iɛ²²；输书ɕy²²｜九见tɕiəu⁴²；客溪tɕ'ia⁴⁴；旗群tɕ'i³⁵⁵

（5）区分尖团音，古精组字今逢细音读 ts-组声母，古见晓组字（疑母字除外）今逢细音大部分读 tɕ-组声母，少数读 tʃ-组声母。例如：

箭精三tsiẽ²¹⁴≠剑见三tɕiẽ²¹⁴　　椒精三tsiau²²≠骄见三tʃuʌu²²

秋清三ts'iəu²²≠丘溪三tɕ'iəu²²　　千清四ts'iẽ²²≠牵溪四tɕ'iẽ²²

箱心三siã²²≠香晓三ʃuaŋ²²

（6）流摄一等见组字今逢细音韵母，其声母腭化为舌面音 tɕ-组。例如：

狗流开一tɕiəu⁴²、口流开一tɕ'iəu⁴²、后流开一ɕiəu²¹⁴

（7）影母开口一二等字部分读舌根鼻音 ŋ-声母，与今读洪音的部分疑母字声母相同。例如：

[影]哑假开二ŋʌ⁴²、爱蟹开一ŋɤ²¹⁴、鸭咸开二ŋuʌ⁴⁴、恶宕开一ŋau⁴⁴

[疑]艾蟹开二ŋɤ²¹⁴、岸山开一ŋɤ̃²¹⁴、硬梗开二ŋã²¹⁴、岳江开一ŋau²²

2. 韵母特点

（1）古阳声韵字部分今读鼻化韵，部分今读舌尖鼻音-n 韵尾或舌根鼻音-ŋ 韵尾。具体来说，咸山曾梗摄、宕摄部分开口三等字今读鼻化韵，深臻摄今读鼻音-n 韵尾，江通摄、宕摄大部分字今读鼻音-ŋ 韵尾。例如：

ã｜iã｜uã：[梗]撑开二tʂ'ã³⁵⁵；｜[宕]两开三niã⁴²；[梗]生开二ɕiã²²；｜[梗]横合二uã³⁵⁵

uã̃：[咸]南开一nuã̃³⁵⁵、杉开二ʂuã̃²²、帆合三fuã̃²²；[山]单开一tuã̃²²、山开二ʂuã̃²²、缠开三tʂ'uã̃³⁵⁵、搬合一puã̃²²、关合二kuã̃²²、翻合三fuã̃²²

iẽ｜yẽ：[咸]减开二tɕiẽ⁴²、染开三iẽ⁴²、甜开四t'iẽ³⁵⁵；[山]闲开二ɕiẽ³⁵⁵、变开三piẽ²¹⁴、边开四piẽ²²、恋合三liẽ²¹⁴、县合四ɕiẽ²¹⁴；｜[山]闪合二ɕyẽ²²、选合三ɕyẽ⁴²、悬合四ɕyẽ³⁵⁵

ɤ̃：[咸]感开一kɤ̃⁴²、赚开二tsɤ̃²¹⁴；[山]肝开一kɤ̃²²、短合一tɤ̃⁴²；[梗]更开一kɤ̃²¹⁴

ãi｜iãi｜uãi：[曾]灯开一tãi²²、冰开三pãi²²；[梗]冷开二lãi⁴²、兵开三pãi²²、瓶开四p'ãi³⁵⁵｜[曾]肯开一tɕ'iãi⁴²、蒸开三tɕiãi²²；[梗]镜开三tɕiãi²¹⁴、经开四tɕiãi²²；｜[梗]兄合三xuãi²²

ən｜in｜uən｜yn：[深]心开三sən²²；[臻]根开一kən²²、亲开三ts'ən²²、本合一pən⁴²、轮合三lən³⁵⁵｜[深]临开三lin³⁵⁵；[臻]宾开三pin²²；｜[臻]棍合一kuən²¹⁴、文合三uən³⁵⁵；｜[深]寻开三ɕyn³⁵⁵；[臻]准合三tɕyn⁴² aŋ｜uaŋ｜yaŋ：[宕]帮开一 paŋ²²、床开三 ʂaŋ³⁵⁵、纺合三 faŋ⁴²；[江]江开二 kaŋ²²；｜[宕]张开三 tʃuaŋ²²、光合一 kuaŋ²²、筐合三 kʻuaŋ²²；[江]腔开二 tʃʻuaŋ²²；｜[宕]娘开三 yaŋ³⁵⁵

oŋ｜ioŋ｜uoŋ：[通]东合一 toŋ²²、蜂合三 foŋ²²；｜[通]穷合三 tɕʻioŋ³⁵⁵；｜[通]翁合一 uoŋ²²

（2）古入声韵字今读已无塞音韵尾，读舒声韵。例如：

[咸入合]答 tuʌ⁴⁴、[臻入没]骨 kei⁴⁴、[曾入德]北 pai⁴⁴、[梗入陌]客 tɕia⁴⁴；

[山入末]夺 tʻuʌ²²、[宕入铎]落 lau²²、[江入觉]学 xau²²、[通入屋]读 tʻo²²

（3）部分古-i、-u 韵尾脱落或弱化。例如：

[蟹]该开一 kɤ²²、拜开一 pa²¹⁴、妹合一 mɤ²¹⁴、怪合二 kua²¹⁴

[效]罩开二 tʂuʌ²¹⁴、膘开三 pia²²、表开三 pia⁴²、钓开四 tia²¹⁴

[流]亩开一 mo⁴²、廖开三 lia²¹⁴

（4）部分古开口字今读合口。例如：

[果开一]多 tuʌ²²；[假开二]疤 puʌ²²；[蟹开二]钗 tʂʻuʌ²²

[效开二]罩 tʂuʌ²¹⁴；[效开三]照 tʃuʌu²¹⁴；[效开四]叫 tʃuʌu²¹⁴

[咸开一]耽 tuã²²；[咸开二]站 tʂuã²¹⁴

[山开一]散 suã²¹⁴；[山开二]山 ʂuã²²；[山开三]缠 tʂʻuã²²

[宕开三]丈 tʃʻuaŋ²¹⁴；[江开二]腔 tʃʻuaŋ²²；[梗开二]梗 kuaŋ⁴²

（5）遇摄三等鱼、虞两韵保留区分的痕迹，部分鱼韵字不读同韵其他字所读以及虞韵字所读的 y（u）韵母。例如：

[遇合三鱼]蛆 tsʻei²²、徐 sei³⁵⁵、梳 ɕiəu²²、所 suʌ⁴²、去 kʻei²¹⁴、渠他 kei³⁵⁵

要注意这种鱼虞区分的痕迹有趋于混淆的情况，虞韵字也有个别字读 ei、iəu 韵母。例如：须虞 sei²²、数（～不清）虞 ɕiəu⁴²

（6）蟹摄开口四等字少数今读复元音-ei 韵母。例如：

[蟹开四]弟 tʻei²¹⁴、洗 sei⁴²

（7）蟹摄一、二等字保留区分的痕迹。例如：

[蟹开一]台 tʻɤ³⁵⁵、栽 tsa²²、鳃 sa²²　　[蟹开二]筛 ɕia²²、解 kʌ⁴²

（8）蟹摄部分开口一等字与合口一等字（端系）今读韵母合流。例如：

胎蟹开一 tʻɤ²²＝推蟹合一 tʻɤ²²

（9）流摄部分一等字与效摄字今读韵母合流。例如：

茂流开一 mau²¹⁴＝帽效开一 mau²¹⁴、貌效开二 mau²¹⁴

走流开一 tsau⁴²＝早效开三 tsau⁴²　　勾流开一 kiau²²、椒效开三 tsiau²²

（10）深臻摄部分字与曾梗摄部分字今读韵母合流。例如：

浸深开三 tsən⁴²＝赠曾开一 tsən⁴²　　林深开三 lən³⁵⁵＝菱曾开三 lən³⁵⁵

吞臻开一 tʻən²²；藤曾开一 tʻən³⁵⁵

人臻开三 in³⁵⁵＝赢梗开三 in³⁵⁵　　邻臻开三 lãi²¹⁴＝零梗开四 lãi³⁵⁵

（11）梗摄三四等字与深摄、臻摄三等字韵母有别。例如：

星~梗开四~ sāi²² ≠ 新~臻开三~ sən²² = 心~深开三~ sən²²

3. 声调特点

（1）古平声字根据古声母清浊今分为阴阳两类。例如：

[清平]通 tʻoŋ²² ｜ [浊平]铜 tʻoŋ³⁵⁵

（2）上声只有一类，今读上声调的包括古上声清声母字和次浊声母字。古上声全浊声母字今归读去声调（调值为 214）。例如：

[遇合一上]虎~晓~ xu⁴² 卤~来~ lu⁴² 户~匣上~ xu²¹⁴ = 护~匣去~ xu²¹⁴

（3）去声只有一类，今读去声调的包括古去声清声母字、浊声母字及古上声全浊声母字。

[假开二去]霸~帮~ puʌ²¹⁴ 下~匣~ xʌ²¹⁴ [假开二上]祸~匣~ xuʌ²¹⁴

（4）有入声。古入声清声母字保留独立调类，调值为 44 高平调。古入声浊声母字今归读阴平调（调值为 22）。例如：

[清入]答 tʌu⁴⁴ [清入]客 tɕʻia⁴⁴ [全浊入]盒 xei²² [次浊入]叶 ie²²

狭~咸开二入匣~ xuʌ²² = 花~假开三平晓~ xuʌ²²

二 鹅湖话音系

（一）鹅湖话的声韵调

鹅湖话有 22 个声母（包括零声母）、58 个韵母（包括鼻辅音独立充当的韵母）和 6 个单字声调。

1. 声母

p	波把补拜	pʻ	婆怕部排	m	磨麻埋米	f	斧飞凤副
t	多赌戴低	tʻ	大兔袋梯	n	男糯奶拿	l	罗路耐来
ts	左姐租灾	tsʻ	坐粗蛆娶			s	锁沙写徐
tʂ	榨斋钗抓	tʂʻ	茶楚炒铲			ʂ	梳数豺柴
tɕ	遮猪煮主	tɕʻ	车苎薯厨			ɕ	蛇书树税
k	哥果家古	kʻ	可棵瓜夸	ŋ	我禾牙瓦	x	河火下花
∅	五女鱼雨						

2. 韵母

ɿ	紫池知	i	世纸惜	u	布古去富	y	女鱼吹剧
a	大沙赛打	ia	霞表削	ua	寡华怪		
ɛ	杯轭	iɛ	个可破姐戴眉嘴额	uɛ	灰回	yɛ	煨
eʳ	儿二耳						
ə	妈						

o	拖罗左我鳃挂郭			uo	茶化做		
ai	亥宾清					yai	衰
ei	蛆贝米披尿碧			uei	汇桂亏		
au	宝刀草走觉						
əu	赌初秃	iəu	亩偷有			ỹ	税赚闩软
		ĩ	尖棉镇				
ã	闪生	iã	两				
õ	贪南凡单	iõ	战娘厂项	uõ	玩		
ãi	品林诊灯			uãi	兄永营		
				uan	欢完患		
		iɛn	敢看沉金根梗			yɛn	悬准军
nɛ	蚕心进崩			uən	棍荤		
aŋ	痰帮			uaŋ	灌欢装广		
oŋ	棚猛东笼宋	ioŋ	穷凶用				
m̩	姆~妈:母亲面称						
ṇ	尔你						
		iʔ	湿十侄识	uʔ	木谷屋	yʔ	出橘玉
aʔ	踏扎百			uaʔ	滑刮		
		iɛʔ	盒接灭吉塞			yɛʔ	绝阅月
oʔ	答法辣落浊	ioʔ	杀弱	uoʔ	活		
aiʔ	七卒核北席						
eiʔ	笠密律滴			ueiʔ	骨国		
auʔ	磕薄各学缩						
əuʔ	术独毒	iəuʔ	六肉菊绿				

3. 声调

调类	调值	例字	调类	调值	例字
阴平①	55	东该通开翻风	阳平②	35	门龙牛铜皮糖
上声③④	53	懂古统苦老五			
阴去⑤	213	冻怪痛快岁塔	阳去⑥④⑧	211	路乱树动近日
入声⑦⑧	4	鸽接热月失敌			

（二）鹅湖话的音系特点

1. 声母特点

（1）古全浊声母字今读塞音、塞擦音声母的，不论声调平仄，基本上读送气清音。例如：

[并平]平 p'āi³⁵ | [并去]病 p'āi²¹¹　　[定平]驮 t'uo³⁵ | [定去]地 t'ei²¹¹

[澄平]厨 tɕ'y³⁵ | [澄上]柱 tɕ'y²¹¹　　[从平]曹 ts'au³⁵ | [从上]坐 ts'uo²¹¹

（2）微母字部分（口语音）读双唇鼻音 m-声母，个别字读舌根鼻音 ŋ-声母。例如：

[微]尾 mei⁵³、蚊 mən³⁵、问 mən²¹¹、袜 moʔ⁴、万 ŋõ²¹¹

（3）泥母字今读阴声韵（含古入声韵字）和鼻尾韵的，声母与来母字同，读 l-声母；来母字今读鼻化韵的，声母与泥母字同，读 n-声母。有个别泥母字读零声母。例如：

怒泥 ləu²¹¹＝路来 ləu²¹¹　　脑泥 lau⁵³＝老来 lau⁵³　　嫩泥 lən²¹¹＝乱来 lən²¹¹

莲来 nĩ³⁵＝年泥 nĩ³⁵　　篮来 nõ³⁵＝南泥 nõ³⁵

女泥 y⁵³

（4）塞擦音声母有舌尖音 ts-、ts'-、s-，tʂ-、tʂ'-、ʂ- 和舌面音 tɕ-、tɕ'-、ɕ-三组。古精组声母字读 ts-组声母，古知、庄、章组声母字基本上逢今洪音读 tʂ-组声母，逢今细音读 tɕ-声母。古见组声母开口三、四等及合口字逢今细音读 tɕ-组声母，逢今洪音读 k-组声母，开口一、二等大部分字不论洪细今仍读 k-组声母，开口一等流摄字、开口二等山摄字声母已经发生腭化，今读 tɕ-组声母。例如：

ts-：借精 tsiɛ²¹³；蛆清 ts'ei⁵⁵；洗心 sei⁵³

tʂ-：桌知 tʂoʔʳ⁴；拆彻 tʂ'aʔ⁴；茶澄 tʂ'uo³⁵；| 争庄 tʂā⁵⁵；炒初 tʂ'au⁵³；山生 ʂõ⁵⁵；| 正章 tʂāi²¹³；尺昌 tʂ'aiʔ⁴；诗书 ʂərⁿ⁵⁵

tɕ-：镇知 tɕien²¹³；抽彻 tɕ'iəu⁵⁵；沉澄 tɕ'ien³⁵；| 装庄 tɕiõ⁵⁵；愁崇 tɕ'iəu³⁵；瘦生 ɕiəu²¹³；| 纸章 tɕi⁵³；车昌 tɕ'iɛ⁵⁵；输书 ɕy⁵⁵；| [见]斤臻开三 tɕien⁵⁵；叫效开四 tɕia²¹³；军臻合三 tɕyɛn⁵⁵；狗流开一 tɕiəu⁵³；拣山开二 tɕien⁵³

（5）区分尖团音，古精组字今逢细音读 ts-组声母，古见晓组字（疑母字除外）今逢细音读 tɕ-组声母。例如：

尖精三 tsĩ⁵⁵≠监见二 tɕĩ⁵⁵　　椒精三 tsia⁵⁵≠骄见三 tɕia⁵⁵

秋清三 ts'iəu⁵⁵≠丘溪三 tɕ'iəu⁵⁵　　箱心三 siõ⁵⁵≠香晓三 ɕiõ⁵⁵

（6）流摄一等见组字今逢细音韵母，其声母腭化为舌面音 tɕ-组声母。例如：

狗流开一 tɕiəu⁵³　　口流开一 tɕ'iəu⁵³　　后流开一 ɕiəu²¹¹

（7）影母一二等部分字和曾梗摄开口三等部分字读舌根鼻音 ŋ-声母，

与今读洪音的部分疑母字声母相同。例如：

[影]爱蟹开一ŋiɛ²¹³、袄效开一ŋau⁵³、恶宕开一ŋiɛʔ⁴、亚假开二ŋuo²¹³、鹰曾开三ŋãi⁵⁵、英梗开三ŋãi⁵⁵、弯山合二ŋõ⁵⁵、翁通合一ŋoŋ⁵⁵

[疑]艾蟹开二ŋa²¹¹、外蟹合一ŋa²¹¹、岸山开一ŋən²¹³、额梗开二ŋɛʔ⁴

2. 韵母特点

（1）古阳声韵字部分今读鼻化韵，部分今读舌尖鼻音-n 韵尾或舌根鼻音-ŋ 韵尾。具体来说，咸曾梗摄大部分字、山摄部分字、臻摄开口三等帮组字、宕摄开口二等庄组字今读鼻化韵，咸摄开口一等部分字、山摄部分字（包括开口一等见系字、开口二三四等部分字、合口一四等部分字）、曾摄开口一等部分字、梗摄开口二等部分字、深臻摄大部分字今读鼻音-n 韵尾，江通摄、宕摄大部分字今读鼻音-ŋ 韵尾。例如：

ĩ：[咸]监开二tɕĩ⁵⁵、镰开三nĩ³⁵、店开四fĩ²¹³；[山]雁开二ĩ²¹¹、棉开三mĩ³⁵、面开四mĩ²¹¹、恋合三nĩ²¹¹

ỹ：[咸]赚开二tɕ'ỹ²¹¹；[山]闩合二ɕỹ⁵⁵、宣合三ɕỹ⁵⁵、县合四ɕỹ²¹¹

ã | iã：[咸]闪开三ʂã⁵³；[梗]生开二ʂã⁵⁵；|[宕]两开三niã⁵³

õ | iõ | uõ：[咸]贪开一t'õ⁵⁵、杉开二sõ⁵⁵、帆合三fõ⁵⁵；[山]碳开一t'õ²¹³、山开二ʂõ⁵⁵、缠开三tʂ'õ³⁵、官合一kõ⁵⁵、关合二kõ⁵⁵、反合三fõ⁵³；|[山]战开三tɕiõ²¹³；[宕]娘开三niõ³⁵；[江]腔开二tɕ'iõ⁵⁵|[山]玩合一uõ³⁵

ãi | uãi：[深]品开三p'ãi⁵³；[臻]民开三mãi³⁵；[曾]灯开一tãi⁵⁵、冰开三pãi⁵⁵；[梗]冷开二nãi⁵³、兵开三pãi⁵⁵、订开四tãi²¹³；|[梗]兄合三xuãi⁵⁵

uan：[山]灌合一kuan²¹³、患合二xuan²¹¹

iɛn | yɛn：[咸]敢开一kiɛn⁵³、淹开三iɛn⁵⁵；[深]沉开三tɕ'iɛn³⁵；[山]肝开一kiɛn⁵⁵、闲开二ɕiɛn³⁵、变开三piɛn²¹³、茧开四tɕiɛn⁵³；[臻]根开一kiɛn⁵⁵、秦开三tɕ'iɛn³⁵；[梗]哽开二kiɛn⁵³；|[山]犬合四tɕ'yɛn⁵³；[臻]准合三tɕyɛn⁵³

ən | uən：[咸]男开一lən³⁵、陷开二xən²¹¹；[深]浸开三tsən²¹³；[山]汗开一xən²¹¹、半合一pən²¹³、全合三ts'ən³⁵；[臻]吞开一t'ən⁵⁵、进开三tsən²¹³、本合一pən⁵³、粉合三fən⁵³；[曾]肯开一k'ən⁵³、蒸开三tsən⁵⁵；[梗]庚开二kən⁵⁵、横开二xən³⁵；|[臻]棍合一kuən²¹³、文合三uən³⁵

aŋ | iaŋ | uaŋ：[咸]痰开一t'aŋ³⁵、站开二tsaŋ²¹³；[宕]帮开一paŋ⁵⁵、壮开三tʂaŋ²¹³、方合三faŋ⁵⁵；[江]江开二kaŋ⁵⁵；|[咸]占开三tɕiaŋ²¹³；|[宕]光合一kuaŋ⁵⁵、筐合三k'uaŋ⁵⁵；[梗]矿合二k'uaŋ²¹³

oŋ | ioŋ：[通]东合一toŋ⁵⁵、蜂合三foŋ⁵⁵；|[通]穷合三tɕ'ioŋ³⁵

（2）古入声韵字今读保留喉塞音韵尾-ʔ，喉塞音韵尾前既有单元音、也有复元音韵母。例如：

[咸入合]答toʔ²¹³、盒xiɛʔ⁴；[咸入盍]磕k'auʔ⁴；[咸入狎]匣xoʔ⁴

[深入辑]笠leiʔ⁴；[深入缉]十ɕiʔ⁴

[山入末]活xuoʔ⁴；[山入鎋]刮kuaʔ⁴；[山入薛]雪syɛʔ⁴

[臻入质]笔 pai̯ʔ⁴、实 ɕi̯ʔ⁴；[臻入没]骨 kuei̯ʔ⁴；[臻入术]术 ɕiəu̯ʔ⁴

[宕入铎]作 tsoʔ²¹³；[宕入药]脚 tɕioʔ⁴

[江入觉]剥 pauʔ⁴、角 kauʔ⁴、岳 yɛʔ⁴

[曾入德]北 paiʔ²¹³；[曾入职]直 tɕʻiaiʔ⁴

[梗入陌]白 pʻaʔ⁴；[梗入昔]尺 tsʻaiʔ⁴；[梗入锡]踢 tʻeiʔ⁴

[通入屋]读 tʻəuʔ⁴、肉 iəuʔ⁴；[通入烛]局 tɕʻiəuʔ⁴

古入声韵少数字今读失去塞音韵尾，读舒声韵。例如：

屑 siə⁵⁵；拉 la⁵⁵；嚼 tsʻiau²¹³；削 sia⁵⁵；剧 tɕy²¹³；玉 y²¹¹

（3）有儿化韵。止摄日母字"儿、二、耳"读卷舌元音 eʳ 韵母，自成音节。"儿"作为构词后缀附于前面音节之后，使前面音节的韵母变读为儿化韵。鹅湖话中有部分字单念时即已儿化读儿化韵（无法分化出本来音节的韵母）。例如：

[果]歌开一 kəʳ⁵⁵、磨合一 miɛʳ⁵⁵　　　　[假]鸦开二 iaʳ⁵⁵、花合二 xuoʳ⁵⁵

[遇]兔合一 tʻəʳ²¹³、驴合三 lyəʳ³⁵　　　　[蟹]鞋开二 xaʳ³⁵、块合二 kʻuaʳ²¹³

[止]事开三 ʂəʳ²¹¹、痱合三 fəʳ²¹³　　　　[效]帽开一 maʳ²¹¹、锹开三 tɕʻiaʳ⁵⁵

[流]猴开一 ɕiəʳ³⁵、阉开三 tɕiəʳ⁵⁵

读儿化韵的字主要是古阴声韵字。少数古入声韵字也发生儿化变读，读成一个元音带喉塞音韵尾再加上卷舌动作的韵母。例如：

[咸入]鸽 kiɛʔʳ⁴、鸭 uəʔʳ⁴　　　　　　　[山入]刷 ɕyɛʔʳ⁴

[臻入]核 uəʔʳ²¹³、虱 ʂəʔʳ⁴　　　　　　[宕入]鹤 xəʔʳ²¹³

[江入]桌 tʂoʔʳ⁴、镯 tʂʻauʔʳ²¹³　　　　[梗入]格 kəʔʳ⁴、笛 tʻəʔʳ⁴

[通入]竹 tʂəʔʳ²¹³

（4）部分古 -i、-u 韵尾脱落。例如：

[蟹]戴开一 tiɛ²¹³、灾开一 tsa⁵⁵、排开二 pʻa³⁵、回合一 xuɛ³⁵、怪合二 kua²¹³

[效]巧开二 tɕʻia⁵³、表开三 pia⁵⁵、条开四 tʻia³⁵

[流]廖开三 lia²¹¹、彪开三 pia⁵⁵

（5）部分古开口字读合口。例如：

[假开二]爬 pʻuo³⁵、马 muo⁵³、茶 tʂʻuo³⁵、家 kuo⁵⁵

[蟹开一]鳃 suo⁵⁵

[蟹开二]钗 tsʻuo⁵⁵、差 tsʻuo⁵⁵、佳 kuo⁵⁵、涯 ŋuo³⁵

[咸开二]鸭 uəʔ⁴

（6）果摄、蟹摄开口一等字有韵母今读含高元音 -i 介音的。例如：

[果开一]哥 kiɛ⁵⁵、可 kʻiɛ⁵³、鹅 ŋiɛ³⁵

[蟹开一]来 liɛ³⁵、菜 tsʻiɛ²¹³、改 kiɛ⁵³

（7）遇摄三等鱼、虞两韵保留区分的痕迹，部分鱼韵字不读同韵其他字所读以及虞韵字所读的 y（u）韵母。例如：

[遇合三鱼]庐 ləu³⁵、吕 lei⁵³、蛆 tsʻei⁵⁵、徐 sei³⁵、阻 tsəu⁵³、初 tʂʻəu⁵⁵、楚 tʂʻəu⁵³、助 tʂʻəu²¹¹、梳 ʂəu⁵⁵

要注意这种鱼虞区分的痕迹有趋于混淆的情况，虞韵字也有个别字读 ei、əu 韵母。例如：娶 tsʻei⁵³、趣 tsʻei²¹³、聚 tsʻei²¹¹、数（~不清）虞 ʂəu⁵³。

（8）蟹摄开口四等多数字今读复元音 -ei 韵母。例如：

[蟹开四] 米 mei⁵³、弟 tʻei²¹¹、洗 sei⁵³

（9）蟹摄开口一等字与合口一等字（端系）今读韵母合流。例如：

戴蟹开一 tiɛ²¹³＝对蟹合一 tiɛ²¹³　　　　胎蟹开一 tʻiɛ⁵⁵＝推蟹合一 tʻiɛ⁵⁵

（10）流摄部分一等字与效摄字今读韵母合流。例如：

走流开一 tsau⁵³＝早效开一 tsau⁵³　　　　茂流开一 mau²¹¹＝貌效开二 mau²¹¹

（11）宕摄开口三等字（庄组字除外）与开口一等字、合口一三等字的韵母不同。例如：

[宕开三]娘 niõ³⁵、枪 tsʻiõ⁵⁵、章 tɕiõ⁵⁵　　[宕合一]光 kuaŋ⁵⁵、汪 uaŋ⁵⁵

[宕开一]帮 paŋ⁵⁵、当 taŋ⁵⁵、赃 tsaŋ⁵⁵　　[宕合三]方 faŋ⁵⁵、狂 kʻuaŋ³⁵

（12）梗摄三四等字与深摄、臻摄三等字韵母有别。例如：

星梗开四 sãi⁵⁵≠新臻开三 sən⁵⁵＝心深开三 sən⁵⁵

3．声调特点

（1）古平、去两声的字根据古声母清浊各分阴阳两类。例如：

[清平]通 tʻoŋ⁵⁵｜[浊平]铜 tʻoŋ³⁵； [清去]痛 tʻoŋ²¹³｜[浊去]洞 tʻoŋ²¹¹

（2）上声只有一类，读上声的包括古上声清声母字和次浊声母字。古上声全浊声母字归读阳去调（调值为 211）。例如：

[遇合一上]虎晓 xu⁵³　　卤来 ləu⁵³　　户匣上 xu²¹¹＝护匣去 xu²¹¹

（3）有入声。多数古入声清声母字和浊声母字保留独立调类，调值为短促的 4 度半高短调。例如：

[清入]喝 xiɛʔ⁴　　　　　　[清入]插 tʂʻoʔ⁴

[全浊入]杂 tsʻoʔ⁴　　　　　[次浊入]叶 iɛʔ⁴

（4）此外，少数古入声清声母字和浊声母字今归读阴去调，少数浊声母字今归读阳去调。需要说明的是，这些字的今读具有阴去调、阳去调的曲折调型，同时喉塞韵尾有所保留，但正处于弱化过程中。例如：

[清入]塔 tʻoʔ²¹³　　　　　[清入]各 kauʔ²¹³

[全浊入]学 xauʔ²¹³　　　　[次浊入]弱 ioʔ²¹³

[全浊入]集 tsʻeiʔ²¹¹　　　　[次浊入]日 iʔ²¹¹

三　旧城话音系

（一）旧城话的声韵调

旧城话有 23 个声母（包括零声母）、37 个韵母（包括鼻辅音独立充当的韵母）和 5 个单字声调。

1. 声母

p	补布杯宝	p'	婆步牌朋	m	埋买米尾	f	户斧回风
t	多低刀单	t'	驮弟地桃	n	南脸糯篮	l	罗路来泥
ts	左姐租嘴	ts'	坐粗菜刺			s	写徐小三
tʂ	装忠铡竹	tʂ'	茶初状充			ʂ	锄梳师床
tɕ	猪煮主阶	tɕ'	车鼠去厨	ȵ	义盐秧日	ɕ	蛇柴税水
k	哥果古胶	k'	苦开丘筐	ŋ	鹅牙瓦藕	x	河火旱闲
ø	夜五用玉						

2. 韵母

ɿ	私四紫姊	i	去世鸡池尖店雁棉年十日亿	u	布虎斧木	y	猪雨税水出域疫玉
a	大爸傻待派赛排凉枪想耕核雀百	ia	债娘张厂药食拆	ua	夸怪坏横		
ɛ	河来害杯盒脱	iɛ	可茄姐开接割液	uɛ	灰回阔活扩获	yɛ	靴月决血
ə	嗰得						
əʳ	儿二耳						
o	我答辣昨			uo	多禾马瓜做所话腮贪炭蝇括挖握		
ai	呆厉灯能宾冰冷戚	iai	澄蒸秤绳升石	uai	兄永国		
ei	徐须麂低比尾飞笠笔敌			uei	规亏贵骨		
						yi	赚丸圈软
au	宝毛刀高斗落学	iau	绞巧表苗彪跃				

əu	土初数路**毒**	iəu	流锈手周**肉**				
ã	妈奶						
ɛn	男暗甘心新增	iɛn	沉婶金琴巾	uɛn	含官宽欢滚	yɛn	准春顺闰
aŋ	帮汤浪糠江			uaŋ	光筐王梗		
oŋ	崩篷东聋风	ioŋ	荣熊穷浓				
m̩	姆~妈：母亲面称						
n̩	尔你						
ŋ̍	唔那						

3．声调

调类	调值	例字	调类	调值	例字
阴平①	55	东该灯通开天	阳平②	24	门龙牛铜皮糖
上声③④	31	懂古统苦老五			
阴去⑤⑦	213	冻怪痛快**百哭**	阳去⑥④⑧	33	路乱动近**六毒**

（二）旧城话的音系特点

1．声母特点

（1）古全浊声母字今读塞音、塞擦音声母的，不论声调平仄，基本上读送气清音。例如：

[并平]平 p'ai²⁴｜[并去]病 p'ai³³　　[定平]驮 t'uo²⁴｜[定去]地 t'ei³³

[澄平]厨 tɕ'y²⁴｜[澄上]柱 tɕ'y³³　　[从平]曹 ts'au²⁴｜[从上]坐 ts'uo³³

（2）微母字部分（口语音）读双唇鼻音 m-声母，个别字读舌根鼻音 ŋ-声母。例如：

[微]尾 mei³¹、网 maŋ³¹、忘 maŋ³³、万 ŋuo³³

（3）古阴声韵泥母字和古阳声韵今读鼻尾韵的泥母字读 l-声母，声母与来母字同；古阴声韵今读阴声韵的来母字读 n-声母，声母与泥母字同。有少数泥母字读零声母。例如：

[遇]怒泥 ləu³³＝路来 ləu³³　　　[效]脑泥 lau³¹＝老来 lau³¹

[臻]嫩泥 lɛn³³＝论来 lɛn³³　　　[通]农泥 loŋ²⁴＝笼来 loŋ²⁴

[咸]篮来 nuo²⁴＝南泥 nuo²⁴　　[山]莲来 ni²⁴＝年泥 ni²⁴

[宕]亮来 na³³　　　　　　　　[曾]菱来 nai²⁴＝能泥 nai²⁴

[梗]零来 nai²⁴＝宁泥 nai²⁴

浓泥 ioŋ²⁴、女泥 y³¹、聂泥 iɛ³³、捏泥 iɛ²¹³

（4）塞擦音声母有舌尖音 ts-、ts'-、s-，tʂ-、tʂ'-、ʂ-和舌面音 tɕ-、tɕ'-、ɕ-三组。古精组声母字读 ts-组声母，古知、庄、章组声母字基本上逢今洪音读 tʂ-组声母（少数字读 ts-组声母），逢今细音读 tɕ-组声母。古见组声母逢今细音读 tɕ-组声母，逢今洪音读 k-组声母（除果、蟹、山摄开口一等字逢今细音仍读 k-组声母外）。例如：

ts-：借精tsiɛ²¹³、蛆清ts'ei⁵⁵；洗心sei³¹；|炒初ts'au³¹；撞澄ts'aŋ³³

tʂ-：桌知tʂaʳ²¹³；宠彻tʂoŋ³¹；茶澄tʂ'uo²⁴；|榨庄tʂuo²¹³、铲初tʂ'uo³¹；山生ʂuo⁵⁵；|烛章tʂəu²¹³；冲昌tʂ'oŋ⁵⁵；叔书ʂəu²¹³

tɕ-：镇知tɕien²¹³；抽彻tɕ'iəu⁵⁵；沉澄tɕ'ien²⁴；|债庄tɕia²¹³；愁崇ɕiəu²⁴；瘦生ɕiau²¹³；|纸章tɕi³¹；车昌tɕ'iɛ⁵⁵；输书ɕy⁵⁵；|[见]斤臻开三tɕien⁵⁵；叫效开四tɕia²¹³；军臻合三tɕyen⁵⁵

（5）区分尖团音，古精组字今逢细音读 ts-组声母，古见晓组字（疑母字除外）今逢细音读 tɕ-组声母。例如：

箭精三tsi²¹³≠剑见三tɕi²¹³   椒精三tsiau⁵⁵≠骄见三tɕiau⁵⁵
千清四ts'i⁵⁵≠牵溪四tɕ'i⁵⁵   修心三siəu⁵⁵≠休晓三ɕiəu⁵⁵

（6）影母一二等部分字和曾梗摄开口三等部分字读舌根鼻音 ŋ-声母，与今读洪音的部分疑母字相同。例如：

[影]爱蟹开—ŋiɛ²¹³、袄效开—ŋau³¹、鸦假开二ŋuo⁵⁵、矮蟹开二ŋa³¹、鹰曾开三ŋai⁵⁵、英梗开三ŋai⁵⁵、弯山合二ŋuo⁵⁵、翁通合—ŋoŋ⁵⁵

[疑]艾蟹开二ŋa³³、外蟹合—ŋa³³、岸山开—ŋɛu²¹³、岳江开二ŋau³³

2. 韵母特点

（1）古阳声韵字部分今读舌尖鼻音-n 韵尾或舌根鼻音-ŋ 韵尾，部分今失去韵尾读阴声韵。具体来说，深臻摄字、咸摄开口一等部分字和山摄开口一等见系字、合口一等字及合口三等个别字今读鼻音-n 韵尾，江通摄、宕摄（除开口三等非庄组字外）、梗摄合口二三等部分字今读鼻音-ŋ 韵尾。除上，其他字今均失去韵尾读阴声韵。例如：

ɛn|iɛn|uɛn|yɛn：[咸]男开—nɛn²⁴；[深]浸开三tsɛn²¹³；[山]看开—k'ɛn²¹³、汗开—xɛn³³、半合—pɛn²¹³、全合三ts'ɛn³⁵；[臻]吞开—t'ɛn⁵⁵、进开三tsɛn²¹³、本合—pɛn³¹、粉合三fɛn³¹；|[咸]暗开—ŋiɛn²¹³；[深]寝开三tɕ'iɛn³¹；|[山]官合—kuɛn⁵⁵、惯合二kuɛn²¹³；[臻]捆合—k'uɛn³¹、荤合三xuɛn⁵⁵；|[深]渗开三ɕyɛn²¹³；[臻]春合三tɕ'yɛn⁵⁵

aŋ|uaŋ：[宕]帮开—paŋ⁵⁵、壮开三tsaŋ²¹³、方合三faŋ⁵⁵；[江]江开二kaŋ⁵⁵；|[宕]光合—kuaŋ⁵⁵、筐合三k'uaŋ⁵⁵；[梗]矿合二k'uaŋ²¹³

oŋ|ioŋ：[通]东合—toŋ⁵⁵、蜂合三foŋ⁵⁵；|[梗]荣合三ioŋ²⁴；[通]龙合三lioŋ²⁴

古阳声韵字今读阴声韵的有：咸摄除一等见组部分字外的大部分字，山摄除一等合口字和一等开口见组字外的大部分字，宕摄开口大部分字，曾摄、梗摄大部分字，以及臻摄、江摄个别字。例如：

i|yi：[咸]尖开三tsi⁵⁵、店开四ti²¹³；[山]变开三pi²¹³、天开四t'i⁵⁵；[山]圆合三yi²⁴、县合四ɕyi³³

a|ia|ua：[宕]枪开三ts'a⁵⁵；[梗]庚开二ka⁵⁵；|[宕]张开三tɕia⁵⁵、香开三ɕia⁵⁵；[江]腔开二tɕ'ia⁵⁵；[梗]生开二ɕia⁵⁵；|[梗]横合二ua²⁴

uo：[咸]胆开—tuo³¹、咸开二xuo²⁴、凡合三fuo²⁴；[山]端开—tuo⁵⁵、拣开二kuo³¹、关合二kuo⁵⁵、

反₍合三₎ fuo³¹

ai｜iai｜uai｜：[臻]宾开三 pai⁵⁵；[曾]灯开一 tai⁵⁵、冰开三 pai⁵⁵、兴开三 xai⁵⁵；[梗]兵开三 pai⁵⁵、京开三 kai⁵⁵、瓶开四 p'ai²⁴；｜[曾]蒸开三 tɕiai⁵⁵；[梗]声开三 ɕiai⁵⁵；｜[梗]兄合三 xuai⁵⁵

（2）古入声韵字今读已无塞音韵尾，读舒声韵。例如：

[咸入合]答 tuo²¹³、[深入辑]笠 lei³³、[山入末]夺 t'ɛ³³、[臻入没]骨 kuei²¹³
[宕入铎]落 lau³³、[江入觉]学 xau³³、[曾入德]北 pai²¹³、[梗入麦]麦 ma³³
[通入屋]读 t'əu³³

（3）有儿化韵。止摄日母字"儿、二、耳"读卷舌元音 ɚ 韵母，自成音节。旧城话中"儿"作构词后缀，有部分字单念时即已儿化读儿化韵。例如：

[果]歌开一 kiɛʳ⁵⁵、磨合一 muoʳ²⁴　　　　[假]杷开二 p'aʳ²⁴、花合二 xuoʳ⁵⁵
[遇]裤合一 k'uəʳ²¹³、驴合三 ləʳ²⁴　　　　[蟹]鞋开二 xaʳ²⁴、块合一 k'uaʳ²¹³
[止]椅开三 iəʳ³¹、事开三 ʂəʳ³³　　　　　　[效]桃开一 t'aʳ²⁴
[流]豆开一 t'aʳ³³、阄开三 kaʳ⁵⁵

除上述古阴声韵字外，已经读舒声韵的古入声韵字有一些也读儿化韵。例如：

[咸入]鸽 kəʳ²¹³、鸭 ŋuoʳ²¹³　　　　　　[山入]屑 siəʳ²¹³
[臻入]虱 ʂəʳ²¹³、核 uəʳ³³　　　　　　　　[江入]镯 tʂ'aʳ³³、桌 tʂaʳ²¹³
[梗入]客 k'aʳ²¹³、笛 t'əʳ³³　　　　　　　[通入]竹 tʂəʳ²¹³

（4）部分古-i 韵尾脱落。例如：

[蟹]戴开一 tɛ²¹³、灾开一 tsa⁵⁵、排开一 p'a²⁴、回合一 fɛ²⁴、怪合二 kua²¹³

（5）部分古开口字读合口。例如：

[假开二]爬 p'uo²⁴、马 muo³¹、茶 tʂ'uo²⁴、家 kuo⁵⁵
[蟹开一]鳃 suo⁵⁵；[蟹开二]差 ts'uo⁵⁵、佳 kuo⁵⁵、涯 ŋuo²⁴
[咸开一]南 nuo²⁴、毯 t'uo³¹、三 suo⁵⁵；[咸开二]减 kuo³¹
[山开一]单 tuo⁵⁵、炭 t'uo²¹³；[山开二]山 ʂuo⁵⁵、眼 ŋuo³¹

（6）果、蟹摄开口一等见组字有韵母今读含高元音-i 介音的。例如：

[果开一]哥 kiɛ⁵⁵、可 k'iɛ³¹、鹅 ŋiɛ²⁴
[蟹开一]改 kiɛ³¹、开 k'iɛ⁵⁵、碍 ŋiɛ³³

（7）遇摄三等鱼、虞两韵保留区分的痕迹，部分鱼韵字不读同韵其他字所读以及虞韵字所读的 y（u）韵母。例如：

[遇合三鱼]庐 ləu²⁴、吕 lei³¹、蛆 ts'ei⁵⁵、徐 sei²⁴、阻 tsəu³¹、初 tʂ'əu⁵⁵、楚 ts'əu³¹、锄 ʂəu²⁴、助 ts'əu³³、杵 tʂəu³¹、去 tɕ'i²¹³、渠他 tɕi²⁴

要注意这种鱼虞区分的痕迹有趋于混淆的情况，虞韵字也有个别字读 ei、əu 韵母。例如：娶 ts'ei³¹、趣 ts'ei²¹³、聚 ts'ei³³、须 sei⁵⁵、数（~不清）虞 ʂəu³¹

（8）蟹摄部分开口一等字与合口一等字（端系）今读韵母合流。例如：

戴蟹开—tɛ²¹³＝对蟹合—tɛ²¹³　　　胎蟹开—t'ɛ⁵⁵＝推蟹合—t'ɛ⁵⁵

再蟹开—tsɛ²¹³＝最蟹合—tsɛ²¹³　　在蟹开—ts'ɛ³³＝罪蟹合—ts'ɛ³³

（9）蟹摄开口四等多数字今读复元音-ei 韵母。例如：

[蟹开四]米 mei³¹、弟 t'ei³³、洗 sei³¹

（10）流摄部分一等字与效摄字今读韵母合流。例如：

茂流开—mau³³＝帽效开—mau³³、貌效开二—mau³³

走流开—tsau³¹＝早效开—tsau³¹　　勾流开—kau⁵⁵＝高效开—kau⁵⁵

（11）蟹摄、咸摄、山摄一、二等字保留区分的痕迹。例如：

开蟹开—k'iɛ⁵⁵≠揩蟹开二 k'a⁵⁵　　含咸开—xɛn⁵⁵≠咸咸开二 xuo⁵⁵

赶山开—kɛn³¹≠栋山开二—kuo³¹

（12）梗摄三四等字与深摄、臻摄三等字韵母有别。例如：

星梗开四 sai⁵⁵≠新臻开三 sɛn⁵⁵＝心深开三 sɛn⁵⁵

（13）深臻摄部分字与曾梗摄部分字今读韵母合流。例如：

浸深开—tsɛn²¹³＝赠曾开—tsɛn²¹³　　宾臻开三 pai⁵⁵＝冰曾开三 pai⁵⁵

枕深开三—tɕiɛn³¹＝哽梗开三—tɕiɛn³¹　　笔臻开三 pei²¹³＝逼曾开三 pei²¹³

3. 声调特点

（1）古平、去两声的字根据古声母清浊各分阴阳两类。例如：

[清平]通 t'oŋ⁵⁵ | [浊平]铜 t'oŋ²⁴；[清去]痛 t'oŋ²¹³ | [浊去]洞 t'oŋ³³

（2）上声只有一类，读上声的包括古上声清声母字和次浊声母字。古上声全浊声母字归读阳去调（调值为33）。例如：

[遇合一上]虎晓 fu³¹　卤来 ləu³¹　　　　户匣上 fu³³＝护匣去 fu³³

（3）无入声。古入声清声母字归读阴去调（调值为213），古入声浊声母字归读阳去调（调值为33）例如：

答咸开一入端 tuo²¹³＝担（挑～）咸开一去影 tuo²¹³

笠深开三入来 lei³³＝泪止合三去来 lei³³　　读通合一入定 t'əu³³＝度通合一去定 t'əu³³

四　湘湖话音系

（一）湘湖话的声韵调

湘湖话有19个声母（包括零声母）、59个韵母（包括鼻辅音独立充当的韵母）、7个单字声调。

1. 声母

p	播杯八兵	p'	派片爬病	m	麦明问米	f	飞风火货
t	多赌戴东	t'	讨天甜毒	n	南年蓝连	l	糯脑老泥
ts	资早租酒	ts'	刺草字全			s	丝三酸想

tɕ	猪知朝狗	tɕʻ	柱溪赵愁			ɕ	书薯竖税
k	过高交教	kʻ	棵课开轻	ŋ	鹅牙熬安	x	豪猴好活
ø	野五药女						

2. 韵母

ɿ	紫次丝	i	世鸡知器时	u	布斧母妇	y	女树税吹追
a	大待太盖街画枪硬	ia	霞柴上腔省争	ua	块帅抓横	ya	衰帅抓
ɛ	歌婆台对	iɛ	茄	uɛ	会	yɛ	靴
əʳ	儿二耳						
o	多坐佳潭三咸岩犯单眼幻饭	io	巧表条廖彪	uo	禾话完还		
ai	赛灯冰冷莺兵听	iai	升成	uai	兄		
ei	吕娶厉米岁惠皮美里嘴泪飞			uei	会卫桂规位鬼		
au	宝交后矛	iau	狗瘦				
əu	图初数凑妈	iəu	手丢				
		ĩ	嵌尖欠点艰变天恋			yĩ	弦闩砖县元
ɛn	男敢赚衔满全林轮肯彭橙	iɛn	暗针金今近	uɛn	官惯滚温	yɛn	顺军闰
aŋ	当装黄方江盲			uaŋ	光王矿		
oŋ	朋棚宏东宗风	ioŋ	允营穷浓				
m̩	姆~妈:母亲面称						
n̩	尔你						
		iʔ	十实疫	uʔ	木服	yʔ	出域
aʔ	雀白隔	iaʔ	扎药拆	uaʔ	刮滑袜		
ɛʔ	鸽割瞎脱	iɛʔ	叶灭铁雪	uɛʔ	阔扩	yɛʔ	悦

oʔ	答夹法辣杀拨发昨	ioʔ	屑	uoʔ	握
aiʔ	北力获	iaiʔ	蛰色石吃	uaiʔ	国
eiʔ	习笔不佛熄惜踢			ueiʔ	骨物
auʔ	托郭勺捉				
əuʔ	突读	iəuʔ	六粟		

3. 声调

阴平①	44	东该通开风三	阳平②	35	门龙铜皮糖红
上声③④	314	懂讨手买五有			
阴去⑤	212	冻怪半痛快去	阳去⑥④	211	病树卖路动后
阴入⑦	4	谷得七刻雪鸭	阳入⑧	2	杂白十腊业活

（二）湘湖话的音系特点

1. 声母特点

（1）古全浊声母字今读塞音、塞擦音声母的，不论声调平仄，基本上读送气清音。例如：

[並平]平 pʻai35｜[並去]病 pʻai211　　[定平]驮 tʻɛ35｜[定去]地 tʻei211
[澄平]厨 tɕʻy35｜[澄上]柱 tɕʻy211　　[从平]曹 tsʻau35｜[从上]坐 tsʻo211

（2）泥母字今读阴声韵（古入声韵字）和鼻尾韵，大部分声母与来母字同，读 l-声母；来母字今读鼻化韵的，声母与泥母字同，读 n-声母。个别泥母字读零声母。例如：

怒泥 ləu211＝路来 ləu211　　脑泥 lau314＝老来 lau314　　男泥 lɛn35＝林来 lɛn35
莲来 nĩ35＝年泥 nĩ35
[泥]女 y314、尼 i35、你 i314、娘 ia35、聂 iɛʔ2

（3）塞擦音声母有舌尖音 ts-、tsʻ-、s-，舌面音 tɕ-、tɕʻ-、ɕ-和舌叶音 tʃ-、tʃʻ-、ʃ-三组。古精组声母字读 ts-组声母，除少数三等字发生腭化读 tɕ-组声母外。古章组声母字读 tɕ-组声母，除通摄合口三等字读 ts-组外。古知组声母字逢今洪音读 ts-组声母、逢今细音读 tɕ-组声母，除少数开口二等字逢今洪音读 tʃ-组声母外。古庄组声母合口字、开口一等字读 ts-组声母，开口二三等字大都读 ts-组声母、少数字逢今洪音读 tʃ-组声母、逢今细音读 tɕ-组声母。古见组声母字逢今细音读 tɕ-组声母，逢今洪音读 k-组声母。例如：

ts-：借精 tsiɛ212；蛆清 tsʻei44；洗心 sei314｜钟章 tsoŋ44；冲昌 tsʻoŋ44；叔书 səuʔ4；罩知 tsau212；戳彻 tsʻauʔ4；茶澄 tsʻo35｜榨庄 tso212；铲初 tsʻo314；山生 so44

tɕ-：进精 tɕiɛn212；秦从 tɕʻiɛn35；宣心 ɕyĩ44；纸章 tɕi314；车昌 tɕʻiɛ44；输书 ɕy44；张知 tɕia44；超彻 tɕʻio44；丈澄 tɕʻia211｜争庄 tɕia44；愁崇 tɕʻiəu35；闩生 ɕyĩ44｜九见 tɕiəu314；去溪 tɕʻy212；旗群

tɕ'i³⁵

tʃ-：摘‹知› tʃaʔ⁴；拆‹彻› tʃ'aʔ⁴；择‹澄› tʃ'aʔ²｜债‹庄› tʃa²¹²；柴‹崇› ʃa³⁵；筛‹生› ʃa⁴⁴

（4）区分尖团音，古精组字今逢细音读 ts-组声母，古见晓组字（疑母字除外）今逢细音读 tɕ-组声母。例如：

箭‹精三› tsĩ²¹² ≠ 剑‹见三› tɕĩ²¹²　　　椒‹精三› tsio⁴⁴ ≠ 骄‹见三› tɕio⁴⁴

秋‹清三› ts'iəu⁴⁴ ≠ 丘‹溪三› tɕ'iəu⁴⁴　　千‹清四› ts'ĩ⁴⁴ ≠ 牵‹溪四› tɕ'ĩ⁴⁴

箱‹心三› sa⁴⁴ ≠ 香‹晓三› ɕia⁴⁴

（5）流摄一等见母字今逢细音韵母，其声母腭化为舌面音 tɕ-组。例如：

勾‹流开一› tɕ'iau⁴⁴　　狗‹流开一› tɕiau³¹⁴　　够‹流开一› tɕiau²¹²

（6）影母开口一二等部分字和部分曾梗摄开口三等字读舌根鼻音 ŋ-声母，与今读洪音的部分疑母字声母相同。例如：

[影]哑‹假开二› ŋo³¹⁴、爱‹蟹开一› ŋɛ²¹²、鸭‹咸开二› ŋoʔ⁴、鹰‹曾开三› ŋai⁴⁴、英‹梗开三› ŋai⁴⁴

[疑]饿‹果开一› ŋɛ³³、艾‹蟹开一› ŋɛ³³、迎‹梗开三› ŋai³⁵、岳‹江开二› ŋauʔ²

2. 韵母特点

（1）古阳声韵字部分今读鼻化韵，部分今读舌尖鼻音-n 韵尾或舌根鼻音-ŋ 韵尾，其余部分读阴声韵。具体来说，咸摄开口三四等字及开口二等部分字、山摄三四等字及二等个别字今读鼻化韵，深臻摄、咸摄开口一二等部分字、山摄开口一等部分字及合口一等字、曾摄个别字、梗摄见组字今读鼻音-n 韵尾，江通摄、宕摄一等字及开口三等庄组字今读鼻音-ŋ 韵尾。例如：

ĩ：[咸]嵌‹开二› tɕ'ĩ²¹²、尖‹开三› tsĩ⁴⁴、店‹开四› tĩ²¹²；[山]艰‹开二› tɕĩ⁴⁴、变‹开三› pĩ²¹²、面‹开四› mĩ²¹¹、选‹合三› sĩ²¹⁴

yĩ：[山]弦‹开四› ɕyĩ³⁵、丸‹合一› yĩ³⁵、闩‹合二› ɕyĩ⁴⁴、宣‹合三› ɕyĩ⁴⁴、县‹合四› ɕyĩ²¹¹

ɛn｜iɛn｜uɛn｜yɛn：[咸]贪‹开一› t'ɛn⁴⁴、赚‹开二› ts'ɛn²¹¹；[深]林‹开三› lɛn³⁵；[山]肝‹开一› kɛn⁴⁴、缠‹开三› ts'ɛn³⁵、半‹合一› pɛn²¹²、全‹合三› ts'ɛn³⁵；[臻]根‹开一› kɛn⁴⁴、邻‹开三› lɛn³⁵、本‹合一› pɛn³¹⁴、笋‹合三› sɛn³¹⁴；[曾]肯‹开一› k'ɛn²¹⁴；[梗]梗‹开二› kɛn²¹⁴；｜[咸]暗‹开一› ŋiɛn²¹²；[深]沉‹开三› tɕ'iɛn³⁵；[臻]进‹开三› tɕiɛn²¹²；｜[山]官‹合一› kuɛn⁴⁴、惯‹合二› kuɛn²¹²；[臻]棍‹合一› kuɛn²¹²、问‹合三› uɛn²¹¹；｜[深]寻‹开三› ɕyɛn³⁵；[臻]准‹合三› tɕyɛn³¹⁴

aŋ｜uaŋ：[宕]帮‹开一› paŋ⁴⁴、床‹开三› saŋ³⁵、黄‹合一› faŋ³⁵、方‹合三› faŋ³⁵；[江]江‹开二› kaŋ⁴⁴；｜[宕]光‹合一› kuaŋ⁴⁴、网‹合三› uaŋ³¹⁴

oŋ｜ioŋ：[曾]朋‹开一› p'oŋ³⁵；[梗]棚‹开二› p'oŋ³⁵；[通]东‹合一› toŋ⁴⁴、蜂‹合三› foŋ⁴⁴；｜[梗]荣‹合三› ioŋ³⁵；[通]穷‹合三› tɕ'ioŋ³⁵

古阳声韵字今读阴声韵的有：咸摄一二等除部分见组字外的大部分字以及三等合口字，山摄二等字和一等开口非见组字以及三等合口字，宕摄开口三等大部分字，曾摄、梗摄大部分字。例如：

a｜ia｜ua：[宕]枪开三ts'a⁴⁴；｜[宕]张开三tɕia⁴⁴、香开三ɕia⁴⁴；[江]腔开二tɕ'ia⁴⁴；[梗]生开二ɕia⁴⁴；｜｜[梗]横合二ua³⁵

o：[咸]胆开一to³¹⁴、咸开二xo³⁵、凡合三fo³⁵；[山]端开一to⁴⁴、拣开二ko³¹⁴、反合三fo³¹⁴

ai｜iai｜uai：[曾]灯开一tai⁴⁴、冰开三pai⁴⁴、兴开三xai⁴⁴；[梗]兵开三pai⁴⁴、京开三kai⁴⁴、瓶开四p'ai³⁵；｜[曾]蒸开三tɕiai⁴⁴；[梗]声开三ɕiai⁴⁴；｜[梗]兄合三xuai⁴⁴

（2）古入声韵字今读保留喉塞音韵尾-ʔ，喉塞音韵尾前既有单元音，也有复元音韵母。例如：

[咸入合]答toʔ⁴、鸽kɛʔ⁴；[咸入盍]磕k'auʔ⁴；[咸入叶]接tsiɛʔ⁴

[深入辑]笠leiʔ²；[深入缉]十ɕiʔ²

[山入末]活xuɛʔ²；[山入鎋]刷ɕyɛʔ⁴；[山入薛]雪siɛʔ⁴

[臻入质]笔peiʔ⁴、栗leiʔ⁴；[臻入真]日iʔ²；[臻入没]骨kueiʔ⁴；[臻入术]术ɕyʔ²

[宕入铎]鹤xauʔ²；[宕入药]脚tɕiaʔ⁴

[江入觉]桌tsauʔ⁴、镯ts'auʔ²、壳k'auʔ⁴

[曾入德]北paiʔ⁴；[曾入职]直tɕ'iaiʔ²

[梗入陌]格kaʔ⁴；[梗入锡]笛t'eiʔ²

[通入屋]竹tɕiəuʔ⁴

古入声韵少数字今读失去塞音韵尾，读如舒声韵。例如：

拉la⁴⁴；亿i²¹²；剧tɕy²¹²；玉y²¹¹

（3）部分古-i、-u韵尾脱落或弱化。例如：

[蟹]该开一kɛ⁴⁴、拜开二pa²¹²、妹合一mɛ²¹¹、怪合二kua²¹²

[效]绞开二tɕio³¹⁴、巧开二tɕ'io³¹⁴、表开三pio³¹⁴、钓开四tio²¹²

[流]廖开三lio²¹¹

（4）遇摄三等鱼、虞两韵保留区分的痕迹，部分鱼韵字不读同韵其他字所读以及虞韵字所读的y（u）韵母。例如：

[遇合三鱼]庐ləu³⁵、吕lei³¹⁴、蛆ts'ei⁴⁴、徐sei³⁵、阻tsəu³¹⁴、初ts'əu⁴⁴、楚ts'əu³¹⁴、锄səu³⁵、助ts'əu²¹¹、梳səu⁴⁴、所səu³¹⁴

要注意这种鱼虞区分的痕迹有趋于混淆的情况，虞韵字也有个别字读ei、əu韵母。例如：娶ts'ei³¹⁴、趣ts'ei²¹²、须sei⁴⁴、数（～不清）虞səu³¹⁴

（5）蟹摄开口四等非见系字今读复元音-ei韵母。例如：

[蟹开四]低tei⁴⁴、弟t'ei²¹¹、细sei²¹²、洗sei³¹⁴

（6）蟹摄、咸摄、山摄一、二等字保留区分的痕迹。例如：

赛蟹开一sai²¹²≠晒蟹开二ʃa²¹²　　　　开蟹开一k'ɛ⁴⁴≠揩蟹开二k'a⁴⁴

含咸开一xɛn³⁵≠咸咸开二xo³⁵　　　　赶山开一kɛn³¹⁴≠拣山开二ko³¹⁴

（7）果摄一等部分字与蟹摄一等字今读韵母合流。例如：

拖果开一t'ɛ⁴⁴＝胎蟹开一t'ɛ⁴⁴　　　　磨果合一mɛ³⁵＝梅蟹合一mɛ³⁵

(8) 蟹摄部分开口一等字与合口一等字（端系）今读韵母合流。例如：

戴_{蟹开一}tɛ²¹²＝对_{蟹合一}tɛ²¹²　　　　胎_{蟹开一}tʻɛ⁴⁴＝推_{蟹合一}tʻɛ⁴⁴

再_{蟹开一}tsɛ²¹²＝最_{蟹合一}tsɛ²¹²　　　　在_{蟹开一}tsʻɛ²¹¹＝罪_{蟹合一}tsʻɛ²¹¹

(9) 效摄一二等字与三四等字今读韵母有别。例如：

[效开一] 宝 pau³¹⁴、刀 pau⁴⁴、早 tsau³¹⁴、高 pau⁴⁴

[效开二] 包 pau⁴⁴、闹 lau²¹¹、找 tsau³¹⁴、交 kau⁴⁴

[效开三] 朝 tɕio⁴⁴、表 pio³¹⁴、疗 lio³⁵、小 sio³¹⁴

[效开四] 条 tʻio³⁵、料 lio²¹¹、叫 tɕʻio²¹²、晓 ɕio³¹⁴

(10) 梗摄三四等字与深摄、臻摄三等字韵母有别。例如：

星_{梗开四}sai⁴⁴≠新_{臻开三}sɛn⁴⁴＝心_{深开三}sɛn⁴⁴

3. 声调特点

(1) 古平、去两声的字根据古声母清浊各分阴阳两类。例如：

[清平] 通 tʻoŋ⁴⁴｜[浊平] 铜 tʻoŋ³⁵；[清去] 痛 tʻoŋ²¹²｜[浊去] 洞 tʻoŋ²¹

(2) 上声只有一类，读上声的包括古上声清声母字和次浊声母字。古上声全浊声母字归读阳去调（调值为 21）。例如：

[遇合一上] 虎_晓fu³¹⁴　　卤_来ləu³¹⁴　　户_{匣上}fu²¹＝护_{匣去}fu²¹

(3) 有入声。古入声字根据古声母清浊分为阴阳两类，调值分别为短促的 4 高短调和 2 低短调。例如：

[清入] 喝 xɛʔ⁴　　　　　　[清入] 插 tsʻoʔ⁴

[全浊入] 杂 tsʻoʔ²　　　　[次浊入] 叶 iɛʔ²

五　溪头话音系

(一) 溪头话的声韵调

溪头话有 23 个声母（包括零声母）、37 个韵母（包括鼻辅音独立充当的韵母）和 6 个单字声调。

1. 声母

p	播包边帮	pʻ	破婆骗伴	m	磨忙面门	f	法肥分斧
t	多到单店	tʻ	拖太贪断	n	南冷年莲	l	罗路女脑
ts	左做蒸酒	tsʻ	坐菜初茶			s	蓑洗手四
tʃ	娇狗九桥勤	tʃʻ	茄口丘近及			ʃ	猴休香兴熊
tɕ	柱煮砖拒	tɕʻ	徐车柱鼠	ȵ	牛严软艺	ɕ	虚树书
k	歌果高街	kʻ	棵靠空狂	ŋ	鸦鹅外瓦	x	河好下汗
∅	野袄万有						

2. 韵母

ɿ	知十质食	i	女米批废皮飞习笔七卒极璧踢	u	布初母付**核获木督竹**	y	猪吹**域浴**
a	大爸舍傻菜拜筛帅少茂矛拉匹北色百隔尺壁	ia	表条彪廖屑逆吃疫	ua	华盖外块刮		
ɐ	惹台寨妹二高某谋**盒喝突出黑**			au	开回乖**骨物国郭**		
o	哥过爬瓜钗**答夹法辣瞎泼发握**			uo	禾话**活扩**		
e	茄写世底**叠舌铁雪**	ie	夜艺弟岁**叶协揭吉液**	ue	靴佳税桂规**说月血恤**		
æi	斋头手禄六	iæi	狗有幼肉	ui	锯卫贵		
au	傲包**托着学**	iau	削				
ã	贪减犯单眼缠饭吞			uã	腕万梗		
ɔ̃	当张放双盲矿	iɔ̃	想腔荧	uɔ̃	光往		
æ̃i	灯冰生耕平听	iæ̃i	应莺影赢荣营	uæ̃i	横兄倾		
				uĩ	弦船远犬弘		
		ĩ	舰闪点苋棉边全县仍	ũ	揩看半关		
ɛn	心贫层	ien	金人闰				
əŋ	暗很门春崩彭宏东中	iəŋ	用	uəŋ	根昏问		
m̩	姆~妈：母亲面称						
n̩	尔你						

3. 声调

调类	调值	例字	调类	调值	例字
阴平①	33	高中猪三边非	阳平②	51	床平穷鹅娘云
阴上③	42	走碗口九敢板	阳上④	231	马瓦近被户厚

阴去⑤　　　　24　　　过盖店放正对　　阳去⑥⑦⑧　　　55　　　病帽笔六白毒

(二) 溪头话的音系特点

1. 声母特点

(1) 古全浊声母字今读清音声母，逢塞音、塞擦音时，邪母送气，定崇澄母部分送气、部分不送气，从母上入声送气、平去声多数送气、少数不送气，并母入声大都送气，平去声部分不送气，上声大都不送气。例如：

[邪平] 寻 ts'ɛn⁵¹ ｜ [从入] 席 ts'a⁵⁵

[定平] 桃 t'ɐ⁵¹ ｜ [并去] 地 t'i⁵⁵　　　[定平] 甜 tĩ⁵¹ ｜ [并去] 袋 tɐ⁵⁵

[崇平] 查 tso⁵¹ ｜ [崇去] 助 ts'u⁵⁵

[澄平] 厨 tɕ'y⁵¹ ｜ [澄上] 苎 tɕ'y²³¹　　[澄平] 茶 tso⁵¹ ｜ [澄上] 柱 tɕy²³¹

[从平] 曹 ts'ɐ⁵¹ ｜ [从上] 坐 ts'o²³¹　　[从平] 墙 tsiɔ̃⁵¹ ｜ [从去] 贱 tsĩ⁵⁵

[并平] 平 p'ã⁵¹ ｜ [并去] 病 p'ã⁵⁵　　　[并平] 牌 pa⁵¹ ｜ [并上] 部 pu²³¹

(2) 微母字部分（口语音）读双唇鼻音 m- 声母。例如：

[微] 尾 mi²³¹、网 mɔ̃²³¹、袜 mo⁵⁵

(3) 泥母字今读阴声韵（含古入声韵字）的以及部分读阳声韵（包括鼻尾韵和鼻化韵）的，声母与来母字同，读 l- 声母；来母字逢阳声韵（含多数鼻化韵及鼻尾韵），声母与泥母字同，读 n- 声母。有个别泥母字读 ȵ- 声母。例如：

怒泥 lu⁵⁵＝路来 lu⁵⁵　　脑泥 lɐ²³¹＝老来 lɐ²³¹

男泥 lã⁵¹＝篮来 lã⁵¹　　嫩泥 ləŋ⁵⁵＝论来 ləŋ⁵⁵

莲来 nĩ⁵¹＝年泥 nĩ⁵¹　　卵来 nũ²³¹＝暖泥 nũ²³¹

[泥] 尿 ȵia⁵⁵、娘 ȵiɔ̃⁵¹、聂蹑 ȵie⁵⁵

(4) 塞擦音声母有舌尖音 ts-、ts'-、s-，舌面音 tɕ-、tɕ'-、ɕ- 和舌叶音 tʃ-、tʃ'-、ʃ- 三组。古精知庄章组声母字大部分读 ts- 组声母，除遇止摄合口三等字读 tɕ- 组声母外。古见组声母字部分今读 k- 组声母，除遇摄合口三等字读 tɕ- 组声母外，流深摄字、蟹摄开口四等字、止摄部分三等字、咸摄开口三等部分字、山摄开口二三等字、臻宕摄开口三等字、效梗摄开口三四等字、通摄合口三等字读 tʃ- 组声母。例如：

ts-：借精 tse²⁴；蛆清 ts'i³³；洗心 se⁴²；罩知 tsau²⁴；戳彻 ts'au⁵⁵；茶澄 tso⁵¹ ｜ 榨庄 tso²⁴；铲初 ts'ã⁴²；山生 sã³³ ｜ 钟章 tsəŋ³³；冲昌 ts'əŋ³³；叔书 su⁵⁵

tɕ-：趣清 tɕ'y²⁴；徐邪 tɕ'y⁵¹ ｜ 猪知 tɕy³³；住澄 tɕy⁵⁵ ｜ 锄崇 tɕ'y⁵¹ ｜ 煮章 tɕy⁴²；吹昌 tɕ'y³³；输书 ɕy³³ ｜ 居见 tɕy³³；区溪 tɕ'y³³；渠群 tɕ'y⁵¹

tʃ-：鸡见 tʃe³³、基见 tʃi³³、叫见 tʃa²⁴、狗见 tʃæi⁴²、九见 tʃæi⁴²、剑见 tʃi²⁴、金见 tʃiɛn³³、巾见 tʃɛn³³；起溪 tʃ'i⁴²、口溪 tʃ'æi⁴²、轻溪 tʃ'æi³³、曲溪 tʃ'æi⁵⁵；旗群 tʃ'i⁵¹、桥群 tʃa⁵¹、琴群 tʃiɛn⁵¹、近群 tʃ'ɛn²³¹、穷群 tʃ'əŋ⁵¹

（5）区分尖团音，古精组字今读 ts-组声母，古见晓组字（疑母字除外）读 k-组声母或 tʃ-组声母。例如：

箭精三tsĩ²⁴ ≠ 剑见三tʃĩ²⁴   椒精三tsia³³ ≠ 骄见三tʃa³³
秋清三tsʻæi³³ ≠ 丘溪三tʃʻæi³³   千清四tsʻĩ³³ ≠ 牵溪四kʻĩ³³
箱心三siɔ̃³³ ≠ 香晓三ʃɔ̃³³

（6）影母部分开口一二等字和合口一等通摄字读舌根鼻音 ŋ-声母，与今读洪音的部分疑母字声母相同。例如：

[影]袄效开一ŋɐ⁴²、暗咸开一ŋəŋ²⁴、哑假开二ŋo⁴²、矮蟹开二ŋa⁴²、鸭咸开二ŋo⁵⁵、握江开二ŋo⁵⁵、翁通合一ŋəŋ³³

[疑]饿果开一ŋo⁵⁵、艾蟹开二ŋa⁵⁵、硬梗开二ŋã⁵⁵、岳江开二ŋau⁵⁵

2. 韵母特点

（1）古阳声韵字部分今读鼻化韵，部分今读舌尖鼻音-n 韵尾或舌根鼻音-ŋ 韵尾。具体来说，咸山宕江曾梗摄字今读鼻化韵，深摄、臻开口三等字及少数合口三等字今读鼻音-n 韵尾，通摄、臻摄一等字及多数合口三等字今读鼻音-ŋ 韵尾。例如：

ĩ | uĩ：[咸]舰开二tɕĩ²⁴、尖开三tsĩ³³、店开四tĩ²⁴；[山]拣开二tʃĩ⁴²、变开三pĩ²⁴、面开四mĩ⁵⁵、选合三sĩ⁴²、县合四ɕĩ⁵⁵ | [山]弦开四xuĩ⁵¹、转合三kuĩ⁴²、犬合三kʻuĩ⁴²

ũ：[咸]赚开二tsʻũ⁵⁵；[山]肝开一kũ³³、半合一pũ²⁴、关合二kũ³³

ã | uã：[咸]贪开一tʻã³³、减开二kã⁴²、陕开三sã⁴²、帆合三fã³³；[山]单开一tã³³、山开二sã³³、缠开三tsʻã⁵¹、反合三fã⁴²；[梗]硬开二ŋã⁵⁵、姓开三sã²⁴ | [山]岸开一uã⁵⁵、皖合一uã²³¹、万合三uã⁵⁵；[梗]梗开二kuã⁴²、永合三uã²³¹

ɔ̃ | iɔ̃ | uɔ̃：[宕]帮开一pɔ̃³³、张开三tsɔ̃³³、方合三fɔ̃³³；[江]胖开二pʻɔ̃²⁴；[梗]矿合二kʻɔ̃²⁴ | [宕]娘开三ɲiɔ̃⁵¹；[梗]萤合四iɔ̃⁵¹ | [宕]光合一kuɔ̃³³、筐合三kʻuɔ̃³³

æi | iæi | uæi：[曾]灯开一tæi³³、冰开三pæi³³；[梗]冷开二læi²³¹、兵开三pæi³³、钉开四tæi³³ | [曾]鹰开三iæi³³；[梗]英开三iæi³³、荣合三iæi⁵¹ | [梗]横合二xuæi⁵¹、兄合三xuæi³³

ɛn | iɛn：[深]林开三nɛn⁵¹；[臻]宾开三pɛn³³；[曾]蒸开三tsɛn | [深]音开三iɛn³³；[臻]人开三iɛn⁵¹

əŋ | iəŋ | uəŋ：[咸]暗开一ŋəŋ²⁴；[臻]吞开一tʻəŋ³³、盆合一pəŋ⁵¹、轮合三ləŋ⁵¹；[梗]猛开二məŋ²³¹；[通]东合一təŋ³³、梦合三məŋ⁵⁵ | [臻]闰合三iəŋ⁵⁵；[通]农合一niəŋ⁵¹、绒合三iəŋ⁵¹ | [臻]根开一kuəŋ³³、滚合一kuəŋ⁴²、均合三kuəŋ³³

（2）古入声韵字今读已无塞音韵尾，读为舒声韵。例如：

[咸入合]答 to⁵⁵、[深入辑]笠 li⁵⁵、[山入末]夺 tʻo⁵⁵、[臻入没]骨 kuɐ⁵⁵

[宕入铎]落 lau⁵⁵、[江入觉]学 xau⁵⁵、[曾入德]北 pa⁵⁵、[梗入麦]麦 ma⁵⁵

[通入屋]读 tʻu⁵⁵

（3）蟹摄古-i 韵尾脱落，效摄开口一三四等字古-u 韵尾脱落，流摄大部分字今读-i 韵尾。例如：

[蟹]戴开一 tɐ²⁴、拜开二 pa²⁴、妹合一 mɐ⁵⁵、怪合二 kuɐ²⁴

[效]宝开一 pɐ⁴²、苗开三 mia⁵¹、钓开四 tia²⁴

[流]斗开一 tæi⁴²、柳开三 læi²³¹

（4）部分古开口字今读合口。例如：

[蟹开一]改 kuɐ⁴²、开 k'uɐ³³；[蟹开二]佳 kuɐ³³

[山开一]赶 kũ⁴²；[山开四]弦 xuĩ⁵¹

[臻开一]根 kuəŋ³³；[梗开二]梗 kuã⁴²

（5）果摄一等字与假摄二等部分字今读韵母合流。例如：

歌果开一 ko³³＝家假开二 ko³³　　　　货果合一 xo²⁴＝化假合二 xo²⁴

（6）遇摄三等鱼、虞两韵保留区分的痕迹，部分鱼韵字不读同韵其他字所读以及虞韵字所读的 y（u）韵母。例如：

[遇合三鱼]女 li²³¹、吕 li²³¹、蛆 ts'i³³、锯 kui²⁴、去 k'ɐ²⁴、渠他 k'ɐ⁵¹

要注意这种鱼虞区分的痕迹有趋于混淆的情况，虞韵字也有个别字读 i 韵母。例如：聚 ts'i²³¹、须 si³³

（7）蟹摄开口三四等字韵母读半高元音-e，少数读复元音-ie 韵母。例如：

[蟹开三]例 le⁵⁵、厉 le⁵⁵、祭 tse²⁴、艺 ȵie⁵⁵

[蟹开四]低 te³³、弟 t'ie²³¹、洗 se⁴²、鸡 tʃe³³

（8）蟹山摄一、二等字保留区分的痕迹。例如：

赛蟹开一 sɐ²⁴≠晒蟹开二 sa²⁴　　　　开蟹开一 k'uɐ³³≠揩蟹开二 k'a³³

赶山开一 kũ⁴²≠拣山开二 tʃĩ⁴²

（9）蟹摄部分开口一等字与合口一等字（端系）今读韵母合流。例如：

戴蟹开一 tɐ²⁴＝对蟹合一 tɐ²⁴　　　　胎蟹开一 t'ɐ³³＝推蟹合一 t'ɐ³³

再蟹开一 tsɐ²⁴＝最蟹合一 tsɐ²⁴　　　　在蟹开一 ts'ɐ²³¹＝罪蟹合一 ts'ɐ²³¹

（10）效摄字一等、二等、三四等三分，今读韵母有别。例如：

[效开一]宝 pɐ⁴²、刀 tɐ³³、早 tsɐ⁴²、高 kɐ³³

[效开二]包 pau³³、闹 lau⁵⁵、找 tsau⁴²、交 kau³³

[效开三]朝 tsa³³、表 pia⁴²、疗 lia⁵¹、小 sia⁴²、桥 tʃa⁵¹、要 ia³³

[效开四]条 t'ia⁵¹、料 lia⁵⁵、叫 tʃa²⁴、晓 ɕia⁴²

（11）山摄一、二等部分开口字与合口字今读韵母相同。例如：

[山]肝开一 kũ³³＝官合一 kũ³³　　　　安开一 ũ³³＝弯合二 ũ³³

（12）梗摄三四等字与深摄、臻摄三等字韵母有别。例如：

星梗开四 sæi³³≠新臻开三 sɛn³³＝心深开三 sɛn³³

3. 声调特点

（1）古平声字根据古声母清浊今分阴阳两类。例如：

[清平]通 t'əŋ³³｜[浊平]铜 t'əŋ⁵¹；　　[清平]张 tsɔ̃³³｜[浊平]长 tsɔ̃⁵¹；

（2）古上声字根据古声母清浊今分阴阳两类。例如：

[清上]酒 tsæi⁴²｜[次浊上]柳 læi²³¹｜[全浊上]受 sæi²³¹

（3）古去声字根据古声母清浊今分阴阳两类。例如：

[清去]炭 t'ã²⁴｜[次浊去]难 lã⁵⁵｜[全浊去]蛋 t'ã⁵⁵

（4）无入声。古入声清浊声母字皆归读阳去调（调值为55）。例如：

踏 咸开一入透 t'o⁵⁵ ＝ 大 果开一去定 t'o⁵⁵

笠 深开三入来 li⁵⁵ ＝ 泪 止合三去来 li⁵⁵　　独 通合一入定 tu⁵⁵ ＝ 度 通合一去定 tu⁵⁵

六　沱川话音系

（一）沱川话的声韵调

沱川话有 23 个声母（包括零声母）、37 个韵母（包括鼻辅音独立充当的韵母）和 6 个单字声调。

1. 声母

p	包边帮	p'	破骗伴	b	买袜米	m	忙面门	f	法肥分	v	尾味恩
t	到单店	t'	太贪断			n	南冷年	l	路女脑		
ts	做蒸酒	ts'	菜初茶					s	洗手四		
tɕ	鸡狗砖	tɕ'	车柱溪			ɲ	牛严软	ɕ	扇书戏		
k	高街弓	k'	靠空狂	g	咬呕鸭	ŋ	雁硬	x	好下汗		
ø	袄万有										

2. 韵母

ɿ	次湿质织	i	女取贝厉米累废比嘴习笔日逼僻	u	贺糯布初数亩富忽幕获木叔	y	猪树卫委出蓄
a	台挨背最衰刀盒术刻	ia	表条彪	ua	开害灰会计坏或		
ɒ	大拿耍戴奈排买寨外少贼色白隔尺缩	iɒ	也要翼益吃疫	uɒ	华怪画快扩划		
ə	哥癞雷斗突律着六	iə	狗有局	uə	骨国		
o	多坐爬瓜杵秤挂话答狭			uo	窝娃		

第二章 赣东北徽语代表方言点的音系

	法达杀**脱滑**				
	发核握				
e	借世批岁尼	ie	茄爷艺鸡**业**	ue	靴桂亏**血屈**
	翠**折叠舌铁**		协热结液		
	雪				
au	交**托缚角**	iau	猫削		
ã	顽灯冰冷争	iã	肯兴京荣萤	uã	鳏弘梗宏兄
	成顶横				
ɒ̃	忙上放江	iɒ̃	凉腔	uɒ̃	光狂矿
õ	担减犯单拣				
	万				
		ĩ	尖点连边全	uĩ	穿楦犬
			县		
				ũ	看赚半幻关
ɛn	心民准蒸	iɛn	金人勤		
əŋ	暗很门轮分	iəŋ	穷熊共	uəŋ	春根滚捆
	朋轰东中				
m̩	搢				
n̩	尔你				

3. 声调

调类	调值	例字	调类	调值	例字
阴平①	44	高中猪三边非	阳平②	211	床平穷鹅娘云
阴上③④	2	走碗口五女米	阳上④	31	马瓦近被户厚
阴去⑤	35	过盖店放正对	阳去⑥⑦⑧	51	问病帽**笔六白**

（二）沱川话的音系特点

1. 声母特点

（1）古全浊声母字今读塞音、塞擦音声母的，不论声调平仄，基本上读送气清音。例如：

[並平]平 p'ã²¹¹｜[並去]病 p'ã⁵¹   [定平]图 t'u²¹¹｜[定去]度 t'u⁵¹
[澄平]厨 tɕ'y²¹¹｜[澄上]柱 tɕ'y³¹   [从平]曹 ts'a²¹¹｜[从上]坐 ts'o³¹

（2）有浊塞音声母 b-（明母字），与鼻音声母 m-构成互补，b-拼阴声韵，m-拼阳声韵。此外，部分韵母为阴声韵（含古入声韵字）的疑母、影母字今读浊塞音声母 g-。例如：

[明]马 假开二 bo³¹、蛮 山开二 mõ²¹¹、面 山开四 mĩ⁵¹

[疑]艾 蟹开一 gɒ⁵¹、外 蟹合一 gua⁵¹、咬 效开二 gau³¹、岳 江开二 gua⁵¹、额 梗开二 gɒ⁵¹

[影]呕$_{流开一}$ gə², 鸭$_{咸开二}$ go⁵¹、轧$_{山开二}$ go⁵¹、握$_{江开二}$ go⁵¹、轭$_{梗开二}$ gɒ⁵¹

（3）微母字少数（口语音）读 b-（m-）声母或唇齿擦音 v-声母，其余多数都读零声母。例如：

[微] 袜 bo⁵¹、网 mã³¹

[微] 尾 vi³¹、味 vi⁵¹

（4）泥母字今读阴声韵（含古入声韵字）的，声母与来母字同，读 l-声母；来母字今读阳声韵（包括鼻尾韵和鼻化韵），声母与泥母字同，读 n-声母（除宕摄开口三等字读 l-声母外）。少数泥母字逢细音读 ȵ-声母。例如：

怒$_{泥}$ lu⁵¹＝路$_{来}$ lu⁵¹　　脑$_{泥}$ la³¹＝老$_{来}$ la³¹

连$_{来}$ nĩ²¹＝年$_{泥}$ nĩ²¹¹　　零$_{来}$ nã²¹＝宁$_{泥}$ nã²¹¹

[来]凉$_{宕开三}$ lĩã²¹¹、两$_{宕开三}$ lĩã³¹、亮$_{宕开三}$ lĩã³⁵

[泥]尿 ȵia⁵¹、娘 ȵĩã²¹¹、聂蹑 ȵie⁵¹

（5）塞擦音声母有舌尖音 ts-、ts'-、s-和舌面音 tɕ-、tɕ'-、ɕ-两组。古精庄组声母字读 ts-组声母。古知章组声母字读 ts-组声母，除遇止摄合口三等字声母发生腭化读 tɕ-声母外。古见组声母字逢今细音读 tɕ-组声母（逢今洪音读 k-组声母）。例如：

ts-：借$_{精}$ tse³⁵；蛆$_{清}$ ts'i⁴⁴；洗$_{心}$ se²｜桌$_{知}$ tsau⁵¹；宠$_{彻}$ ts'əŋ²；茶$_{澄}$ ts'o²¹¹｜榨$_{庄}$ tso³⁵；铲$_{初}$ ts'õ²；山$_{生}$ sõ⁴⁴｜烛$_{章}$ tsu⁵¹；冲$_{昌}$ ts'əŋ⁴⁴；叔$_{书}$ su⁵¹

tɕ-：猪$_{知}$ tɕy⁴⁴；锤$_{澄}$ tɕ'y²¹¹｜煮$_{章}$ tɕy²；吹$_{昌}$ tɕ'y⁴⁴；水$_{书}$ ɕy²；｜鸡$_{见}$ tɕie⁴⁴；去$_{溪}$ tɕ'y³⁵；桥$_{群}$ tɕ'iŋ²¹¹

（6）区分尖团音，古精组字今逢细音读 ts-组声母，古见晓组字（疑母字除外）今逢细音读 tɕ-组声母。例如：

箭$_{精三}$ tsĩ³⁵≠剑$_{见三}$ tɕĩ³⁵　　椒$_{精三}$ tsia⁴⁴≠骄$_{见三}$ tɕiŋ⁴⁴

秋$_{清三}$ ts'ə⁴⁴≠丘$_{溪三}$ tɕ'iə⁴⁴　　千$_{清四}$ tsĩ⁴⁴≠牵$_{溪四}$ tɕ'ĩ⁴⁴

修$_{心三}$ sə⁴⁴≠休$_{晓三}$ ɕiə⁴⁴

（7）流摄一等见组字读细音，声母腭化读舌面音 tɕ-组声母。例如：

狗$_{流开一}$ tɕiə²＝九$_{流开三}$ tɕiə²　　扣$_{流开一}$ tɕ'iə³⁵

（8）影母开口一二等字部分读舌根音 ŋ-（g-）声母，与今读洪音的部分疑母字声母相同。例如：

[影]哑$_{假开二}$ ŋo²、袄$_{效开一}$ ŋa²、呕$_{流开一}$ gə²、鸭$_{咸开二}$ go⁵¹

[疑]饿$_{果开一}$ ŋo⁵¹、艾$_{蟹开一}$ ŋo⁵¹、硬$_{梗开二}$ ŋã⁵¹、岳$_{江开二}$ gau⁵¹

2. 韵母特点

（1）古阳声韵字部分今读鼻化韵，部分今读舌尖鼻音-n 或舌根鼻音-ŋ 韵尾。具体来说，咸山宕江曾梗摄字今读鼻化韵，除少数曾摄章组开口三等字今读鼻音-n 韵尾外；深摄、臻摄多数三等字今读鼻音-n 韵尾。通摄、臻摄一等字及部分合口三等字今读鼻音-ŋ 韵尾。例如：

ũ：[咸]赚开二 tsʻũ⁵¹；[山]酸合一 sũ⁴⁴、关合二 kũ⁴⁴

õ：[咸]耽开一 tõ⁴⁴、减开二 kõ²、帆合三 fõ⁴⁴；[山]单开一 tõ⁴⁴、山开二 sõ⁴⁴、缠开三 tsʻõ²¹¹、铅合三 kʻõ⁴⁴

ĩ｜uĩ：[咸]尖开三 tsĩ⁴⁴、店开四 tĩ³⁵；[山]苋开二 ɕĩ⁵¹、变开三 pĩ³⁵、边开四 pĩ⁴⁴、宣合三 sĩ⁴⁴、县合四 ɕĩ⁵¹；[山]转合三 kuĩ²

ã｜iã｜uã：[曾]灯开一 tã⁴⁴、胜开三 sã³⁵；[梗]硬开二 ŋã⁵¹、兵开三 pã⁴⁴、瓶开四 pʻã²¹¹｜[曾]肯开一 tɕʻiã²、鹰开三 iã⁴⁴、[梗]京开三 tɕiã⁴⁴、经开四 tɕiã⁴⁴、荣合三 iã²¹¹｜[山]顽合二 uã²¹¹；[梗]梗开二 kuã²、横合二 uã²¹¹、兄合三 xuã⁴⁴

ãˑ｜iãˑ｜uãˑ：[宕]帮开一 pãˑ⁴⁴、张开三 tsãˑ⁴⁴、放合三 fãˑ³⁵；[江]桩开二 tsãˑ⁴⁴｜[宕]娘开三 ȵiãˑ²¹¹｜[宕]光合一 kuãˑ⁴⁴、望合三 uãˑ⁵¹；[梗]矿合二 kʻuãˑ³⁵

ɛn｜iɛn：[深]林开三 nɛn²¹¹；[臻]宾开三 pɛn⁴⁴、准合三 tsɛn²；[曾]蒸开三 tsɛn⁴⁴｜[深]金开三 tɕiɛn⁴⁴；[臻]人开三 iɛn²¹¹

əŋ｜iəŋ｜uəŋ｜ɥei｜：[咸]暗开一 ŋəŋ³⁵；[臻]吞开一 tʻəŋ⁴⁴、秦开三 tsʻəŋ²¹¹、本合一 pəŋ²、轮合三 nəŋ²¹¹；[通]东合一 təŋ⁴⁴、梦合三 məŋ⁵¹｜[通]用合三 iəŋ⁵¹｜[臻]根开一 kuəŋ⁴⁴、滚合一 kuəŋ²、文合三 uəŋ²¹¹

（2）古入声韵字今读已无塞音韵尾，读舒声韵。例如：

[咸入合]答 to⁵¹、[深入缉]笠 li⁵¹、[山入末]夺 tʻo⁵¹、[臻入没]骨 kuəu⁵¹

[宕入铎]落 lau⁵¹、[江入觉]学 xau⁵¹、[曾入德]北 pɒ⁵¹、[梗入麦]麦 bɒ⁵¹

[通入屋]读 tʻu⁵¹

（3）蟹摄古-i 韵尾脱落，效（二等字除外）、流摄古-u 韵尾脱落。例如：

[蟹]戴开一 tɒ³⁵、拜开二 pɒ³⁵、妹合一 bə⁵¹、怪合二 kuɒ³⁵

[效]刀开一 ta⁴⁴、表开三 pia²、条开四 tʻia²¹¹

[流]头开一 tʻə²¹¹、旧开三 tɕʻiə⁵¹

（4）部分古开口字读今合口。例如：

[蟹开一]该 kua⁴⁴、开 kʻua⁴⁴、海 xua²、爱 ua³⁵

[山开一]肝 kũ⁴⁴、看 kʻũ³⁵、汉 xũ³⁵、安 ũ⁴⁴

[臻开一]根 kuəŋ⁴⁴

[梗开二]梗 kuã²

（5）果摄一等字与假摄二等部分字今读韵母合流。例如：

歌果开一 ko⁴⁴＝家假开二 ko⁴⁴   婆果合一 pʻo²¹¹＝爬假开二 pʻo²¹¹

（6）果摄部分字与遇摄字（主要是一等字）今读韵母合流。例如：

贺果开一 xu⁵¹＝护遇合一 xu⁵¹   播果合一 pu³⁵＝布遇合一 pu³⁵

糯果合一 lu⁵¹＝路遇合一 lu⁵¹   磨果合一 bu²¹¹＝模遇合一 bu²¹¹

（7）遇摄三等鱼、虞两韵保留区分的痕迹，部分鱼韵字不读同韵其他字所读以及虞韵字所读的 y（u）韵母。例如：

[遇合三鱼] 女 li³¹、驴 li²¹¹、吕 li³¹、苴 tsʻi⁴⁴、杵 tsʻo²、渠ₜₐ kʻə²¹¹

要注意这种鱼虞区分的痕迹有趋于混淆的情况，虞韵字也有个别字读 i 韵母。例如：娶 tsʻi²、趣 tsʻi³⁵、聚 tsʻi⁵¹、须 si⁴⁴

（8）蟹摄开口一等字与合口一等字今读韵母部分合流。例如：

猜ₛₕₐₙₖₐᵢ→tsʻa⁴⁴＝催ₛₕₐₙₕₑ→tsʻa⁴⁴　　　　赛ₛₕₐₙₖₐᵢ→sa³⁵＝碎ₛₕₐₙₕₑ→sa³⁵

盖ₛₕₐₙₖₐᵢ→kua³⁵＝会（~计）ₛₕₐₙₕₑ→kua³⁵　　害ₛₕₐₙₖₐᵢ→xua⁵¹＝汇ₛₕₐₙₕₑ→xua⁵¹

（9）蟹咸摄一、二等字保留区分的痕迹。例如：

[蟹开一] 贝 pi³⁵、鳃 se⁴⁴、妹 bə⁵¹　　[蟹开二] 摆 po²、钗 tsʻo⁴⁴

[咸开一] 暗 ŋəŋ³⁵、盒 xa⁵¹、磕 kʻa²¹¹　[咸开二] 赚 tsʻũ⁵¹、咸 xõ²¹¹

（10）蟹摄开口三四等字多数韵母读半高元音-e，少数今读复元音-ie 韵母。例如：

[蟹开三] 例 le⁵¹、祭 tse³⁵、世 se³⁵、艺 nie⁵¹

[蟹开四] 低 te⁴⁴、弟 tʻe³¹、洗 se²、鸡 tɕie⁴⁴

（11）梗摄三四等字与深摄、臻摄三等字韵母有别。例如：

星ₘₑ̄ₙₖₐᵢₛᵢ sã⁴⁴≠新ₛₕₑ̄ₙₖₐᵢₛₐ sɛn⁴⁴＝心ₛₕₑ̄ₙₖₐᵢₛₐ sɛn⁴⁴

（12）臻摄字与通摄字今读韵母合流。例如：

吞ₛₕₑ̄ₙₖₐᵢ→tʻəŋ⁴⁴＝通ₜₒₙₕₑ→tʻəŋ⁴⁴　　垦ₛₕₑ̄ₙₖₐᵢ→kʻəŋ²＝孔ₜₒₙₕₑ→kʻəŋ²

盆ₛₕₑ̄ₙₕₑ→pʻəŋ²¹¹＝篷ₜₒₙₕₑ→pʻəŋ²¹¹　　瘟ₛₕₑ̄ₙₕₑ→uəŋ⁴⁴＝翁ₜₒₙₕₑ→uəŋ⁴⁴

3. 声调特点

（1）古平、上、去三声的字根据古声母清浊各分阴阳两类，共为六个声调。例如：

[清平] 通 tʻəŋ⁴⁴ | [浊平] 铜 tʻəŋ²¹¹　　　[清上] 统 tʻəŋ² | [浊上] 动 tʻəŋ³¹

[清去] 痛 tʻəŋ³⁵ | [浊去] 洞 tʻəŋ⁵¹

（2）无入声。古入声字归读阳去调（调值为 51）。例如：

舌ₛₕₐₙₖₐᵢₛₐ_ᵣᵤᵢ_ᴄₕᵤₐₙ tsʻe⁵¹＝谢ⱼᵢₐ_ₖₐᵢₛₐ_ᵩᵤ_ˣᵢₑ tsʻe⁵¹

盒ₛₕₐₙₖₐᵢᵢ_ᵣᵤᵢ_ₕₑ_ₘₐₜᵢ xa⁵¹＝号ˣᵢₐₒ_ₖₐᵢᵢ_ᵩᵤ_ₘₐₜᵢ xa⁵¹

（3）阴上是个较低的短调，称低紧调，伴有喉塞音色彩，实际音值为 2ʔ。例如：

[清上] 纸 tɕɿ²ʔ、草 tsʻa²ʔ、手 sə²ʔ

七　紫阳话音系

（一）紫阳话的声韵调

紫阳话有 23 个声母（包括零声母）、33 个韵母（包括鼻辅音独立充当的韵母）和 6 个单字声调。

1. 声母

p	包边帮	pʻ	破骗伴	b	买袜米	m	忙面门	f	法肥分	v	乌问活
t	到单店	tʻ	太贪断			n	南冷年	l	路女脑		
ts	做蒸酒	tsʻ	菜初茶					s	洗手四		
tɕ	鸡狗砖	tɕʻ	柱气穷			ȵ	严软让	ɕ	扇书戏		
k	高街弓	kʻ	靠空狂	g	鹅外艺	ŋ	眼晏硬	x	好下汗		
ø	五有完										

2. 韵母

ɿ	势紫四字资	i	泻女娶贝世米岁皮飞日乞卒	u	大过路初无母富不幕获读竹	y	猪雨卫桂吹域
a	他爸傻歪头 集失密直六	ia	狗牛幼吸一极肉	ua	瓜块怪括刮橘		
ɒ	暴交托着缚角	iɒ	雀削脚				
o	拿菜界外刀烧盒捺核刻力白席踢	io	表条廖彪翼逆吃疫				
ə	多坐爬瓦钗话呕答夹法辣瞎阔刷发佛郭握或						
ɵ	儿二耳						
e	哥车在楷厉背悲衰接叠舌铁绝骨律国	ie	茄夜去艺叶协热结贴	ue	会~计闺	ye	靴帅月缺出血
ã	妈帮汪放讲横	iã	张王双	uã	光矿兄		
æ̃	心很民本笋层绳橙	iæ̃	阴巾闰	uæ̃	暗根滚军倾		
õ	灯冰弘生兵听宏	iõ	肯蝇影樱京形荣萤				
ẽ	敢咸间						
		ĩ	岩点雁连边			ỹ	赚砖县

ɐm	朋东钟	iɐm	全欠县永龙
		um	贪斩犯单办酸还饭
m̩	庵安碗弯		
n̩	尔你		

3. 声调

调类	调值	例字	调类	调值	例字
阴平①	44	高中猪三边非	阳平②	211	床平穷鹅娘云
阴上③	2	走比口草手水	阳上④	31	马瓦米近被厚
阴去⑤	35	过盖店放正对	阳去⑥⑦⑧	51	病帽**笔六白直**

（二）紫阳话的音系特点

1. 声母特点

（1）古全浊声母字今读塞音、塞擦音声母的，不论声调平仄，基本上读送气清音。例如：

[並平]平 p'ɔ̃²¹¹ ｜ [並去]病 p'ɔ̃⁵¹　　　[定平]驮 t'ə²¹¹ ｜ [定去]舵 t'ə⁵¹

[澄平]厨 tɕ'y²¹¹ ｜ [澄上]柱 tɕ'y³¹　　[从平]曹 ts'o²¹¹ ｜ [从上]造 ts'o⁵¹

（2）有浊塞音声母 b-（明母字）和 g-（疑母字），分别与鼻音声母 m- 和 ŋ、ȵ-构成互补，b 和 g 拼阴声韵，m- 和 ŋ-（洪音）、ȵ-（细音）拼阳声韵。例如：

[明]马 假开二 bə³¹　　　[明]蛮 山开二 mum²¹¹　　　[明]面 山开四 mĩ⁵¹

[疑]鹅 果开一 gə²¹¹　　[疑]牛 流开三ȵ gia　　　　[疑]昂 宕开一 ŋã²¹¹

[疑]研 山开四 ȵĩ²¹¹

（3）微母字部分（口语音）读 b-（m-）声母，其余多数读唇齿擦音 v- 声母。例如：

[微]尾 bi³¹、**袜** bə⁵¹、蚊 mæ²¹¹、问 mæ⁵¹、网 mã³¹、望 mã⁵¹

[微]无 vu²¹¹、味 vi⁵¹、文 væ²¹¹、妄 vã⁵¹

（4）泥母字今读阴声韵（含古入声韵字）的，声母与来母字同，读 l- 声母；来母字今读阳声韵（包括鼻尾韵和鼻化韵）的，大部分声母与泥母字同，读 n- 声母。例如：

怒泥 lu⁵¹=路来 lu⁵¹　　　脑泥 lo³¹=老来 lo³¹

连来 nĩ²¹¹=年泥 nĩ²¹¹　　零来 nɔ̃²¹¹=宁泥 nɔ̃²¹¹　　暖泥 num³¹=懒来 num³¹

（5）塞音、塞擦音声母只有舌尖音 ts-、ts'-、s- 和舌面音 tɕ-、tɕ'-、ɕ- 两组。古精组、庄组声母字读 ts- 组声母，古知组、章组声母字逢洪音读 ts- 组声母，逢细音读 tɕ- 组声母，古见组声母字逢细音读 tɕ- 组声母（逢洪音读舌根音 k-组声母）。例如：

ts-：借精tse³⁵、洗心si²；榨庄tso³⁵、茶澄ts'ɵ²¹¹；照章tsɔ³⁵

tɕ-：猪知tɕy⁴⁴；煮章tɕy²；矩见tɕy²

（6）区分尖团音，古精组字今读细音的读 ts-组声母，古见晓组字（疑母字除外）今读细音的读 tɕ-组声母。例如：

挤精四tsi²≠几见三tɕi²　　　千清三ts'ĩ⁴⁴≠牵溪三tɕ'ĩ⁴⁴

箱心三siã⁴⁴≠香晓三ɕiã⁴⁴

（7）流摄一等见组字读细音，声母腭化读舌面音 tɕ-组声母。例如：

狗流开一tɕia²＝九流开三tɕia²　　抠流开一tɕ'ia⁴⁴＝丘流开三tɕ'ia⁴⁴

（8）影母开口一二等字部分读舌根音 ŋ-（g-）声母，与今读洪音的部分疑母字声母相同。例如：

[影]哑假开二gə²、袄效开一go²、鸭咸开二gə⁵¹、肮宕开一ŋã⁴⁴、莺梗开二ŋɔ̃⁴⁴

[疑]饿果开一ge⁵¹、外蟹合一go⁵¹、硬梗开二ŋã⁵¹、额梗开二go⁵¹

2. 韵母特点

（1）古阳声韵字韵母大部分读鼻化韵，少部分字韵母读双唇鼻音-m 韵尾，少数字韵母读鼻辅音韵母 m̩。例如：

ã｜iã｜uã：[宕]糠开一k'ã⁴⁴、想开三siã²、王合三iã²¹¹｜黄合一xuã²¹¹；[江]讲开二kã²｜腔开二tɕ'iã⁴⁴；[梗]兄合三xuã⁴⁴

æ̃｜iæ̃｜uæ̃：[深]品开三p'æ̃²、今开三tɕiæ̃⁴⁴；[臻]很开一xæ̃²、民开三mæ̃²¹¹、斤开三tɕiæ̃⁴⁴｜根开一kuæ̃⁴⁴、军合三kuæ̃⁴⁴；[梗]倾合三k'uæ̃⁴⁴

ɔ̃｜iɔ̃：[曾]灯开一tɔ̃⁴⁴、证开三tsɔ̃³⁵｜兴开三ɕiɔ̃⁴⁴；[梗]生开二sɔ̃⁴⁴、明开三mɔ̃²¹¹、听开四t'ɔ̃⁴⁴｜轻开三tɕ'iɔ̃⁴⁴、经开四tɕiɔ̃⁴⁴

ẽ：[咸]敢开一kẽ²、监开二kẽ⁴⁴；[山]眼开二ŋẽ²

ĩ：[咸]岩开二nĩ²¹¹、尖开三tsĩ⁴⁴、店开四tĩ³⁵；[山]雁开二ĩ⁵¹、连开三lĩ²¹¹、前开四ts'ĩ²¹¹、全合三ts'ĩ²¹¹

ỹ：[山]砖合三tɕỹ⁴⁴、县合四ɕỹ⁵¹

um：[咸]男开一lum²¹¹、站开二tsum³⁵、凡合三fum²¹¹；[山]看开一k'um³⁵、间开二kum⁴⁴、短合一tum²、关合二kum⁴⁴、饭合三fum⁵¹

əm｜iəm：[通]公合一kəm⁴⁴、虫合三ts'əm²¹¹｜弓合三tɕiəm⁴⁴

m̩：[咸]庵开一m̩⁴⁴；[山]安开一m̩⁴⁴、完合一m̩²¹¹、弯合二m̩⁴⁴、万合三m̩⁵¹

（2）古入声韵字今读已无塞音韵尾，读舒声韵。例如：

[咸入合]答tə⁵¹、[深入缉]急tɕia⁵¹；[山入曷]割kə⁵¹、[臻入没]骨ke⁵¹；[宕入铎]落lɒ⁵¹、[江入觉]学xɒ⁵¹、[曾入德]北po⁵¹、[梗入陌]客k'o⁵¹、[通入屋]读t'u⁵¹

（3）古 -i、-u 韵尾脱落。例如：

[蟹]戴开一te³⁵、拜开二pɒ³⁵、对合一te³⁵、怪合二kua³⁵

[效]刀开一tɔ⁴⁴、交开二kɒ⁴⁴、表开三piɔ²、条开四t'iɔ²¹¹

[流]头开一t'a²¹¹、旧开三tɕia⁵¹

（4）部分古开口字读合口。例如：

[蟹开一]爱 ue³⁵　　　　　　[咸开一]暗 v①æ̃³⁵、泔 kuæ̃⁴⁴

[臻开一]根跟 kuæ̃⁴⁴、暗 væ̃³⁵

（5）遇摄三等鱼、虞两韵保留区分的痕迹，部分鱼韵字不读同韵其他字所读以及虞韵字所读的 y（u）韵母。例如：

[遇合三鱼] 女 li³¹、驴 li²¹¹、吕 li³¹、蛆 ts'i⁴⁴、绪 ts'i⁵¹、去 tɕ'ie³⁵、渠他tɕ'ie²¹¹

要注意这种鱼虞区分的痕迹有趋于混淆的情况，虞韵字也有个别字读 i 韵母。例如：娶 ts'i²、趣 ts'i³⁵、聚 ts'i⁵¹、须 si⁴⁴。

（6）蟹摄、咸摄、山摄一、二等字保留区分的痕迹。例如：

赛蟹开一 se³⁵ ≠ 晒蟹开二 so³⁵　　　开蟹开一 k'e⁴⁴ ≠ 揩蟹开二 k'o⁴⁴

含咸开一 xum²¹¹ ≠ 咸咸开二 xẽ²¹¹　　赶山开一 kum² ≠ 拣山开二 kẽ²

（7）效摄二等字与一等字以及三、四等字今读韵母有别。例如：

[效开二]包 pɒ⁴⁴、闹 lɒ⁵¹、找 tsɒ²、交 kɒ⁴⁴

[效开一]宝 po²、刀 po⁴⁴、早 po²、高 po⁴⁴

[效开三]朝 tso⁴⁴、表 pio²、疗 lio²¹¹、小 sio²、桥 tɕ'io²¹¹、要 io³⁵

[效开四]条 t'io²¹¹、料 lio⁵¹、叫 tɕ'io³⁵、幺 io⁴⁴

（8）梗摄三四等字与深摄、臻摄三等字韵母有别。例如：

星梗开四 sɔ̃⁴⁴ ≠ 新臻开三 sæ̃⁴⁴ = 心深开三 sæ̃⁴⁴

（9）果摄一等字与假摄二等字今读韵母合流。例如：

歌果开一 kə⁴⁴ = 家假开二 kə⁴⁴　　　窝果合一 və⁴⁴ = 娃假合二 və⁴⁴

（10）蟹摄开口一等字与合口一等字（端系）今读韵母合流。例如：

戴蟹开一 te³⁵ = 对蟹合一 te³⁵　　　胎蟹开一 t'e⁴⁴ = 推蟹合一 t'e⁴⁴

（11）假摄三等字与蟹摄字（主要是一等字）今读韵母合流。例如：

[假开三]借 tse³⁵、车 ts'e⁴⁴、蛇 se²¹¹、夜 ie⁵¹

[蟹开一]栽 tse⁴⁴、猜 ts'e⁴⁴、赛 se³⁵、哀 e⁴⁴

[蟹合一]对 te³⁵、罪 ts'e³¹、碎 se³⁵、回 xe²¹¹

（12）效摄字（二等字除外）与蟹摄字一、二等字今读韵母合流。例如：

糟效开一 tso⁴⁴ = 灾蟹开一 tso⁴⁴　　　高效开一 ko⁴⁴ = 街蟹开二 ko⁴⁴

（13）山摄一、二等开口字与合口字今读韵母相同。例如：

[山]单开一 tum⁴⁴ = 端合一 tum⁴⁴　　山开二 sum⁴⁴ = 酸合一 sum⁴⁴

[山]肝开一 kum⁴⁴ = 官合一 kum⁴⁴　　安开一 m̩⁴⁴ = 弯合二 m̩⁴⁴

---

① 紫阳话中 v- 声母从音系来看属于零声母音节的合口呼韵母的韵头 u-。下同。

3. 声调特点

（1）古平、上、去三声的字根据古声母清浊各分阴阳两类，共为六个声调。例如：

[清平]通 tʻɐm⁴⁴｜[浊平]同 tʻɐm²¹¹；[清上]统 tʻɐm²｜[浊上]动 tʻɐm³¹；

[清去]痛 tʻɐm³⁵｜[浊去]洞 tʻɐm⁵¹

（2）无入声。古入声字归读阳去调（调值为51）。例如：

插_{咸开一入初} tsʻɤ⁵¹＝座_{果开一去从} tsʻɤ⁵¹

浴_{通合三入烛以} ia⁵¹＝右_{流开三去云} ia⁵¹

（3）阴上是个短调，伴有喉塞音色彩，实际音值为 2ʔ。例如：

[清上]纸 tɕi²ʔ、草 tsʻo²ʔ、手 sa²ʔ

八 许村话音系

（一）许村话的声韵调

许村话有 24 个声母（包括零声母）、32 个韵母（包括鼻辅音独立充当的韵母）和 5 个单字声调。

1. 声母

p	包边帮**壁**	pʻ	破骗盘伴	m	忙面门网	f	非肥分法	v	五味问越
t	多到单店	tʻ	太贪道团	n	南年冷乱	l	罗路女脑		
ts	做灾酒将	tsʻ	菜初坐邪			s	洗手四事		
tʃ	榨找娇金	tʃʻ	车叉茶桥			ʃ	沙蛇协衫		
tɕ	猪制鸡狗	tɕʻ	车柱溪葵	ȵ	牛严软认	ɕ	扇书戏猴		
k	高敢街弓	kʻ	靠空狂矿	ŋ	饿袄暗眼	x	好下汗咸		
ø	鱼儿为盐								

2. 韵母

ɿ	刺死字	i	虑贝米累被 地里几嘴匹	u	过土初武母 副**拨获读**	y	猪雨卫吹**蜀**
a	蛤傻娃呆泪到 ia 斗就**答立喝密六**		锹狗幼入一 曲浴	ua	华怪坏		
ɔ	熬包交某哭 **复烛**	iɔ	表条彪				
o	大爬瓜灾带 界外烧**杂夹 法割瞎阔刷 发白隔碧席**	io	饶晓**逆疫**				
ɤ	多婆台赖埋			uɤ	河果开盖回		

	杯最帅				慧
ø	儿二是屎			uø	插杀虱
e	姐栽毙底岁废桂碑诡**接叠灭切绝**	ie	茄夜艺鸡**叶热结说**	ue	靴茶规
ã	灯冰生莺明听	iã	应赢营萤	uã	光往梗横兄永倾
õ	当长网江盲	iõ	娘酱墙		
		ĩ	舰占点苋连片全远县	ũ	贪减犯单眼团关铅饭
ɐŋ	弘棚轰东从	iɐŋ	用穷浓		
ɐn	暗品很民本春层彭	iɐn	音印人	uɐn	根滚军
m̩	庵安晏丸弯				
ņ	尔_你				

3. 声调

调类	调值	例字	调类	调值	例字
阴平①	33	高中猪三边非	阳平②④	51	床平鹅云罪近
上声③④	31	走碗口五女米			
阴去⑤	24	过盖店放正对	阳去⑥⑦⑧④	55	病乱**笔六白**倍

（二）许村话的音系特点

1. 声母特点

（1）古全浊声母字今读塞音、塞擦音声母的，不论声调平仄，基本上读送气清音。例如：

[並平]爬 pʻo⁵¹｜[並去]耙 pʻo⁵⁵　　　[定平]驮 tʻɣ⁵¹｜[定去]舵 tʻɣ⁵⁵
[澄平]厨 tɕʻy⁵¹｜[澄上]柱 tɕʻy⁵⁵　　[从平]曹 tsʻa⁵¹｜[从上]造 tsʻa⁵⁵

（2）微母字大多数读唇齿擦音 v-声母，少数（口语音）读双唇鼻音 m-声母。例如：

[微]袜 mo⁵⁵、网 mõ³¹、望 mõ⁵⁵
[微]无 vu⁵¹、味 vi⁵⁵、文 vɐn⁵¹、妄 võ⁵⁵

（3）泥母字今读阴声韵（含古入声韵字）的，声母与来母字同，读 l-声母；来母字今读阳声韵（包括鼻尾韵和鼻化韵）的，大部分声母与泥母字同，读 n-声母。例如：

怒_泥lu⁵⁵＝路_来lu⁵⁵　　脑_泥la³¹＝老_来la³¹
连_来nĩ⁵¹＝年_泥nĩ⁵¹　　零_来nã⁵¹＝宁_泥nã⁵¹　　农_泥nɐŋ⁵¹＝龙_来nɐŋ⁵¹

（4）塞音、塞擦音声母有舌尖音 ts-、ts'-、s-，舌面音 tɕ-、tɕ'-、ɕ-和舌叶音 tʃ-、tʃ'-、ʃ-三组。古精组声母字大部分读 ts-组声母，少数读 tɕ-组声母，如遇摄合口三等字；庄组声母字大部分读 tʃ-组声母，少数读 ts-组声母；古知组、章组声母字逢洪音大部分读 tʃ-组声母，少数读 ts-组声母，逢细音读 tɕ-组声母。古见组声母三、四等字（一、二等字读舌根音 k-组声母）逢洪音大部分读 tʃ-组声母（少数读 k-组声母），逢细音读 tɕ-组声母。例如：

ts-：借精tse²⁴、妻清ts'e³³、洗心se³¹

tʃ-：站知tʃũ²⁴、榨庄tʃo²⁴；照章tʃo²⁴

tɕ-：猪知tɕy³³、煮章tɕy³¹、矩见tɕy³¹

（5）区分尖团音，古精组字今读细音的读 ts-组声母，古见晓组字（疑母字除外）今读细音的读 tɕ-组声母。例如：

挤精四tsi³¹ ≠ 几见tɕi³¹   千清三ts'ĩ³³ ≠ 牵溪三tɕ'ĩ³³

箱心三siɔ̃³³ ≠ 香晓三ɕiɔ̃³³

（6）流摄一等见组字读细音，声母腭化读舌面音 tɕ-组声母。例如：

狗流开一tɕia³¹ ＝ 九流开三tɕia³¹   抠流开一tɕ'ia³³ ＝ 丘流开三tɕ'ia³³

（7）影母开口一二等字部分读舌根鼻音 ŋ-声母，与今读洪音的部分疑母字声母相同。例如：

[影]哑假开二ŋo³¹、奥效开一ŋa²⁴、暗咸开一ŋɛn²⁴、鸭咸开二ŋo⁵⁵、莺梗开二ŋã³³

[疑]饿果开一ŋv⁵⁵、外蟹合一ŋo⁵⁵、硬梗开二ŋã⁵⁵、额梗开二ŋo⁵⁵

2. 韵母特点

（1）古阳声韵字韵母大部分读鼻化韵，部分字韵母今读双唇鼻音-m 韵尾和舌尖鼻音-n 韵尾，个别字韵母读鼻辅音韵母 m̩。例如：

ã | iã | uã：[曾]灯开一tã³³、冰开三pã³³、应开三iã³³；[梗]羹开二kã³³、兵开三pã³³、听开四t'ã³³ | 赢开三iã⁵¹、营合三iã⁵¹、横合二vã⁵¹、兄合三xuã³³；[宕]光合一kuã³³、狂合三k'uã⁵¹

ɔ̃ | iɔ̃：[宕]帮开一pɔ̃³³、疮开三tʃ'ɔ̃³³、放合三fɔ̃²⁴ | 想开三siɔ̃³¹；[江]讲开二kɔ̃³¹

ĩ：[咸]尖开三tsĩ³³、店开四tĩ²⁴；[山]连开三nĩ⁵¹、前开三ts'ĩ⁵¹、全合三ts'ĩ⁵¹、县合四ɕĩ⁵⁵

ũ：[咸]男开一nũ⁵¹、站开二tʃũ²⁴、凡合三fũ⁵¹；[山]看开一k'ũ²⁴、间开二kũ³³、短合一tũ³¹、关合二kũ³³、饭合三fũ⁵⁵

ɛm | iɛm：[通]公合一kɛm³³、虫合三tʃ'ɛm⁵¹ | 用合三iɛm⁵⁵

ɛn | iɛn | uɛn：[深]品开三p'ɛn³¹ | 音开三iɛn³³；[臻]吞开一t'ɛn³³、民开三mɛn⁵¹、孙合一sɛn³³、遵合三tʃɛn³³ | 印开三iɛn²⁴ | 跟开一kuɛn³³、昏合一xuɛn³³、军合三kuɛn³³

m̩：[咸]庵开一m̩³³；[山]安开一m̩³³、完合一m̩⁵¹、弯合二m̩³³、万合三m̩⁵⁵

（2）古入声韵字今读已无塞音韵尾，读为舒声韵。例如：

[咸入合]答 to⁵⁵、[深入缉]习 ts'a⁵⁵；[山入曷]割 ko⁵⁵、[臻入没]物 vv⁵⁵；[宕入铎]落 lo⁵⁵、[江入觉]剥 pɔ⁵⁵、[曾入德]北 po⁵⁵、[梗入陌]客 k'o⁵⁵、[通入屋]读 t'u⁵⁵

（3）古 -i、-u 韵尾脱落。例如：

[蟹]戴开一tɣ²⁴、拜开二pɔ²⁴、对合一tɣ²⁴、怪合二kuɑ²⁴

[效]刀开一tɑ³³、交开二kɔ³³、表开三piɔ³¹、条开四t'iɔ⁵¹

[流]头开一t'ɑ⁵¹、旧开三tɕ'iɑ⁵⁵

（4）部分古开口字读合口。例如：

[假开二]茶 tʃ'ue⁵¹　　　[蟹开一]该 kuɣ³³、开 k'uɣ³³、海 xuɣ³¹、爱 uɣ²⁴

[臻开一]根跟 kuɛn³³、恳 k'uɛn³¹、恩 vən³³　　　[梗开二]梗 kuã³¹

（5）遇摄三等鱼、虞两韵保留区分的痕迹，部分鱼韵字不读同韵其他字所读以及虞韵字所读的 y（u）韵母。例如：

[遇合三鱼]驴 li⁵¹、吕 li³¹、蛆 ts'i³³、去 tʃ'e²⁴、渠他 tʃ'e⁵¹

要注意这种鱼虞区分的痕迹有趋于混淆的情况，虞韵字也有个别字读 i 韵母。例如：娶 ts'i³¹、趣 ts'i²⁴

（6）蟹摄开口三四等字韵母读半低元音 -ɛ。例如：

[蟹开三]蔽 pɛ²⁴、厉 lɛ⁵⁵、祭 tsɛ²⁴、艺 ȵiɛ⁵⁵

[蟹开四]米 mɛ³¹、弟 t'ɛ⁵¹、洗 sɛ³¹、鸡 tʃɛ³³

（7）蟹摄、效摄一、二等字保留区分的痕迹。例如：

碍蟹开一ŋɣ⁵⁵≠艾蟹开二ŋo⁵⁵　　　开蟹开一k'uɣ³³≠揩蟹开二k'o³³

宝效开一pɑ³¹≠饱效开二pɔ³¹　　　高效开一kɑ³³≠交晓开二kɔ³³

（8）效摄三、四等字中知、庄、章、见组声母字与帮、端、精组声母字今读韵母有别。例如：

[效开三]表帮piɔ³¹、疗来liɔ⁵¹、椒精tsiɔ³³ ｜ 超彻tʃ'o³³、烧书ʃo³³、娇见tʃo³³、摇以io⁵¹

[效开四]条定t'iɔ⁵¹、料来liɔ⁵⁵、箫心siɔ³³ ｜ 叫见tʃo²⁴、幺影io³³

（9）宕摄合口字（见组字）与开口字今读韵母有别，读与梗摄合口字韵母同。例如：

[宕]光合kuã³³、框合三k'uã³³ ｜ 刚开kɔ̃³³、糠开k'ɔ̃³³

框宕合三k'uã³³＝倾梗合三k'uã³³

（10）梗摄三四等字与深摄、臻摄三等字韵母有别。例如：

星梗开四sã³³≠新臻开三sɛn³³＝心深开三sɛn³³

（11）果摄一等字与蟹摄一等字今读韵母合流。例如：

搓果开一ts'ɣ³³＝猜蟹开一ts'ɣ³³　　　磨果合一mɣ⁵¹＝梅蟹合一mɣ⁵¹

河果开一xuɣ⁵¹＝回蟹合一xuɣ⁵¹　　　科果合一k'uɣ³³＝开蟹开一k'uɣ³³

（12）蟹摄开口一等字与合口一等字（端系）今读韵母合流。例如：

戴蟹开一tɣ²⁴＝对蟹合一tɣ²⁴　　　胎蟹开一t'ɣ³³＝推蟹合一t'ɣ³³

（13）效摄一等字与流摄字今读韵母合流。例如：

桃效开一t'ɑ⁵¹＝头流开一t'ɑ⁵¹　　　糟效开一tsɑ³³＝邹流开三tsɑ³³

（14）山摄一、二等开口字与合口字今读韵母相同。例如：

[山]单开一tũ³³＝端合一tũ³³　　　山开二sũ³³＝酸合一sũ³³

[山]肝开一kũ³³＝官合一kũ³³　　　安开一m̩³³＝弯合二m̩³³

3. 声调特点

（1）古平、去两声的字根据古声母清浊各分阴阳两类。例如：

[清平]通 tʻɛm³³ | [浊平]同 tʻɛm⁵³；　[清去]痛 tʻɛm²⁴ | [浊去]洞 tʻɛm⁵⁵

（2）上声只有一类，读上声（调值为 31）的包括古上声清声母字和次浊声母字。古上声全浊声母字大部分归读阳平调（调值为 51），少数（文读音）归读阳去调（调值为 55）。例如：

[遇合一上]虎晓 xu³¹　　卤来 lu³¹

[遇合一]户上匣 xu⁵³＝胡平匣 xu⁵³

[遇合一]动上定 tʻɛm⁵³＝同平定 tʻɛm⁵³

[蟹合一]倍上并 pʻɣ⁵⁵＝背（～诵）去并 pʻɣ⁵⁵

[上]厦匣 xo⁵⁵、辅奉 pʻu⁵⁵、渐从 tsʻɛn⁵⁵、笨并 pʻɛn⁵⁵

（3）无入声。古入声字归读阳去调（调值为 55）。例如：

拍梗开二入滂 pʻo⁵⁵＝败蟹开二去并 pʻo⁵⁵　　抹山合一入明 mo⁵⁵＝骂假开二去明 mo⁵⁵

读通合一入定 tʻu⁵⁵＝度遇合一去定 tʻu⁵⁵

九　中云话音系

（一）中云话的声韵调

中云话有 23 个声母（包括零声母）、33 个韵母（包括鼻辅音独立充当的韵母）和 6 个单字声调。

1. 声母

p	包边帮	pʻ	破朋伴	b	买袜米	m	忙面门	f	法肥分	v	乌王物
t	到单店	tʻ	太团洞			n	南冷年	l	路女脑		
ts	做蒸酒	tsʻ	菜茶族					s	洗手四		
tɕ	鸡狗砖	tɕʻ	车溪共			ȵ	牛严软	ɕ	扇书戏		
k	高街弓	kʻ	靠空狂	g	鹅五鸭	ŋ	暗眼硬	x	好汗巷		
∅	有二赢										

2. 韵母

ɿ	次四指	i	女贝厉米皮　泪粒匹卒劈	u	破布初亩富　忽出获独叔	y	猪卫吹橘域轴
a	他把揩刀头　流拉十密直六	ia	狗九幼及日　翼剧肉	ua	块怪画		
ɔ	教少托着郭	iɔ	巧表条彪药				

	桌读竹		玉				
o	大婆怕瓜戴	io	黑逆吃疫				
	排答甲法割瞎						
	阔刷发贼						
	力或白碧敌						
ɤ	歌台斋杯帅			uɤ	河果海挨回		
	突佛特侧				惠骨国		
ɵ	儿二耳						
e	写世底岁嘴	ie	夜鸡叶协热	ue	桂	ye	恤屈
	猎叠舌节雪		结缺液				
	律						
ã	蚕糠上放江	iã	想腔应莺京	uã	光狂矿		
	灯冰生明听		经				
		ĩ	舰染点连年	uĩ	圆院缘远	yĩ	楦
			全县				
ɐm	崩弘彭宏东	iɐm	兄萤农穷				
	中						
				um	贪咸单眼团		
					关反		
ɛn	暗心很民门	iɛn	金人闰	uɛn	根昏菌		
	分层绳更倾						
m̩	安换弯万						
n̩	尔你						
ŋ̍	唔那						

3. 声调

调类	调值	例字	调类	调值	例字
阴平①	44	高猪偏通三非	阳平②	11	床平穷鹅娘云
阴上③	2	走扁口浅粉碗	阳上④	31	马瓦冷近户厚
阴去⑤	35	过盖店放正对	阳去⑥④⑦⑧	51	病帽聚笔六白

（二）中云话的音系特点

1. 声母特点

（1）古全浊声母字今读塞音、塞擦音声母的，不论声调平仄，基本上读送气清音。例如：

[並平]平 p'ã¹¹ ｜ [並去]病 p'ã⁵¹   [定平]驮 t'o¹¹ ｜ [定去]舵 t'o⁵¹

[澄平]厨 tɕ'y¹¹ ｜ [澄上]柱 tɕ'y³¹   [从平]曹 ts'a¹¹ ｜ [从上]造 ts'a⁵¹

（2）有浊塞音声母 b-（明母字）和 g-（疑母字），分别与鼻音声母 m- 和 ŋ-、ȵ-基本构成互补，b-和 g-（洪音）、ȵ-（细音）拼阴声韵，m-和 ŋ-（洪音）、ȵ-（细音）拼阳声韵。例如：

[明]马假开二 bo³¹　　　[明]门山开二 mum¹¹　　　[明]面山开四 mĩ⁵¹

[疑]鹅果开一 gɤ¹¹　　　[疑]牛流开三 ȵiɵ¹¹　　　[疑]硬梗开二 ŋã⁵¹　　　[疑]研山开四 nĩ¹¹

（3）微母字个别（口语音）读 b-（m-）声母，其余多数读唇齿擦音 v- 或零声母。例如：

[微]望 uã⁵¹、文 uɛn¹¹、无 vu¹¹、味 vi⁵¹、物 vɤ⁵¹

[微]袜 bo⁵¹、网 mã³¹、万 m̩⁵¹

（4）泥母字今读阴声韵（含古入声韵字）的，声母与来母字同，读 l-声母；来母字今读阳声韵（包括鼻尾韵和鼻化韵）的，声母多与泥母字同，读 n-声母。此外，泥母字逢细音部分今读ȵ-声母。例如：

怒泥 lu⁵¹＝路来 lu⁵¹　　　脑泥 la³¹＝老来 la³¹

连来 nĩ¹¹＝年泥 nĩ¹¹　　　零来 nã¹¹＝宁泥 nã¹¹　　　南泥 num¹¹＝篮来 num¹¹

[泥]尿ȵio⁵¹、娘ȵiã¹¹、聂蹑ȵie⁵¹

（5）塞擦音声母有舌尖音 ts-、ts'-、s-和舌面音 tɕ-、tɕ'-、ɕ-两组。古庄组声母字读 ts-组声母。古精知章组声母字读 ts-组声母，除遇止摄合口三等字声母发生腭化读 tɕ-母外。古见组声母字逢今细音读 tɕ-组声母（逢今洪音读 k-组声母）。例如：

ts-：借精 tse³⁵；粗清 ts'u⁴⁴；洗心 se²｜桌知 tsɔ⁵¹；宠彻 ts'ɐm²；茶澄 ts'o¹¹｜榨庄 tso³⁵；铲初 ts'um²；山生 sum⁴⁴｜烛章 tsɔ⁵¹；冲昌 ts'ɐm⁴⁴；叔书 sɔ⁵¹

tɕ-：蛆清 tɕ'y⁴⁴；笑心 ɕio³⁵｜猪知 tɕy⁴⁴；锤澄 tɕ'y¹¹；煮章 tɕy²；吹昌 tɕ'y⁴⁴；水书 ɕy²；｜鸡见 tɕie⁴⁴；去溪 tɕ'y³⁵；桥群 tɕ'io¹¹

（6）区分尖团音，古精组字今读细音的读 ts-组声母，古见晓组字（疑母字除外）今读细音的读 tɕ-组声母。例如：

箭精三 tsĩ³⁵≠剑见三 tɕĩ³⁵　　　秋清三 ts'a⁴⁴≠丘溪三 tɕ'ia⁴⁴

千清四 ts'ĩ⁴⁴≠牵溪四 tɕ'ĩ⁴⁴　　　箱心三 siã⁴⁴≠香晓三 ɕiã⁴⁴

（7）流摄一等见系字读细音，声母腭化读舌面音 tɕ-组声母。例如：

狗流开一 tɕia²＝九流开三 tɕia²　　　够流开一 tɕia³⁵＝救流开三 tɕia³⁵

（8）影母开口一二等字部分读舌根音 ŋ-（g-）声母，与今读洪音的部分疑母字声母相同。例如：

[影]哑假开二 go²、袄效开一 ga²、鸭咸开二 go⁵¹、庵咸开一 ŋum⁴⁴

[疑]饿果开一 gɤ⁵¹、熬效开一 ga¹¹、硬梗开二 ŋã⁵¹、额梗开二 go⁵¹

2. 韵母特点

（1）古阳声韵字韵母大部分读鼻化韵，部分字韵母今读双唇鼻音-m 韵尾和舌尖鼻音-n 韵尾，个别字韵母读鼻辅音韵母 m̩。例如：

ã｜iã｜uã：[咸]潭开一t'ã¹¹、[宕]帮开一pã⁴⁴、张开三tsã⁴⁴、方合三fã⁴⁴；[江]绑开二pã²、[曾]灯开一tã⁴⁴、冰开三pã⁴⁴；[梗]冷开二nã³¹、兵开三pã⁴⁴、听开四t'ã⁴⁴｜[宕]娘开三niã¹¹、[曾]应开三iã³⁵；[梗]镜开三tɕiã³⁵、经开四tɕiã⁴⁴｜[宕]光合一kuã⁴⁴、狂合三k'uã¹¹；[梗]横合二xuã¹¹

ĩ｜uĩ｜yĩ：[咸]尖开三tsĩ⁴⁴、店开四tĩ³⁵；[山]连开三nĩ¹¹、前开四ts'ĩ¹¹、全合三ts'ĩ¹¹、县合四ɕĩ⁵¹｜[山]丸合一uĩ¹¹、圆合三uĩ¹¹｜[山]楦合三ɕyĩ³⁵

um：[咸]贪开一t'um⁴⁴、减开二kum²、帆合三fum⁴⁴；[山]单开一tum⁴⁴、山开二sum⁴⁴、半合一pum³⁵、反合三fum²

ɐm｜iɐm：[通]公合一kɐm⁴⁴、虫合三ts'ɐm¹¹｜[梗]兄合三ɕiɐm⁴⁴；[通]农合一liɐm¹¹、用合三iɐm⁵¹

ɛn｜iɛn｜uɛn：[深]品开三p'ɛn²、音开三iɛn⁴⁴；[臻]吞开一t'ɛn⁴⁴、民开三mɛn¹¹、孙合一sɛn⁴⁴、遵合三tsɛn⁴⁴；[曾]层开三ts'ɛn¹¹、[梗]撑开二ts'ɛn⁴⁴、精开三tsɛn⁴⁴｜[臻]人开三niɛn¹¹、闰合三iɛn⁵¹｜[臻]根开一kuɛn⁴⁴、昏合一xuɛn⁴⁴、军合三kuɛn⁴⁴

m̩：[山]安开一m̩⁴⁴、完合一m̩¹¹、弯合一m̩⁴⁴、万合三m̩⁵¹

（2）古入声韵字今读已无塞音韵尾，读舒声韵。例如：

[咸入合]答 tɔ⁵¹、[深入缉]笠 li⁵¹、[山入末]夺 t'ɔ⁵¹、[臻入没]骨 kuɤ⁵¹、[宕入铎]落 lɔ⁵¹、[江入觉]学 xɔ⁵¹、[曾入德]北 po⁵¹、[梗入麦]麦 bo⁵¹、[通入屋]读 t'ɔ⁵¹

（3）古 -i、-u 韵尾脱落。例如：

[蟹]戴开一tɔ³⁵、拜开二po³⁵、对合一tɤ³⁵、怪合二kua³⁵

[效]刀开一ta⁴⁴、交开二kɔ⁴⁴、表开三piɔ²、条开四t'ɔ¹¹

[流]头开一t'a¹¹、旧开三tɕ'ia⁵¹

（4）部分古开口字读合口。例如：

[果开一]河 xuɤ¹¹

[蟹开一]该 kuɤ⁴⁴、海 xuɤ²、盖 kuɤ³⁵

[咸开一]南 num¹¹、含 xum¹¹、三 sum⁴⁴

[咸开二]赚 ts'um⁵¹、减 kum²、咸 xum¹¹

[山开一]单 tum⁴⁴、兰 num¹¹、肝 kum⁴⁴

[山开二]山 sum⁴⁴、间 kum⁴⁴、眼 ŋum³¹

[臻开一]根 kuɛn⁴⁴、恳 k'uɛn²、恩 uɛn⁴⁴

（5）果摄一等字与蟹摄一等字今读韵母合流。例如：

拖果开一t'ɤ⁴⁴＝胎蟹开一t'ɤ⁴⁴　　　磨果合一bɤ¹¹＝梅蟹合一bɤ¹¹

河果开一xuɤ¹¹＝回蟹合一xuɤ¹¹　　果果合一kuɤ²＝改蟹开一kuɤ²

（6）遇摄三等鱼、虞两韵保留区分的痕迹，部分鱼韵字不读同韵其他字所读以及虞韵字所读的 y（u）韵母。例如：

[遇合三鱼]女 li³¹、驴 li¹¹、吕 li³¹、渠他 tɕ'ie¹¹

（7）蟹摄开口一等字与合口一等字今读韵母部分合流。例如：

胎蟹开一t'ɤ⁴⁴＝推蟹合一t'ɤ⁴⁴　　　害蟹开一xuɤ⁵¹＝汇蟹合一xuɤ⁵¹

（8）蟹摄三四等字韵母基本读半高元音（ie、ue）e。例如：

[蟹开三]例 le⁵¹、制 tse³⁵、势 se³⁵

[蟹开四]低 te⁴⁴、梯 t'e⁴⁴、洗 se²、鸡 tɕie⁴⁴

[蟹合三]脆 ts'e³⁵、税 se³⁵、肺 fe³⁵

[蟹合四]桂 kue³⁵

（9）蟹摄、效摄一、二等字保留区分的痕迹。例如：

开蟹开一k'ɤ⁴⁴≠揩蟹开二k'a⁴⁴　　　赛蟹开一sɤ³⁵≠晒蟹开二so³⁵

宝效开一pa²≠饱效开二pɔ²　　　高效开一ka⁴⁴≠交效开二kɔ⁴⁴

（10）效摄一等字与流摄字今读韵母合流。例如：

桃效开一t'a¹¹＝头流开一t'a¹¹　　　草效开一ts'a²＝丑流开三ts'a²

（11）效摄三、四等字中知、庄、章、见组声母字与帮、端、精组声母字今读韵母有别。例如：

[效开三]表帮piɔ²、疗来liɔ¹¹、椒精tɕiɔ⁴⁴｜超彻ts'o⁴⁴、烧书so⁴⁴、骄见tɕio⁴⁴、摇以io¹¹

[效开四]条定t'iɔ¹¹、料来niɔ⁵¹、萧心ɕiɔ⁴⁴｜叫见tɕio³⁵、晓晓ɕio²

（12）山摄一、二等开口字与合口字今读韵母相同。例如：

[山]单开一tum⁴⁴＝端合一tum⁴⁴　　　山开二sum⁴⁴＝酸合一sum⁴⁴

[山]肝开一kum⁴⁴＝官合一kum⁴⁴　　　安开一m̩⁴⁴＝弯合二m̩⁴⁴

（13）梗摄三四等字与深摄、臻摄三等字韵母有别。例如：

星梗开四sã⁴⁴≠新臻开三sɛn⁴⁴＝心深开三sɛn⁴⁴

3. 声调特点

（1）古平、上、去三声的字根据古声母清浊各分阴阳两类，共为六个声调。例如：

[清平]通 t'ɐm⁴⁴｜[浊平]铜 t'ɐm¹¹；[清上]统 t'ɐm²｜[浊上]动 t'ɐm³¹；

[清去]痛 t'ɐm³⁵｜[浊去]洞 t'ɐm⁵¹

（2）无入声。古入声字归读阳去调（调值为 51）。例如：

木通合一入屋明bɔ⁵¹＝帽效开一去明bɔ⁵¹

六通合三入屋来la⁵¹＝漏流开一去来la⁵¹

（3）阴上是个较低的短调，称低紧调，伴有喉塞音色彩，实际音值为 2ʔ。例如：

[清上]纸 tɕi²ʔ、草 ts'a²ʔ、手 sa²ʔ

十 新建话音系

（一）新建话的声韵调

新建话有 27 个声母（包括零声母）、35 个韵母（包括鼻辅音独立充当的韵母）和 6 个单字声调。

1. 声母

p	播把搬百	pʻ	破部攀拍	m 妹门盲木	f 飞粉访发	v	禾隐王屋
t	低单当跌	tʻ	兔大断秃	n 奈牢能浪	l 罗漏辣落		
ts	宰灶棕脊	tsʻ	菜曹蚕族		s 琐碎事写		
tʂ	斋张章姜	tʂʻ	昌状冲强			ʐ	儿二耳
tʃ	渣壮娇追	tʃʻ	茶查吹桥		ʃ 沙双香熊		
tɕ	主周战鸡	tɕʻ	扯斜穿尺	ȵ 嫩严让玉	ɕ 后贤裳弦		
k	家关根刮	kʻ	夸困狂刻	ŋ 碍岸硬咬	x 河霞喊吓		
ø	爱优拥揖						

2. 韵母：

		i	蛆句贝米契卫皮跪乞	u	过土夫亩浮获肃	y	女住雨
ɯ	多破怕做宝头流脚六	iɯ	狗周药肉				
a	个姐戴阶梅外歪少叫酒拉不	ia	要尿饶	ua	瓜开堆块惠帅		
æ	毙底脆尼费接跌别铁匹特白席敌疫						
ɔ	熬炮闹	iɔ	屑雀削				
ɛ	习笔七突出北直踢	iɛ	茄斜渠他世鸡税桂亏表条廖叶叠揖热绝血日窟霍	uɛ	吹骨国		
ə	到讨脑						
o	磕落着学读叔	io	惹弱约				

ɤ	制知儿鸽虱			uɤ	把瓦稗答鸭
					法辣瞎活括
ã	尖点帆变天全院乘生争病听	iã	英赢迎		
ʌ̃	贪减犯单眼反			uʌ̃	梗兄
ɔ̃	潭赚堂张光放江矿	iɔ̃	桑想让		
		iɛ̃	盐嫌苋战砖劝县		
ɒ̃	碗			uɒ̃	肝半关
õ	潭赚				
ẽ	暗嵌林很民门春等升	iẽ	任引银	uẽ	根滚倾
əŋ	朋宏东充	iəŋ	荣用茸		
ṇ	尔你				

3. 声调

调类	调值	例字	调类	调值	例字
阴平①	54	高中猪三边非	阳平②	24	床平穷鹅娘云
上声③④	31	走碗口五女米			
阴去⑤	213	过盖店放正对	阳去⑥④⑦⑧	51	病帽近笔鸭捺
入声⑧	33	白杂局落猎叶			

（二）新建话的音系特点

1. 声母特点

（1）古全浊声母字今读塞音、塞擦音声母的，不论声调平仄，基本上读送气清音。例如：

[並平]平 p'ã^{24} | [並去]病 p'ã^{51}　　[定平]驮 t'ɯ^{24} | [定去]地 t'i^{51}

[澄平]厨 tɕ'y^{24} | [澄上]柱 tɕ'y^{51}　　[从平]曹 ts'ə^{24} | [从上]坐 ts'ɯ^{51}

（2）微母个别字（口语音）读双唇鼻音 m-声母，其余皆读唇齿擦音 v-声母。例如：

[微]尾 vi^{31}、万 vʌ̃^{51}、蚊 vẽ^{24}、网 vɔ̃^{31}

[微]袜 muɤ^{51}

（3）泥母泥母字今读阴声韵（含古入声韵字）的，基本上声母与来母字同，读 l-声母；来母字今读阳声韵（含鼻化韵及鼻尾韵）基本上为洪音，声母与泥母字同，读 n-声母。泥母字逢细音读 ȵ-声母。例如：

怒泥 lu⁵¹＝路来 lu⁵¹　　　糯泥 lɯ⁵¹＝漏来 lɯ⁵¹
莲来 nã²⁴＝年泥 nã²⁴　　　笼来 nəŋ²⁴＝农泥 nəŋ²⁴
[泥]女 ȵy³¹、尿 ȵia⁵¹、粘 ȵiẽ²⁴、聂 ȵiɛ⁵¹　　[来]

（4）塞擦音声母有舌尖音 ts-、ts'-、s-及 tʂ-、tʂ'-、ʂ-，舌面音 tɕ-、tɕ'-、ɕ-和舌叶音 tʃ-、tʃ'-、ʃ-四组。古精组声母字大部分读 ts-组声母，除效宕摄开口三等、遇通摄合口三等字读 tɕ-组声母外。古知章组声母字逢今细音读 tɕ-组声母，逢今洪音读 tʃ-、tʂ-或 ts-组声母，其中蟹效山摄二等字与宕摄开口三等字、通摄合口三等字读 tʂ-声母（只有 tʂ、tʂ'两个塞擦音声母，无擦音声母 ʂ），蟹止流摄开口三等字及山摄合口三等字读 ts-组声母，其余读 tʃ-组声母。古庄组声母字逢今细音读 tɕ-组声母，逢今洪音读 tʃ-或 tʂ-组声母，其中部分二三等字读 tʃ-组声母。古见组声母字逢今细音基本上读 tɕ-组声母（除果遇止山摄合口三等少数字读 k-组声母外），逢今洪音大部分读 k-组声母，部分读 tʃ-组声母（多为开口三、四等字）。例如：

ts-：借精 tsa²¹³；错清 ts'ɯ²¹³；锁心 sɯ³¹｜知知 tsɤ⁵⁴；痴彻 ts'ɤ⁵⁴；池澄 ts'ɤ²⁴；纸章 tsɤ³¹；齿昌 ts'ɤ³¹；诗书 sɤ⁵⁴
tʂ-：张知 tʂɔ̃⁵⁴；撑彻 tʂ'ã⁵⁴；虫澄 tʂ'əŋ²⁴｜债庄 tʂa²¹³；炒初 tʂ'ɔ³¹；章章 tʂɔ̃⁵⁴；冲昌 tʂ'əŋ⁵⁴
tʃ-：镇知 tʃẽ⁵¹；超彻 tʃ'a⁵⁴；赵澄 tʃ'a⁵¹；抓庄 tʃɤ⁵⁴；插初 tʃ'uɤ⁵¹；筛生 ʃa⁵⁴｜招章 tʃa⁵⁴；吹昌 tʃ'uɛ⁵⁴；少书 ʃa³¹｜金见 tʃẽ⁵⁴；轻溪 tʃ'ã⁵⁴；近群 tʃ'ẽ⁵¹
tɕ-：酱精 tɕiɔ̃⁵¹；蛆清 tɕ'i⁵⁴；小心 ɕiɛ³¹｜猪知 tɕy⁵⁴；抽彻 tɕ'iɯ⁵⁴；厨澄 tɕ'y²⁴；初初 tɕ'y⁵⁴；梳生 ɕy⁵⁴｜煮章 tɕy³¹；车昌 tɕ'iɛ⁵⁴；书 ɕy⁵⁴；鸡见 tɕiɛ⁵⁴；气溪 tɕ'i²¹³；旧群 tɕ'iɯ⁵¹

（5）区分尖团音，古精组字今逢细音读 ts-组声母，古见晓组字（疑母字除外）今逢细音大部分读 tɕ-组声母，少数读 tʃ-组声母。例如：

箭精三 tsã²¹³≠剑见三 tɕiẽ²¹³　　椒精三 tsiɛ⁵⁴≠骄见三 tʃa⁵⁴
秋清三 ts'ɯ⁵⁴≠丘溪三 tɕ'iɯ⁵⁴　　千清四 ts'ã⁵⁴≠牵溪四 tɕ'iẽ⁵⁴
箱心三 ɕiɔ⁵⁴≠香晓三 ʃɔ̃⁵⁴

（6）流摄一等见组字今逢细音韵母，其声母腭化为舌面音 tɕ-组。例如：

狗流开一 tɕiɯ³¹　　口流开一 tɕ'iɯ³¹　　后流开一 ɕiɯ⁵¹

（7）影母开口一二等部分字读舌根鼻音 ŋ-声母，与今读洪音的部分疑母字声母相同。例如：

[影]哑假开二 ŋuɤ³¹、矮蟹开二 ŋa³¹、鸭咸开二 ŋuɤ⁵¹、恶宕开一 ŋo⁵¹
[疑]饿果开一 ŋɯ⁵¹、外蟹合一 ŋa⁵¹、岩咸开二 ŋã²⁴、额梗开二 ŋæ⁵¹

2. 韵母特点

（1）古阳声韵字部分今读鼻化韵，部分今读舌根鼻音-ŋ 韵尾。具体来说，咸深山臻宕江曾梗摄字今读鼻化韵，通摄今读鼻音-ŋ 韵尾。例如：

õː [咸]潭开一tʻõ²⁴、赚开二tsʻõ⁵¹

iẽː [咸]陕开三ɕiẽ³¹、嫌开四ɕiẽ²⁴；[山]缠开三tɕʻiẽ²⁴、肩开四tɕiẽ⁵⁴、穿合三tɕʻiẽ⁵⁴、县合四ɕiẽ⁵¹

ɔ̃ː [山]碗合一vɔ̃⁵⁴

uɔ̃ː [山]肝开一kuɔ̃⁵⁴、搬合一puɔ̃⁵⁴、关合二kuɔ̃⁵⁴、串合三tsʻuɔ̃²¹³

ã | iã：[咸]尖开三tsã⁵⁴、店开四tã²¹³；[山]变开三pã²¹³、边开四pã⁵⁴、宣合三sã⁵⁴；[梗]冷开二nã³¹、兵开三pã⁵⁴、瓶开四pʻã²⁴ | [梗]英开三iã⁵⁴

ɔ̃ | iɔ̃：[宕]帮开一pɔ̃⁵⁴、张开三tʂɔ̃⁵⁴、光合一kɔ̃⁵⁴、方合三fɔ̃⁵⁴；[江]绑开二pɔ̃³¹；[梗]横合二xɔ̃²⁴ | [宕]桑开一ɕiɔ̃⁵⁴、娘开三niɔ̃⁵⁴

ʌ̃ | uʌ̃：[咸]耽开一tʌ̃⁵⁴、减开二kʌ̃³¹、帆合三fʌ̃⁵⁴；[山]单开一tʌ̃⁵⁴、山开三ʃʌ̃⁵⁴、反合三fʌ̃³¹ | [梗]梗开二kuʌ̃³¹、兄合三xuʌ̃⁵⁴

ẽ | iẽ | uẽ：[咸]暗开一ŋẽ²¹³、嵌开二kʻẽ²¹³；[深]林开三nẽ²⁴；[臻]吞开一tʻẽ⁵⁴、邻开三nẽ²⁴、本合一pẽ³¹、轮合三nẽ²⁴；[曾]灯开一tẽ⁵⁴、冰开三pẽ⁵⁴ | [深]音开三iẽ⁵⁴；[臻]认开三ȵiẽ⁵¹、闰合三iẽ⁵¹；[曾]应开三iẽ²¹³ | [臻]根开一kuẽ⁵⁴、棍合一kuẽ²¹³、均合三kuẽ⁵⁴

əŋ | iəŋ：[通]东合一təŋ⁵⁴、梦合三məŋ⁵¹ | [梗]荣合三iəŋ⁵⁴；[通]绒合三iəŋ²⁴

（2）古入声韵字今读已无塞音韵尾，读舒声韵。例如：

[咸入合]答tuɤ⁵¹、[深入缉]笠lɛ³³、[山入末]夺tʻuɤ³³、[臻入没]骨kuɛ⁵¹

[宕入铎]落lo³³、[江入觉]学xo³³、[曾入德]北pɛ⁵¹、[梗入麦]麦mæ³³

[通入屋]读tʻo³³

（3）古-i、-u韵尾脱落。例如：

[蟹]戴开一ta²¹³、拜开二pa²¹³、妹合一ma⁵¹、怪合二kua²¹³

[效]刀开一tɔ⁵⁴、包开二pɔ⁵⁴、表开三piɛ³¹、条开四tʻiɛ²⁴

[流]头开一tʻə²¹、旧开三tɕʻiə⁵¹

（4）部分古开口字读合口。例如：

[假开二]疤puɤ⁵⁴、爬pʻuɤ²⁴、麻muɤ²⁴、茶tʃʻuɤ²⁴

[蟹开一]胎tʻua⁵⁴、猜tsʻua⁵⁴、赛sua²¹³、海xua³¹

[蟹开二]豸tʂua²⁴、晒ʃuɤ²¹³、寨tsua²¹³

[咸开一]答tuɤ⁵¹、纳luɤ³³、杂tsʻuɤ³³、塔tʻuɤ⁵¹

[咸开二]插tʃʻuɤ⁵¹、夹kuɤ⁵¹、鸭ŋuɤ⁵¹

[山开一]肝kuɔ̃⁵⁴、看kʻuɔ̃²¹³、汉xuɔ̃²¹³、安uɔ̃⁵⁴

[山开二]八puɤ⁵¹、抹muɤ³³、杀ʃuɤ⁵¹、瞎xuɤ⁵¹

[臻开一]根kuẽ⁵⁴

[梗开二]梗kuʌ̃³¹

（5）遇摄三等鱼、虞两韵保留区分的痕迹，部分鱼韵字不读同韵其他字所读以及虞韵字所读的y（u）韵母。例如：

[遇合三鱼]驴li²⁴、吕lɛ³¹、蛆tɕʻi⁵⁴、徐tɕʻi²⁴、绪tɕʻi⁵¹、居ki⁵⁴、锯ki²¹³、

去 k'i²¹³、渠 k'i²⁴、渠~tɕ'iɛ²⁴、拒 k'i⁵¹、虚 xi⁵⁴、许 xi³¹。

要注意这种鱼虞区分的痕迹有趋于混淆的情况，虞韵字也有部分字读 i 韵母。例如：娶 tɕ'i³¹、趣 tɕ'i²¹³、聚 tɕ'i⁵¹、须 ɕi⁵⁴、拘 ki⁵⁴、矩 ki³¹、句 ki²¹³、区 k'i⁵⁴、具 k'i⁵¹。

（6）蟹摄开口一等字与合口一等字今读韵母部分合流。例如：

猜蟹开一ts'ua⁵⁴＝催蟹合一ts'ua⁵⁴　　　赛蟹开一sua²¹³＝碎蟹合一sua²¹³
概蟹开一k'ua²¹³＝块蟹合一k'ua²¹³　　　害蟹开一xua⁵¹＝汇蟹合一xua⁵¹

（7）蟹摄、山摄一、二等字保留区分的痕迹。例如：

赛蟹开一sua²¹³≠晒蟹开二ʃuɤ²¹³　　　开蟹开一k'ua⁵⁴≠揩蟹开二k'a⁵⁴
赶山开一kuɔ̃³¹≠拣山开二kʌ³¹

（8）蟹摄开口三四等字多数韵母韵腹读次低元音 æ，少数读半元音 ɛ 韵母。例如：

[蟹开三]例 læ⁵¹、祭 tsæ²¹³、世 ɕiɛ²¹³、艺 ȵiɛ⁵¹
[蟹开四]低 tæ⁵⁴、弟 t'æ⁵¹、鸡 tɕiɛ⁵⁴、系 ɕiɛ⁵¹

（9）效摄三、四等字中知、庄、章、见组声母字与帮、端、精组声母字今读韵母有别。例如：

[效开三]表帮piɛ³¹、疗来liɛ²⁴、椒精tsiɛ⁵⁴｜超彻tʃ'a⁵⁴、烧书ʃa⁵⁴、骄见tʃa⁵⁴、摇以ia²⁴
[效开四]条定t'iɛ²⁴、料来liɛ⁵¹、萧心siɛ⁵⁴｜叫见tʃa²¹³、晓晓ʃa³¹

（10）山摄一、二等开口字与合口字今读韵母相同。例如：

[山]旱开一xuɔ̃⁵¹＝换合一xuɔ̃⁵¹　　　抹开二muɤ³³＝末合一muɤ³³
[山]肝开一kuɔ̃⁵⁴＝官合一kuɔ̃⁵⁴　　　安开一uɔ̃⁵⁴＝弯合二uɔ̃⁵⁴

（11）梗摄三四等字与深摄、臻摄三等字韵母有别。例如：

星梗开四sã⁵⁴≠新臻开三sẽ⁵⁴＝心深开三sẽ⁵⁴

3. 声调特点

（1）古平、去两声的字根据古声母清浊各分阴阳两类。例如：

[清平]通 t'əŋ⁵⁴｜[浊平]铜 t'əŋ²⁴；[清去]痛 t'əŋ²¹³｜[浊去]洞 t'əŋ⁵¹

（2）上声只有一类，读上声的包括古上声清声母字和次浊声母字。古上声全浊声母字归读阳去调（调值为 51）。例如：

[遇合一上]虎晓xu³¹　　卤来lu³¹　　　户匣上xu⁵¹＝护匣去xu⁵¹

（3）有入声。多数古入声浊声母字保留独立调类，调值为 33 中平调。例如：

[全浊入]杂 ts'uɤ³³　　　　　[次浊入]叶 iɛ³³

（4）此外，部分古入声清声母字和次浊声母字今归读阳去调。例如：

[清入]塔 t'uɤ⁵¹　　　　　　[清入]各 ko⁵¹
[次浊入]弱 io⁵¹　　　　　　[次浊入]捺 la⁵¹

十一　新营话音系

（一）新营话的声韵调

新营话有 19 个声母（包括零声母）、38 个韵母（包括鼻辅音独立充当的韵母）和 6 个单字声调。

1. 声母

p	波把崩**拔**闭	p'	铺部判爬**扑**	m	墓麻满棉**麦**	f	夫分反副**法**
t	赌贷短单**督**	t'	拖体痛添**托**			l	糯累男蓝拉
ts	租最增尖**作**	ts'	醋才村存**切**	s	扫写送选**熄**		
tɕ	遮制真斤**汁**	tɕ'	痴陈穿象**出**	ȵ	奶黏泥女**聂**	ɕ	柿筛神梳**铡**
k	果家官关**谷**	k'	裤箍坑垦**扩**	ŋ	午呕涯迎**额**	x	货和欢很**喝**
ø	爱万**物**余一						

2. 韵母

ɿ	资刺诗	i	哥写去台豸世米倍罪是镰点棉片团全**接贴十别铁绝灭日**	u	河躲布母富肝半惯**割夺突扩谷**	y	猪**出属**
a	大把拿灾阶南炭咸**百**	ia	奶杉**削**	ua	夸该块歪**刮**		
æ	哀**刻脊**	iæ	升**色石**	uæ	**国**		
ɔ	到炮闹茂矛够潭忙壮撞**博桌**	iɔ	猫巧表条茆谋床双**跃**	uɔ	暗汪		
ɛ	个蛆栽厉批杯最脆皮飞**粒笔佛**	iɛ	茄斜谐染扇**叶协热结液**	uɛ	锯会亏**骨橘**	yɛ	蓑靴催税师吹赚闩劝**说虱**
o	左坡怕瓜土初街挂**杂鸭法辣瞎滑读竹**	io	沙梳渠流杀**六**	uo	瓦**活握**		
ə	儿圆阅						
ã	贪咸犯单艰缠反	iã	衫山展枪腔	uã	款关万		
æ̃	品珍朋冰冷	iæ̃	绳生声	uæ̃	横兄		

	京听				
ɔ̃	甘帮疮放桩	iɔ̃ 爽		uɔ̃	光忘矿
		iɛ̃ 闪兼雁战烟		yɛ̃	弦犬
		县			
		ĩ 尖鞭			
ən	浸很近门笋	iən 针神春营穷		uən	根滚闰翁
	分东梦				
m̩	姆~婆:母亲面称				
ŋ̍	吴				

3. 声调

调类	调值	例字	调类	调值	例字
阴平①⑧	55	东开风**白镯**六	阳平②	31	门龙牛铜皮糖
上声③④	53	懂统手买老有			
阴去⑤	213	冻怪半死痛快	阳去⑥④	51	共树病动罪厚
入声⑦	215	**笔铁出福日木**			

（二）新营话的音系特点

1. 声母特点

（1）古全浊声母字今读塞音、塞擦音声母的，不论声调平仄，基本上读送气清音。例如：

[並平]平 p'æ³¹｜[並去]病 p'æ⁵¹　　[定平]驮 t'u³¹｜[並去]舵 t'u⁵¹
[澄平]厨 tɕ'y³¹｜[澄上]柱 tɕ'y⁵¹　　[从平]曹 ts'ɔ³¹｜[从上]造 ts'ɔ⁵¹

（2）微母字部分（口语音）读双唇鼻音 m-声母。例如：

[微]尾 mɛ⁵³、袜 mo⁵⁵、蚊 mən³¹、问 mən⁵¹、望 mɔ̃⁵¹

（3）无舌尖鼻音 n-声母，泥母字大部分声母与来母字同，读 l-声母；少数细音字声母读 ȵ-声母，不与来母字混。例如：

怒泥 lu⁵¹＝路来 lu⁵¹　　　　宁泥 lɛ̃³¹＝零来 lɛ̃³¹
尼泥 ȵi³¹≠离来 li³¹　　　　娘泥 ȵiã³¹≠粮来 liã³¹

（4）塞音、塞擦音声母只有舌尖音 ts-、ts'-、s 和舌面音 tɕ-、tɕ'-、ɕ- 两组。古精组声母字基本上读 ts-组声母，少数合口细音字读 tɕ-组声母。章组声母字基本上读 tɕ-组声母，少数读 ts-组声母。知组、庄组逢洪音读 ts-组声母，逢细音读 tɕ-组声母。古见组声母字逢细音读 tɕ-组声母（逢洪音读舌根音 k-组声母）。例如：

ts-：挤精 tsɛ⁵³；借精 tsi²¹³；池知 ts'l³¹；诗书 sl⁵⁵；豸崇 ts'i³¹；斩庄 tsã⁵³
tɕ-：趣清 tɕ'yɛ²¹³；煮章 tɕy⁵³；猪知 tɕy⁵⁵；锄崇 tɕ'y³¹；煮章 tɕy⁵³；矩见 tɕy⁵³

（5）古知组的知彻澄母字、庄组的庄初崇母字、章组的章昌母字有部分逢洪音读舌尖塞音 t-、t'-声母。例如：

t-：中知tən⁵⁵；榨庄to²¹³；终章tən⁵⁵

t'-：畜彻t'o²¹⁵、茶澄t'o³¹；炒初t'ɔ⁵³、状崇t'ɔ⁵¹；称昌t'æ⁵⁵

（6）区分尖团音，古精组字今读细音的读 ts-组声母，古见晓组字（疑母字除外）今读细音的读 tɕ-组声母。例如：

椒精三tsiɔ⁵⁵≠娇见三tɕiɔ⁵⁵　　秋清三ts'io⁵⁵≠丘溪三tɕ'io⁵⁵

箱心三siã⁵⁵≠香晓三ɕiã⁵⁵

（7）流摄一等见组字读细音，声母腭化读舌面音 tɕ-组声母。例如：

狗流开一tɕio⁵³　　口流开一tɕ'io⁵³　　后流开一ɕio⁵¹

（8）影母开口一二等字部分读舌根鼻音 ŋ-声母，与今读洪音的部分疑母字声母相同。例如：

[影]哑假开二ŋo⁵³、袄效开一ŋɔ⁵³、鸭咸开二ŋo²¹⁵、恶宕开一ŋɔ²¹³

[疑]饿果开一ŋu⁵¹、外蟹合一ŋa⁵¹、岩咸开二ŋã³¹、额梗开二ŋa²¹⁵

2. 韵母特点

（1）古阳声韵字今读韵母大部分读鼻化韵，少部分字读舌尖鼻音-n 韵尾。例如：

ã｜iã｜uã：[咸]贪开一t'ã⁵⁵、咸开二xã³¹、犯合三fã⁵¹；[山]单开一tã⁵⁵、闲开二xã³¹、饭合三fã⁵¹｜山开二ɕiã⁵⁵、完合一uã³¹、还合二xuã³¹、万合三uã⁵¹；[宕]想开三ɕiã⁵⁵

æ̃｜iæ̃｜uæ̃：[深]品开三p'æ̃⁵³；[臻]珍开三tæ̃⁵⁵；[曾]朋开一p'æ̃³¹、证开三tæ̃²¹³｜胜开三ɕiæ̃²¹³；[梗]庚开二kæ̃⁵⁵、井开三tsæ̃⁵³、醒开四sæ̃⁵³｜成开三ɕiæ̃³¹｜横合二uæ̃³¹、永合三uæ̃⁵³

ɔ̃｜iɔ̃｜uɔ̃：[宕]帮开一pɔ̃⁵⁵、疮开三ts'ɔ̃⁵⁵、放合三fɔ̃⁵⁵｜爽开三ɕiɔ̃⁵³｜光合一kuɔ̃⁵⁵、狂合三k'uɔ̃³¹；[江]讲开二kɔ̃⁵³

iẽ｜yẽ：[咸]闪开三ɕiẽ⁵³、兼开四tɕiẽ⁵⁵；[山]演开三iẽ⁵³、见开四tɕiẽ²¹³｜卷合三tɕyẽ⁵³、县合四ɕyẽ⁵¹

ĩ：[咸]尖开三tsĩ⁵⁵、添开四t'ĩ⁵⁵；[山]连开三lĩ³¹、前开四ts'ĩ³¹、全合三ts'ĩ³¹

ən｜iən｜uən：[深]心开三sən⁵⁵｜金开三tɕiən⁵⁵；[臻]吞开一t'ən⁵⁵、新开三sən⁵⁵、寸合一ts'ən²¹³、笋合三sən⁵³｜人开三ȵiən³¹｜根开一kuən⁵⁵、困合一k'uən⁵³、菌合三k'uən⁵¹；[通]东合一tən⁵⁵、中合三tən⁵⁵｜穷合三tɕ'iən³¹｜翁合一uən⁵⁵

有一部分古阳声韵字（白读音）韵母已无鼻音韵尾或鼻化色彩而读阴声韵。例如：

i：[咸]点开四ti⁵³；[山]仙开三si⁵⁵、乱合一li⁵¹

u：[山]赶开一ku⁵³、满合一mu⁵³

a｜ia：[咸]南开一la³¹｜杉开二ɕia⁵⁵；[山]烂开一la⁵¹

ɔ｜iɔ｜uɔ：[咸]蚕开一ts'ɔ³¹｜暗开一uɔ⁵¹；[宕]忙开一mɔ³¹、壮开三tɔ⁵¹｜床开三ɕiɔ³¹｜王开三uɔ³¹；[江]撞开二t'ɔ⁵¹｜双开二ɕiɔ⁵⁵ iε | yε：[咸]盐开三 iε³¹；[山]牵开三 tɕ'iε⁵⁵ | 闩开三 ɕyε⁵⁵

ɵ：[山]远合三 ɵ⁵³

值得注意的是，一些同韵摄的字在读音上形成了阳声韵与阴声韵的文白异读对应。例如：

[山]肩开四 tɕiε⁵⁵（白读）≠坚开四 tɕiẽ⁵⁵（文读）

砖合三 tɕyε⁵⁵（白读）≠捐合三 tɕyẽ⁵⁵（白读）

[宕]仓开一 ts'ɔ⁵⁵（白读）≠疮开三 ts'ɔ̃⁵⁵（白读）

王合合 uɔ³¹（姓~，白读）≠王合三 uɔ̃³¹（大~，文读）

（2）古入声韵字今读已无塞音韵尾，读舒声韵。例如：

[咸入合]答 to²¹⁵、[臻入没]骨 ku²¹⁵、[曾入德]北 pæ²¹⁵、[梗入陌]客 k'o²¹⁵；

[山入末]夺 k'u⁵⁵、[宕入铎]落 lɔ⁵⁵、[江入觉]学 xɔ⁵⁵、[通入屋]读 t'u⁵⁵

（3）古 -i、-u 韵尾脱落或弱化。例如：

[蟹]该开一 kua⁵⁵、拜开二 pa²¹³、妹合二 mε⁵¹、怪合二 kua²¹³

[效]刀开一 tɔ⁵⁵、交开二 kɔ⁵⁵、表开三 piɔ⁵³、条开四 t'iɔ³¹

[流]头开一 t'iɔ³¹、旧开三 tɕ'io⁵¹

（4）部分古开口字读合口。例如：

[咸开一]暗 uɔ̃²¹³

[蟹开一]该 kua⁵⁵、开 k'ua⁵⁵、海 xua⁵³、爱 ua²¹³

[臻开一]根跟 kuən³³、恳 k'uən⁵³、恩 uən⁵⁵

（5）果摄、蟹摄开口一等字有韵母读高元音 -i 的。例如：

[果开一]哥 ki⁵⁵、可 k'i⁵³   [蟹开一]台 t'i³¹、在 ts'i⁵¹、慨 k'i⁵³

（6）蟹摄开口三四等字多数韵母读非高元音的 -ε。例如：

[蟹开三]蔽 pε²¹³、厉 lε⁵¹、祭 tsε²¹³

[蟹开四]米 mε⁵³、弟 t'ε⁵¹、洗 sε⁵³

（7）遇摄三等鱼、虞两韵保留区分的痕迹，部分鱼韵字不读同韵其他字所读以及虞韵字所读的 y（u）韵母。例如：

[遇合三鱼]驴 lε³¹、吕 lε⁵³、蛆 ts'ε⁵⁵、徐 ts'ε³¹、绪 ts'ε⁵¹、阻 to⁵³、初 t'o⁵⁵、助 t'o⁵¹、梳 ɕio⁵⁵、所 ɕio⁵³、渠水~tɕ'io³¹

要注意这种鱼虞区分的痕迹有趋于混淆的情况，虞韵字也有个别字读 ε、io 韵母。例如：娶虞 ts'ε⁵³、数虞,~不清 ts'ε⁵³

（8）蟹摄、咸摄、山摄一、二等字保留区分的痕迹。例如：

[蟹开一]台 t'i³¹、栽 tsε⁵⁵、腮 sε⁵⁵   [蟹开二]蔡 ts'a²¹³、界 ka²¹³

[咸开一]蚕 ts'ɔ³¹、含 xɔ³¹、暗 uɔ̃²¹³   [咸开二]馋 ts'ã³¹、咸 xã³¹

[山开一]肝 kã⁵⁵、汗 xu⁵¹、安 m̩⁵⁵   [山开二]间 kã⁵⁵、晏 ŋã²¹³

（9）宕摄开口三等字（庄组字除外）与合口三等字、一等字（开合口）

韵母不同。例如：

[宕开三]良 liã³¹、将 tsiã⁵⁵、章 tɕiã⁵⁵、姜 tɕiã⁵⁵　　[宕合一]光 kuɔ̃⁵⁵、汪 uɔ̃⁵⁵
[宕开一]帮 pɔ̃⁵⁵、当 tɔ̃⁵⁵、赃 tsɔ̃⁵⁵、刚 kɔ̃⁵⁵　　[宕合三]方 fɔ̃⁵⁵、狂 k'uɔ̃³¹

（10）梗摄三四等字与深摄、臻摄三等字韵母有别。例如：

星梗开四 sæ̃⁵⁵≠新臻开三 sən⁵⁵＝心深开三 sən⁵⁵

（11）果摄字与遇摄字（主要是一等字）今读韵母合流。例如：

河果开一xu³¹＝胡遇合一xu³¹　　　　过果开ku²¹³＝顾遇合ku²¹³

（12）蟹摄开口一等字与合口一等字（端系）今读韵母合流。例如：

戴蟹开一ti²¹³＝对蟹合ti²¹³　　　　胎蟹开一t'i⁵⁵＝推蟹合t'i⁵⁵

（13）流摄一等字与效摄字今读韵母合流。例如：

茂流开一mɔ⁵¹＝帽效开一mɔ⁵¹、貌效开二mɔ⁵¹
头流开一t'iɔ³¹＝条效开四t'iɔ³¹　　　　沟流开一tɕiɔ⁵⁵＝娇效开三tɕiɔ⁵⁵

（14）臻摄字与通摄字今读韵母合流。例如：

吞臻开一t'ən⁵⁵＝通通合t'ən⁵⁵　　　　唇臻合三tɕ'iən³¹＝穷通合三tɕ'iən³¹
温臻合uən⁵⁵＝翁通合uən⁵⁵

3. 声调特点

（1）古平、去两声的字根据古声母清浊各分阴阳两类。例如：

[清平]通 t'ən⁵⁵｜[浊平]同 t'ən³¹；　[清去]痛 t'ən²¹³｜[浊去]洞 t'ən⁵¹

（2）上声只有一类，读上声的包括古上声清声母字和次浊声母字。古上声全浊声母字归读阳去调（调值为 51）。例如：

[遇合一上]虎晓xu⁵³　卤来lu⁵³　　　　户匣上xu⁵¹＝护匣去xu⁵¹

（3）有入声。古入声清声母字和少数次浊声母字保留独立调类，调值为曲折的 215 长调。例如：

[清入]答 to²¹⁵　　[清入]客 k'a²¹⁵　　[次浊入]日 ȵi²¹⁵

（4）古入声全浊声母字和大部分次浊声母字归读阴平调（调值为 55）。例如：

狭咸开二入匣xo⁵⁵＝花假开三平晓xo⁵⁵　　猎咸开三叶来li⁵⁵　　肉通合三屋日ȵio⁵⁵

十二　黄柏话音系

（一）黄柏话的声韵调

黄柏话有 27 个声母（包括零声母）、37 个韵母（包括鼻辅音独立充当的韵母）和 4 个单字声调。

1. 声母

p　杯霸班**北**　　p'　坡倍胖**泼**　　m　买慢庙**墨**　　f　飞符风税
t　带胆钓**滴**　　t'　讨袋淡**秃**　　　　　　　　　　l　糯乱南连

ts	栽最增绩	tsʻ	糙造丛贼			s	写岁诵西		
tʂ	渣阻债找	tʂʻ	茶查除炒	ȵ	软愿元月	ʂ	沙豺船弦	ʐ	然褥
tʃ	遮追叫狗	tʃʻ	车初锤窍			ʃ	靴锄梳帅		
tɕ	居句剑急	tɕʻ	秋尽全七	ȵ	娘忍月蹑	ɕ	揩小心湿		
k	古改根国	kʻ	苦肯狂哭	ŋ	外爱安恶	x	海贺汗柿		
ø	爷瓦吴如								

2. 韵母

ɿ	紫次四	i	吕贝世米岁皮泪十七卒席	u	布初浮抽读竹	y	书吹出
a	台拜街最儿百	ia	例液	ua	债块歪帅或拆		
ɑ	大怕车谐稗佳塔甲折协法辣八	iɑ	茄霞写接贴灭铁绝	uɑ	靴茶瓜蛙话插察活说血虱恤	yɑ	阅
ɛ	袋厉杯碑匹突刻黑力敌	iɛ	翼踢吃	uɛ	回毁蜇国色尺		
ə	刀炮超叫透矛盒博着桌	iə	教票跳茆流屑雀				
o	歌躲错割脱扩			uo	禾		
ei	废税			ui	绪贵亏屈		
		iəu	六足				
		iu	酒有肉				
ã	贪减犯单山班反糖张江硬	iã	两腔	uã	然弦官船万犬	yã	院远
		iẽ	舰脸点栋变天全县				
õ	蚕看半判						
nə	沉根陈门分邓更京形	iən	人应影	uən	针滚温生	yən	允永
		in	心民等层冰冷病听				

| əŋ | 帮放邦朋猛东梦穷 | iəŋ | 荣融 | uəŋ | 装广窗矿兄中 |

| ŋ̍ | 五碗翁唔 |

3. 声调

调类	调值	例字	调类	调值	例字
阴平①⑧	44	东灯开春月罚	阳平②	41	门龙牛铜皮糖
上声③④	453	懂鬼苦草五买			
去声⑤⑥④⑦⑧	213	挂乱地厚急日			

（二）黄柏话的音系特点

1. 声母特点

（1）古全浊声母字今读塞音、塞擦音声母的，不论声调平仄，基本上读送气清音。例如：

[並平]平 p'in⁴¹｜[並去]病 p'in²¹³　　[定平]驮 t'o⁴¹｜[定去]地 t'i²¹³
[澄平]厨 tɕ'y⁴¹｜[澄上]柱 tɕ'y²¹³　　[从平]曹 ts'ə⁴¹｜[从上]坐 ts'o²¹³

（2）微母个别字（口语音）读双唇鼻音 m-声母，其余皆读零声母。例如：

[微]尾 ui⁴⁵³、万 uã²¹³、蚊 uən⁴¹、网 uəŋ⁴⁵³

[微]袜 mɑ²¹³

（3）无舌尖鼻音 n-声母，泥母字大部分声母与来母字同，读 l-声母，少数细音字读 ɲ-声母，不与来母字混。例如：

怒泥 lu²¹³＝路来 lu²¹³　　脑泥 lə⁴⁵³＝老来 lə⁴⁵³　　能泥 lin⁴¹＝林来 lin⁴¹

[泥]女 ɲy⁴⁵³、泥 ɲi⁴¹、尿 ɲiə²¹³、聂 ɲiɑ²¹³

（4）塞擦音声母有舌尖音 ts-、ts'-、s-和 tʂ-、tʂ'-、ʂ-，舌面音 tɕ-、tɕ'-、ɕ-和舌叶音 tʃ-、tʃ'-、ʃ-四组。除果假蟹止摄及部分遇摄字不论洪细今皆读 ts-组声母外，古精组声母字逢今洪音读 ts-组声母，逢今细音读 tɕ-组声母。古知组声母字逢今细音读 tɕ-组声母，逢今洪音读 tʃ-或 tʂ-组声母，深宕曾梗摄开口三等及止摄合口三等字读 tʃ-组声母，其余读 tʂ-组声母。古庄组声母字逢今细音读 tɕ-组声母，逢今洪音读 tʃ-或 tʂ-组声母，深臻宕曾摄开口三等、梗摄开口二三等及遇止摄合口三等字读 tʃ-组声母，其余读 tʂ-组声母。古章组声母字逢今细音读 tɕ-组声母，逢今洪音读 tʃ-或 tʂ-组声母，假咸深山宕曾梗摄开口三等字读 tʃ-组声母，其余读 tʂ-组声母。古见组声母字逢今细音读 tɕ-组声母，逢今洪音大部分读 k-组声母，少数读 tʃ-组声母，效山梗摄开口三四等、咸深宕摄开口三等及山梗摄合口三等字读 tʃ-组声母。

ts-：借精 tsiɑ²¹³；错清 ts'o²¹³；锁心 so⁴⁵³

tʂ-：罩知 tʂə²¹³；抽彻 tʂ'u⁴⁴；虫澄 tʂ'uəŋ⁴¹｜债庄 tʂua²¹³；炒初 tʂ'ə⁴⁵³；瘦生 ʂə²¹³｜招章 tʂə⁴⁴；

臭昌tʂʻu²¹³；船船ʂuã⁴¹

tʃ-：张知tʃã⁴⁴；撑彻tʃʻuən⁴⁴；锤澄tʃʻui⁴¹｜装庄tʃuəŋ⁴⁴；疮初tʃʻã⁴⁴；爽生ʃã⁴⁵³｜蔗章tʃɑ²¹³；车昌tʃʻɑ⁴⁴；蛇船ʃɑ⁴¹；叫见tʃɔ²¹³；丘溪tʃʻu⁴⁴；旧群tʃʻu²¹³

tɕ-：酱精tɕiã²¹³；娶清tɕʻi⁴⁵³；小心ɕiə⁴⁵³｜知知tɕi⁴⁴；痴彻tɕʻi⁴⁴；住澄tɕʻy²¹³；绉庄tɕiu²¹³；愁崇tɕʻiu⁴¹；捎生ɕiə⁴⁴；煮章tɕy⁴⁵³；齿昌tɕʻi⁴⁵³；诗书ɕi⁴⁴｜剑见tɕiə²¹³；气溪tɕʻi²¹³；旗群tɕʻi⁴¹

（5）区分尖团音，古精组部分字今逢细音读 ts-组声母，古见晓组字（疑母字除外）今逢细音部分读 tɕ-组声母，部分读 tʃ-组声母。例如：

祭精三tsi²¹³≠记见三tɕi²¹³　　　　椒精三tɕiə⁴⁴≠骄见三tʃə⁴⁴

秋清三tɕʻiu⁴⁴≠丘溪三tʃʻu⁴⁴　　　妻清四tsʻi⁴⁴≠溪溪四tɕʻi⁴⁴

箱心三ɕiã⁴⁴≠香晓三ʃã⁴⁴

（6）影母开口一二等部分字读舌根鼻音 ŋ-声母，与今读洪音的部分疑母字声母相同。例如：

[影]哑假开二ŋɑ⁴⁵³、矮蟹开一ŋa⁴⁵³、鸭咸开二ŋɑ²¹³、恶宕开一ŋə²¹³

[疑]饿果开一ŋo²¹³、艾蟹开一ŋa²¹³、外蟹合一ŋa²¹³、熬效开一ŋɔ⁴¹、岩咸开二ŋã⁴¹、雁山开山ŋã²¹³、硬梗开二ŋən²¹³、额梗开二ŋa²¹³

2. 韵母特点

（1）古阳声韵字部分今读鼻化韵，部分今读舌尖鼻音-n 韵尾或舌根鼻音-ŋ 韵尾。具体来说，咸山摄、宕摄部分字、江摄非见系字今读鼻化韵，深臻曾摄、梗摄开口字今读鼻音 -n 韵尾，通摄、梗摄合口字、江摄见系字、宕摄合口字及开口一等帮组字、开口三等庄组字今读鼻音-ŋ 韵尾。例如：

õ：[咸]蚕开一tsʻõ⁴¹；[山]赶开一kõ⁴⁵³、半合一põ²¹³

iẽ：[咸]陕开三ɕiẽ⁴⁵³、嫌开四ɕiẽ⁴¹；[山]鞭开三piẽ⁴⁴、肩开四tɕiẽ⁴⁴、全合一tɕʻiẽ⁴¹、县合四ɕiẽ²¹³

ã｜iã｜uã｜yã：[咸]耽开一tã⁴⁴、减开二kã⁴⁵³、帆合一fã⁴⁴；[山]单开一tã⁴⁴、间开二kã⁴⁴、伴合一pʻã²¹³、翻合三fã⁴⁴；[宕]当开一tã⁴⁴、张开三tʃã⁴⁴；[江]江开二kã⁴⁴｜[宕]娘开三niã⁴¹｜[咸]赚开二tʂʻuã²¹³；[山]山开二ʂuã⁴⁴、缠开三tʂʻuã⁴¹、官合一kuã⁴⁴、关合二kuã⁴⁴、砖合三tʂuã⁴⁴、悬合四ʂuã⁴¹｜[山]圆合三yã⁴¹

in：[深]林开三lin⁴¹；[臻]宾开三pin⁴⁴；[曾]灯开一tin⁴⁴、冰开三pin⁴⁴；[梗]灯开一lin⁴⁴、兵开三pin⁴⁴、瓶开四pʻin⁴¹

ən｜iən｜uən｜yən：[深]沉开三tʃʻən⁴¹；[臻]吞开一tʻən⁴⁴、镇开三tʂən²¹³、本合一pən⁴⁵³、轮合三lən⁴¹；[曾]邓开一tən²¹³、蒸开三tʂən⁴⁴；[梗]哽开二kən⁴⁵³、镜开三tʃən²¹³、经开四tʃən⁴⁴｜[深]音开三iən⁴⁴；[臻]人开三iən⁴¹；[曾]应开三iən²¹³；[梗]影开三iən⁴⁵³｜[深]针开三tʃuən⁴⁴；[臻]滚合一kuən⁴⁵³、准合三tʂuən⁴⁵³；[梗]生开二ʃuən⁴⁴｜[臻]闰合三yən²¹³；[梗]永合三yən⁴⁵³

əŋ｜iəŋ｜uəŋ：[宕]帮开一pəŋ⁴⁴、方合三fəŋ⁴⁴；[江]绑开二pəŋ⁴⁵³；[梗]兄合三ʃəŋ⁴⁴；[通]东合一təŋ⁴⁴、梦合一məŋ²¹³｜[梗]荣合三iəŋ⁴¹；[通]绒合三iəŋ⁴¹；[宕]装开三tʂuəŋ⁴⁴、光合一kuəŋ⁴⁴、网合三uəŋ⁴⁵³；[江]双开二ʂuəŋ⁴⁴；[梗]矿合二kʻuəŋ²¹³；[通]忠合三tʂuəŋ⁴⁴

（2）古入声韵字今读已无塞音韵尾，读为舒声韵。例如：

[咸入合]答 tɑ²¹³、[深入辑]笠 li⁴⁴、[山入末]夺 t'o⁴⁴、[臻入没]骨 kuɛ²¹³

[宕入铎]落 lə⁴⁴、[江入觉]学 xə⁴⁴、[曾入德]北 pɛ²¹³、[梗入麦]麦 ma⁴⁴

[通入屋]读 tu⁴⁴

（3）蟹摄一二等字古 -i 韵尾脱落，效摄、流摄一等及少数三等字古 -u 韵尾脱落。例如：

[蟹]戴开一 tɑ²¹³、拜开二 pa²¹³、妹合一 mɛ²¹³、怪合二 kua²¹³

[效]刀开一 tə⁴⁴、包开二 pə⁴⁴、表开三 piə⁴⁵³、条开四 t'iə⁴¹

[流]头开一 t'iə⁴¹、流开三 liə⁴¹

（4）部分古开口字读合口。例如：

[假开二]茶 tʂ'uɑ⁴¹、渣 tʂuɑ⁴⁴、沙 ʂuɑ⁴⁴

[蟹开一]睬 tʂ'ua⁴⁵³

[蟹开二]斋 tʂua⁴⁴、豺 ʂua⁴¹、柴 ʂua⁴¹、晒 ʂuɑ²¹³

[流开三]昼 tʂu²¹³、抽 tʂ'u⁴⁴、手 ʂu⁴⁵³、九 tʃu⁴⁵³

[咸开二]赚 tʂ'uã²¹³、衫 ʂuã⁴⁴、插 tʂ'uɑ²¹³

[深开三]参 ʃuən⁴⁴、针 tʃuən⁴⁴、婶 ʃuən⁴⁵³

[山开二]铲 tʂ'uã⁴⁵³、山 ʂuã⁴⁴、杀 ʂuɑ²¹³

[宕开三]装 tʃuəŋ⁴⁴、床 ʂuəŋ⁴¹

[江开二]桩 tʂuəŋ⁴⁴、窗 tʂ'uəŋ⁴⁴、双 ʂuəŋ⁴⁴

[曾开三]直 tʃ'uɛ⁴⁴、色 ʃuɛ²¹³、织 tʃuɛ²¹³

[梗开二]撑 tʃ'uən⁴⁴、生 ʃuən⁴⁴、梗 kuən⁴⁵³

[梗开三]尺 tʃ'uɛ²¹³、石 ʃuɛ⁴⁴

（5）遇摄三等鱼、虞两韵保留区分的痕迹，部分鱼韵字不读同韵其他字所读以及虞韵字所读的 y（u）韵母。例如：

[遇合三鱼]吕 li⁴⁵³、蛆 ts'i⁴⁴、徐 ts'i⁴¹、绪 sui²¹³、所 so⁴⁵³、渠他 tɕ'i⁴⁴

要注意这种鱼虞区分的痕迹有趋于混淆的情况，虞韵字也有个别字读 i 韵母。例如：娶 tɕ'i⁴⁵³、趣聚 tɕ'i²¹³、须 si⁴⁴

（6）蟹摄开口一等字与合口一等字今读韵母部分合流。例如：

袋蟹开一 t'ɛ²¹³＝退蟹合一 t'ɛ²¹³　　赛蟹开一 sɛ²¹³＝碎蟹合一 sɛ²¹³

载蟹开一 tsa²¹³＝最蟹合一 tsa²¹³　　艾蟹开一 ŋa²¹³＝外蟹合一 ŋa²¹³

在蟹开一 ts'ɛ²¹³＝罪蟹合一 ts'ɛ²¹³

（7）蟹摄、山摄一、二等字保留区分的痕迹。例如：

赛蟹开一 sɛ²¹³≠晒蟹开二 ʂuɑ²¹³　　开蟹开一 k'ɛ⁴⁴≠揩蟹开二 k'a⁴⁴

赶山开一 kõ⁴⁵³≠拣山开二 tɕiẽ⁴⁵³

（8）流摄部分一等字与效摄字今读韵母合流。例如：

透流开—t'ə²¹³＝套效开—t'ə²¹³　　狗流开—tʃə⁴⁵³＝绞效开二tʃə⁴⁵³

楼流开—liə⁴¹＝疗效开三liə⁴¹　　头流开—t'iə⁴¹＝条效开四t'iə⁴¹

（9）深臻摄部分字与曾梗摄部分字今读韵母合流。例如：

金深开三tʃən⁴⁴＝争梗开二tʃən⁴⁴　　宾臻开三pin⁴⁴＝冰曾开三pin⁴⁴

深深开三ʃuən⁴⁴＝生梗开二ʃuən⁴⁴　　人臻开三iən⁴¹＝赢梗开三iən⁴¹

（10）山摄一、二等开口字与合口部分字今读韵母相同。例如：

[山]渴开—k'o²¹³＝阔合—k'o²¹³　　抹开二mo⁴⁴＝末合—mo⁴⁴

（11）宕摄合口字（见组字）与开口字今读韵母有别，读与梗摄合口字韵母同。例如：

[宕]光合—kuəŋ⁴⁴、筐合三k'uəŋ⁴⁴｜缸开—kã⁴⁴、糠开—k'ã⁴⁴

况宕合三k'uəŋ²¹³＝矿梗合二k'uəŋ²¹³

3．声调特点

（1）古平声字根据古声母清浊分阴阳两类。例如：

[清平]通 t'əŋ⁴⁴｜[浊平]铜 t'əŋ⁴¹

（2）上声只有一类，读上声的包括古上声清声母字和次浊声母字。古上声全浊声母字今归读去声调（调值为213）。例如：

[遇合一上]虎晓xu⁴⁵³　　卤来lu⁴⁵³　　户匣上xu²¹³＝护匣去xu²¹³

（3）去声只有一类，读去声的包括古去声字、古上声全浊声母字、古入声清声母字及部分次浊声母字。例如：

[遇合一去]布帮pu²¹³　　步并p'u²¹³　　[遇合一上]部簿并p'u²¹³

[通合一入]谷端ku²¹³　　哭溪k'u²¹³　　木明mu²¹³

（4）没有入声。古入声清声母字和部分次浊声母字今归读去声，古入声全浊声母字及部分次浊声母字今归读阴平调（调值为44）。例如：

狭咸开二入匣xɑ⁴⁴＝虾假开二平晓xɑ⁴⁴　　猎咸开三叶来lɑ⁴⁴　　麦梗开二麦明ma⁴⁴

十三　暖水话音系

（一）暖水话的声韵调

暖水话有 24 个声母（包括零声母）、45 个韵母（包括鼻辅音独立充当的韵母）和 6 个单字声调。

1．声母

p	补杯半宾	p'	破婆潘泼	m	磨猫满末	f	夫麸泛福	v	雨翁挖屋
t	多担顿答	t'	梯度炭踏	n	女语奶纳	l	罗糯兰男		
ts	左最宗卒	ts'	错才住擦			s	赛晒山塞		
tʂ	遮者债知	tʂ'	车茶除钗			ʂ	沙射书柴		

第二章　赣东北徽语代表方言点的音系　　103

tɕ	借居均**接**	tɕʻ	区袖钱**怯**	nʑ	尼饶念**捏**	ɕ	写险闪**色**
k	哥敢讲**鸽**	kʻ	课宽狂**客**	ŋ	饿牙硬**岳**	x	虾含巷**盒**
ø	禾瓦文亿						

2. 韵母

ɿ	刺姊四	i	栽世米脆桂皮亏尿**粒吉密北僻**	u	古母付**突幕浊禄服**	y	虚头流**丢术疫六**
a	大爸蛇戴阶**纳擦轧**	ia	鸦夜惹				
ɐ	歪挖			au	我把瓦佳块帅**杂插法辣拔阔发**		
æ	耐侧匹核特**百麦敌**	iæ	色拆石吃				
ɔ	傲坳博勺郭**陌桌**						
ɜ	奶厕月	iɜ	靴写谐彪**接叠别铁血出**			yɜ	猫表条廖**屑削**
o	可过该宝炮矛**磕抹刷**			ou	禾灰税或获		
ɤ	台豺制陪纸二刀喝**匣鹤**			uɤ	狮虱		
e	习笔七不佛得力	ie	食翼	ue	骨物国		
ei	吹追水			ui	煨卫		
əu	愚某谋瘦**读目**	iəu	茂				
ã	贪减犯单间反			uã	碗万		
æ̃	暗能仍冷更兵听	iæ̃	生京经	uæ̃	横兄		
		iɛ̃	舰尖点拣连边全				
õ	潭半			uõ	看团关		

ẽ	林很亲门轮分灯冰	iẽ	深珍蒸	uẽ	根寸	yẽ	闰倾
ʌŋ	帮张光放江盲	iʌŋ	枪腔	uʌŋ	汪狂矿		
oŋ	朋弘猛棚宏东风	ioŋ	荣浓				
m̩	姆~妈：母亲面称						
n̩	尔你						
ŋ̍	五鱼						

3. 声调

调类	调值	例字	调类	调值	例字
阴平①⑧	31	东开春**月杂罚**	阳平②	23	门龙牛铜皮糖
上声③④	214	懂草手五买有			
阴去⑤	35	变挂对痛寸算	阳去⑥④	51/55	病树卖饭厚近
入声⑦⑧	54	**答节杀鸭肉摄**			

（二）暖水话的音系特点

1. 声母特点

（1）古全浊声母字今读塞音、塞擦音声母的，不论声调平仄，基本上读送气清音。例如：

[並平]平 p'æ²³｜[並去]病 p'æ⁵¹　　[定平]驮 t'o²³｜[定去]地 t'i⁵¹

[澄平]厨 tʂ'u²³｜[澄上]柱 tʂ'u⁵¹　　[从平]曹 tsʻy²³｜[从上]坐 tsʻo⁵¹

（2）微母字部分（口语音）读双唇鼻音 m-声母或唇齿擦音 v-声母，其余多数读零声母。例如：

[微]尾 mi²¹⁴、味 mi⁵¹、问 mẽ⁵¹、袜 muɐ³¹

[微]无 vu²³、武 vu²¹⁴、务 vu⁵¹、雾 vu⁵¹

（3）泥母字大部分声母与来母字同，读 l-声母，少数字细音读 n̠-声母。例如：

怒泥 lu⁵¹＝路来 lu⁵¹　　　　脑泥 lɤ²¹⁴＝老来 lɤ²¹⁴

男泥 lã²³＝兰来 lã²³　　　　嫩泥 lẽ⁵¹＝论来 lẽ⁵¹

[泥]泥 n̠i²³、娘 n̠iʌŋ²³、念 n̠ẽ⁵¹、浓 n̠iʌŋ²³

（4）塞擦音声母有舌尖音 ts-、tsʻ-、s-，tʂ-、tʂʻ-、ʂ-，和舌面音 tɕ-、tɕʻ-、ɕ-三组。古精组声母字逢今洪音读 ts-组声母，逢今细音读 tɕ-组声母。古知、庄、章组声母字逢今洪音读 tʂ-组声母，逢今细音读 tɕ-声母。古见组声母字多数逢今细音读 tɕ-组声母，逢今洪音读 k-组声母，除山摄合口三四等字、部分止摄合口三等字、部分流摄开口一等字逢今细音仍读 k-组声母外。

例如：

ts-：左精tso²¹⁴；粗清tsʻu³¹；锁心so²¹⁴

tʂ-：桌知tʂɔ⁵⁴；痴彻tʂʻʏ³¹；茶澄tʂʻuɐ²³｜装庄tʂʌŋ³¹；炒初tʂʻo²¹⁴；山生ʂã³¹｜纸章tʂʏ²¹⁴；车昌tʂʻa³¹；诗书ʂʏ³¹

tɕ-：借精tɕiɛ³⁵；咀清tɕʻi³¹；洗心ɕi²¹⁴｜镇知tɕiẽ³⁵；抽彻tɕʻʏ³¹；沉澄tɕʻiɐ²³｜争庄tɕiæ³¹；愁崇tɕʻʏ²³；生生ɕiã³¹｜正章tɕiæ³¹；尺昌tɕʻiæ⁵⁴；手书ɕʏ²¹⁴｜斤见tɕiẽ³¹；去溪tɕʻi³⁵；旧群tɕʻʏ⁵¹

（5）不区分尖团音。古精组字今逢细音读 tɕ-组声母，古见晓组字（疑母字除外）今逢细音也读 tɕ-组声母。例如：

箭精三tɕiẽ³⁵＝剑见三tɕiẽ³⁵　　　椒精三tɕyɛ³¹＝骄见三tɕyɛ³¹

秋清三tɕʻy³¹＝丘溪三tɕʻy³¹　　　千清四tɕʻiẽ³¹＝牵溪四tɕʻiẽ³¹

（6）流摄一等见组部分字今逢细音韵母，其声母腭化为舌面音 tɕ-组声母。例如：

狗流开一tɕy²¹⁴　　厚流开一ɕy⁵¹　　后流开一ɕy⁵¹

（7）影母开口一二等部分字读舌根鼻音 ŋ-声母，与今读洪音的部分疑母字声母相同。例如：

[影]哀蟹开一ŋa³¹、矮蟹开二ŋa²¹⁴、袄效开一ŋʏ²¹⁴、呕流开一ŋəu²¹⁴、暗咸开一ŋæ³⁵、案山开一ŋuõ³⁵、恩臻开一ŋẽ³¹、鸭咸开二ŋuɐ⁵⁴、恶宕开一ŋɔ⁵⁴

[疑]饿果开一ŋo⁵¹、艾蟹开一ŋa⁵¹、外蟹合一ŋuo⁵¹、熬效开一ŋo²³、藕流开一ŋəu²¹⁴、岩咸开二ŋã²³、雁山开二ŋã⁵¹、硬梗开二ŋæ⁵¹、月山合三ŋɛ³¹、额梗开二ŋæ⁵⁴

2. 韵母特点

（1）古阳声韵字部分今读为鼻化韵，部分今读为舌根鼻音-ŋ 韵尾。具体来说，咸深山臻曾梗摄字今读鼻化韵，宕江通摄今读鼻音-ŋ 韵尾。例如：

iẽ：[咸]尖开三tɕiẽ³¹、嫌开四ɕiẽ²³；[山]缠开三tɕʻiẽ²³、肩开四tɕiẽ³¹、丸合一viẽ²³、宣合三ɕiẽ³¹、县合四xiẽ⁵¹

ã｜uã：[咸]耽开一tã³¹、减开二kã²¹⁴、帆合三fã³¹；[山]单开一tã³¹、山开二ʂã³¹、反合三fã²¹⁴｜[山]玩合一uã²³、万合三uã⁵¹

õ｜uõ：[咸]潭开一tʻõ²³、赚开二tʂʻõ⁵¹；[山]半合一põ³⁵｜[山]肝开一kuõ³¹、端合一tuõ³¹、关合二kuõ³¹

æ̃｜iæ̃｜uæ̃：[咸]含开一xæ̃²³；[臻]肯开一kʻæ̃²¹⁴；[梗]冷开二læ̃²¹⁴、兵开三pæ̃³¹、钉开四tæ̃³¹｜[梗]生开二ɕiæ̃³¹、镜开三tɕiæ̃³⁵、经开四tɕiæ̃³¹｜[梗]横合二xuæ̃²³、兄合三xuæ̃³¹

ẽ｜iẽ｜uẽ｜yẽ：[深]林开三lẽ²³；[臻]吞开一tʻẽ³¹、宾开三pẽ³¹、本合一pẽ²¹⁴、轮合三lẽ²³；[曾]灯开一tẽ³¹、冰开三pẽ³¹｜[深]沉开三tɕʻiẽ²³；[臻]镇开三tɕiẽ³⁵、准合三tɕiẽ²¹⁴；[曾]蒸开三tɕiẽ³¹｜[臻]根开三kuẽ³¹、村合一tsʻuẽ³¹、军合三kuẽ³¹｜[臻]闰合三yẽ⁵¹

ʌŋ｜iʌŋ｜uʌŋ：[宕]帮开一pʌŋ³¹、张开三tʂʌŋ³¹、光合一kʌŋ³¹、方合三fʌŋ³¹；[江]绑开二pʌŋ²¹⁴｜[宕]娘开三ȵiʌŋ²³｜[宕]黄合一uʌŋ²³、网合三uʌŋ²¹⁴；[梗]矿合二kʻuʌŋ³⁵ oŋ｜ioŋ：[通]东₍合一₎toŋ³¹、梦₍合三₎moŋ⁵¹｜[梗]荣₍合三₎ioŋ²³；[通]绒₍合三₎ioŋ²³

（2）古入声韵字今读已无塞音韵尾，读为舒声韵。例如：
[咸入合]答 tuɐ⁵⁴、[深入辑]笠 li⁵⁴、[山入末]夺 t'uɐ³¹、[臻入没]骨 kue⁵⁴
[宕入铎]落 lɔ³¹、[江入觉]学 xɔ³¹、[曾入德]北 pi⁵⁴、[梗入麦]麦 mæ³¹
[通入屋]读 t'əu³¹

（3）蟹摄一二等字古-i 韵尾脱落，效摄、流摄一等及多数三等字古-u 韵尾脱落。例如：
[蟹]戴₍开一₎ta³⁵、拜₍开二₎pa³⁵、妹₍合一₎mɤ⁵¹、怪₍合二₎kuɐ³⁵
[效]刀₍开一₎tɤ³¹、包₍开二₎po³¹、表₍开三₎pyɛ²¹⁴、条₍开四₎t'yɛ²³
[流]头₍开一₎t'y²³、走₍开一₎tɕy²¹⁴、流₍开三₎ly²³、手₍开三₎ɕy²¹⁴

（4）部分古开口字读合口。例如：
[果开一]我 ŋuɐ²¹⁴
[假开二]茶 tʂ'uɐ²³、渣 tʂuɐ³¹、沙 ʂuɐ³¹
[蟹开二]钗 tʂ'uɐ³¹、晒 ʂuɐ³⁵、佳 kuɐ³¹
[山开一]赶 kuõ²¹⁴、看 k'uõ³⁵、寒 xuõ²³
[臻开一]根 kuẽ³¹
[咸开一]答 tuɐ⁵⁴、杂 tsʻuɐ⁵⁴、塔 t'uɐ⁵⁴、腊 luɐ³¹
[咸开二]插 tʂ'uɐ⁵⁴、夹 kuɐ⁵⁴、鸭 ŋuɐ⁵⁴
[山开一]达 t'uɐ³¹、辣 luɐ³¹、割 kuɐ⁵⁴
[山开二]八 puɐ⁵⁴、杀 ʂuɐ⁵⁴、瞎 xuɐ⁵⁴

（5）果摄一等字与蟹摄部分一等字今读韵母合流。例如：
饿₍果开一₎ŋo⁵¹＝碍₍蟹开一₎ŋo⁵¹　　　贺₍果开一₎xo⁵¹＝害₍蟹开一₎xo⁵¹
果₍果合₎ko²¹⁴＝改₍蟹开一₎ko²¹⁴　　　课₍果合₎k'o³¹＝开₍蟹开一₎k'o³¹

（6）遇摄三等鱼、虞两韵保留区分的痕迹，部分鱼韵字不读同韵其他字所读以及虞韵字所读的 y（u）韵母。例如：
[遇合三鱼]蛆 tɕ'i³¹、所 so²¹⁴、锯 ki³⁵、去 tɕ'i³⁵、渠₍他₎tɕ'i²³、鱼 ŋ̍²³

（7）蟹摄开口一等字与合口一等字今读韵母部分合流。例如：
胎₍蟹开一₎t'ɤ³¹＝推₍蟹合一₎t'ɤ³¹　　　赛₍蟹开一₎sɤ³⁵＝碎₍蟹合一₎sɤ³⁵
在₍蟹开一₎ts'ɤ⁵¹＝罪₍蟹合一₎ts'ɤ⁵¹

（8）蟹效咸山摄一、二等字保留区分的痕迹。例如：
赛₍蟹开一₎sɤ³⁵≠晒₍蟹开二₎ʂuɐ³⁵　　　开₍蟹开一₎k'o³¹≠揩₍蟹开二₎k'a³¹
高₍效开一₎kɤ³¹≠交₍效开二₎ko³¹　　　含₍咸开一₎xæ²³≠咸₍咸开二₎xã²³
赶₍山开一₎kuõ²¹⁴≠拣₍山开二₎tɕiẽ²¹⁴

（9）效摄一等部分字与蟹摄一等字今读韵母合流。例如：
糙₍效开一₎ts'ɤ³⁵＝菜₍蟹开一₎ts'ɤ³⁵　　　桃₍效开一₎t'ɤ²³＝台₍蟹开一₎t'ɤ²³

（10）山摄一、二等开口字与合口字今读韵母相同。例如：

[山]旱开一 xuõ⁵¹＝换合一 xuõ⁵¹　　肝开一 kuõ³¹＝官合一 kuõ³¹

[山]渴开一 kʻuɐ⁵⁴＝阔合一 kʻuɐ⁵⁴　　安开一 uõ³¹＝弯合二 uõ³¹

（11）深臻摄部分字与曾梗摄部分字今读韵母合流。例如：

寻深开三 tsʻẽ²³＝层曾开一 tsʻẽ²³　　宾臻开三 pẽ³¹＝冰曾开三 pẽ³¹

钝臻合一 tʻẽ⁵¹＝邓曾开一 tʻẽ⁵¹　　十深开三 ɕie³¹＝食曾开三 ɕie³¹

（12）梗摄三四等字与深摄、臻摄三等字韵母有别。例如：

星梗开四 sæ̃³¹≠新臻开三 sẽ³¹＝心深开三 sẽ³¹

3. 声调特点

（1）古平、去两声的字根据古声母清浊各分阴阳两类。例如：

[清平]通 tʻoŋ³¹｜[浊平]铜 tʻoŋ²³；[清去]痛 tʻoŋ³⁵｜[浊去]洞 tʻoŋ⁵¹

（2）上声只有一类，读上声的包括古上声清声母字和次浊声母字。古上声全浊声母字归读阳去调（调值为 51）。例如：

[遇合一上]虎晓 xu²¹⁴　　卤来 lu²¹⁴　　　　户匣上 xu⁵¹＝护匣去 xu⁵¹

（3）有入声。古入声清声母字和部分次浊声母字保留独立调类，调值为高降的 54 短调。例如：

[清入]答 tuɐ⁵⁴　　[清入]客 kʻæ⁵⁴　　[次浊入]日 ȵi⁵⁴

（4）古入声全浊声母字和部分次浊声母字归读阴平调（调值为 31）。例如：

狭咸开二入匣 xuɐ³¹＝花假开三平晓 xuɐ³¹　　猎咸开三叶来 liɛ³¹　　玉通合三烛疑 ȵy³¹

第三章 赣东北徽语代表方言点单字音对照

本章对照赣东北徽语13处代表方言点的单字读音。方言点的排列按第二章各方言点音系所列的顺序：

浮梁方言：经公桥话、鹅湖话、旧城话、湘湖话；

婺源方言：溪头话、沱川话、紫阳话、许村话、中云话；

德兴方言：新建话、新营话、黄柏话、暖水话。

本章用作对照的单字音共1840个，这些字均选自《方言调查字表》（中国社会科学院语言研究所编，商务印书馆1981年版）。每个字注明其中古音韵地位：摄、开合、等第、声调、韵母、声母，例如：

0001①多：果开一平歌端　表示"多"字在中古语音系统中属于"果摄"、"开口"、"一等"、"平声"、"歌韵"、"端母"；

0766 贪：咸开一平覃透　表示"贪"字在中古语音系统中属于"咸摄"、"开口"、"一等"、"平声"、"覃韵"、"透母"；

1837 局：通合三入烛群　表示"局"字在中古语音系统中属于"通摄"、"合口"、"三等"、"入声"、"烛韵"、"群母"。

多音字按不同读音分立字条，并用小号字注明其读音语境，例如："0028 磨~刀"、"0029 磨石~"、"0199 渠水~"、"0200 渠[他]"。②或只收其中一读，用小号字注明，例如："0100 舍~不得"。字音有可能存在文白异读的，也按文读和白读不同读音语境分立字条，例如："0006 大年纪~"、"0007 大~学"。字音的声母韵母以国际音标标注。为了便于对照比较，声调采用传统的"发圈法"标示调类（具体调值参见本书第二章"赣东北徽语代表方言点的音系"中各方言点音系）：以"˪□"、"˚□"、"□˚"、"□˩"分别表示平声、上声、去声、入声；声调作阴阳两分的，"˪□"、"˚□"、"□˚"、"□˩"只分别表示阴平、阴上、阴去、阴入，而以"˫□"、"˳□"、"□˳"、"□˫"分别表示阳平、阳上、阳去、阳入。例如：

旧城话有5个声调：

---

① 为便于查找，本章用作对照的单字编定顺序以数字标记。

② 作注的小号字或举出用例（与字条相同的字用"～"号表示），或作简单释义（外加方括号）。

诗 ₌ɕi:	阴平 55		时 ₌ɕi:	阳平 24
喜 ⁼ɕi:	上声 31			
戏 ɕi²:	阴去 213		是 ɕi²:	阳去 33

紫阳话有 6 个声调：

通 ₌tʻɐm:	阴平 44		同 ₌tʻɐm:	阳平 211
统 ⁼tʻɐm:	阴上 2		动 ⁼tʻɐm:	阳上 31
痛 tʻɐm²:	阴去 35		洞 tʻɐm²:	阳去 51

新营话有 6 个声调：

区 ₌tɕʻy:	阴平 55		厨 ₌tɕʻy:	阳平 31
鼠 ⁼tɕʻy:	上声 53			
处到~ tɕʻy²:	阴去 213		住 tɕʻy²:	阳去 51
出 tɕʻyɔ::	入声 215			

以下是本章所收单字索引。1840 个单字按《方言调查字表》所列中古音十六摄的顺序（果、假、遇、蟹、止、效、流；咸、深、山、臻、宕、江、曾、梗、通）排列。咸、深、山、臻、宕、江、曾、梗、通 9 个摄依序先列全部阳声韵字，其后再依序列出全部入声韵字。

1. 果摄（118 页）：51 个单字

0001 多	0002 拖	0003 他	0004 驮	0005 驼	0006 大	0007 大	0008 罗
0009 锣	0010 左	0011 歌	0012 哥	0013 个	0014 个	0015 可	0016 鹅
0017 我	0018 饿	0019 河	0020 何	0021 贺	0022 茄	0023 波	0024 播
0025 坡	0026 破	0027 婆	0028 磨	0029 磨	0030 躲	0031 糯	0032 螺
0033 锉	0034 坐	0035 座	0036 蓑	0037 锁	0038 锅	0039 果	0040 果
0041 过	0042 过	0043 棵	0044 颗	0045 课	0046 火	0047 货	0048 和
0049 禾	0050 祸	0051 靴					

2. 假摄（121 页）：65 个单字

0052 疤	0053 把	0054 霸	0055 爸	0056 怕	0057 爬	0058 耙	0059 耙
0060 麻	0061 妈	0062 马	0063 骂	0064 拿	0065 茶	0066 渣	0067 榨
0068 叉	0069 查	0070 沙	0071 家	0072 假	0073 假	0074 嫁	0075 牙
0076 虾	0077 霞	0078 下	0079 下	0080 夏	0081 鸦	0082 哑	0083 亚
0084 姐	0085 借	0086 写	0087 泻	0088 邪	0089 斜	0090 谢	0091 谢
0092 爹	0093 遮	0094 蔗	0095 车	0096 扯	0097 蛇	0098 射	0099 赊
0100 舍	0101 社	0102 惹	0103 爷	0104 也	0105 野	0106 夜	0107 傻
0108 耍	0109 瓜	0110 寡	0111 夸	0112 垮	0113 瓦	0114 花	0115 化
0116 华							

3. 遇摄（125 页）：133 个单字

0117 补	0118 谱	0119 布	0120 铺	0121 普	0122 部	0123 簿	0124 步
0125 模	0126 墓	0127 赌	0128 肚	0129 土	0130 吐	0131 兔	0132 图
0133 杜	0134 肚	0135 度	0136 奴	0137 努	0138 怒	0139 炉	0140 卤
0141 路	0142 租	0143 祖	0144 做	0145 粗	0146 醋	0147 错	0148 酥
0149 孤	0150 箍	0151 古	0152 鼓	0153 雇	0154 枯	0155 苦	0156 裤
0157 吴	0158 五	0159 午	0160 误	0161 虎	0162 㾮	0163 胡	0164 壶
0165 户	0166 护	0167 乌	0168 坞	0169 女	0170 庐	0171 驴	0172 吕
0173 蛆	0174 徐	0175 绪	0176 猪	0177 著	0178 除	0179 苎	0180 阻
0181 初	0182 楚	0183 锄	0184 助	0185 梳	0186 所	0187 诸	0188 煮
0189 杵	0190 处	0191 书	0192 鼠	0193 薯	0194 如	0195 居	0196 车
0197 锯	0198 去	0199 渠	0200 渠	0201 拒	0202 鱼	0203 语	0204 虚
0205 许	0206 余	0207 预	0208 夫	0209 斧	0210 付	0211 麸	0212 抚
0213 符	0214 扶	0215 腐	0216 辅	0217 附	0218 无	0219 武	0220 务
0221 雾	0222 娶	0223 趣	0224 聚	0225 须	0226 驻	0227 厨	0228 柱
0229 住	0230 数	0231 数	0232 朱	0233 主	0234 蛀	0235 输	0236 竖
0237 树	0238 儒	0239 乳	0240 拘	0241 矩	0242 句	0243 区	0244 具
0245 愚	0246 迂	0247 雨	0248 芋	0249 裕			

4. 蟹摄（133 页）：158 个单字

0250 戴	0251 胎	0252 贷	0253 台	0254 待	0255 袋	0256 耐	0257 来
0258 灾	0259 栽	0260 宰	0261 再	0262 猜	0263 睬	0264 菜	0265 才
0266 在	0267 载	0268 鳃	0269 赛	0270 该	0271 改	0272 概	0273 开
0274 呆	0275 碍	0276 海	0277 孩	0278 亥	0279 哀	0280 爱	0281 贝
0282 带	0283 太	0284 大	0285 奈	0286 赖	0287 蔡	0288 盖	0289 艾
0290 害	0291 拜	0292 排	0293 埋	0294 斋	0295 豸	0296 阶	0297 界
0298 揩	0299 楷	0300 谐	0301 械	0302 挨	0303 摆	0304 派	0305 牌
0306 稗	0307 买	0308 卖	0309 奶	0310 债	0311 钗	0312 差	0313 柴
0314 筛	0315 洒	0316 晒	0317 佳	0318 街	0319 解	0320 涯	0321 鞋
0322 矮	0323 败	0324 寨	0325 毙	0326 例	0327 厉	0328 祭	0329 制
0330 世	0331 势	0332 艺	0333 闭	0334 批	0335 迷	0336 米	0337 低
0338 底	0339 帝	0340 梯	0341 体	0342 替	0343 蹄	0344 弟	0345 第
0346 泥	0347 犁	0348 妻	0349 齐	0350 西	0351 洗	0352 细	0353 细
0354 鸡	0355 计	0356 溪	0357 契	0358 系	0359 杯	0360 背	0361 配
0362 赔	0363 倍	0364 背	0365 梅	0366 每	0367 妹	0368 堆	0369 对
0370 推	0371 腿	0372 退	0373 队	0374 累	0375 催	0376 罪	0377 碎

0378 魁	0379 灰	0380 悔	0381 回	0382 汇	0383 煨	0384 最	0385 会		
0386 外	0387 会	0388 会	0389 乖	0390 怪	0391 块	0392 坏	0393 枴		
0394 挂	0395 歪	0396 画	0397 蛙	0398 快	0399 话	0400 脆	0401 岁		
0402 税	0403 卫	0404 废	0405 肺	0406 桂	0407 惠				

5. 止摄（143 页）：148 个单字

0408 碑	0409 臂	0410 披	0411 皮	0412 被	0413 被	0414 离	0415 紫		
0416 雌	0417 刺	0418 斯	0419 知	0420 智	0421 池	0422 枝	0423 纸		
0424 是	0425 儿	0426 寄	0427 骑	0428 技	0429 宜	0430 蚁	0431 义		
0432 戏	0433 椅	0434 移	0435 易	0436 悲	0437 比	0438 痹	0439 屄		
0440 枇	0441 备	0442 鼻	0443 眉	0444 美	0445 地	0446 尼	0447 梨		
0448 利	0449 资	0450 姊	0451 次	0452 瓷	0453 自	0454 私	0455 死		
0456 四	0457 迟	0458 师	0459 指	0460 至	0461 尸	0462 屎	0463 二		
0464 饥	0465 器	0466 姨	0467 你	0468 厘	0469 李	0470 里	0471 里		
0472 理	0473 子	0474 磁	0475 字	0476 丝	0477 祠	0478 巳	0479 寺		
0480 痴	0481 痔	0482 治	0483 厕	0484 柿	0485 事	0486 趾	0487 痣		
0488 齿	0489 诗	0490 始	0491 试	0492 时	0493 市	0494 耳	0495 基		
0496 己	0497 记	0498 欺	0499 起	0500 旗	0501 忌	0502 疑	0503 喜		
0504 医	0505 意	0506 已	0507 几	0508 机	0509 几	0510 气	0511 毅		
0512 稀	0513 衣	0514 嘴	0515 髓	0516 随	0517 吹	0518 睡	0519 规		
0520 亏	0521 跪	0522 危	0523 毁	0524 委	0525 为	0526 为	0527 泪		
0528 醉	0529 追	0530 锤	0531 衰	0532 帅	0533 水	0534 龟	0535 轨		
0536 季	0537 葵	0538 柜	0539 位	0540 飞	0541 匪	0542 痱	0543 费		
0544 肥	0545 尾	0546 味	0547 归	0548 鬼	0549 贵	0550 魏	0551 辉		
0552 威	0553 慰	0554 围	0555 伟						

6. 效摄（152 页）：126 个单字

0556 宝	0557 报	0558 袍	0559 抱	0560 暴	0561 毛	0562 帽	0563 刀		
0564 倒	0565 到	0566 倒	0567 讨	0568 套	0569 桃	0570 道	0571 盗		
0572 脑	0573 牢	0574 老	0575 糟	0576 早	0577 灶	0578 操	0579 草		
0580 糙	0581 曹	0582 造	0583 骚	0584 扫	0585 嫂	0586 扫	0587 高		
0588 稿	0589 告	0590 考	0591 靠	0592 熬	0593 傲	0594 好	0595 好		
0596 豪	0597 号	0598 袄	0599 包	0600 饱	0601 豹	0602 抛	0603 炮		
0604 跑	0605 鲍	0606 鉋	0607 猫	0608 卯	0609 貌	0610 闹	0611 罩		
0612 抓	0613 爪	0614 找	0615 钞	0616 炒	0617 捎	0618 交	0619 绞		
0620 教	0621 酵	0622 觉	0623 敲	0624 巧	0625 咬	0626 孝	0627 校		

0628 坳	0629 膘	0630 表	0631 飘	0632 漂	0633 票	0634 瓢	0635 苗
0636 庙	0637 疗	0638 椒	0639 剿	0640 锹	0641 俏	0642 销	0643 小
0644 笑	0645 朝	0646 超	0647 潮	0648 赵	0649 招	0650 沼	0651 照
0652 烧	0653 少	0654 少	0655 绍	0656 饶	0657 绕	0658 骄	0659 桥
0660 轿	0661 腰	0662 要	0663 摇	0664 舀	0665 鹞	0666 刁	0667 鸟
0668 钓	0669 挑	0670 跳	0671 条	0672 调	0673 尿	0674 了	0675 料
0676 萧	0677 浇	0678 缴	0679 叫	0680 窍	0681 晓		

7. 流摄（160 页）：83 个单字

0682 某	0683 亩	0684 母	0685 戊	0686 茂	0687 兜	0688 斗	0689 斗
0690 偷	0691 透	0692 头	0693 豆	0694 楼	0695 篓	0696 漏	0697 走
0698 凑	0699 勾	0700 狗	0701 够	0702 口	0703 扣	0704 藕	0705 猴
0706 后	0707 厚	0708 候	0709 呕	0710 富	0711 副	0712 浮	0713 妇
0714 谋	0715 矛	0716 流	0717 刘	0718 柳	0719 廖	0720 酒	0721 秋
0722 就	0723 修	0724 锈	0725 袖	0726 昼	0727 抽	0728 丑	0729 绸
0730 绉	0731 愁	0732 搜	0733 瘦	0734 周	0735 州	0736 帚	0737 咒
0738 臭	0739 收	0740 手	0741 兽	0742 仇	0743 受	0744 寿	0745 柔
0746 阄	0747 九	0748 救	0749 丘	0750 求	0751 舅	0752 旧	0753 牛
0754 休	0755 优	0756 有	0757 友	0758 右	0759 油	0760 酉	0761 釉
0762 彪	0763 丢	0764 幼					

8. 咸摄阳声韵（165 页）：79 个单字

0765 耽	0766 贪	0767 探	0768 潭	0769 南	0770 男	0771 参	0772 惨
0773 蚕	0774 感	0775 含	0776 庵	0777 揞	0778 暗	0779 担	0780 胆
0781 担	0782 毯	0783 痰	0784 淡	0785 篮	0786 鏨	0787 三	0788 甘
0789 敢	0790 喊	0791 赚	0792 站	0793 斩	0794 杉	0795 减	0796 咸
0797 陷	0798 衫	0799 监	0800 嵌	0801 岩	0802 衔	0803 舰	0804 黏
0805 镰	0806 殓	0807 尖	0808 签	0809 渐	0810 沾	0811 占	0812 陕
0813 闪	0814 染	0815 检	0816 脸	0817 钳	0818 俭	0819 验	0820 险
0821 淹	0822 厌	0823 炎	0824 盐	0825 焰	0826 剑	0827 欠	0828 严
0829 点	0830 店	0831 添	0832 舔	0833 甜	0834 簟	0835 念	0836 兼
0837 谦	0838 嫌	0839 泛	0840 凡	0841 帆	0842 范	0843 犯	

9. 深摄阳声韵（170 页）：25 个单字

0844 品	0845 临	0846 林	0847 浸	0848 侵	0849 寝	0850 心	0851 寻
0852 沉	0853 森	0854 参	0855 渗	0856 针	0857 枕	0858 深	0859 婶
0860 壬	0861 任	0862 金	0863 襟	0864 锦	0865 禁	0866 琴	0867 音
0868 饮							

10. 山摄阳声韵（172 页）：198 个单字

0869 单	0870 旦	0871 滩	0872 坦	0873 炭	0874 弹	0875 蛋	0876 难
0877 难	0878 兰	0879 懒	0880 烂	0881 餐	0882 残	0883 伞	0884 散
0885 肝	0886 赶	0887 干	0888 看	0889 岸	0890 鼾	0891 汉	0892 寒
0893 旱	0894 汗	0895 安	0896 案	0897 扮	0898 办	0899 盏	0900 铲
0901 山	0902 产	0903 艰	0904 间	0905 栋	0906 间	0907 眼	0908 闲
0909 限	0910 苋	0911 班	0912 板	0913 攀	0914 襻	0915 丹	0916 蛮
0917 慢	0918 奸	0919 颜	0920 雁	0921 鞭	0922 变	0923 偏	0924 骗
0925 便	0926 辩	0927 便	0928 棉	0929 免	0930 面	0931 连	0932 煎
0933 剪	0934 箭	0935 迁	0936 浅	0937 钱	0938 贱	0939 仙	0940 癣
0941 线	0942 展	0943 缠	0944 战	0945 扇	0946 扇	0947 善	0948 然
0949 乾	0950 件	0951 延	0952 演	0953 建	0954 健	0955 言	0956 献
0957 边	0958 扁	0959 遍	0960 片	0961 辫	0962 眠	0963 面	0964 颠
0965 天	0966 田	0967 电	0968 年	0969 莲	0970 练	0971 笾	0972 千
0973 前	0974 先	0975 肩	0976 坚	0977 茧	0978 见	0979 牵	0980 研
0981 弦	0982 现	0983 烟	0984 燕	0985 搬	0986 半	0987 潘	0988 判
0989 盘	0990 伴	0991 叛	0992 满	0993 端	0994 短	0995 团	0996 断
0997 段	0998 暖	0999 卵	1000 乱	1001 钻	1002 钻	1003 酸	1004 蒜
1005 官	1006 管	1007 灌	1008 宽	1009 款	1010 玩	1011 欢	1012 完
1013 丸	1014 皖	1015 换	1016 豌	1017 碗	1018 腕	1019 鳏	1020 顽
1021 幻	1022 闩	1023 关	1024 惯	1025 还	1026 还	1027 患	1028 弯
1029 恋	1030 全	1031 宣	1032 选	1033 转	1034 传	1035 传	1036 砖
1037 穿	1038 串	1039 船	1040 软	1041 卷	1042 圈	1043 拳	1044 权
1045 圆	1046 院	1047 缘	1048 铅	1049 捐	1050 反	1051 贩	1052 翻
1053 烦	1054 饭	1055 万	1056 劝	1057 元	1058 愿	1059 楦	1060 冤
1061 怨	1062 袁	1063 远	1064 犬	1065 悬	1066 县		

11. 臻摄阳声韵（184 页）：107 个单字

1067 吞	1068 根	1069 垦	1070 痕	1071 很	1072 恨	1073 恩	1074 宾
1075 殡	1076 贫	1077 民	1078 敏	1079 邻	1080 津	1081 尽	1082 进

1083 亲	1084 秦	1085 尽	1086 新	1087 信	1088 珍	1089 镇	1090 陈
1091 阵	1092 衬	1093 真	1094 诊	1095 震	1096 神	1097 身	1098 辰
1099 人	1100 忍	1101 认	1102 巾	1103 紧	1104 银	1105 因	1106 印
1107 寅	1108 引	1109 斤	1110 劲	1111 勤	1112 近	1113 隐	1114 本
1115 喷	1116 盆	1117 笨	1118 门	1119 焖	1120 敦	1121 墩	1122 顿
1123 钝	1124 嫩	1125 论	1126 尊	1127 村	1128 寸	1129 存	1130 蹲
1131 孙	1132 损	1133 滚	1134 棍	1135 坤	1136 捆	1137 困	1138 昏
1139 魂	1140 浑	1141 混	1142 瘟	1143 稳	1144 轮	1145 遵	1146 笋
1147 准	1148 春	1149 唇	1150 顺	1151 纯	1152 闰	1153 均	1154 菌
1155 匀	1156 允	1157 分	1158 粉	1159 坟	1160 份	1161 文	1162 蚊
1163 闻	1164 问	1165 军	1166 裙	1167 熏	1168 荤	1169 训	1170 云
1171 韵	1172 运	1173 晕					

12. 宕摄阳声韵（191 页）：101 个单字

1174 帮	1175 榜	1176 旁	1177 忙	1178 当	1179 党	1180 当	1181 汤
1182 烫	1183 堂	1184 糖	1185 郎	1186 浪	1187 脏	1188 葬	1189 仓
1190 藏	1191 脏	1192 桑	1193 缸	1194 糠	1195 抗	1196 行	1197 娘
1198 凉	1199 两	1200 两	1201 亮	1202 浆	1203 蒋	1204 酱	1205 枪
1206 抢	1207 墙	1208 匠	1209 箱	1210 想	1211 相	1212 详	1213 象
1214 像	1215 张	1216 涨	1217 帐	1218 畅	1219 长	1220 丈	1221 装
1222 壮	1223 疮	1224 闯	1225 床	1226 状	1227 霜	1228 爽	1229 章
1230 掌	1231 昌	1232 厂	1233 唱	1234 伤	1235 赏	1236 常	1237 裳
1238 上	1239 上	1240 瓤	1241 让	1242 姜	1243 强	1244 香	1245 响
1246 向	1247 秧	1248 阳	1249 痒	1250 样	1251 光	1252 广	1253 荒
1254 谎	1255 黄	1256 汪	1257 方	1258 放	1259 纺	1260 访	1261 房
1262 亡	1263 网	1264 忘	1265 望	1266 筐	1267 眶	1268 狂	1269 况
1270 枉	1271 王	1272 王	1273 往	1274 旺			

13. 江摄阳声韵（197 页）：17 个单字

1275 邦	1276 绑	1277 胖	1278 棒	1279 桩	1280 撞	1281 窗	1282 双
1283 江	1284 讲	1285 降	1286 虹	1287 腔	1288 夯	1289 降	1290 项

1291 巷

14. 曾摄阳声韵（198 页）：38 个单字

1292 崩	1293 朋	1294 灯	1295 等	1296 凳	1297 藤	1298 邓	1299 澄
1300 能	1301 增	1302 层	1303 赠	1304 僧	1305 肯	1306 冰	1307 凭
1308 菱	1309 征	1310 惩	1311 瞪	1312 蒸	1313 拯	1314 证	1315 称
1316 秤	1317 乘	1318 绳	1319 剩	1320 升	1321 胜	1322 承	1323 仍
1324 兴	1325 兴	1326 鹰	1327 应	1328 蝇	1329 弘		

15. 梗摄阳声韵（201 页）：107 个单字

1330 彭	1331 盲	1332 猛	1333 打	1334 冷	1335 撑	1336 生	1337 牲
1338 省	1339 省	1340 庚	1341 羹	1342 哽	1343 梗	1344 更	1345 坑
1346 硬	1347 行	1348 杏	1349 棚	1350 橙	1351 争	1352 睁	1353 耕
1354 幸	1355 莺	1356 兵	1357 丙	1358 柄	1359 平	1360 病	1361 明
1362 命	1363 京	1364 惊	1365 景	1366 镜	1367 庆	1368 竟	1369 迎
1370 英	1371 影	1372 映	1373 饼	1374 并	1375 聘	1376 名	1377 领
1378 岭	1379 令	1380 精	1381 井	1382 清	1383 请	1384 晴	1385 静
1386 净	1387 省	1388 姓	1389 贞	1390 程	1391 郑	1392 正	1393 征
1394 整	1395 正	1396 政	1397 声	1398 圣	1399 成	1400 城	1401 盛
1402 颈	1403 轻	1404 婴	1405 赢	1406 拼	1407 瓶	1408 并	1409 钉
1410 顶	1411 订	1412 听	1413 停	1414 挺	1415 定	1416 宁	1417 零
1418 铃	1419 拎	1420 另	1421 青	1422 星	1423 醒	1424 经	1425 形
1426 矿	1427 横	1428 轰	1429 宏	1430 兄	1431 荣	1432 永	1433 倾
1434 琼	1435 营	1436 萤					

16. 通摄阳声韵（207 页）：93 个单字

1437 篷	1438 蒙	1439 懵	1440 东	1441 懂	1442 冻	1443 通	1444 桶
1445 痛	1446 铜	1447 动	1448 洞	1449 笼	1450 聋	1451 拢	1452 弄
1453 棕	1454 鬃	1455 总	1456 粽	1457 葱	1458 丛	1459 送	1460 公
1461 贡	1462 空	1463 孔	1464 控	1465 空	1466 烘	1467 哄	1468 红
1469 虹	1470 哄	1471 翁	1472 冬	1473 统	1474 农	1475 宗	1476 松
1477 宋	1478 风	1479 冯	1480 凤	1481 梦	1482 隆	1483 忠	1484 中

1485 中	1486 虫	1487 崇	1488 终	1489 众	1490 充	1491 铳	1492 绒
1493 弓	1494 穷	1495 熊	1496 融	1497 封	1498 蜂	1499 逢	1500 缝
1501 奉	1502 缝	1503 浓	1504 龙	1505 纵	1506 从	1507 从	1508 松
1509 诵	1510 宠	1511 重	1512 重	1513 钟	1514 肿	1515 种	1516 冲
1517 舂	1518 茸	1519 供	1520 拱	1521 供	1522 恐	1523 共	1524 共
1525 凶	1526 拥	1527 容	1528 勇	1529 用			

17. 咸摄入声韵（213 页）：37 个单字

1530 答	1531 踏	1532 纳	1533 拉	1534 杂	1535 鸽	1536 喝	1537 盒
1538 塔	1539 腊	1540 蜡	1541 磕	1542 眨	1543 插	1544 闸	1545 夹
1546 狭	1547 甲	1548 匣	1549 鸭	1550 聂	1551 蹑	1552 猎	1553 接
1554 折	1555 摄	1556 涉	1557 叶	1558 劫	1559 怯	1560 业	1561 胁
1562 跌	1563 帖	1564 叠	1565 协	1566 法			

18. 深摄入声韵（215 页）：13 个单字

1567 笠	1568 粒	1569 集	1570 习	1571 蛰	1572 汁	1573 湿	1574 十
1575 入	1576 急	1577 及	1578 吸	1579 揖			

19. 山摄入声韵（216 页）：66 个单字

1580 达	1581 捺	1582 辣	1583 瘌	1584 擦	1585 割	1586 渴	1587 喝
1588 八	1589 拔	1590 抹	1591 扎	1592 察	1593 杀	1594 轧	1595 铡
1596 瞎	1597 别	1598 别	1599 灭	1600 裂	1601 薛	1602 折	1603 舌
1604 设	1605 热	1606 杰	1607 孽	1608 揭	1609 歇	1610 撒	1611 篾
1612 铁	1613 捏	1614 节	1615 切	1616 屑	1617 结	1618 拨	1619 泼
1620 末	1621 脱	1622 夺	1623 捋	1624 括	1625 阔	1626 活	1627 滑
1628 挖	1629 刷	1630 刮	1631 劣	1632 绝	1633 雪	1634 说	1635 阅
1636 发	1637 发	1638 罚	1639 袜	1640 月	1641 越	1642 决	1643 缺
1644 血	1645 穴						

20. 臻摄入声韵（220 页）：31 个单字

1646 笔	1647 匹	1648 密	1649 栗	1650 七	1651 侄	1652 虱	1653 质
1654 实	1655 失	1656 日	1657 吉	1658 一	1659 讫	1660 乞	1661 不
1662 突	1663 卒	1664 骨	1665 窟	1666 忽	1667 核	1668 律	1669 戌

1670 术	1671 出	1672 术	1673 橘	1674 佛	1675 物	1676 屈	

21. 宕摄入声韵（222 页）：32 个单字

1677 博	1678 薄	1679 莫	1680 膜	1681 幕	1682 托	1683 落	1684 作
1685 凿	1686 昨	1687 索	1688 各	1689 鹤	1690 恶	1691 雀	1692 鹊
1693 嚼	1694 削	1695 着	1696 着	1697 勺	1698 弱	1699 脚	1700 虐
1701 疟	1702 约	1703 药	1704 跃	1705 郭	1706 扩	1707 藿	1708 缚

22. 江摄入声韵（224 页）：13 个单字

1709 剥	1710 雹	1711 桌	1712 戳	1713 浊	1714 捉	1715 镯	1716 觉
1717 角	1718 壳	1719 岳	1720 学	1721 握			

23. 曾摄入声韵（225 页）：24 个单字

1722 北	1723 墨	1724 得	1725 特	1726 贼	1727 塞	1728 刻	1729 黑
1730 逼	1731 力	1732 熄	1733 直	1734 侧	1735 色	1736 织	1737 食
1738 识	1739 植	1740 极	1741 亿	1742 翼	1743 国	1744 或	1745 域

24. 梗摄入声韵（227 页）：47 个单字

1746 百	1747 拍	1748 白	1749 陌	1750 拆	1751 择	1752 格	1753 客
1754 额	1755 吓	1756 麦	1757 脉	1758 摘	1759 责	1760 册	1761 隔
1762 轭	1763 碧	1764 剧	1765 逆	1766 璧	1767 僻	1768 脊	1769 籍
1770 惜	1771 席	1772 席	1773 只	1774 尺	1775 适	1776 石	1777 益
1778 液	1779 壁	1780 劈	1781 滴	1782 踢	1783 笛	1784 敌	1785 历
1786 绩	1787 戚	1788 锡	1789 击	1790 吃	1791 获	1792 疫	

25. 通摄入声韵（230 页）：48 个单字

1793 扑	1794 木	1795 秃	1796 独	1797 读	1798 鹿	1799 禄	1800 族
1801 速	1802 谷	1803 哭	1804 屋	1805 督	1806 毒	1807 福	1808 覆
1809 服	1810 目	1811 六	1812 陆	1813 肃	1814 竹	1815 畜	1816 轴
1817 缩	1818 粥	1819 叔	1820 熟	1821 肉	1822 菊	1823 曲	1824 蓄
1825 育	1826 绿	1827 足	1828 粟	1829 俗	1830 烛	1831 触	1832 赎
1833 束	1834 属	1835 褥	1836 曲	1837 局	1838 玉	1839 狱	1840 浴

	0001	0002	0003	0004	0005	0006	0007	0008
	多	拖	他	駞~起来	舵	大~年纪	大~学	罗
	果开一平歌端	果开一平歌透	果开一平歌透	果开一平歌定	果开一上哿定	果开一去箇定	果开一去箇定	果开一平歌来
经公桥	₌tuʌ	₌tʻuʌ	₌tʻa	₌tʻuʌ	⁼tʻuʌ	tʻa⁼	tʻa⁼	₌luʌ
鹅 湖	₌tuo	₌tʻuo	₌tʻa	₌tʻuo	tʻuo⁼	tʻa⁼	tʻa⁼	₌luo
旧 城	₌tuo	₌tʻuo	₌tʻa	₌tʻuo	tʻuo⁼	tʻa⁼	tʻa⁼	₌luo
湘 湖	₌to	₌tʻɜ	₌tʻa	₌tʻɜ	tʻo⁼	tʻa⁼	tʻa⁼	₌lo
溪 头	₌to	₌tʻo	₌tʻa	₌to	⁼to	tʻo⁼	tʻa⁼	₌lo
沱 川	₌to	₌tʻo	₌tʻɒ	₌to	to⁼	tʻu⁼	tʻɒ⁼	₌lo
紫 阳	₌tə	₌tʻə	₌tʻa	₌tʻə	⁼tʻə	tʻu⁼	tʻo⁼	₌lə
许 村	₌tɤ	₌tʻɤ	₌tʻo	₌tʻɤ	₌tʻɤ	tʻɤ⁼	tʻo⁼	₌lɤ
中 云	₌tɤ	₌tʻɤ	₌tʻa	₌tʻo	tʻɤ⁼	tʻo⁼	tʻo⁼	₌lɤ
新 建	₌tɯ	₌tʻɯ	₌tʻa	₌tʻɯ	tʻɯ⁼	tʻa⁼	tʻa⁼	₌lɯ
新 营	₌tu	₌tʻu	₌tʻo	₌tʻu	tʻu⁼	tʻa⁼	tʻa⁼	₌lu
黄 柏	₌to	₌tʻo	₌tʻa	₌to	tʻo⁼	tʻɑ⁼	tʻa⁼	₌lo
暖 水	₌to	₌tʻo	₌tʻa	₌tʻo	tʻo⁼	tʻa⁼	tʻa⁼	₌lo

	0009	0010	0011	0012	0013	0014	0015	0016
	锣	左	歌	哥	个一~人	个~别	可	鹅
	果开一平歌来	果开一上哿精	果开一平歌见	果开一平歌见	果开一去箇见	果开一去箇见	果开一上哿溪	果开一平歌疑
经公桥	₌luʌ	⁼tsuʌ	₌kɤ	₌kɤ	kɤ⁼	kɤ⁼	⁼kʻɤ	₌ɤ
鹅 湖	₌luo	⁼tsuo	₌kəʳ	₌kie	kiɛ/kɛ⁼	kiɛ⁼	⁼kʻiɛ	₌ŋiɛ
旧 城	₌luo	⁼tsuo	₌kiɛʳ	₌kiɛ	kiɛ/kɛ⁼	kiɛ⁼	⁼kʻiɛ	₌ŋiɛ
湘 湖	₌lo	⁼tso	₌kɛ	₌kɛ	kɛ⁼	kɛ⁼	⁼kʻɛ	₌ŋɛ
溪 头	₌lo	⁼tso	₌ko	₌ko	ka⁼	ko⁼	⁼kʻo	₌ŋo
沱 川	₌lo	⁼tso	₌ko	₌kə	ka⁼	ko⁼	⁼kʻo	₌gə
紫 阳	₌lə	⁼tsə	₌kə	₌kə	kə⁼	kə⁼	⁼kʻə	₌gə
许 村	₌lɤ	⁼tsɤ	₌kɤ	₌kɤ	kɤ⁼	kɤ⁼	⁼kʻɤ	₌ŋɤ
中 云	₌lɤ	⁼tsɤ	₌kɤ	₌kɤ	kɤ⁼	kɤ⁼	⁼kʻɤ	₌gɤ
新 建	₌lɯ	⁼tsɯ	₌kɯ	₌kɯ	ka⁼	ka⁼	⁼kʻɯ	₌ŋɯ
新 营	₌lu	⁼tso	₌ki	₌ki	kɛ⁼	ko⁼	⁼kʻi	₌ŋu
黄 柏	₌lo	⁼tso	₌ko	₌ko	ko⁼	ko⁼	⁼kʻo	₌ŋo
暖 水	₌lo	⁼tso	₌ko	₌ko	ka⁼	ko⁼	⁼kʻo	₌ŋo

	0017 我 果开一 上哿疑	0018 饿 果开一 去箇疑	0019 河 果开一 平歌匣	0020 何 果开一 平歌匣	0021 贺 果开一 去箇匣	0022 茄 果开三 平戈群	0023 波 果合一 平戈帮	0024 播 果合一 平戈帮
经公桥	⁼ŋo/o	ɣ²	₌xɣ	₌xɣ	xuʌ²	₌tɕʰiɛ	₌puʌ	₌puʌ
鹅湖	⁼ŋuo	ŋiɛ/ŋɛ²	₌xiɛ	₌xiɛ	xiɛ²	₌tɕʰi	₌ouo	₌ouo
旧城	⁼o	ŋiɛ²	₌xɛ	₌xɛ	xɛ²	₌tɕʰiɛ	₌puo	₌puo
湘湖	⁼ŋo/o	ŋɛ²	₌xɛ	₌xɛ	xɛ²	₌tɕʰi	₌po	₌po
溪头	⁼ŋo	ŋo²	₌xo	₌xo	xo²	₌tʃʰe	₌po	po²
沱川	⁼ŋo/o	gə²	₌ox	₌ox	xu²	₌tɕʰiɛ	₌po	pu²
紫阳	⁼ə	gɛ²	₌xə	₌xə	xə²	₌tɕʰiɛ	₌pə	pu²
许村	⁼o	ŋɣ²	₌xuɣ	₌xuɣ	xuɣ²	₌tɕʰiɛ	₌pɣ	pu²
中云	⁼o	gɣ²	₌xuɣ	₌xuɣ	xu²	₌tɕʰiɛ	₌po	pu²
新建	⁼a	ŋɯ²	₌xɯ	₌xɯ	xɯ²	₌tɕʰiɛ	₌pɯ	₌pɯ
新营	⁼ŋo	ŋu²	₌xu	₌xu	xu²	₌tɕʰi	₌pu	₌pu
黄柏	⁼ŋo	ŋo²	₌xo	₌xo	xo²	₌tɕʰi	₌po	₌po
暖水	⁼ŋuɐ	ŋo²	₌xo	₌xo	xo²	₌tɕʰi	₌po	po²

	0025 坡 果合一 平歌滂	0026 破 果合一 去过滂	0027 婆 果合一 平戈並	0028 磨~刀 果合一 平戈明	0029 磨石~ 果合一 去过明	0030 躲 果合一 上果端	0031 糯 果合一 去过泥	0032 螺 果合一 平戈来
经公桥	₌puʌ	pʰuʌ²	₌pʰuʌ	₌muʌ	muʌ²	⁼tuʌ	nuʌ²	₌luʌ
鹅湖	₌puo	pʰiɛ²	₌pʰuo	₌miɛ	miɛʳ²	⁼tuo	nuo²	₌luo
旧城	₌puo	pʰuo²	₌pʰuo	₌muo	muoʳ²	⁼tuo	nuo²	₌luoʳ
湘湖	₌po	pʰɛ²	₌pʰɛ	₌mɛ	mɛ²	⁼tɛ	lo²	₌lo
溪头	₌po	pʰo²	₌pʰo	₌mo	mo²	⁼to	lo²	₌lo
沱川	₌po	pʰu²	₌pʰo	₌bu	bu²	⁼to	lu²	₌lo
紫阳	₌pə	pʰu²	₌pʰə	₌bə	bu²	⁼tə	lə²	₌lə
许村	₌pɣ	pʰɣ²	₌pʰɣ	₌mɣ	mɣ²	⁼tɣ	lɣ²	₌lɣ
中云	₌pɣ	pʰu²	₌pʰɣ	₌bɣ	bɣ²	⁼tɣ	lɣ²	₌lɣ
新建	₌pʰɯ	pʰɯ²	₌pʰɯ	₌mɯ	mɯ²	⁼tɯ	lɯ²	₌lɯ
新营	₌po	pʰu²	₌pʰu	₌mu	mu²	⁼tu	lu²	₌lu
黄柏	₌po	pʰo²	₌pʰo	₌mo	mo²	⁼to	lo²	₌lo
暖水	₌po	pʰo²	₌pʰo	₌mo	mo²	⁼to	lo²	₌lo

	0033 锉~刀 果合一去过清	0034 坐 果合一上果从	0035 座 果合一去过从	0036 蓑 果合一平戈心	0037 锁 果合一上果心	0038 锅 果合一平戈见	0039 果水~ 果合一上果见	0040 果糯米~ 果合一上果见
经公桥	tsʻuʌ⁼	⁼tsʻuʌ	tsʻuʌ⁼	₌suʌ	⁼suʌ	₌kuʌ	⁼kuʌ	⁼kuʌ
鹅湖	tsʻuo⁼	⁼tsʻuo	tsʻuo⁼	₌suo	⁼suo	₌kuo	⁼kuo	⁼kuo
旧城	tsʻuo⁼	⁼tsʻuo	tsʻuo⁼	₌suo	⁼suo	₌kuo	⁼kuoʳ	⁼kuoʳ
湘湖	tsʻoꞋ	⁼tsʻoꞋ	tsʻoꞋ	₌so	⁼so	₌kuo	⁼kuo	⁼kuo
溪头	tsʻoꞋ	⁼tsʻo	tsʻoꞋ	₌so	⁼so	₌ko	⁼ko	⁼ko
沱川	tsʻuꞋ	⁼tsʻo	tsʻuꞋ	₌so	⁼so	₌ko	⁼ko	⁼ko
紫阳	tsʻuꞋ	⁼tsʻə	tsʻəꞋ	₌sə	⁼sə	₌kə	⁼kə	⁼kə
许村	tsʻuꞋ	⁼tsʻʏ	tsʻʏꞋ	₌sʏ	⁼sʏ	₌kuʏ	⁼kuʏ	⁼kuʏ
中云	tsʻʏꞋ	⁼tsʻʏ	tsʻʏꞋ	₌sʏ	⁼sʏ	₌kuʏ	⁼kuʏ	⁼kuʏ
新建	tsʻɯ⁼	⁼tsʻɯ	tsʻɯ⁼	₌sɯ	⁼sɯ	₌ku	⁼ku	⁼ku
新营	tsʻo⁼	⁼tsʻu	tsʻu⁼	₌ɕyɛ	⁼su	₌ku	⁼ku	⁼ku
黄柏	tsʻo⁼	⁼tsʻo	tsʻo⁼	₌so	⁼so	₌ko	⁼ko	⁼ko
暖水	tsʻo⁼	⁼tsʻo	tsʻo⁼	₌so	⁼so	₌ko	⁼ko	⁼ko

	0041 过~年 果合一去过见	0042 过罪~ 果合一去过见	0043 棵 果合一平戈溪	0044 颗 果合一上果溪	0045 课 果合一去过溪	0046 火 果合一上果晓	0047 货 果合一去过晓	0048 和~气 果合一平戈匣
经公桥	kuʌ⁼	kuʌ⁼	₌kʻuʌ	⁼kʻuʌ	kʻuʌ⁼	⁼xuʌ	xuʌ⁼	₌xuʌ
鹅湖	kuo⁼	kuo⁼	₌kʻuo	⁼kʻuo	kʻuo⁼	⁼xuo	xuo⁼	₌xiɛ
旧城	kuo⁼	kuo⁼	₌kʻuo	⁼kʻuo	kʻuo⁼	⁼xuo	xuo⁼	₌xuo
湘湖	kuo⁼	kuo⁼	₌kʻo	⁼kʻo	kʻo⁼	⁼fo/xo	fo⁼	₌xo
溪头	ko⁼	ko⁼	₌kʻo	⁼kʻo	kʻo⁼	⁼xo	xo⁼	₌xo
沱川	ku⁼	ku⁼	₌kʻo	⁼kʻo	kʻo⁼	⁼xo	xu⁼	₌xo
紫阳	ku⁼	ku⁼	₌kʻə	⁼kʻə	kʻu⁼	⁼xə	xu⁼	₌xə
许村	ku⁼	ku⁼	₌kʻuʏ	⁼kʻuʏ	kʻuʏ⁼	⁼xuʏ	xu⁼	₌xuʏ
中云	ku⁼	ku⁼	₌kʻuʏ	⁼kʻuʏ	kʻʏ⁼	⁼xuʏ	xu⁼	₌xuʏ
新建	ku⁼	ku⁼	₌kʻɯ	⁼kʻɯ	kʻɯ⁼	⁼xu	xɯ⁼	₌xɯ
新营	ku⁼	ku⁼	₌kʻu	⁼kʻu	kʻu⁼	⁼xu	xu⁼	₌xu
黄柏	ko⁼	ko⁼	₌kʻo	⁼kʻo	kʻo⁼	⁼xo	xo⁼	₌xo
暖水	ko⁼	ko⁼	₌kʻo	⁼kʻo	kʻo⁼	⁼xo	xo⁼	₌xo

	0049 禾 果合一 平戈匣	0050 祸 果合一 上果匣	0051 靴 果合三 平戈晓	0052 疤 假开二 平麻帮	0053 把 假开二 上马帮	0054 霸 假开二 去祃帮	0055 爸 假开二 去祃帮	0056 怕 假开二 去祃滂
经公桥	₌uʌ	xuʌ⁼	₍ɕyɛ	₍puʌ	⁼puʌ	puʌ⁼	puʌ⁼	pʻuʌ⁼
鹅湖	₌ou	xuo⁼	₍ɕyɛʳ	₍puo	⁼puo	puo⁼	₍pa	pʻuo⁼
旧城	₌uo	xuo⁼	₍ɕyɛ	₍puo	⁼puo	puo⁼	₍pa	pʻuo⁼
湘湖	₌uo	fo⁼	₍ɕyɛ	₍po	⁼po	po⁼	₍pa	pʻo⁼
溪头	₌uo	⁼xo	₍xue	₍po	⁼po	po⁼	₍pa	pʻo⁼
沱川	₌vo	⁼xu	₍xue	₍po	⁼po	po⁼	pɒ⁼	pʻo⁼
紫阳	₌və	⁼xə	₍ɕye	₍pə	⁼pə	pə⁼	pa⁼	pʻə⁼
许村	₌vʏ	⁼xuʏ	₍ɕye	₍po	⁼po	po⁼	₍pa	pʻo⁼
中云	₌vʏ	⁼xuʏ	₍ɕye	₍pa	⁼pa	po⁼	po⁼	pʻo⁼
新建	₌vu	xɯ⁼	₍ɕiɛ	₍puʏ	⁼puʏ	puʏ⁼	₍pa	pʻuʏ⁼
新营	₌u	xu⁼	₍ɕyɛ	₍po	⁼pa	po⁼	pa⁼	pʻo⁼
黄柏	₌uo	xo⁼	₍ʂuɑ	₍pɑ	⁼pɑ	pɑ⁼	₍pɑ	pʻɑ⁼
暖水	₌vo	xo⁼	₍ɕiɛ	₍puɐ	⁼puɐ	puɐ⁼	pa⁼	pʻuɐ⁼

	0057 爬 假开二 平麻並	0058 杷 杷~ 假开二 平麻並	0059 耙 犁~ 假开二 去祃並	0060 麻 假开二 平麻明	0061 妈 假开二 平麻明	0062 马 假开二 上马明	0063 骂 假开二 去祃明	0064 拿 假开二 平麻泥
经公桥	₌pʻuʌ	₌pʻuʌ	pʻuʌ⁼	₌muʌ	₍mʏ	⁼muʌ	muʌ⁼	₌la
鹅湖	₌pʻuo	₌pʻa	pʻuo⁼	₌muo	₍mə	⁼ouo	muo⁼	₌la
旧城	₌pʻuo	₌pʻaʳ	pʻuo⁼	₌muo	₍mã	⁼muo	muo⁼	₌la
湘湖	₌pʻo	₌pʻo	pʻo⁼	₌mo	₍mã	⁼mo	mo⁼	₌la
溪头	₌pʻo	₌po	pʻo⁼	₌mo	₍ma	⁼mo	mo⁼	₌la
沱川	₌pʻo	₌pʻo	pʻo⁼	₌bo	₍bo	⁼bo	bo⁼	₌lɒ
紫阳	₌pʻə	₌pʻə	pʻə⁼	₌bə	₍mã	⁼bə	bə⁼	₌lo
许村	₌pʻo	₌pʻo	pʻuə⁼	₌mo	₍mo	⁼mo	mo⁼	₌na
中云	₌pʻo	₌pʻo	pʻo⁼	₌bo	₍bo	⁼bo	bo⁼	₌la
新建	₌pʻuʏ	₌pʻuʏ	pʻuʏ⁼	₌muʏ	₍mã	⁼muʏ	muʏ⁼	₌luʏ
新营	₌pʻo	₌pʻu	pʻo⁼	₌mo	₍ma	⁼mo	mo⁼	₌la
黄柏	₌pʻɑ	₌pʻɑ	pʻɑ⁼	₌mɑ	₍mɑ	⁼mɑ	mɑ⁼	₌lɑ
暖水	₌pʻuɐ	₌pʻuɐ	pʻuɐ⁼	₌muɐ	₍ma	⁼muɐ	muɐ⁼	₌luɐ

	0065 茶 假开二 平麻澄	0066 渣 假开二 平麻庄	0067 榨 假开二 去祃庄	0068 叉 假开二 平麻初	0069 查调~ 假开二 平麻崇	0070 沙 假开二 平麻生	0071 家 假开二 平麻见	0072 假真~ 假开二 上马见
经公桥	₌tʂʻuʌ	₌tʂuʌ	tʂuʌ⁼	₌tʂʻuʌ	₌tʂuʌ	₌ʂuʌ	₌kʌ	⁼kʌ
鹅湖	₌tʂʻou	₌tʂou̯	tʂuo̯	₌tʂʻou̯	₌tʂou	₌ʂuo	₌kuo	⁼kuo
旧城	₌tʂʻou	₌tʂuo̯	tʂuo̯	₌tʂʻuo	₌tʂʻuo	₌ʂuo	₌kuo	⁼kuo
湘湖	₌tsʻo	₌tso	tso⁼	₌tsʻo	₌tsʻo	₌so	₌ko	⁼ko
溪头	₌tso	₌tso	tso⁼	₌tsʻo	₌tso	₌so	₌ko	⁼ko
沱川	₌tsʻo	₌tso	tso⁼	₌tsʻo	₌tsʻo	₌so	₌ko	⁼ko
紫阳	₌tsʻə	₌tsə	tsə⁼	₌tsʻə	₌tsʻə	₌sə	₌kə	⁼kə
许村	₌tʃʻue	₌tʃo	tʃue⁼	₌tʃʻo	₌tʃʻue	₌ʃue	₌ko	⁼ko
中云	₌tsʻo	₌tso	tso⁼	₌tsʻo	₌tsʻo	₌so	₌ko	⁼ko
新建	₌tʂʻuɤ	₌tʂuɤ	tʂuɤ⁼	₌tʂʻuɤ	₌tʂʻuɤ	₌ʃuɤ	₌kuɤ	⁼kuɤ
新营	₌tʻo	₌to	to⁼	₌tʻo	₌tʻo	₌ɕio	₌ko	⁼ko
黄柏	₌tʂʻuɑ	₌tʂuɑ	tʂuɑ⁼	₌tʂʻuɑ	₌tʂʻuɑ	₌ʂuɑ	₌kɑ	⁼kɑ
暖水	₌tʂʻuɐ	₌tʂuɐ	tʂuɐ⁼	₌tʂʻuɐ	₌tʂʻuɐ	₌ʂuɐ	₌kuɐ	⁼kuɐ

	0073 假放~ 假开二 去祃见	0074 嫁 假开二 去祃见	0075 牙 假开二 平麻疑	0076 虾 假开二 平麻晓	0077 霞 假开二 平麻匣	0078 下~面 假开二 上马匣	0079 下~去 假开二 去祃匣	0080 夏 假开二 去祃匣
经公桥	⁼kʌ	kʌ⁼	₌ŋʌ	₌xʌ	₌xʌ	xʌ⁼	xʌ⁼	xʌ⁼
鹅湖	⁼kuo	kuo⁼	₌ŋou	₌xuo̯	₌ɕia	xuo⁼	xuo⁼	xuo⁼
旧城	⁼kuo	kuo⁼	₌ŋuo	₌xuo	₌xuo	xuo⁼	xuo⁼	xuo⁼
湘湖	⁼ko	ko⁼	₌ŋo	₌xo	₌ɕia	xo⁼	xo⁼	xo⁼
溪头	⁼ko	ko⁼	₌ŋo	₌xo	₌xo	⁼xo	xo⁼	xo⁼
沱川	⁼ko	ko⁼	₌ɡo	₌xo	₌xo	⁼xo	xo⁼	xo⁼
紫阳	⁼kə	kə⁼	₌ɡə	₌xə	₌xə	⁼xə	xə⁼	xə⁼
许村	⁼ko	ko⁼	₌ŋo	₌xo	₌xo	₌xo	xo⁼	xo⁼
中云	⁼ko	ko⁼	₌ɡo	₌xo	₌xo	⁼xo	xo⁼	xo⁼
新建	⁼kuɤ	kuɤ⁼	₌ŋuɤ	₌xuɤ	₌xuɤ	xuɤ⁼	xuɤ⁼	xuɤ⁼
新营	⁼ko	ko⁼	₌ŋo	₌xo	₌xo	xo⁼	xo⁼	xo⁼
黄柏	⁼kɑ	kɑ⁼	₌ŋɑ	₌xɑ	₌ɕia	xɑ⁼	xɑ⁼	xɑ⁼
暖水	⁼kuɐ	kuɐ⁼	₌ŋuɐ	₌xuɐ	₌xuɐ	xuɐ⁼	xuɐ⁼	xuɐ⁼

		0081 鸦 假开二 平麻影	0082 哑 假开二 上马影	0083 亚 假开二 去祃影	0084 姐 假开三 上马精	0085 借~钱 假开三 去祃精	0086 写 假开三 上马心	0087 泻 假开三 去祃心	0088 邪 假开三 平麻邪
经公桥		₌ŋʌ	⁼ŋʌ	ŋʌ⁼	⁼tsiɛ	tsiɛ⁼	⁼siɛ	siɛ⁼	₌siɛ
鹅湖		₌iaʳ	⁼ŋuo	ŋuo⁼	⁼tsiɛ	tsiɛ⁼	⁼siɛ	siɛ⁼	₌siɛ
旧城		₌ŋuo	⁼ŋuo	ŋuo⁼	⁼tsiɛ	tsiɛ⁼	⁼siɛ	siɛ⁼	₌siɛ
湘湖		₌ŋo	⁼ŋo	ŋo⁼	⁼tsiɛ	tsiɛ⁼	⁼siɛ	siɛ⁼	₌siɛ
溪头		₌ŋo	⁼ŋo	ŋo⁼	⁼tse	tse⁼	⁼se	se⁼	₌tsʻe
沱川		₌ŋo	⁼ŋo	ŋo⁼	⁼tse	tse⁼	⁼se	se⁼	₌tsʻe
紫阳		₌gə	⁼gə	gə⁼	⁼tse	tse⁼	⁼se	si⁼	₌tsʻe
许村		₌ŋo	⁼ŋo	ŋo⁼	⁼tse	tse⁼	⁼se	se⁼	₌tsʻe
中云		₌go	⁼go	go⁼	⁼tse	tse⁼	⁼se	se⁼	₌ɕie
新建		₌ŋuɤ	⁼ŋuɤ	ŋuɤ⁼	⁼tsa	tsa⁼	⁼sa	sa⁼	₌tsʻa
新营		₌ŋo	⁼ŋo	ŋo⁼	⁼tsi	tsi⁼	⁼si	si⁼	₌ɕie
黄柏		₌ŋa	⁼ŋa	ŋa⁼	⁼tɕia	tɕia⁼	⁼ɕia	ɕia⁼	₌tɕʻia
暖水		ɛi⁼	⁼ŋaɯ	uɯ⁼	⁼tɕiɛ	tɕiɛ⁼	⁼ɕiɛ	ɕiɛ⁼	₌ɕiɛ

		0089 斜 假开三 平麻邪	0090 谢谚~ 假开三 去祃邪	0091 谢姓~ 假开三 去祃邪	0092 爹 假开三 平麻知	0093 遮 假开三 平麻章	0094 蔗 假开三 去祃章	0095 车汽~ 假开三 平麻昌	0096 扯 假开三 上马昌
经公桥		₌siɛ	siɛ⁼	siɛ⁼	⁼tiɛ	⁼tɕiɛ	tɕiɛ⁼	⁼tɕʻiɛ	⁼tɕʻiɛ
鹅湖		₌ɕiɛ	ɕiɛ⁼	ɕiɛ⁼	⁼tiɛ	⁼tɕiɛ	tɕiɛ⁼	⁼tɕʻiɛ	⁼tɕʻiɛ
旧城		₌siɛ	siɛ⁼	siɛ⁼	⁼tiɛ	⁼tɕiɛ	tɕiɛ⁼	⁼tɕʻiɛ	⁼tɕʻiɛ
湘湖		₌siɛ	siɛ⁼	siɛ⁼	⁼tiɛ	⁼tɕiɛ	tɕiɛ⁼	⁼tɕʻiɛ	⁼tɕʻiɛ
溪头		₌tsʻe	tsʻe⁼	tsʻe⁼	⁼te	⁼tse	tse⁼	⁼tsʻe	⁼tsʻe
沱川		₌tsʻe	tsʻe⁼	tsʻe⁼	⁼te	⁼tse	tse⁼	⁼tsʻe	⁼tsʻe
紫阳		₌tsʻe	tsʻe⁼	tsʻe⁼	⁼te	⁼tɕie	tɕie⁼	⁼tɕʻie	⁼tɕʻie
许村		₌tsʻe	se⁼	se⁼	⁼te	⁼tʃe	tʃe⁼	⁼tʃʻe	⁼tʃʻe
中云		₌ɕie	se⁼	se⁼	⁼te	⁼tse	tse⁼	⁼tsʻe	⁼tsʻe
新建		₌ɕia/ɕiɛ	tsʻa⁼	tsʻa⁼	⁼ta	⁼tɕiɛ	tɕiɛ⁼	⁼tɕʻiɛ	⁼tɕʻiɛ
新营		₌tsʻi/ɕiɛ	tsʻi⁼	tsʻi⁼	⁼ti	⁼tɕiɛ	tɕiɛ⁼	⁼tɕʻiɛ	⁼tɕʻiɛ
黄柏		₌tɕia	tɕia⁼	tɕia⁼	⁼tia	⁼tʃa	tʃa⁼	⁼tʃʻa	⁼tʃʻa
暖水		₌ɕiɛ	ɕiɛ⁼	ɕiɛ⁼	⁼tiɛ	⁼tʂa	tʂa⁼	⁼tʂʻa	⁼tʂʻa

	0097 蛇 假开三 平麻船	0098 射 假开三 去祃船	0099 赊 假开三 平麻书	0100 舍~不得 假开三 上马书	0101 社 假开三 上马禅	0102 惹 假开三 上马日	0103 爷 假开三 平麻以	0104 也 假开三 上马以
经公桥	ˉɕiɛ	ɕiɛˀ	ˉɕiɛ	ˉɕiɛ	ˉɕiɛ	ˉiɛ	ˉɜɛ	ˉiɛ
鹅湖	ˉɕiɜ	ɕiɛˀ	ˉɕiɜ	ˉɕiɛ	ˉɕiɛ	ˉiɜ	ˉɜɜ	ˉɜɜ
旧城	ˉɕiɛ	ɕiɛˀ	ˉɕiɛ	ˉɕiɛ	ˉɕiɛ	ˉiɛ	ˉɜɜ	ˉiɛ
湘湖	ˉɕiɛ	ɕiɛˀ	ˉɕiɛ	ˉɕiɛ	ˉɕiɛ	ˉiɜ	ˉɜɜ	ˉɜɜ
溪头	ˉse	tsʻeˀ	ˉse	ˉsa	ˉse	ˉlɐ	ˉiɛ	ˉiɛ
沱川	ˉse	seˀ	ˉse	ˉse	ˉse	ˉiɛ	ˉiɒ	ˉiɒ
紫阳	ˉse	seˀ	ˉse	ˉse	ˉse	ˉiɛ	ˉiɛ	ˉiɛ
许村	ˉʃe	ʃeˀ	ˉʃe	ˉʃe	ˉʃe	ˉlɣ	ˉiɛ	ˉiɛ
中云	ˉse	seˀ	ˉse	ˉsa	ˉse	ˉiɛ	ˉiɛ	ˉiɛ
新建	ˉɕiɛ	saˀ	ˉɕiɛ	ˉɕiɛ	ˉɕiɛ	ˉio	ˉɜɜ	ˉɜɜ
新营	ˉɕiɛ	ɕiɛˀ	ˉɕiɛ	ˉɕiɛ	ˉɕiɛ	ˉȵiɜ	ˉiɛ	ˉiɛ
黄柏	ˉʃa	ʃaˀ	ˉʃa	ˉʃa	ˉʃaˀ	ˉȵiɑ	ˉiɑ	ˉiɑ
暖水	ˉʂa	ʂaˀ	ˉʂa	ˉʂa	ˉʂaˀ	ˉȵia	ˉɜɜ	ˉia

	0105 野 假开三 上马以	0106 夜 假开三 去祃以	0107 傻 假合二 上马生	0108 耍 假合二 上马生	0109 瓜 假合二 平麻见	0110 寡 假合二 上马见	0111 夸 假合二 平麻溪	0112 垮 假合二 上马溪
经公桥	ˉiɛ	iɛˀ	ˉsa	ˉsa	ˉkuʌ	ˉkuʌ	ˉkʻuʌ	ˉkʻuʌ
鹅湖	ˉiɜ	iɛˀ	ˉʂa	ˉʂa	ˉkuo	ˉkua	ˉkʻua	ˉkʻua
旧城	ˉiɛ	iɛˀ	ˉsa	ˉsa	ˉkuo	ˉkuo	ˉkʻua	ˉkʻua
湘湖	ˉiɜ	iɛˀ	ˉsa	ˉsa	ˉko	ˉkua	ˉkʻua	ˉkʻua
溪头	ˉie	ieˀ	ˉsa	ˉsa	ˉko	ˉkua	ˉkʻua	ˉkʻua
沱川	ˉie	ieˀ	ˉso	ˉsɒ	ˉko	ˉkuɒ	ˉkʻuɒ	ˉkʻuɒ
紫阳	ˉie	ieˀ	ˉsa	ˉsa	ˉkɔ	ˉkua	ˉkʻua	ˉkʻua
许村	ˉie	ieˀ	ˉsa	ˉsa	ˉko	ˉkua	ˉkʻua	ˉkʻua
中云	ˉie	ieˀ	ˉso	ˉsa	ˉko	ˉkua	ˉkʻua	ˉkʻua
新建	ˉiɜ	iɛˀ	ˉʃuɣ	ˉʃua	ˉkua	ˉkua	ˉkʻua	ˉkʻua
新营	ˉiɛ	iɛˀ	ˉɕio	ˉɕia	ˉko	ˉko	ˉkʻua	ˉkʻua
黄柏	ˉiɑ	iɑˀ	ˉʂuɑ	ˉʂuɑ	ˉkuɑ	ˉkuɑ	ˉkʻuɑ	ˉkʻuɑ
暖水	ˉia	iaˀ	ˉsʌɐ	ˉsʌɐ	ˉkʌɐ	ˉkʌɐ	ˉkʻʌɐ	ˉkʻʌɐ

第三章　赣东北徽语代表方言点单字音对照

	0113 瓦 假合二上马疑	0114 花 假合二平麻晓	0115 化 假合二去祃晓	0116 华中~ 假合二平麻匣	0117 补 遇合一上姥帮	0118 谱 遇合一上姥帮	0119 布 遇合一去暮帮	0120 铺~床 遇合一平模滂
经公桥	⁼uʌ	⁼xuʌ	xuʌ⁼	₌xuʌ	⁼pu	⁼p'u	pu⁼	₌p'u
鹅湖	⁼ŋou	₌xou'	xou⁼	₌xua	⁼pu	⁼p'u	pu⁼	₌p'u
旧城	⁼ŋuo	₌xuo'	xuo⁼	₌ou	⁼pu	⁼p'u	pu⁼	₌p'u
湘湖	⁼uo	₌xo	xo⁼	₌xua	⁼pu	⁼p'u	pu⁼	₌p'u
溪头	⁼ŋo	₌xo	xo⁼	₌xua	⁼pu	⁼p'u	pu⁼	₌p'u
沱川	⁼go	₌ox	xo⁼	₌auɒ	⁼pu	⁼p'u	pu⁼	₌p'u
紫阳	⁼gə	₌xə	xə⁼	₌xua	⁼pu	⁼p'u	pu⁼	₌p'u
许村	⁼ŋo	₌xo	xo⁼	₌xua	⁼pu	⁼p'u	pu⁼	₌p'u
中云	⁼go	₌xo	xo⁼	₌xo	⁼pu	⁼p'u	pu⁼	₌p'u
新建	⁼ŋuɤ	₌xua	xua⁼	₌xua	⁼pu	⁼p'u	pu⁼	₌p'u
新营	⁼o	₌ox	ox⁼	₌xo	⁼pu	⁼p'u	pu⁼	₌p'u
黄柏	⁼uɒ	₌xuɒ	xuɒ⁼	₌auɒ	⁼pu	⁼p'u	pu⁼	₌p'u
暖水	⁼vɐ	₌xaɯ	xaɯ⁼	₌aɯx	⁼pu	⁼p'u	pu⁼	₌p'u

	0121 普 遇合一上姥滂	0122 部 遇合一上姥並	0123 簿 遇合一上姥並	0124 步 遇合一去暮並	0125 模~子 遇合一平模明	0126 墓 遇合一去暮明	0127 赌 遇合一上姥端	0128 肚猪~ 遇合一上姥端
经公桥	⁼p'u	p'u⁼	p'u⁼	p'u⁼	₌mu	mu⁼	⁼tu	⁼tu
鹅湖	⁼p'u	p'u⁼	p'u⁼	p'u⁼	₌mu	mu⁼	⁼təu	⁼təu
旧城	⁼p'u	p'u⁼	p'u⁼	p'u⁼	₌mu	mu⁼	⁼təu	⁼təu'
湘湖	⁼p'u	p'u⁼	p'u⁼	p'u⁼	₌mu	mu⁼	⁼təu	⁼təu
溪头	⁼p'u	⁼pu	⁼pu	pu⁼	₌mu	mu⁼	⁼tu	⁼tu
沱川	⁼p'u	⁼p'u	⁼p'u	p'u⁼	₌bu	bu⁼	⁼tu	⁼tu
紫阳	⁼p'u	⁼p'u	⁼p'u	p'u⁼	₌bu	bu⁼	⁼tu	⁼tu
许村	⁼p'u	₌p'u	⁼p'u	p'u⁼	₌mu	mu⁼	⁼tu	₌tu
中云	⁼p'u	⁼p'u	⁼p'u	p'u⁼	₌bu	bu⁼	⁼tu	⁼tu
新建	⁼p'u	p'u⁼	p'u⁼	p'u⁼	₌mu	mu⁼	⁼tu	⁼tu
新营	⁼p'u	p'u⁼	p'u⁼	p'u⁼	₌mu	mu⁼	⁼to	⁼to
黄柏	⁼p'u	p'u⁼	p'u⁼	p'u⁼	₌mu	mu⁼	⁼tu	⁼tu
暖水	⁼p'u	p'u⁼	p'u⁼	p'u⁼	₌mu	mu⁼	⁼tu	⁼tu

		0129 土 遇合一上姥透	0130 吐吐~ 遇合一去暮透	0131 兔 遇合一去暮透	0132 图 遇合一平模定	0133 杜 遇合一上姥定	0134 肚腹~ 遇合一上姥定	0135 度 遇合一去暮定	0136 奴 遇合一平模泥
经公桥		⁼tʻu	tʻuᵓ	tʻuᵓ	₌tʻu	ᵋtʻu	ᵋtʻu	tʻuᵓ	₌lu
鹅湖		⁼tʻəu	tʻəuᵓ	tʻəᵓ	₌tʻə	ᵋtʻəu	ᵋtʻəu	tʻəuᵓ	₌ləu
旧城		⁼tʻəu	tʻəuᵓ	tʻəuᵓ	₌tʻəu	ᵋtʻəu	ᵋtʻəu	tʻəuᵓ	₌ləu
湘湖		⁼tʻəu	tʻəuᵓ	tʻəuᵓ	₌tʻəu	ᵋtʻəu	ᵋtʻəu	tʻəuᵓ	₌ləu
溪头		⁼tʻu	tʻuᵓ	tʻuᵓ	₌tu	ᵋtu	ᵋtu	tuᵓ	₌lu
沱川		⁼tʻu	tʻuᵓ	tʻuᵓ	₌tʻu	ᵋtʻu	ᵋtʻu	tʻuᵓ	₌lu
紫阳		⁼tʻu	tʻuᵓ	tʻuᵓ	₌tʻu	ᵋtʻu	ᵋtʻu	tʻuᵓ	₌lu
许村		⁼tʻu	tʻuᵓ	tʻuᵓ	₌tʻu	ᵋtʻu	ᵋtʻu	tʻuᵓ	₌lu
中云		⁼tʻu	tʻuᵓ	tʻuᵓ	₌tʻu	ᵋtʻu	ᵋtʻu	tʻuᵓ	₌lu
新建		⁼tʻu	tʻuᵓ	tʻuᵓ	₌tʻu	tʻuᵓ	tʻuᵓ	tʻuᵓ	₌lu
新营		⁼tʻo	tʻoᵓ	tʻuᵓ	₌tʻo	tʻoᵓ	tʻoᵓ	tʻoᵓ	₌lu
黄柏		⁼tʻu	tʻuᵓ	tʻuᵓ	₌tʻu	ᵋtʻu	tuᵓ	tʻuᵓ	₌lu
暖水		⁼tʻu	tʻuᵓ	tʻuᵓ	₌tʻu	ᵋtʻu	ᵋtʻu	tʻuᵓ	₌lu

		0137 努 遇合一上姥泥	0138 怒 遇合一去暮泥	0139 炉 遇合一平模来	0140 卤 遇合一上姥来	0141 路 遇合一去暮来	0142 租 遇合一平模精	0143 祖 遇合一上姥精	0144 做 遇合一去暮精
经公桥		ᵋlu	luᵓ	₌lu	ᵋlu	luᵓ	₌tsu	ᵋtsu	tsuʌᵓ
鹅湖		ᵋləu	ləuᵓ	₌lə	ᵋləu	ləuᵓ	₌tsəu	ᵋtsəu	tsuoᵓ
旧城		ᵋləu	ləuᵓ	₌ləu	ᵋləu	ləuᵓ	₌tsəu	ᵋtsəu	tsuoᵓ
湘湖		ᵋləu	ləuᵓ	₌ləu	ᵋləu	ləuᵓ	₌tsəu	ᵋtsəu	tsoᵓ
溪头		ᵋlu	luᵓ	₌lu	ᵋlu	luᵓ	₌tsu	ᵋtsu	tsoᵓ
沱川		ᵋlu	luᵓ	₌lu	ᵋlu	luᵓ	₌tsu	ᵋtsu	tsuᵓ
紫阳		ᵋlu	luᵓ	₌lu	ᵋlu	luᵓ	₌tsu	ᵋtsu	tsuᵓ
许村		ᵋlu	luᵓ	₌lu	ᵋlu	luᵓ	₌tsu	ᵋtsu	tsuᵓ
中云		ᵋlu	luᵓ	₌lu	ᵋlu	luᵓ	₌tsu	ᵋtsu	tsuᵓ
新建		ᵋlu	luᵓ	₌lu	ᵋlu	luᵓ	₌tsu	ᵋtsu	tsɯᵓ
新营		ᵋlu	luᵓ	₌lu	ᵋlo	loᵓ	₌tsu	ᵋtsu	tsoᵓ
黄柏		ᵋlu	luᵓ	₌lu	ᵋlu	luᵓ	₌tsu	ᵋtsu	tsoᵓ
暖水		ᵋlu	luᵓ	₌lu	ᵋlu	luᵓ	₌tsu	ᵋtsu	tsoᵓ

第三章 赣东北徽语代表方言点单字音对照

	0145 粗 遇合一平模清	0146 醋 遇合一去暮清	0147 错 遇合一去暮清	0148 酥 遇合一平模心	0149 孤 遇合一平模见	0150 箍~桶 遇合一平模见	0151 古 遇合一上姥见	0152 鼓 遇合一上姥见
经公桥	₌tsʻu	tsʻuᵓ	tsʻʌᵓ	₌su	₌ku	₌kʻu	ᶜku	ᶜku
鹅湖	₌tsʻəu	tsʻəuᵓ	tsʻouᵓ	₌səu	₌ku	₌kʻu	ᶜku	ᶜku
旧城	₌tsʻəu	tsʻəuᵓ	tsʻouᵓ	₌səu	₌ku	₌kʻu	ᶜku	ᶜku
湘湖	₌tsʻəu	tsʻəuᵓ	tsʻoᵓ	₌səu	₌ku	₌kʻu	ᶜku	ᶜku
溪头	₌tsʻu	tsʻuᵓ	tsʻoᵓ	₌su	₌ku	₌kʻu	ᶜku	ᶜku
沱川	₌tsʻu	tsʻuᵓ	tsʻuᵓ	₌su	₌ku	₌kʻu	ᶜku	ᶜku
紫阳	₌tsʻu	tsʻuᵓ	tsʻuᵓ	₌su	₌ku	₌kʻu	ᶜku	ᶜku
许村	₌tsʻu	tsʻuᵓ	tsʻuᵓ	₌su	₌ku	₌ku	ᶜku	ᶜku
中云	₌tsʻu	tsʻuᵓ	tsʻuᵓ	₌su	₌ku	₌ku	ᶜku	ᶜku
新建	₌tsʻu	tsʻuᵓ	tsʻuᵓ	₌su	₌ku	₌kʻu	ᶜku	ᶜku
新营	₌tsʻu	tsʻuᵓ	tsʻuᵓ	₌su	₌ku	₌kʻu	ᶜku	ᶜku
黄柏	₌tsʻu	tsʻuᵓ	tsʻoᵓ	₌su	₌ku	₌kʻu	ᶜku	ᶜku
暖水	₌tsʻu	tsʻuᵓ	tsʻoᵓ	₌su	₌ku	₌kʻu	ᶜku	ᶜku

	0153 雇 遇合一去暮见	0154 枯 遇合一平模溪	0155 苦 遇合一上姥溪	0156 裤 遇合一去暮溪	0157 吴 遇合一平模疑	0158 五 遇合一上姥疑	0159 午 遇合一上姥疑	0160 误 遇合一去暮疑
经公桥	kuᵓ	₌kʻu	ᶜkʻu	kʻuᵓ	₌u	ᶜu	ᶜu	uᵓ
鹅湖	kuᵓ	₌kʻu	ᶜkʻu	kʻuəᵓ	₌u	ᶜu	ᶜu	uᵓ
旧城	kuᵓ	₌kʻu	ᶜkʻu	kʻuəᵓ	₌u	ᶜu	ᶜu	uᵓ
湘湖	kuᵓ	₌ku	ᶜkʻu	kʻuᵓ	₌u	ᶜu	ᶜu	uᵓ
溪头	kuᵓ	₌kʻu	ᶜkʻu	kʻuᵓ	₌u	ᶜu	ᶜu	uᵓ
沱川	kuᵓ	₌ku	ᶜkʻu	kʻuᵓ	₌ŋu	ᶜvu	ᶜvu	ŋuᵓ
紫阳	kuᵓ	₌kʻu	ᶜkʻu	kʻuᵓ	₌vu	ᶜvu	ᶜvu	vuᵓ
许村	kuᵓ	₌kʻu	ᶜkʻu	kʻuᵓ	₌ŋu	ᶜŋu	ᶜŋu	vuᵓ
中云	kuᵓ	₌ku	ᶜkʻu	kʻuᵓ	₌ŋu	ᶜvu	ᶜvu	vuᵓ
新建	kuᵓ	₌kʻu	ᶜkʻu	kʻuᵓ	₌ŋu	ᶜŋu	ᶜŋu	ŋuᵓ
新营	kuᵓ	₌kʻu	ᶜkʻu	kʻuᵓ	₌ŋ̍	ᶜŋ̍	ᶜŋ̍	uᵓ
黄柏	kuᵓ	₌ku	ᶜkʻu	kʻuᵓ	₌u	ᶜu	ᶜŋ̍	uᵓ
暖水	kuᵓ	₌ku	ᶜkʻu	kʻuᵓ	₌vu	ᶜŋ̍	ᶜŋ̍	vuᵓ

	0161 虎 遇合一 上姥晓	0162 戽~水 遇合一 去暮晓	0163 胡 遇合一 平模匣	0164 壶 遇合一 平模匣	0165 户 遇合一 上姥匣	0166 护 遇合一 去暮匣	0167 乌 遇合一 平模影	0168 坞 遇合一 上姥影
经公桥	꜀xu	xu꜃	꜁xu	꜁xu	xu꜃	xu꜃	꜀u	꜀u
鹅湖	꜀xu	xu꜃	꜁xu	꜁xu	xu꜃	xu꜃	꜀u	꜀u
旧城	꜀fu	fu꜃	꜁fu	꜁xu	fu꜃	fu꜃	꜀u	꜀u
湘湖	꜀fu	fu꜃	꜁fu	꜁fu	fu꜃	fu꜃	꜀u	꜀u
溪头	꜀xu	xu꜃	꜁xu	꜁xu	꜁xu	xu꜃	꜀u	꜀u
沱川	꜀xu	xu꜃	꜁xu	꜁xu	꜁xu	xu꜃	꜀vu	꜀vu
紫阳	꜀xu	xu꜃	꜁xu	꜁xu	꜁xu	xu꜃	꜀vu	꜀vu
许村	꜀xu	xu꜃	꜁xu	꜁xu	꜁xu	xu꜃	꜀vu	꜀vu
中云	꜀xu	xu꜃	꜁xu	꜁xu	꜁xu	xu꜃	꜀vu	꜀vu
新建	꜀xu	xu꜃	꜁xu	꜁xu	xu꜃	xu꜃	꜀vu	꜀vu
新营	꜀xu	xu꜃	꜁xu	꜁xu	xu꜃	xu꜃	꜀u	꜀u
黄柏	꜀xu	xu꜃	꜁xu	꜁xu	xu꜃	xu꜃	꜀u	꜀u
暖水	꜀xu	xu꜃	꜁xu	꜁xu	xu꜃	xu꜃	꜀vu	꜀vu

	0169 女 遇合三 上语泥	0170 庐 遇合三 平鱼来	0171 驴 遇合三 平鱼来	0172 吕 遇合三 上语来	0173 蛆 遇合三 平鱼清	0174 徐 遇合三 平鱼邪	0175 绪 遇合三 上语邪	0176 猪 遇合三 平鱼知
经公桥	꜀y	꜁lu	꜁ly	꜀ly	꜁ts'ei	꜁sei	꜀çy	꜀tçy
鹅湖	꜀y	꜁ləu	꜁lyəʳ	꜀lei	꜁ts'ei	꜁sei	çy꜃	꜀tçy
旧城	꜀y	꜁ləu	꜁ləʳ	꜀lei	꜁ts'ei	꜁sei	çy꜃	꜀tçy
湘湖	꜀y	꜁ləu	꜁ləu	꜀lei	꜁ts'ei	꜁sei	çy꜃	꜀tçy
溪头	꜀li	꜁lu	꜁ly	꜀li	꜁ts'i	꜁tç'y	꜁tç'y	꜀tçy
沱川	꜀li	꜁lu	꜁li	꜀li	꜁ts'i	꜁ts'y	꜁ts'y	꜀tçy
紫阳	꜀li	꜁lu	꜁li	꜀li	꜁ts'i	꜁ts'y	꜁ts'y	꜀tçy
许村	꜀ny	꜁lu	꜁li	꜀li	꜁ts'i	꜁tç'y	꜁tç'y	꜀tçy
中云	꜀li	꜁lu	꜁li	꜀li	꜁tç'i	꜁tç'i	꜀çy	꜀tçy
新建	꜀ny	꜁lu	꜁li	꜀li	꜁tç'i	꜁tç'i	tç'i꜃	꜀tçy
新营	꜀ny	꜁lu	꜁lɛ	꜀lɛ	꜁ts'ɛ	꜁ts'ɛ	ts'ɛ꜃	꜀tçy
黄柏	꜀ny	꜁lu	꜁ly	꜀li	꜁tç'i	꜁tç'i	sui꜃	꜀tçy
暖水	꜀nu	꜁lu	꜁ly	꜀ly	꜁tç'i	꜁tç'y	tç'y꜃	꜀tʂu

	0177	0178	0179	0180	00181	0182	0183	0184
	著	除	苧~麻	阻	初	楚	锄	助
	遇合三 去御知	遇合三 平鱼澄	遇合三 上语澄	遇合三 上语庄	遇合三 平鱼初	遇合三 上语初	遇合三 平鱼崇	遇合三 去御崇
经公桥	tɕy⁼	₌tɕ'y	ᶜtɕ'y	ᶜtsu	ᶜts'u	ᶜts'u	₌su	ts'u⁼
鹅湖	tɕy⁼	₌tɕ'y	ᶜtɕ'y⁼	ᶜtsəu	ᶜtʂ'əu	ᶜtʂ'əu	₌ʂəu	tʂ'əu⁼
旧城	tɕy⁼	₌tɕ'y	ᶜtɕ'y	ᶜtsəu	ᶜtʂ'əu	ᶜts'əu	₌ʂəu	ts'əu⁼
湘湖	tɕy⁼	₌tɕ'y	ᶜtɕ'y	ᶜtsəu	ᶜts'əu	ᶜts'əu	₌səu	ts'əu⁼
溪头	tɕy⁼	₌tɕ'y	ᶜtɕ'y	ᶜtsu	ᶜts'u	ᶜts'u	₌su	ts'u⁼
沱川	tɕy⁼	₌tɕ'y	ᶜtɕ'y	ᶜtsu	ᶜts'u	ᶜts'u	₌su	ts'u⁼
紫阳	tɕy⁼	₌tɕ'y	ᶜtɕ'y	ᶜtsu	ᶜts'u	ᶜts'u	₌su	ts'u⁼
许村	tɕy⁼	₌tɕ'y	ᶜtɕ'y	ᶜtsu	ᶜts'u	ᶜts'u	₌ɕy	ts'u⁼
中云	tɕy⁼	₌tɕ'y	ᶜtɕ'y	ᶜtsu	ᶜts'u	ᶜts'u	₌su	ts'u⁼
新建	tɕy⁼	₌tɕ'y	ᶜtɕ'y	ᶜtsu	ᶜtɕ'y	ᶜtɕ'y	₌ɕy	tɕ'y⁼
新营	tɕy⁼	₌tɕ'y	ᶜtɕ'y	ᶜto	ᶜt'o	ᶜts'u	₌ɕyɛ	t'o⁼
黄柏	tʂu⁼	₌tʂ'u	ᶜtɕ'y	ᶜtʂu	ᶜtʃ'u	ᶜtʃ'u	₌ʃu	tʃ'u⁼
暖水	tʂu⁼	₌tʂ'u	ᶜtʂ'u	ᶜtʂu	ᶜtʂ'u	ᶜtʂ'u	₌ʂu	tʂ'u⁼

	0185	0186	0187	0188	0189	0190	0191	0192
	梳	所	诸	煮	杵春~	处~所	书	鼠
	遇合三 平鱼生	遇合三 上语生	遇合三 平鱼章	遇合三 上语章	遇合三 上语昌	遇合三 去御昌	遇合三 平鱼生	遇合三 上语书
经公桥	₌ɕiəu	ᶜsuʌ	₌tɕy	ᶜtɕy	ᶜtɕ'y	ts'u⁼	₌ɕy	ᶜtɕ'y
鹅湖	₌ʂəu	ᶜons	₌tɕy	ᶜtɕy	ᶜtɕ'y	tɕ'y⁼	₌ɕy	ᶜtɕ'y
旧城	₌ʂəu	ᶜsuo	₌tɕy	ᶜtɕy	ᶜtʂ'əu	tɕ'y⁼	₌ɕy	ᶜtɕ'y
湘湖	₌səu	ᶜsəu	₌tɕy	ᶜtɕy	ᶜtɕ'y	tɕ'y⁼	₌ɕy	ᶜtɕ'y
溪头	₌su	ᶜsu	₌tɕy	ᶜtɕy	ᶜtɕ'y	tɕ'y⁼	₌ɕy	ᶜtɕ'y
沱川	₌su	ᶜsu	₌tɕy	ᶜtɕy	ᶜtɕ'y	tɕ'y⁼	₌ɕy	ᶜɕy
紫阳	₌su	ᶜsu	₌tɕy	ᶜtɕy	ᶜtɕ'y	tɕ'y⁼	₌ɕy	ᶜtɕ'y
许村	₌ɕy	ᶜsu	₌tɕy	ᶜtɕy	ᶜtɕ'y	tɕ'y⁼	₌ɕy	ᶜtɕ'y
中云	₌su	ᶜsu	₌tɕy	ᶜtɕy	ᶜtɕ'y	tɕ'y⁼	₌ɕy	ᶜtɕ'y
新建	₌ɕy	ᶜɕy	₌tɕy	ᶜtɕy	ᶜtɕ'y	tɕ'y⁼	₌ɕy	ᶜtɕ'y
新营	₌ɕio	ᶜɕio	₌tɕy	ᶜtɕy	ᶜtɕ'y	tɕ'y⁼	₌ɕy	ᶜtɕ'y
黄柏	₌ʃu	ᶜso	₌tɕy	ᶜtɕy	ᶜtɕ'y	tɕ'yə⁼	₌ɕy	ᶜtɕ'y
暖水	₌ʂu	ᶜso	₌tʂu	ᶜtʂu	ᶜtʂ'u	tʂ'u⁼	₌ʂu	ᶜtʂ'u

	0193 薯 遇合三 去御禅	0194 如 遇合三 平鱼日	0195 居 遇合三 平鱼见	0196 车~马炮 遇合三 平鱼见	0197 锯 遇合三 去御见	0198 去 遇合三 去御溪	0199 渠水~ 遇合三 平鱼群	0200 渠[他] 遇合三 平鱼群
经公桥	₌ɕy	₌lu	₌tɕy	₌tɕy	tɕy⁼	k'ei⁼	₌tɕ'y	₌kei
鹅湖	₌tɕ'y	₌y	₌tɕy	₌tɕy	tɕy⁼	k'u⁼	₌tɕ'y	₌ku
旧城	₌ɕy	₌y	₌tɕy	₌tɕy	tɕy⁼	tɕ'i⁼	₌tɕ'y	₌tɕi
湘湖	₌ɕy	₌y	₌tɕy	₌tɕy	tɕy⁼	k'u/tɕ'y⁼	₌tɕ'y	₌ku
溪头	₌ɕy	₌y	₌tɕy	₌tɕy	kui⁼	k'ɐ⁼	₌tɕ'y	₌k'ɐ
沱川	₌ɕy	₌y	₌tɕy	₌tɕy	tɕy⁼	k'ə⁼	₌tɕ'y	₌k'ə
紫阳	ɕy⁼	₌y	₌tɕy	₌tɕy	tɕy⁼	tɕ'ie⁼	₌tɕ'y	₌tɕie
许村	₌ɕy	₌y	₌tɕy	₌tɕy	tɕy⁼	tʃ'e⁼	₌tɕ'y	₌tʃ'e
中云	₌ɕy	₌y	₌tɕy	₌tɕy	tɕy⁼	tɕ'ie⁼	₌tɕ'y	₌tɕie
新建	₌ɕy	₌y	₌ki	₌ki	ki⁼	k'i/tɕ'ie⁼	₌k'i	₌tɕiɛ
新营	ɕy⁼	₌y	₌tɕy	₌tɕy	kuɛ	tɕ'i⁼	tɕ'io	₌tɕ'i
黄柏	ɕy⁼	₌y	₌tɕy	₌tɕy	tɕy⁼	tɕ'i/tɕ'y⁼	₌tɕ'y	₌tɕ'i
暖水	ɕy⁼	₌lu	₌tɕy	₌tɕy	ki⁼	tɕ'i⁼	₌tɕ'y	₌tɕ'i

	0201 拒 遇合三 上语群	0202 鱼 遇合三 平鱼疑	0203 语 遇合三 上语疑	0204 虚 遇合三 平鱼晓	0205 许 遇合三 上语晓	0206 余 遇合三 平鱼以	0207 预 遇合三 去御以	0208 夫 遇合三 平虞非
经公桥	tɕ'y⁼	₌y	⁼y	₌ɕy	⁼ɕy	₌y	y⁼	₌fu
鹅湖	tɕ'y⁼	₌y	⁼y	₌ɕy	⁼ɕy	₌y	y⁼	₌fu
旧城	tɕ'y⁼	₌y	⁼y	₌ɕy	⁼ɕy	₌y	y⁼	₌fu
湘湖	tɕ'y⁼	₌y	⁼y	₌ɕy	⁼ɕy	₌y	y⁼	₌fu
溪头	⁼tɕy	₌y	⁼y	₌ɕy	⁼ɕy	₌y	y⁼	₌fu
沱川	⁼tɕ'y	₌y	⁼y	₌ɕy	⁼ɕy	₌y	y⁼	₌fu
紫阳	⁼tɕ'y	₌ȵy	⁼y	₌ɕy	⁼ɕy	₌y	y⁼	₌fu
许村	⁼tɕ'y	₌ȵy	⁼y	₌ɕy	⁼ɕy	₌y	y⁼	₌fu
中云	tɕ'y⁼	₌y	⁼y	₌ɕy	⁼ɕy	₌y	y⁼	₌fu
新建	k'i⁼	₌ȵy	⁼ȵy	₌xi	⁼xi	₌y	y⁼	₌fu
新营	tɕ'y⁼	₌ȵy	⁼y	₌ɕy	⁼ɕy	₌y	y⁼	₌fu
黄柏	tɕ'y⁼	₌ȵy	⁼y	₌ɕy	⁼fi/ɕy	₌y	y⁼	₌fu
暖水	tɕ'y⁼	₌ŋ	⁼nu	₌ʂu	⁼ɕy	₌y	y⁼	₌fu

	0209	0210	0211	0212	0213	0214	0215	0216
	斧	付	麸	抚	符	扶	腐	辅
	遇合三 上虞非	遇合三 去遇非	遇合三 平虞敷	遇合三 上虞敷	遇合三 平虞奉	遇合三 平虞奉	遇合三 上虞奉	遇合三 上虞奉
经公桥	⁵fu	fu⁼	₌fu	⁵fu	₌fu	₌fu	⁵fu	⁵fu
鹅 湖	⁵fu	fu⁼	₌fu	⁵fu	₌fu	₌fu	⁵fu	⁵fu
旧 城	⁵fu	fu⁼	₌fu	⁵fu	₌fu	₌fu	⁵fu	⁵p'u
湘 湖	⁵fu	fu⁼	₌fu	⁵fu	₌fu	₌fu	⁵fu	⁵fu
溪 头	⁵fu	fu⁼	₌fu	⁵fu	₌fu	₌fu	⁵fu	⁵p'u
沱 川	⁵fu	fu⁼	₌fu	⁵fu	₌fu	₌fu	⁵fu	⁵p'u
紫 阳	⁵fu	fu⁼	₌fu	⁵fu	₌fu	₌fu	⁵fu	⁵fu
许 村	⁵fu	fu⁼	₌fu	⁵fu	₌fu	₌fu	⁵fu	p'u⁼
中 云	⁵fu	fu⁼	₌fu	⁵fu	₌fu	₌fu	⁵fu	⁵fu
新 建	⁵fu	fu⁼	₌fu	⁵fu	₌fu	₌fu	⁵fu	⁵fu
新 营	⁵fu	fu⁼	₌fu	⁵fu	₌fu	₌fu	⁵fu	⁵fu
黄 柏	⁵fu	fu⁼	₌fu	⁵fu	₌fu	₌fu	⁵fu	⁵p'u
暖 水	⁵fu	fu⁼	₌fu	⁵fu	₌fu	₌fu	⁵fu	⁵fu

	0217	0218	0219	0220	0221	0222	0223	0224
	附	无	武	务	雾	娶	趣	聚
	遇合三 去遇奉	遇合三 平虞微	遇合三 上虞微	遇合三 去遇微	遇合三 去遇微	遇合三 上虞清	遇合三 去遇清	遇合三 上虞从
经公桥	fu⁼	₌u	⁵u	u⁼	u⁼	⁵tɕ'y	tɕ'y⁼	tɕ'y⁼
鹅 湖	fu⁼	₌u	⁵u	u⁼	u⁼	⁵ts'ei	ts'ei⁼	ts'ei⁼
旧 城	fu⁼	₌u	⁵u	u⁼	u⁼	⁵ts'ei	ts'ei⁼	ts'ei⁼
湘 湖	fu⁼	₌u	⁵u	u⁼	u⁼	⁵ts'ei	ts'ei⁼	tɕ'y⁼
溪 头	fu⁼	₌u	⁵u	u⁼	u⁼	⁵tɕ'y	tɕ'y⁼	₌ts'i
沱 川	fu⁼	₌vu	⁵vu	vu⁼	vu⁼	⁵ts'i	ts'i⁼	ts'i⁼
紫 阳	fu⁼	₌vu	⁵vu	vu⁼	vu⁼	⁵ts'i	ts'i⁼	ts'i⁼
许 村	fu⁼	₌vu	⁵vu	vu⁼	vu⁼	⁵ts'i	ts'i⁼	₌tɕ'y
中 云	fu⁼	₌vu	⁵vu	vu⁼	vu⁼	⁵tɕ'y	tɕ'y⁼	tɕ'y⁼
新 建	fu⁼	₌vu	⁵vu	vu⁼	vu⁼	⁵tɕ'i	tɕ'i⁼	tɕ'i⁼
新 营	fu⁼	₌u	⁵u	u⁼	u⁼	⁵ts'ɛ	tɕ'io⁼	ts'ɛ⁼
黄 柏	fu⁼	₌u	⁵u	u⁼	u⁼	⁵tɕ'i	tɕ'i⁼	tɕ'i⁼
暖 水	fu⁼	₌vu	⁵vu	vu⁼	vu⁼	⁵tɕ'y	tɕ'y⁼	tɕ'y⁼

	0225 须明~ 遇合三平虞心	0226 驻 遇合三去遇知	0227 厨 遇合三平虞澄	0228 柱 遇合三上虞澄	0229 住 遇合三去遇澄	0230 数~不清 遇合三上虞生	0231 数~字 遇合三去遇生	0232 朱 遇合三平虞章
经公桥	₌sei	tɕy⁼	₌tɕ'y	tɕ'y⁼	tɕ'y⁼	˂ɕiəu	ɕiəu˃	₌tɕy
鹅湖	₌ɕy	tɕy⁼	₌tɕ'y	tɕ'y⁼	tɕ'y⁼	˂ʂəu	ʂəu˃	₌tɕy
旧城	₌sei	tɕy⁼	₌tɕ'y	tɕ'y⁼	tɕ'y⁼	˂ʂəu	ʂəu˃	₌tɕy
湘湖	₌sei	tɕy⁼	₌tɕ'y	tɕ'y⁼	tɕ'y⁼	˂səu	səu˃	₌tɕy
溪头	₌si/ɕy	tɕy⁼	₌tɕ'y	˂tɕy	tɕ'y⁼	˂su	su˃	₌tɕy
沱川	₌si	tɕy⁼	₌tɕ'y	˂tɕ'y	tɕ'y⁼	˂su	su˃	₌tɕy
紫阳	₌si	tɕy⁼	₌tɕ'y	˂tɕ'y	tɕ'y⁼	˂su	su˃	₌tɕy
许村	₌si	tɕy⁼	₌tɕ'y	˂tɕ'y	tɕ'y⁼	˂su	su˃	₌tɕy
中云	₌si	tɕy⁼	₌tɕ'y	˂tɕ'y	tɕ'y⁼	˂su	su˃	₌tɕy
新建	₌si	tɕy⁼	₌tɕ'y	tɕ'y⁼	tɕ'y⁼	˂ɕy	ɕy˃	₌tɕy
新营	₌sɛ	tɕy⁼	₌tɕ'y	tɕ'y⁼	tɕ'y⁼	˂ɕio	si˃	₌tɕy
黄柏	₌ɕi	tɕy⁼	₌tɕ'y	tɕ'y⁼	tɕ'y⁼	˂ʃu	ʃu˃	₌tɕy
暖水	₌ɕi	tʂu⁼	₌tʂ'u	tʂ'u⁼	tʂ'u⁼	˂ʂu	ʂu˃	₌tʂu

	0233 主 遇合三上虞章	0234 蛀 遇合三去遇章	0235 输~赢 遇合三平虞书	0236 竖 遇合三上虞禅	0237 树 遇合三去遇禅	0238 儒 遇合三平虞日	0239 乳 遇合三上虞日	0240 拘 遇合三平见虞
经公桥	˂tɕy	tɕy⁼	₌ɕy	ɕy⁼	ɕy⁼	₌lu	˂lu	₌tɕy
鹅湖	˂tɕy	tɕy⁼	₌ɕy	ɕy⁼	ɕy⁼	₌ləu	˂ləu	₌tɕy
旧城	˂tɕy	tɕy⁼	₌ɕy	ɕy⁼	ɕy⁼	₌y	˂ləu	₌tɕy
湘湖	˂tɕy	tɕy⁼	₌ɕy	ɕy⁼	ɕy⁼	₌y	˂y	₌tɕy
溪头	˂tɕy	tɕy⁼	₌ɕy	˂ɕy	ɕy⁼	₌y	˂y	₌tɕy
沱川	₌tɕy	tɕy⁼	₌ɕy	˂ɕy	ɕy⁼	₌y	˂y	₌tɕy
紫阳	˂tɕy	tɕy⁼	₌ɕy	˂ɕy	ɕy⁼	₌y	˂y/lu	₌tɕy
许村	˂tɕy	tɕy⁼	₌ɕy	˂ɕy	ɕy⁼	₌y	˂y	₌tɕy
中云	₌tɕy	tɕy⁼	₌ɕy	˂ɕy	ɕy⁼	₌y	˂y	₌tɕy
新建	˂tɕy	tɕy⁼	₌ɕy	ɕy⁼	ɕy⁼	₌y	˂y	₌ki
新营	˂tɕy	tɕy⁼	₌ɕy	ɕy⁼	ɕy⁼	₌lo	˂lo	₌tɕy
黄柏	˂tɕy	tɕy⁼	₌ɕy	ɕy⁼	ɕy⁼	₌y	˂y	₌tɕy
暖水	˂tʂu	tʂu⁼	₌ʂu	ʂu⁼	ʂu⁼	₌lu	˂lu	₌tɕy

	0241	0242	0243	0244	0245	0246	0247	0248
	矩	句	区	具	愚	迂	雨	芋
	遇合三上虞见	遇合三去遇见	遇合三平溪虞	遇合三去遇群	遇合三平虞疑	遇合三平虞影	遇合三上虞云	遇合三去遇云
经公桥	ᶜtɕy	tɕyᵓ	₌tɕ'y	tɕ'yᵓ	₌y	₌y	ᶜy	yᵓ
鹅 湖	ᶜtɕy	tɕyᵓ	₌tɕ'y	tɕ'yᵓ	₌y	₌y	ᶜy	yᵓ
旧 城	ᶜtɕy	tɕyᵓ	₌tɕ'y	tɕ'yᵓ	₌y	₌y	ᶜy	yᵓ
湘 湖	ᶜtɕy	tɕyᵓ	₌tɕ'y	tɕ'yᵓ	₌y	₌y	ᶜy	yᵓ
溪 头	ᶜtɕy	tɕyᵓ	₌tɕ'y	tɕ'yᵓ	₌y	₌y	ᶜy	yᵓ
沱 川	ᶜtɕy	tɕyᵓ	₌tɕ'y	tɕ'yᵓ	₌y	₌y	ᶜy	yᵓ
紫 阳	ᶜtɕy	tɕyᵓ	₌tɕ'y	tɕ'yᵓ	₌y	₌y	ᶜy	yᵓ
许 村	ᶜtɕy	tɕyᵓ	₌tɕ'y	tɕ'yᵓ	₌y	₌y	ᶜy	yᵓ
中 云	ᶜtɕy	tɕyᵓ	₌tɕ'y	tɕ'yᵓ	₌y	₌y	ᶜy	yᵓ
新 建	ᶜki	kiᵓ	₌k'i	k'iᵓ	₌ȵy	₌y	ᶜy	yᵓ
新 营	ᶜtɕy	kuɛᵓ	₌tɕ'y	tɕyᵓ	₌y	₌y	ᶜy	yᵓ
黄 柏	ᶜtɕy	tɕyᵓ	₌tɕ'y	tɕyᵓ	₌ȵu	₌y	ᶜy	yᵓ
暖 水	ᶜtɕy	tɕyᵓ	₌tɕ'y	tɕyᵓ	ŋəu₌	₌y	ᶜvu	yᵓ

	0249	0250	0251	0252	0253	0254	0255	0256
	裕	戴	胎	贷	台	待	袋	耐
	遇合三去遇以	蟹开一去代端	蟹开一平咍透	蟹开一去代透	蟹开一平咍定	蟹开一上海定	蟹开一去代定	蟹开一去代泥
经公桥	yᵓ	ta	₌t'ɤ	t'ɤᵓ	₌t'ɤ	t'ɤᵓ	t'ɤᵓ	laᵓ
鹅 湖	yᵓ	tieᵓ	₌t'iɛ	t'iɛᵓ	₌t'iɛ/t'ɛ	t'iɛᵓ	t'iɛᵓ	laᵓ
旧 城	yᵓ	tɛᵓ	₌t'ɛ	t'ɛᵓ	₌t'ɛ	t'aᵓ	t'ɛᵓ	naᵓ
湘 湖	yᵓ	tɛᵓ	₌t'ɛ	t'ɛᵓ	₌t'ɛ	t'aᵓ	t'ɛᵓ	laᵓ
溪 头	yᵓ	tɐᵓ	₌t'ɐ	t'aᵓ	₌tɐ	t'ɐᵓ	tɐᵓ	laᵓ
沱 川	yᵓ	tɒᵓ	₌t'ɒ	t'ɒᵓ	₌t'a	t'aᵓ	t'aᵓ	lɒᵓ
紫 阳	yᵓ	teᵓ	₌t'e	t'oᵓ	₌t'e	t'eᵓ	t'eᵓ	loᵓ
许 村	yᵓ	tɤᵓ	₌t'ɤ	t'ɤᵓ	₌t'ɤ	t'ɤᵓ	t'ɤᵓ	lɤᵓ
中 云	yᵓ	toᵓ	₌t'ɤ	t'ɤᵓ	₌t'ɤ	t'ɤᵓ	t'ɤᵓ	loᵓ
新 建	yᵓ	taᵓ	₌t'ua	t'uaᵓ	₌t'ua	t'uaᵓ	t'uaᵓ	laᵓ
新 营	yᵓ	tiᵓ	₌t'i	t'iᵓ	₌t'i	teᵓ	t'iᵓ	laᵓ
黄 柏	yᵓ	taᵓ	₌t'a	t'aᵓ	₌t'a	t'aᵓ	t'ɛᵓ	laᵓ
暖 水	yᵓ	taᵓ	₌t'ɤ	t'ɤᵓ	₌t'ɤ	t'ɤᵓ	t'ɤᵓ	læᵓ

		0257 来 蟹开一 平咍来	0258 灾 蟹开一 平咍精	0259 栽 蟹开一 平咍精	0260 宰 蟹开一 上海精	0261 再 蟹开一 去代精	0262 猜 蟹开一 平咍清	0263 睬 蟹开一 上海清	0264 菜 蟹开一 去代清
经公桥		₌la	₌tsa	₌tsa	ᶜtsa	tsaᵓ	₌tsʻa	ᶜtsʻa	tsʻaᵓ
鹅湖		₌liɛ/lɛ	₌tsa	₌tsei	ᶜtsa	tsaᵓ	₌tsʻiɛ	ᶜtsʻiɛ	tsʻiɛᵓ
旧城		₌lɛ	₌tsa	₌tsɛ	ᶜtsa	tsɛᵓ	₌tsʻɛ	ᶜtsʻɛ	tsʻɛᵓ
湘湖		₌lɛ	₌tsa	₌tsɛ	ᶜtsa	tsɛᵓ	₌tsʻɛ	ᶜtsʻɛ	tsʻɛᵓ
溪头		₌lɐ	₌tsa	₌tsɐ	ᶜtsɐ	tsɐᵓ	₌tsʻɐ	ᶜtsʻɐ	tsʻaᵓ
沱川		₌la	₌tsɒ	₌tsɒ	ᶜtsa	tsaᵓ	₌tsʻa	ᶜtsʻa	tsʻɒᵓ
紫阳		₌le	₌tso	₌tse	ᶜtse	tseᵓ	₌tsʻe	ᶜtsʻe	tsʻoᵓ
许村		₌lʏ	₌tso	₌tse	ᶜtsʏ	tsʏᵓ	₌tsʻʏ	ᶜtsʻʏ	tsʻoᵓ
中云		₌lʏ	₌tso	₌tsʏ	ᶜtsʏ	tsʏᵓ	₌tsʻʏ	ᶜtsʻʏ	tsʻoᵓ
新建		₌la	₌tsa	₌tsa	ᶜtsua	tsaᵓ	₌tsʻua	ᶜtsʻua	tsʻaᵓ
新营		₌li	₌tsa	₌tsɛ	ᶜtsi	tsæᵓ	₌tsʻi	ᶜtsʻa	tsʻiᵓ
黄柏		₌lɛ	₌tsa	₌tɕi/tsa	ᶜtsa	tsaᵓ	₌tsʻa	ᶜtsʻua	tsʻaᵓ
暖水		₌lʏ	₌tsa	₌tɕi	ᶜtsʏ	tsʏᵓ	₌tsʻʏ	ᶜtsʻʏ	tsʻʏᵓ

		0265 才 有~ 蟹开一 平咍从	0266 在 蟹开一 上海从	0267 载 ~货 蟹开一 去代从	0268 鳃 蟹开一 平咍心	0269 赛 蟹开一 去代心	0270 该 蟹开一 平咍见	0271 改 蟹开一 上海见	0272 概 蟹开一 去代见
经公桥		₌tsʻa	tsʻaᵓ	tsaᵓ	₌sa	saᵓ	₌kʏ	ᶜkʏ	kʏᵓ
鹅湖		₌tsʻiɛ	tsʻiɛᵓ	tsaᵓ	₌suo	saᵓ	₌kiɛ	ᶜkiɛ	kʻɛᵓ
旧城		₌tsʻɛ	tsʻɛᵓ	tsaᵓ	₌suo	saᵓ	₌kiɛ	ᶜkiɛ	kʻiɛᵓ
湘湖		₌tsʻɛ	tsʻɛᵓ	tsɛᵓ	₌sai	saiᵓ	₌kɛ	ᶜkɛ	kɛᵓ
溪头		₌tsʻɐ	ᶜtsʻɐ	tsɐᵓ	₌sɐ	sɐᵓ	₌kuɐ	ᶜkuɐ	kʻuɐᵓ
沱川		₌tsʻa	ᶜtsʻa	tsaᵓ	₌se	saᵓ	₌kua	ᶜkua	kʻuaᵓ
紫阳		₌tsʻe	ᶜtsʻe	tseᵓ	₌se	seᵓ	₌ke	ᶜke	kʻeᵓ
许村		₌tsʻʏ	₌tsʻʏ	tsʏᵓ	₌sʏ	sʏᵓ	₌kuʏ	ᶜkuʏ	kʻʏᵓ
中云		₌tsʻʏ	₌tsʻʏ	tsʏᵓ	₌sʏ	sʏᵓ	₌kuʏ	ᶜkuʏ	kʻʏᵓ
新建		₌tsʻua	tsʻaᵓ	tsuaᵓ	₌sua	suaᵓ	₌kua	ᶜkua	kʻuaᵓ
新营		₌tsʻi	tsʻiᵓ	tsiᵓ	₌sɛ	siᵓ	₌kua	ᶜkua	kʻuaᵓ
黄柏		₌tsʻɛ	tsʻɛᵓ	tsaᵓ	₌sɛ	seᵓ	₌kɛ	ᶜkɛ	kʻɛᵓ
暖水		₌tsʻʏ	tsʻʏᵓ	tsæᵓ	₌sʏ	sʏᵓ	₌ko	ᶜko	kʻæᵓ

	0273 开 蟹开一 平哈溪	0274 呆~子 蟹开一 平哈疑	0275 碍 蟹开一 去代疑	0276 海 蟹开一 上海晓	0277 孩 蟹开一 平哈匣	0278 亥 蟹开一 上海匣	0279 哀 蟹开一 平哈影	0280 爱 蟹开一 去代影
经公桥	₌kʻɤ	₌ta	ŋɤ⁼	ˤxɤ	₌xɤ	xɤ⁼	₌ɤ	ŋɤ⁼
鹅 湖	₌kʻiɛ/kʻɛ	₌ta	ŋa⁼	ˤxiɛ	₌xai	xai⁼	₌ai	ŋiɛ⁼
旧 城	₌kʻiɛ/kʻɛ	₌tai	ŋiɛ⁼	ˤxɛ	₌xa	xɛ⁼	₌iɛ	ŋiɛ⁼
湘 湖	₌kʻɛ	₌ta	ŋɛ⁼	ˤxɛ	₌xa	xa⁼	₌a	ŋɛ⁼
溪 头	₌kʻuɐ	₌ɐ	uɐ⁼	ˤxɐ	₌xa	ˤɐ	₌ɐ	uɐ⁼
沱 川	₌kʻua	₌ta	va⁼	ˤxua	₌xa	ˤxua	₌va	va⁼
紫 阳	₌kʻe	₌ge	go⁼	ˤxe	₌xo	xo⁼	₌e	ve⁼
许 村	₌kʻuɤ	₌tʻa	ŋɤ⁼	ˤxuɤ	₌xa	ˤxuɤ	₌vɤ	vɤ⁼
中 云	₌kʻuɤ	₌ta	gɤ⁼	ˤxuɤ	₌xuɤ	ˤxuɤ	₌vɤ	vɤ⁼
新 建	₌kʻua	₌ta	ŋua⁼	ˤxua	₌xa	xua⁼	₌va	va⁼
新 营	₌kʻua	₌ta	ŋa⁼	ˤxua	₌xa	xua⁼	₌æ	ua⁼
黄 柏	₌kʻɛ	₌ta	ŋɛ⁼	ˤxɛ	₌xa	xɛ⁼	₌ŋa	ŋɛ⁼
暖 水	₌kʻo	₌tæ	ŋo⁼	ˤxo	₌xa	xæ⁼	₌ŋa	vɤ⁼

	0281 贝 蟹开一 去泰帮	0282 带~钱 蟹开一 去泰端	0283 太~~ 蟹开一 去泰透	0284 大~黄 蟹开一 去泰定	0285 奈 蟹开一 去泰泥	0286 赖 蟹开一 去泰来	0287 蔡 蟹开一 去泰清	0288 盖 蟹开一 去泰见
经公桥	pɤ⁼	ta⁼	tʻa⁼	tʻa⁼	la⁼	la⁼	tsʻa⁼	kɤ⁼
鹅 湖	pei⁼	ta⁼	tʻa⁼	tʻa⁼	la⁼	la⁼	tsʻiɛ⁼	kɛ⁼
旧 城	pɛ⁼	ta⁼	tʻa⁼	tʻa⁼	na⁼	la⁼	tsʻɛ⁼	kɛ⁼
湘 湖	pa⁼	ta⁼	tʻa⁼	tʻa⁼	la⁼	la⁼	tsʻɛ⁼	kɛ⁼
溪 头	pi⁼	ta⁼	tʻa⁼	tʻa⁼	la⁼	la⁼	tsʻa⁼	kuɐ⁼
沱 川	pi⁼	tɒ⁼	tʻɒ⁼	tʻɒ⁼	lɒ⁼	lɒ⁼	tsʻɒ⁼	kua⁼
紫 阳	pi⁼	to⁼	tʻo⁼	tʻu⁼	lo⁼	lo⁼	tsʻo⁼	ke⁼
许 村	pi⁼	to⁼	tʻo⁼	tʻo⁼	lɤ⁼	lɤ⁼	tsʻo⁼	kuɤ⁼
中 云	pi⁼	to⁼	tʻo⁼	tʻo⁼	lo⁼	lo⁼	tsʻo⁼	kuɤ⁼
新 建	pi⁼	ta⁼	tʻa⁼	tʻa⁼	na⁼	na⁼	tsʻa⁼	kua⁼
新 营	pɛ⁼	ta⁼	tʻa⁼	tʻa⁼	la⁼	la⁼	tsʻa⁼	kua⁼
黄 柏	pi⁼	ta⁼	tʻa⁼	tʻa⁼	la⁼	la⁼	tsʻa⁼	kɛ⁼
暖 水	pi⁼	ta⁼	tʻa⁼	tʻa⁼	læ⁼	læ⁼	tsʻɤ⁼	ko⁼

	0289 艾 蟹开一 去泰疑	0290 害 蟹开一 去泰匣	0291 拜 蟹开二 去怪帮	0292 排 蟹开二 平皆并	0293 埋 蟹开二 平皆明	0294 斋 蟹开二 平皆庄	0295 豺 蟹开二 平皆崇	0296 阶 蟹开二 平皆见
经公桥	ŋɤ²	xɤ²	pa²	₌p'a	₌ma	₌tsa	₌ts'a	₌tɕia
鹅湖	ŋa²	xiɛ²	pa²	₌p'a	₌ma	₌tʂa	₌ʂa	₌ka
旧城	ŋa²	xɛ²	pa²	₌p'a	₌ma	₌tɕia	₌ɕia	₌ka
湘湖	ŋɛ²	xɛ²	pa²	₌p'a	₌ma	₌tsa	₌ts'ɛ	₌ka
溪头	ŋa²	xua²	pa²	₌pa	₌ma	₌tsa	₌sa	₌ka
沱川	gɒ²	xua²	pɒ²	₌p'ɒ	₌bɒ	₌tsɒ	₌sɒ	₌kɒ
紫阳	go²	xe²	po²	₌p'o	₌bo	₌tso	₌so	₌ko
许村	ŋo²	xuɤ²	po²	₌p'o	₌mɤ	₌tso	₌ʃo	₌ko
中云	vɤ²	xuɤ²	po²	₌p'o	₌bo	₌tsɤ	₌sɤ	₌ko
新建	ŋæ²	xua²	pa²	₌p'a	₌ma	₌tʂa	₌tʂ'ua	₌ka
新营	ŋa²	xua²	pa²	₌p'a	₌ma	₌ta	₌ts'i	₌ka
黄柏	ŋa²	xɛ²	pa²	₌p'a	₌ma	₌tʂua	₌ʂua	₌ka
暖水	ŋa²	xo²	pa²	₌p'a	₌ma	₌tsa	₌ts'ɤ	₌ka

	0297 界 蟹开二 去怪见	0298 揩 蟹开二 平皆溪	0299 楷 蟹开二 上骇溪	0300 谐 蟹开二 平皆匣	0301 械 蟹开二 去怪匣	0302 挨~近 蟹开二 平皆影	0303 摆 蟹开二 上蟹帮	0304 派 蟹开二 去卦滂
经公桥	tɕia²	₌tɕ'ia	⁻k'ɤ	₌ɕie	ɕie²	₌ŋɤ	⁻pa	p'a²
鹅湖	ka²	₌k'a	⁻k'a	₌ɕie	ɕie²	₌ŋa	⁻pa	p'a²
旧城	ka²	₌k'a	⁻k'a	₌ɕiɛ	k'a²	₌ŋa	⁻pa	p'a²
湘湖	ka²	₌k'a	⁻k'a	₌ɕie	k'a²	₌ŋa	⁻pa	p'a²
溪头	ka²	₌k'a	⁻k'a	₌ka	xa²	₌ŋa	⁻pa	p'a²
沱川	kɒ²	₌k'ɒ	⁻k'ɒ	₌ɕie	kɒ²	₌ŋa	⁻po	p'ɒ²
紫阳	ko²	₌k'o	⁻k'e	₌ko	ko²	₌go	⁻po	p'o²
许村	ko²	₌k'o	⁻k'a	₌ɕie	ko²	₌vɤ	⁻po	p'o²
中云	ko²	₌k'o	⁻k'a	₌ɕie	ko²	₌vɤ	⁻po	p'o²
新建	ka²	₌k'a	⁻k'a	₌ɕiɛ	k'a²	₌ŋa	⁻pa	p'a²
新营	ka²	₌k'a	⁻k'a	₌ɕiɛ	ka²	₌ŋa	⁻pa	p'a²
黄柏	ka²	₌k'a	⁻k'ɛ	₌ʃ	ka²	₌ŋa	⁻pa	p'a²
暖水	ka²	₌k'a	⁻k'a	₌ɕie	ɕie²	₌ŋa	⁻pa	p'a²

	0305	0306	0307	0308	0309	0310	0311	0312
	牌	粺	买	卖	奶吃~	债	钗	差出~
	蟹开二平佳並	蟹开二去卦並	蟹开二上蟹明	蟹开二去卦明	蟹开二上蟹泥	蟹开二去卦庄	蟹开二平佳初	蟹开二平佳初
经公桥	₌p'a	p'uʌ³	₍ma	ma³	₍nã	tsa³	₌tʂ'a	₌tʂ'a
鹅湖	₌p'a	p'uo³	₍ma	ma³	₍na	tsa³	₌tʂ'a	₌tʂ'a
旧城	₌p'a	p'uo³	₍ma	ma³	₍nã	tɕia³	₌tʂ'a	₌tʂ'a
湘湖	₌p'a	p'o³	₍ma	ma³	₍la	tɕia³	₌ts'a	₌ts'a
溪头	₌pa	p'o³	₍ma	ma³	₍nĩ/la	tsa³	₌ts'a	₌ts'a
沱川	₌p'ɒ	p'o³	₍bɒ	bɒ³	₍nĩ	tsɒ³	₌ts'ɒ	₌ts'ɒ
紫阳	₌p'o	p'ə³	₍bo	bo³	₍nĩ	tso³	₌ts'ə	₌ts'o
许村	₌p'o	p'o³	₍mo	mo³	₍ne/lo	tʃo³	₌tʃ'o	₌tʃ'o
中云	₌p'o	p'o³	₍bo	bo³	₍nĩ	tso³	₌ts'o	₌ts'o
新建	₌p'a	p'uɣ³	₍ma	ma³	₍næ	tʂa³	₌tʂ'a	₌tʂ'a
新营	₌p'a	p'o³	₍ma	ma³	₍na	ta³	₌t'a	₌t'a
黄柏	₌p'a	p'ɑ³	₍ma	ma³	₍la	tʂua³	₌tʂ'ua	₌tʂ'ua
暖水	₌p'ɐ	p'uɐ³	₍ma	ma³	₍liẽ	tʂa³	₌tʂ'uɐ	₌tʂ'uɐ

	0313	0314	0315	0316	0317	0318	0319	0320
	柴	筛谷~	洒	晒	佳	街	解~开	涯
	蟹开二平佳崇	蟹开二平佳生	蟹开二上蟹生	蟹开二去卦生	蟹开二平佳见	蟹开二平佳见	蟹开二上蟹见	蟹开二平佳疑
经公桥	₌ɕia	₌ɕia	₍ɕia	ɕia³	₌kɣ	₌tɕia	₍kʌ	₌ŋʌ
鹅湖	₌sa	₌sa	₍ʂa	ʂa³	₌kuo	₌ka	₍ka	₌ŋuo
旧城	₌ɕia	₌ɕiaʳ	₍sa	ɕia³	₌kuo	₌ka	₍ka	₌ŋuo
湘湖	₌ɕia	₌ɕia	₍ɕia	ɕia³	₌ko	₌ka	₍ka	₌ŋa
溪头	₌sa	₌sa	₍sa	sa³	₌ka	₌ka	₍ka	₌ŋa
沱川	₌sɒ	₌sɒ	₍sɒ	sɒ³	₌kɒ	₌kɒ	₍kɒ	₌ŋõ
紫阳	₌so	₌so	₍so	sɔ³	₌ko	₌ko	₍ko	₌gə
许村	₌ʃo	₌ʃo	₍ʃo	ʃue³	₌ko	₌ko	₍ko	₌ŋũ
中云	₌so	₌so	₍so	so³	₌ko	₌ko	₍ko	₌go
新建	₌ʃa	₌ʃa	₍ʃa	ʃuɣ³	₌kuɣ	₌ka	₍ka	₌ŋa
新营	₌ɕia	₌ɕia	₍sa	ɕio³	₌ko	₌ka	₍ka	₌ŋo
黄柏	₌ʂua	₌ʂua	₍ʂuɒ	ʂuɑ³	₌kɑ	₌kɑ	₍kɑ	₌ŋɑ
暖水	₌ʂa	₌ʂa	₍sa	ʂaɐ³	₌kuɐ	₌ka	₍ka	₌ŋa

	0321 鞋 蟹开二 平佳匣	0322 矮 蟹开二 上蟹影	0323 败 蟹开二 去夬并	0324 寨 蟹开二 去夬崇	0325 毙 蟹开三 去祭並	0326 例 蟹开三 去祭来	0327 厉 蟹开三 去祭来	0328 祭 蟹开三 去祭精
经公桥	₌xa	⁼ia	p'a²	tsa²	p'i²	li²	li²	tɕi²
鹅湖	₌xaʳ	⁼ŋa	p'a²	tʂa²	p'ei²	li²	lei²	tɕi²
旧城	₌xaʳ	⁼ŋa	p'a²	sa²	p'ei²	li²	lai²	tsei²
湘湖	₌xa	⁼ŋa	p'a²	tsa²	p'ei²	li²	lei²	tsi²
溪头	₌xa	⁼ŋa	p'a²	sɛ²	pe²	le²	le²	tse²
沱川	₌xɒ	⁼gɒ	p'ɒ²	tsɒ²	p'e²	le²	li²	tse²
紫阳	₌xo	⁼go	p'o²	tso²	p'i²	le²	le²	tsi²
许村	₌xo	⁼ŋo	p'o²	tso²	p'e²	le²	lo²	tse²
中云	₌xo	⁼go	p'o²	tso²	p'e²	le²	li²	tse²
新建	₌xa	⁼ŋa	p'a²	tʂua²	p'æ²	læ²	læ²	tsæ²
新营	₌xa	⁼ŋa	p'a²	t'a²	p'ɛ²	li²	lɛ²	tsɛ²
黄柏	₌xa	⁼ŋa	p'a²	se²	p'i²	lia²	lɛ²	tɕi²
暖水	₌xa	⁼ŋa	p'a²	tsa²	p'i²	li²	li²	tɕi²

	0329 制 蟹开三 去祭章	0330 世 蟹开三 去祭书	0331 势 蟹开三 去祭书	0332 艺 蟹开三 去祭疑	0333 闭 蟹开四 去霁帮	0334 批 蟹开四 平齐滂	0335 迷 蟹开四 平齐明	0336 米 蟹开四 上荠明
经公桥	tɕi²	ɕi²	ɕi²	i²	pi²	₌p'i	₌mi	⁼mi
鹅湖	tɕi²	ɕi²	ʂəʳ²	i²	pei²	₌p'ei	₌mei	⁼mei
旧城	tɕi²	ɕi²	ɕi²	ni²	pei²	₌p'ei	₌mei	⁼mei
湘湖	tɕi²	ɕi²	ɕi²	i²	pei²	₌p'ei	₌mei	⁼mei
溪头	tse²	se²	se²	ɲie²	pi²	₌p'i	₌mi	⁼mi
沱川	tse²	se²	se²	ɲie²	pi²	₌p'e	₌bi	⁼bi
紫阳	tʂɿ²	ɕi²	sɿ²	gie²	pi²	₌p'i	₌bi	⁼bi
许村	tʃe²	ʃe²	ʃe²	ɲie²	pi²	₌p'e	₌mi	⁼mi
中云	tse²	se²	se²	i²	pi²	₌p'i	₌bi	⁼bi
新建	tsʏ²	ɕie²	ɕie²	ɲie²	pi²	₌p'æ	₌mi	⁼mi
新营	tɕi²	ɕi²	ɕi²	ni²	pe²	₌p'ɛ	₌mɛ	⁼mɛ
黄柏	tɕi²	ɕi²	ɕi²	ni²	pi²	₌p'i	₌mi	⁼mi
暖水	tsʏ²	ɕi²	ɕi²	ni²	pi²	₌p'i	₌mi	⁼mi

	0337 低 蟹开四 平齐端	0338 底 蟹开四 上荠端	0339 帝 蟹开四 去霁端	0340 梯 蟹开四 平齐透	0341 体 蟹开四 上荠透	0342 替 蟹开四 去霁透	0343 蹄 蟹开四 平齐定	0344 弟 蟹开四 上荠定
经公桥	₋ti	⁻ti	ti⁼	₋tʻi	⁻tʻi	tʻi⁼	₌tʻi	tʻei⁼/tʻi⁼
鹅 湖	₋tei	⁻tei	tei⁼	₋tʻei	⁻tʻei	tʻei⁼	₌tʻɔʳ	tʻei⁼
旧 城	₋tei	⁻tei	tʻei⁼	₋tʻei	⁻tʻei	tʻei⁼	₌tʻei	tʻei⁼
湘 湖	₋tei	⁻tei	tei⁼	₋tʻei	⁻tʻei	tʻei⁼	₌tʻei	tʻei⁼
溪 头	₋te	⁻te	te⁼	₋tʻie	⁻tʻie	tʻie⁼	₌te	⁼tʻe
沱 川	₋te	⁻te	te⁼	₋tʻe	⁻tʻe	tʻe⁼	₌tʻe	⁼tʻe
紫 阳	₋ti	⁻ti	ti⁼	₋tʻi	⁻tʻi	tʻi⁼	₌tʻi	⁼tʻi
许 村	₋te	⁻te	te⁼	₋tʻe	⁻tʻe	tʻe⁼	₌tʻe	⁼tʻe
中 云	₋te	⁻te	te⁼	₋tʻe	⁻tʻe	tʻe⁼	₌tʻe	⁼tʻe
新 建	₋tæ	⁻tæ	tæ⁼	₋tʻæ	⁻tʻæ	tʻæ⁼	₌tʻæ	tʻæ⁼
新 营	₋tɛ	⁻tɛ	tɛ⁼	₋tʻɛ	⁻tʻɛ	tʻɛ⁼	₌tʻɛ	tʻe⁼
黄 柏	₋ti	⁻ti	ti⁼	₋tʻi	⁻tʻi	tʻi⁼	₌tʻi	tʻi⁼
暖 水	₋ti	⁻ti	ti⁼	₋tʻi	⁻tʻi	tʻi⁼	₌tʻi	tʻi⁼

	0345 第 蟹开四 去霁定	0346 泥 蟹开四 平齐泥	0347 犁 蟹开四 平齐来	0348 妻 蟹开四 平齐清	0349 齐 蟹开四 平齐从	0350 西 蟹开四 平齐心	0351 洗 蟹开四 上荠心	0352 细[小] 蟹开四 去霁心
经公桥	tʻi⁼	₌li	₌li	₋tɕʻi	₌tɕʻi	₋sei	⁻sei	sei⁼
鹅 湖	tʻei⁼	₌lei	₌lei	₋tɕʻi	₌tsʻei	₋sei	⁻sei	sei⁼
旧 城	tʻei⁼	₌lei	₌lei	₋tsʻei	₌tsʻei	₋sei	⁻sei	sei⁼
湘 湖	tʻei⁼	₌lei	₌lei	₋tsʻei	₌tsʻei	₋sei	⁻sei	sei⁼
溪 头	te⁼	₌le	₌le	₋tsʻe	₌tsʻe	₋se	⁻se	se⁼
沱 川	tʻe⁼	₌le	₌li	₋tsʻe	₌tsʻe	₋se	⁻se	se⁼
紫 阳	tʻi⁼	₌li	₌li	₋tsʻi	₌tsʻi	₋si	⁻si	si⁼
许 村	tʻe⁼	₌le	₌le	₋tsʻe	₌tsʻe	₋se	⁻se	se⁼
中 云	tʻe⁼	₌le	₌le	₋tsʻe	₌tsʻe	₋se	⁻se	se⁼
新 建	tʻæ⁼	₌næ	₌læ	₋tsʻæ	₌tsʻæ	₋sæ	⁻sæ	sæ⁼
新 营	tʻɛ⁼	₌ɲi	₌lɛ	₋tsʻɛ	₌tsʻɛ	₋sɛ	⁻sɛ	sɛ⁼
黄 柏	tʻi⁼	₌ɲi	₌li	₋tsʻi	₌tɕʻi	₋ɕi	⁻ɕi	ɕi⁼
暖 水	tʻi⁼	₌ɲi	₌li	₋tɕʻi	₌tɕʻi	₋ɕi	⁻ɕi	ɕi⁼

		0353 细ff~ 蟹开四去霁心	0354 鸡 蟹开四平齐见	0355 计 蟹开四去霁见	0356 溪 蟹开四平齐溪	0357 契 蟹开四去霁溪	0358 系 蟹开四去霁匣	0359 杯 蟹合一平帮灰	0360 背~臂 蟹合一去队帮
经公桥		sei꜃	꜀tɕi	tɕi꜃	꜀tɕ'i	tɕ'i꜃	ɕi꜃	꜀pɤ	pɤ꜃
鹅湖		sei꜃	꜀tɕi	tɕi꜃	꜀ɕi	tɕ'i꜃	sei꜃	꜀pɛ	piɛ꜃
旧城		sei꜃	꜀tɕi	tɕi꜃	꜀sei	tɕ'i꜃	sei꜃	꜀pɛ	pɛ꜃
湘湖		sei꜃	꜀tɕi	tɕi꜃	꜀tɕ'i	tɕ'i꜃	ɕi꜃	꜀pɛ	pɛ꜃
溪头		se꜃	꜀tʃe	tʃe꜃	꜀tʃ'e	tʃ'e꜃	ʃe꜃	꜀pɐ	pɐ꜃
沱川		se꜃	꜀tɕie	tɕie꜃	꜀tɕ'ie	tɕ'ie꜃	ɕie꜃	꜀pa	pa꜃
紫阳		si꜃	꜀tɕi	tɕi꜃	꜀tɕ'i	tɕ'i꜃	ɕi꜃	꜀pe	pe꜃
许村		se꜃	꜀tʃe	tʃe꜃	꜀tʃ'e	tʃ'e꜃	ʃe꜃	꜀pɤ	pɤ꜃
中云		se꜃	꜀tɕie	tɕie꜃	꜀tɕ'ie	tɕ'ie꜃	ɕie꜃	꜀pɤ	pɤ꜃
新建		sæ꜃	꜀tɕiɛ	tɕie꜃	꜀tɕ'iɛ	tɕ'i꜃	ɕie꜃	꜀pa	pa꜃
新营		se꜃	꜀tɕi	tɕi꜃	꜀ɕi	tɕ'i꜃	ɕi꜃	꜀pɛ	pi꜃
黄柏		ɕi꜃	꜀tɕi	tɕi꜃	꜀tɕ'i	tɕ'i꜃	ɕi꜃	꜀pɛ	pɛ꜃
暖水		ɕi꜃	꜀tɕi	tɕi꜃	꜀tɕ'i	tɕ'i꜃	ɕi꜃	꜀pɤ	pɤ꜃

		0361 配 蟹合一去队滂	0362 赔 蟹合一平灰並	0363 倍 蟹合一上贿並	0364 背~诵 蟹合一去队並	0365 梅 蟹合一平灰明	0366 每 蟹合一上贿明	0367 妹 蟹合一去队明	0368 堆 蟹合一平灰端
经公桥		p'ɤ꜃	꜁p'ɤ	p'ɤ꜃	p'ɤ꜃	꜁mɤ	꜂mɤ	mɤ꜃	꜀tɤ
鹅湖		p'iɛ꜃	꜁p'iɛ	p'ie꜃	p'ie꜃	꜁miɛ	꜂mei	miɛ꜃	꜀tiɛ
旧城		p'ɛ꜃	꜁p'ɛ	p'ɛ꜃	p'ɛ꜃	꜁mɛ	꜂mɛ	mɛ꜃	꜀tɛ
湘湖		p'ɛ꜃	꜁p'ɛ	p'ɛ꜃	p'ɛ꜃	꜁mɛ	꜂mɛ	mɛ꜃	꜀tɛ
溪头		p'ɐ꜃	꜁p'ɐ	p'ɐ	p'ɐ꜃	꜁mɐ	꜂mɐ	mɐ꜃	꜀tɐ
沱川		p'a꜃	꜁p'a	꜁p'a	p'a꜃	꜁ba	꜁bə	ba꜃	꜀ta
紫阳		p'e꜃	꜁p'e	p'e꜃	p'e꜃	꜁be	꜁be	be꜃	꜀te
许村		p'ɤ꜃	꜁p'ɤ	p'ɤ꜃	p'ɤ꜃	꜁mɤ	꜂mɤ	mɤ꜃	꜀tɤ
中云		p'ɤ꜃	꜁p'ɤ	꜁p'ɤ	p'ɤ꜃	꜁bɤ	꜁bɤ	bɤ꜃	꜀tɤ
新建		p'a꜃	꜁p'a	p'a꜃	p'a꜃	꜁ma	꜂ma	ma꜃	꜀tua
新营		p'i꜃	꜁p'i	p'i꜃	p'i꜃	꜁mi	꜂mi	mi꜃	꜀ti
黄柏		p'ɛ꜃	꜁p'ɛ	p'ɛ꜃	p'ɛ꜃	꜁mɛ	꜂mɛ	mɛ꜃	꜀tɛ
暖水		p'ɤ꜃	꜁p'ɤ	p'ɤ꜃	p'ɤ꜃	꜁mɤ	꜂mɤ	mɤ꜃	꜀tɤ

	0369 对 蟹合一 去队端	0370 推 蟹合一 平灰透	0371 腿 蟹合一 上贿透	0372 退 蟹合一 去队透	0373 队 蟹合一 去队定	0374 累 蟹合一 去队来	0375 催 蟹合一 平灰清	0376 罪 蟹合一 上贿从
经公桥	tɤ⁼	₌t'ɤ	ꞌt'ɤ	t'ɤ⁼	tɤ⁼	lɤ⁼	₌tɕ'y	ts'ɤ⁼
鹅 湖	tiɛ⁼	₌t'iɛ	ꞌt'iɛ	t'iɛ⁼	tiɛ⁼	leiⁱ	₌ts'iɛ	ts'iɛ⁼
旧 城	tɛ⁼	₌t'ɛ	ꞌt'ɚ	t'ɛ⁼	tɛ⁼	lɛ⁼	₌ts'ɛ	ts'ɛ⁼
湘 湖	tɛ⁼	₌t'ɛ	ꞌt'ɛ	t'ɛ⁼	tɛ⁼	lɛ⁼	₌ts'ɛ	ts'ɛ⁼
溪 头	tɐ⁼	₌t'ɐ	ꞌt'ɐ	t'ɐ⁼	tɐ⁼	lɐ⁼	₌ts'ɐ	⁼ts'ɐ
沱 川	tɑ⁼	₌t'a	ꞌt'a	t'a⁼	ta⁼	lɑ⁼	₌ts'a	⁼ts'a
紫 阳	te⁼	₌t'e	ꞌt'e	t'e⁼	te⁼	le⁼	₌ts'e	⁼ts'e
许 村	tɤ⁼	₌t'ɤ	ꞌt'ɤ	t'ɤ⁼	tɤ⁼	lɤ⁼	₌ts'ɤ	⁼ts'ɤ
中 云	tɤ⁼	₌t'ɤ	ꞌt'ɤ	t'ɤ⁼	tɤ⁼	lɤ⁼	₌ts'e	⁼ts'e
新 建	tua⁼	₌t'ua	ꞌt'ua	t'ua⁼	tua⁼	lua⁼	₌ts'ua	ts'ua⁼
新 营	ti⁼	₌t'i	ꞌt'i	t'i⁼	ti⁼	lɛ⁼	₌tɕ'yɛ	ts'i⁼
黄 柏	tɛ⁼	₌t'ɛ	ꞌt'ɛ	t'ɛ⁼	tɛ⁼	lɛ⁼	₌ts'ɛ	ts'ɛ⁼
暖 水	tɤ⁼	₌t'ɤ	ꞌt'ɤ	t'ɤ⁼	tɤ⁼	lɤ⁼	₌ts'ɤ	ts'ɤ⁼

	0377 碎 蟹合一 去队心	0378 魁 蟹合一 平灰溪	0379 灰 蟹合一 平灰晓	0380 悔 蟹合一 上贿晓	00381 回 蟹合一 平灰匣	0382 汇 蟹合一 上贿匣	0383 煨 蟹合一 平灰影	0384 最 蟹合一 去泰精
经公桥	sɤ⁼	k'uɤ	₌xuɤ	ꞌxuɤ	₌xuɤ	xuɤ⁼	₌uɤ	tsɤ⁼
鹅 湖	siɛ⁼	k'uɛ	₌xuɛ	ꞌxuɛ	₌xuɛ	xuɛ⁼	₌yɛ	tsiɛ⁼
旧 城	sɛ⁼	k'uɛ	₌fɛ	ꞌxuɛ	₌fɛ	xuɛ⁼	₌uɛ	tsɛ⁼
湘 湖	sɛ⁼	k'uɛ	₌fɛ	ꞌfɛ	₌fɛ	fɛ⁼	₌uɛ	tsɛ⁼
溪 头	sɐ⁼	k'uɐ	₌xuɐ	ꞌxuɐ	₌xuɐ	xuɐ⁼	₌uɐ	tsɐ⁼
沱 川	sa⁼	k'uɒ	₌xua	ꞌxua	₌xua	xua⁼	₌va	tsa⁼
紫 阳	se⁼	k'ua	₌xe	ꞌxe	₌xe	xe⁼	₌ve	tse⁼
许 村	sɤ⁼	k'ua	₌xuɤ	ꞌxuɤ	₌xuɤ	xuɤ⁼	₌vɤ	tsɤ⁼
中 云	se⁼	k'ua	₌ɕy/xuɤ	ꞌxuɤ	₌xuɤ	xuɤ⁼	₌vɤ	tsɤ⁼
新 建	sua⁼	k'ua	₌xua	ꞌxua	₌xua	xua⁼	₌va	tsua⁼
新 营	si⁼	k'ua	₌xua	ꞌxua	₌xua	xua⁼	₌uɛ	tsɛ⁼
黄 柏	sɛ⁼	k'ua	₌xuɛ	ꞌxuɛ	₌xuɛ	xuɛ⁼	₌uɛ	tsa⁼
暖 水	sɤ⁼	k'uɐ	₌xo	ꞌxuo	₌ouɤ	xuo⁼	₌vi	tsɤ⁼

	0385	0386	0387	0388	0389	0390	0391	0392
	会~计	外~婆	会开~	会~不~	乖	怪	块	坏
	蟹合一去泰见	蟹合一去泰疑	蟹合一去泰匣	蟹合一去泰匣	蟹合二平皆见	蟹合二去怪见	蟹合二去怪溪	蟹合二去怪匣
经公桥	kʻuaᶟ	uaᶟ	xuɤᶟ	xuɤᶟ	ˏkua	kuaᶟ	kʻuaᶟ	xuaᶟ
鹅湖	kʻuaᶟ	ŋaᶟ	xuɛᶟ	xuɛᶟ	ˏkua	kuaᶟ	kʻuaᶟ	xuaᶟ
旧城	kʻuaᶟ	ŋa/uaᶟ	xuɛᶟ	uɛᶟ	ˏkua	kuaᶟ	kʻuaᶟ	xuaᶟ
湘湖	kʻuaᶟ	uaᶟ	fɛᶟ	uɛ/fɛᶟ	ˏkua	kuaᶟ	kʻuaᶟ	faᶟ
溪头	kuɐᶟ	uaᶟ	xuɐᶟ	xuɐᶟ	ˏkuɐ	kuaᶟ	kʻuaᶟ	xuaᶟ
沱川	kuaᶟ	gua/vɒᶟ	xuaᶟ	xuaᶟ	ˏkuɒ	kuɒᶟ	kʻuɒᶟ	xuaᶟ
紫阳	kʻuɐᶟ	goᶟ	xɐᶟ	xɐᶟ	ˏkua	kuaᶟ	kʻuaᶟ	xuaᶟ
许村	kʻuɤᶟ	ŋoᶟ	xuɤᶟ	xuɤᶟ	ˏkua	kuaᶟ	kʻuaᶟ	xuaᶟ
中云	kʻuaᶟ	vaᶟ	xuɤᶟ	xuɤᶟ	ˏkua	kuaᶟ	kʻuaᶟ	xuaᶟ
新建	kʻuaᶟ	ŋaᶟ	xuaᶟ	xuaᶟ	ˏkua	kuaᶟ	kʻuaᶟ	xuaᶟ
新营	kʻuaᶟ	ŋaᶟ	xuɛᶟ	xuɛᶟ	ˏkua	kuaᶟ	kʻuaᶟ	xuaᶟ
黄柏	kʻuɛᶟ	ŋaᶟ	xuɛᶟ	xuɛᶟ	ˏkua	kuaᶟ	kʻuaᶟ	xuaᶟ
暖水	kʻuɐᶟ	ŋaᶟ	xuoᶟ	xuoᶟ	ˏkuɐ	kuɐᶟ	kʻuɐᶟ	xuɐᶟ

	0393	0394	0395	0396	0397	0398	0399	0400
	拐	挂	歪	画	蛙	快	话	脆
	蟹合二上蟹见	蟹合二去卦见	蟹合二平佳晓	蟹合二去卦匣	蟹合二平佳影	蟹合二去夬溪	蟹合二去夬匣	蟹合三去祭清
经公桥	ˀkua	kuʌᶟ	ˏua	xuʌᶟ	ˏuʌ	kʻuaᶟ	uʌᶟ	tsʻɤᶟ
鹅湖	ˀkuaʳ	kuoᶟ	ˏua	xuaᶟ	ˏua	kʻuaᶟ	ua/xuaᶟ	tsʻeiᶟ
旧城	ˀkua	kuaᶟ	ˏua	xuoᶟ	ˏua	kʻuaᶟ	uo/xuoᶟ	tsʻeiᶟ
湘湖	ˀkua	kuaᶟ	ˏua	xuaᶟ	ˏua	kʻuaᶟ	uoᶟ	tsʻeiᶟ
溪头	ˀkua	kuaᶟ	ˏua	xuaᶟ	ˏua	kʻuaᶟ	uoᶟ	tsʻe
沱川	ˀkuɒ	koᶟ	ˏŋo/vo	xuaᶟ	ˏvo	kʻuɒᶟ	voᶟ	tsʻe
紫阳	ˀkua	koᶟ	ˏva	xuaᶟ	ˏvɐ	kʻuaᶟ	vɐᶟ	tsʻi
许村	ˀkua	koᶟ	ˏva	xuaᶟ	ˏva	kʻuaᶟ	voᶟ	tsʻe
中云	ˀkua	koᶟ	ˏva	xuaᶟ	ˏva	kʻuaᶟ	voᶟ	tsʻe
新建	ˀkua	kuaᶟ	ˏva	xuaᶟ	ˏva	kʻuaᶟ	xuaᶟ	tsʻæ
新营	ˀkua	koᶟ	ˏua	xoᶟ	ˏua	kʻuaᶟ	xoᶟ	tsʻɛ
黄柏	ˀkua	kuaᶟ	ˏua	xuɑᶟ	ˏuɑ	kʻuaᶟ	uɑ/xuɑᶟ	tɕʻi
暖水	ˀkuɐ	kuɐᶟ	ˏaʋ	xaʋᶟ	ˏaʋ	kʻuɐᶟ	xuɐᶟ	tɕʻi

	0401	0402	0403	0404	0405	0406	0407	0408
	岁	税	卫	废	肺	桂	惠	碑
	蟹合三去祭心	蟹合三去祭书	蟹合三去祭云	蟹合三去废非	蟹合三去废敷	蟹合四去霁见	蟹合四去霁匣	止开三平支帮
经公桥	sei⁼	ɕy⁼	uei⁼	fei⁼	fei⁼	kuei⁼	xuei⁼	₌pɤ
鹅湖	sei⁼	ɕy⁼	uei⁼	fei⁼	fei⁼	kuei⁼	xuei⁼	₌pei
旧城	sei⁼	ɕy⁼	uei⁼	fei⁼	fei⁼	kuei⁼	fei⁼	₌pei
湘湖	sei⁼	ɕy⁼	uei⁼	fei⁼	fei⁼	kuei⁼	fei⁼	₌pei
溪头	se⁼	xue⁼	ui⁼	fi⁼	fi⁼	kue⁼	xue⁼	₌pi
沱川	se⁼	xue⁼	y⁼	fi⁼	fi⁼	kue⁼	xue⁼	₌pi
紫阳	si⁼	ɕy⁼	y⁼	fi⁼	fi⁼	tɕy⁼	ɕy/xe⁼	₌pi
许村	se⁼	ɕie⁼	y⁼	fe⁼	fe⁼	ke⁼	xuɤ⁼	₌pe
中云	se⁼	se⁼	y⁼	fe⁼	fe⁼	kue⁼	xuɤ⁼	₌pe
新建	sæ⁼	ɕie⁼	vi⁼	fæ⁼	fæ⁼	kie⁼	xua⁼	₌pi
新营	se⁼	ɕye⁼	uɛ⁼	fe⁼	fe⁼	kuɛ⁼	xue⁼	₌pɛ
黄柏	ɕi⁼	fei⁼	ui⁼	fei⁼	fei⁼	kui⁼	xui⁼	₌pɛ
暖水	ɕi⁼	ʂuo⁼	vi⁼	fi⁼	fi⁼	ki⁼	xi⁼	₌pi

	0409	0410	0411	0412	0413	0414	0415	0416
	臂	披	皮	被~子	被~迫	离	紫	雌
	止开三去置帮	止开三平支滂	止开三平支并	止开三上纸并	止开三去置并	止开三平支来	止开三上纸精	止开三平支清
经公桥	pi⁼	₌p'i	₌p'i	⁼p'i	p'i⁼	₌li	⁼tsɿ	₌ts'ɿ
鹅湖	pei⁼	₌p'ei	₌p'ei	p'ei⁼	p'iɛ⁼	₌lei	⁼tsɿ	₌ts'ɿ
旧城	pei⁼	₌p'ei	₌p'ei	⁼p'ei	p'ei⁼	₌lei	⁼tsɿ	₌ts'ɿ
湘湖	pei⁼	₌p'ei	₌p'ei	p'ei⁼	p'ei⁼	₌lei	⁼tsɿ	₌ts'ɿ
溪头	pi⁼	₌p'i	₌p'i	⁼p'i	p'i⁼	₌li	⁼tsɿ	₌ts'ɿ
沱川	pi⁼	₌p'i	₌p'i	⁼p'i	p'i⁼	₌li	⁼tsɿ	₌ts'ɿ
紫阳	pi⁼	₌p'i	₌p'i	⁼p'i	p'i⁼	₌li	⁼tsɿ	₌ts'ɿ
许村	pi⁼	₌p'i	₌p'i	⁼p'i	p'i⁼	₌li	⁼tsɿ	₌ts'ɿ
中云	pi⁼	₌p'i	₌p'i	⁼p'i	p'i⁼	₌li	⁼tsɿ	₌ts'ɿ
新建	pi⁼	₌p'i	₌p'i	p'i⁼	p'i⁼	₌li	⁼tsɤ	₌ts'ɤ
新营	pɛ⁼	₌p'ɛ	₌p'ɛ	p'ɛ⁼	p'ɛ⁼	₌lɛ	⁼tsɿ	₌ts'ɿ
黄柏	pi⁼	₌p'i	₌p'i	p'i⁼	p'i⁼	₌li	⁼tsɿ	₌ts'ɿ
暖水	pi⁼	₌p'i	₌p'i	p'i⁼	p'i⁼	₌li	⁼tsɿ	₌ts'ɿ

	0417 刺 止开三 去寘清	0418 斯 止开三 平支心	0419 知 止开三 平支知	0420 智 止开三 去寘知	0421 池 止开三 平支澄	0422 枝 止开三 平支章	0423 纸 止开三 上纸章	0424 是 止开三 上纸禅
经公桥	tsʻɿ⁼	₌sɿ	₌tɕi	tɕi⁼	₌tɕʻi	₌tɕi	⁼tɕi	ɕi⁼
鹅 湖	tsʻɿ⁼	₌sɿ	₌tsɿ	tsɿ⁼	₌tsʻɿ	₌tɕi	⁼tɕi	ɕi⁼
旧 城	tsʻɿ⁼	₌sɿ	₌tɕi	tɕi⁼	₌tɕʻi	₌tɕi	⁼tɕi	ɕi⁼
湘 湖	tsʻɿ⁼	₌sɿ	₌tɕi	tɕi⁼	₌tsʻɿ	₌tɕi	⁼tɕi	ɕi⁼
溪 头	tsʻɿ⁼	₌sɿ	₌tsɿ	tsɿ⁼	₌tsʻɿ	₌tsɿ	⁼tsɿ	⁼sɿ
沱 川	tsʻɿ⁼	₌sɿ	₌tsɿ	tsɿ⁼	₌tsʻɿ	₌tsɿ	⁼tsɿ	⁼sɿ
紫 阳	tsʻɿ⁼	₌sɿ	₌tsɿ	tsɿ⁼	₌tsʻɿ	₌tɕi	⁼tɕi	⁼ɕi
许 村	tsʻɿ⁼	₌sɿ	₌tɕi	tsɿ⁼	₌tsʻɿ	₌tɕi	⁼tɕi	₌ʃø/sɿ
中 云	tsʻɿ⁼	₌sɿ	₌tsɿ	tsɿ⁼	₌tsʻɿ	₌tsɿ	⁼tɕi	⁼sɿ
新 建	tsʻɤ⁼	₌sɤ	₌tsɤ	tsɤ⁼	₌tsʻɤ	₌tsɤ	⁼tsɤ	sɤ⁼
新 营	tsʻɿ⁼	₌sɿ	₌tɕi	tɕi⁼	₌tɕʻi	₌tɕi	⁼tɕi	ɕi⁼
黄 柏	tsʻɿ⁼	₌sɿ	₌tɕi	tɕi⁼	₌tɕʻi	₌tɕi	⁼tɕi	ɕi⁼
暖 水	tsʻɿ⁼	₌sɿ	₌tʂɤ	tʂɤ⁼	₌tʂʻɤ	₌tʂɤ	⁼tʂɤ	ʂɤ⁼

	0425 儿 止开三 平支日	0426 寄 止开三 去寘见	0427 骑 止开三 平支群	0428 技 止开三 上纸群	0429 宜 止开三 平支疑	0430 蚁 止开三 上纸疑	0431 义 止开三 去寘疑	0432 戏 止开三 去寘晓
经公桥	₌a	tɕi⁼	₌tɕʻi	tɕi⁼	₌i	⁼i	i⁼	ɕi⁼
鹅 湖	₌ɐʳ	tɕi⁼	₌tɕʻi	tɕi⁼	₌i	⁼i	i⁼	ɕi⁼
旧 城	₌əʳ	tɕi⁼	₌tɕʻi	tɕʻi⁼	₌ni	⁼iəʳ	ni⁼	ɕi⁼
湘 湖	₌əʳ	tɕi⁼	₌tɕʻi	tɕʻi⁼	₌i	⁼i	i⁼	ɕi⁼
溪 头	₌ɐ	tʃi⁼	₌tʃi	tʃi⁼	₌ni	⁼ni	ni⁼	ʃi⁼
沱 川	₌ni/e	tɕi⁼	₌tɕʻi	tɕʻi⁼	₌ni	⁼ni	ni⁼	ɕi⁼
紫 阳	₌ɵ	tɕi⁼	₌tɕʻi	tɕʻi⁼	₌gi	⁼gi	i⁼	ɕi⁼
许 村	₌ø	tɕi⁼	₌tɕʻi	tɕʻi⁼	₌ni	⁼ni	ni⁼	ɕi⁼
中 云	₌ɵ	tɕi⁼	₌tɕʻi	tɕʻi⁼	₌i	⁼gi	i⁼	ɕi⁼
新 建	₌zɤ	tɕi⁼	₌tɕʻi	tɕʻi⁼	₌ni	⁼ni	ni⁼	ɕi⁼
新 营	₌ɵ	tɕi⁼	₌tɕʻi	tɕi⁼	₌i	⁼ni	ni⁼	ɕi⁼
黄 柏	₌a	tɕi⁼	₌tɕʻi	tɕi⁼	₌ni	⁼ni	ni⁼	ɕi⁼
暖 水	₌ɤ	tɕi⁼	₌tɕʻi	tɕʻi⁼	₌ni	⁼ni	ni⁼	ɕi⁼

	0433 椅 止开三 上纸影	0434 移 止开三 平支以	0435 易容~ 止开三 去置以	0436 悲 止开三 平脂帮	0437 比 止开三 上旨帮	0438 痹 止开三 去至帮	0439 屁 止开三 去至滂	0440 枇 止开三 平脂並
经公桥	ᶜi	₌i	i⁼	₌pɣ	ᶜpi	pi⁼	p'i⁼	₌p'i
鹅湖	ᶜiəʴ	₌i	i⁼	₌pə	ᶜpei	p'ei⁼	p'ei⁼	₌p'ei
旧城	ᶜiəʴ	₌i	i⁼	₌pei	ᶜpei	pei⁼	p'ei⁼	₌p'ei
湘湖	ᶜi	₌i	i⁼	₌pei	ᶜpei	pei⁼	p'ei⁼	₌p'ei
溪头	ᶜi	₌i	i⁼	₌pi	ᶜpi	pi⁼	p'i⁼	₌p'i
沱川	ᶜi	₌i	i⁼	₌pi	ᶜpi	pi⁼	p'i⁼	₌p'i
紫阳	ᶜi	₌i	i⁼	₌pe	ᶜpi	pi⁼	p'i⁼	₌p'i
许村	ᶜi	₌i	i⁼	₌pe	ᶜpi	pi⁼	p'i⁼	₌p'i
中云	ᶜi	₌i	i⁼	₌pe	ᶜpi	pi⁼	p'i⁼	₌p'i
新建	ᶜi	₌i	i⁼	₌pi	ᶜpi	pi⁼	p'i⁼	₌p'i
新营	ᶜi	₌i	i⁼	₌pɛ	ᶜpɛ	pɛ⁼	p'ɛ⁼	₌p'ɛ
黄柏	ᶜi	₌i	i⁼	₌pɛ	ᶜpi	pi⁼	p'i⁼	₌p'i
暖水	ᶜi	₌i	i⁼	₌pi	ᶜpi	pi⁼	p'i⁼	₌p'i

	0441 备 止开三 去至並	0442 鼻 止开三 去至並	0443 眉 止开三 平脂明	0444 美 止开三 上旨明	0445 地 止开三 去至定	0446 尼 止开三 平脂泥	0447 梨 止开三 平脂来	0448 利 止开三 去至来
经公桥	pɣ⁼	p'i⁼	₌mi	ᶜmi	t'i⁼	₌li	₌li	li⁼
鹅湖	p'ie⁼	p'ei⁼	₌mei	ᶜmei	t'ei⁼	₌lei	₌lei	lei⁼
旧城	p'ei⁼	p'ei⁼	₌mei	ᶜmei	t'ei⁼	₌ni	₌lei	lei⁼
湘湖	p'ei⁼	p'ei⁼	₌mei	ᶜmei	t'ei⁼	₌i	₌li	lei⁼
溪头	pi⁼	pi⁼	₌mi	ᶜmi	t'i⁼	₌le	₌li	li⁼
沱川	pi⁼	p'i⁼	₌bi	ᶜbi	t'i⁼	₌le	₌li	li⁼
紫阳	p'i⁼	p'i⁼	₌bi	ᶜbi	t'i⁼	₌li	₌li	li⁼
许村	p'i⁼	p'i⁼	₌mi	ᶜmi	t'i⁼	₌le	₌li	li⁼
中云	p'i⁼	p'i⁼	₌bi	ᶜbi	t'i⁼	₌li	₌le	li⁼
新建	p'i⁼	p'i⁼	₌mi	ᶜmi	t'i⁼	₌læ	₌li	li⁼
新营	p'i⁼	p'ɛ⁼	₌mi	ᶜmɛ	t'ɛ⁼	₌n̠i	₌lɛ	lɛ⁼
黄柏	p'i⁼	p'i⁼	₌mi	ᶜmi	t'i⁼	₌n̠i	₌li	li⁼
暖水	p'i⁼	p'i⁼	₌mi	ᶜmi	t'i⁼	₌li	₌li	li⁼

	0449 资 止开三 平脂精	0450 姊 止开三 上旨精	0451 次 止开三 去至清	0452 瓷 止开三 平脂从	0453 自 止开三 去至从	0454 私 止开三 平脂心	0455 死 止开三 上旨心	0456 四 止开三 去至心
经公桥	₌tsɿ	⁼tsɿ	tsʻɿ⁼	₌sʻɿ	tsʻɿ⁼	₌sɿ	⁼sɿ	sɿ⁼
鹅湖	₌tsɿ	⁼tsɿ	tsʻɿ⁼	₌tsʻɿ	sɿ⁼	₌sɿ	⁼sɿ	sɿ⁼
旧城	₌tsɿ	⁼tsɿ	tsʻɿ⁼	₌sʻɿ	sɿ⁼	₌sɿ	⁼sɿ	sɿ⁼
湘湖	₌tsɿ	⁼tsɿ	tsʻɿ⁼	₌sʻɿ	tsʻɿ⁼	₌sɿ	⁼sɿ	sɿ⁼
溪头	₌tsɿ	⁼tsɿ	tsʻɿ⁼	₌sʻɿ	tsʻɿ⁼	₌sɿ	⁼sɿ	sɿ⁼
沱川	₌tsɿ	⁼tsɿ	tsʻɿ⁼	₌sʻɿ	tsʻɿ⁼	₌sɿ	⁼sɿ	sɿ⁼
紫阳	₌tsɿ	⁼tsɿ	tsʻɿ⁼	₌sʻɿ	tsʻɿ⁼	₌sɿ	⁼sɿ	sɿ⁼
许村	₌tsɿ	⁼tsɿ	tsʻɿ⁼	₌sʻɿ	tsʻɿ⁼	₌sɿ	⁼sɿ	sɿ⁼
中云	₌tsɿ	⁼tsɿ	tsʻɿ⁼	₌sʻɿ	tsʻɿ⁼	₌sɿ	⁼sɿ	sɿ⁼
新建	₌tsʏ	⁼tsʏ	tsʻʏ⁼	₌sʻʏ	tsʻʏ⁼	₌sʏ	⁼sʏ	sʏ⁼
新营	₌tsɿ	⁼tsɿ	tsʻɿ⁼	₌sʻɿ	tsʻɿ⁼	₌sɿ	⁼sɿ	sɿ⁼
黄柏	₌tsɿ	⁼tsɿ	tsʻɿ⁼	₌sʻɿ	tsʻɿ⁼	₌sɿ	⁼sɿ	sɿ⁼
暖水	₌tsɿ	⁼tsɿ	tsʻɿ⁼	₌sʻɿ	tsʻɿ⁼	₌sɿ	⁼sɿ	sɿ⁼

	0457 迟 止开三 平脂澄	0458 师 止开三 平脂生	0459 指 止开三 上旨章	0460 至 止开三 去至章	0461 尸 止开三 平脂书	0462 屎 止开三 上旨书	0463 二 止开三 去至日	0464 饥~饿 止开三 平脂见
经公桥	₌ɕi	₌xa	⁼tɕi	tɕi⁼	₌ɕi	⁼ɕi	a⁼	₌tɕi
鹅湖	₌tɕʻi	₌ʂɿ	⁼tɕi	tɕi⁼	₌ɕi	⁼ɕi	ɐ⁼	₌tɕi
旧城	₌tɕʻi	₌sɿ	⁼tɕi	tɕi⁼	₌ɕi	⁼ɕi	ə⁼	₌tɕi
湘湖	₌tɕʻi	₌ʂɿ	⁼tɕi	tɕi⁼	₌ʂɿ	⁼ɕi	ə⁼	₌tɕi
溪头	₌tsʻɿ	₌sɿ	⁼tsɿ	tsɿ⁼	₌sɿ	⁼sɿ	ɐ⁼	₌tʃi
沱川	₌tsʻɿ	₌sɿ	⁼tsɿ	tsɿ⁼	₌sɿ	⁼sɿ	e⁼	₌tɕi
紫阳	₌tsʻɿ	₌ɕi	⁼tsɿ	tɕi⁼	₌sɿ	⁼ɕi	θ⁼	₌tɕi
许村	₌tɕʻi	₌ɕi	⁼tɕi	tɕi⁼	₌ʃɿ	⁼ʃø	ø⁼	₌tɕi
中云	₌tsʻɿ	₌sɿ	⁼tsɿ	tsɿ⁼	₌sɿ	⁼sɿ	θ⁼	₌tɕi
新建	₌tsʻʏ	₌sʏ	⁼tsʏ	tsʏ⁼	₌sʏ	⁼sʏ	zʏ⁼	₌tɕi
新营	₌tɕʻi	₌ɕyɛ	⁼tɕi	tɕi⁼	₌ɕi	⁼ɕi	θ⁼	₌tɕi
黄柏	₌tɕʻi	₌sɿ	⁼tɕi	tɕi⁼	₌ɕi	⁼ɕi	a⁼	₌tɕi
暖水	₌tʂʻʏ	₌ʂuʏ	⁼tʂʏ	tʂʏ⁼	₌ʂʏ	⁼ʂʏ	ʏ⁼	₌tɕi

第三章 赣东北徽语代表方言点单字音对照

	0465	0466	0467	0468	0469	0470	0471	0472
	器	姨	你	厘	李	里五~路	里~面	理
	止开三去至溪	止开三平脂以	止开三上止泥	止开三平之来	止开三上止来	止开三上止来	止开三上止来	止开三上止来
经公桥	tɕʻi⁼	₌i	ᶜli	₌li	ᶜli	ᶜli	ᶜli	ᶜli
鹅 湖	tɕʻi⁼	₌i	ᶜlei	₌lei	ᶜlei	ᶜlei	ᶜlei	ᶜlei
旧 城	tɕʻi⁼	₌i	ᶜni	₌lei	ᶜlei	ᶜlei	ᶜlei	ᶜlei
湘 湖	tɕʻi⁼	₌i	ᶜi	₌lei	ᶜlei	ᶜlei	ᶜlei	ᶜlei
溪 头	tʃʻi⁼	₌i	ᶜli	₌li	ᶜli	ᶜli	ᶜli	ᶜli
沱 川	tɕʻi⁼	₌i	ᶜli	₌li	ᶜli	ᶜli	ᶜli	ᶜli
紫 阳	tɕʻi⁼	₌i	ᶜli	₌li	ᶜli	ᶜli	ᶜli	ᶜli
许 村	tɕʻi⁼	₌i	ᶜli	₌li	ᶜli	ᶜli	ᶜli	ᶜli
中 云	tɕʻi⁼	₌i	ᶜli	₌li	ᶜli	ᶜli	ᶜli	ᶜli
新 建	tɕʻi⁼	₌i	ᶜni	₌li	ᶜli	ᶜli	ᶜli	ᶜli
新 营	tɕʻi⁼	₌i	ᶜli	₌lɛ	ᶜlɛ	ᶜlɛ	ᶜlɛ	ᶜlɛ
黄 柏	tɕʻi⁼	₌i	ᶜȵi	₌li	ᶜli	ᶜli	ᶜli	ᶜli
暖 水	tɕʻi⁼	₌i	ᶜȵi	₌li	ᶜli	ᶜli	ᶜli	ᶜli

	0473	0474	0475	0476	0477	0478	0479	0480
	子	磁	字	丝	祠	巳~时	寺	痴
	止开三上止精	止开三平之从	止开三去志从	止开三平之心	止开三平之邪	止开三上止邪	止开三去志邪	止开三平之彻
经公桥	ᶜtsɿ	₌tsʻɿ	tsʻɿ⁼	₌sɿ	₌sɿ	ᶜsɿ	tsʻɿ⁼	₌tsʻɿ
鹅 湖	ᶜtsɿ	₌tsʻɿ	sɿ⁼	₌sɿ	₌sɿ	ᶜsɿ	sɿ⁼	₌tsʻɿ
旧 城	ᶜtsɿ	₌tsʻɿ	sɿ⁼	₌sɿ	₌sɿ	ᶜsɿ	sɿ⁼	₌tɕʻi
湘 湖	ᶜtsɿ	₌tsʻɿ	tsʻɿ⁼	₌sɿ	₌sɿ	ᶜsɿ	sɿ⁼	₌tɕʻi
溪 头	ᶜtsɿ	₌tsʻɿ	tsʻɿ⁼	₌sɿ	₌sɿ	ᶜsɿ	tsʻɿ⁼	₌tsʻɿ
沱 川	ᶜtsɿ	₌tsʻɿ	tsʻɿ⁼	₌sɿ	₌sɿ	ᶜtsʻɿ	tsʻɿ⁼	₌tsʻɿ
紫 阳	ᶜtsɿ	₌tsʻɿ	tsʻɿ⁼	₌sɿ	₌sɿ	ᶜtsɿ	tsʻɿ⁼	₌tɕʻi
许 村	ᶜtsɿ	₌tsʻɿ	tsʻɿ⁼	₌sɿ	₌sɿ	ᶜtsɿ	tsʻɿ⁼	₌tɕʻi
中 云	ᶜtsɿ	₌tsʻɿ	tsʻɿ⁼	₌sɿ	₌sɿ	ᶜtsɿ	tsʻɿ⁼	₌tsʻɿ
新 建	ᶜtsɤ	₌tsʻɤ	tsʻɤ⁼	₌sɤ	₌tsʻɤ	tsʻɤ⁼	tsʻɤ⁼	₌tsʻɤ
新 营	ᶜtsɿ	₌tsʻɿ	tsʻɿ⁼	₌sɿ	₌tsʻɿ	ᶜsɿ	tsʻɿ⁼	₌tɕʻi
黄 柏	ᶜtsɿ	₌tsʻɿ	tsʻɿ⁼	₌sɿ	₌sɿ	ᶜtsɿ	tsʻɿ⁼	₌tɕʻi
暖 水	ᶜtsɿ	₌tsʻɿ	sɿ⁼	₌sɿ	₌tsʻɿ	tsʻɿ⁼	tsʻɿ⁼	₌tʂʻɤ

	0481 痔 止开三 上止澄	0482 治 止开三 去志澄	0483 厕 止开三 去志穿	0484 柿 止开三 上止崇	0485 事 止开三 去志崇	0486 趾 止开三 上志章	0487 痣 止开三 去至章	0488 齿 止开三 上止昌
经公桥	tsʻɿ⁼	tɕi⁼	tsʻɤ⁼	xa⁼	xa⁼	⁼tɕi	tɕi⁼	⁼tɕʻi
鹅湖	tsʻɿ⁼	tɕi⁼	tsʻɿ⁼	ʂəʳ⁼	ʂəʳ⁼	⁼tɕi	tɕi⁼	⁼tɕʻi
旧城	tɕʻi⁼	tɕʻi⁼	tsʻai⁼	ʂəʳ⁼	ʂəʳ⁼	⁼tɕi	tɕi⁼	⁼tɕʻi
湘湖	tsʻɿ⁼	tsʻɿ⁼	tsʻei⁼	sɿ⁼	sei⁼	⁼tsɿ	tɕi⁼	⁼tɕʻi
溪头	⁼tsɿ	tsɿ⁼	tsʻɿ⁼	⁼sɿ	sɿ⁼	⁼tsɿ	tsɿ⁼	⁼tsʻɿ
沱川	tsʻɿ⁼	tsʻɿ⁼	tsʻɿ⁼	⁼sɿ	sɿ⁼	⁼tsɿ	tsɿ⁼	⁼tsʻɿ
紫阳	tsʻɿ⁼	tsʻɿ⁼	tsʻɿ⁼	⁼ɕi	ɕi⁼	⁼tsɿ	tɕi⁼	⁼tɕʻi
许村	⁼tsʻɿ	tsʻɿ⁼	tsʻɤ⁼	⁼suø	sɿ⁼	⁼tɕi	tɕi⁼	⁼tɕʻi
中云	⁼tsʻɿ	tsʻɿ⁼	tsʻɿ⁼	⁼sɿ	sɿ⁼	⁼tsɿ	tsɿ⁼	⁼tsʻɿ
新建	tsʻɤ⁼	tsʻɤ⁼	tsʻæ⁼	sɤ⁼	sɤ⁼	⁼tsɤ	tsɤ⁼	⁼tsʻɤ
新营	tsʻɿ⁼	tsʻɿ⁼	tʻa⁼	ɕyɛ⁼	ɕyɛ⁼	⁼tɕi	tɕi⁼	⁼tɕʻi
黄柏	tsʻɿ⁼	tɕʻi⁼	tsʻɛ⁼	xa/ɕi⁼	xa/sɿ⁼	⁼tɕi	tɕi⁼	⁼tɕʻi
暖水	tʂʻɤ⁼	tʂʻɤ⁼	tsʻɛ⁼	ʂɤ⁼	ʂɤ⁼	⁼tʂɤ	tʂɤ⁼	⁼tʂʻɤ

	0489 诗 止开三 平之书	0490 始 止开三 上止书	0491 试 止开三 去志书	0492 时 止开三 平之禅	0493 市 止开三 上止禅	0494 耳 止开三 上止日	0495 基 止开三 平之见	0496 己 止开三 上止见
经公桥	₌sɿ	⁼ɕi	ɕi⁼	₌ɕi	ɕi⁼	⁼a	₌tɕi	⁼tɕi
鹅湖	₌ʂəʳ	⁼ɕi	ɕi⁼	₌ɕi	ɕi⁼	⁼ɐʳ	₌tɕi	⁼tɕi
旧城	₌ɕi	⁼ɕi	ɕi⁼	₌ɕi	ɕi⁼	⁼əʳ	₌tɕi	⁼tɕi
湘湖	₌ɕi	⁼ɕi	ɕi⁼	₌ɕi	ɕi⁼	⁼əʳ	₌tɕi	⁼tɕi
溪头	₌sɿ	⁼sɿ	sɿ⁼	₌sɿ	sɿ⁼	₌li	₌tʃi	⁼tʃi
沱川	₌sɿ	⁼sɿ	sɿ⁼	₌sɿ	sɿ⁼	₌li	₌tɕi	⁼tɕi
紫阳	₌sɿ	⁼ɕi	ɕi⁼	₌ɕi	ɕi⁼	₌θ	₌tɕi	⁼tɕi
许村	₌sɿ	⁼sɿ	sɿ⁼	₌sɿ	sɿ⁼	⁼ø	₌tɕi	⁼tɕi
中云	₌sɿ	⁼sɿ	sɿ⁼	₌sɿ	sɿ⁼	⁼θ	₌tɕi	⁼tɕi
新建	₌sɤ	⁼sɤ	sɤ⁼	₌sɤ	sɤ⁼	⁼zɤ	₌tɕi	⁼tɕi
新营	₌sɿ	⁼ɕyɛ	ɕi⁼	₌ɕi	ɕi⁼	⁼θ	₌tɕi	⁼tɕi
黄柏	₌ɕi	⁼ɕi	ɕi⁼	₌ɕi	ɕi⁼	⁼a	₌tɕi	⁼tɕi
暖水	₌sɤ	⁼ʂɤ	ʂɤ⁼	₌sɤ	ʂɤ⁼	⁼ɤ	₌tɕi	⁼tɕi

第三章　赣东北徽语代表方言点单字音对照

	0497 记 止开三 去志见	0498 欺 止开三 平之溪	0499 起 止开三 上止溪	0500 旗 止开三 平之群	0501 忌 止开三 去志群	0502 疑 止开三 平之疑	0503 喜 止开三 上止晓	0504 医 止开三 平之影
经公桥	tɕi²	₋tɕʻi	ʻtɕʻi	₌tɕʻi	tɕʻi²	₌i	ʻɕi	₋i
鹅湖	tɕi²	₋tɕʻi	ʻtɕʻi	₌tɕʻi	tɕʻi²	₌i	ʻɕi	₋i
旧城	tɕi²	₋tɕʻi	ʻtɕʻi	₌tɕʻi	tɕʻi²	₌n.i	ʻɕi	₋i
湘湖	tɕi²	₋tɕʻi	ʻtɕʻi	₌tɕʻi	tɕʻi²	₌i	ʻɕi	₋i
溪头	tʃi²	₋tʃʻi	ʻtʃʻi	₌tʃʻi	tʃi²	₌n.i	ʻʃi	₋i
沱川	tɕi²	₋tɕʻi	ʻtɕʻi	₌tɕʻi	tɕʻi²	₌n.i	ʻɕi	₋i
紫阳	tɕi²	₋tɕʻi	ʻtɕʻi	₌tɕʻi	tɕʻi²	₌gi	ʻɕi	₋i
许村	tɕi²	₋tɕʻi	ʻtɕʻi	₌tɕʻi	tɕʻi²	₌n.i	ʻɕi	₋i
中云	tɕi²	₋tɕʻi	ʻtɕʻi	₌tɕʻi	tɕʻi²	₌i	ʻɕi	₋i
新建	tɕi²	₋tɕʻi	ʻtɕʻi	₌tɕʻi	tɕʻi²	₌n.i	ʻɕi	₋i
新营	tɕi²	₋tɕʻi	ʻtɕʻi	₌tɕʻi	tɕʻi²	₌n.i	ʻɕi	₋i
黄柏	tɕi²	₋tɕʻi	ʻtɕʻi	₌tɕʻi	tɕʻi²	₌n.i	ʻɕi	₋i
暖水	tɕi²	₋tɕʻi	ʻtɕʻi	₌tɕʻi	tɕʻi²	₌n.i	ʻɕi	₋i

	0505 意 止开三 去志影	0506 已 止开三 上止以	0507 几~乎 止开三 平微见	0508 机 止开三 平微见	0509 几~个 止开三 上尾见	0510 气 止开三 去未溪	0511 毅 止开三 去未疑	0512 稀 止开三 平微晓
经公桥	i²	ʻi	₋tɕi	₋tɕi	ʻtɕi	tɕʻi²	i²	₋ɕi
鹅湖	i²	ʻi	₋tɕi	₋tɕi	ʻtɕi	tɕʻi²	i²	₋ɕi
旧城	i²	ʻi	₋tɕi	₋tɕi	ʻtɕi	tɕʻi²	i²	₋ɕi
湘湖	i²	ʻi	₋tɕi	₋tɕi	ʻtɕi	tɕʻi²	i²	₋ɕi
溪头	i²	ʻi	₋tʃi	₋tʃi	ʻtʃi	tʃʻi²	n.i²	₋ʃi
沱川	i²	ʻi	₋tɕi	₋tɕi	ʻtɕi	tɕʻi²	n.i²	₋ɕi
紫阳	i²	ʻi	₋tɕi	₋tɕi	ʻtɕi	tɕʻi²	i²	₋ɕi
许村	i²	ʻi	₋tɕi	₋tɕi	ʻtɕi	tɕʻi²	n.i²	₋ɕi
中云	i²	ʻi	₋tɕi	₋tɕi	ʻtɕi	tɕʻi²	i²	₋ɕi
新建	i²	ʻi	₋tɕi	₋tɕi	ʻtɕi	tɕʻi²	i²	₋ɕi
新营	i²	ʻi	₋tɕi	₋tɕi	ʻtɕi	tɕʻi²	i²	₋ɕi
黄柏	i²	ʻi	₋tɕi	₋tɕi	ʻtɕi	tɕʻi²	n.i²	₋ɕi
暖水	i²	ʻi	₋tɕi	₋tɕi	ʻtɕi	tɕʻi²	n.i²	₋ɕi

	0513 衣 止开三 平微影	0514 嘴 止合三 上纸精	0515 髓 止合三 上纸心	0516 随 止合三 平支邪	0517 吹 止合三 平支穿	0518 睡 止合三 去寘禅	0519 规 止合三 平支见	0520 亏 止合三 平支溪
经公桥	₋i	⁻tsei	⁻sei	₌suei	₋tɕ'y	sei⁼	₋kuei	₋k'uei
鹅湖	₋i	⁻tsei	⁻sei	₌ts'ei/sei	₋tɕ'y	sei⁼	₋kuei	₋k'uei
旧城	₋i	⁻tsei	⁻sei	₌sei	₋tɕ'y	sei⁼	₋kuei	₋k'uei
湘湖	₋i	⁻tsei	⁻sei	₌ts'ei/sei	₋tɕ'y	sei⁼	₋kuei	₋k'uei
溪头	₋i	⁻tsi	⁻si	₌ts'i	₋tɕ'y	ɕy⁼	₋kue	₋k'ue
沱川	₋i	⁻tsi	⁻si	₌ts'i	₋tɕ'y	ɕy⁼	₋kue	₋k'ue
紫阳	₋i	⁻tsi	⁻si	₌ts'isi	₋tɕ'y	ɕy⁼	₋tɕy	₋tɕ'y
许村	₋i	⁻tsi	⁻si	₌ts'i	₋tɕ'y	ɕy⁼	₋kue	₋k'ue
中云	₋i	⁻tsi	⁻se	₌ɕy/si	₋tɕ'y	ɕy⁼	₋tɕy	₋tɕ'y
新建	₋i	⁻tsi	⁻si	₌tʃ'i	₋tʃ'uɛ	ʃɛ⁼	₋kiɛ	₋k'iɛ
新营	₋i	⁻tsɛ	⁻ɕyɛ	₌ts'ɛ/tɕ'yɛ	₋tɕ'yɛ	ɕyɛ⁼	₋kuɛ	₋k'uɛ
黄柏	₋i	⁻tɕi	⁻ɕi	₌tɕ'i	₋tɕ'y	sui⁼	₋kui	₋k'ui
暖水	₋i	⁻tɕi	⁻tɕ'i	₌tɕ'i	₋tʂ'ei	ʂei⁼	₋ki	₋k'i

	0521 跪 止合三 上纸群	0522 危 止合三 平支疑	0523 毁 止合三 上纸晓	0524 委 止合三 上纸影	0525 为作~ 止合三 平支云	0526 为~什么 止合三 去寘云	0527 泪 止合三 去至来	0528 醉 止合三 去至精
经公桥	kuei⁼	₌uei	⁻xuei	⁻uei	₌uei	uei⁼	lɤ⁼	tsei⁼
鹅湖	⁻k'uei	₌uei	⁻xuei	⁻uei	₌uei	uei⁼	lei⁼	tsei⁼
旧城	kuei⁼	₌uei	⁻xuei	⁻uei	₌uei	uei⁼	lei⁼	tsei⁼
湘湖	⁻k'uei	₌uei	⁻xuei	⁻uei	₌y/uei	uei⁼	lei⁼	tsei⁼
溪头	⁻k'ui	₌ui	⁻fi	⁻ui	₌ui	ui⁼	li⁼	tsi⁼
沱川	⁻tɕ'y	₌y	⁻ɕy	⁻y	₌y	y⁼	li⁼	tsi⁼
紫阳	⁻tɕ'y	₌y	⁻xue	⁻y/vi	₌y	y⁼	la⁼	tsi⁼
许村	⁻k'i	₌y	⁻ɕy	⁻y	₌y	y⁼	la⁼	tsi⁼
中云	⁻tɕ'y	₌y	⁻ɕy	⁻y	₌y	y⁼	la⁼	tse⁼
新建	⁻k'i	₌ni	⁻xi	⁻vi	₌vi	vi⁼	li⁼	tsi⁼
新营	⁻k'uɛ	₌uɛ	⁻xuɛ	⁻uɛ	₌uɛ	uɛ⁼	lɛ⁼	tsɛ⁼
黄柏	⁻k'ui	₌ui	⁻xuɛ	⁻ui	₌ui	ui⁼	li⁼	tɕi⁼
暖水	⁻k'i	₌vi	⁻xui	⁻vi	₌vi	vi⁼	li⁼	tɕi⁼

第三章　赣东北徽语代表方言点单字音对照

	0529 追 止合三 平脂知	0530 锤 止合三 平脂澄	0531 衰 止合三 平脂生	0532 帅 止合三 去至生	0533 水 止合三 上纸书	0534 龟 止合三 平脂见	0535 轨 止合三 上旨见	0536 季 止合三 去至见
经公桥	₌tɕy	₌tɕ'y	₌sa	ʂuaᵓ	ᶜɕy	₌kuei	ᶜkuei	tɕiᵓ
鹅湖	₌tɕy	₌tɕ'yʳ	₌ɕyai	suaᵣᵓ	ᶜɕy	₌kuei	ᶜkuei	tɕiᵓ
旧城	₌tɕy	₌tɕ'y	₌sai	saᵓ	ᶜɕy	₌kuei	ᶜkuei	tɕiᵓ
湘湖	₌tɕy	₌tɕ'y	₌ɕya	ɕyaᵓ	ᶜɕy	₌kuei	ᶜkuei	tɕiᵓ
溪头	₌tɕy	₌tɕ'y	₌sɐ	sɐᵓ	ᶜɕy	₌kui	ᶜkui	tʃiᵓ
沱川	₌tɕy	₌tɕ'y	₌sa	saᵓ	ᶜɕy	₌tɕy	ᶜtɕy	tɕyᵓ
紫阳	₌tɕy	₌tɕ'y	₌se	ɕyeᵓ	ᶜɕy	₌tɕy	ᶜtɕy	tɕiᵓ
许村	₌tɕy	₌tɕ'y	₌sʏ	sʏᵓ	ᶜɕy	₌kue	ᶜtɕy	tɕyᵓ
中云	₌tɕy	₌tɕ'y	₌sʏ	sʏᵓ	ᶜɕy	₌tɕy	ᶜtɕy	tɕyᵓ
新建	₌tʃuɛ	₌tʃ'uɛ	₌ʃua	ʃuaᵓ	ᶜʃuɛ	₌ki	ᶜki	kiᵓ
新营	₌tɕyɛ	₌tɕ'yɛ	₌ɕyɛ	ɕyɛᵓ	ᶜɕyɛ	₌kuɛ	ᶜkuɛ	kuɛᵓ
黄柏	₌tʃui	₌tʃ'ui	₌ʃua	ʃuaᵓ	ᶜfi/ʃui	₌kui	ᶜkui	tɕiᵓ
暖水	₌tʂei	₌tʂ'ei	₌ʂuɐ	ʂuɐᵓ	ᶜʂei	₌ki	ᶜki	tɕiᵓ

	0537 葵 止合三 平脂群	0538 柜 止合三 去至群	0539 位 止合三 去至云	0540 飞 止合三 平微非	0541 匪 止合三 上尾非	0542 痱 止合三 去未非	0543 费 止合三 去未敷	0544 肥 止合三 平微奉
经公桥	₌k'uei	k'ueiᵓ	ueiᵓ	₌fei	ᶜfei	feiᵓ	feiᵓ	₌fei
鹅湖	₌tʂ'uoʳ	k'ueiᵓ	ueiᵓ	₌fei	ᶜfei	fəᵓ	feiᵓ	₌fei
旧城	₌tɕ'y	tɕ'yᵓ	ueiᵓ	₌fei	ᶜfei	feiᵓ	feiᵓ	₌fei
湘湖	₌k'uei	k'ueiᵓ	ueiᵓ	₌fei	ᶜfei	feiᵓ	feiᵓ	₌fei
溪头	₌tɕ'y	tɕ'yᵓ	uiᵓ	₌fi	ᶜfi	fiᵓ	fiᵓ	₌fi
沱川	₌tɕ'y	tɕ'yᵓ	yᵓ	₌fi	ᶜfi	fiᵓ	fiᵓ	₌fi
紫阳	₌tɕ'y	tɕ'yᵓ	yᵓ	₌fi	ᶜfi	fiᵓ	fiᵓ	₌fi
许村	₌tɕ'y	tɕ'yᵓ	yᵓ	₌fi	ᶜfi	fiᵓ	feᵓ	₌fi
中云	₌tɕ'y	tɕ'yᵓ	yᵓ	₌fe	ᶜfe	fiᵓ	feᵓ	₌fi
新建	₌k'i	k'iᵓ	viᵓ	₌fi	ᶜfi	fiᵓ	fæᵓ	₌fi
新营	₌k'uɛ	k'uɛᵓ	uɛᵓ	₌fɛ	ᶜfɛ	fɛᵓ	fɛᵓ	₌fɛ
黄柏	₌k'ui	k'uiᵓ	uiᵓ	₌fei	ᶜfei	feiᵓ	feiᵓ	₌fei
暖水	₌k'ui	k'uiᵓ	viᵓ	₌fi	ᶜfi	fiᵓ	fiᵓ	₌fi

	0545 尾 止合三 上尾微	0546 味 止合三 去未微	0547 归 止合三 平微见	0548 鬼 止合三 上尾见	0549 贵 止合三 去未见	0550 魏 止合三 去未疑	0551 辉 止合三 平微晓	0552 威 止合三 平微影
经公桥	ˀmi	ueiˀ	ˬkuei	ˀkuei	kueiˀ	ueiˀ	ˬxuei	ˬuei
鹅 湖	ˀmei	ueiˀ	ˬkuei	ˀkuei	kueiˀ	ueiˀ	ˬxuei	ˬuei
旧 城	ˀmei	ueiˀ	ˬkuei	ˀkuei	kueiˀ	ueiˀ	ˬxuei	ˬuei
湘 湖	ˀmei	ueiˀ	ˬkuei	ˀkuei	kueiˀ	ueiˀ	ˬfei	ˬuei
溪 头	ˀmi	uiˀ	ˬkui	ˀkui	kuiˀ	uiˀ	ˬfi	ˬui
沱 川	ˀbi	viˀ	ˬtɕy	ˀtɕy	tɕyˀ	yˀ	ˬɕy	ˬy
紫 阳	ˀbi	viˀ	ˬtɕy	ˀtɕy	tɕyˀ	yˀ	ˬɕy	ˬy
许 村	ˀmi	viˀ	ˬkue	ˀtɕy	tɕyˀ	yˀ	ˬɕy	ˬvi
中 云	ˀbi	viˀ	ˬtɕy	ˀtɕy	tɕyˀ	viˀ	ˬxuy	ˬy
新 建	ˀmi	viˀ	ˬki	ˀki	kiˀ	viˀ	ˬxi	ˬvi
新 营	ˀmɛ	uɛˀ	ˬkuɛ	ˀkuɛ	kuɛˀ	uɛˀ	ˬxuɛ	ˬɛ
黄 柏	ˀmi	uiˀ	ˬkui	ˀkui	kuiˀ	uiˀ	ˬxui	ˬui
暖 水	ˀmi	miˀ	ˬki	ˀki	kiˀ	viˀ	ˬxi	ˬvi

	0553 慰 止合三 去未影	0554 围 止合三 平微云	0555 伟 止合三 上尾云	0556 宝 效开一 上皓帮	0557 报 效开一 去号帮	0558 袍 效开一 平豪並	0559 抱 效开一 上皓並	0560 暴 效开一 去号並
经公桥	ueiˀ	ˬuei	ˀuei	ˀpau	pauˀ	ˬpʻau	pʻauˀ	pauˀ
鹅 湖	ueiˀ	ˬuei	ˀuei	ˀpau	pauˀ	ˬpʻau	pauˀ	pauˀ
旧 城	ueiˀ	ˬuei	ˀuei	ˀpau	pauˀ	ˬpʻau	pʻauˀ	pʻauˀ
湘 湖	ueiˀ	ˬuei	ˀuei	ˀpau	pauˀ	ˬpʻau	pʻauˀ	pauˀ
溪 头	uiˀ	ˬui	ˀui	ˀpɐ	pɐˀ	ˬpau	ɐˀ	pʻɐˀ
沱 川	yˀ	ˬy	ˀy	ˀpa	paˀ	ˬpʻau	pʻauˀ	pʻaˀ
紫 阳	yˀ	ˬy	ˀy	ˀpo	poˀ	ˬpʻɑ	pʻoˀ	pʻɑˀ
许 村	viˀ	ˬy	ˀy	ˀpa	paˀ	ˬpʻɑ	ˬpʻa	pɔˀ
中 云	yˀ	ˬy	ˀy	ˀpa	paˀ	ˬpʻa	pʻaˀ	pʻɔˀ
新 建	viˀ	ˬvi	ˀvi	ˀpɯ	pɯˀ	ˬpʻo	pʻɯˀ	pɔˀ
新 营	uɛˀ	ˬɛ	ˀɛ	ˀpɔ	pɔˀ	ˬpʻɔ	pʻɛˀ	pɔˀ
黄 柏	uiˀ	ˬui	ˀui	ˀpə	pəˀ	ˬpʻə	pʻəˀ	pʻəˀ
暖 水	viˀ	ˬvi	ˀvi	ˀpo	poˀ	ˬpʻo	pʻoˀ	pʻoˀ

第三章　赣东北徽语代表方言点单字音对照

	0561	0562	0563	0564	0565	0566	0567	0568
	毛	帽	刀	倒~下	到	倒~水	讨	套
	效开一平豪明	效开一去号明	效开一平豪端	效开一上皓端	效开一去号端	效开一去号端	效开一上皓透	效开一去号透
经公桥	₌mau	mau⁼	⸌tau	⸌tau	tau⁼	tau⁼	⸌tʻau	tʻau⁼
鹅湖	₌mau	ma⁼ʳ	⸌tau	⸌tau	tau⁼	tau⁼	⸌tʻau	tʻau⁼
旧城	₌mau	ma⁼ʳ	⸌tau	⸌tau	tau⁼	tau⁼	⸌tʻau	tʻau⁼
湘湖	₌mau	mau⁼	⸌tau	⸌tau	tau⁼	tau⁼	⸌tʻau	tʻau⁼
溪头	₌mɐ	mɐ⁼	⸌tɐ	⸌tɐ	tɐ⁼	tɐ⁼	⸌tʻɐ	tʻɐ⁼
沱川	₌ba	ba⁼	⸌ta	⸌ta	ta⁼	ta⁼	⸌tʻa	tʻa⁼
紫阳	₌bo/bɐ	bo⁼	⸌to	⸌to	to⁼	to⁼	⸌tʻo	tʻo⁼
许村	₌ma	ma⁼	⸌ta	⸌ta	ta⁼	ta⁼	⸌tʻa	tʻa⁼
中云	₌ba	bɐ⁼	⸌ta	⸌ta	ta⁼	ta⁼	⸌tʻa	tʻa⁼
新建	₌mɯ	mə⁼	⸌tə	⸌tə	tə⁼	tə⁼	⸌tʻə	tʻə⁼
新营	₌mɔ	mɔ⁼	⸌tɔ	⸌tɔ	tɔ⁼	tɔ⁼	⸌tʻɔ	tʻɔ⁼
黄柏	₌mə	mə⁼	⸌tə	⸌tə	tə⁼	tə⁼	⸌tʻə	tʻə⁼
暖水	₌mo	mo⁼	⸌tɣ	⸌tɣ	tɣ⁼	tɣ⁼	⸌tʻɣ	tʻɣ⁼

	0569	0570	0571	0572	0573	0574	0575	0576
	桃	道	盗	脑	牢	老	糟	早
	效开一平豪定	效开一上皓定	效开一去号定	效开一上皓泥	效开一平豪来	效开一上皓来	效开一平豪精	效开一上皓精
经公桥	₌tʻau	tʻau⁼	tʻau⁼	⸌lau	₌lau	⸌lau	₌tsau	⸌tsau
鹅湖	₌tʻau	tʻau⁼	tʻau⁼	⸌lau	₌lau	⸌lau	₌tsau	⸌tsau
旧城	₌tʻaʳ	tʻau⁼	tʻau⁼	⸌lau	₌lau	⸌lau	₌tsau	⸌tsau
湘湖	₌tʻau	tʻau⁼	tʻau⁼	⸌lau	₌lau	⸌lau	₌tsau	⸌tsau
溪头	₌tʻɐ	⸌tʻɐ	tʻɐ⁼	⸌ɐ	₌lɐ	⸌lɐ	₌tsɐ	⸌tsɐ
沱川	₌tʻa	⸌tʻa	tʻa⁼	⸌la	₌la	⸌la	₌tsa	⸌tsa
紫阳	₌tʻo	⸌tʻo	tʻo⁼	⸌lo	₌lo	⸌lo	₌tso	⸌tso
许村	₌tʻa	⸌tʻa	tʻa⁼	⸌la	₌la	⸌la	₌tsa	⸌tsa
中云	₌tʻa	⸌tʻa	tʻa⁼	⸌la	₌la	⸌la	⸌tsa	⸌tsa
新建	₌tʻə	tʻə⁼	tʻə⁼	⸌nə	₌lə	⸌lə	₌tsə	⸌tsə
新营	₌tʻɔ	tʻɔ⁼	tʻɔ⁼	⸌lɔ	₌lɔ	⸌lɔ	₌tsɔ	⸌tsɔ
黄柏	₌tʻə	tʻə⁼	tʻə⁼	⸌lə	₌lə	⸌lə	₌tsə	⸌tsə
暖水	₌tʻɣ	tʻɣ⁼	tʻɣ⁼	⸌lɣ	₌lɣ	⸌lɣ	₌tsɣ	⸌tsɣ

	0577 灶 效开一 去号精	0578 操 效开一 平豪清	0579 草 效开一 上皓清	0580 糙 效开一 去号清	0581 曹 效开一 平豪从	0582 造 效开一 上皓从	0583 骚 效开一 平豪心	0584 扫~地 效开一 上皓心
经公桥	tsauꜗ	₌tsʻau	ꜛtsʻau	tsʻauꜗ	₌tsʻau	tsʻauꜗ	₌sau	sauꜗ
鹅湖	tsauꜗ	₌tsʻau	ꜛtsʻau	tsʻauꜗ	₌tsʻau	tsʻauꜗ	₌sau	sauꜗ
旧城	tsauꜗ	₌tsʻau	ꜛtsʻau	tsʻauꜗ	₌tsʻau	tsʻauꜗ	₌sau	ꜛsau
湘湖	tsauꜗ	₌tsʻau	ꜛtsʻau	tsʻauꜗ	₌tsʻau	tsʻauꜗ	₌sau	ꜛsau
溪头	tsɐꜗ	₌tsʻɐ	ꜛtsʻɐ	tsʻɐꜗ	₌tsʻɐ	tsʻɐꜗ	₌sɐ	ꜛsɐ
沱川	tsaꜗ	₌tsʻa	ꜛtsʻa	tsʻaꜗ	₌tsʻa	tsʻaꜗ	₌sa	ꜛsa
紫阳	tsoꜗ	₌tsʻo	ꜛtsʻo	tsʻoꜗ	₌tsʻo	tsʻoꜗ	₌so	ꜛso
许村	tsaꜗ	₌tsʻa	ꜛtsʻa	tsʻaꜗ	₌tsʻa	tsʻaꜗ	₌sa	ꜛsa
中云	tsaꜗ	₌tsʻɔ	ꜛtsʻɔ	tsʻɔꜗ	₌tsʻa	tsʻɐꜗ	₌sa	ꜛsa
新建	tsəꜗ	₌tsʻə	ꜛtsʻə	tsʻəꜗ	₌tsʻə	tsʻəꜗ	₌sə	ꜛsə
新营	tsɔꜗ	₌tsʻɔ	ꜛtsʻɔ	tsʻɔꜗ	₌tsʻɔ	tsʻɔꜗ	₌sɔ	ꜛsɔ
黄柏	tsəꜗ	₌tsʻə	ꜛtsʻə	tsʻəꜗ	₌tsʻə	tsʻəꜗ	₌sə	ꜛsə
暖水	tsʏꜗ	₌tsʻʏ	ꜛtsʻʏ	tsʻʏꜗ	₌tsʻʏ	tsʻʏꜗ	₌sʏ	ꜛsʏ

	0585 嫂 效开一 上皓心	0586 扫~帚 效开一 去号心	0587 高 效开一 平豪见	0588 稿 效开一 上皓见	0589 告 效开一 去号见	0590 考 效开一 上皓溪	0591 靠 效开一 去号溪	0592 熬 效开一 平豪疑
经公桥	ꜛsau	sauꜗ	₌kau	ꜛkau	kauꜗ	ꜛkʻau	kʻauꜗ	₌au
鹅湖	ꜛsau	sauꜗ	₌kau	ꜛkau	kauꜗ	ꜛkʻau	kʻauꜗ	₌au
旧城	ꜛsau	sauꜗ	₌kau	ꜛkau	kauꜗ	ꜛkʻau	kʻauꜗ	₌ŋau
湘湖	ꜛsau	sauꜗ	₌kau	ꜛkau	kauꜗ	ꜛkʻau	kʻauꜗ	₌ŋau
溪头	ꜛsɐ	sɐꜗ	₌kɐ	ꜛkɐ	kɐꜗ	ꜛkʻɐ	kʻɐꜗ	₌ŋau
沱川	ꜛsa	saꜗ	₌ka	ꜛka	kaꜗ	ꜛkʻa	kʻaꜗ	₌ŋau
紫阳	ꜛso	soꜗ	₌ko	ꜛko	koꜗ	ꜛkʻo	kʻoꜗ	₌go
许村	ꜛsa	saꜗ	₌ka	ꜛka	kaꜗ	ꜛkʻa	kʻaꜗ	₌ŋɔ
中云	ꜛsa	saꜗ	₌ka	ꜛka	kaꜗ	ꜛkʻa	kʻaꜗ	₌ga
新建	ꜛsə	səꜗ	₌kə	ꜛkə	kəꜗ	ꜛkʻə	kʻəꜗ	₌ŋɔ
新营	ꜛsɔ	sɔꜗ	₌kɔ	ꜛkɔ	kɔꜗ	ꜛkʻɔ	kʻɔꜗ	₌ŋɔ
黄柏	ꜛsə	səꜗ	₌kə	ꜛkə	kəꜗ	ꜛkʻə	kʻəꜗ	₌ŋə
暖水	ꜛsʏ	sʏꜗ	₌kʏ	ꜛkʏ	kʏꜗ	ꜛkʻʏ	kʻʏꜗ	₌ŋo

	0593 傲 效开一 去号疑	0594 好~坏 效开一 上皓晓	0595 好喜~ 效开一 去号晓	0596 豪 效开一 平豪匣	0597 号~码 效开一 去号匣	0598 袄 效开一 上皓影	0599 包 效开二 平肴帮	0600 饱 效开二 上巧帮
经公桥	auᶜ	ˀxau	xauᶜ	ˬxau	xauᶜ	ˀau	ˬpau	ˀpau
鹅湖	ŋauᶜ	ˀxau	xauᶜ	ˬxau	xauᶜ	ˀŋau	ˬpau	ˀpau
旧城	ŋauᶜ	ˀxau	xauᶜ	ˬxau	xauᶜ	ˀŋau	ˬpau	ˀpau
湘湖	ŋauᶜ	ˀxau	xauᶜ	ˬxau	xauᶜ	ˀŋau	ˬpau	ˀpau
溪头	ŋaʊᶜ	ˀxɐ	xɐᶜ	ˬxɐ	xɐᶜ	ˀŋɐ	ˬpau	ˀpau
沱川	ŋaᶜ	ˀxa	xaᶜ	ˬxa	xaᶜ	ˀŋa	ˬpau	ˀpau
紫阳	goᶜ	ˀxo	xoᶜ	ˬxo	xoᶜ	ˀgo	ˬpɒ	ˀpɒ
许村	ŋaᶜ	ˀxɔ	xɔᶜ	ˬxɔ	xɔᶜ	ˀŋɔ	ˬpɔ	ˀpɔ
中云	gaᶜ	ˀxa	xaᶜ	ˬxa	xaᶜ	ˀga	ˬpɔ	ˀpɔ
新建	ŋəᶜ	ˀxə	xəᶜ	ˬxə	xəᶜ	ˀŋə	ˬpɔ	ˀpɔ
新营	ŋɔᶜ	ˀxɔ	xɔᶜ	ˬxɔ	xɔᶜ	ˀŋɔ	ˬpɔ	ˀpɔ
黄柏	ŋəᶜ	ˀxə	xəᶜ	ˬxə	xəᶜ	ˀŋə	ˬpə	ˀpə
暖水	ŋɤᶜ	ˀxɤ	xɤᶜ	ˬxɤ	xɤᶜ	ˀŋɤ	ˬpo	ˀpo

	0601 豹 效开二 去效帮	0602 抛 效开二 平肴滂	0603 炮枪~ 效开二 去效滂	0604 跑 效开二 平肴並	0605 鲍 效开二 上巧並	0606 鉋~刀 效开二 去效並	0607 猫 效开二 平肴明	0608 卯~时 效开二 上巧明
经公桥	pauᶜ	ˬpʻau	pʻauᶜ	ˬpʻau	ˀpau	pauᶜ	ˬmiã	ˀmiɔu
鹅湖	pauᶜ	ˬpʻau	pʻauᶜ	ˬpʻau	pʻauᶜ	pʻauᶜ	ˬmau	ˀmau
旧城	pauᶜ	ˬpʻau	pʻauᶜ	ˬpʻau	pʻauᶜ	pʻauᶜ	ˬmau	ˀmau
湘湖	pauᶜ	ˬpʻau	pʻauᶜ	ˬpʻau	pʻauᶜ	pʻauᶜ	ˬmau	ˀmau
溪头	pauᶜ	ˬpʻau	pʻauᶜ	ˬpʻau	ˀpau	pauᶜ	ˬmiau	ˀmau
沱川	pauᶜ	ˬpʻau	pʻauᶜ	ˬpʻau	ˀpʻau	pʻauᶜ	ˬbiau	ˀbau
紫阳	pɒᶜ	ˬpʻɒ	pʻɒᶜ	ˬpʻɒ	pʻɒᶜ	pʻɒᶜ	ˬmiã	ˀbɒ
许村	pɔᶜ	ˬpʻɔ	pʻɔᶜ	ˬpʻɔ	pʻɔᶜ	pʻɔᶜ	ˬmiõ	ˀmɔ
中云	pɔᶜ	ˬpʻɔ	pʻɔᶜ	ˬpʻɔ	pʻɔᶜ	pʻɔᶜ	ˬbɔ	ˀbɔ
新建	pɔᶜ	ˬpʻɔ	pʻɔᶜ	ˬpʻɔ	pɔᶜ	pʻɔᶜ	ˬmiõ	ˀmɔ
新营	pɔᶜ	ˬpʻɔ	pʻɔᶜ	ˬpʻɔ	pɔᶜ	pʻɔᶜ	ˬmiɔ	ˀmɔ
黄柏	pəᶜ	ˬpʻə	pʻəᶜ	ˬpʻə	pʻəᶜ	pʻəᶜ	ˬmə	ˀmə
暖水	poᶜ	ˬpʻo	pʻoᶜ	ˬpʻo	pʻoᶜ	pʻoᶜ	ˬmyɛ	ˀmo

	0609 貌 效开二 去效明	0610 闹 效开二 去效泥	0611 罩 效开二 去效知	0612 抓 效开二 平肴庄	0613 爪 效开二 上巧庄	0614 找 效开二 上巧庄	0615 钞 效开二 平肴初	0616 炒 效开二 上巧初
经公桥	mau²	lau²	tṣau²	₌tṣau	ᶜtṣua	ᶜtṣau	₌tṣʻau	ᶜtṣʻau
鹅湖	mau²	lau²	tṣaʳ²	₌tṣau²	ᶜtṣaʳ	ᶜtṣau	₌tṣʻau	ᶜtṣʻau
旧城	mau²	lau²	tṣau²	₌tsua	ᶜtsaʳ	ᶜtsau	₌tsʻau	ᶜtsʻau
湘湖	mau²	lau²	tsau²	₌tɕya	ᶜtsau	ᶜtsau	₌tsʻau	ᶜtsʻau
溪头	mau²	lau²	tsau²	₌tsa	ᶜtsau	ᶜtsau	₌tsʻau	ᶜtsʻau
沱川	bau²	lau²	tsau²	₌tsə	ᶜtsau	ᶜtsau	₌tsʻau	ᶜtsʻau
紫阳	bɒ²	lɒ²	tsɒ²	₌tsɒ	ᶜtsɒ	ᶜtsɒ	₌tsʻɒ	ᶜtsʻɒ
许村	mɔ²	lɔ²	tʃɔ²	₌tʃɔ	ᶜtʃɔ	ᶜtʃɔ	₌tʃʻɔ	ᶜtʃʻɔ
中云	bɔ²	lɔ²	tsɔ²	₌tsa	ᶜtsɔ	ᶜtsɔ	₌tsʻɔ	ᶜtsʻɔ
新建	mɔ²	lɔ²	tṣɔ²	₌tṣuɤ	ᶜtṣɔ	ᶜtṣɔ	₌tṣʻɔ	ᶜtṣʻɔ
新营	mɔ²	lɔ²	tɔ²	₌tua	ᶜtɔ	ᶜtɔ	₌tʻɔ	ᶜtʻɔ
黄柏	mə²	lə²	tṣə²	₌tṣuɑ	ᶜtṣə	ᶜtṣə	₌tṣʻə	ᶜtṣʻə
暖水	mo²	lo²	tṣo²	₌ɑṣə	ᶜtṣo	ᶜtṣo	₌tṣʻo	ᶜtṣʻo

	0617 捎 效开二 平肴生	0618 交 效开二 平肴见	0619 绞 效开二 上巧见	0620 教~育 效开二 去效见	0621 酵发~ 效开二 去效见	0622 觉睡~ 效开二 去效见	0623 敲 效开二 平肴溪	0624 巧 效开二 上巧溪
经公桥	₌ʃau	₌kau	ᶜtɕiau	kau²	xau²	kau²	₌kʻau	ᶜtɕʻiau
鹅湖	₌ṣau	₌kau	ᶜtɕia	kau²	xau²	kau²	₌kʻau	ᶜtɕʻia
旧城	₌sau	₌kau	ᶜtɕiau	kau²	xau²	kau²	₌kʻau	ᶜtɕʻiau
湘湖	₌sau	₌kau	ᶜtɕio	kau²	xau²	kau²	₌kʻau	ᶜtɕʻio
溪头	₌ɕia	₌kau	ᶜkau	kau²	xau²	kau²	₌kʻau	ᶜkʻau
沱川	₌sau	₌kau	ᶜkau	kau²	xau²	kau²	₌kʻau	ᶜkʻau
紫阳	₌sɒ	₌kɒ	ᶜkɒ	kɒ²	kɒ²	kɒ²	₌kʻɒ	ᶜkʻɒ
许村	₌ʃɔ	₌kɔ	ᶜkɔ	kɔ²	xɔ²	kɔ²	₌kʻɔ	ᶜkʻɔ
中云	₌sɔ	₌kɔ	ᶜkɔ	kɔ²	xɔ²	kɔ²	₌tɕʻɔ	ᶜtɕʻɔ
新建	₌ʃɔ	₌kɔ	ᶜkɔ	kɔ²	xɔ²	kɔ²	₌kʻɔ	ᶜkʻɔ
新营	₌ɕiɔ	₌kɔ	ᶜkɔ	kɔ²	xɔ²	kɔ²	₌kʻɔ	ᶜtɕʻɔ
黄柏	₌ɕiə	₌kə	ᶜtʃə	tʃə²	ʃə²	kə²	₌tʃʻə	ᶜkʻə
暖水	₌ɕyɛ	₌ko	ᶜko	ko²	ɕyɛ²	ko²	₌kʻo	ᶜtɕʻyɛ

	0625 咬 效开二 上巧疑	0626 孝 效开二 去效晓	0627 校学~ 效开二 去效匣	0628 垇 效开二 平肴影	0629 膘 效开三 平宵帮	0630 表 效开三 上小帮	0631 飘 效开三 平宵滂	0632 漂~衣服 效开三 上小滂
经公桥	⁼ŋau	xau⁼	xau⁼	au⁼	⁼pia	⁼pia	⁼pʻia	⁼pʻia
鹅 湖	⁼ŋau	xau⁼	xau⁼	⁼ŋau	⁼pia	⁼pia	⁼pʻia	⁼pʻia
旧 城	⁼ŋau	xau⁼	xau⁼	⁼ŋau	⁼piau	⁼piau	⁼pʻiau	⁼pʻiau
湘 湖	⁼ŋau	xau⁼	xau⁼	⁼ŋau	⁼pio	⁼pio	⁼pʻio	⁼pʻio
溪 头	⁼ŋau	xau⁼	xau⁼	⁼au	⁼pia	⁼pia	⁼pʻia	⁼pʻia
沱 川	⁼gau	xau⁼	xau⁼	ŋau⁼	⁼pia	⁼pia	⁼pʻia	⁼pʻia
紫 阳	⁼gɒ	xɒ⁼	xɒ⁼	gɒ⁼	⁼pio	⁼pio	⁼pʻio	⁼pʻio
许 村	⁼ŋɔ	xɔ⁼	xɔ⁼	ŋɔ⁼	⁼piɔ	⁼piɔ	⁼pʻiɔ	⁼pʻiɔ
中 云	⁼gɔ	xɔ⁼	xɔ⁼	gɔ⁼	⁼piɔ	⁼piɔ	⁼pʻiɔ	⁼pʻiɔ
新 建	⁼ŋɔ	xɔ⁼	xɔ⁼	⁼ɔ	⁼piɛ	⁼piɛ	⁼pʻiɛ	⁼pʻiɛ
新 营	⁼ŋɔ	xɔ⁼	xɔ⁼	⁼piɔ	⁼piɔ	⁼pʻiɔ	⁼pʻiɔ
黄 柏	⁼ŋə	xə⁼	xə⁼	⁼ŋə	⁼piə	⁼piə	⁼pʻiə	⁼pʻiə
暖 水	⁼ŋo	xo⁼	xo⁼	⁼ŋo	⁼pyɛ	⁼pyɛ	⁼pʻyɛ	⁼pʻyɛ

	0633 票 效开三 去笑滂	0634 瓢 效开三 平宵并	0635 苗 效开三 平宵明	0636 庙 效开三 去笑明	0637 疗 效开三 去笑来	0638 椒 效开三 平宵精	0639 剿 效开三 上小精	0640 锹 效开三 平宵清
经公桥	pʻia⁼	⁼pʻia	⁼mia	mia⁼	⁼lia	⁼tsiau	⁼tsiau	⁼tsʻiəu
鹅 湖	pʻia⁼	⁼pʻia	⁼mia	mia⁼	⁼lia	⁼tsia	⁼tsia	⁼tsʻiaʳ
旧 城	pʻiau⁼	⁼pʻiau	⁼miau	miau⁼	⁼liau	⁼tsiau	⁼tsiau	⁼tsʻiaʳ
湘 湖	pʻio⁼	⁼pʻio	⁼mio	mio⁼	⁼lio	⁼tsio	⁼tsio	⁼tsʻio
溪 头	pʻia⁼	⁼pʻia	⁼mia	mia⁼	⁼lia	⁼tsia	⁼tsia	⁼tsʻia
沱 川	pʻia⁼	⁼pʻia	⁼bia	bia⁼	⁼lia	⁼tsia	⁼tsiau	⁼tsʻau
紫 阳	pʻio⁼	⁼pʻio	⁼bio	bio⁼	⁼lio	⁼tsio	⁼tsio	⁼tsʻio
许 村	pʻiɔ⁼	⁼pʻiɔ	⁼miɔ	miɔ⁼	⁼liɔ	⁼tsiɔ	⁼tsiɔ	⁼tsʻiɔ
中 云	pʻiɔ⁼	⁼pʻiɔ	⁼biɔ	biɔ⁼	⁼ciɔ	⁼tɕiɔ	⁼tɕiɔ	⁼tɕʻiɔ
新 建	pʻiɛ⁼	⁼pʻiɛ	⁼miɛ	miɛ⁼	⁼liɛ	⁼tsiɛ	⁼tʃa	⁼tɕʻiɛ
新 营	pʻiɔ⁼	⁼pʻiɔ	⁼miɔ	miɔ⁼	⁼ciɔ	⁼tsiɔ	⁼tsiɔ	⁼tsʻiɔ
黄 柏	pʻiə⁼	⁼pʻiə	⁼miə	miə⁼	⁼liə	⁼tɕiə	⁼tɕiə	⁼tɕʻiə
暖 水	pʻyɛ⁼	⁼pʻyɛ	⁼myɛ	myɛ⁼	⁼lyɛ	⁼tɕyɛ	⁼tɕyɛ	⁼tɕʻyɛ

	0641	0642	0643	0644	0645	0646	0647	0648
	俏	销	小	笑	朝今~	超	潮	赵
	效开三 去笑清	效开三 平宵心	效开三 上小心	效开三 去笑心	效开三 平宵知	效开三 平宵彻	效开三 平宵澄	效开三 上小澄
经公桥	tʃʻuʌuᵓ	₌sia	ʻsia	siaᵓ	₌tʃuʌu	₌tʃʻuʌu	₌tʃʻuʌu	ʻtʃʻuʌuᵓ
鹅湖	tsʻiaᵓ	₌sia	ʻsia	siaᵓ	₌tɕia	₌tɕʻia	₌tɕʻia	tɕʻiaᵓ
旧城	tsʻiauᵓ	₌siau	ʻsiau	siauᵓ	₌tɕiau	₌tɕʻiau	₌tɕʻiau	tɕʻiauᵓ
湘湖	tsʻioᵓ	₌sio	ʻsio	sioᵓ	₌tɕio	₌tɕʻio	₌tɕʻio	tɕʻioᵓ
溪头	tsʻiaᵓ	₌sia	ʻsia	siaᵓ	₌tsa	₌tsʻa	₌tsa	ʻtsʻa
沱川	tsʻiaᵓ	₌ts	₌sia	siaᵓ	₌tsɒ	₌tsʻɒ	₌tsɒ	ʻtsʻɒ
紫阳	tsʻioᵓ	₌sio	ʻsio	sioᵓ	₌tso	₌tsʻo	₌tsʻo	ʻtsʻo
许村	tsʻiɔᵓ	₌siɔ	ʻsiɔ	siɔᵓ	₌tʃo	₌tʃʻo	₌tʃʻo	tʃʻoᵓ
中云	tɕʻiɔᵓ	₌ɕiɔ	ʻɕiɔ	ɕiɔᵓ	₌tso	₌tsʻo	₌tsʻo	ʻtsʻo
新建	tɕʻiɛᵓ	₌ɕiɛ	ʻɕiɛ	ɕiɛᵓ	₌tʃa	₌tʃʻa	₌tʃʻa	tʃʻaᵓ
新营	tsʻiɔᵓ	₌siɔ	ʻsiɔ	siɔᵓ	₌tɕiɔ	₌tɕʻiɔ	₌tɕʻiɔ	tɕʻiɔᵓ
黄柏	tɕʻiəᵓ	₌ɕiə	ʻɕiə	ɕiəᵓ	₌tʃə	₌tʃʻə	₌tʃʻə	tʃʻəᵓ
暖水	tɕʻyɛᵓ	₌ɕyɛ	ʻɕyɛ	ɕyɛᵓ	₌tɕyɛ	₌tɕʻyɛ	₌tɕʻyɛ	tɕʻyɛᵓ

	0649	0650	0651	0652	0653	0654	0655	0656
	招	沼	照	烧	少多~	少~年	绍	饶
	效开三 平宵章	效开三 上小章	效开三 去笑章	效开三 平宵生	效开三 上小生	效开三 去笑生	效开三 上小禅	效开三 平宵日
经公桥	₌tʃuʌu	ʻtʃuʌu	tʃuʌuᵓ	₌ʃuʌu	ʻʃuʌu	ʃuʌuᵓ	ʃuʌuᵓ	₌yʌu
鹅湖	₌tɕia	ʻtɕia	tɕiaᵓ	₌ɕia	ʻɕia	ɕiaᵓ	ɕiaᵓ	₌ia
旧城	₌tɕiau	ʻtɕiau	tɕiauᵓ	₌ɕiau	ʻɕiau	ɕiauᵓ	ɕiauᵓ	₌iau
湘湖	₌tɕio	ʻtɕio	tɕioᵓ	₌ɕio	ʻɕio	ɕioᵓ	ɕioᵓ	₌io
溪头	₌tsa	ʻtsa	tsaᵓ	₌sa	ʻsa	saᵓ	saᵓ	₌n.ia
沱川	₌tsɒ	ʻtsɒ	tsɒᵓ	₌sɒ	ʻsɒ	sɒᵓ	sɒᵓ	₌n.iɒ
紫阳	₌tso	ʻtso	tsoᵓ	₌so	ʻso	soᵓ	soᵓ	₌gio
许村	₌tʃo	ʻtʃo	tʃoᵓ	₌ʃo	ʻʃa	ʃoᵓ	ʃoᵓ	₌n.io
中云	₌tso	ʻtso	tsoᵓ	₌so	ʻso	soᵓ	soᵓ	₌n.io
新建	₌tʃa	ʻtʃa	tʃaᵓ	₌ʃa	ʻʃa	ʃaᵓ	ʃaᵓ	₌n.ia
新营	₌tɕiɔ	ʻtɕiɔ	tɕiɔᵓ	₌ɕiɔ	ʻɕiɔ	ɕiɔᵓ	ɕiɔᵓ	₌ɕi
黄柏	₌tʃə	ʻtʃə	tʃəᵓ	₌ʃə	ʻʃə	ʃəᵓ	ʃəᵓ	₌iə
暖水	₌tɕyɛ	ʻtɕyɛ	tɕyɛᵓ	₌ɕyɛ	ʻɕyɛ	ɕyɛᵓ	ɕyɛᵓ	₌n.yɛ

	0657 绕 效开三 上小日	0658 骄 效开三 平宵见	0659 桥 效开三 平宵群	0660 轿 效开三 去笑群	0661 腰 效开三 平宵影	0662 要~求 效开三 平宵影	0663 摇 效开三 平宵以	0664 舀 效开三 上小以
经公桥	꜁lau	꜀tʃuʌu	꜁tʃuʌu	tʃʻuʌu꜄	꜀yʌu	꜀yʌu	꜁yʌu	꜁yʌu
鹅 湖	꜁ia	꜀tɕia	꜁tɕia	tɕʻia꜄	꜀ia	꜀ia	꜁ia	꜁ia
旧 城	꜁iau	꜀tɕiau	꜁tɕiau	tɕʻiau꜄	꜀iau	꜀iau	꜁iau	꜁iau
湘 湖	꜁io	꜀tɕio	꜁tɕio	tɕʻio꜄	꜀io	꜀io	꜁io	꜁io
溪 头	꜁n̠ia	꜀tʃa	꜁tʃa	tʃa꜄	꜀ia	꜀ia	꜁ia	꜁ia
沱 川	꜁n̠iɒ	꜀tɕiɒ	꜁tɕiɒ	tɕʻiɒ꜄	꜀iɒ	꜀iɒ	꜁iɒ	꜁iɒ
紫 阳	꜁gio	꜀tɕio	꜁tɕio	tɕʻio꜄	꜀io	꜀io	꜁io	꜁io
许 村	꜁n̠io	꜀tʃo	꜁tʃo	tʃʻo꜄	꜀io	꜀io	꜁io	꜁io
中 云	꜁n̠io	꜀tɕio	꜁tɕio	tɕʻio꜄	꜀io	꜀io	꜁io	꜁io
新 建	꜁n̠ia	꜀tʃa	꜁tʃa	tʃa꜄	꜀ia	꜀ia	꜁ia	꜁ia
新 营	꜁n̠iɔ	꜀tɕiɔ	꜁tɕiɔ	tɕʻiɔ꜄	꜀iɔ	꜀iɔ	꜁iɔ	꜁iɔ
黄 柏	꜁iə	꜀tʃə	꜁tʃə	tʃə꜄	꜀iə	꜀iə	꜁iə	꜁iə
暖 水	꜁n̠yɛ	꜀tɕyɛ	꜁tɕyɛ	tɕʻyɛ꜄	꜀yɛ	꜀yɛ	꜁yɛ	꜁yɛ

	0665 鹞 效开三 去笑以	0666 刁 效开四 平萧端	0667 鸟 效开四 上筱端	0668 钓 效开四 去啸端	0669 挑 效开四 平萧透	0670 跳 效开四 去啸透	0671 条 效开四 平萧定	0672 调~动 效开四 去啸定
经公桥	yʌu꜄	꜀tia	꜀tia	tia꜄	꜀tʻia	tʻia꜄	꜁tʻia	tia꜄
鹅 湖	ia꜄	꜀tia	꜀tia	tia꜄	꜀tʻia	tʻia꜄	꜁tʻia	tia꜄
旧 城	iau꜄	꜀tiau	꜀tiau	tiau꜄	꜀tʻiau	tʻiau꜄	꜁tʻiau	tiau꜄
湘 湖	io꜄	꜀tio	꜀tio	tio꜄	꜀tʻio	tʻio꜄	꜁tʻio	tʻio꜄
溪 头	iau꜄	꜀tia	꜀lia	tia꜄	꜀tʻia	tʻia꜄	꜁tʻia	tʻia꜄
沱 川	iɒ꜄	꜀tia	꜀lia	tia꜄	꜀tʻia	tʻia꜄	꜁tʻia	tʻia꜄
紫 阳	io꜄	꜀tio	꜀lio	tio꜄	꜀tʻio	tʻio꜄	꜁tʻio	tʻio꜄
许 村	io꜄	꜀tiɔ	꜀lia	tiɔ꜄	꜀tʻiɔ	tʻiɔ꜄	꜁tʻiɔ	tʻiɔ꜄
中 云	io꜄	꜀tiɔ	꜀liɔ	tiɔ꜄	꜀tʻiɔ	tʻiɔ꜄	꜁tʻiɔ	tʻiɔ꜄
新 建	ia꜄	꜀tiɛ	꜀tiɛ	tiɛ꜄	꜀tʻiɛ	tʻiɛ꜄	꜁tʻiɛ	tiɛ꜄
新 营	iɔ꜄	꜀tiɔ	꜀tiɔ	tiɔ꜄	꜀tʻiɔ	tʻiɔ꜄	꜁tʻiɔ	tiɔ꜄
黄 柏	iə꜄	꜀tiə	꜀tiə	tiə꜄	꜀tʻiə	tʻiə꜄	꜁tʻiə	tiə꜄
暖 水	yɛ꜄	꜀tyɛ	꜀tyɛ	tyɛ꜄	꜀tʻyɛ	tʻyɛ꜄	꜁tʻyɛ	tʻyɛ꜄

	0673 尿 效开四 去啸娘	0674 了~结 效开四 上筱来	0675 料 效开四 去啸来	0676 萧 效开四 平萧心	0677 浇 效开四 平萧见	0678 缴 效开四 上筱见	0679 叫 效开四 去啸见	0680 窍 效开四 去啸溪
经公桥	⁼si	⁼liau	liau⁼	⁼sia	⁼tʃuʌu	⁼tʃuʌu	tʃuʌu⁼	tʃ'uʌu⁼
鹅湖	⁼sei	⁼lia	lia⁼	⁼sia	⁼tɕia	⁼tɕia	tɕia⁼	tɕ'ia⁼
旧城	⁼sei	⁼liau	liau⁼	⁼siau	⁼tɕiau	⁼tɕiau	tɕiau⁼	tɕ'iau⁼
湘湖	⁼sei	⁼lio	lio⁼	⁼sio	⁼tɕio	⁼tɕio	tɕio⁼	tɕ'io⁼
溪头	⁼ʂʅ	⁼lia	lia⁼	⁼sia	⁼tʃa	⁼tʃa	tʃa⁼	k'au⁼
沱川	⁼si	⁼lia	lia⁼	⁼sia	⁼tɕiɒ	⁼tɕiɒ	tɕiɒ⁼	tɕ'iɒ⁼
紫阳	⁼si	⁼lio	lio⁼	⁼sio	⁼tɕio	⁼tɕio	tɕio⁼	k'o⁼
许村	⁼si	⁼ɕi	ɕi⁼	⁼sia	⁼tʃo	⁼tʃo	tʃo⁼	tʃ'o⁼
中云	⁼ɕi	⁼lio	nio⁼	⁼ɕio	⁼tɕio	⁼tɕio	tɕio⁼	tɕ'io⁼
新建	⁼si	⁼liɛ	liɛ⁼	⁼siɛ	⁼tʃa	⁼tʃa	tʃa⁼	tʃ'a⁼
新营	niɔ⁼	⁼lio	lio⁼	⁼ɕiɔ	⁼ɕiɔ	⁼tɕiɔ	tɕiɔ⁼	tɕ'iɔ⁼
黄柏	niə⁼	⁼liə	liə⁼	⁼ɕiə	⁼tʃə	⁼tʃə	tʃə⁼	tʃ'ə⁼
暖水	⁼ɕi	⁼lyɛ	lyɛ⁼	⁼ɕyɛ	⁼tɕyɛ	⁼tɕyɛ	tɕyɛ⁼	tɕ'yɛ⁼

	0681 晓 效开四 上筱晓	0682 某 流开一 上厚明	0683 亩 流开一 上厚明	0684 母 流开一 上厚明	0685 戊 流开一 去候明	0686 茂 流开一 去候明	0687 兜 流开一 平侯端	0688 斗升~ 流开一 上厚端
经公桥	⁼ʃuʌu	⁼mo	⁼mo	⁼mo	mo⁼	mau⁼	⁼tiəu	⁼tiəu
鹅湖	⁼ɕia	⁼miəu	⁼miəu	⁼mu	u⁼	mau⁼	⁼tiəu	⁼tiəu
旧城	⁼ɕiau	⁼mau	⁼mau	⁼mu	u⁼	mau⁼	⁼taʳ	⁼tau
湘湖	⁼ɕio	⁼miau	⁼mu	⁼mu	u⁼	miau⁼	⁼tiau	⁼tiau
溪头	⁼ʃa	⁼mɯ	⁼mu	⁼mu	u⁼	ma⁼	⁼tæi	⁼tæi
沱川	⁼ɕiɒ	⁼bə	⁼bu	⁼bu	vu⁼	bə⁼	⁼tə	⁼tə
紫阳	⁼ɕio	⁼bu	⁼bu	⁼bu	vu⁼	bɒ⁼	⁼ta	⁼ta
许村	⁼ʃo	⁼mɔ	⁼mu	⁼mu	vu⁼	ma⁼	⁼ta	⁼ta
中云	⁼ɕio	⁼bu	⁼bu	⁼bu	vu⁼	ba⁼	⁼ta	⁼ta
新建	⁼ʃa	⁼mu	⁼mu	⁼mu	vu⁼	mu⁼	⁼tu	⁼tu
新营	⁼ɕiɔ	⁼miɔ	⁼miɔ	⁼mu	u⁼	mɔ⁼	⁼tiɔ	⁼tiɔ
黄柏	⁼ʃə	⁼miə	⁼miə	⁼mu	u⁼	miə⁼	⁼tiə	⁼tiə
暖水	⁼ɕyɛ	⁼məu	⁼mu	⁼mu	vu⁼	miəu⁼	⁼ty	⁼ty

第三章 赣东北徽语代表方言点单字音对照

	0689	0690	0691	0692	0693	0694	0695	0696
	斗~争	偷	透	头	豆	楼	篓	漏
	流开一去候端	流开一平候透	流开一去候透	流开一平候定	流开一去候定	流开一平候来	流开一上厚来	流开一去候来
经公桥	tiəu⁼	₌t'iəu	t'iəu⁼	₌t'iəu	t'iəu⁼	₌liəu	⁼liəu	liəu⁼
鹅湖	tiəu⁼	₌t'iəu	t'iəu⁼	₌t'iəu	t'iəʳ⁼	₌liəu	⁼liəu	liəu⁼
旧城	tau⁼	₌t'au	t'au⁼	₌t'au	t'aʳ⁼	₌lau	⁼laʳ	lau⁼
湘湖	tiau⁼	₌t'iau	t'iau⁼	₌t'iau	t'iau⁼	₌liau	⁼liau	liau⁼
溪头	tæi⁼	₌t'æi	t'æi⁼	₌t'æi	t'æi⁼	₌læi	⁼læi	læi⁼
沱川	tə⁼	₌t'ə	t'ə⁼	₌t'ə	t'ə⁼	₌lə	⁼lə	lə⁼
紫阳	ta⁼	₌t'a	t'a⁼	₌t'a/ə	t'a⁼	₌la	⁼la	la⁼
许村	ta⁼	₌t'a	t'a⁼	₌t'a	t'a⁼	₌la	⁼la	la⁼
中云	ta⁼	₌t'a	t'a⁼	₌t'a	t'a⁼	₌la	⁼la	la⁼
新建	tɯ⁼	₌t'ɯ	t'ɯ⁼	₌t'ɯ	t'ɯ⁼	₌lɯ	⁼lɯ	lɯ⁼
新营	tiɔ⁼	₌t'iɔ	t'iɔ⁼	₌t'iɔ	t'iɔ⁼	₌liɔ	⁼liɔ	liɔ⁼
黄柏	tiə⁼	₌t'iə	t'ə⁼	₌t'iə	t'iə⁼	₌liə	⁼lə	liə⁼
暖水	ty⁼	₌t'y	t'y⁼	₌t'y	t'y⁼	₌ly	⁼ly	ly⁼

	0697	0698	0699	0700	0701	0702	0703	0704
	走	凑	勾	狗	够	口	扣	藕
	流开一上厚精	流开一去候清	流开一平候见	流开一上厚见	流开一去候见	流开一上厚溪	流开一去候溪	流开一上厚疑
经公桥	⁼tsau	ts'əu⁼	₌kiəu	⁼tɕiəu	tɕiəu⁼	⁼tɕ'iəu	tɕ'iəu⁼	⁼əu
鹅湖	⁼tsau	ts'əu⁼	₌tɕiəu	⁼tɕiəu	tɕiəu⁼	⁼tɕ'iəu	tɕ'iəu⁼	⁼iəu
旧城	⁼tsau	ts'au⁼	₌kau	⁼kau	kau⁼	⁼k'au	k'au⁼	⁼ŋau
湘湖	⁼tsiau	ts'əu⁼	₌tɕiau	⁼tɕiau	tɕiau⁼	⁼k'iau	k'iau⁼	⁼ŋau
溪头	⁼tsæi	ts'æi⁼	₌tʃæi	⁼tʃæi	tʃæi⁼	⁼tʃ'æi	tʃ'æi⁼	⁼ŋæi
沱川	⁼tsə	ts'ə⁼	₌tɕiə	⁼tɕiə	tɕiə⁼	⁼tɕ'iə	tɕ'iə⁼	⁼n.iə
紫阳	⁼tsa	ts'a⁼	₌tɕia	⁼tɕia	tɕia⁼	⁼tɕ'ia	tɕ'ia⁼	⁼gia
许村	⁼tsa	ts'a⁼	₌tɕia	⁼tɕia	tɕia⁼	⁼tɕ'ia	tɕ'ia⁼	⁼n.ia
中云	⁼tsa	ts'a⁼	₌tɕia	⁼tɕia	tɕia⁼	⁼tɕ'ia	tɕ'ia⁼	⁼n.ia
新建	⁼tsɯ	ts'ɯ⁼	₌tɕiɯ	⁼tɕiɯ	tɕiɯ⁼	⁼tɕ'iɯ	k'ɯ⁼	⁼n.iɯ
新营	⁼tsiɔ	ts'iɔ⁼	₌tɕiɔ	⁼tɕiɔ	kɔ⁼	⁼tɕ'iɔ	tɕ'iɔ⁼	⁼n.iɔ
黄柏	⁼tɕiə	tɕ'iə⁼	₌kə	⁼tʃə	kə⁼	⁼k'ə	k'ə⁼	⁼n.iə
暖水	⁼tɕy	tɕ'y⁼	₌tɕy	⁼tɕy	ky⁼	⁼k'y	k'y⁼	⁼ŋəu

	0705 猴 流开一 平侯匣	0706 后以~ 流开一 上厚匣	0707 厚 流开一 上厚匣	0708 候 流开一 去候匣	0709 呕~吐 流开一 上厚影	0710 富 流开三 去宥非	0711 副 流开三 去宥敷	0712 浮 流开三 平尤奉
经公桥	₌ɕiəu	ɕiəu⁼	ɕiəu⁼	xəu⁼	ˀəu	fuˀ	fuˀ	₌fu
鹅湖	₌ɕiəʳ	ɕiəu⁼	ɕiəu⁼	ɕiəu⁼	ˀəu	fuˀ	fuˀ	₌fiəu
旧城	₌xaʳ	xau⁼	xau⁼	xau⁼	ŋau	fuˀ	fuˀ	₌fau
湘湖	₌xau	xau⁼	xau⁼	xau⁼	ˀŋau	fuˀ	fuˀ	₌fau
溪头	₌ʃæi	₌ʃæi	₌ʃæi	ʃæi⁼	ˀŋæi	fuˀ	fuˀ	₌fu
沱川	₌ɕiə	₌ɕiə	₌ɕiə	ɕiə⁼	ˀgə	fuˀ	fuˀ	₌fə
紫阳	₌ɕia	₌ɕia	₌ɕia	ɕia⁼	ˀgə	fuˀ	fuˀ	₌fa
许村	₌ɕia	₌ɕia	₌ɕia	ɕia⁼	ˀŋɤ	fuˀ	fuˀ	₌fa
中云	₌ɕia	₌ɕia	₌ɕia	ɕia⁼	ˀgɤ	fuˀ	fuˀ	₌fu
新建	₌ɕiɯ	ɕiɯ⁼	ɕiɯ⁼	ɕiɯ⁼	ˀŋɯ	fuˀ	fuˀ	₌fu
新营	₌ɕiɔ	ɕiɔ⁼	ɕiɔ⁼	ɕiɔ⁼	ˀŋɔ	fuˀ	fuˀ	₌fa
黄柏	₌xə	ʃə⁼	ʃə⁼	xə⁼	ˀŋə	fuˀ	fuˀ	₌fu
暖水	₌ɕy	ɕy⁼	ɕy⁼	ɕy⁼	ˀŋuɛ	fuˀ	fuˀ	₌fu

	0713 妇 流开三 上有奉	0714 谋 流开三 平尤明	0715 矛 流开三 平尤明	0716 流 流开三 平尤来	0717 刘 流开三 平尤来	0718 柳 流开三 上有来	0719 廖 流开三 去宥来	0720 酒 流开三 上有精
经公桥	fuˀ	₌məu	₌mau	₌liəu	₌liəu	ˀliəu	liaˀ	ˀtsiəu
鹅湖	fuˀ	₌miəu	₌mau	₌liəu	₌liəu	ˀliəu	liaˀ	ˀtsiəu
旧城	fuˀ	₌mau	₌mau	₌liəu	₌liəu	ˀliəu	liauˀ	ˀtsiəu
湘湖	fuˀ	₌miau	₌mau	₌liəu	₌liəu	ˀliəu	lioˀ	ˀtsiəu
溪头	ˀfu	₌mæ	₌mau	₌læi	₌læi	ˀlæi	liaˀ	ˀtsæi
沱川	ˀfu	₌bə	₌bɒ	₌lə	₌lə	ˀlə	liaˀ	ˀtsə
紫阳	ˀfu	₌bə	₌bɒ	₌la	₌la	ˀla	liɒˀ	ˀtsa
许村	ˀfu	₌ma	₌mɔ	₌la	₌la	ˀla	liɔˀ	ˀtsa
中云	ˀfu	₌bu	₌ba	₌la	₌la	ˀla	liɔˀ	ˀtsa
新建	fuˀ	₌mɯ	₌mɔ	₌lɯ	₌lɯ	ˀlɯ	liɛˀ	ˀtsɯ
新营	fuˀ	₌ciɯ	₌mɔ	₌lio	₌lio	ˀlio	lioˀ	ˀtsio
黄柏	fuˀ	₌miə	₌mə	₌liə	₌liə	ˀliə	liəˀ	ˀtɕiu
暖水	fuˀ	₌məu	₌mo	₌ly	₌ly	ˀly	lyɛˀ	ˀtɕy

	0721	0722	0723	0724	0725	0726	0727	0728
	秋	就	修	锈	袖	昼	抽	丑~时
	流开三平尤清	流开三去宥从	流开三平尤心	流开三去宥心	流开三去宥邪	流开三去宥知	流开三平尤彻	流开三上有彻
经公桥	₌tsʻiəu	tsʻiəu˨	₌siəu	siəu˨	tsʻiəu˨	tɕiəu˨	₌tɕʻiəu	ˊtɕʻiəu
鹅 湖	₌tsʻiəu	tsʻiəu˨	₌siəu	siəu˨	tsʻiəu˨	tɕiəu˨	₌tɕʻiəu	ˊtɕʻiəu
旧 城	₌tsʻiəu	tsʻiəu˨	₌siəu	siəu˨	tsʻiəu˨	tɕiəu˨	₌tɕʻiəu	ˊtɕʻiəu
湘 湖	₌tsʻiəu	tsʻiəu˨	₌siəu	siəu˨	siəu˨	tɕiəu˨	₌tɕʻiəu	ˊtɕʻiəu
溪 头	₌tsʻæi	tsʻæi˨	₌sæi	sæi˨	tsʻæi˨	tsæi˨	₌tsʻæi	ˊtsʻæi
沱 川	₌tsʻə	tsʻə˨	₌sə	sə˨	tsʻə˨	tsə˨	₌tsʻə	ˊtsʻə
紫 阳	₌tsʻa	tsʻa˨	₌sa	sa˨	tsʻa˨	tsa˨	₌tsʻa	ˊtsʻa
许 村	₌tsʻa	tsʻa˨	₌sa	sa˨	tsʻa˨	tɕia˨	₌tɕʻia	ˊtɕʻia
中 云	₌tsʻa	tsʻa˨	₌sa	sa˨	tsʻa˨	tsa˨	₌tsʻa	ˊtsʻa
新 建	₌tsʻɯ	tɕʻiɯ˨	₌sɯ	sɯ˨	tsʻɯ˨	tɕiɯ˨	₌tɕʻiɯ	ˊtɕʻiɯ
新 营	₌tsʻio	tsʻio˨	₌sio	sio˨	tsʻio˨	tɕio˨	₌tɕʻio	ˊtɕʻio
黄 柏	₌tɕʻiu	tɕʻiu˨	₌ɕiu	ɕiu˨	tɕʻiu˨	tʃu˨	₌tʃʻu	ˊtʃʻu
暖 水	₌tɕʻy	tɕʻy˨	₌ɕy	ɕy˨	tɕʻy˨	tɕy˨	₌tɕʻy	ˊtɕʻy

	0729	0730	0731	0732	0733	0734	0735	0736
	绸	绉	愁	搜	瘦	周	州	帚
	流开三平尤澄	流开三去宥庄	流开三平尤崇	流开三平尤生	流开三去宥生	流开三平尤章	流开三平尤章	流开三上有章
经公桥	₌tɕʻiəu	tsəu˨	₌ɕiəu	₌ɕiəu	ɕiəu˨	₌tɕiəu	₌tɕiəu	ˊtɕiəu
鹅 湖	₌tɕʻiəu	tɕiəu˨	₌tɕʻiəu	₌ɕiəu	ɕiəu˨	₌tɕiəu	₌tɕiəu	ˊtɕiəu
旧 城	₌tɕʻiəu	tsəu˨	₌ɕiəu	₌ʂau	ɕiau˨	₌tɕiəu	₌tɕiəu	ˊtɕiəu
湘 湖	₌tɕʻiəu	tɕiəu˨	₌tɕʻiəu	₌ɕiau	ɕiau˨	₌tɕiəu	₌tɕiəu	ˊtɕiəu
溪 头	₌tsʻæi	tsæi˨	₌tsʻæi	₌sæi	sæi˨	₌tsæi	₌tsæi	ˊtsæi
沱 川	₌tsʻə	tsə˨	₌tsʻə	₌sə	sə˨	₌tsə	₌tsə	ˊtsə
紫 阳	₌tsʻa	tsa˨	₌tsʻa	₌sa	sa˨	₌tsa	₌tsa	ˊtsa
许 村	₌tɕʻia	tsa˨	₌tsʻa	₌sa	ɕia˨	₌tɕia	₌tsa	ˊtɕia
中 云	₌tsʻa	tsa˨	₌tsʻa	₌sa	sa˨	₌tsa	₌tsa	ˊtsa
新 建	₌tɕʻiɯ	tsɯ˨	₌tɕʻiɯ	₌sɯ	ɕiɯ˨	₌tɕiɯ	₌tɕiɯ	ˊtɕiɯ
新 营	₌tɕʻio	tɕio˨	₌tɕʻio	₌ɕio	ɕio˨	₌tɕio	₌tɕio	ˊtɕio
黄 柏	₌tʃʻu	tɕiu˨	₌tɕʻiu	₌ʃə	ʃə˨	₌tʃu	₌tʃu	ˊtʃu
暖 水	₌tɕʻy	tɕy˨	₌tɕʻy	₌ʂəu	ʂəu˨	₌tɕy	₌tɕy	ˊtɕy

		0737	0738	0739	0740	0741	0742	0743	0744
		咒	臭香~	收	手	兽	仇	受	寿
		流开三去宥章	流开三去宥昌	流开三平尤书	流开三上有书	流开三去宥书	流开三平尤禅	流开三上有禅	流开三去宥禅
经公桥		tsəu⁼	tɕ'iəu⁼	₌ɕiəu	⁻ɕiəu	ɕiəu⁼	₌tɕ'iəu	ɕiəu⁼	ɕiəu⁼
鹅湖		tɕiəu⁼	tɕ'iəu⁼	₌ɕiəu	⁻ɕiəu	ɕiəu⁼	₌tɕ'iəu	ɕiəu⁼	ɕiəu⁼
旧城		tɕiəu⁼	tɕ'iəu⁼	₌ɕiəu	⁻ɕiəu	ɕiəu⁼	₌tɕ'iəu	ɕiəu⁼	ɕiəu⁼
湘湖		tɕiəu⁼	tɕ'iəu⁼	₌ɕiəu	⁻ɕiəu	ɕiəu⁼	₌tɕ'iəu	ɕiəu⁼	ɕiəu⁼
溪头		tsæi⁼	ts'æi⁼	₌sæi	⁻sæi	sæi⁼	₌ts'æi	sæi⁼	sæi⁼
沱川		tsə⁼	ts'ə⁼	₌sə	⁻sə	sə⁼	₌ts'ə	sə⁼	sə⁼
紫阳		tsa⁼	ts'a⁼	₌sa	⁻sa	sa⁼	₌ts'a	sa⁼	sa⁼
许村		tɕia⁼	tɕ'ia⁼	₌ɕia	⁻ɕia	ɕia⁼	₌tɕ'ia	ɕia⁼	ɕia⁼
中云		tsa⁼	ts'a⁼	₌sa	⁻sa	sa⁼	₌ts'a	sa⁼	sa⁼
新建		tɕiɯ⁼	tɕ'iɯ⁼	₌ɕiɯ	⁻ɕiɯ	ɕiɯ⁼	₌tɕ'iɯ	ɕiɯ⁼	ɕiɯ⁼
新营		tɕio⁼	tɕ'io⁼	₌ɕio	⁻ɕio	ɕio⁼	₌tɕ'io	ɕio⁼	ɕio⁼
黄柏		tʃu⁼	tʃ'ə⁼	₌ʃu	⁻ʃu	ʃu⁼	₌tʃ'u	ʃu⁼	ʃu⁼
暖水		tɕy⁼	tɕ'y⁼	₌ɕy	⁻ɕy	ɕy⁼	₌tɕ'y	ɕy⁼	ɕy⁼

		0745	0746	0747	0748	0749	0750	0751	0752
		柔	闽	九	救	丘	求	舅	旧
		流开三平尤日	流开三平尤见	流开三上有见	流开三去宥见	流开三平尤溪	流开三平尤群	流开三上有群	流开三去宥群
经公桥		₌ləu	₌tɕəu	⁻tɕiəu	tɕiəu⁼	₌tɕ'iəu	₌tɕ'iəu	tɕ'iəu⁼	tɕ'iəu⁼
鹅湖		₌iəu	₌tɕiə	⁻tɕiəu	tɕiəu⁼	₌tɕ'iəu	₌tɕ'iəu	tɕ'iəu⁼	tɕ'iəu⁼
旧城		₌iəu	₌kaʳ	⁻tɕiəu	tɕiəu⁼	₌k'au	₌tɕ'iəu	tɕ'iəu⁼	tɕ'iəu⁼
湘湖		₌liəu	₌tɕiəu	⁻tɕiəu	tɕiəu⁼	₌tɕ'iəu	₌tɕ'iəu	tɕ'iəu⁼	tɕ'iəu⁼
溪头		₌niæi	₌tʃæi	⁻tʃæi	tʃæi⁼	₌tʃ'æi	₌tʃ'æi	tʃ'æi⁼	tʃ'æi⁼
沱川		₌ɲiə	₌tɕiə	⁻tɕiə	tɕiə⁼	₌tɕ'iə	₌tɕ'iə	tɕ'iə⁼	tɕ'iə⁼
紫阳		₌gia	₌tɕia	⁻tɕia	tɕia⁼	₌tɕ'ia	₌tɕ'ia	tɕ'ia⁼	tɕ'ia⁼
许村		₌nia	₌tɕia	⁻tɕia	tɕia⁼	₌tɕ'ia	₌tɕ'ia	tɕ'ia⁼	tɕ'ia⁼
中云		₌ɲia	₌tɕia	⁻tɕia	tɕia⁼	₌tɕ'ia	₌tɕ'ia	tɕ'ia⁼	tɕ'ia⁼
新建		₌miɯ	₌tɕiɯ	⁻tɕiɯ	tɕiɯ⁼	₌tɕ'iɯ	₌tɕ'iɯ	tɕ'iɯ⁼	tɕ'iɯ⁼
新营		₌lu	₌tɕio	⁻tɕio	tɕio⁼	₌tɕ'io	₌tɕ'io	tɕ'io⁼	tɕ'io⁼
黄柏		₌iu	₌tʃu	⁻tʃu	tʃu⁼	₌tʃ'u	₌tʃ'u	tʃ'u⁼	tʃ'u⁼
暖水		₌y	₌tɕy	⁻tɕy	tɕy⁼	₌tɕ'y	₌tɕ'y	tɕ'y⁼	tɕ'y⁼

第三章　赣东北徽语代表方言点单字音对照

	0753	0754	0755	0756	0757	0758	0759	0760
	牛	休	优	有	友	右	油	酉~时
	流开三平尤疑	流开三平尤晓	流开三平尤影	流开三上有云	流开三上有云	流开三去宥云	流开三平尤以	流开三上有以
经公桥	₌ȵiəu	₌ɕiəu	₌iəu	⁼iəu	⁼iəu	iəu⁼	₌iəu	⁼iəu
鹅湖	₌ȵɛu	₌ɕiəu	₌iəu	⁼iəu	⁼iəu	iəu⁼	₌iəu	⁼iəu
旧城	₌ȵəu	₌ɕiəu	₌iəu	⁼iəu	⁼iəu	iəu⁼	₌iəu	⁼iəu
湘湖	₌ȵɛu	₌ɕiəu	₌iəu	⁼iəu	⁼iəu	iəu⁼	₌iəu	⁼iəu
溪头	₌ȵiæi	₌ʃæi	₌iæi	⁼iæi	⁼iæi	iæi⁼	₌iæi	⁼iæi
沱川	₌ȵiə	₌ɕiə	₌iə	⁼iə	⁼iə	iə⁼	₌iə	⁼iə
紫阳	₌gia	₌ɕia	₌ia	⁼ia	⁼ia	ia⁼	₌ia	⁼ia
许村	₌ȵia	₌ɕia	₌ia	⁼ia	⁼ia	ia⁼	₌ia	⁼ia
中云	₌ȵia	₌ɕia	₌ia	⁼ia	⁼ia	ia⁼	₌ia	⁼ia
新建	₌ȵɯ	₌sɯ	₌ɯ	⁼ɯ	⁼ɯ	iɯ⁼	₌ɯ	⁼ɯ
新营	₌ȵio	₌ɕio	₌io	⁼io	⁼io	io⁼	₌io	⁼io
黄柏	₌ȵiu	₌ʃu	₌iu	⁼iu	⁼iu	fu⁼	₌iu	⁼iu
暖水	₌ȵy	₌ɕy	₌y	⁼y	⁼y	y⁼	₌y	⁼y

	0761	0762	0763	0764	0765	0766	0767	0768
	釉	彪	丢	幼	耽	贪	探	潭
	流开三去宥以	流开三平幽帮	流开三平幽端	流开三去幼影	咸开一平覃端	咸开一平覃透	咸开一去勘透	咸开一平覃定
经公桥	iəu⁼	₌pia	₌tiəu	iəu⁼	₌tuɑ̃	₌tʻuɑ̃	tʻuɑ̃⁼	₌tʻuɑ̃
鹅湖	iəu⁼	₌pia	₌tiəu	iəu⁼	₌tõ	₌tʻõ	tʻõ⁼	₌tʻaŋ
旧城	iəu⁼	₌piau	₌tiəu	iəu⁼	₌tuo	₌tʻuo	tʻuo⁼	₌tʻɛn
湘湖	iəu⁼	₌pio	₌tiəu	iəu⁼	₌to	₌tʻɛn	tʻo⁼	₌tʻo
溪头	iæi⁼	₌pia	₌tiæi	iæi⁼	₌tã	₌tʻã	tʻã⁼	₌tʻã
沱川	iə⁼	₌pia	₌tiə	iə⁼	₌tõ	₌tʻõ	tʻõ⁼	₌tʻõ
紫阳	ia⁼	₌pio	₌tia	ia⁼	₌tum	₌tʻum	tʻum⁼	₌tʻum
许村	ia⁼	₌piɔ	₌tia	ia⁼	₌tũ	₌tʻũ	tʻũ⁼	₌tʻɔ̃
中云	ia⁼	₌piɔ	₌tia	ia⁼	₌tum	₌tʻum	tʻum⁼	₌tʻã
新建	iɯ⁼	₌piɛ	₌tɯ	iɯ⁼	₌tɑ̃	₌tʻɑ̃	tʻɑ̃⁼	₌tʻõ
新营	io⁼	₌piɔ	₌tio	io⁼	₌tã	₌tʻã	tʻã⁼	₌tʻɔ
黄柏	iu⁼	₌piə	₌tiə	iu⁼	₌tã	₌tʻã	tʻã⁼	₌tʻã
暖水	y⁼	₌piɛ	₌ty	y⁼	₌tã	₌tʻã	tʻã⁼	₌tʻõ

	0769	0770	0771	0772	0773	0774	0775	0776
	南	男	参~加	惨	蚕	感	含	庵
	咸开一平覃泥	咸开一平覃泥	咸开一平覃清	咸开一上感清	咸开一平覃从	咸开一上感见	咸开一平覃匣	咸开一平覃影
经公桥	₌nuã	₌nuã	⁻tsʻuã	ᶜtsʻuã	₌tsʻuã	ᶜkỹ	₌xỹ	⁻ŋỹ
鹅湖	₌nõ	₌lən	⁻tsʻõ	ᶜtsʻõ	₌tsʻən	ᶜkən	₌xən	⁻ŋən
旧城	₌nuo	₌nɛn	⁻tsʻuo	ᶜtsʻuo	₌tsʻɛn	ᶜkɛn	₌xɛn	⁻ŋiɛn
湘湖	₌lo	₌lɛn	⁻tsʻo	ᶜtsʻo	₌tsʻɛn	ᶜkɛn	₌xɛn	⁻ŋiɛn
溪头	₌lã	₌lã	⁻tsʻã	ᶜtsʻã	₌tsʻã	ᶜkã	₌xã	⁻ŋã
沱川	₌nõ	₌nõ	⁻tsʻõ	ᶜtsʻõ	₌tsʻõ	ᶜkõ	₌xəŋ	⁻ŋõ
紫阳	₌lum	₌lum	⁻tsʻum	ᶜtsʻum	₌tsʻum	ᶜkẽ	₌xum	⁻ŋẽ
许村	₌nũ	₌nũ	⁻tsʻũ	ᶜtsʻũ	₌tsʻũ	ᶜkũ	₌xɛn	⁻m̩
中云	₌num	₌num	⁻tsʻum	ᶜtsʻum	₌tsʻum	ᶜkum	₌xum	⁻ŋum
新建	₌nã	₌nã	⁻tsʻã	ᶜtsʻã	₌tsʻã	ᶜkã	₌xã	⁻ŋã
新营	₌la	₌la	⁻tsʻã	ᶜtsʻã	₌tsʻɔ	ᶜkã	₌xɔ	⁻ŋã
黄柏	₌lã	₌lã	⁻tsʻã	ᶜtsʻã	₌tsʻõ	ᶜkã	₌xã	⁻ã
暖水	₌lã	₌lã	⁻tsʻã	ᶜtsʻã	₌tsʻã	ᶜkã	₌xæ̃	⁻ŋã

	0777	0778	0779	0780	0781	0782	0783	0784
	揞	暗	担~任	胆	担挑~	毯	痰	淡
	咸开一上感影	咸开一去勘影	咸开一平谈端	咸开一上敢端	咸开一去阚端	咸开一上敢透	咸开一平谈定	咸开一上敢定
经公桥	ŋỹᶜ	ŋỹᵓ	⁻tuã	ᶜuã	uãᵓ	ᶜtʻuã	₌tʻuã	tʻuãᵓ
鹅湖	ŋənᶜ	ŋənᵓ	⁻tõ	ᶜtõ	tõᵓ	ᶜtʻõ	₌tʻaŋ	tʻõᵓ
旧城	ŋiɛnᶜ	ŋiɛnᵓ	⁻tuo	ᶜtuo	tuoᵓ	ᶜtʻuo	₌tʻuo	tʻuoᵓ
湘湖	ŋiɛnᶜ	ŋiɛnᵓ	⁻to	ᶜto	toᵓ	ᶜtʻo	₌tʻo	tʻoᵓ
溪头	ũᶜ	ŋəŋᵓ	⁻tã	ᶜtã	tãᵓ	ᶜtʻã	₌tʻã	ᶜtã
沱川	ũᶜ	ŋəŋᵓ	⁻tõ	ᶜtõ	tõᵓ	ᶜtʻõ	₌tʻõ	ᶜtʻõ
紫阳	m̩ᵓ	uæ̃ᵓ	⁻tum	ᶜtum	tumᵓ	ᶜtʻum	₌tʻum	ᶜtʻum
许村	m̩ᵓ	ŋɛnᵓ	⁻tũ	ᶜtũ	tũᵓ	ᶜtʻũ	₌tʻũ	ᶜtʻũ
中云	ŋẽᵓ	ŋẽᵓ	⁻tum	ᶜtum	tumᵓ	ᶜtʻum	₌tʻum	ᶜtʻum
新建	ᶜvã	ŋẽᵓ	⁻tã	ᶜtã	tãᵓ	ᶜtʻã	₌tʻã	tʻãᵓ
新营	ŋãᵓ	uɔᵓ	⁻tã	ᶜtã	tãᵓ	ᶜtʻã	₌tʻã	tʻãᵓ
黄柏	ŋãᵓ	ŋõ/õᵓ	⁻tã	ᶜtã	tãᵓ	ᶜtʻã	₌tʻã	tʻãᵓ
暖水	ŋãᵓ	ŋæᵓ	⁻tã	ᶜtã	tãᵓ	ᶜtʻã	₌tʻã	tʻãᵓ

第三章 赣东北徽语代表方言点单字音对照

	0785 篮 咸开一 平谈来	0786 鉴 咸开一 去阚从	0787 三 咸开一 平谈心	0788 甘 咸开一 平谈见	0789 敢 咸开一 上敢见	0790 喊 咸开一 上敢晓	0791 赚 咸开二 去陷澄	0792 站车~ 咸开二 去陷澄
经公桥	₌nuɤ̃	tsʻɤ̃⁼	₌suɤ̃	₌kɤ̃	⁼kɤ̃	⁼xɤ̃	tsʻɤ̃⁼	tʂuɤ̃⁼
鹅湖	₌nõ	tsʻõ⁼	₌sõ	₌kiɛn	⁼kiɛn	⁼xən	tɕʻỹ⁼	tsaŋ⁼
旧城	₌nuo	tsʻɛn⁼	₌suo	₌kɛn	⁼kɛn	⁼xɛn	tɕʻyi⁼	tʂuo⁼
湘湖	₌lo	tsʻo⁼	₌so	₌kɛn	⁼kɛn	⁼xɛn	tsʻɛn⁼	tso⁼
溪头	₌lã	tsʻã⁼	₌sã	₌kã	⁼kã	⁼xã	tsʻũ⁼	tsã⁼
沱川	₌nõ	tsʻõ⁼	₌sõ	₌kõ	⁼kõ	⁼xõ	tsʻũ⁼	tsõ⁼
紫阳	₌lum	tsʻum⁼	₌sum	₌kum	⁼kẽ	⁼xum	tsʻum⁼	tsum⁼
许村	₌nũ	tsʻũ⁼	₌sũ	₌kũ	⁼kũ	⁼xũ	tʃʻũ⁼	tʃũ⁼
中云	₌num	tsʻum⁼	₌sum	₌kum	⁼kum	⁼xã	tsʻum⁼	tsum⁼
新建	₌nʌ̃	tsʻʌ̃⁼	₌sʌ̃	₌kʌ̃	⁼kʌ̃	⁼xʌ̃	tʂʻõ⁼	tʂã⁼
新营	₌lã	tsʻã⁼	₌sã	₌kɔ̃	⁼kã	⁼xã	tɕʻyɛ⁼	tsã⁼
黄柏	₌lã	tsʻã⁼	₌sã	₌kã	⁼kã	⁼xã	tʂʻuã⁼	tsã⁼
暖水	₌lã	tsʻã⁼	₌sã	₌kã	⁼kã	⁼xã	tʂʻõ⁼	tsã⁼

	0793 斩 咸开二 上赚照	0794 杉 咸开二 平咸审	0795 减 咸开二 上赚见	0796 咸 咸开二 平咸匣	0797 陷 咸开二 去陷匣	0798 衫 咸开二 平衔生	0799 监 咸开二 平衔见	0800 嵌 咸开二 平衔溪
经公桥	⁼tʂuɤ̃	₌ʂuɤ̃	⁼tɕiɛ̃	₌xuɤ̃	ɕiɛ̃⁼	₌ʂuɤ̃	₌tɕiɛ̃	tɕʻiɛ̃
鹅湖	⁼tʂõ	₌ʂõ	⁼kõ	₌xõ	xən⁼	₌ʂõ	₌tɕĩ	tɕʻĩ
旧城	⁼tʂuo	₌ʂuo	⁼kuo	₌xuo	xuo⁼	₌ʂuo	₌kuo	kʻuo
湘湖	⁼tso	₌so	⁼ko	₌xo	xo⁼	₌so	₌ko	tɕʻĩ
溪头	⁼tsã	₌sã	⁼kã	₌xã	xã⁼	₌sã	₌kã	kʻã
沱川	⁼tsõ	₌sõ	⁼kõ	₌xũ	xõ⁼	₌sõ	₌kõ	kʻõ
紫阳	⁼tsum	₌sum	⁼kẽ	₌ẽ	xẽ⁼	₌sum	₌kẽ	tɕʻĩ
许村	⁼tʃũ	₌ʃũ	⁼kũ	₌xũ	xũ⁼	₌ʃũ	₌kũ	kʻũ
中云	⁼tsum	₌sum	⁼kum	₌xum	xum⁼	₌sum	₌kum	kʻum
新建	⁼tʂʌ̃	₌ʃʌ̃	⁼kʌ̃	₌xʌ̃	xʌ̃⁼	₌ʃʌ̃	₌kʌ̃	kʻẽ
新营	⁼tsã	₌ɕia	⁼kã	₌xã	xã⁼	₌ɕiã	₌kã	kʻã
黄柏	⁼tʂuã	₌ʃã	⁼kã	₌xã	xã⁼	₌ʂuã	₌kã	tɕʻiɛ̃
暖水	⁼tʂã	₌ʂã	⁼kã	₌xã	xã⁼	₌ʂã	₌tɕiɛ	kʻã

	0801 岩 咸开二 平衔疑	0802 衔 咸开二 平衔匣	0803 舰 咸开二 上槛匣	0804 黏 咸开三 平盐泥	0805 镰 咸开三 平盐来	0806 殓 咸开三 去艳来	0807 尖 咸开三 平盐精	0808 签 咸开三 平盐清
经公桥	₌ŋiẽ	₌ɕiẽ	tɕiẽ²	₌niẽ	₌niẽ	niẽ²	₌tsiẽ	₌tsʻiẽ
鹅湖	₌ŋõ	₌ɕĩ	tɕĩ²	₌nĩ	₌nĩ	nĩ²	₌tsĩ	₌tsʻĩ
旧城	₌ŋuo	₌xuo	kʻuo²	₌ni	₌ni	ni²	₌tsi	₌tsʻi
湘湖	₌ŋo	₌xɛn	tɕĩ²	₌nĩ	₌nĩ	nĩ²	₌tsĩ	₌tsʻĩ
溪头	₌ŋã	₌xã	tʃĩ²	₌nĩ	₌nĩ	nĩ²	₌tsĩ	₌tsʻĩ
沱川	₌ŋõ	₌xõ	kõ²	₌nĩ	₌nĩ	nĩ²	₌tsĩ	₌tsʻĩ
紫阳	₌nĩ	₌xum	tɕĩ²	₌nĩ	₌nĩ	nĩ²	₌tsĩ	₌tsʻĩ
许村	₌ŋũ	₌xũ	tɕĩ²	₌nĩ	₌nĩ	nĩ²	₌tsĩ	₌tsʻĩ
中云	₌ŋum	₌xum	tɕĩ²	₌nĩ	₌nĩ	nĩ²	₌tsĩ	₌tsʻĩ
新建	₌ŋÃ	₌xÃ	kʻÃ²	₌n̠iẽ	₌nã	nã²	₌tsã	₌tsʻã
新营	₌ŋã	₌xã	tɕĩ²	₌n̠ie	₌li	li²	₌tsĩ	₌tsʻĩ
黄柏	₌ŋã	₌xã	tɕiẽ²	₌liẽ	₌liẽ	liẽ²	₌tɕiẽ	₌tɕʻiẽ
暖水	₌ŋã	₌xæ	tɕiẽ²	₌liẽ	₌liẽ	liẽ²	₌tɕiẽ	₌tɕʻiẽ

	0809 渐 咸开三 上琰从	0810 沾 咸开三 平盐知	0811 占~领 咸开三 去艳章	0812 陕 咸开三 上琰书	0813 闪 咸开三 上琰书	0814 染 咸开三 上琰日	0815 检 咸开三 上琰见	0816 脸 咸开三 上琰见
经公桥	tsʻiẽ²	₌tɕiẽ	tɕiẽ²	⁻ɕiẽ	⁻ɕiẽ	⁻iẽ	⁻tɕiẽ	⁻niẽ
鹅湖	tsʻien²	₌tɕĩ	tɕiaŋ²	⁻ʂã	⁻ʂã	⁻ĩ	⁻tɕĩ	⁻nĩ
旧城	tsʻi²	₌tɕi	tɕi²	⁻ɕi	⁻ɕi	⁻n̠i	⁻tɕi	⁻ni
湘湖	tsʻĩ²	₌tɕĩ	tɕĩ²	⁻ɕĩ	⁻ɕĩ	⁻ĩ	⁻tɕĩ	⁻nĩ
溪头	⁻tsʻĩ	₌tsĩ	tsĩ²	⁻sã	⁻sĩ	⁻nĩ	⁻tʃĩ	⁻nĩ
沱川	tsʻĩ²	₌tsĩ	tsĩ²	⁻sĩ	⁻sĩ	⁻nĩ	⁻tɕĩ	⁻nĩ
紫阳	tsʻĩ²	₌tɕĩ	tɕĩ²	⁻ɕĩ	⁻ɕĩ	⁻nĩ	⁻tɕĩ	⁻nĩ
许村	tsʻɛn²	₌tɕi	tɕi²	⁻ɕi	⁻ɕi	⁻nĩ	⁻tɕi	⁻nĩ
中云	tsʻĩ²	₌tsĩ	tsĩ²	⁻sĩ	⁻sĩ	⁻nĩ	⁻tɕĩ	⁻nĩ
新建	tɕʻiẽ²	₌tɕiẽ	tɕiẽ²	⁻ɕiẽ	⁻sã	⁻n̠iẽ	⁻tɕiẽ	⁻nã
新营	tsʻĩ²	₌tɕie	tɕie²	⁻ɕiẽ	⁻ɕiẽ	⁻n̠ie	⁻tɕiẽ	⁻li
黄柏	tɕʻiẽ²	₌tɕiẽ	tɕiẽ²	⁻ɕiẽ	⁻ɕiẽ	⁻n̠ie	⁻tɕiẽ	⁻liẽ
暖水	tɕʻiẽ²	₌tɕiẽ	tɕiẽ²	⁻ɕiẽ	⁻ɕiẽ	⁻n̠iẽ	⁻tɕiẽ	⁻liẽ

	0817 钳 咸开三 平盐群	0818 俭 咸开三 上琰群	0819 验 咸开三 去艳疑	0820 险 咸开三 上琰晓	0821 淹 咸开三 平盐影	0822 厌 咸开三 去艳影	0823 炎 咸开三 平盐云	0824 盐 咸开三 平盐以
经公桥	₌tɕʻiẽ	tɕʻiẽ²	iẽ²	ˋɕiẽ	₋iẽ	iẽ²	₌iẽ	₌iẽ
鹅湖	₌tɕʻĩ	tɕʻĩ²	ĩ²	ˋɕĩ	₋iɛn	ĩ²	₌ĩ	₌ĩ
旧城	₌tɕʻi	tɕʻi²	ȵi²	ˋɕi	₋ȵi	ȵi²	₌ȵi	₌ȵi
湘湖	₌tɕʻĩ	tɕʻĩ²	ĩ²	ˋɕĩ	₋ĩ	ĩ²	₌ĩ	₌ĩ
溪头	₌tʃʻĩ	ˋtʃĩ	ȵĩ²	ˋʃĩ	₋ĩ	ĩ²	₌ĩ	₌ĩ
沱川	₌tɕʻĩ	ˋtɕʻĩ	ȵĩ²	ˋɕĩ	₋ĩ	ĩ²	₌ĩ	₌ĩ
紫阳	₌tɕʻĩ	tɕʻĩ²	ȵĩ²	ˋɕĩ	₋ĩ	ĩ²	₌ĩ	₌ĩ
许村	₌tɕʻĩ	tɕʻĩ²	ȵĩ²	ˋɕĩ	₋ĩ	ĩ²	₌ĩ	₌ĩ
中云	₌tɕʻĩ	ˋtɕʻĩ	ȵĩ²	ˋɕĩ	₋ĩ	ĩ²	₌ĩ	₌ĩ
新建	₌tɕʻiẽ	tɕʻiẽ²	ȵiẽ²	ˋɕiẽ	₋iẽ	iẽ²	₌iẽ	₌iẽ
新营	₌tɕʻiɛ	tɕʻiɛ²	ȵiɛ²	ˋɕiɛ	₋iɛ	iɛ²	₌iɛ	₌iɛ
黄柏	₌tɕʻiẽ	tɕiẽ²	ȵiẽ²	ˋɕiẽ	₋iẽ	iẽ²	₌iẽ	₌iẽ
暖水	₌tɕʻiẽ	tɕiẽ²	ȵiẽ²	ˋɕiẽ	₋iẽ	iẽ²	₌iẽ	₌iẽ

	0825 焰 咸开三 去艳以	0826 剑 咸开三 去酽见	0827 欠 咸开三 去酽溪	0828 严 咸开三 平严疑	0829 点 咸开四 上忝端	0830 店 咸开四 去桥端	0831 添 咸开四 平添透	0832 舔 咸开四 上忝透
经公桥	iẽ²	tɕiẽ²	tɕʻiẽ²	₌iẽ	ˋtiẽ	tiẽ²	₋tʻiẽ	ˋtʻiẽ
鹅湖	ĩ²	tɕĩ²	tɕʻĩ²	₌ĩ	ˋtĩ	tĩ²	₋tʻĩ	ˋtʻĩ
旧城	ȵi²	tɕi²	tɕʻi²	₌ȵi	ˋti	ti²	₋tʻi	ˋtʻi
湘湖	ĩ²	tɕĩ²	tɕʻĩ²	₌ĩ	ˋtĩ	tĩ²	₋tʻĩ	ˋtʻĩ
溪头	ĩ²	tʃĩ²	tʃʻĩ²	₌ȵĩ	ˋtĩ	tĩ²	₋tʻĩ	ˋtʻĩ
沱川	ĩ²	tɕĩ²	tɕʻĩ²	₌ȵĩ	ˋtĩ	tĩ²	₋tʻĩ	ˋtʻĩ
紫阳	ĩ²	tɕĩ²	tɕʻĩ²	₌ȵĩ	ˋtĩ	tĩ²	₋tʻĩ	ˋtʻĩ
许村	ĩ²	tɕĩ²	tɕʻĩ²	₌ȵĩ	ˋtĩ	tĩ²	₋tʻĩ	ˋtʻĩ
中云	ĩ²	tɕĩ²	tɕʻĩ²	₌ȵĩ	ˋtĩ	tĩ²	₋tʻĩ	ˋtʻĩ
新建	iẽ²	tɕiẽ²	tɕʻiẽ²	₌ȵiẽ	ˋtã	tã²	₋tʻã	ˋtʻã
新营	iɛ²	tsĩ²	tɕʻĩ²	₌ȵiɛ	ˋti	ti²	₋tʻi	ˋtʻi
黄柏	iẽ²	tɕiẽ²	tɕʻiẽ²	₌ȵiẽ	ˋtiẽ	tiẽ²	₋tʻiẽ	ˋtʻiẽ
暖水	iẽ²	tɕiẽ²	tɕʻiẽ²	₌ȵiẽ	ˋtiẽ	tiẽ²	₋tʻiẽ	ˋtʻiẽ

		0833 甜 咸开四 平添定	0834 簟 咸开四 上忝定	0835 念 咸开四 去㮇泥	0836 兼 咸开四 平添见	0837 谦 咸开四 平添溪	0838 嫌 咸开四 平添匣	0839 泛 咸合三 去梵敷	0840 凡 咸合三 平凡奉
经公桥		₌t'iɛ̃	⁼t'iɛ̃	niɛ̃⁼	₋tɕiɛ̃	₋tɕ'iɛ̃	₌ɕiɛ̃	fuʌ̃⁼	₌fuʌ̃
鹅 湖		₌t'ĩ	⁼t'ĩ	nĩ⁼	₋tɕĩ	₋tɕ'ĩ	₌ɕĩ	fõ⁼	₌fõ
旧 城		₌t'i	⁼t'i	ni⁼	₋tɕi	₋tɕ'i	₌ɕi	fuo⁼	₌fuo
湘 湖		₌t'ĩ	⁼t'ĩ	nĩ⁼	₋tɕĩ	₋tɕ'ĩ	₌ɕĩ	fo⁼	₌fo
溪 头		₌tʃĩ	⁼tʃĩ	nĩ⁼	₋tʃĩ	₋tʃ'ĩ	₌ʃĩ	fã⁼	₌fã
沱 川		₌t'ĩ	⁼t'ĩ	nĩ⁼	₋tɕĩ	₋tɕ'ĩ	₌ɕĩ	fõ⁼	₌fõ
紫 阳		₌t'ĩ	⁼t'ĩ	nĩ⁼	₋tɕĩ	₋tɕ'ĩ	₌ɕĩ	fum⁼	₌fum
许 村		₌t'ĩ	⁼t'ĩ	nĩ⁼	₋tɕĩ	₋tɕ'ĩ	₌ɕĩ	fũ⁼	₌fũ
中 云		₌t'ĩ	⁼t'ĩ	ɲĩ⁼	₋tɕĩ	₋tɕ'ĩ	₌ɕĩ	fum⁼	₌fum
新 建		₌t'ã	t'ã⁼	nã⁼	₋tɕiɛ̃	₋tɕ'iɛ̃	₌ɕiɛ̃	fʌ̃⁼	₌fʌ̃
新 营		₌t'i	t'i⁼	ȵiɛ̃⁼	₋tɕiɛ̃	₋tɕ'iɛ̃	₌ɕiɛ̃	fã⁼	₌fã
黄 柏		₌t'iɛ̃	t'iɛ̃⁼	ȵiɛ̃⁼	₋tɕiɛ̃	₋tɕ'iɛ̃	₌ɕiɛ̃	fã⁼	₌fã
暖 水		₌t'iɛ̃	t'iɛ̃⁼	ȵiɛ̃⁼	₋tɕiɛ̃	₋tɕ'iɛ̃	₌ɕiɛ̃	fã⁼	₌fã

		0841 帆 咸合三 平凡奉	0842 范 咸合三 上范奉	0843 犯 咸合三 上范奉	0844 品 深开三 上寝滂	0845 临 深开三 平侵来	0846 林 深开三 平侵来	0847 浸 深开三 去沁精	0848 侵 深开三 平侵清
经公桥		₌fuʌ̃	fuʌ̃⁼	fuʌ̃⁼	⁼p'in	₌lin	₌lən	tsən⁼	₌ts'ən
鹅 湖		₌fõ	fõ⁼	fõ⁼	⁼p'ãi	₌lən	₌nãi	tsən⁼	₌ts'ən
旧 城		₌fuo	fuo⁼	fuo⁼	⁼p'ɛn	₌lɿn	₌lɿn	tsen⁼	₌ts'ɿn
湘 湖		₌fo	fo⁼	fo⁼	⁼p'ɛm	₌lɛn	₌lɛn	tsen⁼	₌ts'ɛn
溪 头		₌fã	⁼fã	⁼fã	⁼p'ɛn	₌nɛn	₌nɛn	tsen⁼	₌ts'ɛn
沱 川		₌fõ	⁼fõ	⁼fõ	⁼p'ɛn	₌nɛn	₌nɛn	tsen⁼	₌ts'ɛn
紫 阳		₌fum	⁼fum	⁼fum	⁼p'æ	₌læ	₌læ	tsæ⁼	₌ts'æ
许 村		₌fũ	⁼fũ	⁼fũ	⁼p'ɛn	₌nɛn	₌nɛn	tsen⁼	₌ts'ɛn
中 云		₌fum	⁼fum	⁼fum	⁼p'ɛn	₌nɛn	₌nɛn	tsen⁼	₌ts'ɛn
新 建		₌fʌ̃	fʌ̃⁼	fʌ̃⁼	⁼p'ẽ	₌nẽ	₌nẽ	tsẽ⁼	₌ts'ẽ
新 营		₌fã	fã⁼	fã⁼	⁼p'æ	₌lən	₌lən	tsən⁼	₌ts'ən
黄 柏		₌fã	fã⁼	fã⁼	⁼p'in	₌lin	₌lin	tɕin⁼	₌tɕ'in
暖 水		₌fã	fã⁼	fã⁼	⁼p'ẽ	₌lẽ	₌lẽ	tsẽ⁼	₌ts'ẽ

	0849 寑 深开三 上寑清	0850 心 深开三 平侵心	0851 寻 深开三 平侵邪	0852 沉 深开三 平侵澄	0853 森 深开三 平侵生	0854 参人~ 深开三 平侵生	0855 渗 深开三 去沁生	0856 针 深开三 平侵章
经公桥	⁻tsʻən	₌sən	₌tsʻən	₌tɕin	₌sən	₌sən	ɕin⁼	₌tɕin
鹅湖	⁻tsʻãi	₌sən	₌tsʻən	₌tɕien	₌sən	₌sоʴ	ʂãi⁼	₌tɕien
旧城	⁻tɕʻien	₌sen	₌sen	₌tɕien	₌sen	₌sen	ɕyen⁼	₌tɕien
湘湖	⁻tsʻen	₌sen	₌sen	₌tɕien	₌sen	₌sen	ɕyen⁼	₌tɕien
溪头	⁻tsʻen	₌sen	₌tsʻen	₌tsʻen	₌sen	₌sen	sen⁼	₌tʃen
沱川	⁻tsʻɛn	₌sɛn	₌tsʻɛn	₌tsʻɛn	₌sɛn	₌sɛn	sɛn⁼	₌tsen
紫阳	⁻tsʻæ	₌sæ	₌tsʻæ	₌tsʻæ	₌sæ	₌sæ	sæ⁼	₌tsæ
许村	⁻tsʻɛn	₌sɛn	₌ʃɛn	₌sɛn	₌sɛn	₌ʃɛn	sɛn⁼	₌tʃɛn
中云	⁻tsʻen	₌sen	₌tsʻen	₌tsʻen	₌sen	₌sen	sen⁼	₌tsen
新建	⁻tsʻẽ	₌sẽ	₌tsʻẽ	₌tʃʻẽ	₌ʃẽ	₌ʃẽ	ʃẽ⁼	₌tʃẽ
新营	⁻tsʻæ	₌sən	₌tsʻən	₌tɕien	₌ɕien	₌ɕien	ɕien⁼	₌tɕiən
黄柏	⁻tɕʻin	₌ɕin	₌tsʻin	₌tʃʻən	₌ʃen	₌ʃen	ʃuən⁼	₌tʃuən
暖水	⁻tsʻẽ	₌sẽ	₌tsʻẽ	₌tɕʻiẽ	₌ɕiẽ	₌ɕiẽ	ɕiẽ⁼	₌tɕiẽ

	0857 枕 深开三 上寑章	0858 深 深开三 平侵书	0859 婶 深开三 上寑书	0860 壬 深开三 平侵日	0861 任责~ 深开三 去沁日	0862 金 深开三 平侵见	0863 襟 深开三 平侵见	0864 锦 深开三 上寑见
经公桥	⁻tɕin	₌ɕin	⁻ɕin	₌in	in⁼	₌tɕin	₌tɕin	⁻tɕin
鹅湖	⁻tɕien	₌ɕien	⁻ɕien	₌ien	ien⁼	₌tɕien	₌tɕien	⁻tɕien
旧城	⁻tɕien	₌ɕien	⁻ɕien	₌ien	ien⁼	₌tɕien	₌tɕien	⁻tɕien
湘湖	⁻tɕien	₌ɕien	⁻ɕien	₌ien	ien⁼	₌tɕien	₌tɕien	⁻tɕien
溪头	⁻tsen	₌tsʻən/sen	⁻sen	₌ien	ien⁼	₌tʃen	₌tʃen	⁻tʃen
沱川	⁻tsen	₌sen	⁻sen	₌ien	ien⁼	₌tɕien	₌tɕien	⁻tɕien
紫阳	⁻tsæ	₌sæ	⁻sæ	₌iæ	iæ⁼	₌tɕiæ	₌tɕiæ	⁻tɕiæ
许村	⁻tʃɛn	₌ʃɛn	⁻ʃɛn	₌iɛn	iɛn⁼	₌tɕiɛn	₌tɕiɛn	⁻tʃɛn
中云	⁻tsen	₌sen	⁻sen	₌iɛn	iɛn⁼	₌tɕien	₌tɕien	⁻tɕien
新建	⁻tʃẽ	₌ʃẽ	⁻ʃẽ	₌iẽ	iẽ⁼	₌tʃẽ	₌tʃẽ	⁻tʃẽ
新营	⁻tɕiən	₌ɕiən	⁻ɕiən	₌iən	iən⁼	₌tɕiən	₌tɕiən	⁻tɕiən
黄柏	⁻tʃuən	₌ʃuən	⁻ʃuən	₌iən	iən⁼	₌tʃən	₌tʃən	⁻tʃən
暖水	⁻tɕiẽ	₌ɕiẽ	⁻ɕiẽ	₌iẽ	iẽ⁼	₌tɕiẽ	₌tɕiẽ	⁻tɕiẽ

	0865	0866	0867	0868	0869	0870	0871	0872
	禁~止	琴	音	饮~酒	单~独	旦	滩	坦
	深开三去沁见	深开三平侵群	深开三平侵影	深开三上寝影	山开一平寒端	山开一去翰端	山开一平寒透	山开一上旱透
经公桥	tɕin⁼	₌tɕʻin	₋in	⁼in	₋tuã	tuã⁼	₋tʻuã	⁼tʻuã
鹅湖	tɕien⁼	₌tɕʻien	₋iɛn	⁼ien	₋tõ	tõ⁼	₋tʻõ	⁼tʻõ
旧城	tɕien⁼	₌tɕʻien	₋iɛn	⁼ien	₋tuo	tuo⁼	₋tʻuo	⁼tʻuo
湘湖	tɕien⁼	₌tɕʻien	₋iɛn	⁼ien	₋to	to⁼	₋tʻo	⁼tʻo
溪头	tʃɛn⁼	₌tʃɛn	₋iɛn	⁼ien	₋tã	tã⁼	₋tʻã	⁼tʻã
沱川	tɕien⁼	₌tɕʻien	₋iɛn	⁼iɛn	₋tõ	tõ⁼	₋tʻõ	⁼tʻõ
紫阳	tɕiæ⁼	₌tɕʻiæ	₋iæ	⁼iæ	₋tum	tum⁼	₋tʻum	⁼tʻum
许村	tʃɛn⁼	₌tʃɛn	₋iɛn	⁼ien	₋tũ	tũ⁼	₋tʻũ	⁼tʻũ
中云	tɕien⁼	₌tɕʻien	₋iɛn	⁼ien	₋tum	tum⁼	₋tʻum	⁼tʻum
新建	tʃɛ̃⁼	₌tʃʻɛ̃	₋iɛ̃	⁼iɛ̃	₋tɐ̃	tɐ̃⁼	₋tʻɐ̃	⁼tʻɐ̃
新营	tɕiən⁼	₌tɕʻiən	₋niən	⁼iən	₋tã	tã⁼	₋tʻã	⁼tʻã
黄柏	tʃən⁼	₌ʃ̩	₋niən	⁼iən	₋tã	tã⁼	₋tʻã	⁼tʻã
暖水	tɕiẽ⁼	₌tɕʻiẽ	₋iẽ	⁼iẽ	₋tã	tã⁼	₋tʻã	⁼tʻã

	0873	0874	0875	0876	0877	0878	0879	0880
	炭	弹~琴	蛋	难~易	难患~	兰	懒	烂
	山开一去翰透	山开一平寒定	山开一去翰定	山开一平寒泥	山开一去翰泥	山开一平寒来	山开一上旱来	山开一去翰来
经公桥	tʻuã⁼	₌tʻuã	tʻuã⁼	₌nuã	nuã⁼	₌luã	⁼luã	luã⁼
鹅湖	tʻõ⁼	₌tʻõ	tʻõ⁼	₌nõ	nõ⁼	₌nõ	⁼nõ	nõ⁼
旧城	tʻuo⁼	₌tʻuo	tʻuo⁼	₌nuo	nuo⁼	₌nuo	⁼nuo	nuo⁼
湘湖	tʻo⁼	₌tʻo	tʻo⁼	₌lo	lo⁼	₌lo	⁼lo	lo⁼
溪头	tʻã⁼	₌tʻã	tʻã⁼	₌lã	lã⁼	₌lã	⁼lã	lã⁼
沱川	tʻõ⁼	₌tʻõ	tʻõ⁼	₌nõ	nõ⁼	₌nõ	⁼nõ	nõ⁼
紫阳	tʻum⁼	₌tʻum	tʻum⁼	₌num	num⁼	₌num	⁼num	num⁼
许村	tʻũ⁼	₌tʻũ	tʻũ⁼	₌nũ	nũ⁼	₌nũ	⁼nũ	nũ⁼
中云	tʻum⁼	₌tʻum	tʻum⁼	₌num	num⁼	₌num	⁼num	num⁼
新建	tʻɐ̃⁼	₌tʻɐ̃	tʻɐ̃⁼	₌nɐ̃	nɐ̃⁼	₌nɐ̃	⁼nɐ̃	nɐ̃⁼
新营	tʻa⁼	₌tʻã	tʻã⁼	₌la	la⁼	₌la	⁼la	la⁼
黄柏	tʻã⁼	₌tʻã	tʻã⁼	₌lã	lã⁼	₌lã	⁼lã	lã⁼
暖水	tʻã⁼	₌tʻã	tʻã⁼	₌lã	lã⁼	₌lã	⁼lã	lã⁼

第三章 赣东北徽语代表方言点单字音对照

	0881	0882	0883	0884	0885	0886	0887	0888
	餐	残	伞	散分~	肝	赶	干~事	看~见
	山开一 平寒清	山开一 平寒从	山开一 上旱心	山开一 去翰心	山开一 平寒见	山开一 上旱见	山开一 去翰见	山开一 去翰溪
经公桥	₋tsʻuã	₌tsʻuã	ˀsuã	suã⁼	₋kỹ	ˀkỹ	kỹ⁼	kʻỹ⁼
鹅 湖	₋tsʻõ	₌tsʻõ	ˀsõ	sõ⁼	₋kiɛn	ˀkiɛn	kiɛn⁼	kʻiɛn⁼
旧 城	₋tsʻuo	₌tsʻuo	ˀsuo	suo⁼	₋kɛn	ˀkɛn	kɛn⁼	kʻɛn⁼
湘 湖	₋tsʻo	₌tsʻo	ˀso	so⁼	₋kɛn	ˀkɛn	kɛn⁼	kʻɛn⁼
溪 头	₋tsʻã	₌tsʻã	ˀsã	sã⁼	₋kũ	ˀkũ	kũ⁼	kʻũ⁼
沱 川	₋tsʻõ	₌tsʻõ	ˀsõ	sõ⁼	₋kũ	ˀkũ	kũ⁼	kʻũ⁼
紫 阳	₋tsʻum	₌tsʻum	ˀsum	sum⁼	₋kum	ˀkum	kum⁼	kʻum⁼
许 村	₋tsʻũ	₌tsʻũ	ˀsũ	sũ⁼	₋kũ	ˀkũ	kũ⁼	kʻũ⁼
中 云	₋tsʻum	₌tsʻum	ˀsum	sum⁼	₋kum	ˀkum	kum⁼	kʻum⁼
新 建	₋tsʻã	₌tsʻã	ˀsã	sã⁼	₋kuɔ	ˀkuɔ	kã⁼	kʻuə⁼
新 营	₋tsʻã	₌tsʻã	ˀsã	sã⁼	₋ku	ˀku	kã⁼	kʻã⁼
黄 柏	₋tsʻã	₌tsʻã	ˀsã	sã⁼	₋kõ	ˀkõ	kõ⁼	kʻõ⁼
暖 水	₋tsʻã	₌tsʻã	ˀsã	sã⁼	₋kuõ	ˀkuõ	kã⁼	kʻuõ⁼

	0889	0890	0891	0892	0893	0894	0895	0896
	岸	鼾	汉	寒	旱	汗	安	案
	山开一 去翰疑	山开一 平寒晓	山开一 去翰晓	山开一 平寒匣	山开一 上旱匣	山开一 去翰匣	山开一 平寒影	山开一 去翰影
经公桥	ŋỹ⁼	₋xỹ	xỹ⁼	₌xỹ	ˀxỹ	xỹ⁼	₋ỹ	ỹ⁼
鹅 湖	ŋən⁼	₋xən	xən⁼	₌xən	ˀxən	xən⁼	₋ŋən	ŋən⁼
旧 城	ŋɛn⁼	₋xɛn	xɛn⁼	₌xɛn	ˀxɛn	xɛn⁼	₋ŋɛn	ŋɛn⁼
湘 湖	ŋɛn⁼	₋xɛn	xɛn⁼	₌xɛn	ˀxɛn	xɛn⁼	₋ŋɛn	ŋɛn⁼
溪 头	uã⁼	₋xũ	xũ⁼	₌xũ	ˀxũ	xũ⁼	₋ũ	ũ⁼
沱 川	ũ⁼	₋xũ	xũ⁼	₌xũ	ˀxũ	xũ⁼	₋ũ	ũ⁼
紫 阳	m̩⁼	₋xum	xum⁼	₌xum	ˀxum	xum⁼	₋m̩	m̩⁼
许 村	m̩⁼	₋xũ	xũ⁼	₌xũ	ˀxũ	xũ⁼	₋m̩	m̩⁼
中 云	m̩⁼	₋xum	xum⁼	₌xum	ˀxum	xum⁼	₋m̩	m̩⁼
新 建	uɔ⁼	₋xuɔ	xuɔ⁼	₌xuɔ	ˀxuɔ	xuɔ⁼	₋uɔ	uɔ⁼
新 营	₋mu	₋xã	xu⁼	₌xu	ˀxu	xu⁼	₋u	u⁼
黄 柏	ŋã⁼	₋xã	xã⁼	₌xõ	ˀxã	xã⁼	₋ŋõ	ŋõ⁼
暖 水	uõ⁼	₋xã	xuõ⁼	₌xuõ	ˀxuõ	xuõ⁼	₋võ	ŋuõ⁼

	0897 扮 山开二 去裥帮	0898 办 山开二 去裥並	0899 盏 山开二 上产庄	0900 铲 山开二 上产初	0901 山 山开二 平山生	0902 产 山开二 上产生	0903 艰 山开二 平山见	0904 间房~ 山开二 平山见
经公桥	puã⁼	p'uã⁼	⁼tʂuã	⁼tʂ'uã	₌ʂuã	⁼tʂ'uã	₌tɕiẽ	₌kuã
鹅 湖	põ⁼	p'õ⁼	⁼tʂõ	⁼tʂ'õ	₌ʂõ	⁼tʂ'õ	₌tɕien	₌kõ
旧 城	puo⁼	p'uo⁼	⁼tʂuo	⁼tʂ'uo	₌ʂuo	⁼ʂuo	₌kuo	₌kuo
湘 湖	pɛn⁼	p'o⁼	⁼tso	⁼ts'o	₌so	⁼so	₌tɕĩ	₌ko
溪 头	pã⁼	p'ã⁼	⁼tsã	⁼ts'ã	₌sã	⁼ts'ã	₌kã	₌kã
沱 川	põ⁼	p'õ⁼	⁼tsõ	⁼ts'õ	₌sõ	⁼sõ	₌kõ	₌kõ
紫 阳	pum⁼	p'um⁼	⁼tsum	⁼ts'um	₌sum	⁼ts'um	₌kẽ	₌kẽ
许 村	pũ⁼	p'ũ⁼	⁼tʃũ	⁼tʃ'ũ	₌ʃũ	⁼ʃũ	₌kũ	₌kũ
中 云	pum⁼	p'um⁼	⁼tsum	⁼ts'um	₌sum	⁼ts'um	₌kum	₌kum
新 建	pã̃⁼	p'ã̃⁼	⁼tʂã̃	⁼tʂ'ã̃	₌ʃã̃	⁼tʂ'ã̃	₌kã̃	₌kã̃
新 营	pã⁼	p'ã⁼	⁼tã	⁼ts'ã	₌ɕiã	⁼ɕiã	₌kã	₌kã
黄 柏	pã⁼	p'ã⁼	⁼tʂuã	⁼tʂ'uã	₌ʂuã	⁼tʂ'uã	₌kã	₌kã
暖 水	pã⁼	p'ã⁼	⁼tʂã	⁼tʂ'ã	₌ʂã	⁼tʂ'ã	₌kã	₌kã

	0905 拣 山开二 上产见	0906 间~断 山开二 去裥见	0907 眼 山开二 上产疑	0908 闲 山开二 平山匣	0909 限 山开二 上产匣	0910 苋 山开二 去裥匣	0911 班 山开二 平删帮	0912 板 山开二 上潸帮
经公桥	⁼kuã	tɕiẽ⁼	⁼ŋuã	₌xuã	ɕiẽ⁼	ɕiẽ⁼	₌puã	⁼puã
鹅 湖	⁼tɕien	tɕien⁼	⁼ŋõ	₌xõ	ɕien⁼	ɕien⁼	₌põ	⁼põ
旧 城	⁼kuo	kuo⁼	⁼ŋuo	₌xuo	xuo⁼	xuo⁼	₌puo	⁼puo
湘 湖	⁼ko	ko⁼	⁼ŋo	₌xo	xo⁼	xo⁼	₌po	⁼po
溪 头	⁼kã	kã⁼	⁼ŋã	₌xã	₌xã	ʃĩ	₌pã	⁼pã
沱 川	⁼kõ	kõ⁼	⁼ŋõ	₌xõ	⁼xõ	ɕĩ	₌põ	⁼põ
紫 阳	⁼kẽ	kẽ⁼	⁼ŋẽ	₌xẽ	⁼xẽ	ɕĩ	₌pum	⁼pum
许 村	⁼kũ	kũ⁼	⁼ŋũ	₌xũ	₌xũ	ɕĩ	₌pũ	⁼pũ
中 云	⁼kum	kum⁼	⁼ŋum	₌xum	₌xum	xum⁼	₌pum	⁼pum
新 建	⁼kã̃	kã̃⁼	⁼ŋã̃	₌xã̃	xã̃⁼	ɕiẽ⁼	₌pã̃	⁼pã̃
新 营	⁼kã	kã⁼	⁼ŋã	₌xã	xã⁼	xã⁼	₌pã	⁼pã
黄 柏	⁼tɕiẽ	kã⁼	⁼ŋã	₌xã	xã⁼	xã⁼	₌pã	⁼pã
暖 水	⁼tɕiẽ	kã⁼	⁼ŋã	₌xã	xã⁼	ɕiẽ⁼	₌pã	⁼pã

第三章　赣东北徽语代表方言点单字音对照　　175

	0913 攀 山开二 平删滂	0914 襻 山开二 去谏滂	0915 扳 山开二 平删並	0916 蛮 山开二 平删明	0917 慢 山开二 去谏明	0918 奸 山开二 平删见	0919 颜 山开二 平删疑	0920 雁 山开二 去谏疑
经公桥	₋pʻuÃ	pʻuÃ⁼	₌pʻuÃ	₌muÃ	muÃ⁼	₋tɕiɛ	₌ŋuÃ	iɛ⁼
鹅湖	₋pʻən	pʻən⁼	₌pʻən	₌mõ	mõ⁼	₋tɕiɛn	₌ŋõ	ĩ⁼
旧城	₋pʻuo	pʻuo⁼	₌pʻuo	₌muo	muo⁼	₋kuo	₌ŋuo	ŋuo⁼
湘湖	₋pʻo	pʻo⁼	₌pʻo	₌mo	mo⁼	₋ko	₌ŋo	ŋo⁼
溪头	₋pʻã	pʻã⁼	₌pʻã	₌mã	mã⁼	₋kã	₌ŋã	ŋã⁼
沱川	₋pʻõ	pʻõ⁼	₌pʻã	₌mõ	mõ⁼	₋kõ	₌ŋõ	ŋõ⁼
紫阳	₋pʻum	pʻum⁼	₌pʻum	₌mum	mum⁼	₋kẽ	₌ŋẽ	ŋĩ⁼
许村	₋pʻũ	pʻũ⁼	₌pʻũ	₌mũ	mũ⁼	₋kũ	₌ŋũ	ŋũ⁼
中云	₋pʻum	pʻum⁼	₌pʻum	₌mum	mum⁼	₋kum	₌ŋum	ŋum⁼
新建	₋pʻuɔ̃	pʻÃ⁼	₌pʻÃ	₌mÃ	mÃ⁼	₋kÃ	₌ŋÃ	ŋÃ⁼
新营	₋pʻã	pʻã⁼	₌pʻã	₌mã	mã⁼	₋kã	₌ŋã	iɛ̃⁼
黄柏	₋pʻã	pʻã⁼	₌pʻã	₌mã	mã⁼	₋kã	₌ŋã	ŋã⁼
暖水	₋pʻã	pʻã⁼	₌pʻã	₌mã	mã⁼	₋kã	₌ŋã	ŋã⁼

	0921 鞭 山开三 平仙帮	0922 变 山开三 去线帮	0923 偏 山开三 平仙滂	0924 骗 山开三 去陷滂	0925 便~宜 山开三 平仙並	0926 辩 山开三 上弥並	0927 便方~ 山开三 去线並	0928 棉 山开三 平仙明
经公桥	₋piɛ̃	piɛ̃⁼	₋pʻiɛ̃	pʻiɛ̃⁼	₌pʻiɛ̃	pʻiɛ̃⁼	pʻiɛ̃⁼	₌miɛ̃
鹅湖	₋piɛn	piɛn⁼	₋pʻiɛn	pʻiɛn⁼	₌pʻiɛn	pʻiɛn⁼	pʻiɛn⁼	₌mĩ
旧城	₋pi	pi⁼	₋pʻi	pʻi⁼	₌pʻi	pʻi⁼	pʻi⁼	₌mi
湘湖	₋pĩ	pĩ⁼	₋pʻĩ	pʻĩ⁼	₌pʻĩ	pʻĩ⁼	pʻĩ⁼	₌mĩ
溪头	₋pĩ	pĩ⁼	₋pʻĩ	pʻĩ⁼	₌pĩ	⁼pĩ	pʻĩ⁼	₌mĩ
沱川	₋pĩ	pĩ⁼	₋pʻĩ	pʻĩ⁼	₌pʻĩ	⁼pʻĩ	pʻĩ⁼	₌mĩ
紫阳	₋pĩ	pĩ⁼	₋pʻĩ	pʻĩ⁼	₌pʻĩ	pʻĩ⁼	pʻĩ⁼	₌mĩ
许村	₋pĩ	pĩ⁼	₋pʻĩ	pʻĩ⁼	₌pʻĩ	pʻĩ⁼	pʻĩ⁼	₌mĩ
中云	₋pĩ	pĩ⁼	₋pʻĩ	pʻĩ⁼	₌pʻĩ	⁼pʻĩ	pʻĩ⁼	₌mĩ
新建	₋pã	pã⁼	₋pʻã	pʻã⁼	₌pʻã	pʻã⁼	pʻã⁼	₌mã
新营	₋pĩ	pĩ⁼	₋pʻi	pʻi⁼	₌pʻi	pʻi⁼	pʻi⁼	₌mi
黄柏	₋piɛ̃	piɛ̃⁼	₋pʻiɛ̃	pʻiɛ̃⁼	₌pʻiɛ̃	pʻiɛ̃⁼	pʻiɛ̃⁼	₌miɛ̃
暖水	₋piɛ̃	piɛ̃⁼	₋pʻiɛ̃	pʻiɛ̃⁼	₌pʻiɛ̃	pʻiɛ̃⁼	pʻiɛ̃⁼	₌miɛ̃

	0929 兔 山开三 上弥明	0930 面脸~ 山开三 去线明	0931 连 山开三 平仙来	0932 煎 山开三 平仙精	0933 剪 山开三 上弥精	0934 箭 山开三 去线精	0935 迁 山开三 平仙清	0936 浅 山开三 上弥清
经公桥	꜃miẽ	miẽ꜅	꜁niẽ	꜀tsiẽ	꜂tsiẽ	tsiẽ꜄	꜀tsʻiẽ	꜂tsʻiẽ
鹅湖	꜃mĩ	mĩ꜅	꜁nĩ	꜀tsĩ	꜂tsĩ	tsien꜄	꜀tsʻien	꜂tsʻĩ
旧城	꜃mi	mi꜅	꜁ni	꜀tsi	꜂tsi	tsi꜄	꜀tsʻi	꜂tsʻi
湘湖	꜃mĩ	mĩ꜅	꜁nĩ	꜀tsĩ	꜂tsĩ	tsĩ꜄	꜀tsʻĩ	꜂tsʻĩ
溪头	꜃mĩ	mĩ꜅	꜁nĩ	꜀tsĩ	꜂tsĩ	tsĩ꜄	꜀tsʻĩ	꜂tsʻĩ
沱川	꜃mĩ	mĩ꜅	꜁nĩ	꜀tsĩ	꜂tsĩ	tsĩ꜄	꜀tsʻĩ	꜂tsʻĩ
紫阳	꜃mĩ	mĩ꜅	꜁nĩ	꜀tsĩ	꜂tsĩ	tsĩ꜄	꜀tsʻĩ	꜂tsʻĩ
许村	꜃mĩ	mĩ꜅	꜁nĩ	꜀tsĩ	꜂tsĩ	tsĩ꜄	꜀tsʻĩ	꜂tsʻĩ
中云	꜃mĩ	mĩ꜅	꜁nĩ	꜀tsĩ	꜂tsĩ	tsĩ꜄	꜀tsʻĩ	꜂tsʻĩ
新建	꜃mã	mã꜅	꜁nã	꜀tsã	꜂tsã	tsã꜄	꜀tsʻã	꜂tsʻã
新营	꜃mi	mi꜅	꜁li	꜀tsi	꜂tsi	tsi꜄	꜀tsʻi	꜂tsʻi
黄柏	꜃miẽ	miẽ꜅	꜁liẽ	꜀tɕiẽ	꜂tɕiẽ	tɕiẽ꜄	꜀tɕʻiẽ	꜂tɕʻiẽ
暖水	꜃miẽ	miẽ꜅	꜁liẽ	꜀tɕiẽ	꜂tɕiẽ	tɕiẽ꜄	꜀tɕʻiẽ	꜂tɕʻiẽ

	0937 钱 山开三 平仙从	0938 贱 山开三 去陷从	0939 仙 山开三 平仙心	0940 癣 山开三 上弥心	0941 线 山开三 去线心	0942 展 山开三 上弥知	0943 缠 山开三 平仙澄	0944 战 山开三 去线章
经公桥	꜁tsʻiẽ	tsʻiẽ꜅	꜀siẽ	꜂siẽ	siẽ꜄	꜂tɕiẽ	꜁tʂuɤ̃	tɕiẽ꜄
鹅湖	꜁tsʻien	tsʻien꜅	꜀sien	꜂sien	sien꜄	꜂tʂõ	꜁tʂõ	tɕiõ꜄
旧城	꜁tsʻi	tsʻi꜅	꜀si	꜂si	si꜄	꜂tɕi	꜁tʂʻoɹ	tɕi꜄
湘湖	꜁tsʻĩ	tsʻĩ꜅	꜀sĩ	꜂sĩ	sĩ꜄	꜂tɕĩ	꜁tɜn	tɕĩ꜄
溪头	꜁tsʻĩ	tsĩ꜅	꜀sĩ	꜂sĩ	sĩ꜄	꜂tɕĩ	꜁tsʻã	tɕĩ꜄
沱川	꜁tsʻĩ	tsʻĩ꜅	꜀sĩ	꜂sĩ	sĩ꜄	꜂tsĩ	꜁tsʻõ	tsĩ꜄
紫阳	꜁tsʻĩ	tsʻĩ꜅	꜀sĩ	꜂sĩ	sĩ꜄	꜂tɕĩ	꜁tsum	tɕĩ꜄
许村	꜁tsʻĩ	tsʻĩ꜅	꜀sĩ	꜂sĩ	sĩ꜄	꜂tɕĩ	꜁tɕʻĩ	tɕĩ꜄
中云	꜁tsʻĩ	tsʻĩ꜅	꜀sĩ	꜂sĩ	sĩ꜄	꜂tsĩ	꜁tsʻĩ	tsĩ꜄
新建	꜁tsʻã	tsʻã꜅	꜀sã	꜂sã	sã꜄	꜂tɕiẽ	꜁tɕʻiẽ	tɕiẽ꜄
新营	꜁tsʻi	tsʻi꜅	꜀si	꜂si	si꜄	꜂tɕiã	꜁tsʻã	tɕiẽ꜄
黄柏	꜁tɕʻiẽ	tɕʻiẽ꜅	꜀ɕiẽ	꜂ɕiẽ	ɕiẽ꜄	꜂tɕiẽ	꜁tʂuã	tɕiẽ꜄
暖水	꜁tɕʻiẽ	tɕʻiẽ꜅	꜀ɕiẽ	꜂ɕiẽ	ɕiẽ꜄	꜂tɕiẽ	꜁tɕʻiẽ	tɕiẽ꜄

	0945	0946	0947	0948	0949	0950	0951	0952
	扇~风	扇风~	善	然	乾~坤	件	延	演
	山开三 平仙书	山开三 去线书	山开三 上弥禅	山开三 平仙日	山开三 平仙群	山开三 上弥群	山开三 平仙以	山开三 上弥以
经公桥	₌ɕiẽ	ɕiẽ⁼	⁼ɕiẽ	₌iẽ	₌tɕ'iẽ	tɕ'iẽ⁼	₌iẽ	⁼iẽ
鹅湖	₌ɕien	ɕien⁼	⁼ɕien	₌ien	₌tɕien	tɕ'ien⁼	₌ĩ	⁼ĩ
旧城	₌ɕi	ɕi⁼	⁼ɕi	₌ȵi	₌tɕ'i	tɕ'i⁼	₌ȵi	⁼ȵi
湘湖	₌ɕĩ	ɕĩ⁼	⁼ɕĩ	₌ĩ	₌tɕ'ĩ	tɕ'ĩ⁼	₌ĩ	⁼ĩ
溪头	₌sĩ	sĩ⁼	⁼sĩ	₌ĩ	₌tʃ'ĩ	⁼tʃ'ĩ	₌ĩ	⁼ĩ
沱川	₌sĩ	sĩ⁼	⁼sĩ	₌ĩ	₌tɕ'ĩ	⁼tɕ'ĩ	₌ĩ	⁼ĩ
紫阳	₌ɕĩ	ɕĩ⁼	⁼ɕĩ	₌ȵĩ	₌tɕ'ĩ	⁼tɕ'ĩ	₌ĩ	⁼ĩ
许村	₌ɕĩ	ɕĩ⁼	⁼ɕĩ	₌ȵĩ	₌tɕ'ĩ	⁼tɕ'ĩ	₌ĩ	⁼ĩ
中云	₌sĩ	sĩ⁼	⁼sĩ	₌ĩ	₌tɕ'ĩ	⁼tɕ'ĩ	₌ĩ	⁼ĩ
新建	₌ɕiẽ	ɕiẽ⁼	⁼ɕiẽ	₌iẽ	₌tɕ'iẽ	tɕ'iẽ⁼	₌iẽ	⁼iẽ
新营	₌ɕiɛ	ɕiɛ⁼	⁼ɕiɛ	₌iɛ	₌tɕ'ĩ	tɕ'iɛ⁼	₌iɛ	⁼iɛ
黄柏	₌ɕiẽ	ɕiẽ⁼	⁼ɕiẽ	₌zuã	₌tɕ'iẽ	tɕ'iẽ⁼	₌iẽ	⁼iẽ
暖水	₌ɕiẽ	ɕiẽ⁼	⁼ɕiẽ	₌iẽ	₌tɕ'iẽ	tɕ'iẽ⁼	₌iẽ	⁼iẽ

	0953	0954	0955	0956	0957	0958	0959	0960
	建	健	言	献	边	扁	遍~~	片
	山开三 去愿见	山开三 去愿群	山开三 平元疑	山开三 去愿晓	山开四 平先帮	山开四 上铣帮	山开四 去霰帮	山开四 去霰滂
经公桥	tɕiẽ⁼	tɕiẽ⁼	₌iẽ	ɕiẽ⁼	₌piẽ	⁼piẽ	p'iẽ⁼	p'iẽ⁼
鹅湖	tɕien⁼	tɕien⁼	₌ĩ	ɕien⁼	₌pien	⁼pien	p'ien⁼	p'ien⁼
旧城	tɕi⁼	tɕi⁼	₌ȵi	ɕi⁼	₌pi	⁼pi	p'i⁼	p'i⁼
湘湖	tɕĩ⁼	tɕ'ĩ⁼	₌ĩ	ɕĩ⁼	₌pĩ	⁼pĩ	p'ĩ⁼	p'ĩ⁼
溪头	tʃĩ⁼	tʃ'ĩ⁼	₌ȵĩ	ʃĩ⁼	₌pĩ	⁼pĩ	p'ĩ⁼	p'ĩ⁼
沱川	tɕĩ⁼	tɕ'ĩ⁼	₌ȵĩ	ɕĩ⁼	₌pĩ	⁼pĩ	pĩ⁼	p'ĩ⁼
紫阳	tɕĩ⁼	tɕ'ĩ⁼	₌ȵĩ	ɕĩ⁼	₌pĩ	⁼pĩ	pĩ⁼	p'ĩ⁼
许村	tɕĩ⁼	tɕ'ĩ⁼	₌ȵĩ	ɕĩ⁼	₌pĩ	⁼pĩ	p'ĩ⁼	p'ĩ⁼
中云	tɕĩ⁼	tɕ'ĩ⁼	₌ĩ	ɕĩ⁼	₌pĩ	⁼pĩ	pĩ⁼	p'ĩ⁼
新建	tɕiẽ⁼	tɕ'iẽ⁼	₌ȵiẽ	ɕiẽ⁼	₌pã	⁼pã	p'ã⁼	p'ã⁼
新营	tɕiɛ⁼	tɕ'iɛ⁼	₌ȵiɛ	ɕiɛ⁼	₌pi	⁼pi	pi⁼	p'i⁼
黄柏	tɕiẽ⁼	tɕ'iẽ⁼	₌ȵiẽ	ɕiẽ⁼	₌piẽ	⁼piẽ	piẽ⁼	p'iẽ⁼
暖水	tɕiẽ⁼	tɕ'iẽ⁼	₌ȵiẽ	ɕiẽ⁼	₌piẽ	⁼p'iẽ	p'iẽ⁼	p'iẽ⁼

	0961	0962	0963	0964	0965	0966	0967	0968
	辫	眠	面~条	颠	天	田	电	年
	山开四 上铣並	山开四 平先明	山开四 去霰明	山开四 平先端	山开四 平先透	山开四 平先定	山开四 去霰定	山开四 平先泥
经公桥	p'iɛ̃	₌miɛ̃	miɛ̃⁼	₌tiɛ̃	₌t'iɛ̃	₌t'iɛ̃	t'iɛ̃⁼	₌niɛ̃
鹅湖	p'ĩ	₌mĩ	mĩ⁼	₌tĩ	₌t'ĩ	₌t'ĩ	t'ĩ⁼	₌ĩ
旧城	p'i	₌mi	mi⁼	₌ti	₌t'i	₌t'i	t'i⁼	₌ni
湘湖	p'ĩ	₌mĩ	mĩ⁼	₌tĩ	₌t'ĩ	₌t'ĩ	t'ĩ⁼	₌ĩ
溪头	⁼pĩ	₌mĩ	mĩ⁼	₌tĩ	₌t'ĩ	₌t'ĩ	tĩ⁼	₌nĩ
沱川	⁼p'ĩ	₌mĩ	mĩ⁼	₌tĩ	₌t'ĩ	₌t'ĩ	t'ĩ⁼	₌nĩ
紫阳	⁼p'ĩ	₌mĩ	mĩ⁼	₌tĩ	₌t'ĩ	₌t'ĩ	t'ĩ⁼	₌nĩ
许村	₌p'ĩ	₌mĩ	mĩ⁼	₌tĩ	₌t'ĩ	₌t'ĩ	t'ĩ⁼	₌nĩ
中云	⁼p'ĩ	₌mĩ	mĩ⁼	₌tĩ	₌t'ĩ	₌t'ĩ	t'ĩ⁼	₌nĩ
新建	p'ã⁼	₌mã	mã⁼	₌tã	₌t'ã	₌t'ã	t'ã⁼	₌nã
新营	p'i⁼	₌mi	mi⁼	₌ti	₌t'i	₌t'i	t'i⁼	₌ȵiɛ
黄柏	p'iɛ	₌miɛ̃	miɛ̃⁼	₌tiɛ̃	₌t'iɛ̃	₌t'iɛ̃	t'iɛ̃⁼	₌ȵiɛ̃
暖水	p'iɛ̃⁼	₌miɛ̃	miɛ̃⁼	₌tiɛ̃	₌t'iɛ̃	₌t'iɛ̃	t'iɛ̃⁼	₌liɛ̃

	0969	0970	0971	0972	0973	0974	0975	0976
	莲	练	笺	千	前	先	肩	坚
	山开四 平先来	山开四 去霰来	山开四 平先精	山开四 平先清	山开四 平先从	山开四 平先心	山开四 平先见	山开四 平先见
经公桥	₌niɛ̃	niɛ̃⁼	₌ts'iɛ̃	₌ts'iɛ̃	₌ts'iɛ̃	₌siɛ̃	₌tɕiɛ̃	₌tɕiɛ̃
鹅湖	₌nĩ	nĩ⁼	₌ts'ĩ	₌ts'ĩ	₌ts'ĩ	₌sĩ	₌tɕien	₌tɕien
旧城	₌ni	ni⁼	₌ts'i	₌ts'i	₌ts'i	₌si	₌tɕi	₌tɕi
湘湖	₌nĩ	nĩ⁼	₌ts'ĩ	₌ts'ĩ	₌ts'ĩ	₌sĩ	₌tɕĩ	₌tɕĩ
溪头	₌nĩ	nĩ⁼	₌ts'ĩ	₌ts'ĩ	₌ts'ĩ	₌sĩ	₌kĩ	₌kĩ
沱川	₌nĩ	nĩ⁼	₌ts'ĩ	₌ts'ĩ	₌ts'ĩ	₌sĩ	₌tɕĩ	₌tɕĩ
紫阳	₌nĩ	nĩ⁼	₌ts'ĩ	₌ts'ĩ	₌ts'ĩ	₌sĩ	₌tɕĩ	₌tɕĩ
许村	₌nĩ	nĩ⁼	₌ts'ĩ	₌ts'ĩ	₌ts'ĩ	₌sĩ	₌tɕĩ	₌tɕĩ
中云	₌nĩ	nĩ⁼	₌ts'ĩ	₌ts'ĩ	₌ts'ĩ	₌sĩ	₌tɕĩ	₌tɕĩ
新建	₌nã	nã⁼	₌ts'ã	₌ts'ã	₌ts'ã	₌sã	₌tɕiɛ̃	₌tɕiɛ̃
新营	₌li	li⁼	₌ts'i	₌ts'i	₌ts'i	₌si	₌tɕiɛ	₌tɕiɛ
黄柏	₌liɛ̃	liɛ̃⁼	₌tɕ'iɛ̃	₌tɕ'iɛ̃	₌tɕ'iɛ̃	₌ɕiɛ̃	₌tɕiɛ̃	₌tɕiɛ̃
暖水	₌liɛ̃	liɛ̃⁼	₌tɕ'iɛ̃	₌tɕ'iɛ̃	₌tɕ'iɛ̃	₌ɕiɛ̃	₌tɕiɛ̃	₌tɕiɛ̃

	0977 茧 山开四 上铣见	0978 见~识 山开四 去霰见	0979 牵 山开四 平先溪	0980 研 山开四 平先疑	0981 弦 山开四 平先匣	0982 现 山开四 去霰匣	0983 烟 山开四 平先影	0984 燕~子 山开四 去霰影
经公桥	ᶜtɕiɛ̃	tɕiɛ̃⁼	ɕtɕ'iɛ̃	₅iɛ̃	₅ɕiɛ̃	ɕiɛ̃⁼	ɕĩɛ̃	iɛ̃⁼
鹅 湖	ᶜtɕiɛn	tɕiɛn⁼	ɕtɕ'iɛn	₅ĩ	₅ɕĩ	ɕĩ⁼	ɕĩ	ĩ⁼
旧 城	ᶜtɕi	tɕi⁼	ɕtɕ'i	₅n̩i	₅ɕi	ɕi⁼	ɕn̩i	n̩i⁼
湘 湖	ᶜtɕĩ	tɕĩ⁼	ɕtɕ'ĩ	₅ĩ	₅ɕyĩ	ɕĩ⁼	ɕĩ	ĩ⁼
溪 头	ᶜtʃĩ	tʃĩ⁼	ɕtʃ'ĩ	₅n̩ĩ	₅xuĩ	ʃĩ⁼	ɕĩ	ĩ⁼
沱 川	ᶜtɕĩ	tɕĩ⁼	ɕtɕ'ĩ	₅n̩ĩ	₅ɕĩ	ɕĩ⁼	ɕĩ	ĩ⁼
紫 阳	ᶜtɕĩ	tɕĩ⁼	ɕtɕ'ĩ	₅n̩ĩ	₅ɕỹ	ɕĩ⁼	ɕĩ	ĩ⁼
许 村	ᶜtɕĩ	tɕĩ⁼	ɕtɕ'ĩ	₅n̩ĩ	₅ɕĩ	ɕĩ⁼	ɕĩ	ĩ⁼
中 云	ᶜtɕĩ	tɕĩ⁼	ɕtɕ'ĩ	₅n̩ĩ	₅ɕĩ	ɕĩ⁼	ɕĩ	ĩ⁼
新 建	ᶜkã	tɕiɛ̃⁼	ɕtɕ'iɛ̃	₅n̩iɛ̃	₅ɕiɛ̃	ɕiɛ̃⁼	ɕĩɛ̃	iɛ̃⁼
新 营	ᶜtɕiɛ̃	tɕiɛ̃⁼	ɕtɕ'iɛ̃	₅n̩iɛ̃	₅ɕỹ	ɕiɛ̃⁼	ɕĩɛ̃	iɛ̃⁼
黄 柏	ᶜtɕiɛ̃	tɕiɛ̃⁼	ɕtɕ'iɛ̃	₅n̩iɛ̃	₅ʂuã	ɕiɛ̃⁼	ɕĩɛ̃	iɛ̃⁼
暖 水	ᶜtɕiɛ̃	tɕiɛ̃⁼	ɕtɕ'iɛ̃	₅n̩iɛ̃	₅ɕiɛ̃	ɕiɛ̃⁼	ɕĩɛ̃	iɛ̃⁼

	0985 搬 山合一 平桓帮	0986 半 山合一 去换帮	0987 潘 山合一 平桓滂	0988 判 山合一 去换滂	0989 盘 山合一 平桓並	0990 伴 山合一 上缓並	0991 叛 山合一 去换並	0992 满 山合一 上缓明
经公桥	ɕpuʌ̃	puʌ̃⁼	ɕp'uʌ̃	p'uʌ̃⁼	₅p'uʌ̃	p'uʌ̃⁼	p'uʌ̃⁼	ᶜmuʌ̃
鹅 湖	ɕpən	pən⁼	ɕp'ən	p'ən⁼	₅p'ən	p'ən⁼	p'ən⁼	ᶜmən
旧 城	ɕpɛn	pɛn⁼	ɕp'ɛn	p'ɛn⁼	₅p'ɛn	p'ɛn⁼	p'ɛn⁼	ᶜmɛn
湘 湖	ɕpɛn	pɛn⁼	ɕp'ɛn	p'ɛn⁼	₅p'ɛn	p'ɛn⁼	p'ɛn⁼	ᶜmɛn
溪 头	ɕpũ	pũ⁼	ɕp'ũ	p'ũ⁼	₅p'ũ	ᶜp'ũ	p'ũ⁼	ᶜmũ
沱 川	ɕpũ	pũ⁼	ɕp'ũ	p'ũ⁼	₅p'ũ	ᶜp'ũ	p'ũ⁼	ᶜmũ
紫 阳	ɕpum	pum⁼	ɕp'um	p'um⁼	₅p'um	p'um⁼	p'um⁼	ᶜmum
许 村	ɕpũ	pũ⁼	ɕp'ũ	p'ũ⁼	₅p'ũ	ᶜp'ũ	p'ũ⁼	ᶜmũ
中 云	ɕpum	pum⁼	ɕp'um	p'um⁼	₅p'um	ᶜp'um	p'um⁼	ᶜmum
新 建	ɕpuɔ̃	puɔ̃⁼	ɕp'uɔ̃	p'uɔ̃⁼	₅p'uɔ̃	p'uɔ̃⁼	p'uɔ̃⁼	ᶜmuɔ̃
新 营	ɕpu	pu⁼	ɕp'u	p'u⁼	₅p'u	p'u⁼	p'u⁼	ᶜmu
黄 柏	ɕpõ	põ⁼	ɕp'õ	p'ã⁼	₅p'õ	p'ã⁼	p'ã⁼	ᶜmõ
暖 水	ɕpõ	põ⁼	ɕp'õ	p'õ⁼	₅p'õ	p'õ⁼	p'õ⁼	ᶜmõ

	0993 端 山合一 平桓端	0994 短 山合一 上缓端	0995 团 山合一 平桓定	0996 断~绝 山合一 上缓定	0997 段 山合一 去换定	0998 暖 山合一 上缓泥	0999 卵 山合一 上缓来	1000 乱 山合一 去换来
经公桥	₌tỹ	ᶜtỹ	₌tʻỹ	tʻỹᶜ	tʻỹᵓ	ᶜnuɑ̃	ᶜnuɑ̃	lỹᵓ
鹅湖	₌tən	ᶜtən	₌tʻən	tʻənᵓ	tʻənᵓ	ᶜlən	ᶜlən	lənᵓ
旧城	₌tɛn	ᶜtɛn	₌tʻɛn	tʻɛnᵓ	tʻɛnᵓ	ᶜlɛn	ᶜlɛn	lɛnᵓ
湘湖	₌tɛn	ᶜtɛn	₌tʻɛn	tʻɛnᵓ	tʻɛnᵓ	ᶜlɛn	ᶜlɛn	lɛnᵓ
溪头	₌tũ	ᶜtũ	₌tʻũ	tʻũᶜ	tũᵓ	ᶜnũ	ᶜnũ	nũᵓ
沱川	₌tũ	ᶜtũ	₌tʻũ	tʻũᶜ	tʻũᵓ	ᶜnũ	ᶜnũ	nũᵓ
紫阳	₌tum	ᶜtum	₌tʻum	tʻumᶜ	tʻumᵓ	ᶜnum	ᶜnum	numᵓ
许村	₌tũ	ᶜtũ	₌tʻũ	tʻũᶜ	tʻũᵓ	ᶜnũ	ᶜnũ	nũᵓ
中云	₌tum	ᶜtum	₌tʻum	tʻumᶜ	tʻumᵓ	ᶜnum	ᶜnum	numᵓ
新建	₌tuə̃	ᶜtuə̃	₌tʻuə̃	tʻuə̃ᶜ	tʻuə̃ᵓ	ᶜnuə̃	ᶜnuə̃	nuə̃ᵓ
新营	₌ti	ᶜti	₌tʻi	tʻiᶜ	tʻiᵓ	ᶜli	ᶜlu	liᵓ
黄柏	₌tõ	ᶜtõ	₌tʻõ	tʻõᶜ	tʻõᵓ	ᶜlõ	ᶜlõ	lõᵓ
暖水	₌tuõ	ᶜtuõ	₌tʻuõ	tʻuõᶜ	tʻuõᵓ	ᶜluõ	ᶜluõ	luõᵓ

	1001 钻~洞 山合一 平桓精	1002 钻铁~ 山合一 去换精	1003 酸 山合一 平桓清	1004 蒜 山合一 去换心	1005 官 山合一 平桓见	1006 管 山合一 上缓见	1007 灌 山合一 去换见	1008 宽 山合一 平桓溪
经公桥	₌tsỹ	tsỹᵓ	₌sỹ	sỹᵓ	₌kuɑ̃	ᶜkuɑ̃	kuɑ̃ᵓ	₌kʻuɑ̃
鹅湖	₌tsən	tsənᵓ	₌sən	sənᵓ	₌kõ	ᶜkõ	kuanᵓ	₌kʻõ
旧城	₌tsɛn	tsɛnᵓ	₌sɛn	sɛnᵓ	₌kuo/kuɛn	ᶜkuɛn	kuɛnᵓ	₌kʻuɛn
湘湖	₌tsɛn	tsɛnᵓ	₌sɛn	sɛnᵓ	₌ko/kuɛn	ᶜkuɛn	kuɛnᵓ	₌kʻuɛn
溪头	₌tsũ	tsũᵓ	₌sũ	sũᵓ	₌kũ	ᶜkũ	kũᵓ	₌kʻũ
沱川	₌tsũ	tsũᵓ	₌sũ	sũᵓ	₌kũ	ᶜkũ	kũᵓ	₌kʻũ
紫阳	₌tsum	tsumᵓ	₌sum	sumᵓ	₌kum	ᶜkum	kumᵓ	₌kʻum
许村	₌tsũ	tsũᵓ	₌sũ	sũᵓ	₌kũ	ᶜkũ	kũᵓ	₌kʻũ
中云	₌tsum	tsumᵓ	₌sum	sumᵓ	₌kum	ᶜkum	kumᵓ	₌kʻum
新建	₌tsuə̃	tsuə̃ᵓ	₌suə̃	suə̃ᵓ	₌kuə̃	ᶜkuə̃	kuə̃ᵓ	₌kʻuə̃
新营	₌tsi	tsiᵓ	₌si	siᵓ	₌ku	ᶜku	kuᵓ	₌kʻu
黄柏	₌tsõ	tsõᵓ	₌sõ	sõᵓ	₌kuã	ᶜkuã	kuãᵓ	₌kʻuã
暖水	₌tsuõ	tsuõᵓ	₌suõ	suõᵓ	₌kuõ	ᶜkuõ	kuõᵓ	₌kʻuõ

	1009 款 山合一 上缓溪	1010 玩 山合一 去换疑	1011 欢 山合一 平桓晓	1012 完 山合一 平桓匣	1013 丸 山合一 平桓匣	1014 皖 山合一 上缓匣	1015 换 山合一 去换匣	1016 豌 山合一 平桓影
经公桥	⌐k'uʌ̃	uʌ̃⌐	₌xuʌ̃	₌uʌ̃	₌uʌ̃	⌐uʌ̃	xuʌ̃⌐	₌uʌ̃
鹅湖	⌐k'õ	uõ⌐	₌xuan	₌uan	₌õ	uan⌐	xõ⌐	₌uan
旧城	⌐k'uo	₌ŋou	₌xuɛn	₌uɛn	₌yi	⌐ŋou	uɛn⌐	₌ŋou
湘湖	⌐k'uɛn	₌uo	₌fɛn	₌uo	₌yĩ	⌐uɛn	uɛn⌐	₌uɛn
溪头	⌐k'ũ	₌ũ	₌xũ	₌ũ	₌ũ	⌐uã	xũ⌐	⌐ũ
沱川	⌐k'ũ	ũ⌐	₌xũ	₌ũ	₌ũ	⌐ũ	xŋ⌐	⌐ŋ
紫阳	⌐k'um	₌m̩	₌xum	₌m̩	₌m̩	⌐m̩	xum⌐	₌m̩
许村	⌐k'ũ	m̩⌐	₌xũ	₌m̩	₌m̩	⌐m̩	xũ⌐	₌m̩
中云	⌐k'um	₌m̩	₌xum	₌m̩	₌uĩ	⌐xum	m̩⌐	₌m̩
新建	⌐k'uɔ̃	₌vɔ̃	₌xvɔ̃	₌uɔ̃	₌vã	⌐vã	xuɔ̃⌐	₌vɔ̃
新营	⌐k'uã	uã⌐	₌xu	₌uã	₌uã	⌐uã	xu⌐	₌uã
黄柏	⌐k'uã	₌uã	₌xuã	₌uã	₌uã	⌐uã	uã⌐	₌uã
暖水	⌐k'uõ	₌vã	₌xuõ	₌ŋuõ	₌viɛ̃	⌐vã	xuõ⌐	₌vã

	1017 碗 山合一 上缓影	1018 腕 山合一 去换影	1019 鳏 山合二 平山见	1020 顽 山合二 平山疑	1021 幻 山合二 去裥匣	1022 囝 山合二 平删生	1023 关 山合二 平删见	1024 惯 山合二 去谏见
经公桥	⌐uʌ̃	uʌ̃⌐	₌kuʌ̃	₌uʌ̃	xuʌ̃⌐	₌ɕyɛ̃	₌kuʌ̃	kuʌ̃⌐
鹅湖	⌐õ	uan⌐	₌kuan	₌õ	xõ⌐	₌ɕỹ	₌kõ	kõ⌐
旧城	⌐uɛn	uɛn⌐	₌kuɛn	₌ŋuo	xuɛn⌐	₌ɕyi	₌kuo	kuɛn⌐
湘湖	⌐uɛn	uɛn⌐	₌kuɛn	₌uo	fo⌐	₌ɕyĩ	₌ko	kuɛn⌐
溪头	⌐ũ	uã⌐	₌kũ	₌ũ	xũ⌐	₌sũ	₌kũ	kũ⌐
沱川	⌐ŋ	ũ⌐	₌kuã	₌uã	xũ⌐	₌sũ	₌kũ	kũ⌐
紫阳	⌐m̩	m̩⌐	₌kum	₌m̩	xum⌐	₌sum	₌kum	kum⌐
许村	⌐m̩	m̩⌐	₌kũ	₌m̩	xũ⌐	₌sũ	₌kũ	kũ⌐
中云	⌐m̩	m̩⌐	₌kum	₌m̩	xum⌐	₌sum	₌kum	kum⌐
新建	⌐vɔ̃	vɔ̃⌐	₌kuɔ̃	₌uɔ̃	xuɔ̃⌐	₌suɔ̃	₌kuɔ̃	kuɔ̃⌐
新营	⌐u	uã⌐	₌kuã	₌uã	xu⌐	₌ɕyɛ	₌kuã	ku⌐
黄柏	⌐ŋ	uã⌐	₌kuã	₌uã	xuã⌐	₌suã	₌kuã	kuã⌐
暖水	⌐vo	vã⌐	₌kuã	₌ŋuõ	xuõ⌐	₌suõ	₌kuõ	kuõ⌐

	1025	1026	1027	1028	1029	1030	1031	1032
	还~钱	还~有	患	弯	恋	全	宣	选
	山合二平删匣	山合二平删匣	山合二去谏匣	山合二平删影	山合三去线来	山合三平仙从	山合三平仙心	山合三上狝心
经公桥	₌xuʌ̃	₌xa	xuʌ̃³	₌uʌ̃	liẽ³	₌tɕʻyẽ	₌ɕyẽ	ˤɕyẽ
鹅湖	₌xõ	₌xuan	xuan³	₌ŋõ	nĩ³	₌tsʻən	₌ɕỹ	ˤsən
旧城	₌xuɛn	₌xuo	fuo³	₌ŋuo	nĩ³	₌tsʻen	₌ɕyi	ˤsen
湘湖	₌xuo	₌xa	fo³	₌uo	nĩ³	₌tsʻen	₌ɕyĩ	ˤsĩ
溪头	₌xũ	₌o/xũ	xũ³	₌ũ	nĩ³	₌tsʻĩ	₌sĩ	ˤsĩ
沱川	₌xũ	₌o	xũ³	₌ŋ̊	nĩ³	₌tsʻĩ	₌sĩ	ˤsĩ
紫阳	₌xum	₌o	xum³	₌m̩	nĩ³	₌tsʻĩ	₌sĩ	ˤsĩ
许村	₌xũ	₌o/xuo	xũ³	₌m̩	nĩ³	₌tsʻi	₌sĩ	ˤsĩ
中云	₌xum	₌o	xum³	₌m̩	nĩ³	₌tsʻĩ	₌sĩ	ˤsĩ
新建	₌xuɔ̃	₌xuɤ	xuɔ̃³	₌vɔ̃	nã³	₌tsʻã	₌sã	ˤsã
新营	₌xuã	₌xa	xuã³	₌uã	lĩ³	₌tsʻi	₌si	ˤsi
黄柏	₌xuã	₌xa	xuã³	₌uã	liẽ³	₌tɕʻiẽ	₌ɕiẽ	ˤɕiẽ
暖水	₌xuõ	₌xõ	xuõ³	₌võ	liẽ³	₌tɕʻiẽ	₌ɕiẽ	ˤɕiẽ

	1033	1034	1035	1036	1037	1038	1039	1040
	转~眼	传~达	传水浒~	砖	穿	串	船	软
	山合三上狝知	山合三平仙澄	山合三去线澄	山合三平仙章	山合三平仙昌	山合三去线昌	山合三平仙船	山合三上狝日
经公桥	ˤtɕyẽ	₌tɕʻyẽ	tɕʻyẽ³	₌tɕyẽ	₌tɕʻyẽ	tɕʻyẽ³	₌ɕyẽ	ˤyẽ
鹅湖	ˤtɕỹ	₌tɕʻỹ	tɕʻỹ³	₌tɕỹ	₌tɕʻỹ	tɕʻỹ³	₌tɕʻỹ	ˤỹ
旧城	ˤtɕyi	₌tɕʻyi	tɕʻyi³	₌tɕyi	₌tɕʻyi	tɕʻyi³	₌ɕyi	ˤyi
湘湖	ˤtɕyĩ	₌tɕʻyĩ	tɕʻyĩ³	₌tɕyĩ	₌tɕʻyĩ	tɕʻyĩ³	₌ɕyĩ	ˤyĩ
溪头	ˤkuĩ	₌kʻuĩ	kʻuĩ³	₌kuĩ	₌kʻuĩ	kʻuĩ³	₌xuĩ	ˤuĩ
沱川	ˤkuĩ	₌kʻuĩ	kʻuĩ³	₌kuĩ	₌kʻuĩ	kʻuĩ³	₌xuĩ	ˤvĩ
紫阳	ˤtɕỹ	₌tɕʻỹ	tɕʻỹ³	₌tɕỹ	₌tɕʻỹ	tɕʻỹ³	₌ɕỹ	ˤn̩ỹ
许村	ˤtɕĩ	₌tɕʻĩ	tɕʻĩ³	₌tɕĩ	₌tɕʻĩ	tɕʻĩ³	₌ɕĩ	ˤn̩ĩ
中云	ˤtsĩ	₌tsʻĩ	tsʻĩ³	₌tsĩ	₌tsʻĩ	tsʻĩ³	₌ɕĩ	ˤn̩ĩ
新建	ˤtɕiẽ	₌tɕʻiẽ	tɕʻiẽ³	₌tɕiẽ	₌tɕʻiẽ	tsʻuɔ̃³	₌ɕiẽ	ˤn̩iẽ
新营	ˤtɕyɛ	₌tɕʻyɛ	tɕʻyɛ³	₌tɕyɛ	₌tɕʻyɛ	tɕʻyɛ³	₌ɕyɛ	ˤn̩yɛ
黄柏	ˤtʂuã	₌tʂʻuã	tʂʻuã³	₌tʂuã	₌tʂʻuã	tʂʻuã³	₌ʂuã	ˤŋuã
暖水	ˤtɕiẽ	₌tɕʻiẽ	tɕʻiẽ³	₌tɕiẽ	₌tɕʻiẽ	tɕʻiẽ³	₌ɕiẽ	ˤn̩iẽ

	1041 卷~起 山合三 上狝见	1042 圈圆~ 山合三 平仙溪	1043 拳 山合三 平仙群	1044 权 山合三 平仙群	1045 圆 山合三 平仙喻	1046 院 山合三 去线云	1047 缘 山合三 平仙以	1048 铅 山合三 平仙以
经公桥	ᶜtɕyẽ	₌tɕʻyẽ	₌tɕʻyẽ	₌tɕʻyẽ	₌yẽ	yẽ²	₌yẽ	₌yẽ
鹅 湖	ᶜtɕỹ	₌tɕʻỹ	₌tɕʻỹ	₌tɕʻỹ	₌ỹ	ỹ²	₌ỹ	₌tɕʻĩ
旧 城	ᶜtɕyi	₌tɕʻyi	₌tɕʻyi	₌tɕʻyi	₌yi	yi²	₌yi	₌yi
湘 湖	ᶜtɕyĩ	₌tɕʻyĩ	₌tɕʻyĩ	₌tɕʻyĩ	₌yĩ	yĩ²	₌yĩ	₌tɕʻĩ
溪 头	ᶜkuĩ	₌kʻuĩ	₌kʻuĩ	₌kʻuĩ	₌uĩ	uĩ²	₌uĩ	₌kʻã
沱 川	ᶜkuĩ	₌kʻuĩ	₌kʻuĩ	₌kʻuĩ	₌vĩ	vĩ²	₌vĩ	₌kʻõ
紫 阳	ᶜtɕỹ	₌tɕʻỹ	₌tɕʻỹ	₌tɕʻỹ	₌ỹ	ỹ²	₌ỹ	₌kʻẽ
许 村	ᶜtɕĩ	₌tɕʻĩ	₌tɕʻĩ	₌tɕʻĩ	₌vĩ	vĩ²	₌vĩ	₌kʻũ
中 云	ᶜtɕĩ	₌tɕĩ	₌tɕʻĩ	₌tɕĩ	₌vĩ	vĩ²	₌vĩ	₌kʻum
新 建	ᶜkiẽ	₌kʻiẽ	₌kʻiẽ	₌kʻiẽ	₌vã	vã²	₌vã	₌vã
新 营	ᶜtɕyɛ	₌tɕʻyɛ	₌tɕʻyɛ	₌tɕʻyɛ	₌θ	θ²	₌θ	₌tɕʻiẽ
黄 柏	ᶜtʂuã	₌tʂʻuã	₌tʂʻuã	₌tʂʻuã	₌yã	yã²	₌yã	₌yã
暖 水	ᶜkiẽ	₌kʻiẽ	₌kʻiẽ	₌kʻiẽ	₌viẽ	viẽ²	₌viẽ	₌viẽ

	1049 捐 山合三 平仙喻	1050 反 山合三 上阮非	1051 贩 山合三 去愿非	1052 翻 山合三 平元敷	1053 烦 山合三 平元奉	1054 饭 山合三 去愿奉	1055 万 山合三 去愿微	1056 劝 山合三 去愿溪
经公桥	₌tɕyẽ	ᶜfuʌ̃	fuʌ̃²	₌fuʌ̃	₌fuʌ̃	fuʌ̃²	uʌ̃²	tɕʻyẽ²
鹅 湖	₌tɕỹ	ᶜfõ	fõ²	₌fõ	₌fõ	fõ²	ŋõ²	tɕʻỹ²
旧 城	₌tɕyi	ᶜfuo	fuo²	₌fuo	₌fuo	fuo²	ŋuo²	tɕʻyi²
湘 湖	₌tɕyĩ	ᶜfo	fo²	₌fo	₌fo	fo²	uo²	tɕʻyĩ²
溪 头	₌kuĩ	ᶜfã	fã²	₌fã	₌fã	fã²	uã²	kʻuĩ²
沱 川	₌kuĩ	ᶜfõ	fõ²	₌fõ	₌fõ	fõ²	uõ²	kʻuĩ²
紫 阳	₌tɕỹ	ᶜfum	fum²	₌fum	₌fum	fum²	m̩²	tɕʻỹ²
许 村	₌tɕĩ	ᶜfũ	fũ²	₌fũ	₌fũ	fũ²	m̩²	tɕʻĩ²
中 云	₌tɕĩ	ᶜfum	fum²	₌fum	₌fum	fum²	m̩²	tɕʻĩ²
新 建	₌kiẽ	ᶜfʌ̃	fʌ̃²	₌fʌ̃	₌fʌ̃	fʌ̃²	vʌ̃²	kʻiẽ²
新 营	₌tɕyɛ	ᶜfã	fã²	₌fã	₌fã	fã²	uã²	tɕʻyɛ²
黄 柏	₌tʂuã	ᶜfã	fã²	₌fã	₌fã	fã²	uã²	tʂʻuã²
暖 水	₌tɕiẽ	ᶜfã	fã²	₌fã	₌fã	fã²	vã²	kʻiẽ²

	1057 元 山合三 平元疑	1058 愿 山合三 去愿疑	1059 楦鞋~ 山合三 去愿晓	1060 冤 山合三 平元影	1061 怨 山合三 去愿影	1062 袁 山合三 平元云	1063 远 山合三 上阮云	1064 犬 山合四 上铣溪
经公桥	₌yẽ	yẽ⁼	ɕyẽ⁼	₌yẽ	yẽ⁼	₌yẽ	ˁyẽ	ˀtɕʻyẽ
鹅湖	₌ỹ	ỹ⁼	ɕỹ⁼	₌ỹ	ỹ⁼	₌ỹ	ˁỹ	ˀtɕʻyen
旧城	₌yi	yi⁼	ɕyi⁼	₌yi	yi⁼	₌yi	ˁyi	ˀtɕʻyi
湘湖	₌yĩ	yĩ⁼	ɕyĩ⁼	₌yĩ	yĩ⁼	₌yĩ	ˁyĩ	ˀtɕʻyĩ
溪头	₌uĩ	uĩ⁼	xuĩ⁼	₌uĩ	uĩ⁼	₌uĩ	ˁuĩ	ˀkʻuĩ
沱川	₌vĩ	uĩ⁼	xuĩ⁼	₌vĩ	vĩ⁼	₌vĩ	ˁvĩ	ˀkʻuĩ
紫阳	₌ɲy	ỹ⁼	ɕỹ⁼	₌ỹ	ỹ⁼	₌ỹ	ˁỹ	ˀtɕʻỹ
许村	₌ɲy	vĩ⁼	ɕĩ⁼	₌vĩ	vĩ⁼	₌vĩ	ˁvĩ	ˀtɕʻĩ
中云	₌vĩ	vĩ⁼	ɕyĩ⁼	₌vĩ	yĩ⁼	₌vĩ	ˁvĩ	ˀtɕʻĩ
新建	₌ɲiẽ	ɲiẽ⁼	ɕiẽ⁼	₌vã	vã⁼	₌vã	ˁvã	ˀxiẽ
新营	₌ɲyɛ	ɲyɛ⁼	ɕyɛ⁼	₌ɵ	ɵ⁼	₌ɵ	ˁɵ	ˀtɕʻyɛ
黄柏	₌ŋuã	ŋuã⁼	ɕiẽ⁼	₌yã	yã⁼	₌yã	ˁyã	ˀtʂʻuã
暖水	₌ɲiẽ	ɲiẽ⁼	ɕiẽ⁼	₌viẽ	viẽ⁼	₌viẽ	ˁviẽ	ˀtɕʻiẽ

	1065 悬 山合四 平先匣	1066 县 山合四 去霰匣	1067 吞 臻开一 平痕透	1068 根 臻开一 平痕见	1069 垦 臻开一 上很溪	1070 痕 臻开一 平痕匣	1071 很 臻开一 上很匣	1072 恨 臻开一 去恨匣
经公桥	₌ɕyẽ	ɕiẽ⁼	₌tʻən	₌kən	ˁkən	₌xən	ˁxən	xən⁼
鹅湖	₌ɕyɐŋ	ɕỹ⁼	₌tʻən	₌kien	ˁkʻən	₌xən	ˁxən	xən⁼
旧城	₌ɕyi	ɕyi⁼	₌tʻen	₌ken	ˁkʻen	₌xɛn	ˁxen	xen⁼
湘湖	₌ɕyĩ	ɕyĩ⁼	₌tʻen	₌ken	ˁkʻen	₌xɛn	ˁxen	xen⁼
溪头	₌xuĩ	ʃĩ⁼	₌tʻəŋ	₌kuəŋ	ˁkʻuəŋ	₌xəŋ	ˁxəŋ	xəŋ⁼
沱川	₌xuĩ	ɕĩ⁼	₌tʻəŋ	₌kuəŋ	ˁkʻəŋ	₌xəŋ	ˁxəŋ	xəŋ⁼
紫阳	₌ɕỹ	ɕỹ⁼	₌tʻæ̃	₌kuæ̃	ˁkʻæ̃	₌xæ̃	ˁxæ̃	xæ̃⁼
许村	₌ɕĩ	ɕĩ⁼	₌tʻen	₌kuen	ˁkʻuen	₌xɛn	ˁxen	xen⁼
中云	₌ɕĩ	ɕĩ⁼	₌tʻen	₌kuen	ˁkʻuen	₌xɛn	ˁxen	xen⁼
新建	₌ɕiẽ	ɕiẽ⁼	₌tʻẽ	₌kuẽ	ˁkʻẽ	₌xẽ	ˁxẽ	xẽ⁼
新营	₌ɕyẽ	ɕiẽ⁼	₌tʻən	₌kuən	ˁkʻuən	₌xən	ˁxən	xən⁼
黄柏	₌ʂuã	ɕiẽ⁼	₌tʻən	₌kən	ˁkʻən	₌xən	ˁxən	xən⁼
暖水	₌ɕiẽ	xiẽ⁼	₌tʻẽ	₌kuẽ	ˁkʻẽ	₌xẽ	ˁxẽ	xẽ⁼

第三章　赣东北徽语代表方言点单字音对照

	1073	1074	1075	1076	1077	1078	1079	1080
	恩	宾	殡	贫	民	敏	邻	津
	臻开一 平痕影	臻开三 平真帮	臻开三 去震帮	臻开三 平真并	臻开三 平真明	臻开三 上轸明	臻开三 平真来	臻开三 平真精
经公桥	₋ən	₋pin	pin²	₋p'in	₌min	⁻min	₌lən	₋tɕin
鹅湖	₋ən	₋pãi	pãi²	₋p'ãi	₌mãi	⁻mãi	₌nãi	₋tɕien
旧城	₋ŋen	₋pai	pai²	₋p'en	₌men	⁻men	₌nai	₋tsen
湘湖	₋ŋen	₋pen	pen²	₋p'en	₌men	⁻men	₌len	₋tɕien
溪头	₋uəŋ	₋pen	pen²	₋p'en	₌men	⁻men	₌nen	₋tsen
沱川	₋vəŋ	₋pen	pen²	₋p'en	₌mɯn	⁻mɯn	₌nen	₋tsen
紫阳	₋væ̃	₋pæ̃	pæ̃²	₋p'æ̃	₌mæ̃	⁻mæ̃	₌læ̃	₋tsæ̃
许村	₋ven	₋pen	pen²	₋p'en	₌mɯn	⁻mɯn	₌nen	₋tsen
中云	₋ven	₋pen	pen²	₋p'en	₌men	⁻men	₌nen	₋tsen
新建	₋ŋẽ	₋pẽ	pẽ²	₋p'ẽ	₌mẽ	⁻mẽ	₌nẽ	₋tsẽ
新营	₋uen	₋pən	pən²	₋p'ən	₌mən	⁻mən	₌lən	₋tsən
黄柏	₋ŋen	₋pin	pin²	₋p'in	₌min	⁻min	₌lin	₋tsən
暖水	₋ŋẽ	₋pẽ	pẽ²	₋p'ẽ	₌mẽ	⁻mẽ	₌lẽ	₋tsẽ

	1081	1082	1083	1084	1085	1086	1087	1088
	尽~管	进	亲	秦	尽~头	新	信	珍
	臻开三 上轸精	臻开三 去震精	臻开三 平真清	臻开三 平真从	臻开三 上轸从	臻开三 平真心	臻开三 去震心	臻开三 去真知
经公桥	⁻tɕin	tsən²	₋ts'ən	₌tɕ'in	⁻tɕin	₋sən	sən²	₋tɕin
鹅湖	⁻tsən	tsən²	₋ts'ən	₌tɕ'ien	ts'ən²	₋sən	sən²	₋tɕien
旧城	⁻ts'en	tsen²	₋ts'en	₌tɕ'ien	ts'en²	₋sen	sen²	₋tɕien
湘湖	⁻ts'en	tɕien²	₋ts'en	₌tɕ'ien	ts'ɜn²	₋sen	sen²	₋tsen
溪头	⁻tsen	tsen²	₋ts'en	₌ts'en	⁻ts'en	₋sen	sen²	₋tsen
沱川	⁻tsen	tsen²	₋ts'en	₌ts'ɯŋ	⁻ts'ɜ	₋sen	sen²	₋tsen
紫阳	⁻tsæ̃	tsæ̃²	₋ts'æ̃	₌ts'æ̃	⁻ts'æ̃	₋sæ̃	sæ̃²	₋tʃæ̃
许村	⁻tsen	tsen²	₋ts'en	₌ts'ɜn	⁻ts'ɜn	₋sen	sen²	₋tʃen
中云	⁻tsen	tsen²	₋ts'en	₌ts'en	⁻ts'en	₋sen	sen²	₋tsen
新建	⁻tsẽ	tsẽ²	₋ts'ẽ	₌ts'ẽ	ts'ẽ²	₋sẽ	sẽ²	₋tʃẽ
新营	⁻tsən	tsən²	₋ts'ən	₌ts'ən	ts'ən²	₋sən	sən²	₋tæ̃
黄柏	⁻tɕin	tɕin²	₋tɕ'in	₌tɕ'in	tɕ'in²	₋ɕin	ɕin²	₋tʃən
暖水	⁻tsẽ	tsẽ²	₋ts'ẽ	₌ts'ẽ	ts'ẽ²	₋sẽ	sẽ²	₋tɕiẽ

	1089 镇 臻开三 去震知	1090 陈 臻开三 平真澄	1091 阵 臻开三 去震澄	1092 衬 臻开三 去震穿	1093 真 臻开三 平真章	1094 诊 臻开三 上轸章	1095 震 臻开三 去震章	1096 神 臻开三 平真船
经公桥	tɕin⁼	₌tɕʻin	tɕʻin⁼	tsʻən⁼	₌tɕin	⁼tɕin	tɕin⁼	₌ɕin
鹅湖	tɕien⁼	₌tɕʻien	tɕʻien⁼	tsʻən⁼	₌tɕien	⁼tʂãi	tɕien⁼	₌ɕien
旧城	tɕien⁼	₌tɕʻien	tɕʻien⁼	tɕʻien⁼	₌tɕien	⁼tɕien	tɕien⁼	₌ɕien
湘湖	tɕien⁼	₌tɕʻien	tsʻen⁼	tsʻen⁼	₌tɕien	⁼tɕien	tɕien⁼	₌ɕien
溪头	tsen⁼	₌tsʻen	tsʻen⁼	tsʻen⁼	₌tsen	⁼tsen	tsen⁼	₌sen
沱川	tsen⁼	₌tsʻen	tsʻen⁼	tsʻen⁼	₌tsen	⁼tsen	tsen⁼	₌sen
紫阳	tsæ⁼	₌tsʻæ	tsʻæ⁼	tsʻæ⁼	₌tsæ	⁼tsæ	tsæ⁼	₌sæ
许村	tʃen⁼	₌tʃʻen	tʃʻen⁼	tʃʻen⁼	₌tʃen	⁼tʃen	tʃen⁼	₌ʃen
中云	tsen⁼	₌tsʻen	tsʻen⁼	tsʻen⁼	₌tsen	⁼tsen	tsen⁼	₌sen
新建	tʃẽ⁼	₌tʃʻẽ	tʃʻẽ⁼	tʃʻẽ⁼	₌tʃẽ	⁼tʃẽ	tʃẽ⁼	₌ʃẽ
新营	tɕiən⁼	₌tɕʻiən	tsʻnə⁼	tɕʻiən⁼	₌tɕiən	⁼tɕiən	tɕiən⁼	₌ɕiən
黄柏	tʃən⁼	₌tʃʻən	tʃʻən⁼	tʃʻən⁼	₌tʃən	⁼tʃən	tʃən⁼	₌ʃən
暖水	tɕiẽ⁼	₌tɕʻiẽ	tɕʻiẽ⁼	tɕʻiẽ⁼	₌tɕiẽ	⁼tɕiẽ	tɕiẽ⁼	₌ɕiẽ

	1097 身 臻开三 平真书	1098 辰 臻开三 平真禅	1099 人 臻开三 平真日	1100 忍 臻开三 上轸日	1101 认 臻开三 去震日	1102 巾 臻开三 平真见	1103 紧 臻开三 上轸见	1104 银 臻开三 平真疑
经公桥	₌ɕin	₌ɕin	₌in	⁼in	in⁼	₌tɕin	⁼tɕin	₌in
鹅湖	₌ɕien	₌tɕʻien	₌ien	⁼ien	ien⁼	₌tɕien	⁼tɕien	₌ien
旧城	₌ɕien	₌ɕien	₌ien	⁼ien	ien⁼	₌tɕien	⁼tɕien	₌ien
湘湖	₌ɕien	₌ɕien	₌ien	⁼ien	ien⁼	₌tɕien	⁼tɕien	₌ien
溪头	₌sen	₌sen	₌ien	⁼ien	ȵien⁼	₌tʃen	⁼tʃen	₌ȵien
沱川	₌sen	₌sen	₌ien	⁼ien	ȵien⁼	₌tɕien	⁼tɕien	₌ȵien
紫阳	₌sæ	₌sæ	₌iæ	⁼ȵiæ	ȵiæ⁼	₌tɕiæ	⁼tɕiæ	₌ȵiæ
许村	₌ʃen	₌ʃen	₌ien	⁼ȵien	ȵien⁼	₌tʃen	⁼tʃen	₌ȵien
中云	₌sen	₌sen	₌ȵien	⁼ȵien	ȵien⁼	₌tɕien	⁼tɕien	₌ȵien
新建	₌ʃẽ	₌ʃẽ	₌ẽ	⁼iẽ	ȵiẽ⁼	₌tʃẽ	⁼tʃẽ	₌ȵiẽ
新营	₌ɕiən	₌ɕiən	₌ȵiən	⁼ȵiən	ȵiən⁼	₌tɕiən	⁼tɕiən	₌ȵiən
黄柏	₌ʃən	₌ʃən	₌ȵən	⁼ȵien	ȵien⁼	₌tʃən	⁼tʃən	₌ȵien
暖水	₌ɕiẽ	₌ɕiẽ	₌ẽ	⁼ȵiẽ	ȵiẽ⁼	₌tɕiẽ	⁼tɕiẽ	₌ȵiẽ

第三章 赣东北徽语代表方言点单字音对照

	1105 因 臻开三 平真影	1106 印 臻开三 去震影	1107 寅~时 臻开三 平真以	1108 引 臻开三 上轸以	1109 斤 臻开三 平殷见	1110 劲有~ 臻开三 去焮见	1111 勤 臻开三 平殷群	1112 近 臻开三 上隐群
经公桥	₋in	in⁼	₌in	⁼in	₋tɕin	tɕin⁼	₌tɕʻin	tɕʻin⁼
鹅湖	₋iɛn	iɛn⁼	₌iɛn	⁼iɛn	₋tɕiɛn	tɕiɛn⁼	₌tɕʻiɛn	tɕʻiɛn⁼
旧城	₋iɛn	iɛn⁼	₌iɛn	⁼iɛn	₋tɕiɛn	tɕiɛn⁼	₌tɕʻiɛn	tɕʻiɛn⁼
湘湖	₋iɛn	iɛn⁼	₌iɛn	⁼iɛn	₋tɕiɛn	tɕiɛn⁼	₌tɕʻiɛn	tɕʻiɛn⁼
溪头	₋iɛn	iɛn⁼	₌iɛn	⁼iɛn	₋tʃɛn	tʃɛn⁼	₌tʃʻɛn	⁼tʃʻɛn
沱川	₋iɛn	iɛn⁼	₌iɛn	⁼iɛn	₋tɕiɛn	tɕiɛn⁼	₌tɕʻiɛn	⁼tɕʻiɛn
紫阳	₋iæ/iɔ̃	iæ⁼	₌iæ	⁼iæ	₋tɕiæ	tɕiæ⁼	₌tɕʻiæ	⁼tɕʻiæ
许村	₋iɛn	iɛn⁼	₌iɛn	⁼iɛn	₋tʃɛn	tʃɛn⁼	₌nʒɛn	⁼nʒɛn
中云	₋iɛn	iɛn⁼	₌iɛn	⁼iɛn	₋tɕiɛn	tɕiɛn⁼	₌tɕʻiɛn	⁼tɕʻiɛn
新建	₋iẽ	iẽ⁼	₌iẽ	⁼iẽ	₋tʃẽ	tʃẽ⁼	₌tʃʻẽ	tʃʻẽ⁼
新营	₋nei	ion⁼	₌ion	⁼nei	₋tɕion	tɕion⁼	₌tɕʻnei	ɕʻion⁼
黄柏	₋nei	ion⁼	₌nei	⁼nei	₋nʃ	tʃ⁼	₌nʃʻ	tʃʻ⁼
暖水	₋iẽ	iẽ⁼	₌iẽ	⁼iẽ	₋tɕiẽ	tɕiẽ⁼	₌tɕʻiẽ	tɕʻiẽ⁼

	1113 隐 臻开三 上隐影	1114 本 臻合一 上混帮	1115 喷~水 臻合一 平魂滂	1116 盆 臻合一 平魂並	1117 笨 臻合一 上混並	1118 门 臻合一 平魂明	1119 焖 臻合一 去恩明	1120 敦 臻合一 平魂端
经公桥	⁼in	⁼pən	₌pʻən	₌pʻən	pən⁼	₌mən	mən⁼	₋tən
鹅湖	⁼iɛn	⁼pən	₌pʻəń	₌pʻəń	pʻəń⁼	₌mən	mən⁼	₋tən
旧城	⁼iɛn	⁼pen	₌pʻen	₌pɛn	pen⁼	₌men	men⁼	₋ten
湘湖	⁼iɛn	⁼pen	₌pʻen	₌pʻen	pʻen⁼	₌mɛn	mɛn⁼	₋ten
溪头	⁼iɛn	⁼pəŋ	₌pʻəŋ	₌pʻəŋ	pəŋ⁼	₌məŋ	məŋ⁼	₋təŋ
沱川	⁼iɛn	⁼pəŋ	₌pʻəŋ	₌pʻəŋ	pʻəŋ⁼	₌məŋ	məŋ⁼	₋təŋ
紫阳	⁼iæ̃	⁼pæ̃	₌pʻæ̃	₌pʻæ̃	pʻæ̃⁼	₌mæ̃	mæ̃⁼	₋tæ̃
许村	⁼iɛn	⁼pen	₌pʻen	₌pʻen	pʻen⁼	₌mɛn	mɛn⁼	₋ten
中云	⁼iɛn	⁼pen	₌pʻen	₌pʻen	pʻen⁼	₌men	men⁼	₋ten
新建	⁼ṽẽ	⁼pẽ	₌pʻẽ	₌pʻẽ	pʻẽ⁼	₌mẽ	mẽ⁼	₋tẽ
新营	⁼ion	⁼pən	₌pʻən	₌pʻən	pʻən⁼	₌mən	mən⁼	₋tən
黄柏	⁼ion	⁼pən	₌pʻən	₌pʻən	pən⁼	₌mən	mən⁼	₋tən
暖水	⁼iẽ	⁼pẽ	₌pʻẽ	₌pʻẽ	pʻẽ⁼	₌mẽ	mẽ⁼	₋tẽ

		1121 墩 臻合一 平魂端	1122 顿 臻合一 去恩端	1123 钝 臻合一 去恩定	1124 嫩 臻合一 去恩泥	1125 论 臻合一 去恩来	1126 尊 臻合一 平魂精	1127 村 臻合一 平魂清	1128 寸 臻合一 去恩清
经公桥		₌tən	tən⁼	tən⁼	lən⁼	lən⁼	₌tsən	₌tsʻən	tsʻən⁼
鹅湖		₌tɔ	tɔ⁼	tɔ⁼	lɔ⁼	lɔ⁼	₌tsɔ	₌tsʻɔ	tsʻɔ⁼
旧城		₌tɛn	tɛn⁼	tɛn⁼	lɛn⁼	lɛn⁼	₌tsɛn	₌tsʻɛn	tsʻɛn⁼
湘湖		₌tɛn	tɛn⁼	tʻɛn⁼	lɛn⁼	lɛn⁼	₌tsɛn	₌tsʻɛn	tsʻɛn⁼
溪头		₌təŋ	təŋ⁼	təŋ⁼	ləŋ⁼	ləŋ⁼	₌tsəŋ	₌tsʻəŋ	tsʻəŋ⁼
沱川		₌təŋ	təŋ⁼	tʻəŋ⁼	nəŋ⁼	nəŋ⁼	₌tsəŋ	₌tsʻəŋ	tsʻəŋ⁼
紫阳		₌tæ̃	tæ̃⁼	tʻæ̃⁼	læ̃⁼	læ̃⁼	₌sæ̃	₌tsʻæ̃	tsʻæ̃⁼
许村		₌tɛn	tɛn⁼	tʻɛn⁼	nɛn⁼	nɛn⁼	₌tsɛn	₌tsʻɛn	tsʻɛn⁼
中云		₌tɛn	tɛn⁼	tʻɛn⁼	nɛn⁼	nɛn⁼	₌tsɛn	₌tsʻɛn	tsʻɛn⁼
新建		₌tẽ	tẽ⁼	tʻẽ⁼	nẽ⁼	nẽ⁼	₌sẽ	₌tsʻẽ	tsʻẽ⁼
新营		₌tən	tən⁼	tʻən⁼	lən⁼	lən⁼	₌tsən	₌tsʻən	tsʻən⁼
黄柏		₌tən	tən⁼	tʻən⁼	lən⁼	lən⁼	₌tsən	₌tsʻən	tsʻən⁼
暖水		₌tẽ	tẽ⁼	tʻẽ⁼	lẽ⁼	lẽ⁼	₌tsẽ	₌tsʻuẽ	tsʻuẽ⁼

		1129 存 臻合一 平魂从	1130 蹲 臻合一 平魂从	1131 孙 臻合一 平魂心	1132 损 臻合一 上混心	1133 滚 臻合一 上混见	1134 棍 臻合一 去恩见	1135 坤 臻合一 平魂溪	1136 捆 臻合一 上混溪
经公桥		₌tsʻən	₌tən	₌sən	⁻sən	⁻kuən	kuən⁼	₌kʻuən	⁻kʻuən
鹅湖		₌tsʻɔ	₌tɔ	₌sɔ	⁻sɔ	⁻kuɔ	kuɔ⁼	₌kʻuɔ	⁻kʻuɔ
旧城		₌tsʻɛn	₌tɛn	₌sɛn	⁻sɛn	⁻kuɛn	kuɛn⁼	₌kʻuɛn	⁻kʻuɛn
湘湖		₌tsʻɛn	₌tɛn	₌sɛn	⁻sɛn	⁻kuɛn	kuɛn⁼	₌kʻuɛn	⁻kʻuɛn
溪头		₌tsəŋ	₌tsəŋ	₌səŋ	⁻səŋ	⁻kuəŋ	kuəŋ⁼	₌kʻuəŋ	⁻kʻuəŋ
沱川		₌tsʻəŋ	₌təŋ	₌səŋ	⁻səŋ	⁻kuəŋ	kuəŋ⁼	₌kʻuəŋ	⁻kʻuəŋ
紫阳		₌tsʻæ̃	₌tæ̃	₌sæ̃	⁻sæ̃	⁻kuæ̃	kuæ̃⁼	₌kʻuæ̃	⁻kʻuæ̃
许村		₌tsʻɛn	₌tɛn	₌sɛn	⁻sɛn	⁻kuɛn	kuɛn⁼	₌kʻuɛn	⁻kʻuɛn
中云		₌tsʻɛn	₌tsɛn	₌sɛn	⁻sɛn	⁻kuɛn	kuɛn⁼	₌kʻuɛn	⁻kʻuɛn
新建		₌tsʻẽ	₌tẽ	₌sẽ	⁻sẽ	⁻kuẽ	kuẽ⁼	₌kʻuẽ	⁻kʻuẽ
新营		₌tsʻən	₌tən	₌sən	⁻sən	⁻kuən	kuən⁼	₌kʻuən	⁻kʻuən
黄柏		₌tsʻən	₌tən	₌sən	⁻sən	⁻kuən	kuən⁼	₌kʻuən	⁻kʻuən
暖水		₌tsʻuẽ	₌tẽ	₌sẽ	⁻suẽ	⁻kuẽ	kuẽ⁼	₌kʻuẽ	⁻kʻuẽ

	1137	1138	1139	1140	1141	1142	1143	1144
	困	昏	魂	浑水~	混	瘟	稳	轮
	臻合一 去慁溪	臻合一 平魂晓	臻合一 平魂匣	臻合一 平魂匣	臻合一 上混匣	臻合一 平魂影	臻合一 上混影	臻合三 平谆来
经公桥	kʻuɛnʔ	₌xuɛn	₌xuɛn	₌xuɛn	xuɛnʔ	₌uɛn	ʿuɛn	₌lən
鹅 湖	kʻɛnʔ	₌xuɛn	₌xuɛn	₌xuɛn	xuɛnʔ	₌uɛn	ʿuɛn	₌lən
旧 城	kʻuɛnʔ	₌fen/xuaŋ	₌xuaŋ	₌xuaŋ	xuaŋʔ	₌uaŋ	ʿuaŋ	₌laŋ
湘 湖	kʻuɛnʔ	₌fen	₌fen	₌fen	fenʔ	₌uaŋ	ʿuaŋ	₌lən
溪 头	kʻuɛŋʔ	₌xuɛŋ	₌xuɛŋ	₌xuɛŋ	xuɛŋʔ	₌uɛŋ	ʿuɛŋ	₌ləŋ
沱 川	kʻuɛŋʔ	₌xuɛŋ	₌xuɛŋ	₌xuɛŋ	xuɛŋʔ	₌vɛŋ	ʿvɛŋ	₌nəŋ
紫 阳	kʻuæ̃ʔ	₌xuæ̃	₌xuæ̃	₌xuæ̃	xuæ̃ʔ	₌væ̃	ʿvæ̃	₌næ̃
许 村	kʻuaŋʔ	₌xuaŋ	₌xuaŋ	₌xuaŋ	xuaŋʔ	₌uaŋ	ʿuaŋ	₌laŋ
中 云	kʻuɛnʔ	₌xuɛn	₌xuɛn	₌xuɛn	xuɛnʔ	₌vɛn	ʿvɛn	₌nɛn
新 建	kʻuẽʔ	₌xuẽ	₌xuẽ	₌xuẽ	xuẽʔ	₌vẽ	ʿvẽ	₌nẽ
新 营	kʻuɛnʔ	₌xuɛn	₌xuɛn	₌xuɛn	xuɛnʔ	₌uɛn	ʿuɛn	₌lən
黄 柏	kʻuɛnʔ	₌xuɛn	₌xuɛn	₌xuɛn	xuɛnʔ	₌uɛn	ʿuɛn	₌lən
暖 水	kʻuẽʔ	₌xuẽ	₌xuẽ	₌xuẽ	xuẽʔ	₌vẽ	ʿvẽ	₌lẽ

	1145	1146	1147	1148	1149	1150	1151	1152
	遵	笋	准	春	唇	顺	纯	闰
	臻合三 平谆精	臻合三 上準心	臻合三 上準章	臻合三 平谆昌	臻合三 平谆船	臻合三 去稕船	臻合三 平谆禅	臻合三 去稕日
经公桥	₌tɕyn	ʿsən	ʿtɕyn	₌tɕʻyn	₌ɕyn	₌ɕyn	₌ɕyn	ynʔ
鹅 湖	₌tsən	ʿsən	ʿtɕyen	₌tɕʻyen	₌tsʻən	ɕyenʔ	₌tsʻən	yenʔ
旧 城	₌tɕien	ʿsen	ʿtɕyen	₌tɕʻyen	₌ɕyen	ɕyenʔ	₌ɕyen	yenʔ
湘 湖	₌tsen	ʿsen	ʿtɕyen	₌tɕʻyen	₌ɕyen	ɕyenʔ	₌ɕyen	yenʔ
溪 头	₌tsəŋ	ʿsəŋ	ʿtsəŋ	₌tsʻəŋ	₌tsʻəŋ	səŋʔ	₌səŋ	iəŋʔ
沱 川	₌tsəŋ	ʿsəŋ	ʿtsəŋ	₌kʻuəŋ	₌səŋ	xuɛŋʔ	₌səŋ	vəŋʔ
紫 阳	₌tsæ̃	ʿsæ̃	ʿtsæ̃	₌tsʻæ̃	₌sæ̃	sæ̃ʔ	₌tsʻæ̃	væ̃ʔ
许 村	₌tsen	ʿsen	ʿtʃen	₌tʃʻən	₌ʃən	ʃənʔ	₌ʃən	venʔ
中 云	₌tsən	ʿsen	ʿtsen	₌tsʻən	₌sən	senʔ	₌sən	ienʔ
新 建	₌tsẽ	ʿsẽ	ʿtʃẽ	₌tʃʻẽ	₌ʃẽ	ʃẽʔ	₌ʃẽ	iẽʔ
新 营	₌tɕiən	ʿsən	ʿtɕiən	₌tɕʻiən	₌ɕiən	ɕiənʔ	₌ɕiən	uənʔ
黄 柏	₌tsən	ʿsən	ʿtʃuən	₌tʃʻuən	₌ʃuən	ʃuənʔ	₌ʃuən	yənʔ
暖 水	₌tsẽ	ʿsẽ	ʿtɕiẽ	₌tɕʻiẽ	₌ɕiẽ	ɕiẽʔ	₌tɕʻiẽ	yẽʔ

	1153 均 臻合三 平谆见	1154 菌 臻合三 上准群	1155 匀 臻合三 平谆以	1156 允 臻合三 上准以	1157 分~开 臻合三 平文非	1158 粉 臻合三 上吻非	1159 坟 臻合三 平文奉	1160 份 臻合三 去问奉
经公桥	₌tɕyn	₌tɕyn	₌yn	⁻yn	₌fən	⁻fən	₌fən	fən⁼
鹅湖	₌tɕyɐn	₌tɕyɐn	₌yɐn	⁻yɐn	₌fən	⁻fən	₌fən	fən⁼
旧城	₌tɕyen	₌tɕyen	₌yen	⁻yen	₌fen	⁻fen	₌fen	fen⁼
湘湖	₌tɕyen	₌tɕyen	₌yen	⁻yen	₌fen	⁻fen	₌fen	fen⁼
溪头	₌kuəŋ	⁻k'uəŋ	₌uəŋ	⁻uəŋ	₌fəŋ	⁻fəŋ	₌fəŋ	fəŋ⁼
沱川	₌kuəŋ	⁻k'uəŋ	₌vəŋ	⁻vəŋ	₌fəŋ	⁻fəŋ	₌fəŋ	fəŋ⁼
紫阳	₌kuæ	⁻k'uæ	₌væ	⁻iɔ	₌fæ	⁻fæ	₌fæ	fæ⁼
许村	₌kuen	⁻k'uen	₌uen	⁻ven	₌fen	⁻fen	₌fen	fen⁼
中云	₌kuen	⁻k'uen	₌uen	⁻uen	₌fen	⁻fen	₌fen	fen⁼
新建	₌kuẽ	k'uẽ⁼	₌vẽ	⁻vẽ	₌fẽ	⁻fẽ	₌fẽ	fẽ⁼
新营	₌kuən	k'uən⁼	₌uən	⁻iən	₌fən	⁻fən	₌fən	fən⁼
黄柏	₌tʃuən	k'uən⁼	₌yən	⁻yən	₌fən	⁻fən	₌fən	fən⁼
暖水	₌tɕyẽ	tɕ'yẽ⁼	₌yẽ	⁻yẽ	₌fẽ	⁻fẽ	₌fẽ	fẽ⁼

	1161 文 臻合三 平文微	1162 蚊 臻合三 平文微	1163 闻 臻合三 平文微	1164 问 臻合三 去问微	1165 军 臻合三 平文见	1166 裙 臻合三 平文群	1167 熏 臻合三 平文晓	1168 荤 臻合三 平文晓
经公桥	₌uən	₌mən	₌uən	mən⁼	₌tɕyn	₌tɕ'yn	₌ɕyn	₌xuən
鹅湖	₌uən	₌mən	₌uən	mən⁼	₌tɕyɐn	₌tɕ'yɐn	₌ɕyɐn	₌xuən
旧城	₌uen	₌men	₌uen	men⁼	₌tɕyen	₌tɕ'yen	₌ɕyen	₌xuen
湘湖	₌uɐn	₌mɐn	₌uɐn	mɐn⁼	₌tɕyɐn	₌tɕ'yen	₌ɕyen	₌fən
溪头	₌uəŋ	₌məŋ	₌uəŋ	uəŋ⁼	₌kəŋ	₌k'uəŋ	₌xuəŋ	₌xuəŋ
沱川	₌vəŋ	₌məŋ	₌vəŋ	vəŋ⁼	₌kuəŋ	₌k'uəŋ	₌xuəŋ	₌xuəŋ
紫阳	₌væ	₌mæ	₌væ	mæ⁼	₌kuæ	₌k'uæ	₌xuæ	₌xuæ
许村	₌ven	₌men	₌ven	ven⁼	₌kuen	₌k'uen	₌xuen	₌xuen
中云	₌uən	₌mən	₌uən	mən⁼	₌kuən	₌k'uən	₌xuən	₌xuən
新建	₌vẽ	₌mẽ	₌vẽ	mẽ⁼	₌kuẽ	₌k'uẽ	₌xuẽ	₌xuẽ
新营	₌uən	₌mən	₌uən	mən⁼	₌kuən	₌k'uən	₌xuən	₌xuən
黄柏	₌uən	₌mən	₌uən	mən⁼	₌tʃuən	₌tʃ'uən	₌ʃuən	₌xuən
暖水	₌vẽ	₌mẽ	₌vẽ	mẽ⁼	₌kuẽ	₌k'uẽ	₌ɕyẽ	₌xuẽ

第三章　赣东北徽语代表方言点单字音对照

	1169 训 臻合三去问晓	1170 云 臻合三平文云	1171 韵 臻合三去问云	1172 运 臻合三去问云	1173 晕 臻合三去问云	1174 帮 宕开一平唐帮	1175 榜 宕开一上荡帮	1176 旁 宕开一平唐並
经公桥	ɕynᴾ	₌yn	ynᴾ	ynᴾ	ynᴾ	₌paŋ	˵paŋ	₌pʻaŋ
鹅湖	ɕyɛnᴾ	₌yɛn	yɛnᴾ	yɛnᴾ	₌yɛn	₌paŋ	˵paŋ	₌pʻaŋ
旧城	ɕyɛnᴾ	₌yɛn	yɛnᴾ	yɛnᴾ	yɛnᴾ	₌paŋ	˵paŋ	₌pʻaŋ
湘湖	ɕyɛnᴾ	₌yɛn	yɛnᴾ	yɛnᴾ	yɛnᴾ	₌paŋ	˵paŋ	₌pʻaŋ
溪头	xuəŋᴾ	₌uəŋ	uəŋᴾ	uəŋᴾ	uəŋᴾ	₌pɔ̃	˵pɔ̃	₌pɔ̃
沱川	xuŋᴾ	₌vəŋ	vəŋᴾ	vəŋᴾ	vəŋᴾ	₌pÃ	˵pÃ	₌pʻÃ
紫阳	xuæ̃ᴾ	₌væ̃	væ̃ᴾ	væ̃ᴾ	væ̃ᴾ	₌pã	˵pã	₌pʻã
许村	xuɛnᴾ	₌vɛn	vɛnᴾ	vɛnᴾ	₌vɛn	₌pɔ̃	˵pɔ̃	₌ɕʻɔ̃
中云	xuɛnᴾ	₌vɛn	vɛnᴾ	vɛnᴾ	₌vɛn	₌pã	˵pã	₌pʻã
新建	xuẽᴾ	₌ṽ	ṽᴾ	ṽᴾ	xuẽᴾ	₌pɔ̃	˵pɔ̃	₌ɕʻɔ̃
新营	xuɛnᴾ	₌uɛn	uɛnᴾ	uɛnᴾ	₌xuɛn	₌pɔ̃	˵pɔ̃	₌ɕʻɔ
黄柏	ʃuəŋᴾ	₌yəŋ	yəŋᴾ	yəŋᴾ	₌yəŋ	₌pəŋ	˵pəŋ	₌ɕʻəŋ
暖水	ɕyẽᴾ	₌ṽ	yẽᴾ	yẽᴾ	xuẽᴾ	₌pʌŋ	˵pʌŋ	₌pʻʌŋ

	1177 忙 宕开一平唐明	1178 当~时 宕开一平唐端	1179 党 宕开一上荡端	1180 当上~ 宕开一去宕端	1181 汤 宕开一平唐透	1182 烫 宕开一去宕透	1183 堂 宕开一平唐定	1184 糖 宕开一平唐定
经公桥	₌maŋ	₌taŋ	˵taŋ	taŋᴾ	₌tʻaŋ	tʻaŋᴾ	₌tʻaŋ	₌tʻaŋ
鹅湖	₌maŋ	₌taŋ	˵taŋ	taŋᴾ	₌tʻaŋ	tʻaŋᴾ	₌tʻaŋ	₌tʻaŋ
旧城	₌maŋ	₌taŋ	˵taŋ	taŋᴾ	₌tʻaŋ	tʻaŋᴾ	₌tʻaŋ	₌tʻaŋ
湘湖	₌maŋ	₌taŋ	˵taŋ	taŋᴾ	₌tʻaŋ	tʻaŋᴾ	₌tʻaŋ	₌tʻaŋ
溪头	₌mɔ̃	₌tɔ̃	˵tɔ̃	tɔ̃ᴾ	₌tʻɔ̃	tʻɔ̃ᴾ	₌tʻɔ̃	₌tʻɔ̃
沱川	₌mÃ	₌tÃ	˵tÃ	tÃᴾ	₌tʻÃ	tʻÃᴾ	₌tʻÃ	₌tʻÃ
紫阳	₌mã	₌tã	˵tã	tãᴾ	₌tʻã	tʻãᴾ	₌tʻã	₌tʻã
许村	₌mɔ̃	₌tɔ̃	˵tɔ̃	tɔ̃ᴾ	₌tʻɔ̃	tʻɔ̃ᴾ	₌tʻɔ̃	₌tʻɔ̃
中云	₌mã	₌tã	˵tã	tãᴾ	₌tʻã	tʻãᴾ	₌tʻã	₌tʻã
新建	₌mɔ̃	₌tɔ̃	˵tɔ̃	tɔ̃ᴾ	₌tʻɔ̃	tʻɔ̃ᴾ	₌tʻɔ̃	₌tʻɔ̃
新营	₌mɔ	₌tɔ	˵tɔ	tɔᴾ	₌tʻɔ	tʻɔᴾ	₌tʻɔ	₌tʻɔ
黄柏	₌məŋ	₌tã	˵tã	tãᴾ	₌tʻã	tʻãᴾ	₌tʻã	₌tʻã
暖水	₌mʌŋ	₌tʌŋ	˵tʌŋ	tʌŋᴾ	₌tʻʌŋ	tʻʌŋᴾ	₌tʻʌŋ	₌tʻʌŋ

	1185 郎 宕开一平唐来	1186 浪 宕开一去宕来	1187 脏肮~ 宕开一平唐精	1188 葬 宕开一去宕精	1189 仓 宕开一平唐清	1190 藏西~ 宕开一去宕从	1191 脏内~ 宕开一去宕从	1192 桑 宕开一平唐心
经公桥	₌laŋ	laŋ⁼	₌tsaŋ	tsaŋ⁼	₌tsʻaŋ	tsʻaŋ⁼	tsʻaŋ⁼	₌saŋ
鹅 湖	₌laŋ	laŋ⁼	₌tsaŋ	tsaŋ⁼	₌tsʻaŋ	tsʻaŋ⁼	tsʻaŋ⁼	₌saŋ
旧 城	₌laŋ	laŋ⁼	₌tsaŋ	tsaŋ⁼	₌tsʻaŋ	tsʻaŋ⁼	tsʻaŋ⁼	₌saŋ
湘 湖	₌laŋ	laŋ⁼	₌tsaŋ	tsaŋ⁼	₌tsʻaŋ	tsʻaŋ⁼	tsʻaŋ⁼	₌saŋ
溪 头	₌lɔ̃	lɔ̃⁼	₌tsɔ̃	tsɔ̃⁼	₌tsʻɔ̃	tsʻɔ̃⁼	tsʻɔ̃⁼	₌sɔ̃
沱 川	₌nã	nã⁼	₌tsã	tsã⁼	₌tsʻã	tsʻã⁼	tsʻã⁼	₌sã
紫 阳	₌lã	lã⁼	₌tsã	tsã⁼	₌tsʻã	tsʻã⁼	tsʻã⁼	₌sã
许 村	₌nɔ̃	nɔ̃⁼	₌tsɔ̃	tsɔ̃⁼	₌tsʻɔ̃	tsʻɔ̃⁼	tsʻɔ̃⁼	₌sɔ̃
中 云	₌nã	nã⁼	₌tsã	tsã⁼	₌tsʻã	tsʻã⁼	tsʻã⁼	₌sã
新 建	₌nɔ̃	nɔ̃⁼	₌tsɔ̃	tsɔ̃⁼	₌tsʻɔ̃	tsʻɔ̃⁼	tsʻɔ̃⁼	₌ɕiɔ̃
新 营	₌lɔ	lɔ⁼	₌tsɔ	tsɔ⁼	₌tsʻɔ	tsʻɔ⁼	tsʻɔ⁼	₌sɔ
黄 柏	₌lã	lã⁼	₌tsã	tsã⁼	₌tsʻã	tsʻã⁼	tsʻã⁼	₌sã
暖 水	₌lʌŋ	lʌŋ⁼	₌tsʌŋ	tsʌŋ⁼	₌tsʻʌŋ	tsʻʌŋ⁼	tsʻʌŋ⁼	₌sʌŋ

	1193 缸 宕开一平唐见	1194 糠 宕开一平唐溪	1195 抗 宕开一去宕溪	1196 行~列 宕开一平唐匣	1197 娘 宕开三平阳泥	1198 凉 宕开三平阳来	1199 两~个 宕开三上养来	1200 两几~ 宕开三上养来
经公桥	₌kaŋ	₌kʻaŋ	kʻaŋ⁼	₌xaŋ	₌yaŋ	₌niã	⁼niã	⁼niã
鹅 湖	₌kaŋ	₌kʻaŋ	kʻaŋ⁼	₌xaŋ	₌niõ	₌niõ	⁼niõ	⁼niõ
旧 城	₌kaŋ	₌kʻaŋ	kʻaŋ⁼	₌xaŋ	₌ɲia	₌na	⁼na	⁼na
湘 湖	₌kaŋ	₌kʻaŋ	kʻaŋ⁼	₌xaŋ	₌ia	₌la	⁼la	⁼la
溪 头	₌kɔ̃	₌kʻɔ̃	kʻɔ̃⁼	₌xɔ̃	₌ɲiɔ̃	₌niɔ̃	⁼niɔ̃	⁼niɔ̃
沱 川	₌kã	₌kʻã	kʻã⁼	₌xã	₌ɲiã	₌liã	⁼liã	⁼liã
紫 阳	₌kã	₌kʻã	kʻã⁼	₌xã	₌niã	₌niã	⁼niã	⁼niã
许 村	₌kɔ̃	₌kʻɔ̃	kʻɔ̃⁼	₌xã	₌niɔ̃	₌niɔ̃	⁼niɔ̃	⁼niɔ̃
中 云	₌kã	₌kʻã	kʻã⁼	₌xã	₌niã	₌niã	⁼niã	⁼niã
新 建	₌kɔ̃	₌kʻɔ̃	kʻɔ̃⁼	₌xã	₌niɔ̃	₌niɔ̃	⁼niɔ̃	⁼niɔ̃
新 营	₌kɔ	₌kʻɔ	kʻɔ⁼	₌xɔ	₌ɲiã	₌liã	⁼liã	⁼liã
黄 柏	₌kã	₌kʻã	kʻã⁼	₌xã	₌ɲiã	₌liã	⁼liã	⁼liã
暖 水	₌kʌŋ	₌kʻʌŋ	kʻʌŋ⁼	₌xʌŋ	₌ɲiʌŋ	₌liʌŋ	⁼liʌŋ	⁼liʌŋ

第三章　赣东北徽语代表方言点单字音对照

	1201 亮 宕开三 去漾来	1202 浆 宕开三 平阳精	1203 蒋 宕开三 上养精	1204 酱 宕开三 去漾精	1205 枪 宕开三 平阳清	1206 抢 宕开三 上养清	1207 墙 宕开三 平阳从	1208 匠 宕开三 去漾从
经公桥	niã⁼	₌tsiã	⁼tsiã	tsiã⁼	₌tsʻiã	⁼tsʻiã	₌tsʻiã	tsʻiã⁼
鹅湖	niõ⁼	₌tsiõ	⁼tsiõ	tsiõ⁼	₌tsʻiõ	⁼tsʻiõ	₌tsʻiõ	tsʻiõ⁼
旧城	na⁼	₌tsa	⁼tsa	tsa⁼	₌tsʻa	⁼tsʻa	₌tsʻa	tsʻa⁼
湘湖	la⁼	₌tɕia	⁼tsa	tsa⁼	₌tsʻa	⁼tsʻa	₌tsʻa	tsʻa⁼
溪头	niɔ̃⁼	₌tsiɔ̃	⁼tsiɔ̃	tsiɔ̃⁼	₌tsʻiɔ̃	⁼tsʻiɔ̃	₌tsiɔ̃	tsʻiɔ̃⁼
沱川	liã̃⁼	₌siã̃	⁼tsiã̃	tsiã̃⁼	₌tsʻiã̃	⁼tsʻiã̃	₌tsʻiã̃	tsʻiã̃⁼
紫阳	niã⁼	₌tsiã	⁼tsiã	tsiã⁼	₌tsʻiã	⁼tsʻiã	₌tsʻiã	tsʻiã⁼
许村	niɔ̃⁼	₌tsiɔ̃	⁼tsiɔ̃	tsiɔ̃⁼	₌tsʻiɔ̃	⁼tsʻiɔ̃	₌tsʻiɔ̃	tsʻiɔ̃⁼
中云	niã⁼	₌tsiã	⁼tsiã	tsiã⁼	₌tsʻiã	⁼tsʻiã	₌tsʻiã	tsʻiã⁼
新建	niɔ̃⁼	₌tɕiɔ̃	⁼tɕiɔ̃	tɕiɔ̃⁼	₌tɕʻiɔ̃	⁼tɕʻiɔ̃	₌tɕʻiɔ̃	tɕʻiɔ̃⁼
新营	liã⁼	₌tsiã	⁼tsiã	tsiã⁼	₌tsʻiã	⁼tsʻiã	₌tsʻiã	tsʻiã⁼
黄柏	liã⁼	₌tɕiã	⁼tɕiã	tɕiã⁼	₌tɕʻiã	⁼tɕʻiã	₌tɕʻiã	tɕʻiã⁼
暖水	liʌŋ⁼	₌tɕiʌŋ	⁼tɕiʌŋ	tɕiʌŋ⁼	₌tɕʻiʌŋ	⁼tɕʻiʌŋ	₌tɕʻiʌŋ	tɕʻiʌŋ⁼

	1209 箱 宕开三 平阳心	1210 想 宕开三 上养心	1211 相~貌 宕开三 去漾心	1212 详 宕开三 平阳邪	1213 象大~ 宕开三 上养邪	1214 像 宕开三 上养邪	1215 张 宕开三 平阳知	1216 涨 宕开三 上养知
经公桥	₌siã	⁼siã	siã⁼	₌siã	siã⁼	siã⁼	₌tʃuaŋ	⁼tʃuaŋ
鹅湖	₌siõ	⁼siõ	siõ⁼	₌siõ	siõ⁼	siõ⁼	₌tɕiõ	⁼tɕiõ
旧城	₌sa	⁼sa	sa⁼	₌sia	tsʻa⁼	tsʻa⁼	₌tɕia	⁼tɕia
湘湖	₌sa	⁼sa	sa⁼	₌sa	sa⁼	sa⁼	₌tɕia	⁼tɕia
溪头	₌siɔ̃	⁼siɔ̃	siɔ̃⁼	₌tsʻiɔ̃	tsʻiɔ̃⁼	tsʻiɔ̃⁼	₌tsɔ̃	⁼tsɔ̃
沱川	₌siã̃	⁼siã̃	siã̃⁼	₌tsʻiã̃	tsʻiã̃⁼	tsʻiã̃⁼	₌tsã̃	⁼tsã̃
紫阳	₌siã	⁼siã	siã⁼	₌tsʻiã	tsʻiã⁼	tsʻiã⁼	₌tɕiã	⁼tɕiã
许村	₌siɔ̃	⁼siɔ̃	siɔ̃⁼	₌tsʻiɔ̃	tsʻiɔ̃⁼	tsʻiɔ̃⁼	₌tʃɔ̃	⁼tʃɔ̃
中云	₌siã	⁼siã	siã⁼	₌tsʻiã	tsʻiã⁼	tsʻiã⁼	₌tsã	⁼tsã
新建	₌ɕiɔ̃	⁼ɕiɔ̃	ɕiɔ̃⁼	₌tɕʻiɔ̃	tɕʻiɔ̃⁼	tɕʻiɔ̃⁼	₌tsɔ̃	⁼tsɔ̃
新营	₌siã	⁼siã	siã⁼	₌tsʻiã	tsʻiã⁼	tsʻiã⁼	₌tɕiã	⁼tɕiã
黄柏	₌ɕiã	⁼ɕiã	ɕiã⁼	₌tɕʻiã	tɕʻiã⁼	tɕʻiã⁼	₌tʃã	⁼tʃã
暖水	₌ɕiʌŋ	⁼ɕiʌŋ	ɕiʌŋ⁼	₌tɕʻiʌŋ	tɕʻiʌŋ⁼	tɕʻiʌŋ⁼	₌tʂʌŋ	⁼tʂʌŋ

	1217	1218	1219	1220	1221	1222	1223	1224
	帐	畅	长~短	丈	装	壮	疮	闯
	宕开三去漾知	宕开三去漾彻	宕开三平阳澄	宕开三上养澄	宕开三平阳庄	宕开三去漾庄	宕开三平阳初	宕开三上养初
经公桥	tʃuaŋ⁼	tʃʻuaŋ⁼	₌tʂʻaŋ	⁼tʂʻuaŋ	₌tʂaŋ	tʂaŋ⁼	₌tʂʻaŋ	⁼tʂʻaŋ
鹅 湖	tɕiõ⁼	tɕʻiõ⁼	₌tɕʻiõ	⁼tɕʻiõ	₌tɕiõ	tʂaŋ⁼	₌tʂʻaŋ	⁼tʂʻaŋ
旧 城	tɕia⁼	tɕʻia⁼	₌tɕʻia	⁼tɕʻia	₌tʂaŋ	tʂaŋ⁼	₌tsʻaŋ	⁼tʂʻaŋ
湘 湖	tɕia⁼	tɕʻia⁼	₌tɕʻia	⁼tɕʻia	₌tsaŋ	tsaŋ⁼	₌tsʻaŋ	⁼tsaŋ
溪 头	tsɔ̃⁼	tsʻɔ̃⁼	₌tsɔ̃	⁼tsɔ̃	₌tsɔ̃	tsɔ̃⁼	₌tsʻɔ̃	⁼tsʻɔ̃
沱 川	tsʌ̃⁼	tsʻʌ̃⁼	₌tsʻʌ̃	⁼tsʻʌ̃	₌tsʌ̃	tsʌ̃⁼	₌tsʻʌ̃	⁼tsʻʌ̃
紫 阳	tɕiã⁼	tɕʻiã⁼	₌tɕʻiã	⁼tɕʻiã	₌tɕiã	tɕiã⁼	₌tɕʻiã	⁼tɕʻiã
许 村	tʃɔ̃⁼	tʃʻɔ̃⁼	₌tʃʻɔ̃	⁼tʃʻɔ̃	₌tʃɔ̃	tʃɔ̃⁼	₌tʃʻɔ̃	⁼tʃʻɔ̃
中 云	tsã⁼	tsʻã⁼	₌tsʻã	⁼tsʻã	₌tsã	tsã⁼	₌tsʻã	⁼tsʻã
新 建	tʂɔ̃⁼	tʂʻɔ̃⁼	₌tʂʻɔ̃	⁼tʂʻɔ̃	₌tʂɔ̃	tʂɔ̃⁼	₌tʂʻɔ̃	⁼tʂʻɔ̃
新 营	tɕiã⁼	tɕʻiã⁼	₌tɕʻiã	⁼tɕʻiã	₌tɕɔ	tɔ⁼	₌tsʻɔ	⁼tʻɔ
黄 柏	tʃã⁼	tʃʻã⁼	₌tʃʻã	⁼tʃʻã	₌tsuəŋ	tsuəŋ⁼	₌tʃʻã	⁼tsʻuəŋ
暖 水	tʂʌŋ⁼	tʂʻʌŋ⁼	₌tʂʻʌŋ	⁼tʂʻʌŋ	₌tʂʌŋ	tʂʌŋ⁼	₌tʂʻʌŋ	⁼tʂʻʌŋ

	1225	1226	1227	1228	1229	1230	1231	1232
	床	状	霜	爽	章	掌	昌	厂
	宕开三平阳船	宕开三去漾船	宕开三平阳生	宕开三上养生	宕开三平阳章	宕开三上养章	宕开三平阳昌	宕开三上养昌
经公桥	₌ʂaŋ	tʂʻaŋ⁼	₌ʃuaŋ	⁼ʃuaŋ	₌tʃuaŋ	⁼tʃuaŋ	₌tʃʻuaŋ	⁼tʃʻuaŋ
鹅 湖	₌ʂaŋ	tʂʻaŋ⁼	₌ʂaŋ	⁼saŋ	₌tɕiõ	⁼tɕiõ	₌tɕʻiõ	⁼tɕʻiõ
旧 城	₌ʂaŋ	tʂʻaŋ⁼	₌ɕia	⁼saŋ	₌tɕia	⁼tɕia	₌tɕʻia	⁼tɕʻia
湘 湖	₌saŋ	tsʻaŋ⁼	₌saŋ	⁼saŋ	₌tɕia	⁼tɕia	₌tɕʻia	⁼tɕʻia
溪 头	₌sɔ̃	tsɔ̃⁼	₌sɔ̃	⁼sɔ̃	₌tsɔ̃	⁼tsɔ̃	₌tsʻɔ̃	⁼tsʻɔ̃
沱 川	₌sʌ̃	tsʻʌ̃⁼	₌sʌ̃	⁼sʌ̃	₌tsʌ̃	⁼tsʌ̃	₌tsʻʌ̃	⁼tsʻʌ̃
紫 阳	₌ɕiã	tɕʻiã⁼	₌ɕiã	⁼sã	₌tɕiã	⁼tɕiã	₌tɕʻiã	⁼tɕʻiã
许 村	₌ʃɔ̃	tʃʻɔ̃⁼	₌ʃɔ̃	⁼ʃɔ̃	₌tʃɔ̃	⁼tʃɔ̃	₌tʃʻɔ̃	⁼tʃɔ̃
中 云	₌sã	tsʻã⁼	₌sã	⁼sã	₌tsã	⁼tsã	₌tsʻã	⁼tsʻã
新 建	₌ʂɔ̃	tʂʻɔ̃⁼	₌ʂɔ̃	⁼ʂɔ̃	₌tʂɔ̃	⁼tʂɔ̃	₌tʂʻɔ̃	⁼tʂʻɔ̃
新 营	₌ɕiɔ	tʻɔ⁼	₌ɕiɔ	⁼ɕiɔ	₌tɕiã	⁼tɕiã	₌tɕʻiã	⁼tɕʻiã
黄 柏	₌ʂuəŋ	tʂʻuəŋ⁼	₌ʂuəŋ	⁼ʃã	₌tʃã	⁼tʃã	₌tʃʻã	⁼tʃʻã
暖 水	₌tʂʌŋ	tʂʌŋ⁼	₌ʂʌŋ	⁼ʂʌŋ	₌tʂʌŋ	⁼tʂʌŋ	₌tʂʻʌŋ	⁼tʂʻʌŋ

	1233 唱 宕开三 去漾昌	1234 伤 宕开三 平阳书	1235 赏 宕开三 上养书	1236 常 宕开三 平阳禅	1237 裳 宕开三 平阳禅	1238 上~山 宕开三 上养禅	1239 上~面 宕开三 去漾禅	1240 瓤 宕开三 平阳日
经公桥	tʃʻuaŋ⁼	₌ʃuaŋ	ʻʃuaŋ	₌ʃuaŋ	ʃuaŋ	ʃuaŋ⁼	ʃuaŋ⁼	₌yaŋ
鹅 湖	tɕʻiõ⁼	₌ɕiõ	ʻɕiõ	₌tɕʻiõ	₌ɕiõ	ʻɕiõ	ɕiõ⁼	₌iõ
旧 城	tɕʻia⁼	₌ɕia	ʻɕia	₌ɕia	₌ɕia	ʻɕia	ɕia⁼	₌ia
湘 湖	tɕʻia⁼	₌ɕia	ʻɕia	₌ɕia	₌ɕia	ʻɕia	ɕia⁼	₌la
溪 头	tsʻɔ̃⁼	₌sɔ̃	ʻsɔ̃	₌sɔ̃	₌sɔ̃	ʻsɔ̃	sɔ̃⁼	₌ȵiɔ̃
沱 川	tɕʻiã⁼	₌sã	ʻsã	₌sã	₌sã	ʻsã	sã⁼	₌iã
紫 阳	tɕʻiã⁼	₌ɕiã	ʻɕiã	₌tɕʻiã	₌ɕiã	ʻɕiã	ɕiã⁼	₌nã
许 村	tʃʻɔ̃⁼	₌ʃɔ̃	ʻʃɔ̃	₌tʃʻɔ̃	₌ʃɔ̃	ʻʃɔ̃	ʃɔ̃⁼	₌nɔ̃
中 云	tsʻã⁼	₌sã	ʻsã	₌tsʻã	₌sã	ʻsã	sã⁼	₌ȵiã
新 建	tʂʻɔ̃⁼	₌ʃɔ̃	ʻʃɔ̃	₌ʃɔ̃	₌ʃɔ̃	ʻʃɔ̃	ʃɔ̃⁼	₌ȵiɔ̃
新 营	tɕʻiã⁼	₌ɕiã	ʻɕiã	₌ɕiã	₌ɕiã	ʻɕiã	ɕiã⁼	₌ȵiã
黄 柏	tʃʻã⁼	₌ʃã	ʻʃã	₌ʃã	₌ʃã	ʻʃã	ʃã⁼	₌ȵiã
暖 水	tʂʻʌŋ⁼	₌ʂʌŋ	ʻʂʌŋ	₌ʂʌŋ	₌ʂʌŋ	ʂʌŋ⁼	ʂʌŋ⁼	₌ȵiʌŋ

	1241 让 宕开三 去漾日	1242 姜 宕开三 平阳见	1243 强~大 宕开三 平阳群	1244 香 宕开三 平阳晓	1245 响 宕开三 上养晓	1246 向 宕开三 去漾晓	1247 秧 宕开三 平阳影	1248 阳 宕开三 平阳以
经公桥	yaŋ⁼	₌tʃuaŋ	₌tʃʻuaŋ	₌ʃuaŋ	ʻʃuaŋ	ʃuaŋ⁼	₌yaŋ	₌yaŋ
鹅 湖	iõ⁼	₌tɕiõ	₌tɕʻiõ	₌ɕiõ	ʻɕiõ	ɕiõ⁼	₌iõ	₌iõ
旧 城	ia⁼	₌tɕia	₌tɕʻia	₌ɕia	ʻɕia	ɕia⁼	₌ȵia	₌ȵia
湘 湖	ia⁼	₌tɕia	₌tɕʻia	₌ɕia	ʻɕia	ɕia⁼	₌ia	₌ia
溪 头	ȵiɔ̃⁼	₌tʃɔ̃	₌tʃʻɔ̃	₌ʃɔ̃	ʻʃɔ̃	ʃɔ̃⁼	₌iɔ̃	₌iɔ̃
沱 川	ȵiã⁼	₌tɕiã	₌tɕʻiã	₌ɕiã	ʻɕiã	ɕiã⁼	₌iã	₌iã
紫 阳	ȵiã⁼	₌tɕiã	₌tɕʻiã	₌ɕiã	ʻɕiã	ɕiã⁼	₌iã	₌iã
许 村	ȵiɔ̃⁼	₌tʃɔ̃	₌tʃʻɔ̃	₌ʃɔ̃	ʻʃɔ̃	ʃɔ̃⁼	₌iɔ̃	₌iɔ̃
中 云	ȵiã⁼	₌tɕiã	₌tɕʻiã	₌ɕiã	ʻɕiã	ɕiã⁼	₌iã	₌iã
新 建	ȵiɔ̃⁼	₌tʂɔ̃	₌tʂʻɔ̃	₌ʃɔ̃	ʻʃɔ̃	ʃɔ̃⁼	₌iɔ̃	₌iɔ̃
新 营	ȵiã⁼	₌tɕiã	₌tɕʻiã	₌ɕiã	ʻɕiã	ɕiã⁼	₌iã	₌iã
黄 柏	ȵiã⁼	₌tʃã	₌tʃʻã	₌ʃã	ʻʃã	ʃã⁼	₌iã	₌iã
暖 水	ȵiʌŋ⁼	₌tʂʌŋ	₌tʂʻʌŋ	₌ʂʌŋ	ʻʂʌŋ	ʂʌŋ⁼	₌iʌŋ	₌iʌŋ

	1249	1250	1251	1252	1253	1254	1255	1256
	痒	样	光	广	荒	谎	黄	汪
	宕开三上养以	宕开三去漾以	宕合一平唐见	宕合一上荡见	宕合一平唐晓	宕合一上荡晓	宕合一平唐匣	宕合一平唐影
经公桥	ᶜyaŋ	yaŋᵓ	₌kuaŋ	ᶜkuaŋ	₌xuaŋ	ᶜxuaŋ	₌uaŋ	₌uaŋ
鹅湖	ᶜiõ	iõᵓ	₌kuaŋ	ᶜkuaŋ	₌xuaŋ	ᶜxuaŋ	₌uaŋ	₌uaŋ
旧城	ᶜȵia	ȵiaᵓ	₌kuaŋ	ᶜkuaŋ	₌xuaŋ	ᶜxuaŋ	₌uaŋ	₌uaŋ
湘湖	ᶜia	iaᵓ	₌kuaŋ	ᶜkuaŋ	₌xuaŋ	ᶜxuaŋ	₌faŋ/uaŋ	₌uaŋ
溪头	ᶜiɔ̃	iɔ̃ᵓ	₌kuɔ̃	ᶜkuɔ̃	₌xuɔ̃	ᶜxuɔ̃	₌uɔ̃	₌uɔ̃
沱川	ᶜiÃ	iÃᵓ	₌kuÃ	ᶜkuÃ	₌xuÃ	ᶜxuÃ	₌vÃ	₌vÃ
紫阳	ᶜiã	iãᵓ	₌kuã	ᶜkuã	₌xuã	ᶜxuã	₌xuã	₌vã
许村	ᶜiɔ̃	iɔ̃ᵓ	₌kuɔ̃	ᶜkuɔ̃	₌xuɔ̃	ᶜxuɔ̃	₌vɔ̃	₌vɔ̃
中云	ᶜiã	iãᵓ	₌kuã	ᶜkuã	₌xuã	ᶜxuã	₌vã	₌uã
新建	ᶜiɔ̃	iɔ̃ᵓ	₌kɔ̃	ᶜkɔ̃	₌xɔ̃	ᶜxuɔ̃	₌vɔ̃	₌vɔ̃
新营	ᶜiã	iãᵓ	₌kuɔ̃	ᶜkuɔ̃	₌xuɔ̃	ᶜxuɔ̃	₌uɔ̃/xuɔ̃	₌uɔ̃
黄柏	ᶜiã	iãᵓ	₌kuəŋ	ᶜkuəŋ	₌xuəŋ	ᶜxuəŋ	₌xuəŋ	₌uəŋ
暖水	ᶜiʌŋ	iʌŋᵓ	₌kʌŋ	ᶜkʌŋ	₌xʌŋ	ᶜxʌŋ	₌vʌŋ	₌vʌŋ

	1257	1258	1259	1260	1261	1262	1263	1264
	方	放	纺	访	房	亡	网	忘
	宕合三平阳非	宕合三去漾非	宕合三上养敷	宕合三去漾敷	宕合三平阳奉	宕合三平阳微	宕合三上养微	宕合三去漾微
经公桥	₌faŋ	faŋᵓ	ᶜfaŋ	ᶜfaŋ	₌faŋ	₌uaŋ	ᶜmaŋ	uaŋᵓ
鹅湖	₌faŋ	faŋᵓ	ᶜfaŋ	ᶜfaŋ	₌faŋ	₌uaŋ	ᶜmaŋ	maŋᵓ
旧城	₌faŋ	faŋᵓ	ᶜfaŋ	ᶜfaŋ	₌faŋ	₌uaŋ	ᶜmaŋ	maŋᵓ
湘湖	₌faŋ	faŋᵓ	ᶜfaŋ	ᶜfaŋ	₌faŋ	₌uaŋ	ᶜmaŋ	uaŋᵓ
溪头	₌fɔ̃	fɔ̃ᵓ	ᶜfɔ̃	ᶜfɔ̃	₌fɔ̃	₌uɔ̃	ᶜmɔ̃	mɔ̃ᵓ
沱川	₌fÃ	fÃᵓ	ᶜfÃ	ᶜfÃ	₌fÃ	₌uÃ	ᶜmÃ	mÃᵓ
紫阳	₌fã	fãᵓ	ᶜfã	ᶜfã	₌fã	₌mã	ᶜmã	mãᵓ
许村	₌fɔ̃	fɔ̃ᵓ	ᶜfɔ̃	ᶜfɔ̃	₌fɔ̃	₌mɔ̃	ᶜmɔ̃	mɔ̃ᵓ
中云	₌fã	fãᵓ	ᶜfã	ᶜfã	₌fã	₌uã	ᶜmã	mãᵓ
新建	₌fɔ̃	fɔ̃ᵓ	ᶜfɔ̃	ᶜfɔ̃	₌fɔ̃	₌vɔ̃	ᶜvɔ̃	mɔ̃ᵓ
新营	₌fɔ̃	fɔ̃ᵓ	ᶜfɔ̃	ᶜfɔ̃	₌fɔ̃	₌uɔ̃	ᶜuɔ̃	uɔ̃ᵓ
黄柏	₌fəŋ	fəŋᵓ	ᶜfəŋ	ᶜfəŋ	₌fəŋ	₌uəŋ	ᶜuəŋ	uəŋᵓ
暖水	₌fʌŋ	fʌŋᵓ	ᶜfʌŋ	ᶜfʌŋ	₌fʌŋ	₌vʌŋ	ᶜvʌŋ	vʌŋᵓ

	1265 望 宕合三 去漾微	1266 筐 宕合三 平阳溪	1267 眶 宕合三 平阳溪	1268 狂 宕合三 平阳群	1269 况 宕合三 去漾晓	1270 柱 宕合三 上养影	1271 王姓~ 宕合三 平阳云	1272 王大~ 宕合三 平阳云
经公桥	maŋ⁼	₌k'uaŋ	k'uaŋ	₌k'uaŋ	k'uaŋ⁼	⁻uaŋ	₌uaŋ	₌uaŋ
鹅 湖	uaŋ⁼	₌k'uaŋ	₌k'uaŋ	₌k'uaŋ	k'uaŋ⁼	⁻uaŋ	₌uaŋ	₌uaŋ
旧 城	uaŋ⁼	₌k'uaŋ	₌k'uaŋ	₌k'uaŋ	k'uaŋ⁼	⁻uaŋ	₌uaŋ	₌uaŋ
湘 湖	uaŋ⁼	₌k'uaŋ	₌k'uaŋ	₌k'uaŋ	k'uaŋ⁼	⁻uaŋ	₌uaŋ	₌uaŋ
溪 头	uɔ⁼	₌k'uɔ	k'uɔ	₌k'uɔ	k'ɔ⁼	⁻uɔ	₌uɔ	₌uɔ
沱 川	vã⁼	₌k'uã	k'uã	₌k'uã	k'uã⁼	⁻vã	₌vã	₌vã
紫 阳	mã⁼	₌k'uã	k'uã	₌k'uã	k'uã⁼	⁻vã	₌iã	₌vã
许 村	vɔ⁼	₌k'uã	k'uã	₌k'uã	k'uã⁼	⁻vɔ	₌vɔ	₌vɔ
中 云	vã⁼	₌k'uã	k'uã	₌k'uã	k'uã⁼	⁻vã	₌vã	₌vã
新 建	vɔ⁼	₌k'ɔ	k'ɔ	₌k'ɔ	k'ɔ⁼	⁻vɔ	₌vɔ	₌vɔ
新 营	mɔ⁼	₌k'uɔ	k'uɔ	₌k'uɔ	k'uɔ⁼	⁻uɔ	₌uɔ	₌uɔ
黄 柏	uəŋ⁼	₌k'əŋ	₌k'əŋ	₌k'əŋ	k'əŋ⁼	⁻əŋ	₌əŋ	₌əŋ
暖 水	vʌŋ⁼	₌k'uʌŋ	k'uʌŋ	₌k'uʌŋ	k'uʌŋ⁼	⁻vʌŋ	₌vʌŋ	₌vʌŋ

	1273 往~年 宕合三 上养云	1274 旺 宕合三 去漾云	1275 邦 江开二 平江帮	1276 绑 江开二 上讲帮	1277 胖 江开二 去绛滂	1278 棒 江开二 上讲並	1279 桩 江开二 平江知	1280 撞 江开二 去绛澄
经公桥	⁻uaŋ	uaŋ⁼	₌paŋ	⁻paŋ	p'aŋ⁼	paŋ⁼	₌tʂaŋ	tʂ'aŋ⁼
鹅 湖	⁻uaŋ	uaŋ⁼	₌paŋ	⁻paŋ	p'aŋ⁼	paŋ⁼	₌tʂaŋ	tʂ'aŋ⁼
旧 城	⁻uaŋ	uaŋ⁼	₌paŋ	⁻paŋ	p'aŋ⁼	paŋ⁼	₌tsaŋ	ts'aŋ⁼
湘 湖	⁻uaŋ	uaŋ⁼	₌paŋ	⁻paŋ	p'aŋ⁼	paŋ⁼	₌tsaŋ	ts'aŋ⁼
溪 头	⁻uɔ	uɔ⁼	₌pɔ	⁻pɔ	p'ɔ⁼	pɔ⁼	₌tsɔ	ts'ɔ⁼
沱 川	⁻vã	vã⁼	₌pã	⁻pã	p'ã⁼	p'ã⁼	₌tsã	ts'ã⁼
紫 阳	⁻vã	vã⁼	₌pã	⁻pã	p'ã⁼	p'ã⁼	₌tɕiã	ts'ã⁼
许 村	⁻vɔ	vɔ⁼	₌pɔ	⁻pɔ	p'ɔ⁼	₌p'ɔ	₌tʃɔ	tʃ'ɔ⁼
中 云	⁻vã	vã⁼	₌pã	⁻pã	p'ã⁼	p'ã⁼	₌tsã	ts'ã⁼
新 建	⁻vɔ	vɔ⁼	₌pɔ	⁻pɔ	p'ɔ⁼	p'ɔ⁼	₌tʂɔ	tʂ'ɔ⁼
新 营	⁻uɔ	uɔ⁼	₌pɔ	⁻pɔ	p'ɔ⁼	pɔ⁼	₌tɔ	t'ɔ⁼
黄 柏	⁻uəŋ	uəŋ⁼	₌pəŋ	⁻pəŋ	p'əŋ⁼	pəŋ⁼	₌tʂuəŋ	tʂ'uəŋ⁼
暖 水	⁻vʌŋ	vʌŋ⁼	₌pʌŋ	⁻pʌŋ	p'ʌŋ⁼	p'ʌŋ⁼	₌tʂʌŋ	tʂ'ʌŋ⁼

	1281 窗 江开二 平江初	1282 双 江开二 平江生	1283 江 江开二 平江见	1284 讲 江开二 上讲见	1285 降下~ 江开二 去绛见	1286 虹 江开二 去绛见	1287 腔 江开二 平江溪	1288 夯打~ 江开二 平江晓
经公桥	₌tʂʻaŋ	₌ʂaŋ	₌kaŋ	ˆkaŋ	kaŋ⁼	kaŋ⁼	₌tʃʻuaŋ	₌xaŋ
鹅湖	₌tʂʻaŋ	₌ʂaŋ	₌kaŋ	ˆkaŋ	kaŋ⁼	kaŋ⁼	₌tɕʻiõ	₌xaŋ
旧城	₌tsʻaŋ	₌ɕia	₌kaŋ	ˆkaŋ	kaŋ⁼	kaŋ⁼	₌tɕʻia	₌xaŋ
湘湖	₌tsʻaŋ	₌saŋ	₌kaŋ	ˆkaŋ	kaŋ⁼	kaŋ⁼	₌tɕʻia	₌xaŋ
溪头	₌tsʻɔ̃	₌sɔ̃	₌kɔ̃	ˆkɔ̃	kɔ̃⁼	kɔ̃⁼	₌tʃʻɔ̃	₌xɔ̃
沱川	₌tsʻã	₌sã	₌kã	ˆkã	kã⁼	kã⁼	₌tɕʻiã	₌xã
紫阳	₌tsʻã	₌ɕiã	₌kã	ˆkã	kã⁼	kã⁼	₌tɕʻiã	₌xã
许村	₌tʃʻɔ̃	₌ʃɔ̃	₌kɔ̃	ˆkɔ̃	kɔ̃⁼	kɔ̃⁼	₌tʃʻɔ̃	₌xɔ̃
中云	₌tsʻã	₌sã	₌kã	ˆkã	kã⁼	kã⁼	₌tɕʻiã	₌xã
新建	₌tʂʻɔ̃	₌ʃɔ̃	₌kɔ̃	ˆkɔ̃	kɔ̃⁼	kɔ̃⁼	₌tʂʻɔ̃	₌xɔ̃
新营	₌tsʻɔ	₌ɕiɔ	₌kɔ̃	ˆkɔ̃	kɔ̃⁼	kɔ̃⁼	₌tɕʻiã	₌xã
黄柏	₌tʂʻuəŋ	₌ʂuəŋ	₌kã	ˆtʃã	kã⁼	kã⁼	₌tʃʻã	₌xã
暖水	₌tsʻʌŋ	₌sʌŋ	₌kʌŋ	ˆkʌŋ	kʌŋ⁼	kʌŋ⁼	₌tɕʻiʌŋ	₌xʌŋ

	1289 降~伏 江开二 平江匣	1290 项 江开二 上讲匣	1291 巷 江开二 去绛匣	1292 崩 曾开一 平登帮	1293 朋 曾开一 平登並	1294 灯 曾开一 平登端	1295 等 曾开一 上等端	1296 凳 曾开一 去嶝端
经公桥	₌xaŋ	xaŋ⁼	xaŋ⁼	₌poŋ	₌pʻoŋ	₌tãi	ˆtãi	tãi⁼
鹅湖	₌xaŋ	ɕiõ⁼	xaŋ⁼	₌poŋ	₌pʻoŋ	₌tãi	ˆtãi	tãi⁼
旧城	₌xaŋ	xaŋ⁼	xaŋ⁼	₌poŋ	₌pʻoŋ	₌tai	ˆtai	tai⁼
湘湖	₌xaŋ	xaŋ⁼	xaŋ⁼	₌poŋ	₌pʻoŋ	₌tai	ˆtai	tai⁼
溪头	₌xɔ̃	ˆxɔ̃	xɔ̃⁼	₌pəŋ	₌pʻæi	₌tæi	ˆtæi	tæi⁼
沱川	₌xã	ˆxã	xã⁼	₌pəŋ	₌pʻã	₌tã	ˆtã	tã⁼
紫阳	₌xã	ˆxã	xã⁼	₌pɐm	₌pʻɐm	₌tɔ̃	ˆtɔ̃	tɔ̃⁼
许村	₌xɔ̃	ˆxɔ̃	xɔ̃⁼	₌pã	₌pʻã	₌tã	ˆtã	tã⁼
中云	₌xã	ˆxã	xã⁼	₌pɐm	₌pʻɐm	₌tã	ˆtã	tã⁼
新建	₌xɔ̃	ˆxɔ̃	xɔ̃⁼	₌pəŋ	₌pʻəŋ	₌tẽ	ˆtẽ	tẽ⁼
新营	₌xɔ̃	xɔ̃⁼	xɔ̃⁼	₌pəŋ	₌pʻæ	₌tæ	ˆtæ	tæ⁼
黄柏	₌xã	xã⁼	xã⁼	₌pəŋ	₌pʻəŋ	₌tin	ˆtin	tin⁼
暖水	₌xʌŋ	xʌŋ⁼	xʌŋ⁼	₌poŋ	₌pʻoŋ	₌tẽ	ˆtẽ	tẽ⁼

	1297 藤 曾开一 平登定	1298 邓 曾开一 去嶝定	1299 澄~水清 曾开一 去嶝定	1300 能 曾开一 平登泥	1301 增 曾开一 平登精	1302 层 曾开一 平登从	1303 赠 曾开一 去嶝从	1304 僧 曾开一 平登心
经公桥	₌t'ãi	tãi⁼	tãi⁼	₌nãi	₌tsãi	₌ts'ən	tsən⁼	₌tsãi
鹅湖	₌t'ãi	t'ãi⁼	t'ãi⁼	₌nãi	₌tsən	₌ts'ən	tsən⁼	₌nεn
旧城	₌t'ai	t'ai⁼	tɕ'iai⁼	₌nai	₌tsεn	₌ts'ai	tsεn⁼	₌sεn
湘湖	₌t'ai	t'ai⁼	t'ai⁼	₌lai	₌tsai	₌ts'ai	ts'ai⁼	₌tsai
溪头	₌tæi	tæi⁼	tæi⁼	₌næi	₌tsæi	₌ts'εn	tsæi⁼	₌tsæi
沱川	₌t'ã	t'ã⁼	tã⁼	₌nã	₌tsã	₌ts'ã	ts'ã⁼	₌tsã
紫阳	₌t'ɔ̃	t'æ⁼	tæ⁼	₌nɔ̃	₌tsɔ̃	₌ts'ɔ̃	ts'ɔ̃⁼	₌tsɔ̃
许村	₌t'ã	t'ã⁼	tã⁼	₌nã	₌tsã	₌ts'ã	ts'ã⁼	₌tsã
中云	₌t'ã	t'ã⁼	t'εn⁼	₌nã	₌tsã	₌ts'εn	ts'εn⁼	₌tsεn
新建	₌t'ẽ	t'ẽ⁼	ts'ẽ⁼	₌nã	₌tsẽ	₌ts'ẽ	tsẽ⁼	₌tsẽ
新营	₌t'æ̃	t'æ̃⁼	t'æ̃⁼	₌læ̃	₌tsæ̃	₌ts'æ̃	tsæ̃⁼	₌tsæ̃
黄柏	₌t'in	tən⁼	t'ən⁼	₌lin	₌tsən	₌tɕ'in	tsən⁼	₌sən
暖水	₌t'ẽ	t'ẽ⁼	tẽ⁼	₌læ̃	₌tsẽ	₌ts'ẽ	tsẽ⁼	₌sẽ

	1305 肯 曾开一 上等溪	1306 冰 曾开三 平蒸帮	1307 凭 曾开三 平蒸并	1308 菱 曾开三 平蒸来	1309 征~求 曾开三 平蒸知	1310 惩 曾开三 平蒸澄	1311 瞪 曾开三 去证澄	1312 蒸 曾开三 平蒸章
经公桥	ˀtɕ'iãi	₌pãi	₌p'ãi	₌lən	₌tsən	₌ts'ən	tən⁼	₌tɕiãi
鹅湖	ˀk'ən	₌pãi	₌p'ãi	₌nãi	₌tʂãi	₌ts'εn	tən⁼	₌tsən
旧城	ˀk'ai	₌pai	₌p'ai	₌nai	₌tɕiai	₌tɕ'iai	tai⁼	₌tɕiai
湘湖	ˀk'εn	₌pai	₌p'ai	₌lai	₌tɕiai	₌ts'εn	tai⁼	₌tɕiai
溪头	ˀk'əŋ	₌pæi	₌p'æi	₌læi	₌tsæi	₌ts'æi	tæi⁼	₌tsεn
沱川	ˀtɕ'iã	₌pã	₌p'ã	₌nã	₌tsã	₌ts'ã	tã⁼	₌tsεn
紫阳	ˀtɕ'iɔ̃	₌pɔ̃	₌p'ɔ̃	₌nɔ̃	₌tsɔ̃	₌ts'ɔ̃	tɔ̃⁼	₌tsæ̃
许村	ˀk'ã	₌pã	₌p'ã	₌nã	₌tʃã	₌tʃ'ã	tã⁼	₌tʃã
中云	ˀk'ã	₌pã	₌p'ã	₌nã	₌tsã	₌ts'ã	tã⁼	₌tsεn
新建	ˀk'ẽtɕ'iẽ	₌pẽ	₌p'ẽ	₌nẽ	₌tʃã	₌tʃ'ẽ	tẽ⁼	₌tʃẽ
新营	ˀk'ən	₌pæ̃	₌p'æ̃	₌læ̃	₌tsæ̃	₌ts'æ̃	tæ̃⁼	₌tsæ̃
黄柏	ˀk'ən	₌pin	₌p'in	₌lin	₌tʃən	₌tʃ'ən	tin⁼	₌tʃən
暖水	ˀk'æ̃	₌pẽ	₌p'ẽ	₌lẽ	₌tɕiẽ	₌tɕ'iẽ	tẽ⁼	₌tɕiẽ

	1313	1314	1315	1316	1317	1318	1319	1320
	拯	证	称~呼	秤	乘	绳	剩	升
	曾开三 上拯章	曾开三 去证章	曾开三 平蒸昌	曾开三 去证昌	曾开三 平蒸船	曾开三 平蒸船	曾开三 去证船	曾开三 平蒸书
经公桥	ꞌtɕiãi	tɕiãi⁼	₌tsʻən	tɕʻiãi⁼	₌ɕiãi	₌ɕiãi	ɕiãi⁼	₌ɕiãi
鹅湖	ꞌtʂãi	tʂãi⁼	₌tʂʻãi	tʂʻãi⁼	₌tʂʻãi	₌ʂãi	ʂãi⁼	₌ʂãi
旧城	ꞌtɕiai	tɕiai⁼	₌tɕʻiai	tɕʻiai⁼	₌ɕiai	₌ɕiai	ɕiai⁼	₌ɕiai
湘湖	ꞌtɕiai	tɕiai⁼	₌tɕʻiai	tɕʻiai⁼	₌ɕiai	₌ɕiai	ɕiai⁼	₌ɕiai
溪头	ꞌtsæi	tsæi⁼	₌tsʻæi	tsʻæi⁼	₌sæi	₌sen	sæi⁼	₌sen
沱川	ꞌtsã	tsã⁼	₌tsʻã	tsʻen⁼	₌sã	₌sen	sen⁼	₌sã
紫阳	ꞌtsæ	tsɔ̃⁼	₌tsʻæ	tsʻæ⁼	₌sɔ̃	₌sæ	sɔ̃⁼	₌sɔ̃
许村	ꞌtʃã	tʃã⁼	₌tʃʻã	tʃʻen⁼	₌ʃã	₌ʃen	ʃã⁼	₌ʃã
中云	ꞌtsen	tsã⁼	₌tsʻen	tsʻen⁼	₌sen	₌sen	sen⁼	₌sen
新建	ꞌtʃã	tʃẽ⁼	₌tʃʻẽ	tʃʻẽ⁼	₌ʃã	₌ʃẽ	ʃã⁼	₌ʃẽ
新营	ꞌtæ	tæ⁼	₌tʻæ	tʻæ⁼	₌ɕiæ	₌ɕiæ	ɕiæ⁼	₌ɕiæ
黄柏	ꞌtʃən	tʃən⁼	₌tʃʻən	tʃʻən⁼	₌ʃən	₌ʃən	ʃən⁼	₌ʃən
暖水	ꞌtɕiẽ	tɕiẽ⁼	₌tɕʻiẽ	tɕʻiẽ⁼	₌tɕʻiẽ	₌ɕiẽ	ɕiẽ⁼	₌ɕiẽ

	1321	1322	1323	1324	1325	1326	1327	1328
	胜~败	承	仍	兴~旺	兴高~	鹰	应答~	蝇
	曾开三 去证书	曾开三 平蒸禅	曾开三 平蒸日	曾开三 平蒸晓	曾开三 去证晓	曾开三 平蒸影	曾开三 去证影	曾开三 平蒸以
经公桥	ɕiãi⁼	₌tɕʻiãi	₌in	₌ɕin	ɕin⁼	₌iãi	iãi⁼	₌ɕin
鹅湖	ʂãi⁼	₌tsʻãi	₌iãi	₌xãi	xãi⁼	₌ŋãi	ŋãi⁼	₌ŋãi
旧城	ɕiai⁼	₌ɕiai	₌nai	₌xai	xai⁼	₌ŋai	ŋai⁼	₌ŋuo
湘湖	ɕiai⁼	₌ɕiai	₌lai	₌xai	xai⁼	₌ŋai	ŋai⁼	₌ŋai
溪头	sæi⁼	₌sæi	₌n̠iæi	₌ʃæi	ʃæi⁼	₌iæi	iæi⁼	₌iæi
沱川	sã⁼	₌sã	₌iã	₌ɕiã	ɕiã⁼	₌iã	iã⁼	₌iã
紫阳	sɔ̃⁼	₌sɔ̃	₌næ	₌ɕiɔ̃	ɕiɔ̃⁼	₌iɔ̃	iɔ̃⁼	₌iɔ̃
许村	ʃã⁼	₌tʃʻen	₌iã	₌ʃã	ʃã⁼	₌iã	iã⁼	₌iã
中云	sã⁼	₌tsʻen	₌iã	₌ɕiã	ɕiã⁼	₌iã	iã⁼	₌iã
新建	ʃẽ⁼	₌ʃẽ	₌n̠iã	₌ʃẽ	ʃẽ⁼	₌iẽ	iẽ⁼	₌ʃẽ
新营	ɕiæ⁼	₌ɕiæ	₌n̠iæ	₌xæ	xæ⁼	₌æ	ŋæ⁼	₌ŋæ
黄柏	ʃən⁼	₌tʃʻən	₌ien	₌ʃən	ʃən⁼	₌ien	ien⁼	₌ien
暖水	ɕiẽ⁼	₌tɕʻiẽ	₌n̠iẽ	₌ɕiẽ	ɕiẽ⁼	₌iẽ	iẽ⁼	₌ɕiẽ

第三章　赣东北徽语代表方言点单字音对照

	1329 弘 曾合一 平登匣	1330 彭 梗开二 平庚並	1331 盲 梗开二 平庚明	1332 猛 梗开二 上梗明	1333 打 梗开二 上梗端	1334 冷 梗开二 上梗来	1335 撑 梗开二 平庚徹	1336 生 梗开二 平庚生
经公桥	₌xoŋ	₌p'ãi	₌maŋ	ˆmoŋ	ˆta	ˆnãi	₌tʂ'ã	₌ɕiã
鹅湖	₌xoŋ	₌p'ən	₌maŋ	ˆmoŋ	ˆta	ˆnãi	₌tʂ'ã	₌ʂã
旧城	₌xoŋ	₌p'ai	₌maŋ	ˆmoŋ	ˆta	ˆnai	₌tɕ'ia	₌ɕia
湘湖	₌xoŋ	₌p'ɛn	₌maŋ	ˆmɛn	ˆta	ˆlai	₌tɕ'ia	₌ɕia
溪头	₌xuĩ	₌p'əŋ	₌mɔ̃	ˆməŋ	ˆta	ˆlæi	₌ts'æi	₌sæi
沱川	₌xəŋ	₌p'ã	₌mã	ˆmã	ˆtɒ	ˆnã	₌ts'ã	₌sã
紫阳	₌xɔ̃	₌p'ɐm	₌mã	ˆmɔ̃	ˆta	ˆnɔ̃	₌ts'ɔ̃	₌sɔ̃
许村	₌xɐm	₌p'ɐm	₌mɔ̃	ˆmã	ˆto	ˆnã	₌tʃ'ã	₌ʃã
中云	₌xɐm	₌p'ɐm	₌mã	ˆmɐm	ˆto	ˆnã	₌ts'ɐn	₌sã
新建	₌xɔ̃	₌p'əŋ	₌mɔ̃	ˆməŋ	ˆta	ˆnã	₌tʂ'ã	₌ʃã
新营	₌xen	₌p'ən	₌mɔ̃	ˆmən	ˆta	ˆlæ̃	₌t'æ̃	₌ɕiæ̃
黄柏	₌xəŋ	₌p'in	₌məŋ	ˆməŋ	ˆta	ˆlin	₌tʃ'uən	₌ʃuən
暖水	₌xoŋ	₌p'oŋ	₌mʌŋ	ˆmoŋ	ˆta	ˆlæ̃	₌tɕ'iæ̃	₌ɕiæ̃

	1337 牲 梗开二 平庚生	1338 省~长 梗开二 上梗生	1339 省节~ 梗开二 上梗生	1340 庚 梗开二 平庚见	1341 羹 梗开二 平庚见	1342 哽 梗开二 上梗见	1343 梗菜~ 梗开二 上梗见	1344 更~加 梗开二 去映见
经公桥	₌ɕiã	ˆɕiã	ˆɕiã	₌tɕiã	₌tɕiã	ˆtɕiã	ˆkuaŋ	ˆkɣ̃
鹅湖	₌ʂã	ˆʂã	ˆʂã	₌kən	₌kən	ˆkiɛn	ˆkuaŋ	ˆkãi
旧城	₌ɕia	ˆɕia	ˆɕia	₌ka	₌ka	ˆtɕiɛn	ˆkuaŋ	ˆkai
湘湖	₌ɕia	ˆɕia	ˆɕia	₌kɛn	₌kɛn	ˆkɛn	ˆkɛn	ˆkɛn
溪头	₌sæi	ˆsæi	ˆsæi	₌kæi	₌kæi	ˆkæi	ˆkuã	ˆkæi
沱川	₌sã	ˆsã	ˆsã	₌kã	₌kã	ˆkã	ˆkuã	ˆkã
紫阳	₌sɔ̃	ˆsɔ̃	ˆsɔ̃	₌kɔ̃	₌kɔ̃	ˆkɔ̃	ˆkɔ̃	ˆkɔ̃
许村	₌ʃã	ˆʃã	ˆʃã	₌kã	₌kã	ˆkã	ˆkuã	ˆkã
中云	₌sã	ˆsã	ˆsã	₌kã	₌kã	ˆkã	ˆkã	ˆkɛn
新建	₌ʃã	ˆʃã	ˆʃã	₌kã	₌kã	ˆkã	ˆkuʌ̃	ˆkã
新营	₌ɕiæ̃	ˆɕiæ̃	ˆɕiæ̃	₌kæ̃	₌kæ̃	ˆkæ̃	ˆkuæ̃	ˆkæ̃
黄柏	₌ʃuən	ˆʃuən	ˆʃuən	₌kən	₌kən	ˆkən	ˆkuən	ˆkən
暖水	₌ɕiæ̃	ˆɕiæ̃	ˆɕiæ̃	₌kæ̃	₌kæ̃	ˆkæ̃	ˆkuæ̃	ˆkæ̃

	1345	1346	1347	1348	1349	1350	1351	1352
	坑	硬	行~为	杏	棚	橙	争	睁
	梗开二平庚溪	梗开二去映疑	梗开二平庚匣	梗开二上梗匣	梗开二平耕并	梗开二平耕澄	梗开二平耕庄	梗开二平耕庄
经公桥	₌tɕ'iã	ŋã/iã⁼	₌xã	xã⁼	₌p'oŋ	₌ts'ən	₌tʂã	₌tʂã
鹅湖	₌k'ã	ŋã⁼	₌xã	ɕien⁼	₌p'oŋ	₌tʂ'ã	₌tʂã	₌tʂãi
旧城	₌k'a	ŋa⁼	₌xa	xa⁼	₌p'oŋ	₌tɕ'ia	₌tɕia	₌tɕia
湘湖	₌k'ɛn	ŋa⁼	₌xa	xa⁼	₌p'oŋ	₌ts'ɛn	₌tɕia	₌tsɛn
溪头	₌k'ã	ŋã⁼	₌xã	⁼xã	₌p'oŋ	₌ts'æi	₌tsæi	₌tsæi
沱川	₌k'ã	ŋã⁼	₌xã	xã⁼	₌p'ɑ	₌ts'ã	₌tsã	₌tsã
紫阳	₌k'ɔ̃	ŋɔ̃⁼	₌xɔ̃	xã⁼	₌p'ɯɑ	₌ts'æ̃	₌tsɔ̃	₌tsɔ̃
许村	₌k'ã	ŋã⁼	₌xã	xã⁼	₌p'ɯɑ	₌ts'ã	₌tʃã	₌tʃã
中云	₌k'ã	ŋã⁼	₌xã	xã⁼	₌p'ɯɑ	₌ts'ən	₌tsɛn	₌tsɛn
新建	₌k'ã	ŋã⁼	₌xã	xã⁼	₌p'əŋ	₌tʃ'ə̃	₌tʂã	₌tʂã
新营	₌k'æ̃	ŋæ̃⁼	₌xæ̃	xæ⁼	₌p'ən	₌ts'æ̃	₌tæ̃	₌tæ̃
黄柏	₌k'nɛ	ŋɛn⁼	₌nɛʃ/nɛx	ʃnɛ⁼	₌p'ɛŋ	₌tʃ'nɛ	₌tʃnɛ	₌tʃnɛ
暖水	₌k'æ	ŋæ⁼	₌xæ	ɕiẽ⁼	₌p'oŋ	₌ts'æ̃	₌tɕiæ̃	₌tɕ'iæ̃

	1353	1354	1355	1356	1357	1358	1359	1360
	耕	幸	莺	兵	丙	柄	平	病
	梗开二平耕见	梗开二上耿匣	梗开二平耕影	梗开三平庚帮	梗开三上梗帮	梗开三去映帮	梗开三平庚并	梗开三去映并
经公桥	₌tɕiã	xã⁼	₌in	₌pãi	⁼pãi	pãi⁼	₌p'ãi	p'ãi⁼
鹅湖	₌kã	xã⁼	₌ŋai	₌pãi	⁼pãi	pãi⁼	₌p'ãi	p'ãi⁼
旧城	₌ka	xa⁼	₌ŋai	₌pai	⁼pai	pai⁼	₌p'ai	p'ai⁼
湘湖	₌ka	xa⁼	₌ŋai	₌pai	⁼pai	pai⁼	₌p'ai	p'ai⁼
溪头	₌kæi	⁼xã	₌iæi	₌pæi	⁼pæi	pæi⁼	₌p'æi	p'æi⁼
沱川	₌kã	xã⁼	₌ŋã	₌pã	⁼pã	pã⁼	₌p'ã	p'ã⁼
紫阳	₌kɔ̃	xɔ̃⁼	₌ŋɔ̃	₌pɔ̃	⁼pɔ̃	pɔ̃⁼	₌p'ɔ̃	p'ɔ̃⁼
许村	₌kã	xã⁼	₌ŋã	₌pã	⁼pã	pã⁼	₌p'ã	p'ã⁼
中云	₌kɛn	xã⁼	₌iã	₌pã	⁼pã	pã⁼	₌p'ã	p'ã⁼
新建	₌kã	xã⁼	₌iã	₌pã	⁼pã	pã⁼	₌p'ã	p'ã⁼
新营	₌kæ̃	xæ̃⁼	₌iẽ	₌pæ̃	⁼pæ̃	pæ̃⁼	₌p'æ̃	p'æ̃⁼
黄柏	₌kən	ʃnɛ⁼	₌iɛn	₌pin	⁼pin	pin⁼	₌p'in	p'in⁼
暖水	₌kæ	xæ⁼	₌iæ	₌pæ	⁼pæ	pæ⁼	₌p'æ	p'æ⁼

第三章 赣东北徽语代表方言点单字音对照

	1361 明 梗开三 平庚明	1362 命 梗开三 去映明	1363 京 梗开三 平庚见	1364 惊 梗开三 平庚见	1365 景 梗开三 上梗见	1366 镜 梗开三 去映见	1367 庆 梗开三 去映溪	1368 竞 梗开三 去映群
经公桥	₌mãi	mãi⁼	₌tɕiãi	₌tɕiãi	⁼tɕiãi	tɕiãi⁼	tɕ'iãi⁼	tɕiãi⁼
鹅 湖	₌mãi	mãi⁼	₌kãi	₌kãi	⁼kãi	kãi⁼	k'ãi⁼	kãi⁼
旧 城	₌mai	mai⁼	₌kai	₌kai	⁼kai	kai⁼	k'ai⁼	kai⁼
湘 湖	₌mai	mai⁼	₌kai	₌kai	⁼kai	kai⁼	k'ai⁼	kai⁼
溪 头	₌mæi	mæi⁼	₌tʃæi	₌tʃæi	⁼tʃæi	tʃæi⁼	tʃ'æi⁼	tʃæi⁼
沱 川	₌mã	mã⁼	₌tɕiã	₌tɕiã	⁼tɕiã	tɕiã⁼	tɕ'iã⁼	tɕ'iã⁼
紫 阳	₌mɔ̃	mɔ̃⁼	₌tɕiɔ̃	₌tɕiɔ̃	⁼tɕiɔ̃	tɕiɔ̃⁼	tɕ'iɔ̃⁼	tɕiɔ̃⁼
许 村	₌mã	mã⁼	₌tʃã	₌tʃã	⁼tʃã	tʃã⁼	tʃ'ã⁼	tʃã⁼
中 云	₌mã	mã⁼	₌tɕiã	₌tɕiã	⁼tɕiã	tɕiã⁼	tɕ'iã⁼	tɕiã⁼
新 建	₌mã	mã⁼	₌tʃã	₌tʃã	⁼tʃã	tʃɔ̃⁼	tʃ'ã⁼	tʃ'ã⁼
新 营	₌mæ̃	mæ̃⁼	₌kæ̃	₌kæ̃	⁼kæ̃	tɕiɔ̃⁼	k'æ̃⁼	kæ̃⁼
黄 柏	₌min	min⁼	₌tʃən	₌tʃən	⁼tʃən	tʃən⁼	tʃ'ən⁼	tʃən⁼
暖 水	₌mæ̃	mæ̃⁼	₌tɕiæ̃	₌tɕiæ̃	⁼tɕiæ̃	tɕiæ̃⁼	tɕ'iæ̃⁼	tɕiæ̃⁼

	1369 迎 梗开三 平庚疑	1370 英 梗开三 平庚影	1371 影 梗开三 上梗影	1372 映 梗开三 去映影	1373 饼 梗开三 上静帮	1374 并合~ 梗开三 去劲帮	1375 聘 梗开三 去劲滂	1376 名 梗开三 平清明
经公桥	₌iãi	₌iãi	⁼iãi	in⁼	⁼pãi	pãi⁼	p'ãi⁼	₌mãi
鹅 湖	₌ŋãi	₌ŋãi	⁼ŋãi	ŋãi⁼	⁼pãi	pãi⁼	p'ai⁼	₌mãi
旧 城	₌ŋai	₌ŋai	⁼ŋai	ŋai⁼	⁼pai	pai⁼	p'ai⁼	₌mai
湘 湖	₌ŋai	₌ŋai	⁼ŋai	ŋai⁼	⁼pai	pai⁼	p'ai⁼	₌mai
溪 头	₌iæi	₌iæi	⁼iæi	iæi⁼	⁼pæi	pæi⁼	p'æi⁼	₌mæi
沱 川	₌ȵiã	₌iã	⁼iã	iã⁼	⁼pã	pã⁼	p'ã⁼	₌mã
紫 阳	₌iɔ̃	₌iɔ̃	⁼iɔ̃	iɔ̃⁼	⁼pɔ̃	pɔ̃⁼	p'ɔ̃⁼	₌mɔ̃
许 村	₌ȵiã	₌iã	⁼iã	iɔ̃⁼	⁼pã	pã⁼	p'ã⁼	₌mã
中 云	₌ȵiã	₌iã	⁼iã	iã⁼	⁼pã	pã⁼	p'ã⁼	₌mã
新 建	₌ȵiã	₌iã	⁼iã	iɔ̃⁼	⁼pã	pã⁼	p'ã⁼	₌mã
新 营	₌æ̃	₌æ̃	⁼æ̃	æ̃⁼	⁼pæ	pæ⁼	p'æ̃⁼	₌mæ̃
黄 柏	₌iən	₌iən	⁼iən	iən⁼	⁼pin	pin⁼	p'in⁼	₌min
暖 水	₌ȵiæ̃	₌iæ̃	⁼iæ̃	iæ̃⁼	⁼pæ̃	pæ̃⁼	p'æ̃⁼	₌mæ̃

	1377 领 梗开三 上静来	1378 岭 梗开三 上静来	1379 令 梗开三 去劲来	1380 精 梗开三 平清精	1381 井 梗开三 上静精	1382 清 梗开三 平清清	1383 请 梗开三 上静清	1384 晴 梗开三 平清从
经公桥	⁻nãi	⁻nãi	nãi⁼	₌tsãi	⁻tsãi	₌tsʻãi	⁻tsʻãi	₌tsʻãi
鹅湖	⁻nãi	⁻nãi	nãi⁼	₌tsãi	⁻tsãi	₌tsʻãi	⁻tsʻãi	₌tsʻãi
旧城	⁻nai	⁻nai	nai⁼	₌tsai	⁻tsai	₌tsʻai	⁻tsʻai	₌tsʻai
湘湖	⁻lai	⁻lai	lai⁼	₌tsai	⁻tsai	₌tsʻai	⁻tsʻai	₌tsʻai
溪头	⁻næi	⁻næi	næi⁼	₌tsæi	⁻tsæi	₌tsʻæi	⁻tsʻæi	₌tsʻæi
沱川	⁻nã	⁻nã	nã⁼	₌tsã	⁻tsã	₌tsʻã	⁻tsʻã	₌tsʻã
紫阳	⁻nɔ̃	⁻nɔ̃	nɔ̃⁼	₌tsɔ̃	⁻tsɔ̃	₌tsʻɔ̃	⁻tsʻɔ̃	₌tsʻɔ̃
许村	⁻nã	⁻nã	nã⁼	₌tsã	⁻tsã	₌tsʻã	⁻tsʻã	₌tsʻã
中云	⁻nã	⁻nã	nã⁼	₌tsɛn	⁻tsã	₌tsʻã	⁻tsʻã	₌tsʻã
新建	⁻nã	⁻nã	nã⁼	₌tsã	⁻tsã	₌tsʻã	⁻tsʻã	₌tsʻã
新营	⁻læ̃	⁻læ̃	læ̃⁼	₌tsæ̃	⁻tsæ̃	₌tsʻæ̃	⁻tsʻæ̃	₌tsʻæ̃
黄柏	⁻lin	⁻lin	lin⁼	₌tɕin	⁻tɕin	₌tɕʻin	⁻tɕʻin	₌tɕʻin
暖水	⁻læ̃	⁻læ̃	læ̃⁼	₌tsæ̃	⁻tsæ̃	₌tsʻæ̃	⁻tsʻæ̃	₌tsʻæ̃

	1385 静 梗开三 上静从	1386 净 梗开三 去劲从	1387 省反~ 梗开三 上静心	1388 姓 梗开三 去劲心	1389 贞 梗开三 平清知	1390 程 梗开三 平清澄	1391 郑 梗开三 去劲澄	1392 正~月 梗开三 平清章
经公桥	tsʻãi⁼	tsʻãi⁼	⁻ɕiãi	sãi⁼	₌tɕiãi	₌tɕʻiãi	tɕʻiãi⁼	₌tɕiãi
鹅湖	tsʻãi⁼	tsʻãi⁼	⁻sai	sai⁼	₌tʂãi	₌tʂʻãi	tʂʻãi⁼	₌tʂãi
旧城	tsʻai⁼	tsʻai⁼	⁻sai	sai⁼	₌tɕiai	₌tɕʻiai	tɕʻiai⁼	₌tɕiai
湘湖	tsʻai⁼	tsʻai⁼	⁻ɕiai	ɕiai⁼	₌tɕiai	₌tɕʻiai	tɕʻiai⁼	₌tɕiai
溪头	⁼tsʻæi	tsʻæi⁼	⁻sã	sã⁼	₌tsæi	₌tsʻæi	tsʻæi⁼	₌tsæi
沱川	⁼tsʻã	tsʻã⁼	⁻sã	sã⁼	₌tsã	₌tsʻã	tsʻã⁼	₌tsã
紫阳	⁼tsʻɔ̃	tsʻɔ̃⁼	⁻sɔ̃	sɔ̃⁼	₌tsɔ̃	₌tsʻɔ̃	tsʻɔ̃⁼	₌tsɔ̃
许村	⁼tsʻã	tsʻã⁼	⁻sã	sã⁼	₌tʃɛn	₌tʃʻã	tʃʻã⁼	₌tʃã
中云	⁼tsʻã	tsʻã⁼	⁻sã	sã⁼	₌tsã	₌tsʻã	tsʻã⁼	₌tsã
新建	tsʻã⁼	tsʻã⁼	⁻ʃã	sã⁼	₌tʃẽ	₌tʃʻã	tʃʻã⁼	₌tʃã
新营	tsʻæ̃⁼	tsʻæ̃⁼	⁻sæ̃	sæ̃⁼	₌tæ̃	₌tʻæ̃	tʻæ̃⁼	₌tæ̃
黄柏	tɕʻin⁼	tɕʻin⁼	⁻ɕiən	ɕiən⁼	₌tʃən	₌tʃʻən	tʃʻən⁼	₌tʃən
暖水	tsʻæ̃⁼	tsʻæ̃⁼	⁻ɕiæ̃	sæ̃⁼	₌tɕiæ̃	₌tɕʻiæ̃	tɕʻiæ̃⁼	₌tɕiæ̃

	1393	1394	1395	1396	1397	1398	1399	1400
	征	整~日	正~好	政	声	圣	成	城
	梗开三平清章	梗开三上静章	梗开三去劲章	梗开三去劲章	梗开三平清书	梗开三去劲书	梗开三平清禅	梗开三平清禅
经公桥	₌tɕiãi	ꞌtɕiãi	tɕiãiꞌ	tɕiãiꞌ	₌ɕiãi	ɕiãiꞌ	₌ɕiãi	₌ɕiãi
鹅 湖	₌tʂãi	ꞌtʂãi	tʂãiꞌ	tʂãiꞌ	₌ʂãi	ʂãiꞌ	₌tʂʻãi	₌ʂãi
旧 城	₌tɕiai	ꞌtɕiai	tɕiaiꞌ	tɕiaiꞌ	₌ɕiai	ɕiaiꞌ	₌ɕiai	₌ɕiai
湘 湖	₌tɕiai	ꞌtɕiai	tɕiaiꞌ	tɕiaiꞌ	₌ɕiai	ɕiaiꞌ	₌ɕiai	₌ɕiai
溪 头	₌tsæi	ꞌtsæi	tsæiꞌ	tsæiꞌ	₌sã	sãꞌ	₌sã	₌sã
沱 川	₌tsã	ꞌtsã	tsãꞌ	tsãꞌ	₌sã	sãꞌ	₌sã	₌sã
紫 阳	₌tsɔ̃	ꞌtsɔ̃	tsɔ̃ꞌ	tsɔ̃ꞌ	₌sɔ̃	sɔ̃ꞌ	₌sɔ̃	₌sɔ̃
许 村	₌tʃã	ꞌtʃã	tʃãꞌ	tʃãꞌ	₌ʃã	ʃãꞌ	₌ʃã	₌ʃã
中 云	₌tsã	ꞌtsã	tsãꞌ	tsãꞌ	₌sɛn	sɛnꞌ	₌tsʻɛn	₌sã
新 建	₌tʃã	ꞌtʃã	tʃãꞌ	tʃãꞌ	₌ʃã	ʃãꞌ	₌ʃã	₌ʃã
新 营	₌tæ̃	ꞌtæ̃	tæ̃ꞌ	tæ̃ꞌ	₌ɕiæ̃	ɕiæ̃ꞌ	₌ɕiæ̃	₌ɕiæ̃
黄 柏	₌tʃən	ꞌtʃən	tʃənꞌ	tʃənꞌ	₌ʃən	ʃənꞌ	₌tʃʻən	₌tʃʻən
暖 水	₌tɕiæ̃	ꞌtɕiæ̃	tɕiæ̃ꞌ	tɕiæ̃ꞌ	₌ɕiæ̃	ɕiæ̃ꞌ	₌ɕiæ̃	₌ɕiæ̃

	1401	1402	1403	1404	1405	1406	1407	1408
	盛~满了	颈	轻	婴	赢	拼~凑	瓶	并~且
	梗开三去劲禅	梗开三上静见	梗开三平清溪	梗开三平清影	梗开三平清以	梗开四平青滂	梗开四平青并	梗开四上迥并
经公桥	ɕiãiꞌ	ꞌtɕiãi	₌tɕʻiãi	₌in	iãi/in	₌pʻãi	₌pʻãi	pʻãiꞌ
鹅 湖	ʂãiꞌ	ꞌkãi	₌kʻãi	₌ŋãi	₌ŋãi	₌pʻãi	₌pʻãi	pʻãiꞌ
旧 城	ɕiaiꞌ	ꞌkai	₌kʻai	₌iɛn	₌ŋai	₌pʻai	₌pʻai	pʻaiꞌ
湘 湖	ɕiaiꞌ	ꞌkai	₌kʻai	₌ĩ	₌ŋai	₌pʻai	₌pʻai	pʻaiꞌ
溪 头	sãꞌ	ꞌtʃʻã	₌tʃʻã	₌iæi	iæi	₌pʻæi	₌pʻæi	pæiꞌ
沱 川	sɛnꞌ	ꞌtɕiã	₌tɕʻiã	₌ŋã	₌iã	₌pʻã	₌pʻã	pʻãꞌ
紫 阳	sɔ̃ꞌ	ꞌtɕiɔ̃	₌tɕʻiɔ̃	₌iɔ̃	₌iɔ̃	₌pʻɔ̃	₌pʻɔ̃	pʻɔ̃ꞌ
许 村	ʃãꞌ	ꞌtʃã	₌tʃʻã	₌iã	₌iã	₌pʻã	₌pʻã	pʻãꞌ
中 云	sɛnꞌ	ꞌtɕiã	₌tɕʻiã	₌iã	₌iã	₌pʻã	₌pʻã	pʻãꞌ
新 建	ʃãꞌ	ꞌtʃã	₌tʃʻã	₌iẽ	₌iã	₌pʻã	₌pʻã	pʻãꞌ
新 营	ɕiæ̃ꞌ	ꞌkæ̃	₌kʻæ̃	₌iən	₌ŋæ̃	₌pʻæ̃	₌pʻæ̃	pʻæ̃ꞌ
黄 柏	ʃənꞌ	ꞌtʃən	₌tʃʻən	₌iən	₌iən	₌pʻin	₌pʻin	pʻinꞌ
暖 水	ɕiæ̃ꞌ	ꞌtɕiæ̃	₌tɕʻiæ̃	₌æ̃	₌iæ̃	₌pʻæ̃	₌pʻæ̃	pʻæ̃ꞌ

	1409	1410	1411	1412	1413	1414	1415	1416
	钉铁~	顶	订	听~见	停	挺	定	宁安~
	梗开四平青端	梗开四上迥端	梗开四去径端	梗开四平青透	梗开四平青定	梗开四上迥定	梗开四去径定	梗开四平青泥
经公桥	₌tãi	⁽tãi	tãi⁼	₌t'ãi	₌t'ãi	⁽t'ãi	t'ãi⁼	₌nãi
鹅湖	₌tãi	⁽tãi	tãi⁼	₌t'ãi	₌t'ãi	⁽t'ãi	t'ãi⁼	₌nãi
旧城	₌tai	⁽tai	tai⁼	₌t'ai	₌t'ai	⁽t'ai	t'ai⁼	₌nai
湘湖	₌tai	⁽tai	tai⁼	₌t'ai	₌t'ai	⁽t'ai	t'ai⁼	₌lai
溪头	₌tæi	⁽tæi	tæi⁼	₌t'æi	₌t'æi	⁽t'æi	t'æi⁼	₌næi
沱川	₌tã	⁽tã	tã⁼	₌t'ã	₌t'ã	⁽t'ã	t'ã⁼	₌nã
紫阳	₌tɔ̃	⁽tɔ̃	tɔ̃⁼	₌t'ɔ̃	₌t'ɔ̃	⁽t'ɔ̃	t'ɔ̃⁼	₌nɔ̃
许村	₌tã	⁽tã	tã⁼	₌t'ã	₌t'ã	⁽t'ã	t'ã⁼	₌nã
中云	₌tã	⁽tã	tã⁼	₌t'ã	₌t'ã	⁽t'ã	t'ã⁼	₌nã
新建	₌tã	⁽tã	tã⁼	₌t'ã	₌t'ã	⁽t'ã	t'ã⁼	₌nã
新营	₌tæ̃	⁽tæ̃	tæ̃⁼	₌t'æ̃	₌t'æ̃	⁽t'æ̃	t'æ̃⁼	₌læ̃
黄柏	₌tin	⁽tin	tin⁼	₌t'in	₌t'in	⁽t'in	t'in⁼	₌lin
暖水	₌tæ̃	⁽tæ̃	tæ̃⁼	₌t'æ̃	₌t'æ̃	⁽t'æ̃	t'æ̃⁼	₌læ̃

	1417	1418	1419	1420	1421	1422	1423	1424
	零	铃	拎	另	青	星	醒	经
	梗开四平青来	梗开四平青来	梗开四平青来	梗开四去径来	梗开四平青清	梗开四平青心	梗开四上迥心	梗开四平青见
经公桥	₌nãi	₌nãi	₌nãi	nãi⁼	₌ts'ãi	₌sãi	⁽sãi	₌tɕiãi
鹅湖	₌nãi	₌nãi	₌nãi	nãi⁼	₌ts'ãi	₌sãi	⁽sãi	₌kãi
旧城	₌nai	₌nai	₌nai	nai⁼	₌ts'ai	₌sai	⁽sai	₌kai
湘湖	₌lai	₌lai	₌lai	lai⁼	₌ts'ai	₌sai	⁽sai	₌kai
溪头	₌næi	₌næi	₌næi	næi⁼	₌ts'æi	₌sæi	⁽sæi	₌tʃæi
沱川	₌nã	₌nã	₌nã	nã⁼	₌ts'ã	₌sã	⁽sã	₌tɕiã
紫阳	₌nɔ̃	₌nɔ̃	₌nɔ̃	nɔ̃⁼	₌ts'ɔ̃	₌sɔ̃	⁽sɔ̃	₌tɕiɔ̃
许村	₌nã	₌nã	₌nã	nã⁼	₌ts'ã	₌sã	⁽sã	₌tʃã
中云	₌nã	₌nã	₌nã	nã⁼	₌ts'ã	₌sã	⁽sã	₌tɕiã
新建	₌nã	₌nã	₌nã	nã⁼	₌ts'ã	₌sã	⁽sã	₌tʃã
新营	₌læ̃	₌læ̃	₌læ̃	læ̃⁼	₌ts'æ̃	₌sæ̃	⁽sæ̃	₌kæ̃
黄柏	₌lin	₌lin	₌lin	lin⁼	₌tɕ'in	₌ɕin	⁽ɕin	₌tʃən
暖水	₌læ̃	₌læ̃	₌læ̃	læ̃⁼	₌ts'æ̃	₌sæ̃	⁽sæ̃	₌tɕiæ̃

第三章　赣东北徽语代表方言点单字音对照

	1425	1426	1427	1428	1429	1430	1431	1432
	形	矿	横~直	轰	宏	兄	荣	永
	梗开四 平青匣	梗合二 上梗见	梗合二 平庚匣	梗合二 平耕晓	梗合二 平耕匣	梗合三 平庚晓	梗合三 平庚云	梗合三 上梗云
经公桥	₌ɕiãi	kʻuaŋ⁼	₌uã	₌xoŋ	₌xoŋ	₌xuãi	₌uãi	⁼uãi
鹅湖	₌xãi	kʻuaŋ⁼	₌xuãi	₌xoŋ	₌xoŋ	₌xuãi	₌uãi	⁼uãi
旧城	₌xai	kʻuaŋ⁼	₌ua	₌xoŋ	₌xoŋ	₌xuai	₌ioŋ	⁼uai
湘湖	₌xai	kʻuaŋ⁼	₌ua	₌xoŋ	₌xoŋ	₌xuai	₌ioŋ	⁼uai
溪头	₌ʃæi	kʻɔ̃⁼	₌xuɐi	₌xəŋ	₌xəŋ	₌xuæi	₌iæi	⁼uã
沱川	₌ɕiã	kʻuʌ̃⁼	₌vã	₌xuã	₌xuã	₌xuã	₌iã	⁼vã
紫阳	₌ɕiɔ̃	kʻuã⁼	₌vã	₌maɤ	₌maɤ	₌xuã	₌iɔ̃	⁼iɐɯ
许村	₌ʃã	kʻuã⁼	₌vã	₌maɤ	₌maɤ	₌xuã	₌iã	⁼vã
中云	₌ɕiã	kʻuã⁼	₌xuã	₌maɤ	₌maɤ	₌xuã	₌iɐɯ	⁼iɐɯ
新建	₌ʃã	kʻɔ̃⁼	₌xɔ̃	₌nəɤ	₌nəɤ	₌xuʌ̃	₌iɔ̃	⁼iɔ̃
新营	₌xæ̃	kʻuɔ̃⁼	₌uæ̃	₌nəɤ	₌nəɤ	₌xuæ̃	₌iəŋ	⁼uæ̃
黄柏	₌ʃeŋ	kʻuəŋ⁼	₌uəŋx	₌uəŋx	₌uəŋx	⁼ʃeŋ	₌ieŋ	⁼yeŋ
暖水	₌ɕiæ̃	kʻuʌŋ⁼	₌xuæ̃	₌xoŋ	₌xoŋ	₌xuɤ̃	₌ioŋ	⁼ioŋ

	1433	1434	1435	1436	1437	1438	1439	1440
	倾	琼	营	萤	篷	蒙~眼	懵	东
	梗合三 平清溪	梗合三 平清群	梗合三 平清以	梗合三 平清以	通合一 平东並	通合一 平东明	通合一 上董明	通合一 平东端
经公桥	₌tɕʻin	₌tɕʻioŋ	₌ioŋ	₌in	₌pʻoŋ	₌moŋ	⁼moŋ	₌toŋ
鹅湖	₌tɕʻiãi	₌tɕʻioŋ	₌uãi	₌uãi	₌pʻoŋ	₌moŋ	⁼moŋ	₌toŋ
旧城	₌tɕʻiɛn	₌tɕʻioŋ	₌ioŋ	₌ioŋ	₌pʻoŋ	₌moŋ	⁼moŋ	₌toŋ
湘湖	₌tɕʻyɛn	₌tɕʻioŋ	₌ioŋ	₌ioŋ	₌pʻoŋ	₌moŋ	⁼moŋ	₌toŋ
溪头	₌kʻuæi	₌kʻuæi	₌iæi	₌ɕi	₌pʻəŋ	₌məŋ	⁼məŋ	₌təŋ
沱川	₌kʻuã	₌kʻuã	₌iã	₌iã	₌pʻəŋ	₌məŋ	⁼məŋ	₌təŋ
紫阳	₌kʻuæ̃	₌tɕʻiɔ̃	₌iɔ̃	₌iɔ̃	₌maɤpʻ	₌maɯ	⁼maɯ	₌tem
许村	₌kʻuã	₌kʻuã	₌iã	₌iã	₌maɤpʻ	₌maɯ	⁼maɯ	₌tem
中云	₌kʻn	₌tɕʻiɐɯ	₌iɐɯ	₌iɐɯ	₌maɤpʻ	₌maɯ	⁼maɯ	₌tem
新建	₌kʻuẽ	₌tɕʻʃõ	₌iɔ̃	₌iɔ̃	₌pʻəɤ	₌məɤ	⁼məɤ	₌təŋ
新营	₌tɕʻnei	₌tɕʻinei	₌æ̃	₌æ̃	₌pʻəɤ	₌məɤ	⁼məɤ	₌tə
黄柏	₌tʃʻuen	₌tɕʻʃoŋ	₌ioŋ	₌ioŋ	₌pʻəŋ	₌moŋ	⁼moŋ	₌toŋ
暖水	₌tɕʻyẽ	₌tɕʻioŋ	₌ioŋ	₌ioŋ	₌pʻoŋ	₌moŋ	⁼moŋ	₌toŋ

	1441 懂 通合一上董端	1442 冻 通合一去送端	1443 通 通合一平东透	1444 桶 通合一上董透	1445 痛 通合一去送透	1446 铜 通合一平东定	1447 动 通合一上董定	1448 洞 通合一去送定
经公桥	ᶜtoŋ	toŋᶜ	₌tʻoŋ	ᶜtʻoŋ	tʻoŋᶜ	₌tʻoŋ	ᶜtʻoŋ	tʻoŋᶜ
鹅湖	ᶜtoŋ	toŋᶜ	₌tʻoŋ	ᶜtʻoŋ	tʻoŋᶜ	₌tʻoŋ	ᶜtʻoŋ	tʻoŋᶜ
旧城	ᶜtoŋ	toŋᶜ	₌tʻoŋ	ᶜtʻoŋ	tʻoŋᶜ	₌tʻoŋ	ᶜtʻoŋ	tʻoŋᶜ
湘湖	ᶜtoŋ	toŋᶜ	₌tʻoŋ	ᶜtʻoŋ	tʻoŋᶜ	₌tʻoŋ	ᶜtʻoŋ	tʻoŋᶜ
溪头	ᶜtəŋ	təŋᶜ	₌tʻəŋ	ᶜtʻəŋ	tʻəŋᶜ	₌təŋ	ᶜtəŋ	təŋ/tʻəŋᶜ
沱川	ᶜtəŋ	təŋᶜ	₌tʻəŋ	ᶜtʻəŋ	tʻəŋᶜ	₌təŋ	ᶜtəŋ	təŋᶜ
紫阳	ᶜtɛm	tɛmᶜ	₌tʻɛm	ᶜtʻɛm	tʻɛmᶜ	₌tʻɛm	ᶜtʻɛm	tʻɛmᶜ
许村	ᶜtɐɯ	tɐɯᶜ	₌tʻɐɯ	ᶜtʻɐɯ	tʻɐɯᶜ	₌tʻɐɯ	ᶜtʻɐɯ	tʻɐɯᶜ
中云	ᶜtɛm	tɛmᶜ	₌tʻɛm	ᶜtʻɛm	tʻɛmᶜ	₌tʻɛm	ᶜtʻɛm	tʻɛmᶜ
新建	ᶜtəŋ	təŋᶜ	₌tʻəŋ	ᶜtʻəŋ	tʻəŋᶜ	₌tʻəŋ	ᶜtʻəŋ	tʻəŋᶜ
新营	ᶜtən	tənᶜ	₌tʻən	ᶜtʻən	tʻənᶜ	₌tʻən	ᶜtʻən	tʻənᶜ
黄柏	ᶜtəŋ	təŋᶜ	₌tʻəŋ	ᶜtʻəŋ	tʻəŋᶜ	₌tʻəŋ	ᶜtʻəŋ	tʻəŋᶜ
暖水	ᶜtoŋ	toŋᶜ	₌tʻoŋ	ᶜtʻoŋ	tʻoŋᶜ	₌tʻoŋ	ᶜtʻoŋ	tʻoŋᶜ

	1449 笼 通合一平东来	1450 聋 通合一平东来	1451 拢 通合一上董来	1452 弄~堂 通合一去送来	1453 椶 通合一平东精	1454 鬃 通合一平东精	1455 总 通合一上董精	1456 粽 通合一去送精
经公桥	₌loŋ	₌loŋ	ᶜloŋ	loŋᶜ	₌tsoŋ	₌tsoŋ	ᶜtsoŋ	tsoŋᶜ
鹅湖	₌loŋ	₌loŋ	ᶜloŋ	loŋᶜ	₌tsoŋ	₌tsoŋ	ᶜtsoŋ	tsoŋᶜ
旧城	₌loŋ	₌loŋ	ᶜloŋ	loŋᶜ	₌tsoŋ	₌tsoŋ	ᶜtsoŋ	tsoŋᶜ
湘湖	₌loŋ	₌loŋ	ᶜloŋ	loŋᶜ	₌tsoŋ	₌tsoŋ	ᶜtsoŋ	tsoŋᶜ
溪头	₌nəŋ	₌nəŋ	ᶜnəŋ	nəŋᶜ	₌tsəŋ	₌tsəŋ	ᶜtsəŋ	tsəŋᶜ
沱川	₌nəŋ	₌nəŋ	ᶜnəŋ	nəŋᶜ	₌tsəŋ	₌tsəŋ	ᶜtsəŋ	tsəŋᶜ
紫阳	₌lɐɯ	₌lɐɯ	ᶜlɛm	lɐɯᶜ	₌tsɛm	₌tsɛm	ᶜtsɛm	tsɛmᶜ
许村	₌nɐɯ	₌nɐɯ	ᶜnɐɯ	nɐɯᶜ	₌tsɐɯ	₌tsɐɯ	ᶜtsɛm	tsɛmᶜ
中云	₌nɐɯ	₌nɐɯ	ᶜnɐɯ	nɐɯ	₌tsɐɯ	₌tsɐɯ	ᶜtsɛm	tsɛmᶜ
新建	₌nəŋ	₌nəŋ	ᶜnəŋ	nəŋᶜ	₌tsəŋ	₌tsəŋ	ᶜtsəŋ	tsəŋᶜ
新营	₌nɛĩ	₌nɛĩ	ᶜnɛĩ	nɛĩᶜ	₌tsən	₌tsən	ᶜtsən	tsənᶜ
黄柏	₌ŋəĩ	₌ŋəĩ	ᶜŋəĩ	ŋəĩᶜ	₌tsəŋ	₌tsəŋ	ᶜtsəŋ	tsəŋᶜ
暖水	₌loŋ	₌loŋ	ᶜloŋ	loŋᶜ	₌tsoŋ	₌tsoŋ	ᶜtsoŋ	tsoŋᶜ

	1457 葱 通合一 平东清	1458 丛 通合一 平东从	1459 送 通合一 去送心	1460 公 通合一 平东见	1461 贡 通合一 去送见	1462 空~虚 通合一 平东溪	1463 孔 通合一 上董溪	1464 控 通合一 去送溪
经公桥	⸌tsʻoŋ	⸍tsʻoŋ	soŋ⸣	⸌koŋ	koŋ⸣	⸌kʻoŋ	⸌kʻoŋ	kʻoŋ⸣
鹅湖	⸌tsʻoŋ	⸍tsʻoŋ	soŋ⸣	⸌koŋ	koŋ⸣	⸌kʻoŋ	⸌kʻoŋ	kʻoŋ⸣
旧城	⸌tsʻoŋ	⸍tsʻoŋ	soŋ⸣	⸌koŋ	koŋ⸣	⸌kʻoŋ	⸌kʻoŋ	kʻoŋ⸣
湘湖	⸌tsʻoŋ	⸍tsʻoŋ	soŋ⸣	⸌koŋ	koŋ⸣	⸌kʻoŋ	⸌kʻoŋ	kʻoŋ⸣
溪头	⸌tsʻəŋ	⸍tsʻəŋ	səŋ⸣	⸌kəŋ	kəŋ⸣	⸌kʻəŋ	⸌kʻəŋ	kʻəŋ⸣
沱川	⸌tsʻəŋ	⸍tsʻəŋ	səŋ⸣	⸌kəŋ	kəŋ⸣	⸌kʻəŋ	⸌kʻəŋ	kʻəŋ⸣
紫阳	⸌tsʻɐm	⸍tsʻɐm	sɐm⸣	⸌kɐm	kɐm⸣	⸌kʻɐm	⸌kʻɐm	kʻɐm⸣
许村	⸌tsʻɐm	⸍tsʻɐm	sɐm⸣	⸌kɐm	kɐm⸣	⸌kʻɐm	⸌kʻɐm	kʻɐm⸣
中云	⸌tsʻɐm	⸍tsʻɐm	sɐm⸣	⸌kɐm	kɐm⸣	⸌kʻɐm	⸌kʻɐm	kʻɐm⸣
新建	⸌tsʻəŋ	⸍tsʻəŋ	səŋ⸣	⸌kəŋ	kəŋ⸣	⸌kʻəŋ	⸌kʻəŋ	kʻəŋ⸣
新营	⸌tsʻen	⸍tsʻen	sen⸣	⸌ken	ken⸣	⸌kʻen	⸌kʻen	kʻen⸣
黄柏	⸌tsʻəŋ	⸍tsʻəŋ	səŋ⸣	⸌kəŋ	kəŋ⸣	⸌kʻəŋ	⸌kʻəŋ	kʻəŋ⸣
暖水	⸌tsʻoŋ	⸍tsʻoŋ	soŋ⸣	⸌koŋ	koŋ⸣	⸌kʻoŋ	⸌kʻoŋ	kʻoŋ⸣

	1465 空~缺 通合一 去送溪	1466 烘 通合一 平东晓	1467 哄~骗 通合一 上董晓	1468 红 通合一 平东匣	1469 虹彩~ 通合一 平东匣	1470 哄起~ 通合一 去送匣	1471 翁 通合一 平东影	1472 冬 通合一 平冬端
经公桥	kʻoŋ⸣	⸌xoŋ	⸌xoŋ	⸍xoŋ	⸍xoŋ	xoŋ⸣	⸌uoŋ	⸌toŋ
鹅湖	kʻoŋ⸣	⸌xoŋ	⸌xoŋ	⸍xoŋ	⸍xoŋ	xoŋ⸣	⸌ŋoŋ	⸌toŋ
旧城	kʻoŋ⸣	⸌xoŋ	⸌xoŋ	⸍xoŋ	⸍xoŋ	xoŋ⸣	⸌ŋoŋ	⸌toŋ
湘湖	kʻoŋ⸣	⸌xoŋ	⸌xoŋ	⸍xoŋ	⸍xoŋ	xoŋ⸣	⸌ŋoŋ	⸌toŋ
溪头	kʻəŋ⸣	⸌xəŋ	⸌xəŋ	⸍xəŋ	⸍xəŋ	xəŋ⸣	⸌əŋ	⸌təŋ
沱川	kʻəŋ⸣	⸌xəŋ	⸌xəŋ	⸍xəŋ	⸍xəŋ	xəŋ⸣	⸌vəŋ	⸌təŋ
紫阳	kʻɐm⸣	⸌xɐm	⸌xɐm	⸍xɐm	⸍xɐm	xɐm⸣	⸌vɐm	⸌tɐm
许村	kʻɐm⸣	⸌xɐm	⸌xɐm	⸍xɐm	⸍xɐm	xɐm⸣	⸌vɐm	⸌tɐm
中云	kʻɐm⸣	⸌xɐm	⸌xɐm	⸍xɐm	⸍xɐm	xɐm⸣	⸌vɐm	⸌tɐm
新建	kʻəŋ⸣	⸌xəŋ	⸌xəŋ	⸍xəŋ	⸍xəŋ	xəŋ⸣	⸌vəŋ	⸌təŋ
新营	kʻen⸣	⸌xen	⸌xen	⸍xen	⸍xen	xen⸣	⸌uen	⸌ten
黄柏	kʻəŋ⸣	⸌xəŋ	⸌xəŋ	⸍xəŋ	⸍xəŋ	xəŋ⸣	⸌ŋ̍	⸌təŋ
暖水	kʻoŋ⸣	⸌xoŋ	⸌xoŋ	⸍xoŋ	⸍xoŋ	xoŋ⸣	⸌voŋ	⸌toŋ

	1473 统 通合一 去宋透	1474 农 通合一 平冬泥	1475 宗 通合一 平冬精	1476 松轻~ 通合一 平冬心	1477 宋 通合一 去宋心	1478 风 通合三 平东非	1479 冯 通合三 平东奉	1480 凤 通合三 去送奉
经公桥	⁼tʻoŋ	₌loŋ	₌tsoŋ	₌soŋ	soŋ²	₌foŋ	₌foŋ	foŋ²
鹅湖	⁼tʻoŋ	₌noŋ	₌tsoŋ	₌soŋ	soŋ²	₌foŋ	₌foŋ	foŋ²
旧城	⁼tʻoŋ	₌loŋ	₌tsoŋ	₌soŋ	soŋ²	₌foŋ	₌foŋ	foŋ²
湘湖	⁼tʻoŋ	₌loŋ	₌tsoŋ	₌soŋ	soŋ²	₌foŋ	₌foŋ	foŋ²
溪头	⁼tʻəŋ	₌nieŋ	₌tseŋ	₌seŋ	seŋ²	₌feŋ	₌feŋ	feŋ²
沱川	⁼tʻəŋ	₌neŋ	₌tseŋ	₌seŋ	seŋ²	₌feŋ	₌feŋ	feŋ²
紫阳	⁼tʻɐm	₌liam	₌tsam	₌sam	sam²	₌fam	₌fam	fɐm²
许村	⁼tʻam	₌mam	₌tsam	₌sam	sam²	₌fam	₌fam	fam²
中云	⁼tʻɐm	₌liam	₌tsam	₌sam	sam²	₌fam	₌fam	fɐm²
新建	⁼tʻəŋ	₌neŋ	₌tseŋ	₌seŋ	seŋ²	₌feŋ	₌feŋ	feŋ²
新营	⁼tʻən	₌nən	₌tsən	₌sən	sən²	₌fən	₌fən	fən²
黄柏	⁼tʻəŋ	₌leŋ	₌tseŋ	₌seŋ	seŋ²	₌feŋ	₌feŋ	feŋ²
暖水	⁼tʻoŋ	₌loŋ	₌tsoŋ	₌soŋ	soŋ²	₌foŋ	₌foŋ	foŋ²

	1481 梦 通合三 去送明	1482 隆 通合三 平东来	1483 忠 通合三 平东知	1484 中当~ 通合三 平东知	1485 中射~ 通合三 去送知	1486 虫 通合三 平东澄	1487 崇 通合三 平东崇	1488 终 通合三 平东章
经公桥	moŋ²	₌loŋ	₌tsoŋ	₌tsoŋ	tsoŋ²	₌tʂʻoŋ	₌tʂʻoŋ	₌tsoŋ
鹅湖	moŋ²	₌noŋ	₌tsoŋ	₌tsoŋ	tsoŋ²	₌tʂʻoŋ	₌tʂʻoŋ	₌tsoŋ
旧城	moŋ²	₌loŋ	₌tsoŋ	₌tsoŋ	tsoŋ²	₌tʂʻoŋ	₌tʂʻoŋ	₌tsoŋ
湘湖	moŋ²	₌loŋ	₌tsoŋ	₌tsoŋ	tsoŋ²	₌tsʻoŋ	₌tsʻoŋ	₌tsoŋ
溪头	məŋ²	₌neŋ	₌tseŋ	₌tseŋ	tseŋ²	₌tsʻeŋ	₌tsʻeŋ	₌tseŋ
沱川	məŋ²	₌neŋ	₌tseŋ	₌tseŋ	tseŋ²	₌tsʻeŋ	₌tsʻeŋ	₌tseŋ
紫阳	mɐm²	₌nam	₌tsam	₌tsam	tsam²	₌tsʻam	₌tsʻam	₌tsam
许村	mam²	₌nam	₌tʃam	₌tʃam	tʃam²	₌tsʻam	₌tʃʻam	₌tʃam
中云	mɐm²	₌liam	₌tsam	₌tsam	tsam²	₌tsʻam	₌tsʻam	₌tsam
新建	məŋ²	₌neŋ	₌tseŋ	₌tseŋ	tseŋ²	₌tsʻeŋ	₌tsʻeŋ	₌tseŋ
新营	mən²	₌nən	₌tən	₌tən	tən²	₌tʻən	₌tʻən	₌tən
黄柏	məŋ²	₌leŋ	₌tsuəŋ	₌tsuəŋ	tsuəŋ²	₌tsʻuəŋ	₌tsʻuəŋ	₌tsuəŋ
暖水	moŋ²	₌loŋ	₌tsoŋ	₌tsoŋ	tsoŋ²	₌tsʻoŋ	₌tsʻoŋ	₌tsoŋ

第三章 赣东北徽语代表方言点单字音对照

	1489 众 通合三去送章	1490 充 通合三平东昌	1491 铳 通合三去送昌	1492 绒 通合三平东日	1493 弓 通合三平东见	1494 穷 通合三平东群	1495 熊 通合三平东云	1496 融 通合三平东以
经公桥	tʂoŋ²	₋tʂʻoŋ	tʂʻoŋ²	₌ioŋ	₋koŋ	₌tɕʻioŋ	₌ɕioŋ	₌ioŋ
鹅 湖	tʂoŋ²	₋tʂʻoŋ	tʂʻoŋ²	₌ioŋ	₋koŋ	₌tɕʻioŋ	₌ɕioŋ	₌ioŋ
旧 城	tʂoŋ²	₋tʂʻoŋ	tʂʻoŋ²	₌ioŋ	₋koŋ	₌tɕʻioŋ	₌ɕioŋ	₌ioŋ
湘 湖	tsoŋ²	₋tsʻoŋ	tsʻoŋ²	₌ioŋ	₋koŋ	₌tɕʻioŋ	₌ɕioŋ	₌ioŋ
溪 头	tsəŋ²	₋tsʻəŋ	tsʻəŋ²	₌iəŋ	₋tʃəŋ	₌tʃʻəŋ	₌ʃəŋ	₌iəŋ
沱 川	tsʉɛ²	₋tsʻʉɛ	tsʻʉɛ²	₌iɛ	₋tɕiɛ	₌tɕʻiɛ	₌ɕiɛ	₌iɛ
紫 阳	tsem²	₋tsʻam	tsʻam²	₌maɪ	₋tɕiaɪ	₌tɕʻiam	₌ɕiaɪ	₌maɪ
许 村	tʃaʃ²	₋tʃʻaʃ	tʃʻaʃ²	₌maʃ	₋kaʃ	₌tʃʻaʃ	₌ʃaʃ	₌maʃ
中 云	tsem²	₋tsʻam	tsʻam²	₌maɪ	₋tɕiaɪ	₌tɕʻiaɪ	₌ɕiaɪ	₌maɪ
新 建	tʂəʃ²	₋tʂʻəʃ	tʂʻəʃ²	₌iəʃ	₋tʂəʃ	₌tʂʻəʃ	₌ʃəʃ	₌iəʃ
新 营	tən²	₋tʻən	tʻən²	₌iən	₋kən	₌tɕʻiən	₌ɕiən	₌iən
黄 柏	tʂuəŋ²	₋tʂʻuəŋ	tʂʻuəŋ²	₌iəŋ	₋kəŋ	₌tʃʻəŋ	₌ʃəŋ	₌iəŋ
暖 水	tʂoŋ²	₋tʂʻoŋ	tʂʻoŋ²	₌ioŋ	₋koŋ	₌tʂʻoŋ	₌ʂoŋ	₌ioŋ

	1497 封 通合三平钟非	1498 蜂 通合三平钟敷	1499 逢 通合三平钟奉	1500 缝~衣服 通合三平钟奉	1501 奉~承 通合三上肿奉	1502 缝~条~ 通合三去用奉	1503 浓 通合三平钟泥	1504 龙 通合三平钟来
经公桥	₋foŋ	₋foŋ	₌foŋ	₌foŋ	foŋ²	foŋ²	₌loŋ	₌loŋ
鹅 湖	₋foŋ	₋foŋ	₌foŋ	₌foŋ	foŋ²	foŋ²	₌loŋ	₌loŋ
旧 城	₋foŋ	₋foŋ	₌foŋ	₌foŋ	foŋ²	foŋ²	₌ioŋ	₌lioŋ
湘 湖	₋foŋ	₋foŋ	₌foŋ	₌foŋ	foŋ²	foŋ²	₌lioŋ/ioŋ	₌lioŋ
溪 头	₋fəŋ	₋fəŋ	₌fəŋ	₌fəŋ	ˀfəŋ²	fəŋ²	₌niəŋ	₌niəŋ
沱 川	₋fəŋ	₋fəŋ	₌fəŋ	₌fəŋ	fəŋ²	fəŋ²	₌nəŋ	₌nəŋ
紫 阳	₋fem	₋fem	₌fem	₌fem	fem²	fem²	₌liem	₌liem
许 村	₋faʃ	₋faʃ	₌faʃ	₌faʃ	faʃ²	fem²	₌naɪ	₌naɪ
中 云	₋faʃ	₋fem	₌fem	₌fem	fem²	fem²	₌liem	₌liem
新 建	₋fəʃ	₋fəʃ	₌fəʃ	₌fəʃ	fəʃ²	fəʃ²	₌nəʃ	₌nəʃ
新 营	₋nən	₋fən	₌fən	₌fən	fən²	fən²	₌neɪʻn	₌lion
黄 柏	₋fəŋ	₋fəŋ	₌fəŋ	₌fəŋ	fəŋ²	fəŋ²	₌neiʻŋ	₌ləŋ
暖 水	₋foŋ	₋foŋ	₌foŋ	₌foŋ	foŋ²	foŋ²	₌nioŋ	₌loŋ

	1505 纵放~ 通合三 去用精	1506 从~容 通合三 平钟清	1507 从跟~ 通合三 平钟从	1508 松~树 通合三 平钟邪	1509 诵 通合三 去用邪	1510 宠 通合三 上肿彻	1511 重~复 通合三 平钟澄	1512 重轻~ 通合三 上肿澄
经公桥	tsoŋ⁼	₌tsʻoŋ	₌tsʻoŋ	₌tsʻoŋ	soŋ⁼	ꜛtʂʻoŋ	₌tʂʻoŋ	tʂʻoŋ⁼
鹅湖	tsoŋ⁼	₌tsʻoŋ	₌tsʻoŋ	₌tsʻoŋ	soŋ⁼	ꜛtʂʻoŋ	₌tʂʻoŋ	tʂʻoŋ⁼
旧城	tsoŋ⁼	₌tsʻoŋ	₌tsʻoŋ	₌tsʻoŋ	soŋ⁼	ꜛtʂʻoŋ	₌tʂʻoŋ	tʂʻoŋ⁼
湘湖	tsoŋ⁼	₌tsʻoŋ	₌tsʻoŋ	₌tsʻoŋ	soŋ⁼	ꜛtsʻoŋ	₌tsʻoŋ	tsʻoŋ⁼
溪头	tsəŋ⁼	₌tsʻəŋ	₌tsʻəŋ	₌tsʻəŋ	səŋ⁼	ꜛtsʻəŋ	₌tsʻəŋ	ꜛtsəŋ
沱川	tsɐŋ⁼	₌tsʻɐŋ	₌tsʻɐŋ	₌tsʻɐŋ	sɐŋ⁼	ꜛtsʻɐŋ	₌tsʻɐŋ	ꜛtsʻɐŋ
紫阳	tsɐm⁼	₌tsʻɐm	₌tsʻɐm	₌tsʻɐm	sɐm⁼	ꜛtsʻɐm	₌tsʻɐm	ꜛtsʻɐm
许村	tʃɐm⁼	₌tʃʻɐm	₌tʃʻɐm	₌tʃʻɐm	sɐm⁼	ꜛtʃʻɐm	₌tʃʻɐm	ꜛtʃʻɐm
中云	tsɐm⁼	₌tsʻɐm	₌tsʻɐm	₌tsʻɐm	sɐm⁼	ꜛtsʻɐm	₌tsʻɐm	ꜛtsʻɐm
新建	tsəŋ⁼	₌tsʻəŋ	₌tsʻəŋ	₌tsʻəŋ	səŋ⁼	ꜛtsʻəŋ	₌tsʻəŋ	ꜛtsʻəŋ
新营	tsəŋ⁼	₌nʻəŋ	₌nʻəŋ	₌nʻəŋ	nəŋ⁼	ꜛtʻəŋ	₌tʻəŋ	tʻəŋ⁼
黄柏	tsəŋ⁼	₌tsʻəŋ	₌tsʻəŋ	ꜛnəŋ	səŋ⁼	ꜛtʂʻuəŋ	₌tʂʻuəŋ	tʂʻuəŋ⁼
暖水	tsoŋ⁼	₌tsʻoŋ	₌tsʻoŋ	₌tsʻoŋ	soŋ⁼	ꜛsoŋ	₌tʂʻoŋ	tʂʻoŋ⁼

	1513 钟 通合三 平钟章	1514 肿 通合三 上肿章	1515 种~树 通合三 去用章	1516 冲 通合三 平钟昌	1517 舂~米 通合三 平钟书	1518 茸 通合三 平钟日	1519 供~给 通合三 平钟见	1520 拱 通合三 上肿见
经公桥	₌tʂoŋ	ꜛtʂoŋ	tʂoŋ⁼	₌tʂʻoŋ	₌tʂʻoŋ	₌ioŋ	₌tɕioŋ	ꜛtɕioŋ
鹅湖	₌tʂoŋ	ꜛtʂoŋ	tʂoŋ⁼	₌tʂʻoŋ	₌tʂʻoŋ	₌loŋ	₌koŋ	ꜛkoŋ
旧城	₌tʂoŋ	ꜛtʂoŋ	tʂoŋ⁼	₌tʂʻoŋ	₌tʂʻoŋ	₌ioŋ	₌koŋ	ꜛkoŋ
湘湖	₌tsoŋ	ꜛtsoŋ	tsoŋ⁼	₌tsʻoŋ	₌tsoŋ	₌ioŋ	₌tɕioŋ	ꜛkoŋ
溪头	₌tsəŋ	ꜛtsəŋ	tsəŋ⁼	₌tsʻəŋ	₌tsəŋ	₌iəŋ	₌tɕiəŋ	ꜛtʃəŋ
沱川	₌tsɐŋ	ꜛtsɐŋ	tsɐŋ⁼	₌tsʻɐŋ	₌tsɐŋ	₌iɐŋ	₌tɕiɐŋ	ꜛkɐŋ
紫阳	₌tsɐm	ꜛtsɐm	tsɐm⁼	₌tsʻɐm	₌tsɐm	₌maiŋ	₌tɕiɐm	ꜛkɐm
许村	₌tʃɐm	ꜛtʃɐm	tʃɐm⁼	₌tʃʻɐm	₌tʃɐm	₌iɐm	₌tʃɐm	ꜛtʃɐm
中云	₌tsɐm	ꜛtsɐm	tsɐm⁼	₌tsʻɐm	₌tsɐm	₌iɐm	₌kɐm	ꜛkɐm
新建	₌tsəŋ	ꜛtsəŋ	tsəŋ⁼	₌tsʻəŋ	₌tsəŋ	₌iəŋ	₌kəŋ	ꜛkəŋ
新营	₌təŋ	ꜛtəŋ	təŋ⁼	₌tʻəŋ	₌təŋ	₌nəŋ	₌tɕiəŋ	ꜛkəŋ
黄柏	₌tʂuəŋ	ꜛtʂuəŋ	tʂuəŋ⁼	₌tʂʻuəŋ	₌tʂuəŋ	₌iəŋ	₌kəŋ	ꜛkəŋ
暖水	₌tʂoŋ	ꜛtʂoŋ	tʂoŋ⁼	₌tʂʻoŋ	₌tʂoŋ	₌ioŋ	₌koŋ	ꜛkoŋ

	1521	1522	1523	1524	1525	1526	1527	1528
	供上~	恐	共~一家	共~同	凶	拥	容	勇
	通合三去用见	通合三上肿溪	通合三去用群	通合三去用群	通合三平钟晓	通合三上肿影	通合三平钟以	通合三上肿以
经公桥	koŋ⁼	ˉkʻoŋ	tɕioŋ⁼	koŋ⁼	₌ɕioŋ	₌ioŋ	₌ioŋ	ˉioŋ
鹅湖	koŋ⁼	ˉkʻoŋ	tɕioŋ⁼	koŋ⁼	₌ɕioŋ	₌ioŋ	₌ioŋ	ˉioŋ
旧城	koŋ⁼	ˉkʻoŋ	kʻoŋ⁼	kʻoŋ⁼	₌ɕioŋ	₌ioŋ	₌ioŋ	ˉioŋ
湘湖	koŋ⁼	ˉkʻoŋ	tɕʻioŋ⁼	tɕʻioŋ⁼	₌ɕioŋ	₌ioŋ	₌ioŋ	ˉioŋ
溪头	tʃeŋ⁼	ˉkʻəŋ	tʃeŋ⁼	tʃeŋ⁼	₌ʃeŋ	₌iei	₌iei	ˉiei
沱川	tɕieŋ⁼	ˉkʻieŋ	tɕieŋ⁼	tɕieŋ⁼	₌ɕieŋ	₌iei	₌iei	ˉiei
紫阳	kɐm⁼	ˉkʻɐm	tɕʻmai⁼	tɕʻmai⁼	₌ɕmai	₌mai	₌mai	ˉmai
许村	tʃmɐ⁼	ˉkʻmɐ	tʃʻmɐ⁼	tʃʻmɐ⁼	₌ʃmɐ	₌mai	₌mai	ˉmai
中云	kɐm⁼	ˉkʻɐm	tɕʻiem⁼	tɕʻiem⁼	₌ɕiem	₌mai	₌mai	ˉmai
新建	kəŋ⁼	ˉkʻəŋ	tʂʻəŋ⁼	tʂʻəŋ⁼	₌ʂəŋ	₌iei	₌iei	ˉiei
新营	tɕieŋ⁼	ˉkʻən	tɕʻien⁼	kʻne⁼	₌ɕieŋ	₌ieŋ	₌ieŋ	ˉieŋ
黄柏	kɐŋ⁼	ˉkʻɐŋ	kʻɐŋ⁼	kʻɐŋ⁼	₌ʃeŋ	₌iei	₌iei	ˉiei
暖水	koŋ⁼	ˉkʻoŋ	kʻoŋ⁼	kʻoŋ⁼	₌ʂoŋ	₌ioŋ	₌ioŋ	ˉioŋ

	1529	1530	1531	1532	1533	1534	1535	1536
	用	答	踏	纳	拉	杂	鸽	喝~酒
	通合三去用以	咸开一入合端	咸开一入合透	咸开一入合泥	咸开一入合来	咸开一入合从	咸开一入合见	咸开一入合晓
经公桥	ioŋ⁼	tuʌ	tʻuʌ	₌luʌ	₌la	₌tsʻuʌ	kei⁼	xei⁼
鹅湖	ioŋ⁼	toʔ	tʻaʔ	loʔ	₌la	tsʻoʔ	kieʔ⁼	xieʔ⁼
旧城	ioŋ⁼	tuo	tʻuo	luo	₌la	tsʻuo	kə⁼	xɛ⁼
湘湖	ioŋ⁼	toʔ	tʻoʔ	loʔ	₌la	tsʻoʔ	kɛʔ⁼	xɐʔ⁼
溪头	ieŋ⁼	to⁼	tʻo⁼	lo⁼	₌la	tsʻo⁼	kɐ⁼	xɐ⁼
沱川	ieŋ⁼	to⁼	tʻo⁼	lo⁼	₌la	tsʻo⁼	ka⁼	xa⁼
紫阳	iɐm⁼	tə⁼	tʻə⁼	lə⁼	₌lə	tsʻə⁼	ko⁼	xo⁼
许村	iɐm⁼	ta⁼	tʻa⁼	lo⁼	₌la	tsʻo⁼	ka⁼	xa⁼
中云	iɐm⁼	to⁼	tʻo⁼	lo⁼	₌la	tsʻa⁼	ka⁼	xa⁼
新建	ioŋ⁼	tuɤ⁼	tʻuɤ⁼	luɤ⁼	₌la	tsʻuɤ⁼	kɤ⁼	xɤ⁼
新营	ieŋ⁼	to	tʻo	₌lo	₌la	₌tsʻo	ko⁼	xo⁼
黄柏	ieŋ⁼	ta⁼	tʻa⁼	₌la	₌la	₌tsʻa	kə⁼	xə⁼
暖水	ioŋ⁼	tuɐ⁼	tʻɐu⁼	na	₌la	₌tsʻɐu	kɤ⁼	xɤ⁼

	1537 盒 咸开一入合匣	1538 塔 咸开一入盍透	1539 腊 咸开一入盍来	1540 蜡 咸开一入盍来	1541 磕 咸开一入盍溪	1542 眨 咸开二入洽照	1543 插 咸开二入洽初	1544 闸 咸开二入洽崇
经公桥	ˍxei	tʻuʌˉ	ˍluʌ	ˍluʌ	kʻauˉ	tʂuʌˉ	tʂʻuʌˉ	tʂuʌˉ
鹅湖	xiɛʔˍ	tʻoʔˉ	loʔˍ	loʔˍ	kʻauʔˉ	tʂaʔˉ	tʂʻoʔˉ	tsaʔˉ
旧城	xɛˉ	tʻuoˉ	luoˉ	luoˉ	kʻauˉ	tʂuoˉ	tʂʻuoˉ	tʂuoˉ
湘湖	xɛʔˍ	tʻoʔˉ	loʔˍ	loʔˍ	kʻauʔˉ	tsoʔˉ	tsʻoʔˉ	tsoʔˉ
溪头	xɛˉ	tʻoˉ	loˉ	loˉ	kʻoˉ	tsoˉ	tsʻoˉ	tsoˉ
沱川	xaˉ	tʻoˉ	loˉ	loˉ	kʻaˉ	tsoˉ	tsʻoˉ	soˉ
紫阳	xoˉ	tʻəˉ	ləˉ	ləˉ	kʻoˉ	tsəˉ	tsʻəˉ	tsəˉ
许村	xaˉ	tʻoˉ	loˉ	loˉ	kʻoˉ	tʃoˉ	tʃʻuøˉ	tʃoˉ
中云	xaˉ	tʻoˉ	loˉ	loˉ	kʻoˉ	tsoˉ	tsʻoˉ	tsʻoˉ
新建	xɤˍ	tʻuɤˉ	luɤˍ	luɤˍ	kʻoˉ	tʃuɤˉ	tʃʻuɤˉ	ʃuɤˍ
新营	ˍxo	tʻoˍ	ˍlo	ˍlo	kʻoˍ	toˍ	tʻoˍ	tsoˍ
黄柏	ˍxə	tʻaˍ	ˍlɑ	ˍlɑ	kʻəˍ	tsɑˍ	tʂʻuɑˍ	tʂuɑˍ
暖水	ˍxɤ	tʻɐˍ	ˍlɐ	ˍlɐ	kʻoˍ	tsaˍ	tʂʻɐˍ	tsaˍ

	1545 夹~生 咸开二入洽见	1546 狭 咸开二入洽匣	1547 甲 咸开二入狎见	1548 匣 咸开二入狎匣	1549 鸭 咸开二入狎影	1550 聂 咸开三入叶泥	1551 蹑 咸开三入叶泥	1552 猎 咸开三入叶来
经公桥	kuʌˍ	ˍxuʌ	kuʌˉ	ˍxuʌ	ŋuʌˍ	ˍiɛ	ˍiɛ	ˍlie
鹅湖	koʔˍ	xuoʔˍ	koʔˉ	xoʔˍ	uəʳˉ	lieʔˍ	lieʔˍ	lieʔˍ
旧城	kuoˉ	xuoˉ	kuoˉ	xuoˉ	ŋuoʳˍ	iɛˉ	iɛˉ	liɛˉ
湘湖	koʔˍ	xoʔˍ	koʔˉ	xoʔˍ	ŋoʔˉ	iɛʔˍ	iɛʔˍ	lieʔˍ
溪头	koˉ	xoˉ	koˉ	xoˉ	ŋoˉ	n̠ieˉ	n̠ieˉ	leˉ
沱川	koˉ	xoˉ	koˉ	xoˉ	goˉ	n̠ieˉ	n̠ieˉ	leˉ
紫阳	kəˉ	xəˉ	kəˉ	kəˉ	gəˉ	gieˉ	gieˉ	leˉ
许村	koˉ	xoˉ	koˉ	xoˉ	ŋoˉ	n̠ieˉ	n̠ieˉ	leˉ
中云	koˉ	xoˉ	koˉ	xoˉ	goˉ	n̠ieˉ	n̠ieˉ	leˉ
新建	kuɤˍ	xuɤˉ	kuɤˉ	xuɤˍ	ŋuɤˉ	n̠iɛˉ	n̠iɛˉ	læˍ
新营	koˍ	ˍxo	koˍ	ˍxo	ŋoˍ	n̠iɛˍ	n̠iɛˍ	ˍli
黄柏	kaˉ	ˍxɑ	kaˉ	ˍxɑ	ŋɑˉ	n̠iɑˉ	n̠iɑˉ	ˍlɑ
暖水	kuɐˍ	ˍxuɐ	kuɐˍ	ˍxɤ	ŋɐˍ	n̠iɛˍ	n̠iɛˍ	ˍlie

	1553	1554	1555	1556	1557	1558	1559	1560
	接	折~叠	摄	涉	叶树~	劫	怯	业
	咸开三入叶精	咸开三入叶章	咸开三入叶书	咸开三入叶禅	咸开三入叶以	咸开三入业见	咸开三入业溪	咸开三入业疑
经公桥	ˬtsiɛ	ˬtɕiɛ	ˬɕiɛ	ˬɕiɛ	ˬiɛ	ˬtɕiɛ	ˬtɕ'iɛ	ˬiɛ
鹅 湖	tsiɛʔ˭	tɕiɛʔ˭	ɕiɛʔ˭	ɕiɛʔ˭	iɛʔ˭	tɕiɛʔ˭	tɕ'iɛʔ˭	iɛʔ˭
旧 城	tsiɛ˭	tɕiɛ˭	ɕiɛ˭	ɕiɛ˭	iɛ˭	tɕiɛ˭	tɕ'iɛ˭	iɛ˭
湘 湖	tsiɛʔ˭	tɕiɛʔ˭	ɕiɛʔ˭	ɕiɛʔ˭	iɛʔ˭	tɕiɛʔ˭	tɕ'iɛʔ˭	iɛʔ˭
溪 头	tse˭	tse˭	se˭	se˭	ie˭	tʃe˭	tʃ'e˭	ȵie˭
沱 川	tse˭	tse˭	se˭	se˭	ie˭	tɕie˭	tɕ'ie˭	ȵie˭
紫 阳	tse˭	tse˭	se˭	se˭	ie˭	tɕie˭	tɕ'ie˭	gie˭
许 村	tse˭	tse˭	se˭	se˭	ie˭	tɕie˭	tɕ'ie˭	ȵie˭
中 云	tse˭	tse˭	se˭	se˭	ie˭	tɕie˭	tɕ'ie˭	ȵie˭
新 建	tsæ˭	tɕiɛ˭	sæ˭	ɕiɛ˭	iɛ˭	tɕiɛ˭	tɕ'iɛ˭	ȵie˭
新 营	ˬtsi	ˬtɕiɛ	ˬɕiɛ	ˬɕiɛ	ˬiɛ	ˬtɕiɛ	ˬtɕ'iɛ	ˬȵie
黄 柏	tɕia˭	tʃa˭	ʃa˭	ʃa˭	ia˭	tʃa˭	tʃ'a˭	ȵia˭
暖 水	ˬtɕiɛ	ˬtɕiɛ	ˬɕiɛ	ˬɕiɛ	ˬiɛ	ˬtɕiɛ	ˬtɕ'iɛ	ˬȵie

	1561	1562	1563	1564	1565	1566	1567	1568
	胁	跌	帖	叠	协	法	笠	粒
	咸开三入业晓	咸开四入帖端	咸开四入帖透	咸开四入帖定	咸开四入帖匣	咸合三入乏非	深开三入缉来	深开三入缉来
经公桥	ˬɕiɛ	ˬtiɛ	ˬt'iɛ	ˬtiɛ	ˬɕiɛ	ˬfuʌ	ˬli	ˬli
鹅 湖	ɕiɛʔ˭	tiɛʔ˭	t'iɛʔ˭	t'iɛʔ˭	ɕiɛʔ˭	foʔ˭	leiʔ˭	leiʔ˭
旧 城	ɕiɛ˭	tuo˭	t'iɛ˭	t'iɛ˭	ɕiɛ˭	fuo˭	lei˭	lei˭
湘 湖	ɕiɛʔ˭	tiɛʔ˭	t'iɛʔ˭	t'iɛʔ˭	ɕiɛʔ˭	foʔ˭	leiʔ˭	leiʔ˭
溪 头	ʃe˭	te˭	t'e˭	t'e˭	ʃe˭	fo˭	li˭	li˭
沱 川	ɕie˭	te˭	t'e˭	t'e˭	ɕie˭	fo˭	li˭	li˭
紫 阳	ɕie˭	te˭	t'e˭	t'e˭	ɕie˭	fɘ˭	la˭	la˭
许 村	ɕie˭	te˭	t'e˭	t'e˭	ɕie˭	fo˭	la˭	nã˭
中 云	ɕie˭	te˭	t'e˭	t'e˭	ɕie˭	fo˭	li˭	la˭
新 建	ɕiɛ˭	tæ˭	t'æ˭	t'iɛ˭	ɕiɛ˭	fuɣ˭	lɛ˭	lɛ˭
新 营	ˬɕiɛ	ˬti	ˬt'i	ˬti	ˬɕiɛ	ˬfo	ˬɛ	ˬɛ
黄 柏	ʃa˭	tia˭	t'ia˭	ˬt'ia	ˬʃa	fa˭	ˬli	ˬli
暖 水	ˬɕiɛ	ˬtiɛ	ˬt'iɛ	ˬt'iɛ	ˬɕiɛ	ˬfuɐ	li˭	le˭

	1569	1570	1571	1572	1573	1574	1575	1576
	集	习~惯	蛰	汁	湿	十	入	急
	深开三入缉从	深开三入缉邪	深开三入缉澄	深开三入缉章	深开三入缉书	深开三入缉禅	深开三入缉日	深开三入缉见
经公桥	₌tsʻei	₌sei	₌ɕie	tɕi₌	tɕʻi₌	₌ɕi	₌i	tɕi₌
鹅湖	tsʻeiʔ₌	seiʔ₌	saiʔ₌	tɕiʔ₌	tɕʻiʔ₌	ɕiʔ₌	iʔ₌	tɕiʔ₌
旧城	tsʻei²	sei²	tɕʻiai²	tɕi²	ɕi²	ɕi²	ȵi²	tɕi²
湘湖	tsʻeiʔ₌	seiʔ₌	tɕʻiaiʔ₌	tɕiʔ₌	ɕiʔ₌	ɕiʔ₌	iʔ₌	tɕiʔ₌
溪头	tsʻɿ²	tsʻɿ²	tsɿ²	tsɿ²	tsʻɿ²	sɿ²	i²	tʃi²
沱川	tsʻɿ²	tsʻɿ²	tsʻɿ²	tsɿ²	tsʻɿ²	sɿ²	i²	tɕi²
紫阳	tsʻa²	tsʻa²	tsʻa²	tsa²	tsʻa²	sa²	ia²	tɕia²
许村	tʃʻa²	tsʻa²	tʃʻa²	tʃa²	tʃʻa²	ʃa²	ia²	tʃa²
中云	tsʻa²	tsʻa²	tɕʻia²	tsa²	tsʻa²	sa²	ia²	tɕia²
新建	tsʻɛ₌	tsʻɛ₌	tʃʻɛ₌	tʃɛ₌	ʃɛ₌	ʃɛ₌	iɛ₌	tʃɛ₌
新营	₌tsʻɛ	₌tsʻɛ	₌tʻɛ	tɕi₌	ɕi₌	₌ɕi	₌i	tɕi₌
黄柏	₌tɕʻi	₌tɕʻi	₌tʃʻuɛ	tɕi₌	ɕi₌	₌ɕi	₌i	tɕi₌
暖水	₌tsʻe	₌tsʻe	₌tsʻe	tɕie₌	ɕie₌	₌ɕie	₌le	tɕi₌

	1577	1578	1579	1580	1581	1582	1583	1584
	及来不~	吸	揖	达	捺	辣	瘌	擦
	深开三入缉群	深开三入缉晓	深开三入缉影	山开一入曷定	山开一入曷泥	山开一入曷来	山开一入曷来	山开一入曷清
经公桥	₌tɕʻi	ɕi₌	i₌	₌tʻuʌ	₌la	₌luʌ	₌luʌ	tsʻuʌ₌
鹅湖	tɕʻiʔ₌	ɕiʔ₌	iʔ₌	tʻoʔ₌	loʔ₌	loʔ₌	loʔ₌	tsʻoʔ₌
旧城	tɕʻi²	ɕi²	i²	tʻuo²	luo²	luo²	luo²	tsʻuo²
湘湖	tɕʻiʔ₌	ɕiʔ₌	iʔ₌	tʻoʔ₌	loʔ₌	loʔ₌	loʔ₌	tsʻoʔ₌
溪头	tʃʻi²	ʃi²	i²	tʻo²	lo²	lo²	lo²	tsʻo²
沱川	tɕʻi/tɕi²	ɕi²	i²	tʻo²	lɒ²	lo²	lo²	tsʻo²
紫阳	tɕia²	ɕia²	ia²	tʻə²	lo²	lə²	lə²	tsʻɛ²
许村	tʃʻa²	ʃa²	ia²	tʻo²	lo²	lo²	lo²	tsʻo²
中云	tɕʻia²	ɕi²	ia²	tʻo²	lo²	lo²	lo²	tsʻo²
新建	tʃʻɛ₌	ʃɛ₌	iɛ₌	tʻuɤ₌	la₌	luɤ₌	luɤ₌	tʃʻuɤ₌
新营	₌tɕʻi	ɕi₌	i₌	to₌	₌la	₌lo	₌lo	tsʻo₌
黄柏	tɕi²	ɕi²	i²	₌tʻɒ	₌la	₌lɒ	₌lɒ	tsʻɒ²
暖水	₌tɕʻi	ɕi₌	i₌	tʻa̠₌	na₌	₌la̠	₌la̠	tsʻa₌

	1585	1586	1587	1588	1589	1590	1591	1592
	割	渴	喝~彩	八	拔	抹	扎	察
	山开一入曷见	山开一入曷溪	山开一入曷晓	山开二入黠帮	山开二入黠並	山开二入黠明	山开二入黠庄	山开二入黠初
经公桥	kɤ˗	kʻɤ˗	xɤ˗	puʌ˗	˗pʻuʌ	˗mɤ	tʂuʌ˗	tʂʻuʌ˗
鹅湖	kiɛʔ˗/kɛʔ˗	kʻiɛʔ˗	xiɛʔ˗	poʔ˗	poʔ˗	moʔ˗	tʂaʔ˗	tʂʻoʔ˗
旧城	kiɛ˗	kʻiɛ˗/kʻɛ˗	xɛ˗	puo˗	pʻuo˗	mau˗	tʂuo˗	tsʻuo˗
湘湖	kɛʔ˗	kʻɛʔ˗	xɛʔ˗	poʔ˗	pʻoʔ˗	moʔ˗	tsaʔ˗	tsʻoʔ˗
溪头	ko˗	kʻo˗	xɐ˗	po˗	pʻo˗	mo˗	tso˗	tsʻo˗
沱川	ko˗	kʻo˗	xo˗	po˗	pʻo˗	bo˗	tso˗	tsʻo˗
紫阳	kə˗	kʻə˗	xə˗	pə˗	pʻə˗	bə˗	tsə˗	tsʻə˗
许村	ko˗	kʻo˗	xa˗	po˗	pʻo˗	mo˗	tso˗	tsʻo˗
中云	ko˗	kʻo˗	xo˗	po˗	pʻo˗	bo˗	tso˗	tsʻo˗
新建	kuɤ˗	kʻɤ˗	xɤ˗	puɤ˗	pʻuɤ˗	muɤ˗	tʃuɤ˗	tʃʻuɤ˗
新营	ku˗	kʻo˗	xo˗	po˗	˗pʻu	˗mu	to˗	tʻo˗
黄柏	ko˗	kʻo˗	xɛ˗	pɑ˗	˗pʻɑ	˗mo	tʂuɑ˗	tʂʻuɑ˗
暖水	kuɐ˗	kʻuɐ˗	xɤ˗	puɐ˗	˗pʻuɐ	˗muɐ	tʂuɐ˗	tʂʻuɐ˗

	1593	1594	1595	1596	1597	1598	1599	1600
	杀	轧车~人	铡	瞎	别~人	别离~	灭	裂
	山开二入黠生	山开二入黠影	山开二入辖崇	山开二入辖晓	山开三入薛帮	山开三入薛並	山开三入薛明	山开三入薛来
经公桥	ʂuʌ˗	ŋuʌ˗	tʂuʌ˗	xuʌ˗	˗pʻiɛ	˗piɛ	˗miɛ	˗liɛ
鹅湖	ʂoʔ˗	tʂaʔ˗	tʂaʔ˗	xuoʔ˗	pʻiɛʔ˗	piɛʔ˗	miɛʔ˗	liɛʔ˗
旧城	ʂuo˗	tʂuo˗	tʂuo˗	xuo˗	pʻiɛ˗	pʻiɛ˗	miɛ˗	liɛ˗
湘湖	ʂoʔ˗	tsaʔ˗	tsaʔ˗	xoʔ˗	pʻiɛʔ˗	pʻiɛʔ˗	miɛʔ˗	liɛʔ˗
溪头	so˗	ŋo˗	tso˗	xo˗	pʻe˗	pʻe˗	me˗	le˗
沱川	so˗	go˗	tso˗	xo˗	pʻe˗	pʻe˗	be˗	le˗
紫阳	sə˗	gə˗	tsə˗	xə˗	pʻə˗	pʻə˗	bə˗	lə˗
许村	ʃo˗	tso˗	tso˗	xo˗	pʻe˗	pʻe˗	me˗	le˗
中云	so˗	go˗	tso˗	xo˗	pʻie˗	pʻie˗	be˗	le˗
新建	ʃuɤ˗	ȵiɛ˗	ʃuɤ˗	xuɤ˗	pʻæ˗	pʻæ˗	mæ˗	læ˗
新营	ɕio˗	ŋo˗	ɕio˗	xo˗	˗pʻi	˗pʻi	˗mi	˗li
黄柏	ʂuɑ˗	tʂuɑ˗	tʂuɑ˗	xɑ˗	˗pʻiɑ	˗pʻiɑ	˗miɑ	˗liɑ
暖水	ʂuɐ˗	ŋa˗	tsæ˗	xuɐ˗	˗pʻiɛ	˗pʻiɛ	˗miɛ	˗liɛ

	1601	1602	1603	1604	1605	1606	1607	1608
	薛	折~断	舌	设	热	杰	孽	揭
	山开三入薛心	山开三入薛照	山开三入薛崇	山开三入薛生	山开三入薛日	山开三入薛群	山开三入薛疑	山开三入月见
经公桥	sɣ˨	tɕiɛ˨	ɕiɛ˨	ɕiɛ˨	˨iɛ	˨tɕʻiɛ	ȵiɛ˨	tɕiɛ˨
鹅湖	ɕyɛʔ˨	tɕiɛʔ˨	tɕʻiɛʔ˨	ɕiɛʔ˨	iɛʔ˨	tɕiɛʔ˨	liɛʔ˨	tɕiɛʔ˨
旧城	siɛ˨	tɕiɛ˨	ɕiɛ˨	ɕiɛ˨	iɛ˨	tɕʻiɛ˨	iɛ˨	tɕiɛ˨
湘湖	siɛʔ˨	tɕiɛʔ˨	ɕiɛʔ˨	ɕiɛʔ˨	iɛʔ˨	tɕʻiɛʔ˨	iɛʔ˨	tɕiɛʔ˨
溪头	se˨	tse˨	tɕʻie˨	se˨	ȵie˨	tʃʻe˨	ȵie˨	kie˨
沱川	se˨	tse˨	tsʻe˨	se˨	ȵie˨	tɕʻie˨	ȵie˨	tɕie˨
紫阳	se˨	tse˨	tɕʻie˨	se˨	gie˨	tɕʻie˨	gie˨	tɕie˨
许村	se˨	tse˨	tɕʻie˨	se˨	ȵie˨	tɕʻie˨	ȵie˨	tɕie˨
中云	se˨	tse˨	tsʻe˨	se˨	ȵie˨	tɕʻie˨	ȵie˨	tɕie˨
新建	sæ˨	tɕiɛ˨	tɕʻiɛ˨	ɕiɛ˨	ȵiɛ˨	tɕʻiɛ˨	ȵiɛ˨	tɕʻiɛ˨
新营	si˨	tɕiɛ˨	˨ɕiɛ	ɕiɛ˨	˨ȵiɛ	tɕiɛ˨	˨ȵiɛ	tɕiɛ˨
黄柏	ɕia˨	tʃa˨	˨ʃa	ʃa˨	ȵia˨	˨tʃʻa	ȵia˨	˨tʃʻa
暖水	ɕiɛ˨	tɕiɛ˨	˨ɕiɛ	ɕiɛ˨	ȵiɛ˨	˨tɕʻiɛ	ȵiɛ˨	tɕʻiɛ˨

	1609	1610	1611	1612	1613	1614	1615	1616
	歇	撒	篾	铁	捏	节	切	屑
	山开三入月晓	山开四入屑滂	山开四入屑明	山开四入屑透	山开四入屑泥	山开四入屑精	山开四入屑清	山开四入屑心
经公桥	ɕiɛ˨	pʻiɛ˨	˨mie	tʻie˨	˨ie	tsie˨	tsʻie˨	˨sie
鹅湖	ɕiɛʔ˨	pʻiɛʔ˨	miɛʔ˨	tʻiɛʔ˨	liɛʔ˨	tsiɛʔ˨	tsʻiɛʔ˨	˨siəʳ
旧城	ɕiɛ˨	pʻiɛ˨	miɛ˨	tʻiɛ˨	iɛ˨	tsiɛ˨	tsʻiɛ˨	siəʳ˨
湘湖	ɕiɛʔ˨	pʻiɛʔ˨	miɛʔ˨	tʻiɛʔ˨	iɛʔ˨	tsiɛʔ˨	tsʻiɛʔ˨	sioʔ˨
溪头	ʃe˨	pʻe˨	me˨	tʻe˨	le˨	tse˨	tsʻe˨	sia˨
沱川	ɕie˨	pʻe˨	be˨	tʻe˨	le˨	tse˨	tsʻe˨	se˨
紫阳	ɕie˨	pʻe˨	be˨	tʻe˨	gie˨	tse˨	tsʻe˨	se˨
许村	ɕie˨	pʻe˨	me˨	tʻe˨	le˨	tse˨	tsʻe˨	se˨
中云	ɕie˨	pʻe˨	be˨	tʻe˨	ne˨	tse˨	tsʻe˨	se˨
新建	ɕiɛ˨	pʻiɛ˨	mæ˨	tʻæ˨	iɛ˨	tsæ˨	tsʻæ˨	sio˨
新营	ɕiɛ˨	pʻi˨	˨mi	tʻi˨	ȵiɛ˨	tsiɛ˨	tsʻi˨	si˨
黄柏	ʃa˨	pʻia˨	˨mia	tʻia˨	ȵia˨	tɕia˨	tɕʻia˨	ɕiə˨
暖水	ɕiɛ˨	pʻiɛ˨	˨mie	tʻiɛ˨	ȵiɛ˨	tɕiɛ˨	tɕʻiɛ˨	ɕyɛ˨

第三章 赣东北徽语代表方言点单字音对照

	1617	1618	1619	1620	1621	1622	1623	1624
	结	拨	泼	末	脱	夺	捋	括
	山开四入屑见	山合一入末帮	山合一入末滂	山合一入末明	山合一入末透	山合一入末定	山合一入末来	山合一入末见
经公桥	tɕiɛ˧	pɤ˧	p'uʌ˧	₋muʌ	t'uʌ˧	₋t'uʌ	₋lɤ	k'uʌ˧
鹅 湖	tɕiɛʔ˧	poʔ˧	p'oʔ˧	moʔ˧	t'oʔ˧	t'oʔ˧	leiʔ˧	k'oʔ˧
旧 城	tɕiɛ˧	pɛ˧	p'ɛ˧	mə˧	t'ɛ˧	t'ɛ˧	ləu˧	k'uo˧
湘 湖	tɕiɛʔ˧	poʔ˧	p'ɛʔ˧	mɛʔ˧	t'ɛʔ˧	t'ɛʔ˧	lɛʔ˧	kuaʔ˧
溪 头	kiɛ˧	po˧	p'o˧	mo˧	t'o˧	t'o˧	lu˧	k'o˧
沱 川	tɕiɛ˧	po˧	p'o˧	bo˧	t'o˧	t'o˧	lu˧	ko˧
紫 阳	tɕiɛ˧	pə˧	p'ə˧	bə˧	t'ə˧	t'ə˧	lu˧	k'ua˧
许 村	tʃe˧	pu˧	p'u˧	mo˧	t'o˧	t'o˧	lo˧	ko˧
中 云	tɕiɛ˧	po˧	p'o˧	bo˧	t'o˧	t'o˧	lo˧	ko˧
新 建	tɕiɛ˧	p'uɤ˧	p'uɤ˧	muɤ˧	t'uɤ˧	t'uɤ˧	luɤ˧	kuɤ˧
新 营	tɕiɛ˧	pu˧	p'u˧	mu˧	t'u˧	₋t'u	₋lu	k'u˧
黄 柏	tʃa˧	₋po	p'o˧	₋mo	t'o˧	₋t'o	₋lo	k'ɑ˧
暖 水	tɕiɛ˧	p'ɐŋ˧	p'uɐŋ˧	mɐŋ˧	t'uɐŋ˧	₋t'uɐŋ	₋luɐŋ	kuɐŋ˧

	1625	1626	1627	1628	1629	1630	1631	1632
	阔	活	滑	挖	刷	刮	劣	绝
	山合一入末溪	山合一入末匣	山合二入黠匣	山合二入黠影	山合二入鎋生	山合二入鎋见	山合三入薛来	山合三入薛从
经公桥	k'uʌ˧	₋uʌ/xuʌ	xuʌ˧	uʌ˧	ɕyɛ˧	kuʌ˧	₋liɛ	₋tsʏ
鹅 湖	k'oʔ˧	xuoʔ˧	xuaʔ˧	ŋoʔ˧	ɕyɛʔ˧	kuaʔ˧	liɛʔ˧	tsyɛʔ˧
旧 城	k'uɛ˧	uɛ˧	xua˧	uo˧	ɕyɛ˧	kua˧	liɛ˧	ts'iɛ˧
湘 湖	k'uɛʔ˧	xuɛʔ˧	uaʔ˧	uaʔ˧	ɕyɛʔ˧	kuaʔ˧	liɛʔ˧	ts'yɛʔ˧
溪 头	k'o˧	uo˧	xua˧	uo˧	so˧	kua˧	le˧	ts'e˧
沱 川	k'o˧	vo˧	xo˧	₋o	so˧	ko˧	le˧	ts'e˧
紫 阳	k'ə˧	və˧	xə˧	və˧	sə˧	kua˧	le˧	ts'e˧
许 村	k'o˧	vo˧	vo˧	vo˧	so˧	ko˧	le˧	ts'e˧
中 云	k'o˧	vo/xo˧	xo˧	vo˧	so˧	ko˧	le˧	ts'e˧
新 建	k'uɤ˧	xuɤ˧	xuɤ˧	væ˧	ʃuɤ˧	kuɤ˧	læ˧	ts'æ˧
新 营	k'u˧	ou˧	ox˧	uo˧	ɕy˧	kua˧	₋li	₋ts'i
黄 柏	k'o˧	₋ɒuɑ	₋ɒuɑ	₋vɑ	so˧	kuɑ˧	₋liɑ	₋tɕiɑ
暖 水	k'uɛ˧	₋ɐŋ	₋ɐŋ	₋ɐ	ʂuɐŋ˧	kuɐŋ˧	₋liɛ	₋tɕiɛ

	1633	1634	1635	1636	1637	1638	1639	1640
	雪	说	阅	发头~	发~财	罚	袜	月
	山合三入薛心	山合三入薛书	山合三入薛以	山合三入月非	山合三入月非	山合三入月奉	山合三入月明	山合三入月疑
经公桥	sʏ₌	ɕyɛ₌	₌yɛ	fuʌ₌	fuʌ₌	₌fuʌ	uã₌	₌yɛ
鹅 湖	syɛ₌	ɕyɛ₌	yɛʔ₌	foʔ₌	foʔ₌	foʔ₌	moʔ₌	yɛʔ₌
旧 城	siɛ⁼	ɕyɛ⁼	yɛ⁼	fuo⁼	fuo⁼	fuo⁼	uo⁼	yɛ⁼
湘 湖	siɛʔ₌	ɕyɛ₌	yɛʔ₌	foʔ₌	foʔ₌	foʔ₌	moʔ₌	yɛʔ₌
溪 头	se⁼	xue⁼	ue⁼	fo⁼	fo⁼	fo⁼	mo⁼	ue⁼
沱 川	se⁼	xue⁼	ue⁼	fo⁼	fo⁼	fo⁼	bo⁼	ve⁼
紫 阳	se⁼	ɕye⁼	ye⁼	fə⁼	fə⁼	fə⁼	bə⁼	gye⁼
许 村	se⁼	ɕie⁼	ve⁼	fo⁼	fo⁼	fo⁼	mo⁼	ŋe/ve⁼
中 云	se⁼	se⁼	ve⁼	fo⁼	fo⁼	fo⁼	bo⁼	ȵie⁼
新 建	sæ₌	ɕie⁼	væ₌	fuɣ⁼	fuɣ⁼	fuɣ₌	muɣ⁼	iɛ₌
新 营	si₌	ɕyɛ₌	₌θ	fo₌	fo₌	₌fo	₌mo	ȵyɛ₌
黄 柏	ɕia₌	ʃuɑ₌	₌ya	fa₌	fa₌	₌fa	ua/mɑ₌	₌nuɑ
暖 水	ɕiɛ₌	ɕiɛ₌	₌vɛ	fuɐ₌	fuɐ₌	₌fuɐ	₌muɐ	₌ŋ

	1641	1642	1643	1644	1645	1646	1647	1648
	越	决	缺	血	穴	笔	匹	密
	山合三入月云	山合四入屑见	山合四入屑溪	山合四入屑晓	山合四入屑匣	臻开三入质帮	臻开三入质滂	臻开三入质明
经公桥	₌yɛ	tɕyɛ₌	tɕ'yɛ₌	ɕyɛ₌	ɕyɛ₌	pi₌	p'i₌	₌mi
鹅 湖	yɛʔ₌	tɕyɛʔ₌	tɕ'yɛʔ₌	ɕyɛʔ₌	ɕyɛʔ₌	paiʔ₌	p'eiʔ₌	meiʔ₌
旧 城	yɛ⁼	tɕyɛ⁼	tɕ'yɛ⁼	ɕyɛ⁼	ɕyɛ⁼	pei⁼	p'ei⁼	mei⁼
湘 湖	yɛʔ₌	tɕyɛʔ₌	tɕ'yɛʔ₌	ɕyɛʔ₌	ɕyɛʔ₌	peiʔ₌	p'eiʔ₌	meiʔ₌
溪 头	ue⁼	kue⁼	k'ue⁼	xue⁼	xue⁼	pi⁼	p'a⁼	mi⁼
沱 川	ve⁼	kue⁼	k'ue⁼	xue⁼	xue⁼	pi⁼	p'i⁼	bi⁼
紫 阳	ve⁼	tɕye⁼	tɕ'ye⁼	ɕye⁼	ɕye⁼	pa⁼	p'a⁼	ba⁼
许 村	ve⁼	tɕie⁼	tɕ'ie⁼	xie⁼	ɕie⁼	pa⁼	p'i⁼	ma⁼
中 云	vie⁼	tɕie⁼	tɕ'ie⁼	ɕie⁼	ɕie⁼	pa⁼	p'i⁼	ba⁼
新 建	væ₌	kie⁼	k'ie⁼	xie⁼	xie₌	pe⁼	p'æ⁼	mɛ⁼
新 营	₌θ	tɕyɛ₌	tɕ'yɛ₌	ɕyɛ₌	₌ɕyɛ	pɛ₌	p'ɛ₌	₌mɛ
黄 柏	₌ya	tʃuɑ₌	tʃ'uɑ₌	ʃuɑ₌	₌ʃuɑ	pi₌	p'ɛ₌	₌mi
暖 水	₌vɛ	kie₌	k'iɛ₌	xiɛ₌	₌xiɛ	pe₌	p'æ₌	₌mi

	1649	1650	1651	1652	1653	1654	1655	1656
	栗	七	侄	虱	质	实	失	日
	臻开三入质来	臻开三入质清	臻开三入质澄	臻开三入质生	臻开三入质章	臻开三入质崇	臻开三入质书	臻开三入质日
经公桥	₌li	ts'ei₌	₌tɕ'i	xa	tɕi₌	₌ɕi	ɕi₌	₌i
鹅湖	lə?⁼	ts'ai?⁼	tɕ'i?⁼	ʂə?⁼	tɕi⁼	ɕi?⁼	ɕi?⁼	i?⁼
旧城	la/lei⁼	ts'ei⁼	tɕ'i⁼	ʂə⁼	tɕi⁼	ɕi⁼	ɕi⁼	ɲi⁼
湘湖	lei?⁼	ts'ei?⁼	tɕ'i?⁼	sei?⁼	tɕi⁼	ɕi?⁼	ɕi?⁼	i?⁼
溪头	li⁼	ts'i⁼	ts'ɿ⁼	sɿ⁼	tsɿ⁼	sɿ⁼	sɿ⁼	ɲi⁼
沱川	li⁼	ts'i⁼	ts'ɿ⁼	sɿ⁼	tsɿ⁼	sɿ⁼	sɿ⁼	ɲi⁼
紫阳	la⁼	ts'a⁼	ts'a⁼	ɕi⁼	tsa⁼	sa⁼	sa⁼	gi⁼
许村	la⁼	ts'a⁼	tʃ'a⁼	ʃuø⁼	tʃa⁼	ʃa⁼	ʃa⁼	ɲia⁼
中云	la⁼	ts'a⁼/e	ts'a⁼	sa⁼	tsa⁼	sa⁼	sa⁼	ɲia⁼
新建	lɛ₌	ts'ɛ⁼	ts'ɛ⁼	sɣ⁼	tʃɛ⁼	ʃɛ⁼	ʃɛ⁼	ɲiɛ⁼
新营	₌lɛ	ts'ɛ⁼	₌tɕ'i	ɕyɛ⁼	tɕi⁼	₌ɕi	ɕi⁼	ɲi⁼
黄柏	₌li	ts'i⁼	₌tɕ'i	ʃua⁼	tɕi⁼	₌ɕi	ɕi⁼	ɲi⁼
暖水	₌le	ts'e⁼	₌tɕ'ie	ʂuɣ⁼	tɕie₌	₌ɕie	ɕie⁼	ɲi₌

	1657	1658	1659	1660	1661	1662	1663	1664
	吉	一	讫	乞	不	突	卒	骨
	臻开三入质见	臻开三入质影	臻开三迄见	臻开三入迄溪	臻合一入没帮	臻合一入没定	臻合一入没精	臻合一入没见
经公桥	tɕi₌	i₌	tɕ'i₌	tɕ'i₌	pai/po₌	₌t'o	tsei₌	kei₌
鹅湖	tɕi?⁼	i?⁼	tɕ'i?⁼	tɕ'i?⁼	pei?⁼	t'əu?⁼	tsai?⁼	kuei?⁼
旧城	tɕi⁼	i⁼	tɕ'i⁼	tɕ'i⁼	pai⁼	t'əu⁼	tsei⁼	kuei⁼
湘湖	tɕi?⁼	i?⁼	tɕ'i?⁼	tɕ'i?⁼	pei?⁼	t'əu?⁼	sei?⁼	kuei?⁼
溪头	tʃe⁼	i⁼	tʃ'i⁼	tʃ'i⁼	pɐ⁼	t'ɐ⁼	tsi⁼	kuɐ⁼
沱川	tɕi⁼	i⁼	tɕ'i⁼	tɕ'i⁼	pə⁼	t'ə⁼	tsi⁼	kuə⁼
紫阳	tɕia⁼	ia⁼	tɕ'i⁼	tɕ'i⁼	pu⁼	t'ə⁼	tsi⁼	ke⁼
许村	tʃa⁼	ia⁼	tɕ'i⁼	tɕ'i⁼	pɣ⁼	t'u⁼	tsi⁼	kuɣ⁼
中云	tɕia⁼	ia⁼	tɕ'i⁼	tɕ'i⁼	pɣ⁼	t'ɣ⁼	tsi⁼	kuɣ⁼
新建	tɕiɛ⁼	iɛ⁼	tɕ'i⁼	tɕ'i⁼	pa⁼	t'ɛ⁼	tsɛ⁼	kuɛ⁼
新营	tɕi⁼	i₌	tɕ'i⁼	tɕ'i⁼	pu₌	₌t'u	tsɛ⁼	kuɛ⁼
黄柏	tɕi⁼	i⁼	tɕ'i⁼	tɕ'i⁼	pɛ⁼	t'ɛ⁼	tɕi⁼	kuɛ⁼
暖水	tɕi₌	i₌	tɕ'i₌	tɕ'i₌	pe₌	t'u₌	tse₌	kue₌

	1665 窟 臻合一入没溪	1666 忽 臻合一入没晓	1667 核果~ 臻合一入没匣	1668 律 臻合三入术来	1669 戌~时 臻合三入术心	1670 术白~ 臻合三入术澄	1671 出 臻合三入术昌	1672 术算~ 臻合三入术船
经公桥	⁻k'u	⁻xɣ	⁻xɣ	⁻li	⁻ɕy	⁻ɕy	⁻tɕ'y	⁻ɕy
鹅湖	k'uei⁼	xəʔ⁼	uəʔ⁼	leiʔ⁼	ɕyʔ⁼	ɕyʔ⁼	tɕ'yʔ⁼	ɕiəuʔ⁼
旧城	k'uei⁼	fei⁼	uə⁼	lei⁼	sei⁼	ɕy⁼	tɕ'y⁼	ɕy⁼
湘湖	k'uei⁼	feiʔ⁼	xeiʔ⁼	leiʔ⁼	seiʔ⁼	ɕyʔ⁼	tɕ'yʔ⁼	ɕyʔ⁼
溪头	k'uɐ⁼	xuɐ⁼	vɐ⁼	lɐ⁼	sɐ⁼	sɐ⁼	tsɐ⁼	sɐ⁼
沱川	k'uə⁼	xu⁼	və⁼	lə⁼	ɕy⁼	sə⁼	tɕ'y⁼	sa⁼
紫阳	k'e⁼	xu⁼	və⁼	le⁼	ɕye⁼	ɕye⁼	tɕ'ie/tɕ'ye⁼	ɕye⁼
许村	k'uɣ⁼	xo⁼	vɣ⁼	lɣ⁼	sa⁼	ʃɣ⁼	tʃ'uɣ⁼	ʃɣ⁼
中云	k'uɣ⁼	xɣ⁼	ve⁼	le⁼	se⁼	su⁼	ts'ɣ/ts'u⁼	su⁼
新建	k'ie⁼	xuɛ⁼	vɛ⁼	lɛ⁼	sɛ⁼	sɛ⁼	tʃ'ɛ⁼	sɛ⁼
新营	⁻k'u	⁻xu	⁻uɛ	⁻lɛ	⁻sɛ	⁻ɕyɛ	⁻tɕ'y	⁻ɕyɛ
黄柏	k'uɛ⁼	xuɛ⁼	⁻xɛ	li⁼	si⁼	⁻fi	tɕ'y⁼	⁻fi
暖水	k'ue⁼	xue⁼	⁻vi	ly⁼	ɕy⁼	ɕy⁼	tɕ'ie⁼	ɕie⁼

	1673 橘 臻合三入术见	1674 佛~法 臻合三入物奉	1675 物 臻合三入物微	1676 屈 臻合三入物溪	1677 博 宕开一入铎帮	1678 薄 宕开一入铎並	1679 莫 宕开一入铎明	1680 膜 宕开一入铎明
经公桥	tɕy⁼	fu⁼	⁻uei	tɕ'y⁼	pau⁼	⁻p'au	⁻mau	mau⁼
鹅湖	tɕyʔ⁼	foʔ⁼	uʔ⁼	tɕ'yʔ⁼	poʔ⁼	p'auʔ⁼	moʔ⁼	moʔ⁼
旧城	tɕy⁼	fei⁼	uei⁼	tɕ'y⁼	pau⁼	p'au⁼	mau⁼	mau⁼
湘湖	tɕyʔ⁼	feiʔ⁼	ueiʔ⁼	tɕ'yʔ⁼	pauʔ⁼	p'auʔ⁼	mauʔ⁼	mauʔ⁼
溪头	kui⁼	fɐ⁼	uɐ⁼	k'ɐ⁼	pɐ⁼	p'au⁼	mau⁼	mau⁼
沱川	kui⁼	fə⁼	uə⁼	k'ue⁼	pau⁼	p'au⁼	bau⁼	bau⁼
紫阳	kua⁼	fə⁼	bə/ve⁼	tɕ'ye⁼	pɒ⁼	p'ɒ⁼	bɒ⁼	bɒ⁼
许村	kua⁼	fɣ⁼	vɣ⁼	k'ua⁼	pɔ⁼	p'ɔ⁼	mɔ⁼	mɔ⁼
中云	kua⁼	fɣ⁼	vɣ⁼	tɕ'ye⁼	pɔ⁼	p'ɔ⁼	bɔ⁼	bɔ⁼
新建	kɛ⁼	fɛ⁼	vɛ⁼	k'ie⁼	po⁼	p'o⁼	mo⁼	mo⁼
新营	kuɛ⁼	fɛ⁼	uɛ⁼	k'ɛ⁼	po⁼	⁻p'ɔ	⁻mɔ	⁻mɔ
黄柏	kuɛ⁼	⁻fɛ	uɛ⁼	k'ui⁼	pə⁼	⁻p'ə	⁻mə	⁻mə
暖水	tɕy⁼	⁻fe	ue⁼	k'ue⁼	pɔ⁼	⁻p'ɔ	mɔ⁼	mɔ⁼

第三章 赣东北徽语代表方言点单字音对照

	1681	1682	1683	1684	1685	1686	1687	1688
	幕	托	落	作	凿	昨	索	各
	宕开一入铎明	宕开一入铎透	宕开一入铎来	宕开一入铎精	宕开一入铎从	宕开一入铎从	宕开一入铎心	宕开一入铎见
经公桥	₌mau	t'au₋	₌lau	tsau₋	₌ts'au	₌ts'uʌu	sau₋	kau₋
鹅湖	muʔ²	t'oʔ₋	lauʔ²	tsoʔ₋	tsauʔ₋	ts'oʔ₋	soʔ₋	kauʔ₋
旧城	mau²	t'au²	lau²	tsau²	ts'au²	ts'uo²	sau²	kau²
湘湖	mauʔ²	t'auʔ²	lauʔ²	tsauʔ²	ts'auʔ²	ts'oʔ²	sauʔ²	kauʔ²
溪头	mau²	t'au²	lau²	tsau²	ts'au²	ts'au²	sau²	kau²
沱川	bu²	t'au²	lau²	tsau²	ts'au²	ts'au²	sau²	kau²
紫阳	bu²	t'ɒ²	lɒ²	tsɒ²	ts'ɒ²	ts'ɒ²	sɒ²	kɒ²
许村	mo²	t'ɔ²	lɔ²	tsɔ²	ts'ɔ²	ts'ɔ²	sɔ²	kɔ²
中云	bɔ²	t'ɔ²	lɔ²	tsɔ²	ts'ɔ²	ts'ɔ²	sɔ²	kɔ²
新建	mu₋	t'o₋	lo₋	tso₋	ts'o₋	ts'o₋	so₋	ko₋
新营	₌mu	t'ɔ₋	₌lɔ	tsɔ₋	₌ts'ɔ	₌ts'ɔ	sɔ₋	k'ɔ₋
黄柏	mə₋	t'ə₋	₌lə	tsə₋	₌ts'ə	₌ts'ə	sə₋	kə₋
暖水	mu₋	t'ɔ₋	₌lɔ	tsɔ₋	₌ts'ɔ	₌ts'ɔ	sɔ₋	kɔ₋

	1689	1690	1691	1692	1693	1694	1695	1696
	鹤	恶善~	雀	鹊	嚼	削	着~衣服	着睡~
	宕开一入铎匣	宕开一入铎影	宕开三入药精	宕开三入药清	宕开三入药从	宕开三入药心	宕开三入药知	宕开三入药澄
经公桥	₌xau	ŋau₋	ts'ia₋	ts'ia₋	₌tɕ'ia	sia₋	tʂau₋	₌tʂau
鹅湖	xəʔ²	ŋiɛʔ₋	tsaʔ₋	tsaʔ₋	ts'iauʔ₋	₌sia	tɕioʔ₋	tʂ'auʔ₋
旧城	xau²	ŋau²	tsa²	ts'a²	ts'a²	sa²	tɕia²	tɕ'ia²
湘湖	xauʔ²	ŋauʔ²	tsiaʔ²	ts'aʔ²	ts'aʔ²	sioʔ²	tsauʔ²	ts'auʔ²
溪头	xau²	ŋau²	tsiau²	ts'iau²	tsiau²	siau²	tsau²	tsau²
沱川	xau²	ŋau²	tsiau²	ts'iau²	tɕ'iau²	siau²	tsə²	ts'au²
紫阳	xə²	gɒ²	ts'iɒ²	ts'iɒ²	ts'iɒ²	siɒ²	tsɒ²	ts'ɒ²
许村	xɔ²	ŋɔ²	ts'iɔ²	ts'a²	ts'ia²	siɔ²	tʃɤ²	tʃ'ɔ²
中云	xɔ²	gɔ²	ts'iɔ²	ts'iɔ²	ts'iɔ²	siɔ²	tsa²	ts'ɔ²
新建	xo₋	ŋo₋	tsiɔ₋	tsiɔ₋	ts'iɔ₋	siɔ₋	tɕiɯ²	tɕ'iɯ³³
新营	₌xɔ	ŋɔ₋	tsia₋	tsia₋	₌ts'ia	sia₋	tɕia₋	₌tɕ'ia
黄柏	₌xə	ŋə₋	tɕ'iə₋	tɕ'iə₋	₌ts'iə	ɕiə₋	tʃə₋	₌tʃ'ɔ
暖水	xɣ₋	ŋɔ₋	tɕ'yɛ₋	tɕ'yɛ₋	₌tɕ'yɛ	ɕyɛ₋	tɕyɛ₋	₌tɕ'yɛ

	1697	1698	1699	1700	1701	1702	1703	1704
	勺	弱	脚	虐	疟	约	药	跃
	宕开三入药禅	宕开三入药日	宕开三入药见	宕开三入药疑	宕开三入药疑	宕开三入药影	宕开三入药以	宕开三入药以
经公桥	₋ʂau	₋ɣʌu	tʃuʌu⁼	₋lyɛ	₋lyɛ	yʌu⁼	₋ɣʌu	yʌu⁼
鹅湖	ʂau⁼	ioʔ⁼	tɕioʔ⁼	liɛʔ⁼	liɛʔ⁼	yɛʔ⁼	ioʔ⁼	yɛʔ⁼
旧城	ʂau⁼	ia⁼	tɕia⁼	ia⁼	ia⁼	ia⁼	ia⁼	iau⁼
湘湖	sauʔ⁼	iaʔ⁼	tɕiaʔ⁼	iaʔ⁼	iaʔ⁼	iaʔ⁼	iaʔ⁼	ioʔ⁼
溪头	sau⁼	iau⁼	tʃau⁼	ɲiau⁼	ɲiau⁼	iau⁼	iau⁼	iau⁼
沱川	sau⁼	iau⁼	tɕiau⁼	ɲiau⁼	ɲiau⁼	iau⁼	iau⁼	iau⁼
紫阳	sɒ⁼	iɒ⁼	tɕiɒ⁼	giɒ⁼	giɒ⁼	iɒ⁼	iɒ⁼	iɒ⁼
许村	ʃɔ⁼	iɔ⁼	tɕia⁼	ɲiɔ⁼	ɲiɔ⁼	iɔ⁼	ia⁼	iɔ⁼
中云	sɔ⁼	iɔ⁼	tɕia⁼	ɲiɔ⁼	ɲiɔ⁼	iɔ⁼	ia⁼	iɔ⁼
新建	sʏ⁼	io⁼	tɕiɯ⁼	io⁼	io⁼	io⁼	iɯ⁼	io⁼
新营	₋cɔ	ia₋	tɕia₋	₋ia	₋ia	ia₋	ia₋	₋cɔ
黄柏	₋ʃə	ɲiə₋	tʃə₋	ɲiə₋	ɲiə₋	₋iə	₋iə	iə₋
暖水	sɔ₋	ɲyɛ₋	tɕyɛ₋	ɲyɛ₋	ɲyɛ₋	yɛ₋	₋yɛ	yɛ₋

	1705	1706	1707	1708	1709	1710	1711	1712
	郭	扩	藿	缚	剥	雹	桌	戳
	宕合一入铎见	宕合一入铎溪	宕合一入铎晓	宕合三入药奉	江开二入觉帮	江开二入觉并	江开二入觉知	江开二入觉彻
经公桥	kau₋	kʻuʌu₋	xuʌu₋	₋fu	₋pau	₋pʻau	tʂau₋	tʂʻuʌu₋
鹅湖	koʔ⁼	kʻoʔ⁼	xoʔ⁼	fuʔ⁼	pauʔ⁼	pʻauʔ⁼	tʂoʔ⁼	tʂʻoʔ⁼
旧城	kau⁼	kʻuɛ⁼	xau⁼	fau⁼	pau⁼	pʻau⁼	tʂa⁼	tsʻau⁼
湘湖	kauʔ⁼	kʻuɛʔ⁼	xauʔ⁼	fuʔ⁼	pauʔ⁼	pʻauʔ⁼	tsauʔ⁼	tsʻauʔ⁼
溪头	kuɐ⁼	kʻo⁼	xo⁼	fau⁼	pau⁼	pau⁼	tsau⁼	tsʻau⁼
沱川	kuɒ⁼	kʻuɒ⁼	xau⁼	fau⁼	pau⁼	pʻau⁼	tsau⁼	tsʻau⁼
紫阳	kə⁼	kʻə⁼	xə⁼	fɒ⁼	pɒ⁼	pʻɒ⁼	tsɒ⁼	tsʻɒ⁼
许村	kua⁼	kʻua⁼	xɔ⁼	fɔ⁼	pɔ⁼	pʻɔ⁼	tʃɔ⁼	tʃʻɔ⁼
中云	kɔ⁼	kʻɔ⁼	xɔ⁼	fɔ⁼	pɔ⁼	pʻɔ⁼	tsɔ⁼	tsʻɔ⁼
新建	ko⁼	kʻuʏ⁼	xuʏ⁼	po⁼	po⁼	pʻɔ⁼	tʃo⁼	tʃʻo⁼
新营	kɔ₋	kʻu₋	xu₋	₋fɔ	pɔ₋	pɔ₋	tɔ₋	tʻɔ₋
黄柏	kə₋	kʻo₋	xə₋	₋fə	pə₋	₋pʻə	tʂə₋	₋tsʻo
暖水	kɔ₋	kʻuɐ₋	xɔ₋	fɔ₋	pɔ₋	₋pʻɔ	tʂɔ₋	tʂʻɔ₋

第三章　赣东北徽语代表方言点单字音对照

	1713	1714	1715	1716	1717	1718	1719	1720
	浊	捉	镯	觉	角	壳	岳	学
	江开二入觉澄	江开二入觉庄	江开二入觉崇	江开二入觉见	江开二入觉见	江开二入觉溪	江开二入觉疑	江开二入觉匣
经公桥	₋tʂau	tʂau₋	₋tʂʻau	kau₋	kau₋	kʻau₋	₋ŋau	₋xau
鹅湖	tʂoʔ˭	tʂauʔ˭	tʂʻauʔ˭	kauʔ˭	kauʔ˭	kʻəʔ˭	yɛʔ˭	xauʔ˭
旧城	tʂau˭	tʂau˭	tʂʻa˭	kau˭	kau˭	kʻa˭	ŋau˭	xau˭
湘湖	tsʻauʔ˭	tsauʔ˭	tsʻauʔ˭	kauʔ˭	kauʔ˭	kʻauʔ˭	ŋauʔ˭	xauʔ˭
溪头	tsʻau˭	tsau˭	tsʻau˭	kau˭	kau˭	kʻau˭	ŋau˭	xau˭
沱川	tsʻau˭	tsau˭	tsʻau˭	kau˭	kau˭	kʻau˭	gau˭	xau˭
紫阳	tsʻɒ˭	tsɒ˭	tsʻɒ˭	kɒ˭	kɒ˭	kʻɒ˭	gɒ˭	xɒ˭
许村	tʃʻɔ˭	tʃɔ˭	tʃʻɔ˭	kɔ˭	kɔ˭	kʻɔ˭	ŋɔ˭	xɔ˭
中云	tsʻɔ˭	tsɔ˭	tsʻɔ˭	kɔ˭	kɔ˭	kʻɔ˭	gɔ˭	xɔ˭
新建	tʂʻo₋	tʂo˭	tʂʻo₋	ko₋	ko₋	kʻo₋	ŋo˭	xo
新营	₋tʻɔ	tɔ	₋tʻɔ	kɔ	kɔ	kʻɔ	ŋɔ	₋xɔ
黄柏	tʂʻə	tʂə˭	₋tʂʻə	kə	kə	kʻə	ŋə˭	₋xə
暖水	₋tʂʻɔ	tʂɔ₋	₋tʂʻɔ	kɔ₋	kɔ₋	kʻɔ₋	ŋɔ₋	₋xɔ

	1721	1722	1723	1724	1725	1726	1727	1728
	握	北	墨	得	特	贼	塞	刻
	江开二入觉影	曾开一入德帮	曾开一入德明	曾开一入德端	曾开一入德定	曾开一入德从	曾开一入德心	曾开一入德溪
经公桥	₋uʌu	pai₋	₋mai	tai₋	₋tʻai	₋tsʻai	sai₋	kʻɤ₋
鹅湖	ŋoʔ˭	paiʔ˭	maiʔ˭	taiʔ˭	tʻaiʔ˭	tsʻaiʔ˭	siɛʔ˭	kʻaiʔ˭
旧城	uo˭	pai˭	mai˭	tai˭	tʻai˭	tsʻai˭	sai˭	kʻai˭
湘湖	uoʔ˭	paiʔ˭	maiʔ˭	taiʔ˭	tʻaiʔ˭	tsʻaiʔ˭	saiʔ˭	kʻaiʔ˭
溪头	ŋo˭	pa˭	ma˭	ta˭	tʻɐ˭	tsʻa˭	sɐ˭	kʻɐ˭
沱川	go˭	pɒ˭	bi˭	tɒ˭	tʻɒ˭	tsʻɒ˭	sɒ˭	kʻa˭
紫阳	və˭	po˭	ba˭	to˭	tʻo˭	tsʻo˭	so˭	kʻo/tɕʻio˭
许村	ŋɔ˭	pɔ˭	ma˭	tɔ˭	tʻɤ˭	tsʻɔ˭	sɔ˭	tʃʻɔ˭
中云	vɔ˭	pɔ˭	bɔ˭	tɔ˭	tʻɤ˭	tsʻɔ˭	sɤ˭	tɕʻiɔ˭
新建	vo˭	pɛ˭	mɛ₋	tɛ˭	₋tʻæ	tsʻæ˭	sæ˭	kʻæ˭
新营	₋uo	pæ₋	₋mæ	tæ₋	₋tʻæ	₋tsʻæ	sæ₋	kʻæ₋
黄柏	u˭	pɛ˭	₋mɛ	tɛ˭	₋tʻɛ	₋tsʻɛ	sɛ˭	kʻɛ˭
暖水	vu˭	pi₋	₋mi	te₋	₋tʻæ	₋tsʻe	se₋	kʻæ₋

	1729	1730	1731	1732	1733	1734	1735	1736
	黑	逼	力	熄	直	侧	色	织
	曾开一入德晓	曾开三入职帮	曾开三入职来	曾开三入职心	曾开三入职澄	曾开三入职庄	曾开三入职生	曾开三入职章
经公桥	xai˗	pai˗	ˍlai	sai˗	ˍtɕʻiai	tsʻai˗	ɕiai˗	tɕiai˗
鹅湖	xaiʔ˗	paiʔ˗	laiʔ˗	saiʔ˗	tɕʻiaiʔ˗	tɕʻiaiʔ˗	ɕiaiʔ˗	tʂaiʔ˗
旧城	xai˭	pei˭	lai˭	sei˭	tɕʻiai˭	tɕiai˭	ɕiai˭	tɕiai˭
湘湖	xaiʔ˗	paiʔ˗	laiʔ˗	seiʔ˗	tɕʻiaiʔ˗	tɕiaiʔ˗	ɕiaiʔ˗	tɕiaiʔ˗
溪头	xɐ˭	pa˭	li˭	sa˭	tsʻa/tsʻɿ˭	tsʻa˭	sa˭	tsɿ˭
沱川	ɕiɒ˭	pi˭	lɒ˭	sɒ˭	tsʻɿ˭	tsʻɒ˭	sɒ˭	tsɿ˭
紫阳	ɕio˭	po˭	lo˭	so˭	tsʻa˭	tsʻo˭	so˭	tsa˭
许村	ʃo˭	po˭	lo˭	so˭	tʃʻa˭	tsʻo˭	ʃo˭	tʃa˭
中云	ɕio˭	po˭	lo˭	so˭	tsʻa˭	tsʻɤ˭	so˭	tsa˭
新建	xɛ˭	pɛ˭	lɛ˭	sɛ˭	tʃʻɛ˭	tsæ˭	ʃæ˭	tʃɛ˭
新营	xæ˗	pæ˗	ˍlæ	sæ˗	ˍtʻæ	tsæ˗	ɕiæ˗	tæ˗
黄柏	xɛ˭	pi˭	ˍlɛ	sɛ˭	tʃʻuɛ˭	tsʻɛ˭	ʃuɛ˭	tʃuɛ˭
暖水	xe˗	pæ˗	ˍle	se˗	ˍtɕʻie	tsæ˗	ɕiæ˗	tɕie˗

	1737	1738	1739	1740	1741	1742	1743	1744
	食	识	植	极	亿	翼	国	或
	曾开三入职船	曾开三入职书	曾开三入职禅	曾开三入职群	曾开三入职影	曾开三入职喻	曾合一入德见	曾合一入德匣
经公桥	ˍɕiai	ɕiai˗	ˍtɕʻiai	tɕi˗	iai˗	ˍiai	kuai˗	ˍxuɣ
鹅湖	ɕiaiʔ˗	ɕiʔ˗	tɕʻiaiʔ˗	tɕiʔ˗	ŋaiʔ˗	ŋaiʔ˗	kueiʔ˗	xoʔ˗
旧城	ɕiai˭	ɕiai˭	tɕʻiai˭	kʻai˭	i˭	ŋai˭	kuai˭	xuɛ˭
湘湖	ɕiaiʔ˗	ɕiaiʔ˗	tɕʻiaiʔ˗	tɕʻiʔ˗	iʔ˗	ŋaiʔ˗	kuaiʔ˗	xaiʔ˗
溪头	sɿ˭	sɿ˭	tsʻɿ˭	tʃʻi˭	i˭	ia˭	kuɐ˭	xuɐ˭
沱川	sɿ˭	sɿ˭	tsʻɿ˭	tɕiɒ˭	i˭	iɒ˭	kuə˭	xua˭
紫阳	sa˭	sa˭	tsʻa˭	tɕia˭	i˭	io˭	ke˭	xə˭
许村	ʃa˭	ʃa˭	tʃʻa˭	tʃʻo˭	i˭	io˭	kuɣ˭	xuɣ˭
中云	sa˭	sa˭	tsʻa˭	tɕia˭	i˭	ia˭	kuɣ˭	xo˭
新建	ʃɛ˗	ʃɛ˗	tʃʻɛ˗	tʃɛ˗	i˭	iɛ˗	kuɛ˗	xuɛ˗
新营	ɕiæ˗	ɕiæ˗	tæ˗	tɕi˗	i˭	ŋæ˗	kuæ˗	ˍxu
黄柏	ʃuɛ˭	ʃuɛ˭	tʃʻuɛ˭	tɕi˭	i˭	iɛ˭	kuɛ˭	ˍxua
暖水	ɕie˭	ɕie˭	ˍtɕʻie	ˍtɕʻie	i˭	ie˭	kue˭	xuo˭

	1745	1746	1747	1748	1749	1750	1751	1752
	域	百	拍	白	陌	拆	择	格
	曾合三入职云	梗开二入陌帮	梗开二入陌滂	梗开二入陌並	梗开二入陌明	梗开二入陌彻	梗开二入陌澄	梗开二入陌见
经公桥	₌y	pa₌	p'a₌	₌p'a	₌muʌ	tʂ'a₌	₌tʂ'a	tɕia₌
鹅 湖	yʔ₌	paʔ₌	p'aʔ₌	p'aʔ₌	maʔ₌	tʂ'aʔ₌	tʂ'aʔ₌	kəʔ₌
旧 城	y²	pa²	p'a²	p'a²	ma²	tɕ'ia²	tɕ'ia²	ka²
湘 湖	yʔ₌	paʔ₌	p'aʔ₌	p'aʔ₌	maʔ₌	tɕ'iaʔ₌	tɕ'iaʔ₌	kaʔ₌
溪 头	y²	pa²	p'a²	p'a²	ma²	ts'a²	ts'a²	ka²
沱 川	iɒ²	pɒ²	p'ɒ²	bɒ²	bɒ²	ts'ɒ²	ts'ɒ²	kɒ²
紫 阳	y²	po²	p'o²	p'o²	bo²	ts'o²	ts'o²	ko²
许 村	y²	po²	p'o²	p'o²	mo²	tʃ'o²	ts'o²	ko²
中 云	vie²	po²	p'o²	p'o²	bo²	ts'o²	ts'o²	ko²
新 建	væ₌	pæ²	p'æ²	p'æ₌	mæ²	tʃ'æ²	tʃ'æ²	kæ²
新 营	₌y	pa₌	p'a₌	₌p'a	₌ma	t'a₌	₌t'a	ka₌
黄 柏	₌uɛ	pa₌	p'a₌	₌p'a	ma₌	tʂ'ua₌	₌tʂ'ua	ka₌
暖 水	y₌	pæ₌	p'æ₌	p'æ	mɔ₌	tɕ'iæ₌	ts'æ₌	kæ₌

	1753	1754	1755	1756	1757	1758	1759	1760
	客	额	吓	麦	脉	摘	责	册
	梗开二入陌溪	梗开二入陌疑	梗开二入陌晓	梗开二入麦明	梗开二入麦明	梗开二入麦知	梗开二入麦庄	梗开二入麦初
经公桥	tɕ'ia₌	₌ia	xa₌	₌ma	₌ma	tʂa₌	tʂa₌	tʂ'a₌
鹅 湖	k'aʔ₌	ŋɛʔ₌	xaʔ₌	maʔ₌	maʔ₌	tʂaʔ₌	tʂaʔ₌	tʂ'aʔ₌
旧 城	k'a²	ŋa²	xa²	ma²	ma²	tɕia²	tɕia²	tɕ'ia²
湘 湖	k'aʔ₌	ŋaʔ₌	xaʔ₌	maʔ₌	maʔ₌	tɕiaʔ₌	tɕiaʔ₌	tɕ'iaʔ₌
溪 头	k'a²	ŋa²	xa²	ma²	ma²	tsa²	tsa²	ts'a²
沱 川	k'ɒ²	gɒ²	xɒ²	bɒ²	bɒ²	tsɒ²	tsɒ²	ts'ɒ²
紫 阳	k'o²	go²	xo²	bo²	bo²	tso²	tso²	ts'o²
许 村	k'o²	ŋo²	xo²	mo²	mo²	tʃo²	tso²	tʃ'o²
中 云	k'o²	go²	xo²	bo²	bo²	tso²	tso²	ts'o²
新 建	k'æ²	ŋæ²	xæ²	mæ₌	mæ²	tʃæ²	tʃæ²	tʃ'æ²
新 营	k'a₌	ŋa	xa₌	₌ma	ma₌	ta₌	ta₌	t'a₌
黄 柏	k'a₌	ŋa₌	xa₌	₌ma	ma₌	tʂua₌	tʂua₌	tʂ'ua₌
暖 水	k'æ₌	ŋæ₌	xæ₌	₌mæ	mæ₌	tɕiæ₌	tɕiæ₌	tɕ'iæ₌

	1761	1762	1763	1764	1765	1766	1767	1768
	隔	軶牛~	碧	剧戏~	逆	壁	僻	脊
	梗开二入麦见	梗开二入麦影	梗开三入陌帮	梗开三入陌群	梗开三入陌疑	梗开三入昔帮	梗开三入昔滂	梗开三入昔精
经公桥	tɕia⁼	ŋuʌ⁼	₋pai	₋tɕy	₋ŋi	pai⁼	p'i⁼	tsai⁼
鹅湖	kaʔ₌	ŋiɛʔ₌	peiʔ₌	tɕyʔ₌	niʔ₌	paiʔ₌	p'eiʔ₌	tsaiʔ₌
旧城	ka⁼	ŋa⁼	pei⁼	tɕy⁼	n̻i⁼	pai⁼	p'ai⁼	tsai⁼
湘湖	kaʔ₌	ŋaʔ₌	peiʔ₌	tɕyʔ₌	iʔ₌	peiʔ₌	p'eiʔ₌	tseiʔ₌
溪头	ka⁼	ŋa⁼	pi⁼	tɕy⁼	ia⁼	pi⁼	p'i⁼	tsa⁼
沱川	kɒ⁼	gɒ⁼	pɒ⁼	tɕiɒ⁼	n̻iɒ⁼	pɒ⁼	p'i⁼	tsɒ⁼
紫阳	ko⁼	go⁼	po⁼	tɕ'io⁼	io⁼	po⁼	p'i⁼	tso⁼
许村	ko⁼	ŋo⁼	po⁼	tʃ'o⁼	n̻io⁼	po⁼	p'o⁼	tso⁼
中云	ko⁼	go⁼	po⁼	tɕ'ia⁼	n̻io⁼	po⁼	p'o⁼	tso⁼
新建	kæ₌	ŋæ₌	pæ₌	ki⁼	n̻iɛ⁼	pæ₌	p'æ₌	tsæ₌
新营	ka⁼	ŋa⁼	pæ₌	tɕy⁼	₋n̻i	pæ⁼	p'ɛ⁼	tsæ₌
黄柏	ka⁼	₋ŋa	pɛ⁼	tɕy⁼	n̻i⁼	pɛ⁼	p'i⁼	tsɛ₌
暖水	kæ₌	ŋæ₌	pæ₌	tɕy⁼	n̻i⁼	pæ⁼	p'i⁼	tsæ₌

	1769	1770	1771	1772	1773	1774	1775	1776
	籍	惜	席~草	席主~	只一~鸡	尺	适	石
	梗开三入昔从	梗开三入昔心	梗开三入昔邪	梗开三入昔邪	梗开三入昔章	梗开三入昔昌	梗开三入昔书	梗开三入昔禅
经公桥	₋ts'ai	sai⁼	₋sai	₋sai	tɕiai⁼	tɕ'iai⁼	₋ɕi	₋ɕiai
鹅湖	tsaiʔ₌	ɕiʔ₌	saiʔ₌	saiʔ₌	tʂaiʔ₌	tʂ'aiʔ₌	ʂaiʔ₌	ʂaiʔ₌
旧城	ts'ei⁼	sei⁼	sai⁼	sai⁼	tɕiai⁼	tɕ'iai⁼	ɕiai⁼	ɕiai⁼
湘湖	ts'eiʔ₌	seiʔ₌	saiʔ₌	saiʔ₌	tɕiaiʔ₌	tɕ'iaiʔ₌	ɕiaiʔ₌	ɕiaiʔ₌
溪头	ts'a⁼	sa⁼	ts'a⁼	ts'a⁼	tsa⁼	ts'a⁼	sa⁼	sa⁼
沱川	ts'ɒ⁼	sɒ⁼	ts'ɒ⁼	ts'ɒ⁼	tsɒ⁼	ts'ɒ⁼	sɒ⁼	sɒ⁼
紫阳	ts'o⁼	so⁼	ts'o⁼	ts'o⁼	tso⁼	ts'o⁼	so⁼	so⁼
许村	ts'o⁼	so⁼	ts'o⁼	ts'o⁼	tʃo⁼	tʃ'o⁼	so⁼	ʃo⁼
中云	ts'o⁼	so⁼	ts'o⁼	ɕi⁼	tso⁼	ts'o⁼	so⁼	so⁼
新建	ts'æ₌	sæ⁼	ts'æ₌	ts'æ₌	tʃæ⁼	tʃ'æ⁼	ʃæ⁼	ʃæ⁼
新营	tɕi₌	sæ⁼	₋ts'æ	₋ts'æ	tæ⁼	t'æ⁼	ɕiæ⁼	₋ɕiæ
黄柏	₌ts'ɛ	sɛ⁼	₌ts'ɛ	₌ts'ɛ	₌tɕi	tʃ'uɛ⁼	₌ʃuɛ	₌ʃuɛ
暖水	₋tɕi	sæ⁼	₋ts'æ	₋ts'æ	tʂy⁼	tɕ'iæ⁼	ɕiæ⁼	₋ɕiæ

第三章 赣东北徽语代表方言点单字音对照

	1777 益 梗开三 入昔影	1778 液 梗开三 入昔喻	1779 壁 梗开四 入锡帮	1780 劈 梗开四 入锡滂	1781 滴 梗开四 入锡端	1782 踢 梗开四 入锡透	1783 笛 梗开四 入锡定	1784 敌 梗开四 入锡定
经公桥	iai˨	˨iai	pai˨	pʻai˨	tai˨	tʻai˨	˨tʻai	˨tʻai
鹅 湖	iʔ˨	ieʔ˨	paiʔ˨	pʻaiʔ˨	teiʔ˨	tʻeiʔ˨	tʻəʔʳ˨	tʻaiʔ˨
旧 城	ŋai˨	ie˨	pai˨	pʻai˨	tei˨	tʻai˨	tʻə˨	tʻei˨
湘 湖	iaiʔ˨	iaiʔ˨	pei˨	pʻei˨	tei˨	tʻei˨	tʻei˨	tʻeiʔ˨
溪 头	ia˨	ie˨	pa˨	pʻa˨	ti˨	tʻi˨	tʻi˨	ti˨
沱 川	iɒ˨	ie˨	pɒ˨	pʻɒ˨	tɒ˨	tʻi˨	tʻɒ˨	tʻɒ˨
紫 阳	io˨	ie˨	po˨	pʻo˨	to˨	tʻo˨	tʻo˨	tʻo˨
许 村	io˨	ie˨	po˨	pʻɤ˨	to˨	tʻo˨	tʻo˨	tʻo˨
中 云	io˨	ie˨	po˨	pʻi˨	to˨	tʻi˨	tʻo˨	tʻo˨
新 建	iæ˨	ie˨	pæ˨	pʻæ˨	tɛ˨	tʻɛ˨	tʻæ˨	tʻæ˨
新 营	ŋæ˨	˨ie	pæ˨	pʻæ˨	tɛ˨	tʻɛ˨	˨tʻæ	˨tʻæ
黄 柏	ia˨	ia˨	pɛ˨	pʻɛ˨	ti˨	tʻiɛ˨	˨ti	˨tɛ
暖 水	i˨	i˨	pæ˨	pʻæ˨	tæ˨	tʻæ˨	˨tʻæ	˨tʻæ

	1785 历 梗开四 入锡来	1786 绩 梗开四 入锡精	1787 戚 梗开四 入锡清	1788 锡 梗开四 入锡心	1789 击 梗开四 入锡见	1790 吃~饭 梗开四 入锡溪	1791 获 梗合二 入麦匣	1792 疫 梗合三 入昔喻
经公桥	˨lai	tsai˨	tsʻai˨	sai˨	tɕi˨	tɕʻiai˨	˨xu	˨i
鹅 湖	leiʔ˨	tsaiʔ˨	tsʻaiʔ˨	saiʔ˨	tɕiʔ˨	kʻaiʔ˨	xoʔ˨	iʔ˨
旧 城	lai˨	tsai˨	tsʻai˨	sai˨	kai˨	tɕʻiai˨	xuɛ˨	y˨
湘 湖	leiʔ˨	tsei˨	tsʻei˨	sei˨	tɕi˨	tɕʻiaiʔ˨	faiʔ˨	iʔ˨
溪 头	la˨	tsa˨	tsʻa˨	sa˨	tʃa˨	tʃʻa˨	xu˨	ia˨
沱 川	lɒ˨	tsɒ˨	tsʻɒ˨	sɒ˨	tɕiɒ˨	tɕʻiɒ˨	xu˨	iɒ˨
紫 阳	lo˨	tso˨	tsʻo˨	so˨	tɕio˨	tɕʻio˨	xu˨	io˨
许 村	lo˨	tso˨	tsʻo˨	so˨	tʃo˨	tʃʻo˨	xu˨	io˨
中 云	lo˨	tso˨	tsʻo˨	so˨	tɕio˨	tɕʻio˨	xu˨	io˨
新 建	læ˨	tsæ˨	tsʻæ˨	sæ˨	tʃæ˨	tʃʻæ˨	xu˨	væ˨
新 营	˨læ	tsæ˨	tsʻæ˨	sæ˨	tɕi˨	kʻæ˨	˨xu	˨i
黄 柏	˨lɛ	tsɛ˨	˨tɕʻi	sɛ˨	tɕi˨	tʃʻɛ˨	˨xua	˨uɛ
暖 水	˨læ	tsæ˨	tɕʻi˨	sæ˨	tɕiæ˨	tɕʻiæ˨	xuo˨	y˨

	1793 扑 通合一 入屋滂	1794 木 通合一 入屋明	1795 秃 通合一 入屋透	1796 独 通合一 入屋定	1797 读 通合一 入屋定	1798 鹿 通合一 入屋来	1799 禄 通合一 入屋来	1800 族 通合一 入屋从
经公桥	p'o⁼	₌mo	t'o⁼	₌t'o	₌t'o	₌lo	₌lo	₌ts'o
鹅湖	p'uʔ₌	muʔ₌	t'əuʔ₌	t'əuʔ₌	t'əuʔ₌	ləuʔ₌	ləuʔ₌	ts'əuʔ₌
旧城	p'u⁼	mu⁼	t'əu⁼	t'əu⁼	t'əu⁼	ləu⁼	ləu⁼	ts'əu⁼
湘湖	p'uʔ₌	muʔ₌	t'əuʔ₌	t'əuʔ₌	t'əuʔ₌	ləuʔ₌	ləuʔ₌	ts'əuʔ₌
溪头	p'u⁼	mu⁼	t'u⁼	tu⁼	t'u⁼	lu⁼	læi⁼	ts'u⁼
沱川	p'u⁼	bu⁼	t'u⁼	t'u⁼	t'u⁼	lu⁼	lu⁼	ts'u⁼
紫阳	p'u⁼	bu⁼	t'u⁼	t'u⁼	t'u⁼	lu⁼	lu⁼	ts'u⁼
许村	p'u⁼	mu⁼	t'u⁼	t'u⁼	t'u⁼	lɔ⁼	lɔ⁼	ts'ɔ⁼
中云	p'u⁼	bɔ⁼	t'u⁼	t'u⁼	t'u⁼	lɔ⁼	lɔ⁼	ts'u⁼
新建	p'o⁼	mo⁼	t'o⁼	t'o⁼	t'o⁼	lo⁼	lo⁼	ts'o⁼
新营	p'u⁼	mu⁼	t'o⁼	₌t'o	₌t'o	₌lo	₌lo	₌ts'o
黄柏	p'u⁼	mu⁼	t'u⁼	₌t'u	₌t'u	₌lu	₌lu	₌ts'u
暖水	p'əu₌	məu₌	t'əu₌	₌t'əu	₌t'əu	ləu₌	ləu₌	₌ts'əu

	1801 速 通合一 入屋心	1802 谷 通合一 入屋见	1803 哭 通合一 入屋溪	1804 屋 通合一 入屋影	1805 督 通合一 入沃端	1806 毒 通合一 入沃定	1807 福 通合三 入屋非	1808 覆 通合三 入屋敷
经公桥	so⁼	ko⁼	k'o⁼	uo⁼	to⁼	₌t'o	fo⁼	fo⁼
鹅湖	səuʔ₌	kuʔ₌	k'uʔ₌	uʔ₌	təuʔ₌	t'əuʔ₌	fuʔ₌	fuʔ₌
旧城	səu⁼	ku⁼	k'u⁼	u⁼	təu⁼	t'əu⁼	fu⁼	fu⁼
湘湖	səuʔ₌	kuʔ₌	k'uʔ₌	uʔ₌	təuʔ₌	t'əuʔ₌	fuʔ₌	fuʔ₌
溪头	su⁼	ku⁼	k'u⁼	u⁼	tu⁼	tu⁼	fu⁼	fu⁼
沱川	su⁼	ku⁼	k'u⁼	u⁼	tu⁼	t'u⁼	fu⁼	fu⁼
紫阳	su⁼	ku⁼	k'u⁼	vu⁼	tu⁼	t'u⁼	fu⁼	fu⁼
许村	sɔ⁼	kɔ⁼	k'ɔ⁼	vɔ⁼	tɔ⁼	t'ɔ⁼	fɔ⁼	fɔ⁼
中云	sɔ⁼	kɔ⁼	k'ɔ⁼	vɔ⁼	t'u⁼	t'u⁼	fɔ⁼	fɔ⁼
新建	so⁼	ko⁼	k'o⁼	vo⁼	to⁼	t'o⁼	fo⁼	fo⁼
新营	so⁼	ku⁼	k'u⁼	u⁼	to⁼	₌t'o	fu⁼	fu⁼
黄柏	su⁼	ku⁼	k'u⁼	u⁼	tu⁼	₌t'u	fu⁼	fu⁼
暖水	səu₌	kəu₌	k'əu₌	vəu₌	təu₌	₌t'əu	fəu₌	fəu₌

第三章 赣东北徽语代表方言点单字音对照

	1809 服 通合三 入屋奉	1810 目 通合三 入屋明	1811 六 通合三 入屋来	1812 陆 通合三 入屋来	1813 肃 通合三 入屋心	1814 竹 通合三 入屋知	1815 畜~生 通合三 入屋彻	1816 轴 通合三 入屋澄
经公桥	₌fo	₌mo	₌liəu	₌liəu	₌so	₌tʂo	₌tʂʻo	₌tɕʻiəu
鹅湖	fuʔ₌	muʔ₌	liəuʔ₌	liəuʔ₌	suʔ₌	tʂəʔ₌	tʂʻəu₌	tʂʻəuʔ₌
旧城	fu²	mu²	liəu²	liəu²	səu²	tʂər²	tsʻəu²	tʂʻəu²
湘湖	fuʔ₌	muʔ₌	liəuʔ₌	liəuʔ₌	səuʔ₌	tɕiəuʔ₌	tɕʻiəuʔ₌	tɕʻiəuʔ₌
溪头	fu²	mu²	læi²	læi²	sæi²	tsu²	tsʻu²	tsʻu²
沱川	fu²	bu²	lə²	lə²	sə²	tsu²	tsʻu²	tsʻu²
紫阳	fu²	bu²	la²	la²	su²	tsu²	tsʻu²	tsʻu²
许村	fɔ²	mɔ²	la²	la²	su²	tʃɔ²	tʃʻɔ²	tʃʻɔ²
中云	fɔ²	bɔ²	la²	la²	su²	tsɔ²	tsʻu²	tɕʻy²
新建	fo₌	mo₌	lɯ₌	lɯ₌	su₌	tʃo₌	tʃʻo₌	tʃʻɯ₌
新营	₌fu	mu₌	₌lio	₌lio	sio₌	to₌	tʻo₌	₌tɕʻio
黄柏	₌fu	mu₌	₌liʃu	₌liʃu	ɕiʃu₌	tʃu₌	tʃʻu₌	₌tʃu
暖水	₌fəu	məu₌	₌ly	₌ly	səu₌	tʂəu₌	tɕʻiəu₌	₌tɕʻy

	1817 缩 通合三 入屋生	1818 粥 通合三 入屋章	1819 叔 通合三 入屋书	1820 熟 通合三 入屋禅	1821 肉 通合三 入屋日	1822 菊 通合三 入屋见	1823 曲酒~ 通合三 入屋溪	1824 蓄 通合三 入屋晓
经公桥	ɕiəu₌	tʂo₌	ɕiəu₌	₌ɕiəu	₌uəi	tɕiəu₌	tɕʻiəu₌	tʂʻo₌
鹅湖	sauʔ₌	tʂəuʔ₌	ʂəuʔ₌	ʂəuʔ₌	iəuʔ₌	tɕiəuʔ₌	tɕʻiəuʔ₌	tɕʻyʔ₌
旧城	sau²	tʂəu²	ʂəu²	ʂəu²	iəu²	tɕiəu²	tɕʻiəu²	ɕiəu²
湘湖	səuʔ₌	tsəuʔ₌	səuʔ₌	səuʔ₌	iəuʔ₌	tɕiəuʔ₌	tɕʻiəuʔ₌	ɕiəuʔ₌
溪头	sau²	tsu²	su²	su²	ȵiæi²	tʃæi²	tʃʻæi²	kʻy²
沱川	sɔ²	tsu²	su²	su²	ȵiə²	tɕiə²	tɕʻiə²	ɕy²
紫阳	sɔ²	tsu²	su²	su²	gia²	tɕia²	tɕʻia²	ɕia²
许村	sɔ²	tʃɔ²	ʃɔ²	ʃɔ²	ȵia²	tɕia²	tɕʻia²	tsʻa²
中云	sɔ²	tsɔ²	sɔ²	sɔ²	ȵia²	tɕia²	tɕʻia²	ɕy²
新建	ʃo²	tʃo²	ʃo²	ʃɯ²	ȵiu²	tʃu²	tʃʻu²	ʃu²
新营	ɕio₌	to₌	ɕio₌	₌ɕio	₌ȵio	tɕio₌	tɕʻio₌	ɕio₌
黄柏	ʃu²	tʃu²	ʃu²	₌ʃu	ȵiu²	tʃu²	tʃʻu²	ʃu²
暖水	səu₌	tʂəu₌	ʂəu₌	₌ʂəu	ȵy₌	tɕy₌	tɕʻy₌	ɕy₌

	1825	1826	1827	1828	1829	1830	1831	1832
	育	绿	足	粟	俗	烛	触	赎
	通合三入屋以	通合三入烛来	通合三入烛精	通合三入烛心	通合三入烛邪	通合三入烛章	通合三入烛昌	通合三入烛船
经公桥	iəu˧	˰lo/liəu	tso˧	siəu˧	˰so	tʂo˧	tʂ'o˧	˰so
鹅湖	iəuʔ˧	liəuʔ˧	tsəuʔ˧	siəuʔ˧	səuʔ˧	tʂəuʔ˧	tʂ'əuʔ˧	ʂəuʔ˧
旧城	iəu˧	liəu˧	tɕiəu˧	siəu˧	səu˧	tʂəu˧	ts'əu˧	səu˧
湘湖	iəuʔ˧	liəuʔ˧	tsəuʔ˧	siəuʔ˧	səuʔ˧	tsəuʔ˧	ts'əuʔ˧	səuʔ˧
溪头	i'æi˧	læi˧	tsæi˧	sæi˧	ts'æi˧	tsu˧	ts'au˧	su˧
沱川	iə˧	lə˧	tsə˧	sə˧	ts'ə˧	tsu˧	ts'ɒ˧	su˧
紫阳	ia˧	la˧	tsa˧	sa˧	ts'a˧	tsu˧	ts'o˧	su˧
许村	ia˧	la˧	tsa˧	sa˧	ts'a˧	tʃɔ˧	tʃ'ɔ˧	sɔ˧
中云	ia˧	la˧	tsa˧	sa˧	sa˧	tsɔ˧	ts'ɔ˧	su˧
新建	iɯ˧	lɯ˧	tɕiɯ˧	ɕiɯ˧	ts'o˧	tʃ'o˧	tʃ'o˧	ʃo˧
新营	io˧	˰lio	tsio˧	sio˧	˰ts'o	to˧	t'o˧	˰ɕio
黄柏	iu˧	˰liʃu	tɕiʃu˧	ɕiʃu˧	˰su	tʃu˧	tʃ'u˧	˰ʃu
暖水	y˧	˰ly	tsəu˧	ɕy˧	ɕy˧	tʂəu˧	tʂ'əu˧	˰ʂəu

	1833	1834	1835	1836	1837	1838	1839	1840
	束	属	褥	曲~折	局	玉	狱	浴
	通合三入烛书	通合三入烛禅	通合三入烛日	通合三入烛溪	通合三入烛群	通合三入烛疑	通合三入烛疑	通合三入烛以
经公桥	so˧	˰ɕiəu	˰lo	tɕ'iəu˧	˰tɕ'iəu	˰y	˰y	˰y
鹅湖	ʂəuʔ˧	ʂəuʔ˧	ləuʔ˧	tɕ'yʔ˧	tɕ'iəuʔ˧	y˧	y˧	y˧
旧城	səu˧	səu˧	ləu˧	tɕ'iəu˧	tɕ'iəu˧	y˧	iəu˧	y˧
湘湖	səuʔ˧	səuʔ˧	ləuʔ˧	tɕ'iəuʔ˧	tɕ'iəuʔ˧	y˧	y˧	iəuʔ˧
溪头	su˧	su˧	lu˧	tʃ'æi˧	tʃ'æi˧	ȵi˧	ȵi˧	iæi˧
沱川	su˧	su˧	lu˧	tɕ'iə˧	tɕ'iə˧	ȵiə˧	ȵiə˧	iə˧
紫阳	su˧	su˧	lu˧	tɕ'ia˧	tɕ'ia˧	gia˧	io˧	ia˧
许村	sɔ˧	sɔ˧	y˧	tɕ'ia˧	tɕ'ia˧	ȵia˧	ȵia˧	ia˧
中云	su˧	su˧	nu˧	tɕ'y˧	tɕ'ia˧	ȵia˧	y˧	ia˧
新建	tʃ'o˧	ʃo˧	lu˧	tʃ'ɯ˧	tʃ'ɯ˧	ȵiɯ˧	ȵiɯ˧	iɯ˧
新营	t'o˧	˰ɕy	lo˧	tɕ'io˧	˰tɕ'io	˰ȵio	˰ȵio	˰y
黄柏	ʃu˧	˰ʃu	zu˧	tʃ'u˧	˰tʃ'u	˰ȵiu	˰ȵiu	˰iu
暖水	ʂəu˧	˰ʂəu	ləu˧	tɕ'y˧	tɕ'y˧	˰ȵy	y˧	y˧

第四章　赣东北徽语的语音特点

本章从语音专项考察、语音特点归纳以及与边邻方言比较三方面考察赣东北徽语的语音特点。

第一节　赣东北徽语语音专项考察

本章对赣东北徽语语音作专项考察，所考察的项目主要是汉语方言分类分区时往往成为区别性特征的字音状况，这些音读类型在赣东北徽语中一般都有较广的分布区域。另外也选择了一些虽然只在较小区域分布但能突显方言特色的字音状况予以考察。

一　赣东北徽语声母专项考察

（一）声母系统及其音读

下列赣东北徽语声母系统构成对照表（1）、（2）。（表 4-1-1、表 4-1-2 见本页至下页）表中列出赣东北徽语 13 处方言点零声母以外的唇音、舌尖（前、中、后）音、舌叶音、舌根音和舌面音等 7 类辅音声母。

从表 4-1-1、表 4-1-2 可以归纳赣东北徽语声母系统以下主要特点：

1. 从发音部位类别看，13 处方言点都有唇音 p- 组声母、舌尖中音 t- 组声母、舌根音 k- 组声母和舌尖前音 ts- 组声母、舌面音 tɕ- 组声母。

2. 部分方言点有舌尖后音 tʂ- 组声母和舌叶音 tʃ- 组声母。有 tʂ- 组声母的方言点：经公桥话、鹅湖话、旧城话、新建话、黄柏话、暖水话；有 tʃ- 组声母的方言点：经公桥话、溪头话、许村话、新建话、黄柏话。

表 4-1-1　　　　　赣东北徽语声母系统构成对照表（1）

	唇音声母				舌尖中音声母				舌根音声母			
经公桥	p	pʻ	m	f	t	tʻ	n	l	k	kʻ	ŋ	x
鹅　湖	p	pʻ	m	f	t	tʻ	n	l	k	kʻ	ŋ	x
旧　城	p	pʻ	m	f	t	tʻ	n	l	k	kʻ	ŋ	x
湘　湖	p	pʻ	m	f	t	tʻ	n	l	k	kʻ	ŋ	x

续表

	唇音声母					舌尖中音声母				舌根音声母			
溪头	p	p'		m	f	t	t'	n	l	k	k'		ŋ	x
沱川	p	p'	b	m	f	v	t	t'	n	l	k	k'	g	ŋ	x
紫阳	p	p'	b	m	f	v	t	t'	n	l	k	k'	g	ŋ	x
许村	p	p'		m	f	v	t	t'	n	l	k	k'		ŋ	x
中云	p	p'	b	m	f	v	t	t'	n	l	k	k'	g	ŋ	x
新建	p	p'		m	f	v	t	t'	n	l	k	k'		ŋ	x
新营	p	p'		m	f		t	t'		l	k	k'		ŋ	x
黄柏	p	p'		m	f		t	t'		l	k	k'		ŋ	x
暖水	p	p'		m	f	v	t	t'	n	l	k	k'		ŋ	x

表 4-1-2　　赣东北徽语声母系统构成对照表（2）

	舌尖前音声母			舌尖后音声母				舌叶音声母			舌面音声母			
经公桥	ts	ts'	s	tʂ	tʂ'		ʂ	tʃ	tʃ'	ʃ	tɕ	tɕ'		ɕ
鹅湖	ts	ts'	s	tʂ	tʂ'		ʂ				tɕ	tɕ'		ɕ
旧城	ts	ts'	s	tʂ	tʂ'		ʂ				tɕ	tɕ'	ȵ	ɕ
湘湖	ts	ts'	s								tɕ	tɕ'		ɕ
溪头								tʃ	tʃ'	ʃ	tɕ	tɕ'	ȵ	ɕ
沱川	ts	ts'	s								tɕ	tɕ'	ȵ	ɕ
紫阳	ts	ts'	s								tɕ	tɕ'	ȵ	ɕ
许村	ts	ts'	s					tʃ	tʃ'	ʃ	tɕ	tɕ'	ȵ	ɕ
中云	ts	ts'	s								tɕ	tɕ'	ȵ	ɕ
新建	ts	ts'	s	tʂ	tʂ'	z		tʃ	tʃ'	ʃ	tɕ	tɕ'		ɕ
新营	ts	ts'	s								tɕ	tɕ'		ɕ
黄柏	ts	ts'	s	tʂ	tʂ'	ɳ	ʂ z	tʃ	tʃ'	ʃ	tɕ	tɕ'	ȵ	ɕ
暖水	ts	ts'	s	tʂ	tʂ'		ʂ				tɕ	tɕ'	ȵ	ɕ

3. 13 处方言点都有双唇鼻音声母 m-和舌根鼻音声母 ŋ-。新营话、黄柏话以外 11 处方言有舌尖中鼻音声母 n-。经公桥话、鹅湖话和湘湖话以外 10 处方言点有舌面鼻音声母 ȵ-。黄柏话有舌尖后鼻音声母 ɳ-。

4. 沱川话、紫阳话、许村话、中云话、新建话、暖水话有唇齿浊擦音声母 v-。新建话、黄柏话有舌根后浊擦音声母 ẓ-。

5. 沱川话、紫阳话、中云话有两个浊塞音声母：双唇浊塞音声母 b-、舌根浊塞音声母 g-。

赣东北徽语 13 处方言点在有无舌尖后音 tṣ- 组声母这一语音特征上，表现出浮梁方言、德兴方言与婺源方言的片域差异。湘湖话没有 tṣ- 组声母，与婺源方言趋同。新营话没有 tṣ- 组声母，其他方言点读 tṣ- 组声母的字，新营话读舌尖中塞音声母 t-、tʻ- 和舌面音声母 ç-，是其不同于其他方言点的独有特点。没有舌面鼻音 ȵ-声母，是浮梁方言多数方言点的特征。有浊塞音 b-、g-声母，是婺源方言多数方言点的特征。

（二）古全浊声母的演变

全浊声母的发音特点表现为塞音、塞擦音、擦音声母发音时带音（即声带振动）。中古汉语声母系统中"並"、"奉"、"定"、"从"、"邪"、"澄"、"床"、"船"、"禅"、"群"、"匣"等声母即属于全浊声母。现代汉语中，古全浊声母整体上呈"清化"（即演变为清声母，发音时声带不振动）趋势。在汉语方言中，古全浊声母的音读呈现较复杂的局面，是反映汉语方言（包括共同语）特点的重要语音项目。下列赣东北徽语古全浊声母字声母音读对照表（见下页表 4-1-3）。表中选取中古属于全浊声母字的 16 个例字，对照考察赣东北徽语古全浊声母今读的情况。为了便于查找例字整个音节的读音，表中例字标出其在第三章字音对照表中的序号数字。（以下诸表同）

从表 4-1-3 可以归纳赣东北徽语古全浊声母字今读声母的以下主要特点：

1. 13 处方言点古全浊声母字今读声母全部清化。
2. 全浊声母字今读声母为塞音、塞擦音的，读音有两种类型：

A. 全部读送气声母。例如旧城话：

排並 ₌pʻa 败並 pʻa² 齐从 ₌tsʻei 集从 tsʻei² 桥群 ₌tɕʻiau 轿群 tɕʻiau²

B. 分别读送气声母和不送气声母。例如溪头话：

排並 ₌pa 败並 pʻa² 齐从 ₌tsʻei 集从 tsʻiˀ² 桥群 ₌tʃa 轿群 tʃaˀ²

赣东北徽语 13 处方言点，在古全浊声母字清化读塞音、塞擦音送气与否这一语音特征上，溪头话、沱川话以外的 11 处方言点属于 A 型，溪头话属于 B 型。

溪头话古全浊声母字分别读送气声母和不送气声母，看不出声调上的区别条件。根据对第三章所收录的 1840 个单字音的统计，溪头话古全浊声母字今读不送气声母的字有：

[平声]驮杷茶排牌蹄旗袍潮桥甜琴团勤盆存旁堂糖墙长藤停铜

[仄声]舵步度拒柱袋第倍背~诵队备鼻鲍饱轿淡簟贱电段笨状棒邓澄赠
瞪竞並动洞闸蛰铡嚼着雹敌独毒

表 4-1-3　　　　赣东北徽语古全浊声母字声母音读对照表

古声母	並		定		从		邪		澄		床		群		匣	
声调	平	仄	平	仄	平	仄	平	仄	平	仄	平	仄	平	仄	平	仄
例字	0292 排	0323 败	1184 糖	1447 动	0349 齐	1569 集	0089 斜	0090 谢	0227 厨	0229 住	0731 愁	1715 镯	0659 桥	0660 轿	0892 寒	0894 汗
经公桥	pʻ	pʻ	tʻ	tʻ	tɕʻ	tsʻ	s	s	tɕʻ	tɕʻ	tʂʻ	tʃʻ	tʃʻ	tʃʻ	x	x
鹅湖	pʻ	pʻ	tʻ	tʻ	tsʻ	tsʻ	s	ɕ	tɕʻ	tɕʻ	tsʻ	tsʻ	tɕʻ	tɕʻ	x	x
旧城	pʻ	pʻ	tʻ	tʻ	tsʻ	tsʻ	s	s	tɕʻ	ɕ	tsʻ	tsʻ	tɕʻ	tɕʻ	x	x
湘湖	pʻ	pʻ	tʻ	tʻ	tsʻ	tsʻ	s	s	tɕʻ	tɕʻ	tsʻ	tsʻ	tɕʻ	tɕʻ	x	x
溪头	p	pʻ	t	tʻ	ts	tsʻ	ts	tsʻ	tsʻ	tsʻ	tʃ	tʃʻ	tʃ	tʃʻ	x	x
沱川																
紫阳	pʻ	pʻ	tʻ	tʻ	tsʻ	tsʻ	s	s	tsʻ	tsʻ	tsʻ	tsʻ	tɕʻ	tɕʻ	x	x
许村																
中云	pʻ	pʻ	tʻ	tʻ	tsʻ	tsʻ	ɕ	s	tsʻ	tsʻ	tsʻ	tsʻ	tɕʻ	tɕʻ	x	x
新建																
新营	pʻ	pʻ	tʻ	tʻ	tsʻ	tsʻ	tsʻ	tsʻ	tsʻ	tɕʻ	tsʻ	tsʻ	tɕʻ	tɕʻ	x	x
黄柏												tʃʻ			x	x
暖水	pʻ	pʻ	tʻ	tʻ	tɕʻ	tɕʻ	ɕ	ɕ	tsʻ	tsʻ	tsʻ	tsʻ	tɕʻ	tɕʻ	x	x

更多的古全浊声母字在溪头话中读送气音:

[平声]婆爬邪斜图徐除锄渠厨台赔皮骑枇迟祠随葵锤桃瓢条头绸愁仇求潭蚕痰钳寻沉弹~琴残便宜钱缠乾田前盘传达拳权贫秦唇裙强~大狂承棚橙平晴程瓶蓬丛虫从重~复

[仄声]大坐座耙谢部簿杜绪苎助辅聚住待在稗败弟罪被地自字寺痔治忌跪柜抱暴道盗造瓢赵调~动豆就舅旧赚渐俭蛋办卞便方~辩件健辫伴叛断传~记尽近菌藏西~脏内~匠象像撞病静净郑定重轻~共杂叠集习及达拔别舌杰夺侄突薄凿昨浊镯特贼直极白择剧籍席笛读族轴俗局

沱川话中有个别古全浊声母字今读不送气塞音、塞擦音。在 1840 个单字音中,沱川话有"动(1447)"、"洞(1448)"两字读 t- 声母。这表明沱川话在更早时期也许有过更多的古全浊声母字读不送气声母的情况,今音个别字读不送气声母应该是这一读音现象的残存。从整体上看,沱川话应当归于 A 型。

溪头位于婺源县境东部，沱川位于北部，两处方言属于婺源东北乡的"上路话"。溪头话、沱川话有古全浊声母字读不送气声母的情况，表现了婺源方言内部"上路话"与西南乡的"下路话"的县内片域差异，同时也表现了婺源方言与浮梁方言、德兴方言的县市之间的片域差异。

中古汉语声母有"全清"、"次清"、"全浊"、"次浊"的分类，其中属于塞音、塞擦音、擦音的声母按"全清｜次清｜全浊"[①]构成音读三分的音类分别。由于中古全浊声母在现代汉语共同语和各方言中发生了较复杂的演化，这种中古汉语塞音、塞擦音、擦音声母"全清｜次清｜全浊"三分格局保留或改变的状况成为汉语方言语音的重要特征之一。赣东北徽语古全浊声母读送气清音，与相应的次清声母合流，属于"全清｜次清｜全浊"三分格局演变为"全清｜次清、全浊"二分格局的类型，例如经公桥话：拜帮pa²｜派滂p'a²、败並p'a²。

（三）泥母、来母的分混

中古汉语泥母、来母两个声母属于舌头音（即舌尖中音）声母中的次浊声母，这两个声母在现代方言中有发生音读混同的演变，因此泥母、来母或分或混也是反映汉语方言（包括共同语）特点的重要语音项目之一。

下列赣东北徽语古泥母、来母字声母音读对照表（表 4-1-4 见下页）。选取中古属于泥母和来母的 12 个例字，对照考察赣东北徽语古泥母、来母字声母今读的情况。

从表 4-1-4 可以归纳赣东北徽语古泥母、来母字今读声母的以下主要特点：

1. 13 处方言点都发生古泥母、来母相混的演变；
2. 古泥母、来母相混有两种类型：

A. 古泥母、来母字除今读韵母为细音的外，声母相混读舌尖中边音 l- 声母。例如黄柏话：

脑泥 ˊlə＝老来 ˊlə　　怒泥 luˀ＝路来 luˀ　　南泥 ˍlã＝篮来 ˍlã

今读韵母为细音的，泥母字读舌面音 ȵ- 声母，不与读 l- 声母的来母字混。例如黄柏话：

泥泥 ˍȵi≠犁来 ˍli　　年泥 ˍȵiẽ≠莲来 ˍliẽ

B. 古泥母、来母字相混，部分读舌尖中边音 l- 声母，部分读舌尖中鼻音 n- 声母。例如许村话：

脑泥 ˊla＝老来 ˊla　　南泥 ˍnũ＝篮来 ˍnũ

[①] 即：发音时声带不颤动不送气的清塞音、塞擦音、擦音｜声带不颤动的送气塞音、塞擦音、擦音｜声带颤动的塞音、塞擦音、擦音。

3. 古泥母、来母字相混分别读 l-、n-声母，与韵母类别有关。例如许村话古泥母、来母字，逢阴声韵读 l-声母，逢阳声韵读 n-声母。

从音理上看，古来母字读鼻音 n- 声母是声母受阳声韵的鼻音韵尾影响的结果。

表 4-1-4　　　　　赣东北徽语古泥母、来母字声母音读对照表

古声母	泥	来	泥	来	泥	来	泥	来	泥	来	泥	来
例 字	0572脑	0574老	0346泥	0347犁	0138怒	0141路	0769南	0785篮	0968年	0969莲	1124嫩	1125论
经公桥	l	l	l	l	l	l	n	n	n	n	n	n
鹅 湖	l	l	l	l	l	l	l	n	n	n	l	l
旧 城	l	l	l	l	l	l	l	l	n	n	l	l
湘 湖	l	l	l	l	l	l	l	l	n	n	l	l
溪 头	l	l	l	l	l	l	l	l	n	n	l	l
沱 川	l	l	l	l	l	l	n	n	n	n	l	l
紫 阳	l	l	l	l	l	l	n	n	n	n	l	l
许 村	l	l	l	l	l	l	n	n	n	n	n	n
中 云	l	l	n	l	l	l	n	n	n	n	n	n
新 建	n	l	n	l	l	l	n	n	n	n	n	n
新 营	l	l	ȵ	l	l	l	l	l	ȵ	l	l	l
黄 柏	l	l	ȵ	l	l	l	l	l	ȵ	l	l	l
暖 水	l	l	ȵ	l	l	l	l	l	l	l	l	l

4. 古泥母、来母字相混逢阳声韵读 n- 声母的范围，方言点之间有所不同。例如许村话阳声韵字基本上都读 n- 声母，而紫阳话只有今读鼻化韵且韵腹为高元音的字才读 n- 声母，其余阳声韵字读 l- 声母：

　　　许村话：南泥 ꞊nũ＝篮来 ꞊nũ　　　年泥 ꞊nĩ＝莲来 ꞊nĩ　　　嫩泥 nɛn²＝论来 nɛn²

　　　紫阳话：南泥 ꞊lum＝篮来 ꞊lum　　年泥 ꞊nĩ＝莲来 ꞊nĩ　　　嫩泥 læ²＝论来 læ²

赣东北徽语 13 处方言点在古泥母、来母相混这一语音特征表现上，新营话、黄柏话、暖水话属于 A 型，经公桥话、沱川话、许村话属于典型的 B 型。紫阳话、溪头话和鹅湖话、旧城话、湘湖话属于 B 型，读 n- 声母的范围相对较小；中云话、新建话属于 B 型，读 n- 声母的范围扩大到了部分阴声韵字。

赣东北徽语 13 处方言点都具有古泥母、来母相混这一语音特征，其混读类型则表现了德兴方言与婺源方言、浮梁方言的片域差异。德兴方言新

第四章 赣东北徽语的语音特点

建话在这一特征上表现出与德兴方言其他 3 处方言点不同的县内片域差异而与婺源方言趋同。

（四）精、庄、知、章组声母的分合

中古汉语中塞擦音、擦音声母有精、庄、知、章组 4 组。发展到现代汉语，精、庄、知、章组 4 组声母发生了很大的变化，其分合和音读形成了复杂的局面，是反映方言（包括共同语）特点的重要语音项目。下列赣东北徽语精、庄、知、章组字声母音读对照表（见以下表 4-1-5）。表中选取中古属于精、庄、知、章组声母的 16 个例字，对照考察赣东北徽语中精、庄、知、章组字声母今读的情况。

表 4-1-5　　赣东北徽语精、庄、知、章组字声母音读对照表

古声母	精组 开一	精组 开三	精组 开三	精组 合一	庄组 开二	庄组 开三	庄组 开三	庄组 开三	知组 开二	知组 开三	知组 开三	知组 合三	章组 开三	章组 开三	章组 合三	章组 合三
例字	0576 早	0085 借	1205 枪	1001 钻	0294 斋	0458 师	1221 装	0731 愁	0065 茶	1215 张	0176 猪	0529 追	0095 车	0422 枝	0517 吹	1148 春
经公桥	ts	ts	tsʻ	ts	ts	x	tʂ	tɕʻ	tʂʻ	tʃ	tɕ	tɕ	tɕʻ	tɕ	tɕʻ	tɕʻ
鹅湖	ts	ts	tsʻ	ts	tʂ	ʂ	tɕ	tɕʻ	tɕ	tɕ	tɕ	tɕ	tɕʻ	tɕ	tɕʻ	tɕʻ
旧城	ts	ts	tsʻ	ts	ʂ	tʂ	ɕ	tʃ	tɕ	tɕ	tɕ	tɕ	tɕʻ	tɕ	tɕʻ	tɕʻ
湘湖	ts	ts	tsʻ	ts	ts	s	tsʻ	tɕʻ	tɕ	tɕ	tɕ	tɕ	tɕʻ	tɕ	tɕʻ	tɕʻ
溪头	ts	ts	tsʻ	ts	s	s	s	s	tɕ	tɕ	tɕ	tɕ	tɕʻ	tɕ	tɕʻ	tɕʻ
沱川	ts	ts	tsʻ	ts									tɕʻ	tɕ	tɕʻ	kʻ
紫阳	ts	ts	tsʻ	ts	ɕ	tɕ							tɕʻ	tɕ	tɕʻ	tɕʻ
许村	ts	ts	tsʻ	ts	tsʻ	tʃ	tʃʻ	tʃʻ	tʃ	tʃ	tʃ	tʃ	tʃʻ	tʃ	tʃʻ	tʃʻ
中云	ts	ts	tsʻ	ts	tsʻ	tsʻ	tsʻ	tsʻ	tʃ	tʃ	tʃ	tʃ	tʃʻ	tʃ	tʃʻ	tʃʻ
新建	ts	ts	tsʻ	ts	tʂ				tʃ	tʃ	tʃ	tʃ	tɕ	tɕ	tʃʻ	tʃʻ
新营	ts	ts	tsʻ	ts	t								tɕ	tɕ	tɕʻ	tɕʻ
黄柏	ts	ts	tsʻ	ts	tʂ	tʃ	tʃ	tʃ	tʃ	tʃ	tʃ	tʃ	tʃ	tʃ	tʂ	tʂʻ
暖水	ts	ts	tɕʻ	ts		ʂ			ts	ts	ts	ts	tʂ	tʂ	tʂ	tʂ

从表 4-1-5 可以归纳赣东北徽语精庄知章组字今读声母的以下主要特点：

1. 赣东北徽语精庄知章组声母字所读声母类别有 4 种类型：

A. 分别读舌尖前音 ts- 组声母、舌尖后音 tʂ- 组声母、舌叶音 tʃ- 组声母、舌面音 tɕ- 组声母；

B. 分别读舌尖前音 ts- 组声母、舌尖后音 tʂ- 组声母、舌面音 tɕ- 组声母；

C. 分别读舌尖前音 ts- 组声母、舌叶音 tʃ- 组声母、舌面音 tɕ- 组声母；

D. 分别读舌尖前音 ts- 组声母、舌面音 tɕ- 组声母。

经公桥话、新建话、黄柏话属于 A 型，鹅湖话、旧城话、暖水话属于 B 型，溪头话、许村话属于 C 型，湘湖话、沱川话、紫阳话、中云话、新营话属于 D 型。浮梁方言、德兴方言主要归于 A、B 型，婺源方言主要归于 C、D 型。

2. 精组字各方言点基本上读 ts- 组声母，只有暖水话中逢开口三等韵字读 tɕ- 组声母。

3. 庄组、知组二等字在 A、B、C 型方言点中主要读 tʂ-、tʃ- 组声母。

4. 知组、章组三等字各方言点中多读 tɕ- 组声母或 tʃ- 组声母。

5. 新营话庄组、知组二等字有读 t-、t'- 声母的。例如：

新营话：斋 ₌ta   茶 ₌t'o

6. 少数方言点有庄、章组字今读声母为舌根音声母 k-、k'-、x- 的情况。例如：

沱川话：春 ₌k'uɛn   经公桥话：师 ₌xa

（五）见组声母的腭化

中古汉语中读舌根音的见组声母，发展到现代汉语（包括方言）发生了读舌面音的变化，称为"腭化"。汉语方言（包括共同语）中见组声母腭化的程度和范围有比较复杂的情况，是反映方言（包括共同语）特点的重要语音项目。下列赣东北徽语见组声母字声母音读对照表（见以下表 4-1-6）。表中选取中古属于见组声母的 17 个例字，对照考察赣东北徽语中见组声母字今读声母腭化的情况。

表 4-1-6　　　　赣东北徽语见组声母字声母音读对照表

古声母	见母			溪母			群母		疑母		晓母			匣母	
	开一	开四	合三四	开一	开四	合三四	开三	合三	开三	合三	开一	开三	合四	开四	合四
例字	0700 狗	0345 鸡	0197 锯 0406 桂	0702 口	0979 牵	0198 去 1643 缺	0817 钳	1166 裙	0753 牛	1640 月	0707 厚	1609 歇	1644 血	1425 形	1066 县
经公桥	tɕ	tɕ	tɕ　k	tɕ'	tɕ'	k'　tɕ'	tɕ'	tɕ'	ø	ø	x	ɕ	ɕ	ɕ	ɕ
鹅湖	tɕ	tɕ	tɕ　k	tɕ'	tɕ'	tɕ'　tɕ'	tɕ'	tɕ'	ø	ø	ɕ	ɕ	ɕ	x	ɕ
旧城	k	tɕ	tɕ　k	k'	tɕ'	tɕ'　tɕ'	tɕ'	tɕ'	ø	ø	x	ɕ	ɕ	x	ɕ
湘湖	tɕ	tɕ	tɕ　k	tɕ'	tɕ'	tɕ'　tɕ'	tɕ'	tɕ'	ø	ø	x	ɕ	ɕ	x	ɕ
溪头	tɕ	tʃ	k　k	tʃ'	tɕ'	k'　tʃ'	k'	ȵ	ø	ʃ	ʃ	x	ʃ	ɕ	

续表

古声母	见母 开一	见母 开四	见母 合三四	溪母 开一	溪母 开四	溪母 合三四	群母 开三	群母 合三	疑母 开三	晓母 开一	晓母 开三	晓母 合四	匣母 开四	匣母 合四
沱川	tɕ	tɕ	tɕ	k	tɕʻ	tɕʻ	tɕʻ	kʻ	tɕʻ	kʻ	ȵ	ø	ɕ	ɕ	x	ɕ	ɕ
紫阳	tɕ	tɕ	tɕ	tɕ	tɕʻ	tɕʻ	tɕʻ	tɕʻ	kʻ	g	g	ȵ	ɕ	ɕ	ɕ	ɕ	ɕ
许村	tɕ	tʃ	tɕ	k	tɕʻ	tʃʻ	tɕʻ	tɕʻ	kʻ	ȵ	ȵ	ɕ	ɕ	ɕ	ʃ	ɕ
中云	tɕ	tɕ	tɕ	k	tɕʻ	tɕʻ	tɕʻ	tɕʻ	kʻ	ȵ	ɕ	ɕ	ɕ	ɕ	ɕ	ɕ
新建	tɕ	tɕ	k	k	tɕʻ	tɕʻ	kʻ	tɕʻ	kʻ	ȵ	ɕ	ɕ	ɕ	x	ɕ	x
新营	tɕ	tɕ	k	k	tɕʻ	tɕʻ	kʻ	tɕʻ	kʻ	ȵ	ɕ	ɕ	ɕ	x	ɕ
黄柏	tɕ	tɕ	tɕ	tɕ	tɕʻ	tʃʻ	tɕʻ	tʂ	kʻ	ŋ	x	ʃ	ʃ	ʃ
暖水	tɕ	tɕ	k	k	tɕʻ	tɕʻ	kʻ	tɕʻ	kᵛ	ȵ	ɕ	ɕ	ɕ	x	ɕ	x

从表 4-1-6 可以归纳赣东北徽语见组声母字今读声母腭化的以下主要特点：

1. 13 处方言点都有见组声母字今读声母腭化的情况。

2. 见组声母字声母腭化，主要是三四等字。流摄一等见组声母在赣东北徽语中也发生声母腭化且见于旧城话以外的 12 处方言点，成为赣东北徽语的突出特点。

3. 见组声母字今读声母腭化，主要读舌面音 tɕ- 组声母。溪头话、许村话、新建话、黄柏话在读 tɕ- 组声母的同时，有部分字读舌叶音 tʃ- 声母。读舌叶音 tʃ- 声母，也是见组声母腭化的读音形式。

4. 各方言点也有见组三四等字未腭化仍读舌根音声母的，多见于合口字，这些韵母读洪音。

5. 个别方言点有见组三四等字韵母读细音而声母未腭化的，例如：

　　新建话：居 ₋ki　　去 kʻi⁼　　　许村话：血 xiɛ⁼

（六）区分尖团音

尖音指中古汉语精组声母字中今韵母为 -i、-y 或以 -i-、-y- 起头（即作介音）的，团音指中古汉语见组声母字中今韵母为 -i、-y 或以 -i-、-y- 起头（即作介音）的。现代汉语部分方言（包括普通话）中这两类音已经合流，例如北京话中"尖精=兼见"、"千清=牵溪"、"先心=掀晓"。部分方言中则保留尖音与团音的区分，即"尖、千、先"与"兼、牵、掀"分读两组不同的声母。尖团音区分与否，也是反映方言（包括共同语）特点的重要语音项目。下列赣东北徽语精组、见组细音字声母音读对照表（表 4-1-7 见下页）。表中选取中古属于精组、见组声母的 10 个例字，对照考察赣东北徽语中区分尖团音的情况。

从表 4-1-7 可以归纳赣东北徽语区分尖团音的以下主要特点:

1. 13 处方言点都区分尖团音。

2. 区分尖团音表现为：尖音读舌尖音 ts-、ts'-、s- 声母，团音读舌面音 tɕ-、tɕ'-、ɕ- 声母，个别方言点有团音读舌叶音 tʃ-、tʃ'-、ʃ- 声母的，例如溪头话：

溪头话：兼 ₋tʃĩ　　牵 ₋tʃ'ĩ　　休 ₋ʃæi

3. 各方言点都有古精组声母三四等字声母读 ts- 组声母，而韵母不读细音，不再是严格意义上的尖音。例如"寻邪"字，各方言点都读洪音：

旧城话：寻 ₋tsʮn　　紫阳话：寻 ₋tsæ̃　　新营话：寻 ₋ts'ɤn

个别方言点有古见组声母三四等字声母读 tʃ- 组声母甚至读 tʂ- 组声母的，而韵母不读细音，不再是严格意义上的团音。例如上述溪头话的"休 ₋ʃæi"，还有黄柏话的"弦 ₋ʂuã"。从宽泛的角度看，这仍属于能够区分尖团音的情况。

4. 部分方言点区分见团音的范围较小，黄柏话、暖水话精组、见组声母今读细音字多读 tɕ- 组声母，已经合流不再区分。

表 4-1-7　　赣东北徽语精组、见组细音字声母音读对照表

古声母	精	见	清	溪	心	晓	从	群	邪	匣
例 字	0807 尖	0836 兼	0972 千	0979 牵	0723 修	0754 休	0937 钱	0949 乾	0851 寻	0981 弦
经公桥	tɕ	tɕ	ts'	tɕ'	s	ɕ	ts'	tɕ'	ts'	ɕ
鹅湖	ts	tɕ	ts'	tɕ'	s	ɕ	ts'	tɕ'	ts'	ɕ
旧城	ts	tɕ	ts'	tɕ'	s	ɕ	ts'	tɕ'	ts'	ɕ
湘湖	ts	tɕ	ts'	tɕ'	s	ɕ	ts'	tɕ'	ts'	ɕ
溪头	ts	tʃ	ts'	tʃ'	s	ʃ	ts'	tʃ'	ts'	x
沱川	ts	tɕ	ts'	tɕ'	s	ɕ	ts'	tɕ'	ts'	ɕ
紫阳	ts	tɕ	ts'	tɕ'	s	ɕ	ts'	tɕ'	ts'	ɕ
许村	ts	tɕ	ts'	tɕ'	s	ɕ	ts'	tɕ'	ts'	ɕ
中云	ts	tɕ	ts'	tɕ'	s	ɕ	ts'	tɕ'	ts'	ɕ
新建	ts	tɕ	ts'	tɕ'	s	s	ts'	tɕ'	ts'	ɕ
新营	ts	tɕ	ts'	tɕ'	s	ɕ	ts'	tɕ'	ts'	ɕ
黄柏	tɕ	tɕ	tɕ'	tɕ'	ɕ	ʃ	tɕ'	tɕ'	tɕ'	ʂ
暖水	tɕ	tɕ	tɕ'	tɕ'	ɕ	ɕ	tɕ'	tɕ'	tɕ'	ɕ

（七）影母开口字读 ŋ- 声母

中古汉语影母一二等开口字在现代汉语方言中有逢洪音读舌根鼻音 ŋ- 声母的，从而与中古疑母洪音字同声母。赣东北徽语影母开口字读 ŋ- 声母的现象比较突出。下列赣东北徽语影母、疑母字音读对照表（表 4-1-8）。表中选取中古属于影母、疑母今读洪音的 10 个例字，对照考察赣东北徽语中影母开口字读 ŋ- 声母的情况。

从表 4-1-8 可以归纳赣东北徽语影母开口字读 ŋ- 声母的以下主要特点：

1. 13 处方言点都有影母开口字读 ŋ- 声母的现象。少数方言点部分影母开口字也读零声母。

沱川话、紫阳话、中云话影母开口字逢阳声韵读舌根浊塞音 g- 声母，逢阴声韵读 ŋ- 声母，g-、ŋ- 互补，属于同一音位。

2. 影母开口字读 ŋ- 声母的方言点中，疑母开口字也读 ŋ- 声母，影母和疑母逢洪音合流。

表 4-1-8　　　　赣东北徽语影母、疑母字音读对照表

古声母	影 母					疑 母				
	开 一			开 二		开 一		开 二		
例　字	0709 呕	0778 暗	1690 恶	0322 矮	0598 袄	0275 碍	0592 熬	0075 牙	0919 颜	1719 岳
经公桥	əu	ŋỹ	ŋau	ia	ŋʌ	ŋY	au	ŋʌ	ŋuã	ŋau
鹅 湖	əu	ŋən	nieʔ	ŋa	ŋuo	ŋa	au	ŋuo	ŋõ	yɛʔ
旧 城	ŋau	ŋiɛn	ŋau	ŋa	ŋuo	ŋiɛ	ŋau	ŋuo	ŋuo	ŋau
湘 湖	ŋau	ŋiɛn	ŋauʔ	ŋa	ŋo	ŋɛ	ŋau	ŋo	ŋo	ŋauʔ
溪 头	ŋæ	ŋən	ŋau	ŋa	ŋo	uɛ	an	ŋo	ŋã	ŋau
沱 川	gə	ŋəŋ	gau	gɒ	ŋo	ua	gau	go	ŋõ	gau
紫 阳	gə	uæ̃	gɒ	go	gɒ	go	go	go	ŋẽ	gɒ
许 村	ŋY	ŋen	ŋɔ	ŋo	ŋo	ŋY	ŋɔ	ŋo	ŋũ	ŋɔ
中 云	gY	gẽ	gɔ	go	go	gY	ga	go	ŋum	gɔ
新 建	ŋɯ	ŋẽ	ŋɔ	ŋa	ŋuY	ŋua	ŋɔ	ŋuY	ŋã	ŋɔ
新 营	ŋɔ	uɔ	ŋɔ	ŋɔ	ŋɔ	ŋa	ŋɔ	ŋɔ	ŋã	ŋɔ
黄 柏	ŋə	ŋõ	ŋə	ŋa	ŋɒ	ŋɛ	ŋa	ŋa	ŋã	ŋɔ
暖 水	ŋeu	ŋæ	ŋɔ	ŋa	ŋɒ	ŋo	ŋo	ŋau	ŋã	ŋɔ

二 赣东北徽语韵母专项考察

（一）韵母系统及其音读

下列赣东北徽语韵母系统构成对照表（1）—（4）（表 4-1-9、表 4-1-10、表 4-1-11、表 4-1-12，分别见本页至下 2 页）和赣东北徽语韵母分类数量统计表（表 4-1-13，见下 2 页）。

韵母系统构成对照表（1）列单元音韵母和开尾（即无韵尾）复合韵母，表（2）列元音尾复合韵母，表（3）列鼻化韵母、鼻音尾韵母和鼻辅音韵母，表（4）列塞音尾韵母、儿化韵母。

韵母分类数量统计表是对赣东北徽语各方言点韵母系统中各类韵母数量的统计。

从表 4-1-9、表 4-1-10、表 4-1-11、表 4-1-12 可以归纳赣东北徽语韵母系统构成的以下主要特点：

表 4-1-9　　　　　　　赣东北徽语韵母系统构成对照表（1）

	开口呼	齐齿呼	合口呼	撮口呼
经公桥	ɿ a ʌ ɛ o ʊ	i ia iɛ	u ua uʌ uo uʊ	y yɛ
鹅　湖	ɿ a e ə o	i ia iɛ	u ua uɛ uo	y yɛ
旧　城	ɿ a e ə o	i ia iɛ	u ua uɛ uo	y yɛ
湘　湖	ɿ a e ə o	i ia iɛ io	u ua uɛ uo	y ya yɛ
溪　头	ɿ a ɐ o e	i ia ie	u ua uɐ uo ue	y
沱　川	ɿ a ɑ o e	i ia ɑi iə ie	u ua uɑ au uo ue	y
紫　阳	ɿ a ɑ o ɵ e	i ia iɒ io ie	u ua ue	y ye
许　村	ɿ a ɔ o ɤ ø e	i yi ia iɔ ɔi si	u ua uɤ uø ue	y
中　云	ɿ a o ɤ e	i ia ɔi io ie	u ua uɤ ɔu ue	y ye
新　建	ɯ a æ ɔ o ɤ ɯ	i ɯi ia ɔi ɯi	u ua uɛ uɤ	y
新　营	ɿ a æ ɔ ɵ e	i ia æ ɔi ie	u ua æ uɔ ou ɔu ue	y yɛ
黄　柏	ɿ a ɑ e ə ɿ	oe ɑi ɿ	i ia ɑi əi	u ua ɑu ou əu	y yɑ
暖　水	ɿ a ɐ æ ɔ o ɤ ə ɿ	i ia iæ iɛ ie	u uɐ uo uy ue	y yɛ

表 4-1-10　　　　　　　赣东北徽语韵母系统构成对照表（2）

	开口呼	齐齿呼	合口呼	撮口呼
经公桥	ai ei au əu	iai iau iəu	uai uei uʌu	yʌu
鹅　湖	ai ei au əu	iəu	uei	yai

第四章　赣东北徽语的语音特点　245

续表

	开口呼	齐齿呼	合口呼	撮口呼
旧　城	ai ei　au əu	iai iau　iəu	uai uei	yi
湘　湖	ai ei　au əu	iai iau　iəu	uai uei	
溪　头	æi　au	iæi　iau	ui	
沱　川	au	iau iu		
紫　阳				
许　村				
中　云				
新　建				
新　营				
黄　柏	ei	iəu iu	ui	
暖　水	ei　əu	iəu	ui	

表 4-1-11　　赣东北徽语韵母系统构成对照表（3）

	鼻化韵母	鼻音尾韵母	鼻辅音韵母
经公桥	ã iã uã；uɑ̃；iẽ yẽ；ỹ ãi iãi uãi	ən in uən yn aŋ uaŋ yaŋ；oŋ ioŋ uoŋ	m̩ n̩
鹅　湖	ã iã；õ iõ uõ；ĩ ỹ ãi uãi	uan；iɛn yɛn；ən uən aŋ uaŋ；oŋ ioŋ	m̩ n̩
旧　城	ã	ən iɛn uɛn yɛn aŋ uaŋ；oŋ ioŋ	m̩ n̩ ŋ̍
湘　湖	ã；ĩ ỹĩ	ən iɛn uɛn yɛn； aŋ uaŋ；oŋ ioŋ	m̩ n̩
溪　头	ã uã；æ̃ iæ̃ uæ̃；ɔ̃ ɕĩ uɔ̃；ĩ uĩ ũ	ən iɛn uən uɛn ŋɛ	m̩ n̩
沱　川	ã iã uã；ɤ̃ iɤ̃ uɤ̃；ɔ̃；ĩ uĩ ũ	ən iɛn uən uɛn ŋɛ	m̩ n̩
紫　阳	ã iã uã；æ̃ iæ̃ uæ̃；ɔ̃ iɔ̃；ẽ；ĩ ỹ	ɘm mɑ；uɛm；um	m̩ n̩
许　村	ã iã uã；ɔ̃ iɔ̃；ĩ ũ	ɘm mɑi uən iɛn uən	m̩ n̩
中　云	ã iã uã；ĩ uĩ yĩ	ɘm mɑ；um uɛn iɛn uɑ	m̩ n̩ ŋ̍
新　建	ã iã；ɤ̃ uɤ̃；ɔ̃ iɔ̃；iẽ；uõ；iɛ；ẽ iẽ uẽ	oŋ ioŋ uɛn uɛ	ŋ̍
新　营	ã iã uã；æ̃ iæ̃ uæ̃；ɔ̃ iɔ̃ uɔ̃；iẽ yẽ；ĩ	ən iən uən uɛn nɛ	m̩ ŋ̍
黄　柏	ã iã uã yã；iẽ；ɔ̃	ən uən uɛn nɛ；iŋ uɛn ŋɛ	ŋ̍
暖　水	ã uã；æ̃ iæ̃ uæ̃；iẽ；ɔ̃ uɔ̃；ẽ iẽ uẽ yẽ	ʌŋ iʌŋ uʌn ʌŋ；oŋ ioŋ ioŋ ŋɛ uʌn uyn ʌn	m̩ n̩ ŋ̍

表 4-1-12　　　　　赣东北徽语韵母系统构成对照表（4）

	塞音尾韵母	儿化韵母
鹅　湖	aʔ uaʔ； iɛʔ yɛʔ； oʔ ioʔ uoʔ； iʔ uʔ yʔ； aiʔ； eiʔ ueiʔ； auʔ； ɔuʔ iauʔ	ɚ
旧　城		ər
湘　湖	aʔ iaʔ uaʔ； ɛʔ iɛʔ uɛʔ yɛʔ； oʔ ioʔ uoʔ； iʔ uʔ yʔ； aiʔ iaiʔ uaiʔ； eiʔ ueiʔ； auʔ； ɔuʔ	ər

表 4-1-13　　　　　赣东北徽语韵母分类数量统计表

	总计	单元音韵母	开尾复合韵母	元音尾复合韵母	鼻辅音尾韵母	鼻化韵母	塞音尾韵母	儿化韵母	鼻辅音韵母	开口呼韵母	齐齿呼韵母	合口呼韵母	撮口呼韵母
经公桥	49	9	7	11	10	10			2	18	11	14	6
鹅　湖	58	8	6	7	9	9	16	1	2	24	13	13	8
旧　城	37	8	6	10	8	1		1	3	17	8	8	4
湘　湖	59	7	8	9	8	3	21	1	2	22	16	14	7
溪　头	37	8	6	5	5	11			2	14	10	12	1
沱　川	37	9	9	2	5	10			2	14	11	11	1
紫　阳	33	10	7		3	11			2	14	10	6	3
许　村	32	10	8		5	7			2	13	10	8	1
中　云	33	10	8		6	6			3	13	9	8	3
新　建	35	11	8		2	13			1	16	11	7	1
新　营	38	10	11		3	12			2	13	12	10	3
黄　柏	37	9	9	4	8	6			1	12	12	9	4
暖　水	45	12	9	4	5	12			3	20	11	11	3

1. 从韵母总数量看，浮梁方言韵母较多，婺源方言、德兴方言韵母较少。

2. 从韵母四呼类别看，13 处方言点韵母开口、齐齿、合口、撮口四呼俱全。其中婺源方言、德兴方言撮口呼韵母相比浮梁方言较少。

3. 从韵母结构类别看，13 处方言点都有单元音韵母、开尾复合韵母、鼻辅音尾韵母、鼻化韵母、鼻辅音韵母共 5 类韵母。其中具有较多的鼻化韵母以及有鼻辅音韵母是赣东北徽语的特色。浮梁方言鹅湖话、旧城话有较多的儿化韵母。湘湖话和鹅湖话有较多的塞音尾韵母。这是鹅湖话、湘湖话韵母数量多的原因。

4. 紫阳话、许村话、中云话、新建话、新营话没有元音尾复合韵母，溪头话、沱川话和黄柏话、暖水话元音尾复合韵母也较少，表现出婺源方言、德兴方言与浮梁方言的片域差异。

（二）古阳声韵的演变

中古汉语阳声韵字韵母有3个鼻音韵尾：唇鼻音韵尾 -m、舌尖鼻音韵尾 -n、舌根鼻音韵尾 -ŋ。中古阳声韵发展到现代汉语有了很大的变化，其音读形成了复杂的局面，是反映方言（包括共同语）特点的重要语音项目。下列赣东北徽语古阳声韵字韵母音读对照表（1）—（3）（表 4-1-14 见下页，表 4-1-15、4-1-16 见下 2 页）。表（1）列中古咸摄、山摄韵母，表（2）列深摄、臻摄、曾摄、梗摄韵母，表（3）列宕摄、江摄和通摄韵母。表中选取中古属于阳声韵的 42 个例字，对照考察赣东北徽语各方言点古阳声韵母字今读韵母的情况。

从表 4-1-14 可以归纳赣东北徽语古阳声韵字今读韵母的以下主要特点：

1. 新建话以外的 12 处方言点，咸、山两摄字韵母合流，深、臻两摄字韵母合流，曾、梗两摄字韵母合流，宕、江两摄字韵母合流。其中黄柏话曾、梗摄字韵母还与深、臻摄字韵母合流。

新建话曾、梗摄字韵母不相合，曾、摄字韵母合于深、臻摄字韵母。

2. 赣东北徽语古阳声韵字鼻音韵尾有较突出的弱化演变，韵母读音有 3 种类型：

A. 读鼻音尾韵母。鼻音韵尾有 3 个：双唇鼻音尾 -m、舌尖中鼻音尾 -n、舌根鼻音尾 -ŋ。

B. 读鼻化韵。

C. 读元音韵母。

3. 从 13 处方言点整体看，古阳声韵字鼻音韵尾弱化主要发生在咸、山摄和曾、梗摄，深、臻摄和通摄鼻音韵尾保留较好。婺源方言和德兴方言宕、江摄鼻音韵尾普遍弱化。

4. 鹅湖话、旧城话、湘湖话和新营话韵母音读有 A、B、C 型，其余 10 处方言点只有 A、B 型。

5. 浮梁方言 4 处方言点和溪头话、沱川话以及黄柏话有 -n、-ŋ 两个鼻音韵尾。许村话、中云话有 -m、-ŋ 两个鼻音韵尾；紫阳话只有一个 -m 鼻音韵尾；新建话、暖水话只有一个 -n 鼻音韵尾；新营话只有一个 -ŋ 鼻音韵尾。

6. 浮梁方言 4 处方言点通摄字读 -oŋ 韵母，与婺源方言、德兴方言（暖水话除外）构成片域差异。

表 4-1-14　　　赣东北徽语古阳声韵字韵母音读对照表（1）

古韵母	咸 摄						山 摄					
	开一		开二		三四		开一	开二	开三四	合一	合二	合三四
例字	0755 贪	0766 庵	0795 减	0797 陷	0827 欠	0843 犯	0871 滩	0895 安	0907 眼	0974 先	0992 满	1023 关	1039 船	1054 饭
经公桥	uã	ỹ	iẽ	iẽ	iẽ	uã	uã	ỹ	uã	iẽ	uã	uã	yẽ	uã
鹅湖	õ	ən	õ	ən	ĩ	õ	õ	ən	õ	ĩ	ən	õ	ỹ	õ
旧城	uo	iɛn	uo	uo	i	uo	uo	ɛn	uo	ĩ	ɛn	uo	yi	uo
湘湖	ɛn	iɛn	o	o	ĩ	o	o	ɛn	o	ĩ	ɛn	o	yĩ	o
溪头	ã	ã	ã	ã	ĩ	ã	ã	ũ	ã	ĩ	ũ	ã	uĩ	ã
沱川	õ	õ	õ	õ	ĩ	õ	õ	ũ	õ	ĩ	ũ	õ	uĩ	õ
紫阳	um	ẽ	ẽ	ẽ	ĩ	um	um	m̩	ẽ	ĩ	um	um	ỹ	um
许村	ũ	m̩	ũ	ũ	ĩ	ũ	ũ	m̩	ũ	ĩ	ũ	ũ	ĩ	ũ
中云	um	um	um	um	ĩ	um	um	m̩	um	ĩ	um	um	ĩ	um
新建	ã	ã	ã	ã	iẽ	ã	ã	uɔ	ã	ã	uɔ	ã	iẽ	ã
新营	ã	ã	ã	ã	iɛ	ã	ã	u	ã	i	u	uã	yɛ	ã
黄柏	ã	ã	ã	ã	iẽ	ã	ã	õ	ã	iẽ	õ	uã	uã	ã
暖水	ã	ã	ã	ã	iẽ	ã	ã	uõ	ã	iẽ	õ	uõ	iẽ	ã

表 4-1-15　　　赣东北徽语古阳声韵字韵母音读对照表（2）

古韵母	深摄			臻 摄					曾 摄		梗 摄		
	开三			开三			合一	合三	开一	开三	开二	开三	合三
例字	0846 林	0850 心	0862 金	1072 恨	1086 新	1102 巾	1133 滚	1165 军	1295 等	1318 绳	1334 冷	1360 病	1431 荣
经公桥	ən	ən	in	ən	ən	in	uən	yn	ãi	iãi	ãi	ãi	uãi
鹅湖	ãi	ən	iɛn	ən	ən	iɛn	uən	yɛn	ãi	ãi	ãi	ãi	uãi
旧城	ɛn	ɛn	iɛn	ɛn	ɛn	iɛn	uɛn	yɛn	ai	iai	ai	ai	ioŋ
湘湖	ɛn	ɛn	iɛn	ɛn	ɛn	iɛn	uɛn	yɛn	ai	iai	ai	ai	ioŋ
例字	0846 林	0850 心	0862 金	1072 恨	1086 新	1102 巾	1133 滚	1165 军	1295 等	1318 绳	1334 冷	1360 病	1431 荣
溪头	ɛn	ɛn	ɛn	əŋ	ɛn	ɛn	uəŋ	uɛn	æi	ɛn	æi	æi	iæi
沱川	ɛn	ɛn	iɛn	əŋ	ɛn	iɛn	uəŋ	uɛn	ã	ɛn	ã	ã	iã
紫阳	æ̃	æ̃	iæ̃	æ̃	æ̃	iæ̃	uæ̃	uæ̃	ɔ̃	æ̃	ɔ̃	ɔ̃	iɔ̃

续表

古韵母	深摄			臻摄					曾摄		梗摄		
	开三			开三			合一	合三	开一	开三	开二	开三	合三
例字	0846 林	0850 心	0862 金	1072 恨	1086 新	1102 巾	1133 滚	1165 军	1295 等	1318 绳	1334 冷	1360 病	1431 荣
许村	ɛn	ɛn	ɲ	ɛn	ɛn	ɲ	uɛn	uɛn	ã	ɛn	ã	ã	iã
中云	ɛn	ɛn	iɛn	ɛn	ɛn	iɛn	uɛn	uɛn	ã	ɛn	ã	ã	mai
新建	ə̃	ə̃	ə̃	ə̃	ə̃	ə̃	əũ	əũ	ə̃	ə̃	ã	ã	uẽi
新营	ən	ən	iən	ən	ən	iən	uən	uən	æ	iæ	æ	æ	nei
黄柏	in	in	ən	nə	in	ən	uən	uən	in	nə	in	in	uẽi
暖水	ẽ	ẽ	iẽ	ẽ	ẽ	iẽ	uẽ	uẽ	ẽ	iẽ	æ	æ	ioŋ

表 4-1-16　赣东北徽语古阳声韵字韵母音读对照表（3）

古韵母	宕摄								江摄			通摄	
	开一		开三			合一	合三		开二			合一	合三
例字	1184 糖	1205 枪	1215 张	1221 装	1248 阳	1251 光	1257 方	1268 狂	1272 王	1277 胖	1280 撞	1284 讲	1443 通	1483 忠	1494 穷
经公桥	aŋ	iã	uaŋ	aŋ	yaŋ	uaŋ	aŋ	uaŋ	uaŋ	aŋ	aŋ	aŋ	oŋ	oŋ	ioŋ
鹅湖	aŋ	iõ	iõ	iõ	iõ	uaŋ	aŋ	uaŋ	uaŋ	aŋ	aŋ	aŋ	oŋ	oŋ	ioŋ
旧城	aŋ	a	ia	aŋ	ia	uaŋ	aŋ	uaŋ	uaŋ	aŋ	aŋ	aŋ	oŋ	oŋ	ioŋ
湘湖	aŋ	a	ia	aŋ	ia	uaŋ	aŋ	uaŋ	uaŋ	aŋ	aŋ	aŋ	oŋ	oŋ	ioŋ
溪头	ɔ̃	iɔ̃	ɔ̃	ɔ̃	iɔ̃	uɔ̃	ɔ̃	uɔ̃	uɔ̃	ɔ̃	ɔ̃	ɔ̃	əŋ	əŋ	iəŋ
沱川	ã	iã	ã	ã	iã	uã	ã	uã	uã	ã	ã	ã	əŋ	əŋ	iəŋ
紫阳	ã	iã	iã	iã	iã	uã	ã	uã	iã	ã	ã	ã	mɑ	mɑ	iɑ̃
许村	ɔ̃	ɔ̃	ɔ̃	ɔ̃	ɔ̃	uã	ɔ̃	uã	uã	ɔ̃	ɔ̃	ɔ̃	mɑ	mɑ	iɑ̃
中云	ã	iã	iã	iã	iã	uã	ã	uã	uã	ã	ã	ã	mɑ	mɑ	iɑ̃
新建	ɔ̃	iɔ̃	ɔ̃	ɔ̃	iɔ̃	uɔ̃	ɔ̃	uɔ̃	uɔ̃	ɔ̃	ɔ̃	ɔ̃	ɲə	ɲə	iəŋ
新营	ɔ	iã	iã	ɔ	iã	uɔ̃	ɔ̃	uɔ̃	uɔ̃	ɔ̃	ɔ̃	ɔ̃	nə	nə	nei
黄柏	ã	ã	iã	uən	iã	uən	uən	uən	ɲə	ɲə	ɲə	ɲə	uən	uən	iɲə
暖水	ʌŋ	iʌŋ	ʌŋ	ʌŋ	iʌŋ	uʌŋ	ʌŋ	uʌŋ	uʌŋ	ʌŋ	ʌŋ	ʌŋ	oŋ	oŋ	oŋ

（三）古入声韵的演变

入声是中古汉语"四声"之一，入声字韵母读音特点是带塞音韵尾。中古汉语入声韵与阳声韵相配，有 3 个与阳声韵尾 -m、-n、-ŋ 对应的塞音韵尾：唇塞音韵尾 -p、舌尖塞音韵尾 -t、舌根塞音韵尾 -k。古入声韵在现代汉语中发生了突出的塞音韵尾弱化的变化。古入声韵母的今读也是反映方言（包括共同语）特点的重要语音项目。下列赣东北徽语古入声字韵母音读对照表（1）—（3）（表 4-1-17、表 4-1-18 见本页及下页，表 4-1-19 见下页）。表（1）列中古咸摄、山摄入声韵母，表（2）列深摄、臻摄、曾摄、梗摄入声韵母，表（3）列宕摄、江摄和通摄入声韵母，选取中古属于咸、山、深、臻、曾、梗、宕、江、通等摄入声字的 41 个例字，对照考察赣东北徽语各方言点古入声韵母字今读韵母的情况。

表 4-1-17　　　　赣东北徽语古入声韵字韵母音读对照表（1）

古韵母	咸摄						山摄					
	开一		开二		三四		开一	开二	开三四	合一	合二	合三四
例字	1530 答	1537 盒	1543 插	1546 狭	1557 叶	1566 法	1582 辣	1585 割	1596 瞎	1605 热	1626 活	1629 刷	1632 绝	1637 发
经公桥	uʌ	ei	uʌ	uʌ	iɛ	uʌ	ʌ	uʌ	iɛ	uʌ	yɛ	ʌ	uʌ
鹅湖	oʔ	iɛʔ	oʔ	oʔ	iɛʔ	oʔ	oʔ	iɛʔ	oʔ	iɛʔ	ouʔ	yɛʔʳ	yɛʔ	foʔ
旧城	uo	ɛ	uo	ou	iɛ	uo	uo	iɛ	uo	iɛ	uɛ	ɜu	iɛ	uo
湘湖	ɔʔ	ɛʔ	ɔʔ	ɔʔ	iɛʔ	ɔʔ	ɔʔ	ɛʔ	iɛʔ	ɛʔ	uɛʔ	ɔʔ	yɛʔ	yɛʔ	ɔʔ
溪头	o	ɐ	o	o	ie	o	o	o	ie	o	uo	o	e	o
沱川	o	a	o	o	ie	o	o	o	ie	o	o	o	ie	o
紫阳	ɔ	e	ɔ	ɔ	əi	ɔ	e	ɔ	əi	ɔ	ɔ	ɔ	e	ɔ
许村	o	a	ø	o	ie	o	o	o	ie	o	o	o	ie	o
中云	o	a	o	o	ie	o	o	o	ie	o	o	o	ie	o
新建	uɣ	ɣ	uɣ	uɣ	iɛ	uɣ	uɣ	uɣ	iɛ	uɣ	uɣ	uɣ	iɛ	uɣ
新营	o	o	o	o	iɛ	o	o	o	u	o	ɛ	uo	y	i	o
黄柏	ɑ	ɑ	ɑ	ɑ	iɑ	ɑ	ɑ	ɑ	ɑu	ɑ	ɑ	ɑ	ɑu	ɑ
暖水	ɐu	ɣ	ɐu	ɐu	ɐi	ɐu	ɐu	ɐu	ɛi	ɐu	ɐu	ɐu	ɛi	ɐu

表 4-1-18　　　　赣东北徽语古入声韵字韵母音读对照表（2）

古韵母	深摄			臻摄					曾摄		梗摄		
	开三			开三			合一	合三	开一	开三	开二	开三	合二
例字	1569 集	1574 十	1576 急	1646 笔	1652 虱	1657 吉	1664 骨	1673 橘	1722 北	1742 翼	1748 白	1776 石	1791 获
经公桥	ei	i	i	i	a	i	ei	y	ai	iai	a	iai	u
鹅湖	eiʔ	iʔ	iʔ	aiʔ	əʔʳ	iɛʔ	ueiʔ	yʔ	aiʔ	aiʔ	aʔ	aiʔ	oʔ
旧城	ei	i	i	ei	ɜʳ	i	uei	y	ai	ai	a	iai	uɛ

古韵母	深摄			臻摄					曾摄		梗摄		
	开三			开三			合一	合三	开一	开三	开二	开三	合二
例字	1569 集	1574 十	1576 急	1646 笔	1652 虱	1657 吉	1664 骨	1673 橘	1722 北	1742 翼	1748 白	1776 石	1791 获
湘湖	eiʔ	iʔ	iʔ	eiʔ	eiʔ	iʔ	ueiʔ	yʔ	aiʔ	aiʔ	aʔ	iaiʔ	aiʔ
溪头	i	ɿ	i	i	ɿ	e	uɐ	ui	a	ia	a	a	u
沱川	i	ɿ	i	i	ɿ	i	uɐu	ui	ɒ	iɒ	ɒ	ɒ	u
紫阳	a	a	ia	a	i	ia	e	ua	o	io	o	o	u
许村	a	a	a	a	uø	a	uɣ	ua	o	io	o	o	u
中云	a	a	ia	a	a	ia	uɣ	y	a	ia	o	o	u
新建	ɛ	ɛ	ɛ	ɛ	ɣ	iɛ	uɛ	ɛ	ɛ	iɛ	æ	æ	u
新营	ɛ	i	i	ɛ	yɛ	i	uɛ	uɛ	æ	æ	a	iæ	u
黄柏	i	i	i	i	ua	i	uɛ	uɛ	ɛ	iɛ	a	uɛ	ua
暖水	e	ie	i	e	uɣ	i	ue	y	i	ie	æ	iæ	uo

表 4-1-19 赣东北徽语古入声韵字韵母音读对照表（3）

古韵母	宕摄					合一	合三	江摄			通摄		
	开一	开三						开二			合一	合三	
例字	1683 落	1694 削	1696 着	1699 脚	1703 药	1706 扩	1708 缚	1710 雹	1715 镯	1720 学	1797 读	1821 肉	1837 局
经公桥	au	ia	au	uʌu	yʌu	uʌu	u	au	au	au	o	iəu	iəu
鹅湖	oʔ	ia	ioʔ	ioʔ	ioʔ	oʔ	uʔ	auʔ	auʔʳ	auʔ	əuʔ	iəuʔ	iəuʔ
旧城	au	a	ia	ia	ia	uɛ	au	au	aʳ	au	əu	iəu	iəu
湘湖	auʔ	ioʔ	aʔ	iaʔ	iaʔ	uɛʔ	uʔ	auʔ	auʔ	auʔ	əuʔ	iəuʔ	iəuʔ
溪头	au	iau	au	iau	iau	o	au	au	au	au	u	iæi	æi
沱川	au	iau	ə	iau	iau	uɒ	au	au	au	au	uə	iə	iə
紫阳	ɒ	iɒ	ɒ	iɒ	iɒ	ə	ɒ	ɒ	ɒ	ɒ	u	ia	ia
许村	ɔ	ɔi	ɔ	ia	ia	uɔ	ɔ	ɔ	ɔ	ɔ	u	iɔ	ia
中云	ɔ	ɔi	ɔ	ia	ia	ɔ	ɔ	ɔ	ɔ	ɔ	u	ia	ia
新建	o	ɔi	ɯ	ɯ	ɯ	uɣ	ɔ	ɔ	ɔ	ɔ	o	ɯ	ɯ
新营	ɔ	ia	ia	ia	ia	ɔ	ɔ	ɔ	ɔ	ɔ	o	io	io
黄柏	ə	iə	ə	ə	iə	ə	ə	pʻɔ	ə	ə	ə	iu	iu
暖水	ɔ	yɛ	yɛ	yɛ	yɛ	uɒ	ɔ	pʻɔ	ɔ	ɔ	əu	y	y

从表 4-1-17、表 4-1-18、表 4-1-19 可以归纳赣东北徽语古入声韵字今读的以下主要特点：

1. 赣东北徽语古入声韵母今读的最大特点是古入声韵的塞音韵尾弱化程度很高，鹅湖话、湘湖话以外的 11 处方言点已经没有塞音韵尾，古入声韵字读元音韵母。鹅湖话、湘湖话古入声韵字还保留塞音韵尾，但所带韵尾是比 -p、-t、-k 韵尾闭塞程度更为轻微的喉塞音韵尾 -ʔ。

2. 古入声韵字读元音韵母的 11 处方言点，咸、山两摄入声字韵母合流，深、臻两摄入声字韵母合流，曾、梗两摄入声字韵母合流，宕、江两摄入声字韵母合流。

（四）效摄字等的对立

效摄字今读韵母等的对立是赣东北徽语一个较突出的语音特色。下列赣东北徽语效摄字韵母音读对照表（见以下表 4-1-20）。表中选取中古属于效摄的 17 个例字，对照考察赣东北徽语效摄字今读韵母分等的情况。

表 4-1-20　　　　　　赣东北徽语效摄字韵母音读对照表

古韵母	一等					二等					三四等					
例字	0556 宝	0559 抱	0563 刀	0579 草	0600 高	0587 饱	0610 闹	0614 找	0618 交	0628 坳	0630 表	0637 疗	0643 小	0646 超	0652 烧	0658 骄	0671 条
经公桥	au	au	au	au	au	au	au	au	au	au	ia	ia	ia	uʌu	uʌu	uʌu	ia
鹅　湖	au	au	au	au	au	au	au	au	au	au	ia	iau	ia	ia	ia	ia	ia
旧　城	au	au	au	au	au	au	au	au	au	au	iau	iau	iau	iau	iau	iau	iau
湘　湖	uɐ	uɐ	uɐ	uɐ	uɐ	uɐ	uɐ	uɐ	uɐ	uɐ	io	io	io	io	io	io	io
溪　头	ɐ	ɐ	ɐ	ɐ	ɐ	au	au	au	au	au	ia	ia	ia	a	a	a	ia
沱　川	a	a	a	a	a	au	au	au	au	au	ia	ia	ia	ɒ	ɒ	ɒ	ia
紫　阳	o	o	o	o	o	ɒ	ɒ	ɒ	ɒ	ɒ	io	io	io	io	io	io	io
许　村	a	a	a	a	a	ɔ	ɔ	ɔ	ɔ	ɔ	ɕi	ɕi	ɕi	o	o	o	ɕi
中　云	a	a	a	a	a	ɔ	ɔ	ɔ	ɔ	ɔ	ɕi	ɕi	ɕi	o	o	io	ɕi
新　建	ɯ	ɯ	ɯ	ɯ	ɯ	ə	ə	ə	ə	ə	iɛ	iɛ	iɛ	a	a	a	iɛ
新　营	ɔ	ɔ	ɔ	ɔ	ɔ	ɔ	ɔ	ɔ	ɔ	ɔ	ɕi	ɕi	ɕi	ɕi	ɕi	ɕi	ɕi
黄　柏	ɔ	ɔ	ɔ	ɔ	ɔ	ɔ	ɔ	ɔ	ɔ	ɔ	ɕi	ɕi	ɕi	ɕi	ɕi	ɕi	ɕi
暖　水	o	o	ʏ	ʏ	ʏ	o	o	o	o	o	yɛ	yɛ	yɛ	yɛ	yɛ	yɛ	yɛ

从表 4-1-20 可以归纳赣东北徽语效摄字今读韵母等的对立的以下主要特点：

1. 旧城话、新营话、黄柏话以外的 10 处方言点，效摄字今读韵母都有等的对立，效摄字分等是赣东北徽语较大区域的语音特点。

2. 赣东北徽语中效摄字分等有三种类型：

A. "一等｜二等｜三四等"三分对立，例如溪头话：

宝₋ ᶜpɐ ≠ 饱₋ ᶜpau ≠ 表₌ ᶜpia

B. "一等、二等｜三四等"二分对立，例如鹅湖话：

宝₋ ᶜpau ＝ 饱₋ ᶜpau ≠ 表₌ ᶜpia

C. "二等｜一等、三四等"二分对立，例如紫阳话：

捎₋ ᶜsɒ ≠ 骚₋ ᶜso ＝ 烧₌ ᶜso

3. 效摄字分等的 10 处方言点中，婺源方言 4 处方言点（溪头话、沱川话、许村话、中云话）和德兴方言 2 处方言点（新建话、暖水话）属于 A 型，浮梁县 3 处方言点（经公桥话、鹅湖话、湘湖话）属于 B 型，表现出婺源方言、浮梁方言与德兴方言的片域差异。

属于 C 型的紫阳话应是由婺源方言其他 4 处方言点所具有的三分对立的分等格局归并趋简演变而来。

旧城话和新营话、黄柏话 3 处方言点效摄字不分等，与边邻赣方言趋同。

4. 经公桥话和沱川话、许村话、中云话效摄三四等字韵母因声母类别发生分化，帮、端、精组声母字与知、庄、章、见组声母字韵母有别。沱川话、许村话、中云话中，在三四等字与一、二等字分韵时，帮、端、精组声母字的三四等字或归入一等（沱川话），或归入二等（许村话、中云话）。

（五）蟹摄一二等字的对立

中古汉语蟹摄和咸、山摄一二等字在赣东北徽语中有读音对立，其中蟹摄一二等字对立较为普遍。下列赣东北徽语蟹摄一二等字韵母音读对照表（表 4-1-21 见下页），表中选取中古属于蟹摄一二等的 14 个例字，对照考察赣东北徽语蟹摄一二等字今读韵母分等的情况。

从表 4-1-21 可以归纳赣东北徽语蟹摄一二等字韵母对立的以下主要特点：

1. 新建话以外 12 处方言点都有蟹摄一二等字韵母对立现象。

2. 蟹摄一二等字韵母对立表现有两种类型：

A. 韵母主要元音开口度大小对立。例如：

经公桥话：一等 ɣ ｜二等 a　　黄柏话：一等 ɛ ｜二等 a

B. 韵母主要元音舌位前后对立。例如：

沱川话：一等 a ｜二等 ɒ　　紫阳话：一等 e ｜二等 o

3. 浮梁方言和德兴方言属于 A 型，婺源方言属于 B 型，形成蟹摄一二等字韵母对立的片域差异。

4. 德兴方言新建话蟹摄一二等字韵母无对立，新营话和黄柏话也有部分一二等韵母相混的情况，表明德兴方言蟹摄一二等字韵母的对立有趋于弱化的演变。

表 4-1-21　　　　　赣东北徽语蟹摄一二等字韵母音读对照表

古韵母	一等 开口				一等 合口				二等 开口				二等 合口	
例字	0253 台	0259 栽	0270 该	0280 爱	0367 妹	0370 推	0375 催	0381 回	0292 排	0313 柴	0318 街	0322 矮	0390 怪	0399 话
经公桥	ɤ	a	ɤ	ɤ	ɤ	ɤ	y	uɤ	a	ia	ia	ia	ua	uʌ
鹅湖	iɛ	ei	iɛ	iɛ	iɛʳ	iɛ	iɛ	uɛ	a	a	a	a	ua	uaʳ
旧城	ɛ	ei	iɛ	iɛ	ɛ	ɛ	ɛ	ɛ	a	ia	a	a	ua	uo
湘湖	ɛ	ei	ɛ	ɛ	ɛ	ɛ	ɛ	ɛ	a	a	a	a	ua	uo
溪头	ə	ə	əu	əu	ə	ə	ə	əu	a	a	a	a	ua	uo
沱川	a	ɒ	ua	au	ə	ə	ə	au	ɒ	ɒ	ɒ	ɒ	au	uo
紫阳	e	e	e	e	e	e	e	e	o	o	o	o	ua	ɔ
许村	ɤ	e	uɤ	ɤ	ɤ	ɤ	ɤ	uɤ	o	o	o	o	o	o
中云	ɤ	ɤ	yɤ	ɤ	ɤ	ɤ	e	uɤ	o	o	o	o	o	o
新建	ua	a	ua	a	ua	ua	ua	ua	a	a	a	a	ua	o
新营	i	ɛ	ua	ua	ɛ	i	yɛ	ua	a	ia	a	a	ua	o
黄柏	a	a	ɛ	ɛ	ɛ	ɛ	ɛ	uɛ	a	a	a	a	ua	ɒ
暖水	ɤ	i	o	ɤ	ɤ	ɤ	ɤ	uo	a	a	a	a	au	au

（六）果摄字和假摄字合流

果摄字、假摄字今读韵母合流是赣东北徽语一个较突出的语音特色。下列赣东北徽语果摄、假摄字韵母音读对照表（表 4-1-22 见下页）。表中选取中古属于果摄和假摄的 16 个例字，对照考察赣东北徽语果摄字和假摄字合流的情况。从表 4-1-22 可以归纳赣东北徽语果摄字、假摄字今读韵母合流的以下主要特点：

1. 13 处方言点都有果摄字和假摄字今读韵母合流现象，果、假合流是赣东北徽语中全区域的语音特点。

2. 各方言点在果、假两摄字合流的范围上呈现片域差异。浮梁方言 4 处方言点和婺源方言的溪头话、沱川话、紫阳话 3 处方言点合流范围包括两摄字全部，德兴方言 4 处方言点基本上只限于三等字。婺源方言中，东北乡两点与西南乡两点表现出县内片域差异，紫阳话与东北乡同。婺源东北乡方言与浮梁方言趋同，西南乡方言则与德兴方言趋同。

表 4-1-22　　　　　　赣东北徽语果摄、假摄字韵母音读对照表

古韵母	果摄								假摄					
	开一		合一				开三	合三	开二				合二		开三	
例字	0001 多	0012 哥	0027 婆	0036 蓑	0038 锅	0049 禾	0022 茄	0051 靴	0057 爬	0070 沙	0071 家	0079 下	0109 瓜	0115 化	0085 借	0098 射
经公桥	uʌ	ɤ	uʌ	uʌ	uʌ	uʌ	iɛ	yɛ	uʌ	uʌ	ʌ	ʌ	uʌ	uʌ	iɛ	iɛ
鹅湖	uo	iɛ	uo	uo	uo	uo	iɛ	yɛ	uo	uo	uo	uo	uo	uo	iɛ	iɛ
旧城	uo	iɛ	uo	uo	uo	uo	iɛ	yɛ	uo	uo	uo	uo	uo	uo	iɛ	iɛ
湘湖	o	ɛ	ɛ	o	uo	uo	iɛ	yɛ	o	o	o	o	o	o	iɛ	iɛ
溪头	o	o	o	o	o	o	iɛ	ue	o	o	o	o	o	o	e	e
沱川	o	o	o	o	o	o	iɛ	ye	o	o	o	o	o	o	e	e
紫阳	ə	e	ə	ə	ə	ə	iɛ	ye	ə	ə	ə	ə	ua	ə	e	e
许村	ɤ	ɤ	ɤ	ɤ	yɤ	yɤ	iɛ	ye	o	ue	o	o	o	o	e	e
中云	ɤ	ɤ	ɤ	ɤ	ɤ	ɤ	iɛ	ye	o	o	o	o	o	o	e	e
新建	ɯ	ɯ	ɯ	ɯ	u	u	iɛ	iɛ	uɤ	uɤ	uɤ	uɤ	ua	ua	a	a
新营	u	i	u	yɛ	u	u	iɛ	yɛ	o	io	o	o	o	o	i	iɛ
黄柏	o	o	o	o	o	o	iɑ	uɑ	uɑ	uɑ	uɑ	uɑ	uɑ	uɑ	iɑ	ɑ
暖水	o	o	o	o	uo	uo	iɛ	iɛ	ɑn	ɑn	ɑn	ɑn	ɑn	ɑn	iɛ	a

（七）通摄字和臻摄字合流

通摄字和臻摄字今读韵母合流是赣东北徽语一个较突出的语音特色。下列赣东北徽语通摄字、臻摄字韵母音读对照表（表 4-1-23 见下页）。表中选取中古属于通摄、臻摄字的 15 个例字，对照考察赣东北徽语通摄字和臻摄字合流的情况。从表 4-1-23 可以归纳通摄字和臻摄字今读韵母合流的以下主要特点：

1. 通摄字和臻摄字今读韵母合流是赣东北徽语中局部区域的语音特点，具有这一特点的方言点有：溪头话、沱川话、新营话。

2. 三个方言点通、臻两摄字合流的程度有所差异。

新营话合流最为彻底，包括通、臻两摄全部字。

溪头话、沱川话中，臻摄字与通摄字合流的是一等字和三等合口字，不包括三等开口字。例如溪头话：

东 通合一 ₌təŋ ＝ 敦 臻合一 ₌təŋ　　　风 通合三 ₌fəŋ ＝ 分 臻合三 ₌fəŋ

虫 通合三 ₌tsʻŋ ＝ 唇 臻合三 ₌tsʻŋ ≠ 陈 臻开三 ₌tsŋ 三合臻

表 4-1-23　　　　　　赣东北徽语通摄字、臻摄字韵母音读对照表

古韵母	通摄 合一		通摄 合三			臻摄 开一		臻摄 合一			臻摄 开三		臻摄 合三		
例字	1440 东	1460 公	1478 风	1504 龙	1525 凶	1068 根	1073 恩	1120 敦	1127 村	1137 困	1090 陈	1099 人	1157 分	1148 春	1165 军
经公桥	oŋ	oŋ	oŋ	oŋ	ioŋ	ən	ən	ən	ən	uən	in	in	ən	yn	yn
鹅湖	oŋ	oŋ	oŋ	oŋ	ioŋ	ən	ən	ən	ən	uən	ien	ien	ən	yen	yen
旧城	oŋ	oŋ	oŋ	ioŋ	ioŋ	ɛn	ɛn	ɛn	ɛn	uɛn	ien	ien	ɛn	yen	yen
湘湖	oŋ	oŋ	oŋ	oŋ	ioŋ	ən	ən	ən	ən	uən	ien	ien	ən	yen	yen
溪头	ɣe	ɣe	ɣe	ɣei	ɣei	uen	uen	ɣe	ɣe	ɣe	en	en	ɣe	ɣe	uen
沱川	ɣe	ɣe	ɣe	ɣei	ɣei	ɣe	ɣe	ɣe	ɣe	ɣe	ɣe	ɣe	ɣe	uen	uen
紫阳	uɑ̃	uɑ̃	uɑ̃	uɑ̃	iuɑ̃	uæ̃	æ̃	æ̃	æ̃	uæ̃	æ̃	iæ̃	æ̃	uæ̃	uæ̃
许村	uɑ̃	uɑ̃	uɑ̃	uɑ̃	iuɑ̃	uɑn	ɑn	ɑn	ɑn	uɑn	ɛn	ɛn	ɑn	ɛn	uɛn
中云	uɑ̃	uɑ̃	uɑ̃	uɑ̃	iuɑ̃	uɑn	ɑn	ɑn	ɑn	uɑn	ɛn	ɛn	ɑn	ɛn	uɛn
新建	ɣe	ɣe	ɣe	ɣei	ɣei	uə̃	ə̃	ə̃	ə̃	uə̃	ẽ	ẽ	ə̃	ẽ	uẽ
新营	ɣe	ɣe	ɣe	nei	nei	ue	ɣe	ɣe	ɣe	ue	ɛi	ɛi	ɣe	iən	nən
黄柏	ɣe	ɣe	ɣe	ɣe	ɣe	ɣe	ɣe	ɣe	ɣe	ɣe	ən	ən	ɣe	ən	uən
暖水	oŋ	oŋ	oŋ	oŋ	ioŋ	uẽ	ẽ	ẽ	ẽ	uẽ	iẽ	iẽ	ẽ	iẽ	uẽ

（八）梗摄三四等字与深、臻摄三等字对立

梗摄三四等字与深、臻摄三等字对立是赣东北徽语一个较突出的语音特色。下列赣东北徽语梗摄三四等字、深臻摄三等字韵母音读对照表（表4-1-24 见下页）。表中选取中古属于梗摄三四等和深、臻摄三等的 15 个例字，对照考察赣东北徽语梗摄三四等字与深、臻摄三等字韵母今读对立的情况。从表 4-6-24 以归纳赣东北徽语中梗摄三四等字与深、臻摄三等字今读韵母对立的以下主要特点：

1. 黄柏话以外的 12 处方言点都有梗摄三四等字与深、臻摄三等字韵母今读对立现象，梗与深、臻对立是赣东北徽语全区域性的语音特点。

2. 梗摄三四等字与深、臻摄三等字今读韵母对立，大多数方言点表现为韵腹开口度大小差异：梗摄字韵腹开口度较大，深摄、臻摄字开口度较小，也表现为古阳声韵鼻音成分保留程度的高低：梗摄字鼻音弱化，基本上读鼻化韵，深摄、臻摄字带较完整的舌尖鼻音尾。

表 4-1-24　赣东北徽语梗摄三四等字、深臻摄三等字韵母音读对照表

古韵母	梗摄三四等 开口				梗摄三四等 合口		深摄三等 开口				臻摄三等 开口			臻摄三等 合口	
例字	1361 明	1422 星	1363 京	1370 英	1430 兄	1435 营	0850 心	0856 针	0862 金	0867 音	1077 民	1086 新	1102 巾	1167 熏	1170 云
经公桥	ãi	ãi	iãi	ãi	uãi	ioŋ	ən	in	in	in	in	ən	in	yn	yn
鹅湖	ãi	ãi	ãi	ãi	uãi	uãi	ən	ien	ien	ien	ãi	ən	ien	yen	yen
旧城	ai	ai	ai	ai	uai	ioŋ	εn	ien	ien	ien	εn	εn	ien	yen	yen
湘湖	ai	ai	ai	ai	uai	ioŋ	ɿŋ	ɿŋ	ɿŋ	ɿŋ	ɿŋ	ɿŋ	ɿŋ	yen	yen
溪头	æi	æi	æi	æi	uæi	iæi	ɿŋ	ɿŋ	ɿŋ	ɿŋ	ɿŋ	ɿŋ	ɿŋ	uεn	uεn
沱川	ã	ã	iã	iã	uã	iã	ɿŋ	ɿŋ	ɿŋ	ɿŋ	ɿŋ	ɿŋ	ɿŋ	uεn	uεn
紫阳	ɔ̃	ɔ̃	iɔ̃	iɔ̃	uã	iɔ̃	æ̃	æ̃	æ̃	æ̃	æ̃	æ̃	æ̃	uæ̃	æ̃
许村	ã	ã	iã	iã	uã	iã	ɿŋ	ɿŋ	ɿŋ	ɿŋ	εn	εn	εn	uεn	εn
中云	ã	ã	iã	iã	iɛ̃i	iɛ̃i	ɿŋ	ɿŋ	ien	ɿŋ	ɿŋ	ɿŋ	ien	uan	uan
新建	ã	ã	iã	iã	uã	iõ	ẽ	ẽ	ẽ	iẽ	ẽ	ẽ	ẽ	uẽ	ẽ
新营	æ̃	æ̃	æ̃	æ̃	uæ̃	æ̃	nẽi	nẽi	nẽi	nẽi	ne	ne	nẽi	uen	uen
黄柏	in	in	ən	iən	ŋ̍	ŋ̍	nẽi	ne	ne	ne	ɿŋ	ɿŋ	ən	uan	yan
暖水	æ̃	æ̃	iæ̃	iæ̃	uæ̃	ioŋ	ẽ	iẽ	iẽ	iẽ	ẽ	ẽ	iẽ	yẽ	uẽ

（九）部分古开口字今读合口

赣东北徽语有古开口字今读合口韵母的现象。下列赣东北徽语古开口字今读合口韵母音读对照表（表 4-1-25 见下页）。表中选取中古假、蟹、效、咸、山、臻、宕、江、梗 9 摄的 13 个例字，对照考察赣东北徽语古开口字今读合口韵母的情况。从表 4-1-25 可以归纳赣东北徽语古开口字今读合口韵母的以下主要特点：

1. 湘湖话以外的 12 处方言点都有古开口字今读合口韵母的现象。

2. 古开口字今读合口韵母的，多为一二等字，也有少数三四等字。

3. 假摄开口字读合口韵母的，有浮梁方言湘湖话以外 3 处方言点和许村话以及德兴方言新营话以外的 3 处方言点；

蟹摄开口字今读合口韵母的，有黄柏话；

效摄开口字今读合口韵母的，有经公桥话；暖水话今读撮口呼，也可以归入；

咸、山摄开口字今读合口韵母的，有经公桥话、旧城话、紫阳话、许村话、中云话；

表 4-1-25　　　赣东北徽语古开口字今读合口韵母音读对照表

古韵母	假	蟹	效			咸	山		臻		宕	江	梗
	开二	开二	开二	开三四		开一	开一	开二	开一		开三	开二	开二
例字	0065 茶	0314 柴	0607 猫	0646 超	0679 叫	0766 贪	0879 懒	0912 板	1068 根	1073 恩	1215 张	1279 桩	1343 梗
经公桥	uʌ	ia	iã	uʌu	uʌu	uɑ̃	uɑ̃	uɑ̃	ən	ən	uaŋ	aŋ	uaŋ
鹅湖	uo	a	au	ia	ia	õ	õ	õ	iɛn	ən	iõ	aŋ	uaŋ
旧城	uo	ia	au	iau	iau	uo	uo	uo	ɛn	ɛn	ia	aŋ	uaŋ
湘湖	o	a	au	io	io	ɛn	o	o	ɛn	ɛn	ia	aŋ	ɛn
溪头	o	a	iau	a	a	ã	ã	ã	uən	uən	õ	õ	uã
沱川	o	ɒ	iau	ɒ	ɑo	õ	õ	õ	uən	vən	ʌ̃	ʌ̃	uã
紫阳	ə	a	iã	o	io	um	um	um	uæ̃	væ̃	iã	iã	õ
许村	ue	o	iɔ̃	o	o	ũ	ũ	ũ	uɛn	vɛn	ɔ̃	ɔ̃	uã
中云	o	o	ɔ	o	o	um	um	um	uɛn	uɛn	ã	ã	ã
新建	uɤ	a	iɔ̃	a	a	ʌ̃	ʌ̃	ʌ̃	uẽ	ẽ	ɔ̃	ɔ̃	uʌ̃
新营	o	ia	ci	ci	ci	ã	ã	ã	uen	uen	iã	ɔ̃	æ̃
黄柏	ɒu	ua	ə	a	a	ã	ã	ã	ən	ən	ã	uaŋ	uen
暖水	uɐ	a	yɐ	yɐ	yɐ	ã	ã	ã	uẽ	ẽ	ʌŋ	ʌŋ	uæ̃

臻摄开口字今读合口韵母的，有婺源方言 5 处方言点、黄柏话以外德兴方言 3 处方言点；

宕摄开口字今读合口韵母的，有经公桥话；

江摄开口字今读合口韵母的，有黄柏话；

梗摄的"梗"字很特别，湘湖话、紫阳话、中云话以外 10 处方言点都读合口韵母。湘湖话、中云话所读 -ɛn、-ã 其实只是书面语读音（"菜梗"一词，湘湖话、中云话分别说"菜佬仍 tsʻɛ²¹lau³⁵lɛ⁰"、"菜头 tsʻo³⁵tʻa¹¹"，参见第五章"词 266"）。

4. "梗"字读合口韵母，从整体看，是赣东北徽语全区域性特点。

"根"字读合口韵母，表现出婺源方言、德兴方言与浮梁方言的片域差异。

"茶"字读合口韵母，则表现出浮梁方言、德兴方言与婺源方言的片域差异（湘湖话与婺源方言趋同，许村话与德兴方言趋同）。

（十）古 -i、-u 韵尾脱落

赣东北徽语有古 -i、-u 韵尾脱落的现象。中古汉语蟹、效、流 3 摄字分别带-i、-u 两个元音韵尾，蟹摄为 -i，效摄、流摄为 -u。在赣东北徽语中，元音韵尾发生脱落。下列赣东北徽语蟹摄、效摄、流摄字韵母音读对照表（见表4-1-26）。

表 4-1-26　　赣东北徽语蟹摄、效摄、流摄字韵母音读对照表

古韵母	蟹摄						效摄			流摄	
	开一	开二	合一	合二		合四	一等	二等	三四等	一等	二等
例字	0251 胎	0273 开	0307 买	0359 杯	0370 推	0390 怪	0406 桂	0556 宝	0618 交	0646 超	0671 条	0692 头	0734 周
经公桥	ɤ	ɤ	a	ɤ	ɤ	ua	uei	au	au	uʌu	ia	iəu	iəu
鹅湖	iɛ	iɛ	a	ɛ	iɛ	ua	uei	au	au	ia	ia	iəu	iəu
旧城	ɛ	iɛ	a	ɛ	ɛ	uei	uei	au	ua	uai	iau	au	au
湘湖	ɛ	ɛ	a	ɛ	ɛ	ua	uei	au	au	io	io	iau	iəu
溪头	ɐ	au	a	ɐ	ɐ	ua	ue	ɐ	au	a	ia	æ	æ
沱川	ɒ	ua	ɒ	a	a	uɒ	ue	a	au	ɒ	ia	ə	ə
紫阳	e	e	o	e	e	ua	y	ɔ	ɔ	o	io	o	o
许村	ɤ	uɤ	o	ɤ	ɤ	ua	e	ɔ	o	ɔi	ia	ia
中云	ɤ	ɤ	o	ɤ	ɤ	ua	ue	a	ɔ	o	ɔi	a	a
新建	ua	ua	a	a	a	ua	iɛ	ɯ	ɔ	a	iɛ	ɯ	ɯi
新营	i	ua	a	i	i	ɛ	ɜu	ɔ	ɔi	ɔi	io	iɔ
黄柏	a	ɛ	a	a	ɛ	ui	e	ɛ	e	iɛ	u
暖水	ɤ	o	a	ɤ	ɤ	uɐ	i	o	o	yɛ	yɛ	y	y

表中选取中古属于假、蟹两摄的 13 个例字，对照考察赣东北徽语古 -i、-u 韵尾脱落的情况。

从表 4-1-26 可以归纳赣东北徽语古 -i、-u 韵尾脱落的以下主要特点：

1. 13 处方言点都有古 -i、-u 韵尾脱落的情况。

2. 蟹摄一二等字新营话以外 12 处方言点都已无 -i 韵尾；新营话"胎"、"推"二字韵母读 -i，还显示古韵尾的痕迹。

四等字浮梁方言 4 处方言点和黄柏话还带 -i 韵尾，其余方言点也都已无-i 韵尾。

3. 效、流两摄字，婺源方言、德兴方言基本没有 -u 韵尾，溪头话、沱川话效摄二等字读 au 韵母，是与浮梁方言趋同的表现。溪头话流摄字韵母

为 æi，其-i 韵尾非古韵尾，当是后来的自行发展。

4. 古-i 韵尾脱落，是赣东北徽语全区域性特点；古-u 韵尾脱落，则只是婺源方言、德兴方言的片域特点。

三 赣东北徽语声调专项考察

（一）声调系统及其音读

下列赣东北徽语 13 处方言点的声调对照表（见下页表 4-1-27）。表中列出中古汉语平、上、去、入四声例字按古声母清浊分化在赣东北徽语中所读的调类和调值情况（调类右边和下边的数字是调值）。

从表 4-1-27 可以归纳赣东北徽语声调系统的以下主要特点：

1. 从声调数目看，湘湖话、暖水话最多，有 7 个声调。黄柏话最少，只有 4 个声调。多数方言点为 6 个声调，有鹅湖话、溪头话、沱川话、紫阳话、中云话、新建话、新营话 7 处，经公桥话、旧城话、许村话有 5 个声调。

2. 从调类看，经公桥话、鹅湖话、湘湖话和新建话、新营话、暖水话有入声，其余方言点无入声。

经公桥话、鹅湖话、旧城话、湘湖话和新建话、新营话、黄柏话、暖水话上声只有一类，其余方言点上声分阴阳两类。

3. 从调值看，新建话、暖水话以外 10 处方言点阴平为平调，经公桥话、鹅湖话、旧城话、溪头话、新建话、新营话的上声（或阴上）为降调，13 处方言点阴去（或去声）都为降升调或升调，沱川话、紫阳话、中云话和新建话、新营话、暖水话的阳去读 51 调的全降调。

4. 沱川话、紫阳话、中云话的阴上调是半低度 2 的短调。

（二）阴阳分调

中古汉语四声发展到现代汉语（包括共同语和方言），声调往往因古声母的清浊而分化为阴阳两类。赣东北徽语中阴阳分调的情况有：

1. 平声分阴阳。13 处方言点古平声字声调都分为阴平、阳平两类。

2. 去声分阴阳。经公桥话和黄柏话以外的 11 处方言点古去声字声调都分为阴去、阳去两类。

3. 上声分阴阳。婺源方言的溪头话、沱川话、紫阳话、中云话 4 处方言点古上声字声调分为阴上、阳上两类。

4. 入声分阴阳。保留入声调的方言点中，湘湖话的入声调分为阴入、阳入两类。

表 4-1-27　　　　　　　　赣东北徽语声调对照表

古	平		上			去		入		
	清	浊	清	次浊	全浊	清	浊	清	次浊	全浊
例 字	1440 东	1118 门	0155 苦	0573 老	1112 近	0378 块	0237 树	1612 铁	1811 六	1748 白
经公桥	阴平 22	阳平 355	上声 42			去声 214		入声 44	阴平 22	
鹅湖	阴平 55	阳平 35	上声 53		阳去 211	阴去 213	阳去 211	入声 4		
旧城	阴平 55	阳平 24	上声 31		阳去 33	阴去 213	阳去 33	阴去 213	阳去 33	
湘湖	阴平 44	阳平 35	上声 314		阳去 211	阴去 212	阳去 211	阴入 4	阳入 2	
溪头	阴平 33	阳平 51	阴上 42	阳上 231		阴去 24		阳去 55		
沱川	阴平 44	阳平 211	阴上 2	阳上 31		阴去 35		阳去 51		
紫阳	阴平 44	阳平 211	阴上 2	阳上 31		阴去 35		阳去 51		
许村	阴平 33	阳平 51	上声 31		阳平 51	阴去 24		阳去 55		
中云	阴平 44	阳平 11	阴上 2	阳上 31		阴去 35		阳去 51		
新建	阴平 54	阳平 24	上声 31		阳去 51	阴去 213		阳去 51	入声 33	
新营	阴平 55	阳平 31	上声 53		阳去 51	阴去 213	阳去 51	入声 215	阴平 55	
黄柏	阴平 44	阳平 41	上声 453			去声 213			阴平 44	
暖水	阴平 31	阳平 23	上声 214		阳去 51	阴去 35	阳去 51	入声 54	阴平 31	

（三）古次浊上声字随清流和浊上字独立成调

中古上声的分化情况是汉语方言的重要特征之一，呈现出复杂的局面。赣东北徽语古上声的演变主要特点有古次浊上声字随清流和古浊上字独立成调两个：

1. 古次浊上声字随清流，即古次浊上声字声调与全浊上声字分离而与古清声母上声字合流。浮梁方言 4 处方言点和德兴方言 4 处方言点，古次浊上声字与古清声母上声字合流独为上声，而全浊上声字则与古去声字合流归读去声。

2. 古浊声母上声字独立成调，即古浊声母上声字与清声母上声字分别构成阳上和阴上两个声调类别。婺源方言许村话以外 4 处方言点古上声字声调都分为阴阳两类，古浊声母字（包括全浊声母字和次浊声母字）为阳上。

许村话古上声字声调演变特别，古次浊上声字声调与古全浊上声字分离而与古清声母上声字合流为上声，古全浊上声字与古浊声母平声字合流归读阳平。

赣东北徽语古上声的分化情况表现出婺源方言与浮梁方言、德兴方言的片域差异。许村话的情况，上声分阴阳两类是婺源方言的特点，而古次浊上声字随清流则是与浮梁方言、德兴方言趋同的表现。

（四）入声的保留和古入声字并入舒声韵字的声调归并

1. 在赣东北徽语中，古入声的演变有三种情况：

A. 保留入声调类，且保留入声字因带塞音韵尾而形成的短促调读法。有鹅湖话、湘湖话。

B. 保留入声调类，但入声字已不再读短促调。有经公桥话、新建话、新营话、暖水话。

C. 无入声调类，古入声字声调归并入其他声调。有婺源方言 5 处方言点和旧城话、黄柏话。

2. 保留入声调的方言点中，湘湖话古入声字全部读入声调，分为阴入、阳入两类。鹅湖话古入声字基本上读入声，有少数归读阴去和阳去。经公桥话古清声母入声字读入声，古浊声母入声字归读阴平。新营话、暖水话古清声母入声字和次浊声母读入声，古全浊声母入声字归读阴平。新建话全浊声母入声字读入声，古清声母入声字和次浊声母字归读阳去。

3. 无入声调类的方言点，婺源方言 5 处方言点古入声字都归读阳去。黄柏话古入声字归读去声和阴平。旧城话古清声母入声字和浊声母入声字分别归读阴去和阳去。

4. 有无入声调类，大体上表现出婺源方言与浮梁方言、德兴方言的片域差异。其中是否读短促调，也大体表现出浮梁方言与德兴方言的片域差异。

古入声字归读去声（包括阴去、阳去），是赣东北徽语无入声调类的方言点的共同性特点。其中古入声字归读阳去，则是婺源方言的突出特点。

新建话古清声母入声字和次浊声母字（古全浊声母入声字读入声）归读阳去，与婺源方言趋同。

第二节　赣东北徽语语音特点归纳

本节在第二章对赣东北徽语 13 处方言点音系做概括描写和第三章赣东

北徽语 13 处方言点 1840 个单字音作详细记录的基础上，依据本章第一节对赣东北徽语若干语音项目的专题考察分析，作如下赣东北徽语语音特点的归纳。

一　赣东北徽语分片语音特点

（一）浮梁方言的语音特点

1. 浮梁方言的共有语音特点

浮梁方言经公桥话、鹅湖话、旧城话、湘湖话 4 处方言点都有以下语音特点：

（1）声母：

1）古全浊声母字今读塞音、塞擦音声母的，不论声调平仄，声母基本上读送气清音。

2）微母字有今读 m- 声母或 ŋ- 声母的。

3）泥母字有今读零声母的。

4）精组声母字基本上读 ts- 组声母。

5）崇母、船母部分字今读擦音声母，崇母读与生母相同，船母读与书母相同。例如湘湖话：锄崇 ₌səu、柴崇 ₌ʃa、船船 ₌ɕyĩ、唇船 ₌ɕyɛn。

崇母大部分字多读塞擦音声母。

6）日母字多读零声母。例如经公桥话：二 aᵌ、软 ⁼yẽ、人 ₌in、日 i₌。

7）见晓组开口二等字读 k- 组声母。例如旧城话：家 ₌kuo、敲 ₌k'au、牙 ₌ŋuo、孝 xauᵌ。如果有文读音，文读一般为 tɕ- 组声母（拼细音韵母）。

8）区分尖团音。精组字今逢细音读 ts- 组声母，古见晓组字（疑母字除外）今逢细音读 tɕ-（tʃ-）组声母。

9）影母部分开口一二等字均有读舌根鼻音 ŋ- 声母的。

（2）韵母：

1）遇摄三等鱼、虞两韵字有韵母区分的痕迹。

2）蟹摄开口四等字有今读复元音 -ei 韵母的。

3）蟹摄部分开口一等字与合口一等字（端系）今读韵母合流。

4）梗摄三四等字与深臻摄三等字韵母有别。

（3）声调：

1）古平声字根据古声母清浊分阴阳两类。

2）上声只有一类，读上声的包括古上声清声母字和次浊声母字。古上声全浊声母字归读去声（或阳去）调。

2. 浮梁方言内部的语音差异

浮梁方言经公桥话、鹅湖话、旧城话、湘湖话 4 处方言点有以下主要语音差异：

（1）声母的差异：

1）泥母字、来母字的声母今读及其条件

经公桥话、鹅湖话：泥母字逢阴声韵（含古入声韵字），声母与来母字同，读 l- 声母；来母字逢阳声韵（鼻化韵），声母与泥母字同，读 n- 声母。

旧城话：遇、效、臻、通摄泥母字今读 l- 声母，声母与来母字同；咸、山、宕、曾、梗摄来母非入声字今读 n- 声母，声母与泥母字同。

湘湖话：泥母字逢非鼻化韵，声母与来母字同，读 l- 声母；来母字逢鼻化韵，声母与泥母字同，读 n- 声母。

2）塞擦音声母

经公桥话：有 ts-、ts'-、s-，tʂ-、tʂ'-、ʂ-，tɕ-、tɕ'-、ɕ- 和 tʃ-、tʃ'-、ʃ- 四组。

鹅湖话、旧城话：有 ts-、ts'-、s-，tʂ-、tʂ'-、ʂ- 和 tɕ-、tɕ'-、ɕ- 三组。

湘湖话：有 ts-、ts'-、s-和 tɕ-、tɕ'-、ɕ- 两组。

3）精知庄章组字的声母今读及其条件

鹅湖话、旧城话：二分型。精组字读 ts- 组声母；知、庄、章组字逢今洪音读 tʂ- 组声母，逢今细音读 tɕ- 声母。

经公桥话：三分型。精组字读 ts- 组声母；庄组字读 tʂ- 组声母；知、章组字合流，逢今细音读 tɕ- 组声母，逢今洪音读 tʃ- 或 tʂ- 组声母。

湘湖话：三分型。精组字基本读 ts- 组声母；章组字基本读 tɕ- 组声母；知、庄组字合流，逢今洪音读 ts- 组声母，逢今细音读 tɕ- 组声母。

4）见组字的声母今读及其条件

鹅湖话：见组声母字多数逢今细音读 tɕ- 组声母，逢今洪音读 k- 组声母，开口一二等大部分字不论洪细今仍读作 k- 组声母除外。

经公桥话：见组声母字逢今细音读 tɕ- 组声母，逢今洪音大部分读 k- 组声母，少数读 tʃ- 组声母。

旧城话：见组声母字逢今细音读 tɕ- 组声母，逢今洪音读 k- 组声母，果、蟹、山摄开口一等字逢今细音仍读作 k- 组声母除外。

湘湖话：见组声母字逢今细音读 tɕ- 组声母，逢今洪音读 k- 组声母。

5）流摄一等见组字的声母今读及其条件

经公桥话、鹅湖话、湘湖话：流摄一等见组字声母腭化，读舌面音 tɕ- 组声母，韵母读细音。

旧城话：流摄一等见组字声母不腭化，读舌根音 k- 组声母，韵母读洪音。

（2）韵母的差异：

1）古阳声韵的今读

经公桥话、鹅湖话：古阳声韵字韵母今读部分为鼻化韵，部分带舌尖鼻音 -n 韵尾或舌根鼻音 -ŋ 韵尾。

旧城话：古阳声韵字韵母今读部分带舌尖鼻音 -n 韵尾或舌根鼻音 -ŋ 韵尾，部分今失去韵尾读作阴声韵。

湘湖话：古阳声韵字韵母今读部分为鼻化韵，部分带舌尖鼻音 -n 韵尾或舌根鼻音 -ŋ 韵尾，其余失去韵尾读作阴声韵。

2）古入声韵的今读

经公桥话、旧城话：古入声韵字韵母今读已无塞音韵尾，读舒声韵。旧城话的一些入声韵字还存在儿化现象。

鹅湖话、湘湖话：古入声韵韵母今读多数保留喉塞音韵尾 -ʔ；少数今读失去塞音韵尾，读作舒声韵。鹅湖话的一些入声韵字还存在儿化现象。

3）古 -i、-u 韵尾脱落

经公桥话、鹅湖话、湘湖话：有古 -i、-u 韵尾脱落现象。

旧城话：无上述音读现象。

4）古开口字今读合口

经公桥话、鹅湖话、旧城话：部分古开口字今读合口。

湘湖话：无上述音读现象。

5）果、蟹摄开口一等字韵母带 -i- 介音

鹅湖话、旧城话：果、蟹摄开口一等字今读韵母含高元音 -i- 介音。

经公桥话、湘湖话：无上述音读现象。

6）效摄字等的对立

湘湖话：效摄一二等字与三四等字今读韵母有别。

经公桥话、鹅湖话、旧城话：无上述音读现象。

7）流摄字与效摄字合流

经公桥话、鹅湖话、旧城话：流摄一等字与效摄字今读韵母合流。

湘湖话：无上述音读现象。

8）深臻摄字与曾梗摄字合流

经公桥话、旧城话：深臻摄部分字与曾梗摄部分字今读韵母合流。

鹅湖话、湘湖话：无上述音读现象。

9）宕摄字的韵母对应

鹅湖话：宕摄开口三等字（庄组字除外）与开口一等字、合口一三等字今读韵母不同。

经公桥话、旧城话、湘湖话：无上述音读现象。

10）一、二等韵的区分

经公桥话：蟹摄字有区分一、二等韵的痕迹。

旧城话、湘湖话：蟹、咸、山摄有区分一、二等韵的痕迹。

鹅湖话：无区分一、二等韵现象。

11）阴声韵字的儿化韵现象

鹅湖话、旧城话：部分阴声韵字存在儿化现象，并生成相应的儿化韵母。儿化音节大都是名词，均有表小、表喜爱的意义。

经公桥话、湘湖话：无儿化韵。

（3）声调的差异：

1）去声的类别

经公桥话：去声只有一类。古去声字都读去声，古上声全浊声母字也归读去声。

鹅湖话、旧城话、湘湖话：古去声字根据古声母的清浊分阴阳两类。古上声全浊声母字归读阳去。

2）古入声的保留及其类别

经公桥话、鹅湖话：保留入声，入声只有一类。经公桥话古入声清声母字读入声，鹅湖话古入声字基本上读入声。

湘湖话：保留入声，入声有两类。古入声清声母字读阴入，古入声浊声母字读阳入。

旧城话：无入声。

3）古入声字今读舒声韵的声调归并

经公桥话：古入声浊声母字今归读阴平。

旧城话：古入声清声母字归读阴去，古入声浊声母字归读阳去。

（二）婺源方言的语音特点

1. 婺源方言的共有语音特点

婺源方言溪头话、沱川话、紫阳话、许村话、中云话 5 处方言点都有以下语音特点：

（1）声母：

1）古全浊声母字今读塞音、塞擦音声母的，不论声调平仄，基本上读送气清音，除溪头话部分全浊声母字读不送气清音外。

2）微母字（口语音）有今读 m-（b-）声母或 v- 声母的。

3）泥母字逢阴声韵，声母与来母字同，读 l- 声母；来母字逢阳声韵，声母与泥母字同，读 n- 声母。

4）崇母、船母部分字今读擦音声母，崇母读同生母，船母读同书母。例如中云话：床崇 ₌sã｜柴崇 ₌so｜船船 ₌çĩ｜唇船 ₌sɛn。

崇母大部分字多读塞擦音声母。

5）古日母字部分读鼻音声母 ȵ-。例如紫阳话：软 ₌ȵỹ｜忍 ₌ȵiæ̃｜让

n̩iã² | 肉 n̩ia² 。

6）古见晓组开口二等字读 k- 组声母，例如沱川话：家 ₌ko | 敲 ₌k'au | 牙 ₌ŋo | 孝 xau²。

7）区分尖团音。

8）影母部分字读舌根鼻音 ŋ-（g-、v-）声母。

（2）韵母：

1）古入声韵字今读已无塞音韵尾，读舒声韵。

2）部分古开口字今读合口。

3）部分古 -i、-u 韵尾脱落。

4）遇摄三等鱼、虞两韵字存在韵母区分的痕迹。

5）蟹摄开口一等字与合口一等字今读韵母部分合流。

6）梗摄三四等字与深臻摄三等字韵母有别。

7）山摄一、二等部分开口字与合口字今读韵母相同。

（3）声调：

1）古平、去声字根据古声母清浊各分阴阳两类。

2）无入声调。

2. 婺源方言内部的语音差异

婺源方言溪头话、沱川话、紫阳话、许村话、中云话 5 处方言点有以下主要语音差异：

（1）声母的差异：

1）明母、疑母字的声母今读

沱川话、紫阳话、中云话：存在明母字今读 b- 声母、疑母字今读 g- 声母的现象，两浊塞音声母今基本拼阴声韵。

溪头话、许村话：无上述音读现象。

2）泥母字的声母今读

溪头话、沱川话、中云话：泥母字存在今读 n̩- 声母的现象。

紫阳话、许村话：无上述音读现象。

3）塞擦音声母

沱川话、紫阳话、中云话：塞擦音声母有 ts-、ts'-、s- 和 tɕ-、tɕ'-、ɕ- 两组。

溪头话、许村话：塞擦音声母有 ts-、ts'-、s-，tɕ-、tɕ'-、ɕ- 和 tʃ-、tʃ'-、ʃ- 三组。

4）精知庄章组字的声母今读及其条件

溪头话：合一型。精知庄章组声母合流，大部分读 ts- 组声母，遇、止摄合口三等字读 tɕ- 组声母。

中云话：二分型。精知章组声母合流，大部分读 ts- 组声母，遇、止摄合口三等字读 tɕ- 声母；庄组字读 ts- 组声母。

沱川话、紫阳话：二分型。精庄组字合流，读 ts- 组声母；知章组字合流，大部分读 ts-组声母，遇、止摄合口三等字读 tɕ- 声母或逢洪音读 ts- 组声母、逢细音读 tɕ- 组声母。

许村话：三分型。精组字读 ts- 组声母；庄组字读 tʃ- 组声母；知章组字合流，逢洪音读 tʃ- 组声母，逢细音读 tɕ- 组声母。

5）见组字声母的今读

沱川话、紫阳话、中云话：古见组声母字逢今细音读 tɕ- 组声母，逢今洪音读 k- 组声母。

溪头话、许村话：古见组声母部分读 k- 组声母，部分读 tʃ- 组声母，部分读 tɕ- 组声母。

6）流摄一等见组字声母的今读

沱川话、紫阳话、许村话、中云话：流摄一等见组字读细音，声母腭化读舌面音 tɕ- 组声母。

溪头话：无上述音读现象。

（2）韵母的差异：

1）古阳声韵的今读

溪头话、沱川话基本相同：咸山宕江曾梗摄字今读鼻化韵，深摄、臻摄部分三等字今读鼻音 -n 韵尾，通摄、臻摄一等字及部分合口三等字今读鼻音 -ŋ 韵尾。

许村话、中云话基本相同：古阳声韵字韵母大部分读鼻化韵，部分字韵母今读双唇鼻音 -m 韵尾和舌尖鼻音 -n 韵尾，个别字韵母读鼻辅音韵母 m̩。

紫阳话只有一个鼻音韵尾：古阳声韵字韵母大部分读鼻化韵，少部分字韵母读双唇鼻音 -m 韵尾，少数字韵母读鼻辅音韵母 m̩。

2）果摄字与假摄、蟹摄字合流

溪头话、沱川话、紫阳话：果摄一等字与假摄二等字今读韵母合流。

许村话、中云话：果摄一等字与蟹摄一等字今读韵母合流。

3）蟹摄开口三四等字韵母读音

溪头话、沱川话、中云话、许村话：蟹摄开口三四等字韵母读半高元音 -e。

紫阳话：蟹摄开口三四等字韵母读高元音 -i。

4）效摄字与流摄、蟹摄字合流

许村话、中云话：效摄一等字与流摄字今读韵母合流。

紫阳话：效摄字一等字与蟹摄字一二等字今读韵母合流。
溪头话、沱川话：无上述音读现象。
5）效摄字韵母等的对应
溪头话：效摄一等字与二三四等字今读韵母有别。
紫阳话：效摄二等字与一三四等字今读韵母有别。
许村话、中云话：效摄三四等字中知庄章见组声母字与帮端精组声母字今读韵母有别。
6）一、二等韵的区分
溪头话：蟹、山摄一、二等字保留区分的痕迹。
沱川话：蟹、咸摄一、二等字保留区分的痕迹。
紫阳话：蟹、咸、山摄一、二等字保留区分的痕迹。
许村话、中云话：蟹、效摄一、二等字保留区分的痕迹。
（3）声调的差异：
1）古上声的类别
溪头话、沱川话、紫阳话、中云话：古上声字根据古声母清浊分阴阳两类。
许村话：上声只有一类。
2）阴上今读低紧调
沱川话、紫阳话、中云话：阴上是个低紧调，伴有喉塞音色彩，实际音值为2ʔ。
溪头话、许村话：无上述音读现象。

（三）德兴方言的语音特点

1. 德兴方言的共有语音特点

德兴方言新建话、新营话、黄柏话、暖水话 4 处方言点都有以下语音特点：

（1）声母：
1）古全浊声母字今读塞音、塞擦音声母的，不论声调平仄，基本上读送气清音。
2）微母字（口语音）存在今读 m- 声母或 v- 声母现象。
3）泥母字存在今读 ȵ- 声母的现象。
4）崇船母少数字今读擦音声母，崇母跟生母相同，船母跟书母相同。例如新建：床崇 ₌ʃɔ̃｜柴崇 ₌ʃa｜船船 ₌ɕiẽ｜唇船 ₌ʃẽ。
崇母大部分字多读塞擦音声母。
5）古日母字部分读鼻音声母 ȵ-（ŋ-）。例如黄柏：软 ⁻ȵuã｜认 ȵiən⁼｜日 ȵi˳｜肉 ȵiu˳。

6）古见晓组开口二等字读 k- 组声母，例如暖水：家 ₋kuɐ｜敲 ₋k'o｜牙 ₌ŋuɐ｜孝 xoᵓ。如果有文读音，文读一般为 tɕ- 或 tʃ- 组声母。

7）区分尖团音。

8）影母部分开口一二等字读舌根鼻音 ŋ- 声母。

（2）韵母：

1）古入声韵字今读已无塞音韵尾，读舒声韵。

2）部分古开口字今读合口。

3）部分古 -i、-u 韵尾脱落。

4）遇摄三等鱼、虞两韵字存在韵母区分的痕迹。

5）蟹摄开口一等字与合口一等字今读韵母部分合流。

6）山摄一、二等部分开口字与合口字今读韵母相同。

（3）声调：

1）古平声字根据古声母清浊分阴阳两类。

2）上声只有一类，读上声的包括古上声清声母字和次浊声母字。古上声全浊声母字归读去声调。

2. 德兴方言内部的语音差异

德兴方言新建话、新营话、黄柏话、暖水话 4 处方言点有以下主要语音差异：

（1）声母的差异：

1）泥母字、来母字的声母今读及其条件

新营话、黄柏话、暖水话：泥母字逢今洪音与来母字同，读 l- 声母，逢今细音读 n- 声母，不与来母混。

新建话：泥母字逢阴声韵，声母与来母字同，读 l- 声母；来母字逢阳声韵，声母与泥母字同，读 n- 声母。

2）塞擦音声母

新营话：塞擦音声母有 ts-、ts'-、s- 和 tɕ-、tɕ'-、ɕ- 两组。

暖水话：塞擦音声母有 ts-、ts'-、s-，tʂ-、tʂ'-、ʂ- 和 tɕ-、tɕ'-、ɕ- 三组。

新建话、黄柏话：塞擦音声母有 ts-、ts'-、s-，tʂ-、tʂ'-、ʂ-，tɕ-、tɕ'-、ɕ- 和 tʃ-、tʃ'-、ʃ- 四组。

3）精知庄章组字声母的今读及其条件

新营话：二分型。精组字读 ts- 组声母；章组字读 tɕ- 组声母；知庄组字合流，逢洪音读 ts- 组声母，逢细音读 tɕ- 组声母。

黄柏话、暖水话：三分型。精组字逢今洪音读 ts- 组声母，逢今细音读 tɕ- 组声母；知庄章组字合流，逢今洪音读 tʃ-/tʂ- 组或 tʂ- 组声母，逢今细音读 tɕ- 组声母。

新建话：三分型。精组字读 ts- 组声母；知章组字合流，逢今细音读 tɕ- 组声母，逢今洪音读 tʃ-、tʂ- 或 ts- 组声母；庄组字逢今细音读 tɕ- 组声母，逢今洪音读 tʃ- 或 tʂ- 组声母。

4）见组字声母的今读

新营话、暖水话：古见组声母字逢今细音读 tɕ- 组声母，逢今洪音读 k- 组声母。

新建话、黄柏话：古见组声母字逢今细音读 tɕ- 组声母，逢今洪音大部分读 k- 组声母，少数读 tʃ- 组声母。

5）流摄一等见组字声母的今读

新建话、新营话、暖水话：流摄一等见组部分字今逢细音韵母，其声母腭化读舌面音 tɕ- 组声母。

黄柏话：无上述音读现象。

6）知系字声母的今读

新营话：古知组的知彻澄母字、庄组的庄初崇母字、章组的章昌母字有逢洪音读舌尖塞音 t-、t'- 声母的。

新建话、黄柏话、暖水话：无上述音读现象。

（2）韵母的差异：

1）古阳声韵的今读

新建话、暖水话基本相同：古阳声韵字部分今读鼻化韵，部分今读舌根鼻音 -ŋ 韵尾。

新营话：古阳声韵字今读韵母大部分读鼻化韵，少部分字韵母今读舌尖鼻音 -n 韵尾。有一部分古阳声韵字（口语音）韵母已无鼻音韵尾或鼻化色彩而读阴声韵。

黄柏话有两个鼻音韵尾：古阳声韵字部分今读鼻化韵，部分今读舌尖鼻音 -n 或舌根鼻音 -ŋ 韵尾。

2）流摄字与效摄字合流

新营话、黄柏话：流摄一等字与效摄字今读韵母部分合流。

新建话、暖水话：无上述音读现象。

3）蟹摄开口三四等字韵母读音

新建话：蟹摄开口三四等字韵母多读次低元音 -æ。

新营话：蟹摄开口三四等字韵母多读半低元音 -ɛ。

黄柏话、暖水话：蟹摄开口三四等字韵母读高元音 -i。

4）一、二等韵的区分

新建话、黄柏话：蟹、山摄一、二等字保留区分的痕迹。

新营话：蟹、咸、山摄一、二等字保留区分的痕迹。

暖水话：蟹、效、咸、山摄一、二等字保留区分的痕迹。
5）梗摄三四等字与深臻摄三等字韵母有别
新建话、新营话、暖水话：梗摄三四等字与深臻摄三等字韵母有别。
黄柏话：梗摄三四等字与深臻摄三等字韵母无别。
6）臻摄字与通摄字合流
新营话：臻摄字与通摄字今读韵母合流。
黄柏话、暖水话：深、臻摄部分字与曾、梗摄部分字今读韵母合流。
（3）声调的差异：
1）古去声的类别
新建话、新营话、暖水话：古去声字根据古声母清浊分阴阳两类。
黄柏话：去声只有一类。
2）古入声的保留及其类别
新建话、新营话、暖水话：入声只有一类。
黄柏话：没有入声。古入声清声母字和部分次浊声母字今归读去声，古入声全浊声母字及部分次浊声母字今归读阴平调。
3）浊入归阴平现象
新营话、黄柏话、暖水话：古入声浊声母字部分今归读阴平调。
新建话：无上述音读现象。

二　赣东北徽语总体语音特点

（一）赣东北徽语的共有语音特点
1. 声母
（1）古全浊声母字今读塞音、塞擦音声母的，不论声调平仄，基本上读送气清音，除溪头话部分全浊声母字读不送气清音外。
（2）微母字（口语音）存在今读 m- 声母的现象。
（3）都存在一定的泥母、来母相混现象，但相混的条件有所不同。
（4）精组声母字基本读 ts- 组声母，除黄柏话与暖水话精组声母字逢今细音读 tɕ- 组声母外。
（5）崇母、船母部分字今读擦音声母，崇母读与生母同，船母读与书母同。
（6）见晓组声母开口二等字读 k- 组声母。
（7）区分尖团音。
（8）影母部分开口一二等字读舌根鼻音 ŋ- 声母。
2. 韵母
（1）遇摄三等鱼、虞两韵字存在韵母区分的痕迹。

（2）蟹摄开口一等字与合口一等字今读韵母部分合流。

（3）流摄一等见组部分字今逢细音韵母，其声母腭化为舌面音 tɕ- 组，除旧城话、溪头话与黄柏话外。

（4）蟹（效咸山）摄一、二等字保留区分的痕迹，除鹅湖话外。

（5）梗摄三四等字与深臻摄三等字韵母有别，除黄柏话外。

（6）部分古 -i、-u 韵尾脱落，除旧城话只有部分古 -i 韵尾脱落外。

（7）部分古开口字今读合口，除湘湖话没有该现象外。

（8）古入声韵字今读已无塞音韵尾，读为舒声韵，除鹅湖话与湘湖话多数字保留喉塞音韵尾 -ʔ 外。

3. 声调

（1）古平声字根据古声母清浊分阴阳两类。

（2）古去声字根据古声母清浊分阴阳两类，除经公桥话与黄柏话外。

（3）声调数量以 6 个为主。除黄柏话 4 个，经公桥话、旧城话、许村话 5 个，湘湖话 7 个声调外，其他八个方言点均为 6 个声调。

（二）赣东北徽语各片语音差异

1. 声母

（1）明疑母字声母的今读

婺源方言：明母字存在今读 b- 的声母现象，疑母字存在今读 g- 声母的现象，两浊音声母今基本拼阴声韵。

浮梁方言与德兴方言：无上述音读现象。

（2）塞擦音声母

浮梁方言：鹅湖话、旧城话、湘湖话有三组，经公桥话有四组。

婺源方言：沱川话、紫阳话、中云话有两组，溪头话、许村话有三组。

德兴方言：新营话有两组，暖水话有三组，新建话、黄柏话有四组。

（3）精知庄章组字声母的今读类型

浮梁方言、德兴方言：二分型，精组/知庄章组；三分型，精组/章组/知庄组或精组/庄组/知章组。

婺源方言：合一型，精知庄章组合流；二分型，精知章组/庄组或精庄组/知章组；三分型，精组/庄组/知章组。

（4）见组字声母的今读及其条件

浮梁方言、德兴方言：基本逢今细音读 tɕ- 组声母，逢今洪音读 k- 组声母（鹅湖话开口一二等大部分字不论洪细今仍读作 k- 组声母；旧城话果、蟹、山摄开口一等字逢今细音仍读作 k- 组声母）。

婺源方言：基本逢今细音读 tɕ- 组声母，逢今洪音读 k- 组声母。溪头话、许村话部分读 k- 组，部分读 tʃ- 组，部分读 tɕ- 组。

2. 韵母

（1）果摄字与假摄、蟹摄字合流

婺源方言：果摄一等字与假摄二等字或蟹摄一等字今读韵母合流。

浮梁方言、德兴方言：无上述音读现象。

（2）果、蟹摄开口一等字韵母今读

浮梁方言：果蟹摄开口一等字有韵母今读含高元音 -i- 介音的。

婺源方言、德兴方言：无上述音读现象。

（3）蟹摄开口四等韵母合读

浮梁方言：蟹摄开口四等字均存在今读复元音 -ei 韵母的现象。

婺源方言、德兴方言：无上述音读现象。

（4）效摄字韵母等的对立

浮梁方言、婺源方言：效摄一二三四等字之间今读韵母有别。

德兴方言：无上述音读现象。

（5）效摄字与流摄、蟹摄字合流

婺源方言：效摄一等字与流摄或蟹摄字今读韵母合流。

浮梁方言、德兴方言：无上述音读现象。

（6）浮梁方言、德兴方言：流摄部分一等字与效摄字今读韵母合流，除湘湖话、新建话与暖水话外。

婺源方言：无上述音读现象。

（7）深臻摄字与曾梗摄字韵母合流

浮梁方言、德兴方言：深臻摄部分字与曾梗摄部分字今读韵母合流。

婺源方言：无上述音读现象。

（8）山摄开口字与合口字同韵

婺源方言、德兴方言：山摄一二等部分开口字与合口字今读韵母相同。

浮梁方言：无上述音读现象。

（9）古阳声韵的今读

婺源方言：存在今读双唇鼻音 -m 韵尾和鼻辅音韵母 m̩ 的现象。

浮梁方言与德兴方言：无上述音读现象。

（10）儿化韵现象

浮梁方言：部分入声韵及阴声韵字存在儿化现象，生成了相应的儿化韵母。

婺源方言与德兴方言：无上述音读现象。

3. 声调

（1）古上声的类别

浮梁方言、德兴方言：只有一类，均来源于古清声母上声字、古次浊声母上声字，古全浊声母上声字今归读去声调。
　　婺源方言：据古声母清浊分阴阳两类，除许村话只有一类外。
　　（2）阴上今读低紧调
　　婺源方言：阴上是个低紧调，伴有喉塞音色彩，实际音值为 2ʔ。
　　浮梁方言、德兴方言：无上述音读现象。
　　（3）古入声的保留及其类别
　　婺源方言：无入声调。
　　浮梁方言：旧城话无入声调，经公桥话、鹅湖话入声只有一类，湘湖话入声有两类。
　　德兴方言：黄柏话无入声调，新建话、新营话、暖水话入声只有一类。
　　（4）浊入归阴平现象
　　浮梁方言、德兴方言：古浊声母入声字存在部分今归读阴平调现象。
　　婺源方言：无上述音读现象。

第三节　赣东北徽语与边邻方言的语音比较

　　赣东北徽语区地理上按顺时针方向自东经南至西再到北，分别依次与浙江省开化县、江西省玉山县、上饶县、弋阳县、乐平市、景德镇昌江区和珠山区、鄱阳县以及安徽省东至县、祁门县、休宁县相邻接。《中国语言地图集》中，开化县、玉山县、上饶县划归吴语区，弋阳县、乐平市、昌江区、珠山区、鄱阳县、东至县划归赣语区，祁门县、休宁县划归徽语区。本节选择开化方言、玉山方言、弋阳方言、乐平方言、鄱阳方言、东至方言、祁门方言、休宁方言 8 处边邻方言与赣东北徽语作语音比较。

一　赣东北徽语与边邻徽语的语音比较

　　赣东北徽语区在整个徽语区的西端，其东北部边邻皖南徽语区的祁门、休宁两个徽语县份：浮梁县与祁门县、休宁县相邻接，婺源县与休宁县相邻接。以下作赣东北徽语与祁门方言、休宁方言的语音比较。
　　祁门县地处安徽省南端，为皖南徽语区的西部，县域西北边与省内东至县相邻接，西边与江西省浮梁县相邻接，东边与省内黟县、休宁县相邻接。休宁县位于安徽省最南部，县域西北边与省内祁门县、黟县相邻接，西边与江西省浮梁县相邻接，南边与江西省婺源县、浙江省开化县、淳安县相邻接，东边与省内黄山市屯溪区、黄山区相邻接。《中国语言地图集》中祁门县划归徽语祁德（祁门、德兴）片，休宁县划归徽语休黟（休宁、黟县)片。

(一) 祁门方言和休宁方言的语音特点

《徽州方言研究》[①]一书描写了祁门、休宁两县的主要通行方言祁门方言(以县城祁山镇的方言为代表)和休宁方言(以县城海阳镇的方言为代表)的语音特点[②]。本书据此并结合作者的补充调查,分别归纳对比祁门方言和休宁方言声母、韵母、声调的共有特点和不同特点:

1. 声母特点

(1) 祁门方言和休宁方言声母的共有特点:

1) 古泥母、来母逢洪音相混。

2) 部分古轻唇声母字今读双唇音。

3) 在细音前面有尖团的对立,古精组字读为 ts-、tsʻ-、s- 声母,古见晓组字读为 tɕ-、tɕʻ-、ɕ- 声母。

(2) 祁门方言和休宁方言声母的不同特点:

1) 祁门方言古全浊塞音、塞擦音声母字今一律读送气清声母。休宁方言全浊塞声母今读不送气清音和送气清音,找不出声韵调上的分化规律。

2) 休宁方言古见晓组一二等字今多读为 k-、kʻ-、ŋ-、x- 声母。祁门方言无此音读现象。

3) 祁门方言知庄章组声母字合流,休宁方言庄组部分字与知章组对立。

4) 祁门方言舌尖后声母 tʂ-、tʂʻ- 可以跟高元音 -i 相拼,休宁方言无此音读现象。

2. 韵母特点

(1) 祁门方言和休宁方言韵母的共有特点:

古入声韵的塞音尾今已消失。

(2) 祁门方言和休宁方言韵母的不同特点:

1) 祁门方言鼻韵母丰富,全面保留中古阳声韵字的鼻韵母读法。休宁方言不少古阳声韵字今读无鼻音尾。

2) 祁门方言有成套的长元音带韵尾的韵母,休宁方言无此类韵母。

3. 声调特点:

(1) 祁门方言和休宁方言声调的共有特点:

古平去入三个声调按古声母的清浊各分阴阳两类。

(2) 祁门方言和休宁方言声调的不同特点:

1) 休宁方言上声按古声母清浊分阴阳两类,祁门方言上声不分阴阳。

---

① 平田昌司主编:《徽州方言研究》,[日本]好文出版株式会社 1988 年出版。

② 同上书,第 84—87、124—128 页。

2）休宁方言古次浊上分阴上、阳上两类，找不出分化规律。祁门方言无此音读现象。

（二）赣东北徽语与祁门方言、休宁方言的语音比较

1. 声母比较

（1）赣东北徽语各点古全浊声母全部清化，古全浊声母字今音读塞音、塞擦音的，除溪头话有少数字读不送气外都读送气音。祁门方言同。休宁方言古全浊声母字今音读塞音、塞擦音的有分别读送气和不送气的两类，分化规律不明。例如：

	旧城	溪头	紫阳	新营	祁门	休宁
1359 平並平	₌p'ai	₌p'æi	₌p'ɔ̃	₌p'æ̃	₌p'an	p'a⁼
1360 病並去	p'ai⁼	p'æi⁼	p'ɔ̃⁼	p'æ̃⁼	p'ã⁼	₌p'a
1183 堂定平	₌t'aŋ	₌tɔ̃	₌t'ã	₌c'ɔ̃	₌c'ɔ̃	tau⁼
1184 糖定平	₌t'aŋ	₌tɔ̃	₌t'ã	₌c'ɔ̃	₌c'ɔ̃	t'au⁼

（2）微母字在赣东北徽语 13 处方言点都有部分读 m- 声母的。休宁方言、祁门方言同。祁门方言还有读 ŋ- 声母的。例如：

	旧城	紫阳	新营	祁门	休宁
1164 问微	mɛn⁼	mæ̃⁼	mən⁼	ŋuã⁼	₌ma
1639 袜微	uo⁼	bə⁼①	mo⁼	muːə⁼	ma⁼

（3）泥母、来母在赣东北徽语中普遍相混。祁门方言、休宁方言同。泥母、来母相混方式旧城话与祁门话相同：逢阴声韵读 l- 声母，逢阳声韵读 n- 声母；紫阳话、新营话与休宁话相同：都读 l- 声母。例如：

	旧城	紫阳	新营	祁门	休宁
0572 脑泥	⁼lau	⁼lo	⁼lɔ	⁼lɔ	⁼lɣ
0574 老来	⁼lau	⁼lo	⁼lɔ	⁼lɔ	⁼lɣ
0769 南泥	₌nuo	₌lum	₌la	₌nɔ̃	lɔ⁼
0785 篮来	₌nuo	₌lum	₌la	₌nɔ̃	lɔ⁼

（4）赣东北徽语部分方言点有 tʃ- 组声母。祁门方言、休宁方言无此组声母。例如：

---

① 紫阳话中声母 m- 与 b- 同属于一个音位，m- 拼阳声韵，b- 拼阴声韵。

	经公桥	许村	黄柏	祁门	休宁
1215 张知	ˬtʃuaŋ	ˬtʃɔ̃	ˬtʃã	ˬtɕɔŋ	ˬtɕiau
1221 装庄	ˬtʂaŋ	ˬtʃɔ̃	ˬtʂeuŋ	ˬtʂũːə	ˬtsau
1229 章章	ˬtʃuaŋ	ˬtʃɔ̃	ˬtʃã	ˬtɕɔŋ	ˬtɕiau

（5）赣东北徽语各点都区分尖团音。祁门方言、休宁方言同。例如：

	旧城	紫阳	新营	祁门	休宁
0638 椒精	ˬtsiau	ˬtsio	ˬciɔ	ˬtsɿ	ˬtsiau
0677 浇见	ˬtɕiau	ˬtɕio	ˬtɕiɔ	ˬtɕiuːə	ˬtɕio
1209 箱心	ˬsa	ˬsiã	ˬsiã	ˬsiã	ˬsiau
1244 香晓	ˬɕia	ˬɕiã	ˬɕiã	ˬɕiɔ̃	ˬɕiau

（6）赣东北徽语新营话有部分知、庄组声母字读 t-、t'- 声母，祁门方言、休宁方言无此音读现象。例如：

	旧城	紫阳	新营	祁门	休宁
1485 中知	ˬtʂoŋ	ˬtsʌn	ˬtən	ˬtʂɤŋ	ˬtsan
1222 壮庄	tsaŋ⁼	tɕiã⁼	tɔ⁼	tʂũːə⁼	tsau⁼

（7）婺源方言和德兴方言日母字有部分读鼻音 ȵ- 声母。祁门方言同。浮梁方言日母字基本读零声母。休宁方言同。例如：

	旧城	紫阳	新营	祁门	休宁
1101 认日	iɛn⁼	ȵiæ̃⁼	ȵiən⁼	ian⁼	ˬȵin
1821 肉日	iəu⁼	ȵia⁼	ȵio⁼	ie⁼	ȵiu⁼

（8）赣东北徽语各点影母字都有读舌根鼻音 ŋ- 声母的。祁门方言、休宁方言同。例如：

	旧城	紫阳	新营	祁门	休宁
0598 袄效开一影	ˬŋau	ˬgo	ˬŋɔ	ˬŋɔ	ˬŋɤ
1326 鹰曾开三影	ˬŋai	ˬɕĩ	ˬŋæ̃	ˬian	ˬin
1028 弯山合二影	ˬŋuo	ˬm̩	ˬuã	ˬŋũːə	ˬŋuːə

2. 韵母比较

（1）赣东北徽语古阳声韵字今音分别读鼻音尾韵、鼻化韵和阴声韵。

祁门方言、休宁方言同。例如：

	旧城	紫阳	新营	祁门	休宁
0769 南咸	₌nuo	₌lum	₌la	₌nõ	₌lɔ
1097 身臻	₌ɕien	₌sæ	₌ɕiən	₌ɕian	₌ɕiĕn
1460 公通	₌koŋ	₌kɐm	₌kən	₌kɤŋ	₌kan

（2）赣东北徽语除鹅湖话、湘湖话外，古入声韵字今读韵母无塞音韵尾 -ʔ。祁门方言、休宁方言同。例如：

	鹅湖	湘湖	紫阳	新营	祁门	休宁
1547 甲咸狎	koʔ₋	koʔ₋	kəᵌ	ko₋	kɯːə₋	kɔᵌ
1626 活山末	xuoʔ₋	xuɛʔ₋	vɤᵌ	₌uo	xũːə₋	uːəᵌ
1748 白梗陌	p'aʔ₋	p'aʔ₋	p'oᵌ	₌p'a	p'ɑ₋	p'aᵌ

（3）赣东北徽语婺源方言果摄一等字与假摄二等部分字今读韵母合流。祁门方言、休宁方言无此音读类型。例如：

	旧城	紫阳	新营	祁门	休宁
0011 歌果开一	₌kiɛʳ	₌kə	₌ki	₌kɔ	₌ko
0071 家假开二	₌kuo	₌kə	₌ko	₌kɯːə	₌kɔ

（4）赣东北徽语遇摄三等鱼、虞两韵字有韵母区分的痕迹。祁门方言、休宁方言同。例如：

	溪头	紫阳	新建	祁门	休宁
0198 去鱼	k'ɐᵌ	tɕ'ieᵌ	tɕ'iɛᵌ	tɕ'iᵌ	k'ɤᵌ
0200 渠鱼(他)	₌k'ɐ	₌tɕ'ie	₌tɕ'iɛ	₌tɕi/tɕ'i	₌k'ɤ
0222 娶虞	⁼tɕ'y	⁼ts'i	⁼tɕ'i	⁼ts'y	⁼ts'i
0242 区虞	₌tɕ'y	₌tɕ'y	₌k'i	₌tɕ'y	₌tɕ'y

（5）赣东北徽语蟹摄部分开口一等字与合口一等字（端系声母）今读韵母合流。祁门方言、休宁方言同。例如：

	旧城	紫阳	新营	祁门	休宁
0251 胎蟹开一	₌t'ɛ	₌t'e	₌t'i	₌t'yːə	₌t'o
0370 推蟹合一	₌t'ɛ	₌t'e	₌t'i	₌t'yːə	₌t'o

（6）赣东北徽语部分方言点蟹摄开口一等咍、泰两韵字有韵母区分的痕迹，休宁方言同，祁门方言无此音读类型。赣东北徽语新营话蟹摄开口咍韵的少数常用字有的读 -i 韵母，祁门方言、休宁方言无此音读类型。例如：

	鹅湖	旧城	紫阳	新营	祁门	休宁
0250 戴咍	tiɛ⁼	tɛ⁼	te⁼	ti⁼	ta⁼	to⁼
0264 菜咍	tsʻiɛ⁼	tsʻɛ⁼	tsʻo⁼	tsʻi⁼	tsʻɑ⁼	tsʻo⁼
0282 带泰	ta⁼	ta⁼	to⁼	ta⁼	ta⁼	ta⁼
0289 艾泰	ŋa⁼	ŋa⁼	go⁼	ŋa⁼	ŋa⁼	₌ŋa

（7）赣东北徽语中浮梁方言、德兴方言流摄部分一等字与效摄字今读韵母合流。祁门方言、休宁方言同。例如：

	旧城	紫阳	新营	祁门	休宁
0697 走流开一	₌tsau	₌tsa	₌tsiɔ	₌tsɔ	₌tsʏ
0576 早效开一	₌tsau	₌tso	₌tsɔ	₌tsɔ	₌tsʏ

（8）赣东北徽语梗摄三四等字与深摄、臻摄三等字韵母有别。祁门方言、休宁方言同。例如：

	旧城	紫阳	新营	祁门	休宁
1442 星梗开四	₌sai	₌sɔ̃	₌sæ̃	₌sã	₌sa
1086 新臻开三	₌sɛn	₌sæ̃	₌sən	₌san	₌sin
0850 心深开三	₌sɛn	₌sæ̃	₌sən	₌san	₌sin

3. 声调比较

（1）赣东北徽语多数方言点 6 个调类，祁门方言和休宁方言 6 个调类，与之相同。

（2）平声分阴阳两类，赣东北徽语全部方言点与祁门方言、休宁方言相同。去声分阴阳两类，赣东北徽语中除经公桥话、黄柏话以外 11 处方言点与祁门方言、休宁方言相同；休宁方言古去声字依声母清浊分成两类后分别与古平声浊声母字、清声母字声调合流，赣东北徽语不与之同。

（3）婺源方言溪头话、沱川话、紫阳话和中云话上声按声母清浊分阴阳两类，与休宁方言同。赣东北徽语其他方言点上声仅一个调类，与祁门方言同。

（4）经公桥话、新建话、新营话、暖水话保留入声调类但不读短促调值，与祁门方言、休宁方言同。

二 赣东北徽语与边邻吴语的语音比较

赣东北徽语区的东部和南部边邻两个吴语县份：婺源县与开化县相邻接，德兴市与开化县、玉山县相邻接。以下作赣东北徽语与开化方言、玉山方言的语音比较。

开化县位于浙江省西部边境，县域西边与江西省婺源县、德兴市、玉山县相邻接，北边与安徽省休宁县相邻接，东南边、东北边分别与省内常山县、淳安县相邻接。玉山县位于江西省东北部，县域北边与省内德兴市相邻接，东边与浙江省开化县、江山市相邻接，南边与省内上饶市广丰区、上饶县相邻接。《中国语言地图集》中开化、玉山划归吴语丽衢（丽水、衢州）片。

（一）开化方言和玉山方言的语音特点

《吴语处衢方言研究》[①]一书描写了开化、玉山两县的主要通行方言开化方言（以县城城关镇的方言为代表）和玉山方言（以县城冰溪镇的方言为代表）的语音特点[②]。本书据此并结合作者的补充调查（归纳玉山方言的特点还参考《赣东北方言调查研究》[③]、《江西赣方言语音研究》[④]），分别归纳对比开化方言和玉山方言声母、韵母、声调的共有特点和不同特点：

1. 声母特点

（1）开化方言和玉山方言声母的共有特点：

1）古全浊声母字，今仍读浊音声母。今读塞音和塞擦音时，浊音成分明显，今读擦音时，浊音成分不明显。

2）部分非敷奉微母字分别读 p-、p'-、b-、m- 声母。

3）从母字读 z-、ʑ- 擦音声母。

4）部分知、澄母字分别读 t-、d- 声母。

5）知章组字和同摄三四等的精组字大致上都读 tɕ- 组声母。

6）部分章组字和见组字声母脱落，读零声母。

7）少数匣母字读 g- 声母。

8）少数心母字和书母字读塞擦音声母。

9）少数云母字、以母字读 x-、z-、ɕ-、dʑ- 声母。

[①] 曹志耘、秋谷裕幸、太田斋、赵日新：《吴语处衢方言研究》，[日本]好文出版株式会社2000年出版。
[②] 同上书，第45—50、111—116页。
[③] 胡松柏等著：《赣东北方言调查研究》，江西人民出版社2009年出版，第49—50页。
[④] 孙宜志著：《江西赣方言语音研究》，语文出版社2007年出版，第80—81页。

（2）开化方言和玉山方言声母的不同特点：

开化方言不区分尖团音，精、见组细音韵母字都读 tɕ- 组声母。玉山方言区分尖团音，精组古细音字读 tɕ- 组声母或 ts- 组声母，见晓组（疑母除外）古细音字读 k- 组声母。

2. 韵母特点

（1）开化方言和玉山方言韵母的共有特点：

1) 古入声韵字今读均带喉塞音韵尾 -ʔ。

2) 古阳声韵字今读鼻音尾韵或鼻化韵，鼻韵尾只有一个 -ŋ。

3) 果摄少数字读 -ɛ、-ɔ、-uɛ、-ui/-ai、-ɑ、-uai、-i、-uei[①]韵母。

4) 果摄合口一等戈韵和宕摄合口一等唐铎韵见组常用字今读撮口呼韵母。

5) 假摄开口二等见组字今逢 k-、ŋ- 声母时的读音，与今逢 x- 声母、零声母时的读音不一样。

6) 遇摄鱼韵字白读音读 -ə、-ie、-ɔ、-ui、-e、-ie/-iɛ、-ɑ、-ɘ 韵母，与虞韵字有别。

7) 蟹摄开口一等能区别咍、泰两韵。蟹摄开口咍韵的少数常用字读 -i 韵母。

8) 蟹摄开口二等皆、佳两韵有区别的痕迹。

9) 蟹摄开口齐韵有两种白读音，一种为 -ie 韵母，一种为 -e 韵母。

10) 效摄开口一等豪韵的少数字（见组除外）读 -uo/-ue 韵母。

11) 流摄开口一等侯韵的一些口语常用字（帮字除外）读 -u 韵母。

12) 流摄开口三等尤韵庄组的少数字读 -iɔ/-uai 韵母，和其他尤韵字不同。

13) 咸摄开口一等的少数字仍能区别覃、谈两韵。

14) 咸、山摄开口三、四等字的主要元音没有区别，基本上都读 -iẽ、-yẽ、-iɛʔ、-yɛʔ 韵母。

15) 山摄合口一等桓韵字舌齿音的少数字读 -oŋ、-əŋ/-ŋo 韵母或 -ui/-i 韵母。

16) 宕开三阳药韵少数知、庄组字的白读音为 -ɛ̃/-æ 韵母和 -ʌʔ/-ɐ 韵母。

17) 宕合三阳韵的少数非组字读 -əŋ/-oŋ 韵母，其他宕摄字不读这个韵母。

18) 曾开三蒸韵字和梗开三四庚、清、青韵字都读 -iŋ/-ɿŋ 韵母，没有

[①] 斜线前为开化方言音，斜线后为玉山方言音。下同。

区别。

(2) 开化方言和玉山方言韵母的不同特点：

1）开化方言果摄合口一等戈韵和宕摄合口一等唐铎韵见组常用字今读撮口呼韵母。

2）玉山方言果合一戈韵和假合二麻韵的见组字都读 -uɑ 韵母。

3）玉山方言止开三支、脂、之韵知、庄、章组字读 -e 韵母。

4）玉山方言曾开一登韵字（限于端组字）与梗开二庚韵、耕韵字韵母有别。

3. 声调特点

(1) 开化方言和玉山方言声调的共有特点：

1）古平上去入四个声调大致按古声母的清浊各分阴阳两类。

2）古次浊上声字有部分归阴上。

(2) 声调的不同特点：

1）开化方言古浊声母上声字大部分归阳去，小部分归阴上，实际上为七个声调。玉山方言古浊声母上声字归入阳去的只是少数口语中的不常用字。

2）玉山方言有部分古次浊声母上声字归读阴平。

(二) 赣东北徽语与开化方言、玉山方言的语音比较

1. 声母比较

(1) 古全浊声母赣东北徽语全部清化，古全浊声母字今音读塞音、塞擦音的，除溪头话有少数读不送气外，其余方言点都读送气音。开化方言、玉山方言保留浊音声母，基本上都读不送气音。例如：

	旧城	紫阳	新营	开化	玉山
1359 平並平	₌pʻai	₌pʻɔ̃	₌pʻæ̃	₌biŋ	₌bɪŋ
1360 病並去	pʻai⁼	pʻɔ̃⁼	pʻæ̃⁼	bã⁼	bɪŋ⁼

(2) 微母字赣东北徽语 13 处方言点都有部分读 m- 声母的。开化方言、玉山方言同。非、敷、奉母字，开化方言、玉山方言有读 p-、pʻ-、b- 声母的。赣东北徽语无此音读类型。例如：

	旧城	紫阳	新营	开化	玉山
1164 问微	mɛn⁼	mæ̃⁼	mən⁼	mɛ̃⁼	mæ̃⁼
粪非①	fɛn⁼	fæ̃⁼	fən⁼	pā⁼	pæ̃⁼
1808 覆敷	fu⁼	fu⁼	fu⁼	pʻoʔ⁼	pʻoʔ⁼
0214 扶奉	₌fu	₌fu	₌fu	₌bu	₌bu

---

① "粪" 字字音参见 "词 0892 浇粪"。

（3）泥母、来母在赣东北徽语中普遍相混。开化方言、玉山方言基本上不混。例如：

	旧城	紫阳	新营	开化	玉山
0572 脑泥	ꜛlau	ꜛlo	ꜛlɔ	ꜛnɯɯ	ꜛnaŋ
0574 老来	ꜛlau	ꜛlo	ꜛlɔ	ꜛlɯɯ	ꜛlɑi
0769 南泥	₌nuo	₌lum	₌la	₌nã	₌nã
0785 篮来	₌nuo	₌lum	₌la	₌lã	₌lã

（4）赣东北徽语部分方言点有 tʃ- 组声母和 tʂ- 组声母。开化方言、玉山方言无此两组声母。例如：

	经公桥	紫阳	暖水	开化	玉山
1215 张知	₌tʃuaŋ	₌tɕiã	₌tʂʌŋ	₌tiã	₌tiã
1221 装庄	₌tʂaŋ	₌tɕiã	₌tʂʌŋ	₌tsuã	₌tæ̃
1229 章章	₌tʃuaŋ	₌tɕiã	₌tʂʌŋ	₌tɕiã	₌tɕiã

（5）赣东北徽语区分尖团音。玉山方言同。不过区分尖团的语音方式，赣东北徽语是精组声母细音字读 ts- 组声母，见组声母细音字读 tɕ- 组声母，玉山方言是精组声母细音字读 tɕ- 组声母，见组声母细音字读 k- 组声母。开化方言不区分尖团音。例如：

	旧城	紫阳	新营	开化	玉山
0638 椒精	₌tsiau	₌tsio	₌ciɔ	₌tɕiɯɯ	₌tsiɯɯ
0677 浇见	₌tɕiau	₌tɕio	₌tɕiɔ	₌tɕiɯɯ	₌kiɯɯ
1209 箱心	₌sa	₌siã	₌siã	₌ɕiã	₌ɕiã
1244 香晓	₌ɕia	₌ɕiã	₌ɕiã	₌ɕiã	₌xiã

（6）赣东北徽语新营话有部分知、庄组声母字读 t-、t'- 声母。开化方言、玉山方言同。例如：

	旧城	紫阳	新营	开化	玉山
1485 中知	₌tʂʻoŋ	₌tsɐŋ	₌tɐŋ	₌toŋ	₌toŋ
1222 壮庄	tsaŋ꜍	tɕiã꜍	tɔ꜍	tsuã꜍	tɕiã꜍

（7）赣东北徽语 13 处方言点都有个别书母字读塞擦音声母。开化方言、玉山方言同。例如：

	旧城	紫阳	新营	开化	玉山
0192 鼠书	⁼tɕ'y	⁼tɕ'y	⁼tɕ'y	⁼tɕ'ie	⁼tɕ'ie

（8）日母字婺源方言和德兴方言有部分读鼻音 ɲ- 声母。开化方言、玉山方言同。浮梁方言日母字基本读零声母。例如：

	旧城	紫阳	新营	开化	玉山
1101 认日	ien⁼	ɲiæ̃⁼	ɲiən⁼	ɲiŋ⁼	nɪŋ⁼
1821 肉日	iəu⁼	ɲia⁼	⁼ɲio	ɲyoʔ⁼	ɲiʌʔ⁼

（9）影母今读开口字（包括古开合口洪细音）赣东北徽语各方言点都有读舌根音 ŋ-（g-）声母的。开化方言、玉山方言无此音读现象。例如：

	旧城	紫阳	新营	开化	玉山
0598 袄效开一影	⁼ŋau	⁼go	⁼ŋɔ	⁼əu	⁼ɐɯ
1326 鹰曾开三影	⁼ŋai	⁼iõ	⁼ŋæ	⁼iŋ	⁼iŋ
1028 弯山合二影	⁼ŋuo	⁼m̩	⁼uã	⁼uã	⁼uã

（10）赣东北徽语经公桥话、湘湖话、新建话、暖水话有个别以母字读舌（舌尖、舌叶、舌面）擦音声母。开化方言、玉山方言同。例如：

	经公桥	湘湖	新建	暖水	开化	玉山
1328 蝇以	⁼ɕin	⁼ɕien	⁼ʃẽ	⁼ɕiẽ	⁼ɕiŋ	⁼sɪŋ

2. 韵母比较

（1）赣东北徽语 13 处方言点都有古阳声韵字今音分别读鼻音尾韵或鼻化韵的。开化方言、玉山方言同。鼻音韵尾赣东北徽语多数方言点有 -n、-ŋ 两个。开化方言、玉山方言只有一个 -ŋ，仅有暖水话与之相同。赣东北徽语部分方言点古阳声韵字还有读阴声韵的。开化方言和玉山方言无此音读类型。例如：

	旧城	紫阳	新营	暖水	开化	玉山
0769 南咸	⁼nuo	⁼lum	⁼la	⁼lã	⁼nã	⁼nã
1097 身臻	⁼ɕien	⁼sæ̃	⁼ɕiən	⁼ɕiẽ	⁼ɕiŋ	⁼sɪŋ
1460 公通	⁼koŋ	⁼kɯm	⁼kən	⁼koŋ	⁼koŋ	⁼koŋ

（2）赣东北徽语中鹅湖话、湘湖话古入声韵字今读韵母带喉塞音韵尾 -ʔ。与开化方言、玉山方言同。其余 11 处方言点今读韵母无塞音韵尾 -ʔ，

不与开化方言、玉山方言同。例如：

	鹅湖	湘湖	紫阳	新营	开化	玉山
1547 甲咸开二	koʔ₂	koʔ₂	kə²	₋ko	kʌʔ₂	kɐʔ₂
1626 活山合末	xuoʔ₂	xuɐʔ₂	vɤ²	₋uo	uʌʔ₂	uɐʔ₂
1748 白梗陌	p'aʔ₂	p'aʔ₂	p'o²	₋p'a	bʌʔ₂	bʌʔ₂

（3）赣东北徽语部分方言点果摄少数字读 -ɛ、-iɛ、-e 韵母，与开化方言、玉山方言所读的 -ɛ、-ɔ、-uɛ、-ui/ai、-ɑ、-uai、-i、-uei 韵母，同为方言中的上古音遗存。例如：

	旧城	湘湖	紫阳	新营	开化	玉山
0013 个（一～人）果开一	kiɛ²	kɛ²	ke²	kɛ²	kɛ²	kai²
0018 饿果开一	ŋiɛ²	ŋɛ²	ge²	ŋu²	guɛ²	uai²

（4）赣东北徽语中婺源方言果摄一等字与假摄二等部分字今读韵母合流。开化方言、玉山方言无此音读类型。例如：

	旧城	紫阳	新营	开化	玉山
0011 歌果开一	₋kiɛʳ	₋kə	₋ki	₋ko	₋ko
0071 家假开二	₋kuo	₋kə	₋ko	₋kɔ	₋kɑ

（5）赣东北徽语遇摄三等鱼、虞两韵字有韵母区分的痕迹。与开化方言、玉山方言同。例如：

	溪头	紫阳	新建	新营	开化	玉山
0173 徐遇合三鱼	₌tɕ'y	₌ts'i	₌tɕ'i	₌tsʻɛ	₌zə	₌dʑ'ye
0185 梳遇合三鱼	₋su	₋su	₋ɕy	₋ɕio	₋ɕɔ	₋sɑ
0198 去遇合三鱼	k'ɐ²	tɕ'ie²	tɕ'iɛ²	tɕ'i²	k'ie²	k'ə²
0222 娶遇合三虞	⁻tɕ'y	⁻ts'i	⁻tɕ'i	⁻ts'ɛ	⁻tɕ'y	⁻tɕ'ye
0242 区遇合三虞	₋tɕ'y	₋tɕ'y	₋k'i	₋tɕ'y	₋tɕ'y	₋k'ye

（6）赣东北徽语蟹摄部分开口一等字与合口一等字（端系）今读韵母合流。开化方言、玉山方言无此音读类型。例如：

	旧城	紫阳	新营	开化	玉山
0251 胎蟹开一	₋t'ɛ	₋t'e	₋t'i	₋t'ɛ	₋t'ɐi
0370 推蟹合一	₋t'ɛ	₋t'e	₋t'i	₋t'e	₋t'uɐi

（7）赣东北徽语部分方言点蟹摄开口一等咍、泰两韵字有韵母区分的痕迹，开化方言、玉山方言同。赣东北徽语新营话蟹摄开口咍韵的少数常用字读 -i 韵母，开化方言同，玉山方言无此音读现象。例如：

	鹅湖	旧城	紫阳	新营	开化	玉山
0250 戴蟹开一咍	tiɛ⁼	tɛ⁼	te⁼	ti⁼	te⁼	tɐi⁼
0275 碍蟹开一咍	ŋa⁼	ŋiɛ⁼	go⁼	ŋa⁼	ŋe⁼	ŋiɐi⁼
0264 菜蟹开一咍	tsʻiɛ⁼	tsʻɛ⁼	tsʻo⁼	tsʻi⁼	tɕʻi⁼	tsʻɐi⁼
0282 带蟹开一泰	ta⁼	ta⁼	to⁼	ta⁼	tɛ⁼	tai⁼
0289 艾蟹开一泰	ŋa⁼	ŋa⁼	go⁼	ŋa⁼	ŋɛ⁼	ŋai⁼

（8）赣东北徽语中主要是婺源方言，效摄字今读韵母有二等与一、三四等的两分对立和一等、二等、三四等字的三分对立。开化方言、玉山方言无此音读类型。例如：

	旧城	溪头	紫阳	新建	新营	开化	玉山
0556 宝效开一	ᶜpau	ᶜpɐ	ᶜpo	ᶜpɯ	ᶜpɔ	ᶜpəɯ	ᶜpɐɯ
0600 饱效开二	ᶜpau	ᶜpau	ᶜpɒ	ᶜpɔ	ᶜpɔ	ᶜpəɯ	ᶜpɐɯ
0630 表效开三	ᶜpiau	ᶜpia	ᶜpio	ᶜpiɛ	ᶜpiɔ	ᶜpieɯ	ᶜpiɐɯ

（9）赣东北徽语中浮梁方言、德兴方言，流摄部分一等字与效摄字今读韵母合流。玉山方言、开化方言无此音读类型。例如：

	旧城	紫阳	新营	开化	玉山
0697 走流开一	ᶜtsau	ᶜtsa	ᶜtsiɔ	ᶜtsɯ	ᶜtsɐɯ
0576 早效开一	ᶜtsau	ᶜtso	ᶜtsɔ	ᶜtɕieɯ	ᶜtsɐɯ

（10）咸摄开口一等覃、谈两韵字，赣东北徽语部分方言点有韵母区分的痕迹。开化方言、玉山方言同。例如：

	旧城	紫阳	新营	开化	玉山
0768 潭咸开一覃	₌tʻɛn	₌tʻum	₌tʻɔ	₌duã	₌dæ̃
0775 含咸开一覃	₌xɛn	₌xum	₌xɔ	₌goŋ	₌ɦiæ̃
0783 痰咸开一谈	₌tʻou	₌tʻum	₌tʻã	₌dæ̃	₌dã
0796 咸咸开一谈	₌xou	₌xẽ	₌xã	₌ã	₌ɦiæ̃

（11）赣东北徽语多数方言点山摄一、二等部分开口字与合口字今读韵母相同。开化方言、玉山方言无此音读类型。例如：

	旧城	紫阳	新营	开化	玉山
0885 肝 山开一	₋kɛn	₋kum	₋ku	₋koŋ	₋kɒ̃
1005 官 山合一	₋kuɛn	₋kum	₋ku	₋kuã	₋koŋ

（12）赣东北徽语梗摄三四等字与深摄、臻摄三等字韵母有别。开化方言、玉山方言归读为一类。例如：

	旧城	紫阳	新营	开化	玉山
1442 星 梗开四	₋sai	₋sɒ̃	₋sæ	₋ɕiŋ	₋sɿŋ
1086 新 臻开三	₋sɿ	₋sæ̃	₋sən	₋ɕiŋ	₋sɿŋ
0850 心 深开三	₋sɛn	₋sæ̃	₋sən	₋ɕiŋ	₋sɿŋ

（13）赣东北徽语中溪头话、沱川话、新营话臻摄字与通摄字今读韵母合流。开化方言、玉山方言无此音读类型。例如：

	旧城	沱川	新营	开化	玉山
1067 吞 臻开一	₋tʻɛn	₋tʻəŋ	₋tʻən	₋tʻɒ̃	₋tʻæ
1443 通 通合一	₋tʻoŋ	₋tʻəŋ	₋tʻən	₋tʻəŋ	₋tʻoŋ
1120 敦 臻合一	₋tɿ	₋təŋ	₋tən	₋tɿ	₋tɛn
1440 东 通合一	₋toŋ	₋təŋ	₋tən	₋təŋ	₋toŋ

（14）赣东北徽语德兴方言黄柏话宕摄合三等字中非组字读 -əŋ 韵母，与其他宕摄字所读韵母不同，音读类型与开化方言、玉山方言所读 -əŋ/-oŋ 韵母同。例如：

	黄柏	开化	玉山
1258 放 宕合三非	fəŋ⁻	fəŋ⁻	poŋ⁻
1263 网 宕合三微	⁻məŋ	⁻məŋ	⁻moŋ
1184 糖 宕合三定	₌tʻã	₌doŋ	₌dã
1202 浆 宕合三精	₋tɕiʌŋ	₋tɕiã	₋tɕiã

3. 声调比较

（1）玉山方言 8 个调类，开化方言 7 个调类。赣东北徽语中鹅湖话、湘湖话 7 个调类，同开化方言。其余方言点都少于 7 个调类。

（2）平声分阴阳两类，赣东北徽语全部方言点与玉山方言、开化方言相同。去声分阴阳两类，赣东北徽语中经公桥话、黄柏话以外 11 处方言点与玉山方言、开化方言相同。

（3）上声分阴阳两类，婺源方言溪头话、沱川话、紫阳话、中云话与玉山方言同。

（4）保留入声调类且读短促调值，浮梁方言鹅湖话、湘湖话与开化方言、玉山方言同。经公桥话、新建话、新营话、暖水话保留入声调类但不读短促调值，且入声字仅为古入声字的某一部分，不与开化方言、玉山方言同。

三　赣东北徽语与边邻赣语的语音比较

赣东北徽语区西部边邻江西省弋阳县、乐平市、鄱阳县及安徽省东至县四个赣语县市：德兴市与弋阳县相邻接，婺源县与乐平市相邻接，浮梁县西边与鄱阳县相邻接、西北边与东至县相邻接。以下作赣东北徽语与弋阳方言、乐平方言、鄱阳方言、东至方言的语音比较。

鄱阳县位于江西省东北部，北与安徽省东至县交界，东以景德镇市区、乐平市为邻。乐平市位于江西省东北部，北与浮梁县相连，东与德兴市、婺源县相接。弋阳县位于江西省东北部，北邻德兴市。东至县位于安徽省西南部，东与祁门县接壤，南部和西南部与江西省景德镇市区、鄱阳县毗连。《中国语言地图集》中鄱阳县、乐平市和弋阳县皆划归赣语鹰弋（鹰潭、弋阳）片，东至县划归赣语怀岳（怀宁岳西）片。

（一）鄱阳方言、乐平方言、弋阳方言、东至方言的语音特点

本书参考《江西省方言志》[1]、《客赣方言比较研究》[2]、《赣东北方言调查研究》[3]、《江西赣方言语音研究》[4]等著作和《从语音特征看江西鄱阳方言的性质》[5]（程序）、《江西乐平方言语音初探》[6]（何磊）、《安徽东至赣语的语音特点》[7]、《论安徽东至县龙泉方言的语音特点和性质归属——

---

[1] 陈昌仪主编：《江西省方言志》，方志出版社 2005 年年版。
[2] 刘纶鑫：《客赣方言比较研究》，中国社会科学出版社 1999 年年版。
[3] 胡松柏等：《赣东北方言调查研究》，江西人民出版社 2009 年年版。
[4] 孙宜志：《江西赣方言语音研究》，语文出版社 2007 年年版。
[5] 程序：《从语音特征看江西鄱阳方言的性质》，《现代语文（语言研究）》2009 年第 10 期。
[6] 何磊：《江西乐平方言语音初探》，漳州师范学院硕士学位论文，2011 年。
[7] 唐爱华、张德岁、宋辉：《安徽东至赣语的语音特点》，《赣方言研究（第二辑）——2009 南昌赣方言国际学术研讨会论文集》，中国社会科学出版社 2012 年年版。

兼论皖西南皖赣交界处方言的性质》①（钱虹）等论文，并结合作者的补充调查，分别归纳对比鄱阳方言（以县城鄱阳镇的方言为代表）、乐平方言（以城区洎阳街道的方言为代表）、弋阳方言（以县城弋江镇的方言为代表）、东至方言（以县城尧渡镇的方言为代表）声母、韵母、声调的共有特点和不同特点：

1. 声母特点

（1）鄱阳方言、乐平方言、弋阳方言、东至方言声母的共有特点：

1）古全浊声母今读塞音、塞擦音时不论平仄读为送气清音。

2）古见组字声母今读都存在腭化现象。

3）不分尖团。

4）古影母洪音今多读 ŋ- 声母。

5）古疑母细音今多读 n- 声母。

6）部分日母字声母有与细音前泥母相同的读音。

（2）鄱阳方言、乐平方言、弋阳方言、东至方言声母的不同特点：

1）鄱阳方言和乐平方言泥、来母都有相混现象，弋阳方言和东至方言泥、来母不混。

2）乐平方言和东至方言古微母部分字口语仍保存重唇读 m- 声母。鄱阳方言和弋阳方言无此音读现象。

3）乐平方言和东至方言知庄章组合流，鄱阳方言庄组与知三章组对立，弋阳方言知二庄组与知三章组对立。

4）乐平方言古来母在细音韵母前读 t- 声母，其他方言没有此音读现象。

2. 韵母特点

（1）鄱阳方言、乐平方言、弋阳方言、东至方言韵母的共有特点：

1）遇摄鱼韵与虞韵有分立的痕迹。

2）咸山摄一二等有分立的痕迹。

（2）鄱阳方言、乐平方言、弋阳方言、东至方言韵母的不同特点：

1）鄱阳方言和弋阳方言咸山摄与宕江摄合流。

2）乐平方言和东至方言曾梗摄与深山（臻）摄合流。

3）乐平方言梗摄字有文白异读，鄱阳方言和弋阳方言没有此音读现象。

4）东至方言蟹摄开口二等见系字韵母今文读为 -iai 韵母。

5）东至方言儿化韵都以 -n 尾为标志。

---

① 钱虹：《论安徽东至县龙泉方言的语音特点和性质归属——兼论皖西南皖赣交界处方言的性质》，《语言科学》2013 年第 5 期。

6）鄱阳方言和东至方言入声没有塞音韵尾，仅保留独立调类。乐平方言和弋阳方言有入声韵，保留喉塞尾 -ʔ。

3. 声调特点

（1）鄱阳方言、乐平方言、弋阳方言、东至方言声调的共有特点：

1）平分阴阳。

2）上声、入声仅一个调类。

（2）鄱阳方言、乐平方言、弋阳方言、东至方言声调的不同特点：

1）鄱阳方言和东至方言去声不分阴阳，乐平方言和弋阳方言去声分阴阳。

2）鄱阳方言和东至方言古全浊声母上声字、古浊声母去声字今归读阴平调，乐平方言和弋阳方言古全浊声母上声字今归读去声调。

（二）赣东北徽语与鄱阳方言、乐平方言、弋阳方言、东至方言的语音比较

1. 声母比较

（1）古全浊声母赣东北徽语全部清化，除溪头话有少数字读不送气外，其余方言点都读送气音。边邻赣语各方言点古全浊声母今读塞音、塞擦音时不论平仄皆读为送气清音。例如：

	旧城	紫阳	新营	鄱阳	乐平	弋阳	东至
1359 平並	₌pʻai	₌pʻɔ̃	₌pʻæ	₌pʻin	₌pʻiaŋ	₌pʻin	₌pʻin
1360 病並	pʻai⁼	pʻɔ̃⁼	pʻæ⁼	₌pʻin	pʻiaŋ⁼	₌pʻin	₌pʻin

（2）微母字赣东北徽语 13 处方言点都有部分读 m- 声母的。乐平方言、弋阳方言、东至方言同；鄱阳方言不同。例如：

	旧城	紫阳	新营	鄱阳	乐平	弋阳	东至
1164 问微	mɛn⁼	mæ⁼	mən⁼	₌uen	mən⁼	mɛn⁼	mən⁼

（3）泥母、来母在赣东北徽语中普遍相混。鄱阳方言、乐平方言阴声韵不混，阳声韵混；弋阳方言、东至方言不混。例如：

	旧城	紫阳	新营	鄱阳	乐平	弋阳	东至
0572 脑泥	⁻lau	⁻lo	⁻lɔ	⁻nau	⁻nau	⁻nau	⁻nau
0574 老来	⁻lau	⁻lo	⁻lɔ	⁻lau	⁻lau	⁻lau	⁻lau
0769 南泥	₌nuo	₌lum	₌la	₌non	₌nɛn	₌nan	₌non
0785 篮来	₌nuo	₌lum	₌la	₌non	₌nɛn	₌lan	₌lon

（4）赣东北徽语区分尖团音。边邻赣语各方言点皆不区分尖团音。例如：

	旧城	紫阳	新营	鄱阳	乐平	弋阳	东至
0638 椒精	₋tsiau	₋tsio	₋tsiɔ	₋tɕiau	₋tɕiɛu	₋tɕiau	₋tɕiau
0677 浇见	₋tɕiau	₋tɕio	₋tɕiɔ	₋tɕiau	₋tɕiɛu	₋tɕiau	₋tɕiau
1209 箱心	₋sa	₋siã	₋siã	₋ɕiɛn	₋ɕiɔŋ	₋ɕian	₋ɕian
1244 香晓	₋ɕia	₋ɕiã	₋ɕiã	₋ɕiɛn	₋ɕiɔŋ	₋ɕian	₋ɕian

（5）赣东北徽语新营话有部分知、庄组声母字读 t-、tʻ- 声母。边邻赣语各方言点无此音读现象。例如：

	旧城	紫阳	新营	鄱阳	乐平	弋阳	东至
1485 中知	₋tʂoŋ	₋tsɐm	₋tən	₋tɕyɐn	₋tsoŋ	₋tɕyɐn	₋tsoŋ
1222 壮庄	tʂaŋ⁼	tɕiã⁼	tɔ⁼	tsan⁼	tsɔŋ⁼	tsɔŋ⁼	tsaŋ⁼

（6）日母字婺源方言和德兴方言有部分读鼻音 ȵ- 声母。边邻赣语同。浮梁方言日母字基本读零声母。例如：

	旧城	紫阳	新营	鄱阳	乐平	弋阳	东至
1101 认日	ien⁼	ȵiæ⁼	ȵiən⁼	⁼iən	ȵin⁼	ȵin⁼	zən⁼
1821 肉日	iəu⁼	ȵia⁼	₋ȵio	ȵy⁼	ȵiuʔ⁼	nuʔ⁼	₋zu

（7）赣东北徽语各方言点影母字都有读舌根鼻音 ŋ- 声母的。边邻赣语各方言点同。例如：

	旧城	许村	新营	鄱阳	乐平	弋阳	东至
0598 袄	⁼ŋau	⁼ŋa	⁼ŋɔ	⁼ŋau	⁼ŋau	⁼ŋau	⁼ŋau
1028 弯	₋ŋuo	₋m̩	₋uã	₋uan	₋uan	₋uan	₋uan

（8）赣东北徽语部分方言点疑母细音字有读 ȵ- 声母的。边邻赣语各方言点同。例如：

	新建	黄柏	暖水	鄱阳	乐平	弋阳	东至
202 鱼	₋ȵy	₋ȵy	₋ȵŋ	₋ɕŋ	₋ŋu	₋ŋɛ	₋ȵy
753 牛	₋ȵiu	₋ȵiu	₋ȵy	₋ȵiəu	₋ȵiu	₋ȵiɛu	₋ȵiəu

2. 韵母比较

（1）赣东北徽语中鹅湖话、湘湖话古入声韵字今读韵母带喉塞音韵尾 -ʔ，与乐平方言、弋阳方言同。其余 11 处方言点今读韵母无塞音韵尾 -ʔ，与鄱阳方言、东至方言同。例如：

	鹅湖	湘湖	紫阳	鄱阳	乐平	弋阳	东至
1626 活	xuoʔ₌	xuɛʔ₌	vəꜗ	uəꜗ	uoʔ₌	uaʔ₌	uoꜗ
1748 白	pʻaʔ₌	pʻaʔ₌	pʻoꜗ	pʻəꜗ	pʻaʔ₌	pʻɛʔ₌	₌pʻɛ

（2）赣东北徽语中婺源方言果摄一等字与假摄二等部分字今读韵母合流，边邻赣方言无此音读类型。例如：

	旧城	紫阳	新营	鄱阳	乐平	弋阳	东至
0011 歌	₌kieʳ	₌kə	₌ki	₌ko	₌ko	₌ko	₌ko
0071 家	₌kuo	₌kə	₌ko	₌ko	₌ka	₌ka	₌ka

（3）赣东北徽语遇摄三等鱼、虞两韵字有韵母区分的痕迹。边邻赣语各方言点相同。例如：

	旧城	紫阳	新营	鄱阳	乐平	弋阳	东至
0198 去	kʻəꜗ	tɕʻieꜗ	tɕʻieꜗ	tɕʻiəꜗ	tɕʻieꜗ	kʻieꜗ	tɕʻiɛꜗ
0200 渠他	₌kʻɐ	₌tɕʻie	₌tɕʻiɛ	₌tɕʻiɛ	₌tɕʻie	₌ɛ	₌tɕʻiɛ
0222 娶	ꜛtɕʻy	ꜛtsʻi	ꜛtɕʻi	ꜛtɕʻy	ꜛtɕʻi	ꜛtɕʻy	ꜛtɕʻy
0242 区	₌tɕʻy	₌tɕʻy	₌kʻi	₌tɕʻy	₌kʻɯ	₌tɕʻy	₌tɕʻy

（4）赣东北徽语蟹摄部分开口一等字与合口一等字（端系声母）今读韵母合流。边邻赣语各方言点无此音读类型。例如：

	旧城	紫阳	新营	鄱阳	乐平	弋阳	东至
0251 胎	₌tʻɛ	₌tʻe	₌tʻi	₌tʻai	₌tʻai	₌tʻai	₌tʻai
0370 推	₌tʻɛ	₌tʻe	₌tʻi	₌tʻei	₌tʻei	₌tʻoi	₌tʻei

（5）赣东北徽语中浮梁方言、德兴方言，流摄部分一等字与效摄字今读韵母合流。边邻赣语各方言点无此音读类型。例如：

	旧城	紫阳	新营	鄱阳	乐平	弋阳	东至
0697 走	ꜛtsau	ꜛtsa	ꜛtsɔ	ꜛtsɐu	ꜛtsɐu	ꜛtɕiɐu	ꜛtsɐu
0576 早	ꜛtsau	ꜛtso	ꜛtsɔ	ꜛtsau	ꜛtsau	ꜛtsau	ꜛtsau

（6）赣东北徽语不少方言点咸、山摄一、二等字韵母有分立的痕迹。边邻赣语各方言点同。例如：

	旧城	紫阳	新营	鄱阳	乐平	弋阳	东至
0775 含	₌xɛn	₌xum	₌cɔ	₌xon	₌xɛn	₌xɔn	₌xon
0796 咸	₌xuo	₌xẽ	₌xã	₌xan	₌xan	₌xan	₌ɕiɛn
0894 汗	xɛn⁼	xum⁼	xu⁼	₌xon	xɛn⁼	xɔn⁼	₌xon
0908 闲	₌xuo	₌xẽ	₌xa	₌xan	₌xan	₌xan	₌ɕiɛn

（7）赣东北徽语梗摄三四等字与深摄、臻摄三等字韵母有别。边邻赣语各方言点归读为一类。例如：

	旧城	紫阳	新营	鄱阳	乐平	弋阳	东至
1442 星	₌sai	₌sɔ̃	₌sæ̃	₌ɕin	₌ɕiaŋ	₌ɕin	₌ɕin
1086 新	₌sɛn	₌sæ̃	₌sən	₌ɕin	₌ɕin	₌ɕin	₌ɕin
0850 心	₌sɛn	₌sæ̃	₌sən	₌ɕin	₌ɕin	₌ɕin	₌ɕin

3. 声调比较

（1）赣东北徽语多数方言点6个调类，乐平方言和弋阳方言6个调类，与之相同。鄱阳方言和东至方言5个调类，与经公桥话、旧城话、许村话相同。

（2）平声分阴阳两类，赣东北徽语全部方言点与边邻赣方言相同。去声分阴阳两类，赣东北徽语中除经公桥话、黄柏话以外11处方言点与乐平方言和弋阳方言相同。去声不分阴阳，鄱阳方言和东至方言与经公桥话、黄柏话相同。

（3）上声仅一个调类，除婺源方言溪头话、沱川话、紫阳话、中云话外，赣东北徽语都与边邻赣方言相同。

（4）保留入声调类且读短促调值，浮梁方言鹅湖话、湘湖话与乐平方言、弋阳方言同。经公桥话、新建话、新营话、暖水话保留入声调类但不读短促调值，与鄱阳方言、东至方言同。

四 赣东北徽语语音的性质

赣东北徽语位于汉语徽语、赣语、吴语相交接地带，这一地带的徽语、赣语、吴语方言点，因地理相接互为边邻而发生语言接触，彼此影响。某些赣东北徽语方言点与边邻赣语、吴语方言点共有的语音特点，还不容易确认其方言系属性质。因此要认识清楚赣东北徽语语音的性质，不仅要联系边邻的皖南徽语和赣语、吴语方言点，而且也要联系徽语、赣语、吴语三大方言的各自内部共同特点和彼此区别的不同特点来考察。

（一）赣东北徽语的徽语性语音特点

侯精一主编的《现代汉语方言概论》一书归纳徽语区别于相邻吴语、赣语、江淮官话的 5 点语音特点[①]：

1. 古全浊声母清化，塞类声母不分平仄以读送气清音为主（区别于吴语，全送气区别于江淮话）；

2. 声调简化，以六调为主。古清去浊去有别，而调值有并于平上的（浊入常并阳去或阴上；区别于吴赣江淮）；

3. 古鼻韵尾及 -i、-u 韵尾大量脱落或弱化（区别于赣语）；

4. 全浊上保留上声为主，连调变化发达而以前字变调为主（区别于赣语、江淮话）；

5. 有鼻音式儿化小称音变（区别于赣语、江淮话）。

赵日新《徽语的特点与分区》[②]一文提出了徽语 12 个共同特点：

1. 古全浊声母清化，今读塞音、塞擦音声母部分送气，部分不送气。

2. 庄组字和知组二等韵的字，今音多读[ts tsʻ s]（德兴为[tʂ tʂʻ ʂ]）声母，章组字和知组三等韵的字（除通摄外）多读[tɕ tɕʻ ɕ]声母。

3. 泥来母今读洪音大都相混。

4. 微、日、疑母的白读音读为[m]、[n（ȵ ø）]、[ŋ（ȵ ø）]。

5. 匣母读为零声母，有的合口呼字读为[v]声母，但与零声母大都不对立。

6. 在很多方言读[-i、-u]韵尾的字，其韵尾大都脱落。

7. 古鼻音韵尾字，今读有的失去鼻尾，读作开尾或元音尾，有的读为主要元音鼻化。

8. 通摄字今不读[uŋ]韵。

9. 蟹摄一二等字今读有别。

10. 蟹摄开口一等与合口一等今读同音。

11. 山摄合口一等与合口二等除旌德、德兴外大都同音。

12. 平去各分阴阳，全浊上多归上声或（白读）阳上的，调类以六调为主。

为了与徽语以外的赣语、吴语的语音特点区别对比，本书把以上徽语的共同语音特点称为徽语性语音特点，并归并调整为以下 15 点：

---

① 侯精一主编：《现代汉语方言概论》，上海教育出版社 2002 年版，第 91 页。
② 赵日新：《徽语的特点与分区》，《方言》2005 年第 3 期。

1. 古全浊声母清化，今读塞音、塞擦音声母部分送气，部分不送气。
2. 庄组字和知组二等韵的字，今音多读 ts-（tʂ-、tʃ-）组声母，章组字和知组三等韵的字（除通摄外）多读 tɕ- 组声母。
3. 泥来母今读洪音大都相混。
4. 微、日、疑母的白读音读为 m-、n-（ɲ-、ø-）、ŋ-（ɲ-、ø-）。
5. 匣母读为零声母，有的合口呼字读 v- 声母，但与零声母大都不对立。
6. 在很多方言读 -i、-u 韵尾的字，其韵尾大都脱落。
7. 古鼻音韵尾字，今读有的失去鼻尾，读作开尾或元音尾，有的读为主要元音鼻化。
8. 通摄字今不读 uŋ 韵母。
9. 蟹摄一二等字今读有别。
10. 蟹摄开口一等与合口一等今读同音。
11. 山摄合口一等与合口二等大都同音。
12. 调类以六调为主。
13. 全浊上保留上声（或阳上）为主。
14. 去声分阴阳。
15. 有鼻音式儿化小称音变。

下列赣东北徽语中的徽语性语音特点对照表（表 4-3-1）。作为徽语一个局部区域的赣东北徽语，各方言点所具有的徽语性语音特点在表中显示，并与边邻的皖南徽语和赣语、吴语方言点对比。

从表 4-3-1 可以看出，上述徽语性语音特点，赣东北徽语 13 处方言点都具有特点 2、3、4、6、7、10、11，大多数方言点具有特点 5、9、14，部分方言点具有特点 8、12、13、15，少数点具有特点 1。就某一项徽语性特点来说，全部或大多数方言点都具有该特点，表明赣东北徽语区与徽语整个区域或中心区域在语音上的一致性。例如特点 6"在很多方言读 -i、-u 韵尾的字，其韵尾大都脱落"，特点 9"蟹摄一二等字今读有别"。部分方言点具有某特点，表明赣东北徽语区与徽语整个区域或中心区域相比较已经发生了局部区域的差异性演变。例如特点 8"通摄字今不读 uŋ 韵母"，只有婺源方言和德兴方言还保留，浮梁方言已经不再具有。少数方言点具有某徽语性语音特点，表明赣东北徽语区已经基本上不再保持徽语的面貌。例如特点 1"古全浊声母清化，今读塞音、塞擦音声母部分送气，部分不送气"，仅有溪头话还有此特点（沱川话只有个别古全浊声母字读不送气清音），赣东北徽语区已经在全区态势上与徽语中心区域有所差异了。

从整体上看，赣东北徽语具备全部 15 项徽语性语音特点，只有个别特点为少数方言点所具备。各方言点也都分别具备大多数的徽语性语音特点。其中沱川话具备全部 15 项特点，黄柏话最少也具备 9 项特点。

属于皖南徽语的祁门方言和休宁方言也具备大多数的徽语性语音特点。作为边邻徽语区域的赣语弋阳方言、乐平方言、鄱阳方言、东至方言和吴语开化方言、玉山方言，也具有部分徽语性语音特点，其中吴语方言点的徽语性语音特点比赣语方言点稍多。

表 4-3-1　　　　　　赣东北徽语中的徽语性语音特点对照表

特　点	1	2	3	4	5	6	7	8	9	10	11	12	13	14	15
东　至		+		+											
鄱　阳		+	+	+			+								
乐　平			+	+	+							+		+	
弋　阳		+		+	+				+		+	+		+	
经公桥		+	+	+	+	+	+		+	+	+				+
鹅　湖		+	+	+	+				+	+	+			+	+
旧　城		+	+	+	+	+			+	+	+			+	+
湘　湖		+	+	+	+	+			+	+				+	+
溪　头	+	+	+	+		+	+	+	+	+	+		+	+	+
沱　川	+	+	+	+	+	+	+	+	+	+	+	+	+	+	+
紫　阳		+	+	+	+	+	+	+	+	+	+			+	+
许　村		+	+	+	+	+	+	+	+	+	+			+	
中　云		+	+	+	+	+	+	+	+	+	+	+	+	+	+
新　建		+	+	+	+	+	+		+	+	+			+	+
新　营		+	+	+	+	+	+							+	+
黄　柏		+	+	+	+	+	+								
暖　水		+	+	+					+	+	+			+	+
祁　门			+	+	+	+	+	+	+	+			+		
休　宁	+	+	+	+	+	+	+	+	+	+					
开　化		+		+		+			+				+	+	
玉　山		+		+	+			+					+	+	+

（二）赣东北徽语的赣语性语音特点

《现代汉语方言概论》一书[①]概括了赣语的共同特点：

1. 最主要的特点是，古全浊声母今读塞音、塞擦音时，为送气的清音。

2. 遇摄三等鱼韵、流摄一等、臻摄开口一等、曾摄开口一等和梗摄开口二等文读字，主要元音是 ε，或者相近的 e、æ。

3. 梗摄字一般都有文、白两套韵母。

4. "大小"的"大"读蟹摄徒盖切，"大栗[板栗]、大姑、大娘、大姨"的"大"读果摄糖佐切。

5. 影母字开口呼多读 ŋ- 声母。

6. "菜梗"的"梗"绝大多数地方都有 -u- 介音。

7. 咸山摄一二等字的韵母主要元音有区别。

8. 绝大部分地区都有入声。

书中还归纳了赣语鹰潭弋阳片（赣东北地区）与赣语区其他片相区别的主要特点："渠[他]"读送气的清音声母 kʻ- 或 tɕʻ-；梗摄字基本上没有文白两读。

本书把以上赣语的共同语音特点称为赣语性语音特点，归并调整为以下 9 点：

1. 古全浊声母今读塞音、塞擦音时，为送气的清音。

2. 影母字开口呼多读 ŋ- 声母。

3. "渠[他]"读送气的清音声母 kʻ- 或 tɕʻ-。

4. 遇摄三等鱼韵、流摄一等、臻摄开口一等、曾摄开口一等和梗摄开口二等文读字，主要元音是 ε（e、æ）。

5. "大小"的"大"读蟹摄徒盖切，"大栗[板栗]、大姑、大娘、大姨"的"大"读果摄糖佐切。

6. "菜梗"的"梗"绝大多数地方都有 -u- 介音。

7. 咸山摄一二等字的韵母主要元音有区别。

8. 梗摄字一般都有文、白两套韵母。

9. 绝大部分地区都有入声。

下列赣东北徽语中的赣语性语音特点对照表（见下页表 4-3-2），作为与赣语相交接的徽语一个局部区域的赣东北徽语，各方言点所具有的赣语性语音特点在表中显示，并与边邻的赣语和皖南徽语、吴语方言点对比。从表 4-3-2 中可以看出，上述赣语性语音特点，在与赣语相邻接的赣

---

① 参见侯精一主编《现代汉语方言概论》，上海教育出版社 2002 年版，第 144—145 页。

东北徽语中也有不少表现。一些特点为部分方言点所具有，例如特点 3 "'渠他'读送气的清音声母 k'- 或 tɕ'-"，婺源方言、德兴方言各方言点都有，特点 9 "有入声"，则为浮梁方言、德兴方言各点所具有。还有一些特点为赣东北徽语大多数方言点所具有，特点 1 "古全浊声母今读塞音、塞擦音时，为送气的清音"这一赣语"最主要的特点"，也是赣东北徽语 13 处方言点声母突出的特点（沱川话仅有个别如溪头话有少数古全浊声母字不读送气清音），特点 2 "影母字开口呼多读 ŋ-声母"在 13 处方言点也都有表现。

属于赣语鹰弋（鹰潭、弋阳）片的弋阳方言、乐平方言、鄱阳方言和属于怀岳（怀宁、岳西）片的东至方言也具多数赣语性语音特点。

属于皖南徽语的祁门方言、休宁方言和吴语开化方言、玉山方言都不与赣语区域相邻接，也具有个别赣语性语音特点。例如 4 处方言点都具有特点 9 "有入声"，祁门方言还具有特点 1 "浊声母今读塞音、塞擦音时，为送气的清音"。

表 4-3-2　　　　　赣东北徽语中的赣语性语音特点对照表

特　点	1	2	3	4	5	6	7	8	9
东　至	+	+	+			+	+		+
鄱　阳	+	+	+			+	+		
乐　平	+	+	+	+		+			+
弋　阳	+	+	+			+	+		
经公桥	+	+				+			+
鹅　湖	+	+				+			
旧　城	+	+				+			
湘　湖	+	+							+
溪　头		+	+			+			
沱　川		+	+			+			
紫　阳	+	+	+						
许　村	+	+	+			+			
中　云	+	+	+						
新　建	+	+	+			+			+

续表

特点	1	2	3	4	5	6	7	8	9
新营	+	+	+			+			+
黄柏	+	+	+			+			
暖水	+	+	+			+			+
祁门	+								+
休宁									+
开化									+
玉山									+

（三）赣东北徽语的吴语性语音特点

侯精一主编的《现代汉语方言概论》一书归纳吴语的语音特点[①]称："古全浊声母多数点今仍读浊音，与古清音声母今仍读清音有别。……这是吴语最主要的特点。"并再归纳了以下其他语音特点：

1. 古"疑"母今读鼻音，洪 ŋ- 细 ȵ-，不与"影"母混。
2. 古"微"母今有 v、m 文白两读。
3. 古"日"母今有 z～ʑ、n～ȵ 文白两读。"儿"作词尾也读鼻音。
4. m、n、ŋ 能自成音节。"五鱼"口语多读 ŋ 音。
5. "鸟"字有 ȵ、t 文白两读，白读与古音端母"都了切"相合。
6. 蟹摄二等字不带 -i 尾，读开尾韵。
7. 咸山两摄字不带鼻尾，读口音或半鼻音。
8. 咸山两摄见系一二等不同韵。
9. 梗摄二等白读跟梗摄三四等及曾摄不混。
10. "打"字读法合于"德冷切"，只跟"冷"同韵，不与麻韵相混。
11. "大"口语多读"唐佐切"，不读"徒盖切"。
12. 平上去入今绝大部分方言各分阴阳，阴调只拼清音声母及紧喉的鼻流音声母，阳调只拼浊音声母及带浊流的鼻流音声母。
13. 入声多数方言收喉塞尾；少数读开尾，但不跟古平上去三声相混。

本书把以上吴语的共同语音特点称为吴语性语音特点，归并调整为以下 14 点：

[①] 侯精一主编：《现代汉语方言概论》，上海教育出版社 2002 年版，第 91 页。

1. 古全浊声母多数点今仍读浊音，与古清音声母今仍读清音有别。
2. 疑母今读鼻音，洪 ŋ- 细 ȵ-，不与影母混。
3. 微母今有 v-（f-）、m- 文白两读。
4. 日母今有 z-ʐ-、n-ȵ- 文白两读。"儿"作词尾也读鼻音。
5. m、n、ŋ 能自成音节。"五鱼"口语多读 ŋ 音。
6. "鸟"字有 ȵ-、t- 文白两读，白读与古音端母"都了切"相合。
7. 蟹摄二等字不带 -i 尾，读开尾韵。
8. 咸山两摄字不带鼻尾，读口音或半鼻音。
9. 咸山两摄见系一二等不同韵。
10. 梗摄二等白读跟梗摄三四等及曾摄不混。
11. "打"字读法合于"德冷切"，只跟"冷"同韵，不与麻韵相混。
12. "大"口语多读"唐佐切"，不读"徒盖切"。
13. 平上去入今绝大部分方言各分阴阳，阴调只拼清音声母及紧喉的鼻流音声母，阳调只拼浊音声母及带浊流的鼻流音声母。
14. 入声多数方言收喉塞尾；少数读开尾，但不跟古平上去三声相混。

下列赣东北徽语中的吴语性语音特点对照表（表 4-3-3）：

作为与吴语相交接的徽语一个局部区域的赣东北徽语，各方言点所具有的吴语性语音特点在表中显示，并与边邻的吴语和赣语和皖南徽语方言点对比。从表 4-3-3 中可以看出，上述吴语性语音特点，在与吴语相邻接的赣东北徽语中也有表现。一些特点为部分方言点所具有，例如特点 6 "'鸟'字有 ȵ-、t- 文白两读，白读与古音端母'都了切'相合"，浮梁方言、德兴方言各方言点都有，特点 10 "梗摄二等白读跟梗摄三四等及曾摄不混"，为浮梁方言各方言点所具有。特点 2、7、8，则为全部 13 处方言点所具有。

表 4-3-3　　　　赣东北徽语中的吴语性语音特点对照表

特　点	1	2	3	4	5	6	7	8	9	10	11	12	13	14
东　至		+			+				+					+
鄱　阳		+				+			+	+				+
乐　平		+				+			+					+
弋　阳		+			+				+	+				+
经公桥		+				+	+	+	+					+
鹅　湖		+				+	+	+	+	+			+	+

续表

特点	1	2	3	4	5	6	7	8	9	10	11	12	13	14
旧 城		+				+	+	+	+	+			+	+
湘 湖		+				+	+	+	+	+			+	+
溪 头		+					+	+					+	
沱 川		+					+	+					+	
紫 阳		+					+	+	+				+	
许 村		+					+	+					+	
中 云		+					+	+					+	
新 建		+				+	+	+					+	+
新 营		+			+	+	+	+					+	+
黄 柏		+			+	+	+	+						+
暖 水		+			+	+	+	+					+	+
祁 门		+	+				+	+		+		+	+	+
休 宁		+	+		+	+	+	+	+		+	+	+	+
开 化	+	+	+	+		+	+	+	+	+		+	+	+
玉 山	+	+	+	+		+	+	+	+		+	+	+	+

　　从整体上看，赣东北徽语具有较多的吴语性语音特点，全部14项特点中8项都见于各方言点。

　　皖南徽语祁门方言、休宁方言也有较多的吴语性语音特点，其中祁门方言有8项，休宁方言有11项。

　　赣语弋阳方言、乐平方言、鄱阳方言和东至方言都不与吴语区域相邻接，也具有少数吴语性语音特点，例如特点2、9、14。

（四）赣东北徽语语音性质小结

　　以上本书从现代汉语方言共时层面上分别考察了赣东北徽语各方言点语音系统中徽语性语音特点和赣语性语音特点、吴语性语音特点。统计分析结果表明，赣东北徽语区所考察的全部13个方言点，从总体上看，徽语性语音特点构成了其语音面貌的主体部分，这些徽语性语音特点是赣东北徽语区三县市特别是浮梁、德兴两县市主要通行的方言划归徽语的根本依据。

赣东北徽语各方言点的语音系统中包含着一些赣语性语音特点和吴语性语音特点。这些语音特点反映了位于徽语、赣语、吴语三大方言交接地带的赣东北徽语与赣语、吴语在方言演变过程中的联系。这种联系，既有共时横向上的方言接触关系，也有历时纵向上的源流关系。

第五章　赣东北徽语代表方言点词语对照

　　本章对照赣东北徽语13处代表方言点的词语。方言点的排列按第二章各方言点音系所列的顺序：

　　浮梁方言：经公桥话、鹅湖话、旧城话、湘湖话；

　　婺源方言：溪头话、沱川话、紫阳话、许村话、中云话；

　　德兴方言：新建话、新营话、黄柏话、暖水话。

　　本章用作对照的词语条目共1535条，以普通话词语设立条目。词条大多数是单词，例如"0001[①]太阳"、"1038 走"、"1330 勤快"，部分词条是短语，例如"0012 打雷"、"0865 最小的儿子"、"1352 占到了便宜"。一些词条普通话没有合适的单词，以短语表示，例如"0461 晾晒衣服的竹木竿子"、"0576 清水煮"、"1232 别理他"。为了使词条表义明确，部分词条采用释义式的说明，例如"0779 大年初一开门"、"1329 落落大方、上得了台面"。部分词条在前后用括号加字补充说明，或在条目后以小号字作注释和举出用例，例如"0188（草木的）刺"、"0505 纳（鞋底）"、"0363（猪）产（崽）"、"0230 向日葵称植株"、"0551 香油芝麻榨的"、"0014 淋衣服被雨~湿了"、"1473 怎么这个字~读？"。为了考察相关词语或词语的相关义项之间在词义、词形方面的联系，部分词条或列出两个或两个以上注释，或举出两个或两个以上用例（注释、用例之间划双竖线），例如"0846 姨母母之姊∥母之妹"、"0366（动物）叫狗~∥鸡~"、"0963 买~布∥~肉∥~酒∥~豆腐"。

　　本章中记录方言词条，词语读音以国际音标标注。声调采用以五度数字标示调值的方法表示，例如"日家 gi^{51}kə^{44}"（"0116 白天"条婺源话点）、"鸟儿 tiau^{31}ni^{0}"（"0278 鸟"条旧城话点）。多音节词语音节连读有时会发生声、韵、调的音变，故词条所标示的为词语音节的实际读音。词条记录词语所用汉字，大多为本字，部分使用同音字或近音字。由于本字未必都能确考，故同音字或近音字也就不另加符号表示，例如"驼灵

[①] 为便于查找，本章用作对照的词语条目编定顺序以数字标记。

to⁵¹nɐ̃i⁵¹"、"童灵 t'ɐm²¹nɔ̃²¹¹"("0280 麻雀"条溪头话点、沱川话点)。一些词条就用方框代替待考的用字,例如"□ xã⁴⁴"("1520 和"条紫阳话点)、"□瓜 uʌ²²kuʌ²²"("0256 丝瓜"条经公桥话点)、"□□ xɛ⁵⁴nẽ⁰"("1468 这样"条新建话点)。有些词条中有可以省略的字(音节),以外加圆括号表示,例如"日头(公) n̠i³¹t'y²³(koŋ³¹)"("0002 太阳"条暖水话点)、"阿(侬) a²⁴(nəŋ⁰)"("1449 我"条新建话点)。词条中有两个音节合音构成的音节,在所记的两个汉字上加连弧线表示,例如"不曾 pɔ̃²¹¹"("1516 没有"条紫阳话点)、"不要 pio³⁵"("1518 别"条紫阳话点)。词条中附于前面音节之后的后缀"儿"以小号字表示,例如"夜下儿 iɛ²¹xuo^r²¹¹"("0117 夜晚"条鹅湖话点)、"牛伢儿 n̠io³¹ŋã³¹"("0335 牛犊"条新营话点)。

　　一个词语条目在方言中有多种说法的,因受页面版式的限制,一般只收其中一个词语。必要时也收录两个或两个以上词语,中间以斜线隔开,较常用的列前,例如:"弟郎 t'ei³³laŋ⁰/老弟 lau³¹t'ei³³"("0852 弟弟"条旧城话点)、"□□so⁴⁴lo⁴⁴ / 何□物 xə²¹t'ə²bə⁵¹/何一个 xə²¹i⁵¹ke³⁵"("1474 谁"条紫阳话点)。为节省页面篇幅,一些词条的不同说法包含共有的字(音节),一般不重复出现共有的字(音节),在可以换着说的字(音节)下画单波浪线,例如"结/起冰 tɕie⁵¹/tɕ'i³⁵pɔ̃⁴⁴"("0019 冰冻"条婺源话点),表示兼有"结冰 tɕie⁵¹pɔ̃⁴⁴"、"起冰 tɕ'i³⁵pɔ̃⁴⁴"两种说法,"眼睛/睫毛 ŋɔ̃³¹tsã⁴⁴/so⁵¹ba²¹¹"("0611 睫毛"条沱川话点)",表示兼有"眼睛毛 ŋɔ̃³¹tsã⁴⁴ba²¹¹"、"眼睫毛 ŋɔ̃³¹so⁵¹ba²¹¹"两种说法。某些词条在方言中以不同的词语形式表示其中的部分,共同构成词条的指称范围,以在方言词语之间使用加号连接表示,例如:"水牯水牛 ɕy⁵³ku⁵³ + 黄牯黄牛 uaŋ³⁵ku⁵³"("0332 公牛"条鹅湖话点)、"大栗 t'a⁵¹lɛ⁵⁵ + 毛栗 mɔ³¹lɛ⁵⁵"("0205 栗子"条新营话点)。

　　由于赣东北徽语内部非常复杂,在确定词语条目时难以完全照应各个方言点,凡方言点中无相应说法的都作空缺处理。个别词条因受调查合作人语言条件所限,一时难以确定,也暂作留空,容待进一步调查补充。凡词条空缺的均以画横线表示。

　　以下是本章所收词语条目索引。1535 条词语条目按义类分为 14 类,排列顺序为:

1. 天文地理	2. 时间方位	3. 植物	4. 动物
5. 房舍器具	6. 服饰饮食	7. 身体医疗	8. 婚丧信仰
9. 人品称谓	10. 农工商文	11. 动作行为	12. 性质状态
13. 数量	14. 代副连介词		

1. 天文地理（317 页）：81 个词条

0001 天空	0002 太阳	0003 月亮	0004 日食	0005 月食
0006 星星	0007 流星	0008 云	0009 刮风	0010 台风
0011 打闪电	0012 打雷	0013 下雨	0014 淋	0015 晒
0016 下雪	0017（雪）化了	0018 冰	0019 冰冻	0020 冰锥
0021 冰雹	0022 下霜	0023 下雾	0024 下露水	0025 虹
0026 天气	0027 晴	0028 阴	0029 旱	0030 涝
0031 天亮	0032 天黑	0033 土地	0034 大片的田地	
0035 水田	0036 旱地	0037 田埂	0038 晒谷场	0039 路
0040 山	0041 山谷	0042 江	0043 溪	0044 水沟儿
0045 海	0046 湖	0047 池塘	0048 水坑儿	0049 发洪水
0050 山洪暴发	0051 淹	0052 河岸	0053 河滩	0054 坝
0055 地震	0056 窟窿	0057 缝儿	0058 石头	0059 鹅卵石
0060 土	0061 泥	0062 石灰	0063 磁铁	0064 锡
0065 水泥	0066 沙子	0067 砖	0068 瓦	0069 煤
0070 煤油	0071 炭	0072 灰	0073 灰尘	0074 火
0075 烟	0076 锅底灰	0077 失火	0078 着火	0079 凉水
0080 热水	0081 开水			

2. 时间方位（332 页）：81 个词条

0082 时候	0083 什么时候	0084 现在	0085 以前	0086 以后
0087 一辈子	0088 年	0089 日	0090 今年	0091 明年
0092 后年	0093 去年	0094 前年	0095 往年	0096 年初
0097 年底	0098 春天	0099 夏天	0100 秋天	0101 冬天
0102 今天	0103 明天	0104 后天	0105 大后天	0106 昨天
0107 前天	0108 大前天	0109 整天	0110 每天	0111 早晨
0112 上午	0113 中午	0114 下午	0115 傍晚	0116 白天

0117 夜晚	0118 半夜	0119 正月	0120 大年初一	0121 元宵节
0122 清明节	0123 端午节	0124 中元节	0125 中秋节	0126 冬至
0127 腊月	0128 除夕	0129 历书	0130 农历	0131 公历
0132 星期天	0133 地方	0134 什么地方	0135 家里	0136 城里
0137 乡下	0138 上	0139 下	0140 上面	0141 下面
0142 左边	0143 右边	0144 前面	0145 后面	0146 中间
0147 里面	0148 外面	0149 对面	0150 面前	0151 背后
0152 末尾	0153 旁边	0154 上座	0155 边儿	0156 角儿
0157 上去	0158 下来	0159 进去	0160 出来	0161 回来
0162 起来				

3. 植物（351 页）：104 个词条

0163 森林	0164 树	0165 木头	0166 树梢	0167 树根
0168 树皮	0169 松树	0170 松针	0171 柏树	0172 杉树
0173 柳树	0174 乌桕树	0175 油茶树	0176 竹子	0177 笋
0178 种子	0179 叶子	0180 花	0181 花蕾	0182 梅花
0183 牡丹	0184 荷花	0185 杜鹃花	0186 草	0187 藤
0188（草木的）刺		0189 芦苇	0190 浮萍	0191 青苔
0192 蕨	0193 水果	0194 果核	0195 苹果	0196 桃子
0197 梨子	0198 李子	0199 杏子	0200 橘子	0201 柚子
0202 柿子	0203 石榴	0204 枣子	0205 栗子	0206 核桃
0207 橄榄	0208 银杏	0209 甘蔗	0210 木耳	0211 蘑菇
0212 稻子	0213 稻谷	0214 稻穗	0215 稻草	0216 秕子
0217 稗子	0218 大麦	0219 小麦	0220 麦秸	0221 谷子
0222 小米	0223 大米	0224 高粱	0225 玉米	0226 棉花
0227 油菜	0228 苎麻	0229 芝麻	0230 向日葵	0231 花生
0232 黄豆	0233 绿豆	0234 豇豆	0235 豌豆	0236 蚕豆
0237 扁豆	0238 大白菜	0239 包心菜	0240 菠菜	0241 芹菜
0242 蕹菜	0243 莴苣	0244 韭菜	0245 香菜	0246 葱
0247 蒜	0248 姜	0249 洋葱	0250 辣椒	0251 茄子
0252 西红柿	0253（萝卜）糠（了）		0254 胡萝卜	0255 黄瓜
0256 丝瓜	0257 南瓜	0258 瓠子	0259 荸荠	0260 红薯

0261 马铃薯　　　0262 芋头　　　0263 芋头梗　　　0264 山药　　　0265 莲蓬
0266 菜梗

4. 动物（371 页）：105 个词条

0267 动物　　　0268 老虎　　　0269 豹子　　　0270 狼　　　0271 熊
0272 猴子　　　0273 黄鼠狼　　0274 蛇　　　　0275 蜥蜴　　0276 老鼠
0277 蝙蝠　　　0278 鸟儿　　　0279 鸟窝　　　0280 麻雀　　0281 喜鹊
0282 乌鸦　　　0283 鸽子　　　0284 雁　　　　0285 燕子　　0286 角
0287 翅膀　　　0288 羽毛　　　0289 爪子　　　0290 尾巴　　0291 尾巴毛
0292 虫子　　　0293 蚕　　　　0294 蝴蝶　　　0295 蜻蜓　　0296 萤火虫
0297 蜜蜂　　　0298 蜂蜜　　　0299 马蜂　　　0300 知了　　0301 蚂蚁
0302 蚯蚓　　　0303 蜈蚣　　　0304 壁虎　　　0305 蜘蛛　　0306 蚊子
0307 孑孓　　　0308 苍蝇　　　0309 跳蚤　　　0310 虱子　　0311 虱子卵
0312 臭虫　　　0313 蟑螂　　　0314 草鱼　　　0315 鲤鱼　　0316 鲫鱼
0317 鳙鱼　　　0318 黄鳝　　　0319 泥鳅　　　0320 甲鱼　　0321 鱼鳞
0322 螃蟹　　　0323 青蛙　　　0324 蝌蚪　　　0325 癞蛤蟆　0326 蚂蟥
0327 螺蛳甲　　0328 马　　　　0329 驴　　　　0330 骡　　　0331 牛
0332 公牛　　　0333 犍牛　　　0334 母牛　　　0335 牛犊　　0336 半大的牛
0337 羊羔　　　0338 猪　　　　0339 公猪　　　0340 种公猪　0341 母猪
0342 猪崽　　　0343 架子猪　　0344 猫　　　　0345 公猫　　0346 母猫
0347 公狗　　　0348 母狗　　　0349 兔子　　　0350 鸡　　　0351 公鸡
0352 母鸡　　　0353 抱窝母鸡　0354 鸡娘　　　0355 鸡冠　　0356 鸡肫
0357 鸡嗉子　　0358 公鸭　　　0359 母鸭　　　0360 鹅　　　0361 飞
0362（牛角）顶（人）　　　　　0363（猪）产（崽）　0364（鸡）下蛋　0365 孵
0366（动物）叫　0367（动物）发情　　　　　0368（动物）交配
0369 阉割　　　0370 养猪　　　0371 喂猪

5. 房舍器具（394 页）：98 个词条

0372 村庄　　　0373 街道　　　0374 胡同　　　0375 房子　　0376 盖房子
0377 打房基　　0378 拆房子　　0379 捡漏　　　0380 房间　　0381 正房
0382 厢房　　　0383 堂屋　　　0384 卧室　　　0385 茅屋　　0386 凉亭
0387 厕所　　　0388 粪坑　　　0389 厨房　　　0390 烟囱　　0391 灶
0392 柱子　　　0393 柱下石　　0394 檩子　　　0395 椽子　　0396 大门

0397 门楼	0398 马头	0399 台阶	0400 门槛	0401 窗子
0402 梯子	0403 猪圈	0404 东西	0405 家具	0406 床
0407 床前供登踏的矮凳		0408 枕头	0409 被子	0410 棉絮
0411 床单	0412 褥子	0413 席子	0414 蚊帐	0415 桌子
0416 抽屉	0417 柜子	0418 粮柜	0419 案子	0420 凳子
0421 椅子	0422 马桶	0423 烘篮	0424 火盆	0425 锅
0426 饭锅	0427 菜锅	0428 锅盖	0429 洗锅帚	0430 菜刀
0431 瓢	0432 缸	0433 坛子	0434 瓶子	0435（茶杯）盖子
0436 甑子	0437 碗	0438 筷子	0439 汤匙	0440 碗底
0441 笊篱	0442 柴火	0443 火柴	0444 刨花	0445 泔水
0446 锁	0447 钥匙	0448 暖水瓶	0449 脸盆	0450 洗脸水
0451 毛巾	0452 手绢	0453 汤布	0454 抹布	0455 肥皂
0456 梳子	0457 缝衣针	0458 顶针	0459 剪子	0460 糨糊
0461 晾晒衣服的竹木竿子		0462 蜡烛	0463 手电筒	0464 图章
0465 雨伞	0466 斗笠	0467 扫帚	0468 扫地	0469 垃圾

6. 服饰饮食（414 页）：123 个词条

0470 衣服	0471 衬衫	0472 背心	0473 毛衣	0474 棉衣
0475 袖子	0476（衣）袋	0477 裤子	0478 短裤	0479 裤腿
0480 帽子	0481 帽檐	0482 鞋子	0483 雨鞋	0484 袜子
0485 手套	0486 围巾	0487 围裙	0488 围嘴	0489 尿布
0490 扣子	0491 中式布扣子	0492 戒指	0493 手镯	0494 耳环
0495 理发	0496 梳头	0497 打赤脚	0498 穿（衣服）	0499 脱（衣服）
0500 系（鞋带）	0501 扣（扣子）	0502 解（扣子）	0503 挽（袖子）	0504 缝合（衣片）
0505 纳（鞋底）	0506 洗（衣服）	0507 洗一水	0508 米饭	0509 稀饭
0510 泡饭	0511 炒米	0512 米汤	0513 饭粒	0514 现饭
0515 锅巴	0516 子糕	0517 糍粑	0518 米粿	0519 米粉
0520 粽子	0521 年糕	0522 面粉	0523 面条	0524 面儿
0525 馒头	0526 包子	0527 饺子	0528 馄饨	0529 汤圆
0530 馅儿	0531 油条	0532 豆浆	0533 豆腐脑	0534 豆腐
0535 点心	0536 菜	0537 干菜	0538 瘦肉	0539 猪血
0540 猪脚	0541 猪舌头	0542 猪肝	0543 猪下水	0544 米粉肉

0545 扣肉	0546 鸡蛋	0547 松花蛋	0548 活鱼	0549 豆腐乳
0550 猪油	0551 香油	0552 酱油	0553 盐	0554 酱
0555 醋	0556 白糖	0557 颜色	0558 气味	0559 滋味
0560 香烟	0561 旱烟	0562 白酒	0563 黄酒	0564 江米酒
0565 茶叶	0566 冰棍儿	0567 做饭	0568 炒菜	0569 揉面
0570 擀面	0571 摘菜	0572 择菜	0573 杀猪	0574 剖鱼
0575 腌（肉）	0576 清水煮（鸡蛋）		0577 煎（鸡蛋）	0578 炸（油条）
0579 蒸（鱼）	0580 （汤煮沸）溢（出来）		0581 吃	0582 早饭
0583 中饭	0584 晚饭	0585 喝（酒）	0586 吸（烟）	0587 盛（饭）
0588 夹（菜）	0589 （从碗里往外）拨		0590 拨（饭菜入口）	
0591 下饭	0592 剩（了饭）			

7. 身体医疗（436 页）：123 个词条

0593 相貌	0594 声音	0595 皮肤	0596 肉	0597 血
0598 骨头	0599 脂肪	0600 头	0601 囟门	0602 额头
0603 头发	0604 辫子	0605 （头发）旋	0606 脸	0607 眼睛
0608 眼珠	0609 眼泪	0610 眉毛	0611 睫毛	0612 耳朵
0613 耳垂	0614 鼻子	0615 鼻涕	0616 嘴巴	0617 嘴唇
0618 口水	0619 舌头	0620 牙齿	0621 齿龈	0622 下巴
0623 胡子	0624 脖子	0625 喉咙	0626 身躯	0627 肩膀
0628 胳膊	0629 手	0630 胳膊肘	0631 胳肢窝	0632 左手
0633 右手	0634 拳头	0635 手指	0636 大拇指	0637 食指
0638 中指	0639 无名指	0640 小拇指	0641 指甲	0642 圆形指纹
0643 箕形指纹	0644 趼子	0645 腿	0646 脚	0647 膝盖
0648 脚踝	0649 脚跟	0650 肋骨	0651 心脏	0652 肝
0653 肠子	0654 背脊	0655 肚子	0656 肚脐	0657 乳
0658 屁股	0659 肛门	0660 阴茎	0661 阴囊	0662 睾丸
0663 女阴	0664 交合	0665 精液	0666 来月经	0667 骂人话
0668 病了	0669 病轻了	0670 着凉	0671 发烧	0672 咳嗽
0673 起鸡皮疙瘩	0674 发抖	0675 脱臼	0676 肚子疼	0677 拉肚子
0678 患疟疾	0679 中暑	0680 哮喘	0681 患癫痫	0682 出麻疹
0683 疝气	0684 肿	0685 皲裂	0686 化脓	0687 结痂

0688 疤	0689 痣	0690 皮肤上的疙瘩	0691 疖子	0692 痱子
0693 雀斑	0694 狐臭	0695 看病	0696 诊脉	0697 针灸
0698 打针	0699 打吊针	0700 吃药	0701 买中药	0702 汤药
0703 毒死	0704 瘌痢头	0705 斗鸡眼	0706 近视眼	0707 兔唇
0708 左撇子	0709 瘸子	0710 驼子	0711 聋子	0712 瞎子
0713 哑巴	0714 结巴	0715 疯子		

8. 婚丧信仰（462 页）：67 个词条

0716 说媒	0717 媒人	0718 相亲	0719 打破嘴	0720 订婚
0721 嫁妆	0722 结婚	0723 娶妻	0724 出嫁	0725 招赘
0726 新郎	0727 新娘	0728 开脸	0729 哭嫁	0730 背新娘
0731 传袋	0732 拜堂	0733 孕妇	0734 怀孕	0735 害喜
0736 分娩	0737 胎盘	0738 流产	0739 双胞胎	0740 坐月子
0741 探望坐月子	0742 吃奶	0743 断奶	0744 满月	0745 年纪
0746 生日	0747 做寿	0748 死	0749 去世	0750 自杀
0751 咽气	0752 报丧	0753 赴丧宴	0754 入殓	0755 棺木
0756 出殡	0757 灵位	0758 葬	0759 坟墓	0760 上坟
0761（清明）扫墓		0762 挂纸	0763 灵屋	0764 老天爷
0765 菩萨	0766 观音	0767 灶神	0768 寺庙	0769 宗祠
0770 和尚	0771 尼姑	0772 道士	0773 算命	0774 问巫神
0775 叫魂	0776 扫尘	0777 年祭	0778 吃年夜饭	
0779 大年初一开门		0780 保佑	781 运气好	0782 运气不好

9. 人品称谓（478 页）：96 个词条

0783 人	0784 男人	0785 女人	0786 婴儿	0787 小孩
0788 男孩	0789 女孩	0790 老人	0791 老头儿	0792 老头子
0793 老太婆	0794 未婚男青年		0795 单身汉	0796 老姑娘
0797 同庚	0798 亲戚	0799 朋友	0800 邻居	0801 客人
0802 陌生人	0803 农民	0804 商人	0805 手艺人	0806 泥水匠
0807 木匠	0808 裁缝	0809 理发师	0810 厨师	0811 医生
0812 中医生	0813 私塾先生	0814 师父	0815 徒弟	0816 乞丐
0817 妓女	0818 流氓	0819 贼	0820 傻子	0821 笨蛋
0822 曾祖父	0823 曾祖母	0824 祖父	0825 祖母	0826 外祖父

0827 外祖母	0828 父母	0829 父亲	0830 母亲	0831 继父
0832 继母	0833 岳父	0834 岳母	0835 公公	0836 婆婆
0837 伯父	0838 伯母	0839 叔父	0840 最小的叔父	
0841 叔母	0842 姑母	0843 姑父	0844 舅父	0845 舅母
0846 姨母	0847 姨父	0848 兄弟	0849 姊妹	0850 哥哥
0851 嫂子	0852 弟弟	0853 弟媳	0854 姐姐	0855 姐夫
0856 妹妹	0857 妹夫	0858 堂兄弟	0859 表兄弟	0860 妯娌
0861 连襟	0862 大伯子	0863 小叔子	0864 儿子	0865 最小的儿子
0866 儿媳妇	0867 女儿	0868 女婿	0869 孙子	0870 重孙子
0871 侄子	0872 外甥	0873 外孙	0874 夫妻	0875 丈夫
0876 妻子	0877 名字	0878 绰号		

10. 农工商文（501 页）：134 个词条

0879 事情	0880 原因	0881 干活儿	0882 玩	0883 种田
0884 年成	0885 犁田	0886 插秧	0887 割稻子	0888 看田水
0889 车水	0890 簸（稻谷）	0891 种菜	0892 浇粪	0893 放牛
0894 砍树	0895 打柴	0896 干塘捕鱼	0897 用网捞鱼	0898 编席子
0899 犁	0900 牛鼻桊	0901 禾桶	0902 晒谷簟	0903 连枷
0904 锄头	0905 楔子	0906 镰刀	0907 把儿	0908 扁担
0909 棍子	0910 挑担时助力的棍子		0911 箩筐	0912 绳子
0913 筛子	0914 畚箕	0915 簸箕	0916 榨油车	0917 水碓
0918 碓	0919 臼	0920（石）磨	0921 扇车	0922 打猎
0923 走江湖	0924 做工	0925 斧头	0926 锯板	0927 钳子
0928 螺丝刀	0929 锤子	0930 钉子	0931 瓦刀	0932 推子
0933 鐾刀布	0934 经商	0935 商店	0936 饭馆	0937 旅馆
0938 贵	0939 便宜	0940 合算	0941 折扣	0942 亏本
0943 钱	0944 零钱	0945 硬币	0946 利润	0947 本钱
0948 工钱	0949 路费	0950 利市	0951 开张	0952 花钱
0953 赚钱	0954 挣钱	0955 欠钱	0956 算盘	0957 秤
0958 秤星	0959 称秤	0960 集市	0961 赶集	0962 庙会
0963 买	0964 自行车	0965 独轮车	0966 轮子	0967 学校
0968 教室	0969 上学	0970 放学	0971 考试	0972 书包

0973 本子	0974 铅笔	0975 钢笔	0976 圆珠笔	0977 毛笔
0978 墨	0979 砚台	0980 洇	0981 信封	0982 画儿
0983 连环画	0984 捉迷藏	0985 搜寻躲藏起来的玩伴		0986 老鹰抓小鸡
0987 摔跤	0988 跳房子	0989 抓子儿	0990 打水漂	0991 跳绳
0992 毽子	0993 风筝	0994 会武术	0995 翻跟头	0996 舞龙灯
0997 抬阁	0998 鞭炮	0999 游泳	1000 潜水	1001 唱歌
1002 唱莲花落	1003 演戏	1004 锣鼓	1005 二胡	1006 笛子
1007 下棋	1008 打扑克	1009 打麻将	1010 变魔术	1011 讲故事
1012 猜谜语				

11. 动作行为（528 页）：221 个词条

1013 抬（头）	1014 点（头）	1015 看	1016 看见	1017 遇见
1018 听	1019 闻	1020 睁开（眼）	1021 闭上（眼）	1022 眨（眼）
1023 张开（嘴）	1024 闭上（嘴）	1025 呼吸	1026 吸（气）	1027 吹（气）
1028 咬	1029 嚼	1030 吞咽	1031 噎着	1032 舔
1033 含	1034 亲嘴	1035 吮吸	1036 吐掉	1037 呕吐
1038 走	1039 跑	1040 来	1041 站	1042 跷腿
1043 跳	1044 迈	1045 踩	1046 爬	1047 倚
1048 弯（腰）	1049 挺（胸）	1050 趴着	1051 转圈	1052 蹲
1053 坐	1054 躺下	1055 摔倒	1056 逃了	1057 追上
1058 截住	1059 挡住（光）	1060 抓	1061 撞上	1062 伸（手）
1063 拿	1064 端	1065 提	1066 撂	1067 举
1068 撑	1069 抱	1070 给	1071 放在	1072 摸
1073 挠痒	1074 咯吱	1075 掐	1076 拧	1077 捻
1078 掰	1079 剥	1080 撕裂	1081 折	1082 摘
1083 擦	1084 摔	1085 倒掉	1086 扔	1087 捡
1088 盖	1089 塞	1090 埋	1091 挖	1092 压
1093 摁	1094 捅	1095 插	1096 戳	1097 撬
1098 剁	1099 削	1100 剪	1101 捆	1102 拴
1103 解	1104 搀	1105 推	1106 拉	1107 涮
1108 挪	1109 掺	1110 烧	1111 搔	1112 打架
1113 挨打	1114 杀	1115 躲	1116 藏	1117 丢失了

1118 找着了	1119 凑（钱）	1120 挑担	1121 换肩	1122 扛
1123 抬	1124 背	1125 挑、拣	1126 收拾	1127 裂开
1128 皱	1129 凸起	1130 凹下	1131 磨损	1132 掉落
1133 滴下	1134 飞扬	1135 流	1136 漂浮	1137 打哈欠
1138 打瞌睡	1139 睡觉	1140 睡着了	1141 打鼾	1142 做梦
1143 说梦话	1144 起床	1145 洗脸	1146 刷牙	1147 洗澡
1148 撒尿	1149 遗尿	1150 把尿	1151 拉屎	1152 放屁
1153 擤鼻涕	1154 打喷嚏	1155 吃（太多）撑着了		1156 乘凉
1157 烤火	1158 想	1159 打算	1160 记得	1161 忘记
1162 挂念	1163 害怕	1164 吓着了	1165 相信	1166 发愁
1167 留神	1168 喜欢	1169 讨厌	1170 高兴	1171 生气
1172 责怪	1173 着急	1174 后悔	1175 嫉妒	1176 欺负
1177 装病	1178 疼（孩子）	1179 要	1180 有	1181 没有
1182 是	1183 不是	1184 在	1185 知道	1186 不知道
1187 懂	1188 不懂	1189 会	1190 不会	1191 认识
1192 不认识	1193 肯	1194 应该去	1195 可以去	1196 串门儿
1197 走亲戚	1198 沏茶	1199 摆酒席	1200 入席	1201 斟酒
1202 拍马屁	1203 耍赖	1204 撒娇	1205 完蛋了	1206 合伙
1207 偷汉子	1208 偷女人	1209 说话	1210 聊天儿	1211 叫、喊
1212 吆喝	1213 不言语	1214 笑	1215 哭	1216 骂
1217 捱骂	1218 吵架	1219 胡说	1220 哄（孩子）	1221 骗（人）
1222 撒谎	1223 吹牛	1224 开玩笑	1225 逗弄	1226 告诉他
1227 行	1228 不行	1229 谢谢	1230 对不起	
1231 没关系、不要紧		1232 别理他	1233 再见	

12. 性质状态（568 页）：146 个词条

1234 大	1235 小	1236 长	1237 短	1238 宽
1239 宽敞	1240 窄	1241 高	1242 低	1243 矮
1244 远	1245 近	1246 深	1247 浅	1248 清
1249 浑	1250 圆	1251 扁	1252 方	1253 尖
1254 平	1255 肥	1256 胖	1257 瘦	1258 黑
1259 白	1260 红	1261 黄	1262 蓝	1263 绿

1264 紫	1265 灰	1266 多	1267 少	1268 重
1269 轻	1270 直	1271 陡	1272 弯	1273 歪
1274 斜	1275 厚	1276 薄	1277 粗	1278 细
1279 稠	1280 密	1281 稀	1282 满	1283 亮
1284 暗	1285 干	1286 湿	1287 潮	1288 干净
1289 脏	1290 快	1291 钝	1292 慢	1293 早
1294 晚	1295 松	1296 紧	1297 新	1298 旧
1299 软	1300 硬	1301 肿	1302 烂	1303 糊
1304 韧	1305 结实	1306 发霉	1307 容易	1308 难
1309 要紧	1310 事不顺	1311 富	1312 穷	1313 手头紧
1314 忙	1315 闲	1316 热闹	1317 背静	1318 老
1319 老的	1320 活的	1321 年轻	1322 好	1323 坏
1324 差	1325 相差	1326 对	1327 错	1328 漂亮
1329 丑	1330 勤快	1331 懒	1332 利索	1333 能干
1334 落落大方、上得了台面		1335 老实	1336 诚实	1337 乖
1338 顽皮	1339 傻	1340 笨	1341 大方	1342 小气
1343 刻薄	1344 奸诈	1345 直爽	1346 犟	1347 鳌戾
1348 讲客气	1349 害羞	1350 丢脸	1351 轻浮马虎	1352 占到了便宜
1353 热	1354 暖和	1355 冷	1356 凉	1357 咸
1358 淡	1359 酸	1360 甜	1361 苦	1362 辣
1363 鲜	1364 臭	1365 馊	1366 腥	1367 舒服
1368 难受	1369 难过	1370 累	1371 疼	1372 痒
1373 渴	1374 饿	1375 熟悉	1376 陌生	1377 刺眼
1378 刺鼻	1379 扎人			

13. 数量（591 页）：69 个词条

1380 一	1381 二	1382 三	1383 四	1384 五
1385 六	1386 七	1387 八	1388 九	1389 十
1390 二十	1391 三十	1392 一百	1393 一千	1394 一万
1395 一百〇五	1396 一百五十	1397 第一	1398 二丈二尺	1399 二两
1400 几个	1401 俩	1402 仨	1403 个把	1404 个
1405 位	1406 头	1407 只	1408 条	1409 张

1410 床	1411 双	1412 把	1413 根	1414 支
1415 块	1416 副	1417 面	1418 叠	1419 台
1420 辆	1421 处	1422 座	1423 畦	1424 间
1425 层	1426 泡	1427 棵	1428 朵	1429 片
1430 颗	143 粒	1432 顿	1433 剂	1434 股
1435 行	1436 元	1437 角	1438 件	1439 门
1440 拃	1441 庹	1442 些	1443 点儿	1444 下
1445 会儿	1446 顿	1447 阵	1448 趟	

14. 代副连介词（602 页）：87 个词条

1449 我	1450 你	1451 他	1452 我们	1453 咱们
1454 你们	1455 他们	1456 大家	1457 自己	1458 别人
1459 我爸	1460 你爸	1461 他爸	1462 这个	1463 那个
1464 哪个	1465 这里	1466 那里	1467 哪里	1468 这样
1469 那样	1470 怎样	1471 这么	1472 那么	1473 怎么
1474 谁	1475 什么	1476 干什么	1477 为什么	1478 怎么办
1479 多少	1480 很热	1481 非常热	1482 更	1483 太
1484 最	1485 都	1486 一共	1487 一块	1488 只
1489 净	1490 快	1491 刚	1492 刚、正	1493 才
1494 就	1495 经常	1496 又	1497 还	1498 再
1499 也	1500 总是	1501 一边	1502 刚巧	1503 幸亏
1504 反正	1505 肯定	1506 可能	1507 差点儿	1508 趁早儿
1509 宁可	1510 偏	1511 故意	1512 特意	1513 随便
1514 好好的	1515 白	1516 没有	1517 不	1518 别
1519 甭	1520 和	1521 被	1522 把	1523 对
1524 往	1525 向	1526 沿着	1527 到	1528 在
1529 从	1530 拿	1531 替	1532 给	1533 因为
1534 如果	1535 不管			

第五章 赣东北徽语代表方言点词语对照

	0001 天空 乌云遮住了~	0002 太阳	0003 月亮
经公桥	天 t'iɛ̃^{22}	日头 i^{22}t'iəu^{55}	月光 yɛ^{22}kuaŋ^{22}
鹅 湖	天 t'ĩ^{55}	日头 iʔ^{24}t'iəu^{35}	月光 yɛʔ^{24}kuaŋ^{55}
旧 城	天 t'i^{55}	日头 ȵi^{33}t'au^{0}	月光 yɛ^{33}kuaŋ^{55}
湘 湖	天 t'ĩ^{44}	日头 iʔ^{22}t'iau^{35}	月光 yɛʔ^{22}kuaŋ^{44}
溪 头	天 t'ĩ^{33}	日头 ȵi^{55}t'æi^{51}	月光 ue^{55}kuɔ̃^{33}
沱 川	天 t'ĩ^{44}	日头 ȵi^{51}t'a^{211}	月光 ve^{51}kuʌ̃^{44}
紫 阳	天 t'ĩ^{44}	日头 gi^{51}t'a^{211}	月光 gye^{51}kuã^{44}
许 村	天 t'ĩ^{33}	日头 ȵia^{55}t'a^{51}	月光 ŋe^{55}kuã^{33}
中 云	天 t'ĩ^{44}	日头 ȵia^{51}t'a^{11}	月光 ȵie^{51}kuã^{44}
新 建	天 t'ã^{54}	日窠 ȵiɛ^{33}k'ɯ^{51}	月光 iɛ^{33}kɔ̃^{54}
新 营	天 t'i^{55}	日头 i^{215}t'iɔ^{31}	月光 ȵye^{55}kuɔ̃^{55}
黄 柏	天 t'iɛ̃^{44}	日头 ȵi^{21}t'iə^{41}	月光 ȵyɑ^{44}kuəŋ^{44}
暖 水	天 t'iɛ̃^{31}	日头（公）ȵi^{54}t'y^{23}(koŋ^{31})	月光 ŋe^{31}kʌŋ^{31}

	0004 日食 比喻性说法
经公桥	天狗喫日 t'iɛ̃^{22}tɕiəu^{42}tɕ'iai^{44}i^{22}
鹅 湖	天狗喫日头 t'ĩ^{55}tɕiəu^{53}k'aiʔ^{24}iʔ^{24}t'iəu^{35}
旧 城	天狗喫日 t'i^{55}kau^{31}tɕ'iai^{213}ȵi^{33}
湘 湖	天狗喫日头 t'ĩ^{44}tɕiau^{35}tɕiaiʔ^{2}iʔ^{22}t'iau^{35}
溪 头	天狗喫日 t'ĩ^{33}tʃæi^{42}tʃ'a^{55}ȵi^{55}
沱 川	天狗喫日 t'ĩ^{44}tɕiə^{2}tɕ'iɒ^{51}ȵi^{51}
紫 阳	天狗喫日 t'ĩ^{44}tɕia^{35}tɕ'io^{51}gi^{51}
许 村	天狗喫日头 t'ĩ^{33}tɕia^{31}tʃ'o^{55}ȵia^{55}t'a^{51}
中 云	天狗喫日 t'ĩ^{44}tɕia^{2}tɕ'io^{51}ȵia^{51}
新 建	天狗喫日 t'ã^{54}tɕiɯ^{31}tʃ'æ^{51}ȵiɛ^{33}
新 营	天狗喫日 t'i^{55}tɕiɔ^{53}k'æ^{215}i^{215}
黄 柏	天狗喫日 t'iɛ̃^{44}tʃə^{453}tʃ'ɛ^{21}ȵi^{213}
暖 水	天狗喫日 t'iɛ̃^{31}tɕy^{214}tɕ'iæ^{54}ȵi^{54}

	0005 月食比喻性说法	0006 星星
经公桥	天狗喫月 t'iɛ̃²²tɕiəu⁴²tɕ'iai⁴⁴yɛ²²	星星 sāi²²sāi²²
鹅 湖	天狗喫月光 t'ĩ⁵⁵tɕiəu⁵³k'aiʔ⁴yɛʔ²kuaŋ⁵⁵	星星 sāi⁵⁵sāi⁵⁵
旧 城	天狗喫月 t'i⁵⁵kau³¹tɕ'iai²¹³yɛ³³	星星 sai⁵⁵sai⁵⁵
湘 湖	天狗喫月光 t'ĩ⁴⁴tɕiau³⁵tɕiaiʔ⁴yɛʔ²kuaŋ⁴⁴	星星 sai⁴⁴sai⁴⁴
溪 头	天狗喫月 t'ĩ³³tʃæi⁴²tʃ'a⁵⁵ue⁵¹	星 sæ̃i³³
沱 川	天狗喫月 t'ĩ⁴⁴tɕiə²tɕ'iɒ⁵¹ve⁵¹	星 sã⁴⁴sã⁴⁴
紫 阳	天狗喫月 t'ĩ⁴⁴tɕia³⁵tɕ'io⁵¹gye⁵¹	星 sɔ̃⁴⁴
许 村	天狗喫月 t'ĩ³³tɕia³¹tʃ'o⁵⁵ŋe⁵⁵	星仂 sã³³le⁰
中 云	天狗喫月 t'ĩ⁴⁴tɕia¹¹tɕ'io⁵¹n̠ie⁵¹	星 sã⁴⁴
新 建	天狗喫月 t'ã⁵⁴tɕiɯ³¹tʃ'æ⁵¹iɛ³³	星星 sã⁵⁴sã⁵⁴
新 营	天狗喫月 t'i⁵⁵tɕiɔ⁵³k'æ²¹⁵n̠yɛ²¹⁵	星 sæ̃⁵⁵
黄 柏	天狗喫月 t'iɛ̃⁴⁴tʃə⁴⁵³tʃ'ɛ²¹n̠ya⁴⁴	星星 ɕin⁴⁴ɕin⁴⁴
暖 水	天狗喫月 t'iɛ̃³¹tɕy²¹⁴tɕ'iæ⁵⁴ŋɛ³¹	星星 sã³¹sã³¹

	0007 流星	0008 云	0009 刮风
经公桥	流星 liəu³⁵sāi²²	云 yn³⁵⁵	刮风 kuʌ⁴⁴foŋ²²
鹅 湖	流星 liəu³⁵sāi⁵⁵	云 yɛn³⁵	发风 foʔ⁴foŋ⁵⁵
旧 城	流星 liəu²⁴sai⁵⁵	云 yɛn²⁴	起风 tɕ'i³¹foŋ⁵⁵
湘 湖	射星 ɕiɛ²¹sai⁴⁴	云 yɛn³⁵	发/起风 foʔ⁴/ tɕ'i³⁵foŋ⁴⁴
溪 头	流星 læi⁵¹sæ̃i³³	云 uəŋ⁵¹	刮风 kua⁵⁵fəŋ³³
沱 川	流星 lə²¹sã⁴⁴	云 vɛn²¹¹	发风 fo⁵¹fəŋ⁴⁴
紫 阳	流星 la²¹sɔ̃⁴⁴	云 væ²¹¹	发风 fo⁵¹fɐm⁴⁴
许 村	流星 la⁵¹sã³³	云 vɛn⁵¹	发风 fo⁵⁵fɐm³³
中 云	流星 la¹¹sã⁴⁴	云 vɛn¹¹	发风 fo⁵¹fɐm⁴⁴
新 建	流星 lɯ²⁴sã⁵⁴	云 vẽ²⁴	起风 tɕ'i³¹fəŋ⁵⁴
新 营	流星 lio³¹sæ̃⁵⁵	云 uən³¹	发风 fo²¹⁵fən⁵⁵
黄 柏	流星 liə⁴¹ɕin⁴⁴	云 yən⁴¹	刮风 kuɑ²¹fəŋ⁴⁴
暖 水	流星 ly²³sæ̃³¹	云 vẽ²³	刮风 kuɐ⁵⁴foŋ³¹

第五章 赣东北徽语代表方言点词语对照

		0010 台风		0011 打闪电
经公桥	台风	t'a³⁵foŋ²²	打扯火	ta⁴²tɕ'iɛ⁴⁴xuʌ⁴²
鹅 湖	台风	t'ɛ³⁵foŋ⁵⁵	打扯火儿	ta⁵³tɕ'iɛ⁵³xə⁽ʳ⁾⁵³
旧 城	龙风暴	lioŋ²⁴foŋ⁵⁵p'au³³	打扯火儿	ta³¹tɕ'iɛ²⁴xuo⁽ʳ⁾³¹
湘 湖	台风	t'ɛ³⁵foŋ⁴⁴	打扯火	ta³¹tɕ'ia²⁴xo³¹⁴
溪 头	台风	tɐ⁵¹fəŋ³³	打霍闪	ta²⁴xuo⁵⁵sĩ²⁴
沱 川	台风	t'a²¹fəŋ⁴⁴	打霍闪	tɒ³⁵xo⁵¹sĩ³⁵
紫 阳	大风	t'u⁵¹fɐm⁴⁴	打霍闪	ta³⁵xo²¹sĩ³⁵
许 村	台风	t'ɤ⁵¹fɐm³³	打霍闪	to²⁴xɔ⁵⁵sĩ³¹
中 云	台风	t'ɤ¹¹fɐm⁴⁴	打霍闪	to²xɔ⁵¹sĩ²
新 建	台风	t'ua²⁴fəŋ⁵⁴	打霍闪	ta³¹xo⁵¹ʃã³¹
新 营	台风	t'i³¹fən⁵⁵	打霍闪	ta⁵³xo⁵⁵ɕiɛ̃⁵³
黄 柏	台风	t'a⁴¹fəŋ⁴⁴	打霍闪	tɒ⁴⁵³xo²¹ɕiɛ̃²¹³
暖 水	台风	t'ɤ²³foŋ³¹	打霍闪	ta²¹⁴xɔ⁵⁴ɕiɛ̃²¹⁴

		0012 打雷		0013 下雨		0014 淋 衣服被雨~湿了
经公桥	打雷	ta⁴²lɤ⁵⁵	落雨	lau²²y⁴²	沰	tau⁴⁴
鹅 湖	打雷	ta⁵³lɛ³⁵	落雨	lauʔ⁴y⁵³	沰	tau²¹³
旧 城	打雷	ta³¹lɛ²⁴	落雨	lau³³y³¹	沰	tau²¹³
湘 湖	打雷公	ta³¹lɛ³⁵koŋ⁴⁴	落雨	lauʔ²y³¹⁴	沰	toʔ⁴
溪 头	打雷鸣	ta²⁴lɐ⁵¹mæi⁵¹	落雨	lau⁵⁵y²³¹	淋	lɛn⁵¹
沱 川	打雷鸣	tɒ³⁵lə²¹mã²¹¹	落雨	lau⁵¹y³¹	沰	tau⁵¹
紫 阳	打雷鸣	ta³⁵lə²¹mɔ̃²¹¹	落雨	lɒ⁵¹y³¹	沰	tɒ⁵¹
许 村	打雷鸣	to³¹lɤ⁵¹mã⁵¹	落雨	lɔ⁵⁵y³¹	沰	to⁵⁵
中 云	打雷鸣	t'o³⁵lɤ¹¹mã¹¹	落雨	lɔ⁵¹y³¹	沰	lɔ⁵¹
新 建	打雷鸣	ta³¹lua²⁴mã²⁴	落雨	lo³³y³¹	打	ta³¹
新 营	打雷公	ta⁵³li³¹kən⁵⁵	落雨	lɔ⁵⁵y⁵³	打	ta⁵³
黄 柏	打雷	tɒ⁴⁵³lɛ⁴¹	落雨	lə⁴⁴y⁴⁵³	打	tɑ⁴⁵³
暖 水	打雷鸣	ta²¹⁴lɤ²³mæ²³	落雨	lɔ³¹vu²¹⁴	淋	lɛ̃²³

	0015 晒~稻谷	0016 下雪	0017 （雪）化了
经公桥	晒 ʃa²¹⁴	落雪 lau²²siɛ⁴⁴	烊嘚 yaŋ³⁵tɤ⁰
鹅 湖	晒 ʃɑ²¹³	落雪ɹ lauʔ⁴siɛʳ²¹³	化嗝 xuo²¹³kɛ⁰
旧 城	晒 ɕia²¹³	落雪 lau³³siɛ²¹³	烊嘀 n.ia²⁴ti⁰
湘 湖	晒 sa²¹²	落雪 lauʔ²siɛʔ⁴	烊嘀 ia³⁵ti⁰
溪 头	晒 sa²⁴	落雪 lau⁵⁵se⁵⁵	烊之 iɔ̃⁵¹tɕi⁰
沱 川	晒 so³⁵	落雪 lau⁵¹se⁵¹	烊之 iã²¹tsə⁴⁴
紫 阳	晒 sə³⁵	落雪 lɒ⁵¹se⁵¹	烊之 iã²¹tɕi⁴⁴
许 村	晒 ʃue²⁴	落雪 lɔ⁵⁵se⁵⁵	烊之 iɔ̃⁵¹tɕi³³
中 云	晒 sɤ³⁵	落雪 lɔ⁵¹se⁵¹	烊之 iã¹¹tɕi⁰
新 建	晒 ʃuɤ²¹³	落雪 lo³³sæ⁵¹	烊□之 iɔ̃²⁴mə⁰tsɤ⁰
新 营	晒 ɕio²¹³	落雪 lɔ⁵⁵si²¹⁵	烊嘀 iã³¹ti⁰
黄 柏	晒 ʂuɑ²¹³	落雪 lɔ⁴⁴ɕia²¹³	烊了 iəŋ⁴¹lə⁰
暖 水	晒 ʂuɐ³⁵	落雪 lɔ³¹ɕiɛ⁵⁴	烊之啦 iʌŋ²³tsɤ⁰lɤ⁰

	0018 冰	0019 冰冻~的天气要注意防寒
经公桥	冰 pãi²²	结冰 tɕiɛ⁴⁴pãi²²
鹅 湖	冰 pãi⁵⁵	结冰冻 tɕiɛʔ⁴pãi⁵⁵toŋ²¹³
旧 城	冰 pai⁵⁵	结冰冻 tɕiɛ²¹³pai⁵⁵toŋ²¹³/打冻 ta³¹toŋ²¹³
湘 湖	冰 pai⁴⁴	起扣 tɕ'i³¹tɕ'iau²¹²
溪 头	冰 pæi³³	结冰 tʃe⁵⁵pæi³³
沱 川	冰 pã⁴⁴	冰冻 pã⁴⁴təŋ³⁵
紫 阳	冰 pɔ̃⁴⁴	结/起冰 tɕiɛ⁵¹/ tɕ'i³⁵pɔ̃⁴⁴
许 村	冰 pã³³	结冰冻 tʃe⁵⁵pã³³tɐm²⁴
中 云	冰 pã⁴⁴	冰冻 pã⁴⁴tɐm³⁵
新 建	冰 pẽ⁵⁴	冻冰冻 təŋ²¹pẽ⁵⁴təŋ²¹³
新 营	冰 pæ⁵⁵	结冰冻 tɕiɛ²¹pæ⁵⁵tən²¹³
黄 柏	冰 pin⁴⁴	结冰冻 tʃɑ²¹pin⁴⁴təŋ²¹³
暖 水	冰 pæ³¹	起扣 tɕi²¹tɕ'y³⁵

	0020 冰锥挂在屋檐下的	0021 冰雹
经公桥	冰柱 pãi²²tɕ'y²¹⁴	雹子仂 p'au²²tsʅ⁴²lɛ⁰
鹅 湖	□□儿 nia³⁵siaʳ⁵	雹儿 p'au²¹tsəʳ⁵³
旧 城	溜溜儿 liəu²⁴liəʳ⁵⁵	雹儿 p'au³³tsəʳ³¹
湘 湖	（冰溜）溜子 pai⁴⁴liəu³⁵liəu³⁵tsʅ⁰	雹子 p'auʔ²tsʅ⁰
溪 头	□□□ ɕy²⁴tæi³³tæi⁰	冰雹 pæ³³p'au⁵⁵
沱 川	笔冰 pi⁵¹pã⁴⁴	雹 p'au⁵¹
紫 阳	笔仂 pa⁵¹la⁵¹	雹 p'ɒ⁵¹
许 村	吊挂冰 tio²⁴ko²⁴pã³³	雹仂 p'ɔ⁵⁵lɛ⁰
中 云	雪笔 se⁵¹pa⁵¹	雹 p'ɔ⁵¹
新 建	冰柱 pẽ⁵⁴tɕ'y⁵¹	雹 p'ɔ³³
新 营	溜□ lio³¹liɛ³¹	雹 p'ɔ⁵⁵
黄 柏	冰溜 pin⁴⁴liə⁴¹/溜子 liə⁴¹tsʅ⁰	雹子 p'ə⁴⁴tsʅ⁰
暖 水	□□ vu²³tu⁵⁴	雹 p'ɔ³¹

	0022 下霜	0023 下雾	0024 下露水
经公桥	打/下霜 ta⁴²/xʌ²⁴ʃuaŋ²²	起雾 tɕ'i⁴²u²¹⁴	打露水 ta⁴²lu²⁴ɕy⁴²
鹅 湖	下霜 xuo²¹ʂaŋ⁵⁵	下雾 xuo²¹u²¹¹	下露水 xuo²¹ləu²¹ɕy⁵³
旧 城	打霜 ta³¹ɕia⁵⁵	起雾 tɕ'i³¹u³³	下雾露 xo³³u³³ləu³³
湘 湖	打霜 ta³¹saŋ⁴⁴	下雾露 xo²¹moŋ³⁵ləu²¹¹	打露水 ta³¹ləu²¹ɕy³¹⁴
溪 头	下霜 xo⁵⁵sɔ̃³³	起雾 tɕ'i⁴²u⁵⁵	打露水 ta⁴²lu⁵⁵ɕy⁴²
沱 川	下霜 xo⁵¹sʌ̃⁴⁴	起雾 tɕ'i³⁵vu⁵¹	打露水 tɒ³⁵lu⁵¹ɕy²
紫 阳	下霜 xo⁵¹ɕiã⁴⁴	雾露 mɐm²¹lu⁵¹	下露水 xo⁵¹lu⁵¹ɕy²
许 村	打霜 to³¹ʃɔ̃³³	下雾 xo⁵⁵vu⁵⁵	打露水 to²⁴lu⁵⁵ɕy³¹
中 云	打霜 to²sã⁴⁴	下雾 xo⁵¹vu⁵¹	打露水 to²lu⁵¹ɕy²
新 建	打霜 ta³¹ʃɔ̃⁵⁴	下雾 xuɣ⁵¹vu⁵¹	打露水 ta³¹lu⁵¹ʃuɛ³¹
新 营	打霜 ta³¹ɕiɔ̃⁵⁵	起雾露 tɕ'i⁵³mən³¹lo⁵¹	打露水 ta⁵³lo⁵¹ɕy⁵³
黄 柏	打霜 tɑ⁴⁵³ʂuaŋ⁴⁴	下雾 xɑ²¹u²¹³	下露水 xɑ²¹lu²¹fi⁴⁵³
暖 水	打霜 ta²¹ɕiʌŋ³¹	起雾 tɕ'i²¹⁴vu⁵¹	下露水 xuɐ⁵¹lu⁵¹ʂei²¹⁴

	0025 虹	0026 天气	0027 晴~了半个月
经公桥	虹 kaŋ²¹⁴	天气 tʻiɛ̃²²tɕʻi²¹⁴	天晴 tʻiɛ̃²²tsʻãi⁵⁵
鹅 湖	虹 kaŋ²¹³	天气 tʻĩ⁵⁵tɕʻi²¹³	天晴 tʻĩ⁵⁵tsʻãi³⁵
旧 城	虹 kaŋ²¹³	天头 tʻi⁵⁵tʻau⁰	天晴 tʻi⁵⁵tsʻai²⁴
湘 湖	虹 kaŋ²¹²	天头 tʻĩ⁴⁴tʻiau³⁵	天晴 tʻĩ⁴⁴tsʻai³⁵
溪 头	虹 kɔ̃²⁴	天气 tʻĩ³³tɕʻi²⁴	天晴 tʻĩ³³tsʻæi⁵¹
沱 川	虹 kʌ̃³⁵	天气 tʻĩ⁴⁴tɕʻi³⁵	天晴 tʻĩ⁴⁴tsʻã²¹¹
紫 阳	虹 kã³⁵	天气 tʻĩ⁴⁴tɕʻĩ³⁵	天晴 tʻĩ⁴⁴tsʻɔ̃²¹¹
许 村	虹 kɔ̃²⁴	天气 tʻĩ³³tɕʻi²⁴	天晴 tʻĩ³³tsʻã⁵¹
中 云	虹 kã³⁵	天气 tʻĩ⁴⁴tɕʻi³⁵	天晴 tʻĩ⁴⁴tsʻã¹¹
新 建	虹 kɔ̃²¹³	天气 tʻã⁵⁴tɕʻi²¹³	天晴 tʻã⁵⁴tsʻã²⁴
新 营	虹 kɔ̃²¹³	天气 tʻi⁵⁵tɕʻi²¹³	天晴 tʻi⁵⁵tsʻæ̃³¹
黄 柏	虹 kã²¹³	天头 tʻiɛ̃⁴⁴tʻiə⁴¹	天晴 tʻiɛ̃⁴⁴tɕʻin⁴¹
暖 水	虹 kʌŋ³⁵	天气 tʻiɛ̃³¹tɕʻi²¹⁴	天晴 tʻiɛ̃³¹tsʻæ²³

	0028 阴~了半个月	0029 旱~了三个月	0030 涝~了一个月
经公桥	阴天 in²²tʻiɛ̃²²	干 kɤ̃²²	—
鹅 湖	阴天 iɛn⁵⁵tʻĩ⁵⁵	干 kien⁵⁵	—
旧 城	阴天 iɛn⁵⁵tʻi⁵⁵	干 kɛn⁵⁵	—
湘 湖	阴天 iɛn⁴⁴tʻĩ⁴⁴	干 kɛn⁴⁴	—
溪 头	天阴 tʻĩ³³iɛn³³	干 kũ³³	水涝 ɕy²⁴lɛ²⁴
沱 川	阴天 iɛn⁴⁴tʻĩ⁴⁴	干 kũ⁴⁴	浸 tsɛn³⁵/揾 vɛn³⁵
紫 阳	阴天 iæ⁴⁴tʻĩ⁴⁴	天干 tʻĩ⁴⁴kum⁴⁴	涝 lo³⁵
许 村	阴天 iɛn³³tʻĩ³³	天干 tʻĩ³³kũ³³	天浸 tʻĩ³³tsɛn²⁴
中 云	阴天 iɛn⁴⁴tʻĩ⁴⁴	干 kum⁴⁴	揾 vɛn³⁵
新 建	阴天 iɛ̃⁵⁴tʻã⁵⁴	天干 tʻã⁵⁴kuɔ̃⁵⁴	天浸 tʻã³³tsɛ̃²¹³
新 营	阴天 iən⁵⁵tʻi⁵⁵	天干 tʻi⁵⁵ku⁵⁵	水揾 ɕy⁵³uən²¹³/涝 lɔ²¹³
黄 柏	天阴 tʻiɛ̃⁴⁴in⁴⁴	干 kõ⁴⁴	—
暖 水	阴天 iɛ̃³¹tʻiɛ̃³¹	干 kuõ³¹	浸湿 tɕiɛ̃³⁵sŋ⁵⁴

	0031 天亮~了，快起床	0032 天黑~了，明天去	0033 土地建房子不要浪费~
经公桥	天光 t'iɛ̃²²kuaŋ²²	（天）暗（t'iɛ̃²²）ŋɤ̃²¹⁴	地 t'i²¹⁴
鹅湖	天光 t'ĩ⁵⁵kuaŋ⁵⁵	（天）暗（t'ĩ⁵⁵）ŋən²¹³	土地 t'əu²¹t'ei²¹¹
旧城	天光 t'i⁵⁵kuaŋ⁵⁵	（天）暗（t'i⁵⁵）ŋiɛn²¹³	土地 t'əu³¹t'ei³³
湘湖	天光 t'ĩ⁴⁴kuaŋ⁴⁴	暗 ŋiɛn²¹²	地 t'ei²¹¹
溪头	天光 t'ĩ³³kuɔ̃³³	夜 ie⁵⁵	土地 t'u⁴²t'i⁵⁵
沱川	天光 t'ĩ⁴⁴kuʌ̃⁴⁴	暗 ŋəŋ³⁵	土地 t'u²t'i⁵¹
紫阳	天光 t'ĩ⁴⁴kuã⁴⁴	暗 væ³⁵	地 t'i⁵¹
许村	天光 t'ĩ³³kuã³³	（天）暗（t'ĩ³³）ŋɛn²⁴	（土）地（t'u³¹）t'i⁵⁵
中云	天光 t'ĩ⁴⁴kuã⁴⁴	暗 ŋɛn³⁵	土地 t'u²t'i⁵¹
新建	天光 t'ã⁵⁴kɔ̃⁵⁴	（天）暗（t'ã⁵⁴）ŋẽ²¹³	（土）地（t'u³¹）t'i⁵¹
新营	天光 t'i⁵⁵kuɔ̃⁵⁵	夜 ie⁵⁵	地 t'ɛ⁵¹
黄柏	天光 t'iɛ⁴⁴kuəŋ⁴⁴	（天）暗（t'iɛ⁴⁴）ŋõ²¹³	地 t'i²¹³
暖水	天光 t'iɛ̃³¹kʌŋ³¹	（天）暗（t'iɛ̃³¹）ŋæ³⁵	地 t'i⁵⁵

	0034 大片的田地	0035 水田	0036 旱地
经公桥	田畈 t'iɛ̃³⁵fuʌ̃²¹⁴	（水）田（ɕy⁴²）t'iɛ̃³⁵⁵	干地 kɤ̃²²t'i²¹⁴
鹅湖	坛儿 t'õr²¹¹	田 t'ĩ³⁵	干地 kin⁵⁵t'ei²¹¹
旧城	畈 fuo²¹³	田 t'i²⁴	地 t'ei³³
湘湖	坛 t'ɛn²¹¹/畈 fo²¹²	田 t'ĩ³⁵	地 t'ei²¹¹
溪头	畈 fã²⁴	（水）田（ɕy⁴²）t'ĩ⁵¹	旱地 xũ⁵⁵t'i⁵⁵
沱川	畈 fõ³⁵	田 t'ĩ²¹¹	（旱）地（xũ⁵¹）t'i⁵¹
紫阳	坛 t'um⁵¹	田 t'ĩ²¹¹	（旱）地（xum⁵¹）t'i⁵¹
许村	平坛 p'ã⁵¹t'ũ⁵⁵	（水）田（ɕy³¹）t'ĩ⁵¹	（旱）坛（xũ⁵⁴）t'ũ⁵⁵
中云	畈 fum³⁵	（水）田（ɕy³⁵）t'ĩ¹¹	（旱）地（xum⁵¹）t'i⁵¹
新建	平坛 p'ã²⁴t'uɔ̃⁵¹	（水）田（ʃuɛ³¹）t'ã²⁴	（旱）地（xuɔ̃⁵¹）t'i⁵¹
新营	畈 fã²¹³	田 t'i³¹	地 t'ɛ⁵¹
黄柏	坛 t'ã²¹³	（水）田（fi⁴⁵³）t'iɛ⁴¹	地 t'i²¹³
暖水	田畈 t'iɛ̃²¹fã³⁵	田 t'iɛ̃²³	地 t'i⁵⁵

	0037 田埂 水田边的土埂	0038 晒谷场
经公桥	田塍 tʻiɛ³⁵ɕiãi⁵⁵	晒谷坛 ɕia²⁴kuʻ⁴⁴tʻuã²¹⁴
鹅 湖	田塍 tʻĩ³⁵ʂãi³⁵	晒谷场 ʂa²¹kuʔ⁴tɕʻiõ³⁵
旧 城	田塍 tʻi²⁴ɕiai²⁴	晒谷坛 ɕia²¹³ku²¹³tʻuo³³
湘 湖	田塍 tʻĩ³⁵ɕiai³⁵	晒坛 ʃa³⁵tʻɛn²¹¹
溪 头	田塍 tʻĩ⁵¹sɛn⁵¹	晒谷场 sa²⁴ku⁵⁵tsɔ̃⁵¹
沱 川	田塍 tʻĩ²¹sã²¹¹	晒场 so³⁵tsʻã²¹¹
紫 阳	田塍 tʻĩ²¹sæ²¹¹	晒谷场 sə³⁵ku⁵¹tɕʻiã²¹¹
许 村	田塍 tʻĩ⁵¹ʃɛn⁵¹	晒谷坛 ʃue²⁴ku⁵⁵tʻũ⁵⁵
中 云	田塍 tʻĩ¹¹ɕiɛn¹¹	晒谷坛 sɤ³⁵ku⁵¹tʻum⁵¹
新 建	田塍 tʻã²⁴ʃẽ²⁴	晒谷场 ʃue²¹³ko⁵¹tʂʻɔ̃²⁴
新 营	田塍 tʻi³¹ɕiæ³¹	簟衣场 tʻiʻ⁵¹iʻ⁵⁵tɕʻiã³¹/晒谷场 ɕyɛ²¹kuʻ²¹⁵tɕʻiã³¹
黄 柏	田塍 tʻiɛ̃⁴¹ʃən⁴¹	晒禾/谷畿 ʂuɑ²¹uoʻ⁴¹/ ku²¹tɕi⁴⁴
暖 水	田塍 tʻiɛ̃²¹ɕiæ²³	晒谷场 ʂuɐ⁵¹kəu⁵⁴tʂʻʌŋ²³

	0039 路 野外的	0040 山	0041 山谷
经公桥	路 lu²¹⁴	山 ʂuã²²	山坞 ʂuã²²u⁴²
鹅 湖	田塍路 tʻĩ³⁵ʂãi³⁵ləu²¹¹	山 sõ⁵⁵	山坳 sõ⁵⁵ŋau⁵⁵
旧 城	路 ləu³³	山 ʂuo⁵⁵	山塆 ʂuo⁵⁵ŋuo⁵⁵
湘 湖	野鸡路 iɛ³⁵tɕiʻ⁴⁴ləu²¹¹	山 so⁴⁴	山垄 so⁴⁴loŋ³¹⁴/垄仂 loŋ³⁵lɛ⁰
溪 头	山路 sã³³lu⁵⁵	山 sã³³	山坞 sã³³u⁴²
沱 川	路 lu⁵¹	山 sõ⁴⁴	山坞 sõ³³vu²
紫 阳	路 lu⁵¹	山 sum⁴⁴	山坞垄 sum⁴⁴vu³⁵lɐm²¹¹
许 村	路 lu⁵⁵	山 ʃũ³³	山坞 ʃũ³³vu³¹
中 云	路 lu⁵¹	山 sum⁴⁴	山坞 sum⁴⁴vu²
新 建	路 lu⁵⁴	山 ʃã⁵⁴	山坞 ʃã⁵⁴vu³¹
新 营	路 lu⁵¹	山 ɕiã⁵⁵	山沟 ɕiã⁵⁵tɕiɔ⁵⁵
黄 柏	野鸡路 iɑ⁴⁵³tɕi⁴⁴lu²¹³	山 ʂuã⁴⁴	山沟 ʂuã⁴⁴tʃə⁴⁴
暖 水	山路 ʂã³¹lu⁵⁵	山 ʂã³¹	坳 ŋɔ³⁵

	0042 江 大的河	0043 溪 小的河	0044 水沟儿
经公桥	江 kaŋ²²	坑 tɕʻiã²²	甽沟 tɕyn²⁴tɕiəu²²
鹅 湖	江 kaŋ⁵⁵	河 xie³⁵	沟 tɕiəu⁵⁵
旧 城	港 kaŋ³¹	坑 kʻa⁵⁵	甽沟 tɕyɛn²¹³kau⁵⁵
湘 湖	港 kaŋ³¹⁴	坑 kʻa⁴⁴	□沟 po³⁵tɕiau⁴⁴
溪 头	溪 tʃʻe³³	坑 kʻæi³³	水沟 ɕy²⁴tʃæi³³
沱 川	河 xo²¹¹ / 大溪 tʻu⁵¹tɕie⁴⁴	溪 tɕʻie⁴⁴	沟 tɕiə⁴⁴
紫 阳	河 xə²¹¹ / 溪 tɕʻi⁴⁴	坑 kɔ⁴⁴	甽 tsæ³⁵
许 村	河 xuɤ⁵¹	细河 se²⁴xuɤ⁵¹	细甽 se²⁴tʃɛn²⁴
中 云	大河 tʻo⁵¹xuɤ¹¹	坑 kʻã⁴⁴	水沟 ɕy³⁵tɕia⁴⁴
新 建	河 xɯ²⁴	坑 kʻã⁵⁴	水沟 ʃuɛ³¹tɕiɯ⁵⁴
新 营	河 xu³¹	坑 kʻæ⁵⁵	水沟 ɕyɛ⁵³tɕiɔ⁵⁵
黄 柏	河 xo⁴¹	坑 kʻən⁴⁴	水沟 fi⁴⁵³tʃə⁴⁴
暖 水	河 xo²³	甽 tɕiẽ³⁵	细甽 ɕi³⁵tɕiẽ³⁵

	0045 海	0046 湖	0047 池塘
经公桥	海 xɤ⁴²	湖 xu³⁵⁵	（水）塘（ɕy⁴²）tʻaŋ³⁵⁵
鹅 湖	海 xiɛ²¹¹	湖 xu³⁵	塘 tʻaŋ³⁵
旧 城	海 xɛ³¹	湖 u²⁴	塘 tʻaŋ²⁴
湘 湖	海 xɛ³¹⁴	湖 fu³⁵	塘 tʻaŋ³⁵
溪 头	海 xuɐ⁴²	湖 xu⁵¹	塘 tʻɔ̃⁵¹
沱 川	海 xa²	湖 xu²¹¹	塘 tʻã²¹¹
紫 阳	海 xe²	湖 xu²¹¹	塘 tʻã²¹¹
许 村	海 xuɤ³¹	湖 xu⁵¹	（池）塘（tsʻɿ⁵¹）tʻɔ̃⁵¹
中 云	海 xua²	湖 xu¹¹	塘 tʻã¹¹
新 建	海 xua³¹	湖 xu²⁴	塘 tʻɔ̃²⁴
新 营	海 xua⁵³	湖 xu³¹	塘 tʻɔ̃³¹
黄 柏	海 xɛ⁴⁵³	湖 xu⁴¹	（水）塘（fi⁴⁵³）tʻã⁴¹
暖 水	海 xo²¹⁴	湖 xu²³	塘 tʻʌŋ²³

	0048 水坑儿路面不平下雨后有许多~	0049 发洪水
经公桥	水窟儿 ɕy⁴²kʻuən²²	作大水 tau⁴⁴tʻa²⁴ɕy⁴²
鹅湖	水窟 ɕy⁵³kʻuei?⁴	涨大水 tɕiõ⁵³tʻa²¹ɕy⁵³
旧城	水窟儿 ɕy³¹kʻuei²¹³ni⁰	涨大水 tɕia³¹tʻa³³ɕy³¹
湘湖	水窟 ɕy³⁵kʻau?⁴	涨大水 tɕia³¹tʻa²¹ɕy³¹⁴
溪头	水窟 ɕy⁴²kʻuɐ⁵⁵	涨洪水 tsɔ̃⁴²xəŋ⁵¹ɕy⁴²
沱川	水坑 ɕy³⁵kʻã⁴⁴	发大水 fo⁵¹tʻu⁵¹ɕy²
紫阳	水凼 ɕy³⁵tʻã⁵¹	涨大水 tɕiã³⁵tʻu⁵¹ɕy²
许村	水窟 ɕy³¹kʻuɤ⁵⁵	涨大水 tʃɔ̃³¹tʻɤ⁵⁵ɕy³¹
中云	水窟 ɕy²kʻuɤ⁵¹	做大水 tsu³⁵tʻo⁵¹ɕy²
新建	水窟 ɕy³⁵kʻuɤ⁵⁴	涨大水 tʂɔ̃³¹tʻa⁵¹ʃuɛ³¹
新营	水窟 ɕyɛ⁵³kʻuɛ²¹⁵	涨大水 tɕiã⁵³tʻa⁵¹ɕyɛ⁵³
黄柏	水坑 fi⁴⁵³kʻən⁴⁴	涨大水 tʃã⁴⁵³tʻɒ²¹fi⁴⁵³
暖水	水窟 ʂei²¹kʻuɛ⁵⁴	涨大水 tʂʌŋ²¹⁴tʻa⁵¹ʂei³¹

	0050 山洪暴发	0051 淹 人~死了‖房子~了
经公桥	出蛟 tɕʻy⁴⁴tʃuau²²	揾 uən²¹⁴
鹅湖	出蛟 tɕʻy?⁴tɕia⁵⁵	揾 uən²¹³
旧城	出蛟 tɕʻy²¹³tɕiau⁵⁵	揾 uɛn²¹³‖浸 tsɛn²¹³
湘湖	出蛟 tɕʻy?⁴tɕio⁴⁴	揾 uɛn²¹²‖浸 tsɛn²¹²
溪头	江山倒坝 kɔ̃³³sã³³tɐ⁴²po²⁴	揾 uəŋ²⁴
沱川	崩蛟 pɛn⁴⁴tɕiɒ⁴⁴	揾 vəŋ³⁵
紫阳	□蛟动身 tsɔ̃⁴⁴kɒ⁴⁴tʻɐm³¹sæ̃⁴⁴	揾 væ³⁵
许村	—	揾 vɛn²⁴
中云	—	揾 vɛn³⁵
新建	—	揾 vẽ²¹³
新营	—	揾 uən²¹³
黄柏	—	揾 uən²¹³
暖水	—	揾 vẽ³⁵

	0052 河岸	0053 河滩
经公桥	河口边 xɤ³⁵liɛ̃²⁴piɛ̃²²	河滩 xɤ³⁵tʻuʌ̃²²
鹅 湖	河边 xiɛ³⁵pĩ⁵⁵	河滩儿 xiɛ³⁵tʻõ⁵⁵ni⁰
旧 城	港舷口儿 kaŋ³¹ɕi²⁴xuo³³ni⁰	沙洲 ʂuo⁵⁵tɕiəu⁵⁵
湘 湖	港边 kaŋ³⁵pĩ⁴⁴	港洲 kaŋ³⁵tɕiəu⁴⁴
溪 头	河边 xo⁵¹pĩ³³	河滩 xo⁵¹tʻã³³
沱 川	溪边上 tɕʻie⁴⁴pĩ⁴⁴sã⁰	溪滩 tɕʻie⁴⁴tʻõ⁴⁴
紫 阳	河岸 xə²¹m̩³⁵	溪口滩 tɕʻi⁴⁴kə⁴⁴tʻum⁴⁴
许 村	河舷旁 xuɤ⁵¹ɕĩ⁵¹pʻɔ̃⁵¹	河滩 xuɤ⁵¹tʻũ³³
中 云	河舷/口 xuɤ¹¹ɕĩ¹¹/pʻã⁵¹	河滩 xuɤ¹¹tʻum⁴⁴
新 建	河舷 xɯ²⁴ɕiɛ̃²⁴	河滩 xɯ²⁴tʻã̃⁵⁴
新 营	河舷/岸 xu³¹ɕiɛ̃³¹/mu⁵⁵	河洲壳 xu³¹tɕio⁵⁵kʻɔ²¹⁵
黄 柏	河边 xo⁴¹piɛ̃⁴⁴	河滩 xo⁴¹tʻã⁴⁴
暖 水	河舷 xo²³ɕiɛ̃²³	沙洲壳 ʂo³¹tɕy³¹kʻɔ⁵⁴

	0054 坝拦河水的	0055 地震
经公桥	坝 puʌ²¹⁴	地震 tʻi²⁴tɕin²¹⁴
鹅 湖	坝 puo²¹³	地震 tʻei²¹tɕien²¹³
旧 城	堰 ɲi²¹³/坝儿 puoʳ²¹³	鳌鱼翻身 ŋau²⁴y²⁴fuo⁵⁵ɕien⁵⁵
湘 湖	坝 po²¹²	地震 tʻi²¹tɕien²¹²
溪 头	石口 sa⁵⁵xo³³	地震 te⁵⁵tsɛn²⁴
沱 川	河坝 xo²¹po³⁵	地震 tʻi⁵¹tsɛn³⁵
紫 阳	坝 pə³⁵	地震 tʻi⁵¹tsæ³⁵
许 村	水坝 ɕy³¹po²⁴	地震 tʻi⁵⁵tʃɛn²⁴
中 云	河口 xuɤ¹¹la⁵¹	地震 tʻi⁵¹tsɛn³⁵
新 建	坝 puɤ²¹³	地震 tʻi⁵¹tʃẽ²¹³
新 营	坝 po²¹³	地震 tʻɛ⁵¹tɕiən²¹³
黄 柏	(河)坝 (xo⁴¹)pɑ²¹³	地震 tʻi²¹tʃn²¹³
暖 水	陂 pi³¹	地震 tʻi⁵¹tɕiɛ̃³⁵

	0056 窟窿	0057 缝儿
经公桥	洞 tʻoŋ²¹⁴	圻儿 tʂʻa⁴⁴n̩⁰
鹅 湖	洞 tʻoŋ²¹¹	缝 foŋ²¹¹
旧 城	窟 kʻuei²¹³	圻 tɕʻia²¹³/缝 foŋ³³
湘 湖	洞 tʻoŋ²¹¹	圻 tʃʻaʔ²⁴/缝 foŋ²¹¹
溪 头	坑坑 kʻæi³³kʻæi³³	缝 fəŋ⁵⁵
沱 川	洞 təŋ⁵¹	缝 fəŋ⁵¹
紫 阳	洞 tʻɐm⁵¹	缝 fɐm⁵¹
许 村	窟 kʻuɤ⁵⁵/洞 tʻɐm⁵⁵	圻 tʃʻo⁵⁵/缝 fɐm⁵⁵
中 云	洞 tʻɐm⁵¹	缝 fɐm⁵¹
新 建	窟 kʻuɛ⁵¹/洞 tʻəŋ⁵¹	缝 fəŋ⁵¹
新 营	(窟)洞 (kʻuɛ²¹⁵) tʻən⁵¹	缝 fən⁵¹
黄 柏	窟窿 kʻu²¹ləŋ⁴¹	缝 fəŋ²¹³
暖 水	窟 kʻue⁵⁴	圻 tʂʻæ⁵⁴

	0058 石头统称	0059 鹅卵石	0060 土统称
经公桥	石头 ɕiai²²tʻiəu²¹⁴	鹅石子 ɣ³⁵ɕiai²²tsɿ⁴²	土 tʻu⁴²
鹅 湖	石头 ʂaiʔ²⁴tʻiəu³⁵	鸡子石 tɕi⁵⁵tsɿ⁵³ʂaiʔ²⁴	泥 nei³⁵
旧 城	石头 ɕia³³tʻau⁰	鹅卵牯儿 ŋiɛ²⁴lɛn³¹ku³¹ni⁰	土 tʻəu³¹
湘 湖	石头 ɕiaiʔ²tʻiau³⁵	鹅头金仿 ŋɛ³⁵tʻiau⁰tɕien⁴⁴lɛ⁰	土 tʻəu³¹⁴
溪 头	石头 sa⁵⁵tʻæi⁰	鹅卵石 ŋo⁵¹nũ²³¹sa⁵⁵	土 tʻu⁴²
沱 川	石头 sɒ⁵¹tʻə²¹¹	鹅卵石 gə²¹nũ³¹sɒ⁵¹	土 tʻu²
紫 阳	石头 so⁵¹tʻa²¹¹	玛瑙 bo³¹lɒ³¹lu³⁵	泥 li²¹¹
许 村	石头 ʃo⁵⁵tʻa⁵¹	玛瑙石 mɤ³¹lo⁵⁵ʃo⁵⁵	泥 ne⁵¹
中 云	石头 so⁵¹tʻa¹¹	玛瑙□ bɤ³¹la⁵¹lu³⁵	泥 le¹¹
新 建	石头 ʃæ³³ʃɯ⁰	玛瑙石 mo⁵¹lo⁵⁴ʃo³³	土 tʻu³¹
新 营	石头 ɕiæ⁵⁵tʻiɔ³¹	玛瑙金 mo⁵³lɔ⁵³tɕiən⁵⁵	烂泥 la⁵¹n̩i³¹
黄 柏	石头 ʃuɛ⁴⁴tʻiə⁴¹	鹅卵石 ŋo⁴¹lõ⁴⁵³ʃuɛ⁴⁴	土 tʻu⁴⁵³/泥 n̩i⁴¹
暖 水	石头 ɕiai³¹tʻy⁰	鹅卵石子 ŋo²³luõ²⁴ɕiai³¹tsɿ⁰	土 tʻu²¹⁴

		0061 泥湿的	0062 石灰	0063 磁铁
经公桥	泥巴 li³⁵pa⁰	石灰 ɕiai²²xuɣ²²	吸铁石 ɕi⁴⁴t'iɛ⁴⁴ɕiai²²
鹅 湖	烂泥 nõ²¹nei³⁵	石灰 ʂaiʔ²⁴xuɛ⁵⁵	吸铁石 ɕiʔ²⁴t'iɛʔ²⁴ʂaiʔ²⁴
旧 城	泥巴 lei²⁴puo⁰	石灰 ɕiai³³fɛ⁵⁵	磁铁 sʅ²⁴t'iɛ²¹³
湘 湖	烂泥 lo²¹lei³⁵	石灰 ɕiaiʔ²fɛ⁴⁴	吸铁石 ɕiʔ²⁴t'iɛʔ²⁴ɕiaiʔ²
溪 头	烂泥巴 nã⁵¹le⁵¹po³³	石灰 sa⁵⁵xuɐ³³	吸铁石 ʃi⁵⁵t'e⁵⁵sa⁵⁵
沱 川	烂泥 nõ⁵¹le²¹¹	石灰 sɒ⁵¹xua⁴⁴	磁铁 ts'ʅ²¹t'e⁵¹
紫 阳	烂泥 num⁵¹li²¹¹	石灰 so⁵¹xe⁴⁴	吸铁石 ɕia⁵¹t'e⁴⁴so⁵¹
许 村	烂泥 nũ⁵⁵le⁵²	石灰 ʃo⁵⁵xuɣ³³	吸铁石 ɕia⁵⁵t'e⁵⁵ʃo⁵⁵
中 云	烂泥 num⁵¹le¹¹	石灰 so⁵¹xuɣ⁴⁴	吸铁石 ɕi⁵¹t'e⁵¹so⁵¹
新 建	泥 næ²⁴	石灰 ʃ³³xua⁵⁴	磁铁 ts'ɤ²⁴t'æ⁵¹
新 营	稀烂泥 ɕi⁵⁵la⁵¹ȵi³¹	石灰 ɕiæ⁵⁵xua⁵⁵	吸铁石 ɕi²¹⁵t'iɛ²¹⁵ɕiæ⁵⁵
黄 柏	烂泥 lã²¹ȵi⁴¹	石灰 ʃuɛ⁴⁴xuɛ⁴⁴	吸铁石 ɕi²¹t'iɑ²¹ʃuɛ⁴⁴
暖 水	泥 li²³	石灰 ɕiæ³¹xo³¹	吸铁 ɕi⁵⁴t'iæ⁵⁴

		0064 锡	0065 水泥旧称	0066 沙子
经公桥	锡 sai⁴⁴	水泥 ɕy⁴²li⁵⁵	沙子 ʂuʌ²²tsʅ⁰
鹅 湖	锡 saiʔ⁴	水泥 ɕy⁵³nei³⁵	沙 ʂo⁵⁵
旧 城	锡 sai²¹³	洋泥 ȵia²⁴fɛ⁵⁵	沙子儿 ʂuo⁵⁵tsərº
湘 湖	锡 sɛʔ⁴	洋灰 ia³⁵fɛ⁴⁴	沙 so⁴⁴
溪 头	锡 sa⁵⁵	洋泥 iõ⁵¹le⁵¹	沙 so³³
沱 川	锡 sɒ⁵¹	水泥 ɕy³⁵le²¹¹	沙 so⁴⁴
紫 阳	锡 so⁵¹	洋泥 iã²¹li²¹¹	沙 sɤ⁴⁴
许 村	锡 so⁵⁵	洋泥 iõ⁵¹le⁵¹	沙 ʃue³³
中 云	锡 so⁵¹	水泥 ɕy³⁵le¹¹	沙 so⁴⁴
新 建	锡 sæ⁵¹	洋泥 iõ⁵¹næ²⁴	沙 ʃuɣ⁵⁴
新 营	锡 sæ²¹⁵	洋泥 iã³¹ȵi³¹	沙 ɕio⁵⁵
黄 柏	锡 sɛ²¹³	洋泥 iã⁴¹ȵi⁴¹	沙子 ʂua⁴⁴tsʅ⁰
暖 水	锡 ɕiæ⁵⁴	洋泥 iʌŋ²³li²³	沙 ʂa³¹

	0067 砖	0068 瓦	0069 煤
经公桥	砖 tɕyɛ̃22	瓦 uʌ42	煤 mɣ355
鹅 湖	砖 tɕỹ55	瓦 uo53	煤 mɛ35
旧 城	砖 tɕyi55	瓦 uo31	煤 mɛ24
湘 湖	砖 tɕyĩ44	瓦 uo314	煤 mɛ35
溪 头	砖 kuĩ33	瓦 ŋo231	煤 mɛ51
沱 川	砖 kuĩ44	瓦 go2	煤 ba211
紫 阳	砖 tɕỹ44	瓦 ŋə31	煤 be211
许 村	砖 tɕĩ33	瓦 ŋo31	煤 mɣ51
中 云	砖 tsĩ44	瓦 ŋo31	煤 bɣ11
新 建	砖 tɕiɛ̃54	瓦 ŋuɣ31	煤 ma24
新 营	砖 tɕyɛ55	瓦 uo53	煤 mi31
黄 柏	砖 tʂuã44	瓦 uɑ453	煤 mɛ41
暖 水	砖 tɕiɛ̃31	瓦 uɐ214	煤 mɣ23

	0070 煤油 旧称	0071 炭	0072 灰 烧成的
经公桥	煤油 mɣ35iəu55	炭 tʻuʌ̃214	灰 xuɣ22
鹅 湖	洋油 iõ35iəu35	炭 tʻõ213	灰 xuɛ55
旧 城	洋油 ȵia24iəu24	炭 tʻo213	灰 fɛ55
湘 湖	洋油 ia35iəu35	炭 tʻo35	灰 fɛ44
溪 头	洋油 iõ51iæi51	石炭 sa55tʻã24	灰 xuɐ33
沱 川	洋油 iʌ̃21ia211	炭 tʻõ35	灰 xua44
紫 阳	洋油 iã21ia211	炭 tʻum35	灰 xe44
许 村	洋油 iɔ̃51ia51	炭 tʻũ24	灰 xuɣ33
中 云	煤油 bɣ11ia11	炭 tʻum35	灰 xuɣ44
新 建	洋油 iɔ̃24iɯ24	炭 tʻã213	灰 xua54
新 营	洋油 iã31io31	木炭 mu55tʻa213	灰 xua55
黄 柏	洋油 iã41iə41	（木）炭 mu21tʻã213	灰 xuɛ44
暖 水	洋油 iʌŋ23y23	炭 tʻã35	灰 xo31

第五章 赣东北徽语代表方言点词语对照

	0073 灰尘桌面上的	0074 火	0075 烟烧火形成的	0076 锅底灰
经公桥	灰 xuɣ^{22}	火 xuʌ^{42}	烟 iẽ^{22}	镬底灰 uʌ^{22}ti^{42}xuɣ^{22}
鹅 湖	灰 xuɛ^{55}	火 xuo^{53}	烟 ĩ^{55}	镬豚灰 ŋuoʔ^{24}təuʔ^{24}xuɛ^{55}
旧 城	灰 fɛ^{55}	火 xuo^{31}	烟 n̩i^{55}	镬豚灰 uo^{33}təu^{213}fɛ^{55}
湘 湖	灰 fe^{44}	火 xo^{314}	烟 ĩ^{44}	镬豚灰 uoʔ^{24}təuʔ^{24}fe^{44}
溪 头	灰 xuɐ^{33}	火 xo^{42}	烟 ĩ^{33}	锅豚墨 ko^{33}tu^{55}mɐ^{55}
沱 川	灰尘 xua^{44}tsʻɛn^{211}	火 xo^{2}	烟 ĩ^{44}	锅豚末 ko^{44}tu^{51}ba^{51}
紫 阳	灰 xe^{44}	火 xə^{2}	烟 ĩ^{44}	锅豚灰 kə^{44}tu^{51}xe^{44}
许 村	灰 xuɣ^{33}	火 xuɣ^{31}	烟 ĩ^{33}	锅豚灰 ko^{33}tɔ^{55}xuɣ^{33}
中 云	灰 xuɣ^{44}	火 xuɣ^{2}	烟 ĩ^{44}	灶窟乌 tsa^{35}kʻuɣ^{51}vu^{44}
新 建	灰尘 xua^{54}tʃʻẽ^{24}	火 xu^{31}	烟 iẽ^{54}	锅豚灰 ku^{54}to^{51}xua^{54}
新 营	尘灰 tɕʻiən^{31}xua^{55}	火 xu^{53}	烟 iẽ^{55}	灶墨乌 tsɔ^{213}mæ^{55}u^{55}
黄 柏	灰尘 xuɛ^{44}tʃən^{41}	火 xo^{453}	烟 iẽ^{44}	锅豚灰 ko^{44}tu^{21}xuɛ^{44}
暖 水	灰 xo^{31}	火 xo^{214}	烟 iẽ^{31}	锅底灰 ko^{31}ti^{214}xo^{31}

	0077 失火村子里~了	0078 着火裤子~了
经公桥	走火 tsau^{42}xuʌ^{42}	起火 tɕʻi^{42}xuʌ^{42}/烧着 ʃau^{22}tʂʻuʌ^{22}
鹅 湖	着火 tʂʻauʔ^{24}xuo^{53}	烧嗝 ɕia^{55}kɛ^{0}
旧 城	着火 tɕʻia^{33}xuo^{31}	烧嘀 ɕiau^{55}ti^{0}
湘 湖	着火 tɕʻiaʔ^{2}xo^{314}	烧着 ɕio^{44}tɕʻiaʔ^{2}
溪 头	火烧屋 xo^{24}sɐ^{33}u^{55}	着火 tsa^{55}xo^{42}
沱 川	失水 sɿ^{51}ɕy^{2}	烧燃 sɒ^{44}n̩ĩ^{211}
紫 阳	火烧屋 xə^{35}so^{44}vu^{51}	起火 tɕʻi^{35}xə^{2}
许 村	失火 ʃa^{55}xuɣ^{31}	烧之 ɕio^{33}tɕi^{0}
中 云	失火 sa^{51}xuɣ^{11}	烧之 so^{44}tɕi^{0}
新 建	火烧屋 xu^{54}ʃa^{54}vo^{51}	点燃 tã^{31}n̩iẽ^{24}
新 营	失火 ɕi^{215}xu^{53}	烧燃 ɕiɔ^{55}n̩iẽ^{31}
黄 柏	火烧屋 xo^{453}ʂə^{44}u^{213}	烧着 ʂə^{44}tʃʻə^{33}
暖 水	失火 ʂe^{54}xo^{214}	起火 tɕi^{24}xo^{214}

		0079 凉水	0080 热水洗脸的，不是喝的	0081 开水喝的
经公桥		冷水 nãi⁴²ɕy⁴²	滚水 kuən⁴²ɕy⁴²	开水 k'ɤ²²ɕy⁴²
鹅 湖		冷水 nãi⁵³ɕy⁵³	滚水 kuən⁵³ɕy⁵³	开水 k'ɛ⁵⁵ɕy⁵³
旧 城		冷水 nai³¹ɕy³¹	滚水 kuɛn³¹ɕy³¹	开水 k'ɛ⁵⁵ɕy³¹
湘 湖		冷水 lai³⁵ɕy³¹⁴	滚水 kuɛn³⁵ɕy³¹⁴	开水 k'ɛ⁴⁴ɕy³¹⁴
溪 头		冷水 læ̃i²³¹ɕy⁴²	滚水 kuəŋ²⁴ɕy⁴²	开水 k'uɐ³³ɕy⁴²
沱 川		冷水 nã³¹ɕy²	滚水 kuəŋ³⁵ɕy²	滚水 kuəŋ³⁵ɕy²
紫 阳		冷水 nɔ̃³¹ɕy²	滚水 kuæ³⁵ɕy²	开水 k'e⁴⁴ɕy²
许 村		冷水 nã³¹ɕy³¹	滚水 kuɛn²⁴ɕy³¹	滚水 kuɛn²⁴ɕy³¹
中 云		冷水 lã³¹ɕy²	温开水 vɛn⁴⁴k'uɤ⁴⁴ɕy²	开水 k'uɤ⁴⁴ɕy³¹
新 建		冷水 nã³¹ʃuɛ³¹	滚水 kuẽ³¹ʃuɛ³¹	滚水 kuẽ³¹ʃuɛ³¹
新 营		冷水 læ⁵³ɕyɛ⁵³	滚水 kuən⁵³ɕyɛ⁵³	滚水 kuən⁵³ɕyɛ⁵³
黄 柏		冷水 lin⁴⁵³fi⁴⁵³	滚水 kuɛn⁴⁵³fi⁴⁵³	开水 k'ɛ⁴⁴fi⁴⁵³
暖 水		冷水 læ²⁴ʂei²¹⁴	半死水 põ³⁵sʅ²⁴ʂei²¹⁴	滚水 kuẽ²⁴ʂei²¹⁴

		0082 时候到吃饭的～了	0083 什么时候你～来的?
经公桥		时间 ɕi³⁵kuʌ̃²²	何时 xɤ³⁵ɕi⁵⁵
鹅 湖		时候 ɕi³⁵ɕiəu²¹¹	何久 xɛ³⁵tɕiəu⁵³
旧 城		□儿 uɛn³¹ni⁰	何□儿 xɛ²⁴uɛn³¹ni⁰
湘 湖		时间 ɕi³⁵ko⁴⁴	何时 xɛ³⁵ɕi³⁵
溪 头		时间 sʅ⁵¹kã³³	底么时间 te⁴²mɐ⁰sʅ⁵¹kã³³
沱 川		时候 sʅ²¹ɕiə⁵¹	何个时候 xo²¹ko⁰sʅ²¹ɕiə⁵¹
紫 阳		时候 ɕi²¹ɕia⁵¹	□物时候 t'ə²¹bə⁰ɕi²¹ɕia⁵¹
许 村		时候 ɕi⁵¹ɕia⁵⁵	何□时候 xa⁵¹tsʅ⁰ɕi⁵¹ɕia⁵⁵
中 云		时候 sʅ¹¹ɕia⁵¹	□物时候 t'ɤ⁵¹bɤ⁰sʅ¹¹ɕia⁵¹
新 建		时候 sɤ²⁴ɕiɯ⁵¹	么拉时候 mə⁵¹la⁰sɤ²⁴ɕiɯ⁵¹
新 营		时间 ɕi³¹kã⁵⁵	么哩时间 mo⁵⁵lɤ⁰ɕi³¹kã⁵⁵
黄 柏		时候 ɕi⁴¹xə⁴¹	嘛时候 mɑ⁴¹ɕi⁴¹xə⁴¹
暖 水		时候 sɤ²³ɕy⁵¹	何么□ xo²³mɤ⁰ɕiɛ̃³¹

0084
现在~他~还在上学

经公桥	而今	i³⁵tɕin²²
鹅　湖	□今儿	nei³⁵tɕiɛn⁵⁵ni⁰
旧　城	□□儿	lei⁵⁵uɛn³¹ni⁰
湘　湖	眼前	ŋo³⁵tsʻĩ³⁵/□子 kʻai²¹tsʅ⁰
溪　头	现在	ɕĩ⁵⁵tsʻɐ⁵⁵
沱　川	伊下	i⁴⁴xo⁵¹
紫　阳	唔今	n̩²¹tɕiæ⁴⁴
许　村	唔今	n̩³¹tʃɛn³³
中　云	现在	ɕĩ⁵¹tsʻɤ⁵¹
新　建	眼□	ŋã²⁴ȵie³³
新　营	□□	kʻã⁵⁵mo⁰
黄　柏	□今 ŋã⁴¹tʃən⁴⁴/□□ kʻã⁴⁴ma⁴⁴
暖　水	□么□	kʻɛ²¹mɤ⁰ɕiẽ³¹

0085
以前~的事‖两年~

经公桥	以前 i⁴²tɕʻiẽ⁵⁵ ‖ 之前 tɕi²²tɕʻiẽ⁵⁵
鹅　湖	老早 lau⁵³tsau⁵³ ‖ 以前 i⁵³tsʻĩ³⁵
旧　城	往日 uaŋ³¹ȵi⁰ ‖ 以前 i³¹tsʻi²⁴
湘　湖	老早 lau³¹tsau³¹⁴ ‖ 以前 i³¹tsʻĩ³⁵
溪　头	以前 i⁴²tsʻĩ⁵¹
沱　川	先前 sĩ⁴⁴tsʻĩ²¹¹ / 以前 i³⁵tsʻĩ²¹¹ ‖ 以前 i³⁵tsʻĩ²¹¹
紫　阳	以前 i³⁵tsʻĩ²¹¹
许　村	以前 i³¹tsʻĩ⁵¹ ‖ 前 tsʻĩ⁵¹
中　云	以前 i³⁵tsʻĩ¹¹
新　建	老早 lə³¹tsə³¹ ‖ 前 tsʻã²⁴
新　营	隔年 kæ²¹⁵ȵie³¹ ‖ 前 tsʻĩ³¹
黄　柏	老早 lə⁴⁵³tsə⁴⁵³ ‖ 以前 i⁴⁵³tɕʻiẽ⁴¹
暖　水	老早 lɤ²⁴tsɤ²¹⁴

0086
以后 ~再说 ‖ 两年~

经公桥	口后 a³⁵xəu²¹⁴
鹅　湖	以后 i⁵³ɕiəu²¹¹
旧　城	以后 i³¹xau³³
湘　湖	后头 xau²¹tʻiau³⁵ ‖ 以后 i³¹xau²¹¹
溪　头	以后 i⁴²ʃæi²³¹
沱　川	后来 ɕiə³¹la²¹¹ / 以后 i²¹ɕiə³¹ ‖ 以后 i²¹ɕiə³¹
紫　阳	以后 i³⁵ɕia³¹
许　村	以后 i³¹ɕia⁵⁵ ‖ 后 ɕia⁵⁵
中　云	以后 i³⁵ɕia⁵¹
新　建	下日 xuɤ⁵¹ȵiɛ³³ ‖ 后 ɕiɯ⁵¹
新　营	过日 ku²¹ȵi⁵⁵ ‖ 后 ɕiɔ⁵¹
黄　柏	以后 i⁴⁵³xə²¹³
暖　水	后口 ɕy⁵¹kʻɛ⁰

0087　　　　　　　　　　　　　　　　　0088
一辈子　　　　　　　　　　　　　　　　年 住了两~

经公桥	一世 i⁴⁴ɕi²¹⁴	年 ȵiɛ̃³⁵⁵
鹅　湖	一世 iʔ⁴ɕi²¹³	年 ĩ³⁵
旧　城	一世 i²¹³ɕi²¹³	年 nĩ²⁴
湘　湖	一世 iʔ⁴ɕi²¹²	年 ĩ³⁵
溪　头	一世 i⁵⁵ɕi²⁴	年 nĩ⁵¹
沱　川	一辈子 i⁵¹pa³⁵tsɿ⁰ / 一世 i⁵¹se³⁵	年 nĩ²¹¹
紫　阳	一辈子 ia⁵¹pe³⁵tsɿ⁰	年 nĩ²¹¹
许　村	一辈子 ia⁵⁵pɤ²⁴tsɿ⁰ / 一世 i⁵⁵ʃe²⁴	年 nĩ⁵¹
中　云	一辈子 ia⁵¹pɤ³⁵tsɿ⁰	年 nĩ¹¹
新　建	一辈子 iɛ⁵¹pa²¹³tsɤ⁰	年 nã²⁴
新　营	一世 i²¹ɕi²¹³	年 ȵie³¹
黄　柏	一世 i²¹sɿ²¹³	年 ȵiɛ̃⁴¹
暖　水	一世 i⁵⁴ɕi³⁵	年 liɛ̃²³

第五章 赣东北徽语代表方言点词语对照

	0089 日 过了两~	0090 今年	0091 明年
经公桥	日 i⁴⁴	今年 tɕin²²niɛ̃⁵⁵	明年 mãi³⁵niɛ̃³⁵
鹅湖	日 iʔ²¹¹	今年 tɕien⁵⁵ĩ³⁵	明年 mãi²¹ĩ³⁵
旧城	日 ȵi³³	今年 tɕien⁵⁵ni²⁴	明年 mai²⁴ni²⁴
湘湖	日 iʔ²	今年 tɕieŋ⁴⁴ĩ⁰	来/明年 lɛ³⁵/mai⁴⁴ĩ⁴⁴
溪头	日 ȵi⁵⁵	今年 tʃen³³nĩ⁵¹	来年 lɛ⁵¹nĩ⁵¹
沱川	日 ȵi⁵¹	今年 tɕien⁴⁴nĩ²¹¹	明年 mã²¹nĩ²¹¹
紫阳	日 gi⁵¹	今年 tɕiɛ̃⁴⁴nĩ²¹¹	明年 mɔ̃²¹nĩ²¹¹
许村	日 ȵia⁵⁵	今年 tʃen³³nĩ⁵¹	明年 mã⁵¹nĩ⁵¹
中云	日 ȵia⁵¹	今年 tɕien⁴⁴nĩ¹¹	明年 mã¹¹nĩ¹¹
新建	日 ȵiɛ̃³³	今年 tʃẽ⁵⁴nã²⁴	明年 mã²⁴nã²⁴
新营	日 ȵi²¹⁵	今年 tɕiən⁵⁵ȵiɛ³¹	明年 mæ³¹ȵiɛ³¹
黄柏	日 ȵi²¹³	今年 tʃən⁴⁴ȵiɛ⁴¹	明年 min⁴¹ȵiɛ⁴¹
暖水	日 ȵi³¹	今年 tɕiẽ³¹liẽ²³	明年 mæ̃²³liẽ²³

	0092 后年	0093 去年	0094 前年
经公桥	后年 ɕiəu²¹niɛ̃⁵⁵	去年 tɕʻy²¹niɛ̃⁵⁵	前年 tsʻiɛ̃³⁵⁵niɛ̃⁵⁵
鹅湖	后年 ɕiəu²¹ĩ³⁵	旧年 tɕʻiəu²¹ĩ³⁵	前年 tsʻĩ³⁵ĩ³⁵
旧城	后年 xau³³ni²⁴	旧年 tɕʻiəu³³ni²⁴	前年 tsʻi²⁴ni²⁴
湘湖	后年 xau²¹ĩ⁴⁴	旧年 tɕʻiəu²¹ĩ⁴⁴	前年 tsʻĩ³⁵ĩ⁴⁴
溪头	后年 ʃæi²³¹nĩ⁵¹	去年 tɕʻy²⁴nĩ⁵¹	前年 tsʻĩ⁵¹nĩ⁵¹
沱川	后年 ɕiə⁵¹nĩ²¹¹	旧年 tɕʻiə⁵¹nĩ²¹¹	前年 tsʻĩ²¹nĩ²¹¹
紫阳	后年 ɕia³¹nĩ²¹¹	旧年 tɕʻia⁵¹nĩ²¹¹	前年 tsʻĩ²¹nĩ²¹¹
许村	后年 ɕia³³nĩ⁵¹	旧年 tɕʻia⁵⁵nĩ³³	前年 tsʻĩ⁵¹nĩ⁵¹
中云	后年 ɕia⁵¹nĩ¹¹	旧年 tɕʻia⁵¹nĩ¹¹	前年 tsʻĩ¹¹nĩ¹¹
新建	后年 ɕiɯ⁵¹nã²⁴	去年 tɕʻiɛ²¹³nã²⁴	前年 tsʻã²⁴nã²⁴
新营	后年 ɕio⁵⁵ȵiɛ³¹	旧年 tɕʻio⁵¹ȵiɛ³¹	前年 tsʻi³¹ȵiɛ³¹
黄柏	后年 xɔ²¹ȵiɛ⁴¹	旧年 tɕʻiə²¹ȵiɛ⁴¹	前年 tsʻiɛ⁴¹ȵiɛ⁴¹
暖水	后年 ɕy⁵¹liẽ²³	去年 tɕʻi³⁵liẽ²³	前年 tsʻiẽ²³liẽ²³

		0095 往年 过去的年份	0096 年初	0097 年底
经公桥	往年 uaŋ⁴²niẽ⁵⁵	开正 kʻɤ²²tɕiãi²²	年末 niẽ³⁵muʌ²²
鹅 湖	往年 uaŋ⁵³ĩ³⁵	年头 ĩ³⁵tʻiəu³⁵	年底 ĩ³⁵tei⁵³
旧 城	往年 uaŋ³¹ni²⁴	年初 ni²⁴tʂʻəu⁵⁵	年底 ni²⁴tei³¹
湘 湖	往常/年 uaŋ³¹ɕia³⁵/ ĩ⁴⁴	年头 ĩ³⁵tʻiau³⁵	年末 ĩ³⁵moʔ²
溪 头	旧年 tʃʻæi⁵⁵nĩ⁵¹	年初 nĩ⁵¹tsʻu³³	年末 nĩ⁵¹mo⁵⁵
沱 川	往年 uʌ̃³⁵nĩ²¹¹	年初/头 nĩ²¹tsʻu⁴⁴/ tʻə²¹¹	年底/尾 nĩ²¹te²/ bi³¹
紫 阳	古落年 ku³⁵lo⁵¹nĩ²¹¹	年头 nĩ²¹tʻa²¹¹	年尾 nĩ²¹bi³¹
许 村	古落年 ku²⁴lo⁵⁵nĩ⁵¹	年头 nĩ⁵¹tʻa⁵¹	年尾 nĩ⁵¹vi³¹
中 云	以前 i³⁵tsʻĩ¹¹	年初 nĩ¹¹tsʻu⁴⁴	年冬 nĩ¹¹tɐm⁴⁴
新 建	往年 võ³¹nã²⁴	年初 nã²⁴tɕʻy⁵⁴	年底 nã²⁴tæ³¹
新 营	隔年 kæ²¹⁵ȵie³¹	年头 ȵie³¹tʻio³¹	年尾 ȵie³¹uɛ⁵³
黄 柏	往年 uəŋ⁴⁵³ȵiẽ⁴¹	年头 ȵiẽ⁴¹tʻiə⁴¹	年底 ȵiẽ⁴¹ti⁴⁵³
暖 水	往年 uʌŋ²⁴liẽ²³	年初 liẽ²³tʂʻu³¹	年底 liẽ²³ti²¹⁴

		0098 春天	0099 夏天	0100 秋天
经公桥	春天 tɕʻyn²²tʻiẽ²²	夏天 xʌ²⁴tʻiẽ²²	秋天 tsʻiəu²²tʻiẽ²²
鹅 湖	春天 tɕʻyɛn⁵⁵tʻĩ⁵⁵	热天儿 ieʔ⁴tʻĩ⁵⁵niº	秋天 tsʻiəu⁵⁵tʻĩ⁵⁵
旧 城	春天 tɕʻyɛn⁵⁵tʻiº	热天 ie³³tʻiº	秋天 tsʻiəu⁵⁵tʻiº
湘 湖	春天 tɕʻyɛn⁴⁴tʻĩ⁴⁴	热天 iɛʔ²tʻĩ⁴⁴	秋天 tɕʻiəu⁴⁴tʻĩ⁴⁴
溪 头	春天 tsʻəŋ³³tʻĩ³³	夏天 xo⁵⁵tʻĩ³³	秋天 tsʻæi³³tʻĩ³³
沱 川	春天 kʻuɛn⁴⁴tʻĩ⁴⁴	夏/热天 xo⁵¹/ ȵie⁵¹tʻĩ⁴⁴	秋天 tsʻə⁴⁴tʻĩ⁴⁴
紫 阳	春天 tsʻæ⁴⁴tʻĩ⁴⁴	热天 gie⁵¹tʻĩ⁴⁴	秋天 tsʻa⁴⁴tʻĩ⁴⁴
许 村	春天 tʃʻɛn³³tʻĩ³³	夏天 xo⁵⁵tʻĩ³³	秋天 tsʻa³³tʻĩ³³
中 云	春天 tsʻɛn⁴⁴tʻĩ⁴⁴	夏天 xo⁵¹tʻĩ⁴⁴	秋天 tsʻa⁴⁴tʻĩ⁴⁴
新 建	春天 tʃʻẽ⁵⁴tʻã⁵⁴	夏天 xuɣ⁵¹tʻã⁵⁴	秋天 tsʻɯ⁵⁴tʻã⁵⁴
新 营	春天 tɕʻiən⁵⁵tʻi⁵⁵	天热天 tʻi⁵⁵ȵie²¹⁵tʻi⁵⁵	秋天 tsʻio⁵⁵tʻi⁵⁵
黄 柏	春天 tʃʻuən⁴⁴tʻiẽ⁴⁴	伏天 fu⁴⁴tʻiẽ⁴⁴	秋天 tɕʻiu⁴⁴tʻiẽ⁴⁴
暖 水	春天 tsʻẽ³¹tʻiẽ³¹	热/六月天 xuɐ⁵¹/ ly³¹ŋɛ³¹tʻiẽ³¹	秋天 tɕʻy³¹tʻiẽ³¹

第五章　赣东北徽语代表方言点词语对照

	0101 冬天	0102 今天	0103 明天
经公桥	冬天 toŋ²²t'iẽ²²	今朝 tɕin²²tʂuau²²	明朝 mãi³⁵tʂuau²²
鹅　湖	冷天 naĩ⁵³t'ĩ⁵⁵	今朝 tɕien⁵⁵tɕia⁰	明朝 mãi³⁵tɕia⁵⁵
旧　城	冬下天 toŋ⁵⁵xuo³³t'i⁰	今朝 tɕien⁵⁵tɕiau⁰	明朝 mai²⁴tɕiau⁰
湘　湖	冬下天 toŋ⁴⁴xo²¹t'ĩ⁴⁴	今朝 tɕien⁴⁴tɕio⁴⁴	明朝 mai³⁵tɕio⁴⁴
溪　头	冬天 təŋ³³t'ĩ³³	今日 tʃen³³n.i⁵⁵	明日 mæi⁵¹n.i⁵⁵
沱　川	冬天 təŋ⁴⁴t'ĩ⁴⁴	今日 tɕien⁴⁴n.i⁵¹	明日 mã²¹n.i⁵¹
紫　阳	冬天 tɐm⁴⁴t'ĩ⁴⁴	今日 tɕiæ⁴⁴gi⁵¹	明日 mɔ̃²¹gi⁵¹
许　村	年冬 nĩ⁵¹tɐm³³	今日 tʃen³³n.ia⁵⁵	明日 mã⁵¹n.ia⁵⁵
中　云	冬天 tɐm³⁵t'ĩ⁴⁴	今朝 tɕien⁴⁴tso⁴⁴	明日 mã¹¹n.ia⁵¹
新　建	冬天 təŋ⁵⁴t'ã⁵⁴	今日 tʃẽ⁵⁴n.ie³³	明日 mã²⁴n.ie³³
新　营	天冻天 t'i⁵⁵tən²¹³t'i⁵⁵	今日 tɕiən⁵⁵n.i⁵⁵	明日 mæ³¹n.i⁵⁵
黄　柏	冬天 təŋ⁴⁴t'iẽ⁴⁴	今朝 tʃən⁴⁴tʂə⁴⁴	明朝 min⁴¹tʂə⁴⁴
暖　水	冬天 toŋ³¹t'iẽ³¹	今日 tɕiẽ³¹n.i³¹	明日 mæ²³n.i³¹

	0104 后天	0105 大后天
经公桥	后日 ɕiəu²⁴i²²	口后日 iã²⁴ɕiəu²⁴i²²
鹅　湖	后日 ɕiəu²¹iʔ²¹¹	大后日 t'a²¹ɕiəu²¹iʔ²¹¹
旧　城	后日 xau³³n.i³³	外后日 ŋa³³xau³³n.i³³
湘　湖	后日 xau²¹iʔ²	大后日 t'a²¹xau²¹iʔ²
溪　头	后日 ʃæi²³¹n.i⁵⁵	大后日 t'o⁵⁵ʃæi²³¹n.i⁵⁵
沱　川	后日 ɕiə³¹n.i⁵¹	大后日 t'u⁵¹ɕiə³¹n.i⁵¹
紫　阳	后日 ɕia³¹gi⁵¹	外后日 ŋo⁵¹ɕia³¹gi⁵¹
许　村	后日 ɕia³³n.ia⁵⁵	外后日 ŋo⁵⁵ɕia³³n.ia⁵⁵
中　云	后日 ɕia³¹n.ia⁵¹	大后日 t'o⁵¹ɕia³¹n.ia⁵¹
新　建	后日 ɕiɯ⁵¹n.iɛ³³	大后日 t'a⁵¹ɕiɯ⁵¹n.iɛ³³
新　营	后日 ɕiɔ⁵¹n.i⁵⁵	外后日 ŋa⁵¹ɕiɔ⁵¹n.i⁵⁵
黄　柏	后日 ʃə²¹n.i²¹³	大后日 t'ɑ²¹ʃə²¹n.i²¹³
暖　水	后日 ɕy⁵¹n.i³¹	大后日 t'a⁵¹ɕy⁵¹n.i³¹

	0106 昨天	0107 前天	0108 大前天
经公桥	昨日 tsʻau²²i²²	前日 tsʻiɛ̃³⁵i²²	大前日 tʻa²⁴tsʻiɛ̃³⁵i²²
鹅 湖	昨日 tsʻoʔ²⁴iʔ²¹¹	前日 tsʻĩ³⁵iʔ²¹¹	大前日 tʻa²¹tsʻĩ³⁵iʔ²¹¹
旧 城	昨日 tsʻuo³³ȵi³³	前日 tsʻi²⁴ȵi³³	细前日 si²¹³tsʻi²⁴ȵi³³
湘 湖	昨日 tsʻoʔ²iʔ²	前日 tsʻĩ³⁵iʔ²	细前日 sei²¹tsʻĩ³⁵iʔ²
溪 头	昨日 tsʻo⁵⁵ȵi⁵⁵	前日 tsʻĩ⁵¹ȵi⁵⁵	大细前日 tʻo⁵⁵se²⁴tsʻĩ⁵¹ȵi⁵⁵
沱 川	昨日 tsʻau⁵¹ȵi⁵¹	前日 tsʻĩ²¹ȵi⁵¹	大前日 tʻu⁵¹tsʻĩ²¹ȵi⁵¹
紫 阳	昨日 tsʻɒ⁵¹gi⁵¹	前日 tsʻĩ²¹gi⁵¹	大前日 tʻu⁵¹tsʻĩ²¹gi⁵¹
许 村	昨日 tsʻɔ⁵⁵ȵia⁵⁵	前日 tsʻĩ⁵¹ȵia⁵⁵	大前日 tʻɤ⁵⁴tsʻĩ⁵¹ȵia⁵⁵
中 云	昨日 tsʻo⁵¹ȵia⁵¹	前日 tsʻĩ¹¹ȵia⁵¹	大前日 tʻo⁵¹tsʻĩ¹¹ȵia⁵¹
新 建	昨日 tsʻo³³ȵiɛ³³	前日 tsʻã²⁴ȵiɛ³³	大前日 tʻa⁵¹tsʻã²⁴ȵiɛ³³
新 营	昨日 tsʻo⁵⁵ȵi⁵⁵	前日 tsʻi³¹ȵi⁵⁵	大前日 tʻa⁵¹tsʻi³¹ȵi⁵⁵
黄 柏	昨日 tsʻə⁴⁴ȵi²¹³	前日 tɕʻiɛ̃⁴¹ȵi²¹³	大前日 tʻɒ²¹tɕʻiɛ̃⁴¹ȵi²¹³
暖 水	昨日 tsʻo³¹ȵi³¹	前日 tɕʻiɛ̃²³ȵi³¹	先前日 ɕiɛ̃³¹tɕʻiɛ̃²³ȵi³¹

	0109 整天	0110 每天	0111 早晨
经公桥	一日 i⁴⁴i²²	每日 mɤ⁴²i²²	清早 tsʻãi²²tsau⁴²
鹅 湖	一日 iʔ²⁴iʔ²¹¹	排日 pʻa³⁵iʔ²¹¹	清早 tsʻãi⁵⁵tsau⁵³
旧 城	整日 kai³¹ȵi³³	排日 pʻa²⁴ȵi³³	清早 tsʻɛn⁵⁵tsau³¹
湘 湖	整日 tɕiai³⁵iʔ²	排日 pʻa³⁵iʔ²	清早 tsʻai⁴⁴tsau³¹⁴
溪 头	整日 tʃɛn⁴²ȵi⁵⁵	每日 mɐ⁴²ȵi⁵⁵	朝家 tsa³³ko³³
沱 川	整日 tsã³⁵ȵi⁵¹	每日 ba³¹ȵi⁵¹	朝家 tsɒ⁴⁴ko⁴⁴
紫 阳	整日 tsɔ̃³⁵gi⁵¹	日日 gi⁵¹gi⁵¹	朝家 tso⁴⁴kə⁴⁴/天光早 tʻĩ⁴⁴kuã⁴⁴tsa²
许 村	整日 tʃã³¹ȵia⁵⁵	每日 mɤ³¹ȵia⁵⁵	清早朝 tsʻɛn³³tsa²⁴tʃo³³
中 云	一日 i⁵¹ȵia⁵¹	日日 ȵia⁵¹ȵia⁵¹	朝家 tso⁴⁴ko⁴⁴
新 建	整日 tʃã³¹ȵiɛ³³	每日 ma³¹ȵiɛ³³	朝里 tʃa⁵⁴li⁰
新 营	整日 kæ̃⁵³ȵi⁵⁵	日日 ȵi²¹⁵ȵi⁵⁵	清早 tsʻæ̃⁵⁵tsɔ⁵³
黄 柏	整日 tʃən⁴⁵³ȵi²¹³	日日 ȵi²¹ȵi²¹³	天光早 tʻiɛ̃⁴⁴kuəŋ⁴⁴tsa⁴⁵³
暖 水	一日 i⁵⁴ȵi³¹	排日 pʻa²³ȵi³¹	朝头 tɕyɛ³¹tʻy²³

	0112 上午	0113 中午	0114 下午
经公桥	上昼 ʃuaŋ²⁴tɕiəu⁰	昼时 tɕiəu²⁴ɕi⁵⁵	下昼 xʌ²⁴tɕiəu⁰
鹅 湖	上昼 ɕiõ²¹tɕiəu²¹³	昼时 tɕiəu²¹³ɕi³⁵	下昼 xuo²¹tɕiəu²¹³
旧 城	上昼 ɕia³³tɕiəu²¹³	昼时 tɕiəu²¹³ɕi²⁴	下昼 xuo³³tɕiəu²¹³
湘 湖	上昼 ɕia²¹tɕiəu²¹²	当昼 taŋ⁴⁴tɕiəu²¹²	下昼 xo²¹tɕiəu²¹²
溪 头	上昼 sɔ̃⁵⁵tsæi²⁴	当昼 tɔ̃³³tsæi²⁴	下昼 xo²³¹tsæi²⁴
沱 川	上昼 sã⁵¹tsə³⁵	当昼 tã⁴⁴tsə³⁵	下昼 xo⁵¹tsə³⁵
紫 阳	上昼 ɕiã⁵¹tsa³⁵	当昼 tã⁴⁴tsa³⁵	下昼 xə⁵¹tsa³⁵
许 村	上昼 ʃɔ̃⁵⁵tɕia²⁴	昼时 tɕia²⁴sɿ⁵¹	下昼 xo⁵⁵tɕia²⁴
中 云	上昼 sã³¹tsa³⁵	当昼 tã⁴⁴tsa³⁵	下昼 xo³¹tsa³⁵
新 建	上昼 ʃɔ̃⁵¹tɕiɯ²¹³	当昼 tɔ̃⁵⁴tɕiɯ²¹³	下昼 xuɤ⁵¹tɕiɯ²¹³
新 营	上昼 ɕiã⁵¹tɕio²¹³	昼时 tɕio²¹³ɕi³¹	下鬯 xo⁵¹mã⁵¹
黄 柏	上昼 ʃã²¹tʂu²¹³	昼时 tʂu²¹³ɕi⁴¹	下昼/鬯 xɑ⁵¹tʂu²¹³/ mã⁴⁵³
暖 水	上昼 ʂʌŋ⁵¹tɕy³⁵	昼时 tɕy³⁵ʂɤ²³	下昼 xuɐ⁵¹tɕy³⁵

	0115 傍晚	0116 白天
经公桥	下昼沿 xʌ²⁴tɕiəu⁰iɛ̃⁵⁵	日里 i²²li⁰
鹅 湖	挨夜儿 ŋa⁵⁵iɛ²¹¹ni⁰	日里 iʔ²⁴lei⁰
旧 城	挨夜儿 ŋa⁵⁵iɛ³³ni⁰	日里 ȵi³³lei⁰
湘 湖	挨夜边 ŋa⁴⁴iɛ²¹pĩ⁴⁴	日上 iʔ²ɕia²¹¹
溪 头	挨夜哩 ŋa³³ie⁵⁵li⁰	日家 ȵi⁵⁵ko³³
沱 川	□哩哩 bau²¹li⁵¹li⁰	日上 ȵi⁵¹sã⁵¹
紫 阳	挨夜边 ŋo⁴⁴ie⁵¹pĩ⁴⁴/红霞夜 xɐm²¹xə⁴⁴ie⁵¹	日家 ȵi⁵¹kə⁴⁴
许 村	到夜 ta²⁴ie⁵⁵	日上 ȵia⁵⁵ʃɔ̃³³
中 云	快夜 kʰua³⁵ie⁵¹	日家 ȵia⁵¹ko⁴⁴
新 建	夜边 iɛ⁵¹pã⁵⁴	日里 ȵiɛ³³li⁰
新 营	上灯酉时 ɕiã⁵¹tæ̃⁵⁵io⁵³ɕi³¹	日上 ȵi²¹⁵ɕiã⁵¹
黄 柏	日头落山 ȵi²¹tʰiə⁴¹lə⁴⁴ʃuã⁴⁴	日上 ȵi²¹ʃã²¹³
暖 水	点心边 tiɛ̃²⁴ɕiɛ̃³¹piɛ̃³¹	日里 ȵi³¹li⁰

	0117 夜晚	0118 半夜
经公桥	夜下儿 iɛ^{24}xʌ^{21}ŋ^{0}	半夜 puʌ̃^{24}iɛ^{214}
鹅　湖	夜下儿 iɛ^{21}xuo^{r211}	半夜 pən^{35}iɛ^{211}
旧　城	夜蛮 iɛ^{33}muo^{33}	半夜儿 pɛn^{213}iɛ^{33}ni^{0}
湘　湖	夜上 iɛ^{21}ɕia^{211}	半夜 pɛn^{35}iɛ^{211}
溪　头	夜家 iɛ^{55}ko^{33}	半夜 pũ^{24}iɛ^{55}
沱　川	夜上 iɛ^{51}sʌ̃^{51}	半夜 pũ^{35}iɛ^{51}
紫　阳	夜家 iɛ^{51}kə^{44}	半夜 pum^{35}iɛ^{51}
许　村	夜家 iɛ^{55}ko^{33}	半夜 pũ^{24}iɛ^{55}
中　云	夜上 iɛ^{51}sã^{31}	半夜 pum^{35}iɛ^{51}
新　建	夜里 iɛ^{51}li^{0}	半夜 puã^{213}iɛ^{51}
新　营	夜蛮 iɛ^{51}mã^{51}	半夜 pu^{213}iɛ^{51}
黄　柏	夜晚 iɑ^{21}uã^{453}	半夜 põ^{21}iɑ^{213}
暖　水	夜里 ia^{51}li^{0}	半夜 põ^{35}ia^{55}

	0119 正月	0120 大年初一 农历正月初一
经公桥	正月 tɕiāi^{22}yɛ^{22}	正月初一 tɕiāi^{22}yɛ^{22}tsʻu^{22}i^{44}
鹅　湖	正月 tʂāi^{55}yɛʔ^{4}	初一朝 tʂʻəu^{55}iʔ^{4}tɕia^{55}
旧　城	正月 tɕiai^{55}yɛ^{33}	正月初一 tɕiai^{55}yɛ^{33}tʂʻəu^{55}i^{213}
湘　湖	正月 tɕiai^{44}yɛʔ^{2}	初一朝 tsʻəu^{44}iʔ^{2}tɕio^{44}
溪　头	正月 tsǣi^{33}ue^{55}	初一朝 tsʻu^{33}i^{55}tsa^{33}
沱　川	正月 tsã^{44}vɐ^{51}	初一朝 tsʻu^{44}i^{51}tsɒ^{44}
紫　阳	正月 tsɔ̃^{44}gyɐ^{51}	初一朝 tsʻu^{44}ia^{51}tso^{44}
许　村	正月 tʃã^{33}ŋe^{55}	初一朝 tɕʻy^{33}i^{55}tʃo^{33}
中　云	正月 tsã^{44}ȵie^{51}	初一朝 tsʻu^{44}ia^{51}tso^{44}
新　建	正月 tʃã^{54}iɛ^{33}	初一朝 tɕʻy^{54}iɛ^{51}tʃa^{54}
新　营	正月 tæ^{55}ȵyɛ^{55}	初一朝 tʻu^{55}i^{215}tɕiɔ^{55}
黄　柏	正月 tʃən^{44}ȵyɑ^{44}	正月初一 tʃən^{44}ȵyɑ^{33}tʂʻu^{44}i^{213}
暖　水	正月 tɕiæ^{31}ŋe^{31}	正月初一 tɕiæ^{31}ŋe^{31}tʂʻu^{31}i^{54}

	0121 元宵节	0122 清明节
经公桥	元宵（节）yɛ̃³⁵sia²²（tsiɛ⁴⁴）	清明（节）ts'ãi²²mãi⁵⁵（tsiɛ⁴⁴）
鹅　湖	元宵 ỹ³⁵sia⁵⁵	清明 ts'ãi⁵⁵mãi³⁵
旧　城	元宵 yi²⁴ɕiau⁵⁵	清明 ts'ɛn⁵⁵mai²⁴
湘　湖	正月十五 tɕiai⁴⁴yɛʔ²ɕiʔ²u³¹⁴	清明 ts'ai⁴⁴mai⁵⁵
溪　头	正月十五 tsæi³³ue⁵⁵sɿ⁵⁵u⁴²	清明 ts'æi³³mæi⁵¹
沱　川	元宵（节）vĩ²¹sia⁴⁴（tse⁵¹）	清明（节）ts'ã⁴⁴mã²¹（tse⁵¹）
紫　阳	元宵（节）nỹ²¹siɔ⁴⁴（tse⁵¹）	清明（节）ts'ɔ̃⁴⁴mɔ̃²¹（tse⁵¹）
许　村	元宵（节）nỹ⁵¹siɔ³³（tse⁵⁵）	清明（节）ts'ã³³mã⁵¹（tse⁵⁵）
中　云	元宵（节）vĩ¹¹ɕiɔ⁴⁴（tse⁵¹）	清明（节）ts'ã⁴⁴mã¹¹（tse⁵¹）
新　建	元宵（节）ȵiɛ̃²⁴ɕiɛ⁵⁴（tsæ⁵¹）	清明（节）ts'ã⁵⁴mã²⁴（tsæ⁵¹）
新　营	元宵（节）ȵyɛ̃³¹siɔ⁵⁵（tsiɛ²¹⁵）	清明（节）ts'æ̃⁵⁵mæ̃³¹（tsiɛ²¹⁵）
黄　柏	正月十五 tʃən⁴⁴ȵya⁴⁴ɕi⁴⁴ŋ̍⁴⁵³	清明（节）tɕin⁴⁴min⁴¹（tɕiɑ²¹³）
暖　水	元宵节 ȵiɛ̃²³ɕyɛ³¹tɕiɛ⁵⁴	清明 ts'æ̃³¹mæ̃²³

	0123 端午节	0124 中元节 农历七月十五
经公桥	端午（节）tỹ²²u⁴²（tsiɛ⁴⁴）	七月半 ts'ei⁴⁴yɛ²²puɑ̃²¹⁴
鹅　湖	端午 tən⁵⁵u⁵³	七月半 ts'ei²⁴yɛʔ⁴pən²¹³
旧　城	端午 tɛn⁵⁵u³¹	七月半 ts'ei²¹³yɛ³³pen²¹³
湘　湖	时节 ɕi³⁵tɕiɛʔ⁴	七月半 ts'eiʔ²yɛʔ²pen²¹²
溪　头	端阳 tũ³³iɔ̃⁵¹	七月半 ts'i⁵⁵ue⁵¹pũ²⁴
沱　川	端阳（节）tũ⁴⁴iɑ̃²¹（tse⁵¹）	七月半 ts'i⁵¹ve⁵¹pũ³⁵
紫　阳	端阳（节）tum⁴⁴iã²¹（tse⁵¹）	七月半 ts'a⁵¹gye⁵¹pum³⁵
许　村	端阳（节）tũ³³iɔ̃⁵¹（tse⁵⁵）	七月半 ts'a⁵⁵ŋe⁵⁵pũ²⁴
中　云	端阳（节）tum⁴⁴iã¹¹（tse⁵¹）	七月半 ts'e⁵¹ȵie⁵¹pum³⁵
新　建	端午（节）tuɔ̃⁵⁴ŋu³¹（tsæ⁵¹）	七月半 ts'ɛ⁵¹ie³³puɔ̃²¹³
新　营	端阳（节）ti⁵⁵iã³¹（tsiɛ²¹⁵）	七月半 ts'ɛ²¹ȵyɛ⁵⁵pu²¹³
黄　柏	端阳（节）tõ⁴⁴iã⁴¹（tɕiɑ²¹³）	月半节 ŋua⁴⁴põ²¹³tɕiɑ²¹³
暖　水	端阳 tuɔ̃³¹iʌŋ²³	七月半 ts'e⁵⁴ŋɛ³¹põ³⁵

	0125 中秋节	0126 冬至
经公桥	中秋（节）tʂoŋ²²tsʻiəu²²（tsiɛ⁴⁴）	冬至 toŋ²²tɕi²¹⁴
鹅湖	中秋 tʂoŋ⁵⁵tsʻiəu⁵⁵	冬至 toŋ⁵⁵tɕi²¹³
旧城	中秋 tʂoŋ⁵⁵tsʻiəu⁵⁵	冬至 toŋ⁵⁵tɕi²¹³
湘湖	团圆节 tʻɛn³⁵yĩ³⁵tɕiɛʔ⁴	冬至 toŋ⁴⁴tɕi²¹²
溪头	团圆节 tũ⁵¹uĩ⁵¹tse⁵⁵	冬至 təŋ³³tʂʅ²⁴
沱川	中秋（节）təŋ⁴⁴tsʻə⁴⁴（tse⁵¹）	冬至 təŋ⁴⁴tsʅ³⁵
紫阳	中秋（节）tsɐm⁴⁴tsʻa⁴⁴（tse⁵¹）	冬至 tɐm⁴⁴tɕi³⁵
许村	中秋（节）tʃɐm³³tsʻa³³（tse⁵⁵）	冬至 tɐm³³tsʅ²⁴
中云	中秋（节）tsɐm⁴⁴tsʻa⁴⁴（tse⁵¹）	冬至 tɐm⁴⁴tɕi³⁵
新建	中秋（节）tʂəŋ⁵⁴tsʻɯ⁵⁴（tsæ⁵¹）	冬至 təŋ⁵⁴tsɣ²¹³
新营	中秋（节）tən⁵⁵tsʻio⁵⁵（tsiɛ²¹⁵）	冬至 tən⁵⁵tɕi²¹³
黄柏	中秋（节）tʂuəŋ⁴⁴tɕʻiə⁴⁴（tɕiɑ²¹³）	冬至 təŋ⁴⁴tɕi²¹³
暖水	中秋 tʂoŋ³¹tɕʻy³¹	冬至 toŋ³¹tʂɣ²¹⁴

	0127 腊月 农历十二月	0128 除夕
经公桥	腊月 luʌ²²yɛ²²	三十夜 suã²²ɕi²²iɛ²¹⁴
鹅湖	腊月 loʔ⁴yɛʔ⁴	过年 kuo²¹ĩ³⁵
旧城	腊月 luo³³yɛ³³	三十夜嘴 ʂuo⁵⁵ɕi³³iɛ³³muo³³
湘湖	腊月 loʔ²yɛʔ²	三十夜 so⁴⁴ɕiʔ²iɛ²¹¹
溪头	腊月 lo⁵⁵ue⁵⁵	三十夜 sã³³sʅ⁵⁵ie⁵⁵
沱川	十二月 sʅ⁵¹e⁵¹ve⁵¹	三十夜 sõ⁴⁴sʅ⁵¹ie⁵¹
紫阳	腊月 lo⁵¹gye⁵¹	三十夜 sum⁴⁴sa⁵¹ie⁵¹
许村	十二月 ʃa⁵⁵ø⁵⁵ŋe⁵⁵	三十夜 sũ³³ʃa⁵⁵ie⁵⁵
中云	十二月 sa⁵¹ɵ⁵¹n̠ie⁵¹	三十夜 sum⁴⁴sa⁵¹ie⁵¹
新建	十二月 ʃɛ³³zɣ⁵¹iɛ³³	三十夜 sã⁵⁴ʃɛ³³ie⁵¹
新营	腊月 lo⁵⁵n̠yɛ⁵⁵	三十夜 sã⁵⁵ɕi⁵⁵ie⁵¹
黄柏	十二月 ɕi⁴⁴a²¹n̠yɑ⁴⁴	三十夜 sã⁴⁴ɕi⁴⁴iɑ²¹³
暖水	十二月 ɕie³¹ɣ⁵⁵ŋe³¹	三十夜 ʂã³¹ɕie³¹ia⁵⁵

0129 历书

经公桥	通书 tʻoŋ²²ɕy²²
鹅　湖	通书 tʻoŋ⁵⁵ɕy⁵⁵
旧　城	通书 tʻoŋ⁵⁵ɕy⁵⁵
湘　湖	通书 tʻoŋ⁴⁴ɕy⁴⁴
溪　头	官历 kũ³³la⁵⁵
沱　川	官历 kũ⁴⁴lo⁵¹
紫　阳	通书 tʻɐm⁴⁴ɕy⁴⁴
许　村	通书 tʻɐm³³ɕy³³
中　云	日历 ȵia⁵¹lo⁵¹
新　建	通书 tʻə̃n⁵⁴ɕy⁵⁴
新　营	通书 tʻən⁵⁵ɕy⁵⁵
黄　柏	通书 tʻəŋ⁴⁴ɕy⁴⁴
暖　水	通书 tʻoŋ³¹ʂu³¹

0130 农历

经公桥	阴历 in²²lai²²
鹅　湖	老历儿 lau⁵³ləʔʳ²¹¹
旧　城	阴历 iɛn⁵⁵lei³³
湘　湖	阴历 iɛn⁴⁴lɛʔ²
溪　头	阴历 iɛn³³la⁵⁵
沱　川	阴历 iɛn⁴⁴lo⁵¹
紫　阳	阴历 iæ⁴⁴lo⁵¹
许　村	阴历 iɛn³³lo⁵⁵
中　云	阴历 iɛn⁴⁴lo⁵¹
新　建	阴历 iẽ⁵⁴læ³³
新　营	阴历 iən⁵⁵læ⁵⁵
黄　柏	阴历 iən⁴⁴lɛ²¹³
暖　水	阴历 iẽ³¹læ³¹

0131 公历

经公桥	阳历 yaŋ³⁵lai²²
鹅　湖	阳历儿 iõ⁵³ləʔʳ²¹¹
旧　城	阳历 ȵia²⁴lei³³
湘　湖	阳历 ia³⁵lɛʔ²
溪　头	阳历 iɔ⁵¹la⁵⁵
沱　川	阳历 iã⁵¹lo⁵¹
紫　阳	阳历 iã²¹lo⁵¹
许　村	阳历 iɔ⁵¹lo⁵⁵
中　云	阳历 iã¹¹lo⁵¹
新　建	阳历 iɔ̃²⁴læ³³
新　营	阳历 iã³¹læ⁵⁵
黄　柏	阳历 iã⁴¹lɛ²¹³
暖　水	阳历 iʌŋ²³læ³¹

0132 星期天

经公桥	礼拜日 li⁴²pa²⁴i⁰
鹅　湖	礼拜天 lei⁵³paʔ²¹tʻĩ⁵⁵
旧　城	礼拜日 lei³¹pai²¹³ȵi³³
湘　湖	礼拜日 lei³⁵paʔ²¹iʔ²
溪　头	礼拜天 li⁴²pa²⁴tʻĩ³³
沱　川	礼拜天 li³¹pɒ³⁵tʻĩ⁴⁴/星期日 sɛn⁴⁴tɕʻi³⁵ȵi⁵¹
紫　阳	星期日 sɔ̃⁴⁴tɕʻi²¹gi⁵¹
许　村	礼拜天 li³¹po²⁴tʻĩ³³
中　云	礼拜天 li³¹po³⁵tʻĩ⁴⁴
新　建	星期日 sã⁵⁴tɕʻi²⁴ȵiɛ³³
新　营	礼拜日 lɛ⁵³paʔ²¹ȵi²¹⁵
黄　柏	星期日 ɕin⁴⁴tɕʻi⁴¹ȵi²¹³
暖　水	星期日 sæ̃³¹tɕʻi²³ȵi³¹

	0133 地方找个~坐一下	0134 什么地方你是~人?
经公桥	落处 lau²²tɕʻy²¹⁴	何□儿 xɤ³⁵tau⁴⁴ŋ⁰
鹅 湖	位□ uei³⁵sʅ⁰	何里 xa³⁵li⁰
旧 城	落方儿 lau³³faŋ⁵⁵ni⁰/位□ uei³³sʅ⁰	何□ xɛ²⁴tei⁵⁵
湘 湖	落脚 lauʔ²tɕiaʔ⁴	何里 xa³⁵lei⁰
溪 头	许在 ɕy²⁴tsʻɐ²³¹	何落 xo⁵¹lo⁰
沱 川	许在 ɕy²tsʻa⁵¹/地方 tʻi⁵¹fã³³	何仂 xo²¹le⁰
紫 阳	许在 ɕy³⁵tsʻe⁵¹	何落 xo²¹lɒ⁵¹
许 村	地方 tʻi⁵⁵fɔ³³	何里 xa⁵¹li⁰
中 云	地方 tʻi⁵¹fã⁴⁴	何里 xa⁴⁴li⁰
新 建	落处 lo³³tɕʻy²¹³	么个落处 mɤ³³ka²¹³lo³³tɕʻy²¹³/何里 xa²⁴li⁰
新 营	场下 tɕʻia³¹xo⁵¹	何□ xo³¹tæ²¹⁵
黄 柏	场下 tʃʻã⁴¹xɑ²¹³	何□ xo⁴¹tɛ²¹³
暖 水	场下 tʂʻʌŋ²³xuɐ⁵¹	何□ xo²³tɔ⁵⁴

	0135 家里~很有钱	0136 城里~很好玩	0137 乡下~空气好
经公桥	家里 kʌ²²li⁰	城里 ɕiãi³⁵li⁰	乡下 ʃuaŋ²²xʌ⁰
鹅 湖	家里 kuo⁵⁵lei⁰	城里 ʂãi³⁵lei⁰	乡下 ɕiõ⁵⁵xuo²¹¹
旧 城	家里 kuo⁵⁵lei⁰	城里 ɕiai²⁴lei⁰	乡下 ɕia⁵⁵xuo³³
湘 湖	家里 ko⁴⁴lei⁰	城里 ɕiai³⁵lei⁰	乡下 ɕia⁴⁴xo²¹¹
溪 头	家里 ko³³li⁰	县里 ɕĩ⁵⁵li⁰	乡下 ɕiɔ̃³³xo²³¹
沱 川	家里 ko⁴⁴li³¹	城里 sã²¹li³¹	乡下 ɕiʌ̃⁴⁴xo⁵¹
紫 阳	家里 kə⁴⁴li⁰	城里 sɔ̃²¹li⁰	乡下 ɕiã⁴⁴xə³¹
许 村	家里 ko³³li⁰	县里 ɕĩ⁵⁵li⁰	乡下 ʃɔ̃³³xo³³
中 云	屋里 vɔ⁵¹li⁰	县里 sã³⁵li⁰	乡下 ɕiã⁴⁴xo⁰
新 建	家里 kuɤ⁵⁴li⁰	城里 ʃã²⁴li⁰	乡下 ʃɔ̃⁵⁴xuɤ⁰
新 营	家里 ko⁵⁵lɛ⁰	城里 ɕiæ³¹lɛ⁰	山坞里 ɕiã⁵⁵u⁵³lɛ⁰
黄 柏	家里 kɑ⁴⁴li⁰	城/县里 ʃən⁴¹/ɕiɛ̃²¹³li⁰	乡下 ʃã⁴⁴xɑ²¹³
暖 水	家里 kuɐ³¹li⁰	县里 ɕiɛ⁵¹li⁰	乡下 ʂʌŋ³¹xuɐ⁵¹

0138 上住在楼~	0139 下住在楼~
经公桥　上 ʃuaŋ²¹⁴	豚下儿 tu⁴⁴xʌ²¹ŋ⁰
鹅　湖　高头 kau⁵⁵t'iəu³⁵	下头 xuo²¹t'iəu³⁵
旧　城　高头 kau⁵⁵t'au⁰	豚底 təu²¹³tei³¹
湘　湖　面上 mĩ²¹ɕia⁰	下头 xo²¹t'iau³⁵
溪　头　上 sɔ̃²³¹	下 xo²³¹
沱　川　上（面）sã⁵¹（mĩ⁰）	下（面）xo⁵¹（mĩ⁰）
紫　阳　上 ɕiã⁵¹	下 xə⁵¹
许　村　上（头）ʃɔ̃⁵¹（t'a⁰）	底下 te³¹xo³³
中　云　上 sã³¹	底 te²
新　建　上（面）ʃɔ̃⁵¹（mã⁵¹）	下（面）xuɣ⁵¹（mã⁵¹）
新　营　上 ɕiã⁵¹	下 xo⁵¹
黄　柏　上（头）ʃã²¹³（t'iə⁴¹）	下（头）xɑ²¹（t'iə⁴¹）
暖　水　上 ʂʌŋ⁵¹	底 ti²¹⁴

0140 上面从~滚下来	0141 下面从~爬上来
经公桥　高里 kau²²li⁰	豚下儿 tu⁴⁴xʌ²¹ŋ⁰
鹅　湖　高头 kau⁵⁵t'iəu³⁵	下头 xuo²¹t'iəu³⁵
旧　城　上头 ɕia³³t'au⁰	下头 xuo³³t'au⁰
湘　湖　上头 ɕia²¹t'iau³⁵	下头 xo²¹t'iau³⁵
溪　头　上头 sɔ̃²³¹t'æi⁰/上高 sɔ̃²³¹kɐ³³	下头 xo²³¹t'æi⁰
沱　川　上面 sã⁵¹mĩ⁰	下面 xo⁵¹mĩ⁰
紫　阳　上边/头 ɕiã⁵¹pĩ⁴⁴/ t'a²¹¹	下边/头 xə⁵¹pĩ⁴⁴/ t'a²¹¹
许　村　上边 ʃɔ̃³³pĩ³³	下边 xo³³pĩ³³
中　云　上边 sã³¹pĩ⁰	下边 xo³¹pĩ⁰
新　建　上面 ʃɔ̃⁵¹mã⁵¹	下面 xuɣ⁵¹mã⁵¹
新　营　上底 ɕiã⁵¹tɛ⁵³	下底 xo⁵¹tɛ⁵³
黄　柏　上头 ʃã²¹t'iə⁴¹	下头 xɑ²¹t'iə⁴¹
暖　水　上口 ʂʌŋ⁵¹k'iɛ⁰	下口 xuɐ⁵¹k'iɛ⁰

	0142 左边	0143 右边
经公桥	反边 fuʌ⁴²piɛ̃²²	顺边 ɕyn²⁴piɛ̃²²
鹅湖	反手边 fõ⁵³ɕiəu⁵³pĩ⁵⁵	顺手边 ɕyɛn²¹ɕiəu⁵³pĩ⁵⁵
旧城	反手边 fuo³¹ɕiəu³¹pi⁵⁵	顺手边 ɕyɛn³³ɕiəu³¹pi⁵⁵
湘湖	反手边 fo³⁵ɕiəu³¹pĩ⁴⁴	顺手边 ɕyɛn³³ɕiəu³¹pĩ⁴⁴
溪头	反手 fã⁴²sæi⁴²	顺手 səŋ⁵⁵sæi⁴²
沱川	反手边 fũ³⁵sə²pĩ⁴⁴	顺手边 xuəŋ⁵¹sə²pĩ⁴⁴
紫阳	反边 fum³⁵pĩ⁴⁴	顺边 sæ⁵¹pĩ⁴⁴
许村	反手 fũ³¹ɕia³¹	顺手 ʃɛn⁵⁵ɕia³¹
中云	反手 fum³⁵sa²	顺手 sen⁵¹sa²
新建	反手边 fã³¹ɕiɯ³¹pã⁵⁴	顺手边 ʃɔ̃⁵¹ɕiɯ³¹pã⁵⁴
新营	反手边 fã⁵³ɕio⁵³pi⁵⁵	顺手边 ɕiən⁵¹ɕio⁵³pi⁵⁵
黄柏	反手边 fã⁴⁵³ʂu⁴⁵³piɛ̃⁴⁴	顺手边 ʃuən²¹ʂu⁴⁵³piɛ̃⁴⁴
暖水	反手边 fã²⁴ɕy²¹⁴piɛ̃⁰	顺手边 ɕiɛ̃⁵¹ɕy²¹⁴piɛ̃⁰

	0144 前面	0145 后面
经公桥	前头 tsʻiɛ̃³⁵tʻiəu⁵⁵	后头 ɕiəu²¹tʻiəu⁵⁵
鹅湖	前头 tsʻĩ³⁵tʻiəu³⁵	后头 ɕiəu²¹tʻiəu³⁵
旧城	前头 tsʻi²⁴tʻau⁰	后头 xau³³tʻau⁰
湘湖	前头 tsʻĩ³⁵tʻiau³⁵	后头 xau²¹tʻiau³⁵
溪头	前头 tsʻĩ⁵¹tʻæi⁰	后头 ʃæi²³¹tʻæi⁰
沱川	前边 tsʻĩ²¹pĩ⁴⁴	后边 ɕiə³¹pĩ⁴⁴
紫阳	前头 tsʻĩ²¹tʻa²¹¹	后边 ɕia³¹pĩ⁴⁴
许村	前头 tsʻi⁵¹tʻa⁰	后边 ɕia³³pĩ³³
中云	前头 tsʻĩ¹¹tʻa¹¹	后头 ɕia⁵¹tʻa¹¹
新建	前面/头 tsʻã²⁴mã⁵¹/ tʻɯ²⁴	后面/头 ɕiɯ⁵¹mã⁵¹/ tʻɯ²⁴
新营	前头 tsʻi³¹tʻiɔ⁰	屁股底 pʻɛ²¹ku²¹³tɕ⁵³
黄柏	前头/底 tɕʻiɛ̃⁴¹tʻiə⁴¹/ ti⁴⁵³	后头/底 xə²¹tʻiə⁴¹/ ti⁴⁵³
暖水	前□ tɕʻiɛ̃²³kʻiɛ⁰	后□ ɕy⁵¹kʻiɛ⁰

		0146中间		0147里面	
经公桥		中间	tʂoŋ²²kuʌ̃²²	内头	lɤ²¹tʼiəu⁵⁵
鹅　湖		中间	tʂoŋ⁵⁵kõ⁵⁵	里头	lei⁵³tʼiəu³⁵
旧　城		中间	tʂoŋ⁵⁵kuo⁵⁵	里头	lei³¹tʼau⁰
湘　湖		中间	tsoŋ⁴⁴ko⁴⁴	里头	lei³¹tʼiau³⁵
溪　头		中间	tsəŋ³³kã³³	里头	li²³¹tʼæi⁵¹
沱　川		中间	tsəŋ⁴⁴kõ⁴⁴	里边	li³¹pĩ⁴⁴
紫　阳		当中	tã⁴⁴tsɐm⁴⁴	里头/边	li³¹tʼa²¹¹/ pĩ⁴⁴
许　村		中间	tʃɐm³³kũ³³	里头	li³¹tʼa⁰
中　云		中间	tsɐm⁴⁴kum⁴⁴	里头	li³¹tʼa¹¹
新　建		中间	tʂoŋ⁵⁴kʌ̃⁵⁴	里面/头	lɛ³¹mã⁵¹/ tʼɯ²⁴
新　营		中间□	tən⁵⁵kã⁵⁵tɔ⁰	里底	lɛ⁵³tɛ⁵³
黄　柏		中间	tʂuəŋ⁴⁴kã⁴⁴	内头/底	lɛ²¹tʼəɹ⁴¹/ ti⁴⁵³
暖　水		中间	tʂoŋ³¹kã³¹	内□	nɤ⁵¹kʼiɛ⁰

		0148外面	0149对面	0150面前
经公桥		外头 ua²¹tʼiəu⁵⁵	对面 tɤ²¹miẽ²¹⁴	前头 tsʼiẽ³⁵tʼiəu⁵⁵
鹅　湖		外头 ŋua²¹tʼiəu³⁵	对面 tɛ³⁵mĩ²¹¹	面前 mĩ²¹tsʼĩ³⁵
旧　城		外头 ua³³tʼau⁰	对面 tɛ²¹³mi³³	面前 mi³³tsʼi²⁴
湘　湖		外头 ua²¹tʼiau³⁵	对面 tɛ³⁵mĩ²¹¹	跟前 kɛn⁴⁴tsʼĩ³⁵
溪　头		外头 ua⁵⁵tʼæi⁰	对面 tɛ²⁴mĩ⁵⁵	面前 mĩ⁵⁵tsʼĩ⁵¹
沱　川		外边 go⁵¹pĩ⁴⁴	对面 tə³⁵mĩ⁵¹	当面 tʌ̃⁴⁴mĩ⁵¹
紫　阳		外头/边 ŋo⁵¹tʼa²¹¹/ pĩ⁴⁴	对面 tɛ³⁵mĩ⁵¹	面前 mĩ⁵¹tsʼĩ²¹¹
许　村		外头 ŋo⁵⁵tʼa⁰	对面 tɛ²⁴mĩ⁵⁵	面前 mĩ⁵⁵tsʼĩ⁵¹
中　云		外头 va⁵¹tʼa¹¹	对面 tɤ³⁵mĩ⁵⁵	面前 mĩ⁵¹tsʼĩ¹¹
新　建		外面 ŋa⁵¹mã⁵¹	对面 tua²¹³mã⁵¹	面前 mã⁵¹tsʼã²⁴
新　营		外底 ŋa⁵¹tɛ⁵³	对面 tɛ²¹³mi⁵¹	眼珠面前 ŋã⁵³tɕy⁵⁵mi⁵¹tsʼi³¹
黄　柏		外头 ŋa²¹tiə⁴¹	对面 tɛ²¹miẽ²¹³	眼面前 ŋã⁴⁵³miẽ²¹tɕʼiẽ²¹³
暖　水		外□ ŋa⁵¹kʼiɛ⁰	对面 tɤ³⁵miẽ⁵¹	面前 miẽ⁵¹tɕʼiẽ²³

	0151 背后	0152 末尾
经公桥	背后 pɤ²⁴ɕiəu²¹⁴	□后头 tɕ'i⁴²ɕiəu²¹t'iəu⁵⁵
鹅湖	背后 pɛ²¹ɕiəu²¹¹	最后头 tsei²¹ɕiəu²¹t'iəu³⁵
旧城	背后 pɛ²¹³xau³³	最后 tsei²¹³xau³³
湘湖	背后 pɛ²¹xau²¹¹	煞尾 soʔ²⁴mei³¹⁴
溪头	背后 pɐ²⁴ʃæi²³¹	最后 tsɐ²⁴ʃæi²³¹
沱川	背后 pa³⁵ɕiə³¹	尾巴上 bi³¹po⁴⁴sã⁵¹
紫阳	□背后 p'o⁵¹pe³⁵ɕia³¹	末豚蒂 bo⁵¹tʙ⁵¹ti³⁵
许村	背后 pɤ²⁴ɕia³³	落尾底 lɔ⁵⁵me³¹te²⁴
中云	背后 pɤ³⁵ɕia³¹	最后 tsɤ³⁵ɕia³¹
新建	背后 pa³⁵ɕiɯ⁵¹	落尾底 lo³³mi³¹tæ³¹
新营	屁股底 p'ɛ²¹ku²¹³tɛ⁵³	落尾后 lɔ⁵⁵me⁵³ɕiɔ⁵¹
黄柏	背头/底 pɛ²¹t'iə⁴¹/ti⁴⁵³	末尾 mo⁴⁴mi⁴⁵³
暖水	背后 pɤ³⁵ɕy⁵¹	末尾巴后 muɐ³¹mi²⁴puɐ⁰ɕy⁵¹

	0153 旁边	0154 上座 面对大门的座位
经公桥	舷下儿 ɕiɛ̃³⁵xʌ²¹ŋ⁰	上口位 ʃuaŋ²⁴pau⁴⁴uei²¹⁴
鹅湖	边上 pĩ⁵⁵ɕiõ²¹¹	上门头 ɕiõ²¹mən³⁵t'iəu³⁵
旧城	舷边 ɕia²⁴pi⁵⁵	上横 ɕia³³uaŋ²⁴
湘湖	旁边 p'aŋ³⁵pĩ⁴⁴	上头 ɕia²¹t'iau³⁵
溪头	隔壁 ka⁵⁵pa⁵⁵	上边头 sɔ̃²³¹pĩ³³t'æi⁰
沱川	边上 pĩ⁴⁴sã⁵¹	上面头 sã⁵¹mĩ⁵¹t'ə²¹¹
紫阳	边上 pĩ⁴⁴ɕiã⁵¹	上门头 ɕiã³¹mæ²¹t'a²¹¹
许村	边上 pĩ³³ʃɔ̃⁵⁵	上面头 ʃɔ̃⁵⁵mĩ⁵⁵t'a⁰
中云	边上 pĩ⁴⁴sã⁵¹	上门头 sã³¹mɛn¹¹t'a⁰
新建	边上 pĩ³³ʃɔ̃⁵⁴	上面头 ʃɔ̃⁵¹mã⁵¹t'ɯ²⁴
新营	隔壁 ka²¹³pæ²¹³	上门头 ɕiã⁵¹mən³¹t'iɔ⁰
黄柏	旁边 p'ã⁴¹piɛ̃⁴⁴	上面头 ʃã²¹miɛ̃³¹t'iə⁴¹
暖水	边上 piɛ̃³¹ʂoŋ⁵¹	上门头 ʂoŋ⁵¹mɛ̃²³t'y⁰

	0155 边儿桌子的~	0156 角儿桌子的~
经公桥	边舷 piẽ²²ɕiẽ⁵⁵	角儿 kau⁴⁴ŋ⁰
鹅　湖	舷下 ɕĩ³⁵xuo⁰	角 kaʔ²⁴
旧　城	边舷儿 pi⁵⁵ɕi²⁴ni⁰	角 kau²¹³
湘　湖	边舷 pĩ⁴⁴ɕĩ³⁵	角 kauʔ²⁴
溪　头	边 pĩ³³	角 kau⁵⁵
沱　川	边 pĩ⁴⁴	角 kɒ⁵¹
紫　阳	边 pĩ⁴⁴	角 kɒ⁵¹
许　村	舷 ɕĩ⁵¹	角 kɔ⁵⁵
中　云	边 pĩ⁴⁴	角 kɔ⁵¹
新　建	边舷 pã⁵⁴ɕiẽ²⁴	角 ko⁵¹
新　营	边舷 pi⁵⁵ɕiẽ³¹	角 kɔ²¹³
黄　柏	边 piẽ⁴⁴	角 kə²¹³
暖　水	舷 ɕiẽ²³	角 kɔ⁵⁴

	0157 上去	0158 下来
经公桥	上/高处去 ʃuaŋ²⁴/ kau²²tɕʻy²⁴kʻei²¹⁴	下来 xʌ²¹la⁵⁵
鹅　湖	上去 ɕiõ²¹kʻu²¹³	下来 xuo²¹lɛ³⁵
旧　城	上去 ɕia³³tɕʻi²¹³	下来 xuo³³lɛ²⁴
湘　湖	上去 ɕia²¹kʻu²¹²	下来 xo²¹lɛ³⁵
溪　头	上去 sɔ̃⁵⁵kʻɐ²⁴	下来 xo⁵⁵lɐ⁵¹
沱　川	上去 sʌ̃³¹kʻə³⁵	下来 xo³¹la²¹¹
紫　阳	上去 ɕiã³¹tɕʻie³⁵	下来 xə³¹lɛ²¹¹
许　村	上去 ʃɔ̃⁵⁵tʃʻe²⁴	下来 xo⁵⁵lʏ⁵¹
中　云	上去 sã³¹tɕʻie³⁵	下来 xo³¹lʏ¹¹
新　建	上去 ʃɔ̃⁵¹tɕʻie²¹³	下来 xuɤ⁵¹la²⁴
新　营	上去 ɕiã⁵¹tɕʻi²¹³	下来 xo⁵¹li³¹
黄　柏	上去 ʃã²¹tɕʻy²¹³	下来 xɑ²¹lɛ⁴¹
暖　水	上去 ʂoŋ⁵¹tɕʻi³⁵	下来 xuɐ⁵¹lʏ²³

	0159 进去	0160 出来
经公桥	进去 tsən²⁴k'ei²¹⁴	出来 tɕ'y⁴⁴la⁵⁵
鹅 湖	进去 tsən²¹k'u²¹³	出来 tɕ'yʔ⁴liɛ³⁵
旧 城	进去 tsen²¹³tɕ'i²¹³	出来 tɕ'y²¹³lɐ²⁴
湘 湖	进去 tsen³⁵k'u³⁵	出来 tɕ'yʔ⁴lɐ³⁵
溪 头	进去 tsen²⁴k'ɐ²⁴	出来 ts'ɐ⁵⁵lɐ⁵¹
沱 川	进去 tsen³⁵k'ə³⁵	出来 tɕ'y⁵¹la²¹¹
紫 阳	进去 tsæ³⁵tɕ'ie³⁵	出来 tɕ'ie⁵¹lɐ²¹¹
许 村	进去 tsen²⁴tʃ'e²⁴	出来 tʃ'ɣ⁵⁵lɣ⁵¹
中 云	进去 tsen³⁵tɕ'ie³⁵	出来 ts'ɣ⁵¹lɣ¹¹
新 建	进去 tsẽ²¹tɕ'iẽ²¹³	出来 tʃ'ɛ⁵¹la²⁴
新 营	进去 tsən²¹³tɕ'i²¹³	出来 tɕ'y²¹⁵li³¹
黄 柏	进去 tɕin²¹tɕ'y²¹³	出来 tɕ'y²¹lɐ⁴¹
暖 水	进去 tsẽ³⁵tɕ'i³⁵	出来 tɕ'ie⁵⁴lɣ²³

	0161 回来	0162 起来 快~‖站~‖天冷~了
经公桥	回来 xuɣ³⁵la⁵⁵	起来 tɕ'i⁴²la⁵⁵
鹅 湖	回来 xuɛ³⁵liɛ³⁵	起来 tɕ'i⁵³liɛ³⁵
旧 城	回来 xuɛ²⁴lɐ²⁴	起来 tɕ'i³¹lɐ²⁴
湘 湖	回头 fɛ³⁵t'iau³⁵	起来 tɕ'i³¹lɐ³⁵
溪 头	回来 xuɐ⁵¹lɐ⁵¹	起来 tʃ'i⁴²lɐ⁵¹
沱 川	回来 xuɣ²¹la²¹¹	起来 tɕ'i³⁵la²¹¹
紫 阳	来家 le²¹kə⁴⁴	起来 tɕ'i³⁵lɐ²¹¹
许 村	回来 xuɣ⁵¹lɣ⁵¹	起来 tɕ'i²⁴lɣ⁵¹
中 云	回来 xuɣ¹¹lɣ¹¹	下来 xo³¹lɣ¹¹
新 建	回来 xuɣ²⁴la²⁴	起来 tɕ'i³¹la²⁴
新 营	来家 li³¹ko⁵⁵	起来 tɕ'i⁵³li³¹
黄 柏	回来 xuɛ⁴¹lɐ⁴¹	起来 tɕ'i⁴⁵³lɐ⁴¹
暖 水	转身 tɕiẽ²⁴ɕiẽ³¹	起来 tɕ'i²⁴lɣ²³

	0163 森林	0164 树	0165 木头
经公桥	树林 ɕy²¹nāi⁵⁵	树 ɕy²¹⁴	木头 mo²²t'iəu⁵⁵
鹅 湖	树林 ɕy²¹lən³⁵	树 ɕy²¹¹	木头 muʔ⁴t'iəu³⁵
旧 城	山林 ʂuo⁵⁵lɛn²⁴	树 ɕy³³	木头 mu³³t'au²⁴
湘 湖	树林 ɕy²¹lɛn³⁵	树 ɕy²¹¹	木头 muʔ²t'iau³⁵
溪 头	树林 ɕy⁵⁵nɛn⁵¹	树 ɕy⁵⁵	木头 mu⁵⁵t'æi⁵¹
沱 川	树林 ɕy⁵¹nɛn²¹¹	树 ɕy⁵¹	木头 bu⁵¹t'ə²¹
紫 阳	树林 ɕy⁵¹læ̃²¹¹	树 ɕy⁵¹	木头 bu⁵¹t'a²¹¹
许 村	树林 ɕy⁵⁵nɛn⁵¹	树 ɕy⁵⁵	木头 mu⁵⁵t'a⁰
中 云	树林 ɕy⁵¹nɛn¹¹	树 ɕy⁵¹	木头 bɔ⁵¹t'a¹¹
新 建	树林 ɕy⁵¹nẽ²⁴	树 ɕy⁵¹	木头 mo³³t'ɯ⁰
新 营	树林 ɕy⁵¹lən³¹	树 ɕy⁵¹	木头 mu⁵⁵t'iɔ³¹
黄 柏	树林 ɕy²¹lin⁴¹	树 ɕy²¹³	木头 mu²¹t'iə⁴¹
暖 水	树林 ʂu⁵¹lẽ²³	树 ʂu⁵¹	树 ʂu⁵¹

	0166 树梢	0167 树根	0168 树皮
经公桥	树杪儿 ɕy²⁴miã⁴²	树根 ɕy²⁴kən²²	树皮 ɕy²⁴p'i⁵⁵
鹅 湖	树标 ɕy²¹pia⁵³	树老 ɕy²¹la⁵³	树皮 ɕy²¹p'ei³⁵
旧 城	树标 ɕy³³piau³¹	树兜儿 ɕy³³taʳ⁵⁵	树皮 ɕy³³p'ei²⁴
湘 湖	树标 ɕy²¹piau³¹⁴	树兜 ɕy²¹tiau⁴⁴	树皮 ɕy²¹p'ei³⁵
溪 头	树杪 ɕy⁵⁵mia⁴²	树根 ɕy⁵⁵kuəŋ³³	树皮 ɕy⁵⁵p'i⁵¹
沱 川	树杪 ɕy⁵¹bia²	树根 ɕy⁵¹kuəŋ⁴⁴	树皮 ɕy⁵¹p'i²¹¹
紫 阳	树杪 ɕy⁵¹biɔ²	树根 ɕy⁵¹kuæ̃⁴⁴	树皮 ɕy⁵¹p'i²¹¹
许 村	树标 ɕy⁵⁵piɔ³¹	树老 ɕy⁵⁵lo³¹	树皮 ɕy⁵⁵p'i⁵¹
中 云	树杪 ɕy⁵¹biɔ²	树根 ɕy⁵¹kuɛn⁴⁴	树皮 ɕy⁵¹p'i¹¹
新 建	树标 ɕy⁵¹piɛ³¹	树根 ɕy⁵¹kuẽ⁵⁴	树皮 ɕy⁵¹p'i²⁴
新 营	树标 ɕy⁵¹piɔ⁵³	树根 ɕy⁵¹kuən⁵⁵	树皮 ɕy⁵¹p'ɛ³¹
黄 柏	树标 ɕy²¹piə⁴⁵³	树根 ɕy²¹kən⁴⁴	树皮 ɕy²¹p'i⁴¹
暖 水	树标 ʂu⁵¹pyɛ²¹⁴	树老 ʂu⁵¹lɤ²¹⁴	树皮 ʂu⁵¹p'i²³

	0169 松树	0170 松针
经公桥	松树 tsʻoŋ³⁵ɕy²¹⁴	松树叶儿 tsʻoŋ³⁵ɕy²¹⁴iɛ²²n̩⁰
鹅湖	松树 tsʻoŋ³⁵ɕy²¹¹	松毛儿 tsʻoŋ³⁵maʳ³⁵
旧城	松树 tsʻoŋ²⁴ɕy³³	松毛丝儿 tsʻoŋ²⁴mau²⁴səʳ⁵⁵
湘湖	松树 tsʻoŋ³⁵ɕy²¹¹	松毛 tsʻoŋ²¹mau³⁵
溪头	松树 tsʻəŋ⁵¹ɕy⁵⁵	松树丝 tsʻəŋ⁵¹ɕy⁵⁵ʅ³³
沱川	松树 tsʻəŋ²¹ɕy⁵¹	松毛树须 tsʻəŋ²¹ba²¹ɕy⁵¹si⁴⁴
紫阳	松树 tsʻɐm²¹ɕy⁵¹	松毛树须 tsʻɐm²¹bo²¹ɕy⁵¹si⁴⁴
许村	松树 tsʻɐm⁵¹ɕy⁵⁵	松树须 tsʻɐm⁵¹ɕy⁵⁵si³³
中云	松树 tsʻɐm¹¹ɕy⁵¹	松树须 tsʻɐm¹¹ɕy⁵¹si⁴⁴
新建	松树 tsʻəŋ²⁴ɕy⁵¹	松树叶 tsʻəŋ²⁴ɕy⁵¹iɛ³³
新营	松树 tsʻən³¹ɕy⁵¹	松毛须 tsʻən³¹mɔ³¹sɛ⁵⁵
黄柏	松树 səŋ⁴⁴ɕy²¹³	松毛须 səŋ⁴⁴mə⁴¹ɕi⁴⁴
暖水	松树 tsʻoŋ²³ʂu⁵¹	松树叶 tsʻoŋ²³ʂu⁵¹iɛ³¹

	0171 柏树	0172 杉树
经公桥	柏树 pa⁴⁴ɕy²¹⁴	杉树 ʂuã²²ɕy²¹⁴
鹅湖	柏树 paʔ⁴ɕy²¹¹	杉树 ʂõ⁵⁵ɕy²¹¹
旧城	柏树 pa²¹³ɕy³³	杉树 ʂo⁵⁵ɕy³³
湘湖	柏树 paʔ⁴ɕy²¹¹	杉树 so⁴⁴ɕy²¹¹
溪头	柏树 po⁵⁵ɕy⁵⁵	杉树 sã³³ɕy⁵⁵
沱川	柏树 po⁵¹ɕy⁵¹	杉树 sõ⁴⁴ɕy⁵¹
紫阳	柏树 po⁵¹ɕy⁵¹	杉树 sum⁴⁴ɕy⁵¹
许村	柏树 po⁵⁵ɕy⁵⁵	杉树 ʃũ³³ɕy⁵⁵
中云	柏树 po⁵¹ɕy⁵¹	杉树 sum⁴⁴ɕy⁵¹
新建	柏树 pæ⁵¹ɕy⁵⁴	杉树 ʃã⁵⁴ɕy⁵¹
新营	柏树 pa²¹⁵ɕy⁵¹	杉树 ɕia⁵⁵ɕy⁵¹
黄柏	柏树 pa²¹ɕy²¹³	杉树 sã⁴⁴ɕy²¹³
暖水	柏树 pʻæ⁵⁴ʂu⁵¹	杉树 ʂa³¹ʂu⁵¹

第五章 赣东北徽语代表方言点词语对照

		0173 柳树	0174 乌桕树
经公桥		柳树 liəu^{42}ɕy^{214}	乌株树 u^{22}tɕy^{22}ɕy^{214}
鹅 湖		柳树 liəu^{53}ɕy^{211}	—
旧 城		柳树 liəu^{31}ɕy^{33}	—
湘 湖		杨柳树 ia^{35}liəu^{31}ɕy^{211}	木梓树 muʔ^{2}tsɿ^{0}ɕy^{211}
溪 头		柳树 læi^{31}ɕy^{55}	乌饭树 u^{33}fã^{55}ɕy^{55}
沱 川		杨柳树 iẽ^{21}lə^{31}ɕy^{51}	香料树 ɕiẽ^{44}lia^{51}ɕy^{51}
紫 阳		柳树 la^{31}ɕy^{51}	香株树 ɕiã^{44}tɕy^{44}ɕy^{51}
许 村		杨柳树 iɔ̃^{51}la^{31}ɕy^{55}	—
中 云		杨柳树 iã^{11}la^{31}ɕy^{51}	奇子树 tɕ'i^{11}tsɣ^{31}ɕy^{51}
新 建		杨柳树 iɔ̃^{24}lɯ^{31}ɕy^{51}	柏子树 tɕiɯ^{51}tsɣ^{31}ɕy^{51}
新 营		柳树 lio^{53}ɕy^{51}	—
黄 柏		杨柳树 iã^{41}liə^{453}ɕy^{213}	香料树 ʃã^{44}liə^{21}ɕy^{213}
暖 水		柳树 ly^{24}su^{51}	□子树 k'y^{55}tsɿ^{24}ʂu^{51}

		0175 油茶树	0176 竹子	0177 笋
经公桥		茶子树 tʂ'o^{35}tsɿ^{42}ɕy^{214}	竹子 tʂu^{44}tsɿ^{0}	笋 sən^{42}
鹅 湖		茶子儿树 tʂ'o^{35}tsə^{r53}ɕy^{211}	竹儿 tʂəʔ^{r213}	笋 sən^{53}
旧 城		茶子儿树 tʂ'uo^{24}tsə^{r31}ɕy^{33}	竹儿 tʂuə^{r213}	笋儿 sɛn^{31}ni^{0}
湘 湖		茶子树 ts'o^{35}tsɿ^{31}ɕy^{211}	毛竹 mau^{35}tsəuʔ^{4}	笋儿 sɛn^{35}ni^{0}
溪 头		椹子树 sɛn^{24}tsɿ^{42}ɕy^{55}	竹 tsu^{55}	笋 sən^{42}
沱 川		茶子树 ts'o^{21}tsɿ^{2}ɕy^{51}	竹 tsu^{51}	笋 sɛn^{35}
紫 阳		椹子树 sɔ̃^{35}tsɿ^{2}ɕy^{51}	竹 tsu^{51}	笋 sæ^{2}
许 村		椹子树 ʃã^{24}tsɿ^{31}ɕy^{55}	竹 tʃɔ^{55}	笋 sɛn^{31}
中 云		茶子树 ts'o^{11}tsɿ^{2}ɕy^{51}	竹 tsɔ^{51}	竹笋 tsɔ^{51}sɛn^{2}
新 建		茶子树 tʃ'uɣ^{24}tsɣ^{31}ɕy^{51}	竹 tʃo^{51}	笋 sẽ^{31}
新 营		茶子树 t'o^{31}tsɿ^{53}ɕy^{51}	竹 to^{215}	笋 sən^{53}
黄 柏		茶子树 tʂ'ɑ^{41}tsɿ^{453}ɕy^{213}	毛竹 mə^{41}tʃu^{213}	笋 sən^{213}
暖 水		茶子树 tʂ'uɐ^{23}tsɿ^{24}ʂu^{51}	竹 tʂəu^{54}	笋 sẽ^{214}

	0178 种子	0179 叶子	0180 花
经公桥	种 tʂoŋ⁴²	叶儿 iɛ²²ŋ⁰	花 xuʌ²²
鹅湖	种 tʂoŋ⁵³	叶儿 iɛʔʳ⁴	花儿 xuoʳ⁵⁵
旧城	种 tsoŋ³¹	叶儿 iɛʳ³³	花儿 xuəʳ⁵⁵
湘湖	种 tsoŋ³¹⁴	叶仂 iɛʔ²lɛ⁰	花 xo⁴⁴
溪头	种 tsəŋ⁴²	叶 iɛ⁵⁵	花 xo³³
沱川	种（子）tsəŋ²（tsʅ²）	叶 iɛ⁵¹	花 xo⁴⁴
紫阳	种 tsɐm²	叶 iɛ⁵¹	花 xə⁴⁴
许村	种 tʃɐm²⁴	叶 iɛ⁵⁵	花 xo³³
中云	种 tsɐm³⁵	叶 iɛ⁵¹	花 xo⁴⁴
新建	种（子）tʂəŋ³¹（tsɤ⁰）	叶 iɛ³³	花 xua⁵⁴
新营	种（子）təŋ⁵³（tsʅ⁰）	叶 iɛ⁵⁵	花 xo⁵⁵
黄柏	种（子）tʂuəŋ⁴⁵³tsʅ⁰	叶 iɑ⁴⁴	花 xuɑ⁴⁴
暖水	种子 tʂoŋ²⁴tsʅ²¹⁴	叶 iɛ³¹	花 xuɐ³¹

	0181 花蕾	0182 梅花	0183 牡丹
经公桥	花芯 xuʌ²²sən²²	梅花 mɤ³⁵xuʌ²²	牡丹 miəu⁴²tuã²²
鹅湖	花儿蓇儿 xuoʳ⁵⁵yəʳ²¹¹	梅花儿 mɛ³⁵xuoʳ⁵⁵	牡丹 mo⁵³tõ⁵⁵
旧城	花蓇儿 xuo⁵⁵yəʳ³³	梅花儿 mɛ²⁴xuəʳ⁵⁵	牡丹 mau³³tuo⁵⁵
湘湖	花蓇仂 xo⁴⁴y³⁵lɛ⁰	梅花 mɛ³⁵xo⁴⁴	牡丹 mo³⁵to⁴⁴
溪头	花芯 xo³³sɛn³³	蜡梅 lo⁵⁵mɐ⁵¹	牡丹 mɐ⁴²tã³³
沱川	花蓇 xo⁴⁴y³¹	梅花 ba²¹xo⁴⁴	牡丹 bə³⁵tõ⁴⁴
紫阳	花蕾 xə⁴⁴lɛ²¹¹	梅花 be²¹xə⁴⁴	牡丹花 bu³⁵tum⁴⁴xə⁴⁴
许村	花蕾 xo³³lʏ³¹	梅花 mɤ⁵¹xo³³	牡丹 ma³⁵tũ³³
中云	花蕾 xo⁴⁴lʏ¹¹	梅花 bʏ¹¹xo⁴⁴	牡丹 ba³⁵tum⁴⁴
新建	花口 xua⁵⁴mi³¹	梅花 ma²⁴xua⁵⁴	牡丹 mu³¹tã⁵⁴
新营	花苞 xo⁵⁵pɔ⁵⁵	梅花 mi³¹xo⁵⁵	牡丹 mu⁵³tã⁵⁵
黄柏	花蓇 xɑ⁴⁴y⁴⁵³	梅花 mɛ⁴¹xuɑ⁴⁴	牡丹 mu⁴⁵³tã⁴⁴
暖水	花口 xuɐ³¹mi²³	梅花 mɤ²³xuɐ³¹	牡丹 mu²⁴tã³¹

第五章 赣东北徽语代表方言点词语对照

	0184 荷花	0185 杜鹃花
经公桥	荷花 xɣ³⁵xuʌ²²	春鸟花 tɕ'yn²²tia⁴²xuʌ²²
鹅湖	荷花儿 xɛ³⁵xuoʳ⁵⁵	□□花儿 loʔ²⁴lei³⁵xuəʳ⁵⁵
旧城	荷花儿 xɛ²⁴xuoʳ⁵⁵	清明花儿 ts'ai⁵⁵mai²⁴xuəʳ⁵⁵
湘湖	莲子花 nĩ³⁵tsɿ³¹xo⁴⁴	山茶花 so⁴⁴ts'o³⁵xo⁴⁴
溪头	荷花 xo⁵¹xo³³	杜鹃花 tu⁵⁵kĩ³³xo³³
沱川	荷花 xo²¹xo⁴⁴	山茶花 sõ⁴⁴ts'o²¹xo⁴⁴
紫阳	荷花 xə²¹xə⁴⁴	杜鹃花 t'u⁵¹tɕỹ⁴⁴xə⁴⁴
许村	荷花 xuɣ⁵¹xo³³	春鸟花 tʃ'ɛn³³lio³⁵xo³³
中云	莲子花 lĩ³⁵tsɿ²xo⁴⁴	赤膊花 ts'o⁵¹pɔ⁵¹xo⁴⁴
新建	荷花 xɯ²⁴xua⁵⁴	□鸡花 ts'ɣ⁵¹tɕiɛ⁵⁴xua⁵⁴
新营	荷花 xu³¹xo⁵⁵	鸡公花 tɕi⁵⁵kən⁵⁵xo⁵⁵
黄柏	荷花 xo⁴¹xuɑ⁴⁴	满山红 mõ⁴⁵³ʂuã⁴⁴xəŋ⁴¹
暖水	荷花 xo²³xuɐ³¹	野鸡□花 ia²⁴tɕi³¹ʂuɣ⁵⁵xuɐ³¹

	0186 草	0187 藤	0188 （草木的）刺
经公桥	草 ts'au⁴²	藤 t'ãi³⁵⁵	镢 ʃã²¹⁴
鹅湖	草 ts'au⁵³	藤 t'ãi³⁵	镢儿 tʂ'õ³⁵ni⁰
旧城	草 ts'au³¹	藤 t'ai²⁴	刺 sɿ²⁴
湘湖	草 ts'au³¹⁴	藤 t'ai³⁵	刺 ts'ɿ²¹²
溪头	草 ts'ɐ⁴²	藤 t'ã⁵¹	镢 ts'ã⁵¹
沱川	草 ts'a²	藤 t'ã²¹¹	镢刺 ts'õ²¹ts'ɿ³⁵
紫阳	草 ts'o²	藤 t'ɔ̃²¹¹	镢 ts'um²¹¹
许村	草 ts'a³¹	藤 t'ã⁵¹	镢 ts'ũ⁵¹
中云	草 ts'a²	藤 t'ã¹¹	刺 ts'ɣ³⁵
新建	草 ts'ə³¹	藤 t'ẽ²⁴	刺 ts'ɣ²¹³
新营	草 ts'ɔ⁵³	藤 t'æ̃³¹	刺 sɿ²¹³
黄柏	草 ts'ə⁴⁵³	藤 t'in⁴¹	刺 ts'ɿ²¹³
暖水	草 ts'ɣ²¹⁴	藤 t'ẽ²³	刺 ts'ɿ³⁵

	0189 芦苇	0190 浮萍
经公桥	茅草 mau³⁵ts'au⁴²	薸 p'iau³⁵⁵
鹅湖	芒花 maŋ³⁵xuo⁵⁵	红薸 xoŋ³⁵p'ia³⁵
旧城	芒 maŋ²⁴	青薸 ts'ai⁵⁵p'iau²⁴
湘湖	芦花 lu³⁵xo⁴⁴	薸 p'io³⁵
溪头	茅花 mau⁵¹xo³³	水薸 ɕy⁴²p'ia⁵¹
沱川	茅花 bau²¹xo⁴⁴	薸 p'ia²¹¹
紫阳	茅花 bɒ²¹xə⁴⁴	薸 p'io²¹¹
许村	茅花 mɔ⁵¹xo³³	薸 p'io⁵¹
中云	茅花 ba¹¹xo⁴⁴	薸 p'iɔ¹¹
新建	茅花 mə²⁴xua⁵⁴	薸 p'iɛ²⁴
新营	茅花 mɔ³¹xo⁵⁵	薸 p'io³¹
黄柏	茅花 mə⁴¹xuɑ⁴⁴	薸 p'iə⁴¹
暖水	茅花 mo²³xuɐ³¹	薸 p'yɛ²³

	0191 青苔	0192 蕨
经公桥	青□呐 tɕ'iã²²iəu²⁴nɛ⁰	山蕨ㄦ ʂuɑ̃²²tɕyɛ̃⁴⁴＋水蕨ㄦ ɕy⁴²tɕyɛ̃⁴⁴
鹅湖	青薸□ㄦ ts'ãi³⁵p'ia³⁵uəʳ⁴	蕨ㄦ tɕyəʔʳ⁴
旧城	青薸 ts'ai⁵⁵p'iau²⁴	蕨ㄦ tɕyəʳ²¹³
湘湖	藓苔 sĩ³⁵t'ɛ⁴⁴	蕨 tɕyɛʔ⁴
溪头	青苔 ts'ã³³tɐ⁵¹	蕨 kue⁵⁵
沱川	屎苔 sŋ³⁵t'a²¹¹	蕨 kue⁵¹
紫阳	观丝 kuæ⁴⁴ɕi⁴⁴	蕨 tɕye⁵¹
许村	青苔 ts'ã³³t'ɤ⁵¹	蕨 ke⁵⁵
中云	□ la³⁵	蕨 tɕie⁵¹
新建	青苔 ts'ã⁵⁴t'a²⁴	蕨 kɛ⁵¹
新营	青薸 ts'æ̃⁵⁵p'iɔ³¹	蕨 tɕyɛ²¹⁵
黄柏	藓苔 ɕiɛ̃⁴⁵³t'a⁴¹	蕨基 tʃuɑ²¹tɕi⁴⁴
暖水	青苔 ts'æ̃³¹t'ɤ²³	蕨 kie⁵⁴

第五章 赣东北徽语代表方言点词语对照

	0193 水果统称	0194 果核	0195 苹果
经公桥	水果 ɕy⁴²kuʌ⁴²	子儿 tsʅ⁴²n̩⁰	苹果 p'in³⁵kuʌ⁴²
鹅 湖	水果 ɕy⁵³kuo⁵³	核儿 uəʔʳ²¹¹	苹果 p'ãi³⁵kuo⁵³
旧 城	水果 ɕy³¹kuo³¹	核儿 uəʳ³³	苹果 p'ai²⁴kuo³¹
湘 湖	水果 ɕy³⁵ko³¹⁴	子 tsʅ³¹⁴	苹果 p'ai³⁵ko³¹⁴
溪 头	水果 ɕy⁴²ko⁴²	核 vɐ⁵⁵	苹果 p'æi⁵¹ko⁴²
沱 川	水果 ɕy³⁵ko²	核 və⁵¹	苹果 p'ã²¹ko²
紫 阳	水果 ɕy³⁵kə²	核 və⁵¹	苹果 p'æ²¹kə²
许 村	水果 ɕy³¹kuɣ³¹	核 vɣ⁵⁵	苹果 p'ã⁵¹kuɣ³¹
中 云	水果 ɕy³⁵kuɣ²	子 tsʅ²	苹果 p'ã¹¹kuɣ²
新 建	水果 ɕy²⁴ku³¹	核 vɛ³³	苹果 p'ã²⁴ku³¹
新 营	水果 ɕyɛ⁵³ko⁵³	核 uɛ⁵⁵	苹果 p'æ³¹ko⁵³
黄 柏	水果 fi⁴⁵³ko⁴⁵³	核 xɛ⁴⁴	苹果 p'in⁴¹ko⁴⁵³
暖 水	果子 ko²¹⁴tsʅ⁰	核 vi³¹	苹果 p'ẽ²³ko²¹⁴

	0196 桃子	0197 梨子	0198 李子
经公桥	桃仂 t'au³⁵lɛ⁰	梨 li³⁵⁵	李仂 li⁴²lɛ⁰
鹅 湖	桃儿 t'aʳ³⁵	梨儿 ləʳ³⁵	李儿 ləʳ³¹
旧 城	桃儿 t'aʳ²⁴	梨儿 ləʳ²⁴	李儿 ləʳ³¹
湘 湖	桃仂 t'au³⁵lɛ⁰	梨仂 li³⁵lɛ⁰	李仂 li³¹lɛ⁰
溪 头	桃 t'ɐ⁵¹	梨 li⁵¹	李 li²³¹
沱 川	桃 t'a²¹¹	梨 li²¹¹	李 li³¹
紫 阳	桃仂 t'a²¹lɛ⁰	梨仂 li²¹lɛ⁰	苦李 k'u³⁵li³¹
许 村	桃仂 t'a⁵¹lɛ⁰	梨仂 li⁵¹lɛ⁰	李仂 li³¹lɛ⁰
中 云	桃仂 t'a¹¹lɛ⁰	梨仂 li¹¹lɛ⁰	李仂 li³¹lɛ⁰
新 建	桃 t'ə²⁴	梨 li²⁴	李 li³¹
新 营	桃 t'ɔ³¹	梨 lɛ³¹	李 lɛ⁵³
黄 柏	桃哩 t'ə⁴¹li⁰	梨 li⁴¹	李哩 li⁴⁵³li⁰
暖 水	桃 t'y²³	梨 li²³	李 li²¹⁴

	0199　杏子	0200　橘子	0201　柚子
经公桥	杏仂 xã²⁴lɛ⁰	橘仂 tɕy⁴⁴lɛ⁰	柚子 iəu²⁴tsɿ⁰
鹅　湖	—	柑儿 kien⁵⁵ni⁰	柚子 iəu²¹tsɿ⁰
旧　城	□□儿 lɛn²⁴tɕien⁵⁵ni⁰	柑儿 kien⁵⁵ni⁰	桍 p'au⁵⁵/柚儿 iəʳ³³
湘　湖	杏仂 xa²¹lɛ⁰	柑儿 kɛn⁴⁴ni⁰	柚仂 ləu²¹lɛ⁰
溪　头	杏 xã⁵⁵	橘 kuɛ⁵⁵	柚子 iæi⁵⁵tsɿ⁰
沱　川	杏 xã⁵¹	橘 kui⁵¹	香圆 ɕiã⁴⁴vĩ²¹¹
紫　阳	杏 xã⁵¹	橘 kua⁵¹	柚 ia⁵¹
许　村	杏 xã⁵⁵	柑仂 kɛn³³lɛ⁰	橙仂 tʃ'ã⁵¹lɛ⁰
中　云	杏 ɕien⁵¹	柑仂 kuã⁵¹lɛ⁰	胡柚 fu¹¹ia⁵¹
新　建	杏 xã⁵¹	柑 kē⁵⁴	柚仂 iɯ⁵¹lɛ⁰
新　营	杏 sən⁵¹	橘 kuɛ²¹⁵	柚子 io⁵¹tsɿ⁰
黄　柏	杏 ʃən²¹³	橘哩 kuɛ²¹li⁰	柚子 iu²¹tsɿ⁰
暖　水	杏 ɕiæ̃³⁵	柑 kē³¹	柚子 y⁵¹tsɿ⁰

	0202　柿子	0203　石榴	0204　枣子
经公桥	柿仂 xa²⁴lɛ⁰	石榴 ɕiai²²liəu⁵⁵	枣仂 tsau⁴²lɛ⁰
鹅　湖	柿儿 ʂəʳ²¹¹	石榴 ʂai²¹liəu³⁵	枣儿 tsaʳ⁵³
旧　城	柿儿果 ʂəʳ³³kuo³¹	石榴 ɕiai³³liəu²⁴	枣儿 tsaʳ³¹
湘　湖	柿仂 sɿ²¹lɛ⁰	石榴 ɕiaiʔ²liəu³⁵	枣仂 tsau³⁵lɛ⁰
溪　头	柿子 sɿ⁵⁵tsɿ⁰	石榴 sa⁵⁵læi⁵¹	枣 tsɐ⁴²
沱　川	柿 sɿ⁵¹	石榴 sɒ⁵¹lə²¹	枣 tsa²
紫　阳	柿 ɕi³¹	石榴 so⁵¹la²¹¹	枣 tso²
许　村	柿仂 ʃuø³³lɛ⁰	石榴 ʃe⁵⁵la⁵¹	枣仂 tsa³¹lɛ⁰
中　云	柿仂 sɿ⁵¹lɛ⁰	石榴 so⁵¹la¹¹	枣仂 tsa²lɛ⁰
新　建	柿 sʏ⁵⁴	石榴 ʃæ³³lɯ²⁴	枣 tsə³¹
新　营	鸟柿 tio⁵³ɕyɛ⁵¹	石榴 ɕiæ⁵⁵lio³¹	枣 tsɔ⁵³
黄　柏	柿果 xa²¹ko⁴⁵³	石榴 ʃue⁴⁴liə⁴¹	枣 tsə⁴⁵³
暖　水	柿 ʂʏ⁵¹	石榴 ɕiæ³¹ly²³	枣 tsʏ²¹⁴

	0205 栗子		0206 核桃
经公桥	栗子 li²²tsʅ⁰	核桃 xɤ²²tʻau⁵⁵
鹅 湖	栗ㄦ ləʔʳ⁴	核桃 xaiʔ²¹tʻau³⁵
旧 城	大栗ㄦ tʻa³³laʳ³³ + 毛栗ㄦ mau²⁴laʳ³³	核桃 xa³³tʻau²⁴
湘 湖	大栗仂 tʻa²¹leiʔ²lɛ⁰ + 毛栗仂 mau³⁵leiʔ²lɛ⁰	核桃 xaiʔ²tʻau³⁵
溪 头	大栗 tʻo⁵⁵li⁵⁵ + 毛栗 mɐ⁵¹li⁵⁵	核桃 xɐ⁵⁵tʻɐ⁵¹
沱 川	大栗 tʻu⁵¹li⁵¹ + 毛栗（子）bau²¹li⁵¹（tsʅ²）	核桃 xa⁵¹tʻa²¹
紫 阳	栗 la⁵¹	核桃 xo⁵¹tʻo²¹¹
许 村	栗仂 la⁵⁵lɛ⁰	核桃 xa⁵⁵tʻa⁵¹
中 云	栗子 la⁵¹tsʅ⁰	核桃 xɤ⁵¹tʻa¹¹
新 建	大栗 tʻa⁵¹lɛ³³ + 毛栗 mu²⁴lɛ³³	核桃 xa³³tʻə²⁴
新 营	大栗 tʻa⁵¹lɛ⁵⁵ + 毛栗 mɔ³¹lɛ⁵⁵	核桃 xæ²¹³tʻɔ³¹
黄 柏	大栗 tʻɑ²¹li⁴⁴ + 毛栗（子）mə⁴¹li⁴⁴（tsʅ⁰）	核桃 xɛ⁴⁴tʻə⁴¹
暖 水	大栗 tʻa⁵¹lɛ³¹ + 毛栗 mo²³lɛ³¹	核桃 xæ³¹tʻɤ²³

	0207 橄榄		0208 银杏
经公桥	橄榄 kɤ̃⁴²nɤ̃⁴²	白果 pʻa²²kuʌ⁴²
鹅 湖	—	—
旧 城	橄榄 kɛn²⁴nuo³¹	白果 pʻa³³kuo³¹
湘 湖	橄榄 kɛn³⁵no³¹⁴	白果 pʻaʔ²ko³¹⁴
溪 头	橄榄 kā⁴²nā⁴²	银杏 ȵiɛn⁵¹xā⁵⁵
沱 川	橄榄 kũ³⁵nũ³¹	白果 pʻɒ⁵¹ko²
紫 阳	橄榄 kā⁴⁴lā³¹	白果 pʻɒ⁵¹ko²
许 村	橄榄 kā²⁴lā³¹	白果 pʻa⁵⁵kuɤ³¹
中 云	橄榄 kum³⁵num³¹	白果 pʻo⁵¹kuɤ²
新 建	橄榄 kʌ̃²⁴lʌ̃³¹	白果 pʻæ⁵¹ku³¹
新 营	橄榄 kā⁵³lā⁵³	白果 pʻa⁵⁵ku⁵³
黄 柏	橄榄 kā⁴⁵³lā⁴⁵³	白果 pʻa⁴⁴ko²¹⁴
暖 水	橄榄 kā²⁴lā²¹⁴	白果 pʻæ³¹ko²¹⁴

	0209 甘蔗	0210 木耳
经公桥	蔗梗 tɕie²⁴kuaŋ⁴²	木耳 mo²²a⁴²
鹅湖	梗儿 kuaŋ⁴²ni⁰	木耳 muʔ⁴²ɚʳ⁵³
旧城	甘蔗 ken⁵⁵tɕie²¹³	木耳 mu³³ɚʳ³¹
湘湖	甘蔗 ken⁴⁴tɕie²¹²	木耳 muʔ²²ɚʳ³¹⁴
溪头	甘蔗 kã³³tse²⁴	木耳 mu⁵⁵ɐ⁴²
沱川	甘蔗 kõ⁴⁴tse³⁵	木耳 bu⁵¹e³¹
紫阳	甘蔗 kã⁴⁴tɕie³⁵	木耳 bu⁵¹ɵ³¹
许村	甘蔗 kũ³³tse²⁴	木耳 mɔ⁵⁵ø³¹
中云	甘蔗 kum⁴⁴tse³⁵	木耳 bɔ⁵¹ɵ³¹
新建	甘蔗 kẽ⁵⁴tɕie²¹³	木耳 mo³³zɤ³¹
新营	甘蔗 kɔ̃⁵⁵tɕie²¹³	木耳 mu⁵⁵ɵ⁵³
黄柏	甘蔗 kõ⁴⁴tʃɑ²¹³	木耳 mu⁴⁴a⁴⁵³
暖水	甘蔗 kẽ³¹tʂa³⁵	木耳 mɤ³¹ɤ²¹⁴

	0211 蘑菇	0212 稻子 指植物	0213 稻谷 指子实
经公桥	菇仂 ku²²lɤ⁰	禾 uʌ³⁵⁵	谷 ku⁴⁴
鹅湖	菇儿 kuʳ⁵⁵	禾 uo³⁵	谷 kuʔ²¹³
旧城	菇儿 kuəʳ⁵⁵	禾 uo²⁴	谷 ku²¹³
湘湖	蘑菇 mo³⁵ku⁴⁴	禾 uo³⁵	谷 kuʔ⁴
溪头	蕈 tsʻɛn²³¹	禾 uo⁵¹	谷子 ku⁵⁵tsɿ⁰
沱川	菇 ku⁴⁴	谷 ku⁵¹	谷 ku⁵¹
紫阳	菇 ku⁴⁴	禾 və²¹¹	谷 ku⁵¹
许村	菇 ku³³	禾 vɤ⁵¹	谷 kɔ⁵⁵
中云	菇 ku⁴⁴	禾 vɤ¹¹	谷 kɔ⁵¹
新建	菇 ku⁵⁴	禾 vu²⁴/谷 ko⁵¹	谷 ko⁵¹
新营	菇 ku⁵⁵	禾 u³¹	谷 ku²¹⁵
黄柏	菇 ku⁴⁴	禾 uo⁴¹	谷 ku²¹³
暖水	菇 ku³¹	禾 uo²³	谷 kəu⁵⁴

	0214 稻穗	0215 稻草	0216 秕子 空的，不饱满的
经公桥	谷穟 ku⁴⁴ʂai⁴⁴	禾秆 uʌ³⁵kɤ̃⁴²	谷穊 ku⁴⁴iɛ⁴⁴
鹅　湖	禾穟 uo³⁵səʔʳ²¹³	禾秆 uo³⁵kiɛn⁵³	穊 ĩ⁵³
旧　城	禾穟 uo²⁴ʂai²¹³	禾秆 uo²⁴kɛn³¹	穊ᵣ iɛʳ²¹³
湘　湖	禾穟 uo³⁵ɕiai²⁴	禾秆 uo³⁵kɛn³¹⁴	穊壳仿 iɛʔ²⁴kʻauʔ⁴lɛ⁰
溪　头	禾穟 uo⁵¹sa⁵⁵	禾梗 uo⁵¹kuã⁴²	瘪穊 pe⁵⁵ĩ²⁴
沱　川	谷穟 ku⁵¹so⁵¹	禾秆 vo²¹kõ²	瘪穊 pe⁵¹ĩ³⁵
紫　阳	谷穟 ku⁵¹so⁵¹	禾秆 və²¹kum²	谷穊 ku⁵¹ĩ³⁵
许　村	谷穟 kɔ⁵⁵ʃo⁵⁵	禾秆 vɤ⁵¹kũ³¹	瘪穊 pe⁵⁵ĩ²⁴
中　云	谷穟 kɔ⁵¹so⁵¹	禾秆 vɤ¹¹kum²	谷穊 kɔ⁵¹ĩ¹¹
新　建	谷穟 ko⁵¹sæ⁵¹	禾秆 vu²⁴kã³¹	谷穊 ko⁵¹iɛ²¹³
新　营	禾穟 u³¹ɕia²¹⁵	禾秆 u³¹ku⁵³	穊谷 iɛ²¹⁵ku²¹⁵
黄　柏	禾穟 uo⁴¹ʃɑ²¹³	禾秆 uo⁴¹kõ⁴⁵³	半酿谷 põ²¹ȵiã²¹ku²¹³
暖　水	谷穟 kəu⁵⁴ɕiæ⁵⁴	禾秆 uo²³kuã²¹⁴	谷穊 kəu⁵⁴iɛ⁵⁴

	0217 稗子 指植株	0218 大麦	0219 小麦
经公桥	稗子 pʻuʌ²⁴tsɿ⁴²	大麦 tʻa²⁴ma²²	小麦 sia⁴²ma²²
鹅　湖	稗草 pʻuo²¹tsʻau⁵³	大麦 tʻa²¹maʔ⁴	小麦 sia³⁵maʔ⁴
旧　城	稗草 pʻuo³³tsʻau³¹	大麦 tʻa³³ma³³	小麦 siau²⁴ma³³
湘　湖	稗草 pʻo²¹tsʻau³¹⁴	大麦 tʻa²¹maʔ²	小麦 ɕiau³⁵maʔ²
溪　头	稗草 pʻo⁵⁵tsʻɐ⁴²	大麦 tʻo⁵⁵ma⁵⁵	小麦 sia⁴²ma⁵⁵
沱　川	稗（草）pʻo⁵¹（tsʻa²）	大麦 tʻu⁵¹bo⁵¹	小麦 ɕia²bo⁵¹
紫　阳	稗 pʻə⁵¹	大麦 tʻu⁵¹bo⁵¹	细麦 si³⁵bo⁵¹
许　村	稗子 pʻo⁵⁵tsɿ⁰	大麦 tʻɤ⁵⁵mɔ⁵⁵	小麦 sio³¹mɔ⁵⁵
中　云	稗 pʻo⁵¹	大麦 tʻo⁵¹bo⁵¹	小麦 ɕiɔ²bo⁵¹
新　建	稗 pʻuɤ⁵¹	大麦 tʻa⁵¹mæ³³	小麦 ɕiɛ³¹mæ³³
新　营	稗草 pʻo⁵⁵tsʻɔ⁵³	大麦 tʻa⁵¹ma⁵⁵	小麦 siɔ⁵³ma⁵⁵
黄　柏	稗草 pʻɑ²¹tsʻə⁴⁵³	大麦 tʻɑ²¹ma⁴⁴	小麦 ɕiɑ⁴⁵³ma⁴⁴
暖　水	稗 pʻuɐ⁵¹	大麦 tʻa⁵¹mæ³¹	小麦 ɕyɛ²⁴mæ³¹

	0220 麦秸	0221 谷子 子实是小米	0222 小米
经公桥	麦秆 ma²²kɣ̃⁴²	粟 siəu⁴⁴	粟米 siəu⁴⁴mi⁴²
鹅 湖	麦秆 maʔ⁴kien⁵³	粟 siəuʔ⁴	粟米 siəuʔ⁴mei⁵³
旧 城	麦□儿 ma³³xəʳ²¹³	粟 siəu²¹³	粟米 siəu²¹³mei³¹
湘 湖	麦秆 maʔ²²kɛn³¹⁴	粟 siəuʔ⁴	粟米 siəuʔ⁴mei³¹⁴
溪 头	麦秆 ma⁵⁵kū⁴²	—	—
沱 川	麦秆 bo⁵¹kõ²	粟 sə⁵¹	粟米 sə⁵¹bi³¹
紫 阳	麦秆 bo⁵¹kum²	粟 sa⁵¹	粟米 sa⁵¹bi³¹
许 村	麦秆 mɔ⁵⁵kū³¹	粟 sa⁵⁵	粟米 sa⁵⁵mi³¹
中 云	麦秆 bo⁵¹kum²	粟 sa⁵¹	粟米 sa⁵¹bi³¹
新 建	麦秆 mæ³³kɤ̃³¹	粟 sɯ⁵¹	粟米 sɯ⁵¹mi³¹
新 营	麦秆 ma⁵⁵ku⁵³	粟 sio²¹⁵	粟米 sio²¹⁵mɛ⁵³
黄 柏	麦秆 ma⁴⁴kõ⁴⁵³	粟 ɕiu²¹³	粟米 ɕiu²¹mi⁴⁵³
暖 水	麦秆 mæ³¹kuõ²¹⁴	粟 ɕy⁵⁴	粟米 ɕy⁵⁴mi²¹⁴

	0223 大米	0224 高粱	0225 玉米
经公桥	米 mi⁴²	芦粟 lu³⁵ɕiəu⁴⁴	玉米 y²⁴mi⁴²
鹅 湖	米 mei⁵³	芦粟 ləu³⁵siəuʔ⁴	玉米 yʔ⁵mei⁵³
旧 城	米 mei³¹	芦粟 ləu²⁴siəu²¹³	玉米 y³³mei³¹
湘 湖	米 mei³¹⁴	芦粟 ləu³⁵siəuʔ⁴	苞萝 pau⁴⁴lo⁰
溪 头	米 mi⁴²	芦穄 lu⁵¹tse²⁴	苞萝 pau³³lu⁵¹
沱 川	米 bi³¹	芦穄 lu²¹tse³⁵	苞萝 pau⁴⁴lu²¹¹
紫 阳	米 bi³¹	穄粟 tse³⁵sa⁵¹	苞萝 pɒ⁴⁴lə²¹¹
许 村	米 mi³¹	穄粟 ke²⁴sa⁵⁵	苞萝 pɔ³³lu⁵¹
中 云	米 bi³¹	高粱 ka⁴⁴liã¹¹	苞萝 pɔ⁴⁴lɤ¹¹
新 建	米 mi³¹	穄粟 tsæ²¹³ɕiɯ⁵¹	苞萝 pɔ⁵⁴lu²⁴
新 营	米 mɛ⁵³	高粱粟 kɔ⁵⁵liã³¹sio²¹⁵	苞萝 pɔ⁵⁵sio²¹⁵
黄 柏	米 mi⁴⁵³	高粱 kə⁴⁴liã⁴¹	苞萝 pə⁴⁴lo⁴¹
暖 水	米 mi²¹⁴	芦粟 lu²³ɕy⁵⁴	苞粟 po³¹ɕy⁵⁴

0226 棉花 / 0227 油菜

方言点	0226 棉花	0227 油菜
经公桥	棉花 miẽ³⁵xuʌ²²	油菜 iəu³⁵tsʻa²¹⁴
鹅湖	棉花 mĩ³⁵xuo⁵⁵	油菜 iəu³⁵tsʻɛ²¹³
旧城	棉花儿 mi²⁴xuoʳ⁵⁵	油菜 iəu²⁴tsʻɛ²¹³
湘湖	棉花 mĩ³⁵xo⁴⁴	油菜 iəu³⁵tsʻɛ²¹²
溪头	棉花 mĩ⁵¹xo³³	油菜 iæi⁵¹tsʻa²¹⁴
沱川	棉花 mĩ²¹xo⁴⁴	油菜 iə²¹tsʻɒ³⁵
紫阳	棉花 mĩ²¹xə⁴⁴	油菜 ia²¹tsʻo³⁵
许村	棉花 mĩ⁵¹xo³³	油菜 ia³¹tsʻo²⁴
中云	棉花 mĩ¹¹xo⁴⁴	油菜 ia¹¹tsʻo³⁵
新建	棉花 mã⁵¹xuaʻ⁵⁴	油菜 iɯ²⁴tsʻa²¹³
新营	棉花 mi³¹xo⁵⁵	油菜 io³¹tsʻa²¹³
黄柏	棉花 miẽ⁴¹xuɑ⁴⁴	油菜 iu⁴¹tsʻa²¹³
暖水	棉花 miẽ²³xuɐ³¹	油菜 y²³tsʻɤ³⁵

0228 苎麻 / 0229 芝麻

方言点	0228 苎麻	0229 芝麻
经公桥	麻 muʌ³⁵⁵	油麻 iəu³⁵muʌ⁵⁵
鹅湖	苎麻 tɕʻy²¹muo³⁵	油麻 iəu³⁵muo³⁵
旧城	苎麻 tɕʻy³³muo²⁴	油麻 iəu²⁴muo²⁴
湘湖	火麻 fo³¹mo⁴⁴	油麻 iəu³⁵mo⁴⁴
溪头	苎麻 tɕʻy⁵⁵mo⁵¹	油麻 iæi⁵¹mo⁵¹
沱川	苎麻 tɕʻy²¹bo²¹¹	油麻 iə²¹bo²¹¹
紫阳	苎麻 tɕʻy⁵¹bə²¹¹	油麻 ia²¹bə²¹¹
许村	苎麻 tɕʻy⁵⁵mo⁵¹	油麻 ia⁵¹mo⁵¹
中云	苎麻 tɕʻy³¹bo¹¹	芝麻 tsʅ⁴⁴bo¹¹
新建	火/苎麻 xu³¹/ tɕʻy⁵¹muɣ²⁴	油麻 iɯ²⁴muɣ²⁴
新营	麻 mo³¹	油麻 io³¹mo³¹
黄柏	火/洋麻 xo⁴⁵³/ iã⁴¹mɑ⁴¹	油麻 iu⁴¹mɑ⁴¹
暖水	苎麻 tʂʻu³¹muɐ²³	油麻 y²³muɐ²³

	0230 向日葵指植物	0231 花生
经公桥	向日葵 ʃuaŋ²¹i²²kʻuei⁵⁵	花生 xuʌ²²ɕiã²²
鹅 湖	葵ル花子 tʂʻuoʳ³⁵xuo⁵⁵tsʅ⁵³	花生 xuo⁵⁵sã⁵⁵
旧 城	葵花子 tɕʻy²⁴xuo⁵⁵tsʅ³¹	花生 xuo⁵⁵ɕia⁵⁵
湘 湖	葵花 kʻuei³⁵xo⁴⁴	花生 xo⁴⁴ɕia⁴⁴
溪 头	葵花莲 tɕʻy⁵¹xo³³nĩ⁵¹	花生 xo³³sã³³
沱 川	葵花子 tɕʻy²¹xo⁴⁴tsʅ²	花生 xo⁴⁴sã⁴⁴
紫 阳	葵花子 tɕʻy²¹xə⁴⁴tsʅ⁰	花生 xə⁴⁴sɔ̃⁴⁴
许 村	葵花子 tɕʻy⁵¹xo³³tsʅ³¹	花生 xo³³ʃã³³
中 云	葵花 tɕʻy¹¹xo⁴⁴	花生 xo⁴⁴sã⁴⁴
新 建	向日葵 ʃɔ̃²¹³n̠ie³³kʻi²⁴	花生 xua⁵⁴ʃã⁵⁴
新 营	葵花 kʻuɛ³¹xo⁵⁵	落口生 lɔ²¹³ko⁰ɕiæ⁵⁵
黄 柏	葵花 kʻui⁴¹xuɑ³³	花生 xuɑ⁴⁴ʃuən⁴⁴
暖 水	葵花子 kʻui²³xuɐ³¹tsʅ²¹⁴	花生 xuɐ³¹ɕiæ³¹

	0232 黄豆	0233 绿豆	0234 豇豆
经公桥	黄豆 uaŋ³⁵tʻiəu²¹⁴	绿豆 liəu²²tʻiəu²¹⁴	豇豆 kaŋ²²tʻiəu²¹⁴
鹅 湖	黄豆ル uaŋ³⁵tʻiəʳ²¹¹	绿豆ル liə²¹tʻiəʳ²¹¹	豆ル荚 tʻiəʳ²¹tɕiaʔ⁴
旧 城	黄豆ル uaŋ²⁴tʻaʳ³³	绿豆ル liəu³³tʻaʳ³³	豆荚ル tʻau³³tɕiəʳ⁰
湘 湖	大豆 tʻa²¹tʻiau²¹¹	绿豆 liəuʔ²tʻiau²¹¹	豆荚仂 tʻiau²¹tɕiɛʔ⁴lɛ⁰
溪 头	黄豆 uɔ⁵¹tʻæi⁵⁵	绿豆 læi⁵⁵tʻæi⁵⁵	豇豆 kɔ³³tʻæi⁵⁵
沱 川	黄豆 vã²¹tʻə⁵¹	绿豆 lə⁵¹tʻə⁵¹	羊角 iã²¹kau⁵¹
紫 阳	黄豆 vã²¹tʻa⁵¹	绿豆 la⁵¹tʻa⁵¹	羊角 iã²¹kɒ⁵¹
许 村	黄豆 vã⁵¹tʻa⁵⁵	绿豆 la⁵⁵tʻa⁵⁵	菜豆 tsʻo²⁴tʻa⁵⁵
中 云	黄豆 vã¹¹tʻa⁵¹	绿豆 la⁵¹tʻa⁵¹	羊角豆 iã¹¹kɔ⁵¹tʻa⁵¹
新 建	大豆 tʻa⁵¹tʻɯ⁵¹	绿豆 lɯ³³tʻɯ⁵¹	菜豆 tsʻa²¹³tʻɯ⁵¹
新 营	黄豆 uɔ³¹tʻiɔ⁵¹	绿豆 liɔ⁵⁵tʻiɔ⁵¹	豆结 tʻiɔ⁵¹tɕiɛ²¹⁵
黄 柏	黄豆 uəŋ⁴¹tʻiə²¹³	绿豆 liu⁴⁴tʻiə²¹³	豇豆 kã⁴⁴tʻiə²¹³
暖 水	豆 tʻy³¹	绿豆 ly³¹tʻy³¹	豆结 tʻy³¹tɕiɛ⁵⁴

	0235 豌豆	0236 蚕豆
经公桥	豌豆 uã²²t'iəu²¹⁴	蚕豆 ts'uã³⁵t'iəu²¹⁴
鹅 湖	□豆儿 fõ⁵⁵t'iə^r21ni⁰	别豆儿 paiʔ⁴t'iə^r211
旧 城	铳子豆儿 ts'oŋ²¹³tsʅ³¹t'a^r33	豌豆儿 ŋuo³³t'a^r33
湘 湖	铳子豆 ts'oŋ²¹tsʅ³¹t'iau²¹¹	豌豆 uo⁴⁴t'iau²¹¹
溪 头	豌豆 ũ³³t'æi⁵⁵	蚕豆 ts'ã⁵¹t'æi⁵⁵
沱 川	豌豆 ŋ̍⁴⁴t'ə⁵¹	别豆 pe⁵¹t'ə⁵¹
紫 阳	豌豆 m̩³⁵t'a⁵¹	蚕豆 ts'um²¹t'a⁵¹
许 村	豌豆 m̩³³t'a⁵⁵	蚕豆 ts'ũ⁵¹t'a⁵⁵
中 云	豌豆 m̩⁴⁴t'a⁵¹	蚕豆 ts'um¹¹t'a⁵¹
新 建	豌豆 uə⁵⁴t'ɯ⁵¹	蚕豆 ts'ã²⁴t'ɯ⁵¹
新 营	胡椒豆 xu³¹tsiɔ⁵⁵t'iɔ⁵¹	蚕豆 ts'ɔ³¹t'iɔ⁵¹
黄 柏	胡椒豆 xu⁴¹tɕiə⁴⁴t'iə²¹³	伏豆 fu⁴⁴t'iə²¹³
暖 水	豌豆 vã³¹t'y³¹	蚕豆 ts'ã²³t'y³¹

	0237 扁豆	0238 大白菜
经公桥	扁豆 piẽ⁴²t'iəu²¹⁴	大白菜 t'a²⁴p'a²²ts'a²¹⁴
鹅 湖	扁结儿 pĩ⁵³tɕiɛʔ^r4	大白菜 t'a²¹p'aʔ⁴ts'ɛ²¹³
旧 城	扁结儿 pi³¹tɕiə^r213	洋白菜 ȵia²⁴p'a³³ts'ɛ²¹³
湘 湖	扁结仂 pĩ³⁵tɕiɛʔ⁴lɛ⁰	黄芽白 uaŋ³⁵ŋo³⁵p'aʔ²
溪 头	扁豆 pĩ⁴²t'æi⁵⁵	大白菜 t'o⁵⁵p'a⁵⁵ts'a²⁴
沱 川	扁豆 pĩ²t'ə⁵¹	大白菜 t'u⁵¹p'ɒ⁵¹ts'ɒ³⁵
紫 阳	扁豆 pĩ²t'a⁵¹	大白菜 t'u⁵¹p'ɒ⁵¹ts'o³⁵
许 村	扁结 pĩ³¹ke⁵⁵/白豆 po⁵⁵t'a⁵⁵	黄芽菜 vã⁵¹ŋo⁵¹ts'o²⁴
中 云	扁豆 pĩ²t'a⁵¹	黄芽菜 vã¹¹ŋo¹¹ts'o³⁵
新 建	扁结 pã³¹tɕiɛ⁵¹	大白菜 t'a⁵¹p'a³³ts'a²¹³
新 营	扁豆 pi⁵³t'iɔ⁵¹	大白菜 t'a⁵¹p'a⁵⁵ts'a²¹³
黄 柏	扁豆 piẽ⁴⁵³t'iə²¹³	大白菜 t'ɑ²¹p'a⁴⁴ts'a²¹³
暖 水	扁结豆 piẽ²⁴tɕiɛ⁵⁴t'y³¹	大白菜 t'a⁵¹p'æ³¹ts'y³⁵

	0239 包心菜	0240 菠菜
经公桥	包心菜 pau²²sən²²tsʻa²¹⁴	菠菜 puʌ²²tsʻa²¹⁴
鹅 湖	包心菜 pau⁵⁵sən⁵⁵tsʻɛ²¹³	菠菜 puo⁵⁵tsʻɛ²¹³
旧 城	包心菜 pau⁵⁵sɛn⁵⁵tsʻɛ²¹³	菠菜 pʻo⁵⁵tsʻɛ²¹³
湘 湖	卷心菜 tɕyĩ³⁵sɛn⁴⁴tsʻɛ²¹²	红根菜 xoŋ³⁵kɛn⁴⁴tsʻɛ²¹²
溪 头	包心菜 pau³³sɛn³³tsʻa²⁴	菠菜 po³³tsʻa²⁴
沱 川	包心菜 pau⁴⁴sɛn²tsʻɒ³⁵	甜菜 tʻĩ²¹tsʻɒ³⁵
紫 阳	包心菜 pɒ⁴⁴sæ⁴⁴tsʻo³⁵	菠菜 pə⁴⁴tsʻo³⁵
许 村	包心菜 pɔ³³sɛn³¹tsʻo²⁴	红根菜 xɐm⁵¹kuɛn³³tsʻo²⁴
中 云	包心菜 pɔ⁴⁴sɛn⁴⁴tsʻo³⁵	红根菜 xɐm¹¹kuɛn⁴⁴tsʻo³⁵
新 建	包心菜 pɔ⁵⁴sē⁵⁴tsʻa²¹³	菠菜 puɣ⁵⁴tsʻa²¹³
新 营	包心菜 pɔ⁵⁵sən⁵⁵tsʻa²¹³	菠菜 pu⁵⁵tsʻa²¹³
黄 柏	包心菜 pə⁴⁴ɕin⁴⁴tsʻa²¹³	菠菜 po⁴⁴tsʻa²¹³
暖 水	包心菜 pɔ³¹ɕiẽ³¹tsʻɣ³⁵	菠菜 po³¹tsʻɣ³⁵

	0241 芹菜	0242 蕹菜
经公桥	芹菜 tɕʻin³⁵tsʻa²¹⁴	空心菜 kʻoŋ²²sən²²tsʻa²¹⁴/农菜 noŋ³⁵tsʻa²¹⁴
鹅 湖	芹菜 tɕʻiɛn³⁵tsʻɛ²¹³niº	空心菜 kʻoŋ⁵⁵sən⁵⁵tsʻɛ²¹³
旧 城	芹菜 tɕʻiɛn²⁴tsʻɛ²¹³	蕹菜 ŋoŋ⁵⁵tsʻɛ²¹³
湘 湖	川穹 tɕʻyĩ⁴⁴ɕioŋ⁴⁴	蕹菜 uoŋ⁴⁴tsʻɛ²¹²
溪 头	芹菜 tɕʻiɛn⁵¹tsʻa²⁴	空心菜 kʻəŋ³³sɛn³³tsʻa²⁴
沱 川	芹菜 tɕʻiɛn²¹tsʻɒ³⁵	空心菜 kʻəŋ⁴⁴sɛn⁴⁴tsʻɒ³⁵
紫 阳	芹菜 tɕʻiæ²¹tsʻo³⁵	蕹菜 vɐm⁴⁴tsʻo³⁵
许 村	香菜 ʃɔ̃³³tsʻo²⁴	蕹菜 vɐm³³tsʻo²⁴
中 云	芹菜 tɕʻiɛn¹¹tsʻo³⁵	蕹菜 vɐm⁴⁴tsʻo³⁵
新 建	芹菜 tʃʻē²⁴tsʻa²¹³	蕹菜 vəŋ⁵⁴tsʻa²¹³
新 营	芹菜 tɕʻiən³¹tsʻa²¹³	蕹菜 ŋ̍⁵¹tsʻa²¹³
黄 柏	芹菜 tʃʻən⁴¹tsʻa²¹³	空心菜 kʻəŋ⁴⁴ɕin⁴⁴tsʻa²¹³
暖 水	芹菜 tɕʻi²¹tsʻɣ³⁵	蕹菜 voŋ³⁵tsʻɣ³⁵

	0243 莴苣	0244 韭菜
经公桥	莴苣 uʌ²²tɕy²¹⁴	韭菜 tɕiəu⁴²tsʻa²¹⁴
鹅　湖	莴苣 uo⁵⁵tɕy⁵⁵	韭菜 tɕiəu⁵³tsʻɛ²¹³
旧　城	莴苣 uo⁵⁵tɕy³³	韭菜 tɕiəu³¹tsʻɛ²¹³
湘　湖	莴苣菜 uo⁴⁴tɕy⁴⁴tsʻɛ²¹²	韭菜 tɕiəu³¹tsʻɛ²¹²
溪　头	莴苣梗 uo³³tɕy⁵⁵kuã⁴²	韭菜 tɕiæi⁴²tsʻa²⁴
沱　川	莴苣 vo⁴⁴tɕy⁴⁴	韭菜 tɕiə²tsʻɒ³⁵
紫　阳	莴笋 və⁴⁴sæ²	韭菜 tɕia³⁵tsʻo³⁵
许　村	莴苣笋 vo³³tɕʻy⁵⁵sɛn³¹	韭菜 tɕia³¹tsʻo²⁴
中　云	莴苣菜 vɤ¹¹tɕʻy⁵¹tsʻo³⁵	韭菜 tɕia²tsʻo³⁵
新　建	□菜 kʻi²¹³tsʻa²¹³	韭菜 tɕiɯ³¹tsʻa²¹³
新　营	莴笋 uo⁵⁵sən⁵³	韭菜 tɕio⁵³tsʻa²¹³
黄　柏	莴笋 uo⁴⁴sən⁴⁵³	韭菜 tʃu⁴⁵³tsʻa²¹³
暖　水	莴苣笋 vo³¹kʻi⁵¹sẽ²¹⁴	韭菜 tɕy²⁴tsʻɤ³⁵

	0245 香菜	0246 葱
经公桥	香菜 ʃuaŋ²²tsʻa²¹⁴	葱 tsʻoŋ²²
鹅　湖	香菜 ɕiõ⁵⁵tsʻɛ²¹³	葱 tsʻoŋ⁵⁵
旧　城	香菜 ɕia⁵⁵tsʻɛ²¹³	葱 tsʻoŋ⁵⁵
湘　湖	芫荽 yĩ³⁵si⁴⁴	葱 tsʻoŋ⁴⁴
溪　头	香菜 ɕiɔ̃³³tsʻa²⁴	葱 tsʻəŋ³³
沱　川	香菜 ɕiʌ̃⁴⁴tsʻɒ³⁵	葱 tsʻəŋ⁴⁴
紫　阳	芫荽 ỹ²¹si⁴⁴	葱 tsʻɐm⁴⁴
许　村	芫荽 vĩ⁵¹si³³	葱 tsʻɐm³³
中　云	香菜 ɕiã⁴⁴tsʻo³⁵	葱 tsʻɐm⁴⁴
新　建	香菜 ʃɔ̃⁵⁴tsʻa²¹³	葱 tsʻəŋ⁵⁴
新　营	芫荽 yẽ³¹sɛ²¹³	葱 tsʻən⁵⁵
黄　柏	香菜 ʃã⁴⁴tsʻa²¹³/芫荽 iẽ⁴¹si⁴⁴	葱 tsʻəŋ⁴⁴
暖　水	芫荽 ȵiẽ²³ɕie³¹	葱 tsʻoŋ³¹

		0247 蒜	0248 姜	0249 洋葱
经公桥	大蒜 t'a²⁴sɤ²¹⁴	生姜 ɕiã²²tʃuaŋ²²	洋葱 yaŋ³⁵ts'oŋ²²
鹅 湖	大蒜 t'a²¹sən²¹³	生姜 ʂã⁵⁵tɕiõ⁵⁵	洋葱 iã³⁵ts'oŋ⁵⁵
旧 城	大蒜 t'a³³sɛn²¹³	生姜 ɕia⁵⁵tɕia⁵⁵	洋葱 n̠ia²⁴ts'oŋ⁵⁵
湘 湖	大蒜 t'a²¹sen²¹²	生姜 ɕia⁴⁴tɕia⁴⁴	洋葱 ia³⁵ts'oŋ⁴⁴
溪 头	蒜 sũ²¹⁴	姜 tʃɔ̃³³	洋葱 iɔ̃⁵¹ts'əŋ³³
沱 川	大蒜 t'o⁵¹sũ³⁵	生姜 sã⁴⁴tɕiã̃⁴⁴	洋葱 iã̃²¹ts'əŋ⁴⁴
紫 阳	大蒜 t'u⁵¹sum³⁵	生姜 sɔ̃⁴⁴tɕiã⁴⁴	洋葱 iã²¹ts'ɐm⁴⁴
许 村	大蒜 t'o⁵⁵sũ²⁴	生姜 ʃã³³tʃɔ̃³³	洋葱 iɔ̃⁵¹ts'ɐm³³
中 云	大蒜 t'o⁵¹sum³⁵	生姜 sã⁴⁴tɕiã⁴⁴	洋葱 iã¹¹ts'ɐm⁴⁴
新 建	大蒜 t'a⁵¹suɔ̃²¹³	生姜 ʃã⁵⁴tʂɔ̃⁵⁴	洋葱 iɔ̃²⁴ts'əŋ⁵⁴
新 营	大蒜 t'a⁵¹si²¹³	生姜 ɕiæ̃⁵⁵tɕiã⁵⁵	洋葱 iã³¹ts'ən⁵⁵
黄 柏	大蒜 t'ɑ²¹³sõ²¹³	生姜 ʃuən⁴⁴tʃã⁴⁴	洋葱 iã⁴¹ts'oŋ⁴⁴
暖 水	大蒜 t'a⁵¹suõ³⁵	生姜 ɕiæ̃³¹tʂʌŋ³¹	洋葱 iʌŋ²⁴ts'oŋ³¹

		0250 辣椒	0251 茄子	0252 西红柿
经公桥	番椒儿 fuʌ̃²²tsia²²ŋ⁰	落丝 lau²²sɿ²²	西红柿儿 ɕi²²xoŋ³⁵xa²¹⁴ŋ⁰
鹅 湖	辣儿 loʔʳ²¹³	落苏儿 lau²¹səʳ⁵⁵	西红柿儿 sei⁵⁵xoŋ³⁵ʂəʳ²¹¹
旧 城	辣椒 luo³³tsiau⁵⁵	落苏儿 lau³³səʳ⁵⁵	洋落苏儿 n̠ia²⁴lau³³səʳ⁵⁵
湘 湖	辣椒 loʔ²tɕio⁴⁴	落苏 lauʔ²səu⁴⁴	西红柿 ɕi⁴⁴xoŋ³⁵sɿ²¹¹
溪 头	辣椒 lo⁵⁵tsia³³	落苏 lo⁵⁵su³³	洋落苏 iɔ̃⁵¹lo⁵⁵su³³
沱 川	辣椒 lo⁵¹tɕia⁴⁴	芦苏 lu²¹su⁴⁴	西红柿 se⁴⁴xəŋ²¹sɿ³¹
紫 阳	辣椒 lə⁵¹tsio⁴⁴	芦苏 lu²¹su⁴⁴	西红柿 ɕi⁴⁴xɐm²¹ɕi³¹
许 村	青椒 ts'ĩ³³tsio³³	落苏 lɔ⁵⁵su³³	洋落苏 iɔ̃⁵¹lɔ⁵⁵su³³
中 云	辣椒 lo⁵¹tsio⁴⁴	落苏 lo⁵¹su⁴⁴	西红柿 se⁴⁴xɐm¹¹sɿ⁵¹
新 建	辣椒 luɤ³³tɕie⁵⁴	落苏 lo³³su⁵⁴	西红柿 sæ⁵⁴xəŋ²⁴sɤ⁵¹
新 营	辣椒 lo⁵⁵tsio⁵⁵	落苏 lɔ⁵⁵sɔ⁵⁵	洋落苏 iã³¹lɔ⁵⁵sɔ⁵⁵
黄 柏	辣椒 lɑ⁴⁴tɕia⁴⁴	落苏 lə⁴⁴su⁴⁴	西红柿 ɕi⁴⁴xəŋ⁴¹sɿ²¹³
暖 水	辣椒 luɐ³¹tɕyɛ³¹	落苏 lɔ³¹su³¹	西红柿 ɕi³¹xoŋ²³sɤ⁵⁵

	0253 （萝卜）糠（了）	0254 胡萝卜	0255 黄瓜
经公桥	空心 k'oŋ²²sən²²	红萝卜 xoŋ³⁵luʌ³⁵puʌ⁰	黄瓜 uaŋ³⁵kuʌ²²
鹅　湖	空心 k'oŋ⁵⁵sən⁵⁵	红萝卜 xoŋ³⁵luo³⁵p'oʔ²	黄瓜ㄦ uaŋ³⁵kuaʳ⁵⁵
旧　城	空心 k'oŋ⁵⁵sɛn⁵⁵	胡萝卜 fu²⁴lau²⁴p'uo²¹³	黄瓜ㄦ uaŋ²⁴kuəʳ⁵⁵
湘　湖	空心 k'oŋ⁴⁴sɛn⁴⁴	红萝卜 xoŋ³⁵lo³⁵p'ei⁰	生瓜 so⁴⁴ko⁴⁴
溪　头	空心 k'əŋ³³sɛn³³	红萝卜 xəŋ⁵¹lo⁵¹pu⁵⁵	生瓜 sã³³ko³³
沱　川	虚/空心 ɕy⁴⁴/k'əŋ⁴⁴sɛn⁴⁴	红萝卜 xəŋ²¹lo²¹p'u⁵¹	生瓜 sã³³ko⁴⁴
紫　阳	空心 k'ɐm⁴⁴sæ⁴⁴	红萝卜 xɐm⁴⁴lə²¹p'u⁵¹	黄瓜 vã²¹kə⁴⁴
许　村	空心 k'ɐm³³sɛn³³	红萝卜 xɐm⁵¹lo⁵¹p'u⁰	黄瓜 vã⁵¹ko³³
中　云	空心 k'ɐm⁴⁴sɛn⁴⁴	红萝卜 xɐm³⁵lɤ¹¹p'o⁵¹	黄瓜 vã¹¹ko⁴⁴
新　建	空心 k'oŋ⁵⁴sẽ⁵⁴	红萝卜 xəŋ²⁴lu²⁴p'o⁰	黄瓜 võ²⁴kua⁵⁴
新　营	虚心 ɕy⁵⁵sən⁵⁵	红萝卜 xəŋ³¹lo³¹p'u⁵⁵	黄瓜 uõ³¹ko⁵⁵
黄　柏	虚/空心 ɕy⁴⁴/k'əŋ⁴⁴ɕin⁴⁴	红萝卜 xəŋ⁴¹lo⁴¹p'u⁰	黄瓜 fəŋ⁴¹kuɑ⁴⁴
暖　水	空心 k'oŋ³¹ɕiẽ³¹	红萝卜 xoŋ²³lo²³po⁰	黄瓜 uʌŋ²³kuɐ³¹

	0256 丝瓜	0257 南瓜	0258 瓠子
经公桥	窝瓜 uʌ²²kuʌ²²	北瓜 pai⁴⁴kuʌ²²	瓠仂 u²⁴lɛ⁰
鹅　湖	麻瓜ㄦ muo³⁵kuaʳ⁵⁵	番瓜 fõ⁵⁵kua⁵⁵	瓠ㄦ uəʳ⁵⁵
旧　城	麻瓜ㄦ muo²⁴kuəʳ⁵⁵	北瓜ㄦ pai²¹³kuəʳ⁵⁵	瓠ㄦ uəʳ³³
湘　湖	麻瓜 mo³⁵ko⁴⁴	番瓜 fo⁴⁴ko⁴⁴	葫芦 xu³⁵ləu⁰
溪　头	天萝 t'ĩ³³lo⁵¹	南瓜 lã⁵¹ko³³	瓟 pau⁵¹
沱　川	天萝 t'ĩ⁴⁴lo²¹¹	南瓜 nõ²¹ko⁴⁴	匏 p'u²¹¹
紫　阳	天萝 t'ĩ⁴⁴lə²¹¹	南瓜 num²¹kə⁴⁴	匏仂 p'o²¹la⁰
许　村	天萝 t'ĩ³³lɤ⁵¹	方瓜 fõ³³ko³³	匏仂 p'u⁵¹lɛ⁰
中　云	天萝 t'ĩ⁴⁴lɤ¹¹	南瓜 num¹¹ko⁴⁴	匏仂 p'ɔ¹¹lɛ⁰
新　建	天萝 t'ã⁵⁴lu²⁴	南瓜 nã̃²⁴kua⁵⁴	瓠 fu²⁴
新　营	天萝 t'i⁵⁵lu³¹	南瓜 la³¹ko⁵⁵	瓠 fu³¹
黄　柏	天萝 t'iẽ⁴⁴lo⁴¹	南瓜 lã⁴¹kuɑ⁴⁴	葫芦 xu⁴¹lu⁴¹
暖　水	天萝 t'iẽ³¹lo²³	南瓜 lã²³kuɐ³¹	瓠 fu²³

	0259 荸荠	0260 红薯统称	0261 马铃薯
经公桥	荸荠 p'i²¹ts'ei⁵⁵	红薯 xoŋ³⁵ɕy⁵⁵	洋芋头 yaŋ³⁵y²¹t'iəu⁵⁵
鹅 湖	菩荠儿 p'u³⁵sər²¹¹	红薯 xoŋ³⁵ɕy³⁵	马铃薯 muo⁵³nāi³⁵ɕy⁵³
旧 城	菩荠儿 p'u²⁴ts'ər⁵⁵	红薯 xoŋ²⁴ɕy²⁴	马铃薯 muo³¹lai²⁴ɕy²⁴
湘 湖	菩荠仂 p'u³⁵ts'i²¹lɛ⁰	番薯 fo⁴⁴ɕy⁰	洋芋头 ia³⁵y²¹t'iau³⁵
溪 头	荸荠 p'i⁵¹ts'e⁵¹	番薯 fã³³ɕy⁵¹	马铃薯 mo²³¹lɛn⁵¹ɕy⁵⁵
沱 川	荸荠 p'a⁵¹ts'e²¹¹	番薯 fõ⁴⁴ɕy²¹¹	洋芋头 iã²¹y⁵¹t'ə²¹¹
紫 阳	菩荠 p'u²¹ts'i²¹¹	番薯 fum⁵⁵ɕy²¹¹	马铃薯 bə³¹nɔ̃⁵¹ɕy²¹¹
许 村	荸荠 p'i⁵¹ts'e⁵¹	红薯 xɐm⁵¹ɕy⁵⁵	马铃薯 mo³¹nā⁵¹ɕy⁵⁵
中 云	荸荠 p'i¹¹ts'e¹¹	番薯 fum⁴⁴ɕy¹¹	马铃薯 bo²lā¹¹ɕy¹¹
新 建	荠子 ts'æ²⁴tsɤ⁰	番薯 fx̃⁵⁴ɕy⁰	洋芋 iɔ̃²⁴y⁵¹
新 营	菩荠 p'u³¹ts'ɛ³¹	番薯 fã⁵⁵ɕy³¹	洋芋 iã³¹y⁵¹
黄 柏	荸荠 pɛ⁴⁴ɕi⁴¹	番薯 fã⁴⁴ɕy⁴¹	马铃薯 mɑ⁴⁵³lin⁵¹ɕy⁴¹
暖 水	慈姑 ts'ŋ²³ku³¹	番薯 fã³¹ɕy²¹⁴	马铃薯 muɐ²⁴læ²³ɕy²¹⁴

	0262 芋头	0263 芋头梗	0264 山药
经公桥	芋头 y²¹t'iəu⁵⁵	芋头梗 y²¹t'iəu⁵⁵kuaŋ⁴²	山药 ʂuɤ̃²²yʌu²²
鹅 湖	芋头 y²¹t'iəu³⁵	芋头梗 y²¹t'iəu³⁵kuaŋ⁵³	—
旧 城	芋头儿 y³³t'ar²⁴	芋头荷儿 y³³t'ar²⁴xər²⁴	白薯 p'a³³ɕy²⁴
湘 湖	山芋 so⁴⁴y²¹¹	芋头荷 y²¹¹t'iau³⁵xɛ³⁵	山药 so⁴⁴iaʔ²
溪 头	芋头 y⁵⁵t'a⁵¹	芋荷 y⁵⁵xo⁵¹	山药 sā³³iau⁵⁵
沱 川	芋头 y⁵¹t'ə²¹¹	芋头荷 y⁵¹t'ə²¹xo²¹¹	铁樢薯 t'e⁵¹ts'əŋ⁴⁴ɕy²¹¹
紫 阳	芋头 y⁵¹t'a²¹¹	芋头荷 y⁵¹t'a²¹xə²¹¹	山药 sum⁴⁴iɔ⁵¹
许 村	芋头 y⁵⁵t'a⁵¹	芋头荷 y⁵⁵t'a⁵¹xuɤ⁵¹	山药 sũ³³ia⁵⁵
中 云	芋头 y⁵¹t'a¹¹	芋头梗 y⁵¹t'a¹¹kuā²	山药 sum⁴⁴iɔ⁵¹
新 建	芋头 y⁵¹t'ɯ²⁴	芋头梗 y⁵¹t'ɯ²⁴kux̃³¹	—
新 营	芋头 y⁵¹t'iɔ³¹	芋头荷 y⁵¹t'iɔ³¹xo³¹	—
黄 柏	山芋 ʂuã⁴⁴y²¹³	芋荷 y²¹xo⁴¹	山药 ʂuã⁴⁴iɔ⁴⁴
暖 水	芋头 y⁵¹t'y⁰	芋头荷 y⁵¹t'y⁰xo²³	樢薯 tʂ'oŋ²³ɕy²¹⁴

第五章 赣东北徽语代表方言点词语对照

	0265 莲蓬	0266 菜梗	0267 动物统称
经公桥	莲蓬 liɛ̃^{35}p'oŋ^{55}	菜梗 tsʻa^{24}kuaŋ^{42}	—
鹅 湖	莲蓬 nĩ^{35}p'oŋ^{35}	菜梗 tsʻɛ^{21}kuaŋ^{53}	动物 tʻoŋ^{21}uʔ^{5}
旧 城	莲蓬 ni^{24}p'oŋ^{24}	菜梗儿 tsʻɛ^{213}kuaŋ^{31}ni^{0}	动物 tʻoŋ^{33}uɛ^{33}
湘 湖	莲花蓬 nĩ^{35}xo^{44}p'oŋ^{35}	菜佬仂 tsʻɛ^{21}lau^{35}lɛ^{0}	牲畜 ɕia^{44}tɕʻiəuʔ^{24}
溪 头	莲蓬 nĩ^{51}p'əŋ^{51}	菜梗 tsʻa^{24}kuã^{42}	—
沱 川	莲花蓬 lĩ^{21}xo^{44}p'əŋ^{51}	菜梗 tsʻɒ^{35}kuã^{2}	—
紫 阳	莲花蓬 lĩ^{21}xo^{44}p'əŋ^{211}	菜梗 tsʻo^{35}kɔ̃^{2}	动物 tʻɐm^{51}ve^{51}
许 村	莲蓬 nĩ^{51}p'ɐm^{51}	菜梗 tsʻo^{24}kuã^{31}	牲畜 sã^{33}tsʻu^{55}
中 云	莲蓬 lĩ^{11}p'ɐm^{11}	菜头 tsʻo^{35}tʻa^{11}	野兽 ie^{31}sa^{35}
新 建	莲蓬 nã^{24}p'əŋ^{24}	菜梗 tsʻa^{213}kuɲ̃^{31}	动物 tʻəŋ^{51}vɛ^{33}
新 营	莲蓬 li^{31}p'ən^{31}	菜梗 tsʻa^{213}kuæ^{53}	畜生 tʻo^{215}ɕiæ^{55}
黄 柏	莲蓬 liɛ̃^{41}p'əŋ^{41}	菜梗哩 tsʻa^{21}kuən^{453}li^{0}	—
暖 水	莲蓬 liɛ̃^{23}p'oŋ^{0}	菜梗 tsʻɤ^{35}kuæ^{214}	畜生 tɕʻiəu^{54}ɕiæ^{31}

	0268 老虎	0269 豹子	0270 狼
经公桥	老虎 lau^{42}xu^{42}	豹儿 pau^{24}ŋ^{0}	狼 laŋ^{355}
鹅 湖	老虎 lau^{53}xu^{53}	豹儿 pau^{21}ni^{0}	狼 laŋ^{35}
旧 城	老虎 lau^{31}fu^{31}	金钱豹 tɕien^{55}tsʻi^{24}pau^{213}	豺狗 ɕia^{24}kau^{31}
湘 湖	老虎 lau^{35}xu^{0}	豹老虎 pau^{21}lau^{35}xu^{0}	豺狼 sa^{35}laŋ^{35}
溪 头	老虎 lɤ^{42}xu^{42}	豹 pau^{24}	狼 lɔ̃^{51}
沱 川	老虎 la^{31}xu^{2}	豹 pau^{35}	狼 nɲ̃^{211}
紫 阳	老虎 lo^{31}xu^{2}	豹 pɒ^{35}	狼 nã^{211}
许 村	老虎 la^{31}xu^{31}	豹 pɔ^{24}	狼 nɔ̃^{51}
中 云	老虎 la^{31}xu^{31}	豹 pɔ^{35}	豺狗 sɤ^{11}tɕia^{2}
新 建	老虎 lə^{31}xu^{31}	豹 pɔ^{213}	狼 nɔ̃^{24}
新 营	老虎 lo^{53}xu^{53}	豹 pɔ^{213}	狼 lɔ^{31}
黄 柏	老虎 lə^{453}xu^{453}	豹老虎 pə^{21}lə^{453}xu^{453}	豺狗 ʂua^{41}tʂə^{453}
暖 水	老虎 lɤ^{24}xu^{214}	□ lo^{35}	豺狗 ʂa^{23}tɕy^{214}

	0271 熊	0272 猴子	0273 黄鼠狼
经公桥	熊 ɕioŋ³⁵⁵	猴仂 ɕiəu³⁵lɛ⁰	黄鼠狼 xuaŋ³⁵ɕy⁴²laŋ⁵⁵
鹅 湖	熊 ɕioŋ³⁵	猴ɻ ɕiəʴ³⁵	黄□狼儿 uaŋ³⁵sɿ⁵³laŋ³⁵ni⁰
旧 城	熊 ɕioŋ²⁴	猴ɻ xaʴ²⁴	黄□狐狸儿 uaŋ²⁴sɿ⁰u²⁴lei²⁴ni⁰
湘 湖	熊 ɕioŋ³⁵	猴仂 xau³⁵lɛ⁰	黄老鼠仂 uaŋ³⁵lau³⁵tɕ'y³¹⁴lɛ⁰
溪 头	熊 ʃəŋ⁵¹	猴狲 ʃæi⁵¹sɛn³³	黄鼬 uɔ̃⁵¹sɛn²⁴
沱 川	熊 ɕiəŋ²¹¹	猴狲 ɕiəu²¹səŋ⁴⁴	黄鼬 vã²¹sɛn³⁵
紫 阳	熊 ɕiɐŋ²¹¹	猴狲 ɕia²¹sæ⁴⁴	黄鼬 vã²¹sæ³⁵
许 村	熊 ʃɐm⁵¹	猴狲 ɕia⁵¹sɛn³³	黄鼬 vɔ̃⁵¹sɛn²⁴
中 云	熊狗 ɕiɐm¹¹tɕia²	猴子 ɕia¹¹tsɿ²	黄鼠狼 xuã¹¹tɕ'y³⁵nã¹¹
新 建	熊 ʃəŋ²⁴	猴狲 ɕiɯ²⁴sɛ̃⁵⁴	黄鼠狼 vɔ̃²⁴tɕ'y³¹nɔ̃²⁴
新 营	人熊 ȵiən³¹ɕiən³¹	猴狲 ɕiɔ³¹sən⁵⁵	黄□奴 uɔ̃³¹tɕi⁵³lu³¹
黄 柏	熊 ɕiəŋ⁴¹	猴子 ʃa⁴¹tsɿ⁰	黄老鼠 xuaŋ⁴¹lə⁴⁵³tɕ'y⁴⁵³
暖 水	熊 ʂoŋ²³	猴狲 ɕy²³sɛ̃³¹	黄鼠狼 uʌŋ²³tɕ'y²¹lʌŋ²³

	0274 蛇	0275 蜥蜴	0276 老鼠
经公桥	蛇 ɕiɛ³⁵⁵	蛇□□ ɕiɛ³⁵mi⁴⁴t'uən²¹⁴	老鼠 lau⁴²tɕ'y⁴²
鹅 湖	蛇 ɕiɛ³⁵	□条 ɕiɛn³⁵t'iau³⁵	老鼠 lau⁵³tɕ'y⁵³
旧 城	蛇 ɕiɛ²⁴	四脚蛇儿 sɿ²¹³tɕia²¹³ɕiɛ²⁴ni⁰	老鼠 lau³¹tɕ'y²⁴
湘 湖	蛇 ɕiɛ³⁵	四脚蛇 sɿ³⁵tɕiaʔ⁴ɕiɛ³⁵	老鼠 lau³⁵tɕ'y³¹⁴
溪 头	蛇 se⁵¹	信片 sɛn⁵¹p'ĩ²⁴	老鼠 lɐ⁴²tɕ'y⁴²
沱 川	蛇 se²¹¹	四脚蛇 sɿ³⁵tɕiau⁵¹se²¹¹	老鼠 la³¹ɕy²
紫 阳	蛇 se²¹¹	□□ se³⁵pĩ²¹¹	老鼠 lo³¹tɕ'y²
许 村	蛇 ʃe⁵¹	信便 sɛn²⁴p'ĩ⁵⁵	老鼠 la³¹tɕ'y³¹
中 云	蛇 se¹¹	□便 ɕiɔ³⁵p'ĩ¹¹	老鼠 la³¹tɕ'y²
新 建	蛇 ɕiɛ²⁴	闪条 ɕiɛ̃³¹t'iɛ²⁴	老鼠 lə³¹tɕ'y³¹
新 营	蛇 ɕiɛ³¹	癣条 sĩ⁵³t'iɔ³¹	老鼠 lɔ⁵³tɕ'y⁵³
黄 柏	蛇 ʃɑ⁴¹	四脚蛇 sɿ²¹tʃa²¹ʃia⁴¹	老鼠 lə⁴⁵³tɕ'y⁴⁵³
暖 水	蛇 ʂa²³	闪条 ɕiɛ̃²⁴t'yɛ²³	老鼠 lɤ²⁴tɕ'y²¹⁴

第五章 赣东北徽语代表方言点词语对照

	0277 蝙蝠	0278 鸟儿
经公桥	□□老鼠 p'ãi²¹xa⁰lau⁴²tɕ'y⁴²	鸟儿 tia⁴²ŋ⁰
鹅湖	蚊虫鸟儿 mən³⁵tʂ'oŋ³⁵tia⁵³ni⁰	鸟儿 tia⁵³ni⁰
旧城	蝙蝠儿 pi³¹fu²¹³ni⁰	鸟儿 tiau³¹ni⁰
湘湖	飞老鼠仂 fei⁴⁴lau³⁵tɕ'y³¹⁴lɛ⁰	鸟仂 tio³⁵lɛ⁰
溪头	老鼠蒲翼 lɐ⁴²tɕ'y⁴²pu⁵¹ia⁵⁵	鸟 lia²³¹
沱川	老鼠蒲翼 la³¹ɕy²p'u²¹iɒ⁵¹	鸟 lia³¹
紫阳	老鼠蒲翼 lo³¹tɕ'y³⁵p'u²¹io⁵¹	鸟 lio³¹
许村	老鼠蒲翼 la³¹tɕ'y³¹p'u⁵¹io⁵⁵	鸟 la³¹
中云	老鼠蒲翼 la³¹tɕ'y²p'u¹¹ia⁵¹	鸟仂 liɔ²lɛ⁰
新建	蚊虫翼 mẽ²⁴tʂ'əŋ²⁴iɒ⁵¹	鸟儿 tiẽ³¹
新营	飞翼老鼠 fɛ⁵⁵ŋæ³¹lɔ⁵³tɕ'y⁵³	鸟儿 tiɔ̃⁵³
黄柏	飞老鼠 fei⁴⁴lə⁴⁵³tɕ'y⁴⁵³	鸟哩 tiə⁴⁵³li⁰
暖水	飞翼老鼠 fi³¹iɛ³¹lɤ²⁴tɕ'y²¹⁴	鸟 tyɛ²¹⁴

	0279 鸟窝	0280 麻雀
经公桥	鸟儿窝 tia⁴²ŋ⁰uʌ²²	麻雀儿 muʌ³⁵ts'ia⁴⁴ŋ⁰
鹅湖	鸟儿窠 tia⁵³ni⁰k'uo⁵⁵	麻鸟儿 muo²⁴tiau³¹ni⁰
旧城	鸟儿窠 tiau³¹ni⁰k'uo⁵⁵	麻雀鸟仂 mo³⁵tsa²¹³tiau²⁴lɛ⁰
湘湖	鸟窠 tio³⁵k'o⁴⁴	麻雀 mo³⁵tsiaʔ²⁴
溪头	鸟窠 lia²⁴k'o³³	驼灵 to⁵¹næi⁵¹
沱川	鸟窠 lia³⁵k'o⁴⁴	同灵 t'ɐm²¹nã²¹¹
紫阳	鸟窠 lio³¹k'ə⁴⁴	同灵 t'ɐm²¹nɔ̃²¹¹
许村	鸟窠 la³¹k'uɤ³³	同灵 t'ɐm⁵¹nã⁵¹
中云	鸟窠 liɔ³⁵k'uɤ⁴⁴	同灵仂 t'ɐm¹¹niã¹¹ne⁰
新建	鸟儿窠 tiẽ³¹k'ɯ⁵⁴	□□鸟儿 ku³¹tɕi⁵⁴tiẽ³¹
新营	鸟儿窠 tiɔ̃⁵³k'u⁵⁵	麻雀儿 mo³¹tsiã²¹⁵
黄柏	鸟窠 tiə⁴⁵³k'o⁴⁴	□□鸟 kã⁴⁴tɕin⁴⁴tiə⁴⁵³
暖水	鸟窠 tyɛ²⁴k'o³¹	麻雀鸟 muɐ²³tɕia⁵⁴tyɛ²¹⁴

	0281 喜鹊	0282 乌鸦
经公桥	□鹊儿 ŋuʌ²⁴tsʻia⁴⁴ŋ⁰	老鸦仂 lau⁴²ŋuʌ²²lɛ⁰
鹅 湖	喜鹊儿 ɕi³¹tsaʔ²¹³ni⁰	乌鸦儿 u⁵⁵iaʳ⁵⁵
旧 城	喜鹊鸟仂 ɕi³¹tsʻa²¹³tiau²⁴lɛ⁰	老鸦 lau²⁴ŋuo⁵⁵lɛ⁰
湘 湖	喜鹊 ɕi³¹tsʻaʔ⁴	乌鸦 u³³ŋo³³
溪 头	喜鹊 ɕi²⁴tɕiau⁵¹	老鸦 la²³¹ŋo⁴⁴
沱 川	喜鹊 ɕi³⁵tɕia⁵¹	老鸦 lo³¹ŋo⁴⁴
紫 阳	喜鹊 ɕi³⁵tsʻiɒ⁵¹	老鸦 lo³¹gə⁴⁴
许 村	喜鹊 ɕi³¹tsʻa⁵⁵	老鸦 la³¹ŋo³³
中 云	喜鹊 ɕi³¹tɕʻiɔ⁵¹	老鸦 la³¹ŋo⁴⁴
新 建	喜鹊 ɕi³¹tɕɔ⁵¹	老哇 lə³¹va⁵⁴
新 营	喜鹊 ɕi⁵³tsia²¹⁵	老鸦 lɔ⁵³ŋo⁵⁵
黄 柏	喜鹊 ɕi⁴⁵³tɕiɑ²¹³	老鸦 la³¹ŋɑ⁴⁴
暖 水	喜鹊鸟 ɕi²⁴tɕʻiɛ⁵⁴tyɛ²¹⁴	乌鸦 vu³¹iɛ³¹

	0283 鸽子	0284 雁	0285 燕子
经公桥	鸽儿 kei⁴⁴ŋ⁰	大雁 tʻa²⁴iɛ̃²¹⁴	燕 iɛ̃²¹⁴
鹅 湖	鸽儿 kiɛʔʳ²¹³	大雁 tʻa²¹ĩ²¹¹	燕儿 ĩ³⁵ni⁰
旧 城	鸽儿 kəʳ²¹³	雁 ŋuo³³	燕儿 ȵi²¹³ni⁰
湘 湖	鸽仂 kɛʔ⁴lɛ⁰	大雁 tʻa²¹ŋo²¹¹	燕儿 ĩ²¹²ni⁰
溪 头	鸽 kɐ⁵⁵	雁 ŋo⁵⁵	燕燕 ĩ²⁴ĩ²⁴
沱 川	鸽 ka⁵¹	雁 ŋõ⁵¹	燕 ĩ³⁵
紫 阳	鸽 ko⁵¹	雁鹅 ŋi⁵¹gə²¹¹	燕 ĩ³⁵
许 村	鸽仂 ka⁵⁵lɛ⁰	雁□ ŋi⁵⁵lo⁰	燕 ĩ²⁴
中 云	鸽 ka⁵¹	雁仂 ŋum⁵¹lɛ⁰	燕仂 ĩ³⁵lɛ⁰
新 建	鸽 kɤ⁵¹	雁 ŋʌ̃⁵¹	燕 iɛ̃²¹³
新 营	鸽 kɔ²¹⁵	雁 iɛ⁵¹	燕 iɛ̃²¹³
黄 柏	鸽哩 kə²¹li⁰	野鸭子 iɑ⁴⁵³ŋɑ²¹tsɿ⁰	燕子 iɛ̃²¹tsɿ⁰
暖 水	鸽 kɤ⁵⁴	雁 ŋã⁵¹	燕 iɛ̃³⁵

	0286 角	0287 翅膀	0288 羽毛
经公桥	角 kau⁴⁴	翼交 iai²²kau²²	毛 mau³⁵⁵
鹅湖	角 kauʔ²¹³	翼交儿 ŋai²¹tɕiəʳ²¹¹	毛 mau³⁵
旧城	角儿 kau²¹³niº	翼交儿 ŋai³³kəʳ⁵⁵	毛 mau²⁴
湘湖	角 kauʔ⁴	翼膀 ŋaiʔ²paŋ³¹⁴	毛儿 mau³⁵niº
溪头	角 kau⁵⁵	翼膀 ia⁵⁵pɔ̃⁴²	毛 mɐ⁵¹
沱川	角 kau⁵¹	翼膀 iɒ⁵¹pã²	毛 ba²¹¹
紫阳	角 kɒ⁵¹	翼膀 io⁵¹pã²	毛 bɒ²¹¹
许村	角 kɔ⁵⁵	翼膀 io⁵⁵pã³¹	毛 ma⁵¹
中云	角 kɔ⁵¹	翼膀 ia⁵¹pã²	毛 ba¹¹
新建	角 ko⁵¹	翼膀 iɛ³³pɔ̃³¹	毛 mɯ²⁴
新营	角 kɔ²¹⁵	翼儿膀 ŋæ̃⁵⁵pɔ̃⁵³	毛 mɔ³¹
黄柏	角 kə²¹³	翼膀 iɛ⁴⁴pəŋ⁴⁵³	毛 mə⁴¹
暖水	角 kɔ⁵⁴	翼膀 ie³¹pʌŋ²¹⁴	毛 mo²³

	0289 爪子	0290 尾巴
经公桥	脚爪儿 tʃuʌ⁴⁴tsuʌ⁴²ŋº	尾巴儿 mi⁴²pʌ²²ŋº
鹅湖	爪儿 tʂaʳ⁵³	尾巴 mei⁵³puo⁵⁵
旧城	爪儿 tʂaʳ³¹	尾巴 mei³¹puo⁵⁵
湘湖	脚爪仂 tɕiaʔ⁴tsau³¹⁴lɛº	尾巴 mei³¹⁴poº
溪头	爪 tsau⁴²	尾巴 mi⁴²po³³
沱川	爪 tsau²	尾巴 bi³¹po⁴⁴
紫阳	脚爪 tɕio⁵¹tsɒ²	尾巴 bi³¹pə⁴⁴
许村	脚爪 tɕia⁵⁵tʃɔ³¹	尾巴 mi³¹po³³
中云	爪 tsɔ²	尾巴 bi³¹po⁴⁴
新建	爪 tʂɔ³¹	尾巴 mi³¹puɣ⁵⁴
新营	脚爪 tɕia²¹⁵tɔ⁵³	尾巴 mɛ⁵³po⁵⁵
黄柏	脚 tʃə²¹³	尾巴 mi⁴⁵³pɑº
暖水	爪 tʂuɐ²¹⁴	尾巴 mi²¹⁴paº

	0291 尾巴毛	0292 虫子	0293 蚕
经公桥	尾巴毛 mi⁴²puʌ²²mau⁵⁵	虫 tʂʻoŋ³⁵⁵	蚕 tsʻuɐ̃³⁵⁵
鹅 湖	尾巴毛 mei⁵³puo⁵⁵mau³⁵	虫 tʂʻoŋ³⁵	蚕儿 tsʻən³⁵ni⁰
旧 城	尾巴毛仂 mei³¹puo⁵⁵mau²⁴lɛ⁰	虫 tʂʻoŋ²⁴	蚕儿 tsʻɛn²⁴ni⁰
湘 湖	尾巴毛仂 mei³¹⁴po⁰mau³⁵lɛ⁰	虫 tʂʻoŋ³⁵	蚕儿 tsʻɛn³⁵ni⁰
溪 头	尾巴毛 mi⁴²po³³mɐ⁵¹	虫 tsʻəŋ⁵¹	蚕 tsʻã⁵¹
沱 川	尾巴毛 bi³¹po⁴⁴ba²¹¹	虫 tsʻəŋ²¹¹	蚕 tsʻõ²¹¹
紫 阳	尾巴毛 bi³¹pə⁴⁴bɒ²¹¹	虫 tsʻɐm²¹¹	蚕 tsʻum²¹¹
许 村	尾巴毛 mi³¹po³³ma⁵¹	虫 tʃʻɐm⁵¹	蚕 tsʻũ⁵¹
中 云	尾巴毛 bi³¹po⁴⁴ba³¹	虫 tsʻɐm¹¹	蚕 tsʻum¹¹
新 建	尾巴毛 mi³¹puɤ⁵⁴mɯ³¹	虫 tʂʻəŋ²⁴	蚕 tsʻɤ̃²⁴
新 营	尾巴毛 mɛ⁵³po⁵⁵mɔ³¹	虫 tʻən³¹	蚕 tsʻɔ³¹
黄 柏	尾巴毛 mi⁴⁵³pɑ⁰mə⁴¹	虫 tʂʻuəŋ⁴¹	蚕 tsʻõ⁴¹
暖 水	尾巴毛 mi²¹⁴pa⁰mo²³	虫 tʂʻoŋ²³	蚕 tsʻã²³

	0294 蝴蝶	0295 蜻蜓
经公桥	蝴蝶儿 xu³⁵tʻiɛ²²ŋ⁰	□□ pʻãi³⁵sãi⁰
鹅 湖	蝴蝶ɹ xu³⁵tʻiɛʔɻ²¹¹	□机ɹ ŋai⁵⁵tɕiəɻ⁵⁵
旧 城	蝴蝶ɹ xu²⁴tʻiəɻ³³	□丝ɹ tʻai²⁴sɻ⁵⁵ni⁰
湘 湖	蒲翼 pʻu³⁵ŋaiʔ²	刚机儿 kaŋ⁴⁴tɕi⁴⁴ni⁰
溪 头	蒲翼 pu⁵¹ia⁵⁵	糖生 tɔ̃⁵¹sã³³
沱 川	蒲翼 pʻu²¹iɒ⁵¹	逃生 tʻa²¹sã⁴⁴
紫 阳	蒲翼 pʻu²¹io⁵¹	康□ kʻã⁴⁴kʻe⁴⁴
许 村	蒲翼 pʻu⁵¹iɔ⁵⁵	刚机 kɔ̃³³tɕi³³
中 云	蒲翼 pʻu¹¹ia⁵¹	刚机 kã⁴⁴tɕi⁴⁴
新 建	蒲翼 pʻu²⁴iɛ³³	刚机 kɔ̃⁵⁴tɕi⁵⁴
新 营	蝴蝶 xu³¹tʻiɛ⁵⁵	刚□ kɔ⁵⁵kuɛ²¹³
黄 柏	蝴蝶 xu⁴¹tʻiɛ⁴⁴	刚机 kã⁴⁴tɕi⁴⁴
暖 水	蝴蝶 xu²³tʻiɛ³¹	刚机 kʌŋ³¹ki³⁵

	0296 萤火虫	0297 蜜蜂
经公桥	萤火虫 in³⁵xuʌ⁴²tʂ'oŋ⁵⁵	蜂 foŋ²²
鹅　湖	萤火儿 uãi³⁵xuoʳ⁵³	蜂儿 foŋ⁵⁵ni⁰
旧　城	明火虫儿 mai²⁴xuo³¹tʂ'oŋ²⁴ni⁰	蜂儿 foŋ⁵⁵ni⁰
湘　湖	明火虫 mai³⁵xo³¹ts'oŋ³⁵	蜂儿 foŋ⁴⁴ni⁰
溪　头	萤火虫 iɔ̃⁵¹xo⁴²ts'əŋ⁵¹	蜂 fəŋ³³
沱　川	□火虫 n̪i²¹xo³⁵ts'əŋ²¹¹	蜂 fəŋ⁴⁴
紫　阳	火萤 xə³⁵iɔ̃²¹¹	蜂 fem⁴⁴
许　村	萤萤火 iã⁵¹iã⁵¹xuɤ³¹	（糖）蜂（t'ɔ̃⁵¹）fem³³
中　云	萤□□ iã¹¹m̩⁵¹be⁴⁴	（糖）蜂（t'ã¹¹）fem⁴⁴
新　建	萤萤火 iã⁵¹iã³³xuɤ³¹	蜂 fəŋ⁵⁴
新　营	萤火虫 n̪iæ³¹xo⁵³t'ən³¹	蜂 fən⁵⁵
黄　柏	萤火虫 iəŋ⁴¹xo⁴⁵³tʂ'uəŋ⁴¹	蜂 fəŋ⁴⁴
暖　水	□□火 n̪i³¹n̪i³¹xo²¹⁴	蜂 foŋ³¹

	0298 蜂蜜	0299 马蜂
经公桥	蜂蜜 foŋ²²mi²²	马蜂 muʌ⁴²foŋ²²
鹅　湖	蜂蜜糖 foŋ⁵⁵meiʔ²¹t'aŋ³⁵	黄蜂 uaŋ³⁵foŋ⁵⁵
旧　城	蜂糖 foŋ⁵⁵t'aŋ²⁴	老虎头 lau³¹fu³¹t'au²⁴
湘　湖	蜂糖 foŋ⁴⁴t'aŋ³⁵	老虎蜂 lau³¹xu³¹foŋ⁴⁴
溪　头	蜂糖 fəŋ³³tɔ̃⁵¹	九里辣 tɕiæi⁴²li²³¹lo⁵⁵
沱　川	蜂蜜 fəŋ⁴⁴bi⁵¹	蜂王 fəŋ⁴⁴vã²¹¹
紫　阳	蜂蜜 fem⁴⁴ba⁵¹	虎头蜂 xu³⁵t'a²¹fem⁴⁴
许　村	蜂糖 fem³³t'ɔ̃⁵¹	老虎/龙蜂 la³¹xu³¹/ lem⁵¹fem³³
中　云	蜂糖 fem⁴⁴t'ã¹¹	老虎蜂 la³¹xu³⁵fem⁴⁴
新　建	蜂糖 fəŋ⁵⁴t'ɔ̃²⁴	老虎蜂 lɯ³¹xu³¹fəŋ⁵⁴
新　营	蜂糖 fən⁵⁵t'ɔ³¹	人头蜂 n̪iən³¹t'iɔ³¹fən⁵⁵
黄　柏	蜂糖 fəŋ⁴⁴t'ã⁴¹	龙头蜂 ləŋ⁴¹t'iə⁴¹fəŋ⁴⁴
暖　水	蜂糖 foŋ³¹t'ʌŋ²³	老虎蜂 lɤ²¹xu²¹⁴foŋ³¹

	0300 知了	0301 蚂蚁
经公桥	同灵 t'oŋ³⁵niã⁵⁵	蚁蚂 i⁴²muʌ⁴²
鹅 湖	同灵儿 t'oŋ³⁵nãi³⁵ni⁰	蚂蚁 muo³⁵i⁵³
旧 城	同灵儿 t'oŋ²⁴nai²⁴ni⁰	蚂蚁儿 muo³¹iə^r³¹
湘 湖	同灵 t'oŋ³⁵nai⁴⁴	蚂蚁仂 mo³⁵i⁴⁴lɛ⁰
溪 头	咕吱呀 ku³³tsๅ⁵⁵ia²⁴	蚂蚁 mo²⁴n̠i²³¹
沱 川	吱必呔 tsๅ⁴⁴pi⁵¹iɒ⁴⁴	蚂蚁 bo³¹n̠i³¹
紫 阳	咕吱呀 ku²¹tsๅ⁴⁴ia²¹¹	蚂蚁 bə³¹gi³¹
许 村	咕吱呀儿 ku³³tsๅ³³iɔ̃³³	蚂蚁 ma³¹n̠i³¹
中 云	咕吱呀 ku⁴⁴tsๅ⁴⁴ia³⁵	蚂蚁 bo³¹n̠i³¹
新 建	□仂 ʃɛ'⁵¹lɛ⁰	虫蚁 tʂ'əŋ²⁴n̠i³¹
新 营	吱啦多啦 tsๅ⁵⁵la⁰to⁵⁵la⁰	蚂蚁 mo⁵³n̠i⁵³
黄 柏	嗯牙希希 ən⁴⁴ŋɑ⁴¹ɕi⁴⁴ɕi⁴⁴	蚂蚁 mɑ⁴⁵³n̠i⁴⁵³
暖 水	嘶吱呀 sๅ³¹tɕi⁵⁵ia³¹	蚂蚁 muɐ²¹n̠i²¹⁴

	0302 蚯蚓	0303 蜈蚣
经公桥	□□ k'aŋ³⁵kən²²	蜈蚣虫 y³⁵koŋ²²tʂ'oŋ⁵⁵
鹅 湖	□□儿 k'aŋ³⁵k'aŋ³⁵ni⁰	蜈蚣虫 u³⁵koŋ⁵⁵tʂ'oŋ³⁵
旧 城	□□儿 k'aŋ²⁴k'aŋ²⁴ni⁰	蜈蚣虫 y²⁴koŋ⁵⁵tʂ'oŋ²⁴
湘 湖	□□仂 k'aŋ³⁵k'ɛn³¹lɛ⁰	百脚虫 paʔ⁴tɕiaʔ⁴ts'oŋ³⁵
溪 头	黄□ uɔ̃⁵¹k'uəŋ²³¹	百脚虫 pa⁵⁵tɕia⁵⁵ts'əŋ⁵¹
沱 川	狂捆 k'uã²¹k'uəŋ³¹	蜈蚣 y²¹kɐŋ⁴⁴
紫 阳	土 t'u³⁵	蜈蚣 y²¹kɐm⁴⁴
许 村	狂 k'ɔ̃⁵¹	蜈蚣 n̠y⁵¹kɐm³³
中 云	狂捆 k'ã⁵¹k'uɛn⁵¹	蜈蚣 y¹¹kɐm⁴⁴
新 建	土□ t'u³¹t'iɛ⁵¹	蜈蚣 n̠y²⁴kəŋ⁵⁴
新 营	土 t'o⁵³	蜈蚣 y³¹kən⁵⁵
黄 柏	土泥 t'u⁴⁵³n̠i⁴¹	蜈蚣 n̠y⁴¹kəŋ⁴⁴
暖 水	土轮 t'u²¹lə̃²³	蜈蚣 ŋu²³koŋ³¹

第五章 赣东北徽语代表方言点词语对照

	0304 壁虎	0305 蜘蛛
经公桥	壁老鼠 pai⁴⁴lau⁴²tɕʻy⁴²	蛛蛛儿 tɕy²²tɕy²²ŋ⁰
鹅 湖	壁蝎儿 paiʔ⁴ɕiəʳ²¹³	蛛蛛儿 tɕy⁵⁵tɕiəʳ⁵⁵
旧 城	壁佬子儿 pai²¹³lau³¹tsŋ⁰ni⁰	蜘蛛儿 tɕi⁵⁵tɕyəʳ⁵⁵
湘 湖	壁佬仂 peiʔ⁴lau³⁵lɛ⁰	蜘蛛 tɕi⁴⁴tɕy⁴⁴
溪 头	壁虎 pa⁵⁵xu⁴²	蛛蛛 tɕy³³tɕy³³
沱 川	壁佬 po⁵¹la³¹	蜘蛛 tsŋ⁴⁴tɕy⁴⁴
紫 阳	壁蝎 po⁵¹ɕie⁵¹	蛛蛛 tɕy⁴⁴tɕy⁴⁴
许 村	壁虎 po⁵⁵xu³¹	蜘蛛 tɕi³³tɕy³³
中 云	壁虎 po⁵¹xu²	蜘蛛 tsŋ⁴⁴tɕy⁴⁴
新 建	壁佬 pæ⁵¹lə³¹	蜘蛛 tɕi⁵⁴tɕy⁵⁴
新 营	壁壁虎 pæ²¹⁵pæ²¹⁵xu³¹	蛛蛛 tɕy⁵⁵tɕy⁵⁵
黄 柏	壁虎 pɛ²¹xu⁴⁵³	蜘蛛 tsŋ⁴⁴tɕy⁴⁴
暖 水	壁壁虎 pæ⁵⁴pæ⁵⁴xu²¹⁴	蜘蛛 tsŋ³¹tʂu³¹

	0306 蚊子	0307 孑孓
经公桥	蚊虫 mən³⁵tʂʻoŋ⁵⁵	—
鹅 湖	蚊虫儿 mən³⁵tʂʻoŋ³⁵ni⁰	—
旧 城	蚊虫 mɛn²⁴tsʻoŋ⁵⁵	水蛆 ɕy²⁴tsʻei⁵⁵
湘 湖	蚊虫 mɛn³⁵tsʻoŋ⁰	蚴虫 iəu²¹²tsʻoŋ³⁵
溪 头	蚊虫 mən⁵¹tsʻəŋ⁵¹	水蛆 ɕy²⁴tsʻi³³
沱 川	蚊虫 mən²¹tsʻəŋ²¹¹	蠓 mən³¹
紫 阳	蚊虫 mæ̃²¹tsʻæm²¹¹	水蛆 ɕy³⁵tsʻi⁴⁴
许 村	蚊虫 mɛn⁵¹tʃʻɐm⁵¹	蚊虫蛆 mɛn⁵¹tʃʻɐm⁵¹tsʻi³³
中 云	蚊虫 mɛn¹¹tsʻɐm¹¹	粪坑蛆 fɐn³⁵kʻã⁴⁴tɕʻy⁴⁴
新 建	蚊虫 mẽ²⁴tʂʻəŋ²⁴	水蛆 ʃuɛ³¹tsʻi⁵⁴
新 营	蚊虫 mən³¹tʻən³¹	水蛆 ɕy⁵³tsʻi⁵⁵
黄 柏	蚊虫哩 mən⁴¹tʂʻuəŋ⁴¹li⁰	蠓 mən⁴⁵³
暖 水	蚊虫 mẽ³¹tʂʻoŋ²³	蚊虫蛆 mẽ²³tʂʻoŋ²³tɕʻi³¹

	0308 苍蝇	0309 跳蚤
经公桥	苍蝇 tsʻaŋ²²in²²	狗子 tɕiəu⁴²tsŋ⁰
鹅 湖	苍蚊儿 tsʻaŋ⁵⁵mən³⁵ni⁰	狗子 tɕiəu⁵³tsŋ⁰
旧 城	苍蝇儿 tsʻaŋ⁵⁵ŋuo⁵⁵ni⁰	狗子 kau³¹tsŋ⁰
湘 湖	苍蝇 tsʻaŋ⁴⁴ŋai⁴⁴	跳蚤 tʻio²¹tsau³¹⁴
溪 头	苍蝇 tsʻɔ³³iæ̃i³³	跳蚤 tʻia²⁴tsɐ⁴²
沱 川	苍蝇 tsʻã⁴⁴iã⁴⁴	跳蚤 tʻia³⁵tsa²
紫 阳	苍蝇 tsʻã⁴⁴iɔ̃⁴⁴	跳蚤 tʻio³⁵tso²
许 村	苍蝇 tsʻã³³iã³³	跳蚤 tʻia²⁴tsa³¹
中 云	苍蝇 tsʻã⁴⁴iã¹¹	跳蚤 tʻiɔ³⁵tsa²
新 建	苍蝇 tsʻɔ⁵⁴ʃẽ⁵⁴	狗子 tɕiɯ³¹tsɤ⁰
新 营	苍蝇 tsʻɔ⁵⁵ŋæ³¹	狗子 tɕiɔ⁵³tsŋ⁰
黄 柏	苍蝇 tsʻã⁴⁴in⁴⁴	跳蚤□ tʻiə²¹tsə⁴⁵³ɕi⁴⁴
暖 水	苍蝇 tsʻʌŋ³¹iẽ²³	狗子 tɕy²¹⁴tsŋ⁰

	0310 虱子	0311 虱子卵
经公桥	虱儿 xa²²ŋ⁰	虱虮儿 xa⁴⁴tɕi⁴²ŋ⁰
鹅 湖	虱儿 ʂəʔʳ⁴	虱儿子 ʂəʔʳ⁴tsŋ⁵³
旧 城	虱儿 ʂəʳ²¹³	虱儿虮 ʂəʳ²¹³tɕi³¹
湘 湖	臭虫 tɕʻiəu²¹sɛʔ⁴/虱母 sɛʔ⁴mu³¹⁴	虱母子 sɛʔ⁴mu³¹tsŋ³¹⁴
溪 头	臭虱 tsʻæi²⁴sŋ⁵⁵	臭虱子 tsʻæi²⁴sŋ⁵⁵tsŋ⁴²
沱 川	虱 sŋ⁵¹	虱虮 sŋ⁵¹tɕi²
紫 阳	虱 ɕi⁵¹	虱虮 ɕi⁵¹tɕi²
许 村	臭虱 tɕʻia²⁴ʃuø⁵⁵	虱虮 ʃuø⁵⁵tɕi³¹
中 云	虱仂 sŋ³¹le⁰	虱虮 sŋ⁵¹tɕi³¹
新 建	虱 sɤ⁵¹	虱虮 sɤ⁵¹tɕi³¹
新 营	虱母 ɕyɛ²¹⁵mu⁵³	虱母虮 ɕyɛ²¹⁵mu⁵³tɕi⁵³
黄 柏	虱蟆 xɑ²¹mo⁴¹	虱蟆虮 xɑ²¹mo⁴¹tɕi⁴⁵³
暖 水	煞虱 ʂa⁵⁴ʂuɤ⁵⁴	虱虮 ʂuɤ⁵⁴tɕi²¹⁴

第五章 赣东北徽语代表方言点词语对照

	0312 臭虫	0313 蟑螂
经公桥	臭虫 tɕʻiəu²⁴tʂʻoŋ⁵⁵	油虫 iəu³⁵tʂʻoŋ⁵⁵
鹅　湖	臭虫 tɕʻiəu²¹tʂʻoŋ³⁵	油虫 iəu³⁵tʂʻoŋ³⁵
旧　城	臭虫 tʂʻəu²¹³tʂʻoŋ²⁴	油虫 iəu²⁴tʂʻoŋ²⁴
湘　湖	臭虫 tɕʻiəu²¹tsʻoŋ³⁵	油虫 iəu³⁵tsʻoŋ³⁵
溪　头	臭虫 tsʻæi²⁴tsʻəŋ⁵¹	油虫 iæi⁵¹tsʻəŋ⁵¹
沱　川	臭虱 tsʻə³⁵sɿ⁵¹	油虫 iə²¹tsʻəŋ²¹¹
紫　阳	臭虱 tsʻa³⁵ɕi⁵¹	油虫 ia²¹tsʻɐm²¹¹
许　村	臭虫 tɕʻia²⁴tʃʻɐm⁵¹	油虫 ia⁵¹tʃʻɐm⁵¹
中　云	臭虫 tsʻa³⁵tsʻɐm¹¹	油虫 ia¹¹tsʻɐm¹¹
新　建	臭虫 tɕʻiɯ²¹³tʂʻəŋ²⁴	油虫 iɯ²⁴tʂʻəŋ²⁴
新　营	臭屁虫 tɕʻio²¹³pʻɛ²¹tʻən³¹	油蛰 io³¹tsʻɔ²¹⁵
黄　柏	臭虫 tʂʻu²¹tʂʻuəŋ⁴¹	油蛰 iu⁴¹tʂʻɑ²¹³
暖　水	臭虫 tɕʻy³⁵tʂʻoŋ²³	油虫 y²³tʂʻoŋ²³

	0314 草鱼	0315 鲤鱼
经公桥	草鱼 tsʻau⁴²y⁵⁵	鲤鱼 li⁴²y⁵⁵
鹅　湖	草鱼 tsʻau⁵³y³⁵	鲤鱼 lei⁵³y³⁵
旧　城	草鱼 tsʻau³¹y²⁴	鲤鱼 lei³¹y²⁴
湘　湖	塘鱼 tʻaŋ³⁵y³⁵	鲤鱼 lei³¹y³⁵
溪　头	塘鱼 tɔ̃⁵¹y⁵¹	鲤鱼 li²⁴y⁵¹
沱　川	塘鱼 tã²¹y²¹¹	鲤鱼 li³¹y²¹¹
紫　阳	塘鱼 tʻã²¹y²¹¹	鲤鱼 li³¹y²¹¹
许　村	塘鱼 tʻɔ̃⁵¹ȵy⁵¹	鲤鱼 li³¹ȵy⁵¹
中　云	塘鱼 tʻã¹¹y¹¹	鲤鱼 li³¹y¹¹
新　建	草鱼 tsʻə³¹ȵy²⁴	鲤鱼 li²⁴ȵy²⁴
新　营	草鱼 tsʻɔ⁵³ȵy³¹	鲤鱼 lɛ⁵³ȵy³¹
黄　柏	草鱼 tsʻə⁴⁵³ȵy⁴¹	鲤鱼 li⁴⁵³ȵy⁴¹
暖　水	草鱼 tsʻɤ²⁴ŋ̍²³	鲤鱼 li²⁴ŋ̍²³

	0316 鲫鱼	0317 鳙鱼
经公桥	鲫鱼 tsai⁴⁴y⁵⁵	胖头 pʻaŋ²¹tʻiəu⁵⁵
鹅 湖	鲫鱼 tseiʔ²⁴y³⁵	大头胖儿 tʻa²¹tʻiəu³⁵pʻaŋ²¹ni⁰
旧 城	鲫鱼 tsai²¹³y²⁴	鲢蓬头 liɛn²⁴pʻoŋ²⁴tʻau⁰
湘 湖	鲫鱼 tsɛʔ²⁴y³⁵	雄鱼 ɕioŋ³⁵y³⁵
溪 头	鲫鱼 tsa⁵⁵y⁵¹	大头鲢 tʻo⁵⁵tʻæi⁵¹nĩ⁵¹
沱 川	鲫鱼 tso⁵¹y²¹	大头鲢 tʻu⁵¹tʻa²¹nĩ²¹¹
紫 阳	鲫鱼 tso⁵¹y²¹¹	雄鱼 ɕiɐm²¹y²¹¹
许 村	鲫鱼 tso⁵⁵n̠y⁵¹	雄鱼 ʃɐm⁵¹n̠y⁵¹
中 云	鲫鱼 tso⁵¹y¹¹	雄鱼 ɕiɐm¹¹y¹¹
新 建	鲫鱼 tse⁵¹n̠y²⁴	大头鲢 tʻa⁵¹tʻɯ²⁴nã²⁴
新 营	鲫鱼 tsæ²¹⁵n̠y³¹	大头鲢 tʻa⁵¹tʻiɔ³¹li³¹
黄 柏	鲫鱼 tɕi²¹n̠y⁴¹	雄鱼 ʃəŋ⁴¹n̠y⁴¹
暖 水	鲫壳疠 tse⁵⁴kʻɔ⁵⁴pʻi²¹⁴	大头鱼 tʻa⁵¹tʻɣ²³ŋ̍²³

	0318 黄鳝	0319 泥鳅	0320 甲鱼
经公桥	鳝鱼 ɕiɛ̃²¹y⁵⁵	泥li³⁵tsʻiəu²²	团鱼 tʻɣ³⁵y⁵⁵
鹅 湖	蛇鱼 ɕiɛ²¹y³⁵	泥鳅 lei³⁵tɕʻiəu⁵⁵	团鱼 tʻən³⁵y³⁵
旧 城	蛇鱼 ɕiɛ²⁴y²⁴	泥鳅 lei²⁴tsʻəu⁵⁵	团鱼 tʻɛn²⁴y²⁴
湘 湖	蛇鱼 ɕiɛ²¹y³⁵	鱼鳅 y³⁵tɕʻiəu⁴⁴	团鱼 tʻɛn³⁵y³⁵
溪 头	鳝鱼 sĩ⁵⁵y⁵¹	泥鳅 le⁵¹tsʻæi³³	鳖 pe⁵⁵
沱 川	鳝鱼 sĩ⁵¹y²¹¹	泥鳅 li²¹tsʻə⁴⁴	鳖 pe⁵¹
紫 阳	鳝鱼 ɕĩ⁵¹y²¹¹	泥鳅 li²¹tsʻa⁴⁴	鳖 pe⁵¹
许 村	鳝鱼 ɕĩ⁵⁵n̠y⁵¹	泥鳅 le⁵¹tsʻa³³	鳖 pe⁵⁵
中 云	鳝鱼 sɛn⁵¹y¹¹	泥鳅 li¹¹tsʻa⁴⁴	鳖 pe⁵¹
新 建	鳝 ɕiɛ̃⁵¹	泥鳅 lɛ²⁴tsʻɯ⁵⁴	鳖 pæ⁵¹
新 营	黄鳝 uɔ̃³¹ɕiɛ̃⁵⁵	黄鳅 uɔ̃³¹tsʻio⁵⁵	团鱼 tʻi³¹n̠y³¹
黄 柏	黄鳝 xuəŋ⁴¹ɕiɛ̃²¹³	泥鳅 n̠i⁴¹tɕʻiu⁴⁴	团鱼 tʻõ⁴¹n̠y⁴¹
暖 水	鳝 ɕiɛ̃⁵¹	泥鳅 n̠i²³tɕʻy³¹	鳖 piɛ⁵⁴

	0321 鱼鳞	0322 螃蟹
经公桥	鱼鳞 yʌ³⁵lən⁵⁵	□□ puʌ²²tɕyɛ̃²²
鹅　湖	鱼□ɹ y³⁵pʻəʳ⁵³	□□ɹ puo²¹tɕiəʳ⁵³
旧　城	鱼鳞 y²⁴lɛn²⁴	螃壳ɹ pʻaŋ²⁴kʻaʳ²¹³
湘　湖	鱼鳞 y³⁵lɛn³⁵	螃蟹仂 pʻaŋ³⁵xa²¹lɛ⁰
溪　头	鱼鳞 y⁵¹lɛn⁵¹	蛤蟆 xa²⁴mo⁵¹
沱　川	鱼鳞皮 y²¹nɛn²¹pʻi²¹¹	能蛤 nã²¹ko⁵¹
紫　阳	鱼鳞 y²¹læ̃²¹¹	水蟹 ɕy³⁵xo²
许　村	鱼鳞皮 y²⁴lɛn⁵¹pʻi⁵¹	螃□ pʻã⁵¹kʻɔ⁵⁵
中　云	鱼鳞 y¹¹nɛn¹¹	水蟹 ɕy³⁵xo²
新　建	鱼鳞 n̠y²⁴nẽ²⁴	□蟹 sɤ⁵¹xa²¹³
新　营	鱼鳞 n̠y³¹lən³¹	螃蟹 pʻɔ³¹xa⁵¹
黄　柏	鱼鳞 n̠y⁴¹lin⁴¹	螃蟹 pʻəŋ⁴¹xa²¹³
暖　水	鱼鳞 ŋ̍²³lẽ²³	钳蟹 tɕʻiɛ̃²³xuɐ⁵¹

	0323 青蛙	0324 蝌蚪
经公桥	蛤蟆 kʻʌ³⁵muʌ⁵⁵	蛤蟆□ kʻʌ³⁵muʌ⁵⁵nãi²²
鹅　湖	蛤蟆 kʻuo³⁵muo³⁵	蛤蟆□ɹ kʻuo³⁵muo³⁵nãi³⁵ni⁰
旧　城	蛤蟆 kʻa²⁴muo⁵⁵	蛤蟆□ɹ kʻa²⁴muo⁵⁵nai²⁴ni⁰
湘　湖	蛤蟆 kʻo³⁵mo⁰	蛤蟆□仂 kʻo³⁵mo⁰tsʻo⁴⁴lɛ⁰
溪　头	江蟆 kɔ̃³³mo⁵¹	江蟆豚 kɔ̃³³mo⁵¹təŋ⁵¹
沱　川	坑蟆 kʻã⁴⁴bo²¹¹	茶卜泥 tsʻo²¹pʻu⁵¹le³⁵
紫　阳	蛤蟆 kʻa²¹bo²¹¹	水蛤蟆 ɕy³⁵kʻa²¹bo²¹¹
许　村	蛤蟆 kʻa³³mo⁵¹	蛤蟆豚 kʻa³³mo⁵¹tʻɛn⁵¹
中　云	蛤蟆 kʻa¹¹bo¹¹	蛤蟆□ kʻa¹¹bo¹¹tɕʻia¹¹
新　建	蛤蟆 kʻo⁵⁴ma⁵¹	蛤蟆□ kʻo⁵⁴ma⁵¹tʻua²⁴
新　营	蛤蟆 kʻo³¹mo³¹	细蛤蟆 sɛ²¹³kʻo³¹mo³¹
黄　柏	蛤蟆 kʻɑ⁴¹mɑ⁰	蛤蟆豚哩 kʻɑ⁴¹mɑ⁰tʻən⁴¹li⁰
暖　水	蛤蟆 kʻuɐ²³muɐ²³	蛤蟆豚哩 kʻuɐ²³muɐ²³tʻẽ²³lɣ⁰

		0325 癞蛤蟆		0326 蚂蟥
经公桥	癞□	laː²⁴tɕi²²	蚂蟥蜞	muʌ⁴²xuaŋ³⁵tɕ'i⁵⁵
鹅 湖	癞皮蛤蟆	la²¹p'ei³⁵k'uo³⁵muo³⁵	蚂□蜞儿	muo⁵³lei⁵⁵tɕ'i³⁵ni⁰
旧 城	癞皮蛤蟆	la³³p'ei²⁴k'a²⁴muo⁵⁵	蚂蟥	muo³¹uaŋ²⁴
湘 湖	癞□蛤蟆	la²¹ɕi⁰k'o³⁵mo⁰	蚂□蜞	mo³¹la⁰tɕ'i³⁵
溪 头	麻冬锤	mo⁵¹təŋ³³tɕ'y⁵¹	蜞	tʃi⁵¹
沱 川	烂嘴坑蟆	nõ⁵¹tsi²k'ã⁴⁴bo²¹¹	蚂蟥蜞	bo²vã²¹tɕ'i²¹¹
紫 阳	麻冬锤	bə²¹tsɐm⁴⁴tɕ'y²¹¹	蜞仂	tɕ'i²¹la⁰
许 村	烂蛤蟆	nũ⁵⁵k'a³³mo⁵¹	蚂登蜞	mo³¹tã³³tɕ'i⁵¹
中 云	蟆冬锤	bo¹¹tɐm⁴⁴tɕ'y¹¹	蜞仂	tɕ'i¹¹le⁰
新 建	麻中锤	mɯ²⁴tʂəŋ⁵⁴tɕ'y³¹	□□蜞	pã⁵⁴nã⁵⁴tɕ'i²⁴
新 营	癞头蛤蟆	la⁵¹t'iɔ³¹k'o³¹mo³¹	扁叮蜞	pi⁵³tæ⁵⁵tɕ'i³¹
黄 柏	烂肚蛤蟆	lã²¹t'u⁴⁵³k'a⁴¹mɑ⁰	蚂蟥蜞	mɑ⁴¹uəŋ⁴¹tɕ'i⁴¹
暖 水	烂蛤蟆	lã⁵⁴k'uɐ²³muɐ²³	蚂登蜞	muɐ²⁴tæ³¹tɕ'i²³

		0327 螺蛳甲 盖在螺蛳口上的		0328 马
经公桥	螺蛳盖	luʌ³⁵xa²²kɤ²¹⁴	马	muʌ⁴²
鹅 湖	螺蛳眼	lo³⁵sɿ⁵⁵ŋõ⁵³	马	muo³⁵
旧 城	螺蛳ᵣ厣儿	luo²⁴ʂaʳ⁵⁵n̠i³¹ni⁰	马	muo³¹
湘 湖	螺蛳厣	lo³⁵sɿ⁴⁴ĩ³¹⁴	马	mo³¹⁴
溪 头	螺蛳厣	lo⁵¹sɿ³³ĩ²⁴	马	mo²³¹
沱 川	螺蛳眼	lo²¹sɿ⁴⁴ŋõ³¹	马	bo³¹
紫 阳	螺蛳厣	lə²¹sɿ⁴⁴ĩ²	马	bə³¹
许 村	螺蛳厣	lo⁵¹sɿ³³ĩ²⁴	马	mo³¹
中 云	螺蛳厣	lo¹¹sɿ⁴⁴ĩ²	马	bo³¹
新 建	螺蛳厣	lɯ²⁴sɤ⁵⁴ĩ³¹	马	muɤ³¹
新 营	螺蛳厣	lo³¹ɕyɛ⁵⁵iɛ⁵³	马	mo⁵³
黄 柏	螺蛳厣	lo⁴¹xɑ⁴⁴iɛ̃⁴⁵³	马	mɑ⁴⁵³
暖 水	螺蛳厣	lo²³ʂuɤ³¹iɛ̃²¹⁴	马	muɐ²¹⁴

	0329 驴	0330 骡	0331 牛
经公桥	驴 ly³⁵⁵	骡 luʌ³⁵⁵	牛 iəu³⁵⁵
鹅 湖	驴儿 liəʳ³⁵	骡 luo³⁵	牛 iəu³⁵
旧 城	驴儿 ləʳ²⁴	骡 lo²⁴	牛 iəu²⁴
湘 湖	驴狗儿 lei³⁵tɕien³¹⁴	骡子仂 lo³⁵tsɿ⁰le⁰	牛 iəu³⁵
溪 头	驴 li⁵¹	骡 lo⁵¹	牛 ȵiæi⁵¹
沱 川	驴狗 li²¹tɕiə²	骡 lo²¹¹	牛 ȵiə²¹¹
紫 阳	驴狗 li²¹tɕia²	骡 lə²¹¹	牛 gia²¹¹
许 村	驴狗 li⁵¹tɕia³¹	骡仂 lɤ⁵¹le⁰	牛 ȵia⁵¹
中 云	驴狗 li¹¹tɕia²	骡 lo¹¹	牛 ȵia¹¹
新 建	驴 li²⁴	骡 luɯ²⁴	牛 ȵiu²⁴
新 营	驴 lɛ³¹	骡 lo³¹	牛 ȵio³¹
黄 柏	驴狗 li⁴¹tɕiə⁴⁵³	骡 lo⁴¹	牛 ȵiu⁴¹
暖 水	驴 ly²³	骡 lo²³	牛 ȵy²³

	0332 公牛	0333 犍牛 经阉割的公牛
经公桥	骚牯 sau²²ku⁴²	牯牛 ku⁴²iəu⁵⁵
鹅 湖	水牯水牛 ɕy⁵³ku⁵³+黄牯黄牛 uaŋ³⁵ku⁵³	犐牛 tən⁵⁵iəu³⁵
旧 城	水牯水牛 ɕy³¹ku³¹+黄牯黄牛 uaŋ²⁴ku³¹	犐牛 tɛn⁵⁵iəu²⁴
湘 湖	水牯水牛 ɕy³⁵ku³¹⁴+黄牯黄牛 uaŋ³⁵ku³¹⁴	犐牛 tɛn⁴⁴iəu³⁵
溪 头	水牯水牛 ɕy²⁴ku⁴²+黄牯黄牛 uɔ⁵¹ku⁴²	犐牛 tən³³ȵiæi⁵¹
沱 川	水牯水牛 ɕy³⁵ku²+黄牯黄牛 uʌ̃²¹ku³⁵ȵiə²¹¹	犐牛 təŋ⁴⁴ȵiə²¹¹
紫 阳	水牯水牛 ɕy³⁵ku²+黄牯黄牛 vã²¹ku²	骟牛 ɕĩ³⁵gia²¹¹
许 村	水牯水牛 ɕy²⁴ku³¹+黄牯黄牛 vɔ̃⁵¹ku³¹	骟牛 sĩ²⁴ȵia⁵¹
中 云	犐牯水牛 so⁴⁴ku²+黄牯牛黄牛 vã¹¹ku³¹ȵia¹¹	骟牛 sĩ³⁵ȵia¹¹
新 建	牯牛 ku³¹ȵiu²⁴	骟牛 sã⁵⁴ȵiu²⁴
新 营	水牯水牛 ɕyɛ⁵³ku⁵³+黄牯黄牛 uɔ̃³¹ku⁵³	骟牯 sĩ²¹³ku⁵³
黄 柏	牛牯 ȵiu⁴¹ku⁴⁵³	骟牛 ɕiɛ̃²¹ȵiu⁴¹
暖 水	水牯水牛 ʂei²⁴ku²¹⁴+黄牛牯黄牛 uʌŋ²³ȵy²¹ku²¹⁴	骟牯 ɕiɛ̃³⁵ku²¹⁴

0334
母牛

经公桥	牸牛 tsʻɿ²⁴iəu⁵⁵
鹅　湖	水牸水牛 ɕy⁵³sɿ²¹¹ + 黄牸黄牛 uaŋ³⁵sɿ²¹¹
旧　城	水牸水牛 ɕy³¹sɿ³³ + 黄牸黄牛 uaŋ²⁴sɿ³³
湘　湖	水牸水牛 ɕy³⁵tsʻɿ²¹¹ + 黄牸黄牛 uaŋ³⁵tsʻɿ²¹¹
溪　头	水牛母水牛 ɕy⁴²ȵiæi⁵¹mu²³¹ + 黄牛母黄牛 uɔ̃⁵¹ȵiæi⁵¹mu²³¹
沱　川	牛母 ȵiə²¹bu³¹
紫　阳	水牸水牛 ɕy³⁵tsʻɿ⁵¹ + 黄牸黄牛 vã²¹tsʻɿ⁵¹
许　村	水牸水牛 ɕy²⁴tsʻɿ⁵⁵ + 黄牸黄牛 vɔ̃⁵¹tsʻɿ⁵⁵
中　云	水牸水牛 ɕy³⁵tsʻɿ⁵¹ + 黄牸黄牛 vã¹¹tsʻɿ⁵¹
新　建	牸牛 tsʻɤ⁵¹ȵiɯ²⁴
新　营	水牸水牛 ɕyɛ⁵³sɿ⁵¹ + 黄牸□黄牛 uɔ̃³¹sɿ⁵¹pʻɛ⁵³
黄　柏	水牸水牛 fi⁴⁵³tsʻɿ²¹³ + 黄牛牸黄牛 xuəŋ⁴¹ȵiu⁴¹tsʻɿ²¹³
暖　水	水牸水牛 ʂei²¹tsʻɿ⁵¹ + 黄牛牸黄牛 uʌŋ²³ȵy²³tsʻɿ⁵¹

0335　牛犊　　　　　　　　　0336　半大的牛

	0335 牛犊	0336 半大的牛
经公桥	牛伢儿 iəu³⁵ŋʌ⁵⁵ŋ⁰	牛犤 iəu³⁵pʻau⁴⁴
鹅　湖	滴牛伢儿 ti⁵⁵iəu³⁵ŋa⁵³ni⁰	牛犤 iəu³⁵pʻəuʔ²⁴
旧　城	牛伢儿 iəu²⁴ŋa³¹ni⁰	—
湘　湖	牛崽仂 iəu³⁵tsa³¹⁴lɛ⁰	犤犤牛仂 pʻauʔ²⁴pʻauʔ²⁴iəu³⁵lɛ⁰
溪　头	牛豚 ȵiæi⁵¹təŋ⁵¹	牛犤 ȵiæi⁵¹pʻo⁵⁵
沱　川	细牛伢 se³⁵ȵiə²¹ŋa³⁵	牛犤 ȵiə²¹pʻau⁵¹
紫　阳	牛伢 gia²¹gə⁴⁴	牛犤 gia²¹pʻɒ⁵¹
许　村	牛伢 ȵia⁵¹ŋa⁰	牛犤 ȵia⁵¹pʻɔ⁵⁵
中　云	细牛伢儿 se³⁵ȵia¹¹ŋã⁴⁴	牛犤 ȵia¹¹pʻɔ⁵¹
新　建	牛伢 ȵiɯ²⁴ŋuɤ²⁴	牛犤 ȵiɯ²¹pʻɔ⁵¹
新　营	牛伢儿 ȵio³¹ŋã³¹	牛犤 ȵio³¹pʻɔ̃²¹⁵
黄　柏	牛伢 ȵiu⁴¹ŋɑ⁴¹	牛犤哩 ȵiu⁴¹pʻə²¹li⁰
暖　水	牛伢儿 ȵy²³ŋã²³	牛犤儿 ȵy²³pʻõ⁵⁴

	0337 羊羔	0338 猪
经公桥	滴羊 ti⁴⁴yaŋ⁵⁵	猪 tɕy²²
鹅　湖	滴羊儿 ti⁵⁵iɔ̃³⁵ni⁰	猪 tɕy⁵⁵
旧　城	滴滴羊儿 ti⁵⁵ti⁵⁵n̠ia²⁴ni⁰	猪 tɕy⁵⁵
湘　湖	羊豚伢 ia³⁵t'ɛn³⁵lɛ⁰	猪 tɕy⁴⁴
溪　头	细羊 se²⁴iɔ̃⁵¹	猪 tɕy³³
沱　川	细羊 se³⁵iã̠²¹¹	猪 tɕy⁴⁴
紫　阳	细羊 se³⁵iã²¹¹	猪 tɕy⁴⁴
许　村	细羊伢 se²⁴iã⁵¹le⁰	猪 tɕy³³
中　云	细羊伢 se³⁵iã¹¹ne⁰	猪 tɕy⁴⁴
新　建	细羊 sæ²¹³iɔ̃²⁴	猪 tɕy⁵⁴
新　营	羊豚 iã³¹t'ən³¹	猪 tɕy⁵⁵
黄　柏	羊豚哩 iã⁴¹t'ən⁴¹li⁰	猪 tɕy⁴⁴
暖　水	羊伢儿 iʌŋ²³ŋã²³	猪 tʂu³¹

	0339 公猪成年的，已经阉割的	0340 种公猪用以配种的	0341 母猪生小猪的
经公桥	牯猪 ku⁴²tɕy²²	猪郎 tɕy²²laŋ⁵⁵	猪嬷 tɕy²²muʌ⁵⁵
鹅　湖	公猪 koŋ⁵⁵tɕy³⁵	猪斗 tɕy⁵⁵tiəu⁵³	猪嬷 tɕy⁵⁵muo³⁵
旧　城	牯猪 ku³¹tɕy⁵⁵	猪郎 tɕy⁵⁵laŋ²⁴	猪嬷 tɕy⁵⁵muo²⁴
湘　湖	牯猪 ku³⁵tɕy⁴⁴	猪郎 tɕy⁴⁴laŋ³⁵	驔猪 tɕ'iəu⁴⁴tɕy⁴⁴
溪　头	猪牯 tɕy³³ku⁴²	猪斗 tɕy³³tæi⁴²	猪嬷 tɕy³³mo⁵¹
沱　川	牯猪 ku³⁵tɕy⁴⁴	猪斗 tɕy⁴⁴tə²	猪娘 tɕy⁴⁴n̠iã̠²¹¹
紫　阳	牯猪 ku³⁵tɕy⁴⁴	猪斗 tɕy⁴⁴ta²	猪娘 tɕy⁴⁴n̠iã²¹¹
许　村	牯猪 ku³¹tɕy³³	猪斗 tɕy³³ta³¹	猪娘 tɕy³³niɔ̃⁵¹
中　云	牯猪 ku³⁵tɕy⁴⁴	猪斗 tɕy⁴⁴ta²	猪嬷 tɕy⁴⁴bo¹¹
新　建	牯猪 ku²⁴tɕy⁵⁴	斗猪 tɯ³¹tɕy⁵⁴	猪嬷 tɕy⁵⁴muɣ²⁴
新　营	猪牯 tɕy⁵⁵ku⁵³	斗猪 tiɔ⁵³tɕy⁵⁵	猪母 tɕy⁵⁵mu⁵³
黄　柏	猪牯 tɕy⁴⁴ku⁴⁵³	猪牯 tɕy⁴⁴ku⁴⁵³	母猪 mu⁴⁵³tɕy⁴⁴
暖　水	公猪 koŋ³¹tʂu³¹	猪牯 tʂu³¹ku²¹⁴	猪嬷 tʂu³¹mo²³

	0342 猪崽	0343 架子猪 已长成、尚未养肥
经公桥	滴猪 ti⁴⁴tɕy²²	猪獛 tɕy²²p'au⁴⁴
鹅 湖	滴猪儿 ti⁵⁵tɕy⁵⁵ni⁰	猪獛 tɕy⁵⁵p'oʔ²⁴
旧 城	猪崽儿 tɕy⁵⁵tsaʳ³¹/滴猪儿 ti⁵⁵tɕy⁵⁵ni⁰	獛猪 p'au²¹³tɕy⁵⁵
湘 湖	猪崽仂 tɕy⁴⁴tsa³¹⁴lɛ⁰	獛猪 p'auʔ²⁴tɕy⁴⁴
溪 头	细猪 se²⁴tɕy³³	猪架 tɕy³³kuɐ²⁴
沱 川	细猪豚 se³⁵tɕy⁴⁴t'əŋ²¹¹	猪獛 tɕy⁴⁴p'au⁵¹
紫 阳	猪豚 tɕy⁴⁴t'æ²¹¹	猪壳 tɕy⁴⁴k'ə⁵¹
许 村	细猪 se²⁴tɕy³³	猪獛 tɕy³³p'ɔ⁵⁵
中 云	细猪 se³⁵tɕy⁴⁴	猪獛 tɕy⁴⁴p'ɔ⁵¹
新 建	猪豚 tɕy⁵⁴t'ẽ²⁴	猪壳 tɕy⁵⁴k'o⁵¹
新 营	猪豚 tɕy⁵⁵t'ən³¹	猪豚獛 tɕy⁵⁵t'ən³¹p'ɔ²¹⁵
黄 柏	猪豚哩 tɕy⁴⁴t'ən⁴¹li⁰	猪獛哩 tɕy⁴⁴p'ə²¹li⁰
暖 水	猪豚 tʂu³¹t'ẽ²³	猪獛儿 tʂu³¹p'õ⁵⁴

	0344 猫	0345 公猫	0346 母猫
经公桥	猫儿 miã²²ŋ⁰	郎猫 laŋ³⁵mau²²	女猫 y⁴²mau²²
鹅 湖	猫 mau⁵⁵	公猫 koŋ⁵⁵mau⁵⁵	□猫 miɛ³⁵mau⁵⁵
旧 城	猫儿 mau⁵⁵ni⁰	公猫儿 koŋ⁵⁵mau⁵⁵ni⁰	母猫儿 mu²⁴mau⁵⁵ni⁰
湘 湖	猫公 mau⁴⁴koŋ⁴⁴	郎猫 laŋ³⁵mau⁴⁴	骒猫 tɕ'iəu⁴⁴mau⁴⁴
溪 头	猫 miau³³	公猫 kəŋ³³miau³³	母猫 mu²³¹miau³³
沱 川	猫 biau⁴⁴	牯猫 ku³⁵bau⁴⁴	母猫 bu³¹bau⁴⁴
紫 阳	猫儿 miã⁴⁴	牯猫 ku³⁵miã⁴⁴	母猫儿 bu³¹miã⁴⁴
许 村	猫 miɔ³³	猫牯 miɔ³³ku³¹	骒猫 ts'a³³miɔ³³
中 云	猫 bɔ⁴⁴	牯猫 ku³⁵bɔ⁴⁴	骒猫 ts'a⁴⁴bɔ⁴⁴
新 建	猫儿 miɔ̃⁵⁴	牯猫儿 ku³¹miɔ̃⁵⁴	骒猫儿 ts'ɯ³³miɔ̃⁵⁴
新 营	猫 miɔ⁵⁵	猫牯 miɔ⁵⁵ku⁵³	猫母 miɔ⁵⁵mu⁵³
黄 柏	猫 miə⁴⁴	公猫 kəŋ⁴⁴miə⁴⁴	母猫 mu⁴⁵³miə⁴⁴
暖 水	猫 myɛ³¹	猫牯 myɛ³¹ku²¹⁴	猫嬷 myɛ³¹mo²³

第五章 赣东北徽语代表方言点词语对照

	0347 公狗	0348 母狗	0349 兔子
经公桥	郎狗 laŋ³⁵tɕiəu⁴²	骚狗嬷 ts'au⁴²tɕiəu⁴²muʌ⁵⁵	兔儿 t'u²⁴ȵ⁰
鹅湖	公狗 koŋ⁵⁵tɕiəu⁵³	狗嬷 tɕiəu⁵³muo³⁵	兔儿 t'ə ʳ²¹³
旧城	公狗 koŋ⁵⁵kau³¹	狗嬷 kau³¹muo²⁴	兔儿 t'əu²¹³ni⁰
湘湖	狗公 tɕiau³¹koŋ⁴⁴	狗娘 tɕiau³¹ȵia³⁵	兔儿 t'əu³⁵ni⁰
溪头	公狗 kəŋ³³tʃæi⁴²	狗母 tʃæi⁴²mu²³¹	兔 t'u²⁴
沱川	牯狗 ku³⁵tɕiə²	骚狗 ts'ə⁴⁴tɕiə²	兔 t'u³⁵
紫阳	牯狗 ku³⁵tɕia²	狗娘 tɕia³⁵ȵiã²¹¹	兔 t'u³⁵
许村	公狗 kɐm³³tɕia³¹	母狗 mu²⁴tɕia³¹	兔儿 t'u²⁴ȵ⁰
中云	牯狗 ku³⁵tɕia²	骚狗 ts'a⁴⁴tɕia²	兔 t'u³⁵
新建	牯狗 ku³¹tɕiɯ³¹	母狗 mu³¹tɕiɯ³¹	毛兔 mɯ²⁴t'u²¹³
新营	狗牯 tɕiɔ⁵³ku⁵³	狗母 tɕiɔ⁵³mu⁵³	兔 t'o²¹³
黄柏	公狗 kəŋ⁴⁴tʃə⁴⁵³	母狗 mu⁴⁵³tʃə⁴⁵³	兔儿 t'u²¹ȵi⁰
暖水	狗牯 tɕy²⁴ku²¹⁴	狗嬷 tɕy²⁴mo²³	兔儿 t'uõ³⁵

	0350 鸡	0351 公鸡	0352 母鸡
经公桥	鸡 tɕi²²	鸡公 tɕi²²koŋ²²	鸡嬷 tɕi²²muʌ⁵⁵
鹅湖	鸡 tɕi⁵⁵	鸡公 tɕi⁵⁵koŋ⁵⁵	鸡嬷 tɕi⁵⁵muo³⁵
旧城	鸡 tɕi⁵⁵	鸡公 tɕi⁵⁵koŋ⁵⁵	鸡嬷 tɕi⁵⁵muo²⁴
湘湖	鸡 tɕi⁴⁴	鸡公 tɕi⁴⁴koŋ⁴⁴	鸡母 tɕi⁴⁴mu³¹⁴
溪头	鸡 tʃe³³	鸡公 tʃe³³kəŋ³³	鸡嬷 tʃe³³mo⁵¹
沱川	鸡 tɕie⁴⁴	鸡公 tɕie⁴⁴kəŋ⁴⁴	鸡嬷 tɕie⁴⁴bo²¹¹
紫阳	鸡 tɕi⁴⁴	鸡公 tɕi⁴⁴kɐm⁴⁴	鸡嬷 tɕi⁴⁴bə²¹¹
许村	鸡 tɕie³³	公鸡 kɐm³³tɕie³³	母鸡 mu³¹tɕie³³
中云	鸡 tɕie⁴⁴	鸡公 tɕie⁴⁴kɐm⁴⁴	鸡嬷 tɕie⁴⁴bo¹¹
新建	鸡 tɕiɛ⁵⁴	鸡公 tɕiɛ⁵⁴kəŋ⁵⁴	鸡嬷 tɕiɛ⁵⁴muɣ²⁴
新营	鸡 tɕi⁵⁵	鸡公 tɕi⁵⁵kəŋ⁵⁵	鸡母 tɕi⁵⁵mu⁵³
黄柏	鸡 tɕi⁴⁴	公鸡 kəŋ⁴⁴tɕi⁴⁴	母鸡 mu⁴⁵³tɕi⁴⁴
暖水	鸡 tɕi³¹	鸡公 tɕi³¹koŋ³¹	鸡嬷 tɕi³¹mo²³

	0353 抱窝母鸡	0354 鸡娘 即将开始生蛋的
经公桥	菢鸡□ p'u²¹tɕi²²kau²¹⁴	—
鹅 湖	孵鸡孃儿 fu²¹tɕi⁵⁵muo³⁵	子鸡孃儿 tsŋ⁵³tɕi⁵⁵muo³⁵ni⁰
旧 城	菢鸡孃 p'au³³tɕi⁵⁵muo²⁴	细鸡孃 sei²¹³tɕi⁵⁵muo²⁴
湘 湖	鸡母娘 tɕi⁴⁴mu³¹n̥ia³⁵	生子鸡 ɕia⁴⁴tsŋ³⁵tɕi⁴⁴
溪 头	菢鸡□ pu⁵⁵tɕie³³lɤ⁵⁵	细鸡孃 se²⁴tʃe³³mo⁵¹
沱 川	菢鸡□ p'u⁵¹tɕie⁴⁴k'ə⁵¹	细鸡孃 se³⁵tɕie⁴⁴bo²¹¹
紫 阳	菢鸡孃娘 p'u⁵¹tɕi⁴⁴bə²¹n̥iã²¹¹	细鸡孃 si³⁵tɕi⁴⁴bə²¹¹
许 村	菢鸡（孃）p'u⁵⁵tɕie³³（mɤ⁵¹）	细鸡孃 se²⁴tɕie³³mɤ⁵¹
中 云	鸡孃娘 tɕie⁴⁴bo¹¹n̥iã¹¹	细鸡孃 se³⁵tɕie⁴⁴bo¹¹
新 建	菢鸡孃 p'u⁵¹tɕie⁵⁴muɤ²⁴	细鸡孃 sæ²¹³tɕie⁵⁴muɤ²⁴
新 营	孵鸡母 fu⁵³tɕi⁵⁵mu⁵³	生子鸡 ɕiæ⁵⁵tsŋ⁵³tɕi⁵⁵
黄 柏	孵鸡 fu²¹tɕi⁴⁴	子鸡母 tsŋ⁴⁵³tɕi⁴⁴mu⁴⁵³
暖 水	菢鸡孃 p'u⁵¹tɕi³¹mo²³	鸡犊儿 tɕi³¹p'ɔ̃⁵⁴

	0355 鸡冠	0356 鸡肫
经公桥	鸡冠 tɕi²²kuʌ²²	鸡肫 tɕi²²tɕyn²²
鹅 湖	鸡冠仂 tɕi⁵⁵kõ⁵⁵lɛ⁰	鸡肫 tɕi⁵⁵tɕyɛn⁵⁵
旧 城	鸡冠儿 tɕi⁵⁵kuɛn⁵⁵ni⁰	鸡肫儿 tɕi⁵⁵tɕyɛn⁵⁵ni⁰
湘 湖	鸡冠儿 tɕi⁴⁴kuɛn⁴⁴ni⁰	鸡肫 tɕi⁴⁴tɕyɛn⁰
溪 头	鸡冠 tʃe³³kũ³³	鸡肫 tʃe³³tsɛn³³
沱 川	鸡冠 tɕie⁴⁴kũ⁴⁴	鸡肫 tɕie⁴⁴tsɛn⁴⁴
紫 阳	鸡冠 tɕi⁴⁴kum⁴⁴	鸡肫 tɕi⁴⁴tsæ⁴⁴
许 村	鸡冠 tɕie³³kũ³³	鸡肫 tɕie³³tʃɛn³³
中 云	鸡冠 tɕie⁴⁴kum⁴⁴	鸡肫 tɕie⁴⁴tsɛn⁴⁴
新 建	鸡冠 tɕiɛ⁵⁴kuɔ̃⁵⁴	鸡肫 tɕiɛ⁵⁴tʃẽ⁵⁴
新 营	鸡冠 tɕi⁵⁵kuã⁵⁵	鸡肫 tɕi⁵⁵tɕiən⁵⁵
黄 柏	鸡冠 tɕi⁴⁴kõ⁴⁴	鸡肫 tɕi⁴⁴tʃən⁴⁴
暖 水	鸡冠 tɕi³¹kuõ³¹	鸡肫 tɕi³¹tɕiẽ³¹

	0357 鸡嗉子	0358 公鸭
经公桥	鸡食弯 tɕi²²ɕiai²²uᴧ̃²²	公鸭 koŋ²²ŋuʌ⁴⁴
鹅 湖	鸡食弯仈 tɕi⁵⁵ɕiaiʔ²¹ŋõ⁵⁵lɛ⁰	公鸭ᵉ koŋ⁵⁵uəʔʳ⁵
旧 城	鸡食弯儿 tɕi⁵⁵ɕiai⁵⁵ŋuo⁵⁵ni⁰	公鸭ᵉ儿 koŋ⁵⁵ŋuoʳ²¹³ni⁰
湘 湖	鸡食□ tɕi⁴⁴ɕiaiʔ²²kuɛn³¹⁴	鸭公 ŋoʔ⁴koŋ⁴⁴
溪 头	鸡食□ tʃe³³sɿ⁵⁵m̩³³	公鸭 kəŋ³³ŋo⁵⁵
沱 川	鸡弯 tɕie⁴⁴m̩⁴⁴	公鸭 kəŋ⁴⁴go⁵¹
紫 阳	鸡弯 tɕi⁴⁴m̩⁴⁴	鸭公 gə⁵¹kɐm⁴⁴
许 村	鸡颈□□ tɕie³³tʃã³¹xã³³tɕio⁵⁵	鸭公 ŋo⁵⁴kɐm³³
中 云	鸡弯 tɕie⁴⁴m̩⁴⁴	鸭公 ŋo⁵¹kɐm⁴⁴
新 建	鸡袋 tɕiɛ⁵⁴tʻua⁵¹	公鸭 kəŋ⁵⁴ŋuɣ⁵¹
新 营	鸡弯 tɕi⁵⁵uã⁵⁵	□鸭公 ia³¹ŋo²¹⁵kən⁵⁵
黄 柏	鸡食弯 tɕi⁴⁴ʃuɛ⁴⁴uã⁴⁴	公鸭哩 kəŋ⁴⁴ŋɑ²¹³li⁰
暖 水	鸡弯 tɕi³¹m̩³¹	鸭牯 ŋuɐ⁵⁴ku²¹⁴

	0359 母鸭	0360 鹅	0361 飞
经公桥	子鸭 tsɿ⁴²ŋuʌ⁴⁴	鹅 ɣ³⁵⁵	飞 fei²²
鹅 湖	母鸭ᵉ mu³⁵uəʔʳ⁴	鹅 ŋiɛ³⁵	飞 fei⁵⁵
旧 城	母鸭儿 mu²⁴ŋuoʳ²¹³ni⁰	鹅 ŋiɛ²⁴	飞 fei⁵⁵
湘 湖	鸭母 ŋoʔ⁴mu³¹⁴	鹅 ŋɛ³⁵	飞 fei⁴⁴
溪 头	母鸭 mu²¹³ŋo⁵⁵	鹅 ŋo⁵¹	飞 fi³³
沱 川	母鸭儿 bu³¹go⁵¹n⁰	鹅 ŋə²¹¹	飞 fi⁴⁴
紫 阳	鸭婆 gə⁵¹pʻə²¹¹	鹅 gə²¹¹	飞 fi⁴⁴
许 村	鸭嬷 ŋo⁵⁵mɣ⁵¹	鹅 ŋɣ⁵¹	飞 fi³³
中 云	鸭嬷 ŋo⁵¹bo¹¹	鹅 ŋɣ¹¹	飞 fi⁴⁴
新 建	母鸭 mu³¹ŋuɣ⁵¹	鹅 ŋɯ²⁴	飞 fi⁴⁵
新 营	□鸭母 ia³¹ŋo²¹⁵mu⁵³	鹅 ŋu³¹	飞 fɛ⁵⁵
黄 柏	母鸭哩 mu⁴⁵³ŋɑ²¹³li⁰	鹅 ŋo⁴¹	飞 fei⁴⁴
暖 水	鸭嬷 ŋuɐ⁵⁴mo²³	鹅 ŋo²³	飞 fi³¹

	0362 （牛角）顶（人）	0363 （猪）产（崽）	0364 （鸡）下蛋
经公桥	□ niã²¹⁴	下 xʌ²¹⁴	生子 ɕiã²²tsɿ⁴²
鹅 湖	□ kʻuoʔ⁴	下 xuo²¹¹	生子 ʂã⁵⁵tsɿ⁵³
旧 城	□ tʻau²¹³	下 xuo³³	生子 ɕiai⁵⁵tsɿ³¹
湘 湖	□ tiaʔ²	下 xo²¹¹	生子 ɕia⁴⁴tsɿ³¹⁴
溪 头	尖 tsɿ³³	下 xo⁵⁵	生子 sã³³tsɿ⁴²
沱 川	角 kau⁵¹	下 xo³¹	生子 sã⁴⁴tsɿ²
紫 阳	角 kɒ⁵¹	生 sɔ̃⁴⁴/ 下 xɵ³¹	生子 sɔ̃⁴⁴tsɿ²
许 村	角 kɔ⁵⁵	下 xo⁵⁵	生子 ʃã³³tsɿ³¹
中 云	角 kɔ⁵¹	下 xo⁵¹	生子 sã⁴⁴tsɿ²
新 建	㹠 tʂʻɔ⁵⁴	生 ʃã⁵⁴	生子 ʃã⁵⁴⁴tsɤ³¹
新 营	撩 liɔ⁵⁵	下 xo⁵¹	生子 ɕiæ⁵⁵tsɿ⁵³
黄 柏	头 tʻiə⁴¹	下 xɑ²¹³	生子 ʃuən⁴⁴tsɿ³¹
暖 水	㹠 tʂʻɔ³¹	生 ɕiæ³¹	生子 ɕiæ³¹tsɿ²¹⁴

	0365 孵	0366 （动物）叫 狗~‖鸡~
经公桥	菢 pʻu²¹⁴	叫 tʃuau²¹⁴ ‖ 啼 tʻi³⁵⁵
鹅 湖	孵 fu²¹¹	□ xuõ³⁵ ‖ 啼 tʻei³⁵
旧 城	菢 pʻu³³	□ xuo²¹³ ‖ 啼 tʻei²⁴
湘 湖	菢 pʻau²¹¹	吠 fei²¹² ‖ 啼 tʻi³⁵
溪 头	菢 pu⁵⁵	吠 fi²⁴ ‖ 啼 tʻi⁵¹
沱 川	菢 pʻu⁵¹	吠 xui⁵¹ ‖ 啼 tʻe²¹¹
紫 阳	菢 pʻu⁵¹	吠 fi³⁵ ‖ 啼 tʻi²¹¹
许 村	菢 pʻu⁵⁵	哄 xɐm²⁴ ‖ 啼 tʻe⁵¹
中 云	菢 pʻu⁵¹	吠 fi³⁵ ‖ 啼 tʻe¹¹
新 建	菢 pʻu⁵¹	吠 fi²¹³ ‖ 啼 tʻæ²⁴
新 营	孵 fu³¹	吠 fɛ²¹³ ‖ 啼 tʻe³¹
黄 柏	菢 pʻu²¹³	吠 fei²¹³ ‖ 啼 tʻi⁴¹
暖 水	菢 pʻu⁵¹	吠 fi³⁵ ‖ 啼 tʻi²³

0367

（动物）发情母猪~‖母猫~

经公桥	走栏 tsau42nuʌ55 ‖ 叫春 tʃuau24tɕ'yn22
鹅　湖	叫栏 tɕia35nõ35 ‖ 叫春 tɕia35tɕ'yɛn55
旧　城	走栏 tsau31nuo24 ‖ 叫春 tɕiau213tɕ'yɛn55
湘　湖	走栏 tsiau31lo35 ‖ 嘶春 sɿ44tɕ'yɛn44
溪　头	起栏 tɕ'i42lã51 ‖ 叫春 tʃa24ts'əŋ33
沱　川	叫栏 tɕiau35nõ211 ‖ 叫嚎 tɕiau35xa211
紫　阳	叫栏 tɕio35num211 ‖ 叫春 tɕio35ts'æ44
许　村	叫栏 tɕio24nũ51 ‖ 嘶春 sɿ33tʃ'ɛn33
中　云	叫栏 tɕiɔ35num11 ‖ 叫春 tɕiɔ35tsɛn44
新　建	叫栏 tʃa213nã24 ‖ 叫春 tʃa213tʃ'ẽ54
新　营	叫栏 tɕiɔ213la31 ‖ 叫春 tɕiɔ213tɕ'iən55
黄　柏	叫栏 tʃə213lã41 ‖ 嘶春 sɿ44tʃ'uən44
暖　水	走栏 tɕy24lã23 ‖ 嘶春 sɿ33tɕ'iẽ

0368

（动物）交配猪~‖狗~‖鸡~

经公桥	着猪 tʂau44tɕy22 ‖ 上寒 ʂaŋ24k'uʌ22 ‖ 打雄 ta42ɕioŋ55
鹅　湖	打猪 ta53tɕy55 ‖ 打花 ta53xuo55 ‖ 打雄 ta53ɕioŋ35
旧　城	配种 p'ɛ213tʂoŋ31 ‖ 打骚 ta31sau55 ‖ 走水 tsau31ɕy31/打雄 ta31ɕioŋ24
湘　湖	打栏 ta31lo35 ‖ 起排 tɕ'i31p'o35 ‖ 打雄 ta31ɕioŋ35
溪　头	丑牯 tu55ku42 ‖ 丑牯 tu55ku42 ‖ 打雄 ta42ʃəŋ51
沱　川	打花 tɒ35xo44 ‖ 起草 tɕ'i35ts'a2 ‖ 力雄 lo51ɕiəŋ211
紫　阳	相□ siã44xu35 ‖ 打子 ta35tsɿ2 ‖ 打雄 ta35ɕiɐm211
许　村	上 ʃɔ55 ‖ 窜 ts'ĩ24 ‖ 打屁 tɔ31p'i24
中　云	上 ʃɔ51 ‖ 窜 ts'ĩ35 ‖ 打屁 tɔ31p'i35
新　建	起□ tɕ'i31iɔ51 ‖ 起□ tɕ'i31iɔ51 ‖ 打雄 ta31ʃəŋ24
新　营	牵猪 tɕ'iɛ55tɕy55 ‖ □子 tɕia213tsɿ53 ‖ 打雄 ta53ɕiən31
黄　柏	打雄 ta453ʃəŋ41
暖　水	打子 ta24tsɿ214 ‖ 牵斤 tɕ'iẽ31tɕiẽ31 ‖ 打雄 ta24ʂoŋ23

	0369 阉割~公猪‖~母猪‖~鸡	0370 养猪~很赚钱
经公桥	擞 tən²² ‖ 擞 tən²² ‖ 结 tɕie⁴⁴	供猪 tɕioŋ²²tɕy²²
鹅 湖	擞 tən⁵⁵ ‖ 擞 tən⁵⁵ ‖ 结 tɕiɛʔ²⁴	供猪 tɕioŋ⁵⁵tɕy⁵⁵
旧 城	结 tɕie²¹³ ‖ 擞 ten⁵⁵ ‖ 骟 si²¹³	供猪 tɕioŋ⁵⁵tɕy⁵⁵
湘 湖	骟 ɕĩ²¹² ‖ 结 tɕiɛʔ²⁴ ‖ 骟 ɕĩ²¹²	供/宽猪 tɕioŋ²¹/ kʻuɛn²¹tɕy⁴⁴
溪 头	骟 sĩ²⁴ ‖ 结 tʃe⁵⁵ ‖ 骟 sĩ²⁴	供猪 tʃəŋ³³tɕy³³
沱 川	割卵 ko⁵¹nõ³¹ ‖ 结 tɕie⁵¹ ‖ 骟 sĩ³⁵	供猪 tɕiəŋ⁴⁴tɕy⁴⁴
紫 阳	割 kə⁵¹ ‖ 结 tɕie⁵¹ ‖ 骟 ɕĩ³⁵	供猪 tɕiɐm⁴⁴tɕy⁴⁴
许 村	骟 sĩ²⁴ ‖ 骟 sĩ²⁴ ‖ 骟 sĩ²⁴	供猪 tʃɐm³³tɕy³³
中 云	结 tɕie⁵¹ ‖ 骟 sĩ³⁵ ‖ 骟 sĩ³⁵	供猪 tɕiɐm⁴⁴tɕy⁴⁴
新 建	结 tɕie⁵¹ ‖ 骟 ɕiẽ⁵⁴ ‖ 骟 ɕiẽ⁵⁴	宽猪 kʻuɔ̃⁵⁴tɕy⁵⁴
新 营	结 tɕie²¹⁵ ‖ 骟 sĩ²¹³ ‖ 骟 sĩ²¹³	宽猪 kʻu⁵⁵tɕy⁵⁵
黄 柏	割卵子 ko²¹³lõ⁴⁵³tsŋ⁰ ‖ 结 tɕie²¹³ ‖ 骟 ɕiẽ²¹³	宽猪 kʻuən⁴⁴tɕy⁴⁴
暖 水	挑卵 tʻye³¹luõ²¹⁴ ‖ 结 tɕie⁵⁴ ‖ 骟 ɕiẽ³⁵	宽猪 kʻõ³¹tʂu³¹

	0371 喂猪吃了饭再去~	0372 村庄
经公桥	供猪 tɕioŋ²²tɕy²²	村呐 tsʻən²²nɛ⁰
鹅 湖	供猪 tɕioŋ⁵⁵tɕy⁵⁵	村 tsʻən⁴⁵
旧 城	供猪 tɕioŋ⁵⁵tɕy⁵⁵	村堂 tsʻɛn⁵⁵tʻaŋ²⁴
湘 湖	供猪 tɕioŋ²¹tɕy⁴⁴	村堂 tsʻɛn⁴⁴tʻaŋ³⁵
溪 头	分猪食 fəŋ³³tɕy³³sŋ⁵⁵	村 tsʻəŋ³³
沱 川	分猪食 fəŋ⁴⁴tɕy⁴⁴sŋ⁵¹	村 tsʻəŋ⁴⁴
紫 阳	分猪食 fæ⁴⁴tɕy⁴⁴sa⁵¹	村 tsʻæ⁴⁴
许 村	供猪 tʃɐm³³tɕy³³	村 tsʻɛn³³
中 云	分猪食 fen⁴⁴tɕy⁴⁴sa⁵¹	村 tsʻɛn⁴⁴
新 建	分猪食 fẽ⁵⁴tɕy⁵⁴ʃɛ³³	村 tsʻẽ⁵⁴
新 营	舀猪食 iɔ⁵³tɕy⁵⁵ɕiæ⁵⁵	人家 ȵiən³¹ko⁵⁵
黄 柏	供猪 tʃəŋ⁴⁴tɕy⁴⁴	村哩 tsʻən⁴⁴li⁰
暖 水	分猪食 fẽ³¹tʂu³¹ɕie³¹	村 tsʻẽ³¹

	0373 街道 三条~	0374 胡同 两条~	0375 房子 整栋的
经公桥	街 tɕia²²	弄 loŋ²¹⁴	屋 uo⁴⁴
鹅 湖	街 ka⁵⁵	弄儿 loŋ³⁵niº	屋 uʔ²¹³
旧 城	街 ka⁵⁵	弄仂 loŋ²¹³lɛº	屋 u²¹³
湘 湖	街 ka⁴⁴	弄仂 loŋ³⁵lɛº	屋 uʔ⁴
溪 头	街 ka³³	巷 xɔ̃⁵⁵	屋 u⁵⁵
沱 川	街 ko⁴⁴	巷 xã⁵¹	屋 vu⁵¹
紫 阳	街 ko⁴⁴	旺 vɔ̃⁵¹	屋 vu⁵¹
许 村	街 ko³³	旺 vɔ̃⁵⁵	屋 vɔ⁵⁵
中 云	街 ko⁴⁴	旺仂 vã⁵¹lɛº	屋 vɔ⁵¹
新 建	街 ko⁵⁴	弄 nəŋ⁵¹	屋 vo⁵¹
新 营	街道 ka⁵⁵tʻɔ⁵¹	弄 lən²¹³/巷 xɔ̃⁵⁵	屋 u²¹⁵
黄 柏	街 ka⁴⁴	弄哩 ləŋ²¹liº	屋 u²¹³
暖 水	街 ka³¹	弄 loŋ⁵¹	屋 vəu⁵⁴

	0376 盖房子	0377 打房基	0378 拆房子
经公桥	做屋 tsuʌ²¹uo⁴⁴	打墙脚 ta⁴²tsʻiaŋ³⁵tʃuvu⁴⁴	拆屋 tʂʻa⁴⁴uo⁴⁴
鹅 湖	做屋 tsuo²¹uʔ²¹³	打墙脚 ta⁵³tɕʻiõ³⁵tɕioʔ²¹³	拆屋 tʂʻaʔ²⁴uʔ²¹³
旧 城	做屋 tsuo²¹³u²¹³	打墙脚 ta³¹tsʻa²⁴tɕia²¹³	拆屋 tɕʻia²¹³u²¹³
湘 湖	做屋 tso²¹uʔ⁴	打墙脚 ta³¹tɕʻia³⁵tɕiaʔ⁴	拆屋 tɕʻiaʔ⁴uʔ⁴
溪 头	做屋 tso²⁴u⁵⁵	打屋脚 ta⁴²u⁵⁵tʃau⁵⁵	拆屋 tsʻa⁵⁵u⁵⁵
沱 川	做屋 tso³⁵vu⁵¹	打墙脚 tɒ³⁵tɕʻiã²¹tɕiau⁵¹	拆屋 tsʻɒ⁵¹vu⁵¹
紫 阳	做屋 tsu³⁵vu⁵¹	做地脚 tsu³⁵tʻi⁵¹tɕio⁵¹	拆屋 tsʻo⁵¹vu⁵¹
许 村	做屋 tsu²⁴vɔ⁵⁵	打墙脚 to³¹tsʻiɔ̃⁵¹tɕia⁵⁵	拆屋 tʃʻo⁵⁵vɔ⁵⁵
中 云	竖屋 ɕy⁵¹vɔ⁵¹	打墙脚 to²tsʻiã¹¹tɕia⁵¹	拆屋 tsʻo⁵¹vɔ⁵¹
新 建	竖屋 ɕy⁵¹vo⁵¹	打地基 ta³¹tʻi⁵¹tɕi⁵⁴	拆屋 tʃʻæ⁵¹vo⁵¹
新 营	做屋 tso²¹³u²¹⁵	打屋基 ta⁵³u²¹⁵tɕi⁵⁵	拆屋 tʻa²¹u²¹⁵
黄 柏	做屋 tso²¹u²¹³	打墙脚 tɑ⁴⁵³tɕʻiã⁴¹tʃə²¹³	拆屋 tʂʻua²¹u²¹³
暖 水	做屋 tso³⁵vəu⁵⁴	打屋基 ta²¹vəu⁵⁴tɕi³¹	拆屋 tɕʻiæ⁵⁴vəu⁵⁴

	0379 捡漏	0380 房间	0381 正房
经公桥	翻漏 fuʌ̃²²liəu²¹⁴	房间 faŋ³⁵kuʌ̃²²	正屋 tɕiāi²⁴uo⁴⁴
鹅 湖	翻漏 fõ⁵⁵liəu²¹¹	房 faŋ³⁵	正房 tʂãi²¹faŋ³⁵
旧 城	翻漏 fuo⁵⁵lau³³	房 faŋ²⁴	正房 tsai²¹³faŋ²⁴
湘 湖	翻漏 fo⁴⁴liau²¹¹	房间 faŋ³⁵ko⁴⁴	正间 tɕiai²¹ko⁴⁴
溪 头	盖漏 kuɐ²⁴læi⁵¹	房间 fɔ⁵¹kã³³	正房 tsæ̃i²⁴fɔ⁵¹
沱 川	翻漏 fõ⁴⁴lə⁵¹	房（间）fʌ̃²¹ (kõ⁴⁴)	正房 tsã³⁵fʌ̃²¹¹
紫 阳	修漏 sa⁴⁴la⁵¹	房 fã²¹¹	正房 tsɔ³⁵fã²¹¹
许 村	收漏 ɕia³³la⁵⁵	房 fɔ⁵¹	正房 tʃã²⁴fɔ⁵¹
中 云	修漏 sa⁴⁴la⁵¹	房间 fã¹¹kum⁴⁴	正房 tsã³⁵fã¹¹
新 建	修漏 sɯ⁵⁴lɯ⁵¹	房 fɔ²⁴	正屋 tʃã²¹³vo⁵¹
新 营	翻漏 fã⁵⁵liɔ⁵¹	房 fɔ³¹	正房 tæ²¹³fɔ³¹
黄 柏	翻漏 fã⁴⁴lə²¹³	间 kã⁴⁴	正间 tʃən²¹kã⁴⁴
暖 水	翻漏 fã³¹ly⁵⁵	房 fʌŋ²³	正房 tɕiæ̃³⁵fʌŋ²³

	0382 厢房	0383 堂屋	0384 卧室
经公桥	厢房 siaŋ²²faŋ⁵⁵	堂前 tʻaŋ³⁵tsʻiɛ̃⁵⁵	—
鹅 湖	厢房 siõ⁵⁵faŋ³⁵	堂前 tʻaŋ³⁵tsʻĩ⁰	—
旧 城	厢房 sa⁵⁵faŋ²⁴	堂前 tʻaŋ²⁴tsʻi²⁴	房里 faŋ²⁴lei³¹
湘 湖	厢间 sa⁴⁴ko⁴⁴	堂前 tʻoŋ³⁵tsʻĩ³⁵	睏间 kʻuɛn²¹ko⁴⁴
溪 头	厢房 siɔ³³fɔ⁵¹	堂前 tʻɔ⁵¹tsʻi⁵¹	房里 fɔ⁵¹li⁰
沱 川	厢房 siʌ̃⁴⁴fʌ̃²¹¹	堂前 tʻʌ̃²¹tsʻĩ²¹¹	—
紫 阳	厢房 siã⁴⁴fã²¹¹	堂前 tʻã²¹tsʻĩ²¹¹	寝室 tsʻæ²saʔ⁵¹
许 村	厢房 siɔ³³fɔ⁵¹	堂前 tʻɔ⁵¹tsʻĩ⁵¹	房里 fɔ⁵¹li⁰
中 云	厢房 siã³³fã¹¹	堂前 tʻã¹¹tsʻĩ¹¹	—
新 建	厢房 ɕiɔ̃⁵⁴fɔ²⁴	堂前 tʻɔ²⁴tsʻã²⁴	—
新 营	厢间房 siã⁵⁵kã⁵⁵fɔ³¹	堂前 tʻɔ³¹tsʻĩ³¹	—
黄 柏	厢间 ɕiã⁴⁴kã⁴⁴	正堂 tʃən²¹tʻã⁴¹	房间 fən⁴¹kã⁴⁴
暖 水	厢房 ɕiʌŋ³¹fʌŋ²³	堂前 tʻʌŋ²³tɕʻiɛ̃²³	睏房 kʻuẽ³⁵fʌŋ²³

	0385 茅屋	0386 凉亭
经公桥	茅棚 mau³⁵p'oŋ⁵⁵	亭子 t'ãi³⁵tsʅ⁰
鹅　湖	茅棚 mau³⁵p'oŋ³⁵	凉亭 niõ³⁵t'ãi³⁵
旧　城	茅屋 mau²⁴u²¹³	亭□儿 t'ai²⁴loŋ⁵⁵ni⁰
湘　湖	茅棚 mau³⁵p'oŋ⁴⁴	亭儿 t'ai³⁵ni⁰
溪　头	茅棚 mau⁵¹p'əŋ⁵¹	茶亭 tso⁵¹tæ̃i⁵¹
沱　川	茅棚 bau²¹p'əŋ²¹¹	亭 t'ã²¹¹
紫　阳	茅棚屋 bɒ²¹p'ɐm²¹vu²¹¹	坐亭 tsʻə³¹t'ɔ̃²¹¹
许　村	茅棚 mɔ⁵¹p'ɐm⁵¹	凉亭 niɔ̃⁵¹t'ã⁵¹
中　云	茅棚 bɔ¹¹p'ɐm¹¹	亭 t'ã¹¹
新　建	茅棚 mɯ²⁴p'əŋ²⁴	亭 t'ã²⁴
新　营	茅屋 mɔ³¹u²¹⁵	亭 t'æ̃³¹
黄　柏	茅屋 mə⁴¹u²¹³	亭子 t'in⁴¹tsʅ⁰
暖　水	茅棚 mo²³p'oŋ²³	凉亭 liʌŋ²³t'æ̃²³

	0387 厕所 统称，旧称	0388 粪坑
经公桥	茅司 mau³⁵sʅ²²	茅司缸 mau³⁵sʅ²²kaŋ²²
鹅　湖	茅司 mau³⁵sʅ⁰	茅司缸 mau³⁵sʅ⁰kaŋ⁵⁵
旧　城	茅司 mau²⁴sʅ⁰	粪窖 fɛn²¹³kau²¹³
湘　湖	茅司 mau³⁵sʅ⁴⁴	粪窖 fɛn³⁵kau²¹²
溪　头	屎缸 sʅ²⁴kɔ̃³³	屎缸 sʅ²⁴kɔ̃³³
沱　川	屎缸 sʅ³⁵kã̄⁴⁴	粪坑 fɛn³⁵k'ã⁴⁴
紫　阳	东司 tɐm⁴⁴sʅ⁴⁴	茅司缸 mɒ²¹ɕi⁴⁴kã⁴⁴
许　村	东司 tɐm³³sʅ³³	粪窖 fɛn²⁴kɔ²⁴
中　云	东司 tɐm⁴⁴sʅ⁴⁴	粪窖 fɛn³⁵kɔ³⁵
新　建	东司 təŋ⁵⁴sɤ⁵⁴	粪坑 fẽ²¹k'ã⁵⁴
新　营	东司 tən⁵⁵sʅ⁵⁵	茅司缸 mɔ³¹sʅ⁵⁵kɔ̃⁵⁵
黄　柏	东司 təŋ⁴⁴sʅ⁴⁴	粪缸 fən²¹kã⁴⁴
暖　水	东司 toŋ³¹sʅ³¹	粪坑 fẽ³⁵k'æ̃³¹/地东司 t'i⁵¹toŋ³¹sʅ³¹

		0389 厨房	0390 烟囱	0391 灶
经公桥		厨下 tɕʻy³⁵xʌ²¹⁴	烟囱 iẽ²²tsʻoŋ²²	灶 tsau²¹⁴
鹅 湖		厨下 tɕʻy³⁵xuo²¹¹	烟囱 ĩ⁵⁵tsʻoŋ⁵⁵	镬头 ŋuoʔ⁴tʻiəu³⁵
旧 城		厨下 tɕʻy²⁴xuo⁰	烟囱 n̩i⁵⁵tsʻoŋ⁵⁵	镬头 uo³³tʻau⁰
湘 湖		厨下 tɕʻy³⁵xo²¹¹	烟囱 ĩ⁴⁴tsʻoŋ⁴⁴	镬灶 uoʔ⁴tsau²¹²
溪 头		厨下 tɕʻy⁵¹xo²³¹	烟囱 ĩ³³tsʻəŋ³³	风炉 fəŋ³³lu⁵¹
沱 川		厨下 tɕʻy²¹xo⁵¹	烟囱 ĩ⁴⁴tsʻəŋ⁴⁴	锅舷 ko⁴⁴ɕĩ²¹¹
紫 阳		家背 kə⁴⁴pe³⁵	烟囱 ĩ⁴⁴tsʻɐm⁴⁴	锅舷 kə⁴⁴ɕĩ²¹¹
许 村		家背 ko³³pɤ²⁴	烟囱 ĩ³³tsʻɐm³³	灶窠 tsɔ²⁴kʻuɤ³³
中 云		家背 ko⁴⁴pɤ³⁵	烟囱 ĩ⁴⁴sʻɐm⁴⁴	锅 kuɤ⁴⁴
新 建		厨下 tɕʻy²⁴xuɤ⁵¹	烟囱 iẽ⁵⁴tsʻəŋ⁵⁴	锅灶 ku⁵⁴tsə²¹³
新 营		厨下 tɕʻy³¹xo⁵¹	烟囱 iẽ⁵⁵tsʻən⁵⁵	锅 ku⁵⁵
黄 柏		烧锅 ʃə⁴⁴ko⁴⁴	烟囱 iẽ⁴⁴tsʻəŋ⁴⁴	灶 tsə²¹³
暖 水		厨下 tʂʻu²³xuɐ⁵¹	烟囱 iẽ³¹tsʻoŋ³¹	锅顿 ko³¹tẽ³⁵

		0392 柱子	0393 柱下石
经公桥		屋柱 uo⁴⁴tɕʻy²¹⁴	磉墩 saŋ⁴²tən²²
鹅 湖		柱儿 tɕʻyʳ²¹¹	磉墩 saŋ⁵³tən⁰
旧 城		屋柱儿 u²¹³tɕʻyəʳ³³	磉墩儿 saŋ³¹tɛn⁵⁵ni⁰
湘 湖		柱头 tɕʻy²¹tʻiau³⁵	磉墩 saŋ³⁵tɛn²¹²
溪 头		柱 tɕʻy²³¹	柱磉 tɕʻy²³¹sɔ̃⁴²
沱 川		柱□ tɕʻy⁵¹tɕʻia²	石磉 sɒ⁵¹sã²
紫 阳		柱□ tɕʻy³¹tɕʻia²	石磉 so⁵¹sã²
许 村		屋柱 vɔ⁵⁵tɕʻy⁵⁵	磉墩 sɔ̃³¹tɛn³³
中 云		柱 tɕʻy⁵¹	石磉 so⁵¹sã²
新 建		屋柱 vo⁵¹tɕʻy⁵¹	石墩 ʃæ³³tẽ⁵⁴
新 营		屋柱 u²¹⁵tɕʻy⁵¹	屋柱磉 u²¹⁵tɕʻy⁵¹sɔ⁵³
黄 柏		柱头 tɕʻy²¹tʻiə⁴¹	磉 sã⁴⁵³
暖 水		屋柱 vəu⁵⁴tʂʻu⁵¹	屋柱磉 vəu⁵⁴tʂʻu⁵¹sʌŋ²¹⁴

第五章 赣东北徽语代表方言点词语对照

		0394 檩子	0395 椽子	0396 大门
经公桥		横□ uaŋ³⁵tʂʻaŋ⁴²	桷子 kau⁴⁴tsʅ⁰	大门 tʻa²¹mən⁵⁵
鹅 湖		桁条 xã³⁵tʻia³⁵	桷儿 koʔʳ⁴	大门 tʻa³¹mən³⁵
旧 城		桁条 xa²⁴tʻiau⁰	屋桷儿 uʔ²¹³kaʳ²¹³	大门 tʻa³³mɛn²⁴
湘 湖		桁条 xa³⁵tʻio³⁵	屋桷仂 uʔ²⁴kauʔ⁴lɛ⁰	大门 tʻa²¹mɛn³⁵
溪 头		桁条 xã⁵¹tʻia⁵¹	椽 kʻuĩ⁵¹	大门 tʻo⁵⁵mən⁵¹
沱 川		桁条 xã²¹tʻia²¹¹	椽 kʻuĩ²¹¹	大门 tʻu⁵¹mən²¹¹
紫 阳		横条 vã²¹tʻio²¹¹	椽 tɕʻỹ²¹¹	大门 tʻu⁵¹mæ²¹¹
许 村		桁条 xã⁵¹tʻio⁵¹	屋椽 vɔ⁵⁵tɕʻĩ⁵¹	大门 tʻɤ⁵⁵mɛn⁵¹
中 云		桁条 xã¹¹tʻiɔ¹¹	椽皮 tɕʻĩ¹¹pʻi¹¹	大门 tʻo⁵¹mɛn¹¹
新 建		桁条 xã²⁴tʻiɛ²⁴	椽皮 tɕʻiɛ²⁴pʻĩ²⁴	大门 tʻa⁵¹mẽ²⁴
新 营		桁条 xæ³¹tʻio³¹	椽皮 tɕʻyɛ³¹pʻi³¹	大门 tʻa⁵¹mən³¹
黄 柏		桁条 xã⁴¹tʻiə⁴¹	椽哩 tʃʻuã⁴¹li⁰	大门 tʻɑ²¹mən⁴¹
暖 水		桁条 xæ²³tʻyɛ²³	椽 tɕʻiɛ²³	大门 tʻa⁵¹mẽ²³

		0397 门楼 大门上方的建筑	0398 马头 旧式砖房防火墙的头
经公桥		门楼 mən³⁵liəu⁵⁵	墙垛子 tsʻiaŋ³⁵tuʌ⁴²tsʅ⁰
鹅 湖		屋檐 uʔ²¹ĩ³⁵	隔墙儿 kaʔ⁵tsʻiõ³⁵ni⁰
旧 城		门楼儿 mɛn²⁴laʳ⁵⁵	马头墙 muo³¹tʻau²⁴tsʻa²⁴
湘 湖		屋檐 uʔ²⁴ĩ³⁵	屋倍头 uʔ²⁴pʻei²¹tʻiau³⁵
溪 头		门楼 mən⁵¹læi⁵¹	马头 ma²³¹tʻæi⁵¹
沱 川		门檐 mən²¹ĩ²¹¹	屋信头 vu⁵¹sĩ³⁵tʻɔ²¹¹
紫 阳		门老 mæ²¹lo³¹	屋角 vu⁵¹kɒ⁵¹
许 村		门楼 mɛn⁵¹la⁵¹	戏头 ɕi²⁴tʻa⁵¹
中 云		门楼 mɛn¹¹la¹¹	□角 tɕʻiɛn³⁵kɔ⁵¹
新 建		门楼 mẽ²⁴lɯ²⁴	戏头 ɕi³¹tʻɯ²⁴
新 营		门楼 mən³¹liɔ³¹	扳角 pã⁵⁵kɔ²¹⁵
黄 柏		门楼 mən⁴¹lə⁴¹	山子头 ʂuã⁴⁴tsʅ⁰tʻiə⁴¹
暖 水		门楼 mẽ²¹ly²³	挡火墙 tʌŋ²⁴xo²⁴tɕʻiʌŋ²¹

	0399 台阶		0400 门槛
经公桥	半 puɑ̃²¹⁴		屋隊 uo⁴⁴tɕ'yẽ²¹⁴
鹅 湖	步岭儿 p'u²¹nãi⁵³ni⁰		屋槛 uʔ⁴k'ã⁵³
旧 城	□□儿 pau²¹³ŋuo⁵⁵ni⁰		屋槛儿 u²¹³k'a³¹ni⁰
湘 湖	踏步仂 t'oʔ⁴p'u²¹lɛ⁰		门□儿 mɛn³⁵ŋo³⁵ni⁰
溪 头	阃 k'əŋ²⁴		门隊 məŋ⁵¹tsɛn²³¹
沱 川	阃 k'əŋ³⁵		门隊 məŋ²¹ts'ɛn³¹
紫 阳	阃 k'uæ³⁵		门隊 mæ²¹ts'æ³¹
许 村	阃 k'ɛn²⁴		门隊 mɛn⁵¹tʃ'ɛn⁵¹
中 云	阃 k'ɛn³⁵		门隊 mɛn¹¹ts'ɛn⁵¹
新 建	阃 k'ẽ³¹		屋隊 vo⁵¹ts'ẽ⁵¹
新 营	阃 k'ɔ²¹³		落□ lɔ⁵⁵t'o³¹
黄 柏	踏步哩 t'ɑ⁴⁴p'u²¹li⁰		门槛 mən⁴¹k'ã⁴⁵³
暖 水	阃 k'ẽ³⁵		屋槛 vəu⁵⁴k'ã²¹⁴

	0401 窗子		0402 梯子可移动的
经公桥	牕仂 k'uɑ̃⁴²lɛ⁰		屋梯 uo⁴⁴t'i²²
鹅 湖	牕儿 k'õ⁵³ni⁰		楼梯 liəu³⁵t'ei⁵⁵
旧 城	牕儿 k'o³¹ni⁰		楼梯 lau²⁴t'ei⁵⁵
湘 湖	牕窗 k'ɛn³⁵ts'aŋ⁴⁴		楼梯 lau³⁵t'ei⁴⁴
溪 头	牕窗 k'ã²⁴ts'ɔ̃³³		手梯 sæi²⁴t'ie³³
沱 川	牕 k'õ²		手梯 sə³⁵t'e⁴⁴
紫 阳	牕 k'ẽ²		手梯 sa³⁵t'i⁴⁴
许 村	牕 k'ũ³¹		楼梯 la⁵¹t'e³³
中 云	牕 k'um⁴⁴		楼梯 la¹¹t'i⁴⁴
新 建	牕 k'ɑ̃³¹		楼梯 lɯ²⁴t'æ⁵⁴
新 营	牕子 k'ã⁵³tsɿ⁰		楼梯 liɔ³¹t'ɛ⁵⁵
黄 柏	牕子 k'ã⁴⁵³tsɿ⁰		楼梯 lə⁴¹t'i⁴⁴
暖 水	牕 k'ã²¹⁴		扶梯 vu²³t'i³¹

	0403 猪圈	0404 东西	0405 家具
经公桥	猪栏 tɕy²²nuʌ̃⁵⁵	东西 toŋ²²sei²²	家具 kʌ²²tɕ'y²¹⁴
鹅湖	猪栏 tɕy⁵⁵nõ³⁵	东西儿 toŋ⁵⁵sen⁵⁵	家具 ko⁵⁵tɕ'y²¹¹
旧城	猪栏 tɕy⁵⁵nuo²⁴	东西 toŋ⁵⁵sei⁵⁵	家伙 kuo⁵⁵xuo³¹
湘湖	猪栏 tɕy⁴⁴lo³⁵	东西 toŋ⁴⁴sei⁴⁴	家具 ko⁴⁴tɕ'y²¹¹
溪头	猪栏 tɕy³³nã⁵¹	东西 təŋ³³se³³	家具 ko³³tɕ'y⁵⁵
沱川	猪栏 tɕy⁴⁴nõ²¹¹	物 bə⁵¹	家具 ko⁴⁴tɕ'y⁵¹
紫阳	猪栏 tɕy⁴⁴num²¹¹	东西 tɐm⁴⁴ɕi⁴⁴	家具 kə⁴⁴tɕ'y⁵¹
许村	猪栏 tɕy³³nũ⁵¹	东西 tɐm³³se³³	家伙 ko³³xuɣ³¹
中云	猪栏 tɕy⁴⁴num	东西 tɐm⁴⁴se⁴⁴	家伙 ko⁴⁴xuɣ²
新建	猪栏 tɕy⁵⁴nʌ̃²⁴	东西 təŋ⁵⁴sæ⁵⁴	物事 mɣ⁵¹sɣ⁵¹
新营	猪栏 tɕy⁴⁴la³¹	东西 təŋ⁵⁵sɛ⁵⁵	家具 ko⁵⁵tɕ'y⁵¹
黄柏	猪栏 tɕy⁴⁴lã⁴¹	东西 təŋ⁴⁴ɕi⁴⁴	家具 ko⁴⁴tɕ'y²¹³
暖水	猪栏屋 tʂu³¹lã²¹vəu⁵⁴	东西 toŋ³¹ɕi³¹	零什 læ²¹sɣ⁵⁴

	0406 床	0407 床前供登踏的矮凳	0408 枕头
经公桥	床 ʂaŋ³⁵⁵	—	枕头 tɕin⁴²t'iəu⁵⁵
鹅湖	床 ʂaŋ³⁵	—	枕头 tɕien⁵³t'iəu³⁵
旧城	床 ʂaŋ²⁴	接脚凳 tsie²¹³tɕia²¹³tai²¹³	枕头 tsen³¹t'au²⁴
湘湖	床 saŋ³⁵	脚凳 tɕiaʔ⁴tai²¹²	枕头 tien³¹t'iau³⁵
溪头	床 sɔ̃⁵¹	—	枕头 tsen⁴²t'æi⁵¹
沱川	床 sʌ̃²¹¹	踏（脚）凳 t'o⁵¹(tɕiau⁵¹)tã³⁵	枕头 tsen³⁵t'ə²¹¹
紫阳	床 ɕiã²¹¹	踏脚凳 t'ə⁵¹tɕiɳ⁵¹tɔ̃³⁵	枕头 tsæ³⁵t'a²¹¹
许村	床 ʃɔ̃⁵¹	床踏 ʃɔ̃⁵¹t'o⁵⁴	枕头 tʃen³¹t'a⁵¹
中云	床 sã¹¹	踏□ t'o⁵¹p'o⁵¹	枕头 ts'en³⁵t'a¹¹
新建	床 ʃɔ̃²⁴	床踏 ʃɔ̃⁵¹t'a⁵⁴	枕头 tʃẽ³¹t'ɯ²⁴
新营	床 ɕiɔ³¹	—	枕头 tɕiən⁵³t'iɔ³¹
黄柏	床 tʂ'uəŋ⁴¹	踏（脚）凳 t'a⁴⁴(tʃə²¹³)təŋ²¹³	枕头 tʃən⁴⁵³t'iə⁴¹
暖水	床 ʂʌŋ²³	□□ ts'ʌŋ²¹p'o⁵⁴	枕头 tɕiẽ²⁴t'y²³

		0409 被子		0410 棉絮
经公桥	被窝	pʻi²⁴uʌ²²	棉花絮	miɛ̃³⁵xuʌ²²sei²¹⁴
鹅 湖	被	pʻei²¹¹	棉花絮	mĩ³⁵xuo⁵⁵sei²¹³
旧 城	被窝	pʻei³³uo⁵⁵	棉花絮	mi²⁴xuo⁵⁵sei²¹³
湘 湖	被窝	pʻei²¹uo⁴⁴	棉花絮	mĩ³⁵xo⁴⁴sei²¹²
溪 头	被	pʻi²³¹	棉絮	mĩ⁵¹si²⁴
沱 川	被	pʻi³¹	棉絮	mĩ²¹si³⁵
紫 阳	被	pʻi³¹	棉花絮	mĩ²¹xə⁴⁴si³⁵
许 村	被窝	pʻi⁵¹vɔ³³	棉花絮	mĩ⁵¹xo³³si²⁴
中 云	被条	pʻi⁵¹tʻiɔ¹¹	棉花絮	bi¹¹xo⁴⁴si³⁵
新 建	被	pʻi⁵¹	棉花絮	mã²⁴xua⁵⁴si²¹³
新 营	被窝	pʻɛ⁵¹u⁵⁵	棉花絮	mĩ³¹xo⁵⁵sɛ²¹³
黄 柏	被窝	pʻi²¹uo⁴⁴	棉花絮	miɛ̃⁴¹xuɑ⁴⁴ɕi²¹³
暖 水	被□	pʻi⁵⁵fu⁰	棉花絮	miɛ̃²¹xuɐ³¹ɕi³⁵

		0411 床单		0412 褥子
经公桥	床单	ʂaŋ³⁵tuã²²	棉花絮	miɛ̃³⁵xuʌ²²si²¹⁴/垫被 tʻiɛ̃²⁴pʻi²¹⁴
鹅 湖	床单	ʂaŋ³⁵tõ⁰	床垫	ʂaŋ³⁵tʻĩ²¹¹
旧 城	床单	ʂaŋ²⁴to⁵⁵	□被	tʻo³³pʻei³³
湘 湖	床单	saŋ³⁵to⁴⁴	垫被	tʻĩ²¹pʻei²¹¹
溪 头	床单	sɔ̃⁵¹tã³³	垫被	tʻĩ⁵⁵pʻi²³¹
沱 川	床单	sã²¹tõ⁴⁴	垫被	tʻõ⁵¹pʻi³¹
紫 阳	床单	ɕiã²¹tum⁴⁴	垫被	tʻĩ⁵¹pʻi³¹
许 村	床单	ʃɔ̃⁵¹tũ³³	包袱被	pɔ³³fu⁵⁵pʻi⁵¹
中 云	床单	sã¹¹tum⁴⁴	□絮	tʻɐm⁵¹si³⁵
新 建	床单	ʃã²⁴tã⁵⁴	垫被	tʻã⁵¹pʻi⁵¹
新 营	床单	ɕiɔ³¹tã⁵⁵	垫被	tʻi⁵¹pʻɛ⁵¹
黄 柏	床单	tʂʻuəŋ⁴¹tã⁴⁴	垫被	tʻiɛ̃²¹pʻi²¹
暖 水	床单	ʂʌŋ²³tã³¹	棉花絮	miɛ̃²¹xuɐ³¹si³⁵

	0413 席子	0414 蚊帐
经公桥	席唧 sai²²tɛ⁰	蚊虫帐 mən³⁵tʂ'oŋ³⁵tʂaŋ²¹⁴
鹅 湖	席儿 saiʔr⁴	蚊虫帐 mən³⁵tʂ'oŋ³⁵tɕiõ²¹³
旧 城	席儿 saʳ³³	帐儿 tɕia²¹³ni⁰
湘 湖	席 saiʔ²	帐儿 tɕia²¹ni⁰
溪 头	席 tsʻa⁵⁵	蚊虫帐 mən⁵¹tsʻəŋ⁵¹tsɔ̃²⁴
沱 川	席 tsʻɒ⁵¹	蚊帐 məŋ²¹tsã̄³⁵
紫 阳	布□ pu³⁵iɐm²¹¹	蚊帐 mæ²¹tɕiã³⁵
许 村	席 tsʻo⁵⁵	蚊帐 mɛn⁵¹tʃã²⁴
中 云	草席 tsʻa²tsʻo⁵¹＋睏簟 kʻuɛn³⁵tʻĩ⁵¹	蚊帐 vɛn¹¹tsã³⁵
新 建	席 tsʻæ³³	蚊虫帐 mẽ²⁴tʂ'əŋ³⁵tʂɔ̃²¹³
新 营	草席 tsʻɔ⁵³tsʻæ⁵⁵	蚊帐 mən³¹tɕiã²¹³
黄 柏	茅席 mə⁴¹tsʻɛ⁴⁴＋草席 tsʻə⁴⁵³tsʻɛ⁴⁴	蚊帐 mən⁴¹tʃã²¹³
暖 水	席 tsʻæ³¹	蚊帐 mẽ²³tʂʌŋ³⁵

	0415 桌子	0416 抽屉	0417 柜子
经公桥	台唧 tʻɤ³⁵tɛ⁰	抽屉 tɕʻiəu²²tʻi²¹⁴	柜 tɕʻy²¹⁴
鹅 湖	桌儿 tʂoʔr²¹³	抽□儿 tɕʻiəu⁵⁵tɕʻy⁵⁵ni⁰	柜 tɕʻy²¹¹
旧 城	台儿 tʻaʳ²⁴	抽筒儿 tsʻəu⁵⁵sei⁵⁵ni⁰	柜 tɕʻy³³
湘 湖	桌 tsauʔ⁴	抽斗 tɕiəu⁴⁴tiau³¹⁴	柜 kʻuei²¹¹
溪 头	桌 tsau⁵⁵	抽屉 tsʻæi³³tʻi²⁴	柜 tɕʻy⁵⁵
沱 川	桌 tsau⁵¹	抽屉 tsʻə⁴⁴tʻe³⁵	柜 tɕʻy⁵¹
紫 阳	桌 tsɒ⁵¹	抽屉 tsʻa⁴⁴tʻi³⁵	柜 tɕʻy⁵¹
许 村	桌 tʃɔ⁵⁵	抽屉 tɕia³³tʻi²⁴	柜 tɕʻy⁵⁵
中 云	桌 tsɔ⁵¹	抽屉 tsʻa⁴⁴tʻe³⁵	柜 tɕʻy⁵⁵
新 建	桌 tʃo⁵¹	抽屉 tɕiɯ⁵⁴tʻi²¹³	柜 kʻi⁵¹
新 营	桌 tɔ²¹⁵	抽屉 tɕio⁵⁵tʻɛ²¹³	柜 kʻuɛ⁵¹
黄 柏	桌仂 tʂə²¹³la⁰	抽屉 tsʻu⁴⁴tʻi²¹³	柜子 kʻui²¹tsʅ⁰
暖 水	桌 tʂɔ⁵⁴	抽屉 tɕʻy³¹tʻi³⁵	柜 kʻui⁵⁵

	0418 粮柜	0419 案子 揉面粉的长条形木板	0420 凳子
经公桥	柜 tɕʻy²¹⁴	切菜板 tsʻiɛ⁴⁴tsʻa²⁴puʎ̃⁴²	凳仂 tai̯²⁴lɛ⁰
鹅 湖	谷仓 ku²¹³tsʻaŋ⁵⁵	大刀砧板 tʻa²¹tau⁵⁵tɕiɛn⁵⁵põ⁵³	凳儿 tãi²¹ni⁰
旧 城	粮柜 na²⁴tɕʻy³³	面板儿 mi³³puo³¹ni⁰	凳儿 tai²¹³ni⁰
湘 湖	谷仓 kuʔ²⁴kʻuei²¹¹	案板 ŋɛn³⁵po³¹⁴	凳儿 tai³⁵ni⁰
溪 头	仓 tsʻɔ̃³³	案板 m̩²⁴pã⁴²	凳 tæi²⁴
沱 川	谷柜 ku⁵¹tɕʻy⁵¹	面汤板 mĩ⁵¹tʻʎ̃⁴⁴pũ²	凳 tã³⁵
紫 阳	谷仓 ku⁵¹tsʻã⁴⁴	面板 mĩ⁵¹pum²	凳 tɔ̃³⁵
许 村	谷柜 kɔ⁵⁵tɕʻy⁵⁵	长条桌 tʃʻɔ̃⁵¹tʻiɔ⁵¹tʃɔ⁵⁵	凳 tã²⁴
中 云	谷柜 kɔ⁵¹tɕʻy⁵¹	□板 tsʻɛn⁴⁴pum²	凳 tã³⁵
新 建	谷柜 ko⁵¹kʻi⁵¹	长条桌 tʃʻɔ̃⁵¹tʻiɛ⁵¹tʃɔ⁵⁴	凳 tẽ²¹³
新 营	谷柜 ko²¹⁵kʻuɛ⁵¹	案板 u²¹pã⁵³	凳 tæ²¹³
黄 柏	谷仓 ku²¹tsʻã⁴⁴	切菜板 tɕʻiɛ²¹tsʻa²¹pã⁴⁵³	凳儿 tin²¹n̩i⁰
暖 水	柜 kʻui⁵⁵	案板 ŋuõ³⁵pã³¹	凳 tæ̃³⁵

	0421 椅子	0422 马桶 有盖的	0423 烘篮
经公桥	椅仂 i⁴²lɛ⁰	茅司桶 mau³⁵sŋ²²tʻoŋ⁴²	—
鹅 湖	椅儿 iə^r⁵³	□桶 y³⁵tʻoŋ⁵³	手炉儿 ɕiəu⁵³lə^r³⁵
旧 城	椅儿 iə^r³¹	马司桶 muo³¹sŋ⁵⁵tʻoŋ³¹	烘□儿 xoŋ⁵⁵tʂo³¹
湘 湖	椅仂 i³⁵lɛ⁰	坐桶 tsʻo²¹tʻoŋ³¹⁴	手炉儿 ɕiəu³¹ləu³⁵ni⁰
溪 头	椅 i⁴²	尿桶 si³³tʻəŋ⁴²	火充/篮 xo⁴²tsʻəŋ³³/ lã⁵¹
沱 川	椅 i²	坐桶 tsʻo³¹tʻəŋ²	火熏 xo³⁵səŋ⁴⁴
紫 阳	椅 i²	尿桶 si⁴⁴tɐm²	火熏 xə³⁵sɐm⁴⁴
许 村	椅 i³¹	尿桶 si³³tʻɐm³¹	手炉 ɕia³¹lu⁵¹
中 云	椅 i²	尿桶 si⁴⁴tʻɐm²	火篮 xuɣ³⁵num¹¹
新 建	椅 i³¹	尿桶 si⁵⁴tʻəŋ³¹	火炉 xu³¹lu²⁴
新 营	椅□ i⁵³uɛ⁵⁵	茅司桶 mo⁵³sŋ⁵⁵tʻən⁵³	火篮 xu⁵³la³¹
黄 柏	椅子 i⁴⁵³tsŋ⁰	尿桶 n̩iə²¹tʻəŋ⁴⁵³	火焙 xo⁴⁵³pʻɛ²¹³
暖 水	椅 i²¹⁴	茅司桶 muɐ²³ɕi²¹tʻoŋ²¹⁴	篾手炉 miɛ³¹ɕy²⁴lu²³

第五章 赣东北徽语代表方言点词语对照

		0424 火盆	0425 锅	0426 饭锅
经公桥		火盆 xuʌ⁴²pʻən⁵⁵	镬 uʌ²²	饭镬 fuʌ̃²⁴uʌ²²
鹅 湖		火盆 xuo⁵³pʻən³⁵	镬儿 ŋuoʔʳ⁴	镬儿 ŋuoʔʳ⁴
旧 城		火盆 xuo³¹pʻɛn²⁴	镬 uo³³	□饭镬 ləu²⁴fuo³³uo³³
湘 湖		火盆 xo³¹pʻɛn³⁵	镬 uoʔ⁴	饭镬 fo²¹uoʔ⁴
溪 头		火盆 xo⁴²pʻəŋ⁵¹	锅 ko³³	锅 ko³³
沱 川		火炉 xo³⁵lu²¹¹	锅 ko⁴⁴	锅 ko⁴⁴
紫 阳		火盆 xə³⁵pʻæ²¹¹	锅 kə⁴⁴	锅 kə⁴⁴
许 村		火炉盆 xo³¹lu⁵¹pʻɛn⁵¹	锅 kuɣ³³	锅 kuɣ³³
中 云		火盆 xuɣ³⁵pʻɛn¹¹	锅 kuɣ⁴⁴	锅 kuɣ⁴⁴
新 建		火盆 xu²⁴pʻẽ²⁴	锅 ku⁵⁴	锅 ku⁵⁴
新 营		火盆 xu⁵³pʻən³¹	锅 ku⁵⁵	锅 ku⁵⁵
黄 柏		火盆 xo⁴⁵³pʻən⁴¹	锅 ko⁴⁴	锅 ko⁴⁴
暖 水		火炉盆 xo²⁴lu²³pʻẽ³¹	锅 ko³¹	锅 ko³¹

		0427 菜锅	0428 锅盖	0429 洗锅帚
经公桥		菜镬 tsʻa²⁴uʌ²²	镬盖 uʌ²²kɣ²¹⁴	筅帚 siẽ⁴²tɕiəu⁴²
鹅 湖		镬儿 ŋuoʔʳ⁴	镬盖儿 oʔʳ⁴kiɛʳ²¹³	筅帚 sĩ⁵³tɕiəu⁵³
旧 城		菜镬 tsʻɛ²¹³uo³³	镬盖儿 uo³³kəʳ²¹³	筅帚 si³¹tɕiəu³¹
湘 湖		菜镬 tsʻɛ²¹uoʔ⁴	圆盖仂 yĩ³⁵kɛ²¹²lɛ⁰	筅帚 sĩ³⁵tɕiəu³¹⁴
溪 头		锅 ko³³	锅盖 ko³³kuɐ²⁴	刷帚 so⁵⁵tsæi⁴²
沱 川		锅 ko⁴⁴	锅顿 ko⁴⁴təŋ³⁵	刷帚 sɒ⁵¹tsɒ²
紫 阳		锅 kə⁴⁴	锅顿 kə⁴⁴tæ³⁵	刷帚 sə⁵¹tsa²
许 村		锅 kuɣ³³	锅顿 kuɣ³³tɛn²⁴	筅帚 sĩ²⁴tɕia³¹
中 云		锅 kuɣ⁴⁴	锅顿 kuɣ⁴⁴tɛn³⁵	筅帚 sĩ³⁵tsa⁴
新 建		锅 ku⁵⁴	锅顿 ku⁵⁴tẽ²¹³	洗锅帚 sæ³¹ku⁵⁴tɕiu³¹
新 营		锅 ku⁵⁵	锅盖 ku⁵⁵kua²¹³	洗锅筅帚 sɛ⁵³ku⁵⁵si⁵³tɕio⁵³
黄 柏		锅 ko⁴⁴	锅盖 ko⁴⁴kɛ²¹³	筅帚 ɕiẽ⁴⁵³tʂu⁴⁵³
暖 水		锅 ko³¹	团掩 tʻõ²³iẽ²¹⁴	筅帚 ɕiẽ²⁴tɕy²¹⁴

	0430 菜刀	0431 瓢舀水的	0432 缸
经公桥	菜刀 tsʻa²⁴tau²²	瓢 pʻia³⁵⁵	缸 kaŋ²²
鹅 湖	菜刀 tsʻɛ²¹tau⁵⁵	瓢儿 pʻiaʳ³⁵	缸 kaŋ⁵⁵
旧 城	菜刀 tsʻɛ²¹³tau⁵⁵	舀水瓢 iau³¹ɕy³¹pʻiau²⁴	缸 kaŋ⁵⁵
湘 湖	菜刀 tsʻɛ²¹tau⁴⁴	水瓢 ɕy³¹pʻio³⁵	缸 kaŋ⁴⁴
溪 头	菜刀 tsʻa²⁴tɐ³³	水筒 ɕy⁴²təŋ⁵¹	缸 kɔ̃³³
沱 川	菜刀 tsʻɒ³⁵ta⁴⁴	勺 sau⁵¹	缸 kã̄⁴⁴
紫 阳	菜刀 tsʻo³⁵tɔ⁴⁴	水筒 ɕy³⁵tʻɐm²¹¹	缸 kã⁴⁴
许 村	菜刀 tsʻɔ²⁴ta³³	瓢 pʻiɔ⁵¹	缸 kɔ̃³³
中 云	菜刀 tsʻo³⁵ta⁴⁴	勺 sɔ⁵¹	缸 kã⁴⁴
新 建	菜刀 tsʻa²¹³tɔ⁵⁴	瓢 pʻiɔ⁵¹	缸 kɔ̃⁵⁴
新 营	菜刀 tsʻa²¹³tɔ⁵⁵	舀水口 iɔ⁵³ɕyɛ⁵³tɔ⁵⁵	缸 kɔ⁵⁵
黄 柏	菜刀 tsʻa²¹tə⁴⁴	瓢 pʻiə⁵¹	缸 kã⁴⁴
暖 水	薄刀 pʻɔ³¹tɔ³¹	舀水瓢/栱 iɛ²⁴ʂei²⁴pʻyɛ²³/ koŋ²¹⁴	缸 kʌŋ³¹

	0433 坛子	0434 瓶子	0435 (茶杯)盖子
经公桥	坛 tʻuã̄³⁵⁵	瓶 pʻãi³⁵⁵	盖 kɤ²¹⁴
鹅 湖	坛儿 tʻən³⁵ni⁰	瓶儿 pʻãi³⁵ni⁰	盖儿 kiɛʳ²¹³
旧 城	坛 tʻɛn²⁴	瓶儿 pʻai²⁴ni⁰	盖儿 kəʳ²¹³
湘 湖	坛儿 tʻɛn³⁵ni⁰	瓶儿 pʻai³⁵ni⁰	盖仂 kɛ²¹²lɐ⁰
溪 头	坛 tʻã⁵¹	瓶 pǣi⁵¹	盖 kuɐ²⁴
沱 川	坛 tʻõ²¹¹	瓶 pʻã²¹¹	盖 kua³⁵
紫 阳	坛□ tʻum²¹tʻu³⁵	瓶 pʻɔ̃²¹¹	顿 tæ³⁵
许 村	坛 tʻũ⁵¹	瓶 pʻã⁵¹	顿 tɛn²⁴
中 云	坛 tʻum¹¹	瓶 pʻã¹¹	顿 tɛn³⁵
新 建	坛 tʻẽ²⁴	瓶 pʻã²⁴	顿 tẽ²¹³
新 营	瓮 pʻən³¹	瓶 pʻæ̃³¹	盖 kua²¹³
黄 柏	坛 tʻõ⁴¹	瓶子 pʻin⁴¹tsŋ⁰	盖 kɛ²¹³
暖 水	坛 tʻã²³	瓶 pʻæ̃²³	顿 tẽ³⁵

	0436 甑子蒸米饭的	0437 碗	0438 筷子
经公桥	饭甑 fuã²¹tsãi²¹⁴	碗 uã⁴²	筷子 kʻua²⁴tsʅ⁰
鹅 湖	饭甑 fõ²¹tsãi²¹³	碗 ŋuõ⁵³	筷子 kʻua³⁵tsʅ⁰
旧 城	甑 tsai²¹³	碗 uɛn³¹	筷子 kʻua²¹³tsʅ⁰
湘 湖	饭甑 fo³⁵tsai²¹²	碗 uɛn³¹⁴	筷子 kʻua²¹²tsʅ⁰
溪 头	饭甑 fã⁵⁵tsɛn²⁴	碗 ũ⁴²	箸筷 tsu⁵⁵kʻua²⁴
沱 川	饭甑 fõ⁵¹tsɛn³⁵	碗 ŋ̍²	筷子 kʻua³⁵tsʅ²
紫 阳	饭甑 fum⁵¹tsæ³⁵	碗 m̩²	筷子 kʻo³⁵tsʅ⁰
许 村	饭甑 fũ⁵⁵tsɛn²⁴	碗 m̩³¹	筷子 kʻua²⁴tsʅ⁰
中 云	饭甑 fum⁵¹tsɛn³⁵	碗 m̩²	筷子 kʻua³⁵tsʅ⁰
新 建	饭甑 fã⁵¹tʃẽ²¹³	碗 uə³¹	筷子 kʻua²¹³tsɤ⁰
新 营	饭甑 fã⁵¹tsæ²¹³	碗 u⁵³	筷子 kʻua²¹³tsʅ⁰
黄 柏	饭甑 fã²¹tʃən²¹³	碗 ŋ̍⁴⁵³	筷子 kʻua²¹tsʅ⁰
暖 水	饭甑 fã⁵¹tsæ³⁵	碗 uõ²¹⁴	筷子 kʻuɐ³⁵tsʅ⁰

	0439 汤匙	0440 碗底
经公桥	瓢ル pʻiã³⁵⁵	碗豚ル uã⁴²tuən⁴⁴
鹅 湖	瓢ル pʻia³⁵ni⁰	碗豚 ŋuõ⁵³təuʔ²¹³
旧 城	瓢ル pʻiau²⁴ni⁰	碗豚ル uɛn³¹tuəʳ²¹³
湘 湖	汤瓢ル tʻaŋ⁴⁴pʻio³⁵ni⁰	碗豚 uɛn³⁵təuʔ²⁴
溪 头	瓢羹 pʻia⁵¹kæi³³	碗豚 ũ⁴²tu⁵⁵
沱 川	羹瓢 kã⁴⁴pʻia²¹¹	碗豚 ŋ̍²tu⁵¹
紫 阳	羹瓢 kɔ̃⁴⁴pʻio²¹¹	碗豚 m̩³¹tu⁵¹
许 村	羹瓢 kã³³pʻiɔ⁵¹	碗豚 m̩³¹tɔ⁵⁵
中 云	瓢 pʻiɔ¹¹	碗豚 m̩³⁵tɔ⁵¹
新 建	瓢 pʻiɛ²⁴	碗豚 uə³¹to⁵¹
新 营	瓢 pʻio³¹	碗豚 u⁵³to²¹⁵
黄 柏	瓢羹 pʻiə⁴¹kən⁴⁴	碗豚 ŋ̍⁴⁵³tu²¹³
暖 水	瓢 pʻyɛ²³	碗豚 uõ²¹təu⁵⁴

	0441 笊篱	0442 柴火
经公桥	饭捞子 fuʌ²⁴lau²²tsʅ⁰	柴火 ʃa³⁵xuʌ⁴²
鹅 湖	捞儿 liəʳ⁵⁵	柴 ʂa³⁵
旧 城	捞饭瓢儿 lau⁵⁵fuo³³pʻiau²⁴ni⁰	柴 ɕia²⁴
湘 湖	捞瓢 lau⁴⁴pʻio³⁵	柴 sa³⁵
溪 头	笊篱 tsɐ⁴²li⁵¹	柴 sa⁵¹
沱 川	笊篱 tsau³⁵li²¹¹	柴 sɒ²¹¹
紫 阳	笊篱 tsɒ³⁵li²¹¹	柴 so²¹¹
许 村	笊篱 tʃɔ³¹li⁵²	柴 ʃo⁵¹
中 云	笊篱 tsɔ³⁵li¹¹	柴 so¹¹
新 建	笊篱 tʂɔ³¹li²⁴	柴 ʃa²⁴
新 营	捞饭捞 lɔ⁵⁵fã⁵¹lɔ²¹³	柴 ɕia³¹
黄 柏	笊篱 tsʅ⁴⁵³li⁴¹	柴 ʂua⁴¹
暖 水	捞饭箕 lɤ³¹fã⁵¹tɕi³¹	柴 ʂa²³

	0443 火柴	0444 刨花
经公桥	洋火 yaŋ³⁵xuʌ⁴²	刨疕花 pʻau³⁵pʻi⁴²xuʌ²²
鹅 湖	洋火 iõ³⁵xuo⁵³	疕儿 pʻiəʳ²¹³
旧 城	洋火 ȵia²⁴xuo³¹	刨疕 pʻau²⁴pʻei³¹
湘 湖	洋火 ia³⁵xo³¹⁴	刨疕仂 pʻau³⁵pʻei³⁵lɛ⁰
溪 头	洋火柴 iɔ̃⁵¹xo⁴²sa⁵¹	刨疕 pau⁵⁵pʻi⁴²
沱 川	洋火 iʌ̃²¹xu²	细细疕 se³⁵se³⁵pʻa⁵¹
紫 阳	洋火 iã²¹xə²	疕 pʻə²
许 村	洋火 iɔ̃⁵¹xuɣ³¹	刨花 pʻɔ⁵¹xuɣ³³
中 云	洋火 iã³⁵xuɣ²	刨花 pʻɔ¹¹xuɣ⁴⁴
新 建	洋火 iɔ̃⁵¹xu³¹	疕屑 pʻi³¹sæ⁵¹
新 营	火线 xu⁵³si²¹³/洋火 iã³¹xu⁵³	刨花 pʻɔ⁵¹xo⁵⁵
黄 柏	洋火 iã⁴¹xo⁴⁵³	刨花 pʻə²¹xuɑ⁴⁴
暖 水	洋火 iʌŋ²³xo²¹⁴	刨疕 pʻo²³pʻi²¹⁴

第五章 赣东北徽语代表方言点词语对照

	0445 泔水	0446 锁	0447 钥匙
经公桥	潲水 sau²⁴ɕy⁴²	锁 suʌ⁴²	锁匙 suʌ⁴²ɕi⁵⁵
鹅　湖	猪食水 tɕy⁵⁵ɕiaiʔ²¹ɕy⁵³	锁 suo⁵³	锁匙 suo⁵³ɕi³⁵
旧　城	潲水 sau⁵⁵ɕy³¹	锁 suo³¹	锁匙 suo³¹ɕi²⁴
湘　湖	米泔水 mei³⁵kɛn⁴⁴ɕy³¹⁴	锁 so³¹⁴	锁匙 so³¹⁴ɕi³⁵
溪　头	洗碗水 se⁴²ũ²⁴ɕy⁴²	锁 so⁴²	锁匙 so⁴²ʂʅ⁵¹
沱　川	泔水 kəŋ⁴⁴ɕy²	锁 so²	锁匙 so³⁵ʂʅ²¹¹
紫　阳	泔水 kẽ⁴⁴ɕy²	锁 sə²	锁匙 sə³⁵ɕi²¹¹
许　村	泔水 kɛn³³ɕy³¹	锁 sʏ³¹	锁匙 sʏ²⁴ɕi⁵¹
中　云	猪泔水 tɕy⁴⁴kɛn⁴⁴ɕy²	锁 sʏ²	锁匙 sʏ³⁵ʂʅ²
新　建	猪食水 tɕy⁵⁴ʃɛ³³ʃuɛ³¹	锁 sɯ³¹	锁匙 sɯ³¹sʏ³¹
新　营	猪食水 tɕy⁵⁵ɕiæ⁵⁵ɕyɛ⁵³	锁 su⁵³	锁匙 su⁵³ʂʅ⁰
黄　柏	泔水 kən⁴⁴fi⁴⁵³	锁 so⁴⁵³	锁匙 so⁴⁵³ɕi⁰
暖　水	猪食水 tʂu³¹ɕie³¹ʂei²¹⁴	锁 so²¹⁴	锁匙 so²⁴ʂʏ²¹⁴

	0448 暖水瓶	0449 脸盆
经公桥	热水瓶 iɛ²²ɕy⁴²pʻai⁵⁵	面盆 miẽ²¹pʻən⁵⁵
鹅　湖	开水瓶 kʻɛ⁵⁵ɕy⁵³pʻai³⁵	面盆儿 mĩ²¹pʻən³⁵ni⁰
旧　城	热水瓶儿 iɛ³³ɕy³¹pʻai²⁴ni⁰	面盆儿 mi³³pʻɛn²⁴ni⁰
湘　湖	热水瓶儿 iɛʔ²ɕy³¹pʻai³⁵ni⁰	面盆儿 mĩ²¹pʻən³⁵ni⁰
溪　头	热水瓶 ȵie⁵⁵ɕy⁴²pʻæi⁵¹	面盆 mĩ⁵⁵pʻəŋ⁵¹
沱　川	热水瓶 ȵie⁵¹ɕy²pʻã²¹¹	面盆 mĩ⁵¹pʻəŋ²¹¹
紫　阳	热水瓶 gie⁵¹ɕy³⁵pʻɔ²¹¹	面盆 mĩ⁵¹pʻæ²¹¹
许　村	热水瓶 ȵie⁵⁵ɕy³¹pʻã⁵¹	面盆 mĩ⁵⁵pʻɛn⁵¹
中　云	热水瓶 ȵie⁵¹ɕy³⁵pʻã¹¹	面盆 mĩ⁵¹pʻɛn¹¹
新　建	热水瓶 ȵie³³ʃuɛ³¹pʻã²⁴	面盆 mã⁵⁴pʻẽ²⁴
新　营	滚/热水瓶 kuən⁵³/ȵiɛ⁵⁵ɕyɛ⁵³pʻæ³¹	面盆 mi⁵¹pʻən³¹
黄　柏	热水瓶 ȵya⁴⁴fi⁴⁵³pʻin⁴¹	面盆 miẽ²¹pʻən⁴¹
暖　水	热水瓶 ȵie³¹ʂei²⁴pʻæ²³	面盆 miẽ⁵¹pʻẽ²³

	0450 洗脸水	0451 毛巾
经公桥	洗面水 sei⁴²miẽ²¹ɕy⁴²	手巾 ɕiəu⁴²tɕin²²
鹅湖	洗面水 sei⁵³mĩ²¹ɕy⁵³	手巾 ɕiəu⁵³tɕien⁵⁵
旧城	洗面水 sei³¹mi³³ɕy³¹	手巾儿 ɕiəu³¹tɕien⁵⁵ni⁰
湘湖	洗面水 sei³⁵mĩ²¹ɕy³¹⁴	洗面巾 sei³⁵mĩ²¹tɕien⁴⁴
溪头	洗面水 se⁴²mĩ⁵⁵ɕy⁴²	毛巾 mæ⁵¹tʃen³³
沱川	洗面水 se³⁵mĩ⁵¹ɕy²	手巾 sə³⁵tɕien⁴⁴
紫阳	洗面水 si³⁵mĩ⁵¹ɕy²	手巾 sa³⁵tɕiæ⁴⁴
许村	洗面水 se³¹mĩ⁵⁵ɕy³¹	手巾 ɕia²⁴tʃen³³
中云	洗面水 se³⁵mĩ⁵¹ɕy²	手巾 sa³⁵tɕien⁴⁴
新建	洗面水 sæ³⁵mã⁵¹ʃuɛ³¹	手巾 ɕiɯ³¹tʃẽ⁵⁴
新营	洗面水 sɛ⁵³mi⁵¹ɕyɛ⁵³	洗面 sɛ⁵³mi⁵¹ɕiən⁵⁵
黄柏	洗面水 ɕi⁴⁵³miẽ²¹fi⁴⁵³	洗面巾 ɕi⁴⁵³miẽ²¹tʃən⁴⁴
暖水	洗面水 ɕi²¹miẽ⁵¹ʂei²⁴	洗面巾 ɕi²¹miẽ⁵¹tɕiẽ³¹

	0452 手绢	0453 汤布 劳动时擦汗用的长布条
经公桥	手捏 ɕiəu⁴²iɛ²²	汗巾 xỹ²⁴tɕin²²
鹅湖	手捏 ɕiəu⁵³iɛʔ⁴	汗巾儿 xən²¹tɕien⁵⁵ni⁰
旧城	手捏儿 ɕiəu³¹liɛʳ²¹³	长手巾儿 tɕʻia²⁴ɕiəu³¹tɕien⁵⁵ni⁰
湘湖	手捏子 ɕiəu³⁵liɛʔ²tsɿ⁰	长手巾 tɕʻia³⁵ɕiəu³¹tɕien⁴⁴
溪头	手捏 sæi⁴²le⁵⁵	挢汗巾 tʃa⁴²xũ⁵⁵tʃen³³
沱川	手捏 sə²¹le⁵¹	罗（布）巾 lo²¹（pu³⁵）tɕien⁴⁴
紫阳	手捏 sa³⁵le⁵¹	汗巾 xum⁵¹tɕiæ⁴⁴
许村	手捏 ɕia²⁴iɛ⁵⁵	汗巾 xũ⁵⁵tʃen³³
中云	手捏 sa²le⁵¹	汗巾 xum⁵¹tɕien⁴⁴
新建	手捏 ɕiɯ³¹læ⁵¹	汗巾 xuə̃⁵¹tʃẽ⁵⁴
新营	手巾 ɕio⁵³tɕiən⁵⁵	揩汗巾 kʻa⁵⁵xu⁵¹tɕiən⁵⁵
黄柏	手捏子 ʂu⁴⁵³ȵia⁴⁴tsɿ⁰	汗巾哩 xõ²¹tʃən⁴⁴li⁰
暖水	手捏 ɕy²¹ȵiɛ⁵⁴	汗巾 xuõ⁵¹tɕiẽ³¹

		0454 抹布	0455 肥皂	0456 梳子
经公桥		抹台布 mɤ²²t'ɤ³⁵pu²¹⁴	肥皂 fei³⁵ts'au²¹⁴	梳头 ʂu²²t'iəu⁵⁵
鹅 湖		挢桌儿布儿 tɕia⁵³tʂaʔʳ⁴puəʳ²¹³	肥皂 fei³⁵tsau²¹¹	梳儿 ʂəu⁵⁵ni⁰
旧 城		挢台儿布儿 tɕiau³¹t'əʳ²⁴puəʳ²¹³	肥珠儿 fei²⁴tɕyəʳ⁵⁵	梳儿 ʂəu⁵⁵ni⁰
湘 湖		抹布巾 moʔ⁴pu²¹tɕien⁴⁴	洋碱 ia³⁵ko³¹⁴	梳仉 səu⁴⁴lɛ⁰
溪 头		抹桌布 mo⁵⁵tsau⁵⁵pu²⁴	肥皂 fi⁵¹ts'ɐ⁵⁵	梳 su³³
沱 川		抹桌布 bo⁵¹tsau⁵¹p'u³⁵	肥皂 fi²¹ts'a⁵¹	梳 su⁴⁴
紫 阳		抹桌布 bo⁵¹tsɒ⁵¹pu³⁵	肥珠 fi²¹tɕy⁴⁴	梳 su⁴⁴
许 村		抹桌布 mo⁵⁵tʃɔ⁵⁵pu²⁴	肥皂 fi⁵¹ts'a⁵⁵	梳 ɕy³³
中 云		抹桌布 bo⁵¹tsɔ⁵¹pu³⁵	肥皂 fi¹¹ts'a⁵¹	梳子 su⁴⁴tsʅ⁰
新 建		揩桌布 k'a⁵⁴tʃo⁵¹pu²¹³	肥皂 fi²⁴ts'ə⁵¹	头梳 t'ɯ²⁴ɕy⁵⁴
新 营		揩桌布 k'a⁵⁵tɔ²¹⁵pu²¹³	洋碱 iã³¹kã⁵³	郎梳 lɔ³¹ɕio⁵⁵
黄 柏		抹布巾哩 mo⁴⁴pu²¹tʃən⁴⁴li⁰	洋碱 iã⁴¹kã⁴⁵³	梳子 ʂu⁴⁴tsʅ⁰
暖 水		揩桌布 k'a³¹tʂɔ⁵⁴pu³⁵	洋碱 iʌŋ²³kã²¹⁴	郎梳 lʌŋ²³ʂu³¹

		0457 缝衣针	0458 顶针
经公桥		衣裳针 i²²ʃuaŋ⁵⁵tɕin²²	顶针 tãi⁴²tɕin²²
鹅 湖		针 tɕien⁵⁵	兜针箍儿 ta⁵⁵tɕien⁵⁵k'u⁵⁵ni⁰
旧 城		针 tɕien⁵⁵	顶针箍儿 tai³¹tɕien⁵⁵k'u⁵⁵ni⁰
湘 湖		裁缝针 ts'ɛ³⁵foŋ³⁵tɕien⁴⁴	铜兜 t'oŋ³⁵tiau⁴⁴
溪 头		裁缝针 ts'ɐ⁵¹fəŋ⁵¹tsen³³	铜兜 təŋ⁵¹tæi³³
沱 川		针 tsen⁴⁴	铜兜 t'əŋ²¹tə⁴⁴
紫 阳		针 tɕiæ⁴⁴	铜兜 t'ɐm²¹ta⁴⁴
许 村		线针 sĩ²⁴tʃen³³	铜兜 t'ɐm⁵¹ta³³
中 云		针 tsen⁴⁴	铜套 t'ɐm¹¹t'a³⁵
新 建		针 tʃẽ⁵⁴	铜兜 t'əŋ²⁴tɯ⁵⁴
新 营		针 tɕiən⁵⁵	抵指 tɛ⁵³tɕi⁵³
黄 柏		针 tʃən⁴⁴	指套 tsʅ⁴⁵³t'ə²¹³
暖 水		针 tɕiẽ³¹	铜兜 t'oŋ²³tɤ³¹

	0459 剪子	0460 糨糊 粘鞋底布用
经公桥	交剪 kau²²tsiẽ⁴²	糊 xu³⁵⁵
鹅 湖	剪儿 tsĩ⁵³ni⁰	糊 u²¹¹
旧 城	剪刀 tsi³¹tau⁵⁵	糊 u³³
湘 湖	剪刀 tsĩ³⁵tau⁴⁴	糊仂 u³⁵lɛ⁰
溪 头	剪刀 tsɔ̃⁴²tɐ³³	糨糊 tsiɔ̃²⁴xu⁵¹
沱 川	剪 tsĩ²	糊 vu²¹¹
紫 阳	剪 tsĩ²	糊 vu²¹¹
许 村	剪刀 tsĩ³¹ta³³	糊仂 vu⁵⁵lɛ⁰
中 云	剪刀 tsĩ²ta⁴⁴	米粉糊 bi²fɛn³⁵xu¹¹
新 建	剪 tsã³¹	糊 vu⁵¹
新 营	交剪 kɔ⁵⁵tsĩ⁵³	糊 u⁵¹
黄 柏	剪刀 tɕiẽ⁴⁵³tə⁴⁴	糊 u⁴¹
暖 水	剪 tɕiẽ²¹⁴	糊 vu⁵¹

	0461 晾晒衣服的竹木竿子	0462 蜡烛
经公桥	衣裳竿 i²²ʃuaŋ⁵⁵kɤ²²	蜡烛 la²²tʂo⁴⁴
鹅 湖	筅儿 xaŋ²¹ni⁰	蜡烛 laʔ²¹tʂəuʔ⁴
旧 城	筅竿儿 xaŋ³³kɛn⁵⁵ni⁰	蜡烛 luo³³tʂəu⁰
湘 湖	筅竿儿 xaŋ²¹kɛn⁴⁴ni⁰	蜡烛 loʔ²²tsəuʔ⁴
溪 头	竹筅 tsu⁵⁵xɔ̃⁵⁵	蜡烛 lɐ⁵⁵tsu⁵⁵
沱 川	筅竿 xã⁵¹kõ⁴⁴	蜡烛 lə⁵¹tsu⁵¹
紫 阳	筅 xã⁵¹	蜡烛 lə⁵¹tsu⁵¹
许 村	筅 xɔ̃⁵⁵	蜡烛 lo⁵⁵tʃɔ⁵⁵
中 云	筅 xã⁵¹	蜡烛 lo⁵¹tsɔ⁵¹
新 建	筅 xɔ̃⁵¹	蜡烛 lɤ³³tʃo⁵¹
新 营	筅篙 xɔ⁵¹kɔ⁵⁵	蜡烛 lo⁵⁵to²¹⁵
黄 柏	筅竿 xã²¹kõ⁴⁴	蜡烛 lɑ³³tʂu⁴⁴
暖 水	筅 xʌŋ⁵⁵	蜡烛 luɐ³¹tʂəu⁵⁴

		0463 手电筒	0464 图章	0465 雨伞
经公桥		电筒 t'iɛ²¹t'oŋ⁵⁵	章 tʃuaŋ²²	伞 suã̄⁴²
鹅 湖		电筒儿 t'ĩ²¹t'oŋ³⁵niº	章儿 tɕiõ⁵⁵niº	伞 sõ⁵³
旧 城		电筒 t'i³³t'oŋ²⁴	章 tɕia⁵⁵	伞 suo³¹
湘 湖		电筒儿 t'ĩ²¹t'oŋ³⁵niº	章 tɕia⁴⁴	伞 so³¹⁴
溪 头		手电筒 sæi⁴²t'ĩ⁵¹təŋ⁵¹	章 tsɔ̃³³	伞 sã⁴²
沱 川		电筒 t'ĩ⁵¹t'əŋ²¹¹	章 tsã̄⁴⁴	伞 sõ²
紫 阳		电筒 t'ĩ⁵¹t'ɐm²¹¹	章 tɕia⁴⁴	伞 sum²
许 村		电火 t'ĩ⁵⁵xuɣ³¹	章 tʃɔ̃³³	伞 sũ³¹
中 云		电筒 t'ĩ⁵¹t'ɐm¹¹	章 tsã⁴⁴	伞 sum²
新 建		电筒 t'ã⁵¹t'əŋ²⁴	章 tʂɔ̃⁵⁴	伞 sã̄³¹
新 营		手电筒 ɕio⁵³t'ĩ⁵¹t'ən³¹	章 tɕia⁵⁵	伞 sã⁵³
黄 柏		电筒火 t'iɛ²¹t'əŋ⁴¹xo⁴⁵³	章 tʃã⁴⁴	伞 sã⁴⁵³
暖 水		电筒 t'iɛ⁵¹t'oŋ²³	章 tʂʌŋ³¹	伞 sã²¹⁴

		0466 斗笠	0467 扫帚	0468 扫地
经公桥		箬笠 yʌu²²lai²²	扫帚 sau²⁴tɕiəu⁴²	扫地 sau²⁴t'i²¹⁴
鹅 湖		箬笠壳儿 iəuʔ²¹leiʔ²¹³k'aʔʳ⁴	扫帚 sau⁵³tɕiəu⁵³	扫地 sau²¹³t'ei²¹¹
旧 城		斗笠 tau³¹lei³³	□帚 tau²¹³tɕiəu³¹	扫地 sau²¹³t'ei³³
湘 湖		斗笠 tiau³⁵leiʔ²	笤帚 t'iau³⁵tɕiəu³¹⁴	扫地 sau³⁵t'ei²¹¹
溪 头		箬笠 n̠iau⁵⁵li⁵⁵	地帚 t'i⁵⁵tsæi⁴²	扫地 sɐ⁴²t'i⁵⁵
沱 川		箬笠 n̠iɒ⁵¹li⁵¹	地帚 t'i⁵¹tsɒ²	扫地 sɒ²t'i⁵¹
紫 阳		顶笠 tɔ̃²la⁵¹	地帚 t'i⁵¹tsa²	扫地 so³⁵t'i⁵¹
许 村		箬笠 n̠ia⁵⁵la⁵⁵	干帚 kũ²⁴tɕia³¹	扫地 sa³¹t'i⁵⁵
中 云		箬笠 n̠iɒ⁵¹la⁵¹	地帚 t'i⁵¹tsa²	扫地 sa²t'i⁵¹
新 建		箬笠 n̠iɯ⁵¹lɛ⁵¹	扫帚 sə²⁴tɕiɯ³¹	扫地 sə³¹t'i⁵¹
新 营		箬笠 n̠ia²¹⁵lɛ⁵⁵	笤帚 t'iɔ³¹tɕio⁵³	扫地 sɔ⁵³t'ɛ⁵¹
黄 柏		斗笠 tə⁴⁵³li⁴⁴	扫帚/杆 sə²¹tʃu⁴⁵³/kõ⁴⁵³	扫地 sə²¹t'i²¹³
暖 水		箬笠 n̠yɛ⁵¹lɛ³¹	扫帚 sɣ²⁴tɕy²¹⁴	扫地 sɣ²⁴t'i⁵⁵

		0469 垃圾	0470 衣服 统称	0471 衬衫
经公桥		垃圾 lv³⁵sei⁴⁴	衣裳 i²²ʃuaŋ⁵⁵	绑身 paŋ⁴²ɕin²²
鹅 湖		垃圾儿 liɛʔ²¹səʔʳ²¹³	衣裳 i⁵⁵ɕiõ³⁵	绑身儿 paŋ⁵³ɕiɛn⁵⁵ni⁰
旧 城		垃圾儿 lə³³səʳ³³	衣裳 i⁵⁵ɕia⁰	绑身 paŋ³¹ɕiɛn⁵⁵
湘 湖		屑圾仂 siɛʔ⁴sɛʔ⁴lɤ⁰	衣裳 i⁴⁴ɕia³⁵	衬衣儿 tsʻən²¹i⁴⁴ni⁰
溪 头		垃圾 lu⁵⁵sɤ⁵⁵	衣裳 i³³sɔ̃⁵¹	衬衫 tsʻɛn²⁴sã³³
沱 川		垃圾 lo⁵¹sa⁵¹	衣裳 i⁴⁴sã²¹¹	衬衣 tsʻɛn³⁵i⁴⁴
紫 阳		垃圾 lə²¹so⁵¹	衣裳 i⁴⁴ɕiã⁰	绑身 pã³⁵sæ⁴⁴
许 村		垃圾 lo⁵⁵sa⁵⁵	衣裳 i³³ʃɔ̃⁵¹	衬衣 tsʻɛn²⁴i³³
中 云		垃圾 lo⁵¹sa⁵¹	衣裳 i⁴⁴sã¹¹	衬衫 tsʻɛn³⁵sum⁴⁴
新 建		垃圾 la³³ʃæ⁵¹	衣裳 i⁵⁴ʃɔ̃⁵⁴	衬衣 tsʻẽ²¹i⁵⁴
新 营		污糟 u⁵⁵tsɔ⁵⁵	衣裳 i⁵⁵ɕiã³³	□□ tʻɔ⁵⁵ko²¹³
黄 柏		垃圾 lɑ²¹ʃɑ²¹³	衣裳 i³³ʃã⁴¹	衬衣 tʃʻən²¹i⁴⁴
暖 水		污糟 vo³¹tsʏ³¹	衣服 i³¹fu⁰	狂 kʻuʌŋ²¹⁴

		0472 背心	0473 毛衣
经公桥		背心 pʏ²⁴sən²²	毛线衣 mau³⁵siẽ²⁴i²²
鹅 湖		背心儿 pɛ²¹³sən⁵⁵ni⁰	毛衣 mau³⁵i⁵⁵
旧 城		背褡儿 pɛ²¹³to²¹³ni⁰	毛衣 mau²⁴i⁵⁵
湘 湖		背褡儿 pɛ³⁵toʔ²⁴ni⁰	羊毛衣 ia³⁵mau³⁵i⁴⁴
溪 头		背心 pɤ²⁴sɛn³³	羊毛衣 iɔ̃⁵¹mɤ⁵¹i³³
沱 川		背心 pʻa³⁵sɛn⁴⁴	毛绳衣 ba²¹sɛn²¹i⁴⁴
紫 阳		背心 pe³⁵sæ⁴⁴	毛绳衣 bɒ²¹sæ³⁵i⁴⁴
许 村		汗夹 xũ⁵⁵kʻo⁵⁵	毛线衣 ma⁵¹sĩ²⁴i³³
中 云		汗夹 xum⁵¹kʻo²	毛线衣 ba¹¹sĩ³⁵i⁴⁴
新 建		背心 pa²¹sẽ⁵⁴	毛线衣 mə²⁴sã²¹i⁵⁴
新 营		背心 pi²¹³sən⁵⁵	毛衣 mɔ³¹i⁵⁵
黄 柏		背褡哩 pɛ²¹tɑ²¹li⁰	毛线衣 mə⁴¹ɕiẽ²¹i⁴⁴
暖 水		段 tuõ⁵⁵	毛线衣 mo²¹ɕiẽ³⁵i³¹

	0474 棉衣	0475 袖子	0476 （衣）袋
经公桥	棉袄 miɛ̃³⁵ŋau⁴²	裳袖 ʃuaŋ³⁵tsʻiəu²¹⁴	荷包 xɣ³⁵pau²²
鹅　湖	絮袄 sei²¹³ŋau⁵³	衫袖 sõ⁵⁵tsʻiəu²¹¹	袋儿 tʻɛ²¹ni⁰
旧　城	棉袄 mi²⁴ŋau³¹	衫袖 ʂuo⁵⁵tsʻiəu³³	袋儿 tʻiɛ³³ni⁰
湘　湖	棉袄 mĩ³⁵ŋau³¹⁴	衫袖 so⁴⁴tɕʻiəu²¹¹	袋儿 tʻɛ²¹ni⁰
溪　头	絮袄 si³⁵ŋɐ⁴²	手袖 sæi⁴²tsʻæi⁵⁵	袋 tɐ⁵⁵
沱　川	絮袄 si³⁵ga² + 絮裤 si³⁵kʻu³⁵	手袖 sə²tsʻɔ⁵¹	袋 tʻa⁵¹
紫　阳	棉袄 mĩ²¹ŋo²¹¹	手袖 sa³⁵tsʻa⁵¹	袋 tʻe⁵¹
许　村	棉花袄 mĩ⁵¹xuɣ³³ŋa³¹	手袖 ɕia³¹tsʻa⁵⁵	袋 tʻɣ⁵⁵
中　云	棉袄 mĩ¹¹ŋa¹¹	手袖 sa²tsʻa⁵¹	袋 tʻɣ⁵¹
新　建	棉袄 mã²⁴ŋə³¹	手袖 ɕiɯ³¹tsʻɯ⁵¹	袋 tʻua⁵¹
新　营	棉衣 mi³¹i⁵⁵	裳袖 ɕiã³¹tsʻio⁵¹	袋 tʻi⁵¹
黄　柏	棉花袄 miɛ̃⁴¹xuɑ⁴⁴ŋə⁴⁵³	衫袖 ʂuã⁴⁴tɕʻiu²¹³	口袋 kʻɔ⁴⁵³tʻa²¹³
暖　水	棉花袄 miɛ̃²¹xuɐ³¹ŋɣ²¹⁴	衫袖 ʂã³¹tɕʻy⁵⁵	袋 tʻɣ⁵⁵

	0477 裤子	0478 短裤
经公桥	裤仂 kʻu²⁴le⁰	短裤 tỹ⁴²kʻu²¹⁴
鹅　湖	裤儿 kʻuə ʳ²¹³	裤□儿 kʻu³⁵tã⁵⁵ni⁰
旧　城	裤儿 kʻuə ʳ²¹³	短脚裤儿 tɛn³¹tɕia²¹³kʻuə ʳ²¹³
湘　湖	裤仂 kʻu³⁵le⁰	短脚裤 tɛn³⁵tɕiaʔ²⁴kʻu²¹²
溪　头	裤 kʻu²⁴	短裤 tũ⁴²kʻu²⁴
沱　川	裤 kʻu³⁵	短裤 tũ²kʻu³⁵
紫　阳	裤 kʻu³⁵	短裤 tum³⁵kʻu³⁵
许　村	裤 kʻu²⁴	裤丈 kʻu²⁴tʃɔ⁵⁵
中　云	裤仂 kʻu³⁵le⁰	裤掌 kʻu³⁵tsã³¹
新　建	裤 kʻu²¹³	短裤 tuə³¹kʻu²¹³
新　营	裤 kʻu²¹³	短脚裤 ti⁵³tɕia²¹⁵kʻu²¹³
黄　柏	裤哩 kʻu²¹³li⁰	短裤 tõ⁴⁵³kʻu²¹³
暖　水	裤 kʻu³⁵	短裤 tuõ²¹kʻu³⁵

		0479 裤腿		0480 帽子
经公桥	裤脚	k'u²¹tʃuʌu⁴⁴	帽仂	mau²⁴lɛ⁰
鹅 湖	裤脚	k'u³⁵tɕioʔ⁵	帽儿	ma ʳ²¹¹
旧 城	裤脚	k'u²¹³tɕia²¹³	帽儿	ma ʳ³³
湘 湖	裤脚	k'u³⁵tɕiaʔ⁴	帽仂	mau²¹lɛ⁰
溪 头	裤脚	k'u²⁴tʃau⁵⁵	帽	mɐ⁵⁵
沱 川	裤脚	k'u³⁵tɕiau⁵¹	帽	ba⁵¹
紫 阳	裤脚	k'u³⁵tɕio⁵¹	帽	bo⁵¹
许 村	裤脚	k'u²⁴tɕia⁵⁵	帽	ma⁵⁵
中 云	裤脚	k'u³⁵tɕia⁵¹	帽	ba⁵¹
新 建	裤脚	k'u²¹³tɕiɯ⁵¹	帽	mə⁵¹
新 营	裤脚	k'u²¹³tɕia²¹⁵	帽	mɔ⁵¹
黄 柏	裤脚	k'u²¹³tʃə²¹³	帽	mə²¹³
暖 水	裤脚	k'u³¹tɕyɛ⁵⁴	帽头	mo⁵¹t'y⁰

		0481 帽檐		0482 鞋子		0483 雨鞋
经公桥	帽遮儿	mau²⁴tʂa²²ŋ⁰	鞋仂	xa³⁵lɛ⁰	套靴	t'au²⁴ɕyɛ²²
鹅 湖	帽遮儿儿	mau²¹¹tʂa ʳ⁵⁵ni⁰	鞋儿	xa ʳ³⁵	套鞋儿	t'au²¹xa ʳ³⁵
旧 城	帽遮儿	mau³³tʂuo ʳ⁵⁵	鞋儿	xa ʳ²⁴	套鞋儿	t'au²¹³xa ʳ²⁴
湘 湖	帽舌仂	mau²¹sɛʔ²lɛ⁰	鞋仂	xa³⁵lɛ⁰	套鞋	t'au²¹xa³⁵
溪 头	帽□	mɐ⁵⁵tso⁴²	鞋	xa⁵¹	雨鞋	y²³¹xa⁵¹
沱 川	遮阳	tse⁴⁴iʌ̃²¹¹	鞋	xɒ²¹¹	套鞋靴	t'a³⁵xɒ²¹xue⁴⁴
紫 阳	帽遮	mo⁵¹tɕie⁴⁴	鞋	xo²¹¹	套鞋	t'o³⁵xo²¹¹
许 村	遮阳	ke³³iɔ̃⁵¹	鞋仂	xo⁵¹le⁰	套鞋	t'a²⁴xo⁵¹
中 云	遮阳	tse⁴⁴iã¹¹	鞋	xo¹¹	套鞋	t'a³⁵xo¹¹
新 建	帽舌	mə⁵¹tɕ'iɛ³³	鞋	xa²⁴	套鞋	t'ɯ²¹xa²⁴
新 营	帽檐	mɔ⁵¹iɛ³¹	鞋	xa³¹	雨鞋	y⁵³xa³¹
黄 柏	帽□哩	mə²¹k'ã⁴⁴li⁰	鞋哩	xa⁴¹li⁰	雨鞋	y⁴⁵³xa⁴¹
暖 水	遮阳	tʂa³¹iʌŋ²³	鞋	xa²³	雨鞋	vu²⁴xa²³

	0484 袜子	0485 手套	0486 围巾
经公桥	洋袜ㄦ yaŋ³⁵uʌ²²	手套 ɕiəu³¹t'au²¹⁴	围巾 uei³⁵tɕin²²
鹅 湖	水袜 ɕy⁵³moʔ²¹¹	手袜ㄦ ɕiəu⁵³moʔʳ²¹¹	颈巾ㄦ kãi⁵³tɕiɛn⁵⁵ni⁰
旧 城	水袜 ɕy³¹uə³³	手套ㄦ ɕiəu³¹t'aʳ²¹³	围巾 y²⁴tɕiɛn⁵⁵
湘 湖	水袜 ɕy³⁵moʔ²	手套 ɕiəu³¹t'au²¹²	围巾 uei³⁵tɕiɛn⁴⁴
溪 头	袜 mo⁵⁵	手套 sæi⁴²t'ɐ²⁴	围巾 ui⁵¹tʃɛn³³
沱 川	袜 bo⁵¹	手摸 sə²bo⁵¹	围巾 y²¹tɕiɛn⁴⁴
紫 阳	袜 bə⁵¹	手套 sa²t'o³⁵	围巾 y²¹tɕiæ⁴⁴
许 村	袜 mo⁵⁵	手套 ɕia³¹t'a²⁴	围巾 y⁵¹tʃɛn³³
中 云	洋袜 iã¹¹bo⁵¹	手袜 sa²bo⁵¹	围巾 y¹¹tɕiɛn⁴⁴
新 建	袜 muɣ⁵¹	手套 ɕiu³¹t'ə²¹³	围巾 vi²⁴tʃẽ⁵⁴
新 营	袜 mo⁵⁵	手套 ɕio⁵³t'ɔ²¹³	围巾 uɛ³¹tɕiən⁵⁵
黄 柏	水袜 fi⁴⁵³mo²¹³	手套哩 ʃu⁴⁵³t'ə²¹li⁰	颈围 tʃən⁴⁵³ui⁴¹
暖 水	袜 muɐ³¹	手套 ɕy²¹t'ɣ³⁵	围巾 vi²³tɕiẽ³¹

	0487 围裙	0488 围嘴 围在小孩脖子上的	0489 尿布
经公桥	围裙 uei³⁵tɕ'yn⁵⁵	澆围 ʂuʌ³⁵uei⁵⁵	尿□ㄦ ɕi⁴²xã²²
鹅 湖	围裙ㄦ y³⁵tɕ'yɛn³⁵ni⁰	兜兜ㄦ tau⁵⁵təʔʳ⁰	屎片ㄦ ɕi⁵³p'i³⁵ni⁰
旧 城	围裙 y²⁴tɕ'yɛn²⁴	澆围ㄦ ʂuo²⁴yʳ²⁴	屎□ㄦ片ㄦ ɕi³¹xaʳ²⁴p'i²¹³ni⁰
湘 湖	围裙 uei³⁵tɕ'yɛn³⁵	围颈巾 uei³⁵kai³⁵tɕiɛn⁴⁴	屎片 ɕi⁴⁴p'ĩ²¹²
溪 头	围裙 ui⁵¹k'uəŋ⁵¹	围裙兜 ui⁵¹k'uəŋ⁵¹tæi³³	屎布 ɕi⁴²pu²⁴
沱 川	围裙 y²¹k'uɛn²¹¹	澆围托 sõ²¹y²¹t'ɒ⁵¹	屎片 si⁴⁴p'ĩ³⁵
紫 阳	围裙 y²¹k'uæ̃²	围颈 y²¹tɕiɔ̃²	屎片 ɕi³⁵p'ĩ³⁵
许 村	围裙 y⁵¹k'uɛn⁵¹	澆围 ʃũ⁵¹y⁵¹	屎片 ɕi³¹p'ĩ²⁴
中 云	围裙 y¹¹k'uɛn¹¹	□□托 xo¹¹p'u¹¹t'ɔ⁵¹	屎片 ɕi²p'ĩ³⁵
新 建	围裙 vi²⁴k'uẽ²⁴	围巾布 vi²⁴tʃẽ⁵⁴pu²¹³	屎片 sɣ³¹p'ã²¹³
新 营	围裙 uɛ³¹k'uən³¹	围 uɛ³¹	尿布 niɔ⁵¹pu²¹³
黄 柏	围裙 ui⁴¹tʃ'uən⁴¹	澆围 tʂ'uã⁴¹ui⁴¹	尿布 niə²¹pu²¹³
暖 水	围裙 vi²¹k'ẽ²³	围 vi²³	屎片 ʂɣ²¹p'iẽ³⁵

		0490 扣子		0491 中式布扣子
经公桥	扣	tɕʻiəu²¹⁴	襻扣	pʻuʌ̃²⁴tɕʻiəu²¹⁴
鹅　湖	扣儿	tɕʻiəu³⁵niº	布扣儿	pu²¹tɕʻiəu²¹³niº
旧　城	扣儿	kʻau²¹³niº	布扣儿	pu²¹³kʻau²¹³niº
湘　湖	扣儿	tɕʻiau³⁵niº	布扣儿	pu²¹tɕʻiau³⁵niº
溪　头	纽	ȵiæi²³¹	布纽	pu²⁴ȵiæi²³¹
沱　川	纽	ȵiə³¹	布纽	pu³⁵ȵiə³¹
紫　阳	纽	ȵia³¹	布纽	pu³⁵ȵia³¹
许　村	纽	ȵia³¹	布纽	pu²⁴ȵia³¹
中　云	纽	ȵia³¹	布纽	pu³⁵ȵia³¹
新　建	纽	ȵiɯ³¹	襻纽	pʻʌ̃²⁴ȵiɯ³¹
新　营	扣	tɕʻiɔ²¹³	布扣	pu²¹³tɕʻiɔ²¹³
黄　柏	纽扣哩	ȵiu⁴⁵³kʻə²¹³liº	纽□哩	ȵiu⁴⁵³kʻuã²¹³liº
暖　水	纽	ȵy²¹⁴	纽	ȵy²¹⁴

		0492 戒指		0493 手镯
经公桥	戒指儿	ka²⁴tɕin⁴²	手镯	ɕiəu⁴²tʂʻau²²
鹅　湖	戒指儿	ka³⁵tɕiəʳº	手镯儿	ɕiəu⁵³tʂʻaʔʳ²¹¹
旧　城	戒指儿	ka²¹³tɕiəʳ³¹	手镯儿	ɕiəu³¹tʂʻaʳ³³
湘　湖	戒指	ka²¹²tɕi³¹⁴	手镯	ɕiəu³⁵tsʻauʔ²
溪　头	戒指	ka²⁴tsʅ⁴²	手镯	sæi⁴²tsʻau⁵⁵
沱　川	金钏	tɕiɛn⁴⁴kʻuĩ⁴⁴＋银钏 ȵiɛn²¹kʻuĩ⁴⁴	手镯	sə²tsʻau⁵¹
紫　阳	金钏	tɕiæ̃⁴⁴tɕʻỹ³⁵	金镯	tɕiæ̃⁴⁴tsʻɒ⁵¹
许　村	金钏	tʃʻɛn³³tʃʻĩ²⁴	手镯	ɕia³¹tʃʻɔ⁵⁵
中　云	金钏	tɕiɛn⁴⁴tɕʻĩ³⁵	手镯	sa²tsʻɔ⁵¹
新　建	金戒指	tʃẽ⁵⁴ka²¹tsɣ³¹	手镯	ɕiɯ³¹tʂʻo³³
新　营	戒指	ka²¹³tɕi⁵³	镯	tʻɔ⁵⁵
黄　柏	戒指	ka²¹tɕi⁴⁵³	手镯哩	ʃu⁴⁵³tʂʻə⁴⁴liº
暖　水	戒箍	ka³⁵kʻu³¹	手镯	ɕy²⁴tʂʻɔ³¹

第五章 赣东北徽语代表方言点词语对照

	0494 耳环	0495 理发
经公桥	耳环 a⁴²xuʌ̃⁵⁵	剃头 tʻi⁴²tʻiəu⁵⁵
鹅 湖	金耳眼儿 tɕien⁵⁵ɚʳ⁵³ŋõ³⁵ni⁰	剃头 tʻei⁵⁵tʻiəu³⁵
旧 城	耳眼儿 əʳ³¹ŋuo³¹ni⁰	剃头 tʻei⁵⁵tʻau²⁴
湘 湖	耳朵环儿 əʳ³⁵to³¹uεn³⁵ni⁰	剃头 tʻei²¹tʻiau³⁵
溪 头	耳环 ɐ²³¹xũ⁵¹	剃头 tʻe²⁴tʻæi⁵¹
沱 川	耳朵饰 li³¹to²si⁵¹	剃头 tʻe⁴⁴tʻə²¹¹
紫 阳	耳环 ø³⁵xum²¹¹	剃头 tʻi³⁵tʻa²¹¹
许 村	金丝箍 tʃεn³³sʅ³³kʻu³³	剃头 tʻe³³tʻa⁵¹
中 云	金钏 tɕien⁴⁴tɕʻĩ³⁵	剃头 tʻi³⁵tʻa¹¹
新 建	耳环 zɤ³¹xuɔ̃²⁴	剃头 tʻæ⁵⁴tʻɯ²⁴
新 营	耳饰 θ⁵³sæ²¹⁵	剃头 tʻε²¹³tʻiɔ³¹
黄 柏	耳环 a⁴⁵³xuã⁴¹	剃头 tʻi²¹tʻiə⁴¹
暖 水	耳饰 ɤ²⁴se⁵⁴	剃头 tʻi³¹tʻy²³

	0496 梳头	0497 打赤脚	0498 穿（衣服）
经公桥	梳头 ʂu²²tʻiəu⁵⁵	赤脚□ tɕʻi⁴⁴tʃuʌu⁴⁴tʻən⁵⁵	着 tʃuʌ⁴⁴
鹅 湖	梳头 ʂəu⁵⁵tʻiəu³⁵	打赤脚 ta⁵³tsʻεʔ⁴tɕioʔ²⁴	着 tɕioʔ⁵
旧 城	梳头 ʂəu⁵⁵tʻau²⁴	打赤脚 ta³¹tsʻei²¹³tɕia²¹³	着 tɕia²¹³
湘 湖	梳头 səu⁴⁴tʻiau³⁵	光脚板 kuaŋ⁴⁴tɕiaʔ²poʳ³¹⁴	着 tsauʔ⁴
溪 头	梳头 su³³tʻæi⁵¹	打赤脚 ta⁴²tsʻe⁵⁵tʃau⁵⁵	着 tsau⁵⁵
沱 川	梳头 su⁴⁴tʻə²¹¹	打赤脚 tɒ²tsʻɒ⁵¹tɕiau⁵¹	着 tsə⁵¹
紫 阳	梳头 su⁴⁴tʻa²¹¹	打赤脚 ta²tsʻo⁵¹tɕiɒ⁵¹	着 tsɒ⁵¹
许 村	梳头 ɕy³³tʻa⁵¹	打赤脚 to³¹tʃʻɔ⁵⁵tɕia⁵⁵	着 tʃɤ⁵⁵
中 云	梳头 su⁴⁴tʻa¹¹	打赤脚 to²tsʻa⁵¹tɕia⁵¹	着 tsa⁵¹
新 建	梳头 ɕy⁵⁴tʻɯ²⁴	打赤脚 ta³¹tʃʻæ⁵¹tɕiɯ⁵¹	着 tɕiɯ⁵¹
新 营	梳头发 ɕio⁵⁵tʻiɔ³¹fo²¹⁵	打赤□ ta⁵³tsʻε²¹⁵kuã⁵³	着 tɕia²¹⁵
黄 柏	梳头 ʃu⁴⁴tʻiə⁴¹	光脚板 kuaŋ⁴⁴tʃʻə²¹pã⁴⁵³	穿 tʃʻuã⁴⁴
暖 水	梳头 ʂu³¹tʻy²³	打赤脚 ta²¹tsʻe⁵⁴tɕyε⁵⁴	着 tɕyε⁵⁴

	0499 脱（衣服）	0500 系（鞋带）	0501 扣（扣子）
经公桥	□ k'ɤ⁴⁴	系 tɕi²¹⁴	扣 tɕ'iəu²¹⁴
鹅湖	脱 t'ɛʔ⁴	绑 paŋ⁵³	扣 tɕ'iəu²¹³
旧城	脱 t'ɛ²¹³	系 tɕi²¹³	扣 k'au²¹³
湘湖	脱 t'ɛʔ⁴	系 tɕi²¹²	扣 tɕ'iau²¹²
溪头	脱 t'o⁵⁵	系 tʃe²⁴	纽 ȵiæi²³¹
沱川	脱 t'o⁵¹	系 tɕie³⁵	扣 k'ə³⁵
紫阳	脱 t'o⁵¹	系 tɕi³⁵	纽 ȵia³¹
许村	脱 t'o⁵⁵	系 tʃe²⁴	扣 tɕ'ia²⁴
中云	脱 t'o⁵¹	系 tɕie³⁵	扣 tɕ'ia³⁵
新建	脱 t'uɤ⁵¹	系 tɕie²¹³	扣 k'ɯ²¹³
新营	脱 t'o²¹⁵	系 tɕi²¹³	□ tæ²¹⁵
黄柏	脱 t'o²¹³	捆 k'uən⁴⁵³	扣 k'ə²¹³
暖水	脱 t'uɐ⁵⁴	系 tɕi³⁵	□ tæ⁵¹

	0502 解（扣子）	0503 挽（袖子）	0504 缝合（衣片）
经公桥	解 tɕia⁴²	□ tuʌ⁴⁴	缝 foŋ³⁵⁵
鹅湖	解 ka⁵³	扎 tsoʔ²¹³	联 nĩ³⁵
旧城	解 ka³¹	扎 tʂuo²¹³	联 ni²⁴
湘湖	解 ka³¹⁴	扎 tsoʔ⁴	联 ni³⁵
溪头	解 ka⁴²	节 tse⁵⁵	联 nĩ⁵¹
沱川	解 ka²	扎 tso⁵¹	联 nĩ²¹¹
紫阳	解 ko²	卷 tɕỹ²	联 nĩ²¹¹
许村	解 ko³¹	□ ke⁵⁵	联 nĩ⁵¹
中云	解 ko²	□ tɕie⁵¹	联 nĩ¹¹
新建	解 ka³¹	□ kiɛ⁵¹	联 nã²⁴
新营	解 ka⁵³	扎 to²¹⁵	联 li³¹
黄柏	解 ka⁴⁵³	扎 tʂɑ²¹³	联 liẽ⁴¹
暖水	解 ka³⁵	扎 tʂo⁵⁴	缝联 foŋ²³liẽ²³

第五章 赣东北徽语代表方言点词语对照

	0505 纳（鞋底）	0506 洗（衣服）	0507 洗一水
经公桥	□ t'i⁴⁴	洗 sei⁴²	洗一水 sei⁴²i⁴⁴ɕy⁴²
鹅 湖	打 ta⁵³	洗 sei⁵³	洗一到 sei⁵³iʔ⁴tau²¹³
旧 城	打 ta³¹	洗 sei³¹	洗一水 sei³¹i²¹³ɕy³¹
湘 湖	做 tso²¹²	洗 sei³¹⁴	洗一水 sei³¹iʔ⁴ɕy³¹⁴
溪 头	做 tso²⁴	洗 se⁴²	洗一到 se⁴²i⁵⁵tɐ²⁴
沱 川	尺 tsʻɒ⁵¹	洗 se²	洗一水 se²i⁵¹ɕy²
紫 阳	尺 tsʻo⁵¹	洗 se²	洗一水 se²i⁵¹ɕy²
许 村	尺 tsʻo⁵⁵	洗 se³¹	洗一次 se³¹i⁵⁵tsʻɿ²⁴
中 云	尺 tsʻo⁵¹	洗 se²	洗一水 se²i⁵¹ɕy²
新 建	尺 tsʻæ⁵¹	洗 sæ³¹	洗一水 sæ³¹iɛ⁵¹ʃue³¹
新 营	尺 tsʻæ²¹⁵	洗 se⁵³	洗一水 se⁵³i²¹³ɕyɛ⁵³
黄 柏	纳 la⁴⁴	洗 ɕi⁴⁵³	洗一水 ɕi⁴⁵³i²¹fi⁴⁵³
暖 水	尺 tsʻæ⁵⁴	洗 ɕi²¹⁴	洗一水 ɕi²¹i⁵⁴ɕy²¹⁴

	0508 米饭	0509 稀饭	0510 泡饭
经公桥	饭 fuɑ̃²¹⁴	粥 tʂo⁴⁴	煠饭 ʂuʌ²²fuɑ̃²¹⁴
鹅 湖	□ m̩²¹¹	粥 tʂəuʔ²¹³	煠□ ʂoʔ⁵m̩²¹¹
旧 城	饭 fuo³³	粥儿 tʂər²¹³	煠饭 ʂo³³fuo³³
湘 湖	饭 fo²¹¹	粥 tsəuʔ⁴	泡饭 pʻau³⁵fo²¹¹
溪 头	饭 fã⁵⁵	粥 tsu⁵⁵	饭汤 fã⁵⁵tʻɔ̃³³
沱 川	饭 fõ⁵¹	粥 tsu⁵¹	煠饭 so⁵¹fõ⁵¹
紫 阳	饭 fum⁵¹	粥 tsu⁵¹	煠饭 sə⁵¹fum⁵¹
许 村	饭 fũ⁵⁵	粥 tʃɔ⁵⁵	泡饭 pʻɔ²⁴fũ⁵⁵
中 云	饭 fum⁵¹	粥 tsɔ⁵¹	泡饭 pʻɔ³⁵fum⁵¹
新 建	饭 fɑ̃⁵¹	粥 tʃo⁵¹	泡饭 pʻɔ²⁴fɑ̃⁵¹
新 营	饭 fã⁵¹	粥 to²¹⁵	泡饭 pʻɔ²¹³fã⁵¹
黄 柏	饭 fã²¹³	粥 tʃu²¹³	煠饭 sɑ³³fã²¹³
暖 水	饭 fã⁵¹	粥 tʂəu⁵⁴	煮饭 tʂu²⁴fã⁵¹

	0511 炒米	0512 米汤	0513 饭粒
经公桥	炒米 tṣʻau⁴²mi⁴²	饮汤 in⁴²tʻaŋ²²	米糁 mi⁴²ɕin⁴²
鹅 湖	炒米 tṣʻau⁵³mei⁵³	米汤 mei⁵³tʻaŋ⁵⁵	□ m̩²¹¹
旧 城	炒米 tsʻau³¹mei³¹	饮汤 iɛn³¹tʻaŋ⁵⁵	饭糁 fuo³³sɛn³¹
湘 湖	炒米 tsʻau³⁵mei³¹⁴	饮汤 iɛn³⁵tʻaŋ⁴⁴	饭糁 fo²¹sən³¹⁴
溪 头	炒米 tsʻau⁴²mi²³¹	米汤 mi²³¹tʻɔ̃³³	饭糁 fã⁵⁵sɛn⁴²
沱 川	炒米 tsʻɒ³⁵bi³¹	米汤 bi³¹tʻã̃⁴⁴	饭糁 fõ⁵¹səŋ²
紫 阳	炒米 tsʻo³⁵bi³¹	饮汤 iæ̃³⁵tʻã⁴⁴	饭糁 fum⁵¹sæ³⁵
许 村	炒米 tʃʻɔ²⁴mi³¹	饮汤 iɛn²⁴tʻɔ̃³³	饭糁 fũ⁵⁵sɛn³¹
中 云	炒米 tsʻɔ³⁵bi³¹	米汤 bi³¹tʻã⁴⁴	饭糁 fum⁵¹sɛn²
新 建	炒米 tṣʻə³¹mi³¹	饮汤 iẽ³¹tʻɔ̃⁵⁴	饭糁 fʌ̃⁵¹sẽ³¹
新 营	炒米 tʻɔ⁵³mɛ⁵³	饮汤 iən⁵³tʻɔ⁵⁵	饭□ fã⁵¹tsʻɔ̃⁵³
黄 柏	炒米 tsʻə⁴⁵³mi⁴⁵³	米汤 mi⁴⁵³tʻã⁴⁴/□□ iɛ⁴⁴xu⁴¹	饭粒 fã²¹³li²¹³
暖 水	炒米 tṣʻo²⁴mi²¹⁴	饮汤 iẽ³⁵tʻʌŋ³¹	饭糁 fã⁵¹ɕiẽ²¹⁴

	0514 现饭	0515 锅巴	0516 子糕 糯米掺鸡蛋蒸制
经公桥	现饭 ɕiɛ²⁴fuʌ̃²¹⁴	焦□ tsia²²piẽ⁵⁵	—
鹅 湖	现□ ɕĩ²¹m̩²¹¹	锅疤 kuo⁵⁵pʻei²¹³	子糕 tsŋ⁵³kau⁵⁵
旧 城	现饭 ɕi³³fuo³³	锅疤 kuo⁵⁵pʻei³¹	糯米糕 nuo³³mei³¹kau⁵⁵
湘 湖	现饭 ɕĩ²¹fo²¹¹	镬巴 uoʔ²po⁴⁴	子糕 tsŋ³⁵kau⁴⁴
溪 头	现饭 ɕĩ⁵⁵fã⁵⁵	锅疤 ko³³pʻi⁴²	子糕 tsŋ²⁴kɐ³³
沱 川	腊饭 iã²¹fõ⁵¹	锅疤 ko⁴⁴pʻi²¹¹	子糕 tsŋ³⁵kɒ⁴⁴
紫 阳	现饭 ɕĩ⁵¹fum⁵¹	锅壳 kə⁴⁴kʻɒ⁵¹	糯米子糕 lə⁵¹bi³¹tsŋ³⁵ko⁴⁴
许 村	现饭 ɕĩ⁵⁴fũ⁵⁵	锅疤 kuɤ³³pʻi³¹	猪胆饭 tɕy³³tũ³¹fũ⁵⁵
中 云	现饭 ɕĩ⁵¹fum⁵¹	锅巴 kuɤ⁴⁴po⁴⁴	子糕 tsŋ³⁵ka⁴⁴
新 建	现饭 ɕiẽ⁵¹fʌ̃⁵¹	锅疤 ku⁵⁴pʻi³¹	糯米子糕 lɯ⁵¹mi³¹tsɤ³⁵kə⁵⁴
新 营	现饭 ɕiẽ⁵¹fã⁵¹	锅巴 ku⁵⁵po⁵⁵	—
黄 柏	现饭 ɕiẽ²¹fã²¹³	锅巴 ko⁴⁴pɒ⁴⁴	—
暖 水	现饭 ɕiẽ⁵¹fã⁵¹	锅疤 ko³¹pʻi²¹⁴	子糕 tsɤ²⁴kɤ³¹

第五章 赣东北徽语代表方言点词语对照

		0517 糍粑	0518 米粿	0519 米粉
经公桥		麻糍 muʌ³⁵tsʅ⁵⁵	粿 kuʌ⁴²	粉 fən⁴²
鹅 湖		麻糍 muo³⁵tsʅ⁰	粿儿 kuoʳ⁵³	粉 fən⁵³
旧 城		麻糍 muo²⁴sʅ²⁴	粿 kuoʳ³¹	米粉 mei³¹fɛn³¹
湘 湖		麻粿 mo³⁵ko³¹⁴	米粿 mei³⁵ko³¹⁴	排粉 pʻa³⁵fən³¹⁴
溪 头		麻粿 mo⁵¹ko⁴²	米粿 mi²³¹ko⁴²	米粉 mi²³¹fəŋ³³
沱 川		麻粿 bo²¹ko²	米粿 bi³¹ko²	米粉 bi³¹fəŋ²
紫 阳		麻粿 bə²¹kə²	灰质粿 xe⁴⁴tsa⁵¹kə²	粉 fæ̃²
许 村		麻粿 mo⁵¹kuɣ³¹	米粿 mi³¹kuɣ³¹	□粉 tɕi²⁴fɛn³¹
中 云		麻粿 bo¹¹kuɣ²	米粿 bi³¹kuɣ²	米粉 bi³¹fəŋ²
新 建		麻粿 muɣ²⁴ku³¹	米粿 mi³¹ku³¹	粉丝 fẽ³¹sɣ⁵⁴
新 营		麻粿 mo³¹ku⁵³	米粿 mɛ⁵³ku⁵³	米粉 mɛ⁵³fən⁵³
黄 柏		麻糍 mɑ⁴¹tsʅ⁰	米粿 mi⁴⁵³ko⁴⁵³	米粉 mi⁴⁵³fən⁴⁵³
暖 水		舂粿 tsoŋ³¹ko²¹⁴	粿 ko²¹⁴	九粉 tɕy²⁴fẽ²¹⁴

		0520 粽子	0521 年糕	0522 面粉
经公桥		粽 tsoŋ²¹⁴	年糕 niẽ³⁵kau²²	面粉 miẽ²⁴fən⁴²
鹅 湖		粽儿 tsʻoŋ³⁵ni⁰	糕 kau⁵⁵	面粉 mĩ²¹fən⁵³
旧 城		粽 tsoŋ²¹³	年糕 ni²⁴kau⁵⁵	面粉 mi³³fɛn³¹
湘 湖		粽 tsoŋ²¹²	年糕 nĩ³⁵kau⁴⁴	面粉 mĩ²¹fən³¹⁴
溪 头		裹粽 ko⁴²tsɐŋ²⁴	年糕 nĩ⁵¹kɐ³³	面粉 mĩ⁵⁵fəŋ⁴²
沱 川		粽 tsəŋ³⁵	年糕 nĩ²¹ka⁴⁴	麦粉 bo⁵¹fəŋ²
紫 阳		粽 tsɐm³⁵	年糕 nĩ²¹ko⁴⁴	洋粉 iã²¹fæ̃²
许 村		粽 tsɐm²⁴	年糕 nĩ⁵¹ka³³	面粉 mĩ⁵⁵fɛn³¹
中 云		粽仂 tsɐm³⁵le⁰	年糕 nĩ¹¹ka⁴⁴	麦粉 bo⁵¹fɛn²
新 建		粽 tsəŋ²¹³	大米粿 tʻa⁵¹mi³¹ku³¹	麦粉 mæ³³fẽ³¹
新 营		粽 tsəŋ²¹³	万米粿 uã⁵¹mɛ⁵³ku⁵³	面粉 mi⁵¹fən⁵³
黄 柏		粽子 tsəŋ²¹³tsʅ⁰	年糕 ȵiẽ⁴¹kə⁴⁴	面粉 miẽ²¹³fən⁴⁵³
暖 水		粽 tsoŋ³⁵	年糕 liẽ²¹kɣ³¹	面粉 miẽ⁵¹fẽ²¹⁴

	0523　面条	0524　面儿 辣椒~	0525　馒头
经公桥	面 miɛ̃²¹⁴	粉 fən⁴²	馒头 muɤ̃³⁵t'iəu⁵⁵
鹅 湖	索面 soʔ²⁴mĩ²¹¹	粉 fən⁵³	馍馍 muo³⁵muo⁰
旧 城	面 mi³³	粉 fɛn³¹	馍馍 muo⁵⁵muo⁵⁵
湘 湖	面 mĩ²¹¹	粉 fɛn³¹⁴	馍馍 mo⁴⁴mo⁴⁴
溪 头	面条 mĩ⁵⁵t'ia⁵¹	粉 fən⁴²	馒头 mã⁵¹t'æi⁰
沱 川	索面 sau⁵¹mĩ⁵¹	粉 fəŋ²	馒头 mũ²¹t'ə²¹¹
紫 阳	面 mĩ⁵¹	粉 fæ²	馒头 m̩²¹t'a²¹¹
许 村	索面 so⁵⁵mĩ⁵⁵	粉 fɛn³¹	馒头 mũ⁵¹t'a⁰
中 云	面 mĩ⁵¹	粉 fɛn²	馒头 mum¹¹t'a¹¹
新 建	索面 so⁵¹mã⁵¹	粉 fẽ³¹	馒头 muɤ̃²⁴t'ɯ⁰
新 营	面条 mi⁵¹t'iɔ³¹	粉 fən⁵³	馒头 mu³¹t'iɔ³¹
黄 柏	面条 miɛ̃²¹³t'iə⁴¹	粉 fən⁴⁵³	馒头 mõ⁴¹t'iə⁴¹
暖 水	面 miɛ̃⁵⁵	粉 fẽ²¹⁴	馒头 mõ²¹t'y²³

	0526　包子	0527　饺子	0528　馄饨
经公桥	包仂 pau²²lɛ⁰	饺仂 tɕiau⁴²lɛ⁰	清汤 ts'ãi²²t'aŋ²²
鹅 湖	包儿 paʳ⁵⁵	饺儿 tɕiaʳ⁵³	清汤 ts'ãi⁵⁵t'aŋ⁵⁵
旧 城	包儿 paʳ⁵⁵	饺儿 tɕiaʳ³¹	清汤 ts'ai⁵⁵t'aŋ⁵⁵
湘 湖	包仂 pau⁴⁴lɛ⁰	饺仂 tɕiau³⁵lɛ⁰	清汤 ts'ai⁴⁴t'aŋ⁴⁴
溪 头	包子 pau³³tsɿ⁰	水饺 ɕy²⁴tʃa⁴²	清汤 ts'ã³³tɔ̃³³
沱 川	包 pau⁴⁴	水饺 ɕy³⁵tɕiau²	清汤 ts'ɛn⁴⁴t'ã̃⁴⁴
紫 阳	包子 pɒ⁴⁴tsɿ⁰	水饺 ɕy³⁵tɕio²	清汤 ts'ɔ̃⁴⁴t'ã⁴⁴
许 村	包仂 pa³³lɛ⁰	水饺 ɕy²⁴tɕio³¹	清汤 ts'ã³³t'ɔ̃³³
中 云	包仂 pɔ⁴⁴lɛ⁰	饺仂 tɕio²lɛ⁰	清汤 ts'ɛn⁴⁴t'ã⁴⁴
新 建	包子 pə⁵⁴tsɣ⁰	饺子 tʃa³¹tsɣ⁰	清汤 ts'ã⁵⁴t'ɔ̃⁵⁴
新 营	包子 pɔ⁵⁵tsɿ⁰	饺子 tɕiɔ⁵³tsɿ⁰	清汤 ts'æ⁵⁵t'ɔ⁵⁵
黄 柏	包子 pə⁴⁴tsɿ⁰	饺子 tʃə⁴⁵³tsɿ⁰	清汤 ts'in⁴⁴t'ã⁴⁴
暖 水	包子 p'o³¹tsɿ⁰	饺子 tɕyɛ²⁴tsɿ⁰	清汤 ts'æ³¹t'ʌŋ³¹

第五章 赣东北徽语代表方言点词语对照

		0529 汤圆	0530 馅儿	0531 油条
经公桥		元宵 yẽ³⁵⁵sia²²	芯 sən²²	油条 iəu³⁵t'iau⁵⁵
鹅 湖		汤圆 t'aŋ⁵⁵ỹ³⁵	馅儿 xõ²¹ni⁰	油条 iəu³⁵t'ia³⁵
旧 城		汤圆 t'aŋ⁵⁵yĩ²⁴	馅儿 xo³³ni⁰	油条 iəu²⁴t'iau²⁴
湘 湖		汤圆 t'aŋ⁴⁴yĩ³⁵	馅 xo²¹¹	油条 iəu³⁵t'io³⁵
溪 头		汤圆 t'ʌ̃³³uĩ⁵¹	馅 xõ⁵¹	天萝粕 t'ĩ³³lo⁵¹p'u⁵⁵
沱 川		汤圆 t'ʌ̃⁴⁴ỹ²¹¹	馅 xõ⁵¹	油煎粕 ia²¹tsĩ⁴⁴p'u³⁵
紫 阳		汤圆 t'ã⁴⁴ỹ²¹¹	馅 xẽ⁵¹	油条 ia²¹t'io²¹¹
许 村		汤圆 t'ɔ̃³³vĩ⁵¹	馅 xũ⁵⁵	油煎粕 ia⁵¹tsĩ³³p'u²⁴
中 云		汤圆 t'ã⁴⁴vĩ¹¹	馅仂 xum⁵¹le⁰	油条 ia¹¹t'iɔ¹¹
新 建		元宵 ȵiẽ²⁴ɕiɛ⁵⁴	馅 xã⁵¹	油条 ia²⁴t'ie²⁴
新 营		澄粉粿 tæ⁵¹fən⁵³ku⁵³	馅 xã⁵¹	油条 io³¹t'iɔ³¹
黄 柏		元宵 ŋuã⁴¹ɕiə⁴⁴	馅哩 xã²¹³li⁰	油炸鬼 iu⁴¹tʂuɑ²¹³kui⁴⁵³
暖 水		澄粉粿 tæ³⁵fẽ²¹ko²¹⁴	馅 xã⁵¹	油条 y²¹t'yɛ²³

		0532 豆浆	0533 豆腐脑
经公桥		豆浆 t'iəu²⁴tsiaŋ²²	豆腐脑□ t'iəu²⁴fu⁰lau⁴²sei⁴²
鹅 湖		豆浆 t'iəu²¹tsiõ⁵⁵	豆腐脑□ t'iəu²¹fu⁵³lau⁵³sai⁵³
旧 城		豆浆 t'au³³tsa⁵⁵	水豆腐 ɕy³¹t'au³³fu⁰
湘 湖		豆浆 t'iau²¹tsa⁴⁴	豆腐花仂 t'iau²¹fu³¹xo⁴⁴le⁰
溪 头		豆浆 t'æi⁵⁵tsiɔ̃³³	豆腐花 t'æi⁵⁵fu⁴²xo³³
沱 川		豆浆 t'ə⁵¹tɕiʌ̃⁴⁴	豆腐生 t'ə⁵¹fu²sã⁴⁴
紫 阳		豆浆 t'a⁵¹ts'iã⁴⁴	豆腐花 t'a⁵¹fu²xə⁴⁴
许 村		豆浆 t'a⁵⁵tsiɔ̃³³	豆腐髓 t'a⁵⁵fu³¹sĩ³¹
中 云		豆浆 t'a⁵¹tɕiã⁴⁴	豆腐生 t'a⁵¹fu⁵¹sã⁴⁴
新 建		豆浆 t'ɯ⁵¹tɕiɔ̃⁵⁴	豆腐花 t'ɯ⁵¹fu³¹xua⁵⁴
新 营		豆浆 t'iɔ⁵¹tsiã⁵⁵	豆腐髓 t'iɔ⁵¹fu⁵³sɛ⁵³
黄 柏		豆浆 t'iə²¹tɕiã⁴⁴	水豆腐 fi⁴⁵³t'iə⁴¹fu⁰
暖 水		豆浆 t'y⁵¹tɕiʌŋ³¹	豆腐髓 t'y⁵¹fu⁰ɕi²¹⁴

		0534 豆腐	0535 点心	0536 菜
经公桥		豆腐 t'iəu²⁴fu⁰	点心 tiẽ⁴²sən²²	菜 ts'a²¹⁴
鹅湖		豆干儿 t'iəu²¹kien⁵⁵ni⁰	点心 fi⁵³sən⁵⁵	菜 ts'ɛ²¹³
旧城		豆干儿 t'au³³kɛn⁵⁵ni⁰	点心 ti³¹sen⁵⁵	菜 ts'ɛ²¹³
湘湖		豆腐 t'iau²¹fu³¹⁴	点心 tĩ³⁵sen⁴⁴	菜 ts'ɛ²¹²
溪头		豆腐 t'æi⁵⁵fu⁴²	点心 tĩ⁴²sen³³	菜 ts'a²⁴
沱川		豆腐 t'ə⁵¹fu²	点心 t'ĩ³⁵sen⁴⁴	菜 ts'ɒ³⁵
紫阳		豆腐 t'a⁵¹fu²	点心 tĩ³⁵sæ⁴⁴	菜 ts'o³⁵
许村		豆腐 t'a⁵⁵fu³¹	点心 tĩ²⁴sen³³	菜 ts'o²⁴
中云		豆腐 t'a⁵¹fu⁵¹	点心 tĩ³⁵sen⁴⁴	菜 ts'o³⁵
新建		豆腐 t'ɯ⁵¹fu³¹	点心 tã³¹sẽ⁵⁴	菜 ts'a²¹³
新营		豆腐 t'iɔ⁵¹fu⁵³	点心 ti⁵³sən⁵⁵	菜 ts'a²¹³
黄柏		豆腐 t'iə⁴¹fu⁰	点心 tiẽ⁴⁵³ɕin⁴⁴	菜 ts'a²¹³
暖水		豆腐 t'y⁵¹fu⁰	点心 tiẽ²⁴ɕiẽ³¹	菜 ts'ɤ³⁵

		0537 干菜	0538 瘦肉
经公桥		干菜 kɤ̃²²ts'a²¹⁴	实肉 ɕi²²iəu²²
鹅湖		干菜 k'ien⁵⁵ts'ɛ²¹³	腈肉 tsãi⁵⁵iəuʔ²¹¹
旧城		干菜 kɛn⁵⁵ts'ɛ²¹³	腈肉 tsai⁵⁵iəu³³
湘湖		干菜 kɛn⁴⁴ts'ɛ²¹²	实肉 ɕiʔ²iəuʔ²
溪头		干菜 kũ³³ts'a²⁴	实肉 sɿ⁵⁵ȵiæi⁵⁵
沱川		干菜 kũ⁴⁴ts'ɒ³⁵	实肉 sɿ⁵¹ȵiə⁵¹
紫阳		干菜 kum⁴⁴ts'o³⁵	腈肉 tsɔ̃⁴⁴gia⁵¹
许村		干菜 kũ³³ts'o²⁴	实肉 ʃa⁵⁵ȵia⁵⁵
中云		干菜 kum⁴⁴ts'o³⁵	腈肉 tsã⁴⁴ȵia⁵¹
新建		干菜 kuə̃⁵⁴ts'a²¹³	实肉 ʃɛ³³ȵiɯ⁵¹
新营		干菜 ku⁵⁵ts'a²¹³	腈猪肉 tsæ̃⁵⁵tɕy⁵⁵ȵio²¹⁵
黄柏		干菜 kõ⁴⁴ts'a²¹³	实肉 ʃuɛ⁴⁴ȵiu²¹³
暖水		干菜 kuõ³¹ts'ɤ³⁵	实猪肉 ɕie³¹tʂu³¹ȵy³¹

	0539 猪血	0540 猪脚
经公桥	猪血 tɕy²²ɕyɛ⁴⁴	猪脚 tɕy²²tʃuʌu⁴⁴
鹅 湖	猪血 tɕy⁵⁵ɕyɛʔ⁴	猪脚 tɕy⁴⁴tɕioʔ⁴
旧 城	猪血 tɕy⁵⁵ɕyɛ²¹³	猪脚 tɕy⁵⁵tɕia²¹³
湘 湖	猪血 tɕy⁴⁴ɕyɛʔ⁴	猪脚 tɕy⁴⁴tɕiaʔ⁴
溪 头	猪血 tɕy³³xue⁵⁵	猪脚 tɕy³³tʃau⁵⁵
沱 川	猪血 tɕy⁴⁴xue⁵¹	猪脚锥 tɕy⁴⁴tɕiau⁵¹tɕi⁴⁴
紫 阳	猪血 tɕy⁴⁴xe⁵¹	猪脚 tɕy⁴⁴tɕiɒ⁵¹
许 村	猪血 tɕy³³xe⁵⁵	猪脚锥 tɕy³³tɕia⁵⁵tsi³³
中 云	猪血 tɕy⁴⁴ɕie⁵¹	猪脚 tɕy⁴⁴tɕia⁵¹
新 建	猪血 tɕy⁵⁴xiɛ⁵¹	猪脚拐 tɕy⁵⁴tɕiɯ⁵¹kua³¹
新 营	猪血 tɕy⁵⁵ɕyɛ²¹⁵	猪脚 tɕy⁵⁵tɕia²¹⁵
黄 柏	猪血 tɕy⁴⁴ʃuɑ²¹³	猪脚 tɕy⁴⁴tʃə²¹³
暖 水	猪血 tʂu³¹xiɛ⁵⁴	猪脚 tʂu³¹tɕyɛ⁵⁴

	0541 猪舌头	0542 猪肝	0543 猪下水
经公桥	口心 tɕ'iəu⁴²sãi²²	猪肝 tɕy²²kɣ̃²²	猪杂 tɕy²²tsʻuʌ²²
鹅 湖	猪舌头 tɕy⁵⁵ɕiɛʔ²¹t'iəu³⁵	猪肝 tɕy⁵⁵kiɛn⁵⁵	肚杂 t'əu²¹tsʻoʔ⁴
旧 城	猪口心 tɕy⁵⁵k'au³¹sɛn⁵⁵	猪肝 tɕy⁵⁵kɛn⁵⁵	猪肚杂 tɕy⁵⁵t'əu³³tsʻuo³³
湘 湖	猪口心 tɕy⁴⁴tɕ'iau³⁵sɛn⁴⁴	猪肝 tɕy⁴⁴kɛn⁴⁴	肚杂 təu³⁵tsʻoʔ²
溪 头	猪舌 tɕy³³tsʻe⁵⁵	猪肝 tɕy³³kũ³³	肚杂 tu²³¹tsʻo⁵⁵
沱 川	猪舌头 tɕy⁴⁴tsʻe⁵¹t'ə²¹	猪肝 tɕy⁴⁴kũ⁴⁴	猪杂 tɕy⁴⁴tsʻo⁵¹
紫 阳	猪舌头 tɕy⁴⁴tɕ'ie⁵¹t'a²¹¹	猪肝 tɕy⁴⁴kum⁴⁴	肚杂 t'u³¹tsʻo⁵¹
许 村	猪舌 tɕy³³tʃʻe⁵⁵	猪肝 tɕy³³kũ³³	肚杂 tu³¹tsʻo⁵⁵
中 云	猪舌 tɕy⁴⁴tsʻe⁵¹	猪肝 tɕy⁴⁴kum⁴⁴	猪杂 tɕy⁴⁴tsʻo⁵¹
新 建	猪舌头 tɕy⁵⁴tɕ'ie³³t'ɯ⁰	猪肝 tɕy⁵⁴kũ⁵⁴	猪杂 tɕy⁵⁴tsʻo³³
新 营	猪舌头 tɕy⁵⁵ɕiæ⁵⁵t'iɔ³¹	猪肝 tɕy⁵⁵ku⁵⁵	下水 xo⁵¹ɕyɛ⁵³
黄 柏	猪舌头 tɕy⁴⁴ʃɑ⁴⁴t'iə⁰	猪肝 tɕy⁴⁴kõ⁴⁴	猪杂 tɕy⁴⁴tsʻɑ⁴⁴
暖 水	猪舌头 tʂu³¹ɕie³¹t'y⁰	猪肝 tʂu³¹kuõ³¹	猪杂 tʂu³¹tsʻuɐ³¹

	0544 米粉肉	0545 扣肉	0546 鸡蛋
经公桥	粉蒸肉 fən⁴²tɕiāi²²iəu²²	扣肉 tɕʻiəu²⁴iəu²²	鸡子 tɕi²²tsŋ⁴²
鹅 湖	米粉肉 mei⁵³fən⁵³iəuʔ²¹¹	扣肉 tɕʻiəu³⁵iəuʔ²¹¹	鸡子 tɕi⁵⁵tsŋ⁵³
旧 城	米粉肉 mei³¹fen³¹iəu³³	扣肉 kʻau²¹³iəu³³	鸡子 tɕi⁵⁵tsŋ³¹
湘 湖	粉蒸肉 fən³⁵tɕiai⁴⁴iəuʔ²	扣肉 tɕʻiau³⁵iəuʔ²	鸡子 tɕi⁴⁴tsŋ³¹⁴
溪 头	粉蒸肉 fəŋ⁴²tsen³³n̩iæi⁵⁵	□菜肉 tsʻəŋ⁵¹tsʻa²⁴n̩iæi⁵⁵	鸡子 tʃe³³tsŋ⁴²
沱 川	蒸猪肉 tsen⁴⁴tɕy⁴⁴n̩iə⁵¹	—	鸡子 tɕi⁴⁴tsŋ²
紫 阳	粉蒸肉 fæ²tsæ⁴⁴gia⁵¹	扣肉 tɕʻia³⁵gia⁵¹	鸡子 tɕi⁴⁴tsŋ²
许 村	粉蒸肉 fen³¹tʃen³³n̩ia⁵⁵	扣肉 tɕʻia²⁴n̩ia⁵⁵	鸡子 tʃe³³tsŋ³¹
中 云	粉蒸肉 fen²tsɛ⁴⁴n̩ia⁵¹	扣肉 tɕʻia³⁵n̩ia⁵¹	鸡子 tɕie⁴⁴tsŋ²
新 建	蒸猪肉 tʃẽ⁵⁴tɕy⁵⁴n̩iɯ⁵¹	扣肉 kʻɯ²¹³n̩iɯ⁵¹	鸡子 tɕie⁵⁴tsɤ³¹
新 营	米粉肉 mɛ⁵³fən⁵³n̩io²¹⁵	扣肉 tɕʻiɔ²¹³n̩io²¹⁵	鸡子 tɕi⁵⁵tsŋ⁵³
黄 柏	米粉肉 mi⁴⁵³fən⁴⁵³n̩iu²¹³	扣肉 kʻə²¹n̩iu²¹³	鸡子 tɕi⁴⁴tsŋ⁴⁵³
暖 水	蒸粉肉 tɕiæ³¹fẽ²⁴n̩y³¹	扣肉 tɕʻy³⁵n̩y³¹	鸡子 tɕi³¹tsŋ²¹⁴

	0547 松花蛋	0548 活鱼
经公桥	皮子 pʻi³⁵tsŋ⁴²	活鱼 uʌ²²y⁵⁵
鹅 湖	皮子 pʻei³⁵tsŋ⁵³	□鱼 iɛ⁵³y³⁵
旧 城	皮子 pʻei²⁴tsŋ³¹	活鱼 uɛ³³y²⁴
湘 湖	皮子 pʻei³⁵tsŋ³¹⁴	新鲜鱼 sen⁴⁴sĩ⁴⁴y³⁵
溪 头	皮蛋 pʻi⁵¹tã⁵⁵	活鱼 uo⁵⁵y⁵¹
沱 川	皮蛋 pʻi²¹tʻõ⁵¹	活鱼 vo⁵¹y²¹¹
紫 阳	变子 pĩ³⁵tsŋ²	活鱼 və⁵¹y²¹¹
许 村	皮蛋 pʻi⁵¹tʻũ⁵⁵	鲜鱼 sĩ³³n̩y⁵¹
中 云	皮蛋 pʻi¹¹tʻum⁵¹	活鱼 vo⁵¹y¹¹
新 建	皮蛋 pʻi²⁴tʻã̃⁵¹	鲜鱼 sã⁵⁴n̩y⁵¹
新 营	皮蛋 pʻɛ³¹tʻã⁵¹	活鱼 uo⁵⁵n̩y³¹
黄 柏	皮蛋 pʻi⁴¹tʻã²¹³	新鲜鱼 ɕin⁴⁴ɕiẽ⁴⁴n̩y⁴¹
暖 水	皮蛋 pʻi²³tʻã⁵¹	活鱼 xuɐ³¹ŋ²³

	0549 豆腐乳	0550 猪油 煞好的
经公桥	豆腐乳 t'iəu²¹fu⁴²y⁴²	猪油 tɕy²²iəu⁵⁵
鹅 湖	霉豆腐 mɛ³⁵t'iəu²¹fu⁵³	猪油 tɕy⁵⁵iəu³⁵
旧 城	霉豆腐 mɛ²⁴t'au³³fu⁰	猪油 tɕy⁵⁵iəu²⁴
湘 湖	霉豆腐 mɛ³⁵t'iau²¹fu⁰	猪油膏 tɕy⁴⁴iəu³⁵kau⁴⁴
溪 头	豆腐乳 tæi⁵¹fu⁴²y²³¹	猪油 tɕy³³iæi⁵¹
沱 川	香豆腐 ɕiɑ̃⁴⁴t'ə⁵¹fu²	猪油 tɕy⁴⁴iə²¹¹
紫 阳	豆腐乳 t'a⁵¹fu³⁵y³¹	猪油 tɕy⁴⁴ia²¹¹
许 村	豆腐鲜 t'a⁵⁵fu³¹sĩ³³	猪油 tɕy³³ia⁵¹
中 云	霉豆腐 bɤ¹¹t'a⁵¹fu⁰	猪油膏 tɕy⁴⁴ia¹¹ka⁴⁴
新 建	豆腐乳 t'ɯ⁵¹fu³¹y³¹	猪油 tɕy⁵⁴iɯ²⁴
新 营	豆腐乳 t'iɔ⁵¹fu⁵³y⁵³	猪油 tɕy⁵⁵io³¹
黄 柏	霉豆腐 mɛ⁴¹t'iə²¹³fu⁰	猪油 tɕy⁴⁴iu⁴¹
暖 水	豆腐乳 t'y⁵¹fu⁰y²¹⁴/香豆腐 ʂʌŋ³¹t'y⁵¹fu⁰	猪油 tʂu³¹y²³

	0551 香油 芝麻榨的	0552 酱油
经公桥	麻油 muʌ³⁵iəu⁵⁵	酱油 tsiaŋ²¹iəu⁵⁵
鹅 湖	麻油 muo³⁵iəu³⁵	酱油 tsiõ²¹iəu³⁵
旧 城	麻油 muo²⁴iəu²⁴	酱油 tsa²¹³iəu²⁴
湘 湖	麻油 mo³⁵iəu³⁵	酱油 tsa²¹²iəu⁵⁵
溪 头	麻油 mo⁵¹iæi⁵¹	酱油 tsiɔ̃²⁴iæi⁵¹
沱 川	香油 ɕiɑ̃⁴⁴iə²¹¹	酱油 tsiɑ̃³⁵iə²¹¹
紫 阳	麻油 bə²¹ia²¹¹	酱油 tsiã³⁵ia²¹¹
许 村	香油 ʃɔ̃³³ia⁵¹	酱油 tsiɔ̃²⁴ia⁵¹
中 云	麻油 bo¹¹ia¹¹	酱油 tɕiã³⁵ia¹¹
新 建	麻油 muɤ²⁴iɯ²⁴	酱油 tɕiɔ̃²¹iɯ²⁴
新 营	麻油 mo³¹io³¹	酱油 tsiã²¹³io³¹
黄 柏	麻油 mɑ⁴¹iu⁴¹	酱油 tɕiã²¹³iu⁴¹
暖 水	麻油 muɐ²³y²³	酱油 tɕiʌŋ³⁵y²³

	0553 盐	0554 酱	0555 醋
经公桥	盐 iɛ³⁵⁵	酱 tsiaŋ²¹⁴	醋 tsʻu²¹⁴
鹅 湖	盐 ĩ³⁵	酱 tsiõ²¹³	醋 tsʻəu²¹³
旧 城	盐 ȵi²⁴	酱 tsa²¹³	醋 tsʻəu²¹³
湘 湖	盐 ĩ³⁵	酱 tsa²¹²	醋 tsʻu²¹²
溪 头	盐 ĩ⁵¹	酱 tsiɔ̃²⁴	醋 tsʻu²⁴
沱 川	盐 ĩ²¹¹	酱 tsiã³⁵	醋 tsʻu³⁵
紫 阳	盐 ĩ²¹¹	酱 tsiã³⁵	醋 tsʻu³⁵
许 村	盐 ĩ⁵¹	酱 tsiɔ̃²⁴	醋 tsʻu²⁴
中 云	盐 ĩ¹¹	酱 tɕiã³⁵	醋 tsʻu³⁵
新 建	盐 iɛ²⁴	酱 tɕiɔ̃²¹³	醋 tsʻu²¹³
新 营	盐 iɛ³¹	酱 tsiɔ̃²¹³	醋 tsʻu²¹³
黄 柏	盐 iɛ⁴¹	酱 tɕiã²¹³	醋 tsʻu²¹³
暖 水	盐 iɛ²³	酱 tɕiʌŋ³⁵	醋 tsʻu³⁵

	0556 白糖	0557 颜色	0558 气味
经公桥	白糖 pʻa²²tʻaŋ⁵⁵	颜色 ŋuã³⁵ɕiai⁴⁴	味道 uei²⁴tʻau²¹⁴
鹅 湖	白糖 pʻaʔ²⁴tʻaŋ³⁵	颜色 ŋõ³⁵ɕiaiʔ⁴	气味 tɕʻi³⁵uei²¹¹
旧 城	白糖 pʻa³³tʻaŋ²⁴	色道 ɕiai²¹³tʻau³³	气儿 tɕʻi²¹³ni⁰
湘 湖	白砂糖 pʻaʔ²so⁴⁴tʻaŋ³⁵	色气 ɕiaiʔ⁴tɕʻi²¹²	味道 uei²¹tʻau²¹¹
溪 头	白糖 pʻa⁵¹tɔ̃⁵¹	颜色 ŋã⁵¹sa⁵⁵	味道 ui⁵⁵tʻɐ²³¹
沱 川	白糖 pʻɒ⁵¹tʻã²¹¹	颜色 ŋõ²¹sɒ⁵¹	味道 vi⁵¹tʻau⁵¹
紫 阳	白糖 pʻo⁵¹tʻã²¹¹	颜色 ŋẽ²¹so⁵¹	味道 vi⁵¹tʻo⁵¹
许 村	白糖 pʻo⁵⁵tʻɔ̃⁵¹	颜色 ŋũ⁵¹so⁵⁵	味道 vi⁵⁵tʻa⁵⁵
中 云	白糖 pʻo⁵¹tʻã¹¹	颜色 ŋum¹¹so⁵¹	味道 vi⁵¹tʻa⁵¹
新 建	雪糖 sæ⁵¹tʻɔ̃²⁴	颜色 ŋã̃²⁴ʃæ⁵¹	味道 vi⁵¹tʻə⁵¹
新 营	雪糖 si²¹⁵tʻɔ³¹	颜色 ŋã³¹ɕiæ²¹⁵	味道 uɛ⁵⁵tʻɔ⁵¹
黄 柏	雪糖 ɕiɑ²¹³tʻã⁴¹	颜色 ŋã⁴¹ʃuɛ²¹³	气味 tɕʻi²¹ui²¹³
暖 水	雪糖 ɕiɛ⁵⁴tʻʌŋ²³	颜色 ŋã²³ɕiæ⁵⁴	味道 vi⁵⁵tʻɣ⁵¹

	0559 滋味	0560 香烟	0561 旱烟
经公桥	味道 uei²⁴t'au²¹⁴	香烟 ʃuaŋ²²iẽ²²	黄烟 xuaŋ³⁵iẽ²²
鹅 湖	味道 uei²¹t'au²¹¹	香烟 ɕõ⁵⁵ĩ⁵⁵	旱烟 xõ³⁵ĩ⁵⁵
旧 城	味道 uei³³t'au³³	香烟 ɕia⁵⁵n̩i⁵⁵	黄烟 uaŋ²⁴n̩i⁵⁵
湘 湖	味道 uei²¹t'au²¹¹	纸烟 tɕi³⁵ĩ⁴⁴	烟草 ĩ⁴⁴ts'au³¹⁴
溪 头	味道 ui⁵⁵t'ɐ²³¹	香烟 ʃɔ̃³³ĩ³³	烟草 ĩ³³ts'ɐ⁴²
沱 川	味道 vi⁵¹t'au⁵¹	香烟 ɕiã⁴⁴ĩ⁴⁴	旱烟 xũ³¹ĩ⁴⁴
紫 阳	味道 vi⁵¹t'o⁵¹	香烟 ɕiã⁴⁴ĩ⁴⁴	黄烟 vã²¹ĩ⁴⁴
许 村	味道 vi⁵⁵t'a⁵⁵	香烟 ʃɔ̃³³ĩ³³	旱烟 xũ⁵⁵ĩ³³
中 云	味道 vi⁵¹t'a⁵¹	香烟 ɕiã⁴⁴ĩ⁴⁴	铳管 ts'ɐm³⁵kum²
新 建	味道 vi⁵¹t'ɔ⁵¹	香烟 ʃɔ̃⁵⁴iẽ⁵⁴	旱烟 xuɔ̃⁵¹iẽ⁵⁴
新 营	味道 uɛ⁵⁵t'ɔ⁵¹	香烟 ɕiã⁵⁵iɛ⁵⁵	黄烟 uɔ̃³¹iɛ⁵⁵
黄 柏	味道 ui²¹t'ə²¹³	香烟 ʃã⁴⁴iẽ⁴⁴	旱烟 xuõ²¹³iẽ⁴⁴
暖 水	味道 vi⁵⁵t'ɣ⁵¹	香烟 ʂʌŋ³¹iẽ³¹	红烟 xoŋ²³iẽ³¹

	0562 白酒	0563 黄酒	0564 江米酒
经公桥	烧酒 ʃuʌu²²tsiəu⁴²	黄酒 uaŋ³⁵ts'iəu⁴²	水酒 ɕy⁴²ts'iəu⁴²
鹅 湖	白酒 p'aʔ²⁴tsiəu⁵³	黄酒 xuaŋ³⁵tsiəu⁵³	水酒 ɕy⁵³tsiəu⁵³
旧 城	烧酒 ɕiau⁵⁵tsiəu³¹	黄酒 uaŋ²⁴tsiəu³¹	水酒 ɕy³¹tsiəu³¹
湘 湖	烧酒 ɕio⁴⁴tɕiəu³¹⁴	黄酒 uaŋ³⁵tɕiəu³¹⁴	酒娘仂 tɕiəu³¹⁴ia³⁵lɛ⁰
溪 头	白酒 p'a⁵⁵tsæi⁴²	黄酒 uɔ̃⁵¹tsæi⁴²	甜 tĩ⁵¹tsæi⁴²
沱 川	白酒 p'ɒ⁵¹tsə²	绍兴酒 sɒ⁵¹ɕiɛn⁴⁴tsə²	水酒 ɕy³⁵tsə²
紫 阳	烧酒 so⁴⁴tsa²	黄酒 vã²¹tsa²	水酒 ɕy³⁵tsa²/酒娘 tsa³⁵n̩iã²¹¹
许 村	高度酒 ka³³t'u⁵⁵tsa³¹	黄酒 vã⁵¹tsa³¹	甜/水酒 t'ĩ⁵¹/ɕy²⁴tsa³¹
中 云	烧酒 sa⁴⁴tsa²	黄酒 vã¹¹tsa²	米酒 bi²tsa²
新 建	白酒 p'æ³³tsɯ³¹	黄酒 võ²⁴tsɯ³¹	糯米酒 lɯ⁵¹mi³¹tsɯ³¹
新 营	烧酒 ɕiɔ⁵⁵tsio⁵³	黄酒 uɔ̃³¹tsio⁵³	米酒 mɛ⁵³tsio⁵³
黄 柏	烧酒 ʃə⁴⁴tɕiu⁴⁵³	黄酒 xuaŋ⁴¹tɕiu⁴⁵³	米酒 mi⁴⁵³tɕiu⁴⁵³
暖 水	烧酒 ɕyɛ³¹tɕy²¹⁴	老酒 lɣ²⁴tɕy²¹⁴	酒娘 tɕy²⁴n̩iʌŋ²³

	0565 茶叶	0566 冰棍儿	0567 做饭统称
经公桥	茶叶 tʂʻuʌ³⁵ iɛ²²	冰棒 pin²² paŋ²¹⁴	□饭 lo⁴⁴ fuʌ²¹⁴
鹅湖	茶叶 tʂʻuo³⁵ iɛʔ²¹¹	冰棒 pãi⁵⁵ paŋ²¹¹	□□ ləu⁵³ m̩²¹¹
旧城	茶叶 tʂʻuo²⁴ ie³³	冰棒 pai⁵⁵ paŋ²¹³	□饭 ləu²⁴ fuo³³
湘湖	茶叶 tsʻo³⁵ iɛʔ²	冰棒 pai⁴⁴ paŋ²¹¹	弄饭 loŋ³⁵ fo²¹¹
溪头	茶叶 tso⁵¹ ie⁵⁵	冰棍 pæi³³ kuəŋ²⁴	煮饭 tɕy⁴² fã⁵⁵
沱川	茶叶 tsʻo²¹ ie⁵¹	冰棒 pã⁴⁴ pʌ̃⁵¹	煮饭 tɕy² fõ⁵¹
紫阳	茶叶 tsʻə²¹ ie⁵¹	冰棒 pɔ̃⁴⁴ pʻã⁵¹	弄饭 lɐm⁵¹ fum⁵¹
许村	茶叶 tʃʻue⁵¹ ie⁵⁵	冰棍 pã³³ kuɛn²⁴	弄饭 nɐm⁵⁵ fũ⁵⁵
中云	茶叶 tsʻo¹¹ ie⁵¹	冰棒 pã⁴⁴ pã⁵¹	煮饭 tɕy² fum⁵¹
新建	茶叶 tʂʻuɤ⁵¹ ie³³	冰棒 pẽ⁵⁴ pɔ̃²¹³	弄饭 nəŋ⁵¹ fʌ̃⁵¹
新营	茶叶 tʻo³¹ iɛ⁵⁵	棒冰 pɔ̃⁵¹ pæ̃⁵⁵	□饭 lo²¹⁵ fã⁵¹
黄柏	茶叶 tsʻuɑ⁴¹ iɑ⁴⁴	冰棒 pin⁴⁴ pəŋ²¹³	做饭 tso²¹ fã²¹³
暖水	茶叶 tsʻuɐ²³ ie³¹	冰棒 pẽ³¹ pʌŋ³⁵	弄饭 loŋ⁵¹ fã⁵¹

	0568 炒菜	0569 揉面	0570 擀面
经公桥	□菜 lo⁴⁴ tsʻa²¹⁴	搦面 lau²² miẽ²¹⁴	擀面 kuʌ̃⁴² miẽ²¹⁴
鹅湖	□菜 ləu⁵³ tsʻɛ²¹³	搦面 lauʔ mĩ²¹¹	□面 liɛʔ²¹ mĩ²¹¹
旧城	□菜 ləu²⁴ tsʻe²¹³	□面 lau²¹³ mi³³	擀皮儿 kuo³¹ pʻə²⁴
湘湖	烧菜 ɕio⁴⁴ tsʻɛ²¹²	搓粉 tsʻo³³ fɛn³¹⁴	擀面 kɛn³¹⁴ mĩ²¹¹
溪头	炒菜 tsʻɐ⁴² tsʻa²⁴	搦粉 ȵiæi⁵⁵ fəŋ⁴²	打面 ta⁴² mĩ⁵⁵
沱川	做菜 tsu³⁵ tsʻɒ³⁵	搦粉 ȵiə⁵¹ fəŋ²	打面 tɒ² mĩ⁵¹
紫阳	弄菜 lɐm⁵¹ tsʻo³⁵	搦粉 gia⁵¹ fæ²	□面 næ⁵¹ mĩ⁵¹
许村	弄菜 nɐm⁵⁵ tsʻo²⁴	搓粉 tsʻɤ³³ fɛn³¹	打面 ta³¹ mĩ⁵⁵
中云	弄菜 lɐm⁵¹ tsʻo³⁵	搓粉 tsʻɤ⁴⁴ fɛn²	□面 le⁵¹ mĩ⁵¹
新建	炒菜 tʂʻɔ³¹ tsʻo²¹³	搓粉 tsʻɯ⁵⁴ fẽ³¹	打皮 ta³¹ pʻi²⁴
新营	□菜 lo²¹⁵ tsʻa²¹³	搦粉 lɔ²¹⁵ fən⁵³	打皮 ta⁵³ pʻɛ³¹
黄柏	烧菜 ʃə⁴⁴ tsʻa²¹³	搓粉 tsʻo⁴⁴ fən⁴⁵³	过面 ko⁴⁵³ miẽ²¹³
暖水	炒菜 tʂʻo²¹ tsʻɤ³⁵	搦粉 lo²³ fẽ²¹⁴	打皮 ta²⁴ pʻi²³

第五章 赣东北徽语代表方言点词语对照

		0571 摘菜	0572 择菜	0573 杀猪
经公桥		□菜 lo⁴⁴ts'a²¹⁴	拣菜 kuʌ̃⁴²ts'a²¹⁴	杀猪 ʂuʌ⁴⁴tɕy²²
鹅 湖		讨菜 t'au⁵³ts'ɛ²¹³	择菜 t'auʔ²¹ts'ɛ²¹³	杀猪 ʂoʔ²⁴tɕy⁵⁵
旧 城		讨菜 t'au³¹ts'ɛ²¹³	择菜 t'au³³ts'ɛ²¹³	杀猪 ʂuo²¹³tɕy⁵⁵
湘 湖		讨菜 t'au³¹⁴ts'ɛ²¹²	挑菜 t'io⁴⁴ts'ɛ²¹²	杀猪 so²⁴tɕy⁴⁴
溪 头		讨菜 t'ɐ⁴²ts'a²⁴	择菜 tsa⁵⁵ts'a²⁴	杀猪 so⁵⁵tɕy³³
沱 川		讨菜 t'a²ts'ɒ³⁵	择菜 ts'o⁵¹ts'ɒ³⁵	杀猪 so⁵¹tɕy⁴⁴
紫 阳		讨菜 t'o²ts'o³⁵	择菜 ts'o⁵¹ts'o³⁵	杀猪 sə⁵¹tɕy⁴⁴
许 村		讨菜 t'a³¹ts'o²⁴	择菜 t'ɔ⁵⁵ts'o²⁴	杀猪 ʃo⁵⁵tɕy³³
中 云		讨菜 t'a²ts'o³⁵	择菜 ts'o⁵¹ts'o³⁵	杀猪 so⁵¹tɕy⁴⁴
新 建		讨菜 t'ə³¹ts'a²¹³	择菜 t'ɔ³³ts'a²¹³	杀猪 ʃuɣ⁵¹tɕy⁵⁴
新 营		讨菜 t'ɔ⁵³ts'a²¹³	择菜 t'ɔ⁵⁵ts'a²¹³	杀猪 ɕio²¹⁵tɕy⁵⁵
黄 柏		讨菜 t'ə⁴⁵³ts'a²¹³	择菜 t'uɑ⁴⁴ts'a²¹³	杀猪 ʂuɑ²¹³tɕy⁴⁴
暖 水		讨菜 t'ɣ²¹ts'ɣ³⁵	择菜 t'ɔ³¹ts'ɣ³⁵	杀猪 ʂuɐ⁵⁴tʂu³¹

		0574 剖鱼	0575 腌（肉）	0576 清水煮（鸡蛋）
经公桥		破鱼 p'uʌ²⁴y⁵⁵	腌 iɛ⁴⁴	煮 tɕy⁴²
鹅 湖		破鱼 p'ɛ³⁵y³⁵	腌 iɛʔ²¹¹	煠 ʂoʔ²⁴
旧 城		破鱼 p'uo²¹³y²⁴	腌 iɛ²¹³	煮 tɕy³¹
湘 湖		破鱼 p'ɛ²¹y³⁵	腌 ĩ⁴⁴	煠 soʔ²/煮 tɕy³¹⁴
溪 头		破鱼 p'o²⁴y⁵¹	腌 ĩ³³	煮 tɕy⁴²
沱 川		破鱼 p'u³⁵y²¹¹	腌 ĩ⁴⁴	煮 tɕy²
紫 阳		破鱼 p'ə³⁵y²¹¹	腌 ĩ⁴⁴	煮 tɕy²
许 村		破鱼 p'ɣ²⁴ȵy⁵¹	腌 iɛ⁵⁵	煮 tɕy³¹
中 云		破鱼 p'u³⁵y²	腌 ĩ⁴⁴	煮 tɕy²
新 建		破鱼 p'ɯ²¹³ȵy²⁴	腌 iɛ⁵¹	煮 tɕy³¹
新 营		破鱼 p'u²¹³ȵy⁵³	腌 iɛ²¹⁵	煠 ɕio⁵⁵
黄 柏		破鱼 p'o²¹³ȵy⁴¹	腌 iɛ̃⁴⁴	煮 tɕy⁴⁵³
暖 水		破鱼 p'o³⁵y²³	腌 iɛ⁵⁴	煠 ʂuɐ⁵⁴

	0577 煎（鸡蛋）	0578 炸（油条）	0579 蒸（鱼）
经公桥	煎 tsiẽ²²	炸 tʂuʌ²¹⁴	蒸 tɕiãi²²
鹅 湖	煎 tsĩ⁵⁵	炸 tʂuo²¹³	蒸 tʂãi⁵⁵
旧 城	煎 tsi⁵⁵	炸 tʂuo²¹³	蒸 tɕiai⁵⁵
湘 湖	煎 tsĩ⁴⁴	煎 tsĩ⁴⁴/炸 tso²¹²	蒸 tɕiai⁴⁴
溪 头	煎 tsĩ³³	煎 tsĩ³³	蒸 tsɛn³³
沱 川	煎 tsĩ⁴⁴	煎 tsĩ⁴⁴	蒸 tsɛn⁴⁴
紫 阳	煎 tsĩ⁴⁴	煎 tsĩ⁴⁴	蒸 tsæ⁴⁴
许 村	煎 tsĩ³³	煎 tsĩ³³	蒸 tʃɛn³³
中 云	煎 tsĩ⁴⁴	炸 tso³⁵	蒸 tsɛn⁴⁴
新 建	煎 tsã⁵⁴	□ fu²¹³	蒸 tʃẽ⁵⁴
新 营	煎 tsĩ⁵⁵	泛 fã⁵¹	蒸 tæ⁵⁵
黄 柏	煎 tɕiẽ⁴⁴	炸 tʂuɑ²¹³	蒸 tʃən⁴⁴
暖 水	煎 tɕiẽ³¹	泛 fã³¹	蒸 tɕiẽ³¹

	0580 （汤煮沸）溢（出来）	0581 吃	0582 早饭吃~
经公桥	漫 muʌ̃²¹⁴	喫 tɕ'iai⁴⁴	朝饭 tʃuau²²fuʌ̃²¹⁴
鹅 湖	蓬 p'oŋ³⁵	喫 k'aiʔ⁴	朝□ tɕia⁵⁵m̩²¹¹
旧 城	潜 p'u⁵⁵	喫 tɕ'iai²¹³	朝饭 tɕiau⁵⁵fuo³³
湘 湖	潜 p'u⁴⁴	喫 tɕ'iaiʔ⁴	朝饭 tɕio⁴⁴fo²¹¹
溪 头	涌 iəŋ²³¹	喫 tʃ'a⁵⁵	朝饭 tsa³³fã⁵⁵
沱 川	涌 iəŋ²	喫 tɕ'iɒ⁵¹	朝饭 tsɒ⁴⁴fõ⁵¹
紫 阳	满 mum³¹	喫 tɕ'io⁵¹	朝饭 tso⁴⁴fum⁵¹
许 村	潜 p'u⁵¹	喫 tʃ'o⁵⁵	朝饭 tʃo³³fũ⁵⁵
中 云	涌 iɐŋ²	喫 tɕ'io⁵¹	朝饭 tso⁴⁴fum⁵¹
新 建	蓬 p'əŋ⁵¹	喫 tʃ'æ⁵¹	朝饭 tʃa⁵⁴fʌ̃⁵¹
新 营	潜 p'u⁵⁵	喫 k'æ²¹⁵	朝饭 tɕiɔ⁵⁵fã⁵¹
黄 柏	满 mõ⁴⁵³	喫 tʃ'ɛ²¹³	早饭 tsə⁴⁵³fã²¹³
暖 水	蓬 p'oŋ⁵⁵	喫 tɕ'iæ⁵⁴	朝饭 tɕye³¹fã⁵⁵

		0583 中饭吃~	0584 晚饭吃~	0585 喝（酒）
经公桥		昼饭 tɕiəu²⁴fuɤ̃²¹⁴	夜饭 iɛ²⁴fuɤ̃²¹⁴	喝 xɤ⁴⁴
鹅 湖		昼□ tɕiəu²¹³m̩²¹¹	夜□ iɛ²¹m̩²¹¹	喫 kʻaiʔ⁴
旧 城		昼饭 tɕiəu²¹³fuo³³	夜饭 iɛ³³fuo³³	喫 tɕʻiai²¹³
湘 湖		昼饭 tɕiəu²¹²fo²¹¹	夜饭 iɛʔ²fo²¹¹	喫 tɕʻiaiʔ⁴/喝 xɛʔ⁴
溪 头		点心 tī²⁴sen³³	夜饭 iɛ⁵⁵fã⁵⁵	喝 xɐ⁵⁵
沱 川		昼饭 tsə³⁵fõ⁵¹	夜饭 iɛ⁵¹fõ⁵¹	喝 xo⁵¹
紫 阳		昼饭 tsa³⁵fum⁵¹	夜饭 iɛ⁵¹fum⁵¹	喫 tɕʻio⁵¹
许 村		点心 tī²⁴sen³³	夜饭 iɛ⁵⁵fũ⁵⁵	喫 tʃʻo⁵⁵
中 云		昼饭 tsa³⁵fum⁵¹	夜饭 iɛ⁵¹fum⁵¹	喫 tɕʻio⁵¹
新 建		昼饭 tɕiɯ²¹³fɤ̃⁵¹	夜饭 iɛ⁵¹fɤ̃⁵¹	喫 tʃʻæ⁵¹
新 营		昼饭 tɕio²¹³fã⁵¹	夜饭 iɛ⁵¹fã⁵¹	喫 kʻæ²¹⁵
黄 柏		中饭 tʂuəŋ⁴⁴fã²¹³	夜饭 iɑ²¹fã²¹³	喝 xə²¹³
暖 水		昼饭 tɕy³⁵fã⁵¹	夜饭 ia⁵⁵fã⁵¹	喫 tɕʻiæ⁵⁴

		0586 吸（烟）	0587 盛（饭）	0588 夹（菜）
经公桥		喫 tɕʻiai⁴⁴	盛 ɕiãi³⁵⁵	夹 kuʌ⁴⁴
鹅 湖		喫 kʻaiʔ⁴	盛 ʂãi³⁵	夹 koʔ⁴
旧 城		喫 tɕʻiai²¹³	盛 ɕiai²⁴	夹 kuo²¹³
湘 湖		喫 tɕʻiaiʔ⁴	盛 ɕiai³⁵	夹 koʔ⁴
溪 头		喫 tʃʻa⁵⁵	盛 sæi⁵¹	夹 ko⁵⁵
沱 川		喫 tɕʻio⁵¹	盛 sen²¹¹	夹 ko⁵¹
紫 阳		喫 tɕʻio⁵¹	盛 sæ²¹¹	夹 ko⁵¹
许 村		喫 tʃʻo⁵⁵	盛 ʃã⁵¹	夹 ko⁵⁵
中 云		喫 tɕʻio⁵¹	盛 sen¹¹	夹 ko⁵¹
新 建		喫 tʃʻæ⁵¹	盛 ʃẽ⁵¹	夹 kuɤ⁵¹
新 营		喫 kʻæ²¹⁵	盛 ɕiæ̃³¹	夹 ko²¹⁵
黄 柏		喫 tʃʻɛ²¹³	盛 ʃən⁴¹	夹 kɑ²¹³
暖 水		喫 tɕʻiæ⁵⁴	盛 ɕiẽ²³	□ ȵiɛ⁵⁵

	0589 （从碗里往外）拨	0590 拨（饭菜入口）	0591 下饭
经公桥	减 kuʌ̃42	刮 kuʌ44	搭饭 tuʌ44fuʌ̃214
鹅 湖	划 xuo35	划 xuo35	下口 xuo21m̩211
旧 城	减 kuo31	爬 p'uo24	搭饭 to213fuo33
湘 湖	减 ko314	爬 p'o35	搭饭 toʔ24fo211
溪 头	减 kã42	划 uo51	下饭 xo55fã55
沱 川	减 kõ2	乞 vau51	下饭 xo31fõ51
紫 阳	减 kẽ2	爬 p'ə211	下饭 xə31fum51
许 村	减 kũ31	划 va51	护饭 xu55fũ55
中 云	减 k'um2	划 vo11	下饭 xo51fum51
新 建	减 kʌ̃31	划 va24	行饭 xã24fʌ̃51
新 营	减 kã53	划 uo215	下饭 xo51fã51
黄 柏	减 kã453	爬 p'ɑ41	下饭 xɑ21fã213
暖 水	减 k'ʌ̃214	划 vɐ55	配饭 p'ɤ35fã51

	0592 剩（了饭）	0593 相貌	0594 声音
经公桥	賸 iãi214	面口儿 miẽ24xun42	声音 ɕiãi22in22
鹅 湖	賸 ŋãi35	相貌 siõ35mau211	声音 ʂãi55iɛn55
旧 城	賸 ŋai33	相貌 sa213mau213	声音 ɕiai55iɛn55
湘 湖	賸 ŋai211	相貌 sa212mau211	声音 ɕiai44iɛn44
溪 头	剩 sæi55	面相 mĩ55siɔ̃24	声音 sã33iɛn33
沱 川	賸 iã51	相貌 siʌ̃35bau51	声音 sɛn44iɛn44
紫 阳	賸 iɔ̃51	面相 mĩ51siã35	声音 sɔ̃44iæ̃44
许 村	剩 ʃɛn55	面相 mĩ55siɔ̃24	声音 ʃã33iɛn33
中 云	賸 iã11	面相 mĩ51ɕiã35	声音 sã44iɛn44
新 建	剩 ʃã51	相貌 ɕiɔ̃213mɔ51	声音 ʃã51iẽ54
新 营	剩 ɕiæ51	相貌 siã213mɔ51	声音 ɕiæ55iən55
黄 柏	剩 ʃən213	长相 tʃã453ɕiã213	声音 ʃn44in44
暖 水	賸 iã55	面相 miẽ51ɕiʌŋ35	声音 ɕiæ31iẽ0

	0595 皮肤	0596 肉	0597 血
经公桥	皮 p'i³⁵⁵	肉 iəu²²	血 ɕyɛ⁴⁴
鹅 湖	皮 p'ei³⁵	肉 iəuʔ²¹¹	血 ɕyɛʔ²⁴
旧 城	皮 p'ei²⁴	肉 iəu³³	血 ɕyɛ²¹³
湘 湖	皮 p'ei³⁵	肉 iəuʔ²	血 ɕyɛʔ²⁴
溪 头	皮 p'i⁵¹	肉 ȵiæi⁵⁵	血 xue⁵⁵
沱 川	皮 p'i²¹	肉 ȵiə⁵¹	血 xue⁵¹
紫 阳	皮 p'i²¹¹	肉 gia⁵¹	血 ɕyɛ⁵¹
许 村	皮 p'i⁵¹	肉 ȵia⁵⁵	血 ɕie⁵⁵
中 云	皮 p'i¹¹	肉 ȵia⁵¹	血 ɕie⁵¹
新 建	皮 p'i²⁴	肉 ȵiɯ⁵¹	血 xiɛ⁵¹
新 营	皮 p'ɛ³¹	肉 ȵio⁵⁵	血 ɕyɛ²¹⁵
黄 柏	皮 p'i⁴¹	肉 ȵiu²¹³	血 ʃuɑ²¹³
暖 水	皮 p'i²³	肉 ȵy⁵⁴	血 xiɛ⁵⁴

	0598 骨头	0599 脂肪 人体的	0600 头 人的，统称
经公桥	骨头 kei⁴⁴t'iəu⁰	肥肉 fei³⁵iəu²²	头 t'iəu³⁵⁵
鹅 湖	骨头 kueiʔ²⁴t'əu³⁵	肥肉 fei³⁵iəuʔ²¹¹	头 t'iəu³⁵
旧 城	骨头 kuei²¹³t'au⁰	肥肉 fei²⁴iəu³³	头 t'au²⁴
湘 湖	骨头 kueiʔ²⁴t'iau³⁵	肥肉 fei³⁵iəuʔ²	脑壳 lau³⁵k'auʔ⁰
溪 头	骨头 kuɐ⁵⁵t'æi⁵¹	肥肉 fi⁵¹ȵiæi⁵⁵	头 t'æi⁵¹
沱 川	骨头 kuə⁵¹t'ə²¹¹	肥肉 fi³⁵ȵiə⁵¹	头 t'ə²¹¹/脑壳 la⁵¹k'ɒ⁵¹
紫 阳	骨头 ke⁵¹t'a²¹¹	肥肉 fi³⁵gia⁵¹	头 t'a²¹¹/脑壳 lo³¹k'ɒ⁵¹
许 村	骨头 kuɤ⁵⁵t'a⁰	肥肉 fi⁵¹ȵia⁵⁵	脑壳 la³¹k'ɔ⁵⁵
中 云	骨头 kuɤ⁵¹t'a¹¹	肥肉 fi³⁵ȵia⁵¹	脑壳 la³¹k'ɔ⁵¹
新 建	骨头 kuɛ⁵¹t'ɯ⁰	肥肉 fi²⁴ȵiɯ³³	头 t'ɯ²⁴
新 营	骨头 k'uɛ²¹⁵t'iɔ³¹	肥肉 fɛ³¹ȵio⁵⁵	脑壳 lɔ⁵³k'ɔ²¹⁵
黄 柏	骨头 kuɛ²¹³t'iə⁴¹	肥肉 fei⁴¹ȵiu⁴⁴	头 t'iə⁴¹
暖 水	骨头 kue⁵⁴t'y⁰	肥肉 fi²³ȵy³¹	脑壳 lɤ²¹k'ɔ⁵⁴

		0601 囟门		0602 额头
经公桥	囟门	sin²¹mən⁵⁵	脑ɻ壳	laŋ³⁵kʻau⁴⁴
鹅 湖	囟门	sən³⁵mən³⁵	脑门	lau⁵³mən³⁵
旧 城	囟门子ɻ	sɛn²¹³mɛn²⁴tsəʳ⁰	脑门	lau³¹mɛn²⁴
湘 湖	头囟	tʻiau³⁵sɛn²¹²	脑门	lau³¹mɛn³⁵
溪 头	囟门	sɛn²⁴mɛn⁵¹	额高	ŋa⁵⁵kɐ³³
沱 川	囟门	sĩ³⁵məŋ²¹	脑壳门	la⁵¹kʻɒ⁵¹məŋ²¹
紫 阳	囟门	sæ̃³⁵mæ̃²¹¹	脑壳门	lo³¹kʻɒ⁵¹mæ̃²¹¹
许 村	头脑□	tʻa⁵¹la³¹tsɛn²⁴	额	ŋo⁵⁵
中 云	囟门	sɛn³⁵mɛn¹¹	额	ŋo⁵¹
新 建	囟门	sẽ²¹³mẽ²⁴	额头	ŋæ⁵¹tʻɯ²⁴
新 营	脑门囟	lɔ⁵³mən³¹sən²¹³	额	ŋa²¹⁵
黄 柏	囟当哩	ɕin²¹³tã⁴⁴li⁰	天堂	tʻiẽ⁴⁴tʻã⁴¹
暖 水	囟门	sẽ³⁵mẽ²³	脑门	lɤ²⁴mẽ²³

		0603 头发		0604 辫子
经公桥	头发	tʻiəu³⁵fuʌ⁴⁴	辫	pʻiẽ²¹⁴
鹅 湖	头发	tʻiəu³⁵foʔ⁴	辫儿	pʻĩ²¹¹ni⁰
旧 城	头发	tʻau²⁴fuo²¹³	辫儿	pʻĩ³³ni⁰
湘 湖	头发	tʻiau³⁵foʔ⁴	辫	pʻĩ²¹¹
溪 头	头发	tʻæi⁵¹fo⁵⁵	辫	pʻĩ²³¹
沱 川	头发	tʻə²¹fo⁵¹	辫儿	pʻi³¹ni⁰
紫 阳	头发	tʻa²¹fo⁵¹	辫	pʻĩ³¹
许 村	头发	tʻa⁵¹fo⁵⁵	辫仂	pʻi⁵¹le⁰
中 云	头发	tʻa¹¹fo⁵¹	辫	pʻĩ³¹
新 建	头发	tʻɯ²⁴fuɤ⁵¹	辫子	pʻã⁵¹tsɤ⁰
新 营	头发	tʻiɔ³¹fo²¹⁵	辫	pʻi⁵¹
黄 柏	头发	tʻiə⁴¹fɑ²¹³	辫子	pʻiẽ²¹³tsʅ⁰
暖 水	头发	tʻy²¹fuɐ⁵⁴	辫	pʻiẽ⁵⁵

	0605 （头发）旋	0606 脸	0607 眼睛
经公桥	旋 ts'ɣ̃²¹⁴	面嘴 miẽ²⁴tsei⁴²	眼珠ㄦ ŋuɑ̃⁴²tɕyẽ²²
鹅 湖	旋儿 ts'ɛn²¹¹ni⁰	面子 mĩ²¹¹tsŋ⁰	眼珠 ŋõ⁵³tɕy⁵⁵
旧 城	旋儿 ts'ɛn³³ni⁰	面嘴 mi³³tsei³¹	眼珠 ŋuo³¹tɕy⁵⁵
湘 湖	旋 ts'ĩ²¹¹	面 mĩ²¹¹	眼珠 ŋo³⁵tɕy⁴⁴
溪 头	旋 ts'ĩ⁵¹	面 mĩ⁵¹	眼睛 ŋã²³¹tsæi³³
沱 川	旋儿 ts'ɛn⁵¹ni⁰	面子 mi⁵¹tsŋ⁰	眼睛 ŋõ³¹tsã⁴⁴
紫 阳	旋 ts'ĩ⁵¹	面 mĩ⁵¹	眼睛 ŋẽ³¹tsɔ̃⁴⁴
许 村	旋 ts'ĩ⁵⁵	面 mĩ⁵⁵	眼睛 ŋũ³¹tsã³³
中 云	旋 ts'ĩ⁵¹	面 mĩ⁵¹	眼睛 ŋum³¹tsã⁴⁴
新 建	旋 ɕiẽ²¹³	面 mã⁵¹	眼睛 ŋɑ̃³¹tsã⁵⁴
新 营	旋 ts'i⁵¹	面 mi⁵¹	眼珠 ŋã⁵³tɕy⁵⁵
黄 柏	旋 tɕ'iẽ²¹³	面 miẽ²¹³	眼睛 ŋã⁴⁵³tɕin⁴⁴
暖 水	旋 tɕ'iẽ⁵⁵	面 miẽ⁵⁵	眼子 ŋã²¹tsŋ²¹⁴

	0608 眼珠	0609 眼泪
经公桥	眼子 ŋuɑ̃⁴²tsŋ⁴²	眼珠ㄦ水 ŋuɑ̃⁴²tɕyẽ²²ɕy⁴²
鹅 湖	眼珠 ŋõ⁵³tɕy⁵⁵	眼泪 ŋõ⁵³lei²¹¹
旧 城	眼珠子ㄦ ŋuo³¹tɕy⁵⁵tsəʴ³¹	眼泪 ŋo³¹lei³³
湘 湖	眼珠子仂 ŋo³⁵tɕy⁴⁴tsŋ³⁵lɛ⁰	眼泪 ŋo³⁵lei²¹¹
溪 头	眼珠 ŋã²³¹tɕy³³	眼泪 ŋã²³¹li⁵⁵
沱 川	眼睛珠 ŋõ³¹tsã⁴⁴tɕy⁴⁴	眼泪 ŋõ³¹li⁵¹
紫 阳	眼珠 ŋẽ³¹tɕy⁴⁴	眼泪 ŋẽ³¹la⁵¹
许 村	眼睛珠 ŋũ³¹tsã³³tɕy³³	眼泪 ŋũ³¹la⁵⁵
中 云	眼睛珠 ŋum³¹tsã⁴⁴tɕy⁴⁴	眼泪 ŋum³¹la⁵¹
新 建	眼睛珠 ŋɑ̃³¹tsã⁵⁴tɕy⁵⁴	眼泪 ŋɑ̃³¹li⁵¹
新 营	眼珠子 ŋã⁵³tɕy⁵⁵tsŋ⁵³	眼珠水 ŋã⁵³tɕy⁵⁵ɕy⁵³
黄 柏	眼睛珠 ŋã⁴⁵³tɕin⁴⁴tɕy⁴⁴	眼泪 ŋã⁴⁵³li²¹³
暖 水	眼子珠 ŋã²¹tsŋ²¹⁴tʂu³¹	眼泪水 ŋã²¹li⁵¹ʂei²¹⁴

		0610 眉毛	0611 睫毛	0612 耳朵
经公桥		眉毛 mi³⁵mau⁵⁵	睫毛 tsiɛ²²mau⁵⁵	耳朵 a⁴²tuʌ⁴²
鹅 湖		眉毛 mei³⁵mau³⁵	眼毛 ŋõ⁵³mau³⁴	耳朵 ərⁿ⁵³tau⁵³
旧 城		眉毛 mei²⁴mau²⁴	眼珠毛 ŋuo³¹tɕy⁵⁵mau²⁴	耳朵 ərⁿ³¹tau⁰
湘 湖		眉毛 mei³⁵mau⁴⁴	眼毛 ŋo³⁵mau⁴⁴	耳朵 ərⁿ³⁵tau³¹⁴
溪 头		眉毛 mi⁵¹mɐ⁵¹	眉毛 mi⁵¹mɐ⁵¹	耳朵 li²³¹to⁴²
沱 川		眉毛 bi²¹ba²¹¹	眼睛/睫毛 ŋõ³¹tsã⁴⁴/so⁵¹ba²¹¹	耳朵 li³¹to²
紫 阳		眉毛 bi²¹bo²¹¹	眼睛毛 ŋẽ³¹tsɔ̃⁴⁴bo²¹¹	耳朵 θ³¹to²
许 村		眉毛 mi⁵¹mɔ⁵¹	眼刷 ŋũ³¹ʃue⁵⁵	耳朵 ø³¹tɤ³¹
中 云		眉毛 bi¹¹ba¹¹	眼睫 ŋum³¹so⁵¹	耳朵 θ¹¹tɤ²
新 建		眉毛 mi²⁴mɯ²⁴	眼刷 nɤ̃³¹ʃue⁵⁴	耳朵 zɤ³¹tɯ⁰
新 营		眉毛 mɛ³¹mɔ³¹	眼珠毛 ŋã⁵³tɕy⁵⁵mɔ³¹	耳朵 θ⁵³to⁵³
黄 柏		眉毛 mi⁴¹mə⁴¹	眼睛毛 ŋã⁴⁵³tɕin⁴⁴mə⁴¹	耳朵 a⁴⁵³to⁰
暖 水		眉毛 mi²³mo²³	眼子毛 ŋã²¹tsŋ²⁴mo²³	耳朵 ɤ²¹to²¹⁴

		0613 耳垂	0614 鼻子	0615 鼻涕
经公桥		耳朵垂 a⁴²tuʌ⁴²tɕy⁵⁵	鼻公 p'i²¹koŋ²²	鼻脓 p'i²¹loŋ⁵⁵
鹅 湖		耳朵□儿 ərⁿ⁵³tau⁵³t'ãi³⁵ni⁰	鼻孔 p'ei²¹k'oŋ⁵³	鼻头 p'ei²¹t'iəu³⁵
旧 城		—	鼻公 p'ei³³koŋ⁰	鼻头 p'ei³³t'au²⁴
湘 湖		耳朵蒂仂 ərⁿ³⁵tau³¹tei³⁵lɛ⁰	鼻公 p'ei²¹koŋ⁴⁴	鼻头 p'ei²¹t'iau³⁵
溪 头		耳朵蒂 li²³¹to⁴²te²⁴	鼻孔 pi⁵¹k'əŋ⁴²	蒲涕 pu⁵¹t'i²⁴
沱 川		耳朵珠 li³¹to²tɕy⁴⁴	鼻孔 p'i⁵¹k'əŋ²	蒲渧 p'u²¹ti²¹¹
紫 阳		耳朵蒂 θ³¹to³⁵ti³⁵	鼻孔 p'i⁵¹k'ɐm²	蒲涕 p'u²¹t'i³⁵
许 村		耳朵坠 ø³¹tɤ³¹tɕ'y⁵⁵	鼻孔 p'i⁵⁵k'ɐm³¹	鼻孔□ p'i⁵⁵k'ɐm²⁴ts'ĩ³¹
中 云		耳朵蒂 θ¹¹tɤ²ti³⁵	鼻孔 p'i¹¹k'ɐm²	蒲涕 p'u¹¹t'i³⁵
新 建		耳朵□ zɤ³¹tɯ⁰tã²¹³	鼻孔 p'i⁵¹k'əŋ³¹	鼻脓 p'i⁵¹nəŋ²⁴
新 营		耳朵蒂 θ⁵³to⁵³tɛ²¹³	鼻孔 p'i⁵¹k'ən⁵³	鼻脓 p'i⁵¹lən³¹
黄 柏		耳垂 a⁴⁵³tɕ'y⁴¹	鼻孔 p'i²¹k'əŋ⁴⁵³	鼻涕 p'i²¹t'i²¹³
暖 水		耳朵蒂 ɤ²¹to²¹ti³⁵	鼻孔 p'i⁵¹k'oŋ²¹⁴	鼻脓 p'i⁵¹loŋ²³

第五章　赣东北徽语代表方言点词语对照

	0616 嘴巴	0617 嘴唇	0618 口水
经公桥	嘴 tsei⁴²	嘴皮 tsei⁴²p'i⁵⁵	口瀐 tɕ'iəu⁴²ʂuʌ̃⁵⁵
鹅湖	嘴 tsei⁵³	嘴皮儿 tsei⁵³p'ər³⁵	瀐 ʂõ³⁵
旧城	嘴 tsei³¹	嘴口皮儿 tsei³¹tɕi³³p'ər²⁴	口瀐 k'au³¹tʂ'uo²⁴
湘湖	嘴 tsei³¹⁴	嘴皮 tsei³¹p'ei³⁵	口瀐水 tɕ'iau³¹so³⁵ɕy³¹⁴
溪头	嘴 tsi⁴²	嘴唇皮 tsi⁴²sen⁵¹p'i⁵¹	口水 tʃ'æi⁴²ɕy⁴²
沱川	嘴（巴）tsi³⁵（po⁴⁴）	嘴含皮 tsi³⁵xõ²¹p'i²¹	（口）瀐（tɕ'iə³⁵）sõ²¹
紫阳	嘴 tsi²	嘴唇（皮）tsi³⁵sæ²¹（p'i²¹¹）	瀐 sum²¹¹
许村	嘴（巴）tsi³¹（po⁰）	嘴含皮 tsi²⁴xũ⁵¹p'i⁵¹	口瀐 tɕ'ia³¹ʃũ⁵¹
中云	嘴 tsi²	嘴牙皮 tsi²ŋo¹¹p'i¹¹	瀐 sum¹¹
新建	嘴 tsi³¹	嘴口皮 tsi³¹ŋã²⁴p'i²⁴	瀐水 tʂ'õ²⁴ɕy³¹
新营	嘴巴 tsɛ⁵³po⁵⁵	嘴家皮 tsɛ⁵³ko⁵⁵p'ɛ³¹	口瀐水 tɕ'iɔ⁵³t'ɔ³¹ɕyɛ⁵³
黄柏	嘴（巴）tɕi⁴⁵³pɑ⁴⁴	嘴唇 tɕi⁴⁵³ʃin⁴¹	口瀐 tʃ'ə⁴⁵³tʂ'ã⁴¹
暖水	嘴 tɕi²¹⁴	嘴皮 tɕi²⁴p'i²³	瀐 ʂã²³

	0619 舌头	0620 牙齿	0621 齿龈
经公桥	舌头 ɕiɛ²²t'iəu⁵⁵	牙齿 ŋʌ³⁵tɕ'i⁴²	牙龈 ŋʌ³⁵yn⁵⁵
鹅湖	舌头 tɕ'iɛʔ²¹t'iəu³⁵	牙齿 ŋo³⁵tɕ'i⁵³	牙齿床儿 ŋo³⁵ts'i⁵³ʂaŋ³⁵ni⁰
旧城	舌头 ɕiɛ³³t'au⁰	牙齿 ŋuo²⁴tɕ'i³¹	牙床口儿 ŋuo²⁴saŋ²¹p'ar⁵⁵
湘湖	舌头 ɕiɛʔ²t'iau³⁵	牙齿 ŋo³⁵tɕ'i³¹⁴	牙齿肉 ŋo³⁵tɕ'i³⁵iəuʔ²
溪头	舌头 ts'e⁵⁵t'æi⁵¹	牙齿 ŋo⁵¹ts'ɿ⁴²	牙龈 ŋo⁵¹iɛn⁵¹
沱川	舌 ts'e⁵¹	牙齿 ŋo²¹ts'ɿ²	牙齿肉 ŋo²¹ts'ɿ²ȵiə⁵¹
紫阳	舌头 tɕ'ie⁵¹t'a²¹¹	牙齿 ŋə²¹tɕ'i²	牙齿肉 ŋə²¹tɕ'i³⁵gia⁵¹
许村	舌头 tɕ'ie⁵⁴t'a⁵²	牙齿 ŋo⁵²tɕ'i³¹	牙齿肉 ŋo⁵²tɕ'i³¹ȵia⁵⁴
中云	舌头 ts'e⁵¹t'a¹¹	牙齿 ŋo¹¹tɕ'i²	牙齿龈 ŋo¹¹tɕ'i²iɛn¹¹
新建	舌头 tʃ'ɛ³³t'ɯ⁰	牙齿 ŋuɤ²⁴ts'ɤ³¹	牙齿肉 ŋo⁵¹ts'ɤ³⁵ȵiɯ⁵⁴
新营	舌头 ɕiɛ⁵⁵t'iɔ³¹	牙齿 ŋo³¹tɕ'i⁵³	牙龈 ŋo³¹iən³¹
黄柏	舌头 ʃɑ³³t'iə⁴¹	牙齿 ŋɑ⁴¹ts'ɿ⁴⁵³	牙齿肉哩 ŋɑ⁴¹ts'ɿ⁴⁵³ȵiu²¹³li⁰
暖水	舌头 ɕiɛ³¹t'y⁰	牙齿 ŋɐ²¹tʂ'ɤ²¹⁴	牙齿肉 ŋɐ²¹tʂ'ɤ²¹ȵy⁵⁴

	0622 下巴	0623 胡子	0624 脖子
经公桥	下爬 xʌ²¹p'uʌ⁰	胡子 u³⁵tsɿ⁰	颈 tɕiã⁴²
鹅湖	下爬 xuo²¹p'uo⁰	胡儿 uəʳ³⁵	颈 kãi⁵³
旧城	下爬 xuo³³p'uo⁰	胡 u²⁴tsɿ⁰	颈 kai³¹
湘湖	下爬 xo²¹p'o⁰	胡须 fu³⁵sei⁴⁴	头□ t'iau³⁵fen³⁵
溪头	下爬 xo²³¹p'o⁵¹	胡须 u⁵¹si³³	头颈 t'æi⁵¹tʃæi⁴²
沱川	下爬 xo³¹p'o²¹¹	胡须 vu²¹si⁴⁴	头颈 t'ə²¹tɕiã²
紫阳	下爬 xə³¹p'ə²¹¹	胡须 vu²¹si⁴⁴	颈 tɕiɔ̃²
许村	下爬 xo⁵⁵p'o⁵¹	胡须 vu⁵¹si³³	颈 tʃã³¹
中云	下爬 xo⁵¹p'o¹¹	胡须 vu¹¹ɕi⁴⁴	颈 tɕiã²
新建	下爬 xuɤ⁵¹p'uɤ²⁴	胡须 vu²⁴si⁵⁴	颈子 tʃã³¹tsɤ⁰
新营	下爬 xo⁵¹p'o³¹	胡须 u³¹sɛ⁵⁵	颈 kæ̃⁵³
黄柏	下爬 xɑ²¹³p'ɑ⁴¹	胡子 xu⁴¹tsɿ⁰	颈 tʃən⁴⁵³
暖水	下爬 xuɐ⁵¹p'uɐn⁰	胡须 vu²³ɕi³¹	颈 tɕiæ²¹⁴

	0625 喉咙	0626 身躯 人体头和四肢以外的部分	0627 肩膀
经公桥	喉咙 ɕiəu³⁵loŋ⁵⁵	身上 ɕin²²ʃuaŋ⁰	胛□ kuʌ⁴⁴p'aŋ⁴²
鹅湖	喉咙 ɕiəu³⁵loŋ³⁵	身子 ɕien⁵⁵tsɿ⁰	肩头 tɕĩ⁵⁵t'iəu³⁵
旧城	喉咙 xau²⁴loŋ⁰	身子 ɕien⁵⁵tsɿ⁰	肩膀 tɕi⁵⁵paŋ³¹
湘湖	喉咙 xau³⁵loŋ³⁵	身子 ɕiɛn⁴⁴tsɿ⁰	肩头 tɕĩ⁴⁴t'iau³⁵
溪头	喉咙 ʃæi⁵¹lən⁵¹	□身 u³³sen³³	肩膀 tɕĩ³³pɔ̃⁴²
沱川	喉咙 ɕiə²¹nən²¹¹	身子 sɛn⁴⁴tsɿ⁰	肩头 tɕĩ⁴⁴t'ə²¹¹
紫阳	喉咙 ɕia²¹lɐm²¹¹	身架 sæ⁴⁴kə³⁵	肩头 tɕĩ⁴⁴t'a²¹¹
许村	喉咙 ɕia⁵¹lɐm⁵¹	身子 ʃɛn³³tsɿ⁰	肩头 tɕĩ³³t'a⁵¹
中云	喉咙 ɕia¹¹lɐm¹¹	文身 vɛn¹¹sɛn⁴⁴	肩头 tɕĩ⁴⁴t'a¹¹
新建	喉咙 ɕiɯ²⁴nən²⁴	身子 ʃẽ³³tsɤ⁰	肩头 tɕiẽ⁵⁴t'ɯ⁰
新营	喉咙 ɕiɔ³¹lən³¹	文身 uən³¹ɕiən⁵⁵	肩膀 tɕiɛ⁵⁵pɔ⁵³
黄柏	喉咙 xə⁴¹lən⁰	身子 ʃən⁴⁴tsɿ⁰	肩膀 tɕiɛ⁴⁴pən⁴⁵³
暖水	喉咙 ɕy²¹loŋ²³	文身 vẽ²³ɕiẽ³¹	肩膀 tɕiẽ³¹pʌŋ²¹⁴

第五章　赣东北徽语代表方言点词语对照

	0628 胳膊 包括大臂、小臂和手	0629 手 手腕以下部分	0630 胳膊肘 大臂、小臂交接外突处
经公桥	手 ɕiəu⁴²	手 ɕiəu⁴²	手脛 ɕiəu⁴²tʂā²²
鹅　湖	手 ɕiəu⁵³	手 ɕiəu⁵³	手脛仂 ɕiəu⁵³tʂā⁵⁵lɛ⁰
旧　城	手 ɕiəu³¹	手 ɕiəu³¹	胁头杵 ɕiɛ³³tʻau⁰tɕʻy³¹
湘　湖	手 ɕiəu³¹⁴	手 ɕiəu³¹⁴	手弯儿 ɕiəu³¹⁴uo⁴⁴ni⁰
溪　头	手 sæi⁴²	手 sæi⁴²	手脛 sæi²⁴tsā³³
沱　川	手 sə²	手 sə²	手腕 sə³⁵ŋ²
紫　阳	手 sa²	手 sa²	手脛 sa³⁵tsɔ̃⁴⁴
许　村	手 ɕia³¹	手 ɕia³¹	手脛 ɕia³¹tʃʻā³¹
中　云	手 sa³¹	手 sa³¹	手脛 sa³⁵tsā⁴⁴
新　建	手 ɕiɯ³¹	手 ɕiɯ³¹	手脛 ɕiɯ²⁴tʂā⁵⁴
新　营	手 ɕio⁵³	手 ɕio⁵³	手肘 ɕio⁵³tɕʻy⁵³
黄　柏	手 ʂu⁴⁵³	手 ʂu⁴⁵³	手弯 ʂu⁴⁵³uā⁴⁴
暖　水	手 ɕy²¹⁴	手 ɕy²¹⁴	手节 ɕy²¹tɕiɛ⁵⁴

	0631 胳肢窝	0632 左手	0633 右手
经公桥	手肢□儿 ɕiəu⁴²tɕi²²kʻuʌ̃²²	反手 fuʌ̃⁴²ɕiəu⁴²	顺手 ɕyn²¹ɕiəu⁴²
鹅　湖	胁下 ɕiɛʔ⁴xuo⁰	反手 fõ⁵³ɕiəu⁵³	顺手 ɕyɛn²¹ɕiəu⁵³
旧　城	胁窝下 ɕiɛ³³ŋuo⁵⁵xuo⁰	反手 fuo³¹ɕiəu³¹	顺手 ɕyɛn³³ɕiəu³¹
湘　湖	膈下 koʔ²⁴xo²¹¹	反手 fo³⁵ɕiəu³¹⁴	顺手 ɕyɛn²¹ɕiəu³¹⁴
溪　头	膈胁底 ko⁵⁵ʃe⁵⁵te⁴²	反手 fā²⁴sæi⁴²	顺手 sŋ⁵⁵sæi⁴²
沱　川	膈胁底 ko⁵¹ɕie⁵¹te³⁵	反手 fõ³⁵sə²	顺手 xuəŋ⁵¹sə²
紫　阳	手下底 sa³⁵xə⁵¹ti²	反手 fum³⁵sa²	顺手 sæ̃⁵¹sa²
许　村	胁下底 ɕie⁵⁵xo⁵⁵te³¹	反手 fū³¹ɕia³¹	顺手 ʃɛn⁵⁵ɕia³¹
中　云	胁下底 ɕie⁵¹xo⁵¹te²	反手 fum³⁵sa²	顺手 sɛn⁵¹sa²
新　建	胁窝底 tɕʻiɛ³³vo⁵⁴tæ³¹	反手 fʌ̃³¹ɕiɯ³¹	顺手 ʃẽ⁵¹ɕiɯ³¹
新　营	胁膈底 ɕiɛ²¹⁵kɔ⁵⁵te⁵³	反手 fā⁵³ɕio⁵³	顺手 ɕiən⁵¹ɕio⁵³
黄　柏	胳肢窝 kɑ²¹³tsʅ⁰uo⁴⁴	反手 fā⁴⁵³ʃu⁴⁵³	顺手 ʃuə²¹³ʃu⁴⁵³
暖　水	胁下底 tɕʻiɛ⁵⁴xuɐ⁵¹ti²¹⁴	反手 fā²⁴ɕy²¹⁴	顺手 ɕiẽ⁵¹ɕy²¹⁴

	0634 拳头	0635 手指
经公桥	拳头 tɕʻyɛ̃³⁵tʻiəu⁰	手指头 ɕiəu⁴²tɕi⁴²tʻiəu⁵⁵
鹅湖	拳头 tɕʻỹ³⁵tʻiəu⁰	手指头儿 ɕiəu⁵³tɕiʻ⁵³tʻiəu³⁵ni⁰
旧城	拳头 tɕʻyi²⁴tʻau⁰	手拇头儿 ɕiəu³¹mu³¹tʻau²⁴ni⁰
湘湖	拳头 tɕʻyĩ³⁵tʻiau⁰	手拇头儿 ɕiəu³¹mu³¹tʻiau³⁵ni⁰
溪头	拳头 kʻuĩ⁵¹tʻæi⁵¹	指头 tʂʅ⁴²tʻæi⁵¹
沱川	拳头 kʻuĩ²¹tʻə²¹¹	手指头 sə²tʂʅ³⁵tʻə²¹¹
紫阳	拳头 tɕʻỹ²¹tʻa²¹¹	手立头 sa²li⁵¹tʻa²¹¹
许村	拳头 tɕʻĩ⁵¹tʻa⁵¹	手立头 ɕia³¹li⁵⁵tʻa⁰
中云	拳头 tɕʻĩ¹¹tʻa¹¹	手立头 sa²li⁵¹tʻa¹¹
新建	拳头 kʻiɛ²⁴tʻɯ⁰	手指头 ɕiɯ³¹tsɤ³¹tʻɯ²⁴
新营	拳头孃 tɕʻyɛ³¹tʻiɔ³¹mo³¹	手指头 ɕio⁵³tɕiʻ⁵⁵tʻiɔ³¹
黄柏	拳头 tʂʻuã⁴¹tʻiə⁰	手指头 ʃu⁴⁵³tɕi⁴⁵³
暖水	拳头 kʻiɛ̃²¹tʻy²³	手头 ɕy²⁴tʻy²³

	0636 大拇指
经公桥	大拇指头 tʻa²¹mo⁴²tɕi⁴²tʻiəu⁵⁵
鹅湖	大手指头儿 tʻa²¹ɕiəu⁵³tɕiʻ⁵³tʻiəu³⁵ni⁰
旧城	大手拇头儿 tʻa³³ɕiəu³¹mu³¹tʻau²⁴ni⁰
湘湖	大手拇头儿 tʻa²¹ɕiəu³¹mu³¹tʻiau³⁵ni⁰
溪头	老爷 lɤ⁴²ie⁵¹
沱川	拇指 bu³¹tsʅ²
紫阳	土地 tʻu²tʻi⁵¹
许村	大立头 tʻɤ⁵⁵li⁵⁵tʻa⁰
中云	大手立头 tʻɤ⁵¹sa²li⁵¹tʻa¹¹
新建	大手头 tʻa⁵¹ɕiɯ³¹tʻɯ²⁴
新营	刀 tɔ⁵⁵
黄柏	大拇指 tʻɑ²¹mu⁴⁵³tɕi⁴⁵³
暖水	大手头 tʻa⁵¹ɕy²⁴tʻy²³

0637
食指

经公桥	□拇指头 iɛ³⁵mo⁴²tɕi⁴²tʻiəu⁵⁵
鹅　湖	拇指 mu⁵³tɕi⁵³
旧　城	第二手拇头儿 tʻei³³ə^r³³ɕiəu³¹mu³¹tʻau²⁴ni⁰
湘　湖	鸡/月指 tɕi⁴⁴/ yɛʔ²tɕi³¹⁴
溪　头	土地 tʻu⁴²tʻi⁵⁵
沱　川	食指 sʅ⁵¹tsʅ²
紫　阳	鸡公 tɕi⁴⁴kɐm⁴⁴
许　村	食指 ʃa⁵⁵tɕi³¹
中　云	鸡公 tɕie⁴⁴kɐm⁴⁴
新　建	鸡 tɕiɛ⁵⁴
新　营	鸡 tɕi⁵⁵
黄　柏	鸡 tɕi⁴⁴
暖　水	食指 ɕie³¹tʂʅ²¹⁴

0638
中指

经公桥	中拇指头 tʂoŋ²²mo⁴²tɕi⁴²tʻiəu⁵⁵
鹅　湖	中指儿 tʂoŋ⁵⁵tɕiə^r⁵³
旧　城	中间手拇头儿 tʂoŋ⁵⁵ko⁵⁵ɕiəu³¹mu³¹tʻau²⁴ni⁰
湘　湖	中间手拇头儿 tsoŋ⁴⁴ko⁴⁴ɕiəu³¹mu³¹tʻiau³⁵ni⁰
溪　头	中指 tsʻəŋ³³tsʅ⁴²
沱　川	中指 tsəŋ⁴⁴tsʅ²
紫　阳	铳 tsʻɐm³⁵
许　村	中指 tʃɐm³³tɕi³¹
中　云	中指 tsɐm⁴⁴tɕi²
新　建	中指 tʂəŋ⁵⁴tsɤ³¹
新　营	铳 tʻən²¹³
黄　柏	中指 tʂuəŋ⁴⁴tɕi⁴⁵³
暖　水	中指 tʂoŋ³¹tʂɤ²¹⁴

0639 无名指

经公桥	无名指头	u³⁵mãi³⁵tɕi⁴²t'iəu⁵⁵
鹅 湖	滴手指头儿	ti⁵⁵ɕiəu⁵³tɕi⁵³t'iəu³⁵ni⁰
旧 城	—	
湘 湖	第四手拇头儿	t'ei²¹sʅ²¹ɕiəu³¹mu³¹t'iau³⁵ni⁰
溪 头	无名指	u⁵¹mãi⁵¹tsʅ⁴²
沱 川	小食指	sia³⁵sʅ⁵¹tsʅ²
紫 阳	黄鼪	vã²¹sæ³⁵
许 村	无名指	vu⁵¹mã⁵¹tsʅ³¹
中 云	黄鼪	vã¹¹sɛn³⁵
新 建	狐狸手头	vu²⁴li⁰ɕiɯ³¹t'ɯ²⁴
新 营	狐狸	xu³¹li³¹
黄 柏	无名指	u⁴¹min⁴¹tɕi⁴⁵³
暖 水	无名指	vu²³mæ⁵⁵tʂʮ²¹⁴

0640 小拇指 / 0641 指甲

		0640 小拇指	0641 指甲
经公桥		小拇指头 sia⁴²mo⁴²tɕi⁴²t'iəu⁵⁵	指甲儿 tɕi⁴²kuã⁴⁴
鹅 湖		滴手指头儿 ti⁵⁵ɕiəu⁵³tɕi⁵³t'iəu³⁵ni⁰	手指甲 ɕiəu⁵³tɕi⁵³koʔ⁴
旧 城		细手拇头儿 sei²¹³ɕiəu³¹mu³¹t'au²⁴ni⁰	指甲儿 tɕi³¹kəʳ²¹³
湘 湖		滴手拇头儿 ti⁴⁴ɕiəu³¹mu³¹t'iau³⁵ni⁰	手指甲儿 ɕiəu³¹tɕi³⁵koʔ⁴ni⁰
溪 头		小鸡 sia²⁴tʃe³³	手指甲 sæi⁴²tsʅ⁴²ko⁵⁵
沱 川		最小食指 tsa³⁵ia³⁵sʅ⁵¹tsʅ²	指甲 tsʅ²ko⁵¹
紫 阳		蚂蚁 bə³¹gi³¹	手立甲 sa³⁵li⁵¹kə⁵¹
许 村		细手立头 se²⁴ɕia³¹li⁵⁵t'a⁰	手立甲 ɕia³¹li⁵⁵ko⁵⁵
中 云		蚂蚁 bo³¹ȵi³¹	手立甲 sa²li⁵¹ko⁵¹
新 建		细指头 sæ²¹tɕi³¹t'ɯ²⁴	手头甲 ɕiɯ³¹t'ɯ²⁴kuɤ⁵¹
新 营		细手指头 sɛ²¹³ɕio⁵³tɕi⁵³t'iɔ³¹	手指甲 ɕio⁵³tɕi⁵³ko²¹⁵
黄 柏		小拇指 ɕiə⁴⁵³mu⁴³⁵tɕi⁴⁵³	手指甲 ʃu⁴⁵³tɕi⁴⁵³kɑ²¹³
暖 水		□手头 mi²⁴ɕy²¹t'y²³	手头甲 ɕy²¹t'y²¹kuɤ⁵⁴

第五章 赣东北徽语代表方言点词语对照

	0642 圆形指纹	0643 箕形指纹	0644 趼子	0645 腿 包括大腿、小腿和脚
经公桥	膴ɹ luʌ̃355	箕 tɕi22	老茧 lau42tɕiẽ42	腿 tʻɤ42
鹅 湖	膴 luo35	箕 tɕi55	茧儿 tɕi53ni0	脚 tɕioʔ4
旧 城	膴ɹ luor24	筲ɹ ɕiər55	趼 tɕi31	脚 tɕia213
湘 湖	膴儿 lo35ni0	箕儿 tɕi44ni0	老茧 lau35tɕĩ314	脚 tɕiaʔ4
溪 头	膴 lo51	箕 tʃi33	趼 tʃĩ42	脚 tʃau55
沱 川	膴 lo211	箕 tɕi44	□ xau51	脚 tɕiau51
紫 阳	膴 lə211	箕 tɕi44	趼 tɕĩ2	脚 tɕiɒ51
许 村	膴 lɤ51	箕 tɕi33	趼 tɕĩ31	脚 tɕia55
中 云	膴 lɤ11	箕 tɕi44	趼 tɕĩ2	脚 tɕia51
新 建	膴 lɯ24	箕 tɕi54	老趼 lə31kʌ̃31	脚 tɕiɯ51
新 营	膴 lu31	箕 tɕi55	（老）趼（lɔ53）tɕiẽ53	脚 tɕia215
黄 柏	膴 lo41	箕 tɕi44	（老）趼（lə453）tɕiẽ453	脚 tʃə213
暖 水	膴 lo23	箕 tɕi31	茧 tɕiẽ214	脚 tɕyɛ54

	0646 脚 脚踝以下部分	0647 膝盖	0648 脚踝
经公桥	脚 tʃuən44	膝头果ɹ sai44tʻiəu35kuʌ̃42	螺蛳屪 luʌ35xa22iẽ42
鹅 湖	脚 tɕioʔ4	猫儿头 mau55ni0tʻiəu35	螺蛳屪 luo35sŋ55ĩ53
旧 城	脚 tɕia213	猫儿头 mau55ni0tʻau24	螺蛳ɹ屪儿 luo24ʂar55n̩31ni0
湘 湖	脚 tɕiaʔ4	猫儿头 mau44ni0tʻiau35	螺蛳骨 lo35sŋ44kueiʔ4
溪 头	脚 tʃau55	脚膝头 tʃau55tsʻe55tʻæi51	脚骨纽 tʃau55kuɐ55ȵiæi231
沱 川	脚 tɕiau51	脚膝头 tɕiau51so51tʻə211	脚屪果 tɕiau51ĩ2ku2
紫 阳	脚 tɕiɒ51	脚膝头 tɕiɒ51so51tʻa211	螺蛳拐 lə21sŋ44kua2
许 村	脚 tɕia55	脚膝头 tɕia55ɕi55tʻa51	螺蛳屪 lɤ51ʃø33ĩ31
中 云	脚 tɕia51	脚膝头 tɕia51so51tʻa11	脚□□ tɕia51lɤ44tsɤ2
新 建	脚 tɕiɯ51	脚头果 tɕiɯ51tʻɯ0ku31	螺蛳屪 lɯ24sɤ54iẽ31
新 营	脚 tɕia215	膝头嬷 sɛ215tʻiɔ31mo31	螺蛳屪 lo31ɕyɛ55iẽ53
黄 柏	脚 tʃə213	膝头嬷哩 sɛ21tʻiə41mo41li0	螺蛳骨 lo41xɑ44kuɛ213
暖 水	脚 tɕyɛ54	脚头果 tɕyɛ54tʻy23ko214	螺蛳屪 lo23ʂuɤ31iẽ214

		0649 脚跟	0650 肋骨	0651 心脏
经公桥		脚脖 tʃuʌu⁴⁴tʂã²²	排骨 pʻa³⁵kei⁴⁴	心 sən²²
鹅 湖		脚脖 tɕioʔ²⁴tʂã⁵⁵	排肋骨 pʻuo³⁵ləuʔ²⁴kuei²⁴	心 sən⁵⁵
旧 城		后脚□ɹ xau³³tɕia²¹³tuəʳ²⁴	排骨 pʻa²⁴kuei²¹³	心 sen⁵⁵
湘 湖		后脚跟 xau²¹tɕiaʔ²kɛn⁴⁴	排骨 pʻa³⁵kueiʔ⁴	心 sən⁴⁴
溪 头		脚后跟 tʃau⁵⁵ʃæi²³¹kuəŋ³³	排肋骨 pa⁵¹la⁵⁵kuɐ⁵⁵	心 sen³³
沱 川		脚踭 tɕiau⁵¹tsã⁴⁴	肋排骨 lo⁵¹pʻo²¹kuə⁵¹	心 sen⁴⁴
紫 阳		脚后踭 tɕiɯ⁵¹ɕia³¹tsɔ̃⁴⁴	排骨 pʻo²¹ke⁵¹	心 sen⁴⁴
许 村		脚后踭 tɕia⁵⁵ɕia⁵¹tʃã³³	肋排骨 lo⁵⁵pʻo⁵¹kuɤ⁵⁵	心 sen³³
中 云		脚踭 tɕia⁵¹tsã⁴⁴	排骨 pʻo¹¹kuɤ⁵¹	心 sɛn⁴⁴
新 建		脚后跟 tɕiɯ⁵¹ɕiɯ⁵¹kẽ⁵⁴	肋排骨 lo⁵⁴pʻo⁵¹kuɤ⁵¹	心 sẽ⁵⁴
新 营		脚脖 tɕia²¹⁵tæ̃⁵⁵	排子骨 pʻa³¹tɕi⁵⁵kuɐ²¹⁵	心 sən⁵⁵
黄 柏		脚跟 tʃə²¹kən⁴⁴	排骨 pʻa⁴¹kuɐ²¹³	心 ɕin⁴⁴
暖 水		脚脖 tɕyɛ⁵⁴tɕiæ̃³¹	肋蓬骨 læ³¹pʻoŋ²¹kue⁵⁴	心 ɕiẽ³¹

		0652 肝	0653 肠子	0654 背脊
经公桥		肝 kuã̃²²	肚肠 tʻu²¹tʃʻuaŋ³⁵	背脊 pɤ²⁴tsei⁴⁴
鹅 湖		肝 kien⁵⁵	肠 tɕʻiã³⁵	背脊 pɐ³⁵tseiʔ⁴
旧 城		肝 kɛn⁵⁵	肚肠 tʻəu³³tɕʻia²⁴	背 pɛ²¹³
湘 湖		肝 kɛn⁴⁴	肠 tɕʻia³⁵	背 pɛ²¹²
溪 头		肝 kũ³³	肠 tsʻɔ̃⁵¹	背脊 pɐ²⁴tsa⁵⁵
沱 川		肝 kõ⁴⁴	肠 tsʻã̃²¹¹	背脊 pa³⁵tso⁵¹
紫 阳		肝 kum⁴⁴	肠 tɕʻiã²¹¹	背脊 pe³⁵tso⁵¹
许 村		肝 kũ³³	肠 tʃʻɔ̃⁵¹	背脊 pɤ²⁴tso⁵⁵
中 云		肝 kum⁴⁴	肠 tsʻã¹¹	背脊 pɤ³⁵tso⁵¹
新 建		肝 kuɔ̃⁵⁴	肠 tʃʻɔ̃²⁴	背脊 pa²¹³tsæ⁵¹
新 营		肝 ku⁵⁵	肠 tɕʻiã³¹	背脊 pi²¹³tsæ²¹⁵
黄 柏		肝 kõ⁴⁴	肠（子）tʃʻã⁴¹（tsɿ⁰）	背脊 pɛ²¹tsɛ²¹³
暖 水		肝 kuõ³¹	肠 tʂʻʌŋ²³	背 pɤ³⁵

	0655 肚子	0656 肚脐
经公桥	肚子 tʻu²¹tsŋ⁰	肚脐眼 tʻu²¹tsʻei³⁵ŋuã⁴²
鹅 湖	肚 tʻəu²¹¹	肚脐眼儿 tʻəu²¹tɕʻi³⁵ŋõ⁵³ni⁰
旧 城	肚儿 tʻər³³	肚脐眼儿 tʻəu³³tɕʻi²⁴ŋuo³¹ni⁰
湘 湖	肚仂 tʻəu²¹lɛ⁰	肚脐眼儿 tʻəu²¹tsʻi³⁵ŋo³⁵ni⁰
溪 头	肚 tu²³¹	肚脐 tu²³¹tsʻŋ⁵¹
沱 川	肚 tu³¹	肚脐 tu³¹tsʻe²¹¹
紫 阳	肚 tʻu³¹	肚脐 tʻu³¹tsʻi²¹¹
许 村	肚 tʻu⁵¹	肚脐眼 tʻu⁵¹tsʻi⁵¹ŋũ⁵¹
中 云	肚 tʻu³¹	肚脐 tʻu³¹tsʻe¹¹
新 建	肚子 tʻu⁵¹tsɣ⁰	肚脐 tʻu⁵¹tsʻæ²⁴
新 营	肚 tʻo⁵¹	肚脐眼 tʻo⁵¹tsʻɛ³¹ŋã⁵³
黄 柏	肚子 tu⁴⁵³tsŋ⁰	肚脐 tu²¹tɕʻi⁴¹
暖 水	肚皮 tʻu⁵¹pʻi²³	肚脐眼 tʻu⁵¹tɕʻi²¹ŋã²¹⁴

	0657 乳 人体器官‖小孩吃~	0658 屁股
经公桥	奶儿 nã²²	屁股 pʻi²⁴ku⁴²
鹅 湖	奶儿 na³⁵ni⁰	屁股 pʻei³⁵ku⁵³
旧 城	奶儿 nã²⁴ni⁰	屁股 pʻei²¹³ku³¹
湘 湖	奶儿 la³⁵ni⁰	屎尻 ɕi³⁵kʻau³¹⁴
溪 头	奶儿 nĩ²⁴	屁股 pʻi²⁴ku⁴²
沱 川	奶儿 nĩ³⁵	屁股 pʻi³⁵ku²
紫 阳	奶儿 nĩ³⁵	屁股 pʻi³⁵ku²
许 村	奶 ne²⁴	屎窟 ʃuø³¹kʻu⁵⁵/屁股 pʻi²⁴kʻu³¹
中 云	奶儿 nĩ³⁵	屁股 pʻi³⁵kʻu²
新 建	奶 næ⁵⁴	屁股 pʻi²¹³ku³¹
新 营	奶 na²¹³	屁股 pʻɛ²¹³ku⁵³
黄 柏	奶 na⁴⁴	屁股 pʻi²¹ku⁴⁵³
暖 水	奶儿 liẽ³¹	屁股 pʻi³⁵ku²¹⁴

		0659 肛门	0660 阴茎
经公桥	屁股眼	p'i²⁴ku⁴²ŋuɑ̃⁴²	鸟儿 tiã⁴²
鹅 湖	屁股眼仂	p'ei³⁵ku⁵³ŋõ⁵³lɛ⁰	□ tɛ³⁵
旧 城	屁股眼	p'ei²¹³ku³¹ŋuo³¹	鸟巴儿 tiau²⁴pa⁰ni⁰
湘 湖	屎尻眼儿	ɕi³⁵k'au³⁵ŋo³⁵ni⁰	鸡巴 tɕi⁴⁴po⁴⁴
溪 头	屎窟眼	sɿ⁴²k'uɐ⁵⁵ŋã²³¹	菩鸡 pu⁵¹tʃe³³
沱 川	屁股眼	p'i³⁵ku²ŋõ³¹	菩蒂 pu²¹ti³⁵
紫 阳	屁股眼	p'i³⁵ku³⁵ŋẽ³¹	菩鸟 p'u²¹lio³⁵/菩蒂 p'u²¹ti³⁵
许 村	屎窟眼	ʃuø³¹k'u⁵⁵ŋũ³¹	菩蒂 p'u⁵¹ti²⁴
中 云	屁股隆	p'i³⁵k'u²lɐm¹¹	菩蒂 p'u¹¹ti³⁵
新 建	屁股眼	p'i²¹ku²ŋɑ̃³¹	菩鸡 p'u²¹tɕie⁵⁴
新 营	屁股眼	p'ɛ²¹³ku⁵³ŋã⁵³	美 mɛ²¹³
黄 柏	屁股眼	p'i²¹ku⁴⁵³ŋã⁴⁵³	鸡巴（鸟）tɕi⁴⁴pɑ⁴⁴（tiə⁴⁵³）
暖 水	屁股眼	p'i³⁵ku²⁴ŋã²¹⁴	菩鸡 p'u²³tɕi³¹

		0661 阴囊	0662 睾丸	0663 女阴
经公桥	卵袋儿	luɑ̃⁴²t'ɤ²¹⁴	卵子 luɑ̃⁴²tsɿ⁴²	鳖儿 piẽ⁴⁴
鹅 湖	□袋	tɛ³⁵t'ɛ²¹¹	卵子 lən⁵³tsər⁵³	屄 pi⁵⁵
旧 城	卵袋儿	lɛn³¹t'ər³³	卵子儿 lɛn³¹tsər³¹	鳖 piɛ²¹³
湘 湖	卵袋儿	lɛn³⁵t'ɛ²¹ni⁰	卵子 lɛn³⁵tsɿ³¹⁴	鳖 piɛʔ⁴
溪 头	卵袋	nũ²³¹tɐ⁵⁵	卵子 nũ²³¹tsɿ⁴²	屄 p'i⁵⁵
沱 川	卵袋	nũ³¹t'a⁵¹	卵子 nũ³¹tsɿ²	屄 p'i⁵¹
紫 阳	卵袋	num³¹t'e⁵¹	卵子 num³¹tsɿ²	屄 p'i⁵¹
许 村	卵袋	nũ³¹t'ɤ⁵⁵	卵子 nũ³¹tsɿ⁰	屄 p'i³³
中 云	卵袋	num³¹t'ɤ⁵¹	卵子 num³¹tsɿ²	屄 p'i⁵¹
新 建	卵袋	nuə̃³¹t'ua⁵¹	卵子 nuə̃³¹tsɤ³¹	屄 p'ɛ⁵¹
新 营	卵袋	lu⁵³t'ɛ⁵¹	卵子 lu⁵³tsɿ⁵³	屄 pi²¹⁵
黄 柏	卵袋/胈	lõ⁴⁵³t'ɿ²¹³/ p'ə⁴⁵³	卵子 lõ⁴⁵³tsɿ⁰	屄 pi⁴⁴
暖 水	卵胈	lõ²⁴p'o³¹	卵子 lõ²⁴tsɿ²¹⁴	屄 p'i⁵⁴

		0664 交合	0665 精液
经公桥	戳鳖儿 tṣʻuʌu⁴⁴piɛ̃⁴⁴	—
鹅　湖	戳屄 tṣʻoʔ⁴pi⁵⁵	□尿 tɛ³⁵soŋ³⁵
旧　城	戳鳖 tsʻau²¹³piɛ²¹³	—
湘　湖	戳鳖 tsʻauʔ⁴piɛʔ⁴	尿 tsʻoŋ³⁵
溪　头	戳胇 tsʻau⁵⁵pʻi⁵⁵	尿 səŋ⁵¹
沱　川	戳胇 tsʻau⁵¹pʻi⁵¹	尿 səŋ²¹
紫　阳	戳胇 tsʻɒ⁵¹pʻi⁵¹	尿 sɐm²¹¹
许　村	戳胇 tʃʻɔ⁵⁵pʻi³³	尿 sɐm⁵¹
中　云	戳胇 tsʻɔ⁵¹pʻi⁵¹	尿 sɐm¹¹
新　建	戳胇 tʃʻo⁵¹pʻɛ⁵¹	尿 ɕiəŋ²⁴
新　营	戳屄 tʻɔ⁵⁵pi²¹⁵	尿 sən³¹
黄　柏	戳屄 tsʻo²¹pi⁴⁴	种 tʂuəŋ⁴⁵³
暖　水	戳胇 tṣʻɔ⁵⁴pʻi⁵⁴	尿 soŋ²¹⁴

		0666 来月经
经公桥	换衣裳 xuã²¹i²²ʃuaŋ⁵⁵
鹅　湖	来红啯 lɛ³⁵xoŋ³⁵kə⁰
旧　城	洗身上 sei³¹ɕien⁵⁵ɕia⁰
湘　湖	来红 lɛ³⁵xoŋ³⁵
溪　头	来潮 lɐ⁵¹tsʻa⁵¹
沱　川	去红 kʻə³⁵xəŋ²¹¹/身上洗 sɛn⁴⁴sã⁵¹se²
紫　阳	行经 xɔ̃²¹tɕiɔ̃⁴⁴
许　村	来月经 lɤ⁵¹ve⁵⁵tʃã³³
中　云	身上洗 sɛn⁴⁴sã⁵¹se²
新　建	去红 tɕʻiɛ²¹³xəŋ²⁴
新　营	洗身上 se⁵³ɕiən⁵⁵ɕiã⁰
黄　柏	来红 lɛ⁴¹xəŋ⁴¹
暖　水	来红 lɤ²³xoŋ²³

0667

骂人话 相当于"他妈的"

经公桥	戳尔娘	tsʻau⁴⁴n̩⁴²n̩yaŋ⁵⁵
鹅　湖	戳尔妈嗰屄	tsʻoʔ⁵n̩³⁵ma⁵⁵kə⁰pi⁵⁵
旧　城	戳尔娘	tsʻau²¹³n̩³¹n̩ia²⁴
湘　湖	戳尔娘嗰憋	tsʻauʔ⁴n̩⁴⁴ia³⁵kɛ⁰piɛʔ⁴
溪　头	戳尔母嗰胚	tsʻau⁵⁵n̩²³¹mu²³¹ko⁰pʻi⁵⁵
沱　川	戳尔妈嗰屄	tsʻo⁵¹n̩³¹bo⁴⁴ko⁰pʻi⁵¹
紫　阳	戳尔姆嗰胚	tsʻo⁵¹n̩³¹m̩³¹keʰ⁰pʻi⁵¹
许　村	戳尔娘嗰胚	tsʻo⁵⁵n̩²⁴n̩iɔ̃⁵¹kɤ⁰pʻi³³
中　云	戳尔妈嗰胚	tsʻo⁵¹n̩³⁵ba⁴⁴kɤ⁰pʻi⁵¹
新　建	戳尔娘嗰胚	tsʻo⁵¹n̩²⁴n̩iɔ̃²⁴kə⁰pʻɛ⁵¹
新　营	戳尔妈嗰屄	tsʻo⁵⁵ŋ⁵⁵ma⁵⁵kɛ⁰pi²¹⁵
黄　柏	戳尔娘嗰屄	tsʻo²¹ŋ⁴⁴n̩iã⁴¹ko⁰pi⁴⁴
暖　水	戳尔妈胚	tsʻɔ⁵⁴n̩²¹ma³¹pʻi⁵⁴

0668 / 0669

	病了	病轻了
经公桥	病嘞 pʻāi²²lɛ⁰	病好嘞一些 pʻāi²²xau⁴²lɛ⁰i⁴⁴ɕiɛ⁰
鹅　湖	生病嗝 ʂã⁵⁵pʻāi²¹¹kɛ⁰	病好一子哩 pʻāi²¹xau⁵³iʔ⁴tsŋ̍⁰li⁰
旧　城	病□ pʻai³³tiɔ⁰	病好嘀些 pʻai³³xau³¹tio⁰siɛ⁰
湘　湖	生病嘀 ɕia⁴⁴pʻai²¹ti⁰	病转好了 pʻai²¹tɕyī³¹xa³¹⁴lə⁰
溪　头	生病之 sæi³³pʻǣi⁵⁵tsŋ̍⁰	病好之 pʻǣi⁵⁵xɐ⁴²tsŋ̍
沱　川	生病之 sā⁴⁴pʻā⁵¹tsə⁴⁴	轻之哩 tɕʻiā⁴⁴tsə⁴⁴li⁰
紫　阳	生病之 sɔ̃⁴⁴pʻɔ̃⁵¹tɕi⁴⁴	病好一吊儿 pʻɔ̃⁵¹xo³⁵ia⁵¹tio³⁵n̩⁰
许　村	生病之 ʃã³³pʻã⁵⁵tɕi⁰	病好儿点了 pʻã⁵⁵xa³¹ni⁰tĩ³¹lə⁰
中　云	生病哩 sã⁴⁴pã⁵¹le⁰	病轻口儿 pʻã⁵¹tɕʻiã⁴⁴m̩⁰ni⁰
新　建	生病了 ʃã⁵⁴pʻã⁵¹lə⁰	病回了 pʻã⁵¹xua²⁴lə⁰
新　营	病了 pʻǣ⁵¹la⁰	病好了一毛毛 pʻǣ⁵¹xo⁵⁵la⁰i²¹⁵mɔ⁵⁵mɔ³¹
黄　柏	生病了 ʃuən⁴⁴pʻin²lə⁰	病转好了 pʻin²¹tʂuã⁴⁵³xə⁵³lə⁰
暖　水	生病了 ɕiæ³¹pʻǣ⁵⁵lɤ⁰	病松哩点 pʻǣ⁵¹soŋ³¹li⁰tiɛ̃⁰

第五章 赣东北徽语代表方言点词语对照

	0670 着凉	0671 发烧	0672 咳嗽
经公桥	寒嘚 xỹ³⁵tɛ⁰	发烧 fuʌ⁴⁴ɕiau²²	咳嗽 kʻɤ⁴⁴sau²¹⁴
鹅 湖	寒嗝 xən³⁵kɛ⁰	发烧 foʔ⁴ɕia⁵⁵	咳嗽 kʻaiʔ⁴sau²¹³
旧 城	冻□ toŋ²¹³tə⁰	发烧 fuo²¹³ɕiau⁵⁵	嗽 ʂau²¹³
湘 湖	受凉 ɕiəu²¹la³⁵	发热 foʔ⁴iɛʔ²	咳 kʻaiʔ⁴
溪 头	冻之 təŋ²⁴tsl⁰	发烧 fo⁵⁵sa³³	咳嗽 kʻɐ⁵⁵sau²⁴
沱 川	摊之凉 tʻõ⁴⁴tsə⁴⁴niɤ̃²¹¹	发烧 fo⁵¹sɒ⁴⁴	咳 kʻa⁵¹
紫 阳	冻之 tɐm³⁵tɕi⁴⁴	发烧 fo⁵¹so⁴⁴	咳 kʻo⁵¹
许 村	冻之 tɐm²⁴tɕi⁰	发烧 fo⁵⁵ɕio³³	咳 kʻa⁵⁵
中 云	冻之 tɐm³⁵tɕi⁴⁴	发烧 fo⁵¹so⁴⁴	咳 kʻa⁵¹
新 建	冻之 təŋ²¹tsɤ³¹	发烧 fuɤ⁵¹ʃa⁵⁴	咳 kʻɤ⁵¹
新 营	冻嘀 tən²¹³ti⁰	发烧 fo²¹⁵ɕiɔ⁵⁵	咳 kʻi²¹⁵
黄 柏	冻到 tən²¹³tə⁰	发烧 fɑ²¹³ʃə⁴⁴	□ kʻən²¹³
暖 水	冻之 toŋ³⁵tsɤ⁰	发烧 fuɐ⁵⁴ɕyɛ³¹	咳 kʻɤ⁵⁴

	0673 起鸡皮疙瘩	0674 发抖
经公桥	起鸡皮□儿呐 tɕʻi⁴²tɕi²²pʻi³⁵tuən²¹nɛ⁰	发抖 fuʌ⁴⁴tɕiəu⁴²
鹅 湖	起鸡毛单儿 tɕʻi⁵³tɕi⁵⁵mau³⁵tõ⁵⁵ni⁰	发抖 foʔ⁴tiəu⁵³
旧 城	起鸡毛孔 tɕʻi³¹tɕi⁵⁵mau²⁴kʻoŋ³¹	发抖 fuo²¹³tau³¹
湘 湖	肉麻 iəuʔ²moʔ³⁵	发振 foʔ⁴tɕiɐn²¹²
溪 头	起鸡肉麻 tʃʻi⁴²tʃe³³ȵiæi⁵⁵mo⁵¹	抖□ tæi⁴²tau⁵¹
沱 川	发冷单 fo⁵¹nã³¹tõ⁴⁴	发抖 fo⁵¹tə²
紫 阳	毛孔竖起来 bo²¹kʻɐm³⁵tɕʻy³¹tɕʻi³⁵le²¹¹	发抖 fo⁵¹ta²
许 村	起鸡毛孔 tɕʻi³¹tʃe³³ma³¹kʻɐm³¹	发抖 fo⁵⁵ta³¹
中 云	发冷单 fo⁵¹lã³¹tum⁴⁴	冻□抖 tɐm³⁵lɐn⁴⁴ta³¹
新 建	毛孔竖起来 muɯ²⁴kʻəŋ³¹ɕy⁵¹tɕʻi³¹la⁰	发抖 fuɤ⁵¹tuɯ³¹
新 营	起鸡毛朵 tɕʻi⁵³tɕi⁵⁵mɔ³¹to⁵³	发抖 fo²¹⁵tio⁵³
黄 柏	肉麻了 ȵiu⁴¹mɑ⁴¹lə⁰	发抖 fɑ²¹tə⁴⁵³
暖 水	起鸡胗皮 tɕʻi²¹tɕi³¹tɕiẽ³¹pʻi²³	发抖 fuɐ⁵⁴tʻy²¹⁴

	0675 脱臼	0676 肚子疼
经公桥	□□ lɣ²²uɑ̃⁴²	肚痛 t'u²⁴t'oŋ²¹⁴
鹅 湖	脱榫 t'ɛʔ⁴sən⁵³	肚痛 t'əu⁵³t'oŋ²¹³
旧 城	脱□ t'ɛ²¹³uɛn³¹	肚里痛 t'əu³³lei³¹t'oŋ²¹³
湘 湖	脱榫 t'ɛʔ⁴sən³¹⁴/落□ lauʔ²koʔ⁴⁴	肚里痛 t'əu²¹li⁰t'oŋ²¹²
溪 头	脱榫 t'i⁵⁵sən⁴²	肚里痛 tu²³¹li⁰t'əŋ²⁴
沱 川	脱斗 t'i⁵¹t'ə²	肚里痛 tu³¹li⁰t'əŋ³⁵
紫 阳	脱斗 t'e⁵¹ta²	肚痛 t'u³¹t'ɐm³⁵
许 村	脱开 t'a⁵⁵k'uɣ³³	肚痛 t'u⁵¹t'ɐm²⁴
中 云	脱斗 t'o⁵¹ta³¹	肚痛 t'u⁵¹t'ɐm³⁵
新 建	□白 k'ua⁵¹tɕ'iɯ⁵¹	肚里痛 t'u⁵¹li⁰t'əŋ²¹³
新 营	脱榫 t'o²¹⁵sən⁵³	肚里痛 t'o⁵¹li⁰t'əŋ²¹³
黄 柏	落窠 lo⁴⁴k'o⁴⁴	肚子痛 tu²¹tsʅ⁰t'oŋ²¹³
暖 水	脱榫 t'uɐ⁵⁴sẽ²¹⁴	肚里痛 t'u⁵¹li⁰t'oŋ³⁵

	0677 拉肚子	0678 患疟疾
经公桥	拉肚子 ta²²tu⁴⁴tsʅ⁰	打摆子 ta⁴²pa⁴²tsʅ⁰
鹅 湖	泻肚 sɛ³⁵t'əu²¹¹	打脾寒 ta⁵³p'ei³⁵xən³⁵
旧 城	泻肚 siɛ²¹³t'əu³³	打脾寒 ta³¹p'ei²⁴xɛn²⁴
湘 湖	泻肚 siɛ³⁵t'əu²¹¹	打脾寒 ta³⁵p'ei²¹xɛn³⁵
溪 头	泻肚 se²⁴tu²³¹	打脾寒 to⁴²p'ĩ⁵¹xũ⁵¹
沱 川	泻肚 se³⁵tu³¹	打脾寒 tɒ³⁵p'i²¹xũ²¹¹
紫 阳	泻肚 si³⁵t'u³¹	打脾寒 ta³⁵p'i²¹xum²¹¹
许 村	泻肚 se²⁴t'u⁵¹	打脾寒 to³¹p'i⁵¹xũ⁵¹
中 云	泻肚 se³⁵t'u³¹	打脾寒 to³⁵p'i¹¹xum¹¹
新 建	泻肚 sa²¹³t'u⁵¹	打脾寒 ta³¹p'i²⁴xuɔ̃²⁴
新 营	泻肚 si²¹³t'o⁵¹	打脾寒 ta⁵³p'ɛ³¹xu³¹
黄 柏	拉稀 lɑ⁴⁴ɕi⁴⁴	打脾寒 tɑ⁴⁵³p'i⁴¹xõ⁴¹
暖 水	泻肚 ɕiɛ³⁵t'u⁵⁵	打脾寒 ta²⁴p'i²³xõ²³

第五章 赣东北徽语代表方言点词语对照

	0679 中暑	0680 哮喘
经公桥	□到 t'ai²²tau⁰	气□ tɕ'i²⁴pai²¹⁴
鹅　湖	闭痧 pi³⁵ʂuo⁵⁵	气□ tɕ'i³⁵ioŋ⁵³
旧　城	闭 pei²¹³	哮□□ɹ xau³³k'u²¹³lə ʳ²¹³
湘　湖	闭痧 pi²¹so⁴⁴	气迸 tɕ'i³⁵pɛn²¹²
溪　头	发痧 fo⁵⁵so³³	气□ tʃ'i²⁴xɔ̃²⁴
沱　川	发痧 fo⁵¹so⁴⁴	花油病 xo⁴⁴iə²¹p'ã⁵¹
紫　阳	发痧 fo⁵¹so⁴⁴	气急 tɕ'i³⁵tɕia⁵¹
许　村	冲热 tʃ'ɐm³³n̩ie⁵⁵	—
中　云	发斑 fo⁵¹pum⁴⁴	哮病 ɕia³⁵p'ã⁵¹
新　建	发痧 fuɤ⁵¹ʃuɤ⁵⁴	嘻呼病 xi⁵⁴xu²⁴p'ã⁵¹
新　营	闭痧 pɛ²¹³ɕio⁵⁵	—
黄　柏	发痧 fɑ²¹ʂuɑ⁴⁴	□ k'ən⁴⁵³
暖　水	闭痧 pi³⁵ʂuɐ³¹	嘻呼 ɕi³⁵xu²³

	0681 患癫痫	0682 出麻疹
经公桥	猪□病 tɕy²²tʃuʌ⁴⁴p'ai²¹⁴	过麻仂 kuʌ²¹muʌ³⁵lɛ⁰
鹅　湖	发懵病 foʔ⁴moŋ⁵³p'ãi²¹¹	过麻ɹ kuo³⁵muoʳ³⁵
旧　城	发懵病 fuo²¹³moŋ³¹p'ai³³/发□仂 fuo²¹³fau⁵⁵lɛ⁰	过麻ɹ kuo²¹³muoʳ²⁴
湘　湖	猪痧病 tɕy⁴⁴so⁴⁴p'ai²¹¹	出麻 tɕ'yʔ⁴mo³⁵
溪　头	发懵病 fo⁵⁵məŋ²³¹p'æi⁵⁵	出麻 tsʻɐ⁵⁵mo⁵¹
沱　川	发懵病 fo⁵¹məŋ³¹p'ã⁵¹	出麻 tɕ'y⁵¹bo²¹¹
紫　阳	发懵病 fo⁵¹mɐm³¹p'ɔ̃⁵¹	出麻 tɕ'ye⁵¹bə²¹¹
许　村	发懵病 fo⁵⁵mɐm⁵⁵p'ã⁵⁵	出麻 tɕ'y⁵⁵mo⁵¹
中　云	发懵病 fo⁵¹mɐm³¹p'ã⁵¹	出麻 tsʻɤ⁵¹bo¹¹
新　建	发懵病 fuɤ⁵⁴məŋ³¹p'ã⁵¹	出麻 tʃ'ɛ⁵¹muɤ²⁴
新　营	发懵病 fo²¹⁵məŋ⁵³p'æ⁵¹	过麻 ku²¹³mo³¹
黄　柏	发懵病 fɑ²¹məŋ⁴⁵³p'in²¹³	过麻 ko²¹mɑ⁴¹
暖　水	发懵 fuɐ⁵⁴məŋ²¹⁴	出麻 tɕ'ie⁵⁴muɐ²³

		0683 疝气	0684 肿
经公桥	肠结 tʂ'aŋ³⁵tɕiɛ⁴⁴	肿 tʂoŋ⁴²
鹅 湖	大卵脬 t'a²¹lən⁵³p'au⁵⁵	肿 tʂoŋ⁵³
旧 城	大气脬 t'a³³tɕ'i²¹³p'au⁵⁵	肿 tʂoŋ³¹
湘 湖	气鼓儿 tɕ'i²¹ku³¹⁴ni⁰	肿 tsoŋ³¹⁴
溪 头	大卵袋 t'o⁵⁵nũ²³¹t'ɐ⁵⁵	肿 tsəŋ⁴²
沱 川	大卵袋 t'u⁵¹nũ³¹t'a⁵¹	肿 tsəŋ²
紫 阳	大菩 t'u⁵¹p'u²¹¹	肿 tsɐm²
许 村	大袋□子 t'a⁵⁵t'ɤ⁵⁵ɕio³³tsʅ⁰	肿 tʃɐm³¹
中 云	大菩 t'ɤ⁵¹p'u¹¹	肿 tsɐm²
新 建	大卵袋 t'a⁵¹nuɔ̃³¹t'ua⁵¹	肿 tsəŋ³¹
新 营	逼之气 pi²¹⁵tɕi⁵⁵tɕ'i²¹³	肿 təŋ⁵³
黄 柏	大卵袋 t'a²¹lɔ̃⁴⁵³t'ə²¹³	肿 tʂuəŋ⁴⁵³
暖 水	边七 piɛ̃³¹ts'ɛ⁵⁴	肿 tʂoŋ²¹⁴

		0685 皲裂	0686 化脓	0687 结痂
经公桥	□坼 ma⁴⁴tʂ'a⁴⁴	□脓 iəu²¹loŋ⁵⁵	结壳儿 tɕiɛ⁴⁴k'uʌn⁴⁴
鹅 湖	开坼 k'ɛ⁵⁵tʂ'aʔ²¹³	贡脓 koŋ²¹loŋ³⁵	结壳儿 tɕiɛʔ²k'a⁻ʳ²¹³
旧 城	进坼 paŋ²¹³tɕ'ia²¹³	□脓 ŋoŋ²⁴noŋ²⁴	结壳儿 tɕiɛ²¹³k'a⁻ʳ²¹³
湘 湖	冻开花 toŋ²¹k'ɛ⁴⁴xo⁴⁴	鼓脓 ku³¹loŋ³⁵	结壳 tɕiɛʔ²k'auʔ²⁴
溪 头	冻开花 təŋ²⁴k'uɐ³³xo³³	化脓 xo²⁴liəŋ⁵¹	结疤 tʃe⁵⁵p'i⁴²
沱 川	裂坼 le⁵¹ts'o⁵¹	化脓 xo³⁵nəŋ²¹¹	结疤 tɕie⁵¹po⁴⁴
紫 阳	裂坼 le⁵¹ts'o⁵¹	贡脓 kɐm³⁵lɐm²¹¹	结疤 tɕie⁵¹p'i²
许 村	开坼 k'uɤ³³tʃ'o⁵⁵	化脓 xo⁵⁵niɐm⁵¹	结疤 tɕie⁵⁵po³³
中 云	开坼 k'uɤ⁴⁴ts'o⁵¹	贡脓 kɐm³⁵liɐm¹¹	结疤 tɕie⁵¹po⁴⁴
新 建	开坼 k'ua⁵⁴tʃ'æ⁵¹	贡脓 kəŋ²¹³nəŋ²⁴	结疤 tɕie⁵¹p'i³¹
新 营	开坼 k'ua⁵⁵t'a²¹⁵	化脓 xo²¹³ləŋ³¹	结疤 tɕie²¹⁵p'ɛ⁵³
黄 柏	裂 lɛ²¹³	化脓 xuɑ²¹nɐu⁴¹	结疤 tʃa²¹pɑ⁴⁴
暖 水	刮坼 kuɐ⁵⁴tɕ'iæ⁵⁴	化脓 xuɛ³⁵loŋ²³	结疤 tɕie⁵⁴puɐ³¹

第五章 赣东北徽语代表方言点词语对照

	0688 疤	0689 痣	0690 皮肤上的疙瘩 蚊子咬的
经公桥	疤儿 puʌ²²	痣 tɕi²¹⁴	疱 pau²²
鹅 湖	疤痢儿 puo⁵⁵luoʳ⁵⁵	痣儿 tɕi²¹³ni⁰	暴 nõ²¹¹
旧 城	疤 puo⁵⁵	痣 tɕi²¹³	疱 pau⁵⁵
湘 湖	疤 po⁴⁴	痣 tɕi²¹²	疱 pʻau²¹²
溪 头	疤 pa³³	痣 tsɿ²⁴	疱 pʻau²⁴
沱 川	疤 po⁴⁴	痣 tsɿ³⁵	疱 pa⁴⁴
紫 阳	疤 pə⁴⁴	痣 tɕi³⁵	疱 pɒ⁴⁴
许 村	疤 po³³	痣 tɕi²⁴	疱 pa³³
中 云	疤 po⁴⁴	痣 tɕi³⁵	疱 pɔ⁴⁴
新 建	疤 puɣ⁵⁴	痣 tsɣ²¹³	疱 pɔ⁵⁴
新 营	疤 po⁵⁵	痣 tɕi²¹³	疱 pɔ⁵⁵
黄 柏	疤 pɑ⁴⁴	痣 tsɿ²¹³	疱 pə⁴⁴
暖 水	疤 puɐ³¹	痣 tʂɣ³⁵	疱 po³¹

	0691 疖子	0692 痱子
经公桥	□□朦 mu⁴²nuʌ²²pʻau²²	燥仂 tsʻau²⁴lɛ⁰
鹅 湖	□疱 ʂa⁵⁵pau⁵⁵	痱儿 fəʳ²¹³
旧 城	疖儿 tɕiɛ²¹³ni⁰	痱珠儿 fei²¹³tɕyəʳ⁵⁵
湘 湖	疖 tsieʔ⁴	痱子 fei²¹²tsɿ⁰
溪 头	疖 tse⁵⁵	痱子 fe²⁴tsɿ⁰
沱 川	枣 tsa²	燥 tsʻə³⁵
紫 阳	疖 tɕye⁵¹	燥 tsʻa³⁵
许 村	疖 tɕie⁵⁵	燥 tsʻa²⁴
中 云	□ tsɣ²	燥仂 tsʻa⁵¹lɛ⁰
新 建	疖 tsæ⁵¹	□燥 fuɣ⁵¹tsʻɯ²¹³
新 营	疖 tɕiɛ²¹⁵	痱燥 fɛ²¹³tsʻɔ²¹³
黄 柏	疖子 tɕiɑ²¹³tsɿ⁰	痱子 fi²¹³tsɿ⁰
暖 水	疖 tɕiɛ⁵⁴	痱子 fi³⁵tsɿ⁰

	0693 雀斑	0694 狐臭
经公桥	麻雀儿斑 muʌ³⁵tsʼiɛn⁴⁴puʌ²²	狐臭 xu³⁵tɕʼiəu²¹⁴
鹅　湖	雀儿斑 tsʼiɛn³⁵põ⁵⁵	□骚 ŋa³⁵sau⁵⁵
旧　城	麻鸟儿屎 muo²⁴tiau³¹ni⁰ɕi³¹	膈儿骚气 koʳ²¹³sau⁵⁵tɕʼiəʳ²¹³
湘　湖	乌斑 u⁴⁴po⁴⁴	狐/膈骚 uʔ³⁵/ koʔ²sau⁴⁴
溪　头	雀斑 tsiau⁵⁵pã³³	腋臭 ia⁵⁵tsʼæi²⁴
沱　川	苍蝇屎 tsʼʌ̃⁴⁴iã⁴⁴sɿ²	腋臭 iɒ⁵¹tsʼə³⁵
紫　阳	斑 pum⁴⁴	腋臭 io⁵¹tsʼa³⁵
许　村	乌斑 vu³³pũ³³	狐狸骚 xu⁵¹li³¹sa³³
中　云	乌斑 vu⁴⁴pum⁴⁴	腋臭 io⁵¹tsʼa³⁵
新　建	乌斑 vu⁵⁴pʌ̃⁵⁴	□臭 sẽ²¹tɕʼiɯ²¹³
新　营	麻雀儿斑 mo³¹tsʼiã⁵⁵pã⁵⁵	□骚气 ŋæ⁵⁵sɔ⁵⁵tɕʼi²¹³
黄　柏	—	狐臊 xu⁴¹sə⁴⁴
暖　水	乌斑 vu³¹pã³¹	狐狸骚 vu²³li²⁴sɤ³¹

	0695 看病	0696 诊脉
经公桥	望病 maŋ²⁴pʼãi²¹⁴	号脉 xau²⁴ma²²
鹅　湖	看病 kʼiɛn³⁵pʼãi²¹¹	捉脉 tʂauʔ²¹³maʔ²¹¹
旧　城	看病 kʼɛn²¹³pʼai³³	探脉 tʼo²¹³ma³³
湘　湖	看先生 kʼɛn²¹sĩ⁴⁴ɕia⁴⁴	捉脉 tsauʔ⁴maʔ²
溪　头	看医生 kʼũ²⁴i³³sæi³³	□脉 tʼa²⁴ma⁵⁵
沱　川	看病 kʼũ³⁵pʼã⁵¹	探脉 tʼũ³⁵bo⁵¹
紫　阳	看病 kʼum³⁵pʼɔ̃⁵¹	捉脉 tsɒ⁵¹bo⁵¹
许　村	看病 kʼũ²⁴pʼã⁵⁵	捉脉 tʃɔ⁵⁵bo⁵⁵
中　云	看病 kʼum³⁵pʼã⁵¹	捉脉 tsɔ⁵¹bo⁵¹
新　建	看病 kʼʌ̃²¹³pʼã⁵¹	探脉 tʼʌ̃²¹³mæ⁵¹
新　营	觑病 tɕʼio²¹⁵pʼæ⁵¹	摸脉 mo²¹⁵ma²¹⁵
黄　柏	看病 kʼõ²¹pʼin²¹³	搭/捉脉 tɑ²¹/ tʂɔ²¹mɑ²¹³
暖　水	望病 mʌŋ⁵¹pʼæ⁵⁵	搭脉 tuɐ⁵⁴mæ⁵⁴

第五章 赣东北徽语代表方言点词语对照

	0697 针灸	0698 打针	0699 打吊针
经公桥	打干针 ta⁴²kɣ̃²²tɕin²²	打针 ta⁴²tɕin²²	打吊针 ta⁴²tia²⁴tɕin²²
鹅 湖	打干针 ta⁵³kiɛn⁵⁵tɕiɛn⁵⁵	打针 ta⁵³tɕiɛn⁵⁵	打吊针 ta⁵³tia³⁵tɕiɛn⁵⁵
旧 城	打干针 ta³¹kɛn⁵⁵tɕiɛn⁵⁵	打针 ta³¹tɕiɛn⁵⁵	打吊针 ta³¹tiau²¹³tɕiɛn⁵⁵
湘 湖	打干针 ta³¹kɛn⁴⁴tɕiɛn⁴⁴	打针 ta³¹tɕiɛn⁴⁴	打吊针 ta³⁵tiau²¹tɕiɛn⁴⁴
溪 头	打空心针 ta⁴²k'əŋ³³sɛn³³tʃɛn³³	打针 ta⁴²tʃɛn³³	打吊针 ta⁴²tia²⁴tʃɛn³³
沱 川	打干针 tɒ³⁵kũ⁴⁴tsɛn⁴⁴	打针 tɒ³⁵tsɛn⁴⁴	打吊针 tɒ³⁵tia³⁵tsɛn⁴⁴
紫 阳	针灸 tsæ⁴⁴tɕia³⁵	打针 ta⁵³tsæ⁴⁴	吊瓶针 tio³⁵p'ɔ̃²¹tsæ⁴⁴
许 村	打干针 to³¹kũ³³tʃɛn³³	打针 to³¹tʃɛn³³	打吊针 to³¹tia²⁴tʃɛn³³
中 云	针灸 tsɛn⁴⁴tɕia³⁵	打针 to²tsɛn⁴⁴	吊瓶 tio³⁵p'ã¹¹
新 建	打干针 ta³¹kʌ̃⁵⁴tʃẽ⁵⁴	打针 ta³¹tʃẽ⁵⁴	打吊针 ta³¹tiɛ²¹³tʃẽ⁵⁴
新 营	打干针 ta⁵³ku⁵⁵tɕiən⁵⁵	打针 ta⁵³tɕiən⁵⁵	打吊针 ta⁵³tiɔ²¹³tɕiən⁵⁵
黄 柏	针灸 tʃuən⁴⁴tʃu²¹³	打针 tɑ⁴⁵³tʃuən⁴⁴	打吊针 tɑ⁴⁵³tiə²¹tʃuən⁴⁴
暖 水	打空心针 ta²⁴k'oŋ³¹ɕiẽ³¹tɕiẽ³¹	打针 ta²⁴tɕiẽ³¹	打吊针 ta²⁴tyɛ³⁵tɕiẽ³¹

	0700 吃药 统称	0701 买中药	0702 汤药
经公桥	喫药 tɕ'iai⁴⁴yʌu²²	揸药 tʂuʌ²²yʌu²²	水药 ɕy⁴²yʌu²²
鹅 湖	喫药 k'aiʔ²⁴ioʔ²¹¹	□药 muo³⁵ioʔ²¹¹	煎药 tsĩ⁵⁵ioʔ²¹¹
旧 城	喫药 tɕ'iai²¹³ia³³	买药 ma³¹ia³³	水药 ɕy³¹ia³³
湘 湖	喫药 tɕ'iaiʔ²⁴iaʔ²	捡药 tɕĩ³⁵iaʔ²	煎药 tɕĩ⁴⁴iaʔ²
溪 头	喫药 tʃ'a⁵⁵iau⁵⁵	点药 fĩ⁴²iau⁵⁵	水药 ɕy⁴²iau⁵⁵
沱 川	喫药 tɕ'iɒ⁵¹iau⁵¹	点药 tĩ³⁵iau⁵¹	煎药 tsĩ⁴⁴iau⁵¹
紫 阳	喫药 tɕ'io⁵¹iɒ⁵¹	点药 tĩ³⁵iɒ⁵¹	煎药 tsĩ⁴⁴iɒ⁵¹
许 村	喫药 tʃ'o⁵⁵ia⁵⁵	点药 fĩ³¹ia⁵⁵	药汤 ia⁵⁵t'ɔ̃³³
中 云	喫药 tɕ'io⁵¹ia⁵¹	点药 fĩ²ia⁵¹	中药 tsɐm⁴⁴ia⁵¹
新 建	喫药 tʃ'æ⁵¹iɯ³³	撮药 tʃ'uɣ⁵¹iɯ³³	药 iɯ³³
新 营	喫茶 k'æ²¹⁵t'o³¹	撮药 ts'u²¹⁵ia⁵⁵	茶 t'o³¹
黄 柏	喫药 tʃ'ɛ²¹ə⁴⁴	点药 tĩ⁴⁵³iə⁴⁴	煎药 tɕĩ⁴⁴iə⁴⁴
暖 水	喫药 tɕ'iæ⁵⁴yɛ³¹	抓药 ts'uɐ⁵⁴yɛ³¹	药 yɛ³¹

	0703 毒死	0704 癞痢头
经公桥	闹死 lau²⁴sʅ⁴²	癞痢 luʌ²²li⁵⁵
鹅湖	闹死 lau²¹sʅ⁵³	癞痢头 loʔ²⁴lei²¹tʻiəu³⁵
旧城	闹死 lau³³sʅ³¹	百腐头 pa²¹³fu³¹tʻau²⁴
湘湖	闹死 lau²¹sʅ³¹⁴	癞痢头 loʔ²li²¹tʻiau³⁵
溪头	□死 tɐ⁵⁵sʅ⁴²	癞痢头 lo⁵⁵li⁵⁵tʻæi⁵¹
沱川	□死 tʻa⁵¹sʅ²	癞痢头 lo⁵¹li⁵¹tʻə²¹¹
紫阳	毒死 tʻu⁵¹sʅ²	癞痢头 lə⁵¹li⁵¹tʻa²¹¹
许村	豆死 tʻa⁵⁵sʅ³¹	癞痢头 lo⁵⁵li⁵⁴tʻa⁵¹
中云	豆死 tʻa⁵¹sʅ²	癞痢头 lʏ⁵¹li⁵¹tʻa¹¹
新建	□死 tʻɤ⁵¹sɤ³¹	癞痢头 luɤ⁵¹li⁵¹tʻɯ²⁴
新营	闹死 lɔ⁵¹sʅ⁵³	癞痢头 lo⁵⁵lɛ⁵¹tʻiɔ³¹
黄柏	毒死 tʻəu⁴⁴sʅ⁴⁵³	癞痢头 lɑ⁴⁴li²¹³tʻiə⁴¹
暖水	毒死 tʻɤ⁵¹sʅ²¹⁴	癞痢头 luɐ³¹li⁰tʻy²³

	0705 斗鸡眼	0706 近视眼
经公桥	对眼 tɤ²⁴ŋuɑ̃⁴²	近视眼 tɕʻin²¹sʅ²⁴ŋuɑ̃⁴²
鹅湖	—	近视眼儿 tɕʻiɛn²¹ɕi²¹ŋõ⁵³ni⁰
旧城	对眼儿 tɤ²¹³ŋuo³¹ni⁰	近视眼儿 tɕʻiɛ³³sʅ³³ŋuo³¹ni⁰
湘湖	猪头眼仂 tɕy⁴⁴tʻiau³⁵ŋo³⁵lɛ⁰	近视眼仂 tɕʻiɛn²¹ɕi²¹ŋo³⁵lɛ⁰
溪头	瞪眼 tæi²⁴ŋã²³¹	近视眼 tʃʻɛn²³¹sʅ⁵⁵ŋã²³¹
沱川	斗珠眼 tə³⁵tɕy⁴⁴ŋõ³¹	矇仂 mən³¹le⁰
紫阳	对眼 te³⁵ŋẽ³¹	近视眼 tɕʻiæ³¹sʅ⁵¹ŋẽ³¹
许村	斗眼 ta²⁴ŋũ³¹	矇仂 mɐm³¹le⁰
中云	斗眼 ta³⁵ŋum³¹	矇矇 mɐm¹¹mɐm¹¹
新建	□眼 pʻiɛ²⁴ŋɑ̃³¹	近视眼 tɕʻiẽ⁵¹sɤ⁵¹ŋɑ̃³¹
新营	豆豉眼 tʻiɔ⁵¹ɕi³¹ŋã⁵³	近视眼 tɕʻiən⁵¹sɛ⁵¹ŋã⁵³
黄柏	斗鸡眼 tiə⁴⁵³tɕi⁴⁴ŋã⁴⁵³	近视眼 tʃʻən²¹sʅ²¹ŋã⁴⁵³
暖水	对眼 tɤ³⁵ŋã²¹⁴	近视眼 tɕʻiẽ⁵¹sɤ⁵¹ŋã²¹⁴

第五章　赣东北徽语代表方言点词语对照

	0707 兔唇	0708 左撇子
经公桥	缺嘴 tɕʻyɛ⁴⁴tsei⁴²	左手撇 tsuʌ⁴²ɕiəu⁴²pʻiɛ²¹⁴
鹅湖	破嘴皮 pʻiɛ³⁵tsei⁵³pʻei³⁵	反手撇儿 fõ⁵³ɕiəu⁵³pʻiɛʔ²¹³niº
旧城	缺嘴儿 tɕʻyɛ²¹³tsəʳ³¹	反手撇儿 fuo³¹ɕiəu³¹pʻiəʳ²¹³
湘湖	缺嘴 tɕʻyɛʔ⁴tsei³¹⁴	反手撇儿 fo³⁵ɕiəu³¹pʻiɛʔniº
溪头	裂嘴 le⁵⁵tsi⁴²	反手 fã²⁴sæi⁴²
沱川	缺额 kʻue⁵¹ŋo⁵¹	反手葵 fõ³⁵sə³⁵tɕʻy²¹¹
紫阳	缺嘴 tɕʻye⁵¹tsi²	反手瘸 fum³⁵saʔtɕʻye²¹¹
许村	缺嘴 kʻe⁵⁵tsi³¹	反手拐 fũ³¹ɕia³¹kua³¹
中云	缺额 tɕʻie⁵¹ŋo⁵¹	反手□ fum³⁵sa³⁵li³¹
新建	缺嘴 kʻiɛ⁵¹tsi³¹	反手□ fã̃³¹ɕiɯ³¹kɔ³¹
新营	豁嘴 xu²¹⁵tsɛ⁵³	反手料/撇 fã⁵³ɕio⁵³liɔ⁵¹/ pʻiɛ²¹⁵
黄柏	豁嘴 xo²¹³tɕi⁴⁵³	左拐子 tso⁴⁵³kua⁴⁵³tsɿº
暖水	缺嘴 kʻiɛ⁵⁴tɕi²¹⁴	反手□ fã²¹ɕy²¹kɛ⁵⁴

	0709 瘸子	0710 驼子	0711 聋子
经公桥	拐子 kua⁴²tsɿº	驼子 tʻuʌ³⁵tsɿº	聋子 loŋ³⁵tsɿº
鹅湖	拐子 kua⁵³tsɿº	驼背儿 tʻuo³⁵pəʳ²¹³	聋子 loŋ³⁵tsɿº
旧城	拐子 kua³¹tsɿº	驼子 tʻuo²⁴tsɿº	聋子 loŋ²⁴tsɿº
湘湖	拐脚 kua³⁵tɕiaʔ²⁴	驼子 tʻɛ³⁵tsɿº	聋子 loŋ³⁵tsɿº
溪头	蚀脚 se⁵⁵tʃau⁵⁵	驼背 to⁵¹pɐ²⁴	聋子 lən⁵¹tsɿº
沱川	歪/别脚 ʋo⁴⁴/ pe⁵¹tɕiau⁵¹	驼背 tʻo²¹pa³⁵	聋伢 nəŋ²¹leº
紫阳	拐脚 kua³⁵tɕiɒ⁵¹	驼背 tʻə²¹pe³⁵	聋伢 lɐm²¹laº
许村	拐脚 kua³¹tɕia⁵⁵	驼背 tʻɤ⁵¹pɤ²⁴	聋伢 nɐm⁵¹leº
中云	拐脚 kua²tɕia⁵¹	驼背 tʻɤ¹¹pɤ¹¹	聋伢 lɐm¹¹leº
新建	瘸 kʻiɛ²¹³tsɤº	驼背 tʻɯ²⁴pa²¹³	聋子 lən²⁴tsɤº
新营	拐子 kua⁵³tsɿº	驼子 tʻu³¹tsɿº	聋子 lən³¹tsɿº
黄柏	拐子 kua⁴⁵³tsɿº	驼背 tʻo⁴¹pe²¹³	聋子 lən⁴¹tsɿº
暖水	缺子 kʻiɛ⁵⁴tsɿº	驼子 tʻo²³tsɿº	聋子 loŋ²³tsɿº

	0712 瞎子	0713 哑巴	0714 结巴 他说话~‖他是个~
经公桥	瞎子 xʌ⁴⁴tsɿ⁰	哑子 ŋʌ⁴²tsɿ⁰	□子 tɕi²²tsɿ⁰
鹅 湖	瞎儿 xuoʔ²¹³ɚʳ⁰	哑儿 ŋuo⁵³ɚʳ⁰	大舌 tʻa²¹ɕiaiʔ²⁴
旧 城	瞎子 xuo²¹³tsɿ⁰	哑巴子 ŋuo³¹pa⁰tsɿ⁰	大舌头 tʻa³³ɕie³³tʻau²⁴
湘 湖	瞎子 xoʔ²⁴tsɿ⁰	哑巴子 ŋo³⁵po⁴⁴tsɿ⁰	急子 tɕiʔ²⁴tsɿ⁰
溪 头	瞎子 xo⁵⁵tsɿ⁰	哑仂 ŋo²³¹li⁰	低多 ti³³to³³
沱 川	瞎仂 xo⁵¹le⁰	哑仂 ŋo²le⁰	低多仂 ti⁴⁴to⁴⁴le⁰
紫 阳	瞎仂 xo⁵¹la⁰	哑仂 ŋə³¹la⁰	低多 ti³⁵tə⁴⁴‖低多仂 ti³⁵tə⁴⁴la⁰
许 村	瞎仂 xo⁵⁵le⁰	哑仂 ŋo³¹le⁰	大舌 tʻɣ⁵⁵tɕʻie⁵⁵
中 云	瞎仂 xo⁵¹le⁰	哑仂 ŋo³¹le⁰	低多 ti⁴⁴tʏ⁴⁴‖急语 tɕia⁵¹ʏ³¹
新 建	瞎子 xuʏ⁵¹tsʏ⁰	哑子 ŋuʏ³¹tsʏ⁰	哑嘴 ŋuʏ³¹tsi³¹
新 营	瞎子 xo²¹⁵tsɿ⁰	哑子 ŋo⁵³tsɿ⁰	绊子 pã²¹³tsɿ⁰
黄 柏	瞎子 xɑ²¹³tsɿ⁰	哑巴 ŋɑ⁴⁵³pɑ⁰	绊子 pã²¹³tsɿ⁰
暖 水	瞎子 xo⁵⁴tsɿ⁰	哑子 ŋɐ²⁴tsɿ⁰	绊子 pã³⁵tsi²¹⁴

	0715 疯子	0716 说媒
经公桥	疯子 foŋ²²tsɿ⁰	做媒 tsuʌ²¹mʏ⁵⁵
鹅 湖	疯子 foŋ⁵⁵tsɿ⁰	做媒 tsuo³⁵miɛ³⁵
旧 城	疯子 foŋ⁵⁵tsɿ⁰	话亲 uo³³tsʻɛn⁵⁵/做媒 tsuo²¹³mɛ²⁴
湘 湖	瘨子 tiau³⁵tsɿ⁰	做媒 tso²¹mɛ³⁵
溪 头	痴仂 tsʻɿ³³li⁰	做媒 tso²⁴mɐ⁵¹
沱 川	痴仂 tsʻɿ⁴⁴le⁰	做媒 tsu³⁵ba²¹¹
紫 阳	痴仂 tɕʻi⁴⁴la⁰	做媒 tsu³⁵be²¹¹/讲老婆 kã³⁵lo³¹pʻə²¹¹
许 村	□仂 la²⁴le⁰	做媒 tso²⁴mʏ⁵¹
中 云	痴仂 tɕʻi⁴⁴le⁰	做媒 tsu³⁵bʏ¹¹
新 建	癫子 tiɛ̃⁵⁴tsʏ⁰	做媒 tsɯ²¹ma²⁴
新 营	神子 ɕiən³¹tsɿ⁰	做媒 tso²¹³mi³¹
黄 柏	癫子 tiɛ̃⁴⁴tsɿ⁰	做媒 tso²¹³mɛ⁴¹
暖 水	疯/癫子 foŋ³¹/tiɛ̃³¹tsɿ⁰	做媒 tso³⁵mʏ²³

0717
媒人

经公桥	媒人 mɤ³⁵in⁵⁵
鹅 湖	媒人佬 miɛ³⁵iɛn³⁵lau⁵³
旧 城	媒人佬儿 mɛ²⁴iɛn²⁴laʳ³¹
湘 湖	月老 yɛʔ²²lau³¹⁴
溪 头	媒人 mɐ⁵¹iɛn⁵¹
沱 川	媒人 ba²¹iɛn²¹¹
紫 阳	菢鸡公男 pʻu⁵¹tɕi⁴⁴kɐm⁴⁴＋菢鸡姆女 pʻu⁵¹tɕi⁴⁴bə²¹
许 村	媒人 mɤ⁵¹iɛn⁵¹
中 云	媒人 bɤ¹¹iɛn¹¹
新 建	□公 tɕi⁵⁴kəŋ⁵⁴＋□嬷 tɕi⁵⁴mɯ²⁴
新 营	媒婆女 mi³¹pʻu³¹/媒人 mi³¹ȵiən³¹
黄 柏	媒婆女 mɛ⁴¹pʻo⁴¹＋媒公男 mɛ⁴¹kəŋ⁴⁴
暖 水	媒婆女 mɤ²³pʻo²³＋媒公男 mɤ²³koŋ³¹

0718
相亲 男看女‖女看男

经公桥	一‖看家 kʻɤ²⁴kʌ²²
鹅 湖	相认 siõ⁵⁵iɛn²¹¹
旧 城	看亲 kʻɛn²¹³tsʻɛn⁵⁵‖看亲/人家 kʻɛn²¹³ tʂʻɛn⁵⁵/ iɛn²⁴kuo⁰
湘 湖	过门 ko²¹mɛn³⁵‖看人家 kʻɛn²¹iɛn³⁵ko⁴⁴
溪 头	相亲 siɔ̃³³tsʻɛn³³/讲亲 kɔ̃⁴²tsʻɛn³³‖相亲 siɔ̃³³tsʻɛn³³/踏家第 tʻo⁵⁵ko³³tʻi⁵⁵
沱 川	相亲 siã⁴⁴tsʻɛn⁴⁴‖相亲 siã⁴⁴tsʻɛn⁴⁴/察家第 tsʻo⁵¹ko⁴⁴tʻe²
紫 阳	看亲 kʻum³⁵tsʻæ⁴⁴
许 村	相亲 siɔ̃³³tsʻɛn³³‖察人家 tsʻo⁵⁵iɛn⁵¹ko³³
中 云	认亲 ȵiɛn⁵¹tsʻɛn⁴⁴
新 建	□老婆 mɔ⁵¹lə³¹pʻɯ²⁴‖
新 营	讲老婆 kɔ̃⁵³lɔ⁵³pʻu³¹‖觑人家 tɕʻio²¹³ȵiən³¹ko⁵⁵
黄 柏	看亲 kʻɔ̃²¹tɕʻin³³
暖 水	相亲 ɕiʌŋ³⁵tsʻẽ⁴⁴‖相亲 ɕiʌŋ³⁵tsʻẽ⁴⁴/望人家 mʌŋ⁵¹ȵiẽ²⁴kuɐ³¹

	0719 打破嘴 用言语阻碍议婚	0720 订婚	0721 嫁妆
经公桥	打破嘴 ta⁴²p'uʌ²⁴tsei⁴²	应亲 iãi²⁴ts'ən²²	嫁妆 kʌ²⁴tʂaŋ²²
鹅湖	打破嘴 ta⁵³p'iɛ³⁵tsei⁵³	发喜 foʔ²⁴ɕi⁵³	嫁妆 kuo³⁵tʂaŋ⁵⁵
旧城	打破嘴 ta³¹p'uo²¹³tsei³¹	下定 xuo³³t'ai³³	嫁妆 kuo²¹³tʂaŋ⁵⁵
湘湖	打破嘴 ta³¹p'ɛ²¹tsei³¹⁴	下定 xo²¹t'ai²¹¹	嫁妆 ko²¹²tsaŋ⁴⁴
溪头	打破嘴 ta⁴²p'o²⁴tsi⁴²	下定 xo⁵⁵t'æi⁵⁵	嫁妆 ko²⁴tsɔ̃³³
沱川	打破嘴 tɒ²p'u³⁵tsi²	下定 xo³¹t'ã⁵¹	行嫁 xã²¹ko³⁵
紫阳	打破嘴 ta³⁵p'ə³⁵tsi²	下定 xə⁵¹t'ɔ̃⁵¹	嫁妆 kə³⁵tɕiã⁴⁴
许村	打破嘴 to³¹p'ɤ²⁴tsi³¹	定亲 t'ã⁵⁵ts'ɛn³³	行嫁 xã⁵¹ko²⁴
中云	打破嘴 to²p'u³⁵ts'e²	定亲 t'ã⁵¹ts'ɛn⁴⁴	行妆 xã¹¹tsã⁴⁴
新建	打破嘴 ta³¹p'ɯ²¹³tsi³¹	订婚 t'ã⁵¹xuɔ̃⁵⁴	嫁妆 kuɤ²¹³tʂɔ̃⁵⁴
新营	打破 ta⁵¹p'u²¹³	订婚 tæ²¹³xuən⁵⁵	嫁妆 ko²¹³tɕiã⁵⁵
黄柏	打破嘴 ta⁴⁵³p'o²¹³tɕi⁴⁵³	订婚 tin²¹³xuən⁴⁴	行妆 xən⁴¹tʂuəŋ⁴⁴
暖水	打破嘴 ta²¹p'o³⁵tɕi²¹⁴	下定 xuɐ⁵¹t'æ⁵¹	嫁妆 kuɐ³⁵tʂʌŋ³¹

	0722 结婚 统称	0723 娶妻
经公桥	结婚 tɕie⁴⁴xuən²²	讨老婆 t'au⁴²lau⁴²p'uʌ⁵⁵
鹅湖	结婚 tɕiɛʔ²⁴xuən⁵⁵	娶老婆 ts'ei⁵³lau⁵³p'uo³⁵
旧城	结婚 tɕiɛ²¹³fɛn⁵⁵	讨老婆 t'au³¹lau³¹p'uo²⁴
湘湖	合房 xɛʔ²faŋ³⁵	讨老婆 t'au³¹lau³⁵p'ɛ³⁵
溪头	结婚 tʃe⁵⁵xuəŋ³³	讨老婆 t'ɐ⁴²lɤ²³¹p'o⁵¹
沱川	结婚 tɕie⁵¹xuəŋ⁴⁴	讨老婆 t'a²la³¹p'o²¹¹
紫阳	合房 ko⁵¹fã²¹¹	娶老婆 ts'i³⁵lo³¹p'ə²¹¹
许村	合房 ka⁵⁵fɔ̃⁵¹	讨老婆 ts'a³¹la³¹p'ɤ⁵¹
中云	合房 ka⁵¹fã¹¹	讨老婆 t'a²la²p'ɤ¹¹
新建	结婚 tɕiɛ⁵¹xuɔ̃⁵⁴	讨老婆 t'ə³¹lə³¹p'ɯ²⁴
新营	结婚 tɕiɛ²¹⁵xuən⁵⁵	讨老婆 t'ɔ⁵³lɔ⁵³p'u³¹
黄柏	结婚 tʃɑ²¹³xuən⁴⁴	讨老婆 t'ə⁴⁵³lə⁴⁵³p'o⁴¹
暖水	过门 ko³⁵mẽ²³	讨老婆 t'ɤ³⁴lɤ²¹p'o²³

0724 出嫁 | 0725 招赘

经公桥	出嫁 tɕ'y²⁴kʌ²¹⁴	招亲 tʃuau²²ts'ən²²
鹅 湖	做新妇儿 tsuo³⁵sən⁵⁵puə^r²¹¹	招亲 tɕia⁵⁵ts'ən⁵⁵
旧 城	出嫁 tɕ'y²¹³kuo²¹³	招亲 tɕiau⁵⁵ts'ɛn⁵⁵
湘 湖	出嫁 tɕ'yʔ⁴ko²¹²	招郎 tɕio⁴⁴laŋ³⁵
溪 头	做新人 tso²⁴sɛn³³iɛn⁵¹	招亲 tsa³³ts'ɛn³³
沱 川	出嫁 tɕ'y⁵¹ko³⁵	招亲 tsʊ⁴⁴ts'ɛn⁴⁴
紫 阳	分人家 fæ̃⁴⁴iæ̃²¹kə⁴⁴/嫁老公 kə³⁵lo³¹kɐm⁴⁴	招亲 tsʊ⁴⁴ts'æ⁴⁴
许 村	出嫁 tʃ'uɣ⁵⁵ko²⁴	招亲 tʃo³³ts'ɛn³³
中 云	做新娘 tsu³⁵sɛn⁴⁴n̩iã¹¹	招亲 tsʊ⁴⁴ts'ɛn⁴⁴
新 建	做新人 tsɯ²¹³sẽ⁵¹iẽ²⁴	招亲 tʃɔ³³ts'ẽ⁵⁴
新 营	做新娘 tso²¹³sən⁵⁵n̩iã³¹	招亲 tɕiɔ⁵⁵ts'ən⁵⁵
黄 柏	出嫁 tɕ'y²¹³kɑ⁴⁵³	招亲 tʃə⁴⁴tɕ'in⁴⁴
暖 水	出嫁 tɕ'ie⁵⁴kuɐ³⁵	招亲 tɕyɛ³¹ts'ẽ³¹

0726 新郎 | 0727 新娘

经公桥	新郎官 sən²²laŋ⁵⁵kuʌ̃²²	新娘子 sən²²yaŋ⁵⁵tsŋ⁰
鹅 湖	新郎官儿 sən⁵⁵laŋ³⁵kuən⁵⁵ni⁰	新妇儿 sən⁵⁵puə^r²¹¹
旧 城	新郎官儿 sen⁵⁵laŋ²⁴kuɛn⁵⁵ni⁰	新娘子 sɛn⁵⁵n̩ia²⁴tsŋ⁰
湘 湖	新郎官 sɛn⁴⁴laŋ³⁵kuɛn⁴⁴	新娘 sɛn⁴⁴ia³⁵
溪 头	新郎官 sɛn³³lɔ̃⁵¹kũ³³	新娘 sɛn³³n̩iɔ̃⁵¹
沱 川	新郎（公）sɛn⁴⁴nʌ̃²¹（kəŋ⁴⁴）	新人 sɛn⁴⁴iɛn²¹¹
紫 阳	新郎 sæ⁴⁴lã²¹¹	新娘 sæ⁴⁴n̩iã²¹¹
许 村	新郎官 sɛn³³nɔ̃⁵¹kũ³³	新人 sɛn³³iɛn⁵¹
中 云	新郎 sɛn⁴⁴nã¹¹	新娘 sɛn⁴⁴niã¹¹
新 建	新郎官 sẽ⁵⁴nɔ̃²⁴kuɔ̃⁵⁴	新人 sẽ⁵¹iẽ²⁴
新 营	新郎 sə⁵⁵lɔ³¹	新娘 sən⁵⁵n̩iã³¹
黄 柏	新郎官 ɕin⁴⁴lã⁴¹kõ⁴⁴	新娘 ɕin⁴⁴n̩iã⁴¹
暖 水	新郎官 ɕiẽ³¹lʌŋ²³kuõ³¹	新新娘 ɕiẽ³¹ɕiẽ³¹n̩iʌŋ²³

		0728 开脸	0729 哭嫁	0730 背新娘
经公桥		开面 kʻɤ²²miẽ²¹⁴	打油 ta⁴²iəu⁵⁵	背新娘子 pɤ²⁴sən²²yaŋ⁵⁵tsl̩⁰
鹅 湖		开面 kʻɛ⁵⁵mĩ²¹¹	哭嫁 kʻuʔ⁴kuo³⁵	背新妇儿 pɛ⁵⁵sən⁵⁵puəʳ²¹¹
旧 城		开面 kʻɛ⁵⁵mi³³	哭嫁 kʻu²¹³kuo²¹³	背新娘 pɛ²¹³sɛn²¹³n̠ia²⁴
湘 湖		开面 kʻɛ⁴⁴mĩ²¹¹	哭嫁 kʻuʔ⁴ko²¹²	背新娘 pɛ²¹sɛn⁴⁴ia³⁵
溪 头		开面 kʻuɐ³³mĩ⁵⁵	哭桥 kʻu⁵⁵tʃa⁵⁵	背新娘 pɐ³³sɛn³³n̠iɔ̃⁵¹
沱 川		开额 kʻua⁵⁵ŋo⁵¹	哭嫁 kʻu⁵¹ko³⁵	背新人 pa³⁵sɛn⁴⁴iɛn²¹¹
紫 阳		开面 kʻe⁴⁴mĩ⁵¹	哭嫁 kʻu⁵¹kə³⁵	背新娘 pe²¹sæ⁴⁴n̠iã²¹¹
许 村		摘额 tʃo⁵⁵ŋo⁵⁵	娶彩 tɕʻi²⁴tsʻɤ³¹	背新人 pɤ³³sɛn³³iɛn⁵¹
中 云		开面 kʻuɤ⁴⁴mĩ⁵¹	—	背新娘 pɤ⁴⁴sɛn⁴⁴niã¹¹
新 建		开额 kʻua⁵⁴ŋæ⁵¹	—	背新人 pa⁵⁴sẽ⁵⁴iẽ²⁴
新 营		开面 kʻua⁵⁵mi⁵¹	敬酒 kæ²¹³tɕio⁵³	抱新娘 pʻɔ⁵¹sən⁵⁵n̠iã³¹
黄 柏		开脸 kʻɛ⁴⁴liẽ⁴⁵³	哭嫁 kʻu²¹kɑ²¹³	背亲 pɛ⁴⁴tɕʻin⁴⁴
暖 水		开容 kʻuɐ³¹ioŋ²³	敬酒 tɕiæ³⁵tɕy²¹⁴	背新娘 pɤ³⁵ɕiẽ³¹n̠iʌŋ²³

		0731 传袋 新郎新娘踏在传递的麻袋上进入洞房	0732 拜堂
经公桥		传袋 tɕʻyɛ̃³⁵tʻɤ²¹⁴	拜堂 pa²⁴tʻaŋ⁵⁵
鹅 湖		传袋 tɕʻȳ³⁵tʻɛ²¹¹	拜堂 pa²¹tʻaŋ³⁵
旧 城		—	拜堂 pa²¹³tʻaŋ²⁴
湘 湖		—	拜堂 pa²¹tʻaŋ³⁵
溪 头		—	拜堂 pa²⁴tɔ̃⁵¹
沱 川		传袋 kʻuĩ²¹tʻa⁵¹	拜堂 po³⁵tʻʌ̃²¹¹
紫 阳		接袋进房 tse⁵¹tʻe⁵¹tsæ³⁵fã²¹¹	拜堂 po³⁵tʻã²¹¹
许 村		传袋 tɕʻĩ⁵¹tʻɤ⁵⁵	拜堂 po²⁴tɔ̃⁵¹
中 云		传袋 tsʻĩ¹¹tʻɤ⁵¹	拜堂 po³⁵tʻã¹¹
新 建		传袋 tɕʻiɛ̃²⁴tʻua⁵¹	拜堂 pa²¹³tʻɔ̃²⁴
新 营		—	拜堂 pa²¹⁵tʻɔ³¹
黄 柏		—	拜堂 pa²¹³tʻã⁴¹
暖 水		传席 tɕʻiɛ̃²⁴tsʻæ³¹	拜堂 pa³⁵tʻʌŋ²³

		0733 孕妇	0734 怀孕
经公桥		大肚婆 tʻɣ²¹tʻu²¹pʻuʌ⁵⁵	□肚 kuã²²tʻu²¹⁴
鹅 湖		大肚婆ㄦ tʻa²¹tʻu²¹pʻuoʳ³⁵	有肚 iəu⁵³təu⁵³
旧 城		宽肚ㄦ婆ㄦ kʻo⁵⁵tʻəʳ³³pʻuoʳ²⁴	宽肚ㄦ kʻo⁵⁵tʻəʳ³³
湘 湖		大肚婆伪 tʻa²¹təu³¹pʻɛ³⁵le⁰	大肚 tʻa²¹təu³¹⁴
溪 头		大肚婆 tʻo⁵⁵tu⁴²pʻo⁵¹	有喜 iæi²³¹ʃi⁴²
沱 川		大肚啯 tʻu⁵¹tu²ko⁰	过儿 ku³⁵ȵi²¹¹
紫 阳		大肚妇女 tʻu⁵¹tʻu³¹fu⁵¹li³¹	宽肚 kʻum⁴⁴tʻu³¹
许 村		宽肚婆伪 kʻũ³³tʻu⁵¹pʻɣ⁵¹le⁰	宽肚 kʻũ³³tʻu⁵⁵
中 云		大肚婆 tʻo⁵¹tʻu³¹pʻɣ¹¹	有喜 ia³⁵ɕi²
新 建		大肚婆 tʻa⁵¹tʻu⁵¹pʻɯ²⁴	大肚皮 tʻa⁵¹tʻu⁵¹pʻi²⁴/有喜 iɯ³¹ɕi³¹
新 营		大肚皮 tʻa⁵¹tʻo⁵¹pʻɛ³¹	有肚 io⁵³tʻo⁵¹
黄 柏		—	有肚 iu⁴⁵³tu⁴⁵³
暖 水		大肚婆 tʻo⁵¹tʻu⁵⁵pʻo³¹	大肚 tʻo⁵¹tʻu⁵⁵

		0735 害喜	0736 分娩
经公桥		病肚 pʻãi²¹tʻu²¹⁴	生 ɕiã²²
鹅 湖		出毛病 tɕʻɣʔ⁴mau³⁵pʻãi²¹¹	生□□ sã⁵⁵ti⁵⁵mɛ²¹¹
旧 城		病肚ㄦ pʻai³³tʻəʳ³³	生人 ɕia⁵⁵iɛn²⁴
湘 湖		病肚 pʻai²¹təu³¹⁴	生人 ɕia⁴⁴iɛn³⁵
溪 头		病肚 pã⁵⁵tu²³¹	生儿 sæ̃i³³ȵi⁵¹
沱 川		病儿 pʻã⁵¹ȵi²¹¹	生细把戏 sã⁴⁴se³⁵po²ɕi³⁵
紫 阳		做相 tsu³⁵siã³⁵/病儿 pʻɔ̃⁵¹ȵ²¹¹	生细人 sɔ̃⁴⁴si³⁵iæ̃²¹¹
许 村		喫相 tʃʻo⁵⁵siɔ̃²⁴	生人 ʃã³³iɛn⁵¹
中 云		出相 tsʻɣ⁵¹siã³⁵	生人 sã⁴⁴iɛn¹¹
新 建		病肚 pʻã⁵¹tʻu⁵¹	生嫩家 ʃã⁵⁴nẽ⁵¹kuɣ⁵⁴
新 营		病肚 pʻæ⁵¹tʻo⁵¹	生嫩人家 ɕiæ⁵⁵lən⁵¹ȵ.iən³¹ko⁵⁵
黄 柏		病肚 pʻin²¹³tu⁴⁵³	生人 ʃuən⁴⁴ȵ.in²¹³
暖 水		病肚 pʻæ⁵¹tʻu⁵¹	生人 ɕiæ³¹ȵ.iɛ̃²³

	0737 胎盘	0738 流产
经公桥	胞衣 pau²²i²²	打小 ta⁴²sia⁴²
鹅 湖	胞衣 pau⁵⁵i⁵⁵	流产 liəu³⁵tʂʻõ⁵³
旧 城	胞衣 pau⁵⁵i⁵⁵	小生 siau³¹ɕia⁵⁵/落肚ㄦ lau³³tʻəʳ³³
湘 湖	胞衣 pau⁴⁴i⁴⁴	小产 ɕio³⁵so³¹⁴
溪 头	盘 pʻū⁵¹	小产 sia²⁴tsʻā⁴²
沱 川	胞衣 pa⁴⁴i⁴⁴	落生 lau⁵¹sā⁴⁴
紫 阳	盘 pʻum²¹¹	落胎 lɒ⁵¹tʻe⁴⁴
许 村	盘伋 pʻū⁵¹le⁰	落生 lɔ⁵⁵ʃā³³
中 云	胎盘 tʻɤ⁴⁴pʻum¹¹	小产 ɕiɔ³⁵tsʻum²
新 建	胞衣 pɔ⁵⁴i⁵⁴	落生 lo³³ʃā⁵⁴
新 营	胞衣 pɔ⁵⁵i⁵⁵	落 lɔ⁵⁵
黄 柏	胞□ pə⁴⁴n̠i⁴⁴	小产 ɕiə⁴⁵³sā⁴⁵³/落肚 lə²¹³tu⁴⁵³
暖 水	胞衣 po³¹i³¹	落肚 lɔ³¹tʻu⁵¹

	0739 双胞胎	0740 坐月子
经公桥	双胞胎 ʂaŋ²²pau²²tʻɤ²²	坐月子 tsuʌ²⁴yɛ²²tsŋ⁰
鹅 湖	双胞胎 ʂaŋ⁵⁵pau⁵⁵tʻɛ⁵⁵	做产妇 tsuo³⁵ʂõ⁵³fu²¹¹
旧 城	双胞胎 ɕia⁵⁵pau⁵⁵tʻɛ⁵⁵	做产妇ㄦ tsuo²¹³ʂuo³¹fuəʳ³³
湘 湖	双生 saŋ⁴⁴ɕia⁴⁴	做产妇ㄦ tso²¹so³⁵fu²¹¹
溪 头	双胞胎 sɔ̃⁵⁵pau³³tʻɐ³³	做□婆 tso²⁴n̠ĩ⁵⁵pʻo⁵¹
沱 川	双生 sɪ̃⁴⁴sā⁴⁴	做生妇 tsu³⁵sā⁴⁴fu³¹
紫 阳	双胞胎 ɕiā⁴⁴pʻɒ⁴⁴tʻe⁴⁴	做生妇 tsu³⁵sɔ̃⁴⁴fu³¹
许 村	双胞胎 ʃɔ̃³³pɔ³³tʻɤ³³	做生妇 tso²⁴ʃā³³fu⁵¹
中 云	双胞胎 sā⁴⁴pɔ⁴⁴tʻɤ⁴⁴	做产妇 tsu³⁵sum²fu⁵¹
新 建	双胞胎 ʃɔ̃⁵⁴pɔ⁵⁴tʻua⁵⁴	做生妇 tsuɯ²¹³ʃā⁵⁴fu⁵¹
新 营	双胞胎 ɕiɔ̃⁵⁵pɔ⁵⁵tʻi⁵⁵	做月里 tso²¹³n̠yɛ⁵⁵le⁰
黄 柏	双生儿 ʂuəŋ⁴⁴ʃuən⁴⁴n̠i⁴⁵³	坐月窠哩 tsʻo²¹³n̠yɑ⁴⁴kʻo⁴⁴li⁰
暖 水	双胞胎 ʂʌŋ³¹pɔ³¹tʻɤ³¹	做月里 tso³⁵ŋɛ³¹li⁰

	0741 探望坐月子	0742 吃奶
经公桥	劳产妇 lau³⁵ʂuã⁴²fu²¹⁴	喫奶儿 tɕʻiai⁴⁴nã²²
鹅 湖	劳产妇 lau³⁵ʂõ⁵³fu²¹¹	喫奶儿 kʻaiʔ⁵na³⁵ni⁰
旧 城	望产妇 maŋ³³ʂuo³¹fuəʳ³³	喫奶儿 tɕʻiai²¹³nã²⁴ni⁰
湘 湖	看产妇 kʻɛn²¹so³⁵fu²¹¹	喫奶儿 tɕʻiaiʔ⁴la³⁵ni⁰
溪 头	望囗婆 mɔ̃⁵⁵nĩ⁵⁵pʻo⁵¹	喫奶 tʃʻa⁵⁵nĩ²⁴
沱 川	劳生妇 lau³⁵sã⁴⁴fu³¹	喫奶儿 tɕʻiɒ⁵¹nĩ³⁵
紫 阳	望生妇 mã⁵¹sɔ̃⁴⁴fu³¹	喫奶儿 tɕʻio⁵¹nĩ³⁵
许 村	看生妇 kʻũ²⁴ʃã³³fu⁵¹	喫奶 tʃʻo⁵⁵ne²⁴
中 云	看产妇 kʻum³⁵sum²fu⁵¹	喫奶儿 tɕʻio⁵¹nĩ²
新 建	望生妇 mɔ̃⁵¹ʃã⁵⁴fu⁵¹	喫奶 tʃʻæ⁵¹næ³¹
新 营	覤月里婆 tɕʻio²¹⁵ȵye⁵⁵lɵ⁰pʻu³¹	喫奶 kʻæ²¹⁵na⁵⁵
黄 柏	望月窠哩 məŋ²¹³ȵyɑ⁴⁴kʻo⁴⁴li⁰	喫奶哩 tʃʻɛ²¹³la⁴⁴li⁰
暖 水	望月里 mʌŋ⁵¹ŋe³¹li⁰	喫奶儿 tɕʻiæ⁵⁴liɛ̃³¹

	0743 断奶	0744 满月
经公桥	摘奶儿 tʂa⁴⁴nã²²	满月 muã⁴²ye²²
鹅 湖	戒奶儿 ka²¹na³⁵ni⁰	满月 mõ⁵³yeʔ²¹¹
旧 城	戒奶儿 ka²¹³nã²⁴ni⁰	满月 muo³¹ye³³
湘 湖	戒奶儿 ka²¹la³⁵ni⁰	满月 mɛn³⁵yeʔ²
溪 头	摘奶儿 tsa⁵⁵nĩ²⁴	满月 mũ²³¹ue⁵⁵
沱 川	摘奶儿 tso⁵¹nĩ³⁵	满月 mũ³¹ve⁵¹
紫 阳	短奶儿 tum⁵¹nĩ³⁵	满月 mum³¹gye⁵¹
许 村	短奶 tɐm⁵⁵ne²⁴	满月 mũ³¹ŋe⁵⁵
中 云	断奶儿 tʻum⁵¹nĩ²	满月 mum²ȵie⁵¹
新 建	断奶 tʻuɔ̃⁵¹næ³¹	满月 muɔ̃³¹iɛ³³
新 营	短奶 ti⁵³na⁵⁵	满月 mu⁵³ȵyɛ⁵⁵
黄 柏	断奶哩 tʻõ²¹³na⁴⁴li⁰	满月 mõ⁴⁵³ȵyɑ⁴⁴
暖 水	断奶儿 tʻuõ⁵¹liɛ̃³¹	满月 mõ²⁴ŋɛ³¹

	0745 年纪	0746 生日	0747 做寿
经公桥	年纪 niẽ³⁵tɕi²¹⁴	生日 ɕia²²i²²	做寿 tsuʌ²⁴ɕiəu²¹⁴
鹅湖	年纪 ĩ³⁵tɕi⁰	生日 ʂã⁵⁵iʔ⁴	做寿 tsuo³⁵ɕiəu²¹¹
旧城	年纪 ni²⁴tɕi⁰	生日 ɕia⁵⁵n̠i³³	做生日 tsuo²¹³ɕia⁵⁵n̠i³³
湘湖	年纪 nĩ³⁵tɕi⁰	生日 ɕia⁴⁴iʔ²	过生日 ko³⁵ɕia⁴⁴iʔ²
溪头	年纪 nĩ⁵¹tʃi²⁴	生日 sæi³³n̠i⁵⁵	做寿 tso²⁴sæi⁵⁵
沱川	年纪 nĩ²¹tɕi³⁵	生日 sã⁴⁴n̠i⁵¹	做生日 tsu³⁵sã⁴⁴n̠i⁵¹
紫阳	年纪 nĩ²¹tɕi³⁵	生日 sɔ̃⁴⁴gi⁵¹	做生日 tsu³⁵sɔ̃⁴⁴gi⁵¹
许村	年纪 nĩ⁵¹tɕi²⁴	生日 ʃã³³n̠ia⁵⁵	做生日 tso²⁴ʃã³³n̠ia⁵⁵
中云	年纪 nĩ¹¹tɕi³⁵	生日 sã⁴⁴n̠ia⁵¹	做生日 tsu³⁵sã⁴⁴n̠ia⁵¹
新建	年纪 nã²⁴tɕi²¹³	生日 ʃã⁵⁴n̠ie³³	做生日 tsɯ²¹³ʃã⁵⁴n̠ie³³
新营	年纪 n̠ie³¹tɕi²¹³	生日 ɕiæ̃⁵⁵n̠i²¹⁵	做生日 tso²¹³ɕiæ̃⁵⁵n̠i²¹⁵
黄柏	年纪 n̠iẽ⁴¹tɕi⁴⁵³	生日 ʃuən⁴⁴n̠i⁴⁴	做生日 tso²¹³ʃuən⁴⁴n̠i⁴⁴
暖水	年纪 liẽ²³tɕi⁰	生日 ɕiæ̃³¹n̠i⁵⁴	做生日 tso³⁵ɕiæ̃³¹n̠i³¹

	0748 死	0749 去世 婉称
经公桥	死 sɿ⁴²	过背 kuʌ²⁴pɤ²¹⁴
鹅湖	死 sɿ⁵³	走 tsəu⁵³
旧城	死 sɿ³¹	走 tsau³¹/过 kuo²¹³
湘湖	死 sɿ³¹⁴	过 ko²¹²
溪头	死 sɿ⁴²	过 ko²⁴
沱川	死 sɿ²	走 tsə²/过 ku³⁵/百年 pɒ⁵¹nĩ²¹¹
紫阳	死 sɿ²	当寿 tã⁴⁴sa⁵¹/过 ku³⁵
许村	死 sɿ³¹	百年 po⁵⁵nĩ⁵¹
中云	死 sɿ²	百年 po⁵¹nĩ¹¹
新建	死 sɤ³¹	过 ku²¹³
新营	死 sɿ⁵³	老 lɔ⁵³/过 ku²¹³/百年 pa⁵⁵n̠ie³¹
黄柏	死 sɿ⁴⁵³	百年 pa²¹³n̠iẽn⁴¹
暖水	死 sɿ²¹⁴	老 lɤ²⁴

		0750 自杀		0751 咽气
经公桥	寻死	tsʻən³⁵sŋ⁴²	断气	tʻɣ²⁴tɕʻi²¹⁴
鹅湖	自杀	sŋ²¹ʂoʔ⁴	闭气	pei³⁵tɕi²¹³
旧城	寻死	tsʻɛn²⁴sŋ³¹	断气	tʻɛn³³tɕʻi²¹³
湘湖	寻死	tsʻɛn³⁵sŋ³¹⁴	断气	tʻɛn²¹tɕʻi²¹²
溪头	寻死	tsʻɛn⁵¹sŋ⁴²	□气	tsʻo⁵⁵tʃʻi⁴⁴
沱川	寻死	tsʻɛn²¹sŋ²	没气	bə⁵¹tɕʻi³⁵
紫阳	寻死	tsʻæ̃²¹sŋ²	断气	tʻum³¹tɕʻi³⁵
许村	自寻	tsʻŋ⁵⁵tsʻɛn⁵¹	断气	tʻɐm⁵¹tɕʻi²⁴
中云	寻死	tsʻɛn¹¹sŋ²	断气	tʻum³¹tɕʻi³⁵
新建	寻死	tsʻẽ²⁴sɣ³¹	断气	tʻuõ⁵¹tɕʻi²¹³
新营	寻死	tsʻən³¹sŋ⁵³	断气	tʻi⁵⁵tɕʻi²¹³
黄柏	自杀	tsʻŋ²¹ʂuɑ²¹³	断气	tʻõ²¹tɕʻi⁴²¹³
暖水	寻死	tsʻẽ²¹sŋ²¹⁴	断气	tʻuõ⁵¹tɕʻi³⁵

		0752 报丧		0753 赴丧宴
经公桥	报丧	pau²⁴saŋ²²	喫豆腐	tɕʻiai⁴⁴tʻiəu²⁴fu⁰
鹅湖	搭信	toʔ⁴sən²¹³	喫豆腐饭	kʻiaiʔ⁴tʻiəu²¹fu⁰m²¹¹
旧城	报信	pau²¹³sɛn²¹³	喫出材酒	tɕʻiai²¹³tɕʻy²¹³tsʻɛ²⁴tsiəu³¹
湘湖	报玉	pau³⁵y²¹¹	喫白喜事	tɕʻiaiʔ²pʻaʔ²ɕi³⁵sŋ²¹¹
溪头	报讣	pɐ²⁴fu²⁴	喫寿饭	tʃʻa⁵⁵sæi⁵⁵fã⁵⁵
沱川	报讣	pa³⁵fu³⁵	喫散伙	tɕʻiŋ⁵¹sõ³⁵xo²
紫阳	报讣	pɒ³⁵fu³⁵	喫老人饭	tɕʻio⁵¹lo³¹læ̃²¹fum⁵¹
许村	报讣	pa²⁴fu²⁴	喫送殡饭	tʃʻo⁵⁴sɐm²⁴pɛn²⁴fũ⁵⁴
中云	报讣	pa³⁵fu³⁵	喫白喜事	tɕʻio⁵¹pʻo⁵¹ɕi²sŋ³⁵
新建	报丧	pə²¹sɔ̃⁵⁴	喫夜饭	tʃʻæ⁵¹iɛ⁵¹fʌ⁵¹
新营	报丧	pə²¹³sɔ̃⁵⁵	喫猪肉	kʻæ²¹⁵tɕy⁵⁵ȵio²¹⁵
黄柏	报丧	pə²¹³sã⁴⁴	喫死人酒	tʃʻɛ²¹³sŋ⁴⁵³ȵin⁴¹tɕiu⁴⁵³
暖水	报讣	po³⁵fu³⁵	喫丧礼饭	tɕʻiæ⁵⁴ʂʌŋ³¹li²⁴fã⁵¹

		0754 入殓		0755 棺木 俗称
经公桥	收殓 ɕiəu²²niẽ⁴²		寿料 ɕiəu²⁴lia²¹⁴	
鹅 湖	收殓 ɕiəu⁵⁵nĩ⁵³		寿料 ɕiəu³⁵lia²¹¹	
旧 城	收殓 ɕiəu⁵⁵ni³³		寿料/方 ɕiəu³³liau³³/ faŋ⁵⁵	
湘 湖	入棺 iʔ²kuɛn⁴⁴		寿材 ɕiəu²¹tsʻɛ³⁵	
溪 头	下材 xo⁵⁵tsʻɐ⁵¹		棺木 kũ³³mu⁵⁵	
沱 川	收殓 sə⁴⁴nĩ⁵¹		寿木/材 sə⁵¹bu⁵¹/ tsʻa²¹	
紫 阳	下材 xə³¹tsʻe²¹¹		寿木 sa⁵¹bu⁵¹	
许 村	下材 xo⁵⁵tsʻɤ⁵¹		寿木/材 ɕia⁵⁵mɔ⁵⁵/ tsʻɤ⁵¹	
中 云	关殓 kum⁴⁴nĩ²		寿木 sa⁵¹bɔ⁵¹	
新 建	下材 xuɤ⁵¹tsʻa²⁴		寿木/材 ʃa⁵⁴mɔ⁵⁴/ tsʻa⁵¹	
新 营	入棺 ni⁵⁵ku⁵⁵		寿枋/材 ʃio⁵¹fɔ̃⁵⁵/ tsʻi³¹	
黄 柏	下材 xo²¹³tsʻɛ⁴¹		寿材 ʃu²¹³tsʻɛ⁴¹	
暖 水	收葬 ɕy³¹tsʌŋ³⁵/下材 xuɐ⁵¹tsʻɤ²³		寿材 ɕy⁵¹tsʻɤ²³	

		0756 出殡	0757 灵位	0758 葬 ~在山上
经公桥	出材 tɕʻy⁴⁴tsʻa⁵⁵		灵牌 lãi³⁵pʻa⁵⁵	埋 ma³⁵⁵
鹅 湖	出材 tɕʻyʔ⁴tsʻɛ³⁵		灵位 nãi³⁵uei²¹¹	埋 ma³⁵
旧 城	出材 tɕʻy²¹³tsʻɛ²⁴		灵牌儿 nai²⁴pʻaʳ²⁴	埋 ma²⁴
湘 湖	出材 tɕʻyʔ⁴tsʻɛ³⁵		灵牌 lai³⁵pʻa³⁵	埋 ma³⁵
溪 头	出葬 tsʻɐ⁵⁵tsɔ̃²⁴		灵牌 nãi⁵¹pa⁵¹	葬 tsɔ̃²⁴
沱 川	出殡 tɕʻy⁵¹pɛn³⁵		位牌 y⁵¹pʻo²¹¹	葬 tsɑ̃³⁵
紫 阳	出殡 tɕʻye⁵¹tsã³⁵		位牌□ y⁵¹pʻo²¹tæ²¹¹	葬 tsã³⁵
许 村	出殡 tʃʻuɤ⁵⁵pɛn²⁴		位牌 y⁵⁵pʻo⁵¹	葬 tsɔ̃²⁴
中 云	出葬 tɕʻy⁵¹tsã³⁵		位牌 y⁵¹pʻo¹¹	葬 tsã³⁵
新 建	出葬 tʃʻɛ⁵¹tsɔ̃²¹³		牌位 pʻa²⁴vi⁵¹	葬 tsɔ̃³⁵
新 营	出柩 tɕʻy²¹⁵tɕʻio⁵⁵		灵位 læ³¹uɛ⁵¹	葬 tsɔ̃²¹³
黄 柏	出葬 tɕʻy²¹tsã²¹³		灵牌 lin⁴¹pʻa⁴¹	葬 tsã²¹³
暖 水	出葬 tɕʻie⁵⁴tsʌŋ³⁵		位牌 vi⁵¹pʻa²³	葬 tsʌŋ³⁵

第五章　赣东北徽语代表方言点词语对照

	0759 坟墓	0760 上坟
经公桥	坟 fən³⁵⁵	谢坟 tsʻiɛ̃²⁴fən⁵⁵
鹅湖	坟 fən³⁵	过坟 kuo²¹³fən³⁵
旧城	坟地 fɛn²⁴tʻei³³	上坟 ɕia³³fɛn²⁴
湘湖	风水 foŋ⁴⁴ɕy³¹⁴	上坟 ɕia²¹fɛn³⁵
溪头	坟 fəŋ⁵¹	挂纸 ko²⁴tsɿ⁴²
沱川	风水 fəŋ⁴⁴ɕy²	上风水 sã³¹fəŋ⁴⁴ɕy²
紫阳	坟 fæ̃²¹¹	请坟 tsʻɔ̃³⁵fæ̃²¹¹
许村	风水 fəm³³ɕy³¹	上坟 ʃɔ̃⁵¹fɛn⁵¹
中云	坟 fɛn¹¹	请坟 tsʻã³⁵fɛn¹¹
新建	坟 fẽ²⁴	上坟 ʃɔ̃⁵¹fẽ²⁴
新营	坟 fən³¹	上坟 ɕiã⁵¹fən³¹
黄柏	坟 fən⁴¹	上坟 ʃã²¹³fən⁴¹
暖水	坟 fẽ²³	上坟 ʂʌŋ⁵¹fẽ²³

	0761 （清明）扫墓	0762 挂纸扫墓方式
经公桥	泼坟 pʻɤ²⁴fən⁵⁵	挂子孙旗 kuʌ²⁴tsɿ⁴²sən²²tɕʻi⁵⁵
鹅湖	过坟 kuo²¹³fən³⁵	挂钱ₙ kua²¹³ɕtɕʻiəʳ³⁵
旧城	上坟 ɕia³³fɛn²⁴	挂坟吊儿 kuo²¹³fɛn²⁴tiau²¹³ni⁰
湘湖	扫墓 sau³⁵mu²¹¹	标口纸 pio⁴⁴uo⁴⁴tɕi³¹⁴
溪头	挂纸 ko²⁴tsɿ⁴²	挂纸 ko²⁴tsɿ⁴²
沱川	泼风水 pʻo⁵¹fəŋ⁴⁴ɕy²/挂纸 ko³⁵tsʻɣ²¹⁴	挂钱 ko³⁵tsʻĩ²¹¹
紫阳	挂钱 kə³⁵tsʻĩ²¹¹	挂钱 kə³⁵tsʻĩ²¹¹
许村	挂钱 ko²⁴tsʻĩ⁵¹	挂钱 ko²⁴tsʻĩ⁵¹
中云	请坟 tsʻã³⁵fɛn¹¹	挂钱 ko³⁵tsʻĩ¹¹
新建	挂纸 kuɣ²¹³tsɣ³¹	上坟 ʃɔ̃⁵¹fẽ²⁴
新营	挂纸 ko²¹³tɕi⁵³	挂纸 ko²¹³tɕi⁵³
黄柏	做清明 tso²¹tɕʻin³³min⁴¹	挂钱/纸 kuɑ²¹tɕʻiɛ̃⁴¹/ tɕi⁴⁵³
暖水	上坟 ʂʌŋ⁵¹fẽ²³/挂纸 kuɐ³⁵tʂɣ²¹⁴	挂纸 kuɐ³⁵tʂɣ²¹⁴

	0763 灵屋	0764 老天爷	0765 菩萨
经公桥	灵屋 lāi³⁵uo⁴⁴	老天爷 lau⁴²t'iẽ²²ie⁵⁵	菩萨 p'u³⁵suʌ⁴⁴
鹅湖	灵屋儿 nãi³⁵uʔ²¹³ni⁰	老天爷 lau⁵³t'ĩ⁵⁵ie³⁵	菩萨 p'u³⁵soʔ⁴
旧城	灵屋 nai²⁴u²¹³	老天爷 lau³¹t'i⁵⁵ie²⁴	菩萨 p'u²⁴sa⁰
湘湖	灵屋 lai³⁵uʔ⁴	天老爷 t'ĩ⁴⁴lau³⁵ie³⁵	菩萨 p'u³⁵soʔ⁴
溪头	灵屋 næi⁵¹u⁵⁵	老天爷 lɐ²³¹t'ĩ³³ie⁵¹	菩萨 p'u⁵¹sa⁵⁵
沱川	灵屋 nã²¹vu⁵¹	天老爷 t'ĩ⁴⁴la³¹ie²¹¹	菩萨 p'u²¹so⁵¹
紫阳	灵屋 nɔ̃²¹vu⁵¹	老天爷 lo³¹t'ĩ⁴⁴ie²¹¹	菩萨 p'u²¹so⁵¹
许村	灵屋 nã⁵¹vɔ⁵⁵	天老爷 t'ĩ³³la³¹ie⁵¹	菩萨 p'u⁵¹so⁵⁵
中云	灵屋 nã¹¹vɔ⁵¹	老天爷 la³¹t'ĩ⁴⁴ie¹¹	菩萨 p'u¹¹so⁵¹
新建	灵屋 nã²⁴vo⁵¹	老天爷 lə³¹t'ã⁵⁴ie²⁴	菩萨 p'u²⁴sæ⁵¹
新营	灵屋 læ³¹u²¹⁵	老天爷 lɔ⁵³t'i⁵⁵ie³¹	菩萨 p'u³¹so²¹⁵
黄柏	灵屋哩 lin⁴¹u²¹³li⁰	老天爷 lə⁴⁵³t'iẽ⁴⁴iɑ⁴¹	菩萨 p'u⁴¹sɑ²¹³
暖水	灵屋 læ²³vəu⁵⁴	老天爷 lʏ²⁴t'iẽ³¹ia²³	菩萨 p'u²³so⁵⁴

	0766 观音	0767 灶神
经公桥	观音菩萨 kuʌ̃²²in²²p'u³⁵suʌ⁴⁴	灶神菩萨 tsau²⁴ɕin⁵⁵p'u³⁵suʌ⁴⁴
鹅湖	观音菩萨 kõ⁵⁵iɛn⁵⁵p'u³⁵soʔ⁴	灶司老爷 tsau²¹³sɿ⁵⁵lau³¹ie²⁴
旧城	观音菩萨 kuɛn⁵⁵iɛn⁵⁵p'u²⁴sa⁰	灶司老爷 tsau²⁴sɿ⁵⁵lau³¹ie²⁴
湘湖	观音菩萨 kuɛn⁴⁴iɛn⁴⁴p'u³⁵soʔ⁴	灶司菩萨 tsau²¹sɿ⁴⁴p'u³⁵soʔ⁴
溪头	观音菩萨 kũ³³iɛn³³p'u⁵¹sa⁵⁵	灶司老爷 tsɐ²⁴sɿ³³lɐ²³¹ie⁵¹
沱川	观音 kũ⁴⁴iɛn⁴⁴	灶司老爷 tsa³⁵sɿ⁴⁴la³¹ie²¹¹
紫阳	观音菩萨 kum⁴⁴iæ⁴⁴p'u²¹so⁵¹	灶司老爷 tso³⁵sɿ⁴⁴lo³¹ie²¹¹
许村	观音菩萨 kũ³³iɛn³³p'u⁵¹so⁵⁵	灶司老爷 tsa²⁴sɿ³³la³¹ie⁵¹
中云	观音 kum⁴⁴iɛn⁴⁴	灶司老爷 tsa³⁵sɿ⁴⁴la³¹ie¹¹
新建	观音菩萨 kuɔ̃⁵⁴iẽ⁵⁴p'u²⁴sæ⁵¹	灶司老爷 tsa²¹³sʏ⁵⁴la³¹ie²⁴
新营	观音老嬷 ku⁵⁵iən⁵⁵lɔ⁵³mu³¹	灶司老爷 tsɔ²¹³sɿ⁵⁵lɔ⁵³ie³¹
黄柏	观音菩萨 kõ⁴⁴in⁴⁴p'u⁴¹sɑ²¹³	灶司公公 tsə²¹³sɿ⁴⁴kəŋ⁴⁴kəŋ⁰
暖水	观音 kuõ³¹iẽ³¹	灶司老爷 tsʏ²⁴sɿ³¹lʏ²¹ia²³

第五章 赣东北徽语代表方言点词语对照

		0768 寺庙	0769 宗祠	0770 和尚
经公桥		和尚庙 uʌ³⁵ʃuaŋ²¹mia²¹⁴	祠堂 tsʻη³⁵tʻaŋ⁵⁵	和尚 uʌ³⁵ʃuaŋ²¹⁴
鹅 湖		庙 mia²¹¹	祠堂 tsʻη³⁵tʻaŋ³⁵	和尚 uo³⁵ɕiõ²¹¹
旧 城		和尚庙 uo²⁴ɕia³³miau³³	祠堂 sη²⁴tʻaŋ²⁴	和尚 uo²⁴ɕia³³
湘 湖		和尚庙 xo³⁵ɕia²¹mio²¹¹	祠堂 tsʻη³⁵tʻaŋ³⁵	和尚 xo³⁵ɕia²¹¹
溪 头		和尚庙 xo⁵¹sɔ̃⁵⁵mia⁵⁵	祠堂 tsʻη⁵¹tɔ̃⁵¹	和尚 xo⁵¹sɔ̃⁵⁵
沱 川		寺庙 tsʻη⁵¹bia⁵¹	祠堂 tsʻη²¹tʻʌ̃²¹¹	和尚 xo²¹sʌ̃⁵¹
紫 阳		庵堂庙 ŋẽ⁴⁴tʻã²¹bio⁵¹	祠堂 tsʻη²¹tʻa²¹¹	和尚 xə²¹ɕiã⁵¹
许 村		庙 miɔ⁵⁵	宗祠 tsɐm³³tsʻη⁵¹	和尚 xo⁵¹ʃɔ̃⁵¹
中 云		和尚庙 xuɣ¹¹sã⁵¹biɔ⁵¹	宗堂 tsʻɐm⁴⁴tʻã¹¹	和尚 xuɣ¹¹sã⁵¹
新 建		寺庙 tsʻɣ⁵¹miɛ⁵¹	祠堂 tsʻɣ²⁴tʻɔ̃²⁴	和尚 xu²¹ʃɔ̃⁵¹
新 营		庙 miɔ⁵¹	祠堂 tsʻη³¹tʻɔ³¹	和尚 u³¹ɕiã⁵¹
黄 柏		和尚庙 xo⁴¹ʃã²¹miə²¹³	祠堂 tsʻη⁴¹tʻã⁴¹	和尚 xo²¹ʃã²¹³
暖 水		庙 myɛ⁵⁵	祠堂 tsʻη²³tʻʌŋ²³	和尚 vo²³ʂʌŋ⁵¹

		0771 尼姑	0772 道士	0773 算命
经公桥		尼姑 li³⁵ku²²	道士 tʻau²⁴xa⁰	算命 sỹ²⁴mãi²¹⁴
鹅 湖		尼姑 lei³⁵ku⁵⁵	道士儿 tʻau²¹ʂəʳ²¹¹	算命 sən³⁵mãi²¹¹
旧 城		尼姑 ni²⁴ku⁵⁵	道士儿 tʻau³³ʂəʳ³³	算命 sen²¹³mai³³
湘 湖		尼姑 ni³⁵ku⁴⁴	道士 tʻau²¹sη²¹¹	看命 kʻɛn³⁵mai²¹¹
溪 头		尼姑 le⁵¹ku³³	道士 tʻɐ²³¹sη²³¹	算命 sũ²⁴mæi⁵⁵
沱 川		尼姑 le⁵¹ku⁴⁴	道士 tʻa⁵¹sη³¹	算命 sũ³⁵mã⁵¹
紫 阳		尼姑 li²¹ku⁴⁴	道士 tʻo⁵¹ɕie³¹	算命 sum³⁵mɔ̃⁵¹
许 村		尼姑 le⁵¹ku³³	道士 tʻa⁵¹sη⁵⁵	看命 kʻũ²⁴mã⁵⁵
中 云		尼姑 li¹¹ku⁴⁴	道士 tʻa⁵¹sη³¹	看命 kʻum³⁵mã⁵¹
新 建		尼姑 læ²⁴ku⁵⁴	道士 tʻɔ⁵¹sɣ⁵¹	算命 suɔ̃²¹³mã⁵¹
新 营		尼姑 ɲi³¹ku⁵⁵	道士 tʻɔ⁵¹ɕyɛ⁵¹	算命 si²¹³mæ⁵¹
黄 柏		尼姑 ɲi⁴¹ku⁴⁴	道士 tʻə²¹sη²¹³	算命 sõ²¹min²¹³
暖 水		尼姑 li²³ku³¹	道士 tʻɣ⁵⁵ʂɣ⁵¹	算命 suõ³¹mæ⁵⁵

	0774 问巫神	0775 叫魂
经公桥	问姑奶儿牯 mən24ku22nã22ku42	嚎吓 xau35xa44
鹅　湖	问姑灵姑 mən35ku55lãi35ku55	嚎吓 xau35xaʔ4
旧　城	—	收吓 ɕiəu55xa213
湘　湖	问神 mɛn21ɕien35	收吓 ɕiəu44xaʔ4
溪　头	请菩萨 tsʻæi42pʻu51so55	叫魂 tʃa24uəŋ51
沱　川	问神 vəŋ51sen211	叫魂 tɕiau35xuəŋ211/收惊 sə44tɕiã44
紫　阳	讲马 kã35bə31	叫魂 tɕio35xuæ211
许　村	问神 mɛn55ʃen51	叫魂 tɕio24xuɛn51
中　云	问菩萨 mɛn51pʻu11sõ51	收惊 sa44tɕiã44
新　建	问神 mẽ51ʃẽ24	退吓 tʻua213xa51
新　营	问菩萨 mən51pʻu31so215	收吓 ɕio55xa215
黄　柏	问神 mən213ʃən41	收吓 ʂu44xɑ213
暖　水	问仙姑 mẽ51ɕiẽ31ku31	叫魂 tɕyɛ35xuẽ23

	0776 扫尘过年前清扫房屋	0777 年祭过年时祭祀神佛祖宗
经公桥	打扬尘 ta42yaŋ35tɕʻin55	祭祖 tsi24tsu42
鹅　湖	打扬尘 ta53iõ35tɕʻien35	祭祖宗 tsei21tsu53tsoŋ55
旧　城	扫扬尘灰 sau31ȵia24tɕʻien24fɛ55	敬祖人佬 kai213tsu31ien24lau31
湘　湖	打扫扬尘 ta35sau31ia35tɕʻien35	献祖宗 ɕĩ35tsu35tsoŋ44
溪　头	扫尘 sa24tsʻen51	拜祖宗 pa24tsu24tsəŋ33
沱　川	扫尘 sa35tsʻɛn211	献祖宗 ɕĩ35tsu35tsəŋ44
紫　阳	扫尘 so35tsʻæ211	请祖宗 tsʻɔ̃35tsu35tsɐm44
许　村	打扫扬尘 to31sa24iɔ̃51tʃʻɛn51	请祖宗 tsʻã31tsu24tsɐm33
中　云	扫扬尘 sa²iã11tsʻɛn11	祭祖宗 tse35tsu35tsɐm44
新　建	扫尘 sə31tʃʻẽ24	请祖宗 tsʻã24tsu31tsəŋ54
新　营	扫尘 sɔ53tɕʻiən31	请大人家 tsʻæ53tʻa51ȵiən31ko55
黄　柏	扫扬尘 sə453iã41tʃʻən41	请大人 tɕʻin213tʻɑ213ȵin41
暖　水	扫尘 sɤ24tɕiẽ23	做年 tso35liẽ23

0778
吃年夜饭

经公桥	喫岁酒 tɕ‘iai⁴⁴sei²⁴tsiəu⁴²
鹅 湖	坐岁 tsʻo²¹sei²¹³
旧 城	过三十夜暝 kuo²¹³ʂuo⁵⁵ɕi³³iɛ³³muo³³
湘 湖	喫团圆饭 tɕ‘iai²³⁵t‘ɛn³⁵yĩ³⁵fo²¹¹
溪 头	喫三十夜 tʃ‘a⁵⁵sã³³sʅ⁵⁵iɛ⁵⁵
沱 川	喫坐岁酒/团圆饭 tɕ‘iɒ⁵¹tsʻo³¹se³⁵tsə²/ t‘ũ²¹ĩ²¹fõ⁵¹
紫 阳	喫年饭 tɕ‘io⁵¹nĩ²¹fum⁵¹
许 村	隔岁 ko⁵⁵se²⁴
中 云	喫团年饭 tɕ‘io⁵¹t‘um¹¹nĩ¹¹fum⁵¹
新 建	过年 ku²¹³nã²⁴
新 营	过年 ku²¹³ȵiɛ³¹
黄 柏	过三十夜 ko²¹³sã⁴⁴ɕi⁴⁴iɑ⁴⁴
暖 水	喫年饭 tɕ‘iæ⁵⁴liɛ̃²³fã⁵¹

0779　　　　　　　　　　　　　　　0780
大年初一开门　　　　　　　　　　　保佑

经公桥	开大门 k‘ɤ²²t‘a²⁴mən⁵⁵	保佑 pau⁴²iəu²¹⁴
鹅 湖	开门 k‘ɛ⁵⁵mən³⁵	保佑 pau⁵³iəu²¹¹
旧 城	开门 k‘ɛ⁵⁵mɛn²⁴	保护 pau³¹fu³³
湘 湖	初一朝 tsʻəu⁴⁴iʔ⁴tɕio⁴⁴	保护 pau³⁵fu²¹¹
溪 头	开大门 k‘uɐ³³t‘o⁵⁵məŋ⁵¹	护佑 xu⁵⁵iæi⁵⁵
沱 川	初一朝 tsʻu⁴⁴i⁵¹tsɒ⁴⁴	保佑 pa³⁵iə⁵¹
紫 阳	开大门 k‘e⁴⁴t‘u⁵¹mæ̃²¹¹	保佑 po³⁵ia⁵¹
许 村	开大门 k‘uɤ³³t‘ɤ⁵⁵mɛn⁵¹	保佑 pa³¹ia⁵⁵
中 云	开大门 k‘uɤ⁴⁴t‘o⁵¹mɛn¹¹	保佑 pa²ia⁵¹
新 建	初一朝开门 tɕ‘y⁵⁴iɛ⁵¹tʃɔ⁵⁴k‘ua⁵⁴mẽ²⁴	保佑 pə³¹ɯ⁵¹
新 营	开大门 k‘ua⁵⁵t‘a⁵¹mən³¹	保佑 pɔ⁵³io⁵¹
黄 柏	开门 k‘ɛ⁴⁴mən⁴¹	保佑 pə⁴⁵³iu²¹³
暖 水	开大门 k‘uɐ³¹t‘a⁵¹mẽ²³	护佑 xu⁵⁵y⁵¹

	0781 运气好	0782 运气不好
经公桥	走时 tsau⁴²sʅ⁵⁵	不走时 pai⁴⁴tsau⁴²sʅ⁵⁵
鹅湖	行时 xã³⁵ɕi³⁵	倒霉 tau⁵³mei³⁵
旧城	运气好 yɛn³³tɕʻi²¹³xau³¹	运气不好 yɛn³³tɕʻi²¹³pai²¹³xau³¹
湘湖	好运 xau³⁵yɛn²¹¹	倒霉 tau³¹mɛ³⁵
溪头	运气好 uəŋ⁵⁵tʃʻi²⁴xɐ⁴²	倒霉 tɐ⁴²mɛ⁵¹
沱川	运气好 vəŋ⁵¹tɕʻi³⁵xa²/造化 tsʻau⁵¹xo⁵¹	倒霉 to³⁵bə²¹¹
紫阳	运气好 væ̃⁵¹tɕʻi³⁵xo²	倒霉 to³⁵be²¹¹
许村	运气好 vɛn⁵⁵tɕʻi²⁴xa³¹	倒运 ta³¹vɛn⁵⁵
中云	好运 xa²vɛn⁵¹	倒霉 ta³⁵bɤ¹¹
新建	行运 xã²⁴vẽ⁵¹	倒霉 tə³¹ma²⁴
新营	走运 tsio⁵³uən⁵¹	倒霉 tɔ⁵³mi³¹
黄柏	运气好 uən²¹³tɕʻi²¹³xə⁴⁵³	倒霉 tə⁴⁵³mɛ⁴¹
暖水	运气好 vẽ⁵¹tɕʻi³⁵xɤ²¹⁴	运气差 vẽ⁵¹tɕʻi³⁵tʂʻuɐ²¹⁴

	0783 人	0784 男人	0785 女人
经公桥	人 in³⁵⁵	男□ nuʌ̃³⁵tai²²	女呐 y⁴²nɛ⁰
鹅湖	人 iɛn³⁵	男人 lən³⁵iɛn³⁵	妇女 fu²¹y⁵³
旧城	人 iɛn²⁴	男人 nɛn²⁴iɛn²⁴	女人 y³¹iɛn²⁴
湘湖	人 iɛn³⁵	男人家 lɛn³⁵iɛn³⁵ko⁰	女人家 y³¹iɛn³⁵ko⁰
溪头	人 iɛn⁵¹	男人家 lã⁵¹iɛn⁰ko³³	妇女 fu⁵⁵li²³¹
沱川	人 iɛn²¹¹	男人家 nõ²¹iɛn²¹ko⁴⁴	妇女 fu³¹li³¹
紫阳	人 iæ̃²¹¹	男人家 num²¹iæ̃²¹kə⁴⁴	女人家 li³¹iæ̃²¹kə⁴⁴
许村	人 iɛn⁵¹	男人家 nũ⁵¹iɛn⁵¹ko³³	女人家 ɲy²⁴iɛn⁵¹ko³³
中云	人 iɛn¹¹	男子汉 num¹¹tsʅ⁰xum³⁵	妇人家 fu³¹iɛn¹¹ko⁰
新建	人 ɲiẽ²⁴	男人家 nʌ̃⁵¹ɲiẽ²¹kuɤ⁵⁴	妇人家 fu⁵¹ɲiẽ²¹kuɤ⁵⁴
新营	人 ɲiən³¹	男客人 la³¹kʻa²¹⁵ɲiən³¹	女客人 ɲy⁵³kʻa²¹⁵ɲiən³¹
黄柏	人 ɲiən⁴¹	男人家 lã⁴¹ɲiən⁴¹kɑ⁴⁴	女人家 ɲy⁴⁵³ɲiən⁴¹kɑ⁴⁴
暖水	人 ɲiẽ²³	男人家 lã²¹ɲiẽ²¹kuɐ³¹	妇人家 fu⁵¹ɲiẽ²¹kuɐ³¹

0786
婴儿

经公桥	小呐毛	sia⁴²nɛ⁰mau⁵⁵
鹅　湖	滴毛儿	ti⁵⁵mau³⁵ni⁰
旧　城	毛（毛）家儿	mau²⁴（mau²⁴）kuo⁵⁵ni⁰
湘　湖	毛毛家儿	mau³⁵mau⁰ko⁴⁴ni⁰
溪　头	细儿	sɛ²⁴ȵi⁵¹
沱　川	毛伢儿	ba²¹ŋo⁴⁴n̩²¹¹
紫　阳	毛头伢	bɒ²¹tʻa²¹ŋə⁴⁴
许　村	毛伢	mɔ⁵¹ŋo⁵¹
中　云	毛儿伢	mã³⁵ŋo⁴⁴
新　建	□里伢	mu²⁴li⁰ŋuɣ²⁴
新　营	月里伢	ȵyɛ⁵⁵li⁰ŋo⁵⁵
黄　柏	月窠伢哩	ȵyɑ⁴⁴kʻo⁴⁴ŋɑ⁴⁵³li⁰
暖　水	月里伢	ŋɛ³¹li⁰ŋuɐ³¹

0787
小孩

经公桥	小呐	sia⁴²nɛ⁰
鹅　湖	滴倌儿	ti⁵⁵kuən⁵⁵ni⁰
旧　城	细人儿	sei²¹³iɛn²⁴ni⁰
湘　湖	细人家	sei²¹iɛn³⁵ko⁰/萝卜头 lo³⁵po⁰tʻiau³⁵
溪　头	细人家	sɛ²⁴iɛn⁵¹ko³³/幼孩 iæi²⁴xa⁵¹
沱　川	细人家	sɛ³⁵iɛn²¹ko⁴⁴
紫　阳	细人	si³⁵iæ²¹¹
许　村	嫩细	nɛn⁵⁵sɛ²⁴
中　云	细人	sɛ³⁵iɛn¹¹
新　建	嫩家	nẽ⁵¹kuɣ⁵⁴
新　营	嫩人家	lən⁵¹ȵiən³¹ko⁵⁵
黄　柏	萝卜头	lo⁴¹pə⁰tʻiə⁴¹
暖　水	嫩家	nẽ⁵¹kuɐ³¹

		0788 男孩	0789 女孩
经公桥		男小呐 luã³⁵sia⁴²nɛ⁰	女小呐 y⁴²sia⁴²nɛ⁰
鹅 湖		小儿 sia⁵³ni⁰	女儿 y⁵³ni⁰
旧 城		男崽儿 nɛn²⁴tsaʳ³¹	女崽儿 y³¹tsaʳ³¹
湘 湖		男崽仂 lɛn³⁵tsa³¹lɛ⁰	女崽 y³⁵tsa³¹lɛ⁰
溪 头		男小鬼 nã⁵¹sia²⁴kui⁴²	女儿 li²³¹n̩⁰
沱 川		小人家 sia³⁵iɛn²¹ko⁴⁴	女儿人家 nĩ³¹iɛn²¹ko⁴⁴
紫 阳		小 sia²	女 li³¹
许 村		小仂家 siɔ³¹lɛ⁰ko³³	女仂家 ȵy³¹lɛ⁰ko³³
中 云		小来 siɔ²ly⁰	女 li²
新 建		细人家 siɛ̃²¹³kuɤ⁵⁴	女家 ȵi³¹kuɤ⁵⁴
新 营		鬼小 kuɛ⁵³siɔ⁵³	鬼女 kuɛ⁵³ȵi⁵³
黄 柏		男崽 lã⁴¹tsɛ⁴⁵³/小儿哩 ɕiə⁴⁵³ȵi⁴⁵³li⁰	女崽 ȵy⁴⁵³tsɛ⁴⁵³/女儿 ȵy⁴⁵³ni⁰
暖 水		小 ɕyɛ²¹⁴	女 ȵi²¹⁴

		0790 老人	0791 老头儿
经公桥		老人家 lau⁴²in³⁵kʌ²²	老头子 lau⁴²tʻiəu⁵⁵tsʅ⁰
鹅 湖		老人 lau⁵³iɛn³⁵	老头儿 lau⁵³tʻəʳ³⁵
旧 城		老人家儿 lau³¹iɛn²⁴kuo⁵⁵ni⁰	老头儿 lau³¹tʻaʳ²⁴/老倌儿 lau³¹kuɛn⁵⁵ni⁰
湘 湖		老人家 lau³⁵iɛn³⁵ko⁰	老倌儿 lau³⁵kuɛn⁴⁴ni⁰
溪 头		老人家 lɐ²³¹iɛn⁵¹ko⁰	老头 lɐ²³¹tʻæi⁵¹
沱 川		老人家 la³¹iɛn²¹ko⁴⁴	老□ la³¹bə⁵¹
紫 阳		老人家 lo³¹iæ²¹kə⁴⁴	公公 kɐm⁴⁴kɐm⁴⁴/公仂 kɐm⁴⁴la⁰
许 村		老人家 la³¹iɛn⁵¹ko³³	老人家 la³¹iɛn⁵¹ko³³
中 云		老人家 la³¹iɛn¹¹ko⁴⁴	老公公 la³¹kɐm⁴⁴kɐm⁴⁴
新 建		老人 lə³¹ȵiɛ̃²⁴	老仂 lə³¹lɛ⁰
新 营		老人家 lɔ⁵³ȵiən³¹ko⁵⁵	老人家 lɔ⁵³ȵiən³¹ko⁵⁵
黄 柏		老人家 lə⁴⁵³ȵiən⁴¹kɑ⁴⁴	老哩 lə⁴⁵³li⁰
暖 水		老人家 lɤ²⁴ȵiɛ̃²¹kuɐ³¹	老人家 lɤ²⁴ȵiɛ̃²¹kuɐ³¹

第五章 赣东北徽语代表方言点词语对照

0792 老头子_{带贬义} / 0793 老太婆_{带贬义}

	0792 老头子	0793 老太婆
经公桥	老头子 lau⁴²t'iəu⁵⁵tsʅ⁰	老太婆 lau⁴²t'a²¹p'uʌ⁵⁵
鹅 湖	死老头儿 sʅ⁵³lau⁵³t'ər³⁵	死老婆儿 sʅ⁵³lau⁵³p'uor³⁵
旧 城	老头子 lau³¹t'au²⁴tsʅ⁰	老妈儿 lau³¹ma²⁴ni⁰
湘 湖	老头子 lau³⁵t'iau³⁵tsʅ⁰	老太仂 lau³⁵t'a²¹le⁰
溪 头	死老 sʅ²⁴lɤ²³¹	老妪婆 lɤ²³¹y⁴²p'o⁵¹
沱 川	死老 sʅ³⁵la³¹	老妪 la³¹y⁵¹
紫 阳	死老 sʅ³⁵lo³¹	婆仂 p'ə²¹la⁰
许 村	老仂 la³¹le⁰	老妪婆 la³¹y³¹p'ɤ⁵¹
中 云	老仂 la³¹le⁰	老妪仂 la³¹y⁵¹le⁰
新 建	死老仂 sɤ³¹lə³¹lɛ⁰	老□□ lə³¹xəŋ²⁴ȵiɛ⁵¹
新 营	鬼老 kuɛ⁵³lɔ⁵³	老太婆 lɔ⁵³t'a²¹³p'u³¹
黄 柏	老头子 lə⁴⁵³t'iə⁴¹tsʅ⁰	女老儿 nʮ⁴⁵³lə⁴⁵³ni⁰
暖 水	老头子 lɤ²⁴t'y²¹tsʅ⁰	死婆 sʅ²¹p'o²³

0794 未婚男青年

经公桥	滴滴仂 ti⁴⁴ti⁴⁴lɛ⁰
鹅 湖	小儿 sia⁵³ni⁰
旧 城	闺男 kuei⁵⁵nɛn²⁴
湘 湖	犊犊子 p'au²⁴p'auʔ⁴tsʅ⁰
溪 头	青头郎 ts'æ̃i³³t'ɤ⁵¹lɔ̃⁵¹
沱 川	青头郎 ts'ɛn⁴⁴t'ə²¹nɑ̃²¹¹
紫 阳	青郎郎 ts'ɔ̃⁴⁴nã²¹nã²¹¹
许 村	一只小 i⁵⁵tso⁵⁵siɔ³¹
中 云	青郎郎仂 ts'ã⁴⁴lã¹¹lã¹¹le⁰
新 建	犊犊子 p'o⁵¹p'o⁵¹tsɤ⁰
新 营	青头郎 ts'æ⁵⁵t'iɔ³¹lɔ³¹
黄 柏	子哩家 tsʅ⁴⁵³li⁰kɑ⁴⁴/犊犊子 p'o⁴⁴p'o⁴⁴tsʅ⁰
暖 水	后生子 ɕy⁵¹ɕiæ̃³¹tsʅ²¹⁴

		0795 单身汉	0796 老姑娘
经公桥		单条子 tuɑ̃²²t'ia⁵⁵tsʅ⁰	—
鹅 湖		单身汉 tõ⁵⁵ɕien⁵⁵xən²¹¹	老姑娘 la⁵³ku⁴⁴ȵiõ⁰
旧 城		单边 tuo⁵⁵pi⁵⁵/单□子 tuo⁵⁵liau²⁴tsʅ⁰	老姑娘 la³¹ku⁵⁵ȵia⁰
湘 湖		单身汉仂 to⁴⁴ɕien⁴⁴xen²¹²le⁰	老姑 la³¹ku⁴⁴
溪 头		单身汉 tã³³sɛn³³xũ²⁴	老姑 lɐ²³¹ku³³
沱 川		单身汉 tõ⁴⁴sɛn⁴⁴xũ³⁵	老姑 la³¹ku⁴⁴
紫 阳		单身汉 tum⁴⁴sæ⁴⁴xum⁵¹	老姑娘/仂 la³¹ku⁴⁴ȵiã⁰/la⁰
许 村		单身汉 tũ³³ɕien³³xũ⁵⁵	老姑仂 la³¹ku³³le⁰
中 云		单身 tum⁴⁴sɛn⁴⁴	老姑 la³¹ku⁴⁴
新 建		单身汉 tɑ̃⁵⁴ʃẽ⁵⁴xuɜ²¹³	—
新 营		单身汉 tã⁵⁵sən⁵⁵xu²¹³	—
黄 柏		单身汉哩 tã⁴⁴ʃən⁴⁴xõ²¹³li⁰	老女哩 lə⁴⁵³ȵy⁴⁵³ȵi⁰
暖 水		单身汉 tã³¹sẽ³¹xuõ³⁵	婆儿 p'õ²³

		0797 同庚	0798 亲戚
经公桥		同年佬 t'oŋ³⁵niẽ³⁵lau⁴²	亲情 ts'ən²²ts'ãi⁵⁵
鹅 湖		老同 lau⁵³t'oŋ³⁵	亲情 ts'ən⁵⁵ts'ãi⁴
旧 城		老庚 lau³¹kɛn⁵⁵	亲戚 ts'ɛn⁵⁵ts'ai⁰
湘 湖		同年哥 t'oŋ³⁵nĩ³⁵kɛ⁴⁴	亲戚 ts'ɛn⁴⁴ts'eiʔ⁴
溪 头		同庚 t'əŋ⁵¹kæi³³	亲情 ts'ɛn³³ts'æi⁵¹
沱 川		同年 t'əŋ²¹nĩ²¹¹	亲情 ts'ɛn⁴⁴ts'ã²¹¹
紫 阳		同年家 t'ɐm²¹nĩ²¹kə⁴⁴	亲情 ts'æ⁴⁴ts'ɔ²¹¹
许 村		同年 t'ɐm⁵¹nĩ⁵¹	亲情 ts'ɛn³³ts'ã⁵¹
中 云		同年 t'ɐm¹¹nĩ¹¹	亲情 ts'ɛn⁴⁴ts'ã¹¹
新 建		同年 t'əŋ²⁴nã²⁴	亲情 ts'ẽ⁵⁴ts'ã²⁴
新 营		同年 t'ən³¹ȵiɛ³¹	亲戚 ts'ən⁵⁵ts'æ²¹⁵
黄 柏		同年 t'əŋ⁴¹ȵiẽ⁴¹	亲眷 tɕ'in⁴⁴tʂuã²¹³
暖 水		同年 t'oŋ²³liẽ²³	亲情 ts'ẽ³¹ts'æ²³

第五章 赣东北徽语代表方言点词语对照

	0799 朋友	0800 邻居
经公桥	朋友 p'oŋ³⁵iəu⁴²	隔壁邻舍 tɕia⁴⁴pai⁴⁴lən³⁵ɕiɛ²¹⁴
鹅 湖	朋友 p'oŋ³⁵iəu⁵³	隔壁 kaʔ⁴paʔ⁴
旧 城	朋友 p'oŋ²⁴iəu³¹	隔壁 ka²¹³pai²¹³
湘 湖	朋友 p'oŋ³⁵iəu³¹⁴	邻舍 lɛn³⁵ɕiɛ²¹²
溪 头	朋友 p'əŋ⁵¹iæi²³¹	邻舍 lɛn⁵¹se²⁴
沱 川	朋友 p'ã²¹iə³¹	邻舍 nɛn²¹se³⁵
紫 阳	朋友 p'ɐm²¹ia³¹	隔壁（邻舍） ko⁵¹po⁵¹（læ̃²¹se³⁵）
许 村	朋友 p'ɐm⁵¹ia³¹	邻舍 lɛn⁵¹ʃe²⁴
中 云	朋友 p'ɐm¹¹ia³¹	邻舍 lɛn¹¹se³⁵
新 建	朋友 p'əŋ²⁴iɯ³¹	隔壁邻舍 kæ²¹pæ²¹nẽ²⁴ʃɛ²¹³
新 营	朋友 p'ən³¹io³¹	隔壁屋 ko²¹⁵po⁵⁵u²¹⁵
黄 柏	朋友 p'əŋ⁴¹iu⁴⁵³	隔壁 ka²¹pɛ²¹³/邻舍 lin⁴¹ʃa²¹³
暖 水	朋友 p'oŋ²³y²¹⁴	隔壁 ka²¹pæ⁵⁴

	0801 客人	0802 陌生人
经公桥	客 tɕ'iã⁴⁴	生人 ɕiã²²in⁵⁵
鹅 湖	客人 k'aʔ⁴iɛn³⁵	生人 sã⁵⁵iɛn³⁵
旧 城	客 k'a²¹³	生人 ɕia⁵⁵iɛn²⁴
湘 湖	客 k'aʔ⁴	生当人 ɕia⁴⁴taŋ²¹iɛn³⁵
溪 头	客 k'a⁵⁵	生人 sæi³³iɛn⁵¹
沱 川	客（人） k'o⁵¹（iɛn²¹¹）	生疏人 sã⁴⁴su⁴⁴iɛn²¹¹
紫 阳	客 k'o⁵¹	生疏人 sɔ̃⁴⁴su⁴⁴iæ²¹¹
许 村	客 k'o⁵⁵	生疏人 ʃã³³ɕy³³iɛn⁵¹
中 云	客人 k'o⁵¹iɛn¹¹	生疏人 sã⁴⁴su⁴⁴iɛn¹¹
新 建	客人 k'æ⁵¹n̩iẽ²⁴	生疏人 ʃã⁵⁴ɕy⁵⁴n̩iẽ²⁴
新 营	客 k'a²¹⁵	生当人 ɕiæ⁵⁵tɔ²¹³n̩iən³¹
黄 柏	客人 k'a²¹³n̩in⁴¹	生当人 ʃən⁴⁴tã²¹³n̩in⁴¹
暖 水	客 k'æ⁵⁴	生当人 ɕiæ³¹tʌŋ³⁵n̩iẽ²³

	0803 农民		0804 商人
经公桥	大老粗 tʻa²¹lau⁴²tsʻu²²	开店嘅	kʻɤ²²tiɛ̃²⁴kɤ⁰
鹅湖	种田人 tsoŋ²¹tʻĩ³⁵iɛn³⁵	做生意嘅	tsuo²¹ʂã⁵⁵i²¹³kə⁰
旧城	种田嘅 tʂʻoŋ²¹³tʻi²⁴kə⁰	做生意嘅	tsuo²¹³ɕia³³n̠i²¹³kə⁰
湘湖	种田佬 tsoŋ²¹tʻĩ³⁵lau³¹⁴	做生意嘅	tsoˀ²¹ɕia⁴⁴i⁰kɛ⁰
溪头	做粗嘅 tso²⁴tsʻu³³ko⁰	做生意嘅	tso²⁴sæi³³i²⁴ko⁰
沱川	做粗嘅 tsu³⁵tsʻu⁴⁴ko⁰	做生意嘅	tsu³⁵sã⁴⁴i³⁵ko⁰
紫阳	做粗嘅 tsu³⁵tsʻu⁴⁴ke⁰	做生意嘅	tsu³⁵sɔ̃⁴⁴i³⁵ke⁰
许村	做粗佬 tso²⁴tsʻu³³la³¹	做生意嘅	tso²⁴ʃã³³i²⁴kɤ⁰
中云	种田嘅 tsɐm³⁵tʻĩ¹¹kɤ⁰	开店嘅	kʻuɤ⁴⁴tĩ³⁵kɤ⁰
新建	农夫佬 nəŋ²⁴fu⁵⁴lə³¹	老板佬	lə³¹pã̠²⁴lə³¹
新营	作田人 tsɔ²¹⁵tʻi³¹n̠iən³¹	做生意人	tso²¹³ɕiæ̃⁵⁵n̠iən³¹
黄柏	种田嘅 tʂuəŋ²¹³tʻiɛ̃⁴¹kɛ⁰	做生意嘅	tso²¹³ʃən⁴⁴i²¹³kɛ⁰
暖水	农夫 noŋ²³fu³¹	开店嘅	kʻo³¹tiɛ̃³⁵ka⁰

	0805 手艺人		0806 泥水匠
经公桥	做手艺嘅 tsuʌ²⁴ɕiəu⁴²i²⁴kɤ⁰	泥佬	li³⁵lau⁴²
鹅湖	做手艺嘅 tsuo²¹ɕiəu⁵³i²¹³kə⁰	泥匠	lei³⁵tsʻiɔ̃²¹¹
旧城	做手艺嘅 tsuo²¹³ɕiəu³¹n̠i²¹³kə⁰	泥佬	lei²⁴lau³¹
湘湖	手艺师傅 ɕiəu³⁵i²¹sɛ⁴⁴fu⁰	泥巴佬	lei³⁵pa⁰lau³¹⁴
溪头	做手艺嘅 tso²⁴sæi⁴²n̠ie⁵⁵ko⁰	砖匠	kuĩ³³tsʻiɔ̃⁵⁵
沱川	手艺人 sə²n̠ie⁵¹iɛn²¹¹	砖匠	kuĩ⁴⁴tsʻiɔ̃⁵¹
紫阳	做手艺嘅 tsu³⁵sa³⁵gi⁵¹ke⁰	砖匠	tɕỹ⁴⁴tsʻiã⁵¹
许村	做手艺嘅 tso²⁴ɕia³¹n̠i⁵⁵kɤ⁰	砖匠	tɕĩ³³tsʻiɔ̃⁵⁵
中云	匠人 tɕʻiã⁵¹iɛn¹¹	砖匠	tsĩ⁴⁴tsʻiã⁵¹
新建	做手艺嘅 tsɯ²¹ɕiɯ³¹n̠i⁵¹kə⁰	砖匠	tɕiɛ̃⁵⁴tɕʻiɔ̃⁵¹
新营	手艺人 ɕio⁵³n̠i⁵¹n̠iən³¹	石匠	ɕiæ⁵⁵tsʻiã⁵¹
黄柏	做手艺嘅 tso²¹³ʃu⁴⁵³n̠i²¹³kɛ⁰	砖匠	tʂuã⁴⁴tɕʻiã²¹³
暖水	做手艺嘅 tso³⁵ɕy²⁴n̠i⁵¹ka⁰	石匠	ɕiæ³¹tɕʻiʌŋ⁵¹

第五章　赣东北徽语代表方言点词语对照

	0807 木匠	0808 裁缝
经公桥	木匠 mo²²tsʻiã²¹⁴	裁缝 tsʻa³⁵foŋ⁰
鹅　湖	木匠 muʔ⁴tsʻiõ²¹¹	裁缝 tsʻɛ³⁵foŋ⁰
旧　城	木匠 mu³³tsʻa³³	裁缝 tsʻɛ²⁴foŋ²⁴
湘　湖	木匠 muʔ²tsʻa²¹¹	裁缝 tsʻɛ³⁵foŋ³⁵
溪　头	木工 mu⁵⁵kəŋ³³	裁缝 tsʻɐ²⁴fəŋ⁵¹
沱　川	木匠 bu⁵¹tsʻiã̃⁵¹	裁缝师傅 tsʻɒ³⁵fəŋ²¹sɿ⁴⁴fu⁰
紫　阳	木匠 bu⁵¹tsʻiã⁵¹	裁缝 tsʻe²¹fɐm²¹¹
许　村	木匠 mɔ⁵⁵tsʻiɔ̃⁵⁵	裁缝 tsʻɤ⁵¹fɐm⁵¹
中　云	木匠 bɔ⁵¹tɕʻiã⁵¹	裁缝 tsʻɤ¹¹fɐm¹¹
新　建	木匠 mo³³tɕʻiɔ̃⁵¹	裁缝师傅 tsʻa²⁴fəŋ²⁴sɤ⁵⁴fu⁰
新　营	木匠 mu⁵⁵tɕʻiã⁵¹	针匠佬 tɕiən⁵⁵tsʻiã⁵¹lɔ⁵³
黄　柏	木匠 mu⁴⁴tɕʻiã²¹³	裁缝 tsʻa⁴¹fəŋ⁴¹
暖　水	木匠 məu³¹tɕʻiʌŋ⁵¹	针匠 tɕiẽ³¹tɕʻiʌŋ⁵¹

	0809 理发师	0810 厨师
经公桥	剃头佬 tʻi²⁴tʻiəu⁵⁵lau⁴²	大师傅 tʻa²⁴sɿ²²fu⁰
鹅　湖	剃头啯 tʻei²¹tʻiəu³⁵kə⁰	大师傅 tʻa²¹sɿ⁵⁵fu⁰
旧　城	剃头佬 tʻei⁵⁵tʻau²⁴lau³¹	厨师儿儿 tɕʻy²⁴ʂəʳ⁵⁵ni⁰／大伙儿 tʻa³³xəʳ⁵⁵
湘　湖	剃头佬 tʻei²¹tʻiau³⁵lau³¹⁴	厨倌师 tɕʻy³⁵kuɛn⁴⁴sɿ⁴⁴
溪　头	剃头师傅 tʻe³³tʻæi³¹sɿ³³fu⁰	伙头 xo⁴²tʻæi⁵¹
沱　川	剃头匠 tʻe⁴⁴tʻə²¹tsʻiɔ̃⁵¹	伙头师傅 xo³⁵tʻə²¹sɿ⁴⁴fu⁰
紫　阳	剃头师 tʻi³⁵tʻa²¹sɿ⁴⁴	厨师 tɕʻy²¹sɿ⁴⁴
许　村	剃头佬 tʻe³³tʻa⁵¹la³¹	伙头佬 xuɤ²⁴tʻa⁵¹la³¹
中　云	剃头师傅 tʻi³⁵tʻa¹¹sɿ⁴⁴fu⁰	伙头 xuɤ³⁵tʻa¹¹
新　建	剃头师傅 tʻæ²¹tʻɯ²⁴sɤ⁵⁴fu⁰	伙头 xu³¹tʻɯ²⁴
新　营	剃头佬 tʻɛ²¹³tʻiɔ³¹lɔ⁵³	大师傅 tʻa⁵¹ɕyɛ⁵⁵fu⁰
黄　柏	剃头啯 tʻi²¹³tʻiə⁴¹kɛ⁰	厨倌 tɕʻy⁴¹kuã⁴⁴
暖　水	剃头啯 tʻi³⁵tʻyʻ²³kɤ⁰	大师傅 tʻa⁵¹ʂuɤ³¹fu⁰

	0811 医生	0812 中医生旧称	0813 私塾先生
经公桥	医生 i²²ɕiāi²²	先生 siē²²ɕiāi²²	先生 siē²²ɕiāi²²
鹅 湖	医生儿 i⁵⁵ʂɚ⁵⁵	郎中 laŋ³⁵tʂoŋ⁵⁵	先生 sĩ⁵⁵ʂã⁵⁵
旧 城	医师儿 i⁵⁵ʂɚ⁵⁵	先生 si⁵⁵ɕia⁰	先生 si⁵⁵ɕia⁰
湘 湖	医师 i⁴⁴sɿ⁴⁴	郎中 laŋ³⁵tsoŋ⁴⁴	先生 sĩ⁴⁴ɕia⁰
溪 头	医师 i³³sɿ³³	先生 sĩ³³sæ̃i³³	先生 sĩ³³sæ̃i³³
沱 川	医师 i⁴⁴sɿ⁴⁴	先生 sĩ⁴⁴sã⁴⁴	先生 sĩ⁴⁴sã⁴⁴
紫 阳	医师 i⁴⁴ɕi⁴⁴	先生 sĩ⁴⁴sɔ̃⁴⁴	先生 sĩ⁴⁴sɔ̃⁴⁴
许 村	医师 i³³sɿ³³	先生 sĩ³³ʃã³³	先生 sĩ³³ʃã³³
中 云	医生 i⁴⁴sã⁴⁴	医生 i⁴⁴sã⁴⁴	先生 sĩ⁴⁴sã⁴⁴
新 建	医生 i⁵⁴ʃã⁵⁴	医生 i⁵⁴ʃã⁵⁴	先生 sã⁵⁴ʃã⁵⁴
新 营	医师 i⁵⁵sɿ⁵⁵	郎中 lɔ³¹tən⁵⁵	先生 si⁵⁵ɕiæ⁵⁵
黄 柏	医师 i⁴⁴xɑ⁴⁴	先生 ɕiẽ⁴⁴ʃuən⁴⁴	先生 ɕiẽ⁴⁴ʃuən⁴⁴
暖 水	医生 i³¹ʂuɣ³¹	郎中 lʌŋ²³tʂoŋ³¹	先生 ɕiẽ³¹ɕiæ³¹

	0814 师父	0815 徒弟	0816 乞丐
经公桥	师父 sɿ²²fu⁰	徒弟 tʰu³⁵tʰi²¹⁴	讨饭啯 tʰau⁴²fuʎ²⁴kɣ⁰
鹅 湖	师父 sɿ⁵⁵fu⁰	徒弟 tʰəu³⁵tʰei²¹¹	讨口啯 tʰau⁵³m̩²¹kə⁰
旧 城	师父 sɿ⁵⁵fu⁰	徒弟 tʰu²⁴tʰei⁰	讨饭啯 tʰau³¹fuo³³kə⁰
湘 湖	师父 sɿ⁴⁴fu⁰	徒弟 tʰəu³⁵tʰei²¹¹	讨饭 tʰau³⁵fo²¹¹
溪 头	师父 sɿ³³fu⁰	徒弟 tʰu⁵¹tʰe²³¹	讨饭乞 tʰɐ⁴²fã⁵⁵tʃʰi⁵⁵
沱 川	师父 sɿ⁴⁴fu⁰	徒弟 tʰu²¹tʰe³¹	乞人 tɕʰi⁵¹ien²¹¹
紫 阳	师父 ɕi⁴⁴fu³¹	徒弟 tʰu²¹tʰi³¹	讨饭啯 tʰa³⁵fum⁵¹ke⁰
许 村	师父 ɕi³³fu⁰	徒弟 tʰu⁵¹tʰe⁵¹	讨饭佬 tʰa³¹fũ⁵⁵la³¹
中 云	师父 sɿ⁴⁴fu⁰	徒弟 tʰu¹¹tʰe³¹	讨饭仂 tʰa²fum⁵¹le⁰
新 建	师父 sɣ⁵⁴fu⁰	徒弟 tʰu²⁴tʰæ⁵¹	讨饭啯 tʰə³¹fʎ⁵¹kə⁰
新 营	师父 ɕyɛ⁵⁵fu⁰	徒弟 tʰu³¹tʰɛ⁵¹	告化子 kɔ²¹³xo²¹³tsɿ⁰
黄 柏	师父 sɿ⁴⁴fu⁰	徒弟 tʰu⁴¹tʰi²¹³	讨饭佬 tʰə⁴⁵³fã⁵⁵lə⁴⁵³
暖 水	师父 ʂuɣ³¹fu⁰	徒弟 tʰu²³tʰi⁵¹	讨饭 tʰɣ²¹fã⁵¹

第五章　赣东北徽语代表方言点词语对照

		0817 妓女	0818 流氓	0819 贼
经公桥		婊子 pia⁴²tsᵼ⁰	打罗嗰 ta⁴²luʌ³⁵kɤ⁰	贼 ts'ai²²
鹅　湖		婊子 pia⁵³tsᵼ⁰	流氓 liəu³⁵maŋ³⁵	小偷 sia⁵³t'iəu⁵⁵
旧　城		婊子 piau³¹tsᵼ⁰	打罗嗰 ta³¹luo²⁴kə⁰	贼 ts'ai³³
湘　湖		婊子 pio³⁵tsᵼ⁰	打罗嗰 ta³¹lo³⁵kɛ⁰	小偷 ɕio³⁵t'iau⁴⁴
溪　头		婊子 pia⁴²tsᵼ⁰	流氓 læi⁵¹mɔ̃⁵¹	小偷 sia²⁴t'æi³³
沱　川		婊子 pia²tsᵼ⁰	流氓地痞 la²¹mɔ̃²¹t'i⁵¹p'i²	贼 ts'ɒ⁵¹
紫　阳		婊子 pio³⁵tsᵼ⁰	流氓 la²¹mã²¹¹	贼 ts'o⁵¹
许　村		婊仂 piɔ³¹le⁰	流氓 la⁵¹mɔ̃⁵¹	贼 ts'o⁵⁵
中　云		婊子 piɔ²tsᵼ⁰	痞□ p'i²lio⁵¹	小偷 ɕiɔ³⁵t'a⁴⁴
新　建		婊子 piɛ³¹tsɤ⁰	流氓 lɯ²⁴mɔ̃²⁴	贼 ts'ɛ³³
新　营		婊子 piɔ̃⁵³tsᵼ⁰	流氓 lio³¹mɔ̃⁵³	贼 ts'æ⁵⁵
黄　柏		婊子 piə⁴⁵³tsᵼ⁰	流子 liə⁴¹tsᵼ⁰	贼 ts'ɛ⁴⁴
暖　水		婊子 pyɛ²⁴tsᵼ⁰	流氓 ly²³mʌŋ²³	贼 ts'ɛ³¹

		0820 傻子	0821 笨蛋
经公桥		聱子 ŋau²⁴tsᵼ⁰	木头 mo²²t'iəu⁵⁵/北瓜 pai⁴⁴kuʌ²²
鹅　湖		傻子 ʂa⁵³tsᵼ⁰	木头 muʔ²⁴t'iəu³⁵
旧　城		聱子 ŋau³³tsᵼ⁰	木头 mu³³t'au²⁴
湘　湖		痴子 tɕ'i⁴⁴tsᵼ⁰	木头 muʔ²t'iau³⁵
溪　头		痴子 tɕ'i³³tsᵼ⁰	笨蛋 pəŋ⁵⁵tã⁵⁵
沱　川		傻仂 so⁴⁴le⁰	呆仂 ta⁴⁴le⁰
紫　阳		痴仂 tɕ'i⁴⁴la⁰	笨人 p'æ⁵¹iæ²¹¹
许　村		痴仂 tɕ'i³³le⁰	木头菩萨 mɔ⁵⁵t'a⁵¹p'u⁵¹so⁵⁵
中　云		痴仂 tɕ'ᵼ⁴⁴le⁰	木人 bɔ⁵¹iɛn¹¹
新　建		□子 mẽ⁵¹tsɤ⁰	□子 mẽ⁵¹tsɤ⁰
新　营		憨子 xã⁵⁵tsᵼ⁰	木头 mo²¹³t'iɔ⁰
黄　柏		傻子 ʂuɑ⁴⁵³tsᵼ⁰	呆子 ta⁴⁴tsᵼ⁰/尿包 sən⁴¹pɔ⁴⁴
暖　水		傻子 ʂuɐ³¹tsᵼ⁰	尿 soŋ²³

	0822 曾祖父	0823 曾祖母
经公桥	太世公 t'a²⁴ɕi²⁴koŋ²²	太世婆 t'a²⁴ɕi²⁴p'uʌ⁵⁵
鹅湖	世公 ɕi²¹koŋ⁵⁵	世婆 ɕi²¹p'uo³⁵
旧城	世公/世 ɕi²¹³koŋ⁵⁵/ ɕi⁰	世妈/婆 ɕi²¹³ma²⁴/ p'uo²⁴
湘湖	世公 ɕi³⁵koŋ⁴⁴	世妈 ɕi³⁵ma³¹⁴
溪头	太朝 t'a²⁴tsʻa⁵¹	太世妈 t'a²⁴sʅ²⁴ma²⁴
沱川	太朝 t'ɒ³⁵tsʻo²¹¹	太娘 t'ɒ³⁵n̠iã²¹¹
紫阳	太朝 t'o³⁵tsʻo²¹¹	太仂 t'o³⁵la⁰
许村	太朝 t'o²⁴tʃ'o⁵¹	太娘□ t'o²⁴n̠iõ⁵¹pa³³
中云	太公 t'ɤ³⁵kɐm⁴⁴	太婆 t'ɤ³⁵p'ɤ¹¹
新建	太公 t'a²¹kəŋ⁵⁴	太娘 t'a²¹n̠iõ⁵⁴
新营	世公 ɕi²¹kəŋ⁵⁵	世嬷 ɕi²¹mo³¹
黄柏	太公 t'a²¹³kəŋ⁴⁴	太婆 t'a²¹³p'o⁴¹
暖水	公公 koŋ³¹koŋ⁰	嬷嬷 mo²³mo⁰

	0824 祖父	0825 祖母
经公桥	太太 t'a²⁴t'a⁰	妈妈 ma²⁴ma⁰
鹅湖	公 koŋ⁵⁵	妈 ma³⁵
旧城	太太 t'a³³t'a³³	妈妈 ma²⁴ma⁰
湘湖	祖祖 tsəu³⁵tsəu³¹⁴	巴巴 pa⁴⁴pa⁰
溪头	朝朝 tsʻa⁵¹tsʻa⁵¹	妈 ma²⁴
沱川	朝朝 tsʻo²¹tsʻo²¹¹	娘娘 n̠iã²¹n̠iã²¹¹
紫阳	朝朝 tsʻo²¹tsʻo²¹¹	巴巴 pa²¹pa³⁵
许村	喝朝 xa⁵⁵tʃ'o⁵¹	喝巴 xa⁵⁵pa³³
中云	爷 ie³⁵	娘巴 niã³⁵pa⁰
新建	公公 kəŋ⁵⁴kəŋ⁰	娘 n̠iõ⁵⁴
新营	老爹 lɔ⁵³ti⁵⁵	娘 n̠iã⁵⁵
黄柏	祖祖 tsu⁴⁵³tsu²¹³	妈妈 mɑ⁴⁵³mɑ²¹³
暖水	爹爹 tiɛ³¹tiɛ⁰	娘娘 n̠iʌŋ²³n̠iʌŋ⁰

0826 外祖父 / 0827 外祖母

	0826 外祖父	0827 外祖母
经公桥	□公 ia²⁴koŋ²²	□婆 ia²⁴pʻuʌ⁵⁵/□□ ia²⁴ia⁰
鹅 湖	外公 ŋa²¹koŋ⁵⁵	外婆 ŋa²¹pʻuo³⁵
旧 城	外世公 ŋa³³ɕi²¹³koŋ⁵⁵	外世婆 ŋa³³ɕi²¹³pʻuo²⁴
湘 湖	外公 ua²¹koŋ⁴⁴	外婆 ua²¹pʻɛ³⁵
溪 头	外公 ua⁵⁵kəŋ³³	佬娘 lɐ²³¹n̠iɔ̃⁵¹
沱 川	外公 vɒ⁵¹kəŋ⁴⁴	佬娘 la³¹n̠iã²¹¹
紫 阳	外公 ŋo⁵¹kɐm⁴⁴	外婆 ŋo⁵¹pʻə²¹¹
许 村	喝公 xa⁵⁵kɐm³³	喝娘 xa⁵⁵n̠iɔ̃⁵¹
中 云	外公 va⁵¹kɐm⁴⁴	外婆 va⁵¹pʻɤ¹¹
新 建	外公 ŋa⁵¹kəŋ⁵⁴	外婆 ŋa⁵¹pʻɯ²⁴
新 营	外公 ŋa⁵¹kəŋ⁵⁵	外婆 ŋa⁵¹pʻu³¹
黄 柏	外公 ŋa²¹³kəŋ⁴⁴	外婆 ŋa²¹³pʻo⁴¹
暖 水	外公 ŋa⁵⁵koŋ³¹	外婆 ŋa⁵⁵pʻo²³

0828 父母 / 0829 父亲叙称‖呼称

	0828 父母	0829 父亲叙称‖呼称
经公桥	老子娘 lau⁴²tsɿ⁰yaŋ⁵⁵	老子 lau⁴²tsɿ⁰‖爸爸 pa²¹pa⁵⁵
鹅 湖	老子娘 lau⁵³tsɿ⁰iõ³⁵	老子 lau⁵³tsɿ⁰‖爸爸 pa²¹pa²¹³
旧 城	娘老子 n̠ia²⁴lau³¹tsɿ⁰	老子 lau³¹tsɿ⁰‖爸爸 pa⁵⁵pa⁰
湘 湖	老子娘 lau³⁵tsɿ⁰ia³⁵	老子 lau³⁵tsɿ⁰‖爸爸 pa⁴⁴pa⁴⁴
溪 头	老子姆 lɐ²³¹tsɿ⁰m̩²³¹	老子 lɐ²³¹tsɿ⁰‖爸 pa³³
沱 川	老子姆 la³¹tsɿ⁰m³¹	老子 la³¹tsɿ⁰‖爸爸 pɒ²¹pɒ³⁵
紫 阳	老子姆 lo³¹tsɿ⁰m³¹	老子 lo³¹tsɿ⁰‖爸 pa⁵¹
许 村	老子娘 la³¹tsɿ⁰n̠iɔ̃⁵¹	老子 la³¹tsɿ⁰‖喝爷 xa⁵⁵ie⁵¹
中 云	老子姆 la³¹tsɿ⁰m²	老子 la³¹tsɿ⁰‖伯伯 po⁵¹po⁵¹
新 建	老子娘 lə³¹tsɤ⁰n̠iɔ̃²⁴	老子 lə³¹tsɤ⁰‖爹 ta⁵⁴
新 营	老子娘 lɔ⁵³tsɿ⁰n̠iã³¹	老子 lɔ⁵³tsɿ⁰‖爸 pa²¹³
黄 柏	老子娘 lə⁴⁵³tsɿ⁰n̠iã⁴¹	老子 lə⁴⁵³tsɿ⁰‖爹爹 tiɑ⁴⁴tiɑ⁰
暖 水	老子娘 lɤ²⁴tsɿ⁰n̠iʌŋ²³	老子 lɤ²⁴tsɿ⁰‖爸爸 pa²⁴pa⁰

	0830 母亲叙称‖呼称	0831 继父叙称
经公桥	娘 ȵiaŋ³⁵⁵ ‖ 姆妈 m̩²²ma⁰	后老子 ɕiəu²¹lau⁴²tsɿ⁰
鹅 湖	妈 ma⁵⁵ ‖ 姆妈 m̩⁵⁵ma⁵⁵	后爸 ɕiəu²¹pa²¹³
旧 城	娘 ȵia²⁴ ‖ 姆妈 m̩⁵⁵ma⁰	后老子 xau³³lau³¹tsɿ⁰
湘 湖	娘 ia³⁵ ‖ 姆妈 m̩⁴⁴ma⁴⁴	后老子 xau²¹lau³⁵tsɿ⁰
溪 头	姆妈 m̩²⁴ma⁰ ‖ 姨娅 i³³ia⁴²	义/后老子 ȵi²⁴/ ʃæi²³¹lɤ²³¹tsɿ⁰
沱 川	妈妈 bɒ²¹bɒ³⁵ ‖ 姨娅 i²¹ia³⁵	叔叔 su⁵¹su⁰ ‖ 爷爷 ie²¹ie³⁵
紫 阳	姆 m̩³¹ ‖ 姆妈 m̩³¹ba⁴⁴	义父佬 gi⁵¹fu³¹lɔ³¹
许 村	老娘 la³¹ȵiɔ̃⁵¹ ‖ 喝娅 xa⁵⁵ia³¹	后佬仂 ɕia⁵¹la³¹le⁰
中 云	娘 ȵiã¹¹ ‖ 姆 m̩²	义父佬仂 ȵi⁵¹fu⁵¹la³¹le⁰
新 建	娘 ȵiɔ̃²⁴ ‖ 妈 ma⁵⁴	义父仂 ȵi⁵¹fu⁵¹lə³¹
新 营	老娘 lɔ⁵³ȵiã³¹ ‖ 姆婆 m̩⁵³mɛ⁵⁵	盐叔佬 iẽ³¹ɕio²¹⁵lɔ⁵³
黄 柏	娘 ȵiã⁴¹ ‖ 姆妈 m̩⁴⁵³mɑ²¹³	爷叔（佬） iɑ⁴¹ʃu²¹（lə⁴⁵³）
暖 水	娘 ȵiʌŋ²³ ‖ 姆妈 m̩³¹ma⁰	后老子 ɕy⁵¹lɤ²⁴tsɿ⁰

	0832 继母叙称	0833 岳父
经公桥	后娘 ɕiəu²¹ȵiaŋ⁵⁵	丈人 tʃʻuaŋ²⁴in⁵⁵
鹅 湖	后娘 ɕiəu²¹ȵiõ³⁵	丈人佬 tɕiõ²¹iɛnºlau⁵³
旧 城	后娘 xau³³ȵia²⁴	丈口佬儿 tɕia³³ȵila^r³¹
湘 湖	后娘 xau²¹ia³⁵	丈人佬 tɕia³⁵iɛn⁰lau³¹⁴
溪 头	后母 ʃæi²³¹m̩²⁴	丈人佬 tsʻɔ̃⁵⁵ȵiɛn⁵¹lɤ²³¹
沱 川	后母 ɕiə³¹m̩³¹	丈人（佬）tsʻɔ̃³¹iɛn²¹（la³¹）
紫 阳	后娘 ɕia⁵¹ȵiã²¹¹	丈人 tsʻã⁵¹iæ²¹¹
许 村	后娘 ɕia⁵¹ȵiɔ̃⁵¹	丈人佬仂 tʃʻɔ̃⁵⁵iɛn⁵¹la³¹le⁰
中 云	后母 ɕia⁵¹mu²	丈人佬仂 tsʻã³¹iɛn¹¹la³¹le⁰
新 建	后娘 ɕiɯ⁵¹ȵiɔ̃²⁴	丈人 tʂʻɔ̃⁵¹ȵiẽ²⁴
新 营	后娘 ɕiɔ⁵¹ȵiã³¹	丈人佬 tɕʻiã⁵¹ȵiən³¹lɔ⁵³
黄 柏	后娘 xə²¹³ȵiã⁴¹	丈人佬 tʃʻã²¹³ȵiɛn⁴¹lə⁴⁵³
暖 水	后娘 ɕy⁵¹ȵiʌŋ²³	丈人 tʂʻʌŋ⁵¹ȵiẽ²³

第五章 赣东北徽语代表方言点词语对照

	0834 岳母	0835 公公 叙称
经公桥	丈母 tʃʻuaŋ²⁴mo⁴²	公伢 koŋ²²lɛ⁰
鹅湖	丈人婆ɻ tɕʻiõ²¹iɛn⁰pʻuoʳ³⁵	公儿 koŋ⁵⁵ni⁰
旧城	丈□婆ɻ tɕʻia³³n̠i³³pʻuoʳ²⁴	公儿 koŋ⁵⁵ni⁰
湘湖	丈母婆 tɕʻia³⁵mu³¹ia³⁵	公伢 koŋ⁴⁴lɛ⁰
溪头	丈母 tsʻɔ̃⁵⁵mu²³¹	公 kəŋ³³
沱川	丈母 tsʻɔ̃³¹m̩³¹/丈人婆 tsʻɔ̃³¹iɛn²¹pʻo²¹¹	公儿 kəŋ⁴⁴n̩⁰
紫阳	丈人婆 tsʻã⁵¹iæ²¹pʻə²¹¹	公伢 kɐm⁴⁴la⁰
许村	丈人婆伢 tʃʻɔ̃⁵⁵iɛn⁵¹pʻɤ⁵²lɛ⁰	公伢 kɐm³³lɛ⁰
中云	丈人婆伢 tsʻã³¹iɛn¹¹pʻɤ¹¹lɛ⁰	公伢 kɐm⁴⁴lɛ⁰
新建	丈母 tʂʻɔ̃⁵¹mu³¹	公 kəŋ⁵⁴
新营	丈人婆 tɕʻiã⁵¹n̠iən³¹pʻu³¹	公公 kən⁵⁵kən⁵⁵
黄柏	丈人婆 tʃʻã²¹³n̠iən⁴¹pʻo⁴¹	公公 kəŋ⁴⁴kəŋ⁰
暖水	丈母 tʂʻʌŋ⁵¹mu²¹⁴	公 koŋ³¹

	0836 婆婆 叙称	0837 伯父	0838 伯母
经公桥	婆伢 pʻuʌ³⁵lɛ⁰	伯 pa⁴⁴	娘娘 yaŋ³⁵yaŋ⁵⁵
鹅湖	婆ɻ pʻuoʳ³⁵	伯伯 paʔ⁴paʔ⁰	□ ia³⁵
旧城	婆儿 pʻuo²⁴ni⁰	伯伯 pa²¹³pa⁰	娘娘 n̠ia²⁴n̠ia⁰
湘湖	婆伢 pʻɛ³⁵lɛ⁰	大伯 tʻa²¹paʔ²⁴	大妈 tʻa²¹ma⁴⁴
溪头	婆儿 pʻo⁵¹n̩⁰	伯伯 pa⁵⁵pa⁵⁵	妈 ma⁵¹
沱川	婆儿/伢 pʻo⁵¹n̩⁰/ lɛ⁰	伯爷 po⁵¹ie²¹¹	嬷嬷 bo²¹bo³⁵
紫阳	婆伢 pʻə²¹la⁰	伯爷 po⁵¹ie²¹¹	伯姆 po⁵¹m̩³¹
许村	婆伢 pʻɤ⁵⁵lɛ⁰	伯爷 po⁵⁵ie⁵¹	喝嬷ɻ xa⁵⁵mɔ̃⁵¹
中云	婆伢 pʻɤ¹¹lɛ⁰	大伯 tʻɤ⁵¹po⁵¹	大姆□ tʻɤ⁵¹m̩³¹na⁴⁴
新建	婆 pʻɯ²⁴	大伯 tʻa⁵¹kuɔ̃⁵⁴	大娘 tʻa⁵¹n̠iɔ̃²⁴
新营	嬷嬷 mo³¹mo⁰	大伯 tʻa⁵¹pa²¹⁵	妈 ma²¹³
黄柏	婆婆 pʻo⁴¹pʻo⁰	伯伯 pa²¹pa²¹³	大姆妈 tʻɑ²¹³m̩⁴⁵³mɑ²¹³
暖水	婆 pʻo²³	大伯 tʻa⁵¹kuɔ̃³¹	大娘 tʻa⁵¹n̠iʌŋ²³

	0839 叔父	0840 最小的叔父
经公桥	叔叔 ɕiəu⁴⁴ɕiəu⁰	滴叔 ti⁴⁴ɕiəu⁴⁴
鹅 湖	叔 ʂəuʔ⁴	□叔 tɕi⁵⁵ʂəuʔ⁴
旧 城	叔叔 ʂəu²¹³ʂəu⁰	细叔叔 sei²¹³ʂəu²¹³ʂəu⁰
湘 湖	叔 səuʔ⁴səuʔ⁰	细叔 sei³⁵səuʔ⁰
溪 头	叔叔 su⁵⁵su⁵⁵	细叔爷 se²⁴su⁵⁵ie⁵¹
沱 川	叔爷 su⁵¹ie²¹¹/爷爷 ie²¹ie³⁵	叔爷宝 su⁵¹ie²¹pa²
紫 阳	叔爷 su⁵¹ie²¹¹	细叔爷 si³⁵su⁵¹ie²¹¹
许 村	叔爷 ʃɔ⁵⁵ie⁵¹	细叔儿 se²⁴ʃɔ⁵⁵ŋ⁰
中 云	叔爷 sɔ⁵¹ie¹¹	细叔爷 se³⁵sɔ⁵¹ie¹¹
新 建	细佰 sæ⁵¹kuɔ̃⁵⁴	细子 sæ⁵¹tsɤ⁰
新 营	叔 ɕio²¹⁵	细叔 se²¹³ɕio²¹⁵
黄 柏	叔佬 ʃu²¹³lə⁴⁵³	细叔 ɕi²¹ʃu²¹³
暖 水	叔叔 ʂəu⁵⁴ʂəu⁰	细叔 ɕi³⁵ʂəu⁵⁴

0841
叔母 叙称‖呼称

经公桥	婶婶 ɕin⁴²ɕin⁰	
鹅 湖	婶 ɕien⁵³	
旧 城	婶儿 ɕien³¹ni⁰	
湘 湖	婶儿 ɕien³⁵ni⁰	
溪 头	婶婶 sɛn⁴²sɛn²⁴	
沱 川	婶婶 sɛn²sɛn³⁵	
紫 阳	婶娘 sæ³⁵n̠iã²¹¹	
许 村	婶娘 ʃen³¹n̠iɔ̃⁵¹	
中 云	婶娘 sɛn³⁵n̠iã¹¹	
新 建	细娘 sæ²¹n̠iɔ̃²⁴	
新 营	婶 ɕiən⁵³	
黄 柏	婶婶 ʃuən⁴⁵³ʃuən⁰‖婶娘 ʃuən⁴⁵³n̠iã⁴¹	
暖 水	姆娘 m̩³¹n̠iʌŋ²³	

0842 姑母 父之姊‖父之妹

经公桥	姑娘 ku²²yaŋ⁵⁵	
鹅　湖	姑娘 ku⁵⁵niɔ̃⁰	
旧　城	姑娘 ku⁵⁵n̻ia²⁴	
湘　湖	姑娘 ku⁴⁴ia³⁵	
溪　头	姑娘 ku³³n̻iɔ̃⁵¹	
沱　川	姑 ku⁴⁴/姑姑 ku⁴⁴ku⁰ ‖ 姑娘 ku⁴⁴n̻iɔ̃²¹¹	
紫　阳	姑儿 ku⁴⁴n̩⁰	
许　村	大姑娘 tʻɤ⁵⁵ku³³n̻iɔ̃⁵¹ ‖ 细姑娘 sɛ²⁴ku³³n̻iɔ̃⁵¹	
中　云	姑娘 ku⁴⁴niã¹¹	
新　建	姑娘 ku⁵⁴n̻iɔ̃²⁴	
新　营	娘娘 n̻iã³¹n̻iã³¹	
黄　柏	娘娘 n̻iã⁴¹n̻iã⁰ ‖ 娘儿 n̻iã⁴¹n̻i⁰	
暖　水	姑娘 ku³¹n̻iʌŋ²³	

0843 姑父

经公桥	姑夫 ku²²fu²²
鹅　湖	姑父 ku⁵⁵fu²¹¹
旧　城	姑爷 ku⁵⁵iɛ²⁴
湘　湖	姑父 ku⁴⁴fu⁰
溪　头	姑父 ku³³fu⁵⁵
沱　川	姑夫 ku⁴⁴fu⁴⁴
紫　阳	姑爷 ku⁴⁴ie²¹¹
许　村	姑夫 ku³³fu³³
中　云	姑夫 ku⁴⁴fu⁴⁴
新　建	姑父 ku⁵⁴fu⁵¹
新　营	姑夫 ku⁵⁵fu⁵⁵
黄　柏	姑父 ku⁴⁴fu²¹³
暖　水	姑夫 ku³¹fu³¹

0844 舅父 叙称‖呼称

经公桥	舅舅 tɕʻiəu²¹tɕʻiəu²¹⁴
鹅　湖	母舅 mu⁵³tɕʻiəu²¹¹
旧　城	母舅 mu³¹tɕʻiəu³³
湘　湖	母舅 mu³⁵tɕʻiəu²¹¹
溪　头	舅舅 tʃʻæi²³¹tʃʻæi²³¹
沱　川	舅舅 tɕʻiə³¹tɕʻiə³¹
紫　阳	母舅 bu³¹tɕʻia³¹
许　村	喝舅 xa⁵⁵tɕʻia⁵¹
中　云	舅仂 tɕʻia³¹le⁰
新　建	娘舅 n̻iɔ̃²⁴tɕʻiɯ⁵¹
新　营	母舅 mu⁵³tɕʻio⁵¹
黄　柏	娘舅 n̻iã⁴¹tʃʻu²¹³ ‖ 舅舅 tʃʻu²¹tʃʻu²¹³
暖　水	母舅 mu²⁴tɕʻy⁵¹

0845
舅母 叙称‖呼称

经公桥	舅姆妈	tɕʻiəu²¹m̩²²ma⁰
鹅 湖	舅姆	tɕʻiəu³⁵m̩⁵³
旧 城	舅母	tɕʻiəu³³mu³¹
湘 湖	好舅母	xau³⁵tɕʻiəu²¹mu³¹⁴
溪 头	舅姆	tʃʻæi²³¹m̩²⁴
沱 川	舅母	tɕʻiə³¹m̩³¹
紫 阳	舅姆	tɕʻia³¹m̩³¹
许 村	妗儿仍	tʃʻen⁵⁵ŋ⁰le⁰
中 云	舅儿娘	tɕʻia³¹ŋ³¹niã⁴⁴
新 建	舅母	tɕʻiɯ⁵¹mu³¹
新 营	母妗	mu⁵³tɕʻiən⁵¹
黄 柏	娘妗 niã⁴¹tʃʻən²¹³ ‖ 妗妗 tʃʻən²¹tʃʻən²¹³
暖 水	舅母	tɕʻy⁵¹mu²¹⁴

0846
姨母 母之姊‖母之妹

大姨 tʻa²¹i⁵⁵ ‖ 小姨 sia⁴²i⁵⁵
大姨 tʻa²¹i³⁵ ‖ 小姨 sia⁵³i³⁵
姨妈 i²⁴ma⁰
大姨 tʻa²¹i³⁵ ‖ 细姨 sei²¹i³⁵
大姨 to⁵⁵i⁵¹ ‖ 小姨 sia²⁴i⁵¹
大姨 tʻɒ⁵¹i²¹¹ ‖ 小姨 sia³⁵i²¹¹
大姨 tʻu⁵¹i²¹¹ ‖ 细姨 si³⁵i²¹¹
大姨 tʻɤ⁵⁵i⁵¹ ‖ 小姨 siɔ³¹i⁵¹
大姨 tʻɤ⁵¹i¹¹ ‖ 小姨 ɕio³⁵i¹¹
大姨 tʻa⁵¹i²⁴ ‖ 细姨 sæ²¹i²⁴
大姨 tʻa⁵¹i³¹ ‖ 小姨 siɔ⁵³i³¹
大姨 tʻɑ²¹i⁴¹ ‖ 小姨 ɕiə⁴⁵³i⁴¹
大姨 tʻa⁵¹i²⁴ ‖ 细姨 ɕi³⁵i²⁴

0847
姨父

经公桥	姨夫	i³⁵fu²²
鹅 湖	姨父	i³⁵fu²¹¹
旧 城	姨爹儿	i²⁴tiɛ⁵⁵ni⁰
湘 湖	姨夫	i³⁵fu⁰
溪 头	姨夫	i⁵¹fu³³
沱 川	大姨夫 tʻɒ⁵¹i²¹fu⁴⁴＋细姨夫 sia³⁵i²¹fu⁴⁴
紫 阳	姨夫	i²¹fu⁴⁴
许 村	姨夫	i⁵¹fu³³
中 云	姨夫	i¹¹fu⁴⁴
新 建	姨夫	i²⁴fu⁵⁴
新 营	姨夫	i³¹fu⁵⁵
黄 柏	姨父	i⁴¹fu²¹³
暖 水	姨父	i²⁴fu⁵¹

第五章 赣东北徽语代表方言点词语对照

	0848 兄弟	0849 姊妹
经公桥	兄弟 xuāi²²t'ei²¹⁴	姊妹 tsŋ⁴²mɤ²¹⁴
鹅湖	兄弟 xuāi⁵⁵t'ei²¹¹	姊妹 tsŋ⁵³miɛ²¹¹
旧城	兄弟 xuai⁵⁵t'ei³³	姊妹 tsŋ³¹miɛ³³
湘湖	兄弟 xuai⁴⁴t'ei²¹¹	姊妹 tsŋ³⁵mɛ²¹¹
溪头	兄弟 xuæ̃i³³t'e²³¹	姐妹 tse⁴²mɐ⁵⁵
沱川	兄弟 xuã⁴⁴t'e³¹	姐妹 tse³⁵ba⁵¹
紫阳	兄弟 xuã⁴⁴t'i³¹	姐妹 tse³⁵bɛ⁵¹
许村	兄弟 xuã³³t'e⁵¹	姊妹 tsŋ³¹mɤ⁵⁵
中云	兄弟 xuã⁴⁴t'e³¹	姐妹 tse²bɤ⁵¹
新建	兄弟 xuɤ̃³³t'æ⁵¹	姐妹 tsa³¹ma⁵¹
新营	兄弟 xuæ̃⁵⁵t'e⁵¹	姐妹 tsi⁵³mi³¹
黄柏	兄弟 ʃəŋ⁴⁴t'i²¹³	姊妹 tsŋ⁴⁵³me²¹³
暖水	兄弟 xuæ̃³¹t'i⁵⁵	姐妹 tɕie²¹mɤ⁵⁵

	0850 哥哥 叙称‖呼称	0851 嫂子
经公桥	哥哥 kɤ²²kɤ²¹⁴	嫂嫂 sau⁴²sau⁰
鹅湖	哥 kiɛ⁵⁵	嫂 sau⁵³
旧城	哥哥 kɛ⁵⁵kɛ⁰	嫂嫂 sau³¹sau⁰
湘湖	哥哥 kɛ⁴⁴kɛ⁴⁴	嫂嫂 sau³⁵sau³¹⁴
溪头	兄佬 ʃɔ̃³³lɐ²³¹	嫂嫂 sɐ²⁴sɐ⁴²
沱川	老兄 la³¹ɕiã⁴⁴‖哥哥 kə⁴⁴kə⁴⁴	嫂 sa²
紫阳	兄佬哥 ɕiã⁴⁴lo³¹ke⁴⁴‖兄佬 ɕiã⁴⁴lo³¹	嫂 so²
许村	兄佬 ʃã³³la³¹‖喝哥 xa⁵⁵kɤ³³	嫂 sa³¹‖喝嫂 xa⁵⁵sa³¹
中云	哥仂 kɤ⁴⁴le⁰	嫂仂 sa²le⁰
新建	哥 kɯ⁵⁴	嫂 sə³¹
新营	兄佬 ɕiã⁵⁵lɔ⁵³‖哥 ki⁵⁵	嫂 sɔ⁵³
黄柏	哥郎 ko⁴⁴lã⁴¹‖哥哥 ko⁴⁴ko⁰	嫂嫂 sə⁴⁵³sə⁰
暖水	哥哥 ko³¹ko⁰	嫂嫂 sɤ²¹sɤ⁰

	0852 弟弟	0853 弟媳
经公桥	弟郎 t'i²¹laŋ⁵⁵	弟新妇 t'i²¹sən²²fu²¹⁴
鹅湖	弟郎 t'ei²¹laŋ⁰	弟新妇儿 t'ei²¹sən⁵⁵fuə⁻⁰
旧城	弟郎 t'ei³³laŋ⁰/老弟 lau³¹t'ei³³	弟新妇儿 t'ei³³sɛn⁵⁵fuə⁻³³
湘湖	弟弟 t'ei²¹t'ei²¹¹	弟新妇 t'ei²¹sɛn⁴⁴fu⁰
溪头	弟郎 t'e²³¹lɔ̃⁵¹	弟妇 t'e²³¹fu²³¹/弟媳 t'e²³¹sa⁵⁵
沱川	弟佬 t'e³¹la³¹	弟妇 t'e³¹fu³¹
紫阳	弟佬 t'i³¹lo³¹	弟妇 t'i³¹fu³¹
许村	弟佬 t'e⁵¹la³¹	弟妇 t'e⁵¹fu⁵⁵
中云	弟 t'e³¹	弟妇 t'e³¹fu⁵¹
新建	弟 t'æ⁵¹	弟妇 t'æ⁵¹fu⁵¹
新营	弟佬 t'ɛ⁵¹lɔ³¹	弟新妇 t'ɛ⁵¹sən⁵⁵fu⁵¹
黄柏	弟郎 t'i²¹³lã⁴¹	弟新妇 t'i²¹³ɕin⁴⁴fu²²¹³
暖水	弟郎 t'i⁵¹lʌŋ²³	弟新妇 t'i⁵¹ɕiẽ³¹fu⁰

	0854 姐姐	0855 姐夫
经公桥	姐姐 tsiɛ⁴²tsiɛ⁰	姐夫 tsiɛ⁴²fu²²
鹅湖	姐 tsiɛ⁵³	姐夫 tsiɛ⁵³fu⁵⁵
旧城	姐姐 tsiɛ²⁴tsiɛ⁰	姐夫 tsiɛ³¹fu⁰
湘湖	姐姐 tsiɛ³⁵tsiɛ⁰/好姐 xau³⁵tsiɛ³¹⁴	姐夫 tsiɛ³⁵fu⁴⁴
溪头	姐姐 tse⁴²tse²⁴	姐夫 tse²⁴fu³³
沱川	姐姐 tse²tse³⁵	姐夫 tse³⁵fu⁴⁴
紫阳	姐仂 tse²la⁰	姐夫 tse³⁵fu⁴⁴
许村	喝姐 xa⁵⁵tse³¹	姐夫 tse³¹fu³³
中云	姐 tse²	姐夫 tse²fu⁴⁴
新建	姐 tsa³¹	姐夫 tsa³¹fu⁵⁴
新营	姐 tsi⁵³	姐夫 tsi⁵³fu⁵⁵
黄柏	姐姐 tɕiɑ⁴⁵³tɕiɑ⁰	姐夫 tɕiɑ⁴⁵³fu⁴⁴
暖水	姐姐 tɕiɛ²¹tɕiɛ⁰	姐夫 tɕiɛ²¹fu³¹

	0856 妹妹	0857 妹夫
经公桥	妹妹 mɤ²⁴mɤ⁰	妹夫 mɤ²⁴fu²²
鹅 湖	妹儿 miɛ²¹ni⁰	妹夫 miɛ²¹fu⁵⁵
旧 城	妹儿 mɛ³³ni⁰	妹夫 mɛ³³fu⁰
湘 湖	妹子 mɛ²¹tsɿ⁰	妹夫 mɛ²¹fu⁴⁴
溪 头	□妹 nĩ⁵⁵mɐ⁵⁵	妹夫 mɐ⁵⁵fu³³
沱 川	□妹 nĩ³¹ba⁵¹	□妹夫 nĩ³¹ba⁵¹fu⁴⁴
紫 阳	□妹 li⁵¹bɛ⁵¹	妹夫 bɛ⁵¹fu⁴⁴
许 村	妹子 mɤ⁵⁵tsɿ⁰	妹夫 mɤ⁵⁵fu³³
中 云	妹子 bɤ⁵¹tsɿ⁰	妹夫 bɤ⁵¹fu⁴⁴
新 建	妹 ma⁵¹	妹夫 ma⁵¹fu⁵⁴
新 营	妹子 mi⁵¹tsɿ⁰	妹夫 mi⁵²fu⁵⁵
黄 柏	妹妹 mɛ²¹mɛ²¹³	妹夫 mɛ²¹³fu⁴⁴
暖 水	妹郎 mɤ⁵¹lʌŋ²³	妹夫 mɤ⁵¹fu³¹

	0858 堂兄弟	0859 表兄弟
经公桥	堂兄弟 tʻaŋ³⁵xuãi²²tʻi²¹⁴	表兄弟 pia⁴²xuãi²²tʻi²¹⁴
鹅 湖	堂兄弟 tʻaŋ³⁵xuãi⁵⁵tʻei²¹¹	表兄弟 pia⁵³xuãi⁵⁵tʻei²¹¹
旧 城	堂兄弟 tʻaŋ²⁴xuai⁵⁵tʻei³³	表兄弟 piau³¹xuai⁵⁵tʻei³³
湘 湖	堂兄弟 tʻaŋ³⁵xuai⁴⁴tʻei²¹¹	表兄弟 pio³⁵xuai⁴⁴tʻei²¹¹
溪 头	堂兄弟 tɔ̃⁵¹xuæ̃i³³tʻe²³¹	表兄弟 pia²⁴xuæ̃i³³tʻe²³¹
沱 川	堂兄弟 tʻɔ̃²¹xuã⁴⁴tʻe³¹	表兄弟 pia³⁵xuã⁴⁴tʻe³¹
紫 阳	共朝兄弟 tɕʻiɐm⁵¹tsʻo²¹xuã⁴⁴tʻi³¹	表兄弟 pio³⁵xuã⁴⁴tʻi³¹
许 村	堂兄弟 tʻɔ̃³³xuã³³tʻe⁵¹	表兄弟 piɔ³¹xuã³³tʻe⁵¹
中 云	堂兄弟 tʻã¹¹xuã⁴⁴tʻe³¹	表兄弟 piɔ³¹xuã⁴⁴tʻe³¹
新 建	堂兄弟 tʻɔ̃²⁴xuã̃⁵⁴tʻæ⁵¹	表兄弟 piɛ³¹xuã̃⁵⁴tʻæ⁵¹
新 营	叔伯兄弟 ɕio²¹⁵pa²¹⁵xuæ⁵⁵tʻɛ⁵¹	表兄弟 piɔ⁵³xuæ⁵⁵tʻɛ⁵¹
黄 柏	堂兄弟 tʻã⁴¹ʃəŋ⁴⁴tʻi²¹³	表兄弟 piə⁴⁵³ʃəŋ⁴⁴tʻi²¹³
暖 水	堂兄弟 tʻʌŋ²³xuɤ³¹tʻi⁵⁵	表兄弟 pyɛ²⁴xuæ̃³¹tʻi⁵⁵

	0860 妯娌	0861 连襟
经公桥	妯娌 tṣʻu²²li⁰	二姨父 a²¹i³⁵fu²²
鹅湖	妯娌 tṣʻəuʔ⁴lei⁰	大细姨夫 tʻa²¹sei²¹i³⁵fu⁵⁵
旧城	妯娌 tṣʻəu³³lei⁰	两姨夫 na³¹i²⁴fu⁰
湘湖	妯娌 tsʻəuʔ²lei³¹⁴	大细姨夫 tʻa²¹sei²¹i³⁵fu⁴⁴
溪头	叔伯母 su⁵⁵pa⁵⁵m̩²³¹	大小乔 tʻo⁵⁵sia²⁴tʃʻa⁵¹
沱川	叔伯母 su⁵¹po⁵¹m̩³¹	大小乔 tʻɒ⁵¹sia³⁵tɕʻiŋ²¹¹
紫阳	姑嫂 ku⁴⁴so²	大小乔 tʻo⁵¹sio³⁵tɕʻio²¹¹
许村	叔伯母 ʃɔ⁵⁵po⁵⁵m̩³¹	大小姨夫 tʻɣ⁵⁵siɔ³¹i⁵¹fu³³
中云	叔伯母 sɔ⁵¹po⁵¹m̩²	大小乔 tʻo⁵¹ɕiɔ²tɕʻiɔ¹¹
新建	叔伯母 ʃo⁵¹pæ⁵¹mu³¹	大细姨夫 tʻa⁵¹sæ²¹i²⁴fu⁵⁴
新营	叔伯姆 ɕio²¹⁵pa²¹⁵m̩⁵³	大小姨夫 tʻa⁵¹siɔ⁵³i³¹fu⁵⁵
黄柏	妯娌 tʃʻu⁴⁴tʻi²¹³	大小姨父 tʻɑ²¹³ɕiə⁴⁵³i⁴¹fu²¹³
暖水	叔伯母 ṣəu⁵⁴pæ⁵⁴mu²¹⁴	大细姨夫 tʻa⁵¹ɕi³⁵i²³fu³¹

	0862 大伯子	0863 小叔子	0864 儿子
经公桥	大伯佬 tʻa²⁴pa⁴⁴lau⁴²	叔呐 ɕiəu⁴⁴nɛ⁰	儿子 a³⁵tsɿ⁰
鹅湖	大伯佬儿 tʻa²¹paʔ⁴laʳ⁵³	□叔儿 tɕi⁵⁵ṣəuʔ⁴ŋ⁰	儿子 ɐʳ³⁵tsɿ⁰
旧城	大伯佬 tʻa³³pa²¹³lau³¹	叔儿 ṣəu²¹³ni⁰	儿子 əʳ²⁴tsɿ⁰
湘湖	大伯佬 tʻa²¹paʔ⁴lau³¹⁴	细叔 sei³⁵səuʔ²	崽伬 tsa³⁵lɛ⁰
溪头	大伯 tʻo⁵⁵pa⁵⁵	小叔 sia⁴²su⁵⁵	儿子 ɐ⁵⁵tsɿ⁴²
沱川	大伯 tʻɒ⁵¹pa⁵¹	叔儿 su⁵¹n̩⁰	小 sia²
紫阳	大伯佬 tʻu⁵¹po⁵¹lo³¹	叔儿 su⁵¹n̩⁰	小 sio²
许村	大伯佬伬 tʻɣ⁵⁵po⁵⁵la³¹lɛ⁰	喝叔 xa⁵⁵ʃɔ⁵⁵	儿子 θ⁵¹tsɿ⁰
中云	伯爷 po⁵¹ie¹¹	叔儿 su⁵¹n̩¹¹	儿子 θ¹¹tsɿ⁰
新建	大倌 tʻa⁵¹kuə̃⁵⁴	细叔 sæ²¹ʃo⁵¹	儿子 zɣ⁵¹tsɣ⁰
新营	大伯 tʻa⁵¹pa²¹⁵	叔佬 ɕio²¹⁵lɔ⁵³	儿子 θ³¹tsɿ⁰
黄柏	大伯伯 tʻɑ²¹pa²¹pa²¹³	细叔 ɕi²¹ʃu²¹³	儿子 a⁴¹tsɿ⁰
暖水	大伯佬 tʻa⁵¹pæ⁵⁴lɣ²¹⁴	叔叔 ṣəu⁵⁴ṣəu⁰	儿子 ɣ²³tsɿ⁰

第五章 赣东北徽语代表方言点词语对照

	0865 最小的儿子	0866 儿媳妇	0867 女儿
经公桥	末脚儿 muʌ²²tʃuau⁴⁴ŋ⁰	新妇 sən²²fu⁰	女儿 y⁴²ŋ⁰
鹅 湖	幼子 iəu²¹tsŋ⁰	新妇儿 sən⁵⁵fuəʳ⁰	女儿 y⁵³ni⁰
旧 城	老细 lau³¹sei²¹³	新妇儿 sɛn⁵⁵fuəʳ³³	女儿 y³¹ni⁰
湘 湖	幼子 iəu²¹tsŋ⁴⁴	新妇 sɛn⁴⁴fu²¹¹	女儿 y³⁵ni⁰
溪 头	末豚蒂 mo⁵⁵tau⁵⁵te²⁴	新妇 sɛn³³fu²³¹	因儿 lɛn²⁴ŋ⁰
沱 川	末蒂小 ba⁵¹te³⁵sia²	新妇 sɛn⁴⁴fu³¹	女儿 nĩ³¹
紫 阳	末豚蒂 bo⁵¹to⁵¹ti³⁵	新妇 sæ⁴⁴fu³¹	女 li³¹
许 村	落尾蒂 lɔ⁵⁵me³¹te²⁴	新妇 sɛn³³fu⁵¹	女仂 ȵy³¹le⁰
中 云	细儿子 se³⁵ɵ¹¹tsŋ⁰	新妇 sɛn⁴⁴fu³¹	女 li³¹ŋ¹¹
新 建	幼子 iɯ²¹³tsɤ⁰	新妇 sẽ⁵⁴fu⁵¹	女姑 ȵi³¹ku⁵⁴
新 营	幼子 io²¹³tsŋ⁰	新妇 sən⁵⁵fu⁵¹	女姑 ȵi⁵³ku⁰
黄 柏	幼子 iu²¹³tsŋ⁴⁵³	新妇 ɕin⁴⁴fu²¹³	女姑 ȵy⁴⁵³ku⁴⁴
暖 水	幼子 y³⁵tsŋ⁰	新妇 sẽ⁴²fu⁰	女姑 ȵi²⁴ku⁴²

	0868 女婿	0869 孙子	0870 重孙子
经公桥	郎章 laŋ³⁵tʃuaŋ²²	孙子 sən²²tsŋ⁰	曾孙 tsʻãi³⁵sən²²
鹅 湖	郎章 laŋ³⁵tɕiõ⁵⁵	孙 sən⁵⁵	曾孙 tsʻɛn³⁵sən⁵⁵
旧 城	郎章 laŋ²⁴tɕia⁰	孙儿 sɛn⁵⁵ni⁰	曾孙儿 tsʻɛn²⁴sɛn⁵⁵ni⁰
湘 湖	郎章 laŋ³⁵tɕia⁴⁴	孙仂 sɛn⁴⁴lɛ⁰	曾孙 tsɛn⁴⁴sɛn⁴⁴
溪 头	女婿 ȵi⁴²se²⁴	孙 səŋ³³	重孙 tsʻəŋ⁵¹səŋ³³
沱 川	郎章 nɔ²¹tɕiɔ⁴⁴	孙仂 səŋ⁴⁴le⁰	曾孙 tsʻɛn²¹səŋ⁴⁴
紫 阳	女婿 li³¹si³⁵	孙仂 sæ⁴⁴na⁰	重孙 tsʻɐm²¹sæ⁴⁴
许 村	郎章 lɔ⁵¹tʃɔ³³	孙仂 sɛn³³le⁰	重孙 tʃʻɐm⁵¹sɛn³³
中 云	郎章 num¹¹tsã⁴⁴	孙仂 sɛn⁴⁴le⁰	曾孙 tsʻɛn¹¹sɿ⁴⁴
新 建	郎章 nɔ²⁴tʂɔ⁵⁴	孙仂 sẽ⁵⁴le⁰	重孙 tʂʻəŋ²⁴sẽ⁵⁴
新 营	郎章 lɔ³¹tɕiã⁵⁵	孙仂 sən⁵⁵le⁰	曾孙 tʻæ³¹sən⁵⁵
黄 柏	郎章 lã⁴¹tʃã⁴⁴	孙哩 sən⁴⁴li⁰	重孙哩 tʂʻuaŋ⁴¹sən⁴⁴li⁰
暖 水	郎章 laŋ²³tʂʌŋ⁰	孙仂 sẽ³¹le⁰	重孙 tʂʻoŋ²⁴sẽ³¹

	0871 侄子	0872 外甥	0873 外孙
经公桥	侄郎 tɕʻi²²laŋ⁵⁵	外甥 ua²⁴ɕiã²²	外甥 ua²⁴ɕiã²²
鹅 湖	侄郎 tɕʻiʔ²⁴laŋ⁰	外甥 ŋa²¹ʂã⁵⁵	外甥孙儿 ŋa²¹ʂã⁵⁵sən⁵⁵ni⁰
旧 城	侄郎 tɕʻi³³laŋ⁰	外甥儿 ua³³ɕia⁵⁵ni⁰	外甥儿 ua³³ɕia⁵⁵ni⁰
湘 湖	侄郎 tɕʻiʔ²¹laŋ³⁵	外甥 ua²¹ɕia⁴⁴	外甥 ua²¹ɕia⁴⁴
溪 头	侄孙 tsʻŋ⁵⁵sən³³	外甥 ua⁵⁵sæi³³	外甥 ua⁵⁵sæi³³
沱 川	侄仂 tsʻŋ⁵¹le⁰	外甥 vɒ⁵¹sã³³	外甥 vɒ⁵¹sã³³
紫 阳	侄郎 tsʻa⁵¹lã²¹¹	外甥 ŋɔ⁵¹sɔ̃⁴⁴	外甥 ŋɔ⁵¹sɔ̃⁴⁴
许 村	侄仂 tʃʻa⁵⁵le⁰	外甥 ŋo⁵⁵ʃã³³	外甥 ŋo⁵⁵ʃã³³
中 云	侄仂 tsʻa⁵¹le⁰	外甥 va⁵¹sã⁴⁴	外甥 va⁵¹sã⁴⁴
新 建	侄郎 tʃʻɛ³³nɔ̃²⁴	外甥 ŋa⁵¹ʃã⁵⁴	外甥 ŋa⁵¹ʃã⁵⁴
新 营	侄佬 tɕʻi⁵⁵lɔ⁵³	外甥 ŋa⁵¹ɕiæ̃⁵⁵	外甥 ŋa⁵¹ɕiæ̃⁵⁵
黄 柏	侄郎 tɕʻi⁴⁴lã⁴¹	外甥 ŋa²¹³ʃuən⁴⁴	外甥 ŋa²¹³ʃuən⁴⁴
暖 水	侄郎 tɕʻie³¹lʌŋ⁰	外甥 ŋa⁵¹ɕiæ̃³¹	外甥儿 ŋa⁵⁴ɕiæ̃³¹ni²³

	0874 夫妻	0875 丈夫	0876 妻子
经公桥	老公老婆 lau⁴²koŋ²²lau⁴²pʻuʌ⁵⁵	老公 lau⁴²koŋ²²	老婆 lau⁴²pʻuʌ⁵⁵
鹅 湖	老公老婆 lau⁵³koŋ⁵⁵lau⁵³pʻuo³⁵	老公 lau⁵³koŋ⁵⁵	老婆 lau⁵³pʻuo³⁵
旧 城	老公老婆 lau³¹koŋ⁵⁵lau³¹pʻuo²⁴	老公 lau³¹koŋ⁵⁵	老婆 lau³¹pʻuo²⁴
湘 湖	老公老婆 lau³⁵koŋ⁴⁴lau³⁵pʻɛ⁴⁴	老公 lau³⁵koŋ⁴⁴	老婆 lau³⁵pʻɛ⁴⁴
溪 头	老公老婆 lɐ²³¹kən³³lɐ²³¹pʻo⁵¹	老公 lɐ²³¹kən³³	老婆 lɐ²³¹pʻo⁵¹
沱 川	两夫仂 niɔ̃³¹fu⁴⁴le⁰	老公 la³¹kən⁴⁴	老婆 la³¹pʻo²¹¹
紫 阳	老公老婆 lo³¹kɐm⁴⁴lo³¹pʻə²¹¹	老公 lo³¹kɐm⁴⁴	老婆 lo³¹pʻə²¹¹
许 村	老公老婆 la³¹kɐm³³la³¹pʻɤ⁵¹	老公 la³¹kɐm³³	老婆 la³¹pʻɤ⁵¹
中 云	老公老婆 la³¹kɐm⁴⁴la³¹pʻɤ¹¹	老公 la³¹kɐm⁴⁴	老婆 la³¹pʻɤ¹¹
新 建	老公老婆 lə³¹kəŋ⁵⁴lə³¹pʻɯ²⁴	老公 lə³¹kəŋ⁵⁴	老婆 lə³¹pʻɯ²⁴
新 营	老公老婆 lɔ⁵³kən⁵⁵lɔ⁵³pʻu³¹	老公 lɔ⁵³kən⁵⁵	老婆 lɔ⁵³pʻu³¹
黄 柏	老公老婆 lə⁴⁵³kəŋ⁴⁴lə⁴⁵³pʻo⁴¹	老公 lə⁴⁵³kəŋ⁴⁴	老婆 lə⁴⁵³pʻo⁴¹
暖 水	老公老婆 lɤ²¹koŋ⁰lɤ²¹pʻo²⁴	老公 lɤ²¹koŋ⁰	老婆 lɤ²¹pʻo²⁴

第五章 赣东北徽语代表方言点词语对照

		0877 名字	0878 绰号	0879 事情
经公桥		名字 mãi³⁵tsɿ²¹⁴	外号 ua²⁴xau²¹⁴	事呐 xa²⁴nɛ⁰
鹅 湖		名字 mãi³⁵sɿ²¹¹	号名 xau²¹mãi³⁵	事ɹ ʂəʳ²¹¹
旧 城		名字 mai²⁴sɿ³³	外号 ua³³xau³³	事ɹ ʂəʳ³³
湘 湖		名字 mai³⁵sɿ²¹¹	别名 pʻiɛʔ²mai³⁵	事 sei²¹¹
溪 头		名字 mæ̃i⁵¹tsʻɿ⁵⁵	号名 xɐ⁵⁵mæ̃i⁵¹	事 sɿ⁵⁵
沱 川		名字 mã²¹tsʻɿ⁵¹	别号 pʻe⁵¹xa⁵¹	事 sɿ⁵¹
紫 阳		名字 mɔ̃²¹tsʻɿ⁵¹	外号 ŋo⁵¹xo⁵¹	事 sɿ⁵¹
许 村		名字 mã⁵¹tsʻɿ⁵⁵	别名 pʻe⁵⁵mã⁵¹	事 sɿ⁵⁵
中 云		名字 mã¹¹tsʻɿ⁵¹	别名 pʻe⁵¹mã¹¹	事 sɿ⁵¹
新 建		名子 mã²⁴tsɤ⁰	别名 pʻæ³³mã²⁴	事 sɤ⁵¹
新 营		名字 mæ̃³¹tsʻɿ⁵¹	诨名 xuən⁵¹mæ̃³¹	事务 ɕyɛ⁵¹u⁵¹
黄 柏		名字 min⁴¹tsʻɿ²¹³	别名 pʻiɑ⁴⁴min⁴¹	事 xɑ²¹³
暖 水		名字 mæ̃²³tsʻɿ⁵¹	号名 xɤ⁵¹mæ̃²³	事 sɤ⁵¹

		0880 原因	0881 干活儿	0882 玩 整天~，不干活‖去城里~
经公桥		原因 yɛ̃³⁵in²²	做事ɹ tsuʌ²¹xã²¹⁴	嬉 ɕi²²
鹅 湖		原因 ỹ³⁵iɛn⁵⁵	做事ɹ tsuo²¹ʂəʳ²¹¹	嬉 ɕi⁵⁵
旧 城		原因 yi²⁴iɛn⁵⁵	做事ɹ tsuo²¹³ʂəʳ³³	嬉 ɕi⁵⁵
湘 湖		原因 yĩ³⁵iɛn⁴⁴	做事 tso³⁵sei²¹¹	嬉 ɕi⁴⁴
溪 头		原因 uĩ⁵¹iɛn³³	做事 tso²⁴sɿ⁵⁵	嬉 ɕi³³
沱 川		原因 vĩ²¹iɛn⁴⁴	做事 tsu³⁵sɿ⁵¹	嬉 ɕi⁴⁴
紫 阳		原因 ỹ²¹iæ⁴⁴	做事 tsu³⁵sɿ⁵¹	嬉 ɕi⁴⁴
许 村		原因 vi⁵¹iɛn³³	做事 tso²⁴sɿ⁵⁵	嬉 ɕi³³
中 云		原因 vĩ¹¹iɛn⁴⁴	做事 tsu³⁵sɿ⁵¹	嬉 ɕi⁴⁴
新 建		原因 ȵiɛ̃²⁴iɛ̃⁵⁴	做事 tsu²¹³sɤ⁵¹	嬉 ɕi⁵⁴
新 营		原因 ȵyɛ̃³¹iən⁵⁵	做事 tsu²¹³ɕyɛ⁵¹	嬉 ɕi⁵⁵
黄 柏		原因 ŋuã⁴¹in⁴⁴	做事 tso²¹xɑ²¹³	嬉 ɕi⁴⁴
暖 水		由头 y²³tʻy²³	做事 tso³¹sɤ⁵⁵	嬉 ɕi³¹

	0883 种田	0884 年成	0885 犁田
经公桥	种田 tʂoŋ²¹tʻiɛ̃⁵⁵	年成 niɛ̃³⁵ɕiāi⁵⁵	耕田 tɕiã²²tʻiɛ̃⁵⁵
鹅 湖	种田 tʂoŋ²¹tʻĩ³⁵	收成 ɕiəu⁵⁵ʂāi³⁵	耕田 kã⁵⁵tʻĩ³⁵
旧 城	种田 tʂoŋ²¹³tʻi²⁴	年成 ni²⁴ɕiai²⁴	耕田 ka⁵⁵tʻi²⁴
湘 湖	作田 tsauʔ⁴tʻĩ³⁵	收成 ɕiəu⁴⁴ɕiai³⁵	耕田 ka⁴⁴tʻĩ³⁵
溪 头	种田 tsəŋ²⁴tʻĩ⁵¹	年 nĩ⁵¹sæi⁵¹	犁田 le⁵¹tʻĩ⁵¹
沱 川	做粗 tsu³⁵tsʻu⁴⁴	年成 nĩ²¹sã²¹	耕/犁田 kã⁴⁴/ le²¹tʻĩ²¹¹
紫 阳	做粗 tsu³⁵tsʻu⁴⁴	年成 nĩ²¹sɔ̃²¹¹	耕田 kɔ̃⁴⁴tʻĩ²¹¹
许 村	做粗 tso²⁴tsʻu³³	年成 nĩ⁵¹ʃã⁵¹	耕田 kã³³tʻĩ⁵¹
中 云	种田 tsɐm³⁵tʻĩ¹¹	年成 nĩ¹¹sã¹¹	犁田 le¹¹tʻĩ¹¹
新 建	作田 tso⁵¹tʻã²⁴	年成 nã²⁴ʃã²⁴	耕田 kã⁵⁴tʻã²⁴
新 营	作田 tsɔ²¹⁵tʻi³¹	年成 n̠iɛ³¹ɕiæ³¹	耕田 kæ̃⁵tʻi³¹
黄 柏	种田 tʂuəŋ²¹³tʻiɛ̃⁴¹	年成 n̠iɛ̃⁴¹tʃʻən⁴¹	使田 xɑ⁴⁵³tʻiɛ̃⁴¹
暖 水	做农夫 tso³⁵loŋ²³fu³¹	年成 liɛ̃²³ɕiæ²³	耕田 kã³¹tʻiɛ̃²³

	0886 插秧	0887 割稻子	0888 看田水
经公桥	栽禾 tsa²²uʌ⁵⁵	割禾 kɤ⁴⁴uʌ⁵⁵	望水 maŋ²⁴ɕy⁴²
鹅 湖	栽禾 tsɛ⁵⁵uo³⁵	割禾 kiɛʔ⁴uo³⁵	看田水 kʻien²¹tʻĩ³⁵ɕy⁵³
旧 城	栽禾 tsɛ⁵⁵uo²⁴	割禾 kiɛ²¹³uo²⁴	望水 maŋ³³ɕy³¹
湘 湖	栽禾 tsɛ⁴⁴uo³⁵	割禾 kɛʔ⁴uo³⁵	望水 maŋ²¹ɕy³¹⁴
溪 头	莳田 sɿ³³tʻĩ⁵¹	割禾 ko⁵⁵uo⁵¹	看水 kʻũ²⁴ɕy⁴²
沱 川	莳田 sɿ⁴⁴tʻĩ²¹¹	割禾 ko⁵¹vo²¹¹	看水 kʻũ³⁵ɕy²
紫 阳	莳田 sɿ⁴⁴tʻĩ²¹¹	割禾 kə⁵¹və²¹¹	放水 fã³⁵ɕy²
许 村	栽禾 tsɛ³³vɤ⁵⁵	割禾 ko⁵⁵vɤ⁵⁵	看水 kʻũ²⁴ɕy³¹
中 云	栽禾 tsɤ⁴⁴vɤ¹¹	割禾 ko⁵¹vɤ¹¹	看水 kʻum³⁵ɕy²
新 建	栽禾/田 tsa⁵⁴vu²⁴/ tʻã²⁴	割禾 kuɤ⁵¹vu²⁴	望田水 mɔ̃⁵¹tʻã²⁴ʃuɛ³¹
新 营	栽禾 tsɛ⁵⁵u³¹	割禾 ku²¹⁵u³¹	觑水 tɕʻio²¹⁵ɕyɛ⁵³
黄 柏	栽禾 tɕi⁴⁴uo⁴¹	割禾 ko²¹³uo⁴¹	看水 kʻõ²¹³fi⁴⁵³
暖 水	栽田 tɕi³¹tʻiɛ̃²³	割禾 kuɛ⁵⁴vo²³	望水 mʌŋ⁵¹ʂei²¹⁴

	0889 车水	0890 籈（稻谷）	0891 种菜
经公桥	车水 tɕʻiɛ²²ɕy⁴²	—	种菜 tʂoŋ²⁴tsʻa²¹⁴
鹅湖	车水 tɕʻiɛ⁵⁵ɕy⁵³	捍 xõ⁵³	种菜 tʂoŋ²¹tsʻɛ²¹³
旧城	车水 tɕʻiɛ⁵⁵ɕy³¹	捍 xuo³³	种菜 tʂoŋ²¹³tsʻɛ²¹³
湘湖	车水 tɕʻiɛ⁴⁴ɕy³¹⁴	籈 po⁴⁴	种菜 tsoŋ³⁵tsʻɛ²¹²
溪头	车水 tsʻe³³ɕy⁴²	□ xã⁵⁵	种菜 tsəŋ²⁴tsʻa²⁴
沱川	车水 tsʻe⁴⁴ɕy²	抖 tə³⁵/□ tsʻɒ⁵¹	种菜 tsəŋ³⁵tsʻɒ³⁵
紫阳	车水 tɕʻiɛ⁴⁴ɕy²	捍 xẽ⁵¹	种菜 tsɐm³⁵tsʻo³⁵
许村	车水 tʃʻe³³ɕy³¹	—	种菜 tʃɐm²⁴tsʻo²⁴
中云	车水 tsʻe⁴⁴ɕy²	捍 xum²	种菜 tsɐm³⁵tsʻo³⁵
新建	车水 tɕʻiɛ⁵⁴ʃuɛ³¹	□ xẽ⁵¹	种菜 tʂəŋ²¹³tsʻa²¹³
新营	车水 tɕʻiɛ⁵⁵ɕyɛ⁵³	籈 pu²¹³	种菜 tən²¹³tsʻa²¹³
黄柏	车水 tʃʻɑ⁴⁴fi⁴⁵³	□ xã⁴⁴	种菜 tʂuəŋ²¹tsʻa²¹³
暖水	车水 tʂʻa³¹ʂei²¹⁴	—	种菜 tʂoŋ³⁵tsʻɤ³⁵

	0892 浇粪	0893 放牛	0894 砍树
经公桥	壅粪 uoŋ²⁴fən²¹⁴	放牛 faŋ²¹iəu⁵⁵	斫树 tʂuʌ⁴⁴ɕy²¹⁴
鹅湖	壅粪 ioŋ³⁵fən³⁵	放牛 faŋ²¹iəu³⁵	斫树 tɕioʔ⁴ɕy²¹¹
旧城	壅粪 ŋoŋ⁵⁵fen²¹³	放牛 faŋ²¹³iəu²⁴	斫树 tɕia²¹³ɕy³³
湘湖	壅粪 ioŋ⁴⁴fen²¹²	看牛 kʻɛn⁴⁴iəu³⁵	斫树 tɕiaʔ⁴ɕy²¹¹
溪头	浇粪 tʃa³³fəŋ²⁴	守牛 sæi²⁴ȵiæi⁵¹	斫树 tsau⁵⁵ɕy⁵⁵
沱川	浇粪 tɕio⁴⁴fəŋ³⁵	放牛 fʌ³⁵ȵiə²¹¹	斫树 tsɒ⁵¹ɕy⁵¹
紫阳	浇粪 tɕio⁴⁴fæ̃³⁵	放牛 fã³⁵gia²¹¹	斫树 tsa⁵¹ɕy⁵¹
许村	壅粪 iɐm³³fen²⁴	看牛 kʻũ²⁴ȵia⁵¹	斫树 ke⁵⁵ɕy⁵⁵
中云	壅菜 iɐm⁴⁴tsʻo³⁵	看牛 kʻum⁴⁴ȵia¹¹	斫树 tsa⁵¹ɕy⁵¹
新建	壅粪 iəŋ²⁴fẽ³²¹³	看牛 kʻuə̃⁵⁴ȵiɯ²⁴	斫树 tɕiɯ⁵¹ɕy⁵¹
新营	壅粪 iən⁵⁵fən²¹³	看牛 kʻu⁵⁵ȵio³¹	斫树 tɕia²¹⁵ɕy⁵¹
黄柏	壅菜 ŋ̍²¹tsʻa²¹³	看牛 kʻõ²¹³ȵiu⁴¹	斫树 tʃo²¹ɕy²¹³
暖水	壅菜 voŋ³⁵tsʻɤ³⁵	看牛 kʻuõ³¹n̩y²³	斫树 tɕyɛ⁵⁴ʂu⁵⁵

	0895 打柴	0896 干塘捕鱼	0897 用网捞鱼
经公桥	讨柴 t'au⁴²ʃa⁵⁵	干塘 kỹ²²t'aŋ⁵⁵	打鱼 ta⁴²y⁵⁵
鹅 湖	讨柴 t'au⁵³ʂa³⁵	干塘 kiɛn⁵⁵t'aŋ³⁵	网鱼 maŋ⁵³y³⁵
旧 城	斫柴 tɕia²¹³ɕia²⁴	起鱼 tɕ'i³¹y²⁴	打鱼 ta³¹y²⁴
湘 湖	讨柴 t'au³¹sa³⁵	旱塘 xɛn²¹t'aŋ³⁵	打鱼 ta³¹y³⁵
溪 头	斫柴 tsau⁵⁵sa⁵¹	放塘捉鱼 fɔ²⁴tɔ̃⁵¹tsau⁵⁵y⁵¹	捕鱼 p'u⁴²y⁵¹
沱 川	讨柴 t'a³⁵sɒ²¹¹	旱塘 xũ⁵¹t'ɒ̃²¹¹	打鱼 tɒ³⁵y²¹¹
紫 阳	讨柴 t'o³⁵so²¹¹	放塘水 fã³⁵t'ã²¹ɕy²	放网 fã³⁵mã³¹
许 村	讨柴 t'a³¹ʃo⁵¹	起鱼 tɕ'i³¹t'ɔ̃⁵¹	捉鱼 tʃɔ⁵⁵ȵy⁵¹
中 云	讨柴 t'a²so¹¹	起塘 tɕ'i³⁵t'ã¹¹	捞鱼 la⁴⁴y¹¹
新 建	讨柴 t'ə³¹ʃa²⁴	起鱼 tɕ'i³¹ȵy²⁴	网/捞鱼 mɔ̃³¹/lə⁵⁴ȵy²⁴
新 营	讨柴 t'ɔ⁵³ɕia³¹	起鱼 tɕ'i⁵³t'ɔ³¹	网鱼 mɔ̃⁵³ȵy⁵³
黄 柏	斫柴 tʃo²¹³ʂuɑ⁴¹	干塘 kɔ̃⁴⁴t'ã⁴¹	网鱼 uəŋ⁴⁵³ȵy⁴¹
暖 水	讨柴 t'ɤ²¹ʂa²³	放塘 fʌŋ³⁵t'ʌŋ²³	网鱼 vʌŋ²¹⁴ŋ̍²³

	0898 编席子	0899 犁	0900 牛鼻桊
经公桥	打席 ta⁴²ts'ai²²	犁 li³⁵⁵	牛桊 iəu³⁵tɕ'yɛ̃²¹⁴
鹅 湖	打席 ta⁵³saiʔ⁴	犁 lər³⁵	牛桊 iəu³⁵tɕ'ỹ²¹¹
旧 城	打席 ta³¹sai³³	犁 lei²⁴	牛鼻 iəu²⁴p'ei³³
湘 湖	打席 ta³⁵ts'aiʔ²	犁 lei³⁵	牛鼻 iəu³⁵p'ei²¹¹
溪 头	编席 pĩ³³ts'a⁵⁵	犁 le⁵¹	牛鼻绳 ȵiæi⁵¹pi⁵⁵sɛn⁵¹
沱 川	打席 tɒ³⁵ts'o⁵¹	犁 le²¹¹	牛鼻桊 ȵiə²¹p'i²¹xuɛn³⁵
紫 阳	打席 to³⁵ts'o⁵¹	犁 li²¹¹	牛鼻孔 gia²¹p'i⁵¹k'ɐm²
许 村	打草席 to³¹ts'a³¹ts'o⁵⁵	犁 le⁵¹	牛串 ȵia⁵¹tɕ'ĩ³²⁴
中 云	打草席 to²ts'a²ts'o⁵¹	犁 le¹¹	牛桊 ȵia¹¹k'ɛn³⁵
新 建	打席 ta³¹ts'æ³³	犁 læ²⁵	牛鼻□ ȵiɯ²⁴p'i²⁴so⁵¹
新 营	打席 ta⁵³ts'æ⁵⁵	犁 le³¹	牛鼻桊 ȵio³¹p'i⁵¹tɕyɛ²¹³
黄 柏	打（茅）席 tɑ⁴⁵³（mə⁴¹）ts'ɛ⁴⁴	犁 li⁴¹	桊鼻 tʂ'uã²¹p'i²¹³
暖 水	打席 ta²⁴ts'æ³¹	犁 li²³	牵鼻 tɕ'iɛ̃³¹p'i⁵¹

第五章　赣东北徽语代表方言点词语对照

	0901 禾桶 打稻子的木桶		0902 晒谷簟
经公桥	禾斛 uʌ³⁵xu²²	晒簟 ʃa³⁵tʻiɛ̃²¹⁴
鹅　湖	禾斛 uo³⁵xu⁵⁵	晒簟 ʂa³⁵tʻʅ²¹¹
旧　城	禾斛 uo²⁴fu⁰	晒簟 ʂa²¹³tʻi³³
湘　湖	禾斛 uo³⁵xu⁴⁴	麻簟 mo³⁵tʻʅ²¹¹
溪　头	禾斛 uo⁵¹xu³³	簟 fi²³¹
沱　川	禾斛 vo²¹xu⁴⁴	谷簟 ku⁵¹tʻʅ³¹
紫　阳	禾斛 və²¹xu⁴⁴	谷簟 ku⁵¹tʻʅ̃³¹
许　村	禾斛 vɤ⁵¹xu³³	谷簟 mo⁵⁵tʻʅ̃⁵¹
中　云	禾斛 vɤ¹¹xu⁴⁴	□簟 bo⁵¹tʻʅ⁵¹
新　建	禾斛 vuɤ²⁴xo⁵⁴	晒簟 ʃuɤ²¹³tʻã⁵¹/簟衣 tʻã⁵¹ȵi⁵⁴
新　营	禾斛 u³¹xu⁵⁵	簟衣 tʻi⁵¹i⁵⁵
黄　柏	禾斛 uo⁴¹xu⁴⁴	箧簟 mɑ³³tʻiɛ̃⁴¹
暖　水	禾斛 vo²³xu³¹	簟皮 tʻiɛ̃⁵¹pʻi²³

	0903 连枷		0904 锄头
经公桥	连枷□ lɛ̃²⁴kʌ²²liɛ²¹⁴	锄头 ʂu³⁵tʻiəu⁰
鹅　湖	打边 ta⁵³pĩ⁵⁵	锄头 ʂəu³⁵tʻiəu⁰
旧　城	连花□ᵣ ȵi²⁴xuo⁵⁵ləʳ³¹	锄头 ʂəu²⁴tʻau⁰
湘　湖	连□拐 nĩ³⁵səu³¹kua³¹⁴	锄头 səu³⁵tʻiau³⁵
溪　头	连枷 nĩ⁵¹ko³³	锄头 su⁵¹tʻæi⁵¹
沱　川	—	锄头 su²¹tʻə²¹¹
紫　阳	□□ tʻa⁵¹pʻə⁵¹	锄头 su²¹tʻa²¹¹
许　村	连搞 nĩ⁵¹kɔ³¹	锄头 ɕy⁵¹tʻa⁵¹
中　云	连枷 nĩ¹¹ko⁴⁴	锄头 su¹¹tʻa¹¹
新　建	豆□ tʻɯ⁵¹ʃɔ³¹	锄头 ɕy²⁴tʻɯ⁰
新　营	连杖（拐）li³¹tɕʻiã⁵⁵（kua⁵³）	锄头 ɕyɛ³¹tʻiɔ³¹
黄　柏	连丈 liɛ̃⁴¹tʃʻã²¹³	锄头 ʃu⁴¹tʻa⁴¹
暖　水	连丈 liɛ̃²³tʂʻʌŋ²³	锄头 ʂu²³tʻy²³

	0905　楔子装锄头加固用的	0906　镰刀
经公桥	櫼 tsiẽ²²	镰刀 liẽ³⁵tau²²
鹅 湖	櫼 tsĩ⁵⁵	镰刀 nĩ³⁵tau⁰
旧 城	櫼(木的) tsi⁵⁵＋码儿(铁的) muaʳ³¹	镰刀 ni²⁴tau⁵⁵
湘 湖	锄头码仂 səu³⁵tʻiau³⁵mo³⁵lɛ⁰	禾镰刀儿 uo³⁵nĩ³⁵tau⁴⁴ni⁰
溪 头	櫼 tsĩ³³	禾镰 uo⁵¹nĩ⁵¹
沱 川	櫼 tsĩ⁴⁴	禾镰 vo²¹nĩ²¹¹
紫 阳	码 bə³¹	禾镰 və²¹nĩ²¹¹
许 村	锄头码 ɕy⁵¹tʻa⁵¹mo⁵¹	禾镰 vy⁵¹nĩ⁵¹
中 云	櫼(木的) tsĩ⁴⁴＋码(铁的) bo³¹	禾镰 vy²⁴nã²⁴
新 建	櫼 tsã⁵⁴	禾镰 vu²⁴nã²⁴
新 营	櫼 tsi⁵⁵	禾镰刀 u³¹li³¹tɔ⁵⁵
黄 柏	櫼 tɕiẽ⁴⁴	禾镰 uo⁴¹liẽ⁴¹
暖 水	楔 tɕiẽ³¹	□刀 mo²³tɤ³¹

	0907　把儿刀~	0908　扁担	0909　棍子
经公桥	柄 pãi²¹⁴	扁担 piẽ⁴²tuʌ̃²²	棍子 kuən²⁴tsʅ⁰
鹅 湖	柄 pãi²¹³	扁担 pĩ⁵³tõ⁵⁵	棍儿 kuən³⁵ni⁰
旧 城	柄 pai²¹³	扁担 pĩ³¹tuo⁵⁵	棍儿 kuɛn²¹³ni⁰
湘 湖	柄 pai²¹²	扁担 pĩ³⁵to⁴⁴	棍儿 kuɛn³⁵ni⁰
溪 头	柄 pæ̃i²⁴	扁担 pĩ²⁴tã³³	柴子棍 sa⁵¹tsʅ⁰kuən²⁴
沱 川	柄 pã³⁵	扁担 pĩ³⁵tõ⁴⁴	棍子 kuəŋ³⁵tsʅ⁰
紫 阳	柄 pɔ̃³⁵	扁担 pĩ³⁵tum⁴⁴	棍 kuæ̃³⁵
许 村	柄 pã²⁴	扁担 pĩ³¹tũ³³	棍子 kuɛn²⁴tsʅ⁰
中 云	柄 pã³⁵	扁担 pĩ³⁵tum⁴⁴	棍 kuɛn³⁵
新 建	柄 pã²¹³	担扁 tʌ̃⁵⁴pã³¹	棍 kuẽ³¹
新 营	柄 pæ̃⁵³	扁担 pĩ⁵³tã⁵⁵	棍子 kuən²¹³tsʅ⁰
黄 柏	柄 pin²¹³	扁担 piẽ⁴⁵³tã⁴⁴	棍子 kuən²¹³tsʅ⁰
暖 水	柄 pæ̃³⁵	扁担 piẽ²⁴tã³¹	□ kuɐ³⁵

		0910 挑担时助力的棍子	0911 箩筐	0912 绳子
经公桥		打杵 ta⁴²tɕʻy⁴²	箩 luʌ³⁵⁵	索 sau⁴⁴
鹅 湖		打杵 ta⁵³tɕʻy⁵³	皮箩 pʻei³⁵luo³⁵	索 sauʔ²¹³
旧 城		打杵儿 ta³¹tɕʻyɚʳ³¹	谷箩 ku²¹³luo²⁴	索儿 sau²¹³ȵi⁰
湘 湖		打杵 ta³⁵tɕʻy³¹⁴	皮箩 pʻei³⁵lo³⁵	索 sauʔ⁴
溪 头		杵棒 tɕʻy⁴²pɔ̃²⁴	皮箩 pʻi⁵¹lo⁵¹	绳 sen⁵¹
沱 川		棒 pʻʌ̃⁵¹	皮箩 pʻi²¹lo²¹¹	索 sau⁵¹
紫 阳		当杵 tɔ̃⁴⁴tɕʻy²	谷箩 ku⁵¹lə²¹¹	绳 sæ̃²¹¹
许 村		当杵 tɔ̃²⁴tɕʻy³¹	皮箩 pʻi⁵¹lʏ⁵¹	索 so⁵⁵
中 云		当杵 tã⁴⁴tɕʻy²	皮箩 pʻi¹¹lʏ¹¹	索 sɔ⁵¹
新 建		打杵 ta³¹tɕʻy³¹	谷箩 ko⁵¹lɯ²⁴	索 so⁵¹
新 营		打杵 ta⁵³tɕʻy⁵¹	谷箩 ku²¹⁵lu³¹	索 sɔ²¹⁵
黄 柏		打杵 tɑ⁴⁵³tɕʻy⁴⁵³	谷箩 ku²¹³lo⁴¹	索儿 sə²¹³ȵi⁰
暖 水		打杵 ta²¹⁴tʂʻu²¹⁴	谷箩 kəu⁵⁴lo²³	索 so⁵⁴

		0913 筛子	0914 畚箕 挑土用的	0915 簸箕 簸米用的
经公桥		筛仂 ʃa²²le⁰	□畚 xaŋ²²puən²²	畚箕 puən²²tɕi²²
鹅 湖		筛儿 ʂaʳ⁵⁵	粪箕 fən³⁵tɕi⁵⁵	簸筛儿 tɕʻioʔ²⁴ʂaʳ⁵⁵
旧 城		筛儿 ɕiaʳ⁵⁵	粪箕 fɛn²¹³tɕi⁵⁵	簸箕 tsʻɛ²¹³tɕi⁵⁵
湘 湖		筛 sa⁴⁴	粪箕 fɛn³⁵tɕi⁴⁴	箪簸 miɛʔ²²tsʻɛʔ⁴
溪 头		筛 sa³³	粪箕 fəŋ²⁴tʃi³³	畚撮 pəŋ³³tsʻau⁵⁵
沱 川		筛 so⁴⁴	粪箕 fəŋ³⁵tɕi⁴⁴	箪簸 be⁵¹tsʻə⁵¹
紫 阳		筛 so⁴⁴	牛粪箕 gia²¹fæ̃³⁵tɕi⁴⁴	粪箕 fæ̃³⁵tɕi⁴⁴
许 村		筛 ʃo³³	粪箕 fen²⁴tɕi³³	箪簸 mi⁵⁵tʃʻɤ⁵⁵
中 云		筛 so⁴⁴	牛粪箕 ȵia¹¹fɛn⁴⁴tɕi⁴⁴	箪簸 be⁵¹tsʻa⁵¹
新 建		筛 ʃa⁵⁴	粪箕 fẽ²¹³tɕi⁵⁴	箪□ ma³³tʻuɔ̃⁵¹
新 营		筛 ɕia⁵⁵	粪箕 fən²¹³tɕi⁵⁵	簸箕 tɕʻia²¹⁵tɕi⁵⁵
黄 柏		筛 ʂuɑ⁴⁴	粪箕 fən²¹³tɕi⁴⁴	筲箕 ɕiə⁵¹tɕi⁴⁴
暖 水		筛 ʂa³¹	粪箕 fẽ³⁵tɕi³¹	□箕 ʂuɤ³¹tɕi³¹

	0916 榨油车 旧时榨油用	0917 水碓	0918 碓 整体
经公桥	油榨 iəu³⁵tʂuʌ²¹⁴	水碓 ɕy⁴²tɤ²¹⁴	碓 tɤ²¹⁴
鹅 湖	榨筒 tʂuo²¹tʻoŋ³⁵	水碓 ɕy⁵³tɛ²¹³	碓 tɛ²¹³
旧 城	油榨 iəu²⁴tsuo²¹³	水碓 ɕy³¹tɛ²¹³	碓 tɛ²¹³
湘 湖	油榨 iəu³⁵tso²¹²	舂水碓 tsoŋ⁴⁴ɕy³⁵tɛ²¹²	碓 tɛ²¹²
溪 头	油榨 iæi⁵¹tso²⁴	水碓 ɕy⁴²tɛ²⁴	碓 tɛ²⁴
沱 川	油榨 iə²¹tso³⁵	水碓 ɕy²tə³⁵	碓 tə³⁵
紫 阳	油榨 ia²¹tso³⁵	水碓 ɕy²tɛ³⁵	碓 tɛ³⁵
许 村	油榨 ia⁵¹tʃue²⁴	水碓 ɕy³¹tɤ²⁴	碓 tɤ²⁴
中 云	榨筒 tso³⁵tʻɐm¹¹	水碓 ɕy²tɤ³⁵	碓 tɤ³⁵
新 建	油榨 iɯ²⁴tʂuɤ²¹³	水碓 ʃuɛ³¹tua²¹³	碓 tua²¹³
新 营	油榨 io³¹to²¹³	舂米碓 təŋ⁵⁵mɛ⁵³ti²¹³	碓 ti²¹³
黄 柏	油榨 iu⁴¹tʂuɑ²¹³	舂水碓 tʂuəŋ⁴⁴fi⁴⁵³tɛ²¹³	碓 tɛ²¹³
暖 水	油榨 y²¹tʂuɐ³⁵	水碓 ʂei²¹tɤ³⁵	碓 tɤ³⁵

	0919 臼 舂臼	0920 （石）磨	0921 扇车 扇稻谷等用
经公桥	碓臼 tɤ²⁴tɕʻiəu²¹⁴	磨仂 muʌ²⁴le⁰	风车 foŋ²²tɕʻiɛ²²
鹅 湖	碓臼 tɛ³⁵tɕʻiəu²¹¹	磨ㄦ mə ʳ²¹¹	风车 foŋ⁵⁵tɕʻiɛ⁵⁵
旧 城	碓臼 tɛ²¹³tɕʻiəu³³	磨ㄦ muo ʳ³³	风车 foŋ⁵⁵tɕʻiɛ⁵⁵
湘 湖	碓臼 tɛ³⁵tɕʻiəu²¹¹	磨仂 mɛ²¹¹lɛ⁰	风车 foŋ⁴⁴tɕʻiɛ⁴⁴
溪 头	碓臼 tɛ²⁴tʃʻæi²³¹	磨 mo⁵⁵	风车 fəŋ³³tsʻe³³
沱 川	石臼 sɒ⁵¹tɕʻiɔ³¹	磨 bo⁵¹	风车 fəŋ⁴⁴tsʻe⁴⁴
紫 阳	臼 tɕʻia³¹	磨 bu⁵¹	风车 fɐm⁴⁴tɕʻie⁴⁴
许 村	碓臼 tɤ²⁴tɕʻia⁵¹	磨 mɤ⁵¹	风车 fɐm³³tʃʻe³³
中 云	石臼 sɤ⁵¹tɕʻia⁵¹	磨 bɤ⁵¹	风车 fɐm⁴⁴tsʻe⁴⁴
新 建	臼 tɕʻiɯ⁵¹	磨 mɯ⁵¹	风车 fəŋ⁵⁴tɕʻiɛ⁵⁴
新 营	碓臼 ti²¹³tɕʻio⁵¹	磨 mu⁵¹	风车 fəŋ⁵⁵tɕʻiɛ⁵⁵
黄 柏	碓臼 tɛ²¹tʃʻu²¹³	磨 mo²¹³	风车 fən⁴⁴tʃʻɑ⁴⁴
暖 水	臼 tɕʻy⁵⁵	磨 mo⁵¹	风车 foŋ³¹tʂʻa³¹

第五章 赣东北徽语代表方言点词语对照

	0922 打猎	0923 走江湖	0924 做工
经公桥	打猎 ta⁴²liɛ²²	走江湖 tsau⁴²kaŋ²²xu⁵⁵	打工 ta⁴²koŋ²²
鹅　湖	打猎 ta⁵³liɛʔ²¹¹	走江湖 tsau⁵³kaŋ⁵⁵xu³⁵	做工 tsuo²¹koŋ⁵⁵
旧　城	打铳 ta³¹tʂʻoŋ²¹³	走江湖 tsau³¹kaŋ⁵⁵xu²⁴	做工 tsuo²¹³koŋ⁵⁵
湘　湖	打铳 ta³⁵tsʻoŋ²¹²	跑江湖 pʻau³⁵kaŋ⁴⁴u³⁵	打工 ta³⁵koŋ⁴⁴
溪　头	打铳 ta⁴²tsʻəŋ²⁴	走江湖 tsæi²⁴kɔ̃³³xu⁵¹	做工 tso²⁴kəŋ³³
沱　川	打猎 ta²le⁵¹	走江湖 tsə³⁵kã⁴⁴xu²¹¹	做工 tsu³⁵kəŋ⁴⁴
紫　阳	打野兽 ta²iɛ²sa³⁵	走江湖 tsa³⁵kã⁴⁴xu²¹¹	做事 tsu³⁵ɕi⁵¹
许　村	打铳 to³¹tʃʻɐm²⁴	走江湖 tsa³¹kɔ̃³³xu⁵¹	做工 tso²⁴kɐm³³
中　云	打猎 to²le⁵¹	走江湖 tsa³⁵kã⁴⁴xu¹¹	做事 tso³⁵sɿ⁵¹
新　建	打铳/猎 ta³¹tsʻəŋ²¹³/læ⁵¹	走江湖 tsɯ³¹kɔ̃⁵⁴xu²⁴	打工 ta³¹koŋ⁵⁴
新　营	打铳 ta⁵³tʻən²¹³	走江湖 tsiɔ⁵³kɔ̃⁵⁵xu³¹	做事 tsu²¹³cyɛ⁵¹
黄　柏	打铳 tɑ⁴⁵³tʂʻuəŋ²¹³	走江湖 tɕiə⁴⁵³kã³³xu⁴¹	做工 tso²¹koŋ³³
暖　水	打猎 ta²⁴liɛ³¹	走江湖 tɕy²⁴kʌŋ³¹xu²³	打工 ta²⁴koŋ³¹

	0925 斧头	0926 锯板 把木头锯开成板	0927 钳子
经公桥	斧头 fu⁴²tʻiəu⁵⁵	刳板 tɕia²⁴puʎ⁴²	钳子 tɕʻiẽ³⁵tsɿ⁰
鹅　湖	斧头 fu⁵³tʻiau³⁵	锯板 tɕy²¹³põ⁵³	钳 tɕʻĩ³⁵
旧　城	斧头 fu³¹tʻau²⁴	锯板 tɕy²¹³puo³¹	钳儿 tɕʻi²⁴ni⁰
湘　湖	斧头 fu³⁵tʻiau³⁵	锯板 tɕy²¹²po³¹⁴	钳 tɕʻĩ³⁵
溪　头	斧头 fu⁴²tʻæi⁵¹	刳板 ka²⁴pã⁴²	钳 tʃĩ⁵¹
沱　川	斧头 fu³⁵tʻə²¹¹	刳板 ka³⁵põ²	钳 tɕʻĩ²¹¹
紫　阳	斧头 fu³⁵tʻa²¹¹	刳板 ko³⁵pum²	钳 tɕʻĩ²¹¹
许　村	斧头 fu³¹tʻa⁵¹	刳板 ko²⁴pũ³¹	钳 tɕʻĩ⁵¹
中　云	斧头 fu³⁵tʻa¹¹	锯板 tɕy³⁵pum²	钳 tɕʻĩ¹¹
新　建	斧头 fu³¹tʻɯ⁰	刳板 ka²¹³pʎ³¹	钳 tɕʻiẽ²⁴
新　营	斧头 fu⁵³tʻiɔ³¹	刳板 ka²¹³pã⁵³	钳 tɕʻiɛ³¹
黄　柏	斧头 fu⁴⁵³tʻiə⁴¹	刳板 ka²¹³pã⁴⁵³	钳 tɕʻiẽ⁴¹
暖　水	斧头 fu²⁴tʻy²³	刳板 ka³⁵pã²¹⁴	钳 tɕʻiẽ²³

	0928 螺丝刀	0929 锤子	0930 钉子
经公桥	螺丝刀 luʌ³⁵sŋ²²tau²²	锤儿 tɕʻy³⁵ŋ⁰	洋钉 yaŋ³⁵taĩ²²
鹅 湖	螺丝刀 luo³⁵sŋ⁵⁵tau⁵⁵	锤儿 tɕʻy³⁵ni⁰	洋钉 iõ³⁵taĩ⁵⁵
旧 城	螺丝儿刀 luo²⁴ʂəʳ⁵⁵tau⁵⁵	锤儿 tɕʻy²⁴ni⁰	钉儿 tai⁵⁵ni⁰
湘 湖	螺丝刀 lo³⁵sŋ⁴⁴tau⁴⁴	钉锤 tai⁴⁴tɕʻy³⁵	洋钉 ia³⁵tai⁴⁴
溪 头	螺丝刀 lo⁵¹sŋ³³tɐ³³	锤 tɕʻy⁵¹	钉 tæi³³
沱 川	螺丝□ lo²¹sŋ⁴⁴pe⁴⁴	锤 tɕʻy²¹¹	钉 tã⁴⁴
紫 阳	螺丝转 lə²¹sŋ⁴⁴tɕỹ³⁵	锤 tɕʻy²¹¹	钉 tɔ̃⁴⁴
许 村	螺丝□ lo⁵¹sŋ³³pe³³	钉锤 tã³³tɕʻy⁵¹	钉 tã³³
中 云	螺丝刀 lʏ¹¹sŋ⁴⁴ta⁴⁴	锤 tɕʻy¹¹	钉 tã⁴⁴
新 建	起子 tɕʻi³¹tsʏ⁰	锤 tʃʻuɛ²⁴	钉 tã⁵⁴
新 营	螺丝刀 lo³¹sŋ⁵⁵tɔ⁵⁵	锤 tɕʻyɛ³¹	钉 tæ̃⁵⁵
黄 柏	螺丝刀 lo⁴¹sŋ⁴⁴tə⁴⁴	锤 tɕʻy⁴¹	钉儿 tin⁴⁴ɲi⁰
暖 水	螺丝刀 lo²³ʂʏ³¹tʏ³¹	锤 tʂʻei²³	钉 tæ̃³³

	0931 瓦刀	0932 推子 理发工具
经公桥	泥刀 li³⁵tau²²	推剪 tʻʏ²²tsiẽ⁴²
鹅 湖	泥刀 lei³⁵tau⁵⁵	剃头剪 tʻei²¹tʻiəu³⁵tsĩ⁵³
旧 城	泥刀 lei²⁴tau⁵⁵	洋剪 ɲia²⁴tsi³¹
湘 湖	泥刀 lei³⁵tau⁴⁴	洋剪 ia³⁵tsĩ³¹⁴
溪 头	砖刀 kuĩ³³tɐ³³	剃头剪 tʻe³³tʻɐ⁵¹tsĩ⁴²
沱 川	砖刀 kuĩ⁴⁴ta⁴⁴	推剪 tʻe⁴⁴tsĩ²
紫 阳	砖（匠）刀 tɕỹ⁴⁴（tsʻiã⁵¹）to⁴⁴	剃头剪 tʻi³⁵tʻa²¹tsĩ²
许 村	砖刀 tɕĩ³³ta³³	洋剪 iɔ̃⁵¹tsĩ³¹
中 云	砖刀 tɕĩ⁴⁴ta⁴⁴	剃头剪 tʻe³⁵tʻa¹¹tsĩ³⁵
新 建	砖刀 tɕiẽ⁵⁴tə⁵⁴	洋剪 iɔ̃²⁴tsã³¹
新 营	砖刀 tɕyɛ⁵⁵tɔ⁵⁵	剃头剪 tʻɛ⁵⁵tʻiɔ³¹tsi⁵³
黄 柏	砖刀 tʂuã⁴⁴tə⁴⁴	洋剪 iã⁴¹tɕiẽ⁴⁵³
暖 水	泥刀 li²³tʏ³¹	剃头剪 tʻi³⁵tʻy²³tɕiẽ²¹⁴

	0933 鐾刀布 磨剃刀的布条	0934 经商
经公桥	鐾刀布 pʻei²⁴tau²²pu²¹⁴	做生意 tsuʌ²⁴ɕiāi²²i²¹⁴
鹅　湖	鐾刀片儿 pʻei²¹tau⁵⁵pʻĩ³⁵ni⁰	做生意 tsuo²¹sā⁵⁵i⁰
旧　城	鐾刀片 pʻei³³tau⁵⁵pʻi²¹³	做生意 tsuo²¹³ɕia⁵⁵n̩i⁰
湘　湖	鐾刀布 pʻei²¹¹tau⁴⁴pu²¹²	做生意 tso²¹ɕia⁴⁴i²¹²
溪　头	鐾布 pʻe⁵⁵pu²⁴	做生意 tso²⁴sæ̃i³³i²⁴
沱　川	鐾布 pʻe⁵¹pu³⁵	做生意 tsu³⁵sā⁴⁴i³⁵
紫　阳	鐾刀布 pʻi⁵¹to⁴⁴pu³⁵	做生意 tsu³⁵sɔ̃⁴⁴i³⁵
许　村	鐾刀布 pʻe⁵⁵ta³³pu²⁴	做生意 tso²⁴ʃā³³i²⁴
中　云	鐾刀布 pʻe⁵¹ta⁴⁴pu³⁵	做生意 tsu³⁵sā⁴⁴i³⁵
新　建	鐾刀布 pʻæ⁵¹tə⁵⁴pu²¹³	做生意 tsɯ²¹³ʃā⁵⁴i²¹³
新　营	鐾刀片 pʻɛ⁵¹tɔ⁵⁵pʻi²¹³	做生意 tsu²¹ɕiæ⁵⁵i²¹³
黄　柏	剃头片儿 tʻi²¹³tʻiə⁴¹pʻiẽ²¹³n̩i⁰	做生意 tso²¹³ʃuən⁴⁴i²¹³
暖　水	剃头布 tʻi²⁴tʻy²³pu³⁵	做生意 tso³⁵ɕiæ³¹i⁰

	0935 商店	0936 饭馆
经公桥	商店 ʃuaŋ²²tiẽ²¹⁴	饭店 fuʌ²⁴tiẽ²¹⁴
鹅　湖	店 tĩ²¹³	饭店 fõ²¹tĩ²¹³
旧　城	商店 cia⁵⁵tiʅ²¹³	馆子 kuɛn³¹tsʅ⁰
湘　湖	店 tĩ²¹²	饭店 fo²¹tĩ²¹²
溪　头	店 tĩ²⁴	饭店 fã⁵⁵tĩ²⁴
沱　川	店 tĩ³⁵	饭店 fõ⁵¹tĩ³⁵
紫　阳	商店 ciā⁴⁴tĩ³⁵	馆子店 kum³⁵tsʅ⁰tĩ³⁵
许　村	店 tĩ²⁴	饭店 fũ⁵⁵tĩ²⁴
中　云	店 tĩ³⁵	饭店 fum⁵¹tĩ³⁵
新　建	商店 ʃɔ̃⁵⁴tã²¹³	饭店 fʌ̃⁵¹tã²¹³
新　营	店 ti²¹³	馆子店 ku⁵³tsʅ⁰ti²¹³
黄　柏	店 tiẽ²¹³	饭店 fã²¹tiẽ²¹³
暖　水	商店 ɕiʌŋ³¹tʻiẽ³⁵	饭店 fã⁵¹tiẽ³⁵

	0937 旅馆	0938 贵	0939 便宜
经公桥	旅社 li⁴²ɕie²¹⁴	贵 kuei²¹⁴	便宜 pʻiẽ³⁵i⁰
鹅 湖	旅社 lei⁵³ɕie²¹¹	贵 kuei²¹³	便宜 pʻĩ³⁵i⁰
旧 城	歇店 ɕie²¹³ti²¹³	贵 kuei²¹³	便宜 pʻi²⁴ɲi⁰
湘 湖	客店 kʻaʔ²⁴tĩ²¹²	贵 kuei²¹²	便宜 pʻĩ³⁵i³⁵
溪 头	旅店 li²³¹tĩ²⁴	贵 kui²⁴	便宜 pĩ⁵¹ɲi⁵¹
沱 川	歇客店 ɕie⁵¹kʻɒ⁵¹tĩ³⁵	贵 tɕy³⁵	便宜 pʻĩ²¹i²¹¹
紫 阳	饭店 fum⁵¹tĩ³⁵	贵 tɕy³⁵	便宜 pʻĩ²¹i²¹¹
许 村	歇饭店 ɕie⁵⁵fũ⁵⁵tĩ²⁴	贵 tɕy²⁴	便宜 pʻĩ⁵¹ɲi⁰
中 云	饭店 fum⁵¹tĩ³⁵	贵 tɕy³⁵	便宜 pʻĩ¹¹i¹¹
新 建	客店 kʻæ⁵¹tã²¹³	贵 ki²¹³	便宜 pʻã²⁴ɲi²⁴
新 营	歇店 ɕie²¹⁵ti²¹³	贵 kuɛ²¹³	便宜 pʻi³¹ɲi³¹
黄 柏	歇店 ʃɑ²¹tiẽ²¹³	贵 kui²¹³	便宜 pʻiẽ⁴¹i⁰
暖 水	旅社 ly²¹ʂa⁵¹	贵 ki³⁵	便宜 pʻiẽ²³i⁰

	0940 合算	0941 折扣	0942 亏本
经公桥	划得来 xuʌ³⁵tɕ⁰la⁵⁵	折头 tɕie⁴⁴tʻiəu⁵⁵	折本 ɕie²²pən⁴²
鹅 湖	划得来 xua³⁵tɕʔ⁰lɛ³⁵	折扣 tɕiɛʔ²⁴tɕʻiəu²¹³	亏本 kʻuei⁵⁵pəu⁵³
旧 城	划得来 xua²⁴tə⁰lɛ²⁴	折扣 tɕie²¹³kʻau²¹³	亏本 kʻuei⁵⁵pɛn³¹
湘 湖	划算 xua³⁵sɛn²¹²	扣算 tɕʻiau²¹tʻiau³⁵	亏本 kʻuei⁴⁴pɛn³¹⁴
溪 头	划得来 xua⁵¹tɕ⁵⁵lɛ⁵¹	折头 tɕie⁵⁵tʻæi⁵¹	折本 ɕie⁵⁵pəŋ⁴²
沱 川	合算 xa⁵¹sũ³⁵	折扣 tse⁵¹tɕʻiə³⁵	亏 kʻue⁴⁴
紫 阳	合算 xo⁵¹sum³⁵	折扣 tse⁵¹tɕʻia³⁵	折本 se⁵¹pæ̃²
许 村	划算 xo⁵¹sũ²⁴	折头 ʃe⁵⁵tʻa⁰	折本 ʃe⁵⁵pɛn³¹
中 云	划算 xua¹¹sum³⁵	折扣 tse⁵¹tɕʻia³⁵	折本 se⁵¹pɛm¹¹
新 建	划算 xua²⁴suɔ̃²¹³	折扣 tɕiɛ⁵¹kʻɯ²¹³	折本 ɕie³³pẽ³¹
新 营	划得来 xua³¹tæ⁰li³¹	折 tɕiɛ²¹⁵	折本 ɕiɛ⁵⁵pən⁵³
黄 柏	划算 xuɑ⁴¹sõ²¹³	折扣 tʃɑ²¹kʻə²¹³	折本 ʃɑ⁴⁴pən⁴⁵³
暖 水	划得来 xuɐ²³tɕ⁰lɤ²³	折 tɕiɛ⁵⁴	折本 ɕiɛ³¹pẽ²¹⁴

第五章　赣东北徽语代表方言点词语对照

	0943 钱	0944 零钱	0945 硬币
经公桥	钱 tsʻiɛ̃³⁵⁵	散钱 suʌ⁴²tsʻiɛ̃⁵⁵	角子 kau⁴⁴tsʅ⁰
鹅　湖	钱 tsʻĩ³⁵	零钱 nãi³⁵tsʻĩ³⁵	角子 kauʔ²tsʅ⁰
旧　城	钱 tsʻi²⁴	零钱 nai²⁴tsʻi²⁴	角子 kau²¹³tsʅ⁰
湘　湖	钞票 tsʻau⁴⁴pʻio²¹²	散钱 so³⁵tsʻĩ³⁵	硬角子 ŋa²¹kauʔ²tsʅ³¹⁴
溪　头	钞票 tsʻau³³pʻia²⁴	散钱 sã²⁴tsʻĩ⁵¹	角子 kau⁵⁵tsʅ⁰
沱　川	钱 tsʻĩ²¹¹	零钱 nã²¹tsʻĩ²¹¹	角子 kau⁵¹tsʅ⁰
紫　阳	钱 tsʻĩ²¹¹	零钱 nɔ³⁵tsʻĩ²¹¹	角子 kɒ⁵¹tsʅ⁰
许　村	钱 tsʻĩ⁵¹	零散钱 nã⁵¹sũ³¹tsʻĩ⁵¹	角子 kɔ⁵⁵tsʅ⁰
中　云	钱 tsʻĩ¹¹	零钱 nã¹¹tsʻĩ¹¹	角子 kɔ⁵¹tsʅ⁰
新　建	钱 tsʻã²⁴	零/散钱 nã⁵¹/sã̃³¹tsʻã²⁴	角子 ko⁵¹tsʅʁ³¹pʻi³¹
新　营	纸票 tɕi⁵³pʻiɔ²¹³	零票 læ³¹pʻiɔ²¹³	角子疙 kɔ²¹⁵tsʅ⁰pʻɛ⁵³
黄　柏	钱 tɕʻiɛ̃⁴¹	零钱 lin⁴¹tɕʻiɛ̃⁴¹	角子疙 kɔ²¹³tsʅ⁰pʻi⁴⁵³
暖　水	钞票 tɕʻyɛ³¹pʻyɛ³⁵	零票/钱 læ²¹pʻyɛ³⁵/tɕʻiɛ̃²³	铜角子 tʻoŋ²³kɔ⁵⁴tsʅ⁰

	0946 利润	0947 本钱	0948 工钱
经公桥	赚头 tʂʻuã²⁴tʻiəu⁵⁵	老钱 lau⁴²tsʻiɛ̃⁵⁵	工钱 koŋ²²tsʻiɛ̃⁵⁵
鹅　湖	利头 lei²¹tʻiəu³⁵	本钱 pən⁵³tɕʻĩ³⁵	工钱 koŋ⁵⁵tsʻĩ³⁵
旧　城	赚头 tɕʻyi³³tʻau²⁴	老本 lau³¹pɛn³¹	工钱 koŋ⁵⁵tsʻi²⁴
湘　湖	赢头 ŋai³⁵tʻiau³⁵	老钱 lau³⁵tsʻĩ³⁵	工钱 koŋ⁴⁴tsʻĩ³⁵
溪　头	赚头 tɕʻũ⁵⁵tʻæi⁵¹	老本 lɤ²³¹pəŋ⁴²	工钱 kəŋ³³tsʻĩ⁵¹
沱　川	赚头 tsʻũ⁵¹tʻɔ²¹¹	本钱 pəŋ³⁵tsʻĩ²¹¹	工钱 kəŋ⁴⁴tsʻĩ²¹¹
紫　阳	盈利 iɔ̃²¹li⁵¹	本钱 pæ̃³⁵tsʻĩ²¹¹	工钱 kɐm⁴⁴tsʻĩ²¹¹
许　村	利润 li⁵⁵iɛn⁵⁵	老本 la³¹pɛn²⁴	工钱 kɐm³³tsʻĩ⁵²
中　云	赚头 tsʻum⁵¹tʻa¹¹	本钱 pɛn³⁵tɕʻĩ¹¹	工钱 kɐm⁴⁴tsʻĩ¹¹
新　建	赚头 tʂʻõ⁵¹tʻɯ⁰	老本 lə³¹pẽ³¹	工钱 kəŋ⁵⁴tsʻã²⁴
新　营	利润 lɛ⁵¹uən⁵¹	老本 lɔ⁵³pən⁵³	工夫钱 kən⁵⁵fu⁵⁵tsʻi³¹
黄　柏	赚头 tʂʻuã²¹³tʻiə⁴¹	本金 pən⁴⁵³tʃʻən⁴⁴	工钱 kəŋ⁴⁴tɕʻiɛ̃⁴¹
暖　水	盈利 iæ²³li⁰	本钱 pẽ²⁴tɕʻiɛ̃²³	工钱 koŋ³¹tɕʻiɛ̃²³

	0949 路费	0950 利市赏钱	0951 开张
经公桥	盘缠 pʻuã³⁵tɕʻyẽ⁵⁵	红包 xoŋ³⁵pau²²	开张 kʻv²²tʃuaŋ²²
鹅 湖	路费 ləu²¹fei²¹³	红包儿 xoŋ³⁵pau⁵⁵ni⁰	开张 kʻɛ⁵⁵tɕiõ⁵⁵
旧 城	路费 ləu³³fei²¹³	红包儿 xoŋ²⁴pau⁵⁵ni⁰	开张 kʻɛ⁵⁵tɕia⁵⁵
湘 湖	盘缠 pʻɛn³⁵tɕʻyĩ³⁵	红包 xoŋ³⁵pau⁴⁴	开张 kʻɛ⁴⁴tɕia⁴⁴
溪 头	盘缠 pʻũ⁵¹xuĩ⁵¹	红包 xəŋ⁵¹pau³³	开张 kʻuɐ³³tsɔ̃³³
沱 川	脚力 tɕiau⁵¹lo⁵¹	红包 xəŋ²¹pau⁴⁴	开张 kʻua⁴⁴tsʻɑ̃⁴⁴
紫 阳	路费 lu⁵¹fi³⁵	利市 li⁵¹ɕi³¹	开张 kʻe⁴⁴tɕiã⁴⁴
许 村	盘缠 pʻũ⁵⁵tɕʻĩ⁵¹	红包 xɐm⁵¹pa³³	开张 kʻuɣ³³tʃɔ³³
中 云	路费 lu⁵¹fi³⁵	红包 xɐm¹¹pʻa⁴⁴	发市 fo⁵¹sʅ³¹
新 建	盘缠 pʻuə̃²⁴tɕʻiẽ²⁴	红包 xəŋ²⁴pɔ⁵⁴	开张 kʻua³³tsɔ̃⁵⁴
新 营	盘缠 pʻu³¹tɕʻyɛ³¹	红包 xən³¹pɔ⁵⁵	开张 kʻua⁵⁵tɕiã⁵⁵
黄 柏	盘缠 pʻõ⁴¹tʂʻuã⁴¹	红包 xəŋ⁴¹pə⁴⁴	开张 kʻɛ⁴⁴tʃã⁴⁴
暖 水	路费 lu⁵¹fi³⁵	红包 xoŋ²³po³¹	开张 kʻuɐ³¹tʂʌŋ³¹

	0952 花钱	0953 赚钱	0954 挣钱
经公桥	用钱 ioŋ²⁴tsʻiẽ⁵⁵	赚钱 tsʻuã²⁴tsʻiẽ⁵⁵	赚钱 tsʻuã²⁴tsʻiẽ⁵⁵
鹅 湖	用钱 ioŋ²¹tsʻĩ³⁵	赚钱 tɕʻỹ³⁵tsʻĩ³⁵	赚钱 tɕʻỹ³⁵tsʻĩ³⁵
旧 城	用钱 ioŋ³³tsʻi²⁴	赚钱 tɕʻyi³³tsʻi²⁴	寻钱 tsʻɛn²⁴tsʻi²⁴
湘 湖	用钱 ioŋ²¹tsʻĩ³⁵	赚钱 tsʻɛn²¹tsʻĩ³⁵	赚钱 tsʻɛn²¹tsʻĩ³⁵
溪 头	用钱 iəŋ⁵⁵tsʻĩ⁵¹	赚钱 tsʻũ⁵⁵tsʻĩ⁵¹	赚钱 tsʻũ⁵⁵tsʻĩ⁵¹
沱 川	用钱 iəŋ⁵¹tsʻĩ²¹¹	赚钱 tsʻũ⁵¹tsʻĩ²¹¹	赚钱 tsʻũ⁵¹tsʻĩ²¹
紫 阳	用钱 iɐm⁵¹tsʻĩ²¹¹	赚钱 tɕʻỹ⁵¹tsʻĩ²¹¹	赚钱 tɕʻỹ⁵¹tsʻĩ²¹¹
许 村	用钱 iɐm⁵⁵tsʻĩ⁵¹	赚钱 tʃʻũ⁵⁵tsʻĩ⁵¹	赚钱 tʃʻũ⁵⁵tsʻĩ⁵¹
中 云	用钱 iɐm⁵¹tsʻĩ¹¹	赚钱 tsʻum⁵¹tsʻĩ¹¹	赚钱 tsʻum⁵¹tsʻĩ¹¹
新 建	用钱 iəŋ⁵¹tsʻã²⁴	赚钱 tʂʻõ⁵¹tsʻã²⁴	赚钱 tʂʻõ⁵¹tsʻã²⁴
新 营	用钱 iəŋ⁵⁵tsʻi²⁴	赚钱 tɕʻyɛ⁵⁵tsʻi³¹	赚钱 tɕʻyɛ⁵⁵tsʻi³¹
黄 柏	用钱 iəŋ²¹³tɕʻiẽ⁴¹	赚钱 tʂuã²¹³tɕʻiẽ⁴¹	赚钱 tʂuã²¹³tɕʻiẽ⁴¹
暖 水	用钱 ioŋ⁵¹tɕʻiẽ²³	赚钱 tʂʻõ⁵¹tɕʻiẽ²³	赚钱 tʂʻõ⁵¹tɕʻiẽ²³

第五章 赣东北徽语代表方言点词语对照

	0955 欠钱	0956 算盘	0957 秤
经公桥	空钱 k'oŋ²²ts'iẽ⁵⁵	算盘 sỹ²⁴p'uᴧ̃⁵⁵	秤 tɕ'iãi²¹⁴
鹅 湖	欠钱 tɕ'ĩ²¹ts'ĩ³⁵	算盘儿 sən²¹p'ən³⁵ni⁰	秤 tʂ'ãi²¹³
旧 城	空钱 k'oŋ⁵⁵ts'i²⁴	算盘儿 sɛn²¹³p'ɛn²⁴ni⁰	秤 tɕ'iai²¹³
湘 湖	差钱 ts'o⁴⁴ts'ĩ³⁵	算盘 sɛn²¹p'ɛn³⁵	秤 tɕ'iai²¹²
溪 头	欠钱 tʃ'ĩ²⁴ts'ĩ⁵¹	算盘 sũ²⁴p'ũ⁵¹	秤 ts'ɛn²⁴
沱 川	欠钱 tɕ'ĩ³⁵ts'ĩ²¹¹	算盘 sũ³⁵p'ũ²¹¹	秤 ts'ɛn³⁵
紫 阳	欠钱 tɕ'ĩ³⁵ts'ĩ²¹¹	算盘 sum³⁵p'um²¹¹	秤 ts'æ³⁵
许 村	欠钱 tɕĩ²⁴ts'ĩ⁵¹	算盘 sũ²⁴p'ũ⁵¹	秤 tʃ'ɛn²⁴
中 云	欠钱 tɕ'ĩ³⁵ts'ĩ¹¹	算盘 sum³⁵p'um¹¹	秤 ts'ɛn³⁵
新 建	欠钱 tɕ'iẽ²¹³ts'ã²⁴	算盘 suɜ̃²¹³p'uɜ̃²⁴	秤 tʃ'ẽ²¹³
新 营	欠钱 tɕ'ie²¹³ts'i³¹	算盘 si²¹³p'u³¹	秤 t'æ²¹³
黄 柏	空钱 k'oŋ⁴⁴tɕ'iẽ⁴¹	算盘 sõ²¹³p'õ⁴¹	秤 tʃ'ən²¹³
暖 水	欠钱 tɕ'iẽ³⁵tɕ'iẽ²³	算盘 suõ³⁵p'õ²³	秤 tɕ'iẽ³⁵

	0958 秤星	0959 称秤	0960 集市
经公桥	官星 kuᴧ̃²²sãi²²	称秤 tɕ'iãi²²tɕ'iãi²¹⁴	—
鹅 湖	秤盘星 tʂ'ãi²¹p'ən³⁵sãi⁵⁵	称秤 tʂ'ãi⁵⁵tʂ'ãi²¹³	市场 ɕi²¹tɕ'iõ³⁵
旧 城	秤星 tɕ'iai²¹³sai⁵⁵	称秤 tɕ'iai⁵⁵tɕ'iai²¹³	—
湘 湖	官星 kuɛn⁴⁴sai⁴⁴	称秤 tɕ'iai⁴⁴tɕ'iai²¹²	—
溪 头	秤星 ts'ɛn²⁴sæi³³	称秤 ts'ɛn²⁴ts'ɛn²¹⁴	墟 tɕ'y³³
沱 川	秤星 ts'ɛn³⁵sã⁴⁴	称秤 ts'ɛn⁴⁴ts'ɛn³⁵	—
紫 阳	秤星 ts'æ³⁵sɔ̃⁴⁴	称秤 ts'æ⁴⁴ts'æ³⁵	—
许 村	秤星 tʃ'ɛn²⁴sã³³	称秤 tʃ'ɛn³³tʃ'ɛn²⁴	集市 ts'a⁵⁵sɿ⁵⁵
中 云	秤星仂 ts'ɛn³⁵sã⁴le⁰	称秤 ts'ɛn⁴⁴ts'ɛn³⁵	—
新 建	秤星 tʃ'ẽ²¹³sã⁵⁴	称秤 tʃ'ẽ⁵⁴tʃ'ẽ²¹³	交流会 kə⁵⁴lɯ²⁴xua⁵¹
新 营	秤盘星 t'æ²¹³p'u³¹sæ⁵⁵	称秤 t'æ²¹³t'æ²¹³	—
黄 柏	秤星 tʃ'ən²¹³ɕin⁴⁴	称秤 tʃ'ən⁴⁴tʃ'ən²¹³	—
暖 水	秤星 tɕ'iẽ³⁵sæ³¹	称秤 tɕ'iẽ³¹tɕ'iẽ³⁵	—

	0961 赶集	0962 庙会
经公桥	做交流 tsuʌ²⁴kau²²liəu⁵⁵	菩萨点光 p'u³⁵suʌ⁴⁴tiẽ⁴²kuaŋ²²
鹅湖	—	庙会 mia²¹xuɛ²¹¹
旧城	—	—
湘湖	—	庙会 mio²¹xuɛ²¹¹
溪头	赶墟 kũ⁴²tɕ'y³³	—
沱川	—	庙会 bia⁵¹xua⁵¹
紫阳	—	庙会 bio⁵¹xe⁵¹
许村	做交流 tso²⁴kɔ³³la⁵¹	胜会 ʃã²⁴xuɣ⁵⁵
中云	—	庙会 bia⁵¹xuɣ⁵¹
新建	—	庙会 miɛ⁵¹xua⁵¹
新营	—	庙会 miɔ⁵⁵xua⁵¹
黄柏	—	庙会 miə²¹xuɛ²¹³
暖水	—	打醮 ta²¹tɕyɛ³⁵

	0963 买~布‖~肉‖~酒‖~豆腐
经公桥	扯 tɕ'iɛ⁴²‖剁 tuʌ²¹⁴‖打 ta⁴²‖买 ma⁴²/称 tɕ'iãi²²
鹅湖	买 ma⁵³‖买 ma⁵³‖买 ma⁵³‖买 ma⁵³
旧城	扯 tɕ'iɛ³¹‖剁 tuo²¹³‖打 ta³¹‖买 ma³¹
湘湖	扯 tɕ'iɛ³¹⁴‖斫 tsoʔ⁴‖打 ta³¹⁴‖称 tɕ'iai⁴⁴
溪头	扯 ts'e⁴²‖买 ma²³¹‖打 ta⁴²‖买 ma²³¹
沱川	扯 ts'e²‖剁 tu³⁵‖打 tɒ²‖体 t'e²
紫阳	扯 tɕ'ie²‖买 bo³¹‖打 tɒ²‖买 bo³¹
许村	扯 tʃ'e³¹‖剁 to²⁴‖打 to³¹‖买 mo³¹
中云	扯 ts'e²‖□ tu⁵¹‖买 bo³¹‖买 bo³¹
新建	扯 tɕ'iɛ³¹‖剁 tɯ³¹‖打 ta³¹‖买 ma³¹
新营	扯 tɕ'iɛ⁵³‖剁 to²¹³‖打 ta⁵³‖称 t'æ⁵⁵
黄柏	扯 tʃ'ɑ⁴⁵³‖买 ma⁴⁵³‖打 ta⁴⁵³‖买 ma⁴⁵³
暖水	扯 tʂ'a²¹⁴‖斫 tɕyɛ⁵⁴‖打 ta²¹⁴‖买 ma²¹⁴

		0964 自行车 旧称	0965 独轮车
经公桥		脚踏车 tʃuʌu⁴⁴t'uʌ⁴⁴tɕ'iɛ²²	独轮车 t'o²²lən³⁵tɕ'iɛ²²
鹅 湖		自行车 sɿ²¹xã³⁵tɕ'iɛ⁵⁵	土车 t'əu⁵³tɕ'iɛ⁵⁵
旧 城		脚踏车 tɕia²¹³t'a²¹³tɕ'iɛ⁵⁵	手车儿 ɕiəu³¹tɕ'iɛ⁵⁵ni⁰
湘 湖		踏□车 t'oʔ⁴po³⁵tɕ'iɛ⁴⁴	土车 t'əu³⁵tɕ'iɛ⁴⁴
溪 头		脚踏车 tʃau⁵⁵t'o³³ts'e³³	单轮车 tã³³lən⁵¹ts'e³³
沱 川		脚踏车 tɕiau⁵¹t'o⁵¹ts'e⁴⁴	单轮车 tõ⁴⁴nəŋ²¹ts'e⁴⁴
紫 阳		脚踏车 tɕiɒ⁵¹t'o⁵¹tɕ'ie⁴⁴	牛角车 gia²¹kɒ⁵¹tɕ'ie⁴⁴/乐平车 lo⁵¹p'ɔ̃²¹tɕ'ie⁴⁴
许 村		脚踏车 tɕia⁵⁵t'o⁵⁵tʃ'e³³	单轮车 tũ³³lɛn⁵¹tʃ'e³³
中 云		脚踏车 tɕia⁵¹t'o⁵¹ts'e⁴⁴	单轮车 tum⁴⁴lɛn¹¹ts'e⁴⁴
新 建		脚踏车 tɕiɯ⁵¹t'ɤ⁵¹tɕ'iɛ⁵⁴	单轮车 tã⁵⁴nẽ²⁴tɕ'iɛ⁵⁴
新 营		单车 tã⁵⁵tɕ'iɛ⁵⁵	红车 xən³¹tɕ'iɛ⁵⁵
黄 柏		脚踏车 tʃə²¹t'ɑ²¹tʃ'ɑ⁴⁴	红车 xəŋ⁴¹tʃ'ɑ⁴⁴
暖 水		脚踏车 tɕyɛ⁵⁴t'o³¹tʂ'a³¹	手车 ɕy²⁴tʂ'a³¹

		0966 轮子	0967 学校
经公桥		轮子 lən³⁵tsɿ⁰	学堂 xau²²t'aŋ⁵⁵
鹅 湖		车轮儿 tɕ'iɛ⁵⁵lər⁰	学堂 xauʔ⁴t'aŋ³⁵
旧 城		轮儿 lɛn²⁴ni⁰	学堂 xau³³t'aŋ²⁴
湘 湖		车鼓仂 tɕ'iɛ⁴⁴ku³⁵lɛ⁰	学堂 xauʔ²t'aŋ³⁵
溪 头		车轮 ts'e³³ləŋ⁵¹	学堂 xau⁵⁵tɔ̃⁵¹
沱 川		轮 nəŋ²¹¹	学堂 xau⁵¹t'ã²¹¹
紫 阳		轮 læ̃²¹¹	学堂 xɒ⁵¹t'ã²¹¹
许 村		车饼 tʃ'e³³pã³¹	学堂 xɔ⁵⁵t'ɔ̃⁵¹
中 云		车饼 ts'e⁴⁴pã¹¹	学堂 xɔ⁵¹t'ã¹¹
新 建		车饼/鼓 tɕ'iɛ⁵⁴pã³¹/ku³¹	学堂 xo³³t'ɔ̃²⁴
新 营		车轮 tɕ'iɛ⁵⁵lən³¹	学堂 xɔ⁵⁵t'ɔ³¹
黄 柏		轮子 lən⁴¹tsɿ⁰	学堂 xə⁴⁴t'ã⁴¹
暖 水		车鼓 tʂ'a³¹ku²¹⁴	学堂 xɔ³¹t'ʌŋ²³

	0968 教室	0969 上学 七岁~‖每天走路~
经公桥	教室 kau²¹ɕi⁴⁴	读书 tʻo²²ɕy²²
鹅 湖	教室 kau³⁵ɕiʔ²¹³	进学堂 tsʻən³⁵xauʔ⁴tʻaŋ³⁵‖读书 tʻəuʔ⁴ɕy⁵⁵
旧 城	教室 kau²¹³ɕi²¹³	进学堂 tsɛn²¹³xau³³tʻaŋ²⁴‖上课 ɕia³³kʻuo²¹³
湘 湖	教室 kau²¹ɕiʔ⁴	发蒙 foʔ⁴moŋ³⁵‖进学堂 tsɛn³⁵xauʔ²tʻaŋ³⁵
溪 头	教室 kau²⁴ʂɿ⁵⁵	进学堂 tsɛn²⁴xau⁵⁵tɔ̃⁵¹
沱 川	教室 kau³⁵ʂɿ⁵¹	进学堂 tsɛn³⁵xau⁵¹tʻã²¹¹
紫 阳	教室 kɒ³⁵sa⁵¹	进学堂 tsæ³⁵xɒ⁵¹tʻã²¹¹
许 村	教室 kɔ²⁴ʃa⁵⁵	进学堂 tsɛn²⁴xɔ⁵⁵tɔ̃⁵¹
中 云	教室 kɔ³⁵sa⁵¹	进学堂 tsɛn³⁵xɔ⁵¹tʻã¹¹
新 建	教室 kɔ²¹³ʃɛ⁵¹	进学堂 tsɛ̃²¹³xo³³tɔ̃²⁴
新 营	教室 kɔ²¹³ɕi²¹⁵	进学堂 tsən²¹³xɔ⁵⁵tʻɔ³¹‖读书 tʻo⁵¹ɕy⁵⁵
黄 柏	教室 kə²¹ɕi²¹³	发木 fɑ²¹mu²¹³‖读书 tʻu⁴⁴ɕy⁴⁴
暖 水	教室 ko³⁵ɕie⁵⁴	进学堂 tsɛ̃³⁵xɔ³¹tʻʌŋ²³

	0970 放学	0971 考试
经公桥	放学 faŋ²⁴xau²²	考试 kʻau⁴²ɕi²¹⁴
鹅 湖	放学 faŋ³⁵xauʔ²¹¹	考试 kʻau⁵³ɕi²¹³
旧 城	放学 faŋ²¹³xau³³	考试 kʻau³¹ɕi²¹³
湘 湖	放昼饭 faŋ³⁵tɕiəu³⁵foʔ²¹¹ + 放夜饭 faŋ³⁵iɛ²¹foʔ²¹¹	应考 ŋai³⁵kʻau³¹⁴
溪 头	放中饭 fɔ²⁴tsəŋ³³fã⁵⁵ + 放夜饭 fɔ²⁴iɛ⁵⁵fã⁵⁵	考试 kʻɐ⁴²ʂɿ²⁴
沱 川	放学 fʌ̃³⁵xau⁵¹	考试 kʻa²ʂɿ³⁵
紫 阳	放学 fã³⁵xɒ⁵¹	考试 ko²ʂɿ³⁵
许 村	放学 fɔ̃²⁴xɔ⁵⁵	考试 kʻa³¹ʂɿ²⁴
中 云	放学 fã³⁵xɔ⁵¹	考试 kʻa²ʂɿ³⁵
新 建	放学 fɔ̃²¹³xo³³	考试 kʻə³¹sɣ²¹³
新 营	放学 fɔ̃²¹³xɔ⁵⁵	考试 kʻɔ⁵³sɿ²¹³
黄 柏	放学 fã²¹³xə⁴⁴	考试 kʻɔ⁴⁵³ɕi²¹³
暖 水	放学 fʌŋ³⁵xɔ³¹	考试 kʻɤ²¹sɣ⁵⁵

第五章　赣东北徽语代表方言点词语对照

		0972 书包	0973 本子	0974 铅笔
经公桥		书包 ɕy²²pau²²	簿儿 p'u²¹n̩⁰	铅笔 yɛ̃³⁵pi⁴⁴
鹅 湖		书包 ɕy⁵⁵pau⁵⁵	本儿 pən⁵³ni⁰	铅笔 tɕ'ĩ⁵⁵paiʔ⁴
旧 城		书包 ɕy⁵⁵pau⁵⁵	簿儿 p'u³³ni⁰	铅笔 yi²⁴pei²¹³
湘 湖		书包 ɕy⁴⁴pau⁴⁴	簿仂 p'u²¹le⁰	铅笔 tɕ'ĩ⁴⁴peiʔ⁴
溪 头		书包 ɕy³³pau³³	簿 pu²³¹	铅笔 k'ã³³pi⁵⁵
沱 川		书包 ɕy⁴⁴pau⁴⁴	簿 p'u³¹	铅笔 k'õ⁴⁴pi⁵¹
紫 阳		书包 ɕy⁴⁴pɒ⁴⁴	簿 p'u³¹	铅笔 k'ɛ̃⁴⁴pa⁵¹
许 村		书包 ɕy³³pɔ³³	簿 p'u⁵¹	铅笔 k'ũ³³pa⁵⁵
中 云		书包 ɕy⁴⁴pɔ⁴⁴	簿 p'u³¹	铅笔 k'um⁴⁴pa⁵¹
新 建		书包 ɕy⁵⁴pɔ⁵⁴	簿 p'u⁵¹	铅笔 vã²⁴pɛ⁵¹
新 营		书包 ɕy⁵⁵pɔ⁵⁵	簿 p'u⁵¹	铅笔 tɕ'iɛ̃⁵⁵pɛ²¹⁵
黄 柏		书包 ɕy⁴⁴pə⁴⁴	本子 pən⁴⁵³tsʅ⁰	铅笔 yã⁴¹pi²¹³
暖 水		书包 ʂu³¹po³¹	簿 p'u⁵⁵	铅笔 viɛ̃²³pi⁵⁴

		0975 钢笔	0976 圆珠笔	0977 毛笔
经公桥		水笔 ɕy⁴²pi⁴⁴	电笔 t'iɛ̃²⁴pi⁴⁴	毛笔 mau³⁵pi⁴⁴
鹅 湖		水笔 ɕy⁵³paiʔ⁴	圆珠笔 ỹ³⁵tɕy⁵⁵paiʔ⁴	毛笔 mau³⁵paiʔ⁴
旧 城		钢笔 kaŋ⁵⁵pei²¹³	圆子笔 yi²⁴tsʅ⁰pei²¹³	毛笔 mau²⁴pei²¹³
湘 湖		水笔 ɕy³⁵peiʔ⁴	电笔 t'ĩ²¹peiʔ⁴	毛笔 mau³⁵peiʔ⁴
溪 头		钢笔 kɔ̃³³pi⁵⁵	圆子笔 uĩ⁵¹tsʅ⁰pi⁵⁵	毛笔 mɛ⁵¹pi⁵⁵
沱 川		水笔 ɕy²pi⁵¹	圆珠笔 vĩ²¹tɕy⁴⁴pi⁵¹	毛笔 ba²¹pi⁵¹
紫 阳		钢笔 kã⁴⁴pa⁵¹	圆珠笔 ỹ²¹tɕy⁴⁴pa⁵¹	毛笔 bo²¹pa⁵¹
许 村		水笔 ɕy³¹pa⁵⁵	电笔 t'ĩ⁵⁵pa⁵⁵	毛笔 ma⁵¹pa⁵⁵
中 云		水笔 ɕy²pa⁵¹	圆珠笔 vĩ¹¹tɕy⁴⁴pa⁵¹	毛笔 ba¹¹pa⁵¹
新 建		水笔 ʃuɛ³¹pɛ⁵¹	圆珠笔 vã²⁴tɕy⁵⁴pɛ⁵¹	毛笔 mɯ²⁴pɛ⁵¹
新 营		钢笔 kɔ̃⁵⁵pɛ²¹⁵	圆珠笔 θ³¹tɕy⁵⁵pɛ²¹⁵	毛笔 mɔ³¹pɛ²¹⁵
黄 柏		水笔 fi⁴⁵³pi²¹³	圆子笔 yã⁴¹tsʅ⁰pi²¹³	毛笔 mə⁴¹pi²¹³
暖 水		钢笔 kʌŋ³¹pi⁵⁴	圆珠笔 vɛ̃²¹tʂu³¹pi⁵⁴	毛笔 mo²³pi⁵⁴

	0978 墨	0979 砚台
经公桥	墨 mai²²	砚瓦 iɛ̃²⁴uʌ⁴²
鹅 湖	墨 maiʔ²¹³	墨汁盘儿 maiʔ²¹³tɕiʔ⁴p'õ³⁵ni⁰
旧 城	墨 ma³³	砚瓦 n̠i³³ŋuo³¹
湘 湖	墨 maiʔ²	砚瓦 ĩ²¹uo³¹⁴/砚碗 ĩ²¹uɛn³¹⁴
溪 头	墨 ma⁵⁵	笔瓦 pi⁵⁵ŋo²³¹
沱 川	墨 bi⁵¹	墨瓦 bi⁵¹ŋo²
紫 阳	墨 ba⁵¹	砚瓦 gi⁵¹ŋə³¹
许 村	墨 ma⁵⁵	砚瓦 n̠i⁵⁵ŋo³¹
中 云	墨 ba⁵¹	砚瓦 n̠i⁵¹ŋɤ³¹
新 建	墨 mɛ³³	砚瓦 n̠iɛ̃⁵¹ŋuɤ³¹
新 营	墨 mæ⁵⁵	砚瓦 n̠iɛ⁵¹uo⁵³
黄 柏	墨 mɛ⁴⁴	砚碗 n̠iɛ̃²¹³uã⁴⁵³
暖 水	墨 mi³¹	砚瓦 n̠iɛ̃⁵⁵vɐ²¹⁴

	0980 洇这种纸写字容易~	0981 信封	0982 画儿
经公桥	渗 ɕin²¹⁴	信壳 sən²⁴k'au⁴⁴	图画 t'u³⁵xuʌ²¹⁴
鹅 湖	□ nən⁵³	信封儿 sən²¹foŋ⁵⁵ni⁰	画 xuo²¹¹
旧 城	渗 ɕyɛn²¹³	信封儿 sɛn²¹³foŋ⁵⁵ni⁰	画 xuo³³
湘 湖	渗 ɕyɛn²¹²	信壳仂 sən²¹k'auʔ⁴lɐ⁰	画 xua²¹¹
溪 头	渍 tso²⁴	信壳 sɛn²⁴k'au⁵⁵	画 xua⁵⁵
沱 川	渗 sɛn³⁵	信封 sɛn³⁵fəŋ⁴⁴	画 xua⁵¹
紫 阳	烊 iã¹¹/渲 ɕiæ³⁵	信封 sæ̃³⁵fɐm⁴⁴	画 xua⁵¹
许 村	渗 ʃɛn²⁴	信封 sɛn²⁴fɐm³³	画 xua⁵⁵
中 云	渗 sɛn³⁵	信封 sɛn³⁵fɐm⁴⁴	画 xua⁵¹
新 建	渗 ʃɛn²¹³	信封 sɛ̃²¹³fəŋ⁵⁴	画 xua⁵¹
新 营	洇 iən²¹³	信封 sən²¹³fən⁵⁵	画 xua⁵¹
黄 柏	漾 iã⁴¹	信壳哩 ɕin²¹k'ə²¹³li⁰	画 xo²¹³
暖 水	□ tɕiæ²³	信封 sɛ̃³⁵foŋ³¹	画 xuɐ⁵⁵

		0983 连环画	0984 捉迷藏
经公桥	图画书	t'u³⁵xuʌ²¹ɕy²²	—
鹅 湖	图书	t'əu³⁵ɕy⁵⁵	捉猫儿 tʂauʔ⁴mau⁵⁵ni⁰
旧 城	图书	t'u²⁴ɕy⁵⁵	抅人 k'o⁵⁵iɛn²⁴
湘 湖	图书	t'əu³⁵ɕy⁴⁴	—
溪 头	小儿书	sia²⁴¹n̩i⁵¹ɕy³³	捉羊 tsau⁵⁵iɔ̃⁵¹
沱 川	图书	t'u²¹ɕy⁴⁴	摸无 ba⁵¹vu²¹¹
紫 阳	图书	t'u²¹ɕy⁴⁴	—
许 村	图书	t'u⁵¹ɕy³³	捉矇仂 tʃɔ⁵⁵mɐm⁵⁵le⁰
中 云	图书	t'u¹¹ɕy⁴⁴	□鱼□虾 ba⁴⁴y¹¹ba⁴⁴xo⁴⁴
新 建	细人书	sæ²¹³n̩iẽ²⁴ɕy⁵⁴	闭眼□ pi⁵¹ŋã³¹ɕiɔ³¹
新 营	图书	t'u³¹ɕy⁵⁵	摸乌龟 mo⁵⁵u⁵⁵kuɛ⁵⁵
黄 柏	小人书	ɕiə⁴⁵¹n̩iən⁴¹ɕy³³	□无 mɑ⁵¹u²¹³
暖 水	图书	t'u²³ʂu³¹	闭矇矇虎 pi³⁵moŋ²¹⁴moŋ⁰xu²¹⁴

		0985 搜寻躲藏起来的玩伴 游戏
经公桥	躲冇	tuʌ⁴²mau²¹⁴
鹅 湖	躲猫	to⁵³mau⁵⁵
旧 城	躲夜猫儿	tuo³¹iɛ³³mau⁵⁵ni⁰
湘 湖	抅夜暝古儿	k'o⁴⁴iɛ²¹mo²¹ku³⁵ni⁰
溪 头	捉□□	tsau⁵⁵li⁵⁵lo⁰
沱 川	七哩壳落躲	ts'i⁵¹li⁰k'au⁵¹lau⁵¹to²
紫 阳	闭里角落躲	pi³⁵li⁰kɒ⁵¹lɒ⁵¹tə²
许 村	捉老鼠	tʃɔ⁵⁴la³¹tɕ'y³¹
中 云	闭哩角落躲	pi⁵¹li⁰ko⁵¹lo⁰tɤ¹¹
新 建	—	
新 营	搜□	ɕio⁵⁵uɔ̃³¹
黄 柏	躲暗首	to⁴⁵³uã²¹ʃɔ⁴⁵³
暖 水	—	

		0986 老鹰抓小鸡 游戏	0987 摔跤
经公桥		鹰呐捉鸡 iãi²²nɛ⁰tʂau⁴⁴tɕi²²	□跤仂 lən²¹kau²²lɛ⁰
鹅　湖		捉滴鸡儿 tʂauʔ⁴ti⁵⁵tɕi⁵⁵ni⁰	□跤 laʔ⁴kau⁵⁵
旧　城		猫儿捉老鼠 mau⁵⁵ni⁰tʂau²¹³lau³¹tɕ‘y³¹	□跤儿 loŋ³¹ka^r55
湘　湖		做羊头做养尾 tso²¹ia³⁵t‘iau³⁵tso²¹ia³⁵mei³¹⁴	按跤 ŋo³⁵kau⁴⁴
溪　头		老鹰摸鸡 lɐ²³¹iæi³³mo³³tʃe³³	□跤 pɐ⁵¹kau³³
沱　川		捉羊头羊养尾 tsau⁵¹iã̃²¹t‘ə²¹tsau⁵¹iã̃²¹bi³¹	翻跤 fõ⁴⁴kau⁴⁴
紫　阳		看羊卖羊 kum⁴⁴iã²¹bo⁵¹iã²¹¹	按跤 m̩³⁵kɒ⁴⁴
许　村		做羊头做养尾 tso²⁴iɔ̃⁵¹t‘a⁵¹tso²⁴iɔ̃⁵¹mi³¹	按跤 m̩²⁴ka³³
中　云		鹞仂摸鸡 iɔ⁵¹lɛ⁰bo⁴⁴tɕie⁴⁴	按跤 m̩³⁵ka⁴⁴
新　建		崖摸鸡 ia²⁴mo⁵¹tɕiɛ⁵⁴	按跤 vã̃²¹kɔ⁵⁴
新　营		崖摸鸡 ŋa⁵⁵mo⁵⁵tɕi⁵⁵	划跤 xua²¹³kɔ⁵⁵
黄　柏		崖□鸡 ŋa⁴¹mɑ⁴⁴tɕi⁴⁴	按跤 ŋõ²¹³kə⁴⁴
暖　水		崖驮鸡 ŋa²³t‘o²³tɕi³¹/鹰打鸡 iẽ³¹ta²¹⁴tɕi³¹	按跤 võ³⁵kɔ³¹

		0988 跳房子 游戏，在地上画的格子里跳	0989 抓子儿 游戏，手抓石子上抛再接住
经公桥		跳房 t‘ia⁴²faŋ⁵⁵	跌石子 tiɛ⁴⁴ɕiai²²tsɿ⁰
鹅　湖		跳房子 t‘ia²¹faŋ³⁵tsɿ⁰	跌石子儿 tiɛʔ⁴ʂaiʔ⁴tsə^r0
旧　城		跳房子 t‘iau²¹³faŋ²⁴tsɿ⁰	跌石子儿 tiɛ²¹³ɕiai³³tsə^r0
湘　湖		跳格 t‘io³⁵kaʔ⁴	跌石子 tiɛʔ⁴ɕiaiʔ²tsɿ³¹⁴
溪　头		跳格 t‘ia²⁴ka⁵⁵	丢石子 tæi³³sa⁵⁵tsɿ⁴²
沱　川		丢格 t‘ə⁴⁴ko⁵¹	喫石壁子 tɕ‘io⁵¹so⁵¹po⁵¹tsɿ²
紫　阳		买屋 bo³¹vu⁵¹	摸子 mo⁴⁴tsɿ²
许　村		跳格 t‘iɔ²⁴ko⁵⁵	抓子 tʃo³³tsɿ³¹
中　云		跳房屋 t‘iɔ³⁵fã¹¹vɔ⁵¹	捉子 tsɔ⁵¹tsɿ²
新　建		买屋 ma³¹vo⁵¹	跌子 tɛ⁵¹tsɤ³¹
新　营		踢箍 t‘æ²¹⁵k‘u⁵⁵	□子 pæ⁵¹tsɿ⁵³
黄　柏		跳房子 t‘iə²¹³fã⁴¹tsɿ⁰	丢石头子 tiə⁴⁴ʃuɛ²¹³tiə⁴¹tsɿ⁰
暖　水		跳洋房 t‘yɛ³⁵iʌŋ²³fʌŋ²³	打子 ta²⁴tsɿ²¹⁴

第五章 赣东北徽语代表方言点词语对照

	0990 打水漂游戏，在水面上掷瓦片	0991 跳绳	0992 毽子
经公桥	打水撇儿 ta⁴²ɕy⁴²p'iɛ⁴⁴n̩⁰	跳绳 t'ia²¹ɕiãi⁵⁵	燕儿 iɛ̃²⁴n̩⁰
鹅 湖	打水偏 ta³⁵ɕy⁵³p'ĩ⁵⁵	跳绳儿 t'ia²¹ʂãi³⁵ni⁰	燕 ĩ²¹³
旧 城	打水面ⱼ ta³¹ɕy³¹məʳ³³	跳索儿 t'iau²¹³sau²¹³ni⁰	燕儿 n̩i²¹³ni⁰
湘 湖	打水杯 ta³⁵ɕy³¹pei⁴⁴	跳绳 t'io²¹ɕiai³⁵	燕儿 ĩ³⁵ni⁰
溪 头	打水杯 tɒ⁴²ɕy⁴²pe³³	跳绳 t'ia²⁴sɛn⁵¹	毽 tʃĩ²⁴
沱 川	打水杯 ta³⁵ɕy³⁵pe⁴⁴	跳绳 t'ia³⁵sɛn²¹¹	毽 tɕĩ³⁵
紫 阳	打水漂 ta²ɕy³⁵p'io⁴⁴	跳绳 t'io³⁵sɔ̃²¹¹	毽 tɕĩ³⁵
许 村	打水漂 to²⁴ɕy³¹p'iɔ³³	跳绳 t'iɔ²⁴ʃɛn⁵¹	毽 tɕĩ³¹
中 云	打水杯 to²ɕy³⁵pe⁴⁴	跳绳 t'ia³⁵sɛn¹¹	毽仂 tɕĩ³⁵ne⁰
新 建	打水漂 ta³¹ɕyɛ³¹p'iɛ⁵⁴	跳绳 t'iɛ²¹³ʃɛ̃²⁴	燕 iɛ̃²¹³
新 营	打水漂 ta⁵³ɕyɛ⁵³p'iɔ⁵⁵	跳索 t'iɔ⁵³sɔ²¹⁵	燕 iɛ̃²¹³
黄 柏	打水漂 tɒ⁴⁵³ɕy⁴⁵³p'iə⁴⁴	跳绳 t'iə²¹ʃəɴ⁴¹	燕儿 iɛ̃²¹n̩i⁰
暖 水	打水漂 ta²⁴ʂei²¹p'yɛ³¹	跳绳 t'yɛ³⁵ɕiɛ̃²³	燕 iɛ̃³⁵

	0993 风筝	0994 会武术
经公桥	风筝 foŋ²²tʂaŋ²²	有功夫 iəu⁴²koŋ²²fu²²
鹅 湖	风筝 foŋ⁵⁵tʂ'ã⁵⁵	有功夫 iəu⁵³koŋ⁵⁵fu⁵⁵
旧 城	风筝儿 foŋ⁵⁵tɕ'ia⁵⁵ni⁰	有武打 iəu³¹u³¹ta³¹
湘 湖	风筝 foŋ⁴⁴tɕia⁴⁴	有功夫 iəu³⁵koŋ⁴⁴fu⁴⁴
溪 头	风筝 fəŋ³³tsæi³³	会武功 xuɐ⁵⁵u²⁴kəŋ³³
沱 川	风筝 fəŋ⁴⁴tsã⁴⁴	晓得功夫 ɕiɒ²tɒ⁵¹kəŋ⁴⁴fu⁴⁴
紫 阳	风筝 fɐm⁴⁴tɕ'iɛ̃⁴⁴	会武功 xe⁵¹vu³⁵kɐm⁴⁴
许 村	风筝 fɐm³³tʃã³³	有功夫 ia³¹kɐm³³fu³³
中 云	风筝 fɐm⁴⁴tsã⁴⁴	晓得打 ɕio³⁵to⁵¹to²
新 建	风筝 fəŋ⁵⁴tʂã⁵⁴	会打 xua⁵¹ta³¹
新 营	风筝 fən⁵⁵tɕiən⁵⁵	会武功 xua⁵¹u⁵³kən⁵⁵
黄 柏	风筝 fəŋ⁴⁴tʃən⁴⁴	会武功 xuɛ²¹³u⁴⁵³kəŋ⁴⁴
暖 水	风筝 foŋ³¹tɕiæ̃³¹	识得武功 ɕie⁵⁴te⁰koŋ³¹fu⁰

	0995 翻跟头	0996 舞龙灯
经公桥	打跟头 ta⁴²kən²²tʻiəu⁵⁵	舞龙 u⁴²loŋ⁵⁵
鹅湖	打翻跟儿 ta⁵³fõ⁵⁵kər⁵⁵	迎灯 ŋãi³⁵tãi⁵⁵
旧城	打跟头儿 ta³¹kɛn⁵⁵tʻər⁰	迎灯 ŋa²⁴tai⁵⁵
湘湖	翻跟头 fo⁴⁴kɛn⁴⁴tʻiau³⁵	迎龙灯 ŋai³⁵lioŋ³⁵tai⁴⁴
溪头	打跟头 ta²⁴kuĩ³³tæi⁴²	驮龙灯 to⁵¹liəŋ⁵¹tæi³³
沱川	打跟头 tɒ³⁵kuəŋ⁴⁴tʻə²¹¹	迎灯 ȵiã²¹tã⁴⁴
紫阳	翻跟斗 fum⁴⁴kuæ⁴⁴ta²	滚龙灯 kuæ³⁵liɛm²¹tɔ̃⁴⁴
许村	打跟头 to³¹kuɛn³³tʻa⁰	迎灯 ȵiã⁵¹tã³³
中云	打跟斗 to²kuɛn⁴⁴ta²	迎灯 ȵiã¹¹tã⁴⁴
新建	翻跟斗 fɑ̃⁵⁴kuẽ⁵⁴tɯ³¹	迎灯 ȵiã²⁴tẽ⁵⁴
新营	翻跟斗 fã⁵⁵kuən⁵⁵tiɔ⁵³	迎龙灯 ȵiã³¹ləŋ³¹tæ̃⁵⁵
黄柏	翻跧头 fã⁴⁴tʂuã⁴⁴tʻiə⁴¹	迎灯 iən⁴¹tin⁴⁴
暖水	翻跟斗 fã³¹kuẽ³¹ty²¹⁴	舞龙灯 vu²⁴loŋ²³tæ̃³¹

	0997 抬阁 抬着游行的演戏的台子	0998 鞭炮	0999 游泳
经公桥	—	爆竹 pau²⁴tʂo⁴⁴	划水 xuʌ³⁵ɕy⁴²
鹅湖	抬子 tʻɛ³⁵tsʅ⁰	爆竹儿 pau³⁵tʂəuʔʳ⁴	游水 iəu³⁵ɕy⁵³
旧城	迎龙阁 ŋai²⁴lioŋ²⁴kau²¹³	爆竹儿 pau²¹³tʂəʳ⁰	划水 xuo²⁴ɕy³¹
湘湖	抬阁 tʻɛ³⁵kauʔ⁴	爆竹 pau²¹tsəuʔ⁴	划水 ua³⁵ɕy³¹⁴
溪头	抬阁 tɐ⁵¹kau⁵⁵	炮竹 pʻau²⁴tsu⁵⁵	划浴 uo⁵¹iæi⁵⁵
沱川	抬阁 tʻa²¹kau⁵¹	爆竹 pau³⁵tsu⁵¹	洗浴 se²ia⁵¹
紫阳	抬阁 tʻe²¹kɒ⁵¹	炮竹 pʻɒ³⁵tsu⁵¹	划泅 va³⁵tsʻa²¹¹
许村	抬阁 tʻɤ⁵¹kɔ⁵⁵	爆竹 pɔ⁵⁵tʃɔ⁵⁵	划水 uɤ⁵¹ɕy³¹
中云	抬阁 tʻɤ¹¹kɔ⁵¹	爆竹 pɔ³⁵tsɔ⁵¹	划泅 va³⁵tsʻa¹¹
新建	抬阁 tʻua²⁴ko⁵¹	炮竹 pʻɔ²¹³tʃo⁵¹	划水 xua²⁴ʃuɛ³¹
新营	高阁 kɔ⁵⁵kɔ²¹⁵	炮竹 pʻɔ²¹³to²¹⁵	游水 io³¹ɕyɛ⁵³
黄柏	抬阁 tʻa⁴¹kə²¹³	爆竹 pə²¹tʃu²¹³	划水 xuɑ²¹³fi⁴⁵³
暖水	□阁 kuõ²¹ko⁵⁴	爆竹 po³⁵tʂəu⁵⁴	划水 xuɐ²¹ʂei²¹⁴

第五章　赣东北徽语代表方言点词语对照

	1000 潜水	1001 唱歌
经公桥	钻水泅 tsỹ²²ɕy⁴²mi²²	唱歌 tʃʻuaŋ²⁴kɤ²²
鹅 湖	钻水泅儿 tsən⁵⁵ɕy⁵³mə^r²¹¹	唱歌儿 tɕʻiõ³⁵kə^r⁵⁵
旧 城	钻水泅儿 tsɛn⁵⁵ɕy³¹mə^r³³	唱歌儿 tɕʻia²¹³kiɛ^r⁵⁵
湘 湖	钻水泅仂 tsɛn⁴⁴ɕy³⁵miʔ²lɛ⁰	唱歌 tɕʻia³⁵kɛ⁴⁴
溪 头	钻水豚窝 tsũ³³ɕy⁴²tu⁵⁵uo³³	唱歌 tsʻɔ²⁴ko³³
沱 川	钻水泅儿 tsɛn⁴⁴ɕy³⁵mə^r⁵¹	唱歌儿 tɕʻiɑ̃³⁵kiɛ^r⁴⁴
紫 阳	钻水泅仂 tsum⁴⁴ɕy³⁵bi⁵¹la⁰	唱歌 tɕʻiã³⁵ke⁴⁴
许 村	钻水 tsũ³³ɕy³¹	唱歌 tʃʻɔ²⁴kɤ³³
中 云	钻水□ tsʻɐm⁴⁴ɕy²mɐm⁵¹	唱歌 tsʻã³⁵kɤ⁴⁴
新 建	钻□泅 tsuɔ̃⁵⁴mɔ̃⁵¹mi⁵¹	唱歌 tʂʻɔ²¹³kɯ⁵⁴
新 营	钻□泅 tsi⁵⁵mɔ⁵⁵mi²¹⁵	唱歌 tɕʻiã²¹³ki⁵⁵
黄 柏	钻泅落哩 tsɔ̃⁴⁴mi⁴⁴lo²¹³li⁰	唱歌哩 tʃʻã²¹³ko⁴⁴li⁰
暖 水	打□□ ta²¹mʌŋ⁵⁵pʻi³¹	唱歌 tʂʻʌŋ³⁵ko³¹

	1002 唱莲花落	1003 演戏
经公桥	打莲花落 ta⁴²liẽ³⁵xuʌ²²lau²²	做戏 tsuʌ²⁴ɕi²¹⁴
鹅 湖	卖唱 ma²¹tɕʻiõ²¹³	做戏 tsuo³⁵ɕi²¹³
旧 城	□莲花落儿 tʻai³³ni²⁴xuo⁵⁵lau^r³³	做戏 tsuo²¹³ɕi²¹³
湘 湖	打莲花落仂 ta³¹nĩ³⁵xo⁴⁴lauʔ²lɛ⁰	做戏 tso³⁵ɕi²¹²
溪 头	唱讨饭曲 tsʻɔ²⁴tʻɐ⁴²fã⁵⁵tʃʻæi⁵⁵	做戏 tso²⁴ʃi³³
沱 川	□莲花落儿 tʻai³³nĩ²¹xo⁵⁵lau^r³³	做戏 tsu³⁵ɕi³⁵
紫 阳	打莲花落仂 to³⁵nĩ²¹xə⁴⁴lɒ⁵¹la⁰	做戏 tsu³⁵ɕi³⁵
许 村	打莲花 to²⁴nĩ⁵¹xuɤ³³	做戏 tso²⁴ɕi²⁴
中 云	打莲花落 to²nĩ¹¹xo⁴⁴lɔ⁵¹	做戏 tsu³⁵ɕi³⁵
新 建	唱讨饭曲 tʂʻɔ²¹³tʻə³¹fʌ̃⁵¹tɕʻiɯ⁵¹	扮戏 pʌ̃²¹³ɕi²¹³
新 营	打莲花落 ta⁵³li³¹xo⁵⁵lɔ²¹⁵	做戏 tsu²¹³ɕi²¹³
黄 柏	打莲花落 tɑ⁴⁵³liẽ⁴¹xuɑ⁴⁴lə²¹³	做戏 tso²¹ɕi²¹³
暖 水	唱讨饭曲 tʂʻʌŋ³⁵tʻɤ²¹fã⁵⁵tɕʻy⁵⁴	做戏 tso³⁵ɕi³⁵

	1004 锣鼓	1005 二胡	1006 笛子
经公桥	锣鼓 luʌ³⁵ku⁴²	胡琴 xu³⁵tɕ'in⁵⁵	笛仂 t'ai²²le⁰
鹅 湖	锣鼓 luo³⁵ku⁵³	胡琴儿 xu³⁵tɕ'iɛn³⁵ni⁰	笛儿 t'ə?ʳ⁴
旧 城	锣鼓 luo²⁴ku³¹	二胡 ə^r³³xu²⁴	笛儿 t'əʳ³³
湘 湖	锣鼓 lo³⁵ku³¹⁴	胡琴 xu³⁵tɕ'iɛn³⁵	箫 sio⁴⁴
溪 头	锣鼓 lo⁵¹ku⁴²	胡琴 xu⁵¹tʃ'æ⁵¹	笛 t'a⁵⁵
沱 川	锣鼓 lo²¹ku²	胡琴 xu²¹tɕ'iɛn²¹¹	笛 t'ɒ⁵¹
紫 阳	锣鼓 lə²¹ku²	胡琴 xu²¹tɕ'iæ²¹¹	笛 t'o⁵¹
许 村	锣鼓 lʏ⁵¹ku³¹	胡琴 xu⁵¹tʃ'ɛn⁵¹	笛 t'o⁵⁵
中 云	锣鼓 lʏ¹¹ku²	胡琴 xu¹¹tɕ'iɛn¹¹	笛 t'o⁵¹
新 建	锣鼓 lɯ²⁴ku³¹	胡琴 xu²⁴tʃ'ẽ²⁴	笛 t'æ⁵⁴
新 营	锣鼓 lo³¹ku⁵³	二胡 θ⁵¹xu³¹	箫 siɔ⁵⁵
黄 柏	锣鼓 lo⁴¹ku⁴⁵³	胡琴 xu⁴¹tʃ'ən⁴¹	箫 ɕiə⁴⁴
暖 水	锣鼓 lo²³ku²¹⁴	二胡 ɣ⁵¹xu²³	笛 t'æ³¹

	1007 下棋	1008 打扑克
经公桥	走棋 tsau⁴²tɕ'i⁵⁵	打扑克牌 ta⁴²p'o⁴⁴k'ɤ⁴⁴p'a⁵⁵
鹅 湖	走棋 tsau⁵³tɕ'i³⁵	打扑克 ta⁵³p'uʔ⁴k'aiʔ⁴
旧 城	走棋 tsau³¹tɕ'i²⁴	打扑克 ta³¹p'u²¹³k'ai²¹³
湘 湖	走棋 tsau³⁵tɕ'i³⁵	打洋牌 ta³¹ia³⁵p'a³⁵
溪 头	走棋 tsæi⁴²tʃi⁵¹	打扑克 ta⁴²p'u⁵⁵k'ɐ⁵⁵
沱 川	走棋 tsə³⁵tɕ'i²¹¹	打扑克 tɒ²p'u⁵¹tɕ'iɒ⁵¹
紫 阳	走棋 tsa³⁵tɕ'i²¹¹	打扑克 to²p'u⁵¹tɕ'io⁵¹
许 村	走棋 tsa³¹tɕ'i⁵¹	打洋牌 to³¹iɔ̃⁵¹p'o⁵¹
中 云	走棋 tsa³⁵tɕ'i¹¹	打洋牌 to³⁵iã¹¹p'o¹¹
新 建	动棋 t'əŋ⁵¹tɕ'i²⁴	打扑克 ta³¹p'u⁵¹k'ɛ⁵¹
新 营	走棋 tsiɔ⁵³tɕ'i³¹	打□克 ta⁵³fo⁵⁵k'æ²¹⁵
黄 柏	动棋 t'əŋ²¹³tɕ'i⁴¹	打牌 tɑ⁴⁵³p'a⁴¹
暖 水	下棋 xuɐ⁵¹tɕ'i²³	打扑克 ta²¹p'u⁵⁴k'æ⁵⁴

		1009 打麻将		1010 变魔术
经公桥	打麻将	taʔ⁴²muʌ³⁵tsiaŋ²¹⁴	做魔戏	tsuʌ²¹muʌ³⁵ɕi²¹⁴
鹅 湖	打麻将	ta⁵³muo³⁵tsiõ²¹³	做法	tsuo³⁵foʔ⁵
旧 城	打麻将儿	ta³¹muo²⁴tsa²¹³ni⁰	做戏法儿	tsuo²¹³ɕi²¹³fuo²¹³ni⁰
湘 湖	打麻将	ta³¹mo³⁵tsa²¹²	做戏法仂	tso³⁵ɕi³⁵foʔ⁴lɛ⁰
溪 头	打麻将	ta⁴²mo⁵¹tsiɔ̃²⁴	做戏法	tso²⁴ʃi²⁴fo⁵⁵
沱 川	打麻将	tɒ²bo²¹tsiã̃³⁵	做戏法	tsu³⁵ɕi³⁵fo⁵¹
紫 阳	打麻将	to²bə²¹tsiã³⁵	做魔术	tsu³⁵bə²¹ɕy⁵¹
许 村	打麻将	to³¹mo⁵¹tsiɔ̃²⁴	做戏法	tso²⁴ɕi²⁴fo⁵⁵
中 云	打麻将	to³⁵bo¹¹tɕiã⁴⁴	做戏法	tsu³⁵ɕi³⁵fo⁵¹
新 建	打麻将	ta³¹muɣ²⁴tɕiɔ̃²¹³	做把戏法	tsɯ²¹³puɣ³¹ɕi²¹³fuɣ⁵¹
新 营	打麻将	ta⁵³mo³¹tsiã²¹³	变掩眼法	pi²¹³i⁵³ŋã⁵³fo²¹⁵
黄 柏	打麻将	tɑ⁴⁵³mɑ⁴¹iã²¹³	做把戏	tso²¹³pɑ⁴⁵³ɕi²¹³
暖 水	打麻将	ta²¹muɐ²³tɕiʌŋ³⁵	做把戏	tso³⁵puɐ²⁴ɕi³⁵

		1011 讲故事		1012 猜谜语
经公桥	谈评	tʻuʌ̃³⁵pʻãi⁵⁵	猜谜儿	tsʻa²²min⁵⁵
鹅 湖	讲传	kaŋ⁵³tɕʻỹ²¹¹	猜谜儿	tsʻɛ⁵⁵məʳ⁰
旧 城	讲古儿	kaŋ³¹ku³¹ni⁰	猜谜儿	tsʻɛ⁵⁵məʳ²⁴
湘 湖	讲笑话	kaŋ³⁵ɕio³⁵uo²¹¹	猜谜仂	tsʻɛ⁴⁴mei³⁵lɛ⁰
溪 头	讲笑话	kɔ̃²⁴sia²⁴uo⁵⁵	猜谜	tsʻɐ⁵⁵mi⁵¹
沱 川	讲封神	kã̃²fəŋ⁴⁴sɛn²¹¹	猜谜	tsʻɒ⁴⁴bi²¹¹
紫 阳	讲故事	kã²ku³⁵ɕi⁵¹	猜谜	tsʻe⁴⁴bi²¹¹
许 村	讲故事	kɔ̃³¹ku²⁴sɿ⁵⁵	猜谜仂	tsʻɣ³³mi⁵¹le⁰
中 云	讲故事	kã²ku³⁵sɿ⁵¹	猜谜	tsʻɣ⁴⁴bi⁵¹
新 建	讲笑话柄	kɔ̃³¹ɕiɛ²¹xua⁵¹pã³¹	猜谜	tsʻua⁵⁴mi²⁴
新 营	谈评	tʻã³¹pʻæ³¹	猜谜	tsʻi⁵⁵mɛ³¹
黄 柏	谈皮	tʻã⁴¹pʻi⁴¹	猜谜语	tsʻa⁴⁴mi⁴¹ɲy⁴⁵³
暖 水	讲传	kʌŋ²¹tɕʻiɛ̃⁵⁵	打谜	ta²¹mi²³

	1013 抬（头）	1014 点（头）
经公桥	翘 tʂʻuau²¹⁴	舂 tʂoŋ²²
鹅 湖	驮 tʻuo³⁵	点 tĩ⁵³
旧 城	仰 ȵia³¹	点 ti³¹
湘 湖	昂 ŋaŋ³⁵	□ kʻəu²¹¹
溪 头	抬 tɐ⁵¹	舂 tsəŋ³³
沱 川	抬 tʻa²¹	点 tĩ²
紫 阳	昂 ŋã²¹	舂 tsɐm⁴⁴
许 村	抬 tʻɤ⁵¹	点 tĩ³¹
中 云	抬 tʻɤ¹¹	舂 tsɐm⁴⁴
新 建	昂 ŋɔ̃²⁴	舂 tʂəŋ⁵⁴
新 营	抬 tʻi³¹	舂 tʻən⁵⁵
黄 柏	仰 ȵiã⁴⁵³	舂 tʂuəŋ⁴⁴
暖 水	驮 tʻo²³	点 tiẽ²⁴

	1015 看~电视	1016 看见没有~他	1017 遇见~熟人
经公桥	看 kʻʏ̃²¹⁴	看到 kʻʏ̃²⁴tau⁰	碰到 pʻoŋ²⁴tau⁰
鹅 湖	看 kʻiɛn²¹³	看到 kʻiɛn²¹³tau⁰	碰到 pʻoŋ³⁵tau⁰
旧 城	看 kʻɛn²¹³	看到 kʻɛn²¹³tau⁰	碰到 pʻoŋ²¹³tau⁰
湘 湖	看 kʻɛn²¹²	看到 kʻɛn²¹²tau⁰	碰到 pʻoŋ³⁵tau⁰
溪 头	看 kʻũ²⁴	看见 kʻũ²⁴tʃĩ²⁴	碰着 pʻəŋ²⁴tsʻau⁵⁵
沱 川	看 kʻũ³⁵	看见 kʻũ³⁵tɕĩ³⁵	碰到 pʻəŋ³⁵ta⁰
紫 阳	看 kʻum³⁵	看见 kʻum³⁵tɕʻĩ³⁵	碰到 pʻɐm³⁵to⁰
许 村	看 kʻũ²⁴	看见 kʻũ²⁴tɕĩ⁰	碰到 pʻɐm²⁴ta²⁴
中 云	看 kʻum³⁵	看见 kʻɐm³⁵tɕĩ³⁵	碰着 pʻɐm³⁵tsʻɔ⁵¹
新 建	望 mɔ̃⁵¹	望见 mɔ̃⁵¹tɕiẽ²¹³	碰着 pʻəŋ²¹tɕʻiɯ³³
新 营	觑 tɕʻio²¹⁵/看 kʻã²¹³	觑见 tɕʻio²¹⁵tɕiẽ²¹³	碰到 pʻəŋ²¹³tɔ⁰
黄 柏	看 kʻõ²¹³	看见 kʻõ²¹tɕiẽ²¹³	碰到 pʻəŋ²¹³tə⁰
暖 水	望 mʌŋ⁵¹	望见 mʌŋ⁵¹tɕiẽ⁰	碰到 pʻoŋ³⁵tɤ⁰

第五章 赣东北徽语代表方言点词语对照

	1018 听	1019 闻	1020 睁开（眼）
经公桥	听 t'āi²²	嗅 xoŋ²¹⁴	撑开 tʂ'ā²²k'ɤ²²
鹅 湖	听 t'āi⁵⁵	嗅 ɕioŋ³⁵	打开 ta⁵³k'ɛ⁵⁵
旧 城	听 t'ai⁵⁵	嗅 ɕioŋ²⁴	撑开 tɕ'ia⁵⁵k'iɛ⁵⁵
湘 湖	听 t'ai⁴⁴	嗅 ɕioŋ³⁵	撑开 tɕ'ia⁴⁴k'ɛ⁴⁴
溪 头	听 t'æi³³	嗅 ʃŋ²⁴	撑开 ts'æi³³k'ɐ³³
沱 川	听 t'ā⁴⁴	嗅 ɕiəŋ³⁵	开 k'ua⁴⁴k'ua⁴⁴
紫 阳	听 t'ɔ̃⁴⁴	嗅 ɕiɐm³⁵	睁开 tsɔ̃⁴⁴k'e⁴⁴
许 村	听 t'ā³³	嗅 ʃɐm²⁴	睁开 tʃā³³k'uɤ³³
中 云	听 t'ā⁴⁴	嗅 ɕiɐm³⁵	开 k'uɤ⁴⁴k'uɤ⁴⁴
新 建	听 t'ā⁵⁴	嗅 xəŋ²¹³	撑开 tʃ'ā⁵⁴k'ua⁵⁴
新 营	听 t'æ⁵⁵	嗅 xəŋ²¹³	打开 ta⁵³k'ua³³
黄 柏	听 t'in⁴⁴	嗅 xən²¹³	打开 tɑ⁴⁵³k'ɛ⁴⁴
暖 水	听 t'æ³³	嗅 xoŋ³⁵	□开 k'uā³¹k'o³¹

	1021 闭上（眼）	1022 眨（眼）	1023 张开（嘴）
经公桥	眙到 kuʌ⁴⁴tau⁰	眙 kuʌ⁴⁴	□开 ma²²k'ɤ²²
鹅 湖	眙到 koʔ⁴tau⁰	眙 koʔ⁴	打开 ta⁵³k'ɛ⁵⁵
旧 城	闭到 pei²¹³tau⁰	眙 kuo²¹³	张开 tɕia⁵⁵k'iɛ⁵⁵
湘 湖	眙到 koʔ⁴tau⁰	眙 koʔ⁴	打开 ta³⁵k'ɛ⁴⁴
溪 头	眙到 ko⁵⁵tɐ⁰	眙 ko⁵⁵	□开 ma³³k'ɐ³³
沱 川	闭上 pe³⁵sʌ̃⁰	眙 ko⁵¹	□开 bo⁵¹k'ua⁴⁴
紫 阳	眙到 kə⁵¹to⁰	眙 kə⁵¹	□开 bɒ⁵¹k'e⁴⁴
许 村	眙到 ko⁵⁵ta⁰	眙 ko⁵⁵	□开 mɔ³³k'uɤ³³
中 云	眙到 ko⁵¹ta⁰	眙 ko⁵¹	□开 xā¹¹k'uɤ⁴⁴
新 建	眙到 kuɤ⁵¹tə⁰	暖 ȵie⁵¹	丫开 ŋuɤ⁵⁴k'ua⁵⁴
新 营	眙到 ko²¹⁵tɔ⁰	眙 ko²¹⁵	打开 ta⁵³k'ua⁵⁵
黄 柏	眙到 kɑ²¹³tɔ⁰	眙 kɑ²¹³	打开 tɑ⁴⁵³k'ɛ⁴⁴
暖 水	眙到 kuɐ⁵⁴tɤ⁰	眙 kuɐ⁵⁴	□开 k'ʌŋ³¹k'o³¹

	1024 闭上（嘴）	1025 呼吸	1026 吸（气）
经公桥	闭到 pi²⁴tau⁰	敨气 t'əu⁴²tɕ'i²¹⁴	吸 ɕi⁴⁴
鹅湖	闭到 pei²¹tau⁰	敨气 t'iəu⁵³tɕ'i²¹³	吸 ɕiʔ⁴
旧城	闭到 pei²¹³tau⁰	敨气 t'au³¹tɕ'i²¹³	吸 sei²¹³
湘湖	闭到 pei³⁵tau⁰	敨气 t'au³⁵tɕ'i²¹²	□ tsɛʔ⁴
溪头	闭到 pi²¹⁴tɤ⁰	敨气 t'æi⁴²tʃ'i²⁴	吸 ʃi⁵⁵
沱川	闭上 pe³⁵sã⁰	敨气 t'ə²tɕ'i³⁵	吸 ɕi⁵¹
紫阳	抿到 mæ³⁵to⁰	敨气 t'a²¹tɕ'i³⁵	吸 ɕia⁵¹
许村	咪到 mi³³ta⁰	敨气 t'a³¹tɕ'i²⁴	吸 ʃa⁵⁵
中云	闭到 pi³⁵ta⁰	敨气 t'a²tɕ'i³⁵	吸 ɕi⁵¹
新建	闭到 pi²¹³tə⁰	敨气 t'ɯ³¹tɕ'i²¹³	吸 ɕie⁵¹
新营	闭到 pɛ²¹³tɔ⁰	敨气 t'iɔ⁵³tɕ'i²¹³	吸 ɕi²¹⁵
黄柏	闭到 pi²¹tə⁴⁵³	敨气 t'iə⁴⁵³tɕ'i²¹³	吸 ɕi²¹³
暖水	闭到 pi³⁵tɤ⁰	敨气 t'y²¹tɕ'i³⁵	吸 ɕi⁵⁴

	1027 吹（气）	1028 咬~狗~人	1029 嚼吃饭要~烂
经公桥	吹 tɕ'y²²	□ xɤ²²	噍 ts'ia²¹⁴
鹅湖	吹 tɕ'y⁵⁵	咬 ŋau⁵³	咬 ŋau⁵³
旧城	吹 tɕ'y⁵⁵	咬 ŋau³¹	嚼 ts'a³³
湘湖	吹 tɕ'y⁴⁴	咬 ŋau³¹⁴	嚼 ts'aʔ²
溪头	吹 tɕ'y³³	咬 ŋau⁴²	咬 ŋau⁴²
沱川	吹 tɕ'y⁴⁴	咬 ŋau²	嚼 ts'ia⁵¹
紫阳	吹 tɕ'y⁴⁴	咬 ŋɒ³¹	嚼 ts'ia⁵¹/咬 ŋɒ³¹
许村	吹 tɕ'y³³	咬 ŋɔ³¹	嚼 ts'iɔ⁵⁵
中云	吹 tɕ'y⁴⁴	咬 ŋɔ³¹	咬 ŋɔ³¹
新建	吹 tʃ'uɛ⁵⁴	咬 ŋɔ³¹	噍 tɕ'ie⁵¹
新营	吹 tɕ'yɛ⁵⁵	咬 ŋɔ⁵³	嚼 tɕ'ia⁵⁵
黄柏	吹 tɕ'y⁴⁴	咬 ŋə⁴⁵³	咬 ŋə⁴⁵³
暖水	吹 tʂ'ei³¹	咬 ŋo²¹⁴	嚼 tɕ'yɛ³¹

第五章 赣东北徽语代表方言点词语对照

		1030 吞咽~下去	1031 噎着吃饭~了	1032 舔
经公桥	吞 t'ən²²	哽到 kã⁴²tau⁰	舐 tɕ'ie²¹⁴
鹅湖	吞 t'ən⁵⁵	哽到 kã⁵³tau⁰	舔 t'ĩ⁵³
旧城	吞 t'ɛn⁵⁵	哽到 kɛn³¹tau⁰	舔 t'i³¹
湘湖	吞 t'ɛn⁴⁴	哽到 ka³¹⁴tau⁰	舔 t'ĩ³¹⁴
溪头	吞 t'əŋ³³	哽到 k'æi⁴²tɐ⁰	舐 tse⁵⁵
沱川	吞 t'əŋ⁴⁴	哽到 kã²ta⁰	吮 ts'ɛn³¹
紫阳	吞 t'æ⁴⁴	哽之 kɔ̃²tɕi⁰	吮 ts'æ³¹
许村	吞 t'ɛn³³	哽到 kã³¹ta⁰	舔 t'ĩ³¹
中云	吞 t'ɛn⁴⁴	哽到 kã²ta⁰	舐 ts'e³¹/吮 ts'ɛn³¹
新建	吞 t'ẽ⁵⁴	哽着 kã³¹tɕ'ɯ³³	舔 t'ã³¹
新营	吞 t'ən⁵⁵	哽到 kæ⁵³tɔ⁰	舔 t'i⁵³
黄柏	吞 t'ən⁴⁴	哽到 kən⁴⁵³tə⁰	舔 t'iɛ⁴⁵³
暖水	吞 t'ẽ³¹	哽到 kã²¹⁴tɤ⁰	舔 t'iɛ̃²³

		1033 含糖~在嘴里	1034 亲嘴	1035 吮吸小孩喜欢~手指头
经公桥	含 xən³⁵⁵	丢嘴 tu⁴⁴tsei⁴²	吮鞡 ts'ən²¹tɕi⁴⁴
鹅湖	含 xən³⁵	打□ ta⁵³poŋ³⁵	鞡 tsəuʔ²⁴
旧城	含 xɛn²⁴	打□ ta³¹poŋ²⁴	鞡 tsəu²¹³
湘湖	含 xɛn³⁵	打抱 ta³⁵pau³⁵	吮 ts'ɛn²¹¹
溪头	含 xəŋ⁵¹	□嘴 tsu⁵⁵tsi⁴²	吮 ts'ɛn²³¹
沱川	□ mɛn⁵¹	□嘴 tsu⁵¹tsi²	鞡 tɕi⁵¹
紫阳	含 xuæ²¹¹	宗嘴 tsɐm⁴⁴tsi²/嗅嘴 ɕiɛm³⁵tsi²	鞡 tɕi⁵¹
许村	含 xɛn⁵¹	□嘴 ʃɐm²⁴tsi³¹	□ xɐm²⁴
中云	含 xɛn¹¹	宗嘴 tsɐm⁴⁴tɕi²	鞡 tsu⁵¹
新建	含 xẽ²⁴	□嘴 tɕiən⁵⁴tsi³¹/打□ ta³¹poŋ⁵⁴	鞡 tsɛ⁵¹
新营	含 xɔ³¹	打抱 ta⁵³pɔ²¹³	吮 ts'ən⁵¹
黄柏	含 xã⁴¹	打抱 tɑ⁴⁵³pə²¹³	嗍 su²¹³
暖水	含 xæ̃²³	打□ ta²¹poŋ³⁵	□ mi⁵⁵

	1036 吐掉把果核~	1037 呕吐喝酒喝~了	1038 走慢慢~
经公桥	吐了去 tʻu²⁴lɤ⁰kʻei²¹⁴	吐 tʻu²¹⁴	走 tsau⁴²
鹅湖	吐了去 tʻəu²¹³lɐ⁰kʻu²¹³	吐 tʻəu²¹³	走 tsau⁵³
旧城	吐嘀去 tʻəu²¹³ti⁰tɕʻi²¹³	吐 tʻəu²¹³	走 tsau³¹
湘湖	吐哩去 tʻu³⁵li⁰kʻu²¹²	吐 tʻu²¹²	走 tsiau³¹⁴
溪头	吐/□之了 tʻu²⁴/ kã⁴²tsɿ⁰lɐ⁰	沃 vo⁵⁵	走 tsæi⁴²
沱川	呸之 pʻe⁵¹tsə⁴⁴	沃 vo⁵¹	走 tsə²
紫阳	吐之 tʻu³⁵tɕi⁰	沃 və⁵¹	走 tsa²
许村	吐之 tʻu²⁴tɕi⁴⁴	沃 vo⁵⁵	走 tsa³¹
中云	吐嘀 tʻu³⁵ti⁰	沃 vɔ⁵¹	走 tsa²
新建	吐吥之 tʻu³¹pə⁰tsɤ⁵⁴	吐 tʻu³¹	行 xã²⁴
新营	吐了去 tʻo²¹³liɔ⁵³tɕʻi²¹³	吐 tʻo²¹³	走 tsiɔ⁵³
黄柏	吐泼去 tʻu⁴⁵³pʻə⁰tɕʻi²¹³	吐 tʻu⁴⁵³	走 ɕiə⁴⁵³
暖水	吐□ tʻu³⁵tɔ⁵⁴	吐 tʻu³⁵	行 xæ̃²³

	1039 跑慢慢走，不要~	1040 来客人~了‖快~看	1041 站~起来
经公桥	跑 pʻau²¹⁴	来 lɤ³⁵⁵	徛 tɕʻi²¹⁴
鹅湖	跑 pʻau²¹³	来 lɐ³⁵	徛 tɕʻi²¹¹
旧城	跑 pʻau²¹³	来 lɐ²⁴	徛 tɕʻi³³
湘湖	跑 pʻau²¹²	来 lɐ³⁵	徛 tɕʻi²¹¹
溪头	遶 liau⁴²	来 lɐ⁵¹	徛 tʃi²³¹
沱川	逃 tʻa²¹¹	来 la²¹¹	徛 tɕi³¹
紫阳	跑 pʻɒ²	来 le²¹¹	徛 tɕʻi³¹
许村	逃 tʻa⁵¹	来 lɤ⁵¹	徛 tɕʻi⁵¹
中云	逃 tʻa¹¹	来 lɤ¹¹	徛 tɕʻi³¹
新建	走 tsɯ³¹	来 la²⁴	徛 tɕʻi⁵¹
新营	□ tɕʻia⁵⁵	来 li³¹	徛 tɕʻi⁵¹
黄柏	跑 pʻə⁴⁵³	来 lɐ⁴¹	徛 tɕʻi²¹³
暖水	逃 tʻɤ⁵⁵	来 lɤ²³	徛 tɕʻi⁵¹

		1042 跷腿 一条腿搁在另一条腿上	1043 跳 青蛙~起来	1044 迈 门槛高~不过去
经公桥		交脚 kau²²tʃuʌ⁴⁴	蹦 poŋ²¹⁴	□ la²¹⁴
鹅 湖		架脚 kuo²¹³tɕioʔ⁴	跳 tʰia²¹³	□ pa⁵⁵
旧 城		跷脚 tɕʰiau²¹³tɕia²¹³	跳 tʰiau²¹³	迈 ma³³
湘 湖		交脚 kau⁴⁴tɕiaʔ⁴	跳 tʰio²¹²	跨 kʰua²¹²
溪 头		架脚 ko²⁴tʃau⁵⁵	□ tsau⁵¹	□ lo²⁴
沱 川		跷脚 tɕʰiau³⁵tɕiau⁵¹	跳 tʰia³⁵/蹦 pəŋ³⁵	□ lo³⁵
紫 阳		架脚 kə³⁵tɕiɒ⁵¹	跳 tʰio³⁵	□ lə³⁵
许 村		架脚 ko²⁴tɕia⁵⁵	纵 tʃɐm²⁴	□ lo²⁴
中 云		架脚 ko³⁵tɕia⁵¹	跳 tʰɔ³⁵	□ lu³⁵
新 建		架脚 kua²⁴tɕiɯ⁵¹	跳 tʰiɛ²¹³	□ luɣ⁵¹
新 营		架脚 ko²¹³tɕia²¹⁵	跳 tʰiɔ²¹³	跨 kʰua⁵³
黄 柏		搁脚 kə²¹tʃə²¹³	跳 tʰiə²¹³	□ kʰã²¹³
暖 水		跷脚 tɕʰyɛ³⁵tɕyɛ⁵⁴	跳 tʰyɛ³⁵	□ la²³

		1045 踩	1046 爬	1047 倚 梯子~着墙
经公桥		蹅 tʂʰa⁴²	爬 pʰuʌ³⁵⁵	靠 kʰau²¹⁴
鹅 湖		蹅 tʂʰa⁵³	爬 pʰuo³⁵	靠 kʰau²¹³
旧 城		蹅 tɕʰia³¹	爬 pʰuo²⁴	靠 kʰau²¹³
湘 湖		蹅 tɕʰia²¹²	爬 pʰo³⁵	靠 kʰau²¹²
溪 头		踩 tsʰɐ⁴²	爬 pʰo⁵¹	搁 ka⁵⁵
沱 川		踩 tsʰɒ²	爬 pʰo²¹¹	靠 kʰa³⁵
紫 阳		踩 tsʰe²	爬 pʰo²¹¹	靠 kʰo³⁵
许 村		踩 tsʰɣ³¹	爬 pʰo⁵¹	靠 kʰa²⁴
中 云		踩 tsʰɣ¹¹	爬 pʰo¹¹	靠 kʰɔ³⁵
新 建		蹅 tʂʰuɣ³¹	爬 pʰuɣ²⁴	靠 kʰɔ²¹³
新 营		蹅 tɕʰyɛ³¹	爬 pʰo³¹	靠 kʰɔ²¹³
黄 柏		蹅 tʂʰua⁴⁵³	爬 pʰɑ⁴¹	靠 kʰə²¹³
暖 水		蹅 tʂʰuɐ²¹⁴	爬 pʰuɐ²³	靠 kʰɣ³⁵

	1048 弯（腰）	1049 挺（胸）	1050 趴着~睡
经公桥	弯 uʌ̃22	挺 tʻãi42	覆到 pʻu44tau0
鹅湖	弯 ŋõ55	挺 tʻãi53	□到 kʻauʔ24tau0
旧城	弯 ŋuo55	挺 tʻai31	覆到 pʻu213tau0
湘湖	弓 tɕioŋ44	撑 tɕʻia44	覆到 pʻuʔ24tau0
溪头	弯 ũ33/弓 tʃəŋ33	挺 tʻæi42	覆赣 pʻu55kəŋ42
沱川	弯 m̩44/□ tɕi44	□ kʻuəŋ44	赣到 kəŋ2ta0
紫阳	弯 m̩44	挺 tʻɔ̃2	覆赣 pʻu51kuæ2
许村	□ kʻɛn33	挺 tʻã31	覆到 pʻu55ta0
中云	□ kʻum2	挺 tʻã11	覆到 pʻo51ta0
新建	弓 kəŋ54	挺 tʻã31	赣到 kẽ31tə0
新营	弯 uã55	挺 tʻæ53	覆到 pʻu213tɔ0
黄柏	弯 uã44	撑 tʃʻuən44	覆到 pʻu213tə0
暖水	弯 m̩31	挺 tʻæ214	赣到 kẽ213tɤ0

	1051 转圈	1052 蹲	1053 坐
经公桥	作箍 tsuʌ44kʻu22	□ tɕʻyɛ355	坐 tsʻuʌ214
鹅湖	打转 ta53tɕʻȳ213	踵 tʃoŋ53	坐 tsʻuo211
旧城	转圈 tɕyi31tɕʻyi55	□ tɕʻyɛ24	坐 tsʻuo33
湘湖	打旋 ta35tsʻɛn211	跍 kʻu35	坐 tsʻo211
溪头	打骨碌转 ta42ku55lu55kuĩ24	跍 ku33	坐 tsʻo231
沱川	打圈 tɤ5kʻuĩ44	踵 tsəŋ2	坐 tsʻo31
紫阳	打转 ta2tɕʻȳ35	趖 pʻu51	坐 tsʻə31
许村	打旋 to31tsʻĩ55	踵 tʃɐm31	坐 tsʻɤ51
中云	转圈 tɕĩ35tɕʻĩ44	踵 tsɐm2	坐 tsʻɤ31
新建	打旋 ta31tɕʻiẽ51	趖 pʻɔ54	坐 tsʻɯ51
新营	打圈 ta53tɕʻyɛ̃55	跍 kʻu213	坐 tsʻu51
黄柏	打箍 tɑ453kʻu44	跍 kʻu453	坐 tsʻo213
暖水	打圈圈 ta24kʻiẽ31kʻiẽ0	跍 kʻu23	坐 tsʻo51

第五章 赣东北徽语代表方言点词语对照

		1054 躺下	1055 摔倒	1056 逃了
经公桥		瞓下 k'uən²⁴xʌ⁰	搭倒 tuʌ⁴⁴tau⁰	跑□ p'au²⁴tɤ⁰
鹅 湖		瞓倒 k'uən³⁵tau⁰	搭倒 toʔ⁵tau⁰	逃嗝 t'au³⁵kɛ⁰
旧 城		瞓倒 k'uɛn²¹³tau⁰	搭倒 tuo²¹³tau⁰	逃嘀 t'au²⁴ti⁰
湘 湖		瞓倒 k'uɛn²¹tau⁰	搭倒 tiɛʔ²⁴tau⁰	遛走哩 liau³⁵tsau³¹⁴li⁰
溪 头		倒下 tɤ⁴²xo⁰	跌倒 te⁵⁵tɤ⁴²	遛□之 liau³³ɕi⁵⁵tsŋ⁰
沱 川		倒下 ta²xo³¹	跌倒 te⁵¹tau⁰	逃之 t'a²¹tsə⁴⁴
紫 阳		瞓倒 k'uæ³⁵to⁰	跌倒 te⁵¹to⁰	跑之 p'ɒ³⁵tɕi⁰
许 村		瞓倒 k'uɛn²⁴ta⁰	跌倒 te⁵⁵ta⁰	逃/溜之 t'a⁵¹/ la³³tɕi⁰
中 云		瞓倒 k'uɛn³⁵ta⁰	跌倒 te⁵¹ta⁰	遛之 lio¹¹tsŋ⁰
新 建		瞓倒 k'uẽ²¹³tə⁰	跌倒 tæ⁵¹tə⁰	逃之 t'ə²⁴tsɤ⁰
新 营		瞓倒 k'uən²¹³tə⁰	跌倒 to²¹⁵tə⁰	□啦 tɕ'ia⁵⁵la⁰
黄 柏		瞓倒 k'uən²¹³tə⁰	搭倒 tɑ²¹³tə⁰	□/龙走了 pɒ⁴⁴/ lən⁴¹tɕiə⁴⁵³lə⁰
暖 水		瞓倒 k'uẽ³⁵tɤ⁰	搭倒 tuɤ⁵⁴tɤ⁰	逃了 t'ɤ²³lɤ⁰

		1057 追上	1058 截住	1059 挡住（光）
经公桥		赶到 kɤ̃⁴²tau⁰	拦到 nuɛ̃³⁵tau⁰	挡到 taŋ⁴²tau⁰
鹅 湖		追到 tɕy⁵⁵tau⁰	拦到 nõ³⁵tau⁰	遮到 tɕiɛ⁵⁵tau⁰
旧 城		挦到 p'aŋ⁵⁵tau⁰	拦到 nuo²⁴tau⁰	挡到 taŋ³¹tau⁰
湘 湖		追到 tɕy⁴⁴tau⁰	拦到 no³⁵tau⁰	遮到 tɕiɛ⁴⁴tau⁰
溪 头		追着 tɕy³³ts'au⁵⁵	拦着 lã⁵¹ts'au⁵⁵	遮着 tse³³ts'au⁵⁵
沱 川		追着 tɕy⁴⁴ts'au⁵¹	拦着 nõ²¹ts'au⁵¹	遮着 tse⁴⁴ts'au⁵¹
紫 阳		追着 tɕy⁴⁴ts'ɒ⁵¹	堵着 tu²ts'ɒ⁵¹	遮着 tɕiɛ⁴⁴ts'ɒ⁵¹
许 村		追到 tɕy³³ta⁰	堵到 tu³¹ta⁰	遮到 tʃe³³ta⁰
中 云		追到 tɕy⁴⁴ta⁰	拦到 num¹¹ta⁰	遮到 tse⁴⁴ta⁰
新 建		追到 tʃuɛ⁵⁴tə⁰	堵到 tu³¹tə⁰	遮着 tɕiɛ⁵⁴tɕ'iɯ³³
新 营		追到 tɕyɛ⁵⁵tɔ⁰	拦到 la³¹tɔ⁰	挡到 tɔ⁵³tɔ⁰
黄 柏		追到 tʃui⁴⁴tə⁰	拦到 lã⁴¹tə⁰	遮到 tʂɑ⁴⁴tə⁰
暖 水		追到 tʂei³¹tɤ⁰	拦住 lõ²³tɕ'y⁰	挡住 tʌŋ³⁵tɕ'y⁰

	1060 抓~小偷‖~扑克牌	1061 撞上~电线杆	1062 伸（手）
经公桥	□ tau⁴⁴	撞到 tṣʻaŋ²⁴tau⁰	伸 ɕin²²
鹅 湖	捉 tsauʔ⁴‖摸 muo⁵⁵	撞/碰到 tṣʻaŋ²¹¹/pʻoŋ²¹³tau⁰	伸 ɕien⁵⁵
旧 城	抲 kʻo⁵⁵‖摸 muo⁵⁵	撞到 tṣʻaŋ³³tau⁰	搌 tɕʻyɛn⁵⁵
湘 湖	抲 kʻo⁴⁴‖敆 tso⁴⁴	碰到 pʻoŋ²¹²tau⁰	伸 ɕien⁴⁴
溪 头	捉 tsau⁵⁵‖敆 tso³³	撞/碰着 tsɔ̃⁵⁵/pʻəŋ²⁴tsʻau⁵⁵	搌 tsʻəŋ⁵⁵
沱 川	捉 tsau⁵¹‖摸 bo⁴⁴	碰着 pʻəŋ³⁵tsʻau⁵¹	搌 kʻuəŋ⁴⁴
紫 阳	捉 tsɒ⁵¹‖敆 tsə⁴⁴	碰到 pʻɐŋ³⁵to⁰	搌 tsʻæ⁴⁴
许 村	捉 tʃɔ⁵⁵‖敆 tsɤ³³	孔到 kʻɐm³¹ta⁰	搌 tʃɔ̃ɛn³³
中 云	捉 tso⁵¹‖敆 tso⁴⁴	碰到 pʻɐŋ³⁵ta⁰	搌 tsʻɛn⁴⁴
新 建	捉 tʃʻo⁵¹‖敆 tsuɤ⁵⁴	碰到 pʻəŋ²¹³tə⁰	搌 tʃʻẽ⁵⁴
新 营	抲 kʻo⁵⁵‖敆 to⁵⁵	□到 tən⁵⁵tɔ⁰	搌 tɕʻiən⁵⁵
黄 柏	抓 tsuɑ⁴⁴	□到 tən⁴⁵³tə⁰	搌 tʃʻuən⁴⁴
暖 水	敆 tʂo³¹	碰到 pʻoŋ³⁵tʏ⁰	伸 ɕiẽ³¹

	1063 拿~苹果‖~筷子吃饭	1064 端~碗‖~凳子	1065 提~篮子
经公桥	担 tuɤ̃²²/拿 la²²	得 tʏ⁴⁴	□ tɕʻiɛ²¹⁴
鹅 湖	□ tɕʻiɛ³⁵	□ tiɛʔ⁴	提 tʻei³⁵
旧 城	驮 tʻuo²⁴	端 tɛn⁵⁵	□ tɕʻiɛ²⁴
湘 湖	拿 la⁴⁴	端 tɛn⁴⁴‖驮 tʻe³⁵	捞 lau⁴⁴
溪 头	拎 næi³³/担 tã³³‖□ le⁵⁵	□ le⁵⁵‖拎 næi³³	□ tʃæi⁵¹
沱 川	拎 nã⁴⁴	驮 tʻo²¹¹	拎 nã⁴⁴
紫 阳	拎 nɔ̃⁴⁴	拎 nɔ̃⁴⁴	拎 nɔ̃⁴⁴
许 村	捏 le⁵⁵	捧 pʻɐm²⁴	□ kʻɐm³³
中 云	拎 nã⁴⁴	捧 pʻɐm²‖□ nã⁴⁴	拎 nã⁴⁴
新 建	拎 nã⁵⁴	捧 pʻəŋ³¹	拎 nã⁵⁴
新 营	担 ta⁵⁵/拿 la⁵⁵/搭 kʻo⁵⁵	□ ti⁵⁵‖担 ta⁵⁵	□ kʻæ⁵³
黄 柏	担 tã⁴⁴	端 tõ⁴⁴	担 tã³³
暖 水	担 tã³¹/捉 tʂo⁵⁴	捧 pʻoŋ⁵⁵	□ tɕʻiæ⁵⁵

第五章 赣东北徽语代表方言点词语对照

	1066 摞把砖~起来	1067 举~旗子	1068 撑~伞
经公桥	摞 lu³⁵⁵	□ tau⁴⁴	打 ta⁴²
鹅 湖	码 muo⁵³/□ tṣʻoŋ²¹¹	驮 tʻuo³⁵	撑 tṣʻã⁵⁵
旧 城	码 muo³¹	迎 ŋai²⁴	撑 tɕʻia⁵⁵
湘 湖	码 mo³¹⁴	竖 ɕy²¹¹	撑 tɕʻia⁴⁴
溪 头	□ tʃæi⁵¹	竖 ɕy⁵⁵	撑 tsʻæi³³
沱 川	抱 pʻa⁵¹	举 tɕy²/□ nã⁴⁴	撑 tsʻã⁴⁴/打 tɒ²
紫 阳	码 bə³¹	驮 tʻə²¹¹	打 ta²
许 村	抱 pʻɔ⁵⁵	举 tɕy³¹	撑 tʃʻã³³
中 云	码 mo³¹	举 tɕy²	撑 tsʻã⁴⁴
新 建	摞 luɤ⁵¹	迎 ȵia²⁴	撑 tʃʻã⁵⁴
新 营	摞 lo⁵³	举 tɕy⁵³	撑 tʻæ⁵⁵
黄 柏	撸 lu⁴⁵³	举 tɕy⁴⁵³	撑 tʃʻuən³³
暖 水	摞 lu²¹⁴	驮 tʻo²³	撑 tɕʻiæ³¹

	1069 抱~小孩	1070 给~他十块钱	1071 放在书~桌上
经公桥	抱 pʻau²¹⁴	□ ti⁴⁴	架得 kʌ²⁴tɛ⁰
鹅 湖	□ nãi⁵⁵	担 tõ⁵⁵/给 koʔ⁴	囥得 kʻaŋ²¹³tɛ⁰
旧 城	抱 pʻau³³	担 tuo⁵⁵/把 puo³¹/□pau⁵⁵	囥得 kʻaŋ²¹³tə⁰
湘 湖	抱 pʻau²¹¹	把 po³¹⁴	囥得 kʻaŋ²¹²taiʔ⁰
溪 头	抱 pɐ⁵⁵	分 fəŋ³³	囥得 kʻɔ²¹⁴ta⁵⁵
沱 川	抱 pʻa⁵¹	给 ka⁵¹	囥到 kʻã̃³⁵ta⁰
紫 阳	抱 pʻɒ⁵¹	给 ko⁵¹	囥到/在 kʻã³⁵to⁰/tsʻe⁵¹
许 村	抱 pʻa⁵⁵	给 ka⁵⁵	囥得 kʻɔ²⁴to⁵⁵
中 云	抱 pʻa³¹	给 ka⁵¹	囥得 kʻã³⁵⁵to⁰
新 建	□ tʻɯ²⁴	搭 tuɤ⁵¹/□ pã⁵⁴	囥得 kʻɔ²¹³tɛ⁰
新 营	抱 pʻɔ⁵¹	给 kɛ²¹⁵/□ xo⁵³	架到 ko²¹³tɔ⁰
黄 柏	抱 pʻə²¹³	把 pɑ⁴⁵³	囥得 kʻã⁴⁵³tɛ⁰
暖 水	□ tʻo²³	□ ta³¹	囥得 kʻʌŋ³⁵tɛ⁰

	1072 摸~头	1073 挠痒	1074 咯吱
经公桥	摸 muʌ²²	抓痒 tʂuʌ²²yaŋ⁴²	□ tɕi⁴⁴
鹅 湖	摸 mau⁵⁵	抓痒 tʂuo⁵³iɔ̃⁵³	□□ xa²¹tɕi³⁵
旧 城	摸 muo⁵⁵	抓痒 tʂua⁵⁵nia³¹	□ tɕi⁵⁵
湘 湖	摸 mo⁴⁴	抓痒 tsau³⁵ia³¹⁴	□ tɕi⁴⁴
溪 头	摸 mɐ³³	劳痒 lau⁴²iɔ̃²³¹	□□ xu³³tʃ'i²⁴
沱 川	□ ba⁵¹	劳痒 lau²¹iʌ̃³¹	□□ xo²¹tɕi³⁵
紫 阳	□ bo⁵¹	劳痒 lɒ³⁵iã³¹	□□ xə²¹tɕi³⁵
许 村	摸 ma³³	捉痒 tʃɔ⁵⁵iɔ̃³¹	□ ʃɛn³³
中 云	摸 ba⁴⁴	劳痒 lɔ³¹iã³¹	□□□ xa¹¹tɕi¹¹tɕi³⁵
新 建	摸 mɯ⁵⁴	捉痒 tʃo⁵¹iɔ̃³¹	□ ʃẽ²¹³
新 营	摸 mɔ²¹³	挠痒 lɔ³¹iɔ̃⁵³	□ siɔ²¹³
黄 柏	摸 mo⁴⁴	□痒 mɑ⁴⁴iã⁴¹	羞 ɕiu⁴⁴
暖 水	摸 mo³¹	抓痒 tʂuɐ³¹iʌŋ²¹⁴	羞 ɕy³¹

	1075 掐~脖子	1076 拧~毛巾‖~螺丝	1077 捻~碎粉笔头
经公桥	抲 k'uʌ²²	挼 liɛ²²	捏 iɛ²²
鹅 湖	抲 k'o⁵⁵	挼 liɛʔ⁴‖转 tɕĩ⁵³	密 miʔ²¹¹
旧 城	□ tʂ'uo⁵⁵	挼 liɛ³³‖转 tɕyi²¹³	密 mei³³
湘 湖	抲 k'o⁴⁴	挼 liɛʔ²‖□ iɛʔ⁴	密 miʔ⁴
溪 头	抲 k'a³³	□ uəŋ³³‖转 kuĩ²⁴	捏 le⁵⁵/密 mĩ⁴²
沱 川	抲 ts'o⁴⁴	挼 le⁵¹‖旋 xuəŋ⁵¹	密 bi⁵¹
紫 阳	挼 le⁵¹	□ væ̃⁴⁴‖转 tɕỹ³⁵	密 bi⁵¹
许 村	抲 k'o³³	□ vɛn³³‖转 tɕĩ²⁴	密 mi⁵⁵
中 云	抲 k'o⁴⁴	□ vɛn⁴⁴	绵 mĩ¹¹
新 建	抲 k'uɤ⁵⁴	□ tʃuɤ²¹³‖转 tɕiɛ̃³¹	免 mã³¹
新 营	抲 k'o⁵⁵	挼 li⁵⁵‖密 mi⁵¹	密 mi⁵¹
黄 柏	抲 k'ɑ⁴⁴	挼 liɑ⁴⁴‖转 tʂuã⁴⁵³	捻 niɛ̃⁴⁴
暖 水	挼 liɛ⁵⁴	□ tʂuɐ²¹⁴	免 miɛ̃²¹⁴

第五章 赣东北徽语代表方言点词语对照

	1078 掰~开橘子	1079 剥~花生	1080 撕裂
经公桥	搣 ma⁴⁴	剥 pau⁴⁴	撕 tsʅ²²
鹅湖	搣 maʔ⁴	剥 pauʔ⁴	撕 tsʅ⁵⁵
旧城	□ puo⁵⁵	剥 pau²¹³	撕 tsʅ⁵⁵
湘湖	剥 pauʔ⁴	剥 pauʔ⁴	撕 sʅ⁴⁴
溪头	搣 ma⁵⁵	搣 ma⁵⁵	撕 sʅ³³
沱川	剥 pa⁵¹	剥 pa⁵¹	撕 sʅ⁴⁴
紫阳	剥 pɒ⁵¹	剥 pɒ⁵¹	撕 sʅ⁴⁴
许村	剥 pa⁵⁵	剥 pa⁵⁵	撕 sʅ³³
中云	剥 pa⁵¹	剥 pa⁵¹	撕 sʅ⁴⁴
新建	剥 po⁵¹	剥 po⁵¹	撕 sɤ⁵⁴
新营	掰 pa⁵⁵	剥 pɔ²¹⁵	撕 tsʅ⁵⁵
黄柏	剥 pə²¹³	剥 pə²¹³	撕 tsʅ⁴⁴
暖水	掰 pæ⁵⁴	剥 pɔ⁵⁴	撕 sʅ³¹

	1081 折~断树枝	1082 摘~花	1083 擦~粉笔字‖手~破了皮
经公桥	□ lau⁴⁴	摘 tʂa⁴⁴	拆 tʃuau⁴² ‖ □ kʻuʌ²¹⁴
鹅湖	拔 pʻoʔ⁴	摘 tʂaʔ⁴	拆 tɕia⁵³ ‖ 擦 tsʻoʔ⁴
旧城	搣 miɛ³³	摘 tɕia²¹³	擦 tʂʻuo²¹³ ‖ 揩 kʻa⁵⁵
湘湖	□ kʻuɛʔ⁴	摘 tɕiaʔ⁴	抹 mɛʔ² ‖ 抹 mɛʔ²
溪头	拗 ŋau⁴²	摘 tsa⁵⁵	揩 kʻa³³ ‖ 揩 kʻa³³
沱川	拗 au²	摘 tso⁵¹/讨 tʻa²	拆 tɕiau² ‖ 揩 kʻɒ⁴⁴
紫阳	□ kʻua⁵¹	讨 tʻo²	拆 tɕio² ‖ 碰 pʻɐm³⁵
许村	拥 va³¹	摘 tʃo⁵⁵	拆 tʃo³¹ ‖ 孔 kʻɐm³
中云	拥 va⁵¹	摘 tso⁵¹	拆 tɕio² ‖ 揩 kʻo⁴⁴
新建	□ kʻuɛ⁵¹	讨 tʻə³¹	揩 kʻa⁵⁴ ‖ □ tsʻɯ⁵¹
新营	□ kʻuɛ²¹⁵	摘 ta²¹⁵	擦 tsʻo²¹⁵ ‖ 擦 tsʻo²¹⁵
黄柏	□ kʻui²¹³	摘 tsuɑ²¹³	抹 mo⁴⁴/揩 kʻa⁴⁴ ‖ 磨 mo⁴¹
暖水	搣 miɛ³¹	摘 tɕiæ⁵⁴	揩 kʻa³¹ ‖ 揩 kʻa³¹

	1084 摔~碗	1085 倒掉把剩饭~	1086 扔~掉垃圾‖~手榴弹
经公桥	摔 ʃa²²	泼了去 pʻɤ⁴⁴lɤ⁰kʻei²¹⁴	㧞 xuei⁴⁴ ‖ □ tɕyɛ²²
鹅 湖	㧞 xuɛʔ⁴	□□ tʂʻa²¹¹ku⁰	㧞 xuɛʔ⁴ ‖ □ lai²¹¹
旧 城	打 ta³¹	倒嘀 tau²¹³ti⁰	丢 tiəu⁵⁵
湘 湖	打 ta³¹⁴	泼哩去 pʻɛʔ²⁴li⁰kʻu²¹²	扔 lɛn⁴⁴ ‖ 丢 tiəu⁴⁴
溪 头	□ pɛn³³	倒之 tɐ²⁴tɕi⁰	丢 tæi³³ ‖ □ tsɐ²⁴
沱 川	丢 tə⁴⁴	倒之 ta³⁵tsə⁴⁴	丢 tə⁴⁴
紫 阳	打 ta²	倒 to³⁵tɕi⁰	□ le⁵¹
许 村	□ tʃɤ²⁴	□之 pã³¹tɕi⁰	□ tʃɤ²⁴
中 云	□ tsɤ³⁵	倒嘀 ta³⁵ti⁰	□ tsɤ³⁵
新 建	□ tsʻẽ⁵¹	□之 tə³¹tsɤ⁰	□ tẽ⁵⁴ ‖ 抛 pʻɔ⁵⁴
新 营	打 ta⁵³	倒噗去 tɔ²¹³pʻu⁰tɕʻi²¹³	丢 tio⁵⁵
黄 柏	打 tɑ⁴⁵³	倒噗去 tə²¹³pʻə⁰tɕʻi²¹³	丢 tə⁴⁴
暖 水	打 ta²¹⁴	撒得去 pʻiɛ⁵⁴tɤ⁰tɕʻi³⁵	丢 ty³¹ ‖ □ tʂu⁵¹

	1087 捡~到十块钱	1088 盖把杯子~上	1089 塞把酒瓶口~紧
经公桥	捡 tɕiɛ⁴²	盖 kɤ²¹⁴	塞 sei⁴⁴
鹅 湖	拾 ɕiʔ⁴	顿 tən²¹³	墍 tʂuoʔ⁴
旧 城	捡 tɕi³¹	盖 kiɛ²¹³	墍 tʂəu²¹³
湘 湖	拾 ɕiʔ²	盖 kɛ²¹²	墍 tsɛʔ⁴
溪 头	□ pa⁵¹	盖 kuɐ²⁴	塞 si⁵⁵
沱 川	拾 sɿ⁵¹	盖 kua³⁵	塞 si⁵¹
紫 阳	拾 sa⁵¹	顿 tæ̃³⁵	墍 tɕi⁵¹
许 村	拾 ʃa⁵⁵	顿 tɛn²⁴	墍 tsɿ⁵⁵
中 云	拾 sa⁵¹	盖 kuɤ³⁵	墍 tsɿ⁵¹
新 建	拾 ʃɛ³³	顿 tẽ²¹³	墍 tsɤ⁵¹
新 营	拾 ɕi⁵⁵	盖 kua²¹³	墍 tɕyɛ²¹⁵
黄 柏	拾 ɕiɛ⁴⁴	盖 kɛ²¹³	塞 sɛ²¹³
暖 水	拾 ɕiɛ³¹	盖 ko³⁵	塞 se⁵⁴

	1090 埋~宝贝~在地下	1091 挖~红薯	1092 压~石头~断了腿
经公桥	埋 ma³⁵⁵	挖 uʌ²²	砑 tʂa⁴⁴
鹅 湖	埋 ma³⁵	挖 ŋoʔ²	砑 tʂaʔ²
旧 城	埋 ma²⁴	挖 uo⁵⁵	压 ŋuoʔ²¹³
湘 湖	窖 kau²¹²	挖 uo⁴⁴	压 ŋoʔ⁴
溪 头	窖 kau²⁴	挖 uo³³	□ kʻa⁵⁵
沱 川	埋 ba²¹	挖 vo⁴⁴	砑 tso⁵¹
紫 阳	窖 kɒ³⁵	挖 vɤ⁴⁴	砑 tsɒ⁵¹
许 村	窖 kɔ²⁴	掘 kʻe⁵⁵	砑 tʃo⁵⁵
中 云	窖 kɔ³⁵	挖 vo⁴⁴	□ ŋo³⁵/砑 tɔ⁵¹
新 建	窖 kɔ²¹³	挖 va⁵⁴	砑 tʃo⁵¹
新 营	埋 ma³¹	挖 uo⁵⁵	压 ŋo²¹⁵
黄 柏	埋 ma⁴¹	□ liə⁴⁴	□ kʻɑ²¹³
暖 水	埋 ma²³	掘 kʻiɛ²¹⁴	压 ŋo²¹⁴

	1093 摁~图钉	1094 捅~鸟窝	1095 插~香
经公桥	□ luʌ²¹⁴	戳 tsʻau⁴⁴	插 tsʻuʌ⁴⁴
鹅 湖	按 ŋən²¹³	丑 təuʔ²¹³	插 tsʻoʔ²¹³
旧 城	摁 ŋɛn²¹³	戳 tsʻau²¹³	插 tsʻuo²¹³
湘 湖	按 ŋɛn²¹²	丑 təuʔ⁴	插 tsʻoʔ⁴
溪 头	揿 tʃʻɛn²⁴	丑 tu⁵⁵	扦 tsʻĩ³³
沱 川	按 ŋ̍³⁵	丑 tu⁵¹	插 tsʻo⁵¹
紫 阳	按 m̩³⁵	戳 tsʻɒ⁵¹	插 tsʻə⁵¹
许 村	按 m̩²⁴	□ tʃʻɐm³¹	插 tʃʻø⁵⁵
中 云	按 m̩³⁵	丑 tɔ⁵¹	插 tsʻo⁴⁴
新 建	按 vã²¹³	戳 tʃʻo⁵¹	插 tʃʻuɤ⁵¹
新 营	按 u²¹³	捅 tʻən⁵³	插 tʻo²¹⁵
黄 柏	按 ŋõ²¹³	丑 tu²¹³	插 tsʻuɑ²¹³
暖 水	按 ŋuõ³⁵	戳 tsʻɔ⁵⁴	插 tsʻuɐ⁵⁴

	1096 戳~手指~伤眼睛	1097 撬~门	1098 剁~肉馅儿
经公桥	戳 tʂʻau⁴⁴	□ tʃuau²¹⁴	剁 tuʌ²¹⁴
鹅湖	丑 təuʔ⁴	□ ia²¹¹	剁 tuo²¹³
旧城	丑 təu²¹³	撬 tɕʻiau²¹³	剁 tuo³¹
湘湖	丑 təuʔ⁴	撬 tɕʻio²¹²	剁 to²¹²
溪头	丑 tu⁵⁵	撬 tʃʻa²⁴	搻 tsã²³¹
沱川	闪 sɿ²	撬 tɕʻiɒ⁵¹	搻 tsʌ̃³¹
紫阳	丑 tu⁵¹	□ ŋã⁵¹	剁 tu³⁵
许村	扦 tsʻĩ³³	撬 tɕʻiɔ⁵⁵	剁 tu²⁴
中云	櫴 tsĩ⁴⁴	撬 tɕʻio³⁵	剁 to²
新建	戳 tʃʻo⁵¹	撬 tɕʻiɛ⁵¹	剁 tɯ³¹
新营	戳 tʻɔ²¹⁵	撬 tɕʻiɔ²¹³	剁 tu²¹³
黄柏	丑 tu²¹³	撬 tʃʻə²¹³	剁 to²¹³
暖水	戳 tʂʻɔ⁵⁴	撬 tɕʻyɛ³⁵	剁 to²¹⁴

	1099 削~苹果	1100 剪~头发	1101 捆~小偷
经公桥	削 sia⁴⁴	铰 kau⁴²	缚 fau⁴⁴/□ yʌu²²
鹅湖	削 sioʔ⁴	铰 kau⁵⁵	绑 paŋ⁵³
旧城	削 sa²¹³	剪 tsi³¹	绑 paŋ³¹
湘湖	刨 pʻau³⁵	铰 kau⁴⁴	绑 paŋ³¹⁴
溪头	削 sia⁵⁵	铰 kau⁵⁵	捆 kʻuəŋ⁴²
沱川	削 siau⁵¹	剪 tsĩ²	捆 kʻuəŋ²
紫阳	刨 pʻə²¹¹	铰 kɒ²	捆 kʻuæ²
许村	卷 kĩ³¹	剪 tsĩ³¹	绑 pɔ̃³¹
中云	削 ɕio⁵¹/刨 pʻɔ¹¹	剪 tsĩ²	捆 kʻuɛn²/绑 pã²
新建	削 siɔ⁵¹	铰 kɔ³¹	缚 fo³³
新营	削 sia²¹⁵	铰 kɔ⁵³	捆 kʻuən⁵³
黄柏	削 ɕiə²¹³	铰 kə⁴⁴	绑 pəŋ⁴⁵³
暖水	削 ɕyɛ⁵⁴	□ tɕʻia³¹	缚 fɔ³¹

第五章 赣东北徽语代表方言点词语对照

	1102 拴~牛	1103 解~开绳子	1104 搀~住老人
经公桥	系 tɕi²¹⁴	解 tɕia⁴²	扶 fu³⁵⁵
鹅 湖	系 tɕi²¹³	解 ka⁵³	牵 tɕʻĩ⁵⁵
旧 城	系 tɕi²¹³	解 ka³¹	扶 fu²⁴
湘 湖	系 ɕi²¹¹	解 ka³¹⁴	扶 fu³⁵
溪 头	系 tʃe²⁴	解 ka⁴²	扶 fu⁵¹
沱 川	系 tɕie³⁵	解 ko²	扶 fu²¹¹
紫 阳	捆 kʻuæ²	解 ko²	扶 fu²¹¹
许 村	系 tʃe²⁴	解 ko³¹	扶 fu⁵¹
中 云	系 tɕie³⁵	解 ko²	扶 fu¹¹
新 建	系 tɕiɛ²¹³	解 ka³¹	牵 tɕʻiɛ̃⁵⁴
新 营	系 tɕi²¹³	解 ka⁵³	扶 fu³¹
黄 柏	系 tɕi²¹³	解 kɑ⁴⁵³	扶 fu⁴¹
暖 水	栓 ɕiɛ̃³¹	解 ka³⁵	扶 fu²³

	1105 推汽车熄火了大家~一下	1106 拉~住衣服‖~二胡	1107 涮~杯子
经公桥	挺 soŋ⁴²/□ sɤ²¹⁴	扯 tɕʻiɛ⁴²‖拉 la²²	荡 tʻaŋ²¹⁴
鹅 湖	挺 soŋ⁵³	□ xaʔ⁴‖□ ŋa²¹³	荡 tʻaŋ²¹¹
旧 城	挺 soŋ³¹/推 tʻɛ⁵⁵	扯 tɕʻiɛ³¹	荡 tʻaŋ³³
湘 湖	挺 soŋ³¹⁴	扯 tɕʻiɛ³¹⁴‖拉 la⁴⁴	荡 tʻaŋ²¹¹
溪 头	挺 səŋ⁴²	扯 tsʻe⁴²‖拉 la³³	荡 tʻɔ²³¹
沱 川	挺 səŋ²	扯 tsʻe²‖安 ŋõ⁴⁴	荡 tʻã³¹
紫 阳	挺 sɐm²	扯 tɕʻie²‖拉 la⁴⁴	荡 tʻā³¹
许 村	挺 sɐm³¹	扯 tʃʻe³¹‖□ ŋo³³	荡 tʻɔ⁵⁵
中 云	挺 sɐm²	扯 tsʻe²‖拉 la⁴⁴	荡 tʻa³¹
新 建	□ ŋõ⁵¹	扯 tʃʻe³¹‖□ ŋo³³	荡 tʻɔ⁵¹
新 营	挺 sən⁵³	撅 tɕyɛ²¹⁵‖□ ŋa⁵⁵	唥 lɔ⁵⁵
黄 柏	挺 səŋ⁴⁵³	拽 tsuɛ²¹³‖拉 lɑ⁴⁴	唥 lā⁴⁴
暖 水	推 tʻɤ³¹	扯 tsʻa²¹⁴‖扯 tsʻa²¹⁴	荡 tʻʌŋ⁵⁵

		1108 挪桌子~开	1109 掺红酒~醋	1110 烧~柴
经公桥		移 i³⁵⁵	掺 tʂʻuɤ̃²²	烧 ʃuau²²
鹅 湖		移 i³⁵	掺 tʂʻõ⁵⁵	烧 ɕia⁵⁵
旧 城		移 i²⁴	掺 tʂʻuo⁵⁵	烧 ɕiau⁵⁵
湘 湖		移 i³⁵	镶 sa⁴⁴	烧 ɕio⁴⁴
溪 头		搬 pũ³³	镶 siɔ̃³³	烧 sa³³
沱 川		搬 pũ⁴⁴	掺 tsʻũ⁴⁴	烧 sɒ⁴⁴
紫 阳		□ vɔ̃⁴⁴	掺 tsʻum⁴⁴	烧 so⁴⁴
许 村		移 i⁵¹	掺 tʃʻũ³³	烧 ʃo³³
中 云		搬 pum⁴⁴/拎 nã⁴⁴	冲 tsʻɐm⁴⁴	烧 so⁴⁴
新 建		移 i²⁴	掺 tʃʻʌ̃⁵⁴	烧 ʃa⁵⁴
新 营		移 i³¹	掺 tʻã⁵⁵	烧 ɕiɔ⁵⁵
黄 柏		搬 põ⁴⁴	掺 tʂʻuã⁴⁴	烧 ʃa⁴⁴
暖 水		移 i²³	掺 tʂʻã³¹	烧 ɕye³¹

		1111 捶~背	1112 打架	1113 捱打	1114 杀~人
经公桥		□ tən⁴²	打架 ta⁴²kʌ²¹⁴	驮打 tʻuʌ³⁵ta⁴²	杀 ʂuʌ⁴⁴
鹅 湖		捶 tɕʻy³⁵	打架 ta⁵³kuo²¹³	驮打 tʻuo³⁵ta⁵³	杀 ʂoʔ⁴
旧 城		捶 tɕʻy²⁴	打架 ta³¹kuo²¹³	驮打 tʻuo²⁴ta³¹	杀 ʂuo²¹³
湘 湖		舂 tsoŋ⁴⁴	打架 ta³⁵ko²¹²	驮打 tʻɛ³⁵ta³¹⁴	杀 soʔ⁴
溪 头		殼 kʻau⁵⁵	打架 ta⁴²ko²⁴	驮打 to⁵¹ta⁴²	杀 so⁵⁵
沱 川		舂 tsəŋ⁴⁴/□ nəŋ⁴⁴	打架 tɒ²ko³⁵	驮打 tʻu²¹tɒ²	杀 so⁵¹
紫 阳		舂 tsɐm⁴⁴	打架 ta²kə³⁵	驮打 tʻə²¹¹ta²	杀 sə⁵¹
许 村		舂 tʃɐm³³	打架 to³¹ko²⁴	驮打 tʻɣ⁵¹to³¹	杀 ʃø⁵⁵
中 云		舂 tsɐm⁴⁴	打架 to²ko³⁵	驮打 tʻɣ¹¹to²	杀 so⁵¹
新 建		舂 tʂəŋ⁵⁴	打架 ta³¹kuɣ³⁵	驮打 tʻɯ²⁴ta³¹	杀 ʃuɣ⁵¹
新 营		舂 tən⁵⁵	打架 ta⁵³ka²¹³	捱打 ŋa³¹ta⁵³	杀 ɕio²¹⁵
黄 柏		捶 tɕʻy⁴¹	打架 tɑ⁴⁵³kɑ²¹³	捱打 ŋa⁴¹tɑ⁴⁵³	杀 ʂuɑ²¹³
暖 水		捶 tɕʻi²³	打架 ta³¹kuɐ³⁵	驮打 tʻo²³ta²¹⁴	杀 ʂuɐ⁵⁴

第五章　赣东北徽语代表方言点词语对照

	1115 躲~在山洞里	1116 藏钱~好	1117 丢失了钥匙~
经公桥	缩 ɕiau⁴⁴	囥 k'aŋ²¹⁴	跌了 tei⁴⁴lɤ⁰
鹅湖	缩 ʂauʔ⁴	囥 k'aŋ²¹³	跌嗝 tiɛʔ³⁵kɛ⁰
旧城	躲 tuo³¹	囥 k'aŋ²¹³	跌嘀 tei²¹³ti⁰
湘湖	缩 sauʔ⁴	拘收 tɕy⁴⁴ɕiəu⁴⁴	跌落 tiɛʔ⁴lauʔ²
溪头	躲 to⁴²	拘收 tɕy³³sæi³³‖囥 k'ɔ̃²⁴	□哩 mɐ²⁴li⁰
沱川	躲 to²	囥 k'ã³⁵	跌之 te⁵¹tsə⁰
紫阳	躲 tə²	囥 k'ã³⁵	跌之 te⁵¹tɕi⁴⁴
许村	躲 tɤ³¹	囥 k'ɔ̃²⁴	跌之 te⁵⁵tɕi⁰
中云	躲 tɤ³	囥 k'ã³⁵	跌嘀 ma⁴⁴ti⁰
新建	躲 tɯ³¹	囥 k'ɔ̃²¹³	跌之 tæ⁵¹tsɤ⁰
新营	缩 ɕiɔ²¹⁵	架 ko²¹³	□冇 lɔ⁵¹mɔ³¹
黄柏	躲 to⁴⁵³	囥 k'ã²¹³	落了 lə³³lə⁰
暖水	躲 to²¹⁴	囥 k'ʌŋ³⁵	跌坏□ to⁵⁴pu⁰tɔ⁰

	1118 找着了钥匙~	1119 凑（钱）	1120 挑担
经公桥	寻到了 tsʻən³⁵tau⁰lɤ⁰	斗 tiəu²¹⁴	挑担 t'ia²²tuã²¹⁴
鹅湖	寻到了 tsʻən³⁵tau⁰lə⁰	斗 tiəu²¹³	挑担 t'ia⁵⁵tõ²¹³
旧城	寻到嘀 tsʻɛn²⁴tau⁰ti⁰	斗 tau²¹³	挑担 t'iau⁵⁵tuo²¹³
湘湖	寻到哩 tsʻɛn³⁵tau²¹²li⁰	斗 tiau²¹²	担担 to⁴⁴to²¹²
溪头	寻着之 tsʻɛn⁵¹tsʻau⁵⁵tsŋ³³	斗 tæi²⁴	挑担 t'ia³³tã²⁴
沱川	寻着 tsʻɛn²¹tsʻau⁵¹	斗 tə³⁵	担担 tõ⁴⁴tõ³⁵
紫阳	寻着之 tsʻæ²¹tsʻɒ⁵¹tɕi⁰	斗 ta³⁵	担担 tum⁴⁴tum³⁵
许村	寻到哩 tʃʻɛn⁵¹ta²⁴li⁰	斗 ta²⁴	担担 tũ³³tũ²⁴
中云	寻着嘀 tsʻɛn¹¹tsʻɔ⁵¹ti⁰	斗 ta³⁵	担担 tum⁴⁴tum³⁵
新建	寻着 tsʻẽ²⁴tɕʻɯ³³	斗 tɯ²¹³	担担 tã⁵⁴tã²¹³
新营	寻到了 tsʻən³¹tɔ⁵⁵lɔ⁰	斗 tio²¹³	担担 tã⁵⁵tã²¹³
黄柏	寻到了 tʃʻən⁴¹tə²¹³lə⁰	斗 tiə²¹³	担担 tã⁴⁴tã²¹³
暖水	寻着了 tsʻẽ²¹tɕiəu⁵⁵lɤ⁰	斗 ty³⁵	挑担 t'yɛ³¹tã³⁵

	1121 换肩	1122 扛~锄头	1123 抬~轿子
经公桥	□肩 mɤ²⁴tɕiɛ̃²²	驮 t'uʌ³⁵⁵	抬 t'a³⁵⁵
鹅 湖	换肩 xõ²¹¹tɕĩ⁵⁵	掆 kaŋ⁵⁵	抬 t'a³⁵
旧 城	换肩 uɛn³³tɕi⁵⁵	驮 t'uo²⁴	掆 kaŋ⁵⁵
湘 湖	车肩 tɕ'iɛ⁴⁴tɕĩ⁴⁴	驮 t'ɛ³⁵	掆 kaŋ⁴⁴
溪 头	车肩 ts'e³³tʃĩ³³	驮 to⁵¹	掆 kõ³³
沱 川	换肩 ŋ⁵¹tɕĩ⁴⁴	驮 t'o²¹¹	掆 kã̃⁴⁴
紫 阳	调肩 t'io⁵¹tɕi⁴⁴	驮 t'ə²¹¹	抬 t'e²¹¹
许 村	换肩 xũ⁵⁵tɕi³³	驮 t'ɤ⁵¹	掆 kõ³³
中 云	换肩 xum⁵¹tɕĩ⁴⁴	驮 t'ɤ¹¹	掆 kã⁴⁴
新 建	换肩 xuõ⁵¹tɕiɛ̃⁵⁴	驮 t'ɯ²⁴	掆 kõ⁵⁴
新 营	调肩 t'iɔ⁵¹tɕie⁵⁵	驮 t'u³¹	掆 kõ⁵⁵
黄 柏	换肩 uã²¹³tɕiɛ̃⁴⁴	驮 t'o⁴¹	掆 kã⁴⁴
暖 水	换肩 xuõ⁵¹tɕiɛ̃³¹	驮 t'o²³	掆 kʌŋ³¹

	1124 背~孩子	1125 挑、拣苹果~大的	1126 收拾~衣服出门
经公桥	背 pɤ²¹⁴/驮 t'uʌ³⁵⁵	择 t'au²²/拣 kuã̃⁴²	捡 tɕiɛ̃⁴²
鹅 湖	背 pɛ⁵⁵	选 sən⁵³	拾 ɕiʔ⁴
旧 城	背 pɛ⁵⁵	拣 kuo³¹	收□ ʂəu⁵⁵tɕi⁰
湘 湖	驮 t'ɛ³⁵	挑 t'io⁴⁴	拘收 tɕy⁴⁴ɕiəu⁴⁴
溪 头	背 pɐ²⁴	拣 kã	拘收 tɕy³³sæi³³
沱 川	背 pa³⁵	拣 kõ²	收拾 sə⁴⁴sɿ⁵¹
紫 阳	背 pe⁴⁴	拣 kẽ²	收理 sa⁴⁴li³¹
许 村	背 pɤ²⁴	挑 t'iɔ³³	□理 tʃ'a⁵⁵li³¹
中 云	背 pɤ³⁵	□ t'e³⁵	收拾 sa⁴⁴sa⁵¹
新 建	背 pa⁵⁴	择 t'o³³	□理 tʃ'a⁵⁴li³¹
新 营	背 pi²¹³	择 t'ɔ⁵¹	收拾 ɕio⁵⁵ɕi⁵⁵
黄 柏	驮 t'o⁴¹	择 t'o⁴⁴	拘收 tɕy⁴⁴ʃə⁴⁴
暖 水	背 pɤ³⁵	择 t'ɔ³¹	收 ɕy³¹

	1127 裂开	1128 皱皮肤~起来	1129 凸起头上~一个包
经公桥	□圻 ma⁴⁴tʂʻa⁴⁴	皱 tɕiəu²¹⁴	暴起来 pau²⁴tɕʻi⁴²la⁰
鹅 湖	□圻 maʔ²tʂʻaʔ²⁴	□ tsoŋ²¹³	起 tɕʻi⁵³
旧 城	进圻 paŋ²¹³tʂʻa²¹³	起□ tɕʻi³¹tsoŋ²¹³	贡起来 koŋ²¹³tɕʻi³¹lɛ²⁴
湘 湖	裂缝 liɛʔ²foŋ²¹¹	起皱 tɕʻi³⁵tsəu²¹²	鼓起来 ku³¹tɕʻi³¹lɛ⁰
溪 头	裂开 le⁵⁵kʻuɐ³³	皱 tsæi²⁴	蓬起来 pʻəŋ⁵¹tʃʻi⁴²lɛ⁰
沱 川	裂开 le⁵¹kʻua⁴⁴	□ ȵiʌ̃³⁵	贡起来 kəŋ³⁵tɕi³⁵la²¹¹
紫 阳	裂缝 le⁵¹fɐm⁵¹	皱 tsa³⁵	蓬起来 pʻɐm²¹tɕʻi³⁵lɛ²¹¹
许 村	裂开 le²⁴kʻuɣ³³	□ tʃɐm²⁴	杠起来 kɔ̃²⁴tɕʻi³¹lɣ⁰
中 云	裂开 le³⁵kʻuɣ⁴⁴	皱 ȵiã³⁵	□起来 lɣ¹¹tɕʻi³⁵lɣ¹¹
新 建	裂开 læ³³kʻua⁵⁴	皱 tsɯ²¹³	蓬起来 pʻəŋ²¹tɕi³¹la⁰
新 营	□开 tsʅ⁵⁵kʻua⁵⁵	□ tsən²¹³	□起来 pən²¹³tɕʻi⁵⁵li⁰
黄 柏	刮开 kuɑ²¹³kʻɛ⁴⁴	□ tsəŋ⁴⁵³	暴起来 pə²¹³tɕʻi⁴⁵³lɛ⁰
暖 水	刮圻 kuɐ⁵⁴tɕʻiæ⁵⁴	皱 tɕy³⁵	贡起 koŋ³⁵tɕʻi²¹⁴

	1130 凹下腿浮肿一按~一个坑	1131 磨损走山路鞋底~了半公分
经公桥	□下去 tʻi⁴⁴xʌ²¹kʻei²¹⁴	磨烊 muʌ³⁵yaŋ⁵⁵
鹅 湖	凹下去 au⁵⁵xuo²¹tɕʻi⁰	磨烊 muo³⁵iõ³⁵
旧 城	陷下去 xuo³³xo³³tɕʻi⁰	磨蚀 muo²⁴ɕie³³
湘 湖	穤下去 iɛʔ²xo²¹kʻu²¹²	磨蚀 mɛ³⁵ɕiɛʔ²
溪 头	陷下去 xã⁵⁵xo⁵⁵kʻɐ²⁴	磨菱 mo⁵¹ui⁵⁵
沱 川	陷下去 xõ⁵¹xo³¹kʻə⁰	磨菱 bu²¹y³¹
紫 阳	陷下去 xẽ⁵¹xə⁵¹tɕʻi³⁵	磨菱 bə²¹y³¹
许 村	□下去 ŋo³³xo⁵⁵tʃʻe⁰	磨菱 mɣ⁵¹ve⁵⁵
中 云	□下去 tʻã³¹xo⁵¹tɕʻi⁰	磨菱 bɣ¹¹ve⁵¹
新 建	陷下去 xã⁵¹xuɣ⁵¹tʃʻɛ⁰	磨□ mɯ⁵¹xɯ²¹³
新 营	□下去 iɛ²¹⁵xo⁵¹tɕʻi²¹³	磨平 mu³¹pʻæ³¹
黄 柏	塌下去 tʻɑ²¹³xo²¹tɕʻi²¹³	磨蚀 mo⁴¹ɕiə⁴⁴
暖 水	陷下去 xã⁵⁵xo⁵¹tɕʻi³⁵	磨菱 mo²³vi⁵⁵

	1132 掉落 树上~一个苹果	1133 滴下
经公桥	□下来 t'i⁴⁴xʌ²¹la⁰	渧下来 ti²¹⁴xʌ²¹la⁰
鹅 湖	跌下来 tiɛʔ²¹³xuo²¹lɛ⁰	渧下来 tei²¹³xuo²¹lɛ⁰
旧 城	跌下来 tei²¹³xuo³³lɛ⁰	渧下来 tei²¹³xuo³³lɛ⁰
湘 湖	落下来 lauʔ²xo²¹lɛ⁰	渧下来 tei²¹²xo²¹lɛ⁰
溪 头	跌下来 te⁵⁵xo⁵⁵lɤ⁰	渧下来 te²⁴xo⁵⁵lɤ⁰
沱 川	跌下来 te⁵¹xo³¹la⁰	渧下来 te³⁵xo³¹la⁰
紫 阳	跌下来 te⁵¹xə³¹lɛ⁰	渧下来 ti³⁵xə³¹lɛ⁰
许 村	跌下来 te⁵⁵xo⁵⁴lɤ⁰	渧下来 te²⁴xo⁵⁵lɤ⁰
中 云	跌下来 te⁵¹xo³¹lɤ⁰	渧下来 te³⁵xo³¹lɤ⁰
新 建	跌/落下来 to⁵¹/ lo³³xuɤ⁵¹la⁰	渧下来 tæ²¹³xuɤ⁵¹la⁰
新 营	落下来 lɔ⁵⁵xo⁵¹li³¹	渧下来 te²¹³xo⁵¹li³¹
黄 柏	落下来 lə⁴⁴xɑ²¹lɛ⁴¹	渧下来 ti²¹³xɑ²¹lɛ⁰
暖 水	搭下来 to⁵⁴xo⁵¹lɤ²³	渧下来 ti³⁵xo⁵¹lɤ²³

	1134 （尘土）飞扬 公路上尘土~起来	1135 流水 向~	1136 漂浮 河面~着垃圾
经公桥	埲 p'oŋ²¹⁴	流 liəu³⁵⁵	漂 p'ia²²
鹅 湖	埲 p'oŋ²¹¹	流 liəu³⁵	泛 fõ²¹¹
旧 城	埲 p'oŋ³³	流 liəu²⁴	漂 p'iau⁵⁵
湘 湖	埲 p'oŋ²¹¹	流 liəu³⁵	浮漂 fəu³⁵p'io⁴⁴
溪 头	潜 p'u³³	流 læi⁵¹	浮 fæi⁵¹
沱 川	扬 iã²¹¹	流 lə²¹	浮 fə²¹¹
紫 阳	埲 p'ɐm³¹	流 la²¹¹	浮 fã³⁵
许 村	埲 p'ɐm⁵¹	流 la⁵²	浮 fa⁵²
中 云	埲 p'ɐm³¹	流 la¹¹	浮 fu¹¹
新 建	埲 p'əŋ⁵¹	流 lɯ²⁴	泛□ fʌ̃²¹tẽ⁵⁴
新 营	埲 p'ən³¹	流 lio³¹	泛 fa²¹¹
黄 柏	埲 p'əŋ²¹³	流 liə⁵¹	□ t'əŋ⁵¹
暖 水	埲 p'oŋ⁵⁵	流 ly²³	泛 fã³⁵

第五章 赣东北徽语代表方言点词语对照

	1137 打哈欠	1138 打瞌睡
经公桥	打哈呐 ta⁴²xa²⁴nɛ⁰	□呼 tʂau⁴⁴xu²²
鹅湖	打哈吗ㄦ ta⁵³xa⁵⁵maʳ⁰	春睏 tʂoŋ⁵⁵kʻuən²¹³
旧城	打呼哈 ta³¹fu⁵⁵xa⁵⁵	春睏 tʂoŋ⁵⁵kʻuɛn²¹³
湘湖	打哈哈 ta³¹xa⁴⁴xa⁴⁴	春睏 tsoŋ⁴⁴kʻuɛn³⁵
溪头	□嘴 mɐ⁵¹tsi⁴²	春睏 tsəŋ³³kʻuəŋ²⁴
沱川	□嘴 bɒ⁵¹tsi²	春睏 tsəŋ⁴⁴kʻuəŋ³⁵
紫阳	貌嘴 bɒ⁵¹tsi²	春睏 tsɐm⁴⁴kʻuæ³⁵
许村	□嘴 mɔ³³tsi³¹	春睏 tsɐm³³kʻuɛn²⁴
中云	打哈欠 to²xa⁴⁴tɕʻi³⁵	春睏 tsɐm⁴⁴kʻuɛn³⁵
新建	打哈哈 ta³¹xã²¹xã⁰	春睏 tʃəŋ⁵⁴kʻuẽ²¹³
新营	打哈呼 ta⁵³xa⁵⁵xu⁵⁵	春睏 tən⁵⁵kuan²¹³
黄柏	打哈哈 tɑ⁴⁵³xɑ²¹³xɑ⁰	春睏 tʂuəŋ⁴⁴kʻuən²¹³
暖水	打哈呼 ta²¹xa²⁴xu³¹	春睏 tʂoŋ³¹kʻuẽ³⁵

	1139 睡觉	1140 睡着了
经公桥	睏觉 kʻuən²⁴kau²¹⁴	睏熟了 kʻuən²⁴ʂo²²lɤ⁰
鹅湖	睏觉 kʻuən³⁵kau²¹³	睏熟了 kʻuən³⁵ʂəuʔ⁴le⁰
旧城	睏觉 kʻuɛn²¹³kau²¹³	睏熟嘀 kʻuɛn²¹³ʂəu³³ti⁰
湘湖	睏觉 kʻuɛn³⁵kau²¹²	睏熟哩 kʻuɛn³⁵səuʔ²li⁰
溪头	睏觉 kʻuəŋ²⁴kau²⁴	睏之 kʻuəŋ²⁴tsɿ³³
沱川	睏觉 kʻuəŋ³⁵kau³⁵	睏着之 kʻuəŋ³⁵tsʻau⁵¹tsə⁴⁴
紫阳	睏 kʻuæ³⁵	睏着之 kʻuæ³⁵tsʻɒ⁵¹tɕi⁴⁴
许村	睏觉 kʻuɛn²⁴kɔ²⁴	睏着哩 kʻuɛn²⁴tʃʻɤ⁵⁵li⁰
中云	睏觉 kʻuɛn³⁵kɔ³⁵	睏着之 kʻuɛn³⁵tsʻɔ⁵¹tɕi⁰
新建	睏觉 kʻuẽ²³kɔ²¹³	睏着/沉啦 kʻuẽ²³tɕʻɯ³³/ tʃʻẽ²⁴la⁰
新营	睏觉 kʻuən²¹³kɔ²¹³	睏着了 kʻuən²¹³tɕʻia⁵⁵lɔ⁰
黄柏	睏觉 kʻuən²¹kɔ²¹³	睏着嘞 kʻuən²¹tʃʻə⁴⁴lə⁰
暖水	睏 kʻuẽ³⁵	睏□了 kʻuẽ³⁵tɕʻi²⁴lɤ⁰

	1141 打鼾	1142 做梦
经公桥	打呼 ta⁴²xu²²	做梦 tsuʌ²⁴moŋ²¹⁴
鹅 湖	打呼 ta⁵³xu⁵⁵	眠梦 mĩ³⁵moŋ²¹¹
旧 城	打呼 ta³¹fu⁵⁵	眠梦 mi²⁴moŋ³³
湘 湖	打呼 ta³¹xu⁴⁴	眠梦 mĩ³⁵moŋ²¹¹
溪 头	打呼 ta²⁴xu³³	做梦 tso²⁴məŋ⁵⁵
沱 川	打呼 tɒ²xu⁴⁴	做梦 tsu³⁵məŋ⁵¹
紫 阳	打呼 tɒ²xu⁴⁴	发梦 fo⁵¹mɐm⁵¹
许 村	鼾眠 xũ³³mĩ⁵¹	做梦 tsu³⁵mɐm⁵⁵
中 云	打鼾 to³⁵xã⁴⁴	做梦 tsu³⁵mɐm⁵¹
新 建	打呼眠 ta³¹xu⁵⁴mã²⁴	做梦 tsɯ²³məŋ⁵¹
新 营	打呼 ta⁵³xu⁵⁵	做梦 tsu²¹³məŋ⁵¹
黄 柏	打呼 tɑ⁴⁵³xu⁴⁴	眠梦 miẽ⁴¹məŋ²¹³
暖 水	打呼 ta²⁴xu³¹	眠梦 miẽ²¹moŋ⁵⁵

	1143 说梦话	1144 起床
经公桥	讲梦话儿 kaŋ⁴²moŋ²⁴uʌ²²ŋ⁰	起来 tɕʻi⁴²la⁵⁵
鹅 湖	话梦话 uo³⁵moŋ²¹xuo²¹¹	起来 tɕʻi⁵³lɛ³⁵
旧 城	话梦话 uo³³moŋ³³xuo³³	爬起来 pʻuo²⁴tɕʻi³¹lɛ⁰
湘 湖	讲梦话 kaŋ³⁵moŋ²¹uo²¹¹	起来 tɕʻi³¹lɛ³⁵
溪 头	讲梦话 kɔ̃⁴²məŋ⁵⁵uo⁵⁵	起来 tʃʻi⁴²lɛ⁵¹
沱 川	讲梦话 kɐ̃²məŋ⁵¹vʻ⁵¹	起来 tɕʻi³⁵la²¹¹
紫 阳	讲梦话 kã²mɐm⁵¹və⁵¹	起来 tɕʻi³⁵lɛ²¹¹
许 村	讲梦话 kɔ̃³¹mɐm⁵⁵vo⁵⁵	起来 tɕʻi²⁴lɤ⁵¹
中 云	讲梦话 kã²mɐm⁵¹vo⁵¹	起来 tɕʻi³⁵lɤ¹¹
新 建	讲梦话 kɔ̃³¹məŋ⁵¹xua⁵¹	起来 tʃʻi²⁴la⁰
新 营	讲梦话 kɔ̃⁵³məŋ⁵¹xo⁵¹	起来 tɕʻi⁵³li³¹
黄 柏	话梦事 uo²¹məŋ²¹xa²¹³	起来 tɕʻi⁴⁵³lɛ⁴¹
暖 水	讲梦话 kʌŋ²¹moŋ⁵⁵xuɐ⁵¹	爬起来 pʻuɐn²¹tɕʻi²⁴lɤ²³

第五章 赣东北徽语代表方言点词语对照

	1145 洗脸	1146 刷牙	1147 洗澡
经公桥	洗面 sei⁴²miẽ²¹⁴	洗嘴 sei⁴²tsei⁴²	洗澡 sei⁴²tsau⁴²
鹅　湖	洗面 sei⁵³mĩ²¹¹	洗牙齿 sei⁵³ŋo³⁵tɕʻi⁵³	洗澡 sei⁵³tsau⁵³
旧　城	洗面 sei³¹mi³³	洗嘴 sei³¹tsei³¹	洗澡 sei³¹tsau³¹
湘　湖	洗面 sei³⁵mĩ²¹¹	洗牙齿 sei³¹ŋo³⁵tɕʻi³¹⁴	洗浴 sei³⁵iəʔ²
溪　头	洗面 se⁴²mĩ⁵⁵	洗牙齿 se⁴²ŋo⁵¹tsʻɿ⁴²	洗浴 se⁴²iæi⁵⁵
沱　川	洗面 se²mĩ⁵¹	刷牙 so⁵¹ŋo²¹¹	洗浴 se³⁵iə⁵¹
紫　阳	洗面 si²mĩ⁵¹	洗牙齿 si³⁵gə²¹tɕʻi²	洗浴 si²ia⁵¹
许　村	洗面 se²⁴mĩ⁵⁵	洗嘴 se²⁴tsi³¹	洗浴 se²⁴ia⁵⁵
中　云	洗面 se⁴⁴mĩ⁵¹	刷牙 sɤ⁵¹ŋɤ¹¹	洗浴 se⁴⁴ia⁵¹
新　建	洗面 sæ³¹mã⁵¹	洗嘴 sæ³¹tsi³¹	洗浴 sæ³¹iɯ³³
新　营	洗面 sɛ⁵³mi⁵¹	洗牙齿 sɛ⁵³ŋo³¹tɕʻi⁵³	洗澡 sɛ⁵³tsɔ⁵³
黄　柏	洗面 ɕi⁴⁵³miẽ²¹³	洗牙齿 ɕi⁴⁵³ŋɑ⁴¹tsʻɿ⁴⁵³	洗澡 ɕi⁴⁵³tsə²¹³
暖　水	洗面 ɕi²¹miẽ⁵⁵	洗嘴 ɕi²¹tɕi²¹⁴	洗澡 ɕi²¹tsɤ³⁵

	1148 撒尿	1149 遗尿	1150 把尿
经公桥	屙尿 uʌ²²sei²²	赖床 la²¹ʃaŋ³⁵⁵	把尿 puʌ⁴²sei²²
鹅　湖	屙尿 uo⁵⁵sei⁵⁵	赖尿 la³⁵sei⁵⁵	把尿 puo⁵³sei⁵⁵
旧　城	屙尿 uo⁵⁵sei⁵⁵	赖尿 la³³sei⁵⁵	把尿 puo³¹sei⁵⁵
湘　湖	拉尿 la⁴⁴sei⁴⁴	梦尿 moŋ²¹sei⁴⁴	装尿 tsaŋ⁴⁴sei⁴⁴
溪　头	拉尿 la³³sɿ³³	梦尿 məŋ⁵⁵sɿ³³	装尿 tsɔ̃³³sɿ³³
沱　川	拉尿 lɒ⁵¹si⁴⁴	赖尿 lɒ⁵¹si⁴⁴	装尿 tsã⁴⁴si⁴⁴
紫　阳	放尿 fã³⁵si⁴⁴	赖尿 lo²¹si⁴⁴	装尿 tɕiã⁴⁴si⁴⁴
许　村	放尿 fɔ̃²⁴si³³	赖尿 lo⁵⁵si³³	装尿 tʃɔ̃³³si³³
中　云	放尿 fã³⁵ɕi⁴⁴	赖尿 lo⁵¹ɕi⁴⁴	装尿 tsã⁴⁴ɕi⁴⁴
新　建	屙尿 vu²¹si⁵⁴	赖尿 la²⁴si⁵⁴	装尿 tʂɔ̃⁵⁴si³³
新　营	屙尿 u⁵⁵ȵiɔ⁵¹	赖尿 la⁵¹ȵiɔ⁵¹	□尿 kʻæ²¹³ȵiɔ⁵¹
黄　柏	屙尿 uo⁴⁴ȵiə²¹³	赖尿 la²¹ȵiə²¹³	□尿 tʃʻa²¹ȵiə²¹³
暖　水	屙尿 vo³¹ɕi³¹	赖尿 la⁵¹ɕi³¹	装尿 tʂʌŋ³¹si³¹

	1151 拉屎	1152 放屁
经公桥	屙屎 uʌ²²ɕi⁴²	放屁 faŋ²⁴pʻi²¹⁴
鹅 湖	屙屎 uo⁵⁵ɕi⁵³	放屁 faŋ²¹pʻei²¹³
旧 城	屙屎 uo⁵⁵ɕi³¹	放屁 faŋ²¹³fei²¹³
湘 湖	放屎 faŋ²¹ɕi³¹⁴	打屁 ta³⁵pʻei²¹²
溪 头	拉屎 la³³ʂʅ⁴²	打屁 ta⁴²pʻi²⁴
沱 川	拉屎 lɒ⁴⁴ʂʅ²/出恭 tɕʻy⁵¹tɕiəŋ⁴⁴	放屁 fʌ³⁵pʻi³⁵
紫 阳	放屎 fã³⁵ɕi²	放屁 fã³⁵pʻi³⁵
许 村	放屎 fɔ²⁴ʃø³¹	放屁 fɔ²⁴pʻi²⁴
中 云	出恭 tɕʻie⁵¹tɕiɐŋ⁴⁴	打屁 tɔ²pʻi³⁵
新 建	屙屎 vu⁵⁴sɤ³¹	放屁 fɔ²⁴pʻi⁵¹
新 营	屙屎 u⁵⁵ɕi⁵³	放屁 fɔ⁵⁵pʻɛ²¹³
黄 柏	屙屎 uo⁴⁴ɕi⁴⁵³	放屁 fã²¹pʻi²¹³
暖 水	屙屎 vo³¹sɤ²¹⁴	放屁 fʌŋ³⁵pʻi³⁵

	1153 擤鼻涕	1154 打喷嚏
经公桥	擤鼻脓 səŋ⁴²pʻi²¹loŋ⁵⁵	哈秋 xa⁴⁴tɕʻiəu²¹⁴
鹅 湖	擤鼻头 sən⁵³pʻei²¹tʻiəu³⁵	打采 ta⁵³tsʻɛ²¹³
旧 城	擤鼻头 sɛn³¹pʻei³³tʻau⁰	打采 ta³¹tsʻɛ²¹³
湘 湖	擤鼻头 sɛn³⁵pʻei²¹tʻiau³⁵	打哈采 ta³¹xa⁴⁴tɕʻi²¹²
溪 头	擤蒲涕 sɛn²⁴puʻ⁵¹tʻĩ²⁴	打哈次 ta⁴²xa³³tsʻʅ²⁴
沱 川	擤蒲涕 sɛn³⁵pʻu²¹tʻi³⁵	打次 tɒ²tsʻʅ³⁵
紫 阳	擤蒲涕 sæ³⁵pʻu²¹tʻi³⁵	打□ ta²tʻi³⁵
许 村	擤蒲涕 sɛn²⁴pʻu⁵¹tʻe²⁴	打啐 tɔ³¹tsʻi²⁴
中 云	擤蒲涕 sɛn³⁵pʻu¹¹tʻi³⁵	打采 tɔ²tsʻɤ³⁵
新 建	擤鼻脓 sẽ³¹pʻi⁵¹nəŋ⁰	打采 ta²⁴tsʻa²¹³
新 营	揩鼻脓 kʻa⁵⁵pʻi⁵¹lən³¹	打采 ta⁵³tsʻɛ²¹³
黄 柏	擤鼻脓 sən⁴⁵³pʻi²¹ləŋ⁴¹	打采 tɑ⁴⁵³tɕʻi⁴⁵³
暖 水	擤鼻脓 sẽ²⁴pʻi⁵¹loŋ²³	打采 ta²¹tɕʻi²¹⁴

	1155 吃（太多）撑着了		1156 乘凉	
经公桥	喫撑气 tɕʻiai⁴⁴tʂʻã²²tɕʻi²¹⁴		歇凉 ɕiɛ⁴⁴niã⁵⁵	
鹅　湖	喫伤嗝 kʻaiʔ⁵ɕiõ⁵⁵kɛ⁰		乘凉 ʂãi³⁵niõ³⁵	
旧　城	喫涨到嘀 tɕʻiai²¹³tɕia²¹³tau⁰ti⁰		乘凉 ɕiai²⁴na²⁴	
湘　湖	喫伤哩 tɕʻiaiʔ⁴ɕia⁴⁴li⁰		歇凉 ɕiɛʔla³⁵	
溪　头	喫涨满了 tʃʻa⁵⁵tsɔ̃²⁴m̩⁰le⁰		乘凉 ʃa⁵¹liɔ̃⁵¹	
沱　川	喫伤之 tɕʻiɒ⁵¹sæ̃⁴⁴tsə⁴⁴		乘凉 sã²¹nix̃²¹¹	
紫　阳	喫涨满哩 tɕʻio⁵¹tɕiã³⁵m̩³¹li⁰		乘凉 sɔ̃²¹niã²¹¹	
许　村	喫涨到 tʃʻo⁵⁵tʃɔ̃²⁴ta⁰		歇凉 ʃe⁵⁵niɔ̃⁵¹	
中　云	喫涨之 tɕʻio⁵¹tsã³⁵tɕi⁴⁴		歇凉 ɕie⁵¹niã¹¹	
新　建	喫涨到 tʃʻæ⁵⁴tʂɔ̃²⁴tə⁰		歇凉 ʃæ⁵¹niɔ̃²⁴	
新　营	喫撑嗝 kʻæ²¹⁵tʻæ⁵⁵kɛ⁰		歇凉 ɕiæ²¹⁵liã³¹	
黄　柏	喫撑到 tʃʻɛ²¹tʃʻuən³³tə⁰		乘凉 ʃuən²¹liã⁴¹	
暖　水	喫□到 tɕʻiæ⁵⁴tɕiẽ³⁵tʏ⁰		歇凉 ɕiæ⁵⁴liʌŋ²³	

	1157 烤火	1158 想这事让我~一下‖我很~他	1159 打算~开个小店
经公桥	炙火 tɕiai⁴⁴xuʌ⁴²	想 siaŋ⁴²	想 siaŋ⁴²
鹅　湖	炙火 tʂaiʔ⁴xuo⁵³	想 siõ⁵³	想 siõ⁵³
旧　城	炙火 tɕiai²¹³xuo³¹	想 sa³¹	打算 ta³¹sɛn²¹³
湘　湖	炙火 tɕiaiʔ⁴xo³¹⁴	想 sa³¹⁴	想 sa³¹⁴
溪　头	烘火 xəŋ²⁴xo⁴²	想 siɔ̃⁴²	想 siɔ̃⁴²
沱　川	烘火 xəŋ⁴⁴xo²	想 six̃²	打算 tɒ²sũ³⁵
紫　阳	熏火 xuæ⁴⁴xə²	想 siã²	打算 ta²sum³⁵
许　村	烘火 xɐm²⁴xuɤ³¹	想 siɔ̃³¹	打算 to³¹sũ²⁴
中　云	烘火 xɐm³⁵xuɤ²	想 siã²	想 siã²
新　建	烘火 xəŋ⁵⁴xu³¹	想 ɕiɔ̃³¹	打算 ta²⁴suɔ̃²¹³
新　营	烘火 xən⁵⁵xu⁵³	想 siã⁵³	想 siã⁵³
黄　柏	烘火 xəŋ⁴⁴xo⁴⁵³	想 ɕiã⁴⁵³	打算 tɑ⁴⁵³sõ²¹³
暖　水	熏火 xẽ³¹xo²¹⁴	想 ɕiʌŋ²¹⁴	打算 ta²¹suõ³⁵

	1160 记得	1161 忘记	1162 挂念
经公桥	记得 tɕi²¹tai⁴⁴	不记得 po⁴⁴tɕi²¹tai⁴⁴	记得 tɕi²¹tai⁴⁴
鹅 湖	记得 tɕi²¹tai⁴	忘记 maŋ²¹tɕi²¹³	想 siõ⁵³
旧 城	记得 tɕi²¹³tai⁰	忘记 maŋ³³tɕi²¹³	挂念 kuo²¹³ni³³
湘 湖	记得 tɕi²¹taiʔ⁰	不记得 peiʔ⁴tɕi²¹taiʔ⁰	想念 sa³⁵ĩ²¹¹
溪 头	记得 tʃi²⁴ta⁵⁵	忘记 mɔ̃⁵⁵tʃi²⁴	虑着 li⁵⁵tsʻau⁵⁵
沱 川	记得 tɕi³⁵tɒ⁵¹	忘记 mʌ̃⁵¹tɕi³⁵	挂念 ko³⁵nĩ⁵¹
紫 阳	记得 tɕi³⁵to⁵¹	忘记 mã⁵¹tɕi³⁵	虑着 li⁵¹tsʻɒ⁵¹
许 村	记得 tɕi²⁴to⁰	忘记 mɔ̃⁵¹tɕi²⁴	虑着 li⁵⁵tʃʻɔ⁰
中 云	记得 tɕi³⁵to⁵¹	忘记 mã⁵¹tɕi³⁵	虑着 li⁵¹tsʻɔ⁵¹
新 建	记得 tɕi²¹tæ⁵¹	赖记 la²⁴tɕi²¹³	虑着 li⁵⁴tɕʻiɯ³³
新 营	记得 tɕi²¹³ti⁰	赖记 la⁵¹tɕi²¹³	记挂 tɕi²¹³ko²¹³
黄 柏	记得 tɕi²¹tɛ⁰	赖记 la²¹tɕi²¹³	挂顾 kuɑ²¹ku²¹³
暖 水	记得 tɕi³⁵te⁵⁴	赖记得 la⁵¹tɕi³⁵te⁰	思量 sɿ³¹liʌŋ⁵¹

	1163 害怕 大胆一点, 别~	1164 吓着了	1165 相信
经公桥	怕 pʻuʌ²¹⁴	吓到了 xʌ⁴⁴tau²¹⁴lɤ⁰	相信 siaŋ²²sən²¹⁴
鹅 湖	吓 xaʔ⁴	吓到 xaʔ⁵tau⁰l⁰	相信 siõ⁵⁵sən²¹³
旧 城	怕 pʻuo²¹³	吓到嘀 xa²¹³tau⁰ti⁰	相信 sa⁵⁵sɛn²¹³
湘 湖	吓 xaʔ⁴	吓到哩 xaʔ⁴tau²¹²li⁰	相信 sa⁴⁴sɛn²¹²
溪 头	吓 xa⁵⁵	吓之了 xa⁵⁵tsɿ³³lɐ⁰	相信 siõ³³sɛn²⁴
沱 川	怕 pʻo³⁵	吓之 xo⁵¹tsə⁰	相信 siʌ̃⁴⁴sɛn³⁵
紫 阳	怕 pʻə³⁵	吓之 xo⁵¹tɕi⁰	相信 siã⁴⁴sæ³⁵
许 村	吓 xo⁵⁵	吓到了 xo⁵⁵ta⁰li⁰	相信 siõ³³sɛn²⁴
中 云	怕 pʻo³⁵	吓嘀 xo⁵¹ti⁰	相信 ɕiã⁴⁴sɛn³⁵
新 建	怕吓 pʻuɤ²³xæ⁵¹	吓之啦 xæ⁵¹tsɤ⁵⁴la⁰	相信 ɕiõ⁵⁴sẽ²¹³
新 营	吓 xa²¹⁵	吓到了 xa²¹⁵tɔ⁰lɔ⁰	相信 siã⁵⁵sən²¹³
黄 柏	怕 pʻɑ²¹³	吓到了 xɑ²¹tə²¹³lə⁰	相信 ɕiã⁴⁴ɕin²¹³
暖 水	吓 xæ⁵⁴	吓到 xæ⁵⁴tɤ⁰	相信 ɕiʌŋ³¹sẽ³⁵

第五章 赣东北徽语代表方言点词语对照

	1166 发愁	1167 留神 过马路要~	1168 喜欢 ~看电视
经公桥	发愁 fuʌ⁴⁴tɕ'iəu⁵⁵	小心 sia⁴²sən²²	欢喜 xuʌ̃²²ɕi⁴²
鹅 湖	愁 ɕiəu³⁵	小心 sia⁵³sən⁵⁵	欢喜 xən⁵⁵ɕi⁵³
旧 城	愁 ɕiəu²⁴	留神 iəu²⁴ɕiɛn²⁴	欢喜 xuɛn⁵⁵ɕi³¹
湘 湖	烦人 fo³⁵iɛn³⁵	小心 ɕio³⁵sɛn⁴⁴	欢喜 fɛn⁴⁴ɕi³¹⁴
溪 头	愁 ts'æi⁵¹	小心 sia⁴²sɛn³³	喜欢 ʃi²⁴xũ³³
沱 川	挂虑 ko³⁵li⁵¹	细心 se³⁵sɛn⁴⁴	喜欢 ɕi³⁵xũ⁴⁴
紫 阳	发愁 fo⁵¹ts'a²	细心 si³⁵sæ̃⁴⁴	喜欢 ɕi³⁵xum⁴⁴
许 村	烦 fũ⁵¹	细心 se²⁴sɛn³³	喜欢 ɕi²⁴xũ³³
中 云	发愁 fo⁵¹ts'a¹¹	细心 se³⁵sɛn⁴⁴	喜欢 ɕi³⁵xum⁴⁴
新 建	烦人 fʌ̃²⁴n̩ɛ̃⁰	慢慢哩 mʌ̃⁵¹mʌ̃⁵⁴ni⁰	欢喜 xuə̃⁵⁴ɕi³¹
新 营	烦人家 fã³¹iən³¹ko⁵⁵	招架 tɕio⁵⁵ko²¹³	欢喜 xu⁵⁵ɕi⁵³
黄 柏	烦思 fã⁴¹sɿ⁴⁴	仔细 tsɿ⁴⁵³ɕi²¹³	欢喜 xuã⁴⁴ɕi⁴⁵³
暖 水	愁人 ɕy²³n̩ɛ̃²³	细心 ɕi³⁵sẽ³¹	欢喜 xuõ³¹ɕi²¹⁴

	1169 讨厌 大家都~他	1170 高兴	1171 生气
经公桥	讨厌 t'au⁴²iɛ̃²¹⁴	高兴 kau²²ɕin²¹⁴	生气 ɕiã²²tɕ'i²¹⁴
鹅 湖	嫌 ɕĩ³⁵	高兴 kau⁵⁵xãi²¹³	着气 tɕ'ioʔ²⁴tɕ'i²¹³
旧 城	讨嫌 t'au³¹ɕi²⁴	高兴 kau⁵⁵xɛn²¹³	发气 fuo²¹³tɕ'i²¹³
湘 湖	嫌 ɕĩ³⁵	高兴 kau⁴⁴xɛn²¹²	着气 tɕ'iaʔ²tɕ'i²¹²
溪 头	嫌 ʃi⁵¹	高兴 kɐ³³ʃæi²⁴	气 tʃ'i²⁴
沱 川	可恼 k'o³⁵la³¹	高兴 ka⁴⁴ɕiɛn³⁵	讨气 t'a²tɕ'i³⁵
紫 阳	讨厌 t'o²ĩ³⁵	高兴 ko⁴⁴ɕiæ̃³⁵	气 tɕ'i³⁵
许 村	可恶 k'ɤ³¹vu²⁴	高兴 ka³³ʃã²⁴	气 tɕ'i²⁴
中 云	讨厌 t'a²ĩ³⁵	高兴 ka⁴⁴ɕiã³⁵	气 tɕ'i³⁵
新 建	讨厌 t'ə³¹iɛ̃²¹³	高兴 kə⁵⁴ʃẽ²¹³	气 tɕ'i²¹³
新 营	□ tsæ²¹³	高兴 kɔ⁵⁵xæ²¹³	生气 ɕiæ⁵⁵tɕ'i²¹³
黄 柏	嫌 ɕiɛ̃⁴¹	高兴 kə⁴⁴ʃən²¹³	着气 tʃ'ə⁴⁴tɕ'i²¹³
暖 水	讨厌 t'ɤ³¹iɛ̃³⁵	高兴 kɤ³¹ɕiæ̃³⁵	不高兴 pe⁵⁴kɤ³¹ɕiæ̃³⁵

	1172 责怪	1173 着急	1174 后悔
经公桥	怪 kua²¹⁴	急拐 tɕi⁴⁴kua⁴²	悔 xuɤ⁴²
鹅湖	怪 kʻua²¹³	着急 tɕʻioʔ⁴tɕiʔ⁴	悔 xuɛ²¹¹
旧城	怪 kua²¹³	急 tɕi²¹³	后悔 xau³³fɛ³¹
湘湖	怪 kua²¹²	着急 tɕʻiaʔ²tɕiʔ⁴	后悔 xau²¹fɛ³¹⁴
溪头	怪 kua²⁴	急 tʃi⁵⁵	悔 xuɐ²⁴
沱川	怪 kua³⁵	急 tɕi⁵¹	悔 xua³⁵
紫阳	怪 ko³⁵	急 tɕia⁵¹	后悔 ɕia³¹xe²
许村	怪 kua²⁴	急 tʃa⁵⁵	后悔 ʃa⁵¹xuɤ³¹
中云	怪 kua³⁵	着急 tsʻɔ⁵¹tɕia⁵¹	后悔 ɕia³¹xuɤ³⁵
新建	怪 kua²¹³	急 tʃɛ⁵¹	后悔 ɕiɯ⁵¹xua²¹³
新营	怪 kua²¹³	急 tɕi²¹⁵	后悔 ɕiɔ⁵¹xua⁵³
黄柏	怪 kua²¹³	着力 tʃʻə⁴⁴li²¹³	后悔 xə²¹xuɛ²¹³
暖水	怪 kuɐ³⁵	急 tɕi⁵⁴	悔 xuo³⁵

	1175 嫉妒	1176 欺负	1177 装病
经公桥	妒忌 tu²⁴tɕʻi²¹⁴	欺负 tɕʻi²²fu²¹⁴	装病 tʂaŋ²²pʻãi²¹⁴
鹅湖	忌妒 tɕʻi²¹təu²¹³	欺负 tɕʻi⁵⁵fu²¹¹	装病 tʂaŋ⁵⁵pʻãi²¹¹
旧城	妒忌 təu²¹³tɕi⁰	欺负 tɕʻi⁵⁵fu²¹³	装病 tʂaŋ⁵⁵pʻai³³
湘湖	忌妒 tɕi²¹təu²¹²	欺负 tɕʻi⁴⁴fu²¹²	装病 tsaŋ⁴⁴pʻai²¹¹
溪头	妒忌 tu²⁴tʃʻi⁵⁵	欺 tʃʻi³³	装病 tsɔ̃³³pʻæi⁵⁵
沱川	眼妒 ŋõ³¹tu³⁵	欺 tɕʻi⁴⁴	装病 tsʌ̃⁴⁴pʻã⁵¹
紫阳	妒忌 tu³⁵tɕʻi⁵¹	欺负 tɕʻi⁴⁴fu³⁵	装病 tsã⁴⁴pʻɔ̃⁵¹
许村	妒忌 tu⁵⁴tɕʻi⁵⁴	欺负 tɕʻi³³fu²⁴	装病 tʃɔ̃³³pʻã⁵⁴
中云	妒忌 tu³⁵tɕʻi⁵¹	欺负 tɕʻi⁴⁴fu³⁵	装病 tsã⁴⁴pʻã⁵¹
新建	妒忌 tu²⁴tɕʻi⁵¹	欺负 tɕʻi⁵⁴fu²¹³	装病 tʂɔ̃⁵⁴pʻã⁵¹
新营	妒忌 to²¹³tɕi⁵¹	欺负 tɕʻi⁵⁵fu²¹³	装病 tɔ̃⁵⁵pʻæ⁵¹
黄柏	妒忌 tu²¹tɕi²¹³	欺负 tɕʻi⁴⁴fu²¹³	装病 tʂuaŋ⁴⁴pʻin²¹³
暖水	眼红 ŋã²⁴xoŋ²³	欺负 tɕʻi³¹fu⁰	装病 tʂʌŋ³¹pʻæ⁵¹

第五章　赣东北徽语代表方言点词语对照

	1178 疼（孩子）	1179 要我~这本书	1180 有她~两个孩子
经公桥	痛 t'oŋ²¹⁴	要 yʌu²¹⁴	有□ iəu⁴²xau²¹⁴
鹅湖	痛 t'oŋ²¹³	要 ia²¹³	有 iəu⁵³
旧城	痛 t'oŋ²¹³	要 iau²¹³	有 iəu³¹
湘湖	心痛 sɛn⁴⁴t'oŋ²¹²	要 io²¹²	有 iəu³¹⁴
溪头	关心 kũ³³sɛn³³	要 ia²⁴	有□ iæi²³¹xɐ²⁴
沱川	心痛 sɛn⁴⁴t'əŋ³⁵	要 io³⁵	有□ iə³¹xa²¹¹
紫阳	痛 t'ɐm³⁵	要 io³⁵	□□ o³⁵xo⁴⁴
许村	痛 t'ɐm²⁴	要 io²⁴	有 ia³¹
中云	痛 t'ɐm³⁵	要 io³⁵	有 ia³¹
新建	心痛 sẽ⁵⁴t'əŋ²¹³	要 ia²¹³	有□ iɯ³¹xə⁵¹
新营	心痛 sən⁵⁵t'ən³¹³	要 iɔ²¹³	有 io⁵³
黄柏	痛 t'əŋ²¹³	要 iə²¹³	有 iu⁴⁵³
暖水	心痛 sẽ³¹t'oŋ³⁵	要 yɛ³⁵	有□ y²⁴xɣ⁰

	1181 没有~钱	1182 是我~婺源人	1183 不是他~婺源人
经公桥	没有□ miəu⁴²xau²¹⁴	是 ɕi²¹⁴	不是 po⁴⁴ɕi²¹⁴
鹅湖	没有 meiʔ⁴iəu⁵³	是 ɕi²¹¹	不是 peiʔ²¹³ɕi²¹¹
旧城	没有 mei³³iəu³¹	是 ɕi³³	不是 pai²¹³ɕi³³
湘湖	没有 mɛʔ²iəu³¹⁴	是 ɕi²¹¹	不是 peiʔ²⁴ɕi²¹¹
溪头	冇□ mɐ⁵⁵xɐ²⁴	是 sŋ²³¹	不是 pɐ⁵⁵sŋ²³¹
沱川	冇□ ba⁵¹xa²¹¹	是 sŋ³¹	不是 pə⁵¹sŋ³¹
紫阳	冇 bo⁵¹	是 ɕi³¹	不是 pu⁵¹ɕi³¹
许村	冇□ ma²⁴xa³¹	是 sø⁵¹	不是 pɣ⁵⁵sø⁵¹
中云	冇 bɔ¹¹	是 sŋ³¹	不是 pɣ⁵¹sŋ³¹
新建	冇□ mə⁵¹xə⁵¹	是 sɣ⁵¹	不是 pa⁵¹sɣ⁵¹
新营	冇有 mɔ⁵¹io⁵³/冇有 mio⁵	是 ɕi⁵¹	冇是 mɔ⁵¹ɕi⁵¹
黄柏	唔□ ŋ⁴⁴t'ə²¹³	是 ɕi²¹³	不是 pe²¹ɕi²¹³
暖水	□□ pɐ³¹xɣ²⁴	是 ʂɣ⁵¹	不是 pe⁵⁴ʂɣ⁵¹

	1184 在他今天~家	1185 知道	1186 不知道
经公桥	在 tsʻa²¹⁴	省得 ɕiãi⁴²tai⁴⁴	不省得 po⁴⁴ɕiãi⁴²tai⁴⁴
鹅湖	在 tsʻɛ²¹¹	省得 ʂai⁵³taiʔ⁴	不晓得 peiʔ⁴ʂai⁵³taiʔ⁴
旧城	在 tsʻɛ³³	晓得 ɕiau³¹tai⁰	不晓得 pai²¹³ɕiau³¹tai⁰
湘湖	在 tsʻɛ²¹¹	晓得 ɕio³¹taiʔ⁴	不晓得 peiʔ⁴ɕio³¹taiʔ⁴
溪头	在 tsʻɐ²³¹	晓得 ʃa⁴²ta⁵⁵	不晓得 pɐ⁵⁵ʃa⁴²ta⁵⁵
沱川	在 tsʻa⁵¹	晓得 ɕiɒ²tɒ⁵¹	不晓得 pə⁵¹ɕiɒ²tɒ⁵¹
紫阳	得 tɒ⁵¹	晓得 ɕiɒ²tɒ⁵¹	不晓得 pu⁵¹ɕiɒ²tɒ⁵¹
许村	到 ta²⁴	晓得 ʃo³¹to⁵⁵	不晓得 pɤ⁵⁵ʃo³¹to⁵⁵
中云	在 tsʻɤ³¹	晓得 ɕio²to⁵¹	不晓得 pɤ⁵¹ɕio²to⁵¹
新建	在 tsʻa⁵¹	晓得 ɕie³¹tɛ⁵¹	不晓得 pa⁵¹ɕie³¹tɛ⁵¹
新营	在 tsʻi⁵¹	晓得 ɕiɔ⁵³ti⁰	不晓得 pu²¹⁵ɕiɔ⁵³ti⁰
黄柏	在 tsʻɛ²¹³	晓得 ʃə⁴⁵³tɛ⁰	不晓得 pɛ²¹ʃə⁴⁵³tɛ⁰
暖水	在 tsʻɤ⁵¹	晓得 ɕyɛ²¹ti⁵⁴	不晓得 pe⁵⁴ɕyɛ²¹ti⁵⁴

	1187 懂	1188 不懂	1189 会他~开车
经公桥	□得 ɕiai²⁴tai⁴⁴	不□得 po⁴⁴ɕiai²⁴tai⁴⁴	行 xaŋ³⁵⁵
鹅湖	懂 toŋ⁵³	不懂 peiʔ⁴toŋ⁵³	会 xuɛ²¹¹
旧城	晓得 ɕiau³¹tai⁰	不晓得 pai²¹³ɕiau³¹tai⁰	会 uɛ³³
湘湖	晓得 ɕio³¹taiʔ⁴	不晓得 peiʔ⁴ɕio³¹taiʔ⁴	晓得 ɕio³¹taiʔ⁴
溪头	晓得 ʃa⁴²ta⁵⁵	不晓得 pɐ⁵⁵ʃa⁴²ta⁵⁵	懂 təŋ⁴²
沱川	懂 təŋ²	不懂 pə⁵¹təŋ³⁵	晓得 ɕiɒ²tɒ⁵¹
紫阳	懂 tɐm²	不懂 pu⁵¹tɐm²	晓得 ɕio²to⁵¹
许村	晓得 ʃo³¹to⁵⁵	不晓得 pɤ⁵⁵ʃo³¹to⁵⁵	晓得 ʃo³¹to⁵⁵
中云	晓得 ɕio²to⁵¹	不晓得 pɤ⁵¹ɕio²to⁵¹	晓得 ɕio²to⁵¹
新建	晓得 ɕie³¹tɛ⁵¹	不晓得 pa⁵¹ɕie³¹tɛ⁵¹	晓得 ɕie³¹tɛ⁵¹
新营	晓得 ɕiɔ⁵³ti⁰	不晓得 pu²¹⁵ɕiɔ⁵³ti⁰	会 xua⁵¹
黄柏	晓得 ʃə⁴⁵³tɛ⁰	不晓得 pɛ²¹ʃə⁴⁵³tɛ⁰	会 xuɛ²¹³
暖水	晓得 ɕyɛ²¹ti⁵⁴	不晓得 pe⁵⁴ɕyɛ²¹ti⁵⁴	晓得 ɕyɛ²¹ti⁵⁴

第五章 赣东北徽语代表方言点词语对照

	1190 不会~他开车	1191 认识	1192 不认识
经公桥	不行 po⁴⁴xaŋ³⁵⁵	认得 in²⁴tai⁴⁴	不认得 po⁴⁴in²⁴tai⁴⁴
鹅 湖	不会 pei ʔ⁴xuɛ²¹¹	认得 iɛn²¹taiʔ⁴	不认得 peiʔ⁴iɛn²¹taiʔ⁴
旧 城	不会 pai²¹³uɛ³³	认得 iɛn³³tai⁰	不认得 pai²¹³iɛn³³tai⁰
湘 湖	不晓得 peiʔ⁴ɕio³¹taiʔ⁴	认得到 iɛn²¹taiʔ⁴tau⁰	认不到 iɛn²¹peiʔ⁴tau⁰
溪 头	不晓得 pɐ⁵⁵ʃa⁴²ta⁵⁵	认得 ȵiɛn⁵⁵tɐ⁰	不认得 pɐ⁵⁵ȵiɛn⁵⁵tɐ⁰
沱 川	不会 pə⁵¹xua⁵¹	认得 ȵiɛn⁵¹tɒ⁵¹	不认得 pə⁵¹ȵiɛn⁵¹tɒ⁵¹
紫 阳	不晓得 pu⁵¹ɕio²to⁵¹	认得 ȵiæ⁵¹to⁵¹	不认得 pu⁵¹ȵiæ⁵¹to⁵¹
许 村	不晓得 pɤ⁵⁵ʃo³¹to⁵⁵	认得 ȵiɛn⁵⁵to⁵⁵	认不到 ȵiɛn⁵⁵pɤ⁵⁵ta²⁴
中 云	不晓得 pɤ⁵¹ɕio²to⁵¹	认得 ȵiɛn⁵¹to⁵¹	不认得 pɤ⁵¹ȵiɛn⁵¹to⁵¹
新 建	不晓得 pa⁵¹ɕiɛ³¹tɛ⁵¹	认得着 ȵiẽ⁵¹tɛ⁵¹tɕ'iɯ³³	认不着 ȵiẽ⁵¹pa⁵¹tɕ'iɯ³³
新 营	不会 pu²¹⁵xua⁵¹	认到 ȵiən⁵¹tɔ⁰	认不到 ȵiən⁵¹pu²¹⁵tɔ⁰
黄 柏	不会 pɛ²¹xuɛ²¹³	认得 ȵiən²¹³tɛ⁰	不认得 pɛ²¹ȵiən²¹³tɛ⁰
暖 水	不晓得 pe⁵⁴ɕyɛ²¹ti⁵⁴	认识 ȵiẽ⁵¹ɕie⁵⁴	不认识 pe⁵⁴ȵiẽ⁵¹ɕie⁵⁴

	1193 肯不~让小儿子出门打工	1194 应该去
经公桥	肯 tɕ'iãi⁴²	应该去 in²²kɤ²²k'ei²¹⁴
鹅 湖	肯 k'aŋ⁵³	应该去 ŋãi⁵⁵kiɛ⁵⁵k'u²¹³
旧 城	肯 k'ai³¹	应该去 ŋai⁵⁵kɛ⁵⁵tɕ'i²¹³
湘 湖	肯 k'ɛn³¹⁴	应该去 ŋai⁴⁴kɛ⁴⁴k'u³⁵
溪 头	肯 k'əŋ⁴²	应该去 iæ̃i³³kuɐ³³k'ɐ²⁴
沱 川	肯 tɕ'iã²	应该去 iã⁴⁴kua⁴⁴k'ə⁵¹
紫 阳	肯 tɕ'iɔ̃²	应该去 iɔ̃⁴⁴ke⁴⁴tɕ'i³⁵
许 村	肯 k'ã³¹	应该去 iã³³kuɤ³³tʃ'e²⁴
中 云	肯 tɕ'iã²	应该去 iã⁴⁴kuɤ⁴⁴tɕ'ie³⁵
新 建	肯 tɕ'iẽ³¹	应该去 iã⁵⁴kua⁵⁴tʃ'ɛ²¹³
新 营	肯 k'æ⁵³	应该去 ŋæ⁵⁵kua⁵⁵tɕ'i²¹³
黄 柏	肯 k'ən⁴⁵³	应该去 in⁴⁴kɛ⁴⁴tɕ'i²¹³
暖 水	肯 k'ẽ²¹⁴	应该去 iæ²⁴ko³¹tɕ'i³⁵

	1195 可以去	1196 串门儿
经公桥	去得 k'ei²⁴tai⁴⁴	劳人家 lau³⁵⁵in³⁵kʌ²²
鹅 湖	可以去 k'iɛ³⁵i⁵³k'u²¹³	做客 tsuo²¹k'aʔ²
旧 城	可以去 k'iɛ³¹i³¹tɕ'i²¹³	—
湘 湖	可以去 k'ɛ³⁵i³¹⁴k'u³⁵	—
溪 头	去得 k'ɐ²⁴ta⁵⁵	串门 k'uĩ²⁴məŋ⁵¹
沱 川	去得 k'ə³⁵tʊ⁵¹	到邻舍屋去 ta³⁵nɛn²¹se³⁵vu⁵¹k'ə³⁵
紫 阳	可以去 k'ə³⁵i²tɕ'i³⁵	走人家 tsa²iæ²¹kə⁴⁴
许 村	去得 tʃ'e²⁴to⁵⁵	—
中 云	去得 tɕ'ie³⁵to⁵¹/可以去 k'ʏ³⁵i²tɕ'ie³⁵	—
新 建	去得 tʃ'e²⁴tɛ⁵¹	劳人家 lo⁵⁴n̠iẽ²⁴kuɣ⁵⁴
新 营	去得 tɕ'i²¹³tæ²¹⁵	—
黄 柏	去得 tɕ'i²¹tɛ²¹³	—
暖 水	能去 næ²³tɕ'i³⁵	□屋 lɔ²⁴vu⁵⁴

	1197 走亲戚	1198 沏茶
经公桥	做客 tsuʌ²¹tɕ'ia⁴⁴	筛茶 ʃa²²tʂ'uʌ⁵⁵
鹅 湖	看亲戚 k'iɛn²¹ts'ãi⁵⁵tseiʔ²	冲茶 tʂ'oŋ⁵⁵tʂ'uo³⁵
旧 城	做客 tsuo²¹³k'a²¹³	泡茶 p'au²¹³ts'uo²⁴
湘 湖	去嬉 k'u³⁵ɕi⁴⁴	泡茶 p'au²¹²ts'o³⁵
溪 头	看亲情 k'ũ²⁴ts'ɛn³³ts'æi⁵¹	泡茶 p'au²⁴tso⁵¹
沱 川	劳亲情 lau³⁵ts'ɛn⁴⁴ts'ã²¹¹	泡茶 p'au³⁵ts'o²¹¹
紫 阳	走亲情 tsa²ts'æ⁴⁴ts'ɔ̃²¹¹	泡茶 p'ɒ³⁵ts'ə²¹¹
许 村	—	到茶 ta³⁵tʃ'ue⁵¹
中 云	走亲情 tsa²ts'ɛn⁴⁴ts'a¹¹	泡茶 p'ɔ³⁵ts'o¹¹
新 建	望亲情 mɔ̃⁵¹ts'ẽ⁵⁴ts'ã²⁴	泡茶 p'ɔ²³tʂ'uɣ²⁴
新 营	—	泡茶 pɔ²¹³t'o³¹
黄 柏	走亲眷 tɕiu⁴⁵³ts'in⁴⁴tʂ'uã²¹³	泡茶 p'ə²¹ts'o⁴¹
暖 水	走亲 tɕy²⁴ts'ẽ³¹	泡茶 p'o³⁵ts'uɐ²³

第五章 赣东北徽语代表方言点词语对照

	1199 摆酒席	1200 入席
经公桥	摆酒 pa⁴²tsiəu⁴²	入席 i²²sai²²
鹅湖	请客 tsʻãi⁵³kʻaʔ⁴	请坐 tsʻãi⁵³tsʻuo²¹¹
旧城	□酒 ləu²⁴tsiəu³¹	坐起来 tsʻuo³³tɕʻi³¹lɛ⁰
湘湖	摆酒 pa³¹tsiəu³¹⁴	入座 iʔ²tsʻo²¹¹
溪头	请酒 tsʻæi²⁴tsæi⁴²	入座 i⁵⁵tsʻo⁵⁵
沱川	摆酒席 pɒ³⁵tsə²tsʻɒ⁵¹	坐下 tsʻo³¹xo³¹
紫阳	摆酒席 po³⁵tsa²tsʻo⁵¹	坐桌 tsʻə⁵¹tsɒ⁵¹
许村	请酒 tsʻã²⁴tsa³¹	上桌 ʃɔ̃⁵⁵tʃɔ⁵⁵
中云	摆酒席 po³⁵tsa²tsʻo⁵¹	入座 ia⁵¹tsʻo⁵¹
新建	请酒 tsʻã²⁴tsɯ³¹	上桌 ʃɔ̃⁵¹tʃo⁵¹
新营	请酒 tsʻæ⁵³tsio⁵³	坐桌 tsʻu⁵¹tɔ²¹⁵
黄柏	摆酒 pa⁴⁵³tɕiu²¹³	上桌 ʃã²¹tʂo²¹³
暖水	弄酒 loŋ⁵¹tɕy²¹⁴	坐桌 tsʻo⁵¹tʂo⁵⁴

	1201 斟酒	1202 拍马屁
经公桥	筛酒 ʃa²²tsiəu⁴²	托卵□ tʻau⁴⁴lɣ̃⁴²tʂʻã²¹⁴
鹅湖	筛酒 ʂa⁵⁵tsiəu⁵³	拍马屁 pʻaʔ⁴muo⁵³pʻei²¹³
旧城	筛酒 ɕia⁵⁵tsiəu³¹	捧卵脬 pʻoŋ³¹lɛn³¹pʻau⁵⁵
湘湖	筛酒 ɕia⁴⁴tɕiəu³¹⁴	托卵 tʻoʔ⁴lɛn³¹⁴
溪头	倒酒 tɐ²⁴tsæi⁴²	捧卵脬 pʻəŋ⁴²nũ²³¹pʻau³³
沱川	斟酒 tsɛn⁴⁴tsə²	拍马屁 pʻo⁵¹bo³¹pʻi³⁵
紫阳	斟酒 tsæ⁴⁴tsa²	拍马屁 pʻo⁵¹bə²pʻi³⁵
许村	斟酒 tʃɛn³³tsa³¹	拍马屁 pʻo⁵⁵mo³¹pʻi²⁴
中云	斟/倒酒 tsɛn⁴⁴/ ta³⁵tsa²	拍马屁 pʻo⁵¹bo³¹pʻi³⁵
新建	倒酒 tə²⁴tsɯ³¹	拍马屁 pʻæ⁵¹muɣ²⁴pʻi²¹³
新营	筛酒 ɕia⁵⁵tsio⁵³	拍马屁 pʻo²¹⁵mo⁵³pʻɛ²¹³
黄柏	筛酒 ʂuɑ⁴⁴tɕiu⁴⁵³	托卵脬 tʻə²¹³lõ⁴⁵³pʻə⁴⁴
暖水	筛酒 ʂuɐ³¹tɕy²¹⁴	拍马屁 pʻo⁵⁴muɐ²¹pʻi³⁵

		1203 耍赖	1204 撒娇
经公桥		扯额头饭呐 tɕʻiɛ⁴²ŋɣ²²tʻiəu⁵⁵fuɑ̃²¹⁴nɛ⁰	撒娇 sa⁴⁴tʃuau²²
鹅 湖		做屙屎赖 tsuo²¹uo⁵⁵ɕi⁵³la²¹¹	作娇 tsauʔ²tɕia⁵⁵
旧 城		扯赖皮 tɕʻiɛ³¹la³³pʻei²⁴	作娇 tsau²¹³tɕiau⁵⁵
湘 湖		无聊 u³⁵lio³⁵	作娇 tsauʔ²tɕio⁴⁴
溪 头		无聊 u⁵¹lia⁵¹	娇里娇气 tʃa³³li⁰tʃa³³tʃʻi²⁴
沱 川		耍无地赖 sɒ²vu²¹tʻi⁵¹lɒ⁵¹	□ tsʻi⁵¹
紫 阳		赖皮 lo⁵¹pʻi²¹¹	作娇 tsɒ⁵¹tɕia⁴⁴
许 村		赖皮 lo⁵⁵pʻi⁵¹	撒娇 tso⁵⁵tʃa³³
中 云		赖皮 lo⁵¹pʻi¹¹	作娇 tsɔ⁵¹tɕio⁴⁴
新 建		赖皮 na⁵¹pʻi²⁴	装娇 tʃɔ̃⁵⁴tʃa⁵⁴
新 营		赖皮 la⁵¹pʻɛ³¹	作娇 tsɔ²¹⁵tɕiɔ⁵⁵
黄 柏		耍赖 ʂuɑ⁴⁵³lɑ²¹³	作娇 tso²¹tʃə⁴⁴
暖 水		打赖皮 ta²¹la⁵⁵pʻi⁵¹	装娇 tʂʌŋ³¹tɕyɛ³¹

		1205 完蛋了	1206 合伙	1207 偷汉子
经公桥		完蛋了 uɑ̃³⁵tʻuɑ̃²¹⁴lɣ⁰	打伙 ta⁴²xuʌ⁴²	偷野汉 tʻəu²²iɛ⁴²xɣ̃²¹⁴
鹅 湖		坏噶啦 xua²¹kɛ⁰la⁰	打伙 ta⁵³xuo⁵³	偷人 tʻiəu⁵⁵iəu³⁵
旧 城		完嘀 uɛn²⁴ti⁰	打伙 ta³¹xuo³¹	偷人 tʻau⁵⁵iɛn²⁴
湘 湖		戳卵 tsʻoʔ²lɛn³¹⁴	打伙 ta³⁵xo³¹⁴	偷野客 tʻiau⁴⁴iɛ³⁵kʻaʔ²
溪 头		没了 mɐ²⁴lɤ⁰	打伙 ta⁴²xo⁴²	驮老公 to⁵¹lɐ⁴²kəŋ³³
沱 川		倒霉之 ta³⁵bə²¹tsə⁰	合伙 xa⁵¹xo²¹¹	偷老公 tʻə⁴⁴la³¹kəŋ⁴⁴
紫 阳		完蛋之 m̩²¹tʻã⁵¹tɕi⁰	合伙 xɒ⁵¹xəʔ²	偷汉仂 tʻa⁴⁴xum³⁵la⁰
许 村		光之 kuã³³tɕi⁰	合伙 xa⁵⁵xuɣ³¹	领汉 nã³¹xũ²⁴
中 云		见鬼 tɕĩ³⁵tɕy²	合伙 ka⁵¹xuɣ²	偷汉仂 tʻa⁴⁴xum³⁵lɛ⁰
新 建		—	打伙 ta³¹xu³¹	囥□汉 kʻɔ̃²¹mẽ²⁴xuɑ̃²¹³
新 营		跌了货 tiɛ²¹liɔ⁵⁵xu²¹³	打伙 ta⁵³xu⁵³	驮男客 tʻu³¹la³¹kʻa²¹⁵
黄 柏		完蛋了 uɑ̃³⁵tʻã²¹³lə⁰	打伙 xɑ⁴⁵³xo⁴⁵³	驮人 tʻo⁴¹ȵiən⁴¹
暖 水		了了蛋 lyɛ²³lɣ⁰tʻã⁵¹	打伙 ta²¹xo²¹⁴	□男客 tɕʻiɛ²⁴lã²¹kʻæ⁵⁴

第五章 赣东北徽语代表方言点词语对照

		1208 偷女人		1209 说话
经公桥		找野老婆 tsau^{42}iɛ^{42}lau^{42}p'uʌ^{55}	讲话	kaŋ^{42}uʌ^{214}
鹅　湖		打皮条 ta^{53}p'ei^{21}t'ia^{35}	话事儿	ua^{21}ʂəʳ^{211}
旧　城		寻野老婆 ts'ɛn^{24}iɛ^{33}lau^{31}p'uo^{24}	话事儿	uo^{33}ʂəʳ^{33}
湘　湖		嫖女客 p'io^{35}y^{31}k'aʔ^{4}	话事	uo^{21}sei^{211}
溪　头		拖老婆 t'o^{33}lɐ^{42}p'o^{51}	讲话	kɔ̃^{42}uo^{55}
沱　川		偷老婆 t'ə^{44}la^{31}p'o^{211}	讲话	kã^{2}vo^{51}
紫　阳		偷妇女 t'a^{44}fu^{31}li^{31}	讲话	kā^{22}və^{51}
许　村		□妇女 ma^{33}fu^{51}li^{31}	讲话	kɔ̃^{31}vo^{55}
中　云		□妇女 ba^{44}fu^{31}li^{31}	讲话	kã^{2}vo^{51}
新　建		偷妇人家 t'ɯ^{54}fu^{51}n̠iẽ^{21}kuɤ^{54}	讲事	kɔ̃^{31}sɤ^{51}
新　营		嫖女客 p'iɔ^{31}n̠y^{53}k'a^{215}	讲事	kɔ̃^{53}ɕyɛ^{55}
黄　柏		嫖女客 p'iɔ^{41}n̠y^{453}k'ɑ^{213}	话事	uɑ^{21}xa^{213}
暖　水		□妇人家 t'uɐ^{21}fu^{51}n̠iẽ^{21}kuɐ^{31}	讲事	kʌŋ^{21}sɤ^{55}

		1210 聊天儿		1211 叫、喊~他起床
经公桥		谈评 t'uʌ̃^{35}p'ãi^{55}	嚎	xau^{355}
鹅　湖		谈评 tõ^{35}p'ãi^{35}	嚎	xau^{35}
旧　城		谈评 t'o^{24}p'ai^{24}/謤天 tɕ'iau^{55}t'i^{55}	嚎	xau^{24}/叫 tɕiau^{213}
湘　湖		谈评 t'o^{35}p'ai^{35}	嚎	xau^{35}
溪　头		谈天 t'ã^{51}t'ĩ^{33}	叫	tʃa^{24}
沱　川		谈天 t'õ^{21}t'ĩ^{44}	吆	iau^{44}/叫 tɕiɒ^{35}
紫　阳		谈天 t'um^{21}t'ĩ^{44}	叫	tɕio^{35}
许　村		谈评 t'ũ^{51}p'ã^{51}	叫	tʃo^{24}
中　云		聊天 lio^{11}t'ĩ^{44}	叫	tɕio^{35}
新　建		谈讲 t'ã^{24}kɔ̃^{31}	叫	tʃa^{213}
新　营		谈评 t'ã^{31}p'æ^{31}	赊	sɛ^{55}/叫 tɕiɔ^{213}
黄　柏		谈皮 t'ã^{41}p'i^{41}	叫	tʃə^{213}
暖　水		谈天 t'ã^{21}t'iẽ^{31}	嚎	xɤ^{23}/叫 tɕyɛ^{35}

		1212 吆喝	1213 不言语	1214 笑~起来
经公桥		叫 tʃuau²¹⁴	不讲话 po⁴⁴kaŋ⁴²uʌ²¹⁴	笑 sia²¹⁴
鹅 湖		大声嚎 t'a²¹ʂãi⁵⁵xau³⁵	不作声 pei²⁴tsuo²¹ʂãi⁵⁵	笑 sia²¹³
旧 城		打叫口 ta³¹tɕiau²¹³k'au³¹	不话儿 pai²¹³uo³³ʂə⁻³³	笑 siau²¹³
湘 湖		□叫 kuaiʔ²⁴tɕio²¹²	不做声 peiʔ²⁴tso²¹ɕiai⁴⁴	笑 sio²¹²
溪 头		大□ t'o⁵⁵se³³	不□讲话 pɐ⁵⁵n̩⁰kɔ̃⁴²uo⁵⁵	笑 sia²⁴
沱 川		叫 tɕiɐ³⁵	古气古 ku²tɕi³⁵ku²	笑 sia⁵⁵
紫 阳		吆 ia⁴⁴	不讲话 pu⁵¹kã²və⁵¹	笑 sio³⁵
许 村		吆 ia³³	无哝 vu⁵¹nɐm⁵¹	笑 sio²⁴
中 云		赊 se⁴⁴	不讲话 pɤ⁵¹kã²vo⁵¹	笑 ɕiɔ³⁵
新 建		吆 ia³³	无哝 vu³³nəŋ⁵¹	笑 ɕiɛ²¹³
新 营		使命□ ɕiɛ⁵³mæ⁵¹sɛ⁵⁵	不讲事 pu²¹⁵kɔ̃⁵³ɕyɛ⁵⁵	笑 sio²¹³
黄 柏		叫 tʃə²¹³	不作声 pɛ²¹tso²¹nɛn⁴⁴	笑 ɕiə²¹³
暖 水		嚎 xɤ²³	不讲事 pe⁵⁴kʌŋ²¹sɤ⁵¹	笑 ɕyɛ³⁵

		1215 哭	1216 骂	1217 捱骂
经公桥		哭 k'o⁴⁴	骂 muʌ²¹⁴	驮骂 t'uʌ³⁵muʌ²¹⁴
鹅 湖		哭 k'uʔ²⁴	骂 muo²¹¹	驮骂 t'uo³⁵muo²¹¹
旧 城		哭 k'u²¹³	骂 muo³³	捱骂 ŋa²⁴muo³³
湘 湖		哭 k'uʔ²⁴	骂 mo²¹¹	驮骂 t'ɛ³⁵mo²¹¹
溪 头		哭 k'u⁵⁵	骂 mo⁵⁵	驮骂 to⁵¹mo⁵⁵
沱 川		哭 k'u⁵¹	骂 bo⁵¹	驮骂 t'u²¹bo⁵¹
紫 阳		哭 k'u⁵¹	骂 bə⁵¹	驮骂 t'ə²¹bə⁵¹
许 村		哭 k'ɔ⁵⁵	□ tɕ'ia²⁴/骂 mo⁵⁵	驮骂 t'ɤ⁵¹mo⁵⁵
中 云		哭 k'ɔ⁵¹	骂 bo⁵¹	驮骂 t'ɤ¹¹bo⁵¹
新 建		□ sæ⁵⁴	骂 muɤ⁵¹	驮骂 t'ɯ²⁴muɤ⁵¹
新 营		哭 k'u²¹⁵	骂 mo⁵¹	捱骂 ŋa³¹mo⁵¹
黄 柏		哭 k'u²¹³	骂 mɑ²¹³	捱骂 ŋa⁴¹mɑ²¹³
暖 水		哭 k'əu⁵⁴	骂 muɛ⁵¹	捱骂 ŋa²¹muɛ⁵¹

	1218 吵架	1219 胡说	1220 哄（孩子）
经公桥	吵死 tʻau⁴²sɿ⁴²	乱讲 lỹ²⁴kaŋ⁴²	哄 xoŋ⁴²
鹅 湖	吵嘴 tʂʻau⁵³tsei⁵³	乱说 lən²¹ɕyɛʔ⁴	哄 xoŋ⁵³
旧 城	吵嘴 tsʻau³¹tsei³¹	乱话 lɛn³³uo³³	哄 xoŋ³¹
湘 湖	相骂 sa⁴⁴mo²¹¹	乱讲 lɛn²¹kaŋ³¹⁴	哄 xoŋ³¹⁴
溪 头	吵死 tsʻau⁴²sɿ⁴²	乱讲 nũ⁵⁵kɔ̃⁴²	哄 xəŋ⁴²
沱 川	吵死 tsʻau³⁵sɿ²	乱讲 nũ⁵¹kɒ̃²	哄 xəŋ²
紫 阳	相骂 siã⁴⁴bə⁵¹	乱讲/□ num⁵¹kã²/ pĩ⁰	哄 xɐm²
许 村	相骂 siɔ̃³³mo⁵⁵	乱讲 nũ⁵⁵kɔ̃³¹	骗 pʻĩ²⁴
中 云	吵死 tsʻɔ³⁵sɿ²	乱讲 num⁵¹kã²	□ ti³⁵
新 建	相骂 ɕiɔ̃⁵⁴muɤ⁵¹	乱讲 nuɔ̃⁵¹kɔ̃³¹	□ kʻəŋ⁵¹
新 营	相骂 ɕiã⁵⁵mo⁵¹	野讲 iɛ⁵³kɔ̃⁵³	哄 xəŋ⁵³
黄 柏	吵架 tsʻə⁴⁵³kə²¹³	乱话 lõ²¹uo²¹³	花 xuɑ³³
暖 水	相骂 ɕiʌŋ³¹muɐ⁵¹	乱讲 luõ⁵¹kʌŋ²¹⁴	哄 xoŋ³⁵

	1221 骗（人）	1222 撒谎	1223 吹牛
经公桥	骗 pʻiɛ̃²¹⁴	说谎 ɕyɛ⁴⁴xuaŋ⁴²	吹牛逼 tɕʻy²²iəu³⁵pi²²
鹅 湖	骗 pʻĩ²¹³	撒谎 tɕʻiɛ⁵³xuaŋ⁵³	吹牛逼 tɕʻy⁵⁵iəu³⁵pei⁵⁵
旧 城	骗 pʻi²¹³	打哄 ta³¹xoŋ³¹	吹牛逼 tɕʻy⁵⁵iəu²⁴pei⁵⁵
湘 湖	骗 pʻĩ²¹²	话鬼话 uo²¹kuei³⁵uo²¹¹	吹牛皮 tɕʻy⁴⁴iəu³⁵pʻei³⁵
溪 头	骗 pʻĩ²⁴	打哄 ta⁴²xəŋ⁴²	謇天 tsʻau³³tʻĩ³³
沱 川	骗 pʻĩ³⁵	打哄 tɒ³⁵xəŋ²	吹牛皮 tɕʻy⁴⁴ɲiə²¹pʻi²¹¹
紫 阳	骗 pʻĩ³⁵	打哄 ta³⁵xɐm²	吹牛逼 tɕʻy⁴⁴gia²¹pi⁴⁴
许 村	骗 pʻĩ²⁴	打哄 to³¹xɐm³¹	吹牛皮 tɕʻy³³ɲia⁵¹pʻi⁵¹
中 云	哄 xɐm²	骗人 pʻĩ³⁵ɲiɛn¹¹	吹牛逼 tɕʻy⁴⁴ɲia¹¹pi⁴⁴
新 建	骗 pʻã²¹³	打哄 ta²⁴xəŋ³¹	吹牛逼 tʃʻuɛ⁴⁵ɲiɯ²⁴pi⁵⁴
新 营	骗 pʻi²¹³	打乱话 ta⁵³li⁵⁵uo⁵¹	吹牛逼 tɕʻy⁵⁵ɲio³¹pɛ²¹³
黄 柏	骗 pʻiɛ̃²¹³	打哄 tɑ⁴⁵³xəŋ⁴⁵³	吹牛 tɕʻy⁴⁴ɲiu⁴¹
暖 水	骗 pʻiɛ̃³⁵	骗人 pʻiɛ̃³⁵ɲiɛ̃²³	吹牛逼 tʂʻei³¹ɲy²¹pi⁵¹

	1224 开玩笑	1225 逗弄	1226 告诉他
经公桥	开玩笑 kʻɤ²²uʌ̃³⁵sia²¹⁴	撩 lia³⁵⁵	跟渠讲 kən²²kei⁵⁵kaŋ⁴²
鹅 湖	讲笑儿 kaŋ⁵³sia³⁵ni⁰	□ xe²¹¹	跟渠话 kien⁵⁵ku³⁵uo²¹¹
旧 城	好嬉儿 xau³¹ɕi⁵⁵ni⁰	哄 xoŋ³¹	跟渠话 kɛn⁵⁵tɕi²⁴uo³³
湘 湖	讲笑话 kaŋ³⁵ɕio³⁵uo²¹¹	挑□ tʻio⁴⁴tʻiɛʔ⁴	跟渠话 kɛn⁴⁴ku³⁵uo²¹¹
溪 头	好嬉 xɐ⁴²ʃi³³	撩 lia⁵¹	得渠讲 ta⁵⁵kʻɐ⁵¹kɔ̃⁴²
沱 川	开玩笑 kʻua⁴⁴ŋ̍²¹sia³⁵	撩 lia²¹¹	□渠讲 xã²¹kʻə²¹kã²
紫 阳	讲笑 kã²sio³⁵	撩 lio²¹¹	□渠讲 xã⁴⁴tɕʻiɛ²¹kã²
许 村	讲笑 kɔ³¹sio²⁴	撩 liɔ⁵¹	搭渠讲 to⁵⁵tʃʻe⁵¹kɔ³¹
中 云	开玩笑 kʻuɤ⁴⁴m̍¹¹ɕiɔ³⁵	□ ti³⁵	□渠讲 xã⁴⁴tɕʻie⁴⁴kã²
新 建	讲笑 kɔ̃²⁴ɕiɛ²¹³	撩 liɛ²⁴	跟渠讲 kē⁵⁴tɕʻiɛ²⁴kɔ³¹
新 营	开玩笑 kʻua⁵⁵uã³¹sio²¹³	撩 liɔ³¹	跟渠讲 kuən⁵⁵tɕʻi³¹kɔ̃⁵³
黄 柏	开玩笑 kʻɛ⁴⁴uã²¹ɕiə²¹³	逗 tiə²¹³	跟渠话 kən⁴⁴tɕʻi⁴⁴uɑ²¹³
暖 水	搞笑 kɔ²⁴ɕyɛ³⁵	撩 lyɛ²³	跟渠讲 kē³¹tɕʻiɛ²³kʌŋ²¹⁴

	1227 行~，你去吧	1228 不行~，你不能去	1229 谢谢~你‖~你借钱给我
经公桥	要得 yʌu²⁴tai⁴⁴	不要得 po⁴⁴yʌu²⁴tai⁴⁴	难为 nuã³⁵uei²¹⁴
鹅 湖	要得 ia³⁵taiʔ⁴	不行 peiʔ⁴ɕien³⁵	难为 nõ³⁵uei²¹¹
旧 城	要得 iau²¹³tai²¹³	要不得 iau²¹³pai²¹³tai²¹³	难为 nuo²⁴uei⁰
湘 湖	好 xau³¹⁴	不行 peiʔ⁴ɕiai³⁵	难为 lo³⁵y³⁵
溪 头	嗯 ŋ̍⁵¹	不行 pɐ⁵⁵ʃæi⁵¹	难得 nõ⁵¹ta⁵⁵
沱 川	好 xa²	没□ ba³⁵xa²¹¹	难得 nõ²¹tɒ⁵¹
紫 阳	行 ɕiæ²¹¹	不行 pu⁵¹ɕiæ²¹¹	有劳 ia³¹lo³¹/多谢 tə⁴⁴tsʻe⁵¹
许 村	好 xa³¹	无□ ma²⁴xa⁰	得劳 tɤ⁵⁵la⁵¹
中 云	行 ɕiã¹¹	不行 pɤ⁵¹ɕiã¹¹	多谢 tɤ⁴⁴tsʻe⁵¹
新 建	要得 ia²³tɛ⁰	不行 pa⁵¹ʃã²⁴	难□□ nã²⁴ni²⁴nə⁰
新 营	行 xæ³¹	不能 pu²¹⁵lɛ³¹	难为 la³¹uɛ³¹
黄 柏	好 xə⁴⁵³	不能 pɛ²¹³lin⁴¹	难为 lã⁴¹ui²¹³
暖 水	好得 xɤ³¹ti⁵⁴	不好得 pe⁵⁴xɤ³¹ti⁵⁴	难为 lã²¹vi⁵¹

1230
对不起 ~，打扰你了

经公桥	对不起	tɤ²⁴pai⁴⁴tɕ'i⁴²
鹅　湖	对不起	tɛ²¹peiʔ²⁴tɕ'i⁵³
旧　城	对不起	tɛ²¹³pai²¹³tɕ'i³¹
湘　湖	失错	ɕiʔ²⁴ts'o²¹²
溪　头	失错之	sŋ⁵⁵ts'o²⁴tsŋ³³
沱　川	对不起	tə³⁵pɒ⁵¹tɕ'i²
紫　阳	对不起	te³⁵pu⁵¹tɕ'i²
许　村	失错之	ʃa⁵⁵ts'u²⁴tɕi⁰
中　云	失错嘀	sa⁵¹ts'u³⁵ti⁰
新　建	失错之	ʃɛ⁵¹ts'ɯ²⁴tsɤ⁵⁴
新　营	得罪了	tæ²¹⁵ts'i⁵¹liɔ⁵³
黄　柏	对不起	tɛ²¹pɛ²¹tɕ'i⁴⁵³
暖　水	对不起	tɤ²¹pe⁵⁴tɕ'i²¹⁴

1231
没关系、不要紧 ~，有事尽管找我

经公桥	不要紧	pai⁴⁴yʌu²⁴tɕin⁴²
鹅　湖	不要紧	peiʔ²ia³⁵tɕien⁵³
旧　城	不要紧	pai²¹³iau²¹³tɕien³¹
湘　湖	冒关系	mau²¹ko⁴⁴ɕi²¹¹
溪　头	冇关系	mɐ²⁴kũ³³ʃi⁵⁵
沱　川	不要紧	pə⁵¹iɒ³⁵tɕien²
紫　阳	不要紧	pu⁵¹ia³⁵tɕiæ̃²
许　村	不要紧	pɤ⁵⁵io²⁴tʃɛn²⁴
中　云	不要紧	pɤ⁵¹io³⁵tɕien²
新　建	不要紧	pa⁵¹ia²³tʃɛ̃³¹
新　营	不要紧	pu²¹⁵iɔ²¹³tɕiən⁵³
黄　柏	不要紧	pɛ²¹iə²¹tʃən⁴⁵³
暖　水	不消得	pe⁵⁴ɕyɛ³¹ti⁰

1232
别理他

经公桥	不要搭渠	po⁴⁴yau²¹tuʌ⁴⁴kei⁵⁵
鹅　湖	□□渠	muɛ²¹t'ãi⁵⁵ku³⁵
旧　城	不要□渠	pai²¹³iau²¹³ər³¹tɕi²⁴
湘　湖	不要理渠	peiʔ²⁴io³⁵lei³¹ku³⁵
溪　头	不要搭渠	pɐ⁵⁵ia²⁴to⁵⁵k'ɐ⁵¹
沱　川	不要□□渠	pə⁵¹iɒ³⁵sŋ⁴⁴tsŋ⁰k'ə²¹¹
紫　阳	不要理着渠	pu⁵¹ia³⁵li²ts'ɒ⁵¹tɕ'ie²¹¹
许　村	不要睬渠	pɤ⁵⁵io²⁴ts'ɤ³¹tʃ'e⁵¹
中　云	不要□着渠	pɤ⁵¹io³⁵i¹¹ts'a⁵¹tɕ'ie⁴⁴
新　建	不跟渠讲	pa⁵¹kẽ⁵⁴tɕ'ie²⁴kɔ̃³¹
新　营	不要理渠	pu²¹⁵iɔ²¹³lɛ⁵³tɕ'i³¹
黄　柏	莫理渠	mo³³li⁴⁵³tɕ'i⁴¹
暖　水	不□渠	pɤ⁵⁴ɤ²⁴tɕ'i²³

1233
再见（宴席后）客人辞别时说‖主人送行时说

经公桥	—‖下回再来 xʌ²⁴xuɣ³⁵tsa²⁴la⁵⁵
鹅湖	难为 nõ³⁵uei²¹¹‖下回来 xuo²¹xuɛ³⁵lɛ³⁵/慢慢走 mõ⁵¹mõ⁰tsau⁵³
旧城	喫嘀就去 tɕʻiai²¹³tiº ts'iəu³³tɕʻi²¹³‖二回来嬉 ə˞³³xuɛ²⁴lɛ²⁴ɕi⁵⁵/好走 xau³¹tsau³¹
湘湖	难为 lo³⁵y²¹¹‖下回来嬉 xo²¹fɛ³⁵lɛ³⁵ɕi⁴⁴/好走 xau³¹⁴tsiau³¹⁴
溪头	阿去了 a²³¹kʻɐ²⁴lɐ⁰‖—
沱川	—‖慢慢走 mõ⁵¹mõ⁰tsə²/下回来嬉 xo⁵¹xua²¹la²¹ɕi⁴⁴
紫阳	喫喫就去 tɕʻio⁵¹tɕʻio⁰tsʻa⁵¹tɕʻi³⁵‖下回来嬉 xə⁵¹xe²¹lɛ²¹ɕi⁴⁴
许村	领情啦 nã³¹tsʻã⁵¹la⁰‖得罪 to⁵⁵sʻe⁵¹/有空来嬉 ia³¹kʻɐm²⁴lɣ⁵¹ɕi³³
中云	难为 num¹¹y⁵¹‖慢慢去 mum⁵¹mumºtɕʻie³⁵/下回来嬉 xo⁵¹xuɣ¹¹lɣ¹¹ɕi⁴⁴
新建	—
新营	我走了 ŋo⁵³tsiɔ⁵³lɔ⁰‖—
黄柏	盛情 ʃən²¹³tɕʻin⁴¹‖下回来过 xɑ²¹xuɛ²¹tsa²¹lɛ⁴¹
暖水	难为 lã²³vi⁵¹‖慢慢行 mã⁵¹mã⁵¹xæ²³

	1234	1235	1236
	大	小	长 绳子~‖时间~
经公桥	大 tʻa²¹⁴	细 sei²¹⁴	长 tʃʻuaŋ³⁵⁵‖久 tɕiəu⁴²
鹅湖	大 tʻa²¹¹	细 sei²¹³	长 tɕʻiõ³⁵
旧城	大 tʻa³³	细 sei²¹³	猛 maŋ³¹‖长 tɕʻia²⁴
湘湖	大 tʻa²¹¹	细 sei²¹²	长 tɕʻia³⁵
溪头	大 tʻo⁵⁵	细 se²⁴	长 tsʻɔ⁵¹
沱川	大 tʻu⁵¹	细 se³⁵	长 tsʻɒ̃²¹¹
紫阳	大 tʻu⁵¹	细 si³⁵	长 tɕʻiã²¹¹
许村	大 tʻɣ⁵⁵	细 se²⁴	长 tʃʻɔ⁵¹
中云	大 tʻɣ⁵¹	细 se³⁵	长 tsʻã¹¹
新建	大 tʻa⁵¹	细 sæ²¹³	长 tʂʻɔ²⁴
新营	大 tʻa⁵¹	细 sɛ²¹³	长 tɕʻiã³¹
黄柏	大 tʻɑ²¹³	细 ɕi²¹³	长 tʃʻã⁴¹/猛 mən⁴⁵³‖长 tʃʻã⁴¹
暖水	大 tʻa⁵¹	细 ɕi³⁵	长 tʂʻʌŋ²³/猛 mæ³¹‖长 tʂʻʌŋ²³

	1237 短绳子~‖时间~	1238 宽路~	1239 宽敞房间~	1240 窄路~
经公桥	短 tỹ⁴²	阔 kʻuʌ⁴⁴	大 tʻa²¹⁴	狭 xʌ²²
鹅 湖	短 tən⁵³	阔 kʻuoʔ⁴	大 tʻa²¹¹	狭 xuoʔ⁴
旧 城	短 tɐn³¹	阔 kʻuɛ²¹³	大 tʻa³³	狭 xuo³³
湘 湖	短 tɐn³¹⁴	阔 kʻuɛʔ⁴	大 tʻa²¹¹	狭 xoʔ²
溪 头	短 tũ⁴²	阔 kʻo⁵⁵	大 tʻo⁵⁵	细 se²⁴
沱 川	短 tũ²	阔 kʻo⁵¹	宽余 kʻũ⁴⁴y²¹¹	狭 xo⁵¹
紫 阳	短 tum²	阔 kʻə⁵¹	阔 kʻə⁵¹	狭 xə⁵¹
许 村	短 tũ³¹	阔 kʻo⁵⁵	宽大 kʻũ³³tʻɣ⁵⁵	狭 xo⁵⁵
中 云	短 tum²	阔 kʻo⁵¹	大 tʻɣ⁵¹	狭 xo⁵¹
新 建	短 tuə̃³¹	阔 kʻuɣ⁵¹	大 tʻa⁵¹	狭 xua³³
新 营	短 ti⁵³	阔 kʻu²¹⁵	猛大 mən⁵³tʻa⁵¹	狭 xo⁵⁵
黄 柏	短 tõ⁴⁵³	阔 kʻo²¹³	大 tʻɑ²¹³	狭 xɑ²¹³
暖 水	短 tuõ²¹⁴	阔 kʻuɐ⁵⁴	大 tʻa⁵¹	狭 xuɐ³¹

	1241 高飞得~‖个子~	1242 低飞得~	1243 矮个子~	1244 远路~
经公桥	高 kau²²‖长 tʃʻuaŋ³⁵⁵	低 ti²²	矮 ia⁴²	远 yɛ̃⁴²
鹅 湖	高 kau⁵⁵‖长 tɕʻiõ³⁵	低 tei⁵⁵	矮 ŋa⁵³	远 ỹ⁵³
旧 城	高 kau⁵⁵‖猛 maŋ³¹	低 tei⁵⁵	矮 ŋa³¹	远 yi³¹
湘 湖	高 kau⁴⁴	矮 ŋa³¹⁴	矮 ŋa³¹⁴	远 yĩ³¹⁴
溪 头	高 kɐ³³	矮 ŋa⁴²	矮 ŋa⁴²	远 uĩ²³¹
沱 川	高 ka⁴⁴	矮 go²	矮 go²	远 vĩ³¹
紫 阳	高 ko⁴⁴	低 ti⁴⁴	矮 go³¹	远 ỹ³¹
许 村	高 ka³³	矮 ŋo³¹	矮 ŋo³¹	远 vĩ³¹
中 云	高 ka⁴⁴	矮 ŋo³¹	矮 ŋo³¹	远 vĩ³¹
新 建	高 kə⁵⁴	矮 ŋa³¹	矮 ŋa³¹	远 vã³¹
新 营	高 kɔ⁵⁵	矮 ŋa⁵³	矮 ŋa⁵³	远 ɵ⁵³
黄 柏	高 kə³³	矮 ŋa⁴⁵³	矮 ŋa⁴⁵³	远 yã⁴⁵³
暖 水	高 kɣ³¹	矮 ŋa²¹⁴	矮 ŋa²¹⁴	远 viɛ̃²¹⁴

		1245 近路~	1246 深水~	1247 浅水~	1248 清水~
经公桥		近 tɕʻin²¹⁴	深 ɕin²²	浅 tsʻiɛ̃⁴²	清 tsʻãi²²
鹅 湖		近 tɕʻiɛn²¹¹	深 ɕiɛn⁵⁵	浅 tsʻĩ⁵³	清 tsʻãi⁵⁵
旧 城		近 tɕʻiɛn³³	深 ɕiɛn⁵⁵	浅 tsʻi³¹	清 tsʻai⁵⁵
湘 湖		近 tɕʻiɛn²¹¹	深 ɕiɛn⁴⁴	浅 tsʻĩ³¹⁴	清 tsʻai⁴⁴
溪 头		近 tʃʻɛn²³¹	深 tsʻəŋ³³	浅 tsʻĩ⁴²	清 tsʻæi³³
沱 川		近 tɕʻiɛn³¹	深 sen⁴⁴	浅 tsʻĩ²	清 tsʻã⁴⁴
紫 阳		近 tɕʻiæ³¹	深 sæ⁴⁴	浅 tsʻĩ²	清 tsʻɔ⁴⁴
许 村		近 tʃʻɛn⁵¹	深 ʃen³³	浅 tsʻĩ³¹	清 tsʻã³³
中 云		近 tɕʻiɛn³¹	深 sen⁴⁴	浅 tsʻĩ²	清 tsʻɛn⁴⁴
新 建		近 tʃʻẽ⁵¹	深 ʃẽ⁵⁴	浅 tsʻã³¹	清 tsʻã⁵⁴
新 营		近 tɕʻiən⁵¹	深 ɕiən⁵⁵	浅 tsʻi⁵³	清 tsʻæ⁵⁵
黄 柏		近 tʃʻən²¹³	深 ʃən⁴⁴	浅 tɕʻiɛ̃⁴⁵³	清 tɕʻin⁴⁴
暖 水		近 tɕʻiẽ⁵¹	深 ɕiẽ³¹	浅 tɕʻiɛ̃²¹⁴	清 tsʻæ³¹

		1249 浑水~	1250 圆脸~	1251 扁脸~	1252 方下巴~
经公桥		昏 xuən²²	圆 yẽ³⁵⁵	扁 piɛ̃⁴²	方 faŋ²²
鹅 湖		昏 xuən⁵⁵	圆 ỹ³⁵	扁 pĩ⁵³	方 faŋ⁵⁵
旧 城		昏 fɛn⁵⁵	圆 yi²⁴	扁 pi³¹	方 faŋ⁵⁵
湘 湖		昏 fɛn⁴⁴	圆 yĩ³⁵	扁 pĩ³¹⁴	方 faŋ⁴⁴
溪 头		昏 xuəŋ³³	圆 ui⁵¹	扁 pĩ⁴²	方 fɔ³³
沱 川		昏 xuən⁴⁴	圆 vĩ²¹¹	扁 pĩ²	方 fʌ⁴⁴
紫 阳		昏 xuæ⁴⁴	圆 ỹ²¹¹	扁 pĩ²	方 fã⁴⁴
许 村		昏 xuɛn³³	圆 vĩ⁵¹	扁 pĩ³¹	方 fɔ³³
中 云		昏 xuɛn⁴⁴	圆 vĩ¹¹	扁 pĩ²	方 fã⁴⁴
新 建		昏 xuẽ⁵⁴	圆 vã²⁴	扁 pã³¹	方 fɔ⁵⁴
新 营		昏 xuən⁵⁵	圆 ɵ³¹	扁 pi⁵³	方 fɔ⁵⁵
黄 柏		浑 xuən²¹³	圆 yã⁴¹	扁 piɛ̃⁴⁵³	方 fã⁴⁴
暖 水		浑 xuẽ³¹	圆 viẽ²³	扁 piẽ²¹⁴	方 fʌŋ³¹

第五章 赣东北徽语代表方言点词语对照

	1253 尖下巴~	1254 平路~	1255 肥猪~	1256 胖人~
经公桥	尖 tsiẽ²²	平 p'ãi³⁵⁵	壮 tʂaŋ²¹⁴	胖 p'aŋ²¹⁴
鹅 湖	尖 tsĩ⁵⁵	平 p'ãi³⁵	壮 tʂaŋ²¹³	壮 tʂaŋ²¹³
旧 城	尖 tsi⁵⁵	平 p'ai²⁴	壮 tʂaŋ²¹³	壮 tʂaŋ²¹³
湘 湖	尖 tsĩ⁴⁴	平 p'ai³⁵	肥 fei³⁵	胖 p'aŋ²¹²
溪 头	尖 tsɔ̃³³	平 p'æi⁵¹	壮 tsɔ̃²⁴	胖 p'ɔ̃²⁴
沱 川	尖 tsĩ⁴⁴	平 pã²¹¹	壮 tsʌ̃³⁵	壮 tsʌ̃³⁵
紫 阳	尖 tsĩ⁴⁴	平 p'ɔ̃²¹¹	壮 tɕiã³⁵	胖 p'ã³⁵
许 村	尖 tsĩ³³	平 p'ã⁵¹	壮 tʃɔ̃²⁴	壮 tʃɔ̃²⁴
中 云	尖 tsĩ⁴⁴	平 p'ã¹¹	壮 tsã³⁵	胖 p'ã³⁵
新 建	尖 tsã³³	平 p'ã²⁴	壮 tʂɔ̃²¹³	壮 tʂɔ̃²¹³/胖 p'ɔ̃²¹³
新 营	尖 tsi⁵⁵	平 p'æ³¹	壮 tɔ²¹³	壮 tɔ²¹³
黄 柏	尖 tɕiẽ⁴⁴	平 p'in⁴¹	壮 tʂuəŋ²¹³	壮 tʂuəŋ²¹³
暖 水	尖 tɕiẽ³¹	平 p'æ²³	肥 fi²³	壮 tʂʌŋ³⁵

	1257 瘦人~	1258 黑~鸡	1259 白~布	1260 红~花
经公桥	瘦 ɕiəu²¹⁴	黑 xai⁴⁴	白 p'a²²	红 xoŋ³⁵⁵
鹅 湖	瘦 ɕiəu²¹³	乌 u⁵⁵	白 p'aʔ⁴	红 xoŋ³⁵
旧 城	瘦 ɕiəu²¹³	乌 u⁵⁵	白 p'a³³	红 xoŋ²⁴
湘 湖	瘦 ɕiau²¹²	乌 u⁴⁴	白 p'aʔ²	红 xoŋ³⁵
溪 头	瘦 sæi²⁴	乌 u³³	白 p'a⁵⁵	红 xəŋ⁵¹
沱 川	瘦 sə³⁵	乌 vu⁴⁴	白 p'ɒ⁵¹	红 xəŋ²¹¹
紫 阳	瘦 sa³⁵	乌 vu⁴⁴	白 p'o⁵¹	红 xɐm²¹¹
许 村	瘦 ʃa²⁴	乌 vu³³	白 p'o⁵⁵	红 xɐm⁵¹
中 云	瘦 sa³⁵	乌 vu⁴⁴	白 p'o⁵¹	红 xɐm¹¹
新 建	瘦 ɕiu²¹³	乌 vu⁵⁴	白 p'æ³³	红 xəŋ²⁴
新 营	瘦 ɕiɔ²¹³	乌 u⁵⁵/黑 xæ²¹⁵	白 p'a⁵⁵	红 xən³¹
黄 柏	瘦 ʃɔ²¹³	乌 u⁴⁴	白 p'ɑ⁴⁴	红 xəŋ⁴¹
暖 水	瘦 ɕy³⁵	乌 vu³¹	白 p'æ⁵⁴	红 xoŋ²³

	1261 黄~花	1262 蓝~天	1263 绿树叶~	1264 紫~色
经公桥	黄 uaŋ³⁵⁵	蓝 luã³⁵⁵	绿 lo²²	紫 tʂʅ⁴²
鹅湖	黄 uaŋ³⁵	蓝 nõ³⁵	绿 liəuʔ²¹¹	紫 tʂʅ⁵³
旧城	黄 uaŋ²⁴	蓝 nuo²⁴	绿 liəu³³	紫 tʂʅ³¹
湘湖	黄 uaŋ³⁵	蓝 lo³⁵	绿 liəuʔ²	紫 tʂʅ³¹⁴
溪头	黄 uɔ̃⁵¹	蓝 lã⁵¹	绿 læi⁵⁵	紫 tʂʅ⁴²
沱川	黄 vã²¹¹	蓝 nõ²¹¹	绿 lə⁵¹	紫 tʂʅ²
紫阳	黄 vã²¹¹	蓝 num²¹¹	绿 la⁵¹	紫 tʂʅ²
许村	黄 vɔ̃⁵¹	蓝 nũ⁵¹	绿 la⁵⁵	紫 tʂʅ³¹
中云	黄 vã¹¹	蓝 num¹¹	绿 la⁵¹	紫 tʂʅ²
新建	黄 vɔ̃²⁴	蓝 nã²⁴	绿 lɯ³³	紫 tsɤ³¹
新营	黄 uɔ̃³¹	蓝 la³¹	绿 lio⁵⁵	紫 tʂʅ⁵³
黄柏	黄 xuəŋ⁴¹	蓝 lã⁴¹	绿 liə²¹³	紫 tʂʅ⁴⁵³
暖水	黄 vʌŋ²³	蓝 lã²³	绿 ly³¹	紫 tʂʅ²¹⁴

	1265 灰~色	1266 多钱~	1267 少钱~	1268 重担子~
经公桥	灰 xuɣ²²	多 tuʌ²²	少 ʃuau⁴²	重 tʂʻoŋ²¹⁴
鹅湖	灰 xuɐ⁵⁵	多 tuo⁵⁵	少 ɕia⁵³	重 tʂʻoŋ²¹¹
旧城	灰 xuɐ⁵⁵	多 tuo⁵⁵	少 ɕiau³¹	重 tʂʻoŋ³³
湘湖	灰 fɐ⁴⁴	多 to⁴⁴	少 ɕio³¹⁴	重 tʂʻoŋ²¹¹
溪头	灰 xuɐ³³	多 to³³	少 sa⁴²	重 tsən²³¹
沱川	灰 xua⁴⁴	多 to⁴⁴	少 sɒ²	重 tsʻəŋ³¹
紫阳	灰 xe⁴⁴	多 tə⁴⁴	少 so³¹	重 tsʻɐm³¹
许村	灰 xuɣ³³	多 tɣ³³	少 ʃa³¹	重 tʃʻɐm⁵¹
中云	灰 xuɣ⁴⁴	多 tɣ⁴⁴	少 sɔ²	重 tsʻɐm³¹
新建	灰 xua⁵⁴	多 tɯ⁵⁴	少 ʃa³¹	重 tʂʻəŋ⁵¹
新营	灰 xua⁵⁵	多 tu⁵⁵	少 ɕio⁵³	重 tʻən⁵¹
黄柏	灰 xuɛ⁴⁴	多 to⁴⁴	少 ʃə⁴⁵³	重 tʂʻuəŋ²¹³
暖水	灰 xo³¹	多 to³¹	少 ɕyɛ²¹⁴	重 tʂʻoŋ⁵¹

	1269 轻担子~	1270 直路~	1271 陡路~	1272 弯路~
经公桥	轻 tɕ'iāi²²	直 tɕ'iai²²	陡 tiəu⁴²	弯 uɤ̃²²
鹅湖	轻 k'ãi⁵⁵	直 tɕ'iaiʔ²	巉 sən²¹³	弯 ŋõ⁵⁵
旧城	轻 k'ai⁵⁵	直 tɕ'iai³³	巉 sɛn²⁴	弯 ŋuo⁵⁵
湘湖	轻 k'ai⁴⁴	直 tɕ'iaiʔ²	崎 tɕ'i³⁵	弯 uo⁴⁴
溪头	轻 tʃ'æi³³	直 tsʻɿ⁵⁵	崎 tʃi⁵⁵	弯 ũ³³
沱川	轻 tɕ'iã⁴⁴	直 tsʻɿ⁵¹	崎 tɕi⁵¹	弯 ŋ̍⁴⁴
紫阳	轻 tɕ'iɔ̃⁴⁴	直 tsʻa⁵¹	崎 tɕ'i²¹¹	弯 m̩⁴⁴
许村	轻 tʃ'ã³³	直 tʃ'a⁴⁴	崎 tʃ'e⁵¹	□ k'ũ⁵¹
中云	轻 tɕ'iã⁴⁴	直 tsʻa⁵¹	崎 tɕ'i⁵¹	弯 m̩⁴⁴
新建	轻 tʃ'ã⁵⁴	直 tʃ'ɛ³³	崎 tɕ'i⁵¹	虬 tɕ'iɯ²⁴
新营	轻 k'æ⁵⁵	直 t'æ⁵⁵	陡 tiɔ⁵³	弯 uã⁵⁵
黄柏	轻 tʃ'ən⁴⁴	直 tʃ'uɛ⁴⁴	崎 tɕ'i⁴¹	弯 uã⁴⁴
暖水	轻 tɕ'iæ³¹	直 tɕ'ie³¹	巉 sæ³⁵	弯 võ³¹

	1273 歪帽子戴~了	1274 斜线画~了	1275 厚衣服~	1276 薄衣服~
经公桥	歪 ua²²	歪 ua²²	厚 ɕiəu²¹⁴	薄 p'au⁴⁴
鹅湖	歪 ua⁵⁵	斜 siɛ³⁵	厚 ɕiəu²¹¹	薄 p'auʔ²¹³
旧城	歪 ua⁵⁵	斜 siɛ²⁴	厚 xau³³	薄 p'au³³
湘湖	歪 ua⁴⁴	斜 siɛ³⁵	厚 xau²¹¹	薄 p'auʔ²
溪头	歪 ua³³	斜 ts'e⁵¹	厚 ʃæi²³¹	薄 p'au⁵⁵
沱川	歪 vo⁴⁴	斜 ts'e²¹¹	厚 ɕiɔ³¹	薄 p'au⁵¹
紫阳	歪 va⁴⁴	斜 ts'e²¹¹	厚 ɕia³¹	薄 p'ɒ⁵¹
许村	歪 va³³	斜 ts'e⁵¹	厚 ʃa⁵¹	薄 p'ɔ⁵⁵
中云	歪 va⁴⁴	斜 ts'e¹¹	厚 ɕia⁵¹	薄 p'ɔ⁵¹
新建	歪 va⁵⁴	斜 ɕia⁵¹	厚 ɕiɯ⁵¹	薄 p'o³³
新营	歪 ua⁵⁵	斜 ts'i³¹	厚 ɕiɔ⁵¹	薄 p'ɔ⁵⁵
黄柏	歪 ua⁴⁴	歪 ua⁴⁴	厚 ʃə²¹³	薄 p'ə⁴⁴
暖水	歪 va³¹	歪 va³¹	厚 ɕy⁵¹	薄 p'ɔ³¹

	1277 粗绳子~	1278 细绳子~	1279 稠稀饭~	1280 密秧苗插得~
经公桥	粗 tsʻu²²	细 sei²¹⁴	□ ȵia²¹⁴	密 mi²²
鹅 湖	粗 tsʻəu⁵⁵	细 sei²¹³	硬 ŋã²¹¹	密 meiʔ²⁴
旧 城	粗 tsʻəu⁵⁵	细 sei²¹³	稠 tɕʻiəu²⁴	密 mei³³
湘 湖	粗 tsʻəu⁴⁴	细 sei²¹²	浓 ioŋ³⁵	密 meiʔ²²
溪 头	粗 tsʻu³³	细 se²⁴	硬 ŋã⁵⁵	密 mi⁵⁵
沱 川	粗 tsʻu⁴⁴	细 se³⁵	硬 ŋã⁵¹	密 bi⁵¹
紫 阳	粗 tsʻu⁴⁴	细 si³⁵	硬 ŋɔ̃⁵¹	密 ba⁵¹
许 村	粗 tsʻu³³	细 se²⁴	硬 ŋã⁵⁵	密 ma⁵⁵
中 云	粗 tsʻu⁴⁴	细 se³⁵	硬 ŋã⁵¹	密 ba⁵¹
新 建	粗 tsʻu⁵⁴	细 sæ²¹³	硬 ŋã⁵¹	密 mɛ³³
新 营	粗 tsʻu⁵⁵	细 se²¹³	稠 tɕʻio³¹	密 mɛ⁵⁵
黄 柏	粗 tsʻu⁴⁴	细 ɕi²¹³	浓 ȵiəŋ⁴¹	密 mi⁴⁴
暖 水	粗 tsʻu³¹	细 ɕi³⁵	浓 ȵioŋ²³	密 mi³¹

	1281 稀稀饭~‖秧苗插得~	1282 满饭盛得~	1283 亮房间~
经公桥	稀 ɕi²²	满 muɑ̃⁴²	光 kuaŋ²²
鹅 湖	稀 ɕi⁵⁵‖疏 ʂəu⁵⁵	满 mõ⁵³	光 kuaŋ⁵⁵
旧 城	稀 ɕi⁵⁵	满 mɛn³¹	光 kuaŋ⁵⁵
湘 湖	薄 pʻauʔ²‖疏 səu⁴⁴	满 mɛn³¹⁴	光 kuaŋ⁴⁴
溪 头	稀 ʃi³³‖㐬 lɔ̃³³	满 mũ²³¹	光 kuɔ̃³³
沱 川	清 tsã⁴⁴/幼 iə³⁵‖疏 su⁴⁴	满 mũ³¹	光 kuɑ̃⁴⁴
紫 阳	稀 ɕi⁴⁴‖疏 su⁴⁴	满 mum³¹	光 kuã⁴⁴
许 村	稀 ɕi³³‖疏 ɕy³³	满 mũ³¹	光 kuã³³
中 云	稀 ɕi⁴⁴‖疏 su⁴⁴	满 mum³¹	光 kuã⁴⁴
新 建	薄 pʻo³³‖㐬 nɔ̃²⁴/疏 ɕy⁵⁴	满 muɔ̃³¹	光 kuã³³
新 营	稀 ɕi⁵⁵	满 mu⁵³	光 kuɔ̃⁵⁵
黄 柏	薄 pʻə⁴⁴‖阔 kʻo²¹³	满 mõ⁴⁵³	光 kuaŋ³³
暖 水	稀 ɕi³¹‖疏 ʂu³¹	满 mõ²¹⁴	光 kʌŋ³¹

第五章 赣东北徽语代表方言点词语对照

	1284 暗房间~	1285 干衣服晒~了	1286 湿衣服淋~了
经公桥	暗 uən²¹⁴	干 kɣ²²	湿 tɕ'i⁴⁴
鹅湖	暗 uən²¹³	干 kiɛn⁵⁵	湿 ɕiʔ⁴
旧城	暗 uɛn²¹³	干 kɛn⁵⁵	湿 ɕi⁵⁵
湘湖	暗 ŋɛn²¹²	干 kɛn⁴⁴	湿 ɕiʔ⁴
溪头	暗 ŋəŋ²⁴	干 kũ³³	湿 tsʻɿ⁵⁵
沱川	暗 ŋəŋ³⁵	干 kũ⁴⁴	湿 tsʻɿ⁵¹
紫阳	暗 væ³⁵	干 kum⁴⁴	湿 tsʻa⁵¹
许村	暗 ŋɛn²⁴	干 kũ³³	湿 tʃʻa⁵⁵
中云	暗 ŋɛn³⁵	干 kum⁴⁴	湿 tsʻa⁵¹
新建	暗 ŋẽ²¹³	干 kuɔ̃⁵⁴	湿 ʃɛ⁵¹
新营	暗 uɔ²¹³	干 ku⁵⁵	湿 ɕi²¹⁵
黄柏	暗 õ²¹³	干 kõ⁴⁴	湿 ɕi²¹³
暖水	暗 ŋẽ³⁵	干 kuõ³¹	湿 ɕie⁵⁴

	1287 潮花生~了	1288 干净地面很~	1289 脏地面很~
经公桥	潮 tʃʻuau³⁵⁵	干净 kɣ²²tsʻãi²¹⁴	邋□ la⁴⁴ʂa⁴⁴
鹅湖	回潮 xuɛ³⁵tɕʻia³⁵	干净 kiɛn⁵⁵tsʻãi²¹¹	邋遢 loʔ⁴tʻoʔ⁴
旧城	潮 tɕʻiau²⁴	干净 kɛn⁵⁵tsʻɛn³³	肮脏 ŋaŋ⁵⁵tsaŋ⁵⁵
湘湖	回潮 fɛ³⁵tɕʻio³⁵	伶俐 lai³⁵lei²¹¹	邋搭 loʔ⁴toʔ⁴
溪头	受潮 sæi⁵⁵tsʻa⁵¹	伶俐 læi⁵¹li⁰	污□ u³³sɐ⁵⁵
沱川	受潮 sə³¹tsʻɒ²¹¹	伶俐 nã²¹li⁵¹	□腻 gau⁵¹n̠i⁵¹
紫阳	润 iæ⁵¹	干净 kẽ⁴⁴tsʻɔ̃⁵¹	肮腻 ŋã⁴⁴gi⁵¹
许村	回潮 xuɣ⁵¹tʃʻo⁵¹	干净 kũ³³tsʻã⁵⁵	邋遢 lo⁵⁵tʻo⁵⁵
中云	回潮 xuɣ¹¹tsʻo¹¹	干净 kum⁴⁴tsʻã⁵¹	肮□ ŋã⁴⁴tɕi⁴⁴
新建	回润 xua²⁴n̠iẽ⁵¹	干净 kɣ̃⁵⁴tsʻã⁵¹	邋□ la²¹ʃuɣ⁵¹
新营	润 n̠iən⁵⁵	干净 ku⁵⁵tsʻæ⁵¹	污糟 o⁵⁵tsɔ⁵⁵
黄柏	回润 xuɛ⁴¹n̠iən²¹³	干净 kõ⁴⁴tɕʻin²¹³	邋遢 lɑ⁴⁴tʻɑ²¹³
暖水	转润 tɕiẽ²⁴n̠iẽ³⁵	干净 kã³¹tsʻæ⁵⁵	污糟 vo³¹tsɣ³¹

		1290 快 走得~‖刀子~	1291 钝 刀子~	1292 慢 走得~
经公桥		快 kʻua²¹⁴	不快 po⁴⁴kʻua²¹⁴	慢 muɑ̃²¹⁴
鹅 湖		快 kʻua²¹³	不快 peiʔ⁴kʻua²¹³	慢 mõ²¹¹
旧 城		快 kʻua²¹³	□ pʻei²⁴	慢 muo³³
湘 湖		快 kʻua²¹²	不快 peiʔ⁴kʻua²¹²	慢 mo²¹¹
溪 头		快 kʻua²⁴	不快 pɐ⁵⁵kʻua²⁴	慢 mã⁵⁵
沱 川		快 kʻua³⁵	不快 pə⁵¹kʻua³⁵	慢 mõ⁵¹
紫 阳		快 kʻua³⁵	钝 tʻæ⁵¹	慢 mum⁵¹
许 村		快 kʻua²⁴	萎 ve⁵¹/不快 pɤ⁵⁵kʻua²⁴	慢 mũ⁵⁵
中 云		快 kʻua³⁵	不快 pɤ⁵¹kʻua³⁵	慢 mum⁵¹
新 建		快 kʻua²¹³	不快 pa⁵¹kʻua²¹³	慢 mã̃⁵¹
新 营		快 kʻua²¹³	不快 pu²¹⁵kʻua²¹³	慢 mã⁵¹
黄 柏		快 kʻua²¹³	萎 ȵy⁴¹	慢 mã²¹³
暖 水		快 kʻuɐ³⁵	不快 pe⁵⁴kʻuɐ³⁵	慢 mã⁵¹

		1293 早 来得~	1294 晚 来得~	1295 松 绳子绑得~
经公桥		早 tsau⁴²	迟 tɕʻi³⁵⁵	松 soŋ²²
鹅 湖		早 tsau⁵³	晏 ŋõ²¹³	松 soŋ⁵⁵
旧 城		早 tsau³¹	晏 ŋuo²¹³	松 soŋ⁵⁵
湘 湖		早 tsau³¹⁴	晏 ŋo²¹²	松 soŋ⁴⁴
溪 头		早 tsɐ⁴²	晏 ŋã²⁴	松 səŋ³³
沱 川		早 tsa²	晏 ŋõ³⁵	松 səŋ⁴⁴
紫 阳		早 tso²	晏 ŋẽ³⁵	松 sɐm⁴⁴
许 村		早 tsa³¹	晏 ŋũ²⁴	松 sɐm³³
中 云		早 tsa²	晏 ŋum³⁵	松 sɐm⁴⁴
新 建		早 tsə³¹	晏 ŋã̃²¹³	松 səŋ⁵⁴
新 营		早 tsɔ⁵³	晏 ŋã²¹³	松 sən⁵⁵
黄 柏		早 tsə⁴⁵³	晏 ŋã²¹³	松 səŋ⁴⁴
暖 水		早 tsʻɤ²¹⁴	迟 tsʻɿ²³	松 soŋ³¹

第五章 赣东北徽语代表方言点词语对照

	1296 紧绳子捆得~	1297 新~衣服	1298 旧~衣服
经公桥	紧 tɕin⁴²	新 sən²²	旧 tɕʻiəu²¹⁴
鹅 湖	紧 tɕiɛn⁵³	新 sən⁵⁵	旧 tɕʻiəu²¹¹
旧 城	紧 tɕiɛn³¹	新 sɛn⁵⁵	旧 tɕʻiəu³³
湘 湖	紧 tɕiɛn³¹⁴	新 sɛn⁴⁴	旧 tɕʻiəu²¹¹
溪 头	紧 tʃɛn⁴²	新 sɛn³³	旧 tʃʻæi⁵⁵
沱 川	紧 tɕiɛn²	新 sɛn⁴⁴	旧 tɕʻiə⁵¹
紫 阳	紧 tɕiæ²	新 sæ⁴⁴	旧 tɕʻia⁵¹
许 村	紧 tʃɛn³¹	新 sɛn³³	旧 tʃʻa⁵⁵
中 云	紧 tɕiɛn²	新 sɛn⁴⁴	旧 tɕʻia⁵¹
新 建	紧 tʃẽ³¹	新 sẽ⁵⁴	旧 tɕʻiɯ⁵¹
新 营	紧 tsiən⁵³	新 sən⁵⁵	旧 tɕʻio⁵¹
黄 柏	紧 tʃən⁴⁵³	新 ɕin⁴⁴	旧 tʃʻə²¹³
暖 水	紧 tɕiẽ²¹⁴	新 sẽ³¹	旧 tɕʻy⁵⁵

	1299 软糖~	1300 硬骨头~	1301 肿~起来	1302 烂肉煮得~
经公桥	软 yẽ⁴²	硬 ŋã⁴²/iã⁴²	肿 tʂoŋ⁴²	烂 luã²¹⁴
鹅 湖	□□ mɛ⁵³lən²¹¹	硬 ŋã²¹¹	肿 tsoŋ⁵³	烂 nõ²¹¹
旧 城	软 yi³¹	硬 ŋa³³	肿 tsoŋ³¹	烂 nuo³³
湘 湖	软 yĩ³¹⁴	硬 ŋa²¹¹	肿 tsoŋ³¹⁴	烂 lo²¹¹
溪 头	软 uĩ²³¹	硬 ŋã⁵⁵	肿 tsəŋ⁴²	烂 lã⁵⁵
沱 川	软 vĩ³¹	硬 ŋã⁵¹	肿 tsəŋ²	烂 nõ⁵¹
紫 阳	软 ȵỹ³¹	硬 ŋɔ̃⁵¹	肿 tsæm²	透 tʻa³⁵
许 村	软 ȵi³¹	硬 ŋã⁵⁵	肿 tʃæm³¹	透 tʻa²⁴
中 云	软 ȵi³¹	硬 ŋã⁵¹	肿 tsæm²	透 tʻã³⁵
新 建	软 ȵiẽ³¹	硬 ŋɑ̃⁵¹	肿 tsəŋ³¹	烂 nɑ̃⁵¹
新 营	软 ȵyɛ⁵³	硬 ŋæ⁵¹	肿 tən⁵³	烂 la⁵¹
黄 柏	软 ȵuã⁴⁵³	硬 ŋən²¹³	肿 tsuəŋ⁴⁵³	烂 lã²¹³
暖 水	软 ȵiẽ²¹⁴	硬 kã⁵¹	肿 tsoŋ²¹⁴	烂 lã⁵¹

	1303 糊饭烧~了	1304 韧猪蹄筋很~	1305 结实家具~‖身体~
经公桥	焦 tsia²²	□ ŋɣ̃²¹⁴	牢 lau³⁵⁵‖—
鹅　湖	焦 tsia⁵⁵	—	牢 lau³⁵‖—
旧　城	焦 tsiau⁵⁵	硬 ŋa³³	牢 lau²⁴‖□ kaŋ²¹³/结棍 tɕie²¹³kuɛn²¹³
湘　湖	焦 tɕio⁴⁴	纤 tɕ'iɛn⁴⁴	牢 lau³⁵‖结棍 tɕɛʔ⁴kuɛn²¹²
溪　头	焦 tsia³³	□ uəŋ⁵⁵	铁硬 t'e⁵⁵ŋã⁵⁵‖结 tʃe⁵⁵
沱　川	焦 tsia⁴⁴	□ vəŋ⁵¹	牢靠 la²k'a³⁵‖结棍 tɕie⁵¹kuəŋ³⁵
紫　阳	焦 tsio⁴⁴	韧 iæ⁵¹	铁硬 t'e⁵¹ŋɔ̃⁵¹‖结 tɕie⁵¹
许　村	乌 vu³³	韧筋 ȵiɛn⁵⁵tʃɛn³³	牢 la⁵¹‖结实 tɕie⁵⁵ʃa⁵⁵
中　云	糊 vu¹¹	韧筋 vɛn⁵¹tɕiɛn⁴⁴	牢 la¹¹‖—
新　建	焦 tɕie⁵⁴	韧 vẽ⁵¹	牢 lə²⁴‖结 tɕie⁵¹
新　营	焦 tsiɔ⁵⁵	□筋 ȵiɔ⁵¹tɕiən⁵⁵	□紧 pən⁵⁵tɕiən⁵³/牢 lɔ³¹‖—
黄　柏	焦 tɕiə³³	纤 tɕ'iɛ̃²¹³	牢 lə⁴⁵³‖好 xə⁴⁵³
暖　水	焦 tɕye³¹	韧 ŋuẽ⁵¹	牢固 lɣ²¹ku³⁵‖结棍 tɕie⁵⁴kuẽ³⁵

	1306 发霉饼干~了	1307 容易这事情很~做	1308 难这事情很~做
经公桥	发霉 fuʌ⁴⁴mɣ⁵⁵	容易 ioŋ³⁵i²¹⁴	难 luʌ̃³⁵⁵
鹅　湖	霉 mɛ³⁵	容易 ioŋ³⁵i²¹³	难 nõ³⁵
旧　城	霉 mɛ²⁴	容易 ioŋ²⁴i²¹³	难 nuo²⁴
湘　湖	霉 mɛ³⁵	容易 ioŋ³⁵i²¹²	不容易 peiʔ⁴ioŋ³⁵i²¹²
溪　头	看霉 k'ũ²⁴mɐ⁵¹	容易 iəŋ⁵¹i²⁴	不容易 pɐ⁵⁵iəŋ⁵¹i²⁴
沱　川	生殕毛 sã⁴⁴p'u⁵¹ba²¹	容易 iəŋ²¹i³⁵	难 nõ²¹¹
紫　阳	生殕毛 sɔ̃⁴⁴p'u³⁵bo²¹¹	容易 iɐm²¹i³⁵	难 num²¹¹
许　村	生殕毛 ʃã³³p'u³³ma⁵²	容易 iɐm⁵²i²⁴	难 nũ⁵¹
中　云	霉 bɣ¹¹	容易 iɐm¹¹i⁵¹	难 num¹¹
新　建	生殕 ʃã⁵⁴p'u⁵¹	容易 iəŋ²⁴i²¹³	难 nʌ̃²⁴
新　营	生殕毛 ɕiæ⁵⁵p'u⁵³mɔ³¹	容易 iən³¹i²¹³	难 la³¹
黄　柏	发霉 fɑ²¹³mɛ⁴¹	容易 iəŋ⁴¹i²¹³	难 lã⁴¹
暖　水	发霉 fuɐ⁵⁴mɣ²³	容易 ioŋ²³i³⁵	难 lã²³

	1309 要紧这事情很~	1310 事不顺最近我有些~	1311 富他家里很~
经公桥	要紧 yau²⁴tɕin⁴²	事不顺 xa²¹pai⁴⁴ɕyn²¹⁴	富 fu²¹⁴
鹅 湖	要紧 ia³⁵tɕien⁵³	急赖 tɕiʔ⁴la²¹¹	富 fu²¹³
旧 城	要紧 iau²¹³tɕien³¹	结赖 tɕie²¹³la³³	富 fu²¹³
湘 湖	要紧 io³⁵tɕien³¹⁴	结赖 tɕieʔ⁴la²¹¹	有钱 iəu³⁵tsʻĩ³⁵
溪 头	要紧 ia²⁴tʃɛn⁴²	麻烦 mo⁵¹fã⁵¹	有钱 iæi²³¹tsʻĩ⁵¹
沱 川	要紧 iɒ³⁵tɕien²	伤脑筋 sɑ̃⁴⁴la⁵¹tɕien⁴⁴	富 fu³⁵
紫 阳	要紧 io³⁵tɕiæ²	啰嗦 lə⁴⁴sə⁴⁴	富有 fu³⁵ia³¹
许 村	要紧 io²⁴tʃɛn³¹	不顺意 pɤ⁵⁵ʃɛn⁵⁵i²⁴	富 fu²⁴
中 云	要紧 io³⁵tɕien²	不顺意 pɤ⁵¹sen⁵¹i³⁵	有钱 ia³¹tɕʻĩ¹¹
新 建	要紧 ia²³tʃẽ³¹	不顺意 pa⁵¹ʃẽ⁵¹i²¹³	有钱 iɯ³¹tsʻã²⁴
新 营	要紧 iɔ²¹³tɕien⁵³	不顺意 pu²¹⁵ɕiən⁵¹i²¹³	有钱 io⁵³tsʻi³¹
黄 柏	要紧 iə²¹³tʃən⁴⁵³	急急赖赖 tɕi²¹³tɕi²¹la²¹³la⁰	有钱 iu⁴⁵³tɕʻiẽ⁴¹
暖 水	要紧 yɛ³⁵tɕiẽ²¹⁴	结结赖赖 tɕie⁵⁴tɕie⁰la³¹la⁵¹	富 fu³⁵

	1312 穷人~要有志气	1313 手头紧~买不起	1314 忙最近很~
经公桥	穷 tɕʻioŋ³⁵⁵	手头紧 ɕiəu⁴²tʻiəu⁰tɕin⁴²	忙 maŋ³⁵⁵
鹅 湖	穷 tɕʻioŋ³⁵	结赖 tɕieʔ⁴la²¹¹	忙 maŋ³⁵
旧 城	穷 tɕʻioŋ²⁴	打□□ ta⁴²pʻei²¹³tɕioŋ⁵⁵	忙 maŋ²⁴
湘 湖	穷 tɕʻioŋ³⁵	手紧 ɕiəu³⁵tɕien³¹⁴	忙 maŋ³⁵
溪 头	穷鬼 tʃʻəŋ⁵¹kui⁴²	打急叫 ta⁴²tʃi⁵⁵tʃa²⁴	忙 mɔ̃⁵¹
沱 川	穷 tɕʻiɒŋ²¹¹	手头紧 sə²tʻə³⁵tɕien²	忙 mɑ̃²¹¹
紫 阳	穷 tɕʻiɐm²¹¹/可怜 kʻə³⁵nĩ²¹¹	手头紧 sa³⁵tʻa²¹tɕiæ²	忙 mã²¹¹
许 村	穷 tʃʻɐm⁵¹	拮据 tʃe⁵⁵tɕy²⁴	忙 mɔ̃⁵¹
中 云	穷 tɕʻiɐm¹¹	□水 ba³⁵ɕy²	忙 mā¹¹
新 建	没钱 muɤ⁵¹tsʻã²⁴	拮据 tʃe⁵⁴tɕy³⁵	忙 mɔ̃²⁴
新 营	穷 tɕʻiən³¹/可怜 kʻu⁵³li³¹	手上紧 ɕio⁵³ɕiã⁰tɕiən⁵³	忙 mɔ³¹
黄 柏	穷 tʃʻəŋ⁴¹	手上紧 ʃu⁴⁵³ʃã⁰tʃən⁴⁵³	忙 məŋ⁴¹
暖 水	穷 tɕʻioŋ²³	拮据 tɕie⁵⁴tɕy⁵¹	忙 mʌŋ²³

	1315 闲最近很~	1316 热闹街上很~	1317 背静住的地方很~
经公桥	闲 xuʌ̃³⁵⁵/空 kʻoŋ²¹⁴	闹热 lau²⁴iɛ²²	静 tsʻãi²¹⁴
鹅 湖	闲 xõ³⁵	闹热 lau³⁵iɛʔ²¹¹	清静 tsʻãi⁵⁵tsʻãi²¹¹
旧 城	闲空 xuo²⁴kʻoŋ²¹³	闹热 lau³³iɛ³³	秀静 siəu²¹³tsʻai³³
湘 湖	空闲 kʻoŋ²¹xo³⁵	闹热 lau²¹iɛʔ²	安静 ŋɛn⁴⁴tsʻɛn²¹¹
溪 头	闲空 xã⁵¹kʻŋ²⁴	闹热 nau⁵⁵ȵie⁵⁵	□静 si³³tsʻæi²³¹
沱 川	自在 sɿ⁵¹tsʻa²	热闹 ȵie⁵¹na⁵¹	冷静 nã³¹tsʻã²
紫 阳	闲空 xẽ²¹kʻɐm³⁵	闹热 lɔ⁵¹gie⁵¹	静 tsʻɔ̃⁵¹
许 村	空闲 kʻɐm²⁴xũ⁵¹	盛 ʃã⁵⁵	静 tsʻã⁵⁵
中 云	空 kʻɐm³⁵	闹热 lɔ⁵¹ȵie⁵¹	安静 m̩⁴⁴tsʻã⁵¹
新 建	清闲 tsʻã⁵⁴xʌ̃²⁴	闹热 lɔ⁵¹ȵie³³	安静 võ⁵⁴tsʻã⁵¹
新 营	空闲 kʻən²¹³xã³¹	闹热 lɔ⁵¹ȵie⁵⁵	冷静 læ̃⁵³tsʻæ⁵¹
黄 柏	空 kʻəŋ²¹³	闹热 lə²¹³iɛ⁴⁴	安静 ŋõ⁴⁴tɕʻin²¹³
暖 水	清闲 tsʻæ³¹xã²³	闹热 lɤ⁵¹ȵie³¹	静 tɕʻiæ⁵¹

	1318 老他很~	1319 老的~人	1320 活的~鱼	1321 年轻他很~
经公桥	老 lau⁴²	老嗰 lau⁴²kɤ⁰	活嗰 xuʌ²²kɤ⁰	后生 ɕiəu²⁴ɕiã²²
鹅 湖	老 lau⁵³	老嗰 lau⁵³kɛ⁰	活嗰 xouʔ⁴kɛ⁰	后生 ɕiəu²¹ʂã⁵⁵
旧 城	老 lau³¹	老嗰 lau³¹kə⁰	活嗰 uɛ³³kə⁰	年轻 ni²⁴kʻai⁵⁵
湘 湖	老 lau³¹⁴	老嗰 lau³⁵kɛ⁰	活嗰 xuɛʔ²kɛ⁰	后生 xau²¹ɕia⁴⁴
溪 头	老 lʌ²³¹	老嗰 lʌ²³¹kɐ⁰	活嗰 uo⁵⁵kɐ⁰	后生 ʃæi²³¹sæi³³
沱 川	老颜 la³¹ŋõ³¹	老嗰 la³¹ko⁰	活嗰 vo⁵¹ko⁰	年轻 nĩ²¹tɕʻiã⁴⁴
紫 阳	老 lo³¹	老嗰 lo³¹kə⁰	活嗰 və⁵¹kə⁰	年轻 nĩ²¹tɕʻiɔ̃⁴⁴
许 村	老 la³¹	老嗰 la³¹kɤ⁰	活嗰 vo⁵⁵kɤ⁰	后生 ʃa⁵¹ʃã³³
中 云	老 la³¹	老嗰 la³¹kɤ⁰	活嗰 xo⁵¹kɤ⁰	年轻 nĩ¹¹tɕʻiã⁴⁴
新 建	老 lə³¹	老嗰 lə³¹kə⁰	活嗰 xuɣ³³kə⁰	后生 ʃa⁵¹ʃã⁵⁴
新 营	老 lɔ⁵³	老嗰 lɔ⁵³kɛ⁰	活嗰 uo⁵⁵kɛ⁰	年轻 ȵie³¹kʻæ⁵⁵
黄 柏	老 lə⁴⁵³	老嗰 lə⁴⁵³kɛ⁰	活嗰 xuɑ⁴⁴kɛ⁰	年轻 ȵiẽ⁴¹tʃʻən⁴⁴
暖 水	老 lɤ²¹⁴	老嗰 lɤ²¹⁴kɤ⁰	活嗰 xuɐ³¹kɤ⁰	嫩 lẽ⁵⁵

第五章 赣东北徽语代表方言点词语对照

	1322 好 人很~	1323 坏 人很~	1324 差 质量~	1325 相差 两人年纪~十岁
经公桥	好 xau⁴²	坏 xua²¹⁴	琐 so⁴²	相差 siaŋ²²tʂ'uʌ²²
鹅 湖	好 xau⁵³	坏 xua²¹¹	琐 so⁵³	相差 siõ⁵⁵tʂ'uo⁵⁵
旧 城	好 xau³¹	坏 xua³³	差 tʂ'uo⁵⁵	隔 ka²¹³
湘 湖	好 xau³¹⁴	坏 fa²¹¹	差 ts'o⁴⁴	相差 sa⁴⁴ts'o⁴⁴
溪 头	好 xɐ⁴²	吸 ʃi⁵⁵	吸 ʃi⁵⁵	隔 ka⁵⁵
沱 川	好 xa²	坏 xua⁵¹	差 ts'o⁴⁴	相隔 siʌ⁴⁴ko⁵¹
紫 阳	好 xo²	坏 xua⁵¹	差 ts'ə⁴⁴/坏 xua⁵¹	相隔 siã⁴⁴k'ɒ⁵¹
许 村	好 xa³¹	坏 xua²⁴	差 tʃ'o³³	相差 siɔ̃³³tʃ'o³³
中 云	好 xa²	坏 xua⁵¹	差 ts'o⁴⁴	相差 ɕiã⁴⁴ts'o⁴⁴
新 建	好 xə³¹	坏 xua²¹³	差 tʂ'uɤ⁵⁴	隔□ kæ⁵¹mo⁵¹
新 营	好 xɔ⁵³	坏 xua²¹³	差 t'o⁵⁵	隔□ ko⁵⁵ŋo²¹³
黄 柏	好 xə⁴⁵³	坏 xua²¹³	琐 so⁴⁵³	推板 t'ɛ⁴⁴pã⁴⁵³
暖 水	好 xɤ²¹⁴	坏 xuɐ⁵¹	差 tʂ'uɐ³¹	相差 ɕiʌŋ³¹tʂuɐ³¹/隔 kæ⁵⁴

	1326 对 说得~	1327 错 算~了	1328 漂亮 她很~
经公桥	对 tɤ²¹⁴	错 ts'uʌ²¹⁴	排场 p'a³⁵tʃ'ua⁵⁵
鹅 湖	对 tɛ²¹³	错 ts'uo²¹³	排场 p'a³⁵tɕ'iõ³⁵
旧 城	对 tɛ²¹³	错 ts'uo²¹³	排场 p'a²⁴tɕ'ia²⁴/柳秀 liəu³¹siəu²¹³
湘 湖	对 tɛ²¹²	错 ts'o²¹²	排场 p'a³⁵tɕ'ia³⁵
溪 头	对 tɛ²⁴	错 ts'o²⁴	好看 xɐ⁴²k'ũ²⁴
沱 川	对 tə³⁵	错 ts'u³⁵	姿娣 tsʅ⁴⁴t'e³¹
紫 阳	对 te³⁵	错 ts'u³⁵	好看 xo²k'um³⁵
许 村	对 tɤ²⁴	错 ts'u²⁴	好看 xa³¹k'ũ²⁴
中 云	对 tɤ³⁵	错 ts'u³⁵	好看 xa²k'um³⁵
新 建	对 tua²¹³	错 ts'ɯ²¹³	整致 tʃã³¹tsɤ²¹³
新 营	对 ti²¹³	错 ts'u²¹³	好觑 xɔ⁵³tɕ'iɔ²¹⁵
黄 柏	对 tɛ²¹³	错 ts'o²¹³	齐整 tɕ'i⁴¹tʃən²¹³
暖 水	对 tɤ³⁵	错 ts'o³⁵	以相 i²¹ɕiʌŋ³⁵

	1329 丑 不要嫌他~	1330 勤快 他很~	1331 懒 他很~
经公桥	丑 tɕʻiəu⁴²	勤快 tɕʻin³⁵kʻua²¹⁴	懒 nuʌ̃⁴²
鹅 湖	难看 nõ³⁵kʻiɛn²¹³	勤 tɕʻiɛn³⁵	懒 nõ⁵³
旧 城	丑 tɕʻiəu³¹	勤快 tɕʻiɛn²⁴kʻua²¹³	懒 nuo³¹
湘 湖	难看 lo³⁵kʻɛn²¹²	肯做 kɛn³⁵tso²¹²	懒 lo³¹⁴
溪 头	丑 tsʻæi⁴²	勤 tʃɛn⁵¹	懒 nã²³¹
沱 川	丑 tsʻə²	□□ pʻõ⁵¹tɐ⁵¹	懒 nã³¹
紫 阳	丑 tsʻa²	肯做 tɕʻiɔ̃²tsu³⁵	懒 num³¹
许 村	难看 nũ⁵¹kʻũ²⁴	□□ pʻũ⁵¹to³³	懒 nũ⁵¹
中 云	难看 num¹¹kʻum³⁵	勤快 tɕʻiɛn¹¹kʻua³⁵	懒 num¹¹
新 建	难望 nʌ̃²⁴mɔ̃⁵¹	亡命 mɔ̃²⁴mã⁵¹	懒 nʌ̃³¹
新 营	难觑 la³¹tɕʻiɔ²¹⁵/丑 tɕʻio⁵³	勤□ tɕʻiən³¹tɕʻiɛ³¹	懒 la⁵³
黄 柏	难看 lã⁴¹kʻõ²¹³	勤劳 tʃʻən⁴¹lə⁴¹	懒 lã⁴⁵³
暖 水	丑 tɕʻy²¹⁴	勤快 tɕʻiẽ²¹kʻuɐ³⁵/亡命 vʌŋ²¹mæ̃⁵¹	懒 lã²¹⁴

	1332 利索 他做事很~	1333 能干 他很~	1334 落落大方、上得了台面
经公桥	利索 li²⁴sau⁴⁴	能干 nãi³⁵kɣ̃²¹⁴	吃得开 tɕʻiai⁴⁴tai⁴⁴kʻɣ²²
鹅 湖	爽快 ʂaŋ⁵³kʻua²¹³	好老 xau⁵³lau⁵³	出得台面 tɕʻyʔ⁴taiʔ⁴tʻiɛ³⁵mĩ²¹¹
旧 城	爽快 saŋ³¹kʻua²¹³	有能 iəu³¹nai²⁴	—
湘 湖	爽快 saŋ³⁵kʻua²¹²	有能 iəu³¹lai³⁵	出傥 tɕʻyʔ⁴tʻaŋ²¹²
溪 头	爽快 sɔ̃⁴²kʻua²⁴	好老 xɐ²⁴lɐ²³¹	出得众 tsʻɐ⁵⁵ta⁵⁵tsəŋ²⁴
沱 川	撒脱 pʻe⁵¹tʻo⁵¹	能干 nã²¹kũ³⁵	出得场面 tɕʻy⁵¹tɐ⁵¹tsʻʌ̃²¹mĩ⁵¹
紫 阳	伶俐 nɔ̃²¹li⁵¹	本事 pæ̃²ɕi⁵¹	上得桌席 ɕiã⁵¹to⁵¹tsɐ⁵¹tsʻo⁵¹
许 村	干脆 kũ³³tsʻe²⁴	□ ʃo⁵¹	出傥 tʃʻuɣ⁵⁵tʻɔ̃²⁴
中 云	撒脱 pʻe⁵¹tʻo⁵¹	好老 xa³⁵la³¹	出得场面 tsʻy⁵¹to⁰tsʻã¹¹mĩ⁵¹
新 建	撒脱 pʻæ⁵¹tʻuɣ⁵¹	好老 xə²⁴lə³¹	出得众 tʃʻɛ⁵¹tɛ⁵¹tsəŋ²¹³
新 营	爽撒 ɕiɔ̃⁵³pʻi²¹⁵	能干 læ̃³¹kã²¹³	上得众场面 ɕiã⁵¹ti²¹⁵tən⁵¹tɕʻiã³¹mi⁵¹
黄 柏	捷快 tɕiɑ²¹kʻua²¹³	好老 xə⁴⁵³lə⁴⁵³	出傥 tɕʻy²¹tʻã⁴⁵³
暖 水	快撒 kʻuɐ³¹pʻiɛ⁵⁴	好老 xɣ²¹lɣ²¹⁴	出得众 tɕʻiɛ⁵⁴te⁰tʂoŋ³⁵

第五章 赣东北徽语代表方言点词语对照

	1335 老实他很~	1336 诚实做人要~	1337 乖弟弟很~
经公桥	老实 lau⁴²ɕi²²	老实 lau⁴⁴ɕi²²	乖 kua²²
鹅 湖	老实 lau⁵³ɕiʔ⁴	老实 lau⁵³ɕiʔ⁴	停当 tʻãi³⁵taŋ²¹³
旧 城	老实 lau³¹ɕi³³	老实 lau³¹ɕi³³	停当 tʻai²⁴taŋ²¹³
湘 湖	老实 lau³⁵ɕiʔ²	老实 lau³⁵ɕiʔ²	停当 tʻai³⁵taŋ²¹²
溪 头	老实 lɐ²³¹sʅ⁵⁵	老实 lɐ²³¹sʅ⁵⁵	乖 kua³³
沱 川	老实 la³¹sʅ⁵¹	老实 la³¹sʅ⁵¹	停当 tʻã²¹tʌ̃³⁵
紫 阳	老实 lo³¹sa⁵¹	老实 lo³¹sa⁵¹	听话 tʻɔ̃⁴⁴və⁵¹
许 村	老实 la³¹ʃa⁵⁵	在实 tsʻɤ⁵¹ʃa⁵⁵	停当 tʻã⁵¹tɔ̃²⁴
中 云	老实 la³¹sa⁵¹	诚实 sã¹¹sa⁵¹	通 tʻɐm⁴⁴
新 建	老实 lə³¹ʃe³³	在实 tsʻɤ⁵¹ʃe³³	停当 tʻɔ̃²⁴tɔ̃²¹³
新 营	老实 lɔ⁵³ɕi⁵⁵	老实 lɔ⁵³ɕi⁵⁵	乖 kua⁵⁵
黄 柏	老实 lə⁴⁵³ʃuɛ⁴⁴	老实 lə⁴⁵³ʃuɛ⁴⁴	停当 tʻin⁴¹tã²¹³
暖 水	老实 lʏ²³ɕie⁵⁴	忠厚 tsoŋ³¹ɕy⁵¹	停当 tʻæ²¹tʌŋ³⁵

	1338 顽皮弟弟很~	1339 傻他很~	1340 笨他做事很~
经公桥	□□ ia⁴⁴iəu²²	呆 ia³⁵⁵	木 mo²²
鹅 湖	调皮 tʻia³⁵pʻei³⁵	聱 ŋau⁵³	木 muʔ⁴
旧 城	调皮 tʻiau²⁴pʻei²⁴	聱 ŋau³³	木 mu³³
湘 湖	调皮 tʻio³⁵pʻei³⁵	痴 tɕʻi⁴⁴	木 muʔ²
溪 头	调皮 tʻia⁵¹pʻi⁵¹	痴 tsʻʅ³³	笨 pəŋ⁵⁵
沱 川	无聊 vu²¹lia²¹¹	傻 so⁴⁴	洞 tʻəŋ⁵¹
紫 阳	调皮 tʻio²¹pʻi²¹¹	痴 tɕʻi⁴⁴	笨 pʻæ⁵¹
许 村	调皮 tʻiɔ⁵¹pʻi⁵¹	痴 tɕʻi³³	木 mɔ⁵⁵/崇 sɐm⁵¹
中 云	顽皮 m̩¹¹pʻi¹¹	痴 tɕʻi⁴⁴	□ tʻɛn⁵¹
新 建	调皮 tʻiɛ²⁴pʻi²⁴	傻 ʃuɤ⁵⁴/痴 tsʻɤ⁵⁴	木 mo³³
新 营	调皮 tʻiɔ³¹pʻɛ³¹	傻 ɕio⁵⁵	木 mo²¹⁵
黄 柏	顽皮 uã⁴¹pʻi⁴¹	傻 ʂuɑ⁴⁵³	木 mu⁴⁴
暖 水	调皮 tʻyɐ²³pʻi²³	傻 ʂɐŋ³¹	木 məu³¹

	1341 大方 对人很~	1342 小气 对人很~
经公桥	大方 tʻa²⁴faŋ²²	小气 sia⁴²tɕʻi²¹⁴
鹅湖	大方 tʻa²¹faŋ⁵⁵	小气 sia⁵³tɕʻi²¹³
旧城	大方 tʻa³³faŋ⁵⁵	小气 siau³¹tɕʻi²¹³
湘湖	大气 tʻa²¹tɕʻi²¹²	小气 ɕio³⁵tɕʻi²¹²
溪头	大方 tʻo⁵⁵fɔ̃³³	小气 sia⁴²tʃʻi²⁴
沱川	气概大 tɕʻi³⁵kʻua³⁵tʻu⁵¹	小气 sia³⁵tɕʻi³⁵
紫阳	舍得子 ɕie²toˀ⁵¹tsɿ⁰	小气 sio²tɕʻi³⁵
许村	大气概 tʻo⁵⁵tɕʻi²⁴kʻɤ²⁴	小气鬼 siɔ³¹tɕʻi²⁴tɕy³¹
中云	大肚 tʻɤ⁵¹tʻu³¹	小气 ɕiɔ² tɕʻi³⁵/雀薄 tɕʻiɔ⁵¹pʻɔ⁵¹
新建	大气 tʻã⁵¹tɕʻi²¹³	□□ tsã⁵¹mɯ²⁴
新营	大气 tʻa⁵¹tɕʻi²¹³	小气 ɕiɔ⁵³tɕʻi²¹³
黄柏	大方 tʻɑ²¹⁴fã⁴⁴	小鬼 ɕiə⁴⁵³kui⁴⁵³
暖水	大量 tʻa⁵¹liʌŋ⁵¹	精□ tsæ̃³¹pɔ⁵¹

	1343 刻薄 为人很~	1344 奸诈 为人很~
经公桥	精 tsãi²²	奸 kɤ̃²²
鹅湖	真横 tɕienˀ⁵⁵uãi²¹¹	滑头 xuaʔ⁵tʻiəu³⁵
旧城	—	奸 kuo⁵⁵
湘湖	苛刻 kʻo⁴⁴kʻaiʔ⁴	鬼吵 kuei³⁵tsʻau³¹⁴
溪头	刻薄 kʻɐ⁵⁵pʻau⁵⁵	奸诈 kã³³tso²⁴
沱川	枭□ ɕiɒ⁴⁴li⁵¹	小鬼 sia³⁵tɕy²/雀薄 tsʻiɒ⁵¹pʻɒ⁵¹
紫阳	刻薄 tɕʻio⁵¹pʻɒ⁵¹	鬼 tɕy²
许村	刻薄 tɕʻiɔ⁵⁵pʻɔ⁵⁵	奸雄 kũ³³ʃem⁵¹
中云	—	奸雄 kum⁴⁴ɕiem¹¹/枭□ ɕio⁴⁴li³¹
新建	□□ tsã³¹tsi⁵⁴	奸 kã̃⁵⁴
新营	—	奸 kã⁵⁵
黄柏	刻薄 kʻɛ²¹pʻə⁴⁴	奸 kã⁴⁴
暖水	奸□ tɕiẽ³¹pɔ⁵¹	刁 tyɛ³¹

第五章 赣东北徽语代表方言点词语对照

	1345 直爽为人很~	1346 犟脾气很~	1347 驽戾为人很~
经公桥	直 tɕʻiai²²	犟 tɕiaŋ²¹⁴	生猪屎 ciã²²tɕy²²ɕi⁴²
鹅 湖	直 tɕʻiaiʔ⁴	犟 tɕiõ²¹³	驽 ŋau²¹³
旧 城	直爽 tɕʻiai³³saŋ³¹	犟 tɕia²¹³	戾 liɛ³³
湘 湖	□直 kʻai³⁵tɕʻiaiʔ²	犟 tɕia²¹²	驽 ŋau³⁵
溪 头	耿直 kã⁴²tsʻʅ⁵⁵	犟 tʃɔ̃²⁴	驽拐 ŋau²⁴kua⁴²
沱 川	直爽 tsʻʅ⁵¹sʌ̃²	犟 tɕiã³⁵	驽牛 gɒ⁵¹ȵiɛ²¹¹
紫 阳	直爽 tsʻa⁵¹sã²	犟 tɕʻiã⁵¹	犟 tɕiã³⁵
许 村	直白 tʃʻa⁵⁵pʻo⁵⁵	犟 tʃɔ̃²⁴	驽 ŋə²⁴
中 云	直爽 tsʻa⁵¹sã³⁵	犟 tɕiã³⁵	犟 tɕiã³⁵
新 建	直 tʃʻɛ³³	犟 tʂɔ̃²¹³/死□ sɤ³¹tɕʻiɛ⁵¹	—
新 营	直 tʻæ⁵⁵	犟 tɕiã²¹³	高傲 kɔ⁵⁵ŋɔ²¹³
黄 柏	直 tʃʻuɛ⁴⁴	犟 tʃã²¹³	驽 ŋə²¹³
暖 水	直爽 tɕʻie³¹ʂʌŋ²¹⁴	驽 ŋɔ³⁵	打驽 ta²¹ŋɔ³⁵

	1348 讲客气别~，多吃菜	1349 害羞见人很~	1350 丢脸他这样做真是~
经公桥	拘礼 tɕy²²li⁴²	怕丑 pʻʌŋ²⁴tɕʻiəu⁴²	□路 ti²⁴lu²¹⁴
鹅 湖	礼多 lei⁵³tuo⁵⁵	怕丑 pʻuo³⁵tɕʻiəu⁵³	跌古 tiɛʔ⁵³ku⁵³
旧 城	拘礼 tɕy⁵⁵lei³¹	怕丑 pʻuo²¹³tɕʻiəu³¹	跌古 tiɛ²¹³ku³¹
湘 湖	客气 kʻaʔ⁴tɕʻi²¹²	怕丑 pʻo²¹tɕʻiəu³¹⁴	跌古 tiɛʔ⁴ku³¹⁴
溪 头	客气 kʻa⁵⁵tʃʻi²⁴	怕人笑 pʻo²⁴ȵiɛn⁵¹sia²⁴	跌古 te⁵⁵ku⁴²
沱 川	做客 tsu³⁵kʻo⁵¹	怕羞 pʻo³⁵ɕia³⁵	跌古 te⁵¹ku²
紫 阳	客气 kʻo⁵¹tɕʻi³⁵	怕人 pʻo³⁵iæ²¹¹	跌古 te⁵¹ku³¹
许 村	拘礼 tɕy³³li³¹	怕见人 pʻo²⁴tɕĩ²⁴iɛn⁵¹	跌古 te⁵⁵ku⁴²
中 云	拘礼 tɕy⁴⁴li³¹	怕人 pʻo³⁵iɛn¹¹	跌古 te⁵¹ku²
新 建	拘礼 ki⁵⁴læ³¹	怕□人 pʻuɣ²⁴ɕiã²⁴ȵiẽ⁰	跌古 tæ⁵¹ku³¹
新 营	做客 tsu²¹kʻa²¹⁵	怕羞 pʻo²¹³sio⁵⁵	跌古 ti²¹⁵ku⁵³
黄 柏	作礼 tso²¹³li⁴⁵³	不好意思 pɛ²¹³xə²¹³i²¹³sʅ⁰	跌古 tiɑ²¹³ku⁴⁵³
暖 水	做客 tso³¹kʻæ⁵⁴	面善 miẽ⁵¹ɕiẽ⁵⁵	跌古 tiɛ⁵⁴ku²¹⁴

	1351 轻浮马虎做事很~	1352 占到了便宜比喻性说法
经公桥	浮得很 fu³⁵tai⁴⁴xən⁴²	得赢 tai⁴⁴iã⁵⁵
鹅湖	□□□ xuo³⁵tsʅ⁰tɕien⁵⁵	得赢 taiʔ⁴ŋãi³⁵
旧城	—	捡便宜 tɕi³¹pʻi²⁴ȵi⁰
湘湖	马虎 mo³⁵xu⁴⁴	得赢 taiʔ⁴ŋai³⁵
溪头	呀呀呜 ia³³ia³³u⁴²	得赢 ta⁵⁵iã⁵¹
沱川	呀呀呜 iɒ⁵¹iɒ⁰vu⁴⁴	拾着便宜枣 sʅ⁵¹tsə⁰pʻĩ²¹ȵi²¹tsa²
紫阳	飘脚 pʻio⁴⁴tɕiɒ⁵¹	得赢 to⁵¹iɔ̃²¹¹
许村	马虎 mo³¹xu⁰	得赢 to⁵⁵iã⁵¹
中云	呀呀呜 io⁴⁴io⁴⁴vu⁰	捡到便宜巧 tɕi³⁵ta⁰pʻĩ¹¹i¹¹kʻɔ²
新建	马虎 mo³¹xu⁰	得赢 tɛ⁵¹iã²⁴
新营	—	拾到便宜 ɕi⁵⁵tə⁰pʻi³¹ȵi³¹
黄柏	飘 pʻiə²	讨到便宜 tʻə⁴⁵³tə⁰pʻiẽ⁴¹i⁰
暖水	轻浮 tɕʻiæ³¹fu²³	得赢 tɛ⁵⁴iæ²³

	1353 热今年夏天很~	1354 暖和今年冬天很~	1355 冷今年冬天很~
经公桥	热 iɛ²²/滚 kuən⁴²	暖和 nuʌ̃⁴²xuʌ⁵⁵	冷 nãi⁴²
鹅湖	热 iɛʔ⁴	暖和 lən⁵³xuo⁰	冷 nãi⁵³
旧城	热 iɛ³³	暖和 lɛn³¹fu⁰	冷 nai³¹
湘湖	热 iɛʔ²/滚 kuɛn³¹⁴	暖和 lɛn³⁵xo³⁵	冻 toŋ²¹²
溪头	热 ȵie⁵⁵/滚 kuəŋ⁴²	暖和 nũ²³¹xo⁰	冻 təŋ²⁴
沱川	滚 kuəŋ²	暖和 nũ³⁵xo²¹¹	冷 nã³¹
紫阳	热 gie⁵¹	暖和 num²¹xə²¹	冻 tɐm³⁵
许村	闷 mɛn²⁴/热 ȵie⁵⁵	滚 kuɛn³¹	冻 tɐm²⁴
中云	热 ȵiẽ³¹/滚 kuɛn²	暖和 num³¹xuɤ⁰	冻 tɐm³⁵
新建	热 ȵie³³	滚 kuẽ³¹	冻 təŋ²¹³
新营	热 ȵie⁵⁵	暖和 li⁵³xu³¹	冷 læ⁵³
黄柏	热 ȵiɑ²¹³	暖和 lõ⁴¹xo⁴¹	冻 təŋ²¹³
暖水	热 ȵie³¹/滚 kuẽ²¹⁴	暖和 luõ²¹xo²³	冷 læ²¹⁴

	1356 凉夏天在树荫下很~	1357 咸菜太~	1358 淡菜太~
经公桥	凉快 niã³⁵k'ua²¹⁴	咸 xuʌ̃³⁵⁵	淡 t'uʌ̃²²
鹅 湖	凉 niõ³⁵	咸 xõ³⁵	淡 t'õ²¹¹
旧 城	凉 na²⁴	咸 xuo²⁴	淡 t'uo³³
湘 湖	凉 la³⁵	咸 xo³⁵	淡 t'o²¹¹
溪 头	凉 liɔ̃⁵¹	咸 xã⁵¹	淡 tã²³¹
沱 川	凉快 niʌ̃²¹k'ua³⁵	咸 xũ²¹¹	淡 t'õ⁵¹
紫 阳	冷 nɔ̃⁵¹	咸 xẽ²¹¹	淡 t'um³¹
许 村	凉快 niɔ̃⁵¹k'ua²⁴	咸 xũ⁵¹	淡 t'ũ⁵¹
中 云	凉快 niã¹¹k'ua³⁵	咸 xum¹¹	淡 t'um³¹
新 建	凉快 niɔ̃²⁴k'ua²¹³	咸 xʌ̃²⁴	淡 t'ʌ̃⁵¹
新 营	凉 liã⁵³	咸 xã³¹	淡 t'ã⁵¹
黄 柏	凉快 liã⁴¹k'ua²¹³	咸 xã⁴¹	淡 t'ã²¹³
暖 水	凉快 liʌŋ²¹k'uɐ³⁵	咸 xã²³	淡 t'ã⁵¹

	1359 酸牛奶有点~	1360 甜糖很~	1361 苦中药很~
经公桥	酸 sỹ²²	甜 t'iẽ³⁵⁵	苦 k'u⁴²
鹅 湖	酸 sən⁵⁵	甜 t'ĩ³⁵	苦 k'u⁵³
旧 城	酸 sɛn⁵⁵	甜 t'i²⁴	苦 k'u³¹
湘 湖	酸 sɛn⁴⁴	甜 t'ĩ³⁵	苦 k'u³¹⁴
溪 头	酸 sũ³³	甜 tĩ⁵¹	苦 ku⁴²
沱 川	酸 sũ⁴⁴	甜 t'ĩ²¹¹	苦 k'u²
紫 阳	酸 sum⁴⁴	甜 t'ĩ²¹¹	苦 k'u²
许 村	酸 sũ³³	甜 t'ĩ⁵¹	苦 k'u³¹
中 云	酸 sum⁴⁴	甜 t'ĩ¹¹	苦 k'u²
新 建	酸 suɔ̃⁵⁴	甜 t'ã²⁴	苦 k'u³¹
新 营	酸 si⁵⁵	甜 t'i³¹	苦 k'u⁵³
黄 柏	酸 sõ⁴⁴	甜 t'iẽ⁴¹	苦 k'u⁴⁵³
暖 水	酸 suõ³¹	甜 t'iẽ²³	苦 k'u²¹⁴

	1362 辣辣椒太~	1363 鲜鱼汤很~	1364 臭鱼有些~了
经公桥	辣 luʌ²²	鲜 siẽ²²	臭 tɕ'iəu²¹⁴
鹅湖	辣 loʔ²⁴	鲜 sĩ⁵⁵	臭 tɕ'iəu²¹³
旧城	辣 luo³³	鲜 si⁵⁵	臭 tɕ'iəu²¹³
湘湖	辣 loʔ²	鲜 sĩ⁴⁴	臭 tɕ'iəu²¹²
溪头	辣 lo⁵⁵	鲜 sĩ³³	臭 ts'æi²⁴
沱川	辣 lo⁵¹	鲜 sĩ⁴⁴	臭 ts'ə³⁵
紫阳	辣 lə⁵¹	鲜 sĩ⁴⁴	臭 ts'a³⁵
许村	辣 lo⁵⁵	鲜 sĩ³³	臭 tʃ'a²⁴
中云	辣 lo⁵¹	鲜 sĩ⁴⁴	臭 ts'a³⁵
新建	辣 luɣ³³	鲜 sã⁵⁴	臭 tɕ'iɯ²¹³
新营	辣 lo⁵⁵	鲜 si⁵⁵	臭 tɕ'io²¹³
黄柏	辣 lɑ⁴⁴	鲜 ɕiẽ⁴⁴	臭 tʃ'ə²¹³
暖水	辣 luɐ³¹	鲜 ɕiẽ³¹	臭 tɕ'y³⁵

	1365 馊饭~了	1366 腥鱼汤很~	1367 舒服坐软座比坐硬座~
经公桥	馊 ɕiəu²²	腥 sãi²¹⁴	舒服 ɕy²²fo²²
鹅湖	馊 ɕiəu⁵⁵	腥 sãi²¹³	舒服 ɕy⁵⁵fu⁰
旧城	馊 ʂəu⁵⁵	腥 sai²¹³	好过 xau³¹kuo²¹³
湘湖	馊 ɕiau⁴⁴	腥 sai²¹²	好过 xau³⁵ko²¹²
溪头	馊 sæi³³	腥 sæi²⁴	舒服 ɕy³³fu⁵⁵
沱川	馊 sə³³	腥 sã³⁵	舒服 ɕy⁴⁴fu⁵¹
紫阳	馊 sa⁴⁴	腥 sɔ̃³⁵	舒服 ɕy⁴⁴fu⁵¹
许村	馊 ʃa³³	腥 sã³³	舒服 ɕy³³fu⁵⁵
中云	馊 sa⁴⁴	腥 sã³⁵	舒服 ɕy⁴⁴fɔ⁵¹
新建	馊 ɕiɯ⁵⁴	腥 sã⁵⁴	好过 xə³¹ku²¹³/舒服 ɕy⁵⁴fu⁰
新营	馊 ɕiɔ⁵⁵	腥 sæ²¹³	舒服 ɕy⁵⁵fu⁵⁵
黄柏	馊 ʃə⁴⁴	腥 ɕin²¹³	舒服 ɕy⁴⁴fu⁴⁴
暖水	馊 ɕy³¹	腥 sæ³⁵	舒服 ʂu³¹fu⁰

	1368 难受生理的	1369 难过心理的	1370 累走~了
经公桥	难过 nuɑ̃³⁵kuʌ²¹⁴	难过 nuɑ̃³⁵kuʌ²¹⁴	累 lɤ²¹⁴
鹅 湖	难过 nõ³⁵kuo²¹³	难过 nõ³⁵kuo²¹³	累 lei²¹³
旧 城	难过 nuo²⁴kuo²¹³	难过 nuo²⁴kuo²¹³	累 lɛ³³
湘 湖	难过 lo³⁵ko²¹²	难过 lo³⁵ko²¹²	累 lɛ²¹¹
溪 头	难过 nã⁵¹ko²⁴	难过 nã⁵¹ko²⁴	□ ie⁵⁵
沱 川	难过 nũ²¹ku³⁵	难过 nũ²¹ku³⁵	□ ie⁴⁴
紫 阳	难过 num²¹ku³⁵	难过 num²¹ku³⁵	辛苦 sæ⁴⁴k'u²
许 村	难过 nũ⁵¹ku²⁴	难过 nũ⁵¹ku²⁴	辛苦 sɛn³³k'u³¹
中 云	不好过 pɤ⁵¹xa²ku³⁵	难过 num¹¹ku³⁵	□ ie⁴⁴
新 建	难过 nɑ̃²⁴ku²¹³	难过 nɑ̃²⁴ku²¹³	累 lua²¹³
新 营	难过 la³¹ku²¹³	难过 la³¹ku²¹³	累 li⁵¹
黄 柏	难过 lã⁴¹ko²¹³	难过 lã⁴¹ko²¹³	累 lɛ²¹³
暖 水	难过 lã²¹ko³⁵	难过 lã²¹ko³⁵	累 lɤ⁵¹

	1371 疼脚走~了	1372 痒身上~	1373 渴不能~了才喝水	1374 饿~了吃得才有胃口
经公桥	痛 t'oŋ²¹⁴	痒 yaŋ⁴²	渴 k'ɤ⁴⁴	肚饿 t'u²⁴ɤ²¹⁴
鹅 湖	痛 t'oŋ²¹³	痒 iõ⁵³	干 kiɛn⁵⁵	饿 ŋiɛ²¹¹
旧 城	痛 t'oŋ²¹³	痒 ɳia³¹	渴 k'ɛ²¹³	饿 ŋiɛ³³
湘 湖	痛 t'oŋ²¹²	痒 ia³¹⁴	口渴 tɕ'iau³⁵k'ɛʔ²	饿 ŋɛ²¹¹
溪 头	痛 t'əŋ²⁴	痒 iõ²³¹	气干 tʃ'i²⁴kũ³³	饿 ŋo⁵⁵
沱 川	痛 t'əŋ³⁵	痒 iɑ̃³¹	口干 tɕ'iə³⁵kũ⁴⁴	饿 gə⁵¹
紫 阳	痛 t'ɐm³⁵	痒 iã³¹	嘴干 tsi³⁵kum⁴⁴	饿 gə⁵¹
许 村	痛 t'ɐm²⁴	痒 iõ³¹	口干 tɕ'ia³¹kũ³³	饿 ŋɤ⁵⁵
中 云	痛 t'ɐm³⁵	痒 iã³¹	嘴干 tsi³⁵kum⁴⁴	饿 ŋɤ⁵¹
新 建	痛 t'əŋ²¹³	痒 iõ³¹	嘴干 tsi³¹kuõ⁵⁴	饿 ŋɯ⁵¹
新 营	痛 t'ən²¹³	痒 iã⁵³	干 k'u⁵⁵	饿 ŋu⁵¹
黄 柏	痛 t'əŋ²¹³	痒 iã⁴⁵³	口渴 k'ə⁴⁵³k'o²¹³	饿 ŋo²¹³
暖 水	痛 t'oŋ³⁵	痒 iʌŋ²¹⁴	嘴干 tɕ'i²¹kuõ³¹	饿 ŋo⁵¹

	1375 熟悉这个地方我很~	1376 陌生这个地方我很~	1377 刺眼灯光~
经公桥	熟悉 ɕiəu²²sai⁴⁴	生疏 ɕiã²²ʂu²²	刺眼 tsʻʅ²⁴ŋɤ̃⁴²
鹅 湖	熟 ʂəuʔ²¹¹	生疏 ʂã⁵⁵ʂəu⁵⁵	炀人家 iõ²¹iɛn³⁵kuo⁵⁵
旧 城	熟 ʂəu³³	生 ɕia⁵⁵	眭人家 uaŋ²¹³iɛn²⁴kuo⁰
湘 湖	熟 səuʔ²	生当 ɕia⁴⁴taŋ²¹²	眭眼珠 uaŋ²¹ŋo³⁵tɕy⁴⁴
溪 头	熟 su⁵⁵	不熟 pɐ⁵⁵su⁵⁵	丑人家 tu⁵⁵ȵiɛn⁵¹ko³³
沱 川	熟悉 su⁵¹so⁵¹	生疏 sã⁴⁴su⁴⁴	□人家 miã³⁵iɛn²¹ko⁴⁴
紫 阳	熟悉 su⁵¹so⁵¹	生疏 sɔ̃⁴⁴su⁴⁴	炀人家 iã³⁵iæ²¹kə⁴⁴
许 村	熟 ʃɔ⁵⁵	生疏 sɔ̃³³ɕy³³	炀人家 iã²⁴iɛn⁵¹ko⁰
中 云	熟 sɔ⁵¹	生疏 sã⁴⁴su⁴⁴	炀人 iã³⁵ȵiɛn¹¹
新 建	熟分 ʃo³³fẽ⁵¹	生疏 ʃã⁵⁴ɕy⁵⁴	炀眼 iã²¹ŋɤ̃³¹
新 营	熟当 ɕio⁵⁵tɔ²¹³	生当 ɕiæ̃⁵⁵tɔ²¹³	眭眼珠 uɔ̃⁵⁵ŋã⁵³tɕy⁵⁵
黄 柏	熟 ʃu⁴⁴	生当 ʃuən⁴⁴tã²¹³	刺眼睛 tsʻʅ²¹³ŋã⁴⁵³tɕin⁴⁴
暖 水	熟分 ʂu³¹fẽ⁵¹	生当 ɕiæ̃³¹tʌŋ³⁵	炀眼子 iʌŋ³⁵ŋã²⁴tsʅ⁰

	1378 刺鼻气味~	1379 扎人松针~
经公桥	冲人家 tʂʻoŋ²⁴in³⁵kʌ⁰	丑人家 tu⁴⁴in³⁵kʌ⁰
鹅 湖	冲人家 tʂʻoŋ²¹iɛn³⁵kuo⁵⁵	丑人家 təuʔ²⁴iɛn³⁵kuo⁵⁵
旧 城	冲人家 tʂʻoŋ²¹³iɛn²⁴kuo⁰	丑人家 təu²¹³iɛn²⁴kuo⁰
湘 湖	冲鼻公 tsʻoŋ³⁵pʻei²¹koŋ⁴⁴	丑人家 təuʔ²iɛn³⁵ko⁴⁴
溪 头	冲人家 tsʻəŋ²⁴ȵiɛn⁵¹ko³³	丑人家 tu⁵⁵ȵiɛn⁵¹ko³³
沱 川	冲人家 tsʻəŋ³⁵iɛn²¹ko⁴⁴	丑人家 tu⁵¹iɛn²¹ko⁴⁴
紫 阳	难嗅 num²¹ɕiɐm³⁵	丑人家 tu⁵¹iæ²¹kə⁴⁴
许 村	冲人家 tʃʻɐm²⁴iɛn⁵¹ko⁰	□人家 tʃue³¹iɛn⁵¹ko⁰
中 云	冲鼻公 tsʻɐm¹¹pʻi⁵¹kɐm⁴⁴	扎人 tso⁵¹nɐŋ¹¹
新 建	难嗅 nɤ̃²⁴xəŋ²¹³	丑人 to⁵¹ȵiẽ²⁴
新 营	冲人家 tʻən²¹³ȵiən³¹ko⁵⁵	丑人家 to²¹⁵ȵiən³¹ko⁵⁵
黄 柏	冲人家 tʂʻuaŋ²¹³ȵiən⁴¹kɑ⁰	丑人家 tu²¹³ȵiən⁴¹kɑ⁰
暖 水	冲人家 tʂʻoŋ⁵¹ȵiẽ²³kuɐ³¹	丑人家 təu⁵⁴ȵiẽ²³kuɐ³¹

第五章　赣东北徽语代表方言点词语对照

	1380 一	1381 二	1382 三	1383 四
经公桥	一 i⁴⁴	二 a²¹⁴	三 suɤ̃²²	四 sɿ²¹⁴
鹅　湖	一 iʔ⁴	二 ɐʳ²¹¹	三 sõ⁵⁵	四 sɿ²¹³
旧　城	一 i²¹³	二 əʳ³³	三 suo⁵⁵	四 sɿ²¹³
湘　湖	一 iʔ⁴	二 əʳ²¹¹	三 so⁴⁴	四 sɿ²¹²
溪　头	一 i⁵⁵	二 ɐ⁵⁵/两 niɔ̃²³¹	三 sã³³	四 sɿ²⁴
沱　川	一 i⁵¹	二 e⁵¹	三 sõ⁴⁴	四 sɿ³⁵
紫　阳	一 ia⁵¹	二 ɵ⁵¹	三 sum⁴⁴	四 sɿ³⁵
许　村	一 ia⁵⁵	二 ø⁵⁵	三 sũ³³	四 sɿ²⁴
中　云	一 ia⁵¹	二 ɵ⁵¹	三 sum⁴⁴	四 sɿ³⁵
新　建	一 iɛ⁵¹	二 zɤ⁵¹	三 sɤ̃⁵⁴	四 sɤ²¹³
新　营	一 i²¹⁵	二 ɵ⁵¹	三 sã⁵⁵	四 sɿ²¹³
黄　柏	一 i²¹³	二 a²¹³	三 sã⁴⁴	四 sɿ²¹³
暖　水	一 i⁵⁴	二 ɤ⁵⁵	三 sã³¹	四 sɿ³⁵

	1384 五	1385 六	1386 七	1387 八
经公桥	五 u⁴²	六 liəu²²	七 tsʻei⁴⁴	八 puʌ⁴⁴
鹅　湖	五 u⁵³	六 liəuʔ²¹¹	七 tsʻaiʔ⁴	八 poʔ⁴
旧　城	五 u³¹	六 liəu³³	七 tsʻei²¹³	八 puo²¹³
湘　湖	五 u³¹⁴	六 liəuʔ²	七 tsʻeiʔ⁴	八 poʔ⁴
溪　头	五 u²³¹	六 læi⁵⁵	七 tsʻi⁵⁵	八 po⁵⁵
沱　川	五 vu³¹	六 lə⁵¹	七 tsʻɿ⁵¹	八 po⁵¹
紫　阳	五 vu³¹	六 la⁵¹	七 tsʻa⁵¹	八 pə⁵¹
许　村	五 vu³¹	六 la⁵⁵	七 tsʻa⁵⁵	八 po⁵⁵
中　云	五 vu³¹	六 la⁵¹	七 tsʻa⁵¹	八 po⁵¹
新　建	五 ŋu³¹	六 lɯ³³	七 tsʻɛ⁵¹	八 puɤ⁵¹
新　营	五 ŋ̍⁵³	六 lio⁵⁵	七 tsʻɛ²¹⁵	八 po²¹⁵
黄　柏	五 u⁴⁵³	六 liə²¹³	七 tɕʻi²¹³	八 pɑ²¹³
暖　水	五 ŋ̍²¹⁵	六 ly⁴²	七 tsʻe⁵¹	八 puɐ⁵⁵

	1388 九	1389 十	1390 二十	1391 三十
经公桥	九 tɕiəu⁴²	十 ɕi²²	二十 a²⁴ɕi²²	三十 suã²²ɕi²²
鹅湖	九 tɕiəu⁵³	十 ɕiʔ⁴	二十 ɐʳ²¹ɕiʔ⁴	三十 sõ⁵⁵ɕiʔ⁴
旧城	九 tɕiəu³¹	十 ɕi³³	二十 əʳ³³ɕi³³	三十 suo⁵⁵ɕi³³
湘湖	九 tɕiəu³¹⁴	十 ɕiʔ²	二十 əʳ²¹ɕiʔ²	三十 so⁴⁴ɕiʔ²
溪头	九 tʃæi⁴²	十 sɿ⁵⁵	二十 ɐ⁵⁵sɿ⁵⁵	三十 sã³³sɿ⁵⁵
沱川	九 tɕiə²	十 sɿ⁵¹	二十 e⁵¹sɿ⁵¹	三十 sõ⁴⁴sɿ⁵¹
紫阳	九 tɕia²	十 sa⁵¹	二十 ɵ⁵¹sa⁵¹	三十 sum⁴⁴sa⁵¹
许村	九 tɕia³¹	十 ʃa⁵⁵	二十 ø⁵⁵ʃa⁵⁵	三十 sũ³³ʃa⁵⁵
中云	九 tɕia²	十 sa⁵¹	二十 ɵ⁵¹sa⁵¹	三十 sum⁴⁴sa⁵¹
新建	九 tɕiɯ³¹	十 ʃɛ³³	二十 zɤ⁵¹ʃɛ³³	三十 sã̃⁵⁴ʃɛ³³
新营	九 tɕio⁵³	十 ɕi⁵⁵	二十 ɵ⁵¹ɕi⁵⁵	三十 sã⁵⁵ɕi⁵⁵
黄柏	九 tʃʻu⁴⁵³	十 ɕi³³	二十 a²¹ɕi³³	三十 sã⁴⁴ɕi⁴⁴
暖水	九 tɕy²¹⁴	十 ɕie³¹	二十 ɤ⁵¹ɕie³¹	三十 sã³¹ɕie³¹

	1392 一百	1393 一千	1394 一万
经公桥	一百 i⁴⁴pa⁴⁴	一千 i⁴⁴tsʻiɛ̃²²	一万 i⁴⁴uã̃²¹⁴
鹅湖	一百 iʔ⁴paʔ⁴	一千 iʔ⁴tsʻĩ⁵⁵	一万 iʔ⁴ŋõ²¹¹
旧城	一百 i²¹³pa²¹³	一千 i²¹³tsʻi⁵⁵	一万 i²¹³ŋuo³³
湘湖	一百 iʔ⁴paʔ⁴	一千 iʔ⁴tsʻĩ⁵⁵	一万 iʔ⁴uo²¹¹
溪头	一百 i⁵⁵pa⁵⁵	一千 i⁵⁵tsʻĩ³³	一万 i⁵⁵uã⁵⁵
沱川	一百 i³⁵pɒ⁵¹	一千 i³⁵tsʻĩ⁴⁴	一万 i³⁵võ⁵¹
紫阳	一百 i³⁵po⁵¹	一千 i³⁵tsʻĩ⁴⁴	一万 i³⁵m̩⁵¹
许村	一百 ia⁵⁵po⁵⁵	一千 ia⁵⁵tsʻĩ³³	一万 ia⁵⁵m̩⁵⁵
中云	一百 ia⁵¹po⁵¹	一千 ia⁵¹tsʻĩ⁴⁴	一万 ia⁵¹m̩⁵¹
新建	一百 iɛ⁵¹pæ⁵¹	一千 iɛ⁵¹tsʻã⁵⁴	一万 iɛ⁵¹vã̃⁵¹
新营	一百 i²¹⁵pa²¹⁵	一千 i²¹⁵tsʻi⁵⁵	一万 i²¹⁵uã⁵¹
黄柏	一百 i²¹pɒ²¹³	一千 i²¹³tɕʻiɛ⁴⁴	一万 i²¹uã²¹³
暖水	一百 i⁵⁴pæ⁵⁵	一千 i⁵⁴tɕʻiɛ⁴²	一万 i⁵⁴vã⁵⁵

第五章 赣东北徽语代表方言点词语对照

	1395 一百〇五	1396 一百五十
经公桥	一百〇五 i⁴⁴pa⁴⁴nãi³⁵u⁴²	一百五（十）i⁴⁴pa⁴⁴u⁴²（ɕi²²）
鹅湖	一百〇五 iʔ²⁴paʔ²⁴nãi³⁵u⁵³	一百五（十）iʔ²⁴paʔ²⁴u⁵³（ɕiʔ⁴）
旧城	一百〇五 i²¹³pa²¹³nai²⁴u³¹	一百五十 i²¹³pa²¹³u³¹ɕi³³
湘湖	一百〇五 iʔ²⁴paʔ²⁴lai³⁵u³¹⁴	一百五十 iʔ²⁴paʔ²⁴u³¹⁴ɕiʔ²
溪头	一百〇五 i⁵⁵pa⁵⁵næi⁵¹u²³¹	一百五（十）i⁵⁵pa⁵⁵u²³¹（sŋ⁵⁵）
沱川	一百〇五 i³⁵pɒ⁵¹nã³⁵vu³¹	一百五 i⁵¹pɒ⁵¹vu³¹
紫阳	一百〇五 i³⁵po⁵¹nɔ̃²¹vu³¹	一百五（十）i³⁵po⁵¹vu³¹（sa⁵¹）
许村	一百〇五 ia⁵⁵po⁵⁵nã⁵¹vu³¹	一百五（十）ia⁵⁵po⁵⁵vu³¹（ʃa⁵⁵）
中云	一百〇五 ia⁵¹po⁵¹nã¹¹vu³¹	一百五（十）ia⁵¹po⁵¹vu³¹（sa⁵¹）
新建	一百〇五 iɛ⁵¹pæ⁵¹nã²⁴ŋu³¹	一百五（十）iɛ⁵¹pæ⁵¹ŋu³¹（ʃɛ³³）
新营	一百〇五 i²¹⁵pa²¹⁵læ³¹ŋ̍⁵³	一百五（十）i²¹⁵pa²¹⁵ŋ̍⁵³（ɕi⁵⁵）
黄柏	一百〇五 i²¹pɑ²¹³lin⁴¹u⁴⁵³	一百五（十）i²¹pɑ²¹u⁴⁵³（ɕi²¹³）
暖水	一百〇五 i⁵⁴pæ⁵⁵læ²³ŋ̍³⁵	一百五（十）i⁵⁴pæ⁵⁵ŋ̍²¹⁴（ɕie³¹）

	1397 第一	1398 二丈二尺
经公桥	第一 tʻi²²i⁴⁴	两丈两尺 niã⁴²tʃʻuaŋ²⁴niã⁴²tɕʻiai⁴⁴
鹅湖	第一 tʻei²¹iʔ⁴	二丈二（尺）ɐʳ²¹tɕʻiõ²¹ɐʳ²¹（tʂʻaiʔ⁴）
旧城	第一 tʻei³³i²¹³	二丈二尺 əʳ³³tɕʻia³³əʳ³³tɕʻiai²¹³
湘湖	第一 tʻei²¹iʔ⁴	二丈二（尺）əʳ²¹tɕʻia²¹əʳ²¹（tɕʻiaiʔ⁴）
溪头	第一 te⁵⁵i⁵⁵	两丈两尺 niɔ̃²³¹tsɔ̃²³¹niɔ̃²³¹tsʻa⁵⁵
沱川	第一 tʻe⁵¹i⁵¹	两丈二尺 liʌ̃³¹tsʻʌ̃³¹e³¹tsʻɒ⁵¹
紫阳	第一 tʻi⁵¹i⁵¹	二/两丈二（尺）ɵ⁵¹/niã³¹tɕʻĩã³¹ɵ⁵¹（tsʻo⁵¹）
许村	第一 tʻe⁵⁵ia⁵⁵	两丈二（尺）niɔ̃³¹tʃʻɔ̃³¹ø⁵⁵（tʃʻo⁵⁵）
中云	第一 tʻi⁵¹ia⁵¹	两丈二（尺）niã³¹tsʻã³¹niã³¹（tsʻo⁵¹）
新建	第一 tʻæ⁵¹iɛ⁵¹	两丈二（尺）niɔ̃³¹tʂʻɔ̃⁵¹zɤ⁵¹（tʃʻæ⁵¹）
新营	第一 tʻɛ⁵¹i²¹⁵	两丈两/二尺 liã⁵³tɕʻiã⁵¹liã⁵³/ ɵ⁵¹tʻæ²¹⁵
黄柏	第一 tʻi⁴⁴i²¹³	两丈两尺 liã⁴⁵³tʃʻã²¹liã⁴⁵³tʃʻue²¹³
暖水	第一 tʻi⁵¹i⁵⁴	两丈两尺 liʌŋ²¹tʂʻʌŋ⁵¹liʌŋ²¹tɕʻiæ⁵⁴

	1399 二两 重量	1400 几个
经公桥	二两 a²⁴niã⁴²	几个 tɕi⁴²kɤ²¹⁴
鹅湖	二两 ɐʳ²¹niɔ̃⁵³	几个 tɕi⁵³kɛ²¹³
旧城	二两 ɤʳ³³na³¹	几个 tɕi³¹kiɛ²¹³
湘湖	二两 ɤʳ²¹la³¹⁴	几个 tɕi³⁵kɛ²¹²
溪头	二两 ɐ⁵⁵niɔ̃²³¹	几只 tʃi⁴²tsa⁵⁵
沱川	二两 e⁵¹niʌ̃³¹	几个 tɕi³¹ka³⁵
紫阳	二两 ɵ⁵¹niã³¹	几只 tɕi²tso⁵¹
许村	二两 ø⁵⁵niɔ̃³¹	几只 tɕi³¹tʃo⁵⁵
中云	二两 ɵ⁵¹niã³¹	几只 tɕi²tso⁵¹
新建	二两 zɤ⁵¹niɔ̃³¹	几个 tɕi³¹ka²¹³
新营	二两 ɵ⁵¹liã⁵³	几个 tɕi⁵³kɛ²¹³
黄柏	二两 a²¹³liã⁴⁵³	几个 tɕi⁴⁵³ko²¹³
暖水	二两 ɤ⁵¹liʌŋ²¹⁴	几个 tɕi²¹ka³⁵

	1401 俩 你们~	1402 仨 他们~	1403 个把 有~人不同意没关系
经公桥	两个 niã⁴²kɤ²¹⁴	三个 suʌ̃²²kɤ²¹⁴	个把 kɤ²⁴puʌ⁴²
鹅湖	两人 niɔ̃⁵³iɛn³⁵	三人 sɔ̃⁵⁵iɛn³⁵	个把 kɛ³⁵puo⁵³
旧城	两个 na³¹kiɛ²¹³	三个 suo⁵⁵kiɛ²¹³	个把 kiɛ²¹³puo³¹
湘湖	两个 la³⁵kɛ⁰	三个 so⁴⁴kɛ⁰	个把 kɛ³⁵po³¹⁴
溪头	两个 niɔ̃²³¹ka²⁴	三个 sã⁴⁴ka²⁴	只把 tsa⁵⁵po⁴²
沱川	两个人 liʌ̃³¹ka³⁵iɛn²¹¹	三个人 sɔ̃⁴⁴ka³⁵iɛn²¹¹	个把 ka³⁵po²
紫阳	两个人 niã³¹kɛ³⁵iæ²¹¹	三个人 sum⁴⁴kɛ³⁵iæ²¹¹	个把 kə³⁵po²
许村	两个 niɔ̃³¹kɤ²⁴	三个 sũ³³kɤ²⁴	个把 kɤ²⁴po³¹
中云	两个人 niã³¹kɤ³⁵n̠iɛn¹¹	三个人 sum⁴⁴kɤ³⁵n̠iɛn¹¹	个把 kɤ³⁵po²
新建	两个人 niɔ̃³¹ka²¹³n̠iẽ²⁴	三个人 sʌ̃⁵⁴ka²¹³n̠iẽ²⁴	个把 ka²¹³puɤ³¹
新营	两个人 liã⁵³kɛ²¹³n̠iən³¹	三个人 sã⁵³kɛ²¹³n̠iən³¹	个把 kɛ²¹³po⁵³
黄柏	两个 liã⁴⁵³ko²¹³	三个 sã⁴⁴ko²¹³	个把 ko²¹³pɑ⁴⁵³
暖水	两个人 liʌŋ²¹ka³⁵n̠iẽ²³	三个人 sã³¹ka³⁵n̠iẽ²³	个把 ka³⁵puɐ⁰

第五章　赣东北徽语代表方言点词语对照

	1404 个 一~人	1405 位 一~客人	1406 头 一~牛‖一~猪
经公桥	个 kɤ²¹⁴	个 kɤ²¹⁴	头 tʻiəu³⁵⁵
鹅　湖	个 kiɛ²¹³	个 kiɛ²¹³	条 tʻia³⁵‖头 tʻiəu³⁵
旧　城	个 kiɛ²¹³	个 kiɛ²¹³	条 tʻiau²⁴‖只 tɕiai²¹³
湘　湖	个 kɛ²¹²	个 kɛ²¹²	条 tʻio³⁵
溪　头	个 ka²⁴	只 tsa⁵⁵	条 tʻia⁵¹‖只 tsa⁵⁵
沱　川	只 tsɒ⁵¹/个 ka³⁵	个 ka³⁵/只 tsɒ⁵¹	条 tʻia²¹¹‖只 tsɒ⁵¹
紫　阳	只 tso⁵¹/个 kɛ³⁵	只 tso⁵¹	只 tso⁵¹
许　村	个 kɤ²⁴	个 kɤ²⁴	匹 pʻi⁵⁵‖只 tʃo⁵⁵
中　云	只 tso⁵¹/个 kɤ³⁵	只 tso⁵¹/个 kɤ³⁵	皮 pʻi¹¹‖只 tso⁵¹
新　建	个 ka²¹³	个 ka²¹³	皮 pʻi²⁴‖只 tʃæ⁵¹
新　营	个 kɛ²¹³	个 kɛ²¹³	匹 pʻæ²¹⁵‖条 tʻio³¹
黄　柏	个 ko²¹³	个 ko²¹³	条 tʻiə⁴¹
暖　水	个 ka³⁵	个 ka³⁵	条 tʻyɛ²³

	1407 只 一~狗‖一~鸡‖一~蚊子
经公桥	只 tɕiai⁴⁴
鹅　湖	条 tʻia³⁵‖个 kiɛ²¹³‖个 kiɛ²¹³
旧　城	条 tʻiau²⁴‖只 tɕiai²¹³‖个 kiɛ²¹³
湘　湖	只 tɕiaiʔ²⁴
溪　头	只 tsa⁵⁵
沱　川	只 tsɒ⁵¹
紫　阳	只 tso⁵¹
许　村	只 tʃo⁵⁵
中　云	只 tso⁵¹
新　建	只 tʃæ⁵¹
新　营	匹 pʻæ²¹⁵‖只 tæ²¹⁵‖个 kɛ²¹³
黄　柏	条 tʻiə⁴¹‖个 ko²¹³‖个 ko²¹³
暖　水	条 tʻye²³‖个 ka³⁵‖个 ka³⁵

	1408 条—~鱼‖—~蛇‖—~河‖—~凳子		1409 张—~嘴‖—~桌子
经公桥	条 t'ia³⁵⁵ ‖ 只 tɕiai⁴⁴ ‖ 条 t'ia³⁵⁵ ‖ 条 t'ia³⁵⁵	张 tʃuaŋ²²	
鹅湖	条 t'ia³⁵	把 puo⁵³ ‖ 张 tɕiõ⁵⁵	
旧城	条 t'iau²⁴	张 tɕia⁵⁵	
湘湖	条 t'io³⁵	张 tɕia⁴⁴	
溪头	条 t'ia⁵¹	张 tsɔ̃³³ ‖ 面 mĩ⁵⁵	
沱川	条 t'ia²¹¹ ‖ 条 t'ia²¹¹ ‖ 条 t'ia²¹¹ ‖ 面 mĩ⁵¹	把 po² ‖ 面 mĩ⁵¹	
紫阳	只 tso⁵¹ ‖ 条 t'io²¹¹ ‖ 条 t'io²¹¹ ‖ 只 tso⁵¹	把 po² ‖ 面 mĩ⁵¹	
许村	条 t'iɔ⁵¹ ‖ 条 t'iɔ⁵¹ ‖ 条 t'iɔ⁵¹ ‖ 面 mĩ⁵⁵	把 po³¹ ‖ 面 mĩ⁵⁵	
中云	只 tso⁵¹/条 t'iɔ¹¹ ‖ 条 t'iɔ¹¹ ‖ 条 t'iɔ¹¹ ‖ 面 mĩ⁵¹	把 po² ‖ 面 mĩ⁵¹	
新建	条 t'ie²⁴ ‖ 条 t'ie²⁴ ‖ 条 t'ie²⁴ ‖ 面 mã⁵¹	张 tʂɔ̃⁵⁴ ‖ □ nɔ̃²⁴	
新营	条 t'io³¹ ‖ 条 t'io³¹ ‖ 条 t'io³¹ ‖ 张 tɕia⁵⁵	把 po⁵³ ‖ 张 tɕia⁵⁵	
黄柏	条 t'iə⁴¹ ‖ 条 t'iə⁴¹ ‖ 条 t'iə⁴¹ ‖ 张 tʃã⁴⁴	张 tʃã⁴⁴	
暖水	条 t'yɛ²³ ‖ 条 t'yɛ²³ ‖ 条 t'yɛ²³ ‖ 张 tʂʌŋ³¹	把 puɐ²¹⁴ ‖ 张 tʂʌŋ³¹	

	1410 床—~被子‖—~蚊帐	1411 双—~鞋	1412 把—~菜刀‖—~锁
经公桥	床 ʂaŋ³⁵⁵	双 ʃuaŋ²²	把 puʌ⁴²
鹅湖	床 ʂaŋ³⁵ ‖ 个 kiɛ²¹³	双 saŋ⁵⁵	把 puo⁵³
旧城	床 ʂaŋ²⁴	双 ɕia⁵⁵	把 puo³¹
湘湖	床 saŋ³⁵	双 saŋ⁴⁴	把 po³¹⁴
溪头	床 sɔ̃⁵¹	双 sɔ̃³³	把 po⁴²
沱川	床 sã²¹¹ ‖ 顶 tã²	双 sã³³	把 po²
紫阳	床 ɕiã²¹¹ ‖ 只 tso⁵¹	双 ɕiã⁴⁴	把 po²
许村	床 ʃɔ̃⁵¹ ‖ 顶 tã³¹	双 ʃɔ̃³³	把 po³¹
中云	床 sã¹¹ ‖ 顶 tã²	双 sã⁴⁴	把 po²
新建	床 ʃɔ̃²⁴ ‖ 顶 tã³¹	双 ʃɔ̃⁵⁴	把 puɣ³¹
新营	床 ɕiɔ³¹ ‖ 个 kɛ²¹³	双 ɕiɔ⁵⁵	把 po⁵³
黄柏	床 ʂuəŋ⁴¹	双 ʂuəŋ⁴⁴	把 pɑ⁴⁵³
暖水	床 ʂʌŋ²³	双 ʂʌŋ³¹	把 puɐ²¹⁴

第五章 赣东北徽语代表方言点词语对照

	1413 根—~绳子	1414 支—~毛笔	1415 块—~墨‖—~水田
经公桥	条 t'ia355	支 tɕi22	块 k'ua214 ‖ 丘 tɕ'iəu22
鹅湖	条 t'ia35	支 tɕi55	块 k'ua213 ‖ 块 k'ua213
旧城	根 kɛn55	根 kɛn55	块 k'ua213 ‖ 丘 k'au55
湘湖	根 kɛn44	支 tɕi44	块 k'ua212 ‖ 丘 tɕ'iau44
溪头	根 kuəŋ33	支 tsɿ33	块 k'ua24 ‖ tʃ'æi33
沱川	根 kuəŋ44	支 tsɿ44	块 k'ua35 ‖ 块 k'ua35
紫阳	根 kuæ̃44	支 tɕi44	块 k'ua35 ‖ 丘 tɕ'ia44
许村	根 kuɛn33	根 kuɛn33	块 k'ua24 ‖ 丘 tʃ'a33
中云	根 kuɛn44	支 tsɿ44	块 k'ua35 ‖ 丘 tɕ'ia44
新建	根 kuẽ54	支 tsɤ54	块 k'ua213 ‖ 丘 tɕ'ɯ54
新营	根 kuən55	根 kuən55	块 k'ua213 ‖ 丘 tɕ'io55
黄柏	条 t'iə41	支 tsɿ44	块 k'ua213 ‖ 丘 tʃ'u44
暖水	根 kuẽ31	支 tʂɤ31	块 k'uɐ35 ‖ 丘 tɕ'y31

	1416 副—~眼镜	1417 面—~镜子	1418 叠—~钞票
经公桥	副 fu214	面 miẽ214	沓 t'uʌ22
鹅湖	副 fu213	块 k'ua213	□ tən53
旧城	副 fu213	面 mi33	沓 t'uo33
湘湖	副 fu212	面 mĩ211	叠 t'iɛʔ2
溪头	副 fu24	面 mĩ55	重 tsəŋ231
沱川	副 fu35	面 mĩ51	沓 t'u51/□ təŋ2
紫阳	副 fu35	面 mĩ51	沓 t'a51
许村	副 fu24	面 mĩ55	□ tɛn31
中云	副 fu35	面 mĩ51	图 t'u11
新建	副 fu213	面 mã51	□ kiɛ51
新营	副 fu213	面 mi51	□ tən51
黄柏	副 fu213	面 miẽ213	□ tən44
暖水	副 fu35	面 miẽ51	□ tẽ35

	1419 台——电视机	1420 辆——汽车‖——手推车	1421 处——地方
经公桥	台 tʻɣ³⁵⁵	乘 ɕiāi³⁵⁵	个 kɣ²¹⁴
鹅　湖	部 pʻu²¹¹	部 pʻu²¹¹	个 kiɛ²¹³
旧　城	台 tʻɛ²⁴	乘 ɕiai²⁴	个 kiɛ²¹³
湘　湖	台 tʻe³⁵	乘 ɕiai³⁵	个 kɛ²¹²
溪　头	部 pu⁵⁵	辆 niɔ̃²³¹	处 tɕʻy²⁴
沱　川	台 tʻa²¹	部 pʻu⁵¹	块 kʻua³⁵
紫　阳	部 pʻu⁵¹	乘 ɕiã²¹¹‖部 pʻu⁵¹	只 tso⁵¹
许　村	只 tʃo⁵⁵	乘 ʃen⁵¹	处 tɕʻy²⁴/个 kɣ²⁴
中　云	只 tso⁵¹/部 pʻu⁵¹	部 pʻu⁵¹	□ vã¹¹
新　建	台 tʻa²⁴	□ nɔ̃²⁴	个 ka²¹³
新　营	个 kɛ²¹³	乘 ɕiæ̃³⁵	个 kɛ²¹³
黄　柏	台 tʻa⁴¹	辆 liã⁴⁵³	个 ko²¹³
暖　水	台 tʻɣ²³	领 læ²¹⁴	□ vã⁵¹

	1422 座——山‖——桥‖——房子	1423 畦——菜地	1424 间——房间
经公桥	座 tsʻuʌ²¹⁴‖座 tsʻuʌ²¹⁴‖重 tʂʻoŋ³⁵⁵	瞵 nãi²¹⁴	间 kɣ̃²²
鹅　湖	支 tɕi⁵⁵‖度 tʻəu²¹¹‖幢 tʻoŋ³⁵	□ ʂõ⁵³	眼 ŋõ⁵³
旧　城	支 tɕi⁵⁵‖度 tʻəu³³‖重 tʂʻoŋ²⁴	瞵 nai²⁴	眼 ŋuo³¹
湘　湖	座 tsʻo²¹¹‖座 tsʻo²¹¹‖重 tsʻoŋ³⁵	瞵 lai²¹¹	眼 ŋo³¹⁴
溪　头	平 pæi⁵¹‖堆 tɐ³³‖垛 to²⁴	瞵 læi⁵¹	眼 ŋã²³¹
沱　川	座 tsʻu⁵¹‖乘 sen³⁵‖堂 tʻʌ̃²¹¹	瞵 nã²¹¹	间 kõ⁴⁴
紫　阳	只 tso⁵¹‖乘 ɕiã²¹¹‖只 tso⁵¹	瞵 nɔ̃²¹¹	眼 ŋẽ³¹
许　村	张 tʃɔ̃³³‖乘 ʃen⁵²‖□ tʻa⁵²	瞵 nã²⁴	眼 ŋũ³¹
中　云	平 pʻã¹¹‖乘 sen¹¹‖□ tʻã¹¹	瞵 nã⁵¹	眼 ŋum³¹
新　建	座 tsʻɯ⁵¹‖□ kɔ̃³¹‖□ ɕiẽ²¹³	瞵 nẽ²⁴	间 kɣ̃⁵⁴
新　营	□ tʻən³¹‖座 tsʻu⁵¹‖栋 tən²¹³	瞵 læ³¹	眼 ŋã⁵³
黄　柏	座 tsʻo²¹³‖座 tsʻo²¹³‖幢 tsʻuəŋ⁴¹	瞵 lin⁴¹	间 kã⁴⁴
暖　水	座 tsʻo⁵¹‖板 pã²¹⁴‖向 ʂʌŋ³⁵	瞵 lẽ²³	眼 ŋã²¹⁴

第五章 赣东北徽语代表方言点词语对照

	1425 层—~砖（墙上砌的）	1426 泡—~屎‖—~尿	1427 棵—~树
经公桥	层 tsʻən³⁵⁵	堂 tʻaŋ³⁵⁵	棵 kʻuʌ²²
鹅 湖	层 tsʻən³⁵	堂 tʻaŋ³⁵	根 kiɛn⁵⁵
旧 城	层 tsʻɛn²⁴	堂 tʻaŋ²⁴	根 kɛn⁵⁵
湘 湖	路 ləu²¹¹	堂 tʻaŋ³⁵	棵 kʻo⁴⁴
溪 头	层 tsʻɛn⁵¹	泡 pʻau³³	行 xɔ̃⁵¹
沱 川	层 tsʻɛn²¹¹	灯 tã⁴⁴	根 kuəŋ⁴⁴
紫 阳	层 tsʻæ̃²¹¹	堆 te⁴⁴	根 kuæ̃⁴⁴
许 村	层 tsʻɛn⁵¹	堆 tɤ³³	根 kuɛn³³
中 云	层 tsʻɛn¹¹	堆 tɤ⁴⁴	根 kuɛn⁴⁴
新 建	层 tsʻẽ²⁴	堆 tɤ⁴⁴	根 kuẽ⁵⁴
新 营	层 tsʻən³¹	堂 tʻɔ³¹	根 kuən⁵⁵
黄 柏	路 lu²¹³	堂 tʻã⁴¹	根 kuən⁴⁴
暖 水	层 tsʻẽ²³	堆 tɤ⁴⁴	根 kuẽ³¹

	1428 朵—~花	1429 片—~树叶	1430 颗—~珠子	1431 粒—~米
经公桥	朵 tuʌ⁴²/枝 tɕi²²	片 pʻiɛ̃²¹⁴	颗 kʻuʌ²²	粒 li²²
鹅 湖	朵 təu⁵³	皮 pʻei³⁵	粒 leiʔ⁴	粒 leiʔ⁴
旧 城	朵 tuo³¹	皮 pʻei²⁴	粒 lei³³	粒 lei³³
湘 湖	朵 to³¹⁴	皮 pʻei³⁵	粒 leiʔ²	粒 leiʔ²
溪 头	朵 to⁴²	皮 pʻi⁵¹	枚 mɐ⁵¹	粒 li⁵⁵
沱 川	朵 to²	片 pʻĩ³⁵	颗 kʻo⁴⁴	粒 li⁵¹
紫 阳	朵 tə²	皮 pʻi²¹¹	粒 la⁵¹	粒 la⁵¹
许 村	朵 tɤ³¹	皮 pʻi⁵¹	□ nã³³	□ nã³³
中 云	朵 tɤ²	皮 pʻi¹¹	粒 la⁵¹	粒 la⁵¹
新 建	朵 tɯ³¹	片 pʻã²¹³	粒 lɛ³³	粒 lɛ³³
新 营	朵 tu⁵¹	皮 pʻɛ³¹	粒 lɛ⁵⁵	粒 lɛ⁵⁵
黄 柏	朵 to⁴⁵³	片 pʻiɛ̃²¹³	粒 li²¹³	粒 li²¹³
暖 水	□ tsʻɤ³¹/□ pʻoŋ³¹	皮 pʻi²³	根 kuẽ³¹	粒 lɛ⁵¹

	1432 顿—一天三~饭	1433 剂—一~中药	1434 股—一~香味	1435 行—一~字
经公桥	餐 ts'uɑ̃22	帖 t'ie44	泡 p'au214	行 xaŋ355
鹅湖	餐 ts'õ55	帖 t'ieʔ5	股 ku53	排 p'a35
旧城	餐 ts'uo55	服 fu213	股 ku31	排 p'a24
湘湖	餐 ts'o44	帖 t'ieʔ4	阵 tɕ'ien211	排 p'a35
溪头	餐 ts'ã33	帖 t'e55	阵 tsen55	行 xɔ̃51
沱川	餐 ts'ã44	帖 t'e51	股 ku2	行 xɑ̃211
紫阳	餐 ts'um44	帖 t'e51	阵 ts'æ51	行 xã211
许村	餐 ts'ũ33	帖 t'e55	阵 tʃ'ɛn55/股 ku31	行 xɔ̃55
中云	餐 ts'um44	帖 t'e51	股 ku2	行 xã11
新建	餐 ts'ã54	帖 t'æ51	股 ku31	行 xɔ̃24
新营	餐 ts'ã55	服 fu55	□ ts'ɛ213	行 xɔ31/排 p'a31
黄柏	餐 ts'ã44	服 fu213	股 ku453	排 p'a41
暖水	餐 ts'ã31	付 fu35	阵 tʂ'ē51	行 xʌŋ23

	1436 元—一~钱	1437 角—一~钱	1438 件—一~事情	1439 门—一~亲事
经公桥	块 k'ua214	角 kau44	桩 tʂaŋ22	门 mən355
鹅湖	块 k'ua213	角 kauʔ4	样 iõ211	头 t'iəu35
旧城	块 k'ua213	角 kau213	样 ȵia33	门 mɛn24
湘湖	块 k'ua212	毛 mau35	桩 tsaŋ44	桩 tsaŋ44
溪头	块 k'ua24	毛 mɛ51	样 iɔ̃55/件 tʃ'ĩ231	门 məŋ51
沱川	块 k'ua35	角 kau51	样 iɑ̃51 tɕ'ĩ31	门 məŋ211
紫阳	块 k'ua35	角 kɒ51	样 iã51	门 mæ211
许村	块 k'ua24	角 kɔ55	样 iɔ̃55	门 mɛn51
中云	块 k'ua35	角 kɔ51	样 iã51/桩 tsã54	门 xɛn11
新建	块 k'ua213	角 ko51	样 iɔ̃51/件 tɕ'iɛ̃51	门 mẽ24
新营	块 k'ua213	角 kɔ215	样 iã51/个 ke213	桩 tɔ̃55
黄柏	块 k'ua213	角 kə213	样 iã213	桩 tʂuəŋ44
暖水	块 k'uɐ35	角 kɔ54	样 iʌŋ51/件 tɕ'iɛ̃51	门 mẽ23

	1440 拃 大拇指与中指张开的距离：一～宽	1441 庹 两臂平伸两手伸直的距离：一～宽	1442 些 有～人
经公桥	□ tʂ'aŋ²¹⁴	庹 t'au⁴⁴	些 sie²¹⁴
鹅　湖	比 pei⁵³	大比 t'a²¹pei⁵³	□ tie⁵⁵
旧　城	□ k'uə²¹³	手 ɕiəu³¹	些 sɛ⁵⁵
湘　湖	□ k'o²¹¹	庹 t'au²¹¹	拉 la⁰
溪　头	□ ts'o³³	膀 pɔ̃²⁴	许 ɕy⁴²
沱　川	□ ts'u³¹	庹 t'ɒ⁵¹	拉 la³⁵
紫　阳	□ ts'ə²	庹 t'ɒ⁵¹	一先 i⁵¹sɿ⁰
许　村	□ tʃ'ue³¹	庹 t'ɔ³¹	□ lo²⁴
中　云	□ ts'o¹¹	庹 t'a⁵¹	□ lo¹¹
新　建	撵 k'ã̃⁵¹	□ nẽ²⁴	拉 la⁵¹
新　营	撵 k'ã²¹³	□ lən⁵¹	拉 la⁵⁵
黄　柏	撵 k'ã²¹³	□ lɑ²¹³	拉 lɑ²¹³
暖　水	撵 k'ã⁵⁵	□ læ̃²³	拉 la³⁵

	1443 点儿 一～东西	1444 下 揍了几～	1445 会儿 坐了一～
经公桥	子 tsɿ⁴²	下 xʌ²¹⁴	下儿 xʌ²⁴ŋ̍⁰
鹅　湖	子儿 tsɿ³⁵ni⁰	下 xuo²¹¹	下儿 xuo²¹¹ni⁰
旧　城	点点 ti²⁴ti⁰	下 xuo³³	下儿 xuo³³ŋ̍⁰
湘　湖	吊仂 tio²¹²lɛ⁰	下 xo²¹¹	下儿 xo²¹ŋ̍⁰/下□ xo²¹tɕi⁴⁴
溪　头	吊儿 tia²⁴ŋ̍⁰	下儿 xo⁵⁵ŋ̍⁰	下儿 xo⁵⁵ŋ̍⁰
沱　川	点儿 ti³⁵ŋ̍⁰	下 xo⁵¹	下儿 xo⁵¹ŋ̍⁰
紫　阳	一吊儿 i⁵¹tio³⁵ŋ̍⁰	下 xə⁵¹	下儿 xə⁵¹ŋ̍⁰
许　村	吊儿 tiɔ²⁴ŋ̍⁰	下 xo⁵⁵	下 xo⁵⁵
中　云	吊儿 tiɔ³⁵ŋ̍⁰	下 xo⁵¹	下儿 xo⁵¹ŋ̍⁰
新　建	点儿 tiã³¹	下 xuɤ⁵¹	下 xuɤ⁵¹
新　营	毛毛 mɔ⁵⁵mɔ⁰	下 xo⁵¹	下 xo⁵¹
黄　柏	眼哩 ŋã⁴⁵³li⁰	下 xɑ²¹³	下 xɑ²¹³
暖　水	点儿 tiã⁵⁵	下 xuɐ⁵¹	下 xuɐ⁵¹

	1446 顿骂了一~	1447 阵下了一~雨	1448 趟去了一~
经公桥	顿 tən²¹⁴	泡 p'au²¹⁴	回 xuɤ³⁵⁵
鹅湖	顿 tən²¹³	下 xuo²¹¹	回 xuɐ³⁵
旧城	餐 tsʻuo⁵⁵	□ tsʻe³³	回 fe²⁴
湘湖	餐 tsʻo⁴⁴	阵 tɕʻiɛn²¹¹	回 fe³⁵
溪头	顿 təŋ²⁴	下儿 xo⁵⁵n̩⁰	回 xuɐ⁵¹
沱川	顿 tʻɛn³⁵	阵 tsʻɛn²¹¹	回 xua²¹¹
紫阳	顿 tæ³⁵	阵 tsʻæ⁵¹	回 xe²¹¹
许村	餐 tsʻũ³³/顿 tɛn²⁴	阵 tʃʻɛn⁵⁵	回 xuɤ⁵¹
中云	顿 tɛn³⁵	阵 tsʻɛn⁵¹	回 xuɤ¹¹
新建	顿 tẽ²¹³	阵 tʃʻẽ⁵¹	回 xua²⁴
新营	顿 tən²¹³	阵 tsʻɛ³¹	回 xua³¹
黄柏	顿 tən²¹³	下哩 xɑ²¹³li⁰	回 xuɐ⁴¹
暖水	顿 tẽ³⁵	阵 tʂʻẽ⁵¹	回 xuo²³

	1449 我	1450 你	1451 他
经公桥	阿 ʌ³⁵⁵	尔 n̩³⁵⁵	渠 kei³⁵⁵
鹅湖	我（侬）ŋuo⁵³（noŋ³⁵）	尔□ n̩³⁵na⁰	渠 ku³⁵
旧城	我（侬/□）o³¹（noŋ⁰/nɐ⁰）	尔□ n̩³¹na⁰	渠 tɕi²⁴
湘湖	我 o³¹⁴	尔□ n̩⁴⁴na⁰	渠（哩）ku³⁵（li⁰）
溪头	阿（侬）a²³¹（nəŋ⁰）/□ so²³¹	尔 n̩³³	渠 kʻɐ⁵¹
沱川	我 o³¹/□ so³¹	尔 n̩⁴⁴	渠 kʻə²¹¹
紫阳	我 ə³¹/□ sə³¹	尔 n̩³¹	渠 tɕʻie²¹¹
许村	我（伲）o³¹（le⁰）	尔（伲）n̩²⁴le⁰	渠（伲）tʃʻe⁵¹le⁰
中云	我 o³¹	尔 n̩³¹	渠 tɕʻie¹¹
新建	阿（侬）a²⁴（nəŋ⁰）	尔（侬）n̩²⁴nəŋ⁰	渠（侬）tɕʻie²⁴nəŋ⁰
新营	我 ŋo⁵³	尔 n̩⁵³	渠 tɕʻi³¹
黄柏	阿□ a⁴⁴n̠i⁰	尔 n̩⁴⁴	渠 tɕʻi⁴¹
暖水	我（侬）ŋuɐ²⁴（nəŋ⁰）	尔（侬）n̩²⁴（noŋ⁰）	渠（侬）tɕʻi²³（noŋ⁰）

第五章　赣东北徽语代表方言点词语对照

	1452 我们你们不去，~去	1453 咱们他们不去，~去吧
经公桥	阿□ ʌ³⁵sən⁵⁵	□ ã²²
鹅　湖	我□ ŋuo⁵³n̩³⁵/我拉 ŋuo⁵³la⁰	□ xoŋ³⁵/我拉 ŋuo⁵³la⁰
旧　城	我□ o³¹sɛn⁵⁵/我大家 o³¹tʻa³³kuo⁰	我大家 o³¹tʻa³³kuo⁰
湘　湖	我些人 o³¹ɕie⁴⁴iɛn³⁵/我大家 o³⁵tʻa²¹ko⁴⁴	我跟尔 o³¹⁴kɛn⁴⁴n̩⁴⁴
溪　头	阿伊拉人 a²³¹i³³la³³iɛn⁵¹	阿搭尔 a²³¹tɛ⁵⁵n̩³³
沱　川	我□ o³¹xã⁴⁴	□□ xoŋ²¹xã⁴⁴/我□尔 o³¹xã⁴⁴n̩⁴⁴xã⁴⁴
紫　阳	我□ ə³¹xã⁴⁴/□□ sə³¹xã⁴⁴/□家 ã⁴⁴kə⁴⁴	□跟尔 so³¹kã⁴⁴n̩³¹
许　村	我□ o³¹xã³³	我 o³¹xã³³
中　云	我□ o³¹xã⁴⁴	我□ o³¹xã⁴⁴/我□尔 o³¹xã⁴⁴n̩³¹
新　建	阿碗 a²⁴uã³¹	阿碗 a²⁴uã³¹
新　营	阿拉 ŋa⁵³la⁵⁵	阿拉 ŋa⁵³la⁵⁵
黄　柏	阿拉 a⁴⁴lɑ⁰	□呐 kən⁴⁴nə⁰
暖　水	我□人 ŋuɐ²¹næ³¹iẽ⁰	□（呐）ŋæ²¹（ne⁰）

	1454 你们	1455 他们
经公桥	尔□ n̩³⁵sən⁵⁵	渠□ kei³⁵sən⁵⁵
鹅　湖	尔□ n̩³⁵sən⁰	渠□ ku³⁵sən⁰
旧　城	尔大家 n̩³¹tʻa³³kuo⁰	渠大家 tɕi²⁴tʻa³³kuo⁰
湘　湖	尔大家 n̩⁴⁴tʻa²¹ko⁴⁴	渠大家 ku³⁵tʻa²¹ko⁴⁴
溪　头	尔（伊拉）人 n̩³³（i³³la³³）iɛn⁵¹	渠（□拉）人 kʻɐ⁵¹（kɐ²⁴la³³）iɛn⁵¹
沱　川	尔□ n̩⁴⁴xã⁴⁴	渠□ kʻə²¹xã⁴⁴
紫　阳	尔□ n̩³¹xã⁴⁴	渠□ tɕʻie²¹xã⁴⁴
许　村	尔□ n̩³¹xã³³	渠□ tʃʻe⁵¹xã³³
中　云	尔□ n̩³¹xã⁴⁴	渠□ tɕʻie¹¹xã⁴⁴
新　建	尔碗 n̩²⁴uã³¹	渠碗 tɕʻiɛ²⁴uã³¹
新　营	尔拉 n̩⁵³la⁰	渠拉 tɕʻi³¹la⁰
黄　柏	尔哪 n̩⁴⁴nɑ⁰	渠拉 tɕʻi⁴¹lɑ⁰
暖　水	尔□人 n̩²¹næ³¹iẽ⁰	渠□人 tɕʻi²³næ³¹iẽ⁰

	1456 大家	1457 自己	1458 别人
经公桥	大家 t'a^{24}kʌ^{22}	自己 tsʅ^{24}ki^{42}	别人 p'iɛ^{22}in^{55}
鹅湖	大世 t'a^{21}ɕi^{213}	自家 sʅ^{21}kuo^{55}	别人 p'iɛʔ^{24}iɛn^{35}
旧城	大家 t'a^{33}kuo^{0}	自己 tsʻʅ^{33}tɕi^{31}	别人 p'iɛ^{33}iɛn^{24}
湘湖	大家 t'a^{21}ko^{44}	自家 sʅ^{21}ko^{44}	别人 p'iɛʔ^{2}iɛn^{35}
溪头	大家 t'a^{55}ko^{33}	自家 tsʅ^{55}ko^{33}	别人（家）p'e^{55}iɛn^{51}（ko^{33}）
沱川	大家 t'ɒ^{51}ko^{44}	自家 tsʻʅ^{51}ko^{44}	别人家 p'e^{51}iɛn^{21}ko^{44}
紫阳	大家 t'o^{51}kə^{44}	自家 tsʻʅ^{51}kə^{44}	别（人）家 p'ĩ^{51}（iæ^{21}）kə^{44}
许村	大家 t'ɤ^{55}ko^{33}	自家 tsʻʅ^{55}ko^{33}	别人家 p'e^{55}iɛn^{51}ko^{33}
中云	大家 t'o^{51}ko^{44}	自家 tsʻʅ^{51}ko^{44}	别人 p'ie^{51}n̩iɛn^{11}
新建	大家 t'a^{51}kuɤ^{54}	自家 tsʻɤ^{51}kuɤ^{54}	别人 p'æ^{33}n̩ie^{0}
新营	大家 t'a^{51}ko^{55}	自家 tsʻʅ^{51}ko^{55}	别人 p'i^{55}n̩iən^{31}
黄柏	大家 t'a^{213}kɑ^{44}	自家 tsʻʅ^{213}kɑ^{44}	别人 p'iɑ^{44}n̩iɛn^{41}
暖水	大家 t'a^{51}ko^{31}	自家 tsʻʅ^{51}ko^{31}	别人 p'iɛ^{31}n̩iẽ^{23}

	1459 我爸~八十岁了	1460 你爸~在家吗?
经公桥	阿啯老子 ʌ^{35}kɤ^{0}lau^{42}tsʅ^{0}	尔啯老子 ŋ^{35}kɤ^{0}lau^{42}tsʅ^{0}
鹅湖	我啯老子 ŋuo^{53}kə^{0}lau^{53}tsʅ^{0}	尔啯老子 n̩^{31}kə^{0}lau^{53}tsʅ^{0}
旧城	我啯老子 o^{31}kə^{0}lau^{31}tsʅ^{0}	尔啯老子 n̩^{31}kə^{0}lau^{31}tsʅ^{0}
湘湖	我老子 o^{314}lau^{35}tsʅ^{0}	尔老子 ŋ^{44}lau^{35}tsʅ^{0}
溪头	我啯老子 o^{31}ko^{0}la^{231}tsʅ^{0}	尔啯老子 n̩^{44}ko^{0}la^{231}tsʅ^{0}
沱川	我啯老子 o^{31}ko^{0}la^{31}tsʅ^{0}	尔啯老子 n̩^{44}ko^{0}la^{31}tsʅ^{0}
紫阳	我啯老子 ə^{31}kə^{0}lo^{31}tsʅ^{0}	尔啯老子 n̩^{31}kə^{0}lo^{31}tsʅ^{0}
许村	我啯老子 o^{31}kɤ^{0}la^{31}tsʅ^{0}	尔啯老子 n̩^{31}kɤ^{0}la^{31}tsʅ^{0}
中云	我啯老子 o^{31}kɤ^{0}la^{31}tsʅ^{0}	尔啯老子 n̩^{31}kɤ^{0}la^{31}tsʅ^{0}
新建	我啯老子 a^{24}kə^{0}lə^{31}tsɤ^{0}	尔啯老子 n̩^{24}kə^{0}lə^{31}tsɤ^{0}
新营	阿啯爸 ŋo^{53}kɛ^{0}pa^{213}	尔啯爸 ŋ̍^{55}kɛ^{0}pa^{213}
黄柏	阿老子 a^{44}lə^{453}tsʅ^{0}	尔老子 n̩^{44}lə^{453}tsʅ^{0}
暖水	阿老子 ŋuɐ^{31}lɤ^{24}tsʅ^{0}	尔老子 n̩^{31}lɤ^{24}tsʅ^{0}

第五章　赣东北徽语代表方言点词语对照

	1461 他爸~八十岁了	1462 这个我要~
经公桥	渠嗰老子 kei³⁵kɤ⁰lau⁴²tsŋ⁰	伊个 i²⁴kɤ⁰
鹅　湖	渠嗰老子 ku³⁵kə⁰lau⁵³tsŋ⁰	勒个 lɛ⁵⁵kiɛ⁰
旧　城	渠嗰老子 tɕi²⁴kə⁰lau³¹tsŋ⁰	勒个 lɛ⁵⁵kiɛ⁰
湘　湖	渠老子 ku³⁵lau³⁵tsŋ⁰	勒个 lei⁴⁴kɛ⁰
溪　头	渠嗰老子 k'ɐ⁵¹ko⁰la²³¹tsŋ⁰	伊只 i³³tsa⁵⁵
沱　川	渠嗰老子 k'ə²¹ko⁰la³¹tsŋ⁰	伊样 i⁴⁴iã⁵¹
紫　阳	渠嗰爸仂 tɕ'ie²¹ke⁰pa⁵¹la⁵¹	伊 i⁴⁴tso⁵¹
许　村	渠嗰老子 tʃ'e⁵¹kɤ⁰la³¹tsŋ⁰	伊只 i³³tʃo⁵⁵
中　云	渠嗰老子 tɕ'ie¹¹kɤ⁰la³¹tsŋ⁰	伊只 i⁴⁴tso⁵¹
新　建	渠嗰老子 tɕ'ie²⁴kə⁰lə³¹tsɤ⁰	伊个 i⁵⁴kə⁰
新　营	渠嗰爸 tɕ'i³¹ke⁰pa²¹³	诶个 ɛ⁵⁵kɛ⁰
黄　柏	渠老子 tɕ'i⁴¹lə⁴⁵³tsŋ⁰	诶个 ɛ²¹kə⁰
暖　水	渠老子 tɕ'i²³lɤ²⁴tsŋ⁰	伊个 i³¹ka³⁵

	1463 那个我不要~	1464 哪个两个杯子，你要~？
经公桥	□个 nie²⁴kɤ⁰	何一个 xɤ³⁵i⁰kɤ²¹⁴
鹅　湖	那一个 luo⁵⁵iʔ²⁴kiɛ⁰/□个 ŋuo⁵⁵kiɛ⁰	何一个 xa³⁵iʔ²⁴kiɛ⁰
旧　城	唔个 ŋ̍⁵⁵kiɛ⁰	何个 xɛ²⁴kiɛ²¹³
湘　湖	唔个 ŋ̍⁴⁴kɛ⁰	何个 xɛ³⁵kɛ⁰
溪　头	□/固只 me³³/ku²⁴tsa⁵⁵	何一只 xo⁵¹i⁵⁵tsa⁵⁵
沱　川	固样 ku³⁵iã⁵¹	何样 xo²¹iã⁵¹
紫　阳	个只 ke³⁵tso⁵¹	何一只 xə²¹i⁵¹tso⁵¹
许　村	固只 ku²⁴tʃo⁵⁵	何一只 xa⁵¹i⁵⁵tʃo⁵⁵
中　云	固只 ku³⁵tso⁵¹	何一只 xa³⁵i⁵¹tso⁵¹
新　建	阿个 a⁵⁴kə⁰	何个 xɯ²⁴kə⁰
新　营	夏一个 xo⁵¹i⁵⁵kɛ⁰	何一个 xo³¹i⁵⁵kɛ⁰
黄　柏	诶个 ɛ⁴⁴kə⁰	何个 xo⁴¹kə⁰
暖　水	阿个 a³¹ka³⁵	何个 xo²¹ka³⁵

		1465 这里书放在~	1466 那里笔放在~
经公桥		伊□ i²⁴tau⁴⁴	□□ niɛ²⁴tau⁴⁴
鹅湖		勒位□/黒 lɛ⁵⁵uei²¹sɿ⁰/li⁰	那□里 luo⁵⁵pʻã⁵⁵li⁰
旧城		勒□儿 lɛ⁵⁵tɛ⁵⁵ni⁰	唔□儿 ŋ̍⁵⁵tɛ⁵⁵ni⁰
湘湖		勒里 lei⁴⁴li⁰	唔里 ŋ̍⁴⁴li⁰
溪头		伊里 i³³li⁰	□里 me³³li⁰/个里 ko²⁴li⁰
沱川		伊里 i⁴⁴le³¹	固里 ku³⁵le³¹
紫阳		伊落 i⁴⁴lo⁴⁴/唔兜 ŋ̍³¹ta⁴⁴	个落 ke³⁵lo⁴⁴
许村		伊底 i³³ti⁰	固底 ku²⁴ti⁰
中云		伊里 i⁴⁴li⁰	固里 ku³⁵li⁰
新建		伊□ i⁵⁴kɛ⁵¹	阿□ a⁵⁴kɛ⁵¹
新营		诶搭/仂 ɛ⁵⁵ta⁵⁵/lɛ⁰	夏搭 xo⁵¹ta⁵⁵
黄柏		诶乌 ɛ²¹u⁰	诶乌 ɛ⁴⁴u⁰
暖水		伊□ i³¹tɔ⁵⁴	阿□ a³¹tɔ⁵⁴

		1467 哪里文具放在~?	1468 这样事情经过是~的	1469 那样事情经过不是~的
经公桥		何里 xɤ³⁵li⁰	伊样 i²⁴yaŋ⁰	□样 niɛ²⁴yaŋ⁰/□么 niɛ²⁴mɤ⁰
鹅湖		何里 xa³⁵li⁰	勒样 lɛ⁵⁵iõ²¹¹	那样 luo⁵⁵iõ²¹¹
旧城		何□ xɛ²⁴tɛ⁵⁵	勒样 lɛ⁵⁵ȵia³³	唔样 ŋ̍⁵⁵ȵia³³
湘湖		何里 xɛ³⁵li⁰	勒样 lei⁴⁴ia²¹¹	唔样 ŋ̍⁴⁴ia²¹¹
溪头		何里 xo⁵¹li⁰	伊样 i³³iõ⁵⁵	□样 me³³iõ⁵⁵
沱川		何里 xo²¹le³¹	伊样子 i⁴⁴iã̃⁵¹tsɿ⁰	固样子 ku³⁵iã̃⁵¹tsɿ⁰
紫阳		何落 xə²¹lo⁴⁴	唔样式 ŋ̍³⁵iã⁵¹sa⁵¹	个样式 ke³⁵iã⁵¹sa⁵¹
许村		何里 xa⁵¹li⁰	唔相 ŋ̍²⁴siõ²⁴	固□相 ku²⁴tɕi⁰siõ²⁴
中云		何里 xɛ¹¹li⁰	伊新 i⁴⁴sɛn⁴⁴	固新 ku³⁵sɛn⁴⁴
新建		何里 xa²⁴li⁰/□□ xəŋ³¹xẽ²¹³	□□ xɛ⁵⁴nẽ⁰	□□ xa⁵⁴nẽ⁰
新营		何搭 xo³¹ta⁵⁵	诶种 ɛ⁵⁵tsən⁵³	夏种 xo⁵¹tsən⁵³
黄柏		何处 xo⁴¹tɕʻy²¹³	诶样 ɛ²¹iã²¹³	诶样 ɛ⁴⁴iã²¹³
暖水		何搭 xo²¹tɔ⁵⁴	伊种 i³¹tʂoŋ²¹⁴	阿种 a³¹tʂoŋ²¹⁴

第五章 赣东北徽语代表方言点词语对照

	1470 怎样 事情经过究竟是~的?	1471 这么 这个字~读
经公桥	何样 xɤ³⁵yaŋ²¹⁴	样嗰 yaŋ²¹kɤ⁰/伊样 i²⁴yaŋ⁴
鹅 湖	何样 xa³⁵iɔ̃²¹¹	勒里 lɛ⁵⁵li⁰/勒口 lɛ⁵⁵uõ²¹¹
旧 城	何样 xɛ²⁴n̠ia³³	勒样嗰 lɛ⁵⁵n̠ia³³kɛ⁰
湘 湖	何样 xɛ³⁵ia³³	勒样 lei⁴⁴ia²¹¹
溪 头	底么样 ti⁴²me⁵⁵iɔ̃⁵⁵	伊样 i³³iɔ̃⁵⁵
沱 川	何样子 xo²¹iã⁵¹tsŋ⁰	伊样 i⁴⁴iã⁵¹
紫 阳	怎何样式 tsã³⁵xə²¹iã⁵¹sa⁵¹	唔样 ŋ³⁵iã⁵¹
许 村	么哩相 mɤ⁵⁵li⁰siɔ̃²⁴	伊口 i³³tɕi⁰/口唔 xo⁵⁵ŋ²⁴
中 云	何样 xɛ³⁵iã⁵¹	伊样 i⁴⁴iã⁵¹
新 建	口口 xəŋ²⁴xuɤ⁵¹	口种 xəŋ⁵⁴tʂəŋ³¹
新 营	何种 xo³¹tsən⁵³	诶种 ɛ⁵⁵tsən⁵³
黄 柏	何样 xo⁴¹iã²¹³	诶样 ɛ²¹iã²¹³
暖 水	何种 xo²³tʂoŋ²¹⁴	伊种 i³¹tʂoŋ²¹⁴

	1472 那么 这个字不能~读	1473 怎么 这个字~读?
经公桥	口种嗰 niɛ²⁴tʃoŋ⁴²kɤ⁰	口口 nã⁴²lən⁴⁴/口嗰 nã⁴²kɤ⁰
鹅 湖	那里 luo⁵⁵li⁰	何样 xa³⁵iɔ̃²¹¹
旧 城	唔样嗰 ŋ⁵⁵n̠ia³³kə⁰	何样 xɛ²⁴n̠ia³³
湘 湖	唔样 ŋ⁴⁴ia²¹¹	何样 xɛ³⁵ia³³
溪 头	口样 me³³iɔ̃⁵⁵/口 kũ²⁴	怎嗰 tsɛn⁴²ko⁰/怎口 tsɛn⁴²xã³³
沱 川	固样 ku³⁵iã⁵¹	怎何 tsɛ³⁵xo²¹¹/何样 xo²¹¹iã⁵¹
紫 阳	个样 kɛ³⁵iã⁵¹	怎何 tsã³⁵xə²¹
许 村	固口 ku²⁴tɕi⁰	怎何 tsɤ²⁴xɤ⁵¹/怎嗰 tsɛ³¹kɤ⁰
中 云	固样 ku³⁵iã⁵¹	怎何 tsɤ³⁵xɤ¹¹/怎嗰 tsɛn²kɤ⁰
新 建	口种 xa⁵⁴tʂəŋ³¹	何样 xɯ²⁴iɔ̃⁵¹/口口 xəŋ³¹xuə̃⁵¹
新 营	夏种 xo⁵¹tsən⁵³	何种 xo³¹tsən⁵³/口种 ɕiæ̃⁵³tsən⁵³
黄 柏	诶样 ɛ⁴⁴iã²¹³	何样 xo⁴¹iã²¹³
暖 水	阿种 a³¹tʂoŋ²¹⁴	何种 xo²³tʂoŋ²¹⁴

1474

谁 你找~?

经公桥	何个	xɤ³⁵kɤ²¹⁴
鹅　湖	什个	ɕiʔ²⁴kiɛ²¹³
旧　城	何个	xɛ²⁴kiɛ²¹³
湘　湖	何个	xɛ³⁵kɛ²¹²
溪　头	何一个	xo⁵¹i⁵⁵ka²⁴
沱　川	何物 xo²¹bə⁵¹/何一个 xo²¹i⁵¹ka³⁵
紫　阳	□□ so⁴⁴lo⁴⁴/何□物 xə²¹t'ə²bə⁵¹/何一个 xə²¹i⁵¹kɛ³⁵
许　村	何仍 xɤ⁵¹le⁰/何□么 xɤ⁵¹tɕi⁰mɤ⁴⁴
中　云	何个	xɤ¹¹kɤ³⁵
新　建	何物	xɯ²¹mə⁵¹
新　营	么人	mo⁵⁵n̠iən³¹
黄　柏	么人	mə⁴⁴n̠ien⁴¹
暖　水	何物	xo²¹mɛ⁵⁴

1475　1476

什么 你找~? ‖ 这是~字?　　干什么 你在~?

	1475	1476
经公桥	（什）么 (ɕi⁴⁴) mɤ²¹⁴	做什么 tsuʌ²⁴ɕi⁴⁴mɤ⁰
鹅　湖	（什）么 (ɕiʔ⁴) mɛʔ⁰	做什么个 tsuo²¹ɕiʔ²⁴mɛʔ⁰kiɛ²¹³
旧　城	（什）么个 (ɕi²¹³) mo³³kiɛ²¹³	做什么个 tso²¹³ɕi²¹³mo⁰kiɛ²¹³
湘　湖	底么 tei³⁵moʔ⁰ ‖ 么个 moʔ²⁴kɛ²¹²	做么个 tso²¹moʔ²⁴kɛ²¹²
溪　头	底么 te⁴²mo⁰/哩么 li³³mo⁰	做哩么 tso²⁴li³³mo⁰
沱　川	底物 ti²bə⁵¹/么仍 bə⁵¹le⁰	做底物事 tsu³⁵ti²bə⁵¹sɿ⁵¹
紫　阳	土物 t'u²bə⁵¹/通物 t'um⁴⁴bə⁵¹/么 be⁵¹	做通物 tsu³⁵t'um⁴⁴bə⁵¹
许　村	底物 ti³¹mɤ⁵⁵/么仍 mɤ⁵⁵le⁰	做么仍 tso²⁴mɤ⁵⁵le⁰
中　云	□物 t'ɤ³¹bɤ⁵¹	做□物 tsu³⁵t'ɤ³¹bɤ⁵¹
新　建	么（拉） mə⁵¹ (la⁰) ‖ 么个 mə⁵¹ka²¹³	做么 tsɯ²¹³mə⁵¹
新　营	么仍 mo⁵⁵lɛ⁰/么仍 mɛ⁵¹	做么仍 tsu²¹³mo⁵⁵lɛ⁰
黄　柏	么仍 mə⁴⁴lɛ⁰ ‖ 么 mə⁴⁴	做么 tso²¹mə⁴⁴
暖　水	么个 mo³¹ka³⁵ ‖ 么（个） mo³¹ (ka³⁵)	做么个 tso³⁵mo³¹ka³⁵

	1477 为什么你~不去上学?	1478 怎么办赶不上车了，~?
经公桥	做什么 tsuʌ²⁴ɕi⁴⁴mɣ²¹⁴	□嗰搞 nã⁴²kɣ⁰kau⁴²
鹅 湖	做什哩 tsuo²¹ɕiaʔ²⁴li⁰	何样办 xa³⁵iõ²¹¹pʻõ²¹¹
旧 城	何样 xɛ²⁴n̠ia³³	何样办 xɛ²⁴n̠ia³³pʻuo³³
湘 湖	做么个 tso²¹moʔ⁰kɛ²¹²	何样办 xɛ³⁵iaʔ¹pʻo²¹¹
溪 头	做哩 tso²⁴li³³	怎嗰寻 tsɛn⁴²ko⁰tʃʻɛn²⁴
沱 川	底物事 ti²bə⁵¹sʅ⁵¹	怎何寻 tse²⁴xo⁵¹tsʻʅ³⁵
紫 阳	□么事 tʻə²bə⁵¹ɕi⁵¹	怎何寻 tsã³⁵xə²¹tsʻʅ²¹¹
许 村	做么哩 tso²⁴mɣ⁵⁵le⁰	怎嗰寻 tse³¹ke²⁴tsʻʅ⁵¹
中 云	□物事 tʻɣ³¹bɣ⁵¹sʅ⁵¹	怎嗰前 tsɛn³¹kɣ⁰tɕʻʅ³⁵
新 建	做么 tsɯ²¹³mə⁵¹	怎么□ tsə³¹mə⁰xuə̃n⁵⁵
新 营	为公哩 uɛ⁵¹mɛ⁵⁵	何种办 xo³¹tsən⁵⁵pã²¹³
黄 柏	何样 xo⁴¹iã²¹³	何样办 xo⁴¹iã²¹pã²¹³
暖 水	做么个 tso³⁵mo³¹ka³⁵	何种□法 xo²¹tʂoŋ²⁴tɕʻiẽ²³xuɐ⁵⁴

	1479 多少村子里有~人?	1480 很热今天~	1481 非常热今天~
经公桥	几多 tɕi⁴²tuʌ²²	好热 xau⁴²iɛ²²	热得很 iɛ²²tai⁴⁴xən⁴²
鹅 湖	几多 tɕi⁵³tuo⁵⁵	好热 xau⁵³iɛʔ⁴	吓人嗰热 xaʔ²⁴iɛn³⁵kə⁰iɛʔ⁴
旧 城	几多 tɕi³¹to⁵⁵	好热 xau³¹iɛ³³	特别热 tʻai³³pʻiɛ³³iɛ³³
湘 湖	几多 tɕi³⁵to⁴⁴	好热 xau³¹⁴iɛʔ²	特别热 tʻaiʔ²pʻiɛʔ²iɛʔ²
溪 头	几多 tʃi⁴²to³³	真热 tsɛn³³n̠ie⁵⁵	顶热 tæi⁴²n̠ie⁵⁵
沱 川	几多 tɕi²to⁴⁴	热得很 n̠ie⁵¹tɤ⁵¹xəŋ²	着实热 tsʻɒ⁵¹sʅ⁵¹n̠ie⁵¹
紫 阳	几多 tɕi³⁵tə⁴⁴	真热 tsæ⁴⁴gie⁵¹	热不过 gie⁵¹pu⁵¹ku³⁵
许 村	几多 tɕi³¹tɣ³³	好热 xɔ³¹n̠ie⁵⁵	特别热 tʻo⁵⁵pʻe⁵⁵n̠ie⁵⁵
中 云	几多 tɕi²tɣ⁴⁴	很热 xɛn²n̠ie⁵¹	非常热 fi⁴⁴sã¹¹n̠ie⁵¹
新 建	几多 tɕi³¹tɯ⁵⁴	很热 xẽ³¹n̠ie³³	非常热 fi⁵⁴ʃɔ²⁴n̠ie³³
新 营	几多 tɕi⁵³to⁵⁵	很热 xən⁵³n̠ie⁵⁵	热得凶/傲 n̠ie⁵⁵tæ⁰ɕiən⁵⁵/ ŋau²¹³
黄 柏	几多 tɕi⁴⁵³to⁴⁴	好热 xɔ⁴⁵³n̠iɑ⁴⁴	特别热 tʻɛ²¹pʻiɑ²¹n̠iɑ²¹³
暖 水	几多 tɕi²¹to³¹	热得凶 n̠iɛ³¹te⁰ʂoŋ³¹	非常热 fi³¹ʂɔ̃²³n̠iɛ³¹

	1482 更今天比昨天~热	1483 太今天~热了	1484 最兄弟三个人他~高
经公桥	还 xʌ³⁵⁵	太 tʻa²¹⁴/忒 tʻɛ⁴⁴	最 tsɤ²¹⁴
鹅湖	更 ka²¹³	太 tʻa²¹³	最 tsei⁵³
旧城	更 kai²¹³	太 tʻa²¹³	最 tsei²¹³
湘湖	更 kai²¹²	太 tʻa²¹²	顶 tai³¹⁴
溪头	还 o⁵¹	太 tʻa²⁴	顶 tæi⁴²
沱川	更过 kã³⁵kuʔ³⁵	太 tʻɒ³⁵	顶 tã²
紫阳	还要 xo²¹io³⁵	太 tʻo³⁵	最 tse²
许村	还要 xo⁵¹ia²⁴	太 tʻo²⁴	顶 tã³¹
中云	更过 kã³⁵kuʔ³⁵	太 tʻo⁵¹	最 tsʻe³⁵
新建	更 kã²¹³	太 tʻa²¹³	第一 tʻæ⁵¹iɛ⁵¹
新营	更 kæ²¹³	太 tʻa²¹³	第一 tʻɛ⁵¹i²¹³
黄柏	更 kən²¹³	太 tʻa²¹³	最 tsa²¹³
暖水	更 kã³⁵	太 tʻa³⁵	第一 tʻi⁵¹i⁵⁴

	1485 都大家~来了	1486 一共~多少人?	1487 一块我们~去
经公桥	都 tu²²	一起 i⁴⁴tɕʻi⁴²	一起 i⁴⁴tɕʻi⁴²
鹅湖	都 təu⁵⁵	一起 iʔ⁴tɕʻi⁵³	一路 iʔ⁴ləu²¹¹
旧城	都 təu⁵⁵	一起 i²¹³tɕʻi³¹	一路 i²¹³ləu³³
湘湖	都 təu⁴⁴	一起 iʔ⁴tɕʻi³¹⁴	一下/起 iʔ⁴xo²¹¹/tɕʻi³¹⁴
溪头	都 tu³³	一起 i⁵⁵tʃʻi⁴²	一搭/起 i⁵⁵tɐ⁵⁵/tʃʻi⁴²
沱川	都 tu⁴⁴	一起 i⁵¹tɕʻi²	一起 i⁵¹tɕʻi²
紫阳	都 tu⁴⁴	一起 ia⁵¹tɕʻi²	一起 ia⁵¹tɕʻi²
许村	都 tu³³	一起 ia⁵⁵tɕʻi³¹	一起 ia⁵⁵tɕʻi³¹
中云	都 tu⁴⁴	一起 ia⁵¹tɕʻi²	一起 ia⁵¹tɕʻi²
新建	都 tu⁵⁴	一起 iɛ⁵¹tɕʻi³¹	一起 iɛ⁵¹tɕʻi³¹
新营	都 tu⁵⁵	一落 i²¹⁵lɔ⁵⁵	一落 i²¹⁵lɔ⁵⁵
黄柏	都 tu⁴⁴	一起 i²¹tɕʻi⁴⁵³	一起 i²¹³tɕʻi⁴⁵³
暖水	都 tu³¹	一起 i⁵⁴tɕʻi²¹⁴	一起 i⁵⁴tɕʻi²¹⁴

第五章 赣东北徽语代表方言点词语对照

	1488 只~我认识他一个人	1489 净~吃菜,不吃饭	1490 快~天亮了
经公桥	就 tsʻiəu²¹⁴	光 kuaŋ²²	快 kʻua²¹⁴/快当 kʻua²¹⁴taŋ²¹⁴
鹅 湖	就 tsʻiəu²¹¹	净 tsʻã²¹¹	快 kʻua²¹³
旧 城	就 tsʻiəu³³	光 kuaŋ⁵⁵	快 kʻua²¹³/快当 kʻua²¹³taŋ²¹³
湘 湖	就 tsʻiəu²¹¹	光 kuaŋ⁴⁴	快 kʻua²¹²
溪 头	就 tsʻæi⁵⁵	光 kuɔ̃³³	快 kʻua²⁴
沱 川	只 tsŋ²	净(净) tsʻã⁵¹ (tsʻã⁵¹)	快 kʻuɐ³⁵
紫 阳	就 tsʻa⁵¹	净 tsʻɔ̃⁵¹	快 kʻua³⁵
许 村	就 tsʻa⁵⁵	净 tsʻã⁵⁵	快 kʻua²⁴
中 云	就 tsʻa⁵¹	净 tsʻã⁵¹	快 kʻua³⁵
新 建	就 tɕʻiɯ⁵¹	秃秃 tʻo⁵¹tʻo⁵¹	快 kʻua²¹³
新 营	就 tɕʻio⁵¹	光 kuɔ̃⁵⁵	快 kʻua²¹³
黄 柏	只 tsŋ⁴⁵³	光 kuəŋ⁴⁴	快 kʻua²¹³
暖 水	就 tɕʻy⁵¹	秃秃 tʻəu⁵¹tʻəu⁵⁴	快 kʻua³⁵

	1491 刚我~到	1492 刚、正鞋穿着大小~好
经公桥	刚脚 kaŋ²²tʃuʌu⁴⁴	刚刚 kaŋ²²kaŋ²²
鹅 湖	□□ xuo⁵⁵tsŋ⁰	刚刚 kaŋ⁵⁵kaŋ⁵⁵
旧 城	□□儿 kʻuo⁵⁵tɕia⁵⁵ni⁰	□□ tsaŋ⁵⁵tsaŋ⁵⁵/恰□ kʻuo³³tʻai⁰
湘 湖	将将 tɕia⁴⁴tɕia⁴⁴	刚 kaŋ⁴⁴
溪 头	将将 tɕiɔ̃³³tɕiɔ̃³³/将脚 tɕiɔ̃³³tʃau⁵⁵	刚刚 kɔ̃³³kɔ̃³³
沱 川	将将 tɕiã̠⁴⁴tɕiã̠⁴⁴	将将 tɕiã̠⁴⁴tɕiã̠⁴⁴
紫 阳	刚刚 kã⁴⁴kã⁴⁴	刚刚 kã⁴⁴kã⁴⁴
许 村	刚刚 kɔ̃³³kɔ̃³³	刚刚 kɔ̃³³kɔ̃³³
中 云	刚而今 tɕiã⁴⁴ŋ³¹tɕiɛn⁴⁴	刚刚 kã⁴⁴kã⁴⁴
新 建	刚刚 kɔ̃⁵⁴kɔ̃⁵⁴	刚刚 kɔ̃⁵⁴kɔ̃⁵⁴
新 营	刚刚 kã⁵⁵kã⁵⁵	刚刚 kã⁵⁵kã⁵⁵
黄 柏	刚 kã⁴⁴	刚 kã⁴⁴
暖 水	刚刚 kʻã³¹kʻã⁵⁵	刚刚 kã³¹kã³¹

	1493 才你怎么~来？‖孩子~两岁	1494 就我吃了饭~去
经公桥	□ tsa²¹⁴	就 tsʻiəu²¹⁴
鹅 湖	□□ xuo⁵⁵tsŋ⁰	就 tsʻiəu²¹¹
旧 城	□□哩 lei⁵⁵uɛn³¹li⁰ ‖	就 tsʻiəu³³
湘 湖	正 tɕiai²¹²	就 tsʻiəu²¹¹
溪 头	□ tsəŋ²⁴ ‖ □ tsəŋ²⁴	就 tsʻæi⁵⁵
沱 川	而今 n̩²¹tɕien⁴⁴ ‖ 就 tsʻə⁵¹	就 tsʻə⁵¹
紫 阳	而今 n̩²¹tɕiæ⁴⁴ ‖ 只 tsŋ²	就 tsʻa⁵¹
许 村	□ tsʏ²⁴	就 tsʻa⁵⁵
中 云	而今 n̩¹¹tɕien⁴⁴ ‖ 正 tsã³⁵	就 tsʻa⁵¹
新 建	伊□底 i⁵⁴mə⁰ti³¹ ‖	就 tɕʻiɯ⁵¹
新 营	□么 kʻa²¹³mɔ⁵⁵	就 tsʻio⁵¹
黄 柏	□ tsa²¹³	就 tɕʻiu²¹³
暖 水	伊□□ i³¹mo⁰ɕiẽ³¹ ‖	就 tɕʻy⁵¹

	1495 经常他~迟到	1496 又他~迟到了	1497 还他~没回来
经公桥	常时 tʃʻuaŋ³⁵ɕi⁵⁵	又 iəu²¹⁴	还 xa³⁵⁵
鹅 湖	常时儿 tɕʻiõ³⁵ɕi³⁵ni⁰	又 iəu²¹¹	还 xuo³⁵
旧 城	经常 kai⁵⁵ɕia²⁴/常常儿 tɕʻia²⁴tɕʻia²⁴ni⁰	又 iəu³³	还 xuo²⁴
湘 湖	时常 ɕi³⁵ɕia³⁵	又 iəu²¹²	还 xa³⁵
溪 头	常常 tsɔ̃⁵¹tsɔ̃⁵¹	又 iæi⁵⁵	还 o⁵¹
沱 川	常时 tsʻʌ̃²¹sŋ²¹¹	又 iə⁵¹	还 o²¹¹
紫 阳	常时 tɕʻiã²¹ɕi²¹¹	又 ia⁵¹	还 o²¹¹
许 村	经常 tʃã³³ʃɔ̃⁵¹	又 ia⁵⁵	还 o⁵¹/xuɤ⁵¹
中 云	常常 sã¹¹sã¹¹	又 ia⁵¹	还 o¹¹
新 建	经常 tʃã⁵⁴ʃɔ̃²⁴	又 iɯ⁵¹	还 xuə̃²⁴
新 营	经常 kæ⁵⁵tɕʻiã³¹	又 io²¹³	还 xa³¹
黄 柏	时常 ɕi⁴¹tʃʻã⁴¹	又 iu²¹³	还 xa⁴¹
暖 水	经常 tɕiæ³¹sʌŋ²³	又 y⁵¹	还 xo²³

	1498 再今天下班了，你明天~来	1499 也他去，我~去	1500 总是快走吧，别~在那里和别人说话
经公桥	再 tsa²¹⁴	也 iɛ⁴²	尽 tɕin⁴²
鹅湖	再 tsa²¹³	也 iɛ⁵³	总嗰 tsoŋ⁵³kə⁰
旧城	再 tsɛ²¹³	也 iɛ³¹	尽嗰 tsɛn³¹kə⁰/总是 tsoŋ³¹ɕi³³
湘湖	再 tsɛ²¹²	也 iɛ³¹⁴	净 tsʻai²¹¹
溪头	再 tsa²⁴	也 ia²³¹	尽嗰尽 tsɛn⁴²ko²⁴tsɛn⁴²
沱川	再 tsa³⁵	也 iɒ³¹	尽是 tsʻã⁵¹sʅ³¹
紫阳	再 tsɛ³⁵	也 iɛ³¹	尽嗰尽 tsæ³⁵kə⁰tsæ²/老是 lo³¹ɕi³¹
许村	再 tsɤ²⁴	也 iɛ³¹	只管 tʃa⁵⁵kũ³¹
中云	再 tsɤ³⁵	也 iɛ³¹	尽个 tsɛn³¹kɤ³⁵
新建	再 tsa²¹³	也 iɛ³¹	总嗰 tsəŋ³¹kə⁰
新营	再 tsæ²¹³	也 iɛ⁵³	老是 lɔ⁵³ɕi⁵¹
黄柏	再 tsa²¹³	也 iɑ⁴⁵³	尽 tɕʻin²¹³
暖水	再 tsɤ³⁵	亦 iæ⁵⁴	总嗰在 tsoŋ²⁴ko⁰tsʻɤ⁵¹

	1501 一边~走~说	1502 刚巧
经公桥	一边 iŋ⁴⁴piɛ̃²²	刚好 kaŋ²²xau⁴²
鹅湖	一边 iʔ⁴pĩ⁵⁵	刚好 kaŋ⁵⁵xau⁵³
旧城	一边 i²¹³pi⁵⁵	刚好 kaŋ⁵⁵xau³¹
湘湖	（一）边 (iʔ⁴) pĩ⁴⁴	碰巧 pʻoŋ³⁵tɕʻiau³¹⁴
溪头	（一）边 (i⁵⁵) pĩ³³	碰得巧 pʻəŋ²⁴tɯ⁰kʻau⁴²
沱川	边 pĩ⁴⁴/一面 i⁵¹mĩ⁵¹	刚刚好 kã⁴⁴kã⁴⁴xa²
紫阳	一边 i⁵¹pĩ⁴⁴/一面 i⁵¹mĩ⁵¹	刚刚好 kã⁴⁴kã⁴⁴xo²
许村	边 pĩ³³	碰得巧 pʻɐm²⁴tɤ⁰kʻa³¹
中云	边 pĩ⁴⁴	刚好 kã⁴⁴xa²
新建	一边 iɛ⁵¹pã⁵⁴/一面一 i⁵¹miɛ̃⁵¹	刚好 kɔ⁵⁴xə³¹
新营	一面 i²¹⁵mi⁵¹	刚刚好 kã⁵⁵kã⁵⁵xɔ⁵³
黄柏	边 piɛ̃⁴⁴	碰巧 pʻəŋ²¹⁴tʃʻə⁴⁵³
暖水	边 piɛ̃³¹	碰得好 pʻoŋ³⁵tɛ⁰xɤ²¹⁴

	1503 幸亏 出车祸时我~早下了车	1504 反正 不用着急，~还来得及
经公桥	好在 xau⁴²tsʻa²¹⁴	反正 fuʌ̃⁴²tɕiãi²¹⁴
鹅湖	还好 xuo³⁵xau⁵³	反正 fõ⁵³tʂãi²¹³
旧城	□得好 ʂɛ³¹tə⁰xau³¹/还好 xuo²⁴xau³¹	横直 uaŋ²⁴tɕʻiai³³
湘湖	还好 xa³⁵xau³¹⁴	横直 ua³⁵tɕʻiai¹²
溪头	好得 xɐ⁴²ta⁵⁵	反正 fã⁴²tsã⁵⁵
沱川	难得 nõ²¹tɒ⁵¹	反正 fũ²tsã³⁵
紫阳	好得 xo²to⁵¹	反正 fum²tsɔ̃³⁵
许村	好得 xa³¹to⁰	反正 fũ³¹tʃã²⁴
中云	好得 xa²to⁵¹	反正 fun³¹tsã³⁵
新建	还好 xuɔ̃²⁴xə³¹	反正 fʌ̃³¹tʃã²¹³
新营	还好 xa³¹xɔ⁵³	反正 fã⁵³tæ³¹
黄柏	好在 xə⁴⁵³tsʻɛ²¹³	直横 tʃʻuɛ⁴⁴uəŋ⁴¹
暖水	还好 xo²³xɤ²¹⁴	反正 fã²¹tɕiæ³⁵

	1505 肯定 这事~是他干的	1506 可能 这事~是他干的
经公桥	肯定 kʻən⁴²tʻãi²¹⁴	讲不定 kaŋ⁴²po⁴⁴tʻãi²¹⁴
鹅湖	肯定 kʻən⁵³tʻã²¹¹	可能 kʻiɛ⁵³nãi³⁵
旧城	包总 pau⁵⁵tsoŋ³¹/硬是 ŋa³³ɕi³³	可能 kʻɛ³¹nai²⁴
湘湖	一定 iʔ⁴tʻai²¹¹	舞得不好 u³⁵taiʔ⁰peiʔ⁴xau³¹⁴
溪头	肯定 tʃʻæi⁴²tʻæi⁵⁵	可能 kʻo⁴²næi⁵¹
沱川	肯定 tɕʻiã²tʻã⁵¹	晓□ ɕiɒ²pi³⁵
紫阳	肯定 kʻɔ̃²tʻɔ̃⁵¹	可能 kʻə²nɔ̃²¹
许村	肯定 kʻã³¹tʻã⁵⁵	可能 kʻɤ³³nã⁵¹
中云	肯定 kʻã³¹tʻã⁵¹	可能 kʻo³⁵nã¹¹
新建	肯定 kʻẽ³¹tʻã⁵¹	靠不住 kʻə²¹³pa⁵¹tɕʻy⁵¹
新营	肯定 kʻæ⁵³tʻæ⁵¹	靠不住 kʻɔ²¹³pu²¹⁵tɕʻy⁵¹
黄柏	肯定 kʻən⁴⁵³tʻin²¹³	可能 kʻo⁴⁵³lin⁴¹
暖水	肯定 kʻæ²¹tʻæ⁵¹	弄不好 loŋ³¹pe⁵⁴xɤ²¹⁴

第五章 赣东北徽语代表方言点词语对照

	1507差点儿~摔倒	1508趁早儿~走吧，晚了赶不上了
经公桥	差子儿 tsʻuʌ²²tsɿ²⁴n̩⁰	趁早□ tsʻən⁴²tsau⁴²ti⁰
鹅 湖	空子儿 kʻoŋ²¹tsɿ⁵³ni⁰/差子 tsʻo⁵⁵tsɿ⁰	趁早 tɕʻiɛn³⁵tsau⁵³
旧 城	差点儿 tʂʻuo⁵⁵ti³¹ni⁰	尽早 tsɛn³¹tsau³¹
湘 湖	差点儿 tsʻo⁴⁴tĩ³⁵n̩⁰	赶快 kɛn³⁵kʻua²¹²
溪 头	侥下侥 ʃaɤ³³xo⁵⁵ʃau³³	傍早 pɔ̃⁵⁵tsɐ⁴²
沱 川	差点儿 tsʻo⁴⁴tĩ³⁵n̩⁰	赶早 kũ³⁵tsa²
紫 阳	差一吊儿 tsʻə⁴⁴i⁵¹tio³⁵n̩⁰	趁早 tsʻæ³⁵tsʻo²
许 村	差点儿 tʃʻue³³tiɔ²⁴n̩⁰	趁早 tsʻɛn²⁴tsa³¹
中 云	差一吊儿 tsʻo⁴⁴ia⁵¹tio³⁵n̩⁰	趁早 tsʻɛn³⁵tsa²
新 建	差一点儿 tʂʻuɤ⁵⁴iɛ⁵¹tiã³¹	趁早 tsʻẽ²⁴tsa³¹
新 营	差毛毛 tʻo⁵⁵mɔ⁵⁵mɔ⁰	趁早 tɕʻiən⁵³tsɔ⁵³
黄 柏	差眼哩 tʂʻuɑ⁴⁴ŋã⁴⁵³li⁰	趁早 tʃʻən²¹³tsə⁴⁵³
暖 水	差点儿 tʂʻuɐ³¹tiã²¹⁴	趁早 tɕʻiẽ³⁵tsɤ²¹⁴

	1509宁可~走路，也不坐他的车	1510偏不让我去，我~去	1511故意他~气你的
经公桥	宁愿 nãi³⁵yɛ̃²¹⁴	偏 pʻiɛ̃²²	故意 ku²⁴i²¹⁴
鹅 湖	宁可 nãi³⁵kʻɛ⁵³	偏 pʻĩ⁵⁵	有意 iəu⁵³i²¹³
旧 城	情愿 tsʻai²⁴yi³³	偏偏 pʻi⁵⁵pʻi⁵⁵	竟为意儿 kai²¹³uei²¹³ni⁰
湘 湖	情愿 tsʻai³⁵yĩ²¹¹	单单 to⁴⁴to⁴⁴	专门 tɕyĩ⁴⁴mɛn⁰
溪 头	情愿 tsʻæi⁵¹uĩ⁵¹	偏偏 pʻĩ³³pʻĩ³³	故意 ku²⁴i²⁴
沱 川	宁愿 nã²¹vĩ⁵¹	就 tsʻə⁵¹	有意 iə³¹i³⁵
紫 阳	情愿 tsʻɔ̃²¹vĩ⁵¹	偏 pʻĩ⁴⁴	专门 tɕỹ⁴⁴mæ²¹¹
许 村	宁可 nã⁵¹kʻɤ³¹	偏 pʻĩ³³	故意 ku²⁴i²⁴
中 云	情愿 tsʻã¹¹vĩ⁵¹	偏 pʻĩ⁴⁴	故意 ku³⁵i³⁵
新 建	宁可 nã⁵¹kʻɯ³¹	偏偏 pʻã⁵⁴pʻã⁵⁴	故意 ku²⁴i²¹³
新 营	宁□ læ̃³¹kɔ⁵³	偏 pʻi⁵⁵	专工 tɕyɛ⁵⁵kən⁵⁵
黄 柏	宁愿 ȵiən⁴¹ŋuã²¹³	偏 pʻiɛ̃⁴⁴	故意 ku²¹i²¹³
暖 水	宁愿 læ²¹ȵiẽ⁵¹	偏 pʻiɛ̃³¹	故意 ku³⁵i³⁵

	1512 特意~他给你买的	1513 随便~他说的，别信他
经公桥	专门 tɕyɛ̃²²mən⁵⁵	随便 suei³⁵pʻiɛ̃²¹⁴
鹅湖	特意 tʻaiʔ²⁴i²¹³	随便 sei³⁵pʻĩ²¹¹
旧城	单□ tuo⁵⁵tsʻai³³/专门 tɕyi⁵⁵mɛn²⁴	随便 sei²⁴pʻi³³
湘湖	专门 tɕyĩ⁴⁴mɛn⁰	随意 ɕy³⁵i²¹²
溪头	专门 kuĩ³³məŋ⁵¹	随便 tsʻi⁵¹pʻĩ⁵⁵
沱川	专门 kuĩ⁴⁴məŋ²¹¹	随便 tsʻi²¹pʻĩ⁵¹
紫阳	专门 tɕỹ⁴⁴mæ²¹¹	随便 tsʻi²¹pʻĩ⁵¹
许村	特意 tʻo⁵⁵i²⁴	随便 tsʻi⁵¹pʻĩ⁵⁵
中云	特意 tʻo⁵¹i³⁵	随便 si¹¹pʻĩ⁵¹
新建	专门 tɕiɛ̃⁵⁴mɛ̃²⁴	随便 tsʻi²⁴pʻã⁵¹
新营	专门 tɕyɛ⁵⁵mən³¹	随便 tsʻi³¹pʻi⁵¹
黄柏	专门 tʂuã⁴⁴mən⁴¹	随意 tɕʻi⁴¹i²¹³
暖水	特□ tʻæ³¹tsɿ³⁵	随便 tɕʻi²¹pʻiɛ̃⁵¹

	1514 好好的~他就辞职不干了	1515 白~跑了一趟‖说了~说
经公桥	好好嗰 xau⁴²xau⁴²kɤ⁰	白 pʻa²²
鹅湖	好好儿 xau⁵³xau⁵³ni⁰	白白 pʻaʔ²pʻaʔ²‖白 pʻaʔ²
旧城	好好哩 xau³¹xau³¹li⁰	白白儿 pʻa³³pʻaʳ³³‖白 pʻa³³
湘湖	好好儿 xau³⁵xau³⁵ni⁰	白白仂 pʻaʔ²pʻaʔ²le⁰‖白 pʻaʔ²
溪头	好□□ xɐ⁴²ni⁵¹ni⁰	白白哩 pʻa⁵⁵pʻa⁵⁵li⁰‖白 pʻa⁵⁵
沱川	好好仂 xa²xa²le⁰	白白哩 pʻɐ⁵¹pʻɐ⁵¹li⁰‖白 pʻɐ⁵¹
紫阳	好好仂 xo³⁵xo²le⁰/好呢呢 xo²ni⁴⁴ni⁰	白 pʻo⁵¹
许村	好好仂 xa²⁴xa³¹le⁰	白白哩 pʻo⁵⁵pʻo⁵⁵li⁰‖白 pʻo⁵⁵
中云	好好哩 xa³⁵xa²li⁰	白白哩 pʻo⁵¹pʻo⁵¹li⁰‖白 pʻo⁵¹
新建	好□□哩 xə³¹tsɛ̃³¹tsɛ̃⁵⁴li⁰	白白哩 pʻæ⁵¹pʻæ⁵¹li⁰‖白 pʻæ⁵¹
新营	好好嗰 xɔ⁵³xɔ⁵³kɛ⁰	白白 pʻa⁵⁵pʻa⁵⁵‖白 pʻa⁵⁵
黄柏	好好哩 xə⁴⁵³xə⁴⁵³li⁰	白白哩 pʻɑ⁴⁴pʻɑ⁴⁴li⁰‖白 pʻɑ⁴⁴
暖水	好好哩 xɤ²¹xɤ²¹le⁵⁵	白白哩 pʻæ³¹pʻæ³¹ti³⁵‖白 pʻæ³¹

	1516 没有昨天我~去	1517 不明天我~去	1518 别河水很深，~去玩水
经公桥	冇有 m̩³⁵mau²¹⁴/□ xʌ⁴⁴mau²¹⁴	不 po⁴⁴/ pai⁴⁴	不要 pyʌu²¹⁴
鹅湖	冇（有）mau³⁵（iəu⁵³）	不 peiʔ⁴	莫 mɛ²¹¹
旧城	冇 mau³³/没有 mei³³iəu³¹	不 pai²¹³	莫 mau³³/不要 piau²¹³
湘湖	冇 mau³⁵/没有 mɛʔ²iəu³¹⁴	不 peiʔ⁴	莫 mauʔ²/不要 peiʔ⁴io²¹²
溪头	不曾 pã⁵¹	不 pɐ⁵⁵	不要 pia²¹⁴
沱川	不曾 pə⁵¹sã²¹¹/不曾 pã²¹¹	不 pə⁵¹	□ pe³⁵/不要 piɒ³⁵
紫阳	不曾 põ²¹¹	不 pu⁵¹	不要 pio³⁵
许村	不曾 pã⁵¹	不 pɤ⁵⁵	不要 pio²⁴
中云	不曾 pã¹¹	不 pɤ⁵¹	不要 pio³⁵
新建	不曾 pã²⁴	不 pa⁵¹	不要 pa⁵¹ia²¹³
新营	冇 mɔ⁵¹	不 pu²¹⁵	不要 piɔ²¹³
黄柏	唔□ ŋ⁴⁴nən⁴¹	不 pɛ²¹³	莫 mə⁴¹
暖水	不曾 pæ²³	不 pe⁵⁴	不要 pyɛ⁵⁴

	1519 甭票买好了，你~再买	1520 和我~他都姓王‖事情不要~别人说
经公桥	不要 piau²¹⁴	同 tʻoŋ³⁵⁵‖跟 kən²²
鹅湖	不要 peiʔ⁴ia²¹³	跟 kiɛn⁵⁵
旧城	不要 piau²¹³	跟 kɛn⁵⁵
湘湖	不要 peiʔ⁴io²¹²	跟 kɛn⁴⁴
溪头	不必 pɐ⁵⁵pi⁵⁵	搭 tɐ⁵⁵
沱川	别 pe³⁵	□ xã²¹¹
紫阳	不用 pu⁵¹iɐm⁵¹	□ xã⁴⁴/跟 kuæ⁴⁴
许村	不要 pio²⁴	搭 to⁵⁵
中云	不要 pio³⁵	搭 to⁵¹/□ xã⁴⁴
新建	不要 pa⁵¹ia²¹³	跟 kẽ⁵⁴
新营	不要 piɔ²¹³	跟 kuən⁵⁵
黄柏	不要 pɛ²¹³iə²¹³	跟 kən⁴⁴
暖水	不要 pe⁵⁴yɛ³⁵/不消得 pe⁵⁴ɕyɛ³¹te⁰	搭 ta⁵⁴‖搭 ta⁵⁴/跟 kuẽ³¹

	1521 被腿~狗咬了一口	1522 把~门关上	1523 对他~我很好
经公桥	担 tuã²² /让 yaŋ²¹⁴	担 tuã²²/把 puʌ⁴²	对 tʏ²¹⁴
鹅湖	让 iõ²¹¹/等 tāi⁵³/被 pʻei²¹¹	担 tõ⁵⁵/帮 paŋ⁵⁵	对 te²¹³
旧城	让 ia³³/担 tuo⁵⁵	担 tuo⁵⁵/拿 la⁵⁵	对 te²¹³
湘湖	让 ia²¹¹/被 pʻei²¹¹/把 po³¹	帮 paŋ⁴⁴	对 te²¹²
溪头	分 fəŋ³³	帮 põ³³	对 tɕ²⁴
沱川	担 tõ⁴⁴	帮 pã⁴⁴/把 pɒ²	对 tə³⁵
紫阳	给 ko⁵¹	帮 pã⁴⁴	对 te³⁵
许村	给 ka⁵⁵	帮 põ³³	搭 to⁵⁵
中云	给 ka⁵¹	帮 pã⁴⁴	对 tʏ³⁵
新建	担 tã⁵⁴	担 tã⁵⁴/帮 põ⁵⁴/把 puɤ³¹	对 tua²¹³
新营	让 ȵiã⁵¹	帮 põ⁵⁵/把 pa⁵³	对 ti²¹³
黄柏	让 ȵiã²¹³	把 pɑ⁴⁵³	对 tɛ²¹³
暖水	让 ȵiʌŋ⁵¹	把 puɐ²¹⁴	对 tʏ³⁵

	1524 往~水~东流	1525 向~他借钱‖~他打听一下	1526 沿着~河边走
经公桥	望 maŋ²¹⁴	问 mən/uən²¹⁴‖同 tʻoŋ³⁵⁵	随到 tsʻei³⁵tau⁰
鹅湖	望 maŋ²¹¹	问 mən²¹¹‖问 mən²¹¹	随到 sei³⁵tau⁰
旧城	望 maŋ³³	问 mɛn³³/跟 kɛn⁵⁵‖跟 kɛn⁵⁵	顺到 ɕyɛn³³tau⁰
湘湖	望 maŋ²¹¹	问 mɛn²¹¹‖跟 kɛn⁴⁴	顺到 ɕyɛn²¹tau⁰
溪头	望 mõ⁵⁵	搭 tɕ⁵⁵	靠着 kʻɐ²⁴tsʻau⁰
沱川	望 mã⁵¹	问 məŋ⁵¹‖向 ɕiã³⁵	顺到 xuɛn⁵¹ta⁰
紫阳	望 mã⁵¹	问 mæ⁵¹‖向 ɕiã³⁵	顺着 sæ⁵¹tsʻɒ⁰
许村	望 mõ⁵⁵	问 mɛn⁵⁵	顺着 ʃɛn⁵⁵ɔ⁰
中云	望 mã⁵¹	问 mɛn⁵¹	顺着 sɛn⁵¹tsʏ⁰
新建	望 mõ⁵¹	问 mẽ⁵¹	随到 tsʻi²⁴tə⁰
新营	望 mõ⁵¹	问 mən⁵¹	随到 tsʻɛ³¹tə⁰
黄柏	望 məŋ²¹³	问 mən²¹³‖跟 kən⁴⁴	顺到 ʃuən²¹tə²¹³
暖水	望 mʌŋ⁵¹	问 mẽ⁵¹‖跟 kuẽ³¹	靠到 kʻʏ³⁵tʏ⁰

第五章 赣东北徽语代表方言点词语对照

	1527 到~扔~地上	1528 在~黑板上写字‖住~乡下	1529 从~东往西走
经公桥	到 tau²¹⁴	在 tsʻa²¹⁴ ‖ 得 taiº	从 tsʻoŋ³⁵⁵
鹅湖	到 tauº	在 tsʻɛ²¹¹ ‖ 得 taiʔº	从 tsʻoŋ³⁵
旧城	到 tauº	在 tsʻɛ³³ ‖ 得 taiº	从 tsʻoŋ²⁴
湘湖	到 tau²¹²	在 tsʻɛ²¹¹ ‖ 得 tai⁴	从 tsʻoŋ³⁵
溪头	得 tɐº	在 tsʻɐ²³¹ ‖ 到 taº	从 tsʻəŋ⁵¹
沱川	得 təº	在 tsʻa³¹	从 tsʻəŋ²¹¹
紫阳	得 toº	在 tsʻe³¹ ‖ 到 to³⁵	从 tsʻɐm²¹
许村	到 ta²⁴	在 tsʻɤ⁵¹ ‖ 到 ta²⁴	从 tsʻɐm⁵¹
中云	得 tɤº	在 tsʻɤ³¹ ‖ 得 tɤº	从 tsʻɐm¹¹
新建	到 tə²¹³	在 tsʻa⁵¹ ‖ 到 tə²¹³	从 tsʻəŋ²⁴
新营	到 tɔ²¹³	在 tsʻi⁵¹ ‖ 到 tɔ²¹³	从 tsʻən³¹
黄柏	得 təº	在 tsʻɛ²¹³ ‖ 得 təº	从 tsʻəŋ⁴¹
暖水	到 tɤº	在 tsʻɤ⁵¹ ‖ 得 tɤº	从 tsʻoŋ²³

	1530 拿~毛笔写‖~他出气	1531 替~大家办事	1532 给~书~我看看‖你~我把这碗饭吃了去
经公桥	拿 la²²	帮 paŋ²²	□ ti⁴⁴/担把 tuɐ̃²²puʌ⁴² ‖ 帮 paŋ⁵⁵
鹅湖	用 ioŋ²¹¹ ‖ □ toʔ⁴	帮 paŋ⁵⁵	□□ tɕʻiɛ³⁵toʔ⁴ ‖ □ toʔ⁴
旧城	驮 tuo²⁴	帮 paŋ⁵⁵	担 tuo⁵⁵ ‖ 帮 paŋ⁵⁵
湘湖	用 ioŋ²¹¹ ‖ 拿 la⁴⁴	帮 paŋ⁴⁴	担 to⁴⁴ ‖ 帮 paŋ⁴⁴
溪头	拿 nã³³	帮 pɔ̃³³	给 kɐ⁵⁵ ‖ 帮 pɔ̃³³
沱川	拿 nã⁴⁴	帮 pʌ̃⁴⁴	给 ko⁵¹ ‖ 帮 pʌ̃⁴⁴
紫阳	用 iɐm⁵¹ ‖ 拿 nɔ̃⁴⁴	帮 pã⁴⁴	给 ko⁵¹ ‖ 帮 pã⁴⁴
许村	拿 nã³³	帮 pɔ̃³³	给 ko⁵⁵ ‖ 帮 pɔ̃³³
中云	拿 nã⁴⁴	帮 pã⁴⁴	拎 nã⁴⁴ ‖ 帮 pã⁴⁴
新建	拿 nã⁵⁴	帮 pɔ̃⁵⁴	拿 nã⁵⁴ ‖ 帮 pɔ̃⁵⁴
新营	拿 la⁵⁵	帮 pɔ̃⁵⁵	□ xo⁵³ / 给 kɐ²¹⁵ ‖ 帮 pɔ̃⁵⁵
黄柏	用 iəŋ²¹³ ‖ 捉 tʂə²¹³	把 pɑ⁴⁵³	担把 tã⁴⁴pɑ⁴⁵³ ‖ 帮 pã⁴⁴
暖水	担 tã³¹	帮 pʌŋ³¹	担 tã³¹ ‖ 帮 pʌŋ³¹

	1533 因为~下雨，没法去了	1534 如果~下雨，就不去了	1535 不管~下不下雨，都要去
经公桥	因为 in^{22}uei^{214}	要是 yau^{24}ɕi^{214}	不管 po^{44}kuʌ̃^{42}
鹅 湖	因为 iɛn^{55}uei^{213}	要是 ia^{35}ɕi^{211}	不论 peiʔ^{4}lən^{211}
旧 城	因为 iɛn^{55}uei^{33}	要是 iau^{213}ɕi^{33}	不论 pai^{213}lɛn^{33}
湘 湖	因为 iɛn^{44}uei^{21}	要是 io^{35}ɕi^{211}	不论 peiʔ^{4}lɛn^{211}
溪 头	因为 iɛn^{33}ui^{24}	要是 ia^{24}sʅ^{55}	不管 pɐ^{55}kũ^{42}
沱 川	因为 iɛn^{44}y^{51}	要是 ia^{35}sʅ^{31}	不管 pə^{51}kũ^2
紫 阳	因为 iæ^{44}y^{51}	如果 y^{21}ko^2/好比 xo^{35}pi^2	不管 pu^{51}kum^2
许 村	因为 iɛn^{33}y^{55}	要是 io^{24}sʅ^{51}	不论 pɤ^{55}nɛn^{55}
中 云	因为 iɛn^{44}y^{51}	要是 io^{35}sʅ^{51}	不论 pɤ^{51}nɛn^{51}
新 建	因为 iẽ^{44}vi^{51}	要是 ia^{213}sɤ^{51}	不论 pa^{51}nẽ^{51}
新 营	因为 iən^{55}uɛ^{51}	如果 y^{31}ku^{53}	不管 pu^{215}ku^{53}
黄 柏	因为 in^{44}ui^{213}	假使 kɑ^{453}sʅ^{453}	不管 pɛ^{213}kuã^{453}
暖 水	因为 iẽ^{31}vi^{35}	要是 yɛ^{35}sɤ^{51}	不管 pe^{54}kuõ^{214}

第六章　赣东北徽语的词汇特点

本章从方言本字、方言特色词和方言核心词三方面考察赣东北徽语的词汇特点。

第一节　赣东北徽语方言本字考

本节考察赣东北徽语的方言本字。

本字指为表示某一词义而直接造出的汉字。本字是相对于假借字而言的。凡是专门用来表示某一个词的本义或引申义的字，相对于使用假借的方法来表示这一词义的字而言即为本字。记录汉语方言的词语，往往会遇上没有合适的常用字可写的情况。为了在书面上记下方言词语，一般人们可以使用在方言中读音与所记录的词语相同的某个常用字来书写这个词语。由于所写的字与所记的词语仅在语音上同音而在语义上没有联系，这个字只属于假借字。调查研究方言时，为了便于了解方言词语的来源和演变，人们还注重使用考求本字的方法，即从历史典籍和古代语文工具书中查找语义上与方言词语有联系（意义相合或有所引申）且在语音上与方言词语读音有对应关系的字，用来记录方言词语。这时所使用的字即属于本字。

考究方言本字，对于了解方言词语的造词理据，对于探索方言与古代汉语在词汇上的源流演变以及进行方言之间的词汇上的联系比较，都具有非常重要的理论和应用价值。

以下是本书通过语音对应考察和词义关联追寻而确定的赣东北徽语中的方言本字，共计 129 个字条。每个字条先列本字（前加数字编号，以便于查找），再援引《广韵》、《集韵》等古代辞书以及其他典籍中关于该字的音切和释义以及用例，列出方言点中词语的读音和使用情况。

001. 霍：

《集韵》入声铎韵"忽郭切"下："霍，一曰挥霍，猝遽也。"词条 0011 "打闪电"，大部分方言点都以"霍"为主要语素构词，说"霍闪"。"霍"用本义。例如：

　　紫阳话：打霍 ₌xo 闪；新营话：打霍 xõ² 闪

002. 烊：

《广韵》平声阳韵"与章切"下："烊，焇烊。"《集韵》平声阳韵"余章切"下："烊，烁金也。"词条 0017"（雪）化（了）"，全部方言点都说"烊"。义有引申。例如：

旧城话：烊 ₌ȵia；紫阳话：烊 ₌iã；新营话：烊 iã⁼

003. 沰：

《集韵》入声铎韵"当各切"下："沰，滴也。"词条 0014"淋₍衣服被雨～湿了₎"，多数方言点都说"沰"。义有引申。例如：

旧城话：沰 tau⁼；紫阳话：沰 to⁼

004. 雺/霂：

《广韵》平声东韵"莫红切"下："雺，天气下地不应。""霂，上同。"《尔雅·释天》："天气下地不应曰雺。"注："言蒙昧。"《集韵》："雺，或作霂。"词条 0023"（下）雾"，部分方言点以读阳声韵的"雺"为主要语素构词，称雾为"雺露"。"雺"用本义。例如：

湘湖话：雺 ₌moŋ 露；紫阳话：雺 ₌mæm 露；新营话：雺 ₌mən 露

005. 虹：

《集韵》"虹"有平声、去声两读。平声东韵"胡公切"下："虹，《说文》：'螮蝀也，状似虫'。"又去声绛韵"古项切"下："虹，又音红。"词条 0025"虹"，全部方言点都读去声（阴去）。例如：

旧城话：虹 kaŋ⁼；紫阳话：虹 kã⁼；新营话：虹 kɔ̃⁼

006. 壇：

《广韵》"壇"有平声、去声两读。去声翰韵"徒案切"下："壇，壇曼，宽广貌。"词条 0034"大片的田地"，部分方言点或单说"壇"，或以"壇"为主要语素构词。"壇"义有引申。例如：

湘湖话：壇 t'õ⁼，鹅湖话：壇ɪ t'õ⁼；黄柏话：壇 ₌t'ã

许村话：平壇 t'ū⁼

词条 0038"晒谷场"，部分方言点也以"壇"为主要语素构词。例如：

旧城话：晒谷壇 t'uo⁼，湘湖话：晒壇 t'ɛn⁼；许村话：晒谷壇 t'ū⁼

007. 塍：

《广韵》平声蒸韵"食陵切"下："塍，稻田畦也，畔也。"词条 0037"田埂₍水田边的土埂₎"，全部方言点都说"田塍"。"塍"用"畔"义。例如：

旧城话：田塍 ₌ɕiai；紫阳话：田塍 ₌sæ̃；新营话：田塍 ₌ɕiæ̃

008. 港：

《广韵》上声讲韵"古项切"下："港，水派。"《康熙字典》："分流也，一曰水中行舟道。"词条 0042"江₍大的河₎"，部分方言点说"港"。义有引申。

例如：

  旧城话：港 ˚kaŋ，湘湖话：港 ˚kaŋ

009. 甽：

《集韵》平声衔韵"朱润切"下："甽，沟也。"词条 0044"水沟儿"，部分方言点或单说"甽"，或以"甽"为主要语素构成合成词。"甽"用本义。例如：

  紫阳话：甽 tsæ⁼

  旧城话：甽 tɕyen⁼ 沟，经公桥话：甽 tɕyn⁼ 沟

  许村话：细甽 tʃən⁼

010. 搵：

《广韵》去声慁韵"乌困切"下："搵，《说文》：没也。"词条 0051"淹"，全部方言点都说"搵"。用本义。例如：

  旧城话：搵 uen⁼；紫阳话：搵 uæ⁼；新营话：搵 uən⁼

011. 舷：

《广韵》平声先韵"胡田切"下："舷，舡（船）舷。"《正韵》："船边。"词条 0155"边儿_桌子的~_"，部分方言点或单说"舷"，或以"舷"为主要语素构词。"舷"义有引申。例如：

  许村话：舷 ₌ɕĩ；暖水话：舷 ₌ɕiẽ

  鹅湖话：舷 ₌ɕĩ 下

  经公桥话：边舷 ₌ɕiẽ，湘湖话：边舷 ₌ɕĩ；新建话：边舷 ₌ɕiẽ

  旧城话：边舷 ₌ɕi 儿

012. 坼：

《广韵》入声陌韵"丑格切"下："坼，裂也。"词条 0057"缝儿"，部分方言点说"坼"。义有引申。例如：

  经公桥话：坼 tʂ'a⁼ 儿；许村话：坼 tʃ'o⁼；暖水话：坼 tʂ'æ⁼

词条 0685 词条"皲裂"，多数方言点也以"坼"为主要语素构词。例如：

  鹅湖话：开坼 tʂ'aʔ⁼；许村话：开坼 tʃ'o⁼；新营话：开坼 t'a⁼

  紫阳话：裂坼 ts'o⁼；旧城话：□paŋ²¹³ 坼 tɕ'ia⁼，经公桥话：□ma⁴⁴ 坼 tʂ'a⁼

  暖水话：刮坼 tɕiæ⁼

013. 鑊：

《广韵》入声铎韵"胡郭切"下："鑊，鼎鑊。"《周礼·天官》注："鑊所以煮肉及鱼腊之器。"词条 0425"锅"，部分方言点说"鑊"。义有引申。例如：

鹅湖话：镬儿 ₋ŋuoʳ，旧城话：镬 uo²，湘湖话：镬 uoʔ。

014. 豚/尻：

《广韵》入声屋韵"丁木切"下："豚，尾下窍也。""豚"亦作"尻"。《集韵》入声屋韵"都木切"下："尻，《博雅》：'臀也'。"词条 0440"碗底"，全部方言点都以"豚"为主要语素构词，说"碗豚"。"豚"义有转移。例如：

旧城话：碗豚 ₋tuəʳ；紫阳话：碗豚 tu²；新营话：碗豚 to。

015. 鬘：

《集韵》平声删韵"谟还切"下："鬘，日且昏也。"词条 0117"夜晚"，部分方言点以"鬘"为主要语素构词，说"夜鬘"。"鬘"用本义。例如：

旧城话：夜鬘 muo²；新营话：夜鬘 mã²。

词条 0114"下午"，部分方言点以"鬘"为主要语素构词，说"下鬘"。"鬘"义有转移。例如：

新营话：下鬘 mã²，黄柏话：下鬘 ₋mã

016. 杪：

《广韵》上声小韵"亡沼切"下："杪，梢也，木末也。"《方言》："杪，小也，木细枝谓之杪。"词条 0166"树梢"，部分方言点说"树杪"。"杪"用本义。例如：

经公桥话：树杪儿 ꞈmiã；溪头话：树杪 ₌mia，紫阳话：树杪 ꞈmio

017. 标：

《广韵》上声小韵"方小切"下："标，杪，木末。"词条 0166"树梢"，又部分方言点说"树标"。"标"用本义。例如：

旧城话：树标 ꞈpiau；许村话：树标 ꞈpio；新营话：树标 ꞈpio

018. 蕍：

《广韵》上声纸韵"羊捶切"下："蕍，草木叶初出貌。"词条 0181"花蕾"，部分方言点说"花蕍"。"蕍"义有转移。例如：

沱川话：花蕍 ꞈy；黄柏话：花蕍 ꞈy

鹅湖话：花蕍儿 ꞈyəʳ，旧城话：花蕍儿 ꞈyəʳ

湘湖话：花蕍 ꞈy 仂

019. 鑱：

《广韵》平声衔韵"锄衔切"下："鑱，吴人云犁铁，《说文》'锐也'。"词条 0188"（草木的）刺"，部分方言点单说"鑱"，或以"鑱"为主要语素构词，说"鑱刺"。"鑱"义有引申。例如：

鹅湖话：鑱 ₌tʂʻõ 儿，经公桥话：鑱 ʃã；紫阳话：鑱 ₌tsʻum

沱川话：鑱 ₌tsʻõ 刺

020. 藻：

《广韵》平声宵韵"符宵切"下："藻，《方言》'江东谓浮萍为藻'。"词条 0190"浮萍"，大部分方言点单说"藻"，个别方言点以"藻"为主要语素构词，说"青藻"。"藻"用本义。例如：

鹅湖话：藻 ₌pʻia；紫阳话：藻 ₌pʻio；新营话：藻 ₌pʻio
旧城话：青藻 ₌pʻiau

021. 核/榾：

《广韵》入声没韵"户骨切"下："榾，果子榾也。"《集韵》入声没韵"胡骨切"下："榾，果中实，或作核。"词条 0194"果核"，大部分方言点都说"核"。用本义。例如：

鹅湖话：核ₙ uəʔ⁼，旧城话：核ₙ uə⁼；紫阳话：核 vɤ⁼，新营话：核 ₌uɛ

022. 蕈：

《广韵》上声寝韵"慈荏切"下："蕈，菌也。"词条 0211"蘑菇"，个别方言点说"蕈"。用本义。例如：

溪头话：蕈 ⁼tsʻɛn

023. 穑：

《集韵》入声铎韵"昔各切"下："穑，禾貌。"又"色窄切"下："穑，禾穗也。"词条 0214"稻穗"，全部方言点都以"穑"为主要语素构词，说"谷穑"、"禾穑"。"穑"用本义。例如：

经公桥话：谷穑ʂai；紫阳话：谷穑so⁼；新建话：谷穑sæ₌
旧城话：禾穑ʂai⁼；溪头话：禾穑sa⁼；新营话：禾穑ɕia₌

024. 稴：

《集韵》上声琰韵"於琰切"下："稴，禾稻不实也。"又入声葉韵"益涉切"下："稴，禾不实。"词条 0216"秕子空的，不饱满的"，大部分方言点或单说"稴"，或以"稴"为主要语素构词，说"谷稴""稴谷""瘪稴"。"稴"用本义。"稴"古音有阳声韵、入声韵两读，方言点中"稴"也分别或读阳声韵，或读阴声韵（由古入声韵演变而来）。例如：

鹅湖话：稴 ⁼ĩ，旧城话：稴ₙ iɛ⁼
经公桥话：谷稴iɛ₌；紫阳话：谷稴ĩ；暖水话：谷稴iɛ₌
新营话：稴iɛ₌ 谷
溪头话：瘪稴ĩ，沱川话：瘪稴ĩ，许村话：瘪稴ĩ
湘湖话：稴iɛʔ₌ 壳伪

025. 秆/稈：

《广韵》上声旱韵"古旱切"下："稈，禾茎。秆，上同。"词条 0215 "稻草"，大部分方言点都以"秆"为主要语素构词，说"禾秆"。"秆"用本义。例如：

旧城话：禾秆 ˬkɛn；紫阳话：禾秆 ˬkum；新营话：禾秆 ˬku

词条 0220 "麦秸"，大部分方言点都说"麦秆"。"秆"义有转移。例如：

鹅湖话：麦秆 ˬkɛn；紫阳话：麦秆 ˬkum；新营话：麦秆 ˬku

026. 穄：

《广韵》去声祭韵"子例切"下："穄，黍穄。"《说文》："穄，䵚也。"词条 0224 "高粱"，部分方言点以"穄"为主要语素构词，说"芦穄""穄粟"。"穄"义有转移。例如：

溪头话：芦穄 tse꜖，沱川话：芦穄 tse꜖
紫阳话：穄 tse꜖ 粟；新建话：穄 tse꜖ 粟

027. 窠：

《广韵》平声戈韵"苦禾切"下："窠，窟，又巢。"词条 0279 "鸟窝"，多数方言点以"窠"为主要语素构词，说"鸟窠"。"窠"用本义。例如：

湘湖话：鸟窠 ˬk'uo；紫阳话：鸟窠 ˬk'ə；暖水话：鸟窠 ˬk'o
旧城话：鸟儿窠 ˬk'uo；新营话：鸟ᵣ窠 ˬk'u

028. 鼪：

《广韵》平声庚韵"所庚切"下："鼪，鼬鼠也。"《尔雅·释兽》注："江东呼鼬鼠为鼪，能唊鼠。"词条 0273 "黄鼠狼"，部分方言点以"鼪"为主要语素构词，说"黄鼪"。"鼪"用本义。例如：

溪头话：黄鼪 sɛn꜖，沱川话：黄鼪 sɛn꜖，紫阳话：黄鼪 sæ꜖

029. 翼：

《广韵》入声职韵"与职切"下："翼，羽翼。"词条 0287 "翅膀"，大部分方言点以"翼"为主要语素构词，说"翼膀""翼交"。"翼"用本义。例如：

湘湖话：翼 ŋaiʔ˭ 膀；紫阳话：翼 io꜖ 膀；新建话：翼 iɛ˭ 膀
经公桥话：翼 ˬiai 交

030. 虮：

《广韵》平声脂韵"居夷切"下："虮，密虮，虫名。"词条 0311 "虱子卵"，部分方言点以"虮"为主要语素构词，说"虮虮""虮母虮"。"虮"义有转移。例如：

经公桥话：虮虮 ˬtɕi 儿，旧城话：虮ᵣ虮 ˬtɕi；紫阳话：虮虮 ˬtɕi
新营话：虮母虮 ˬtɕi

031. 蛈：

《广韵》入声黠韵"侧八切"下："蛈，小蝉。"词条 0313"蟑螂"，部分方言点以"蛈"为主要语素构词，说"油蛈"。"蛈"义有转移。例如：

新营话：油蛈 tʂʻɑ⁼

032. 豚：

《广韵》平声魂韵"徒浑切"下："豚，豕子。"词条 0342"猪崽"，大部分方言点以"豚"为主要语素构词，说"猪豚"。"豚"用本义。例如：

紫阳话：猪豚 ₌tʻæ；新营话：猪豚 ₌tʻən，黄柏话：猪豚 ₌tʻən 哩

词条 0337"羊羔"，部分方言点说"羊豚"。"豚"义有转移。例如：

新营话：羊豚 ₌tʻən，黄柏话：羊豚 ₌tʻən 哩

词条 0324"蝌蚪"，部分方言点说"蛤蟆豚"。"豚"义有转移。例如：

许村话：蛤蟆豚 ₌tʻɛn；黄柏话：蛤蟆豚 ₌tʻən 哩

033. 蜞：

《集韵》平声之韵"渠之切"下："蜞，水蛭也。"词条 0326"蚂蟥"，大部分方言点以"蜞"为主要语素构词，其中多数方言点以"蜞"加合"蚂蟥"构成并列式合成词"蚂蟥蜞"①。"蜞"用本义。例如：

紫阳话：蜞 ₌tɕʻi 仂；

经公桥话：蚂蟥蜞 ₌tɕʻi；沱川话：蚂蟥蜞 ₌tɕʻi；黄柏话：蚂蟥蜞 ₌tɕʻi

许村话：蚂登蜞 ₌tɕʻi；暖水话：蚂登蜞 ₌tɕʻi

新营话：扁叮蜞 ₌tɕʻi

034. 厣/壓：

《广韵》上声琰韵"於琰切"下："厣，蟹腹下甲。"《集韵》上声琰韵"於琰切"下："壓，疡痂。"词条 0327"螺蛳甲盖在螺蛳口上的"，部分方言点以"厣"为主要语素构词，说"螺蛳厣"。义有转移。例如：

旧城话：螺蛳ᵣ厣 ⁼ɲi 儿

湘湖话：螺蛳厣 ⁼iˀ；紫阳话：螺蛳厣 ⁼iˀ；新营话：螺蛳厣 ⁼iɛ

035. 牯：

《广韵》上声姥韵"公户切"下："牯，牯牛。"词条 0332"公牛"，全部方言点都以"牯"为主要语素构词，说"牛牯""牯牛"，或区别水牛、黄牛分别说"水牯"、"黄牯"。"牯"用本义。例如：

经公桥话：骚牯 ⁼ku

新建话：牯 ⁼ku 牛，黄柏话：牛牯 ⁼ku

旧城话：水牯 ⁼ku＋黄牯 ⁼ku；紫阳话：水牯 ⁼ku＋黄牯 ⁼ku；新营

---

① 游汝杰称这一类词为"合璧词"，参见《汉语方言学导论》，上海教育出版社 2000 年版，第 111 页。

话：水牯 ˪ku＋黄牯 ˪ku

词条 0339 "公猪"，大部分方言点也以 "牯" 为主要语素构词，说 "猪牯""牯猪"。"牯" 义有转移。例如：

旧城话：牯 ˪ku 猪；紫阳话：牯 ˪ku 猪；新建话：牯 ˪ku 猪

溪头话：猪牯 ˪ku；新营话：猪牯 ˪ku，黄柏话：猪牯 ˪ku

036. 牸：

《广韵》去声志韵 "疾置切" 下："牸，牝牛。" 词条 0334 "母牛"，大部分方言点都以 "牸" 为主要语素构词，或说 "牸牛"，或区别水牛、黄牛分别说 "水牸""黄牸"。"牸" 用本义。例如：

经公桥话：牸 ˬtsʻɿ 牛；新建话：牸 tsʻɤ² 牛

旧城话：水牸 sɿ²＋黄牸 sɿ²；紫阳话：水牸 tsʻɿ²＋黄牸 tsʻɿ²；新营话：水牸 sɿ²＋黄牸 sɿ²

黄柏话：水牸 tsʻɿ²＋黄牛牸 tsʻɿ²，暖水话：水牸 tsʻɿ²＋黄牛牸 tsʻɿ²

037. 犢：

《广韵》入声觉韵 "匹角切" 下："牛犢。"《玉篇》："牛犢，特牛。"《诗经·魏风》"胡瞻尔庭有悬特兮"，《传》："兽三岁曰特。" 词条 0336 "半大的牛"，部分方言点以 "犢" 为主要语素构词，说 "牛犢"，或说 "犢犢牛"。"犢" 义有转移。例如：

湘湖话：犢犢 pʻauʔ˳ pʻauʔ˳ 牛仂

鹅湖话：牛犢 pʻəuʔ˳；紫阳话：牛犢 pʻɐ²；新营话：牛犢 pʻɔ²

词条 0343 "架子猪_{已长成、尚未养肥}"，部分方言点或说 "猪犢"，或说 "犢猪"。"犢" 义有转移。例如：

经公桥话：猪犢 pʻau˳；沱川话：猪犢 ˬpʻau，中云话：猪犢 pʻɔ²

旧城话：犢 pʻau² 猪，湘湖话：犢 pʻauʔ² 猪

黄柏话：猪犢 pʻə² 哩

暖水话：猪犢ᵣ pʻɔ̃²

"犢" 还可以用于称人。词条 0794 "未婚男青年"，少数方言点说 "犢犢子"。"犢" 义有转移。例如：

湘湖话：犢犢 pʻauʔ˳ pʻauʔ˳ 子；黄柏话：犢犢 pʻo² pʻo² 子

038. 嬷：

《字汇》："嬷，忙果切，俗呼母为嬷嬷。" 用于指称动物雌性。词条 0341 "母猪_{生小猪的}"，大部分方言点以 "嬷" 为主要语素构词，说 "猪嬷"。"嬷" 义有转移。例如：

旧城话：猪嬷 ˬmuo；溪头话：猪嬷 ˬmo；暖水话：猪嬷 ˬmo

词条 0348 "母狗"，部分方言点说 "狗嬷"。"嬷" 义有转移。例如：

鹅湖话：狗嬷 ₌muo，旧城话：狗嬷 ₌muo；暖水话：狗嬷 ₌mo

039. 騲：

《广韵》上声晧韵"采老切"下："騲，牝马曰騲。"《玉篇》："騲，牝畜之通称。"词条0346"母猫"，部分方言点以"騲"为主要语素构词，说"騲猫"。"騲"义有转移。例如：

湘湖话：騲 ₌tɕ'iəu 猫；中云话：騲 ₌ts'a 猫

许村话：騲 ₌ts'a 猫ɿ；新建话：騲 ts'ɯ 猫ɿ

词条0348"母狗"，部分方言点说"騲狗"。"騲"义有转移。例如：

经公桥话：騲 ₌ts'uɛ 狗嬷

沱川话：騲 ₌ts'ɔ 狗，中云话：騲 ₌ts'a 狗

040. 菢：

《广韵》去声号韵"薄报切"下："菢，鸟伏卵也。"词条0365"孵"，大部分方言点都说"菢"。用本义。例如：

旧城话：菢 p'u²；紫阳话：菢 p'u²；新建话：菢 p'u²

词条0353"抱窝母鸡"，大部分方言点都说"菢鸡嬷"。例如：

旧城话：菢 p'au² 鸡嬷；新建话：菢 p'u² 鸡嬷

041. 觸：

《集韵》平声肴韵"丑交切"下："觸，角挑也。"词条0362"（牛角）顶（人）"，部分方言点说"觸"。用本义。例如：

新建话：觸 ₌tʂ'ɔ，暖水话：觸 ₌tʂ'ɔ

042. 豚：

《广韵》平声魂韵"都昆切"下："豚，去畜势。"词条0369"阉割"，部分方言点说"豚"。用本义。例如：

经公桥话：豚 ₌tən、旧城话：豚 ₌tɛn

043. 骟：

《正字通》："骟，式战切，割去势也。"词条0369"阉割"，多数方言点说"骟"。用本义。例如：

旧城话：骟 si²；紫阳话：骟 sĩ²；新建话：骟 ⁻sĩ

044. 磉：

《广韵》上声荡韵"苏朗切"下："磉，柱下石也。"词条0393"柱下石"，大部分方言点或单说"磉"，或以"磉"为主要语素构词。"磉"用本义。例如：

黄柏话：磉 ⁻sã

经公桥话：磉 ⁻saŋ 墩，湘湖话：磉 ⁻saŋ 墩；许村话：磉 ⁻sɔ̃ 墩

旧城话：磉 ⁻saŋ 墩ɿ

溪头话：柱磉 ⁼sɔ̃
沱川话：石磉 ⁼sɐ̃，紫阳话：石磉 ⁼sã
新营话：屋柱磉 ⁼sɔ，暖水话：屋柱磉 ⁼sʌŋ

045. 桁：

《集韵》平声庚韵"何庚切"下："桁，屋横木。"词条 0394 "檩子"，大部分方言点以"桁"为主要语素构词，说"桁条"。"桁"用本义。例如：

旧城话：桁 ₌xa 条；沱川话：桁 ₌xã 条；新营话：桁 ₌xæ̃ 条

046. 桷：

《广韵》入声觉韵"古岳切"下："桷，椽也。"词条 0395 "椽子"，部分方言点以"桷"为主要语素构词，说"桷子""屋桷"。"桷"用本义。例如：

经公桥话：桷 kau₌ 子，鹅湖话：桷ᵣ koʔʳ₌
旧城话：屋桷ᵣ kaʳ₌，湘湖话：屋桷 kauʔ₌

047. 阃：

《广韵》上声混韵"苦本切"下："阃，门限也。"《集韵》上声混韵"苦本切"下："阃，《说文》：'门橛也'。"词条 0399 "台阶"，部分方言点说"阃"。义有转移。例如：

紫阳话：阃 k'uæ⁼；新营话：阃 k'ɔ⁼，暖水话：阃 k'ẽ⁼

048. 隊：

《广韵》上声狝韵"持兖切"下："隊，道边埤也。"《广韵》平声支韵"符支切"下："埤，附也，加也。"《康熙字典》："高曰垣，低曰埤，皆墙也。"词条 0400 "门槛"，部分方言点说"门隊"和"屋隊"。"隊"义有转移。例如：

溪头话：门隊 ⁼tsɛn，紫阳话：门隊 ⁼ts'æ，中云话：门隊 ts'ɛn⁼
新建话：屋隊 ts'ẽ⁼

049. 冧：

《广韵》上声豏韵"苦减切"下："冧，牖也，一曰小户。"词条 0401 "窗户"，全部方言点单说"冧"，或以"冧"为主要语素构词，说"冧子""冧窗"。"冧"用本义。例如：

紫阳话：冧 ⁼k'ẽ；新建话：冧 ⁼k'ɐ̃，暖水话：冧 ⁼k'ã
经公桥话：冧 ⁼k'ɐ̃ 仿
新营话：冧 ⁼k'ã 子，黄柏话：冧 ⁼k'ã 子
鹅湖话：冧 ⁼k'õ 儿，旧城话：冧 ⁼k'o 儿
湘湖话：冧 ⁼k'ɛn 窗

050. 筅：

《广韵》上声铣韵"苏典切"下："筅，洗帚，饭具。"《康熙字典》：

"筅,筅帚。"词条 0429"洗锅帚",多数方言点以"筅"为主要语素构词,说"筅帚"。"筅"用本义。例如:

旧城话:筅 ⸌si 帚;许村话:筅 ⸌sĩ 帚;黄柏话:筅 ⸌siẽ 帚

051. 甑:

《广韵》去声证韵"子孕切"下:"甑,古史考曰:黄帝始作甑。"《说文》:"甑,䰝也。"词条 0436"甑子蒸米饭的",全部方言点都以"甑"为主要语素构词,说"饭甑"。"甑"义有转移。例如:

旧城话:甑 tsai⁼;紫阳话:饭甑 tsæ̃⁼,新营话:饭甑 tsæ⁼

052. 潲:

《广韵》去声效韵"所教切"下:"潲,豕食。"《集韵》:"潲,一曰汛潘,以食豕。"又,《广韵》平声桓韵"普官切"下:"潘,淅米汁。"词条 0445"泔水",部分方言点以"潲"为主要语素构词,说"潲水"。"潲"用本义。例如:

经公桥话:潲 sau⁼ 水,旧城话:潲 ⸌sau 水

053. 筅:

《广韵》去声宕韵"下浪切"下:"筅,衣架。"《集韵》去声宕韵"下浪切"下:"筅,竹竿也。"词条 0461"晾晒衣服的竹木竿子",部分方言点或单说"筅",或以"筅"为主要语素构词,说"筅杆""筅篙""竹筅"。"筅"用本义。例如:

紫阳话:筅 xã⁼,中云话:筅 xã⁼;暖水话:筅 xẽ⁼
沱川话:筅 xã̃⁼ 杆;黄柏话:筅 xã⁼ 杆;湘湖话:筅 xaŋ⁼ 杆儿
新营话:筅 xɔ⁼ 篙
溪头话:竹筅 xɔ̃⁼

054. 箬:

《广韵》入声药韵"而灼切"下:"箬,竹箬也。"《说文》:"楚谓竹皮曰箬。"《本草》:"箬,草名。……男人取叶作笠,女人以衬鞋底。"词条 0466"斗笠",大部分方言点都以"箬"为主要语素构词,说"箬笠"。"箬"用本义。例如:

经公桥话:箬 ⸌yʌ 笠;沱川话:箬 n̩iɒ⁼ 笠;新营话:箬 n̩ia⸌ 笠

055. 漸:

《广韵》上声豏韵"士减切"下:"漸,漸灡,水声。"《集韵》平声衔韵"锄咸切"下:"漸,漸灡,水落貌。"《康熙字典》:"又手足液也。"词条 0618"口水",部分点或单说"漸",或以"漸"为词根构词,说"口漸"、"口漸水"。"漸"义有转移。例如:

鹅湖话:漸 ⸌sõ;紫阳话:漸 ⸌sum;暖水话:漸 ⸌sã

旧城话：口瀺 ₌tʂ'uo；许村话：口瀺 ₌ʃũ；黄柏话：口瀺 ₌tʂ'ã

湘湖话：口瀺 ₌so 水

词条0488"围嘴围在幼儿脖子上的"，部分方言点也以"瀺"为主要语素构词，说"瀺围""瀺围托"。"瀺"义有转移。例如：

经公桥话：瀺 ₌ʂuʌ 围；许村话：瀺 ₌ʃũ 围；黄柏话：瀺 ₌tʂ'uã 围

旧城话：瀺 ₌ʂuo 围ₐ

沱川话：瀺 ₌sõ 围托

056. 煠：

《广韵》入声洽韵"士洽切"下："煠，汤煠。"

词条0576"清水煮（鸡蛋）"，部分方言点说"煠"。用本义。例如：

鹅湖话：煠 ʂoʔ₌，湘湖话：煠 ʂoʔ₌；新营话：₌ɕio，暖水话：₌ʂuɐ

词条0510"泡饭"，部分方言点以"煠"为主要语素构词，说"煠饭"。"煠"用本义。例如：

旧城话：煠 ʂo⁼ 饭；紫阳话：煠 sɤ⁼ 饭；黄柏话：煠 ₌sɑ 饭

057. 糁：

《广韵》上声感韵"桑感切"下："糂，糝糂。""糁，上同。"《说文》："糂，古文糂作糁。以米和羹也。一曰粒也。"词条0513"饭粒"，大部分方言点以"糁"为主要语素构词，说"饭糁""米糁"。"糁"用"粒"本义。例如：

旧城话：饭糁 ⁼sɛn；紫阳话：饭糁 sæ̃⁼；暖水话：饭糁 ⁼ɕiæ̃

经公桥话：米糁 ⁼sin

058. 賸：

《广韵》去声证韵"以证切"下："賸，增益。"《集韵》去声证韵"以证切"下："賸，《说文》：'物相增加'。"《集韵》去声证韵"石证切"下："賸，益也，余也。"词条0592"剩（了饭）"，部分方言点说"賸"。义有引申，例如：

旧城话：賸 ŋai⁼；沱川话：賸 iã⁼；暖水话：賸 iã⁼

059. 腈：

《集韵》平声清韵"咨盈切"下："腈，肉之粹者。"词条0538"瘦肉"，部分方言点说"腈肉"。"腈"用本义。例如：

旧城话：腈 ₌tsai 肉；紫阳话：腈 ₌tsɔ̃ 肉；新营话：腈 ₌tsæ̃ 猪肉

060. 搦：

《广韵》入声觉韵"女角切"下："搦，持也。"《集韵》："搦，《说文》'按也'。"词条0569"揉面"，部分方言点说"搦面"。"搦"义有引申。例如：

鹅湖话：搦 lauʔ₌ 面；新营话：搦 lɔ₌ 粉

061. 腌：

《广韵》"腌"有阳声韵、入声韵两读。平声严韵"於严切"下："醃，盐渍鱼也。腌，上同。"入声业韵"於业切"下："腌，盐渍鱼。"《说文》："腌，渍肉也。"词条 0575 "腌（肉）"，全部方言点都说"腌"，其中部分读阳声韵，部分读阴声韵（古入声韵演变而来）。用本义。例如：

旧城话：腌 iɛᵓ；紫阳话：腌 ˬĩ；新营话：腌 iɛ₌

062. 胜：

《集韵》平声耕韵"甾茎切"下："胜，足筋。"《说文》'锐也'。"词条 0630 "胳膊肘"，部分方言点称"手胜"。"胜"义有引申。例如：

鹅湖话：手胜 ₌tʂã 仂；紫阳话：手胜 ₌tsɔ̃；新建话：手胜 ₌tʃ'ã

063. 胁：

《广韵》入声业韵"虚业切"下："胁，胸胁。"《增韵》："胁，腋下也。"词条 0631 "胳肢窝"，部分方言点以"胁"为主要语素构词，说"胁下""胁窝下""膈胁底""胁下底"等。"胁"用本义。例如：

鹅湖话：胁 ɕiɛʔ₌ 下，旧城话：胁 ɕiɛᵓ 窝下；许村话：胁 ɕie ᵓ 下底；暖水话：胁 tɕ'iɛ₌ 下底

沱川话：膈胁 ɕieᵓ 底；新建话：胁 tɕ'iɛ₌ 窝底

064. 脶：

《广韵》平声戈韵"落戈切"下："脶，手指文也。"词条 0642 "圆形指纹"，全部方言点都说"脶"。用本义。例如：

旧城话：脶儿 ₌luoʳ；紫阳话：脶 ₌lɘ；新营话：脶 ₌lu

065. 屄：

《广韵》入声质韵"譬吉切"下："屄，牝屄。"词条 0663 "女阴"，部分方言点说"屄"。用本义。例如：

紫阳话：屄 p'iᵓ，中云话：屄 p'iᵓ；暖水话：屄 p'i₌

066. 疕：

《广韵》上声旨韵"匹鄙切"下："疕，头疡。"《博雅》："疕，痂也。"《字汇补》："疕，疮上甲。"词条 0687 "结痂"，部分方言点以"疕"为主要语素构词，说"结疕"。"疕"用本义。例如：

溪头话：结疕 ᶜp'i，紫阳话：结疕 ᶜp'i；新建话：结疕 ᶜp'i

词条 0444 "刨花"，大部分方言点单说"疕"，或以"疕"为词根构词，说"刨疕（仂）""刨疕花""疕屑""细细疕"。义有引申。例如：

紫阳话：疕 ᶜp'ɘ

湘湖话：刨疕 ᶜp'ei 仂；溪头话：刨疕 ᶜp'i；暖水话：刨疕 ᶜp'i

新建话：疕 ⁻p'i 屑
经公桥话：刨疕 ⁻p'i 花
沱川话：细细疕 p'a⁼

词条 0515"锅巴"，部分方言点以"疕"为主要语素构词，说"锅疕"。义有引申。例如：

旧城话：锅疕 ₌p'ei；许村话：锅疕 p'i⁼；新建话：锅疕 p'i⁼

067. 暴：

《广韵》去声谏韵"乃谏切"下："暴，温湿，一曰小赤。"词条 0690"皮肤上的疙瘩_{蚊子咬的}"，个别方言点说"暴"。义有引申。例如：

鹅湖话：暴 nõ⁼

068. 矇：

《广韵》平声东韵"莫红切"下："矇，矇瞽。"词条 0706"近视眼"，部分方言点说"矇仂""矇矇"。"矇"用本义。例如：

许村话：矇 mem⁼ 仂，中云话：矇矇 ₌mem ₌mem

069. 瘹：

《广韵》去声啸韵"多啸切"下："瘹，瘹星，狂病。"《集韵》去声啸韵"多啸切"下："瘹，《博雅》："狂也，一曰小儿疾"。词条 0715"疯子"，个别方言点以"瘹"为词根构词，说"瘹子"。"瘹"用本义。例如：

湘湖话：瘹 tiau⁼ 子

070. 聱：

《广韵》平声豪韵"五劳切"下："聱，不听。"词条 0820"傻子"，部分点说"聱子"。"聱"义有引申。例如：

经公桥话：聱 ŋau⁼ 子，旧城话：聱 ŋau⁼ 子

071. 媒：

《广韵》平声支韵"武移切"下："姆媒，齐人呼母。"词条 0830"母亲"，有方言点称"姆媒"。"媒"用本义。例如：

新营话：姆媒 ₌mɛ

072. 嬉：

《广韵》平声之韵"许其切"下："嬉，美也，游也。"《博雅》："嬉，戏也。"词条 0882"玩_{整天~，不干活|去城里~}"，全部方言点都说"嬉"。用本义。例如：

旧城话：嬉 ₌ɕi；紫阳话：嬉 ₌ɕi；新营话：嬉 ₌ɕi

073. 莳：

《广韵》平声之韵"市之切"下："莳，莳萝子。"《博雅》："莳，立也。"《方言》："莳，更也。"注："为更种也。"词条 0886"插秧"，部分方

言点以"莳"为主要语素构词,说"莳田"。"莳"义有引申。例如:

溪头话:莳 ₋ʂɿ 田,沱川话:莳 ₋ʂɿ 田,紫阳话:莳 ₋ʂɿ 田

074. 壅:

《广韵》平声钟韵"於容切"下:"壅,塞也。"《康熙字典》:"一曰加土封也、培也,大江南道方语,凡培覆根土、浇灌花草并曰壅。"词条0892"浇粪",大部分方言点都以"壅"为主要语素构词,说"壅粪"。"壅"用本义。例如:

旧城话:壅 ŋoŋᵓ 粪;许村话:壅 ₋maɪ 粪;新营话:壅 ⁼neɪ 粪

075. 斫:

《广韵》入声药韵"之若切"下:"斫,刀斫。"词条0894"砍(树)",全部方言点都说"斫"。用本义。例如:

旧城话:斫 tɕiaᵓ 树;溪头话:斫 tsauᵓ 树;黄柏话:斫 tʃioᵓ 树

076. 桊:

《广韵》去声线韵"居倦切"下:"桊,牛拘。"《集韵》去声线韵"古倦切"下:"桊,《说文》:'牛鼻中环也'。"词条0900"牛鼻桊",部分方言点以"桊"为主要语素构词,说"牛(鼻)桊"、"桊鼻"。"桊"用本义。例如:

鹅湖话:牛桊 tɕʻỹᵓ;中云话:牛桊 ⁼kʻɛn³⁵

黄柏话:桊 tʃʻyãᵓ 鼻

沱川话:牛鼻桊 xuɛnᵓ;新营话:牛鼻桊 ⁼tɕyẽ

077. 斛:

《广韵》入声屋韵"胡谷切"下:"斛,十斗。"词条0901"禾桶打稻子的木桶",部分方言点以"斛"为主要语素构词,说"禾斛"。"斛"义有转移。例如:

旧城话:禾斛 fu⁰;紫阳话:禾斛 ₋xu;新营话:禾斛 ₋xu

078. 簟:

《广韵》上声忝韵"徒玷切"下:"簟,竹席。"词条0902"晒谷簟",全部方言点都以"簟"为主要语素构词,说"谷簟""篾簟""晒簟""麻簟""簟衣""簟皮"。"簟"用本义。例如:

溪头话:簟 ⁼tʻi

经公桥话:晒簟 tʻiɛ̃ᵓ,旧城话:晒簟 tʻiᵓ;新建话:晒簟 tʻãᵓ

沱川话:谷簟 tʻĩᵓ,紫阳话:谷簟 ⁼tʻĩ,许村话:谷簟 ₋tʻĩ

湘湖话:麻簟 tʻĩᵓ;中云话:麻簟 tʻĩᵓ

新营话:簟 tʻiᵓ 衣

暖水话:簟 tʻiɛ̃ᵓ 皮

黄柏话：篾簟 ₌t'iẽ

079. 櫼：

《集韵》平声盐韵"将廉切"下："櫼，《说文》：'楔也'。"词条 0905 "楔子装锄头加固用的"，大部分方言点或单说"櫼"，或以"櫼"为主要语素构词，说"锄头櫼"。"櫼"用本义。例如：

鹅湖话：櫼 ₌tsī；沱川话：櫼 ₌tsī；黄柏话：櫼 ₌tsiẽ

旧城话：锄头櫼木的 ₌tsi；中云话：锄头櫼木的 ₌tsī

080. 杵：

《广韵》上声语韵"昌与切"下："杵，《世本》曰：'罗父作杵臼'。"词条 0910 "挑担时助力的棍子"，大部分方言点以"杵"为主要语素构词，说"打杵""当杵""杵棒"。"杵"义有引申。例如：

湘湖话：打杵 ⁼tɕ'y；新营话：打杵 tɕ'y⁼，黄柏话：打杵 ⁼tɕ'y

紫阳话：当杵 ⁼tɕ'y，许村话：当杵 ⁼tɕ'y，中云话：当杵 ⁼tɕ'y

溪头话：杵 ⁼tɕ'y 棒

081. 𥵊：

《集韵》入声叶韵"磣猲切"下："𥵊，扬麦杴，一曰古田具。"词条 0915 "簸箕簸米用的"，部分方言点以"𥵊"为主要语素构词，说"𥵊箕""篾𥵊"。"𥵊"义有转移。例如：

旧城话：𥵊 ₌ts'ɛ 箕；新营话：𥵊 tɕ'ia₌ 箕

湘湖话：篾𥵊 ts'ɛʔ₂；沱川话：篾𥵊 ts'ə⁼

鹅湖话：𥵊 tɕ'ioʔ⁼ 筛儿

082. 剴：

《集韵》去声代韵"居代切"下："剴，割也。"词条 0926 "锯板把木头锯开成板"，部分方言点以"剴"为主要语素构词，说"剴板"。"剴"义有引申。例如：

沱川话：剴 ka⁼ 板，许村话：剴 ko⁼ 板；黄柏话：剴 ka⁼ 板

083. 鎞：

《集韵》去声霁韵"蒲计切"下："鎞，治刀使利。"词条 0933 "鎞刀布磨制刀的布条"，大部分方言点以"鎞"为主要语素构词，说"鎞（刀）布""鎞刀片（儿）"。"鎞"用本义。例如：

溪头话：鎞 p'e⁼ 布，沱川话：鎞 p'e⁼ 布

经公桥话：鎞 p'ei⁼ 刀布，湘湖话：鎞 p'ei⁼ 刀布；中云话：鎞 p'e⁼ 刀布

鹅湖话：鎞 p'ei⁼ 刀片儿

旧城话：鎞 p'ei⁼ 刀片

084. 汩：

《集韵》入声质韵"莫笔切"下："汩，潜藏也。"词条1000"潜水"，大部分方言点以"汩"为主要语素构词，说"钻水汩""钻汩落哩"等。"汩"用本义。例如：

经公桥话：钻水汩 ₋mi

鹅湖话：钻水汩儿 məˀ⁼，旧城话：钻水汩儿 məˀ⁼；沱川话：钻水汩儿 məˀ⁼；湘湖话：钻水汩 miʔ₌ 仂；紫阳话：钻水汩 ᵉmiʔ 仂

黄柏话：钻汩 ₋mi 落哩

085. 嗅：

《广韵》去声宥韵"许救切"下："嗅，以鼻取气。"《集韵》"嗅"有阴声韵、阳声韵两读。去声宥韵"许救切"下："嗅，《说文》：'以鼻就臭也'。"去声送韵"香仲切"下："嗅，鼻审气。"词条1019"闻"，全部方言点都说读阳声韵的"嗅"。用本义。例如：

旧城话：嗅 ₌ɕioŋ；紫阳话：嗅 ɕiɐmˀ；黄柏话：嗅 xɐŋˀ

086. 眨：

《广韵》入声洽韵"古洽切"下："眨，眼细暗。"《集韵》入声洽韵"讫洽切"下："眨，渺也，一曰目睫动。"词条1021"闭上（眼）"，词条1022"眨（眼）"，部分方言点都说"眨"。义有引申。例如：

湘湖话：眨 koʔ₌；紫阳话：眨 kəˀ；新营话：眨 ko₋

087. 敊：

《集韵》上声厚韵"他口切"下："敊，展也。"词条1025"呼吸"，全部方言部分点都以"敊"为主要语素构词，说"敊气"。"敊"义有引申，例如：

旧城话：敊 ᶜtʻau 气；沱川话：敊 ᶜtʻə 气；黄柏话：敊 ᶜtʻei 气

088. 噍：

《广韵》去声笑韵"才笑切"下："噍，嚼也。"词条1029"嚼吃饭要~烂"，部分方言点说"噍"。用本义。例如：

经公桥话：噍 tsʻiaˀ；许村话：噍 tsʻiˀ；新建话：噍 tɕʻiɛˀ

089. 舐：

《广韵》上声纸韵"神纸切"下："舐，以舌取物。"词条1032"舔"，部分方言点说"舐"。用本义。例如：

经公桥话：舐 tɕʻiɛˀ；溪头话：舐 tseˀ

090. 辞：

《广韵》入声术韵"子聿切"下："辞，吮也。"词条1035"吮吸"，部分方言点说"辞"，个别方言点以"辞"为主要语素构词，说"吮辞"。

"欼"用本义。例如：

  旧城话：欼 tsəu²；紫阳话：欼 tɕi²；新建话：欼 tsɛ²

  经公桥话：吮欼 tɕi。

091. 沃：

《广韵》入声沃韵"乌酷切"下："沃，灌也。"词条 1037"呕吐"，部分方言点说"沃"。义有引申。例如：

  溪头话：沃 vo²，紫阳话：沃 və²

092. 徛：

《广韵》上声纸韵"渠绮切"下："徛，立。"词条 1041"站"，全部方言点都说"徛"。用本义。例如：

  旧城话：徛 tɕʻi²；紫阳话：徛 ⁻tɕʻi；新营话：徛 tɕʻi²

093. 贑：

《集韵》上声感韵"古禫切"下："贑，盖也。"词条 1050"趴着~睡"，部分方言点以"贑"为主要语素构词，说"贑到""覆贑"。"贑"义有引申。例如：

  紫阳话：贑 ⁻kəŋ 到；

  溪头话：覆贑 ⁻kəŋ；新建话：贑 ⁻kẽ 到

094. 跍：

《广韵》平声模韵"苦胡切"下："跍，蹲貌。"词条 1052"蹲"，部分方言点说"跍"。用本义。例如：

  湘湖话：跍 ⁻kʻu；溪头话：跍 ⁻ku；新营话：跍 kʻu²

095. 踵：

《集韵》去声用韵"朱用切"下："踵，踵踵，不能行貌。"词条 1052"蹲"，部分方言点说"踵"。义有引申。例如：

  鹅湖话：踵 ⁻tʂoŋ；许村话：踵 ⁻tʃɐm

096. 踷：

《集韵》平声模韵"滂模切"下："踷，蹳踷，匍匐也。"词条 1052"蹲"，部分方言点说"踷"。义有引申。例如：

  紫阳话：踷 pʻu²；新建话：踷 ⁻pʻo

097. 嘹：

《集韵》去声啸韵"力吊切"下："嘹，往也。"词条 1056"逃了"的"逃"，部分方言点说"嘹"或"嘹走"。义有引申。例如：

  湘湖话：嘹 liau² 走哩；新建话：嘹 liau。□ ⁻ɕi 之

098. 揸：

《广韵》平声麻韵"侧加切"下："揸，以指按也。"《玉篇》："揸，取也。"词条 1060"抓~扑克牌"，部分方言点说"揸"。用本义。例如：

湘湖话：敞 ₌tso；紫阳话：敞 ₌tsə；新营话：敞 ₌to

099. 搷：

《集韵》平声真韵"痴邻切"下："搷，与伸同。"铁，《说文》'锐也'。"词条 1062 "伸（手）"，部分方言点说"搷"。用本义。例如：

旧城话：搷 ₌tɕ'yɛn；许村话：搷 ₌tʃn；新营话：搷 ₌tɕiən

100. 抲：

《集韵》平声麻韵"丘加切"下："抲，扼也'。"词条 1075 "掐~脖子"，大部分方言点说"抲"。用本义。例如：

湘湖话：抲 ₌k'o；许村话：抲 ₌k'o；新建话：抲 ₌k'uɤ

词条 1060 "抓~小偷"，部分方言点说"抲"。义有引申。例如：

旧城话：抲 ₌k'o；新营话：抲 ₌k'o

101. 挒：

《广韵》入声屑韵"练结切"下："挒，拗挒，出《玉篇》。"词条 1076 "拧~毛巾"，部分方言点说"挒"。义有引申。例如：

旧城话：挒 liɛ²；沱川话：挒 le₌；新营话：挒 ₌li

102. 搣：

《广韵》入声薛韵"亡列切"下："搣，手拔。"词条 1078 "掰~开橘子"，部分方言点说"搣"。义有引申。例如：

鹅湖话：搣 maʔ₌；溪头话：搣 ma²

103. 刖：

《集韵》入声月韵"鱼厥切"下："刖，《说文》'折也'。"词条 1081 "折~断树枝"，部分方言点说"刖"。用本义。例如：

许村话：刖 ᶜva；中云话：刖 va²

104. 挢：

《广韵》上声小韵"居夭切"下："挢，《说文》'举手'。"词条 1083 "擦~粉笔字"，部分方言点说"挢"。义有引申。例如：

鹅湖话：挢 ᶜtɕia；紫阳话：挢 ᶜtɕio

105. 䫻：

《广韵》入声术韵"许聿切"下："䫻，飞去貌。"词条 1086 "扔~掉垃圾"，部分方言点说"䫻"。义有引申。例如：

经公桥话：䫻 xuei₌，鹅湖话：䫻 xuɛʔ₌

106. 𡎺：

《广韵》入声屋韵"侧六切"下："𡎺，塞也。"词条 1089 "塞把酒瓶口~紧"，多数方言点说"𡎺"。用本义。例如：

旧城话：𡎺 tʂə²；紫阳话：𡎺 tɕi²；新营话：𡎺 ₌tɕyɛ

107. 揫：

《集韵》上声敢韵"在敢切"下："揫，击也。"词条1098"剁~肉馅儿"，少数方言点说"揫"。义有引申。例如：

溪头话：揫 ⁼tsã，沱川话：揫 ⁼tsɣ̃

108. 砟：

《广韵》入声陌韵"陟格切"下："砟，碴也。""碴，聚石也。"词条1092"压石头~断了腿"，多数方言点说"砟"。义有引申。例如：

鹅湖话：砟 tʂaʔ⁼；紫阳话：砟 tsɒ⁼；新建话：砟 tʃa⁼

109. 搑：

《集韵》去声衔韵"损动切"下："推也。"词条1105"推汽车熄火了大家~一下"，大部分方言点都说"搑"。用本义。例如：

旧城话：搑 ⁼soŋ；紫阳话：搑 ⁼sɐm；黄柏话：搑 ⁼sən

110. 囥：

《集韵》去声宕韵"口浪切"下："囥，藏也。"词条1116"藏钱~好"，大部分方言点都说"囥"。用本义，例如：

旧城话：囥 k'aŋ⁼；紫阳话：囥 k'ã⁼，黄柏话：囥 k'ã⁼

词条1071"放在书~桌上"，大部分方言点也都说"囥"。义有引申。例如：

旧城话：囥 k'aŋ⁼；紫阳话：囥 k'ã⁼；暖水话：囥 k'ʌŋ⁼

111. 掆：

《广韵》平声唐韵"古郎切"下："掆，举也。"词条1123"抬~轿"，大部分方言点说"掆"。义有引申。例如：

旧城话：掆 ₋kaŋ；沱川话：掆 ₋kã；新建话：掆 ₋kɔ̃

词条1122"扛~锄头"，个别方言点说"掆"。义有引申。例如：

鹅湖话：掆 ₋kaŋ

112. 择：

《广韵》入声陌韵"场伯切"下："择，选择。"词条1125"挑、拣苹果~大的"，部分方言点说"择"。用本义。例如：

新建话：择 t'o₌，黄柏话：择 ₋t'o，暖水话：择 ₋t'ɔ

词条0572"择菜"，多数方言点以"择"为主要语素构词，说"择菜"。"择"义有引申。例如：

旧城话：择 t'au⁼ 菜；紫阳话：择 ts'o⁼ 菜；新营话：择 ₋t'ɔ 菜

113. 萎：

《广韵》平声支韵"於为切"下："萎，蔫也。"《正韵》："萎，蓄缩貌。"词条1131"磨损走山路鞋底~了半公分"，部分方言点以"萎"为主要语素构词，说"磨萎"。"萎"义有引申。例如：

沱川话：磨萎 ᵋy，许村话：磨萎 veˀ；暖水话：磨萎 viˀ

词条 1291"钝ᴵ 刀子~"，少数方言点也说"萎"。义有引申。例如：

许村话：萎 ₌ve；黄柏话：萎 ₌ȵy

114. 炀：

《广韵》去声漾韵"餘亮切"下："炀，炙也。"词条 1377"刺眼灯光~"，部分方言点以"炀"为主要语素构词，说"炀人（家）""炀眼"。"炀"义有引申，例如：

鹅湖话：炀 iõˀ 人家；中云话：炀 iãˀ 人家

新建话：炀 iãˀ 眼

115. 眻：

《广韵》上声养韵"于两切"下："眻，光也。"词条 1377"刺眼灯光~"，部分方言点以"眻"为主要语素构词，说"眻人（家）""眻眼珠"。"眻"义有引申，例如：

旧城话：眻 uaŋˀ 人家

新营话：眻 uɔ̃⁵⁵ 眼珠

116. 渧：

《广韵》去声霁韵"都计切"下："渧，埤苍渧㵽，溂也。"《集韵》去声霁韵"丁计切"下："渧，泣貌，一曰滴水。"词条 1133"滴下"的"滴"，全部方言点都说"渧"。用本义。例如：

旧城话：渧 teiˀ；紫阳话：渧 tiˀ；黄柏话：渧 tiˀ

117. 埲：

《广韵》上声董韵"蒲蠓切"下："塳埲，尘起。"词条 1134"（尘土）飞扬公路上尘土~起来"，多数方言点说"埲"。用本义。例如：

旧城话：埲 pʻoŋˀ；许村话：埲 pʻɐmˀ；黄柏话：埲 ₌pʻəŋ

118. 泛：

《广韵》去声梵韵"孚梵切"下："汎，浮貌。泛，上同。"词条 1136"漂浮河面~着垃圾"，部分方言点说"泛"，或以"泛"为主要语素构词。"泛"用本义。例如：

鹅湖话：泛 fõˀ；新营话：泛 fãˀ

新建话：泛 fx̃ˀ □ ₌tẽ

119. 炙：

《广韵》入声昔韵"之石切"下："炙，《说文》'炮肉也'。"词条 1157"烤火"，部分方言点以"炙"为主要语素构词，说"炙火"。"炙"义有引申。例如：

经公桥话：炙 tɕiai₌ 火，旧城话：炙 tɕiaiˀ 火

120. 謥：

《广韵》平声肴韵"楚交切"下："謥，代人说也'。"词条1210"聊天儿"，部分方言点说"謥天"。"謥"义有引申。例如：

旧城话：謥 ₌tɕ'iau 天；紫阳话：謥 ₌tɕ'iau 天

121. 崎：

《集韵》平声支韵"渠羁切"下："崎，崎岖，山险。"词条1271"陡路~"，大部分方言点说"崎"。义有引申。例如：

湘湖话：崎 ₌tɕ'i；紫阳话：崎 ₌tɕ'i；黄柏话：崎 ₌tɕ'i

122. 巉：

《广韵》平声衔韵"锄衔切"下："巉，险也。"词条1271"陡路~"，部分方言点说"巉"。义有引申。例如：

鹅湖话：巉 sən⁼；旧城话：巉 sen⁼；暖水话：巉 sẽ⁼

123. 寙：

《广韵》平声唐韵"鲁当切"下："寙，䆲寙，宫室空貌。"词条1281"稀秧苗插得~"，部分方言点说"寙"。义有引申。例如：

溪头话：寙 ₌lɔ̃；新建话：寙 ₌nɔ̃

124. 晏：

《广韵》去声谏韵"乌涧切"下："晏，柔也，天清也，又晚也。"词条1294"晚来得~"，大部分方言点说"晏"。用本义。例如：

旧城话：晏 ŋuo⁼；紫阳话：晏 ŋẽ⁼；黄柏话：晏 ŋã⁼

125. 疄：

《广韵》平声真韵"力珍切"下："疄，田垄。"《集韵》平声真韵"离珍切"下："塼、疄，蔬畦曰塼，或作疄。"《集韵》上声準韵"疄"又作"里忍切"。词条1423"畦一~菜地"，多数方言点说"疄"。用本义。例如：

旧城话：疄 ₌nai；沱川话：疄 ⁼nã；暖水话：疄 lã⁼

126. 撎：

《广韵》去声沁韵"巨禁切"下："撎，持也。"词条1440"拃大拇指与中指张开的距离"，部分方言点说"撎"。义有引申。例如：

新建话：撎 k'ɤ̃⁼，新营话：撎 k'ã⁼

127. 尔：

《广韵》上声纸韵"儿氏切"下："尔，汝也。"词条1450"你"，全部方言都读自成音节的鼻辅音。用本义。例如：

经公桥话：尔 ₌n；紫阳话：尔 ₌n；新营话：尔 ₌ŋ

128. 渠（佢）：

《集韵》平声鱼韵"求於切"下："佢，吴人呼彼称，通作渠。"词条 1451"他",全部方言点都说"渠"。仍用于指称第三人称。用本义。例如：

　　旧城话：渠 ₌tɕi；紫阳话：渠 ₌tɕ'ie；新营话：渠 ₌ɕ'i

129. 侬：

《广韵》平声冬韵"奴冬切"下："侬，我也。"《集韵》："侬，我也，吴语。"《正韵》："又，渠侬，他也。"词条 1449"我"、1450"你"、1451"他",部分方言点在分别说"我/阿""尔""渠"外兼说"我/阿侬""尔侬""渠侬"。由表示人称转移为作人称代词词缀。义有转移。例如：

　　鹅湖话：我侬 ₌noŋ，旧城话：我侬 noŋ⁰

　　新建话：阿（侬）nəŋ⁰，暖水话：阿（侬）noŋ⁰

词条 1450"你"部分方言点在说"尔"外兼说"尔侬"。例如：

　　新建话：尔（侬）nəŋ⁰，暖水话：尔（侬）noŋ⁰

词条 1451"他"部分方言点在说"渠"外兼说"渠侬"。例如：

　　新建话：渠（侬）nəŋ⁰，暖水话：渠（侬）noŋ⁰

第二节　赣东北徽语的方言特色词

本节考察赣东北徽语的方言特色词。

关于方言特色词的称说及其性质界定，学术界尚未有一致的意见。其称名有特色词、特征词、特有词等数种说法。其性质究竟是只为某一方言所独有，还是只要不同于共同语即可；其通行区域是需在某一大方言区都通行，还是在一个较小的方言片乃至方言点通行就算。这都需要展开进一步的理论探讨和方言调研实践考察才能有更深的认识。

本书所称方言特色词，是指方言中通行的不同于民族共同语而具有区域特点的词。赣东北徽语的方言特色词即在赣东北徽语区内通行的不同于汉语普通话而具有赣东北徽语区这一特定区域的特点的词。这些方言特色词，有的在赣东北徽语区全区通行，有的只通行于区内某个局部区域如一个县市范围或县市的部分区域，有的则仅见于某个别方言点。

关于赣东北徽语的特色词语，既有的研究成果有所涉及的有：

《徽州方言研究》一书录列了徽州方言的"共同的基本词"17 个，应该是属于整个徽语区的特色词[①]：

　　落雨（下雨）、屋（房子）、房（屋子）、槛（窗户）、灶司（灶王爷）、面（脸）、反手（左手）、顺手（右手）、脚膝头（膝盖）、索（绳

[①] ［日］平田昌司主编：《徽州方言研究》，好文出版株式会社 1998 年版，第 21 页。

子）、物（东西）、自家（自己）、徛（站）、嬉（玩）、晓得（知道）、牢（坚固）、硬（稠）、不（否定词）

《现代汉语方言核心词·特征词集》一书录列了徽语特征词（绩溪）条目 76 条[①]：

苞萝（玉米）、不（否定副词）、朝（祖父）、丑（不好看）、出蛟（山洪暴发）、传袋（入洞房时，用麻袋倒换着垫在新娘脚底下）、锤（锤子）、打杵（用来帮助挑担的木棍）、担（拿、取，送）、跌（遗失、丢）、跌苦/古（丢脸）、尔（你）、反手（左手）、房（房间）、粪箕（簸箕，挑柴草土石等）、风水（坟墓）、伏（孵）、浮薸（浮萍）、妇（祖母）、粿（本地风味食品）、笕杆（晒衣服用的竹竿）、猴狲（猴子）、茴香豆腐干（旧指生意失败，颓然回乡的徽商）、火熥（烘篮）、寄信割牛草（健忘，容易忘事）、隑（站、立）、槛（窗户）、脚膝头（膝盖）、囥（放，藏）、筷（筷子）、睏（睡，躺）、来家（回家来）、牢（坚固）、老官（丈夫）、老鸦（乌鸦）、仂（结构助词，的）、萝稷（高粱）、么事（东西）、面布（毛巾）、面糊（糨糊）、面盆（洗脸盆）、面水（洗脸水）、面嘴（脸）、碰（用鼻子闻）、碰着（遇见；有机会，偶尔）、坪（山中平地）、破（劈）、起（先）、去家（回家去）、三十夜（大年三十）、上围/屋头（上座）、事（事情、世故、工作）、是（在）、叔伯/伯叔母（妯娌）、顺手（右手）、坦（平地）、堂前（堂屋）、添（再、又）、田（水田）、佗（抱）、外甥（外甥；外孙）、蚊虫（蚊子）、乌（黑）、屋（房子）、嬉（休息；玩）、洗面（洗脸）、洗浴（洗澡）、新妇（儿媳妇）、晏（晚，迟）、一世夫妻三年半（反映旧时徽商夫妻生活的谚语）、一只鱼（一条鱼）、硬（稠）、灶司（灶王爷）、枕头寄信（想睡觉）、猪栏（猪圈）、自家（自己）

本书以下选释赣东北徽语中主要的特色词语共计 152 条。上述 17 个徽语"共同的基本词"和徽语绩溪方言中的徽语特征词的多数也见于赣东北徽语。

001. 日头：

词条 0002 "太阳"，除了新建话说"日窠"、暖水话说"日头"兼说"日头公"外，其余 11 处方言点都说"日头"。

002. 月光：

词条 0003 "月亮"，13 处方言点都说"月光"。

[①] 刘俐李、王洪钟、柏莹编著：《现代汉语方言核心词·特征词集》，凤凰出版集团、凤凰出版社 2007 年版，第 192—195 页。

003. 田塍：

词条 0037 "田埂水田边的土埂"，13 处方言点都说 "田塍"。"塍" 音义参见上一节方言本字条目（以下简称 "本字"）007 条。

004. 晒谷壇/禾畿壇：

词条 0038 "晒谷场"，13 处方言点中有 5 处以 "壇" 为主要语素构词，其中湘湖话说 "禾畿壇"，其余 4 处说 "晒谷壇"，有：经公桥话、旧城话、许村话、中云话。"壇" 音义参见本字 006 条。

005. 甽：

词条 0044 "水沟儿"，13 处方言点中有 4 处以 "甽" 为主要语素构词，其中经公桥话、旧城话说 "甽沟"，紫阳话说 "甽"，许村话说 "细甽"。

006. 出蛟：

词条 0050 "山洪暴发"，浮梁方言 4 处方言点都说 "出蛟"，婺源方言沱川话说 "崩蛟"。

007. 揾：

词条 0051 "淹"，13 处方言点都说 "揾"。此外旧城话说 "揾" 兼说 "浸"。"揾" 音义参见方言本字 010 条。

008. 日里/日上/日家：

词条 0116 "白天"，13 处方言点中都以 "日" 为主要语素构词。部分方言点说 "日里"，有：经公桥话、鹅湖话、旧城话、新建话、暖水话；部分方言点说 "日上"，有：湘湖话、沱川话、许村话、新营话、黄柏话；部分方言点说 "日家"，有：溪头话、紫阳话、中云话。

009. 三十夜

词条 0128 "除夕"，婺源方言 5 处方言点和德兴方言 4 处方言点都说 "三十夜"。浮梁方言中经公桥话和湘湖话也说 "三十夜"；旧城话说 "三十夜彎"。

010. 上门头/上面头

词条 0154 "上座"，鹅湖话、紫阳话、中云话、新营话说 "上门头"，沱川话、许村话、新建话、黄柏话说 "上面头"。

011. 舷：

词条 0155 "边儿"，13 处方言点中有 8 处以 "舷" 为主要语素构词。部分方言点说 "边舷"，有：经公桥话、湘湖话、新建话、新营话；部分方言点说 "舷"，有：许村话、暖水话；鹅湖话说 "舷下"；旧城话说 "边舷儿"。"舷" 音义参见本字 011 条。

012. 花蓓：

词条 0181 "花蕾"，13 处方言点中有 5 处以 "蓓" 为主要语素构词。

部分方言点说"花荫ᵣ",有:鹅湖话、旧城话;部分方言点说"花荫",有:沱川话、黄柏话;湘湖话说"花荫仍"。"荫"音义参见本字018条。

013. 鑱:

词条0188"刺",13处方言点中有6处以"鑱"为主要语素构词。部分方言点说"鑱",有:经公桥话、溪头话、紫阳话、许村话;鹅湖话说"鑱儿";沱川话说"鑱刺"。"鑱"音义参见本字019条。

014. 藻:

词条0190"浮萍",13处方言点中都以"藻"为主要语素构词。其中鹅湖话说"红藻";旧城话说"青藻";溪头话说"水藻"。其余10处方言点都说"藻"。"藻"音义参见本字020条。

015. 禾:

词条0212"稻子指植物",13处方言点中有12处说"禾",只有沱川话1处说"谷"。

016. 谷穄/禾穄:

词条0214"稻穗",13处方言点都以"穄"为主要语素构词。部分方言点说"谷穄",有:经公桥话、湘湖话、沱川话、紫阳话、许村话、中云话、新建话、暖水话;部分方言点说"禾穄",有:鹅湖话、旧城话、溪头话、新营话、黄柏话。"穄"音义参见方言本字023条。

017. 苞萝/苞栗:

词条0225"玉米",8处方言点说"苞萝",包括婺源方言5处方言点,湘湖话、新建话、黄柏话。新营话和暖水话说"苞栗"。

018. 落苏/芦苏:

词条0251"茄子",8处方言点说"落苏",有:湘湖话、溪头话、许村话、中云话、新建话、新营话、黄柏话、暖水话;2处方言点说"落苏ᵣ",有:鹅湖话、旧城话;2处方言点说"芦苏",有:沱川话、紫阳话。

019. 天萝:

词条0256"丝瓜",婺源方言5处方言点和德兴方言4处方言点都说"天萝"。

020. 猴狲:

词条0272"猴子",婺源方言除中云话外其余4处都说"猴狲",德兴方言除黄柏话外其余3处也都说"猴狲"。

021. 老鼠蒲翼:

词条0277"蝙蝠",婺源方言5处方言点都说"老鼠蒲翼"。

022. 老鸦

词条0282"乌鸦",婺源方言除紫阳话外其余4处方言点都说"老鸦",

德兴方言新营话和黄柏话也说"老鸦"。

023. 翼：

词条 0287"翅膀"，13 处方言点都以"翼"为主要语素构词。婺源方言 5 处方言点和德兴方言 4 处方言点都说"翼膀"，其中新营话说小称"翼儿膀 ŋæ⁵⁵pɔ̃⁵³"；经公桥话说"翼交"，鹅湖话说"翼□ŋai²¹ 儿"，旧城话说"翼□ŋai³³ 儿"。"翼"音义参见方言本字 029 条。

024. 油虫/油蚉：

词条 0313"蟑螂"，新营话、黄柏话说"油蚉"，其余 11 处方言点都称"油虫"。"蚉"音义参见方言本字 031 条。

025. 蜞：

词条 0326"蚂蟥"，12 处方言点以"蜞"为主要语素构词。部分方言点说"蚂蟥蜞"，有：经公桥话、沱川话、黄柏话；部分方言点说"蚂登蜞"，有：许村话、暖水话；鹅湖话说"蚂□lei⁵⁵蜞儿"；湘湖话说"蚂□la⁰蜞"；溪头话单说"蜞"；紫阳话、中云话说"蜞仂"；新建话说"□□pã⁵⁴nã⁵⁴蜞"；新营话说"扁叮蜞"。"蜞"音义参见方言本字 033 条。

026. 厣：

词条 0327"螺蛳甲"，11 处方言点以"厣"为主要语素构词。其中 10 处方言点都说"螺蛳厣"，有：湘湖话、溪头话、沱川话、紫阳话、许村话、中云话、新建话、新营话、黄柏话、暖水话。旧城话说"螺蛳儿厣儿 luo²⁴ʂaʳ⁵⁵n̻i³¹ni⁰"，一个词中包含了两种小称音变形式。"厣"音义参见方言本字 034 条。

027. 牯：

词条 0332"公牛"，13 处方言点都以"牯"为主要语素构词，"牯"表雄性。部分方言点将水牛和黄牛分开说"水牯+黄牯"，有：鹅湖话、旧城话、湘湖话、溪头话、沱川话、紫阳话、许村话、新营话；中云话说"牸牯+黄牛牯"；暖水话说"水牯+黄牛牯"。经公桥话统称"骚牯"，新建话统称"牯牛"，黄柏话统称"牛牯"。"牯"音义参见方言本字 035 条。

028. 牸：

词条 0334"母牛"，12 处方言点都以"牸"为主要语素构词，"牸"表雌性。部分方言点将水牛和黄牛分开说"水牸+黄牸"，有：鹅湖话、旧城话、湘湖话、紫阳话、许村话、中云话；新营话说"水牸+黄牛□pʻɛ⁵³"；黄柏话、暖水话说"水牸+黄牛牸"。经公桥话、新建话统称"牸牛"。"牸"音义参见方言本字 036 条。

029. 犢：

词条 0336"半大的牛"，12 处方言点都以"犢"为主要语素构词。多数方言点说"牛犊",有:经公桥话、鹅湖话、溪头话、沱川话、紫阳话、许村话、中云话、新建话、新营话;湘湖话说"犊犊牛仔";黄柏话说"牛犊哩";暖水话说"牛犊ㄦ"。"犊"音义参见方言本字 037 条。

030. 鸡公:

词条 0351 "公鸡",11 处方言点都说"鸡公",有:经公桥话、鹅湖话、旧城话、湘湖话、溪头话、沱川话、紫阳话、中云话、新建话、新营话、暖水话。

031. 鸡嬷/鸡母:

词条 0352 "母鸡",9 处方言点都说"鸡嬷",有:经公桥话、鹅湖话、旧城话、溪头话、沱川话、紫阳话、中云话、新建话、暖水话。湘湖话和新营话说"鸡母"。"嬷"音义参见方言本字 038 条。

032. 下:

词条 0363 "(猪)产(崽)",浮梁方言 4 处方言点都说"下";婺源方言 5 处方言点也都说"下",其中紫阳话兼说"生"和"下";新营话和黄柏话也说"下"。

033. 菢:

词条 0365 "孵",婺源方言 5 处点都说"菢",浮梁方言除鹅湖话外其余 3 处方言点也都说"菢",德兴方言除新营话外其余 3 处也都说"菢"。"菢"音义参见方言本字 040 条。

034. 屋:

词条 0375 "房子",13 处方言点都说"屋"。

035. 堂前:

词条 0383 "堂屋",12 处方言点都说"堂前",黄柏话说"正堂"。

036. 东司:

词条 0387 "厕所",婺源方言、德兴方言 7 处方言点说"东司",有:紫阳话、许村话、中云话、新建话、新营话、黄柏话、暖水话。

037. 茅司:

词条 0387 "厕所",浮梁方言 4 处方言点都说"茅司"。

038. 厨下:

词条 0389 "厨房",浮梁方言 4 处方言点都说"厨下"。德兴方言除黄柏话外其余 3 处方言点也说"厨下",婺源方言溪头话、沱川话也说"厨下"。

039. 家背:

词条 0389 "厨房",婺源方言 3 处方言点说"家背",有:紫阳话、许村话、中云话。

040. 磉：

词条 0393"柱下石"，12 处方言点都以"磉"为主要语素构词。4 处方言点说"磉墩"，有：经公桥话、鹅湖话、湘湖话、许村话；3 处方言点说"石磉"，有：沱川话、紫阳话、中云话；旧城话说"磉墩儿"；新营话、暖水话说"屋柱磉"；溪头话说"柱磉"；黄柏话单说"磉"。"磉"音义参见方言本字 044 条。

041. 牖：

词条 0401"窗子"，13 处方言点都以"牖"为主要语素构词。7 处方言点单说"牖"，有：沱川话、紫阳话、许村话、新建话、暖水话；4 处方言点以"牖"附加后缀构词：经公桥话说"牖仂"，鹅湖话、旧城话说"牖儿"，新营话说"牖子"；湘湖话以"牖"与"窗"复合构成"牖窗"。"牖"音义参见方言本字 049 条。

042. 猪栏

词条 0403"猪圈"，浮梁方言 4 处方言点和婺源方言 5 处方言点都说"猪栏"，德兴方言除暖水话外其余 3 处方言点也都说"猪栏"。

043. 筅帚：

词条 0429"洗锅帚"，浮梁方言 4 处方言点说"筅帚"，许村话、中云话、黄柏话、暖水话也说"筅帚"；新营话说"洗锅筅帚"。"筅"音义参见方言本字 050 条。

044. 饭甑/甑：

词条 0436 "甑子"，12 处方言点说"饭甑"，只有旧城话单说"甑"。"甑"音义参见方言本字 051 条。

045. 碗豚：

词条 0440"碗底"，13 处方言点都说"碗豚"，其中经公桥话说小称"碗豚儿uã⁴²tun⁴⁴"。"豚"音义参见方言本字 014 条。

046. 面盆

词条 0449"脸盆"，13 处方言点都说"面盆"，其中浮梁方言 3 处方言点说小称：鹅湖话说"面盆儿 mĩ²¹p'ən³⁵ni⁰"、旧城话说"面盆儿 mi³³p'ɛn²⁴ni⁰"、湘湖话说"面盆儿 mĩ²¹p'ən³⁵ni⁰"。

047. 洗面水

词条 0450"洗脸水"，13 处方言点都说"洗面水"。

048. 手巾：

词条 0451"毛巾"，8 处方言点说"手巾"，有：经公桥话、鹅湖话、旧城话、沱川话、紫阳话、许村话、中云话、新建话，其中旧城话说小称

"手巾儿 ɕiəu³¹tɕiɛn⁵⁵ni⁰"。

049. 手捏：

词条 0452 "手绢"，12 处方言点说 "手捏"，有：经公桥话、鹅湖话、旧城话、湘湖话、溪头话、沱川话、紫阳话、许村话、中云话、新建话、黄柏话、暖水话。其中旧城话说小称 "手捏儿 ɕiəu³¹liɛʳ²¹³"，湘湖话带词缀 "子" 说 "手捏子"。

050. 糊：

词条 0460 "糨糊"，德兴方言 4 处方言点和浮梁方言 4 处方言点都说 "糊"，婺源方言沱川话、紫阳话、许村话也说 "糊"，其中湘湖话、许村话带词缀 "仂" 说 "糊仂"。

051. 筤：

词条 0461 "晾晒衣服的竹木竿子"，11 处方言点以 "筤" 为主要语素构词，6 处方言点单说 "筤"，有：鹅湖话、紫阳话、许村话、中云话、新建话、暖水话，其中鹅湖话说小称 "筤儿 xaŋ²¹ni⁰"；4 处方言点说 "筤竿"，有：旧城话、湘湖话、沱川话、黄柏话，其中旧城话说小称 "筤杆儿 xaŋ³³kɛn⁵⁵ni⁰"，湘湖话说小称 "筤杆儿 xaŋ²¹kɛn⁴⁴ni⁰"；新营话说 "筤篙"。"筤" 音义参见方言本字 053 条。

052. 箬笠：

词条 0466 "斗笠"，9 处方言点说 "箬笠"，有：经公桥话、鹅湖话、溪头话、沱川话、许村话、中云话、新建话、新营话、暖水话。"箬" 音义参见方言本字 054 条。

053. 着：

词条 0498 "穿（衣服）"，除黄柏话说 "穿" 外，其余 12 处方言点都说 "着"。

054. 糁：

词条 0513 "饭粒"，10 处方言点都以 "糁" 为主要语素构词。9 处方言点说 "饭糁"，有：旧城话、湘湖话、溪头话、沱川话、紫阳话、许村话、中云话、新建话、暖水话；经公桥话说 "米糁"。"糁" 音义参见方言本字 057 条。

055. 粿：

词条 0518 "米粿"，13 处方言点都以 "粿" 为主要语素构词。4 处方言点说 "粿"，有：经公桥话、鹅湖话、旧城话、暖水话，其中鹅湖话说小称 "粿儿 kuoʳ⁵³"；婺源方言除紫阳话说 "灰质粿"，其余 4 处都说 "米粿"；湘湖话、新建话、新营话、黄柏话也都说 "米粿"。

056. 清汤：

词条 0528 "馄饨"，13 处方言点都说 "清汤"。

057. 鸡子：

词条 0546 "鸡蛋"，13 处方言点都说 "鸡子"。

058. 味道：

词条 0559 "滋味"，13 处方言点都说 "味道"，

059. 讨菜：

词条 0571 "摘菜"，除经公桥话说 "□lo⁴⁴菜" 外，其余 12 处方言点都说 "讨菜"。

060. 减饭：

词条 0589 "（从碗里往外）拨"，除鹅湖话说 "划饭" 外，其余 12 处方言点都说 "减饭"。

061. 面：

词条 0606 "脸"，13 处方言点都以 "面" 为主要语素构词。除经公桥话说 "面嘴"、鹅湖话、沱川话说 "面子" 外，其余 10 处方言点都单说 "面"。

062. 鼻孔：

词条 0614 "鼻子"，10 处方言点都说 "鼻孔"。

063. 鼻公：

词条 0614 "鼻子"，浮梁方言经公桥话、旧城话、湘湖话 3 处方言点说 "鼻公"。

064. 瀺：

词条 0618 "口水"，除溪头话说 "口水" 外，其余 12 处方言点都以 "瀺" 为主要语素构词。4 处方言点单说 "瀺"，有：鹅湖话、紫阳话、中云话、暖水话；4 处方言点说 "口瀺"，有：经公桥话、旧城话、许村话、黄柏话；湘湖话、新营话说 "口瀺水"；新建话说 "瀺水"；沱川话兼说 "口瀺" 和 "瀺"。"瀺" 音义参见方言本字 055 条。

065. 颈：

词条 0624 "脖子"，除湘湖话说 "头□fən³⁵" 外，12 处方言点都以 "颈" 为主要语素构词。除溪头话、沱川话说 "头颈"、新建话说 "颈子" 外，其余 9 处方言点都单说 "颈"。

066. 反手

词条 632 "左手"，13 处方言点都说 "反手"。

067. 顺手

词条 633 "右手"，13 处方言点都说 "顺手"

068. 脚膝头

词条 647 "膝盖"，婺源方言 5 处方言点都说 "脚膝头"。

069. 螺蛳厣

词条 648"脚踝",浮梁方言除湘湖话外其余 3 处都说"螺蛳厣",其中旧城话说小称"螺蛳ㄦ厣儿 luo²⁴ʂaʳ⁵⁵n̠i³¹ni⁰";德兴方言除黄柏话外其余 3 处方言点也说"螺蛳厣";婺源方言许村话也说"螺蛳厣"。"厣"音义参见方言本字 034 条。

070. 卵袋:

词条 0661"阴囊",9 处方言点说"卵袋",有:经公桥话、旧城话、湘湖话、溪头话、沱川话、紫阳话、许村话、中云话、新建话、新营话、黄柏话。其中经公桥话说小称"卵袋ㄦ luã⁴²tˈɤ²²",湘湖话说小称"卵袋儿 len³⁵tˈɛ²¹ni⁰",黄柏话兼说"卵袋"和"卵脬"。

071. 卵子:

词条 0662 "睾丸",13 处方言点都说"卵子"。

072. 尿:

词条 0665"精液",13 处方言点中 9 处说"尿",有:湘湖话、溪头话、沱川话、紫阳话、许村话、中云话、新建话、新营话、暖水话;鹅湖话说"尿□tɕ⁵³⁵"。

073. 打脾寒:

词条 0678"患疟疾",除经公桥话说"打摆子"外,其余 12 处方言点都说"打脾寒"。

074. 发憎病

词条 0681"患癫痫",除经公桥话说"□□tɕy²¹tɕyʌ⁴⁴病"、湘湖话说"猪痧病"外,其余 10 处方言点都说"发憎病"。其中旧城话兼说"发□fau⁵⁵仂"和"发憎病"。

075. 打干针:

词条 0697"针灸",7 处方言点说"打干针",有:鹅湖话、旧城话、湘湖话、沱川话、许村话、新建话、新营话。

076. 打破嘴:

词条 0719"打破嘴用言语阻碍议婚",除新营话说"打破"外,其余 12 处方言点都说"打破嘴"。

077. 传袋:

词条 0731"传袋新郎新娘从传递的麻袋上进入洞房",6 处方言点有此习俗和说法,有:经公桥话、鹅湖话、沱川话、许村话、中云话、新建话;紫阳话说"接袋进房",暖水话说"传席"。

078. 病肚/病儿:

词条 0735"害喜",7 处方言点说"病肚",有:旧城湘湖话、溪头话、新建话、新营话、黄柏话、暖水话，其中旧城话说小称"病肚儿p'ai³³t'ə^r33"；沱川话说"病儿"；紫阳话兼说"病儿"和"做相"。

079. 风水

词条0759"坟墓"，湘湖话、沱川话、许村话说"风水"。

080. 灶司

词条0767"灶神"，12处方言点都以"灶司"为主要语素构词。其中婺源5处方言点都说"灶司老爷"，德兴方言除黄柏话说"灶司公公"外，其余3处也都说"灶司老爷"，鹅湖话、旧城话也说"灶司老爷"，湘湖话说"灶司菩萨"。

081. 亲情：

词条0798"亲戚"，除旧城话、湘湖话、新营话说"亲戚"、黄柏话说"亲眷"外，其余9处方言点都说"亲情"。

082. 太朝/世公

词条0822"曾祖父"，婺源方言除中云话外，其余4处方言点都说"太朝"。经公桥话、鹅湖话、旧城话、湘湖话、新营话说"世公"，其中经公桥话带词缀"太"，说"太世公"。

083. 叔伯母

词条0860"妯娌"，婺源方言除紫阳话外其余4处都说"叔伯母"，德兴方言除黄柏话外其余3处也都说"叔伯母"。

084. 新妇：

词条0866"儿媳妇"，13处方言点都说"新妇"，其中鹅湖话说小称"新妇儿sɛn⁵⁵fuə^r0"、旧城话说小称"新妇儿sɛn⁵⁵fuə^r33"。

085. 郎章：

词条0868"女婿"，除溪头话、紫阳话说"女婿"外，其余11处方言点都说"郎章"。

086. 外甥：

词条0873"外孙"，除鹅湖话说"外甥孙儿"外，12处方言点都说"外甥"，其中暖水话说"外甥儿"。

087. 事

词条0879"事情"，婺源方言5处方言点都说"事"，浮梁方言除经公桥话外其余3处都说"事"，德兴方言除新营话外也都说"事"。其中鹅湖话说小称"事儿ʂə^r211"，旧城话说小称"事儿ʂə^r33"。

088. 嬉：

词条0882"玩"，13处方言点都说"嬉"。"嬉"音义参见方言本字072条。

089. 壅粪：

词条 0892"浇粪"，除溪头话、紫阳话、沱川话说"浇粪"外，其余 10 处方言点都说"壅粪"。"壅"音义参见方言本字 074 条。

090. 斫树：

词条 0894"砍树"，13 处方言点都说"斫树"。

091. 讨柴：

词条 0895"打柴"，除旧城话、湘湖话、黄柏话说"斫柴"外，其他 10 处方言点都说"讨柴"。

092. 禾斛：

词条 0901"禾桶打稻子的木桶"，13 处方言点都说"禾斛"。"斛"音义参见方言本字 077 条。

093. 簟：

词条 0902"晒谷簟"，13 处方言点都以"簟"为主要语素构词。3 处方言点说"晒簟"，有：经公桥话、鹅湖话、旧城话；3 处方言点说"谷簟"，有：沱川话、紫阳话、许村话；湘湖话、中云话说"麻簟"；新建话兼说"晒簟"和"簟衣"；新营话说"簟衣"；黄柏话说"篾簟"；暖水话说"簟皮"；溪头话单说"簟"。"簟"音义参见方言本字 078 条。

094. 櫼、码：

词条 0905"楔子装锄头加固用的"，9 处方言点说"櫼"，有：经公桥话、鹅湖话、旧城话、溪头话、沱川话、中云话、新建话、新营话、黄柏话；3 处方言点说"码"或"锄头码"：紫阳话、许村话、湘湖话。旧城话、中云话分别把木制的楔子叫"櫼"，铁制的楔子叫"码"。"櫼"音义参见方言本字 079 条。

095. 打杵/当杵：

词条 0910"挑担时助力的棍子"，除沱川话说"棒"外，其余 12 处方言点都以"杵"为主要语素构词。溪头话说"杵棒"；紫阳话、许村话、中云话说"当杵"；，其余 8 处都说"打杵"，其中旧城话说小称"打杵儿 ta³¹tɕ'yə r³³"。"杵"音义参见方言本字 080 条。

096. 索/索儿：

词条 0912"绳子"，除溪头话、紫阳话说"绳"外，其余 11 处方言点都说"索"，其中旧城话说小称"索儿 sau²¹³ni⁰"，黄柏话说小称"索儿 sə²¹³ni⁰"。

097. 角子：

词条 0945"硬币"，13 处方言点都以"角子"为主要语素构词。其中湘湖话说"硬角子"，暖水话说"铜角子"，新营话和黄柏话说"角子疕"，其余 10 处方言点都说"角子"。"疕"音义参见方言本字 066 条。

098. 水笔：

词条 0975"钢笔"，8 处方言点说"水笔"，有：经公桥话、鹅湖话、湘湖话、沱川话、许村话、中云话、新建话、黄柏话。

099. 砚瓦：

词条 0979"砚台"，8 处方言点说"砚瓦"，有：经公桥话、旧城话、湘湖话、紫阳话、许村话、中云话、新建话、暖水话，其中湘湖话兼说"砚瓦"和"砚碗"。黄柏话说"砚碗"，溪头话说"笔瓦"，沱川话说"墨瓦"。

100. 赚钱：

词条 0954"挣钱"，除旧城话说"寻钱"外，其余 12 处方言点都说"赚钱"。

101. 迎灯：

词条 0996"舞龙灯"，7 处方言点说"迎灯"，有：鹅湖话、旧城话、沱川话、许村话、中云话、新建话、黄柏话。湘湖话、新营话说"迎龙灯"。

102. 抬阁：

词条 0997"抬阁（抬着游行的演戏的台子）"，10 处方言点都说"抬阁"，有：湘湖话、溪头话、沱川话、紫阳话、许村话、中云话、新建话、黄柏话。旧城话说"迎龙阁"，新营话说"高阁"，暖水话说"□kuõ²¹ 阁"。

103. 钻水汹：

词条 1000"潜水"，9 处方言点以"汹"为主要语素构词。6 处方言点说"钻水汹"，有：经公桥话、鹅湖话、旧城话、湘湖话、沱川话、紫阳话，其中鹅湖话、旧城话、沱川话说小称"钻水汹ᵣ"，湘湖话、紫阳话带"仂"缀说"钻水汹仂"。"汹"音义参见方言本字 084 条。

104. 走棋：

词条 1007"下棋"，除暖水话说"下棋"、新建话、黄柏话说"动棋"外，其余 10 处方言点都说"走棋"。

105. 嗅：

词条 1019"闻"，13 处方言点都说"嗅"。"嗅"音义参见方言本字 085 条。

106. 欨气：

词条 1025"呼吸"，13 处方言点都说"欨气"。"欨"音义参见方言本字 087 条。

107. 徛：

词条 1041"站~起来"，13 处方言点都说"徛"。"徛"音义参见方言本字 092 条。

108. 搷手：

词条 1062"伸（手）"，8 处方言点说"搷手"，有：旧城话、溪头话、沱川话、许村话、中云话、新建话、新营话、黄柏话。"搋"音义参见方言本字 099 条。

109. 抲：

词条 1075 "掐~脖子"，9 处方言点说"抲"，有：经公桥话、湘湖话、鹅湖话、溪头话、许村话、中云话、新建话、新营话、黄柏话。"抲"音义参见方言本字 100 条。

110. 密：

词条 1077 "捻~碎粉笔头"，除经公桥话说"捏"、湘湖话、黄柏话说"捻"外，其余 10 处方言点都说"密"，其中溪头话兼说"捏"。

111. 系：

词条 1102 "拴~牛"，除紫阳话说"捆"外，其余 12 处方言点都说"系"。

112. 搪：

词条 1105 "推汽车熄火了大家~一下"，除暖水话说"推"、新建话说"□ŋõ⁵¹"外，其余 11 处方言点都说"搪"。此外经公桥话兼说"□sɤ²¹⁴"，旧城话兼说"推"。"搪"音义参见方言本字 109 条。

113. 荡：

词条 1107 "涮~杯子"，除新营话、黄柏话说"啷"外，其余 11 处方言点都说"荡"。

114. 驮打、驮骂：

词条 1113 "捱打"，除新营话、黄柏话说"捱打"外，其余 11 处方言点都说"驮打"。词条 1217 "捱骂"，除旧城话、新营话、黄柏话、暖水话说"捱骂"外，其余 9 处方言点都说"驮骂"。

115. 囥：

词条 1116 "藏钱~好"，除湘湖话说"拘收"外，其余 12 处方言点都说"囥"。"囥"还由本义"藏"义引申出"放置"的意义。词条 1071 "放在书~桌上"中的"放"，除经公桥话说"架"外，其余 12 处方言点也都说"囥"。"囥"音义参见方言本字 110 条。

116. 跌

词条 1117 "丢失了"，10 处方言点都以"跌"为主要语素构词。婺源方言除溪头话外其余 4 处方言点都说"跌之"；鹅湖话、旧城话说"跌嘀"，经公桥话说"跌了"，湘湖话说"跌落"；新建话说"跌之"，暖水话说"跌坏□to⁰"。

117. 搁：

词条 1123 "抬~轿"，除经公桥话、鹅湖话、紫阳话说"抬"外，其余 10 处方言点都说"搁"。"搁"音义参见方言本字 111 条。

第六章　赣东北徽语的词汇特点

118. 渧：

词条 1133 "滴下"，13 处方言点都说 "渧下来"。"渧" 音义参见方言本字 116 条。

119. 埲：

词条 1134 "（尘土）飞扬公路上尘土~起来"，除溪头话说 "潽"、沱川话说 "扬" 外，其余 11 处方言点都说 "埲"。"埲" 音义参见方言本字 117 条。

120. 舂瞓：

词条 1138 "打瞌睡"，除经公桥话说 "□□tʂau⁴⁴xu²²" 外，其余 12 处方言点都说 "舂瞓"。

121. 瞓/瞓觉：

词条 1139 "睡觉"，除紫阳话、暖水话单说 "瞓" 外，其余 11 处方言点都说 "瞓觉"。

122. 洗面：

词条 1145 "洗脸"，13 处方言点都说 "洗面"。

123. 洗浴

词条 1147 "洗澡"，婺源方言 5 处方言点都说 "洗浴"，湘湖话、新建话也说 "洗浴"。

124. 有□：

词条 1180 "有她~两个孩子"，5 处方言点在 "有" 后加附音节构成双音节说法：经公桥话说 "有□xau²¹⁴"，溪头话说 "有□xɐ²¹⁴"，沱川话说 "有□xa²¹"，新建话说 "有□xə⁵¹"，暖水话说 "有□xɤ⁰"，紫阳话说 "□□ o³⁵xo⁴⁴"。

125. 没□：

词条 1181 "没有~钱"，6 处方言点在 "没" 后加附音节构成双音节说法：经公桥话说 "没□xau²¹⁴"，溪头话说 "没□xɐ²¹⁴"，沱川话说 "没□xa²¹"，许村话说 "没□xa³¹"，新建话说 "没□xə⁵¹"。

126. 晓得：

词条 1185 "知道"，经公桥话和鹅湖话说 "省得"，其余 11 处方言点都说 "晓得"。

127. 狭：

词条 1240 "窄路~"，除溪头话说 "细" 外，其余 12 处方言点都说 "狭"。

128. 昏：

词条 1249 "浑水~"，除经公桥话、黄柏话、暖水话说 "浑" 外，其余 10 处方言点都说 "昏"。

129. 乌：

词条 1258 "黑~鸡"，除经公桥话说 "黑"、新营话兼说 "乌" 和 "黑"

外，其余11处方言点都说"乌"。

130. 硬：

词条1279"稠_稀饭~_"，13处方言点7处说"硬"，有：鹅湖话、溪头话、沱川话、紫阳话、许村话、中云话、新建话。

131. 晏

词条1294"晚_来得~_"，婺源方言5处方言点都说"晏"，浮梁方言除经公桥话外也都说"晏"，德兴方言除暖水话外也都说"晏"。"晏"音义参见方言本字124条。

132. 牢

词条1305"结实_家具~‖身体~_"，浮梁方言5处方言点表前用例"家具~"时都说"牢"，许村话、中云话、新建话、黄柏话同样情况也说"牢"。

133. 闹热：

词条1316"热闹"，除许村话说"盛"外，其余12处方言点都说"闹热"。

134. 排场：

词条1328"漂亮"，浮梁方言4处方言点都说"排场"。

135. 丑：

词条1329"丑"，7处方言点说"丑"，有：经公桥话、旧城话、溪头话、沱川话、紫阳话、暖水话。新营话说"丑"兼"难觑"。

136. 出傥：

词条1134"落落大方、上得了台面"，湘湖话、许村话、黄柏话说"出傥"。

137. 停当：

词条1137"乖"，浮梁方言除经公桥话外其余3处都说"停当"，德兴方言除新营话外其余3处也都说"停当"，沱川话、许村话也说"停当"。

138. 跌古：

词条1350"丢脸_他这样做真是~_"，除经公桥说"□ti²⁴路"外，其余12处方言点都说"跌古"。

139. 得赢：

词条1352"占到了便宜_比喻性说法_"，8处方言点说"得赢"，有：经公桥话、鹅湖话、湘湖话、溪头话、紫阳话、许村话、新建话暖水话。

140. 冲人家/鼻公：

词条1378"刺鼻_气味~_"，除紫阳话、新建话说"难嗅"外，湘湖话、中云话说"冲鼻公"，其余9处方言点都说"冲人家"。

141. 丘：

词条1415"块_一~水田_"，除鹅湖话、沱川话说"块"外，其余11处方言点都说"丘"。

142. 畽：

词条1423"畦～～菜地"，除鹅湖话说"□sõ⁵³"外，其余12处方言点都说"畽"。"畽"音义参见方言本字125条。

143. 眼：

词条1424"间～～房间"，除经公桥话、沱川话、新建话、黄柏话说"间"外，其余9处方言点都说"眼"。

144. 皮：

词条1429"片～～树叶"，除经公桥话、湘湖话、沱川话、新建话、黄柏话说"片"外，其余8处方言点都说"皮"。

145. 尔：

词条1450"你"，13处方言点都以"尔"为主要语素构词。鹅湖话说"尔□na⁰"；旧城话说"尔□na⁰"；湘湖话说"尔□na⁰"；其余10处方言点都单说"尔"，其中许村话兼说"尔仂"，新建话、暖水话兼说"尔侬"。"尔"音义参见方言本字127条，"侬"音义参见方言本字129条。

146. 渠：

词条1451"他"，13处方言点都说"渠"，其中许村话兼说"渠仂"，新建话、暖水话兼说"渠侬"。"渠"音义参见方言本字128条。

147. 自家：

词条1457"自己"，婺源方言5处方言点，德兴方言4处方言点都说"自家"，浮梁方言鹅湖话、湘湖话也说"自家"。

148. 好得/还好：

词条1503"幸亏"，婺源方言除沱川话外其余4处方言点都说"好得"，鹅湖话、湘湖话、新营话、暖水话说"还好"。旧城话说"□sɛ³¹得好"兼说"还好"，新建话、旧城话说"好得"兼说"还好"。

149. 专门：

词条1512"特意他～给你买的"，8处方言点说"专门"，有：经公桥话、湘湖话、溪头话、沱川话、紫阳话、新建话、黄柏话。其中旧城话兼说"专门"和"单□tsʻai³³"。

150. 好好嗰/好好哩/好好仂/好呢呢：

词条1514"好好的他～就辞职不干了"，13处方言点有4种说法。2处方言点说"好好嗰"，有：经公桥话、新营话；5处方言点说"好好哩"，有：旧城话、中云话、新建话、黄柏话、暖水话；3处方言点说"好好仂"，有：沱川话、紫阳话、许村话；2处方言点说"好呢呢"，有：溪头话、紫阳话。

151. 不：

词条1517"不明天我～去"，13处方言点都说"不"。

152. 问：

词条 1525 "向~他借钱‖~他打听一下"，前用例 "～他借钱" 中，除溪头话说 "搭 tɕ⁵⁵" 外，其余 12 处方言点都说 "问"。后用例 "～他打听一下" 中，6 处方言点说 "问"，有：鹅湖话、沱川话、许村话、中云话、新建话、新营话。

第三节　赣东北徽语核心词考察

本节从核心词的角度对赣东北徽语的词汇作考察。

核心词是语言或方言的核心和基础，核心词的发展和变化往往与语言或方言内部的深层变化密切相关，从核心词的角度来观察词汇系统，有助于认识一种语言或方言的来历，反映该语言或方言与相关的语言或方言之间的关系。

本书对赣东北徽语核心词的考察，就赣东北徽语内部各方言点之间和区片之间的关系来说，旨在了解各方言点之间和区片之间在源流演变过程中联系的紧密程度。就赣东北徽语外部与边邻的皖南徽语和赣语、吴语方言点之间的关系来说，了解赣东北徽语与皖南徽语在源流演变过程中联系的紧密程度，了解赣东北徽语与赣语、吴语之间在接触演变过程中联系的紧密程度。

一　两阶核心词及核心词共有率

（一）两阶核心词

对语言或方言作核心词的考察，首先有个如何确定核心词的问题。美国语言学家莫里斯·斯瓦迪士（Swadesh list）在 20 世纪 40 年代至 50 年代提出了一个人类语言稳定的 200 个核心词的核心词表。近些年来，汉语学界有学者将斯瓦迪士的核心词表用于汉语史的研究，例如陈保亚教授在《论语言接触与语言联盟——汉越（侗台）语源关系的解释》[①]一书中即运用斯瓦迪士所提出的核心词论证汉语和侗台语本无同源关系而是深层的接触关系。陈著提出了用关系词（即有音义对应的词）和 "阶曲线" 的原则来区分语言之间的同源关系和接触关系，把斯瓦迪士的 200 个核心词分为第一阶和第二阶两个 "阶"，其中斯瓦迪士认为最稳定的 100 个词为第一阶词，其余的 100 个为第二阶词，通过关系词在第一阶词和第二阶词中的分布差异来观察问题。认为："在有亲属关系的语言中，第一百词中的关系词比例高于第二百词中的关系词比例，而在语言接触中，第一百词中的关系词比例低于第二百词中的关系词比例。" 陈著还以两阶核心词统计分析了汉语中

[①] 陈保亚：《论语言接触与语言联盟——汉越（侗台）语源关系的解释》，语文出版社 1996 年版。

广州、梅州、厦门、北京 4 处方言点之间的一阶词和二阶词的同源保留率。①本书作者在《赣东北方言调查研究》一书中也以两阶核心词考察了赣东北上饶话（属于吴语）、广丰话（属于吴语）、铅山话（属于赣语）3 处方言点之间的核心词共有率。②

  本书考察赣东北徽语的核心词，仍使用斯瓦迪士的核心词表。以下是本书确定的"两阶核心词表"（该表经陈保亚调整）。③下列核心词前面的数字为其在核心词表中的排序数，后面括号中的小字号数字为该词在第五章中的词条排序数。

核心词第一阶（001—100）

001 太阳(0002)   002 月亮(0003)   003 星星(0006)   004 云(0008)   005 雨(0013)

006 山(0040)   007 土地(0033)   008 路(0039)   009 石头(0058)   010 沙子(0066)

011 灰(0072)   012 水(0079)   013 烟(0075)   014 火(0074)   015 晚上(0117)

016 树(0164)   017 树皮(0168)   018 叶子(0179)   019 根(0167)④   020 种子(0178)

021 狗(0347)   022 鸟(0278)   023 虱子(0310)   024 鱼(0314)   025 鸡蛋(0546)

026 角(0286)   027 羽毛(0288)   028 尾毛(0291)   029 爪子(0289)   030 名字(0877)

031 人(0783)   032 男人(0784)   033 女人(0785)   034 皮肤(0595)   035 肉(0596)

036 血(0597)   037 骨头(0598)   038 脂肪(0599)   039 心脏(0651)   040 肝(0652)

041 头(0600)   042 头发(0603)   043 眼睛(0607)   044 鼻子(0614)   045 嘴(0616)

046 牙齿(0620)   047 舌头(0619)   048 耳朵(0612)   049 脖子(0624)   050 手(0629)

051 乳房(0657)   052 肚子(0655)   053 脚(0646)   054 膝盖(0647)   055 吃(0581)

056 喝(0585)   057 说话(1209)   058 躺(1054)   059 睡觉(1139)   060 游水(0999)

061 咬(1028)   062 看见(1016)   063 听见(1018)   064 知道(1185)   065 走(1038)

066 站(1041)   067 来(1040)   068 坐(1053)   069 飞(0361)   070 给(1070)

071 烧(1110)   072 杀(1114)   073 死(0748)   074 我(1449)   075 我们(1452)

---

① 陈保亚：《论语言接触与语言联盟——汉越（侗台）语源关系的解释》，语文出版社 1996 年版，第 197—200 页。

② 胡松柏等著：《赣东北方言调查研究》，江西人民出版社 2009 年版，第 588—562 页。

③ 陈保亚：《论语言接触与语言联盟——汉越（侗台）语源关系的解释》，语文出版社 1996 年版，第 197—200 页。

④ 核心词中有少数几个在第五章词语中没有直接对应的词条，从其他的复合的词语中析出，例如核心词 019 "根"即从词 0167 "树根"中析得。同类情况还有核心词 012 "水"、021 "狗"、024 "鱼"、102 "风"、145 "打"。

076 你(1450)　077 谁(1474)　078 什么(1475)　079 这(1462)　080 那(1463)
081 好(1322)　082 新(1297)　083 满(1282)　084 大(1234)　085 小(1235)
086 长(1236)　087 圆(1250)　088 多(1266)　089 干(1285)　090 热(1353)
091 冷(1355)　092 红(1260)　093 绿(1263)　094 黄(1261)　095 白(1259)
096 黑(1258)　097 不(1517)　098 全部(1486)　099 一(1380)　100 二(1381)

核心词第二阶（101—200）

101 天空(0001)　102 风(0009)　103 雾(0023)　104 雪(0016)　105 冰(0018)
106 结冰(0019)　107 江(0042)　108 湖(0046)　109 海(0045)　110 盐(0553)
111 灰尘(0073)　112 年(0088)　113 天日(0089)　114 森林(0163)　115 花(0180)
116 草(0186)　117 刺(0188)　118 水果(0193)　119 动物(0267)　120 蛇(0274)
121 虫(0292)　122 肠子(0653)　123 翅膀(0287)　124 棍子(0909)　125 绳子(0912)
126 小孩(0787)　127 父亲(0829)　128 母亲(0830)　129 丈夫(0875)　130 妻子(0876)
131 背名词(0654)　132 腿(0645)　133 呼吸(1025)　134 玩(0882)　135 打架(1112)
136 吮吸(1035)　137 吐(1036)　138 呕吐(1037)　139 吹(1027)　140 闻(1019)
141 笑(1214)　142 唱(1001)　143 拿(1063)　144 抓(1060)　145 打(1112)
146 捆(1101)　147 拉(1106)　148 推(1105)　149 转(1051)　150 扔(1086)
151 擦摩擦(1083)　152 砍(0894)　153 压(1092)　154 挖(1091)　155 撕裂(1080)
156 缝动词(0504)　157 洗(0506)　158 打猎(0922)　159 掉(1132)　160 漂浮(1136)
161 流(1135)　162 腐烂(1302)　163 肿(1301)　164 想(1158)　165 怕(1163)
166 左边(0142)　167 右边(0143)　168 他(1451)　169 他们(1455)　170 哪里(1467)
171 这里(1465)　172 那里(1466)　173 怎么(1473)　174 坏(1323)　175 愚蠢(1340)
176 对(1326)　177 短(1237)　178 厚(1275)　179 薄(1276)　180 宽(1238)
181 窄(1240)　182 平(1254)　183 直(1270)　184 尖(1253)　185 重(1268)
186 少(1267)　187 远(1244)　188 近(1245)　189 湿(1286)　190 肮脏(1289)
191 活的(1320)　192 老的(1319)　193 在(1528)　194 和(1520)　195 如果(1534)
196 因为(1533)　197 数①　198 三(1382)　199 四(1383)　200 五(1384)

（二）方言核心词共有率

　　以核心词来考察汉语方言之间在演变过程中联系的紧密程度，依据的是方言之间关系词占核心词总数的比率的高低。关系词即有音义对应的词，就汉语方言而言，关系词是汉语方言之间词义相同而读音有对应（不是读音相同）的词，也就是通常所说的相同的词。这种关系词本书称共有词。

　　汉语方言都具有同源关系，但具有同源关系的方言之间还可以另再发

---

① 本书第五章词语对照表未收录。

生接触关系，因此本书考察方言点之间两阶核心词中的共有词时，把共有词占核心词总数的比率称为核心词共有率，而不使用前述陈保亚著作中"同源保留率"的说法。

核心词共有率是作联系考察的方言之间共有的核心词占核心词总数的比率。核心词共有率采用百分数表示。在总体考察两阶核心词共有率时，每一个共有的核心词占两阶核心词总数（200个）的1/200即0.5%，在分别考察第一阶核心词和第二阶核心词时，每一个共有的核心词占第一阶或第二阶核心词数（100个）的1/100即1%。

方言之间核心词共有即相同有三种情况：相同、相异、部分异同。相同或相异的，在计算核心词共有率时，一个词即算0.5%（计算总共有率）或1%（计算分阶共有率）。部分异同的，一个词则算半个，即（0.5÷2）%（计算总共有率）或（1÷2）%（计算分阶共有率）。例如核心词049"脖子"，在赣东北徽语中有以下4种说法：

   颈（旧城、新营） 头颈（溪头） 颈子（新建） 头□fən^{35}（湘湖）

旧城话与新营话说法完全相同，计算核心词共有率时算+0.5%（计算总共有率）或+1%（计算分阶共有率），旧城话与新建话说法完全不同，计算核心词共有率时算–0.5%（计算总共有率）或–1%（计算分阶共有率）。旧城话与溪头话说法部分异同（"颈"同，同义语素"头"有无不同），旧城话与新建话说法部分异同（"颈"同，词缀"子"有无不同），溪头话与湘湖话说法部分异同（"头"同，语素"颈"与"□fən^{35}"不同），计算核心词共有率时减半计算，即+0.25%（计算总共有率）或+0.5%（计算分阶共有率）。

（三）方言核心词共有率考察的角度

作方言核心词共有率考察，可以有两个角度。

一个角度是对特定的一个方言区域（即方言区片）内多处方言点作核心词共有率的考察，即统计区域内多处方言点所共有的核心词占核心词总数的比率。这种核心词共有率可以称为**区域核心词共有率**。

另一个角度是对方言点之间作点对点的核心词共有率的考察。这种点对点一般是一处方言点对应另一处方言点。考察时即统计两处方言点所共有的核心词占核心词总数的比率。这种核心词共有率可以称为**对应点核心词共有率**。

作区域核心词共有率考察的方言点需处于某一个特定的方言区域之内，区域内的方言点有着地理位置上的联系。作对应点核心词共有率考察的方言点，则不受方言区域地理的限制，两处对应的方言点可以有地理位置上的联系，也可以没有地理位置上的联系。

本节以下作赣东北徽语的核心词考察，也从上述两个角度，分别考察赣东北徽语的区域核心词共有率和对应点核心词共有率。

二 赣东北徽语区域核心词共有考察

（一）赣东北徽语区域核心词共有情况考察

从考察赣东北徽语13处方言点的情况中，可以看出有相当一部分核心词多处方言点之间是共有的。这些多处方言点共有的核心词即区域共有核心词。赣东北徽语的区域共有核心词可以分两个层次来观察。

1. 赣东北徽语全区性共有核心词

有一部分核心词，在赣东北徽语13处方言点中都相同，可以称为赣东北徽语全区性共有核心词。这一部分核心词共有101个，两阶核心词全区总共有率达到50.5%，其中属于第一阶核心词的52个，属于第二阶核心词的49个，第一阶核心词全区共有率、第二阶核心词全区共有率分别为52%、49%。

赣东北徽语全区共有的第一阶核心词（52个）：

002 月亮：月光	004 云：云	005 雨：雨	006 山：山
008 路：路	009 石头：石头	011 灰：灰	012 水：水
013 烟：烟	014 火：火	016 树：树	017 树皮：树皮
021 狗：狗	024 鱼：鱼	025 鸡蛋：鸡子	027 羽毛：毛
030 名字：名字	031 人：人	034 皮肤：皮	035 肉：肉
036 血：血	037 骨头：骨头	038 脂肪：肥肉	039 心脏：心
040 肝：肝	042 头发：头发	046 牙齿：牙齿	048 耳朵：耳朵
050 手：手	053 脚：脚	066 站：倚	067 来：来
068 坐：坐	069 飞：飞	071 烧：烧	072 杀：杀
073 死：死	081 好：好	082 新：新	083 满：满
084 大：大	085 小：细	087 圆：圆	088 多：多
089 干：干	092 红：红	093 绿：绿	094 黄：黄
095 白：白	097 不：不	099 一：一	100 二：二

赣东北徽语全区共有的第二阶核心词（49个）：

| 101 天空：天 | 102 风：风 | 103 雪：雪 | 105 冰：冰 |
| 108 湖：湖 | 109 海：海 | 110 盐：盐 | 112 年：年 |

第六章　赣东北徽语的词汇特点

113 天：日	116 草：草	120 蛇：蛇	121 虫：虫
129 丈夫：老公	130 妻子：老婆	133 呼吸：敨气	134 玩：嬉
135 打架：打架	139 吹：吹	140 闻：嗅	141 笑：笑
142 唱：唱	145 打：打	152 砍：斫	155 撕裂：撕
157 洗：洗	161 流：流	163 肿：肿	164 想：想
176 对：对	177 短：短	178 厚：厚	179 薄：薄
180 宽：阔	182 平：平	183 直：直	184 尖：尖
185 重：重	186 少：少	187 远：远	188 近：近
189 湿：湿	191 活的：活嗰	192 老的：老嗰	193 在：在
196 因为：因为	197 数：数	198 三：三	199 四：四
200 五：五			

上述赣东北徽语全区共有的两阶核心词，其中大部分也与普通话相同，实际上应属于现代汉语共同语的核心词。有：

第一阶核心词（47 个）：

004 云	005 雨	006 山	008 路	009 石头
011 灰	012 水	013 烟	014 火	016 树
017 树皮	021 狗	024 鱼	027 毛	030 名字
031 人	035 肉	036 血	037 骨头	038 脂肪：肥肉
039 心脏：心	040 肝	042 头发	046 牙齿	048 耳朵
050 手	053 脚	067 来	068 坐	069 飞
071 烧	072 杀	073 死	081 好	082 新
083 满	084 大	087 圆	088 多	089 干
092 红	093 绿	094 黄	095 白	097 不
099 一	100 二			

第二阶核心词（42 个）：

101 天空：天	102 风	103 雪	105 冰	108 湖
109 海	110 盐	112 年	113 天：日	116 草
120 蛇	121 虫	129 丈夫：老公	130 妻子：老婆	135 打架
139 吹	141 笑	142 唱	145 打	155 撕裂：撕
157 洗	161 流	163 肿	164 想	176 对

177 短	178 厚	179 薄	182 平	183 直
184 尖	185 重	186 少	187 远	188 近
189 湿	193 在	196 因为	197 数	198 三
199 四	200 五			

2. 赣东北徽语小片共有核心词

赣东北徽语区按县市分为三个小片。除了具有赣东北徽语全区性共有核心词外，各片也有其小片内部的共有核心词。

（1）浮梁方言共有核心词

浮梁方言 4 处方言点除了上述 101（52‖49）个赣东北徽语全区性共有核心词外，还有以下一些核心词是共有的。其中：

第一阶核心词 9 个：

001 太阳：日头	003 星星：星星	020 种子：种	045 嘴：嘴
047 舌头：舌头	059 睡觉：睏觉	062 看见：看到	063 听见：听到
065 走：走			

第二阶核心词 9 个：

111 灰尘：灰	118 水果：水果	137 吐：吐	138 呕吐：吐
168 他：渠	174 坏：坏	175 愚蠢：木	181 窄：狭
195 如果：要是			

这样，加上赣东北徽语全区性共有核心词，浮梁方言的小片共有核心词就有 119 个，两阶核心词小片总共有率达到 59.5%，其中属于第一阶核心词的 61 个，属于第二阶核心词的 58 个，第一阶核心词小片共有率、第二阶核心词小片共有率分别为 61%、58%。

（2）婺源方言小片共有核心词

婺源方言 5 处方言点除了上述 101（52‖49）个赣东北徽语全区性共有核心词外，还有以下一些核心词是共有的。其中：

第一阶核心词 18 个：

001 太阳：日头	010 沙子：沙	018 叶子：叶	026 角：角
028 尾巴毛：尾巴毛	043 眼睛：眼睛	044 鼻子：鼻孔	052 肚子：肚
054 膝盖：脚膝头	055 吃：喫	061 咬：咬	062 看见：看见
063 听见：听见	065 走：走	079 这：伊	085 小：细
086 长：长	096 黑：乌		

第二阶核心词 13 个：

114 森林：树林　　115 花：花　　118 水果：水果　　122 肠子：肠
123 翅膀：翼膀　　131 背：背脊　　132 腿：脚　　138 呕吐：沃
147 拉：扯　　148 推：搠　　156 缝：联　　159 掉：跌
160 漂浮：浮

这样，加上赣东北徽语全区性共有核心词，婺源方言的小片共有核心词就有 132 个，两阶核心词小片总共有率达到 66%，其中属于第一阶核心词的 70 个，属于第二阶核心词的 62 个，第一阶核心词小片共有率、第二阶核心词小片共有率分别为 70%、62%。

（3）德兴方言小片共有核心词

德兴方言 4 处方言点除了上述 101（52‖49）个赣东北徽语全区性共有核心词外，还有以下一些核心词是共有的。其中：

第一阶核心词 7 个：

018 叶子：叶　　026 角：角　　028 尾巴毛：尾巴毛　　044 鼻子：鼻孔
047 舌头：舌头　　058 躺：瞓倒　　061 咬：咬　　085 小：细

第二阶核心词 12 个：

107 江：河　　114 森林：树林　　115 花：花　　117 刺：刺
132 腿：脚　　137 吐：吐　　138 呕吐：呕吐　　166 左边：反手边
167 右边：顺手边　　174 坏：坏　　175 愚蠢：木　　181 窄：狭

这样，加上赣东北徽语全区性共有核心词，德兴方言的小片共有核心词就有 120 个，两阶核心词小片总共有率达到 60%，其中属于第一阶核心词的 59 个，属于第二阶核心词的 61 个，第一阶核心词小片共有率、第二阶核心词小片共有率分别为 59%、61%。

比较赣东北徽语三个小片的核心词共有率：

　　　　浮梁　　　　　　　　婺源　　　　　　　　德兴
59.5%（61%‖58%）[①]　　66%（70%‖62%）　　60%（59%‖61%）

可以看出，对赣东北徽语的三个局部区域作区域核心词共有情况的考察，婺源方言的核心词共有率较高，浮梁方言和德兴方言较低。

区域核心词共有率高，意味着区域内部方言点接近度相对较高；反之，区域核心词共有率低，意味着区域内部方言点差别相对较大。

---

① 括号前的数字为核心词总共有率，括号内双竖线前后的数字分别为第一阶核心词共有率、第二阶核心词共有率。下同。

（二）赣东北徽语核心词歧异情况

与核心词共有形成互补的是核心词歧异，即在核心词范围内，除了共有（相同）的那一部分核心词以外其余便属于歧异（不同）的部分。考察方言的核心词，共有的核心词表现的是方言之间的共同性特点，歧异的核心词表现的是方言之间的差别性特点。

核心词的歧异有不同的情形。方言之间核心词的一些差异，或只是单音节和重叠音节的不同，或只是有无词缀和所带词缀的不同，这与那些构词主要语素（词根）完全不同的核心词歧异在歧异的性质和程度上是有差别的。例如核心词003"星星"和019"（树）根"，赣东北徽语中各有三种说法：

| 星（紫阳） | 星星（旧城） | 星仈（许村） |
| 根（紫阳） | 兜（旧城） | 老（许村） |

"星星"的三种说法主要语素相同，属于部分异同，在统计核心词共有率时只能算半个词。"（树）根"的三种说法完全不同，在统计核心词共有率时算整个词。"星星"与"（树）根"的歧异是很不一样的。

为了更好地认识方言区域的内部差异，以下主要录列赣东北徽语中在主要构词成分和构词方式上有差别的核心词作对照比较。

第一阶核心词：

001 太阳

日头	经公桥、鹅湖、旧城、湘湖；溪头、沱川、紫阳、许村、中云；新营、黄柏
日头（公）	暖水
日窠	新建

015 夜晚

夜下儿、夜下ㄦ	经公桥、鹅湖
夜嚟	旧城；新营
夜上	湘湖；沱川、中云
夜家	溪头、紫阳、许村
夜里	新建、暖水
夜晚	黄柏

019 根

| 根 | 经公桥；溪头、沱川、紫阳、中云；新建、新营、黄柏 |
| 老 | 鹅湖；许村；暖水 |

第六章　赣东北徽语的词汇特点

兜、兜儿	旧城；湘湖

023　虱子

虱	沱川、紫阳；新建
虱儿、虱儿	经公桥、鹅湖、旧城
虱仂	中云
虱母	湘湖；新营
虱嬷	黄柏
臭虱	湘湖；溪头、许村
煞 ʂa⁵⁴ 虱	暖水

032　男人

男人	鹅湖、旧城
男人家	湘湖；溪头、沱川、紫阳、许村；新建、黄柏、暖水
男客人	新营
男□tai²²	经公桥
男子汉	中云

033　女人

女人	旧城
女人家	湘湖；紫阳、许村；黄柏
女呐	经公桥
妇女	鹅湖；溪头、沱川
妇人家	中云；新建、暖水
女客人	新营

041　头

头	经公桥、鹅湖、旧城；溪头、沱川、紫阳；新建、黄柏
脑壳	湘湖；沱川、紫阳、许村、中云；新营、暖水

043　眼睛

眼睛	溪头、沱川、紫阳、许村、中云；新建、黄柏
眼珠、眼珠儿	经公桥、鹅湖、旧城、湘湖；新营
眼子	暖水

044　鼻子

鼻公	经公桥、旧城、湘湖

鼻孔	鹅湖、溪头；沱川、紫阳、许村、中云；新建、新营、黄柏、暖水
049 脖子	
颈	经公桥、鹅湖、旧城；紫阳、许村、中云；新营、黄柏、暖水
颈子	新建
头颈	溪头；沱川
头□fən³⁵	湘湖
054 膝盖	
膝头牯ᵣ	经公桥
膝头孃（哩）	新营、黄柏
脚膝头	溪头、沱川、紫阳、许村、中云
脚头牯	新建
脚头牯	暖水
猫儿头	鹅湖、旧城、湘湖
056 喝	
喝	经公桥、湘湖；溪头、沱川；黄柏
喫	旧城、鹅湖、湘湖；紫阳、许村、中云；新建、新营、暖水
057 说话	
讲话	经公桥；溪头、沱川、许村、中云
话事（ᵣ）	湘湖、鹅湖、旧城；紫阳；黄柏
讲事	新建、新营、暖水
058 躺	
睏下	经公桥
倒下	溪头、沱川
睏倒	鹅湖、旧城、湘湖；紫阳、许村、中云；新建、新营、黄柏、暖水
060 游泳	
划水	经公桥、旧城、湘湖；许村；新建、黄柏、暖水
游水	鹅湖；新营
划浴	溪头
洗浴	沱川
划泅	中云、紫阳

061 咬

　　咬　　　　　　鹅湖、旧城、湘湖；溪头、沱川、紫阳、许村、中云；新建、新营、黄柏、暖水

　　□xɣ²²　　　　经公桥

062 看见

　　看见　　　　　溪头、沱川、紫阳、许村、中云；黄柏

　　觑见　　　　　新营

　　望见　　　　　新建、暖水

　　看到　　　　　经公桥、鹅湖、旧城、湘湖

063 听见

　　听见　　　　　溪头、沱川、紫阳、许村、中云；新建、新营、黄柏、暖水

　　听到　　　　　经公桥、鹅湖、旧城、湘湖

065 走

　　走　　　　　　经公桥、鹅湖、旧城、湘湖；溪头、沱川、紫阳、许村、中云；新营、黄柏

　　行　　　　　　新建、暖水

070 给

　　给　　　　　　鹅湖；沱川、紫阳、许村、中云；新营

　　□ti⁴⁴　　　　经公桥

　　掇　　　　　　鹅湖、旧城

　　分　　　　　　溪头

　　□pau⁵⁵　　　旧城

　　□pã⁵⁴　　　　新建

　　把　　　　　　湘湖；黄柏

　　□ta³¹　　　　暖水

074 我

　　我　　　　　　湘湖；沱川、紫阳、中云；新营

　　我（侬）　　　鹅湖、旧城；暖水

　　我（伓）　　　许村

　　我□nɛ⁰　　　旧城

　　阿　　　　　　经公桥

阿（侬）	新建、暖水
阿□ni⁰	黄柏
□so²³¹/sɚ³¹	溪头、沱川、紫阳

075 我们

我□ŋ³⁵	鹅湖
我□sɛn⁵⁵	旧城
我大家	旧城、湘湖
我□xã⁴⁴/³³	紫阳、许村、中云
我拉	鹅湖
我□næ³¹人	暖水
阿□sən⁵⁵	经公桥
阿伊拉人	溪头
阿碗	新建
阿拉	新营、黄柏
□□sɵ³¹xã⁴⁴/□ã⁴⁴家	紫阳

077 谁

何个	经公桥、旧城、湘湖；中云
何一个	溪头、紫阳
何物	沱川；新建、暖水
何□tɕi⁰么	许村
什个	鹅湖
何仍	许村
□□so⁴⁴lo⁴⁴/何□t'ɚ²物	紫阳
么人	新营、黄柏

078 什么

么	紫阳；黄柏
（什）么	经公桥、鹅湖
（什）么个	旧城、湘湖；暖水
么（个）	暖水

	么仂	沱川、许村；新营、黄柏
	么（拉）	新建
	底么	溪头
	底物	沱川、许村
	土/通么	紫阳
	□t'ɤ³¹物	中云

079 这

	伊	经公桥；溪头、沱川、紫阳、许村、中云；新建、暖水
	勒	鹅湖、旧城、湘湖
	诶	新营、黄柏

080 那

	□niɛ²⁴	经公桥
	那	鹅湖
	唔	旧城、湘湖
	□me³³	溪头
	个	紫阳
	固	溪头、沱川、许村、中云
	夏	新营
	诶	黄柏
	阿	新建、暖水

086 长

	长	经公桥、鹅湖、湘湖；溪头、沱川、紫阳、许村、中云；新建、新营
	猛	旧城；黄柏、暖水

090 热

	热	经公桥、鹅湖、旧城；湘湖；溪头、沱川、紫阳；许村、中云；新建、新营、黄柏、暖水
	滚	经公桥、湘湖；溪头、中云；暖水
	闷	许村

091 冷

	冷	经公桥、鹅湖、旧城；沱川；新营、暖水

| 冻 | 湘湖；溪头、紫阳、许村、中云；新建、黄柏 |

096 黑

| 黑 | 经公桥；新营 |
| 乌 | 鹅湖、旧城、湘湖；溪头、沱川、紫阳、许村、中云；新建、黄柏、暖水 |

第二阶核心词：

103 雾

| 雾 | 经公桥、鹅湖、旧城；溪头、沱川、许村、中云；新建、黄柏、暖水 |
| 雾露 | 湘湖、紫阳；新营 |

106 结冰

结冰	经公桥；溪头、紫阳
结冰冻	鹅湖、旧城；许村；新营、黄柏
冰冻	沱川、中云
冻冰冻	新建
打冻	旧城
起冰	紫阳
起扣	湘湖；暖水

107 江

江	经公桥、鹅湖
港	旧城、湘湖
河	沱川、紫阳、许村；新建、新营、黄柏、暖水
大河	中云
溪	溪头、紫阳
大溪	沱川

117 刺

刺	旧城、湘湖；中云；新建、新营、黄柏、暖水
鑱（儿）	经公桥、鹅湖；溪头、紫阳、许村
鑱刺	沱川

123 翅膀

| 翼交 | 经公桥 |

第六章　赣东北徽语的词汇特点　　675

翼□儿tɕiə^{r211}	鹅湖
翼□儿kə^{r55}	旧城
翼膀、翼儿膀	湘湖；溪头、沱川、紫阳、中云；新建、黄柏、暖水、新营

125 绳子

绳	溪头、紫阳
索（儿）	经公桥、鹅湖、湘湖；沱川、许村、中云；新建、新营、暖水、旧城、黄柏

126 小孩

小呐	经公桥
滴偣儿	鹅湖
细人（儿）	旧城；紫阳、中云
细人家	湘湖；溪头、沱川
萝卜头	湘湖；黄柏
幼孩	溪头
嫩细	许村
嫩家	新建、暖水
嫩人家	新营

127 父亲

老子/爸爸	经公桥、鹅湖、旧城、湘湖；沱川；暖水
老子/爸	溪头、紫阳；新营
老子/喝爷	许村
老子/伯伯	中云
老子/爹	新建
老子/爹爹	黄柏

128 母亲

娘/姆妈	经公桥、旧城、湘湖；黄柏、暖水
妈/姆妈	鹅湖
妈妈/姨娅	沱川
姆妈/姨娅	溪头
姆/姆妈	紫阳
老娘/喝娅	许村

老娘/姆婆	新营
娘/姆	中云
娘/妈	新建

131 背

| 背 | 旧城、湘湖；暖水 |
| 背脊 | 经公桥、鹅湖；溪头、沱川、紫阳、许村、中云；新建、新营、黄柏 |

132 腿

| 腿 | 经公桥 |
| 脚 | 鹅湖、旧城、湘湖；溪头、沱川、紫阳、许村、中云；新建、新营、黄柏、暖水 |

136 吮吸

吮	湘湖；溪头、新营
欶	鹅湖、旧城；沱川、紫阳、中云；新建
吮欶	经公桥
嘞	黄柏
□xɐm²⁴	许村
□mi⁵⁵	暖水

137 吐

| 吐 | 经公桥、旧城、鹅湖、湘湖；溪头、紫阳、许村、中云、新建；新营、黄柏、暖水 |
| 呸 | 沱川 |

138 呕吐

| 吐 | 经公桥、旧城、鹅湖、湘湖；新建、新营、黄柏、暖水 |
| 沃 | 溪头、沱川、紫阳、许村、中云 |

143 拿

拿	湘湖、溪头
拎	沱川、紫阳、中云；新建
担	经公桥、溪头；新营、黄柏、暖水
□tɕʻiɛ³⁵	鹅湖
捏	许村
□le⁵⁵	溪头

第六章 赣东北徽语的词汇特点

驮	旧城
144 抓	
捉	鹅湖、溪头；沱川、紫阳、许村、中云；新建
□tau⁴⁴	经公桥
抲	旧城、湘湖、新营
抓	黄柏
㩴	湘湖；溪头、紫阳、许村、中云；新建、新营、暖水
摸	鹅湖、旧城；沱川
146 捆	
捆	溪头、沱川、紫阳、中云；新营
缚	经公桥；新建、暖水
绑	鹅湖、旧城、湘湖；许村、中云；黄柏
□yau²²	经公桥
147 拉	
扯	经公桥、旧城、湘湖；溪头、沱川、紫阳、许村、中云；新建、暖水
□tɕyɛ²¹⁵	新营
拽	黄柏
□xaʔ²	鹅湖
148 推	
推	暖水
搡	经公桥、鹅湖、旧城、湘湖；溪头、沱川、紫阳、许村、中云；新营、黄柏
□sɤ²¹⁴	经公桥
□ŋõ⁵¹	新建
150 扔	
扔	湘湖
掷	经公桥、鹅湖
丢	旧城、湘湖；溪头、沱川；新营、黄柏、暖水
□tẽ⁵⁴	新建
抛	新建

677

□le⁵¹	紫阳
□tʃɤ²⁴	许村
□tsɤ³⁵	中云
□tsɐ²¹⁴	溪头
□tʂu⁵¹	暖水

153 压

压	旧城、湘湖；新营、暖水
砸	经公桥、鹅湖；沱川、紫阳、许村、中云；新建
□k'a⁵⁵、□k'ɑ²¹³	溪头；黄柏
□ŋo³⁵	中云

154 挖

挖	经公桥、鹅湖、旧城、湘湖；溪头、沱川、紫阳、中云；新建、新营
掘	许村；暖水
□liə⁴⁴	黄柏

157 缝动词

联	鹅湖、旧城、湘湖；溪头、沱川、紫阳、许村、中云；新建、新营、黄柏
缝	经公桥
缝联	暖水

159 掉：

跌	鹅湖、旧城；溪头、沱川、紫阳、许村、中云；新建、暖水
落	湘湖、新建、新营、黄柏
□t'i⁴⁴	经公桥

160 漂浮：

漂	经公桥、旧城
浮	溪头；沱川、紫阳、许村、中云
浮漂	湘湖
泛	鹅湖；新营、暖水
泛□tẽ⁵⁴	新建
□t'əŋ⁴⁵³	黄柏

165 怕：

　　怕　　　　　　经公桥、旧城；沱川、紫阳、中云；新建、黄柏

　　吓　　　　　　鹅湖、湘湖；溪头、许村；新营、暖水

　　怕吓　　　　　新建

166 左边

　　反手　　　　　溪头、许村、中云

　　反边　　　　　经公桥、紫阳

　　反手边　　　　鹅湖、旧城、湘湖；沱川；新建、新营、黄柏、暖水

167 右边

　　顺手　　　　　溪头；许村、中云

　　顺边　　　　　经公桥；紫阳

　　顺手边　　　　鹅湖、旧城、湘湖；沱川；新建、新营、黄柏、暖水

168 他们

　　渠□sən$^{55/0}$　　　经公桥；鹅湖

　　渠大家　　　　旧城、湘湖

　　渠（□kɐ^{24}拉）人　溪头

　　渠□xã$^{44/33}$　　　沱川、紫阳、许村、中云

　　渠碗　　　　　新建

　　渠拉　　　　　新营、黄柏

　　渠□næ^{31}人　　　暖水

170 哪里

　　何里　　　　　经公桥、鹅湖、湘湖；溪头、沱川、许村、中云

　　何搭　　　　　新营

　　何落　　　　　紫阳

　　何处　　　　　黄柏

　　何□tɛ^{55}　　　　旧城

　　何□tɔ^{55}　　　　暖水

　　□□xəŋ^{31}xẽ^{213}　　新建

171 这里

　　伊□tau^{44}　　　经公桥

　　伊里　　　　　溪头、沱川、中云

伊落	紫阳
伊底	许村
伊□kɛ51	新建
伊□tɔ51	暖水
勒里	鹅湖
勒位□sʅ0	
勒□tɕ55儿	旧城
诶搭/仂	新营
诶乌	黄柏
唔兜	紫阳

172 那里

□□niɛ24tau44	经公桥
那□pʻã55里	鹅湖
唔□tɕ55儿	旧城
唔里	湘湖
固里	沱川、中云
固底	许村
个落	紫阳
个里	溪头
□me33里	溪头
阿□kɛ51	新建
阿□tɔ51	暖水
诶乌	黄柏
夏搭	新营

173 怎么

怎嗰	溪头、许村、中云
怎何	沱川、紫阳、许村、中云
何样	旧城、湘湖；沱川；黄柏
何种	新营、暖水
□□ nã42lən44/□ nã42嗰	经公桥
□□xəŋ31xuɔ̃51	新建

第六章 赣东北徽语的词汇特点

174 坏

 坏   经公桥、鹅湖、旧城、湘湖，沱川、紫阳、许村、中云；新建、新营、黄柏、暖水

 吸   溪头

175 愚蠢

 木   经公桥、鹅湖、旧城、湘湖；许村；新建、新营、黄柏、暖水

 笨   溪头

 洞   沱川

 崇   许村

 □t'ɛn^{51} 中云

190 脏

 邋□ʂa^{44} 经公桥

 邋遢   鹅湖；许村；黄柏

 邋搭   湘湖

 邋□ʃuɤ^{51} 新建

 污糟   新营、暖水

 污□sɐ^{55} 溪头

 肮脏   旧城

 肮腻   沱川、紫阳

 肮□tɕi^{44} 中云

194 和

 跟   经公桥、鹅湖、旧城、湘湖；新建、新营、黄柏、暖水

 同   经公桥

 搭   溪头、许村、中云；暖水

 □xã$^{211/44}$ 沱川、紫阳

195 如果

 如果   紫阳

 要是   经公桥、鹅湖、旧城、湘湖；溪头、沱川、许村、中云；新建、新营、暖水

 好比   紫阳

 假使   黄柏

三 赣东北徽语对应点核心词共有考察

考察方言核心词共有情况可以有考察区域共有率和考察对应点共有率两个角度。以下作赣东北徽语对应点核心词共有率考察。

对应点核心词共有率考察可以不受地理区域的限制，本书考察赣东北徽语对应点核心词共有率时，分别作赣东北徽语区内部方言点之间的对应点核心词共有率考察，也联系赣东北徽语边邻的皖南徽语、赣语、吴语方言点作跨方言区域的对应点核心词共有率考察。

（一）赣东北徽语内部对应点核心词共有率

1. 赣东北徽语内部两阶核心词总共有率考察

下面列出赣东北徽语两阶核心词总共有率比较表（见以下表 6-3-1）。表中列出赣东北徽语全部 13 个方言点的每点分别与另外 12 个方言点作联系考察的两阶核心词总共有率。

表 6-3-1　　赣东北徽语内部两阶核心词总共有率（%）比较表

	鹅湖	旧城	湘湖	溪头	沱川	紫阳	许村	中云	新建	新营	黄柏	暖水
经公桥	79.3	79.5	76.5	78.3	78.8	77.5	76.8	78.0	78.5	75.5	77.5	75.3
鹅　湖	—	84.8	81.5	77.3	79.0	77.5	80.3	79.3	79.3	80.3	77.5	76.8
旧　城		—	84.8	73.8	78.0	77.3	77.0	78.5	77.8	79.0	79.0	78.5
湘　湖			—	77.5	78.5	78.8	79.8	80.8	79.8	81.5	79.3	79.5
溪　头				—	85.8	85.3	84.0	84.3	79..5	77.5	77.0	76.8
沱　川					—	85.1	84.3	87.3	82	80.3	78.8	78.5
紫　阳						—	86.3	87.3	79.8	80.8	77.8	77.5
许　村							—	89.0	81.5	81.3	79.5	79.8
中　云								—	83.5	80.0	77.3	78.3
新　建									—	82.0	81.3	82.8
新　营										—	82.8	80.5
黄　柏											—	78.8

从表 6-3-1 可以看出，赣东北徽语内部两阶核心词总共有率表现出以下情况：

（1）方言点之间核心词总共有率的高低与其地理位置的远近相关联。一般而言，地理位置近的方言点之间的核心词总共有率相对要高，地理位置远的方言点之间的核心词总共有率相对要低。表 6-3-1 中核心词总共有率最高（超过 85%）的几组数据有：

第六章　赣东北徽语的词汇特点

89.0%（许村—中云）　　　　87.3%（紫阳—中云）
87.3%（沱川—中云）　　　　86.3%（紫阳—许村）
85.8%（溪头—沱川）　　　　85.3%（溪头—紫阳）
85.1%（沱川—紫阳）

前面两组，紫阳、许村、中云都在婺源县域南部，地理位置相对较近，溪头、沱川分别位于婺源县域东部、北部，也彼此距离不远，这5个方言点都属于婺源方言小片。

核心词总共有率最低（76.0%及以下）的几组数据有：
75.0%（经公桥—新营）　　　75.3%（经公桥—暖水）
73.8%（旧城—溪头）

经公桥在赣东北徽语区最北部，新营、暖水则在赣东北徽语区的最南部，距离都较远。旧城在赣东北徽语区最西部，溪头在赣东北徽语区最东部，距离也较远。

（2）县市方言小片内部方言点之间的核心词总共有率一般高于对其他县市方言点的核心词总共有率。

婺源方言5处方言点之间的两阶核心词总共有率最高的达到89%（许村—中云），最低的为84.0%（溪头—许村），而最低的84.0%也都高于婺源方言5处方言点对其他小片任何一方言点的共有率。

浮梁方言中除去经公桥话对湘湖话的总共有率最低为76.5%，另外5个数据均高于浮梁方言4处方言点对其他小片各方言点的总共有率。

德兴方言中4处方言点之间的两阶核心词总共有率，除黄柏话对暖水话一组较低为78.8%，其他几组也都达到80.5%及以上，总体上也高于对婺源、浮梁两县市方言的总共有率。

（3）少数方言点对县市片内方言点的核心词总共有率低于对外县市方言点的核心词总共有率，有：

经公桥话：76.5%（—湘湖），低于对婺源方言5处方言点和德兴方言新建话、黄柏话的核心词总共有率。

鹅湖话：79.3%（—经公桥），低于对婺源方言许村话和德兴方言的新营的核心词总共有率。

湘湖话：76.5%（—经公桥），低于对婺源方言5处方言点和德兴方言4处方言点的核心词总共有率。

新建话：对德兴其他3处方言点的核心词总共有率都低于对婺源方言中云话的数据83.5%。

新营话：80.5%（—暖水），低于对婺源方言紫阳话的核心词总共有率80.8%和许村话的核心词总共有率81.3%。

黄柏话：78.8%（—暖水），低于对婺源方言许村话的核心词总共有率79.5%和对浮梁方言旧城话的核心词总共有率79.0%。也低于暖水话分别对婺源方言许村话、浮梁方言湘湖话的总共有率79.8%、79.5%。

上述情况显示，浮梁方言的方言点对婺源方言、德兴方言的全部或部分方言点有更高的核心词共有率。德兴方言的方言点对婺源方言、浮梁方言部分方言点有更高的核心词共有率。婺源方言5处方言点则没有这种情况。

（4）在县市内方言点核心词共有率上，赣东北徽语表现出内部片域的差异。

婺源方言5处方言点之间核心词共有率整体较高，其中最高的达到89.0%（许村—中云），最低的也有84.0%（溪头—许村）。

德兴方言4处方言点之间核心词共有率低于婺源方言，但整体上高于浮梁方言，6组数据有5组都超过80.0%。最高的达到82.8%（新营—黄柏、新建—暖水），最低的也有78.8%（黄柏—暖水）。

浮梁方言4处方言点之间核心词共有率整体上低于德兴方言，6组数据有3组未超过80.0%（经公桥—鹅湖、旧城、湘湖）。不过有2组数据都高于德兴方言，84.8%（旧城—鹅湖）、84.8%（旧城—湘湖）。

2. 赣东北徽语内部核心词共有率分阶考察

下面列出赣东北徽语第一阶核心词共有率比较表（见以下表6-3-2）、赣东北徽语第二阶核心词共有率比较表（见以下表6-3-3）。

表6-3-2　　　　赣东北徽语内部第一阶核心词共有率（%）比较表

	鹅湖	旧城	湘湖	溪头	沱川	紫阳	许村	中云	新建	新营	黄柏	暖水
经公桥	79.5	80.0	77.5	82.0	80.0	79.0	78.0	79.0	80.0	77.5	79.5	77.5
鹅湖	—	88.5	82.5	80.0	81.0	80.0	81.5	81.0	79.0	82.0	79.0	80.0
旧城		—	86.0	77.0	77.0	81.5	80.5	80.0	78.0	80.0	78.0	78.5
湘湖			—	81.0	79.5	83.0	82.5	83.5	80.0	79.5	80.0	79.0
溪头				—	88.5	87.5	86.5	87.0	83.5	81.0	81.5	80.0
沱川					—	86.0	86.5	87.5	82.0	82.5	81.0	82.0
紫阳						—	91.0	90.5	84.0	86.5	83.5	83.0
许村							—	91.0	83.5	85.5	83.5	83.5
中云								—	84.0	80.0	79.5	82.5
新建									—	84.0	83.0	83.5
新营										—	84.0	81.5
黄柏											—	80.5

表 6-3-3　　赣东北徽语内部第二阶核心词共有率（%）比较表

	鹅湖	旧城	湘湖	溪头	沱川	紫阳	许村	中云	新建	新营	黄柏	暖水
经公桥	78.0	78.5	75.0	73.5	77.0	75.0	75.0	76.5	76.5	73.0	75.3	73.5
鹅　湖		81.0	80.0	74.5	77.0	75.0	79.0	77.5	79.3	78.5	76.0	73.5
旧　城		—	84.0	70.5	79.0	73.0	73.5	77.0	77.8	78.0	80.0	78.0
湘　湖			—	74.5	78.0	75.0	77.0	77.5	79.8	84.0	78.5	80.0
溪　头				—	82.5	82.0	81.5	82.0	74.5	74.0	72.5	73.5
沱　川					—	83.7	82.0	87.0	81.5	78.0	76.5	74.5
紫　阳						—	81.0	83.5	75.5	75.0	72.0	72.0
许　村							—	87.0	79.0	77.0	75.5	76.0
中　云								—	82.5	75.0	74.5	74.0
新　建									—	80.0	78.5	82.0
新　营										—	81.3	80.5
黄　柏											—	77.0

从表 6-3-2、6-3-3 两表中可以看出，赣东北徽语 13 处方言点之间的核心词共有率分阶考察主要表现出以下情况：

（1）第一阶核心词共有率和第二阶核心词共有率，整体态势上与两阶核心词总共有率是一致的，即前述两阶核心词总共有率所表现出来的四方面情况，作核心词分阶考察时也都有表现。

例如许村话对中云话的核心词总共有率最高达到 89%，其分阶核心词共有率也是最高，为 91%‖87%，经公桥话对暖水话的核心词总共有率最低只有 75.3%，其分阶核心词共有率也比较低，为 77.5%‖73.5%。

（2）第一阶核心词共有率基本上都高于第二阶核心词共有率。有少数数据是第一阶核心词共有率低于第二阶核心词共有率的，有：

79.0%‖79.3%（鹅湖—新建）

77.0%‖79.0%（旧城—沱川）　　　　78.0%‖80.0%（旧城—黄柏）

79.5%‖84.0%（湘湖—新营）　　　　79.0%‖80.0%（湘湖—暖水）

（3）第一阶核心词共有率高于第二阶核心词共有率的差率有大小的差异，最大的超过了 10%，有：

91.0%‖81.0%（紫阳—许村）　　　　86.5%‖75.0%（紫阳—新营）

83.5%‖72.0%（紫阳—黄柏）　　　　83.0%‖72.0%（紫阳—暖水）

值得注意的是这几组差率最大的数据，除了紫阳对许村外，其他 3 组都是婺源方言紫阳话对德兴方言 3 处方言点。紫阳话对其他方言点的 12 组数据有 6 组数据差率都超过了 8%，除上述 4 组外，还有：

81.5%‖73.0%（紫阳—旧城）

（4）由于有第一阶核心词共有率高于第二阶核心词共有率的差率较大和第一阶核心词共有率低于第二阶核心词共有率的情况，使得分阶考察核心词共有率时有不同于核心词总共有率的情况。

例如新营话对紫阳话的分阶核心词共有率为 86.5%‖75.0%，第一阶共有率与第二阶共有率相差大，第一阶核心词共有率很高，超过了新营话对德兴方言其他 3 处方言点的第一阶核心词共有率。

又如湘湖话对新营话的第一阶核心词共有率低于第二阶核心词共有率，为 79.5%‖84.0%，第二阶核心词共有率很高，超过了湘湖话对浮梁方言经公桥、鹅湖这 2 处方言点的第二阶核心词共有率。

（二）赣东北徽语对边邻方言核心词共有率比较

以下考察赣东北徽语方言点对区域外的边邻方言的核心词共有率，选择做联系考察的边邻方言点共 8 处：祁门方言、休宁方言（皖南徽语），开化方言、玉山方言（吴语），弋阳方言、乐平方言、鄱阳方言、东至方言（赣语）。

下面列出赣东北徽语对外核心词共有率考察的三个表：赣东北徽语对边邻方言两阶核心词总共有率比较表（见表 6-3-4）、赣东北徽语对边邻方言第一阶核心词共有率比较表（见表 6-3-5）、赣东北徽语对边邻方言第二阶核心词共有率比较表（见表 6-3-6）。

表 6-3-4　　　赣东北徽语对边邻方言两阶核心词总共有率比较表　　　　（%）

	东至	鄱阳	乐平	弋阳	玉山	开化	休宁	祁门
经公桥	79.5	75.3	78.0	78.0	68.5	67.5	77.8	79.8
鹅湖	75.8	76.3	77.0	77.8	69.8	67.3	75.8	76.8
旧城	77.5	77.5	78.3	78.8	70.0	67.5	76.0	77.3
湘湖	75.8	77.8	80.0	79.8	69.3	66.8	75.0	77.8
溪头	75.0	75.3	73.3	77.5	70.3	68.0	79.8	79.0
沱川	76.0	78.5	76.8	77.3	72.3	69.8	80.0	79.5
紫阳	73.5	75.8	76.8	76.8	72.0	69.5	75.3	78.0
许村	73.3	76.3	76.0	78.8	69.3	67.3	77.8	77.8
中云	73.8	76.3	77.8	78.8	70.3	69.8	80.3	80.3
新建	75.8	76.8	77.0	77.8	72.3	70.8	77.8	78.8
新营	76.8	76.3	80.0	80.0	70.5	68.8	79.5	77.3
黄柏	77.0	78.3	77.8	79.0	71.3	67.8	77.0	78.0
暖水	74.5	75.3	74.5	74.5	69.5	66.8	75.5	78.8

表 6-3-5　　赣东北徽语对边邻方言第一阶核心词共有率比较表　　　　（%）

	东至	鄱阳	乐平	弋阳	玉山	开化	休宁	祁门
经公桥	83.0	76.5	81.5	80.0	67.0	69.5	79.5	80.5
鹅　湖	78.0	78.5	80.0	79.0	67.5	69.0	76.0	79.0
旧　城	77.5	79.5	78.5	79.0	66.0	67.5	73.0	76.5
湘　湖	76.0	77.5	80.5	79.0	66.5	68.0	73.5	76.0
溪　头	80.5	76.0	77.5	79.5	69.0	75.0	83.0	83.0
沱　川	79.5	77.5	79.0	79.0	70.5	72.5	81.5	82.5
紫　阳	79.0	80.0	82.0	83.0	71.0	74.0	78.0	83.0
许　村	77.0	78.0	80.0	80.0	67.0	71.0	79.0	80.5
中　云	79.5	79.5	81.0	81.0	68.0	72.5	83.5	82.5
新　建	78.5	78.5	81.0	80.5	71.5	76.0	80.0	82.0
新　营	78.5	80.5	85.0	85.5	69.0	72.0	80.0	79.5
黄　柏	80.0	82.5	82.0	83.5	70.0	71.0	78.5	79.0
暖　水	76.5	78.5	78.0	76.0	68.5	71.5	76.0	80.0

表 6-3-6　　赣东北徽语对边邻方言第二阶核心词共有率比较表　　　　（%）

	东至	鄱阳	乐平	弋阳	玉山	开化	休宁	祁门
经公桥	76.0	74.0	74.5	76.0	70.0	65.5	76.0	79.0
鹅　湖	73.5	74.0	74.0	76.5	72.0	65.5	75.5	74.5
旧　城	77.5	75.5	78.0	78.5	74.0	66.0	79.0	78.0
湘　湖	75.5	78.0	79.5	80.5	72.0	65.5	76.5	79.5
溪　头	69.5	74.5	69.5	75.5	71.5	61.0	76.5	75.0
沱　川	72.5	79.5	74.5	75.5	74.0	67.0	78.5	76.5
紫　阳	68.0	71.5	71.0	70.5	73.0	65.0	72.5	73.0
许　村	69.5	74.5	72.5	77.5	71.5	63.5	76.5	75.0
中　云	68.0	73.0	74.5	76.5	72.5	67.0	77.0	78.0
新　建	73.0	75.0	73.0	75.0	73.0	65.5	75.5	75.5
新　营	75.0	72.0	75.0	74.5	72.0	65.5	78.5	75.0
黄　柏	74.0	74.0	73.5	74.5	72.5	64.5	75.5	77.0
暖　水	72.5	72.0	71.0	73.0	70.5	62.0	74.5	77.0

从表 6-3-4 可以看出，赣东北徽语对边邻方言的核心词共有率比较主要表现出以下情况：

（1）从总体上看，赣东北徽语对边邻吴语的核心词共有率较低。13 处方言点对玉山方言、开化方言的核心词共有率最高的只分别为 72.3%（沱川、新建—玉山）、70.8%（新建—开化），最低的则分别为 68.5%（经公桥—玉山）、66.8%（湘湖—开化）；对边邻皖南徽语和赣语方言点的核心词共有率最高的分别达到 80.3%（中云—休宁、祁门）、80.0%（新营—乐平、弋阳），最低的也分别达到 75.0%（湘湖—休宁）、74.5%（暖水—东至、乐平、弋阳）。就边邻皖南徽语、边邻赣语两相比较，赣东北徽语对边邻皖南徽语的核心词共有率更高。13 处方言点对休宁方言、祁门方言的核心词共有率都在 75%以上，其中达到 80.0%的有 3 处：80.3%（中云—休宁、祁门），80.0%（沱川—休宁）；而对边邻赣语的核心词共有率低于 75%的就有 7 处（紫阳、许村、中云、暖水—东至，溪头、暖水—乐平，暖水—弋阳），达到 80.0%的只有 3 处（而赣语方言点数量是皖南徽语的 2 倍）：80.0%（新营—乐平、弋阳，湘湖—乐平）。

（2）在对边邻方言的核心词共有率上，赣东北徽语表现出内部片域的差异。可以比较婺源方言、浮梁方言、德兴方言对 8 处边邻皖南徽语、吴语、赣语方言点的平均核心词共有率。婺源方言 5 处方言点平均对边邻皖南徽语、吴语的核心词共有率分别为：

78.5%（—休宁）、78.9%（—祁门）、70.8%（—玉山）、68.9%（—开化）

浮梁方言 4 处方言点平均对边邻皖南徽语、吴语的核心词共有率分别为：

72.2%（—休宁）、77.9%（—祁门）、69.4%（—玉山）、67.4%（—开化）

德兴方言 4 处方言点平均对边邻皖南徽语、吴语的平均核心词共有率分别为：

77.4%（—休宁）、78.2%（—祁门）、70.9%（—玉山）、68.6%（—开化）

可以看出婺源方言对边邻皖南徽语和吴语的核心词共有率要高于浮梁方言和德兴方言。

婺源方言 5 处方言点对边邻赣语的核心词共有率分别为：

74.3%（—东至）、76.4%（—鄱阳）、76.2%（—乐平）、77.8%（—弋阳）

浮梁方言 4 处方言点对边邻赣语的核心词共有率分别为：

77.2%（—东至）、76.7%（—鄱阳）、78.3%（—乐平）、78.6%（—弋阳）

德兴方言 4 处方言点对边邻赣语的核心词共有率分别为：

76.0%（—东至）、76.7%（—鄱阳）、77.3%（—乐平）、77.8%（—弋阳）

浮梁方言和德兴方言对边邻赣语的核心词共有率要高于婺源方言。

（3）从边邻方言角度看，皖南徽语休宁话、祁门话 2 处方言点在对赣东北徽语的核心词共有率上没有明显的差异，但边邻吴语 2 处方言点之间和边邻赣语 4 处方言点之间在对赣东北徽语的核心词共有率上有着明显的差异。

玉山方言对赣东北徽语13处方言点的核心词共有率全部高于开化方言。

边邻赣语4处方言点对赣东北徽语的核心词共有率，整体上位于南边的乐平方言、弋阳方言高于位于北边的东至方言、鄱阳方言，从而形成边邻赣语的片域差异。不符合这一差异特点的只有"东至—经公桥"、"鄱阳—沱川"、"鄱阳—暖水"和"乐平—溪头"、"乐平—许村"、"乐平—黄柏"6组数据。

从表6-3-5、6-3-6可看出，赣东北徽语对边邻皖南徽语、吴语、赣语核心词共有率分阶考察主要表现出来的情况有：

（1）总体上是第一阶核心词共有率高于第二阶核心词共有率。例如：

82.5%‖71.0%（紫阳—乐平）　　83.0%‖73.0%（紫阳—祁门）

（2）有少部分方言点之间的核心词共有率是第一阶核心词共有率低于第二阶核心词共有率（表6-3-5、6-3-6中数字灰网表示的）。

第一阶核心词共有率低于第二阶核心词共有率的有：

73.0%‖79.0%（旧城—休宁）　　76.5%‖78.0%（旧城—祁门）

77.5%‖78.5%（湘湖—鄱阳）　　79.0%‖80.5%（湘湖—弋阳）

76.0%‖76.5%（湘湖—休宁）

这几组数据，除了旧城话对休宁方言的共有率外，其他的数据虽说第一阶核心词共有率低于第二阶核心词共有率，但相差并不是太多（1%左右）。

值得注意的是，吴语玉山方言对赣东北徽语13处方言点的核心词共有率都是第一阶核心词共有率低于第二阶核心词共有率。例如：

66.0%‖74.0%（旧城—玉山）　　69.0%‖72.0%（新营—玉山）

13组数据，平均相差达到了3%，最高的为8%，最低的为1.5%。

（3）核心词总共有率最高的几组（见表6-4）有以下：

80.5%‖79.5%（湘湖—乐平）　　81.5%‖78.5%（沱川—休宁）

82.5%‖77.0%（中云—休宁）　　82.5%‖78.0%（中云—祁门）

85.0%‖75.0%（新营—乐平）　　85.5%‖75.5%（新营—弋阳）

前面四组为浮梁方言湘湖话对赣语乐平方言的数据，婺源方言沱川话、中云话对皖南徽语休宁方言、祁门方言的数据，第一阶核心词与第二阶核心词共有率相差不太大。后面两组为德兴方言对赣语乐平方言、弋阳方言的数据，第一阶核心词与第二阶核心词共有率相差达到了10%。

第七章　赣东北徽语代表方言点语法例句对照

本章对照赣东北徽语 13 处代表方言点的语法例句。方言点的排列按第二章各方言点音系所列的顺序：

浮梁方言：经公桥话、鹅湖话、旧城话、湘湖话；

婺源方言：溪头话、沱川话、紫阳话、许村话、中云话；

德兴方言：新建话、新营话、黄柏话、暖水话。

本章用作对照的语法例句共 130 句，以普通话语句设立条目。作条目的句子包括单句和复句，例如："001[①]你是什么地方人？（单句）""008 我认识他，他是你弟弟。（复句）"一些句子采用问答的形式，问句和答句之间用破折号"——"隔开，例如："006 你平时抽烟吗？——我不抽烟。"

本章中记录方言语法例句条目，词语读音以国际音标标注。标音方法参见第五章。

考虑到页面篇幅容量，各方言点记录例句条目时，记录黑体字部分既写汉字同时也注音，宋体字部分只写汉字而不注音。例如紫阳话点：

"005 昨天老王钓了一条大鱼，**我没有**钓**到**鱼。"记作"昨日老王钓之 tɕi⁰ 一条大鱼，我 o³¹ 不曾 pɔ̃²¹¹ 钓着 tsʻɒ⁵¹ 鱼。"

一个语法例句条目或是条目的部分词语在方言中有多种说法的，因受页面版式的限制，一般只收其中一个说法。必要时也收录两个或两个以上的说法，中间以斜线隔开，较常用的列前。一些条目的不同说法包含共有的字（音节），则不重复出现共有的字（音节），并在可以换着说的字（音节）下画波浪线，例如沱川话点：

"066-2 **他打不过我**"条记作"渠 kʻə²¹¹ 打 tɒ² 不 pə⁵¹ 过 ku³⁵ 我 o³¹/我 o³¹ 不 pə⁵¹ 过 ku³⁵/不 pə⁵¹ 我 o³¹ 过 ku³⁵"，表示可以说"渠打不过我"，又可以说"渠打我不过""渠打不我过"。

方言点所记例句说法的括号中的词语是可以省略的，例如旧城话点：

"046-2 **再喫一碗吧**。"记作"(再 tsɛ²¹³) 喫 tɕʻiai²¹³ 一 i²¹³ 碗凑 tsʻau²¹³"，表示可以说"再喫一碗凑"，也可以说"喫一碗凑"。

[①] 为便于查找，本章用作对照的语法例句编定顺序以数字标记。

以下是本章所收语法例句条目索引：

001　你是什么地方人？
002　你会说婺源话吗？
003　这句话用婺源话怎么说？
004　有许多地方把太阳叫日头。
005　昨天老王钓了一条大鱼，我没有钓到鱼。
006　你平时抽烟吗？——我不抽烟。
007　你在唱什么？——我没在唱，我放着录音呢。
008　我认识他，他是你弟弟。
009　我们两人等了你半个钟头了，我们三人一块去吃饭吧！
010　这件事他知道不知道？
011　你到底答应不答应他？
012　你告诉他这件事了吗？——我告诉他了。
013　你告诉过他这件事吧？——我告诉过他了。
014　这件是红的，那件是蓝的，哪一件好看？
015　你喜欢红的还是喜欢蓝的？
016　叫老王和我们一块去看电影！
017　这部电影他看过了。/他这部电影看过了。/他看过这部电影了。
018　你把这碗饭吃了，再把碗洗一下。
019　他把橘子剥了皮，但是没吃。
020　他们把教室都装上了空调。
021　把这头牛牵回家去！
022　上学时，他把弟弟带来了。
023　放学时，他没有把书包拿回家。
024　他被骂了一顿，哭了起来。
025　帽子被风吹走了。
026　老王被坏人抢走了一个包，人也差点儿被打伤了。
027　衣服被烟头烧了一个窟窿。
028　这件事情别让他知道！
029　路上停着一辆车。
030　门上贴着一副对联。
031　床上躺着一个老人。
032　河里游着许多小鱼。

033 前面来了一个胖胖的小男孩。

034 人走了。鞋子破了。钱用完了。

035 他家一下子死了三头猪。

036 家家拆了旧房子建新房子。

037 每天早上我买了菜才去上班。

038 每天早上我卖了菜才去上学。

039 车票我买好了，你不用买了。

040 这辆汽车要开到南昌去。

041 你去哪儿？——我去南昌。

042 你刚才干什么去了？——我买菜去了。

043 你尝尝他做的点心再走吧。

044 我吃过兔子肉，你吃过没有？——我没吃过。

045 我洗过澡了，今天不打篮球了。

046 你才吃了一碗米饭，再吃一碗吧。

047 我算得太快算错了，让我重新算一遍。

048 他一高兴就唱起歌来了。

049 报告只写了一半，还得写下去。

050 外婆给了我压岁钱。

051 给他一支笔！别给他钱！

052 这支笔送给你。

053 这些钱寄到他儿子读书的学校去。

054 朋友借给他一间房间。

055 那个卖药的骗了他一千块钱呢。

056 这是谁写的字？谁猜得出我就奖励谁十块钱。

057 他像个病人似的靠在沙发上，站不起来。

058 这么干活儿连小伙子都会累坏的。

059 再这样累下去会生病的。

060 他跳上末班车走了。

061 我没赶上车，只能慢慢地走回学校了。

062 老王呢？——老王今天在家里。

063 他在干什么？——他在家里正陪客人说着话呢。

064 我给你的书是我教大学的舅舅写的。

065 我们是在车站买的车票。

066 我打得过他，他打不过我。
067 我管不了他，谁都说不过这个家伙。
068 上午老王会来公司吗？——我看他不会来。
069 他会来的。他马上就来了。
070 老王说就来的，怎么半天了还没到呢？
071 我走了，你们俩再多坐一会儿。
072 我的事用不着你说。
073 你自己的事，你得去看看。
074 这块布能做两套衣服，做不了三套衣服。
075 这件事情我不能怪人家，只能怪自己。
076 你算算看，这点钱够不够花？
077 离开车只剩三分钟了，来得及吗？
078 我吃了饭再去，好不好？——吃了饭再去就来不及了。
079 我今天胃口不好吃不下饭。
080 他平常能吃三大碗饭。
081 半碗饭吃不饱。有这么多饭吃得饱。
082 桃子红了的可以吃，没红的不能吃。
083 你比我高，他比你还要高。
084 他没有比我高多少，只比我高两公分。
085 老王跟老张样高。
086 这种颜色和那种不一样。
087 今天比昨天更热。
088 我没有他那么傻。
089 这件衣服很好看，就是价钱太贵了。
090 她丈夫脾气好得不得了！（极言其好）
091 这几天他忙得很，忙得连饭都没有时间吃。
092 沿河边直走，到路口往右拐就到了。
093 用什么车从婺源往这里运木头呢？
094 对联要用毛笔写，用钢笔写看不清楚。
095 好几个工作任凭他挑。
096 他给儿子攒了很多钱，你要借钱向他借。
097 书别拿着，放在桌上！
098 那本书我放在桌上了。

099　快下雨了，你们别出去了！
100　下雨了。雨不下了，天要晴了。
101　五点了，快起床！天亮了（天快亮了）。
102　七点了，快起床！天亮了（天已经亮了）。
103　还有十里路，歇会儿再走。
104　剩一里路了，快到了。
105　人还没到齐，等一会儿再说。
106　他看电视看着看着睡着了。
107　她说着说着就哭起来了。
108　外面下着雨，没法出门。
109　这件事你要记住！别忘了！
110　这条毛巾很脏了，扔了它吧。
111　我找遍了大小书店，都没买着那本书。
112　打着伞去上学。躺着看书不好！
113　门开着的，你自己进去拿。
114　你坐着！别站起来！
115　你坐下！别站着！
116　你慢慢地说！别着急！
117　明天你去南昌不去？——我不去。
118　他明天还去南昌不去？（本来说要去的）——他不去了。
119　他明天还是不去南昌吗？（本来说不去的）——他要去了。
120　上星期你去了南昌没有？——我去了。‖我没去。
121　让孩子们先走，你把展览再仔仔细细看一遍。
122　你路熟，你前面走。
123　先喝酒，后吃饭。
124　上次只买了一本书，今天要多买几本。
125　我去过三回南昌。
126　一边走一边说，一会儿就到了。
127　说了一遍，又说一遍。
128　路越走越远，话越说越多。
129　我上个月借了他三百块钱。（"我"借入）
130　我上个月借了他三百块钱。（"我"借出）

001
你是什么地方人？

经公桥	尔 ŋ³⁵⁵ 是 ɕi²¹⁴ 何 □xɤ³⁵tau⁴⁴ 人？
鹅　湖	尔 ŋ³⁵ 是 ɕi²¹ 何里 xa³⁵li⁰ 人？
旧　城	尔 ŋ³¹ 是 ɕi³³ 何 □xɛ²⁴tei⁵⁵ 人？
湘　湖	尔 ŋ⁴⁴ 是 ɕi²¹ 何里 xa³⁵lei⁰ 人？
溪　头	尔 ŋ³³ 是 sɿ²³¹ 何落 xo⁵¹lo⁰ 人？
沱　川	尔 ŋ⁴⁴ 是 sɿ³¹ 何仂 xo²¹le⁰ 人？
紫　阳	尔 ŋ³¹ 是 ɕi³¹ 何落 xə²¹lo⁵¹ 人？
许　村	尔 ŋ³¹ 是 ʃɸ⁵⁵ 何里 xa⁵¹li⁰ 人？
中　云	尔 ŋ³¹ 是 sɿ³¹ 何里 xa⁴⁴li⁰ 人？
新　建	尔侬 n̩²⁴nəŋ⁰ 是 sɤ⁵¹ 何里 xa²⁴li⁰ 人？
新　营	尔 ŋ̍⁵³ 是 ɕi⁵¹ 何 □xo³¹tæ²¹⁵ 人？
黄　柏	尔 ŋ⁴⁴ 是 ɕi²¹ 何 □xo⁴¹tɛ²¹³ 人？
暖　水	尔 ŋ²¹ 是 sɤ⁵¹ 何 □xo²³tɔ⁵⁴ 人？

002
你会说婺源话吗？

经公桥	尔 ŋ³⁵⁵ 行 xaŋ³⁵⁵ 讲 kaŋ⁴² 婺源话 uʌ²¹⁴ 吗 mʌ⁰？
鹅　湖	尔 ŋ³⁵ 会 xuɛ²¹ 话 ua²¹ 婺源话 ua²¹¹ 呗 pɛ⁰？
旧　城	尔 ŋ³¹ 会 uɛ³³ 话 uo³³ 婺源话 uo³³ 吧 pa⁰？
湘　湖	尔 ŋ⁴⁴ 晓得 ɕio³¹taiʔ⁴ 话 uo²¹ 婺源话 uo²¹¹ 吧 pa⁰？
溪　头	尔 ŋ³³ 懂 təŋ⁴² 讲 kɔ⁴² 婺源话 uo⁵⁵ 吧 pɐ⁰？
沱　川	尔 ŋ⁴⁴ 晓得 ɕiɒ²tɒ⁵¹ 讲 kʌ̃² 婺源话 vo⁵¹ 吧 pɒ⁰？
紫　阳	尔 ŋ³¹ 晓得 ɕio²to⁵¹ 讲 kã² 婺源话 və⁵¹ 吧 pa⁰？
许　村	尔 ŋ³¹ 晓得 ʃo³¹to⁵⁵ 讲 kɔ̃³¹ 婺源话 vo⁵⁵ 不 pɤ⁵⁴ 啰 lo⁰？
中　云	尔 ŋ³¹ 会 xuɤ⁵¹ 讲 kã² 婺源话 vo⁵¹ 吧 pa⁰？
新　建	尔侬 n̩²⁴nəŋ⁰ 晓得 ɕiɛ³¹tɛ⁵¹ 讲 kɔ̃³¹ 婺源话 xua⁵¹ 吧 pa⁰？
新　营	尔 ŋ̍⁵³ 会 xua⁵¹ 讲 kɔ̃⁵³ 婺源事 ɕyɛ⁵⁵ 吧 pæ⁰？
黄　柏	尔 ŋ⁴⁴ 会 xuɛ²¹ 话 uɑ²¹³ 婺源事 xa²¹³ 吧 pa⁰？
暖　水	尔侬 n̩²⁴noŋ⁰ 晓得 ɕyɛ²¹ti⁵⁴ 讲 kʌŋ²¹⁴ 婺源话 xuɐ⁵¹ 吗 ma⁰？

003
这句话用婺源话怎么说？

经公桥	伊 i²⁴ 句 tɕy²¹⁴ 话 uʌ²¹⁴ 用 ioŋ²¹ 婺源话□□nã⁴²lən⁰ 讲 kaŋ⁴²？
鹅　湖	勒 lɛ⁵⁵ 句 tɕy²¹ 话 ua²¹¹ 用 ioŋ²¹ 婺源话何样 xa³⁵iõ²¹¹ 话 ua²¹¹？
旧　城	勒 lɛ⁵⁵ 句 tɕy²¹³ 话 uo³³ 用 ioŋ³³ 婺源话何样 xɛ²⁴n̪ia³³ 话 uo³³？
湘　湖	勒 lei⁴⁴ 句 tɕy³⁵ 话 uo²¹¹ 用 ioŋ²¹ 婺源话何样 xɛ³⁵ia³³ 话 uo²¹¹？
溪　头	伊 i³³ 句 tɕy²⁴ 话 uo⁵⁵ 用 iəŋ⁵⁵ 婺源话怎□tsɐn⁴²xã³³ 讲 kɔ̃⁴²？
沱　川	伊 i⁴⁴ 句 tɕy³⁵ 话 vo⁵¹ 用 iəŋ⁵¹ 婺源话何 tse³⁵xo²¹¹ 讲 kã²？
紫　阳	伊 i⁴⁴ 句 tɕy³⁵ 话 və⁵¹ 用 iɐm⁵¹ 婺源话怎何 tsã²xə⁵¹ 讲 kã²？
许　村	伊 i³³ 句 tɕy²⁴ 话 vo⁵⁵ 用 iɐm⁵⁴ 婺源话怎嘚 tsã³¹kɤ⁰ 讲 kɔ̃³¹？
中　云	伊 i⁴⁴ 句 tɕy³⁵ 话 vo⁵¹ 用 iɐm⁵¹ 婺源话怎嘚 tsen²kɤ⁰ 讲 kã²？
新　建	伊 i⁵⁴ 句 ki²⁴ 话 xua⁵¹ 用 iəŋ⁵¹ 婺源话何样 xɯ²⁴iɔ̃⁵¹ 讲 kɔ̃³¹？
新　营	诶 ɛ²¹³ 句 kuɛ²¹ 话 xo⁵¹ 用 iɐn⁵¹ 婺源话□种 ɕiæ⁵³tsən⁵³ 讲 kɔ̃⁵³ 嘞 lɐ⁰？
黄　柏	诶 ɛ²¹ 句 tɕy²¹ 事 xa²¹³ 用 iəŋ²¹ 婺源事何样 xo⁴¹iã²¹³ 话 uɑ²¹³？
暖　水	伊 i³¹ 句 tɕy³⁵ 话 xuɐ⁵¹ 用 ioŋ⁵¹ 婺源话何种 xo²³tsoŋ³¹ 讲 kʌŋ²¹⁴？

004
有许多地方把太阳叫日头。

经公桥	有 iəu⁴² 好多 xau⁴²tuʌ²² 落处 lau²²tɕ'y²¹⁴ 把 puʌ⁴² 太阳嚎 xau³⁵ 日头。
鹅　湖	有 iəu⁵³ 好多 xau⁵³tuo⁵⁵ 位□uei³⁵sɿ²¹¹ 担 tõ⁵⁵ 太阳嚎 xau³⁵ 日头。
旧　城	有 iəu³¹ 好多 xau³¹tuo⁵⁵ 落方儿 lau³³faŋ⁵⁵ni⁰ 拿 la⁵⁵ 太阳叫 tɕiau²¹³ 日头。
湘　湖	有 iəu³⁵ 好多 xau³⁵to⁴⁴ 地方 t'ei²¹faŋ⁴⁴ 帮 paŋ⁴⁴ 太阳嚎 xau³⁵ 日头。
溪　头	有 iæi²³¹ 好多 xa⁴²to³³ 许在 ɕy²⁴ts'ɐ²³¹ 帮 pɔ̃³³ 太阳说 xue⁵⁵ 日头。
沱　川	有 iə³¹ 一拉 i⁵¹la⁰ 许在 ɕy³⁵ts'a³¹ 把 pɒ² 太阳叫 tɕiɔ³⁵ 日头。
紫　阳	有 ia³¹ 一落 i⁵¹lo²¹ 许在 ɕy²ts'e⁵¹ 帮 pã⁴ 太阳叫 tɕio³⁵ 日头。
许　村	有 ia³¹ 好多 xa³¹tɤ³³ 地方 t'i⁵⁵fɔ̃³³ 帮 pã⁴⁴ 太阳叫□tʃo²⁴tsɿ⁰ 日头。
中　云	有 ia³¹ 好多 xa³⁵tɤ⁴⁴ 地方 t'i⁵¹fã⁴⁴ 帮 pã⁴⁴ 太阳叫 tɕio³⁵ 日头。
新　建	有 iɯ³¹ 好多 xə³¹tɯ⁵⁴ 落处 lo³³tɕ'y²¹³ 帮 pɔ̃⁵⁴ 太阳叫 tʃa²¹³ 日头。
新　营	有 io⁵³ 好多 xɔ⁵³tu⁵⁵ 场下 tɕ'iã³¹xo⁵¹ 把 pa⁵³ 太阳叫 tɕiɔ²¹³ 日头。
黄　柏	有 iu⁴⁵³ 好多 xə⁵³to⁴⁴ 场下 tʃ'ã⁴¹xɑ²¹³ 把 pɑ⁵³ 太阳叫 tʃa²¹³ 日头。
暖　水	有 y²¹⁴ 好多 xɤ²¹to³¹ 场下 tʂ'ʌŋ²³xuɐ⁵¹ 把 puɐ²¹ 太阳嚎 xɤ²³ 日寮儿。

005
昨天老王钓了一条大鱼，我没有钓到鱼。

经公桥	昨日老王钓了 lɣ⁰ 一条大鱼，阿 ʌ³⁵⁵ □冇 xʌ⁴⁴mau²¹⁴ 钓到 tau⁰ 鱼。
鹅　湖	昨天老王钓嘞 lɛ⁰ 一条大鱼，我 ŋuo⁵³ 冇 mau³⁵ 钓到 tau⁰ 鱼。
旧　城	昨天老王钓嘚 tɛ⁰ 一条大鱼，我 o³¹ 冇 mau³³ 钓到 tau⁰ 鱼。
湘　湖	昨日老王钓到 tau⁰ 一条大鱼，我 o³¹ 冇 mau³⁵ 钓到 tau⁰ 鱼。
溪　头	昨日老王钓着 tsʻau⁵⁵ 一条大鱼，□so²³¹ 不曾 pã⁵¹ 钓着 tsʻau⁵⁵ 鱼。
沱　川	昨日老王钓了 lə⁰ 一条大鱼，我 o³¹ 不曾 pə⁵¹sã²¹¹ 钓到 ta³⁵ 鱼。
紫　阳	昨日老王钓之 tɕi⁰ 一条大鱼，我 ə³¹ 不曾 põ²¹¹ 钓着 tsʻɒ⁵¹ 鱼。
许　村	昨日老王钓之 tɕi⁰ 一条大鱼，我 o³¹ 不曾 pã⁵¹ 钓到 ta⁰ 鱼。
中　云	昨日老王钓到 ta⁰ 一条大鱼，我 o³¹ 不曾 pã¹¹ 钓到 ta⁰ 鱼。
新　建	昨日老王钓□tɕiɛ⁰ 一条大鱼，阿 a²⁴ 不曾 pã²⁴ 钓到 tə⁰/□tɕiɛ⁰ 鱼。
新　营	昨日老王钓啦 la⁰ 一条大鱼，我 ŋo⁵³ 冇 mɔ³¹ 钓到 tɔ⁰ 鱼。
黄　柏	昨日老王钓了 lə⁰ 一条大鱼，阿 a⁴⁴ 唔呐 ŋ⁴⁴nən⁴¹ 钓到 tə⁰ 鱼。
暖　水	昨日老王钓到 tɣ⁰ 一条大鱼，我 ŋuɐ²¹ 不曾 pæ²³ 钓到 tɣ⁰ 鱼。

006
你平时抽烟吗？——我不抽烟。

经公桥	尔 n̩³⁵⁵ 平时喫烟吗 mʌ⁰？——阿 ʌ³⁵⁵ 不 po⁴⁴ 喫烟。
鹅　湖	尔 n̩³⁵ 平时喫烟呗 pɛ⁰？——我 ŋuo⁵³ 不 peiʔ⁴ 喫烟。
旧　城	尔 n̩³¹ 平时喫烟啵 po⁰？——我 o³¹ 不 pai²¹³ 喫烟。
湘　湖	尔呐 n⁴⁴na⁰ 平时喫烟吧 pa⁰？——我 o³¹ 不 peiʔ⁴ 喫烟。
溪　头	尔 n̩³³ 平常喫烟吧 pɐ⁰？——阿 a²³¹ 不 pɐ⁵⁵ 喫烟。
沱　川	尔 n̩⁴⁴ 平常喫烟吧 pɒ⁰？——我 o³¹ 不 pə⁵¹ 喫烟。
紫　阳	尔 n̩³¹ 平时喫烟不 pu⁵¹ 嗰 kə⁰？——我 ə³¹ 不 pu⁵¹ 喫烟。
许　村	尔 n̩³¹ 平时喫烟吗 ma⁰？——我 o³¹ 不 pɣ⁵⁵ 喫烟。
中　云	尔 n̩³¹ 平时喫烟吧 pa⁰？——我 o³¹ 不 pɣ⁵¹ 喫烟。
新　建	尔 n̩²⁴ 平时喫烟吧 pa⁰？——阿 a²⁴ 不 pa⁵¹ 喫烟。
新　营	尔 ŋ̍⁵³ 平时喫烟拜 pæ⁰？——我 ŋo⁵⁵ 不 pu²¹⁵ 喫烟。
黄　柏	尔 n̩⁴⁴ 平时喫烟呗 pɛ⁰？——阿 a⁴⁴ 不 pɛ²¹ 喫烟。
暖　水	尔 n̩²¹ 平时喫烟吧 pa⁰？——我 ŋuɐ²⁴ 不 pe⁵⁴ 喫烟。

007-1

你在唱什么？〔——我没在唱，我放着录音呢。〕

经公桥	尔 n̩³⁵⁵ 在 tsʻa²⁴ 唱什么 ɕi⁴⁴mɤ²¹⁴?
鹅　湖	尔 n̩³⁵ 在 tsʻiɛ²¹□xɛ⁰ 唱什么个 ɕiʔ²⁴mɛʔ⁰kiɛ²¹³?
旧　城	尔 n̩³¹ 在 tsʻɛ³³ 唱什么个 ɕi²¹³mo⁰kɛ²¹³?
湘　湖	尔 n̩⁴⁴ 在 tsʻɛ²¹ 唱么个 moʔ⁴kɛ²¹²?
溪　头	尔 n̩³³ 在 tsʻɐ²³¹ 唱底么 te⁴²mo⁰?
沱　川	尔 n̩⁴⁴ 在 tsʻa³¹ 唱么仂 bə⁵¹le⁰?
紫　阳	尔 n̩³¹ 个落 ke³⁵lɒ⁵¹ 唱通物 tʻum⁴⁴bɤ⁵¹ 呀 ia⁰?
许　村	尔 n̩³¹ 在 tsʻɤ⁵² 唱么仂物 mɤ⁵⁵le⁰mɤ⁵⁵?
中　云	尔 n̩³¹ 在 tsʻɤ⁵¹ 唱□物 tʻɤ³¹bɤ⁵¹?
新　建	尔 n̩²⁴□kɛ²⁴ 唱么嗰 mə⁵¹ka²¹³?
新　营	尔 ŋ̍⁵³ 固仂 ku²¹le⁰ 唱么 mɛ⁵¹?
黄　柏	尔 n̩⁴⁴ 在 tsʻɛ²¹ 唱嘛 mə⁴¹?
暖　水	尔 n̩²¹ 在 tsʻɤ⁵¹ 唱么个 mo⁵¹ka³⁵?

007-2

〔你在唱什么？〕——我没在唱，我放着录音呢。

经公桥	——阿ʌ³⁵⁵□冇 xʌ⁴⁴mau²¹⁴ 唱，阿ʌ³⁵⁵ 放录音呢 nɤ⁰。
鹅　湖	——我 ŋuo⁵³ 冇 mau³⁵ 在 tsʻiɛ²¹ 唱，我 ŋuo⁵³ 放录音呢 nɛ⁰。
旧　城	——我 o³¹ 冇 mau³³ 唱，我 o³¹ 放着 tsə⁰ 录音。
湘　湖	——我 o³¹ 冇 mau³⁵ 唱，我 o³¹ 在 tsʻɛ²¹ 放到 tau⁰ 录音哪 na⁰。
溪　头	——阿 a²³¹ 不曾 pã⁵¹ 唱，阿 a²³¹□y³³ 放录音啊 ɐ⁰。
沱　川	——我 o³¹ 不曾 pã²¹¹ 唱，我 o³¹ 在 tsʻa³¹ 放录音嘞 le⁰。
紫　阳	——我 ɤ³¹ 不曾 pɔ̃²¹ 唱通么 tʻum⁴⁴be⁵¹，我 ɤ³¹□tɒ⁵¹ 伊落 i⁴⁴lo⁰ 放录音呀 ia⁰。
许　村	——我 o³¹ 不曾 pã⁵¹ 唱，我 o³¹ 放录音。
中　云	——我 o³¹ 不曾 pã¹¹ 唱，我 o³¹ 在 tsʻɤ⁵¹ 放录音呢 ne⁰。
新　建	——阿 a²⁴ 不曾 pã²⁴ 唱么嗰 mə⁵¹ka²¹³，阿 a²⁴ 嘞 le⁵⁴□kɛ⁰ 放录音。
新　营	——我 ŋo⁵³ 冇 mɔ³¹ 唱，我 ŋo⁵³ 固仂 ku²¹le⁰ 放录音。
黄　柏	——阿 a⁴⁴ 唔□n̩⁴⁴nən⁴¹ 唱，阿 a⁴⁴ 在 tsʻɛ²¹ 放录音呢 nɐ⁰。
暖　水	——我 ŋuɐ³¹ 不曾 pæ²³ 唱，我 ŋuɐ²¹ 在 tsʻɤ⁵¹ 放录音。

008
我认识他，他是你弟弟。

经公桥	阿ʌ³⁵⁵ 认得 in²⁴tai⁰ 渠 kei³⁵⁵，渠 kei³⁵⁵ 是 ɕi²⁴ 尔 n̩³⁵⁵ 嗰 kɤ⁰ 弟郎。
鹅 湖	我 ŋuo⁵³ 认得 iɛn²¹taiʔ⁰ 渠 ku³⁵，渠 ku³⁵ 是 ɕi²¹ 尔 n̩³⁵ 弟郎。
旧 城	我 o³¹ 认得 iɛn³³tai⁰ 渠 tɕi²⁴，渠 tɕi²⁴ 是 ɕi³³ 尔 n̩³¹ 弟郎。
湘 湖	我 o³¹ 认得 iɛn²¹taiʔ⁰ 渠哩 ku³⁵li⁰，渠哩 ku³⁵li⁰ 是 ɕi²¹ 尔 n̩⁴⁴ 弟郎。
溪 头	阿 a²³¹ 认得着 iɛn⁵⁵tɐ⁰tsʻau⁵⁵ 渠 kʻɐ⁵¹，渠 kʻɐ⁵¹ 是 sɿ²³¹ 尔 n̩³³ 弟郎。
沱 川	我 o³¹ 认得 n̠iɛn⁵¹tɒ⁰ 渠 kʻə²¹¹，渠 kʻə²¹¹ 是 sɿ³³ 尔 n̩⁴⁴ 弟佬。
紫 阳	我 ə³¹ 认得 n̠iæ⁵¹to⁰ 渠 tɕʻie²¹¹，渠 tɕʻie²¹¹ 是 ɕi³¹ 尔 n̩³¹ 嗰 kə⁰ 弟佬。
许 村	我 o³¹ 认得 n̠iɛn⁵⁵to⁵⁵ 渠 tʃʻe⁵¹，渠 tʃʻe⁵¹ 是 ʃø⁵¹ 尔 n̩³¹ 弟佬。
中 云	我 o³¹ 认得 n̠iɛn⁵¹tɔ⁰ 渠 tɕʻie¹¹，渠 tɕʻie¹¹ 是 sɿ³¹ 尔 n̩³¹ 嗰 kɤ⁰ 弟郎。
新 建	阿 a²⁴ 认得着 n̠iẽ⁵¹tɐ⁰tɕʻɯ³³ 渠侬 tɕʻie²⁴nəŋ⁰，渠 tɕʻie²⁴ 是 sɤ⁵¹ 尔 n̩²⁴ 嗰 kə⁰ 弟。
新 营	我 ŋo⁵³ 认到 n̠iən⁵¹tɔ⁰ 渠 tɕʻi³¹，渠 tɕʻi³¹ 是 ɕi⁵¹ 尔 ŋ̍⁵³ 嗰 ke⁰ 弟佬。
黄 柏	我 a⁴⁴ 认得到 n̠iən²¹tɕʻə⁰tə²¹³ 渠 tɕʻi⁴¹，渠 tɕʻi⁴¹ 是 ɕi²¹ 尔 n̩⁴⁴ 弟郎。
暖 水	我 ŋuɐ²⁴ 认得 n̠iẽ⁵⁵ɕie⁵⁴ 渠 tɕʻi²³，渠 tɕʻi²³ 是 ʂɤ⁵¹ 尔 n̩²¹ 嗰 kɤ⁰ 弟郎。

009-1
我们两人等了你半个钟头了，〔我们三人一块去吃饭吧！〕

经公桥	阿ʌ³⁵⁵ 两个人 niã⁴²kɤ²¹in³⁵⁵ 等了 lɤ⁰ 尔 n̩³⁵⁵ 半个钟头，
鹅 湖	我□ŋuo⁵³ŋ̍³⁵ 两个人 niõ⁵³kiɛ²¹iɛn³⁵ 等尔 n̩³⁵ 半个钟点了 lə⁰，
旧 城	我□o³¹sɛn⁵⁵ 两个人 na³¹ki̇ɛ²¹³iɛn²⁴ 等尔 n̩³¹ 半个钟头啦 la⁰，
湘 湖	我跟渠 o³¹kən⁴⁴ku³⁵ 两个人 la³⁵ke⁰iɛn³⁵ 等尔 n̩⁴⁴ 等哩 li⁰ 半个钟头，
溪 头	□so²³¹ 搭 tɐ⁵⁵ 渠 kʻɐ⁵¹ 两个人 niõ⁵¹ka²⁴iɛn⁵¹ 等之 tsɿ⁰ 尔 n̩³³ 半个钟头，
沱 川	□□xəŋ²¹xã̠⁴⁴ 两个人 liã̠³¹ka³⁵iɛn²¹¹ 等了 lə⁰ 尔 n̩⁴⁴ 半个钟头啦 la⁰，
紫 阳	□家 ã⁴⁴kə⁴⁴ 两个人 niã³¹ke³⁵iæ²¹¹ 等之 tɕi⁰ 尔 n̩³¹ 半个钟头啦 la⁰，
许 村	我□o³¹xã³³ 两个人 niõ³¹kɤ²⁴iɛn⁵¹ 等了 lɤ⁰ 尔 n̩³¹ 半个钟头，
中 云	我□o³¹xã⁴⁴ 两个人 niã³¹kɤ⁰iɛn¹¹ 等之 tɕi⁰ 尔呐 n̩³¹ne⁰ 半个钟头嘞 le⁰，
新 建	阿□a²⁴uɔ̃⁰ 两个人 niɔ̃³¹ka⁰n̠iẽ²⁴ 等尔 n̩²⁴ 半个钟点啦 la⁰，
新 营	我 ŋo⁵³ 两个人 liã⁵³ke⁰n̠iən³¹ 等啦 la⁰ 尔 ŋ̍⁵³ 半个钟头，
黄 柏	阿啦 a⁴⁴la⁰ 两个人 liã⁵³ko²¹n̠iən⁴¹ 等哩 li⁰ 尔 n̩⁴⁴ 半个钟头，
暖 水	我 ŋuɐ²¹ 两个人 liʌŋ²⁴ka⁰n̠iẽ²³ 等尔侬 n̩²⁴noŋ⁰ 半个钟头了 lɤ⁰，

009-2

〔我们两人等了你半个钟头了，〕我们三人一块去吃饭吧！

经公桥	□ã²² 三个人 suã²²kɤ²¹in³⁵⁵ 一起 i⁴⁴tɕ‘i⁴² 去喫饭吧 pʌ⁰！
鹅　湖	我□ŋuo⁵³ŋ³⁵ 三个人 sõ⁵⁵kiɛ²¹iɛn³⁵ 一路 iʔ⁴ləu²¹¹ 去喫饭吧 pa⁰！
旧　城	我□o³¹sɛn⁵⁵ 三个人 suo⁵⁵kiɛ²¹³iɛn²¹ 一路 i²¹³ləu³³ 去喫饭吧 pa⁰！
湘　湖	我跟尔 o³¹kən⁴⁴ŋ⁴⁴ 三个人 so⁴⁴kɐ⁰iɛn³⁵ 一起 iʔ⁴tɕ‘i³¹⁴ 去喫饭啦 la⁰！
溪　头	阿侬 a³³nəŋ⁰ 三个人 sũ³³ka²⁴iɛn⁵¹ 一起 i⁵⁵tʃ‘i⁴² 去喫饭吧 pɐ⁰！
沱　川	□□xəŋ²¹xã⁴⁴ 三个人 sõ⁴⁴ka³⁵iɛn²¹¹ 一起 i⁵¹tɕ‘i² 去喫饭吧 pɒ⁰！
紫　阳	□家 ã⁴⁴kə⁴⁴ 三个人 sum⁴⁴kɛ²¹iæ²¹¹ 一起 i⁵¹tɕ‘i² 去喫饭吧 pa⁰！
许　村	我□o³¹xã³³ 三个人 sũ³³kɤ²⁴iɛn⁵¹ 一起 ia⁵⁵tɕ‘i³¹ 去喫饭吧 pa⁰！
中　云	我□尔 o³¹xã⁴⁴ŋ³¹ 三个人 sum⁴⁴kɤ²⁴iɛn¹¹ 一起 ia⁵¹tɕ‘i² 去喫饭吧 pa⁰！
新　建	阿碗 a²⁴uɔ̃⁰ 三个人 sã̃⁵⁴ka⁰n̩iɛ²⁴ 一起 iɛ⁵¹tɕ‘iɛ²¹³ 去喫饭吧 pa⁰！
新　营	阿 ŋa⁵³ 三个人 sã⁵⁵kɛ⁰niən³¹ 一落 i²¹⁵lɔ⁰ 去喫饭！
黄　柏	□kən⁴⁴naᵊ 三个人 sã⁴⁴ko²¹niən⁴¹ 一起 i²¹tɕ‘i⁵³ 去喫饭吧 pa⁰！
暖　水	□ŋæ²¹ 三个人 sã³¹ka⁰n̩iɛ̃²³ 一起 i⁵⁴tɕ‘i²¹⁴ 去喫饭！

010

这件事他知道不知道？

经公桥	伊 i²⁴ 桩 tʂaŋ²² 事渠 kei³⁵⁵ 省 ɕiãi⁴² 不 po⁴⁴ 省得 ɕiãi⁴²tai⁴⁴？
鹅　湖	勒 lɛ⁵⁵ 样 iõ²¹ 事ᵣ渠 ku³⁵ 省 ʂai⁵³ 不 peiʔ⁴ 省得 ʂai⁵³taiʔ⁰？
旧　城	勒 lɛ⁵⁵ 样 n̩ia³³ 事ᵣ渠 tɕi²⁴ 晓得 ɕiau³¹tai⁰ 不 pai²¹³ 晓得 ɕiau³¹tai⁰？
湘　湖	勒 lei⁴⁴ 桩 tsaŋ⁴⁴ 事渠 ku³⁵ 晓得 ɕio³¹tɛʔ⁴ 不 peiʔ⁴ 晓得 ɕio³¹taiʔ⁴？
溪　头	伊 i³³ 样 iɔ̃⁵⁵ 事渠 k‘ɐ⁵¹ 晓 ʃa⁴² 不 pɐ⁵⁵ 晓得 ʃa⁴²ta⁵⁵？
沱　川	伊 i⁴⁴ 件 tɕ‘ĩ³¹ 事渠 k‘ə²¹¹ 晓 ɕiɒ² 不 pə⁵¹ 晓得 ɕiɒ²tɒ⁵¹？
紫　阳	伊 i⁴⁴ 样 iã⁵¹ 事渠 tɕ‘iɛ²¹¹ 晓得 ɕiɒ²to⁵¹ 不 pu⁵¹ 晓得 ɕiɒ²to⁵¹ 呀 ia⁰？
许　村	伊 i³³ 样 iɔ̃⁵⁵ 事渠 tʃ‘e⁵¹ 晓 ʃo³¹ 不 pɤ⁵⁵ 晓得 ʃo³¹to⁵⁵？
中　云	伊 i⁴⁴ 样 iã⁵¹ 事渠 tɕ‘ie¹¹ 晓 ɕio⁵¹ 不 pɤ⁵¹ 晓得 cio²to⁵¹？
新　建	伊 i⁵⁴ 样 iɔ̃⁵¹ 事渠 tɕ‘iɛ²⁴ 晓得 ɕiɛ³¹tɤ⁰ 不 pa⁵¹ 晓得 ɕiɛ³¹tɤ⁰？
新　营	诶 ɛ⁵⁵ 啯 kɛ⁰ 事务渠 tɕ‘i³¹ 晓 ɕiɔ⁵³ 不 pu²¹⁵ 晓得 ɕiɔ⁵³tɤ⁰ 嘞 lɛ⁰？
黄　柏	诶 ɛ²¹ 样 iã²¹ 事渠 tɕ‘i⁴¹ 晓 ʃə⁴⁵³ 不 pɛ²¹ 晓得 ʃə⁴⁵³tɛ⁰？
暖　水	伊 i³¹ 样 iɔ̃⁵¹ 事渠 tɕ‘i²³ 晓 ɕyɛ²⁴ 不 pɛ⁵⁴ 晓得 ɕyɛ²⁴tɛ⁰？

011
你到底答应不答应他？

经公桥	尔 n̩³⁵⁵ 到底 tau²⁴ti⁴² 答 tuʌ⁴⁴ 不 po⁴⁴ 答应 tuʌ⁴⁴iãi²¹⁴ 渠 kei³⁵⁵？
鹅 湖	尔 n̩³⁵ 到底 tau²¹tei⁵³ 答 toʔ⁴ 不 peiʔ⁴ 答应 toʔ⁴ŋãi²¹³ 渠 ku³⁵？
旧 城	尔 n̩³¹ 到底 tau²¹³tei³¹ 答应 to²¹³ŋai²¹³ 不 pai²¹³ 答应 tuo²¹³ŋai²¹³ 渠 tɕi²⁴？
湘 湖	尔 n̩⁴⁴ 到底 tau³⁵tei³¹⁴ 答应 toʔ⁴ŋai²¹² 不 peiʔ⁴ 答应 toʔ⁴ŋai²¹² 渠 ku³⁵？
溪 头	尔 n̩³³ 到底 tɐ²⁴te⁴² 答 to⁵⁵ 不 pɐ⁵⁵ 答应 to⁵⁵iæi²⁴ 渠 kʻɐ⁵¹？
沱 川	尔 n̩⁴⁴ 到底 ta³⁵te² 答应 to⁵¹iã³⁵ 不 pə⁵¹ 答应 to⁵¹iã³⁵ 渠 kʻə²¹¹？
紫 阳	尔 n̩³¹ 到底 to³⁵ti² 答 tə⁵¹ 不 pu⁵¹ 答应 tə⁵¹iõ³⁵ 渠 tɕʻie²¹¹ 啦 la⁰？
许 村	尔 n̩³¹ 到底 ta²⁴te³¹ 答 to⁵⁴ 不 pɣ⁵⁵ 答应 to⁵⁴iã²⁴ 渠 tʃʻe⁵¹？
中 云	尔 n̩³¹ 到底 ta³⁵te² 答应 to⁵¹iã³⁵ 不 pɣ⁵¹ 答应 to⁵¹iã³⁵ 渠 tɕʻie¹¹？
新 建	尔 n̩²⁴ 到底 tə²⁴tæ³¹ 答应 tuɣ⁵¹iã²¹³ 不 pa⁵¹ 答应 tuɣ⁵¹iẽ²¹³ 渠 tɕʻiɛ²⁴？
新 营	尔 ŋ̍⁵³ 到底 tɔ²¹tɛ⁵³ 答应 to²¹⁵ŋæ²¹ 不 pu²¹⁵ 答应 to²¹⁵ŋæ²¹ 渠 tɕʻi³¹？
黄 柏	尔 n̩⁴⁴ 到底 tə²¹ti⁴⁵³ 答 ta²¹ 不 pɛ²¹ 答应 tɑ²¹iən²¹³ 渠 tɕʻi⁴¹？
暖 水	尔 n̩²¹ 到底 tɣ³⁵ti²¹⁴ 答 to⁵⁴ 不 pɛ⁵⁴ 答应 tuɐ⁵⁴iɔ̃³⁵ 渠 tɕʻi²³？

012-1
你告诉他这件事了吗？〔——我告诉他了。〕

经公桥	尔 n̩³⁵⁵ 跟 kən²² 渠 kei³⁵⁵ 讲 kaŋ⁴² 了 lɣ⁰ 伊 i²⁴ 桩 tsaŋ²² 事吗 mʌ⁰？
鹅 湖	尔 n̩³⁵ 跟 kiɛn⁵⁵ 渠 ku³⁵ 话 ua²¹ 嚼 kɛ⁰ 勒 lɛ⁵⁵ 样 iõ²¹ 事儿吗 pɛ⁰？
旧 城	尔 n̩³¹ 跟 kɛn⁵⁵ 渠 tɕi²⁴ 话 uo³³ 嘀 ti⁰ 勒 lɛ⁵⁵ 样 n̩ia³³ 事儿吗 ma⁰？
湘 湖	尔 n̩⁴⁴ 跟 kɛn⁴⁴ 渠 ku³⁵ 话 uo²¹ 哩 li⁰ 勒 lei⁴⁴ 桩 tsaŋ⁴⁴ 事吧 pa⁰？
溪 头	尔 n̩³³ 搭 tɐ⁵⁵ 渠 kʻɐ⁵¹ 讲 kɔ̃⁴² 之 tsŋ⁰ 伊 i³³ 样 iɔ̃⁵⁵ 事吧 pɐ⁰？
沱 川	尔 n̩⁴⁴ □xã²¹ 渠 kʻə²¹¹ 讲 kɑ̃² 伊 i⁴⁴ 件 tɕʻĩ³¹ 事了 lə⁰ 吧 pɒ⁰？
紫 阳	尔 n̩³¹ □xã⁴⁴ 渠 tɕʻie²¹¹ 讲 kã² 之 tɕi⁰ 伊 i⁴⁴ 样 iã⁵¹ 事不曾 pɔ̃²¹？
许 村	尔 n̩³¹ 搭 to⁵⁵ 渠 tʃʻe⁵¹ 讲 kɔ̃³¹ 之 tɕi⁰ 伊 i³³ 样 iɔ̃⁵⁵ 事吧 pa⁰？
中 云	尔 n̩³¹ □xã⁴⁴ 渠 tɕʻie¹¹ 讲 kã² 之 tɕi⁰ 伊 i⁴⁴ 样 iã⁵¹ 事吧 pa⁰？
新 建	尔 n̩²⁴ 跟 kẽ⁵⁴ 渠 tɕʻiɛ²⁴ 讲 kɔ̃³¹ 嘞 læ⁰ 伊 i⁵⁴ 样 iɔ̃⁵¹ 事吧 pa⁰？
新 营	尔 ŋ̍⁵³ 跟 kuən⁵⁵ 渠 tɕʻi³¹ 讲 kɔ̃⁵³ 啦 la⁰ 诶 ɛ⁵⁵ 个 kɛ⁰ 事务唎 pæ⁰？
黄 柏	尔 n̩⁴⁴ 跟 kən⁴⁴ 渠 tɕʻi⁴¹ 话 uɑ²¹ 嘞 lə⁰ 诶 ɛ²¹ 样 iã²¹ 事呗 pɛ⁰？
暖 水	尔 n̩²¹ 搭 to⁵⁴ 渠 tɕʻi²³ 讲 kʌŋ²⁴ 嘞 le⁰ 伊 i³¹ 样 iɔ̃⁵¹ 事呗 pe⁰？

012-2
〔你告诉他这件事了吗？〕——我告诉他了。

经公桥	——阿ʌ³⁵⁵ 跟 kən²² 渠 kei³⁵⁵ 讲 kaŋ⁴² 了 lɤ⁰。
鹅　湖	——我 ŋuo⁵³ 跟 kiɛn⁵⁵ 渠 ku³⁵ 话 ua²¹ 嗝 kɛ⁰。
旧　城	——我 o³¹ 跟 kɛn⁵⁵ 渠 tɕi²⁴ 话 uo³³ 嘀 ti⁰ 啦 la⁰。
湘　湖	——我 o³¹ 跟 kɛn⁴⁴ 渠 ku³⁵ 话 uo²¹ 哩 li⁰。
溪　头	——我 a²³¹ 搭 tɐ⁵⁵ 渠 kʻɐ⁵¹ 讲 kɔ̃⁴² 之 tsŋ⁰。
沱　川	——我 o³¹ □xã²¹ 渠 kʻə²¹¹ 讲 kã̃² 了 lə⁰。
紫　阳	——我 ə³¹ □xã⁴⁴ 渠 tɕʻie²¹¹ 讲 kã² 之 tɕi⁰ 嗝 kə⁰ 啦 la⁰。
许　村	——我 o³¹ 搭 to⁵⁵ 渠 tʃʻe⁵¹ 讲 kɔ̃³¹ 之 tɕi⁰。
中　云	——我 o³¹ □xã⁴⁴ 渠 tɕʻie¹¹ 讲 kã² 之 tɕi⁰。
新　建	——阿 a²⁴ 跟 kẽ⁵⁴ 渠 tɕʻie²⁴ 讲 kɔ̃³¹ 嘞 læ⁰。
新　营	——我 ŋo⁵³ 跟 kuən⁵⁵ 渠 tɕʻi³¹ 讲 kɔ̃⁵³ 啦 la⁰。
黄　柏	——阿 a⁴⁴ 跟 kən⁴⁴ 渠 tɕʻi⁴¹ 话 ua²¹ 嘞 lɛ⁰。
暖　水	——我 ŋuɐ²⁴ 搭 to⁵⁴ 渠 tɕʻi²³ 讲 kʌŋ²⁴ 嘞 le⁰。

013-1
你告诉过他这件事吧？〔——我告诉过他了。〕

经公桥	尔 ŋ³⁵⁵ 跟 kɤ²² 渠 kei³⁵⁵ 讲 kaŋ⁴² 过 kuʌ²⁴ 伊 i²⁴ 桩 tʂaŋ²² 事吗 mʌ⁰?
鹅　湖	尔 ŋ³⁵ 跟 kiɛn⁵⁵ 渠 ku³⁵ 话 ua²¹ 过 kuo²¹³ 勒 lɛ⁵⁵ 样 iõ²¹ 事ⁿ 呗 pɛ⁰?
旧　城	尔 ŋ³¹ 跟 kɛn⁵⁵ 渠 tɕi²⁴ 话 uo³³ 过 kuo²¹³ 勒 lɛ⁵⁵ 样 ȵia³³ 事ⁿ 吗 ma⁰?
湘　湖	尔 ŋ⁴⁴ 跟 kɛn⁴⁴ 渠 ku³⁵ 话 uo²¹ 过 kuo²¹² 勒 lei⁴⁴ 桩 tsaŋ⁴⁴ 事吧 pa⁰?
溪　头	尔 ŋ³³ 搭 tɐ⁵⁵ 渠 kʻɐ⁵¹ 讲 kɔ̃⁴² 过 ko²⁴ 伊 i³³ 样 iɔ̃⁵⁵ 事吧 pɐ⁰?
沱　川	尔 ŋ⁴⁴ □xã²¹ 渠 kʻə²¹¹ 讲 kã̃² 过 ku³⁵ 伊 i⁴⁴ 件 tɕʻɿ³¹ 事吧 pɒ⁰?
紫　阳	尔 ŋ³¹ □xã⁴⁴ 渠 tɕʻie²¹¹ 讲 kã² 过 ku³⁵ 伊 i⁴⁴ 样 iã⁵¹ 事不曾 pɔ̃²¹?
许　村	尔 ŋ³¹ 搭 to⁵⁵ 渠 tʃʻe⁵¹ 讲 kɔ̃³¹ 过 ku²⁴ 伊 i³³ 样 iɔ̃⁵⁴ 事吧 pa⁰?
中　云	尔 ŋ³¹ □xã⁴⁴ 渠 tɕʻie¹¹ 讲 kã² 过 ku³⁵ 伊 i⁴⁴ 样 iã⁵¹ 事吧 pa⁰?
新　建	尔 ŋ²⁴ 跟 kẽ⁵⁴ 渠 tɕʻie²⁴ 讲 kɔ̃³¹ 过 ku²¹³ 伊 i⁵⁴ 样 iɔ̃⁵¹ 事吧 pa⁰?
新　营	尔 ŋ̍⁵³ 跟 kuən⁵⁵ 渠 tɕʻi³¹ 讲 kɔ̃⁵³ 过 ku²¹³ 诶 ɛ⁵⁵ 个 kɛ⁰ 事务哋 pæ⁰?
黄　柏	尔 ŋ⁴⁴ 跟 kən⁴⁴ 渠 tɕʻi⁴¹ 话 ua²¹ 过 ko²¹ 诶 ɛ²¹ 样 iã²¹ 事呗 pe⁰?
暖　水	尔 ŋ²¹ 搭 to⁵⁴ 渠 tɕʻi²³ 讲 kʌŋ³⁵ 过 ku³⁵ 伊 i³¹ 样 iɔ̃⁵¹ 事呗 pe⁰?

013-2

〔你告诉过他这件事吧？〕——我告诉过他了。

经公桥	——阿 ʌ³⁵⁵ 跟 kən²² 渠 kei³⁵⁵ 讲 kaŋ⁴² 过 kuʌ²⁴。
鹅　湖	——我 ŋuo⁵³ 跟 kiɛn⁵⁵ 渠 ku³⁵ 话 ua²¹ 过 kuo²¹³ 嘞 lɛ⁰。
旧　城	——我 o³¹ 跟 kɛn⁵⁵ 渠 tɕi²⁴ 话 uo³³ 过 kuo²¹³ 嘀 ti⁰ 啦 la⁰。
湘　湖	——我 o³¹ 跟 kɛn⁴⁴ 渠 ku³⁵ 话 uo²¹ 过 kuo²¹² 哩 li⁰。
溪　头	——我 a²³¹ 搭 tɐ⁵⁵ 渠 k'ɐ⁵¹ 讲 kɔ⁴² 过 ko²⁴ 之 tsʅ⁰。
沱　川	——我 o³¹ □xã²¹ 渠 k'ɔ²¹¹ 讲 kã² 过 ku³⁵ 了 lə⁰。
紫　阳	——我 ə³¹ □xã⁴⁴ 渠 tɕ'ie²¹¹ 讲 kã² 过 ku³⁵ 之 tɕi⁰ 啦 la⁰。
许　村	——我 o³¹ 搭 to⁵⁵ 渠 tʃ'e⁵¹ 讲 kɔ³¹ 过 ku²⁴ 之 tɕi⁰。
中　云	——我 o³¹ □xã⁴⁴ 渠 tɕ'ie¹¹ 讲 kã² 过 ku³⁵ 啦 la⁰。
新　建	——阿 a²⁴ 跟 ẽ⁴⁵⁴ 渠 tɕ'ie²⁴ 讲 kɔ³¹ 过 ku²¹³。
新　营	——我 ŋo⁵³ 跟 kuən⁵⁵ 渠 tɕ'i³¹ 讲 kɔ⁵³ 过 ku²¹³ 啦 la⁰。
黄　柏	——阿 a⁴⁴ 跟 kən⁴⁴ 渠 tɕ'i⁴¹ 话 uɑ²¹ 过 ko²¹ 嘞 lɛ⁰。
暖　水	——我 ŋuɐ²⁴ 搭 to⁵⁴ 渠 tɕ'i²³ 讲 kʌŋ²⁴ 过 ku³⁵。

014-1

这件是红的，那件是蓝的，〔哪一件好看？〕

经公桥	伊 i²⁴ 件 tɕ'iẽ²¹⁴ 是 ɕi²¹ 红嘅 kɤ⁰，□n̥ie²⁴ 件 tɕ'iẽ²¹⁴ 是 ɕi²¹ 蓝嘅 kɤ⁰，
鹅　湖	勒 lɛ⁵⁵ 件 tɕ'iɛn²¹ 是 ɕi²¹ 红嘅 kɛ⁰，那 luo³⁵ 件 tɕ'iɛn²¹ 是 ɕi²¹ 蓝嘅 kɛ⁰，
旧　城	勒 lɛ⁵⁵ 件 tɕ'i³³ 是 ɕi³³ 红嘅 kɛ⁰，唔 ŋ⁵⁵ 件 tɕ'i³³ 是 ɕi³³ 蓝嘅 kɛ⁰，
湘　湖	勒 lei⁴⁴ 件 tɕ'ĩ²¹¹ 是 ɕi²¹ 红嘅 kɛ⁰，唔 ŋ⁴⁴ 件 tɕ'ĩ²¹¹ 是 ɕi²¹ 蓝嘅 kɛ⁰，
溪　头	伊 i³³ 件 tʃ'ĩ²³¹ 是 sʅ²³¹ 红嘅 kɛ⁰，固 ku²⁴ 件 tʃ'ĩ²³¹ 是 sʅ²³¹ 蓝嘅 kɛ⁰，
沱　川	伊 i⁴⁴ 件 tɕ'ĩ³¹ 是 sʅ³¹ 红嘅 kə⁰，固 ku³⁵ 件 tɕ'ĩ³¹ 是 sʅ³¹ 蓝嘅 kə⁰，
紫　阳	伊 i⁴⁴ 件 tɕ'ĩ³¹ 是 ɕi³¹ 红嘅 kə⁰，个 ke³⁵ 件 tɕ'ĩ³¹ 是 ɕi³¹ 蓝嘅 kə⁰，
许　村	伊 i³³ 件 tɕ'ĩ⁵¹ 是 ʃø⁵¹ 红嘅 kɤ⁰，固 ku²⁴ 件 tɕ'ĩ⁵¹ 是 ʃø⁵¹ 蓝嘅 kɤ⁰，
中　云	伊 i⁴⁴ 件 tɕ'ĩ³¹ 是 sʅ³¹ 红嘅 kɤ⁰，固 ku³⁵ 件 tɕ'ĩ³¹ 是 sʅ³¹ 蓝嘅 kɤ⁰，
新　建	伊 i⁵⁴ 件 tɕ'iẽ⁵¹ 是 sɤ⁵¹ 红嘅 kə⁰，阿 a⁵⁴ 件 tɕ'iẽ⁵¹ 是 sɤ⁵¹ 蓝嘅 kə⁰，
新　营	诶 ɛ⁵⁵ 件 tɕ'iẽ⁵¹ 是 ɕi⁵¹ 红嘅 kɛ⁰，夏 xo⁵¹ 件 tɕ'iẽ⁵¹ 是 ɕi⁵¹ 蓝嘅 kɛ⁰，
黄　柏	诶 e²¹ 件 tɕ'iẽ²¹ 是 ɕi²¹ 红嘅 kɛ⁰，诶 ɛ⁴⁴ 件 tɕ'iẽ²¹ 是 ɕi²¹ 蓝嘅 kɛ⁰，
暖　水	伊 i³¹ 件 tɕ'iẽ⁵¹ 是 ʂɤ⁵¹ 红嘅 kɤ⁰，阿 a³¹ 件 tɕ'iẽ⁵¹ 是 ʂɤ⁵¹ 蓝嘅 kɤ⁰，

014-2
（这件是红的，那件是蓝的，）哪一件好看？

经公桥	何 xɣ³⁵ 一 i⁴⁴ 件 tɕʻiɛ²¹⁴ 好看？
鹅　湖	何里 xa³⁵li⁰ 一 iʔ⁴ 件 tɕʻiɛ²¹ 好看？
旧　城	何 xɛ²⁴ 一 i²¹³ 件 tɕʻi³³ 好看？
湘　湖	何 xɛ³⁵ 一 iʔ⁴ 件 tɕʻɿ²¹¹ 好看？
溪　头	何 xo⁵¹ 一 i⁵⁵ 件 tɕʻɿ²³¹ 好看？
沱　川	何 xo²¹ 一 i⁵¹ 件 tɕʻɿ³¹ 好看？
紫　阳	何 xə²¹ 一 ia⁵¹ 件 tɕʻɿ³¹ 好看？
许　村	何 xa⁵¹ 一 ia⁵⁵ 件 tɕʻɿ⁵¹ 好看？
中　云	何 xa¹¹ 一 ia⁵¹ 件 tɕʻɿ³¹ 好看？
新　建	何 xɯ²⁴ 一 iɛ⁵¹ 件 tɕʻiɛ⁵¹ 好看？
新　营	何 xo³¹ 一 i²¹⁵ 件 tɕʻiɛ⁵¹ 好觑？
黄　柏	何 xo⁴¹ 一 i²¹³ 件 tɕʻiɛ²¹ 好看？
暖　水	何 xo²³ 一 i⁵⁴ 件 tɕʻiɛ²¹ 好看？

015
你喜欢红的还是喜欢蓝的？

经公桥	尔 n̩³⁵⁵ 欢喜红嗰 kɣ⁰ 还是 xa³⁵ɕi²¹ 欢喜蓝嗰 kɣ⁰？
鹅　湖	尔 n̩³⁵ 欢喜红嗰 kɛ⁰ 还是 xuo³⁵ɕi²¹ 欢喜蓝嗰 kɛ⁰？
旧　城	尔 n̩³¹ 喜欢红嗰 kɛ⁰ 还是 xuo²⁴ɕi³³ 喜欢蓝嗰 kɛ⁰？
湘　湖	尔 n̩³¹ 喜欢红嗰 kɛ⁰ 还是 xa³⁵ɕi²¹ 喜欢蓝嗰 kɛ⁰？
溪　头	尔 n̩³³ 喜欢红嗰 kɐ⁰ 还是 o⁵¹ʂʅ²³¹ 喜欢蓝嗰 kɐ⁰？
沱　川	尔 n̩⁴⁴ 喜欢红嗰 kə⁰ 还是 o²¹ʂʅ³¹ 喜欢蓝嗰 kə⁰？
紫　阳	尔 n̩³¹ 喜欢红嗰 kə⁰ 还是 o²¹ɕi³¹ 喜欢蓝嗰 kə⁰？
许　村	尔 n̩³¹ 喜欢红嗰 kɣ⁰ 还是 xuɣ⁵¹ʃø⁵¹ 喜欢蓝嗰 kɣ⁰？
中　云	尔 n̩³¹ 喜欢红嗰 kɣ⁰ 还是 o¹¹ʂʅ³¹ 喜欢蓝嗰 kɣ⁰？
新　建	尔 n̩²⁴ 欢喜红嗰 kə⁰ 还是 xuɣ²⁴sɣ⁵¹ 欢喜蓝嗰 kə⁰ 嘞 læ⁰？
新　营	尔 n̩⁵³ 欢喜红嗰 kɛ⁰ 还是 xa³¹ɕi⁵¹ 欢喜蓝嗰 kɛ⁰？
黄　柏	尔 n̩⁴⁴ 喜欢红嗰 kɛ⁰ 还是 xa⁴¹ɕi²¹ 喜欢蓝嗰 kɛ⁰ 嘞 le⁰？
暖　水	尔侬 n̩²¹noŋ⁰ 欢喜红嗰 kɣ⁰ 还是 xo²³sɣ⁵¹ 欢喜蓝嗰 kɣ⁰？

016
叫老王**和我们一块**去看电影！

经公桥	嚎 xau³⁵ 老王跟 kən²² 阿□ʌ³⁵sən⁰ 一起 i²¹⁴tɕ'i⁴² 去看电影！
鹅　湖	嚎 xau³⁵ 老王跟 kiɛn⁵⁵ 我□ŋuo⁵³ŋ³⁵ 一路 iʔ⁴ləu²¹¹ 去看电影！
旧　城	叫 tɕiau²¹³ 老王跟 kɛn⁵⁵ 我□o³¹sɛn⁵⁵ 一路 i²¹³ləu³³ 去看电影！
湘　湖	嚎 xau³⁵ 老王跟 kɛn⁴⁴ 我大家 o³¹t'a²¹ko⁴⁴ 一起 iʔ⁴tɕ'i³¹⁴ 去看电影！
溪　头	叫 tʃa²⁴ 老王搭 tɐ⁵⁵ 阿人 a²³¹iɛn⁵¹ 一搭 i⁵⁵tɐ⁵⁵ 去看电影！
沱　川	叫 tɕiɒ³⁵ 老王□xã²¹ 我□o³¹xã⁴⁴ 一起 i⁵¹tɕ'i² 去看电影！
紫　阳	叫 tɕio³⁵ 老王□xã⁴⁴ 我□ə³¹xã⁴⁴ 一起 i⁵¹tɕ'i² 去看电影！
许　村	叫 tʃo²⁴ 老王搭 to⁵⁵ 我□o³¹xã³³ 一起 ia⁵⁵tɕ'i³¹ 去看电影！
中　云	叫 tɕio³⁵ 老王搭 to⁵¹ 我□o³¹xã⁴⁴ 一起 ia⁵¹tɕ'i² 去看电影！
新　建	叫 tʃa²¹³ 老王跟 kẽ⁵⁴ 阿碗 a²⁴uə̃⁰ 一起 iɛ⁵¹tɕ'i³¹ 去望电影！
新　营	叫 tɕiɔ²¹³ 老王跟 kuən⁵⁵ 阿拉 ŋa⁵³la⁰ 一落 i²¹⁵lɔ⁰ 去觑电影！
黄　柏	叫 tʃə²¹ 老王跟 kən⁴⁴□呐 kən⁴⁴nə⁰ 一起 i²¹tɕ'i⁵³ 去看电影！
暖　水	叫 tɕyɛ³⁵ 老王跟 kuẽ³¹□呐 ŋæ³¹ne⁰ 一起 i⁵⁴tɕ'i²¹⁴ 去看电影！

017-1
这部电影他看过了。〔/他**这部**电影看过了。/他看过**这部**电影了。〕

经公桥	伊 i²⁴ 个 kɤ⁰ 电影渠 kei³⁵ 看过 kuʌ²¹ 了 lɤ⁰。
鹅　湖	勒 lɛ⁵⁵ 个 kɛ⁰ 电影渠 ku³⁵ 看过 kuo²¹ 噶 kɛ⁰。
旧　城	勒 lɛ⁵⁵ 个 kiɛ⁰ 电影渠 tɕi²⁴ 看过 kuo²¹³ 嘀 ti⁰。
湘　湖	勒 lei⁴⁴ 个 kɛ⁰ 电影渠 ku³⁵ 看过 kuo²¹ 哩 li⁰。
溪　头	伊 i³³ 只 tsa⁵⁵ 电影渠 k'ɐ⁵¹ 看过 ko²⁴ 了 lɤ⁰。
沱　川	伊 i⁴⁴ 部 p'u⁵¹ 电影渠 k'ə²¹¹ 看过 ku³⁵ 啦 lɒ⁰。
紫　阳	伊 i⁴⁴ 只 tso⁵¹ 电影渠 tɕ'ie²¹¹ 看过 ku³⁵ 之 tɕi⁰ 啦 la⁰。
许　村	伊 i³³ 只 tʃo⁵⁵ 电影渠 tʃ'e⁵¹ 看过 ku²⁴ 了 lɤ⁰。
中　云	伊 i⁴⁴ 只 tso⁵¹ 电影渠 tɕ'ie¹¹ 看过 ku³⁵ 啦 la⁰。
新　建	伊 i⁵⁴ 个 kə⁰ 电影渠 tɕ'iɛ²⁴ 望过 ku²¹³ 嘞 læ⁰。
新　营	诶 ɛ⁵⁵ 个 kɛ⁰ 电影渠 tɕ'i³¹ 觑过 ku²¹ 啦 la⁰。
黄　柏	诶 ɛ²¹ 个 kə⁰ 电影渠 tɕ'i⁴¹ 看过 ko²¹ 嘞 lɛ⁰。
暖　水	伊 i³¹ 个 kɤ³⁵ 电影渠 tɕ'i²³ 望过 ko³⁵ 了 lɤ⁰。

017-2

〔这部电影他看过了。〕/他这部电影看过了。〔/他看过这部电影了。〕

经公桥	渠 kei³⁵ 伊 i²⁴ 个 kɤ⁰ 电影看过 kuʌ²¹ 了 lɤ⁰。
鹅 湖	渠 ku³⁵ 勒 lɛ⁵⁵ 个 kɛ⁰ 电影看过 kuo²¹³ 嗝 kɛ⁰。
旧 城	—
湘 湖	—
溪 头	渠 k'ɐ⁵¹ 伊 i³³ 只 i³³tsa⁵⁵ 电影看过 ko²⁴ 了 lɐ⁰。
沱 川	—
紫 阳	渠 tɕ'ie²¹¹ 伊 i⁴⁴ 只 tso⁵¹ 电影看过 ku³⁵ 之 tɕi⁰ 啦 la⁰。
许 村	—
中 云	渠 tɕ'ie³⁵ 伊 i⁴⁴ 只 tso⁵¹ 电影看嘀 ti⁰ 啦 la⁰。
新 建	—
新 营	渠 tɕ'i³¹ 诶 ɛ⁵⁵ 个 kɛ⁰ 电影觑过 ku²¹³ 嗰 kɛ⁰。
黄 柏	渠 tɕ'i⁴¹ 诶 ɛ²¹ 个 kə⁰ 电影看过 ko²¹³ 嘞 lɛ⁰。
暖 水	------

017-3

〔这部电影他看过了。/他这部电影看过了。〕/他看过这部电影了。

经公桥	渠 kei³⁵ 看过 kuʌ²¹ 伊 i²⁴ 个 kɤ⁰ 电影了 lɤ⁰。
鹅 湖	渠 ku³⁵ 看过 kuo²¹ 勒 lɛ⁵⁵ 个 kɛ⁰ 电影嗝 kɛ⁰。
旧 城	渠 tɕi²⁴ 看过 kuo²¹³ 嘀 ti⁰ 勒 lɛ⁵⁵ 个 kɛ⁰ 电影。
湘 湖	渠 ku³⁵ 看过 kuo²¹ 哩 li⁰ 勒 lei⁴⁴ 个 kɛ⁰ 电影啦 la⁰。
溪 头	渠 k'ɐ⁵¹ 看过 kuo²⁴ 伊 i³³ 只 tsa⁵⁵ 电影。
沱 川	渠 k'ə²¹¹ 看过 ku³⁵ 伊 i⁴⁴ 部 p'u⁵¹ 电影。
紫 阳	渠 tɕ'ie²¹¹ 看过 ku³⁵ 之 tɕi⁰ 伊 i⁴⁴ 只 tso⁵¹ 电影啦 la⁰。
许 村	渠 tʃ'e⁵¹ 看过 ku²⁴ 伊 i³³ 只 tʃo⁵⁵ 电影了 lɤ⁰。
中 云	渠 tɕ'ie¹¹ 看过 ku³⁵ 伊 i⁴⁴ 只 tso⁵¹ 电影啦 la⁰。
新 建	渠 tɕ'iɛ²⁴ 望过 ku²¹³ 伊 i⁵⁴ 个 kə⁰ 电影嘞 læ⁰。
新 营	渠 tɕ'i³¹ 觑过 ku²¹ 诶 ɛ⁵⁵ 个 kɛ⁰ 电影啦 la⁰。
黄 柏	渠 tɕ'i⁴¹ 看过 ko²¹ 诶 ɛ²¹ 个 kə⁰ 电影嘞 lɛ⁰。
暖 水	渠侬 tɕ'i²³noŋ⁰ 望过 ko³⁵ 伊 i³¹ 个 ka³⁵ 电影了 lɤ⁰。

第七章 赣东北徽语代表方言点语法例句对照

018-1
你把这碗饭吃了去，〔再把碗洗一下。〕

经公桥	尔 n̩³⁵⁵ 担 tuʌ²² 伊 i²⁴ 碗饭喫了 lɤ⁰ 去 k'ei²¹⁴，
鹅 湖	尔 n̩³⁵ 担 tõ⁵⁵ 勒 lɛ⁵⁵ 碗饭喫了 lɛ⁰ 去 k'u²¹³，
旧 城	尔 n̩³¹ 担 tuo⁵⁵ 勒 lɛ⁵⁵ 碗饭喫嘀 ti⁰ 去 tɕ'i²¹³，
湘 湖	尔 n̩⁴⁴ 帮 paŋ⁴⁴ 勒 lei⁴⁴ 碗饭喫哩 li⁰ 去 k'u²¹²，
溪 头	尔 n̩³³ 帮 pɔ̃³³ 伊 i³³ 碗饭喫之 tsɿ⁰ 了 lɤ⁰，
沱 川	尔 n̩⁴⁴ 帮 pã⁴⁴ 伊 i⁴⁴ 碗饭喫之 tsə⁴⁴
紫 阳	尔 n̩³¹ 帮 pã⁴⁴ 伊 i⁴⁴ 碗饭喫之 tɕi⁰，
许 村	尔 n̩³¹ 帮 pɔ̃³³ 伊 i³³ 碗饭喫之 tɕi⁰，
中 云	尔 n̩⁴⁴ 帮 pã⁴⁴ 伊 i⁴⁴ 碗饭喫嘀 ti⁰，
新 建	尔 n̩²⁴ 帮 pɔ̃⁵⁴ 伊 i⁵⁴ 碗饭喫吥 pə⁰ 去 tɕ'iɛ²¹³，
新 营	尔 ŋ⁵³ 帮 pɔ̃⁵⁵ 诶 ɛ⁵⁵ 碗饭喫了 liɔ⁵³ 去 tɕ'i²¹³，
黄 柏	尔 n̩⁴⁴ 把 pɑ⁵³ 诶 ɛ²¹ 碗饭喫吥 pə⁰ 去 tɕ'i²¹³，
暖 水	尔 n̩²¹ 把 puɐ²⁴ 伊 i³¹ 碗饭喫□tɔ⁰，

018-2
〔你把这碗饭吃了去，〕再把碗洗一下。

经公桥	再 tsa²⁴ 担 tuʌ²² 碗洗一下 i⁴⁴xʌ²¹。
鹅 湖	再 tsa²¹ 担 tõ⁵⁵ 碗洗一下 iʔ⁴xuo²¹¹。
旧 城	再 tsɛ²¹³ 担 tuo⁵⁵ 碗洗一下 i²¹³xuo³³。
湘 湖	再 tsɛ²¹² 帮 paŋ⁴⁴ 碗洗一下 iʔ⁴xo²¹¹。
溪 头	再 tsa²⁴ 帮 pɔ̃³³ 碗洗一下 i⁵⁵xo⁵⁵。
沱 川	再 tsa³⁵ 帮 pã⁴⁴ 碗洗一下 i⁵¹xo⁵¹。
紫 阳	再 tse³⁵ 帮 pã⁴⁴ 碗洗一下 ia⁵¹xə⁰。
许 村	再 tsɤ²⁴ 帮 pɔ̃³³ 碗洗一下 ia⁵⁵xo⁵⁵。
中 云	再 tsɤ³⁵ 帮 pã⁴⁴ 碗洗一下 ia⁵¹xo⁵¹。
新 建	再 tsa²¹ 帮 pɔ̃⁵⁴□tə⁵⁴ 碗洗一下 iɛ⁵¹xuɤ⁵⁵ 啊 a⁰。
新 营	再 tsæ²¹³ 把帮 pɔ̃⁵⁵ 碗洗下 xo⁵¹。
黄 柏	再 tsa²¹ 把 pa⁵³ 碗洗一下 i²¹xɑ²¹³。
暖 水	再 tsɤ³⁵ 把 puɐ²⁴ 碗洗下 xuɐ⁵¹。

019
他把橘子剥了皮，但是没吃。

经公桥	渠 kei³⁵⁵ 担 tuʌ̃²² 橘子剥了 lɣ⁰ 皮，但是 t'uʌ̃²¹ɕi²¹ 冇 m̥³⁵mau²⁴ 喫。
鹅　湖	渠 ku³⁵ 担 tõ⁵⁵ 柑仂剥嗝 kɛ⁰ 皮，不过 peiʔ²⁴kuo²¹ 冇 mau³⁵ 喫。
旧　城	渠 tɕi²⁴ 担 tuo⁵⁵ 柑ɻ剥嘀 ti⁰ 皮，但是 t'uo³³ɕi³³ 还有 xuo²⁴mau³³ 喫。
湘　湖	渠 ku³⁵ 帮 paŋ⁴⁴ 柑ɻ剥哩 li⁰ 皮，就 ts'iəu²¹ 冇 mau³⁵ 喫。
溪　头	渠 k'ɐ⁵¹ 帮 pɔ̃³³ 橘仂剥之 tsɿ⁰ 皮，又不曾 pã⁵¹ 喫。
沱　川	渠 k'ə²¹¹ 帮 pʌ̃⁴⁴ 橘掰之 tsə⁰ 皮，就是 ts'ə⁵¹sɿ³³ 不曾 pã²¹ 喫。
紫　阳	渠 tɕ'ie²¹¹ 帮 pã⁴⁴ 橘仂剥之 tɕi⁰ 皮，不曾 pɔ̃²¹ 喫。
许　村	渠 tʃ'e⁵¹ 帮 pɔ̃³³ 橘仂剥之 tɕi⁰ 皮，□是 t'u⁵⁴ʃθ⁵¹ 不曾 pã⁵¹ 喫。
中　云	渠 tɕ'ie¹¹ 帮 pã⁴⁴ 橘仂剥哩 li⁰ 皮，又 ia⁵¹ 不曾 pã¹¹ 喫。
新　建	渠 tɕ'iɛ²⁴ 帮 pɔ̃⁵⁴ 柑剥之 tsɣ⁰ 皮，就是 tɕ'iɯ⁵¹sɣ⁵¹ 不曾 pã²⁴ 喫。
新　营	渠 tɕ'i³¹ 把 pa⁵³ 橘剥啦 la⁰ 皮，冇 mɔ³¹ 喫。
黄　柏	渠 tɕ'i⁴¹ 把 pɑ⁵³ 橘仂剥了 lə⁰ 皮，唔□ŋ⁴⁴nən⁴¹ 喫。
暖　水	渠 tɕ'i²³ 把 puɐ²⁴ 柑剥□tɔ⁰ 皮，不曾 pæ²³ 喫。

020
他们把教室都装上了空调。

经公桥	渠□kei³⁵sən⁰ 担 tuʌ̃²² 教室都 tu²² 装了 lɣ⁰ 空调。
鹅　湖	渠□ku³⁵sən⁰ 担 tõ⁵⁵ 教室都 təu⁵⁵ 安上 ɕiõ²¹ 嗝 kɛ⁰ 空调。
旧　城	渠大家 tɕi³¹t'a³³ko⁰ 担 tuo⁵¹ 教室都 təu⁵⁵ 安上 ɕia³³ 嘀 ti⁰ 空调。
湘　湖	渠大家 ku³⁵t'a²¹ko⁴⁴ 帮 paŋ⁴⁴ 教室都 təu⁴⁴ 装起 tɕ'i³¹ 空调。
溪　头	渠人 k'ɐ⁵¹iɛn⁵¹ 帮 pɔ̃³³ 教室都 tu³³ 装上 sɔ̃⁵⁵ 之 tsɿ⁰ 空调。
沱　川	渠□k'ə²¹¹xã⁴⁴ 帮 pʌ̃⁴⁴ 教室都 tu⁴⁴ 装上 sʌ̃⁵¹ 之 tsə⁰ 空调。
紫　阳	渠□tɕ'ie²¹¹xã⁴⁴ 帮 pã⁴⁴ 教室都 tu⁴⁴ 装上 ɕiã⁵¹ 之 tɕi⁰ 空调。
许　村	渠□tʃ'e⁵¹xã³³ 帮 pɔ̃³³ 教室都 tu³³ 装上 ʃɔ̃⁵⁵ 之 tɕi⁰ 空调。
中　云	渠□tɕ'ie¹¹xã⁴⁴ 帮 pã⁴⁴ 教室都 tu⁴⁴ 装嘀 ti⁰ 空调。
新　建	渠碗 tɕ'iɛ²⁴uɔ̃⁰ 帮 pɔ̃⁵⁴ 教室都 tu⁵⁴ 装上 ʃɔ̃⁵¹ 空调。
新　营	渠拉 tɕ'i³¹la⁰ 把 pa⁵³ 教室都 tu⁵⁵ 装上 ɕia⁵³ 啦 la⁰ 空调。
黄　柏	渠拉 tɕ'i⁴¹lɑ⁰ 把 pɑ⁵³ 教室都 tu⁴⁴ 装上 sã²¹ 了 lə⁰ 空调。
暖　水	渠□人 tɕ'i²³næ³¹iẽ⁰ 把 puɐ²¹ 教室都 tu³¹ 装上 ʂʌŋ⁵¹ 了 lɣ⁰ 空调。

021
把这头牛牵回家去！

经公桥	把 puʌ⁴² 伊 i²⁴ 头 t'iəu³⁵ 牛牵去家 k'ei²¹⁴kʌ²²。
鹅　湖	担 tõ⁵⁵ 勒 lɛ⁵⁵ 条 t'ia²⁴ 牛牵去家 k'u²¹³kuo⁵⁵。
旧　城	担 tuo⁵⁵ 勒 lɛ⁵⁵ 条 t'iau²⁴ 牛牵去家 tɕ'i²¹³kuo⁵⁵。
湘　湖	帮 paŋ⁴⁴ 勒 lei⁴⁴ 条 t'io³⁵ 牛牵去家 k'u²¹²ko⁴⁴。
溪　头	帮 pɔ̃³³ 伊 i³³ 条 t'ia⁵¹ 牛牵去家 k'ɐ²⁴ko³³。
沱　川	帮 pã⁴⁴ 伊 i⁴⁴ 条 t'ia²¹ 牛牵去家 k'ə³⁵ko⁴⁴。
紫　阳	帮 pã⁴⁴ 伊 i⁴⁴ 只 tso⁵¹ 牛牵去家 tɕ'iɛ³⁵kə⁴⁴。
许　村	帮 pɔ̃³³ 伊 i³³ 匹 p'i⁵⁵ 牛牵去家 tʃ'ɐ²⁴ko³³。
中　云	帮 pã⁴⁴ 伊 i⁴⁴ 皮 p'i¹¹ 牛牵去家 tɕ'iɛ³⁵kɤ⁴⁴。
新　建	帮 pɔ̃⁵⁴ 伊 i⁵⁴ 皮 p'i²⁴ 牛牵去家 tɕ'iɛ²¹³kuɤ⁵⁴。
新　营	把 pa⁵³ 诶 ɛ⁵⁵ 匹 p'æ²¹⁵ 牛牵去家 tɕ'i²¹ko⁵⁵。
黄　柏	把 pɑ⁴⁵³ 诶 ɛ²¹ 条 t'iɑ⁴¹ 牛牵去家 tɕ'i²¹³kɑ⁴⁴。
暖　水	把 puɐ²¹ 伊 i³¹ 条 t'yɛ²³ 牛牵去家 tɕ'i³⁵kuɐ³¹。

022
上学时，他把弟弟带来了。

经公桥	上学时，渠 kei³⁵⁵ 把 puʌ⁴² 弟郎带来 lɤ³⁵ 了 lɤ⁰。
鹅　湖	去学堂嘅时候，渠 ku³⁵ 担 tõ⁵⁵ 弟郎带来 lɛ³⁵ 嗝 kɛ⁰。
旧　城	上学嘅□儿 uɛn³¹ni⁰，渠 tɕi²⁴ 担 tuo⁵⁵ 弟郎带来 lɛ²⁴ 嘀 ti⁰。
湘　湖	去学堂嘅时候，渠 ku³⁵ 帮 paŋ⁵⁵ 弟弟带来 lɛ³⁵ 哩 li⁰。
溪　头	去学堂嘅时间，渠 k'ɐ⁵¹ 帮 pɔ̃³³ 弟郎带来 lɛ⁵¹ 了 lɐ⁰。
沱　川	进学堂嘅时候，渠 k'ə²¹¹ 帮 pã⁴⁴ 弟佬带来 la²¹ 了 lə⁰。
紫　阳	进学堂嘅时候，渠 tɕ'iɛ²¹¹ 帮 pã⁴⁴ 弟佬带之 tɕi⁰ 来 lɛ²¹ 啦 la⁰。
许　村	进学堂嘅时候，渠 tʃ'e⁵¹ 帮 pɔ̃³³ 弟佬带来 lɤ⁵¹ 了 lɤ⁰。
中　云	去学堂嘅时候，渠 tɕ'iɛ¹¹ 帮 pã⁴⁴ 弟带嘀 ti⁰ 来 lɤ¹¹ 啦 la⁰。
新　建	去学堂嘅时候，渠 tɕ'iɛ²⁴ 帮 pɔ̃⁵⁴ 弟佬带来 la²⁴ 啦 la⁰。
新　营	读书嘅时间，渠 tɕ'i³¹ 把 pa⁵³ 弟佬带来 li³¹ 啦 la⁰。
黄　柏	去学堂嘅时候，渠 tɕ'i⁴¹ 把 pɑ⁵³ 弟郎带来 lɛ⁴¹ 了 lə⁰。
暖　水	上学嘅时间，渠 tɕ'i²³ 把 puɐ²¹ 弟郎带来 lɤ²³ 了 lɤ⁰。

023
放学时，他没有把书包拿回家。

经公桥　放学时，渠 kei³⁵⁵ □冇 xʌ⁴² mau²¹ 把 puʌ⁴² 书包拿 la²² 去家 k'ei²² kʌ²²。

鹅　湖　放学嗰时候，渠 ku³⁵ 冇 mau³⁵ 担 tō⁵⁵ 书包□tɕ'iɛ³⁵ 去家 k'u²¹ kuo⁵⁵。

旧　城　放学嗰□儿 uɛn³¹ni⁰，渠 tɕi²⁴ 冇 mau³³ 担 tuo⁵⁵ 书包驮 t'uo²⁴ 去家 tɕ'i²¹³ kuo⁵⁵。

湘　湖　放学嗰时候，渠 ku³⁵ 冇 mau³⁵ 帮 paŋ⁴⁴ 书包拿 la⁴⁴ 回家 xuɛ³⁵ ko⁴⁴。

溪　头　放学嗰时间，渠 k'ɐ⁵¹ 不曾 pã⁵¹ 帮 pɔ̃³³ 书包担 tã³³ 去家 k'ɐ²⁴ ko³³。

沱　川　放学嘞时候，渠 k'ə²¹¹ 不曾 pə⁵¹sã²¹¹ 帮 pã⁴⁴ 书包拎 nã⁴⁴ 去家 k'ə³⁵ ko⁴⁴。

紫　阳　放学嗰时候，渠 tɕ'ie²¹¹ 不曾 pɔ̃²¹ 帮 pã⁴⁴ 书包拎 nɔ̃⁴⁴ 来家 le²¹ kə⁴⁴。

许　村　放学嗰时候，渠 tʃ'e⁵¹ 不曾 pã⁵¹ 帮 pɔ̃³³ 书包带 to²⁴ 去家 tʃ'e²⁴ ko³³。

中　云　放学嗰时候，渠 tɕ'ie¹¹ 不曾 pã¹¹ 帮 pã⁴⁴ 书包拎 nã⁴⁴ 去家 tɕ'ie³⁵ kɣ⁴⁴。

新　建　放学嗰时候，渠 tɕ'iɛ²⁴ 不曾 pã²⁴ 帮 pɔ̃⁵⁴ 书包拎 nã⁵⁴ 去家 tɕ'iɛ²¹³ kuɣ⁵⁴。

新　营　放学嗰时间，渠 tɕ'i³¹ 冇 mɔ³¹ 帮 pɔ̃⁵⁵ 书包拿 la⁵⁵ 去家 tɕ'i²¹ ko⁵⁵。

黄　柏　放学嗰时间，渠 tɕ'i⁴¹ 唔□ŋ⁴⁴nən⁴¹ 把 pa⁵³ 书包担 tã⁴⁴ 去家 tɕ'i²¹³ ko⁴⁴。

暖　水　放学嗰时间，渠 tɕ'i²³ 不曾 pæ̃²³ 把 puɐ²¹ 书包带 ta³⁵ 去家 tɕ'i³⁵ kuɐ³¹。

024
他被骂了一顿，哭了起来。

经公桥　渠 kei³⁵⁵ 驮 t'uʌ³⁵ 了 lɣ⁰ 一顿骂，哭了 lɣ⁰ 起来 tɕ'i⁴²la⁰。

鹅　湖　渠 ku³⁵ 等 tāi⁵³ 骂嗝 kɛ⁰ 一顿，哭嗝 kɛ⁰ 起来 tɕ'i⁵³liɛ³⁵。

旧　城　渠 tɕi²⁴ 捱 ŋa²⁴ 嘀 ti⁰ 一顿骂，哭嘀 ti⁰ 起来 tɕ'i³¹lɛ²⁴。

湘　湖　渠 ku³⁵ 被 p'ei²¹ 骂哩 li⁰ 一顿，哭起来 tɕ'i³⁵lɐ⁰ 哩 li⁰。

溪　头　渠 k'ɐ⁵¹ 驮 to⁵¹ 骂之 tsɿ⁰ 一顿，哭起来 tʃ'i⁴²lɐ⁵¹ 了 lɐ⁰。

沱　川　渠 k'ə²¹¹ 驮 t'o²¹ 之 tsə⁴⁴ 一顿骂，哭之 tsə⁴⁴ 起来 tɕ'i³⁵la²¹¹。

紫　阳　渠 tɕ'ie²¹¹ 给 ko⁵¹ 别人 p'ĩ⁵¹iæ²¹ 骂之 tɕi⁰ 一顿，哭之 tɕi⁰ 起来 tɕ'i³⁵le²¹¹ 啦 la⁰。

许　村　渠 tʃ'e⁵¹ 驮 t'ɣ⁵¹ 之 tɕi⁴⁴ 一顿骂，哭起来 tɕ'i³¹lɣ⁵¹ 了 lɣ⁰。

中　云　渠 tɕ'ie¹¹ 给 ka⁵¹ 骂之 tɕi⁰ 一顿，哭起来 tɕ'i³⁵lɣ¹¹ 啦 la⁰。

新　建　渠 tɕ'iɛ²⁴ 担 tã⁴⁴ 哪人 næ²⁴niɛ²⁴ 骂之 tsɣ⁰ 一顿，□ʃa⁵⁴ 起来 tɕ'i³¹la²⁴ 啦 la⁰。

新　营　渠 tɕ'i³¹ 捱 ŋa³¹ 啦 la⁰ 一顿骂，哭起来 tɕ'i⁵³li³¹ 啦 la⁰。

黄　柏　渠 tɕ'i⁴¹ 捱 ŋa⁴¹ 了 lə⁰ 一顿骂，哭起来 tɕ'i⁵³lɐ⁴¹ 了 lə⁰。

暖　水　渠 tɕ'i²³ 捱 ŋa²³ □tɔ⁰ 一顿骂，哭起来 tɕ'i²⁴lɣ²³ 了 lɣ⁰。

025
帽子**被**风吹**走**了。

经公桥	帽仂让 yaŋ²¹⁴ 风吹走 tsau⁴² 哩 li⁰。
鹅 湖	帽儿等 tãi⁵³ 风吹走 tsau⁵³ 嗝 kɛ⁰。
旧 城	帽儿端 tuo⁵⁵ 风吹走 tsau³¹ 嘀 ti⁰。
湘 湖	帽仂把 po³¹ 风吹走 tsiau³¹⁴ 哩 li⁰。
溪 头	帽分 fəŋ³³ 风吹走 tsæi⁴² 了 lɤ⁰。
沱 川	帽担 tõ⁴⁴ 风吹走 tsə² 之 tsə⁰。
紫 阳	帽给 ko⁵¹ 风吹走 tsa² 之 tɕi⁰ 啦 la⁰。
许 村	帽仂给 ka⁵⁵ 风吹走 tsa³¹ 了 lɤ⁰。
中 云	帽给 ka⁵¹ 风吹走 tsa² 哩 li⁰。
新 建	帽仂担得 tã⁴⁴tɛ⁰ 风吹咴 pə⁰ 之 tsɤ⁰ 啦 la⁰。
新 营	帽让 ȵiã⁵¹ 风吹走 tsiɔ⁵³ 啦 la⁰。
黄 柏	帽仂让 ȵiã²¹ 风吹走 tsiə⁴⁵³ 了 lə⁰。
暖 水	帽头让 ȵiʌŋ⁵¹ 风吹走 tɕy²¹⁴ 了 lɤ⁰。

026-1
老王**被**坏人抢**走**了一个包,〔人也差点儿被打伤了。〕

经公桥	老王让 yaŋ²⁴ 坏人抢了 lɤ⁰ 一个包,
鹅 湖	老王等 tãi⁵³ 坏人抢走 tsau⁵³ 一个包,
旧 城	老王担 tuo⁵⁵ 坏人抢走 tsau³¹ 嘀 ti⁰ 一只包,
湘 湖	老王被 pʻei²¹ 坏人抢走 tsau³¹⁴ 哩 li⁰ 一个包,
溪 头	老王分 fəŋ³³ 坏人抢走 tsæi⁴² 之 tsɿ⁰ 一只包,
沱 川	老王担 tõ⁴⁴ 坏人抢走 tsə² 之 tsə⁰ 一只包,
紫 阳	老王给 ko⁵¹ 坏人抢之 tɕi⁰ 一只包,
许 村	老王给 ka⁵⁵ 坏人抢走 tsa³¹ 一只包,
中 云	老王给 ka⁵¹ 坏人抢走 tsa² 一只包,
新 建	老王担 tã⁵⁴ 坏人抢去 tɕʻiɛ²¹³ 了 lə⁰ 一个包,
新 营	老王让 ȵiã⁵¹ 坏人抢啦 la⁰ 一个包,
黄 柏	老王让 ȵiã²¹ 坏人抢走 tɕiə⁴⁵³ 了 lə⁰ 一个包,
暖 水	老王让 ȵiʌŋ⁵¹ 坏人抢走 tɕy²¹ 了 lɤ⁰ 一个包,

026-2
〔老王被坏人抢走了一个包，〕人也差点儿被打伤了。

经公桥	人也 iɛ⁴² 差子儿 tsʻuʌ²²tsʅ²⁴n̩⁰ 打伤了 lɣ⁰。
鹅 湖	人也 iɛ⁵³ 差子 tsʻo⁵⁵tsʅ⁰ 等 tāi⁵³ 打伤嘅 kɛ⁰。
旧 城	人也 iɛ³¹ 差点儿 tʂʻuo⁵⁵ti²¹³n̩⁰ 打伤嘀 ti⁰。
湘 湖	人也 iɛ³¹ 差点儿 tsʻo⁴⁴tĩ³¹n̩⁰ 打伤哩 li⁰。
溪 头	人亦 ia⁵⁵ 差吊儿 tsʻo³³tia²⁴n̩⁰ 打伤之 tsʅ⁰。
沱 川	人也 iʊ³¹ 差一点 tsʻo⁴⁴i⁵¹tĩ⁰ 打伤之 tsə⁰。
紫 阳	人也 iɛ³¹ 差一吊儿 tsʻə⁴⁴i⁵¹tio³⁵n̩⁰ 打伤之 tɕi⁰ 啦 la⁰。
许 村	人也 iɛ³¹ 差点儿 tʃʻue³³tio²⁴n̩⁰ 打伤了 lɣ⁰。
中 云	人也 iɛ³¹ 差点儿 tsʻo⁴⁴tĩ³⁵n̩⁰ 打伤哩 li⁰。
新 建	人也 iɛ³¹ 差点儿 tʃʻuɣ⁵⁴tiɛ̃³¹n̩⁰ 打伤嘞 læ⁰。
新 营	人也 iɛ⁵³ 差毛 tʻo⁵⁵mɔ⁵⁵ 打伤啦 la⁰。
黄 柏	人也 iɑ⁴⁵³ 差眼仂 tʂʻuɑ⁴⁴ŋɑ̃⁵³li⁰ 打伤了 lə⁰。
暖 水	人也 ia²¹ 差点儿 tsʻuɐ³¹tiã²¹ 打伤了 lɣ⁰。

027
衣服被烟头烧了一个窟窿。

经公桥	衣裳让 yaŋ²⁴ 烟头烧了 lɣ⁰ 一个 kɣ²¹⁴ 洞。
鹅 湖	衣裳等 tāi⁵³ 烟头烧嘅 kɛ⁰ 一个 kiɛ²¹³ 洞。
旧 城	衣裳担 tuo⁵⁵儿 烟头烧嘀 ti⁰ 一个 kɛ²¹³ 洞。
湘 湖	衣裳被 pʻei²¹ 烟头烧哩 li⁰ 一个 kɛ²¹² 洞。
溪 头	衣裳分 fəŋ³³ 烟头灼之 tsʅ⁰ 一只 tsa⁵⁵ 洞。
沱 川	衣裳担 tō⁴⁴ 烟头烧之 tsə⁰ 一个 ka³⁵ 洞。
紫 阳	衣裳给 ko⁵¹ 烟头烧之 tɕi⁰ 一只 tso⁵¹ 洞。
许 村	衣裳给 ka⁵⁵ 烟头烧之 tɕi⁰ 一个 kɣ²⁴ 洞。
中 云	衣裳给 ka⁵¹ 烟头烧哩 li⁰ 一个 kɣ³⁵ 洞。
新 建	衣裳担 tʌ̃⁵⁴ 烟头烧之 tsɣ⁰ 一个 ka²¹³ 洞。
新 营	衣服让 ȵiã⁵¹ 烟头烧啦 la⁰ 一个 kɛ²¹³ 洞。
黄 柏	衣服让 ȵiã²¹ 烟头烧了 lə⁰ 一个 ko²¹³ 洞。
暖 水	衣裳让 ȵiʌŋ⁵¹ 烟头烧了 lɣ⁰ 一个 ka³⁵ 洞。

028
这件事情别让他知道！

经公桥	伊 i²⁴ 桩 tsaŋ²² 事不要 piau²⁴ 让 yaŋ²⁴ 渠 kei³⁵⁵ 省得。
鹅　湖	勒 lɛ⁵⁵ 样 iõ²¹ 事莫 mɛ²¹¹ 让 iõ²¹ 渠 ku³⁵ 省得。
旧　城	勒 lɛ⁵⁵ 样 ȵia³³ 事不要 piau²¹³ 让 ia³³ 渠 tɕi²⁴ 晓得。
湘　湖	勒 lei⁴⁴ 桩 tsaŋ⁴⁴ 事不要 peiʔ⁴io²¹² 把 po³¹ 渠 ku³⁵ 晓得。
溪　头	伊 i³³ 样 iɔ̃⁵⁵ 事不要 pia²⁴ 分 fəŋ³³ 渠 kʻɐ⁵¹ 晓得。
沱　川	伊 i⁴⁴ 件 tɕʻĩ³¹ 事不要 piɒ³⁵ 担 tõ⁴⁴ 渠 kʻə²¹¹ 晓得。
紫　阳	伊 i⁴⁴ 样 iã⁵¹ 事不要 pio³⁵ 给 ko⁵¹ 渠 tɕʻie²¹¹ 晓得。
许　村	伊 i³³ 样 iɔ̃⁵⁴ 事不要 pio²⁴ 给 ka⁵⁵ 渠 tʃʻe⁵¹ 晓得。
中　云	伊 i⁴⁴ 样 iã⁵¹ 事不要 pɤ²⁴io³⁵ 给 ka⁵¹ 渠 tɕʻie¹¹ 晓得。
新　建	伊 i⁵⁴ 样 iɔ̃⁵¹ 事不要 pa⁵¹ia²⁴ 担 tã⁵⁴ 渠 tɕʻiɛ²¹⁴ 晓得。
新　营	欸 ɛ⁵⁵ 个 kɛ⁰ 事务不要 piɒ²¹³ 让 ȵiã⁵¹ 渠 tɕʻi³¹ 晓得。
黄　柏	欸 ɛ²¹ 样 iã²¹ 事不要 pɛ²¹³iə²¹ 让 ȵiã²¹ 渠 tɕʻi⁴¹ 晓得。
暖　水	伊 i³¹ 样 iɔ̃⁵¹ 事不要 pɛ⁵⁴yɛ³⁵ 让 ȵiʌŋ⁵¹ 渠 tɕʻi²³ 晓得。

029
路上停着一辆车。

经公桥	路上 ʃyaŋ²¹ 停了 lɤ⁰ 一乘 ɕiāi³⁵⁵ 车。
鹅　湖	路上 ɕiõ²¹ 停嗝 kɛ⁰ 一部 pʻu²¹ 车。
旧　城	路上 ɕia³³ 停嘀 ti⁰ 一乘 ɕiai²¹³ 车。
湘　湖	路上 ɕia⁰ 停哩 li⁰ 一乘 ɕiai³⁵ 车。
溪　头	路上 sɔ̃⁵¹ 停之 tsŋ⁰ 一□ niɔ̃²³¹ 车。
沱　川	路上 sã⁵¹ 停之 tsə⁰ 一部 pʻu⁵¹ 车。
紫　阳	路上 ɕiã⁵¹ 停之 tɕi⁰ 一乘 ɕiæ²¹¹ 车。
许　村	路上 ʃɔ̃⁵⁴ 停之 tɕi⁰ 一乘 ʃã⁵² 车。
中　云	路上 sã⁰ 停哩 li⁰ 一部 pʻu⁵¹ 车。
新　建	路上 ʃɔ̃⁵¹ 停□ tɕiɛ⁰ 一□ nɔ̃²⁴ 车。
新　营	路上 ɕiã⁵¹ 停啦 la⁰ 一乘 ɕiæ³¹ 车。
黄　柏	路上 ɕiã²¹ 停了 lə⁰ 一辆 liã⁵³ 车。
暖　水	路上 ʂʌŋ⁵¹ 停嘞 lɛ⁰ 一领 næ²¹⁴ 车。

030
门上贴着一副对联

经公桥　门上 ʃyaŋ²¹ 贴了 lɤ⁰ 一副 fu²¹⁴ 对联。

鹅　湖　门上 ɕiõ²¹ 贴嗝 kɛ⁰ 一副 fu²¹ 对联。

旧　城　门高头 kau⁵⁵tʻau⁰ 贴嘀 ti⁰ 一副 fu²¹³ 对联。

湘　湖　门上 ɕia⁰ 贴哩 li⁰ 一副 fu²¹² 对联。

溪　头　门上 sɔ̃⁰ 贴之 tsɿ⁰ 一副 fu²⁴ 对联。

沱　川　门上 sɑ̃⁵¹ 贴之 tsə⁰ 一副 fu³⁵ 对联。

紫　阳　门上 ɕiã²¹ 贴之 tɕi⁰ 一副 fu³⁵ 对联。

许　村　门上 ʃɔ̃⁵⁴ 贴之 tɕi⁰ 一副 fu²⁴ 对联。

中　云　门上 sã⁰ 贴哩 li⁰ 一副 fu³⁵ 对联。

新　建　门头 tiu²⁴ 贴□tɕiɐ⁰ 一副 fu²¹³ 对联。

新　营　门上 ɕiã⁵¹ 贴啦 la⁰ 一副 fu²¹³ 对联。

黄　柏　门上 ɕiã²¹ 贴了 lə⁰ 一副 fu²¹ 对联。

暖　水　门上 ʂʌŋ⁵¹ 贴嘞 le⁰ 一副 fu³⁵ 对联。

031
床上躺着一个老人。

经公桥　床上 ʃyaŋ²¹ 睏了 lɤ⁰ 一个 kɤ²⁴ 老人家。

鹅　湖　床上 ɕiõ²¹ 睏嗝 kɛ⁰ 一个 kie²¹ 老人家伙。

旧　城　床高头 kau⁵⁵tʻau⁰ 睏嘀 ti⁰ 一个 kie²¹³ 老人家ɿ。

湘　湖　床上 ɕia⁰ 睏哩 li⁰ 一个 kɛ²¹² 老人家。

溪　头　床上 sɔ̃⁰ 倒之 tsɿ⁰ 一个 ka²⁴ 老人。

沱　川　床上 sɑ̃⁵¹ 倒之 tsə⁰ 一只 tsɒ⁵¹ 老□bə³¹。

紫　阳　床铺上 ɕiã²¹ 睏之 tɕi⁰ 一只 tso⁵¹ 老人家。

许　村　床上 ʃɔ̃⁵⁴ 睏之 tɕi⁰ 一个 kɤ²⁴ 老人家。

中　云　床上 sã¹¹ 睏哩 li⁰ 一只 tso⁵¹ 老人家。

新　建　床铺上 ʃɔ̃⁰ 睏□tɕiɐ⁰ 一个 ka²¹³ 老人家。

新　营　床上 ɕiã³¹ 睏啦 la⁰ 一个 kɛ²¹³ 老人家。

黄　柏　床上 ɕiã²¹ 睏了 lə⁰ 一个 ko²¹³ 老人家。

暖　水　床上 ʂʌŋ⁵¹ 睏嘞 le⁰ 一个 ka³⁵ 老人家。

032

河里游着许多小鱼。

经公桥	河里 li⁰ 有 iəu⁴² 好多 xau⁴²tuʌ²² 嘀嘀鱼。
鹅　湖	港□ku⁰ 游嗰 kɛ⁰ 好多 xau⁵³tuo⁵⁵ 细鱼。
旧　城	港里 lei⁰□t'iɛn²⁴ 到 tau⁰ 好多 xau³¹tuo⁵⁵ 嘀嘀鱼。
湘　湖	河里 li⁰ 有 iəu³¹⁴ 好多 xau³¹to⁴⁴ 嘀鱼儿在 tsʻɛ³⁵ 勒里 lei⁴⁴li⁰ 游。
溪　头	溪里 li⁰ 有 iæi²³¹ □拉 xɐ²⁴la⁰ 细鱼。
沱　川	河里 le⁰ 有 iə³¹ 好多 xa³⁵to⁴⁴ 细鱼固里 ku³⁵le³¹ 唔 ŋ⁰ 划。
紫　阳	河里 li⁰ 有 ia³¹ 一拉 i⁴⁴la⁰ 细鱼。
许　村	河里 li⁰ 有 ia³¹ 好多 xa²⁴tɤ³³ 细鱼在 tsʻɤ⁵⁵ 划。
中　云	河里 le⁰ 划到 ta³⁵ 好多 xa³⁵tɤ⁴⁴ 细鱼。
新　建	河里 li⁰ 有 iɯ³¹ 一拉 i⁵¹la⁰ 细鱼。
新　营	河里 lɛ⁰ 有 io⁵³ 好多 xɔ⁵⁵tu⁵⁵ 细鱼。
黄　柏	河里 li⁰ 有 iə⁵³ 好多 xə⁵³to⁴⁴ 细鱼游来游去。
暖　水	河里 le⁰ 有 iəu²¹ 好多 xɤ²⁴to³¹ 细鱼。

033

前面来了一个胖胖的小男孩。

经公桥	前头 tɕʻiɛ̃³⁵tʻiəu⁵⁵ 有一个 kɤ²⁴ 胖胖嗰 kɤ⁰ 男小来了 lɤ⁰。
鹅　湖	前头 tsʻĩ³⁵tʻiəu⁰ 走来一个 kiɛ²¹³ 胖胖嗰 kɛ⁰ 滴小儿。
旧　城	前头 tɕʻi²⁴tʻau⁰ 来嘀 ti⁰ 一个 kiɛ²¹⁴ 胖胖嗰 kɛ⁰ 男崽。
湘　湖	前头 tsʻĩ³⁵tʻiau⁰ 来哩 li⁰ 一个 kɛ²¹² 胖胖嗰 kɛ⁰ 男崽伢。
溪　头	前头 tsʻĩ⁵¹tʻæ⁵¹ 来之 tsɿ⁰ 一个 ka²⁴ 胖细伢。
沱　川	前面 tsʻĩ²¹mĩ⁵¹ 走来之 tsə⁰ 一只 tsɒ⁵¹ 胖小。
紫　阳	前头 tsʻĩ²¹tʻa²¹¹ 来之 tɕi⁰ 一只 tso⁵¹ 胖小。
许　村	前头 tsʻĩ⁵¹tʻa⁵¹ 来了 lɤ⁰ 一个 kɤ²⁴ 滚壮嗰 kɤ⁰ 嫩细。
中　云	前头 tsʻĩ¹¹tʻa⁰ 来哩 li⁰ 一只 tso⁵¹ 胖胖嗰 kɤ⁰ 细家□ia⁴⁴。
新　建	前面 tsʻã²⁴mã⁵¹ 行来 la²⁴ 一个 ka²¹³ 壮□□nẽ⁰nẽ⁰ 嗰 kə⁰ 嫩家。
新　营	前头 tsʻĩ³¹tʻiɔ³¹ 来啦 la⁰ 一个 kɛ²¹³ 胖胖嗰 kɛ⁰ 嫩人家。
黄　柏	前头 tɕʻiɛ̃⁴¹tʻiɛ⁴¹ 来了 lə⁰ 一个 ko²¹³ 胖胖嗰 kɛ⁰ 萝卜头。
暖　水	前□tɕʻiɛ̃²³kʻiɛ⁰ 来了 lɤ⁰ 一个 ka³⁵ 胖小。

034

人走了。鞋子破了。钱用完了。

经公桥　人走了 liau⁰。鞋仂破了 liau⁰。钱用完 uɑ̃³⁵ 了 liau⁰。

鹅　湖　人走嗝 kɛ⁰。鞋破嗝 kɛ⁰。钱用光 kuaŋ⁵⁵ 嗝 kɛ⁰。

旧　城　人走嘀 ti⁰。鞋破嘀 ti⁰。钱用完 uɛn²⁴ 嘀 ti⁰。

湘　湖　人走哩 li⁰。鞋破哩 li⁰。钱用完 uo³⁵ 哩 li⁰。

溪　头　人走之 tsŋ⁰ 了 lɐ⁰。鞋仂破之 tsŋ⁰ 了 lɐ⁰。钱用光 kuɔ̃³³ 之 tsŋ⁰ 了 lɐ⁰。

沱　川　人走之 tsə⁰ 啦 lɒ⁰。鞋破之 tsə⁰ 啦 lɒ⁰。钱用完 ũ²¹¹ 之 tsə⁰ 啦 lɒ⁰。

紫　阳　人走之 tɕi⁰ 啦 la⁰。鞋破之 tɕi⁰ 啦 la⁰。钱用完 m²¹ 之 tɕi⁰ 啦 la⁰。

许　村　人走之 tɕi⁰ 了 lɤ⁰。鞋仂破之 tɕi⁰ 了 lɤ⁰。钱用光 kuã³³ 之 tɕi⁰ 了 lɤ⁰。

中　云　人走哩 li⁰ 啦 la⁰。鞋破哩 li⁰ 啦 la⁰。钱用冇 mɔ¹¹ 哩 li⁰ 啦 la⁰。

新　建　人走吥 pə⁰ 之 tsɤ⁰ 嘞 læ⁰。鞋破吥 pə⁰ 之 tsɤ⁰ 嘞 læ⁰。钱用吥 pə⁰ 之 tsɤ⁰ 嘞 læ⁰。

新　营　人走了 liɔ⁰。鞋破了 liɔ⁰。纸票用了 liɔ⁰。

黄　柏　人走了 lə⁰。鞋仂破了 lə⁰。钱用完 uã⁴¹ 了 lə⁰。

暖　水　人走了 lɤ⁰。鞋仂破了 lɤ⁰。钱用完 ŋuõ²³ 了 lɤ⁰。

035

他家一下子死了三头猪。

经公桥　渠 kei³⁵⁵ 家里一下 i⁴⁴xʌ⁰ 死了 liau⁰ 三条猪。

鹅　湖　渠 ku³⁵ 家里一下 iʔ⁴xuo²¹ 死嗝 kɛ⁰ 三条猪。

旧　城　渠 tɕi²⁴ 家里一下儿 i²¹³xuo³³ŋ⁰ 死嘀 ti⁰ 三条猪。

湘　湖　渠 ku³⁵ 家里一下儿 iʔ⁴xo²¹ŋ⁰ 死哩 li⁰ 三条猪。

溪　头　渠 kʻe⁵¹ 家里一下 i⁵⁵xo⁵⁵ 死之 tsŋ⁰ 三只猪。

沱　川　渠 kʻə²¹¹ 家里一下儿 i⁵¹xo⁵¹ŋ⁰ 死之 tsə⁰ 三条猪。

紫　阳　渠 kɕʻie²¹¹ 家里一下儿 ia⁵¹xə⁵¹ŋ⁰ 死之 tɕi⁰ 三条猪。

许　村　渠 tʃʻe⁵¹ 㖇家里一下 ia⁵⁵xo⁰ 死之 tɕi⁰ 三条猪。

中　云　渠 tɕʻie¹¹ 屋里一下子 ia⁵¹xo⁵¹tsŋ⁰ 死哩 li⁰ 三条猪。

新　建　渠 tɕʻiɛ²⁴ 家里一下 □i⁵¹xuɤ⁵¹mə⁰ 死吥 pə⁰ 之 tsɤ⁰ 三条猪。

新　营　渠 tɕʻi³¹ 家里一下功夫 i²¹⁵xo⁵¹kəŋ⁵⁵fu⁵⁵ 死噗 pʻu⁰ 啦 la⁰ 三条猪。

黄　柏　渠 tɕʻi⁴¹ 家里一下功夫 i²¹xɑ²¹kəŋ⁴⁴fu⁰ 死了 lə⁰ 三条猪。

暖　水　渠 tɕʻi²³ 家里一下 i⁵⁴xuɐ⁵¹ 死□tɔ⁰ 三条猪。

036

家家**拆**了旧房子建新房子。

经公桥	家家拆 tʂʻa⁴⁴ 了 liau⁰ 旧屋做新屋。
鹅　湖	家家拆 tʂʻaʔ⁴ 嗝 kɛ⁰ 旧屋做新屋。
旧　城	家家拆 tɕʻia²¹³ 嘀 ti⁰ 旧屋做新屋。
湘　湖	家家拆 tɕʻiaʔ⁴ 哩 li⁰ 旧屋做新屋。
溪　头	家家拆 tsʻa⁵⁵ 之 tsŋ⁰ 老屋做新屋。
沱　川	家家拆 tsʻɒ⁵¹ 之 tsə⁰ 旧屋做新屋。
紫　阳	家家拆 tsʻo⁵¹ 之 tɕi⁰ 旧屋做新屋。
许　村	家家拆 tʃʻo⁵⁵ 之 tɕi⁰ 旧屋做新屋。
中　云	家家拆 tsʻo⁵¹ 哩 li⁰ 旧屋做新屋。
新　建	家家拆 tʃʻæ⁵¹ 吥 pə⁰ 了 lə⁰ 旧屋做新屋。
新　营	家家拆 tʻa²¹⁵ 噗 pʻu⁰ 啦 la⁰ 旧屋做新屋。
黄　柏	家家拆 tʂʻua²¹ 了 lə⁰ 旧屋做新屋
暖　水	家家拆 tɕʻiæ⁵⁴ □tɔ⁰ 旧屋做新屋。

037

每天早上**我**买**了**菜**才**去上班。

经公桥	每日清早阿 ʌ³⁵⁵ 买了 liau⁰ 菜才 tsʻa³⁵ 去上班。
鹅　湖	排日清早我 ŋuo⁵³ 买嗝 kɛ⁰ 菜再 tsa²¹ 去上班。
旧　城	排日清早我 o³¹ 买嘀 ti⁰ 菜再 tsɛ²¹³ 去上班。
湘　湖	排日清早我 o³¹ 买哩 li⁰ 菜再 tsɛ²¹² 去上班。
溪　头	每日朝家阿 a²³¹ 买之 tsŋ⁰ 菜再 tsa²⁴ 去上班。
沱　川	日日朝家我 o³¹ 买之 tsə⁰ 菜再 tsa³⁵ 去上班。
紫　阳	日日朝家我 ə³¹ 买之 tɕi⁰ 菜再 tsɛ³⁵ 去上班。
许　村	每朝早朝我 o³¹ 买之 tɕi⁰ 菜再 tsɤ²⁴ 去上班。
中　云	日日朝家我 o³¹ 买哩 li⁰ 菜再 tsɤ³⁵ 去上班。
新　建	排日朝里阿 a²⁴ 买吥 pə⁰ 之 tsɤ⁰ 菜再 tsa²⁴ 去上班。
新　营	每日清早我 ŋo⁵³ 买啦 la⁰ 菜再 tsæ²¹³ 去上班。
黄　柏	日日天光早阿 a⁴⁴ 买了 lə⁰ 菜再 tsa²¹ 去上班。
暖　水	每日朝头我 ŋuɐ²¹ 买了 lɤ⁰ 菜再 tsɤ³⁵ 去上班。

038

每天早上我卖了菜才去上学。

经公桥	每日清早阿ʌ³⁵⁵ 卖了 liau⁰ 菜才 tsʻa³⁵ 去读书。
鹅 湖	排日清早我 ŋuo⁵³ 卖嘅 kɛ⁰ 菜再 tsa²¹ 去学堂。
旧 城	排日清早我 o³¹ 卖嘀 ti⁰ 菜再 tsɛ²¹³ 去学堂。
湘 湖	排日清早我 o³¹ 卖哩 li⁰ 菜再 tsɛ²¹² 去学堂。
溪 头	每日朝家阿 a²³¹ 卖完之 tsŋ⁰ 菜再 tsa²⁴ 进学堂。
沱 川	日日朝家我 o³¹ 卖之 tsə⁰ 菜再 tsa³⁵ 去读书。
紫 阳	日日朝家我 ɚ³¹ 卖之 tɕi⁰ 菜再 tse³⁵ 去读书。
许 村	每朝早朝我 o³¹ 卖之 tɕi⁰ 菜再 tsɤ²⁴ 去读书。
中 云	日日朝家我 o³¹ 卖哩 li⁰ 菜再 tsɤ³⁵ 去读书。
新 建	排日朝里阿 a²⁴ 卖吓 pə⁰ 之 tsɤ⁰ 菜再 tsa²⁴ 去读书。
新 营	每日清早我 ŋo⁵³ 卖啦 la⁰ 菜再 tsæ²¹³ 去读书。
黄 柏	日日天光早阿 a⁴⁴ 卖了 lə⁰ 菜再 tsa²¹ 去读书。
暖 水	每日朝头我 ŋuɐ²¹ 卖了 lɤ⁰ 菜再 tsɤ³⁵ 去读书。

039

车票我买好了，你不用买了。

经公桥	车票阿ʌ³⁵⁵ 买好 xau⁴² 了 lɤ⁰，尔 ņ³⁵⁵ 不要得 po⁴⁴yʌu²⁴tɛ⁰ 买了 lɤ⁰。
鹅 湖	车票我 ŋuo⁵³ 买嘅 kɛ⁰ 啦 la⁰，尔 ņ³⁵ 不要得 peiʔ⁵ia²¹taiʔ⁰ 买。
旧 城	车票我 o³¹ 买好 xau³¹ 嘀 ti⁰，尔 ņ³¹ 不要 piau²¹³ 买嘀 ti⁰。
湘 湖	车票我 o³¹ 买好 xau³¹ 哩 li⁰，尔 ņ⁴⁴ 不要 peiʔ²⁴io²¹² 买哩 li⁰。
溪 头	车票□so²³¹ 买好 xɐ⁴² 之 tsŋ⁰ 了 lɤ⁰，尔 ņ³³ 不要 pia²⁴ 买嘞 le⁰。
沱 川	车票我 o³¹ 买好 xa² 之 tsə⁰，尔 ņ⁴⁴ 不要 piɒ³⁵ 买啦 lɒ⁰。
紫 阳	车票我 ɚ³¹ 买好 xo² 之 tɕi⁰，尔 ņ³¹ 不要 pu⁵¹io³⁵ 买。
许 村	车票我 o³¹ 买好 xa² 哩 li⁰ 啦 la⁰，尔 ņ³¹ 不要 pɤ⁵⁵io²⁴ 买啦 la⁰。
中 云	车票我 o³¹ 买好 xa² 嘀 ti⁰，尔 ņ⁴⁴ 不要 pɤ⁵¹io³⁵ 买啦 la⁰。
新 建	车票阿 a²⁴ 买咧 liɛ⁰ 啦 la⁰，尔 ņ²⁴ 不要 pa⁵¹ia²⁴ 买啦 la⁰。
新 营	车票我 ŋo⁵³ 买好 xɔ⁵³ 啦 la⁰，尔 ņ̇⁵³ 不要 pu²¹⁵iɔ²¹³ 买啦 la⁰。
黄 柏	车票阿 a⁴⁴ 买好 xə⁵³ 了 lə⁰，尔 ņ⁴⁴ 莫 mə²¹ 买了 lə⁰。
暖 水	车票我 ŋuɐ²¹ 买好 xɤ²¹ 了 lɤ⁰，尔 ņ²¹ 不要 pe⁵⁴yɛ³⁵ 买了 lɤ⁰。

040

这辆汽车要开到南昌去。

经公桥	伊 i²⁴ 部 pʻu²¹ 汽车要 yʌu²⁴ 开到 tau⁰ 南昌去 kʻei²¹⁴。
鹅　湖	勒 lɛ⁵⁵ 部 pʻu²¹ 汽车要 ia²¹³ 开到 tauʔ⁵ 南昌去 kʻu²¹³。
旧　城	勒 lɛ⁵⁵ 乘 ɕiai³³ 汽车要 iau²¹³ 开到 tau⁰ 南昌去 tɕʻi²¹³。
湘　湖	勒 lei⁴⁴ 辆 na³⁵ 汽车要 io²¹ 开到 tau⁰ 南昌去 kʻu²¹²。
溪　头	伊 i³³ 部 pʻu⁵⁵ 汽车要 ia²⁴ 开到 tʮ⁰ 南昌去 kʻɐ²⁴。
沱　川	伊 i⁴⁴ 部 pʻu⁵¹ 汽车要 iɒ³⁵ 开到 ta³⁵ 南昌去 kʻə³⁵。
紫　阳	伊 i⁴⁴ 乘 ɕiæ²¹ 汽车要 io³⁵ 开到 to³⁵ 南昌去 tɕʻie³⁵。
许　村	伊 i³³ 乘 tʂā⁵² 汽车要 io²⁴ 开到 ta²⁴ 南昌去 tʃʻe²⁴。
中　云	伊 i⁴⁴ 部 pʻu⁵¹ 汽车要 io³⁵ 开到 ta⁰ 南昌去 tɕʻie³⁵。
新　建	伊 i⁵⁴ 辆 niɔ̃³¹ 汽车要 ia²⁴ 开到 tə⁰ 南昌去 tɕʻiɛ²¹³。
新　营	诶 ɛ⁵⁵ 乘 ɕiæ³¹ 汽车要 iɔ⁵⁵ 开到 tɔ⁰ 南昌去 tɕʻi²¹³。
黄　柏	诶 ɛ²¹ 辆 liã⁵³ 汽车要 iə²¹ 开到 tə⁰ 南昌去 tɕʻi²¹³。
暖　水	伊 i³¹ 把 puɐ²¹ 汽车要 yɛ³⁵ 开到 tʮ⁰ 南昌去 tɕʻi³⁵。

041

你去哪儿？——我去南昌。

经公桥	尔 n̩³⁵⁵ 到 tau²⁴ 何里 xɤ³⁵li⁰ 去 kʻei²¹⁴？——阿 ʌ³⁵⁵ 到 tau²⁴ 南昌去 kʻei²¹⁴。
鹅　湖	尔 n̩³⁵ 去 kʻu²¹ 何里 xa³⁵li⁰ □tauʔ⁵？——我 ŋuo⁵³ 去 kʻu²¹³ 南昌。
旧　城	尔 n̩³¹ 到 tau²¹³ 何 □xɛ²⁴tɛ⁵⁵ 去 tɕʻi²¹³？——我 o³¹ 到 tau²¹³ 南昌去 tɕʻi²¹³。
湘　湖	尔 n̩⁴⁴ 去 kʻu²¹² 何里 xɛ³⁵li⁰？——我 o³¹ 去 kʻu²¹² 南昌。
溪　头	尔 n̩³³ 到 tʮ²⁴ 何里 xo⁵¹li⁰ 去 kʻɐ²⁴？——□so²³¹ 到 tʮ²⁴ 南昌去 kʻɐ²⁴。
沱　川	尔 n̩⁴⁴ 到 ta³⁵ 何里 xo²¹le⁰ 去 kʻə³⁵？——我 o³¹ 到 ta³⁵ 南昌去 kʻə³⁵。
紫　阳	尔 n̩³¹ 到 to³⁵ 何落 xə²¹lo⁰ 去 tɕʻie³⁵？——我 ə³¹ 到 to³⁵ 南昌去 tɕʻie³⁵。
许　村	尔 n̩³¹ 到 ta²⁴ 何里 xa⁵¹li⁰ 去 tʃʻe²⁴？——我 o³¹ 到 ta²⁴ 南昌去 tʃʻe²⁴。
中　云	尔 n̩⁴⁴ 到 ta³⁵ 何里 xa¹¹li⁰ 去 tɕʻie³⁵？——我 o³¹ 到 ta³⁵ 南昌去 tɕʻie³⁵。
新　建	尔 n̩²⁴ 到 tə²⁴ 何里 xa²⁴li⁰ 去 tɕʻiɛ²¹³？——阿 a²⁴ 到 tə²⁴ 南昌去 tɕʻiɛ²¹³。
新　营	尔 ŋ̍⁵³ 到 tɔ²¹³ 何搭 xo³¹tæ²¹³ 去 tɕʻi²¹³？——我 ŋo⁵³ 到 tɔ²¹³ 南昌去 tɕʻi²¹³。
黄　柏	尔 n̩⁴⁴ 到 tə²¹ 何里 xo⁴¹li⁰ 去 tɕʻi²¹³？——阿 a⁴⁴ 到 tə²¹ 南昌去 tɕʻi²¹³。
暖　水	尔 n̩²¹ 到 tʮ³⁵ 何搭 xo²³tɔ⁵⁴ 去 tɕʻi³⁵？——我 ŋuɐ²¹ 到 tʮ³⁵ 南昌去 tɕʻi³⁵。

042-1

你刚才干什么去了？〔——我买菜去了。〕

经公桥	尔 n̩^{355} 将 □下 tɕiã^{22}mɤ^{44}xʌ^0 做 tsuʌ^{24} 什么 ɕi^{44}mɤ^0 去 k'ei^{214} 了 lɤ^0？
鹅 湖	尔 n̩^{35} 康康哩 k'aŋ^{55}k'aŋ^{55}li^0□to^{21} 么个 mɛʔ^{24}kie^{214} 去 k'u^{35} 嘅 kɛ^0？
旧 城	尔 n̩^{31}□□k'uo^{55}tɕien^{55} 做 tsu^{213} 什么个 ɕi^{55} mo^{55}kɛ^{214} 去 tɕ'i^{213} 嘀 ti^0？
湘 湖	尔 n̩^{44} 将将 tɕia^{44}tɕia^{44} 做 tso^{24} 么个 moʔ^{24}kɛ^{212} 去 k'u^{212} 哩 li^0？
溪 头	尔 n̩^{33} 将□tɕiɔ̃^{33}mi^{33} 做 tso^{24} 底么事 te^{42}mɐ^{55}sɿ^{55} 去 k'ɐ^{24} 了 lɐ^0？
沱 川	尔 n̩^{44} 将今 tɕiɪ̃^{44}tɕien^{44} 做 tso^{35} 么伩 bə^{51}le^0 去 k'ə^{35} 之 tsə^0？
紫 阳	尔 n̩^{31} 而今 n̩^{31}tɕiæ̃^{44} 做 tsu^{35} 通物 t'um^{44}bə^{51} 事去 tɕ'ie^{35} 之 tɕi^0 啊 a^0？
许 村	尔 n̩^{31} 将时候 tɕiɔ̃^{33}ʃi^{51}ʃa^{51} 做 tso^{24} 么哩 mɤ^{55}le^0 去 tʃ'e^{24} 了 lɤ^0？
中 云	尔 n̩^{44} 将将 tɕiã^{44}tɕiã^0 做 tsu^{35}□物 t'ɤ^{31}bɤ^{51} 去 tɕ'ie^{35} 啦 la^0？
新 建	尔 n̩^{24}□□k'ã^{51}nẽ^{24}nẽ^0 做 tsuɯ^{24} 么拉 mə^{51}la^0 去 tɕ'ie^{213} 啦 la^0？
新 营	尔 n̩^{53} 刚刚 kã^{55}kã^{55} 做 tso^{21} 么伩 mo^{51}le^0 去 tɕ'i^{213} 啦 la^0？
黄 柏	尔 n̩^{44}□□k'ən^{21}tɕi^{44} 做 tso^{21} 么 mə^{44} 去 tɕ'i^{213} 了 lə^0？
暖 水	尔 n̩^{21} 刚才 kʌŋ^{31}ts'ɤ^{23} 做 tso^{35} 么个 mo^{35}ka^{35} 去 tɕ'i^{35} 了 lɤ^0？

042-2

〔你刚才干什么去了？〕——我买菜去了。

经公桥	——阿 ʌ^{355} 买菜去 k'ei^{214} 了 lɤ^0。
鹅 湖	——我 ŋuo^{53} 去 tɕ'i^{213} 买菜 嘅 kɛ^0。
旧 城	——我 o^{31} 去 tɕ'i^{213} 买菜 嘚 tɛ^0。
湘 湖	——我 o^{31} 买菜去 k'u^{212} 哩 li^0。
溪 头	——□so^{231} 去 k'ɐ^{24} 买菜 了 lɐ^0。
沱 川	——我 o^{31} 去 k'ə^{35} 买菜 之 tsə^0。
紫 阳	——我 ə^{31} 去 tɕ'ie^{35} 买菜 之 tɕi^0 啦 la^0。
许 村	——我 o^{31} 去 tʃ'e^{24} 买菜 了 lɤ^0。
中 云	——我 o^{31} 去 tɕ'ie^{35} 买菜 □tie^0。
新 建	——阿 a^{24} 去 tɕ'ie^{213} 买菜 啦 la^0。
新 营	——我 ŋo^{53} 去 tɕ'i^{213} 买菜 啦 la^0。
黄 柏	——阿 a^{44} 去 tɕ'i^{213} 买菜 了 lə^0。
暖 水	——我 ŋuɐ^{21} 去 tɕ'i^{35} 买菜 了 lɤ^0。

043

你尝尝他做的点心再走吧。

经公桥	尔 n̩³⁵⁵ 尝 ʃuaŋ³⁵ 下 xʌ⁰ 渠 kei³⁵⁵ 做嗰 kɤ⁰ 点心再 tsa²⁴ 走吧 pʌ⁰。
鹅　湖	尔 n̩³⁵ 尝 ɕiõ⁵³ 一下 iʔ⁴xuo⁰ 渠 ku³⁵ 做嗰 kɛ⁰ 点心再 tsa²¹ 走。
旧　城	尔 n̩³¹ 尝尝 ɕia²⁴ɕia⁰ 渠 tɕi²⁴ 做嗰 kɛ⁰ 点心再 tse²¹³ 走啦 la⁰。
湘　湖	尔 n̩⁴⁴ 尝 ɕia³⁵ɕia⁰ 渠 ku³⁵ 做嗰 kɛ⁰ 点心再 tse²¹ 走吧 pa⁰。
溪　头	尔 n̩³³ 尝 sɔ̃⁵¹ 下 xo⁵¹ 渠 k'ɐ⁵¹ 做嗰 kɐ⁰ 点心再 tse²⁴ 走吧 pɐ⁰。
沱　川	尔 n̩⁴⁴ 尝尝 sã²¹sã²¹ 渠 k'ə²¹¹ 做嘞 le⁰ 点心再 tsa³⁵ 去吧 pɒ⁰。
紫　阳	尔 n̩³¹ 尝 tɕ'iã²¹ 一下 ia⁵¹xə⁰ 渠 tɕ'ie²¹¹ 做嗰 kə⁰ 点心再 tse³⁵ 走。
许　村	尔 n̩³¹ 尝尝 ʃɔ̃⁵¹ʃɔ̃⁰ 渠 tʃ'e⁵¹ 做嗰 kɤ⁰ 点心再 tsɤ²⁴ 走吧 pa⁰。
中　云	尔 n̩³¹ 尝 sã³⁵ 一下 ia⁵¹xo⁰ 渠 tɕ'ie¹¹ 做嗰 kɤ⁰ 点心再 tsɤ³⁵ 走。
新　建	尔 n̩²⁴ 尝下 ʃɔ̃²⁴xuɤ⁵¹ 渠 tɕ'iɛ²⁴ 做嗰 kə⁰ 点心再 tsa²⁴ 去。
新　营	尔 ŋ̍⁵³ 尝下 ɕiã³¹xo⁰ 渠 tɕ'i³¹ 做嗰 kɛ⁰ 点心再 tsæ²¹³ 走呗 pæ⁰。
黄　柏	尔 n̩⁴⁴ 尝尝 ʃã⁴¹ʃã⁰ 渠 tɕ'i⁴¹ 做嗰 kɛ⁰ 点心再 tse²¹ 走吧 pa⁰。
暖　水	尔 n̩²¹ 尝下 ʂʌŋ²³xuɐ⁵¹ 渠 tɕ'i²³ 弄嗰 kɤ⁰ 点心再 tsɤ³⁵ 去吧 pa⁰。

044-1

我吃过兔子肉，你吃过没有？〔——我没吃过。〕

经公桥	阿 ʌ³⁵⁵ 喫过 kuʌ²⁴ 兔肉，尔 n̩³⁵⁵ 喫冇 mau²⁴ 喫过 kuʌ²⁴？
鹅　湖	我 ŋuo⁵³ 喫过 kuo²¹ 兔肉，尔 n̩³⁵ 喫过 kuo²¹ 冇 mau³⁵？
旧　城	我 o³¹ 喫过 kuo²¹³ 兔肉，尔 n̩³¹ 喫过 kuo²¹³ 吗 ma⁰？
湘　湖	我 o³¹ 喫过 kuo²¹² 兔肉，尔 n̩⁴⁴ 喫过 kuo²¹² 没有 mɛʔ²iəu³¹⁴？
溪　头	□so²³¹ 喫过 ko²⁴ 兔肉，尔 n̩³³ 喫不曾 pã⁵¹ 喫过 ko²⁴？
沱　川	我 o³¹ 喫过 ku³⁵ 兔肉，尔 n̩⁴⁴ 喫过 ku³⁵ 不曾 pə⁵¹sã²¹¹？
紫　阳	我 ə³¹ 喫过 ku³⁵ 兔肉，尔 n̩³¹ 喫过 ku³⁵ 不曾 pɔ̃²¹¹？
许　村	我 o³¹ 喫过 ku²⁴ 之 tɕi⁴⁴ 兔肉，尔 n̩³¹ 喫过 ku²⁴ 不曾 pã⁵¹？
中　云	我 o³¹ 喫过 ku³⁵ 兔肉，尔 n̩⁴⁴ 喫过 ku³⁵ 吧 pa⁰？
新　建	阿 a²⁴ 喫过 ku²¹³ 毛兔肉，尔 n̩²⁴ 喫过 ku²¹³ 不曾 pã²⁴？
新　营	我 ŋo⁵³ 喫过 ku²¹ 兔肉，尔 ŋ̍⁵³ 喫过 ku²¹ 唛 mæ⁰？
黄　柏	阿 a⁴⁴ 喫过 ko²¹ 兔肉，尔 n̩⁴⁴ 喫过 ko²¹ 唔□ŋ̍⁴⁴nən⁴¹？
暖　水	我 ŋuɐ²¹ 喫过 ko³⁵ 兔肉，尔 n̩²¹ 喫过 ku³⁵ 不曾 pæ²³？

044-2
〔我吃过兔子肉，你吃过没有？〕——我没吃过。

经公桥 ——阿 ʌ³⁵⁵ 冇 mau²⁴ 喫过 kuʌ²⁴。

鹅　湖 ——我 ŋuo⁵³ 冇 mau³⁵ 喫过 kuo²¹³。

旧　城 ——我 o³¹ 冇 mau³³ 喫过 kuo²¹³。

湘　湖 ——我 o³¹ 冇 mau³⁵ 喫过 ko²¹²。

溪　头 ——□so²³¹ 不曾 pã⁵¹ 喫过 ko²⁴。

沱　川 ——我 o³¹ 不曾 pã²¹¹ 喫过 ku³⁵。

紫　阳 ——我 ə³¹ 不曾 pɔ̃²¹¹ 喫过 ku³⁵。

许　村 ——我 o³¹ 不曾 pã⁵¹ 喫过 ku²⁴。

中　云 ——我 o³¹ 不曾 pã¹¹ 喫过 ku³⁵。

新　建 ——阿 a²⁴ 不曾 pã²⁴ 喫过 ku²¹³。

新　营 ——我 ŋo⁵³ 冇 mɔ³¹ 喫过 ku²¹³。

黄　柏 ——阿 a⁴⁴ 唔 ŋ̍⁴⁴nən⁴¹ 喫过 ko²¹。

暖　水 ——我 ŋuɐ²¹ 不曾 pæ̃²³ 喫过 ku³⁵。

045
我洗过澡了，今天不打篮球了。

经公桥 阿 ʌ³⁵⁵ 洗了 lɤ⁰ 澡了 lɤ⁰，今日不 po⁴⁴ 打篮球了 lɤ⁰。

鹅　湖 我 ŋuo⁵³ 洗过 kuo²¹ 澡啦 la⁰，今朝不 pei⁴ 打篮球嗝 kɛ⁰。

旧　城 我 o³¹ 洗过 kuo²¹³ 澡嘀 ti⁰ 啦 la⁰，今朝不 pai²¹³ 打篮球嘀 ti⁰ 啦 la⁰。

湘　湖 我 o³¹ 洗过 kuo²¹² 浴啦 la⁰，今朝不 pei⁴ 打篮球唡 lɛ⁰。

溪　头 □so²³¹ 洗之 tsŋ⁰ 浴了 lɐ⁰，今日不 pɐ⁵⁵ 打篮球了 lɐ⁰。

沱　川 我 o³¹ 洗过 ku³⁵ 浴了 lə⁰，今日不 pə⁵¹ 打篮球了 lə⁰。

紫　阳 我 ə³¹ 洗过 ku³⁵ 浴了 la⁰，今日不 pu⁵¹ 打篮球。

许　村 我 o³¹ 洗之 tɕi⁴⁴ 浴了 lɤ⁰，今日不 pɤ⁵⁵ 打篮球了 lɤ⁰。

中　云 我 o³¹ 洗嘀 ti⁰ 浴了 la⁰，今朝不 pɤ⁵¹ 打篮球啦 la⁰。

新　建 阿 a²⁴ 洗过 ku²¹³ 浴啦 la⁰，今日不 pa⁵¹ 打篮球啦 la⁰。

新　营 我 ŋo⁵³ 洗过 ku²¹³ 澡啦 la⁰，今日不 pu²¹⁵ 打篮球啦 la⁰。

黄　柏 阿 a⁴⁴ 洗了 lə⁰ 澡了 lə⁰，今朝不 pɛ²¹ 打篮球了 lə⁰。

暖　水 我 ŋuɐ²¹ 洗过 ku³⁵ 澡了 lɤ⁰，今日不 pe⁵⁴ 打篮球了 lɤ⁰。

046-1

你才吃了一碗米饭,〔再吃一碗吧。〕

经公桥	尔 n̩³⁵⁵ 才 tsʻa³⁵⁵ 喫了 lɤ⁰ 一碗饭,
鹅　湖	尔 n̩³⁵ 就 tsʻiəu²¹ 喫噶 kɛ⁰ 一碗饭,
旧　城	尔 n̩³¹ 就 tsʻiəu³³ 喫嘀 ti⁰ 一碗饭,
湘　湖	尔 n̩⁴⁴ 就 tsʻiəu²¹ 喫嘀 ti⁰ 一碗饭,
溪　头	尔 n̩³³ 就 tsʻæi⁵⁵ 喫之 tsɿ⁰ 一碗饭,
沱　川	尔 n̩³¹ 就 tsʻə⁵¹ 喫之 tsə⁰ 一碗饭,
紫　阳	尔 n̩³¹ 就 tsʻa⁵¹ 喫之 tɕi⁰ 一碗饭,
许　村	尔 n̩³¹ 就 tsʻa⁵⁵ 喫之 tɕi⁰ 一碗饭,
中　云	尔 n̩⁴⁴ 就 tsʻa⁵¹ 喫嘀 ti⁰ 一碗饭,
新　建	尔 n̩²⁴ 就 tɕiɯ⁵¹ 喫得 tɛ⁰ 一碗饭,
新　营	尔 ŋ̍⁵³ □xã³¹ 喫一碗饭,
黄　柏	尔 n̩⁴⁴ 才 tsʻɛ⁴¹ 喫了 lə⁰ 一碗饭,
暖　水	尔 n̩²¹ 就 tɕʻy⁵¹ 喫了 lɤ⁰ 一碗饭,

046-2

〔你才吃了一碗米饭,〕再吃一碗吧。

经公桥	(再 tsa²¹) 喫一碗凑 tsʻiəu²¹⁴。
鹅　湖	(再 tsa²¹) 喫一碗凑 tsʻəu²¹³ 吧 pa⁰。
旧　城	(再 tsɛ²¹³) 喫一碗凑 tsʻau²¹³。
湘　湖	(再 tsɛ²¹²) 喫一碗凑 tsʻəu²¹² 吧 pa⁰。
溪　头	(再 tsa²⁴) 喫一碗凑 tsʻæi²⁴ 吧 pɐ⁰。
沱　川	(再 tsa³⁵) 喫一碗凑 tsʻə³⁵。
紫　阳	(再 tse³⁵) 喫一碗凑 tsʻa³⁵/添 tʻĩ⁴⁴。
许　村	(再 tsɤ²⁴) 喫一碗凑 tsʻa²⁴。
中　云	(再 tsɤ³⁵) 喫一碗凑 tsʻa³⁵。
新　建	(再 tsa²¹³) 喫一碗凑 tsʻɯ²¹³。
新　营	(再 tsæ²¹³) 喫一碗凑 tsʻio²¹³。
黄　柏	(再 tsə²¹) 喫一碗凑 tɕʻiɔ²¹³。
暖　水	(再 tsɤ³⁵) 喫一碗凑 tɕʻy³⁵。

047-1
我算得太快算错了，〔让我重新算一遍。〕

经公桥　阿ʌ³⁵⁵ 算得 tai⁰ 太 tʻa²⁴ 快 kʻua²¹⁴ 算错了 lɤ⁰,

鹅　湖　我 ŋuo⁵³ 算嗝 kɛ⁰ 太 tʻa³⁵ 快 kʻua²¹³ 算错嗝 kɛ⁰,

旧　城　我 o³¹ 算得 tai⁰ 太 tʻa²¹³ 快 kʻua²¹³ 算错嘀 ti⁰,

湘　湖　我 o³¹ 算太 tʻa³⁵ 快 kʻua³⁵ 算错哩 li⁰,

溪　头　□so²³¹ 算得 ta⁰ 太 tʻa²⁴ 快 kʻua²⁴ 算错之 tsɿ⁰,

沱　川　我 o³¹ 算得 tɒ⁰ 太 tʻa³⁵ 快 kʻua³⁵ 算错之 tsə⁰ 了 lə⁰,

紫　阳　我 ɘ³¹ 算得 to⁰ 太 tʻo³⁵ 快 kʻua³⁵ 算错之 tɕi⁰,

许　村　我 o³¹ 算太 tʻo²⁴ 快 kʻua²¹⁴ 算错之 tɕi⁰,

中　云　我 o³¹ 算得 to⁰ 太 tʻo³⁵ 快 kʻo³⁵ 算错哩 li⁰,

新　建　阿 a²⁴ 算得 tɛ⁰ 太 tʻa²⁴ 快 kʻua²¹³ 算错之 tsɤ⁰ 啦 la⁰,

新　营　我 ŋo⁵³ 算得 tæ⁰ 太 tʻa²¹³ 快 kʻua²¹³ 算错啦 la⁰,

黄　柏　阿 a⁴⁴ 算太 tʻa²¹ 快 kʻua²¹³ 算错了 lə⁰,

暖　水　我 ŋuɐ²¹ 算太 tʻa³⁵ 快 kʻua³⁵ 算错了 lɤ⁰,

047-2
〔我算得太快算错了，〕让我重新算一遍。

经公桥　让 yaŋ²¹ 阿 ʌ³⁵⁵ 算一遍 piɛ²¹⁴ 凑 tsʻiəu²¹⁴。

鹅　湖　让 iõ²¹ 我 ŋuo⁵³ 再 tsa²¹ 算一遍 pĩ²¹³。

旧　城　让 ȵia³³ 我 o³¹ 算过 kuo²¹³ 一到 tau²¹³。

湘　湖　让 ia²¹ 我 o³¹ 再 tsɛ³⁵ 算一遍 pĩ²¹²。

溪　头　让 ȵiɔ̃⁵⁵ □so²³¹ 算一遍 pĩ²⁴ 凑 tsʻæi²⁴。

沱　川　让 ȵiʌ̃⁵¹ 我 o³¹（再 tsa³⁵）算一遍 pĩ³⁵ 凑 tsʻɤ³⁵。

紫　阳　让 ȵiã⁵¹ 我 ɘ³¹ 算过 ku³⁵ 一遍 pĩ³⁵。

许　村　让 ȵiɔ̃⁵⁴ 我 o³¹（再 tso²⁴）算过 ku²⁴ 一遍 pĩ²⁴。

中　云　让 ȵiã⁵¹ 我 o³¹ 算一遍 pĩ³⁵ 凑 tsʻa³⁵。

新　建　让 ȵiɔ̃⁵¹ 阿 a²⁴ 算过 ku²¹³ 一遍 pã²¹³。

新　营　让 ȵiã⁵¹ 我 ŋo⁵³ 再 tsɛ²¹³ 算一遍 pĩ²¹³。

黄　柏　让 ȵiã²¹ 阿 a⁴⁴ 算过 ko²¹³ 一遍 piẽ²¹³。

暖　水　让 ȵiʌŋ⁵¹ 我 ŋuɐ²¹ 算过 ku³⁵ 一遍 pĩ³⁵。

048
他一高兴就唱起歌来了。

经公桥　渠 kei³⁵⁵ 一 i⁴⁴ 高兴就 tsʻiəu²¹ 唱起 tɕʻi⁰ 歌来 la³⁵⁵ 了 lɤ⁰。

鹅　湖　渠 ku³⁵ 一 iʔ⁴ 高兴就 tsʻiəu²¹ 唱起 tɕʻi⁵³ 歌儿来 lie³⁵。

旧　城　渠 tɕi²⁴ 一 i²¹³ 高兴就 tsʻiəu³³ 唱起 tɕʻi³¹ 歌儿来 lɛ²⁴ 嘀 ti⁰。

湘　湖　渠 ku³⁵ 一 iʔ⁴ 高兴就 tsʻiəu²¹ 唱起 tɕʻi⁰ 歌来 lɛ³⁵ 哩 li⁰。

溪　头　渠 kʻɐ⁵¹ 一 i⁵⁵ 高兴就 tsʻæi⁵⁵ 唱起 tʃʻi⁴² 歌来 lɛ⁵¹ 之 tsɿ⁰。

沱　川　渠 kʻə²¹¹ 一 i⁵¹ 高兴就 tsʻə⁵¹ 唱起 tɕʻi² 歌了 lə⁰。

紫　阳　渠 tɕʻie²¹¹ 一 ia⁵¹ 高兴就 tsʻa⁵¹ 唱歌之 tɕi⁰。

许　村　渠 tʃʻe⁵¹ 一 ia⁵¹ 高兴就 tsʻa⁵⁵ 唱起 tɕʻi²⁴ 歌来 lɤ⁵¹ 了 lɤ⁰。

中　云　渠 tɕʻie¹¹ 一 ia⁵¹ 高兴就 tsʻa⁵¹ 唱起 tɕʻi² 歌来 lɤ¹¹。

新　建　渠 tɕʻiɛ²⁴ 一 i⁵¹ 高兴就 tɕʻiɯ⁵¹ 唱起 tɕʻi³¹ 歌来 la²⁴。

新　营　渠 tɕʻi³¹ 一 i²¹⁵ 高兴就 tsʻio⁵¹ 唱歌啦 la⁰。

黄　柏　渠 tɕʻi⁴¹ 一 i²¹ 高兴就 tɕʻiə²¹ 唱起 tɕʻi⁵³ 歌来 lɛ⁴¹ 了 lə⁰。

暖　水　渠 tɕʻi²³ 一 i⁵⁴ 高兴就 tɕʻy⁵¹ 唱起 tɕʻi² 歌来 lɤ²³。

049
报告只写了一半，还得写下去。

经公桥　报告只 tsɿ⁴² 写了 lɤ⁰ 一半，还要 xa³⁵yʌu²¹⁴ 写下去 xʌ²⁴kʻei⁰。

鹅　湖　报告只 tsɿ⁵³ 写嗝 kɛ⁰ 一半，还要 xuo³⁵ia²¹ 写下去 xuo²¹kʻu⁰。

旧　城　报告只 tsɿ³¹ 写嘀 ti⁰ 一半，还要 xuo²⁴iau²¹³ 写下去 xuo³³tɕʻi²¹³。

湘　湖　报告只 tsɿ³⁵ 写哩 li⁰ 一半，还要 xa³⁵io²¹² 写下去 xo²¹kʻu²¹²。

溪　头　报告只 tsɿ⁴² 写之 tsɿ⁰ 一半，还要 o⁵¹ia²⁴ 写下去 xo⁵⁵kʻɐ²⁴。

沱　川　报告只 tsɿ² 写之 tsə⁰ 一半，还要 o²¹¹iɒ³⁵ 写下去 xo³¹kʻə⁰。

紫　阳　报告只 tsɿ² 写之 tɕi⁰ 一半，还要 o²¹io³⁵ 写下去 xə³¹tɕʻie³⁵。

许　村　报告只 tsɿ³¹ 写之 tɕi⁰ 一半，还要 o⁵¹io²⁴ 写下去 xo⁵⁵tʃʻe²⁴。

中　云　报告只 tsɿ³⁵ 写哩 li⁰ 一半，还要 o¹¹io³⁵ 写下去 xo³¹tɕʻie³⁵。

新　建　报告只 tsɤ³¹ 写得 tɛ⁰ 一半□mə⁵¹，还要 xuɤ²⁴ia²⁴ 写下去 xuɤ⁵¹tɕʻiɛ²¹³。

新　营　报告□tsən⁵³ 写啦 la⁰ 一半，还要 xa³¹iɔ²¹³ 写下去 xo⁵¹tɕʻi²¹³。

黄　柏　报告只 tsɿ⁵³ 写了 lə⁰ 一半，还要 xa⁴¹iə²¹ 写下去 xo²¹tɕʻi²¹³。

暖　水　报告只 tsɤ²¹ 写了 lɤ⁰ 一半，还要 xuo²³yɛ³⁵ 写下去 xuɤ⁵¹tɕʻi³⁵。

050

外婆给了我压岁钱。

经公桥	□ia²⁴ 婆拿 la²² 了 lɣ⁰ 压岁钱拿 la²² 阿 ʌ³⁵⁵。
鹅　湖	外婆担 tõ⁵⁵ 嗝 kɛ⁰ 我 ŋuo⁵³ 砥岁钱。
旧　城	外世婆把 puo³¹ 到 tau⁰ 我 o³¹ 压岁钱。
湘　湖	外婆把 po³¹ 哩 li⁰ 我 o³¹ 压岁钱。
溪　头	佬娘拎 næi³³ 压岁钱分 fəŋ³³ 之 tsɿ⁰ 阿 a²³¹。
沱　川	娘娘担 tõ⁴⁴ 之 tsə⁰ 我 o³¹ 压岁钱。
紫　阳	娘娘给 ko⁵¹ 之 tɕi⁰ 我 ə³¹ 隔岁钱。
许　村	喝娘给 ka⁵⁵ 之 tɕi⁰ 我 o³¹ 隔岁钱。
中　云	外婆给 ka⁵¹ 之 tɕi⁰ 我 o³¹ 隔岁钱。
新　建	外婆搭 tur⁵¹ 唔 mə⁰ 阿 a²⁴ 隔岁钱/隔岁钱阿侬 a²⁴nən⁰。
新　营	外婆给 kɛ²¹⁵ 我 ŋo⁵³ 砥岁钱。
黄　柏	外婆把 pɑ⁵³ 了 lə⁰ 压岁钱把 pɑ⁵³ 阿 a⁴⁴。
暖　水	外婆□ta³¹□tɔ⁵⁴压岁钱□uɐ⁵⁴我 ŋuɐ²¹⁴。

051

给他一支笔！别给他钱！

经公桥	拿 la²² 一支笔拿 la²² 渠 kei³⁵⁵！不要 piau²¹ 拿 la²² 钱拿 la²² 渠 kei³⁵⁵。
鹅　湖	担 tõ⁵⁵ 渠 ku³⁵ 一支笔！不要 peiʔ⁴ia²¹ 掇 toʔ⁴ 渠 ku³⁵ 钱。
旧　城	担 tuo⁵⁵ 渠 tɕi²⁴ 一支笔！不要 piau²¹³ 担 tuo⁵⁵ 钱到 tau²¹³ 渠 tɕi²⁴。
湘　湖	把 po³¹ 渠 ku³⁵ 一支笔！不要 peiʔ⁴io²¹ 把 po³¹ 钱把 po³¹ 渠 ku³⁵。
溪　头	拎 næi³³ 一支笔分 fəŋ³³ 渠 kʻɐ⁵¹！不要 pia²⁴ 拎 næi³³ 钱分 fəŋ³³ 渠 kʻɐ⁵¹。
沱　川	担 tõ⁴⁴ 渠 kʻə²¹¹ 一支笔！不要 piɒ³⁵ 担 tõ⁴⁴ 渠 kʻə²¹¹ 钱。
紫　阳	担 tum⁴⁴ 渠 tɕʻie²¹¹ 一支笔！不要 pu⁵¹io³⁵ 担 tum⁴⁴ 渠 tɕʻie²¹¹ 钱。
许　村	给 ka⁵⁴ 渠 tʃʻe⁵¹ 一支笔！不要 pɣ⁵⁵io²⁴ 给 ka⁵⁵ 渠 tʃʻe⁵¹ 钱。
中　云	给 ka⁵¹ 渠 tɕʻie¹¹ 一根笔！不要 pio³⁵ 给 ka⁵¹ 渠 tɕʻie¹¹ 钱。
新　建	搭 tur⁵¹ 渠 tɕʻiɛ²⁴ 一支笔！不要 pa⁵¹ia²⁴ 搭 tur⁵¹ 渠 tɕʻiɛ²⁴ 钱。
新　营	给 kɛ²¹⁵ 渠 tɕʻi³¹ 一支笔！不要 pu²¹⁵iɔ²¹³ 给 kɛ²¹⁵ 渠 tɕʻi³¹ 钱。
黄　柏	把 pɑ⁵³ 一支笔把 pɑ⁵³ 渠 tɕʻi⁴¹！不要 pɛ⁴⁴iə²¹ 把 pɑ⁵³ 钱把 pɑ⁵³ 渠 tɕʻi⁴¹。
暖　水	□ta³¹ 渠 tɕʻi²³ 一支笔！不要 pe⁵⁴yɛ³⁵□ta³¹ 钱□uɐ⁵⁴渠 tɕʻi²³。

052

这支笔送给你。

经公桥	伊 i²⁴ 支笔送 soŋ²¹ □ lɤ⁰ 尔 n̩³⁵⁵。
鹅　湖	勒 lɛ⁵⁵ 支笔送 soŋ²¹³ 给 koʔ⁰ 尔呐 n̩³⁵na⁰。
旧　城	勒 lɛ⁵⁵ 支笔送 soŋ²¹³ 担 tuo⁵⁵ 尔呐 n̩³¹na⁰。
湘　湖	勒 lei⁴⁴ 支笔送 soŋ²¹² 得 taiʔ⁰ 尔 n̩⁴⁴。
溪　头	伊 i³³ 支笔送 sən²⁴ 分 fən³³ 尔 n̩³³。
沱　川	伊 i⁴⁴ 支笔送 sən³⁵ 担 tõ⁴⁴ 尔 n̩⁴⁴。
紫　阳	伊 i⁴⁴ 支笔送 sɐm³⁵ 把 pə⁰ 尔 n̩³¹。
许　村	伊 i³³ 支笔送 sɐm²⁴ 到 ta⁰ 尔 n̩³¹。
中　云	伊 i⁴⁴ 根笔送 sɐm³⁵ 给 ka⁵¹ 尔 n̩³¹。
新　建	伊 i⁵⁴ 支笔送 sən²¹³ 把 puɤ⁰ 尔侬 n̩²⁴nən⁰。
新　营	欸 ɛ⁵⁵ 根笔送 sən²¹ 把 pa⁵³ 尔 n̩⁵³。
黄　柏	欸 ɛ²¹ 支笔送 sən²¹³ 把 pɑ⁵³ 尔 n̩⁴⁴。
暖　水	伊 i³¹ 支笔送 soŋ³⁵ 把 puɐ²¹ 尔侬 n̩²¹noŋ⁰。

053

这些钱寄到他儿子读书的学校去。

经公桥	伊些 i²⁴siɛ⁰ 钱寄到 tau⁰ 渠 kei³⁵⁵ 儿子读书嗰 kɤ⁰ 学堂去。
鹅　湖	勒多 lɛ⁵⁵to⁰ 钱寄到 tau²¹ 渠 ku³⁵ 儿子读书嗰 kɛ⁰ 学堂去。
旧　城	勒些 lɛ⁵⁵sɛ⁵⁵ 钱寄到 tau²¹³ 渠 tɕi²⁴ 儿子读书嗰 kɛ⁰ 学堂里去。
湘　湖	勒 lei⁴⁴ 拉 la⁰ 钱寄得 taiʔ⁰ 渠 ku³⁵ 崽仂读书嗰 kɛ⁰ 学堂里去。
溪　头	伊落 i³³lo⁰ 钱寄到 tɐ²⁴ 渠 kʻɐ⁵¹ 儿子读书嗰 kɐ⁰ 学堂里去。
沱　川	伊落 i⁴⁴lɒ⁰ 钱寄到 ta⁰ 渠 kʻə²¹¹ 小读书嘞 le⁰ 学堂里去。
紫　阳	伊落 i⁴⁴lo⁵¹ 钱寄到 to³⁵ 渠 tɕʻie²¹¹ 小读书嗰 kə⁰ 学堂里去。
许　村	伊拉 i³³lo²⁴ 钱寄到 ta⁰ 渠 tʃʻe⁵¹ 儿子读书嗰 kɤ⁰ 学堂里去。
中　云	伊落 i⁴⁴lo⁰ 钱寄到 ta⁰ 渠 tɕʻie¹¹ 儿子读书嗰 kɤ⁰ 学堂去。
新　建	伊拉 i⁵⁴la⁰ 钱寄得 tɛ⁰ 渠 tɕʻiɛ²⁴ 儿子读书嗰 kə⁰ 学堂里去。
新　营	诶拉 ɛ⁵⁵la⁰ 钱寄到 tɔ²¹ 渠 tɕʻi³¹ 儿子读书嗰 kɛ⁰ 学堂去。
黄　柏	诶落 ɛ²¹lo⁰ 钱寄到 tə²¹ 渠 tɕʻi⁴¹ 儿子读书嗰 kɛ⁰ 学堂里去。
暖　水	伊拉 i³¹la⁰ 钱寄到 tɤ³⁵ 渠 tɕʻi²³ 儿子读书嗰 kɤ⁰ 学堂里去。

054

朋友**借给他**一间房间。

经公桥	朋友借 tsie²¹ 了 lɣ⁰ 一间房间拿 la²² 渠 kei³⁵⁵。
鹅　湖	朋友借 tsie²¹ 担 tõ⁵⁵ 渠 ku³⁵ 一眼房。
旧　城	朋友借 tsie²¹³ 到 tau²¹³ 渠 tɕi²⁴ 一眼房。
湘　湖	朋友借 tsie²¹² 到 tau²¹² 渠 ku³⁵ 一眼房间。
溪　头	朋友借 tse²⁴ 之 tsɿ⁰ 一眼房间分 fən³³ 渠 kʻɐ⁵¹。
沱　川	朋友借 tse³⁵ 担 tõ⁴⁴ 渠 kʻə²¹¹ 一间房。
紫　阳	朋友借 tse³⁵ 之 tɕi⁰ 渠 tɕʻie²¹¹ 一眼房。
许　村	朋友借 tse²⁴ 给 ka⁵⁵ 渠 tʃʻe⁵¹ 一眼房。
中　云	朋友借 tse³⁵ 给 ka⁵¹ 渠 tɕʻie¹¹ 一眼房间。
新　建	朋友借 tsa²¹ 吥 pə⁰ 一间房到 ta²⁴ 渠 tɕʻie²⁴。
新　营	朋友借 tsi²¹ 把 pa⁵³ 渠 tɕʻi³¹ 一眼房。
黄　柏	朋友借 tɕia²¹ 把 pɑ⁵³ 渠 tɕʻi⁴¹ 一间房间。
暖　水	朋友借 tɕie³⁵ 把 puɐ²¹ 渠 tɕʻi²³ 一眼房。

055

那个卖药的骗了他一千块钱呢。

经公桥	□nie²⁴ 个 kɣ⁰ 卖药嗰 kɣ⁰ 骗了 lɣ⁰ 渠 kei³⁵⁵ 一千块钱呢 nɛ⁰。
鹅　湖	那 luo⁵⁵ 个 kiɛ⁰ 卖药嗰 kɛ⁰ 骗嗝 kɛ⁰ 渠 ku³⁵ 一千块钱。
旧　城	唔 ŋ⁵⁵ 个 kiɛ⁰ 卖药嗰 kɛ⁰ 骗嘀 ti⁰ 渠 tɕi²⁴ 一千块钱嘞 lɛ⁰。
湘　湖	唔 ŋ⁴⁴ 个 kɛ⁰ 卖药嗰 kɛ⁰ 骗哩 li⁰ 渠 ku³⁵ 一千块钱。
溪　头	固 ku²⁴ 只 tsa⁵⁵ 卖药嗰 kɛ⁰ 骗之 tsɿ⁰ 渠 kʻɐ⁵¹ 一千块钱。
沱　川	固 ku³⁵ 只 tsɒ⁵¹ 卖药嘞 le⁰ 骗之 tsə⁰ 渠 kʻə²¹¹ 一千块钱。
紫　阳	个 ke³⁵ 只 tso⁵¹ 卖药嗰 kə⁰ 骗之 tɕi⁰ 渠 tɕʻie²¹¹ 一千块钱。
许　村	唔 ŋ²⁴ 个 kɣ⁰ 卖药嗰 kɣ⁰ 骗之 tɕi⁰ 渠 tʃʻe⁵¹ 一千块钱。
中　云	固 ku³⁵ 个 kɣ⁰ 卖药嗰 kɣ⁰ 骗哩 li⁰ 渠 tɕʻie¹¹ 一千块钱。
新　建	阿 a⁵⁴ 个 ka⁰ 卖药嗰 kə⁰ 骗吥 pə⁰ 渠 tɕʻie²⁴ 一千块钱。
新　营	夏 xo⁵³ 个 kɛ⁰ 卖药嗰 kɛ⁰ 骗啦 la⁰ 渠 tɕʻi³¹ 一千块钱。
黄　柏	诶 ɛ⁴⁴ 个 ko⁰ 卖药嗰 kɛ⁰ 骗了 lə⁰ 渠 tɕʻi⁴¹ 一千块钱。
暖　水	阿 a³¹ 个 ka⁰ 卖药嗰 kɣ⁰ 骗了 lɣ⁰ 渠 tɕʻi²³ 一千块钱。

056-1

这是谁写的字？〔谁猜得出我就奖励谁十块钱。〕

经公桥	伊 i⁴⁴ 是 ɕi²¹ 何个 xɣ³⁵kɣ²¹⁴ 写嗰 kɣ⁰ 字？
鹅　湖	勒 lɛ⁵⁵ 是 ɕi²¹ 什个 ɕiʔ⁴kiɛ²¹³ 写嗰 kɛ⁰ 字？
旧　城	勒 lɛ⁵⁵ 是 ɕi³³ 何个 xɛ²⁴kiɛ²¹³ 写嗰 kɛ⁰ 字？
湘　湖	勒个 lei⁴⁴kɛ²¹² 是 ɕi²¹ 何个 xɛ³⁵kɛ²¹² 写嗰 kɛ⁰ 字？
溪　头	伊里 i³³li⁰ 是 sʅ²³¹ 何个 xo⁵¹ka²⁴ 写嗰 kɐ⁰ 字啊 a⁰？
沱　川	伊伩 i⁴⁴le⁰ 是 sʅ³³ 何一个 xo²¹i⁵¹kɑ³⁵ 写嘞 le⁰ 字？
紫　阳	伊只 i⁴⁴tso⁵¹ 是 ɕi³¹ 何一个 xə²¹i⁵¹ke³⁵ 写嗰 kə⁰ 字啊 a⁰？
许　村	唔□ŋ²⁴mɣ⁵⁵ 是 ʃø⁵¹ 何伩 xɣ⁵¹le⁰ 写嗰 kɣ⁰ 字？
中　云	伊 i⁴⁴ 是 sʅ³¹ 何个 xɣ¹¹kɣ³⁵ 写嗰 kɣ⁰ 字？
新　建	伊物 i⁵⁴mə⁰ 是 sɣ⁵¹ 何物 xɯ²⁴mə⁵¹ 写嗰 kə⁰ 字啊 a⁰？
新　营	诶 ɛ⁵⁵ 是 ɕi⁵¹ 么人 mo⁵⁵n̠iən³¹ 写嗰 kɛ⁰ 字？
黄　柏	诶 ɛ²¹ 是 ɕi²¹ 么人 mə⁴⁴n̠iən⁴¹ 写嗰 kɛ⁰ 字啊 a⁰？
暖　水	伊 i³¹ 是 ʂɣ⁵¹ 何物 xo²³mɛ⁵⁴ 写嗰 kɣ⁰ 字？

056-2

〔**这是谁写的字？**〕**谁猜得出我就奖励谁十块钱。**

经公桥	何个 xɣ³⁵kɣ²¹⁴ 猜得 tai⁰ 出 tɕ'y⁴⁴ 阿 ʌ³⁵⁵ 就 tsʻiəu²¹ 奖渠 kei³⁵⁵ 十块钱。
鹅　湖	□个 ɕiʔ⁴kiɛ²¹³ 猜得 taiʔ⁰ 出来 tɕ'yʔ⁴lie⁰ 我 ŋuo⁵³ 就 tsʻiəu²¹ 奖渠 ku³⁵ 十块钱。
旧　城	何个 xɛ²⁴kiɛ²¹³ 猜得 tai⁰ 出来 tɕ'y²¹³le²⁴ 我 o³¹ 就 tsʻiəu³³ 奖渠 tɕi²⁴ 十块钱。
湘　湖	何个 xɛ³⁵kɛ²¹² 猜得 taiʔ⁴ 出来 tɕ'y⁴le⁰ 我 o³¹ 就 tsʻiəu²¹ 奖渠 ku³⁵ 十块钱。
溪　头	何个 xo⁵¹ka²⁴ 猜得 ta⁵¹ 出 tsʻɐ⁵⁵ 阿 a²³¹ 就 tsʻæi⁵⁵ 奖渠 k'ɐ⁵¹ 十块钱。
沱　川	何一个 xo²¹i⁵¹kɑ³⁵ 猜得 tɒ⁵¹ 出来 tɕ'y⁵¹la⁰ 我 o³¹ 就 tsʻə⁵¹ 奖渠 k'ə²¹¹ 十块钱。
紫　阳	何一个 xə²¹i⁵¹ke³⁵ 猜得 to⁵¹ 出来 tɕ'ie⁵¹lɛ²¹¹ 我 ə³¹ 就 tsʻə⁵¹ 奖渠 tɕ'ie²¹¹ 十块钱。
许　村	何伩 xɣ⁵¹le⁰ 猜得 to⁵⁵ 到 ta⁰ 我 o³¹ 就 tsʻa⁵⁵ 奖何伩 xɣ⁵²le⁰ 十块钱。
中　云	何个 xɣ¹¹kɣ³⁵ 猜得 to⁰ 到 ta⁰ 我 o³¹ 就 tsʻa⁵¹ 奖渠 tɕ'ie¹¹ 十块钱。
新　建	何物 xɯ²⁴mə⁵¹ 猜得 tɛ⁰ 出来 tʃ'ɛ⁵¹la²⁴ 阿 a²⁴ 就 tɕ'iɯ⁵¹ 奖渠 tɕ'iɛ²⁴ 十块钱。
新　营	么人 mo⁵⁵n̠iən³¹ 猜得 tæ³¹ 出来 tɕ'y²¹⁵li⁰ 我 ŋo⁵³ 就 tsʻio⁵¹ 奖渠 tɕ'i³¹ 十块钱。
黄　柏	么人 mə⁴⁴n̠iən⁴¹ 猜得 tɛ⁰ 出来 tɕ'y²¹le⁰ 阿 a⁴⁴ 就 tɕ'iə²¹ 奖渠 tɕ'i⁴¹ 十块钱。
暖　水	何物 xo²³mɛ⁵⁴ 猜得 te⁰ 出 tɕ'y⁵⁴ 我 ŋuɐ²¹ 就 tɕ'y⁵¹ 奖渠 tɕ'i²³ 十块钱。

057-1

他像个病人似的靠在沙发上,〔站不起来。〕

经公桥	渠 kei³⁵⁵ 同 t'oŋ³⁵ 病人一样 i⁴⁴yaŋ²¹ 嗰 kɤ⁰ 靠得 tai⁰ 沙发 □□ko⁴⁴tɕ'iɛ⁴⁴,
鹅 湖	渠 ku³⁵ 跟 kən⁵⁵ 个 kiɛ⁰ 病人一样 iʔ⁴iõ²¹ 嗰 kɛ⁰ 靠得 taiʔ⁰ 沙发高头 kau⁵⁵t'iəu⁰,
旧 城	渠 tɕi²⁴ 像 ts'a³³ 个 kiɛ⁰ 病人一样 i²¹³n̠ia³³ 嗰 kɛ⁰ 靠得 tai⁰ 沙发高头 kau⁵⁵t'au⁰,
湘 湖	渠 ku³⁵ 像 ts'a²¹ 个 kɛ⁰ 病人一样 iʔ⁴ia²¹ 靠得 taiʔ⁰ 沙发上 ɕia²¹¹,
溪 头	渠 k'ɐ⁵¹ 搭 tɐ⁵⁵ 个 ka²⁴ 病人样 iɔ̃⁵⁵ 嗰 kɐ⁰ 靠得 ta⁰ 沙发上 sɔ̃⁰,
沱 川	渠 k'ə²¹¹□xã²¹ 个 ka⁰ 病人一样 i⁵¹iã⁵¹ 嗰 kə⁰ 靠得 tɒ⁰ 沙发上 sã⁵¹,
紫 阳	渠 tɕ'ie²¹¹□xã⁴⁴ 一只 i⁵¹tso⁵¹ 病人一样 ia⁵¹iã⁵¹ 嗰 kə⁰ 靠到 to⁰ 沙发上 ɕia⁵¹,
许 村	渠 tʃ'e⁵¹□xã³³ 病人一样 ia⁵⁵iɔ̃⁵⁵ 嗰 kɤ⁰ 靠到 to⁰ 沙发上 ʃɔ̃⁵⁵,
中 云	渠 tɕ'ie¹¹ 跟 ken⁴⁴ 病人一样 ia⁵¹iã⁵¹ 嗰 kɤ⁰ 靠到 to⁰ 沙发上 sã⁰,
新 建	渠 tɕ'ie²⁴ 像 tɕ'iɔ̃⁵¹ 一个 iɛ⁵¹ka²¹³ 病人一样 iɛ⁵¹iɔ̃⁵¹ 嗰 kə⁰ 靠得 tɛ⁰ 沙发上 ʃɔ̃⁵¹,
新 营	渠 tɕ'i³¹ 跟 kuən⁵⁵ 个 kɛ⁰ 病人一样 i²¹⁵iã⁵¹ 靠得 tæ²¹⁵ 沙发上 ɕiã⁵¹,
黄 柏	渠 tɕ'i⁴¹ 像 ɕiã²¹ 一个 i²¹ko²¹³ 病人一样 i²¹iã²¹ 靠得 te⁰ 沙发上 ʃã²¹³,
暖 水	渠 tɕ'i²³ 像 tɕ'iʌŋ⁵¹ 一个 i⁵⁴ka³⁵ 病人一样 i⁵⁴iʌŋ⁵¹ 靠得 te⁰ 沙发上 ʂʌŋ⁵¹,

057-2

〔他像个病人似的靠在沙发上,〕站不起来。

经公桥	徛不 po⁴⁴ 起来 tɕ'i⁴²la³⁵。
鹅 湖	徛不 peiʔ⁴ 起来 tɕ'i⁵¹liɛ³⁵。
旧 城	徛不 pai²¹³ 起来 tɕ'i³¹lɛ²⁴。
湘 湖	徛不 peiʔ⁴ 起来 tɕ'i³¹lɛ³⁵。
溪 头	徛不 pɐ⁵⁵ 起来 tɕ'i²⁴lɐ⁵¹。
沱 川	徛不 pə⁵¹ 起来 tɕ'i³⁵la²¹¹。
紫 阳	徛不 pu⁵¹ 起来 tɕ'i³⁵lɛ²¹¹。
许 村	徛不 pɤ⁵⁵ 起来 tɕ'i²⁴lɤ⁵¹。
中 云	徛不 pɤ⁵¹ 起来 tɕ'i³⁵lɤ¹¹。
新 建	徛不 pa⁵¹ 起来 tɕ'i²⁴la²⁴。
新 营	徛不 pu²¹⁵ 起来 tɕ'i⁵³li³¹。
黄 柏	徛不 pɛ²¹ 起来 tɕ'i⁵³lɛ⁴¹。
暖 水	徛不 pe⁵⁴ 起来 tɕ'i²⁴lɤ²³。

058

这么干活连小伙子都会累坏的。

经公桥	伊样 i²⁴yaŋ²¹ 做事儿连 niẽ³⁵ 后生家都 tu²² 会 xuʌ²¹ 累坏嗰 kɣ⁰。
鹅　湖	勒□lɛ⁵⁵uõ²¹ 做事儿连 nĩ³⁵ 年轻人都 təu⁵⁵ 要 ia²¹ 累坏嗰 kɛ⁰。
旧　城	勒样 lɛ⁵⁵ȵia³³ 做事儿就是 tɕ'iəu³³ɕi³³ 后生家都 təu⁵⁵ 会 uɛ³³ 累坏嗰 kɛ⁰。
湘　湖	勒样 lei⁴⁴ia²¹¹ 做事连 nĩ³⁵ 后生家都 tu⁴⁴ 要 io²¹ 累坏嗰 kɛ⁰。
溪　头	伊样 i³³iɔ̃⁵⁵ 做事连 nĩ⁵¹ 年轻人都 tu³³ 要 ia²⁴ 做坏嗰 kɐ⁰。
沱　川	□样子 nɛn³⁵iʌ̃⁵¹tsŋ⁰ 做事连 nĩ²¹ 年轻人都 tu⁴⁴ 会 xua⁵¹ 喫不消嗰 kə⁰。
紫　阳	唔样式 ŋ³⁵ȵiã⁵¹sa⁵¹ 做事连 nĩ²¹ 后生家都 tu⁴⁴ 要 io³⁵ 辛苦嗰 kɛ⁰。
许　村	□唔 xo⁵⁵ŋ̍²⁴ 做事连 nĩ⁵¹ 后生家都 tu³³ 要 io²⁴ 累坏嗰 kɣ⁰。
中　云	伊样 i⁴⁴iã⁵¹ 做事连 nĩ¹¹ 后生家□ia⁴⁴ 都 tu⁴⁴ 要 io³⁵ 累坏嗰 kɣ⁰。
新　建	□□xɛ⁵⁴nẽ⁰ 做事连 nã²⁴ 嫩家都 tu³³ 要 ia²¹³ 累坏嗰 kə⁰。
新　营	诶种 ɛ⁵⁵tsən⁵³ 做事连 lĩi³¹ 犊犊子都 tu⁵⁵ 要 iɔ²¹³ 累坏嗰 kɛ⁰。
黄　柏	诶样 ɛ²¹iã²¹ 做事连 liẽ⁴¹ 犊犊子都 tu⁴⁴ 要 iə²¹ 累倒嗰 kɛ⁰。
暖　水	伊种 i³¹tʂoŋ²¹ 做事连 liẽ²³ 后生家都 tu³¹ 要 yɛ³⁵ 累坏嗰 kɣ⁰。

059

再这样累下去会生病的。

经公桥	再 tsa²⁴ 伊样 i⁴⁴yaŋ²¹ 累下去 xʌ²¹k'ei²¹⁴ 会 xuʌ²⁴ 生病嗰 kɣ⁰。
鹅　湖	再 tsa³⁵ 勒样 lɛ⁵⁵iõ²¹ 累下去 xuo²¹k'u⁰ 要 ia²¹ 生病嗰 kɛ⁰。
旧　城	再 tsɛ²¹³ 勒样 lɛ⁵⁵ȵia³³ 累下去 xuo³³tɕ'i²¹³ 会 uɛ³³ 生病嗰 kɛ⁰。
湘　湖	再 tsɛ²¹ 勒样 lei⁴⁴ia²¹ 累下去 xo²¹k'u²¹² 要 io²¹ 生病嗰 kɛ⁰。
溪　头	再 tsɛ²⁴ 伊种 i³³tsoŋ²⁴ 累下去 xo⁵⁵k'ɐ²⁴ 要 ia²⁴ 生病嗰 kɐ⁰。
沱　川	再 tsa³⁵ 唔样子 ŋ̍⁴⁴iʌ̃⁵¹tsŋ⁰ 辛苦下去 xo³¹k'ə³⁵ 要 ia³⁵ 生病嗰 kə⁰。
紫　阳	再 tsɛ³⁵ 唔样 ŋ³⁵ȵiã⁵¹ 喫劲做下去 xə³¹tɕ'ie³⁵ 要 io³⁵ 生病嗰 kɛ⁰。
许　村	再 tsɣ²⁴ □唔 xo⁵⁴ŋ̍²⁴ 累下去 xo⁵⁵tʃ'e²⁴ 要 io²⁴ 生病嗰 kɣ⁰。
中　云	再 tsa³⁵ 伊样 i⁴⁴iã⁵¹ 累下去 xo³¹tɕ'ie³⁵ 要 io³⁵ 生病嗰 kɣ⁰。
新　建	再 tsa²¹³□□xɛ⁵⁴nẽ⁰ 累下去 xuɣ⁵¹tɕ'ie²¹³ 要 ia²¹³ 生病嗰 kə⁰。
新　营	再 tsɛ²¹³ 诶种 ɛ⁵⁵tsən⁵³ 累下去 xo⁵¹tɕ'i²¹³ 会 xua⁵¹ 生病嗰 kɛ⁰。
黄　柏	再 tsɛ²¹ 诶样 ɛ²¹iã²¹ 累下去 xɑ²¹tɕ'i²¹³ 要 iə²¹ 生病嗰 kɛ⁰。
暖　水	再 tsɣ³⁵ 伊种 i³¹tʂoŋ²¹ 累下去 xuɐ⁵¹tɕ'i³⁵ 要 yɛ³⁵ 生病嗰 kɣ⁰。

060
他跳上末班车走了。

经公桥　渠 kei³⁵⁵ 跳上 ʃuaŋ²¹ 末班车走了 lɤ⁰。

鹅　湖　渠 ku³⁵ 跳上 ɕiõ²¹ 末班车走嘅 kɛ⁰。

旧　城　渠 tɕi²⁴ 跳上 ɕia³³ 末班车走嘀 ti⁰。

湘　湖　渠 ku³⁵ 跳上 ɕia²¹ 末班车走哩 li⁰。

溪　头　渠 kʻɐ⁵¹ 跳上 sɔ̃⁰ 末班车走了 lɐ⁰。

沱　川　渠 kʻə²¹¹ 跳上 sã̄⁵¹ 末班车走之 tsə⁰ 了 lə⁰。

紫　阳　渠 tɕʻie²¹¹ 跳上 ɕiã⁵¹ 末班车走之 tɕi⁰ 啦 la⁰。

许　村　渠 tʃʻe⁵¹ 跳上 ʃɔ⁵¹ 末班车走了 lɤ⁰。

中　云　渠 tɕʻie¹¹ 跳上 sã³¹ 末班车走嘀 ti⁰ 啦 la⁰。

新　建　渠 tɕʻiɛ²⁴ 跳上 ʃɔ⁵¹ 末班车去啦 la⁰。

新　营　渠 tɕʻi³¹ 跳上 ɕiã⁵¹ 末班车走啦 la⁰。

黄　柏　渠 tɕʻi⁴¹ 跳上 ʃa²¹ 末班车走了 lə⁰。

暖　水　渠 tɕʻi²³ 跳上 ʂʌŋ⁵¹ 了 lɤ⁰ 末班车去了 lɤ⁰。

061-1
我没赶上车,〔只能慢慢地走回学校了。〕

经公桥　阿 ʌ³⁵⁵ □冇 xʌ⁴⁴mau²⁴ 赶到 tau⁰ 车,

鹅　湖　我 ŋuo⁵³ 冇 mau³⁵ 赶到 tau⁰ 车,

旧　城　我 o³¹ 冇 mau³³ 赶到 tau⁰ 车,

湘　湖　我 o³¹ 冇 mau³⁵ 赶到 tau⁰ 车,

溪　头　□so²³¹ 不曾 pã⁵¹ 赶到 tɐ²⁴ 车,

沱　川　我 o³¹ 不曾 pə⁵¹sã²¹¹ 赶上 sã̄⁵¹ 车,

紫　阳　我 ə³¹ 不曾 pɔ̃²¹¹ 赶着 tsʻɒ⁵¹ 车,

许　村　我 o³¹ 不曾 pã⁵¹ 赶到 ta²⁴ 车,

中　云　我 o³¹ 不曾 pã¹¹ 赶到 ta³⁵ 车,

新　建　阿 a²⁴ 不曾 pã²⁴ 赶到 tə²¹ 之 tsə⁰ 车,

新　营　我 ŋo⁵³ 冇 mɔ⁵¹ 赶到 tɔ⁰ 车,

黄　柏　阿 a⁴⁴ 唔呐 ŋ⁴⁴nən⁴¹ 赶到 tə²¹³ 车,

暖　水　我 ŋuɐ²¹ 不曾 pæ²³ 赶到 tɤ³⁵ 车,

061-2

〔我没赶上车,〕只能**慢慢**地走回学校了。

经公桥	只好 tsŋ⁴²xau⁴² 慢慢 muã²¹muã²¹ 嗰 kɤ⁰ 走回 xuɤ³⁵ 学堂去 k'ei²¹⁴ 了 lɤ⁰。
鹅　湖	只能 tsŋ⁵³nãi³⁵ 慢慢 mõ²¹mõ²¹ 嗰 kɛ⁰ 走回 xuɛ³⁵ 学堂去 k'u²¹³。
旧　城	只能 tsŋ³¹nai²⁴ 慢慢 muo³³muo³³ 哩 li⁰ 走回 xuɛ²⁴ 学堂嘞 lɛ⁰。
湘　湖	只有 tsŋ³¹iəu³¹⁴ 慢慢 mo²¹mo²¹ 走回 fɛ³⁵ 学堂去 k'u³⁵ 啦 la⁰。
溪　头	只好 tsŋ⁴²xɐ⁴² 慢慢 mã⁵⁵mã⁵⁵ 走回 xuɛ⁵¹ 学堂去 k'ɐ²⁴ 了 lɐ⁰。
沱　川	只好 tsŋ³⁵xa² 慢慢 mõ⁵¹mõ⁵¹ 走回 xuɤ²¹ 学堂去 k'ə³⁵ 了 lə⁰。
紫　阳	只好 tsŋ³⁵xo² 慢慢 mum⁵¹mum⁵¹ 哩 li⁰ 走回 xe²¹ 学堂去 tɕ'ie³⁵。
许　村	只有 tsŋ³¹ia³¹ 慢慢 mũ⁵⁵mũ⁵⁵ 走回 xuɤ⁵¹ 学堂里去 tʃ'e²⁴ 了 lɤ⁰。
中　云	只有 tso⁵¹ia³¹ 慢慢 mum⁵¹mum⁰ 走回 xuɤ¹¹ 学堂里去 tɕ'ie³⁵ 了 lɤ⁰。
新　建	只好 tsɤ³¹xə²¹ 慢慢 mã⁵¹mã⁵¹ 走回 xuɤ²⁴ 学堂去 tɕ'ie²¹³ 了 lə⁰。
新　营	只好 tsŋ⁵³xɔ⁵³ 慢慢 mã⁵¹mã⁵¹ 走回 xua³¹ 学堂去 tɕ'i²¹³。
黄　柏	只好 tsŋ⁵³xə⁵³ 慢慢 mã²¹mã²¹ 走去 tɕ'y²¹ 学堂 了 lə⁰。
暖　水	只好 tsŋ³⁵xɤ²¹ 慢慢 mã⁵¹mã⁵¹ 走回 xuo²³ 学堂去 tɕ'i³⁵ 了 lɤ⁰。

062

老王呢?——老王今天**在**家里。

经公桥	老王呢 nɛ⁰?——老王今朝在 ts'a²¹⁴ 家里。
鹅　湖	老王嘞 lɛ⁰?——老王今朝在 ts'iɛ²¹ 家里。
旧　城	老王呢 nɛ⁰?——老王今朝在 ts'ɛ³³ 家里。
湘　湖	老王嘞 lɛ⁰?——老王今朝在 ts'ɛ²¹ 家里。
溪　头	老王嘞 le⁰?——老王今日在 ts'ɐ²³¹ 家里。
沱　川	老王嘞 le⁰?——老王今日在 ts'a³¹ 家里。
紫　阳	老王嘞 le⁰?——老王今日在 ts'e³¹ 家里。
许　村	老王呢 ne⁰?——老王今日到 ta²⁴ 家里。
中　云	老王呢 ne⁰?——老王今朝在 ts'ɤ³¹ 家里。
新　建	老王嘞 læ⁰?——老王今日在 ts'a⁵¹ 家里。
新　营	老王呢 ne⁰?——老王今日在 ts'i⁵¹ 家底。
黄　柏	老王嘞 lɛ⁰?——老王今朝在 ts'ɛ²¹ 家里。
暖　水	老王呢 ne⁰?——老王今日在 ts'ɤ⁵¹ 家里。

063-1

他在干什么？〔——他在家里正陪着客人说话呢。〕

经公桥	渠 kei³⁵⁵ 在 tsʻa²⁴ 做 tsuʌ²⁴ 什么 ɕi⁴⁴mɤ⁰？
鹅　湖	渠 ku³⁵ 在 tsʻiɛ²¹ 做 tsuo²¹ 什么个 ɕiʔ⁵mɛʔ²⁰kiɛ²¹³？
旧　城	渠 tɕi²⁴ 在 tsʻɛ³³ 做 tsuo²¹³ 什么个 ɕi⁵⁵mo⁵⁵kiɛ⁰？
湘　湖	渠 ku³⁵ 在 tsʻɛ²¹¹ 做 tso²¹ 么个 moʔ²kɛ²¹²？
溪　头	渠 kʻɐ⁵¹ 在 tsʻɐ²³¹ 做 tso²⁴ 哩么 li³³mo⁰？
沱　川	渠 kʻə²¹¹ 在 tsʻa³¹ 做 tsu³⁵ 底物事 ti²bə⁵¹sʅ⁵¹ 啊 a⁰？
紫　阳	渠 tɕʻie²¹¹ 在 tsʻe³¹ 做 tsu³⁵ 通物 tʻum⁴⁴bə⁵¹ 啊 a⁰？
许　村	渠 tʃʻe⁵¹ 在 tsʻɤ⁵¹ 做 tso²⁴ 么仍 mɤ⁵⁵le⁰ 啊 a⁰？
中　云	渠 tɕʻie¹¹ 在 tsʻɤ³¹ 做 tsu³⁵ □物 tʻɤ³¹bɤ⁵¹？
新　建	渠 tɕʻiɛ²⁴ 在 tsʻa⁵¹ 做 tsɯ²¹³ 么 mə⁵¹ 嘞 læ⁰？
新　营	渠 tɕʻi³¹ 在 tsʻɛ⁵¹ 做 tsu²¹ 么仍 mo⁵⁵le⁰？
黄　柏	渠 tɕʻi⁴¹ 在 tsʻɛ²¹ 做 tso²¹ 么 mə⁴⁴？
暖　水	渠 tɕʻi²³ 在 tsʻɤ⁵¹ 做 tso³⁵ 么个 mo³¹ka³⁵？

063-2

〔他在干什么？〕——他在家里正陪着客人说话呢。

经公桥	——渠 kei³⁵⁵ 在 tsʻa²⁴ 家里正时 tɕiãi²¹ɕi⁵⁵ 陪客讲话。
鹅　湖	——渠 ku³⁵ 在 tsʻiɛ²¹ 家里陪客人在 tsʻiɛ²¹ 话事。
旧　城	——渠 tɕi²⁴ 在 tsʻɛ³³ 家里在 tsʻɛ³³ 陪客人话事ɹ。
湘　湖	——渠 ku³⁵ 在 tsʻɛ²¹ 家里陪到 tau⁰ 客人话事嘞 lɛ⁰。
溪　头	——渠 kʻɐ⁵¹ 在 tsʻɐ²³¹ 家里陪客人谈天。
沱　川	——渠 kʻə²¹¹ 在 tsʻa³¹ 家里固里 ku³⁵le⁰ 陪客人讲话。
紫　阳	——渠 tɕʻie²¹¹ 在 tsʻe³¹ 家里正 tsɔ̃³⁵ 个落 ke³¹lo⁵¹ 陪客人谈天。
许　村	——渠 tʃʻe⁵¹ □ □ tã²⁴ʃe³³ 到 ta²⁴ 家里陪客讲话。
中　云	——渠 tɕʻie¹¹ 在 tsʻɤ⁵¹ 家里在 tsʻɤ⁵¹ 固里 ku³⁵le⁰ 陪到 ta⁰ 客人讲话。
新　建	——渠 tɕʻiɛ²⁴ 在 tsʻa⁵¹ 家里陪客讲话。
新　营	——渠 tɕʻi³¹ 在 tsʻɛ⁵¹ 家里陪客谈评。
黄　柏	——渠 tɕʻi⁴¹ 在 tsʻɛ²¹ 家里陪客人在 tsʻɛ²¹ 话事。
暖　水	——渠 tɕʻi²³ 在 tsʻɤ⁵¹ 家里陪客人聊天。

第七章　赣东北徽语代表方言点语法例句对照

064
我给你的书是我教大学的舅舅写的。

经公桥	阿ʌ³⁵⁵ 拿 la²² 尔 n̩³⁵⁵ 嘅 kɤ⁰ 书是 ɕi²¹ 阿ʌ³⁵⁵ 教大学嘅 kɤ⁰ 舅舅写嘅 kɤ⁰。
鹅　湖	我 ŋuo⁵³ 担 tõ⁵⁵ 尔 n̩³⁵ 嘅 kɛ⁰ 书是 ɕi²¹ 我 ŋuo⁵³ 教大学嘅 kɛ⁰ 母舅写嘅 kɛ⁰。
旧　城	我 o³¹ □pau⁵⁵ 尔 n̩³¹ 嘅 kɛ⁰ 书是 ɕi³³ 我 o³¹ 教大学嘅 kɛ⁰ 母舅写嘅 kɛ⁰。
湘　湖	我 o³¹ 把 po³¹ 尔 n̩⁴⁴ 嘅 kɛ⁰ 书是 ɕi²¹¹ 我 o³¹ 教大学嘅 kɛ⁰ 母舅写嘅 kɛ⁰。
溪　头	阿 a²³¹ 分 fəŋ³³ 尔 n̩³³ 嘅 kɐ⁰ 书是 sʅ²³¹ 阿 a²³¹ 教大学嘅 kɐ⁰ 舅舅写嘅 kɐ⁰。
沱　川	我 o³¹ 担 tõ⁴⁴ 尔 n̩⁴⁴ 嘞 le⁰ 书是 sʅ³¹ 我 o³¹ 教大学嘞 le⁰ 舅舅写嘅 kə⁰。
紫　阳	我 ə³¹ 给 ko⁵¹ 尔 n̩³¹ 嘅 kə⁰ 书是 ɕi³¹ 我 ə³¹ 教大学嘅 kə⁰ 母舅写嘅 kə⁰。
许　村	我 o³¹ 给 ka⁵⁵ 尔 n̩³¹ 嘅 kɤ⁰ 书是 ʃø⁵¹ 我 o³¹ 教大学嘅 kɤ⁰ 喝舅写嘅 kɤ⁰。
中　云	我 o³¹ 给 ka⁵¹ 尔 n̩⁴⁴ 嘅 kɤ⁰ 书是 sʅ³¹ 我 o³¹ 教大学嘅 kɤ⁰ 舅仿写嘅 kɤ⁰。
新　建	阿 a²⁴ □pã⁵⁴ 尔侬 n̩⁴⁴nən⁰ 嘅 kə⁰ 书是 sɤ⁵¹ 阿 a²⁴ 教大学嘅 kə⁰ 娘舅写嘅 kə⁰。
新　营	我 ŋo⁵³ 给 kɛ²¹⁵ 尔 n̩⁵⁵ 嘅 kɛ⁰ 书是 ɕi⁵¹ 我 ŋo⁵³ 教大学嘅 kɛ⁰ 母舅写嘅 kɛ⁰。
黄　柏	阿 a⁴⁴ 把 pɑ⁵³ 尔 n̩⁴⁴ 嘅 kɛ⁰ 书是 ɕi²¹ 阿 a⁴⁴ 教大学嘅 kɛ⁰ 娘舅写嘅 kɛ⁰。
暖　水	我 ŋuɐ²¹ □ta³¹ 尔 n̩²¹ 嘅 kɤ⁰ 书是 ʂɤ⁵¹ 我 ŋuɐ²¹ 教大学嘅 kɤ⁰ 母舅写嘅 kɤ⁰。

065
我们是在车站买的车票。

经公桥	阿□ʌ³⁵⁵sən⁵⁵ 是 ɕi²¹ 在 tsʻa²⁴ 车站买嘅 kɤ⁰ 车票。
鹅　湖	我□ŋuo⁵³ŋ³⁵ 是 ɕi²¹ 在 tsʻie²¹ 车站买嘅 kɛ⁰ 车票。
旧　城	我 o³¹sɛn⁰ 是 ɕi³³ 在 tsʻɛ³³ 车站买嘅 kɛ⁰ 车票。
湘　湖	我些人 o³¹ɕiɛ⁴⁴iɛn³⁵ 是 ɕi²¹¹ 在 tsʻɛ²¹ 车站买嘅 kɛ⁰ 车票。
溪　头	阿伊拉人 a²³¹i³³la³³iɛn⁵¹ 是 sʅ²³¹ 到 tɐ²⁴ 车站买嘅 kɐ⁰ 车票。
沱　川	我□o³¹xã⁴⁴ 是 sʅ³¹ 在 tsʻa³¹ 车站买嘞 le⁰ 车票。
紫　阳	□家 ã⁴⁴kə⁴⁴ 是 ɕi³¹ 在 tsʻe³¹ 车站买嘅 kə⁰ 车票。
许　村	我□o³¹xã³³ 是 ʃø⁵¹ 到 ta²⁴ 车站买嘅 kɤ⁰ 车票。
中　云	我□o³¹xã⁴⁴ 是 sʅ³¹ 在 tsʻɤ³¹ 车站买嘅 kɤ⁰ 车票。
新　建	阿碗 a²⁴uɔ̃⁰ 在 tsʻa⁵¹ 车站买嘅 kə⁰ 车票。
新　营	我拉 ŋo⁵³la⁰ 是 ɕi⁵¹ 在 tsʻɛ⁵¹ 车站买嘅 kɛ⁰ 车票。
黄　柏	阿拉 a⁴⁴la⁰ 是 ɕi²¹ 在 tsʻɛ²¹ 车站买嘅 kɛ⁰ 车票。
暖　水	我□人 ŋuɐ²¹næ³¹n̩iẽ⁰ 是 ʂɤ⁵¹ 在 tsʻɤ⁵¹ 车站买嘅 kɤ⁰ 车票。

066-1
我打得过他，〔他打不过我。〕

经公桥	阿 ʌ355 打 ta42 得 tai44 过 kuʌ21 渠 kei355，
鹅　湖	我 ŋuo53 打 ta53 得 taiʔ0 赢 ŋãi35 渠 ku35，
旧　城	我 o31 打 ta31 得 tai0 赢 ŋai24 渠 tɕi24，
湘　湖	我 o31 打 ta35 得 taiʔ4 赢 ŋai35 渠 ku35，
溪　头	□so231 打 ta42 得 tʊ0 渠 k'ɐ51 赢 iæi51，
沱　川	我 o31 打 tʊ2 得 tʊ51 过 ku35 渠 k'ə211／渠 k'ə211 过 ku35，
紫　阳	我 ə31 打 ta2 得 to51 赢 iɔ̃21 渠 tɕ'ie211，
许　村	我 o31 打 to31 得 to55 过 ku24 渠 tʃ'e51／渠 tʃ'e51 过 ku24，
中　云	我 o31 打 to2 得 to51 渠 tɕ'ie11 赢 iã11，
新　建	阿 a24 打 ta31 得 tɛ0 过 ku213 渠侬 tɕ'iɛ24nəŋ0，
新　营	我 ŋo53 打 ta53 得 tæ0 赢 ŋæ31 渠 tɕ'i31，
黄　柏	阿 a44 打 ta45 得 tɛ0 过 ko21 渠 tɕ'i41，
暖　水	我 ŋuɐ21 打 ta35 得 te54 过 ko35 渠 tɕ'i23，

066-2
〔我打得过他，〕他打不过我。

经公桥	渠 kei355 打 ta42 不 po44 过 kuʌ21 阿 ʌ355。
鹅　湖	渠 ku35 打 ta53 不 peiʔ4 赢 ŋãi35 我 ŋuo53。
旧　城	渠 tɕi24 打 ta31 不 pai55 赢 ŋai24 我 o31。
湘　湖	渠 ku35 打 ta35 不 peiʔ4 赢 ŋai35 我 o31。
溪　头	渠 k'ɐ51 打 ta42 □so231 不 pɐ55 赢 iæi51。
沱　川	渠 k'ə211 打 tʊ2 不 pə51 过 ku35 我 o31／我 o31 不 pə51 过 ku35／不 pə51 我 o31 过 ku35。
紫　阳	渠 tɕ'ie211 打 ta2 不 pu51 赢 iɔ̃21 我 ə31。
许　村	渠 tʃ'e51 打 to31 不 pɤ55 过 ku24 我 o31／不 pɤ55 我 o31 过 ku24。
中　云	渠 tɕ'ie11 打 to0 我 o31 不 pɤ51 赢 iã11。
新　建	渠 tɕ'iɛ24 打 ta31 不 pa51 过 ku213 阿侬 a24nəŋ0。
新　营	渠 tɕ'i31 打 ta53 不 pu215 赢 ŋæ31 我 ŋo53。
黄　柏	渠 tɕ'i41 打 ta45 不 pɛ21 过 ko21 阿呐 a44nɛ0。
暖　水	渠 tɕ'i23 打 ta35 不 pe54 过 ko35 我 ŋuɐ214。

067-1

我管不了他，〔谁都说不过这个家伙。〕

经公桥	我 ʌ³⁵⁵ 管 kuã⁴² 不 po⁴⁴ 到 tau⁴² 渠 kei³⁵⁵，
鹅 湖	我 ŋuo⁵³ 管 kõ²⁴ 不 peiʔ⁴ 到 tau⁰ 渠 ku³⁵，
旧 城	我 o³¹ 管 kuo²⁴ 不 pai²¹³ 到 tau²¹³ 渠 tɕi²⁴，
湘 湖	我 o³¹ 管 ko³⁵ 不 peiʔ⁴ 到 tau²¹² 渠 ku³⁵，
溪 头	□so²³¹ 管 kũ⁴² 不 pɐ⁵⁵ 住 tɕ'y⁵⁵ 渠 k'ɐ⁵¹，
沱 川	我 o³¹ 管 kũ² 不 pə⁵¹ 到 ta³⁵ 渠 k'ə²¹¹，
紫 阳	我 ə³¹ 管 kum² 不 pu⁵¹ 到 to³⁵ 渠 tɕ'ie²¹¹，
许 村	我 o³¹ 管 kũ³¹ 不 pɤ⁵⁵ 到 ta⁰ 渠 tʃ'e⁵¹，
中 云	我 o³¹ 管 kum² 不 pɤ⁵¹ 到 ta⁰ 渠 tɕ'ie¹¹，
新 建	阿 a²⁴ 管 kuã³¹ 不 pa⁵¹ 住 tɕ'y⁵¹ 渠侬 tɕ'iɛ²⁴nəŋ⁰，
新 营	我 ŋo⁵³ 管 ku⁵³ 不 pu²¹⁵ 到 tɔ²¹³ 渠 tɕ'i³¹，
黄 柏	阿 a⁴⁴ 管 kuã⁴⁵ 不 pɛ²¹ 到 tə²¹ 渠 tɕ'i⁴¹，
暖 水	我 ŋuɐ²¹ 管 kuõ³⁵ 不 pe⁵⁴ 到 tɤ⁰ 渠 tɕ'i²³，

067-2

〔我管不了他，〕谁都说不过这个家伙。

经公桥	何个 xɤ³⁵kɤ²¹⁴ 都 tu²² 讲 kaŋ⁴² 不 pu⁴⁴ 过 kuʌ²¹⁴ 伊 i²⁴ 个 kɤ²¹⁴ 家伙。
鹅 湖	什个 ɕiʔ⁵kiɛ²¹³ 都 təu⁴⁴ 话 ua²¹ 不 peiʔ⁴ 过 kuo²¹ 勒 lɛ⁵⁵ 个 kiɛ²¹³ 家伙。
旧 城	何个 xɛ²⁴kiɛ²¹³ 都 təu⁵⁵ 话 uo³³ 不 pai⁵⁵ 赢 ŋai²⁴ 勒 lɛ⁵⁵ 个 kiɛ⁰ 老几。
湘 湖	何个 xɛ³⁵kɛ²¹² 都 təu⁴⁴ 话 uo²¹ 不 peiʔ⁴ 过 ko²¹ 勒 lei⁴⁴ 个 kɛ²¹² 人。
溪 头	何个 xo⁵¹kɐ²⁴ 都 tu³³ 讲 kõ⁴² 渠 k'ɐ⁵¹ 不 pɐ⁵⁵ 赢 iæi⁵¹。
沱 川	何一个 xo²¹i⁵¹ka⁰ 都 tu⁴⁴ 讲 kã² 不 pə⁵¹ 过 ku³⁵ 伊 i⁴⁴ 只 tsɒ⁵¹ 老几。
紫 阳	何一个 xə²¹i⁵¹ke³⁵ 都 tu⁴⁴ 讲 kã² 不 pu⁵¹ 过 ku³⁵ 伊 i⁴⁴ 只 tso⁵¹ 家伙。
许 村	何仍 xɤ⁵¹le⁰ 都 tu³³ 讲 kõ³¹ 不 pɤ⁵⁵ 过 ku²⁴ 伊 i³³ 个 kɤ⁰ 家伙。
中 云	何个 xɤ¹¹kɤ³⁵ 都 tu⁴⁴ 讲 kã² 不 pɤ⁵¹ 过 ku³⁵ 伊 i⁴⁴ 个 kɤ⁰ 家伙。
新 建	何物 xɯ²⁴mə⁵¹ 都 tu⁴⁴ 讲 kõ³¹ 不 pa⁵¹ 过 ku²⁴ 伊 i⁵¹ 个 ka²¹³ 家伙。
新 营	么人 mo⁵⁵n.iən³¹ 都 tu⁵⁵ 讲 kõ⁵³ 不 pu²¹⁵ 赢 ŋæ⁵³ 欤 ɛ⁵⁵ 个 kɛ⁰ 家伙。
黄 柏	么人 mə⁴⁴n.iən⁰ 都 tu⁴⁴ 话 ua²¹ 不 pɛ²¹ 到 ko²¹ 渠 tɕ'i⁴¹。
暖 水	何物 xo²³mɛ⁵⁴ 都 tu³¹ 讲 kʌŋ²¹ 不 pe⁵⁴ 过 ko³⁵ 伊 i³¹ 个 kɤ⁰ 家伙。

068-1

上午老王**会来**公司吗？〔——我看他不会来。〕

经公桥　上昼老王会 xuɣ^{24} 到 tau^{24} 公司来 la^{355} 吗 mʌ^0？

鹅　湖　上昼老王会 xuɛ^{21} 来 lie^{35} 公司呗 pɛ^0？

旧　城　上昼老王会 uɛ^{33} 到 tau^{213} 公司来 lɛ^{24} 啵 po^0？

湘　湖　上昼老王会 uɛ^{21} 到 tau^{21} 公司来 lɛ^{35} 吗 ma^0？

溪　头　上昼老王会 xuɐ^{55} 到 tɐ^{24} 公司来 lɐ^{51} 吧 pa^0？

沱　川　上昼老王会 xua^{51} 到 ta^{35} 公司来 la^{211} 吧 pɒ^0？

紫　阳　上昼老王会 xe^{51} 来 le^{211} 公司吧 pa^0？

许　村　上昼老王会 xuɣ^{55} 到 ta^{24} 公司来 lɣ^{51} 吗 ma^0？

中　云　上昼老王会 xuɣ^{51} 到 ta^{35} 公司来 lɣ^{11} 吧 pa^0？

新　建　上昼老王会 xua^{51} 到 tə^{21} 公司来 la^{24} 吧 pa^0？

新　营　上昼老王会 xuã^{51} 来 li^{31} 公司呗 pɛ^0？

黄　柏　上昼老王会 xuɛ^{21} 到 tə^{21} 公司来 lɛ^{41} 呗 pɛ^0？

暖　水　上昼老王会 xuo^{51} 到 tɣ^{35} 公司来 lɣ^{23} 吧 pa^0？

068-2

〔上午老王**会来**公司吗？〕——我看他不会来。

经公桥　——阿 ʌ^{355} 看 k'ɣ̃^{214} 渠 kei^{355} 不 po^{44} 会 xuɣ^{21} 来 la^{355}。

鹅　湖　——我 ŋuo^{53} 看 k'ien^{213} 渠 ku^{35} 不 pei$?^5$ 会 xuɛ^{21} 来 lie^{35}。

旧　城　——我 o^{31} 看 k'ɛn^{213} 渠 tɕi^{24} 不 pai^{213} 会 uɛ^{33} 来 lɛ^{24} 得 tɕ^0 啦 la^0。

湘　湖　——我 o^{31} 看 k'ɛn^{212} 渠 ku^{35} 不 pei$?^4$ 会 uɛ^{21} 来 lɛ^{35}。

溪　头　——□so^{231} 看 k'ū^{24} 渠 k'ɐ^{51} 不 pɐ^{55} 会 xuɐ^{55} 来 lɐ^{51}。

沱　川　——我 o^{31} 看 k'ū^{35} 渠 k'ə^{211} 不 pə^{51} 会 xua^{51} 来 la^{211}。

紫　阳　——我 ə^{31} 看 k'um^{35} 渠 tɕ'ie^{211} 不 pu^{51} 会 xe^{51} 来 le^{211}。

许　村　——我 o^{31} 看 k'ū^{24} 渠 tʃ'e^{51} 不 pɣ^{55} 会 xuɣ^{55} 来 lɣ^{51}。

中　云　——我 o^{31} 看 k'um^{35} 渠 tɕ'ie^{11} 不 pɣ^{51} 会 xuɣ^{51} 来 lɣ^{11}。

新　建　——阿 a^{24} 望 mɔ̃^{51} 渠 tɕ'ie^{24} 不 pa^{51} 会 xua^{51} 来 la^{24}。

新　营　——我 ŋo^{53} 觑 tɕ'io^{215} 渠 tɕ'i^{31} 不 pu^{215} 会 xua^{51} 来 li^{31}。

黄　柏　——阿 a^{44} 看 k'õ^{213} 渠 tɕ'i^{41} 不 pɛ^{21} 会 xuɛ^{21} 来 lɛ^{41}。

暖　水　——我 ŋuɐ^{21} 望 mʌŋ^{51} 渠 tɕ'i^{23} 不 pe^{54} 会 xuo^{51} 来 lɣ^{23}。

069

他会来的。他马上就来了。

经公桥	渠 kei³⁵⁵ 会 xuɣ²¹ 来 la³⁵⁵ 嗰 kɣ⁰。渠 kei³⁵⁵ 马上 muʌ⁴²ʃuaŋ⁰ 就 ts'iəu²¹ 来 la³⁵⁵。
鹅 湖	渠 ku³⁵ 会 xuɛ²¹ 来 liɛ³⁵ 嗰 kɛ⁰。渠 ku³⁵ 马上 muo⁵³ɕiõ²¹ 就 ts'iəu²¹ 来 liɛ³⁵ 嗝 kɛ⁰。
旧 城	渠 tɕi²⁴ 会 uɛ³³ 来 lɛ²⁴ 嗰 kɛ⁰。渠 tɕi²⁴ 马上 muo³¹ɕia³³ 就 ts'iəu³³ 来 lɛ²⁴ 嘀 ti⁰。
湘 湖	渠 ku³⁵ 会 uɛ²¹ 来 lɛ³⁵ 嗰 kɛ⁰。渠 ku³⁵ 马上 mo³¹ɕia⁰ 就 ts'iəu²¹ 来 lɛ³⁵ 哩 li⁰。
溪 头	渠 k'ɐ⁵¹ 会 xuɐ⁵⁵ 来 lɐ⁵¹。渠 k'ɐ⁵¹ 一下 i⁵⁵xo⁵⁵ 就 ts'æi⁵⁵ 来 lɐ⁵¹。
沱 川	渠 k'ə²¹¹ 会 xua⁵¹ 来 la²¹¹ 嗰 kɣ⁰。渠 k'ə²¹¹ 马上 bo³¹sã⁵¹ 就 ts'ə⁵¹ 来 la²¹¹ 啦 la⁰。
紫 阳	渠 tɕ'ie²¹¹ 会 xe⁵¹ 来 le²¹¹ 嗰 ke⁰。渠 tɕ'ie²¹¹ 马上 bo³¹ɕiã⁵¹ 就 ts'a⁵¹ 来 le²¹¹。
许 村	渠 tʃ'e⁵¹ 会 xuɣ⁵⁵ 来 lɣ⁵¹ 嗰 kɣ⁰。渠 tʃ'e⁵¹ □□ŋ²⁴ts'ɛn³¹ 就 ts'a⁵⁵ 来 lɣ⁵¹ 了 lɣ⁰。
中 云	渠 tɕ'ie¹¹ 会 xuɣ⁵¹ 来 lɣ¹¹ 嗰 kɣ⁰。渠 tɕ'ie¹¹ 马上 bo³¹sã⁵¹ 就 ts'a⁵¹ 来 lɣ¹¹ 啦 la⁰。
新 建	渠 tɕ'iɛ²⁴ 会 xua⁵¹ 来 la²⁴ 嗰 kə⁰。渠 tɕ'iɛ²⁴ 马上 muɣ³¹ʃɔ⁰ 就 tɕ'iɯ⁵¹ 来 la²⁴。
新 营	渠 tɕ'i³¹ 会 xua⁵¹ 来 li³¹ 嗰 kɛ⁰。渠 tɕ'i³¹ 马上 mo⁵³ɕiã⁵¹ 就 ts'io⁵¹ 来 li³¹。
黄 柏	渠 tɕ'i⁴¹ 会 xuɛ⁵¹ 来 lɛ⁴¹ 嗰 kɛ⁰。渠 tɕ'i⁴¹ 马上 mɑ⁴⁵ʃã²¹ 就 tɕ'iu²¹ 来 lɛ⁴¹ 了 lə⁰。
暖 水	渠 tɕ'i²³ 会 xuo⁵¹ 来 lɣ²³ 嗰 kɣ⁰。渠 tɕ'i²³ 马上 muɣ²¹ʂʌŋ⁵¹ 就 tɕ'y⁵¹ 来 lɣ²³。

070-1

老王说就来的,〔怎么半天了还没到呢?〕

经公桥	老王讲 kaŋ⁴² 就 ts'iəu²¹ 要 yʌu²⁴ 来 la³⁵⁵ 嗰 kɣ⁰,
鹅 湖	老王话 ua²¹ 嗝 kɛ⁰ 就 ts'iəu²¹ 来 liɛ³⁵ 嗰 kɛ⁰,
旧 城	老王话 uo³³ 就 ts'iəu³³ 来 lɛ²⁴ 嗰 kɛ⁰,
湘 湖	老王话 uo²¹ 就 ts'iəu²¹ 来 lɛ³⁵ 嗰 kɛ⁰,
溪 头	老王讲 kɔ⁴² 之 tsʅ⁰ 一下 i⁵⁵xo⁵⁵ 就 ts'æi⁵⁵ 来 lɐ⁵¹ 嗰 kɐ⁰,
沱 川	老王讲 kã² 就 ts'ə⁵¹ 来 la²¹¹ 嗰 kə⁰,
紫 阳	老王讲 kã² 就 ts'a⁵¹ 来 le²¹¹ 嗰 kə⁰,
许 村	老王讲 kɔ³¹ 就 ts'a⁵⁵ 来 lɣ⁵² 嗰 kɣ⁰,
中 云	老王讲 kã² 就 ts'a⁵¹ 来 lɣ⁵¹ 嗰 kɣ⁰,
新 建	老王讲 kɔ³¹ 就 tɕ'iɯ⁵¹ 来 la²⁴ 嗰 kə⁰,
新 营	老王讲 kɔ⁵³ 就 ts'io⁵¹ 来 li³¹ 嗰 kɛ⁰,
黄 柏	老王话 uɑ²¹ 就 tɕ'iu²¹ 来 lɛ⁴¹,
暖 水	老王讲 kʌŋ²¹ 就 tɕ'y⁵¹ 来 lɣ²³ 嗰 kɣ⁰,

070-2

〔老王说就来的，〕怎么半天了还没到呢？

经公桥	□□nã⁴²lən⁴⁴ 半日了 lɣ⁰ 还 xa³⁵⁵ 冇 mau²⁴ 到 tau²¹⁴？
鹅　湖	何样 xa³⁵iɔ̃²¹¹ 半日都 tu⁵⁵ 还 xuo³⁵ 冇 mau³⁵ 到 tau²¹³ 嘞 lɛ⁰？
旧　城	何样 xɛ²⁴ȵia³³ 半日嘀 ti⁰ 还 xuo²⁴ 冇 mau³³ 到 tau²¹³？
湘　湖	何样 xɛ³⁵ia³³ 半日哩 li⁰ 还 xa³⁵ 冇 mau³⁵ 到 tau²¹² 嘞 lɛ⁰？
溪　头	做哩 tso²⁴li⁰ 半日之 tsʅ⁰ 还 o⁵¹ 不曾 pã⁵¹ 到 tɐ²⁴？
沱　川	怎何 tse³⁵xo²¹ 半日还 o²¹¹ 不曾 pə⁵¹sã²¹¹ 到 ta³⁵ 嘞 lɛ⁰？
紫　阳	怎何 tsã²⁴xə²¹ 半日还 o²¹ 不曾 pɔ̃⁵¹ 到 tɔ³⁵？
许　村	做么 tsʮ²⁴mɣ⁵⁵ 半日了 lɣ⁰ 还 o⁵¹ 不曾 pã⁵¹ 到 ta²⁴？
中　云	怎何 tsʮ³⁵xɣ¹¹ 半日都 tu⁴⁴ 不曾 pã¹¹ 到 ta³⁵？
新　建	何样 xɯ²⁴iɔ̃⁵¹ 半日还 xuɣ²⁴ 不曾 pã²⁴ 到 tə²¹³？
新　营	做么仂 tso²³mɛ⁵¹lɛ⁰ 半日啦 la⁰ 还 xa³¹ 冇 mɔ⁵¹ 到 tə²¹³？
黄　柏	何样 xo⁴¹iã²¹ 半日了 lə⁰ 还 xa⁴¹ 唔 n̩⁴⁴nən⁴¹ 到 tə²¹³？
暖　水	何样 xo²³tʂoŋ⁰ 半日了 lɣ⁰ 都 tu³¹ 不曾 pæ̃²³ 来 lɣ²³？

071-1

我走了，〔你们俩再多坐一会儿。〕

经公桥	阿 ʌ³⁵⁵ 走 tsau⁴² 了 lɣ⁰，
鹅　湖	我 ŋuo⁵³ 走 tsau⁵³ 啦 la⁰，
旧　城	我 o³¹ 走 tsau³¹ 嘀 ti⁰，
湘　湖	我 o³¹ 走 tsiau³¹ 哩 li⁰，
溪　头	□so²³¹ 走 tsæi⁴² 了 lɐ⁰，
沱　川	我 o³¹ 走 tsə² 啦 la⁰，
紫　阳	我 ə³¹ 走 tsa³¹ 啦 la⁰，
许　村	我仂 o³¹lɛ⁰ 去 tʃʻe²⁴ 了 lɣ⁰，
中　云	我 o³¹ 走 tsa² 啦 la⁰，
新　建	阿 a²⁴ 去 tɕʻiɛ²¹ 了 la⁰，
新　营	我 ŋo⁵³ 走 tsiɔ⁵³ 啦 la⁰，
黄　柏	阿 a⁴⁴ 走 tɕiə⁵³ 了 lə⁰，
暖　水	我 ŋuɐ²¹ 走 tɕy²¹⁴ 了 lɣ⁰，

071-2

〔我走了，〕你们俩再多坐一会儿。

经公桥	尔□n̩³⁵⁵sən⁵⁵ 两个人 niã⁴²kɤ⁰in³⁵⁵ 再 tsa²⁴ 多 tuʌ²² 坐一下儿 i⁴⁴xʌ²⁴ŋ⁰。
鹅 湖	尔□n̩³⁵sən⁰ 两个人 niõ⁵³kiɛ²¹iɛn³⁵ 多 tuo⁵⁵ 坐一下儿 iʔ⁴xuo²¹ŋ⁰。
旧 城	尔 n̩³¹ 两个人 na³¹kiɛ²¹³iɛn²⁴ 再 tsɛ²¹³ 多 tuo⁵⁵ 坐一下儿 i²¹³xuo³³ŋ⁰。
湘 湖	尔 n̩⁴⁴ 两个人 la³¹kɛ³⁵iɛn⁰ 再 tsɛ³⁵ 多 to⁴⁴ 坐一下儿 iʔ⁴xo²¹ŋ⁰。
溪 头	尔人 n̩³³ iɛn⁵¹ 两个人 niɔ̃²³¹ka²⁴iɛn⁵¹ 多 to³³ 坐一下 i⁵⁵xo⁵⁵。
沱 川	尔□n̩⁴⁴ xa⁴⁴ 两个人 niã³¹ka³⁵iɛn²¹¹ 再 tsa³⁵ 多 to⁴⁴ 坐一下儿 i⁵¹xo⁵¹ŋ⁰。
紫 阳	尔□n̩³¹xã⁴⁴ 两个人 niã³¹kɛ³⁵iæ̃²¹¹ 再 tsɛ³⁵ 多 tə⁴⁴ 坐一下儿 ia⁵¹xə⁵¹ŋ⁰。
许 村	尔 n̩³¹ 两个人 niɔ̃³¹kɤ²⁴iɛn⁵¹ 再 tsɤ²⁴ 多 tɤ³³ 坐一下 ia⁵⁵xo⁰。
中 云	尔□n̩⁴⁴xã⁴⁴ 两个人 niã³¹kɤ³⁵n̠iɛn¹¹ 再 tsɤ³⁵ 多 tɤ⁴⁴ 坐一下儿 ia⁵¹xo⁵¹ŋ⁰。
新 建	尔碗 n̩²⁴uə⁰ 两个人 niɔ̃³¹ka⁰n̠iẽ²⁴ 多 tɯ⁵⁴ 坐一下 i⁵¹xuɤ⁵¹。
新 营	尔拉 ŋ̍⁵³la⁰ 两人 liã⁵³n̠iən³¹ 再 tsæ²³ 多 tu⁵⁵ 坐一下 i⁵¹xo⁵¹。
黄 柏	尔 n̩⁴⁴ 两个人 liã⁴⁵ko²¹n̠iən⁴¹ 再 tsa²¹ 多 to⁴⁴ 坐一下 i²¹xo⁰。
暖 水	尔 n̩²¹ 两个人 liʌŋ²¹ka³⁵n̠iẽ²³ 再 tsɤ³⁵ 多 tɤ³¹ 坐一下 i⁵⁴xo⁵¹。

072

我的事用不着你说。

经公桥	阿 ʌ³⁵⁵ 嗰 kɤ⁰ 事儿不要 piau²¹⁴ 得 tɛ⁰ 尔 n̩³⁵⁵ 讲。
鹅 湖	我 ŋuo⁵³ 嗰 kɛ⁰ 事儿用 ioŋ²¹ 不 peiʔ⁴ 到 tau⁰ 尔 n̩³⁵ 话。
旧 城	我 o³¹ 嗰 kɛ⁰ 事儿用 ioŋ³³ 不 pai²¹³ 到 tau²¹³ 尔 n̩³¹ 话。
湘 湖	我 o³¹ 嗰 kɛ⁰ 事不要 peiʔ⁴io²¹² 尔 n̩⁴⁴ 话。
溪 头	□so²³¹ 嗰 kɛ⁰ 事用 iəŋ⁵⁵ 不 pɐ⁵⁵ 着 ts'au⁵⁵ 尔 n̩³³ 讲。
沱 川	我 o³¹ 嘞 le⁰ 事不要 pə⁵¹iŋ³⁵ 尔 n̩⁴⁴ 讲。
紫 阳	我 ə³¹ 嗰 ke⁰ 事用 iɛm⁵¹ 不 pu⁵¹ 着 ts'ɒ⁵¹ 尔 n̩³¹ 讲。
许 村	我 o³¹ 嗰 kɤ⁰ 事不要 pɤ⁵⁵io²⁴ 尔仍 n̩²⁴lne⁰ 讲。
中 云	我 o³¹ 嗰 kɤ⁰ 事不要 pɤ⁵¹io³⁵ 尔 n̩³¹ 讲。
新 建	阿 a²⁴ 嗰 kə⁰ 事不 pa⁵¹ 用 iəŋ⁵¹ 尔 n̩²⁴ 讲得 tɛ⁰。
新 营	我 ŋo⁵³ 嗰 kɛ⁰ 事用 iəŋ⁵¹ 不 pu⁵¹ 到 tə²¹³ 尔 ŋ̍⁵⁵ 讲。
黄 柏	阿 a⁴⁴ 嗰 kɛ⁰ 事用 ioŋ²¹ 不 pɐ²¹ 到 tə²¹ 尔 n̩⁴⁴ 话。
暖 水	我 ŋuɐ²¹ 嗰 kɤ⁰ 事不要 pe⁵⁴yɛ³⁵ 尔侬 n̩²⁴noŋ⁰ 讲。

073-1
你自己的事，〔你得去看看。〕

经公桥	尔 n³⁵⁵ 自己 tsŋ²⁴ki⁴² 啯 kɤ⁰ 事ㄦ，
鹅　湖	尔 n³⁵ 自家 sŋ²¹kuo⁵⁵ 啯 kɛ⁰ 事ㄦ，
旧　城	尔 n³¹ 自己 ts'ŋ³³tɕi³¹ 啯 kɛ⁰ 事ㄦ，
湘　湖	尔 n⁴⁴ 自家 sŋ²¹ko⁴⁴ 啯 kɛ⁰ 事，
溪　头	尔 n³³ 自家 tsŋ⁵⁵ko³³ 啯 kɐ⁰ 事，
沱　川	尔 n⁴⁴ 自家 ts'ŋ⁵¹ko⁴⁴ 嘞 le⁰ 事，
紫　阳	尔 n³¹ 自家 ts'ŋ⁵¹kə⁴⁴ 啯 kə⁰ 事，
许　村	尔 n³¹ 自家 ts'ŋ⁵⁴ko³³ 啯 kɤ⁰ 事，
中　云	尔 n⁴⁴ 自家 ts'ŋ⁵¹ko⁴⁴ 啯 kɤ⁰ 事，
新　建	尔 n²⁴ 自家 ts'ɤ⁵¹kuɤ⁵⁴ 啯 kə⁰ 事，
新　营	尔 ŋ⁵³ 自家 ts'ŋ⁵¹ko⁵⁵ 啯 kɛ⁰ 事，
黄　柏	尔 n⁴⁴ 自家 ts'ŋ²¹kɑ⁴⁴ 啯 kɛ⁰ 事，
暖　水	尔 n²¹ 自家 ts'ŋ⁵¹ko³¹ 啯 kɤ⁰ 事，

073-2
〔你自己的事，〕你得去看看。

经公桥	尔 n³⁵⁵ 要 yʌu²¹⁴ 去 k'ei²¹⁴ 看 k'ɤ̃²⁴ 一下 i⁴⁴xʌ⁰。
鹅　湖	尔 n³⁵ 要 ia²¹³ 去 k'u²¹³ 看 k'ien²¹ 一下 iʔ⁵xuo⁰。
旧　城	尔 n³¹ 要 iau²¹³ 去 tɕ'i²¹³ 看 k'ɛn²¹³ 看 k'ɛn⁰。
湘　湖	尔 n⁴⁴ 要 io²¹ 去 k'u²¹² 看 k'ɛn³⁵ 下 xo²¹¹。
溪　头	尔 n³³ 要 ia²⁴ 去 k'ɐ²⁴ 看 k'ũ²⁴ 下 xo⁵⁵。
沱　川	尔 n⁴⁴ 要 iɒ³⁵ 去 k'ə³⁵ 看 k'ũ³⁵ 看 k'ũ³⁵。
紫　阳	尔 n³¹ 要 ia³⁵ 去 tɕ'ie³⁵ 看 k'um³⁵ 下 xə⁰。
许　村	尔 n³¹ 要 io²⁴ 去 tʃ'e²⁴ 看 k'ũ²⁴ 下 xo⁰。
中　云	尔 n⁴⁴ 要 io³⁵ 去 tɕ'ie³⁵ 看 k'um³⁵ 一下 ia⁵¹xo⁵¹。
新　建	尔 n²⁴ 要 ia²⁴ 去 tɕ'iɛ²¹³ 望 mɔ̃⁵¹ 下 xuɤ⁰。
新　营	尔 ŋ⁵³ 要 iɔ²¹³ 去 tɕ'i²¹³ 覰 tɕ'io²¹⁵ 下 xo⁵¹。
黄　柏	尔 n⁴⁴ 要 iə²¹ 去 tɕ'i²¹ 看 k'õ²¹³ 一下 i²¹xo⁰。
暖　水	尔 n²¹ 要 yɛ³⁵ 去 tɕ'i³⁵ 望 mʌŋ⁵¹ 下 xo⁵¹。

074

这块布能做两套衣服，做不了三套衣服。

经公桥	伊 i^{24} 块布做 tsuʌ^{24} 得 tai^{44} 到 tau^{0} 两套衣裳，做 tsuʌ^{24} 不 po^{44} 到 tau^{0} 三套衣裳。
鹅 湖	勒 lɛ^{55} 块布能 nãi^{35} 做 tsuo^{21} 两套衣裳，做 tsuo^{21} 不 peiʔ^{4} 到 tau^{213} 三套衣裳。
旧 城	勒 lɛ^{55} 块布做 tsuo^{213} 得 tai^{213} 两套衣裳，做 tsuo^{213} 不 pai^{213} 到 tau^{213} 三套衣裳。
湘 湖	勒 lei^{44} 块布做 tso^{21} 到 tau^{212} 两套衣裳，做 tso^{21} 不 peiʔ^{4} 到 tau^{212} 三套衣裳。
溪 头	伊 i^{33} 块布做 tsɿ^{24} 得 tai^{55} 两套衣裳，做 tso^{24} 不 pɐ^{55} 得 ta^{55} 三套衣裳。
沱 川	伊 i^{44} 块布做 tsu^{35} 到 ta^{0} 两套衣裳，做 tsu^{35} 不 pə^{51} 到 ta^{0} 三套衣裳。
紫 阳	伊 i^{44} 块布能 nɔ̃^{21} 做 tsu^{35} 两套衣裳，不 pu^{51} 够 tɕia^{35} 做 tsu^{35} 三套衣裳。
许 村	伊 i^{33} 块布做 tsu^{24} 到 ta^{0} 两套衣裳，做 tsu^{24} 不 pɣ^{55} 到 ta^{0} 三套衣裳。
中 云	伊 i^{44} 块布只 tsɿ^{2} 能 nã^{11} 做 tsu^{35} 两套衣裳，做 tsu^{35} 不 pɣ^{51} 到 ta^{35} 三套衣裳。
新 建	伊 i^{54} 块布做 tsɯ^{51} 得 tɛ^{51} 两套衣裳得 tɛ^{0}，做 tsɯ^{21} 不 pa^{51} 得 tɛ^{51} 三套衣裳。
新 营	诶 ɛ^{55} 块布能 næ̃^{31} 做 tso^{213} 两套衣服，做 tso^{213} 不 pu^{215} 到 tɔ^{213} 三套衣服。
黄 柏	诶 ɛ^{21} 块布能 nən^{41} 做 tso^{213} 两套衣裳，做 tso^{21} 不 pɛ^{21} 到 tə^{21} 三套衣裳。
暖 水	伊 i^{31} 块布做 tso^{35} 到 tɣ^{35} 两套衣服，做 tso^{35} 不 pe^{54} 到 tɣ^{35} 三套衣服。

075-1

这件事情我不能怪人家，〔只能怪自己。〕

经公桥	伊 i^{24} 桩 tsaŋ^{22} 事阿 ʌ^{355} 怪 kua^{24} 不 po^{44} 到 tau^{0} 别人 pʻiɛ^{22}in^{55}，
鹅 湖	勒 lɛ^{55} 样 iɔ̃^{21} 事儿我 ŋuo^{53} 不能 peiʔ^{4}nãi^{35} 怪 kua^{21} 别人 pʻiɛʔ^{4}ɛn^{35}，
旧 城	勒 lɛ^{55} 样 ȵia^{33} 事儿我 o^{31} 怪 kua^{213} 不 pai^{213} 到 tau^{24} 别人 pʻiɛ^{33}iɛn^{24}，
湘 湖	勒 lei^{44} 桩 tsaŋ^{44} 事我 o^{31} 不能 peiʔ^{4}lai^{35} 怪 kua^{21} 别人 pʻiɛʔ^{2}iɛn^{35}，
溪 头	伊 i^{33} 样 iɔ̃^{55} 事□so^{231} 不能 pɐ^{55}næi^{51} 怪 kua^{24} 别人家 pʻe^{55}iɛn^{51}ko^{33}，
沱 川	伊 i^{44} 件 tɕʻĩ^{31} 事我 o^{31} 不能 pə^{51}nã^{211} 怪 kuɒ^{35} 别人家 pʻe^{51}iɛn^{21}ko^{44}，
紫 阳	伊 i^{44} 样 iã^{51} 事我 ə^{31} 不能 pu^{51}nɔ̃^{211} 怪 kua^{35} 别人家 pʻĩ^{51}iæ^{21}kə^{44}，
许 村	伊 i^{33} 样 iɔ̃^{55} 事我 o^{31} 怪 kua^{35} 不 pɣ^{55} 到 to^{24} 别人家 pʻe^{55}iɛn^{51}ko^{33}，
中 云	伊 i^{44} 桩 tsã^{44} 事我 o^{31} 不能 pɣ^{51}nã^{11} 怪 kua^{35} 别人家 pʻiɛ^{55}ȵiɛ^{23}，
新 建	伊 i^{54} 样 iɔ̃^{51} 事阿 a^{24} 不能 pa^{51}nã^{24} 怪 kua^{213} 别人 pʻæ^{33}ȵiẽ^{0}，
新 营	诶 ɛ^{44} 个 kɛ^{0} 事我 ŋo^{53} 不能 pu^{25}læ^{31} 怪 kua^{213} 别人 pʻi^{55}ȵiən^{31}，
黄 柏	诶 ɛ^{44} 样 iã^{21} 事阿 a^{44} 怪 kua^{21} 不到 pɛ^{21}tə^{53} 别人 pʻiɑ^{44}ȵiɛn^{41}，
暖 水	伊 i^{31} 件 tɕʻiẽ^{51} 事我 ŋuɐ^{21} 不能 pe^{54}lnɛ̃^{23} 怪 kuɐ^{35} 别人 pʻiɛ^{31}ȵiẽ^{23}，

075-2

〔这件事情我不能怪人家，〕只能怪自己。

经公桥　只 tsŋ⁴² 能 nãi⁵⁵ 怪 kua²⁴ 自己 tsŋ²⁴ki⁴²。

鹅　湖　只 tsŋ⁵³ 能 nãi³⁵ 怪 kua²¹ 自家 sŋ²¹kuo⁵⁵。

旧　城　只 tsŋ³¹ 能 nai²⁴ 怪 kua²¹³ 自己 tsʻŋ³³tɕi³³。

湘　湖　只 tsŋ³¹ 能 nai³⁵ 怪 kua²¹ 自家 sŋ²¹ko⁴⁴。

溪　头　只 tsŋ⁴² 能 næi⁵¹ 怪 kua²⁴ 自家 tsŋ⁵⁵ko³³。

沱　川　只 tsŋ³⁵ 能 nã²¹¹ 怪 kuɐ³⁵ 自家 tsʻŋ⁵¹ko⁴⁴。

紫　阳　只 tsŋ² 能 nɔ̃²¹¹ 怪 kua³⁵ 自家 tsʻŋ⁵¹kə⁴⁴。

许　村　只 tsŋ³¹ 能 nã⁵² 怪 kua²⁴ 自家 tsʻŋ⁵⁵ko³³。

中　云　只 tsŋ² 能 nã¹¹ 怪 kua³⁵ 自家 tsʻŋ⁵¹ko⁴⁴。

新　建　只 tsŋ³¹ 能 nã²⁴ 怪 kua²¹³ 自家 tsʻɤ⁵¹kuɤ⁵⁴。

新　营　只 tsŋ⁵³ 能 læ³¹ 怪 kua²¹³ 自家 tsʻŋ⁵¹ko⁵⁵。

黄　柏　只 tsŋ⁵³ 能 lin⁴¹ 怪 kua²¹ 自家 tsʻŋ²¹³kɑ⁴⁴。

暖　水　只 tsŋ²¹ 能 læ²³ 怪 kuɐ³⁵ 自家 tsʻŋ⁵¹ko³¹。

076-1

你算算看，〔这点钱够不够花？〕

经公桥　尔 ŋ³⁵⁵ 算 sɤ²⁴ 算 sɤ⁰ 看 kʻɤ²¹⁴，

鹅　湖　尔 ŋ³⁵ 算 sən²¹ 下 xo⁰ 看 kʻiɛn²¹³，

旧　城　尔 n³¹ 算 sɛn²¹³ 算 sɛn⁰ 看 kʻɛn²¹³，

湘　湖　尔 n⁴⁴ 算 sɛn²¹² 算 sɛn⁰ 看 kʻɛn²¹²，

溪　头　尔 ŋ³³ 算 sũ²⁴ 算 sũ⁰ 看 kʻũ²⁴，

沱　川　尔 n⁴⁴ 算 sũ³⁵ 算 sũ⁰ 看 kʻũ³⁵ 下 xo⁰，

紫　阳　尔 n³¹ 算 sum³⁵ 算 sum⁰ 看 kʻum³⁵，

许　村　尔 n³¹ 算 sũ²⁴ 下 xo⁰ 看 kʻũ²⁴，

中　云　尔 n⁴⁴ 算 sum³⁵ 算 sum⁰ 看 kʻum⁰，

新　建　尔 n²⁴ 算 suɔ̃³¹ 算 suɔ̃⁰ 望 mɔ̃⁵¹ 下 xuɤ⁰，

新　营　尔 ŋ⁵³ 算 si²¹³ 下 xo⁵¹ 觑 tɕʻio²¹⁵，

黄　柏　尔 n⁴⁴ 算 sõ²¹ 算 sõ⁰ 看 kʻõ²¹³，

暖　水　尔 n²¹ 算 suõ³⁵ 算 suõ⁰ 望 mʌŋ⁵¹ 下 xo⁰，

076-2
〔你算算看，〕这点钱够不够花？

经公桥　伊□i²⁴sən⁵⁵ 钱够 tɕiəu²¹ 不 po⁴⁴ 够 tɕiəu²¹ 用？

鹅　湖　勒丝 lɛ⁵⁵sɿ⁰ 钱够 tɕiəu²¹ 不 pei⁵ 够 tɕiəu²¹ 用？

旧　城　勒点 lɛ⁵⁵tī³¹ 钱够 kau²¹³ 不 pai²¹³ 够 kau²¹³ 用？

湘　湖　勒点 lei⁴⁴tī⁰ 钱够 tɕiau³⁵ 不 pei⁴ 够 tɕiau²¹² 用？

溪　头　伊吊儿 i³³tia²⁴ŋ⁰ 钱够 tʃæi²⁴ 不 pɐ⁵⁵ 够 tʃæi²⁴ 用？

沱　川　伊点 i⁴⁴ tī³⁵ 钱够 tɕiə³⁵ 不 pə⁵¹ 够 tɕiə³⁵ 用？

紫　阳　伊落 i⁴⁴lo⁰ 钱够 tɕia³⁵ 不 pu⁵¹ 够 tɕia³⁵ 用？

许　村　伊点 i³³tī³¹ 钱够 tɕia²⁴ 不 pɤ⁵⁵ 够 tɕia²⁴ 用？

中　云　伊些 i⁴⁴si⁰ 钱够 tɕia³⁵ 不 pɤ⁵¹ 够 tɕia³⁵ 用？

新　建　伊点儿 i⁵⁴tiã³¹ 钱够 tɕiɯ²¹ 不 pa⁵¹ 够 tɕiɯ²¹ 用？

新　营　诶拉 ɛ⁵⁵la⁰ 纸票够 kɔ²¹ 不 pu²¹⁵ 够 kɔ²¹ 用？

黄　柏　诶落 ɛ²¹lo⁰ 钱够 kə²¹ 不 pɐ²¹ 够 kə²¹ 用？

暖　水　伊拉 i³¹la⁰ 钱够 kɣ³⁵ 不 pe⁵⁴ 够 kɣ³⁵ 用？

077
离开车只剩三分钟了，来得及吗？

经公桥　离开车只 tsɿ⁴² 膡得 iãi²⁴tɛ⁰ 三分钟了 lɤ⁰，来得赢 la³⁵tai⁰iãi⁵⁵ 吗 mʌ⁰？

鹅　湖　离开车只 tsɿ⁵³ 膡 ŋãi²¹ 三分钟，来得赢 liɛ³⁵tai⁰ŋãi³⁵ 呗 pɛ⁰？

旧　城　离开车只 tsɿ³¹ 膡 ŋai³³ 三分钟嘀 ti⁰，来得赢 lɛ²⁴tai⁰ŋai²⁴ 啵 po⁰？

湘　湖　离开车只 tsɿ³¹ 膡 ŋai²¹ 三分钟啦 la⁰，来得赢 lɛ³⁵teiʔ⁰ŋai³⁵ 啵 po⁰？

溪　头　离开车只 tsɿ⁴² 膡 iæi⁵⁵ 三分钟啦 la⁰，来 lɐ⁵¹ 不 pɐ⁵⁵ 来得赢 lɐ⁵¹ta⁰iæi⁵¹？

沱　川　离开车只 tsɿ² 膡 iã⁵¹ 三分钟啦 lɔ⁰，来 la²¹¹ 不 pə⁵¹ 来得及 la²¹¹tɒ⁵¹tɕi⁵¹？

紫　阳　离开车只 tsɿ² 膡下 iɔ̃⁵¹xə⁵¹ 三分钟啦 la⁰，来得及 lɛ⁵¹to⁵¹tɕia⁵¹ 啵 po⁰？

许　村　离开车只 tsɿ³¹ 膡下 iã⁵⁵xo⁰ 三分钟了 lɤ⁰，来得 lɤ⁵¹to⁵¹iã⁵¹ 不 pɤ⁰？

中　云　离开车只 tsɿ² 膡 iã⁵⁴ 三分钟啦 la⁰，来 lɤ¹¹ 不 pɤ⁵¹ 来得赢 lɤ¹¹to⁵¹iã¹¹？

新　建　离开车三分钟□mə⁵¹ 啦 la⁰，还 uɣ⁵¹ 来得赢 la²⁴tɛ⁰iã²⁴ 哩 li⁰ 么 mə⁰？

新　营　离开车只 tsɿ⁵³ 膡 iæ⁵¹ 三分钟啦 la⁰，来得赢 li³¹tæ⁰ŋæ³¹ 呷 pæ⁰？

黄　柏　离开车只 tsɿ⁴⁵³ 剩 ʃən²¹ 三分钟了 lə⁰，还 xa⁴¹ 来得赢 lɛ⁴¹tɛ⁰iən⁴¹ 呗 pɛ⁰？

暖　水　离开车只 tsɿ²¹ 膡 iæ⁵¹ 三分钟了 lɤ⁰，来得赢 lɤ²³te⁰iæ²³ 吗 ma⁰？

078-1
我吃了饭再去，好不好？〔——吃了饭再去就来不及了。〕

经公桥	阿 ʌ³⁵⁵ 喫了 lɣ⁰ 饭再 tsa²¹ 去 kʻei²¹⁴，行 ɕiãi⁵⁵ 不 po⁴⁴ 行 ɕiãi⁵⁵？
鹅 湖	我 ŋuo⁵³ 喫嗝 kɛ⁰ 饭再 tsa³⁵ 去 kʻu²¹³，好 xau⁵³ 不 peiʔ⁴ 好 xau⁵³？
旧 城	我 o³¹ 喫嘀 ti⁰ 饭再 tsɛ²¹³ 去 tɕʻi²¹³，好 xau³¹ 不 pai²¹³ 好 xau³¹？
湘 湖	我 o³¹ 喫哩 li⁰ 饭再 tsɛ³⁵ 去 kʻu²¹²，好 xau³¹ 不 peiʔ⁴ 好 xau³¹？
溪 头	□so²³¹ 喫之 tsʅ⁰ 饭再 tsɐ²⁴ 去 kʻɐ²⁴，好 xɐ⁴² 不 pɐ⁵⁵ 好 xɐ⁴²？
沱 川	我 o³¹ 喫之 tsə⁰ 饭再 tsa³⁵ 去 kʻə³⁵，好 xa² 不 pə⁵¹ 好 xa²？
紫 阳	我 ə³¹ 喫之 tɕi⁰ 饭再 tsɛ³⁵ 去 tɕʻie³⁵，可 kʻə² 不 pu⁵¹ 可以 kʻə³⁵i²？
许 村	我 o³¹ 喫之 tɕi⁰ 饭再 tsɣ²⁴ 去 tʃʻe²⁴，好 xa³¹ 不 pɣ⁵⁵ 好 xa³¹？
中 云	我 o³¹ 喫哩 li⁰ 饭再 tsɣ³⁵ 去 tɕʻie³⁵，好 xa² 不 pɣ⁵¹ 好 xa²？
新 建	阿 a²⁴ 喫吥 pə⁰ 饭再 tsa²¹³ 去 tɕʻiɛ²¹³，好 xə³¹ 不 pa⁵¹ 好 xə³¹ 嘚 læ⁰？
新 营	我 ŋo⁵³ 喫啦 la⁰ 饭再 tsæ²¹³ 去 tɕʻi²¹³，可以 kʻi⁵³i⁰ 呗 pɛ⁰？
黄 柏	阿 a⁴⁴ 喫了 lə⁰ 饭再 tsa²¹ 去 tɕʻi²¹³，好 xə⁵³ 不 pɛ²¹ 好 xə⁵³？
暖 水	我 ŋuɐ²¹ 喫了 lɣ⁰ 饭再 tsɣ³⁵ 去 tɕʻi³⁵，好 xɣ²¹ 不 pe⁵⁴ 好 xɣ²¹⁴？

078-2
〔我吃了饭再去，好不好？〕——吃了饭再去就来不及了。

经公桥	——喫了 lɣ⁰ 饭再 tsa²¹ 去 kʻei²¹⁴ 就 tsʻiəu²¹ 来不赢 lɣ³⁵po⁴⁴iãi⁵⁵ 了 lɣ⁰。
鹅 湖	——喫嗝 kɛ⁰ 饭再 tsa³⁵ 去 kʻu²¹³ 就 tsʻiəu²¹ 来不赢 lɛ³⁵peiʔ⁴ŋãi³⁵ 嗝 kɛ⁰。
旧 城	——喫嘀 ti⁰ 饭再 tsɛ²¹³ 去 tɕʻi²¹³ 就 tsʻiəu³³ 来不赢 lɛ²⁴pai²¹³ŋai²⁴ 嘀 ti⁰ 啦 la⁰。
湘 湖	——喫哩 li⁰ 饭再 tsɛ³⁵ 去 kʻu²¹² 就 tsʻiəu²¹ 来不赢 lɛ³⁵peiʔ⁴ŋai³⁵ 啦 la⁰。
溪 头	——喫之 tsʅ⁰ 饭再 tsɐ²⁴ 去 kʻɐ²⁴ 就 tsʻæi⁵⁵ 来不赢 lɐ⁵¹pɐ⁵⁵iæi⁵¹ 了 lɐ⁰。
沱 川	——喫之 tsə⁰ 饭再 tsa³⁵ 去 kʻə³⁵ 就 tsʻə⁵¹ 来不及 la²¹pə⁵¹tɕi⁵¹ 啦 la⁰。
紫 阳	——喫之 tɕi⁰ 饭再 tsɛ³⁵ 去 tɕʻie³⁵ 就 tsʻa⁵¹ 来不及 lɛ²¹pu⁵¹tɕia⁵¹ 之 tɕi⁰ 啦 la⁰。
许 村	——喫之 tɕi⁰ 饭再 tsa²⁴ 去 tʃʻe²⁴ 就 tsʻa⁵⁵ 来不赢 lɣ⁵¹pɣ⁵⁵iã⁵¹ 了 lɣ⁰。
中 云	——喫哩 li⁰ 饭再 tsɣ³⁵ 去 tɕʻie³⁵ 就 tsʻa⁵¹ 来不赢 lɣ¹¹pɣ⁵¹iã¹¹ 啦 la⁰。
新 建	——喫吥 pə⁰ 饭再 tsa²¹³ 去 tɕʻiɛ²¹³ 就 tɕʻiɯ⁵¹ 来不赢 la²⁴pa⁵¹iã²⁴ 啦 la⁰。
新 营	——喫啦 la⁰ 饭再 tsæ²¹³ 去 tɕʻi²¹³ 就 tsʻio⁵¹ 来不赢 li³¹pu²¹⁵ŋæ³¹ 嘚 lɛ⁰。
黄 柏	——喫了 lə⁰ 饭再 tsɛ²¹ 去 tɕʻi²¹³ 就 tɕʻiu²¹ 来不赢 lɛ⁴¹pɛ²¹iən⁴¹ 了 lə⁰。
暖 水	——喫了 lɣ⁰ 饭再 tsɣ³⁵ 去 tɕʻi³⁵ 就 tɕʻy⁵¹ 来不赢 lɣ²³pe⁵⁴iæ²³ 了 lɣ⁰。

079

我今天胃口**不好**吃**不下**饭。

经公桥	阿ʌ³⁵⁵今朝胃口不po⁴⁴好喫不po⁴⁴饭去kʻei²¹⁴。
鹅　湖	我ŋuo⁵³今朝胃口不peiʔ⁴好喫不peiʔ⁴下去xuo²¹kʻu²¹³饭。
旧　城	我o³¹今朝胃口不pai²¹³好喫不pai²¹³下去xuo³³tɕʻi²¹³饭。
湘　湖	我o³¹今朝胃口不peiʔ⁴好喫不peiʔ⁰饭下xo²¹¹。
溪　头	阿a²³¹今日胃口不pɐ⁵⁵好喫不pɐ⁵⁵下xo⁵⁵饭。
沱　川	我o³¹今日胃口不pə⁵¹好饭喫不pə⁵¹下去xo⁵¹kʻə³⁵。
紫　阳	我ɘ³¹今日胃口不pu⁵¹好喫不pu⁵¹下xɘ³¹饭。
许　村	我o³¹今日胃口不pɤ⁵⁵好喫不pɤ⁵⁵得to⁵⁵饭。
中　云	我o³¹今朝胃口不pɤ⁵¹好喫不pɤ⁵¹下xo³¹饭。
新　建	阿a²⁴今日胃口不pa⁵¹好喫不pa⁵¹下去xuɤ⁵¹tɕʻiɛ²¹³饭。
新　营	我ŋo⁵³今日胃口不pu²¹⁵好喫不pu²¹⁵下去xo⁵¹tɕʻi²¹³饭。
黄　柏	阿a⁴⁴今朝胃口不pe²¹好喫唔n̩⁴⁴到tɔ²¹³饭。
暖　水	我ŋuɐ²¹今日胃口不pe⁵⁴好喫不pe⁵⁴下xuɤ⁵¹饭。

080

他平常**能吃**三大碗饭。

经公桥	渠平常喫得tai⁴⁴到tau⁰三大碗饭。
鹅　湖	渠平时喫得taiʔ⁴了liau⁵³三大碗饭。
旧　城	渠平时喫得tai²¹³三大碗饭。
湘　湖	渠平时喫得taiʔ⁴三大碗饭。
溪　头	渠平常喫得ta⁵⁵下xo⁵⁵三大碗饭。
沱　川	渠平常喫得tɐ⁵¹下xo⁵¹三大碗饭。
紫　阳	渠平时喫得to⁵¹三大碗饭。
许　村	渠平常喫得to⁵⁵到ta²⁴三大碗饭。
中　云	渠平时能nã¹¹喫三大碗饭。
新　建	渠平时喫得tɛ⁰三大碗饭。
新　营	渠平时可以kʻi⁵³i⁰喫三大碗饭。
黄　柏	渠平时能lin⁴¹喫三大碗饭。
暖　水	渠平时喫得te⁵⁴到tɤ³⁵三大碗饭。

081
半碗饭吃不饱。有这么多饭吃得饱。

经公桥	半碗饭喫不 pɒ⁴⁴ 饱。有多饭喫得 tɛ⁴⁴ 饱。	
鹅 湖	半碗饭喫不 pei ʔ⁴ 饱。有勒哩 lɛ⁵⁵li⁰ 多饭喫得 tai ʔ⁴ 饱。	
旧 城	半碗饭喫不 pai²¹³ 饱。有勒 lɛ⁵⁵ 多饭喫得 tai²¹³ 饱。	
湘 湖	半碗饭喫不 pei ʔ⁴ 饱。有勒样 lei⁴⁴ia²¹¹ 多饭喫得 tai ʔ⁴ 饱。	
溪 头	半碗饭喫不 pɐ⁵⁵ 饱。有伊拉 i³³la⁰ 饭喫得 ta⁵¹ 饱。	
沱 川	半碗饭喫不 pə⁵¹ 饱。有 □xɒ²¹¹ 唔 ŋ³⁵ □□ t'o⁵¹lo⁵¹ 饭喫得 tɒ⁵¹ 饱。	
紫 阳	半碗饭喫不 pu⁵¹ 饱。有 □xo⁵¹ 唔落 ŋ³⁵lo⁰ 多饭喫得 to⁵¹ 饱。	
许 村	半碗饭喫不 pɤ⁵⁵ 饱。有唔 ŋ²⁴ 多饭喫得 to⁵⁵ 饱。	
中 云	半碗饭喫不 pɤ⁵¹ 饱。有伊落 i⁴⁴lo⁰ 饭喫得 to⁵¹ 饱。	
新 建	半碗饭喫不 pa⁵¹ 饱。有伊 □i⁵⁴nɔ̃⁰ 饭喫得 tɛ⁵¹ 饱。	
新 营	半碗饭喫不 pu²¹⁵ 饱。有诶么 ɛ⁵⁵mɛ⁰ 多饭喫得 tæ²¹⁵ 饱。	
黄 柏	半碗饭喫不 pɛ²¹ 饱。有诶拉 e²¹la⁰ 饭喫得 tɛ⁰ 饱。	
暖 水	半碗饭喫不 pe⁵⁴ 饱。有伊 □□i³¹se⁵⁴xɤ⁰ 饭喫得 te⁵⁴ 饱。	

082
桃子红了的可以吃，没红的不能吃。

经公桥	桃仂红嗰 kɤ⁰ 喫得 tɛ⁴⁴，冇 mau²¹ 红嗰 kɤ⁰ 喫不 pɒ⁴⁴ 得 tai²¹⁴。	
鹅 湖	桃儿红嗰 kɛ⁰ 喫得 tai ʔ⁴，冇 mau³⁵ 红嗰 kɛ⁰ 喫不 pei ʔ⁴ 得 tai ʔ⁵。	
旧 城	桃儿红嘀 ti⁰ 嗰 kɛ⁰ 喫得 tai²¹³，冇 mau³³ 红嗰 kɛ⁰ 喫不 pai²¹³ 得 tai²¹³。	
湘 湖	桃仂红哩 li⁰ 嗰 kɛ⁰ 喫得 tɛai ʔ⁴，冇 mau³⁵ 红嗰 kɛ⁰ 喫不 pai ʔ⁴ 得 tɛ ʔ⁴。	
溪 头	桃红之 tsŋ⁰ 嗰 kɐ⁰ 喫得 ta⁵⁵，不曾 pã⁵¹ 红嗰 kɐ⁰ 喫不 pa⁵⁵ 得 ta⁵⁵。	
沱 川	桃红之 tsə⁴⁴ 嗰 kə⁰ 喫得 tɒ⁵¹，不曾 pã²¹¹ 红嗰 kə⁰ 喫不 pə⁵¹ 得 tɒ⁵¹。	
紫 阳	桃仂红之 tɕi⁰ 嗰 kə⁰ 能 nɔ̃²¹¹ 喫，不曾 pɔ̃²¹ 红嗰 kə⁰ 喫不 pu⁵¹ 能 nɔ̃²¹¹ 喫。	
许 村	桃仂红哩 li⁰ 嗰 kɤ⁰ 喫得 to⁵⁵，不曾 pã⁵¹ 红嗰 kɤ⁰ 喫不 pɤ⁵⁵ 得 to⁵⁵。	
中 云	桃仂红嘀 ti⁰ 嗰 kɤ⁰ 喫得 to⁵¹，不曾 pã¹¹ 红嗰 kɤ⁰ 喫不 pɤ⁵¹ 得 to⁵¹。	
新 建	桃红嘞 lɛ⁰ 嗰 kə⁰ 喫得 tɛ⁵¹，不曾 pã²⁴ 红嗰 kə⁰ 喫不 pa⁵¹ 得 tɛ⁵¹。	
新 营	桃红了 lo⁰ 嗰 kɛ⁰ 可以 k'i⁵³i⁰ 喫，冇 mɔ³¹ 红嗰 kɛ⁰ 不 pu²¹⁵ 能 læ³¹ 喫。	
黄 柏	桃哩红了 lə⁰ 嗰 kɛ⁰ 喫得 tɛ²¹³，唔 □ŋ⁴⁴nən⁴¹ 红嗰 kɛ⁰ 喫不 pɛ²¹ 得 tɛ²¹³。	
暖 水	桃红了 lɤ⁰ 嗰 kɤ⁰ 喫得 te⁵⁴，不曾 pæ̃²³ 红嗰 kɤ⁰ 喫不 pe⁵⁴ 得 te⁵⁴。	

083
你比我高，他比你还要高。

经公桥　尔n̥³⁵⁵ 比 pi⁴² 阿 ʌ³⁵⁵ 高，渠 kei³⁵⁵ 比 pi⁴² 尔 n̥³⁵⁵ 还 xa²⁴ 要 yʌu²¹⁴ 高。

鹅　湖　尔n̥³⁵ 比 pʻei⁵³ 我 ŋuo⁵³ 高，渠 ku³⁵ 比 pʻei⁵³ 尔 n̥³⁵ 还 xuo³⁵ 要 ia²¹ 高。

旧　城　尔n̥³¹ 比 pei³¹ 我 o³¹ 猛，渠 tɕi²⁴ 比 pei³¹ 尔 n̥³¹ 还 xuo²⁴ 要 iau²¹³ 猛。

湘　湖　尔n̥⁴⁴ 比 pei³¹ 我 o³¹ 长，渠 ku³⁵ 比 pei³¹ 尔 n̥⁴⁴ 还 xa³⁵ 要 io²¹² 长。

溪　头　尔n̥³³ 比 pi⁴² 阿 a²³¹ 高，渠 kʻɐ⁵¹ 比 pi⁴² 尔 n̥³³ 还 o⁵¹ 要 ia²⁴ 高。

沱　川　尔n̥⁴⁴ 比 pi² 我 o³¹ 高，渠 kʻə²¹¹ 比 pi² 尔 n̥⁴⁴ 还 o²¹¹ 要 iɔ³⁵ 高。

紫　阳　尔n̥³¹ 比 pi² 我 ə³¹ 高，渠 tɕʻie²¹¹ 比 pi² 尔 n̥³¹ 还 o²¹ 要 iɔ³⁵ 高。

许　村　尔n̥³¹ 比 pi³¹ 我 o³¹ 高，渠 tʃʻe⁵¹ 比 pi³¹ 尔 n̥³¹ 还 o⁵¹ 要 io²⁴ 高。

中　云　尔呐 n̥⁴⁴na⁰ 比 pi² 我 o³¹ 高，渠 tɕʻie¹¹ 比 pi² 尔呐 n̥⁴⁴na⁰ 还 o¹¹ 要 iɔ³⁵ 高。

新　建　尔n̥²⁴ 比 pi³¹ 阿 a²⁴ 高，渠 tɕʻie¹¹ 比 pi³¹ 尔侬 n²⁴nəŋ⁰ 还 xuɤ²⁴ 要 ia²⁴ 高。

新　营　尔ŋ̍⁵³ 比 pɛ⁵³ 我 ŋo⁵³ 高，渠 tɕʻi³¹ 比 pɛ⁵³ 尔 ŋ̍⁵⁵ 还 xa³¹ 要 iɔ²¹³ 高。

黄　柏　尔n̥⁴⁴ 比 pi⁵³ 阿 a⁴⁴ 高，渠 tɕʻi⁴¹ 比 pi⁵³ 尔 n̥⁴⁴ 还 xa⁴¹ 要 iə²¹ 高。

暖　水　尔侬 n²¹noŋ⁰ 比 pi²¹ 我 ŋuɐ²¹ 高，渠 tɕʻi²³ 比 pi²¹ 尔侬 n²¹noŋ⁰ 还 xo²³ 要 yɛ³⁵ 高。

084-1
他没有比我高多少，〔只比我高两公分。〕

经公桥　渠 kei³⁵⁵ 冇 mau²⁴ 比 pi⁴² 阿 ʌ³⁵⁵ 高几多 tɕi⁴²tuʌ²²，

鹅　湖　渠 ku³⁵ 冇 mau³⁵ 比 pʻei⁵³ 我 ŋuo⁵³ 高好多 xau⁵³tuo⁵⁵，

旧　城　渠 tɕi²⁴ 冇 mau³³ 比 pei³¹ 我 o³¹ 猛几多 tɕi³¹to⁵⁵，

湘　湖　渠 ku³⁵ 冇 mau²¹ 比 pei³¹ 我 o³¹ 长几多 tɕi³¹to⁴⁴，

溪　头　渠 kʻɐ⁵¹ 冇 □mɐ⁵⁵xɐ²⁴ 比 pi⁴² □so²³¹ 高几多 tʃi⁴²to³³，

沱　川　渠 kʻə²¹¹ 不曾 pə⁵¹sã²¹¹ 比 pi² 我 o³¹ 高几多 tɕi³⁵to⁴⁴，

紫　阳　渠 tɕʻie²¹¹ 不曾 pɔ̃²¹¹ 比 pi³⁵ 我 ə³¹ 高几多 tɕi³⁵tə⁴⁴，

许　村　渠 tʃʻe⁵¹ 不曾 pã⁵¹ 比 pi³¹ 我 o³¹ 高几多 tɕi³¹tɤ³³，

中　云　渠 tɕʻie¹¹ 不曾 pã¹¹ 比 pi² 我 o³¹ 高几多 tɕi³⁵tɤ⁴⁴，

新　建　渠 tɕʻiɛ²⁴ 不曾 pã²⁴ 比 pi³¹ 阿 a²⁴ 高一吊物 i⁵¹tia⁵¹mə⁰，

新　营　渠 tɕʻi³¹ 冇 mɔ⁵¹ 比 pɛ⁵³ 我 ŋo⁵³ 高几多 tɕi⁵³to⁵⁵，

黄　柏　渠 tɕʻi⁴¹ 唔□ ŋ̍⁴⁴nən⁴¹ 比 pi⁵¹ 阿 a⁴⁴ 高几多 tɕi⁵³to⁴⁴，

暖　水　渠 tɕʻi²³ 不曾 pæ̃²³ 比 pi²¹ 我 ŋuɐ²¹ 高一吊物 i⁵⁴tia³⁵mɤ⁰，

084-2

〔他没有比我高多少,〕只比我高两公分。

经公桥	只 tsʅ⁴² 比 pi⁴² 阿 ʌ³⁵⁵ 高两公分。
鹅　湖	只 tsʅ⁵³ 比 pei⁵³ 我 ŋuo⁵³ 高两公分。
旧　城	只是 tsʅ³¹ɕi³³ 比 pei³¹ 我 o³¹ 猛两公分。
湘　湖	只 tsʅ³¹ 长我 o³¹ 两公分。
溪　头	只 tsʅ⁴² 比 pi⁴²□so²³¹ 高两公分。
沱　川	只 tsʅ³⁵ 比 pi² 我 o³¹ 高两公分。
紫　阳	只 tsʅ² 比 pi³⁵ 我 ə³¹ 高两公分。
许　村	只 tsʅ³¹ 比 pi³¹ 我 o³¹ 高两公分。
中　云	只 tsʅ² 比 pi² 我 o³¹ 高两公分。
新　建	只 tsʅ³¹ 比 pi³¹ 阿 a²⁴ 高两公分。
新　营	只 tsʅ⁵³ 比 pe⁵³ 我 ŋo⁵³ 高两公分。
黄　柏	只 tsʅ⁵³ 比 pi⁵³ 阿 a⁴⁴ 高两公分。
暖　水	只 tsʅ²¹ 比 pi²¹ 我 ŋuɐ²¹ 高两公分。

085

老王跟老张一样高。

经公桥	老王跟 kən²² 老张一样 i⁴⁴yaŋ²¹⁴ 高。
鹅　湖	老王跟 kiɛn⁵⁵ 老张一样 iʔ⁴iõ²¹¹ 高。
旧　城	老王跟 kɛn⁵⁵ 老张一样 i²¹³n̠ia³³ 猛。
湘　湖	老王跟 kɛn⁴⁴ 老张一样 iʔ⁴ia²¹¹ 高。
溪　头	老王搭 tɐ⁵⁵ 老张一样 i⁵⁵iɔ̃⁵⁵ 高。
沱　川	老王□xã²¹ 老张一样 i⁵¹ĩã̠⁵¹ 高。
紫　阳	老王跟 kuæ̃⁴⁴ 老张一样 ia⁵¹iɔ̃⁵⁵ 高。
许　村	老王搭 to⁵⁵ 老张一样 ia⁵⁵iɔ̃⁵⁵ 高。
中　云	老王搭 to⁵¹ 老张一样 ia⁵¹iã⁵¹ 高。
新　建	老王跟 kẽ⁵⁴ 老张一样 iɛ⁵¹iɔ̃⁵¹ 高。
新　营	老王跟 kuən⁵⁵ 老张一样 i²¹⁵iã⁵¹ 高。
黄　柏	老王跟 kən⁴⁴ 老张一样 i²¹³iã²¹³ 高。
暖　水	老王搭 ta⁵⁴ 老张一样 i⁵⁴iʌŋ⁵¹ 高。

086

这种颜色和那种不一样。

经公桥　伊种 i²⁴tʂoŋ⁴² 颜色跟 kən²²□种 niɛ²⁴tʂoŋ⁴² 不 po⁴⁴ 同。

鹅　湖　勒种 lɛ⁵⁵tʂoŋ⁵³ 颜色跟 kiɛn⁵⁵□种 ŋuo⁵⁵tʂoŋ⁵³ 不 peiʔ⁵ 一样。

旧　城　勒种 lɛ⁵⁵tʂoŋ³¹ 颜色跟 kɛn⁵⁵ 唔种 ŋ̍⁵⁵tsoŋ³¹ 不 pai⁵⁵ 一样。

湘　湖　勒种 lei⁴⁴tsoŋ³¹ 颜色跟 kɛn⁴⁴ 唔种 ŋ̍⁴⁴tsoŋ³¹ 不 peiʔ⁴ 同。

溪　头　伊种 i³³tsəŋ⁴² 颜色搭 tɐ⁵⁵ 固种 ku³⁵tsəŋ⁴² 不 pɐ⁵⁵ 一样。

沱　川　伊种 i⁴⁴tsən² 颜色□xã²¹¹ 固种 ku³⁵tsən² 不 pə⁵¹ 一样。

紫　阳　伊种 i⁴⁴tsɐm² 颜色□xã⁴⁴ 个种 ke³⁵tsɐm² 不 pu⁵¹ 一样。

许　村　伊种 i³³tʃɐm³¹ 颜色搭 to⁵⁵ 固种 ku²⁴tʃɐm³¹ 不 pɣ⁵⁵ 一样。

中　云　伊种 i⁴⁴tsɐm² 颜色搭 to⁵¹ 固种 ku³⁵tsɐm² 不 pɣ⁵¹ 一样。

新　建　伊种 i⁵⁴tsəŋ³¹ 颜色跟 kẽ⁵⁴ 阿种 a⁵⁴tsəŋ³¹ 颜色不 pa⁵¹ 一样。

新　营　诶种 ɛ⁵⁵tən⁵³ 颜色跟 kuən⁵⁵ 夏一种 xo⁵³i⁵¹ən⁵³ 不 pu²¹⁵ 一样。

黄　柏　诶种 ɛ²¹tsəŋ⁵³ 颜色跟 kən⁴⁴ 诶种 ɛ⁴⁴tsuəŋ⁵³ 颜色不 pɛ²¹ 一样。

暖　水　伊种 i³¹tʂoŋ²¹ 颜色搭 ta⁵⁴ 阿种 a³¹tʂoŋ²¹ 颜色不 pɛ⁵⁴ 一样。

087

今天比昨天更热。

经公桥　今朝比 pi⁴² 昨日还 xa³⁵ 热。

鹅　湖　今朝比 pei⁵³ 昨日更 kãi³⁵ 热。

旧　城　今朝比 pei³¹ 昨日更 kai²¹³ 热。

湘　湖　今朝比 pei³¹ 昨日更 kɛni³⁵ 热。

溪　头　今日比 pi⁴² 昨日更 kæi²⁴ 热。

沱　川　今日比 pi² 昨日更过 kã³⁵ku⁰ 热。

紫　阳　今日比 pi² 昨日更 kɔ̃³⁵ 热。

许　村　今日比 pi³¹ 昨日更 kã²⁴ 热。

中　云　今朝比 pi² 昨日还 o¹¹ 更 kɛn³⁵ 热。

新　建　今日比 pi³¹ 昨日还 xuɣ²⁴ 热。

新　营　今日比 pɛ⁵³ 昨日更 kæ⁵³ 热。

黄　柏　今朝比 pi⁵⁴ 昨日还 xa⁴¹ 热。

暖　水　今日比 pi²¹ 昨日更 kæ³⁵ 热。

088
我没有他那么傻。

经公桥	阿 ʌ³⁵⁵ 没有 miəu²⁴ 渠 kei³⁵⁵ □么 niɛ²⁴mɣ⁰ 呆。
鹅 湖	我 ŋuo⁵³ 冇 mau³⁵ 渠 ku³⁵ 那样 luo³⁵iõ²¹¹ 鳌。
旧 城	我 o³¹ 没有 mei³³iəu³¹ 渠 tɕi²⁴ 唔样 ŋ⁵⁵n̻ia³³ 鳌。
湘 湖	我 o³¹ 没有 mɛ²²iəu³¹⁴ 渠 ku³⁵ 唔样 ŋ⁴⁴ia²¹¹ 痴。
溪 头	□so²³¹ 冇 mɐ⁵⁵xɐ²⁴ 渠 k'ɐ⁵¹ □kũ²⁴ 痴。
沱 川	我 o³¹ 冇 □ba⁵¹xa²¹¹ 渠 k'ə²¹¹ 固只 ku³⁵tsɿ⁵¹ 傻□xo⁰。
紫 阳	我 ə³¹ 冇 bo⁵¹ 渠 tɕ'ie²¹ 个样 ke³⁵iã⁰ 痴。
许 村	我 o³¹ 冇 ma⁵¹ 渠 tʃ'e⁵¹ 唔 ŋ²⁴ 痴。
中 云	我 o³¹ 冇 mɔ¹¹ 渠 tɕ'ie¹¹ 唔 ŋ³⁵ 痴。
新 建	阿 a²⁴ 冇 □mə⁵¹xə⁵¹ 渠 tɕ'iɛ²⁴ 啊□a⁵⁴nẽ⁰ 傻。
新 营	我 ŋo⁵³ 冇冇 mio⁵³ 渠 tɕ'i³¹ 夏么 xo⁵³mɛ⁰ 傻。
黄 柏	阿 a⁴⁴ 唔□ŋ⁴⁴t'ə²¹³ 渠 tɕ'i⁴¹ 诶样 ɛ⁴⁴iã²¹ 傻。
暖 水	我 ŋuɐ²¹ 不曾 □pæ²³xa⁵⁵ 渠 tɕ'i²³ 阿种 a³¹tʂoŋ²¹ 傻。

089
这件衣服很好看，就是价钱太贵了。

经公桥	伊 i²⁴ 件 tɕ'iɛ̃²⁴ 衣裳好 xau⁴² 排场，就是 ts'iəu²¹ɕi²⁴ 价钱忒 t'ɛ⁴⁴ 贵了 lɣ⁰。
鹅 湖	勒 lɛ⁵⁵ 件 tɕ'ien²¹¹ 衣裳蛮 mõ³⁵ 好看嗰，就是 ts'iəu²¹ɕi²¹ 价钱太 t'a³⁵ 贵嗰 kɛ⁰。
旧 城	勒 lɛ⁵⁵ 件 tɕ'ĩ³³ 衣裳真 tɕien⁵⁵ 好看，就是 ts'iəu³³ɕi³³ 价钱太 t'a²¹³ 贵很 xɛn³¹ 哩 li⁰。
湘 湖	勒 lei⁴⁴ 件 tɕ'ĩ²¹ 衣裳很 xɛn³¹ 好看，就是 ts'iəu²¹ɕi²¹ 价钱太 t'a²¹² 贵哩 li⁰。
溪 头	伊 i³³ 件 tʃ'ĩ²³¹ 衣裳好看得 ta⁰ 很 xəŋ⁴² ，就是 ts'æi⁵⁵sɿ²³¹ 价钱太 t'a²⁴ 贵之 tsɿ⁰。
沱 川	伊 i⁴⁴ 件 tɕ'ĩ⁵¹ 衣裳好看得 tɒ⁰ 很 xəŋ²，就是 ts'ə⁵¹sɿ³¹ 价钱太 t'ɒ³⁵ 贵了 lə⁰。
紫 阳	伊 i⁴⁴ 件 tɕ'ĩ⁵¹ 衣裳真 tsæ⁴⁴ 好看，就是 ts'a⁵¹ɕi³¹ 价钱太 t'o³⁵ 贵之 tɕi⁰。
许 村	伊 i³³ 件 tɕ'ĩ⁵⁵ 衣裳好看，就是 ts'a⁵⁵ʃɵ⁵⁵ 价钱太 t'o²⁴ 贵了 lɣ⁰。
中 云	伊 i⁴⁴ 件 tɕ'ĩ⁵¹ 衣裳好看，就是 ts'a⁵¹sɿ³¹ 价钱太 t'o³⁵ 贵哩 li⁰。
新 建	伊 i⁵⁴ 件 tɕ'iɛ̃⁵¹ 衣裳好望，就是 tɕ'iɯ⁵¹sɣ⁵¹ 价钱太 t'a²¹ 贵了啦 la⁰。
新 营	诶 ɛ⁵⁵ 件 tɕ'iɛ̃⁵¹ 衣服很 xən⁵³ 好觑，就是 ts'io⁵¹ɕi⁵¹ 价钱太 t'a²¹³ 贵啦 la⁰。
黄 柏	诶 ɛ²¹ 件 tɕ'iɛ̃²¹ 衣裳好看得 tɐ⁰ 很 xən⁴⁵³，就是 tɕ'iu²¹³ɕi²¹ 价钱太 t'a²¹ 贵了 lə⁰。
暖 水	伊 i³¹ 件 tɕ'iɛ̃⁵¹ 衣服□□相 la⁵¹i³¹ɕiʌŋ³⁵，就是 tɕ'y⁵¹ʂɣ⁵¹ 价钱太 t'a³⁵ 贵了 lɣ⁰。

090

她丈夫脾气**好得不得了**！（极言其好）

经公桥	渠 kei³⁵⁵ 老公脾气不省得 po⁴⁴ɕiāi⁴²tɛ⁴⁴ 有 iəu⁴² 几 tɕi⁴² 好 xau⁴²。
鹅　湖	渠 ku³⁵ 老公脾气不省得 peiʔ⁴ʂai⁵³taiʔ⁰ 有 iəu⁵³ 几 tɕi⁵³ 好 xau⁵³。
旧　城	渠 tɕi²⁴ 老公脾气不晓得 pai⁵⁵ɕiau²⁴tai⁰ 几 tɕi³¹ 好 xau³¹。
湘　湖	渠 ku³⁵ 老公脾气好 xau³⁵ 得 tɛʔ⁴ 不得了 peiʔ⁴tɛʔ⁴liau³¹⁴。
溪　头	渠 kʻə²¹¹ 老公脾气硬 ŋæi⁵⁵ 好 xɐ⁴² 得 ta⁰ 不得了 pɐ⁵⁵taºliaº。
沱　川	渠 kʻə²¹¹ 老公脾气不晓得 pə⁵¹ɕia²tɒ⁵¹ 几多 tɕi²to⁴⁴ 好 xa²。
紫　阳	渠 tɕʻie²¹¹ 老公脾气不晓得 pu⁵¹ɕio²to⁵¹□xo²¹ 几多 tɕi³⁵tə⁴⁴ 好 xo²。
许　村	渠 tʃʻe⁵¹ 老公脾气不晓 pɣ⁵⁵ʃo³¹ 几多 tɕi²⁴tɣ³³ 好 xa³¹。
中　云	渠 tɕʻie¹¹ 老公脾气不晓得 pɣ⁵¹ɕio²to⁵¹ 几多 tɕi³⁵tɣ⁴⁴ 好 xa²。
新　建	渠 tɕʻie²⁴ 老公脾气不晓得 pa⁵¹ɕiɛ³¹tɛ⁰ 有 iɯ³¹ 几多 tɕi³¹tɯ⁵⁴ 好 xə³¹。
新　营	渠 tɕʻi³¹ 嗰 kɛ⁰ 老公脾气不晓得 pu²¹⁵ɕiɔ⁵³tiº 有 io⁵³ 几多 tɕi⁵³to⁵⁵ 好 xɔ⁵³。
黄　柏	渠 tɕʻi⁴¹ 老公脾气不晓得 pe²¹ʃə⁴⁵tɛ⁰ 有 iu⁵³ 几多 tɕi⁵³to⁴⁴ 好 xə⁴⁵³。
暖　水	渠 tɕʻi²³ 老公脾气不晓得 pe⁵⁴ɕye³¹tiº 有 y²⁴ 几多 tɕi³⁵to³¹ 好 xɣ²¹⁴。

091-1

这几天他忙**得**很，〔忙得连饭都没有时间吃。〕

经公桥	伊 i²⁴ 几 tɕi⁴² 日渠 kei³⁵⁵ 忙得 tai⁴⁴ 很 xən⁴²,
鹅　湖	勒 lɛ⁵⁵ 几 tɕi⁵³ 日渠 ku³⁵ 忙得 taiʔ⁰ 很 xən⁵³,
旧　城	勒 lɛ⁵⁵ 几 tɕi³¹ 日渠 tɕi²⁴ 忙得 tai²¹³ 很 xɛn³¹,
湘　湖	勒 lei⁴⁴ 几 tɕi³¹ 日渠 ku³⁵ 忙得 taiʔ⁴ 很 xɛn³¹⁴,
溪　头	伊 i³³ 几 tɕi⁴² 日渠 kʻɐ⁵¹ 真 tsɛn³³ 忙嘞 leº,
沱　川	伊 i⁴⁴ 几 tɕi² 日渠 kʻə²¹¹ 忙得 tɒ⁵¹ 很 xəŋ²,
紫　阳	伊 i⁴⁴ 几 tɕi² 日渠 tɕʻie²¹¹ 真 tsæ⁴⁴ 忙,
许　村	伊 i³³ 几 tɕi³¹ 日渠 tʃʻe⁵¹ 忙得 to⁵⁵ 很 xɛn³¹,
中　云	伊 i⁴⁴ 几 tɕi² 日渠 tɕʻie¹¹ 忙不 pɣ⁵¹ 过 ku³⁵,
新　建	伊 i⁵⁴ 几 tɕi³¹ 日渠 tɕʻie²⁴ 忙得 tɛ⁰ 凶 ʃəŋ⁵⁴,
新　营	诶 ɛ⁵⁵ 几 tɕi⁵³ 日渠 tɕʻi³¹ 忙得 tæ⁰ 凶 ɕiən⁵⁵,
黄　柏	诶 ɛ²¹ 几 tɕi⁵³ 日渠 tɕʻi⁴¹ 忙得 tɛ⁰ 很 xən⁴⁵³,
暖　水	伊 i³¹ 几 tɕi²¹ 日渠 tɕʻi²³ 忙得 teº 凶 ʂoŋ³¹,

091-2

〔这几天他忙得很，〕忙得连饭都没有时间吃。

经公桥　忙得 tai⁴⁴ 连 niɛ̃³⁵ 饭都 tu²² 没有 miəu⁴² 时间喫。

鹅　湖　忙得 taiʔ⁰ 连 nĩ³⁵ 饭都 təu⁵⁵ 冇 mau³⁵ 时间喫。

旧　城　忙得 tai²¹³ 连 ni²⁴ 饭都 təu⁵⁵ 没有 mei³³iəu³¹ 时间喫。

湘　湖　忙得 taiʔ⁴ 连 nĩ³⁵ 喫饭都 təu⁴⁴ 没有 mɛʔ²iəu³¹⁴ 功夫。

溪　头　忙得 ta⁰ 连 nĩ⁵¹ 喫饭时间都 tu³³ 没□mɐ⁵⁵xɐ²⁴。

沱　川　忙得 tɒ⁵¹ 连 nĩ²¹¹ 饭都 tu⁴⁴ 不曾 pə⁵¹sã²¹¹ 有 iə³¹ 时间喫。

紫　阳　忙得 to⁵¹ 连 nĩ²¹ 喫饭嗰 kə⁰ 时间都 tu⁴⁴ 冇 bo⁵¹。

许　村　忙得 to⁵⁵ 连 nĩ⁵¹ 饭都 tu³³ 冇 ma⁵¹ 时间喫。

中　云　忙得 to⁵¹ 连 nĩ¹¹ 喫饭都 tu⁴⁴ 冇 bɔ¹¹ 时间。

新　建　忙得 tɛ⁰ 连 nã²⁴ 饭都没□mə⁵¹xə⁵¹ 功夫喫。

新　营　忙得 tæ⁰ 连 li³¹ 饭都冇有 mɔ⁵¹io⁵³ 时间喫。

黄　柏　忙得 tɛ⁰ 连 liɛ̃⁴¹ 吃饭嗰 kɛ⁰ 时间都 tu⁴⁴ 唔□ŋ⁴⁴tʻə²¹³。

暖　水　忙得 te⁰ 连 liɛ̃²³ 饭都冇 mo²³ 时间喫。

092-1

沿河边直走，〔到路口往右拐就到了。〕

经公桥　沿 iɛ̃³⁵ 河舷一直 i⁴⁴tɕʻiai²² 走，

鹅　湖　随到 tsʻei³⁵tau⁰ 港舷一直 iʔ⁴tʂʻaiʔ⁴ 走，

旧　城　随到 sei²⁴tau⁰ 港舷一直 i²¹³tɕʻiai³³ 走，

湘　湖　随 tsʻei³⁵ 港舷一直 iʔ⁴tɕʻiaiʔ² 走，

溪　头　随到 tsʻi⁵¹tɐ⁰ 溪边一直 i⁵⁵tsʻa⁵⁵ 走，

沱　川　顺着 xuɛŋ⁵¹tsə⁰ 河边一直 i⁵¹tsʻɿ⁵¹ 走，

紫　阳　随着 tsʻi²¹tsʻɒ⁵¹ 河边一直 ia⁵¹tsʻa⁵¹ 走，

许　村　随到 tsʻi⁵¹ ta 河舷一直 ia⁵⁵tʃʻa⁵⁴ 走，

中　云　顺到 sɛn⁵¹ta⁰ 河边笔直 pa⁵¹tsʻa⁵¹ 走，

新　建　随□tsʻi²⁴kə⁰ 河舷一直 iɛ⁵¹tʃʻɛ³³ 走，

新　营　随 tsʻɛ⁵¹ 河舷直 tʻæ⁵¹ 走，

黄　柏　顺到 ʃuən²¹tə⁰ 河边一直 i²¹tʃʻuɛ⁴⁴ 走，

暖　水　靠 kʻɣ³⁵ 河舷一直 i⁵⁴tɕʻie⁵⁴ 走，

第七章 赣东北徽语代表方言点语法例句对照

092-2

〔沿河边直走，〕到路口往右拐就到了。

经公桥	到 tau²⁴ 路口望 maŋ²⁴ 顺边拐就 tsʻiəu²¹ 到 tau²⁴ 了 lɤ⁰。
鹅　湖	到 tau³⁵ 路口望 maŋ²¹ 顺手边拐就 tsʻiueu²¹ 到 tau²¹³ 嗝 kɛ⁰。
旧　城	到 tau²¹³ 路口望 maŋ³³ 顺手边转弯就 tsʻiəu³³ 到 tau²¹³ 哩 li⁰。
湘　湖	到 tau²¹² 路口望 maŋ²¹ 顺手边转弯就 tsʻiəu²¹ 到 tau²¹² 哩 li⁰。
溪　头	到 tɐ²⁴ 路口望 mɔ̃⁵⁵ 顺手拐就 tsʻæi⁵⁵ 到 tɐ²⁴ 之 tsɿ⁰。
沱　川	到 ta³⁵ 路口望 mã⁵¹ 顺手边拐就 tsʻə⁵¹ 到 ta³⁵ 了 lə⁰。
紫　阳	到 tɔ³⁵ 路口望 mã⁵¹ 顺边转弯就 tsʻa⁵¹ 到 tɔ³⁵ 之 tɕi⁰ 啦 la⁰。
许　村	到 ta²⁴ 路口望 mɔ̃⁵⁵ 顺手转就 tsʻa⁵⁴ 到 ta²⁴ 嘞 lɛ⁰。
中　云	到 ta³⁵ 路口望 mã⁵¹ 顺手拐就 tsʻa⁵¹ 到 ta³⁵ 哩 li⁰。
新　建	到 tɔ²¹³ 路口望 mɔ̃⁵¹ 顺手边转弯就 tɕʻiɯ⁵¹ 到 tɔ²¹³ 了 la⁰。
新　营	到 tə²¹³ 路口望 mɔ̃⁵¹ 顺手边转弯就 tɕʻio⁵¹ 到 tə²¹³ 啦 la⁰。
黄　柏	到 tə²¹ 路口望 məŋ²¹ 顺手边拐就 tsʻiu²¹ 到 tə²¹ 了 lə⁰。
暖　水	到 tɤ³⁵ 路口望 mʌŋ⁵¹ 顺手边拐就 tɕʻy⁵¹ 到 tɤ³⁵ 了 lɤ⁰。

093

用什么车从婺源往这里运木头呢？

经公桥	用 ioŋ²⁴ 么 mɤ²⁴ 车从 tsʻoŋ³⁵ 婺源望 maŋ²⁴ 伊□i²⁴tau⁴⁴ 运木头？
鹅　湖	用 ioŋ²¹¹ 么 mɛʔ²⁴ 车从 tsʻoŋ³⁵ 婺源望 maŋ²¹ 勒位□lɛ⁵⁵uei²¹sɿ⁰ 运木头嘞 lɛ⁰？
旧　城	用 ioŋ³³ 么个 moʔ³³kiɛ²¹³ 车从 tsʻoŋ²⁴ 婺源望 maŋ³³ 勒□儿 lɛ⁵⁵tɛi²¹ni⁰ 运木头呢 nɛ⁰？
湘　湖	用 ioŋ²¹ 么个 moʔ²⁴kɛ²¹² 车从 tsʻoŋ³⁵ 婺源望 maŋ²¹ 勒里 lei⁴⁴li⁰ 运木头嘞 lɛ⁰？
溪　头	用 iəŋ⁵⁵ 哩么 li³³mo⁰ 车从 tsʻəŋ⁵¹ 婺源望 mɔ̃⁵⁵ 伊里 i³³li⁰ 运木头嘞 lɛ⁰？
沱　川	用 iəŋ⁵¹ 么仂 bə⁵¹lɛ⁰ 车从 tsʻəŋ²¹¹ 婺源望 mã⁵¹ 伊里 i⁴⁴lɛ⁰ 运木头嘞 lɛ⁰？
紫　阳	用 iɐm⁵¹ 么 bɛ⁵¹ 车从 tsʻɐm²¹ 婺源望 mã⁵¹ 伊落 i⁴⁴lo⁰ 运木头嘞 lɛ⁰？
许　村	用 iɐm⁵⁵ 么仂 mɤ⁵⁵lɛ⁰ 车从 tsʻɐm⁵¹ 婺源望 mɔ̃⁵⁵ 伊底 i³³ti⁰ 运木头？
中　云	用 iɐm⁵¹□物 tʻɤ³¹bɤ⁵¹ 车从 tsʻɐm¹¹ 婺源望 mã⁵¹ 伊里 i⁴⁴li⁰ 运木头嘞 lɛ⁰？
新　建	用 iəŋ⁵¹ 么个 mə⁵¹ka²¹³ 车从 tsʻəŋ²⁴ 婺源望 mɔ̃⁵¹ 伊□i⁵⁴kɛ⁵¹ 运木头嘞 lɛ⁰？
新　营	用 iən⁵¹ 么仂 mɛ⁵¹lɛ⁰ 车从 tsʻən³¹ 婺源望 mɔ̃⁵¹ 诶仂 ɛ⁵⁵lə⁰ 运木头嘞 lɛ⁰？
黄　柏	用 iəŋ²¹ 么 mə⁴⁴ 车从 tsʻəŋ⁴¹ 婺源望 məŋ²¹ 诶乌 ɛ⁴⁴u⁰ 运木头？
暖　水	用 ioŋ⁵¹ 么个 bo⁵¹ka⁰ 车从 tsʻoŋ²³ 婺源望 mʌŋ⁵¹ 伊□i³¹tɔ⁵¹ 运木头？

094
对联**要**用毛笔写，用**钢笔**写看不清楚。

经公桥	对联要 yʌu²⁴ 用 ioŋ²⁴ 毛笔写，用 ioŋ²⁴ 钢笔写看不 po⁴⁴ 清楚。
鹅　湖	对联要 ia³⁵ 用 ioŋ²¹ 毛笔写，用 ioŋ²¹ 钢笔写看不 peiʔ⁴ 清楚。
旧　城	对联儿要 iau²¹³ 用 ioŋ³³ 毛笔写，用 ioŋ³³ 钢笔写看不 pai²¹³ 清楚。
湘　湖	对联要 io³⁵ 用 ioŋ²¹ 毛笔写，用 ioŋ²¹ 钢笔写看不 peiʔ⁴ 清楚。
溪　头	对联要 ia²⁴ 用 iəŋ⁵⁵ 毛笔写，用 iəŋ⁵⁵ 钢笔写看不 pɐ⁵⁵ 清楚。
沱　川	对联要 iɒ³⁵ 用 iəŋ⁵¹ 毛笔写，用 iəŋ⁵¹ 钢笔写看不 pə⁵¹ 清楚。
紫　阳	对联要 io³⁵ 用 iɐm⁵¹ 毛笔写，用 iɐm⁵¹ 水笔写看不 pu⁵¹ 清楚。
许　村	对联要 ia²⁴ 用 iɐm⁵⁵ 毛笔写，用 iɐm⁵⁵ 钢笔写看不 pɣ⁵⁵ 清楚。
中　云	对联要 ia³⁵ 用 iɐm⁵¹ 毛笔写，用 iɐm⁵¹ 钢笔写看不 pɣ⁵¹ 清楚。
新　建	对联要 ia²⁴ 用 iɐm⁵¹ 毛笔写，用 iəŋ⁵¹ 钢笔望不 pa⁵¹ 清楚。
新　营	对联要 iɔ²¹³ 用 iən⁵¹ 毛笔写，用 iən⁵¹ 钢笔写觑不 pu²¹⁵ 清楚。
黄　柏	对联要 iə²¹ 用 iəŋ²¹ 毛笔写，用 iəŋ²¹ 钢笔写看不 pe²¹ 清楚。
暖　水	对联要 ye³⁵ 用 ioŋ⁵¹ 毛笔写，用 ioŋ⁵¹ 钢笔写望不 pe⁵⁴ 清楚。

095
好几个工作**任凭**他挑。

经公桥	好 xau⁴² 几 tɕi⁴² 个 kɣ²⁴ 工作由 iəu³⁵ 渠 kei³⁵⁵ 择。
鹅　湖	好 xau⁵³ 几 tɕi⁵³ 个 kie²¹³ 事随 tsʻei³⁵ 渠 ku³⁵ 选。
旧　城	好 xau³¹ 几 tɕi³¹ 个 kie²¹³ 工作随 sei²⁴ 渠 tɕi²⁴ 拣。
湘　湖	好 xau³¹ 几 tɕi³⁵ 个 kɛ²¹² 工作由 iəu³⁵ 渠 ku³⁵ 挑。
溪　头	好 xɐ⁴² 几 tʃi⁴² 个 ka²⁴ 工作随 tsʻi⁵¹ 渠 kʻɐ⁵¹ 拣。
沱　川	好 xa² 几 tɕi² 只 tsɒ⁵¹ 工作让 n̠iʌ̃⁵¹ 渠 kʻə²¹¹ 拣。
紫　阳	好 xo² 几 tɕi³⁵ 样 iã⁵¹ 事□tʻɔ̃³⁵/尽 tsæ³⁵ 渠 tɕʻie²¹¹ 拣。
许　村	好 xa³¹ 几 tɕi³¹ 只 tso⁵⁵ 工作尽 tsɐn⁵⁵ 渠 tʃʻe⁵¹ 挑。
中　云	好 xa³⁵ 几 tɕi² 个 kɣ³⁵ 工作尽 tsɐn² 渠 tɕʻie¹¹ □tʻe³⁵。
新　建	好 xə³¹ 几 tɕi³¹ 样 iɔ̃⁵¹ 事尽 tsẽ³¹ 渠 tɕʻie²⁴ 择。
新　营	好 xɔ⁵³ 几 tɕi⁵³ 个 kɛ²¹³ 工作让 n̠iã⁵¹ 渠 tɕʻi³¹ 拣。
黄　柏	好 xə⁵³ 几 tɕi⁴⁵ 个 ko²¹³ 工作让 n̠iã²¹ 渠 tɕʻi⁴¹ 择。
暖　水	好 xɣ²¹ 几 tɕi²¹ 个 ka³⁵ 工作尽 tsẽ²¹ 渠 tɕʻi²³ 择。

096-1

他给儿子攒了很多钱,〔你要借钱向他借。〕

经公桥	渠 kei³⁵⁵ 帮 paŋ²² 儿子积了 lɤ⁰ 好多 xau⁴²tuʌ²² 钱,
鹅 湖	渠 ku³⁵ 帮 paŋ⁵⁵ 儿子存嗝 kɛ⁰ 好多 xau⁵³to⁵⁵ 钱,
旧 城	渠 tɕi²⁴ 帮 paŋ⁵⁵ 儿子积得 tai⁰ 好多 xau³¹to⁵⁵ 钱,
湘 湖	渠 ku³⁵ 帮 paŋ⁴⁴ 崽伲存哩 li⁰ 好多 xau³¹to⁴⁴ 钱,
溪 头	渠 k'ɐ⁵¹ 帮 pɔ̃³³ 儿子存之 tsŋ⁰ □拉 xa²⁴la⁰ 钱,
沱 川	渠 k'ə²¹¹ 帮 pã⁴⁴ 小积之 tsə⁰ 一落 i⁵¹lɒ³⁵ 钱,
紫 阳	渠 tɕ'ie²¹¹ 帮 pã⁴⁴ 小积之 tɕi⁰ 一落 ia⁵¹lo⁰ 钱,
许 村	渠 tʃ'e⁵¹ 帮 pɔ̃³³ 儿子存之 tɕi⁰ 好多 xa³¹tɤ³³ 钱,
中 云	渠 tɕ'ie¹¹ 帮 pã⁴⁴ 儿子存哩 li⁰ 好多 xa²tɤ⁴⁴ 钱,
新 建	渠 tɕ'ie²⁴ 帮 pɔ̃⁵⁴ 儿子积之 tsɤ⁰ 一拉 i⁵¹la⁵¹ 钱,
新 营	渠 tɕ'i³¹ 给 kɛ²¹ 儿子积啦 la⁰ 好多 xɔ⁵³to⁵⁵ 纸票,
黄 柏	渠 tɕ'i⁴¹ 把 p'ɑ⁵³ 儿子存了 lə⁰ 好多 xɔ⁵³to⁴⁴ 钱,
暖 水	渠 tɕ'i²³ 帮 pʌŋ³¹ 儿子存了 lɤ⁰ 好多 xɤ²¹to³¹ 钱,

096-2

〔他给儿子攒了很多钱,〕你要借钱向他借。

经公桥	尔 n³⁵⁵ 要 yʌu²¹ 借钱问 mən²¹ 渠 kei³⁵⁵ 借。
鹅 湖	尔 n³⁵ 要 ia³⁵ 借钱问 mən²¹ 渠 ku³⁵ 借。
旧 城	尔 n³¹ 要 iau²¹³ 借钱问 men³³ 渠 tɕi²⁴ 借。
湘 湖	尔 n⁴⁴ 要 io³⁵ 借钱问 mɛn²¹ 渠 ku³⁵ 借。
溪 头	尔 n³³ 要 ia²⁴ 借钱搭 tɕ⁵⁵ 渠 k'ɐ⁵¹ 借。
沱 川	尔 n⁴⁴ 要 iɒ³⁵ 借钱问 məŋ⁵¹ 渠 k'ə²¹¹ 借。
紫 阳	尔 n³¹ 要 io³⁵ 借钱问 mæ̃⁵¹ 渠 tɕ'ie²¹¹ 借。
许 村	尔 n³¹ 要 ia²⁴ 借钱问 mɛn⁵⁵ 渠 tʃ'e⁵¹ 借。
中 云	尔 n⁴⁴ 要 ia³⁵ 借钱问 mɛn⁵¹ 渠 tɕ'ie¹¹ 借。
新 建	尔 n²⁴ 要 ia²⁴ 借钱问 mẽ⁵¹ 渠 tɕ'ie²⁴ 借。
新 营	尔 ŋ⁵³ 要 iɔ²¹³ 借钱问 mən⁵¹ 渠 tɕ'i³¹ 借。
黄 柏	尔 n⁴⁴ 要 iə²¹ 借钱问 mən²¹ 渠 tɕ'i⁴¹ 借。
暖 水	尔 n²¹ 要 yɛ³⁵ 借钱问 mẽ⁵¹ 渠 tɕ'i²³ 借。

097

书别拿着，放在桌上！

经公桥	书不要 pyʌu²⁴ 拿 la²² 到 tau⁰，架得 tai⁰ 台仂上 ʃuaŋ⁰！
鹅　湖	书莫 mɛ²¹ □tɕ'iɛ³⁵ 到 tau⁰，囥得 taiʔ⁰ 桌高头 kau⁵⁵t'iəu⁰！
旧　城	书莫 mau³³ 驮 t'uo²⁴ 到 tau⁰，囥得 tai⁰ 台高头 kau⁵⁵t'au⁰！
湘　湖	书莫 mauʔ² 拿 la⁴⁴ 到 tau⁰，囥得 taiʔ⁰ 桌上 ɕia²¹¹！
溪　头	书不要 pia²⁴ 拎 næi³³ 着 tsau⁵⁵，囥得 ta⁵⁵ 桌上 sɔ̃⁰！
沱　川	书□pe³⁵ 拎 nã⁴⁴ 着 ts'o⁰，囥到 tɒ⁵¹ 桌上 sã̠⁵¹！
紫　阳	书不要 pio³⁵ 拎 nɔ̃⁴⁴ 着 ts'ɒ⁵¹，囥在 ts'e⁵¹ 桌上 ɕiã⁰！
许　村	书不要 pɤ⁵⁵io²⁴ 捏 le⁵⁴ 到 ta⁰，囥得 to⁵⁵ 桌上 ʃɔ̃⁰！
中　云	书不要 pɤ⁵¹io³⁵ 拎 nã⁴⁴ 着 ts'ɔ⁵¹，囥得 to⁰ 桌上 sã³¹□tɤ⁰！
新　建	书不要 pa⁵¹ia²⁴ 拎 nã⁵⁴ 着 tɕiɯ⁰，囥得 tɛ⁰ 桌上 ʃɔ̃⁰！
新　营	书不要 pu²¹⁵iɔ²¹³ 搭 k'o⁵⁵ 到 tɒ⁰，架到 tɒ⁰ 桌上 ɕiã⁵¹！
黄　柏	书莫 mə²¹ 担 tã⁴⁴ 到 tə⁰，囥得 tɛ⁰ 桌上 ɕiã²¹！
暖　水	书不要 pe⁵⁴yɛ³⁵ 捉 tʂɔ⁵⁴ 住 tʂ'u⁵¹，囥得 te⁰ 桌上 ʂʌŋ⁰！

098

那本书我放在桌上了。

经公桥	□niɛ²⁴ 本书阿 ʌ³⁵⁵ 架得 tai⁰ 台仂上 ʃuaŋ⁰ 了 lɤ⁰。
鹅　湖	勒 lɛ⁵⁵ 本书我 ŋuo⁵³ 囥得 taiʔ⁰ 桌高头 kau⁵⁵t'iəu⁰ 嗝 kɛ⁰。
旧　城	勒 lɛ⁵⁵ 本书我 o³¹ 囥得 tai⁰ 台高头 kau⁵⁵t'au⁰ 嘞 lə⁰。
湘　湖	唔 ŋ̍⁴⁴ 本书我 o³¹ 囥得 taiʔ⁰ 桌上 ɕia²¹¹ 啦 la⁰。
溪　头	□me³³ 本书□so²³¹ 囥得 ta⁰ 桌上高 sɔ̃²³¹kɛ³³ 了 lɛ⁰。
沱　川	固 ku³⁵ 本书我 o³¹ 囥得 tɒ⁵¹ 桌上 sã̠⁵¹ 之 tsɒ⁰ 了 lə⁰。
紫　阳	个 ke³⁵ 本书我 ə³¹ 囥在 ts'e⁵¹ 桌上 ɕiã⁰ 之 tɕi⁰ 啦 la⁰。
许　村	固 ku²⁴ 本书我 o³¹ 囥得 to⁵⁵ 桌上 ʃɔ̃⁰ 了 lɤ⁰。
中　云	固 ku³⁵ 本书我 o³¹ 囥得 to⁰ 桌上 sã³¹ 嘀 ti⁰ 啦 la⁰。
新　建	阿 a⁵⁴ 本书阿 a²⁴ 囥得 tɛ⁰ 桌上 ʃɔ̃⁵¹ 嘞 læ⁰。
新　营	夏 xo⁵¹ 一 i²¹⁵ 本书我 ŋo⁵³ 架到 tɒ²¹³ 桌上 ɕiã⁵¹ 嘞 lɛ⁰。
黄　柏	诶 ɛ⁴⁴ 本书阿 a⁴⁴ 囥得 tɛ⁰ 桌上 ɕiã²¹ 了 lə⁰。
暖　水	阿 a³¹ 本书我 ŋuɐ²¹ 囥得 te⁰ 桌上 ʂʌŋ⁰ 了 lɤ⁰。

099

快下雨了，你们别出去了！

经公桥	快当 k'ua^{24}taŋ^{24} 落雨了 lɤ^0，尔□n̩^{355}sən^{55} 不要 pyʌu^{24} 出去了 lɤ^0！
鹅　湖	快要 k'ua^{21}ia^{35} 落雨啦 la^0，尔□n̩^{35}sən^0 莫 mɛ^{21} 出去嗝 kɛ^0！
旧　城	快当 k'ua^{213}taŋ^{213} 落雨啦 la^0，尔大家 n̩^{31}t'a^{33}ko^0 莫 mau^{33} 出去啦 la^0！
湘　湖	快要 k'ua^{35}io^{35} 落雨哩 li^0，尔大家 n̩^{44}t'a^{21}ko^{44} 不要 peiʔ^{4}io^{35} 出去啦 la^0！
溪　头	快要 k'ua^{24}ia^{24} 落雨啦 la^0，尔人 n̩^{33}ȵien^{51} 不要 pia^{24} 出去啦 lɐ^0！
沱　川	快 k'ua^{35} 落雨啦 lɒ^0，尔□n̩^{44}xã^{44}pe^{35} 出去啦 lɒ^0！
紫　阳	快要 k'ua^{35}io^{35} 落雨啦 la^0，尔□n̩^{31}xã^0 不要 pio^{35} 出去啦 la^0！
许　村	快 k'ua^{24} 落雨啦 la^0，尔□n̩^{31}xã^{33} 不要 pio^{24} 出去啦 la^0！
中　云	快 k'ua^{35} 落雨啦 la^0，尔□n̩^{31}xã^{44} 不要 pɤ^{51}io^{35} 出去啦 la^0！
新　建	就要 tɕ'iɯ^{51}ia^{24} 落雨啦 la^0，尔碗 n̩^{24}uõ^0 不要 pa^{51}ia^{24} 出去啦 la^0！
新　营	快要 k'ua^{21}iɔ^{213} 落雨啦 la^0，尔拉 ŋ^{53}la^0 不要 pu^{215}iɔ^{213} 出去！
黄　柏	快要 k'ua^{21}iə^{21} 落雨啦 la^0，尔哪 n̩^{44}nɑ^0 莫 mə^{41} 出去了 lə^0！
暖　水	快要 k'ua^{35}yɛ^{35} 落雨啦 la^0，尔□人 n̩^{21}næ^{31}iẽ^0 不要 pe^{54}yɛ^{35} 出去啦 la^0！

100

下雨了。雨不下了，天要晴了。

经公桥	落雨唠 lau^0。雨不 po^{44} 落唠 lau^0，天要 yʌu^{24} 晴了 lɤ^0。
鹅　湖	落雨啦 la^0。雨冇 mau^{35} 落嗝 kɛ^0 啦 la^0，天要 ia^{21} 晴啦 la^0。
旧　城	落雨嘀 ti^0 啦 la^0。雨不 pai^{213} 落嘀 ti^0 啦 la^0，天要 iau^{213} 晴嘀 ti^0 啦 la^0。
湘　湖	落雨啦 la^0。雨不 peiʔ^4 落啦 la^0，天要 io^{35} 晴啦 la^0。
溪　头	落雨之 tsʅ^0。雨不 pɐ^{55} 落之 tsʅ^0，天要 iɒ^{24} 晴之 tsʅ^0。
沱　川	落雨啦 lɒ^0。雨不 pə^{51} 落啦 lɒ^0，天要 iɒ^{35} 晴啦 lɒ^0。
紫　阳	落雨啦 la^0。雨不 pu^{51} 落啦 la^0，天要 io^{35} 晴啦 la^0。
许　村	落雨啦 la^0。雨不 pɤ^{55} 落啦 la^0，天要 ia^{24} 晴啦 la^0。
中　云	落雨啦 la^0。雨不 pɤ^{51} 落啦 la^0，天要 ia^{35} 晴啦 la^0。
新　建	落雨啦 la^0。雨不 pa^{51} 落啦 la^0，天要 ia^{24} 晴啦 la^0。
新　营	落雨啦 la^0。雨不 pu^{215} 落啦 la^0，天要 iɔ^{213} 晴啦 la^0。
黄　柏	落雨啦 la^0。雨唔□ŋ^{44}nən^{41} 落啦 la^0，天要 iə^{21} 晴啦 la^0。
暖　水	落雨啦 la^0。雨不 pe^{54} 落啦 la^0，天要 yɛ^{35} 晴啦 la^0。

101

五点了，**快**起床！天亮了（天快亮了）。

经公桥	五点了 lɤ⁰，快 kʻua²⁴ 起来！天光了 lɤ⁰。
鹅　湖	五点啦 la⁰，快子 kʻua²¹tsŋ⁰ 起来！天光嘅 kɛ⁰ 啦 la⁰。
旧　城	五点啦 la⁰，快 kʻua²¹³ 起来！天快 kʻua²¹³ 光啦 la⁰。
湘　湖	五点钟啦 la⁰，快 kʻua³⁵ 起来！天光啦 la⁰。
溪　头	五点钟嘞 le⁰，快 kʻua²⁴ 起来！天光之 tsŋ⁰。
沱　川	五点啦 lɒ⁰，快 kʻua³⁵ 起来！天光啦 lɒ⁰。
紫　阳	五点啦 la⁰，快 kʻua³⁵ 起来！天要 io³⁵ 光啦 la⁰。
许　村	五点啦 la⁰，快 kʻua²⁴ 起来！天光啦 la⁰。
中　云	五点啦 la⁰，快 kʻua³⁵ 起来！天要 io³⁵ 光啦 la⁰。
新　建	五点钟啦 la⁰，快 kʻua²¹³ 起来！天光啦 la⁰。
新　营	五点啦 la⁰，快 kʻua²¹³ 起来！天快 kʻua²¹³ 光啦 la⁰。
黄　柏	五点啦 la⁰，快 kʻua²¹ 起来！天快 kʻua²¹ 光啦 la⁰。
暖　水	五点啦 la⁰，快 kʻuɐ²⁴ 起来！天光啦 la⁰。

102

七点了，**快**起床！天亮了（天已经亮了）。

经公桥	七点了 lɤ⁰，快 kʻua²⁴ 起来！天光了 lɤ⁰。
鹅　湖	七点啦 la⁰，快子 kʻua²¹tsŋ⁰ 起来！天光嘅 kɛ⁰ 啦 la⁰。
旧　城	七点啦 la⁰，快 kʻua²¹³ 起来！天光嘀 ti⁰ 啦 la⁰。
湘　湖	七点钟啦 la⁰，快 kʻua³⁵ 起来！天光哩 li⁰ 啦 la⁰。
溪　头	七点钟嘞 le⁰，快 kʻua²⁴ 起来！天光之 tsŋ⁰ 了 lɤ⁰。
沱　川	七点啦 lɒ⁰，快 kʻua³⁵ 起来！天光啦 lɒ⁰。
紫　阳	七点啦 la⁰，快 kʻua³⁵ 起来！天光之 tɕi⁰ 啦 la⁰。
许　村	七点啦 la⁰，快 kʻua²⁴ 起来！天光啦 la⁰。
中　云	七点啦 la⁰，快 kʻua³⁵ 起来！天光之 tɕi⁰ 啦 la⁰。
新　建	七点钟啦 la⁰，快 kʻua²¹³ 起来！天光啦 la⁰。
新　营	七点啦 la⁰，快 kʻua²¹³ 起来！天光啦 la⁰。
黄　柏	七点啦 la⁰，快 kʻua²¹ 起来！天光啦 la⁰。
暖　水	七点啦 la⁰，快 kʻuɐ²⁴ 起来！天光啦 la⁰。

103

还有十里路，歇**会儿再**走。

经公桥	还 xa³⁵ 有十里路，歇下儿 xʌ²⁴n̩⁰ 再 tsa²⁴ 走。
鹅 湖	还 xuo³⁵ 有十里路，歇一下儿 iʔ⁴xuo²¹ni⁰ 再 tsa²¹ 走。
旧 城	还 xuo²⁴ 有十里路，歇一下儿 i²¹³xuo³³n̩⁰ 再 tsɛ²¹³ 走。
湘 湖	还 xa³⁵ 有十里路，歇下□xo²¹tɕi⁴⁴ 再 tsɛ³⁵ 走。
溪 头	还 o⁵¹ 有十里路，歇一下 i⁵⁵xo⁵⁵ 再 tsa²⁴ 走。
沱 川	还 o²¹¹ 有□xa⁰ 十里路，歇一会儿 i⁵¹xo⁵¹n̩⁰ 再 tsa³⁵ 走。
紫 阳	还 o²¹ 有□xo⁴⁴ 十里路，歇一会儿 ia⁵¹xə⁵¹n̩⁰ 再 tse³⁵ 走。
许 村	还 o⁵¹ 有十里路，歇一下 ia⁵⁵xo⁰ 再 tsɤ²⁴ 走。
中 云	还 o¹¹ 有十里路，歇一下儿 ia⁵¹xo⁵¹n̩⁰ 再 tsɤ³⁵ 走。
新 建	还 xuɤ²⁴ 有十里路，歇一下 iɛ⁵¹xuɤ⁵¹ 气再 tsa²¹³ 行。
新 营	还 xa³¹ 有十里路，歇下 xo⁵¹ 气再 tsɛ²¹³ 走。
黄 柏	还 xa⁴¹ 有十里路，歇一下 i²¹xɑ²¹ 再 tsa²¹ 走。
暖 水	还 xo²³ 有十里路，歇下 xuɤ⁵¹ 再 tsɤ³⁵ 走。

104

剩一里路了，**快到**了。

经公桥	差一里路了 lɤ⁰，快 kʻua²⁴ 到了 lɤ⁰。
鹅 湖	賸一里路嗝 kɛ⁰ 啦 la⁰，快当 kʻua²¹taŋ²¹³ 到啦 la⁰。
旧 城	賸一里路啦 la⁰，快 kʻua²¹³ 到嘀 ti⁰ 啦 la⁰。
湘 湖	賸得一里路啦 la⁰，快 kʻua³⁵ 到哩 li⁰ 啦 la⁰。
溪 头	賸一里路嘞 le⁰，快 kʻua²⁴ 到之 tsɿ⁰。
沱 川	賸下一里路啦 lɒ⁰，快 kʻua³⁵ 到啦 lɒ⁰。
紫 阳	賸一里路啦 la⁰，快 kʻua³⁵ 到啦 la⁰。
许 村	賸下一里路啦 la⁰，快 kʻua²⁴ 到啦 la⁰。
中 云	賸下一里路啦 la⁰，快 kʻua³⁵ 到哩 li⁰ 啦 la⁰。
新 建	一里路□mə⁵¹ 啦 la⁰，就要 tɕʻiɯ⁵¹ia²¹³ 到啦 la⁰。
新 营	賸一里路啦 la⁰，快 kʻua²¹³ 到啦 la⁰。
黄 柏	差一里路了 lə⁰，快 kʻua²¹ 到了 lə⁰。
暖 水	賸下一里路啦 la⁰，快 kʻuɐ³⁵ 到啦 la⁰。

105

人还没到齐，等一会儿再说。

经公桥	人还 xa³⁵ 冇 mau²¹ 到齐，等 tāi⁴² 一下儿 i⁴⁴xʌ²⁴n̩⁰ 再 tsa²⁴ 讲 kaŋ⁴²。
鹅　湖	人还 xuo³⁵ 冇 mau³⁵ 到齐，等 tāi⁵³ 一下儿 iʔ⁴xuo²¹ni⁰ 再 tsa³⁵ 话 ua²¹¹。
旧　城	人还 xuo²⁴ 冇 mau³³ 到齐，等 tai³¹ 一下儿 i²¹³xuo³³n̩⁰ 再 tsɛ²¹³ 话 uo³³。
湘　湖	人还 xa³⁵ 冇 mau³⁵ 到齐，等 tai³¹ 一下儿 iʔ⁴xo²¹n̩⁰ 再 tsɛ³⁵ 话 uo²¹¹。
溪　头	人还 o⁵¹ 不曾 pã⁵¹ 到齐，等 tɐ̃i⁴² 下 xo⁵⁵ 再 tsa²⁴ 来 lɐ⁵¹ 讲 kɔ̃⁴²。
沱　川	人还 o²¹¹ 不曾 pã²¹¹ 到齐，等 tã² 一下儿 i⁵¹xo⁵¹n̩⁰ 再 tsa³⁵ 讲 kã̄²。
紫　阳	人还 o²¹ 不曾 pɔ̃²¹ 到齐，等 tɔ̃² 一下儿 ia⁵¹xə⁵¹n̩⁰ 再 tsɛ³⁵ 讲 kā²。
许　村	人还 o³¹ 不曾 pã⁵¹ 到齐，等 tã³¹ 一下 ia⁵⁵xo⁰ 再 tsɤ²⁴ 讲 kɔ̃³¹。
中　云	人还 o¹¹ 不曾 pã¹¹ 到齐，等 tã² 一下儿 ia⁵¹xo⁵¹n̩⁰ 再 tsɤ³⁵ 讲 kā²。
新　建	人还 xuɤ²⁴ 不曾 pã²⁴ 到齐，等 tẽ³¹ 一下 iɛ⁵¹xuɤ⁵¹ 再 tsa²¹⁴ 讲 kɔ̃³¹。
新　营	人还 xa³¹ 冇 mɔ³¹ 到齐，等 tɐ̃⁵³ 一下 i²¹⁵xo⁵¹ 再 tsɛ²¹³ 讲 kɔ̃⁵³。
黄　柏	人还 xa⁴¹ 唔□ŋ⁴⁴nən⁴¹ 到齐，等 tin⁴⁵ 下 xɑ²¹ 再 tsa²¹ 话 uɑ²¹³。
暖　水	人还 xuo²³ 不曾 pɐ̃²³ 到齐，等 tẽ²⁴ 下 xuɤ⁵¹ 凑 tɕ'y³⁵ 再 tsɤ³⁵ 讲 kʌŋ²¹⁴。

106

他看电视看着看着睡着了。

经公桥	渠 kei³⁵⁵ 看电视看 k'ɣ²⁴ 下儿 xã̄²¹ 看 k'ɣ²⁴ 下儿 xã̄²¹ 睏熟 ɕiəu²² 嘞 le⁰。
鹅　湖	渠 ku³⁵ 看电视看 k'iɛn³⁵ □nə⁰ 看 k'iɛn³⁵ □nə⁰ 睏熟 ʂəu²¹ 嘞 le⁰。
旧　城	渠 tɕi²⁴ 看电视看 k'ɛn²¹³ 到 tau⁰ 看 k'ɛn²¹³ 到 tau⁰ 睏着 tɕ'ia³³ 嘀 ti⁰。
湘　湖	渠 ku³⁵ 看电视看 k'ɛn³⁵ 看 k'ɛn⁰ 睏着 ts'auʔ² 嘀 ti⁰。
溪　头	渠 k'ɐ⁵¹ 看电视看 k'ũ²⁴ 啊 a⁰ 看 k'ũ²⁴ 睏着 tsau⁵⁵ 之 tsŋ⁰ 了 lɐ⁰。
沱　川	渠 k'ə²¹¹ 看电视看 k'ũ³⁵ 看 k'ũ⁰ 睏之 tsə⁰ 啦 ln⁰。
紫　阳	渠 k'ɐ⁵¹ 看电视看 k'um²⁴ 看 k'um²⁴ 睏着 ts'n⁰ 之 tɕi⁰ 了 lɐ⁰。
许　村	渠 tʃ'e⁵¹ 看电视看 k'ũ²⁴ 下 xo⁰ 看 k'ũ²⁴ 下 xo⁰ 就 ts'a⁵⁵ 睏沉 tʃ'ɛn⁵¹ 之 tɕi⁰。
中　云	渠 tɕ'ie¹¹ 看电视看 k'um³⁵ 下 xo⁵¹ 看 k'um³⁵ 下 xo⁵¹ 睏着 ts'ɔ⁵¹ 之 tɕi⁰。
新　建	渠 tɕ'iɛ²⁴ 望电视望 mɔ̃⁵¹ 望 mɔ̃⁰ 望 mɔ̃⁵¹ 望 mɔ̃⁰ 睏着 tɕ'iɯ³³ 啦 la⁰。
新　营	渠 tɕ'i³¹ 看电视看 k'ã²¹³ 到 tɔ⁰ 看 k'ã²¹³ 到 tɔ⁰ 睏着 tɕ'ia⁵⁵ 啦 la⁰。
黄　柏	渠 tɕ'i⁴¹ 看电视看 k'õ²¹ 下 xɑ⁰ 看 k'õ²¹ 下 xɑ⁰ 睏着 tʃ'ə⁴⁴ 了 lə⁰。
暖　水	渠 tɕ'i²³ 望电视望 mʌŋ⁵¹ 啊 a⁰ 望 mʌŋ⁵¹ 睏□tɕ'i²⁴ 了 ly⁰。

107

她说着说着就哭起来了。

经公桥	渠 kei³⁵⁵ 讲 kaŋ⁴² 下ㄦxã²¹ 讲 kaŋ⁴² 下ㄦxã²¹ 就 ts'iəu²¹ 哭起来 tɕ'i⁴²la⁵⁵ 了 lɤ⁰。
鹅 湖	渠 ku³⁵ 话 ua²¹ 到 tau²¹ 话 uo²¹ 到 tau²¹ 就 ts'iəu²¹ 哭起来 tɕ'i⁵³liɛ³⁵ 嘎 kɛ⁰ 啦 la⁰。
旧 城	渠 tɕi²⁴ 话 uo³³ 到 tau⁰ 话 uo³³ 到 tau⁰ 就 ts'iəu³³ 哭起来 tɕ'i³¹lɛ²⁴ 哩 li⁰。
湘 湖	渠 ku³⁵ 话 uo²¹ 到 tau⁰ 话 uo²¹ 到 tau⁰ 就 ts'iəu²¹ 哭起来 tɕ'i³¹lɛ³⁵ 哩 li⁰。
溪 头	渠 k'ɐ⁵¹ 讲 kɔ̃⁴²□ŋ⁰ 讲 kɔ̃⁴² 就 ts'æi⁵⁵ 哭起来 tʃ'i⁴²lɐ⁵¹ 了 lɐ⁰。
沱 川	渠 k'ə²¹¹ 讲 kã² 讲 kã² 就 ts'ə⁵¹ 哭起来 tɕ'i³⁵la²¹¹ 啦 lə⁰。
紫 阳	渠 tɕ'ie²¹¹ 讲 kã² 啊 a⁰ 讲 kã² 就 ts'a⁵¹ 哭起来 tɕ'i³⁵lɛ²¹¹ 啦 la⁰。
许 村	渠 tʃ'e⁵¹ 讲 kɔ̃³¹ 下 xo⁰ 讲 kɔ̃³¹ 下 xo⁰ 就 ts'a⁵⁵ 哭起 tɕ'i³¹ 了 lɤ⁰。
中 云	渠 tɕ'ie¹¹ 讲 kã² 下 xo⁵¹ 讲 kã² 下 xo⁵¹ 就 ts'a⁵¹ 哭起来 tɕ'i³⁵lɤ¹¹。
新 建	渠 tɕ'iɛ²⁴ 讲 kɔ̃³¹ 讲 kɔ̃⁰ 讲 kɔ̃³¹ 讲 kɔ̃⁰ 就 tɕ'iɯ⁵¹□ʃa⁵⁴ 起来 tɕ'i³¹la²⁴ 啦 la⁰。
新 营	渠 tɕ'i³¹ 讲 kɔ̃⁵³ 到 tɔ⁰ 讲 kɔ̃⁵³ 到 tɔ⁰ 哭起来 tɕ'i⁵³li³¹ 啦 la⁰。
黄 柏	渠 tɕ'i⁴¹ 话 uɑ²¹ 到 tə⁰ 话 uɑ²¹ 到 tə⁰ 就 tɕ'iə²¹ 哭起来 tɕ'i⁵³lɛ⁴¹ 了 lə⁰。
暖 水	渠 tɕ'i²³ 讲 kʌŋ²¹ 啊 a⁰ 讲 kʌŋ²¹ 就 tɕ'y⁵¹ 哭起来 tɕ'i²⁴lɤ²³ 了 lɤ⁰。

108

外面下着雨，没法出门。

经公桥	外头落到 tau²¹ 雨，没有 miəu⁴² 办法 p'ã²¹fuʌ⁵⁵ 出门。
鹅 湖	外头落到 tau⁰ 雨，冇 mau³⁵ 办法 p'õ²¹foʔ⁴ 出门。
旧 城	外头落到 tau⁰ 雨，不 pai²¹³ 好 xau³¹ 出门。
湘 湖	外头在 ts'ɛ²¹ 落雨，没有 mɛʔ²iəu³⁵ 办法 p'o²¹foʔ⁴ 出门。
溪 头	外头落雨，没 mɐ⁵⁵ 办法 p'ã⁵⁵fo⁵⁵ 出门。
沱 川	外头在 ts'a⁵¹ 落雨，□法 mã²¹fo⁵¹ 出门。
紫 阳	外头落雨，无 bo²¹ 办法 p'um⁵¹fə⁵¹ 出门。
许 村	外头落得 tə⁰ 雨，没法 ma⁵⁵fo⁵⁵ 出门。
中 云	外头落雨，无 bɔ¹¹ 办法 p'um⁵¹fo⁵¹ 出门。
新 建	外头嘞 lɛ³³ 落雨，没 mə⁵¹ 办法 p'ã⁵¹fuɤ⁵¹ 出门。
新 营	外边落雨，不能 pu²¹⁵læ³¹ 出门。
黄 柏	外头落到 tə⁰ 雨，唔□ŋ⁴⁴t'ə²¹³ 办法 p'ã²¹³fɑ⁴⁴ 出门。
暖 水	外□k'iɛ⁰ 落到 tɤ⁰ 雨，不能 pe⁵⁴læ²³ 出门。

109
这件事你要记住！别忘了！

经公桥	伊 i²⁴ 桩 tsaŋ²² 事儿尔 n̩³⁵⁵ 要 yʌu²⁴ 记得 tai⁴⁴！不要 pyʌu²⁴ 忘了 lɣ⁰！
鹅　湖	勒 lɛ⁵⁵ 样 iõ²¹ 事尔 n̩³⁵ 要 ia²¹ 记到 tau⁰！莫 me²¹ 忘记嗝 kɛ⁰！
旧　城	勒 lɛ⁵⁵ 样 n.ia³³ 事尔 n̩³¹ 要 iau²¹³ 记到 tau⁰！不要 piau²¹³ 忘嘀 ti⁰！
湘　湖	勒 lei⁴⁴ 桩 tsaŋ⁴⁴ 事尔 n̩⁴⁴ 要 io³⁵ 记到 tau⁰！不要 peiʔio³⁵ 忘记嘀 ti⁰！
溪　头	伊 i³³ 样 iɔ̃⁵⁵ 事尔 n̩³³ 要 ia²⁴ 记着 tsʻau⁵⁵！不要 pɐ⁵⁵ia²⁴ 忘记 之 tsŋ⁰！
沱　川	伊 i⁴⁴ 件 tɕʻĩ³¹ 事尔 n̩³⁵ 要 iɒ³⁵ 记着 tsʻɒ⁵¹！□pe³⁵ 忘记 之 tsə⁰！
紫　阳	伊 i⁴⁴ 样 iã⁵¹ 事尔 n̩⁴⁴ 要 io³⁵ 记着 tsʻɒ⁵¹！不要 pu⁵¹io³⁵ 忘记 之 tɕi⁰ 嘞 le⁰！
许　村	伊 i³³ 样 iɔ̃⁵⁵ 事尔 n̩³¹ 要 io²⁴ 记得 to⁵⁵！不要 pɣ⁵⁵io²⁴ 忘记 □tɕie⁰！
中　云	伊 i⁴⁴ 样 iã⁵¹ 事尔 n̩⁴⁴ 要 io³⁵ 记着 tsʻɔ⁵¹！不要 pɣ⁵¹io³⁵ 忘记嘀 ti⁰ 嘞 le⁰！
新　建	伊 i⁵⁴ 样 iɔ̃⁵¹ 事尔 n̩²⁴ 要 ia²⁴ 记住 tɕy⁵¹！不要 pa⁵¹ia²⁴ 忘记 之 tsɣ⁰！
新　营	诶 ɛ⁵⁵ 个 kɛ⁰ 事尔 ŋ⁵⁵ 要 iɔ²¹³ 记到 tɔ⁰！不要 pu²¹⁵iɔ²¹³ 赖记 啦 la⁰！
黄　柏	诶 ɛ²¹ 样 iã²¹ 事尔 n̩⁴⁴ 要 iɔ²¹ 记到 tə²¹³！莫 mə²¹ 赖记了 lə⁰！
暖　水	伊 i³¹ 件 tɕʻiẽ⁵¹ 事尔 n̩²¹ 要 yɛ³⁵ 记住 tʂu⁵¹！不 pe⁵⁴ 要 yɛ³⁵ 赖记 □tɔ⁰！

110
这条毛巾很脏了，扔了它吧。

经公桥	伊 i²⁴ 条 tʻia³⁵ 手巾好 xau⁴² 邋□ʂa⁴⁴，㦿 xuei⁴⁴ 了 lɣ⁰ 去。
鹅　湖	勒 lɛ⁵⁵ 条 tʻia³⁵ 手巾好 xau⁵³ 邋遢，丢嗝 kɛ⁰ 渠 ku³⁵ 嗝 kɛ⁰。
旧　城	勒 lɛ⁵⁵ 条 tʻiau²⁴ 手巾肮脏很 xen³¹ 哩 li⁰，丢嘀 ti⁵⁵ 渠 tɕi²⁴ 算 sen²¹³ 得 tɛ⁰。
湘　湖	勒 lei⁴⁴ 条 tʻio³⁵ 手巾好 xau³¹ 邋遢，丢得 tɛʔ⁰ 渠 ku³⁵。
溪　头	伊 i³³ 条 tʻia⁵¹ 手巾太 tʻa²⁴ 污□sɐ⁵⁵ 之 tsŋ⁰，丢之 tsŋ⁰ 渠 kʻɐ⁵¹ 去。
沱　川	伊 i⁴⁴ 条 tʻia²¹¹ 手巾肮腻得 tɒ⁵¹ 很 xəŋ²之 tsə⁴⁴ 了 lə⁰，丢之 tsə⁰ 去。
紫　阳	伊 i⁴⁴ 条 tʻio²¹ 手巾真 tsæ⁴⁴ 肮腻，帮 pã⁴⁴ 渠 tɕʻie²¹¹ □le⁵¹ 之 tɕi⁰。
许　村	伊 i³³ 条 tʻio⁵¹ 手巾邋遢得 to⁰ 很 xen³¹，帮 pã³³ 渠 tʃʻe⁵¹ 丢之 tɕi⁰。
中　云	伊 i⁴⁴ 条 tʻio¹¹ 手巾肮□tɕi⁰ □sɐ⁴⁴sŋ⁰，□tsɣ³⁵ 嘀 ti⁰。
新　建	伊 i⁵⁴ 条 tʻiɛ²⁴ 手巾邋□ʃuɣ⁵¹ 之 tsə⁰，□tẽ⁵⁴ 吓 pu⁰ 去。
新　营	诶 ɛ⁵⁵ 个 kɛ⁰ 毛巾污糟啦 la⁰，帮 põ⁵⁵ 渠 tɕʻi³¹ 丢噗 pʻu⁰ 去。
黄　柏	诶 ɛ²¹ 条 tʻiə⁴¹ 洗面巾好 xə⁵³ 邋遢，把 pɑ⁵³ 渠 tɕʻi⁴¹ 丢吓 pə⁰ 去。
暖　水	伊 i³¹ 条 tʻyɛ²³ 洗面巾污糟得 te⁰ 凶 ʂoŋ³¹，丢得 te⁰ 去。

第七章　赣东北徽语代表方言点语法例句对照

111-1
我找遍了大小书店，〔都没买着那本书。〕

经公桥	阿 ʌ³⁵⁵ 寻遍 pʻiɛ̃²⁴ 了 lɤ⁰ 大小书店，
鹅　湖	我 ŋuo⁵³ 寻遍 pʻiɛn²¹ 嘅 kɛ⁰ 大细书店，
旧　城	我 o³¹ 寻□no²⁴ 嘀 ti⁰ 大小书店，
湘　湖	我 o³¹ 寻交 kau⁴⁴ 哩 li⁰ 大小书店，
溪　头	□so²³¹ 寻遍 pĩ²⁴ 之 tsɿ⁰ 大细书店，
沱　川	我 o³¹ 寻交 kau⁴⁴ 之 tsə⁰ 大大细细书店，
紫　阳	我 ə³¹ 寻遍 pĩ³⁵ 之 tɕi⁰ 一落 i⁵¹lo²¹¹ 书店，
许　村	我 o³¹ 寻之 tɕi⁰ 大细书店，
中　云	我 o³¹ 寻遍 pĩ³⁵ 之 tɕi⁰ 大细书店，
新　建	阿 a²⁴ 寻交 kɔ⁵⁴ 之 tsɤ⁰ 大细书店，
新　营	我 ŋo⁵³ 寻交 kɔ⁵⁵ 啦 la⁰ 大细书店，
黄　柏	阿 a⁴⁴ 寻交 kə⁴⁴ 了 lə⁰ 大小书店，
暖　水	我 ŋuɐ²¹ 寻交 ko³¹ 了 lɤ⁰ 大细书店，

111-2
〔**我找遍了大小书店，**〕都没买着那本书。

经公桥	都 tu²²□冇 xʌ⁴⁴mau²⁴ 买到 tau²⁴□niɛ²⁴ 本 pən⁴² 书。
鹅　湖	都 təu⁵⁵ 冇 mau³⁵ 买到 tau⁰ 那 luo⁵⁵ 本 pən⁵³ 书。
旧　城	都 təu⁵⁵ 还冇 xuo²⁴mau³³ 买到 tau⁰ 唔 ŋ̍⁵⁵ 本 pɛn³¹ 书。
湘　湖	都 tu⁴⁴ 冇 mau³⁵ 买到 tau²¹² 唔 ŋ̍⁴⁴ 本 pɛn³¹⁴ 书。
溪　头	都 tu³³ 不曾 pã⁵¹ 买着 tsʻau⁵⁵□me³³ 本 pəŋ 书。
沱　川	都 tu⁴⁴ 不曾 pə⁵¹sã²¹¹ 买到 ta³⁵ 固 ku³⁵ 本 pəŋ 书。
紫　阳	都 tu⁴⁴ 不曾 pɔ̃²¹ 买着 tsʻɒ⁵¹ 个 ke³⁵ 本 pæ̃ 书。
许　村	都 tu³³ 不曾 pã⁵¹ 买到 ta²⁴ 固 ku²⁴ 本 pɛn 书。
中　云	都 tu⁴⁴ 不曾 pã¹¹ 买到 ta⁰ 固 ku³⁵ 本 pɛn 书。
新　建	都 tu⁵⁴ 不曾 pã²⁴ 买着 tsə⁰ 唔 n̩²⁴ 本 pẽ³¹ 书。
新　营	都 tu⁵⁵ 冇 mɔ³¹ 买到 tɔ⁰ 夏 xo⁵¹ 本 pən⁵³ 书。
黄　柏	都 tu⁴⁴ 唔□ŋ̍⁴⁴nən⁴¹ 买到 tə⁰ 诶 ɛ⁴⁴ 本 pən⁵³ 书。
暖　水	都 tu³¹ 不曾 pæ̃²³ 买到 tɤ⁰ 阿 a³¹ 本 pẽ²⁴ 书。

112
打着伞去上学。躺着看书不好！

经公桥	打起 tɕʻi⁴² 伞去读书。睏到 tau²¹ 看书不 po⁴⁴ 好！
鹅　湖	撑到 tau⁰ 伞去读书。睏到 tau⁰ 看书不 peiʔ⁴ 好！
旧　城	撑到 tau⁰ 伞去学堂。睏到 tau⁰ 看书不 pai²¹³ 好！
湘　湖	撑起 tɕʻi³¹ 伞去学堂。睏到 tau⁰ 看书不 peiʔ⁴ 好！
溪　头	打着 tsʻau⁵⁵ 伞进学堂。倒着 tsʻau⁵⁵ 看书不 pei⁵⁵ 好！
沱　川	打着 tsʻɒ⁵¹ 伞去学堂。倒得 te⁰ 看书不 pɒ⁵¹ 好！
紫　阳	打到 to⁰ 伞去学堂。睏到 to⁰ 看书不 pu⁵¹ 好！
许　村	打着 tsʻa⁵⁵ 伞去学堂。睏得 to⁵⁵ 看书不 pɤ⁵⁵ 好！
中　云	拎 nã⁴⁴ 着 tsʻa⁵¹ 伞去学堂。睏到 tɔ⁰ 看书不 pɤ⁵¹ 好！
新　建	打之 tsə⁰ 伞去读书。睏到 kə²¹³ 望书不 pa⁵¹ 好！
新　营	打伞去学堂。睏到 tɔ⁰ 看书不 pu²¹⁵ 好！
黄　柏	驮到 tə⁰ 伞去学堂。睏到 tə⁰ 看书不 pɛ²¹ 好！
暖　水	撑到 tɤ⁰ 伞去读书。睏到 tɤ⁰ 望书不 pe⁵⁴ 好！

113
门开着的，你自己进去拿。

经公桥	门开开嗰 kɤ⁰，尔 n̩³⁵⁵ 自己进去 tsən²⁴kʻei²¹⁴ 拿。
鹅　湖	门开到 tau⁰ 嗰 kɛ⁰，尔 n̩³⁵ 自家进去 tsɛn²¹kʻu²¹³□tɕʻiɛ³⁵。
旧　城	门开到 tau⁰ 嗰 kɛ⁰，尔 n̩³¹ 自己进去 tsɛn²¹³tɕʻi²¹³ 驮。
湘　湖	门开嗰 kɛ⁰，尔 n̩⁴⁴ 自家进去 tsən³⁵kʻu³⁵ 拿。
溪　头	门开□里 me³³li⁰ 嗰 kɛ⁰，尔 n̩³³ 自家进去 tsɛn²⁴kʻɐ²⁴ 拎。
沱　川	门开到 te⁰ 固里 ku³⁵le⁰ 嗰 kə⁰，尔 n̩³¹ 自家进去 tsɛn³⁵kʻə³⁵ 拎。
紫　阳	门开着 tsʻɒ⁵¹ 个落 ke³⁵lo⁰ 嗰 kə⁰，尔 n̩⁴⁴ 自家进去 tsæ³⁵tɕʻie³⁵ 拎。
许　村	门开嗰 kɤ⁰，尔 n̩³¹ 自家进去 tsɛn²⁴tʃʻɐ²⁴ 捏。
中　云	门开到 ta⁰ 固里 ku³⁵li⁰ 嗰 kɤ⁰，尔 n̩⁴⁴ 自家进去 tsɛn³⁵kʻe³⁵ 拎。
新　建	门开到 tə⁰□kɛ⁵¹ 嗰 kə⁰，尔 n̩²⁴ 自家进去 tsẽ²¹tɕʻiɛ²¹³ 拎。
新　营	门打开嗰 kɛ⁰，尔 n̩⁵³ 自家进去 tsən²¹tɕʻi²¹³ 担。
黄　柏	门开嗰 kɛ⁰，尔 n̩⁴⁴ 自家进去 tɕin²¹tɕʻi²¹³ 担。
暖　水	门开得 te⁰ 阿□a³¹tɔ⁵⁴ 嗰 kɤ⁰，尔 n̩²¹ 自家进去 tsẽ³⁵tɕʻi³⁵ 端。

114
你坐着！别站起来！

经公桥	尔 n̩³⁵⁵ 坐到 tau⁰！不要 pyʌu²⁴ 倚 tɕ‘i²⁴ 起来 tɕ‘i⁴²la⁰！
鹅　湖	尔 n̩³⁵ 坐到 tau⁰！莫 mɛ²¹ 倚 tɕ‘i²¹ 起来 tɕ‘i⁵³liɛ³⁵！
旧　城	尔 n̩³¹ 坐到 tau⁰！莫 mau³³ 倚 tɕ‘i³³ 起来 tɕ‘i³¹lɛ²⁴！
湘　湖	尔 n̩⁴⁴ 坐到 tau⁰！不要 peiʔ⁴io²¹² 倚 tɕ‘i²¹ 起来 tɕ‘i³¹lɛ³⁵！
溪　头	尔 n̩³³ 坐得 ta⁰ 个里 kɐ²⁴li⁰！不要 pia²⁴ 倚 tʃi²³¹ 起来 tʃ‘i⁴²lɐ⁵¹！
沱　川	尔 n̩⁴⁴ 坐固里 ku³⁵lɛ⁰！□pe³⁵ 倚 tɕi⁵¹ 起来 tɕ‘i³⁵la²¹¹！
紫　阳	尔 n̩³¹ 坐到 to³⁵ 个落 ke³⁵lo⁴⁴！不要 pio³⁵ 倚 tɕ‘i⁵¹ 起来 tɕ‘i³⁵lɛ²¹¹！
许　村	尔 n̩³¹ 坐到 ta⁰！不要 pio²⁴ 倚 tɕ‘i⁵⁵ 起来 tɕ‘i²⁴ly⁵¹！
中　云	尔 n̩⁴⁴ 坐到 ta⁰！不要 pɣ⁵¹io³⁵ 倚 tɕ‘i⁵¹ 起来 tɕ‘i³⁵lɣ¹¹！
新　建	尔 n̩²⁴ 坐到 tə⁰□kɛ⁰！不要 pa⁵¹ia²⁴ 倚 tɕ‘i⁵¹ 起来 tɕ‘i³¹la²⁴！
新　营	尔 ŋ̍⁵³ 坐到 tə⁰！不要 pu²¹⁵iɔ²¹³ 倚 tɕ‘i⁵⁵ 起来 tɕ‘i⁵³li³¹！
黄　柏	尔 n̩⁴⁴ 坐到 tə⁰！莫 mə²¹ 倚 tɕ‘i²¹ 起来 tɕ‘i⁵³lɛ⁴¹！
暖　水	尔 n̩²¹ 坐到 tɣ⁰！不要 pe⁵⁴yɛ³⁵ 倚 tɕ‘i⁵¹ 起来 tɕ‘i²⁴ly²³！

115
你坐下！别站着！

经公桥	尔 n̩³⁵⁵ 坐到 tau⁰！不要 pyʌu²⁴ 倚 tɕ‘i²⁴ 到 tau⁰！
鹅　湖	尔 n̩³⁵ 坐下去 xuo²¹k‘u²¹³！莫 mɛ²¹ 倚 tɕ‘i²¹ 到 tau⁰！
旧　城	尔 n̩³¹ 坐到 tau⁰！冇 mau³³ 倚 tɕ‘i³³ 到 tau⁰！
湘　湖	尔 n̩⁴⁴ 坐到 tau⁰！不要 pɛʔ⁴io³⁵ 倚 tɕ‘i²¹ 到 tau⁰！
溪　头	尔 n̩³³ 坐下来 xo⁵⁵lɐ⁵¹！不要 pia²⁴ 倚 tʃi²³¹ 得 ta⁰ 个里 kɐ²⁴li⁰！
沱　川	尔 n̩⁴⁴ 坐下 xo³¹！□pe³⁵ 倚 tɕi⁵¹ 固里 ku³⁵lɛ⁰！
紫　阳	尔 n̩³¹ 坐下 xə⁵¹！不要 pio³⁵ 倚 tɕ‘i⁵¹ 到 to³⁵ 个落 ke³⁵lo⁰！
许　村	尔 n̩³¹ 坐下 xo⁰！不要 pia²⁴ 倚 tɕ‘i⁵⁵ 到 ta⁰！
中　云	尔 n̩⁴⁴ 坐下 xo⁰！不要 pɣ⁵¹ia³⁵ 倚 tɕ‘i⁵¹ 得 to⁰ 固里 ku³⁵lɛ⁰！
新　建	尔 n̩²⁴ 坐到 tə²¹³！不要 pa⁵¹ia²⁴ 倚 tɕ‘i⁵¹ 到 tə⁰□kɛ⁰！
新　营	尔 ŋ̍⁵³ 坐到 tə⁰！不要 pu²¹⁵iɔ²¹³ 倚 tɕ‘i⁵¹ 到 tə⁰！
黄　柏	尔 n̩⁴⁴ 坐到 tə⁰！莫 mə²¹ 倚 tɕ‘i²¹ 到 tə²¹³！
暖　水	尔 n̩²¹ 坐下来 xuɣ⁵¹lɣ²³！不要 pe⁵⁴yɛ³⁵ 倚 tɕ‘i⁵¹ 得 te⁰ 阿□a³¹tɔ⁵⁴！

116
你慢慢地说！别着急！

经公桥	尔 n̩³⁵⁵ 慢慢 muã²¹muã²¹ 讲！不要 pyʌu²⁴ 急拐！
鹅 湖	尔 n̩³⁵ 慢慢 mõ²¹mõ²¹ 嗰 kɛ⁰ 话！莫 mɛ²¹ 急！
旧 城	尔 n̩³¹ 慢慢 muo³³muo³³ 话！冇 mau³³ 急！
湘 湖	尔 n̩⁴⁴ 慢慢 mo²¹mo²¹ 哩 li⁰ 话！不要 peiʔ²⁴io³⁵ 急！
溪 头	尔 n̩³³ 慢慢 mã⁵⁵mã⁵⁵ 哩 li⁰ 讲！不要 pia²⁴ 急！
沱 川	尔 n̩⁴⁴ 慢慢 mõ⁵¹mõ⁵¹ 讲！□pe³⁵ 急！
紫 阳	尔 n̩³¹ 慢慢 mum⁵¹mum⁵¹ 哩 li⁰ 讲！不要 pio³⁵ 急！
许 村	尔 n̩³¹ 慢慢 mũ⁵⁵mũ⁵⁵ 讲！不要 pio²⁴ 急！
中 云	尔 n̩⁴⁴ 慢慢 mum⁵¹mum⁰ 哩 li⁰ 讲！不要 pɣ⁵¹io³⁵ 急！
新 建	尔 n̩²⁴ 慢慢 mã⁵¹mã⁵¹ 讲！不要 pa⁵¹ia²⁴ 急！
新 营	尔 ŋ̍⁵³ 慢慢 mã⁵¹mã⁵¹ 讲！不要 pu²¹⁵iɔ²¹³ 急！
黄 柏	尔 n̩⁴⁴ 慢慢 mã²¹mã⁰ 话！莫 mə²¹ 着力！
暖 水	尔侬 n̩²¹noŋ⁰ 慢慢 mã⁵¹mã⁵¹ 讲！不要 pe⁵⁴ye³⁵ 急！

117
明天你去南昌不去？——我不去。

经公桥	明朝尔 n̩³⁵⁵ 到 tau²⁴ 南昌去 kʻei²¹⁴ 吧 pʌ⁰？——阿 ʌ³⁵⁵ 不 po⁴⁴ 去 kʻei²¹⁴。
鹅 湖	明朝尔 n̩³⁵ 去 kʻu³⁵ 南昌吧 pa⁰？——我 ŋuo⁵³ 不 peiʔ⁴ 去 kʻu²¹³。
旧 城	明朝尔 n̩³¹ 去 tɕʻi²¹³ 南昌啵 po⁰？——我 o³¹ 不 pai²¹³ 去 tɕʻi²¹³。
湘 湖	明朝尔 n̩⁴⁴ 去 kʻu²¹ 不 peʔ⁴ 去 kʻu²¹ 南昌？——我 o³¹ 不 peiʔ⁴ 去 kʻu²¹²。
溪 头	明日尔 n̩³³ 去 kʻɐ²⁴ 不 pɐ⁵⁵ 去 kʻɐ²⁴ 南昌？——□so²³¹ 不 pɐ⁵⁵ 去 kʻɐ²⁴。
沱 川	明日尔 n̩⁴⁴ 到 ta³⁵ 南昌去 kʻə³⁵ 不 pə⁵¹？——我 o³¹ 不 pə⁵¹ 去 kʻə³⁵。
紫 阳	明日尔 n̩³¹ 去 tɕʻie³⁵ 南昌不 pu⁵¹ 啊 a⁰？——我 ɘ³¹ 不 pu⁵¹ 去 tɕʻie³⁵。
许 村	明日尔 n̩³¹ 到 ta²⁴ 南昌去 tʃʻe²⁴ 不去 pɣ⁵⁴tʃʻe²⁴？——我 o³¹ 不 pɣ⁵⁵ 去 tʃʻe²⁴。
中 云	明日尔 n̩⁴⁴ 到 ta³⁵ 不 pɣ⁵¹ 到 ta³⁵ 南昌去 tɕʻie³⁵？——我 o³¹ 不 pɣ⁵¹ 去 tɕʻie³⁵。
新 建	明日尔 n̩²⁴ 到 tə²¹³ 南昌去 tɕʻie²¹³ 吧 pa⁰？——阿 a²⁴ 不 pa⁵¹ 去 tɕʻie²¹³。
新 营	明日尔 ŋ̍⁵³ 到 tɔ²¹³ 南昌去 tɕʻi²¹³ 吧 pa⁰？——我 ŋo⁵³ 不 pu²¹⁵ 去 tɕʻi²¹³。
黄 柏	明朝尔 n̩⁴⁴ 到 tə²¹ 南昌去 tɕʻi²¹³ 吧 pa⁰？——阿 a⁴⁴ 不 pɛ²¹ 去 tɕʻi²¹³。
暖 水	明日尔 n̩²¹ 去 tɕʻi³⁵ 不 pe⁵⁴ 去 tɕʻi³⁵ 南昌？——我 ŋuɐ²¹ 不 pe⁵⁴ 去 tɕʻi³⁵。

118-1

他明天**还**去南昌**不去**？（本来说要去的）〔——他不去了。〕

经公桥	渠 kei³⁵⁵ 明朝还 xa³⁵ 到 tau²⁴ 南昌去 k'ei²⁴ 吧 pʌ⁰？
鹅　湖	渠 ku³⁵ 明朝还 xuo³⁵ 去 k'u²¹ 南昌吧 pa⁰？
旧　城	渠 tɕi²⁴ 明朝还 xuo²⁴ 去 tɕ'i²¹³ 不去 pai²¹³tɕ'i²¹³ 南昌？
湘　湖	渠 ku³⁵ 明朝还 xa³⁵ 到 tau²¹² 南昌去 k'u²¹² 吗 ma⁰？
溪　头	渠 k'ɐ⁵¹ 明日还 o⁵¹ 去 k'ɐ²⁴ 南昌不去 pɐ⁵⁵k'ɐ²⁴？
沱　川	渠 k'ə²¹¹ 明日还 o²¹¹ 到 ta³⁵ 南昌去 k'ə³⁵ 不 pə⁵¹？
紫　阳	渠 tɕ'ie²¹¹ 明日还 o²¹ 去 tɕ'ie³⁵ 南昌不 pu⁵¹ 嗰 ke⁰？
许　村	渠 tʃ'e⁵¹ 明日还 o⁵¹ 到 ta²⁴ 南昌去 tʃ'e²⁴ 不去 pɤ⁵⁵tʃ'e²⁴？
中　云	渠 tɕ'ie¹¹ 明日到 ta³⁵ 南昌还 o¹¹ 去 tɕ'ie³⁵ 不去 pɤ⁵¹tɕ'ie³⁵？
新　建	渠 tɕ'iɛ²⁴ 明日还 xuɤ²⁴ 要 ia²⁴ 到 tə²¹ 南昌去 tɕ'iɛ²¹³ 吧 pa⁰？
新　营	渠 tɕ'i³¹ 明日还 xa³¹ 到 tɔ²¹³ 南昌去 tɕ'i²¹³ 吧 pa⁰？
黄　柏	渠 tɕ'i⁴¹ 明朝还 xa⁴¹ 去 tɕ'i²¹ 不去 pɛ²¹tɕ'i²¹ 南昌啊 a⁰？
暖　水	渠 tɕ'i²³ 明日还 xo²³ 去 tɕ'i³⁵ 不去 pe⁵⁴tɕ'i³⁵ 南昌啊 a⁰？

118-2

〔他明天**还**去南昌**不去**？（本来说要去的）〕——他不去了。

经公桥	——渠 kei³⁵⁵ 不 po⁴⁴ 去 k'ei²¹⁴ 了 lɤ⁰。
鹅　湖	——渠 ku³⁵ 不 peiʔ⁴ 去 k'u²¹ 啦 la⁰。
旧　城	——渠 tɕi²⁴ 不 pai²¹³ 去 tɕ'i²¹³ 嘀 ti⁰。
湘　湖	——渠 ku³⁵ 不 peiʔ⁴ 去 k'u²¹² 啦 la⁰。
溪　头	——渠 k'ɐ⁵¹ 不 pɐ⁵⁵ 去 k'ɐ²⁴ 了 lɐ⁰。
沱　川	——渠 k'ə²¹¹ 不 pə⁵¹ 去 k'ə³⁵ 了 lə⁰。
紫　阳	——渠 tɕ'ie²¹¹ 不 pu⁵¹ 去 tɕ'ie³⁵ 啦 la⁰。
许　村	——渠 tʃ'e⁵¹ 不 pɤ⁵⁵ 去 tʃ'e²⁴ 了 lɤ⁰。
中　云	——渠 tɕ'ie¹¹ 不 pɤ⁵¹ 去 tɕ'ie³⁵ 嘞 le⁰。
新　建	——渠 tɕ'iɛ²⁴ 不 pa⁵¹ 去 tɕ'iɛ²¹³ 啦 la⁰。
新　营	——渠 tɕ'i³¹ 不 pu²¹⁵ 去 tɕ'i²¹³ 啦 la⁰。
黄　柏	——渠 tɕ'i⁴¹ 不 pɛ²¹ 去 tɕ'i²¹³ 了 lə⁰。
暖　水	——渠 tɕ'i²³ 不 pe⁵⁴ 去 tɕ'i³⁵ 了 lɤ⁰。

119-1

他明天还是不去南昌吗？（本来说不去的）〔——他要去了。〕

经公桥	渠 kei³⁵⁵ 明朝还是 xa³⁵ɕi²¹ 不 po⁴⁴ 到 tau²¹ 南昌去 k'ei²⁴ 吗 mʌ⁰？
鹅　湖	渠 ku³⁵ 明朝还 xuo³⁵ 是 ɕi²¹ 不去 peiʔ⁴k'u²¹ 南昌吗 ma⁰？
旧　城	渠 tɕi²⁴ 明朝还 xuo²⁴ 是 ɕi³³ 不去 pai²¹³tɕ'i²¹³ 南昌？
湘　湖	渠 ku³⁵ 明朝还 xo³⁵ 是 ɕi²¹ 不去 pei²⁴k'u²¹² 南昌吗 ma⁰？
溪　头	渠 k'ɐ⁵¹ 明日还是 o⁵¹sŋ²³¹ 不 pɐ⁵⁵ 去 k'ɐ²⁴ 南昌？
沱　川	渠 k'ə²¹¹ 明日还是 o²¹¹sŋ⁵¹ 不 pə⁵¹ 到 ta³⁵ 南昌去 k'ə³⁵ 吧 pɒ⁰？
紫　阳	渠 tɕ'ie²¹¹ 明日还是 o²¹ɕi³¹ 不 pu⁵¹ 去 tɕ'ie³⁵ 南昌啊 a⁰？
许　村	渠 tʃ'e⁵¹ 明日还是 o⁵¹ʃө⁵⁵ 不 pɤ⁵⁵ 到 ta²⁴ 南昌去 tʃ'e²⁴ 吧 pa⁰？
中　云	渠 tɕ'ie¹¹ 明日还是 o³⁵sŋ³¹ 不 pɤ⁵¹ 去 tɕ'ie³⁵ 南昌？
新　建	渠 tɕ'iɛ²⁴ 明日还是 xuɤ²⁴ɕi⁵¹ 不 pa⁵¹ 到 tə²¹ 南昌去 tɕ'iɛ²¹³ 吧 pa⁰？
新　营	渠 tɕ'i³¹ 明日还是 xa³¹ɕi⁵¹ 不 pu²¹⁵ 到 tɔ²¹³ 南昌去 tɕ'i²¹³ 吧 pa⁰？
黄　柏	渠 tɕ'i⁴¹ 明朝还 xa⁴¹ 是 ɕi²¹ 不去 pɛ²¹tɕ'i²¹ 南昌啊 a⁰？
暖　水	渠 tɕ'i²³ 明日还 xo²³ 是 ʂɤ⁵¹ 不去 pe⁵⁴tɕ'i³⁵ 南昌啊 a⁰？

119-2

〔他明天还是不去南昌吗？（本来说不去的）〕 ——他要去了。

经公桥	——渠 kei³⁵⁵ 要 yʌu²⁴ 去 k'ei²⁴ 了 lɤ⁰。
鹅　湖	——渠 ku³⁵ 要 ia³⁵ 去 k'u²¹ 啦 la⁰。
旧　城	——渠 tɕi²⁴ 要 iau²¹³ 去 tɕ'i²¹³ 嘀 ti⁰。
湘　湖	——渠 ku³⁵ 要 io³⁵ 去 k'u²¹² 啦 la⁰。
溪　头	——渠 k'ɐ⁵¹ 要 ia²⁴ 去 k'ɐ²⁴ 了 lɤ⁰。
沱　川	——渠 k'ə²¹¹ 要 iɒ³⁵ 去 k'ə³⁵ 了 lə⁰。
紫　阳	——渠 tɕ'ie²¹¹ 要 io³⁵ 去 tɕ'ie³⁵ 啦 la⁰。
许　村	——渠 tʃ'e⁵¹ 要 io²⁴ 去 tʃ'e²⁴ 了 lɤ⁰。
中　云	——渠 tɕ'ie¹¹ 要 io³⁵ 去 tɕ'ie³⁵ 嘞 le⁰。
新　建	——渠 tɕ'iɛ²⁴ 要 ia²¹³ 去 tɕ'iɛ²¹³ 啦 la⁰。
新　营	——渠 tɕ'i³¹ 要 iɔ²¹³ 去 tɕ'i²¹³ 啦 la⁰。
黄　柏	——渠 tɕ'i⁴¹ 要 iɔ²¹ 去 tɕ'i²¹³ 了 lə⁰。
暖　水	——渠 tɕ'i²³ 要 yɛ³⁵ 去 tɕ'i³⁵ 了 lɤ⁰。

120-1

上星期你去了南昌没有？〔——我去了。‖我没去。〕

经公桥	上礼拜尔 n̩³⁵⁵ 到 tau²⁴ 南昌去 k'ei²⁴ 了 lɤ⁰ 吗 mʌ⁰？
鹅 湖	上嗰礼拜尔 n̩³⁵ 去 k'u²¹ 嗰 kɛ⁰ 南昌吧 pa⁰？
旧 城	上礼拜尔 n̩³¹ 到 tau²¹³ 南昌去 tɕ'i²¹³ 嘀 ti⁰ 吗 ma⁰？
湘 湖	上嗰礼拜尔 n̩⁴⁴ 到 tau²¹ 南昌去 k'u²¹² 哩 li⁰ 吗 ma⁰？
溪 头	上嗰礼拜尔 n̩³³ 去 k'ɐ²⁴ 没去 mɐ⁵⁵k'ɐ²⁴ 南昌？
沱 川	上星期尔 n̩⁴⁴ 到 ta³⁵ 南昌去 k'ə³⁵ 之 tsə⁴⁴ 不曾 pə⁵¹sã²¹¹？
紫 阳	上嗰礼拜尔 n̩³¹ 去 tɕ'ie³⁵ 之 tɕi⁰ 南昌啵 po³⁵？
许 村	上礼拜尔 n̩³¹ 到 ta²⁴ 南昌去 tʃ'e²⁴ 吗 ma⁰？
中 云	上礼拜尔 n̩⁴⁴ 到 ta³⁵ 南昌去 tɕ'ie³⁵ 哩 li⁰ 吧 pa⁰？
新 建	上嗰礼拜尔 n̩²⁴ 到 tɔ²¹³ 之 tsɤ⁰ 南昌吧 pa⁰？
新 营	上嗰礼拜尔 ŋ̍⁵³ 到 tɔ²¹³ 南昌去 tɕ'i²¹³ 啦 la⁰ 吧 pa⁰？
黄 柏	上嗰礼拜尔 n̩⁴⁴ 去 tɕ'i²¹ 了 lə⁰ 南昌吧 pa⁰？
暖 水	上礼拜尔 n̩²¹ 去 tɕ'i³⁵ 了 lɤ⁰ 南昌吗 ma⁰？

120-2

〔上星期你去了南昌没有？〕——我去了。‖我没去。

经公桥	——阿 ʌ³⁵⁵ 去 k'ei²⁴ 了 lɤ⁰。‖ 阿 ʌ³⁵⁵ 冇 mau²⁴ 去 k'ei²¹⁴。
鹅 湖	——我 ŋuo⁵³ 去 k'u²¹ 嗰 kɛ⁰。‖ 我 ŋuo⁵³ 冇 mau³⁵ 去 k'u²¹。
旧 城	——我 o³¹ 去 tɕ'i²¹³ 嘀 ti⁰。‖ 我 o³¹ 冇 mau³³ 去 tɕ'i²¹³。
湘 湖	——我 o³¹ 去 k'u²¹² 哩 li⁰。‖ 我 o³¹ 冇 mau³⁵ 去 k'u²¹²。
溪 头	——□so²³¹ 去 k'ɐ²⁴ 了 lɐ⁰。‖ □so²³¹ 不曾 pɐ⁵⁵sen⁵¹ 去 k'ɐ²⁴。
沱 川	——我 o³¹ 去 k'ə³⁵ 之 tsə⁴⁴ 了 lə⁰。‖ 我 o³¹ 不曾 pã²¹¹ 去 k'ə³⁵。
紫 阳	——我 ə³¹ 去 tɕ'ie³⁵ 之 tɕi⁰ 啦 la⁰。‖ 我 ə³¹ 不曾 pɔ̃²¹ 去 tɕ'ie³⁵。
许 村	——我 o³¹ 去 tʃ'e²⁴ 哩 li⁰ 啦 la⁰。‖ 我 o³¹ 不曾 pã⁵¹ 去 tʃ'e²⁴。
中 云	——我 o³¹ 去 tɕ'ie³⁵ 哩 li⁰。‖ 我 o³¹ 不曾 pã¹¹ 去 tɕ'ie³⁵。
新 建	——阿 a²⁴ 去 tɕ'iɛ²¹³ 啦 la⁰。‖ 阿 a²⁴ 不曾 pã²⁴ 去 tɕ'iɛ²¹³。
新 营	——我 ŋo⁵³ 去 tɕ'i²¹³ 啦 la⁰。‖ 我 ŋo⁵³ 冇 mɔ²¹³ 去 tɕ'i²¹³。
黄 柏	——阿 a⁴⁴ 去 tɕ'i²¹ 了 lə⁰。‖ 阿 a⁴⁴ 唔□ŋ̍⁴⁴nən⁴¹ 去 tɕ'i²¹³。
暖 水	——我 ŋuɐ²¹ 去 tɕ'i³⁵ 了 lɤ⁰。‖ 我 ŋuɐ²¹ 不曾 pæ²³ 去 tɕ'i³⁵。

121-1

让孩子们先走。〔你把展览再仔仔细细看一遍。〕

经公桥	让 yaŋ²¹ 小鬼先 siẽ²² 走 tsau⁴²,
鹅 湖	让 iõ²¹ 滴倌儿先 sĩ⁵⁵ 走 tsau⁵³,
旧 城	让 ia³³ 细鬼ɿ先 si⁵⁵ 走 tsau³¹,
湘 湖	让 ia²¹ 细人先 sĩ⁴⁴ 走 tsiau³¹⁴,
溪 头	让 n̠iɔ̃⁵⁵ 细人家先 sĩ³³ 走 tsæi⁴²,
沱 川	让 n̠iã⁵¹ 细人先 sĩ⁴⁴ 走 tsə²,
紫 阳	让 n̠iã⁵¹ 细人先 sĩ⁴⁴ 走 tsa²,
许 村	让 n̠iɔ̃⁵⁵ 嫩细先 sĩ³³ 走 tsa³¹,
中 云	让 n̠iã⁵¹ 细鬼先 sĩ⁴⁴ 走 tsa²,
新 建	让 n̠iɔ̃⁵¹ 嫩家先 sã⁵⁴ 行 xã²⁴,
新 营	让 n̠iã⁵¹ 嫩人家先 si⁵⁵ 走 tsiɔ⁵³,
黄 柏	让 n̠iã²¹ 萝卜头先 ɕiẽ⁴⁴ 走 tsiə⁵³,
暖 水	让 n̠iʌŋ⁵¹ 嫩人家先 ɕiẽ³¹ 走 tɕy²¹⁴,

121-2

〔让孩子们**先走**,〕你把展览**再**仔仔细细看一遍。

经公桥	尔 n̩³⁵⁵ 再 tsa²⁴ 把 puʌ⁴² 展览仔细看一遍 pʻiẽ²¹⁴。
鹅 湖	尔 n̩³⁵ 担 tõ⁵⁵ 展览再 tsa²¹³ 仔细看一下 xo²¹¹。
旧 城	尔 n̩³¹ 再 tsɛ²¹³ 担 tuo⁵⁵ 展览仔细细嗰 kɛ⁰ 看一到 tau²¹³。
湘 湖	尔 n̩⁴⁴ 帮 paŋ⁴⁴ 展览再 tsɛ²¹² 仔细细看一遍 pĩ²¹²。
溪 头	尔 n̩³³ 帮 pɔ̃³³ 展览再 tsa²⁴ 仔细细看一遍 pĩ²⁴。
沱 川	尔 n̩⁴⁴ 再 tsa³⁵ 帮 pʌ̃⁴⁴ 展览仔细细看一遍 pĩ³⁵。
紫 阳	尔 n̩³¹ 再 tsɛ³⁵ 帮 pã⁴⁴ 展览仔细细看一遍 pʻĩ³⁵。
许 村	尔 n̩³¹ 帮 pɔ̃³³ 展览再 tsɤ²⁴ 仔细细看一遍 pĩ²⁴。
中 云	尔 n̩⁴⁴ 帮 pɔ̃⁴⁴ 展览再 tsɤ³⁵ 仔细细看一遍 pĩ³⁵。
新 建	尔 n̩²⁴ 再 tsa²¹³ 把 pa³¹ 展览仔仔细细望一遍 pã²¹³。
新 营	尔 ŋ̩⁵³ 把 pa⁵³ 展览再 tsæ²¹³ 仔细觑一遍 pĩ²¹³。
黄 柏	尔 n̩⁴⁴ 把 pɑ⁵³ 展览再 tsa²¹ 仔细看一遍 piẽ²¹³。
暖 水	尔 n̩²¹ 再 tsɤ³⁵ 把 puɐ²¹ 展览仔细细望一遍 piẽ³⁵。

122

你路熟，你前面走。

经公桥	尔 n̩³⁵⁵ 路熟，尔 n̩³⁵⁵ 在 tsʻa²¹ 前头 tsʻiẽ³⁵tʻiəu⁰ 走 tsau⁴²。
鹅 湖	尔 n̩³⁵ 路熟，尔 n̩³⁵ 前头 tsʻĩ³⁵tʻiəu⁰ 走 tsau⁵³。
旧 城	尔 n̩³¹ 路熟，尔 n̩³¹ 前头 tsʻi²⁴tʻau⁰ 走 tsau³¹。
湘 湖	尔 n̩⁴⁴ 路熟，尔 n̩⁴⁴ 在 tsʻɛ²¹ 前头 tsʻĩ³⁵tʻiau⁰ 走 tsiau³¹⁴。
溪 头	尔 n̩³³ 路熟，尔 n̩³³ 走 tsæi⁴² 前头 tsʻĩ⁵¹tʻæi⁰。
沱 川	尔 n̩⁴⁴ 路熟，尔 n̩⁴⁴ 走 tsə² 前边 tsʻĩ²¹pĩ⁴⁴/前边 tsʻĩ²¹pĩ⁴⁴ 走 tsə²。
紫 阳	尔 n̩³¹ 路熟，尔 n̩⁴⁴ 走 tsa²□tɕ⁵¹ 前头 tsʻĩ²¹tʻa²¹¹。
许 村	尔 n̩³¹ 路熟，尔 n̩³¹ 到 ta²⁴ 前头 tsʻĩ⁵¹tʻa⁰ 走 tsa³¹/向 ʃɔ²⁴ 前 tsʻĩ⁵¹。
中 云	尔 n̩⁴⁴ 路熟，尔 n̩⁴⁴ 到 ta³⁵ 前头 tsʻĩ¹¹tʻa⁰ 走 tsa²。
新 建	尔 n̩²⁴ 路熟，尔 n̩²⁴ 前头 tɕʻiẽ²⁴tʻɯ⁰ 行 xã²⁴。
新 营	尔 ŋ̍⁵³ 路熟，尔 ŋ̍⁵³ 走 tsiɔ⁵³ 前头 tsʻi³¹tʻiɔ²¹¹。
黄 柏	尔 n̩⁴⁴ 路熟，尔 n̩⁴⁴ 走 tsiə⁵³ 前底 taʻiẽ⁴¹ti⁴⁵³。
暖 水	尔侬 n̩²¹noŋ⁰ 路熟，尔 n̩²¹ 走 tɕy²¹ 前 □ tɕʻiẽ²³kʻiɛ⁰。

123

先喝酒，后吃饭。

经公桥	先 siẽ²² 喝酒，后 ɕiəu²¹ 喫饭。
鹅 湖	先 sĩ⁵⁵ 喫酒，后 ɕiəu²¹ 喫饭。
旧 城	先 si⁵⁵ 喫酒，后 xau³³ 喫饭。
湘 湖	喫酒起 tɕʻi³¹⁴，后 xau²¹ 喫饭。
溪 头	先 sĩ⁵³³ 喫酒，后 ʃæi²³¹ 喫饭。
沱 川	先 sĩ⁴⁴ 喝酒，后 ɕiə⁵¹ 喫饭。
紫 阳	先 sĩ⁴⁴ 喫酒，后 ɕia⁵¹ 喫饭。
许 村	先 sĩ³³ 喫酒，后 ɕia⁵⁵ 喫饭。
中 云	先 sĩ⁴⁴ 喝酒，后 ɕia⁵¹ 喫饭。
新 建	喫酒起 tɕʻi³¹，后 ɕiɯ⁵¹ 喫饭。
新 营	先 si⁵⁵ 喫酒，后 ɕiɔ⁵¹ 喫饭。
黄 柏	先 ɕiẽ⁴⁴ 喫酒，后 ʃə²¹ 喫饭。
暖 水	先 ɕiẽ³¹ 喫酒，后 ɕy⁵¹ 喫饭。

124

上次只买了一本书，今天要多买几本。

经公桥	上回 xuɤ³⁵⁵ 只 tsŋ⁴² 买了 lɤ⁰ 一本书，今日要 yʌu²⁴ 多 tuʌ²² 买几 tɕi⁴² 本。
鹅　湖	上回 xuɛ³⁵ 只 tsŋ⁵³ 买嘅 kɛ⁰ 一本书，今朝要 ia³⁵ 多 tuo⁵⁵ 买几 tɕi⁵³ 本。
旧　城	上回 fɛ²⁴ 只 tsŋ³¹ 买嘀 ti⁰ 一本书，今朝要 iau²¹³ 多 tuo⁵⁵ 买几 tɕi³¹ 本。
湘　湖	上回 fɛ³⁵ 只 tsŋ³¹ 买哩 li⁰ 一本书，今朝要 io³⁵ 多 to⁴⁴ 买几 tɕi³¹ 本。
溪　头	上回 xuɐ⁵¹ 只 tsŋ⁴² 买之 tsŋ⁰ 一本书，今日要 ia²⁴ 多 to³³ 买几 tɕi⁴² 本。
沱　川	上回 xua²¹¹ 只 tsŋ² 买之 tsə⁰ 一本书，今日要 iɒ³⁵ 多 to⁴⁴ 买几 tɕi² 本。
紫　阳	上回 xe²¹¹ 只 tsŋ² 买之 tɕi⁰ 一本书，今日要 io³⁵ 多 tə⁴⁴ 买几 tɕi³⁵ 本。
许　村	上回 xuɤ⁵¹ 只 tsŋ³¹ 买之 tɕi⁰ 一本书，今日要 io²⁴ 多 tɤ³³ 买几 tɕi³¹ 本。
中　云	上回 xuɤ¹¹ 只 tsŋ² 买嘀 ti⁰ 一本书，今朝要 io³⁵ 多 tɤ⁴⁴ 买几 tɕi³⁵ 本。
新　建	头回 xua²⁴ 只 tsŋ³¹ 买了 lə⁰ 一本书 □mə⁰，今日要 ia²¹³ 多 tuu⁵⁴ 买几 tɕi³¹ 本。
新　营	上回 xua³¹ 只 tsŋ⁵³ 买啦 la⁰ 一本书，今日要 iɔ²¹³ 多 tu⁵⁵ 买几 tɕi⁵³ 本。
黄　柏	上回 xuɛ⁴¹ 只 tsŋ⁴⁵³ 买了 lə⁰ 一本书，今朝要 iə²¹ 多 to⁴⁴ 买几 tɕi⁵³ 本。
暖　水	上回 xuo²³ 只 tsŋ²¹ 买得 tɤ⁰ 一本书，今日要 yɛ³⁵ 多 to³¹ 买几 tɕi²⁴ 本。

125

我去过三回南昌。

经公桥	阿 ʌ³⁵⁵ 到 tau²⁴ 过 kuʌ²¹⁴ 三回南昌。
鹅　湖	我 ŋuo⁵³ 去 k'u²¹ 过 kuo²¹³ 三回南昌。
旧　城	我 o³¹ 到 tau²¹³ 过 kuo²¹³ 三回南昌。
湘　湖	我 o³¹ 去 k'u²¹ 过 ko²¹² 三回南昌。
溪　头	□so²³¹ 去 k'ɐ²⁴ 之 tsŋ⁰ 三回南昌。
沱　川	我 o³¹ 到 ta³⁵ 南昌去 k'ə³⁵ 过 ku³⁵ 三回。
紫　阳	我 ə³¹ 去 tɕ'ie³⁵ 过 ku³⁵ 三回南昌/南昌三回。
许　村	我 o³¹ 到 ta²⁴ 南昌去 tʃ'e²⁴ 过 ku²¹ 三回。
中　云	我 o³¹ 去 tɕ'ie³⁵ 过 ku³⁵ 三回南昌。
新　建	阿 a²⁴ 去 tɕ'iɛ²¹³ 过 ku²¹³ 三回南昌/南昌去 tɕ'iɛ²¹³ 过 ku²¹³ 三回。
新　营	我 ŋo⁵³ 到 tɔ²¹³ 过 ku²¹³ 南昌三回。
黄　柏	阿 a⁴⁴ 到 tə²¹ 过 ko²¹³ 三回南昌。
暖　水	我 ŋuɐ²¹ 去 tɕ'i³⁵ 过 ko³⁵ 南昌三回。

126

一边走一边说，一会儿就到了。

经公桥	一边 i⁴⁴piɛ̃²² 走一边 i⁴⁴piɛ̃²² 讲，一下儿 i⁴⁴xʌ²⁴ŋ⁰ 就 tsʻiəu²⁴ 到了 lɤ⁰。
鹅湖	一边 iʔ⁴pĩ⁵⁵ 走一边 iʔ⁴pĩ⁵⁵ 话，一下儿 iʔ⁵xuo²¹ŋ⁰ 就 tsʻiəu²¹ 到嗝 kɛ⁰。
旧城	一边 i²¹⁴pi⁵⁵ 走一边 i²¹⁴pi⁵⁵ 话，一下儿 i²¹³xuo³³ŋ⁰ 就 tsʻiəu³³ 到嘀 ti⁰。
湘湖	边 pĩ⁴⁴ 走边 pĩ⁴⁴ 话，一下儿 iʔ⁴xo²¹ŋ⁰ 就 tsʻiəu²¹ 到哩 li⁰。
溪头	边 pĩ³³ 走边 pĩ³³ 讲，一下儿 i⁵⁵xo⁵⁵n̩⁰ 就 tsʻæi⁵⁵ 到之 tsɿ⁰。
沱川	一面 i⁵¹mĩ⁵¹ 走一面 i⁵¹mĩ⁵¹ 讲，一下儿 i⁵¹xo⁵¹ŋ⁰ 就 tsʻə⁵¹ 到了 lə。
紫阳	一面 i⁵¹mĩ⁵¹ 走一面 i⁵¹mĩ⁵¹ 讲，一下儿 ia⁵¹xə⁵¹ŋ⁰ 就 tsʻa⁵¹ 到之 tɕi⁰ 啦 la⁰。
许村	一边 i⁵⁴pĩ³³ 走一边 i⁵⁴pĩ³³ 讲，一下 ia⁵⁵xo⁵⁵ 就 tsʻa⁵⁵ 到了 lɤ⁰。
中云	一边 i⁵¹pĩ⁴⁴ 走一边 i⁵¹pĩ⁴⁴ 讲，一下儿 ia⁵¹xo⁵¹ŋ⁰ 就 tsʻa⁵¹ 到嘀 ti⁰。
新建	一面 i⁵¹miɛ̃⁵¹ 行一面 i⁵¹miɛ̃⁵¹ 讲，一下 i⁵¹xuɤ⁵¹ 就 tɕʻiɯ⁵¹ 到了 lə⁰。
新营	一面 i²¹⁵mi⁵¹ 走一面 i²¹⁵mi⁵¹ 讲，一下 i²¹⁵xo⁵¹ 功夫 kən⁵⁵fu⁵⁵ 就 tɕʻio⁵¹ 到啦 la⁰。
黄柏	一边 i²¹piɛ̃⁴⁴ 走一边 i²¹piɛ̃⁴⁴ 话，一下 i²¹xɑ²¹ 功夫 kəŋ⁴⁴fu⁰ 就 tɕʻiə²¹ 到了 lə⁰。
暖水	一边 i⁵⁴piɛ̃³¹ 走一边 i⁵⁴piɛ̃³¹ 讲，一下 i⁵⁴xue⁵¹ 就 tɕʻy⁵¹ 到了 lɤ⁰。

127

说了一遍，又说一遍。

经公桥	讲了 lɤ⁰ 一 i⁴⁴ 遍 pʻiɛ̃²¹⁴，又 iəu²¹ 讲一 i⁴⁴ 遍 pʻiɛ̃²¹⁴。
鹅湖	话嗝 kɛ⁰ 一 iʔ⁵ 遍 pʻien²¹³，又 iəu²¹ 话一 iʔ⁵ 遍 pʻien²¹³。
旧城	话嘀 ti⁰ 一 i²¹³ 到 tau²¹³，又 iəu³³ 话一 i²¹³ 到 tau²¹³。
湘湖	话哩 li⁰ 一 iʔ⁴ 遍 pĩ²¹²，又 iəu²¹ 话一 iʔ⁴ 遍 pĩ²¹²。
溪头	讲之 tsɿ⁰ 一 i⁵⁵ 遍 pĩ²⁴，又 iæi⁵⁵ 讲一 i⁵⁵ 遍 pĩ²⁴。
沱川	讲着 tsə⁴⁴ 一 i⁵¹ 遍 pĩ³⁵，又 iə⁵¹ 讲一 i⁵¹ 遍 pĩ³⁵。
紫阳	讲之 tɕi⁰ 一 ia⁵¹ 遍 pʻĩ³⁵，又 ia⁵¹ 讲一 ia⁵¹ 遍 pʻĩ³⁵。
许村	讲之 tɕi³³ 一 ia⁵⁵ 遍 pʻĩ²⁴，又 ia⁵¹ 讲一 ia⁵⁵ 遍 pʻĩ²⁴。
中云	讲之 tɕi⁰ 一 ia⁵¹ 遍 pʻĩ³⁵，又 ia⁵¹ 讲一 ia⁵¹ 遍 pʻĩ³⁵。
新建	讲之 tsə⁰ 一 i⁵⁴ 遍 pã²¹³，又 iɯ⁵¹ 讲一 i⁵⁴ 遍 pã²¹³。
新营	讲了 la⁰ 一 i²¹⁵ 遍 pʻĩ²¹³，又 iə⁵³ 讲一 i²¹⁵ 遍 pʻĩ²¹³。
黄柏	话了 lə⁰ 一 i²¹ 遍 pʻiɛ̃²¹³，又 iə²¹³ 话一 i²¹ 遍 pʻiɛ̃²¹³。
暖水	讲了 lɤ⁰ 一 i⁵⁴ 遍 pʻiɛ̃³⁵，又 iə⁵¹ 讲一 i⁵⁴ 遍 pʻiɛ̃³⁵。

128

路越走越远，话越说越多。

经公桥	路越 yɛ²² 走越 yɛ²² 远，话越 yɛ²² 话越 yɛ²² 多。
鹅　湖	路越 ɛʔ⁴ 走越 ɛʔ⁴ 远，话越 ɛʔ⁴ 话越 ɛʔ⁴ 多。
旧　城	路越 yɛ³³ 走越 yɛ³³ 远，话越 yɛ³³ 话越 yɛ³³ 多。
湘　湖	路越 yɛʔ² 走越 yɛʔ² 远，事越 yɛʔ² 话越 yɛʔ² 多。
溪　头	路越 ue⁵⁵ 走越 ue⁵⁵ 远，话越 ue⁵⁵ 讲越 ue⁵⁵ 多。
沱　川	路越 ve⁵¹ 走越 ve⁵¹ 远，话越 ve⁵¹ 话越 ve⁵¹ 多。
紫　阳	路越 ve⁵¹ 走越 ve⁵¹ 远，话越 ve⁵¹ 讲越 ve⁵¹ 多。
许　村	路越 ve⁵⁵ 走越 ve⁵⁵ 远，话越 ve⁵⁵ 话越 ve⁵⁵ 多。
中　云	路越 vie⁵⁵ 走越 vie⁵⁵ 远，话越 vie⁵⁵ 话越 vie⁵⁵ 多。
新　建	路越 væ³³ 行越 væ³³ 远，话越 væ³³ 讲越 væ³³ 多。
新　营	路越 ɵ⁵⁵ 走越 ɵ⁵⁵ 远，事越 ɵ⁵⁵ 讲越 ɵ⁵⁵ 多。
黄　柏	路越 ya⁴⁴ 走越 ya⁴⁴ 远，事越 ya⁴⁴ 话越 ya⁴⁴ 多。
暖　水	路越 vɛ³¹ 走越 vɛ³¹ 远，话越 vɛ³¹ 话越 vɛ³¹ 多。

129

我上个月借了他三百块钱。（"我"借入）

经公桥	阿 ʌ³⁵⁵ 上个月问 mən²¹ 渠 kei³⁵⁵ 借了 lɤ⁰ 三百块钱。
鹅　湖	我 ŋuo⁵³ 上个月借嘀 kɛ⁰ 渠 ku³⁵ 嘀 kɛ⁰/问 mən²¹ 渠 ku³⁵ 借嘀 kɛ⁰ 三百块钱。
旧　城	我 o³¹ 上个月问 mɛn³³ 渠 tɕi²⁴ 借嘀 ti⁰ 三百块钱。
湘　湖	我 o³¹ 上个月借哩 li⁰ 渠 ku³⁵ 三百块钱。
溪　头	□so²³¹ 上个月搭 tɐ⁵⁵ 渠 kʻɐ⁵¹ 借之 tsɿ⁰ 三百块钱。
沱　川	我 o³¹ 上个月向 ɕiʌ³⁵ 渠 kʻə²¹¹ 借 tsə⁰ 三百块钱。
紫　阳	我 ə³¹ 上个月问 mæ⁵¹ 渠 tɕʻie²¹¹ 借之 tɕi⁰ 三百块钱。
许　村	我 o³¹ 上个月借之 tɕi⁰ 渠 tʃʻe⁵¹ 三百块钱。
中　云	我 o³¹ 上个月问 mɛn⁵¹ 渠 tɕʻie¹¹ 借哩 li⁰ 三百块钱。
新　建	阿 a²⁴ 上个月跟 kẽ⁵⁴ 渠 tɕʻie²⁴ 借咔 pə⁰ 三百块钱。
新　营	我 ŋo⁵³ 上个月问 mən⁵¹ 渠 tɕʻi³¹ 借啦 la⁰ 三百块钱。
黄　柏	阿 a⁴⁴ 上个月问 mən²¹ 渠 tɕʻi⁴¹ 借了 lə⁰ 三百块钱。
暖　水	我 ŋuɐ²¹ 上个月问 mẽ⁵¹ 渠 tɕʻi²³ 借了 lɤ⁰ 三百块钱。

130

我上个月借了他三百块钱。（"我"借出）

经公桥	阿 ʌ³⁵⁵ 上个月借了 lɣ⁰ 三百块钱到 tau²¹ 渠 kei³⁵⁵。
鹅 湖	我 ŋuo⁵³ 上个月借嗝 kɛ⁰ 渠 ku³⁵ 三百块钱。
旧 城	我 o³¹ 上个月借嘀 ti⁰ 渠 tɕi²⁴ 三百块钱。
湘 湖	我 o³¹ 上个月借哩 li⁰ 三百块钱到 tau²¹² 渠 ku³⁵。
溪 头	□so²³¹ 上个月借之 tsʅ⁰ 渠 k'ɐ⁵¹ 三百块钱。
沱 川	我 o³¹ 上个月借之 tsə⁰ 渠 k'ɔ²¹¹ 三百块钱。
紫 阳	我 ɘ³¹ 上个月借之 tɕi⁰ 渠 tɕ'ie²¹¹ 三百块钱。
许 村	我 o³¹ 上个月借给 ka⁵⁴ 渠 tʃ'e⁵¹ 三百块钱。
中 云	我 o³¹ 上个月借哩 li⁰ 渠 tɕ'ie¹¹ 三百块钱。
新 建	阿 a²⁴ 上个月借吥 pə⁰ 渠 tɕ'iɛ²⁴ 三百块钱。
新 营	我 ŋo⁵³ 上个月借啦 la⁰ 三百块钱□xo⁵³ 渠 tɕ'i³¹。
黄 柏	阿 a⁴⁴ 上个月借把 pɑ⁵³ 渠 tɕ'i⁴¹ 三百块钱。
暖 水	我 ŋuɐ²¹ 上个月借把 puɐ²¹ 渠 tɕ'i²³ 三百块钱。

第八章　赣东北徽语的语法特点

本章从词法专项考察、句法专项考察和语法特点归纳三方面考察赣东北徽语的语法特点。

第一节　赣东北徽语词法专项考察

一　名词

(一) 表性动物名称的构成

汉语中称呼动物需要指称其性别时，一般由动物总名语素加合表性语素构成表性动物名称。这类表性动物名称中，表性语素有位于动物总名语素之前（表性语素＋动物总名语素）和位于动物总名语素之后（动物总名语素＋表性语素）的两种结构位置，其构造格式可以按表性语素的位置分为"前位式"和"后位式"两种。汉语方言的表性动物名称通过构造格式以及所使用的表性语素显示其区域性特点。

赣东北徽语中的动物表性语素主要有"牯、公、郎、斗、牸、嬷、母、女、骒"9个。以这些表性语素构成的表性动物名称也有前位式的和后位式的两类。9个表性语素中，"牯、公、郎、斗、母、牸"6个可以分别处于前位和处于后位，"女、骒"2个只能处于前位，"嬷"1个只处于后位。

赣东北徽语中，就一处方言点内部看，构成不同的表性动物名称，所用表性语素可以相同，也可以不同，不同的表性动物名称，所构成的结构格式可以相同，也可以不同。例如经公桥话中，公牛、公猪、公狗、公猫分别叫"骚牯""牯猪""郎狗""郎猫"：公狗、公猫同以"郎"指称，其"郎狗""郎猫"结构格式也相同，公牛、公猪虽同以"牯"指称，但"骚牯""牯猪"则有后位式与前位式的不同。就方言点之间来看，则所用表性语素和结构格式或者相同、或者不同，彼此显示出更加复杂的情况。

以下列出赣东北徽语雄性动物名称构成对照表（见以下表 8-1-1）。表中所列举的雄性动物名称包括公牛（词332）[①]、公猪（词339）、种公猪（词340）、公猫（词345）、公狗（词347）、公鸡（词351）、公鸭（词358）。

表8-1-1　　　　　　赣东北徽语雄性动物名称构成对照表

	词332 公牛	词339 公猪	词340 种公猪	词345 公猫	词347 公狗	词351 公鸡	词358 公鸭
经公桥	骚牯	牯猪	猪郎	郎猫	郎狗	鸡公	公鸭
鹅 湖	水牯水牛+黄牛黄牛	公猪	猪斗	公猫	公狗	鸡公	公鸭儿
旧 城	水牯水牛+黄牯黄牛	牯猪	猪郎	公猫儿	公狗	鸡公	公鸭儿儿
湘 湖	水牯水牛+黄牯黄牛	牯猪	猪郎	郎猫	狗公	鸡公	鸭公
溪 头	水牯水牛+黄牯黄牛	猪牯	猪斗	公猫	公狗	鸡公	公鸭
沱 川	水牯水牛+黄牯黄牛	牯猪	猪斗	牯猫	牯狗	鸡公	公鸭
紫 阳	水牯水牛+黄牯黄牛	牯猪	猪斗	牯猫儿	牯狗	鸡公	鸭公
许 村	水牯水牛+黄牯黄牛	牯猪	猪斗	猫儿牯	公狗	公鸡	鸭公
中 云	犝牯水牛+黄牯牛黄牛	牯猪	猪斗	牯猫	牯狗	鸡公	鸭公
新 建	牯牛	牯猪	斗猪	牯猫儿	牯狗	鸡公	公鸭
新 营	水牯水牛+黄牯黄牛	猪牯	斗猪	猫牯	狗牯	鸡公	□ia³¹鸭公
黄 柏	牛牯	猪牯	猪牯	公猫	公狗	公鸡	公鸭哩
暖 水	水牯水牛+黄牛牯黄牛	公猪	猪牯	猫牯	狗牯	鸡公	鸭牯

　　赣东北徽语中雄性动物表性语素主要有"牯、公、郎、斗"四个。"牯"主要用于家畜，例如"牛牯、猪牯、狗牯"；而"公"一般用于家禽，例如"鸡公、鸭公"；"郎"主要分布在浮梁方言的经公桥话和湘湖话中，用于称呼体型较小的雄性家畜，例如经公桥话中的"郎猫""郎狗"分别指称雄性的猫和狗；"斗"的使用范围很窄，只见于对"种公猪"的称呼中，可见这是一个带有突出性成熟、表性能力强语义的语素。

　　从所构成的结构看，"牯、公、郎、斗"各语素的位置都很灵活，不仅表现在不同方言点之间，即使在同一方言点内部也表现出类似的特点。例如赣东北徽语各方言点的雄性鸡都用"公"表示，但在许村话和黄柏话中说前位式的"公鸡"，其他方言点则多说后位式的"鸡公"。在沱川话中，"公"不仅可以用来表鸡的性别，还可以用于表示鸭子的性别，例如说"鸡公"和"公鸭"，分别为后位式和前位式。"牯"从分布上看，居于后位的情况稍多，不过在多数方言点中，它也都有两种位置，例如在沱川话中，表示

[①] 括号内的文字和数字表明该词语在第五章"赣东北徽语代表方言点词语对照"中的排列顺序。以下同。

牛的雄性居于后位,表述猪的雄性则居于前位。"郎"虽然只见于经公桥话、旧城话、湘湖话三处方言点,用于表示猪、猫和狗的雄性,然而也同样表现出位置灵活的特点,例如在湘湖话中公猪和公猫就分别说成"猪郎"和"郎猫"。

相比雄性动物性别语素,赣东北徽语中雌性动物名称的表性语素更为复杂一些。下列赣东北徽语雌性动物名称构成对照表(见以下表 8-1-2)。表中所列举的雌性动物名称包括母牛(词 334)、母猪(词 341)、母猫(词 346)、母狗(词 348)、母鸡(词 352)、母鸭(词 359)。

表 8-1-2　　　　　　　赣东北徽语雌性动物名称构成对照表

	词 334 母牛	词 341 母猪	词 346 母猫	词 348 母狗	词 352 母鸡	词 359 母鸭
经公桥	牸牛	猪嬷	女猫	騍狗嬷	鸡嬷	子鸭
鹅 湖	水牸水牛+黄牸黄牛	猪嬷	□mie35 猫	狗嬷	鸡嬷	母鸭儿
旧 城	水牸水牛+黄牸黄牛	猪嬷	母猫儿	狗嬷	鸡嬷	母鸭儿
湘 湖	水牸水牛+黄牸黄牛	騍猪	騍猫	狗娘	鸡母	鸭母
溪 头	水牛母水牛+黄牛母黄牛	猪嬷	母猫	狗母	鸡嬷	母鸭
沱 川	牛母	猪娘	母猫	騍狗	鸡嬷	母鸭儿
紫 阳	水牸水牛+黄牸黄牛	猪娘	母猫儿	狗娘	鸡嬷	鸭婆
许 村	水牸水牛+黄牸黄牛	猪娘	騍猫儿	母狗	母鸡	鸭嬷
中 云	水牸水牛+黄牸黄牛	猪嬷	騍猫	騍狗	鸡嬷	鸭嬷
新 建	牸牛	猪嬷	騍猫儿	母狗	鸡嬷	母鸭
新 营	水牸水牛+黄牸□p'ε53 黄牛	猪母	猫母	狗母	鸡母	□ia31 鸭母
黄 柏	水牸水牛+黄牛牸黄牛	母猪	母猫	母狗	母鸡	母鸭哩
暖 水	水牸水牛+黄牛牸黄牛	猪嬷	猫嬷	狗嬷	鸡嬷	鸭嬷

赣东北徽语雌性动物名称的表性语素主要有"牸、嬷、母、騍、娘、女"六个。其中"牸"专门用于称说雌性牛;"嬷"在赣东北徽语中的分布很广,使用频率也很高;"母"也是一个使用频率较高的雌性动物表性语素,雌性的猪、猫、狗、鸡、鸭都可用它来构成动物表性名称;"騍"主要用于雌性的猪、猫、狗等动物;"女"是经公桥话中特有的雌性动物表性语素,它只用于构成"女猫"一词。

从所构成的结构看,赣东北徽语中表性语素构成雌性动物名称以后位式的居多,譬如"嬷"和"娘"就只能用于后位;"牸"也主要是用于后位。"母"虽有前位和后位两种使用环境,但在各方言点中它通常是一个定位语素，例如鹅湖话、许村话、新建话、黄柏话中"母"居于前位，湘湖话、新营话中则居于后位。

（二）名词词缀

词缀是构词时附着于表示词的基本词汇意义的词根表示附加意义的语素。汉语中方言的名词词缀常常表现出不同于共同语的区域特色。以下考察赣东北徽语中主要有特点的名词前缀和名词后缀。

1. 名词前缀

（1）老

"老"作前缀，在赣东北徽语中主要用来构成称人名词和动物名词。作前缀的"老"可以称为"老"缀。

用"老"缀构成的称人名词例如：

老公、老婆、老子_{父亲叙称}、老爹_{祖父}（新营）、老娘_{母亲叙称}（许村、新营）
老兄_{哥哥叙称}（沱川）、老弟_{弟弟}（旧城）

称人名词中有以姓氏和排行次序相称的，也以"老"缀构词。例如：

老张、老王；老大、老二、老细_{最小的儿子}（旧城）

一些带"老"缀的称人名词还含有附加意义。有的表示年幼，例如：

老弟、老细_{最小的儿子}（旧城）

有的表示亲昵友好，例如：

老兄、老庚_{同庚}（旧城）、老同_{同庚}（鹅湖）

"老"缀用来构成动物名称与普通话的用法大致相同，如说"老虎、老鼠"等。也有的普通话中不用"老"缀而方言中用了的，如乌鸦说"老鸦"（经公桥、中云、黄柏）、"老哇"（新建）。

（2）滴

"滴"是赣东北徽语浮梁方言经公桥话、鹅湖话、旧城话三处方言点中一个有特点的具有表小义的名词前缀，可以称为"滴"缀。"滴"缀在经公桥话中读 ti^{44}，声调为入声，在鹅湖话和旧城话中都读 ti^{55}，声调为阴平[①]。

"滴"缀的语义大体相当于普通话的"小"，表示人或动物的幼小和人或物的排列序位居后。本书第五章所收录词条带"滴"缀的有"牛犊（词335）、羊羔（词337）、猪崽（词342）、小拇指（词640）、婴儿（词786）、小孩（词787）、最小的叔父（词840）、未婚男青年（词794）"等。

"滴"在个别方言点的个别词语中有近似于词根的用法，例如：

滴滴仂_{未婚男青年}（经公桥）

[①] "滴"为中古入声字，鹅湖话和旧城话中均不读阴平。因方言阴平调中无合适的同音字，考虑与经公桥话的联系比较，也以音近的"滴"记录。

但"滴"更多的还是明确用于前缀位置，表示人和动物幼小。"滴"缀表人年龄幼小，构成对儿童的称谓。例如：

滴毛儿_{婴儿}、滴倌儿_{小孩}（鹅湖）

"滴"缀表动物幼小，构成对未成熟畜类的称谓。例如：

滴羊_{羊羔}、滴猪_{猪崽}、滴牛伢儿_{牛犊}（经公桥）

"滴"缀表人或物排序居后。例如：

滴叔_{最小的叔父}（经公桥）、滴手指头儿_{小拇指}（鹅湖）

"滴"缀还可以有重叠用法。例如：

滴滴羊儿_{羊羔}（经公桥）

2. 名词后缀

（1）儿

"儿"是赣东北徽语中一个表现复杂、富有特点的名词后缀。

"儿"在汉语方言中读音大致分为两类：官话方言一般都读卷舌元音韵母，东南方言一般都读鼻音（或鼻辅音自成音节，或音节以鼻音为声母）。"儿"作词缀附于词语的词根之后，不同于一般的其他词缀，常常会发生影响自身音节和前一词根音节的音变，这种音变称为"儿化"。因为"儿"缀的主要作用是构成名词的小称，儿化音变属于小称音变。

赣东北徽语中，"儿"缀附于词根之后，其音读有两种情况：或保持独立的音节；或与词根音节发生音节融合，即发生儿化音变。词缀是语素的一种，语素是最小的音义结合体。发生儿化音变的"儿"缀不再具有独立的音节形式，已经不属于严格意义上的词缀。但"儿"缀是词语发生儿化的动因，在讨论"儿"缀问题时，本书把融入儿化音节的"儿"仍视为"儿"缀，即具有特殊语音形式的"儿"缀。这类"儿"缀因"儿"有两种不同类型的读音，所发生的儿化音变也有两种类型，可以分别称"卷舌儿化"和"鼻音儿化"。发生卷舌儿化，"儿"自身不独立成音节，而是以卷舌音的音读与前一词根音节融合，使前一音节的主要元音变成卷舌元音。普通话中的儿化音变即属于卷舌儿化。发生鼻音儿化，"儿"自身也不独立成音节，而是以其鼻音的音读与前一词根音节融合，使前一词根音节变为鼻音韵母音节，"儿"成为韵母中的鼻音成分。

赣东北徽语中的"儿"缀之所以称为复杂而有特点，是"儿"缀类型比较多样。从音读类型来看，"儿"缀有读卷舌音的（可以称"A 类"），有读鼻音的（可以称"B 类"）；结合其音节类型来看，则 A 类"儿"缀有独成音节的 A-1 类和不再具有音节形式的 A-2 类，B 类"儿"缀也分为独成音节的 B-1 类和不再具有音节形式的 B-2 类。以下是 13 处方言点中各所具有"儿"缀类型的情况：

经公桥话：有 B-1 类"儿"缀，读自成音节的鼻辅音 ṇ⁰；有 B-2 类"儿"缀，表现为儿化音节的鼻音韵尾和鼻化韵的鼻音色彩。例如：

坏儿 ṇ⁰ 缝儿、夜下儿 ṇ⁰ 夜晚、松树叶儿 ṇ⁰ 松针

碗豚儿 tuən⁴⁴ 碗底、戒指儿 tɕin⁴² 戒指、树杪儿 miã⁴² 树梢、水蕨儿 tɕyẽ⁴⁴ 水蕨

鹅湖话：有 A-1 类"儿"缀，读独成音节的 ə^{r0}；有 A-2 类"儿"缀，表现为儿化音节的卷舌元音韵母的卷舌色彩。有 B-1 类"儿"缀，读独成音节的鼻音声母音节 ni⁰。例如：

瞎儿 ə^{r0} 瞎子、哑儿 ə^{r0} 哑巴

打扯火儿 xə^{r53} 打闪电、夜下儿 xuo^{r21} 夜晚、蕨儿 tɕyʔ^{r5} 蕨、钻水汹儿 mə^{r211} 潜水

河滩儿 ni⁰ 河滩、□nei³⁵ 今儿 ni⁰ 现在、热天儿 ni⁰ 夏天、柑儿 ni⁰ 橘子

旧城话：有 A-2 类"儿"缀，表现为儿化音节的卷舌元音韵母的卷舌色彩。有 B-1 类"儿"缀，读独成音节的鼻音声母音节 ni⁰。例如：

溜溜儿 liə^{r55} 屋檐下的冰锥、屋柱儿 tɕ'yə^{r33} 柱子、囟门子儿 tsə^{r0} 囟门、鸽儿 kə^{r213}

鹅卵牯儿 ni⁰ 鹅卵石、挨夜儿 ni⁰ 傍晚、气儿 ni⁰ 气味、笋儿 ni⁰ 笋

湘湖话：有 B-1 类"儿"缀，读独成音节的鼻音声母音节 ni⁰。例如：

笋儿 sən³⁵ni⁰ 笋、亭儿 ni⁰ 亭子、手弯儿 ni⁰ 胳膊肘、毛毛家儿 ni⁰ 婴儿

溪头话：无"儿"缀。

沱川话：有个别 B-1 类"儿"缀词，"儿"缀读自成音节的鼻辅音 ṇ⁰。例如：

母鸭儿 ṇ⁰ 母鸭、毛伢儿 ṇ²¹¹ 婴儿

紫阳话：有少量 B-1 类"儿"缀词，"儿"缀读独成音节的鼻音声母音节 ni⁰；有少量 B-2 类"儿"缀词，"儿"缀表现为儿化音节的鼻化韵的鼻音色彩。例如：

麻鸟儿 ni⁰；牛伢儿 ŋõ⁴⁴ 牛犊、猫儿 miã⁴⁴ 猫

许村话：有少量 B-2 类"儿"缀词，"儿"缀表现为儿化音节的鼻化韵的鼻音色彩。例如：

咕吱呀儿 iõ³³ 知了、猫儿 miõ³³ 猫

中云话：有个别 B-2 类"儿"缀词，"儿"缀表现为儿化音节的鼻化韵的鼻音色彩。例如：

细牛伢儿 ŋã⁴⁴ 牛犊

新建话：有个别 B-2 类"儿"缀词，"儿"缀表现为儿化音节的鼻化韵的鼻音色彩。例如：

鸟儿 tiẽ³¹ 鸟儿

新营话：有少量 B-2 类"儿"缀词，"儿"缀表现为儿化音节的鼻化韵的鼻音色彩。例如：

鸟儿tiɔ̃⁵³、麻雀儿tsiã²¹⁵麻雀、牛伢儿ŋã³¹牛犊

黄柏话：有少量B-1类"儿"缀词，"儿"缀读独成音节的鼻音声母音节 ni⁰。例如：

索儿 ni⁰绳子、钉儿 ni⁰钉子、剃头片儿 ni⁰剃刀布、燕儿 ni⁰燕子

暖水话：有少量B-2类"儿"缀词，"儿"缀表现为儿化音节的鼻化韵的鼻音色彩。例如：

牛犊儿 p'ɔ̃⁵⁴半大的牛、羊伢儿ŋã²³羊羔、兔儿t'uõ³⁵兔子、奶儿liẽ³¹乳

13处方言点中，浮梁经公桥、鹅湖、旧城3处方言点"儿"缀最为发达。经公桥话中有B-1、B-2两类"儿"缀，鹅湖话中有A-1、A-2、B-1三类"儿"缀，旧城话中有A-2、B-1两类"儿"缀。3处方言点的"儿"缀词数量也较多。湘湖话只有B-1类"儿"缀。婺源溪头话无"儿"缀，沱川话只有个别读自成音节的鼻辅音 ŋ⁰ 的B-1类"儿"缀词，紫阳话有少量B-1、B-2类"儿"缀词。德兴黄柏话有少量读独成音节的鼻音声母音节 ni⁰ 的B-1类"儿"缀词，其余婺源许村话、中云话和德兴新建话、新营话、暖水话5处方言点，都只有少量"儿"缀表现为儿化音节鼻化韵鼻音色彩的B-2类"儿"缀词。

（3）仂（呐）、哩

"仂（呐）""哩"是赣东北徽语中使用较广泛的名词后缀。

后缀"仂（呐）""哩"读轻声，实际上是同一个后缀，只是在方言点中音读有所差异，"仂（呐）"读 lɛ⁰ 或 le⁰，"哩"读 li⁰，记词时为了使标音趋于准确，分别选字记录。个别方言点如经公桥话，由于 n-、l-声母相混，"仂"偶有读 nɛ⁰ 的，也据音记作"呐"。

浮梁湘湖话、经公桥话和婺源许村话、中云话等方言点中"仂"缀词数量很多，尤其是湘湖话中，"仂"缀不仅可以用于构成植物、动物名称（如"柚仂柚子、猴仂、黄老鼠仂黄鼠狼、蚂蚁仂"等），也可以用于构成自然物、日用品、食品及其他事物名词（如"鹅头金仂鹅卵石、弄仂巷子、桌仂、帽仂、包仂包子、屋桷仂椽子、糊仂糨糊、眼珠子仂眼珠、肚仂肚子、单身汉仂"），还可以附于少数动词词根作后缀（如"打莲花落仂唱莲花落、钻水汋仂潜水"）。可以看出，湘湖话中的"仂"与普通话中的名词后缀"子"相当，但使用范围又广于普通话。

浮梁鹅湖话中未见有"仂"缀词，旧城话中只有少数几个（如"垄仂山谷、麻雀鸟仂麻雀"）。婺源溪头话、沱川话、紫阳话中的"仂"缀主要见于对残疾人的称谓语中，如"聋仂、哑仂、瞎仂、低多仂结巴"。德兴新建话、新营话、暖水话中有少数几个词带"仂"缀，如"□ʃɛ⁵¹仂知了、孙仂孙子"。

"哩"缀主要见于德兴黄柏话，它可以出现在动物名称中（如"鸽哩鸽子、

蚊虫哩_蚊子_、蛤蟆豚哩_蝌蚪_"），也可以出现在事物名称（如"村哩_村子_、踏步哩_台阶_、菜梗哩、李哩_李子_"）、服饰名词（如"背褡哩_背心_、裤哩、鞋哩、纽扣哩"）、身体部位名词（如"囟当哩_囟门_、牙齿肉哩_牙龈_、膝头磨哩_膝盖_"）、称谓词（如"月窠伢哩_婴儿_、孙哩_孙子_"），还可以与形容词性词根组合表称谓，如"老哩"指"老头儿"，有几个动作行为词中也带"哩"缀，如"钻汤落哩_潜水_、唱歌哩_唱歌_"。

暖水话中也有少数几个词带"哩"缀，如"橘哩_橘子_、鸟哩_鸟儿_、蛤蟆豚哩_蝌蚪_"。

（4）子、头

"子"和"头"是赣东北徽语中两个与共同语相同的名词后缀，其用法也与共同语基本相同。其中"子"缀使用较常见，"头"缀使用相对稍少。

赣东北徽语中，"子"除了在新建话中韵母读舌面元音-ʮ以外，在其他方言点都读舌尖元音-ɿ。作词缀的"子"都读轻声。"子"缀显示出方言区域特色的，主要是有许多不见于共同语的"子"缀词语。例如：

溜子_屋檐下的冰锥_（湘湖话等）、荠子_荸荠_（新建话等）、狗子_跳蚤_（旧城话等）、桸子_橡子_（经公桥话等）、屎子_窗户_（新营话等）、手捏子_手绢_（湘湖话等）、后生子_年轻人_（暖水话）、单□liau²⁴子_单身汉_（旧城话）、䑛䑛子_未婚男青年_（湘湖话等）、聋子_傻子_（经公桥话等）、神子_傻子_（新营话）、面子_脸_（鹅湖话等）、颈子_脖子_（新建话等）、眼子_眼睛_（暖水话）、□kʻai²¹子_现在_（湘湖话等）

赣东北徽语中"头"缀主要附于名词性词根之后构成名词，少数附于动词性词根之后。以下是各方言点中不见于共同语的"头"缀词：

镬头_灶_（旧城话等）、柱头_柱子_（湘湖话）、马头_旧式砖房防火墙的头_（沱川话等）、屋倍头_同前_（湘湖话）、戏头_同前_（新建话等）、山子头_同前_（黄柏话）、帽头_帽子_（暖水话）、肩头_肩膀_（紫阳话等）、手头_手指_（暖水话）、脚膝头_膝盖_（紫阳话等）、鼻头_鼻涕_（旧城话等）、伙头_厨师_（紫阳话等）、朝头_早晨_（暖水话）、赚头_利润_（经公桥话等）、利头_同前_（鹅湖话等）、折头_折扣_（溪头话等）

（5）佬、郎、家

"佬""郎""家"是赣东北徽语中三个用来构成称人名词的后缀。

"佬"缀附于名词性、动词性词根之后构成称人名词，一类是亲属称谓，例如：

丈人佬_岳父_、义父佬_继父_、大伯佬_大伯子_、叔佬_叔叔_、兄佬_哥哥_、侄佬_侄子_

另一类是职业称谓，例如：

媒人佬_媒人_、伙头佬_厨子_、针匠佬_裁缝_、泥佬_泥水匠_、种田佬_种田人_、老板佬_商人_、

剃头佬理发匠、讨饭佬乞丐

"佬"缀词一般都带有某些感情色彩。作亲属称谓的，有表示对长辈尊敬且亲近的意味，对平辈和晚辈则表示亲昵。"同年佬"不是亲属称谓，却是泛亲属化的称呼，带亲近意味。作职业称谓的，往往含有轻贱或戏谑之意，如"剃头佬"比较"剃头师傅"，明显有瞧不起的意思。

有时，同一词形在不同方言中的所指可能不一样，例如"叔佬"，在黄柏话中意为"叔父"，在新营话中却指"小叔子"。

"郎"作词缀所构成的称人名词基本上用来指男性，如"哥郎、弟郎、侄郎、青头郎未婚男青年"；暖水话中"妹妹"也称"郎"，叫作"妹郎"。

"家"作词缀都读轻声，所构成的称人名词主要用于称说各类人物。例如：

男人家男人（湘湖话、沱川话）、女人家女人（湘湖话）、妇人家女人（中云话）、女伲家女人（许村话）、细人家小孩（湘湖话）、嫩人家小孩（沱川话）、嫩家小孩（新建话）、小伲家小孩（许村话）、子伲家未婚男青年（黄柏话）、同年家同庚（紫阳话）

二 代词

代词是具有替代或指称功能的一种特殊的词类。从替代或指称的对象看，代词通常分为人称代词、疑问代词、指示代词三大类。方言中代词在其构成及系统上常常表现出不同于共同语的区域特色。以下分别考察赣东北徽语中的三类代词。

（一）人称代词

1. 人称代词单数的构成

列表对照赣东北徽语人称代词单数的构成情况。见以下表 8-1-3：

表 8-1-3　　　　　　　赣东北徽语人称代词单数对照表

	词 1449 我	词 1450 你	词 1451 他
经公桥	阿 ʌ^{355}	尔 ŋ^{355}	渠 kei^{355}
鹅　湖	我 ŋuo^{53}/我侬 ŋuo^{53}noŋ^{35}	尔□ ŋ^{35}na^0	渠 ku^{35}
旧　城	我 o^{31}/我侬 o^{31}noŋ^0/我□ o^{31}nɛ^0	尔□ ŋ^{31}na^0	渠 tɕi^{24}
湘　湖	我 o^{314}	尔□ ŋ^{44}na^0	渠 ku^{35}/渠哩 ku^{35}li^0
溪　头	阿 a^{231}/阿侬 a^{21}nəŋ^0/□so^{231}	尔 ŋ^{33}	渠 kʻɐ^{51}
沱　川	我 o^{31}/□so^{31}	尔 ŋ^{44}	渠 kʻə^{211}
紫　阳	我 ə^{31}/□sə^{31}	尔 ŋ^{44}	渠 tɕ'ie^{211}
许　村	我 o^{31}/我伲 o^{31}lɛ^0	尔 ŋ^{24}/尔伲 ŋ^{24}lɛ^0	渠 tʃe^{51}/渠伲 tʃe^{51}lɛ^0

续表

	词 1449 我	词 1450 你	词 1451 他
中 云	我 o³¹	尔 ŋ³⁵	渠 tɕʻie¹¹
新 建	阿 a²⁴/阿侬 a²⁴nəŋ⁰	尔 ŋ²⁴/尔侬 ŋ²⁴nəŋ⁰	渠 tɕʻiɛ²⁴/渠侬 tɕʻiɛ²⁴nəŋ⁰
新 营	我 ŋo⁵³	尔 ŋ̍⁵³	渠 tɕʻi³¹
黄 柏	阿□ a⁴⁴n̩i⁰	尔 ŋ⁴⁴	渠 tɕʻi⁴¹
暖 水	阿 ŋuɐ³¹/阿侬 ŋuɐ²⁴nəŋ⁰	尔 ŋ³¹/尔侬 ŋ²⁴noŋ⁰	渠 tɕʻi²³/渠侬 tɕi²⁴noŋ⁰

（1）人称代词第一人称单数的构成

赣东北徽语中，人称代词第一人称单数的基本形式有三种说法："我" "阿"和"□so/sɵ"。

第一人称单数的语音形式，从韵母看，13 处方言点中，浮梁经公桥以外 3 处方言点和婺源溪头以外 4 处方言点，以及德兴新营话，读 -o、-uo、-ə 韵母，经公桥话、溪头话和德兴新营话以外 3 处方言点，读-a、-ʌ、-ɐu 韵母。本书把韵腹读半高元音的记作"我"（中古果摄上声一等疑母字），把韵腹读低元音和半低元音的记作"阿"。实际上读"阿"音属于果摄字中比 -o 更为古老的读音层次。从声调看，方言点中读"我"的，大多数都读上声（鹅湖话、旧城话、湘湖话、许村话）或阳上（沱川话、紫阳话、中云话），合于中古上声次浊声母字方言声调今读规则；只有新营话中"我"读阴平为例外。方言点中读"阿"的，只有溪头话读阳上，经公桥话、新建话读阳平，黄柏话、暖水话读阴平。这似乎也表明第一人称单数"我"与"阿"在音读形式上的差异。从声母看，鹅湖话、新营话、暖水话 3 处方言点读 ŋ- 声母，其他 10 处方言点中读零声母，反映出赣东北徽语古疑母字声母读音分为两类的特点。

第一人称单数读"□so/sɵ"的，只见于婺源溪头话、沱川话、紫阳话 3 处方言点，声调都为阳上。"□so/sɵ"实际上是"是我"的合音，是一类具有某种突出强调意味的人称代词。这三处方言点中，"□so/sɵ"与"我"或"阿"并存。但在紫阳话和沱川话中"□so/sɵ"已经较少使用，特别是青年人群已经基本不说。只有在溪头话中"□so"的使用还较普遍。在溪头话中，"阿"和"□so"的出现环境并不对立，但如果用于回答问话、与他人情况对比等语境中，一般倾向于使用后者。例如：

尔到何里去？——□so²³¹ 到南昌去。（语法 041[①]）

[①] 括号内的文字和数字表明该例句选自第七章"赣东北徽语代表方言点语法、例句对照"以及该例句的排列顺序。以下同。

昨日老王钓着一条大鱼，□so²³¹ 不曾钓着鱼。（语法 005）

车票□so²³¹ 买好之了，尔不要买嘞。（语法 039）

例句中，"□so²³¹"都用于回答问话和与他人对比。这应该是"□so²³¹"依然具有一定强调意义的体现。

赣东北徽语中，浮梁鹅湖、旧城，婺源溪头、许村，德兴新建、黄柏、暖水共 7 处方言点人称代词第一人称单数有单音节形式和双音节形式并行的情况。双音节形式是在单音节的基本形式之后加后附成分而构成。鹅湖话、溪头话、新建话、暖水话中双音节第一人称是在基本形式之后加后附成分"侬"，许村话、黄柏话中双音节第一人称是在基本形式之后加后附成分"伢"（许村话）和"□ni⁰"（黄柏话）。联系本节前述"名词后缀"中的"伢（呐）、哩"，黄柏话中的"□ni⁰"实际应该是与"伢"相当的"哩"（声母为 n-与泥、来母相混的语音特点有关）。旧城话中有两个双音节的第一人称单数形式，兼有加后附成分"侬"和"伢"（"nɛ⁰"当也属于"伢"）的两种构成双音节第一人称单数的类型。

考察上述 5 处第一人称单数有单、双音节并行形式的方言点，方言语用现状已经不能显示第一人称单数单、双音节形式在运用上的对立条件。

（2）人称代词第二人称单数的构成

赣东北徽语第二人称单数的语音形式比较一致，其基本形式都读自成音节的鼻辅音，新营话以外 12 处方言点读舌尖鼻辅音 ņ，新营话读舌根鼻辅音 ŋ。本书都记作"尔"（中古止摄上声开口三等日母字）。不过除了旧城话中"尔"读上声以外，其他 12 处方言点，经公桥话、鹅湖话和新建话 3 处方言点读阳平，湘湖话、溪头话、沱川话、紫阳话、新营话、黄柏话、暖水话 7 处方言点读阴平，许村话、中云话 2 处方言点读阴去。

与第一人称单数情况相同，赣东北徽语中鹅湖话、旧城话、新建话、暖水话、许村话 5 处第一人称单数有单、双音节并行形式的方言点，其第二人称单数也有单、双音节并行形式。另外，湘湖话第一人称无双音节形式，但其第二人称单数却有双音节形式。这 6 处方言点，第二人称单数双音节形式也都是在第二人称基本形式之后加后附成分。其中浮梁鹅湖话、旧城话、湘湖话 3 处方言点所附加的后附成分是"□na⁰"，婺源许村话所附加的后附成分是"伢"，德兴新营话、暖水话所附加的后附成分是"侬"。

第二人称单数的单、双音节形式并存的多数方言点从方言语用现状看，句法功能上两种形式一般没有区别。

暖水话中，第二人称代词单数的两种语音形式在句法上存在一定的对立。二者都能充当主语，如说"尔侬路熟，尔走前□k'iɛ⁰你路熟，你在前面走"，"尔侬"和"尔"分别出现在前后小句主语的位置。但在宾语位置上，通常却只出现双音节形式，如"伊支笔送把尔侬这支笔送给你"；定语位置上一般只出现单音节形式，如"尔啯弟郎你的弟弟"。

黄柏话第一人称有双音节形式，而第二人称无相应的双音节形式，表现了方言语言特点的不对称性。

（3）人称代词第三人称单数的构成

赣东北徽语第三人称单数的语音形式也比较一致。其基本形式从声母看分为两类：一类读舌根音声母 k-（经公桥话、鹅湖话、湘湖话）、k'-（溪头话、沱川话），一类读舌面音声母 tɕ-（旧城话）、tɕ'-（紫阳话、中云话、新建话、新营话、黄柏话、暖水话）和舌叶音声母 tʃ'-（许村话）。这里读音虽有两类 5 种，但其来源却都是一个，本书都记作"渠"（中古遇摄平声三等群母字）。读舌根音声母或舌面（舌叶）音声母，是中古群母字"渠"是否发生颚化而形成的异读；读送气音或不送气音，是古全浊声母字清化后声母演化的不同路径。从声调看，除中云话以外 12 处方言点"渠"都读阳平，合于中古平声浊声母字方言声调今读规则。中云话读阴平为例外。从韵母看，鹅湖话、湘湖话读洪音-u，经公桥话读洪音-ei，旧城话、新营话、黄柏话、暖水话读细音-i，合于中古遇摄字方言韵母今读规则。溪头话、沱川话分别读洪音-ɨ、-ǝ；紫阳话、许村话、中云话、新建话分别读-ie（e）、-iɛ，则表现出遇摄鱼韵字与虞韵字韵母有区别的痕迹。

不同的音读，可以反映出方言点之间的联系和关系。读舌根音声母的是浮梁旧城以外 3 处方言点和婺源东部、北部 2 处方言点，读舌面（舌叶）音声母的是婺源西南部、南部 3 处方言点和德兴 4 处方言点以及浮梁旧城话，反映出赣东北徽语区南—北区片的对立。读舌面音声母的，应该是受赣语影响的结果。浮梁 4 处方言点读不送气音（旧城话在这一情况上保持了与浮梁其他 3 处方言点的一致），婺源 5 处方言点和德兴 4 处方言点读送气音，反映出赣东北徽语区西北、中部—南部的区片对立。婺源 5 处方言点以及新建话表现"鱼虞有别"的韵母音读，反映出赣东北徽语区中部—西北、南部的区片对立。新建话近婺源而与之趋同。

赣东北徽语中第三人称单数也有单、双音节两种形式并存的情况。不过与第一、第二人称相比较，有单、双音节两种形式并存的方言点较少，只有许村话、新营话、暖水话 3 处方言点。在单音节基本形式之后附加构成双音节第三人称单数的词缀只有"伋"（许村话）和"侬"（新建话、暖水话）两个。这些单、双音节的两种形式在分布上也基本上没有明显的对立，即在用法上没有主格、宾格之分，可以自由地充当句子的主语和宾语。

2. 人称代词复数的构成

赣东北徽语中人称代词复数以基本形式附加具有表示复数意义的后附成分的方式构成。见以下表 8-1-4：

表 8-1-4　　　　　　　赣东北徽语人称代词复数对照表

	词 1452 我们	词 1454 你们	词 1455 他们
经公桥	阿□ ʌ³⁵sən⁵⁵	尔□ ŋ³⁵sən⁵⁵	渠□ kei³⁵sən⁵⁵
鹅　湖	我□ ŋuo⁵³ŋ³⁵ /我拉 ŋuo⁵³la⁰	尔□ ŋ³⁵sən⁰	渠□ ku³⁵sən⁰
旧　城	我□ o³¹sen⁵⁵ /我大家 o³¹tʻa³³kuo⁰	尔大家 ŋ³¹tʻa³³kuo⁰	渠大家 tɕi²⁴tʻa³³kuo⁰
湘　湖	我大家 o³⁵tʻa²¹ko⁴⁴ /我些人 o³¹ɕie⁴⁴iɛn³⁵	尔大家 ŋ⁴⁴tʻa²¹ko⁴⁴	渠大家 ku³⁵tʻa²¹ko⁴⁴
溪　头	阿伊拉人 a²³¹i³³la³³iɛn⁵¹	尔人 ŋ³³iɛn⁵¹ 尔伊拉人 ŋ³³i³³la³³iɛn⁵¹	渠人 kʻɐ⁵¹iɛn⁵¹ 渠□拉人 kʻɐ⁵¹kɐ²⁴la³³iɛn⁵¹
沱　川	我□ o³¹xã⁴⁴	尔□ ŋ⁴⁴xã⁴⁴	渠□ kʻə²¹xã⁴⁴
紫　阳	我□ ə³¹xã⁴⁴ /□□ sɵ³¹xã⁴⁴ /□家 ã⁴⁴kɵ⁴⁴	尔□ ŋ³¹xã⁴⁴	渠□ tɕʻie²¹xã⁴⁴
许　村	我□ o³¹xã³³	尔□ ŋ³¹xã³³	渠□ tʃʻe⁵¹xã³³
中　云	我□ o³¹xã⁴⁴	尔□ ŋ³¹xã⁴⁴	渠□ tɕʻie¹¹xã⁴⁴
新　建	阿碗 a²⁴uã³¹	尔碗 ŋ²⁴uã³¹	渠碗 tɕʻie²⁴uã³¹
新　营	阿拉 ŋa⁵³la⁵⁵	尔拉 ŋ⁵³la⁰	渠拉 tɕʻi³¹la⁰
黄　柏	阿拉 a⁴⁴lɑ⁰	尔哪 ŋ⁴⁴nɑ⁰	渠拉 tɕʻi⁴¹lɑ⁰
暖　水	我□人 ŋuɐ²¹næ³¹iẽ⁰	尔□人 ŋ²¹næ³¹iẽ⁰	渠□人 tɕʻi²³næ³¹iẽ⁰

赣东北徽语中人称代词复数的后附成分比较复杂。从音节数量看，多数后附成分为单音节形式，也有双音节以至更多音节的。具体如下：

　　　　　　　　单音节形式　　　双音节形式　　三音节形式
经公桥话　□sən⁵⁵
鹅湖话　　□sən⁰/□ŋ³⁵/拉 la⁰
旧城话　　□sɛn⁵⁵　　　　　　大家
湘湖话　　　　　　　　　　　　大家/些人
溪头话　　　　　　　　　　　　　　　　　　伊拉人 i³³la³³iɛn⁵¹
　　　　　　　　　　　　　　　　　　　　　□拉人 kɐ²⁴la³³iɛn⁵¹

沱川话　　　□xã⁴⁴
紫阳话　　　□xã⁴⁴
许村话　　　□xã³³
中云话　　　□xã⁴⁴
新建话　　　碗 uõ³¹
新营话　　　拉 la⁵⁵
黄柏话　　　拉 la⁰
暖水话　　　□人 næ³¹iẽ⁰

上述人称代词复数形式中的后附成分，单音节的"拉 la""碗 uõ""□ŋ̍"来源未明，宜视为一个完全虚化的表音成分。经公桥话、鹅湖话、旧城话中的"□sən/sen"，联系湘湖话中的"些人"，似可推定为"些人"的合音。婺源沱川话、紫阳话、许村话、中云话中的"□xã"应该是一个由表示连接、相当于普通话中"和"的连词演变而来，其形成与第一人称复数包括式有关联（详见以下）。旧城话、湘湖话中的"大家"已经不能视为严格意义上的后附成分，实际上是一个用于单数人称之后使组成的短语具有复数意义的一个同位成分。溪头话中的"伊拉人""□kɐ²⁴拉人"和湘湖话中的"些人"、暖水话中的"□næ³¹人"，性质与"大家"相同。其中溪头话中的"伊拉人""□kɐ²⁴拉人"，其中分别包含相当于普通话"这"和"那"的表示近指和远指的成分"伊"和"□kɐ²⁴"，因此称说人在交际现场的第一、第二人称之后所附的是"伊"，而称说人在交际现场以外空间的第三人称之后则后附"□kɐ²⁴"。

复数人称代词中基本形式之后所附的双音节、三音节成分，表示对不确定具体数量的多数的泛指，因此语用中当需要表明具体数量的多数时，各方言点中不能使用这类以双音节、三音节后附成分构成的人称代词复数形式，而只能以单数形式来表示。例如"我们三人"，湘湖话中不能说"我大家三个人""我些人三个人"，而只说"我三个人"，溪头话中也不能说"阿伊拉人三个人"而只说"阿三个人"。

鹅湖话、湘湖话和溪头话、紫阳话中人称代词复数有多个形式并行的情况。除了溪头话中"尔伊拉人"和"尔人""渠□kɐ²⁴拉人"和"渠人"属于繁式和简式并用外，鹅湖话中的"我□ŋ̍³⁵"和"我拉"，湘湖话的"我大家"和"我些人"，应该是不同来源的形式的叠现。紫阳话中的"我□xã⁴⁴"和"□□sɛ³¹xã⁴⁴"，因单数形式的并行而构成。紫阳话中另外有一个第一人称复数"□ã⁴⁴家"，其来源和理据未明，是紫阳话特有的说法。

3. 第一人称复数的包括式与排除式

汉语中的第一人称复数，有包括式和排除式的区别。包括式指包括听话者在内的第一人称复数形式，排除式则是不包括听话者在内的第一人称复数形式。赣东北徽语中部分方言点的人称代词第一人称复数能区别包括式和排除式。见以下表 8-1-5：

表 8-1-5　　赣东北徽语第一人称代词复数包括式与排除式对照表

	词 1452 我们	词 1453 咱们
经公桥	阿□ ʌ³⁵sən⁵⁵	□ ã²²
鹅　湖	我□ ŋuo⁵³ŋ³⁵/我拉 ŋuo⁵³la⁰	□ xoŋ³⁵/我拉 ŋuo⁵³la⁰
旧　城	我□ o³¹sɛn⁵⁵	我大家 o³¹tʻa³³kuo⁰
湘　湖	我大家 o³⁵tʻa²¹kuo⁴⁴/我些人 o³¹ɕiɐ⁴⁴iɛn³⁵	我跟尔 o³¹⁴kən⁴⁴ŋ⁴⁴
溪　头	阿伊拉人 a¹³²i³³la³³iɛn⁵¹	阿搭尔 a²³¹tɐ⁵⁵ŋ³³
沱　川	我□ o³¹xã⁴⁴	□□xəŋ²¹xã⁴⁴/我□尔□ o³¹xã⁴⁴ŋ⁴⁴xã⁴⁴
紫　阳	我□ o³¹xã⁴⁴/□□ sə³¹xã⁴⁴/□家 ã⁴⁴kə⁴⁴	□跟尔 sə³¹kã⁴⁴ŋ³¹
许　村	我□ o³¹xã³³	我□ o³¹xã³³
中　云	我□ o³¹xã⁴⁴	我□ o³¹xã⁴⁴/我尔 o³¹xã⁴⁴ŋ³¹
新　建	阿碗 a²⁴uã³¹	阿碗 a²⁴uã³¹
新　营	阿拉 ŋa⁵³la⁵⁵	阿拉 ŋa⁵³la⁵⁵
黄　柏	阿拉 a⁴⁴la⁰	□呐 kən⁴⁴nə⁰
暖　水	我□人 ŋuɐ²¹næ³¹iê⁰	□ ŋæ³¹

赣东北徽语中，婺源许村和德兴新建、新营3处方言点，第一人称代词复数不区别包括式与排除式。鹅湖话中的"我拉"和中云话中的"我□xã⁴⁴"也是不区别包括式与排除式的第一人称复数形式（鹅湖话和中云话中另有能区别的形式）。

经公桥话的"□ã⁴⁴"和"阿□sən⁵⁵"，鹅湖话的"□xoŋ³⁵"和"我□ŋ³⁵"，黄柏话的"□呐nə⁰"和"阿拉"，暖水话的"□ŋæ³¹"和"我□人ŋuɐ³¹næ³¹iê⁰"，这4处方言点中的第一人称复数的包括式和排除式，语音形式完全不同。旧城话的包括式"我大家"和排除式"我□sɛn⁵⁵"，以其他方言点中只属于并行形式的后附成分构成。

湘湖话、紫阳话和溪头话、沱川话的第一人称复数包括式以相当于普通话的"我和你"格式构成："我跟尔"（湘湖话）、"□sə³¹跟尔"（紫阳话）、"阿搭尔"（溪头话）、"我□xã⁴⁴尔□xã⁴⁴"（沱川话）。沱川话的"我□xã⁴⁴尔□xã⁴⁴"与"我跟尔""阿搭尔"相联系，可知前一个"□xã⁴⁴"与"跟"

"搭"相同，是相当于普通话中的"和"的连词。在官话方言的一些方言点如北京话（口语）中，"和 hé"也有读"hàn"音的，可作佐证。正因为此，前述婺源沱川话、紫阳话、许村话、中云话中的人称代词复数后附成分"□xã"可知应该由此演变而来。其演变过程是，虚化的结果使"我□xã⁴⁴尔"丢失"尔"，"□xã⁴⁴"在"我□xã⁴⁴"格式中承载着表示复数的语义，于是"我□xã⁴⁴"格式也仅作第一人称复数而不再区别包括式与排除式。（中云话中的第一人称复数包括式"我□xã⁴⁴""我□xã⁴⁴尔"并存正反映了这一过程的演变中状态）"□xã⁴⁴"一经演化为后附成分，也便可以用来后附于第二、第三人称单数而构成第二、第三人称的复数形式"尔□xã⁴⁴""渠□xã⁴⁴"（紫阳话）。沱川话中的"我□xã⁴⁴尔□xã⁴⁴"前后有两个"□xã⁴⁴"，前一个是连词，后一个则是后附成分。

"我跟/搭/□xã尔"一类的第一人称复数包括式，严格来说也不属于一个独立凝固的语法成分，但这样的表示人称代词复数的形式，却是赣东北徽语中部分方言点非常有特色的第一人称复数包括式的表述格式。

（二）疑问代词

疑问代词主要表示疑问，可以构成各种类别的特指问。比如普通话中的"谁愿意去？""想吃什么？""你去哪里？""感觉怎么样？""去县城怎么走？""为什么不说话？"等。以下列表对照赣东北徽语中疑问代词的构成和对应情况。分别见以下表 8-1-6、8-1-7、8-1-8、8-1-9：

表 8-1-6　　　　　　　赣东北徽语疑问代词对照表（1）

	词 1474 谁你找~？	词 1475 什么你找~？	语法 014-2 哪~一件好看？	词 1464 哪个两个杯子，你要~？
经公桥	何个 xɤ³⁵⁵kɤ²¹⁴	什么 ɕi⁴⁴mɤ²¹⁴	何 xɤ³⁵	何一个 xɤ³⁵i⁰kɤ²¹⁴
鹅 湖	□个 ɕi²⁴kie²¹³	什么 ɕiʔ⁴mɛʔ⁰	何里 xa³⁵li⁰	何一个 xa³⁵iʔ⁴kie⁰
旧 城	何个 xɛ²⁴kie²¹³	什么个 ɕi³³moʔ³³kɛ²¹³	何 xɛ²⁴	何个 xɛ²⁴kie²¹³
湘 湖	何个 xɛ³⁵kɛ²¹²	底么 tei³⁵moʔ⁰	何 xɛ³⁵	何个 xɛ³⁵kɛ⁰
溪 头	何一个 xo⁵¹i⁵⁵ka²⁴	底么 te⁴²mo⁰ 哩么 li³³mo⁰	何 xo⁵¹	何一只 xo⁵¹i⁵⁵tsa⁵⁵
沱 川	何物 xo²¹bə⁵¹ 何一个 xo²¹i⁵¹ka³⁵	底物 ti²bə⁵¹ 么仍 bə⁵¹le⁰	何 xo²¹	何样 xo²¹iã⁵¹
紫 阳	□□ so⁴⁴lo⁴⁴ 何□物 xə²¹tʻə²bə⁵¹ 何一个 xə²¹i⁵¹ke³⁵	土物 tʻu²bə⁵¹ 通物 tʻum⁴⁴bə⁵¹ 么 be⁵¹	何 xə²¹¹	何一只 xə²¹i⁵¹tso⁵¹
许 村	何仍 xɤ⁵¹le⁰ 何□物 xɤ⁵¹tɕi⁰mɤ⁵⁴	底物 ti³¹mɤ⁵⁵ 么仍 mɤ⁵⁴le⁰	何 xa⁵¹	何一只 xa⁵¹i⁵⁵tʂo⁵⁵

续表

	词 1474 谁你找~?	词 1475 什么你找~?	语法 014-2 哪~一件好看?	词 1464 哪个两个杯子，你要~?
中 云	何个 xɤ¹¹kɤ³⁵	□物 t'ɤ³¹bɤ⁵¹	何 xa¹¹	何一只 xa³⁵i⁵¹tso⁵¹
新 建	何物 xɯ²¹mə⁵¹	么拉 mə⁵¹la⁰	何 xɯ²⁴	何个 xɯ²⁴kə⁰
新 营	么人 mo⁵⁵ȵiən³¹	么仂 mo⁵⁵le⁰ 么仂 mɛ⁵¹	何 xo³¹	何一个 xo³¹i⁵⁵kɛ⁰
黄 柏	么人 mə⁴⁴ȵien⁴¹	么仂 mə⁴⁴le⁰	何 xo⁴¹	何个 xo⁴¹kə⁰
暖 水	何物 xo²¹mɛ⁵⁴	么个 mo³¹ka³⁵	何 xo²³	何个 xo²¹ka³⁵

以上表 8-1-6 所列是赣东北徽语中相当于普通话的"谁""什么"和"哪""哪个"的疑问代词。普通话中，"谁"问人，"什么"问事物。"哪个"兼问人和事物，要求在几个人或事物中确定其中的一部分。"哪"是疑问代词的基本形式，后面跟量词或数词加量词构成"哪（一）个"的说法。

赣东北徽语中相当于普通话"什么"的问事物的疑问代词除了浮梁经公桥话、鹅湖话、旧城话所说"什么（个）"与普通话相同或相近以外，其他方言点主要以"底"（湘湖话、溪头话、沱川话、许村话）、"么"（沱川话、紫阳话、许村话、德兴 4 点）为基本形式构成。中云话的"□t'ɤ³¹ 物"和紫阳话的"土物""通物"应为同一类型。溪头话的"哩么"是方言点独有的说法。婺源中云话以外 4 点都有两种或三种说法并行的情况。

在问事物的疑问代词构成这一语法项目上，浮梁方言、婺源方言、德兴方言表现出比较整齐的三分的区片对立：浮梁方言 3 点说"什么"，婺源方言说"底×"和"土/通/□t'ɤ³¹ 物"，德兴方言说"么×"。湘湖话所说，应是与婺源方言接近而与之趋同的结果。婺源方言 4 点都有并行的多种说法，表现出与德兴方言的趋同。

赣东北徽语中问人的疑问代词与普通话有很大的区别，大多数方言点以"何"为基本形式构成"何×"的说法。新营话、黄柏话以问事物的"么"加"人"构成"么人"的说法。鹅湖话说"□ɕi³⁵（什）个"应与"么人"同类。紫阳话中的"□□so⁴⁴lo⁴⁴"是方言点独有的特殊说法。

相当于普通话的"哪个"的疑问代词，赣东北徽语 13 处方言点一致以"何"为基本形式构成"何×"的说法，差别在基本形式后所带量词有"个""只""样"3 个，另外量词前有的须加数词"一"。

赣东北徽语中，"何×"是问人和兼问人、事物的疑问代词的共用格式，有的方言点（旧城话、湘湖话）两个疑问代词完全同形。部分方言点格式相同但词形略有区别，应该是语用中为了避免混淆而演变的结果。

表 8-1-7　　　　　　　　赣东北徽语疑问代词对照表（2）

	词 0083 什么时候你~来的？	词 1467 哪里文具放在~？
经公桥	何时 xɤ³⁵ɕi⁵⁵	何里 xɤ³⁵li⁰
鹅　湖	何久 xɛ³⁵tɕiəu⁵³	何里 xa³⁵li⁰
旧　城	何□儿 xɛ²⁴uen³¹ni⁰	何□ xɛ²⁴tɛ⁵⁵
湘　湖	何时 xɛ³⁵ɕi³⁵	何里 xɛ³⁵li⁰
溪　头	底么时间 te⁴²mɐ⁰sŋ⁵¹kã³³	何里 xo⁵¹li⁰
沱　川	何个时候 xo²¹ko⁰sŋ²¹ɕiə⁵¹	何里 xo²¹le³¹
紫　阳	□物时候 t'ə²¹bə⁵¹ɕi²¹ɕia⁵¹	何落 xə²¹lo⁴⁴
许　村	何□时候 xa⁵¹tsŋ⁰ɕi⁵¹ɕia⁵⁵	何里 xa⁵¹li⁰
中　云	□物时候 t'ɤ⁵¹bɤ⁵¹sŋ¹¹ɕia⁵¹	何里 xe¹¹li⁰
新　建	么拉时候 mə⁵¹la⁰sɤ²⁴ɕiɯ⁵¹	何里 xa²⁴li⁰/□□ xəŋ²¹xẽ²¹³
新　营	么哩时间 mo⁵⁵lɛ⁰ɕi³¹kã⁵⁵	何搭 xo³¹ta⁵⁵
黄　柏	嘛时候 mɑ⁴¹ɕi⁴¹xə⁴¹	何处 xo⁴¹tɕ'ɤ²¹³
暖　水	何么□ xo²³mɤ⁰ɕiẽ³¹	何搭 xo²¹tɔ⁵⁴

以上表 8-1-7 所列是赣东北徽语中相当于普通话的"什么时候""哪里"问时间、处所的疑问代词。普通话中，"哪里"以疑问基本形式"哪"后附"里"构成。问时间的则以问事物的"什么"加"时候"构成短语形式的说法。

赣东北徽语中问处所的疑问代词构成格式与普通话同，不同在疑问基本形式是"何"，基本形式后附成分除"里"以外还有"处""落""搭/□tɛ⁵⁵"等。问时间的说法构成格式也与普通话同，不同在疑问基本形式还主要是"何"，此外也还有问事物的"底么""□t'ɤ⁵¹么""么拉"等。部分问时间的说法已经凝固为词的形式，有"何时""何么时""何久""何□uɛn³¹儿"。

表 8-1-8　　　　　　　　赣东北徽语疑问代词对照表（3）

	词 1470 怎样事情经过究竟是~的？	词 1473 怎么这个字~读？
经公桥	何样 xɤ³⁵yaŋ²¹⁴	□□ nã⁴²lən⁴⁴ / □嗰 nã⁴²kɤ⁰
鹅　湖	何样 xa³⁵iõ²¹¹	何样 xa³⁵iõ²¹¹
旧　城	何样 xɛ²⁴ȵia³³	何样 xɛ²⁴ȵia³³
湘　湖	何样 xɛ³⁵ia³³	何样 xɛ³⁵ia³³
溪　头	底么样 ti⁴²me⁵⁵iɔ̃⁵⁵	怎嗰 tsɛn⁴²ko⁰ / 怎□ tsɛn⁴²xã³³

续表

	词 1470 怎样事情经过究竟是~的?	词 1473 怎么这个字~读?
沱 川	何样子 xo²¹iɑ̃⁵¹tsʅ⁰	怎何 tse³⁵xo⁵¹ / 何样 xo³⁵iɑ̃⁵¹
紫 阳	怎何样式 tsã³⁵xə²¹iã⁵¹sa⁵¹	怎何 tsã³⁵xə²¹
许 村	么哩相 mɣ⁵⁵li⁰siɔ̃²⁴	怎何 tsɣ²⁴xɣ⁵¹ / 怎嗰 tse³¹kɣ⁰
中 云	何样 xe³⁵iã⁵¹	怎何 tsɣ³⁵xɣ¹¹ / 怎嗰 tsen²kɣ⁰
新 建	□□ xɯŋ²⁴xuɔ̃⁵¹	何样 xɯ²⁴iɔ̃⁵¹ / □□ xəŋ³¹xuɔ̃⁵¹
新 营	何种 xo³¹tsən⁵³	何种 xo³¹tsən⁵³ / 种 ɕiã⁵³tsən⁵³
黄 柏	何样 xo⁴¹iã²¹³	何样 xo⁴¹iã²¹³
暖 水	何种 xo²³tʂoŋ²¹⁴	何种 xo²³tʂoŋ²¹⁴

以上表 8-1-8 所列是赣东北徽语中相当于普通话的"怎样""怎么"的问性质、状态、方式的疑问代词，两者区别在句法功能："怎样"用作谓语、定语，"怎么"用作状语。

普通话中问性质、状态、方式的疑问代词，有的兼有作谓语、定语和作状语的两类句法功能。比如"话该怎么说？（作状语）""你怎么啦？（作谓语）""这是怎么回事？（作定语）"赣东北徽语中有部分方言点这两类句法功能也是由一个疑问代词来承担的，例如鹅湖话、旧城话、湘湖话、黄柏话的"何样"，新营话、暖水话的"何种"，新建话的"□□xəŋ²⁴xuɔ̃⁵¹"。婺源方言 5 点相当于普通话的"怎样""怎么"的疑问代词都不同形。这一情形表现出浮梁方言、德兴方言与婺源方言之间的区片对立。

普通话的"怎样""怎么"以"怎"为构成疑问代词的基本形式。赣东北徽语则主要以"何"为基本形式，婺源溪头话、许村话分别以问事物的"底么""么哩"为基本形式。婺源方言有以"怎"为基本形式的（溪头话、许村话、中云话），或以"怎"与"何"合成"怎何"来问性质、状态、方式（沱川话、紫阳话、许村话、中云话）。

新建话的"□□xəŋ²⁴xuɔ̃⁵¹"、经公桥话的"□□nã⁴²lən⁴⁴""□嗰nã⁴²kɣ⁰"是方言点特有的问性质、状态、方式的疑问代词。

表 8-1-9　　　　　　　赣东北徽语疑问代词对照表（4）

	词 1476 干什么你在~?	词 1477 为什么你~不去上学?
经公桥	做什么 tsuʌ²⁴ɕi⁴⁴mɣ⁰	做什么 tsuʌ²⁴ɕi⁴⁴mɣ²¹⁴
鹅 湖	做什么个 tsuo²¹ɕi²¹mɛʔ⁰kie²¹³	做什哩 tsuo²¹ɕiɑ²⁴li⁰
旧 城	做什么个 tso²¹³ɕi²¹³mo⁰kie²¹³	何样 xe²⁴n̠ia³³

续表

	词 1476 干什么你在~？	词 1477 为什么你~不去上学？
湘 湖	做么个 tso²¹mo²⁴kɛ²¹²	做么个 tso²¹mo²⁰kɛ²¹²
溪 头	做哩么 tso²⁴li³³mo⁰	做哩 tsu²⁴li³³
沱 川	做底物事 tsu³⁵ti²bə⁵¹sʅ⁵¹	底物事 ti²bə⁵¹sʅ⁵¹
紫 阳	做通物 tsu³⁵tʻum⁴⁴bə⁵¹	□物事 tʻə²bə⁵¹ɕi⁵¹
许 村	做么仍 tso²⁴mɤ⁵⁵le⁰	做么仍 tso²⁴mɤ⁵⁵le⁰
中 云	做□物 tsu³⁵tʻɤ³¹bɤ⁵¹	□物事 tʻɤ³¹bɤ⁵¹sʅ⁵¹
新 建	做么 tsɯ²¹³mə⁵¹	做么 tsɯ²¹³mə⁵¹
新 营	做么仍 tsu²¹³mo⁵⁵lɛ⁰	为公哩 uɛ⁵¹mɛ⁵⁵
黄 柏	做么 tso²¹mə⁴⁴	何样 xo⁴¹iã²¹³
暖 水	做么个 tso³⁵mo³¹ka³⁵	做么个 tso³⁵mo³¹ka³⁵

以上表 8-1-9 所列是赣东北徽语中相当于普通话的"干什么"和"为什么"用于询问动作行为和询问原因的疑问代词："干什么"询问动作行为，"为什么"询问原因。

普通话中以表"做"义的"干"用于问事物的"什么"之前构成问动作行为的疑问代词，以表"原因、目的"义的"为"用于问事物的"什么"之前构成问原因的疑问代词。赣东北徽语中，问动作行为的疑问代词构成格式与普通话相同，不同在表"做"义的语素用"做"，以及问事物的疑问代词形式的不同。

值得注意的是，赣东北徽语中有的方言点问原因的疑问代词与问动作行为的疑问代词相同。例如"做什么"（经公桥话）、"做么个"（湘湖话）、"做么仍"（许村话）、"做么"（新建话）。有的方言点问原因的疑问代词与问性质、状态、方式的疑问代词相同，例如旧城话、黄柏话的"何样"。婺源沱川话、紫阳话、中云话用相当于普通话的"什么事情"的"底物事""□tʻə²物事""□tʻɤ³¹物事"的说法来问原因。

询问数目、数量的疑问代词，赣东北徽语都用"几多"，一致性非常强。相当于普通话的"几""多少""多"和"多么"。例如第五章"词语对照"中词 1579 "多少村子里有~人？"，13 处方言点非常一致，都说"几多"。此处不再列表对照。

（三）指示代词

赣东北徽语指示代词的构成和对应情况见以下表 8-1-10 和表 8-1-11：

表 8-1-10　　　　　　　　赣东北徽语指示代词对照表（1）

	词 1462 这个 我要~	词 1463 那个 我不要~	词 1465 这里 书放在~	词 1466 那里 笔放在~
经公桥	伊个 i²⁴kɤ⁰	□个 niɛ²⁴kɤ⁰	伊□ i²⁴tau⁴⁴	□□ niɛ²⁴tau⁴⁴
鹅　湖	勒个 lɛ⁵⁵kiɛ⁰	那一个 luo⁵⁵iʔ²⁴kiɛ⁰ □个 ŋuo⁵⁵kiɛ⁰	勒位□ lɛ⁵⁵uei²¹sʅ⁰ 勒位 lɛ⁵⁵uei²¹li⁰	那□里 luo⁵⁵pã⁵⁵li⁰
旧　城	勒个 lɛ⁵⁵kiɛ⁰	唔个 ŋ⁵⁵kiɛ⁰	勒□儿 lɛ⁵⁵tɛ⁵⁵ni⁰	唔□儿 ŋ⁵⁵tɛ⁵⁵ni⁰
湘　湖	勒个 lei⁴⁴kɛ⁰	唔个 ŋ⁴⁴kɛ⁰	勒里 lei⁴⁴li⁰	唔里 ŋ⁴⁴li⁰
溪　头	伊只 i³³tsa⁵⁵	固只 ku²⁴tsa⁵⁵ □只 me³³tsa⁵⁵	伊里 i³³li⁰	□里 me³³li⁰
沱　川	伊样 i⁴⁴iã⁵¹	固样 ku³⁵iã⁵¹	伊里 i⁴⁴le³¹	固里 ku³⁵le³¹
紫　阳	伊只 i⁴⁴tso⁵¹	个只 ke³⁵tso⁵¹	伊落 i⁴⁴lo⁴⁴ 唔兜 n³¹ta⁴⁴	个落 ke³⁵lo⁴⁴
许　村	伊只 i³³tʃo⁵⁵	固只 ku²⁴tʃo⁵⁴	伊底 i³³ti⁰	固底 ku²⁴ti⁰
中　云	伊只 i⁴⁴tso⁵¹	固只 ku³⁵tso⁵¹	伊里 i⁴⁴li⁰	固里 ku³⁵li⁰
新　建	伊个 i⁵⁴kə⁰	阿个 a⁵⁴kə⁰	伊□ i⁵⁴kɛ⁵¹	阿□ a⁵⁴kɛ⁵¹
新　营	诶个 ɛ⁵⁵kɛ⁰	夏一个 xo⁵¹i⁵⁵kɛ⁰	诶搭 ɛ⁵⁵ta⁵⁵ 诶仂 ɛ⁵⁵lɛ⁰	夏搭 xo⁵¹ta⁵⁵
黄　柏	诶个 ɛ²¹kə⁰	诶个 ɛ⁴⁴kə⁰	诶乌 ɛ²¹u⁰	诶乌 ɛ⁴⁴u⁰
暖　水	伊个 i³¹ka³⁵	阿个 a³¹ka³⁵	伊□ i³¹tɔ⁵⁴	阿□ a³¹tɔ⁵⁴

表 8-1-10 所列是相当于普通话的"这个""那个"和"这里""那里"，分别指示事物和处所的两组近指和远指对应的指示代词。

指示事物的指示代词一般由指示代词的基本形式后带量词语素构成，有的在量词语素前还可以加数词"一"。赣东北徽语中，指示事物的指示代词，其指示代词的基本形式所带量词语素各方言点分别是"个"（浮梁 4 点、德兴 4 点）和"只"（婺源溪头话、紫阳话、许村话、中云话），个别方言点是"样"（沱川话）。这一情形表现出婺源方言与浮梁方言、德兴方言之间的区片差异。

指示处所的指示代词一般由指示代词的基本形式后带表处所的方位或处所语素构成，这些方位处所语素较为歧异。部分方言点为"里"（湘湖话、溪头话、沱川话、中云话），"□tau⁴⁴"（经公桥话）、"兜 ta⁴⁴"（紫阳话）、"搭 ta⁵⁵"（新营话）、"□tɔ⁵⁴"（暖水话）、"底"（许村话）、"□儿 tɛ⁵⁵ni⁰"（旧城话）应为一类，其余个别的有"落 lo⁴⁴"（紫阳话）、"仂 lɛ⁰"（新营话）、"乌 u⁰"（黄柏话），鹅湖话中还有双音节的后附成分"位□sʅ⁰"

"位里""□pʻã⁵⁵里"。

表 8-1-11　　　　　　　　赣东北徽语指示代词对照表（2）

	词 1468 这样 事情经过是~的	词 1469 那样 事情经过不是~的	词 1471 这么 这个字~读	词 1472 那么 这个字不能~读
经公桥	伊样 i²⁴yaŋ⁰	□样 niɛ²⁴yaŋ⁰ □么 niɛ²⁴mɤ⁰	伊样 i²⁴yaŋ⁰ 样嗰 yaŋ²¹kɤ⁰	□种嗰 niɛ²⁴tʃoŋ⁴²kɤ⁰
鹅　湖	勒样 lɛ⁵⁵iõ²¹¹	那样 luo⁵⁵iõ²¹¹	勒里 lɛ⁵⁵li⁰	那里 luo⁵⁵li⁰
旧　城	勒样 lɛ⁵⁵n̩ia³³	唔样 ŋ⁵⁵n̩ia³³	勒样嗰 lɛ⁵⁵n̩ia³³kɛ⁰	唔样嗰 ŋ⁵⁵n̩ia³³kɛ⁰
湘　湖	勒样 lei⁴⁴ia²¹¹	唔样 ŋ⁴⁴ia²¹¹	勒样 lei⁴⁴ia²¹¹	唔样 ŋ⁴⁴ia²¹¹
溪　头	伊样 i³³iɔ̃⁵⁵	□样 me³³iɔ̃⁵⁵	伊样 i³³iɔ̃⁵⁵	□样 me³³iɔ̃⁵⁵ □ kũ²⁴
沱　川	伊样子 i⁴⁴iã⁵¹tsʅ⁰	固样子 ku³⁵iã⁵¹tsʅ⁰	伊样 i⁴⁴iã⁵¹	固样 ku³⁵iã⁵¹
紫　阳	唔样式 n̩³⁵iã⁵¹sa⁵¹	个样式 kɛ³⁵iã⁵¹sa⁵¹	唔样 n̩³⁵iã⁵¹	个样 kɛ³⁵iã⁵¹
许　村	唔相 ŋ²⁴siɔ̃²⁴	固□相 ku²⁴tɕi⁰siɔ̃²⁴	伊□ i³³tɕi⁰ □唔 xo⁵⁵ŋ²⁴	固□ ku²⁴tɕi⁰
中　云	伊新 i⁴⁴sɛn⁴⁴	固新 ku³⁵sɛn³³	伊新 i⁴⁴iã⁵¹	固样 ku³⁵iã⁵¹
新　建	□□ xɛ⁵⁴nẽ⁰	□□ xa⁵⁴nẽ⁰	□种 xəŋ⁵⁴tʂəŋ³¹	□种 xa⁵⁴tʂəŋ³¹
新　营	诶种 ɛ⁵⁵tsən⁵³	夏种 xo⁵¹tsən⁵³	诶种 ɛ⁵⁵tsən⁵³	夏种 xo⁵¹tsən⁵³
黄　柏	诶样 ɛ²¹iã²¹³	诶样 ɛ⁴⁴iã²¹³	诶样 ɛ²¹iã²¹³	诶样 ɛ⁴⁴iã²¹³
暖　水	伊种 i³¹tʂoŋ²¹⁴	阿种 a³¹tʂoŋ²¹⁴	伊种 i³¹tʂoŋ²¹⁴	阿种 a³¹tʂoŋ²¹⁴

表 8-1-11 所列是相当于普通话的"这样""那样"和"这么""那么"，指示性质、状态、方式、程度的两组近指和远指对应的指示代词。相当于普通话的"这样""那样"的一组指示代词，句法功能用作谓语、定语；相当于普通话的"这么""那么"的一组指示代词，句法功能用作状语。这两组指示代词，部分方言点合一，有湘湖话、溪头话和新营话、黄柏话、暖水话。其他方言点这两组指示代词则有程度不同的差别。

上述指示性质、状态、方式、程度的指示代词，一般由指示代词的基本形式后带表示性状类名的语素构成。赣东北徽语中这类性状类名语素有"样（样子、样式）""相""新""种"。个别方言点为"里"（鹅湖话）、"□nẽ⁰"（新建话），语义来源未明。

指示代词的语义核心是指示事物、性状等的空间与说话人所处位置的距离的远近。指示代词的基本形式之后所带的量词语素、方位处所语素以及性状类名语素都有程度不一的虚化。故方言中指示代词的这一类构成成分有许多都不能有明确的理据显示，同时一般也不作为注意的重点。体现指示代词特点的是指示代词的基本形式。从指示代词的基本形式看，赣东北徽语指示代词的特点有以下：

1. 汉语共同语中指示代词指示空间距离作近指和远指两分，普通话中"这"表近指，"那"表远指。赣东北徽语中指示代词基本上也作近指、远指两分。个别方言点有近指、远指、更远指三分的现象。溪头话中近指代词是"伊"，远指代词有"□me^{33}"和"固"两个。在需要指出三个距离不同的方位时，"□me^{33}"与"固"相比较还在更远的位置。

2. 赣东北徽语中，指示代词的近指形式与远指形式相比较，近指的基本形式相对较整齐一些，主要有四种："伊"（经公桥话、溪头话、沱川话、暖水话、中云话）、"勒"（鹅湖话、旧城话、湘湖话）、"唔"（紫阳话、许村话）、"诶"（新营话、黄柏话），此外零散的有"□xe^{54}"（新建话）、"样 yaŋ^{21}"（经公桥话）两个。远指的基本形式更为歧异，主要有四种："唔"（旧城话、湘湖话）、"固"（沱川话、许村话、中云话）、"阿"（新建话、暖水话）、"夏/□xa^{54}"（新营话、新建话），零散的有"□nie^{24}"（经公桥话）、"那 luo^{55}"（鹅湖话）、"□me^{33}"（溪头话）、"个 ke^{35}"（紫阳话）、"诶 ε^{44}"（黄柏话）。

3. 每个方言点近指、远指基本形式的对立在语音上的表现有多种类型。有的声韵调都不同，例如："伊 i^{44}——固 ku^{35}"（中云话）；有的声调相同，声韵不同，例如"唔 ŋ̍^{35}——个 ke^{35}"（紫阳话）；有的声调、声母相同，韵母不同，例如"伊 i^{31}——阿 a^{31}"（暖水话）。黄柏话中"诶 ε^{21}——诶 ε^{44}"，以内部曲折（声调）来区别近指和远指。

三　否定副词

否定副词是用于动词（包括助动词）、形容词之前充当状语，对动词、形容词所表示的动作、情状作否定的一类词。普通话中的否定副词主要有"不""没（没有）"和"别""甭"。"不"主要用于否定意愿和情状；"没（没有）"用来否定已然的事实或变化；"别"用于禁止或劝阻；"甭"与"别"语义相当，也能表示劝阻，但更强调客观上的不需要，比如说"这么晚了，甭去了"，它一般不用于表示禁止。

赣东北徽语中的否定副词也大致分为与普通话中的"不""没（没有）""别、甭"相当的三类。赣东北徽语否定副词的构成和系统对应见以下表 8-1-12、8-1-13、8-1-14：

表 8-1-12　　　　　　　　赣东北徽语否定副词对照表（1）

	词 1517 不 明天我~去	语法 086① 不 这种颜色和那种~一样	词 1183 不是他~婺源人
经公桥	不 po⁴⁴/ pai⁴⁴	不 po⁴⁴/ pai⁴⁴	不是 po⁴⁴ɕi²¹⁴
鹅　湖	不 peiʔ⁵	不 peiʔ⁵	不是 peiʔ⁵ɕi²¹¹
旧　城	不 pai²¹³	不 pai²¹³	不是 pai²¹³ɕi³³
湘　湖	不 peiʔ⁴	不 peiʔ⁴	不是 peiʔ⁴ɕi²¹¹
溪　头	不 pɐ⁵⁵	不 pɐ⁵⁵	不是 pɐ⁵⁵sɿ⁵⁵
沱　川	不 pə⁵¹	不 pə⁵¹	不是 pə⁵¹sɿ⁵¹
紫　阳	不 pu⁵¹	不 pu⁵¹	不是 pu⁵¹ɕi³¹
许　村	不 pɤ⁵⁴	不 pɤ⁵⁴	不是 pɤ⁵⁴ʃø⁵¹
中　云	不 pɤ⁵¹	不 pɤ⁵¹	不是 pɤ⁵¹sɿ³¹
新　建	不 pa⁵¹	不 pa⁵¹	不是 pa⁵¹sɤ⁵¹
新　营	不 pu²¹⁵	不 pu²¹⁵	冇是 mɔ⁵¹ɕi⁵¹
黄　柏	不 pɐ²¹³	不 pɐ²¹³	不是 pɐ²¹ɕi²¹³
暖　水	不 pe⁵⁴	不 pe⁵⁴	不是 pe⁵⁴ʂɤ⁵¹

　　表 8-1-12 所列是赣东北徽语中否定意愿、情状的否定副词。例句"明天我不去"否定的是意愿，"两种颜色不一样"否定的是情状。

　　赣东北徽语中对意愿、情状作否定的否定副词是"不"，与普通话相同。

　　赣东北徽语否定副词内部一致性较强，"不"是否定副词的基本形式。其他的否定说法多数与"不"有关。"不"在保留入声的方言点中读入声调类（经公桥话、鹅湖话、新营话、暖水话）或阴入调类（湘湖话），在无入声的方言点中归读去声（黄柏话）或阴去（旧城话）、阳去（婺源 5 点）。德兴新建话中保留入声，但读入声的字只有中古全浊声母入声字，"不"归读阳去。

　　经公桥话中"不"有"po⁴⁴""pai⁴⁴"两读，两种音读在表义和用法上没有区别，以读"po⁴⁴"音的为常见。

　　值得注意的是德兴新营话中，当对事物类属作判断时，在判断动词之前不用"不"而是说"冇 mɔ²¹"，例如表中例句（词 1183）所说："他冇是 不是 婺源人"。

---

① 该词系从第七章"赣东北徽语代表方言点语法例句对照"例句中析得。以下同。

表 8-1-13　　　　　　　　赣东北徽语否定副词对照表（2）

	词 1516 没有昨天我~去	语法 082 没有桃子没~的不能吃	词 1181 没有~钱
经公桥	冇 mau²¹⁴ 无冇 m̩³⁵mau²¹⁴	冇 mau²¹⁴ 无冇 m̩³⁵mau²¹⁴	没有 miəu⁴²xau²¹⁴
鹅 湖	冇 mau³⁵ 冇有 mau³⁵iəu⁵³	冇 mau³⁵	没有 meiʔ²⁴iəu⁵³
旧 城	冇 mau³³ 没有 mei³³iəu³¹	冇 mau³³	没有 mei³³iəu³¹
湘 湖	冇 mau³⁵ 没有 mɛʔ²iəu³¹⁴	冇 mau²¹	没有 mɛʔ²iəu³¹⁴
溪 头	不曾 pã⁵¹	不曾 pã⁵¹	冇□ mɐ⁵⁵xɐ²⁴
沱 川	不曾 pə⁵¹sã²¹¹ 不曾 pã²¹¹	不曾 pə⁵¹sã²¹ 不曾 pã²¹¹	冇□ ba⁵¹xa²¹¹
紫 阳	不曾 põ²¹¹	不曾 põ²¹¹	冇 bo⁴⁴
许 村	不曾 pã⁵¹	不曾 pã³¹	冇□ ma²⁴xa³¹
中 云	不曾 pã¹¹	不曾 pã¹¹	冇 bɔ¹¹
新 建	不曾 pã²⁴	不曾 pã⁵¹	冇□ mɔ³¹xɔ⁵¹
新 营	冇 mɔ⁵¹	冇 mɑu²¹³	冇有 mɔ⁵⁵io⁵³/冇有 mio⁵³
黄 柏	唔□ ŋ⁴⁴nən⁴¹	唔□ ŋ⁴⁴nən⁴¹	唔□ ŋ⁴⁴tʻə²¹³
暖 水	不曾 pæ²³	不曾 pæ²³	□□ pɐ³¹xɤ²⁴

表 8-1-13 所列是赣东北徽语中否定已然、曾经的事实和变化的否定副词。表中左起第三列另外列出与否定副词作比较的否定事物的存在或对事物的领有的否定动词。

赣东北徽语中对已然、曾经的事实和变化作否定有两类形式：一类读否定副词"不"与表示"曾经"义的"曾"合音的"不曾"（婺源方言 5 点、新建话、暖水话）；一类读相当于中古效摄一二等明母字的读音（浮梁方言 4 点、新营话），"冇"为方言字。"冇"在 5 处方言点中所读声调有 3 种：去声（经公桥话）、阳去（旧城话、新营话）、阳平（鹅湖话、湘湖话）。德兴黄柏话所说"唔□ ŋ⁴⁴nən⁴¹"比较特别，应该是"唔曾"的变读，后音节受前音节的影响声母读为 n-，可以归入读"不曾"的一类。

对已然、曾经的事实作否定，浮梁方言 4 点各有并行的两种说法。经公桥话中的"无冇 m̩³⁵mau²¹⁴"应是"冇 mau²¹⁴"的衍音；鹅湖话中的"冇有"是"冇"的扩展。旧城话、湘湖话中"冇""没有"并行，是两种语源不同说法的叠置。

婺源方言 5 处方言点和德兴方言 2 处方言点说"不曾"，浮梁方言 4 处方言点说"冇",表现出赣东北徽语中婺源方言、德兴方言与浮梁方言之间的区片对立。"不曾"属于徽语性说法,"冇"属于赣语性说法。浮梁方言和德兴新营话说"冇"应是赣语影响的结果。

普通话中否定副词"没有(没)"与否定动词"没有(没)"同形。赣东北徽语中,这两者基本上是区别开来的。表 8-1-13 中所列否定动词"没有~钱"可以对照比较。13 处方言点中,仅旧城话、湘湖话中在表示对已然事实的否定时有与否定动词相同的"没有"的说法。此外,新营话中的否定副词"冇"与否定动词"冇有"比较接近,黄柏话中的否定副词"唔□ŋ⁴⁴nən⁴¹"与否定动词"唔□ŋ⁴⁴tʻə²¹³"比较接近。从整体上看,赣东北徽语表示对"已然""曾经"作否定的否定副词与对"领有、具有"和"存在"作否定的否定动词的区别是非常整齐而明确的。

表 8-1-14　　　　　赣东北徽语否定副词对照表(3)

	词 1518 别河水很深,~去玩水	词 1519 甭票买好了,你~再买
经公桥	不要 pyʌu²¹⁴	不要 piau²¹⁴
鹅 湖	莫 mɛ²¹¹	不要 peiʔ⁴ia²¹³
旧 城	莫 mau³³/ 不要 piau²¹³	不要 piau²¹³
湘 湖	莫 mauʔ²/ 不要 peiʔ⁴io²¹²	不要 peiʔ⁴io²¹²
溪 头	不要 pia²⁴	不必 pɐ⁵⁵pi⁵⁵
沱 川	□ pe³⁵/不要 piɔ³⁵	别 pe³⁵
紫 阳	不要 piɔ³⁵	不用 pu⁵¹iɐm⁵¹
许 村	不要 pio²⁴	不要 pio²⁴
中 云	不要 pio³⁵	不要 pio³⁵
新 建	不要 pa⁵¹ia²¹³	不要 pa⁵¹ia²¹³
新 营	不要 piɔ²¹³	不要 piɔ²¹³
黄 柏	莫 mə⁴¹	不要 pɛ²¹³iɔ²¹³
暖 水	不要 pyɛ⁵⁴	不要 pe⁵⁴yɛ³⁵/ 不消得 pe⁵⁴ɕyɛ³¹te⁰

表 8-1-14 所列是赣东北徽语中表示劝阻、禁止义的否定副词。这类相当于普通话中"别""甭"的否定副词用于动词之前表示劝阻、禁止进行某种动作行为。

普通话中,强调说话人主观意愿上的劝阻时,否定副词一般用"别",如果用"甭"则更强调客观上的不需要。赣东北徽语中多数方言点没有这种区别,只有少数方言点有相对立的两种说法:

莫——不要（鹅湖话、黄柏话）　　不要——不必（溪头话）
不要——不用（紫阳话）　　　　不要——不消得（暖水话）

旧城话有"莫"和"不要"两种说法，但对立已不再严格，在强调说话人主观意愿上的劝阻时，两种说法可以兼说。

赣东北徽语中，表示劝阻、禁止义的否定副词大多数由否定副词的基本形式"不"构成。主要的说法是"不要"，由"不"加于"要"之前表示对"需要、应该"的否定，除了新建话之外，"不要"都读合音形式"不要"。由"不"构成的否定副词还有"不必"（溪头话）、"不用"（紫阳话）、"不消得"（暖水话），都用于强调客观上不需要的否定。沱川话所说"别 pe³⁵"，与普通话相同，其语源与"不"有联系，也可以视为"不要"的合音。

浮梁鹅湖话、旧城话、湘湖话和德兴黄柏话 4 处方言点中，在表示强调说话人主观意愿上的劝阻时，所用否定副词为"莫"，反映出赣东北徽语中的区片差异。

第二节　赣东北徽语句法专项考察

本节从动词的体、句式、语序与结构三个方面作赣东北徽语句法专项考察。

一　动词的体

"体"是一种表示动作行为进行状态的重要语法范畴。汉语中的体主要以附加虚词的语法形式来表现，动词所附加的虚词称为体标记。汉语表现体的形态手段大都从词汇手段变化而来，其具体来源复杂，虚化程度不一，同时方言与共同语之间在体的形式和意义方面也往往有较大差异。因此，动词体的表达是赣东北徽语句法考查的重要项目。

（一）完成体

完成体表示动作或事件的完成。普通话中以助词"了"为完成体标记，"了"附于动词之后构成"V 动词+了"格式的完成体结构表达动作、事件"完成"的体意义。比如"吃了饭再去学校"中的"吃了"。普通话中"了"还可以用于句末，表示动作行为所产生的状况已经成为事实，即表示"已然"意义。一般把表示完成的"了"称作"了1"，把表已然的"了"称作"了2"。

赣东北徽语中完成体结构格式与普通话相同，有所差异的是与普通话的"了1"相对应的完成体标记的形式。赣东北徽语各方言点的完成体标记见以下表 8-2-1、8-2-2：

第八章　赣东北徽语的语法特点

表 8-2-1　　　　赣东北徽语动词完成体标记对照表

	完成体标记	语法 027 衣服被烟头烧了一个窟窿。
经公桥	了 lɣ⁰	衣裳让烟头烧了一个洞。
鹅 湖	嗝 kɛ⁰	衣裳等烟头烧嗝一个洞。
旧 城	嘀 ti⁰	衣裳端烟头ɹ烧嘀一个洞。
湘 湖	哩 li⁰	衣裳被烟头烧哩一个洞。
溪 头	之 tsɿ⁰	衣裳分烟头灼之一只洞。
沱 川	着 tsɔ⁴⁴	衣裳端烟头烧着一个洞。
紫 阳	之 tɕi⁴⁴	衣裳给烟头烧之一只洞。
许 村	之 tɕi⁴⁴	衣裳给烟头烧之一个洞。
中 云	哩 li⁰	衣裳给烟头烧哩一个洞。
新 建	之 tsɣ⁰	衣裳端烟头烧之一个洞。
新 营	啦 la⁰	衣服让烟头烧啦一个洞。
黄 柏	了 lə⁰	衣服让烟头烧了一个洞。
暖 水	了 lɣ⁰	衣裳让烟头烧了一个洞。

表 8-2-2　　　　赣东北徽语动词完成体叠现标记对照表

	完成体 标记	方言例句
湘 湖	哩 li⁰ 嘀 ti⁰	衣裳被烟头烧哩一个洞衣服被烟头烧了一个窟窿。（语法 027） 尔就喫嘀一碗饭你才吃了一碗米饭。（语法 046）
鹅 湖	了 lɛ⁰ 嗝 kɛ⁰	尔担勒碗饭喫了 lɛ⁰ 去你把这碗饭吃了去。（语法 018） 衣裳等烟头烧嗝 kɛ⁰ 一个洞衣服被烟头烧了一个窟窿。（语法 027）
中 云	哩 li⁰ 嘀 ti⁰ 之 tɕi⁰	衣裳给烟头烧哩一个洞衣服被烟头烧了一个窟窿。（语法 027） 上回只买嘀一本书上次才买了一本书。（语法 124） 讲之一遍，又讲一遍说了一遍，又说一遍。（语法 127）
许 村	哩 li⁰ 之 tɕi⁰	桃仂红哩 li⁰ 嗰能喫桃子红了的可以吃。（语法 082） 渠嗰家里一下死之 tɕi⁰ 三条猪他家一下子死了三头猪。（语法 035）
新 建	之 tsɣ⁰ 吥 pə⁰ 吥之 pə⁰tsɣ⁰	衣裳端烟头烧之一个洞衣服被烟头烧了一个窟窿。（语法 027） 阿上个月跟渠借吥三百块钱我上个月借了他三百块钱。（语法 129） 排日朝里阿买吥之菜再去上班每天早上我买了菜去上班。（语法 037）
新 营	啦 la⁰ 噗 pʻu⁰ 噗啦 pʻu⁰la⁰	衣服让烟头烧啦一个洞衣服被烟头烧了一个窟窿。（语法 027） 诶个毛巾污糟啦，把渠丢噗去这条毛巾很脏了，扔了它吧。（语法 110） 家家拆噗啦旧屋做新屋家家拆了旧房子建新房子。（语法 036）
黄 柏	了 lə⁰ 吥 pə⁰	上回只买了 lə⁰ 一本书上次只买了一本书。（语法 124） 诶条洗面巾好邋遢，把渠丢吥 pə⁰ 丢这条毛巾很脏了，扔了它吧。（语法 110）
暖 水	了 lɣ⁰ □tɔ⁵⁴	衣裳让烟头烧了一个洞衣服被烟头烧了一个窟窿。（语法 027） 渠家里一下死□tɔ⁵⁴ 三条猪他家一下子死了三头猪。（语法 035） 尔帮伊碗饭喫□tɔ⁵⁴ 你把这碗饭吃了去。（语法 018）

表 8-2-1 中所列赣东北徽语中的完成体标记从语音形式看有 4 类：

1. 读 l- 声母的"了/哩"（经公桥话 lɤ⁰、新营话 la⁰、黄柏话 lə⁰、暖水话 lɤ⁰、湘湖话 li⁰、中云话 li⁰）；

2. 读 tɕ-/ts- 声母的"之/着"（紫阳话 tɕi⁴⁴、许村话 tɕi⁴⁴、溪头话 tsʅ⁰、新建话 tsɤ⁰、沱川话 tsə⁴⁴）；

3. 读 t- 声母的"嘀"（旧城话 ti⁰）；

4. 读 k- 声母的"嗝"（鹅湖话 kɛ⁰）。

从以上两表可以看出，婺源方言中主要的完成体标记是"之/着"，德兴方言中主要的完成体标记是"了"，浮梁方言中主要的完成体标记是"嘀"，表现出赣东北徽语中在动词完成体标记这一语法项目上的区片之间的差异。新建话说"之"是近婺源而与之趋同。

赣东北徽语中部分方言点有不止一个的完成体标记。这 2 个或 3 个体标记之间往往并不对立，属于语法成分的叠现。表 8-2-2 统计了赣东北徽语中部分方言点完成体标记叠现情况。例如湘湖话有"哩 li⁰""嘀 ti⁰" 2 个，中云话有"哩 li⁰""滴 ti⁰""之 tɕi⁰" 3 个。方言中的几个完成体标记还可以连用，例如新建话中说"买哚之菜买了菜"、黄柏话中说"拆嘩了旧屋拆了旧房子"。完成体标记的叠现和连用应该是赣东北徽语方言点之间、方言区片之间的接触演变的结果。这种接触演变也包括赣东北徽语与边邻方言、赣东北徽语与共同语发生接触而受其影响发生的变化。

与德兴相邻的乐平方言中即有"哩ti⁰"[①]和"哚pɤ⁰"两个完成体标记，"'哩'表示一般完成意义。'哚'表示结果完成意义。'哩'、'哚'也可以连用，例如说'我杀哚哩猪再去吃饭我杀了猪再去吃饭。'结果完成意义不同于一般完成意义，所带体标记可表示结果完成意义的，动词一般都有'去除'、'使消失'的意义，如'吃、关、放、脱、跌丢失、做、打、杀、死、走、去、卖、还归还、赖记忘记'等。这些动词所带的宾语接受施与的动作后都会发生存在上的'消失'和数量上的'完结'的变化"。[②]赣东北方言交接地带，乐平、弋阳、横峰等县市的方言（赣语）是区分一般完成意义与结果完成意义的，而浮梁、婺源、德兴三县市方言（徽语）和上饶、玉山两县方言（吴语）则不区分两类完成体意义。德兴新建话、黄柏话中有完成体标记"哚（嘩）"应是赣语影响的结果。不过由于德兴方言不区分两类完成体意义，故在形成叠现后与"之"（新建话）、"了/哩"（黄柏话）未随之形成严格意

[①] 乐平方言中古来母字逢细音读t-声母。
[②] 胡松柏、程熙荣：《赣东北方言中动词完成体标记的形式、功能及其类型》，《21 世纪汉语方言语法新探索——第三届汉语方言语法国际研讨会论文集》，暨南大学出版社 2008 年版，第 103—111 页。

义上的使用环境的差异。

（二）进行体

进行体表示动作正在进行。普通话中的进行体标记主要有"正""在"和"着"。从分布来看，"正""在"出现在动词前，"着"出现在动词后。这三个体标记词可以单独使用，也可以组合搭配。因此，普通话中的进行体可以有"正/在+V 动词"的前标式、"V 动词+着"的后标式和"正/在/正在+V 动词+着"的杂糅式三种结构。比如"他在看书/他正在看书"是前标式结构，"他看着书"是后标式结构，"他正在看着书"是杂糅式结构。

赣东北徽语中的进行体与普通话相比较，有相同之处，也有突出的差异。各方言点的进行体情况见以下表 8-2-3：

表 8-2-3　　　　　　　　赣东北徽语进行体对照表

	进行体结构	进行体标记	语法 007-1 你在唱什么？
经公桥	在/正时+V	在 正时	尔在唱什么你在唱什么？（语法 007-1） 渠在家里正时陪客讲话他在家里正陪客人说着话呢。（语法 063）
鹅湖	在□xε⁰+V	在□xε⁰	尔在□xε⁰唱什么个你在唱什么？（语法 007-1）
旧城	在+V V+着	在 着	尔在唱什么个你在唱什么？（语法 007-1） 我放着录音我放着录音呢。（语法 007-1）
湘湖	在+V V+到 在+V+到	在 到 在…到	尔在唱么个你在唱什么？（语法 007-1） 渠在家里陪到客人话事嘞他在家里正陪客人说话呢。（语法 063） 我在放到录音哪我放着录音呢。（语法 007-2）
溪头	在/□y³³+V	在 □y³³	尔在唱底你在唱什么？（语法 007-1） 阿□y³³放录音啊我放着录音呢。（语法 007-2）
沱川	在+V	在	尔在唱么仍你在唱什么？（语法 007-1）
紫阳	个落+V □tɒ⁵¹+伊落+V 正+个落+V	个落 □tɒ⁵¹伊落 正个落	尔个落唱通物呀你在唱什么？（语法 007-1） 我□tɒ⁵¹伊落放录音呀我放着录音呢。（语法 007-2） 渠在家里正个落陪客人谈天他在家里正陪客人说话呢。（语法 063-2）
许村	在+V □□tã²⁴ʃe³³+V	在 □□tã²⁴ʃe³³	尔在唱么仍物你在唱什么？（语法 007-1） 渠□□tã²⁴ʃe³³到家里陪客讲话他在家里正陪客人说着话呢。（语法 063-2）
中云	在+V 在+固里+V+到	在 在固里…到	尔在唱□tʻy³¹物你在唱什么？（语法 007-1） 渠在家里在固里陪到客人讲话他在家里正陪客人说着话呢。（语法 063-2）
新建	□kε²⁴+V 在+V	□kε²⁴ 在	尔□kε²⁴唱么嘞你在唱什么？（语法 007-1） 渠在做么嘞他在干什么？（语法 063-1）
新营	固仍+V 在+V	固仍 在	尔固仍唱么你在唱什么？（语法 007-1） 渠在做么仍他在干什么？（语法 063-1）
黄柏	在+V	在	尔在唱嘛你在唱什么？（语法 007-1）
暖水	在+V	在	尔在唱么嘞你在唱什么？（语法 007-1）

表 8-2-3 所列赣东北徽语中的动词进行体从体结构格式看，有与普通话相同的前标式、后标式以及杂糅式，而以前标式为主。从体标记来看，比普通话更为多样。体标记的语音形式有单音节和双音节两类。从体标记语义来源看，多数是由表示"存在"义的动词虚化而来的"在"，这与普通话相同。紫阳话中的"正"和经公桥话中的"正时"，也与普通话的"正"相同或相近。

赣东北徽语中的部分进行体标记由表示"存在"义的动词后带表示"处所"义的指示代词所构成的固定结构充当。这个结构语义虚化不再表示"在这里""在那里"的意思，只用来表示动作的进行。例如中云话的"在固里"、紫阳话中的"□tɒ^{51}伊落"。

普通话中"在"后面可以带上虚指的处所代词，也有表示一定的进行体语义的用法。比如说"他在那儿咳嗽呢"。赣东北徽语中的这一类进行体标记虚化程度显然要比普通话中同类结构更高。这一结构在有的方言点中甚至可以再行压缩，省略存在动词只用指示代词作为进行体的体标记。例如紫阳话中说"尔个落唱通么呀_{你在唱什么}？"，新营话说"尔固仍唱么_{你在唱什么}？"。

由于虚化程度很高，赣东北徽语中有的方言点中的进行体标记在构词理据上已经难有清晰的语源认识。例如鹅湖话中"在□xɛ⁰"的"□xɛ⁰"究竟是由指示代词虚化而成还是一个附着的衍音的词缀，溪头话的"□y³³"、新建话的"□kɛ²⁴"究竟是虚化了的存在义动词还是指示处所的代词，许村话中的"□□tã²⁴ʃe³³"究竟是什么，还需要作进一步的考源。

（三）持续体

持续体表示动作、状态的持续。普通话用"V_{动词}+着"格式表示持续体意义。赣东北徽语也使用与普通话相同的体标记位于动词之后的后标式结构，只不过格式中的体标记主要是"到"。赣东北徽语各方言点持续体情况见下表 8-2-4：

表 8-2-4　　　　赣东北徽语持续体标记对照表（1）

	持续体标记	语法 112 躺着看书不好！
经公桥	到 tau²¹	瞓到看书不好！
鹅　湖	到 tau⁰	瞓到看书不好！
旧　城	到 tau⁰	瞓到看书不好！
湘　湖	到 tau⁰	瞓到看书不好！
溪　头	着 tsʻau⁵⁵	倒着看书不好！
沱　川	得 te⁰ 固里 ku³⁵le⁰	倒得固里看书不好！

续表

	持续体标记	语法 112 躺着看书不好！
紫 阳	到 to⁰	睏到看书不好！
许 村	得 to⁵⁵ 固里 ku²⁴li⁰	睏得固里看书不好！
中 云	到 tɔ⁰	睏到看书不好！
新 建	到 kə²¹³	睏到望书不好！
新 营	到 tɔ⁰	睏到看书不好！
黄 柏	到 tə⁰	睏到看书不好！
暖 水	到 tɤ⁰	睏到望书不好！

从表 8-2-4 可以看出，赣东北徽语多数方言点都用"V+到"格式的结构表示动作或状态的持续，婺源溪头话用的是"V+着"式结构。同时部分方言点还常使用"V+得/到+指示代词"格式的持续体结构。格式中的"得/到"属于介词（少数方言点有省略介词的），指示代词指示处所，"得/到+指示代词"相当于普通话的"在这里/那里"。例如"别站着！"（语法 115）在部分方言点中可以表述为：

溪头话：不要倚 tʃi⁵⁵ 得 ta⁰ 个里 kɛ²⁴li⁰！
沱川话：□pe³⁵ 倚固里 ku³⁵le⁰！
紫阳话：不要倚到 to³⁵ 个落 kə³⁵lo⁰！
中云话：不要倚得 to⁰ 固里 ku³⁵le⁰！
新建话：不要倚到 tə⁰□kɛ⁰！
暖水话：不要倚得 te⁰□搭 ã³¹tɔ⁵⁴！

普通话中的"V+着"结构可以有两种语法作用。如果动词前能加"在"或"正"则表示的是动作正在进行的语法意义，不然则表示动作或状态的持续意义。赣东北徽语中的体标记"到"也如此，在"在+V+到"结构中，它是进行体标记；"V+到+（指示代词）"结构中，它则是持续体的标记。例如：

中云话：渠在家里在固里陪到客人讲话。——表进行体（语法 063-2）
门开到固里嗝_{门开着的}。——表持续（语法 113）

表示动作或状态持续的语义，在沱川话中除了可以用"V+到+指示代词"结构，体标记"到"有时还可省略，直接用"V+指示代词"格式。例如：

沱川话：门开到固里嗝_{门开着的}。（语法 113）
尔坐固里_{你坐着}！□pe³⁵ 倚起来！（语法 114）

而且，沱川话还有另一个常用持续体标记"着"。例如：

沱川话：打着 tsʻɒ⁵¹ 伞去学堂打着伞去上学。（语法 112）

除了沱川外，溪头话、许村话、中云话、暖水话等方言点中的持续体标记也各有多个，包括"到""得""着"等。赣东北徽语各方言点持续体标记叠现情况见以下表 8-2-5：

表 8-2-5　　　　　　　　赣东北徽语持续体叠现标记对照表

	持续体标记	方言例句
溪　头	着 tsʻau⁵⁵ 得 ta⁰ 个里 ke²⁴li⁰	倒着看书不好躺着看书不好！（语法 112） 不要徛得个里别站着！（语法 115）
许　村	着 tsʻa⁵⁴ 到 ta⁰ 得 tə⁰ 得 to⁵⁵ 固里 ku²⁴li⁰	打着伞去学堂打着伞去上学。（语法 112） 不要徛到别站着！（语法 115） 外头落得雨外面下着雨。（语法 108） 睏得固里看书不好躺着看书不好！（语法 112）
中　云	着 tsʻɔ⁵¹ 到 tɔ⁰ 到 ta⁰ 固里 ku³⁵li⁰ 得 to⁰ 固里 ku³⁵li⁰	书不要拿着，囥□tɤ⁰ 桌上书别拿着，放在桌上。（语法 097） 睏到看书不好躺着看书不好！（语法 112） 门开到固里嗰门开着的。（语法 113） 不要徛得固里别站着！（语法 115）
暖　水	到 tɤ⁰ 得 te⁰ □搭 ã³¹tɔ⁵⁴	睏到望书不好躺着看书不好！（语法 112） 门开得□ã³¹ 搭嗰门开着的。（语法 113）

从表 8-2-5 可以看出，"到""得""着"在赣东北徽语中都可以置于动词后表示动作或状态的持续。其中"着"分布面最窄，只见于婺源方言中，而且出现的频率不高；"到"的分布面最广，使用也比较灵活，它既可以单独与动词组合，也可以后加指示代词；"得"的出现条件则受到一定的限制，它必须与指示代词共现，不能单独使用。

除了以上用"V+到/得"表示持续体外，部分方言点还用动词重叠形式表示持续状态，格式为"V+下+V+下""V+啊+V"和"VV""VVVV"。例如：

表 8-2-6　　　　　　　　赣东北徽语持续体对照表（2）

	进行体结构	语法 106 他看电视看着看着睡着了。
经公桥	V+下+V+下	渠看电视看下ʴxã²¹看下ʴxã²¹睏熟了。
鹅　湖	V+□nə⁰+V+□nə⁰	渠看电视看□nə⁰看□nə⁰睏熟嘞。
旧　城	V+到+V+到	渠看电视看到看到睏着嘀。
湘　湖	VV	渠看电视看看睏着嘀。
溪　头	V+啊+V	渠看电视看啊看睏着之了。
沱　川	VV	渠看电视看看睏之啦。
紫　阳	VV	渠看电视看看睏着之了。

	进行体结构	语法 106 他看电视看着看着睡着了。
许 村	V+下+V+下	渠看电视看下看下就瞓沉之。
中 云	V+下+V+下	渠看电视看下看下瞓着之。
新 建	VVVV	渠望电视望望望望瞓着啦。
新 营	V+到+V	渠看电视看到看到瞓着啦。
黄 柏	V+下+V+下	渠看电视看下看下瞓着了。
暖 水	V+啊+V	渠望电视望啊望瞓□tɕ'i²⁴了。

值得一提的是，赣东北徽语中，如果表示存在的存现句中的持续状态，一般不用"到"或"得"做体标记，而是用表完成的体标记来表示。例如：

经公桥话：路上停了 lɤ⁰ 一部车_{路上停着一辆车}。（语法 029）
　　　　门上贴了 lɤ⁰ 一副对联_{门上贴着一副对联}。（语法 030）
　　　　床上瞓了 lɤ⁰ 一个老人家_{床上睡着一个老人}。（语法 031）

（四）经历体

经历体表示在过去的时间里曾经发生的动作行为或变化，而这个动作行为或变化并未持续到现在。普通话中动词经历体意义的表达方式是以助词"过"作体标记附于动词之后构成"V+过"格式的经历体结构。

赣东北徽语中动词经历体的表示法与普通话基本一致，其内部一致性也较强。赣东北徽语各方言点的动词经历体情况见以下表 8-2-7：

表 8-2-7　　　　　　　　赣东北徽语动词经历体对照表

	经历体结构	经历体标记	语法 044-1 我吃过兔子肉，你吃过没有？
经公桥	V+过	过 kuʌ²⁴	阿喫过兔肉，尔有喫过？
鹅 湖	V+过	过 kuo²¹	我喫过兔肉，尔喫过冇？
旧 城	V+过	过 kuo²¹³	我喫过兔肉，尔喫过吗？
湘 湖	V+过	过 kuo²¹²	我喫过兔肉，尔喫过没有？
溪 头	V+过	过 ko²⁴	□so²³¹喫过兔肉，尔喫不曾喫过？
沱 川	V+过	过 ku³⁵	我喫过兔肉，尔喫过不曾？
紫 阳	V+过	过 ku³⁵	我喫过兔肉，尔喫过不曾？
许 村	V+过	过 ku²⁴	我喫过之兔肉，尔喫过不曾？
中 云	V+过	过 ku³⁵	我喫过兔肉，尔喫过吧？
新 建	V+过	过 ku²¹³	阿喫过毛兔肉，尔喫过不曾？
新 营	V+过	过 ku²¹³	我喫过兔肉，尔喫过哎？
黄 柏	V+过	过 ko²¹³	阿喫过兔肉，尔喫过唔□nən⁴¹？
暖 水	V+过	过 ku³⁵	我喫过兔肉，尔喫过不曾？

表 8-2-7 显示，赣东北徽语中动词经历体的表达与普通话一致，内部各方言点之间也完全一致。

（五）起始体

起始体表示动作行为的开始。普通话中动词起始体意义主要有两种表达方式：一是在动词前加上具有起始义的动词"开始"构成"开始+V$_{动词}$"格式的前加式起始体结构，比如说"开始唱歌了"；二是把趋向意义已经虚化的趋向动词"起来"附于动词之后构成"V$_{动词}$+起来"格式的后附式起始体结构，比如说"唱起来了"，而且"起来"中间还可以插入宾语，比如说"唱起歌来"。这两种起始体格式有时候可以结合在一起使用，构成"开始+V$_{动词}$+起来"格式的糅合式起始体结构，比如说"开始唱起来了"。

赣东北徽语中起始体结构和体标记与普通话基本相同。赣东北徽语各方言点的动词起始体情况见以下表 8-2-8：

表 8-2-8　　　　　　　赣东北徽语动词起始体对照表

	起始体结构	起始体标记	例　句
经公桥	V+起来 V+起+宾+来	起来 tɕ'i^{42}la^{55}	渠哭起来了。（语法 107）[①] 渠唱起歌来了。（语法 048）
鹅　湖	V+起来 V+起+宾+来	起来 tɕ'i^{53}lie^{35}	渠哭起来嗝啦。（语法 107） 渠唱起歌儿来。（语法 048）
旧　城	V+起来 V+起+宾+来	起来 tɕ'i^{31}le^{24}	渠哭起来哩。（语法 107） 渠唱起歌儿来嘀。（语法 048）
湘　湖	V+起来 V+起+宾+来	起来 tɕ'i^{31}le^{0}	渠哭起来哩。（语法 107） 渠唱起歌来哩。（语法 048）
溪　头	V+起来 V+起+宾+来	起来 tɕ'i^{42}lɐ^{51}	渠哭起来了。（语法 107） 渠唱起歌来之。（语法 048）
沱　川	V+起来 V+起+宾	起来 tɕ'i^{2}la^{211}	渠哭起来啦。（语法 107） 渠唱起歌了。（语法 048）
紫　阳	V+起来 V+宾	起来 tɕ'i^{35}le^{211}	渠哭起来啦。（语法 107） 渠唱歌之。（语法 048）
许　村	V+起 V+宾	起（来）tɕ'i^{31}（lɤ^{52}）	渠哭起了。（语法 107） 渠唱起歌来了。（语法 048）
中　云	V+起来 V+起+宾+来	起来 tɕ'i^{35}lɤ^{11}	渠哭起来。（语法 107） 渠唱起歌来。（语法 048）
新　建	V+起来 V+起+宾+来	起来 tɕ'i^{31}la^{24}	渠口ʃa^{54} 起来。（语法 107） 渠唱起歌来。（语法 048）
新　营	V+起来 V+起+宾	起来 tɕ'i^{53}li^{31}	渠哭起来了。（语法 107） 渠唱起歌啦。（语法 048）
黄　柏	V+起来 V+起+宾+来	起来 tɕ'i^{53}le^{41}	渠哭起来了。（语法 107） 渠唱起歌来了。（语法 048）
暖　水	V+起来 V+起+宾+来	起来 tɕ'i^{35}lɤ^{23}	渠哭起来了。（语法 107） 渠唱起歌来。（语法 048）

---

① 限于页面篇幅，此表列举例句有所节缩。

第八章　赣东北徽语的语法特点　　　　813

　　从表 8-2-8 可以看出，赣东北徽语中常见的动词起始体表示法主要是使用"V+起来"和"V+起+宾+来"这两种结构。例如：

　　　　经公桥话：渠讲下讲下就哭起来了 她说着说着就哭起来了。（语法 107）
　　　　　　　　　渠一高兴就唱起歌来了 他一高兴就唱起歌来了。（语法 048）

　　许村话中的"V+体助词"结构中，"起来"的"来"会省略只说"起"，而在动词带宾语的格式中，"来"则不省略。例如：

　　　　许村话：渠讲下讲下就哭起了 她说着说着就哭起来了。（语法 107）
　　　　　　　　渠一高兴就唱起歌来了 他一高兴就唱起歌来了。（语法 048）

　　而在沱川话和新营话中，句子中动词带宾语的话，"来"一般会省略，成为"V+起+宾"结构。例如：

　　　　沱川话：渠一高兴就唱起歌了 他一高兴就唱起歌来了。（语法 048）
　　　　新营话：渠一高兴就唱起歌啦 他一高兴就唱起歌来了。（语法 048）

　　另外，普通话的起始体结构中可以插入表示已然意义的"了"构成"V+了+起来"这样的格式。赣东北徽语多数方言点表示已然意义的体助词只能位于"起来"之后，构成"V+起来+已然体助词"结构。只有浮梁经公桥话、鹅湖话、旧城话和婺源沱川话、紫阳话 5 处方言点有与普通话相同的说法。例如：

　　　　　　　　　他被骂了一顿，哭了起来。（语法 024）
　　　　经公桥话：渠驮了一顿骂，哭了起来。
　　　　鹅湖话：　渠等骂嗝一顿，哭嗝起来。
　　　　旧城话：　渠捱嘀一顿骂，哭嘀起来。
　　　　沱川话：　渠驮之一顿骂，哭之起来。
　　　　紫阳话：　渠给别人骂之一顿，哭之起来啦。

（六）继续体

　　继续体表示动作行为继续进行。普通话中继续体用趋向意义已经虚化了的"下去"附于谓词（动词和形容词）之后构成"谓词+下去"格式的继续体结构。在格式中，"下去"前面不能插入其他成分，整个结构也不能带宾语和补语。例如说"你说下去，别停下"。

　　赣东北徽语各方言点的动词继续体情况见表 8-2-9：

表 8-2-9　　　　　　　　　赣东北徽语动词继续体对照表

	继续体结构	继续体标记	语法 059 再这样累下去会生病的。
经公桥	谓词+下去	下去 xʌ²¹kʻei²¹⁴	再伊样累下去会生病嗰。
鹅　湖	谓词+下去	下去 xo²¹kʻu⁰	再勒样累下去要生病嗰。

	继续体结构	继续体标记	续表 语法 059 再这样累下去会生病的。
旧 城	谓词+下去	下去 xo³³tɕ'i²¹³	再勒样累下去会生病嗰。
湘 湖	谓词+下去	下去 xo²¹k'u²¹²	再勒样累下去要生病嗰。
溪 头	谓词+下去	下去 xo⁵⁵k'ɐ²⁴	再伊种累下去要生病嗰。
沱 川	谓词+下去	下去 xo⁵¹k'ə³⁵	再唔样子辛苦下去要生病嗰。
紫 阳	谓词+下去	下去 xə⁵¹tɕ'ie³⁵	再唔样喫劲做下去要生病嗰。
许 村	谓词+下去	下去 xo⁵⁴tʃ'e²⁴	再□xo⁵⁵唔累下去要生病嗰。
中 云	谓词+下去	下去 xo⁵¹tɕ'ie³⁵	再伊样累下去要生病嗰。
新 建	谓词+下去	下去 xuɤ⁵¹tɕ'ie²¹³	再□□xɛ⁵⁴nẽ⁰ 累下去要生病嗰。
新 营	谓词+下去	下去 xo⁵¹tɕ'i²¹³	再谈种下去会生病嗰。
黄 柏	谓词+下去	下去 xo²¹tɕ'i²¹³	再谈样累下去要生病嗰。
暖 水	谓词+下去	下去 xo⁵¹tɕ'i³⁵	再伊种累下去要生病嗰。

表 8-2-9 显示，赣东北徽语中动词继续体的表示法与普通话基本一致，其内部一致性也较强。

（七）已然体

已然体表示动作行为所产生的状况已经成为事实。普通话中在句子末尾附加"了"表示已然体，例如"我们两人等了你半天了"，其中句中动词后的"了"为"了 1"，是表示动作或事件完成了的体助词；句末的"了"为"了 2"，是表已然的语气词，有时也兼表完成，例如"他来了"中的"了"。

赣东北徽语各方言点表示已然体的助词很多，情况比较复杂。赣东北徽语各方言点已然体标记情况见表 8-2-10：

表 8-2-10   赣东北徽语已然体标记对照表

	已然体标记	方言例句
经公桥	了 lɤ⁰	五点了。（语法 101）
鹅 湖	啦 la⁰ 嘞 lɛ⁰ 嗝啦 kɛ⁰la⁰	五点啦。（语法 101） 我跟渠话过嘞。（语法 013-2） 賸一里路嗝啦，快当到啦。（语法 104）
旧 城	啦 la⁰ 嘀 ti⁰ 啦 la⁰	五点啦。（语法 101） 我跟渠话过嘀啦。（语法 013-2）
湘 湖	啦 la⁰ 哩 li⁰	五点钟啦。（语法 101） 我跟渠话过哩。（语法 013-2）

	已然体标记	方言例句
溪 头	嘞 le⁰ 之 tsɿ⁰ 了 lɤ⁰ 之 tsɿ⁰ 了 lɤ⁰	五点钟嘞。（语法 101） 我搭渠讲过之。（语法 013-2） 渠讲□n⁰ 讲就哭起来了。（语法 107） 车票□so²³¹ 买好之了，尔不要买嘞。（语法 039）
沱 川	啦 lə⁰ 了 lə⁰ 着 tsə⁴⁴ 了 lə⁰	五点啦。（语法 101） 我□xã³⁵ 渠讲过了。（语法 013-2） 固本书我囥得桌上着了。（语法 098）
紫 阳	啦 la⁰ 之 tɕi⁰ 啦 la⁰	五点啦。（语法 101） 我□xã⁴⁴ 渠讲过之啦。（语法 013-2）
许 村	啦 la⁰ 之 tɕi³³ 了 lɤ⁰ 嘞 le⁰	五点啦。（语法 101） 我搭渠讲过之。（语法 013-2） 帽伋给风吹走了。（语法 025） 到路口望顺手边转就到嘞。（语法 092）
中 云	啦 la⁰ 嘞 le⁰ 哩 li⁰ 啦 la⁰ 之 tɕi⁰ 啦 la⁰	五点啦。（语法 101） 我□xã⁴⁴ 两个人等之尔半个钟头嘞。（语法 009-1） 臜下一里路啦，快到哩啦。（语法 104） 天光之啦。（语法 102）
新 建	啦 la⁰ 嘞 læ⁰ 坏 pə⁰ 着 tsə⁰ 啦 la⁰	五点钟啦。（语法 101） 伊部电影渠望过嘞。（语法 017-1） 帽伋端得风吹坏着啦。（语法 025）
新 营	啦 la⁰	五点啦。（语法 101）
黄 柏	啦 la⁰ 嘞 lɛ⁰	五点啦。（语法 101） 阿跟渠话过嘞。（语法 013-2）
暖 水	啦 la⁰	五点啦。（语法 101）

赣东北徽语在已然体表达上有三种情况。

第一，与普通话相同，用与完成体同形的标记附加在句子末尾构成。经公桥话、新营话属于这种类型。这 2 处方言点的已然体标记和完成体标记都分别是"了 lɤ⁰"和"啦 la⁰"。

第二，有独立的已然体标记，与完成体标记不同形。见表 8-2-11：

表 8-2-11　　赣东北徽语已然体标记与完成体标记比较对照表

	完成体标记	已然体标记
鹅 湖	嗝 kɛ⁰	嘞 le⁰
溪 头	之 tsɿ⁰	了 lɤ⁰
沱 川	着 tsə⁴⁴	了 lə⁰
许 村	之 tɕi⁴⁴	啦 la⁰/ 嘞 le⁰
中 云	哩 li⁰	嘞 le⁰
新 建	之 tsə⁰	嘞 læ⁰
黄 柏	了 lə⁰	嘞 lɛ⁰

第三，借用其他语气词表达已然体。汉语中已然体标记大多是语气词，赣东北徽语中有时为了加重已然语气，还可以借用其他语气词表达已然体。例如，"啦"本是一个表委婉的句尾语气词，在各方言点中也常用来表示已然体。例如：

鹅湖话：我走啦 la⁰ 我走了。（语法 071）
旧城话：快当落雨啦 la⁰ 快下雨了，尔大家莫出去啦 la⁰ 你们别出去了！（语法 099）
湘湖话：雨不落啦 la⁰ 雨不下了，天要晴啦 la⁰ 要天晴了。（语法 100）
紫阳话：我洗过浴啦 la⁰ 我洗过澡了，今日不打篮球了 今天不打篮球了。（语法 045）
许村话：落雨啦 la⁰ 下雨了。（语法 100）
中云话：渠给骂之一顿 他被骂了一顿，哭起来啦 la⁰ 哭起来了。（语法 024）

由于已然体与其他体实际并不处在一个层面上，因此已然体可以与完成体等其他体叠用。例如：

鹅湖话：嗝啦　　賸一里路嗝啦 剩一里路了，快当到啦 快到了。（语法 104）
旧城话：嘀啦　　天光嘀啦 天已经亮了。（语法 102）
溪头话：之了　　车票口 so²³¹ 买好之了 车票我买好了，尔不要买嘞 你不用买了。（语法 039）
沱川话：着了　　固本书我园得桌上着了 那本书我放在桌上了。（语法 098）
紫阳话：之啦　　（老王）人也差一吊儿打伤之啦 人也差点儿被打伤了。（语法 026）
中云话：哩啦　　賸下一里路啦 剩一里路了，快到哩啦 快到了。（语法 104）
　　　　之啦　　天光之啦 天已经亮了。（语法 102）
新建话：呒之啦　帽仂端得风吹呒之啦。（语法 025）

（八）短时体和尝试体

短时体表示动作行为持续时间的短暂。尝试体表示动作行为的尝试性。由于动作行为的短暂与尝试在语义上有密切的联系，因而这二者常常合一为短时尝试体。普通话中主要用"V 动词+（一）+V 动词""V 动词+一下""V 动词 V 动词+看""V 动词+宾（补）+看"等格式来构成动词的短暂尝试体结构。

赣东北徽语各方言点的短时体和尝试体情况见以下表 8-2-12：

表 8-2-12　　　　　　　赣东北徽语短时体和尝试体对照表

	短时体、尝试体结构	语法 073-2 你得去看看。	语法 076-1 你算算看。
经公桥	V+一下 i⁴⁴xʌ⁰/VV+看 kʻɤ²¹⁴	尔要去看一下。	尔算算看。
鹅　湖	V+一下 i?⁵xo⁰/ V+下 xo⁰+看 kʻien²¹³	尔要去看一下。	尔算下看。

续表

	短时体、尝试体结构	语法 073-2 你得去看看。	语法 076-1 你算算看。
旧 城	VV/VV+看 kʻen²¹³	尔要去看看。	尔算算看。
湘 湖	V 下 xo²¹¹/VV+看 kʻen²¹²	尔要去看下。	尔算算看。
溪 头	V+下 xo⁵⁵/VV+看 kʻũ²⁴	尔要去看下。	尔算算看。
沱 川	VV/VV+看 kʻũ³⁵+下 xo⁰	尔要去看看。	尔算算看下。
紫 阳	V+下 xə⁰/VV+看 kʻum³⁵	尔要去看下。	尔算算看。
许 村	V+下 xo⁰/V+下 xo⁰+看 kʻũ²⁴	尔要去看下。	尔算下看。
中 云	V+一下 i⁵¹xo⁵¹/VV+看 kʻum⁰	尔要去看一下。	尔算算看。
新 建	V+下 xuɣ⁰/VV+望 mɔ̃⁵¹ 下 xuɣ⁰	尔要去望下。	尔算算望下。
新 营	V+下 xo⁵¹/V+下 xo⁵¹ 觑 tɕʻio²¹⁵	尔要去觑下。	尔算下觑。
黄 柏	V+一下 i²¹xo⁰/VV+看 kʻõ²¹³	尔要去看一下。	尔算算看。
暖 水	V+下 xo⁵¹/VV+望 mʌŋ⁵¹+下 xo⁵¹	尔要去望下。	尔算算望下。

从表 8-2-12 可以看出，赣东北徽语中表示短时体的格式主要有"V 动词 +（一）下"及"V 动词 V 动词"，尝试体往往会在"V 动词 V 动词"或"V 动词 下"结构中加上"看/望/觑"，动词重叠式的后一音节往往变读为轻声。

（九）重行体

重行体表示动作重复进行。普通话中一般用"再/重+V+（补语）"格式构成动词重行体结构。重行体的体标记是"再""重"，其位置都是在动词前。

赣东北徽语各方言点中的重行体按体标记位置的不同可以分前加式和后附式两种。前加式的体标记是"再"，例如：

    重行体标记 你把展览再仔仔细细看一遍。（语法 121-2）
鹅湖话：再   尔端展览再仔细看一下。
溪头话：再   尔帮展览再仔仔细细看一遍。
新建话：再   尔再把展览仔仔细细望一遍。

这种前加式重行体结构格式与普通话相同。能体现出赣东北徽语中重行体方言特色的是后附式重行体结构，有"V 动词+体标记+（补语）"和"V 动词+（补语）+体标记"两种格式。后附重行体标记有"凑""添"和"过"。这种后附式标记还经常和"再"一起构成糅合式。见以下表 8-2-13：

表 8-2-13　　　　　　　　赣东北徽语动词重行体对照表

	重行体结构	语法 046-2 〔你才吃了一碗米饭，〕 再吃一碗吧。	语法 047-2 〔我算得太快算错了，〕 让我重新算一遍。
经公桥	（再）V+补+凑	（再）喫一碗凑吧。	让阿算一遍凑。
鹅　湖	（再）V+补+凑	（再）喫一碗凑。	让我再算一遍。
旧　城	（再）V+补+凑 V+过+补	（再）喫一碗凑吧。	让我算过一到。
湘　湖	（再）V+补+凑 再+V+补	（再）喫一碗凑吧。	让我再算一遍。
溪　头	（再）V+补+凑	（再）喫一碗凑。	让我算一遍凑。
沱　川	（再）V+补+凑	（再）喫一碗凑。	让我（再）算一遍凑。
紫　阳	（再）V+补+凑 V+过+补	（再）喫一碗凑/添。	让我算过一遍。
许　村	（再）V+补+凑 （再）V+过+补	（再）喫一碗凑。	让我（再）算过一遍。
中　云	（再）V+补+凑	（再）喫一碗凑。	让我算一遍凑。
新　建	（再）V+补+凑 V+过+补	（再）喫一碗凑。	让阿算过一遍。
新　营	（再）V+补+凑 再+V+补	（再）喫一碗凑。	让我再算一遍。
黄　柏	（再）V+补+凑 V+过+补	（再）喫一碗凑。	让阿算过一遍。
暖　水	（再）V+补+凑 V+过+补	（再）喫一碗凑吧。	让我算过一遍。

上表中所列例句"再吃一碗"（语法 046-2）和"重新算一遍"（语法 047-2），两句表义有所区别：语法 046-2 例句所表语义为先前的动作进行得不够，重行的动作用以补足数量；语法 047-2 例句所表语义为先前的动作进行得不好，重行的动作用以更正、弥补。这两类表动作重行的句子可以分为 A、B 两类。

赣东北徽语溪头话、沱川话、中云话 3 处方言点中，上述 A、B 两类句子格式同形。例如溪头话说"再喫一碗凑""让我算一遍凑"。其他 10 处方言点 A、B 类句子以不同的体助词"凑/添""过"来区别。例如紫阳话说"再喫一碗凑/添""让我算过一遍"。

13 处方言点 A 类句都有后标式的表述格式"（再）V+补+凑/添"。B 类句湘湖话、新营话以外 11 处方言点有后标式的"V+过+补"格式；而湘湖话、新营话中只有与普通话相同的前标式的"再+V+补语"格式,无后标式的"V+过+补"格式。

赣东北徽语中的重行体标记虽然可以写作"过",但与经历体标记"过"的语音形式不同。经历体标记"过"一般都读轻声,而重行体标记都读本调(方言中读去声或阴去)。

二 句式

(一) 处置句

所谓处置,就是对受事施加某种影响并造成某种后果,所以处置句表示动作的接受者即受事受到动作的影响而产生某种结果或状态。普通话中处置句用标记词"把"把受事成分介引到动词前来表示处置,处置句也称为"把"字句。

赣东北徽语一般也是通过介词把受事成分介引到动词前来表示处置,能表现方言处置句特色的,主要是作为处置句标记的介引受事成分的介词与普通话的差异。赣东北徽语各方言点的处置句标记情况见表 8-2-14:

表 8-2-14　　　　　　　　赣东北徽语处置句标记对照表

	处置句标记	语法 021 把这头牛牵回家去!	语法 022 他把弟弟带来了。
经公桥	把 puʌ⁴²	把伊头牛牵去家。	渠把弟郎带来了。
鹅　湖	担 tõ⁵⁵	担勒条牛牵去家。	渠担弟郎带来嘱。
旧　城	担 tuo⁵⁵	担勒条牛牵去家。	渠担弟郎带来嘀。
湘　湖	帮 paŋ⁴⁴	帮勒条牛牵去家。	渠帮弟郎带来哩。
溪　头	帮 pɔ̃³³	帮伊条牛牵去家。	渠帮弟郎带来了。
沱　川	帮 pã⁴⁴	帮伊条牛牵去家。	渠帮弟郎带来了。
紫　阳	帮 pã⁴⁴	帮伊只牛牵去家。	渠帮弟郎带之来啦。
许　村	帮 pɔ̃³³	帮伊匹牛牵去家。	渠帮弟佬带来了。
中　云	帮 pã⁴⁴	帮伊皮牛牵去家。	渠帮弟郎带嘀来啦。
新　建	帮 pɔ̃⁵⁴	帮伊皮牛牵去家。	渠帮弟郎带来啦。
新　营	把 pɑ⁴⁵³	把诶条牛牵去家。	渠把弟郎带来啦。
黄　柏	把 pa⁵³	把诶条牛牵去家。	渠把弟郎带来了。
暖　水	把 puɐ²¹	把伊条牛牵去家。	渠把弟郎带来了。

赣东北徽语中介引受事成分的介词有"把、担、帮、拿"几个。其中"帮"的分布面最广,见于婺源 5 处方言点和浮梁湘湖话、德兴新建话;"担"

见于浮梁鹅湖话、旧城话；"把"见于浮梁经公桥话和德兴新营话、黄柏话、暖水话。可见使用"帮"作为处置句的标记词是婺源方言的突出特点，浮梁湘湖话、德兴新建话都因近婺源而与之趋同。"担"是浮梁方言的处置句标记词。德兴方言处置句标记词主要是"把"，应是与共同语趋同的结果。

调查材料显示，赣东北徽语有的方言点处置句中介引受事成分的介词也有其他一些情况。例如旧城话有说"拿"的：

有好多落方儿拿 la⁵⁵ 太阳叫日头_{有许多地方把太阳叫日头}。（语法 004）

德兴新建话也有说"把"的。例如：

尔再把 pa³¹ 展览仔仔细细望一遍_{你把展览再仔仔细细看一遍}。（语法 121-2）

值得一提的是，德兴新营话、黄柏话和暖水话中的"把"既可以用在处置句中介引受事，也可以置于给予义动词后介引与事。例如：

把太阳叫日头。（语法 004）　这支笔送给你。（语法 052）

新营话：把 pa⁵³ 太阳叫日头。　　诶根笔送把 pa⁵³ 尔。
黄柏话：把 pɑ⁵³ 太阳叫日头。　　诶支笔送把 pɑ⁵³ 尔。
暖水话：把 puɐ²¹ 太阳嚎日窠儿。　伊支笔送把 puɐ²¹ 尔侬。

（二）被动句

被动句中的主语与谓语之间的关系是被动关系，也就是说，主语不是谓语动词所表示行为的主动者或实施者。现代汉语中的被动句一般指包含有表被动介词的句式，即"被"字句，这一句式在共同语中大致有两种基本形式：

A. N_{受事}＋被动介词＋N_{施事}＋VP：　这件事被他说中了。
B. N_{受事}＋被动介词＋VP：　碗被打破了。

赣东北徽语各方言点中被动句式比较一致，句子结构也与共同语基本相同。但介引施事的被动词各地差异比较大。赣东北徽语各方言点被动句中介引施事的被动词情况见以下表 8-2-15：

表 8-2-15　　　　　　　赣东北徽语被动句标记对照表

	被动句标记	语法 025 帽子被风吹走了。	语法 027 衣服被烟头烧了一个窟窿。
经公桥	让 yaŋ³⁵	帽仂让风吹走哩。	衣裳让烟头烧了一个洞。
鹅　湖	等 tāi⁵³	帽儿等风吹走嗝。	衣裳等烟头烧嗝一个洞。
旧　城	担 tuo⁵⁵	帽儿担风吹走嘀。	衣裳担烟头儿烧嘀一个洞。
湘　湖	把 pa³¹ 被 pʼei²¹	帽仂把风吹走哩。	衣裳被烟头烧哩一个洞。
溪　头	分 fəŋ³³	帽分风吹走了。	衣裳分烟头灼之一只洞。

续表

	被动句标记	语法 025 帽子被风吹走了。	语法 027 衣服被烟头烧了一个窟窿。
沱 川	担 tõ⁴⁴	帽担风吹走着。	衣裳担烟头烧着一个洞。
紫 阳	给 ko⁵¹	帽给风吹走之啦。	衣裳给烟头烧之一只洞。
许 村	给 ka⁵⁴	帽仂给风吹走了。	衣裳给烟头烧之一个洞。
中 云	给 ka⁵¹	帽给风吹走哩。	衣裳给烟头烧哩一个洞。
新 建	担（得）tã⁴⁴tɛ⁰	帽仂担得风吹吥着啦。	衣裳担烟头烧着一个洞。
新 营	让 ȵiã⁵¹	帽让风吹走啦。	衣服让烟头烧啦一个洞。
黄 柏	让 ȵiã²¹	帽仂让风吹走了。	衣服让烟头烧了一个洞。
暖 水	让 ȵiʌŋ⁵¹	帽头让风吹走了。	衣裳让烟头烧了一个洞。

浮梁经公桥和德兴新营话、黄柏话、暖水话 4 处方言点被动词用"让"，浮梁旧城话、婺源沱川话、德兴新建话用"担"，婺源紫阳话、许村话和中云话说"给"，浮梁鹅湖话用"等"，婺源溪头话用"分"。湘湖话有"把"和"被"两个被动词。

值得注意的是，旧城话中处置句介引受事的介词和被动句中介引施事的介词同形。例如：

渠大家担 tuo⁵⁵ 教室都安上嘀空调_{他们把教室都装上了空调}。（语法 020）

老王担 tuo⁵⁵ 坏人抢走嘀一只包_{老王被坏人抢走了一个包}。（语法 026）

此外，婺源方言 5 处方言点介引施事的介词，都还可以作为给予类动词用。例如：

	介词	帽子被风吹走了。 （语法 025）	给他一支笔！ （语法 051）
溪头话：	分	帽分风吹走了。	拎一支笔分渠。
沱川话：	担	帽担风吹走着。	担渠一支笔。
紫阳话：	给	帽给风吹走之啦。	担渠一支笔。
许村话：	给	帽仂给风吹走了。	给渠一支笔。
中云话：	给	帽给风吹走哩。	给渠一根笔。

（三）给予句

给予句是表示给某人以某物的句子。汉语共同语中给予句的句式主要有以下三种，其中 A 式、B 式是给予句的双宾式，C 式是给予句的与格式[①]：

[①] 沈家煊：《"在"字句和"给"字句》，《中国语文》1999 年第 2 期。

A. N施事＋V给予义动词＋N与事＋N受事　　　　我给他一本书。
B. N施事＋V给予义动词＋给＋N与事＋N受事　　我送给他一本书。
C. N施事＋V给予义动词＋N受事＋给＋N与事　　我送一本书给他。

赣东北徽语中的给予句与普通话的相比较，给予义动词后面的表人宾语（与事）和表物宾语（受事）的位置往往比较灵活，句式也比较复杂，主要有以下几类：

1. 动词＋表人宾语＋表物宾语

这类句式在赣东北徽语中分布面较广。见以下表 8-2-16：

表 8-2-16　　　　　　　赣东北徽语给予句对照表（1）

	语法 051 给他一支笔！	语法 050 （外婆）给了我压岁钱。
经公桥	（拿一支笔拿渠！）	（拿了压岁钱拿阿。）
鹅　湖	担渠一支笔！	担嗝我砥岁钱。
旧　城	掇渠一支笔！	外婆把到我压岁钱。
湘　湖	把渠一支笔！	把哩我压岁钱。
溪　头	（拎一支笔分渠！）	（拎压岁钱分之阿。）
沱　川	担渠一支笔！	担之我压岁钱。
紫　阳	担渠一支笔！	给之我隔岁钱。
许　村	给渠一支笔！	给之我隔岁钱。
中　云	给渠一支笔！	给之我隔岁钱。
新　建	搭唔一支笔！	搭唔阿隔岁钱。／（搭唔隔岁钱阿侬。）
新　营	给渠一支笔！	给我砥岁钱。
黄　柏	（把一支笔把渠！）	（把了压岁钱把阿。）
暖　水	搭渠一支笔。	（搭压岁钱□ue⁵⁴我。）

注：表中外加括号的句子非 1 类句式，列出以供对照。

2. 动词+表物宾语+表人宾语

这种句式只见于新建话中。例如：

新建话：外婆搭唔隔岁钱阿侬。（语法 050）

3. 动词+介词+表人宾语+表物宾语

部分方言点中，表人宾语不能直接与动词组合，要通过一个介词的引介。方言点中的介词有"到、担、给、把、分、拿"等。见以下表 8-2-17：

表 8-2-17　　　　　　　　赣东北徽语给予句对照表（2）

	语法 054 朋友借给他一间房间。
经公桥	（朋友借了一间房拿渠。）
鹅　湖	朋友借担渠一间房。
旧　城	朋友借到渠一眼房。
湘　湖	朋友借到渠一眼房。
溪　头	（朋友借之一间房分渠。）
沱　川	朋友借担渠一间房。
紫　阳	（朋友借之渠一眼房。）
许　村	朋友借给渠一眼房。
中　云	朋友借给渠一眼房。
新　建	（朋友借吥一间房到渠。）
新　营	朋友借把渠一眼房。
黄　柏	朋友借把渠一间房间。
暖　水	朋友借把渠一眼房。

注：表中外加括号的句子非 3 类句式，列出以供对照。

4. 动词＋表物宾语＋介词＋表人宾语

见下页表 8-2-18：

表 8-2-18　　　　　　　　赣东北徽语给予句对照表（3）

	语法 130 借给了他三百块钱。	语法 051 别给他钱。	语法 054 借给他一间房间。
经公桥	借了三百块钱到渠。	不要拿钱拿渠。	借了一间房间拿渠。
鹅　湖	（借嘀渠三百块钱。）	（不要担渠钱。）	（借担渠一眼房。）
旧　城	（借嘀渠三百块钱。）	不要担钱到渠。	（借到渠一眼房。）
湘　湖	借哩三百块钱到渠。	不要把钱把渠。	（借到渠一眼房间。）
溪　头	（借之渠三百块钱。）	不要拎钱分渠。	借之一眼房分渠。
沱　川	（借着渠三百块钱。）	（不要担渠钱。）	（借担渠一眼房。）
紫　阳	（借之渠三百块钱。）	（不要担渠钱。）	（借之渠一眼房。）
许　村	（借给渠三百块钱。）	（不要给渠钱。）	（借给渠一眼房。）
中　云	（借哩渠三百块钱。）	（不要给渠钱。）	（借给渠一眼房间。）
新　建	（借吥渠三百块钱。）	（不要搭渠钱。）	借吥一间房到渠。
新　营	借了三百块钱□xo⁵³渠。	（不要给渠钱。）	（借把渠一眼房。）
黄　柏	（借把渠三百块钱。）	不要把钱把渠。	（借把渠一间房间。）
暖　水	（借把渠三百块钱。）	不要□ta³¹钱□uɐ⁵¹渠。	（借把渠一眼房。）

注：表中外加括号的句子非 4 类句式，列出以供对照。

上述1、2、3、4类句式，除了2类句式较少见使用外，1、3、4类句式都是赣东北徽语中给予句的常用句式。1类句式与前述共同语中的A式句式相同，3类句式与共同语中B式句式相同，只有4类句式才是赣东北徽语中具有方言特色的给予句句式。

赣东北徽语多数方言点都兼有2类或3类给予句句式。兼有1、3、4类句式方言点有：旧城话、湘湖话、新建话、暖水话；兼有1、3类句式的有鹅湖话、沱川话、许村话、中云话、新建话；黄柏话兼有3、4类句式。句式兼有是赣东北方言交接地带方言接触演变的表现。方言点中几种句式并行，一般没有使用环境的条件限制。浮梁经公桥话、婺源溪头话只使用4类一种句式，表明这两处方言点在给予句句式这一语法项目上还保持着赣东北徽语中属于更早阶段的语法特点。

（四）比较句

比较句指表示比较的句子。比较句分同级比较（等比）和差级比较（差比）两类。

1. 同级比较

比较甲、乙两个事物是否相等叫同级比较。赣东北徽语中同级比较句的句式与普通话基本相同，其句式结构为"甲+跟+乙+一样+比较项"。

赣东北徽语各方言点同级比较句情况以下页表8-2-19：

表8-2-19　　　　　　赣东北徽语同级比较句对照表

	语法085 老王跟老张一样高。
经公桥	老王跟 kɣ^{22} 老张一样高。
鹅　湖	老王跟 kən^{55} 老张一样高。
旧　城	老王跟 ken^{55} 老张一样猛。
湘　湖	老王跟 kən^{44} 老张一样高。
溪　头	老王搭 tɐ^{55} 老张一样高。
沱　川	老王□xĩ^{44} 老张一样高。
紫　阳	老王跟 kuæ̃^{44} 老张一样高。
许　村	老王跟 to^{54} 老张一样高。
中　云	老王跟 to^{51} 老张一样高。
新　建	老王跟 kẽ^{54} 老张一样高。
新　营	老王跟 kuən^{55} 老张一样高。
黄　柏	老王跟 kən^{44} 老张一样高。
暖　水	老王搭 ta^{54} 老张一样高。

表 8-2-19 显示，赣东北徽语同级比较句与普通话的不同表现在部分方言点的比较词略有差异。大部分方言点（经公桥话、鹅湖话、旧城话、湘湖话、紫阳话、新建话、新营话、黄柏话）比较词是"跟……一样"，溪头话、许村话、中云话、暖水话 4 处方言点用"搭……一样"，沱川话用"囗 xã⁴⁴……一样"。

2. 差级比较

比较不相等的两个事物以显示其差别叫差级比较。差级比较有两种情况："甲超过乙"和"甲不如乙"。

（1）甲超过乙

赣东北徽语各方言点在表达差比"甲超过乙"语义时的比较句式一般用："甲比乙 A（补语）"和"甲比乙（更、还）A"。见以下表 8-2-20：

表 8-2-20　　　赣东北徽语"甲超过乙"差级比较句对照表

	语法 087 今天比昨天更热。	语法 084-2 〔他〕只比我高两公分。
经公桥	今朝比 pi⁴² 昨日还 xa³⁵ 热。	只比 pi⁴² 阿高两公分。
鹅　湖	今朝比 pei⁵³ 昨日更 kāi³⁵ 热。	只比 pei⁵³ 我高两公分。
旧　城	今朝比 pei³¹ 昨日更 kai²¹³ 热。	只是比 pei³¹ 我猛两公分。
湘　湖	今朝比 pei³¹ 昨日更 kai³⁵ 热。	只长我两公分。
溪　头	今日比 pi⁴² 昨日更 kæi²⁴ 热。	只比 pi⁴²囗so²³¹ 高两公分。
沱　川	今日比 pi² 昨日更过 kā³⁵ku⁰ 热。	只比 pi² 我高两公分。
紫　阳	今日比 pi² 昨日更 kɔ̃³⁵ 热。	只比 pi³⁵ 我高两公分。
许　村	今日比 pi³¹ 昨日更 kā²⁴ 热。	只比 pi³¹ 我高两公分。
中　云	今朝比 pi² 昨日还 o¹¹ 更 kā³⁵ 热。	只比 pi² 我高两公分。
新　建	今日比 pi³¹ 昨日还 xuγ²⁴ 热。	只比 pi³¹ 阿高两公分。
新　营	今日比 pe⁵³ 昨日更 kæ⁵³ 热。	只比 pe⁵³ 我高两公分。
黄　柏	今朝比 pi⁵⁴ 昨日还 xa⁴² 热。	只比 pi⁵¹ 阿高两公分。
暖　水	今日比 pi²¹ 昨日更 kæ³⁵ 热。	只比 pi²¹ 我高两公分。

湘湖话有时会用"甲+形容词+乙+补语"的句式来表示甲、乙两事物间的差比。例如"他只高我两公分 他只比我高两公分。"

沱川话有时会用"甲比乙更过 A"来表达差比语义。例如"今日比昨日更过热 今天比昨天更热。"

（2）甲不如乙

这类比较句的句式有多种。

A. "甲没有/没/冇乙（那么）A"

例如要表达"我没有他那么傻"的句义，各方言点在表述上有一些细微差别。见以下表 8-2-21：

表 8-2-21　　赣东北徽语"甲不如乙"差级比较句对照表（1）

	语法 088 我没有他那么傻。
经公桥	阿没有 miəu^{24} 渠□nie^{24} 么呆。
鹅　湖	我冇 mau^{35} 渠那样鳖。
旧　城	我没有 mei^{33}iəu^{31} 渠唔样鳖。
湘　湖	我没有 mɛʔ^{2}iəu^{314} 渠唔样痴。
溪　头	□so^{231} 冇□mɐ^{55}xɐ^{51} 渠□kŭ^{24} 痴。
沱　川	我冇□ba^{51}xa^{211} 渠固只傻□xo^0。
紫　阳	我冇 bo^{51} 渠个样痴。
许　村	我冇 ma^{51} 渠唔痴。
中　云	我冇 mɔ^{11} 渠唔痴。
新　建	阿冇□muɤ^{33}xɯ^0 渠啊□nẽ^0 傻。
新　营	我冇有 mio^{53} 渠夏 xo^{53} 么傻。
黄　柏	阿唔□ŋ^{44}tə^{213} 渠诶样傻。
暖　水	我不曾□pæ^{23}xa^{55} 渠阿种傻。

B. "甲冇/不曾比乙 A（补语）"

再见以下表 8-2-22：

表 8-2-22　　赣东北徽语"甲不如乙"差级比较句句式对照表（2）

	语法 084-1 他没有比我高多少，〔只比我高两公分。〕
经公桥	渠冇 mau^{24} 比 pi^{42} 阿高几多，
鹅　湖	渠冇 mau^{35} 比 pei^{53} 我高好多，
旧　城	渠冇 mau^{213} 比 pei^{31} 我猛几多，
湘　湖	渠冇 mau^{21} 比 pei^{31} 我长几多，
溪　头	渠冇□mɐ^{55}xɐ^{51} 比 pi^{42}□so^{231} 高几多，
沱　川	渠不曾 pə^{51}sã^{211} 比 pi^2 我高几多，
紫　阳	渠不曾 pɔ̃^{211} 比 pi^{35} 我高几多，
许　村	渠不曾 pã^{51} 比 pi^{31} 我高几多，

续表

	语法 084-1 他没有比我高多少，〔只比我高两公分。〕
中 云	渠不曾 pã¹¹ 比 pi² 我高几多，
新 建	渠不曾 pã²⁴ 比 pi³¹ 阿高一吊物，
新 营	渠冇 mo⁵¹ 比 pɛ⁵³ 我高几多，
黄 柏	渠唔□ŋ⁴⁴nən⁴¹ 比 pi⁵¹ 阿高几多，
暖 水	渠不曾 pæ²³ 比 pi²¹ 我高一吊物，

上述 A 式、B 式两种句式是赣东北徽语各方言点共有的。下面句式的分布则有差异：

C. "甲 V 不赢/过乙"

这一句式主要分布在浮梁方言和德兴新建话中。例如：

鹅湖话：渠打不过阿。

湘湖话：渠打不赢我。

新建话：渠打不赢我侬。

D. "甲 V 乙不赢/过"或"甲 V 不乙赢/过"

这两种句式只见于婺源方言。其中溪头话和中云话多用前者，沱村话和许村话两者的使用频率差不多。例如：

溪头话：何个都讲渠不赢。

沱川话：渠打不过我/我不过/不我过。

（五）疑问句

疑问句表示询问，具有疑问语气。就句子的形式或结构来看，疑问句可以分为特指问句、是非问句、选择问句、正反问句。特指问句是句子中含有疑问代词的疑问句，要求听话人就疑问代词来具体作回答。特指问句的特点主要体现为疑问代词的构成和使用。赣东北徽语中的特指问句情况可以参见前述"疑问代词"部分。以下主要讨论的是赣东北徽语中是非疑问句、选择疑问句、反复疑问句的情况。

1. 是非疑问句

是非问句的句子结构中没有疑问代词、并列选择项、肯定否定项等疑问表达形式，在一般陈述句的基础上加上疑问语调（上升语调）或加上疑问语气词构成。例如普通话：

老王来了。——老王来了？↗   老王来了吗？↗

赣东北徽语各方言点是非疑问句的情况见以下表 8-2-23：

表 8-2-23　　　　　　　赣东北徽语是非疑问句对照表

	疑问语气词	语法 002 你会说婺源话吗？	语法 006 你平时抽烟吗？
经公桥	吗 mʌ⁰	尔会讲婺源话吗？	尔平时喫烟吗？
鹅　湖	呗 pe⁰	尔会话婺源话呗？	尔平时喫烟呗？
旧　城	吧 pa⁰/啵 po⁰	尔会话婺源话吧？	尔平时喫烟啵？
湘　湖	吧 pa⁰	尔会话婺源话吧？	尔呐平时喫烟吧？
溪　头	吧 pɐ⁰	尔会讲婺源话吧？	尔平常喫烟吧？
沱　川	吧 pɒ⁰	尔晓得讲婺源话吧？	尔平常喫烟吧？
紫　阳	吧 pa⁰	尔晓得讲婺源话吧？	（尔平时喫烟不嗰？）
许　村	吗 ma⁰	（尔会讲婺源话不啰？）	尔平时喫烟吗？
中　云	吧 pa⁰	尔会讲婺源话吧？	尔平时喫烟吧？
新　建	吧 pa⁰	尔侬晓得讲婺源话吧？	尔平时喫烟吧？
新　营	唪pæ⁰	尔会讲婺源事唪？	尔平时喫烟唪？
黄　柏	吧 pa⁰/呗 pɛ⁰	尔会话婺源事吧？	尔平时喫烟呗？
暖　水	吗 ma⁰/吧 pa⁰	尔侬会讲婺源话吗？	尔平时喫烟吧？

　　上表显示赣东北徽语是非疑问句的句式基本形式与普通话相同，句式为"陈述句+疑问语气词"。显示方言特色的主要表现为疑问语气词的差异。表中所列赣东北徽语中的疑问语气词有读 p-声母的"吧 pa⁰/pɒ⁰/pɐ⁰""唪pæ⁰""呗 pɛ⁰"和"吗 ma⁰/mʌ⁰"，其中以"吧"的分布面最广。浮梁旧城话和德兴黄柏话、暖水话中各有 2 个表是非疑问语气的语气词，语用中有语气舒缓与否的细微区别。

　　紫阳话、许村话各有一个句子外加括号，不属于是非疑问句而是反复疑问句，说明被调查者在面对提供的是非疑问句调查例句时，依据语言习惯而使用反复疑问句来表达。这表现了方言中常用反复问的形式来表达疑问。再看婺源紫阳话中两个例子：

　　　　尔口xã⁴⁴ 渠讲之伊样事不曾 pɔ̃²¹ 你告诉他这件事了吗？（语法 012）
　　　　尔口xã⁴⁴ 渠讲过伊样事不曾 pɔ̃²¹ 你告诉过他这件事吧？（语法 013）

　　2. 选择疑问句

　　选择疑问句提供两种或两种以上的情况供回答者作选择回答。普通话中主要有以关联词语构成的"是……还是……""……还是……"2 种选择疑问句式。

　　赣东北徽语的选择问句主要使用与普通话相同的"……还是……"句

式表达。各方言点的选择问句情况见表 8-2-24：

表 8-2-24　　　　　赣东北徽语选择疑问句句式对照表

	疑问句式	语法 015 你喜欢红的还是喜欢蓝的？
经公桥	……还是 xai^{35}ɕi^{21}……	尔欢喜红嘀还是欢喜蓝嘀？
鹅湖	……还是 xo^{35}ɕi^{21}……	尔欢喜红嘀还是欢喜蓝嘀？
旧城	……还是 xo^{24}ɕi^{33}……	尔喜欢红嘀还是喜欢蓝嘀？
湘湖	……还是 xuo^{35}ɕi^{21}……	尔喜欢红嘀还是喜欢蓝嘀？
溪头	……还是 o^{51}ʂɿ^{231}……	尔欢喜红嘀还是喜欢蓝嘀？
沱川	……还是 o^{21}ʂɿ^{31}……	尔欢喜红嘀还是喜欢蓝嘀？
紫阳	……还是 o^{21}ɕi^{31}……	尔欢喜红嘀还是喜欢蓝嘀？
许村	……还是 o^{52}ʃe^{54}……	尔欢喜红嘀还是喜欢蓝嘀？
中云	……还是 o^{11}ʂɿ^{31}……	尔欢喜红嘀还是喜欢蓝嘀？
新建	……还是 xuɣ^{24}sɣ^{51}……	尔欢喜红嘀还是欢喜蓝嘀唠？
新营	……还是 xa^{31}ɕi^{51}……	尔欢喜红嘀还是欢喜蓝嘀？
黄柏	……还是 xa^{41}ɕi^{21}……	尔喜欢红嘀还是喜欢蓝嘀唠？
暖水	……还是 xo^{23}ʂɣ^{51}……	尔侬欢喜红嘀还是欢喜蓝嘀？

3. 反复疑问句

反复疑问句一般是用谓语或谓语中的一部分组成肯定和否定叠合的形式进行提问，要求答者从肯定项和否定项中挑选其中的一项作答。

以下选列 3 个疑问句例句，考察赣东北徽语各方言点中使用反复疑问句的情况。见表 8-2-25：

表 8-2-25　　　　　赣东北徽语反复疑问句对照表

	语法 011 （你到底）答应不答应他？	语法 117 （明天你）去南昌不去？	语法 044-1 （我吃过兔子肉，）你吃过没有？
经公桥	答不答应渠？	（到南昌去吧？）	尔喫冇 mau^{24} 喫过？
鹅湖	答不答应渠？	（去南昌吧？）	尔喫过冇 mau^{35}？
旧城	答应不答应渠？	（去南昌啵？）	（尔喫过吗 ma^{0}？）
湘湖	答应不答应渠？	去不去南昌？	尔喫过没有 mɛʔ^{2}iəu^{314}？
溪头	答应不答应渠？	去不去南昌？	尔喫不曾 pã^{51} 喫过？
沱川	答应不答应渠？	到南昌去不？	尔喫过不曾 pə^{51}sã^{211}？

续表

	语法 011 〔你到底〕答应不答应他？	语法 117 〔明天你〕去南昌不去？	语法 044-1 〔我吃过兔子肉,〕你吃过没有？
紫 阳	答应不答应渠啦？	去南昌不啊？	尔喫过不曾 pɜ²¹¹？
许 村	答不答应渠？	到南昌去不去？	尔喫过不曾 pã⁵²？
中 云	答应不答应渠？	到不到南昌去？	（尔喫过吧 pa⁰？）
新 建	答应不答应渠？	（到南昌去吧？）	尔喫过不曾 pã²⁴？
新 营	答应不答应渠？	（到南昌去吧？）	（尔喫过唛 mæ⁰？）
黄 柏	答不答应渠？	（到南昌去吧？）	尔喫过唔□nən⁴¹？
暖 水	答不答应渠？	去不去南昌？	尔喫过不曾 pæ²³？

　　表 8-2-25 显示赣东北徽语反复疑问句的基本形式也与普通话相同，使用的句式主要有"V 动词+否定词+V 动词（O 宾语）""V 动词+否定词"等。

　　如果动词是双音节形式（AB），部分方言点只重叠前一音节，构成"A 不 AB"的反复问句式。

　　赣东北徽语中反复疑问句式中的否定词有"不"和"冇/不曾/没有/唔□nən⁴¹"两类。"不"一般用于表示主观意愿的反复问句，"冇/不曾/没有/唔□nən⁴¹"则一般用于表示客观结果或过去时的反复问句中。这两类否定词在构成反复疑问句不同句式时有使用频率上的差异。"V+否定词"格式的句子包含"冇/不曾"一类否定词的较多，包含"不"一类否定词的较少。语法 044-1 例句，说"尔喫过不曾""尔喫过冇"等的有 9 处方言点（鹅湖话、湘湖话、溪头话、沱川话、紫阳话、许村话、新建话、黄柏话、暖水话）；语法 117 例句，说"到南昌去不""去南昌不啊""到南昌去不去"的只分别有沱川话、紫阳话、许村话 3 处方言点。

　　前述表 8-2-23 中讨论是非疑问句时即有紫阳话、许村话用反复疑问句表达的例子，表 8-2-25 中沱川话、紫阳话、许村话语法 044-1 例句、语法 117 例句都用反复疑问句表达，表明反复疑问句是赣东北徽语主要是婺源方言中较常使用的一种疑问句式。

三 语序与结构

（一）状语后置

　　普通话中，状语作为谓语的修饰成分，通常放在谓语前面。在赣东北徽语中，有些句子的状语修饰成分经常放在谓语之后，出现在句子的补语位置上，对谓语起补充说明的作用。这种所称"状语后置"的情况有以下三种：

1. 时间先后状语

普通话通常将"先、后、早、晚、迟"等时间词置于动词之前，作为表示时间先后的状语。赣东北徽语各点在表示时间先后时，除了用与普通话相同的语序外，还常常将时间词后置，或将两种用法叠置。例如语法 123 例句"先喝酒，后吃饭"：

  湘湖话：喫酒起，后喫饭。
  新建话：喫酒起，后喫饭。

2. 加量状语

普通话中通常用"再+V+数量"的格式表示在原来的基础上加量。例如"再吃一碗""再算一遍"。赣东北徽语在表达同样意思时，多在句末加"凑"来表示，紫阳话有时候用"添"。例如语法 046-2 例句"〔你才吃了一碗米饭，〕再吃一碗吧"：

  旧城话：喫一碗凑。
  紫阳话：喫一碗舔/凑。

3. 过量状语

普通话中一般用程度副词"太"加上形容词表示过量，如"太多""太少""太长""太短"等等。赣东北徽语部分方言点则常用"很""凶"等词置于形容词之后的补语位置上表示。例如语法 089 例句"价钱太贵了"：

  旧城话：价钱太贵很哩。

语法 110 例句"这条毛巾太脏了"：

  旧城话：勒条手巾肮脏很哩。
  许村话：伊条手巾邋遢得很。
  暖水话：伊条洗面巾污糟得凶。

（二）表方位的成分与动词组合的语序位置

赣东北徽语中表方位的成分与动词组合，主要有以下语序格式：

  A 式：方位词+V_{动词}
  B 式：在/到+方位词+V_{动词}
  C 式：V_{动词}+方位词

以下列表对照各方言点使用语序格式的情况。见表 8-2-26：

表 8-2-26　　　　　赣东北徽语方位词与动词的语序对照表

	语法 122（你路熟，你）前面走（。）		
	A 式	B 式	C 式
经公桥		在前头走	
鹅 湖	前头走		
旧 城	前头走		
湘 湖		在前头走	
溪 头			走前头
沱 川	前边走		走前边
紫 阳			走□tɔ⁵¹前头
许 村		到前头走	
中 云		到前头走	
新 建	前头行		
新 营			走前头
黄 柏			走前底
暖 水			走前□k'iɛ⁰

浮梁方言各点主要是使用 A 式和 B 式句，而婺源方言和德兴方言各点则主要使用 C 式句，只有沱川话和新建话两处方言点使用 A 式句，许村话和中云话两处方言点使用 B 式句。

（三）宾语和补语的位置

普通话中，可能补语的位置通常位于宾语前，构成"V+得/不+补语+宾语"结构。例如"我打得/不过他""我吃得/不完这碗饭"。

赣东北徽语各方言点中，可能补语和宾语可以有不同的语序位置。其中肯定句式中，有两种语序结构：

　　　　肯定 A 式：V+得+补语+宾语
　　　　肯定 B 式：V+得+宾语+补语

在否定句式中，则有三种语序结构：

　　　　否定 A 式：V+否定词+补语+宾语
　　　　否定 B 式：V+否定词+宾语+补语
　　　　否定 C 式：V+宾语+否定词+补语

以下列表对照各方言点使用语序格式的情况。分别见表 8-2-27、8-2-28 和表 8-2-29：

表 8-2-27　　　赣东北徽语肯定句中可能补语与宾语语序对照表

	语法 066-1　（我）打得过他（,）		
	A 式	B 式	C 式
经公桥	打得过渠		
鹅　湖	打得赢渠		
旧　城	打得赢渠		
湘　湖	打得赢渠		
溪　头		打得渠赢	
沱　川	打得过渠	打得渠过	
紫　阳	打得赢渠		
许　村	打得过渠	打得渠过	
中　云		打得渠赢	
新　建	打得过渠侬		
新　营	打得赢渠		
黄　柏	打得过渠		
暖　水	打得过渠		

表 8-2-28　　　赣东北徽语否定句中可能补语与宾语语序对照表（1）

	语法 066-2　他打不过我（。）		
	A 式	B 式	C 式
经公桥	渠打不过阿		
鹅　湖	渠打不赢我		
旧　城	渠打不赢我		
湘　湖	渠打不赢我		
溪　头			渠打□so²³¹ 不赢
沱　川	渠打不过我	渠打不我过	渠打我不过
紫　阳	渠打不赢我		
许　村	渠打不过我	渠打不我过	
中　云			渠打我不赢
新　建	渠打不过阿侬		
新　营	渠打不赢我		
黄　柏	渠打不过阿呐		
暖　水	渠打不过我		

表 8-2-29　赣东北徽语否定句中可能补语与宾语语序对照表（2）

	语法 079 （我今天胃口不好）吃不下饭（。）		
	A 式	B 式	C 式
经公桥		喫不饭去	
鹅　湖	喫不下去饭		
旧　城	喫不下去饭		
湘　湖		喫不饭下	
溪　头	喫不下饭		
沱　川	饭喫不下去		
紫　阳	喫不下饭		
许　村	喫不得饭		
中　云	喫不下饭		
新　建	喫不下去饭		
新　营	喫不下去饭		
黄　柏	喫唔到饭		
暖　水	喫不下饭		

　　肯定句式，浮梁方言 4 处方言点、德兴方言 4 处方言点只有 A 式一种语序格式。婺源方言紫阳话也只有 A 式一种语序格式，其余 4 处方言点都有 B 式语序格式。沱川话和许村话兼有 A、B 两种语序格式。

　　否定句式，德兴方言 4 处方言点，只有 A 式一种语序格式。浮梁 4 处方言点，也仅有语法 079 例句"吃不下饭"经公桥话、湘湖话分别有 B 式的"喫不饭去""喫不饭下"的说法，其他也都使用 A 式语序格式。

　　婺源方言中，语法 066-2 例句"他打不过我"有 A 式、B 式、C 式 3 种语序格式。其中沱川话兼说 A、B、C 三式，许村话兼说 A、B 两式，其余 3 处方言点，除紫阳话说 A 式外，溪头话、中云话说 C 式。A 式是与普通话相同的语序格式，B、C 两式是更能体现婺源方言特色的格式。婺源方言在这一语序格式上与德兴方言、浮梁方言具有区片之间的差异。

　　值得注意的是，语法 079 例句"吃不下饭"在赣东北徽语中未见有 C 式说法，B 式也仅见经公桥话、湘湖话两处方言点，表明同为动词后带可能补语与宾语的否定句式，主语、宾语具有双方比较力量强弱的语义关系的句子与表示施动者对客体的能力语义的句子，在可能补语与宾语语序格式的选择上是有不同的。

第三节　赣东北徽语语法特点归纳

一　赣东北徽语分片语法特点

（一）浮梁方言的语法特点

1. 浮梁方言各方言点的一致性语法特点

（1）表雄性动物性别的语素多为"牯"与"公"，前者一般用于家畜，后者多用于家禽。

（2）表示年龄小或排序后，往往用前缀"滴"。如"滴羊"指羊羔，"滴猪"指猪崽，"滴毛儿"指婴儿，"滴叔"意思是最小的叔父。

（3）经公桥话、鹅湖话和旧城话3处方言点中都兼有"儿缀"和"儿化"。

（4）4处方言点第三人称单数都是"渠"；除经公桥话外，其他3处方言点的第一人称代词都是"我"，第二人称代词都是双音节"尔□na^0"。

（5）指示代词都是两分的，而且不论近指还是远指词声调都一致，读为阴平调。

（6）否定已然事实的否定词是"冇"。

（7）持续体标记是"到"或用动词重叠式表示动作、行为的持续；经历体标记为"过"；起始体标记为"起来"；继续体标记为"下去"。

（8）比较句的句式基本一致，等比一般用"甲跟乙一样+形容词"结构；在表达差比"甲超过乙"语义时的比较句式一般用"甲比乙A（补语）"和"甲比乙（更、还）A"；表达"甲不如乙"语义时的比较句式一般用"甲没有/冇乙（那么）A"或"甲冇比乙A"。

（9）表示时间、加量和过量等语义的成分都经常放在谓语之后，出现在句子的补语位置上，对谓语起补充说明的作用。

（10）可能补语和宾语的语序结构一般是"V+得+补语+宾语"；否定句中可能补语与宾语的语序结构是"V+否定词+补语+宾语"。

2. 浮梁方言各方言点的语法差异

（1）经公桥话、鹅湖话和旧城话3处方言点表雌性动物性别的语素多为"嬷"或者"母"，而湘湖话常用"騲"。

（2）鹅湖话已然体标记与完成体标记不一样，而其他3处方言点用同一个语音形式表示这两种语法意义。

（3）处置句式中介引受事的介词各异，其中经公桥话用"把"，湘湖话用"帮"，鹅湖话和旧城话用"拿"；被动句中的被动词经公桥话用"让"，鹅湖话用"等"，旧城话用"担"，湘湖话用"把"或"被"。

（二）婺源方言的语法特点

1. 婺源方言各方言点的一致性语法特点

（1）"种公猪"的称呼都是"猪斗"，而称呼"公猪"一般为"猪牯"或"牯猪"，可见"斗"是当地一个突出性成熟、性能力语义的语素。

（2）第一人称代词单数在溪头话、沱川话、紫阳话 3 处方言点中都有两种说法："阿/我/我"和"□so^{231}/so^{31}/sə^{31}"；第二人称代词单数和第三人称代词在各地说法都一样，分别是"尔"和"渠"。

（3）指示代词中的近指词各地都是单元音 i，且都为阴平调；远指词则多为 k-声母音节，阴去调。

（4）否定已然事实的否定词是"不曾"的合音词。

（5）已然体标记往往与完成体标记不一样。

（6）处置句式中介引受事的介词都是"帮"。

（7）在表达差比"甲超过乙"语义时的比较句式一般用"甲比乙 A（补语）"和"甲比乙（更、还）A"；表达"甲不如乙"语义时的比较句式一般用"甲冇乙（那么）A"或"甲不曾比乙 A"。

2. 婺源方言各方言点的语法差异

（1）各地表动物性别的语素不论是形式还是结构上都有较大差异。

（2）溪头话中有指示代词三分的痕迹，相异于婺源方言其他方言点。

（3）体标记往往各异。

（4）被动句中的被动词溪头话用"分"，沱川话用"担"，紫阳话、许村话和中云话用"给"。

（5）等比句的句式结构虽相同，但比较词不一样，沱川话用"□xã^{44}"，紫阳话用"跟"，溪头话、许村话和中云话用"搭"。

（6）可能补语和宾语的语序结构有两种："V+得+补语+宾语"和"V+得+宾语+补语"；否定句中可能补语和宾语的语序有三种："V+否定词+补语+宾语""V+否定词+宾语+补语"和"V+宾语+否定词+补语"。

（三）德兴方言的语法特点

1. 德兴方言各方言点的一致性语法特点

（1）表雄性动物性别的语素多为"牯"与"公"，前者一般用于家畜，后者多用于家禽。

（2）第一人称代词单数都是"阿"，第二人称代词单数是"尔"或"尔侬"，第三人称代词单数是"渠"或"渠侬"。

（3）持续体标记为"到"或用动词重叠式表示动作、行为的持续；经历体标记为"过"；起始体标记为"起来"；继续体标记为"下去"；完成体标记与已然体标记往往一样。

（4）处置句式中介引受事的介词多为"把"，只有新建话用"帮"；被动句中的被动词多为"让"，只有新建话例外，用"担"。

（5）比较句的句式结构相当一致。

（6）可能补语和宾语的语序结构一般是"V+得+补语+宾语"；否定句中可能补语与宾语的语序结构是"V+否定词+补语+宾语"。

2. 德兴方言各方言点的语法差异

（1）表雄性动物性别的语素"公"，在黄柏话中是一个前位语素，而在其他3处方言点多居于后位。新营话和黄柏话表雌性动物性别虽然都是"母"，但在新营话中"母"往往居后位，在黄柏话中却多居前位。

（2）黄柏话中有一个特殊的后缀"哩"，不见于其他方言点。

（3）指示代词各地虽都为二分，但语音特点不一，其中新建话与暖水话可以看成一类，近指和远指都读为阴平调；新营话的近指与远指词分属阴平调和阳去调；黄柏话则利用语音上的屈折手段（声调相异，分别读 ϵ^{21} 和 ϵ^{44}）来区分近指和远指。

（4）否定已然事实的否定词各地不一样，其中新建话、暖水话说"不曾"的合音，与婺源方言一致；新营话则说"冇"；而黄柏话说成"唔囗 $\mathfrak{y}^{44}$nən^{41}"。

二 赣东北徽语总体语法特点

（一）赣东北徽语一致性语法特点

1. 动物表性名称多以表性语素位于动物总名语素之后的"后位式"构成。常用的表性语素有表雄性的"牯""公"和表雌性的"牸""嬷"等。

2. 部分地方话（如经公桥话和新营话）表示动作、行为或事件完成的体标记（相当于普通话的"了1"）与具有去除等含义的体标记（相当于普通话的"了2"）同形。

3. 人称三身代词单数的语音形式多是单音节的，第一人称代词多用"我"，经公桥话、溪头话、新建话、黄柏话4处方言点用"阿"；第二人称代词用"尔"；第三人称代词用"渠"。复数的语音形式则一般是双音节。不论单、复数，充当句子的主语和宾语没有形式上的区别。

4. 大部分地方的指示代词只分近指和远指两类，近指代词多用"伊"；远指代词多用"唔""固"。

5. 否定情状的否定副词常用"不"，表示劝阻和禁止的否定副词多用"不要"或"不要"的合音；"没有"在赣东北徽语中一般只具有动词性，否定动作行为的副词一般用单音节"冇""唔"或"不曾"的合音词。

6. 赣东北徽语中最常用的定语和补语标志分别是"嗰"和"得"，状中结构则多用零形式表示。

7. 可以使用"N 施事＋V 给予＋N 与事＋N 受事"格式的给予句。

8. 同级比较句的基本句式是"甲跟乙一样（A）"，表示超过差级比较的句式一般用"甲比乙 A（补语）"和"甲比乙（更、还）A"，表示不如语义差级比较的基本句式是"甲没有/没/冇乙（那么）A"和"甲冇/不曾比乙 A（补语）"。

9. 动词与表时间先后的成分组合，以表时间先后的成分位于动词之后的为基本语序格式。动词与表方位的成分组合，以表方位的成分位于动词之前的为基本语序格式。

（二）赣东北徽语各片语法差异

1. 动物表性的语素繁多复杂，表示雄性的有"牯、公、郎"，其中前两者都既可以位于动物总名语素前，也可以位于其后，"郎"则是专属前位语素；表示雌性的语素有"牸、母、女、騍、嬷、娘"，其中"女、騍"只能出现在前位，"嬷、娘"只能出现在动物总名语素之后，"牸、母"则有前、后两种位置。

2. 浮梁方言（主要是经公桥话、鹅湖话、旧城话，湘湖话接近于婺源方言和边邻赣语）中，具有表小义的名词前缀"滴"，"儿"缀最为发达。

3. 婺源溪头话、沱川话、紫阳话 3 处方言点第一人称单数读"□so/sɵ"的，声调都为阳上。

4. 第三人称声母读音，浮梁旧城 3 处方言点和婺源东部、北部 2 处方言点读舌根音声母，婺源西南部、南部 3 处方言点和德兴 4 处方言点读舌面（舌叶）音声母。

5. 婺源方言 5 处方言点和德兴方言 3 处方言点说"不曾"，浮梁方言 4 处方言点说"冇"。"不曾"属于徽语性说法，"冇"属于赣语性说法。

6. 浮梁鹅湖话、旧城话、湘湖话和德兴黄柏话 4 处方言点中，在表示强调说话人主观意愿上的劝阻时，所用否定副词为"莫"。

7. 婺源方言中主要的完成体标记是"之/着"，德兴方言中主要的完成体标记是"了"，浮梁方言中主要的完成体标记是"嘀"。

8. 使用"帮"作为处置句的标记词是婺源方言的突出特点；"担"是浮梁方言的处置句标记词；德兴方言处置句标记词主要是"把"。

9. 部分地方话（如溪头话、沱川话）有独立的已然体标记，与完成体标记不同形。还有些地方话（如鹅湖话、旧城话）已然体标记可以和完成体等其他体标记叠用，或者借用其他语气词表达已然体语义。

10. 浮梁经公桥话和德兴新营话、黄柏话、暖水话 4 处方言点的被动词用"让"，浮梁旧城话、婺源沱川话、德兴新建话用"担"，婺源紫阳话、许村话和中云话说"给"，浮梁鹅湖话用"等"，婺源溪头话用"分"。湘湖话有"把"和"被"两个被动词。

11. 婺源方言中，"他打不过我"有"渠打不过我（A）""渠打不我过（B）""渠打我不过（C）"3种语序格式。其中沱川话兼说A、B、C三式，许村话兼说A、B两式，其余3处方言点，除紫阳话说A式外，溪头话、中云话说C式。B、C两式是更能体现方言特色的格式。婺源方言在这一语序格式上与德兴方言、浮梁方言具有区片之间的差异。

第九章　婺源方言韵书音系考察

　　韵书是把汉字按照字音分韵编排的字典，编制的目的是为分辨、规定文字的正确读音。方言韵书是按照汉字在方言中的读音而编制的韵书。汉语各方言地区，都有一些产生于不同历史时期的依据当地当时方言音系编成的韵书，其作用是为方言区域的人们提供按方言语音认读汉字的字音标准。历史上的方言韵书，是考察韵书成书时期的方言语音面貌的珍贵书面材料。

　　婺源县境内方言复杂，且历来读书风气甚浓，故清代以来依据各地乡音编成的韵书非常多。本章考察婺源方言韵书的音系，以便了解婺源方言的历史面貌，认识婺源方言的历史演变状况。

第一节　婺源方言韵书概述

一　婺源方言韵书的书目

　　本书作者自 2000 年以来，在对赣东北徽语作调研的过程中，陆续发现并收集了一批婺源方言韵书。到撰写书稿时止，所收藏的婺源方言韵书共有 34 种。以下为书目：

　　1.《婺城乡音字彙》
　　2.《城音字彙》
　　3.《乡音字彙》（清华音本）
　　4.《新安乡音字义考正》
　　5.《婺北乡音字彙》
　　6.《下北乡音字彙》
　　7.《正下北乡音字彙》
　　8.《婺东乡音字彙》
　　9.《乡音释义字典》
　　10.《乡音字韵》
　　11.《乡韵集要音释》

12.《乡音释义》

13.《乡音大全杂字集要》（锐阑本）

14.《乡音字汇》（汪焕金本，又名《乡音字义》《新编纂要字义》）

15.《乡音字汇》（1950年汪玉和重整本，又名《新编纂要字义》）

16.《新编纂要乡音》

17.《详增乡音字汇》（秋水俞鹤天抄本）

18.《乡音字汇》（道光六年莘原汪肇周抄本）

19.《乡音字汇》（咸丰丙辰朱抄本）

20.《乡音字汇》（光绪式拾叁年詹志美抄本）

21.《乡音字汇》（民国3年夏觑蕃本）

22.《乡音字汇》（民国19年戴旭抄本）

23.《乡音字汇》（布面本）

24.《乡音字汇》（丁卯俞汉抄本）

25.《乡音字汇》（庚戌李盛庭重订本）

26.《乡音字汇》（戊辰夏秀升抄本）

27.《乡音字汇》（汪映清本）

28.《乡音字汇》（怜椿本）

29. 婺源方言无名韵书甲（壬午余记订正本）

30. 婺源方言无名韵书乙（乙卯汪义顺本）

31. 婺源方言无名韵书丙（施春施炳抄本）

32. 婺源方言无名韵书丁（施昷科记本）

33. 婺源方言无名韵书戊（德源本）

34. 婺源方言无名韵书己

二 婺源方言韵书韵目一览

以下列出上述各韵书的韵目。少数韵书有残缺，平、上、去、入四声卷册残缺的，韵目后予以注明；韵目残缺的，留空表示。

1.《婺城乡音字汇》

平声：

一东	二容	三江	四知	五移	六规	七兹	八忙	九邪	十炉
十一疏	十二高	十三鞋	十四开	十五忧	十六梅	十七谋	十八真	十九臣	廿元
廿一贤	廿二烦	廿三丹	廿四庵	廿五先	廿六冤	廿七爻	廿八交	廿九家	卅抡
卅一平	卅二经	卅三葵	卅四慈	卅五才	卅六颜	卅七靴	卅八遮		

上声：

₁孔 ₂谨 ₃讲 ₄纸 ₅语 ₆远 ₇忝 ₈甫 ₉野 ₁₀少
₁₁反 ₁₂坎 ₁₃此 ₁₄海 ₁₅柳 ₁₆宰 ₁₇巧 ₁₈颇 ₁₉耿 ₂₀下
₂₁是 ₂₂柱 ₂₃淡 ₂₄善 ₂₅厚 ₂₆杜 ₂₇并 ₂₈动 ₂₉象 ₃₀社
₃₁兆 ₃₂鲍 ₃₃盡 ₃₄软 ₃₅亥 ₃₆限 ₃₇在 ₃₈尔 ₃₉似

去声：

₁送 ₂信 ₃降 ₄记 ₅岁 ₆卸 ₇四 ₈富 ₉太 ₁₀盖
₁₁救 ₁₂再 ₁₃卦 ₁₄劝 ₁₅见 ₁₆赞 ₁₇谏 ₁₈教 ₁₉正

入声：

₁位 ₂洞 ₃利 ₄立 ₅字 ₆状 ₇福 ₈白 ₉代 ₁₀各
₁₁月 ₁₂列 ₁₃达 ₁₄论 ₁₅愿 ₁₆念 ₁₇但 ₁₈雁 ₁₉命 ₂₀二

2.《城音字彙》

平声：

₁东 ₂容 ₃江 ₄知 ₅移 ₆慈 ₇而 ₈虚 ₉须 ₁₀兹
₁₁王 ₁₂车 ₁₃茄 ₁₄葵 ₁₅佳 ₁₆调 ₁₇开 ₁₈忧 ₁₉梅 ₂₀由
₂₁真 ₂₂辰 ₂₃原 ₂₄贤 ₂₅烦 ₂₆闲 ₂₇番 ₂₈间 ₂₉萱 ₃₀先
₃₁肴 ₃₂熬 ₃₃交 ₃₄嘉 ₃₅牙 ₃₆京 ₃₇平

上声：

₁孔 ₂谨 ₃讲 ₄纸 ₅羽 ₆远 ₇枧 ₈府 ₉野 ₁₀寡
₁₁反 ₁₂喊 ₁₃海 ₁₄宰 ₁₅火 ₁₆丙 ₁₇巧 ₁₈有 ₁₉是 ₂₀限
₂₁淡 ₂₂善 ₂₃软 ₂₄户 ₂₅待 ₂₆坐 ₂₇宙 ₂₈道 ₂₉动 ₃₀社
₃₁尽 ₃₂序 ₃₃杏 ₃₄文 ₃₅鲍

去声：

₁送 ₂信 ₃降 ₄记 ₅赦 ₆畏 ₇四 ₈付 ₉太 ₁₀戴
₁₁卦 ₁₂劝 ₁₃见 ₁₄贩 ₁₅晏 ₁₆教 ₁₇敬 ₁₈救

入声：

₁洞 ₂利 ₃六 ₄上 ₅自 ₆似 ₇二 ₈助 ₉学 ₁₀问
₁₁愿 ₁₂殿 ₁₃慢 ₁₄妙 ₁₅命 ₁₆达 ₁₇月 ₁₈惠 ₁₉杰 ₂₀会

3.《乡音字彙》（清华音本）

平声：

₁东 ₂容 ₃江 ₄支 ₅移 ₆书 ₇兹 ₈忙 ₉规 ₁₀齐
₁₁葵 ₁₂胡 ₁₃疏 ₁₄佳 ₁₅调 ₁₆高 ₁₇忧 ₁₈桃 ₁₉由 ₂₀真
₂₁人 ₂₂贤 ₂₃烦 ₂₄先 ₂₅班 ₂₆安 ₂₇寒 ₂₈肴 ₂₉交 ₃₀嘉
₃₁扡 ₃₂平 ₃₃京 ₃₄慈 ₃₅而

上声：

₁孔 ₂谨 ₃讲 ₄纸 ₅雨 ₆远 ₇甫 ₈野 ₉洒 ₊反
₊₁此 ₊₂老 ₊₃罕 ₊₄稍 ₊₅可 ₊₆耿 ₊₇有 ₊₈是 ₊₉淡 ₊下
₊₁馔 ₊₂杜 ₊₃宙 ₊₄动 ₊₅弟 ₊₆道 ₊₇苎 ₊₈并 ₊₉象 ₊治
₊₁鲍 ₊₂下 ₊₃赵 ₊₄尽 ₊₅尔

去声：

₁送 ₂信 ₃降 ₄记 ₅畏 ₆制 ₇恣 ₈付 ₉太 ₊卦
₊₁劝 ₊₂贩 ₊₃教 ₊₄敬 ₊₅救 ₊₆按 ₊₇告

入声：

₁洞 ₂利 ₃状 ₄自 ₅助 ₆或 ₇任 ₈愿 ₉万 ₊患
₊₁命 ₊₂达 ₊₃若 ₊₄月 ₊₅白 ₊₆遇 ₊₇合 ₊₈二

4.《新安乡音字义考正》

平声：

₁工 ₂江 ₃姜 ₄支 ₅基 ₆居 ₇姑 ₈稽 ₉佳 ₊娇
₊₁该 ₊₂金 ₊₃坚 ₊₄官 ₊₅甘 ₊₆交 ₊₇高 ₊₈家 ₊₉庚 ₊钩

上声：

₁孔 ₂讲 ₃强 ₄子 ₅几 ₆主 ₇古 ₈启 ₉解 ₊皎
₊₁改 ₊₂谨 ₊₃茧 ₊₄管 ₊₅感 ₊₆姣 ₊₇杲 ₊₈果 ₊₉耿 ₊玖

去声：

₁贡 ₂绛 ₃将 ₄志 ₅记 ₆贵 ₇故 ₈计 ₉戒 ₊叫
₊₁盖 ₊₂禁 ₊₃见 ₊₄贯 ₊₅谏 ₊₆教 ₊₇告 ₊₈卦 ₊₉更 ₊究

入声：

₁洞 ₂浪 ₃让 ₄质 ₅吉 ₆柜 ₇谷 ₈挈 ₉格 ₊戟
₊₁国 ₊₂噤 ₊₃健 ₊₄段 ₊₅雁 ₊₆觉 ₊₇鸽 ₊₈甲 ₊₉定 ₊菊

5.《婺北乡音字汇》

平声：

₁东 ₂同 ₃江 ₄王 ₅知 ₆移 ₇兹 ₈时 ₉圭 ₊齐
₊₁姑 ₊₂乎 ₊₃皆 ₊₄柴 ₊₅开 ₊₆由 ₊₇真 ₊₈辰 ₊₉番 ₊凡
₊₁先 ₊₂元 ₊₃安 ₊₄寒 ₊₅交 ₊₆爻 ₊₇加 ₊₈何 ₊₉生 ₊平
₊₁高 ₊₂毛 ₊₃朱 ₊₄为

上声：

₁孔 ₂讲 ₃止 ₄雨 ₅远 ₆府 ₇礼 ₈小 ₉反 ₊子
₊₁本 ₊₂讨 ₊₃短 ₊₄绞 ₊₅果 ₊₆丙 ₊₇有 ₊₈丈 ₊₉下 ₊示
₊₁宙 ₊₂犯 ₊₃善 ₊₄断 ₊₅杜 ₊₆奉 ₊₇弟 ₊₈近 ₊₉造 ₊杏
₊₁治 ₊₂咬 ₊₃了 ₊₄柱

入声：

一用　二立　三上　四汗　五自　六福　七或　八万　九任　十念
十一白　十二命　十三达　十四学　十五月　十六位　十七合

注：去声缺。

6.《下北乡音字彙》
平声：

一东　二容　三江　四王　五知　六移　七思　八时　九辉　十谁
十一苏　十二胡　十三西　十四题　十五而　十六魁　十七来　十八珍　十九人　二十先
廿一全　廿二班　廿三南　廿四交　廿五爻　廿六佳　廿七调　廿八家　廿九牙　三十生
卅一平　卅二高　卅三槐

上声：

一孔　二动　三讲　四丈　五纸　六治　七此　八似　九羽　十序
十一府　十二户　十三礼　十四社　十五海　十六罪　十七谨　十八尽　十九远　二十善
廿一反　廿二淡　廿三巧　廿四鲍　廿五者　廿六赵　廿七雅　廿八下　廿九丙　三十杏
卅一有　卅二宙

去声：

一送　二畅　三记　四次　五畏　六故　七桂　八配　九信　十献
十一鉴　十二教　十三太　十四卦　十五正　十六秀

入声：

一仲　二旺　三利　四自　五谓　六务　七谢　八二　九代　十论
十一愿　十二但　十三合　十四谷　十五昔　十六发　十七盛　十八佑

7.《正下北乡音字彙》
平声：

一冲　二从　三昌　四长　五趋　六随　七思　八慈　九区　十厨
十一呼　十二乎　十三车　十四齐　十五超　十六潮　十七而　十八心　十九臣　二十渊
廿一原　廿二欢　廿三还　廿四滩　廿五谈　廿六抄　廿七巢　廿八韬　廿九桃　三十花
卅一和　卅二烹　卅三平　卅四忧　卅五由

上声：

一宠　二重　三赏　四上　五取　六治　七此　八似　九鼠　十巨
十一虎　十二户　十三且　十四舐　十五丏　十六赵　十七耳　十八审　十九甚　二十苑
廿一软　廿二罕　廿三缓　廿四毯　廿五淡　廿六饱　廿七鲍　廿八讨　廿九道　三十火
卅一下　卅二请　卅三静　卅四有　卅五酉

去声：

一铳　二唱　三意　四次　五去　六货　七翠　八要　九舜　十怨
十一焕　十二探　十三钞　十四套　十五化　十六性　十七幼

入声：

₋讼 ₂状 ₃入 ₄字 ₅具 ₆贺 ₇妾 ₈弋 ₉二 ₁₀顺 ₁₁愿 ₁₂换 ₁₃但 ₁₄浊 ₁₅盗 ₁₆夏 ₁₇盛 ₁₈右

8.《婺东乡音字汇》

平声：

₋东 ₂春 ₃容 ₄林 ₅江 ₆基 ₇西 ₈其 ₉茄 ₁₀书 ₁₁忙 ₁₂俞 ₁₃徒 ₁₄苏 ₁₅佳 ₁₆高 ₁₇苗 ₁₈豪 ₁₉元 ₂₀烦 ₂₁鸾 ₂₂番 ₂₃尖 ₂₄潘 ₂₅爻 ₂₆交 ₂₇家 ₂₈茶 ₂₉平 ₃₀京 ₃₁兹

上声：

₋恐 ₂准 ₃讲 ₄纸 ₅玺 ₆宇 ₇远 ₈府 ₉寡 ₁₀伞 ₁₁霭 ₁₂罕 ₁₃瓜 ₁₄可 ₁₅耿

去声：

₋贡 ₂荫 ₃降 ₄记 ₅恕 ₆替 ₇次 ₈富 ₉泰 ₁₀ ₁₁报 ₁₂片 ₁₃泛 ₁₄教 ₁₅ ₁₆泮

入声：

₋洞 ₂利 ₃望 ₄里 ₅ ₆ ₇列 ₈夏 ₉就 ₁₀画 ₁₁索 ₁₂ ₁₃院 ₁₄宦 ₁₅但 ₁₆犯 ₁₇善 ₁₈ ₁₉杜 ₂₀命 ₂₁宙 ₂₂奉 ₂₃尽 ₂₄柱 ₂₅冷 ₂₆丈 ₂₇遇 ₂₈马 ₂₉兆 ₃₀子 ₃₁尔 ₃₂词 ₃₃而 ₃₄式 ₃₅自 ₃₆似

9.《乡音释义字典》

平声：

₋东 ₂因 ₃容 ₄江 ₅欺 ₆移 ₇虚 ₈兹 ₉忙 ₁₀规 ₁₁齐 ₁₂葵 ₁₃炉 ₁₄疏 ₁₅佳 ₁₆调 ₁₇开 ₁₈忧 ₁₉桃 ₂₀由 ₂₁慈 ₂₂辰 ₂₃原 ₂₄烦 ₂₅番 ₂₆先 ₂₇安 ₂₈寒 ₂₉茅 ₃₀交 ₃₁嘉 ₃₂沱 ₃₃平 ₃₄京

上声：

₋孔 ₂允 ₃讲 ₄彼 ₅雨 ₆远 ₇甫 ₈礼 ₉少 ₁₀伞 ₁₁纸 ₁₂馁 ₁₃罕 ₁₄巧 ₁₅可 ₁₆耿 ₁₇有

去声：

₋送 ₂信 ₃降 ₄记 ₅畏 ₆制 ₇付 ₈太 ₉告 ₁₀诈 ₁₁劝 ₁₂败 ₁₃教 ₁₄敬 ₁₅救 ₁₆按 ₁₇四

入声：

₋洞 ₂利 ₃撞 ₄是 ₅自 ₆轴 ₇画 ₈任 ₉便 ₁₀万 ₁₁岸 ₁₂甚 ₁₃善 ₁₄馔 ₁₅帽 ₁₆杜 ₁₇命 ₁₈右 ₁₉宙 ₂₀动

₂₁弟 ₂₂混 ₂₃道 ₂₄雨 ₂₅杏 ₂₆达 ₂₇若 ₂₈月 ₂₉象 ₃₀遇
₃₁米 ₃₂咬 ₃₃瓦 ₃₄赵 ₃₅亦 ₃₆二

10.《乡音字韵》

平声：

₂温 ₃同 ₄江 ₅阳 ₆衣 ₇其 ₈鱼 ₉书 ₁₀知
₁₁兹 ₁₂池 ₁₃真 ₁₄文 ₁₅林 ₁₆炉 ₁₇蔬 ₁₈鸡 ₁₉齐 ₂₀佳
₂₁排 ₂₂灰 ₂₃尤 ₂₄秋 ₂₅梅 ₂₆元 ₂₇凡 ₂₈山 ₂₉删 ₃₀寒
₃₁先 ₃₂肴 ₃₃交 ₃₄歌 ₃₅麻 ₃₆平 ₃₇青 ₃₈慈 ₃₉而

上声：

₁孔 ₂感 ₃讲 ₄以 ₅语 ₆纸 ₇子 ₈轸 ₉鲁 ₁₀礼
₁₁鸟 ₁₂有 ₁₃海 ₁₄远 ₁₅反 ₁₆罕 ₁₇巧 ₁₈可 ₁₉丙 ₂₀耳

去声：

₁送 ₂暗 ₃进 ₄敬 ₅向 ₆至 ₇次 ₈记 ₉庶 ₁₀帝
₁₁变 ₁₂救 ₁₃卦 ₁₄泰 ₁₅盖 ₁₆救 ₁₇教 ₁₈旦 ₁₉按

入声：

₁洞 ₂问 ₃利 ₄状 ₅助 ₆是 ₇或 ₈似 ₉运 ₁₀愿
₁₁万 ₁₂汗 ₁₃栈 ₁₄白 ₁₅善 ₁₆满 ₁₇妙 ₁₈户 ₁₉命 ₂₀右
₂₁自 ₂₂道 ₂₃后 ₂₄达 ₂₅若 ₂₆月 ₂₇虑 ₂₈直 ₂₉动 ₃₀混
₃₁弟 ₃₂李 ₃₃雨 ₃₄杏 ₃₅抱 ₃₆下 ₃₇赵 ₃₈甚 ₃₉二 ₄₀象

11.《乡韵集要音释》

平声：

₂方防 ₃诗时 ₄依移 ₅虚谁 ₆妻齐 ₇乌无
₈超潮 ₉韬桃 ₁₀优悠 ₁₁钦勤 ₁₂天田 ₁₃庵严
₁₄安完 ₁₅抛袍 ₁₆拖拕 ₁₇青情

上声：

₁粉奉 ₂倘荡 ₃美米 ₄始是 ₅处柱 ₆犬倦 ₇府父
₈体弟 ₉乌蓼 ₁₀铲湛 ₁₁草造 ₁₂首受 ₁₃罕缓 ₁₄拗咬
₁₅我瓦 ₁₆请静 ₁₇审甚

去声：

₁送 ₂信 ₃降 ₄记 ₅次 ₆畏 ₇制 ₈富 ₉泰 ₁₀告
₁₁救 ₁₂卦 ₁₃见 ₁₄旦 ₁₅教 ₁₆敬 ₁₇汉

入声：

₁洞 ₂状 ₃利 ₄自 ₅助 ₆国 ₇合 ₈任 ₉愿 ₁₀万
₁₁宦 ₁₂妙 ₁₃定 ₁₄达 ₁₅学 ₁₆列 ₁₇遇

12.《乡音释义》

平声：

₁₅超　₁₆潮　₁₇韬　₁₈桃　₁₉优　₂₀悠
₂₁钦　₂₂勤　₂₃天　₂₄田　₂₅庵　₂₆严　₂₇安　₂₈完　₂₉抛　₃₀袍
₃₁拖　₃₂拕　₃₃青　₃₄情

上声：

₁粉奉　₂倘荡　₃美米　₄始是　₅处柱　₆犬卷　₇府父
₈体弟　₉乌蓼　₁₀铲湛　₁₁草造　₁₂首受　₁₃罕缓　₁₄拗咬
₁₅我瓦　₁₆请静　₁₇审甚

去声：

₁送　₂信　₃降　₄记　₅次　₆畏　₇制　₈富　₉泰　₁₀告
₁₁救　₁₂卦　₁₃见　₁₄旦　₁₅教　₁₆敬　₁₇汉

入声：

₁洞　₂状　₃利　₄自　₅助　₆国　₇合　₈任　₉愿　₁₀万
₁₁宦　₁₂妙　₁₃定　₁₄达　₁₅学　₁₆列　₁₇遇

13.《乡音大全杂字集要》（锐阑本）

平声：

₁东　₂容　₃江　₄知　₅移　₆虚　₇兹　₈王　₉规　₁₀齐
₁₁葵　₁₂炉　₁₃疎　₁₄佳　₁₅调　₁₆开　₁₇忧　₁₈梅　₁₉由　₂₀真
₂₁辰　₂₂原　₂₃烦　₂₄畨　₂₅先　₂₆肴　₂₇交　₂₈嘉　₂₉牙　₃₀京
₃₁平　₃₂慈　₃₃而

注：上声、去声、入声缺。

14.《乡音字汇》（汪焕金本）

平声：

₁东　₂亲　₃容　₄云　₅江　₆知　₇欺　₈而　₉其　₁₀虚
₁₁忙　₁₂规　₁₃齐　₁₄葵　₁₅炉　₁₆疎　₁₇佳　₁₈鞋　₁₉开　₂₀梅
₂₁原　₂₂烦　₂₃番　₂₄天　₂₅安　₂₆寒　₂₇骰　₂₈交　₂₉歌　₃₀拕
₃₁平　₃₂京　₃₃由　₃₄忧

上声：

₁孔　₂引　₃讲　₄纸　₅美　₆雨　₇逯　₈甫　₉礼　₁₀小
₁₁反　₁₂海　₁₃罕　₁₄稍　₁₅可　₁₆耿　₁₇有　₁₈好

去声：

₁送　₂信　₃降　₄记　₅畏　₆制　₇恣　₈付　₉太　₁₀盖
₁₁卦　₁₂劝　₁₃贩　₁₄教　₁₅敬　₁₆救　₁₇按　₁₈灶

入声：

₁洞 ₂利 ₃状 ₄是 ₅自 ₆助 ₇或 ₈刃 ₉愿 ₁₀万
₁₁汗 ₁₂湛 ₁₃善 ₁₄馈 ₁₅铫 ₁₆户 ₁₇命 ₁₈右 ₁₉宙 ₂₀动
₂₁弟 ₂₂道 ₂₃在 ₂₄苎 ₂₅杏 ₂₆逹 ₂₇若 ₂₈月 ₂₉象 ₃₀遇
₃₁李 ₃₂合 ₃₃鲍 ₃₄下 ₃₅赵 ₃₆甚

15.《乡音字彙》（汪玉和重整本）
平声：

₁东 ₂亲 ₃容 ₄云 ₅江 ₆知 ₇欺 ₈而 ₉其 ₁₀虚
₁₁忙 ₁₂规 ₁₃齐 ₁₄葵 ₁₅卢 ₁₆疏 ₁₇佳 ₁₈鞋 ₁₉开 ₂₀高
₂₁梅 ₂₂曹 ₂₃原 ₂₄烦 ₂₅山 ₂₆天 ₂₇安 ₂₈寒 ₂₉殽 ₃₀交
₃₁歌 ₃₂抡 ₃₃平 ₃₄京 ₃₅由 ₃₆忧

上声：

₁孔 ₂引 ₃讲 ₄纸 ₅美 ₆雨 ₇逮 ₈甫 ₉礼 ₁₀小
₁₁反 ₁₂海 ₁₃罕 ₁₄稍 ₁₅可 ₁₆耿 ₁₇有 ₁₈好

去声：

₁送 ₂信 ₃降 ₄记 ₅畏 ₆制 ₇志 ₈付 ₉太 ₁₀盖
₁₁卦 ₁₂劝 ₁₃贩 ₁₄教 ₁₅敬 ₁₆救 ₁₇按 ₁₈燥

入声：

₁洞 ₂利 ₃状 ₄是 ₅自 ₆助 ₇或 ₈刃 ₉愿 ₁₀万
₁₁汗 ₁₂湛 ₁₃善 ₁₄馈 ₁₅铫 ₁₆户 ₁₇命 ₁₈右 ₁₉宙 ₂₀动
₂₁弟 ₂₂道 ₂₃在 ₂₄苎 ₂₅杏 ₂₆逹 ₂₇若 ₂₈月 ₂₉象 ₃₀遇
₃₁李 ₃₂合 ₃₃鲍 ₃₄下 ₃₅赵 ₃₆甚

16.《新编纂要乡音》
平声：

₁东 ₂亲 ₃容 ₄云 ₅江 ₆知 ₇欺 ₈而 ₉其 ₁₀虚
₁₁忙 ₁₂规 ₁₃齐 ₁₄葵 ₁₅卢 ₁₆疏 ₁₇佳 ₁₈鞋 ₁₉开 ₂₀高
₂₁梅 ₂₂曹 ₂₃原 ₂₄烦 ₂₅番 ₂₆天 ₂₇安 ₂₈寒 ₂₉肴 ₃₀交
₃₁歌 ₃₂抡 ₃₃平 ₃₄京 ₃₅由 ₃₆忧

上声：

₁孔 ₂引 ₃讲 ₄纸 ₅美 ₆雨 ₇逮 ₈甫 ₉礼 ₁₀小
₁₁反 ₁₂海 ₁₃罕 ₁₄稍 ₁₅可 ₁₆耿 ₁₇有 ₁₈好

去声：

₁送 ₂信 ₃降 ₄记 ₅畏 ₆制 ₇恣 ₈付 ₉太 ₁₀盖
₁₁卦 ₁₂劝 ₁₃贩 ₁₄教 ₁₅敬 ₁₆救 ₁₇按 ₁₈灶

入声：

₁洞 ₂利 ₃状 ₄是 ₅自 ₆助 ₇或 ₈刃 ₉愿 ₁₀万
₁₁汗 ₁₂湛 ₁₃善 ₁₄馔 ₁₅铫 ₁₆户 ₁₇命 ₁₈右 ₁₉宙 ₂₀动
₂₁弟 ₂₂道 ₂₃在 ₂₄苎 ₂₅杏 ₂₆达 ₂₇若 ₂₈月 ₂₉象 ₃₀遇
₃₁李 ₃₂合 ₃₃鲍 ₃₄下 ₃₅赵 ₃₆甚

17.《详增乡音字汇》（俞鹤天抄本）

平声：

₁东 ₂温 ₃津 ₄容 ₅逢 ₆林 ₇江 ₈兹 ₉希 ₁₀虚
₁₁其 ₁₂词 ₁₃奴 ₁₄余 ₁₅规 ₁₆忘 ₁₇齐 ₁₈疎 ₁₉皆 ₂₀排
₂₁开 ₂₂滔 ₂₃梅 ₂₄豪 ₂₅原 ₂₆凡 ₂₇山 ₂₈安 ₂₉寒 ₃₀先
₃₁茅 ₃₂交 ₃₃歌 ₃₄何 ₃₅平 ₃₆京 ₃₇而

上声：

₁孔 ₂粉 ₃允 ₄广 ₅耳 ₆子 ₇以 ₈有 ₉早 ₁₀与
₁₁柱 ₁₂罕 ₁₃晚 ₁₄犬 ₁₅府 ₁₆杜 ₁₇礼 ₁₈小 ₁₉寡 ₂₀可
₂₁下 ₂₂永 ₂₃巧 ₂₄卯 ₂₅似 ₂₆聚 ₂₇善 ₂₈尽 ₂₉奉 ₃₀道
₃₁缓 ₃₂限 ₃₃赵 ₃₄并 ₃₅丈 ₃₆社

去声：

₁宋 ₂寸 ₃俊 ₄应 ₅放 ₆至 ₇次 ₈据 ₉娶 ₁₀记
₁₁桂 ₁₂劝 ₁₃付 ₁₄剁 ₁₅泰 ₁₆笑 ₁₇盖 ₁₈教 ₁₉旦 ₂₀半

入声：

₁入 ₂自 ₃月 ₄弗 ₅树 ₆位 ₇状 ₈达 ₉读 ₁₀角
₁₁百 ₁₂愿 ₁₃任 ₁₄共 ₁₅问 ₁₆万 ₁₇段 ₁₈命 ₁₉二

18.《乡音字汇》（汪肇周抄本）

平声：

₁洞 ₂利 ₃状 ₄是 ₅自 ₆助 ₇或 ₈刃 ₉愿 ₁₀万
₁₁汗 ₁₂湛 ₁₃善 ₁₄馔 ₁₅调 ₁₆户 ₁₇命 ₁₈右 ₁₉宙 ₂₀动
₂₁弟 ₂₂道 ₂₃在 ₂₄苎 ₂₅杏 ₂₆达 ₂₇若 ₂₈月 ₂₉象 ₃₀遇
₃₁李 ₃₂合 ₃₃鲍 ₃₄下 ₃₅赵 ₃₆甚

注：上声、去声、入声缺。

19.《乡音字汇》（辰朱抄本）

平声：

₁东 ₂昏 ₃容 ₄林 ₅江 ₆兹 ₇希 ₈其 ₉奴 ₁₀词
₁₁规 ₁₂忘 ₁₃齐 ₁₄疎 ₁₅皆 ₁₆排 ₁₇开 ₁₈滔 ₁₉梅 ₂₀豪
₂₁原 ₂₂凡 ₂₃山 ₂₄先 ₂₅茅 ₂₆交 ₂₇加 ₂₈遐 ₂₉平 ₃₀京
₃₁而

注：上声、去声、入声缺。

20.《乡音字彙》(詹志美抄本)

平声：

₁东 ₂容 ₃江 ₄知 ₅移 ₆虚 ₇兹 ₈忙 ₉规 ₁₀齐
₁₁葵 ₁₂炉 ₁₃疏 ₁₄佳 ₁₅调 ₁₆高 ₁₇忧 ₁₈桃 ₁₉由 ₂₀真
₂₁原 ₂₂辰 ₂₃烦 ₂₄番 ₂₅先 ₂₆安 ₂₇寒 ₂₈肴 ₂₉交 ₃₀嘉
₃₁挖 ₃₂平 ₃₃京 ₃₄慈

上声：

₁孔 ₂讲 ₃纸 ₄雨 ₅远 ₆甫 ₇礼 ₈洒 ₉反 ₁₀此
₁₁海 ₁₂罕 ₁₃稍 ₁₄火 ₁₅耿 ₁₆谨 ₁₇老 ₁₈下 ₁₉是 ₂₀宙
₂₁湛 ₂₂善 ₂₃馈 ₂₄杜 ₂₅奉 ₂₆系 ₂₇混 ₂₈造 ₂₉聚 ₃₀杏
₃₁象 ₃₂治 ₃₃鲍 ₃₄赵

去声：

₁宋 ₂信 ₃降 ₄记 ₅畏 ₆制 ₇恣 ₈富 ₉太 ₁₀盖
₁₁卦 ₁₂劝 ₁₃贩 ₁₄教 ₁₅敬 ₁₆按 ₁₇燥

入声：

₁洞 ₂利 ₃状 ₄汗 ₅自 ₆福 ₇或 ₈万 ₉任 ₁₀愿
₁₁铫 ₁₂命 ₁₃达 ₁₄朔 ₁₅月 ₁₆位 ₁₇胃

21.《乡音字彙》(夏飚蕃本)

平声：

₁东 ₂容 ₃江 ₄知 ₅移 ₆虚 ₇兹 ₈王 ₉规 ₁₀齐
₁₁葵 ₁₂炉 ₁₃疏 ₁₄佳 ₁₅调 ₁₆开 ₁₇忧 ₁₈梅 ₁₉由 ₂₀真
₂₁辰 ₂₂原 ₂₃烦 ₂₄番 ₂₅先 ₂₆肴 ₂₇交 ₂₈嘉 ₂₉牙 ₃₀京
₃₁平 ₃₂慈 ₃₃而

上声：

₁孔 ₂谨 ₃讲 ₄纸 ₅羽 ₆远 ₇府 ₈礼 ₉寡 ₁₀反
₁₁此 ₁₂海 ₁₃丙 ₁₄巧 ₁₅雅 ₁₆有 ₁₇似 ₁₈淡 ₁₉善 ₂₀户
₂₁宙 ₂₂动 ₂₃社 ₂₄尽 ₂₅序 ₂₆杏 ₂₇丈 ₂₈治 ₂₉鲍 ₃₀下
₃₁赵 ₃₂罪

去声：

₁送 ₂畅 ₃记 ₄畏 ₅桂 ₆配 ₇卦 ₈故 ₉太 ₁₀信
₁₁献 ₁₂鉴 ₁₃教 ₁₄秀 ₁₅正 ₁₆次

入声：

₁谷 ₂佑 ₃谢 ₄发 ₅昔 ₆合 ₇论 ₈愿 ₉但 ₁₀谓
₁₁旺 ₁₂仲 ₁₃自 ₁₄盛 ₁₅务 ₁₆代 ₁₇利 ₁₈贰

22.《乡音字彙》（戴旭抄本）

平声：

二容　三鸠　四忙　五时　六兹　七开　八嘉　九移　十知
十一规　十二书　十三疏　十四葵　十五卢　十六高

上声：

一孔　二讲　三纸　四此　五礼　六甫　七少　八海　九谨　十反
十一远　十二罕　十三巧　十四火　十五耿　十六老　十七雨　十八凤　十九象　廿治
廿一是　廿二系　廿三户　廿四兆　廿五宙　廿六混　廿七湛　廿八善　廿九伴　卅鲍
卅一下　卅二杏　卅三道　卅四巨

去声：

一送　二信　三降　四记　五畏　六制　七恣　八富　九太　十救
十一卦　十二劝　十三贩　十四教　十五敬　十六案　十七告

入声：

一洞　二利　三状　四汗　五自　六福　七或　八万　九任　十愿
十一戚　十二命　十三达　十四朔　十五月　十六位　十七冒

23.《乡音字彙》（布面本）

平声：

三江　四知　五移　六虚　七兹　八王　九规　十齐
十一葵　十二炉　十三疏　十四佳　十五调　十六开　十七忧　十八梅　十九尤　廿真
廿一辰　廿二原　廿三烦　廿四寒　廿五先　廿六肴　廿七交　廿八嘉　廿九牙　卅京
卅一平　卅二慈　卅三而

上声：

一孔　二谨　三讲　四纸　五羽　六远　七府　八礼　九寡　十反
十一此　十二海　十三丙　十四巧　十五雅　十六有　十七似　十八淡　十九善　廿户
廿一罪　廿二宙　廿三动　廿四社　廿五尽　廿六序　廿七杏　廿八丈　廿九治　卅鲍
卅一下　卅二赵

去声：

一送　二信　三降　四记　五畏　六制　七恣　八付　九太　十戴
十一卦　十二劝　十三贩　十四教　十五敬　十六救

入声：

一洞　二利　三立　四尚　五自　六助　七问　八愿　九慢　十妙
十一命　十二达　十三月　十四位　十五路　十六或

24.《乡音字彙》（俞汉抄本）

平声：

一东　二温　三津　四容　五逢　六林　七江　八兹　九希　十虚

₋其 ₊₂词 ₊₃奴 ₊₄余 ₊₅规 ₊₆忘 ₊₇齐 ₊₈疎 ₊₉皆 ₊排
₊开 ₊₂滔 ₊₃梅 ₊₄豪 ₊₅原 ₊₆凡 ₊₇山 ₊₈安 ₊₉寒 ₊先
₊茅 ₊₂交 ₊₃歌 ₊₄何 ₊₅平 ₊₆京 ₊₇而

上声：

₋孔 ₊₂粉 ₊₃允 ₊₄广 ₊₅耳 ₊₆子 ₊₇以 ₊₈有 ₊₉早 ₊与
₊柱 ₊₂罕 ₊₃晚 ₊₄犬 ₊₅府 ₊₆杜 ₊₇礼 ₊₈小 ₊₉寡 ₊可
₊下 ₊₂永 ₊₃巧 ₊₄卯 ₊₅似 ₊₆聚 ₊₇善 ₊₈尽 ₊₉奉 ₊道
₊缓 ₊₂限 ₊₃赵 ₊₄并 ₊₅丈 ₊₆社

去声：

₋宋 ₂寸 ₃俊 ₄应 ₅放 ₆至 ₇次 ₈据 ₉娶 ₊记
₊桂 ₊₂劝 ₊₃付 ₊₄剁 ₊₅泰 ₊₆笑 ₊₇盖 ₊₈教 ₊₉旦 ₊半

入声：

₋入 ₂自 ₃月 ₄弗 ₅树 ₆位 ₇状 ₈达 ₉读 ₊角
₊百 ₊₂愿 ₊₃任 ₊₄共 ₊₅问 ₊₆万 ₊₇段 ₊₈命 ₊₉二

25.《乡音字彙》（李盛庭重订本）
平声：

　　　　　　　　　　　　　　　　　　₈兹 ₉规 ₊齐
₋葵 ₊₂时 ₊₃炉 ₊₄粗 ₊₅佳 ₊₆调 ₊₇开 ₊₈梅 ₊₉忧 ₊由
₊真 ₊₂辰 ₊₃先 ₊₄原 ₊₅安 ₊₆寒 ₊₇爻 ₊₈交 ₊₉嘉 ₊牙
₊京 ₊₂平

上声：

₋孔 ₂谨 ₃讲 ₄止 ₅羽 ₆远 ₇府 ₈礼 ₉寡 ₊反
₊此 ₊₂海 ₊₃巧 ₊₄雅 ₊₅丙 ₊₆有 ₊₇似 ₊₈淡 ₊₉善 ₊户
₊在 ₊₂宙 ₊₃动 ₊₄社 ₊₅尽 ₊₆序 ₊₇杏 ₊₈丈 ₊₉治 ₊鲍
₊下 ₊₂兆

去声：

₋送 ₂信 ₃降 ₄记 ₅畏 ₆制 ₇恣 ₈付 ₉太 ₊对
₊卦 ₊₂劝 ₊₃贩 ₊₄教 ₊₅敬 ₊₆救

入声：

₋洞 ₂利 ₃立 ₄尚 ₅自 ₆逐 ₇助 ₈问 ₉愿 ₊万
₊妙 ₊₂命 ₊₃达 ₊₄月 ₊₅位 ₊₆或

26.《乡音字彙》（夏秀升抄本）
平声：

₋平 ₂声 ₃人 ₄心 ₅东 ₆同 ₇方 ₈良 ₉仙 ₊玄
₊谈 ₊₂山 ₊₃排 ₊₄开 ₊₅哉 ₊₆来 ₊₇高 ₊₈交 ₊₉爻 ₊桃

廿一无　廿二为　廿三随　廿四齐　廿五而　廿六慈　廿七知　廿八思　廿九朱　卅初
卅一妻　卅二多　卅三官　卅四牙　卅五完

上声：

一赏　二孔　三止　四米　五礼　六语　七子　八耳　九古　十有
十一好　十二巧　十三小　十四满　十五感　十六醒　十七本　十八演　十九害　二十可
廿一早　廿二淡　廿三巳　廿四静　廿五尽　廿六道　廿七罪　廿八鲍　廿九赵　卅户
卅一惰　卅二丈　卅三重　卅四巨　卅五社

注：去声、入声缺。

27.《乡音字彙》（汪映清本）

平声：

一东　二亲　三容　四云　五江　六知　七欺　八而　九其　十虚
十一忙　十二规　十三齐　十四葵　十五炉　十六疎　十七佳　十八鞋

入声：

一洞　二利　三状　四是　五自　六助　七或　八刃　九愿　十万
十一汗　十二湛　十三善　十四馈　十五桃　十六户　十七命　十八右　十九宙　二十动
廿一弟　廿二道　廿三在　廿四柱　廿五杏　廿六达　廿七若　廿八月　廿九象　卅遇
卅一李　卅二合　卅三鲍　卅四下　卅五赵　卅六甚

注：上声、去声缺。

28.《乡音字彙》（怜椿本）

去声：

一送　二信　三降　四记　五畏　六制　七次　八至　九富　十太
十一盖　十二救　十三卦　十四劝　十五贩　十六教　十七敬　十八按　十九奥

入声：

一洞　二利　三状　四是　五自　六士　七贰　八助　九或　十合
十一右　十二任　十三愿　十四万　十五翰　十六湛　十七善　十八馈　十九德　二十户
廿一命　廿二宙　廿三动　廿四弟　廿五道　廿六巨　廿七杏　廿八达　廿九若　卅月
卅一象　卅二遇　卅三李　卅四下　卅五鲍　卅六兆　卅七甚

注：平声、上声缺。

29. 婺源方言无名韵书甲（余记正本）

平声

一东　二温　三津　四容　五逢　六林　七江　八兹　九希　十虚
十一其　十二词　十三奴　十四余　十五规　十六忘　十七齐　十八疎　十九皆　二十排
廿一开　廿二滔　廿三梅　廿四豪　廿五原　廿六凡　廿七山　廿八安　廿九寒　卅先
卅一茅　卅二交　卅三歌　卅四何　卅五平　卅六京　卅七而

上声：

₁孔 ₂粉 ₃允 ₄广 ₅耳 ₆子 ₇以 ₈有 ₉早 ₊与
₊₁柱 ₊₂罕 ₊₃晚 ₊₄犬 ₊₅府 ₊₆杜 ₊₇礼 ₊₈疎 ₊₉寡 ₊可
廿下 廿二永 廿三巧 廿四卯 廿五似 廿六聚 廿七善 廿八尽 廿九奉 卅道
卅缓 卅二限 卅三赵 卅四并 卅五丈 卅六社

去声：

₁宋 ₂寸 ₃俊 ₄应 ₅放 ₆至 ₇次 ₈据 ₉娶 ₊记
₊₁桂 ₊₂劝 ₊₃付 ₊₄剁 ₊₅泰 ₊₆笑 ₊₇盖 ₊₈教 ₊₉旦 廿半

入声：

₁入 ₂自 ₃月 ₄弗 ₅树 ₆位 ₇状 ₈达 ₉读 ₊角
₊₁百 ₊₂愿 ₊₃任 ₊₄共 ₊₅问 ₊₆万 ₊₇段 ₊₈命 ₊₉二

30. 婺源方言无名韵书乙（汪义顺本）

平声：

₁东 ₂同 ₃江 ₄忙 ₅知 ₆移 ₇兹 ₈慈 ₉圭 ₊齐
₊₁疏 ₊₂卢 ₊₃皆 ₊₄调 ₊₅魁 ₊₆由 ₊₇真 ₊₈辰 ₊₉番 ₊烦
廿先 廿二原 廿三安 廿四寒 廿五交 廿六肴 廿七嘉 廿八坨 廿九京 卅平
卅蒿 卅二袍 卅三书 卅四如

注：上声、去声、入声缺。

31. 婺源方言无名韵书丙（施炳抄本）

平声：

₄知 ₅怡 ₆书 ₇资 ₈黄 ₉规 ₊齐
₊₁葵 ₊₂挈 ₊₃疏 ₊₄皆 ₊₅韶 ₊₆魁 ₊₇谋 ₊₈眞 ₊₉臣 ₊元
廿繁 廿二番 廿三先 廿四安 廿五寒 廿六而 廿七乂 廿八交 廿九高 卅桃
卅家 卅二麻 卅三平 卅四清

上声：

₁孔 ₂讲 ₃纸 ₄雨 ₅远 ₆甫 ₇礼 ₈洒 ₉反 ₊此
₊₁海 ₊₂罕 ₊₃稍 ₊₄火 ₊₅耿 ₊₆谨 ₊₇老 ₊₈下 ₊₉是 ₊宙
廿湛 廿二善 廿三馈 廿四杜 廿五奉 廿六系 廿七混 廿八造 廿九聚 卅象
卅杏 卅二治 卅三鲍 卅四赵

去声：

₁宋 ₂信 ₃降 ₄记 ₅畏 ₆制 ₇恣 ₈富 ₉太 ₊盖
₊₁卦 ₊₂劝 ₊₃贩 ₊₄教 ₊₅敬 ₊₆按 ₊₇燥

入声：

₁洞 ₂利 ₃状 ₄汗 ₅自 ₆福 ₇或 ₈万 ₉任 ₊愿
₊₁铫 ₊₂命 ₊₃达 ₊₄朔 ₊₅月 ₊₆位 ₊₇冒

32. 婺源方言无名韵书丁（施显科记本）

上声：

一孔　二讲　三纸　四雨　五远　六甫　七礼　八洒　九反　十此
十一海　十二罕　十三稍　十四火　十五耿　十六谨　十七老　十八下　十九是　廿宙
廿一湛　廿二善　廿三馈　廿四杜　廿五奉　廿六系　廿七混　廿八造　廿九聚　卅杏
卅一象　卅二治　卅三鲍　卅四赵

入声：

一洞　二利　三状　四汗　五福　六自　七或　八万　九任　十愿
十一铫　十二命　十三达　十四朔　十五月　十六位　十七帽

注：平声、去声缺。

33. 婺源方言无名韵书戊（德源本）

平声：

一平　二声　三人　四心　五东　六同　七方　八良　九仙　十玄
十一谈　十二山　十三排　十四开　十五哉　十六来　十七高　十八交　十九爻　廿桃
廿一无　廿二为　廿三随　廿四齐　廿五而　廿六慈　廿七知　廿八思　廿九朱　卅初
卅一妻　卅二多　卅三牙　卅四官　卅五完

上声：

一赏　二孔　三止　四米　五拟　六礼　七语　八子　九尔　十古
十一有　十二好　十三巧　十四小　十五满　十六感　十七醒　十八本　十九典　廿可
廿一早　廿二淡　廿三善　廿四巳　廿五静　廿六尽　廿七道　廿八罪　廿九鲍　卅赵
卅一户　卅二坐　卅三丈　卅四奉　卅五巨

注：去声、入声缺。

34. 婺源方言无名韵书己

平声：

一东　二同　三江　四忙　五知　六移　七兹　八慈　九规　十齐
十一疎　十二卢　十三皆　十四调　十五魁　十六由　十七真　十八辰　十九番　廿烦
廿一先　廿二原　廿三安　廿四寒　廿五交　廿六肴　廿七嘉　廿八挖　廿九京　卅平
卅一蒿　卅二敖　卅三书　卅四为

上声：

一孔　二讲　三纸　四雨　五远　六甫　七礼　八洒　九反　十此
十一海　十二罕　十三稍　十四火　十五耿　十六谨　十七老　十八下　十九是　廿宙
廿一湛　廿二善　廿三馈　廿四杜　廿五奉　廿六系　廿七混　廿八造　廿九聚　卅杏
卅一象　卅二治　卅三鲍　卅四赵

去声：

一送　二信　三降　四记　五畏　六制　七恣　八付　九太　十告

十一卦　十二劝　十三贩　十四教　十五敬　十六救　十七按

入声：

一洞　二利　三状　四自　五助　六号　七任　八愿　九万　十患
十一铫　十二命　十三右　十四达　十五若　十六月　十七位

第二节　婺源方言韵书的韵部

本节考察婺源方言韵书的韵部，从前述34种韵书中选择以下在韵的分部上具有特点的五种作比较分析：

1.《婺城乡音字彙》，书名表明所记为县城的方言。以下简称"城本"。

2.《婺北乡音字彙》，书名表明所记为北部县域的方言，具体地点未能确定。以下简称"北本"。

3.《乡音字彙》（汪焕金抄本，又名《乡音字义》《新编纂要字义》），所记方言地点不明。以下简称"汪本"。

4.《乡音字彙》（民国三年夏㷮蕃抄本），所记方言地点不明。以下简称"夏本"。

5.《乡音字彙》（丁卯俞汉抄本），所记方言地点不明。以下简称"俞本"。

一　五种韵书的韵部和韵类

（一）五种韵书的韵部

1. 韵部的归纳

五种韵书的韵目数为：

城本：平声38、上声39、去声19、入声20。

北本：平声34、上声33、入声17。（缺去声卷，韵目阙如。）

汪本：平声34、上声18、去声18、入声36。

夏本：平声33、上声32、去声16、入声18。

俞本：平声37、上声36、去声20、入声19。

婺源方言韵书中的平、上、去、入四声，平、上两声与中古汉语音系的平声、上声对应。韵书中去声则仅辖中古清声母去声字，中古浊声母去声字归并入声。具体声调分合情况分析见后本章第三节"二、婺源方言韵书的声调"部分。

下面依据举平声以赅上去入的原则，归纳五种韵书的韵部。五种韵书中，韵目设置有同调分韵的情况。平声、上声的同调分韵属于阴阳分韵，即同韵的字根据方言字音声调的阴阳分别归纳为两类。阴调韵所辖为中古清声母字，也有部分次浊声母字；阳调韵所辖为中古浊声母字。例如，城本平声［一东］韵下辖字：东葱公风凶，［二容］韵下辖字：同从红冯熊，上声［一孔］韵下辖字：懂桶总孔懵，［廿八动］韵下辖字：动奉拢重（轻～）涌。五种韵书的平声韵都分阴阳，上声韵除汪本以外的四种韵书也都分阴阳。本书归纳韵部时同调分为两类的韵目均予以合并。例如，城本平声［一东］韵、［二容］韵并为［东］韵，上声［一孔］韵、［廿八动］韵并为［孔］韵。

五种韵书中的去声韵都只有一类，所辖为中古去声清声母字。例如，城本去声［一送］韵下辖字：冻众粽俸嗅壅。

汪本另有入声分韵的情况：入声韵中，中古入声字和并入的中古浊声母去声字为一类，中古全浊声母上声字由上声分出并归入声，自为另一类。例如：［知］部去声有［是］韵、［自］韵两韵。［四是］韵下辖字：是市柿氏祀巳似雉痔；［五自］韵下辖字：自字士事二、执识室值实。本书姑且称汪本中所分两类入声韵为"甲入"韵、"乙入"韵，即辖中古入声字和浊声母去声字的为甲入韵，辖中古全浊声母上声字的为乙入韵。归纳韵部时，乙入韵并入甲入韵。如［四是］韵为乙入韵，［五自］韵为甲入韵。［四是］、［五自］两韵并为［自］韵。

以下韵部名称后括号内依平、上、去、入四声顺序列出韵部所辖韵目。四声韵目之间以单竖线｜隔开。韵目分阴阳的以单斜线/隔开，斜线前为阴调韵，斜线后为阳调韵。汪本入声韵所分甲入韵、乙入韵，以双斜线∥隔开，斜线前为乙入韵，斜线后的为甲入韵。

城本 19 个韵部：阴声韵部 11，阳声韵部 8。

兹部（兹/慈｜此/似｜四｜字）　知部（知/移｜纸/是｜记｜利）
疏部（疏/炉｜甫/杜｜富｜福）　规部（规/葵｜语/柱｜岁｜位）
遮部（遮/邪｜野/社｜卸｜列）　开部（开/梅｜海/亥｜盖｜代）
靴部（靴/才｜宰/在、尔｜再｜月、二）　忧部（忧/谋｜柳/厚｜救｜立）
家部（家/拕｜颇｜下｜卦｜达）　高部（高/鞋｜少/兆｜太｜白）
交部（交/爻｜巧｜鲍｜教｜各）
丹部（丹/烦｜反/淡｜讃｜但）　庵部（庵/颜｜坎/限｜谏｜雁）
先部（先/贤｜忝/善｜见｜念）　冤部（冤/元｜远/软｜劝｜愿）
真部（真/臣｜谨/盡｜信｜论）　江部（江/忙｜讲/象｜降｜状）
经部（经/平｜耿/並｜正｜命）　东部（东/容｜孔/动｜送｜洞）

北本 17 个韵部：阴声韵部 10 个，阳声韵部 7 个。（以下缺去声韵目）

兹部（兹/时｜子/　｜　｜自）　知部（知/移｜止/示｜　｜立）
姑部（姑/奴｜府/杜｜　｜福）　朱部（朱/为｜雨/柱｜　｜位）
圭部（圭/齐｜治/弟｜　｜月）　开部（开/由｜宙/有｜　｜或）
皆部（皆/柴｜小/了｜　｜白）　加部（加/何｜果/下｜　｜达）

高部（高/毛｜讨/造｜　｜合）　　交部（交/爻｜绞/咬｜　｜学）
蕃部（蕃/凡｜反/犯｜　｜万）　　安部（安/寒｜短/断｜　｜汗）
先部（先/元｜远/善｜　｜念）　　真部（真/辰｜本/近｜　｜任）
江部（江/王｜讲/丈｜　｜上）　　生部（生/平｜丙/杏｜　｜命）
东部（东/同｜孔/奉｜　｜用）

汪本17个韵部：阴声韵部10个，阳声韵部7个。
知部（知/而｜纸｜恣｜是//自）　　欺部（欺/其｜美｜记｜李//利）
疏部（疏/炉｜甫｜付｜户//助）　　虚部（虚/葵｜雨｜畏｜苎//遇）
规部（规/齐｜礼｜制｜弟//月）
开部（开/梅｜海、好｜盖、灶｜在、道//或、合）
佳部（佳/鞋｜小｜太｜赵//铫）　　忧部（忧/由｜有｜救｜宙//右）
歌部（歌/拕｜可｜卦｜下//达）　　交部（交/殽｜稍｜教｜鲍//若）
番部（番/烦｜反｜贩｜湛//万）　　安部（安/寒｜罕｜按｜馔//汗）
天部（天/原｜远｜劝｜善//愿）　　亲部（亲/云｜引｜信｜甚//刃）
江部（江/忙｜讲｜降｜象//状）　　京部（京/平｜耿｜正｜杏//命）
东部（东/容｜孔｜送｜动//洞）

夏本17个韵部：阴声韵部11个，阳声韵部6个。
兹部（兹/慈｜此｜似｜次｜自）　　而部（　/而｜　/　｜　｜贰）
知部（知/移｜纸｜治｜记｜利）　　疏部（疏/炉｜府｜户｜故｜务）
虚部（虚/葵｜羽｜序｜畏｜谓）　　规部（规/齐｜礼｜社｜桂｜谢）
开部（开/梅｜海｜罪｜配｜代）　　佳部（佳/调｜雅｜赵｜太｜昔）
忧部（忧/由｜有｜宙｜秀｜佑）　　嘉部（嘉/牙｜寡｜下｜卦｜发）
交部（交/肴｜巧｜鲍｜教｜谷合）
番部（番/烦｜反｜淡｜鉴｜但）　　先部（先/原｜远｜善｜献｜念）
真部（真/辰｜谨｜尽｜信｜论）　　江部（江/王｜讲｜丈｜畅｜旺）
京部（京/平｜丙｜杏｜正｜盛）　　东部（东/容｜孔｜动｜送｜仲）

俞本20个韵部：阴声韵部11个，阳声韵部8个。
兹部（兹/慈｜子｜似｜至｜次｜自）　　而部（　/而｜耳/　｜　｜二）
希部（希/其｜以｜聚｜记｜入）　　疏部（疏/奴｜府｜杜｜付｜读）
虚部（虚/余｜与｜柱｜据、娶｜位）　　规部（规/齐｜礼｜社｜桂｜月）
皆部（皆/排｜小/寡｜笑｜达）　　开部（开/梅｜早｜道｜盖｜弗）
滔部（滔/豪｜有｜赵｜泰｜百）　　歌部（歌/何｜可｜下｜刹｜达）
交部（交/茅｜巧｜卯｜教｜角）
山部（山/凡｜罕｜缓｜旦｜万）　　安部（安/寒｜晚｜限｜半｜段）
先部（先/原｜犬｜善｜劝｜愿）　　津部（津/林｜允｜尽｜俊｜任）

温部（温/逢丨粉/　丨寸丨问）　　江部（江/忘丨广/丈丨放丨状）
京部（京/平丨永/並丨应丨命）　　东部（东/容丨孔/奉丨送丨共）

以上五种韵书所归纳的韵部，有的四声韵目不完全对应。其中有几种情况：

一种情况是韵部中某个声调韵目空缺，例如，北本上声韵阴阳分韵但［兹］部缺阳调韵目，俞本［而］部缺去声韵目。

另一种情况是韵部某个声调所对应的韵目包含两类，如果再分设一个韵部，缺乏四声对应。例如城本中，止摄开口三等日母字"儿而尔耳饵二贰"等，平声归入［靴］部（［卅五才］韵下辖：才、而儿瘸），但上声、入声分别设韵（［上·卅七在］韵下辖：在罪；［上·卅八尔］韵下辖：尔迩耳。［入·十一月］韵下：拙出雪月……［入·廿二］韵下：二贰饵），故［靴］部平声阳调［才］韵所对应的上声韵和入声韵分别为［在］、［尔］和［月］、［二］。

汪本的开部，平声分阴阳为［开］/［梅］两韵，与之对应的上声、去声、入声都有两类韵：［海］、［好］（上声），［盖］、［灶］（去声），［在］、［道］（乙入）∥［或］、［合］（甲入）。

夏本、俞本也有此类韵目不完全对应的情况。夏本［交］部入声有［谷］、［合］两个韵。俞本［兹］部去声有［至］、［次］两个韵，虚部去声有［据］、［娶］两个韵。

上述韵部一个声调对应两类韵的情况，一时尚难看出两类韵的区别何在。例如俞本［虚］部与平声［平·虚］韵对应的去声韵有［去·据］、［去·娶］两个韵：［虚］居——［据］据、［娶］贵。与平声字"居"对应的去声字"据""贵"两字的读音区别在韵母的哪一方面（显然不在声母和声调），还需作专项考察。

2. 韵部名称的统一

为了便于作韵部的比较，本节以下对上述五种韵书中具有对应关系而名称有别的韵部作韵部名称的调整，具体为：

阴声韵部：

知部 1（城本、北本）[①]、欺部（汪本）、希部（俞本）统一称为欺部。

兹部（城本、北本）、知部 2（汪本）[②]统一称为兹部。

疎部（城本、夏本、俞本）、姑部（北本）、疏部（汪本）统一称为疏部。

---

① 城本、北本中的知部与兹部对立，韵母读细音。
② 汪本中的知部与欺部对立，韵母读洪音。

朱部（北本）、虚部（汪本、夏本、俞本）、规2部（城本）①统一称为朱部。

圭部（北本）、规1部（汪本、夏本、俞本）②统一称为规部。

佳部（北本、汪本、夏本）、皆部（俞本）统一称为佳部。

高部（城本、北本）、滔部（俞本）统一称为高部。

家部（城本）、加部（北本）、歌部（汪本、俞本）、嘉部（夏本）统一称为家部。

其余交部、开部和遮部、靴部、忧部仍用本名。

阳声韵部：

丹部（城本）、蕃部（北本）、番部（汪本、夏本）、山部（俞本）统一称为番部。

庵部（城本）、安部（北本、汪本、俞本）统一称为安部。

先部（城本、北本、夏本、俞本）、天部（汪本）统一称为先部。

真部（城本、北本、汪本）、亲部（夏本）、津部（俞本）统一称真部。

经部（城本）、生部（北本）、京部（汪本、夏本、俞本）统一称为京部。

其余东部、江部和冤部、温部仍用本名。

以下述及单本韵书中的韵部，在经调整的韵部名称后括号内加注本名，例如京部在城本中作"京〔经〕部"，在北本中作"京〔生〕部"。

（二）五种韵书的韵类

根据开口、合口和洪音、细音的对立，婺源方言韵书部分韵部中的字可以归纳出不同的韵类。以下列出五种韵书中各个韵部所包含韵类的情况。双竖线‖用以表示韵类的对立。每个韵类列出小韵代表字（一般只列平声韵的小韵代表字，举平以赅上去入），按声母的中古音类别顺序（唇音—舌音—齿音—牙音—喉音）排列。小韵代表字之间的斜线/用以表示韵目分阴阳的情况，斜线前为阴调小韵，斜线后为阳调小韵。

1. 五种韵书的阴声韵类

（1）《婺城乡音字彚》的阴声韵类：

1）兹部：一个韵类——兹类

兹类：兹思/慈

2）欺〔知〕部：一个韵类——知类

知类：卑丕嘆非低梯挤妻西知痴师几欺希衣/皮迷肥微啼离齐池时其宜

---

① 城本中的规部与疏部对立，韵母读细音。

② 汪本、夏本、俞本中的规部与疏部、虚部都对立。

兮移

3）疏〔疎〕部：一个韵类——疎类

疎类：铺夫都租粗苏初疎姑枯呼乌/蒲模扶无徒炉徂锄吴胡

4）朱〔规〕部：一个韵类——规类

规类：疽趋须朱书规区虚於/驴除随谁葵鱼为

5）遮部：两个韵类——车类（洪音）‖爷类（细音）

车类：爹嗟遮车奢/邪蛇

爷类：/爷伽

6）开部：一个韵类——开类

开类：杯胚堆推该开灰哀/培梅呆台来回

7）靴部：两个韵类——猜类（开口）‖衰类（合口）

猜类：猜腮/才而

衰类：衰靴/癞

8）忧部：两个韵类——偷类（洪音）‖勾类（细音）

偷类：丢偷邹秋修周抽收/裒浮谋頭刘囚仇

勾类：勾休忧/求牛侯由

9）家部：一个韵类——家类

家类：波摩多拖磋梭查差沙家科鸦/婆麻挓罗茶何峨禾

10）交部：一个韵类——交类

交类：包抛竿抄笤交拘鳌/跑茅巢熬爻

11）高部：三个韵类——刀类（开口洪音）‖标类（开口细音）‖乖类（合口）

刀类：褒嘛刀韬猱灾操骚招嗦烧高揩挨蒿/排毛桃劳曹朝柴敖鞋

标类：标飘刁挑篸焦锹消娇跷侥腰/瓢苗调辽樵桥尧瑶

乖类：挪乖歪/华

（2）《婺北乡音字彙》的阴声韵类

1）兹部：一个韵类——兹类

兹类：兹思师/慈时而

2）欺〔知〕部：两个韵类——知类

知类：卑飞低梯挤妻西知痴师几欺希衣/疲迷肥微啼离齐池时其宜兮移

3）疏〔疎〕部：一个韵类——疎类

疎类：铺夫都租初疎姑枯乌/菩模扶途奴狙锄吾胡无

4）朱〔虚〕部：一个韵类——虚类

虚类：书居区虚於/除垂为

5）规部：三个韵类——车类（开口洪音）‖爷类（开口细音）‖靴类

（合口）

　　车类：鎞嗟妻西遮车奢鸡溪/提尼齐蛇伽奚霓

　　爷类：/爷

　　靴类：规亏靴/瘸

　6）开部：三个韵类——歌类（开口洪音）‖忧类（开口细音）‖该（合口）

　　歌类：杯胚堆胎邹秋修周收歌/培谋头来财酬鹅

　　忧类：勾丘休忧/浮求牛由

　　该类：该开灰哀/呆回

　7）佳部：三个韵类——揩类（开口洪音）‖标类（开口细音）‖乖类（合口）

　　揩类：他哉权招超烧佳揩挨哈/排埋坮朝柴谐崖

　　标类：标飘淼刁挑簸焦锹消骄橇骁夭/嫖苗调辽樵乔尧摇

　　乖类：乖/拿华

　8）高部：一个韵类——高类

　　高类：刀韬糟操骚高镐/袍毛桃劳曹遨豪

　9）家〔加〕部：一个韵类——加类

　　加类：波多渣差梭沙加科鸦花宊/婆麻禾拕罗矬茶枒牙何

　10）交部：一个韵类——交类

　　交类：包抛猫捞朝抄稍敲交坳/疱茅肴熬

　（3）《乡音字彙》（汪本）的阴声韵类

　1）兹〔知〕部：一个韵类——知类

　　知类：知痴诗/时池而

　2）欺部：一个韵类——欺类

　　欺类：卑披非哩锥趋须饥欺希衣/皮迷肥微离随其宜移

　3）疏〔疎〕部：一个韵类——疎类

　　疎类：铺夫都租粗苏初疏姑呼乌/菩模扶徒炉徂锄吾胡

　4）朱〔虚〕部：一个韵类——虚类

　　虚类：居区虚於/垂葵为

　5）规部：两个韵类——车类（开口）‖靴类（合口）

　　车类：笓批哚低梯赍妻西车咩鸡/啼犁倪齐邪蛇茄奚

　　靴类：规窥靴/

　6）开部：两个韵类——高类（开口）‖灰类（合口）

　　高类：杯坯堆叨猱遭崔颏高垓蒿/倍梅桃来才豪遨

　　灰类：胎衰该开灰煨/台回呆

7）佳部：三个韵类——揩类（开口洪音）‖标类（开口洪音）‖乖类（合口）
　　揩类：他捺灾钗筛佳揩挨/排埋坮拿潮柴涯鞋
　　标类：标飘刁挑焦鏊消娇蹻佬妖/瓢苗调辽樵乔尧摇
　　乖类：乖歪/怀曰
　　8）忧部：两个韵类——偷类（洪音）‖勾类（细音）
　　偷类：兜偷周秋收/哀谋浮头留愁雠
　　勾类：彪勾丘休优/求牛侯由
　　9）家〔歌〕部：一个韵类——歌类
　　歌类：波摩多拖查蹉沙歌柯鸦花窝/婆磨挓罗挫茶何鹅禾
　　10）交部：一个韵类——交类
　　交类：包抛笊抄梢交教敲哮凹/庖袍茅铙巢郩爻
　　（4）《乡音字汇》（夏本）的阴声韵类
　　1）兹部：一个韵类——兹类
　　兹类：兹师/慈时
　　2）而部：一个韵类——而类
　　而类：/而
　　3）欺〔知〕部：一个韵类——知类
　　知类：卑羆非的知痴些几希衣/皮迷肥微离池其宜移
　　4）疏〔疎〕部：一个韵类——疎类
　　疎类：铺夫都租初疎姑枯呼乌/蒲模无徒炉雏锄胡吴
　　5）朱〔虚〕部：一个韵类——虚类
　　虚类：睢趋须居虚书於/间垂葵为危
　　6）规部：三个韵类——低类（开口洪音）‖爷类（开口细音）‖靴类（合口）
　　低类：鎞批低梯嗟妻西奢鸡/啼尼齐蛇茄奚倪
　　爷类：/爷
　　靴类：规窥靴
　　7）开部：两个韵类——歌类（开口）‖戈类（合口）
　　歌类：波胚莫堆拖磋衰歌柯/培梅禾台来才和娥
　　戈类：戈开灰哀/
　　8）佳部：三个韵类——揩类（开口洪音）‖标类（开口细音）‖乖类（合口）
　　揩类：灾他钗烧佳揩挨/排埋那潮柴谐涯呢
　　标类：标飘雕挑焦锹消招骄撬佬夭/嫖苗调辽憔朝乔尧摇

乖类：乖/华

9）忧部：三个韵类——刀类（开口洪音）‖沟类（开口细音）‖怀类（合口）

刀类：褒刀滔猱遭秋修抽收高蒿/袍毛浮头流囚愁翱孩

沟类：沟圻休忧/裘牛侯由

怀类：/怀

10）家〔嘉〕部：一个韵类——嘉类

嘉类：巴麽查差沙嘉夸鸦花阿/琶麻挪茶跨牙遐

11）交部：一个韵类——交类

交类：包抛猫捞笊抄梢交敲坳/匏矛巢交熬肴

（5）《乡音字彙》（俞本）的阴声韵类

1）兹部：一个韵类——兹类

兹类：兹思之痴师/词池时

2）而部：一个韵类——而类

而类：而

3）欺〔希〕部：两个韵类——欺类（开口）‖归类（合口）

欺类：悲披非的哩疕趋须几欺希衣/皮肥迷离随其疑夷

归类：归挥威/微

4）疏〔疎〕部：一个韵类——疎类

疎类：铺孚都租粗疎初姑枯呼乌/蒲谟扶途奴徂雏胡无

5）朱〔虚〕部：一个韵类——虚类

虚类：居吹虚于/除垂余

6）规部：三个韵类——妻类（开口洪音）‖鸡类（开口细音）‖靴类（合口）

妻类：鎞批咩氐梯擡嗟妻/题尼齐

鸡类：遮车奢鸡谿/蛇茄倪携耶

靴类：规暌靴/瘸

7）佳〔皆〕部：三个韵类——哉类（开口洪音）‖标类（开口细音）‖乖类（合口）

哉类：叭佗哉差昭烧皆/排埋坮拏朝柴厓谐

标类：标飘刁挑簝焦镳消骄蹻挨腰/苗调辽樵乔尧遥

乖类：乖歪/槐娃曰

8）开部：三个韵类——偷类（开口洪音）‖忧类（开口细音）‖杯类（合口）

偷类：杯兜堆偷魺秋羞周抽诹灰/培梅浮投来才魋

忧类：勾丘休忧/候求由牛
杯类：台该开坏崔衰焞哀/台颓娄桅回
9）高〔滔〕部：一个韵类——滔类
滔类：刀滔遭操骚高蒿/毛桃捞曹剡敖豪
10）家〔歌〕部：一个韵类——歌类
歌类：芭摩多拖囉槎蹉梭渣差歌轲诃鸦花阿/婆麻禾驼罗茶銼牙何
11）交部：一个韵类——交类
交类：包抛笤教钞嘲交敲烋凹/庖跑茅巢熬夊

2. 五种韵书的阳声韵类
（1）《婺城乡音字汇》的阳声韵类
1）番〔丹〕部：一个韵类——丹类
丹类：班潘鞔翻丹贪簪参三山官宽欢安/盘蛮烦谈难残櫼寒完
2）安〔庵〕部：一个韵类——庵类
庵类：甘堪庵/颜咸
3）先部：一个韵类——先类
先类：边篇颠天尖千先詹兼谦轩烟/绵田年前蟾乾贤言然
4）冤部：一个韵类——冤类
冤类：专川宣圈捐喧冤/骈全传船权元玄员
5）真部：三个韵类——身类（开口洪音）‖金类（开口细音）‖坤类（合口）
身类：宾歎扪分墩吞尊心真春身/贫门焚屯林存陈绳
金类：金钦欣因/勤银人
坤类：君坤婚恩/羣魂文
6）江部：三个韵类——当类（开口洪音）‖将类（开口细音）‖光类（合口）
当类：邦磅方当汤脏仓桑章昌商江康铿泱/傍忙房唐郎藏长常杭昂
将类：将枪相姜香央/良娘祥强杨
光类：光匡荒汪/狂皇忘
7）京〔经〕部：三个韵类——耕类（开口洪音）‖兴类（开口细音）‖倾类（合口）
耕类：兵烹丁厅精青星争称生耕坑莺亨/平明亭灵情呈成行
兴类：经轻兴英拧/擎迎形营
倾类：巅倾/琼宏
8）东部：两个韵类——通类（洪音）‖弓类（细音）
通类：曚丰东通宗聪松中充公空烘/蓬蒙逢同聋从碽虫红

弓类：弓凶雍/龙穷熊颙容
（2）《婺北乡音字汇》的阳声韵类
1）番〔蕃〕部：一个韵类——班类
班类：班挽蕃丹贪簪餐三镵攙山间堪酣俺/烦谈南蚕谗岩闲
2）安部：一个韵类——安类
安类：般潘鞶端湍钻攒酸拴官宽安/盘瞒团銮寒完
3）先部：两个韵类——天类（开口细音）‖专类（合口细音）
天类：边篇颠天尖千先兼牵煊烟/骈田绵连年前乾贤言焉然
专类：专穿捐渊圈轩/船权玄原
4）真部：三个韵类——申类（开口洪音）‖因类（开口细音）‖坤类（合口）
申类：宾分敦吞亲心真春申恩/盆焚隆存沉辰
因类：金钦欣音/勤银人
坤类：君坤昏温/豚浑群文
5）江部：三个韵类——当类（开口洪音）‖将类（开口细音）‖光类（合口）
当类：邦祥方当汤臧仓桑张昌双江康/旁忙房堂郎藏长常杭
将类：将枪相羌僵香央/良娘详强
光类：光匡荒王/狂皇忘
6）京〔生〕部：三个韵类——庚类（开口洪音）‖兴类（开口细音）‖倾类（合口）
庚类：兵烹丁厅精青星贞称生庚坑亨/平明庭灵情程成行
兴类：拧京卿兴莺/擎形
倾类：倾扃兄/琼横
7）东部：两个韵类——通类（洪音）‖弓类（细音）
通类：风东通宗葱松中充公空烘翁/蓬蒙逢同聋虫崇砼红
弓类：弓胸雍/穷颙容
（3）《乡音字汇》（汪本）的阳声韵类
1）番部：一个韵类——番类
番类：班攀姏番丹贪簪滄山间堪庵酣/蛮烦谈栏残颜闲
2）安部：一个韵类——安类
安类：般潘鞶端钻酸官宽欢安/瞒团銮厝寒完
3）先〔天〕部：两个韵类——仙类（开口）‖专类（合口）
仙类：边篇颠天詹千仙兼牵轩烟/骈眠连田前乾钳贤言然
专类：膧专川萱冤/原玄权

4) 真〔亲〕部：三个韵类——称类（洪音）‖因类（细音）‖君类（合口）

  称类：宾真亲新称/频民林纯陈辰
  因类：金钦欣因/勤银人
  君类：君春薰揾/群云

5) 江部：三个韵类——当类（开口洪音）‖将类（开口细音）‖光类（合口）

  当类：邦祥方当汤张膖双江康/傍忙房唐囊藏常杭
  将类：将枪相姜香央/墙娘良强王
  光类：光荒匡汪/皇亡

6) 京部：三个韵类——庚类（开口洪音）‖兴类（开口细音）‖倾类（合口）

  耕类：兵烹登厅拎争青生耕坑莺亨/平明庭灵程成行
  兴类：京轻兴英/瓶亭迎擎形荣盈
  倾类：肱倾兄甍/琼横

7) 东部：三个韵类——通类（开口洪音）‖弓类（开口细音）‖根类（合口）

  通类：奔分东侗宗充孙公空烘翁/篷门坟同倫从重崇坉洪颟
  弓类：弓凶雍/龙穷雄容
  根类：根昏温/盆存文魂

(4)《乡音字汇》（夏本）的阳声韵类

1) 番部：一个韵类——番类

  番类：班潘番丹贪簪餐三搀官堪欢庵安/盘蛮烦谈南蚕谗寒颜

2) 先部：两个韵类——千类（开口）‖冤类（合口）

  千类：先千颠兼尖谦边篇烟粘/便绵田连前乾言贤然
  冤类：专穿轩冤/传船原

3) 真部：三个韵类——身类（开口洪音）‖金类（开口细音）‖倾类（合口）

  身类：宾扪分敦吞尊新真春身沺/贫门坟豚伦存陈辰痕
  金类：钦因欣/勤银人
  昏类：君坤昏温/群魂闻

4) 江部：三个韵类——当类（开口洪音）‖将类（开口细音）‖光类（合口）

  当类：邦方当汤臧仓桑张窗商江康/旁房忙唐郎藏长杭
  将类：将枪相姜香央/娘良详强常王

光类：光匡荒汪/狂黄亡

5）京部：三个韵类——耕类（开口洪音）‖兴类（开口细音）‖倾类（合口）

耕类：兵烹丁厅精青生耕坑莺亨/平明亭能情成行

兴类：京轻兴英/迎擎刑

倾类：薨倾兄/弘琼荣

6）东部：两个韵类——通类（洪音）‖弓类（细音）

通类：矇风东通宗松中充公空烘翁/蓬蒙逢同聋从虫碹洪

弓类：弓凶雍/龙穷雄容

（5）《乡音字彙》（俞本）的阳声韵类

1）番〔山〕部：一个韵类——山类

山类：班番嘆丹贪簪参挦山劗间堪酣庵/蛮凡谈男残诶馋岩闲

2）安部：一个韵类——安类

安类：般潘攀鞔端湍钻攒撝官宽欢酸安/般曼团銮厝寒完

3）先部：两个韵类——边类（开口）‖专类（合口）

边类：边偏颠天尖千先詹兼谦轩奄/骈绵田连前传蝉乾贤言然

专类：膑专渊誼/原玄

4）真〔津〕部：三个韵类——亲类（开口洪音）‖今类（开口细音）‖君类（合口）

亲类：宾津亲心蓁针参身/贫民林陈辰

今类：今钦欣因/勤吟人

君类：谆君春熏揾/唇云羣

5）温部：两个韵类——奔类（开口）‖根类（合口）

奔类：奔分敦吞尊邨孙甘/门逢焚豚伦寻痕

根类：荀根坤昏温/魂文

6）江部：三个韵类——当类（开口洪音）‖将类（开口细音）‖光类（合口）

当类：邦方当臧仓桑张昌伤江康汪/旁房茫唐郎藏长常杭昂忘

将类：将锵相姜香央/娘良详强羊

光类：光匡荒/狂黄

7）京部：三个韵类——耕类（开口洪音）‖兴类（开口细音）‖倾类（合口）

耕类：兵烹猛丁听拧精青星征撑生耕铿莺亨/平明廷灵情呈成行

兴类：京轻兴英/凝檠刑荣

倾类：倾兄/肱琼薨

8）东部：三个韵类——通类（开口洪音）‖凶类（开口细音）‖盆类（合口）

通类：风东通宗聪松中充公空革翁烘翁/篷蒙童聋从虫崇硔洪

凶类：宫凶雍/龙雄容

盆类：峯/盆

二　五种韵书韵母系统的特点

（一）《婺城乡音字汇》韵母系统的特点

1.《婺城乡音字汇》阴声韵的特点

（1）果摄

1）一等字基本上与假摄二等字合流为家部（一个韵类）。例如：[家]多罗左歌河_{果开一}=婆朵骡坐过和_{果合一}‖爬茶沙家虾鸦_{假开二}=傻瓜花蛙_{假合二}；歌_{果开一}=锅_{果合一}=加_{假开二}=瓜_{假合二}。同北本。

开口一等字有个别字归入开部，读与蟹摄一等字同韵。例如：[开]鹅饿_{果开一}；鹅_{果开一}=呆_{蟹开一}=桅_{蟹合一}。

合口一等字有少数去声字归入疏〔疎〕部，读与遇摄（合口）一等字同韵。例如：[疏]破货过课_{果合一}；过_{果合一}=固_{遇合一}。同夏本。

2）合口三等字与部分蟹摄一等字、止摄开口（三等）日母字合流为靴部（两个韵类），读合口韵类。例如：[靴][开]猜才腮_{蟹开一}=崔_{蟹合一}‖而儿_{止开三}，[合]靴_{果合三}。

（2）假摄

1）二等字基本上与果摄一等字合流为家部。同北本。例见前"（1）果摄"。

合口匣母字"华划"等个别字归入高部（三个韵类），读合口韵类，与蟹摄合口二等字同韵。例如：[高][合]华划_{假合二}；华_{假合二}=怀_{蟹合二}。

2）开口三等字与果摄三等字合流为遮部（两个韵类），读洪音韵类、细音韵类。例如：[遮][洪]借邪爹遮车奢蛇_{假开三}，[细]爷_{假开三}‖茄伽_{果开三}瘸_{果合三}。

（3）遇摄

1）一等字和三等非组、庄组声母字分流为疏〔疎〕部（一个韵类）。例如：[疏]铺都炉租姑胡乌_{遇合一}‖夫无初锄_{遇合三}。同北本、汪本、夏本、俞本。

2）三等非组、庄组以外声母字与蟹摄合口三、四等字和止摄合口三等字合流为规部（一个韵类）。例如：[规]驴蛆猪书如居虚余_{遇合三}‖岁税鳜卫_{蟹合三}闺惠_{蟹合四}‖类虽追谁龟辉位_{止合三}；居_{遇合三}=闺_{蟹合四}=归_{止合三}、御_{遇合三}=卫_{蟹合四}=

魏$_{止合三}$。

(4) 蟹摄

1) 一、二等韵对立。例如：[开]该$_{蟹开一}$；[高]街$_{蟹开二}$。同北本、汪本、夏本、俞本。

2) 一等字分流为开部（一个韵类），开口、合口同韵读一个韵类。例如：[开]胎来该孩哀$_{蟹开一}$杯堆雷盔灰偎$_{蟹合一}$；胎$_{开一}$=推$_{合一}$。

少数精组声母字归入靴部（两个韵类），开口、合口同读开口韵类。例如：[靴][开]猜才腮；猜$_{开一}$=崔$_{合一}$。

个别匣母字同二等字归入高部，例如"孩"（见下）。

3) 二等字与效摄一等、三四等字合流为高部（三个韵类）。其中开口字（以及个别一等开口字）读开口洪音韵类。例如：[高][开]钗街捱$_{蟹开二}$灾$_{蟹开一}$│毛刀劳早高豪袄$_{效开一}$朝烧$_{效开三}$；佳$_{蟹开二}$=高$_{效开一}$、鞋$_{蟹开二}$孩$_{蟹开一}$=豪$_{效开一}$。

合口字与少数假摄合口二等字同读合口韵类。例如：[高][合]乖怀歪$_{蟹合二}$│华划$_{蟹合二}$；怀$_{蟹合二}$=华$_{假合二}$。

4) 三、四等开口字与止摄开口精组、日母以外声母字和合口（三等）非组声母字合流为欺〔知〕部（一个韵类）。例如：[知]敝例祭滞制艺$_{蟹开三}$迷低泥妻鸡倪兮$_{蟹开四}$废肺$_{蟹合三}$│卑离支师饥宜希衣$_{止开三}$飞$_{止合三}$；鸡$_{蟹开四}$=基$_{止开三}$、泥$_{蟹开四}$=离$_{止开三}$、废$_{蟹合三}$=费$_{止合三}$。

其余合口三、四等字与遇摄三等非组、庄组以外声母字和止摄合口三等字合流为规部。例见前"(3) 遇摄"。

(5) 止摄

1) 开口（三等）精组声母字分流为兹部（一个韵类）。例如：[兹]兹雌慈思辞$_{止开三}$。

2) 日母字归入靴部（两个韵类）读开口韵。例如：[靴][开]儿而尔二$_{止开三}$。

3) 其余开口字和合口（三等）非组声母字与蟹摄开口三、四等字合流为欺〔知〕部，例见前"(4) 蟹摄"。

4) 合口（三等）字基本上与遇摄三等字、蟹摄合口三四等字合流为规部（一个韵类）。例见前"(3) 遇摄"。

去声来母"泪"字归入忧部，读与流摄一等字同韵。例如：[忧]泪$_{止合三}$=漏$_{流开一}$。

(6) 效摄

1) 二等韵与一等、三四等韵两分对立。例如：[交]郊$_{效开二}$；[高][洪]膏$_{效开一}$[细]娇$_{效开三}$浇$_{效开四}$。

2) 二等字分流为交部（一个韵类）。例如；[交]包闹罩抄交肴坳$_{效开二}$。

同北本、汪本、夏本、俞本。

3）一等、三四等字同韵，为高部（三个韵类）。其中一等字、三等知章组声母字与蟹摄开口二等字、一等少数字合流，读洪音韵类。例见前"（4）蟹摄"。

三等知组、章组以外声母字和四等字读细音韵类。例如：[高][细]苗燎焦饶娇嚣妖效开三刁辽肖浇尧杳效开三。

（7）流摄

1）流摄字自为忧部（两个韵类）。同汪本、夏本。

2）一、三等字同韵，韵类按声母分化。非见系声母字读洪音韵类，见系声母字读细音韵类。例如：[忧][洪]偷楼走流开—浮流秋绸愁周流开三，[细]勾侯瓯流开—丘休由流开三；勾流开—=阄流开三、狗流开—=九流开三。同汪本、夏本。

2.《婺城乡音字汇》阳声韵的特点

（1）咸摄和山摄

1）咸、山两摄合流为番〔丹〕部（一个韵类）。

2）两摄开口一、二等多数字，合口三等非组声母字以及山摄合口一、二等字，合流为番〔丹〕部（一个韵类），一等、二等同韵，开口、合口同韵。例如：[番]耽南三咸开—衫咸开二凡咸合三丨丹兰餐肝寒安山开—山开二搬端乱酸官欢碗山合—官还弯山合二番山合三；三咸开—=酸山合—、肝山开—=官山合—。

3）咸摄一、二等和山摄二等的见系声母字合流另为安〔庵〕部。例如：[庵]甘堪龛含庵感敢橄坎砍咸开—监咸减嵌陷舰槛咸开二丨艰奸闲颜简柬拣眼限谏雁山开二；甘咸开—=监咸开二奸山开二≠肝山开—。

4）咸摄开口三等字和山摄开口三、四等字合流为先部。例如：[先]砭廉尖瞻钳险盐咸开三添念兼嫌咸开四丨鞭连煎战件延山开三边天年肩贤烟山开四。

5）山摄合口三、四等非组以外声母字另为冤部。例如：[冤]全传船拳元山合三悬渊山合四。

（2）深摄和臻摄

1）深、臻两摄合流为真部（三个韵类）。

2）两摄三等开口见系声母字以及日母字读开口细音韵类，见系及日母以外声母字读开口洪音韵类。例如：[真][开洪]品林心沉渗深开三民邻亲珍衬真臻开三丨[开细]壬今音深开三人巾因臻开三。同北本、汪本、夏本、俞本。

3）臻摄合口一、三等见系声母字以及日母字读合口韵类，开口一等见系声母字有部分也读合口韵类。例如：[真][合]坤昏温臻合—润军荤云臻合三根臻开—；根臻开—=君臻合三。臻摄合口一、三等见系及日母以外声母字读开口洪音韵类。例如：[真][开洪]门敦论村臻合—轮笋春臻合三；尊臻合—遵臻合三=津臻开三。同北本、夏本。

（3）宕摄和江摄

1）宕、江两摄合流为江部（三个韵类）。

2）宕摄开口一等字、合口三等非组声母字和江摄（二等）大部分字读开口洪音韵类。例如：[江]_[开洪]帮当桑刚_{宕开一}｜方_{宕合三}｜邦桩双江降_{江开二}；昌_{宕开三}=窗_{江开二}、刚_{宕开一}=江_{江开二}。同北本、汪本、夏本、俞本。

3）宕摄开口三等泥组、见系声母字和日母字读开口细音韵类。例如：[江]_[开细]良娘瓢姜羌强央羊_{宕开三}。知组、庄组、章组声母字读开口洪音韵类。例如：[江]_[开洪]张长庄疮章昌。精组声母字读开口细音韵类。例如：[江]_[开细]将枪相详。同北本、汪本、夏本、俞本。

4）宕摄合口字（一、三等）见系声母字读合口韵类。例如：[江]_[合]光荒汪_{合一}｜狂_{合三}。个别合口三等字读开口细音韵类。例如：[江]_[开细]匡_{合三}=羌_{开三}、王_{合三}=杨_{开三}。同北本、汪本、夏本、俞本。

（4）曾摄和梗摄

1）曾、梗两摄字合流为京〔经〕部（三个韵类）。

2）曾摄一等、梗摄二等开口字读开口洪音韵类。例如：[京〔经〕]_[开洪]朋灯曾_{曾开一}｜棚冷争_{梗开二}。同北本、汪本、夏本、俞本。

3）曾摄三等、梗摄三四等字见系以外声母字读开口洪音韵类。例如：[京〔经〕]_[开洪]陵征称_{曾开三}｜晴正_{梗开三}｜瓶丁正_{梗开四}。同北本、汪本、夏本、俞本。

4）曾摄三等、梗摄三四等字见系声母字读开口细音韵类。例如：[京〔经〕]_[开细]兴_{曾开三}｜京擎迎_{梗开三}｜经形_{梗开四}。同北本、汪本、夏本、俞本。

5）两摄合口字基本上读合口韵类。例如：[开细]弘_{曾合一}｜肱宏横薨轰_{梗合二}倾_{曾合三}；弘_{曾合一}=横_{合三}≠衡_{梗开二}。个别的读开口细音韵类。例如：[京〔经〕]_[开细]荣营_{梗合三}。同北本、汪本、夏本、俞本。

（5）通摄

1）通摄字自为东部（两个韵类）。

2）一等字读洪音韵类。例如：[东]_[洪]蓬东蒙聋葱洪，冬农宗_{通合一}。同北本、夏本。

3）三等非组、精组、知组、庄组、章组字读洪音韵类。例如：[东]_[洪]风中崇充_{通合三}。同北本、夏本。

4）三等泥母字和见系声母字读细音韵类，构成与一等韵的对立。例如：[东]_[细]龙弓凶容_{通合三}；_[细]龙_{通合三}≠_[洪]聋_{通合一}、_[细]供_{合三}≠_[洪]公_{通合一}。同北本、夏本。

3.《婺城乡音字彙》入声韵的特点

（1）咸摄和山摄

1）咸、山两摄入声字合流，并入阴声韵。

2）两摄入声开口一、二等字和合口三等（非组）字，山摄合口一、二等字，归入家部达韵（一个韵类），与果摄一等字、假摄二等字同韵。例如：[家入]答咸开一入甲咸开二入法咸合三入｜达山开一入瞎山开二入阔山合一入刮山合二入发山合三入；瞎山开二入活山合一入＝和果合一、拔山开二入＝耙假开二。同北本、汪本、夏本、俞本。

3）两摄入声开口三、四等字归入遮部列韵（两个韵类），与假摄三等字、蟹摄三四等字同韵，读洪音韵类、细音韵类。例如：[遮入][洪]节咸开三入帖咸开四入｜舌山开三入切山开四入，[细]业咸开三入协咸开四入｜揭山开三入结山开四入；妾咸开三入＝谢假开三、撒山开四入＝毙蟹开三。

4）山摄合口三等非组以外声母字归入靴部月韵（一个韵类）。例如：[靴入]雪月悦山合三入血山合四入。

（2）深摄和臻摄

1）深、臻两摄入声字合流，并入阴声韵。

2）两摄入声三等开口字归入忧部立韵（两个韵类），与流摄字同韵，读洪音韵类、细音韵类。例如：[忧入][洪]立集蛰十深开三入｜笔栗七秩失臻开三入，[细]入急吸揖深开三入｜日吉一臻开三入；立深开三入栗臻开三入＝陋流开一、十深开三入实臻开三入＝寿流开三。同夏本。

3）臻摄入声合口一、三等部分字归入开部代韵（一个韵类），与蟹摄合口一等字同韵。例如：[开入]突窟臻合一入佛物臻合三入；没臻合一入＝妹蟹合一、忽臻合一入＝害蟹合一。同北本、汪本、夏本、俞本。

部分字归入靴部月韵，例如：[靴入]卒臻合一入掘出术臻合三入。

（3）宕摄和江摄

1）宕、江两摄入声字合流，并入阴声韵。

2）两摄入声字归入交部各韵（三个韵类），分别读开口洪音、开口细音、合口音，与效摄二等、三等字同韵。例如：[交入][开洪]博托落昨各鹤恶宕开一入着酌宕开三入霍宕合一入｜剥桌捉觉学江开二入，[开细]略雀若脚药宕开三入，[合]郭宕合一入；莫宕开一入＝貌效开二、学江开二入＝校效开二、药宕开二入＝耀效开二。同汪本、俞本。

（4）曾摄和梗摄

1）曾、梗两摄入声字合流，并入阴声韵。

2）两摄入声字基本上归入高部白韵（三个韵类），读开口洪音韵类、开口细音韵类，与效摄一、三等字同韵。例如：[高入][开洪]百得勒塞曾开一入逼力息色曾开三入｜百格赫梗开二入壁敌历积尺梗开三四入、[开细]极翼曾开三入｜吃益梗开三四入[合]；刻曾开一极曾开三＝轿效开三、麦梗开二＝帽效开一。

3）曾摄入声合口一等见系声母字归入开部代韵，与蟹摄一等字同韵。例如：[开入]国或曾合一入；或曾合一入=害蟹开一、会蟹合一。同北本、汪本、夏本、俞本。

（5）通摄

1）通摄入声字并入阴声韵。

2）一等字和三等非组、知庄章组声母字归入疏[疎]部福韵（一个韵类），与遇摄一等字和三等非组、庄组声母字同韵。例如：[疏〔疎〕入]扑读鹿族谷屋通合一入福竹熟通合三入；毒通合一入=度遇合一、福通合三入=附遇合三。同北本、汪本、俞本。

3）三等精组、见系声母和来母字、日母字归入规部立韵（三个韵类），读开口洪音韵类、开口细音韵类，与流摄字同韵。例如：[规入][开洪]六足通合三入，[开细]肉菊畜育通合三入；六通合三入=漏流开三、俗通合三入=就流开三、浴通合三入=右流开三。

(二)《婺北乡音字彙》韵母系统的特点

1.《婺北乡音字彙》阴声韵的特点

（1）果摄

1）一等字基本上与假摄二等字合流为家[加]部（一个韵类）。同城本，例见城本。

开口一等见系声母少数字如"歌鹅"归入开部，与蟹摄一等字、流摄字同韵。例见下"（4）蟹摄—2)"。

2）三等字与假摄三等（开口）字、蟹摄三四等字、止摄合口（三等）字合流为规部（三个韵类）。例见下"（2）假摄—2)"。同汪本、夏本、俞本。

（2）假摄

1）二等字基本上与果摄一等字合流为家部。合口匣母字"华划"等个别字归入高部（三个韵类），读合口韵类，与蟹摄合口二等字同韵。同城本，例见城本。

2）三等字与蟹摄三四等字、果摄三等字、止摄合口（三等）字合流为规部（三个韵类）。同城本、夏本，例见城本。

（3）遇摄

1）一等字和三等非组、庄组声母字分流为疏部（一个韵类）。同城本、汪本、夏本、俞本，例见城本。

2）三等泥组、知章组、见系声母字和日母字与蟹摄合口三、四等字和止摄合口（三等）非组以外声母字合流为朱部（一个韵类）。例如：[朱]驴蛆猪书如居虚余遇合三｜岁税鳜卫蟹合三闺惠蟹合四｜类虽追谁龟辉位止合三；居遇合三=闺蟹合四=归止合三、御遇合三=卫蟹合四=魏止合三。同夏本。

3）三等精组声母字归入欺〔知〕部，与止摄合口三等字同韵。例如：须遇合三=虽止合三

（4）蟹摄

1）一、二等韵对立。同城本、汪本、夏本、俞本，例见城本。

2）一等字开口、合口同韵，与流摄字、果摄开口一等见系声母少数字合流为开部（三个韵类），读开口洪音和合口韵类。例如：［开］[开洪]胎来才蟹开一=杯堆雷蟹合一｜偷楼走流开=邹秋修周收流开三｜哥鹅果开一，［合］该开哀蟹开一=灰蟹合一；胎蟹开一=推蟹合一=偷流开一、宰蟹开一=走流开一=酒流开三。

一等开口少数字归入效摄一等字为主体的高部。例见下"（6）效摄—2）"。

3）二等字与效摄三、四等字合流为佳〔皆〕部（三个韵类）。其中开口字（以及个别一等开口字）读开口洪音韵类。例如：［佳〔皆〕部][开]钗街捱蟹开二｜朝烧效开三；佳蟹开二=高效开一、鞋蟹开二=豪效开一、斋蟹开二=招效开三。同汪本、夏本、俞本。

合口字读合口韵类，与少数假摄合口二等字同韵。例如：［佳〔皆〕部][合]乖怀蟹合二｜拿华划蟹合二；怀蟹合二=华假合二。同汪本、夏本、俞本。

4）三、四等字大部分与假摄三等字归并为规部，例见前"（2）假摄"。少数字（唇音字）归入欺〔知〕部，与止摄开口（三等）字同韵。例如：［欺〔知〕]迷蟹开四=眉止开三、废蟹合三=费止合三。同汪本。

（5）止摄

1）开口（三等）精组声母字和日母字以及少数庄、章组声母字分流为兹部。例如：［兹]兹慈思师时儿止开三。

2）其余开口字和合口（三等）非组声母字与蟹摄开口三、四等字合流为欺〔知〕部。同城本、汪本、夏本，例见城本。

3）合口（三等）非组以外声母字归入朱部，读与遇摄三等字、蟹摄合口三四等字同韵。例见前"（3）遇摄"。

（6）效摄

1）一等、二等、三四等韵三分对立。例如：［交]郊效开二；［高]膏效开一；［佳〔皆〕]娇效开三浇效开四。同汪本、夏本、俞本。

2）一等字分流为高部（一个韵类）。例如：［高]褒刀劳刀高豪袄效开一。

蟹摄一等"腮孩"少数字归入高部。例如：［高]腮蟹开一=骚效开一、孩蟹开一=豪效开一。

3）二等字分流为交部（一个韵类）。例如：［交]包猫脑抄交肴坳效开二。同城本、汪本、夏本、俞本。

4）三、四等字与蟹摄二等字合流为佳〔皆〕部（三个韵类），知、章组声母字读开口洪音，其余字读开口细音韵类。例如：［皆][洪]朝招超

烧_效开三，[细]标苗燎焦饶娇嚣妖_效开三 刁辽萧浇晓杳_效开四。同汪本、夏本、俞本。

（7）流摄

1）流摄字与蟹摄一等字以及果摄开口一等见系声母少数字合流为开部（三个韵类），读开口洪音韵类、开口细音韵类。例见前"（4）蟹摄—2）"。

2）一、三等字同韵，韵类按声母分化。非见系声母字读洪音韵类，见系声母字读细音韵类。同城本，例见城本。

2.《婺北乡音字彙》阳声韵的特点

（1）咸摄和山摄

1）咸、山两摄合流。

2）两摄二等字和合口三等非组声母字，咸摄一等字、山摄一等见系以外声母字合流为番部（一个韵类），一等、二等同韵，开口、合口同韵。例如：[番]贪南簪甘含庵_咸开一衫监咸_咸开二凡_咸合三｜单拦餐_山开一班山间闲_山开二翻_山合三。同汪本、俞本。

3）山摄一等见系声母字、一二等合口字分流为安部。例如：[安]肝寒安_山开一搬端弯酸官欢豌_山合一闩关环弯_山合二。同汪本、俞本。

4）两摄开口三、四等字和山摄合口三、四等非组以外声母字合流为先部（两个韵类），分别读开口韵类、合口韵类。例如：[先][开]贬廉尖瞻钳险盐_咸开三添念兼嫌_咸开四｜鞭连煎战件延_山开三边天年肩贤烟_山开四；[合]全传船拳元_山合三悬渊_山合四。同汪本、夏本、俞本。

（2）深摄和臻摄

1）深、臻两摄合流为真部（三个韵类）。

2）两摄三等开口见系声母字以及日母字读开口细音韵类，见系及日母以外声母字读开口洪音韵类。同城本、汪本、夏本、俞本，例见城本。

3）臻摄合口一、三等见系声母字以及日母字读合口韵类，开口一等见系声母字有部分也读合口韵类。臻摄合口一、三等见系及日母以外声母字读开口洪音韵类。同城本、夏本，例见城本。

（3）宕摄和江摄

1）宕、江两摄合流为江部（三个韵类）。

2）宕摄开口一等字、合口三等非组声母字和江摄（二等）大部分字读开口洪音韵类。同城本、汪本、夏本、俞本，例见城本。

3）宕摄开口三等泥组、见系声母字和日母字读开口细音韵类。知组、庄组、章组声母字读开口洪音韵类。精组声母字读开口细音韵类。同城本、汪本、夏本、俞本，例见城本。

4）宕摄合口字（一、三等）见系声母字读合口韵类。个别合口三等字读开口细音韵类。同城本、汪本、夏本、俞本，例见城本。

（4）曾摄和梗摄

1）曾、梗两摄字合流为京〔生〕部（三个韵类）。

2）曾摄一等、梗摄二等开口字读开口洪音韵类。同城本、汪本、夏本、俞本，例见城本。

3）曾摄三等、梗摄三四等字见系以外声母字读开口洪音韵类。同城本、汪本、夏本、俞本，例见城本。

4）曾摄三等、梗摄三四等字见系声母字读开口细音韵类。同城本、汪本、夏本、俞本，例见城本。

5）两摄合口字基本上读合口韵类，个别的读开口细音韵类。同城本、汪本、夏本、俞本，例见城本。

（5）通摄

1）通摄字自为东部（两个韵类）。

2）一等字读洪音韵类。同城本、夏本，例见城本。

3）三等非组、精组、知组、庄组、章组字读洪音韵类。同城本、夏本，例见城本。

4）三等泥母字和见系声母字读细音韵类，构成与一等韵的对立。同城本、夏本，例见城本。

3.《婺北乡音字汇》入声韵的特点

（1）咸摄和山摄

1）咸、山两摄入声字合流，并入阴声韵。

2）两摄入声开口一、二等字和合口三等非组字，山摄合口一、二等字，归入家〔加〕部达韵（一个韵类），与果摄一等字、假摄二等字同韵。同城本、汪本、夏本、俞本，例见城本。

3）两摄入声三、四等字（合口三等非组字除外）归入规部月韵（三个韵类），读开口洪音韵类、开口细音韵类、合口韵类，与假摄三等字、蟹摄三四等字同韵。例如：[规入][开洪]节咸开三入帖咸开四入｜舌山开三入切山开四入，[开细]业咸开三入协咸开四入｜揭山开三入结山开四入，[合]月越山合三入决血山合四入；妾咸开三入=谢假开三、撇山开四入=毙蟹开三、血山开合入=惠蟹合四。同汪本、夏本、俞本。

（2）深摄和臻摄

1）深、臻两摄入声字合流，并入阴声韵。

2）两摄入声三等开口字合流归入欺〔知〕部立韵（两个韵类），读洪音韵类、细音韵类，与止摄三等韵同韵。例如：[知入][洪]立集蛰十深开三入｜[细]笔栗七秩失臻开三入，[细]入急吸揖深开三入｜日吉一臻开三入；立深开三入栗臻开三入=利止开三泪止合三。同俞本。

3）臻摄入声合口一、三等字归入开部或韵（一个韵类），与蟹摄一等字同韵。例如：［开］勃没突窟扢忽$_{臻合一入}$佛物律述$_{臻合三入}$；没$_{臻合一入}$=妹$_{蟹合一}$、忽$_{臻合一入}$=害$_{蟹开一}$=会$_{蟹合一}$。同城本、汪本、夏本、俞本。

（3）宕摄和江摄

1）宕、江两摄入声字合流，并入阴声韵。

2）两摄入声字基本上归入交部学韵（两个韵类），分别读开口音、合口音，与效摄二等字同韵。［交入］$_{[开洪]}$博托落昨各鹤恶$_{宕开一入}$着酌$_{宕开三入}$霍$_{宕合一入}$｜剥桌捉觉学$_{江开二入}$，［合］郭$_{宕合一入}$；寞$_{宕开二入}$=貌$_{效开二}$、学$_{江开二入}$=校$_{效开二}$。

3）宕摄三等开口精组、知组、见系声母字和日母字归入开部或韵（三个韵类），与效摄、流摄三等字同韵，读开口细音韵类。例如：［开入］$_{[开细]}$削着若脚药$_{宕开三入}$；若$_{宕开三}$=耀$_{效开三}$右$_{流开三}$。

（4）曾摄和梗摄

1）曾、梗两摄入声字合流，并入阴声韵。

2）两摄入声字主要归入佳〔皆〕部白韵（三个韵类），分别读开口洪音、开口细音，与效摄三四等、蟹摄二等字同韵。例如：［佳〔皆〕入］$_{[开洪]}$得勒塞$_{曾开一入}$逼力息色$_{曾开三入}$｜百格赫$_{梗开二入}$壁敌历积尺$_{梗开三四入}$，$_{[开细]}$极翼$_{曾开三入}$｜吃益$_{梗开三四入[合]}$获划$_{梗合二}$；刻$_{曾开一入}$极$_{曾开三入}$=轿$_{效开三}$；核$_{梗开二入}$=懈$_{蟹开二}$、获$_{梗合二入}$=坏$_{蟹合二}$。

3）曾摄入声合口一等见系声母字归入开部或韵，与蟹摄一等字同韵。例如：［开入］国或$_{曾合一入}$；或$_{曾合一入}$=害$_{蟹开一}$=会$_{蟹合一}$。同城本、汪本、夏本、俞本。

曾摄入声开口三等知组、章组声母字归入欺（知）部利韵，例如：［知入］直值识食。同汪本。

（5）通摄

1）通摄入声字并入阴声韵。

2）一等字和三等非组、知庄章组声母字等归入疏〔疎〕部福韵（一个韵类），与遇摄一等字和三等非组、庄组声母字同韵。同城本、汪本、夏本、俞本，例见城本。

3）三等精组、见系声母字和来母字、日母字归入开部或韵（三个韵类），读开口洪音韵类、开口细音韵类，与流摄字同韵。［开入］$_{[开洪]}$六足$_{通合三入}$，$_{[开细]}$肉菊畜育$_{通合三入}$；六$_{通合三入}$=漏$_{流开三}$、俗$_{通合三入}$=就$_{流开三}$、浴$_{通合三入}$=右$_{流开三}$。同俞本。

（三）《乡音字汇》（汪本）韵母系统的特点

1.《乡音字汇》（汪本）阴声韵的特点

（1）果摄

1）一等字与假摄二等字合流为家〔歌〕部。同城本、北本，例见城本。

2）三等字与部分蟹摄三、四等字和止摄合口（三等）字合流为规部（三个韵类），读开口细音韵类和合口韵类。同北本、夏本、俞本，例见北本。

第九章　婺源方言韵书音系考察

(2) 假摄

1) 开口二等字与果摄一等字合流为家〔歌〕部。同城本、北本，例见城本。

2) 开口三等字与蟹摄三四等字、果摄三等字、止摄合口（三等）字合流为规部（三个韵类）。同北本，例见北本。

(3) 遇摄

1) 一等字和三等非组、庄组声母字分流为疏〔疎〕部（一个韵类）。同城本、北本、夏本、俞本，例见城本。

2) 三等知组、章组、见系声母字和日母字与止摄（三等）合口字合流为虚部（一个韵类）。例如：［规］猪书如居虚余_{遇合三}｜吹输龟辉位_{止合三}；居_{遇合三}＝归_{止合三}、余_{遇合三}＝为_{止合三}。同俞本。

3) 三等精组字与止摄（三等）字合流为欺部（一个韵类）。例如：［规］蛆聚徐絮_{遇合三}｜非锥_{止合三}批离欺宜衣_{止开三}；须需_{遇合三}＝虽绥_{止合三}。同俞本。

(4) 蟹摄

1) 一、二等韵对立。同城本、北本、夏本、俞本，例见城本。

2) 一等字大部分与效摄一等字合流为开部（两个韵类），读开口韵类、合口韵类。例如：［开］_[开]台来猜才腮呆孩_{蟹开一}杯坯陪梅堆推雷催颓_{蟹合一}｜褒毛刀滔桃劳遭操曹骚高蒿豪遨_{效开一}，_[合]该开哀_{蟹开一}灰回_{蟹合一}；来_{蟹开一}＝雷_{蟹合一}＝劳_{效开一}、猜_{蟹开一}＝催_{蟹合一}＝操_{效开一}。部分开口字与效摄三四等字合流为佳部。例见下"(6) 效摄-2)"。

端组、见系声母开口字有读合口韵类的。例如：［开］_[合]胎_{蟹开一}≠_[开]滔_{效开一}、_[合]该_{蟹开一}≠_[开]高_{效开一}。

3) 二等字与效摄三四等字合流为佳部（三个韵类），其中开口字读开口洪音韵类，合口字读合口韵类。同北本、夏本、俞本，例见北本。

4) 三四等字大部分与假摄三等字归并为规部（三个韵类）。例见前"(2) 假摄"。同北本，例见北本。

少部分字（唇音字）归入欺部，与止摄开口（三等）字同韵。同北本，例见北本。

(5) 止摄

1) 开口（三等）精组和知、庄、章组声母字以及日母字分流，为兹〔知〕部（一个韵类）。例如：［兹］资雌慈思词知痴迟辎师支齿诗时而_{止开三}。

2) 其余开口帮组、见系声母字和合口非组声母字与遇摄三等（合口）精组声母字合流为欺部（一个韵类）。例见前"(3) 遇摄—3)"。

3) 非组以外声母合口字与遇摄三等知组、章组声母字和日母字合流为虚部。例见前"(3) 遇摄—2)"。

（6）效摄

1）一等、二等、三四等韵三分对立。同北本、夏本、俞本，例见北本。

2）一等字与蟹摄一等字合流为开部（两个韵类），读开口洪音韵类。例见前"（4）蟹摄"。

3）二等字分流为交部。同城本、北本，例见北本。

4）三四等字与蟹摄二等字合流为佳部（三个韵类），知、章组声母字读开口洪音，其余字读开口细音韵类。同北本、夏本、俞本，例见北本。

（7）流摄

1）流摄字自为忧部（两个韵类）。同城本、夏本，例见城本。

2）一、三等字同韵，韵类按声母分化。非见系声母字读洪音韵类，见系声母字读细音韵类。同城本、夏本，例见城本。

2.《乡音字汇》（汪本）阳声韵的特点

（1）咸摄和山摄

1）咸、山两摄合流。

2）两摄二等字和合口三等非组声母字，咸摄一等字、山摄一等见系以外声母字合流为番部（一个韵类），一等、二等同韵，开口、合口同韵。山摄一等见系声母字、一二等合口字合流为安部。同北本、俞本，例见北本。

3）两摄开口三、四等字和山摄合口三、四等非组以外声母字合流为先部（两个韵类），分别读开口韵类、合口韵类。同北本、夏本、俞本，例见北本。

（2）深摄和臻摄

1）深、臻两摄基本上合流为真部（三个韵类）。

2）两摄三等开口见系声母字以及日母字读开口细音韵类，见系及日母以外声母字读开口洪音韵类。同城本、汪本、夏本、俞本，例见城本。

3）臻摄合口三等章组和见系声母字以及日母字读合口韵类。例如：[真][合]春君云 臻合三。

4）臻摄一等和三等非组、端组、精组和泥母合口字与通摄字合流为东部（三个韵类），读开口洪音韵类。例如：[东][开洪]吞 臻合一 门分敦论村 臻合三；敦 臻合一=东 通合一、分 臻合三=丰 通合三。

臻摄一等开口（见系）部分字并入东部，读合口韵类。例如：[东][合]根痕恩 臻合一 坤昏温 臻合三；跟 臻开一=≠[东 开洪]公 通合一。

（3）宕摄和江摄

1）宕、江两摄合流为江部（三个韵类）。

2）宕摄开口一等字、合口三等非组声母字和江摄（二等）大部分字读开口洪音韵类。同城本、北本、夏本、俞本，例见城本。

3）宕摄开口三等泥组、见系声母字和日母字读开口细音韵类。知组、庄组、章组声母字读开口洪音韵类。精组声母字读开口细音韵类。同城本、北本、夏本、俞本，例见城本。

4）宕摄合口字（一、三等）见系声母字读合口韵类。个别合口三等字读开口细音韵类。同城本、北本、夏本、俞本，例见城本。

（4）曾摄和梗摄

1）曾、梗两摄字合流为京〔生〕部（三个韵类）。

2）曾摄一等、梗摄二等开口字读开口洪音韵类。同城本、汪本、夏本、俞本，例见城本。

3）曾摄三等、梗摄三四等字见系以外声母字读开口洪音韵类。同城本、北本、夏本、俞本，例见城本。

4）曾摄三等、梗摄三四等字见系声母字读开口细音韵类。同城本、北本、夏本、俞本，例见城本。

5）两摄合口字基本上读合口韵类，个别的读开口细音韵类。同城本、北本、夏本、俞本，例见城本。

（5）通摄

1）通摄字与臻摄部分字（臻摄一等和三等非组、端组、精组和泥母合口字，臻摄一等开口见系声母部分字）合流为东部（三个韵类）。

2）通摄一等字和三等非组、精组、知组、庄组、章组字，与臻摄一等和三等非组、端组、精组和泥母合口字合流，读东部洪音韵类。例如：［东］蓬东聋棕公红翁 通合一—风从重终 通合三｜吞 臻合—门分敦论村 臻合三；敦 臻合—＝东 通合一、分 臻合三＝丰 通合三。

3）通摄三等泥母字和见系声母字读弓类韵（细音），构成与一等韵的对立。同城本、北本、夏本、俞本，例见城本。

3.《乡音字汇》（汪本）入声韵的特点

（1）咸摄和山摄

1）咸、山两摄入声字合流，并入阴声韵。

2）两摄入声开口一、二等字和合口三等非组字，山摄合口一、二等字，归入家〔歌〕部达韵，与果摄一等字、假摄二等字同韵。同城本、北本、夏本、俞本，例见城本。

3）两摄入声三、四等字（合口三等非组字除外）归入规部月韵（三个韵类），读开口洪音韵类、开口细音韵类、合口韵类，与假摄三等字、蟹摄三四等字同韵。同北本、夏本、俞本，例见北本。

（2）深摄和臻摄

1）深、臻两摄入声字合流，并入阴声韵。

2）两摄入声三等知、庄、章组声母字归入兹〔知〕部自韵（一个韵类），与止摄三等字同韵。例如：［知入］蛰涩执深开三入｜侄虱质臻开三入；十深开三入失臻开三入＝士止开三。同俞本。

其余帮组、泥组、精组、见系声母和日母字归入欺部利韵（一个韵类），与止摄三等字同韵。例如：［欺入］立集入急吸揖深开三入｜笔栗七日吉一臻开三入；立深开三入栗臻开三入＝利止开三=泪止合三。同俞本。

3）臻摄入声合口一、三等字归入开部或韵（两个韵类），读开口韵类、合口韵类，与蟹摄一等字同韵。例如：［开入］[开]勃没突卒臻合一入律戌出述［合]骨窟忽臻合一入；没臻合一入=妹蟹合一、忽臻合一入=害蟹开一=会蟹合一。同城本、北本、夏本、俞本，例见北本。

（3）宕摄和江摄

1）宕、江两摄入声字合流，并入阴声韵。

2）两摄入声字归入交部若韵（三个韵类），分别读开口洪音、开口细音、合口音，与效摄二等、三等字同韵。同城本、俞本，例见城本。

（4）曾摄和梗摄

1）曾、梗两摄入声字合流，并入阴声韵。

2）两摄入声字主要归入佳部铫韵（三个韵类），分别读开口洪音、开口细音，与效摄三四等、蟹摄二等字同韵。同北本、夏本、俞本，例见北本。

3）曾摄入声合口一等见系声母字归入开部或韵，与蟹摄一等字同韵。同城本、北本、夏本、俞本，例见城本。

曾摄入声开口三等知组、章组声母字归入兹［知］部自韵。同北本，例见北本。

（5）通摄

1）一等字和三等非组、知庄章组声母字归入疏〔疎〕部助韵（一个韵类），与遇摄一等字和三等非组、庄组声母字同韵。同城本、北本、夏本、俞本，例见城本。

2）三等精组、见系声母和来母字、日母字归入忧部右韵（两个韵类），读开口洪音韵类、开口细音韵类，与流摄字同韵。［忧入][开洪]六足通合三入，[开细]肉菊畜育通合三入；六通合三入=漏流三、俗通合三入=就流开三、浴通合三入=右流开三。同夏本。

（四）《乡音字汇》（夏本）韵母系统的特点

1.《乡音字汇》（夏本）阴声韵的特点

（1）果摄

1）一等字与蟹摄一等字合流为开部（两个韵类），读开口韵类、合口韵类。例如：［开］[开]多拖搓歌和鹅果开—梭科禾讹果合—｜猜腮哀蟹开—催堆蟹合一、[合]戈窝果合—｜该开哀蟹开—堆灰蟹合一；拖果开—=胎蟹开—推蟹合一、科果合—=开蟹开一、磨果合一=

梅₍蟹合一₎、梭₍果合一₎＝腮₍蟹开一₎。

少数合口一等去声字归入疏部，读与遇摄（合口）一等字同韵。同城本，例见城本。

2）三等字与假摄三等（开口）字、蟹摄三四等字、止摄合口（三等）字合流为规部（三个韵类）。例见下"（4）蟹摄—3）"。同北本、汪本、俞本，例见北本。

（2）假摄

1）二等字分流为家〔嘉〕部（一个韵类），开口、合口同读韵类。例如：[家]巴茶沙家牙虾鸦₍假开二₎瓜瓦花洼₍假合二₎；家₍开二₎＝瓜₍合二₎、虾₍开二₎＝花₍合二₎。

2）三等字与果摄三等字、蟹摄三四等字、止摄合口（三等）字合流为规部（三个韵类），读开口洪音韵类和开口细音韵类。例见下"（4）蟹摄—3）"。

（3）遇摄

1）一等字和三等非组、庄组声母字分流为疏部。同城本、北本、汪本、俞本，例见城本。

2）三等非组、庄组以外声母字与蟹摄合口三、四等字和止摄合口（三等）非组以外声母字合流为虚部。同北本，例见北本。

（4）蟹摄

1）一、二等韵对立。同城本、北本、汪本、俞本，例见城本。

2）一等字与果摄一等字合流为开部（两个韵类），读开口韵类和合口韵类。例见前"（1）果摄—1）"。

2）二等开口字与效摄三、四等字合流为佳部（三个韵类），读开口洪音韵类。同北本、汪本、俞本，例见北本。

合口字并入忧部，与少数假摄合口二等字合流，读合口韵类。例见下"（7）流摄—1）"。

3）三、四等字与假摄、果摄、止摄三等字合流为规部（三个韵类）。例如：[规]₍开洪₎借妻西遮₍蟹开三₎箆批低泥₍蟹开四₎｜爹₍假开三₎，₍开细₎鸡兮倪₍蟹开四₎｜茄₍果开三₎瘸₍果合三₎｜奢爷₍假开三₎｜亏₍止合三₎，₍合₎圭慧₍蟹合四₎｜靴₍果合三₎｜规窥₍止合三₎。同俞本。

开口四等帮组、合口三等非组有部分字归入欺〔知〕部。例如：[欺]闭迷₍蟹开四₎废肺₍蟹合三₎。

（5）止摄

1）开口（三等）精组声母字分流为兹部。同城本，例见城本。

2）日母字分流自为而部，例如：[而]而儿陑柟胹。

3）其余开口字和合口（三等）非组声母字与蟹摄开口三、四等字合流为欺〔知〕部，同城本，例见城本。

4）合口（三等）非组以外声母字与遇摄三等字、蟹摄合口三四等字合流为虚部。同北本，例见北本。

合口（三等）见系声母字有"规亏"少数字归入规部。例见前"（4）蟹摄—3）"。

（6）效摄

1）一等、二等、三四等韵三分对立。同北本、汪本、俞本，例见北本。

2）一等字与流摄字及少数蟹摄二等字合流为忧部（两个韵类），读开口洪音韵类。例如：[忧]褒袍毛滔刀牢遭曹高豪翱效开一｜翱效开一；桃效开一=头流开一，豪效开一=孩蟹开二。

3）二等字分流为交部。同城本、北本、汪本、夏本，例见城本。

4）三、四等字与蟹摄二等字合流为佳〔皆〕部（三个韵类），知、章组声母字读开口洪音，其余字读开口细音韵类。同北本、汪本、俞本，例见北本。

（7）流摄

1）流摄字与效摄一等字以及少数蟹摄一二等字、假摄二等合口字合流为忧部（三个韵类）。例如：[忧][开洪]偷楼走流开一彪谋流修抽愁周流开三｜褒袍毛滔刀牢遭曹高豪翱效开一｜孩蟹开二，[开细]勾猴瓯流开一柔丘牛休忧流开三；[合]华假合二｜槐快怪蟹合二；桃效开一=头流开一，豪效开一=孩蟹开一。

2）一、三等字同韵，韵类按声母分化。非见系声母字读洪音韵类，见系声母字读细音韵类。同城本、汪本，例见城本。

2.《乡音字汇》（夏本）阳声韵的特点

（1）咸摄和山摄

1）咸、山两摄合流。

2）两摄开口一、二等字，合口三等非组声母字以及山摄合口一、二等字，合流为番部（一个韵类）。一等、二等同韵，开口、合口同韵。例如：[番]耽南三甘含庵咸开一衫监咸咸开二凡咸合三｜丹兰餐肝寒安山开一山艰闲晏山开二搬端乱酸官欢碗山合一关还弯山合二番咸合三；三咸开一=酸山合一、肝山开一=官山合一。

3）两摄开口三、四等字和山摄合口三、四等非组以外声母字合流为先部（两个韵类），分别读开口韵类、合口韵类。同北本、汪本、俞本，例见北本。

（2）深摄和臻摄

1）深、臻两摄合流为真部（三个韵类）。

2）两摄三等开口见系声母字以及日母字读开口细音韵类，见系及日母以外声母字读开口洪音韵类。同城本、北本、汪本、俞本，例见城本。

3）臻摄合口一、三等见系声母字以及日母字读合口韵类，开口一等见系声母字有部分也读合口韵类。臻摄合口一、三等见系及日母以外声母字读开口洪音韵类。同城本、北本，例见城本。

(3) 宕摄和江摄

1) 宕、江两摄合流为江部（三个韵类）。

2) 宕摄开口一等字、合口三等非组声母字和江摄（二等）大部分字读开口洪音韵类。同城本、北本、汪本、俞本，例见城本。

3) 宕摄开口三等泥组、见系声母字和日母字读开口细音韵类。知组、庄组、章组声母字读开口洪音韵类。精组声母字读开口细音韵类。同城本、北本、汪本、俞本，例见城本。

4) 宕摄合口字（一、三等）见系声母字读合口韵类。个别合口三等字读开口细音韵类。同城本、北本、汪本、俞本，例见城本。

(4) 曾摄和梗摄

1) 曾、梗两摄字合流为京〔生〕部（三个韵类）。

2) 曾摄一等、梗摄二等开口字读开口洪音韵类。同城本、北本、汪本、俞本，例见城本。

3) 曾摄三等、梗摄三四等字见系以外声母字读开口洪音韵类。同城本、北本、汪本、俞本，例见城本。

4) 曾摄三等、梗摄三四等字见系声母字读开口细音韵类。同城本、北本、汪本、俞本，例见城本。

5) 两摄合口字基本上读合口韵类，个别的读开口细音韵类。同城本、北本、汪本、俞本，例见城本。

(5) 通摄

1) 通摄字自为东部（两个韵类）。

2) 一等字读洪音韵类。同城本、北本，例见城本。

3) 三等非组、精组、知组、庄组、章组字读洪音韵类。同城本、北本，例见城本。

4) 三等泥母字和见系声母字读细音韵类，构成与一等韵的对立。同城本、北本，例见城本。

3. 《乡音字汇》（夏本）入声韵的特点

(1) 咸摄和山摄

1) 咸、山两摄入声字合流，并入阴声韵。

2) 两摄入声开口一、二等字（咸摄开口一等见系声母字除外）和合口三等非组字，山摄合口一、二等字，归入家〔嘉〕部发韵，与果摄一等字、假摄二等字同韵。同城本、北本、汪本、俞本，例见城本。

3) 两摄入声三、四等字（合口三等非组字除外）归入规部谢韵（三个韵类），读开口洪音韵类、开口细音韵类、合口韵类，与假摄三等字、蟹摄三四等字同韵。同北本、汪本、俞本，例见北本。

4）咸摄开口一等见系声母字归入交部合韵，与效摄一等字同韵。例如：[交入]鸽磕合盒咸开一入；合咸开一入＝号效开一。同俞本。

（2）深摄和臻摄

1）深、臻两摄入声字合流，并入阴声韵。

2）两摄入声三等开口字主要归入忧部佑韵（三个韵类），读开口洪音韵类、开口细音韵类，与流摄字同韵。同城本，例见城本。

3）臻摄入声合口一、三等字归入开部代韵（两个韵类），与蟹摄合口一等字同韵。同城本、北本、汪本、夏本、俞本，例见城本。

4）少数三等开口字（庄组）归入兹部自韵（一个韵类），与止摄开口（三等）字同韵。例如：[兹入]涩深开三入虱臻开三入＝士止开三。

（3）宕摄和江摄

1）宕、江两摄入声字合流，并入阴声韵。

2）两摄入声字与通摄入声字合流归入交部谷韵，分别读开口洪音、开口细音、合口音，与效摄二等、三等字同韵。例如：[交入][开洪]博托落作索各鹤恶宕开一—霍宕合一—｜雹镯捉觉江开二—督鹿速谷通合—福轴通合三，[开细]略却雀虐药宕开一—｜肉通合三，[合]郭宕合三；寞宕开一入＝木通合一入＝貌效开二去，霍宕合一入＝学江开二入＝校效开二、药宕开三入＝肉通合三入＝耀效开三去。

3）宕摄开口三等个别字归入忧部佑韵，与深摄、通摄三等入声字同韵。例如：[忧入]脚宕开三入＝急深开三入＝菊通合三入。

（4）曾摄和梗摄

1）曾、梗两摄入声字合流，并入阴声韵。

2）两摄入声字主要归入佳部昔韵（三个韵类），与效摄三四等、蟹摄二等字同韵。同北本、汪本、俞本，例见北本。

3）曾摄入声合口一等见系声母字归入开部代韵，与臻摄入声合口一等字和蟹摄一等字同韵。例如：[开入]国曾合一入＝骨臻合一入，或曾合一入＝害蟹开一。

（5）通摄

1）通摄入声字并入阴声韵。

2）一等字和三等非组、知庄章组声母字与宕摄、江摄入声字合流为交部谷韵（三个韵类），读开口洪音，与遇摄一等字、效摄二等字同韵。例如：[疏入]毒通合一入＝度遇合一、伏通合三入＝附遇合三；鹿通合一入＝闹效开二、伏通合三入＝附遇合三。参见前"（3）宕摄和江摄—2）"。

3）三等精组、见系声母字和来母字、日母字归入忧部佑韵（两个韵类），读洪音韵类、细音韵类，与流摄字同韵。同汪本，例见汪本。

（五）《乡音字汇》（俞本）韵母系统的特点

1.《乡音字汇》（俞本）阴声韵的特点

（1）果摄

1）一等字与假摄二等字合流为家〔歌〕部（一个韵类）。同城本、北本、汪本，例见城本。

2）三等字与假摄三等（开口）字、蟹摄三四等字、止摄合口（三等）字合流为规部（三个韵类）。同北本、汪本、夏本，例见北本。

（2）假摄

1）二等字分流与果摄一等字合流为家〔歌〕部。同城本、北本、汪本，例见城本。

2）三等字与果摄三等字、蟹摄三四等字、止摄合口（三等）字合流为规部（三个韵类）。同北本、汪本、夏本，例见北本。

（3）遇摄

1）一等字和三等非组、庄组声母字分流为疏部。同城本、北本、汪本、夏本，例见城本。

2）三等知章组、见系声母字和日母字与止摄（三等）合口字合流为虚部。同汪本，例见汪本。

三等精组字分流，归入欺部，与止摄合口（三等）字同韵。同汪本，例见汪本。

（4）蟹摄

1）一、二等韵对立。同城本、北本、汪本、夏本，例见城本。

2）一等字开口、合口同韵，与流摄字合流为开部（三个韵类）。例如：［开］[开洪]胎来才蟹开─杯堆雷蟹合─｜偷楼走流开─邹秋修周收流开三，［开细]勾藕猴瓯流开─柔丘牛休由流开三，[合]该开哀蟹开─灰蟹开合─；胎蟹开─推蟹合─=偷流开一、宰蟹开─=走流开酒流开三、煤蟹合─=谋流开─。

3）二等字与效摄三、四等字合流为佳〔皆〕部（三个韵类）。其中开口字（以及个别一等开口字）读开口洪音韵类。同北本、汪本、夏本，例见北本。

合口字读合口韵类，与少数假摄合口二等字同韵。同北本、汪本，例见北本。

4）三、四等字与果摄、假摄、止摄三等字合流为规部（三个韵类）。同夏本，例见夏本。

（5）止摄

1）开口（三等）精组声母字分流为兹部。同城本，例见城本。

日母字分流为而部。例如：[而]而儿陑柄胹止开三。同夏本，例见夏本。

其余开口字和合口非组、精组声母字与遇摄三等（合口）精组声母字合流为欺〔希〕部（两个韵类）。例如：〔欺〔希〕〕[开]批离欺宜希衣止开三非微虽止合三｜蛆须遇合三，[合]归辉威止合三；虽止合三=须遇合三。

2）合口（三等）非组、精组以外声母字与遇摄三等（合口）字合流为虚部（一个韵类）。同汪本，例见汪本。

（6）效摄

1）一等、二等、三四等韵三分对立。同北本、汪本、夏本，例见北本。

2）一等字与少数蟹摄一等字合流为高〔滔〕部（一个韵类）。同北本，例见北本。

3）二等字分流为交部（一个韵类）。同城本、北本、夏本、俞本，例见城本。

4）三、四等字与蟹摄二等字合流为佳〔皆〕部（三个韵类），知、章组声母字读开口洪音，其余字读开口细音韵类。例如：〔皆〕[开洪]朝招超烧效开三，[开细]标苗燎焦饶娇嚣妖效开三刁辽箫浇晓杳效开四。同北本、汪本、夏本，例见北本。

（7）流摄

1）流摄字与蟹摄一等字合流为开部（三个韵类），读开口洪音韵类、开口细音韵类。例见前"（4）蟹摄—2)"。

2）一、三等韵合流，韵类按声母分化。非见系声母字读开口洪音韵类，见系声母字读开口细音韵类。同城本、北本、汪本、夏本，例见城本。

2.《乡音字汇》（俞本）阳声韵的特点

（1）咸摄和山摄

1）咸、山两摄部分合流。

2）两摄二等字和合口三等非组声母字，咸摄一等字、山摄一等见系以外声母字合流为番部（一个韵类），一等、二等同韵，开口、合口同韵。山摄一等见系声母字、一二等合口字合流为安部。同北本、汪本，例见北本。

3）两摄开口三、四等字和山摄合口三、四等非组以外声母字合流为先部（两个韵类），分别读开口、合口韵类。同北本、汪本、夏本，例见北本。

（2）深摄和臻摄

1）深、臻两摄合流为真〔津〕部（三个韵类）。

2）两摄三等开口字中，见系声母字以及日母字读开口细音韵类，见系及日母以外声母字归读开口洪音韵类，合口字读合口韵类。同城本、北本、汪本、夏本，例见城本。

3）臻摄一等字和三等非组字分流为温部（两个韵类），咸摄开口一等见系声母字部分并入。例如：[温]吞根恩/痕臻开一奔敦倫尊温臻合一；甘柑泔敢感咸开一。

4）温部见系声母字有开口、合口对立。例如：[温][开]甘柑≠[合]根跟。读合口韵类的有臻摄合口一等和三等非组字，也有开口一等（见系声母）字。例如：[温[合]]荀坤昏魂温臻合一焚文臻合三根臻开一

（3）宕摄和江摄

1）宕、江两摄合流为江部（三个韵类）。

2）宕摄开口一等字、合口三等非组声母字和江摄（二等）大部分字读开口洪音韵类。同城本、北本、汪本、夏本，例见城本。

3）宕摄开口三等泥组、见系声母字和日母字读开口细音韵类。知组、庄组、章组声母字读开口洪音韵类。精组声母字读开口细音韵类。同城本、北本、汪本、夏本，例见城本。

4）宕摄合口字（一、三等）见系声母字读合口韵类。个别合口三等字读开口细音韵类。同城本、北本、汪本、夏本，例见城本。

（4）曾摄和梗摄

1）曾、梗两摄字合流为京〔生〕部（三个韵类）。

2）曾摄一等、梗摄二等开口字读开口洪音韵类。同城本、北本、汪本、夏本，例见城本。

3）曾摄三等、梗摄三四等见系以外声母字读开口洪音韵类。同城本、北本、汪本、夏本，例见城本。

4）曾摄三等、梗摄三四等见系声母字读开口细音韵类。同城本、北本、汪本、夏本，例见城本。

5）两摄合口字基本上读合口韵类，个别的读开口细音韵类。同城本、北本、汪本、夏本，例见城本。

（5）通摄

1）通摄字为主体构成东部（三个韵类）。

2）一等字和三等非组、精组、知组、庄组、章组字读洪音韵类。同城本、北本、汪本、夏本，例见城本。

3）三等泥母字和见系声母字读弓类韵（细音），构成与一等韵的对立。同城本、北本、汪本、夏本，例见城本。

4）臻摄、曾摄有个别合口一等字归并入东部，读合口韵类。例如：[东][合]盆溢盾趸喷臻开一鹏曾开一。

3.《乡音字汇》（俞本）入声韵的特点

（1）咸摄和山摄

1）咸、山两摄入声字合流，并入阴声韵。

2）两摄入声开口一、二等字（咸摄开口一等见系声母字除外）和合口

三等非组字，山摄入声合口一二等字，归入家〔歌〕部达韵（一个韵类），与果摄一等字、假摄二等字同韵。同城本、北本、汪本、夏本，例见城本。

3）两摄入声三、四等字（合口三等非组字除外）归入规部月韵（三个韵类），读开口洪音韵类、开口细音韵类、合口韵类，与假摄三等字、蟹摄三四等字同韵。同北本、汪本、夏本，例见北本。

4）咸摄入声开口一等见系声母字归入开部弗韵，与效摄一等字同韵。同夏本，例见夏本。

（2）深摄和臻摄

1）深、臻两摄入声字合流，并入阴声韵。

2）两摄入声三等字与止摄三等字同韵。其中知组、庄组、章组声母字归入兹部自韵（一个韵类），其余帮组、泥组、精组、见系声母字和日母字归入欺〔希〕部（一个韵类）。同汪本，例见汪本。

3）臻摄入声一、三等合口字归入开部弗韵（三个韵类），读开口洪音韵类、合口韵类，与蟹摄一等字、流摄三等字同韵。例如：[开入][开洪]不突猝骨忽[开入合]律戍术率出倔；突臻合一入=袋蟹开一、忽臻合一入=汇蟹合一、猝臻合一入=就流开三。

（3）宕摄和江摄

1）宕、江两摄入声字合流，并入阴声韵。

2）两摄入声字归入交部角韵（两个韵类），与效摄二、三等字同韵。同城本、汪本，例见城本。

（4）曾摄和梗摄

1）曾、梗两摄入声字合流，并入阴声韵。

2）两摄入声字主要归入佳〔皆〕部百韵（三个韵类），与效摄三等、蟹摄二等字同韵。例如：[佳〔皆〕入开]北得勒贼曾开一入逼力息色曾开三入｜百格赫梗二入壁敌历积尺梗开三四入[佳〔皆〕入细]极翼曾开三入｜吃益梗开三四入；刻曾开一入极曾开三入=轿效开三；白梗开二入=败蟹开二、获梗合二入=坏蟹合二。同北本、汪本、夏本，例见北本。

2）曾摄入声合口一等见系声母字归入开部弗韵，与蟹摄一等字同韵，例如：[开入]国或，或曾合一入=害蟹开一。同城本、北本、汪本。

（5）通摄

1）通摄入声字并入阴声韵。

2）一等字和三等非组、知庄章组声母字等归入疏〔疎〕部读韵（一个韵类），与遇摄一等字和三等非组、庄组声母字同韵。同城、北本、汪本、夏本，例见城本。

3）三等精组、见系声母和来母字、日母字归入开部弗韵（三个韵类），读开口洪音、开口细音，与流摄字同韵。同北本，例见北本。

三　五种韵书韵母系统的比较

（一）五种韵书阴声韵的比较

1. 阴声韵韵部和韵部构成的对应

（1）阴声韵韵部的对应

五种韵书阴声韵的韵部如下：

城本 11 部：兹、欺〔知〕、疏〔疎〕、朱〔规〕、遮、开、靴、忧、家、高、交

北本 10 部：兹、欺〔知〕、疏〔姑〕、朱、圭、开、佳〔皆〕、家〔加〕、高、交

汪本 10 部：兹〔知〕、欺、疏、朱〔虚〕、规1、开、佳、忧、家〔歌〕、交

夏本 11 部：兹、而、欺〔知〕、疏〔疎〕、朱〔虚〕、规、开、佳、忧、家〔嘉〕、交

俞本 11 部：兹、而、欺〔希〕、疏〔疎〕、朱〔虚〕、规、开、佳〔皆〕、家〔歌〕、高〔滔〕、交

五种韵书的阴声韵部大致对应见以下表 9-2-1：

表 9-2-1　　　　　　　　五种韵书阴声韵部对应表

韵书	阴声韵部										
城本	疏	朱	遮	靴	兹	欺	家	开	忧	高	交
北本	疏	朱	规		兹	欺	家	开		高	佳	交
汪本	疏	朱	规		兹	欺	家	开	忧	佳	交
夏本	疏	朱	规	而	兹	欺	家	开 || 忧	佳	交
俞本	疏	朱	规	而	兹	欺	家	开 || 高	佳	交

（2）阴声韵韵部构成的对应

韵部构成是指方言韵书中韵部包括哪些中古音系的音类。婺源方言韵书的阴声韵来源于中古音系的阴声韵和入声韵。古入声韵的演变是汉语方言特点的一个重要观察点，以下考察方言韵书的阴声韵只讨论来源于中古阴声韵的一类，来源于古入声韵的另外单独考察。

五种韵书阴声韵韵部构成（不包括中古入声韵）的基本情况见下页表 9-2-2：

表 9-2-2 五种韵书阴声韵部构成对应表

中古音 摄	呼、等、声母	例字	方言韵书 城本	北本	汪本	夏本	俞本
果	开口一等	歌	家	家〔加〕	家〔家〕	开 家〔嘉〕	家〔歌〕
果	合口一等	婆	家	家〔加〕	家〔家〕	开 家〔嘉〕	家〔歌〕
假	开口二等	加	家	家〔加〕	家〔家〕	开 家〔嘉〕	家〔歌〕
假	合口二等	瓜	家	家〔加〕	家〔家〕	开 家〔嘉〕	家〔歌〕
遇	合口一等	铺	疏〔疎〕	疏〔疎〕	疏	疏	疏
遇	合口三等非组	夫	疏〔疎〕	疏〔疎〕	疏	疏	疏
遇	合口三等庄组	初	疏〔疎〕	疏〔疎〕	疏	疏	疏
果	合口一等（少数）	过	—	—	—	—	—
遇	合口三等泥组	女	朱〔规〕	朱	朱〔虚〕	朱〔虚〕	朱〔虚〕
遇	合口三等精组	蛆	朱〔规〕	朱	朱〔虚〕	朱〔虚〕	朱〔虚〕
遇	合口三等知、章组	猪诸	朱〔规〕	朱	朱〔虚〕	朱〔虚〕	朱〔虚〕
遇	合口三等见系、日母	居如	朱〔规〕	朱	朱〔虚〕	朱〔虚〕	朱〔虚〕
止	合口三等知章组	追水	朱〔规〕	朱	朱〔虚〕	朱〔虚〕	朱〔虚〕
止	合口三等精组	随	—	—	—	—	—
止	合口三等见系	规	规	规	规	规	规
蟹	合口三（非组外）、四等	岁闰	规	规	规	规	规
蟹	开口三、四等	世低	—	规	规	规	规
假	开口三等	车	遮	规	规	规	规
果	开口三等	茄	遮	规	规	规	规
果	合口三等	靴	靴	规	规	规	规
蟹	开口一等精组（少数）	猜	靴	—	—	—	—
止	开口三等日母	儿	兹	兹	兹	而 兹	而 兹
止	开口三等精组	资	兹	兹	兹	兹	兹
止	开口三等知、庄、章组	知师诗	欺〔知〕	欺〔知〕	欺	欺〔知〕	欺〔希〕
止	开口三等泥组、见系	离基	欺〔知〕	欺〔知〕	欺	欺〔知〕	欺〔希〕
止	合口三等非组	飞	欺〔知〕	欺〔知〕	欺	欺〔知〕	欺〔希〕
止	合口三等泥组	泪	—	欺〔知〕	欺	欺〔知〕	欺〔希〕
止	合口三等精组	虽	—	—	—	—	—

续表

摄	中古音 呼、等、声母	例字	方言韵书 城本	北本	汪本	夏本	俞本
遇	合口三等泥组	女	—				—
	合口三等精组	须	—				—
	合口三等泥组	女	—				—
	合口三等精组	须	—				—
蟹	开口三、四等	世低	欺〔知〕			欺	
	合口三等非组	废					
蟹	开口一等	胎	开	开	开	开	开
	合口一等	推					
果	开口一等见组（少数）	鹅		—	—	—	—
止	合口三等泥组	泪	忧	—			
流	开口一等	头		开	忧	忧	开
	开口三等	牛					
假	合口二等匣母	华	高	开	—	—	—
蟹	开口一等（少数）	孩		高	—	忧	高〔滔〕
效	开口一等	刀			开		
	开口三、四等	招苗					
蟹	开口二等	佳	佳〔皆〕	佳	佳	佳	佳〔皆〕
	合口二等	怀				忧	
	开口一等	猜	—	—		开	开
效	开口二等	交	交	交	交	交	交

2. 阴声韵韵部和韵部构成的特点

五种韵书阴声韵韵部和韵部构成有以下特点：

（1）从所设韵部看，疏、朱、兹、欺、家、开、交7部为五种韵书共有。

（2）五种韵书疏部、交部基本一致。疏部主要包括遇摄（合口）一等字、三等非组字和庄组字；交部主要包括效摄（开口）二等字。

（3）北本、汪本、夏本、俞本中的朱、规、佳3部基本一致。

四种韵书中的朱部主要包括遇摄（合口）三等知章组和见系声母字以及日母字，止摄合口（三等）知章组和见系声母字。城本中的朱部相比多了合口三等精组、见系声母和蟹摄三四等字。

四种韵书中的规部主要包括假摄开口三等字、果摄开合口三等字、蟹摄三四等开口字和部分合口字。这些字在城本中分为遮（果摄、假摄开口三等字）、靴（果摄合口三等字）两部。

四种韵书中的佳部主要包括效摄（开口）三四等字、蟹摄开口二等字。这些字在城本中归于高部。

（4）城本、北本、汪本、俞本中的家部基本一致，主要包括果摄开合口一等字和假摄开合口二等字。夏本中的家部只包括假摄开合口二等字，果摄开合口一等字归于开部。

（5）兹、欺两部城本、夏本、俞本基本一致，北本、汪本基本一致。城本、夏本、俞本中的兹部主要包括止摄开口（三等）精组声母字，欺部主要包括止摄开口（三等）知庄章声母字和日母字；北本、汪本与之相比，开口三等知庄章组声母字不归欺部而归于兹部，且兹部还包括止摄开口（三等）日母字；止摄开口（三等）日母字在夏本、俞本中另设而部，在城本中则归于靴部。

（6）五种韵书都有开部，城本、汪本基本一致，北本、俞本基本一致。城本、汪本开部主要包括蟹摄（开合口）一等字，北本、俞本另再包括流摄（开口一三等）字。流摄（开口一三等）字在城本、汪本中另设为忧部。夏本中的开部则还包括果摄（开合口）一等字。

（7）城本、北本、俞本有高部。其中北本、俞本基本一致，主要包括效摄（开口）一等字。这些字在夏本中归于忧部。城本的高部则还包括城本以外四种韵书中归于佳部的效摄（开口）三四等字和蟹摄开口二等字。

（二）五种韵书阳声韵的比较

1. 阳声韵韵部和韵部构成的对应

（1）阳声韵韵部的对应

五种韵书阳声韵的韵部如下：

城本 8 部：番〔丹〕、安〔庵〕、先、冤、真；江、京〔经〕、东
北本 7 部：番、安、先、真；江、京〔生〕、东
汪本 7 部：番、安、先〔天〕、真〔亲〕；江、京、东
夏本 6 部：番、先、真；江、京、东
俞本 8 部：番〔山〕、安、先、真〔津〕、温；江、京、东

五种韵书的阳声韵部大致对应见以下表 9-2-3：

表 9-2-3 　　　　　　　　五种韵书阳声韵部对应表

韵书	阳声韵部							
城本	番〔丹〕	安〔庵〕	先	冤	真	东	江	京〔经〕
北本	番	安	先		真	东	江	京〔生〕
汪本	番	安	先〔天〕		真〔亲〕	东	江	京
夏本	番			先	真	东	江	京
俞本	番〔山〕	安	先	真〔津〕	东	东	江	京

（2）阳声韵韵部构成的对应

五种韵书阳声韵韵部构成的基本情况见以下表 9-2-4：

表 9-2-4　　　　　　　五种韵书阳声韵部构成对应表

摄	呼、等、声母	例字	城本	北本	汪本	夏本	俞本
咸	开口一、二等见系外声母字	担衫	番	—	—	—	—
	开口一、二等见系声母字	暗监	—				
	合口三等非组字	帆凡		番	番		番
山	开口一等见系以外字	单餐	番〔丹〕			番	〔山〕
	开口二等字	班间					
	合口三等非组字	翻万					
咸	开口一、二等见系声母字	甘咸	安〔庵〕	—	—		—
	开口二等见系声母字	间闲					
山	开口一等见系声母字	肝安	—	安	安		安
	合口一、二等字	酸关	—				
咸	开口三、四等	尖甜	先	先	先〔天〕	先	先
	开口三、四等	煎边					
山	合口三（非组以外）、四等	全渊	冤				
深	开口三等	心金	真	真	真〔亲〕	真	真〔津〕
	开口三等	新斤					
臻	合口三等非组以外	村军					
	开口、合口一等	跟敦			东		温
	合口三等非组	分					东
咸	开口一、二等见系声母字	甘	—	—	—	—	
通	合口一等	东葱	东	东	东	东	东
	合口三等	风宫					
宕	开口一、三等	帮姜	江	江	江	江	江
	合口一、三等	光王					
江	开口二等	窗江					
曾	开口一、三等	灯应					
	合口一等	弘					
梗	开口二等	生耕	京〔经〕	京〔生〕	京〔生〕	京	京〔经〕
	开口三、四等	兵经					
	合口二等	横宏					
	合口三、四等	兄萤					

2. 阳声韵韵部和韵部构成的特点

五种韵书阳声韵韵部和韵部构成有以下特点：

（1）从所设韵部看，番、先、真、江、京〔生〕、东6部为五种韵书共有。

（2）五种韵书江部、京部基本一致。江部主要包括宕摄字，京部主要包括曾摄、梗摄字。

（3）五种韵书都有番部，但只有北本、汪本、俞本中的番部基本一致，主要包括咸摄（开口）一二等字、（合口）三等（非组声母）字，山摄开口一等见系以外声母字、开口二等字和合口三等非组声母字。夏本中的番部还包括山摄开口一等见系声母字、合口一二等字。这些字在北本、汪本、俞本中另设安部。

城本中也有安部，但所包括的只有咸、山摄开口二等见系声母字和咸摄开口一等见系声母字，与北部、汪本、俞本中的安部辖字有较大的不同。

（4）北本、汪本、夏本、俞本先部基本一致，包括咸摄、山摄开口三四等字和山摄合口四等字、合口三等非组以外声母字。城本中山摄合口四等字、合口三等非组以外声母字另设冤部。

（5）城本、北本、夏本真部基本一致，主要包括臻摄字。臻摄开合口一等字、合口三等非组声母字在俞本中另设温部，在汪本中则归于东部。

（6）城本、北本、夏本、俞本东部基本一致，主要包括通摄字。汪本中东部还包括臻摄开合口一等字、合口三等非组声母字。

（三）五种韵书古入声韵归并的比较

以下专门考察五种韵书古入声韵归入韵书阴声韵的情况。

1. 古入声韵归入韵书阴声韵的韵部

五种韵书有古入声韵并入的阴声韵部如下：

城本8部：疏〔疎〕、遮、开、靴、忧、家、高、交
北本7部：疏〔姑〕、欺、规〔圭〕、开、忧、佳〔皆〕、家〔加〕、交
汪本9部：兹〔知〕、欺、疏、规、开、忧、佳〔皆〕、家〔歌〕、交
夏本7部：兹、规、开、忧、家〔嘉〕、佳〔皆〕、交
俞本7部：疏〔疎〕、兹、欺、规、开、家〔歌〕、交

五种韵书古入声韵并入阴声韵韵部情况见下页表9-2-5。

古入声韵字归入韵书中阴声韵都读阳去调。表9-2-5中方言韵书韵部以两个字表示，前字为韵部名，后字为韵部中入声（实为阳去）韵的韵目。

表 9-2-5　　　　　　　五种韵书古入声韵归入阴声韵的对应表

摄	中古音		例字	方言韵书				
	呼、等、声母			城本	北本	汪本	夏本	俞本
咸入	开口一、二等		答甲	家达	家达	家达	家发	家达
	合口三等非组		法					
山入	开口一、二等		达瞎					
	合口一、二等		阔刮					
	合口三等非组		发					
通入	合口一等		读屋	疏福	疏福	疏福	交谷	疏读
	合口三等非、知、庄、章组		目竹					
	合口三等精组、见系、来母、日母		足浴	忧立	开或	忧右	忧佑	开弗
咸入	开口三、四等		节帖	遮列	规月	规月	规谢	规月
山入	开口三、四等		舌切					
	合口三（非组以外）、四等		雪悦	靴月				
深入	开口三等知、庄、章组		十	忧立	欺立	兹自	兹自	兹自
臻入	开口三等知、庄、章组		虱					
深入	开口三等知、庄、章组以外		急			欺利	忧佑	欺入
臻入	开口三等知、庄、章组以外		笔					
	合口一、三等		突佛	开代	开或	开或	开代	开弗
咸入	开口一等见系		鸽	—	—	—	交合	
曾入	合口一等		国	开代	开或	开或	开代	
	开口三等知、章组		值食	忧立	欺立	兹自	兹自	兹自
宕入	开口三等精、知组、见系、日母		削脚		开或	开或	忧佑	
	开口三等章组		酌勺	交各	交学	交若	交谷合	交角
	开口一等		落各					
江入	合口一、三等		郭镢					
	开口二等		桌学					
曾入	开口一、三等		百色	高白	佳白	佳铫	佳昔	佳百
梗入	开口二等		格	高白	佳白	佳铫	佳昔	佳百
	开口三、四等		尺笛					

2. 古入声韵归入韵书阴声韵的特点

（1）五种韵书中咸摄、山摄入声一二等字和合口三等非组声母字都归入家部达韵。

（2）通摄（合口）一等字、三等非组和知庄章组声母字在城本、北本、汪本、俞本中都归入疏部福（读）韵，在夏本中则归入交部谷韵。

通摄（合口）精组、见系声母字和来母、日母字，在城本、汪本、夏本中归入忧部立（右、佑）韵，在北本、俞本中归入开部或（弗）韵。

（3）在城本中，咸摄、山摄开口三四等字在城本中归入遮部列韵，山摄合口四等字、合口三等非组以外声母字归入靴部月韵。这些字在北部、汪本、夏本、俞本中都归入规部月（谢）韵。

（4）深摄、臻摄开口三等入声字在城本中归入忧部立韵，在北本中归入欺部立韵。这些字在汪本、夏本、俞本中分为两类，其中知庄章组声母字归入兹部自韵，知庄章组以外声母字在汪本、俞本中归入欺部利（入）韵，在夏本中归入忧部（佑）韵。

臻摄合口一三等入声字在五种韵书中都归入开部或（代、弗）韵。

（5）曾摄、梗摄入声字在北本、汪本、夏本、俞本中归入佳部白（百、铫、昔）韵，在城本中归入高部白韵。曾摄合口一等入声字"国"在五种韵书中都归入开部或（代、弗）韵。

（6）江摄入声字和宕摄入声开口一等字、合口一三等字、开口三等章组字在五种韵书中都归入交部各（学、若、合、角）韵。宕摄入声开口三等精组、知组、见系、日母字在城本、俞本中归入交部各（角）韵，在北本、汪本中归入开部或韵，在夏本中归入忧部佑韵。

第三节　婺源方言韵书的调类和声类

本节考察婺源方言韵书的声调类别和声母类别。

与前述韵部相比较，婺源方言韵书的调类（声调类别）和声类（声母类别）情况相对简单，各韵书相互间差异也较小。

一　婺源方言韵书的调类

就本书作者所收集的34种婺源方言韵书来看，各韵书在声调上表现出较强的一致性。这些韵书全部按声调分卷编排，都分为"平声""上声""去声""入声"四声。但韵书中按四声分卷只是对中古《广韵》系韵书的编排方式的一种沿袭仿用，其四声与中古四声并不完全对应，所反映的方言声调也不只是四类，其调类名称也与方言调类实际情况不完全吻合。

（一）婺源方言韵书的四声

以下按婺源方言韵书所分四声考察韵书的调类实际情况。

1. 平声

婺源方言韵书中平声卷所收字与中古《广韵》平声卷基本对应。

34种韵书中，除《乡音字彙》（怜椿本）和无名韵书丁（施昷科本）两种缺失平声卷外，其余32种韵书中的平声卷都是阴阳分韵的，即同韵的字根据字的中古音系声母的清浊分别归纳为两类，中古清声母的为阴调韵，浊声母的为阳调韵。

婺源方言韵书的平声卷阴阳分韵表现为两种情况。最主要的一种情况是，34种韵书中的28种都把方言中同韵的字按中古声母的清浊分别归入阴调韵和阳调韵，设置两类韵目。例如前述城本（《婺城乡音字彙》）平声卷有38个韵，其实是19类同韵的字按阴调、阳调的对立所分设的。

阴调韵：
兹 知 疎 规 遮 开 靴 忧 家 交 高 丹 庵 先 冤 真 江 经 东

阳调韵：
慈 移 炉 葵 邪 梅 才 谋 扡 爻 鞋 烦 颜 贤 元 臣 忙 平 容

由于一韵而分两类，这28种韵书中的平声韵目数都很多，其中最多的是《乡音字韵》，有39个韵，最少的《婺东乡音字汇》也有31个韵。

阴阳分韵还有另一种情况，即方言中同韵的字收归一个韵，在所设置的一个韵目之下把同韵的字按中古声母的清浊分别归入阴调韵和阳调韵，设置两类小韵。这类韵书韵目数较少，但韵下小韵数则较多。属于这种情况的有《新安乡音字义考正》（20个平声韵）、《乡韵集要音释》（17个平声韵）、戴旭本《乡音字彙》（16个平声韵）、汪映清本《乡音字彙》（18个平声韵）。例如《新安乡音字义考正》的平声卷20个韵为：

[平]：支 基 姑 居 稽 佳 该 娇 钩 家
　　　交 高 坚 官 甘 金 江 姜 庚 工

但在每个韵之下，小韵的设置有阴调、阳调的对立。例如中古遇摄（合口）一等字和三等非组、庄组声母字主要归入[平·七姑]韵，下设20个小韵：

阴调小韵：晡　　夫 都　　租 初 疏 姑 枯　呼 乌
阳调小韵：　匍 谟 扶　图 卢　徂 锄　　吾 乎 无

这些字在城本中则分别归入[平·十一疎]、[平·十炉]两个韵，两韵下的小韵分别为：

[疎]：铺　　夫 都　　租 粗 苏 初 疎 姑 枯　呼 乌
[炉]：　蒲 谟 扶　徒 炉　徂　锄　　吴 胡 无

[疎]韵中的12个小韵为阴调韵，[炉]韵中的10个小韵为阳调韵。

这种小韵的分设也表明韵书编者对阴阳分韵的注意。例如《乡韵集要音释》的韵目就以分属阴阳调的两个字来命名：

一①　　　　二方防　　三诗时　　四依移　　五虚谁　　六妻齐
七乌无　　八超潮　　九韬桃　　十忧悠　　十一钦勤　十二天田
十三庵严　十四安完　十五抛袍　十六拖挖　十七青情

两种阴阳分韵实际上只是韵书编者在编排体例上的不同安排，都反映了方言中的平声字读音因中古声母清浊的不同而在声调上分化为两类。

2. 上声

婺源方言韵书中的上声卷所收字与中古《广韵》上声卷有基本对应和部分对应两种情况。34 种韵书中有 7 种缺失上声卷。27 种有上声卷的韵书中，属于基本对应的有 22 种，属于部分对应的有 5 种。

基本对应的韵书，上声卷所收字包括中古上声清声母字和浊声母字。其中 21 种韵书把方言中同韵的字按中古声母的清浊分别归入阴调韵和阳调韵，分设两类韵目。例如城本的上声卷有 39 个韵：

阴调韵：
此 纸 甫 语 野 海 宰 柳 颇 巧 少 反 坎 忝 远 谨 讲 耿 孔

阳调韵：
似 是 杜 柱 社 亥 在 尔 厚 下 鲍 兆 淡 限 善 软 尽 象 並 动

只有《新安乡音字义考正》中的上声卷韵目数 20 个，每个韵下把同韵的字按中古声母的清浊分别归入阴调韵和阳调韵，设立两类小韵：

[上]：子　几　古　主　启　解　改　姣　玖　果
　　　皎　呆　茧　管　感　谨　讲　强　耿　孔

其中[上·七古]韵中 20 个小韵分为阴调韵和阳调韵两类：

阴调小韵：补 普 母 甫 堵 土 鲁 祖 楚 所 古 苦 虎 五
阳调小韵：　 部　父 杜 努　　　　　　　　户 舞

属于部分对应的 5 种韵书中，上声卷所收字只包括中古上声清声母字和部分次浊声母字，中古全浊声母字和其余的次浊声母字收归入声卷。例如前述汪本（汪焕金本《乡音字汇》）的上声卷只有 18 个韵，而入声卷有 36 个韵：

[上]：纸 恣 甫 雨 礼 海 好 小 有 可 稍 反 罕 远 引 讲 耿 孔
[入]：是 李 户 苎 弟 在 道 赵 宙 下 鲍 湛 馔 善 甚 象 杏 动
　　　自 利 助 遇 月 或 合 铫 右 达 若 万 汗 愿 刃 状 命 洞

上声卷各韵中的小韵，都属于阴调小韵。例如[上·八甫]韵中的 14 个小韵：

[甫]：补 普 母 甫 睹 土 鲁 祖 楚 所 古 苦 虎 武

---

① 第一韵韵目因书页损毁缺失。

而入声卷上一行 18 个韵所收字都是中古全浊声母字和部分次浊声母字。例如入声卷[入·十六户]韵中所收字都是中古浊声母上声字，7 个小韵属于阳调小韵：

[户]：部（簿）　　亩　　　　父（负妇阜）
　　　杜（肚_{腹肚}）　努（鲁橹虏掳）　户（扈）　　舞

不论收字与中古《广韵》上声卷是基本对应还是部分对应，婺源方言韵书上声卷韵目的设立和字的归韵，也都反映出中古上声字在方言中因中古声母的清浊而在声调上分化为两类。

3. 去声

婺源方言韵书中的去声卷所收字与中古《广韵》系韵书的去声卷部分对应，只包括中古去声清声母字，中古去声浊声母字收归入声卷。34 种韵书中有 9 种缺失去声卷。25 种有去声卷的韵书中，去声韵目数最少的为 16 个，最多的也只有 20 个。例如城本的去声卷有 19 个韵：

[去]：四 记 富 岁 卸 盖 再 救 卦 教 太 赞 谏 见 劝 信 降 正 送

其中[去·八富]韵中，12 个小韵都属于阴调小韵：

[富]：布 破 富 妒 吐 醋 做 素 数 故 库 货 恶

婺源方言韵书去声卷韵目的设立和字的归韵，也反映中古去声字在婺源方言中因中古声母的清浊而在声调上分化为两类。

4. 入声

婺源方言韵书中的入声卷收字类别比中古《广韵》系韵书的入声卷更多，所收既包括中古全部入声字（清声母字和浊声母字），也包括前述未收归方言韵书去声卷的中古去声字和未收归方言韵书上声卷的中古上声字。34 种韵书中有 7 种缺失入声卷。27 种有入声卷的韵书中，入声卷都收中古入声字和去声浊声母字。例如城本的去声卷有 20 个韵：

[去]：字 利 **福** 位 **列** 代 **月** 二 **立 达 各 白** 但 雁 念 愿 论 状 洞

这些韵目字有的即中古入声字（用黑体字表示），有的则为中古去声浊声母字（非黑体字表示）。但在[字]、[利]、[福]等属于阴声韵的韵中，所收既有中古入声字，又有中古去声浊声母字。例如[入·七福]韵中的[福]、[步]两个小韵：

[福]：福蝠幅輻復腹覆馥伏茯袱服（中古入声）　　附驸腐（中古去声）
[步]：僕璞撲濮樸蔔粕（中古入声）　　　　　　步埠捕哺蔀（中古去声）

在属于阳声韵的韵中，名为"入声"韵的韵下所收则只有中古去声浊声母字。例如城本的[入·十四论]韵中的[论]、[润]两个小韵：

[论]：论吝恪嫩蔺（中古去声）

[润]：润闰孕任赁妊恁衽刃仞纫韧胤朕賸（中古去声）

在名为"入声"的卷中，有不可能属于入声的阳声韵，中古入声字与去声浊声母字（属于舒声韵）同调，表明此"入声"实已非入声。婺源方言韵书中古入声字与去声浊声母字声调合流，应是中古入声字并入方言的属于阳调的去声，而不是中古去声浊声母字并入方言的入声（方言已无入声）。

前述汪本和《乡音字韵》等 5 种韵书，上声卷所收字只包括中古上声清声母字和部分次浊声母字，中古上声全浊声母字和其余的次浊声母字收归入声卷。这 5 种韵书的入声卷中，中古上声全浊声母字和部分次浊声母字单独设韵，不与中古入声字、去声浊声母字合。因此这 5 种韵书的入声卷韵目数较多，最多的《乡音字韵》入声卷有 40 韵，汪本少些也有 36 韵。汪本的入声韵目如下：

[入]：自 利 助 遇 月 或 合 銚 右 达 若 万 汗 愿 刃 状 命 洞
　　　是 李 户 苎 弟 在 道 赵 宙 下 鲍 湛 馔 善 甚 象 杏 动

上一行所列韵，收中古入声字和去声浊声母字，下一行所列韵，收中古上声全浊声母字和部分次浊声母字。可以对比[入·二利]韵的[利]和[入·卅一李]韵的[李]两个小韵所收字：

[利]：利莉俐痢吏翠莅泪累类（中古去声） 立笠粒栗（中古入声）

[李]：李里理娌裹裡鲤俚吕膂迤（中古上声）

5 种韵书入声卷收中古上声浊声母字，应是与其他多数韵书编制体例上不同的一种安排，另一方面也可能表明中古浊声母上声字与中古浊声母去声字在调值上比较接近。但韵书中两类字分别设韵，说明这两类字的声调还存在区别，而韵书编者对此是有清楚认识的。

婺源方言韵书入声卷韵目的设立和字的归韵，反映中古去声字因中古声母的清浊而在声调上分化为两类，其中浊声母字与中古入声字声调合流。5 种韵书部分中古上声字收归入声卷，也反映中古上声字中的浊声母字与清声母字的声调分化。

（二）婺源方言韵书中实际的调类

综上所述，婺源方言韵书中所反映的方言调类实际情况为，中古平声、上声、去声三个声调的字均根据中古音系中声母的清浊各分两类，中古入声字已经失去入声韵的塞音韵尾而与中古去声浊声母阴声韵字同韵，读为一个声调。婺源方言韵书中的调类归纳为以下六个：

[阴平]：中古平声清声母字读此调类

[阳平]：中古平声浊声母字读此调类

第九章　婺源方言韵书音系考察　　903

[阴上]：中古上声清声母字、部分次浊声母字合读此调类
[阳上]：中古上声全浊声母字、部分次浊声母字合读此调类
[阴去]：中古去声清声母字读此调类
[阳去]：中古去声浊声母字、中古入声字合读此调类

二　婺源方言韵书的声类

以下选择前节所述五种韵书中的城本和汪本两种作声类考察。

（一）城本、北本声类的归纳

以下选择城本和汪本中属于阴声韵的欺、疏两个韵部和属于阳声韵的真、京两个韵部归纳韵书的声类。

1. 城本声类的归纳

城本的欺〔知〕部平、上、去、入四声[知]/[移]、[纸]/[是]、[记]、[利]六个韵共有 79（16/13、16/9、14、11）个小韵：

[平]：[知]知欺希师几挤卑丕衣痴非梯妻低咲西
　　　[移]移其肥时宜迷离皮池微齐兮啼
[上]：[纸]纸己彼起美里以使拟耻否匪体底洗霁
　　　[是]是治李弟係米跽被蚁
[去]：[记]记试譬费气意戏翅闭细至帝替祭
[入]：[利]利忌地义备未寐士异吷滞

疏〔疎〕部平、上、去、入四声[疎]/[炉]、[甫]/[杜]、[富]、[福]六个韵共有 76（12/10、17/6、13、18）个小韵：

[平]：[疎]疎苏姑乌初呼都租铺夫粗枯
　　　[炉]炉胡徒吴锄无蒲谟扶徂
[上]：[甫]甫楚土所鲁睹母虎古苦武普阻祖补齿楚
　　　[杜]杜户父努部亩
[去]：[富]富醋布故妒素恶货做库数吐破
[入]：[福]福禄助读木叔贺务步族哭速谷督竹误辱不

真部平、上、去、入四声[真]/[臣]、[谨]/[盡]、[信]、[论]六个韵共有 90（20/14、16/8、18、14）个小韵：

[平]：[真]真身春婚因金钦吞扪喷心恩墩宾尊亲君分欣坤
　　　[臣]臣林焚陈贫群文门人银存勤魂屯
[上]：[谨]谨准忍敏允笋寝蠢儘恳盾粉滚狠本审品廩
　　　[盡]盡郡闽甚引近混沌
[去]：[信]信震印秤仅进愠禁嫔顿艮奋孕训暗磤寸褪

[入]：[论]论恨韧润认顺荟朕殉噤运闷忿钝

京〔经〕部平、上、去、入四声[经]/[平]、[耿]/[並]、[正]、[命]六个韵共有 82（21/14、17/4、14、12）个小韵：

[平]：[经]经兴兵丁生耕坑莺争精青英称亨厅拧烹甍星轻倾
[平]平明荣擎行宏呈情灵成迎琼形亭
[上]：[耿]耿丙井景影猛顷逞整肯等醒挺悖䂭请省
[並]並静领杏
[去]：[正]正凳敬庆姓圣柄更倩聘掌听兴应
[入]：[命]命定病净盛令幸郑硬迎咏横

据此可以归纳出城本 23 个声类，见下页表 9-3-1 和再下页表 9-3-2：

两表中方言韵书的声类以中古音系的声母命名，为与中古声母区别，方言韵书中的声母加引号表示。见组声母逢洪音、细音形成不同的类别，后附小号字区别洪音、细音。

表中小韵代表字在格子里的位置安排为：位于左边的为阴调韵，右边的为阳调韵。去声只有阴调韵，小韵代表字置于左边。表 9-3-1 入声下的韵不区别阴阳调，小韵代表字位置居中。表 9-3-2 入声下的韵为阳调韵，小韵代表字置于右边。格子内小韵代表字有做上下两行排列的，上下对应的字区别在韵头的有无和差异。

表 9-3-1 《婺城乡音字彙》声类表（上）

声类	欺〔知〕				疏〔疎〕			
	平	上	去	入	平	上	去	入
	知/移	纸/是	记	利	疎/炉	甫/杜	富	福
"帮"母	卑	彼	闭			补	布	不
"滂"母	丕皮	否被	譬	备	铺蒲	普部	破	步
"明"母	嘆迷	美米		寐	谟	母亩		木
"非"母	非肥	匪	费	吠	夫扶	甫父	富	福
"微"母	微			未				
"端"母	低	底	帝		都	睹	妒	督
"透"母	梯啼	体弟	替	地	徒	土杜	吐	读
"来"母	离	里李		利	炉	鲁努		禄
"精"母	挤	霁	祭		租	祖	做	
"清"母	妻齐				粗徂	齿楚	醋	族
"心"母	西	洗	细		苏		素	速

第九章　婺源方言韵书音系考察

续表

声类	欺〔知〕 平	欺〔知〕 上	欺〔知〕 去	欺〔知〕 入	疏〔疎〕 平	疏〔疎〕 上	疏〔疎〕 去	疏〔疎〕 入
	知/移	纸/是	记	利	疎/炉	甫/杜	富	福
"章"母	知	纸	至			阻		竹
"昌"母	痴池	耻治	翅	滞	初锄	楚		助
"书"母	师时	使是	试	士	疎	所	数	叔
"见细"母	几	己	记					
"溪细"母	欺其	起跂	气	忌				
"疑细"母	宜	拟蚁		义				辱
"晓细"母	希兮	係	戏					
"见洪"母					姑	古	故	谷
"溪洪"母					枯	苦	库	哭
"疑洪"母					吴			误
"晓洪"母					呼胡	虎户	货	贺
"影"母	衣移	以	意	异	乌无	武	恶	务

表 9-3-2　《婺城乡音字彙》声类表（下）

声类	真 平	真 上	真 去	真 入	经 平	经 上	经 去	经 入
	真/臣	谨/盡	信	论	经/平	耿/並	正	命
"帮"母	宾	本			兵	丙	柄	病
"滂"母	喷贫	品	嬪		烹平	砰並	聘	
"明"母	扪门	敏闽		闷	明	猛		命
"非"母	分焚	粉	奋	忿				
"微"母	恩文	允	愠	运				咏
"端"母	墩		顿		丁	等	凳	定
"透"母	吞屯	盾沌	褪	钝	厅亭	挺	听	
"来"母	林	廪		论	拧灵	领		令
"精"母	尊	儘	进		精	井		
"清"母	亲存	寝盡	寸		青情	请静	倩	净
"心"母	心	笋	信		星	醒	姓	
"章"母	真	准	震		争	整	正	郑
"昌"母	春陈	蠢	秤	朕	称呈	逞	掌	

续表

声类	真				经			
	平	上	去	入	平	上	去	入
	真/臣	谨/盡	信	论	经/平	耿/並	正	命
"书"母	身臣	审甚		顺	生成	省	圣	盛
"见细"母	金	谨	禁		经	景	敬	
"溪细"母	钦勤	近	仅	嚓	轻擎琼		庆	
"疑细"母	银	忍		认韧	迎			迎
"晓细"母	欣		矗	殉	兴形	悻	兴	幸
"见洪"母	君	滚	艮		耕	耿	更	
"溪洪"母	坤群	恳郡	磡		坑倾	肯顷		
"疑洪"母			暗		莺			硬
"晓洪"母	婚魂	狠	训	荟恨	亨行甍宏		杏	横
"影"母	因人	引	印	润	英荣	影	应	

2. 汪本声类的归纳

汪本的欺部平、上、去、入四声[欺]/[其]、[美]、[记]、[李]/[利]六个韵共有 63（11/9、13/6、11、13）个小韵：

[平]：[欺]欺希趋饥衣卑须非披哩锥

　　　[其]其宜离迷皮微随肥移

[上]：[美]美理已己起髓匪彼否嘴取喜拟

[去]：[记]记戏絮娶闭气意譬费醉哩

[入]：[李]李米聚跽蚁被

　　　[利]利吉呎义地异备未寐习橘吸及

疏〔疎〕部平、上、去、入四声[疎]/[炉]、[甫]、[付]、[户]/[助]六个韵共有 71（11/9、14/7、12、18）个小韵：

[平]：[疎]疎姑夫乌粗苏呼都枯租铺

　　　[炉]炉吾胡扶徒菩模徂锄

[上]：[甫]甫武古鲁普楚祖睹虎母土所苦补

[去]：[付]付数库兔醋铺故妒素布恶厝

[入]：[户]户杜部父努舞亩

　　　[助]助福度路目辱互误孰族步仆竹读哭谷

真〔亲〕部平、上、去、入四声[亲]/[云]、[引]、[信]、[甚]/[刃]

第九章　婺源方言韵书音系考察　　907

六个韵共有 64（13/11、13/9、11、7）个小韵：
　　［平］：［亲］亲真薰新君春因钦宾金欣称揾
　　　　　　［云］云辰纯人频银勤林民群陈
　　［上］：［饮］饮审枕敏蠢尹谨寝凛准儘品禀
　　［去］：［信］信震趁鬓印训圳禁愠釁搇
　　［入］：［甚］甚近郡引抳噤盡
　　　　　　［刃］刃烬吝闰仅慎顺认瑟

京部平、上、去、入四声［京］/［平］、［耿］、［正］、［杏］/［命］六个韵共有 88（20/17、16/5、17、13）个小韵：
　　［平］：［京］京生争登英兵青烹耕肱坑厅亨薨莺轻兴兄倾拎
　　　　　　［平］平灵荣明成庭横形程亭情行琼擎盈瓶迎
　　［上］：［耿］耿丙等猛省矿颖景挺悻整永请肯併醒
　　［去］：［敬］敬应庆兴正并倩圣听聘订掌迥更暗莹塪
　　［入］：［杏］杏並领静蔓
　　　　　　［命］命横竞硬郑定净咏病堋令盛幸

据此可以归纳出汪本 23 个声类，见下页表 9-3-3 和再下页表 9-3-4：

表 9-3-3　　　　　　汪本《乡音字彙》声类表（上）

声类	知				疎			
	平	上	去	入	平	上	去	入
	欺/其	美/李	记	利	疎/炉	甫/户	付	助
"帮"母	卑	彼	闭	备	补	布	步	
"滂"母	披 皮	否 被	譬		铺 菩	普 部	铺	仆
"明"母	迷	美 米		寐	模	母 亩		目
"非"母	非 肥	匪	费	吠	夫 扶	甫 父	付	福
"微"母	微			未				
"端"母					都	睹	妒	度
"透"母				地	徒	土 杜	兔	读
"来"母	哩 离	理 李	哩	利	炉	鲁 努		路
"精"母	锥	嘴 跽	醉		租	祖		
"清"母	趋	取 聚	娶	习	粗 徂		醋	族
"心"母	须 随	髓	絮		苏		素	
"章"母								竹
"昌"母					锄	楚		助

声类	知 平	知 上	知 去	知 入	疏 平	疏 上	疏 去	疏 入
	欺/其	美/李	记	利	疏/炉	甫/户	付	助
"书"母					疏	所	数	孰
"见细"母	饥	己	记	吉				
"溪细"母	欺其	起	气	及				
"疑细"母	宜	拟蚁		义				辱
"晓细"母	希	喜	戏	吸				
"见洪"母				橘	姑	古	故	谷
"溪洪"母					枯	苦	库	哭
"疑洪"母								
"晓洪"母					呼胡	虎户	戽	互
"影"母	衣移	已	意	异	乌吾	武舞		误

表 9-3-4　　　　汪本《乡音字汇》声类表（下）

声类	真〔亲〕 平	真〔亲〕 上	真〔亲〕 去	真〔亲〕 入	经 平	经 上	经 去	经 入
	亲/云	引/甚	信	刃	京/平	耿/杏	正	命
"帮"母	宾	禀	鬓		兵瓶	丙	并	柄
"滂"母	频	品			烹平	併並	聘	病
"明"母	民	敏抿			明	猛蔓		命
"非"母								
"微"母	温云		愠			永		咏
"端"母					登亭	等	订	
"透"母					厅庭	挺	听	定
"来"母	林	凛		吝	拎灵	领		令
"精"母		儘	震圳		争	整	正	郑
"清"母	亲陈	寝盡	趁		青情	请静	倩	净
"心"母	新		信		生成	醒	圣	盛
"章"母	真	枕准						
"昌"母	称春纯	蠢		烬	程		掌	

续表

声类	真〔亲〕				经			
	平	上	去	入	平	上	去	入
	亲/云	引/甚	信	刃	京/平	耿/杏	正	命
"书"母	辰	审甚顺		慎		省		
"见细"母	金	谨噤	禁		京	景	敬	
"溪细"母	钦勤	近	搇	仅	轻擎琼		庆	竞
"疑细"母	银			认	迎			
"晓细"母	欣	釁	衅		兴形兄	悻	兴	幸
"见洪"母	君				耕肱	耿	更	
"溪洪"母	群			郡	坑倾	肯矿	勍	
"疑洪"母					莺		暗	硬
"晓洪"母	薰		训		亨薨横	行	杏	迥 横
"影"母	因人	饮引尹	印	刃闰	英盈荣	颖	应莹	

　　汪本中的中古上声字分两类，全浊声母字和部分次浊声母字组成的阳调韵收归入声卷。为了体现与中古的对应以及便于安排小韵代表字在格子中的位置，上表 9-3-3、9-3-4 中把属于这部分韵的［李］、［户］、［甚］、［杏］四个韵的小韵代表字列于上声一列。

　　上述城本和汪本两种韵书所归纳的声类是完全一致的，都有 23 个声类：

唇音声母 5 个：["帮"]、["滂"]、["明"]、["非"]、["微"]；

舌音声母 3 个：["端"]、["透"]、["来"]；

齿音声母 6 个：["精"]、["清"]、["心"]、["章"]、["昌"]、["书"]；

牙音声母 6 个：["见洪"]、["溪洪"]、["疑洪"]，
　　　　　　　　　["见细"]、["溪细"]、["疑细"]；

喉音声母 3 个：["晓细"]、["晓洪"]、["影"]。

（二）城本、北本声类的特点

1. 城本、北本声类的共有特点

（1）中古全浊声母字方言读塞音、塞擦音的，与中古次清声母字合流。

中古全浊声母在现代汉语部分方言中发生清化演变，这些方言中的中

古全浊声母字读塞音、塞擦音声母时，或读送气清音，或读不送气清音。婺源方言韵书音系中已无全浊声母，中古全浊声母字方言读塞音、塞擦音的，声母清化后读送气音或不送气音的情况需作考察。方言韵书中平、上、去三声阴调、阳调分韵，中古全浊声母字归于阳调。在阳平调、阳上调各韵以及阳去调的阳声韵中，中古全浊声母字自成一类，由于阴阳调分韵缺乏对比，所读声母送气与否无从显示。例如城本[平·五移]韵中的[皮]小韵下收字：

[皮]皮疲枇琵毗媲貔脾鼙并

[平·四知]韵中的[卑]、[丕]两个小韵下收字：

[卑]卑碑裨俾悲陂帮　　　[丕]丕批砒伾蜱罴披滂

"卑帮≠丕滂"，"卑""丕"同韵不同声，应分别读 p-、p'-声母。只是"皮"因属于阳调韵，无法联系"卑""丕"以确定其声母究竟是否送气。

然而在阳去调的阴声韵中，由于中古入声字并入，中古去声、入声全浊声母字与中古入声清声母字同韵，可以形成对比从而显示声母读送气与否的情况。例如城本[入·四立]韵中的[七]小韵下收字：

[七]就鹫辑疾集柚从袖习袭俗续邪|咠缉葺漆悴七清

汪本[入·二利]中的[习]小韵下收字：

[习]辑疾嫉集从遂燧隧穗习袭邪|缉葺漆七清

两种韵书中"集从习从=七清"。参考婺源方言各方言点今读，可知韵书中"集习七"当读送气的 ts'-声母。这种全浊声母与次清声母合流，应是中古全浊声母字声母读与次清声母字同。

再如城本[入·八白]韵中的[白]、[尺]两个小韵下收字：

[白]白帛舶擘败惫并|珀拍魄阘僻霹劈癖匹滂

[尺]宅择泽澄|侘咤拆坼彳彻测恻策册栅初斥尺赤昌

汪本[入·十五铫]韵中的[白]、[宅]两个小韵下收字：

[白]白帛擘舶败并|珀拍魄阘匹僻霹劈癖滂

[宅]宅择泽豸澄|侘咤拆坼斥皮彳彻恻测策册初斥尺赤昌

两种韵书中"白并=拍滂""宅澄=拆彻册初尺昌"。参考婺源方言各方言点今读，可知韵书中"白拍"当读送气的 p'-声母，"宅拆册尺"当读送气的 ts'-/tʃ'-声母。

（2）中古泥母与来母合流。例如城本[入·七福]韵中的[禄]小韵下收字：

[禄]禄碌路露鹭鹿麓漉来|糯懦怒泥

[平·卅一平]韵中的[灵]小韵下收字：

[灵]灵陵凌菱棱铃零龄苓伶玲聆来|能宁咛泥

汪本[入·六助]韵中的[路]小韵下收字：
[路]路露鹭璐赂碌禄鹿簏漉来|怒泥
[平·卅一平]韵中的[灵]小韵下收字：
[灵]灵陵凌菱棱铃零龄苓伶玲聆来|宁咛狞能泥

两种韵书中"路来=怒泥""灵来=宁泥"。参考婺源方言各方言点今读，可知韵书中"路怒"当读边音 l-声母，"灵宁"当读鼻音 n-声母。这种泥母与来母合流，应是方言逢阴声韵中古泥母字声母读与来母字同，逢阳声韵中古来母字声母读与泥母字同。

（3）区别尖团音，中古精组声母三四等字与见组声母三四等字声母保持对立。例如城本[平·卅二经]韵中分设[精]、[经]小韵：
[精]精睛曾增憎晶菁精　　　　[经]经京惊矜荆泾兢见
[平·四知]韵中分设[西]、[希]小韵：
[西]西恓犀樨嘶些心　　　　[希]希稀羲嬉熹晓
汪本[平·卅二京]韵中分设[争]、[京]小韵：
[争]精睛腈晶菁曾增憎精（贞侦祯知争筝峥狰庄正征怔章）
[京]京鲸倞勍黥兢经泾荆矜鷩见
[平·七欺]韵中分设[须]、[希]小韵：
[须]须绥胥需虽些尿心　　　　[希]希稀唏羲犧曦嬉熹嘻熙晓

两种韵书中"精精≠经见""西心/须心≠希晓"。参考婺源方言各方言点今读，可知韵书中"精""西/须"当读舌尖音 ts-、s-声母，"经""希"当读舌面音 tɕ-、ɕ-声母。这种尖团音的区别，应是精组声母字仍读舌尖（前）音声母，见组声母字逢细音声母颚化读舌面音声母。

（4）中古知、庄、章组声母基本上合流。例如城本[平·十八真]韵中的[真]、[身]两个小韵下收字：
[真]珍砧知|臻榛庄|针斟真箴肫蒸章
[身]森参生|深申伸绅身娠书
汪本[平·十八真]韵中的[真]、[新]两个小韵下收字：
[真]珍砧知|臻榛庄|针斟真箴肫蒸章|（津精）
[身]森参生|深申伸绅呻身娠升昇书|（新薪心辛芯精）

两种韵书中"珍知=臻庄=真章""森参生=身书"。参考婺源方言各方言点今读，这些中古知、庄、章组声母字应分别读舌叶音 tʃ-、ʃ-声母（城本）或舌尖音 ts-、s-声母（汪本）。（参见以下"2. 城本、北本声类的差异"下（2）点）

（5）中古流摄见组声母一等字与三等字声母合流。例如城本[上·十五柳]韵中的[九]、[藕]两个小韵下收字：

[九]狗苟枸垢逅见一|九玖久韭纠起见三

[藕]藕耦偶疑一|忸纽泥三

汪本[上·十七有]韵中[久]、[藕]两个小韵下收字：

[久]狗苟枸垢见一|久玖九韭纠见三

[藕]藕耦偶疑一|忸钮扭纽泥三

两种韵书中"九=狗""藕=纽"。参考婺源方言各方言点今读，这些中古见组声母字在韵书中都已腭化读舌面音 tɕ-组声母（如今紫阳话）或读舌叶音 tʃ-组声母（如今溪头话），不再读舌根音 k-组声母。这种见组声母一等字与三等字声母合流，应是一等字声母读与三等字同，而非三等字声母读与一等字同。

2. 城本、北本声类的差异

（1）中古全浊声母字方言今读塞音、塞擦音的，城本基本上都读送气，但北本有分读送气和不送气两类的情况。例如北本[入·六助]韵中的[度]、[读]两个小韵下收字：

[度]度渡镀毒碡纛定|督笃咄屦端

[读]读匵椟渎牍渎犊觌独定|秃透

对比城本[入·七福]中的[督]、[读]两个小韵下收字：

[督]督笃屦端

[读]度渡镀读匵椟渎牍渎犊觌独毒碡纛定|秃透

城本中"读毒定=秃透"，定母字"读毒"与透母字"秃"同音，声母读送气。北本中"读定=秃透≠毒定=督端"，同属定母的"读""毒"则分成两类，可以根据各自同小韵中的"秃""督"声母的读音分别确定为读送气和不送气。

再如北本[平·卅一平]韵中的[平]、[瓶]两个小韵下收字：

[平]平评坪萍苹彭澎朋棚鹏凭並

[瓶]瓶屏並

对比城本[平·卅一平]韵中的[平]小韵下收字：

[平]平评坪萍苹瓶屏彭澎朋棚鹏凭並

城本中"平並=瓶並"；北本中"平並≠瓶並"，同属並母的"平""瓶"分归两个小韵，声母有别。虽然不能确知"平""瓶"声母具体读音，但可以推知两字的区别还是在于是否送气。表 9-6-2 中，"平""瓶"分别确定为送气音和不送气音。

（2）北本知庄章组声母有分别与精组声母、见组声母合流的情况，为城本所未见。

城本和汪本两种韵书中，中古知、庄、章组声母基本上合流为一类。

在城本中，合流的知庄章组声母自成一类。而汪本中的知庄章组声母有分别与精组声母、见组声母合流的情况。例如城本[平·卅二经]韵中有[精]、[争]小韵：

[精]精睛曾增憎蹭晶菁旌精　　　[争]贞侦祯知争筝峥狰庄正征怔章

[精]小韵收中古精母字，[争]小韵收中古知庄章组声母字。这些字在汪本[平·卅二京]韵中都归为一个[争]小韵：

[争]精睛腈晶菁曾增憎精|贞侦祯知|争筝峥狰庄|正征怔章

城本[平·六规]韵中有[朱]、[规]、[书]、[虚]小韵：

[朱]猪诛蛛株追知|诸朱珠硃章

[规]居裾琚拘驹规闺归龟皈见

[书]书输舒纾书

[虚]虚嘘墟徽辉晖挥麾晓

[朱]、[书]小韵分别收中古知、章母和书母字，[规]、[虚]小韵分别收中古见母、晓母字。这些字在汪本[平·十虚]韵中分别归为[居]、[虚]小韵：

[居]猪诛蛛株知|诸朱珠硃章|居裾琚拘驹归龟俱见

[虚]输舒纾书书|虚嘘墟徽辉晖挥麾晓

城本中"精精≠贞知争庄正章""猪知朱章≠居见""舒书≠虚晓"。参考婺源方言各方言点今读，城本中"贞争正""猪朱"当读舌叶音 tʃ-声母，"舒"当读舌叶音 ʃ-声母。而在汪本中，"精精=贞知争庄正章""猪知朱章=居见""舒书=虚晓"，"精贞争正"当读舌尖音 ts-声母，"猪朱居"当读舌面音 tɕ-声母，"舒虚"当读舌面音 ɕ-声母。

第四节　婺源方言韵书与现代婺源方言的音系比较

作为一种方言历史资料，婺源方言韵书对于了解婺源方言的历史面貌具有非常珍贵的语料价值。本书作者所收集的婺源方言韵书，有一部分可考成书的时间。其中成书时间最早的是题署"道光六年莘原汪肇周抄本"的《乡音字汇》抄本。抄本往往是不同的抄写者在不同的时间辗转抄写的，署名"抄写"者一般不是方言韵书的编者，而抄写的时间也都在方言韵书编定之后。道光六年为公元 1826 年，据此可以认定婺源方言韵书的出现至少不会晚于 18 世纪末、19 世纪初。这表明现在所见婺源方言韵书记录的基本上是距今 200 年前的清代晚期的婺源方言的语音面貌。

从现代婺源方言的情况看，其内部差异较大，如作方言韵书与现代方言的比较考察，需要了解韵书记音的确切地点。可惜的是目前所见到的婺源方言韵书多数未能注明具体地点。本书作者所收藏的30余种婺源方言韵书之中，《婺城乡音字彙》的地点表示最为明确。婺源县城自唐天复元年（公元901年）设县治以来，先后有"弦高""蚺城""紫阳"[①]等名称。《婺城乡音字彙》书名中"婺城"虽非县城具体名称，但所指应确为"婺源县城"的简称。

本节选择地点明确且具有代表性的《婺城乡音字彙》（以下简称"城本"）与婺源县城紫阳镇所通行的现代紫阳话作音系比较。

一 《婺城乡音字彙》音系构拟

要做语音比较，需要拟定具体的声韵调系统。根据现代紫阳话的音系，构拟城本音系如下：

（一）《婺城乡音字彙》的韵母

城本韵母19部，构拟出开口、齐齿、合口、撮口四呼35个韵母。见以下表9-4-1：

表9-4-1　　　　　　　　《婺城乡音字彙》韵母表

韵母	韵部	韵类	例　字
ɿ	兹	兹	资辞子饲次寺止开三鳃蟹开一
i	知	知	悲池基希止开三非尾止合三毙历蟹开三低妻鸡蟹开四
u	疏	疏	布土租伍遇合一初无遇合三贺果开一糯座果合一木毒速谷通合一入福叔促肉通合三入
y	规	规	驴蛆虚寓遇合三岁蟹合三闺蟹合四
ə	忧	偷	头楼走流开一浮流酒流开三泪止合三立集十深开三入笔栗七实臻开三入聿臻合三入斫宕开三入墨曾开一入直食曾开三入六宿足通合三入
iə		勾	钩候流开一牛求油流开三及揖深开三入吉逸臻开三入菊局育通合三入篾铁屑山开四入
uə		橘	橘屈臻合三入
ɒ	交	交	包梢敲坳效开二薄托索各恶宕开一入霍宕合一入着绰宕开三入剥鷟角握江开二入缩通合三入
iɒ	交	药	略却药宕开三入镢宕合三入
uɒ		郭	郭扩宕合三入
o	高	刀	他挪假开一拿假开二灾蟹开一排斋鞋挨蟹开二褒刀糟豪效开一招烧效开三鸽磕咸开一入匹悉臻开三入北得贼客曾开一入逼力色曾开三入白择格核梗开二入碧席劈敌梗开四入
io		标	飘燎消桥摇效开三调萧尧效开四彪流开三极翼曾开三入戟益梗开三入击吃梗开四入
uo		乖	华划假合二乖怀歪蟹合二或曾合一入获梗合二入

[①] 唐咸通六年（公元865年）始置弦高镇。又以城区地形似蚺而得名蚺城。1938年改称蚺城镇。1947年以朱熹别称紫阳改名紫阳镇。建国后一度改称婺源镇、城关镇。1984年复称紫阳镇。2008年紫阳镇划出部分区域设立蚺城街道。

第九章　婺源方言韵书音系考察

续表

韵母	韵部	韵类	例　字
ɛ	开	开	鹅果开一台该哀蟹开一杯堆魁蟹合一奎蟹合四没突骨臻合一入佛物臻合三入国惑曾合一入
e	遮	车	爹邪车假开三弊例逝蟹开三猎接设咸开三入跌山开四入别薛舌山开三入
ie		爷	茄果开三瘸果合三爹假开三劫胁页咸开三入协咸开四入给深开三入热歇山开三入捏结噎山开四入
ə	家	家	多搓歌阿果开一波骡梭科果合一巴茶牙鸦假开二瓜注假合二踏杂喝咸开一入闸甲鸭咸开二入法咸合三入达萨割山开一入拔察轧瞎山开二入拨夺撮阔山合一入滑刷山合二入发袜山合三入
ɵ	靴	猜	猜财腮蟹开一催蟹合一儿而耳止开三衰止合三雪拙山合三入卒臻合一入率出臻合三入
yɵ		衰	靴瘸果合三掘月山合三入决穴山合四入倔臻合三入
əm	东	通	蒙同宗公红通合一风中从通合三
məi		弓	龙弓熊容通合三
um	丹	丹	贪蚕三咸开一杉谗咸开二凡咸合三单残竿安山开一班蛮删山开二盘团钻官完山合一栓关弯山合二翻繁山合三
ã	江	当	帮堂郎仓杭宕开一张昌商宕开三庞双江降江开二方望宕合三
iã		将	良将相姜香羊宕开三匡王宕合三
uã		光	光荒汪宕合一狂宕合三
ɔ̃	经	耕	朋灯增曾开一冰陵澄曾开三彭生更莺梗开二兵精声梗开三铭丁青梗开四
iɔ̃		兴	凝兴蝇曾开三京迎赢梗开三经形梗开四兄琼营梗合三
uɔ̃		倾	矿宏横梗合二
æ̃	真	身	林心沉深开三吞跟恩臻开一宾邻亲身臻开三盆屯村温臻合一分春云臻合三疼层曾开一蒸称绳曾开三
iæ̃		金	壬今深开三人巾殷臻开三
uæ̃		坤	柑泔咸开一坤魂臻合一军熏臻合三
ẽ	庵	庵	堪含庵甘咸开一咸监盐咸开二间闲奸颜山开二
ĩ	先	先	廉尖沾钳严咸开三甜兼嫌咸开四鞭连仙蝉乾轩山开三边天千肩山开四
ỹ	冤	冤	全传圈原喧山合三悬渊山合四鲜山开三

（二）《婺城乡音字彙》的声母

城本归纳出 23 个声母（包括零声母）。归纳的声母沿用中古音声母名称，加引号""表示与中古音声母的区别。见下页表 9-4-2：

表 9-4-2　　　　　　　　　　　《婺城乡音字彙》声母表

声母	声母名称	例　字
p	"帮"母	[帮]卑杯波包褒笔百班边宾邦兵
pʻ	"滂"母	[滂]丕铺胚抛匹篇[并]皮蒲培婆袍排备白盘旁平蓬 [敷]捧
m	"明"母	[明]迷谟梅谋麻茅毛寐木蛮棉门忙明蒙[微]尾袜
f	"非"母	[非]夫福分方[敷]俘费覆翻纷[奉]肥扶浮伏烦焚房逢
v	"微"母	[微]微无未雾物文问忘[影]乌屋[云]运[匣]禾[晓]歪
t	"端"母	[端]低都堆丢多刁刀丹颠墩当丁东[知]爹
tʻ	"透"母	[透]推偷拖挑韬踢贪天吞汤通 [定]徒台头挖桃地豆读大谈田屯糖停同
l/n	"来"母	[来]离炉来刘罗箩猱挪劳虑立连林郎良灵龙论恋 [泥]泥奴难年念嫩乱 [端]鸟
ts	"精"母	[精]兹挤租疽揪灾焦足则钻尖尊将赃精 [庄]邹簪
tsʻ	"清"母	[清]粗趋秋搓操锹七促参千亲枪仓青聪 [从]慈字齐才曹樵集族残前全存墙藏从 [邪]词寺邪囚习旋巡详
s	"心"母	[心]思西苏须腮修梭消骚粟昔三先宣心相桑星 [邪]遂松
tʃ	"章"母	[知]知木摘沾珍贞中 [庄]渣笮责榛争 [章]枝朱遮周招质粥瞻专真征章终
tʃʻ	"昌"母	[彻]痴抽超撑[澄]池绸茶朝住滞直轴宅橡陈长澄虫撞 [初]差参差初差抄策[崇]愁巢柴镵状 [昌]车尺川春昌充[书]湿
ʃ	"书"母	[生]师疎衰沙揹色生森霜生[崇]柴事床 [书]书奢收烧失叔身商声[书]输 [船]蛇船神顺[禅]时社韶树豉十熟殖蟾臣常成
tɕ	"见细"母	[见]几规勾娇吉兼娟金姜经弓 [章]诸锥
ɲ	"疑细"母	[疑]宜牛遇义玉月元谚银存迎 [泥]娘 [日]韧认原让软
ɕ	"晓细"母	[晓]希虚靴休侯嚣吸黑轩喧欣香兴凶[匣]惠贤玄形 [书]输 [云]熊
k	"见洪"母	[见]姑该家交高乖格官君江光耕公
kʻ	"溪洪"母	[溪]枯开科敲客宽坤康坑倾空[群]群狂
ŋ	"疑洪"母	[疑]吴呆峨熬额颜昂莺[影]鸦挨
x	"晓洪"母	[晓]呼灰蒿吓欢婚荒亨烘[匣]胡回何肴鞋合寒咸魂皇杭行宏洪
∅	"影"母	[影]衣於哀而忧由阿坳腰一安烟冤因恩汪殃英雍[云]于位炎员院王荣旺 [以]移爷瑶裕异浴延寅杨营容 [疑]饶日言人壤润 [微]万岸[匣]完

（三）《婺城乡音字汇》的声调

城本归纳出 6 个声调。见以下表 9-4-3：

表 9-4-3　　　　　　　　《婺城乡音字汇》声调表

调 类	调 值	韵书声调	例　字
阴 平	44	平（阴）	[平清]高猪天通三飞
阳 平	211	平（阳）	[平浊]才穷平寒鹅云
阴 上	2	上（阴）	[上清]古走口好 [上次浊]买老软远
阳 上	31	上（阳）	[上全浊]是坐厚淡
阴 去	35	去	[去]盖对看菜送放
阳 去	51	入	[去浊]共大病饭让用 [入清]竹七发一 [入浊]六月读白

城本按"平声""上声""去声""入声"四声分卷，只是沿袭仿用中古《广韵》系韵书的编排方式。

在平声、上声两卷中，每部按中古声母的清浊分为两韵，例如[平·一东]韵和[平·二容]韵，[上·五语]韵和[上·廿二柱]韵。可知城本的平声、上声当各分为阴阳两类。

在去声卷中，每韵所收只有中古去声的清声母字，例如[上·一送]韵的小韵代表字"送冻瓮众空~闲粽壅贡铳供上~痛嗅"都是中古去声的清声母字。可知城本的去声实只为阴去。

在入声卷中，每韵所收既有中古入声字，也包括中古去声的浊声母字，例如[入·四立]韵"立"小韵所收的"立六陆笠粒录绿栗泪陋漏"等字。又[入·二洞]"韵的小韵代表字"洞仲弄梦诵阆用共缝~隙"都只是中古去声的浊声母字一类，可知城本中"入声"实非入声，而只是阳去，中古入声字都并入阳去调。

二 《婺城乡音字汇》音系与现代紫阳话的差异

以现代紫阳话与城本相比较，可以看出，现代紫阳话基本上继承了城本的音系，同时两者之间也存在着一些差异。这些差异正是婺源县城方言从城本时期发展到现代紫阳话的演变情况的反映。

（一）紫阳话与《婺城乡音字汇》的韵母差异

紫阳话的韵母与城本的韵母基本对应。差异主要有两点：

1. 紫阳话的-e、-ie、-ue、-ye 韵母归并了城本的开、遮、靴三部韵母

列城本开、遮、靴三部四声小韵代表字于下：

[开阴平]开杯灰哀堆该推胚|[梅阳平]梅来回呆培台|[海阴上]海恺改腿垛每

霭僾/[亥阳上]亥待|[盖去]盖概配诲对退爱辈|[代入]代（突）①妹（没）倍（勃）会（惑）国佛内窟物饿（兀）

[遮阴平]遮车奢爹嗟/[邪阳平]邪伽爷蛇|[野阴上]野姐且扯捨写/[社阳上]社舐|[卸去]卸借赦啜蔗|[列入]列（丽）舌帖别（箧）杰灭夜（页）业（艺）摺协结鳖谢（切）接逝（设）洩

[靴阴平]靴腮衰猜/[才阳平]才而瘸|[宰阴上]宰采揣嘬疯/[在阳上]在[尔阳上]尔|[再去]再碎帅|[月入]月卒悦说阙血出雪决啐拙[二入]二

紫阳话中，这三部韵母归并为一类：

杯 ₌pe、胚 ₌p'e、梅 ₌b（m）e、佛 fe⁼、物 ve⁼；堆 ₌te、推 ₌t'e、来 ₌le；该 ₌ke、开 ₌k'e、呆 ₌ŋe、海 ⁼xe；哀 ₌e

爹 ₌te、列 le⁼；姐 ⁼tse、谢 ts'e⁼、写 ⁼se；遮 ₌tɕie、车 ₌tɕ'ie、奢 ₌ɕie；夜 ie⁼

猜 ₌ts'e、腮 ₌se；瘸 ₌tɕ'ye、靴 ₌ɕye；会~计 k'ue、毁 ⁼xue、月 gye⁼；悦 ye⁼

城本开部一个韵类，遮部两个韵类，靴部两个韵类，其韵母分别拟音为-ɛ、-e -ie 、-ɵ -yɵ。-ɛ、-e、-ɵ 三个韵腹发音接近，且开部收帮组、端组和见晓组字，遮部主要收精组和知、庄、章组字，靴部收精组和见晓组字，开部与遮、靴部恰成互补。紫阳话中三部合一，读成开、齐、合、撮四呼韵母-e、-ie、-ue、-ye。

城本靴部中平声中有"而"小韵，上声和去声中分别有"在""尔"两韵和"月""二"两韵（仅有零声母字），所收"而儿栭俋|尔迩耳珥洱|二贰饵誀"等字在紫阳话中读-ɵ韵母，不与开、遮、靴三部主体部分的字同韵，也说明了尔韵、二韵在音值上与在韵、月韵的差异。《城音》编纂者将这些数量不多的字归入靴部，应该是一种"附于某韵"的安排。

2. 城本中部分读撮口韵的字在紫阳话中读为齐齿韵

这些字分别是规、冤两部的字：

[规阴平]疽趄趋蛆须虽需绥尿/[葵阳平]驴闾榈随徐为维惟|[语阴上]女屡缕褛偻吕侣旅嘴咀沮取/[柱阳上]吕侣旅聚叙序绪|[岁去]醉娶趣翠脆砌岁婿粹絮邃祟去|[位入]虑类累悴瘁遂隧穗

[冤阴平]宣鲜/[元阳平]全泉旋漩|[远阴上]癣选|[愿入]溅县

城本规、冤两部都只有一个韵类，其韵母分别拟音为-y、-ỹ。以上字主

---

① 括号中的字非小韵代表字。考虑城本入声韵有古入声字和古去声浊声母字两类字，为便于说明问题，小韵代表字为古入声字时，其后括号内再列同小韵的古去声浊声母字，小韵代表字为古去声浊声母字时，其后括号内再列同小韵的古入声字。

要是古来（泥）母字和精组字，它们在城本中读-y、-ỹ韵母，在紫阳话中则读-i、-ĩ韵母。

（二）紫阳话与《婺城乡音字汇》的声母差异

紫阳话的声母与城本的声母大部分也基本对应。差异之处在城本有23个声母，紫阳话声母只有20个，比城本少了一组舌叶音声母 tʃ-、tʃʻ-、ʃ-。城本中塞擦音、擦音声母有3组，古精组声母字读 ts-、tsʻ-、s-声母，古见组声母字逢细音读 tɕ-、tɕʻ-、ɕ-声母，古知庄章组声母字则读 tʃ-、tʃʻ-、ʃ-声母。下面以城本的欺〔知〕部为例，归纳其中的塞擦音、擦音声母：

["精"母]：挤赍荠|霁挤跻|祭济际剂

["清"母]：妻凄栖/齐脐荠|

["心"母]：西榍犀些|洗徙葸|细

["章"母]：知之支芝枝栀肢脂蜘厎|纸止址旨指咫枳祉趾黹|至致智志置制痣

["昌"母]：痴蚩媸笞褫/池迟持踟|耻齿侈/治稚痔|翅炽厕/滞

["书"母]：师狮施尸诗/时匙坿|使史始矢屎|是示市视氏柿|试世势弑/事恃侍嗜豉虱谥

["见细"母]：几饥机讥肌羁箕鸡基姬稽畸畿笄|己几纪虮麂|记寄计继冀觊暨既

["溪"母]：欺崎敧/其奇旗期祁鳍|起岂企启/跽|气弃器憩契憩

["晓"母]：希稀牺羲嬉/兮奚美携畦|/系|戏

在城本中，赍 ₌tsi ≠ 支 ₌tʃi ≠ 鸡 ₌tɕi；但在紫阳话中：赍 ₌tsi ≠ 支 ₌tɕi = 鸡 ₌tɕi。

再看城本中忧、高、真、江4部中的塞擦音、擦音声母字的声母分组：

[忧]囚 ₌tsʻa ≠ 愁 ₌tʃʻa ≠ 求 ₌tɕʻia

[高]灾 ₌tso ≠ 椒 ₌tsio ≠ 招 ₌tʃo ≠ 娇 ₌tɕio

[真]心 ₌sæ̃ ≠ 身 ₌ʃæ̃ ≠ 欣 ₌ɕiæ̃

[江]桑 ₌sa ≠ 相 ₌siã ≠ 商 ₌ʃã ≠ 香 ₌ɕia

在紫阳话中，古精组声母字读 ts-、tsʻ-、s-声母，古见组声母字逢细音读 tɕ-、tɕʻ-、ɕ-声母，古知庄章组声母字逢洪音读 ts-、tsʻ-、s-声母，与古精组声母同，逢细音读 tɕ-、tɕʻ-、ɕ-声母，与古见组声母同。因此在紫阳话中：

心辛新荀 ₌sæin = 身申深升 ₌sæin ≠ 欣昕 ₌ɕiæin

相襄 ₌siã ≠ 商伤双霜 ₌ɕiã = 香乡 ₌ɕiã

（三）紫阳话与《婺城乡音字汇》的声调差异

紫阳话的声调与城本的声调在调类系统上基本一致，古平上去三声各分阴阳，古入声归入阳上。声调差异的主要情况是古次浊上声字的调类归并。紫阳话中，古次浊上声字基本上归阳上，只有个别的如"屡、雅、绕"等几个字读阴上。而在城本中，古次浊上声字多数归阴上，少数归阳上。城本中上声卷阴阳分韵，其韵目再列于下：

阴调韵：
此 纸 甫 语 野 海 宰　柳 颇 巧 少 反 坎 忝 远 谨 讲 耿 孔

阳调韵：
似 是 杜 柱 社 亥 在 尔 厚 下 鲍 兆 淡 限 善 软 尽 象 並 动

加暗影的韵目字为中古上声次浊声母字。韵目字"[语]——[柱]""[野]——[社]""[柳]——[厚]""[远]——[软]"的对立，已经清楚地展示了古次浊上声字分归阴阳两调的情况。

以下是城本上声卷中分别归入上述阴阳两类上声韵的常用字。归入阴上的有：

[纸]美靡瀰洣亹娓里理礼醴蠡俚鲤娌履诔你拟以已依椅矣　[甫]母姆姥拇某鲁橹卤武侮舞妩鹉忤伍午仵坞　[语]女屡缕褛蕊偻膂旅吕侣语御圄齬齲宇禹与羽委汝乳伟萎痿　[海]每儞磊蕾耒垒裸馁诔霭浼　[宰]痭[柳]牡亩柳篓绺　[宰]妈马玛码嬴赢我雅哑　[巧]卯挠　[少]渺藐渺杳淼老乃奶脑恼瑙鸟袅嬝了瞭嫽缭嘹绕矮袄懊媪　[反]满报卵览晚碗挽惋腕 [坎]牛委罱黯　[忝]免勉冕腼娩渷敛辇脸潋俨囝冉衍演掩髶奄偃魇 [远]远苑婉宛　[谨]敏闽悯泯黾廪檩凛忍荏隐引允尹稳刎陨吻　[讲]莽蟒朗曩两辆魉仰养往罔惘枉魍誷网　[耿]猛蜢茗皿酩　[孔]懵懞蠓陇垅垄垅勇冗甬拥涌俑踊蛹涌

归入阳上的有：

[是]米尾娓山尾李里鲤蚁　[杜]亩母努弩砮房卤　[柱]吕侣旅膂雨[尔]尔迩耳珥　[厚]扭纽鈕忸酉　[下]马码荬瓦　[鲍]咬　[兆]恼脑了舀[淡]暖卵览揽榄报懒腕挽　[限]眼　[善]染碾研　[软]软　[尽]闽闵引蚓[象]两俩痒网　[並]领岭冷　[动]笼拢涌

在城本中，"美≠米尾"，"养≠痒"：

[四纸]美靡瀰洣亹娓　　　　　　[廿一是]米尾娓山尾
[三讲]养往駚　　　　　　　　　[廿九象]痒懩

但在紫阳话中，"美米尾"完全同音，"养痒"完全同音，都读阳上31调。

婺源县城方言中，古次浊上声字由随清流读阴上而改为随浊流读阳上的演变在城本时期之前即已开始。在城本中就已经读阳上的字"米、尾、懒、冷、眼、软"等多是口语常用字，它们读阳上应属于比较早期的层次。

城本中还有一些古次浊上声字具有阴上、阳上两读，这正是它们在该时期处于从阴上向阳上演变的过渡阶段的证明。这些字有以下一些：

娓母亩马码闵悯里鲤吕侣旅恼脑了卵览两俩乳雨引

这些字的两读有的或与字义有关，或与连读位置有关，例如：

[四纸]娓：～～口陈名谈　　　　[廿一是]娓：顺也
[八甫]母：父～　　　　　　　　[廿六杜]母：公～
[五语]旅：客～　　　　　　　　[廿二柱]旅：～店～客
[十少]了：完～　　　　　　　　[卅一兆]了：～事

但更多的是一种自由的任读，例如：

[十八颇]马：牛～　　　　　　　[二十下]马：牛～
[十少]脑：头～　　　　　　　　[卅一兆]脑：头～
[四纸]鲤：～鱼　　　　　　　　[廿一是]鲤：～鱼
[十一反]卵：鸡～　　　　　　　[廿三淡]卵：鸡～

三 婺源县城方言 200 年来的主要语音演变

综上所述，婺源县城方言自城本时期以来历经 200 年到现代紫阳话，所发生的语音演变可概括为 4 点：

1. 城本时期三分的开部、遮部、靴部三部韵母归并，三部所辖字在紫阳话中读-e、-ie、-ue、-ye 韵母。

2. 城本时期多数读阴上的古次浊上声字跟随少数已经读阳上的次浊上字变化读作阳上调。

3. 城本时期读撮口韵 -y 、-ỹ 的来母字和精组声母字变读为齐齿韵 -i、-ĩ 韵母。

4. 城本时期的舌叶音声母 tʃ-、tʃʻ-、ʃ- 消失，古知庄章声母读舌尖音 ts-、tsʻ-、s-声母和舌面音 tɕ-、tɕʻ-、ɕ-声母。

第十章　赣东北徽语的地理语言学考察

地理语言学（Linguistic Geography）又叫语言地理学、方言地理学，属于方言学的一支。地理语言学是一种语言学理论，也是一种研究方法。它是利用一些符号或同言线束将方言特征分布呈现在地图上，从而就方言空间分布区域来探测方言的语言历史。它最早由比利时语言学家、汉学家贺登崧（W.A.Grootaers）引进到中国的方言研究当中，为汉语方言研究开辟了一条新的途径。其主要做法和程序通常是：慎选少量语音、词汇以及语言片段→实地调查、记录发音→对调查项目绘制地图→探究其反映出来的物质、精神文化现象→地图解释。在这一研究过程中，绘制方言地图是其研究成果的主要表现方式。方言地图是存储和容纳来自现实方言实体信息的载体，它所呈现的信息，不仅仅能被积累、复制、组合、传递，还可以被方言学家根据研究需求提取、分析、解释。

2008 年，曹志耘主编出版《汉语方言地图集》（语音、词汇、语法三卷）。这一套描绘性的地图集描写和展示了现存众多方言现象的面貌和地理分布状况。《汉语方言地图集》的出现无疑推动了语言地理学的进一步发展。2009 年，日本学者岩田礼编制《汉语方言解释地图》，书中根据同言线区分主要是南北方向的对立，选取自然、时间、动物、植物、肢体等方面的一些具有代表性的词语绘制地图，提出对词汇传播的构拟、猜测，并对其作出相关的解释。

本章对赣东北徽语从语言地理学角度进行考察，在语音、词汇、语法三个方面全面展现赣东北徽语语言地理的面貌。赣东北徽语区语言地理格局的形成有其内因和外因。语言项目的性质、来源、特点、传播路径以及其使用频率、变化速度是内在机制。同时，对于赣东北徽语区方言面貌的形成，边邻各方言的共时影响也发挥了不可或缺的作用。在区域方言发展的历史中，边邻方言进入本方言区域，与本区域方言相融合甚至淘汰本区域方言取而代之，也是常有发生的。

因此，本章作赣东北徽语的语言地理学考察，扩展视野将赣东北徽语与边邻方言点进行联系比较。选择的边邻方言点共 8 处：祁门方言、休宁方言（皖南徽语），开化方言、玉山方言（吴语），弋阳方言、乐平方言、

第十章 赣东北徽语的地理语言学考察

鄱阳方言、东至方言（赣语）。这样，加上赣东北徽语 13 处方言点，考察的方言点共有 21 处。

以下是赣东北徽语及边邻方言 21 处方言点的地理位置图（见下图）。

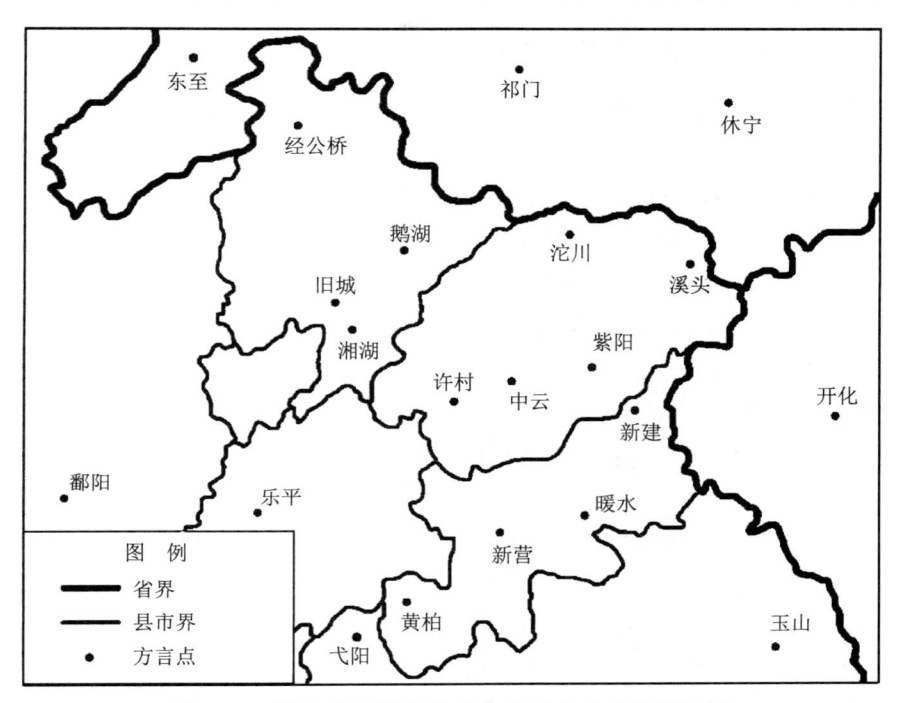

图 10-0 赣东北徽语及边邻方言的方言点地理位置

图中赣东北徽语 13 处方言点情况可参见第一章第四节"本书考察的方言点"简介。8 处边邻方言，所标位置均为县市人民政府所在地。其中弋阳方言点的位置考虑到地图所占篇幅，稍作北移。

本章对通过调查所获得的上述 21 处方言点的语音、词汇、语法材料作比较对照，筛选出反映方言特点且具有代表性的语言项目（包括语音项目、词汇项目、语法项目）作地理分布状况考察。这些语言项目共有 54 项，其中语音项目 22 项，词汇项目 18 项，语法项目 14 项。每个项目绘制方言地图，以相互有区别的符号根据方言语音、词汇、语法项目的状况和特点对方言点作出标示，并附简要文字说明。

本章考察赣东北徽语及边邻方言的语言项目地理分布状况，分别从两个角度进行。一是考察赣东北徽语区三县市 13 处方言点的语言项目地理分布；二是在更大范围考察包括 8 处边邻方言共 21 处方言点的赣、皖、浙三省交界处的徽语（包括赣东北徽语、皖南徽语）、赣语、吴语交接地带（以下简称"赣东北方言交接地带"）的语言项目地理分布。

第一节　赣东北徽语语音项目的地理分布

一　赣东北徽语语音考察项目

赣东北徽语语音考察项目共选择以下 22 项。

（一）声母项目

1. "榨""茶""沙"声母读音的分布
2. "铜""洞"声母读音的分布
3. "问""人""鹅""疑"声母读音的分布
4. "爱""暗"声母读音的分布
5. "猪""春"声母读音的分布
6. "胡""话""黄""横"声母读音的分布
7. "坐""墙"声母读音的分布

（二）韵母项目

8. "鸭""笔""落""色""客""读"韵母读音的分布
9. "敢""减"韵母读音的分布
10. "寒""闲"韵母读音的分布
11. "开""揩"韵母读音的分布
12. "宝""饱""表"韵母读音的分布
13. "星""新""心"韵母读音的分布
14. "胎""推"韵母读音的分布
15. "官""关"韵母读音的分布
16. "狗""九"韵母读音的分布
17. "桃""头"韵母读音的分布
18. "墩""东"韵母读音的分布

（三）声调项目

19. "拜""败"声调读音的分布
20. "比""米"声调读音的分布
21. "被""备""皮"声调读音的分布
22. "督""禄""毒"声调读音的分布

二　赣东北徽语语音项目地理分布图

22 项赣东北徽语语音项目地理分布图如下：

第十章　赣东北徽语的地理语言学考察

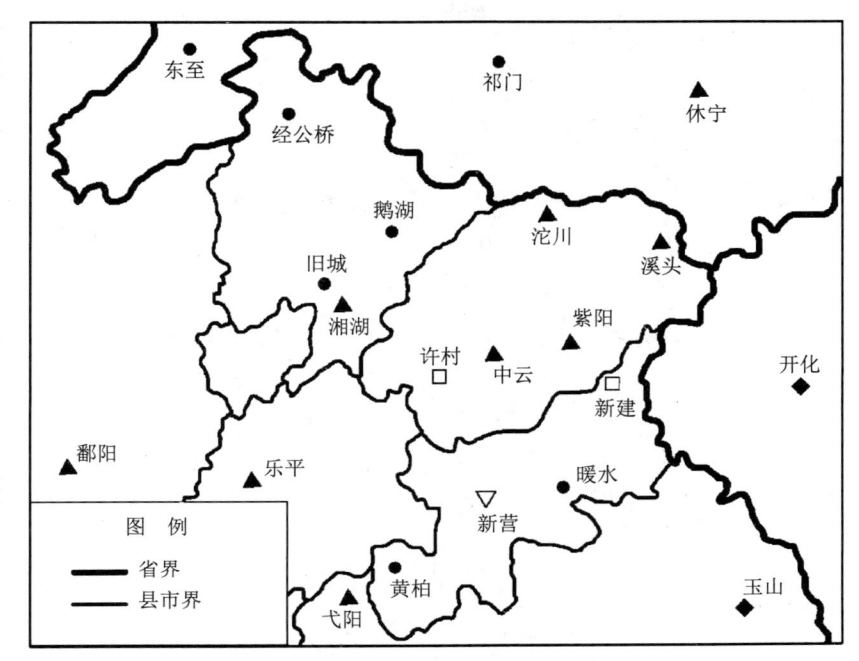

图 10-1-1 "榨""茶""沙"声母读音的分布

中古庄组声母字"榨庄"（0067）、知组声母字"茶澄"（0065）、庄组声母字"沙生"（0070）三字在 21 处方言点中声母读音情况有 5 种：

A. 分别读舌尖后音 tʂ-|tʂʻ-|ʂ-（●）。有 7 处：经公桥、鹅湖、旧城，黄柏、暖水；东至；祁门。

B. 分别读舌叶音 tʃ-|tʃʻ-|ʃ-（□）。有 2 处：许村，新建。

C. 分别读舌尖前音 ts-|tsʻ-|s-（▲）。有 9 处：湘湖，溪头、沱川、紫阳、中云；休宁；弋阳、乐平、鄱阳。

D. 分别读舌尖塞音、舌面擦音 t-|tʻ-|ɕ-（▽）。有 1 处：新营。

E. 分别读舌尖前音 ts-|dz-|s-（◆）。有 2 处：开化、玉山。

A 类音读主要见于浮梁 3 点、德兴 2 点，C 类音读主要见于婺源 4 点、赣语 3 点。东至点、祁门点近浮梁与之同，湘湖点近婺源、乐平与之同，休宁点近婺源与之同。B 类音读是 A 类音读的发展，可以与之归并；E 类音读应与 C 类音读同类，可以归并。D 类音读为新营点所独有。

在赣东北徽语区，项目 1-1 构成西北—中—南两类三分的分布态势。

在赣东北方言方言交接地带，项目 1-1 构成西北—东南两分的分布态势。

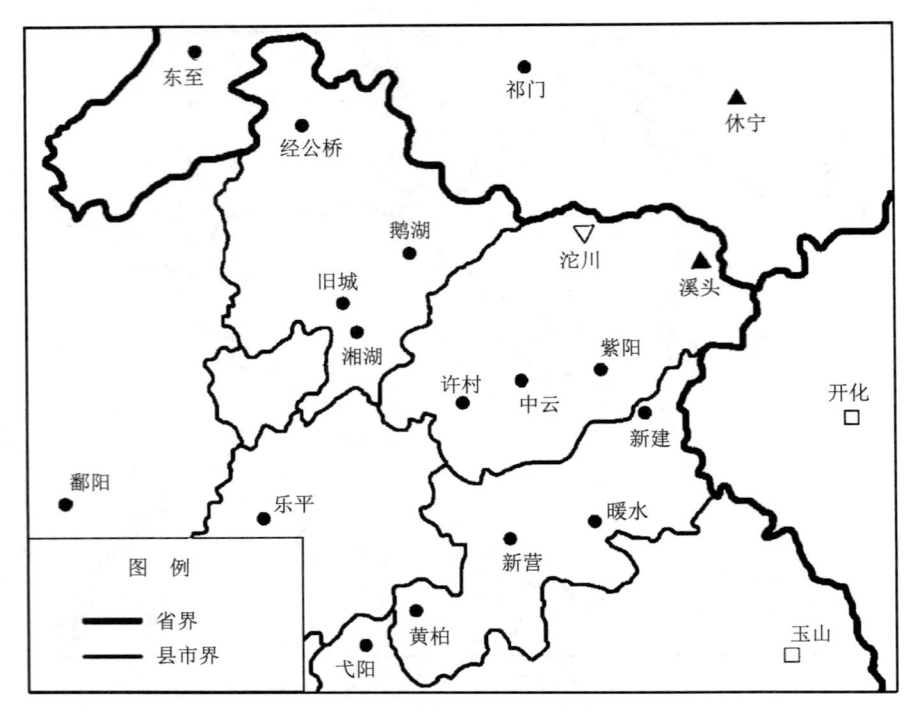

图 10-1-2 "铜""洞"声母读音的分布

中古定母（全浊声母）平声字"铜"（1446）、仄声字"洞"（1448）两字在 21 处方言点中声母读音情况有 4 种：

A. 分别读 t'-|t'-（●）。有 16 处：经公桥、鹅湖、旧城、湘湖，紫阳、许村、中云，新建、新营、黄柏、暖水；祁门；弋阳、乐平、鄱阳、东至。

B. 分别读 d-|d-（□）。有 2 处：玉山、开化。

C. 分别读 t-|t-（▲）。有 2 处：溪头；休宁。

D. 分别读 t'-|t-（▽）。有 1 处：沱川。

徽语点和赣语点两字都读清塞音声母；吴语点则读浊塞音声母。徽语少数点（溪头、休宁和沱川）有读不送气音的。

在赣东北徽语区，"古全浊声母字有无读不送气的"构成婺源片东北（婺源"上路话"）—西南（婺源"下路话"）两分的分布态势。

在赣东北方言交接地带，"古全浊声母字是否保留浊音读法"构成东南（吴语 2 点）—西、西北（徽语点、赣语点）不均衡两分的分布态势；"古全浊声母字有无读不送气的"构成东北（徽语 3 点）—西南（其余徽语点、赣语点）不均衡两分的分布态势。

第十章　赣东北徽语的地理语言学考察　927

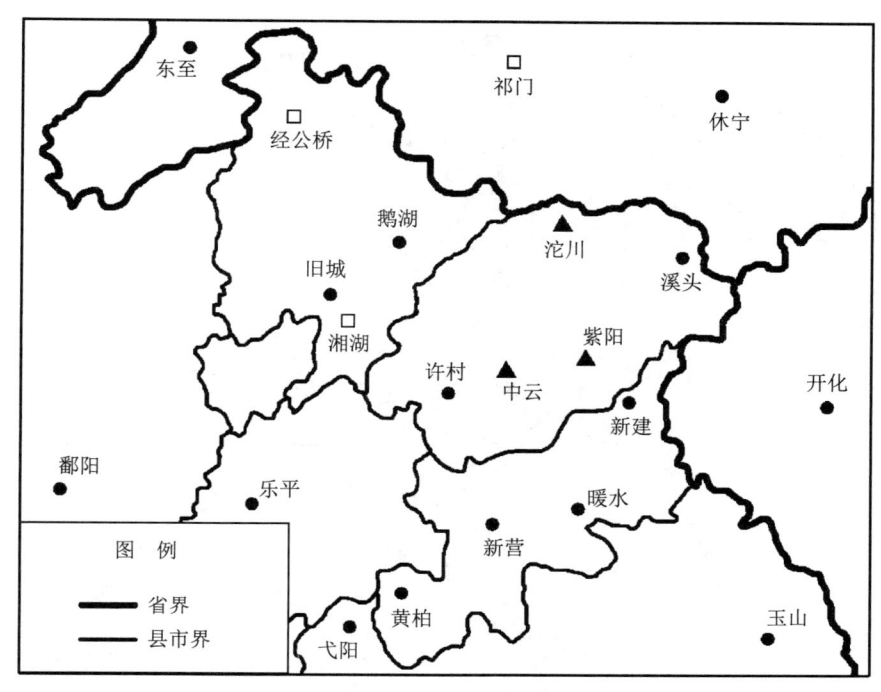

图 10-1-3　"问""人""鹅""疑"声母读音的分布

中古微母字"问"（1164）、日母字"人"（1099）、疑母字"鹅"（0016）和"疑"（0502）四字在 21 处方言点中声母读音情况有 3 种：

A. 分别读 m-|n̠-|ŋ-|n̠- / m-|ø-|ŋ-|ø- / ø-|ø-|ŋ-|n̠- / ø-|-|øŋ-|n̠- / m-|ø-|ŋ-|n̠- / m-|n-|ŋ-|ŋ-（●）。有 16 处：鹅湖、旧城，溪头、许村，新营；开化；乐平 / 新建、黄柏 / 暖水；鄱阳、东至；休宁 / 玉山；弋阳。

B. 分别读 ø-|ø-|ø-|ø- / ø-|ø-|ŋ-|ø- / ŋ-|ø-|ŋ-|ø-（□）。有 3 处：经公桥/湘湖/祁门。

C. 分别读 ø-|ø-|g-|g- / ø-|n̠-|g-|ø-（▲）。有 3 处：沱川、紫阳/中云。

A 类音读四字多则 4 个少则 2 个鼻音声母，见于大多数方言点，基本吻合徽语、赣语、吴语的共有性语音特点：微母字白读声母为 m-，日母字多有鼻音声母读法，疑母字今逢洪音读 ŋ- 声母，逢细音读 n̠- 声母。B 类音读见于浮梁 2 点和皖南徽语 1 点，只有 1 个鼻音声母。C 类音读的特点是疑母字读塞音 g- 声母。

在赣东北徽语区，项目 1-3 构成区域内基本一致、少数点不同的分布态势。

在赣东北方言交接地带，项目 1-3 构成大部区域一致、中部和北部少数点不同的分布态势。

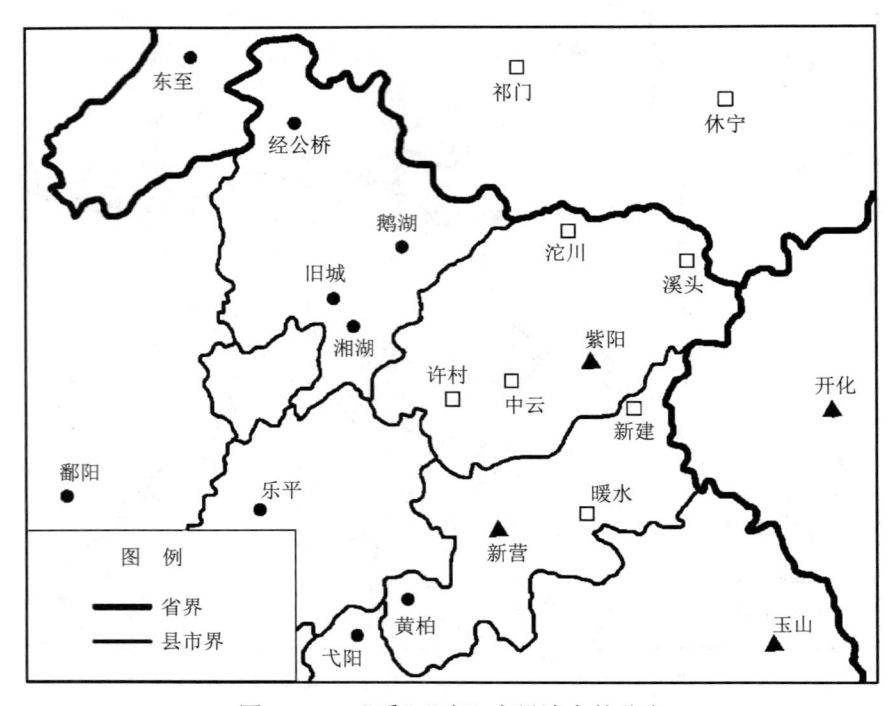

图 10-1-4 "爱""暗"声母读音的分布

中古影母（零声母）字"爱"（0280）、"暗"（0778）两字在 21 处方言点中声母读音情况有 3 种：

A. 分别读 ŋ-|ŋ-（●）。有 9 处：经公桥、鹅湖、旧城、湘湖，黄柏；弋阳、乐平、鄱阳、东至。

B. 分别读 ∅-|ŋ-（□）。有 8 处：溪头、沱川、许村、中云，新建、暖水；祁门、休宁。

C. 分别读 ∅-|∅-（▲）。有 4 处：紫阳，新营；开化、玉山。

赣语 4 点和浮梁 4 点，两字都读 ŋ- 声母；吴语 2 点两字都读零声母。婺源和德兴多数点以及边邻徽语 2 点，开口字"爱"读零声母，合口字"暗"读 ŋ- 声母。影母字读 ŋ- 声母应属于赣语性语音特点。浮梁 4 点和德兴黄柏点与赣语趋同；婺源紫阳以外 4 点，德兴新建、暖水 2 点以及皖南徽语 2 点与赣语部分趋同。紫阳、新营 2 点与吴语点同。

在赣东北徽语区，项目 1-4 构成西北—中、南二分的分布态势。

在赣东北方言交接地带，项目 1-4 构成西—中—东南三分的分布态势。

第十章　赣东北徽语的地理语言学考察

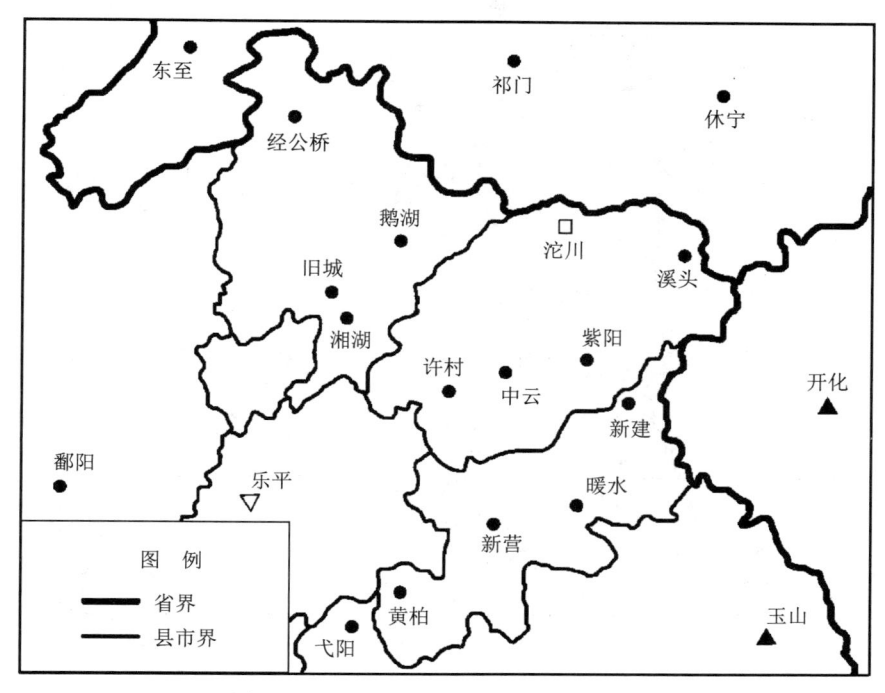

图 10-1-5　"猪""春"声母读音的分布

中古知母字"猪"（0176）、昌母字"春"（1148）两字在 21 处方言点中声母读音情况有 4 种：

A. 分别读 tɕ-|tɕʻ-/tɕ-|tsʻ-/tɕ-|tʃʻ-/tɕ-|tʂʻ-/tʂ-|tɕʻ-（●）。有 17 处：经公桥、鹅湖、旧城、湘湖，新营；祁门、休宁；弋阳、鄱阳、东至 / 溪头、紫阳、中云/许村，新建 / 黄柏 / 暖水。

B. 分别读 t-|tɕʻ-（▲）。有 2 处：开化、玉山。

C. 分别读 k-|kʻ-（▽）。有 1 处：乐平。

D. 分别读 tɕ-|kʻ-（□）。有 1 处：沱川。

A 类音读知组、章组字声母多读舌面音或读舌尖后音、舌叶音、舌尖前音，见于大多数方言点。B 类音读知组字声母有读舌尖中塞音的，仅见于吴语 2 点。C、D 类音读知组、章组声母字有读舌根塞音的，仅见赣语乐平点和婺源沱川点。其中乐平方言中较多，沱川话中只有少数字。

在赣东北徽语区，项目 1-5 构成区域内基本一致、个别点特殊的分布态势。

在赣东北方言交接地带，项目 1-5 构成大部区域一致、东南和中部有少数点特殊的两类三分的分布态势。

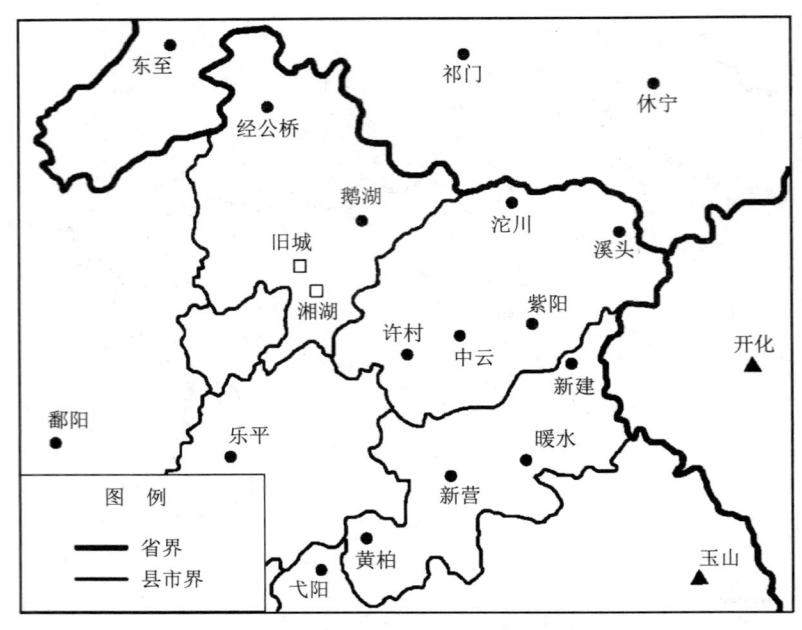

图 10-1-6 "胡""话""黄""横"声母读音的分布

中古匣母字"胡"(0163)、"话"(0399)、"黄"(1255)、"横"(1427)四字在 21 处方言点中声母读音情况有 3 种：

A. 分别读 x-|0-|x-|x- / x-|0-|0-|0- / x-|x-|x-|0- / x-|0-|x-|0- / x-|x-|0-|x- / x-|x-|x-|x-（●）。有 17 处：溪头、中云；祁门、休宁；鄱阳、东至 / 经公桥、许村 / 鹅湖、新营；弋阳、乐平 / 沱川、紫阳 / 新建、暖水 / 黄柏。

B. 分别读 f-|x-|x-|0- / f-|0-|f-|0-（□）。有 2 处：旧城 / 湘湖。

C. 分别读 0-|0-|0-|0-（▲）。有 2 处：开化、玉山。

A 类音读即匣母字有读舌根擦音声母的，见于徽语、赣语大多数点。C 类音读都读零声母，见于吴语点。B 类音读见于浮梁旧城、湘湖 2 点。匣母字读唇齿擦音声母属于赣语特点，不过这里的赣语非图中乐平等 4 点，而是图中未作标示的景德镇市区的赣语。旧城、湘湖 2 点受景德镇方言影响而与之趋同。B 类音读可以归并入 A 类音读。

在赣东北徽语区，项目 1-6 构成区域内基本一致、西北少数点不同的分布态势。

在赣东北方言交接地带，项目 1-6 构成大部区域一致、东南 2 点不同的不均衡两分的分布态势。

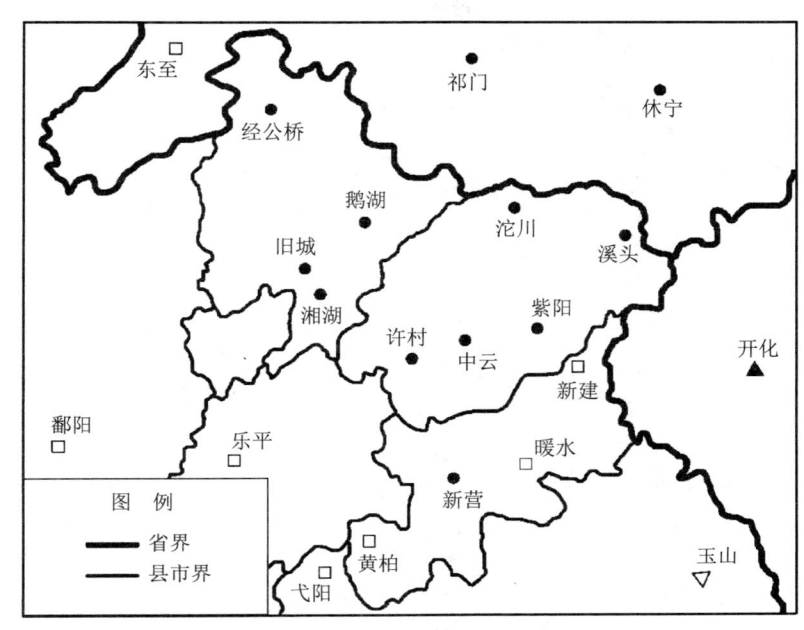

图 10-1-7 "坐""墙"声母读音的分布

中古从母字"坐"（0034）、"墙"（1207）两字在 21 处方言点中声母读音情况有 4 种：

A. 分别读 ts'-|ts'-/ts-（●）。有 12 处：经公桥、鹅湖、旧城、湘湖，溪头（ts-）、沱川、紫阳、许村、中云，新营；祁门、休宁。

B. 分别读 ts'-|tɕ'-（□）。有 7 处：新建、黄柏、暖水；弋阳、乐平、鄱阳、东至。

C. 分别读 z-|ʐ-（▲）。有 1 处：开化。

D. 分别读 ɕ-|ɕ-（▽）。有 1 处：玉山。

A 类、B 类音读两字都读塞擦音声母，见于全部徽语点、赣语点。两类区别在于 B 类三等字"墙"读舌面音，见于德兴方言 3 点和赣语 4 点。C 类、D 类音读两字都读擦音声母，两类区别在于 D 类音读一等字"坐"也读舌面音。

在赣东北徽语区，项目 1-7 "'墙'是否读舌面音"构成西北、中—南两分的分布态势。

在赣东北方言交接地带，"两字是否读擦音"构成大部区域一致、东南 2 点特殊的分布态势；"'墙'是否读舌面音"构成西、南—中、北两分的分布态势。

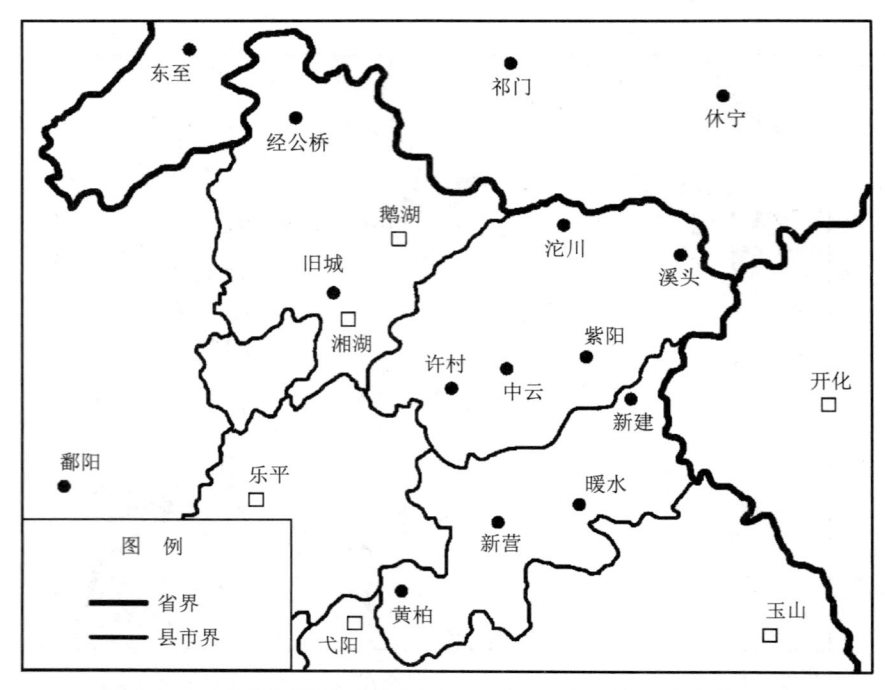

图 10-1-8 "鸭""笔""落""色""客""读"韵母读音的分布

中古入声字"鸭"(1549)、"笔"(1646)、"落"(1683)、"色"(1735)、"客"(1753)、"读"(1797)六字在 21 处方言点中韵母读音情况有 2 种：

A. 韵母带元音韵尾或无韵尾(●)。有 15 处：经公桥：-uʌ|-i|-au|-iai|-ia|-o、旧城：-oʳ|-ei|-au|-iai|-aʳ|-əu，溪头：-o|-i|-au|-a|-a|-u、沱川：-o|-i|-au|-ɒ|-ɒ|-u、紫阳：-ə|-a|-ɒ|-o|-o|-u、许村：-o|-a|-ɔ|-o|-o|-u、中云：-o|-a|-o|-o|-o|-ɔ，新建：-uɤ|-ɛ|-o|-æ|-æ|-o、新营：-o|-ɛ|-ɔ|-iæ|-a|-o、黄柏：-ɑ|-i|-ə|-uɛ|-a|-u、暖水：-uɐ|-e|-ɔ|-iæ|-æ|-əu；祁门：-ɯːə|-i|-ɔ|-ɑ|-ɑ|-u、休宁：-ɔ|-i|-o|-a|-a|-au；鄱阳：-ɔ|-i|-uo|-ɜ|-ɜ|-u、东至：-a|-i|-uo|-ɜ|-ɜ|-u。

B. 韵母带塞音韵尾(□)。有 6 处：鹅湖：-uəʳʔ|-aiʔ|-oʔ|-iaiʔ|-aʔ|-əuʔ、湘湖：-oʔ|-eiʔ|-auʔ|-iaiʔ|-aʔ|-əuʔ；开化：-ʌʔ|-ʌʔ|-ɔʔ|-ʌʔ|-ʌʔ|-ɔʔ、玉山：-aʔ|-eʔ|-ɔʔ|-ɔʔ|-ɔʔ|-oʔ；弋阳：-aʔ|-iʔ|-aʔ|-ɛʔ|-ɛʔ|-uʔ、乐平：-aʔ|-iʔ|-ɔʔ|-ɤʔ|-aʔ|-uʔ。

A 类音读见于鹅湖、湘湖以外徽语 13 点和赣语鄱阳、东至 2 点。B 类音读见于吴语 2 点，徽语鹅湖、湘湖 2 点，赣语弋阳、乐平 2 点。

在赣东北徽语区，项目 1-8 构成区域内基本一致、西北少数点不同的分布态势。

在赣东北方言交接地带，项目 1-8 构成大部区域一致、东南和西部少数点不同的两分的分布态势。

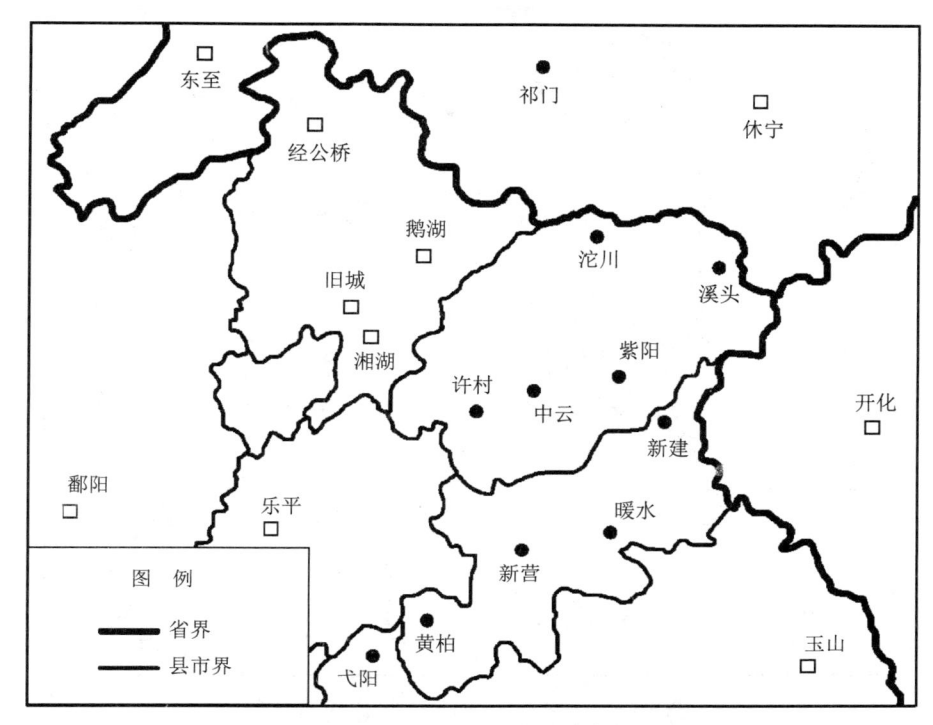

图 10-1-9 "敢""减"韵母读音的分布

中古咸摄一等字"敢"（0789）、二等字"减"（0795）两字在 21 处方言点中韵母读音情况有 2 种：

A. 两字韵母读音相同（●）。有 11 处：溪头：ã、沱川：-õ、紫阳：-ẽ、许村：-ũ、中云：-um；新建：-ã̃、新营：-ã、黄柏：-ã、暖水：-ã；弋阳：-an；祁门：-ɔ̃。

B. 两字韵母读音不同（□）。有 10 处：经公桥：-ɤ̃|-iẽ、鹅湖：-iɛn|-õ、旧城：-ɛn|-uo、湘湖：-ɛn|-o、休宁：-a|-ɔ；乐平：-ɛn|-an、鄱阳：-õn|-ãn、东至：-an|-iɛn；玉山：-ẽn|-ãn、开化：ã-|-iẽ。

咸摄一二等字今读韵母有别的，主要是吴语、赣语和徽语浮梁方言各点。咸摄一二等字今读同韵应是徽语性语音特点。浮梁方言与赣语趋同。

在赣东北徽语区，项目 1-9 构成西北—中、南二分的分布态势。

在赣东北方言交接地带，项目 1-9 构成西—中—东三分的分布态势。

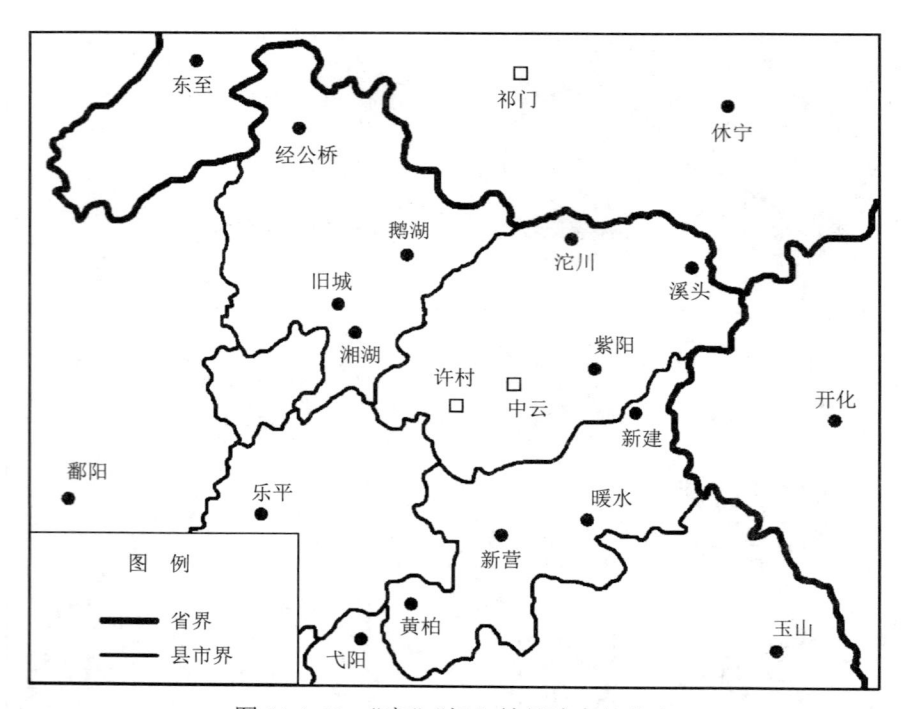

图 10-1-10 "寒""闲"韵母读音的分布

中古山摄一等字"寒"（0892）、二等字"闲"（0908）两字在 21 处方言点中韵母读音情况有 2 种：

A. 两字韵母读音不同（●）。有 18 处：经公桥：-ỹ|-iɛ̃、鹅湖：-ŋn|-iɛn、旧城：-ɛn|-uo、湘湖：-ɛn|-o、溪头：-ũ|-ã、沱川：-ũ|-õ、紫阳：-um|-ẽ；新建：-uõ|-ã̃、新营：-u|-ã、黄柏：-õ|-ã、暖水：-uõ|-ã、玉山：-ɔ̃|-ãn、开化：-oŋ|-iŋ、弋阳：-ɔn|-an、乐平：-ɛn|-an、鄱阳：-õn|-ãn、东至：-an|-iɛn；休宁：-u:ə|-ɔ。

B. 两字韵母读音相同（□）。有 3 处：许村：-ũ、中云：-um；祁门：-ɔ̃。

山摄一二等字今读韵母有别，应属于赣东北徽语区和边邻赣语点、吴语点的全区域性的共有性特点。

对比项目 1-9 "'敢'、'减'韵母读音的分布"，可以看出咸、山摄一二等字韵母读音是否有别，赣东北徽语有不同的表现，即山摄一二等字今读韵母有别，咸摄一二等字今读韵母无别。

在赣东北徽语区，项目 1-10 构成婺源片东北—西南二分的分布态势。

在赣东北方言交接地带，项目 1-10 构成对中部少数点的大包围的分布态势。

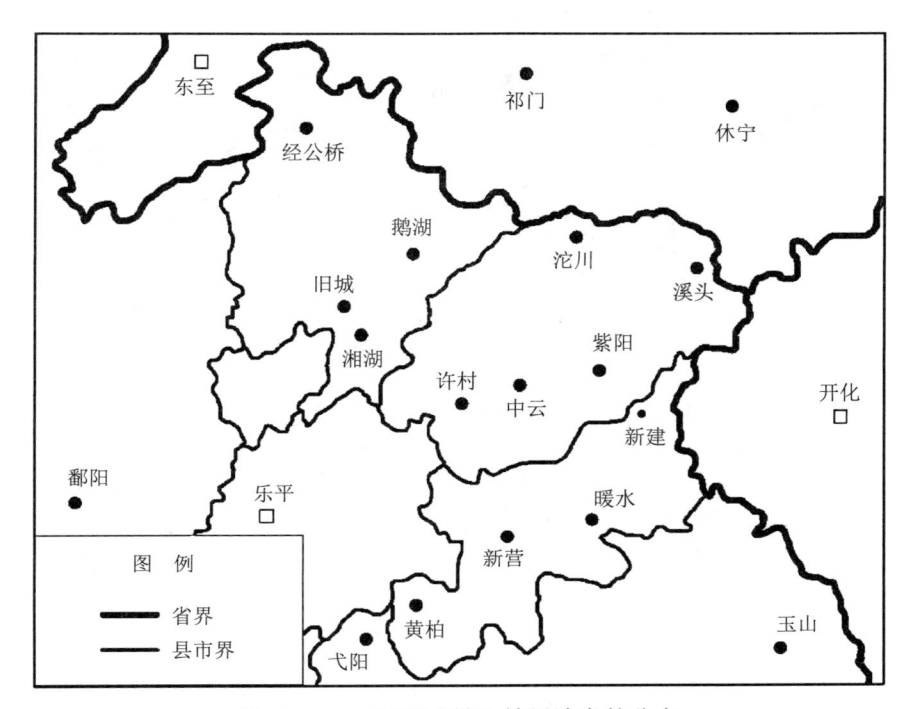

图 10-1-11 "开""揩"韵母读音的分布

蟹摄一等字"开"(0273)、二等字"揩"(0298)两字在 21 处方言点中韵母读音情况有 2 种：

A. 两字韵母不同（●）。有 18 处：经公桥：-ɤ|-ia、鹅湖：-iɛ|-a、旧城：-iɛ|-a、湘湖：-ɛ|-a、溪头：-uɐ|-a、沱川：-ua|-ɒ、紫阳：-e|-o、许村：-uɤ|-o、中云：-ɤ|-a、新建：-ua|-a、新营：-ua|-a、黄柏：-ɛ|-a、暖水：-o|-a；祁门：-uɑ|-ɒ、休宁：-uɤ|-a；玉山：-iə|-ai；鄱阳：-ɛi|-ai、弋阳：-oi|-ai。

B. 两字韵母相同（□）。有 3 处：乐平：-ai、东至：-iai、开化：-ɛ。

A 类音读蟹摄一二等字韵母今读有别，见于赣东北徽语 13 点、皖南徽语 2 点，属于徽语性语音特点。赣语鄱阳、弋阳 2 点，吴语玉山点，与徽语邻接而与之同。

在赣东北徽语区，项目 1-11 呈区域内完全一致的分布态势。

在赣东北方言交接地带，项目 1-11 构成大部区域一致、少数散点不同的分布态势。

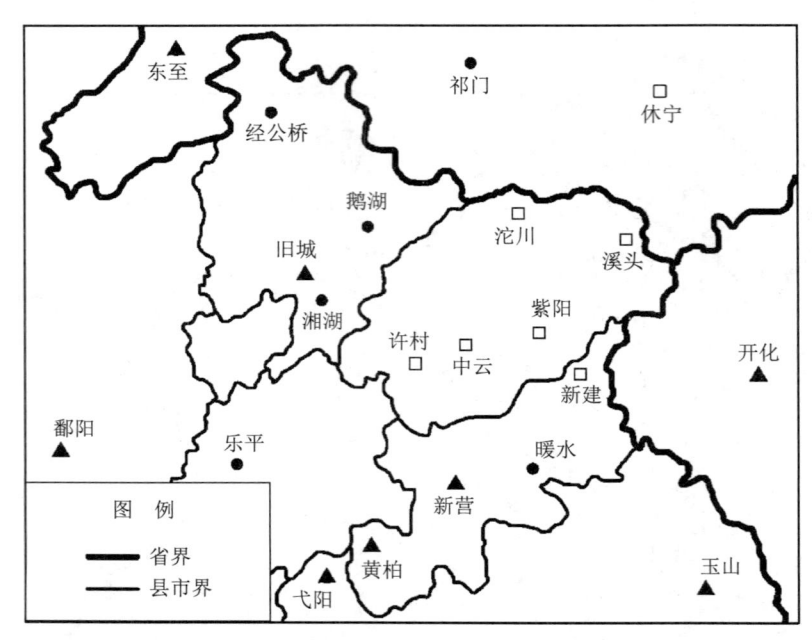

图 10-1-12 "宝""饱""表"韵母读音的分布

中古效摄一等字"宝"（0556）、二等字"饱"（0600）、三等字"表"（0630）三字在 21 处方言点中韵母读音情况有 3 种：

A. 三字韵腹、韵尾相同（▲）。有 8 处：旧城：-(i)au，新营：-(i)ɔ、黄柏：-(i)ə；开化：-(i)əɯ；玉山：-(i)ɑu；弋阳：-(i)ɑu、鄱阳：-(i)ɑu、东至：-(i)au。

B. "宝""饱"同韵，"表"韵腹、韵尾不同（●）。有 6 处：经公桥：-au|-au|-ia，鹅湖：-au|-au|-ia，湘湖：-au|-au|-io，暖水：-o|-o|-yɛ；祁门：-ɔ|-ɔ|-iɑ；乐平：-ɑu|-ɑu|-iəu。

C. 三字韵腹、韵尾都不同（□）。有 7 处：溪头：-ɐ|-au|-ia、沱川：-a|-au|-ia、紫阳：-o|-ɒ|-io，许村：-a|-ɔ|-ɕi、中云：-a|-ɔ|-ɕi，新建：-ɯ|-ɕ|-iɛ；休宁：-ɣ|-o|-iau。

A 类音读主要见于吴语点、赣语点，B 类音读主要见于浮梁方言 3 点，C 类音读主要见于婺源 5 点。可见效摄字韵母分等是徽语性语音特点。其中婺源 5 点三分，浮梁 3 点二分。新营、黄柏 2 点与赣语弋阳点、吴语 2 点趋同，乐平点与浮梁 3 点趋同，新建点与婺源 5 点趋同。

在赣东北徽语区，项目 1-12 构成西北—中—南三分的分布态势。

在赣东北方言交接地带，构成西、南、东南—中、东北两分的分布态势。

第十章　赣东北徽语的地理语言学考察　　937

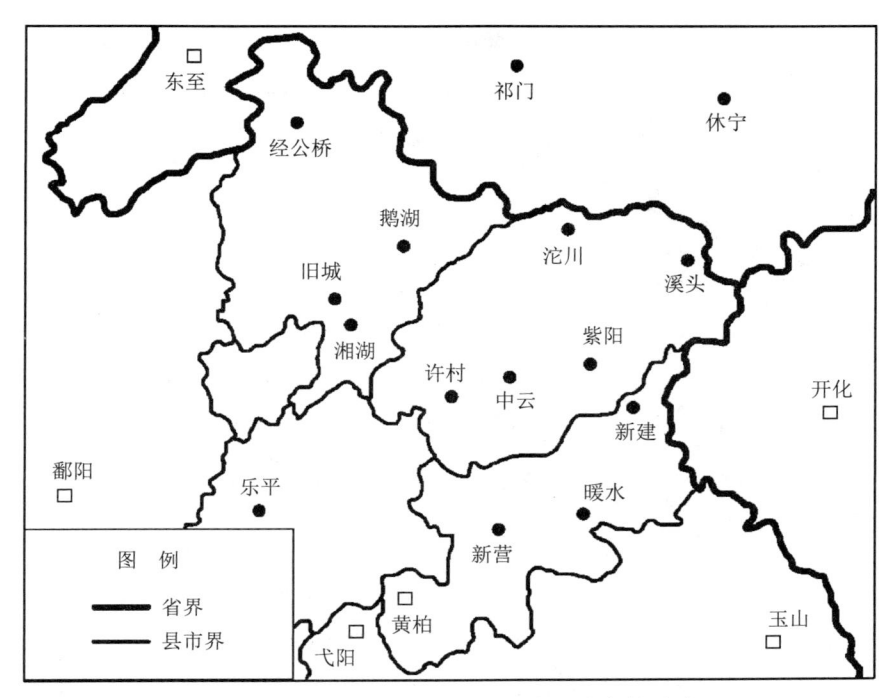

图 10-1-13　"星""新""心"韵母读音的分布

中古深摄字"心"（0850）、臻摄字"新"（1086）和梗摄字"星"（1422）三字在 21 处方言点中韵母读音情况有 2 种：

A."新""心"同韵，"星"另读一韵（●）。有 15 处：经公桥：-ən|-ən|-ãi、鹅湖：-ən|-ən|-ãi、旧城：-ɛn|-ɛn|-ai、湘湖：-ɛn|-ɛn|-ai、溪头：-ɛn|-ɛn|-æ̃i、沱川：-ɛn|-ɛn|-ã、紫阳：-æ̃|-æ̃|-ɔ̃、许村：-ɛn|-ɛn|-ã、中云：-ɛn|-ɛn|-ã，新建：-ẽ|-ẽ|-ã、新营：-ən|-ən|-æ̃、暖水：-ẽ|-ẽ|-æ̃；祁门：-an|-an|-ã、休宁：-in|-in|-a；乐平：-in|-in|-iɑŋ。

B. 三字韵母相同（□）。有 6 处：黄柏：-in；开化：-iŋ；玉山：-ĩn；弋阳：-in、鄱阳：-in、东至：-in。

梗摄三四等字与深、臻摄三等字不同韵的音读，见于浮梁 4 点、婺源 5 点、德兴黄柏以外 3 点和皖南徽语 2 点以及赣语乐平点，应属于徽语性语音特点。黄柏点受赣语影响而与之趋同。赣语乐平点受徽语影响而与之趋同。

在赣东北徽语区，项目 1-13 呈基本一致的分布态势。

在赣东北方言交接地带，项目 1-13 构成西、南、东南—中、北两分的分布态势。

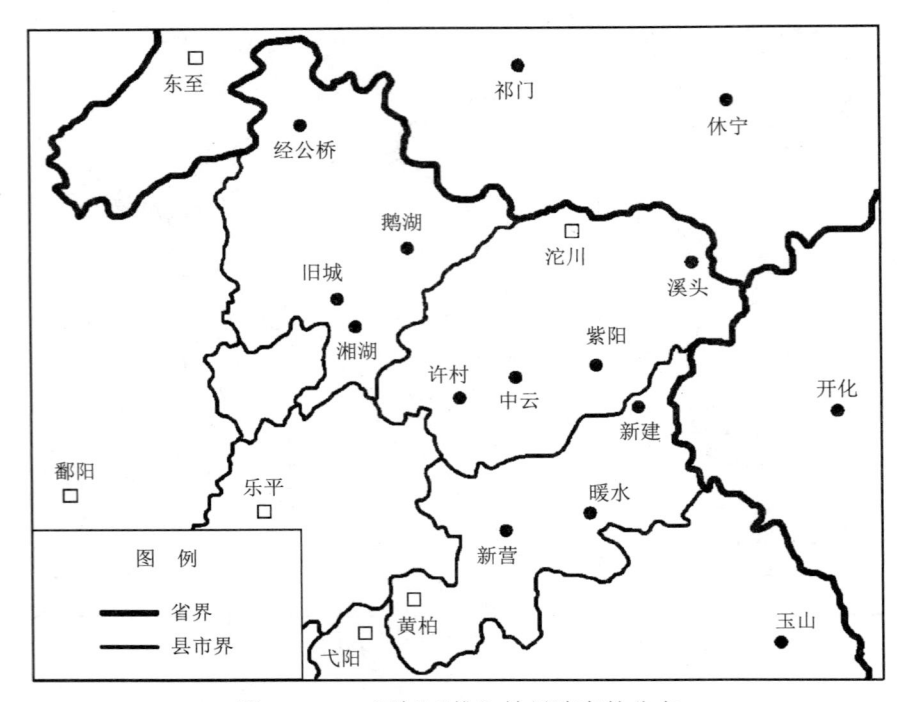

图 10-1-14 "胎""推"韵母读音的分布

中古蟹摄开口一等字"胎"（0251）和合口一等字"推"（0370）两字韵母在 21 处方言点中读音情况有 2 种：

A. 韵母读音相同（●）。有 15 处：经公桥：-ɤ、鹅湖：-iɛ、旧城：-ɛ、湘湖：-ɛ，溪头：-ɐ、紫阳：-e、许村：-ɤ、中云：-ɤ，新建：-ua、新营：-i、暖水：-ɤ；祁门：-y:ə、休宁：-o；开化：-e、玉山：-ɐi。

B. 韵母读音不同（□）。有 6 处：沱川：-ɒ|-a，黄柏：-a|-ɛ；弋阳：-ai|-oi、乐平：-ai|-ei、鄱阳：-ai|-ɛi、东至：-ai|-ei。

蟹摄一等字开口合口同韵，见于浮梁 4 点、婺源沱川以外 4 点、德兴黄柏以外 3 点和皖南徽语 2 点、吴语 2 点，应属于徽语、吴语共有语音特点。德兴黄柏点应受赣语影响而与之趋同。婺源沱川点所读，应属于自行发展的结果。

在赣东北徽语区，项目 1-14 呈区域内基本一致分布态势。

在赣东北方言交接地带，项目 1-14 构成西—东不均衡两分的分布态势。

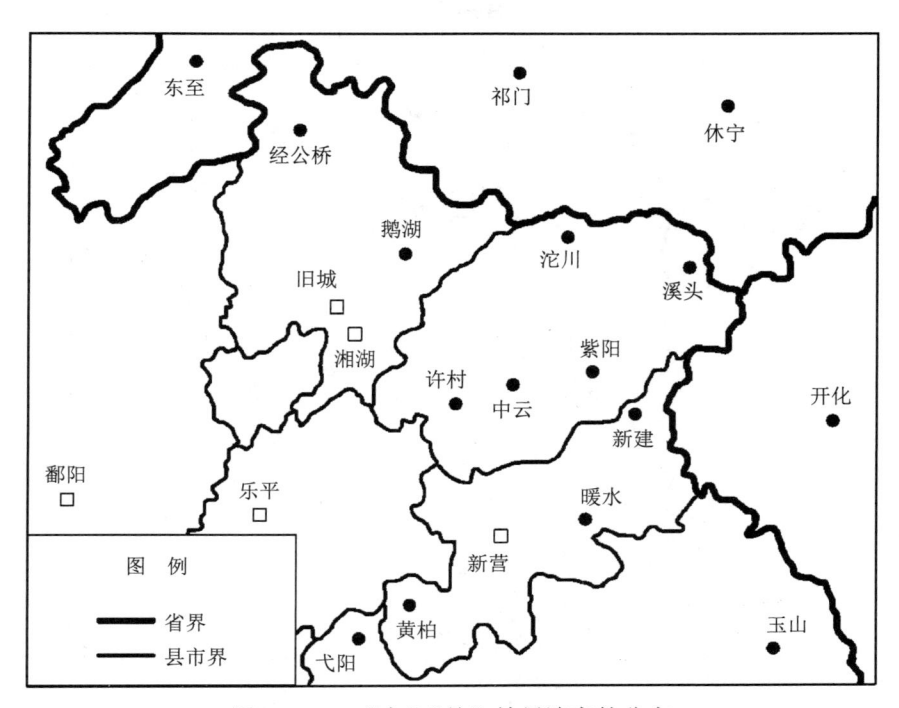

图 10-1-15 "官""关"韵母读音的分布

中古山摄一等合口字"官"(1005)、二等合口字"关"(1023)两字在 21 处方言点中韵母读音情况有 2 种：

A. 两字韵母相同（●）。有 16 处：经公桥：-uã、鹅湖：-õ，溪头：-ũ、沱川：-ũ、紫阳：-um、许村：-ũ、中云：-um，新建：-uõ、黄柏：-uã、暖水：-uõ；祁门：-ũ:ə、休宁：-u:ə；开化：-uã、玉山：-uãn；弋阳：-uan、东至：-uon。

B. 两字韵母不同（□）。有 5 处：旧城：-uɛn|-uo、湘湖：-uɛn|-o，新营：-u|-uã、乐平：-uɛn|-uan、鄱阳：-uõn|-uãn。

除了赣语鄱阳、乐平 2 点和浮梁旧城、湘湖 2 点以及德兴新营点以外，其余方言点"官""关"都读同韵。山摄一二等合口字同韵，属于徽语、吴语共有的语音特点。徽语旧城、湘湖和新营 3 点，应受赣语影响而与之趋同；赣语东至点应受徽语影响而与之趋同。

在赣东北徽语区，项目 1-15 呈区域内基本一致的分布态势。

在赣东北方言交接地带，项目 1-15 构成西南—东、北两分的分布态势。

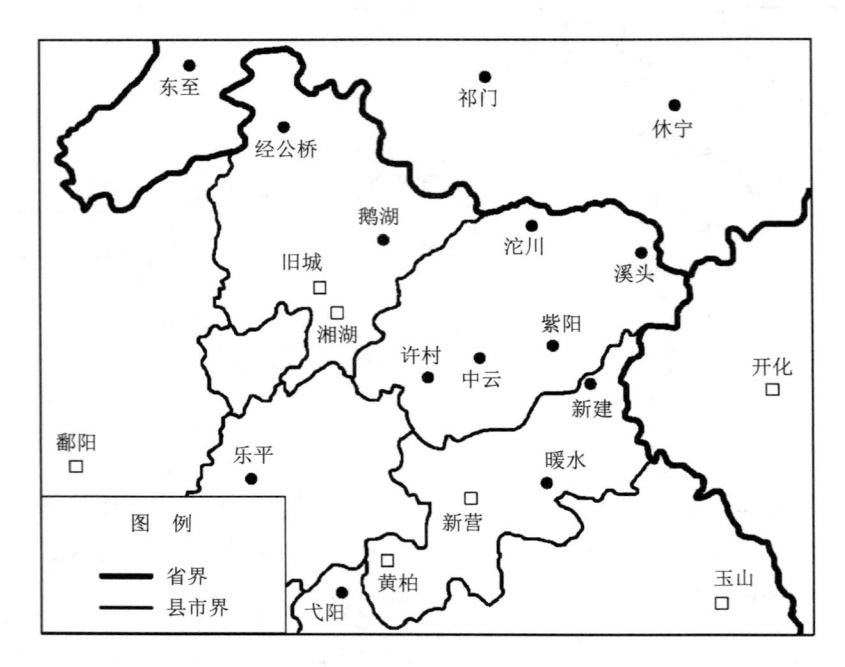

图 10-1-16 "狗""九"韵母读音的分布

中古流摄见组声母一等字"狗"（0700）、三等字"九"（0747）两字在 21 处方言点中韵母读音情况有 2 种：

A. 两字韵母相同（●）。有 14 处：经公桥：-iəu、鹅湖：-iəu，溪头：-æi、沱川：-iə、紫阳：-ia、许村：-ia、中云：-ia，新建：-ɯ、暖水：-y；祁门：-ie、休宁：-iu；弋阳：-iɛu、乐平：-iəu、东至：-iəu。

B. 两字韵母不同（□）。有 7 处：旧城：-au|-iəu、湘湖：-iau|-uei，新营：-iɔ|-io、黄柏：-ə|-u；开化：-u|-iɯ、玉山：-u|-əu；鄱阳：-ou|-iou。

A 类音读流摄见组声母一等字与三等字同韵（大多数读细音），见于婺源 5 点、浮梁 2 点、德兴 2 点和皖南徽语 2 点、赣语 3 点，属于徽语性语音特点。赣语除东至点外，乐平、弋阳 2 点韵母相同但声母有别（狗 k-|九 tɕ-），部分接受徽语影响。

在赣东北徽语区，项目 1-16 构成区域内大部一致、西南西北少数点不同的分布态势。

在赣东北方言交接地带，项目 1-16 构成东南—中、北两分的分布态势。

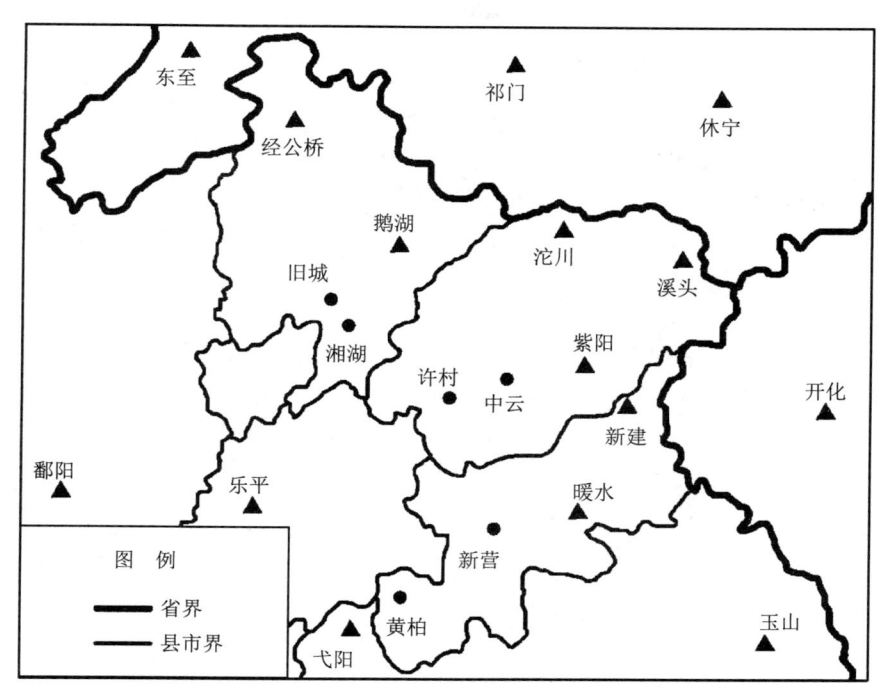

图 10-1-17 "桃""头"韵母读音的分布

中古效摄一等字"桃"（0569）、流摄一等字"头"（0692）两字在 21 处方言点中韵母读音情况有 2 种：

A. 两字同韵（韵腹、韵尾相同）（●）。有 6 处：旧城：-au|-au、湘湖：-au|-iau，许村：-a|-a、中云：-a|-a，新营：-ɔ|-iɔ、黄柏：-ə|-iə。

B. 两字不同韵（▲）。有 15 处：经公桥：-au|-uei、鹅湖：-au|-uei，溪头：-ɐ|-æi、沱川：-a|-ə、紫阳：-o|-a，新建：-ə|-ɯ、暖水：-ɣ|-y；祁门：-ɔ|-ue|-uɐ，休宁：-ɣ|-iu；玉山：-ɑu|-u、开化：-ɔɯ|-u；弋阳：-ɑu|-iəu、乐平：-ɑu|-əu、鄱阳：-ɑu|-ou、东至：-au|-iəu。

A 类音读见于浮梁 2 点、婺源 2 点、德兴 2 点。B 类音读见于吴语点、赣语点、皖南徽语点和浮梁、婺源、德兴其他点。效、流两摄一等字同韵是赣东北徽语局部区域的一个特色，与边邻的赣语、吴语、皖南徽语形成对立。

在赣东北徽语区，项目 1-17 构成西—东不均衡两分的分布态势。

在赣东北方言交接地带，项目 1-17 构成中南部为东、西、北三边包围的分布态势。

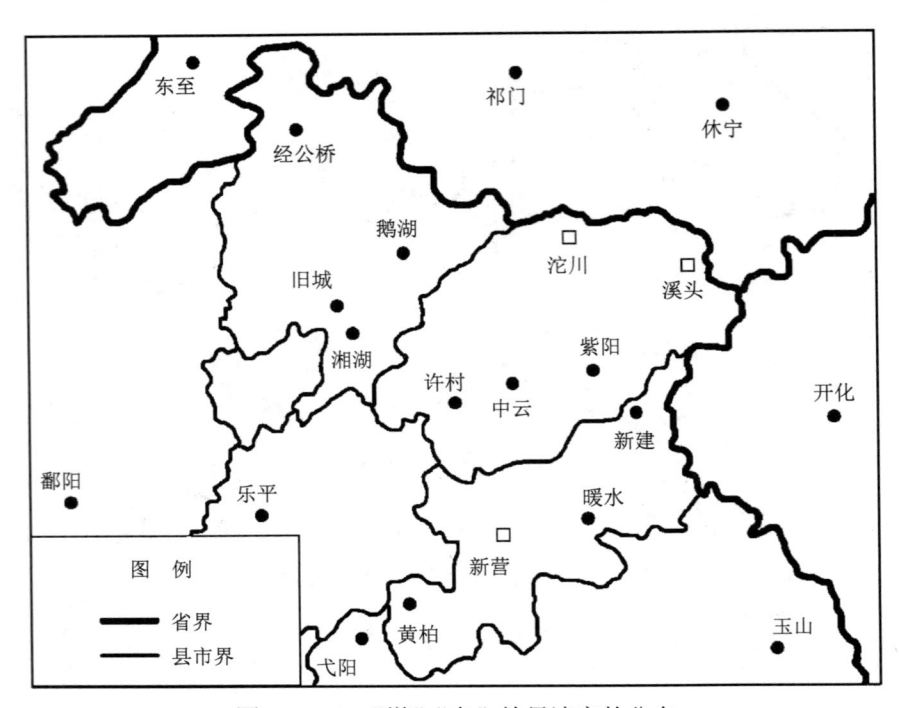

图 10-1-18 "墩""东"韵母读音的分布

中古臻摄一等合口字"墩"（1121）和通摄一等合口字"东"（1440）两字在 21 处方言点中韵母读音情况有 2 种：

A. 两字韵母读音不同（●）。有 18 处：经公桥：-ən|-oŋ、鹅湖：-ne|-oŋ、旧城：-ɛn|-oŋ、湘湖：-ɛn|-oŋ、紫阳：-æ̃|-ɐŋ、许村：-ɛn|-ɐŋ、中云：-ɛn|-ɐŋ、新建：-ẽ|-əŋ、黄柏：-ne|-əŋ、暖水：-ẽ|-oŋ；开化：-uã|-əŋ、玉山：-uẽn|-uŋ；弋阳：-ɛn|-uən、乐平：-ən|-uŋ、鄱阳：-ne|-ɡ̃e、东至：-ən|-oŋ；祁门：-ỹ:|-ə|-ɤŋ、休宁：-u:ə|-an。

B. 两字韵母读音相同（□）。有 3 处：溪头：-əŋ、沱川：-əŋ，新营：-ən。

婺源沱川、溪头 2 点和德兴新营点所读的臻摄合口字与通摄字同韵的特点，也见于皖南徽语绩溪方言、歙县方言（据《徽州方言研究》），反映出赣东北徽语这 3 点与皖南徽语绩溪歙片的源流联系。

在赣东北徽语区，项目 1-18 构成婺源片东北—西南两分的分布态势。

在赣东北方言交接地带，项目 1-18 构成北、南两处包围与被包围的分布态势。

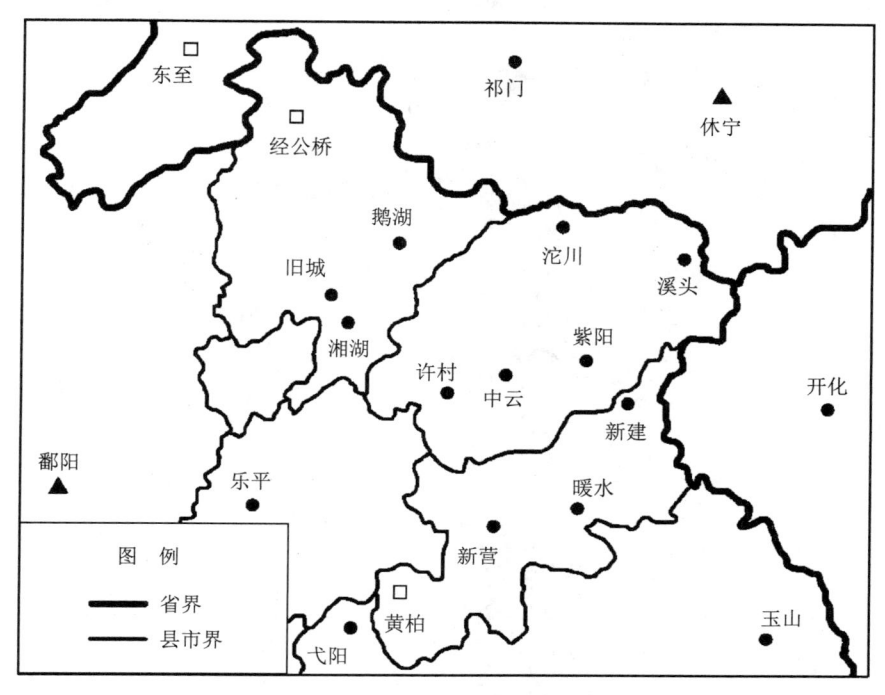

图 10-1-19 "拜""败"声调读音的分布

中古去声清声母字"拜"（0291）、浊声母字"败"（0323）两字在 21 处方言点中声调读音情况有 3 种：

A. "拜"读阴去，"败"读阳去（●）。有 16 处：鹅湖、旧城、湘湖，溪头、沱川、紫阳、许村、中云，新建、新营、暖水；祁门；开化、玉山；弋阳、乐平。

B. 两字都读去声（□）。有 3 处：黄柏，经公桥；东至。

C. "拜"读去声，"败"读阴平（▲）。有 2 处：鄱阳；休宁。

中古去声字今读分阴阳两调，是赣东北徽语和边邻皖南徽语、吴语、赣语大多数方言点的共有特点。赣语鄱阳点、皖南徽语休宁点，中古浊声母去声字归读阴平，也是去声分阴阳的一种表现。浮梁经公桥点和赣语东至点，去声不分阴阳，应是受以北的官话的影响而与之趋同。德兴黄柏点，去声只有一个，应属于自行发展的结果。

在赣东北徽语区，项目 1-19 呈区域内基本一致的分布态势。

在赣东北方言交接地带，项目 1-19 构成大部区域一致、东北西北西南少数不同的分布态势。

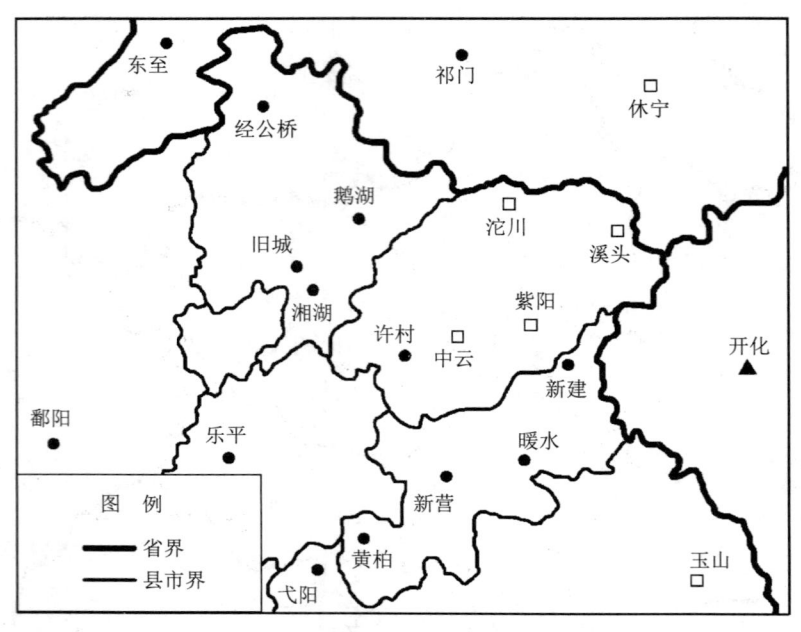

图 10-1-20 "比""米"声调读音的分布

中古上声清声母字"比"（0437）、次浊声母字"米"（0336）两字在 21 处方言点中声调读音情况有 3 种：

A. 两字都读上声（●）。有 14 处：经公桥、鹅湖、旧城、湘湖，许村、新建、新营、黄柏、暖水；弋阳、乐平、鄱阳、东至；祁门。

B. "比"读阴上，"米"读阳上（□）。有 6 处：溪头、沱川、紫阳、中云；休宁；玉山。

C. "比"读上声，"米"读阳去（▲）。有 1 处：开化。

读 A 类音读的点上声只有一个，中古次浊声母字声调与清声母字合流，见于赣语 4 点、浮梁 4 点、德兴 4 点和皖南徽语祁门点。读 B 类音读的点上声分阴阳，浊声母字读阳上，见于婺源 4 点、皖南徽语休宁点和吴语玉山点。读 C 类音读的开化点，上声为一个，次浊声母字声调读与古去声浊声母字同，是其独有特点。

在赣东北徽语区，项目 1-20 构成西北—中—南两类三分的分布态势。

在赣东北方言交接地带，项目 1-20 构成西、南—东、东北两分的分布态势。

第十章　赣东北徽语的地理语言学考察

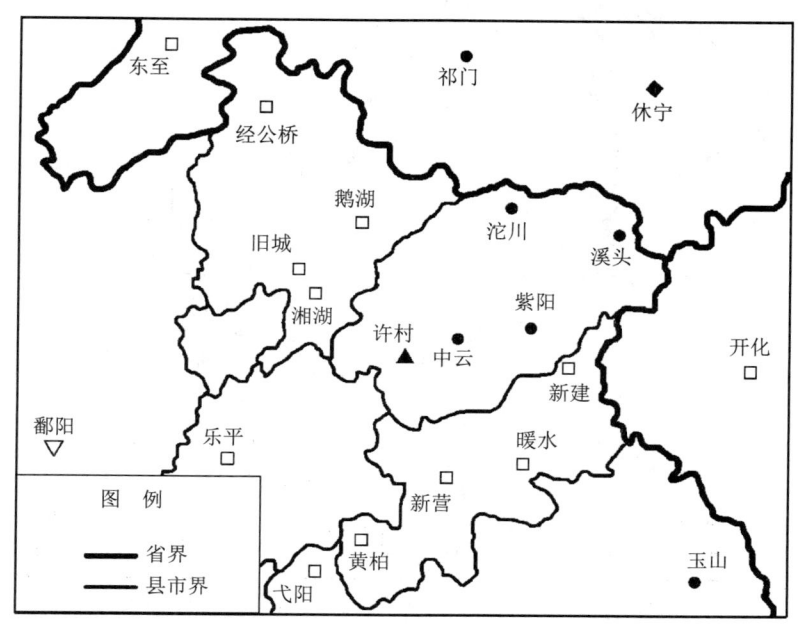

图 10-1-21　"被""备""皮"声调读音的分布

中古全浊声母上声字"被"（0412）、去声字"备"（0441）、平声字"皮"（0411）三字在 21 处方言点中声调读音情况有 5 种：

A. 读"阳上（上声）|阳去|阳平"（●）。有 6 处：溪头、沱川、紫阳、中云；玉山；祁门。

B. 读"去声（阳去）|去声（阳去）|阳平"（□）。有 12 处：经公桥、鹅湖、旧城、湘湖，新建、新营、黄柏、暖水；东至、乐平、弋阳；开化。

C. 读"阳平|阳去|阳平"（▲）。有 1 处：许村。

D. 读"阴平|阴平|阳平"（▽）。有 1 处：鄱阳。

E. 读"阳上|阴平|去声"（◆）。有 1 处：休宁。

A 类音读主要见于婺源 4 点，属于徽语性语音特点。B 类音读主要见于浮梁 4 点、德兴 4 点和赣语 3 点，属于徽语、赣语共有语音特点。C、D、E 类音读均各为个别点独有音读。

在赣东北徽语区，项目 1-21 构成西北—中—南两类三分的分布态势。

在赣东北方言交接地带，项目 1-21 构成西、南—中两分的分布态势。

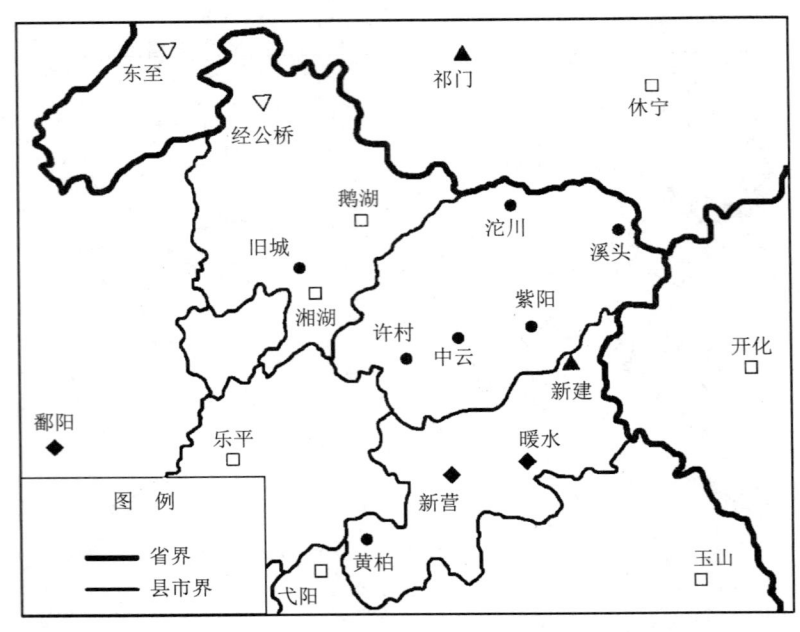

图 10-1-22 "督""禄""毒"声调读音的分布

中古入声字"督"（1805）、"禄"（1799）、"毒"（1806）三字在 21 处方言点中声调读音情况有 5 种：

A. 读入声（□）。有 7 处：鹅湖、湘湖；休宁；玉山、开化；弋阳、乐平。

B. 归读去声（阳去或阴去、阳去）（●）。有 7 处：旧城，溪头、沱川、紫阳、许村、中云，黄柏。

C. 分别读入声和阳去（▲）。有 2 处：新建；祁门。

D. 分别读入声和阴平（▽）。有 2 处：经公桥；东至。

E. 分别读入声和阴平、去声（阳去）（◆）。有 3 处：新营、暖水；鄱阳。

A 类音读古入声字仍读入声，见于吴语 2 点和赣语 2 点、赣东北徽语 2 点、皖南徽语 1 点。B、C、E 类音读古入声字全部或部分归读去声，D、E 类音读古入声字部分归读阴平，徽语大多数点有此两类音读，属于徽语性语音特点。赣语鄱阳、东至 2 点近徽语与之同。

在赣东北徽语区，项目 1-22 呈区域内基本一致、西北少数点不同的分布态势。

在赣东北方言交接地带，项目 1-22 构成中部—西部、东南两分的分布态势。

第二节　赣东北徽语词汇项目的地理分布

一　赣东北徽语词汇考察项目

赣东北徽语词汇考察项目共选择以下 18 项。

（一）事物现象

1. "打闪电"的说法的分布　　　　2. "明天"的说法的分布
3. "茄子"的说法的分布　　　　　4. "玉米"的说法的分布
5. "蝴蝶"的说法的分布　　　　　6. "蚂蟥"的说法的分布
7. "厕所"的说法的分布　　　　　8. "窗户"的说法的分布
9. "洗锅帚"的说法的分布　　　　10. "祖父"的说法的分布

（二）动作行为

11. "放牛"的说法的分布　　　　12. "洗澡"的说法的分布
13. "打瞌睡"的说法的分布　　　14. "患疟疾"的说法的分布

（三）性质状态

15. "（山路）陡"的说法的分布　　16. "漂亮"的说法的分布
17. "丢脸"的说法的分布　　　　　18. "（稀饭）稠"的说法的分布

二　赣东北徽语词汇项目地理分布图

18 项赣东北徽语词汇项目地理分布图如下：

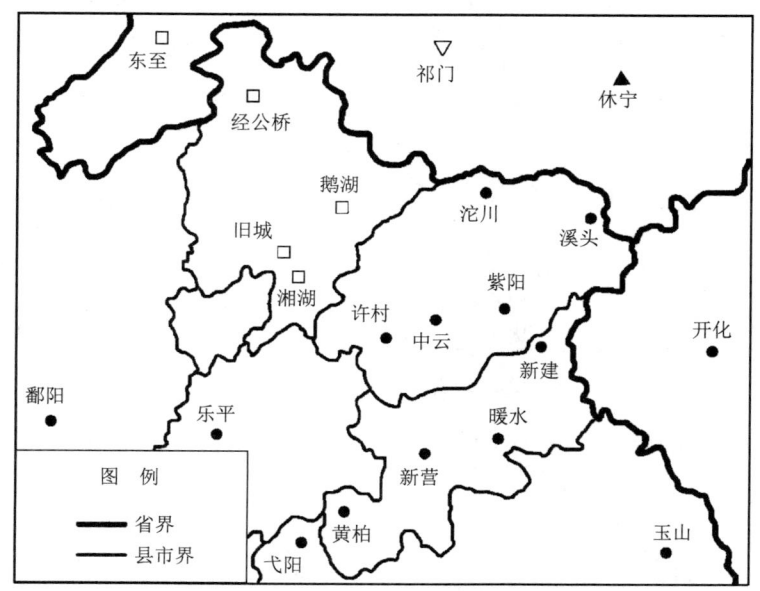

图 10-2-1　"打闪电"的说法的分布

"打闪电"（0011）在21处方言点中的说法有4种：

A. 说"打霍闪"（●）。有14处：溪头、沱川、紫阳、许村、中云，新建、新营、黄柏、暖水；弋阳、乐平、鄱阳；开化、玉山。

B. 说"（打）扯火(儿)"（□）。有5处：经公桥、鹅湖、旧城、湘湖；东至（扯火）。

C. 说"打闪闪"（▲）。有1处：休宁。

D. 说"打□t'y:ə²¹³"（▽）。有1处：祁门。

A说法见于婺源5点、德兴4点、吴语2点和赣语东至以外3点，属于徽语、吴语共有性说法。B说法见于浮梁4点和赣语东至1点，属于浮梁方言特色词语，东至点所说应受浮梁方言影响而与之趋同。皖南徽语2点所说均为其独有说法。

在赣东北徽语区，项目2-1构成西北—中、南两分的分布态势。

在赣东北方言交接地带，项目2-1构成西北—东南—东北三分的分布态势。

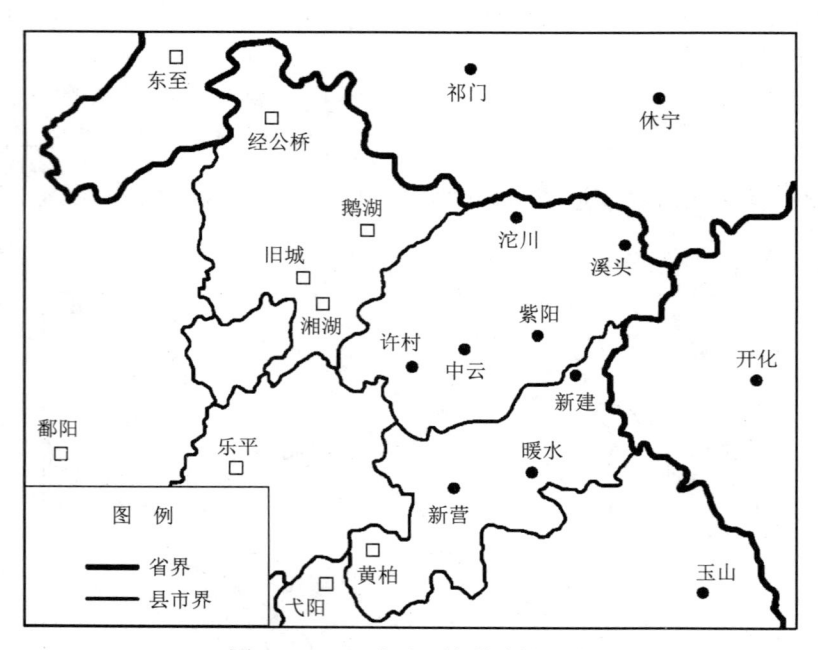

图10-2-2 "明天"的说法的分布

"明天"（0103）在21处方言点中的说法有2种：

A. 说"明日"（●）。有12处：溪头、沱川、紫阳、许村、中云，新建、新营、暖水；祁门、休宁；玉山、开化。

B. 说"明朝"（□）。有9处：经公桥、鹅湖、旧城、湘湖，黄柏；

东至、鄱阳、乐平、弋阳。

A 说法见于赣东北徽语婺源方言 5 点、德兴方言 3 点和皖南徽语 2 点、吴语 2 点。B 说法见于赣东北徽语浮梁方言 4 点和赣语 4 点。A 说法属于徽语、吴语共有性说法，B 说法属于赣语性说法。浮梁方言 4 点和德兴黄柏点所说是受边邻赣语影响而与之趋同。

在赣东北徽语区，项目 2-2 构成西北—中、南两分的分布态势。

在赣东北方言交接地带，项目 2-2 构成西—东两分的分布态势。

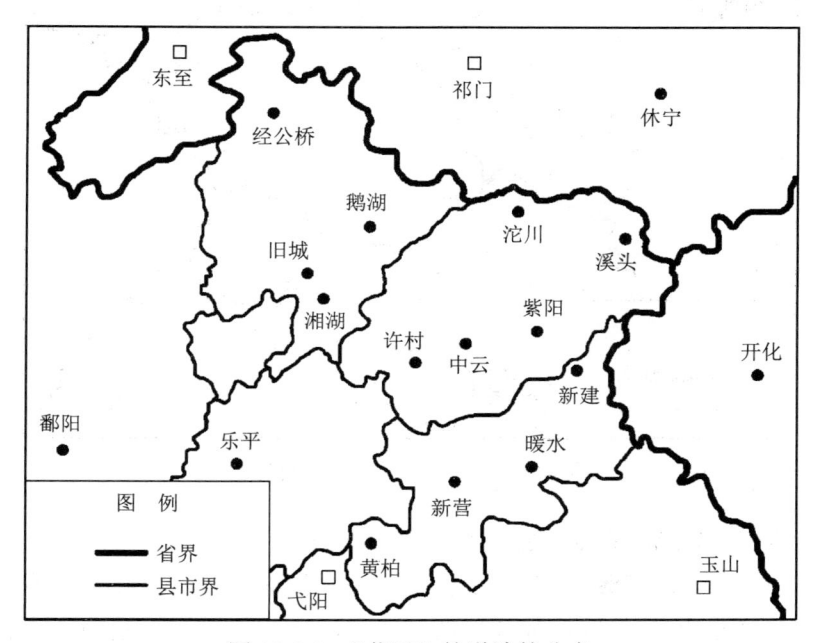

图 10-2-3 "茄子"的说法的分布

"茄子"（0251）在 21 处方言点中的说法有 2 种：

A. 说"落苏/芦苏"（●）。有 17 处：A-1 "落苏"：经公桥、鹅湖、旧城、湘湖，溪头、许村、中云，新建、新营、黄柏、暖水；乐平、鄱阳；开化、休宁‖A-2 "芦苏"：沱川、紫阳。

B. 说"茄（子/呐）"（□）。有 4 处：B-1 "茄"：玉山‖B-2 "茄子"：弋阳、东至‖B-3 "茄呐"：祁门。

A 说法见于赣东北徽语 13 点和皖南徽语休宁点、吴语开化点以及赣语鄱阳、乐平 2 点。B 说法只见于吴语玉山点、皖南徽语祁门点和赣语弋阳、东至南北 2 点。A 说法应属于徽语性说法。赣语乐平、鄱阳 2 点说 A 说法应是受徽语影响而与之趋同。

在赣东北徽语区，项目 2-3 呈区域内一致的分布态势。

在赣东北方言交接地带，项目 2-3 构成中部大区域与南北两边少数点南—中—北两类三分的分布态势。

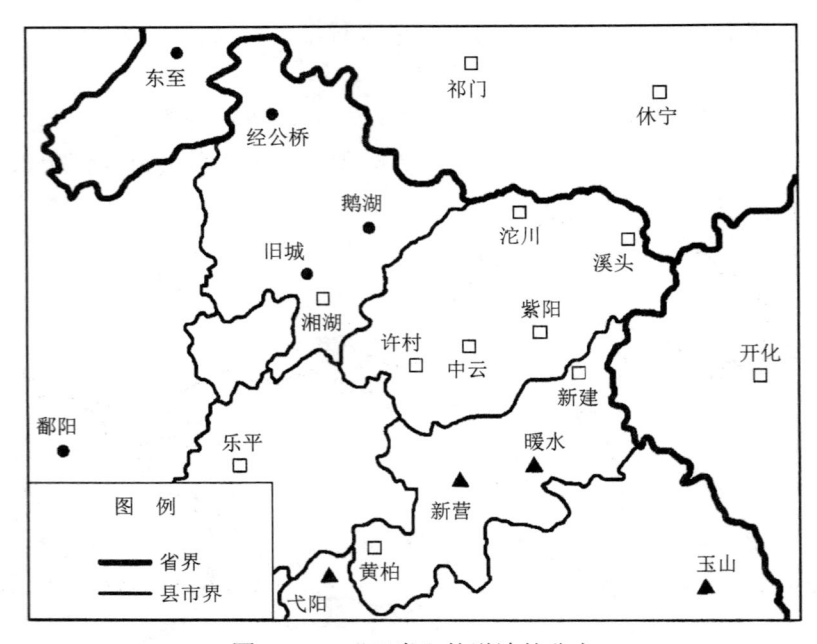

图 10-2-4 "玉米"的说法的分布

"玉米"（0225）在 21 处方言点中的说法有 3 种：

A. 说"玉米"（●）。有 5 处：经公桥、鹅湖、旧城；鄱阳、东至。
B. 说"苞萝"（□）。有 12 处：湘湖、溪头、沱川、紫阳、许村、中云、新建、黄柏；乐平；开化；祁门、休宁。
C. 说"苞粟"（▲）。有 4 处：新营、暖水；玉山、弋阳。

A 说法见于浮梁方言 3 点和赣语鄱阳、东至 2 点；B 说法见于婺源方言 5 点、皖南徽语 2 点和德兴新建、黄柏 2 点、浮梁湘湖点、吴语开化点。C 说法见于德兴新营、暖水 2 点和吴语玉山点、赣语弋阳点。B 说法具有较明显的徽语性质。浮梁湘湖点、德兴新建点以及赣语乐平点说 B 说法应为受婺源方言影响而与之趋同。赣语鄱阳、东至 2 点和浮梁 3 点说 A 说法应为受区域以北的官话的影响所致。

在赣东北徽语区，项目 2-4 构成西北—中东—南三分的分布态势。

在赣东北方言交接地带，项目 2-4 也构成西北—中东—南三分的分布态势。

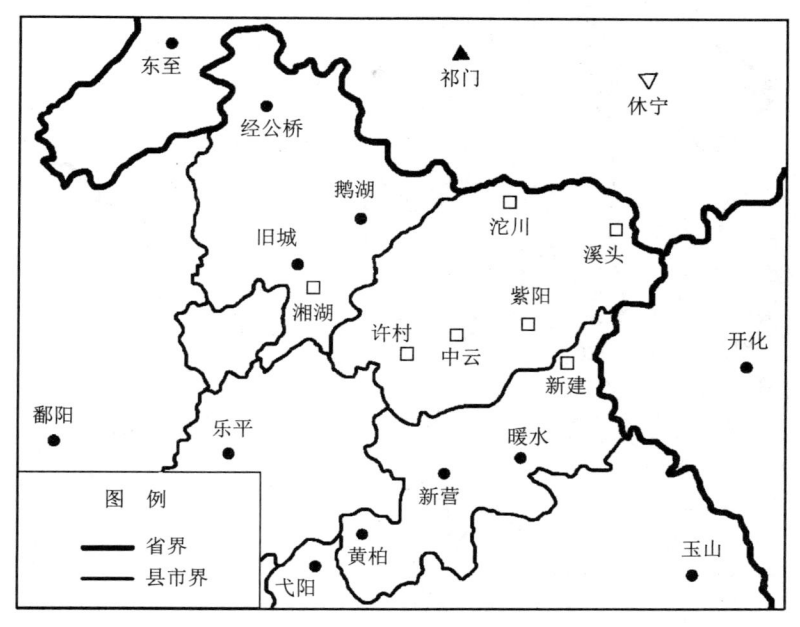

图 10-2-5 "蝴蝶"的说法的分布

"蝴蝶"（0294）在 21 处方言点中的说法有 4 种：

A. 说"蝴蝶"（●）。有 12 处：经公桥、鹅湖、旧城，新营、黄柏、暖水；弋阳、乐平、鄱阳、东至；玉山、开化。

B. 说"蒲翼"（□）。有 7 处：湘湖，溪头、沱川、紫阳、许村、中云，新建。

C. 说"百翼"（▲）。有 1 处：祁门。

D. 说"飞飞儿"（▽）。有 1 处：休宁：fi^{33}fin^{35}。

A 说法与共同语同，见于浮梁 3 点、德兴 3 点和赣语 4 点、吴语 2 点。B 说法主要见于婺源 5 点，属于徽语性说法。湘湖、新建 2 点近婺源而与之同。祁门点所说 C 说法与 B 说法近，可以归入。休宁点所说 D 说法为其独有。

在赣东北徽语区，项目 2-5 构成西北—中—南两类三分的分布态势。

在赣东北方言交接地带，项目 2-5 构成西、南、东—中两分的半包围分布态势。

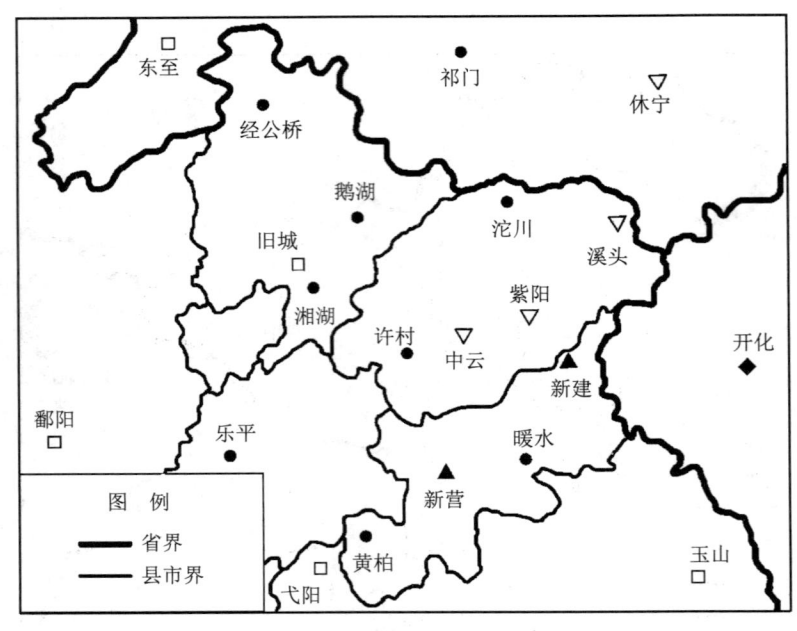

图 10-2-6 "蚂蟥"的说法的分布

"蚂蟥"（0326）在 21 处方言点中的说法有 5 种：

A. 说"蚑（仂）"（▽）。有 4 处：A-1"蚑"：溪头；休宁‖A-2"蚑仂"：紫阳、中云。

B. 说"□□蚑"（▲）。有 2 处：新营：$pi^{53}tæ^{55}$蚑、新建：$pã^{54}nã^{54}$蚑。

C. 说"蚂蟥"（□）。有 5 处：旧城；弋阳、鄱阳、东至。玉山点"蚂□se^{213}"，附于此。

D. 说"蚂蟥/登/公/□蚑"（●）。有 9 处：D-1"蚂蟥蚑"：经公桥，沱川，黄柏；乐平‖D-2"蚂 lei^{55} 蚑儿"：鹅湖‖D-3"蚂 la^{0} 蚑"：湘湖‖D-4"蚂登蚑"：许村，暖水‖D-4"蚂公蚑"：祁门。

E. 说"□□$mi^{21}sĩ^{341}$"（◆）。有 1 处：开化。

A、B 类说法以"蚑"为主要语素构成，主要见于婺源 3 点、德兴 2 点，属于徽语性说法。C 类说法与共同语同，见于赣语 3 点。D 类说法是 A、C 类说法的融合形式，主要见于浮梁 3 点。E 说法为开化点独有。

在赣东北徽语区，项目 2-6 构成西北—中—南两类三分的分布态势。
在赣东北方言交接地带，项目 2-6 也构成西—中—东南三分的分布态势。

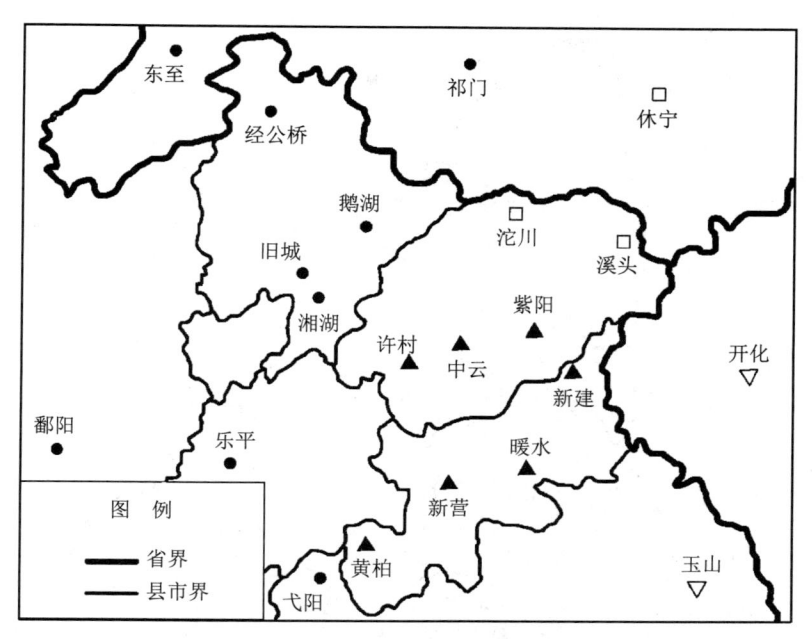

图 10-2-7 "厕所"的说法的分布

"厕所"（0387）在 21 处方言点中的说法有 4 种：

A. 说"茅司"（●）。有 9 处：经公桥、鹅湖、旧城、湘湖；祁门；弋阳、乐平、鄱阳、东至。

B. 说"东司"（▲）。有 7 处：紫阳、许村、中云，新建、新营、黄柏、暖水。

C. 说"屎缸"（□）。有 3 处：溪头、沱川；休宁。

D. 说"茅坑"（▽）。有 2 处：玉山、开化。

A 说法见于浮梁 4 点、赣语 4 点，当为赣语性说法，浮梁方言受赣语影响而与之同。B 说法见于婺源西南 3 点和德兴 4 点，属于徽语性说法。C 说法见于婺源东北 2 点和皖南徽语休宁点，属于徽语性说法。D 说法见于吴语 2 点，属于吴语性说法。

在赣东北徽语区，项目 2-7 分别构成西北—东北—中、南三分的分布态势，构成婺源片西南—东北两分的分布态势。

在赣东北方言交接地带，项目 2-7 构成西—中、南—东北—东南四分的分布态势。

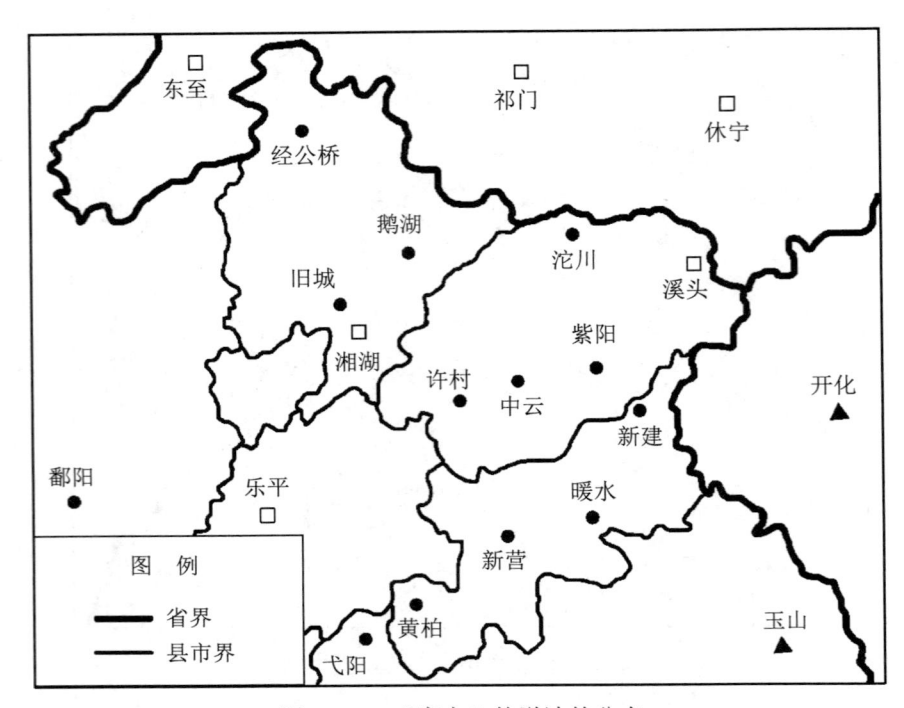

图 10-2-8 "窗户"的说法的分布

"窗户"（0401）在 21 处方言点中的说法有 3 种：

A. 说"槛（子、儿、仂）/槛门"（●）。有 13 处：A-1 "槛"：沱川、紫阳、许村、中云，新建、暖水‖A-2 "槛儿"：鹅湖、旧城‖A-3 "槛仂"：经公桥‖A-4 "槛子"：新营、黄柏；鄱阳‖A-5 "槛门"：弋阳。

B. 说"槛窗/窗槛"（□）。有 6 处：B-1 "槛窗"：湘湖，溪头；祁门、休宁‖B-2 "窗槛"：乐平、东至。

C. 说"窗（门）"（▲）。有 2 处：C-1 "窗"：开化‖C-2 "窗门"：玉山。

A 类说法以"槛"为主要语素构成，属于徽语、赣语共有性说法词语。C 类说法属于吴语性词语，B 类说法则为 A、C 类两类说法的融合。

在赣东北徽语区，项目 2-8 呈区域内基本一致的分布态势。

在赣东北方言交接地带，项目 2-8 构成西、北、中—东南不均衡两分的分布态势。

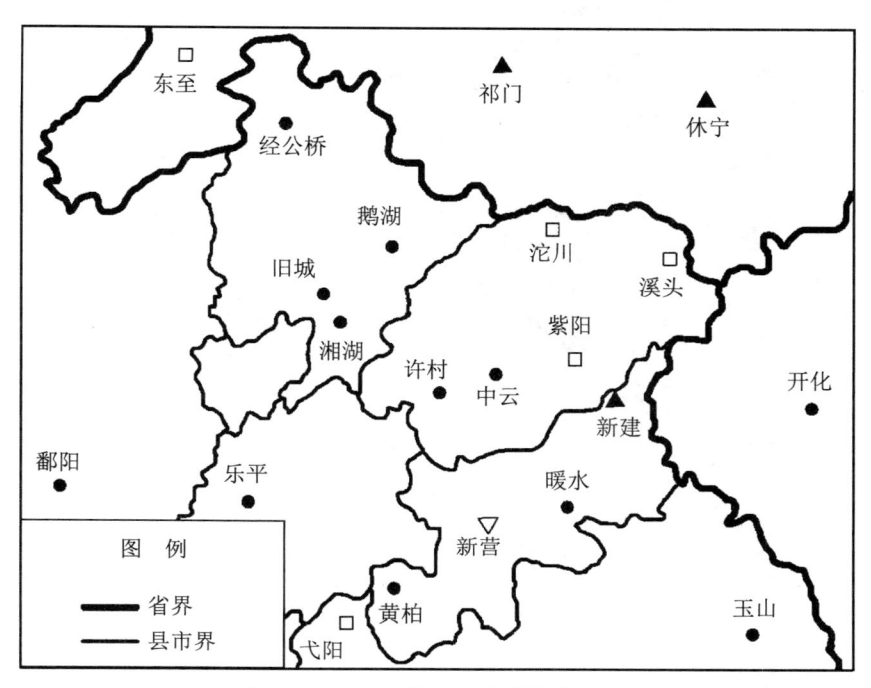

图 10-2-9 "洗锅帚"的说法的分布

"洗锅帚"（0429）在 21 处方言点的说法有 4 种：

A. 说"筅帚"（●）。有 12 处：经公桥、鹅湖、旧城、湘湖、许村、中云、黄柏、暖水；玉山、开化；乐平、鄱阳。

B. 说"刷帚"（□）。有 5 处：溪头、沱川、紫阳；弋阳、东至。

C. 说"洗锅帚"（▲）。有 3 处：新建；休宁、祁门。

D. 说"洗锅筅帚"（▽）。有 1 处：新营。

A 说法见于浮梁 4 点、吴语 2 点、婺源 2 点、德兴 2 点和赣语乐平点、鄱阳点，为赣语、吴语共有性说法，浮梁、婺源、德兴部分方言点受赣语、吴语影响而与之同。B 说法见于婺源 3 点和赣语 2 点。C 说法见于德兴 1 点和皖南徽语 2 点。新营点所说 D 说法则为 A、C 两种说法的融合。

在赣东北徽语区，项目 2-9 构成区域内西北、西、南—东北两分的分布态势。

在赣东北方言交接地带，项目 2-9 构成西、南、东南—中—东北三分的分布态势。

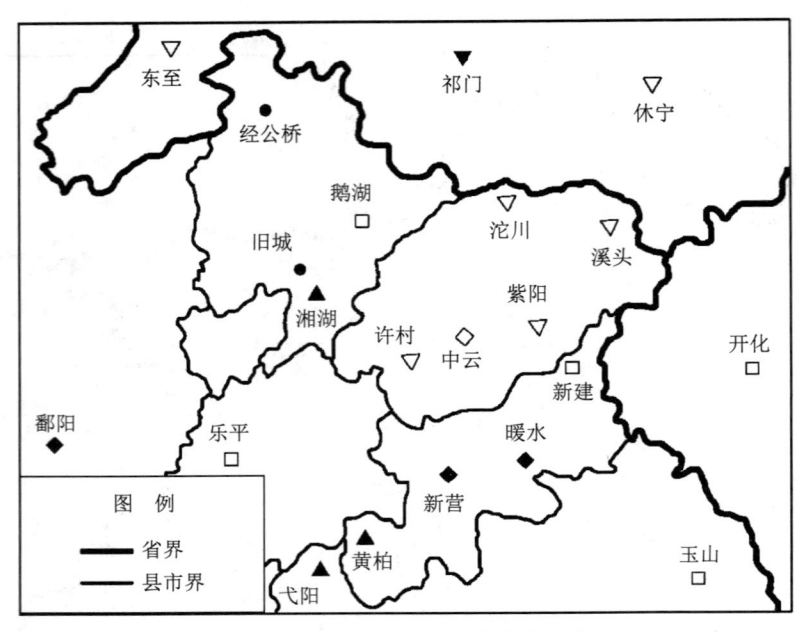

图 10-2-10 "祖父"的说法的分布

"祖父"（0824）在 21 处方言点中的说法有 7 种：

　　A. 说"朝朝/（喝/阿）朝"（▽）。有 6 处：A-1"朝朝"：溪头、沱川、紫阳；东至‖A-2"喝朝"：许村‖A-3"阿朝"：休宁。

　　B. 说"祖祖"（▲）。有 3 处：湘湖，黄柏；弋阳。

　　C. 说"公（呐）/公公"（□）。有 5 处：C-1"公"：鹅湖，新建‖C-2"公呐"：乐平、玉山‖C-3"公公"：开化。

　　D. 说"太太"（●）。有 2 处：经公桥、旧城。

　　E. 说"爹爹/老爹"（◆）。有 3 处：E-1"爹爹"：暖水；鄱阳‖E-2"老爹"：新营。

　　F. 说"爷"（◇）。有 1 处：中云。

　　G. 说"老儿"（▼）。有 1 处：祁门。

　　A 类说法主要见于徽语点，属于徽语性说法。B 类说法属于赣语性说法[①]。

　　除了婺源 4 点有一致说法外，其他在赣东北徽语区和赣东北方言交接地带，项目 2-10 都构成多说错杂的分布态势。

[①] 赣东北赣语弋阳、贵溪、鹰潭、余江、万年等县市都说"祖祖"。参见胡松柏《赣东北方言调查研究》，江西人民出版社 2009 年版，第 242 页。

第十章　赣东北徽语的地理语言学考察　　959

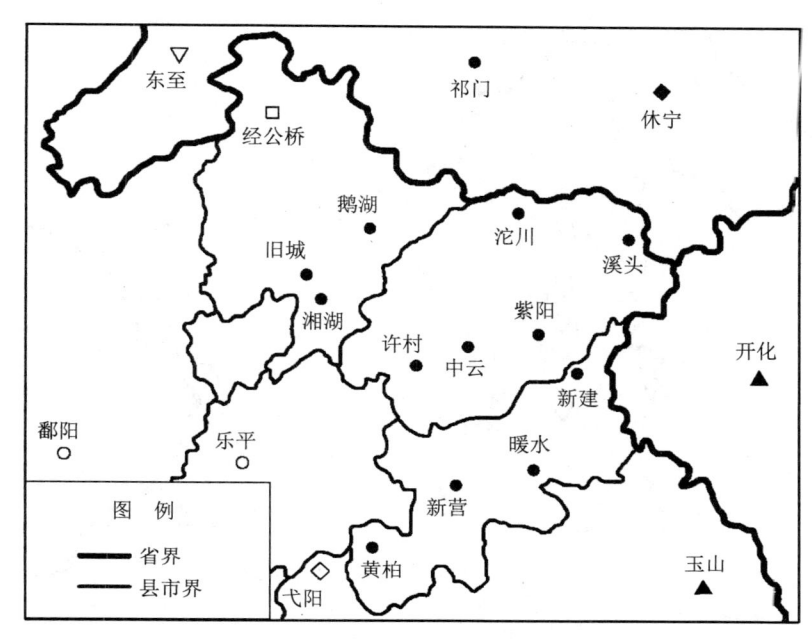

图 10-2-13　"打瞌睡"的说法的分布

"打瞌睡"（1138）在 21 处方言点中的说法有 7 种：

A. 说"春眠"（●）。有 13 处：鹅湖、旧城、湘湖、溪头、沱川、紫阳、许村、中云，新建、新营、黄柏、暖水；祁门。

B. 说"打春"（○）。有 2 处：乐平、鄱阳。

C. 说"春瞌"（▽）。有 1 处：东至。

D. 说"打瞌睡"（◆）。有 1 处：休宁。

E. 说"□□tʂau⁴⁴xu²²"（□）。有 1 处：经公桥。

F. 说"打目□xei⁴²/xəɯ⁴²（嘬）"（▲）。有 2 处：玉山/开化。

G. "打乩眼"（◇）。有 1 处：弋阳。

A 说法见于经公桥以外 13 处徽语点，属于徽语性词语。赣语乐平、鄱阳 2 点和东至 1 点所说 B、C 说法受徽语部分影响。吴语 2 点所说 F 说法属于吴语性词语。休宁点说 D 说法与共同语同。经公桥、弋阳所说 E、G 说法为各自独有。

在赣东北徽语区，项目 2-13 呈区域内基本一致、西北个别点不同的分布态势。

在赣东北方言交接地带，项目 2-13 构成中部一致、四周少数点不同的分布态势。

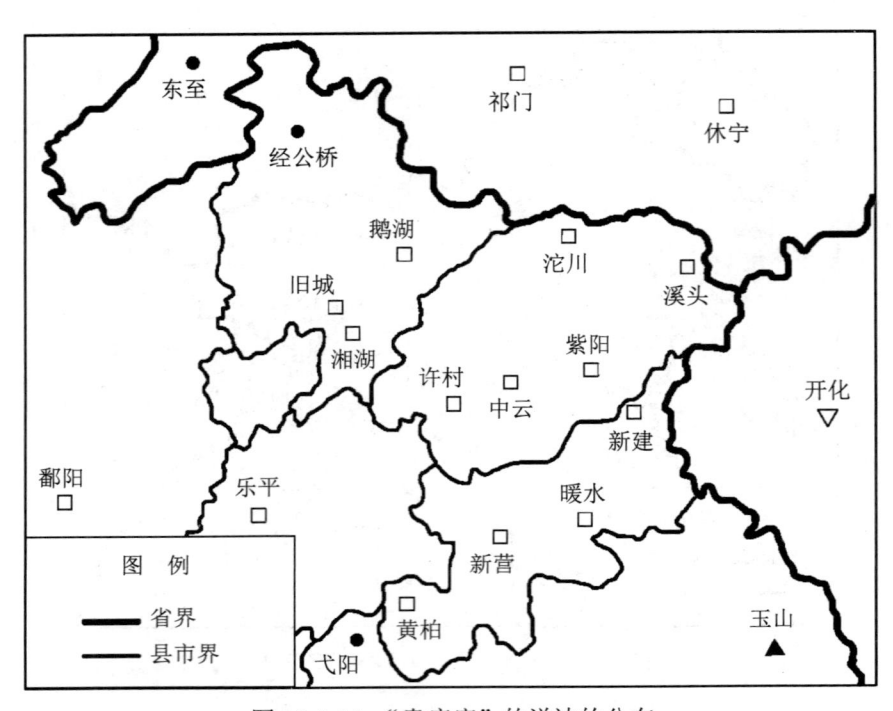

图 10-2-14 "患疟疾"的说法的分布

"患疟疾"（0678）在 21 处方言点中的说法有 4 种：

A. 说"打脾寒"（□）。有 16 处：鹅湖、旧城、湘湖；溪头、沱川、紫阳、许村、中云；新建、新营、黄柏、暖水；祁门、休宁；乐平、鄱阳。

B. 说"打摆子"（●）。有 3 处：经公桥；弋阳、东至。

C. 说"打半家工"（▲）。有 1 处：玉山。

D. 说"抽脾□oŋ⁵³"（▽）。有 1 处：开化。

A 说法见于赣东北徽语 12 点、皖南徽语 2 点以及赣语乐平、鄱阳 2 点，属于徽语性词语。赣语乐平、鄱阳 2 点说 A 说法，应受徽语影响而与之趋同。经公桥点说 B 说法，与赣语东至点同。C、D 说法表明吴语 2 点与徽语的差异。

在赣东北徽语区，项目 2-14 构成区域内基本一致、个别点不同的分布态势。

在赣东北方言交接地带，项目 2-14 呈大部区域基本一致、西北和东南少数点不同的分布态势。

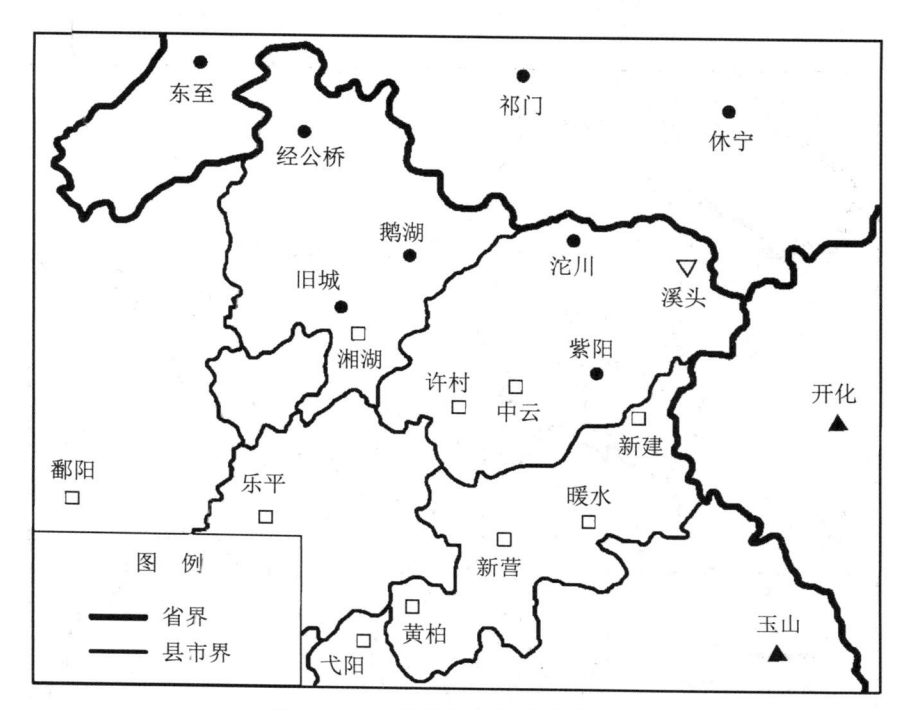

图 10-2-11 "放牛"的说法的分布

"放牛"（0893）在 21 处方言点中的说法情况有 4 种：

A. 说"放牛"（●）。有 8 处：经公桥、鹅湖、旧城，沱川、紫阳；休宁、祁门；东至。

B. 说"看牛"（□）。有 10 处：湘湖，许村、中云，新建、新营、黄柏、暖水；弋阳、乐平、鄱阳。

C. 说"□牛"（▲）。有 2 处：玉山：□ye^{21} 牛、开化：□ye^{53} 牛。

D. 说"守牛"（▽）。有 1 处：溪头。

A 说法为浮梁湘湖以外 3 点、婺源沱川、紫阳 2 点和皖南徽语 2 点所共有，属于徽语性词语。B 说法见于赣语东至以外 3 点、德兴 4 点和婺源许村、中云 2 点，属于徽语、赣语共有性词语。C 说法属于吴语性词语。D 说法为婺源溪头点独有。

在赣东北徽语区，项目 2-11 构成西北—中、南两分的分布态势。

在赣东北方言交接地带，项目 2-11 构成北—南—东南三分的分布态势。

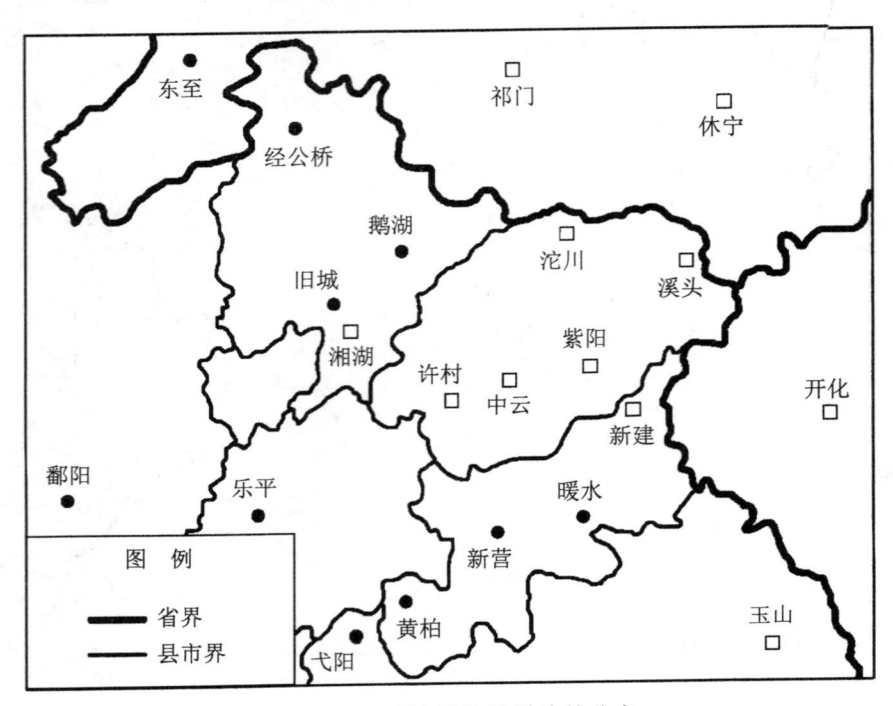

图 10-2-12 "洗澡"的说法的分布

"洗澡"（1146）在 21 处方言点中的说法有 2 种：

A. 说"洗澡"（●）。有 10 处：经公桥、鹅湖、旧城，新营、黄柏、暖水；弋阳、乐平、鄱阳、东至。

B. 说"洗浴"（□）。有 11 处：湘湖，溪头、沱川、紫阳、许村、中云，新建；祁门、休宁；玉山、开化。

A 说法见于浮梁湘湖以外 3 点、德兴新建以外 3 点和赣语 4 点，应属于赣语性词语，也与共同语相同。浮梁方言、德兴方言与赣语趋同。B 说法见于婺源 5 点和皖南徽语 2 点、吴语 2 点，属于徽语、吴语共有性说法。湘湖点、新建点应受婺源方言影响而与之趋同。

在赣东北徽语区，项目 2-12 构成西北—中—南两类三分的分布态势。

在赣东北方言交接地带，项目 2-12 构成西—东两分的分布态势。

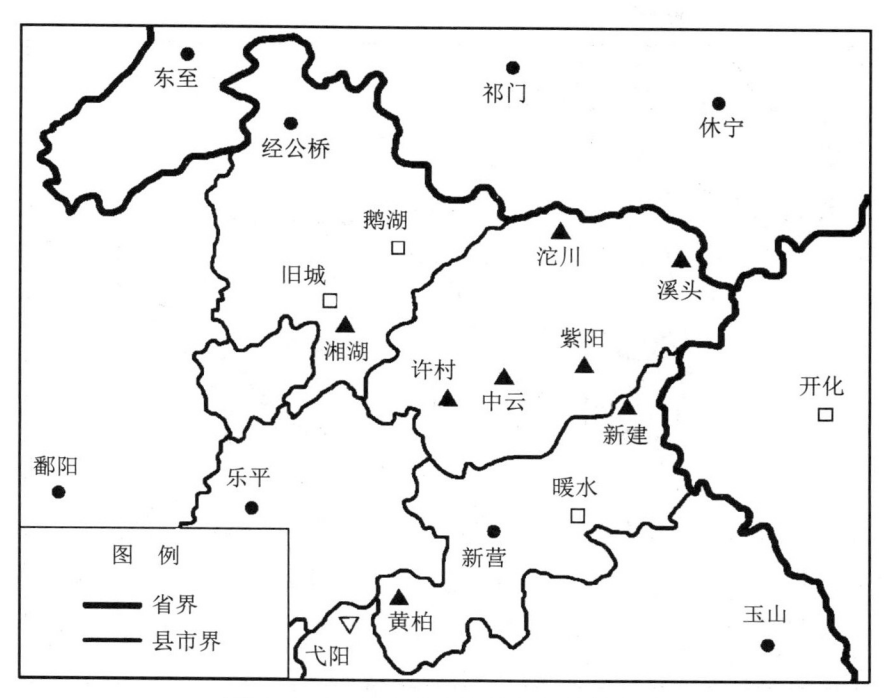

图 10-2-15 "(山路) 陡"的说法的分布

"(山路) 陡"（1271）在 21 处方言点中的说法有 4 种：

A. 说"陡"（●）。有 8 处：经公桥，新营；休宁、祁门；东至、乐平、鄱阳；玉山。其中祁门、东至说"壁陡"。

B. 说"崎"（▲）。有 8 处：湘湖，溪头、沱川、紫阳、许村、中云，新建、黄柏。

C. 说"巉"（□）。有 4 处：鹅湖、旧城、暖水；开化。其中开化说"壁巉"。

D. 说"□ɕin³⁵"（▽）。有 1 处：弋阳。

A 说法与共同语同，徽语、赣语、吴语各有部分点说 A 说法。B、C 说法见于赣东北徽语，属于徽语性词语，其中说 B 说法的主要有婺源 5 点和浮梁 2 点、德兴 2 点。D 说法只是赣语个别点独有。

在赣东北徽语区，项目 2-15 构成中部一致、西北和南部各有不同的分布态势。

在赣东北方言交接地带，项目 2-15 构成北部、西部、南部包围中部的分布态势。

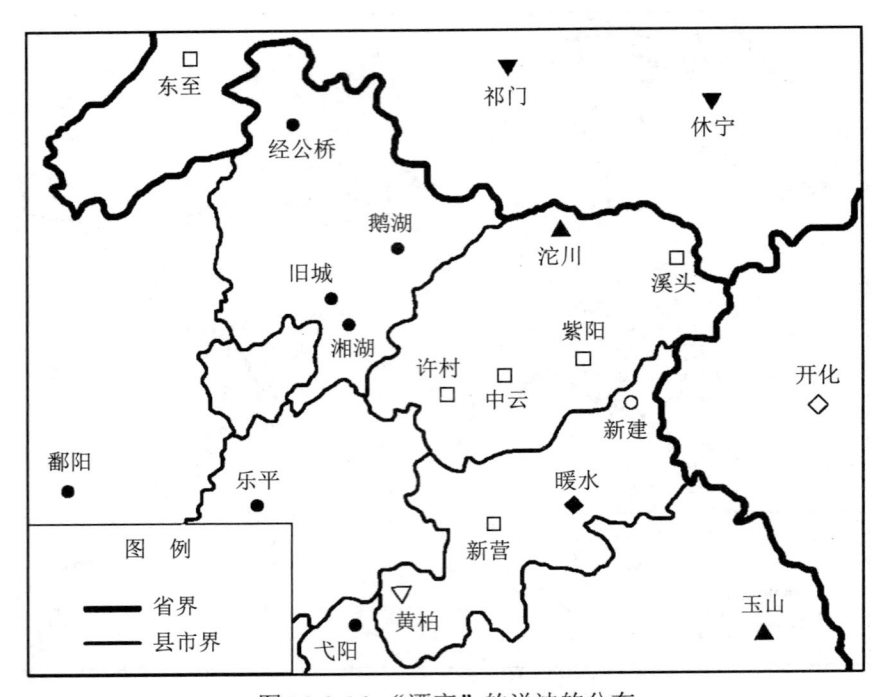

图 10-2-16 "漂亮"的说法的分布

"漂亮"（1328）在 21 处方言点中的说法有 8 种：

A. 说"排场"（●）。有 7 处：经公桥、鹅湖、旧城、湘湖；弋阳、乐平、鄱阳。

B. 说"好看"（□）。有 6 处：溪头、紫阳、许村、中云；东至。新营点说"好觑"归入此。

C. 说"姿媂"（▲）。有 2 处：沱川；玉山。

D. 说"精致"（○）。有 1 处：新建。

E. 说"标致"（◇）。有 1 处：开化。

F. 说"齐整"（▽）。有 1 处：黄柏。

G. 说"以相"（◆）。有 1 处：暖水。

H. 说"漂亮"（▼）。有 2 处：祁门、休宁。

A 说法见于浮梁 4 点和赣语 3 点，属于徽语、赣语共有性说法。B 说法主要见于婺源 4 点。其余各种说法纷杂散布。

在赣东北徽语区，项目 2-16 构成西北、中部各基本一致的分布态势。

在赣东北方言交接地带，项目 2-16 构成西部、中部各基本一致的分布态势。

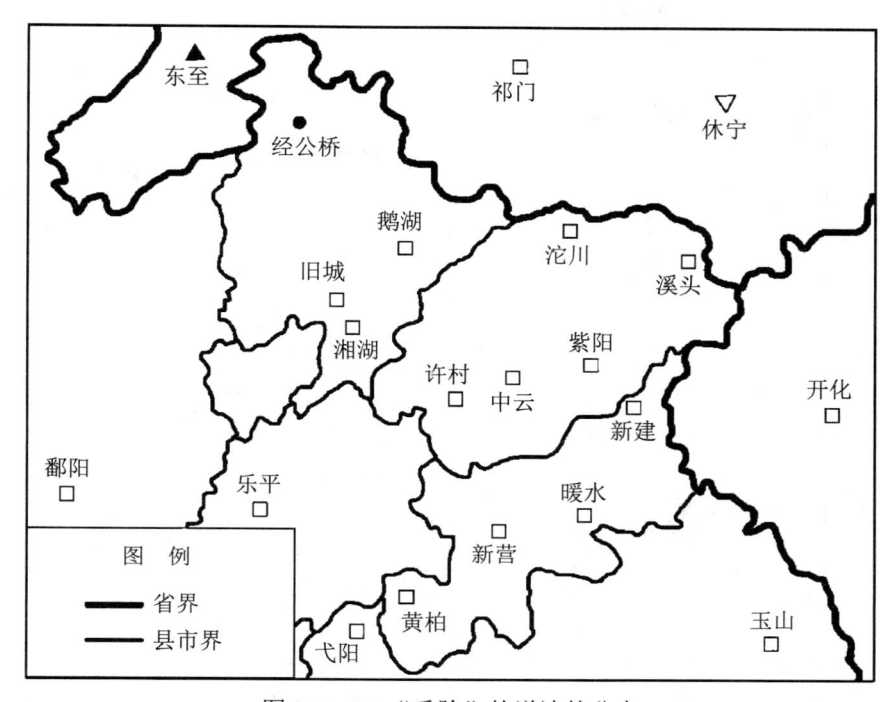

图 10-2-17 "丢脸"的说法的分布

"丢脸"（1350）在 21 处方言点的说法有 4 种：

A. 说"跌古"（□）。有 18 处：鹅湖、旧城、湘湖，溪头、沱川、紫阳、许村、中云，新建、新营、黄柏、暖水；祁门；开化、玉山；弋阳、乐平、鄱阳。

B. 说"□ti²⁴路"（●）。有 1 处：经公桥。

C. 说"丢人"（▲）。有 1 处：东至。

D. 说"丢脸"（▽）。有 1 处：休宁。

A 说法见于赣东北徽语经公桥以外 12 点、赣语东至以外 3 点、吴语 2 点以及皖南徽语祁门点。"跌古"属于较典型的赣语性词语，见于《江西省方言志》①中所录 48 处赣方言点中的 24 点，徽语点、吴语点应受赣语影响而与之趋同。浮梁经公桥点所说的 B 说法应与 A 说法接近。赣语东至点、皖南徽语休宁点所说 C 说法、D 说法与共同语同。

在赣东北徽语区，项目 2-17 呈区域内基本一致的分布态势。

在赣东北方言交接地带，项目 2-17 也呈现基本一致的分布态势。

---

① 陈昌仪主编：《江西省方言志》，方志出版社 2005 年版，第 618—619 页。

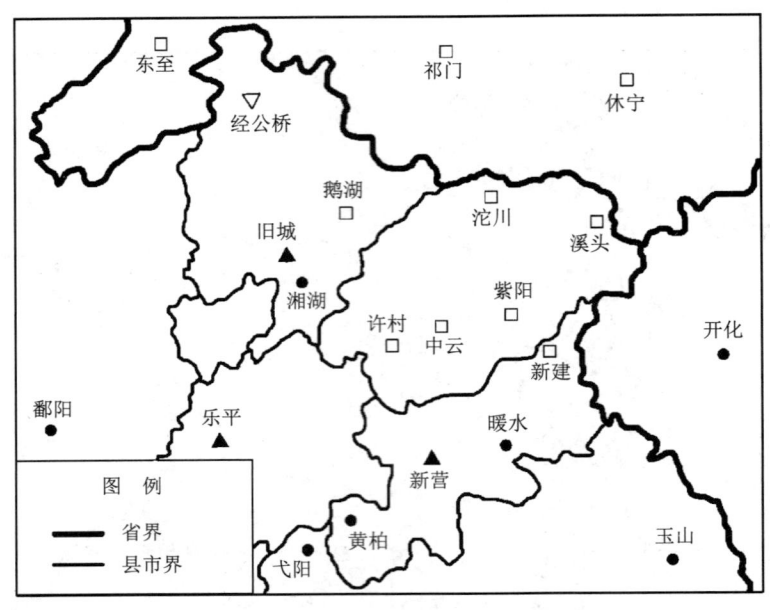

图 10-2-18 "（稀饭）稠"的说法的分布

"（稀饭）稠"（1279）在 21 处方言点中的说法有 4 种：

A. 说"硬"（□）。有 10 处：鹅湖，溪头、沱川、紫阳、许村、中云、新建；祁门、休宁；东至。

B. 说"浓"（●）。有 7 处：湘湖，黄柏、暖水；开化、玉山；弋阳、鄱阳。

C. 说"□ȵia²¹⁴"（▽）。有 1 处：经公桥。

D. 说"稠"（▲）。有 3 处：旧城，新营；乐平。

A 说法见于婺源 5 点和皖南徽语 2 点以及浮梁鹅湖点、德兴新建点，属于徽语性词语。鹅湖点、新建点与婺源接近而与之同。B 说法见于吴语 2 点、赣语弋阳、鄱阳 2 点和德兴黄柏、暖水 2 点，属于吴语、赣语性词语。C、D 说法见于少数点。

在赣东北徽语区，项目 2-18 构成西北—中—南多类三分的分布态势。

在赣东北方言交接地带，项目 2-18 构成北—南基本两分的分布态势。

第三节 赣东北徽语语法项目的地理分布

一 赣东北徽语语法考察项目

赣东北徽语语法考察项目共选择以下 14 项。

（一）词法项目

1. "（昨天我）没有钓到鱼"的说法
2. "不抽烟"的说法
3. "死了三头猪"的说法
4. "说着说着（就哭起来了）"的说法
5. "躺着看书（不好）"的说法
6. "书别拿着"的说法

（二）句法项目

7. "把这头牛（牵回家去）"的说法
8. "别让他知道"的说法
9. "再吃一碗"的说法
10. "（外婆）给了我压岁钱"的说法
11. "（他）打不过我"的说法
12. "（这块布）做不了（三套衣服）"的说法
13. "（书别拿着，）放在桌上"的说法
14. "（我）借给他三百块钱"的说法

二　赣东北徽语语法项目地理分布图

14项赣东北徽语语法项目地理分布图如下：

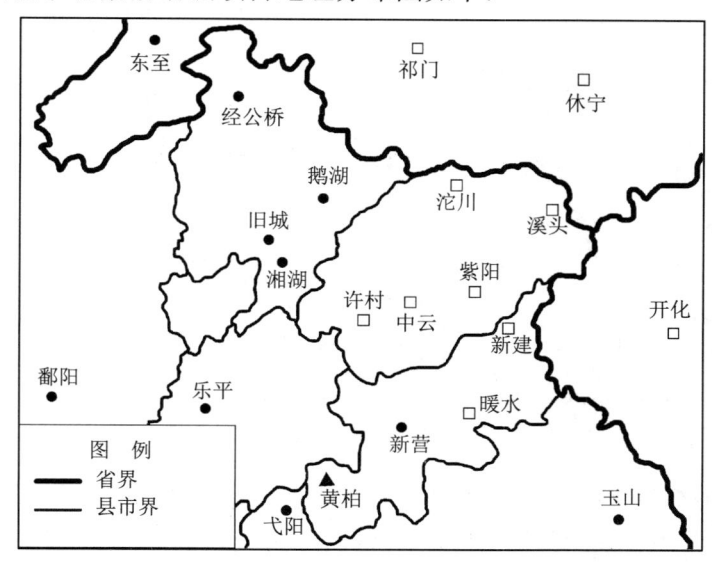

图 10-3-1　"（昨天我）没有钓到鱼"的说法的分布

"没有钓到（鱼）"（005）在21处方言点中的说法有3种：
A. 说"不曾/不曾/弗曾/□mã⁴²钓到"（□）。有10处：A-1"不曾钓到"：

休宁‖A-2"不曾钓到":溪头、沱川、紫阳、许村、中云,新建、暖水‖A-3"弗曾钓到":开化‖A-4"□mã⁴²钓到":祁门。

  B. 说"没有/冇/未钓到"(●)。有10处:B-1"没有钓到":东至‖B-2"冇钓到":经公桥、鹅湖、旧城、湘湖,新营;弋阳、乐平、鄱阳‖B-3"未钓到":玉山。

  C. 说"唔□ n̩⁴⁴nən⁴¹钓到"(▲)。有1处:黄柏。

  项目3-1是对"曾经"作否定的格式。A说法见于婺源5点、德兴2点和皖南徽语2点,属于徽语性说法。B说法见于赣语4点和浮梁4点,属于赣语性说法,浮梁方言与赣语趋同。新营话说"冇钓到",与赣语趋同。黄柏话所说C说法,应归于A说法。吴语2点说法不一,玉山点与赣语趋同,开化点与徽语趋同。

  在赣东北徽语区,项目3-1构成西北—中、南两分的分布态势。

  在赣东北方言交接地带,项目3-1构成西—东基本两分的分布态势。

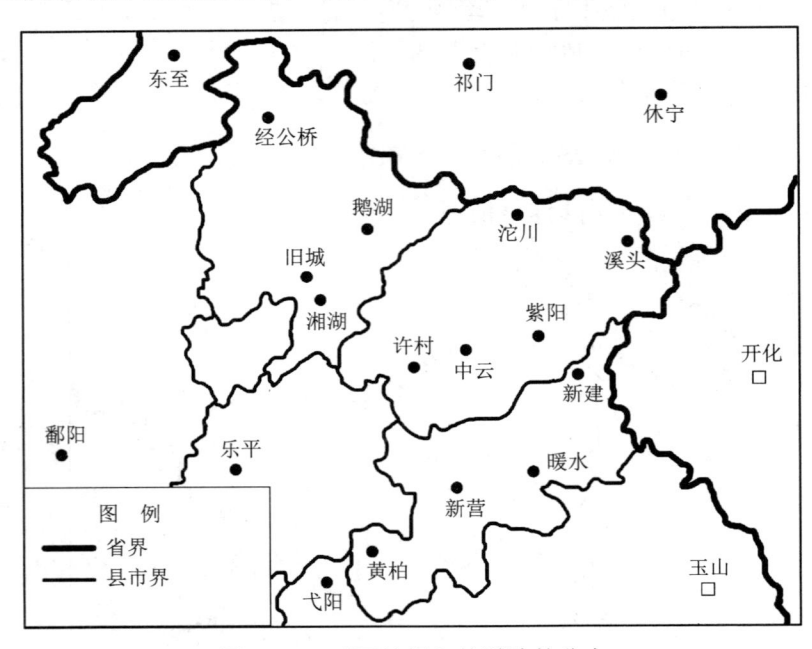

图 10-3-2 "不抽烟"的说法的分布

  "不抽烟"(006)在21处方言点中的说法有2种:

  A. 说"不喫/抽烟"(●)。有19处:经公桥、鹅湖、旧城、湘湖,溪头、沱川、紫阳、许村、中云,新建、新营、黄柏、暖水;休宁、祁门;弋阳、乐平、鄱阳、东至。

  B. 说"弗哑/食烟"(□)。有2处:玉山、开化。

项目 3-2 是对动作作否定的格式。A 类说法见于赣东北徽语 13 点、皖南徽语 2 点和赣语 4 点，"不"属于徽语、赣语共有否定副词。B 类说法只见于吴语玉山、开化 2 点，"弗"属于吴语性否定副词。

在赣东北徽语区，项目 3-2 呈区域内一致的分布态势。

在赣东北方言交接地带，项目 3-2 构成西、北、南—东南不均衡两分的分布态势。

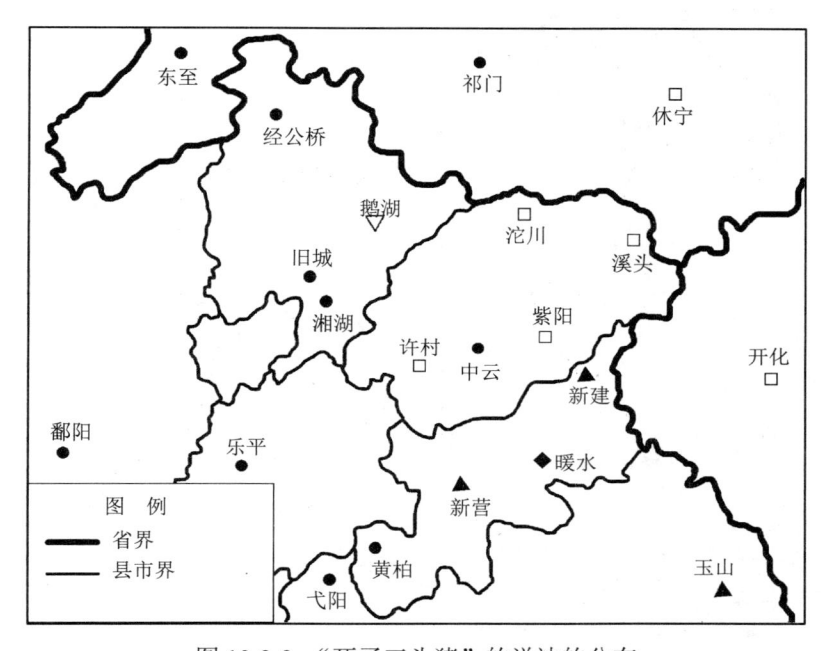

图 10-3-3 "死了三头猪"的说法的分布

"死了三头猪"（035）在 21 处方言点中的说法有 5 种：

A. 说"死之/着三条猪"（□）。有 6 处：A-1 "死之三条猪"：溪头、紫阳、许村‖A-2 "死着三条猪"：沱川；休宁；开化。

B. 说"死了/哩/嘀三条猪"（●）。有 10 处：B-1 "死了三条猪"：经公桥，黄柏，祁门；东至、鄱阳、弋阳‖B-2 "死哩三条猪"：湘湖，中云‖B-3 "死嘀三条猪"：旧城；乐平。

C. 说"死唔/吓着/噗啦三条猪"（▲）。有 3 处：C-1 "死唔三条猪"：玉山‖C-2 "死吓着三条猪"：新建‖C-3 "死噗啦三条猪"：新营。

D. 说"死嗝三条猪"（▽）。有 1 处：鹅湖。

E. 说"死口 tɔ⁵⁴ 三条猪"（◆）。有 1 处：暖水。

A 类说法属于徽语性说法，吴语开化点与之同。B 类说法属于赣语性说法，浮梁 3 点、皖南徽语祁门点与之同。C 类说法主要属于吴语性说法，新建、新营 2 点与之同，其中新建点所说还融合 A 类中的"着"。

在赣东北徽语区，项目 3-3 构成西北—中—南多说三分的分布态势。

在赣东北方言交接地带，项目 3-3 构成西—东北—东南三分的分布态势。

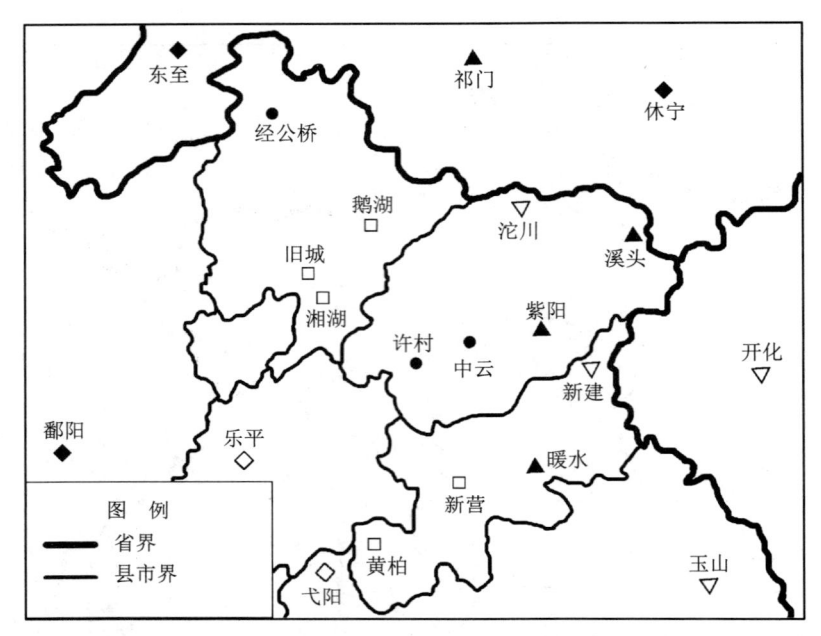

图 10-3-4 "说着说着（就哭起来了）"的说法的分布

"说着说着（就哭起来了）"（107）在 21 处方言点中的说法有 6 种：

A. 说"讲下讲下"（●）。有 3 处：经公桥，许村，中云。

B. 说"讲/话到讲/话到"（□）。有 5 处：鹅湖、旧城、湘湖、新营、黄柏。

C. 说"讲/话着讲/话着"（◆）。有 3 处：鄱阳、东至；休宁。

D. 说"话呀话呀"（◇）。有 2 处：弋阳、乐平。

E. 说"讲口 n⁰/啊讲"（▲）。有 4 处：E-1"讲 n⁰ 讲"：溪头 ‖ E-2"讲啊讲"：紫阳，暖水；祁门。

F. 说"讲讲（讲讲）"（▽）。有 4 处：F-1"讲讲"：沱川 ‖ F-2"讲讲讲讲"：新建；玉山、开化。

项目 3-4 是表示在动作进行过程中发生另一动作的格式。A、B、E 三类说法见于徽语点，属于徽语性说法。C 类说法见于赣语 2 点和皖南徽语休宁点。D 类说法见于赣语 2 点。F 类说法属于吴语性说法。

在赣东北徽语区，项目 3-4 构成区域内多说错杂的分布态势。

在赣东北方言交接地带，项目 3-4 构成大部区域错杂—东南两分的分布态势。

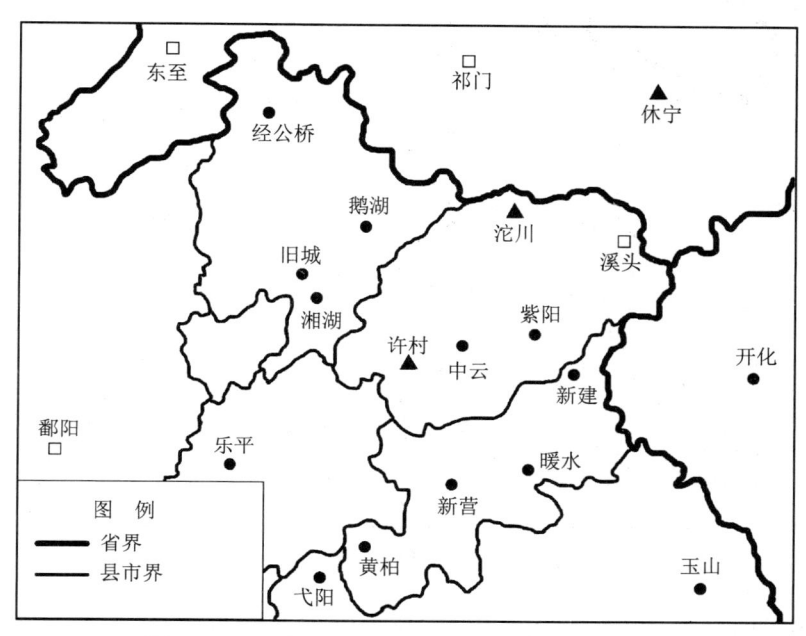

图 10-3-5 "躺着看书（不好）" 的说法的分布

"躺着看书（不好）"（112）在 21 处方言点中的说法有 3 种：

A. 说"睏到看/望/觑书"（●）。有 14 处：经公桥、鹅湖、旧城、湘湖，紫阳、中云，新建、新营、黄柏、暖水；弋阳、乐平；玉山、开化。

B. 说"倒/躺/睏着看书"（□）。有 4 处：溪头；祁门；鄱阳、东至。

C. 说"倒/睏得看/□ts'an²¹²书"（▲）。有 3 处：沱川、许村；休宁。

项目 3-5 是表示动作进行方式的格式。A 说法见于浮梁 4 点、德兴 4 点、婺源 2 点和吴语 2 点、赣语 2 点，属于徽语、吴语、赣语共有性说法。B 说法见于徽语 2 点、赣语 2 点。C 说法见于徽语 3 点。

在赣东北徽语区，项目 3-5 构成区域内基本一致、中部少数点不同的分布态势。

在赣东北方言交接地带，项目 3-5 构成大部区域一致、北部和东北少数点不同的分布态势。

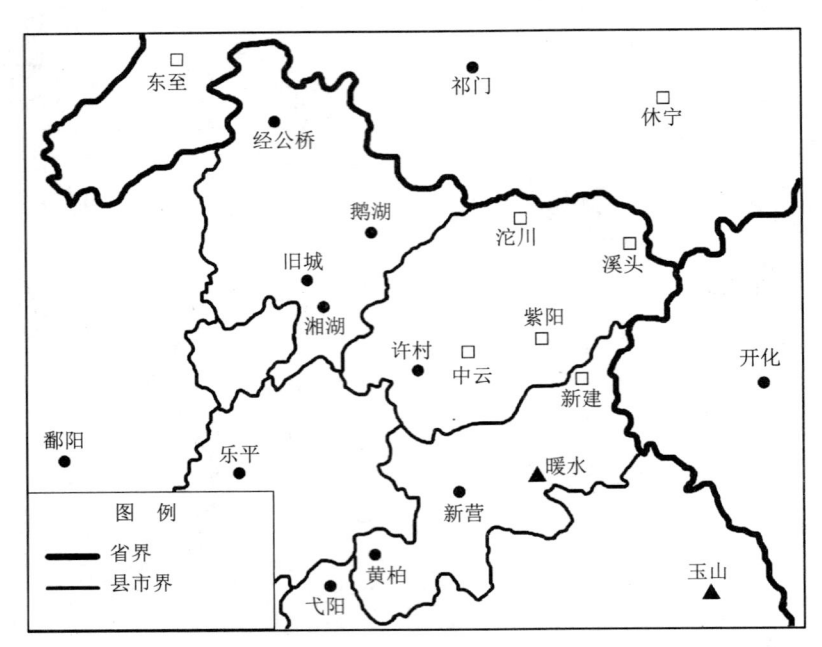

图 10-3-6 "书别拿着"的说法的分布

"书别拿着"（097）在 21 处方言点中的说法有 3 种：

A. 说"书不要/莫/□mau³³ 拿/驮/捏/担/拎/搭到"（●）。有 12 处：经公桥、鹅湖、旧城、湘湖，许村，新营、黄柏；祁门；开化；弋阳、乐平、鄱阳。

B. "书不要/□pe³⁵ 拿/拎/□kie¹¹ 着"（□）。有 7 处：溪头、沱川、紫阳、中云，新建；休宁；东至。

C. 说"书不要/弗□lɯ²² 捉/拎住"（▲）。有 2 处：暖水；玉山。

项目 3-6 是表示状态持续的格式。A 说法主要见于浮梁 4 点、德兴 2 点和赣语 3 点，属于徽语、赣语共有性说法，婺源许村点与之同。B 说法与共同语同，主要见于婺源 4 点和皖南徽语休宁点，德兴新建点与婺源同。C 说法见于德兴暖水、吴语玉山 2 点，暖水点与玉山点趋同。

在赣东北徽语区，项目 3-6 构成西北—中—南基本上两类三分的分布态势。

在赣东北方言交接地带，项目 3-6 构成西—中、东北—东南三分的分布态势。

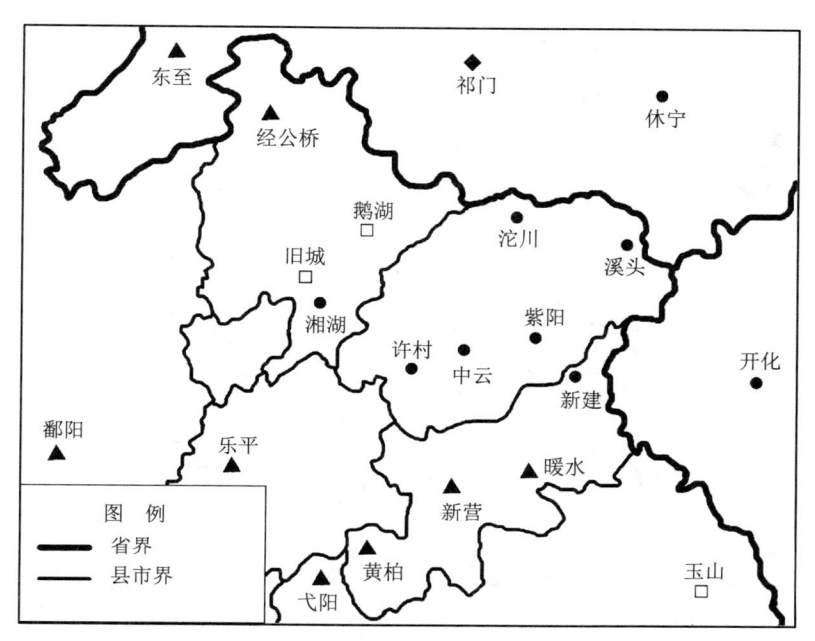

图 10-3-7 "把这头牛（牵回家去）"的说法的分布

"把这头牛（牵回家去）"（021）在 21 处方言点中的说法有 4 种：

A. 说"帮伊/勒/诶/个条牛"（●）。有 9 处：湘湖，溪头、沱川、紫阳、许村、中云，新建；休宁；开化。

B. 说"端/担 勒/乙条牛"（□）。有 4 处：B-1"端勒条牛"：鹅湖、旧城；祁门‖B-2"担乙条牛"：玉山。

C. 说"分伊头牛"（◆）。有 1 处：祁门。

D. 说"把伊/诶条牛"（▲）。有 8 处：经公桥，新营、黄柏、暖水；东至、鄱阳、乐平、弋阳。

项目 3-7 是表示处置的格式。A 类说法主要见于婺源 5 点和皖南徽语休宁点，浮梁湘湖、德兴新建 2 点以及吴语开化点与之同。B 类说法见于浮梁 2 点和祁门点以及吴语玉山点。祁门点还兼说 C 说法。A、B、C 类说法属于徽语性说法。D 说法与共同语同，见于赣语 4 点、德兴 3 点以及浮梁经公桥点。

在赣东北徽语区，项目 3-7 构成西北—中—南三分的分布态势。

在赣东北方言交接地带，项目 3-7 构成西、南—中、东北、东两分的分布态势。

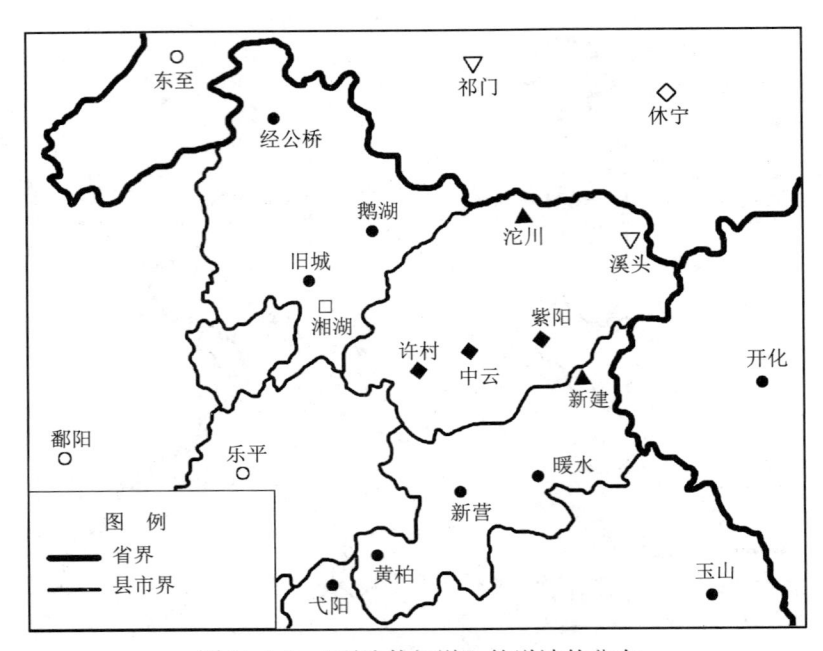

图 10-3-8 "别让他知道"的说法的分布

"别让他知道"（028）在 21 处方言点的说法有 7 种：

A. 说"不要/莫（个）/弗□lɯ²²让渠晓得/省得/识得"（●）。有 10 处：经公桥、鹅湖、旧城，新营、黄柏、暖水；弋阳、东至；玉山、开化。

B. 说"不要等渠晓得"（○）。有 2 处：鄱阳、乐平。

C. 说"别滴渠识得"（◇）。有 1 处：休宁。

D. 说"不要把渠晓得"（□）。有 1 处：湘湖。

E. 说"不要端渠晓得"（▲）。有 2 处：沱川，新建。

F. 说"不要分渠晓得"（▽）。有 2 处：溪头；祁门。

G. 说"不要给渠晓得"（◆）。有 3 处：紫阳、许村、中云。

项目 3-8 是表示被动的格式。A 说法属于徽语、赣语、吴语共有性说法。B 说法属于赣语性说法。C、D、E、F、G 等说法属于徽语性说法。

在赣东北徽语区，项目 3-8 构成西北—中—南三分、婺源县域内东北—西南两分的分布态势。

在赣东北方言交接地带，项目 3-8 构成西、南—中、东北、东两分的分布态势。

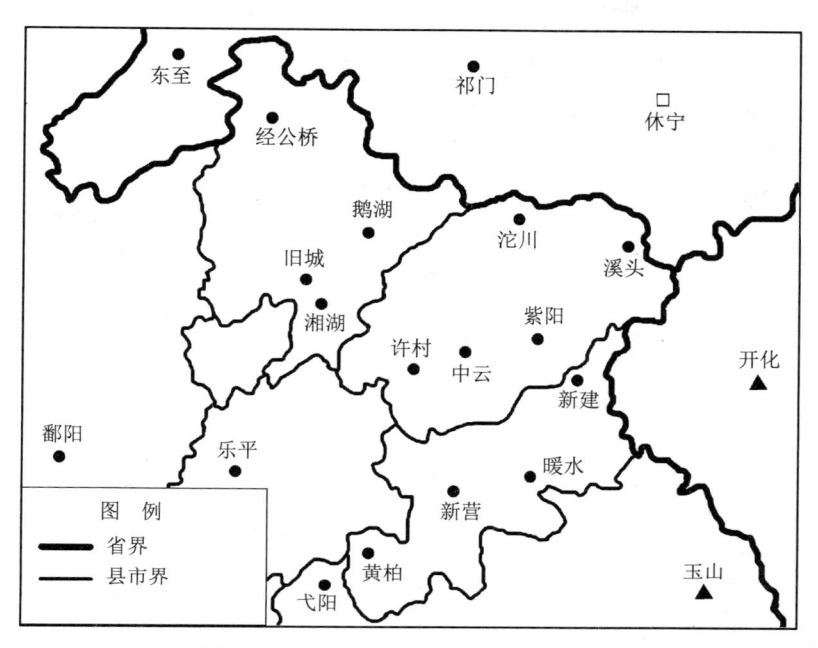

图 10-3-9 "再吃一碗"的说法的分布

"再吃一碗"（046）在 21 处方言点中的说法有 3 种：

A. 说"喫一碗凑"（●）。有 18 处：经公桥、鹅湖、旧城、湘湖，溪头、沱川、紫阳、许村、中云，新建、新营、黄柏、暖水；祁门；鄱阳、乐平、弋阳、东至。

B. 兼说"咥/食一碗凑""咥/食一碗添"（▲）。有 2 处：玉山、开化。

C. 说"喫一碗添"（□）。有 1 处：休宁。

项目 3-9 是表示动作继续进行、数量继续追加的格式。A 说法在动词后附加"凑"，属于赣语性说法[①]，见于赣语 4 点和赣东北徽语 13 点、皖南徽语祁门点，B 说法即兼说 A、C 说法，见于吴语 2 点；C 说法在动词后附加"添"，只见于皖南徽语休宁点。B、C 说法属于徽语、吴语性说法。吴语、徽语点说在动词后附加"凑"的说法是受赣语的影响。

在赣东北徽语区，项目 3-9 呈区域内基本一致的分布态势。

在赣东北方言交接地带，项目 3-9 构成大部区域一致、东部少数点不同的分布态势。

[①] 参见陈昌仪《江西省方言志》，收录 48 处赣方言点有 41 处说 A 类说法。方志出版社 2005 年版，见第 783—784 页。

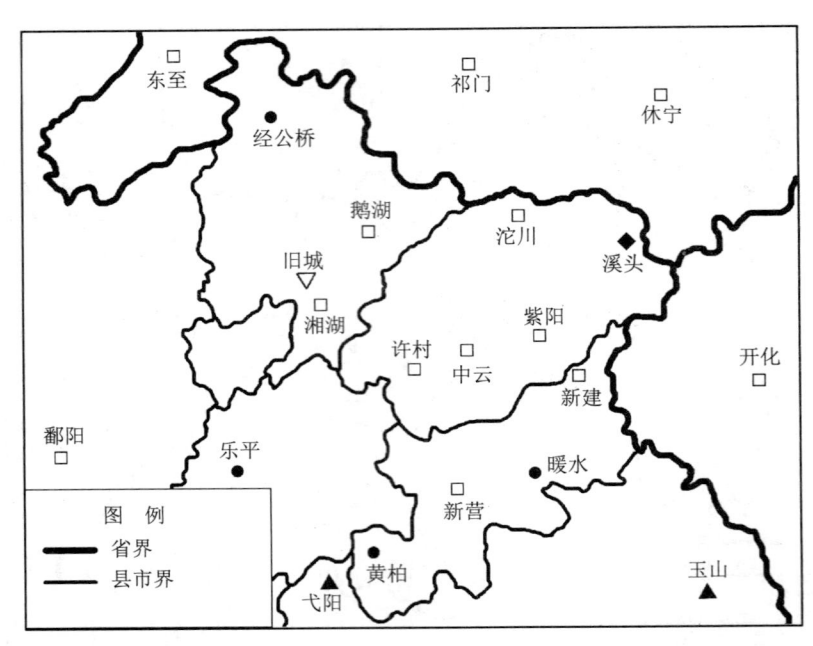

图 10-3-10 "(外婆)给了我压岁钱"的说法的分布

"(外婆)给了我压岁钱"(050)在 21 处方言点中的说法有 5 种：

A. 说"拿/把　了/哩/嗯　压岁钱　拿/把/□ue⁵⁴　阿/我"(●)。有 4 处：经公桥，黄柏、暖水；乐平。

B. 说"□tɔʔ⁵/给/把/分　哩/了/之　我压岁钱"(□)。有 13 处：鹅湖、湘湖、沱川、紫阳、许村、中云、新建、新营；祁门、休宁；开化；鄱阳、东至。

C. 说"把到我压岁钱"(▽)。有 1 处：旧城。

D. 说"拿 nã³³ 压岁钱分之阿"(◆)。有 1 处：溪头。

E. 说"把/摆　哩/嗯　压岁钱阿/伇/我"(▲)。有 2 处：玉山；弋阳。

项目 3-10 是表示给予的双宾语格式。A 说法见于赣东北徽语和赣语少数点。B 说法见于赣东北徽语 8 点、皖南徽语 2 点和吴语、赣语部分点。C、D 说法分别见于徽语个别点。E 说法见于吴语、赣语个别点。

在赣东北徽语区，项目 3-10 构成中部多数一致、西北和南部少数点不同的分布态势。

在赣东北方言交接地带，项目 3-10 构成中部、东北部一致，南部、东南部少数点不同的分布态势。

第十章　赣东北徽语的地理语言学考察　　975

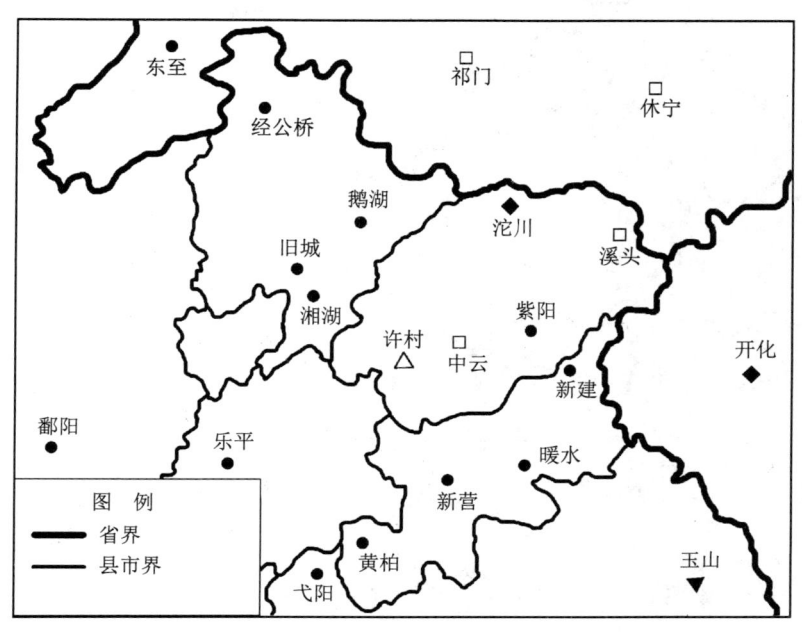

图 10-3-11　"（他）打不过我"的说法的分布

"打不过（我）"（066）在 21 处方言点中的说法有 5 种：

A. 说"打不过/赢（我）"（●）。有 13 处：经公桥、鹅湖、旧城、湘湖，紫阳，新建、新营、黄柏、暖水；弋阳、乐平、鄱阳、东至。

B. 说"打（我）不赢/过"（□）。有 4 处：溪头、中云；祁门、休宁。

C. 兼说"打弗过（我）""打（我）弗过"（▼）。有 1 处：玉山。

D. 兼说"打不过（我）""打不（我）过"（△）。有 1 处：许村。

E. 兼说"打不/弗过（我）""打（我）不/弗过""打不/弗（我）过"（◆）。有 2 处：沱川；开化。

项目 3-11 是体现动词后宾语补语顺序的格式。A 类说法与共同语同，主要见于浮梁 4 点、德兴 4 点和赣语 4 点。B 类说法见于婺源 2 点和皖南徽语 2 点。吴语玉山点、婺源许村点兼说两类说法，吴语开化点、婺源沱川点兼说三类说法。

在赣东北徽语区，项目 3-11 构成西北—中—南两类三分的分布态势。

在赣东北方言交接地带，项目 3-11 构成西、南—中、东北—东南三分的分布态势。

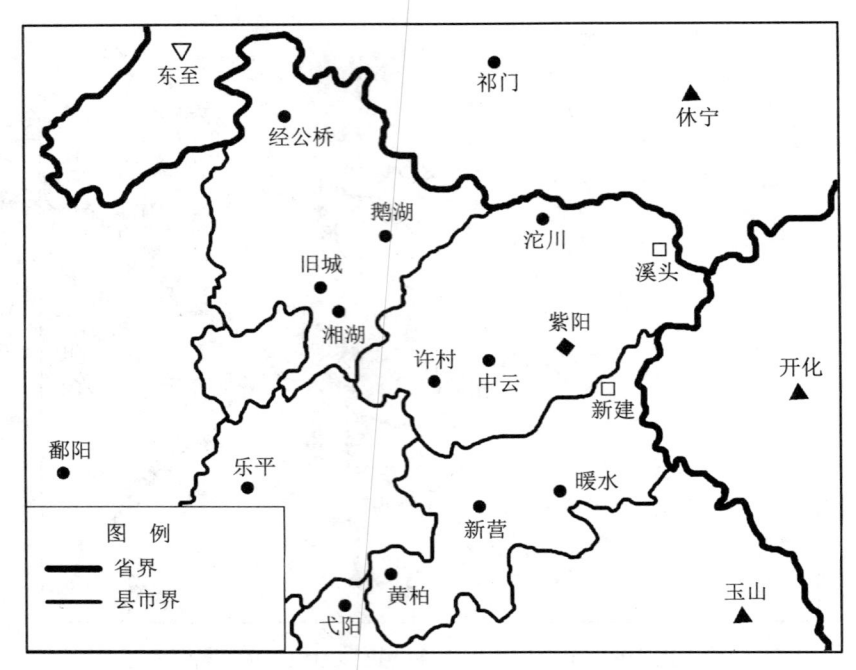

图 10-3-12 "（这块布）做不了（三套衣服）"的说法的分布

"（这块布）做不了（三套衣服）"（074）在 21 处方言点中的说法有 5 种：

A. 说"做不到"（●）。有 14 处：经公桥、鹅湖、旧城、湘湖，沱川、许村、中云，新营、黄柏、暖水；弋阳、乐平、鄱阳；祁门。

B. 说"做不得"（□）。有 2 处：溪头，新建。

C. 说"做不/弗起"（▲）。有 3 处：休宁；玉山、开化。

D. 说"做不了"（▽）。有 1 处：东至。

E. 说"不够做"（◆）。有 1 处：紫阳。

项目 3-12 是对动作可能作否定的格式。A 说法见于赣东北徽语和赣语大多数点，属于赣语、徽语共有性说法。B 说法见于婺源、德兴东部 2 点。C 说法见于吴语 2 点和皖南徽语休宁点，属于吴语性说法，休宁点与之同。D、E 说法分别见于徽语、赣语个别点。

在赣东北徽语区，项目 3-12 呈区域内基本一致、东部少数点不同的分布态势。

在赣东北方言交接地带，项目 3-12 构成大部区域一致、东部少数点不同的分布态势。

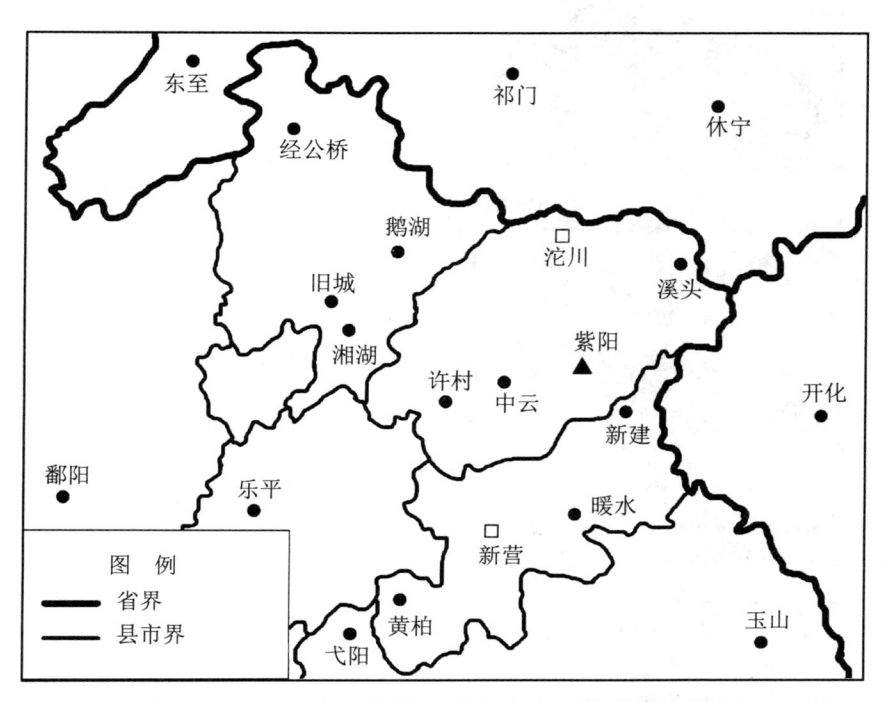

图 10-3-13 "（书别拿着，）放在桌上"的说法的分布

"放在（桌上）"（097）在 21 处方言点中的说法有 3 种：

A. 说"囥/架得（桌上）"（●）。有 18 处：经公桥、鹅湖、旧城、湘湖，溪头、许村、中云，新建、黄柏、暖水；祁门、休宁；开化、玉山；东至、乐平、鄱阳、弋阳。

B. 说"囥/架到（桌上）"（□）。有 2 处：沱川，新营。

C. 说"囥在（桌上）"（▲）。有 1 处：紫阳。

A 说法见于赣东北徽语、皖南徽语和赣语、吴语大部分方言点，属于徽语、赣语、吴语共有性说法。B、C 说法只分别见于赣东北徽语少数点。

在赣东北徽语区，项目 3-13 呈区域内基本一致、少数点不同的分布态势。

在赣东北方言交接地带，项目 3-13 构成大部区域一致、少数点不同的分布态势。

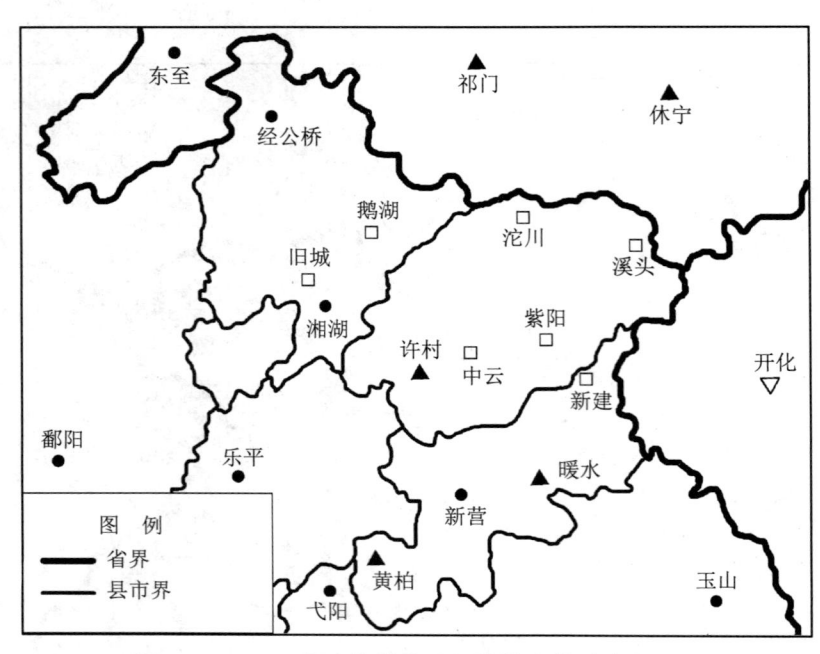

图 10-3-14 "(我)借给他三百块钱"的说法的分布

"(我)借给他三百块钱"（130）在 21 处方言点中的说法有 4 种：

A. 说"借了/哩三百块钱到/□xo⁵³/把渠"（●）。有 8 处：经公桥、湘湖，新营；鄱阳、乐平、弋阳、东至；玉山。

B. 说"借嗝/嘀/之/着/咟渠三百块钱"（□）。有 7 处：鹅湖、旧城，溪头、沱川、紫阳、中云、新建。

C. 说"借把/给/分/得渠三百块钱"（▲）。有 5 处：许村，黄柏、暖水；祁门、休宁。

D. 说"借着三百块钞票渠"（▽）。有 1 处：开化。

项目 3-14 是表给予义的双宾语格式。A 说法主要见于赣语 4 点，浮梁 2 点、德兴 1 点以及玉山点与之同。B、C 说法属于徽语性说法，B 说法主要见于婺源方言，浮梁鹅湖、旧城 2 点和德兴新建点与之同，C 说法主要见于德兴方言和皖南徽语 2 点，D 说法为吴语开化点所独有。

在赣东北徽语区，项目 3-14 构成西北—中—南三分的分布态势。

在赣东北方言交接地带，项目 3-14 构成西—中、东北—南大致三分的分布态势。

第四节 赣东北徽语语言项目地理分布类型

通过本章前述第一、二、三节总共 54 幅语音、词汇、语法项目地理分布图的图示，可以归纳出语言项目地理分布的类型。以下从赣东北徽语区和赣东北方言交接地带两个角度来作语言项目地理分布类型的考察。

一 赣东北徽语区语言项目地理分布类型

就赣东北徽语区来看，其语言项目地理分布类型可以归纳为以下 4 种：
a 型：一致或基本一致
b 型：错杂散布
c 型：区域两分
d 型：区域三分

（一）a 型分布——一致型和基本一致型

a 型分布类型，方言点语言项目形式一致或基本一致。其中 a-1 型是一个语言项目在 13 处方言点中的音读类型或词语、句式说法完全相同。例如语音项目 1-11 "'开'、'揩'韵母读音的分布"便属于 a-1 型分布类型。见以下图 10-4-1-1。

在赣东北徽语区 13 处方言点中，中古蟹摄一等字"开"（0273）、二等字"揩"（0298）两字韵母读音都不相同（●）：经公桥（-ɤ|-ia）、鹅湖（-iɛ|-a）、旧城（-iɛ|-a）、湘湖（-ɛ|-a），溪头（-uɐ|-a）、沱川（-ua|-ɑ）、紫阳（-e|-o）、许村（-uɤ|-o）、中云（-ɤ|-a）、新建（-ua|-a）、新营（-ua|-a）、黄柏（-ɛ|-a）、暖水（-o|-a）。"开""揩"韵母读音的分布属于 a-1 型即一致型。

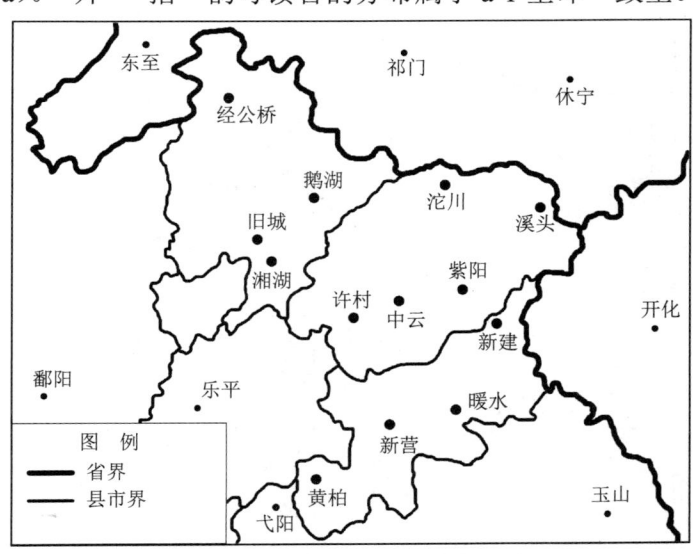

图 10-4-1-1 "开""揩"韵母读音的分布（a-1）

a-2 型分布是一个语言项目在大多数方言点中音读类型或词语、句式说法相同，有个别、少数方言点与之不同形成对立。语音项目 1-5 "'猪'、'春'声母读音的分布"便属于 a-2 型分布类型。见以下图 10-4-1-2：

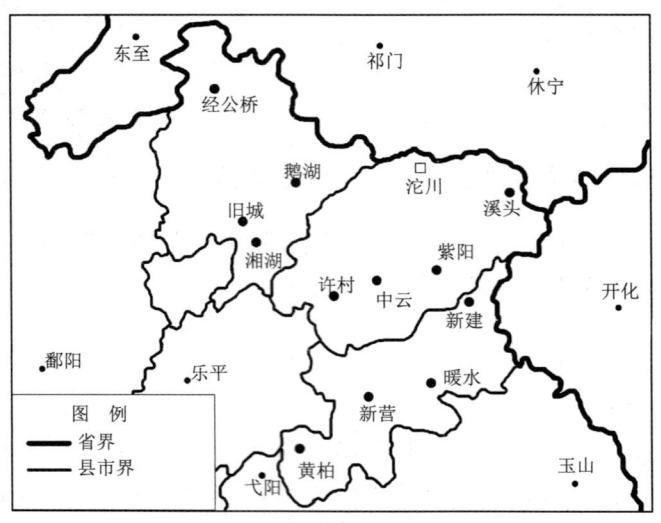

图 10-4-1-2　"猪""春"声母读音的分布（a-2）

　　中古知、章组声母字"猪""春"两字在赣东北徽语中除婺源沱川点"春"读塞音 kʻ- 声母（□）外，其余 12 点都读塞擦音（舌尖前音 ts-、tsʻ-，舌尖后音 tʂ-、tʂʻ-，舌叶音 tʃ-、tʃʻ-，舌面音 tɕ-、tɕʻ-）声母（●）。"猪""春"声母音读类型的分布属于 a-2 型，即基本一致型。

　　语音项目 1-19 "'拜'、'败'声调读音的分布"也属于 a-2 型分布类型。见以下图 10-4-1-3：

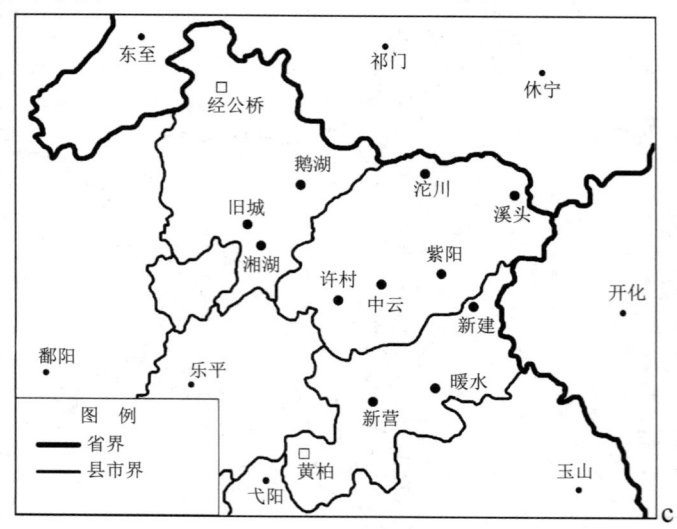

图 10-4-1-3　"拜""败"声调读音的分布（a-2）

中古去声清声母字"拜"（0291）、浊声母字"败"（0323）在浮梁经公桥点和德兴黄柏点以外 11 处方言点中都分别归读阴去和阳去（●），在经公桥、黄柏 2 点则归读一个去声调（□）。"拜""败"声调读音的分布属于 a-2 型，即基本一致型。

在图 10-4-1-2 中，与大多数方言点构成对立的只有沱川点 1 个点。在图 10-4-1-3 中，与大多数方言点构成对立的有浮梁经公桥和德兴黄柏 2 个点，这 2 处方言点在地理上不处于一个连续的区域。

（二）b 型分布——错杂散布型

b 型分布类型，方言点音读类型或词语、句式说法有 2 种或 2 种以上，不同项目形式的方言点错杂分散分布，项目形式相同的方言点未处于一个连续的区域，看不出明显的片区分界特点。例如语法项目 3-4 "'说着说着（就哭起来了）'的说法的分布"便属于 b 型分布类型。见以下图 10-4-2。

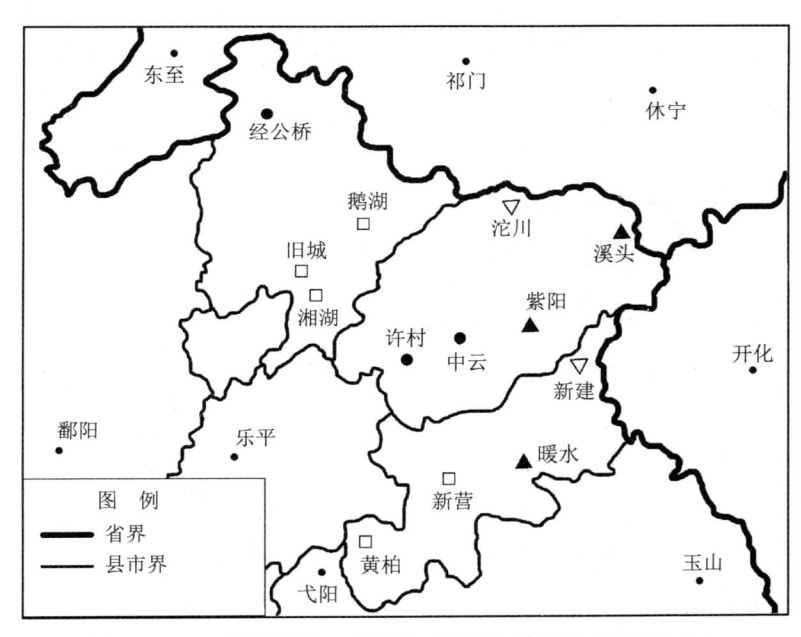

图 10-4-2 "说着说着（就哭起来了）"的说法的分布（b）

语法项目 3-4 表示在动作进行过程中发生另一动作，"说着说着（就哭起来了）"在 13 处方言点中有 4 类 6 种说法。说"讲下讲下"（●）的 3 处：浮梁经公桥点，婺源许村、中云 2 点；说"讲/话到讲/话到"（□）的 5 处：浮梁鹅湖、旧城、湘湖 3 点，德兴新营、黄柏 2 点；说"讲口n⁰讲"（▲）的 1 处：婺源溪头点；说"讲啊讲"（▲）的 2 处：婺源紫阳点、德兴暖水点；说"讲讲"（▽）的 1 处：婺源沱川点；说"讲讲讲讲"（▽）的 1 处：德兴新建点。

上页图 10-4-2 中语法项目的 6 种说法分别错杂分布在三县市辖域，均未分别处于一个连续的区域。

（三）c 型分布——区域两分型

c 型分布类型，是指一个语言项目在 13 处方言点中的音读类型或词语、句式说法有 2 种，赣东北徽语区依据语言项目形式可以分为 2 个片区。

语言项目 c 型分布所分成的片区有 3 种情况，从而使 c 型分布有 3 个下位类型：c-1 型分布，浮梁县域与婺源、德兴 2 县市辖域形成对立，各为一个片区；c-2 型分布，浮梁、婺源 2 县辖域与德兴市域形成对立，各为一个片区；c-3 型分布，三县市的西部与东部形成对立，各为一个片区。c-1 型、c-2 型分布所分片区呈南北对立，c-3 型分布所分片区则呈东西对立。

词汇项目 2-2 "'明天'的说法的分布"属于 c-1 型分布类型。见以下图 10-4-3-1。

"明天"在赣东北徽语区 13 处方言点中的说法有 2 种。说"明朝"（□）的 5 处：浮梁 4 点和德兴黄柏点；说"明日"（●）的 8 处：婺源 5 点和德兴黄柏以外 3 点。赣东北徽语区依此分成西北浮梁县域与中部婺源县域、南部德兴市域对立的两个片区。

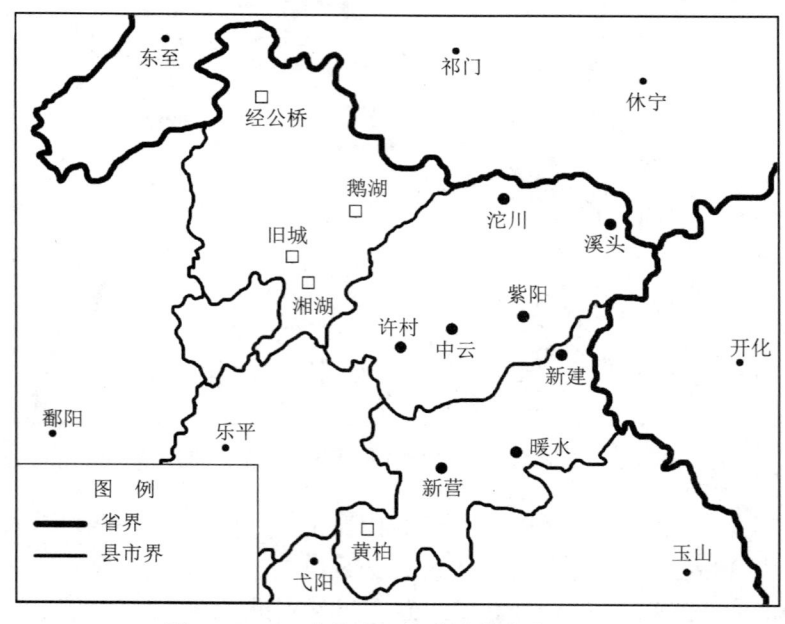

图 10-4-3-1 "明天"的说法的分布（c-1）

语音项目 1-7 "'坐'、'墙'声母读音的分布"属于上述 c-2 型分布类型。见下页图 10-4-3-2：

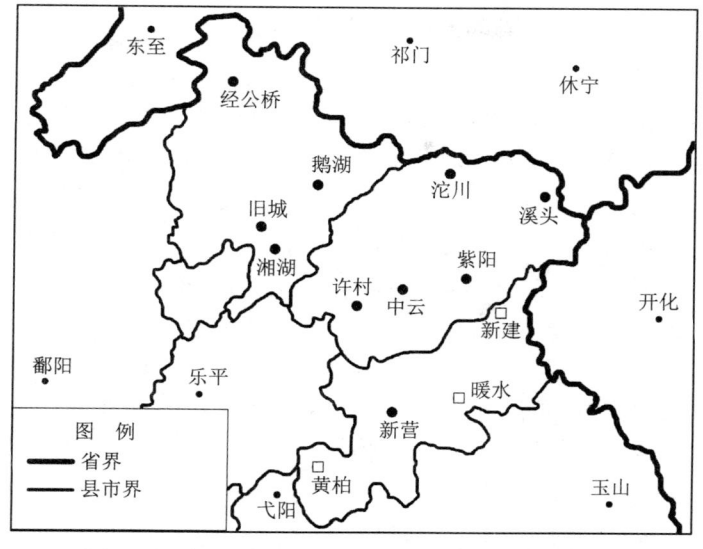

图 10-4-3-2 "坐""墙"声母读音的分布（c-2）

中古从母字"坐"（0034）、"墙"（1207）两字在 13 处方言点中声母读音情况有 2 种。读 ts'-|ts'-/ts-（●）的 10 处：浮梁 4 点，婺源 5 点，德兴新营点；读 ts'-|tɕ'-（□）的 3 处：德兴新建、黄柏、暖水 3 点。赣东北徽语区依此分成西北浮梁、中部婺源 2 县辖域与南部德兴市域对立的两个片区。德兴新营点与婺源方言趋同。

语音项目 1-17 "'桃'、'头'韵母读音的分布"属于上述 c-3 型分布类型。见以下图 10-4-3-3：

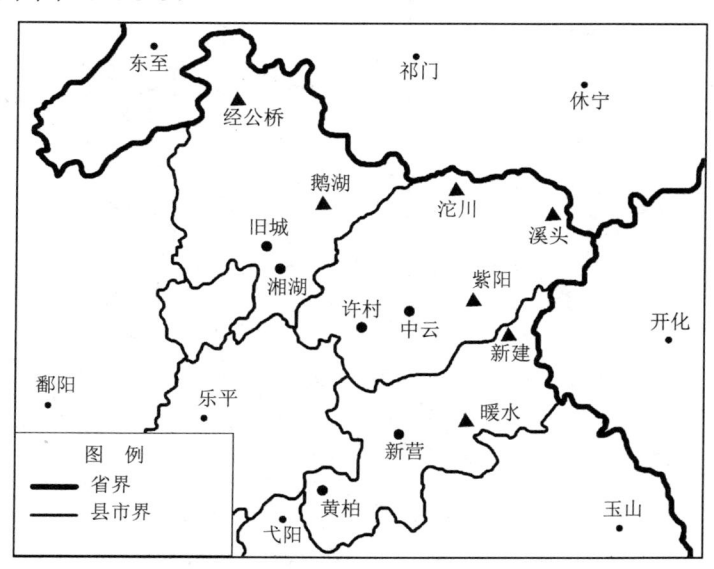

图 10-4-3-3 "桃""头"韵母读音的分布（c-3）

中古效摄一等字"桃"（0569）、流摄一等字"头"（0692）两字在 13 处方言点中韵母读音情况有 2 种。两字同韵（韵腹、韵尾相同）（●）的 6 处：旧城（-au|-au）、湘湖（-au|-iau）、许村（-a|-a）、中云（-a|-a）、新营（-ɔ|-iɔ）、黄柏（-ə|-iə）。两字不同韵（▲）的 7 处：经公桥（-au|-iəu）、鹅湖（-au|-iəu）、溪头（-ɐ|-iæ）、沱川（-a|-ə）、紫阳（-o|-a）、新建（-ɯ|-ɯ）、暖水（-ɤ|-y）。

旧城、湘湖 2 点位于浮梁南部，经公桥、鹅湖 2 点位于浮梁北部、东部；许村、中云 2 点位于婺源西南部，溪头、沱川、紫阳 3 点位于婺源东北部、东部；新营、黄柏 2 点位于德兴西部，新建、暖水 2 点位于德兴东部。从赣东北徽语区整个区域看，"桃""头"两字同韵的 6 处方言点位于赣东北徽语区西部、西南部，与位于东部、东北部的"桃""头"两字不同韵的 7 处方言点构成对立，分为两片区。

（四）d 型分布——区域三分型

d 型分布类型，是指赣东北徽语区依据语言项目形式可以分为 3 个片区。这种区域三分型有两种情况：一是依据语言项目的 3 种形式分成 3 个片区，为 d-1 型；一是依据语言项目的 2 种形式分成 3 个片区，为 d-2 型。

一个语言项目在 13 处方言点中有 3 种音读类型或词语、句式说法的，有的可以构成 3 个分片明显的片区。例如词汇项目 2-7 "'厕所'的说法的分布"便属于这种 d-1 型分布类型。见以下图 10-4-4-1：

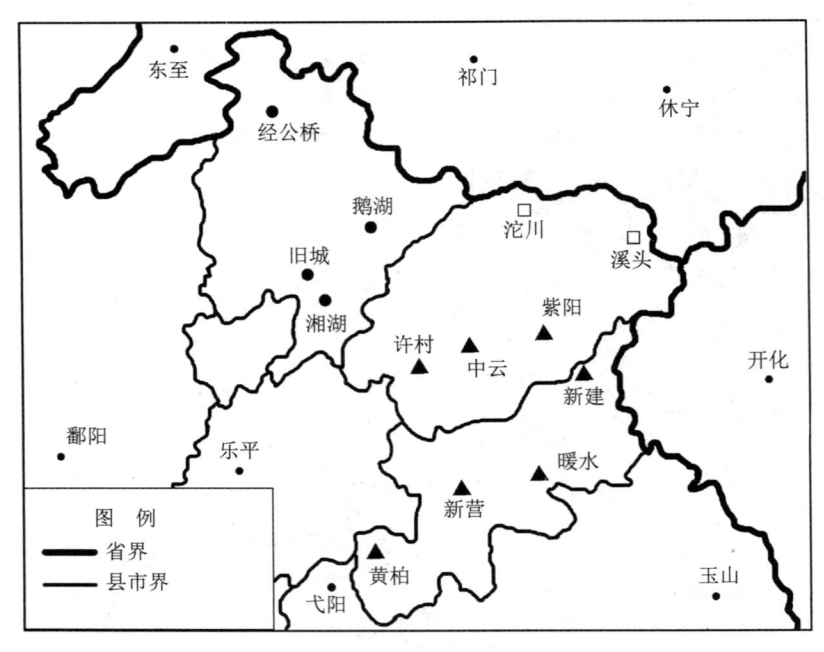

图 10-4-4-1 "厕所"的说法的分布(d-1)

"厕所"在 13 处方言点中的说法有 3 种。说"茅司"（●）的 4 处：浮梁 4 点；说"屎缸"（□）的 2 处：婺源东北部溪头、沱川 2 点；说"东司"（●）的 7 处：婺源南部、西南紫阳、中云、许村 3 点，德兴 4 点。这 3 种说法的方言点各自构成连续的区域，赣东北徽语区依此分成 3 个片区。

赣东北徽语区语言项目的 d 型分布，常见的还有一种两类三分的情况，即西北浮梁方言和南部德兴方言与婺源方言形成对立，有两类音读或词语、句式说法，因浮梁与德兴地理上不相连接，便构成西北—中—南基本上与三个县市辖域大致相应的 3 个片区。词汇项目 2-5 "'蝴蝶'的说法的分布"便属于这种两类三分的 d-2 型分布类型。见以下图 10-4-4-2。

"蝴蝶"在 13 处方言点中的说法有 2 种。说"蝴蝶"（●）的 6 处：浮梁经公桥、鹅湖、旧城 3 点，德兴新营、黄柏、暖水 3 点；说"蒲翼"（□）的 7 处：婺源 5 点、浮梁湘湖点、德兴新建点。浮梁 3 点和德兴 3 点各构成一个说"蝴蝶"的片区，婺源 5 点以及相邻浮梁湘湖点、德兴新建点构成一个说"蒲翼"的片区。湘湖、新建 2 点，因与婺源接近，归入婺源片区。

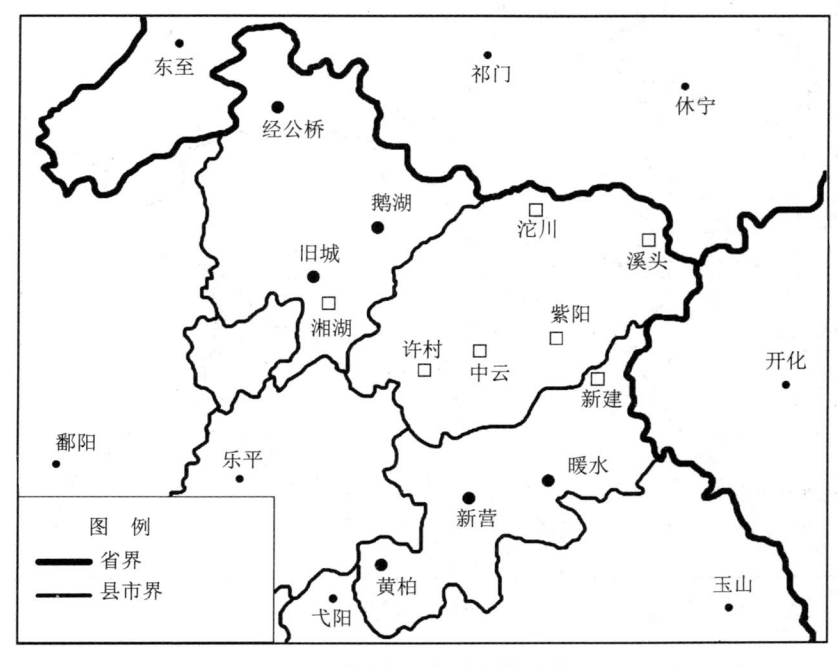

图 10-4-4-2 "蝴蝶"的说法的分布（d-2）

二 赣东北方言交接地带语言项目地理分布类型

把考察的区域范围扩大到包括 21 处方言点的整个赣东北方言交接地

带，语言项目地理分布类型可以归纳为以下 6 种：

A 型：基本一致
B 型：错杂散布
C 型：纵向分片
D 型：横向分片
E 型：斜向分片
F 型：楔状突入

（一）A 型分布——基本一致型

A 型分布类型，方言点语言项目形式基本一致。由于整个赣东北方言交接地带包括徽语、赣语、吴语三大方言，A 型分布只有基本一致而无完全一致的情况。A 型分布表现为一个语言项目在大多数方言点中音读类型或词语、句式说法相同，有个别、少数方言点与之不同形成对立。例如语音项目 1-10 便属于 A 型分布类型。见以下图 10-4-5：

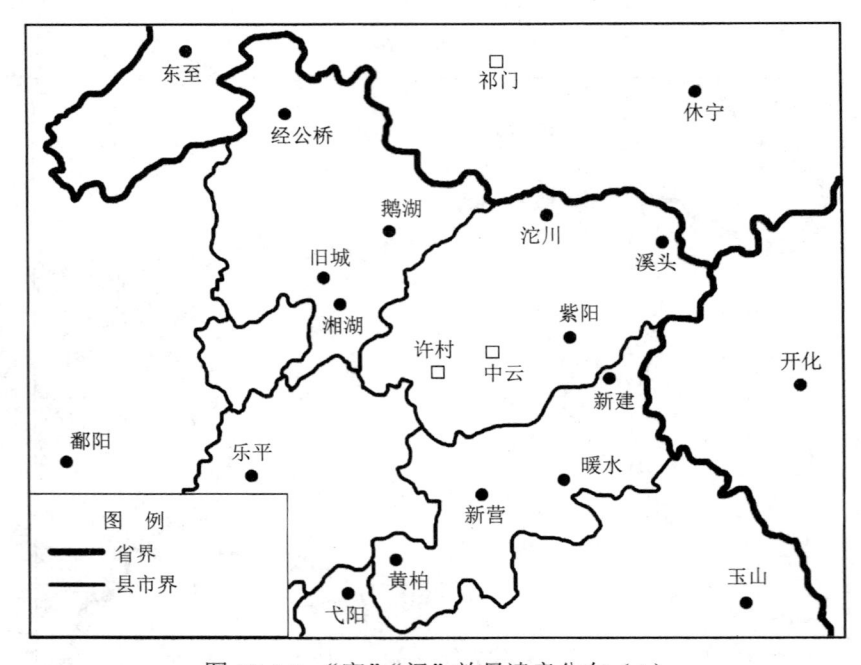

图 10-4-5 "寒""闲"韵母读音分布（A）

中古山摄一等字"寒"（0892）、二等字"闲"（0908）两字韵母音读类型在 21 处方言点中有 2 种。两字韵母读音不同（●）的 18 处：浮梁 4 点，德兴 4 点，赣语 4 点，吴语 2 点，婺源溪头、沱川、紫阳 3 点，皖南徽语休宁点；两字韵母读音相同（□）的 3 处：婺源许村、中云 2 点，皖南徽语祁门点。这 3 处方言点在地理上未构成连续的片区。

（二）B 型分布——错杂散布型

B 型分布类型，方言点语言项目形式有 2 种或 2 种以上，不同语言项目形式的方言点错杂分散分布，项目形式相同的方言点未处于一个连续的区域，看不出明显的片区分界特点。例如词汇项目 2-10 便属于 B 型分布类型。见以下图 10-4-6。

"祖父"在 21 处方言点中的说法有 7 类 12 种。说"朝朝"（▽）的 4 处：溪头、沱川、紫阳、东至；说"喝朝"（▽）的 1 处：许村；说"阿朝"（▽）的 1 处：休宁；说"祖祖"（▲）的 3 处：湘湖、黄柏、弋阳；说"公"（□）的 2 处：鹅湖、新建；说"公呐"（□）的 2 处：乐平、玉山；说"公公"（□）的 1 处：开化；说"太太"（●）的 2 处：经公桥、旧城；说"爹爹"（◆）的 2 处：暖水、鄱阳；说"老爹"（◆）的 1 处：新营；说"爷"（◇）的 1 处：中云；说"老儿"（▼）的 1 处：祁门。

除了说"朝朝"的婺源溪头、沱川、紫阳 3 点和说"太太"的浮梁经公桥、旧城 2 点构成连续的小片区外，其余 10 种说法或 1 说只有 1 点，或所说的方言点都跨县市分布，不构成连续的片区。

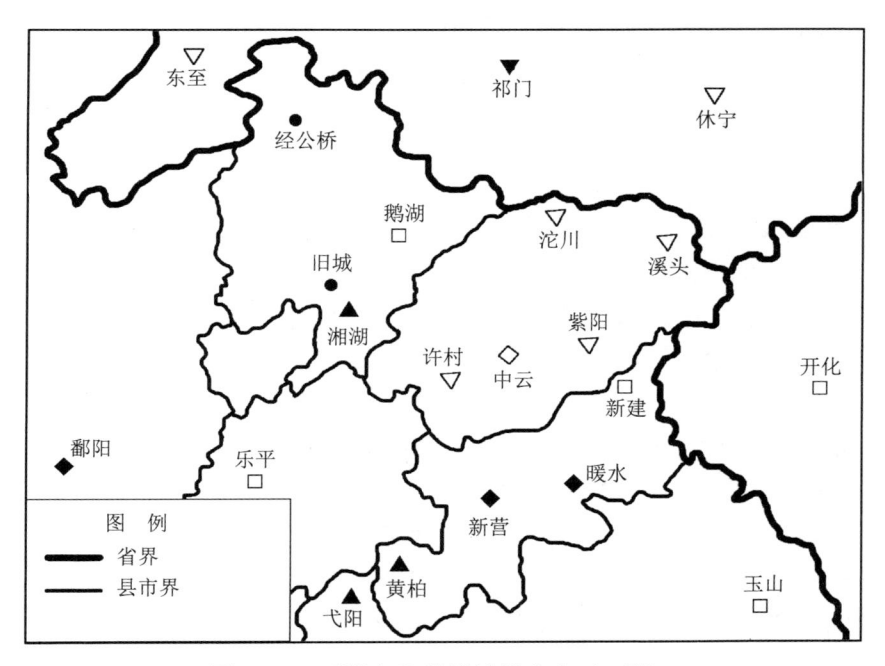

图 10-4-6 "祖父"的说法的分布（B 型）

（三）C 型分布——纵向分片型

C 型分布类型，方言点依据不同的语言项目形式分别处于连续的区域构成片区，片区分界线呈纵线状按东西方向把赣东北方言交接地带划分为不同的几个片区。例如词汇项目 2-2 "'明天'的说法"便属于 C 型分布类型。见以下图 10-4-7：

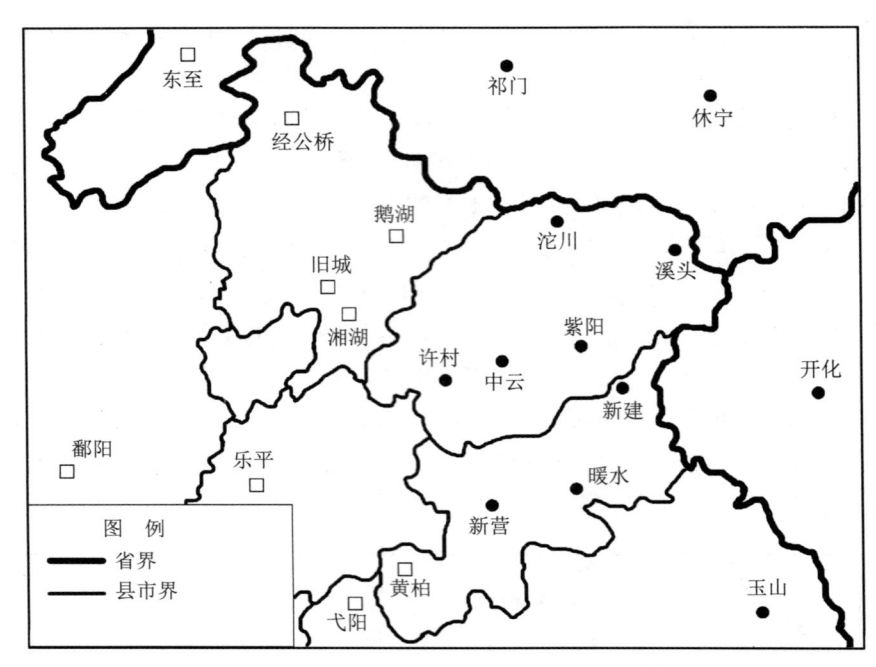

图 10-4-7 "明天"的说法的分布（C 型）

"明天"在 21 处方言点中的说法有 2 种。说"明日"（●）的 12 处：吴语 2 点、皖南徽语 2 点和婺源 5 点、德兴新建、新营、暖水 3 点。说"明朝"（□）的 9 处：经公桥、鹅湖、旧城、湘湖，黄柏；东至、鄱阳、乐平、弋阳，包括赣语 4 点、浮梁 4 点以及德兴黄柏点。

赣东北方言交接地带依据词汇项目"明天"分为说"明日"的东片和说"明朝"的西片 2 个片区，片区之间的分界线为纵线。

（四）D 型分布——横向分片型

D 型分布类型，方言点依据不同的语言项目形式也分别处于连续的区域构成片区。与上述 C 型分布不同的是，片区分界线呈横线状按南北方向把赣东北方言交接地带划分为不同的几个片区。例如词汇项目 2-18 "（稀饭）稠的说法"便属于横向分片的 D 型分布类型。见下页图 10-4-8：

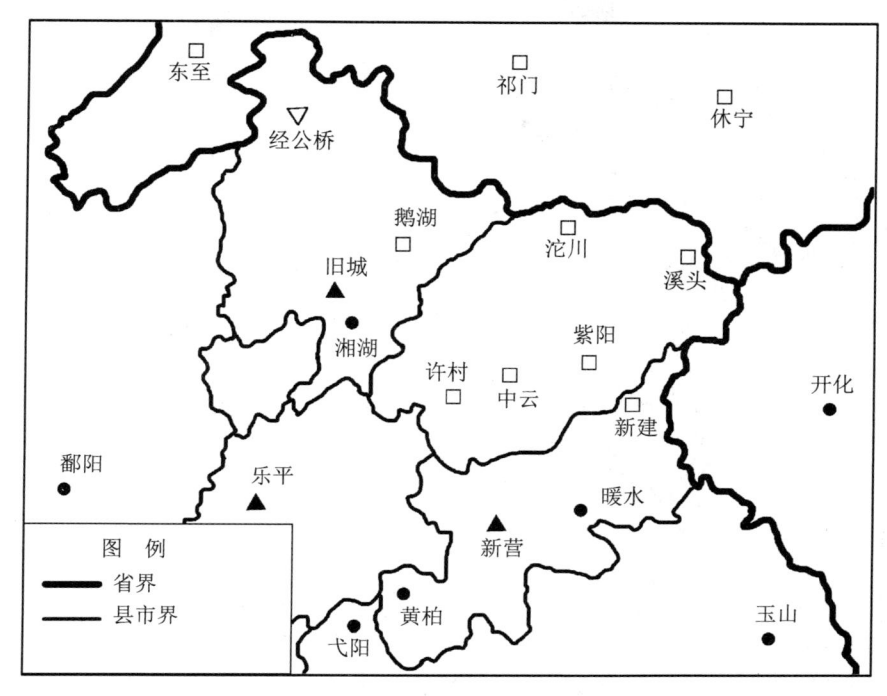

图 10-4-8 "（稀饭）稠"的说法的分布（D 型）

"（稀饭）稠"在 21 处方言点中的说法有 4 种。说"硬"（□）的 10 处：婺源 5 点，皖南徽语 2 点，浮梁鹅湖点，德兴新建点，赣语东至点；说"□nia^{214}"（▽）的 1 处：浮梁经公桥点；说"浓"（●）的 7 处：吴语 2 点，赣语弋阳、鄱阳 2 点，德兴黄柏、暖水 2 点，浮梁湘湖点；说"稠"（▲）的 3 处：浮梁旧城点，德兴新营点，赣语乐平点。

说"硬"（□）的 10 处方言点与其他 3 种说法的方言点构成南北对立。赣东北方言交接地带依据词汇项目"（稀饭）稠"分为说"硬"的北片和说"硬"以外说法的南片 2 个片区，片区之间的分界线为横线。

（五）E 型分布——斜线分片型

E 型分布类型，方言点依据不同的语言项目形式也分别处于连续的区域构成片区。与上述 C 型、D 型分布不同的是，片区分界线呈斜线状按东北—西南或西北—东南方向把赣东北方言交接地带划分为不同的几个片区。片区分界线是斜线而非横线或纵线。例如词汇项目 2-12 便属于斜线分片的 E 型分布。见下页图 10-4-9-1：

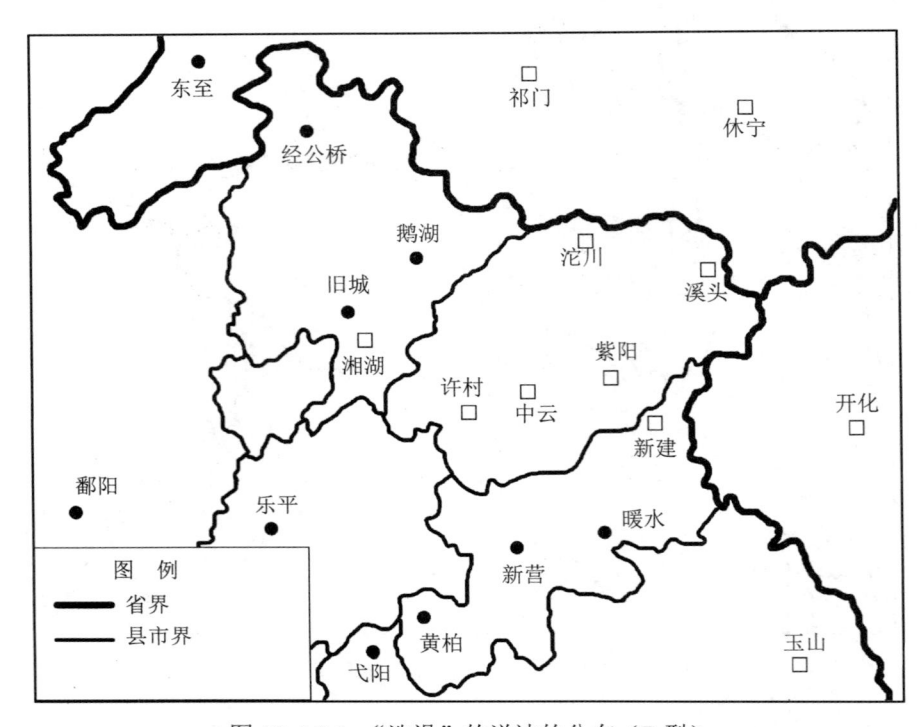

图 10-4-9-1 "洗澡"的说法的分布（E 型）

"洗澡"（1147）在 21 处方言点中的说法有 2 种。说"洗澡"（●）的 10 处：浮梁经公桥、鹅湖、旧城 3 点，德兴新营、黄柏、暖水 3 点；赣语 4 点；说"洗浴"（□）的 11 处：婺源 5 点，浮梁湘湖点，德兴新建点，皖南徽语 2 点，吴语 2 点。2 种说法的方言点构成大致为东北—西南方向的 2 个片区，片区分界线为西北—东南走向的斜线。

词汇项目 2-10"'玉米'的说法的分布"也属于斜线分片的 E 型分布类型。见下页图 10-4-9-2。

"玉米"（0225）在 21 处方言点中的说法有 3 种。说"玉米"（●）的 5 处：浮梁经公桥、鹅湖、旧城 3 点和赣语鄱阳、东至 2 点；说"苞萝"（□）的 12 处：婺源 5 点、皖南徽语 2 点和德兴新建、黄柏 2 点，浮梁湘湖点，赣语乐平点，吴语开化点；说"苞粟"（▲）的 4 处：德兴新营、暖水 2 点，吴语玉山点，赣语弋阳点。3 种说法的方言点构成大致为西北—东南方向的 3 个片区，片区分界线为东北—西南走向的斜线。

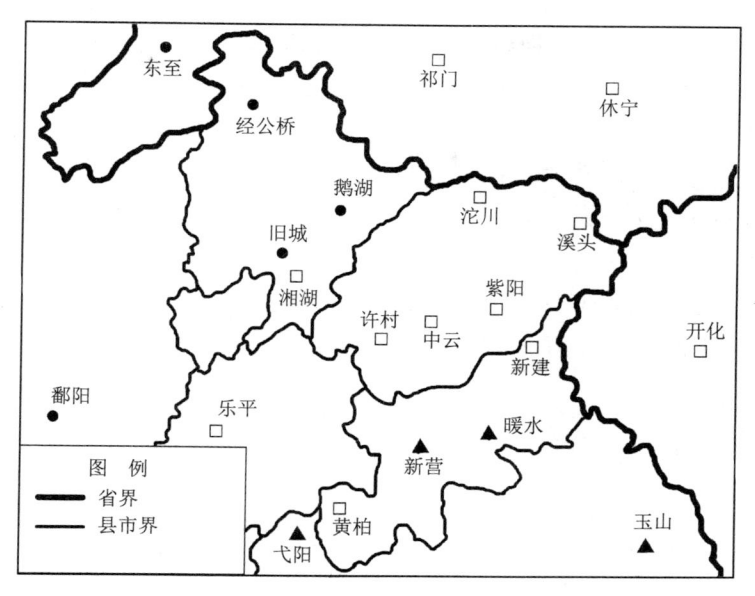

图 10-4-9-2 "玉米"的说法的分布（E 型）

（六）F 型分布——楔状突入型

F 型分布类型，表现为婺源方言和边邻皖南徽语语言项目形式一致，构成一个连续的片区，与该片区西北边的浮梁方言、西边的赣语、南边的德兴方言、东南边的吴语形成对立，状似一个楔子由东北方向朝西南方向插入。例如语音项目 1-12 "'宝'、'饱'、'表'韵母读音的分布"便属于楔状突入的 F 型分布类型。见以下图 10-4-10：

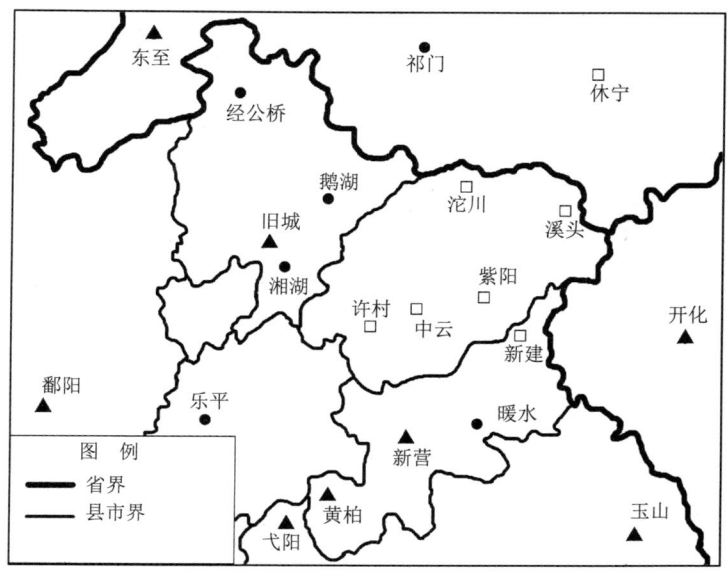

图 10-4-10 "宝""饱""表"韵母读音的分布（F 型）

中古效摄一等字"宝"（0556）、二等字"饱"（0600）、三等字"表"（0630）三字在 21 处方言点中韵母读音情况有 3 种：三字韵腹、韵尾都不同（□）；"宝""饱"同韵，"表"韵腹、韵尾不同（●）；三字韵腹、韵尾相同（▲）。其中三字韵腹、韵尾都不同的有 7 处：溪头（-ɐ|-au|-ia）、沱川（-a|-au|-ia）、紫阳（-o|-ɒ|-io）、许村（-a|-ɔ|-iɔ）、中云：（-a|-ɔ|-a-）, 新建（-ɯ|-ɔ|-iɛ), 休宁（-ɤ|-o|-iau）。

三字韵腹、韵尾都不同的婺源 5 点和皖南徽语休宁点和德兴新建点共 7 处方言点构成一个楔状的片区。

结　语

一　本书研究内容的概括

本书以上正文共 10 章。

第一章"概说"，简述了赣东北徽语区的地理概况、居民历史和方言概况。其中对赣东北徽语区婺源、浮梁、德兴三县市自然村的移民源出地进行了总体考察和分县市考察，为赣东北徽语的形成提供了居民历史方面的重要数据。

第二章"赣东北徽语代表方言点的音系"，记录了赣东北徽语 13 处代表方言点的音系并描写其特点，反映了各方言点的语音基本面貌，是对赣东北徽语各方言点作考察的基础。

第三章"赣东北徽语代表方言点单字音对照"、第五章"赣东北徽语代表方言点词语对照"、第七章"赣东北徽语代表方言点语法例句对照"，分别以表格的形式录列了赣东北徽语 13 处代表方言点的单字音（1840 单字）、词语（1535 词条）和语法例句（130 例句）并作对照，是对赣东北徽语各方言点的语音、词汇和语法作田野调查而获得的基本语料。

第四章"赣东北徽语的语音特点"、第六章"赣东北徽语的词汇特点"、第八章"赣东北徽语的语法特点"，分别对赣东北徽语的语音、词汇和语法作描写和分析，归纳了其主要特点。其中第四章，对赣东北徽语语音作了专项考察，包括声母项目 8 项、韵母项目 10 项、声调项目 4 项；归纳了赣东北徽语分片语音特点和总体语音特点；把赣东北徽语与边邻方言（赣语东至方言、鄱阳方言、乐平方言、弋阳方言；吴语玉山方言、开化方言；皖南徽语休宁方言、祁门方言）进行了语音比较。第六章考察了赣东北徽语中 129 个方言本字；归纳录列了赣东北徽语的 152 个方言特色词；使用美国语言学家斯瓦迪士提出的包括人类语言稳定的 200 个核心词的"两阶核心词"分析赣东北徽语 13 处代表方言点的核心词共有率，与边邻赣语、吴语和皖南徽语方言点作对应点的核心词共有率考察。第八章分别对赣东北徽语作词法和句法专项考察，包括名词、代词、否定词、动词的"体"、词序和结构等主要语法项目，归纳了赣东北徽语分片语法特点和总体语法特点。

第九章"婺源方言韵书音系考察",录列了所收集的34种婺源方言韵书的书目与韵目;对其中5种具有代表性的韵书作音系考察,归纳了其韵部、韵类和声类、调类,作婺源方言韵书与现代婺源方言的音系比较。

第十章"赣东北徽语的地理语言学考察",选择赣东北徽语的语言项目(语音项目22项、词汇项目18项、语法项目14项),以绘制方言地图的方式作项目地理分布的考察,归纳了赣东北徽语区和赣东北方言交接地带的语言项目地理分布类型。

二 本书研究的几点认识

本书以上10章内容,对赣东北徽语作了比较详细的描写和分析。下面概括本书对赣东北徽语的几点理论认识,以之为本书作结。

(一)关于赣东北徽语的形成

关于徽语的形成,《汉语方言学导论》一书认为:"中国南方的吴、湘、粤、闽、赣、客七大方言地理分布的格局是在南宋初年奠定的。""徽语的形成时代和历史成因最为模糊,研究成果也最少。不过有一点可以肯定,即徽语的底子是吴语。从吴语分化的年代下限可能晚至明末。""汉语南方各大方言中吴语、湘语、粤语、赣语、平话的直接源头应是古代北方汉语,可以说是直接从古汉语分化的;闽语和徽语则是从吴语分化的,客方言是从赣语分化的,可以说是次生的。"[①]《现代汉语方言概论》一书称:"汉时徽语地区居民还是以越人为主,部分城镇汉族居民的语言应与宣州类同,直至六朝这里应与吴语一样同属于江东方言区。但由于南、西、西北都受赣语包围,在赣语强大影响之下,形成一种非吴非赣的方言,即韵母像南吴语而声母像赣语的徽语来。"[②]

综合两种著作所论,可知徽语系从吴语分化、受赣语影响而形成,至少在明末徽语已经初具与现代徽语大体相同的面貌。赣东北徽语作为徽语的一个部分,其形成基础和形成时期应与徽语整体是一致的。

以上所论是徽语形成的语言因素,从吴语分化反映了方言源流的演变,受赣语影响反映了方言接触的演变。徽语形成还有语言以外的因素。"人口迁徙是造成方言地理格局变化的最直接最重要的原因。"[③]本书第一章第二节"赣东北徽语区居民历史"部分对赣东北徽语区三县市自然村移民源出

---

① 游汝杰:《汉语方言学导论》,上海教育出版社2000年版,第109—110页。
② 侯精一主编:《现代汉语方言概论》,上海教育出版社2002年版,第90页。
③ 游汝杰:《汉语方言学导论》,上海教育出版社2000年版,第56页。

地情况作统计的数据是：赣东北徽语三县市的源出地可考的移民村中以徽语区籍移民村为最多，占移民村总数的57.17%。其中婺源县主要来自休宁、歙县、祁门三县的移民所建村占县域移民村的比例达到82%，浮梁县主要来自旧徽州歙县、祁门和婺源三县的移民所建村占县域移民村总数的51.13%，德兴市主要来自旧徽州歙县和婺源两县的移民所建村占市域移民村总数的41.19%。这是赣东北徽语区的方言之所以属于徽语系统的最根本动因。

影响方言形成的还有行政区划和交通往来两个非语言因素。"历史上长期稳定的行政区划，特别是中国历史上的二级行政区划——府或州对方言区划的形成往往起到显著的作用。""交通往来是造成不同地点方言相互接近的重要条件。"[1]婺源县长期为旧徽州所辖，无疑是其县域方言与同属徽州的其他县域的方言保持方言系属一致性的重要制约因素。语言是文化的载体，这种语言认同还影响到文化和政治的认同。而文化和政治的认同又作用于语言，强化了对语言的认同。[2]

对于行政区划上与徽州没有联系的浮梁、德兴两县市来说，其方言与徽州的方言趋同除了上述移民因素外，地理上与徽州地区邻接而便于交通往来也是另一个重要的非语言因素。

由于赣东北徽语区的居民先祖主要来自徽州休宁、歙县、祁门三县，因此赣东北徽语区形成在时间上应晚于作为徽语中心区域的休宁、歙县、祁门三县的方言。从本书前述关于赣东北徽语居民历史情况的统计来看，赣东北徽语区的徽州籍移民主要在早期（唐宋及之前）和中期（元明至清中）两个时期迁入，早期和中期移民所建村在徽州籍移民村所占移民村总数的57.17%中分别为20.89%（早期）和22.19%（中期），两期数据基本相当。据此似可推定赣东北徽语形成的时期应比《汉语方言学导论》一书所说的"可能晚至明末"要早，徽州六县的早期徽语当在南方吴、湘、粤、闽、赣、客七大方言地理分布格局奠定的南宋初年之后即宋元之际已经开始其形成过程。

（二）关于赣东北徽语的特点和性质

汉语的各大方言内部都有差异，但徽语的内部差异尤其突出。《现代汉语方言概论》一书书称："徽语应是汉语方言中内部分歧最大，通话程度最低的一种方言，而且未能形成可以在区域内通行的强势土话。""孤立发展不

---

[1] 游汝杰：《汉语方言学导论》，上海教育出版社，2000年版，第56—57页。
[2] 婺源县于1934年划入江西省，但婺源县民众始终保持着对徽州和徽州文化的认同。发生于1946、1947年的"回皖运动"即是其突出表现。1946年，婺源县社会名流与旅外同乡组织上书国民大会和国民政府，掀起婺源"回皖"运动。1947年8月，婺源奉令划归安徽。

但使徽语形成与周围语言不同的方言,并且各县各自形成不能通话的土语,甚至达到各乡也不能通话的严重分歧状态,有'十里不同音','隔山隔水就隔音'之称。"①本书中所录列的赣东北徽语各代表方言点的语音、词汇、语法材料以及相关的描写分析,已经让我们窥见赣东北徽语内部差异之突出和复杂。

徽语内部差异突出和复杂与处于皖南和浙西、赣东北三省交连地带的徽语区域自然地理和人文社会的闭塞环境有关,同时也与徽语区域边邻的作为徽语源头的吴语和因邻接而受其重要影响的赣语有关。

方言内部差异复杂,不过其特点依然是可以归纳的。

关于徽语的特点,前述《现代汉语方言概论》一书称徽语"韵母像南吴语而声母像赣语",是一种"非吴非赣"的方言。其实,徽语"韵母像南吴语而声母像赣语",表现了徽语有着"似吴似赣"的语言特点,说徽语是"非吴非赣"的方言,则是从其方言系属性质来说的。

赣东北徽语是徽语的一个部分。《江西省的汉语方言》一文称:"江西的徽语与安徽旧徽州府、浙江西部的淳安县、建德市的徽语原出一源。"②赣东北徽语具有徽语的主要特点。

本书第四章第三节"赣东北徽语语音的性质"部分,分别考察了赣东北徽语中的徽语性语音特点和吴语性语音特点、赣语性语音特点,从共时层面上对赣东北徽语的语音性质作出归纳(见前302、303页):

从总体上看,徽语性语音特点构成了其语音面貌的主体部分,这些徽语性语音特点是赣东北徽语区三县市特别是浮梁、德兴两县市主要通行的方言划归徽语的根本依据。

赣东北徽语各方言点的语音系统中包含着一些赣语性语音特点和吴语性语音特点。这些语音特点反映了位于徽语、赣语、吴语三大方言交接地带的赣东北徽语与赣语、吴语在方言演变过程中的联系。这种联系,既有共时横向上的方言接触关系,也有历时纵向上的源流关系。

《汉语方言学导论》一书称:"徽语的底子是吴语","有些浙南吴语中的特殊成分不见于浙北、苏南吴语,却可以在徽语里找到。这些成分应该是徽语里的古吴语遗迹。""徽语则是从吴语分化的……可以说是次生的。"③

因此,可以认为:赣东北徽语与徽语整体一样,其语言系统中的吴语性特点是方言源流演变的遗留;赣东北徽语中的赣语性特点则属于徽语"在

---

① 侯精一主编:《现代汉语方言概论》,上海教育出版社2002年版,第91页。
② 谢留文:《江西省的汉语方言》,《方言》2008年第2期。
③ 游汝杰:《汉语方言学导论》,上海教育出版社2000年版,第109—110页。

赣语强大影响之下"而发生的方言接触演变的结果。

徽语中的吴语性特点和赣语性特点反映了徽语"似吴似赣"的面貌，这些"似吴似赣"的特点是在徽语发展过程中形成的。而"非吴非赣"则应是徽语自行发展而不同于吴语、赣语的特点。研究者正是因为徽语的"非吴非赣"的特点才把徽语独立划为汉语第一层次的大方言的。

本书根据《现代汉语方言概论》一书和《徽语的特点与分区》一文所提出的徽语特点而归并调整的15条特点，即是现代徽语在共时层面上"非吴非赣"的表现。赣东北徽语各方言点具有徽语的大部分"非吴非赣"的特点。

（三）关于赣东北徽语的方言区片划分

这里所说赣东北徽语的方言区片划分涉及三方面的内容。一是指包括赣东北徽语在内的整个徽语的方言区划归属，二是指作为徽语一个部分的赣东北徽语在整个徽语中的区域划分，三是指赣东北徽语内部的小片划分。

由于徽语兼具吴语、赣语的特点，关于徽语的方言性质有不同的看法：即徽语是自成一个大的方言区，还是归入其他大方言；如归入其他大方言，是归入吴语还是归入赣语。《中国语言地图集》把"徽语"列为汉语的第一层次的十种方言之一，正是充分考虑了徽语这一"最具特色的土著方言"[①]的"似吴似赣""非吴非赣"的特点而确定的汉语方言分区做法。

就赣东北徽语的情况看，由于其处于徽语与赣语相交接的前沿，其语言系统中赣语性特点比吴语性特点更为突出，显然不能将其归入吴语。但若仅根据方言接触演变的结果将其归入赣语，则又不合汉语方言分区时主要考虑方言源流关系的原则。因此，将包括赣东北徽语在内的徽语作为一个大的方言区划无疑是目前情况下汉语方言分区的一种比较合适的处理。

《中国语言地图集》将徽语分为5片：绩歙（绩溪、歙县）片、休黟（休宁、黟县）片、祁德（祁门、德兴）片、严州（旧严州淳安、遂安、建德、寿昌）片、旌占（旌德、石台占大）片。[②]赣东北徽语区婺源县主要归于休黟片，浮梁、德兴两县市归于祁德片。《徽语的特点与分区》一文对上述分片作出调整，将婺源划归祁德片，改祁德片为祁婺片。[③]

本书认为：《徽语的特点与分区》一文的："这种分片法是从具有相同特点的角度把赣东北徽语区归为一个整体……对于本书作赣东北徽语的专题考察，应该具有很积极的意义。"（见前33页）这种分片法还一如该文所

---

① 侯精一主编：《现代汉语方言概论》，上海教育出版社2002年版，第88页。
② 《中国语言地图集》038页"B10 安徽南部的方言分布文字说明"（郑张尚芳）。
③ 赵日新：《徽语的特点和分区》，《方言》2005年3期。

说："'祁婺'与'绩歙'、'休黟'三个片的名称，正好可以涵盖旧徽州府所辖六县，表明徽州方言与徽语有密切关系，是徽语的核心部分。"①只是这样的分片让"祁婺"片包括了婺源、祁门和浮梁、德兴4县，在整个徽语分片系统中显得比其他各片都大很多，同时也未能体现徽州中心区域方言与徽州以外地区徽语的区别。故上述两种徽语分片法何种为宜，还需结合方言的实际状况以及研究的便利再予斟酌。

《现代汉语方言概论》一书注意到徽州六县的徽语与徽州以外地区徽语的区别，谈道："徽语中心是清代徽州府的绩溪、歙县、休宁、黟县、祁门、婺源六县"，徽语"边界地区的方言常带有吴语、赣语色彩成为过渡方言。"②依此说，赣东北徽语区中婺源以外的浮梁、德兴两县市属于该书所称"边界地区"，浮梁、德兴两县市方言则属于徽语与赣语之间的"过渡方言"。③

徽语区域中与非徽语县市相邻接的边缘地区的某些方言点与边邻的非徽语接近，称这样一些方言点或方言区片为"过渡方言"应无不妥。但本书认为不宜将徽州六县以外地区的徽语都称为"过渡方言"。所谓"过渡方言"应是兼具相交接的两种方言的特点和性质，介于两种方言之间的特殊方言状态。如将祁德片（浮梁、德兴）以及严州片（淳安、建德）、旌占片（旌德、占大）都处理为"过渡方言"，则导致整个徽语中仅有徽州六县方言为正宗的徽语，其余相当大片区域都成为"过渡方言"区，会影响徽语作为汉语第一层次划分的大方言的地位。

对于赣东北徽语的内部分片，本书处理为婺源、浮梁、德兴三县市三分。因为三县市方言之间，不仅有婺源与浮梁、德兴相对立的情况，也有浮梁与婺源、德兴相对立和德兴与婺源、浮梁相对立的情况。三县市方言片的界线大体与县市辖域界线相合。只是将婺源县域南部部分区域（太白乡以及许村镇南部）划入德兴方言小片。④

（四）关于赣东北徽语、赣语、吴语的方言关系

汉语的赣语、吴语、徽语三大方言在赣东北地区相交接。德兴市、横峰县、上饶县三县市边界线的交点即赣语、吴语、徽语三大方言区界线的交点。这一交点位于德兴市南部绕二镇的南边、横峰县东北部葛源镇的东北边、上饶县北部华坛山镇的西北边。

---

① 赵日新：《徽语的特点和分区》，《方言》2005年3期。
② 侯精一主编：《现代汉语方言概论》，上海教育出版社2002年版，第88页。
③ 浮梁县不与吴语区相邻接。德兴市虽与吴语区（上饶县、玉山县、开化县）相邻接，但吴语性特点不是很突出，故不列出"徽语与吴语之间的'过渡方言'"。
④ 作如此划分所依据的标准是有无入声。婺源方言中无入声，古入声字归读阳去。太白乡和许村镇南部曹村的方言有独立的入声。

由此交点往西再往北，是横峰县、弋阳县辖域的北边界线，乐平市、景德镇珠山区、昌江区、鄱阳县、东至县辖域的东边界线，也是德兴市辖域西南边、西边界线和婺源县、浮梁县辖域的西边界线。这一线段，是赣语区与徽语区相交接的方言区界线。由此交点往南，是横峰县、铅山县辖域的东边界线，也是上饶县辖域的西边界线。这一线段，是赣语区与吴语区相交接的方言区界线。①由此交点往东再往北，是上饶县、玉山县辖域的北边界线，开化县辖域的西边界线，也是德兴市辖域的南边、东边界线。这一线段，是徽语（赣东北徽语）区与吴语区相交接的方言区界线。②

赣东北的赣语与吴语相交接的情况，不在本书考察的范围。本书关注赣东北徽语与赣语、吴语相交接的情况。

本书第六章第三节"赣东北徽语核心词考察"部分，统计了赣东北徽语与各边邻方言的核心词共有率，归纳出了赣东北徽语与边邻赣语、吴语以及皖南徽语的通过核心词共有率所反映出来的方言之间关系的情况（参见前686、687页）：

从总体上看，赣东北徽语对边邻吴语的核心词共有率较低。边邻皖南徽语、边邻赣语两相比较，赣东北徽语对边邻皖南徽语的核心词共有率更高。

婺源方言对边邻皖南徽语和吴语的核心词共有率要高于浮梁方言和德兴方言。浮梁方言和德兴方言对边邻赣语的核心词共有率要高于婺源方言。

赣东北徽语与皖南徽语的核心词共有率高，是因为赣东北徽语与皖南徽语同出一源。赣东北徽语与边邻吴语的核心词共有率较低，则表明赣东北徽语虽由吴语分化，但经历长期发展，与吴语的联系已经渐远，即便是相邻接的吴语方言点（玉山方言、开化方言），同源关系既疏而接触关系也不深，才呈现核心词共有率较低的状况。赣东北徽语与赣语的核心词共有率虽不及赣东北徽语与皖南徽语的核心词共有率高，但却高于赣东北徽语与吴语的核心词共有率，表明赣东北徽语虽与赣语在源流关系上较为疏远③，但由于发生了较为深刻的接触关系，才使得两者之间有较高的核心词共有率。

赣东北徽语三县市方言中，婺源方言对边邻皖南徽语和吴语的核心词

---

① 铅山县东北部的青溪镇、傍罗乡以及鹅湖镇北部是吴语跨越铅山、上饶两县边界分布于铅山县的吴语区域。

② 绕二镇的"重溪话"小片和龙头山乡、畈大乡的"玉山话"小片是吴语跨越德兴市与上饶、玉山两县边界分布于德兴市的吴语区域。参见本书第一章第三节。

③ 汉语的方言之间都具有同源关系，只是不同的方言之间的同源关系有关系远近的差异。

共有率高于浮梁方言和德兴方言，表明婺源方言与皖南徽语以及吴语，保持着比浮梁方言和德兴方言相对更近的同源关系；浮梁方言和德兴方言对边邻赣语的核心词共有率要高于婺源方言，表明浮梁方言和德兴方言与赣语发生了比婺源方言相对程度更深的接触关系。

因此，可以归纳赣东北方言交接地带徽语、赣语、吴语之间的方言关系情况如下：

赣东北徽语与皖南徽语、吴语、赣语相交接。在方言源流演变过程中，赣东北徽语与皖南徽语以及吴语有着较近的同源关系。但在方言接触演变过程中，赣东北徽语与赣语发生了更为密切的接触关系。因此在共时层面上，赣东北徽语呈现出与赣语更为接近的面貌。

同源分化和接触融合是两类方向对立而又相互补充共同贯串于语言演变过程的语言演化模式。汉语方言的历史发展中，方言的同源分化和方言之间的接触融合是方言演变的两个方面。赣东北徽语与其边邻的吴语、赣语以及皖南徽语，在同源分化和接触融合两方面的表现是考察汉语方言关系和历史发展的具有独特性质又有类型意义的典型个案。本书所作调查研究，为赣东北徽语的研究提供了的大量基础性的材料，也形成了本书作者的一些观察分析和理论思考。希望这些材料和认识能在进一步深入考察赣东北方言交接地带方言演变共时和历时面貌方面实现其价值。

主要参考文献

[01] 曹志耘：《汉语方言地图集》，商务印书馆 2008 年版。
[02] 曹志耘：《吴徽语入声的演变方式》，《古汉语研究》2002 年第 4 期。
[03] 陈昌仪：《江西省方言志》，方志出版社 2005 年版。
[04] 陈瑶：《从徽语看中古开合分韵的一等韵》，福建省辞书学会第 18 届年会，福州，2007 年版。
[05] 陈瑶：《徽州方言见组三四等字的腭化问题》，《语言研究》2008 年第 3 期。
[06] 陈瑶：《徽州方言音韵研究》，福建师范大学博士学位论文，2009 年。
[07] 程熙荣：《景德镇地区方言归属与分布考察研究》，南昌大学硕士学位论文，2007 年。
[08] 德兴市地方志编纂委员会：《德兴县志》，光明日报出版社 1993 年版。
[09] 德兴县地名委员会办公室：《江西省德兴县地名志》，内部刊行，1984 年。
[10] 丁治民：《清末民初徽语韵书六种叙录》，《方言》2006 年第 2 期。
[11] 方光禄：《清末民初徽语韵书五种简介》，《方言》2011 年第 3 期。
[12] 方清明：《浮梁（鹅湖）方言研究》，南京师范大学硕士学位论文，2006 年。
[13] 方清明：《浮梁方言的"来"字句》，《景德镇高专学报》2006 年第 1 期。
[14] 方清明：《浮梁话与普通话量词比较研究》，《景德镇高专学报》2005 年第 1 期。
[15] 方清明：《浮梁县鹅湖话的卷舌儿化和鼻音儿化》，《上饶师范学院学报》2005 年第 4 期。
[16] 方松熹、傅国通、傅佐之：《吴语在江西省境内的分布》，《方言》1984 年第 4 期。
[17] 冯爱珍：《江西婺源方言的语音特点》，《庆祝中国社会科学院语言研究所建所 45 周年学术论文集》，商务印书馆 1997 年版。
[18] 浮梁县地方志编纂委员会：《浮梁县志》，方志出版社 1999 年版。

[19] 付欣晴、胡松柏：《赣东北徽语浮梁三地话的"儿尾"和"儿化"》，《华中学术》2016年第1期。
[20] 高永安：《明清皖南方音研究》，商务印书馆2007年版。
[21] 葛剑雄：《中国移民史》，福建人民出版社1997年版。
[22] 侯精一：《现代汉语方言概论》，上海教育出版社2002年版。
[23] 胡松柏、程熙荣：《乐平话与婺源话的人称代词比较》，《上饶师范学院学报》2007年第4期。
[24] 胡松柏、姜迎春、秦智文：《新发现婺源方言韵书廿八种述略》，《中国音韵学中国音韵学研究会第十八届学术讨论会暨汉语音韵学第十三届国际学术研讨会论文集》，广西民族出版社2016年版。
[25] 胡松柏、李吴芬：《赣东北徽语区居民历史与方言形成》，第三届中国地理语言学国际学术研讨会，广州，2014年。
[26] 胡松柏、林芝雅：《婺源方言韵书〈乡音字义〉、〈乡音字汇〉》，《辞书研究》2006年第1期。
[27] 胡松柏、钱文俊：《反映19世纪中叶徽语婺源方音的韵书〈乡音字义〉、〈乡音字汇〉》，《音韵论丛》，齐鲁书社2004年版。
[28] 胡松柏、郑路：《赣语、徽语交接地带跨境移民源流地方言考察》，《中国社会语言学》2014年2期。
[29] 胡松柏：《〈婺城乡音字汇〉音系与现代婺源县城方言的比较》，《庆祝〈中国语文〉创刊六十周年学术论文集》，商务印书馆2004年版。
[30] 胡松柏：《赣东北方言调查研究》，江西人民出版社2009年版。
[31] 胡松柏：《赣文化通典·方言卷》，江西人民出版社2014年版。
[32] 胡松柏：《果假蟹效流五摄在婺源方言五点的分合与音读》，《中国音韵学暨黄典诚学术思想国际学术研讨会论文集》，厦门大学出版社2014年版。
[33] 黄伯荣：《汉语方言语法类编》，青岛出版社1996年版。
[34] 黄燕：《婺源（坑头）方言语音研究》，北京语言大学硕士学位论文，2008年。
[35] 贾坤：《皖赣交界地带徽语语音研究》，北京语言大学博士学位论文，2011年。
[36] 江巧珍、孙海峰：《徽州方言与〈乡音〉韵书》，《黄山学院学报》2007年第4期。
[37] 江声皖：《徽州方言探秘》，安徽人民出版社2006年版。
[38] 景德镇市地名委员会办公室：《江西省景德镇市地名志》，内部刊行，1988年。

[39] 李凯：《〈唐书释音〉声类反映出的宋代德兴方言特征》，《赣方言研究（第二辑）——2009 南昌赣方言国际学术研讨会论文集》，中国社会科学出版社 2012 年版。

[40] 李荣：《现代汉语方言大词典》，江苏教育出版社 2002 年版。

[41] 刘珂：《徽语方言韵书〈婺城乡音字汇〉语音研究》，南昌大学硕士学位论文，2012 年。

[42] 马希宁：《徽州方言的知照系字》，《方言》2000 年第 2 期。

[43] 马希宁：《徽州方言语音现象初探》，（台湾）清华大学博士学位论文，2002 年。

[44] 马希宁：《婺源音系》，（台湾）清华大学硕士学位论文，2002 年。

[45] 平田昌司：《徽州方言研究》，[日本] 好文出版株式会社 1998 年版。

[46] 钱文俊：《婺源方言中的闭口韵尾》，《上饶师专学报》1985 第 4 期。

[47] 秦智文：《五种婺源方言韵书韵部比较研究》，南昌大学硕士学位论文，2014 年版。

[48] 上饶地区地方志办公室：《上饶地区志》，方志出版社 1998 年版。

[49] 孙宜志、陈昌仪、徐阳春：《江西境内方言区述评及再分区》，《南昌大学学报》（人社版）2001 年第 2 期。

[50] 汪应乐、马宾：《德兴市普通话高频使用与方言文化多样性的萎缩》，《江西社会科学》2005 年第 9 期。

[51] 王福堂：《徽州方言的性质和归属》，《中国语文研究》2004 年 1 期。

[52] 王娟：《婺源方言韵书〈新安乡音字义考正〉音系考察》，南昌大学硕士学位论文，2013 年。

[53] 王俊芳：《婺源方言韵书〈下北乡音字汇〉与〈正下北乡音字汇〉语音比较研究》，南昌大学硕士学位论文，2014 年。

[54] 吴然：《徽语婺源方言语音内部比较研究》，南昌大学硕士学位论文，2012 年。

[55] 伍巍、王媛媛：《徽州方言的小称研究》，《语言研究》2006 年第 1 期。

[56] 伍巍：《论徽州方言》，暨南大学，博士学位论文，1994 年版。

[57] 婺源县地名委员会办公室：《江西省婺源县地名志》，内部刊行，1985 年。

[58] 婺源县志编纂委员会：《婺源县志》，档案出版社 1993 年版。

[59] 谢留文：《江西浮梁（旧城村）方言》，方志出版社 2012 年版。

[60] 谢留文：《江西浮梁（旧城村）方言同音字汇》，《方言》2011 年第 2 期。

[61] 谢留文：《江西省的汉语方言》，《方言》2008 年第 2 期。

[62] 颜晶：《徽语德兴方言语音内部比较研究》，南昌大学硕士学位论文，2013年。
[63] 颜森：《江西方言的分区》，《方言》1986年第1期。
[64] 颜逸明、严振洲、钱文俊：《吴语在江西省境内的分布》，《方言》1984年第4期。
[65] 叶祥苓：《赣东北方言的特点》，《方言》1986年第2期。
[66] 游汝杰：《汉语方言学导论》，上海教育出版社2000年版。
[67] 袁家骅：《汉语方言概要》（第二版），语文出版社2000年版。
[68] 詹伯慧：《汉语方言及方言调查》，湖北教育出版社2001年版。
[69] 赵日新：《古清声母上声字徽语今读短促调之考察》，《中国语文》1999年第6期。
[70] 赵日新：《徽语的特点和分区》，《方言》2005年第3期。
[71] 赵日新：《徽语的小称音变和儿化音变》，《方言》1999年第2期。
[72] 赵日新：《徽语古全浊声母今读的几种类型》，《语言研究》2002年第4期。
[73] 赵日新：《徽州方言"物/物事"的量级用法》，《中国语文》2009年第3期。
[74] 赵日新：《中古阳声韵徽语今读分析》，《中国语文》2003年第5期。
[75] 郑路：《徽赣语交界地带移民源流地方言语音考察》，南昌大学硕士学位论文，2014年。
[76] 郑张尚芳：《皖南方言的分区（稿）》《方言》1986年第1期。
[77] 中国社会科学院、澳大利亚人文科学院：《中国语言地图集》，朗文出版（远东）有限公司1987年版。

后　记

心底长存万里桥

一

2011年暑期，因了作课题调研的需要，我决定去一趟篁墩。

对中国移民史稍有了解的人，都知道"北有山西大槐树，南有武夷石壁村，中有徽州古篁墩"的说法。山西洪洞县汾河边的大槐树，武夷山脉间福建宁化县的石壁，徽州歙县的篁墩，是中国历史上著名的三大移民活动集散地。

篁墩，位于今黄山市区东北郊外4公里处，依傍新安江，205国道、皖赣铁路穿村而过，为市区屯溪区下辖屯光镇的镇政府驻地。这个人口不到1200人的小村，有着2000多年的历史。就其发生移民活动的年代来看，要比洪洞大槐树和宁化石壁两处还早出1000年。资料表明，从汉唐直至明清，篁墩一直是移民从中原、苏浙向徽州迁徙并且再由徽州外迁的最集中的中转始居地和宗族聚集地。据统计，仅唐代"黄巢之乱"期间，北方一次迁来的姓氏就达20多个。尤其让篁墩声名远播的是，宋代著名理学家"二程"（程颢、程颐）和朱熹三夫子的祖籍都在篁墩，篁墩因之有"程朱阙里"之称。

我做赣东北徽语的课题，首先感兴趣的是属于徽语的婺源、浮梁、德兴三县市方言的形成历史。本书第一章第二节"赣东北徽语区居民历史"部分，统计出赣东北徽语区有确切移民源出地记录的2370个自然村中，歙县籍移民村有592个，其中322个村的源出地居然都是歙县篁墩。篁墩，这个被誉为"东南邹鲁"的千年古村，不由让人心生向往。

8月14日，我与课题组成员之一的上饶师范学校（今上饶幼儿师范高等专科学校）程熙荣老师偕行前往黄山市。次日晨，黄山电大江声皖教授陪同我们到篁墩。顺利完成篁墩话单字音与词语的简略记录之后，傍晚时分一行人由公路边村委会过溪桥入村中一游。斜阳西照，晚风轻拂，窄窄的长街巷，稍见破损的石板路，暮蝉叫声和着火车鸣笛，我们不禁有穿越时空往返于现实与远古之间的感觉。

江声皖教授著《徽州方言探秘》一书，对徽州方言与文史颇有研究。篁墩之行，他赠我以记游之诗。诗曰：

> 篁墩名美誉甚高，崛起屯溪渐萧条。公路拐弯街逼仄；火车横越屋动摇。程朱源溯交汇处；八姓根寻聚散桥。遥想埠头灯万盏，风帆直达浙江潮。

受江教授的感染，我免不得也搜索枯肠一番。篁墩小溪环村，跨溪多有石桥。于是便以"篁墩村头溪桥"为题，步其韵和了一首。如下：

> 应非游兴一时高，犹辨屐痕青石条。知了清鸣随水漾；高粱绿影趁风摇。村头已少千年树；心底长存万里桥。莫道溪声吟觉浅，梦中澎湃是心潮。

诗中"万里桥"语，典出唐人多处诗文。网上检索建筑史资料，史上留名的"万里桥"也颇有好几座。桥以"万里"命名，其构词理据当是"万里之行始于此桥"的意思。而作为一个文学意象，"万里桥"则深蕴远行游子怀念家乡的浓浓情愫。与我同行的熙荣，家居毗邻婺源的乐平，正是篁墩的程氏后人。此番千里前来皖南对他而言，作田野调查之外，也算是一回真正的寻根之旅。

二

人以社会群体活动方式而存在，随着时间的推移人的群体活动的空间也在不断地变化着。整个人类的历史可以说就是一部种群迁徙史。"我从哪里来？"每个社会的个人或群体，都有寻求答案的希冀。这种对既往历史的回溯追寻，促成了人类这个生物种类才有的寻根活动。寻根，既是追寻种群血脉繁衍的线索，更是追寻种群文化传承的由来。作为文化的载体，语言包蕴着文化寻根的诸般内容。由于语言既是人类社会活动的产物，也是人类社会活动的记录，语言便自然成为寻根活动的重要线索。我之所以去篁墩，正是想通过方言的比较联系来印证赣东北徽语区的移民历史和区域方言的形成过程。

一则真实的故事为我们有力地展示了方言在寻根之旅中的功用。我老家县里当年有一个农村青年小 X，偶因家庭琐事负气出走，孰料遭遇坎坷屡陷困顿，饱经劫难以至因大脑受伤而对往事的记忆完全归零。就这样，连名都忘了仅仅只记得自己姓 X 的这名失忆者，只能在社会最底层觅食，四处漂泊，再也找不着回家的道路。到后来命运有了好转，他辗转定居在某外省一个小城，好歹也成了家。只是面对妻子和孩子，已经成为老 X 的他痛苦于自己连名字也没有，更痛苦于不知道家乡在何方。幸运的是，一天老 X 路过某处工地遇见了一群打工者，猛一听到他们那叽里呱啦的乡谈，心里不由咯噔一下，尽管听不明白他们说些什么，但分明感觉到是那么地耳熟入心。于是打听到了这些打工者的乡籍恰是我老家县份，抱着试试看的想法给县公安部门发去查询请求。根据保存下来的 27 年前家人的报案资料，县乡政府很快就找到了老 X 的家庭地址和家人。

  自幼习得的乡音，那是成长于方言地区的人们潜意识中永不能磨灭的刻痕。对于老 X 来说，乡音，就是作为一个失忆者的他灵魂深处指引寻家之路的导航仪。

  当然，不可能每个人都有老 X 这样的特殊经历。但是，语言作为一种符号系统，在实际应用之外还总承载着我们每一个使用者的人文情感。一个人客居异地，他对家乡的思念总是离不开诸如村头拱桥、小巷石阶和特色小吃的酥香、野味土菜的鲜美等这些视觉的和嗅觉、味觉的意象，而作为母语的家乡话则属于听觉意象，是思乡图景所深蕴的意境最重要的构成要素。我有一位朋友 C 君，幼时随在工厂工作的父母生活于浙赣线上的一座小城里，习得的母语便是这里的方言。长大后他离开了，父母的厂子也迁走了，他与小城已经没有了任何人事上的联系。但 C 君告诉我，他心目中还一直视这个小城为自己的家乡。每次乘火车路过，他总要趁停车几分钟的间隙下到月台抽根烟，逗留片刻，就是想听一听匆匆进出的本地旅客说的话音。此君所言不虚，作为方言使用者和研究者的我，能够充分体会朋友的心境。

  乡音缭绕牵乡情！久违而仍然熟悉的乡音，真是我们每个人生旅途匆匆奔波的行者可以用来一浇心中块垒的醇酒啊！

  正因为此，咿呀学语而习得的乡音，便也与"万里桥"一样，跨越时空在我们的心底长存。

三

  自 2015 年开始在全国实施的中国语言资源保护工程的宣传用语是："留下乡音，记住乡愁。"

  年岁稍长的人都能够深切体会贺知章《回乡偶书》诗作的意境。"少小离家老大回，乡音无改鬓毛衰。儿童相见不相识，笑问客从何处来。"不过如果要作些吹毛求疵的新解，我还想加问一句，作者自谓"乡音无改"，长期离乡的语言环境中，母语的保留能有那么完好吗？再说，从儿童的角度看，他会认同来客"乡音无改"吗？此乡音实际已经与彼乡音有所差异了呀。也许在贺知章生活的唐代，汉语方言的演变还非常缓慢，作者是否"乡音无改"很难说，而家乡的口音总还不至于变化太大。但在如今，方言趋于衰微的发展态势已经人人都可以感觉得到。不仅仅是方言本身特色的变化，而是方言的消失都已经不再是故意耸人听闻的话题了。

于是，从民间到政府，从专业人士到社会各界，不是说完全没有分歧，但基本上可以说，在保护语言资源（包括少数民族语言和汉语方言）这个问题上，全社会还是有比较一致的认识的。

近年来社会上出现了所谓的"方言热"。关注讨论方言问题，已经不再只是专业人员的事。各种与方言有关的活动，方言比赛，方言演唱，拍方言电影，各色人等写方言的书和文章，等等。连我这样向来未有"出镜"经历的久坐冷板凳的方言工作者，也居然因参与方言节目而在电视上多次露面，以至还能收获一些粉丝。更为重要的是，作为方言调研的专业从业人员，我们切实感觉到，对于方言保护问题，社会关注程度，政府重视程度，都较之从前有了很大的提高。具体的表现就是，我们有了更多的调研任务，我们完成的调研成果也发生了更大的社会影响。一位方言学界的前辈学者，颇为感慨赶上了从事方言研究的好时期。眼下我们正集中了一批同行学者投入到"语保工程"的方言调研项目中去。国家顶层设计提出了"保护传承方言文化"的命题，我们作为基层的方言工作者应该是躬逢其盛、大有作为的了。

回想起 21 世纪初开始申报方言调研项目，那时对于方言研究完全没有从学术以外的角度来考虑其价值。就是 2010 年申报赣东北徽语课题时，也还没有从保护传承方言文化的高度来作研究意义的论证。这才几年工夫，我们的认识显然已经跃上了一个更高的层次。当然我们现在所做的事情，严格意义上说似乎还算不上方言保护，说得更准确一点，也就是方言保存而已。但是方言现状的调查记录是方言保护传承的最基础性的工作，其重要性也自然不言而喻了。

自己调研方言算来也有 30 多年了。在这个相对冷清的学科方向能坚持走了下去并且也有了一些成果，除了客观上个人有吴语、闽语、赣语兼说的母语优势之外，那就是主观上我始终觉得方言调研自有其必将在历史上显示出来的价值。做赣东北徽语课题，我在婺源先后寻访搜集到数十种方言韵书。最早在地摊上 50 元就能买到一本，到后来藏家开口看一眼就要一万元的漫天要价，不正表明方言资料的价值真正是在与日俱增吗？要知道这还只是两三百年前的清代资料啊！

我们对现存方言所作的描写记录，过个 200 年、500 年，甚至 1000 年，那时人们对它关注和重视的程度，当会超过我访求前述方言韵书的程度。我想，这是肯定的。

四

应该是受了结构主义语言学的影响，在一个时期里，不少语言研究者总是着力在对语言结构作纯形式的考察，有意识或无意识地忽略了语言和语言应用的人文性。其实，语言（包括方言）结构本身的语言形式的形成和演变都与使用者的社会活动有关联（直接的和间接的），更何况从社会交际功能来看语言的形成和发展完全是决定于使用者的社会活动的。方言区域的人们说什么话，怎样说话，是方言区域语言社团历史发展的结果。方言学界对于汉语方言的分区和分类还有不少的分歧。其中有的问题就是对方言的人文历史这一分区、分类标准究竟该如何参考采纳。专业学者一些分区、分类的结果，不能获得社会民众认同，或在学界内部也存在歧见，往往是在方言所体现出来的的人文性质方面考虑不够所致。

方言因记录了方言语言社团的文化历史和文化成果而决定了方言语言社团人们的思想意识。

那回去篁墩，我与江声皖先生素昧平生，当我知道他在屯溪长大然而是在婺源出生的，我立即猜想到了他的年龄和名字的理据。相询之下，果不其然。他生于"回皖运动"[①]成功的 1948 年，名字为其作为"回皖运动"的领袖人物的叔父所起。江先生的得名，从一个侧面记录了一段历史。我想当年人们为这样的一个区域社会活动发声呐喊，作为徽州话之一种的婺源方言应该便是一面具有号召力的大旗。

在通常所说"人文学科中最接近自然科学的"的语言学诸学科中，方言学却又是与社会联系最为密切的学科之一。我们调查方言，不只是记录一下方言的字词句，实际上也是在对方言社团这一局部社会的现状和历史作探寻。数十年来，调查方言是自己外出公干（有时还是"私干"）的最主要的生活内容。行走阡陌之间，入户市井人家，方言调查是真正现实空间上的田野调查。期间接触认识了社会各色人等，体会了他们对母语方言的种种深挚情感。这种调查经历和体验的积累，往大里说，可以算是自己家国情怀得以孕育的思想意识基础。眼看自己已经到了喜欢怀旧的年纪，方言调查过程所经历的人和事，就记事的角度来说，便也成了勾勒自己人生轨迹的时间节点记忆要素。

---

① "回皖运动"，参见 996 页注解②。

譬如，今天就是一个值得记起的日子。倒不是傍晚散步时街边商家布置的枞树灯饰提醒又是一个泊来的节日，而是我还清楚地记得五年前的今晚正在婺源。两年多的课题全面调查基本告一段落，那回调查之行，夜里闲隙，我拟定了书稿的框架，算是开始了课题调研的一个新阶段。辛劳和焦虑，收获与惊喜，此前此后的每个过程，种种细节，思来历历在目，直令人不乏欣慰且好生感慨。

如今，赣东北徽语的书稿算是完成了。方言不负我。我想，怎么着也得还再做些事，这才不负我所钟情的方言。

胡松柏

二〇一七年十二月二十五日于南昌

又记：

写以上后记文字时，曾聊发"书稿终成累苦吟，五年一觉梦难寻"的感慨。只是一搁不觉又是两年多过去了，而书稿的校样却一直放在案头断断续续地未能校完。放寒假了，年前两天到上饶市区孩子家过年。孰料疫情陡然紧张，困居楼上近两月。校对书稿就成了我在这段与外界隔绝的日子里唯一能做的事情，更是自己精神维持正常状态的支撑。前些天疫情缓和下来，区县间交通管制撤销，我赶紧回到镇上老家住。小宅临街，后倚浅溪青山。虽说还有诸般防控措施约束，但比在市区已经舒心不少，做事的效率也大为提高。伏案数周，书稿终于校毕。于是不避再添蛇足，草此数句以为2020庚子年之春记事的立此存照。

二〇二〇年清明前于广丰枧底